BIOGRAPHISCH-BIBLIOGRAPHISCHES KIRCHENLEXIKON

Here the title is missing (compares with volume XX)

Bibliografische Information Der Deutschen Bibliothek.
Die Deutsche Bibliothek verzeichnet diese Publikation in der Deutschen
Nationalbibliografie; detaillierte bibliografische Daten sind im Internet
über http://dnb.ddb.de abrufbar.

Begründet und herausgegeben von Friedrich Wilhelm Bautz †
Fortgeführt von Traugott Bautz

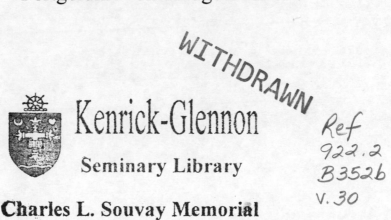
Verlag Traugott Bautz GmbH 99734 Nordhausen

Bibliografische Information Der Deutschen Bibliothek

Die Deutsche Bibliothek verzeichnet diese Publikation in der Deutschen Nationalbibliografie; detaillierte bibliografische Daten sind im Internet über http://dnb.ddb.de abrufbar.

Verlag Traugott Bautz GmbH 99734 Nordhausen 2009
ISBN 978-3-88309-478-6

XXX. Band

Ergänzungen XVII

VERZEICHNIS DER ABKÜRZUNGEN

I. Biblische Bücher

A. Altes Testament

Gen	Genesis (= 1. Mose)	Mi	Micha
Ex	Exodus (= 2. Mose)	Nah	Nahum
Lev	Leviticus (= 3. Mose)	Hab	Habakuk
Num	Numeri (= 4. Mose)	Zeph	Zephanja
Dtn	Deuteronomium (= 5. Mose)	Hag	Haggai
Jos	Josua	Sach	Sacharja
Ri	Richter	Mal	Maleachi
1Sam	1. Samuelbuch	Ps(s)	Psalm(en)
2Sam	2. Samuelbuch	Spr.	Sprüche
1Kön	1. Königsbuch	Hi	Hiob (Job)
2Kön	2. Königsbuch	Hhld	Hoheslied
Jes	Jesaja	Klgl	Klagelieder
Dtjes	Deuterojesaja	Pred	Prediger
Jer	Jeremia	Est	Esther
Ez	Ezechiel (Hesekiel)	Dan	Daniel
Hos	Hosea	Esr	Esra
Jo	Joel	Neh	Nehemia
Am	Amos	1Chr	1. Buch der Chronik
Ob	Obadja	2Chr	2. Buch der Chronik
Jon	Jona		

B. Neues Testament

Mt	Matthäus	1Tim	1. Timotheusbrief
Mk	Markus	2Tim	2. Timotheusbrief
Lk	Lukas	Tit	Titusbrief
Joh	Johannes	Phlm	Philemonbrief
Apg	Apostelgeschichte	Hebr	Hebräerbrief
Röm	Römerbrief	Jak	Jakobusbrief
1Kor	1. Korintherbrief	1Petr	1. Petrusbrief
2Kor	2. Korintherbrief	2Petr	2. Petrusbrief
Gal	Galaterbrief	1Joh	1. Johannesbrief
Eph	Epheserbrief	2Joh	2. Johannesbrief
Phil	Philipperbrief	3Joh	3. Johannesbrief
Kol	Kolosserbrief	Jud	Judasbrief
1Thess	1. Thessalonicherbrief	Apk	Johannes-Apokalypse
2Thess	2. Thessalonicherbrief		(Offenbarung des Johannes)

II. Sammelwerke, Zeitschriften, Monographien, Handbücher u. a.

A

AA Archäologischer Anzeiger. Beiblatt zum Jahrbuch des Deutschen Archäologischen Instituts, Berlin 1896 ff.

AAA The Annals of Archaeology and Anthropology, Liverpool 1908 ff.

AAB Abhandlungen der Deutschen (bis 1944: Preußischen) Akademie der Wissenschaften zu Berlin. Phil.-hist. Klasse, Berlin 1815 ff.

AAG Abhandlungen der Akademie der Wissenschaften in Göttingen (bis Folge III, 26, 1940: AGG), Göttingen 1941 ff.

AAH Abhandlungen der Heidelberger Akademie der Wissenschaften. Phil.-hist. Klasse, Heidelberg 1913 ff.

AAL Abhandlungen der Sächsischen Akademie der Wissenschaften in Leipzig (bis 30, 1920: AGL), Leipzig 1850 ff.

AAM Abhandlungen der Bayerischen Akademie der Wissenschaften. Phil.- hist. Klasse, München 1835 ff.

AAMz Abhandlungen (der geistes- und sozialwissenschaftlichen Klasse) der Akademie der Wissenschaften und der Literatur, Mainz 1950 ff.

AAS Acta Apostolicae Sedis, Città del Vaticano 1909 ff.

AASOR The Annual of the American Schools of Oriental Research, (New Haven) Philadelphia 1919 ff.

AAug Acta Ordinis Eremitarum Sancti Augustini, Rom 1956 ff.

AAW Abhandlungen der Österreichischen Akademie der Wissenschaften, Wien

AAWW.PH Anzeiger der Akademie der Wissenschaften in Wien - Philosophisch-historische Klasse

ABR American Benedictine Revue, Newark/New Jersey 1950 ff.

ACA Apologia Confessionis Augustanae (in: BSLK)

ACO Acta Conciliorum Oecumenicorum, ed. E. Schwartz, Berlin 1914 ff.

AcOr Acta Orientalia, Kopenhagen 1922/23 ff.

ACW Ancient Christian Writers. The Works of the Fathers in Translation, ed. by J. Quasten and J. C. Plumpe, Westminster/Maryland und London 1946 ff.

Adam A. Adam, Lehrbuch der Dogmengeschichte I ff., Gütersloh 1965 f.

ADB Allgemeine Deutsche Biographie, 55 Bde. und 1 RegBd., Leipzig 1875-1912

AdPh Archives de Philosophie, Paris 1923 ff.

AelsKG Archiv für elsässische Kirchengeschichte, hrsg. von der Gesellschaft für elsässische Kirchengeschichte, red. von J. Brauner, Rixheim im Oberelsaß 1926 ff.; ab 1946 red. von A. M. Burg, Strasbourg

AELKZ Allgemeine evangelisch-lutherische Kirchenzeitung, Leipzig 1868 ff.

AER The American ecclesiastical Review, Washington 1889 ff.

AEst. Annales de l'Est

AevKR Archiv für evangelisches Kirchenrecht, Berlin 1937 ff.

AfBA African Biographical Archive, München 1999

AfBI African Biographical Index, München 1999

AfKathKR Archiv für katholisches Kirchenrecht

AfMf Archiv für Musikforschung, Leipzig 1936-1943

AfMw Archiv für Musikwissenschaft, Trossingen/Württemberg 1918-1926 und 1952 ff.

AfO Archiv für Orientforschung, Graz 1923 ff.

AFP Archivum Fratrum Praedicatorum. Institutum historicum Fratrum Praedicatorum, Romae ad S. Sabinae, Rom 1931 ff.

AFrH Archivum Franciscanum Historicum, Florenz - Quaracchi 1908 ff.

AGG Abhandlungen der Gesellschaft der Wissenschaften zu Göttingen (ab Folge III, 27, 1942: AAG), Göttingen 1843 ff.

AGL Abhandlungen der Sächsischen Gesellschaft der Wissenschaften in Leipzig (31, 1921: AAL), Leipzig 1850 ff.

AGPh Archiv für (1889-1894 und 1931. 1932: die Geschichte der) Philosophie, Berlin 1889-1932

AH Analecta hymnica medii aevi, hrsg. von G. Dreves und C. Blume, 55 Bde., Leipzig 1886-1922

AHA	Archivo Historico Augustiniano Hispano, Madrid 1914-1934. 1950 ff.
AHDL	Archives d'histoire doctrinale et littéraire du Moyen âge, Paris 1926 ff.
AHP	Archivum Historiae Pontificiae, Roma 1, 1963 ff.
AHR	The American Historical Review, New York 1895 ff.
AHSI	Archivum historicum Societatis Iesu, Rom 1932 ff.
AHVNrh	Annalen des Historischen Vereins für den Niederrhein, insbesondere das alte Erzbistum Köln, Köln 1855 ff.
AIA	Archivo Ibero-Americano, Madrid 1914 ff.
AJA	American Journal of Archaeology, New York 1855 ff.
AJP	American Journal of Philology, Baltimore 1880 ff.
AJSL	American Journal of Semitic Languages and Literatures, Chicago 1884-1941
AkathKR	Archiv für katholisches Kirchenrecht, (Innsbruck) Mainz 1857 ff.
AKG	Arbeiten zur Kirchengeschichte, begründet von K. Holl und H. Lietzmann, Berlin 1927 ff., ab Bd. 29, 1952, hrsg. von K. Aland, W. Eltester und H. Rückert
AkultG	Archiv für Kulturgeschichte, (Leipzig) Münster und Köln 1903 ff.
Algermissen	K. Algermissen, Konfessionskunde, 7. vollst. neu gearb. Aufl., Paderborn 1957
ALKGMA	Archiv für Literatur- und Kirchengeschichte des Mittelalters, hrsg. von H. Denifle und F. Ehrle, 7 Bde., (Berlin) Freiburg/Breisgau 1885-1900
ALMA	Archivum Latinitatis medii aevi, Brüssel 1924 ff.
ALT	A. Alt, Kleine Schriften zur Geschichte des Volkes Israel, I-III, München 1953-1959
Altaner	B. Altaner, Patrologie. Leben, Schriften und Lehre der Kirchenväter, 6. Aufl., durchgesehen und ergänzt von A. Stuiber, Freiburg/Breisgau 1960; 7. Aufl., völlig neu bearbeitet, ebd. 1966
Althaus	P. Althaus, Die christliche Wahrheit. Lehrbuch der Dogmatik, Gütersloh 19523
ALW	Archiv für Liturgiewissenschaft (früher: JLW), Regensburg 1950 ff.
AMN	Allgemeine Missionsnachrichten, Hamburg 1928 ff.
AMNG	Abhandlungen zur mittleren und neueren Geschichte. Hrsg. von G. v. Below, H. Finke, F. Meinecke, Berlin 1907 ff.
AmrhKG	Archiv für mittelrheinische Kirchengeschichte, Speyer 1949 ff.
AMus	Acta musicologica. Revue de la Société internationale de musicologie. Zeitschrift der Internationalen Gesellschaft für Musikwissenschaft, Basel und Kassel 1929 ff.
AMZ	Allgemeine Missionszeitschrift. Monatsschrift für geschichtliche und theoretische Missionskunde, Gütersloh 1874-1923
AmZ	Allgemeine musikalische Zeitung, Leipzig 1885 ff.
AnAug	Analecta Augustiniana, Rom 1905 ff.
AnBibl	Analecta Biblica, Rom 1952 ff.
AnBoll	Analecta Bollandiana. Société des Bollandistes, Brüssel 1882 ff.
AnCap	Analecta Ordinis Fratrum Minorum Capuccinorum, Rom 1884 ff.
AnCarmC	Analecta Ordinis Carmelitarum Calceatorum, Rom 1909 ff.
AnCarmD	Analecta Ordinis Carmelitarum Discalceatorum, Rom 1926 ff.
AnCist	Analecta Cisterciensa, Rom 1945 ff.
ANET	Ancient Near Eastern Texts relating to the Old Testament, ed. J. B. Pritchard, Princeton/New York 1950 (ANET2: 2. edition corrected and enlarged, 1955)
AnFranc	Analecta Franciscana sive Chronica aliaque varia Documenta ad historiam Fratrum Minorum spectantia, edita a Patribus Collegii s. Bonaventurae, Quaracchi 1885 ff.
Angelicum	Angelicum. Periodicum trimestre facultatum theologicae, juris canonici, philosophicae, Rom 1924 ff.
Angelos	Angelos. Archiv für neutestamentliche Zeitgeschichte und Kulturkunde, 4 Bde., Göttingen 1925-1932
AnGreg	Analecta Gregoriana cura Pontificiae Universitatis Gregorianae, Rom 1930 ff.
Anima	Anima. Vierteljahresschrift für praktische Seelsorge, Olten/Schweiz 1946-1965 (ab 1966: Diakonia)
AnLov	Analecta Lovaniensia Biblica et Orientalia, Löwen 1947 ff.
AnMon	Analecta monastica, Rom 1948 ff.
Annales ss.cc	Annales des Sacrés Cours bzw. Annales Congregationis Sacrorum Cordium, Paris/Rom 1872 ff. / 1953 ff.

AnnéeC	L'Année Canonique, Paris 1952 ff.
AnnPont	Annuario Pontificio, Rom 1912 ff.
ANor.	Annales de Normandie
AnOr	Analecta Orientalia, Rom 1931 ff.
AnPraem	Analecta Praemonstratensia. Commissio historica Ordinis Praemonstratensis, Averbode/Belgien 1925 ff.
ANRW	Aufstieg und Niedergang des römischen Weltreiches. Geschichte u. Kultur Roms im Spiegel d. neueren Forschung. Hrsg. v. Hildegard Temporini u. Wolfgang Haase, Berlin, New York 1972 ff.
Antike	Die Antike. Zeitschrift für Kunst und Kultur des klassischen Altertums, Berlin 1925 ff.
AnTol.	Anales Toledanos, Toledo 1967 ff.
Antonianum	Antonianum. Periodicum philosophico-theologicum trimestre. Editum cura professorum Pontificii Athenaei de Urbe, Rom 1926 ff.
ANVAO	Avhandlinger utgitt av Det Norske Videnskaps-Akademi i Oslo, Oslo
AnzAW	Anzeiger der (ab 48, 1947: Österreichischen) Akademie der Wissenschaften, Wien 1864 ff.
AO	Der Alte Orient, Leipzig 1899-1945
AÖAW.PH	Anzeiger der Österreichischen Akademie der Wissenschaften - Philosophisch-historische Klasse
AÖG	Archiv für österreichische Geschichte, Wien 1848 ff.
AÖR	Archiv des öffentlichen Rechts, Tübingen 1886 ff.
AoF	H. Winckler, Altorientalische Forschungen, 21 Hefte, Leipzig 1893-1906
AOFM	Acta Ordinis Fratrum Minorum vel ad Ordinem quoquomodo pertinentia, I-V, Rom 1882-1886; VI ff., Quaracchi 1887 ff.
AOP	Analecta Sacri Ordinis Praedicatorum, Rom 1892 ff.
APh	Archiv für Philosophie, Stuttgart 1947 ff.
APo	Acta Pontificiae Academiae Romanae S. Thomae Aquinatis, Rom 1934 ff.
Apollinaris	Apollinaris. Commentarius iuris canonici, Rom 1928 ff.
apostel	Jahresheft der Ordensgemeinschaft von den Heiligsten Herzen Jesu und Mariens (Arnsteiner Patres) Für die Freunde und Mitarbeiter ihrer Apostolatswerke, hrsg. v. Provinzialat der Patres von den Heiligsten Herzen Jesu und Mariens (Arnsteiner Patres e.V.), Aachen
ARC	Acta reformationis catholicae ecclesiam Germaniae concernentia saeculi XVI, ed. G. Pfeilschifter, 6 Bde., Regensburg 1959 ff.
ArchOC	Archives de l'Orient Chrétien, Bukarest 1948 ff.
ARG	Archiv für Reformationsgeschichte, (Leipzig) Gütersloh 1903 ff.
ArOr	Archiv Orientální, Prag 1929 ff.
ARPs	Archiv für Religionspsychologie und Seelenführung, Berlin 1914 ff.; Göttingen 1930 ff.
ArtB	The Art Bulletin, New York 1913 ff.
ArtQ	Art Quarterly, Detroit 1938 ff.
ArtS	L'art sacré, Paris 1935 ff.
ARW	Archiv für Religionswissenschaft, (Freiburg/Breisgau, Tübingen) Leipzig 1898 ff.
ArZs.	Archivalische Zeitschrift, München 1876 ff.
ArztChr	Arzt und Christ, Ostfildern 1.1955 ff.
AS	Acta Sanctorum, ed. Bollandus etc., (Antwerpen, Brüssel, Tongerloo) Paris 1643 ff.; Venedig 1734 ff.; Paris 1863 ff. Neudruck Brüssel 1940 ff.
ASKG	Archiv für schlesische Kirchengeschichte, hrsg. v. K. Engelbert, I-VI, Breslau 1936-1941; VII ff., Hildesheim 1949 ff.
ASL	Archivo storico lombardo
AslPh	Archiv für slawische Philologie, Berlin 1876 ff.
ASm	Schmalkaldische Artikel (in: BSLK)
ASNU	Acta Seminarii Neotestamentici Upsaliensis (1, 1936 bis 8, 1937 unter dem Titel: Arbeiten u. Mitteilungen aus dem Neutestamentlichen Seminar zu Uppsala), Uppsala 1936 ff.
AS OSB	J. Mabillon, Acta sanctorum ordinis S. Benedicti, 9 Bde., Paris 1668-1701; 2. Aufl., 6 Bde., Venedig 1733-1740. Neuausg. Bd. I, Mâcon 1935
ASS	Acta Sanctae Sedis, Rom 1865-1908
AST	Analecta Sacra Tarraconensia, Barcelona 1925 ff.
AstIt	Archivio storico Italiano, Florenz 1842 ff.

ATA	Alttestamentliche Abhandlungen, begonnen von J. Nikel, hrsg. von A. Schulz, Münster 1908 ff.
ATD	Das Alte Testament Deutsch, hrsg. von V. Herntrich und A. Weiser, 25 Bde., Göttingen 1951 ff.
ATG	Archivo Teológico Granadino, Granada 1938 ff.
ATh	L'année théologique, Paris 1940 ff.
AThA	L'année théologique augustinienne, Paris 1951 ff. (ab 1955: RevÉAug)
AThANT	Abhandlungen zur Theologie des Alten und Neuen Testaments, Basel - Zürich 1942 ff.
AThR	The Anglican Theological Review, Evanston/Illinois 1918 ff.
AuC	Antike und Christentum. Kultur- und religionsgeschichtliche Studien von E. J. Dölger, 6 Bde., Münster 1929-1950
AUF	Archiv für Urkundenforschung, 18 Bde., Berlin 1908-1944
Augustiniana	Augustiniana. Tijdschrift voor de studie van Sint Augustinus ed de Augustijnenorde, Leuven 1951 ff.
Aurenhammer	H. Aurenhammer, Lexikon der christlichen Ikonographie, Wien 1959 ff.
AVK	Archiv für Völkerkunde, Wien 1946 ff.
AVR	Archiv des Völkerrechts, Tübingen 1948/49 ff.

B

BA	The Biblical Archaeologist, New Haven/Connecticut 1938 ff.
BAB	Biografisch Archief van de Benelux, München 1997
BAC	Biblioteca de Autores Cristianos, Madrid 1945 ff.
BadBiogr	Badische Biographien, begründet von F. von Weech, hrsg. von A. Krieger, 6 Tle., Karlsruhe und Heidelberg 1875 ff.
Bächtold-Stäubli	Handwörterbuch des deutschen Aberglaubens, hrsg. v. H. Bächtold-Stäubli, 10 Bde., Berlin - Leipzig 1927-1942
BAKultG	Beihefte zum Archiv für Kulturgeschichte, Köln 1951 ff.
BAL	Berichte über die Verhandlungen der Sächsischen Akademie der Wissenschaften zu Leipzig (bis 71, 1, 1919: BGL), Leipzig 1846 ff.
Bardenhewer	O. Bardenhewer, Geschichte der altkirchlichen Literatur, Freiburg/Breisgau 1902 ff.; I2, 1913; II2, 1914; III3, 1923; IV 1.2, 1924; V, 1932 (unveränderter Nachdruck I-V, Darmstadt 1962)
Baring-Gould	S. Baring-Gould, Lives of the Saints, 16 Bde., 2. Aufl., Edinburgh 1914 ff.
Baronius	C. Baronius, Annales ecclesiastici, ed. Mansi, mit Fortsetzung des A. Bzovius, O. Raynald und Laderchi, 38 Bde., Lucca 1738-1759
Barth, KD	K. Barth, Die Kirchliche Dogmatik I/1, Zollikon-Zürich 1932 (1955[7]); I/2, 1938 (1948[4]); II/1, 1940 (1948[3]); II/2, 1942 (1948[3]); III/1, 1945 (1947[2]); III/2, 1948; III/3, 1950; III/4, 1951; IV/1, 1953; IV/2, 1955; IV/3, 1959; IV/4, 1967
Barth, PrTh	K. Barth, Die protestantische Theologie im 19. Jahrhundert. Ihre Vorgeschichte und ihre Geschichte, Zollikon Zürich 1952[2]; 1961[3]
BASOR	The Bulletin of the American Schools of Oriental Research, New Haven/Connecticut 1919 ff.
Bauer	W. Bauer, Griechisch-deutsches Wörterbuch zu den Schriften des Neuen Testaments und der übrigen urchristlichen Literatur, 5. verbesserte und stark vermehrte Aufl., Berlin 1958 (durchgesehener Nachdruck 1963)
Baumstark	A. Baumstark, Geschichte der syrischen Literatur mit Ausschluß der christlich-palästinensischen Texte, Bonn 1922
BBB	Bonner Biblische Beiträge, Bonn 1950 ff.
BBKG	Beiträge zur bayerischen Kirchengeschichte, Erlangen 1885-1925
BBLAK	Beiträge zur biblischen Landes- und Altertumskunde, Stuttgart 1878 ff.
BC	Biblischer Commentar über das Alte Testament, hrsg. von C. F. Keil und F. Delitzsch, Leipzig 1861 ff.
BdtPh	Blätter für deutsche Philosophie, Berlin 1927/28 ff.
B-E	Brokgauz-Efron: F. A. Brokgauz - I. A. Efron (Hrsg.): Encyklopediceskij slovar. 82 Bde. SPb 1890-1904. 2 Erg.-Bde. SPb 1905-1907
Beck	H.-G. Beck, Kirche und theologische Literatur im byzantinischen Reich, München 1959
Bedjan	Acta martyrum et sanctorum (syriace), ed. P. Bedjan, 7 Bde., Paris 1890-1897
Benedictina	Benedictina, Rom 1947 ff.

Bénézit	E. Bénézit, Dictionnaire Critique et Documentaire des Peintres, Sculpteurs, Dessinateurs et Graveurs de Tous les Temps et de Tous les Pays par un Groupe d'Écrivains Spécialistes Français et Etrangers, 8 Bde., Paris 1948 ff. (Nouvelle édition, ebd. 1966)
BEStPh	Bibliographische Einführungen in das Studium der Philosophie, hrsg. von I. M. Bochenski, Bern 1948 ff.
BEvTh	Beiträge zur evangelischen Theologie. Theologische Abhandlungen, hrsg. von E. Wolf, München 1940 ff.; NF 1945 ff.
BFChTh	Beiträge zur Förderung christlicher Theologie, Gütersloh 1897 ff.
BGBR	Beiträge zur Geschichte des Bistums Regensburg
BGDSL	Beiträge zur Gesch. der deutschen Sprache und Literatur, Halle 1874 ff.
BGE	Beiträge zur Geschichte der neutestamentlichen Exegese, Tübingen 1955 ff.
BgF	Bibliographia Franciscana, Rom 1929/30 ff.
BGL	Berichte über die Verhandlungen der Sächsischen Gesellschaft der Wissenschaften zu Leipzig (ab 71, 2, 1919: BAL), Leipzig 1846 ff.
BGPhMa	Beiträge zur Geschichte der Philosophie (ab 27, 1928-30: und Theologie) des Mittelalters, hrsg. von M. Grabmann, Münster 1891 ff.
BhEvTh	Beihefte zur Evangelischen Theologie, München 1935 ff.
BHG	Bibliotheca hagiographica graeca, ed. socii Bollandiani, Brüssel 1909^2; 3 Bde., ed. F. Halkin, ebd. 1957^3
BHK	Biblia Hebraica, ed. R. Kittel, Stuttgart 1951^7
BHL	Bibliotheca hagiographica latina antiquae et medii aetatis, ed. socii Bollandiani, 2 Bde., Brüssel 1898-1901; Suppl. editio altera, ebd. 1911
BHO	Bibliotheca hagiographica Orientalis, ed. P. Peeters, Brüssel 1910
BHR	Bibliothèque d'humanisme et renaissance. Travaux et documents, Genf 1939 ff.
BHTh	Beiträge zur historischen Theologie, Tübingen 1929 ff.
BIB	Biografisch Index an de Benelux, München 1997
Bibl	Biblica. Commentarii ad rem biblicam scientifice investigandam. Pontificium Institutum Biblicum, Rom 1920 ff.
BiblCap	Bibliotheca Scriptorum Ordinis Minorum S. Francisci Capuccinorum, Venedig 1747; Appendix 1747-1852, Rom 1852
BiblCarm	Bibliotheca Carmelitana, 2 Bde., Orléans 1752; neue Aufl. mit Suppl., hrsg. von G. Wessels, Rom 1927
BiblMiss	Bibliotheka Missionum, begonnen von R. Streit, fortgeführt von J. Dindinger, J. Rommerskirchen und J. Metzler, (Münster, Aachen) Freiburg/Breisgau - Rom 1916 ff.
BiblS	Bibliotheca Sacra, London 1843 ff.
BiblThom	Bibliothèque Thomiste, Le Saulchoir 1921 ff.
BIES	The Bulletin of the Israel Exploration Society, Jerusalem 1950 ff. (früher: BJPES)
BIFAO	Bulletin de l'Institut Français d'Archéologie, Kairo 1901 f.
Bihlmeyer-Tüchle	K. Bihlmeyer - H. Tüchle, Kirchengeschichte I: Das christliche Altertum, Paderborn 1966^{18}; II: Das Mittelalter, 1968^{18}; III: Die Neuzeit und die neueste Zeit, 1969^{18}
Bijdragen	Bijdragen. Tijdschrift voor Filosofie en Theologie, Nijmegen 1938 ff.
BiKi	Bibel und Kirche. Organ des Katholischen Bibelwerkes, Stuttgart 1947 ff.
Billerbeck	(H. L. Strack und) P. Billerbeck, Kommentar zum Neuen Testament aus Talmud und Midrasch, I-IV, München 1922-1928 (Neudruck 1956); V: Rabbinischer Index, hrsg. von J. Jeremias, bearb. von K. Adolph, ebd. 1956
BiOr	Bibliotheca Orientalis, Leiden 1943 ff.
BJ	Biographisches Jahrbuch und Deutscher Nekrolog (für die Jahre 1896-1913), 18 Bde., Berlin 1897-1917
BJber	Bursians Jahresbericht über die Fortschritte der klassischen Altertumswissenschaft, Leipzig 1873 ff.
BJPES	Bulletin of the Jewish Palestine Exploration Society, Jerusalem 1933 ff. (ab 1950: BIES)
BK	Biblischer Kommentar. Altes Testament, hrsg. von M. Noth, Neukirchen-Vluyn 1955 ff.
BKV	Bibliothek der Kirchenväter, 79 Bde., Kempten 1869-1888; BKV^2: Bd. 1-61, München 1911-1931; II. Reihe: Bd. 1-20, ebd. 1932-1938
BL	Bibel-Lexikon, hrsg. von H. Haag, Einsiedeln - Zürich - Köln 1951-1956 (1968^2)
BLE	Bulletin de littérature ecclésiastique, Toulouse 1899 ff.

Blume	F. Blume, Gesch. der evangelischen Kirchenmusik, Kassel 1931, 2., neubearbeitete Aufl., ebd. 1965
BM	Benediktinische Monatsschrift (1877-1918: Benediktsstimmen), Beuron 1919 ff.
BMevR	Beiträge zur Missonswissenschaft und evangelischen Religionskunde, Gütersloh 1951 ff.
BMCL	Bulletin of Medieval Canon Law, Berkeley 1971 ff.
BnatBelg	Biographie nationale. Publiée par l'Académie de Belgique, Bd. 1-28, Brüssel 1866-1944; Bd. 29-32 (Suppl.), 1956-1964
BollAC	Bollettino di archeologia cristiana, hrsg. von G. B. de Rossi, Rom 1863-1894
BollStA	Bollettino Storico Agostiniano, Florenz 1924-1952
Braun	J. Braun, Tracht und Attribute der Heiligen in der deutschen Kunst, Stuttgart 1943 (unveränderter Nachdruck 1964)
BRL	Biblisches Reallexikon, hrsg. von K. Galling, Tübingen 1937
Brockelmann	C. Brockelmann, Geschichte der arabischen Literatur, 2 Bde., Leiden 1933/44^2; 3 SupplBde., 1936-1942
Brown	J. D. Brown, Biographical Dictionary of Musicians, London 1886 (Nachdruck Hildesheim - New York 1970)
BS	Bibliotheca sanctorum I-XII, Rom 1961-1969
BSAO	Bulletin de la Société des Antiquaires de l'Ouest
BSHPF	Bulletin de la Société de l'Histoire du Protestantisme Français, Paris 1852 ff.
BSKG	Beiträge zur sächsischen Kirchengeschichte, (Leipzig) Dresden 1882-1942
BSLK	Die Bekenntnisschriften der evangelisch-lutherischen Kirche, hrsg. vom Deutschen Evangelischen Kirchenausschuß, Göttingen 1956^3
BSOAS	Bulletin of the School of Oriental (Vol. 10 ff.: and African) Studies, London 1917 ff.
BSRK	Die Bekenntnisschriften der reformierten Kirche, hrsg. von E. F. K. Müller, Leipzig 1903
BSt	Biblische Studien, Freiburg/Breisgau 1895 ff.
BSt(N)	Biblische Studien, Neukirchen-Vluyn 1951 ff.
BThAM	Bulletin de Théologie Ancienne et Médiévale, Löwen 1929 ff.
BThH	Biblisch-Theologisches Handwörterbuch zur Lutherbibel und zu neueren Übersetzungen, hrsg. von E. Osterloh und H. Engelland, Göttingen 1954
BThKG	Beiträge zur Thüringischen Kirchengeschichte, Gotha 1929-1940
BThSt	Biblisch-Theologische Studien, Neukirchen-Vluyn
BThWB	Bibeltheologisches Wörterbuch, hrsg. von J. B. Bauer, 2 Bde., Graz 1959 (1967^3)
BuL	Bibel und Leben, Düsseldorf 1959 ff.
BWA(N)T	Beiträge zur Wissenschaft vom Alten (und Neuen) Testament, Leipzig 1908 ff.; Stuttgart 1926 ff.
BWGN	Biographisch Woordenboek van Protestantsche Godgeleerden in Nederland, 's Gravenhage 1919 ff.
ByZ	Byzantinische Zeitschrift, Leipzig 1892 ff.
Byz(B)	Byzantion, Brüssel 1924 ff.
BZ	Biblische Zeitschrift, Freiburg/Breisgau 1903-1929; Paderborn 1931-1939. 1957 ff.
BZAW	Beihefte zur Zeitschrift für die alttestamentliche Wissenschaft, Berlin 1896 ff.
BZfr	Biblische Zeitfragen, hrsg. von P. Heinisch und F. W. Maier, Münster 1908 ff.
BZNW	Beihefte zur Zeitschrift für die neutestamentliche Wissenschaft und die Kunde der älteren Kirche, Berlin 1923 ff.
BZThS	Bonner Zeitschrift für Theologie und Seelsorge, Düsseldorf 1924-1931

C

CA	Confessio Augustana (in: BSLK)
CahArch	Cahiers Archéologiques. Fin de l'Antiquité et Moyen âge, Paris 1945 ff.
CAR	Caritas, Freiburg/Breisgau 1896 ff.
Caspar	E. Caspar, Geschichte des Papsttums von den Anfängen bis zur Höhe der Weltherrschaft, 2 Bde., Tübingen 1930. 1933
Cath	Catholica. Jahrbuch (Vierteljahresschrift) für Kontroverstheologie, (Paderborn) Münster 1932 ff.
CathEnc	The Catholic Encyclopedia, hrsg. von Chr. Herbermann u. a., 15 Bde., New York 1907-1912; dazu Index-Bd. 1914 und Suppl.Bd,. 1922

Catholicisme	Catholicisme. Hier - Aujourd'hui - Demain. Encyclopédie, dirigée par G. Jacquemet, Paris 1948 ff.
CBE	Catholic Biblical Encyclopedia, Old and New Testament, by J. E. Steinmueller - K. Sullivan, New York 1950
CBL	Calwer Bibellexikon. In 5. Bearbeitung hrsg. von Th. Schlatter, Stuttgart 1959-1961
CBQ	The Catholic Biblical Quarterly, Washington 1939 ff.
CCathCorpus	Catholicorum, begründet von J. Greving, hrsg. (seit 1922) von A. Erhard, Münster 1919 ff.
CChr	Corpus Christianorum seu nova Patrum collectio, Turnhout - Paris 1953 ff.
CConf	Corpus Confessionum. Die Bekenntnisse der Christenheit, hrsg. von C. Fabricius, Berlin 1928 ff.
CcW	Chronik der christlichen Welt, Leipzig 1891-1917
Chalkedon	Das Konzil von Chalkedon. Geschichte und Gegenwart, hrsg. von A. Grillmeier und H. Bacht, 3 Bde., Würzburg 1951-1954 (Nachdruck mit Ergänzung 1962)
Chevalier	U. Chevalier, Répertoire des sources historiques du Moyen âge: Bio-Bibliographie, Paris 1877-1886; SupplBd. 1888; 2. Aufl., 2 Bde., 1903-1907
ChH	Church History, New York 1932 ff.
ChK	Die christliche Kunst, München 1904-1937
ChQR	The Church Quarterly Review, London 1875 ff.
CHR	The Catholic historical Review, Washington 1915 ff.
ChuW	Christentum und Wissenschaft, Desden 1925-1934
ChW	Die christliche Welt, (Leipzig, Marburg, Gotha) Leipzig 1886-1941
CIG	Corpus Inscriptionum Graecarum, 4 Bde., Berlin 1825-1877
CIJ	Corpus Inscriptionum Judaicarum, ed. J. B. Frey, Rom 1936 ff.
CIL	Corpus Inscriptionum Latinarum, Berlin 1863 ff.
CIS	Corpus Inscriptionum Semiticarum, Paris 1881 ff.
Cist	Cistercienser-Chronik, Mehrerau 1889 ff.
Citeaux	Citeaux. Commentarii Cistercienses, Westmalle 1959 ff.
CivCatt	La Civiltà Cattolica, Rom 1850 ff. (1871-1887 Florenz)
CKL	Calwer Kirchenlexikon. Kirchlich-theologisches Handwörterbuch, 2 Bde., Stuttgart 1937-1941
COFMC	Commentarium Ordinis Fratrum Minorum S. Francisci Conventualium, Rom 1904 ff.
CollFr	Collectanea Franciscana, Rom 1931 ff.
CollOCR	Collectanea ordinis Cisterciensium Reformatorum. Rom - Westmalle/Belgien 1934 ff.
CollSCarm	Collectio Scriptorum Carmelitarum Excalceatorum, 2 Bde., Savona 1884
Concilium	Concilium. Internationale Zeitschrift für Theologie, Einsiedeln - Zürich - Mainz 1965 ff.
CorpAp	J. C. Th. von Otto, Corpus Apologetarum, 9 Bde., Jena 1847-1872
CPL	Clavis Patrum Latinorum, ed. E. Dekkers, Steenbrugge 1951
CR	Corpus Reformatorum, (Braunschweig) Berlin 1834 ff.; Leipzig 1906 ff.
CSCO	Corpus scriptorum christianorum orientalium, Paris 1903 ff.
CSEL	Corpus scriptorum ecclesiasticorum latinorum, Wien 1866 ff.
CSHB	Corpus Scriptorum Historiae Byzantinae, 50 Bde., Bonn 1828-1897
CSS	Cursus Scripturae Sacrae, Paris 1884 ff.
CTom	Cienca Tomista, Madrid 1910 ff.
CV	Communio viatorum, Prag 1958 ff.

D

DA	Deutsches Archiv (Weimar 1937-1943: für Geschichte des Mittelalters) für Erforschung des Mittelalters, Köln - Graz 1950 ff.
DAB	Dictionary of American Biography, 21 Bde., New York 1928-1944
DACL	Dictionnaire d'archéologie chrétienne et de liturgie, hrsg. von F. Cabrol - H. Leclerq - H. Marrou, 15 Bde., Paris 1924-1953
DAFC	Dictionnaire apologétique de la foi catholique, ed. A. d'Alès, 4 Bde., Paris 1911-1922; Table analytique, 1931
Dalman	G. Dalman, Arbeit und Sitte in Palästina, 7 Bde., Gütersloh 1918-1942 (Nachdruck Hildesheim 1964)

DB	A Dictionary of the Bible, ed. J. Hastings with assistance of J. A. Selbie, 5 Bde., Edinburgh 1942-1951[8-13] (frühere Aufl. ebd. 1898 ff.; 1909 ff.)
DBA II	Deutsches Biographisches Archiv, 2. Ausgabe, München 1998
DBE	Deutsche Biographische Enzyklopädie
DBF	Dictionnaire de biographie française, Paris 1933 ff.
DBI	Dizionario Biografico degli Italiani, Rom 1960 ff.
DBI II	Deutscher Biographischer Index, 2. Ausgabe, München 1998
DBJ	Deutsches Biographisches Jahrbuch. Überleitungsbd. I: 1914-1916, Berlin und Leipzig 1925; Überleitungsbd. II: 1917-1920, 1928; Bd. III: 1921, 1927; Bd. IV: 1922, 1929; Bd. V: 1923, 1930; Bd. X: 1928, 1931; Bd. XI: 1929, 1932 (mehr nicht erschienen)
DBL	Dansk Biografisk Leksikon, Bd. 1-27, Kopenhagen 1933-1944
DBV	Dictionnaire de la Bible, hrsg. von F. Vigouroux, 5 Bde., Paris 1895-1912
DBVS	Dictionnaire de la Bible, Supplément, ed. L. Pirot, fortgesetzt von A. Robert (seit 1955 von H. Cazelles), I ff., Paris 1928
DCB	A Dictionary of Christian Biography, Literature, Sects and Doctrines, 4 Bde., London 1877-1887
DDC	Dictionnaire de droit canonique, 7 Bde., Paris 1935-1965
DDT	Denkmäler deutscher Tonkunst. Folge I, 65 Bde., Leipzig bzw. Augsburg 1892-1931
DE	Dizionario ecclesiastico, hrsg. von A. Mercati und A. Pelzer, 3 Bde., Turin 1953-1958
DEBl	Deutsch-Evangelische Blätter, Halle 1876-1908
De Boor	H. de Boor u. R. Newald, Gesch. der deutschen Literatur von den Anfängen bis zur Gegenwart, München 1949 ff.
Delacroix	Histoire universelle des missions catholiques, ed. S. Delacrois, 4 Bde., Paris 1956-1959
Denzinger	H. Denzinger - A. Schönmetzer, Enchiridion Symbolorum, Definitionum et Declarationum de rebus fidei et morum, Barcelona - Freiburg/Breisgau - Rom - New York 1965[33]
DHEE	Diccionario de historia ecclesiástica de España, Madrid 1972-1975
DHGE	Dictionnaire d'histoire et de géographie ecclésiastiques, Paris 1912 ff.
Diakonia	Diakonia. Internationale Zeitschrift für Theologie, Mainz - Olten/Schweiz 1966 ff. (Fortsetzung von: Anima)
DictEnglCath	A Literary and Biographical History or Bibliographical Dictionary of the English Catholics from 1534 to the Present Time, by J. Gillow, 5 Bde., London und New York 1885-1902; neubearbeitet von H. Thurston, London 1925 ff. (Nachdruck New York 1961
Diekamp	F. Diekamp, Katholische Dogmatik nach den Grundsätzen des hl. Thomas, neubearbeitet von K. Jüssen, I, Münster 1958[13]; II, 1959[12]; III, 1962[13]
DIP	Dizionario degli Istituti di Perfezione, Rom 1974 ff.
Div	Divinitas; Roma 1.1957-40.1996; [41.]1997,1-3 (Febr.-Okt.); [41.]1997(1998),3(Okt.); N.S. 43.2000
DLL	Deutsches Literatur-Lexikon. Begründet von Wilhelm Kosch. Hrsg. von Bruno Berger und Heinz Rupp. 3., völlig neubearbeitete Aufl., Bern und München 1968 ff. (I, 1968; II, 1969; III, 1971; IV, 1972)
DLZ	Deutsche Literaturzeitung, Berlin 1930 ff.
DNB	The Dictionary of National Biography, 67 Bde., London 1885-1903; Neuaufl. 22 Bde., 1908/09; Fortsetzungen, 1901-29
DomSt	Dominican Studies, Oxford 1948 ff.
Doyé	F. von Sales Doyé, Heilige und Selige der römisch-katholischen Kirche, deren Erkennungszeichen, Patronate und lebensgeschichtliche Bemerkungen, 2 Bde., Leipzig 1930
DSp	Dictionnaire de Spiritualité ascétique et mystique. Doctrine et Histoire, hrsg. von M. Viller, Paris 1932 ff.
DTB	Denkmäler der Tonkunst in Bayern (= DDT, Folge II), 30 Bde., Leipzig bzw. Augsburg 1900-1931
DTh	Divus Thomas (vor 1914: Jahrbuch für Philosophie und spekulative Theologie; ab 1954: Freiburger Zeitschrift für Theologie und Philosophie), Fribourg/Schweiz 1914-1954
DThC	Dictionnaire de théologie catholique, hrsg. von A. Vacant und E. Mangenot, fortgesetzt von E. Amann, I-XV, Paris 1903-1950; Table analytique und Tables générales XVI ff., ebd. 1951 ff.
DTÖ	Denkmäler der Tonkunst in Österreich, Wien 1894 ff.
DtPfrBl	Deutsches Pfarrerblatt, Essen 1905 ff.; NF 1949 ff.
DTT	Dansk Teologisk Tidsskrift, Kopenhagen 1938 ff.

Duhr	B. Duhr, Geschichte der Jesuiten in den Ländern deutscher Zunge I. II, Freiburg/Breisgau 1907-1913; III. IV, Regensburg 1921-1928
DVfLG	Deutsche Vierteljahresschrift für Literaturwissenschaft und Geistesgeschichte, Halle 1923 ff.
DZKR	Deutsche Zeitschrift für Kirchenrecht, Tübingen 1861-1917
DZPh	Deutsche Zeitschrift für Philosophie, Berlin 1953 ff.

E

EA	Erlanger Ausgabe der Werke M. Luthers, 1826 ff.
EB	Encyclopaedia Biblica, ed. T. K. Cheyne and J. Black, 1899-1903
EBB	Encyclopaedia biblica, thesaurus rerum biblicarum ordine alphabetico digestus, Jerusalem 1950 ff.
EBio	Enciclopedia biografica. I grandi del cattolicesimo, Rom 1955 ff.
EBrit	The Encyclopaedia Britannica, 23 Bde., dazu 1 Bd. Index und Atlas, Chicago - London - Torento 1968
EC	Enciclopedia Cattolica, 12 Bde., Rom 1949-1954
ECarm	Ephemerides Carmelitae, Florenz 1947 ff.
EchtB	Echter-Bibel, hrsg. von F. Nötscher und K. Staab, Würzburg 1947 ff.
Eckart	Eckart. Blätter für evangelische Geistesarbeit, Berlin 1924 ff.
ECQ	The Eastern Churches Quarterly, Ramsgate 1936 ff.
EE	Estudios eclesiásticos, Madrid 1922-1936. 1942 ff.
Éfranc	Études franciscaines, Paris 1909-1940; NS 1950 ff.
ÉGr	Études Grégoriennes, Tournai 1954 ff.
ÉHPhR	Études d'histoire et de philosophie religieuses, Strasbourg 1922 ff.
EHR	English Historical Review, London 1886 ff.
Ehrismann	G. Ehrismann, Geschichte der deutschen Literatur bis zum Ausgang des Mittelalters I, München 1918 (1932²); II, 1935 (unveränderter Nachdruck 1954)
EI	Enzyklopädie des Islam, 5 Bde., Leipzig - Leiden 1913-1938
EI²	Encyclopédie de l'Islam, nouvelle édition, Leiden - Paris 1954 ff.
Eichrodt	W. Eichrodt, Theologie des Alten Testaments I, Berlin 1957⁷; II.III, 1964⁵
Eißfeldt	O. Eißfeldt, Einleitung in das Alte Testament, Tübingen 1964³
EItal	Enciclopedia Italiana di scienze, lettere ed arti, 35 Bde., Rom 1929-1937; ErgBd., 1938; Index-Bd., 1939; 2 ErgBde. (1938-1948), ebd. 1948/49
Eitner	R. Eitner, Biographisch-bibliographisches Quellen-Lexikon der Musiker und Musikgelehrten christlicher Zeitrechnung bis Mitte des 19. Jahrhunderts, 11 Bde., Graz 1959/60²
EJud	J. Klatzkin und I. Elbogen, Encyclopaedia Judaica. Das Judentum in Geschichte und Gegenwart, 10 Bde. (unvollständig: bis Lyra), Berlin 1928-1934
EKG	Evangelisches Kirchengesangbuch
EKL	Evangelisches Kirchenlexikon. Kirchlich-theologisches Wörterbuch, hrsg. von H. Brunotte und O. Weber, 3 Bde. und 1 RegBd., Göttingen 1955-1961
Elert	W. Elert, Morphologie des Luthertums, 2 Bde., München 1931 (1958³)
ELKZ	Evangelisch-lutherische Kirchenzeitung, München 1947 ff.
EMM	Evangelisches Missionsmagazin, Basel 1816-1856; NF 1857 ff.
EMZ	Evangelische Missionszeitschrift, Stuttgart 1940 ff.
EncF	Enciclopedia Filosofica, 4 Bde., Venedig - Rom 1957/58
EnchB	Enchiridion biblicum. Documenta ecclesiastic Sacram Scripturam spectantia, Rom 1961⁴
EncJud	Encyclopaedia Judaica, 16 Bde., Jerusalem 1971/72
EnEc	Enciclopedia ecclesiastica. Dir. A. Bernareggi, Mailand 1943 ff.
EncPhilos	The Encyclopedia of Philosophy, New York-London 1967
EnzKat.	Encyklopedia katolicka, Lublin 1973 ff.
EO	Echos d'Orient, Paris 1897 ff.
EphLiturg	Ephemerides Liturgicae, Rom 1887 ff.
Eppelsheimer, BLW	H. W. E. Eppelsheimer, Bibliographie der deutschen Literaturwisenschaft I, Frankfurt/Main 1957; II, 1958; III, 1960; IV, 1961; V, 1963; VI, 1965

Eppelsheimer, WL	H. W. E. Eppelsheimer, Handbuch zur Weltliteratur. Von den Anfängen bis zur Gegenwart. 3. neubearbeitete und ergänzte Aufl., Frankfurt/Main 1960
ER	The Ecumenical Review, Genf 1948 ff.
ERE	Encyclopaedia of Religion and Ethics, ed. I. Hastings, 12 Bde., New York 1908-1921; 2. impr. vol. 1-12 and Index vol., Edinburgh 1925-1940 (Nachdruck 1951)
Erich-Beitl	O. A. Erich - R. Beitl, Wörterbuch der deutschen Volkskunde, Stuttgart 1955[2]
ErJb	Eranos-Jahrbuch, Zürich 1933 ff.
Escobar	Ordini e Congregazioni religiose, hrsg. von M. Escobar, 2 Bde., Turin 1951. 1953
ESL	Evangelisches Soziallexikon, hrsg. von F. Karrenberg, Stuttgart 1954 (1965[4])
EstB	Estudios Bíblicos, Madrid 1929-1936. 1941 ff.
ÉtB	Études Bibliques, Paris 1907 ff.
EThLov	Ephemerides Theologicae Lovanienses, Brügge 1924 ff.
Études	Études religieuses, historiques et littéraires publiées par les pères de la Compagnie de Jésus (ab 1897: Études), Paris 1856 ff.
EuG	J. S. Ersch und J. G. Gruber, Allgemeine Enzyklopädie der Wissenschaften und Künste, 167 Bde., Leipzig 1818-1890
Euph	Euphorion. Zeitschrift für Literaturgeschichte, Heidelberg 1894 ff.
EvFr	Evangelische Freiheit, 1879-1901 (1901-1920: MkPr)
EvMiss	Die evangelischen Missionen. Illustriertes Familienblatt. Zeitschrift der Deutschen Evangelischen Missions-Hilfe, Gütersloh 1895 ff.
EvTh	Evangelische Theologie, München 1934 ff.
ExpT	The Expository Times, Edinburgh 1889 ff.

F

F.	(Mikro-)Fiche
FBPG	Forschungen zur Brandenburgischen und Preußischen Geschichte (NF der »Märkischen Forschungen«), 55 Bde., (Leipzig) München 1888-1944
FC	Formula Concordiae (in: BSLK)
FChLDG	Forschungen zur christlichen Literatur- und Dogmengeschichte, hrsg. von A. Ehrhard und J. P. Kirsch, (Mainz) Paderborn 1900 ff.
FDA	Freiburger Diözesan-Archiv, Freiburg, 1865 ff.
FE	Filosofskaja Enciklopedija. 5 Bde. M 1960-1970
Feine, RG	H. E. Feine, Kirchliche Rechtsgeschichte. I: Die katholische Kirche, Weimar 1988[5]
Feine, ThNT	P. Feine, Theologie des Neuen Testaments, Berlin 1951[8]
Feine-Behm	P. Feine und J. Behm, Einleitung in das Neue Testament, Heidelberg 1965[14] (völlig neu bearbeitet von W. G. Kümmel)
Fellerer	Geschichte der katholischen Kirchenmusik, hrsg. von K. G. Fellerer. I. Von den Anfängen bis zum Tridentinum, Kassel - Basel - Tours - London 1972
FF	Forschungen und Fortschritte. Korrespondenzblatt (später: Nachrichtenblatt) der deutschen Wissenschaft und Technik, Berlin 1925-1967
FGLP	Forschungen zur Geschichte und Lehre des Protestantismus, München 1927 ff.
FGNK	Th. Zahn, Forschungen zur Geschichte des neutestamentlichen Kanons und der altkirchlichen Literatur, 9 Bde., Erlangen - Leipzig 1881-1916
Fischer-Tümpel	A. Fischer - W. Tümpel, Das deutsche evangelische Kirchenlied des 17. Jahrhunderts, 6 Bde., Gütersloh 1904-1916 (Nachdruck Hildesheim 1964)
FKDG	Forschungen zur Kirchen- und Dogmengeschichte, Göttingen 1953 ff.
FKGG	Forschungen zur Kirchen- und Geistesgeschichte, Stuttgart 1932 ff.
Fliche-Martin	Histoire de l'Église depuis les origines jusqu'à nos jours, publiée sous la direction de A. Fliche et V. Martin, Paris 1935 ff.
Flórez	H. Flórez, España Sagrada. Teatro geográfico-histórico de la Iglesia de la España, 51 Bde., Madrid 1754-1879
Frate Franc.	Frate Francesco, Parma 1924 ff.
FreibDiözArch	Freiburger Diözesan-Archiv, Freiburg/Breisgau 1865 ff.
FreibThSt	Freiburger Theologische Studien, Freiburg/Breisgau 1910 ff.
Friedberg	E. Friedberg, Lehrbuch des katholischen und evangelischen Kirchenrechts, Leipzig 1909[6]

FRLANT	Forschungen zur Religion und Literatur des Alten und Neuen Testaments, Göttingen 1903 ff.
FrSt	Franciscan Studies, St.-Bonaventure (New York) 1940 ff.
FrStim	Franziskusstimmen; Werl (Westf.) 1.1917-23.1939
FS	Franziskanische Studien, (Münster) Werl 1914 ff.
FSThR	Forschungen zur systematischen Theologie und Religionsphilosophie, Göttingen 1955 ff.
FuF	Forschungen und Fortschritte, Berlin
FVK	Forschungen zur Volkskunde, (Düsseldorf u.a.1,1930 - 32,1938); 33ff.,1950ff. Münster/W.
FZThPh	Freiburger Zeitschrift für Theologie und Philosophie (vor 1914: Jahrbuch für Philosophie und spekulative Theologie; 1914-1954: Divus Thomas), Fribourg/Schweiz 1955 ff.

G

Gatz, Bischöfe 1198-1448	Gatz: Die Bischöfe der deutschsprachigen Länder 1198-1448, Berlin 2001
Gatz, Bischöfe 1448-1668	Gatz: Die Bischöfe der deutschsprachigen Länder 1448-1668, Berlin 1996
Gatz, Bischöfe 1648-1803	Gatz: Die Bischöfe der deutschsprachigen Länder 1648-1803, Berlin 1990
Gatz, Bischöfe 1785/1803 bis 1945	Gatz: Die Bischöfe der deutschsprachigen Länder 1785/1803 bis 1945, Berlin 1983
Gatz, Bischöfe 1945-2001	Gatz: Die Bischöfe der deutschsprachigen Länder 1945-2001, Berlin 2002
GCS	Die griechischen christlichen Schriftsteller der ersten drei Jahrhunderte, Leipzig 1897 ff.
GDV	Die Geschichtsschreiber der deutschen Vorzeit. In deutscher Bearbeitung, hrsg. von G. H. Pertz u. a., 92 Bde., Leipzig - Berlin 1949-1892; 2. Gesamtausgabe besorgt von W. Wattenbach u. a., Leipzig 1884-1940 (teilweiser Neudruck 1940)
Gebhardt-Grundmann	B. Gebhardt, Handbuch der deutschen Geschichte, 8. Aufl., völlig neu bearbeitet, hrsg. von H. Grundmann, 4 Bde., Stuttgart 1954-1963
Gerber	L. Gerber, Neues historisch-biographisches Lexikon der Tonkünstler, 4 Tle., Leipzig 1812-1814 (Nachdruck Graz 1966); Ergänzungen, Berichtigungen, Nachträge, Graz 1966
Gerbert	M. Gerbert, Scriptores ecclesiastici de musica sacra, 3 Bde., St. Blasien 1784 (Neudruck Graz 1905)
GermRev	The Germanic Review, New York 1926 ff.
Gesenius-Buhl	W. Gesenius, Hebräisches und Aramäisches Handwörterbuch über das Alte Testament, bearbeitet von F. Buhl, Leipzig 1921^{17} (unveränderter Nachdruck Berlin - Göttingen - Heidelberg 1949)
Gesenius-Kautzsch	W. G.' hebräische Grammatik, völlig umgearbeitet von E. Kautzsch, Leipzig 1909^{28}
GFd.	Geschichtsfreund, Stans
GGA	Göttingische Gelehrte Anzeigen, (Berlin) Göttingen 1738 ff.
Gn	Gnomon. Kritische Zeitschrift für die gesamte klassische Altertumswissenschaft, (Berlin) München 1925 ff.
Goedeke	K. Goedeke, Grundriß zur Geschichte der deutschen Dichtung, Dresden 1884-1904^2
Goodmann	A.A. Goodmann, Musik von A-Z, München 1971
Grabmann, GkTh	M. Grabmann, Die Geschichte der katholischen Theologie seit dem Ausgang der Väterzeit, Freiburg/Breisgau 1933
Grabmann, MGL	M. Grabmann, Mittelalterliches Geistesleben, 3 Bde., München 1926-1956 (Darmstadt 1966^2)
Grabmann, SM	M. Grabmann, Die Geschichte der scholastischen Methode I, Freiburg/Breisgau 1909; II, ebd. 1911 (unveränderter Nachdruck Graz 1957)
Graetz	H. Graetz, Geschichte der Juden, 11 Bde., Berlin - Leipzig 1853-1870 (Neuausgabe 1923)
Graf	G. Graf, Geschichte der christlichen arabischen Literatur, 5 Bde., Rom 1944-1953
Gregorianum	Gregorianum. Commentarii de re theologica et philosophica, Rom 1920 ff.
Gregorovius	F. Gregorovius, Geschichte der Stadt Rom im Mittelalter, 8 Bde., Stuttgart 1859-1872; 7. Aufl. von F. Schillmann, Dresden 1926 ff.
Grove	Grove's Dictionary of Music and Musicians, ed. E. Blom, 9 Bde., London 1954^5; Supplementary Volume to the Fifth Edition, ebd. 1961
GThT	Gereformeerd Theologisch Tijdschrift, Kampen 1900 ff.
GuG	Glaube und Gewissen. Eine protestantische Monatsschrift, Halle/Saale 1955 ff.
GuL	Geist und Leben. Zeitschrift für Aszese und Mystik (bis 1947: ZAM), Würzburg 1947 ff.
GuV	Rudolf Bultmann, Glauben und Verstehen, 4 Bde., Tübingen 1933-1965
GWU	Geschichte in Wissenschaft und Unterricht, Stuttgart 1950 ff.

H

Haag	Émile und Eugène Haag, La France protestante, ou Vies des protestants qui s'ont fait un nom dans l'histoire depuis les premiers temps de la Réformation jusqu'à la reconnaissance du principe de la liberté des cultes par l'Assemblée nationale, 10 Bde., Paris 1846-1859 (2. Aufl., bearbeitet von H. Bordier und A. Bernus, 5 Bde., [nur bis zum Buchstaben G], 1877 f.)
Haller	J. Haller, Das Papsttum, 5 Bde., 2., verbesserte und ergänzte Aufl., Stuttgart 1950-1953
Hallinger	K. Hallinger, Gorze-Kluny. Studien zu den monastischen Lebensformen und ihren Gegensätzen im Hochmittelalter, 2 Bde., Rom 1950/51
HAOG	A. Jeremias, Handbuch der altorientalischen Geisteskultur, Berlin 1929[2]
Harnack, DG	A. von Harnack, Lehrbuch der Dogmengeschichte, 3 Bde., Tübingen 1909/10[4] (= 1931/32[5])
Harnack, Lit	A. von Harnack, Geschichte der altchristlichen Literatur, 3 Bde., Leipzig 1893-1904 (1958[2])
Harnack, Miss	A. von Harnack, Die Mission und Ausbreitung des Christentums in den ersten drei Jahrhunderten, Leipzig 1902 (2 Bde., 1906[2]; 1923[4])
HAT	Handbuch zum Alten Testament, hrsg. von O. Eißfeldt, Tübingen 1934 ff.
Hauck	A. Hauck, Kirchengeschichte Deutschlands, Leipzig, I, 1952[7]; II, 1952[6]; III, 1952[6]; IV, 1953[6]; V, 1953[5] (Nachdruck 1958)
HAW	Handbuch der Altertumswissenschaft, begründet von I. von Müller, neu hrsg. von W. Otto, München 1925 ff. (Neuaufl. 1955 ff.)
HB	E. Hübner, Bibliographie der klassischen Altertumswissenschaft, Berlin 1889[2]
HBLS	Historisch-Biographisches Lexikon der Schweiz, 7 Bde., Neuenburg 1921-1934
Hdb. z. EKG	Handbuch zum Evangelischen Kirchengesangbuch, hrsg. von Ch. Mahrenholz und O. Söhngen. II/1: Lebensbilder der Liederdichter und Melodisten, bearbeitet von W. Lueken, Göttingen 1957
HDEK	Handbuch der deutschen evangelischen Kirchenmusik, Göttingen 1935 ff.
HDG	Handbuch der Dogmengeschichte, hrsg. von M. Schmaus, J. Geiselmann und A. Grillmeier, Freiburg/Breisgau 1951 ff.
HdKG	Handbuch der Kirchengeschichte, hrsg. von H. Jedin, 6 Bde., Freiburg/Breisgau - Basel - Wien 1962 ff.
Hefele	C. J. von Hefele, Conciliëngeschichte, 9 Bde. (VIII.IX, hrsg. von J. Hergenröther), Freiburg/Breisgau 1855-1890 (I-VI[2], 1873-1890)
Hefele-Leclerq	Histoire des conciles d'après les documents originaux, par Ch. J. Hefele. Traduite par H. Leclerq, I-IX, Paris 1907 ff.
Heimbucher	M. Heimbucher, Die Orden und Kongregationen der katholischen Kirchen, 3. Aufl., 2 Bde., Paderborn 1933/34
Hélyot	P. Hélyot, Dictionnaire des Ordres Religieux, publiée par J. P. Migne, 4 Bde., Paris 1847-1859 (Neuaufl. von 1714-1719, 8 Bde.)
HEM	A History of the Ecumenical Movement 1517-1948, hrsg. von R. Rouse und St. Ch. Neill, London 1954 (dt. Göttingen 1956)
Hennecke	Neutestamentliche Apokryphen in deutscher Übersetzung, hrsg. von E. Hennecke, Tübingen 1924[2]; 3. Aufl., hrsg. von W. Schneemelcher, 2 Bde., Tübingen 1959-1964
HerKorr	Herder-Korrespondenz, Freiburg/Breisgau 1946 ff.
Hermelink	H. Hermelink, Das Christentum in der Menschheitsgeschichte von der Französischen Revolution bis zur Gegenwart, 3 Bde., Stuttgart - Tübingen 1951-1955
Hermes	Hermes. Zeitschrift für klassische Philologie, Berlin 1866 ff.
HGR	Histoire Générale des Religions, 5 Bde., Paris 1948-1952
HibJ	The Hibbert Journal. A quarterly review of religion, theology and philosophy, London 1902 ff.
Hinschius	P. Hinschius, Das Kirchenrecht der Katholiken und Protestanten in Deutschland, 6 Bde., Berlin 1869-1897
Hirsch	E. Hirsch, Geschichte der neueren evangelischen Theologie im Zusammenhang mit den allgemeinen Bewegungen des europäischen Denkens, 5 Bde., Gütersloh 1949-1954
HIsl	Handwörterbuch des Islam, hrsg. von A. J. Wensinck und J. H. Kramers, Leiden 1941
HispSac.	Hispania sacra
HistLittFrance	Histoire littéraire de la France, I-XII, hrsg. von den Maurinern, Paris 1733-1763; XIII-XXXVI, hrsg. vom Institut de France, ebd. 1814-1927; I-XXIX, Neudruck, ebd. 1865 ff.
HistSJ	N. Orlandini, F. Sacchini, J. Jouvancy, J. C. Cordara, Historia Societatis Jesu, Rom 1614-1859
HJ	Historisches Jahrbuch der Görres-Gesellschaft, Köln 1880 ff.; München - Freiburg/Breisgau 1950 ff.

HK	Handkommentar zum Alten Testament, hrsg. von W. Nowack, Göttingen 1892-1929
HKG	Handbuch der Kirchengeschichte, hrsg. von G. Krüger, 4 Bde., Tübingen 1923-1931[2]
HLitW	Handbuch der Liturgiewissenschaft, hrsg. von A.-G. Martimor, 2 Bde., Freiburg/Breisgau 1963-1965
HLW	Handbuch der Literaturwissenschaft, hrsg. von O. Walzel, Wildpark-Potsdam 1923 ff.
HN	H. Hurter, Nomenclator literarius theologiae catholicae, 3. Aufl., 6 Bde., Innsbruck 1903-1913 (I[4], hrsg. von F. Pangerl, 1926)
HNT	Handbuch zum Neuen Testament, begründet von H. Lietzmann, jetzt hrsg. von G. Bornkamm, 23 Abteilungen, Tübingen 1906 ff.
HO	Handbuch der Orientalistik, hrsg. von B. Spuler, Leiden - Köln 1948 ff.
Hochland	Hochland. Monatsschrift für alle Gebiete des Wissens, der Literatur und Kunst, Kempten - München 1903 ff.
Hochweg	Der Hochweg. Ein Monatsblatt für Leben und Wirken, Berlin 1913 ff.
Holl	K. Holl, Gesammelte Aufsätze zur Kirchengeschichte. I: Luther, Tübingen 1921 (1932[6] = 1948[7]); II: Der Osten, ebd. 1927/28; III: Der Westen, ebd. 1928
Holweck	F. G. Holweck, A Biographical Dictionary of the Saints, with a general introduction on hagiology, London 1924
Honegger	M. Honegger, Dictionnaire de la Musique, 2 Bde., Bordas 1970
HPBl	Historisch-politische Blätter für das katholische Deutschland, 171 Bde., München 1838-1923
HPh	Handbuch der Philosophie, hrsg. von A. Baeumler und M. Schröter, Berlin 1927 ff.
HPTh	Handbuch der Pastoraltheologie, hrsg. von F. X. Arnold - K. Rahner - V. Schurr - L. M. Weber, Freiburg/Breisgau 1964 ff.
HRW(L)	Handbuch der Religionswissenschaft, hrsg. von J. Leipoldt, Berlin 1922
HRW(M)	Handbuch der Religionswissenschaft, hrsg. von G. Mensching, Berlin 1948 ff.
HS	Hispania Sacra, Madrid 1948 ff.
Hstud	Historische Studien, hrsg. von E. Ebering, Berlin 1896 ff.
HThK	Herders Theologischer Kommentar zum Neuen Testament, hrsg. von A. Wilkenhauser - A. Vögtle, Freiburg/Breisgau 1953 ff.
HThR	The Harvard Theological Review, Cambridge/Massachusetts 1908 ff.
HUCA	Hebrew Union College Annual, Cincinnati 1914 ff.
HUS	Harvard Ukrainian Studies. Cambridge/MASS 1/1977 ff.
Hutten	K. Hutten, Seher - Grübler - Enthusiasten und religiöse Sondergemeinschaften der Gegenwart, Stuttgart 1966[10] (1968[11])
HV	Historische Vierteljahresschrift, Leipzig 1898-1937
HWPh	Historisches Wörterbuch der Philosophie, Basel
HZ	Historische Zeitschrift, München 1859 ff.

I

IBKW	Innsbrucker Beiträge zur Kulturwissenschaft
ICC	The International Critical Commentary of the Holy Scriptures of the Old and New Testament, Edinburgh - New York 1895 ff.
IEJ	Israel Exploration Journal, Jerusalem 1950 ff.
IKZ	Internationale Kirchliche Zeitschrift, Bern 1911 ff.
IM	Die Innere Mission. Monatsblatt des Central-Ausschusses für die Innere Mission der deutschen evangelischen Kirche (früherer Titel: Die Innere Mission im evangelischen Deutschland), 1906 ff.
IQ	Islamic Quarterly, London 1954 ff.
Irénikon	Irénikon, Chevetogne 1926 ff.
IRM	International Review of Missions, Edinburgh 1912 ff.
Istina	Istina, Boulogne-sur-Seine 1954 ff.
IThQ	The Irish Theological Quarterly, Dublin 1906-1922. 1951 ff.
Itiner.	Itinerarium, Braga 1955 ff.
IZBG	Internationale Zeitschriftenschau für Bibelwissenschaft und Grenzgebiete, Stuttgart - Düsseldorf 1952 ff.

J

JAA	Jaarboek der koninklijke nederlands(ch)e Akademie van Wetenschappen. Amsterdam
JAC	Jahrbuch für Antike und Christentum, Münster 1958 ff.
Jacobs	Reformierte Bekenntnisschriften und Kirchenordnungen in deutscher Übersetzung. Bearbeitet und hrsg. von P. Jacobs, Neukirchen-Vluyn 1950
Jaffé	Ph. Jaffé, Regesta pontificum Romanorum ab condita ecclesia ad annum 1198, Leipzig 1851; 2. Aufl., 2 Bde., 1881-1888 (Nachdruck Graz 1956)
JAOS	The Journal of the American Oriental Society, New Haven 1843 ff.
JB	Theologischer Jahresbericht, 1866-1875
JBl.	Juristische Blätter
JBL	Journal of Biblical Literature, published by the Society of Biblical Literature and Exegesis, Boston 1881 ff.
JBR	The Journal of Bible and Religion, Brattleboro/Vermont 1933 ff.
JBrKG	Jahrbuch für brandenburgische Kirchengeschichte, Berlin 1906-1941
JCSW	Jahrbuch für christliche Sozialwissenschaften, Münster 1.1960 ff.
JDAI	Jahrbuch des Deutschen Archäologischen Instituts (Beiblatt: Archäologischer Anzeiger), Berlin 1886 ff.
JDTh	Jahrbücher für deutsche Theologie, Stuttgart 1856-1878
JEA	The Journal of Egyptian Archaeology, London 1914 ff.
Jedin	H. Jedin, Geschichte des Konzils von Trient I, Freiburg/Breisgau 1951²; II, ebd. 1957
JEH	The Journal of Ecclesiastical History, London 1950 ff.
JewEnc	The Jewish Encyclopedia, 12 Bde., New York - London 1901-1906
JFLF	Jahrbuch für fränkische Landesforschung
JGNKG	Jahrbuch der Gesellschaft für niedersächsische Kirchengeschichte, Göttingen 1941 ff. (1896-1941: ZGNKG)
JGPrÖ	Jahrbuch der Gesellschaft für die Geschichte des Protestantismus in Österreich, Wien 1880 ff.
JJS	The Journal of Jewish Studies, London 1948 ff.
JK	Junge Kirche. Evangelische Kirchenzeitung, (Oldenburg) Dortmund 1933 ff.
JLH	Jahrbuch für Liturgik und Hymnologie, Kassel 1955 ff.
JLW	Jahrbuch für Liturgiewissenschaft, Münster 1921-1941 (jetzt: ALW)
JNES	Journal of Near Eastern Studies, Chicago 1942 (früher: AJSL)
Jöcher	Allgemeines Gelehrten-Lexicon, hrsg. von Chr. G. Jöcher, I-IV, Leipzig 1750/51; Fortsetzung und Ergänzung von J. Chr. Adelung, fortgesetzt von W. Rotermund, I-VI, 1784-1819; VII, hrsg. von O. Günther, 1897
JPOS	The Journal of the Palestine Oriental Society, Jerusalem 1920 ff.
JpTh	Jahrbücher für protestantische Theologie, (Leipzig, Freiburg/Breisgau) Braunschweig 1875-1892
JQR	The Jewish Quarterly Review, Philadelphia 1888 ff.
JR	The Journal of Religion, Chicago 1921 ff.
JRAS	Journal of the Royal Asiatic Society of Great Britain and Ireland, London 1833 ff.
JSOR	Journal of the Society of Oriental Research, Chicago 1917-1932; Madras 1936 ff.
JSS	Journal of Semitic Studies, Manchester 1956 ff.
JThS	The Journal of Theological Studies, Oxford 1900 ff.
Judaica	Judaica. Beiträge zum Verständnis des jüdischen Schicksals in Vergangenheit und Gegenwart, Zürich 1945 ff.
JüdLex	Jüdisches Lexikon. Ein enzyklopädisches Handbuch des jüdischen Wissens, begründet von G. Herlitz und B. Kirschner, 4 Bde., Berlin 1927-1930
Jugie	M. Jugie, Theologia dogmatica Christianorum orientalium ab ecclesia catholica dissidentium I-V, Paris 1926-1935

K

KÅ	Kyrhohistorisk Årsskrift, Uppsala 1900 ff.
Kairos	Kairos. Zeitschrift für Religionswissenschaft und Theologie, Salzburg 1959 ff.
KantSt	Kant-Studien. Philosophische Zeitschrift, begründet von H. Vaihinger, Berlin 1896 ff.; Leipzig 1938 ff.

KAT	Kommentar zum Alten Testament, hrsg. von E. Sellin, Leipzig 1913 ff.
KatBl	Katechetische Blätter. Kirchliche Jugendarbeit. Zeitschrift für Religionspädagogik und Jugendarbeit, München 1875 ff.
KathMiss	Die katholischen Missionen. Zeitschrift des Päpstlichen Werkes der Glaubensverbreitung, Freiburg/Breisgau 1873 ff.
Katholik	Der Katholik. Zeitschrift für katholische Wissenschaft und kirchliches Leben, Mainz 1821 ff.
KatM	Katechetische Monatsschrift; Münster 1.1889- 31.1919
Kautzsch, AP	Die Apokryphen und Pseudepigraphen des Alten Testaments, übersetzt und hrsg. von E. Kautzsch, 2 Bde., Tübingen 1900 (Neudruck 1921. 1929²)
Kautzsch, HSAT	Die Heilige Schrift des Alten Testaments, übersetzt von E. Kautzsch. 4., umgearbeitete Aufl., hrsg. von A. Bertholet, 2 Bde., Tübingen 1922. 1923
KE	Katholieke Encyclopaedie, 2. Aufl., Amsterdam 1949-1955
Kehrein	J. Kehrein, Katholische Kirchenlieder, Hymnen, Psalmen. Aus den ältesten deutschen gedruckten Gesang- und Gebetbüchern I-IV, Würzburg 1859-1865 (Nachdruck Hildesheim 1965)
KGA	Kirchengeschichtliche Abhandlungen, Breslau 1902 ff.
KH	Kirchliches Handbuch für das katholische Deutschland, (Freiburg/Breisgau) Köln 1907 ff.
KHC	Kurzer Hand-Commentar zum Alten Testament, hrsg. von K. Marti, Tübingen 1897 ff.
KiG	Die Kirche in ihrer Geschichte. Ein Handbuch, hrsg. von K. D. Schmidt - E. Wolf, Göttingen 1961 ff.
KiO	Kirche im Osten. Studien zur osteuropäischen Kirchengeschichte und Kirchenkunde. Göttingen 1/1958 ff.
Kirch-Ueding	C. Kirch - L. Ueding, Enchiridion, fontium historiae ecclesiastique antiquae, Freiburg/Breisgau 1966⁹
Kittel	R. Kittel, Geschichte des Volkes Israel I, Gotha - Stuttgart 1923⁵⁻⁶; II, 1925⁶; III/1-2, Stuttgart 1927-1929²
KJ	Kirchliches Jahrbuch für die evangelische Kirche in Deutschland, Gütersloh 1873 ff.
KLL	Kindlers Literatur Lexikon, 7 Bde., Zürich 1965-1972; ErgBd. 1974
Kl. Pauly	Der kleine Pauly. Lexikon der Antike, bearbeitet und hrsg. von K. Ziegler und W. Sontheimer, Stuttgart 1964 ff.
KmJb	Kirchenmusikalisches Jahrbuch, Köln 1886 ff.
KML	Kindlers Malerei Lexikon, 6 Bde., Zürich 1964-1971
KNT	Kommentar zum Neuen Testament, hrsg. von Th. Zahn, 18 Bde., Leipzig 1903 ff.
Koch	E. E. Koch, Geschichte des Kirchenlieds und Kichengesangs, 3. Aufl., 8 Bde., Stuttgart 1866-1876
Koch, JL	L. Koch, Jesuitenlexikon. Die Gesellschaft Jesu einst und jetzt, Paderborn 1934 (Nachdruck mit Berichtigung und Ergänzung, 2 Bde., Löwen - Heverlee 1962)
Köhler	L. Köhler, Theologie des Alten Testaments, Tübingen 1966⁴
Körner	J. Körner, Bibliographisches Handbuch des deutschen Schrifttums, Bern 1949³ (völlig umgearbeitet und wesentlich vermehrt)
Kon.Ge.D	Konziliengeschichte, hrsg. v. Walter Brandmüller, Reihe A: Darstellungen, Paderborn u.a. 1981
kontinente	Kontinente - Magazin für eine missionarische Kirche, Köln 1966 ff.
Kosch, KD	Das Katholische Deutschland. Biographisch-bibliographisches Lexikon von W. Kosch, Augsburg 1930-1938
Kosch, LL	Deutsches Literatur-Lexikon. Biographisches und bibliographisches Handbuch von W. Kosch, 2., vollständig neubearbeitete und stark vermehrte Aufl., 4 Bde., Bern 1949-1958
KRA	Kirchenrechtliche Abhandlungen, Stuttgart 1902 ff.
Kraus	H.-J. Kraus, Geschichte der historisch-kritischen Erforschung des Alten Testaments von der Reformation bis zur Gegenwart, Neukirchen-Vluyn 1956 (1969²)
Krumbacher	K. Krumbacher, Geschichte der Byzantinischen Literatur, München 1890; 2. Aufl. unter Mitwirkung von A. Ehrhard und H. Gelzer, ebd. 1897
KS	Kievskaja starina. Kiev 1/1882-94/1906
KStuT	Kanonistische Studien und Texte, hrsg. von A. M. Koeninger, Bonn 1928 ff.
KuD	Kerygma und Dogma. Zeitschrift für theologische Forschung und kirchliche Lehre, Göttingen 1955 ff.
Kümmerle	Encyclopädie der evangelischen Kirchenmusik. Bearbeitet und hrsg. von S. Kümmerle, 4 Bde., Gütersloh 1888-1895

Künstle	K. Künstle, Ikonographie der Heiligen, Freiburg/Breisgau 1926
Kürschner, GK	Kürschners Deutscher Gelehrten-Kalender, Berlin 1925 ff.
Kürschner, LK	Kürschners Deutscher Literatur-Kalender, Berlin 1878 ff.
KuK	Kirche und Kanzel; Paderborn 1.1918-26.1943
KuM	Kerygma und Mythos. Hamburg [1] 1948ff.

L

L	Leningrad (1924 - 1990)
Landgraf	A. M. Landgraf, Dogmengeschichte der Frühscholastik, I/1-IV/2, Regensburg 1952-1956
Latourette	K. S. Latourette, A History of the Expansion of Christianity, 7 Bde., New York - London 1937-1945
LB	Lexikon zur Bibel, hrsg. von F. Rienecker, Wuppertal 1960
LChW	The Lutheran Churches of the World, ed. A. R. Wentz, Genf 1952
LCI	Lexikon der christlichen Ikonographie. Hrsg. E. Kirschbaum. 8 Bde, Rom-Freiburg-Basel-Wien (Herder)1968-76
Leiturgia	Leiturgia. Handbuch des evangelischen Gottesdienstes, hrsg. von K. F. Müller und W. Blankenburg, 3 Bde., Kassel 1952-1956
LexBuch	Lexikon des Buchwesens, 4 Bde., Stuttgart 1952-1956
LexCap	Lexicon Capuccinum. Promptuarium Historico-Bibliographicum (1525-1590), Rom 1951
LexP	Hans Kühner, Lexikon der Päpste, Zürich - Stuttgart 1956
LeZg	Lebendiges Zeugnis; Paderborn 1946; 1.1947- 2.1948; [N.S.][1.]1949; 2/3.1949-14.1952; 1952/53
LF	Liturgiegeschichtliche Forschungen, Münster 1918 ff.
LGB^2	Lexikon des gesamten Buchwesens, 2. Aufl., Stuttgart 1987 ff.
LibPont	Liber pontificalis, ed. L. Duchesne, 2 Bde., Paris 1886-1892 (Neudruck ebd. 1955); III, ed. C. Vogel, ebd. 1957
Lichtenberger	Encyclopédie des sciences religieuses, publiée sous la direction de F. Lichtenberger, 13 Bde., Paris 1877-1882
Lietzmann	H. Lietzmann, Geschichte der alten Kirche. I, Berlin 1937^2 (= 1953^3); II-IV, 1936-1944 (= 1953^2)
LitHandw	Literarischer Handweiser; Freiburg i.Br. 0.1861[Probenr.]; 1.1862-14.1875 = Nr. 1-182; 15.1876-67.1930/31
LJ	Liturgisches Jahrbuch, Münster 1951 ff.
LM	Lexikon der Marienkunde, hrsg. von K. Algermissen u. a., I (Aachen bis Elisabeth von Thüringen), Regensburg 1957-1967
LML	Luther. Mitteilungen der Luthergesellschaft, (Leipzig) Berlin 1919 ff.
Loofs	F. Loofs, Leitfaden zum Studium der Dogmengeschichte, hrsg. von K. Aland, 2 Bde., Halle 1951-1953^5
Lortz	J. Lortz, Die Reformation in Deutschland, 2 Bde., Freiburg/Breisgau 1939/40 (1965^5)
LPäd(B)	Lexikon der Pädagogik, 3 Bde., Bern 1950-1952
LexPäd(F)	Lexikon der Pädagogik, 4 Bde., Freiburg/Breisgau 1952-1955; ErgBd. 1964
LMA	Lexikon des Mittelalters, München 1980-1999
LQF	Liturgiegeschichtliche Quellen und Forschungen, Münster 1909-1940. 1957 ff.
LR	Lutherische Rundschau. Zeitschrift des Lutherischen Weltbundes, Stuttgart 1951 ff.
LS	Lebendige Seelsorge. Zeitschrift für alle Fragen der Seelsorge, Freiburg/Breisgau 1950 ff.
LSB	La sainte Bible, hrsg. von der École Biblique de Jérusalem, Paris 1948 ff.
LThK	Lexikon für Theologie und Kirche. Begründet von Michael Buchberger. 2., völlig neu bearbeitete Aufl. Hrsg. von Josef Höfer und K. Rahner, 10 Bde., Freiburg/Breisgau 1957-1966; ErgBd. 1967
LThK	Lexikon für Theologie und Kirche. Begr. von Michael Buchberger. 3., völlig neu bearbeitete Aufl. Hrsg. von Walter Kasper, Konrad Baumgartner, Horst Bürkle, Klaus Ganzer, Karl Kertelge, Wilhelm Korff, Peter Walter, Freiburg 1993ff.
LThKVat	Lexikon für Theologie und Kirche. Das Zweite Vatikanische Konzil. Konstitutionen, Dekrete und Erklärungen, lateinischer und deutscher Kommentar, hrsg. von H. S. Brechter - B. Häring - J. Höfer - H. Jedin - J. A. Jungmann - K. Mörsdorf - K. Rahner - J. Ratzinger - K. Schmidthüs - J. Wagner, 3 Tle., Freiburg/Breisgau 1966 ff.
LUÅ	Lunds Universitets Årsskrift, Lund

LuJ	Luther-Jahrbuch. Jahrbuch der Luther-Gesellschaft (seit 1971: Organ der internationalen Luther-forschung), (Leipzig - Wittenberg - München - Amsterdam - München - Weimar -Gütersloh - Berlin - Hamburg) Göttingen 1919 ff.
LuM	Liturgie und Mönchtum. Laacher Hefte, (Freiburg/Breisgau) Maria Laach 1948 ff.
LumVitae	Lumen Vitae. Revue internationale de la formation religieuse, Brüssel 1946 ff.
Luthertum	Luthertum (= NF der NKZ), Leipzig 1934-1942
LVTL	L. Koehler - W. Baumgartner, Lexicon in Veteris Testamenti libros, Leiden 1948-1953
LZ	Literarisches Zentralblatt für Deutschland, Leipzig 1850 ff.

M

M	Moskva
MALe	Moyen âge. Revue d'histoire et de philologie, Paris 1888
MAA	Medede(e)lingen der koninklijke nederlands(ch)e Akademie van Wetenschappen, Amsterdam
MAB	Mémoires de l'Académie Royale de Langue et de Littérature Française de Belgique, Brüssel
Mai	A. Mai, Scriptorum veterum nova collectio e vaticanis codicibus edita, 10 Bde., Rom 1825-1838
Manitius	M. Manitius, Geschichte der lateinischen Literatur des Mittelalters I, München 1911; II, 1923; III, 1931
Mann	H. K. Mann, The Lives of the Popes in the Early Middle Ages from 590 to 1304, 18 Bde., London 1902-1932
Mansi	J. D. Mansi, Sacrorum conciliorum nova et amplissima collectio, 31 Bde., Florenz - Venedig 1757-1798. - Neudruck und Fortsetzung unter dem Titel: Collectio conciliorum recentiorum ecclesiae universae, 60 Bde., Paris 1899-1927
MAOG	Mitteilungen der Altorientalischen Gesellschaft, Leipzig 1925 ff.
Mar	Marianum, Rom 1939 ff.
Maria	Maria. Études sur la Sainte Vierge, sous la direction d'H. Du Manoir, 4 Bde., Paris 1949-1956
MartFr	Martyrologium Franciscanum, Rom 1938
MartHier	Martyrologium Hieronymianum, ed. H. Quentin - H. Delehaye, Brüssel 1931
MartRom	Martyrologium Romanum, ed. H. Delehaye, Brüssel 1940
Mausbach-Ermecke	J. Mausbach - G. Ermecke, Katholische Moraltheologie I, Münster 1959[9]; II, 1960[11]; III, 1961[10]
MBP	Maxima Bibliotheca veterum Patrum et antiquorum scriptorum ecclesiasticorum, hrsg. von den Theologen der Kölner Universität, 27 Bde., Lyon 1677-1707
MBTh	Münsterische Beiträge zur Theologie, Münster 1923 ff.
MDAI	Mitteilungen des Deutschen Archäologischen Instituts, Römische Abteilung, München 1886 ff.
MdKI	Materialdienst des Konfessionskundlichen Instituts, Bensheim 1950 ff.
MDOG	Mitteilungen der Deutschen Orientgesellschaft zu Berlin, Berlin 1898-1943
MennEnc	The Mennonite Encyclopedia, 4 Bde., Hillsboro/Kansas - Newton/Kansas - Scottdale/Pennsylvanien 1955-1959
MennLex	Mennonitisches Lexikon I, Frankfurt/Main und Weierhof/Pfalz 1913; II, ebd. 1937; III, Karlsruhe 1958; IV (Saarburg - Wyngaard), ebd. 1959-1966
MERSH	Modern Encyclopedia of Russian and Soviet History. 55 Bde. Gulf Breeze/FLA 1976-1993
Meulemeester	M. de Meulemeester, Bibliographie générale des écrivains rédemptoristes, 3 Bde., Louvain 1933-1939
Meusel	J. G. Meusel, Das Gelehrte Teutschland oder Lexikon der jetzt lebenden teutschen Schriftsteller, 23 Bde., Lemgo 1796-1834 (ab Bd. 13 auch unter dem Titel: Das Gelehrte Teutschland im 19. Jahrhundert, Bd. 1 ff.)
Meyer, KNT	Kritisch-exegetischer Kommentar über das Neue Testament, begründet von H. A. W. Meyer, 16 Bde., Göttingen 1832 ff.
Mf	Die Musikforschung, Kassel und Basel 1948 ff.
MfM	Monatshefte für Musikgeschichte, Leipzig 1869 ff.
MFr	Miscellanea francescana, Rom 1886 ff.
MG	Monumenta Germanicae historica inde A.C. 500 usque ad 1500, Hannover - Berlin 1826 ff.
MG AA	MG Auctores antiquissimi
MG Cap	MG Capitularia
MG Conc	MG Concilia
MG Const	MG Constitutiones

MG DD	MG Diplomata Karolinum
MG Epp	MG Epistolae selectae
MG Liblit	MG Libelli de lite
MG LL	MG Leges
MG Necr	MG Necrologia
MG PL	MG Poetae Latini
MG SS	MG Scriptores
MG SS rer. Germ.	MG SS rerum Germanicarum
MG SS rer. Merov.	MG SS rerum Merovingicarum
MG SS rer. Lang.	MG SS rerum Langobardicarum
MGG	Die Musik in Geschichte und Gegenwart. Allgemeine Enzyklopädie der Musik, hrsg. von F. Blume, 14 Bde., Kassel - Basel - Paris - London - New York 1949-1968; XV: Supplement A-D, 1973
MGkK	Monatsschrift für Gottesdienst und kirchliche Kunst, Göttingen 1896-1940
MGWJ	Monatsschrift für Geschichte und Wissenschaft des Judentums, Beslau 1851 ff.
MHSI	Monumenta Historica Societatis Iesu, Madrid 1894 ff.; Rom 1932 ff.
MIC	Monumenta Iuris canonici, Roma 1965 ff.
MIÖG	Mitteilungen des Instituts für österreichische Geschichtsforschung, (Innsbruck) Graz - Köln 1880 ff.
MIOr	Mitteilungen des Instituts für Orientforschung, hrsg. von F. Hintze, Berlin 1953 ff.
Mirbt	C. Mirbt, Quellen zur Geschichte des Papsttums und des römischen Katholizismus, Tübingen $1924^4 = 1934^5$
MkPr	Monatsschrift für die kirchliche Praxis, Tübingen 1901-1920
mmm	Mariannhiller Missions-Magazin bzw. Mariannhill (Missionszeitschriften der Mariannhiller Missionare)
MNDPV	Mitteilungen und Nachrichten des Deutschen Palästinavereins, Leipzig 1878 ff.
MO	Le Monde Oriental. Archives pour l'histoire et l'ethnographie, les langues et littératures, religions et traditions de l'Europe orientale et de l'Asie, Uppsala - Leipzig 1906 ff.
MOP	Monumenta ordinis Fratrum Praedicatorum historica, ed. B. M. Reichert, 14 Bde., Rom 1896-1904; Fortsetzung Paris 1931 ff.
Moser	H. J. Moser, Musiklexikon, 2 Bde., Hamburg 1955^4; ErgBd. 1963
MPG	J. P. Migne, Patrologiae cursus completus, series Graeca, 161 Bde., Paris 1857-1866
MPL	J. P. Migne, Patrologiae cursus completus, series Latina, 217 Bde. und 4 Erg. Bde., Paris 1878-1890
MPTh	Monatsschrift für Pastoraltheologie zur Vertiefung des gesamten pfarramtlichen Wirkens, Berlin 1904 ff.
MQT	Mission in Quellentexten. Geschichte der Deutschen Evangelischen Mission von der Reformation bis zur Weltmissionskonferenz Edingburg 1910. Hrsg. von Werner Raupp. Erlangen/Bad Liebenzell 1990.
MRS	Mediaeval and Renaissance Studies, London 1949 ff.
MS	Mediaeval Studies, hrsg. vom Pontifical Institute of Mediaecal Studies, Toronto - London 1939ff.
MSR	Mélanges de science religieuse, Lille 1944 ff.
MStHTh	Münchener Studien zur historischen Theologie, (Kempten) München 1921-1937
MThS	Münchener Theologische Studien, München 1950 ff.
MThZ	Münchener Theologische Zeitschrift für das Gesamtgebiet der katholischen Theologie, München 1950 ff.
MuA	Musik und Altar. Zeitschrift für die katholischen Priester und Kirchenmusiker, Freiburg/Breisgau 1948/49 ff.
MuG	Musik und Gottesdienst. Zeitschrift für evangelische Kirchenmusik, Zürich 1947 ff.
MuK	Musik und Kirche, Kassel 1929 ff.
MuSa	musica sacra. Cäcilien-Verbands-Organ für die deutschen Diözesen im Dienste des kirchenmusikalischen Apostolats, Regensburg - Bonn - Köln 1868 ff.
Muséon	Le Muséon. Revue d'Études Orientales, Löwen 1831 ff.
MVGN	Mitteilungen des Vereins für die Geschichte der Stadt Nürnberger, Bd. 1, 1879 ff.
MWAT	Missionswissenschaftliche Abhandlungen und Texte. Veröffentlichungen des internationalen Instituts für missionswissenschaftliche Forschungen, hrsg. von Th. Ohm, Münster 1917 ff.

N

NA	Neues Archiv der Gesellschaft für ältere deutsche Geschichtskunde zur Beförderung einer Gesamtausgabe der Quellenschriften deutscher Geschichte des Mittelalters, Hannover 1876 ff. (ab 1937: DA)
NAG	Nachrichten von der (ab 1945: der) Akademie der Wissenschaften in Göttingen (bis 1940: NGG), Göttingen 1941 ff.
NAKG	Nederlandsch Archief voor Kerkgeschiedenis, Leiden 1829 ff.; 's Gravenhage 1885 ff.
NAMZ	Neue Allgemeine Missionszeitschrift, Gütersloh 1924-1939
NBG	Nouvelle biographie générale, 46 Bde., Paris 1854-1866
Nouvelles ss.cc.	Nouvelles de la Congrégation des Sacrés-Cours, Brain-le-Comte 1946-1952; Rom 1953-1955.
NBL	Norsk Biografisk Leksikon, Kristiania 1923 ff.
NC	La Nouvelle Clio. Revue mensuelle de la découverte historique, Brüssel 1947 ff.
NCE	New catholic encyclopedia, New York 1, 1967 ff.
NDB	Neue Deutsche Biographie, Berlin 1953 ff.
NedThT	Nederlands theologisch Tijdschrift, Wageningen 1946 ff.
NELKB	Nachrichten der Evangelisch-Lutherischen Kirche in Bayern, München 1946 ff.
Nelle	W. Nelle, Geschichte des deutschen evangelischen Kirchenliedes, Leipzig 1928[3]
NewCathEnc	New catholic encyclopedia, New York 1, 1967 ff.
NGG	Nachrichten von der Gesellschaft der Wissenschaften zu Göttingen (ab 1941: NAG), Berlin 1845-1940
NHC	Nag Hammadi Codex, Leiden 1975 ff.
Niesel, BS	Bekenntnisschriften und Kirchenordnungen der nach Gottes Wort reformierten Kirche, hrsg. von W. Niesel, München 1938 (Zürich 1945[2])
Niesel, Symb	W. Niesel, Das Evangelium und die Kirchen. Ein Lehrbuch der Symbolik, Neukirchen-Vluyn, 1960[2]
NKZ	Neue kirchliche Zeitschrift, Leipzig 1890-1933
NNBW	Nieuw Nederlandsch Biographisch Woordenboek, 10 Bde., Leiden 1911 ff.
NÖB	Neue Österreichische Biographie 1815-1918, Wien 1923 ff.
Not.	Notitiae. Commentarii ad nuntia et studia de re liturgica, Rom 1965 ff.
Noth	M. Noth, Geschichte Israels, 1959[4] = 1956[3] = 1954[2]
NovTest	Novum Testamentum. An international quarterly for New Testament and related studies, Leiden 1956 ff.
NRTh	Nouvelle Revue Théologique, Tournai - Löwen - Paris 1869 ff.
NTA	Neutestamentliche Abhandlungen, Münster 1909 ff.
NTD	Das Neue Testament Deutsch, hrsg. von P. Althaus - J. Behm (Neues Göttinger Bibelwerk), Göttingen 1932 ff.
NThT	Nieuw Theologisch Tijdschrift, Haarlem 1912-1944/46
NTL	Norsk Teologisk Leksikon
NTS	New Testament Studies, Cambridge - Washington 1954 ff.
NTT	Nors Theologisk Tidsskrift, Oslo 1900 ff.
NTU	Nordisk Teologisk Uppslagsbok, Lund 1948-1956
Numen	Numen. International Review for the History of Religions, Leiden 1954 ff.
NZM	Neue Zeitschrift für Missionswissenschaft, Beckenried 1945 ff.
NZSTh	Neue Zeitschrift für systematische Theologie, Berlin 1959 ff. (1923-1957: ZSTh)

O

ODCC	The Oxford Dictionary of the Christian Church, ed. F. L. Cross, London 1957 (1974[2])
ÖAKR	Österreichisches Archiv für Kirchenrecht, Wien 1950 ff.
ÖBL	Österreichisches Biographisches Lexikon 1815-1950, Graz - Köln 1954 ff.
ÖP	Ökumenische Profile. Brückenbauer der einen Kirche, hrsg. von G. Gloede, I, Stuttgart 1961; II, 1963
ÖR	Ökumenische Rundschau, Stuttgart 1952 ff.
ÖZVK	Österreichische Zeitschrift für Volkskunde
OLZ	Orientalische Literaturzeitung, Leipzig 1898 ff.

Or	Orientalia. Commentarii Periodici Pontificii Instituti Biblici, Rom 1920 ff.
OrChr	Oriens Christianus, (Leipzig) Wiesbaden 1901 ff.
OrChrA	Orientalia Christiana (Analecta), Rom (1923-1934: Orientalia Christiana; 1935 ff.: Orientalia Christiana Analecta)
OrChrP	Orientalia Christiana periodica, Rom 1935 ff.
Orientierung	Orientierung. Katholische Blätter für weltanschauliche Information, Zürich 1936 ff.
OrSyr	L'Orient Syrien. Revue trimestrielle d'études et de recherches sur les églises de langue syriaque, Paris 1956 ff.
OstKSt	Ostkirchliche Studien, Würzburg 1952 ff.
OTS	Oudtestamentische Studiën, Leiden 1942 ff.

P

PädLex	Pädagogisches Lexikon, hrsg. von H. Schwartz, Bielefeld 1928-1931
PädR	Pädagogische Rundschau. Monatsschrift für Erziehung und Unterricht. Erziehungswissenschaftliche Monatsschrift für Schule und Hochschule, Ratingen 1947 ff.
v.Pastor	L. von Pastor, Geschichte der Päpste seit dem Ausgang des Mittelalters, 16 Bde., Freiburg/Breisgau 1885 ff.
Pastoralbl	Münsterisches Pastoralblatt; N.F.; 1=49.1911-8=56.1918; 57.1919-61.1923
Pauly-Wissowa	A. Pauly - G. Wissowa, Real-Encyclopädie der klassischen Altertumswissenschaft, Stuttgart 1893 ff.
PBl	Pastoralblätter für Predigt, Seelsorge und kirchliche Unterweisung (NF von »Gesetz und Zeugnis«), (Leipzig, Dresden) Stuttgart 1859 ff.
PEFA	Palestine Exploration Fund Annual, London 1911 ff.
PEFQSt	Palestine Exploration Fund Qarterly Statement, London 1869-1936
PEQ	Palestine Exploration Quarterly, London 1937 ff. (früher: PEFQSt)
PerRMCL	Periodica de re morali, canonica, liturgica, Rom 1907 ff.
PGfM	Publikation älterer praktischer und theoretischer Musikwerke, hrsg. von der Gesellschaft für Musikforschung, 29 Bde., Leipzig 1873-1905
Philologus	Philologus. Zeitschrift für das klassische Altertum, (Leipzig) Wiesbaden 1846 ff
PhJ	Philosophisches Jahrbuch der Görres-Gesellschaft, (Fulda) Freiburg/Breisgau - München 1888 ff.
PhLA	Philosophischer Literaturanzeiger, München - Basel 1949 ff.
PhR	Philosophische Rundschau. Eine Vierteljahresschrift für philosophische Kritik, Tübingen 1953 ff.
PJ	Palästinajahrbuch des Deutschen Evangelischen Instituts für Altertumswissenschaft des Hl. Landes zu Jerusalem, Berlin 1905-1941
Plöchl	W. Plöchl, Geschichte des Kirchenrechts. I: Das Recht des 1. christlichen Jahrtausends, Wien 1960[2]; II: Das Kirchenrecht der abendländischen Christenheit, 1962[2]; III. IV: Das katholische Kirchenrecht der Neuzeit, 1959. 1966
PO	Patrologia orientalis, hrsg. von R. Graffin und F. Nau, Paris 1903 ff.
Pohle-Gummersbach	J. Pohle - J. Gummersbach, Lehrbuch der Dogmatik I, Paderborn 1952[10]; II, 1966[11]; III, 1960[9]
Potthast	A. Potthast, Bibliotheca historica medii aevi. Wegweiser durch die Geschichtswerke des europäischen Mittelalters bis 1500, 2 Bde., Berlin 1896[2] (Nachdruck Graz 1954)
PPL	Pamjatniki polemiceskoj literatury (= RIB [SPb] 4/ 1878, 7/1882, 19/1903)
PrBl	Protestantenblatt, Bremen 1867 ff.
Preger	J. W. Preger, Geschichte der deutschen Mystik im Mittelalter, 3 Bde., Leipzig 1874-1893
PrJ	Preußische Jahrbücher, Berlin 1858 ff.
PrM	Protestantische Monatshefte, Leipzig 1897 ff.
PrO	Le Proche-Orient chrétien. Revue d'études et d'information, Jerusalem 1951 ff.
PS	Patrologia Syriaca, ed. R. Graffin, 3 Bde., Paris 1894-1926
PsR	Psychologische Rundschau, Göttingen 1949 ff.

Q

QD	Quaestiones disputatae, hrsg. von K. Rahner - H. Schlier, Freiburg/Breisgau 1958 ff.

QFG	Quellen und Forschungen aus dem Gebiet der Geschichte, hrsg. von der Görres-Gesellschaft, Paderborn 1892 ff.
QFIAB	Quellen und Forschungen aus italienischen Archiven und Bibliotheken, Rom 1897 ff.
QFRG	Quellen und Forschungen zur Reformationsgeschichte (früher: Studien zur Kultur und Geschichte der Reformation), (Leipzig) Gütersloh 1911 ff.
QGProt	Quellenschriften zur Geschichte des Protestantismus, hrsg. von J. Kunze und C. Stange, Leipzig 1904 ff.
QKK	Quellen zur Konfessionskunde, hrsg. von K. D. Schmidt und W. Sucker, Lüneburg 1954 ff.
QRG	Quellen der Religionsgeschichte, Göttingen - Leipzig 1907-1927
Quasten	J. Quasten, Patrology, 3 Bde., Utrecht - Brüssel 1950-1960
Quétif-Échard	J. Quétif und J. Échard, Scriptores Ordinis Praedicatorum, 2 Bde., Paris 1719-1721; 3 SupplBde., 1721-1723; fortgesetzt von R. Coulon, Paris 1909 ff.

R

RA	Revue d'Assyriologie et d'Archéologie Orientale, Paris 1886 ff.
RAC	Reallexikon für Antike und Christentum, hrsg. von Th. Klauser, Stuttgart 1941 ff.
Rad	G. von Rad, Theologie des Alten Testaments, 2 Bde., München 1962-1965[4]
RÄRG	H. Bonnet, Reallexikon der ägyptischen Religionsgeschichte, Berlin 1952
Räß	A. Räß, Die Konvertiten seit der Reformation, 10 Bde., Freiburg/Breisgau 1866-1871; 1 RegBd., 1872; 3 SupplBde., 1873-1880
RAM	Revue d'ascétique et de mystique, Toulouse 1920 ff.
RB	Revue biblique, Paris 1892 ff.; NS 1904 ff.
RBén	Revue Bénédictine, Maredsous 1884 ff.
RBS	Russkij Biograficeskij Slovar, hrsg. v. A. A. Polovcov. 25 Bde. SPb 1902 ff. (Repr.: New York 1962)
RDC	Revue de droit canonique, Strasbourg 1951 ff.
RDK	Reallexikon zur deutschen Kunstgeschichte, Stuttgart 1937 ff.
RDL	Reallexikon der deutschen Literaturgeschichte, hrsg. von P. Merker und W. Stammler, 4 Bde., Berlin 1925-1951; neu bearbeitet und hrsg. von W. Kohlschmidt und W. Mohr, ebd. 1955 ff.[2]
RE	Realencyclopädie für protestantische Theologie und Kirche, begründet von J. J. Herzog, hrsg. von A. Hauck, 3. Aufl., 24 Bde., Leipzig 1896-1913
RÉA	Revue des Études Anciennes, Bordeaux 1899 ff.
Réau	L. Réau, Iconographie de l'art chrétien, I-III/3, Paris 1955-1959
RÉByz	Revue des Études Byzantines, Paris 1946 ff.
Reformatio	Reformatio. Zeitschrift für evangelische Kultur und Politik, Zürich 1952 ff
RÉG	Revue des Études Grecques, Paris 1888 ff.
RÉI	Revue des Études Islamiques (1906 ff.: Revue du Monde Musulman), Paris 1927 ff.
RÉJ	Revue des Études Juives, Paris 1880 ff.
RÉL	Revue des Études latines, Paris 1923 ff.
RepBibl	F. Stegmüller, Repertorium Biblicum Medii Aevi, 7 Bde., Madrid 1950-1961
RepGerm	Repertorium Germanicum, hrsg. vom Kgl. Preußischen historischen Institut in Rom, 4 Bde., Berlin 1916-1943
RÉS	Revue des Études Sémitiques, Paris 1940 ff.
RET	Revista Española de teología, Madrid 1941 ff.
RevArch	Revue Archéologique, Paris 1844 ff.
RevÉAug	Revue des études Augustiniennes, Paris 1955 ff. (Fortsetzung von: AThA)
RevGrég	Revue Grégorienne, Solesme 1922 ff.
RevHist	Revue Historique, Paris 1876 ff.
RevSR	Revue des Sciences Religieuses, Strasbourg 1921 ff.
RF	Razón y Fe, Madrid 1901 ff.
RFN	Rivista di filosofia neoscolastica, Mailand 1909 ff.
RG	Religion und Geisteskultur. Zeitschrift für religiöse Vertiefung des modernen Geisteslebens, Göttingen 1907-1914
RGA	Reallexikon der germanischen Altertumskunde, hrsg. von J. Hoops, 4 Bde., Straßburg 1911-1919

RGG	Die Religion in Geschichte und Gegenwart. Handwörterbuch für Theologie und Religionswissenschaft. Hrsg. von Kurt Galling, 6 Bde., Tübingen 1957-1962; RegBd. 1965
RGST	Reformationsgeschichtliche Studien und Texte, begründet von J. Greving, Münster 1906 ff.
RHCEE	Repertorio de Historia de las Ciencias Eclesiásticas en España, hrsg. v. Instituto de Historia de la Teología española, Vol. 1-7, Salamanca 1967-1979
RHE	Revue d'histoire ecclésiastique, Löwen 1900 ff.
RHÉF	Revue d'histoire de l'Église de France, Paris 1910 ff.
RheinMus	Rheinisches Museum für Philologie, Bonn 1833 ff.
RHLR	Revue d'histoire et de littérature religieuse, Paris 1896-1907
RHM	Revue d'histoire des missions, Paris 1924 ff.
RHPhR	Revue d'histoire et de philosophie religieuses, Strasbourg 1921 ff.
RHR	Revue de l'histoire des religions, Paris 1880 ff.
RIB	Russkaja istoriceskaja biblioteka. 39 Bde. SPb - Pgr. - L 1872-1927
Riemann	Riemann Musik Lexikon, 12., völlig neu bearbeitete Aufl., hrsg. von W. Gurlitt, I, Mainz 1959; II, 1961; III, 1967; 2 ErgBde., hrsg. von C. Dahlhaus, 1972. 1975
RIPh	Revue Internationale de Philosophie, Brüssel 1938/39 ff.
RITh	Revue Internationale de Théologie, Bern 1893-1910
Ritschl	O. Ritschl, Dogmengeschichte des Protestantismus, 4 Bde., Göttingen 1908-1927
RivAC	Rivista de Archeologia Cristiana, Rom 1924 ff.
RKZ	Reformierte Kirchenzeitung, (Erlangen, Barmen-Elberfeld) Neukirchen-Vluyn 1851 ff.
RLA	Reallexikon der Assyriologie, hrsg. von E. Ebeling und B. Meißner, 2 Bde., Berlin 1928-1938
RLV	Reallexikon der Vorgeschichte, hrsg. von M. Ebert, 15 Bde., Berlin 1924-1932
RMAL	Revue du Moyen âge latin, Strasbourg 1945 ff.
RNPh	Revue néoscolastique de philosophie, Löwen 1894 ff.
ROC	Revue de l'Orient chrétien, Paris 1896 ff.
Rosenthal	D. A. Rosenthal, Konvertitenbilder aus dem 19. Jahrhundert, 3 Bde. in 6 Abt. mit 2 SupplBdn. zu Bd. I, Regensburg 1868-1902
Rouse-Neill	H. Rouse - St. Ch. Neill, Geschichte der Ökumenischen Bewegung 1517-1948, 2 Bde., Göttingen 1957-58 (Original: HEM)
RPh	Revue de Philologie, littérature et d'histoire anciennes, Paris 1914 ff.
RPhL	Revue philosophique de Louvain, Löwen 1945 ff.
RQ	Römische Quartalschrift für christliche Altertumskunde und für Kirchengeschichte, Freiburg/Breisgau 1887-1942
RQH	Revue des questions historiques, Paris 1866 ff.
RR	Review of Religion, New York 1936-1957/58
RSDI	Rivista di storia del diritto italiano
RSPhTh	Revue des sciences philosophiques et théologiques, Paris 1907 ff.
RSR	Recherches de science religieuse, Paris 1910 ff.
RSTI	Rivista di storia della chiesa in Italia, Rom 1947 ff.
RThAM	Recherches de Théologie Ancienne et Médiévale, Löwen - Paris 1929 ff.
RThom	Revue Thomiste, Paris 1893 ff.
RThPh	Revue de Théologie et de Philosophie, Lausanne 1868 ff.

S

SA	Studia Anselmiana philosophica theologica. Edita a professoribus Instituti pontificii S. Anselmi de Urbe, Rom 1933 ff.
SAB	Sitzungsberichte der Deutschen (bis 1944: Preußischen) Akademie der Wissenschaften zu Berlin. Phil.-hist. Klasse, Berlin 1882 ff.
Saeculum	Saeculum. Jahrbuch für Universalgeschichte, Freiburg/Breisgau 1950 ff.
SAH	Sitzungsberichte der Heidelberger Akademie der Wissenschaften. Phil.-hist. Klasse, Heidelberg 1910 ff.
SAM	Sitzungsberichte der Bayerischen Akademie der Wissenschaften. Phil.-hist. Abteilung, München 1871 ff.

SAT	Die Schriften des Alten Testaments in Auswahl übersetzt und erklärt von H. Gunkel u. a., Göttingen 1920-1925[2]
SAW	Sitzungsberichte der (ab 225, 1, 1947: Österreichischen) Akademie der Wissenschaften in Wien, Wien 1831 ff.
SBE	The Sacred Books of the East, ed. F. M. Müller, Oxford 1879-1910
SBS	Stuttgarter Bibel-Studien, Stuttgart
SBU	Svenskt Bibliskt Uppslagsverk, hrsg. von I. Engnell und A. Fridrichsen, Gävle 1948-1952
SC	Sources chrétiennes. Collection dirigée par H. de Lubac et J. Daniélou, Paris 1941 ff.
ScCatt	Scuola cattolica, Mailand 1873 ff.
Schanz	M. von Schanz, Geschichte der römischen Literatur, 4 Bde., München 1890-1920 (I, 1927[4]; II, 1914[3]; III, 1922[3]; IV/1, 1914[2], IV[2], 1920)
Scheeben	M. J. Scheeben Handbuch der katholischen Dogmatik I, Freiburg/Breisgau 1959[3]; II, 1948[3]; III.IV, 1961[3]; V, 1-2, 1954[2]; VI, 1957[3]
Schmaus	M. Schmaus, Katholische Dogmatik I, München 1960[6]; II/1, 1962[6]; II/2, 1963[6]; III/1, 1958[5]; III/2, 1965[6]; IV/1, 1964[6]; IV/2, 1959[5]; V, 1961[2]
Schmitz	Ph. Schmitz, Geschichte des Benediktinerordens, 4 Bde., Einsiedeln 1947-1960
Schnabel	F. Schnabel, Deutsche Geschichte im 19. Jahrhundert I, Freiburg/Breisgau 1959[5]; II, 1949[2]; III, 1954[3]; IV, 1955[3]
Schönemann	C. T. G. Schönemann, Bibliotheca historico-litteraria patrum latinorum a Tertulliano principe usque ad Gregorium M. et Isidorum Hispalensem ad Bibliothecam Fabricii latinam accommodata, 2 Bde., Leipzig 1792-1794
Scholastik	Scholastik. Vierteljahresschrift für Theologie und Philosophie, Freiburg/Breisgau 1926 ff. (ab 1966: ThPh)
Schottenloher	Bibliographie zur deutschen Geschichte im Zeitalter der Glaubensspaltung 1517-1585, hrsg. von K. Schottenloher, 6 Bde., Leipzig 1933-1940; VII: Das Schrifttum von 1938 bis 1960. Bearbeitet von U. Thürauf, Stuttgart 1966
Schürer	E. Schürer, Geschichte des jüdischen Volkes im Zeitalter Jesu Christi I, Leipzig 1920[5]; II.III, 1907-1909[4]
Schulte	J. F. von Schulte, Die Geschichte der Quellen und der Literatur des kanonischen Rechts, 3 Bde., Stuttgart 1875-1880
SD	Solida Declaratio (in: BSLK)
SDGSTh	Studien zur Dogmengeschichte und systematischen Theologie, Zürich 1952 ff.
SE	Sacris Erudiri. Jaarboek voor Godsdienstwetenschappen, Brügge 1948 ff.
SEÅ	Svensk Exegetisk Årsbok, Uppsala 1936 ff.
Seeberg	R. Seeberg, Lehrbuch der Dogmengeschichte I.II, Leipzig 1922/23[3]; III, 1930[4]; IV/1, 1933[4]; IV/2, 1920[3]; I-IV (Neudruck), Basel 1953/54
Sehling	E. Sehling, Die evangelischen Kirchenordnungen des XVI. Jahrhunderts, I-V, Leipzig 1902-1913; VI/1 ff., hrsg. vom Institut für evangelisches Kirchenrecht der EKD, Tübingen 1955 ff.
Semitica	Semitica. Cahiers publiés par l'Institut d'Études Sémitiques de l'Université de Paris, Paris 1948 ff.
Seppelt	F. X. Seppelt, Geschichte der Päpste von den Anfängen bis zur Mitte des 20. Jahrhunderts, I.II.IV.V, Leipzig 1931-1941; I, München 1954[2]; II, 1955[2]; III, 1956; IV, 1957[2]; V, 1959[2]
SESA	Standard Encyclopedia of Southern Africa, Cape Town 1970-1976
SGV	Sammlung gemeinverständlicher Vorträge und Schriften aus dem Gebiet der Theologie und Religionsgeschichte, Tübingen - Leipzig 1903 ff.
SHVL	Skrifter utgivna av Kungl. Humanistiska Vetenskapssamfundet i Lund, Lund
SIMG	Sammelbände der Internationalen Musikgesellschaft, Leipzig 1899-1914
Sitzmann	F. E. Sitzmann, Dictionnaire de Biographie des Hommes Célèbres d'Alsace, 2 Bde., Rixheim (Elsaß) 1909/10
SJTh	The Scottish Journal of Theology, Edinburgh 1948 ff.
SKRG	Schriften zur Kirchen- und Rechtsgeschichte, hrsg. von E. Fabian, Tübingen 1956 ff.
SKZ	Schweizerische Kirchenzeitung, Luzern 1832 ff.
SM	Sacramentum Mundi. Theologisches Lexikon für die Praxis, 4 Bde., Freiburg/Breisgau - Basel - Wien 1967-1969
SMK	Svensk Män och Kvinnor. Biografisk Uppslagsbok, 10 Bde., Stockholm 1942-1955
SMSR	Studi e Materiali di Storia delle Religioni, Rom 1925 ff.

SN	Sanctificatio nostra; Werl (Westf.) 1.1930-24.1959
SNT	Die Schriften des Neuen Testaments, neu übersetzt und für die Gegenwart erklärt von W. Bousset und W. Heitmüller, 4 Bde., Göttingen 1917-1919[3]
SNVAO	Skrifter utgitt av Det Norske Videnskaps-Akademi i Oslo, Oslo
SO	Symbolae Osloenses, ed. Societas Graeco-Latina, Oslo 1922 ff.
Sommervogel	C. Sommervogel, Bibliothèque de la Compagnie de Jésus, I-IX, Brüssel - Paris 1890-1900[2]; X (Nachträge von E. M. Rivière), Toulouse 1911 ff.; XI (Histoire par P. Bliard), Paris 1932
SPb	St. Petersburg/Sankt Peterburg (bis 1914, ab 1991)
Speculum	Speculum. A Journal of mediaeval studies, Cambridge/Massachusetts 1926 ff.
SQS	Sammlung ausgewählter kirchen- und dogmengeschichtlicher Quellenschriften, Tübingen 1893 ff.
SR	Slavic Review. Washington D. C., Stanford/CAL 20/1961- 52/1993
SSL	Spicilegium sacrum Lovaniense, Löwen 1922 ff.
Stählin	O. Stählin, Die altchristliche griechische Literatur = W. von Christ, Geschichte der griechischen Literatur, umgearbeitet von W. Schmid und O. Stählin, II/2, München 1924[6]
StC	Studia Catholica, Roermond 1924 ff.
StD	Studies and Documents, ed. K. Lake - S. Lake, London - Philadelphia 1934 ff.
StG	Studia Gratiana, hrsg. von J. Forchielli und A. M. Stickler, I-III, Bologna 1953 ff.
StGreg	Studi Gregoriani, hrsg. von G. B. Borino, I ff., Rom 1947 ff.
StGThK	Studien zur Geschichte der Theologie und der Kirche, Leipzig 1897-1908
SThKAB	Schriften des Theologischen Konvents Augsburgischen Bekenntnisses, Berlin 1951 ff.
SThZ	Schweizerische Theologische Zeitschrift, 1899-1920
StI	Studia Islamica, Paris 1953 ff.
StL	Staatslexikon, hrsg. von H. Sacher, 5 Bde., Freiburg/Breisgau 1926-1932[5]; hrsg. von der Görres-Gesellschaft, 8 Bde., 1957-1963[6]; ErgBde., 1968 ff.
StM	Studia Monastica. Commentarium ad rem monasticam investigandam, Barcelona 1959 ff.
StMBO	Studien und Mitteilungen aus dem Benediktiner- und Zisterzienser-Orden bzw. zur Geschichte des Benediktinerordens und seiner Zweige, München 1880 ff. (seit 1911: NF)
StMis	Studia Missionalia. Edita a Facultate missiologica in Pont. Universitate Gregoriana, Rom 1943 ff.
StML	Stimmen aus Maria Laach, Freiburg/Breisgau 1871-1914
StMw	Studien zur Musikwissenschaft. Beihefte der Denkmäler der Tonkunst in Österreich, Wien
StOr	Studia Orientalia, ed. Societas Orientalis Fennica, Helsinki 1925 ff.
StP	Studia patristica. Texte und Untersuchungen zur Geschichte der altchristlichen Literatur, Berlin 1955 ff.
Strack	H. L. Strack, Einleitung in Talmud und Midrasch, München 1921[5] (Neudruck 1930)
Strieder	F. W. Strieder, Grundlage zu einer Hessischen Gelehrten- und Schriftsteller Geschichte, 20 Bde., Göttingen - Kassel - Marburg 1781-1863
StT	Studi e Testi, Rom 1900 ff.
StTh	Studia Theologica, cura ordinum theologicorum Scandinavicorum edita, Lund 1948 ff.
StudGen	Studium Generale. Zeitschrift für die Einheit der Wissenschaften im Zusammenhang ihrer Begriffsbildungen und Forschungsmethoden, Berlin - Göttingen - Heidelberg 1948 ff.
StZ	Stimmen der Zeit (vor 1914: StML), Freiburg/Breisgau 1915 ff.
Subsidia	Subsidia hagiographica, Brüssel 1886 ff.
SVRG	Schriften des Vereins für Reformationsgeschichte, Halle 1883 ff.
SVSL	Skrifter utgivna av Vetenskaps-Societeten i Lund, Lund
SvTK	Svensk Teologisk Kvartalskrift, Lund 1925 ff.
SyBU	Symbolae Biblicae Upsalienses, Uppsala 1943 ff.
Sym	Symposion. Jahrbuch für Philosophie, Freiburg/Breisgau - München 1948 ff.
Syria	Syria. Revue d'art oriental et d'archéologie, Paris 1920 ff.

T

TF	Tijdschrift voor filosofie, Leuven 1939 ff.
TH	Tiroler Heimat
ThBl	Theologische Blätter, Leipzig 1922-1942

The Cord	The Cord, St. Bonaventure N.Y. 1951 ff.
Theol	Theologisches; Abensberg 1.1970 ff.
Theophaneia	Theophaneia. Beitäge zur Religions- und Kirchengeschichte des Altertums, Bonn 1940 ff.
TheSe	Theologie und Seelsorge; Paderborn 1.1943-2.1944 (Umbenennung und neue Numerierung von ThGl in den letzten Kriegsjahren)
Thex	Theologische Existenz heute, München 1933 ff.
ThFr	Thuringia Franciscana. Gedanken und Nachrichten aus den Klöstern der Thüringischen Ordensprovinz Zur Heiligen Elisabeth. - Fulda: Provinzialat. 1. 1921 ff.
ThGl	Theologie und Glaube. Zeitschrift für den katholischen Klerus, Paderbornm 1909 ff.
ThHK	Theologischer Handkommentar zum Neuen Testament mit Paraphrase, bearbeitet von P. Althaus, O. Bauernfeind u. a., Leipzig 1928 ff.
Thielicke	H. Thielicke, Theologische Ethik I, Tübingen 1965³; II/1, 1965³; II/2, 1966²; III, 1964
Thieme-Becker	Allgemeines Lexikon der bildenden Künstler von der Antike bis zur Gegenwart, begründet von U. Thieme und F. Becker, hrsg. von H. Vollmer, 37 Bde., Leipzig 1907-1950
ThJb	Theologische Jahrbücher, Leipzig 1842-1857
ThJber	Theologischer Jahresbericht, Leipzig 1866 ff.
ThLBl	Theologisches Literaturblatt, Leipzig 1880-1943
ThLL	Thesaurus Linguae Latinae, Leipzig/Stuttgart 1900 ff.
ThLZ	Theologische Literaturzeitung, Leipzig 1878 ff.
ThPh	Theologie und Philosophie (früher: Scholastik), Freiburg/Breisgau 1966 ff.
ThPQ	Theologisch-praktische Quartalschrift, Linz/Donau 1848 ff.
ThQ	Theologische Quartalschrift, Tübingen 1819 ff.; Stuttgart 1946 ff.
ThR	Theologische Rundschau, Tübingen 1897-1917; NF 1929 ff.
ThRv	Theologische Revue, Münster 1902 ff.
ThSt	Theological Studies, Woodstock/Maryland 1940 ff.
ThSt(B)	Theologische Studien, hrsg. von K. Barth, Zollikon 1944 ff.
ThStKr	Theologische Studien und Kritiken, (Hamburg) Gotha 1828 ff.
ThToday	Theology Today, Princeton/New Jersey 1944 ff.
Thurston- Attwater	Butler's Lives of the Saints, edited, revised and supplemented by H. Thurston and D. Attwater, 4 Bde., London 1956
ThViat	Theologia Viatorum. Jahrbuch der Kirchlichen Hochschule Berlin, Berlin 1948/49 ff.
ThW	Theologisches Wörterbuch zum Neuen Testament, begründet von G. Kittel, hrsg. von G. Friedrich, Stuttgart 1933 ff.
ThZ	Theologische Zeitschrift, hrsg. von der Theologischen Fakultät der Universität Basel, Basel 1945ff.
Tillemont	L. S. Le Nain de Tillemont, Mémoires pour servir à l'histoire ecclésiastique des six premiers siècles, 16 Bde., Paris 1693-1712
Tixeront	L. J. Tixeront, Histoire des dogmes dans l'antiquité chrétienne, 3 Bde., Paris 1930¹¹
TKDA	Trudy Kievskoj Duchovnoj Akademii. Kiev 1860-1917
Torsy	Lexikon der deutschen Heiligen, Seligen, Ehrwürdigen und Gottseligen, hrsg. von J. Torsy, Köln 1959
Traditio	Traditio. Studies in ancient and medieval history, thought and religion, New York 1943 ff.
TRE	Theologische Realenzyklopädie, Berlin, New York 1976 ff.
TSt	Texts and Studies, ed. Armitage Robinson, Cambridge 1891 ff.
TT(H)	Teologinen Aikakauskirja - Teologisk Tidskrift, Helsinki 1896 ff.
TT(K)	Teologisk Tidskrift, Kopenhagen 1884 ff.
TTh	Tijdschrift voor Theologie (vormals: StC); Nijmegen 1961 ff.
TThZ	Trierer Theologische Zeitschrift (bis 1944: Pastor Bonus), Trier 1888 ff.
TTK	Tidsskrift for Teologie og Kirke, Oslo 1930 ff.
TU	Texte und Untersuchungen zur Geschichte der altchristlichen Literatur. Archiv für die griechisch-christlichen Schriftsteller der ersten drei Jahrhunderte, Leipzig - Berlin 1882 ff.

U

Überweg	F. Überweg, Grundriß der Geschichte der Philosophie, Basel und Graz; I, bearbeitet von K. Praechter, 1953¹³; II, bearbeitet von B. Geyer, 1951¹²; III, bearbeitet von M. Frischeisen-Köhler und

	W. Moog, 1953[13]; IV.V, bearbeitet von T. K. Österreich, 1951-1953[13] (3 Bde., Basel - Stuttgart 1956-1957)
UJE	The Universal Jewish Encyclopedia, ed. by I. Landman, 10 Bde., New York 1939-1943 (Nachdruck 1948)
Unitas	Unitas. Monatsschrift des Verbandes der Wissenschaftlichen Katholischen Studentenvereine Unitas; Würburg 60.1901-78.1905; Jg. 46.1905/06-77.1937/38,5; 92.1952
UNT	Untersuchungen zum Neuen Testament, begründet von H. Windisch, ab 1938 hrsg. von E. Klostermann, Leipzig 1912 ff.
US	Una Sancta. Rundbriefe, Meitingen bei Augsburg 1946 ff. (seit 1954: Rundbriefe für interkonfessionelle Begegnung; seit 1960: Zeitschrift für interkonfessionelle Begegnung; seit 1963: Zeitschrift für ökumenische Begegnung)
UUÅ	Uppsala Universitets Årsskrift, Uppsala 1861 ff.

V

VAA	Verhandelingen der Koninklijke (ab Nr. 40, 1938: nederlands[ch]e) Akademie van Wetenschappen, Amsterdam
VAB	Vorderasiatische Bibliothek, Leipzig 1907-1916
VC	Verbum Caro. Revue théologique et oecuménique, Neuchâtel - Paris 1947 ff.
VD	Verbum Domini. Commentarii de re biblica, Rom 1921 ff.
VEGL	O. Söhngen und G. Kunze, Göttingen 1947 ff.
VerfLex	Die deutsche Literatur des Mittelalters. Verfasserlexikon, hrsg. von W. Stammler und (ab Bd. 3) K. Langosch, 5 Bde. in 2. völlig neu bearb. Auflage , Berlin und Leipzig
VfM	Vierteljahresschrift für Musikwissenschaft, Leipzig 1885-1894
Vida Relig.	Vida relígiosa, Madrid 1944 ff.
Vida Sobrenat.	La Vida Sobrenatural, Salamanca 1921 ff.
VigChr	Vigiliae Christianae, Amsterdam 1947 ff.
VIO	Veröffentlichungen des Instituts für Orientforschung der Deutschen Akademie der Wissenschaften, Berlin 1949 ff.
VIÖG	Veröffentlichungen des Instituts für österreichische Geschichtsforschung, Wien 1935 f.; 1946 ff.
VM	Vergißmeinnicht (Missionszeitschrift der Marianhiller Missionare)
VoxB	Vox Benedictina, Saskatoon 1984 ff.
VS	La Vie Spirituelle, (Ligugé, Juvisy) Paris 1869 ff.
VSAL	Berichte über die Verhandlungen der Sächsischen Akademie der Wissenschaften zu Leipzig. Phil.-hist. Klasse, Leipzig 1849 ff.
VSB	Baudot et Chaussin, Vies des Saints et des Bienheureux selon l'ordre du Calendier avec l'historique des Fêtes, 13 Bde., Paris 1935-1959
VT	Vetus Testamentum. A quarterly published by the International Organization of Old Testament Scholars, Leiden 1951 ff.
VuF	Verkündigung und Forschung. Theologischer Jahresbericht, München 1940 ff.
VWPh	Vierteljahresschrift für wissenschaftliche Philosophie, Leipzig 1876 ff.
Vyp	vypusk

W

WAB	M. Luther, Werke. Kritische Gesamtausgabe. Briefwechsel, Weimar 1930 ff.
Wackernagel	Ph. Wackernagel, Das deutsche Kirchenlied von der ältesten Zeit bis zu Anfang des 17. Jahrhunderts, 5 Bde., Leipzig 1864-1877
WADB	M. Luther, Werke. Kritische Gesamtausgabe. Die Deutsche Bibel, Weimar 1906 ff.
Wasmuth	Wasmuths Lexikon der Baukunst, hrsg. von G. Wasmuth, 5 Bde., Berlin 1929-1937
WATR	M. Luther, Werke. Kritische Gesamtausgabe. Tischreden, Weimar 1912 ff.
Wattenbach	W. Wattenbach, Deutschlands Geschichtsquellen im Mittelalter bis zur Mitte des 13. Jahrhunderts I, Stuttgart - Berlin 1904[7]; II, Berlin 1894[6]
Wattenbach- Holtzmann	W. Wattenbach, Deutschlands Geschichtsquellen im Mittelalter. Deutsche Kaiserzeit, bearbeitet von R. Holtzmann und W. Holtzmann, Berlin 1938 ff.; Tübingen 1948[3] (Neudruck der 2. Aufl. von 1938-1943)
Wattenbach- Levison	W. Wattenbach, Deutschlands Geschichtsquellen im Mittelalter. Vorzeit und Karolinger, hrsg. von W. Levison und H. Löwe, Hh. 1-4, Weimar 1952-1963

Watterich	J. B. Watterich, Pontificum romanorum qui fuerunt inde ab exeunt saeculo IX usque ad finem saeculi XIII virae ab aequalibus conscripte, I (972-1099) und II (1099-1198), Leipzig 1862
WBKL	Wiener Beiträge für Kulturgeschichte und Linguistik, Wien 1930 ff.
WChH	World Christian Handbook, ed. E. J. Bingle and K. G. Grubb, New York 1952
WDGB	Würzburger Diözesangeschichtsblätter
Weber	O. Weber, Grundlagen der Dogmatik I, Neukirchen-Vluyn 1955 (1964[3]); II, 1962
WF	Westfälische Forschungen; Münster 1.1938- 5.1942,1/2; 6.1943/52(1953)
Weiser	A. Weiser, Einleitung in das Alte Testament, Göttingen 1966[6]
WeltLit	Die Weltliteratur. Biographisches, literarisches und bibliographisches Lexikon in Übersichten und Stichwörtern, hrsg. von E. Frauwallner, G. Giebisch und E. Heinzel, I-III, Wien 1951-1954
Werner	K. Werner, Geschichte der katholischen Theologie. Seit dem Trienter Konzil bis zur Gegenwart, München - Leipzig 1889[2]
Wetzer-Welte	Wetzer und Weltes Kirchenlexikon, 12 Bde. und 1 RegBd., Freiburg/Breisgau 1882-1903[2]
WGBl.	Wiener Geschichtsblätter
WI	Die Welt des Islams. Zeitschrift für die Entwicklungsgeschichte des Islams besonders in der Gegenwart, Berlin 1913-1943; NS 1 ff., Leiden 1951 ff.
Will	G. A. Will, Nürnbergisches Gelehrten-Lexikon oder Beschreibung aller Nürnberger Gelehrten in alphabetischer Ordnung, 4 Tle., Nürnberg 1755-1758; Fortsetzung 6.-8. Tl. oder Supplement 1.-4. Bd. von C. K. Nopitzsch, Altdorf 1801-1808
Wilpert	Lexikon der Weltliteratur, hrsg. von Gero von Wilpert. I: Handwörterbuch nach Autoren und anonymen Werken, Stuttgart 1963 (1975[2]); II: Hauptwerke der Weltliteratur in Charakteristiken und Kurzinterpretationen, 1968
Wimmer	O. Wimmer, Handbuch der Namen und Heiligen, Innsbruck - Wien - München 1966[3]
v.Winterfeld	K. v. Winterfeld, Der evangelische Kirchengesang und sein Verhältnis zur Kunst des Tonsatzes, 3 Tle., Leipzig 1843-1847
Winter-Wünsche	J. Winter und K. A. Wünsche, Die jüdische Literatur seit Abschluß des Kanons, 3 Bde., Trier - Berlin 1891-1896
WiWei	Wissenschaft und Weisheit. Zeitschrift für augustinisch-franziskanische Theologie und Philosophie in der Gegenwart, Düsseldorf 1934 ff.
WKL	Weltkirchenlexikon. Handbuch der Ökumene, hrsg. von F. H. Littel und H. H. Walz, Stuttgart 1960
WO	Die Welt des Orients. Wissenschaftliche Beiträge zur Kunde des Morgenlandes, Wuppertal - Stuttgart - Göttingen 1947 ff.
Wolf	G. Wolf, Quellenkunde der deutschen Reformationsgeschichte, 3 Bde., Gotha 1915-1923
WuD	Wort und Dienst. Jahrbuch der Theologischen Schule Bethel, NF 1948 ff.
WUNT	Wissenschaftliche Untersuchungen zum Neuen Testament, hrsg. von J. Jeremias - O. Michel, Tübingen 1950 ff.
Wurzbach	C. von Wurzbach, Biographisches Lexikon des Kaisertums Österreich, 60 Bde., Wien 1856-1891
WuT	Wort und Tat. Zeitschrift für den Dienst am Evangelium und an der Gemeinde, hrsg. von der Vereinigung Evangelischer Freikirchen in Deutschland, Bremen 1940 ff.
WVDOG	Wissenschaftliche Veröffentlichungen der Deutschen Orientgesellschaft, Leipzig 1900 ff.
WVLG	Württembergische Vierteljahrshefte für Landesgeschichte, Stuttgart 1878-1936
WZ	Wissenschaftliche Zeitschrift (folgt jeweils der Name einer mitteldeutschen Universitätsstadt)
WZKM	Wiener Zeitschrift für die Kunde des Morgenlandes, Wien 1887 ff.

X

Xiberta	B. M. Xiberta, De scriptoribus scholasticis saeculi XIV ex ordine Carmelitarum, Löwen 1931

Y

YLS	Yearbook of Liturgical Studies, ed. J. H. Miller, Notre Dame (Indiana) 1960 ff.

Z

ZA	Zeitschrift für Assyriologie und verwandte Gebiete, Leipzig 1886 ff.
ZÄS	Zeitschrift für Ägyptische Sprache und Altertumskunde, Leipzig 1863 ff.
ZAGV	Zeitschrift des Aachener Geschichtsvereins, Aachen 1879 ff.

Zahn	J. Zahn, Die Melodien der deutschen evangelischen Kirchenlieder, 6 Bde., Gütersloh 1889-1893
ZAM	Zeitschrift für Aszese und Mystik (seit 1947: GuL), (Innsbruck, München) Würzburg 1926 ff.
ZAW	Zeitschrift für die alttestamentliche Wissenschaft, (Gießen) Berlin 1881 ff.
ZBG	Zeitschrift für Brüdergeschichte, Herrnhut - Gnadau 1907-1920
ZBKG	Zeitschrift für bayerische Kirchengeschichte, Gunzenhausen 1926 ff.
ZBlfBibl	Zentralblatt für Bibliothekswesen, Leipzig 1884
ZBLG	Zeitschrift ür Bayerische Landesgeschichte, München 1928 ff.
ZchK	Zeitschrift für christliche Kunst, begründet und hrsg. von A. Schnütgen, fortgesetzt von F. Witte, 34 Bde., Düsseldorf 1888-1921
ZDADL	Zeitschrift für deutsches Altertum und deutsche Literatur, (Leipzig, Berlin) Wiesbaden 1841 ff.
ZDMG	Zeitschrift der Deutschen Morgenländischen Gesellschaft, Leipzig 1847 ff.
ZdPh	Zeitschrift für deutsche Philologie, Berlin - Bielefeld - München 1869 ff.
ZDPV	Zeitschrift des Deutschen Palästina-Vereins, Leipzig 1878 ff.
ZdZ	Die Zeichen der Zeit. Evangelische Monatsschrift, Berlin 1947 ff.
ZE	Zeitschrift für Ethnologie. Organ der Deutschen Gesellschaft für Völkerkunde, (Berlin) Braunschweig 1869 ff.
ZEE	Zeitschrift für evangelische Ethik, Gütersloh 1957 ff.
ZevKM	Zeitschrift für evangelische Kirchenmusik, Hildburghausen 1923-1932
ZevKR	Zeitschrift für evangelisches Kirchenrecht, Tübingen 1951 ff.
ZfB	Zentralblatt für Bibliothekswesen, Leipzig 1884 ff.
ZfK	Zeitschrift für Kulturaustausch, Stuttgart 1951 ff.
ZfM	Zeitschrift für Musik, (Leipzig) Regensburg 1835 ff.
ZfMw	Zeitschrift für Musikwissenschaft, Leipzig 1918-1935
ZGNKG	Zeitschrift der Gesellschaft für niedersächsische Kirchengeschichte, Braunschweig 1896 ff. (seit 46, 1941: JGNKG)
ZGORh	Zeitschrift für die Geschichte des Oberrheins, Karlsruhe 1851 ff.
ZHTh	Zeitschrift für historische Theologie, 45 Bde., Leipzig - Gotha 1832-1875
ZIMG	Zeitschrift der Internationalen Musikgesellschaft, Leipzig 1899 ff.
Zimmermann	A. Zimmermann, Kalendarium Benedictinum. Die Heiligen und Seligen des Benediktinerordens und seiner Zweige, 4 Bde., Metten/Niederbayern 1933-1938
ZKG	Zeitschrift für Kirchengeschichte, (Gotha) Stutgart 1876 ff.
ZKGPrSa	Zeitschrift des Vereins für Kirchengeschichte der Provinz Sachsen (ab 25, 1929: und des Freistaates Anhalt), Magdeburg 1904-1938
ZKR	Zeitschrift für Kirchenrecht, Berlin u.a. 1, 1861-16 (=NS1) 1881-22 (=NS7) 1889 fortgeführt DZKR
ZKTh	Zeitschrift für katholische Theologie, (Innsbruck) Wien 1877 ff
ZM	Zeitschrift für Missionswissenschaft und Religionswissenschaft, Münster 1950 ff. (1-17, 1911-1927 und 26-27, 1935-1937: Zeitschrift für Missionswissenschaft)
ZMR	Zeitschrift für Missionskunde und Religionswissenschaft, Berlin-Steglitz 1886-1939
ZMNP	Zurnal Ministerstva Narodnago Prosvescenija. SPb 1/1843 -362/1905; Neue Serie: 1/1906-72/1917
ZNW	Zeitschrift für die neutestamentliche Wissenschaft und die Kunde der älteren Kirche, Gießen 1900 ff.; Berlin 1934 ff.
ZP	Zeitschrift für Pädagogik, Weinheim 1955 ff.
ZphF	Zeitschrift für philosophische Forschung, Reutlingen 1946-1949; Meisenheim/Glan 1950 ff.
ZprTh	Zeitschrift für praktische Theologie, Frankfurt/Main 1879-1900
ZRGG	Zeitschrift für Religions-und Geistesgeschichte, Marburg 1948 ff.
ZS	Zeitschrift für Semitistik, Leipzig 1922 ff.
ZSavRGgerm	Zeitschrift der Savigny-Stiftung für Rechtsgeschichte. Germanistische Abteilung, Weimar 1863 ff.
ZSavRGkan	Zeitschrift der Savigny-Stiftung für Rechtsgeschichte. Kanonistische Abteilung, Weimar 1911 ff.
ZSavRGrom	Zeitschrift der Savigny-Stiftung für Rechtsgeschichte. Romanistische Abteilung, Weimar 1880ff.
ZsfSl	Zeitschrift für Slawistik. Berlin 1/1956 ff.
ZSKG	Zeitschrift für Schweizer Kirchengeschichte, Fribourg/Schweiz 1907 ff.

ZslPh	Zeitschrift für slavische Philologie, Heidelberg 1925 ff.
ZSTh	Zeitschrift für systematische Theologie (seit 1959: NZSTh), (Gütersloh) Berlin 1923-1957
ZThK	Zeitschrit für Theologie und Kirche, Tübingen 1891 ff.
ZVThG	Zeitschrift des Vereins für thüringische Geschichte und Altertumskunde, Jena 1853 ff.
ZW	Zeitwende. Monatsschrift, Berlin 1929 ff.
Zwingliana	Zwingliana. Beiträge zur Geschichte Zwinglis, der Reformation und des Protestantismus in der Schweiz, Zürich 1897 ff.
ZWL	Zeitschrift für kirchliche Wissenschaft und kirchliches Leben, Leipzig 1880-1889
ZWTh	Zeitschrift für wissenschaftliche Theologie, (Jena, Halle, Leipzig) Frankfurt/Main 1858-1913
ZZ	Zwischen den Zeiten. Zweimonatsschrift, München 1923 ff.

III. Allgemeine Abkürzungen

A

a.a.O.,	am angeführten Ort
Abb.	Abbildung
Abdr.	Abdruck(e)
abgedr.	abgedruckt
Abh. Abhh.	Abhandlung(en)
Abk.	Abkürzung
Abs.	Absatz
Abt.	Abteilung
ägypt.	ägyptisch
äthiop.	äthiopisch
afr.	afrikanisch
ahd.	althochdeutsch
amer.	amerikanisch
Ang.	Angabe
angelsächs.	angelsächsisch
anglik.	anglikanisch
Anh.	Anhang
Anm.	Anmerkung(en)
Ann.	Annalen, Annales, Annals
Anz.	Anzeiger, Anzeigen
ao.	außerordentlich
apl.	außerplanmäßig
Apokr., apkr.	Apokryphen, apokryphisch
apost.	apostolisch
App.	Apparat
arab.	arabisch
aram.	aramäisch
Arch.	Archiv
armen.	armenisch
Art.	Artikel
assyr.	assyrisch
AT, at.	Altes Testament, alttestamentlich
Aufl.	Auflage
Aufs., Aufss.	Aufsatz, Aufsätze
Ausg., Ausgg.	Ausgabe(n)
Ausl.	Auslegung
Ausw.	Auswahl
Ausz.	Auszug

B

b.	bei(m)
babyl.	babylonisch

bayr.	bayrisch
Bd., Bde.	Band, Bände
Bearb., Bearbb.	Bearbeitung(en), Bearbeiter
bearb.	bearbeitet
begr.	begründet
Beibl.	Beiblatt
Beih., Beihh.	Beiheft(e)
Beil., Beill.	Beilage(n)
Bem.	Bemerkung
Ber., Berr.	Bericht(e)
Berücks.	Berücksichtigung
bes.	besonders
Bespr.	Besprechung
Bez., bez.	Bezeichnung, bezeichnet
Bibl.	Bibliothek
bibl.	biblisch
Bibliogr., Bibliogrr.	Bibliographie(n)
Bisch., bisch.	Bischof, bischöflich
Bist.	Bistum
Bl., Bll.	Blatt, Blätter
Btr., Btrr.	Beitrag, Beiträge
Bull.	Bulletin
Bw.	Beiwort
byz.	byzantinisch
Bz.	Bezirk
bzgl.	bezüglich
bzw.	beziehungsweise

C

c.	Kapitel
ca	zirka
can.	canon, canones
CatRom	Catechismus Romanus
c f.	confer (vergleiche)
chald.	chaldäisch
Chron.	Chronik
CIC	Codex
Cod.	Codes, Codices
Coll.	collectio(n)
Const.	Constitutio
CorpIC	Corpus Iuris Canonici

D

d. Ä.	der Ältere

dän.	dänisch
Darst., dargest.	Darstellung(en), dargestellt
das.	daselbst
dass.	dasselbe
Decr.	Decretum
DEK	Deutsche Evangelische Kirche
Dep.	Departement
ders.	derselbe
DG	Dogmengeschichte
dgl.	dergleichen
d. Gr.	der Große
d.h.	das heißt
d.i.	das ist
Dict.	Dictionnaire, Dictionary
dies.	dieselbe
Diöz.	Diözese
Diss.	Dissertation
Distr.	Distrikt
d.J.	der Jüngere
dt.	deutsch
Dtld.	Deutschland
Dyn.	Dynastie

E

EB	Erzbischof
ebd.	ebenda
Ed., Edd., ed.	Edition(en), ediert
ehem.	ehemalige(r), ehemaliges, ehemals
ehrw.	ehrwürdig
eig.	eigentlich
Einf.	Einführung
Einl., eingel.	Einleitung, eingeleitet
EKD	Evangelische Kirche in Deutschland
EKG	Evangelisches Kirchengesangbuch
em.	emeritiert
Engl., engl.	England, englisch
entspr.	entspricht, entsprechend
entw.	entweder
Enz.	Enzyklopädie
Erg., Ergg., erg.	Ergänzung(en), ergänzt
Erkl., erkl.	Erklärung, erklärt
Erl., Erll., erl.	Erläuterung(en), erläutert
erw.	erweitert
Erz., Erzz., erz.	Erzählung(en), erzählt
Erzb.	Erzbistum
etc	etcetera
ev.	evangelisch
Ev., Evv.	Evangelium, Evangelien
ev.-luth.	evangelisch-lutherisch
ev.-ref.	evangelisch-reformiert
evtl.	eventuell
Expl.	Exemplar

F

f.	für
f. (nach Zahlen)	folgende Seite, folgender Jahrgang
ff. (nach Zahlen)	folgende Seiten, folgende Jahrgänge
Fak.	Fakultät
Faks.	Faksimile
Festg.	Festgabe

Festschr.	Festschrift
finn.	finnisch
Fkr.	Frankreich
Forsch.	Forschung(en)
Forts., Fortss., fortges.	Fortsetzung(en), fortgesetzt
Frgm., frgm.	Fragment(e), fragmentarisch
Frhr.	Freiher
frz.	französisch
Ftm	Fürstentum

G

GA	Gesamtausgabe
Geb.	Geburtstag
geb. (*)	geboren
gedr.	gedruckt
gef.	gefallen
gegr.	gegründet
Geistl.	Geistlicher
Gem.	Gemälde
gen.	genannt
Gen.Sekr.	Generalsekretär
Gen.Sup.	Generalsuperintendent
germ.	germanisch
Ges.	Gesellschaft
ges.	gesammelt
Gesch.	Geschichte
gest. (†)	gestorben
gez.	gezeichnet
Gf., Gfn., Gfsch.	Graf, Gräfin, Grafschaft
gg.	gegen
Ggs.	Gegensatz
Ggw.	Gegenwart
Ghzg., Ghzgn.	Großherzog, Großherzogin
Ghzgt., ghzgl.	Großherzogtum, großherzoglich
Gouv.	Gouvernement
GProgr.	Gymnasialprogramm
Grdl.	Grundlage
Grdr.	Grundriß
griech.	griechisch
GW	Gesammelte Werke

H

H., Hh.	Heft(e)
Hbd.	Halbband
Hdb.	Handbuch
hd.	hochdeutsch
Hdwb.	Handwörterbuch
hebr.	hebräisch
Hist., hist.	Historia, Histoire, History; historisch
Hl., Hll., hl.	Heilige(r), Heilige (Plural), heilig
holl.	holländisch
Holzschn.	Holzschnitt(e)
Hrsg., hrsg.	Herausgeber(in), herausgegeben
HS	Heilige Schrift
Hs., Hss., hs.	Handschrift(en), handschriftlich
Hzg., Hzgn.	Herzog, Herzogin
Hzgt., hzgl.	Herzogtum, herzoglich

I

ib.	ibidem	luth.	lutherisch
i.J.	im Jahr	LWB	Lutherischer Weltbund
Ill., ill.	Illustration(en), illustriert	LXX	Septuaginta (griech. Übers. des AT)
ind.	indisch		
insbes.	insbesondere		

M

Inst.	Institut	MA, ma.	Mittelalter, mittelalterlich
Instr.	Instrument	Mag.	Magister
internat.	international	m.a.W.	mit anderen Worten
islam.	islamisch	Mbl., Mbll.	Monatsblatt, Monatsblätter
israel.	israelitisch	Mél.	Mélanges
It., it.	Italien, italienisch	Mém	Mémoires
		meth.	methodisch

J

		method.	methodistisch
J., j.	Jahr(e), jährig	Mgf., Mgfn.	Markgraf, Markgräfin
jap.	japanisch	Mgfsch., mgfl.	Markgrafschaft, markgräflich
Jb., Jbb.	Jahrbuch, Jahrbücher	Mgz.	Magazin
Jber., Jberr.	Jahresbericht(e)	Mh., Mhh.	Monatsheft(e)
Jg., Jgg.	Jahrgang, Jahrgänge	mhd.	mittelhochdeutsch
Jh., Jhh.	Jahrhundert(e)	Min.	Minister, Ministerium
Jt.	Jahrtausend	Miss.	Missionar
Jub.	Jubiläum	Miss.Dir.	Missionsdirektor
jüd.	jüdisch	Miss.Insp.	Missionsinspektor
jun.	junior	Mitgl., Mitgll.	Mitglied(er)
jur.	juristisch	Mitt.	Mitteilung(en)
		Monogr.	Monographie

K

		Ms., Mss.	Manuskript(e)
		Mschr., Mschrr.	Monatsschrift(en)
Kal.	Kalender	MT	masoretischer Text (hebr. Text des AT)
Kard.	Kardinal		
Kat.	Katalog	Mus.	Museum
Kath., kath.	Katholizismus, katholisch		

N

Kf., Kfn., Kft.	Kurfürst, Kurfürstin, Kurfürstentum		
KG	Kirchengeschichte	Nachdr.	Nachdruck
Kg., Kgn.	König, Königin	Nachf.	Nachfolger
Kgr., kgl.	Königreich, königlich	Nachr., Nachrr.	Nachricht(en)
Kl.	Klasse	nam.	namentlich
klass.	klassisch	nat.	national
KO	Kirchenordnung	ndrl.	niederländisch
Komm.	Kommentar	Nekr.	Nekrolog
Komp., komp.	Komponist, Komposition, komponiert	Neudr.	Neudruck
		NF	Neue Folge
Kongreg.	Kongregation	nord.	nordisch
Konk.	Konkordat	norw.	norwegisch
Kons.Rat	Konsistorialrat	nouv. éd.	nouvelle édition
kopt.	koptisch	NR	Neue Reihe
Korr., Korrbl.	Korrespondenz, Korrespondenzblatt	NS	Neue Serie
KR	Kirchenrecht	NT, nt.	Neues Testament, neutestamentlich
Kr.	Kreis		
krit.	kritisch		

O

Kt.	Kanton		
Kupf.	Kupferstich(e)	o.	ordentlich
		obj.	objektiv

L

		od.	oder
lat., latin.	lateinisch, latinisiert	öff.	öffentlich
Lb.	Lebensbild(er)	ökumen.	ökumenisch
Lehrb.	Lehrbuch	Östr., östr.	Österreich, österreichisch
Lfg.	Lieferung	o.J.	ohne Jahr(esangabe)
Lit.	Literatur(angaben)	O.Kons.Rat	Oberkonsistorialrat
Lith.	Lithographie	OKR	Oberkirchenrat
LKR	Landeskirchenrat	o.O.	ohne (Erscheinungs-)Ort
Ll.	Lebensläufe	orient.	orientalisch

orth.	orthodox

P

P.	Pastor, Pater
p.	pagina (= Seite)
Päd., päd.	Pädagogik, pädagogisch
par	und Parallelstellen
passim	da und dort#Rzerstreut
Patr.	Patron(e), Patronat(e)
PDoz	Privatdozent
pers.	persisch
philolog.	philologisch
Philos., philos.	Philosophie, philosophisch
phön.	phönizisch
Plur.	Plural
poln.	polnisch
port.	portugiesisch
Pr.	Prediger
Präs.	Präsident
Prn.	Prinzessin
Prof.	Professor
Progr.	Programm
Prot., prot.	Protestantismus, protestantisch
Prov.	Provinz
Pseud.	Pseudonym
psychol.	psychologisch
PT	Praktische Theologie
publ.	publié
Publ.	Publikation(en)

Q

Qu.	Quelle(n)
Qkde.	Quellenkunde
Qschr.	Quellenschrift
Qsmlg.	Quellensammlung

R

R.	Reihe
rabb.	rabbinisch
Rdsch.	Rundschau
Red., red.	Redaktion, redigiert
Ref., ref.	Reformation, reformiert
Reg.	Register
Regg.	Regesten, Regesta
Rel., rel.	Religion, religiös
Rep.	Repertorium
resp.	respektive
Rev.	Revolution
rhein.	rheinisch
rit.	rituell
röm.	römisch
röm.-kath.	römisch-katholisch
roman.	romanisch
russ.	russisch
Rv.	Revue, Review

S

S.	Seite(n)
s., s.a.	siehe, siehe auch
säk.	säkularisiert

sanskrit.	sanskritisch
SB	Sitzungsbericht(e)
Schol., schol.	Scholastik, scholastisch
Schr., Schrr.	Schrift(en)
schwed.	schwedisch
schweizer.	schweizerisch
scil.	scilicet, nämlich
s.d.	siehe dort
Sekr.	Sekretär
sel.	selig
Sem.	Seminar, Seminary, Séminaire
sem.	semitisch
sen.	senior
Ser.	Serie, series
Sess.	Sessio
Sing.	Singular
skand.	skandinavisch
slaw.	slawisch
slow.	slowakisch
Smlg.	Sammlung
s.o.	siehe oben
Soc.	Société, Società, Societas
sog.	sogenannt
soz.	sozial
Sp.	Spalte(n)
Span., span.	Spanien, spanisch
spez.	speziell
SS	Scriptores
ST	Systematische Theologie
St.	Saint, Sankt
st.	stimmig
Stud.	Studie(n)
s.u.	siehe unten
Sup.	Superintendent
Suppl.	Supplement
syn.	synonym
Synop., synopt.	Synoptiker, synoptisch
syr.	syrisch

T

t.	tomus, tome, Buch, Band
Tab.	Tabelle
Taf.	Tafel
term. techn.	terminus technicus
Tg.	Targum
Tgb.	Tagebuch
Theol., theol.	Theologie, theologisch
thom.	thomistisch
Tl.	Teil
transl.	translated
tsch.	tschechisch
tschsl.	tschechoslowakisch
Tsd.	Tausend

U

u.a.	unter anderem, und andere
u.ä.	und ähnliche(s)
u.a.m.	und anderes mehr
UB	Urkundenbuch
u.d.T.	unter dem Titel

Überl., überl.	Überlieferung, überliefert
Übers., Überss., übers.	Übersetzung(en), übersetzt
Übertr., übertr.	Übertragung, übertragen
unbek.	unbekannt
ung.	ungarisch
ungedr.	ungedruckt
Univ.	Universität
u.ö.	und öfter
Unters., Unterss.,	Untersuchung(en)
unters.	untersucht
unv.	unverändert
Urk., Urkk.	Urkunde(n)
urspr.	ursprünglich
usw.	und so weiter
u.U.	unter Umständen
u.zw.	und zwar

V

V.	Vers
v.	von, vom
VELKD	Vereinigte Evangelisch-Lutherische Kirche Deutschlands
Ver.	Verein
Verb. Verbb., verb.	Verbesserung(en), verbessert
Verdt., verdt.	Verdeutschung, verdeutscht
Verf., verf.	Verfasser, verfaßt
Verh., Verhh.	Verhandlung(en)
verm.	vermehrt
Veröff., veröff.	Veröffentlichung(en), veröffentlicht
Vers., Verss.	Versuch(e)
versch.	verschiedene
Verw.	Verwaltung
Verz., verz.	Verzeichnis(se), verzeichnet
vgl.	vergleiche
viell.	vielleicht
Vj.	Vierteljahr

Vjh., Vjschr.	Vierteljahresheft, Vierteljahres-schrift
Vol.	Volume(n)
vollst.	vollständig
vorm.	vormals
Vors.	Vorsitzender
Vorst.	Vorstand, Vorsteher
Vortr., Vortrr.	Vortrag, Vorträge
Vulg.	Vulgata

W

wahrsch.	wahrscheinlich
Wb.	Wörterbuch
Wbl., Wbll.	Wochenblatt, Wochenbläter
Wiss., wiss.	Wissenschaft, wissenschaftlich
w.o.	wie oben
wörtl.	wörtlich
Wschr., Wschrr.	Wochenschrift(en)

Z

Z.	Zeile(n)
z.	zu, zum, zur
zahlr.	zahlreich
z.B.	zum Beispiel
Zbl.	Zentralblatt
Zschr., Zschrr.	Zeitschrift(en)
Zshg.	Zusammenhang
z.St., z. d. St.	zur Stelle, zu dieser Stelle
z.Tl.	zum Teil
Ztg., Ztgg.	Zeitung(en)
zugl.	zugleich
zus.	zusammen
Zus., Zuss.	Zusammensetzung(en)
zw.	zwischen
z.Z.	zur Zeit

A

ADAM, Karl, Karl Borromäus Adam, geboren am 22. Oktober 1876 in Pursruck in der Oberpfalz, gestorben am 1. April 1966 in Tübingen. Eltern: Babette und Clemens Adam.. — A. wuchs mit 10 Geschwistern auf - sein fünf Jahre jüngerer Bruder August wurde ebenfalls Priester und Theologe und profilierte sich auf dem Gebiet der Moraltheologie. A. legte 1895 das Abitur am humanistischen Gymnasium in Amberg ab und studierte Theologie in Regensburg, wo er am 10. Juni 1900 zum Priester geweiht wurde. Nach zwei Jahren Arbeit in der Seelsorge setzte er seine Studien in München fort und wurde 1904 mit einer Dissertation über den Kirchenbegriff Tertullians promoviert. Sein Doktorvater war *Joseph Schnitzer*, der bekannte und umstrittene »Modernist«, der seit 1902 Professor für Dogmengeschichte, Symbolik und Pädagogik in München war. Schnitzer wurde 1908 vom priesterlichen Dienst suspendiert und mußte seine Lehrtätigkeit an der Theologischen Fakultät aufgeben. Bis zu seinem Tod im Jahr 1939 hat er den Kontakt zu A. gehalten, in dessen Theologie er den Modernismus wieder hervorbrechen sah. Auch A. respektierte seinen Lehrer zeitlebens und empfand sich ungeachtet seines anderen Lebensweges immer als dessen Schüler. — A. habilitierte sich 1908 in München mit einer Arbeit über die Eucharistielehre des Hl. Augustinus und wurde zum Privatdozenten für Dogmatik und Dogmengeschichte ernannt. Das Ergebnis seiner Arbeit lautete, daß sowohl eine rein symbolistische als auch eine streng orthodoxe Auslegung Augustins unhaltbar sei. Die Eucharistielehre seiner literarischen Umwelt habe Augustinus zum Glauben an die Realität des Fleisches Christi bestimmt, aber nicht zum Glauben an die Transsubstantiation. Einer der Gutachter der Arbeit war der renommierte Kirchenhistoriker und häufig als »Reformkatholik« bezeichnete *Albert Ehrhard*, der seit 1903 in Straßburg den Lehrstuhl für Kirchengeschichte bekleidete. — Professor wurde der junge Privatdozent, der die Nachfolge seines suspendierten Lehrers anzutreten hoffte, allerdings noch lange nicht. Bevor A. am 31. Dezember 1915 zum außerordentlichen Professor an der Universität München ernannt wurde, arbeitete er als Religi-

onslehrer am Gymnasium in München (1909 bis 1912) und unterrichtete privat die Söhne des bayerischen Kronprinzen Rupprecht. Von 1912 bis 1917 war er Religionslehrer der angehenden Offiziere im bayerischen Kadettencorps in München. — In dieser Phase seiner Tätigkeit orientierte A. sich an der wissenschaftlichen Arbeit und der kirchenpolitischen Haltung Albert Ehrhards. Dazu gehörten eine klare Option für die historisch-kritische Methode, eine Vermeidung des offenen Konfliktes mit der Kirche (anders als bei Schnitzer) sowie das Bestreben, der katholischen Theologie einen gleichberechtigten Platz unter den Wissenschaften zu sichern. Die Katholisch-Theologischen Fakultäten sollten am wissenschaftlichen Diskurs des Kaiserreichs teilnehmen können, ohne von vornherein als dogmatisch gebundene, wissenschaftsunfähige Einrichtungen angesehen zu werden. Die historischen Forschungen dienten dazu, das Wesen der Kirche als einer Kulturmacht herauszuarbeiten und für die Gesellschaft fruchtbar zu machen. A. betrachtet sich in dieser Hinsicht als Schüler Albert Ehrhards, als einen Ehrhardianer. — A. begrüßte Albert Ehrhards öffentliche kritische Stellungnahme zur »Modernismus-Enzyklika« *Pascendi* von 1908 ausdrücklich. Trotz eigener kritischer Äußerungen hat er selber den Antimodernisten-Eid, wenn auch widerstrebend geleistet, denn als Privatdozent und Religionslehrer war er, anders als die Professoren, dazu verpflichtet, und eine Verweigerung hätte seine Suspendierung nach sich gezogen. Wider besseres Wissen versuchte er diesen Schritt vor sich selbst mit der Begründung zu rechtfertigen, daß der Eid sich nur gegen modernistische Auswüchse und nicht gegen die historische Methode als solche richte. — Im Jahr 1911 wurde A. beim Erzbischöflichen Ordinariat angezeigt und ein kanonisches Lehrverfahren gegen ihn eröffnet. Ein päpstlicher Kammerherr hatte ihn beim Nuntius denunziert, daß er die Schüler der dritten Klasse im modernistischen Geist unterrichte. A. stand im Erzbischöflichen Ordinariat zu diesen Vorwürfen freimütig Rede und Antwort und rechnete fest mit einer kirchlichen Verurteilung, doch durch das Eingreifen des bayerischen Herrscherhauses wurde die Suspendierung verhindert. — Im Jahr 1916 mußte sich A. wieder einem Lehrverfahren unterziehen. Erneut wurden ihm modernistische Tendenzen und eine zu große Nähe zum Protestantismus vorgeworfen. Auch in diesem Verfahren kam A. »mit einem blauen Auge davon« und mußte den Eindruck gewinnen, daß die staatliche Macht eher auf seiner Seite stand als die kirchliche. Diese Erlebnisse erwiesen sich als prägend für A.s Verhalten im Spannungsfeld von Staat und Kirche auch in späterer Zeit. Das erneute Lehrverfahren führte darüber hinaus dazu, daß er nicht mehr dogmengeschichtlich arbeiten wollte, denn in beiden Fällen hatten seine dogmenhistorischen Grundsätze und Forschungsergebnisse den Anlaß für den Modernismusverdacht gegeben. — Der Erste Weltkrieg brachte für A. eine entscheidende Wende. Wie viele seiner Zeitgenossen war er geprägt vom sog. August-Erlebnis zum Beginn des Krieges, das er als Erlebnis der Einheit und Gemeinschaft des deutschen Volkes interpretierte. Den Krieg selbst deutete er als einen Kampf für das deutsche Wesen, in dem das deutsche Volk die ihm von Gott aufgetragenen Aufgaben erfüllen müsse. Vor allem führten ihn die Erfahrungen des Krieges zu einer neuen Sicht der Kirche und ihres »Wesens«. Im Licht dieser neuen Wesenserkenntnis verblaßten die alten Probleme des Modernismus und trat die historisch-kritische Arbeit zugunsten einer »Wesensschau« des Katholizismus und des »Gemeinschaftsglaubens« in den Hintergrund. — 1917 wurde A. als ordentlicher Professor für Moraltheologie nach Straßburg berufen und wirkte dort als Kollege Albert Ehrhards. Nach dem Ende des Krieges mußte er im Dezember 1918 Straßburg verlassen. Er kehrte nach Regensburg zurück und lehrte an der dortigen Philosophisch-Theologischen Hochschule. Dort erreichte ihn ein Ruf nach Tübingen auf den Lehrstuhl für Dogmatik. — Am 1. Oktober 1919 wurde A. ordentlicher Professor an der Katholisch-Theologischen Fakultät der Universität Tübingen und blieb dort fast 30 Jahre lang. Einen Ruf nach Bonn lehnte er 1925 ab; 1935 erklärte er, daß er einem geplanten Ruf nach Würzburg nicht folgen werde. Tübingen wurde ihm zur Wahlheimat, besonders auch in geistiger Hinsicht. Er verstand sich als Erbe der *Tübinger Schule* und ihrer spezifischen Verbindung von historischer und spekulativer Theologie. — A.s

Lehrtätigkeit in Tübingen begann furios. In seiner Antrittsvorlesung *Theologischer Glaube und Theologie* entwarf er eine Theorie der Glaubensbegründung, die Elemente scholastischer Theologie mit den Erkenntnissen der zeitgenössischen Religionsphänomenologie und Religionspsychologie (Max Scheler und Rudolf Otto) verbinden sollte. »Irrational« und »Intuition« wurden zu Schlüsselbegriffen bis hin zur Gleichsetzung von »irrational« mit »übernatürlich«. A. begründete den Glauben im Erlebnis, das wesenhaft gemeinschaftlich und dessen Ort die kirchliche Gemeinschaft sei. Die Betonung des Erlebnisses ließ erneut einen Modernismus-Verdacht gegen ihn aufkommen, doch die Bindung des Erlebnisses an die empirische katholische Kirche als Gemeinschaft und Autorität entsprach nicht mehr modernistischen Positionen, sondern der neuen Tendenz der Theologie der Weimarer Zeit, dem Modernismus Autoritätspathos und Gemeinschaftserlebnis entgegenzusetzen. — A.s Vorlesungen in Tübingen beschäftigten sich mit aktuellen theologischen Fragestellungen und erfreuten sich großer Beliebtheit. Eine dieser Vorlesungsreihen war eine Reaktion auf Friedrich Heilers 1920 gehaltene und 1923 veröffentlichte Vorträge, die den Katholizismus aus religionsgeschichtlicher Perspektive als gigantischen Synkretismus darstellten. Aus diesen Vorlesungen entstand A.s wohl berühmtestes und am weitesten verbreitetes Buch *Das Wesen des Katholizismus*, das 1924 in 1. Auflage erschien. Bis 1957 sollte es 13 Auflagen erleben und ins Englische, Italienische, Polnische, Französische, Japanische, Chinesische, Ungarische, Portugiesische, Spanische, Niederländische, Litauische und Dänische übersetzt werden. — In diesem Buch entfaltete A. die Vorstellung, daß »Gemeinschaft« die beherrschende Idee des katholischen Kirchenbegriffs sei. Das Göttliche in der Kirche drücke sich in der Gemeinschaft aus und zwar nur, insofern Kirche Gemeinschaft sei. Die Menschen im Nachkriegsdeutschland seien gleichermaßen empfänglich für den Gemeinschaftsgedanken wie für die Hochschätzung von Autorität und die Vorstellung einer das eigene Ich überschreitenden Solidarität. Hinsichtlich des methodischen Vorgehens bestätigt das *Wesen des Katholizismus* A.s Wende von der Arbeit mit der historisch-kritischen Methode hin zu einer »Wesensbetrachtung« aus der Perspektive des Betroffenen. Nur »Insider« könnten diese Betrachtung vornehmen, und nur ihnen erschließe sie sich ganz. A. erhob also keinen Anspruch auf intersubjektive Überprüfbarkeit, sondern wollte das »Wesen« des Katholizismus für diejenigen zur Erscheinung bringen, denen es sich erschließt. — 1932 verfügte das *Hl. Officium*, daß das *Wesen des Katholizismus* einschließlich aller Übersetzungen aus dem Buchhandel zurückgezogen werden mußte. Das Werk war bereits in sechs Auflagen zu je 5000 Exemplaren erschienen. Die Beanstandungen trafen ins Zentrum der Adamschen Ekklesiologie und richteten sich keineswegs nur gegen mißverständliche Formulierungen und Begriffe. Vor allem wurde A.s Gemeinschaftsbegriff und sein kollektivistisches Heilsverständnis für inadäquat erklärt. A. ging scheinbar auf die Kritik ein und überarbeitete das Buch, änderte aber an den zentralen Aussagen nichts. — In seinen Christus-Büchern *Christus unser Bruder* (1926) und *Jesus Christus* (1933) verband A. die Christologie mit dem Gemeinschaftsgedanken. Zu dessen Stärkung hielt er es für notwendig, die Menschlichkeit Jesu zu betonen. Er projizierte auf den irdischen Jesus ein heldisches Männlichkeitsideal und suchte dieses mit den traditionellen christlichen Tugenden, die klischeehaft als weiblich erschienen, zu kombinieren. Das Produkt war der in A.s Perspektive physisch und psychisch perfekte Mann. Das Heldenmotiv wurde gleichermaßen zum wichtigsten Interpretament des Kreuzestodes. Dem Ostererlebnis schrieb A. eine quasi-biologische Funktion zu, indem er es als Offenbarung des gesunden Lebenswillens bezeichnete. Die Reihenfolge, in der er Auferstehung bzw. Ostererlebnis und Kreuz abhandelte, drängte nicht nur die Kreuzestheologie an den Rand, sondern führte darüber hinaus die Auferstehung im Ostererlebnis der Jünger eng. Wie im Bild Jesu wirkte sich A.s Faszination vom »Gesunden« und »Starken« und vom »stahlharten Willen« aus: Das Ostererlebnis zeige, daß der Glaube an die Auferstehung Jesu nicht schwächlich sei, sondern eine Demonstration von Gesundheit und Stärke. Christentum und Kirche sollten mit Hilfe eines solchen Jesusbildes auch für die »Starken und Gesunden« attraktiv erscheinen und nicht als morbide Religion der Schwachen, die aus dem Ressentiment entstanden ist. Hier erkennt man

eine bemerkenswerte Kontinuität zu A.s Intention während der Zeit der Modernismuskrise. — Auch das Buch *Jesus Christus* wurde kurz nach seinem Erscheinen auf Anordnung des Hl. Officiums aus dem Buchhandel zurückgezogen. A. führte für dieses Buch sowie für *Christus unser Bruder* die geforderten Korrekturen durch, so daß alle Bücher wieder publiziert werden durften. — 1933 begrüßte A. die nationalsozialistische Herrschaft in Deutschland enthusiastisch. Auch in den folgenden Jahren veränderte sich seine Einstellung nicht. Er setzte sich für die Vereinbarkeit von Katholizismus und Nationalsozialismus ein und hoffte, auf der Grundlage dieser Verbindung eine zeitgemäße Theologie betreiben und zur Erneuerung der deutschen Kirche beitragen zu können. — A.s Aufsatz *Deutsches Volkstum und katholisches Christentum* in der *Theologischen Quartalschrift* im Jahrgang 1933 enthält eine begeisterte Darstellung der Gestalt Adolf Hitlers und der Veränderungen durch die Machtübernahme der Nationalsozialisten. In dieser Deutung spielt das Gemeinschafts- und Einheitserlebnis die entscheidende Rolle. Ein weiteres Mal betonte A. das Einigungserlebnis des deutschen Volkes durch die Machtübernahme des Nationalsozialismus in seiner Rede auf der Heilig-Jahr-Feier 1934 in Stuttgart. Neben dem Nationalsozialismus versuchte er hier dem Christentum für die Einigung des Volkes eine wichtige Rolle zuzuweisen. Denn erst das Christentum habe die deutsche Volksgemeinschaft geformt. Trotz der konfessionellen Spaltung bestehe eine echte und letzte Gemeinschaft aller Deutschen im Glauben an den Heiland Jesus Christus. Deutsche jüdischen Glaubens waren folglich aus dieser »Volksgemeinschaft« ausgeschlossen. — Für A. wurde das Verhältnis von Natur und Gnade zum Deutungsschema für die Vereinbarkeit von Katholizismus und Nationalsozialismus. Natur und Übernatur seien im katholischen Denken organisch miteinander verbunden, die deutsche Natur erweise sich als die perfekte Grundlage, auf der die Gnade aufbaue. A. transformierte hier einen philosophisch-theologischen Begriff, der sich auf die ontologische Selbstverwirklichung eines Seienden bezieht, also nicht die Spur eines biologischen Verständnisses enthält, in einen pseudo-naturwissenschaftlichen, der es erlaubte, die Kategorien von »Blut« und »Rasse« in die Theologie zu integrieren. — Die angekündigte, aber nie veröffentlichte Fortsetzung des Artikels in der Theologischen Quartalschrift ist als Manuskript im Nachlaß A.s zu finden. A.s Äußerungen erscheinen hier gemäßigter und die rassistischen Elemente in den Hintergrund gedrängt. Umso schwerer wiegt, daß er diese Fortsetzung nicht veröffentlicht hat, denn sie hätte das vorher Gesagte vom übernationalen Standort des Christentums wenigstens ansatzweise relativieren können. — Weil A. sich in seiner Rede auf der Heilig-Jahr-Feier 1934 kritisch gegenüber der *Deutschen Glaubensbewegung*, die in der Tübinger Professorenschaft mit *Jakob Wilhelm Hauer* einen führenden Vertreter hatte, kritisch geäußert hatte, wurde er im NS-Kurier scharf angegriffen, seine Vorlesungen wurden von SA-Stürmen gesprengt und das Ministerium sprach ein Lehrverbot gegen A. aus, das nach kurzer Zeit wieder aufgehoben wurde. Diese Vorgänge dienten A. nach dem Krieg dazu, sich selbst als Opfer des Nationalsozialismus darzustellen. — Am 10. Dezember 1939 hielt A. in Aachen einen vielbeachteten und äußerst umstrittenen Vortrag zum Thema *Die geistige Lage des deutschen Katholizismus*, der nur als Manuskript vorliegt (z.B. im Nachlaß Adam). Im ersten Teil des Vortrags plädierte A. für die Vereinbarkeit von Katholizismus und nationalsozialistischer Weltanschauung, im zweiten Teil legte er dar, wie die Theologie sich verändern müsse, um der Gegenwart gerecht zu werden. Im dritten und letzten Teil unterbreitete er einige Vorschläge, die der Wiedergeburt des Katholizismus als eines deutschen Katholizismus dienen sollten. Die prinzipielle Feststellung der Vereinbarkeit von Katholizismus und Nationalsozialismus führte im theologischen Bereich zu einer Relativierung der Sündenvorstellung. Um dem nationalsozialistischen Gedanken eines Herrenmenschentums entgegenzukommen, behauptete A., daß die menschliche Natur durch die Ursünde nicht verdorben und die Kräfte des Menschen nicht geschwächt seien. Darüber hinaus solle sich das Christentum mehr auf die Erlösung besinnen, denn die Fixierung auf die Sünde wirke auf starke schöpferische Menschen der Gegenwart abstoßend. Die praktischen Vorschläge richteten sich auf die Einführung des Militärdienstes für angehende Theologen als »Schule der Männlichkeit«, auf die Einführung

der deutschen Liturgie und die verstärkte Verehrung deutscher Heiliger. Der Vortrag löste ein starkes Echo und einen länger anhaltenden Konflikt aus. Es gab zahlreiche Beschwerden an das Generalvikariat in Aachen, und auch der Kölner Kardinal *Schulte* billigte den Vortrag nicht. Der Rottenburger Bischof *Sproll*, Erzbischof *Gröber* aus Freiburg und Bischof *Kumpfmüller* von Augsburg wandten sich direkt an A. und kritisierten den Vortrag. Eine scharfe Auseinandersetzung fand zwischen A. und dem Berliner Dompropst *Bernhard Lichtenberg* statt. A. erhielt aber vor allem Briefe, deren Verfasser ihm begeistert zustimmten. Prominente Theologen und reformorientierte Priester und Laien wie *Josef Wittig*, *Josef Thomé* und *Michael Schmaus* finden sich unter ihnen. Von besonderer Bedeutung wurden A.s Kontakte, die sich aus der Auseinandersetzung über den Aachener Vortrag zu dem Schriftleiter des *Kolpingsblattes*, *Josef Bagus*, einem Mann mit besten Verbindungen zur Gestapo, und dem geistlichen Studienrat *Richard Kleine* aus Duderstadt, einem glühenden Anhänger Adolf Hitlers, ergaben. Kleine hoffte die erstrebte Reform der katholischen Kirche mit Hilfe des Nationalsozialismus durchführen zu können. Durch seine Vermittlung erhielt A. Kontakt zu einer konspirativ arbeitenden nationalsozialistischen Priestergruppe, die unter der Leitung von *Johann Pircher* aus der ehemaligen *Arbeitsgemeinschaft für den religiösen Frieden* in Österreich hervorgegangen war, und trat dieser Gruppe im Jahr 1940 bei. — Weitere Kontakte bestanden zum sog. *Rheinischen Reformkreis* im Jahr 1944, mit dessen Hilfe A. noch einmal versuchte, seine Reformvorstellungen zu verwirklichen. Dazu gehörte eine äußere organisatorische Reform, die eine größere Unabhängigkeit von Rom ermöglichen, aber auch die Machtbefugnisse der deutschen Bischöfe einschränken sollte. A. und seine Gesinnungsgenossen in der Gruppe nationalsozialistischer Priester sowie die Mitglieder des Rheinischen Reformkreises strebten nach der Bildung einer Nationalkirche mit einem deutschen Metropoliten, wobei A. allerdings an der Institution des Papsttums und dem übernationalen Charakter der katholischen Kirche festhalten wollte. — Theologisch richteten sich die Reformbestrebungen auf die Überwindung der neuscholastischen Theologie, insbesondere im Blick auf das

Verhältnis von Natur und Gnade. Der Abschied von einer als starr und unbeweglich empfundenen Schultheologie sollte der Theologie ermöglichen, auf andere philosophische und kulturelle Quellen zurückzugreifen und eine »Inkulturation« in das deutsche Volk zu leisten. Von den »völkischen« Grundlagen her sollte auch die Ethik bestimmt, d. h. das Konzept einer universalistischen Ethik aufgegeben werden. Diese »Inkulturation« ging so weit, daß die nationalsozialistische Rassenideologie und eine spezifisch katholische Version des Mythos vom arischen Jesus Eingang in die Theologie A.s fanden (letzteres im zweiteiligen Aufsatz *Jesus, der Christus, und wir Deutsche* von 1943/44). — Auch die Bemühungen um eine interkonfessionelle Verständigung erschienen nun in einem anderen Licht. Die gemeinsame Hinwendung zum Nationalsozialismus ermöglichte eine vorher so nicht gekannte Zusammenarbeit. Dem internationalistischen Ansatz der ökumenischen Bewegung wurde der Ansatz beim Völkisch-Nationalen entgegengesetzt - vor der »Volksgemeinschaft« verblaßten die konfessionellen Unterschiede. Die dem Nationalsozialismus nicht angepaßten theologischen Richtungen wurden demgegenüber als reaktionär und konfessionalistisch eingestuft. Im Briefwechsel mit Richard Kleine zeigte A. sich aber zurückhaltend bis skeptisch gegenüber einer Ausweitung der Einigungsbemühungen auf die völkisch-religiöse Bewegung. Mit dem Rheinischen Reformkreis teilte A. vor 1945 die Vision einer nationalen Kirche, in der die Konfessionsunterschiede aufgehoben und das ganze deutsche Volk vereint sei, verengte also die *Una Sancta* zu einer Nationalkirche auf völkischer Basis. — Die Begeisterung A.s für den Nationalsozialismus rührte daher, daß dieser ein neues Lebensgefühl vermittelte und die Sehnsucht nach Einheit und Gemeinschaft scheinbar erfüllte. Dieses Lebensgefühl vermißte er bei seinen kirchlichen Vorgesetzten und suchte es in der Gemeinschaft von Gleichgesinnten. Daß er dem Nationalsozialismus eine heilsgeschichtliche Bedeutung zuschrieb, war in seiner Hoffnung begründet, ihn für die Erreichung kirchenreformerischer Ziele nutzbar zu machen und seiner Einschätzung nach die Chance für eine Verwirklichung noch nie so groß war. Wenn die Kirche selbst dazu nicht in der Lage sei, erwecke Gott außerhalb ihrer Grenzen Menschen, die zu Werkzeugen seiner Pläne würden: Dieses Verständnis steht hinter der Einschätzung Hitlers als providentieller Gestalt. Zu A.s Erfahrungen in der Auseinandersetzung mit kirchlichen Stellen gehörte stets die Einschaltung staatlicher Stellen in die innerkirchlichen und -theologischen Konflikte zu seinen Gunsten. Dieses Muster wiederholte sich nun unter nationalsozialistischen Vorzeichen. — Nach dem Ende des Zweiten Weltkrieges und dem Zusammenbruch der nationalsozialistischen Herrschaft konnte A. seine wissenschaftliche Laufbahn unbeschadet fortsetzen, da er seine Unterstützung des Nationalsozialismus niemals eingestanden hat. Wie ein Brief im Nachlaß A.s von 1947 an einen nicht namentlich genannten Prior dokumentiert, stellte er sich nachträglich vielmehr als Opfer nationalsozialistischer Verfolgung dar. Die Tiefe seiner Verstrickung in den Nationalsozialismus ist darüber hinaus lange nicht bekannt geworden. — 1948 erschien A.s einzige Schrift, die sich explizit mit der ökumenischen Frage beschäftigte: *Una Sancta in katholischer Sicht.* In dieser Schrift entfaltete er ein positives Lutherbild und bemühte sich, theologische Konvergenzen hinsichtlich des Verhältnisses von Gewissen und Autorität, der Rechtfertigungslehre und der Hochschätzung der Heiligen Schrift zu benennen. Seine Vorstellung einer Einigung der Kirchen blieb allerdings am Modell der Rückkehr-Ökumene orientiert, wobei er zugestand, daß auch die katholische Kirche dabei nicht unverändert bleiben würde. In dieser Nachkriegsschrift zur Ökumene finden sich auch noch deutliche Anklänge an seinen Briefwechsel mit Richard Kleine, etwa wenn A. das deutsche Volk als *theologische* Größe und »das Blut« als wesentlichen Faktor im Prozeß der Konfessionalisierung betrachtet. Die Ökumene gilt ihm als Lebensfrage der *deutschen* Christenheit. — Ebenfalls im Jahr 1948 wurde A. emeritiert. Von Freunden und Kollegen erhielt er zwei Festschriften: die *Abhandlung über Theologie und Kirche* zum 75. Geburtstag (1951), zu deren Autoren unter anderem *Roger Aubert, Yves Congar*, Karl Rahner und *Gottlieb Söhngen* zählen, und *Vitae et Veritati* zum 80. Geburtstag (1956). Ebenfalls anläßlich des 80. Geburtstags A.s würdigte Karl Rahner in einem Artikel in der Frankfurter Allgemeinen Zeitung A.s Mitwirkung am großen Wandel der Theologie im 20 Jahrhundert, der zwischen den beiden Weltkriegen begonnen und von der Neuscholastik des 19. Jahrhunderts zum theologischen Pluralismus des 20. Jahrhunderts geführt habe. Weder die Festschriften noch die Laudatio gehen auf A.s Verstrickung in den Nationalsozialismus ein. — A. zog sich in den 50er Jahren aus dem wissenschaftlichen Betrieb und der Öffentlichkeit mehr und mehr zurück. Seine Schriften wurden jedoch nach wie vor gelesen. Gerade in den USA war A. sehr prominent, seine Werke wurden bis in die Zeit nach dem Zweiten Vatikanischen Konzil in theologischen Veranstaltungen diskutiert und bis in die jüngste Zeit immer wieder neu aufgelegt . — In seinem letzten Lebensjahrzehnt lebte A. sehr zurückgezogen. Er litt an einer fortschreitenden Demenzerkrankung, die ihn, verbunden mit einer starken Schwerhörigkeit, die bereits sehr früh eingesetzt hatte, die Teilnahme am öffentlichen Leben immer weniger möglich machte. Er wurde als Peritus in eine der vorbereitenden Konzilskommissionen berufen, konnte diesem Ruf jedoch nicht mehr folgen. Es ist auch nicht klar, ob er ihn noch bewußt wahrnehmen konnte. Am 1. April 1966 starb A. fast 90-jährig in seinem Haus in Tübingen. — Karl Adam ist in der Sekundärliteratur nicht selten und bis heute als Theologe mit weltweit klingendem Namen, als größter Anwalt des Katholizismus oder als Wegbereiter des Zweiten Vatikanischen Konzils bezeichnet worden. A. wollte eine zeitgemäße Theologie treiben, die modernen Menschen ansprechen und die geistigen Strömungen der jeweiligen Zeit verarbeiten. Dies führte ihn dazu, im Nationalsozialismus ein großes Innovationspotential wahrzunehmen, das er für Kirche und Theologie nutzen wollte. Im Verlauf dieser Bemühungen entstand eine Theologie, die sich in den Dienst einer menschenverachtenden politischen Ideologie und Praxis stellte. Karl Adam hat eine bewußte Entscheidung zur Kooperation mit dem Nationalsozialismus getroffen - dies kann in der Beurteilung seiner Person und seiner Theologie nicht mehr außer Acht gelassen werden.

Werke (Monographien und Herausgeberschaften): Der Kirchenbegriff Tertullians. Eine dogmengeschichtliche Studie (Forschungen zur christlichen Literatur- und Dogmengeschichte 6,4), Paderborn 1907; Die Eucharistielehre des hl. Augustin (Forschungen zur christlichen Literatur- und Dog-

mengeschichte 8,1), Paderborn 1908; Pfingstgedanken. Drei Vorträge, gehalten für die Jugendabteilung des katholischen Frauenbundes München, München 1915 (1933[2]); Das sogenannte Bußedikt des Papstes Kallistus (Veröffentlichungen aus dem Kirchenhistorischen Seminar München 4,5), München 1917; Die kirchliche Sündenvergebung nach dem hl. Augustin (Forschungen zur christlichen Literatur- und Dogmengeschichte 14,1), Paderborn 1917; Glaube und Glaubenswissenschaft im Katholizismus. Akademische Antrittsrede, Rottenburg/ N. 1920 {auch erschienen in ThQ 101 (1920) 131-155}; eine zweite erweiterte Auflage erschien unter dem Titel: Glaube und Glaubenswissenschaft im Katholizismus. Vorträge und Aufsätze, Rottenburg/ N. 1923. Sie enthält: 1.Theologischer Glaube und Theologie. Akademische Antrittsrede 1919, 17-43, 2. Pascals Intuition und der theologische Glaube, S. 44-57 {erstmals in Hochland 19/1 (1921/22)168-175}, 3. Die natürliche Gotteserkenntnis im Licht des Gottesbegriffs, 58-93, 4. Der Weg der erfahrungsmäßigen Gotteserkenntnis, 94-142 {erstmals erschienen in ThQ 103 (1922) 200-248}, 5. Der moderne Mensch und der katholische Glaube. Rede Stuttgart 1921, 143-165 {erstmals abgedruckt in Seele 3 (1921) 225-238}; Die geheime Kirchenbuße nach dem hl. Augustin. Eine Auseinandersetzung mit B. Poschmann (Münchner Studien zur historischen Theologie 2), Kempten 1921; Das Wesen des Katholizismus, Augsburg 1924 (Düsseldorf 1925[2]; 1926[3], 1927[4], 1928[5], 1931[6], 1934[7], 1936[8], 1940[9], 1946[10], 1947[11], 1949[12], 1957[13]) Sonderausgabe der 9. Auflage für die Schweiz Olten 1944; The Spirit of Catholicism, London 1929 (1929[2], 1931[3], 1932[4], 1932[5], 1934[6], 1937, 1938, 1939, 1948, 1952, 1955, 1959, 1969), New York 1929 (1930, 1932[5], 1934[6], 1935, 1937, 1943, 1946, 1948, 1952, 1956, 1957, 1997 mit einem Vorw. v. Robert Krieg, Steubenville/Ohio 1996; L'essenza del cattolicesimo, Brescia 1929 (1930[2], 1938[3], 1940, 1944[4], 1947[5], 1955[6], 1962[7]); Istota katolicyzmu, Poznan 1931; Het wezen van het katholicisme, Voorhout 1930 (1931[2], 1936[3], 1947[4]); Le vrai visage du catholicisme, Paris 1931 (1931[10], 1932, 1934, 1935, 1937[26], 1939[29], 1942[33], 1945, 1951[37]); Katorishismu-no-honshitsu, Tokyo 1932 (1935[2]); Katolckybès esmè, Kaunas 1936 (litauisch); A katholicizmus lèyege, Budapest 1936; A essência do catolicismo, Petropolis (Brasilien) 1942 (1956[2]); La esencia del catolicismo, Barcelona 1955 (1962[2]); Katholicismens inderste Vaesen, Købnhavn 1945; Tien Chu Chiao Ching J (Gotteslehre, Geist, Recht). Catholic Lectures (Sammlung Süßer Tau), Hongkong 1950; Natura katolicyzmu, Warschau 1999; Christus unser Bruder, Regensburg 1926 (1930[2], 1933 Neudruck, 1934[3], 1935[4], 1938[5], 1941[6], 1947[7], 1950[8] 1960[9]); Christ our Brother, London 1931 (1932, 1934, 1940), New York 1931 (1952, 1962); Cristo nostro fratello, Brescia 1931, 1968[2]; Christus onze broeder, Voorhout 1931 (1934[3], 1949[4]); Le Christ notre frère, Paris 1931 (1932[10], 1939, 1947[24]); Cristo nuestro hermano, Freiburg 1940, Barcelona 1954 (1956[2], 1958[3], 1961[4], 1966[6]); Cristo nosso irmão, Petropolis 1939 (1950[2]), Lisboa 1958); Warera no kyôdai naru Kirisuto, Tokio 1955; Die geistige Entwicklung des heiligen Augustinus (Rede Tübingen 4. Mai 1930), Augsburg 1931 (Sonderausgabe Darmstadt 1954 und 1956); Saint Augustine, the odyssey of his soul, London 1932 (New York 1932);Der erste Mensch im Licht der Bibel und im Licht der Naturwissenschaft, Sonderausgabe, Darmstadt 1959 {zuerst veröffentlicht in ThQ 123 (1942)}; Glaube und Liebe, Regensburg 1927 (1927[2], 1937[3], 1938, 1947, 1960), {als Artikel »Glaube und Liebe« erschienen erstmals in Seele 9 (1927), 3-8; 33-42} ; Tro och kärlek, Norrköping (Schweden) 1932; Geloof en liefde, Amsterdam 1934, 7-48 (enthält neben »Glaube und Liebe« weiter »Christus en de geest van het Westen«, 51-118, und »Huwelijk«, 121-151); Two Essays. Christ and the Western Mind. Love and Belief, London 1930, 53-79 (New York 1930); La fede e l'amore, Turin 1963; Foi et amour, Paris 1964; Christus und der Geist des Abendlandes, München 1928 (1932[2]); Two essays by Karl Adam. Christ and the Western mind. Love and Belief, London 1930, 7-50 (New York 1930); Die sakramentale Weihe der Ehe. Vortrag, Freiburg Br. 1930 (1933[2], 1937[3]); Geloof en liefde, Amsterdam 1934, 121-151; La dignità sacramentale del matrimonio cristiano, in: La scuola cattolica. Rivista di scienze religiose 62 (1934), 513-525 (als Monographie: Milano 1935); Jesus Christus, Augsburg 1933 (1933[2], 1934[3], 1935[4], 1938[5], 1939[6], Düsseldorf 1946[7], 1949[8]); Jèsus le Christ, Mulhouse 1934 (1937[3], 1941[4], 1943[5], 1945[6], 1948[7]); Jesus Christus, Voorhout 1934 (1935[2], Bilthoven 1951[4], Antwerpen 1951[4]); The Son of God, London 1934 (1935[2], 1937[3], 1979), New York 1934 (1940), Garden City 1960 (1962), Princeton 1992; Gesù il Cristo, Brescia 1935 (1939[2], 1943[3], 1946[4], 1950[6], 1955[7], 1959[8], 1962[9], 1964[10], 1966[11], 1969[12], 1973[13], 1976[14], 1983[15], 1995[16]); Jesus Cristo, Petropolis 1937 (1950[3]), Coimbra 1947; Jesu Cristo, Barcelona 1957; Christno zinso (Wissen über Christus, Tokyo 1947 (1955[2]); Iisus Christos, Brüssel 1961, Kirisuto Jezusu, Tokyo 1966; Jesus Christus und der Geist unserer Zeit (Vortrag), Augsburg 1935 (1935[2]); Jesus et son message devant nos contemporains, Paris 1936 (1938[2]); Jesus Christ and the Spirit of the Age, in: Germany's New Religion, London 1937, 115-168; Gesammelte Aufsätze zur Dogmengeschichte und Theologie der Gegenwart hrsg. von Fritz Hofmann, Augsburg 1936; Germany's New Religion. The German Faith Movement, hrsg. von Wilhelm Hauer, Karl Heim, Karl Adam, London 1937; L'Église est une. Hommage a Moehler, hrsg. von Pierre Chaillet, unter Mitarbeit von Karl Adam u.a., Paris 1939; Kirchenmudigkeit? Vom Ärgernis zum sieghaften Glauben[2], Paderborn 1940 (Sonderdruck aus der J. A. Möhlerfestschrift »Die Eine Kirche«, Paderborn 1939, 33-54); From Human Scandal to Triumphant Faith, in: Orate fratres review 13 (1939) 337-344 u.392-399); Le mystère de l'incarnation du Christ et de son corps mystique. Du scandale à la foi victorieuse, in: Etudes 237 (1939) 26-48; Una Sancta in katholischer Sicht. Drei Vorträge über die Frage einer Wiedervereinigung der getrennten christlichen Bekenntnisse, Düsseldorf 1948; One and Holy, London 1951 (1954, 1956), New York 1951 (1954, 1969), Roots of the Reformation. A large part of 'One and Holy', London 1957; Vers l'unité chrétienne. Du point de vue catholique, Paris 1949; Una Sancta. Katholieke eenheid en christelijke liefde, Helmond 1950 (Antwerpen 1950); Una Sancta nel pensiero cattolico, Rom 1956 (1957[2]); Der Christus des Glaubens.Vorlesungen über die kirchliche Christologie, Düsseldorf 1954 (1956[2]); The Christ of faith. The Christology of the Church, London 1957, New York 1957 (1962[2]); El Cristo de nuestra fe, Barcelona 1957 (1958, 1972[4]); Il Cristo della fede, Brescia 1959 (1964[2]); O Cristo da fé, São

Paulo 1962; Die Lehre von der Schöpfung: nach den Vorlesungen von Professor Karl Adam, hg. v. Walter Hiltenkamp, Paderborn o.J.

Briefe: Briefe an die Mitglieder des Rheinischen Reformkreises, in: Hubert Wolf, Claus Arnold (Hrsg.), Der Rheinische Reformkreis. Dokumente zu Modernismus und Reformkatholizismus 1942-1955, Bd. 2, Paderborn u.a. 2001, 33-120. — Briefe an Friedrich Heiler, in: Annette Klement, Versöhnung des Verschiedenen. Friedrich Heilers Ringen um die eine Kirche im Spiegel seiner Korrespondenz mit katholischen Theologen, Frankfurt/ M 1997.

Werke (Aufsätze): Die Lehre von dem hl. Geiste bei Hermas und Tertullian, in: ThQ 88 (1906), 36-61. Abdruck in: Gesammelte Aufsätze, Augsburg 1936, 53-69; Die Chronologie der noch vorhandenen Schriften Tertullians, in: Katholik 28 (1908) Bd. 37,1, 341-370 und 416-434; Notizen zur Echtheitsfrage der Augustin zugesprochenen Schrift De unitate ecclesiae, in: ThQ 91 (1909) 86-115. Abdruck in: Gesammelte Aufsätze, Augsburg 1936, 196-215; Der Antimodernisteneid und die theologischen Fakultäten, in: Die Wahrheit 45. Jhrg. = Katholische Kirchenzeitung für Deutschland 1. Jhrg. München 1910, 83-85; Cyprians Kommentar zu Mt 16,18 in dogmengeschichtlicher Beleuchtung, in: ThQ 94 (1912) 99-120 und 203-244. Abdruck in: Gesammelte Aufsätze, Augsburg 1936, 80-122; Zum außerkanonischen und kanonischen Sprachgebrauch von Binden und Lösen, in: ThQ 96 (1914) 49-64 u.161-197. Abdruck in: Gesammelte Aufsätze, Augsburg 1936, 17-52; Die Bekehrung des hl. Augustin, in: Seele 1 (1919) 9-12 u. 39-44; Jesus und das Leben, in: Seele 2 (1920)162-167. Abdruck in: Christus unser Bruder, Regensburg 1926, S. 7-22; Eine merkwürdige Streitschrift gegen den Katholizismus, in: Wissen und Glauben 18 (1920), 193-198; Glaube und Glaubenswissenschaft im Katholizismus (Akademische Antrittsrede), in: ThQ 101 1(920)131-155. Als Sonderheft Rottenburg N. 1920 (Theologischer Glaube und Theologie 1923[2], 17-43); Das Beten Jesu, in: Seele 3 (1921), 8-15. Abdruck in: Christus unser Bruder, Regensburg 1926, 23-45; Der moderne Mensch und der katholische Glaube (Rede Stuttgart), in: Seele 3 (1921) 225-238. Abdruck in: Glaube und Glaubenswissenschaft[2], Rottenburg N. 1923, 44-57; Katholische Weltanschauung und modernes Denken, in: Literarischer Handweiser 58 (Freiburg i. Br.) 1922, 553-556; Der Weg der erfahrungsmäßigen Gotteserkenntnis, in: ThQ 103 (1922) 200-248; Christus in der Kirche, in: Seele 5 (1923) 357-369. Abdruck in: Das Wesen des Katholizismus, Augsburg 1924, 12-26 und in: Christus unser Bruder, Regensburg 1926, 96-129. Französische Übersetzung: Le Christ dans l'église, in: Revue apologétique 52 (1931) 257-272; Pfingsten, in: Seele 6 (1924)161-175; Der Gewißheitsgrund des göttlichen Glaubens und P. Stuflers Kritik, in: ThQ 105 (1924) 69-79; Kirche und Seele, in: ThQ 106 (1925) 231-239; Die Theologie der Krisis, in: Hochland 23/II (1925/26) 271-286. Abdruck in: Gesammelte Aufsätze, Augsburg 1936, 319-337; Karl Heim und das Wesen des Katholizismus, in: Hochland 23/II (1925/26) 447-469 u. 586-608. Abdruck in: Gesammelte Aufsätze, Augsburg 1936, 338-388; Durch Christus, unsern Herrn (Vortrag), in: Seele 8 (1926), 321-329 und 355-364. Abdruck in: Christus unser Bruder, Regensburg 1926, 46-95; Glaube und Liebe, in: Seele 9

(1927) 3-8 u. 33-42; Die katholische Tübinger Schule. Zur 450-Jahrfeier der Universität Tübingen, in: Hochland 24/II (1927) 581-601. Abdruck in: Gesammelte Aufsätze, Augsburg 1936, 389-412; Neue Untersuchungen über die Ursprünge der kirchlichen Primatslehre, in: ThQ 109 (1928) 161-256. Abdruck in: Gesammelte Aufsätze, Augsburg 1936, 123-185; Die abendländische Kirchenbuße im Ausgang des christlichen Altertums, in: ThQ 119 (1929) 1-66. Abdruck in: Gesammelte Aufsätze, Augsburg 1936, 268-312; Augustin, in: Seele 12 (1930) 225-232; Jesus and life (= Kapitel aus: Christus unser Bruder), in: The Clergy Review 1 (1931)143-150; Glaube an Christus, in: Katholische Kirchenzeitung Salzburg 71 1931, 318; Ders.: Zur Eucharistielehre des heiligen Augustinus, in: ThQ 112 (1931) 490-536. Abdruck in: Gesammelte Aufsätze, Augsburg 1936, 237-267; Deutsches Volkstum und katholisches Christentum, in: ThQ 114 (1933) 40-63; Christus gestern und heute, Christus allezeit (Jubiläumsvortrag anläßlich der Heilig-Jahr-Feier, Stuttgart Statthalle 21. Januar 1934), in: Katholik Sonntagszeitung (Mainz) Sonntag den 25. Februar 1934, 9-11; Die dogmatischen Grundlagen der kirchlichen Liturgie, in: Wissenschaft und Weisheit 4 (1937) 43-54. Abdruck in: Theologie der Zeit. Theologische Beihefte zu Der Seelsorger 4 (1937) 193-219, in englischer Übersetzung erschienen unter dem Titel: The Dogmatic Bases of the Liturgy, in: Orate Fratres Review 12 (1937) 8-14, 56-59, 97-104, 145-151; Der Katholik und die katholische Wahrheit, in: Der Seelsorger 14 (1937/38) 235-241, 263-270, 296-313; Theologische Bemerkungen zu Hugo Kochs Schrift: Virgo Eva - Virgo Maria, in: ThQ 119 (1938) 171-189; Jesu menschliches Wesen im Licht der urchristlichen Verkündigung, in: Wissenschaft und Weisheit 6 (1939) 111-120; Von dem angeblichen Zirkel im katholischen Lehrsystem oder von dem einen Weg der Theologie, in: Wissenschaft und Weisheit 6 (1939) 1-25; Ekklesiologie im Werden?, in: ThQ 122 (1941) 145-166; Der erste Mensch im Licht der Bibel und der Naturwissenschaft, in: ThQ 123 (1942) 1-20; Was ist katholische Theologie? (Sebastian Merkle zum 80. Geburtstag am 28.8.1942), in: Wissenschaft und Weisheit 10 (1943) 1-22; Die natürliche Gotteserkenntnis, in: ThQ 126 (1946) 1-18; Jesus, der Christus, und wir Deutsche, in: Wissenschaft und Weisheit 10 (1943) 73-103 und 11 (1944) 10-23; Vom Heiligwerden, in: Seele 22 (1946) 278-282. Abdruck in: Christus unser Bruder, Regensburg 1950⁸, S. 291-301; Mariä Verkündigung (Marienpredigt), in: Seele 24 (1948) 34-38. Abdruck in: Christus unser Bruder, Regensburg 1950⁸, 248-257; Das Problem des Geschichtlichen im Leben der Kirche, in: ThQ 128 (1948) 257-300; Warum ich an Christus glaube, in: Hochland 41 (1948/49) 409-419. Abdruck in: Christus unser Bruder, Regensburg 1950⁸, 258-264; Christus unser König, in: Seele 25 (1949) 4-8; Das katholische Priesterideal (Vortrag), in: Seele 25 (1949) 268-271. Abdruck unter dem Titel: »Das katholische Priestertum«, in: Christus unser Bruder, Regensburg 1950⁸, S. 258-264; Das katholische Priestertum, in: Der christliche Sonntag, Katholisches Wochenblatt, Freiburg i. Br. 1 1949 (Nr. 4) S. 27 und (Nr. 5) S. 35; Die Christusbotschaft an Weihnachten, in: Der christliche Sonntag, Katholisches Wochenblatt, Freiburg i. Br. 1 (1949), 409; Von der Heiligenverehrung, in: Seele 26 (1950) 66-367; Mariens leibliche Aufnahme in den Himmel im Licht der mariologischen Entwicklung, in: ThQ 130

(1950) 257-295; Albertus Magnus, der Schüler Christi, in: Seele 27 (1951) 306-309;; Zum Problem der Apokatastasis, in: ThQ 131 (1951) 129-138; To Move Toward Christian Unity, in: The Commonweal 54 (1951) 423-426; Die »moralische Aufrüstung« und das abendländische Christentum, in: ThQ 132 (1951) 1-21. Abdruck in: Vaterland (Luzern) 12.8.1952. Auszüge in: Moral Re-Armament and Christianity in the West, London 1952; Das Problem der Entmythologisierung und die Auferstehung des Christus, in: ThQ 132 (1952) 385-410. Abdruck in: Kerygma und Mythos, hrsg. von H. W. Bartsch, Bd. V, Hamburg 1955, 101-119; Wo wahrer Glaube, dort auch wahre Liebe, in: Lebendiges Zeugnis (1952/53) 415-416; Pentecost and baptism, in: Worship 28 (1954) 281-283; Die dogmatische Grundlage der Herz-Jesu-Verehrung, in: Der Seelsorger 25 (1955) 415-416; Christentum ist Christus, in: Der Seelsorger 25 (1955) 416-417; An Act of Faith, in: Worship 31 (1957) 120-125; Amicis et discipulis in caritate non ficta. Rundfunkansprache 22. Oktober 1956, Tübingen 1956. Abdruck unter dem Titel »Der lebendige Christus. Rundfunk-Ansprache am Vorabend des 80. Geburtstages« in: Die Neue Schau 18 (1957) 90-91.

Werke (Artikel und Beiträge in Sammelbänden): Art. Bußdisziplin, in: LThK II (1931), 657-661. Abdruck in: Gesammelte Aufsätze, Augsburg 1936, 313-318; Causa finita est, in: Beiträge zur Geschichte des christlichen Altertums und der byzantinischen Literatur. Festgabe für Albert Erhard, Bonn und Leipzig 1922, 1-23. Abdruck in: Gesammelte Aufsätze, Augsburg 1936, 216-236; Geleitwort, in: Hermann Franke, Das Heil der Völker, Paderborn 1937; Das Geheimnis der Inkarnation Christi und seines mystischen Leibes. Vom Ärgernis zum sieghaften Glauben, in: Die Eine Kirche. Zum Gedenken J. A. Möhler 1838-1938, Paderborn 1939, 33-54. in zweiter Auflage als Sonderdruck erschienen unter dem Titel: Kirchenmüdigkeit. Vom Ärgernis zum sieghaften Glauben², Paderborn 1939; Das Wunder von Bethlehem, in: Die frohe Botschaft. Worte und Weisen von christlicher Weihnacht hrsg. von Hermann Franke, Paderborn 1939, 9-15; Wie der Mensch zu Christus kommt, in: Der Mensch vor Gott. Beiträge zum Verständnis der menschlichen Gottbegegnung. FS Theodor Steinbüchel zum 60. Geb., hg. v. Philipp Weindel, Düsseldorf 1948, 365-377; Der junge Paulus, in: Paulus-Hellas-Oikumene (An Ecumenical Symposion), hrsg. v. The Student Christian Association of Greece, Athen 1951, 9-27.

Festschriften: Karl Adam, Gesammelte Aufsätze zur Dogmengeschichte und Theologie der Gegenwart, hrsg. von Fritz Hofmann (zum 60. Geburtstag), Augsburg 1936; Karl Adam zu seinem 70. Geburtstag am 22. Oktober 1946, Tübingen 1946; Abhandlungen über Theologie und Kirche. Festschrift für Karl Adam, in Verbindung mit Heinr. Elfers und Fritz Hofmann, hrsg. von Marcel Reding, Düsseldorf 1952; Vitae et veritati. Festgabe für Karl Adam, Düsseldorf 1956

Bibliographie: Johannes Stelzenberger, Bibliographie Karl Adam. Zum goldenen Dozentenjubiläum am 26. April 1958 nachgereicht, in: ThQ 138 (1958) 330-347.

Lit.: Fidelis Böser, Neuere Literatur über Liturgie, in: BenM 7 (1925) 469-475; — Bernhard Braubach, Karl Adam und das Wesen des Katholizismus, in: Hochl 23, 2 (1926) 488-495; — Hermann Dieckmann, Rez. zu Adam, Karl, Das Wesen des Katholizismus, in: Schol 1 (1926) 268-275; — Leonhard Fendt, Katholische Theologie in der Gegenwart, in: ZThK n. F. (1926) 430-459; — Karl Barth, Der römische Katholizismus als Frage an die protestantische Kirche, in: ZZ 6 (1928) 274-302; — Bernhard Jansen, Die Christusvorträge von Karl Adam, in: StZ 124 (1932) 193; — Friedrich Heiler, Zum Tod von Karl Adam. Ein Brief, in: ThQ 146 (1966) 257-261; — Alfred Jeremias, Evangelisches Christentum und Katholizismus. Antwort auf Karl Adam: Das Wesen des Katholizismus, Berlin 1933; — Fritz Hofmann, Gesammelte Aufsätze zur Dogmengeschichte und Theologie der Gegenwart. Karl Adam zum 60. Geburtstag, Augsburg 1936; — Alois Wurm, Karl Adam zum 60. Geburtstag, in: Seele 18 (1936) 287-293; — Festschrift Karl Adam, Karl Adam zu seinem siebenzigsten Geburtstag am 22. Oktober 1946, Tübingen 1946; — Marcel Reding (Hrsg.), Abhandlungen über Theologie und Kirche. FS für Karl Adam, Düsseldorf 1952 [Bibliographie 1906-1952]; — Karl Rahner, Theologie in der Welt, in: FAZ v. 26. 10. 1956, 10; — Vitae et Veritati. Festgabe für Karl Adam, Düsseldorf 1956; — Jakob Laubach, Über Karl Adam, in: Leonard Reinisch (Hrsg.), Theologen unserer Zeit. Eine Vortragsreihe des Bayerischen Rundfunks, München 1960, 115-135; — Roger Aubert, Le Problème de l'acte de foi. Données traditionelles et resultats des controverses récentes, Louvain 1950²; — ders., Karl Adam, in: Hans-Jürgen Schultz (Hrsg.), Tendenzen der Theologie im 20. Jh. Eine Geschichte in Porträts, Stuttgart-Olten 1966, 156-162; — ders., Katholische Theologie im 20. Jahrhundert, in: Herbert Vorgrimler/ Robert Vander Gucht (Hrsg.), Bilanz der Theologie im 20. Jahrhundert. Perspektiven, Strömungen, Motive in der christlichen und nichtchristlichen Welt, Bd. 2, Freiburg 1969, 33-37; — Fritz Hofmann, Theologie aus dem Geist der Tübinger Schule, in: ThQ 146 (1966) 262-284; — Heinrich Fries, Wegbereiter und Wege. Ökumenische Verantwortung, Olten 1968; — Klaus Breuning, Die Vision des Reiches. Deutscher Katholizismus zwischen Demokratie und Diktatur (1929-1934), München 1969; — Wilhelm Josef Doetsch, Württembergs Katholiken unterm Hakenkreuz 1930-1935, Stuttgart 1969; — Alfons Auer, Karl Adam 1876-1966, in: ThQ 150 (1970) 131-140; — Heinz Boberach (Bearb.), Berichte des SD und der Gestapo über Kirchen und Kirchenpolitik in Deutschland 1934-1944, Mainz 1971, (VKZG, Reihe A: Quellen, Bd. 12); — Rudolf Graber, Karl Adam (1876-1966) zum 100. Geburtstag, Regensburg 1976; — Walter Kasper, Karl Adam. Zu seinem 100. Geburtstag und 10. Todestag, in: ThQ 156 (1976) 251-258; — Uwe Dietrich Adam, Hochschule und Nationalsozialismus. Die Universität Tübingen im Dritten Reich, Tübingen 1977; — Norbert Trippen, Theologie und Lehramt im Konflikt. Die kirchlichen Maßnahmen gegen den Modernismus im Jahre 1907 und ihre Auswirkungen auf Deutschland, Freiburg 1977; — Hans Kreidler, Karl Adam und der Nationalsozialismus, in: Rottenburger Jahrbuch für Kirchengeschichte 2 (1983) 129-140; — ders., Eine Theologie des Lebens. Grundzüge im theologischen Denken Karl Adams, Mainz 1988; — ders., Art. Adam, Karl, in: LThK³, Bd. 1, Freiburg 1993, 141-142; — ders., Karl Adams »Wesen des Katholizismus«, in: Mariano Delgado (Hrsg.), Das Christentum der Theologen im 20. Jahrhundert, Stuttgart 2000, 84-96; — Kirche im Nationalsozialismus, hg. v. Geschichtsverein der Diözese Rottenburg-Stuttgart, Sigmaringen 1984; — Robert A. Krieg, Karl Adam's christology: Toward a post-critical method, in: HeyJ 25 (1984) 432-456; — ders., Zur Aktualität der Christologie Karl Adams, in: ThQ 166 (1986) 92-107; — ders., Karl Adam. Catholicism in German Culture, Notre Dame/India 1992; — ders., Karl Adam, National Socialism, and Christian Tradition, in: TS 60 (1999) 432-456; — ders., Karl Adam, der Nationalsozialismus und »lebendige Tradition«, in: Wilhelm Geerlings/ Arnold Angenendt, Tradition und Innovation: Denkanstöße für Kirche und Theologie, Paderborn u.a. 2003, 87-117; — ders., Catholic Theologians in Nazi Germany, New York u. London 2004; — ders., German Catholic views of Jesus and Judaism 1918-1945, in: Kevin Spicer (Hrsg.), Antisemitism, Christian Ambivalence, and the Holocaust, Bloomington u. a. 2007, 50-75; — Klaus Scholder, Die Kirchen und das Dritte Reich, 2 Bde., Frankfurt/M - Berlin 1986/88; — Joachim Köhler, Vom »Geist des Christentums« und »dessen Anwendung auf die Gemüter«. Aus der Geschichte der Tübinger Theologischen Quartalschrift, in: Dokumentation des Erich-Wewel-Verlags zur Verleihung der Ehrendoktorwürde an Eduard Niedernhuber (Privatdruck), München 1988, 27-53; — ders., Die Unfähigkeit der Katholiken, mit der jüdischen Frage umzugehen. Beobachtungen zur Geschichte der Judenverfolgungen in nationalsozialistischer Zeit als Voraussetzung eines echten Schuldbekenntnisses, in: Walter Groß (Hrsg.), Das Judentum - Eine bleibende Herausforderung christlicher Identität, Mainz 2001, 149-173;Thomas Joseph Skrabak Edwards, Karl Adam and Friedrich Heiler on the Essence of Catholicism, Ann Arbor 1991 [zugleich Diss. Catholic University of America, 1989]; — Heinz Hürten, Deutsche Katholiken 1918-1945, Paderborn 1992; — ders., Die katholische Kirche im Ersten Weltkrieg, in: Wolfgang Michalka (Hrsg.), Der Erste Weltkrieg. Wirkung, Wahrnehmung, Analyse, München 1994; — Rudolf Reinhardt, Karl Adam in altkatholischer Sicht. Ein Brief aus dem Jahre 1923. Zugleich ein Beitrag zu den Beziehungen von Joseph Burkard Leu (Luzern) zu Johann Adam Möhler, in: ThQ 172 (1992) 117-121; — Andrea Tafferner, Gottes- und Nächstenliebe in der deutschsprachigen Theologie des 20. Jahrhunderts, Innsbruck-Wien 1992; — Thomas Ruster, Die verlorene Nützlichkeit der Religion. Katholizismus und Moderne in der Weimarer Republik, Paderborn 1994; — ders., »Ein heiliges Sterben«. Der zweite Weltkrieg in der Deutung deutscher Theologen, in: Salzburger Theologische Zeitschrift 9 (2005) 212-228; — Otto Weiss, Der Modernismus in Deutschland. Ein Beitrag zur Theologiegeschichte, Regensburg 1995; — Georg Denzler, Wenn Gottesgelehrte völkisch denken. Vom christlichen Antijudaismus zum Antisemitismus - Drei Beispiele: Karl Adam, Michael Schmaus und Anton Stonner, in: Süddeutsche Zeitung vom 21./ 22. Dezember 1996; — Rudolf Reinhardt, 175 Jahre Theologische Quartalschrift - ein Spiegel Tübinger Theologie, in: ThQ 176 (1996) 101-124; — Annette Klement, Versöhnung des Verschiedenen. Friedrich Heilers Ringen um die eine Kirche im Spiegel seiner Korrespondenz mit katholischen Theologen, Frankfurt/ M 1997; — Christoph Lienkamp, Theologisches Denken in der Weimarer Republik, in: Orientierung 61 (1997) 233-235; — Rainer Bucher, Das deutsche Volk

Gottes. Warum Hitler einige katholische Theologen faszinierte und »Gaudium et Spes« für die deutsche Kirche eine Revolution darstellt, in: Hildegard Keul/ Hans-Joachim Sander (Hrsg.), Das Volk Gottes - ein Ort der Befreiung, FS für Elmar Klinger, Würzburg 1998, 64-82; — ders., Kirchenbildung in der Moderne. Eine Untersuchung der Konstitutionsprinzipien der deutschen katholischen Kirche im 20. Jahrhundert, Stuttgart u. a. 1998; — Magdalena Lehmayer, Vordenker des Glaubens. Die Glaubenstheorie Karl Adams, Regensburg 1998; — Ulrich von Hehl/ Christoph Kösters (Bearb.), Priester unter Hitlers Terror. Eine biographische und statistische Erhebung, Bd. 2, Paderborn u. a. 1998[4]; — Peter Walter, Die deutschsprachige Dogmatik zwischen den beiden Vatikanischen Konzilien untersucht am Beispiel der Ekklesiologie, in: Hubert Wolf (Hrsg.), Antimodernismus und Modernismus in der katholischen Kirche. Beiträge zum theologiegeschichtlichen Vorfeld des II. Vatikanums, Paderborn 1998, 129-163; — Hubert Wolf (Hrsg.), Antimodernismus und Modernismus in der katholischen Kirche. Beiträge zum theologiegeschichtlichen Vorfeld des II. Vatikanums, Paderborn 1998; — Karl-Heinz Wiesemann, Zerspringender Akkord. Das Zusammenspiel von Theologie und Mystik bei Karl Adam, Romano Guardini und Erich Przywara als theologische Fuge, Würzburg 2000; — Lucia Scherzberg, Kirchenreform mit Hilfe des Nationalsozialismus. Karl Adam als kontextueller Theologe, Darmstadt 2001; — dies., Katholische Dogmatik und Nationalsozialismus, in: Rainer Bendel (Hrsg.), Die katholische Schuld? Katholizismus im Dritten Reich zwischen Arrangement und Widerstand, Münster 2002, 152-167; — dies., Das kirchenreformerische Programm pronationalsozialistischer Theologen. Umwälzung kirchlicher Strukturen, zeitgemäße Theologie und Wiedervereinigung der getrennten Kirchen, in: dies. (Hrsg.), Theologie und Vergangenheitsbewältigung. Eine kritische Bestandsaufnahme im interdisziplinären Vergleich, Paderborn 2005, 56-70; — dies., Ökumene und »Volksgemeinschaft«. Die Anfänge der ökumenischen Bewegung in Deutschland und der Nationalsozialismus, in: Theologische Perspektiven aus Saarbrücken. Antrittsvorlesungen, Saarbrücken 2006 (Universitätsreden 63), 9-27; — dies., Katholische Reformtheologen in Deutschland und Frankreich, in: dies. (Hrsg.), Vergangenheitsbewältigung im französischen Katholizismus und deutschen Protestantismus, Paderborn 2008, 41-56; — dies., Catholic Systematic Theology and National Socialism, in: theologie.geschichte 2 (2007): http://aps.sulb. uni-saarland.de/theologie.geschichte/inhalt/2007/35.html; — Kevin Spicer, Last Years of a Resister in the Diocese of Berlin. Bernhard Lichtenberg's Conflict with Karl Adam and his Fateful Imprisonment, in: Church history 70 (2001) 248-270; — ders., Gespaltene Loyalität. »Braune Priester« im Dritten Reich am Beispiel der Diözese Berlin, in: Historisches Jahrbuch 122 (2002) 287-320; — ders., Resisting the Third Reich: the Catholic Clergy in Hitler's Berlin, Illinois 2004; — ders. (Hrsg.), Antisemitism, Christian Ambivalence, and the Holocaust, Bloomington u. a. 2007; — ders., Hitler's Priests: Catholic Clergy and National Socialism, Illinois 2008; — Claus Arnold, Karl Adams Aachener Rede über »Die religiöse Situation des deutschen Katholizismus« (1939) und ihr Echo im Rheinischen Reformkreis, in: Geschichte im Bistum Aachen 6 (2002) 253-275; — Dominik

Burkard, Theologie und Gesellschaft im Umbruch: Die Katholisch-Theologische Fakultät Tübingen in der Weimarer Republik, in: Rottenburger Jahrbuch für Kirchengeschichte 24 (2005) 51-85; — ders., Die Katholisch-Theologische Fakultät Tübingen, in: ders./Wolfgang Weiß (Hrsg.), Katholische Theologie im Nationalsozialismus, Bd. 1, Würzburg 2007, 217-274; — Norbert Reck, »Wer nicht dabei gewesen ist, kann es nicht beurteilen«. Diskurse über Nationalsozialismus, Holocaust und Schuld in der Perspektive verschiedener theologischer Generationen, in: MThZ 56 (2005) 342-354; — Helmut Kurz, Katholische Kirche im Nationalsozialismus. Ein Lese- und Arbeitsbuch für den Religionsunterricht, Münster 2006, 255-25; — Jörg Ernesti, Ökumene im Dritten Reich, Paderborn 2007; — J. Connelly, Reformer & Racialist. Another side of Karl Adam, in: Commonweal. 135, 1 (2008) 10-13.

Lucia Scherzberg

ALEXANDER, Joseph Gundry, * 20.4. 1848, † 26.2. 1918. Rechtsanwalt, Quäker. — Joseph Gundry Alexander wurde 1848 in einer verarmten Quäkerfamilie im englischen Bath geboren. Er war der jüngste Sohn von Samuel und Sarah (Gundry) Alexander. Zuerst wurde er an der Frederick Taylor's School in Brighton, später an der Till Adam Smith's School in Weston-on-Super-Mare unterrichtet, anschließend mußte er im Alter von fünfzehn Jahren in den Betrieb seines Vaters, eines Eisen- und Altwarenhandels, einsteigen. Mit 21 Jahren begann er, Jura zu studieren, unter anderem bei J. Bevan Braithwaite und 1872 für einige Monate an der Pariser Sorbonne. Dort arbeitete er auch in der McCall Mission und besuchte die Schweiz, Belgien, die Bretagne und die Channel Islands. Er schloß seine Studien mit dem Titel »LL.B.« ab und wurde als Anwalt berufen. 1881 heiratete er Josephine Crosfield aus Reigate, mit der er vier Söhne hatte, darunter den Ornithologen Horace Aleander (1889-1989). 1896 zog er mit seiner Familie von Croydon nach Turnbridge Wells. — Als Quäkermissionar und ab 1897 als »Minister« (Prediger) des Lewes und Chichester Monthly Meeting der Quäker reiste er um die Welt, um sich für den Frieden und gegen Rauschmittel, insbesondere Opiate, auszusprechen. Um den Opiumhandel einzudämmen, unternahm er 1893/94 als Sekretär der Anti-Opium Society einer Untersuchungskommission zwei Reisen nach China. Seitdem war er für 25 Jahre der Herausgeber der Zeitschrift »The Friend of China«. Ein weites Betätigungsfeld seiner Mission und Kampagnen waren die USA. Unter anderem besuchte er in Europa auch Norwegen und Dänemark. Mehrfach bereiste er Frankreich, so 1908, 1915 und 1916. 1887 besuchte er in Minden die deutschen Quäker. In Rom wurde er zu einer Audienz bei Pius X. (1835-1914) empfangen, der hinsichtlich Opiate ganz eigene Interessen vertrat. Für über 40 Jahre war er Mitglied der International Law Society und arbeitete im Friedensbüro zu Bern. Ebenso war er im National Peace Council und in der örtlichen Peace Union seines Heimatwohnsitzes tätig. Auch für die christliche Mission interessierte er sich von Jugend an und war viele Jahre Mitglied des Friends Foreign Mission Board der Quäker. Im 69. Lebensjahr verstarb Joseph Gundry Alexander 1918 an seinem Wohnsitz Turnbridge Wells.

Werke: Observaciones sobre la esclavitud y comercio de esclavos. Barcelona 1841; Let no man despise thy youth. Thoughts on I. Timothy iv. 12-16 addressed to the younger members of the Society of Friends, who are engaged in first day school teaching, and other branches of home mission work. London, um 1870; Our objections to the opium trade. London 1872; International law affecting the slave trade. Paper presented by Joseph G. Alexander. London (1879); India's opium revenue, what it is and what it should be dealt with. London 1890; Substitutes for the opium revenue. With synopsis and supplementary figures. London 1890. Westminster 1892[2]; Substitutes for the opium revenue. With synopsis and supplementary figures to June 1893. Westminster 1893[3]; Has the opium trade been forced on China? (London) 1893; Interviews with China statesmen with regard to the opium traffic. London 1894; Sixty years against slavery. A brief record of the work and aims of the British and foreign Anti-Slavery Society, 1839-1899. With an article on the abolition of the legal status of slavery by Joseph G. Alexander. London 1900; What is meant by the abolition of the legal status slavery. London (1900); War and retribution. A paper read at the conference on war and Christianity held by arrangement of the Society of Friends at Glasgow, 9th September, 1901. London 1901; Our objections to the opium trade. A statement prepared for the use of candidates and members of parliament. Repr. from the »Friend of China« Jan. 1904. O.O. 1904; Opium in British colonies. With postscript containing the views of Sir Stamford Raffles (...) and Dr. Morrison (...) on the licensing of gambling and opium smoking. London (1908); International federation. With some additional notes by T. P. Newman. Westminster (1911) (Political series, national peace series, V).

Lit. (Auswahl): Foster, Joseph: Men-at-the-Bar. A biographical hand-list of the members of the various inns of court, including her majesty's judges, etc. London 1885; — Letter of Vittorio de Rossi, barrister at law at Leghorn, to J. G. Alexander, barrister at law, hon. general secretary of the Association on the following topics 1. On the execution of foreign judgments, 2. On the execution of English judgments in Italy. London 1887; — C., A. J.: Joseph Gundry Alexander. In: The Friend. A religious, literary, and miscellaneous journal, LVIII, 11, 1918, 171; — Life of Joseph Gundry Alexander, by Horace G. Alexander. London 1920; — Joseph Gundry Alexander. In: The Annual Monitor. For 1919-20, being an obituary of members of the Society of Friends in Great Britain and Ireland, from October 1st, 1917, to September 30th, 1919. London 1920, 71-76.

Claus Bernet

ALEXANDER, Mary Jane, * 17.4. 1844, † 12.1. 1911. Philanthropin, Quäkerin. — Mary Jane Binyon wurde 1844 geboren. Sie war die Tochter von Edward und Jane Binyon aus Manchester. Nach dem Tode ihres Vaters 1852 reiste ihre Mutter mit ihr nach Italien, in die Schweiz und nach Deutschland, wodurch sie viele Sprachen lernen konnte. Nach ihrer Rückkehr besuchte sie die Mount School in York. — 1866 heiratete sie Samuel Alexander (gest. 1914) und zog erst nach Ipswich und schließlich nach Felixstowe. Dort engagierte sie sich vor allem in der lokalen kleinen Quäkerversammlung und war für ihre milde ausgeglichene Wesensart bekannt. Sie wurde Präsident der Walton Womens Adult School und der British Temperance Association. Auch verwaltete sie, gemeinsam mit anderen, das Felixstowe Cottage Hospital. 1911 verstarb sie im Alter von 66 Jahren.

Lit. (Auswahl): Mary Jane Alexander. In: The Annual Monitor for 1912. Being an obituary of members of the Society of Friends in Great Britain and Ireland, from October 1, 1910, to September 30, 1911. London 1911, 2-4; — J.: Mary J. Alexander, of Felixstowe. In: The Friend. A religious, literary, and miscellaneous journal, LI, 1911, 78-79.

Claus Bernet

ALLEGRO, John Marco, evangelisch-methodistischer britischer Linguist und Qumranforscher, * 17.2. 1923 in Balham, South London, † 17.2. 1988. — A., zweites von drei Kindern von John Marco Allegro, Sr., jüdischen Glaubens, und dessen anglikanischer Gattin Mabel Jessie, besuchte die Wallington County Grammar School for Boys. Nach Absolvierung des Militärdienstes in der Royal Navy an Bord der H.M.S. Airedale, in die er 17jährig eintrat faßte A. zunächst die geistliche Laufbahn ins Auge, immatriulierte sich dann aber für orientalische Studien an der University of Manchester; im Lauf seines Lebens tendierte A. über den Agnostizismus zum Atheismus. Auf Empfehlung seines Lehrers und Mentors Sir Godfrey Rolles Driver (20.8. 1892-22.4. 1975) wurde A. vom langjährigen Leiter des Department of Antiquities of Jordan, Gerald Lankester Harding (1901-11.2. 1979) in die unter der Leitung von Roland

De Vaux, O.P. (s.d.) stehende achtköpfige internationale Forschergruppe berufen, dem die Entzifferung der Handschriftenfunde von Qumran Höhle 4 (4Q) übertragen worden war (weitere Mitglieder: [s.d.] Jean-Dominique Barthélemy, O.P., Frank Moore Cross, Jr. vom McCormick Theological Seminary, Chicago, Illinois; Claus-Hunno Hunziger (* 1929) von der Georg-August-Universität Göttingen für das Deutsche Evangelische Institut für Altertumswissenschaft des Heiligen Landes und die Deutsche Forschungsgemeinschaft [ab 1958 Abbé Maurice Baillet, Attaché des Centre National de la Recherche Scientifique, Paris]; Józef Tadeusz Milik, Attaché des Centre National de la Recherche Scientifique, Paris; Msgr. Patrick William Skehan von der Catholic University of America, Washington, D.C.; Abbé Jean Starcky und John Strugnell [* 25.3. 1930] vom Jesus College, Oxford). Ende 1953 traf A. in Jerusalem ein und nahm die Arbeit an den ihm zugeteilten Fragmenten auf. Die Kooperation gestaltete sich allerdings zunehmend schwierig wegen A.s religiöser Indifferenz, die das Verhältnis zu den kirchlich gebundenen Forschern belastete, sowie A.s Popularisierungsbestreben, der z.T. übertriebene Publikationszurückhaltung und Perfektionsanspruch der Fachkollegen gegenüberstanden; völlig grundlos war auch A.s Vorwurf an seine Kollegen, sie hielten aus dogmatischen Skrupeln Textveröffentlichungen zurück (The Untold Story of the Dead Sea Scrolls, 1966). Seinem durch häufig voreilige, fragmentarische und unsystematische Publikation von Qumran-Fragmenten, den Abdruck falscher Lesarten und gewagte Konjekturen zu beschädigten Textpassagen (vgl. alleine die Nachweise bei Strugnell, Notes en marge du volume V, 1970) sowie die Sensationsfreude des Publikums bedienende Lancierung vermeintlich spektakulärer Einsichten in die Glaubenswelt der Qumran-Gemeinde via Rundfunk und Druckmedien beschädigten akademischen Ruf zusätzlich abträglich war die ihn vollends diskreditierende Veröffentlichung von »The Sacred mushroom and the Cross« (1970, s.u.; dt.: Der Geheimkult des heiligen Pilzes, 1971). Nach seinem Rückzug aus dem Hochschulleben ließ A. sich auf der Isle of Man nieder. — A. publizierte erstmals den allegorisch-weisheitlichen Text 4Q184 (= 4QWiles of the Wicked Woman)

mit Emendationen; seine Interpretation wurde von Jean Carmignac (s.d.; Poème allégorique sur la secte rivale, 1965) und Strugnell korrigiert. Den im Nahum-Pesher (4Q169 = 4QpNah) 1,6 erwähnten »Löwen des Zorns« identifizierte A. mit dem Hasmonäerkönig Alexander Jannaeus (Alexander Jannai, * um 125, reg. 103-86 v.Chr.), der nach A.s Ansicht den Lehrer der Gerechtigkeit hatte kreuzigen lassen (Thrakidan, the »Lion of Wrath« and Alexander Jannaeus, 1959); diese These hatte A. schon Anfang 1955 in zwei Rundfunkgesprächen propagiert und sich damit den Unmut von Forschern ausgesetzt (vgl. z.B. Zeitlin, 1956). Analog zur Identifizierung des Alexander Jannaeus dürfte die Emendation »Demetrius, der König von Griechenland« 4QpNah 3-4 l. 1-2 mit dem Seleukiden Demetrius III. Philopator (bzw. Demetrius III. Eucaerus, i.e. Eukairos, reg. ca. 95-88 v.Chr.) gleichzusetzten sein (dagegen vgl. Rabinowitz, 1978). Den Schreiber von 4Q175 sah A. als identisch mit dem von 1QS (= Sektenregel an. Das von A. als biblische Genesis-Exodus-Paraphrase bezeichnete Fragment 4Q158 (= 4QParaGen-Exod) konnten Sidnie White Crawford (* 8.1. 1960) und Emanuel Tov (* 15.9. 1941) als fünftes Bruchstück von 4QReworked Pentateuch (4Q364-367) identifizieren (dagegen vgl. Segal, 2000).

Werke: The Meaning of byn in Isaiah XLIV:4, in: ZAW 63 (1951); A Possible Mesopotamian Background to the Joseph Blessing of Genesis XLIX, in: ZAW 64 (1952); The Meaning of the Phrase »šetûm hā'ayin« in Num. XXIV 3,15, in: VT 3 (1953), 78-79; The Meaning of »nophel« in Numbers xxiv. 4, 16, in: ExpT 65 (1954), 317; A Newly Discovered Frgm. of Commentary on Psalm 37 from Qumran, in: Palestine Exploration Quarterly 86 (1954), 69-75; Uses of the Semitic Demonstrative Element »Z« in Hebrew, in: VT 5 (1955), 309-312; The Dead Sea scrolls (Pelican books, A 376), Harmondsworth, Middlesex 1956 u.ö.; dt.: Die Botschaft v. Toten Meer. Das Geheimnis der Schriftrollen. Aus dem Engl. übertr. v. Walter Hilsbecher (Bücher des Wissens = Fischer-Bücherei, 183). 1.-50. Tsd., Frankfurt a.M./Hamburg 1957, 51.-75. Tsd. 1958; it.: I rotoli del Mar Morto. Traduzione di R. Degli Uberti e D. Del Turco (Le piccole storie illustrate, 13), Firenze 1958, 1961, 1963; port.: Os manuscritos do Mar Morto. Tradução de Enrico da Costa (Colecção Estudos e documentos), Lisboa 1958; schwed.: Dödahavsrullarna. Skriftfynden som kastat nytt ljus över bibeln. Översättning av Aslög Davidson (En Aldusbok, A 11). 3. uppl., Stockholm 1966; dän.: Skriftrullerne fra Det døde Hav (Stjernebøgernes kulturbibliotek), København 1966; — Further Light on the Hist. of the Qumran Sect, in: JBL 75 (1956), 89-95; Further Messianic References in Qumran Literature, in: JBL 75 (1956), 174-187; Le travail d´éd. des fragments manuscrits de Qumran. Communication de J. M. A., in: RB 63 (1956), 62-64; Addendum to Prof. Millar Burrow's Note on the Ascent from Accho in 4Qp Isa(a), in: VT 7 (1957), 183; More Isaiah Commentaries from Qumran's Fourth Cave, in: JBL 77 (1958), 215-221; The People of the Dead Sea scrolls in text and picture, London 1959; A Recently Discovered Frgm. of a Commentary on Hosea from Qumran's Fourth Cave, in: JBL 78 (1959), 142-147; Thrakidan, the »Lion of Wrath« and Alexander Jannaeus, in: Palestine Exploration Quarterly 91 (1959), 47-51; The Copper Scroll from Qumran, in: Transactions of the Glasgow University Oriental Soc. 18 (1959/1960), 56-65; The treasure of the Copper scroll. The opening and decipherment of the most mysterious of the Dead Sea Scrolls, a unique inventory of buried treasure, London-Garden City, NY 1960; An Unpublished Frgm. of Essene Halakhah (4Q Ordinances), in: JSS 6 (1961), 71-73; More Unpublished Pieces of a Qumran Commentary on Nahum (4QpNah), in: JSS 7 (1962), 304-308; An Astrological Cryptic Document from Qumran, in: JSS 9 (1964), 291-294; Some Unpublished Fragments of Pseudepigraphical Literature from Qumran's Fourth Cave, in: The Annual of Leeds University Oriental Soc. 4 (1964), 3-5; »The Wiles of the Wicked Woman«, a Sapiential Work from Qumran's Fourth Cave, in: Palestine Exploration Quarterly 96 (1964), 53-55, erneut in: Idem, Qumrân cave 4. 1 [Manuscripts 4Q158 to 4Q186: paraphrases and commentaries on books of the Bible, collections of Biblical quotations, and various other texts]. With the collaboration of Arnold A[lbert] Anderson. Palestine Archaeological Museum, École Biblique et Archéologique Française (Discoveries in the Judaean desert, 5), Oxford 1968, 82-85; — The Shapira Affair, London-Garden City, NY 1965; The Untold Story of the Dead Sea Scrolls, in: Harper's Magazine, 1966, no. 232, p. 46-54; The Sacred mushroom and the Cross. A study of the nature and origins of Christianity within the fertility cults of the ancient Near East, London 1970, Revised Abacus ed., London 1973; dt.: Der Geheimkult des hl. Pilzes. Rauschgift als Ursprung unserer Religionen. Aus dem Engl. übertr. v. Peter Marginter, Wien/München/Zürich 1971; frz.: Le Champignon sacré et la Croix. Étude de la nature et des origines du christianisme dans les cultes de la fécondité du Proche-Orient ancien. Traduit de l'anglais par Ida Marie, Paris 1971; it.: Il fungo sacro e la Croce. Traduzione di Maria Jatosti Memmo (Chi, come, quando, dove, perchè), Roma 1980; — The Dead Sea Scrolls and the Christian myth, Newton Abbot 1979. The Dead Sea Scrolls and the Christian myth. Second, revised ed., Buffalo, NY 1992; port.: O mito cristão e os manuscritos do mar morto, Lisboa 1979.

Gemeinschaftswerke/Qumran-Ed.: Qumrân cave 4. 1 [Manuscripts 4Q158 to 4Q186: paraphrases and commentaries on books of the Bible, collections of Biblical quotations, and various other texts]. With the collaboration of Arnold A[lbert] Anderson. Palestine Archaeological Museum, École Biblique et Archéologique Française (Discoveries in the Judaean desert, 5), Oxford 1968.

Qu.: The'A. Qumran photograph collection. Introd. and catalogue. Ed. by George J[ohn] Brooke. With the collaboration of Helen K[atherine] Bond (The Dead Sea scrolls on microfiche. A comprehensive facs. ed. of the texts from the Judaean Desert, Suppl.), Leiden/New York-Leiden 1996.

Bibliogr.: Judith Anne Brown, J. M. A. The maverick of the Dead Sea scrolls (Studies in the Dead Sea scrolls and related literature), Grand Rapids, MI/Cambridge 2005, 283-284 [unvollst.].

Lit.: Frederick Fyvie Bruce, Second thoughts on the Dead Sea Scrolls, London-Grand Rapids, MI 1956, Second ed., London 1961; dt.: Die Handschriftenfunde am Toten Meer nach dem heutigen Stand der Forsch. Dt. v. Ursula u. Mechthild Rost, München 1957; — Ders., The Teacher of Righteousness in the Qumran Texts (The Tyndale lecture in biblical archaeology, 1956), 1957; — Harold Henry Rowley, 4QpNahum and the Teacher of Righteousness, in: JBL 75 (1956), 188-193; — Solomon Zeitlin, The Dead Sea Scrolls: A Travesty on Scholarship, in: JQR N.S. 47 (1956), no. 1, p. 1-36; — Joseph Augustine Fitzmyer, S.J., 4QTestimonia and the New Testament, in: ThSt 18 (1957), 513-537, erneut in: Idem, Essays on the Semitic background of the New Testament, London 1971, 59-89; — Ders., The Aramaic »Elect of God« Text from Qumran Cave IV, in: CBQ 27 (1965), 348-372, erneut in: Idem, Essays on the Semitic background of the New Testament, London 1971, 127-160; — Ders., Qumrân Cave 4: I (4Q158-4Q186), in: CBQ 31 (1969), 235-238; — Daniel Leibel, Some Remarks on the Commentary on the Book of Nahum, in: Tarbiz. A quarterly for Jewish studies 27 (1957), 12-16; — Isaac Rabinowitz, The Guides of Righteousness, in: VT 8 (1958), 391-404; — Ders., The Meaning of the Key (»Demetrius«)-Passage of the Qumran Nahum-Pesher, in: JAOS 98 (1978), 394-399; — J[ohn] Duncan M[artin] Derrett, Peter's Penny: Fresh Light on Matthew XVII 24-7, in: NovTest 6 (1963), 1-15; Jacob Liver, The Half-Shekel Offering in Biblical and Post-Biblical Literature, in: HThR 56 (1963), 173-198; — Jean Carmignac, Poème allégorique sur la secte rivale, in: RevQ 5 (1965), n° 3 [19], p. 361-374; — André Dupont-Sommer, Deux documents horoscopiques esséniens découverts à Qoumrân, près de la mer Morte, in: Académie des Inscriptions et Belles-Lettres [Paris]. Comptes rendus des séances de l'année 1966, 239-253; — David Winston, The Iranian Component in the Bible, Apocrypha, and Qumran: A Review of the Evidence, in: Hist. of Religions. An internat. journal for comparative historical studies [Chicago, IL] 5 (1966), 183-216; — A. M. Gazov-Ginsberg, Double Meaning in a Qumran Work: The Wiles of the Wicked Woman, in: RevQ 6 (1967), n° 2 [22], p. 279-285; — James Alvin Sanders, Palestinian Manuscripts 1947-1967, in: JBL 86 (1967), 431-440; — Allan M. Harmon, Aspects of Paul's Use of the Psalms, in: The Westminster Theological Journal [Philadelphia, PA] 32 (1969), no. 1, p. 1-23; — John Herbert Jacques, The Mushroom and the Bride. A believer's examination and refutation of J. M. A.'s book »The Sacred mushroom and the Cross«, Derby 1970; — John Charles King, A Christian view of the mushroom myth, London 1970; — John Strugnell, Notes en marge du vol. V des »Discoveries in the Judaean Desert of Jordan«, in: RevQ 7 (1970), n° 2 [26], p. 163-276; — Ders., Notes sur le no. 184 des »Discoveries...«, in: RevQ 7 (1971), n° 2 [27], p. 263-268; — Ders., The Original Team of Editors, in: On scrolls, artefacts and intellectual property. Ed. by Timothy H. Lim, Hector

L. MacQueen, Calum M[cNeill] Carmichael (Journal for the Study of the Pseudepigrapha. Suppl. ser., 38), Sheffield 2001, 178-192; — Yigael Yadin, Pesher Nahum (4Qp-Nahum) Reconsidered, in: IEJ 21 (1971), 1-12; — Joseph M. Baumgarten, Does »tlh« in the Temple Scroll Refer to Crucifixion?, in: JBL 91 (1972), 472-481; — Ders., On the Nature of the Seductress in 4Q184, in: RevQ 15 (1992), n° 1 [57], p. 133-143; — Robert Crafts Hodgson, The Testimony Hypothesis, in: JBL 98 (1979), 361-378; — Jerome Henry Neyrey, S.J., Jacob Traditions and the Interpretation of John 4:10-26, in: CBQ 41 (1979), 419-437; — Rick Moore, Personification of the Seduction of Evil: »The Wiles of the Wicked Woman«, in: RevQ 10 (1980), n° 3 [35], p. 505-519; — Sara Mandell, Who Paid the Temple Tax When the Jews Were under Roman Rule?, in: HThR 77 (1984), 223-232; — Barbara Elizabeth Thiering, Can the Hasmonean Dating of the Teacher of Righteousness be Sustained?, in: Mogilany 1989. Papers on the Dead Sea scrolls offered in memory of Jean Carmignac. Part 2: The Teacher of Righteousness. literary studies. Ed. by Zdzislaw J[an] Kapera (Qumranica Mogilanensia, 3), Kraków 1991, 99-117; — Annette Steudel, 4QMidrEschat: »A Midrash on Eschatology« (4Q174 + 4Q177), in: The Madrid Qumran Congress. Proceedings of the Internat. Congress on the Dead Sea Scrolls, Madrid 18-21 March, 1991 ed. by Julio Trebolle Barrera and Luis Vegas Montaner. Vol. 2 (Studies on the texts of the desert of Judah, 11.2), Leiden/New York/Köln-Madrid 1992, 531-542; — Dies., Der Midrasch z. Eschatologie aus der Qumrangemeinde (4QMidrEschata.b). Materielle Rekonstruktion, Textbestand, Gattung u. traditionsgeschichtliche Einordnung des durch 4Q174 (»Florilegium«) u. 4Q177 (»Catena A«) repräsentierten Werkes aus den Qumranfunden (Studies on the texts of the desert of Judah, 13), Leiden/Köln/Boston, MA 1994; — James Claire VanderKam, The Jubilees Fragments from Qumran Cave 4, in: The Madrid Qumran Congress. Proceedings of the Internat. Congress on the Dead Sea Scrolls, Madrid 18-21 March, 1991 ed. by Julio Trebolle Barrera and Luis Vegas Montaner. Vol. 2 (Studies on the texts of the desert of Judah, 11.2), Leiden/New York/Köln-Madrid 1992, 635-648; — Florentino García Martínez y Julio César Trebolle Barrera, Los hombres de Qumrán. Literatura, estructura social y concepciones religiosas (Colección estructuras y procesos. Ser. religión), Madrid 1993, 1997; engl.: The people of the Dead Sea Scrolls. Their writings, beliefs and practices. Translated by Wilfred G. E. Watson, Leiden/New York 1995; — Edward M. Cook, Solving the mysteries of the Dead Sea Scrolls. New light on the Bible, Grand Rapids, MI 1994; — Elio Jucci, Un Eden glorioso nel deserto, in: Ricerche storico-bibliche 6 (1994), n. 1-2: Miti di origine, miti di caduta e presenza del femminino nella loro evoluzione interpretativa. XXXII Settimana Biblica Nazionale (Roma, 14-18 settembre 1992), Associazione Biblica Italiana. A cura di Gian Luigi Prato, p. 153-165; — Emanuel Tov, Biblical Texts as Reworked in Some Qumran Manuscripts with Special Attention to 4QRP and 4QParaGen-Exod, in: The Community of the Renewed Covenant. The Notre Dame Symposium on the Dead Sea Scrolls. Ed. by Eugene [Charles] Ulrich and James [Claire] VanderKam (Christianity and Judaism in antiquity, 10), Notre Dame, IN 1994, 111-134; — Tal Ilan, The Attraction of Aristocratic Women to Pharisaism during the Second Temple Period, in: HThR 88 (1995), 1-33; — Francis Schmidt, Astrologie juive ancienne. Essai d'interpretation de 4Qcryptique (4Q186), in: RevQ 18 (1997), n° 1 [69], p. 125-141; engl.: Ancient Jewish Astrology: An Attempt to Interpret 4QCryptic (4Q186), in: Biblical perspectives. Early use and interpretation of the Bible in light of the Dead Sea Scrolls. Proceedings of the first Internat. Symposium of the Orion Center for the Study of the Dead Sea Scrolls and Associated Literature, 12-14 May, 1996. Ed. by Michael E[dward] Stone and Esther G. Chazon (Studies on the texts of the desert of Judah, 28), Leiden/Boston, MA 1998, 189-205; — Magen Broshi, From A. to Zeitlin, in: Jerusalem Perspective. Exploring the Jewish background to the life and words of Jesus 11 (1998), no. 54, p. 34-35; — Kenneth Atkinson, On the Herodian Origin of Militant Davidic Messianism at Qumran: New Light from Psalm of Solomon 17, in: JBL 118 (1999), 435-460; — Moshe J. Bernstein, Pseudepigraphy in the Qumran Scrolls: Categories and Functions, in: Pseudepigraphic perspectives. The apocrypha and pseudepigrapha in light of the Dead Sea scrolls. Proceedings of the internat. symposium of the Orion Center for the Study of the Dead Sea Scrolls and Associated Literature, 12-14 January, 1997. Ed. by Esther G. Chazon and Michael [Edward] Stone. With the collaboration of Avital Pinnick (Studies on the texts of the desert of Judah, 31), Leiden/Boston, MA/Köln 1999, 1-26; — Sidnie White Crawford, The »Rewritten« Bible at Qumran: A Look at Three Texts, in: Frank Moore Cross vol. Baruch A. Levine, Philip J. King, Joseph Naveh, and Ephraim Stern, eds. Editorial advisory board Avraham Biran, editorial director Hillel Geva/Eretz Israel. Publications of the Israel Exploration Soc., 26), Jerusalem 1999, 1*-8*; — William Johnson, Prof. Henry Wright Baker: The Dead Sea Scrolls and His Centenary, in: Journal of Materials Processing Technology 94 (1999), 66-72; — Ders., Prof. Henry Wright Baker: The Copper Scroll and His Career, in: Copper Scroll studies. Ed. by George J[ohn] Brooke and Philip R[oger] Davies (Journal for the Study of the Pseudepigrapha. Suppl. ser., 40), London/New York 2002, 37-44; — George John Brooke, The Allegro Qumran Photograph Coll.: Old Photos and New Information, in: The Provo Internat. Conference on the Dead Sea Scrolls. Technological innovations, new texts, and reformulated issues. Ed. by Donald W. Parry and Eugene [Charles] Ulrich (Studies on the texts of the desert of Judah, 30), Leiden/Boston, MA/Köln 1999, 13-29; — Barbara Bock, »An Esoteric Babylonian Commentary« Revisited, in: JAOS 120 (2000), 615-620; — Frank Moore Cross, Jr., Reminiscences of the Early Days in the Discovery and Study of the Dead Sea Scrolls, in: The Dead Sea Scrolls: Fifty years after their discovery. Proceedings of the Jerusalem Congress, July 20-25, 1997. Ed. by Lawrence H[arvey] Schiffman, Emanuel Tov and James C[laire] VanderKam. Executive ed.: Galen Marquis, Jerusalem 2000, 932-943; — Judah K. Lefkovits, The Copper Scroll (3Q15). A reevaluation. A new reading, transl., and commentary (Studies on the texts of the desert of Judah, 25), Leiden/Boston, MA 2000; — Michael Segal, 4QReworked Pentateuch or 4QPentateuch?, in: The Dead Sea Scrolls: Fifty years after their discovery. Proceedings of the Jerusalem Congress, July 20-25, 1997. Ed. by Lawrence H[arvey] Schiffman, Emanuel Tov and James C[laire] VanderKam. Executive ed.: Galen Marquis, Jerusalem 2000,

391-399; — Melissa Aubin, »She is the beginning of all the ways of perversity«: Femininity and Metaphor in 4Q184, in: Women in Judaism. A multidisciplinary journal [Toronto, Ont.] 2 (2001), no. 2 (http://www.utoronto.ca/wjudaism/ journal/vol2n2/aubin.html); — Gregory L. Doudna, 4Q Pesher Nahum. A critical ed. (Journal for the Study of the Pseudepigrapha. Suppl. ser., 35 = Copenhagen Internat. Sem., 8), Sheffield 2001; — Ders., 4Q Pesher Hosea (b): Reconstruction of Fragments 4, 5, 18, and 24, in: Dead Sea Discoveries. A journal of current research on the scrolls and related literature 10 (2003), 338-358; — Ders., Who is the Lion of Wrath of Pesher Nahum? A Brief Analysis, in: Historie og konstruktion. Festskrift til Niels Peter Lemche i anledning af 60 års fødselsdagen den 6. september 2005. Red.: Mogens Müller og Thomas L. Thompson (Forum for bibelsk eksegese, 14), København 2005, 87-105; — Tim[othy] J[ohn] Meadowcroft, Exploring The Dismal Swamp: The Identity of the Anointed One in Daniel 9:24-27, in: JBL 120 (2001), 429-449; — Philip Roper Davies, J. A. and the Copper Scroll, in: Copper Scroll studies. Ed. by George J[ohn] Brooke and Philip R[oger] Davies (Journal for the Study of the Pseudepigrapha. Suppl. ser., 40), London 2002, 25-36; — Torleif Elgvin und Stephen J. Pfann, An Incense Altar from Qumran?, in: Dead Sea Discoveries. A journal of current research on the scrolls and related literature 9 (2002), 30-33; — Hanan Eshel, Qumran Studies in Light of Archeological Excavations Between 1967 and 1997, in: The Journal of Religious Hist. 26 (2002), 179-188; — Clark Heinrich, Magic mushrooms in rel. and alchemy, Rochester, NY 2002; — Robert Feather, The mystery of the copper scroll of Qumran. The Essene record of the treasure of Akhenaten, Rochester, VT 2003; — Garry Winston Trompf, Introd. I: The Long Hist. of Dead Sea Scrolls Scholarship, in: The Journal of Religious Hist. 26 (2002), no. 2, p. 123-144; — Scott J. Jones, Wisdom´s Pedagogy: A Comparison of Proverbs VII and 4Q184, in: VT 53 (2003), 65-80; — Michael Owen Wise, Dating the Teacher of Righteousness and the »Floruit« of His Movement, in: JBL 122 (2003), 53-87; — Shani L. Berrin, The Pesher Nahum scroll from Qumran. An exegetical study of 4Q169 (Studies on the texts of the desert of Judah, 53), Leiden/Boston, MA 2004; — Dies., The Use of Secondary Biblical Sources in Pesher Nahum, in: Dead Sea Discoveries. A journal of current research on the scrolls and related literature 11 (2004), 1-11; — Judith Anne Brown, Publication and Publicity: J. M. A. and the Dead Sea Scrolls, in: The Qumran Chronicle [Kraków] 12 (2004), no. 2-4, p. 145-160; — Dies., J. M. A. The maverick of the Dead Sea scrolls (Studies in the Dead Sea scrolls and related literature), Grand Rapids, MI/Cambridge 2005; — Benjamin Givins Wright, Wisdom and Women At Qumran, in: Dead Sea Discoveries. A journal of current research on the scrolls and related literature 11 (2004), 240-261; — Michael S. Hoffman, Wasson and A. on the Tree of Knowledge as »Amanita«, in: The Journal of Higher Criticism, publ. by the Institute for Higher Critical Studies [Madison, NJ] 13 (2006) (http://egodeath.com/WassonEdenTree.htm); — Jan Irvin and Andrew Rutajit, Astrotheology and shamanism. Unveiling the law of duality in Christianity and other religions. Foreword by Jordan Maxwell. Illustrations by Nicholas Zervos, San Diego, CA 2006 (darin: The Defamation of A., 51-58); — Mladen Popovic, Physiognomic Knowledge in Qumran and Babylonia: Form, Interdisciplinarity, and Secrecy, in: Dead Sea Discoveries. A journal of current research on the scrolls and related literature 13 (2006), 150-176; — Ders., Reading the human body. Physiognomics and astrology in the Dead Sea Scrolls and Hellenistic-Early Roman period Judaism (Studies on the texts of the desert of Judah, 67), Leiden/Boston, MA 2007; — Eileen M. Schuller, Prayers and Psalms from the Pre-Maccabean Period, in: Dead Sea Discoveries. A journal of current research on the scrolls and related literature 13 (2006), 306-318. — Philip Roper Davies, A., J. M., in: Encyclopedia of the Dead Sea Scrolls. Lawrence H[arvey] Schiffman, James C[laire] VanderKam, eds. in chief. Vol. 1: A - M, Oxford/New York 2000, 18.

Klaus-Gunther Wesseling

ALSOP, Christine R., * 10.6. 1805 in Congenies, † 19.6. 1879 in der Nähe von Lewes (England). Philanthropin, Quäkerin. — Christine R. Majolier stammte aus Südfrankreich und war 1805 in Congenies geboren worden. Dort waren ihre Eltern, Louis Antoine (1764-1842) und Marie (geb. Brun) Majolier, Mitglieder in einer kleinen Quäkergemeinschaft. 1816 kam sie mit dem englischen Quäker William Allen (1770-1843) nach England und arbeitete sechs Jahre in seinem Haushalt. Sie begab sich anschließend aus gesundheitlichen Gründen nach Nimes und kehrte dann nach Congenies zurück. Dort unterrichtete sie Kinder in verschiedenen Familien und arbeitete als Dolmetscherin für verschiedene Quäkerbesucher. 1822 begab sie sich erneut nach England und wurde 1828 Mitglied des London Yearly Meeting. 1831 begleitete sie Thomas Robson (1768-1852) und seine Frau Elizabeth (geb. Stephenson, 1771-1841) auf Reisen nach Deutschland und Frankreich. — 1846 heiratete sie Robert Alsop (1803-1876) und zog nach London. 1854 wurde sie vom Westminster Monthly Meeting als Predigerin (Minister) anerkannt. Gelegentlich waren ihre Predigten umstritten, doch erwiesen sich ihre Bibelzitate stets als korrekt. Um 1855 zogen die Alsops nach Stoke Newington und waren nun Mitglieder im Devonshire House Monthly Meeting. Christine Alsop reiste häufig, vor allem in ihre Heimat. Von dort besuchte sie auch die Waldensergemeinden in Piemont. 1853 besuchte sie die deutschen Quäker in Pyrmont und 1857 sowie 1866 in Minden. Nach dem deutsch-französischen Krieg 1870/71 verteilte sie gemeinsam mit ihrem Mann in Paris Friedenstraktate. In London hatte sie Zutritt zum königlichen Palast und war dort als »la bonne dame« bekannt. 1879 verstarb Christine Alsop während einer Reise im »Wellingham House«, in der Nähe von Lewes.

Werke: Memoirs of the life and Gospel labours of Stephen Grellet. Hrsg. von Robert Alsop, Christine Alsop. London 1860. London 1861[2]. London 1862[3]. London 1863[3]. London 1870[3]; Grellet du Mabillier, Étienne de: Un Quaker Francais. Vie d'Étienne Grellet du Mabillier, recit de ses travaux philanthropiques et missionnaires. Hrsg. von Robert Alsop, Christine Alsop. Paris 1873. Paris 1892[2]; A tribute to the memory of Robert Alsop. London 1879; Journals and letters relating to Anna Maria Whiting's Quaker service in France in 1871, with other materials relating to the Ehiting family of Leeds. O.O., um 1878.

Lit. (Auswahl): Alsop, Robert: Fragments relating to Christine R. Alsop, who died at Wellingham House, near Lewes, after a few day's illness, on the 19th of sixth month, 1879. London 1879; — Christine Alsop. In: Beck, W.; Wells, W. F.; Chalkley, H. G: Biographical Catalogue Being an Account of the Lives of Friends and Others Whose Portraits are in the London Friends' Institute. Also descriptive notices of those of the Friends' schools and institutions of which the gallery contains illustrations. London 1888, 17-18; — Fragments relating to Christine R. Alsop. In: The Friend. A religious, literary, and miscellaneous journal, XIX, 226, 1879, 218-219; — Christine Alsop. In: Robinson, William (Hrsg.): Friends of a half century, fifty memorials with portraits of members of the Society of Friends. 1840-90. London 1891, 32-38; — Memorials of Christine Majolier Alsop. Compiled by Martha Braithwaite. London 1881. Philadelphia 1892; — Forsythe, Emily: Christine Majolier Alsop (1805-1879). In: Quaker Biographies. A series of sketches, chiefly biographical, concerning members of the Society of Friends, from the seventeenth century to more recent times, V. Philadelphia 1914, 151-178.

Claus Bernet

ALSOP, Robert, * 24.10. 1803 in Maldon (Essex), † 11.1. 1876 in Stoke Newington. Apotheker, Chemiker, Philanthrop, Quäker. — Robert Alsop wurde 1803 in Maldon (Essex) geboren. Er war der Sohn von Phebe Alsop (1779-1856, geb. Tanner) und Robert Alsop (1777-1850), der seinen Lebensunterhalt durch das Herstellen von Bürsten bestritt. — Zunächst wurde Robert Alsop zu Hause unterrichtet, später besuchte er 1813 die Schule in Islington bei London und dann von 1816 bis 1817 die Ackworth School, nach der er eine Lehre bei der Apotheke John Bell & Co. in London machte. Nach und nach begann er, selbst als Apotheker zu handeln. Er zog nach Chelsea und war dort 1823 Mitglied des Westminster Monthly Meetings der Quäker. 1852 ernannte man ihn zum Prediger (Minister). — 1832 heiratete er Mary Ann Deane

(geb.1796), die 1841 verstarb. 1846 heiratete er Christine Majolier (1805-1879), mit der er eng zusammenarbeitete. 1855 zog sich Robert Alsop von seinen Geschäften zurück, um sich ganz der Philanthropie zu widmen. Dazu zog er nach Stock Newington, von wo aus er innerhalb der Abolitionsbewegung aktiv wurde, die Abstinenzbewegung förderte, sich für den Frieden einsetzte und auf Erziehungsfragen aufmerksam machte. Immer wieder nahm die Arbeit bei den Quäkern seine Zeit in Anspruch, wie etwa seine Tätigkeit als Schreiber des Meeting for Sufferings. Mit anderen Quäkerpredigern zog er durch ganz Europa, und insbesondere hielt er sich häufig in Frankreich und Deutschland auf, so 1851 in Pyrmont, 1857, 1866, 1868 und 1874 in Minden. Er war derjenige Quäker, der am häufigsten die deutsche Quäkergemeinschaft besucht hatte. — 1867 hielt er sich mit John Henry Douglas (1832-1911) in Norwegen auf, 1868 weilte er mit Joseph Crosfield (1832-1901) in Dänemark. Nach dem deutsch-französischen Krieg 1870/71 verteilte er gemeinsam mit seiner Frau in Paris Friedenstraktate. Insbesondere seine Schrift »What is the Gospel?« wurde heftig diskutiert. Er sympathisierte mit den Ansichten von Joseph John Gurney (1788-1847), die Lehre und Geschichte des Neuen Testaments zur alleinigen und einzig wahren Botschaft zu machen. Die Ansicht der ersten Quäker, daß »etwas von Gott in jedem Menschen« sei, wurde für falsch angesehen. — 1876 verstarb Robert Alsop in Stoke Newington.

Werke: Memoirs of the life and gospel labours of Stephen Grellet. Hrsg. von Robert Alsop, Christine Alsop. London 1860. London 1861[2]. London 1862[3]. London 1863[3]. London 1870[3]; What is the Gospel? In a reply to a letter from a Friend. London (1873); Grellet du Mabillier, Étienne de: Un Quaker Francais. Vie d'Étienne Grellet du Mabillier, recit de ses travaux philanthropiques et missionnaires. Hrsg. von Robert Alsop, Christine Alsop. Paris 1873. Paris 1892[2]; A few remarks in reply to a tract by Joseph Armfield, entitled 'The spirituality of the Gospel re-asserted and defended'. London 1874; Fragments relating to Christine R. Alsop, who died at Wellingham House, near Lewes, after a few day's illness, on the 19th of sixth month, 1879. London 1879.

Lit. (Auswahl): Irwin, William: Robert Alsop against Robert Barclay, 'The apologist'. A letter to a friend on Robert Alsop's pamphlet entitled 'What is the Gospel?'. Manchester 1873; — Irwin, William: Brief remarks on the past and present conditions of the Society of Friends. With some suppressed facts respecting the recent conference on 'Christian worker', and a review of Robert Alsop's Beaconite pamphlet. Manchester 1873; — Armfield, Joseph: The spirituality of the Gospel re-asserted and defended. In replay to a printed letter by Robert Alsop, entitled ‚What is the Gospel'? London (1873); — Elcock, Charles: Is that the Gospel? Being a reply to Robert Alsop's controversial tract entitled 'What is the Gospel?' wherein his mistranslations of Greek and Latin, and his garbled extracts from Barclay's apology, are exposed. Manchester 1878; — Alsop, Christine: A tribute to the memory of Robert Alsop. London 1879; — Robert Alsop. Born 1803. Died 1876. Aged Seventy-two years. In: Beck, W.; Wells, W. F.; Chalkley, H. G.: Biographical Catalogue Being an Account of the Lives of Friends and Others Whose Portraits are in the London Friends' Institute. Also descriptive notices of those of the Friends' schools and institutions of which the gallery contains illustrations. London 1888, 14-16.

Claus Bernet

AMOS, Prophet (8. Jh. v. Chr.). — Die einzige Quelle für unsere Kenntnis vom Leben und Wirken des alttestamentlichen Propheten Amos (hebr.: עמוס; wohl: »JHWH hat getragen«) ist die unter seinem Namen in der Hebräischen Bibel überlieferte Amosschrift. Da diese Schrift erst im Laufe eines längeren Prozesses entstanden und vielfach mit den anderen Schriften des Zwölfprophetenbuches verknüpft ist, dürfte es im Einzelnen unmöglich sein, den »historischen« Amos von der Patina des »überlieferten« Amos abzulösen. — Amos stammte aus der im Südreich Juda gelegenen Ortschaft Tekoa (1,1) (heute: ḫirbet tekū‘), ca. 825 m über dem Meeresspiegel, gut 15 km südlich von Jerusalem, im Hochland von Juda, an der Grenze zwischen dem Kulturland und der judäischen Wüste. Was seine Abstammung und seine Familie (Frau, Kinder) angeht, ist uns nichts überliefert. Von Beruf war Amos Hirt und Maulbeerfeigenzüchter, und zwar wohl eher ein finanziell unabhängiger Herdenbesitzer (1,1; derselbe Ausdruck im AT nur noch 2 Kön 3,4 mit Bezug auf den moabitischen König Mescha, der im 9. Jh. den israelitischen Königen Omri und Ahab einen jährlichen Tribut von 100.000 Lämmern und der Wolle von 100.000 Widdern liefern mußte!). Seine bäuerliche Herkunft hat in zahlreichen Ausdrücken aus dem Landleben deutliche Spuren in seiner Schrift hinterlassen. In der bekannten Auseinandersetzung mit Amazjah, dem Oberpriester von Bet-El, verteidigt sich Amos gegen den Vorwurf, ein Berufsprophet bzw. Mitglied einer Prophetengilde zu sein, und betont demgegenüber seine göttliche Berufung (7,10-17). Von Gottes unwiderstehlichem Ruf

getroffen (Amos vergleicht diesen Ruf mit dem Gebrüll eines Löwen: 1,2; 3,8), wurde er ins benachbarte Nordreich Israel gesandt (7,15), wo er um 760 v. Chr. vor allem am Reichsheiligtum Bet-El und in der Hauptstadt Samaria als Gerichtsprophet auftrat. Während der langen Regierungszeit des Königs Jerobeam II. (787/3-747/3) erlebte das Nordreich Israel eine - letzte - politische und wirtschaftliche Blüte. Damit verbunden war aber eine immer größere soziale Ungleichheit, ein Auseinanderfallen der Gesellschaft in einige wenige, die immer reicher, und die vielen, die immer ärmer wurden. Dagegen richtete sich der Hauptvorwurf der prophetischen Kritik des Amos. — Obwohl seine prophetische Tätigkeit wohl nur kurze Zeit betragen hat, war seine Botschaft so radikal, daß sie - anders als bei früheren Propheten wie Elija, Elischa usw. - in einer eigenen Schrift aufgezeichnet wurde. Amos gilt damit als der älteste der sog. Schriftpropheten, Zeitgenosse der etwas jüngeren Hosea, Jesaja und Micha, mit denen er, was den Hauptpunkt seiner Kritik angeht, weitgehend übereinstimmt. - Die Amosschrift (an dritter Stelle im hebräischen, an zweiter im griechischen Dodekapropheton) gliedert sich - neben einer knappen Einleitung (1,1-2) und dem sicher nicht authentischen Schluß (9,11-15) am einfachsten in drei Hauptteile: I. Gottes Gericht über Israel und seine Nachbarvölker (1,2-2,16); II. Mahnungen und Drohungen gegen Israel (3-6); III. Visionen (7,1-9,10). Der erste Hauptteil (1,2-2,16) besteht aus acht Gerichtssprüchen gegen die Nachbarvölker Israels (1,3-5: gegen die Aramäer von Damaskus; 1,6-8 gegen die Philister; 1,9-10 gegen die Phönizier von Tyrus; 1,10-12 gegen die Edomiter; 1,13-15 gegen die Ammoniter; 2,1-3 gegen die Moabiter; 2,4-5 gegen das Südreich Juda) und schließlich als überraschender Höhepunkt gegen Israel selbst (2,6-16). Literarisch sind die Sprüche fast gleich aufgebaut: a) einleitende Botenspruchformel (»so spricht der Herr«); b) in einem gestaffelten Zahlenspruch (»wegen drei, ja vier Rebellionen von ...«) wird das jeweilige Volk benannt und die Unwiderruflichkeit der Entscheidung Gottes zum Ausdruck gebracht; c) die Urteilsbegründung; d) die Strafankündigung; e) die abschließende Botenformel (»spricht der Herr«). Die Strafausführung wird Gott selbst in erster Person zugesprochen, der die Hauptstädte der betreffenden Länder und die Paläste der Mächtigen durch Feuer zerstört, deren Herrscher vernichtet, deren Völker in die Verbannung schickt. Bei der Urteilsbegründung fällt auf, daß es sich - mit Ausnahme der Sprüche gegen Juda und Israel - um Kriegsverbrechen handelt, die das jeweilige Volk gegen ein anderes begangen hat. Juda dagegen wird - in deuteronomistischem Stil - vorgeworfen, »die Weisung des Herrn mißachtet und seine Gesetze nicht befolgt« zu haben, »weil sie sich irreführen ließen von ihren Lügengötzen« (2,4). Noch einmal anders werden Israel eine Reihe von Vergehen gegen die eigenen Mitbürger vorgeworfen: Verkauf Unschuldiger in Schuldsklaverei, Rechtsbeugung und Unterdrückung der gesellschaftlich Schwachen, sexueller Mißbrauch der Haussklavin, Mißbrauch des Pfand- und Schadenersatzrechts (2,6-8). Dieses Verhalten Israels kontrastiert zudem mit dem Heilshandeln Gottes, das es in seiner eigenen Geschichte erfahren hat (2,9-12). Die Israelstrophe endet mit der als Erdbeben beschrieben (vgl. 8,8; 9,5) Strafe, der niemand wird entkommen können (2,13-16; vgl. 9,1-4). — Der zweite Hauptteil (3-6) ist eine Zusammenstellung von Mahn- und Drohreden gegen verschiedene Gruppen in Israel, formell gegliedert in ein »Gotteswort« (3-4): »Hört dieses Wort, das der Herr gesprochen hat« (3,1) und in ein »Prophetenwort« (5-6): »Hört dieses Wort, ... die Totenklage, die ich über euch anstimme« (5,1). Inhaltlich beklagt der Prophet - wie schon in 2,6-8 - hauptsächlich Gewalt und Unterdrückung der Schwachen seitens der Reichen und Mächtigen (3,9-11; 4,1; 5,7.10-12), sowie den infolge dieser strukturellen Ungerechtigkeit rein äußerlichen Kult (4,4-5; 5,4-6; 5,21-24), dem kein innerer Gottesbezug entspricht. Ja, Israel hat eine Reihe von Gelegenheiten zur Umkehr ungenutzt vorübergehen lassen (4,6-12). Im Vertrauen auf seine Erwählung (3,1-2) wartet Israel auf einen »Tag des Herrn« zu seinen Gunsten; der Prophet dagegen beschreibt ihn als einen Tag des Zornes, der Finsternis, des Gerichts (5,18-20) und stimmt schon im voraus die Totenklage über die »Jungfrau Israel« an (5,1-3). Der dritte Hauptteil (7,1-9,10) besteht im Wesentlichen aus fünf Visionen (7,1-3; 7,4-6; 7,7-9; 8,1-3; 9,1-4), die der Prophet in der ersten Person erzählt. In den beiden ersten, die viel-

leicht seine anfängliche prophetische Tätigkeit schildern, tritt Amos zweimal erfolgreich als Fürsprecher für das Volk Israel auf: »Da reute es den Herrn, und er sagte: Es soll nicht geschehen« (7,3.6). Die beiden nächsten Visionen sind dagegen so aufgebaut, daß dem Prophet keine Möglichkeit mehr zur Fürsprache gegeben wird. Sie enden jeweils mit der Feststellung Gottes: »Ich kann nicht weiterhin (schonend) an ihm vorübergehen » (7,8; 8,2). In der fünften Vision sieht Amos Gott als denjenigen, der die Zerstörung des Heiligtums anordnet und selbst als Krieger gegen sein Volk auftritt, ohne daß sich jemand der Bestrafung entziehen könnte (9,1-4). Nach der dritten Vision, in der Amos eine Zerstörung der Heiligtümer Israels und eine Bestrafung des Königshauses ankündigt (7,9), hat der Herausgeber des Buches eine Prosaerzählung über die Auseinandersetzung des Propheten mit Amazja, dem Oberpriester von Bet-El, eingeschoben, die wohl mit der Ausweisung des Amos aus Israel endete (7,10-17). Auf die vierte Vision mit der radikalen und skandalösen Aussage Gottes »Mein Volk Israel ist reif für die Ernte/das Ende« (8,2) folgen eine Reihe von Orakeln, die dieses radikale Urteil noch einmal begründen (8,4-8) bzw. das angekündigte Ende näher beschreiben wollen (8,9-14; 9,7-10). In scharfem Kontrast zum diesen drei Hauptteilen stehen die sicherlich erst von der Endredaktion angefügten Heilsverheißungen (9,11-15): die Wiederherstellung des davidischen Reiches, verbunden mit dem Sieg über die traditionellen Feinde Israels, insbesondere Edom (9,11-12), die Verheißung paradiesischer Fruchtbarkeit (9,13-14) und der endgültige Besitz Israels (9,15). - Der Kern der Botschaft des Amos besteht in der Ankündigung des Gerichtes, des »Tages Jahwes« (5,18-20). Dieser Ausdruck, der später bei den Propheten geläufig werden sollte (Jes 2,12; 13,6.9; 22,5; 34,8; Jer 46,10; Klgl 2,22; Ez 7,19;13,5; 30,3; Joël 1,15; 2,1.11; 3,4; 4,14; Obd 15; Zef 1,7.8.14.18; 2,2.3; Sach 14,1; Mal 3,23) ist hier zum ersten Mal im AT literarisch belegt, wenn auch die Redeweise des Amos (»Wehe denen, die den Tag des Herrn herbeisehnen«) voraussetzen dürfte, daß der Ausdruck bereits bekannt war. Typisch für Amos ist nun, daß er die bisherige positive Bedeutung als Heilstag in einen Unheilstag verkehrt hat: »Finsternis ist er, nicht Licht«

(5,18.20). Diese Gerichtsankündigung gilt an erster Stelle dem auserwählten Volk selbst, insbesondere dem Nordreich Israel. Der Hauptgrund dafür sind die bereits oben erwähnten sozialen Ungerechtigkeiten (2,6-8; 3,9-11; 4,1; 5,7.10-12; 8,4-6); damit verbunden, der Luxus der Reichen (3,15; 6,3-6) und der veräußerlichte Kult (4,4-5; 5,4-6; 5,21-24). Der Gott Israels wird aber auch als der allmächtige (vgl. den Titel »Herr der Heerscharen« in 4,13; 5,14.15.16.27; 6,8.14; 9,5) Schöpfer und Richter (4,13; 5,8-9; 9,5-6) auch der Heidenwelt dargestellt (Am 1-2). Ebenfalls findet sich zum ersten Mal der später bei den Propheten geläufige Ausdruck vom »Rest«: »Vielleicht ist der Herr, der Gott der Heere, dem Rest Jakobs dann gnädig« (5,15). Im NT wird Amos zweimal zitiert, und zwar jeweils in der Apg. In der Stephanusrede vor dem Hohen Rat findet sich in Apg 7,42-43 ein Zitat von Am 5,25-27 nach der Version der Septuaginta. Besonders interessant ist das Zitat von Am 9,11-12 auf dem sog. Apostelkonzil in Apg 15,16-17. Während es im masoretischen Text heißt: »...damit sie den Rest von Edom unterwerfen« (Am 9,12), las bereits die alte Septuagintaversion: »damit die übrigen Menschen den Herrn suchen«. Dabei wurde aus »Edom« durch andere Vokalisierung »Adam«; und durch Veränderung nur eines hebräischen Konsonanten wurde »ירש« (erobern) zu »דרש« (suchen). — Von bleibender Bedeutung sind die Sozial- und Kultkritik des Amos, die zum prophetischen Urgestein gehören und bis hin zur Predigt Jesu von Nazareth reichen.

Ausgaben: Liber XII prophetarum, ed. Karl Elliger, BHS 1970, 1990[4]; Duodecim prophetae, ed. Joseph Ziegler, Septuaginta. Vetus Testamentum Graecum, XIII, 1984[3]; Duodecim prophetae, Biblia Sacra iuxta Latinam vulgatam versionem, XVII, Romae 1987; Biblia Sacra iuxta Vulgatam versionem, ed. Robert Weber, Stuttgart 2007[5]; Dodekapropheton, ed. Anthony Gelston, Vetus Testamentum Syriace, III,4, 1980; The Latter Prophets according to Targum Jonathan, ed. Alexander Sperber, The Bible in Aramaic, III, 1962, 2004[3].

Bibliographie: Adri van der Wal, Amos. A Classified Bibliography, 1986[3]; — Henry O. Thompson, The Book of Amos. An annotated Bibliography, ATLA.BS 42, 1997; — Roy F. Melugin, Amos in recent Research, Currents in Research, Bibl. Studies 6, 1998, 65-101; — Watson E. Mills, Amos, Obadiah. Bibliographies for biblical research, OT series 21b, 2002.

Kommentare: Karl Marti, KHC, 1904; — William Rainey Harper, ICC, 1905; — Albin van Hoonacker, EtB, 1908; — Otto Procksch, EzAT, 1910; — Hugo Greßmann, SAT, 1921[2]; — Wilhelm Nowack, HK, 1922[3]; — Ernst Sellin, KAT, 1929/30[2.3]; — Friedrich Nötscher, EB, 1948; — Giovanni Rinaldi, SB(F) 1953; — Emilé Osty, BiJer 1960[2]; — Alfons Deissler - Mathias Delcor, SB (PC) 1961; — Julius Wellhausen, Die kleinen Propheten, 1963[4] (=1898[3]); — Theodore Henry Robinson, HAT, 1964[3]; — James Luther Mays, OTL, 1969; — Henry McKeating, CBC, 1971; — Wilhelm Rudolph, KAT 1971; — Antonio Bonora, LOB 1979; — Nicolò Maria Loss, NVB, 1979; — Luis Alonso Schökel - José Luis Sicre Diaz, Profetas II, 1980; — Alfons Deissler, NEB, 1981 (=1992[3]); — Bruce Vawter, OTMes 1981; — J.Alberto Soggin, StBi, 1982; — Artur Weiser, ATD, 1985[8]; — Hans Walter Wolff, BKAT, 1985[3]; — A. Graeme Auld, OTGu, 1986; — Douglas Stuart, WBC, 1987; — Hellmuth Frey, BAT, 1988[3]; — James W. Limburg, Interpretation, 1988; — Francis I. Andersen - David Noel Freedmann, AncB, 1989; — David Allan Hubbard, TOTC, 1989; — Shalom M. Paul, Hermeneia, 1991; — Samuel Amsler, CAT, 1992[3]; — Pietro Bovati - Roland Meynet, Le livre du prophète Amos, 1994; — Ulrich Dahmen - Gunther Fleischer, NSK-AT, 2001; — Horazio Simian-Yofre, I libri biblici, 2002; — Jörg Jeremias, ATD, 2007[2]; (1995[1]).

Einzelstudien: Victor Maag, Text, Wortschatz und Begriffswelt des Buches Amos, 1951; — Arvid S. Kapelrud, Central ideas in Amos, Oslo 1956; — Henning Graf Reventlow, Das Amt des Propheten bei Amos, FRLANT 80, 1962; — Reinhard Fey, Amos und Jesaja, WMANT 12, 1963; — Rudolf Smend, Das Nein des Amos, EvTh 23, 1963, 404-423; — John Haralson Hayes, The Oracles against the Nations in the OT, Diss. Princeton 1964; — Claus Westermann, Grundformen prophetischer Rede, 1964[2]; — Hans Walter Wolff, Die Begründungen der prophetischen Heils- und Unheilssprüche, TB 22, 1964, 9-35; — Hans Walter Wolff, Das Thema »Umkehr« in der alttestamentlichen Prophetie, TB 22, 1964, 130-150; — Werner H. Schmidt, Die deuteronomistische Redaktion des Amosbuches, ZAW 77, 1965, 168-193; — Rolf Knierim, Die Hauptbegriffe für Sünde im AT, 1967[2]; — James L. Crenshaw, Amos and the Theophanic Tradition, ZAW 80, 1968, 203-215; — Frank Crüsemann, Studien zur Formgeschichte von Hymnus und Danklied in Israel, WMANT 32, 1969; — Martin Metzger, Himmlische und irdische Wohnstatt Jahwes, UF 2, 1970, 139-158; — John F. Craghan, The prophet Amos in Recent Literature, BTB 2, 1972, 242-261; — Werner Berg, Die sogenannten Hymnenfragmente im Amosbuch, EHS.T 45, 1974; — Klaus Koch, Die Rolle der hymnischen Abschnitte in der Komposition des Amos-Buches, ZAW 86, 1974, 504-537; — James L. Crenshaw, Hymnic Affirmation of Divine Justice, SBL.DS 24, 1975; — Oswald Loretz, Die prophetische Kritik des Rentenkapitalismus, UF 7, 1975, 271-278; — Klaus Koch und Mitarbeiter, Amos. Untersucht mit den Methoden einer strukturalen Formgeschichte, AOAT 30, 1976; — Jan de Waard, The Chiastic Structure of Amos V 1-17, VT 27, 1977, 170-177; — Walther Eichrodt, Die Vollmacht des Amos, FS W. Zimmerli, 1977, 124-131; — Peter Höffken, Untersuchungen zu den Begründungselementen der Völkerorakel im Alten Testament, 1977; — Hans Walter Wolff, Die eigentliche Botschaft der klassischen Propheten, FS W. Zimmerli, 1977, 547-557; — Günter Bartczek, Prophetie und Vermittlung: Zur literarischen Analyse und theologischen Interpretation der Visionsberichte des Amos, EHS.T 120, 1980; — John Barton, Amos's Oracles against the Nations. A study of Amos 1.3-2.5, MSSOTS 6, 1980; — Yehoshua Gitay, A Study of Amos's Art of Speech: A Rhetorical Analysis of Amos 3:1-15, CBQ 42, 1980, 293-309; — Cullen I.K. Story, Amos - Prophet of Praise, VT 30, 1980, 67-80; — Jean-Luc Vesco, Amos de Téqoa, défenseur de l'homme, RB 87, 1980, 481-513; — Samuel Amsler, Amos et les Droits de l'homme, FS Henri Cazelles, AOAT 212, 1981, 181-188; — Robert B. Coote, Amos among the Prophets: Composition and Theology, Philadelphia 1981; — Fabrizio Foresti, Funzione semantica dei brani participiali di Amos: 4,13; — 5,8s.; — 9,5s., Bib. 62, 1981, 169-184; — Hartmut Gese, Komposition bei Amos, VT.S 32, 1981, 74-95; — Yair Hoffman, The day of the Lord as a concept and a term in the prophetic literatur, ZAW 93, 1981, 37-50; — Bernhard Lang, Sklaven und Unfreie im Buch Amos (II 6; — VIII 6), VT 31, 1981, 482-488; — André Neher, Amos: contribution à l'étude du prophétisme, Paris 1981[2] (1950[1]); — Shalom M. Paul, A Literary Reinvestigation of the Authenticity of the Oracles against the Nations of Amos, FS Henri Cazelles, AOAT 212, 1981, 189-204; — Jacques Pons, L'Oppression dans l'Ancien Testament, 1981; — Bernard Renaud, Genèse et Théologie d'Amos 3,3-8, FS Henri Cazelles, AOAT 212, 1981, 353-372; — Peter Weimar, Der Schluß des Amos-Buches. Ein Beitrag zur Redaktionsgeschichte des Amos-Buches, BN 16, 1981, 60-100; — Moshe Weinfeld, »Justice and Righteousness« in Ancient Israel against the Background of »Social Reforms« in the Ancient Near East, in: Hans-Jörg Nissen - Johannes Renger (Hrsg.), Mesopotamien und seine Nachbarn, Berliner Beiträge zum Vorderen Orient 1, Berlin 1982, 491-519; — Hans M. Barstad, The religious polemics of Amos, VT.S 34, 1984; — Robert Martin-Achard, Amos, l'homme, le message, l'influence, 1984; — Edwar Noort, JHWH und das Böse: Bemerkungen zu einer Verhältnisbestimmung, OTS 23, 1984, 120-136; — Gerhard Pfeifer, Die Ausweisung eines lästigen Ausländers: Amos 7,10-17, ZAW 96, 1984, 112-118; — Stanislav Segert, A controlling device for copying stereotype passages? (Amos I 3 - II 8, VI 1-6), VT 34, 1984, 481-482; — José Luis Sicre Diaz, Con los pobres de la tierra. La justicia social en los profetas de Israel, 1984; — Nicholas J. Tromp, Am V 1-17. Towards a Stylistic and Rhetorical Analysis, OTS 23, 1984, 56-84; — Antonio Bonora, Amos difensore del diritto e della giustizia, FS Jacques Dupont, 1985, 69-90; — Omar Carena, Il resto di Israele, SRivBib 13, 1985; — Jimmy Jack McBee Roberts, Amos 6,1-7, FS Bernhard W. Anderson, JSOT. S 37, 1985, 155-166; — Helga Weippert - Klaus Seybold - Manfred Weippert, Beiträge zur prophetischen Bildsprache in Israel und Assyrien, OBO 64, 1985; — Michael L. Barré, The Meaning of l' 'sybnw in Amos 1:3-2:6, JBL 105, 1986, 611-631; — Reinhold Bohlen, Zur Sozialkritik des Amos, TThZ 95, 1986, 282-301; — Anders Jorgen Bjorndalen, Untersuchungen zur allegorischen Rede der Propheten Amos und Jesaja, BZAW 165, 1986; — Pietro Bovati, Ristabilire la giustizia: procedure, vocabolario, orientamenti, AnBib 110, 1986; — Adrian Schenker, Steht der Prophet unter dem Zwang zu weissagen, oder steht Israel vor der Evidenz der Weisung Gottes in der Weissagung des Propheten? Zur Interpretation von Amos 3,3-8, BZ 30, 1986, 250-256; — Nachdruck in SBAB 36, 2003, 83-90; — Klaas A.D. Smelik, The Meaning of Amos V 18-20, VT 36, 1986, 246-248; — Hans Walter Wolff, Die Stunde des Amos. Prophetie und Protest 1986[6] (1969[1]); — Erich Bosshard, Beobachtungen zum Zwölfprophetenbuch, BN 40, 1987, 30-62; — Santiago Bretón, Vocación y misión: formulario profético, AnBib 111, 1987; — Volkmar Fritz, Die Fremdvölkersprüche des Amos, VT 37, 1987, 26-38; — James Limburg, Sevenfold structures in the Book of Amos, JBL 106, 1987, 217-222; — Norbert Lohfink, Der gewalttätige Gott des Alten Testaments und die Suche nach einer gewaltfreien Gesellschaft, JBTh 2, 1987, 106-136; — Theodor Seidl, Heuschreckenschwarm und Prophetenintervention, BN 37, 1987, 129-138; — Hans Walter Wolff, Die eigentliche Botschaft der klassischen Propheten, in: Ders., Studien zur Prophetie, 1987, 39-49; — Jesús María Asurmendi Ruiz, Amos et Osée, CEv 64, 1988; — Walter Beyerlin, Bleilot, Brecheisen, oder was sonst? Revision einer Amos-Vision, OBO 81, 1988; — John Andrew Dearman, Property Rights in the Eighth-Century Prophets. The Conflict and its Background, SBL.DS 106, 1988; — Bernard Gosse, Isaïe 13,1-14,23 dans la tradition littéraire du livre d'Isaïe et dans la tradition des oracles contre les nations, OBO 78, 1988; — Bernard Gosse, Le recueil d'oracles contre les nations du livre d'Amos et l'"histoire deutéronomique', VT 38, 1988, 22-40; — Gerhard F. Hasel, 'New Moon and Sabbath' in Eighth Century Israelite Prophetic Writings (Isa 1:13; Hos 2:13; Amos 8:5), BEAT 13, 1988, 37-64; — J.L. Helberg, Disillusionment on the day of Yahweh with special reference to the land (Amos 5), OTE 1, 1988, 31-45; — Jeremias, Jörg, Amos 3-6. Beobachtungen zur Entstehungsgeschichte eines Prophetenbuches, in: Otto Kaiser (Hrsg.), Lebendige Forschung im Alten Testament, ZAW 100, Supplement, 1988, 123-138; — Gerhard Pfeifer, Die Fremdvölkersprüche des Amos - Spätere Vaticinia ex Eventu?, VT 38, 1988, 230-233; — Gerhard Pfeifer, 'Rettung' als Beweis der Vernichtung (Amos 3,12), ZAW 100, 1988, 269-277; — Dirk U. Rottzoll, II Sam 14,5 - eine Parallele zu Am 7,14f., ZAW 100, 1988, 413-415; — Gary V. Smith, Amos 5:13. The Deadly Silence of the Prosperous, JBL 107, 1988, 289-291; — Erich Zenger, Die eigentliche Botschaft des Amos, FS J.B. Metz 1988, 394-406; — Walter Beyerlin, Reflexe der Amosvisionen im Jeremiabuch, OBO 93, 1989; — Hartmut Gese, Amos 8,4-8: Der kosmische Frevel händlerischer Habgier, FS O. Kaiser, BZAW 185, 1989, 59-72; — Gunther Fleischer, Von Menschenverkäufern, Baschankühen und Rechtsverkehrern. Die Sozialkritik des Amosbuches, BBB 74, 1989; — Volkmar Fritz, Amosbuch, Amos-Schule und historischer Amos, FS O. Kaiser, BZAW 185, 1989, 29-43; — Yair Hoffman, A North Israelite Typological Myth and a Judean Historical Tradition: the Exodus in Hosea and Amos, VT 39, 1989, 169-182; — Rainer Kessler, Die angeblichen Kornhändler von Amos 8,4-7, VT 39, 1989, 13-22; — Oswald Loretz, Amos 6,12, VT 39, 1989, 240-242; — Oswald Loretz, Die babylonischen Gottesnamen Sukkut und Kajjamanu in Amos 5,26. Ein Beitrag zur jüdischen Astrologie, ZAW 101, 1989, 286-289; — Klaus-Dietrich Schunck, Strukturlinien in der Entwicklung der Vorstellung vom »Tag Jahwes«, BEAT 17, 1989, 57-68; — Klaus-Dietrich Schunck, Der »Tag Jahwes« in der Verkündigung der Propheten, BEAT 17, 1989, 89-96; — Hermann

Spieckermann, Dies irae: der alttestamentliche Befund und seine Vorgeschichte, VT 39, 1989, 194-208; — Hans Joachim Stoebe, Noch einmal zu Amos VII 10-17, VT 39, 1989, 341-354; — Christoph Uehlinger, Der Herr auf der Zinnmauer. Zur dritten Amos-Vision (Am VII 7-8), BN 48, 1989, 89-104; — Paul R. House, The unity of the twelve, JSOT.S 97, 1990; — Hugh Godfrey Maturin Williamson, The Prophet and the Plumb-Line, OTS 26, 1990, 101-121; — A. Graeme Auld, Amos and Apocalyptic: Vision, Prophecy, Revelation, FS J. Alberto Soggin, 1991, 1-13; — Klaus Baltzer, Bild und Wort. Erwägungen zu der Vision in Am 7,7-9, FS W. Richter, 1991, 11-16; — Ronald Ernest Clements, Amos and the Politics of Israel, FS J. Alberto Soggin, 1991, 49-64; — Stephen Dempster, The Lord is his Name: A Study of the Distribution of the Names and Titles of God in the Book of Amos, RB 98, 1991, 170-189; — Giovanni Garbini, La 'deportazione di Salomone' (Amos 1,6-11), FS J. Alberto Soggin, 1991, 89-98; — Matthias Köckert, Jahwe, Israel und das Land bei den Propheten Amos und Hosea, FS S. Wagner, 1991, 43-74; — Saul Mitchell Olyan, The Oaths of Amos 8.14, in: JSOT.S 125, 1991, 121-149; — Gerhard Pfeifer, Jahwe als Schöpfer der Welt und Herr ihrer Mächte in der Verkündigung des Propheten Amos, VT 41, 1991, 475-481; — Gian Luigi Prato, L'idolatria alla ricerca forzata dei suoi dèi: un singolare accordo fra la tradizione del testo e l'esegesi (Am 5,25-27 e At 7,42-43), FS P. Emilio Rasco, 1991, 264-292; — Huub van de Sandt, Why is Amos 5,25-27 quoted in Acts 7,42f.?, ZNW 82, 1991, 67-87; — John J. Schmitt, The Virgin of Israel: Referent and Use of the Phrase in Amos and Jeremiah, CBQ 53, 1991, 365-387; — Rainer Albertz, Religionsgeschichte Israels in alttestamentlicher Zeit, 1, ATD, Ergänzungsreihe 8,1, 1992; — Eleanor Ferris Beach, The Samaria Ivories, Marzeah and Biblical Texts, BA 55, 1992, 130-139; — Josef Blank, Gottes Recht will des Menschen Leben. Zum Problem der Menschenrechte in der Bibel, SBAB 13, 1992, 11-36; — Frank Crüsemann, Das Gericht im Tor - eine staatliche Rechtsinstanz, FS H.D. Preuss, 1992, 69-79; — Walter Dietrich, JHWH, Israel und die Völker beim Propheten Amos, ThZ 48, 1992, 315-328; — David A. Dorsey, Literary architecture and aural structuring techniques in Amos, Bib. 73, 1992, 305-330; — Terry Giles, A Note on the Vocation of Amos in 7:14, JBL 111, 1992, 690-692; — Pedro Jaramillo Rivas, La injusticia y la opresión en el lenguaje figurado de los profetas, PISJ 26, 1992; — Jörg Jeremias, Umkehrung von Heilstraditionen im Alten Testament, FS H.D. Preuß 1992, 309-320; — Matthias Köckert, Das Gesetz und die Propheten in Amos 1-2, FS H.D. Preuß 1992, 145-154; — D. Kelly Ogden, The Earthquake Motif in the Book of Amos, BEAT 20, 1992, 69-80; — Haroldo Reimer, Richtet auf das Recht! Studien zur Botschaft des Amos, SBS 149, 1992; — Andrew E. Steinmann, The Order of Amos's Oracles Against the Nations (Amos 1:3-2:16), JBL 111, 1992, 683-689; — Michael E.W. Thompson, Amos - A Prophet of Hope, ET 104, 1992, 71-76; — Miguel Alvarez Barredo, Relecturas deuteronomísticas de Amós, Miqueas y Jeremías, Publicaciones del Instituto Teológico Franciscano, Serie Mayor 10, 1993; — Eleanor Ferris Beach, The Samaria Ivories, Marzeah, and Biblical Text, Ba 56, 1993, 94-104; — Jon L. Berquist, The Dangerous Waters of Justice and Righteousness: Amos 5:18-27, BTB 23, 1993, 54-63; —

Sandro Paolo Carbone - Giovanni Rizzi (Hrsg.), Il libro di Amos: Lettura ebraica, greca e aramaica, 1993; — Francisco O. Garcia-Treto, A Reader-Response Approach to Prophetic Conflict: The Case of Amos 7.1-17, JSOT.S 143, 1993, 114 -124; — Hemchand Gossai, Justice, Righteousness and the Social Critique of the Eigth-Century Prophets, AmUStTR 141, 1993; — Dalene Heyns, In the face of chaos: Border-existence as context for understanding Amos, OTE 6, 1993, 72-89; — Siegfried Kreuzer, »So wahr ich lebe ...«. Schwurformel und Gottesschwur in der prophetischen Verkündigung, FS H.J. Boeker, 1993, 179-196; — Oswald Loretz, Marzihu im ugaritischen und biblischen Ahnenkult. Zu Ps 23; 133; Am 6,1-7 und Jer 16,5.8, AOAT 232, 1993, 93-144; — Paul R. Noble, Israel Among the Nations, HBT 15, 1993, 56-82; — James D. Nogalski, The Day(s) of JHWH in the Book of the Twelve, BZAW 325, 1993, 192-213; — James D. Nogalski, Literary Precursors in the Book of the Twelve, BZAW 217, 1993, 74-122; — James D. Nogalski, The problematic suffixes of Amos ix 11, VT 43, 1993, 411-417; — James D. Nogalski, Redactional process in the Book of the Twelve, BZAW 218, 1993; — Stefan Paas, »He Who Builds his Stairs into Heaven...« (Amos 9:6a), UF 25, 1993, 319-325; — Hartmut N. Rösel, Kleine Studien zur Entstehung des Amosbuches, VT 43, 1993, 88-101; — Matitiahu Tsevat, Amos 7:14 - Present or Preterit?, FS William W. Hallo, 1993, 256-258; — Erhard Blum, »Amos« in Jerusalem. Beobachtungen zu Am 6,1-7, Henoch 16, 1994, 23-47; — Kevin J. Cathcart, r'ōš, »Poison«, in Amos IX,1, VT 44, 1994, 393-396; — Anthony R. Ceresko, Janus Parallelism in Amos's Oracles Against the Nations (Amos 1:3-2:16), JBL 113, 1994, 485-490; — Alexander B. Ernst, Weisheitliche Kultkritik. Zu Theologie und Ethik des Sprüchebuchs und der Prophetie des 8. Jahrhunderts, BThSt 23, 1994; — Rainer Kessler, Frühkapitalismus, Rentenkapitalismus, Tributarismus, antike Klassengesellschaft, EvTh 54, 1994, 413-427; — Siegfried Mittmann, Der Rufende im Feuer (Amos 7,4), JNSL 20, 1994, 165-170; — Hermann Michael Niemann, Theologie in geographischem Gewand. Zum Wachstumsprozeß der Völkerspruchsammlung Amos 1-2, BEAT 37, 1994, 177-196; — S.D. Snyman, A Note on Ashdod and Egypt in Amos III,9, VT 44, 1994, 559-562; — Dieter Vieweger, Zur Herkunft der Völkerworte im Amosbuch unter besonderer Berücksichtigung des Aramäerspruchs (Am 1,3-5), FS Henning Graf Reventlow, 1994, 103-119; — Harald-Martin Wahl, Die Überschriften der Prophetenbücher. Anmerkungen zu Form, Redaktion und Bedeutung für die Datierung, EThL 70, 1994, 91-104; — Ernst-Joachim Waschke, Die fünfte Vision des Amosbuches (9,1-4). Eine Nachinterpretation, ZAW 106, 1994, 434-445; — Trent C. Butler, Announcements of Judgment, in: D. Brent Sandy - Ronald L. Giese Jr. (Hrsg.), Cracking Old Testament Codes: A Guide to Interpreting the Literary Genres of the Old Testament, 1995, 157-176; — Mark Daniel Carroll, Reflecting on War and Utopia in the Book of Amos: The Relevance of a Literary Reading of the Prophetic Text for Central America, JSOT.S 200, 1995, 105-121; — Klaus Koch, Die Propheten I, 1995³; — Christoph Levin, Amos und Jerobeam I, VT 45, 1995, 307-317; — Norbert Lohfink, Gab es eine deuteronomistische Bewegung?, BBB 98, 1995, 313-382; — Claire R. Mathews, Defending Zion. Edom's Desolation and Jacob's

Restoration (Isaiah 34-35) in Context, BZAW 236, 1995; — Sabine Nägele, Laubhütte Davids und Wolkensohn. Eine auslegungsgeschichtliche Studie zu Amos 9,11 in der jüdischen und christlichen Exegese, AGJU 24, 1995; — Paul R. Noble, The Literary Structure of Amos. A Thematic Analysis, JBL 114, 1995, 209-226; — Gerhard Pfeifer, Die Theologie des Propheten Amos, 1995; — Kenneth E. Pomykala, The Davidic Dynasty Tradition in Early Judaism. Its History and Significance for Messianism , SBL.EJL 7, 1995; — Paul R. Raabe, Why prophetic oracles against the nations?, FS D.N. Freedman 1995, 236-257; — John J. Schmitt, Samaria in the Books of the Eighth-Century-Prophets, FS G.W. Ahlström, JSOT.S 190, 1995, 355-367; — S.D. Snyman, »Violence« in Amos 3,10 and 6,3, EThL 71, 1995, 30-47; — Michael Weigl, Eine »unendliche« Geschichte: אנך (Am 7,7-8), Bib. 76, 1995, 343-387; — Meir Weiss, Concerning Amos's Repudiation of the Cult, in: D.P. Wright u.a. (Hrsg.), Pomegranates and Golden Bells, FS J. Milgrom, 1995, 199-214; — Joseph Blenkinsopp, A History of Prophecy in Israel, 1996[2]; — Eberhard Bons, Das Denotat von כנביהם »ihre Lügen« im Judaspruch Am 2,4-5, ZAW 108, 1996, 201-213; — Mark Daniel Carroll, God and his People in the Nations' History: a Contextualised Reading of Amos 1 & 2, TynB 47, 1996, 39-70; — Hugues Cousin, Les textes messianiques de la LXX ont-ils aidé l'exégèse apostolique?, in: Daniel Marguerat (Hrsg.), Le déchirement. Juifs et chrétiens au premier siècle, 1996, 205-219; — David G. Firth, Promise as Polemic: Levels of Meaning in Amos 9:11-15, OTE 9, 1996, 372-382; — Jörg Jeremias, Hosea und Amos. Studien zu den Anfängen des Dodekapropheton, FAT 13, 1996; — Terence Kleven, The Cows of Bashan: A Single Metaphor at Amos 4:1-3, CBQ 58, 1996, 215-227; — Robert H. O'Connell, Telescoping N + 1 patterns in the book of Amos, VT 46, 1996, 56-73; — François Rossier, L'intercession entre les hommes dans la Bible hébraïque, OBO 152, 1996; — Dirk U. Rottzoll, Studien zur Redaktion und Komposition des Amosbuchs, BZAW 243, 1996; — Eberhard Ruprecht, Das Zepter Jahwes in den Berufungsvisionen von Jeremia und Amos, ZAW 108, 1996, 55-69; — Konrad Schullerus, Überlegungen zur Redaktionsgeschichte des Amosbuches anhand von Am 9,7-10, BN 85, 1996, 56-69; — Ake Viberg, Amos 7:14: A Case of Subtile Irony, TynB 47 1996, 91-114; — R. Bryan Widbin, Center Structure in the Center Oracles of Amos, FS Dwight W. Young, 1996, 177-192; — Achim Behrens, »Grammatik statt Ekstase!« Das Phänomen der syntaktischen Wiederaufnahme am Beispiel von Am 7,1-8,2, OBO 156, 1997, 1-9; — Jörg Jeremias, Die Reue Gottes. Aspekte alttestamentlicher Gottesvorstellung, BThSt 31, 1997; — Dalene Heyns, Space and Time in Amos 7: Reconsidering the Third Vision, OTE 10, 1997, 27-38; — Dalene Heyns, Space and Time in Amos 8: An ecological reading, OTE 10, 1997, 236-251; — Paul R. Noble, Amos' absolute »no«, VT 47, 1997, 329-340; — Paul R. Noble, The Remnant in Amos 3-6: A Prophetic Paradox, HBT 19, 1997, 122-147; — D.F. O'Kennedy, »It shall not be«: Divine forgivness in the intercessory prayers of Amos (Am 7:1-6), OTE 10, 1997, 92-108; — Helen Schüngel-Straumann, Das Geschenk des Sabbat im Alten Testament, BiKi 52, 1997, 119-123; — M.D. Terblanche, 'Rosen und Lavendel nach Blut und Eisen': Intertextuality in the book of Amos, OTE 10, 1997, 312-321; — Meindert Dijkstra, Textual Remarks on the Hymn-Fragment Amos 4:13, BEAT 42, 1998, 245-253; — James K. Hoffmeier, Once Again the 'Plum Line' Vision of Amos 7.7-9: An Interpretive Clue from Egypt?, JSOT.S 273, 1998, 304-319; — Bo Isaksson, »Aberrant« Usages of Introductory wehāyā in the Light of Text Linguistics, BEAT 42, 1998, 9-25; — Paul R. Noble, Amos and Amaziah in Context: Synchronic and Diacronic Approches to Amos 7-8, CBQ 60, 1998, 423-439; — Aaron Schart, Die Entstehung des Zwölfprophetenbuchs. Neubearbeitung von Amos im Rahmen schriftenübergreifender Redaktionsprozesse, BZAW 260, 1998; — Tim Bulkeley, Cohesion, Rhetorical Purpose and the Poetics of Coherence in Amos 3, ABR, 47, 1999, 16-28; — James Richard Linville, Visions and Voices: Amos 7-9, Bib. 80, 1999, 22-42; — Christl Maier - Ernst M. Dörrfuss, »Um mit ihnen zu sitzen, zu essen und zu trinken« Am 6,7; — Jer 16,5 und die Bedeutung von marzeah, ZAW 111, 1999, 45-57; — James A. Sanders, The Scrolls and the Canonical Process, in: Peter W. Flint - James C. VanderKam (Hrsg.), The Dead Sea Scrolls after Fifty Years. A Comprehensive Assessment, vol.II, 1999, 1-23; — Willem F. Smelik, The Use of השם בשכיר הוכיר in Classical Hebrew: Josh 23:7; — Isa 48:1; Amos 6:10; Ps 20:8; 4Q504 iii 4; 1QS 6:27, JBL 118, 1999, 321-332; — Ina Willi-Plein, Das geschaute Wort. Die prophetische Wortverkündigung und der Schriftprophet Amos, JBTh 14, 1999, 37-52; — Ina Willi-Plein, Das Zwölfprophetenbuch, ThR 64, 1999, 351-395; — José Luis Barriocanal Gómez, La relectura de la tradición del Éxodo en el Libro de Amós, 2000; — Siegfried Bergler, »Auf der Mauer - auf dem Altar«. Noch einmal die Visionen des Amos, VT 50, 2000, 445-471; — Michael Carasik, The Limits of Omniscience, JBL 119, 2000, 221-232; — James Richard Linville, Amos Among the »Dead Prophets Society«: Re-reading the Lion's Roar, JSOT 90, 2000, 55-77; — James Richard Linville, What does ,It' Mean? Interpretation at the point of no return in Amos 1-2, BibInt 8, 2000, 400-423; — Arndt Meinhold, Zur Rolle des Tag-JHWHs-Gedichts Joel 2,1-11 im XII-Prophetenbuch, FS W.H. Schmidt 2000, 207-223; — Patrick D. Miller, God the Warrior: A Problem in Biblical Interpretation and Apologetics, JSOT.S 267, 2000, 356-364; — Patrick D. Miller, The Prophetic Critique of Kings, JSOT.S. 267, 2000, 526-547; — Patrick D. Miller, Toward a Theology of Leadership: Some Clues from the Prophets, JSOT.S 267, 2000, 658-666; — Karl Möller, Rhetorical Strategy of the Book of Amos, VT 50, 2000, 499-518; — Winfried Thiel, Amos 2,6-8 und der Einfluß Hoseas auf die Amos-Traditionen, FS W.H. Schmidt 2000, 385-397; — Jean Marcel Vincent, »Visionnaire, vat'en !« Interprétation d'Amos 7,10-17 dans son contexte, ETR 75, 2000, 229-250; — John D.W. Watts, Superscriptions and Incipits in the Book of the Twelve, SBL.SS 15, 2000, 110-124; — Jürgen Werlitz, Amos und sein Biograph. Zur Entstehung und Intention der Prophetenerzählung Am 7,10-17, BZ 44, 2000, 233-251; — Uwe Becker, Der Prophet als Fürbitter: Zum literarhistorischen Ort der Amos-Visionen, VT 51, 2001, 141-165; — Meindert Dijkstra, 'I am neither a prophet nor a prophet's pupil'. Amos 7:9-17 as the Presentation of a Prophet like Moses, OTS 45, 2001, 105-128; — Baruch Halpern, The Taking of Nothing: 2 Kings 14.25, Amos 6.14 and the Geography of the Deuteronomistic History, FS Paul-Eugène Dion, JSOT.S 324, 2001, 186-204; — Friedhelm Hartenstein, Wolkendunkel und Himmelsfeste. Zur Genese und Kosmologie der Vorstellung des himmlischen Heiligtums JHWHs, FAT 32, 2001, 125-179; — Izabela Jaruzelska, Amos et Osée face aux rois d'Israël, in: André Lemaire (Hrsg.), Prophètes et rois. Bible et Proche-Orient, 2001, 145-176; — Melanie Köhlmoos, Der Tod als Zeichen. Die Inszenierung des Todes in Am 5, BN 107/108, 2001, 65-77; — Francis Landy, Vision and Poetic Speech in Amos, JSOT.S 312, 2001, 159-184; — Martin Lang - Reinhold Messner, Gott erbaut sein himmlisches Heiligtum. Zur Bedeutung von אגדתו in Am 9,6, Bib. 82, 2001, 93-98; — Hans-Peter Müller, Der Mond und die Plejaden. Griechisch-orientalische Parallelen, VT 51, 2001, 206-218; — Aaron W. Park, The Book of Amos as Composed and Read in Antiquity, SBL 37, 2001; — Judith Pschibille, Hat der Löwe erneut gebrüllt? Sprachliche, formale und inhaltliche Gemeinsamkeiten in der Verkündigung Jeremias und Amos', BThSt 41, 2001; — Rolf Rendtorff, Alas for he day! The »Day of the LORD« in the Book of the Twelve, in: Ders., Der Text in seiner Endgestalt, 2001, 253-264; — Birgit Schoblocher, »Er ist Finsternis und nicht Licht!« Ein Beitrag zur Rede vom Tag YHWHs in Am 5,18-20, FS Walter Groß, ATSAT 68, 2001, 99-111; — Yvonne Sherwood, Of Fruit and Corpses and Wordplay Visions: Picturing Amos 8,1-3, JSOT 92, 2001, 5-27; — Martin Stowasser, Am 5,25-27; 9,11 f. in der Qumranüberlieferung und in der Apostelgeschichte. Text- und traditionsgeschichtliche Überlegungen zu 4Q174 (Florilegium III) 12/CD VII 16/Apg 7,42b-43; 15,16-18, ZNW 92, 2001, 47-63; — Ernst-Joachim Waschke, Eschatologie als hermeneutischer Schlüssel prophetischen Geschichtsverständnisses, BZAW 306, 2001, 173-187; — Achim Behrens, Prophetische Visionsschilderungen im Alten Testament. Sprachliche Eigenarten, Funktion und Geschichte einer Gattung, AOAT 292, 2002; — Renate Brandscheidt, Die Stunde des Amos (Am 3,1-8). Zur bleibenden Aktualität des Gerichtspropheten, TThZ 111, 2002, 1-22; — Mark Daniel Carroll Rodas, Amos. The Prophet and His Oracles, 2002; Lit.: 75-170; — Charis Fischer, Die Fremdvölkersprüche bei Amos und Jesaja. Studien zur Eigenart und Intention in Am 1,3-2,3.4f. und Jes 13,1-16,14, BBB 136, 2002; — Anthony Gelston, Some Hebrew misreadings in the Septuagint of Amos, VT 52, 2002, 493-500; — Klaus Limburg, La intervención personal de Dios en la historia de Israel. El »yo« de Yahvéh en el libro de Amós, ScrTh 34, 2002, 463-504; — Stefan Paas, Seeing and singing: Visions and hymns in the book of Amos, VT 52, 2002, 253-274; — Anne-Marie Pelletier, Dieu qui vient juger, in: Pierre Gibert - Daniel Marguerat (Hrsg.), Dieu, vingt-six portraits bibliques, 2002, 174-182; — Rolf Rendtorff, Der »Tag Jahwes« im Zwölfprophetenbuch, HBS 35, 2002, 1-11; — Werner H. Schmidt, Zukunftsgewißheit und Gegenwartskritik, BThSt 51, 2002²; — Erich Zenger (Hrsg.), Studien zum Zwölfprophetenbuch, HBS 35, 2002; — Susan Ackerman, Amos 5:18-24, Interp. 57, 2003, 190-193; — Martin Lang, Amos und Exodus: Einige Überlegungen zu Am 3-6, BN 119-120, 2003, 27-29; — Christoph Levin, Das Amosbuch der Anawim, BZAW 316, 2003, 265-290; — Karl Möller, A Prophet in Debate. The Rhetoric of Persuasion in the Book of Amos, JSOT.S 372, 2003; — Stefan Paas, Creation and Judgement: Creation Texts in some Eighth Century Prophets, OTS 47, 2003; — Aron Pinker, Infertile Quartet of Flora, ZAW 115, 2003,

617-623; — Aron Pinker, Reconstruction of the Destruction in Amos 6,10, ZAW 115, 2003, 423-427; — Aaron Schart, The Fifth Vision of Amos in Context, BZAW 325, 2003, 46-71; — Martin Arneth, Die Komposition der Völkersprüche in Amos 1,3-2,16, ZABRG 10, 2004, 249-263; — Hubert Irsigler, Keine Flucht vor Gott. Zur Verwendung mythischer Motive in der Rede vom richterlichen Gott in Amos 9,1-4 und Psalm 139, QD 209, 2004, 184-233; — Matthias Köckert, Leben in Gottes Gegenwart. Studien zum Verständnis des Gesetzes im Alten Testament, FAT 43, 2004; — Melanie Köhlmoos, Amos 9,1-4, Jerusalem und Beth-El - Ein Beitrag zur Gerichtsverkündigung am Kultort in der Prophetie des 8 Jhs., BEAT 51, 2004, 169-178; — Martin Lang, Gott und Gewalt in der Amosschrift, fzb 102, 2004; — François Rossier, »Après les coupes du roi«. La question de l'accord entre Dieu et son prophète en Am 7-9, EstB 62, 2004, 281-299; — Aaron Schart, Die Jeremiavisionen als Fortführung der Amosvisionen, FS Jörg Jeremias, 2004, 185-202; — Georg Steins, Amos 7-9 - das Geburtsprotokoll der alttestamentlichen Gerichtsprophetie?, HBS 44, 2004, 585-608; — Georg Steins, Das Chaos kehrt zurück! Aufbau und Theologie von Amos 3-6, BN 122, 2004, 35-43; — Gert J. Steyn, Notes on the Vorlage of the Amos Quotations in Acts, FS Eckhard Plümacher, AGJU 57, 2004, 59-81; — Martin Beck, Der »Tag YHWHs« im Dodekapropheton. Studien im Spannungsfeld von Traditions- und Redaktionsgeschichte, BZAW 356, 2005; — Beate Ego (Hrsg.), Biblia Qumranica, 3B: Minor Prophets, 2005; — Aaron Schart, The Jewish and the Christian Greek Versions of Amos, SBL.SCS 53, 2006, 157-177; — Judith Gärtner, Jesaja 66 und Sacharja 14 als Summe der Prophetie: eine traditions- und redaktionsgeschichtliche Untersuchung zum Abschluss des Jesaja- und des Zwölfprophetenbuches, WMANT 114, 2006; — Paul-Gerhard Schwesig, Die Rolle der Tag-JHWHs-Dichtungen im Dodekapropheton, BZAW 366, 2006; — Hans Strauss, Alttestamentliche Weisheit zur Aktualisierung prophetischer Überlieferung. Anmerkungen zu Am 3,3-8, FS Arndt Meinhold, ABG 23, 2006, 265-268; — Jakob Wöhrle, Die frühen Sammlungen des Zwölfprophetenbuches: Entstehung und Komposition, BZAW 360, 2006; — Florian Förg, Beobachtungen zur Struktur von Amos 2,6-12, BN 132, 2007, 13-21; — Ludwig Schmidt, Die Amazja-Erzählung (Am 7,10-17) und der historische Amos, ZAW 119, 2007, 221-235; — Helmut Utzschneider, Die Amazja-erzählung (Am 7,10-17) zwischen Literatur und Historie, BWANT 175, 2007, 103-119; — Alain André Rabarijaona, Die neuen Methoden und Ergebnisse der Prophetenforschung am Beispiel des Zwölfprophetenbuches, Diss. Tübingen 2008.

Klaus Limburg

ANNA DOROTHEA von Sachsen, Äbtissin von Quedlinburg 1685-1704, * 12.11. 1657 in Weimar; † 23.6. 1704 in Quedlinburg; begraben in der Stiftskirche St. Servatius zu Quedlinburg. — A.D. entstammte der ernestinischen Linie der Wettiner, die in Weimar residierten. Ihre Eltern waren Herzog Johann Ernst II. von Sachsen-Weimar (1627-1683) und Christiane Elisabeth von Schleswig-Holstein-Sonderburg (1638-1679). A.D. war das älteste Kind; sie hatte noch vier Geschwister: Wilhelmine Christiane (Fürstin von Schwarzburg-Sondershausen, 1658-1712), Eleonore Sophie (Herzogin von Sachsen-Merseburg, 1660-1687), Wilhelm Ernst (Herzog von Sachsen-Weimar, 1662-1728), Johann Ernst III. (Herzog von Sachsen-Weimar, 1664-1707). — Seit 1681 Pröpstin des reichsunmittelbaren freiweltlichen Damenstifts Quedlinburg, wurde A.D. aufgrund ihrer Verwandtschaft zu Kurfürst Johann Georg III. von Sachsen (1647-1691), dem Stiftsschutzherrn von Quedlinburg, am 4.9. 1684 Nachfolgerin für die am 13.12. 1683 verstorbene Äbtissin Anna Sophia II. von Hessen-Darmstadt. Am 29.1. 1685 wurde sie von Kaiser Leopold I. (1658-1705) im Amt bestätigt. — Während A.D.s Regierungszeit fand ein Wechsel der Stiftsschutzherrschaft statt. Seit dem 12.8. 1477 hatten die Wettiner die Vogtei inne; anläßlich der Landesteilung von 1485 war die Stiftsschutzherrschaft an die albertinische Linie des Hauses Wettin gefallen. Am 18.2.1685 (Tag der heiligen Condordia) wurden die Beziehungen zwischen Stift und Schutzvogt im sog. Konkordienrezeß zwischen A.D. und Kurfürst Johann Georg III. geregelt. August der Starke (Friedrich August I., 1670-1733), seit 1694 Kurfürst von Sachsen, verkaufte jedoch Anfang 1698 die Vogteirechte zur Finanzierung des polnischen Königsthrons für 340.000 Taler (andere Quellen sprechen von 240.000 Talern) an Brandenburg-Preußen. Weder das Stiftskapitel noch Äbtissin A.D. war von der Transaktion informiert worden. A.D. intervenierte vergeblich in Wien, denn Kaiser Leopold I. benötigte die Unterstützung Brandenburgs und Sachsens für die bevorstehende Auseinandersetzung um die spanische Erbfolge. Da die Stiftsdamen sich weigerten, Kurfürst Friedrich III. (ab 1701 König Friedrich I. von Preußen, 1657-1713) als neuen Stiftsschutzherrn zu huldigen, schickte derselbe Fürst Leopold von Anhalt-Dessau (1676-1747), der Quedlinburg mit seinem Regiment am 30.1.1698 besetzte. Schließlich holten das Stift und Quedlinburgs Bürgerschaft die ausstehende Huldigung am 8.9. 1698 nach. Am 11.10. 1698 setzte Friedrich III. in Quedlinburg das Akzisedekret durch und ließ noch im gleichen Jahr eine Garnison einrichten. — A.D.s jahrelang be-

stehende Freundschaft zu Maria Aurora von Königsmarck (1662-1728, s.d.) wurde durch den Verkauf der Vogtei erheblich belastet. A.D. hatte die Königsmarck am 24.1.1698 zur Koadjutorin bestellt und ihr auch den Weg in das Amt der Pröpstin geebnet. Doch der Lebenswandel und die häufigen Abwesenheiten der Königsmarck stießen inner- wie außerhalb des Stifts auf Kritik. Außerdem pflegte sie gute Beziehungen zum neuen Stiftsschutzherrn, was A.D. als Affront empfand. Kurz vor ihrem Tod ernannte A.D. Magdalena Sybille von Sachsen-Weißenfels (1673-1726) zur neuen Koadjutorin und somit zu ihrer Nachfolgerin. Wenngleich weder der Kaiser noch der preußische König A.D.s letzten Willen genehmigten, so hatte sie doch erreicht, daß die Königsmarck ihr nicht als Äbtissin nachfolgte. Das Amt der Äbtissin blieb bis 1718 unbesetzt.

Lit.: Karl Janicke, Anna Dorothea (Aebtissin von Quedlinburg). in: Allgemeine Deutsche Biographie (ADB), Bd. 1, S. 470; — Johann Heinrich Fritsch, Geschichte des vormaligen Reichsstifts und der Stadt Quedlinburg. Quedlinburg 1828; — K. Hase, F. v. Quast, Die Gräber der Schloßkirche zu Quedlinburg. Quedlinburg 1877; — Paul Berg, Die Quedlinburger Äbtissinnen. Halle 1913; — Hermann Lorenz, Werdegang von Stift und Stadt Quedlinburg. in: Quedlinburgische Geschichte. Quedlinburg 1922; — Hans-Peter Hankel, Die reichsunmittelbaren evangelischen Damenstifte im Alten Reich und ihr Ende. Diss. (Hamburg) 1995, zugleich erschienen in der Reihe Europäische Hochschulschriften, Reihe 3, Geschichte und ihre Hilfswissenschaften, Bd. 172. Frankfurt/Main 1996.

Regina-Bianca Kubitscheck

ARKENAU, Aurelius Maria (bzw. Taufname: Kleine Arkenau, Joseph August), Dominikanerpater, Seelsorger, Prior, Redakteur und Herausgeber christlicher Zeitschriften, Helfer für Verfolgte im Dritten Reich, Mitbegründer der Christlich-Demokratischen Union in Leipzig, * 7.1. 1900 in Essen/Oldenburg, † 19.10. 1991 in Bedburg-Kirchherten, beigesetzt 25.10. 1991 in Düsseldorf, Südfriedhof. — Joseph August kl. Arkenau war das dritte eheliche Kind, dritter Sohn, des Landwirtes Christian Gerhard Heinrich kl. Arkenau (1861-1933) aus Essen und seiner Ehefrau Maria, verwitwete Meyer, geborene Renken (1865-1941) aus Bunnen. Familie Arkenau entstammte einem sehr alten oldenburgischen Bauerngeschlecht, dass bereits 1175 urkundlich bezeugt wurde. Der Hof Arkenau (ca. 150 ha) wurde um 1450 in die Höfe Große Arkenau (2/3 Erbmasse) und Kleine Arkenau (1/3 Erbmasse = 50 ha), die heute noch bestehen, geteilt. Joseph August kl. Arkenau entstammte der 15. Generation des letzteren, kleineren Hofes in Brokstreek, der als stattlicher Besitz der Familie kl. Arkenau eine sichere Existenz bot. Zur Zeit der Geburt wohnten seine Eltern zunächst in Essen, gegenüber der Pfarrkirche St. Bartholomäus, wo sie zusätzlich zur Landwirtschaft einen ererbten Krämerladen betrieben, aber 1904 ihren Wohnsitz nach Brokstreek verlegten. In typisch oldenburgischem, katholisch geprägtem Milieu, verwaltete die Familie kl. Arkenau ihren Besitz und erzog ihre Kinder im christlichen Glauben; harte landwirtschaftliche Arbeit, das Leben in der Großfamilie, das tägliche Gebet und der regelmäßige Kirchgang prägten ihren Lebensalltag. Joseph August kl. Arkenau wurde 1906 in die Dorfschule Brokstreek eingeschult, wechselte 1909 zur Höheren Bürgerschule Essen und schließlich 1912 zum Gymnasium Marianum nach Meppen. Im 1. Weltkrieg wurden die beiden älteren Brüder zum Kriegsdienst einberufen, so dass Joseph August kl. Arkenau den Schulbesuch 1916 unterbrach und den Eltern bei der Bewirtschaftung des Hofes half. Erst 1919 (-1921) konnte er seine schulische Bildung an der Ordens- und Missionsschule des St. Josef-Kollegs (1947 Umbenennung in: St. Thomas-Kolleg) in Füchtel bei Vechta fortführen und schließlich am 9.3. 1921 am Staatlichen Antonianum Vechta als Externer die Reifeprüfung ablegen. In christlich-traditioneller Weise wurde Joseph August kl. Arkenau in der Essener Pfarrkirche St. Bartholomäus am 9.1. 1900 getauft, erhielt am 14.4. 1912 seine Erstkommunion und kurz danach die Firmung! Er trat unmittelbar nach seinem Abitur am 30.4. 1921 in den Dominikanerorden (Dominikanerprovinz Teutonia, Köln) als Novize Aurelius Maria Arkenau (nachfolgend genannt: Aurelius Arkenau) ein. Bereits am 25.5. 1922 legte er das einfache Gelübde im Dominikanerkonvent Venlo und am 25.5. 1925 das ewige Gelübde im Dominikanerkonvent Düsseldorf ab. Frater Aurelius Arkenau studierte gemäß Ordensregel am Studienkonvent der Dominikaner in Düsseldorf von 1922-1925 Philosophie und 1925-1929 Theologie. In diese Zeit fielen am 10.8. 1926 die Subdiakonatsweihe und am 6.8. 1928 seine Priesterweihe, die Weihbischof Hermann Joseph Sträter im Kölner Dom vornahm. Am 12.8. 1928 hielt Pater Aurelius Arkenau seine erste heilige Messe (Primiz) in der Pfarrkirche St. Bartholomäus seiner Heimatgemeinde. Er trat nach erfolgreichem Studienabschluß 1929 in Köln eine Seelsorgerstelle an, die er bis zur Berufung als Präfekt (Internatsleiter) und 2. Konrektor (Stellvertretender Schulleiter) am 24.9. 1932 ans St. Josef-Kolleg Füchtel, ausübte. Die politische und wirtschaftliche Entwicklung Deutschlands in den Jahren nach der Novemberrevolution 1918, die zunehmende Trennung von Kirche und Staat und die vermeintliche nationalsozialistische Erneuerung des gesellschaftlichen Lebens beeinflußten Pater Aurelius Arkenau, so dass er in einem Artikel »Christentum und Nationalsozialismus« in der Oldenburgischen Volkszeitung vom 23.12.1933 nationalsozialistische Sympathien bekundete, was ihm den zeitweiligen Ruf eines Nazipaters einbrachte! Diese Beurteilung Pater Arkenaus wurde durch den geschlossenen Eintritt der Füchteler Ordens- und Missionsschüler unter seinem Konrektorat in die Hitlerjugend am 7.7. 1933 vertieft. Am 19.4. 1934 folgte Pater Aurelius Arkenau einer Weisung als Seelsorger und von 1936-1941 als Prior an den Dominikanerkonvent St. Paulus nach Berlin-Moabit. Dort entfaltete er erstaunliche ökumenische Aktivitäten; zu nennen sind Kontakte mit dem durch Veranlassung der Nazis zwangsemeritierten Superintendenten i. R. Joachim Ungnad und Hans Asmussen (1898-1968). Die massive Beeinträchtigung des Ordenslebens, die Verhaftung des Provinzials der Dominikanerprovinz Teutonia, die Schließung der Ordensschule Füchtel durch die neuen Machthaber und die täglichen Berliner Erfahrungen führten ihn zu erweiterten Einsichten und verursachten seine Wandlung zum politischen Protagonisten. Er verfolgte schließlich mit Genugtuung die Ereignisse des Kreuzkampfes in seiner Oldenburger Heimat, die dem Verbot religiöser Zeichen (Kreuze) in öffentlichen Gebäuden (auch Schulen) laut oldenburgisch-ministeriellen Erlasses vom 4.11. 1936 folgten. Den entscheidenden Impuls zu seiner künftigen Haltung gab die zufällige Beobachtung eines Transportes jüdischer Bürger auf dem Magdeburger Bahnhof, die in brutaler, unmenschlicher Weise mit Schlagstöcken und Hunden in Waggons getrieben wurden. In diese Zeit fielen auch seine ersten Kon-

ARKENAU, Aurelius Maria

takte zur katholischen Widerstandsbewegung und Vermutungen über die Zusammenarbeit mit Vertretern des Kreisauer Kreises um Helmuth James Graf von Moltke (1907-1945). Im Februar 1941 folgte Pater Aurelius Arkenau einem Ruf seines Ordens nach Leipzig, wo er als Pfarrer und Superior im Haus St. Albert, gleichzeitig als Anstaltspfarrer im Frauengefängnis Meusdorf, tätig wurde. Er half im Einverständnis mit seinen Mitbrüdern aus tiefer Humanität vielen Verfolgten ungeachtet deren Alters, Geschlechts, Glaubens, Nationalität und Parteizugehörigkeit in letzter Instanz vor dem Zugriff des Staates und rettete viele Leben. Die Bedrängten (> 100 Personen) waren Arbeiter, Christen, Deserteure, Intellektuelle, Juden, Kommunisten, Priester, Sozialdemokraten und Zwangsarbeiter! Seine Fürsorge galt auch zum Tode verurteilten Frauen, die er als Seelsorger im Gefängnis betreute, deren Säuglinge er an zuverlässige Leipziger Familien vermittelte und vor dem sicheren Tod bewahrte. Er taufte Juden und traute Menschen, die hierzu keine staatliche Genehmigung erhielten, unterstützte die Ausländerseelsorge, versteckte und versorgte Untergetauchte, verschaffte ihnen Lebensmittel, medizinische Hilfe und Pässe. Er wusste um die persönliche Gefahr, in die er sich begeben hatte und stand stets mit einem Bein im Konzentrationslager! Seine Mitstreiter und sein Wissen gab er trotz zahlreicher (> 20) Gestapoverhöre und körperliche Gewalt ausübenden Vernehmern niemals preis. Pater Aurelius Arkenau hat die Konspiration zum Schutz der Geretteten, seiner Mitwisser und eigenen Person bis ins hohe Alter gewahrt; doch auch menschliche Bescheidenheit hinderte ihn, später über seine humanitären Aktionen im Dritten Reich zu sprechen. Aurelius Arkenau wurde auch nach dem Zusammenbruch des Hitlerregimes politisch wirksam und arbeitete nach dem Einmarsch der amerikanischen Truppen in Leipzig am 18.4. 1945 trotz Verbotes jeglicher politischer Betätigung im Provisorischen Zentralausschuß des Antifaschistischen Blocks mit. Er wurde Sprecher einer Versammlung nichtsozialistischer Bürger Leipzigs. Seine Vision galt einem christlich-geprägten, demokratischen, gerechten und zukunftsorientierten neuen Deutschland! So rief er in Gemeinschaft mit weiteren patriotischen Persönlichkeiten Leipzigs in einem öffentlichen Brief vom 25.5. 1945 alle Geistesschaffenden zur politischen Mitgestaltung Deutschlands auf. In Anbetracht des zu erwartenden Einmarsches der sowjetischen Truppen beriet am 14.6. 1945 der Provisorische Zentralausschuß des Antifaschistischen Blocks Leipzig eine Begrüßungsadresse an die sowjetische Besatzungsmacht; Aurelius Arkenau unterzeichnete den entsprechenden Entwurf nicht, doch am 26.6. 1945 den politisch klaren Aufruf der Christlich-Demokratischen Union, Aktionsausschuß Leipzig! Am 2.7. 1945 besetzte eine Einheit der Roten Armee unter dem Befehl des sowjetischen Generalmajors Nikolai Iwanowitsch Trufanow (1900-1982) die Stadt Leipzig. Noch am 7.7. 1945 bekundete Aurelius Arkenau in einer Rede auf einer Delegiertenversammlung des Antifaschistischen Blocks sein Interesse an der künftigen Zusammenarbeit auch mit der KPD und SPD und wird am Folgetag Mitbegründer einer Demokratischen Partei. Ein enger Vertrauter und Nothelfer Aurelius Arkenaus während der Jahre 1941-1945, der ehemalige sächsische Ministerpräsident *Erich* Richard Moritz Zeigner (1886-1949), wird erster Nachkriegsoberbürgermeister Leipzigs. Am 1.8. 1945 wurde die Einheitsfront antifaschistisch-demokratischer Parteien mit einem neubesetzten Zentralausschuss proklamiert, dem Aurelius Arkenau nicht mehr angehörte, dafür aber nach Selbstauflösung der Demokratischen Partei am 22.8. 1945 einer der Mitbegründer der Christlich-Demokratischen Union und Beisitzer deren Leipziger Kreisvorstandes wurde. Noch einmal mahnte Aurelius Arkenau auf der 1. Großkundgebung der Leipziger CDU die Zusammenarbeit aller politischen Kräfte an und erklärte nach neuem Verständnis der aktuellen Situation, dass das deutsche Volk die braunen Hemden nicht ausgezogen habe, um sie gegen rote Hemden zu tauschen! Später verfügte der Provinzial Laurentius Siemer (1888-1956) aufgrund unrichtiger Angaben aus dem Berliner Dominikanerkonvent die Abberufung Pater Aurelius Arkenaus aus Leipzig und beendete damit dessen politische Laufbahn. Aurelius Arkenau blieb gemäß seines ewigen Gelübdes Pater des Dominikanerordens. Danach war er kurzzeitig Seelsorger im Dominikanerkonvent Heilig Kreuz, Köln und vom 21.4. 1947 bis 15.6. 1948 Superior u. vermutlich pädagogischer Mitarbeiter am Dominikanerkonvent Vechta sowie zeitweise Religionslehrer am staatlichen Gymnasium Antonianum Vechta. Er kehrte zurück nach Köln, um dort als Volksmissionar und Schwesternseelsorger zu wirken. 1950 war er im Dominikanerkonvent Düsseldorf als Promotor der dominikanischen Laiengemeinschaft tätig und kehrte ein weiteres Mal als Seelsorger nach Köln zurück. 1959 bis 1965 ist Pater Aurelius Arkenau Prior des Dominikanerkonvents Worms und seit 1965 Seelsorger sowie 1967 bis 1970 Prior im Dominikanerkonvent Düsseldorf als auch Geistlicher Assistent der Laiengemeinschaft Katharina von Siena. Pater Aurelius Arkenau hatte am 6.8. 1953 sein Silbernes, 1978 sein Goldenes und 1988 Diamantenes Priesterjubiläum, zu deren Anlässen er in seinen Wirkungsbereichen von der Kanzel und im persönlichen Rahmen für seine Tätigkeiten als Dominikanerpater und seine Treue zum geistlichen Orden gewürdigt wurde. Seinen Lebensabend verbrachte er bis zur letzten Stunde im Alten- u. Pflegeheim Maria Hilf, Bedburg-Kirchhcrten. Erst nach den achtziger Jahren des 20. Jahrhunderts wurden nach Bekanntwerden seiner uneigennützigen Hilfeaktionen für Verfolgte des nationalsozialistischen Staates während seiner Leipziger Zeit biographische Studien auf Hochschul- (Hochschule Vechta) und lokaler Ebene (Fraktion Bündnis 90/Die Grünen im Stadtrat der Stadt Leipzig) erarbeitet! Diese wurden die Grundlage zu mehrfachen postumen Ehrungen Pater Aurelius Arkenaus in seiner Heimatgemeinde Essen, in Leipzig, dem Ort seines mehrjährigen segensreichen und lebensrettenden Wirkens sowie international durch die israelische Holocaust-Gedenkstätte Yad Vashem! So wurde am 20.10. 1996 durch die besondere Initiative der Fraktion Bündnis 90/Die Grünen im Leipziger Stadtparlament eine Gedenktafel am Pfarrhaus St. Albert, Leipzig-Wahren, angebracht und am 21.6. 1998 ein Platz im Leipziger Norden unweit seiner früheren Wirkungsstätte als »Pater-Aurelius-Platz« benannt. Der Dominikanerkonvent St. Albert ehrte seinen einstigen Mitbruder und Superior am 18.4. 1998 durch die Benennung des Gästehauses seines Klosterneubaus als »Pater-Aurelius-Arkenau-Haus«. Der glanzvolle Höhepunkt der Ehrungen Pater Aurelius Arkenaus war die Auszeichnung durch die israelische Regierung mit dem höchsten Orden für Nichtjuden als »Gerechter unter den Völkern« am 20.12. 1998 und die Nennung seines Namens im Ehrenbuch und an der Gedenkmauer der Holocaust-Gedenkstätte in Jerusalem! Der Heimatverein Essen schließlich regte die Erinnerung und Würdigung seines bedeutenden Bürgers durch die Anbringung einer Gedenktafel an dessen Geburtshaus in Essen, Kirchplatz 4, an. Zur Feier des 100. Geburtstages Pater Aurelius Arkenaus wurde die Tafel unter großer Anteilnahme der Bevölkerung, der Honoratioren der südoldenburgischen Gemeinde Essen und der Stadt Leipzig, der Dominikanerprovinz Teutonia und der Familie Arkenau enthüllt. Das Vermächtnis Pater Arkenaus, zur gesellschaftlichen Gerechtigkeit beizutragen, allen zu Unrecht Bedrängten Hilfe zu geben, bleibt in allen Gesellschaften aktuell. Die weitere Auseinandersetzung mit diesem Thema in den Medien, der biographischen Fachliteratur, in Studien- und Informationsveranstaltungen, auch die persönliche Erinnerung an Persönlichkeiten wie Pater Aurelius Arkenau OP trägt zur notwendigen Sensibilisierung der gegenwärtigen und künftigen Gesellschaften bei!

Korrespondenz: Brief (Aurelius Arkenau an Oberreichsanwalt beim Volksgerichtshof in Berlin) vom 4.1.1945. In: Sächsisches Staatsarchiv Leipzig, Bestand SED III/12; Brief (Aurelius Arkenau an Frau A. Zeigner) vom 26.02.1946 aus Leipzig. Standort: Stadtarchiv Leipzig, Nachlaß Annemarie Zeigner, Nr. 187; Brief (Aurelius Arkenau, Köln, Lindenstr. 45 an Frau A. Zeigner) vom 25.05.1946. Standort: Stadtarchiv Leipzig, Nachlaß Annemarie Zeigner, Nr. 185; Brief (Pater Arkenau, Köln, Lindenstr. 45 an die Bruderschaft Meitingen) vom 25.05.1946. Standort: Christkönigs-Institut Meitingen, Archiv; Brief (Aurelius Arkenau, Köln, Lindenstr. 45 an Frau A. Zeigner) vom 14.12.1946. Standort: Stadtarchiv Leipzig, Nachlaß Annemarie Zeigner, Nr. 186; Brief (Aurelius Arkenau an Frau A. Zeigner) vom 23.10.1947. Standort: Stadtarchiv Leipzig, Nachlaß Annemarie Zeigner, Nr. 184; Brief (Aurelius Arkenau, Köln, Lindenstr. 45 an Frau A. Zeigner) vom 19.01.1949. Standort: Stadtarchiv Leipzig, Nachlaß Annemarie Zeigner, Nr. 183. Brief (Aurelius Arkenau, Köln, Lindenstr. 45 an Frau A. Zeigner) vom 03.10.1949. Standort: Stadtarchiv Leipzig, Nachlaß Annemarie Zeigner, Nr. 182. Brief (Aurelius Arkenau, Köln an Frau A. Zeigner) vom 06.06.1950. Standort: Stadtarchiv Leipzig, Nachlaß Annemarie Zeigner, Nr. 181. Brief (Dr. Franz Lemmens an P. Aurelius Arkenau) vom 19.10.1977. Brief (Pater Arkenau an Dr. Franz Lemmens) vom 03.11.1977.

Redakteur/Herausgeber: (1932-1940) Redakteur des »Der Marienpsalter: Monatsschrift für den Verehrer des heiligen Rosenkranzes«. Vechta: Albertus-Verlag 1.1878-59.1936, nach Umbenennung: »Lebendiger Rosenkranz: Marienpsalter: Rosenkranzzeitschrift für die deutschen Dominikaner«.

Vechta: Albertus-Verlag 60.1937-62.1939; (02/1933-03/1935) Redakteur des »Der Apostel mit Beigabe Das Findelkind: Monatsschrift für die Dominikaner-Missionen«. Vechta, Oldenburg 1.1922-18.1939. (1938-1940) Redakteur des »Das Innere Leben: Blätter für Seelen, die nach Vollkommenheit streben«. Strausberg, Berlin: Verlag Das Innere Leben 1.1920/21-19.1938/39. (1953) Herausgeber und (1967-1970) Redakteur des »Gottesfreund: Monatszeitschrift der Dominikaner«. Köln: Albertus-Magnus-Verlag 1-4.1951 - 12-15.1962; 16.1963-23.1970.

Werke: [Arkenau, Joseph]: Warum haben die sittlichen Grundlagen auf denen nach Horaz (III, 1-6) das neue Römerreich ruhen soll, auch für uns noch seine Bedeutung? - Abituraufsatz-. Vechta: Gymnasium Antonianum, 26.01.1921; Christentum und Nationalsozialismus. In: Oldenburgische Volkszeitung vom 23.12.1933; Gedanken über Erziehung. In: Der Marienpsalter: Monatsschrift für den Verehrer des heiligen Rosenkranzes. Vechta: Albertus-Verlag, 1934/35; Die Arbeit. In: Das Innere Leben (1938/1939) 6, S. 229; Offener Brief (A. Arkenau; Rudolf Hartig; Dr. Hildegard Heinze; Dr. Heinrich Hofmann; Prof. Menzel an »alle geistig Schaffenden«) vom 25.5.1945. In: Sächsisches Staatsarchiv Leipzig, Bestand SED III/6 und SED III/7; Demokratie und Christentum: Rede auf der 1. Großkundgebung des Leipziger Bezirksverbandes der CDU vom 11.11.1945 im Capitol zu Leipzig. In: Sächsisches Staatsarchiv, Bestand SED III/7 sowie Konventarchiv der Dominikaner Füchtel; Redebeitrag auf einer öffentlichen Versammlung. In: Tätigkeitsbericht der CDU, Bezirksverband Leipzig vom 21.1.1946-22.2.1946. Standort: Archiv für Christlich-Demokratische Politik St. Augustin, Ost-CDU, LV Sachsen, Nr. 10; Vorträge über das »O lumen ecclesiae«: dargeboten als Erinnerung an die Exercitien 1955 (23 Blatt). Standort: Diözesan- und Dombibliothek Köln; Unsere Patres stellen sich vor. Diesmal: Pater Aurelius Arkenau OP. — In: Info, St. Andreas Düsseldorf (1977) 3, S. 1.

Lit.: [über Pater Arkenau]. In: Festschrift des 25jährigen Bestehens der Niederlassung der Dominikaner zu Vechta. Vechta, 1927, S. 25; Ohne Autorenangabe: Essen i. O., 13. August. Primizfeier ..... In: Münsterländische Tageszeitung vom 13.08.1928; — [über Pater Arkenau]. In: Schulchronik des St.-Josef-Kollegs Füchtel, 1932-1936, Bd. 2, S. 88; — [Ernennung Pater Arkenaus zum 2. Konrektor des St.-Josef-Kollegs]. In: Oldenburgische Volkszeitung vom 27.09.1933; — [über Pater Arkenau]. In: Der neue Wille (Frankfurt/Main) vom 26.05.1940; — Casper; Josef: Um die Einheit der Kirche: Gespräche und Stimmen getrennter christlicher Brüder. Wien: Beck, 1940, S. 305-307.

- Selbmann, Fritz: Erinnerung an eine Rede A. Arkenaus auf einer Delegiertenkonferenz des Demokratischen Blocks am 7.7.1945. In: Sächsisches Staatsarchiv Leipzig, Bestand SED/Erlebnisberichte V/5/235; — [über A. Arkenau auf der 1. Plenartagung des Antifa-Blocks Leipzig am 7.7.1945]. Standort: Stadtarchiv Leipzig, Bestand: Stvr. R. Nr. 4; — [über A. Arkenau]. Antifaschistischer Block Leipzig, Provisorischer Zentralausschuß (Mitgliederliste u. Adressenverzeichnis). Standort: Sächsisches Staatsarchiv Leipzig, Bestand SED III/6 und Stadtarchiv Leipzig, Bestand: Antifaschistischer Block, Nr. 1; — [über A. Arkenau]. Bezirksleitung des ehemaligen Nationalkomitee Freies Deutschland Leipzig (Mitgliederliste). Standort: Sächsisches Staatsarchiv Leipzig, Bestand SED III/12; — Ohne Autorenangabe: Politik, Kunst und Wissenschaft. In: Sächsische Volkszeitung vom 13.11.1945; — Gelbke, Dina; Gelbke, Karl: Erlebnisbericht über ihre illegale Tätigkeit in den Jahren 1939-1945. In: Sächsisches Staatsarchiv Leipzig, Bestand SED/Erlebnisberichte V/5/449, S. 10; — Ohne Autorenangabe: Zwischen Kaiser und Adenauer. In: Leipziger Volkszeitung 118 (1947) vom 23.05., S. 2; — [über Pater Arkenau]. In: Bericht vom 13. Dezember 1948. Standort: Institut für Marxismus-Leninismus (IML), Zentrales Parteiarchiv der SED (ZPA), V 241/7/73; — Buchheim, Karl: Geschichte der christlichen Parteien in Deutschland. München: Kösel-Verlag, 1953, S. 422-423; — Perrin, Henri: Tagebuch eines Arbeiterpriesters: Aufzeichnungen von Henri Perrin 1943/1944. München: Kösel-Verlag, 1955, S. 96-98; — Kampfrath, Walter Leipzig N 26, Zeisigweg 28: Verbindung mit Fremdarbeitern während des zweiten Weltkrieges. Niederschrift vom 1.11.1959. In: Sächsisches Staatsarchiv Leipzig, Bestand SED/Erlebnisberichte V/5/128, Blatt 12; — Ohne Autorenangabe: Arkenau, katholischer Pfarrer (auch Pater Aurelius genannt). Standort: Sächsisches Staatsarchiv Leipzig, Bestand SED/Erlebnisberichte V/5/128, Beilage zum Aufnahmeantrag von Walter Kampfrath in die VVN; — Ohne Autorenangabe: 15 Jahre danach - Der Nothelfer. In: Allgemeine Wochenzeitung der Juden in Deutschland (Düsseldorf) 15 (1960), Nr. 6 vom 6.5.; — Nordlohne, Josef (Herausgeber): Festschrift zur 250-Jahrfeier des Gymnasium Antonianum Vechta. Vechta: Gymnasium Antonianum, 1964, S. 102; — Baller, Kurt; Friderici, Hans-Jürgen; Schwendler, Gerhild: Zur Entwicklung des antifaschistischen Widerstandskampfes unter Führung der KPD in Leipzig-Westsachsen (1939-1945). In: Beiträge zur Geschichte der Arbeiterbewegung. Berlin (1971), Band 13, S. 843-844; — Baller, Kurt: Der antifaschistische Widerstandskampf unter Führung der KPD im Gebiet des ehemaligen KPD-Bezirkes Leipzig-Westsachsen (1941-1945). Leipzig, Franz-Mehring-Institut, Dissertation A, 1973; — Steude, Kurt: Prof. Dr. med. Karl Gelbke - ein Leben als Arzt und Kommunist. In: Kühn, Kurt (Herausgeber): Ärzte an der Seite der Arbeiterklasse. Berlin: VEB Verlag Volk und Gesundheit, 1977, 2. durchgesehene Auflage, S. 191; — Ohne Autorenangabe: Pater Aurelius feierte goldene Primiz: Stets viel Stoff zum Nachdenken und Lachen. In: Rheinische Post vom 7.8.1978; — Klostermann, Hermann: Priesterjubilar: Nicht das Fragezeichen, sondern das Kreuzzeichen: Dominikanerpater Aurelius kl. Arkenau feierte in seiner Heimat goldenes Priesterjubiläum. In: Oldenburgische Volkszeitung vom 31.8.1978; — [über Pater Arkenau]. In: Kirche und Leben vom 3.9.1978; — Czok, Karl; Thieme, Horst u. a.: Leipzig - Geschichte der Stadt in Wort und Bild. Berlin: VEB Deutscher Verlag der Wissenschaften 1978, S. 88; — Kiersch, Gerhard; Klaus, Rainer u. a.: Berliner Alltag im Dritten Reich. Düsseldorf: Droste, 1981, S. 81ff.; — Lemmens, Franz-J.: Karl Gelbke: Biographie eines antifaschistischen Arztes, Gesundheitspolitikers, Militärarztes und Hochschullehrers. Dissertation A. Leipzig, Karl-Marx-Universität, Sektion Geschichte, 1984; — Von Hehl, Ulrich: Priester unter Hitlers Terror: eine biographische und statistische Erhebung/im Auftrag der deutschen Bischofskonferenz unter Mitwirkung der Diözesanarchive. Mainz: Matthias-

Grünewald-Verlag, 1984, S. 889; — Heitmann, Clemens: Priesterbuch des Offizialatsbezirks Oldenburg. Friesoythe, 1985, Bd. 2, S. 54 (enthält: Hinweise auf Rudolf Arkenau, einen Bruder P. A. Arkenaus); — Engelhardt, Paulus (OP, Prof. Dr.): »Mein kleiner Widerstand« - Zeugnisse über und von Aurelius Arkenau«. In: Wort und Antwort: Zeitschrift für Fragen des Glaubens. Mainz: Matthias-Grünewald-Verlag (1985) 5, S. 155; — Drobisch, Klaus; Fischer, Gerhard; Pankratz, Josef: Widerstand aus Glauben - Christen in der Auseinandersetzung mit dem Hitlerfaschismus. Berlin: Union-Verlag 1985, S. 360-361; — Klostermann, Hermann: Dominikaner war Nothelfer für Verfolgte: Ostberliner Publikation über das Wirken von P. Aurelius Arkenau O. P. im Krieg in Leipzig. In: Kirche und Leben, Kirchenzeitung des Bistums Münster (1986), Nr. 31, S. 14 vom 3.8.; — Bahl, Martina: Essen (Oldenburg) im Zeichen des Kreuzkampfes. In: Kuropka, Joachim (Herausgeber): Zur Sache - Das Kreuz! Untersuchungen zur Geschichte des Konflikts um Kreuz und Lutherbild in den Schulen Oldenburgs, zur Wirkungsgeschichte eines Massenprotestes und zum Problem nationalsozialistischer Herrschaft in einer agrarisch-katholischen Region. Vechta: Vechtaer Druckerei und Verlag, 1987, 2. durchgesehene Auflage, S. 196; — Mammach, Klaus: Widerstand 1939-1945: Geschichte der deutschen antifaschistischen Widerstandsbewegung im Inland und in der Emigration. Berlin: Akademie-Verlag, 1987; — Habicht, Martin; Lemmens, Franz: Das menschliche Tun des Dominikanerpaters Aurelius Arkenau. In: Leipziger Volkszeitung vom 13./14.08.1988; — [über Pater Arkenau]. In: Kirche und Leben vom 4.9.1988; — Ohne Autorenangabe: Am 11. November 1945 in Leipzig: Pater Arkenau bei der ersten CDU-Kundgebung. In: Oldenburgische Volkszeitung vom 11.11.1989, S. 41; — Haustein, Siegfried: Stadtansichten - Leipziger Vororte - Wahren. In: Leipziger Blätter Nr. (1989) 15, S. 51-53; — Habicht, Martin: Verfolgung und Widerstand nichtproletarischer Kräfte im Raum Westsachsen 1933-1945. Universität Leipzig, Franz-Mehring-Institut, Dissertation B, 1990, S. 101, 223, 230-235, 242; — Pater Aurelius Arkenau O.P. Sterbeanzeige der Dominikaner in Düsseldorf vom 19.10.1991; — Fr. P. Aurelius (Josef) Arkenau OP. In: Totenbuch der Dominikanerprovinz Teutonia, 19.10.1991; — Ohne Autorenangabe: Verfolgten im Krieg Versteck geboten. In: Rheinische Post vom 24.10.1991; — Ohne Autorenangabe; Dominikanerprovinz Teutonia (Herausgeber): Nachruf für Pater Aurelius Arkenau. In: Kontakt, Freundesgabe der deutschen Dominikaner der Provinz Teutonia. Paderborn, 1991, S. 52; — Hürkamp, Josef: Das menschliche Tun des Dominikanerpaters Aurelius Arkenau. In: Osnabrücker Land, Heimat-Jahrbuch 1991, S. 315-316; — Leschinski, Susanne: P. Aurelius Arkenau: Nachruf. In: Kirche und Leben vom 3.11.1991; — Leschinski, Susanne: Ein Dominikaner als Nothelfer im NS-Staat: Zum Gedenken an Pater Aurelius Arkenau O. P. In: Sächsische Heimatblätter 38 (1992) 5, S. 310-312; — Hahn, Albert: Geschwisterliches Projekt in Leipzig-Wahren. Ausführlicher: Albert Hahn, So war's früher - Weihnachten 1945. In: Unser Herbstblatt, Zeitung der Seniorinnen und Senioren des Kreisalten- und Pflegeheimes Kirchherten, Ausgabe 9/Febr. 1993, S. 8-9; — Oertel, M.: Der Dienst am Menschen - Maxime des Dominikanerordens in Leipzig-Wahren. In: Viadukt: Die Bürgerzeitung für Möckern und Wahren 2 (1994)

11, S. 4; — Eckert, Paul Willehad; Engelhardt, Paulus: Die deutschen Dominikaner im »Dritten Reich«. In: Wort und Antwort: Zeitschrift für Fragen des Glaubens. Mainz: Matthias-Grünewald-Verlag 36 (1995) 1, S. 7-17; — Landwehr, Gordian (Pater): Was ich erleben durfte: Autobiographie. Graz, Wien, Köln: Verlag Styria, 1995; — [Suchnotizen, u. a. über Pater Aurelius Arkenau]. In: Mitteilungsblatt des Irgun Olei Merkas Europa (Tel Aviv) 64 (1996) Nr. 116, S. 7 von 02/1996; — Gebbert, H.: Späte Ehrung für einen mutigen Pfarrer aus Wahren: Bündnis 90/Die Grünen würdigen Widerstand. In: Leipziger Volkszeitung vom 23.5.1996; — Warmbier, Helmut: Seelsorger erlebte Rassismus der Hitlerleute: Pater Aurelius Arkenau: Zum Beitrag »Späte Ehrung für einen mutigen Pfarrer aus Wahren« vom 23.5. (Leserbrief). In: Leipziger Volkszeitung vom 12.6.1996; — M., T.: Pater-Aurelius-Platz soll an mutigen Kirchenmann erinnern: Dokumentation der Bündnisgrünen stößt auf riesiges Interesse. In: Leipziger Volkszeitung vom 3.7.1996, S. 18; — Schneider, Kurt: Ein mutiger Pater in Leipzig-Wahren. In: Leipzigs Neue: Eine Linke Zweiwochenzeitung 4 (1996), Nr. 14. vom 12.7.; — Merten, Manuel: Konvent Sankt Albert: Das Geschwisterliche Projekt. In: Viadukt, Bürgerzeitung für Möckern und Wahren 5 (1996) 22, S. 5; — Schütz, A.: Pater Aurelius Arkenau O. P. In: Viadukt, Bürgerzeitung für Möckern und Wahren 5 (1996) 22, S. 5; — Ohne Autorenangabe: Eine interessante Rundfahrt (intern behandeln). In: Sächsisches Staatsarchiv Leipzig, Bestand SED III/6; — Ohne Autorenangabe: Gedenktafel für Pater Aurelius Arkenau. In: Pressedienst (Herausgeber: Stadt Leipzig, Referat Presse und Öffentlichkeitsarbeit, Dezernat Kultur) vom 11.10.1996; — Schieckel, Harald: Ein unerschrockener Helfer der Verfolgten: Südoldenburger Dominikaner als Nazigegner in Leipzig aktiv: Pater Aurelius Arkenau. In: Nordwest-Zeitung vom 19.10.1996, Nr. 245; — Warmbier, Helmut: Rede anläßlich der Enthüllung einer Gedenktafel der Stadt Leipzig zu Ehren Pater Aurelius Arkenaus am St.-Albert-Konvent in Wahren, 20.10.1996, S. 1-5; — Schütz, Carola: Viadukt im Gespräch heute mit: Dr. Helmut Warmbier, Autor der Broschüre »Pater Aurelius Arkenau OP«. In: Viadukt, Bürgerzeitung für Möckern und Wahren (1996) 24, S. 4; — Baumann, Willi: Der Weg eines Dominikaners in den Widerstand: In einem Dokumentenband über P. Aurelius Arkenau OP. In: Heimatblätter, Beilage zur Oldenburgischen Volkszeitung 75 (1996), Nr. 6 vom 14.12.; — Wengst, Udo; Pantenburg, Isabel F.: Karl Buchheim: Eine sächsische Lebensgeschichte: Erinnerungen 1889-1972. München: Oldenbourg Wissenschaftsverlag GmbH, 1996; — Schmidt, Dennis: Späte Ehre für Pater aus Essen: Dominikaner Aurelius Arkenau versteckte Verfolgte vor den Nazis. In: Kirche und Leben: Kirchenzeitung für Oldenburg (1997), Nr. 4 vom 26.1.; — Bothe, Bernd (Rezension): Fraktion Bündnis 90/Die Grünen im Stadtrat Leipzig (Hg.): Pater Aurelius Arkenau O. P. 7. Januar 1900 - 19. Oktober 1991. In: Freiburger Rundbrief, Zeitschrift für christlich-jüdische Begegnung Neue Folge 4 (1997), S. 281; — Ohne Autorenangabe: In Leipzig-Wahren soll es einen Arkenau-Platz geben: Nachtrag zu der Arkenau-Dokumentation. In: Oldenburgische Volkszeitung vom 15.2.1997, S. 37; — O., M.: Wahren erhält Pater-Aurelius-Platz. In: Leipziger Volkszeitung vom 20.2.1997; — Strickmann, Heinz: Zum Gedenken an Pater Aurelius Arkenau aus Essen Gedenktafel in Leipzig enthüllt. In: Münsterländische Tageszeitung vom 22.2.1997; — Ohne Autorenangabe: Pater Arkenau: Aus Kindheit und seiner Jugendzeit. In: Oldenburgische Volkszeitung vom 27.9.1997; — M., T.: Bündnisgrüne: Platz in Wahren nach Pater Aurelius benennen. In: Leipziger Volkszeitung vom 9.10.1997; — Ohne Autorenangabe: Stadt Leipzig ehrt Essener Pater Aurelius Arkenau: Dominikaner rettete viele Verfolgte vor dem Nazi-Terror: Am Wochenende erhält ein Platz seinen Namen. In: Münsterländische Tageszeitung vom 18.6.1998; — Ohne Autorenangabe: Am Sonntag Einweihung des »Pater-Aurelius-Platzes«: Delegation aus Südoldenburg fährt jetzt nach Leipzig-Wahren. In: Oldenburgische Volkszeitung vom 18.6.1998; — Bramlage, Gerfried A. (Prior, Konvent Leipzig, St. Albert) Ansprache zur Einweihung des Pater-Aurelius-Platzes in Leipzig-Wahren am Samstag, 21. Juni 1998; — Warmbier, Helmut: Rede anläßlich der Einweihung des Pater-Aurelius-Platzes in Leipzig-Wahren am 21. Juni 1998; — Rump, Benno: Rede anläßlich der Einweihung des Pater-Aurelius-Platzes in Leipzig-Wahren am 21. Juni 1998; — Kempner (Bildtext): Platz bekam Namen. In: Leipziger Volkszeitung vom 22.6.1998; — Wagner, Wolfgang: Unbekannter Retter: Leipzig benennt Platz nach Dominikaner Aurelius Arkenau. In: Katholische Nachrichtenagentur vom 23.6.1998, Mitteilung-Nr. 70; — Arkenau, Franz-Josef (Foto): »Menschen wie ihn gab es in Deutschland viel zu wenige«: Pater-Aurelius-Platz: Leipzig würdigt Essener Dominikaner-Prior: Auch Yad-Vashem-Ehrung wird vorbereitet. In: Münsterländische Tageszeitung 118 (1998), Nr. 144 vom 24.6.; — Ohne Autorenangabe: Leipzig würdigt Pater Aurelius: »Yad-Vashem«-Ehrung wird vorbereitet. In: Oldenburgische Volkszeitung vom 24.6.1998, S. 13; — Ohne Autorenangabe: »Den Menschen in Not geholfen«: Leipzig würdigt den aus Essen stammenden Pater Aurelius Arkenau. In: Oldenburgische Volkszeitung 164 (1998), Nr. 145 vom 25.6., S. 16; — Lippold, - (Bildtext): Pater-Aurelius-Platz. In: Leipzigs Neue: Eine Linke Zweiwochenzeitung 6 (1998), Nr. 13, S. 2 vom 26.6.; — Ohne Autorenangabe: 100 Seiten über Pater Arkenau. In: Nordwest-Zeitung vom 26.6.1998; — Ohne Autorenangabe: Kostenlose Infos über Pater Aurelius. In: Münsterländische Tageszeitung vom 27.6.1998; — Ohne Autorenangabe: Retter für vom Nazi-Terror Verfolgte: Leipzig benennt Platz nach Dominikaner Aurelius Arkenau. In: Cloppenburger Wochenblatt 30 (1998), Nr. 26 vom 1.7.; — Ohne Autorenangabe: 100 Seiten über Pater Aurelius Arkenau. In: Cloppenburger Wochenblatt 30 (1998), Nr. 26 vom 1.7.; — Moest, Gerhard: Sozialhistorisch unvollständig: Zum Bildtext auf S. 2 der Ausgabe vom 26. Juni. In: Leipzigs Neue: Eine Linke Zweiwochenzeitung 6 (1998), Nr. 14 vom 10.7.; — Wagner, Wolfgang: Unbekannter Retter: Dominikaner Aurelius Arkenau jetzt in Leipzig geehrt. In: Kirche und Leben, Wochenzeitung im Bistum Münster vom 12.7.1998, Nr. 28; — Ohne Autorenangabe: Retter für vom Nazi-Terror Verfolgte: Leipzig benennt Platz. In: Kirche und Leben, Kirchenzeitung für Oldenburg (Vechta) vom 12.7.1998, Nr. 28; — Ohne Autorenangabe: Pater Aurelius bewahrte über 100 NS-Verfolgte vor dem sicheren Tod: Stadt Leipzig benannte Straße nach mutigem Dominikaner aus Brokstreek. In: Bersenbrücker Kreisblatt 142 (1998), Nr. 184 vom 10.8.; — Weidemann, Matthias: Der gute Pater von Wahren: Ehrenplatz in Yad Vashem? In: Bild vom 25.9.1998, S. 8; — Küh-

ne, Armin (Bildtext): Gedenktafel für Aurelius Arkenau enthüllt. In: Leipziger Volkszeitung vom 21.10.1998; — Ohne Autorenangabe: Staat Israel ehrt Einsatz von Pater Arkenau. In: Münsterländische Tageszeitung vom 17.11.1998; — Arkenau, Franz-Josef: Ehrentitel »Gerechter unter den Völkern«: Israel zeichnet Pater Aurelius posthum in der Nationalen Gedenkstätte Yad Vashem aus. In: Sonntagsblatt für den Landkreis Cloppenburg vom 22.11.1998; — Arkenau, Franz-Josef: »Gerechter unter den Völkern«: Posthume Auszeichnung für Arkenau. In: Oldenburgische Volkszeitung vom 30.11.1998; — Arkenau, Franz-Josef: Essener Dominikanerpater rettete über 100 Nazi-Verfolgte: Leipzig ehrt ihn mit »Pater-Aurelius-Platz« und Israel mit dem Ehrentitel »Gerechter unter den Völkern«, in der Holocaust-Gedenkstätte Yad Vashem in Jerusalem. In: Jahrbuch des Heimatvereins Essen e. V., 1998, S. 4-19; — Wagner, Wolfgang: Dominikanerpater wird »Gerechter unter den Völkern«: »Yad Vashem« ehrt zweiten deutschen katholischen Priester. In: Katholische Nachrichtenagentur vom 10.12.1998, Mitteilung-Nr. 143; — (kna): Aurelius Arkenau. In: Frankfurter Rundschau vom 10.12.1998, S. 4; — Wagner, Wolfgang: Unerschrockener Gegner der Nazis: Dominikaner wird Gerechter unter den Völkern. In: Neue Bildpost vom 17.12.1998, S. 4; — Ohne Autorenangabe: Deutscher Dominikanerpater wird »Gerechter unter den Völkern«. In: »L'osservatore Romano«, dt-Ausgabe vom 18.12.1998; — Ohne Autorenangabe: Neues Zentrum in Leipzig eingeweiht: Dominikaner. In: Tag des Herrn (1998), Ausgabe 17; — Ohne Autorenangabe: Sein Einsatz für Juden wird in Jerusalem geehrt: Dominikanerpater Arkenau. In: Tag des Herrn (1998), Ausgabe 27; — Paldiel, Mordecai: Es gab auch Gerechte: Retter und Rettung jüdischen Lebens im deutschbesetzten Europa 1939-1945. Konstanz: Eberhard Roy Wiehn, 1999; — Meyer, Paula: In der NS-Zeit 100 Verfolgte versteckt: Platz nach dem Dominikaner benannt. Auf den Spuren von Pater Aurelius Arkenau aus Essen in Leipzig. In: Oldenburgische Volkszeitung vom 4.3.1999, S. 21; — Paul, H.-G. (Herausgeber): Die Pädagogische Fakultät der Universität Leipzig 1946-1955: Tagungsbericht -Prägende Lehrerpersönlichkeiten- vom 23. April 1999, S. 13-14; — Ohne Autorenangabe: Weil er Juden half: Ehrung für Pater Aurelius. In: Kirche und Leben: Kirchenzeitung für Oldenburg 4/1999; — Springer, Ernst: Leipzig hat unendlich viel zu verdanken. In: Leipzigs Neue: Eine Linke Zweiwochenzeitung 7 (1999), Nr. 14 vom 9.7.; — Ohne Autorenangabe: Ehrung für Arkenau. In: Oldenburgische Volkszeitung vom 15.7.1999; — Ohne Autorenangabe: Israel ehrt Pater Aurelius Arkenau: Gedenkfeier am 5. August in Leipzig. In: Münsterländische Tageszeitung vom 15.7.1999; — Kurtz, Martina: Israel ehrt Leipziger Pater Aurelius: Der Dominikaner rettete im 2. Weltkrieg viele Juden, darunter den Pariser Bild-Korrespondenten Jochen Leibel. In: Bild vom 21.7.1999; — Ohne Autorenangabe: Dominikanerpater geehrt. In: Tag des Herrn vom 25.7.1999; — Welters, Dominic: Israel ehrt Leipziger Pater Arkenau als »Gerechter unter den Völkern«: Dominikaner versteckte Juden vor den Nazis auf dem Dachboden: Festakt am Donnerstag in Wahren. In: Leipziger Volkszeitung vom 30.7.1999; — Kramer, Uta-Maria: Yad Vashem ehrt Dominikanerpater: Pater Aurelius Arkenau aus Brokstreek: Verfolgte vor Nazis gerettet. In: Nordwest-Zeitung vom 2.8.1999; — Ohne Autorenangabe: Düsseldorfer Dominikaner als »Gerechter unter den Völkern« ausgezeichnet. In: PEK (Presseamt Erzbistum Köln) aktuell: Nachrichten, Berichte und Termine. Nachricht 1186 vom 3. August 1999; — Ohne Autorenangabe: Auszeichnung für Pater Aurelius Arkenau: »Gerechter unter den Völkern«. In: Cloppenburger Wochenblatt vom 4.8.1999, S. 8; — [Nachricht über Ehrung P. A. Arkenaus; 05.08.1999 mit dem Titel »Gerechter unter den Völkern«]. In: Kirchenzeitung Diözese Linz, (1999), Nr. 29; — Ohne Autorenangabe: Israelische Auszeichnung. In: Sächsische Zeitung vom 5.8.1999; — Merten, Manuel (Provinzial, Dominikanerprovinz Teutonia) Ansprache zur posthumen Verleihung des Titels »Gerechter unter den Völkern« an P. Aurelius Arkenau OP in der Kloster- und Pfarrkirche St. Albert, Leipzig-Wahren am 5.8.1999; — Arkenau, Franz-Josef: Ehrung Pater Aurelius Arkenau »Gerechter unter den Völkern«, Leipzig, 5.8.1999, 16.30 h im St. Albert Konvent - Leipziger Rede-; — Ohne Autorenangabe: »Da liegt plötzlich ganz viel Gerechtigkeit in der Luft«: Interview mit Jochen Leibel, vom Pater vor den Nazis in Sicherheit gebracht, über seine Rettung und die Auseinandersetzung mit der Vergangenheit. In: Leipziger Volkszeitung vom 6.8.1999, S. 13; — Körner, Cornelius: »Gerechter unter den Völkern«: Höchste Ehre für mutigen Leipziger Pater. In: Bild vom 6.8.1999; — Ohne Autorenangabe: Leipziger Dominikaner-Pater erhält postum Ehrung. In: Mitteldeutsche Zeitung (Halle/Saale) vom 6.8.1999; — Welters, Dominic: Erstmals erhielt ein Leipziger höchste Auszeichnung Israels: Dominikaner Aurelius Arkenau als »Gerechter unter den Völkern« geehrt/Botschafter übergab Urkunde und Medaille an Verwandte und Orden. In: Leipziger Volkszeitung vom 6.8.1999, S. 13; — Linkert, Peter: Ein Gerechter unter den Völkern: Dominikaner-Pater Aurelius Arkenau wird neun Jahre nach seinem Tod in Leipzig geehrt. In: Nordwest-Zeitung vom 6.8.1999; — Körner, Cornelius: »Gerechter unter den Völkern«: Höchste Ehre für mutigen Leipziger Pater. In: Bild vom 6.8.1999; — Ohne Autorenangabe: Pater Aurelius geehrt: »Gerechter unter den Völkern«. In: Rheinische Post vom 6.8.1999; — Ohne Autorenangabe: »Unkel Paoter« blieb stets heimatverbunden: Redner würdigten selbstlosen Einsatz. In: Münsterländische Tageszeitung vom 7.8.1999; — Kaiser, Heinrich: Aurelius Arkenau kannte Gefahr: Israel verleiht Pater Aurelius Arkenau aus Essen posthum höchste Ehre. In: Münsterländische Tageszeitung vom 7.8.1999; — Ohne Autorenangabe: Der Dank aus Israel: Posthume Ehrung für Pater Aurelius Arkenau. In: Oldenburgische Volkszeitung vom 7.8.1999; — Ohne Autorenangabe: Die posthume Auszeichnung der Holocaustgedenkstätte Yad Vashem. In: Oldenburgische Volkszeitung vom 7.8.1999, S. 9; — Ohne Autorenangabe: Aurelius Arkenau: Personalien. In: Die Tagespost vom 7.8.1999, Nr. 94; — Ohne Autorenangabe: »Gerechter unter den Völkern«: Israel ehrt Aurelius Arkenau. In: Tag des Herrn vom 8.8.1999; — Ohne Autorenangabe: Die Yad-Vashem-Urkunde. In: Oldenburgische Volkszeitung vom 9.8.1999; — Ohne Autorenangabe: »Gerechter unter den Völkern«: Größte israelische Auszeichnung für Pater Aurelius Arkenau. In: Cloppenburger Wochenblatt vom 11.8.1999; — Wagner, Wolfgang: Deutscher Dominikaner von Israel geehrt. In: Der Sonntag vom 15.8.1999; — Ohne Autorenangabe: Eine Alternative zur Unmenschlichkeit: Dominikanerpater Aurelius

Arkenau als Gerechter unter den Völkern posthum geehrt. In: PEK (Presseamt Erzbistum Köln) aktuell: Nachrichten, Berichte und Termine. Artikel und Reportagen, Nr. 961 vom 20. Aug. 1999; — Wagner, Wolfgang: Subversiver Schutzengel: »Haß auf die Nazis und Gottvertrauen«: Yad Vashem ehrt den deutschen Priester Arkenau als »Gerechten unter den Völkern«. In: Publik-Forum, Zeitung kritischer Christen (1999), Nr. 1, S. 29; — Ohne Autorenangabe: Ehrung für Pater Aurelius Arkenau: Heimatverein Essen will Gedenktafel am Geburtshaus enthüllen. In: Cloppenburger Wochenblatt vom 24.11.1999, S. 7; — Hauke, A.: Studientag: Entwicklung des Nationalsozialismus im Oldenburger Münsterland. In: Münsterländische Tageszeitung vom 6.12.1999; — Alex, Kerstin: »Gerechter unter den Völkern«: Gedenktafel zum 100. Geburtstag: Heimatverein und Gemeinde Essen ehren Pater Aurelius Arkenau. In: Münsterländische Tageszeitung vom 10.12.1999; — Alex, Kerstin: Mindestens eine Kerze für jeden der Geretteten: Heimataktion Essen plant Spendenaktion. In: Münsterländische Tageszeitung vom 21.12.1999; — Disselnkötter, Andreas: Gerechte unter den Nationen: Über Menschen, die Juden retteten. In: Tribüne, Zeitschrift zum Verständnis des Judentums 38 (1999) 152, S. 48-53; — Hötzel, Manfred: Annemarie Zeigner und ihr Manuskript »Erich Zeigner. Biographische Skizzen«. In: Rudloff, Michael (Herausgeber): Erich Zeigner - Bildungsbürger und Sozialdemokrat. Leipzig: Friedrich-Ebert-Stiftung, 1999; — Arkenau, Franz-Josef: Höchste israelische Auszeichnung für Pater Aurelius Arkenau: Gerechter unter den Völkern. In: Jahrbuch des Heimatvereins Essen e. V., 1999, S. 40-52; — Ohne Autorenangabe: Ehrung zum 100. Geburtstag: Pater Aurelius wäre am 7. Januar 100 Jahre alt geworden. In: Sonntagsblatt für den Landkreis Cloppenburg vom 2.1.2000; — Ohne Autorenangabe: Gedenktafel für Pater Aurelius: Ganze Bevölkerung eingeladen. In: Münsterländische Tageszeitung vom 6.1.2000; — Ohne Autorenangabe: Gedenktafel zum 100. Geburtstag von Pater Aurelius: Gemeinde Essen lädt heute Abend zu Festakt ein: Mehr als 100 Nazi-Opfer gerettet. In: Nordwest-Zeitung vom 7.1.2000; — Klausing, Bernd: Rede Dr. Bernd Klausing, 1. Vorsitzender des Heimatvereins Essen/Oldenburg anläßlich der Enthüllung einer Gedenktafel für Pater Aurelius kl. Arkenau am 7. Januar 2000 in Essen/Oldenburg; — Kuck, Gisela: Grußwort der Botschaft des Staates Israel anläßlich der Enthüllung einer Gedenktafel am Elternhaus des Yad-Vashem-Geehrten Pater Aurelius Arkenau OP am 7. Januar 2000; — Alex, Kerstin: »Ohne Pater Aurelius würde es mich heute nicht mehr geben!« Unter großer Anteilnahme gestern Abend Gedenktafel in Essen enthüllt. In: Münsterländische Tageszeitung vom 8.1.2000; — Ohne Autorenangabe: Gedenktafel für Pater Aurelius. In: Oldenburgische Volkszeitung vom 11.1.2000; — Ohne Autorenangabe: Gemeinde Essen ehrt berühmtesten Bürger: Gedenktafel für Pater Aurelius Arkenau - »Mit Courage die Menschenwürde verteidigt« - Zahlreiche Festgäste. In: Nordwest-Zeitung vom 11.1.2000; — Arkenau, Franz-Josef: Festakt für den todesmutigen Pater Aurelius Arkenau: Enthüllung einer Gedenktafel in seiner Heimatgemeinde Essen. In: Sonntagsblatt für den Landkreis Cloppenburg vom 16.1.2000; — Arkenau, Franz-Josef: Festakt zum 100. Geburtstag von Pater Aurelius Arkenau. Enthüllung einer Gedenktafel an seinem Geburtshaus. In: Jahrbuch des Heimatvereins Essen e. V. 2000, S. 4-9; — Ohne Autorenangabe: Eine Gedenktafel für Pater Aurelius kl. Arkenau. In: Volltreffer: die kostenlose Lokalzeitung vom 27.1.2000, Nr. 41; — Ohne Autorenangabe: Warum Pater Aurelius nicht in den Krieg mußte: Grundschule Hengelage: Zeitzeugen berichteten. In: Oldenburgische Volkszeitung vom 27.1.2000, S. 9; — Ohne Autorenangabe: [Feierstunde anläßlich der Enthüllung einer Gedenktafel zu Ehren Pater Aurelius Arkenau (Textbeitrag ohne Titel)]. In: Rundbrief der Gesellschaft für christlich-jüdische Zusammenarbeit e. V. im Oldenburger Münsterland 1/2000 vom 16.3.2000; — Arkenau, Franz-Josef: Pater Aurelius Arkenau - »Gerechter unter den Völkern«. In: Jahrbuch für das Oldenburger Münsterland, 2000, S. 164-176; — Havermann, Heinrich: Feierstunde zu Ehren von Pater Aurelius Arkenau in Leipzig. In: Jahrbuch für das Oldenburger Münsterland, 2000, S. 177-181; — Gelhaus, Hubert: Das politisch-soziale Milieu in Südoldenburg von 1803-1936. Oldenburg: Bibliotheks- und Informationssystem der Universität Oldenburg, zugleich Dissertation, 2000, Band 4, S. 332-337; — Herzberg, Heinrich: Dienst am höheren Gesetz: Dr. Margarete Sommer und das »Hilfswerk beim Bischöflichen Ordinariat Berlin«. Berlin: Servi, 2000, S. 55. — Gerathewohl, Hermann: Sie waren verfolgt und fanden Schutz: Über den katholischen Antifaschisten Aurelius Arkenau. In: Disput: Zeitschrift für Mitglieder der Linkspartei vom 20.11.2001; — Suffner, Ulrich: Füchtel, aber auch die Welt im Blick: »100 Jahre Dominikaner in Vechta«: Festschrift zum Jubiläumsjahr ab Freitag erhältlich. In: Oldenburgische Volkszeitung vom 12.9.2002, S. 10; — Fraktion Bündnis 90/Die Grünen im Stadtrat Leipzig (Herausgeber); Warmbier, Helmut; Seidel, Ingo (Recherchen und Redaktion); Franz, Simone; Potowsky, Katja (Redaktionelle Mitarbeit): Pater Aurelius Arkenau O.P. 7. Januar 1900-19. Oktober 1991. Zeugnisse und Berichte über einen unerschrockenen Nothelfer in Leipzig-Wahren. Leipzig: Druckerei Hennig, 2002, 3. erweiterte Auflage; — Ohne Autorenangabe: Arkenau-Broschüre vergriffen - unterstützen Sie uns. In: Ratschlag: Informationsschrift der Fraktion Bündnis 90/Die Grünen im Stadtrat Leipzig. Ausgabe 5/2002, S. 8; — Groothuis, Rainer Maria: Im Dienste einer überstaatlichen Macht: Die deutschen Dominikaner unter der NS-Diktatur. Münster: Verlag Regensberg, 2002, S. 424-431; — Engelhardt, Paulus: Präfekt in kritischer Zeit: P. Aurelius Arkenau OP (1900-1991). In: 100 Jahre Dominikaner in Vechta: Festschrift zum Jubiläumsjahr. Hemmelte: Dominikanerkonvent Maria de Victoria, 2002, S. 104-107; — Graf Hoensbroech, Constantin: Im Kloster Schutz gegen die Ideologie. »Speerspitze katholischer Agenten« - Eine Studie über Dominikanerklöster zur Zeit des Nationalsozialismus. In: Die Tagespost, Katholische Zeitung für Politik, Gesellschaft und Kultur (Würzburg: Verlag Johann Wilhelm Naumann) vom 19.07.2003; — Kraske, Michael: Die Retterin. In: Reader's Digest vom März 2004; — Wilhelm, Georg: Die Diktaturen und die evangelische Kirche -Totaler Machtanspruch und kirchliche Antwort am Beispiel Leipzigs 1933-1958-. Göttingen: Vandenhoeck & Ruprecht 2004, 1. Auflage, S. 207, 216, 221, 519, 525, 538; — Kosmala, Beate: Der Dominikaner, der falsche Papiere besorgte. In: http://www.netzeitung.de/spezial/deranderewiderstand/297839.html vom 29.07.2004; — Ohne Autorenangabe: »Das Regime wollte den Kirchen den Hals umdrehen«:

Vechtaer Historiker Professor Dr. Joachim Kuropka hat Buch »Geistliche und Gestapo« herausgegeben. In: Oldenburgische Volkszeitung vom 6.12.2004, S. 8; — Arkenau, Franz-Josef; Arkenau, Reinhard: Arkenau-Geschichte: von Arkenoa bis Arkenau. Cloppenburg u. a.: Arkenoa-Verlag, 2004, 1. Auflage, limitierte Privatausgabe; — Röhm, Gerhard; Thierfelder, Jörg: Juden, Christen, Deutsche 1933-1945. Stuttgart: Calwer Verlag, 2004, Band 4 (1941-1945), Teil I; — Jakobi, Holger: Heinrich II. machte in »Vuarim« Station: 1000 Jahre Wahren/Bürger des heutigen Leipziger Stadtteils feiern am 8. Februar. In: Tag des Herrn 54 (2004) Nr. 6; — Gutmann, Israel (Herausgeber Gesamttitel); Bender, Sarah (Mitarbeit); Fraenkel, Daniel (Herausgeber Teilkomplex Deutsche); Borut, Jacob Teilkomplex Österreicher); Hager, Uwe (Übersetzung ins Deutsche): Arkenau, Aurelius: Akte 8084. In: Lexikon der Gerechten unter den Völkern: Deutsche und Österreicher. Göttingen: Wallstein-Verlag, 2005, S. 59-60; — Riedel, Horst: Stadtlexikon Leipzig von A-Z. Leipzig: Pro Leipzig, 2005, S. 25; — Groothuis, Rainer-Maria: Pater Aurelius Arkenau OP. Einsatz für Verfolgte. In: Kuropka, Joachim (Herausgeber): Geistliche und Gestapo: Klerus zwischen Staatsallmacht und kirchlicher Hierarchie. Münster: LIT, 2005, S. 255-284; — Külow, Volker: Historische Leistung des Antifaschismus: Zur Ermordung von Georg Schumann und Genossen vor 60 Jahren. In: Leipzigs Neue: Eine Linke Zweiwochenzeitung 13 (2005), Nr. 1, S. 8-9 vom 14.1.; — Schäfer, Rolf: Religiöser Widerstand gegen das NS-Regime. In: Nordwest-Zeitung vom 19.2.2005; — Kathe, Andreas: Böseler Kreuze als späte Rechtfertigung: Wie die Nationalsozialisten ganz gezielt gegen den christlichen Glauben vorgingen. In: Oldenburgische Volkszeitung vom 25.2.2005, S. 24; — Raulien, Angelika: Mit Johanna Landgrafs Geburtstag startet Zeigner-Haus-Verein Projekt: Tisch steht für »gelebte Zivilcourage«. In: Leipziger Volkszeitung vom 12.10.2005; — Wienhold, Hans-Joachim: Idee, die es verdient, unterstützt zu werden: Für ein Ehrenbuch verdienstvoller Einzelpersonen und großer Gemeinschaftsleistungen nach 1945. In: Leipzigs Neue: Eine Linke Zweiwochenzeitung 13 (2005), Doppel-Nr. 25/26, vom 23.12.; — Strickmann, Heinz: Bischof Konrad zerstörte die Burg bei Essen: Geschichte der Familie Arkenau und der Burg Arkenoa in Brokstreek/Geforscht in alten Urkunden. In: Oldenburgische Volkszeitung vom 5.1.2006; — Deckert, Franziska und Frank Kimmerle (Text und Recherche); Erich-Zeigner-Haus e. V. (Herausgeber): Eine stille Heldin: Dokumentation über eine Rettungsaktion zweier Leipziger Juden zur Zeit des Nationalsozialismus. Leipzig: Hausdruckerei Stadt Leipzig 11/2006, 1. Auflage, S. 10, 18, 21-23, 27, 37; — Engelhardt, Paulus: Pater Aurelius Arkenau OP (1900-1991): Helfer für NS-Verfolgte in Leipzig. In: Baumann, Willi; Sieve, Peter (Herausgeber); Ameskamp, Eva-Maria; Heitmann, Clemens; Hirschfeld, Michael; Lesch, Karl Josef: Der katholische Klerus im Oldenburger Land - Ein Handbuch: Festausgabe aus Anlaß des 175jährigen Jubiläums des Bischöflich- Münsterschen Offizialates Vechta. Münster: Dialogverlag, 2006, S. 199-203; — Ohne Autorenangabe: Entscheidung für die Freiheit: Pater Aurelius Arkenau, ein bodenständiger Katholik im Leipziger Widerstand. In: Tag des Herrn 56 (2006), Nr. 10; — Raulien, Angelika: Buchhändlersohn wird Leipzigs OBM. In: Leipziger Volkszeitung vom 11./12.02.2006; — Wienhold, Hans-Joachim: Zum 120. Geburtstag von Erich Zeigner (Teil 1). In: Mitteilungsblatt Die Linke-PDS, Stadtverband Leipzig, vom 20.2.2006, 2. Ausgabe, S. 3; — Wienhold, Hans-Joachim: Zum 120. Geburtstag von Erich Zeigner (Teil 2). In: Mitteilungsblatt Die Linke-PDS, Stadtverband Leipzig, vom 21.3.2006, 3. Ausgabe, S. 5-6; — Ohne Autorenangabe: Heimischer Geschichte ein Gesicht geben: Lehrer-Arbeitsgruppe stellt bemerkenswerte Südoldenburger vor: Studientag in Stapelfeld. In: Oldenburgische Volkszeitung vom 29.4.2006, S. 11; — Ohne Autorenangabe: »Sie schwammen wider den Strom«: Ökumenischer Studientag widmet sich bemerkenswerten Christen der Region. In: Oldenburgische Volkszeitung vom 23.6.2006, S. 15; — Raulien, Angelika: Engagement für stille Heldin. In: Leipziger Volkszeitung vom 15.12.2006; — Rother, Karl-Heinz: Zum Verweilen: Stätten des Gedenkens in Leipzig. In: Neues Deutschland vom 30.8.2007; — Kempner, André (Bildtext): Ex-Sekretärin von Erich Zeigner feiert 99. In: Leipziger Volkszeitung vom 12.10.2007; — Leichsenring, Jana: Die Katholische Kirche und »ihre Juden«: Das »Hilfswerk beim Bischöflichen Ordinariat Berlin« 1938-1945. Berlin: Metropol Verlag, 2007, S. 171, 211 (statt »Raymund«: »Aurelius«). — Berichterstattung (über Arkenau) in Zeitschrift/Zeitung (soweit ermittelt): Allgemeine Wochenzeitung der Juden in Deutschland (Düsseldorf); Bersenbrücker Kreisblatt (Quakenbrück); Bild (Leipzig); Cloppenburger Wochenblatt (Cloppenburg); Disput: Zeitschrift für Mitglieder der Linkspartei (Berlin); Frankfurter Rundschau (Frankfurt/Main); Freiburger Rundbrief, Zeitschrift für christlich-jüdische Begegnung (Freiburg); Heimatblätter, Beilage zur Oldenburgischen Volkszeitung (Vechta); Jahrbuch des Heimatvereins Essen e. V. (Essen/Oldenburg); Jahrbuch für das Oldenburger Münsterland (Cloppenburg); Katholische Nachrichtenagentur (Bonn); Kirche und Leben (Recklinghausen); Kirchenzeitung Diözese Linz (Linz); Leipziger Blätter (Leipzig); Leipziger Volkszeitung (Leipzig); Leipzigs Neue, Eine Linke Zweiwochenzeitung (Leipzig); L'osservatore Romano, dt-Ausgabe (Vatikan); Mitteilungsblatt des Irgun Olei Merkas Europa (Tel Aviv); Mitteilungsblatt Die Linke-PDS, Stadtverband Leipzig (Leipzig); Mitteldeutsche Zeitung (Halle/Saale); Münsterländische Tageszeitung (Cloppenburg); Netzeitung (Berlin); Neue Bildpost (Hamm); Der neue Wille (Frankfurt/Main); Neues Deutschland (Berlin); Nordwest-Zeitung (Oldenburg); Oldenburgische Volkszeitung (Vechta); Osnabrücker Land, Heimat-Jahrbuch (Georgsmarienhütte); PEK (Presseamt Erzbistum Köln) aktuell: Nachrichten, Berichte und Termine (Köln); Pressedienst (Herausgeber: Stadt Leipzig, Referat Presse und Öffentlichkeitsarbeit, Dezernat Kultur); Publik-Forum, Zeitung kritischer Christen (Oberursel); Reader's Digest Deutschland (Stuttgart); Rheinische Post (Düsseldorf); Rundbrief der Gesellschaft für christlich-jüdische Zusammenarbeit e. V. im Oldenburger Münsterland; Sächsische Heimatblätter (Dresden); Sächsische Volkszeitung (Dresden); Der Sonntag, Wochenzeitung für die Evangel.-Luther. Landeskirche Sachsens (Leipzig); Sonntagsblatt für den Landkreis Cloppenburg (Cloppenburg); Tag des Herrn, Katholische Wochenzeitung für die Bistümer Dresden-Meißen, Erfurt, Görlitz und Magdeburg (Leipzig); Die Tagespost, Katholische Zeitung für Politik, Gesellschaft und Kultur (Würzburg); Tribüne, Zeitschrift zum Verständnis des Ju-

dentums (Frankfurt/Main); Unser Herbstblatt, Zeitung der Seniorinnen und Senioren des Kreisalten- und Pflegeheimes Kirchherten (Kirchherten); Viadukt, Bürgerzeitung für Möckern und Wahren (Leipzig); Volltreffer: die kostenlose Lokalzeitung (Quakenbrück); Wort und Antwort: Zeitschrift für Fragen des Glaubens (Mainz).

Hartmut Felsberg

AUFDERBECK, Hugo, * 23. März 1903 in Hellefeld (Sauerland), † 17. Januar 1981 in Erfurt. — Aufderbeck war das dritte Kind der Eheleute Joseph Aufderbeck und Maria Mathilde, geborene Becker. In seinem Geburtsort Hellefeld besuchte er die Volksschule, und erhielt ein Jahr Lateinunterricht bei dem dortigen Kaplan Dr. Joseph Brill. Gemeinsam mit seinem Vetter, Alfons Becker, besuchte Hugo Aufderbeck das humanistische Gymnasium in Arnsberg (Sauerland), bevor er und sein Vetter Alfons von der Untersekunda an in das Erzbischöfliche Knabenkonvikt in Paderborn eintraten aus das Gymnasium Theodorianum in Paderborn besuchten. Dort machten sie auch das Abitur machten sie. — Die nächste Station seiner Ausbildung war das Leonkonvikt in Paderborn und die Bischöfliche Akademie, an der er das Studium der Philosophie und Theologie begann. Das Freisemester absolvierte Aufderbeck 1932/1933 in Wien und in München. Dann kehrte er nach Paderborn zurück, wo er sich vom neunten bis zum zwölften Semester im Priesterseminar auf die heiligen Weihen vorbereitete. Die heilige Priesterweihe empfing er am 28. März 1936. Am 16. April 1938 wurde Hugo Aufderbeck die provisorische Verwaltung der Religionslehrerstelle am Lyzeum Aloysianum in Gelsenkirchen übertragen. Diese Stelle hatte er nur bis 1938 inne, denn die Franziskanerinnen von Nonnenwerth wurden von den Nationalsozialisten derart unter Druck gesetzt, weshalb sie das Lyzeum schlossen. In dieser Zeit bereitete sich Aufderbeck an der Wilhelmsuniverstät in Münster auf das Lehramt an höheren Schulen vor. Am 12. April 1938 wurde Hugo Aufderbeck zum zweiten Vikar an der Franziskus- und Elisabethkirche in Halle an der Saale ernannt. Wenige Wochen später, am 20. Juni 1938, wurde er zusätzlich Studentenseelsorger in Halle. Hier war Aufderbeck ein eifriger Jugendseelsorger, getragen vom Geist der katholischen Jugendbewegung und der Liturgischen Bewegung. Auch noch nach 1945 war Hugo Aufderbeck in der nach der Teilung Deutschlands entstandenen »DDR« in der Jugendseelsorge tätig. Anfänglich arbeitete er mit den staatliche Behörden zusammen. So wurde er von dem damaligen Oberbürgermeister der Stadt Halle zum Mitglied des Erziehungsbeirates für gefährdete Jugendliche berufen. Am 29. Juli 1946 setzte er das Bischöfliche Kommissariat in Magdeburg von der Absicht in Kenntnis, eine Verbindungsstelle zwischen der FDJ und der kirchlichen Jugendarbeit zu schaffen. Bei diesem Vorhaben kam es mit den Protestanten zu einer engen Zusammenarbeit. Im Frühjahr 1947 ernannte Propst Weskamm †, der spätere Bischof von Berlin, Aufderbeck zum ständigen Vertreter des Erzbischöflichen Kommissariates beim Jugendwerk der Provinz Sachsen. Noch im Jahre 1946 hatte Hugo Aufderbeck Claus Herold als Vertreter seiner Pfarrjugend in das erste Parlament der FDJ in Brandenburg/Havel entsandt. Doch schon bald gab er die Verbindung zur FDJ auf, weil diese zunehmend mit der Politik der SED gleichgeschaltet wurde. — Seit dem Jahr 1948 standen mehrere Ernennungen für Hugo Aufderbeck an. Am 12. Januar 1948 wurde er Leiter des neu zu errichtenden Seelsorgeamtes für das Erzbischöfliche Kommissariat Magdeburg. Diese Ernennung erfolgte durch den damaligen Erzbischöflichen Kommissar Wilhelm Weskam. Am 2. Februar 1948 wurde Aufderbeck zum Assessor und am 24. Februar 1952 zum Geistlichen Rat am Erzbischöflichen Kommissariat ernannt. Seinen Sitz hatte er nun in Halle. Eine Bewerbung um die Pfarrstelle an St. Norbert in Halle an der Saale, die Aufderbeck dem Paderborner Erzbischof Lorenz Jäger † vortrug, wurde abgelehnt. Begründet wurde die Ablehnung damit, daß Aufderbeck als Seelsorgeamtsleiter unverzichtbar sei. Neben seiner Tätigkeit als Leiter des Seelsorgeamtes leitete er vorübergehend das Pastoralseminar, das am 11. Mai 1952 eröffnet wurde. Der für dieses Seminar ernannte Regens Prof. Dr. Löwenberg erhielt anfangs keine Aufenthaltsgenehmigung für die DDR, so sprang Aufderbeck in die Bresche. Einige Zeit danach hielt Hugo Aufderbeck in verschiedenen Disziplinen Vorlesungen, z. B. über die seelsorgliche und pfarramtliche Praxis, Grundlegung der Pastoral, Dogmatik und Fundamentaltheologie. — Im Jahre 1958 ernannte ihn Papst Pius XII. zum Päpstlichen Geheimkämerer.

Papst Johannes XXIII. ernannte ihn 1959 zum Päpstlichen Hausprälaten. Am 25. Mai 1962 wurde seine Designation zum Weihbischof in Fulda mit Sitz in Erfurt bekannt. Die Ernennung zum Bischof des Titularbistums Arca und Weihbischof in Fulda erging am 19. Juni 1962. Hugo Aufderbeck empfing am 5. September 1962 im Dom zu Erfurt die heilige Bischofsweihe, die der Berliner Bischof Erzbischof Alfred Bengsch † spendete.(*Bischof Bengsch führte den Titel Erzbischof als persönlichen Titel, nicht als Inhaber eines erzbischöflichen Stuhls; außerdem war er zu diesem Zeitpunkt noch nicht Kardinal.*) Als Kokonsekratoren fungierten die Weihbischöfe Friedrich Maria Rintelen † (Magdeburg) und Joseph Freusberg † (Erfurt). Am 10. April 1964 wurde Aufderbeck zum Generalvikar für den Thüringer Teil des Bistums Fulda mit Sitz in Erfurt ernannt. Am 13. April des gleichen Jahres folgte die Ernennung zum Dompropst am Erfurter Mariendom und am 18. April 1964 die Ernennung zum Direktor des Geistlichen Gerichts in Erfurt. — Bischof Adolf Bolte † (Fulda) ernannte Hugo Aufderbeck zum Bischöflichen Kommissar in Erfurt und übertrug ihm alle Vollmachten, die er als Bischof deligieren konnte. Schließlich wurde Huge Aufderbeck am 23.Juli 1973 zum Apostolischen Administrator für die Teile der Bistümer Fulda und Würzburg auf »DDR«-Gebiet ernannt. Bereits seit 1962 war Bischof Aufderbeck Mitglied der Berliner Bischofskonferenz, in der er maßgeblich in dem Entscheidungsprozeß bezüglich der Jurisdiktionsbezirke in der »DDR« mitwirkte. Im Jahre 1977 reiste er mit den Bischöfen Heinrich Theissing † (Schwerin) und Johannes Braun † (Magdeburg) zum Adliminabesuch nach Rom. Seit der 3. Sitzungsperiode nahm Aufderbeck am II. Vatikanischen Konzil teil. Er war Mitglied einer von Kardinal König † (Wien) geleiteten Subkommission. Hier arbeitete er u. a. an dem Text über das Atheismusproblem der Pastoralkonstitution über die Kirche in der Welt »Gaudium et Spes« mit. — Durch die Arbeit während des Konzils angeleitet lenkte Aufderbeck sein Interesse vor allem auf die Verbindung zur Weltkirche. Bereits während des Konzils hatte er sich mit Bischöfen aus aller Welt zur Fraternité episcopal, die sich vom Gedankengut des Charles de Foucauld herleitetete, zusammengetan. Obwohl Aufderbeck in den letzten Jahren seines Bischofsamtes schwer erkrankte, wurde er vom Papst nicht entpflichtet. So blieb Hugo Aufderbeck bis zu seinem Tode im Amt. Er starb am 17. Januar 1982 im St. Nepomuk-Krankenhaus in Erfurt und wurde im Kreuzgang des Erfurter Doms beigesetzt.

Werke: Pastoralkatechetische Hefte 1-62 (Hrsg.) 1954-1979; Pastorale Aufsätze I-VII, 1964-1979; Die Feier der Vierzig und Fünfzig Tage, Leipzig 1958; Die Stunde der Kirche, o.O. 1961; Die Geistliche Stunde, Freiburg 1968; Das gemeinsame Werk: Ein Werkbuch zur Seelsorge, Leipzig-Heiligenstadt, 1969; Das gemeinsame Werk: Gedanken über Bischof, Priesterschaft und Gemeinde, Regensburg 1972; Wortgottesdienst, Graz 1979; Volk Gottes auf dem Weg, Leipzig 1979; Briefe, auf die du wartest. Ein Bischof an Alte und Kranke, 1985; Gebet der leeren Hände, sieben Tage mit Gott,1985.

Lit.: ClemensBrodkorb: Bruder und Gefährte in der Bedrängnis, Hugo Aufderbeck als Seelsorgeamtsleiter in Magdeburg, Bonifatius Druckerei (Paderborn) 2000; — Helga Mondschein: Bischof Hugo Aufderbeck: Lebenszeugnis, 1996.

Johannes Kreuzenbeck

AYDELOTTE, Frank, * 1880 in Indiana, † 17.12. 1956 in Princeton. Erzieher, Gelehrter, Schriftsteller, Quäker. — Der 1880 geborene Frank Aydelotte ist bekannt als amerikanischer Erzieher, Gelehrter und Schriftsteller. Er wurde in Indiana geboren und erlitt in seiner Kindheit gesundheitliche Beeinträchtigungen wie einen krummen Arm und Stammeln, das er durch beharrliches Üben überwand. An der Indiana University erwarb er 1900 den B.A. in Anglistik und vier Jahre später den M.A. an der Harvard University. Er wurde Mitglied der Studentenvereinigung Sigma Nu und später (1911) auch der Phi Beta Kappa, eine elitäre Fraternität weißer Studenten zur gegenseitigen Protektion, die sich im Leben Aydelottes vielfach bewährte. Erste Lehrerfahrungen machte er als Englischlehrer in California (PA), an der Vincennes University und an der Louisville Male High School in Kentucky. 1905 wurde ihm ein Rhodes-Scholarship zugesprochen, das es ihm ermöglichte, auf dem Brasenose College in Oxford zu studieren. Die hier gemachten Erfahrungen wurden prägend für sein späteres Leben. — Aydelotte war verheiratet und hatte einen Sohn. Als er 1908 nach Nordamerika zurückkehrte, trat er am English Department der Indiana University eine Dozentenstelle an. Aydelotte führte sogleich didaktische Änderungen ein, eng orientiert am britischen Vorbild. Wegweisend war seine Methode, im Unterricht erst gemeinsam in einer Klasse über den Inhalt einer Lektüre zu diskutieren, bevor mit der Niederschrift begonnen wurde. »Nur wer klar denkt, kann auch klar schreiben« war das Motto Aydelottes, was in seinen »thought courses« erprobt und ausgefeilt wurde. Als er an das Massachusetts Institute of Technology wechselte, bot er weiterhin seine »thought courses« an. Diese wurden nun für Ingeniere adaptiert, und Aydelotte publizierte vermehrt darüber (»English and Engeneering«, 1917). — Von 1921 bis 1940 war Aydelotte Präsident des Swarthmore College bei Philadelphia, ab 1922 verwaltete er die Carnegie Foundation for Advancement of Teaching, von 1925 bis 1950 stand er der John Simon Guggenheim Memorial Foundation vor und von 1939 bis 1947 war er Direktor des Institute for Advanced Studies in Princeton, wo er mit Albert Einstein (1879-1955) zusammenarbeitete. Sein Einfluß vor allem in Swarthmore war immens und wegweisend. Über die Jahre hinweg formte er Swarthmore, einst ein egalitär ausgerichtetes College auch für weniger Wohlhabende, zu einer strikt hierarchisch ausgerichteten Kaderschmiede der amerikanischen Geisteselite. Auch führte er das Tutorenmodell ein, bei dem erfahrene Studenten den Nachwuchs unterrichten sollten, was ihm den Vorwurf der »Oxfordisierung« einbrachte. Auch die eigenartige Vorstellung, jeder Student müsse sich sportlich betätigen, wurde aus Oxford übernommen. Die quäkerische Prägung dieser Bildungseinrichtung ging darüber völlig verloren. Durch Einführung eines »honors programs«, zu dem nur von Aydelotte ausgewählte Studenten mit weißer Hautfarbe zugelassen waren, wurden diese, gefördert durch Freistellung von sozialen Pflichten und harte Schulung, zur »Elite« deklariert. In »Democracy and excellence« (1937) sprach sich Aydelotte für die Schaffung einer amerikanischen Exzellenz aus, um im Wettbewerb mit den diktatorischen Regimen seiner Zeit bestehen zu können. Das Mittel zur Erlangung dieses Zieles sah Aydelotte u.a. im Rhodes-Scholarship. Dieses wurde aus einem Bruchteil des erstohlenen Vermögens des britischen Imperialisten Cecil John Rhodes (1853-1902) eingerichtet, um die intellektuelle Vorherrschaft der Angloamerikaner auf der Welt zu sichern. Für dieses Stipendium gründete Aydelotte die Zeitschrift »American Oxonian« (1916). 1918 wurde er amerikanischer Sekretär des Rhodes Trustes und konnte somit zahlreichen seiner Studenten in Swarthmore ein Stipendium zuschieben, was wiederum das Renommee des Colleges hob. Für seine angloamerikanische Netzwerkarbeit wurde Aydelotte von Queen Elizabeth gegen Lebensende zum »Knight of the British Empire« geschlagen. 1956 verstarb Aydelotte in Princeton im Alter von 76 Jahren.

Werke: Robert Louis Stevenson darkening counsel. In: English Journal, I, 6, 1912, 340-350; English as training in thought. In: Educational Review, XLIII, 1912, 354-377; Elizabethan rogues and vagabonds. Oxford 1913 (Oxford Historical and Literary Studies, I). London 1967. Folcroft 1973 (Oxford Historical and Literary Studies, I). Norwood 1975 (Oxford Historical and Literary Studies, I); College English, a manual for the study of English literature and composition. New York 1913; English as humane letters. In: The Atlantic Monthly. A magazine of literature, art, science and politics, CXIV, 3, 1914, 377-380; Rhodes scholars and the war. In: The American Oxonian, I, 2, 1914, 86-101; Aydelotte, Frank (Hrsg.): Materials for the study of English literature and composition, selections from Newman, Arnold, Huxley, Ruskin, and Carlyle. New York 1914. New York 1916²; The correlation of English literature and composition in the college course. In: English Journal, III, 9, 1914, 568-574; Oxford in time of war. In: The American Oxonian, II, 1, 1915, 45-55; Mr. Ransom on the case of Germany, II, 3, 1915, 134-137; Spectators and sport. In: Indiana Alumni Quarterly, II, 1915, 111; The choice of courses at Oxford: Introduction. In: The American Oxonian, III, 1, 1916, 5-6; Conditions at Oxford. In: The American Oxonian, III, 1, 1916, 35-36; Militarism and fear. In: The American Oxonian, III, 4, 1916, 153-156; Preparedness and our position in the war. In: The American Oxonian, III, 2, 1916, 56-60; By means of letters. In: English Journal, VI, 3, 1917, 156-169; English and engineering. A volume of essays for English classes in engineering schools. New York 1917. New York 1923²; The Oxford stamp, and other essays, articles from the educational creed of an American Oxonian. New York 1917. Freeport 1967. O.O. 2007; An opportunity to help in the food campaign. In: The American Oxonian, IV, 3, 1917, 111-112; Training in thought is the aim of elementary English course as thought at M.I.T. In: Engineering Record, LXXV, 8, 1917, 300-302; The heart of Christopher Morley. In: The American Oxonian, V, 1, 1918, 38-39; Meeting of the Alumni Association. In: The American Oxonian, V, 2, 1918, 59-60; Mutual recognition of graduate work. In: The American Oxonian, V, 3, 1918, 97-99; Final report of the war issues course of the students' army training corps. Washington 1919; The choice of a course at Oxford: Introduction. In: The American Oxonian, VI, 2, 1919, 55-56; The American secretary's visit to Oxford. In: The American Oxonian, VII, 4, 1920, 173-177; Catching up with Christopher. In: The American Oxonian, VII, 1, 1920, 47-48; Aydelotte, Frank; Wylie, F. J.: The retirement of Sir George

Parkin. In: The American Oxonian, VII, 4, 1920, 169-172; What the Americans Rhodes scholar gets from Oxford. O.O. (1921); Better training for our best minds. In: School and Society, XIV, 1921, 387-391; Inaugural address of President Aydelotte. In: Swarthmore College Bulletin, XIX, 1921, 19-25; The editor retires. In: The American Oxonian, VIII, 2, 1921, 49-51; Aydelotte, Frank; Bush, C. W.: The first southern reunion of Rhode scholars. In: The American Oxonian, VIII, 3, 1921, 96-98; The new loggar prints of the Oxford Colleges. In: The American Oxonian, VIII, 3, 1921, 116-117; Better training for our best minds. In: The American Oxonian, IX, 1, 1922, 13-21; Aydelotte, Frank; Crosby, Laurence Alden; Valentine, Alan C. (Hrsg.): Oxford of today. A manual for prospective Rhodes scholars. New York 1922. New York 1923². New York 1927; The outlook for cultural education. In: National Education Association of U.S. Addresses and Proceedings, 1922, 1317; A proposal for British fellowships to American Universities. In: The American Oxonian, X, 1, 1923, 3-6; Rhodes scholarships for the District of Columbia. In: The American Oxonian, X, 2, 1923, 54-55; George Fox's style. In: Bulletin of the Friends' Historical Association, XIII, 2, 1924, 69-77; The educational significance of Quaker ideals. In: Friends' Intelligencer, LXXXI, 1924, 10-12; Honors courses in American colleges and universities. Washington 1924 (Bulletin of the National Research Council, XL). Washington 1925² (Bulletin of the National Research Council, LII); Educational foundations with special reference to international fellowships. In: School and Society, XXII, 574, 1925, 799-803; Anglo-American educational relations. In: The American Oxonian, XII, 1, 1925, 1-7; Honors courses at Swarthmore. In: Progressive Education, II, 1925, 3; Honors work at Swarthmore. In: Kelly, Robert L.: Tendencies in college administration. New York 1925, 234-239; Honors courses in American colleges, breaking the academic lock-step. In: Education, XLVI, 3, 1926, 416-419; Breaking the academic lockstep. In: School and Society, XXVI, 666, 1927, 407-410; Professor Beaty on the Rhodes Scholars. In: The American Oxonian, XIV, 4, 1927, 125-129; Giving honor students free rein at college. In: Current History, XXVII, 4, 1928, 499-502; Address. In: The inauguration of Frank Parker Day, president of Union College. In: Union Alumni Monthly, XVIII, 8, 1929, 224-234; Dr. Aydelotte's speech. In: The American Oxonian, XVI, 4, 1929, 181-183; Aydelotte, Frank; Flexner, Abraham; Woodbridge, F. J. E.: Symposium on the outlook for higher education in the United States. In: Proceedings of the American Philosophical Society, LXIX, 5, 1930, 257-294; The outlook for higher education. Read April 25, 1930. In: Proceedings of the American Philosophical Society, LXIX, 5, 1930, 271-280; Preface. In: The problem of unemployment. By Paul H. Douglas, and Aaron Director. Pref. by Frank Aydelotte. New York 1931, ix-xii; The elections of December 1930. In: The American Oxonian, XVIII, 1, 1931, 1-5; Honors courses at Swarthmore. In: Five College plans. Columbia: Dean Herbert E. Hawkes. Harvard: Dean A. Chester Hanford. Swarthmore: President Frank Aydelotte. Wabash: President Louis B. Hopkins. Chicago: Dean Chauncey S. Boucher, etc. New York 1931, 59-70; Future possibilities in liberal-arts education. Some expert opinions. In: Changes and experiments in liberal-arts education. Prepared by Kathryn McHale. Bloomington 1932, 251-252 (The Thirty-

First Yearbook of the National Society for the Study of Education, III); A new day for scholarship. In: American Scholar, I, 1, 1932, 97-99; The educational program of Swarthmore college. In: Friends' Intelligencer, XC, 1933, 650-651; 665-667; 683-684; 701-702; Address of welcome by President Frank Aydelotte of Swarthmore College. In: Publications of the Modern Language Association, XLIX, 1934, 1278-1282; Honors work and graduate study. Paper presented by President Frank Aydelotte, Swarthmore College. In: Journal of Proceedings and Addresses of the Association of American Universities, 1935, 102-114; The progress of the American college in two decades in intellectual achievement. In: Bulletin of the Association of American Colleges, XXI, 1, 1935, 24-33; Report of the President and the Board of Direction. In: The American Oxonian, XXII, 3, 1935, 136-140; The school child and his education for peace. New York 1937; Democracy and excellence. In: Indiana University Alumni Quarterly, XXIV, 3, 1937, 265-269; Honors work in American Colleges. In: The American Oxonian, XXIV, 3, 1937, 133-136; Aydelotte, Frank; Coolidge, Julian L.: Statement from the American Appeal Committee. In: The American Oxonian, XXIV, 1, 1937, 10-12; I believe in athletics. (Middletown) (1938); Report of the President: 1939 reviewing of the period, 1921-39. Swarthmore 1939; Union or anarchy. (Philadelphia) (1939); Introduction. In: Price, F. Newlin: Benjamin West. An address by Frederic Newlin Price (...) observing the 200th anniversary of the birth of Benjamin West, on the occasion of founders' day, October 29. Swarthmore 1939, 3-5. Swarthmore 1939[2]; America welcomes Lord Lothian. In: The American Oxonian, XXVI, 3, 1939, 193-196; The pioneer days of The American Oxonian. In: The American Oxonian, XXVI, 2, 1939, 85-93; The importance in education of the study of the classics. In: The Classical Bulletin, XVI, 6 1940, 21; American democracy on the crossroads: Have we the courage to face the realities of the situation? In: Vital Speeches of the Day, VI, 17, 1940, 531-532; Expert advice and democratic decisions. In: Journal of Adult Education, XII, 3, 1940, 255-258; Excerpts from the final presidential report. In: Association of American Colleges Bulletin, 1940, 309-317; From the President's report reviewing the period 1921-1939. In: The American Oxonian, XXVII, 2, 1940, 74-82; Swarthmore College, 1921-1939, excerpts from the final report. In: American Association of University Professors Bulletin, 1940, 243-253; Expert advice and democratic decisions. New York 1940; Agar, Herbert; Aydelotte, Frank; Borgese, G. A.; Broch, Hermann; Brooks, van Wyck; Comstock, Ada L.; Elliott, William Yandell; Fisher, Dorothy Canfield; Gauss, Christian; Jaszi, Oscar; Johnson, Alvin; Kohn, Hans; Mann, Thomas; Mumford, Lewis; Neilson, William Allen; Niebuhr, Reinhold; Salvemini, Gaetano: The city of man, a declaration on world democracy. New York 1940. New York 1941; Liberal knowledge and exact scholarships. In: Iowa State College of Agriculture and Mechanic Arts Outlook for Graduate Study Bulletin, XXXIX, 44, 1941, 33-41; Lord Lothian. In: The American Oxonian, XXVIII, 2, 1941, 65-69; American traditions and world problems. In: School and Society, LVI, 1438, 1942, 57-59; Elizabethan seamen in Mexico and ports of the Spanish main. In: American Historical Review, XLVIII, 1, 1942, 1-19; Crane Brinton resigns the editorship. In: The American Oxonian, XXX, 2, 1943,

59-60; International scholarships and fellowships. In: The American Oxonian, XXX, 1, 1943, 13-16; American traditions and world problems. In: The American Oxonian, XXX, 2, 1943, 75-79; Breaking the American lock step. The development of honors work in American colleges and universities. London 1944. London 1944[2]; An Oxford letter. In: The American Oxonian, XXXI, 1, 1944, 22-24; George Fox as a man. In: Brinton, Howard H. (Hrsg.): Byways in Quaker history. A collection of historical essays. By colleagues and friends of William I. Hull. Wallingford 1944, 233-241; The American record at Oxford. In: The American Oxonian, XXXII, 3, 1945, 121-130; How Rhodes scholars are chosen. In: The American Scholar, XV, 1945, 176-186; International educational exchanges, past experiences and future possibilities. In: Middle States Association of Colleges and Secondary Schools Proceedings, 1945, 67-69; Oxford letter. Part I. In: The American Oxonian, XXXII, 4, 1945, 190-191; The resumption of the Rhodes Scholarships. In: The American Oxonian, XXXII, 3, 1945, 165-166; The American Rhodes scholarships, a review of the first forty years. Princeton 1946; The vision of Cecil Rhodes. A review of the first forty years of the American scholarships. London 1946; Introductory remarks on behalf of trustees and faculty of the Institute for Advanced Study. In: Science, XXII, 2, 1946, 215-216; The Oxford letter. In: The American Oxonian, XXXIII, 3, 1946, 167-169; Palestine. In: The American Oxonian, XXXIII, 3, 1946, 137-141; New control of the American Oxonian. In: The American Oxonian, XXXVI, 3, 1949, 134-135; Sonners. In: The American Oxonian, XXXVI, 1-2, 1949, 1-3; Charles Francis Jenkins, 1865-1951. In: Pennsylvania Magazine of History and Biography, LXV, 4, 1951, 365-368; Statement. In: The American Oxonian, XXXIX, 3, 1952, 114-115; William L. Kendall. In: The American Oxonian, XXXIX, 3, 1952, 133-134; Comments on the reunion. In: The American Oxonian, XL, 4, 1953, 193; Sir Francis Wylie. In: The American Oxonian, XL, 2, 1953, 65-66; The new editor of The Oxonian. In: The American Oxonian, XLIII, 1, 1956, 20-21; American scholarships. In: The first fifty years of the Rhodes trust and the Rhodes scholarship, 1903-1953. Oxford 1956, 183.

Bibliographie: Barnes, George Emerson: Bibliography: Frank Aydelotte. In: The American Oxonian, XIX, 1, 1932, 12-15. Moran, Michael G.: Frank Aydelotte (1880-1956). A bibliography. In: Bulletin of Bibliography, L, 1, 1993, 19-26.

Lit. (Auswahl): Rice, Richard (Hrsg.): College and the future. New York 1915; — Thomas, Joseph M.: Do thought-courses produce thinking? In: English Journal, V, 2, 1916, 79-88; — Foerester, Norman: The 'idea course' for freshmen. In: English Journal, V, 1916, 458-466; — Benjamin, C. H.: A new era in teaching English to engineers. In: Engineering Record, LXXV, 12, 1917, 478-479; — A new era in teaching English to engineers. In: Engineering Record, LXXV, 8, 1917, 291; — Manchester, Frederick A.: Freshman English once more. In: English Journal, VI, 3, 1917, 295-307; — Scott, Frank W.: The relation of composition to the rest of the curriculum. In: English Journal, VII, 8, 1918, 512-520; — The inauguration of Frank Aydelotte as President of Swarthmore College, October 22, 1921. Swarthmore 1921; — Swarthmore announces a new president. In: The

Quaker. A fortnightly journal, I, 24, 1921, 288; — N., B.: Swarthmore's new president. In: Friends' Intelligencer, LXXVIII, 32, 1921, 501-502; — President Aydelotte as trustee of the Carnegie Foundation. In: The American Oxonian, IX, 1, 1922, 33; — Schaffer, J. N.: The inauguration of President Aydelotte. In: The American Oxonian, IX, 1, 1922, 9-12; — Swarthmore College open scholarships. In: The American Oxonian, IX, 2, 1922, 41; — Lantern slides of Oxford. In: The American Oxonian, XIII, 3, 1926, 103-109; — Kelly, Robert Lincoln: The effective college. By a group of American students of higher education. New York 1928; — Aydelotte, Pres. Frank. In: Cattell, McKeen: Leaders in education. A biographical directory. New York 1932, 36; — Blanshard, Brand: The Swarthmore reunion. In: The American Oxonian, XX, 3, 1933, 139-151; — Aydelotte a fellow of Brasenose. In: The American Oxonian, XXIV, 2, 1937, 78-79; — Aydelotte a D. C. L. In: The American Oxonian, XXV, 1, 1938, 51-52; — Swarthmore College Faculty (Hrsg.): An adventure in education. Swarthmore college under Frank Aydelotte. New York 1941; — Aydelotte, Frank. In: Current Biography, 1941, 32-33; 1952, 27-29; — An adventure in education. Swarthmore College under Frank Aydelotte. New York 1941. New York 1942; — Carter, B. G.: Swarthmore under Frank Aydelotte. In: Association of American Colleges Bulletin, 1942, 316-319; — Aydelotte, Frank. In: Webster's Biographical Dictionary. A dictionary of names of noteworthy persons with pronunciations and concise biographies. Springfield 1943. Springfield 1964, 81; — For the record. In: The American Oxonian, XXXIV, 1, 1947, 34; — Aydelotte, Frank. In: Pine, L. G.: The author's and writer's who's who and reference guide. Markets, publishers, legal and copyright formalities, agents, literary associations. London 1948/49, 25-26; — For Frank Aydelotte. In: The American Oxonian, XXXVIII, 1, 1951, 1-2; — Russell, F. F.: For Frank Aydelotte. In: The American Oxonian, XXXVIII, 1, 1951, 14-17; — Allen, C. K.: For Frank Aydelotte. In: The American Oxonian, XXXVIII, 1, 1951, 11-14; — Carmichael, O. C.: For Frank Aydelotte. In: The American Oxonian, XXXVIII, 1, 1951, 18-20; — Lord Elton: For Frank Aydelotte. In: The American Oxonian, XXXVIII, 1, 1951, 3-6; — Nason, John W.: For Frank Aydelotte. In: The American Oxonian, XXXVIII, 1, 1951, 8-11; — Kieffer, Paul: For Frank Aydelotte. In: The American Oxonian, XXXVIII, 1, 1951, 6-8; — Wylie, Sir Francis: For Frank Aydelotte. In: The American Oxonian, XXXVIII, 1, 1951, 20-23; — Dr. Aydelotte's retirement. In: The American Oxonian, XL, 2, 1953, 89; — Lord Elton: The retirement of Frank Aydelotte. In: The American Oxonian, XL, 1, 1953, 1-2; — Hess, Karl: Dr. Oppenheimer's Institute. In: American Mercury, LXXXIII, 390, 1956, 5-12; — Aydelotte, Frank. In: Wilson Library Bulletin, XXXI, 1956-57, 427; — Lord Elton: Frank Aydelotte (1880-1956). In: The American Oxonian, XLIV, 2, 1957, 58-61; — Wylie, Lady Kathleen: Frank Aydelotte (1880-1956). In: The American Oxonian, XLIV, 2, 1957, 61-62; — Blanshard, Brand: Frank Aydelotte (1880-1956). In: The American Oxonian, XLIV, 2, 1957, 49-58; — Rudolph, Frederick: The American College and University. A history. New York 1962; — Veysey, Laurence R.: The emergence of the American University. Chicago 1965; — Blanshard, Frances: Frank Aydelotte of Swarthmore. Middletown 1970; — Clark, Burton R.: The distin-

ctive college. Antioch, Reed and Swarthmore. Chicago (1970); — Gray, Donald J.: The development of English, 1893-1920. In: The department of English at Indiana University Bloomington 1868-1970. Bloomington 1970, 55-85; — Handlin, Oscar; Handlin, Mary F.: The American College and American culture. Socialization as a function of Higher Education. New York 1970; — Bloch, Herbert: The bombardment of Monte Cassino (February 14-16, 1944). A new appraisal. Roma 1973; — Wozniak, John Michael: English composition in Eastern Colleges, 1850-1940. Washington 1978; — Connors, Robert J.: Technical writing instruction in America. In: Journal of Technical Writing and Communication, XII, 3, 1982, 329-352; — Berlin, James A.: Rhetoric and reality. Writing instruction in American Colleges, 1900-1985. Carbondale 1987; — Hardegree, Maureen Bymes: The thought movement: A history of the ideas course. Dissertation University of Georgia 1991; — Moran, Michael G.: Frank Aydelotte, social criticism, and Freshman English. In: Notes on Teaching English, XVIII, 2, 1991, 13-19; — Moran, Michael G.: The road not taken: Frank Aydelotte and the thought approach to engineering writing. In: Technical Communication Quarterly, II, 2, 1993, 161-75; — Shoemaker, Ruth: Frank Aydelotte's use of Swarthmore College as a vehicle to achieve a national educational reform agenda. Dissertation University of Pennsylvania 2006; — Moran, Michael G.: Frank Aydelotte and the Oxford approach to English studies in America, 1908-1940. Lanham 2006.

Claus Bernet

AZPILCUETA, Martín de (Martinus Navarrus), span. Rechtsgelehrter (Kanonist) und Augustiner-Eremit, * 13. Dezember 1491 [1493?] in Barásoain (Navarra); † 21. Juni 1586 in Rom. — A. ist Sproß einer Bauernfamilie, die aus dem Baztán-Tal in den nördlichen Pyrenäen stammt; sein Vater war Martín de Azpilcueta, seine Mutter María de Jaureguízar. A. begann 1509 sein Studium in Alcalá, das er in Toulouse, wo er auch zu unterrichten begann und zum Priester geweiht wurde, sowie in Cahors fortsetzte. 1524 wird A. Professor für Kanonistik an der Universität von Salamanca. Dort unterrichtete er 14 Jahre lang; zu seinen Schülern zählten Diego de Covarrubias y Leyva, Arias Pinelo, Francisco Sarmiento und Pedro Deza. 1538 folgte A. dem Ruf König Johanns III. von Portugal an die Universität von Coimbra, wo er bis 1555 lehrte. Danach kehrte A. nach Navarra zurück. Als der Erzbischof von Toledo und Beichtvater Philipps II., Bartholomäus von Carranza, von der Inquisition wegen angeblicher protestantischer Positionen angeklagt wurde, übernahm A. 1577 in Rom dessen Verteidigung und konnte einen Freispruch erwirken. A. blieb bis zu seinem Tod in Rom, wo er neben umfangreichen Berater- und Gutachtertätigkeiten für verschiedene Tribunale der Inquisition und der Sacra Poenitentiaria Gewissensrat der Päpste Pius V., Gregor XIII. und Sixtus V. war. — A. gilt als einer der wichtigsten Intellektuellen seiner Zeit. Als Vertreter der spätscholastischen Schule von Salamanca ist dem Kanonisten an einer Transformation christlicher Glaubensdogmen in justiziable Rechtsprinzipien gelegen. So bereitet er die Idee einer Kopplung theologischer Schuld- mit weltlicher Straflehre vor, wie sie von seinem Schüler Covarrubias y Leyva später umfassend ausgearbeitet wurde. Große Bedeutung hatte er für die Praxis der Kirchengerichte (*Consiliorum seu responsorum*, 5 Bde.). Zudem hinterließ A. zahlreiche Kommentare zum kanonischen Recht (Strafrecht sowie Erb- und Familienrecht). A.s *Comentario resolutorio de Cambios* gilt als Beitrag zur Entwicklung der Geldmengentheorie, dem eine wichtige Rolle bei der Begründung der klassischen Nationalökonomie zukommt.

Werke: Manual de Confesores y Penitentes (1553), Comentario resolutorio de Cambios (1556); De redditibus beneficiorum Ecclesiaticorum (1566); De Usura et Simonia (1569), Additiones al Manual de Confesores y Penitentes (1569).

Gesamtausgabe: Compendium horum omnium Navarri operum. Venedig 1598.

Lit.: M. Arigita y Lasa, El doctor navarro don M. d. A. y sus obras: estudio histórico crítico. Pamplona 1998; — A. S.

Brett, Liberty, Right and Nature: Individual Rights in later Scholastic Thought. Cambridge 1997; — M. Grice-Hutchinson, Early Economic Thought in Spain. 1177-1740. London 1978; — M. Kaufmann / R. Schnepf (Hg.), Politische Metaphysik. Die Entstehung moderner Rechtskonzeptionen in der spanischen Scholastik. Frankfurt am Main 2007; — K. E. v. Liere, Humanism and the law faculties in sixteenth-century Spain: D. d. C. y L. (1512-1577) and the university of Salamanca. Ann Arbor 1995; — H. Maihold, Strafe für fremde Schuld? Die Systematisierung des Strafbegriffs in der Spanischen Spätscholastik und Naturrechtslehre. Köln 2005; — R. Martínez Tapia, Filosofía política y derecho en el pensamiento del siglo XVI: el canonista M. d. A. Granada 1997; — F. Merzbacher, A. und Covarruvias, in: G. Köbler et al. (Hg.): Recht, Staat, Kirche. Ausgewählte Aufsätze. Wien 1989; — A. P. Monahan, From Personal Duties Towards Personal Rights: Late Medieval and Early Modern Political Thought, 1300-1600. Montreal 1994; — R. Muñoz de Juana, Moral y economía en la obra de M. d. A. Navarra 1998; — H. de Olóriz Azparre, Nueva biografía del doctor D. M. d. A. y enumeración de sus obras. Pamplona 1998; — J. M. Recondo, El Doctor navarro don M. d. A. Pamplona 1987; — F. Schaffstein, Die Europäische Strafrechtswissenschaft im Zeitalter des Humanismus. Göttingen 1954; — K. Seelmann, Theologie und Jurisprudenz an der Schwelle zur Moderne. Die Geburt des neuzeitlichen Naturrechts in der iberischen Spätscholastik. Baden-Baden 1997; — B. Tierney, The Idea of Natural Rights: Studies on Natural Rights, Natural Law, and Curch Law 1150-1625. Cambridge 1997; — Estudios sobre el Doctor Navarro: en el IV centenario de la muerte de M. d. A. Navarra 1988.

Josef Bordat

B

BAOUARDY, Mirjam (Maria von Abellin), Ordensfrau, Mystikerin, Selige; * am 5. Januar 1846 in Iblin (Abellin) im nördlichen Galiläa, 25 km von Nazareth entfernt; † am 26. August 1878 in Bethlehem. — Mirjam wurde in eine katholische Familie des griechisch melkitischen Ritus hineingeboren. Die Eltern waren kurz vor der Geburt Mirjams von Horfesch bei Akko nach Iblin umgezogen. Sie waren umgezogen, weil Mirjams Vater sechs Monate fälschlicherweise in Haft saß und dadurch sein Name in

Horfesch in ein schlechtes Licht geraten war. Die Familie wollte in Iblin einen Neuanfang wagen. Mirjams Eltern litten schwer unter ihrer Kinderlosigkeit. Denn die ihnen bisher geborenen zwölf Kinder starben kurz nach der Geburt. Getragen vom Wunsch nach einer gesunden und lebenden Tochter machten sie eine Wallfahrt nach Betlehem, wo sie an der Geburtsgrotte versprachen, eine Tochter nach der Mutter Jesu benennen zu wollen, wenn sie ihnen nur geschenkt werden würde. Nur wenige Monate nach der

Wallfahrt kam Mirjam zur Welt. Ihr folgte zwei Jahre später noch ein Bruder Bulos. Das so lang ersehnte Familienglück währte jedoch nicht lange. Mirjam war kaum drei Jahre, da starben innerhalb weniger Tage beide Eltern. Bulos wurde von einer Tante aus Tarschiha unweit von Nazareth adoptiert, Mirjam von einem vermögenden Onkel aus Alexandria. Die beiden Geschwister sollten sich nie wieder sehen. Mirjam erfuhr in der Familie des Onkels viel Liebe und Zuneigung. Wie es im Orient üblich war, sollte Mirjam früh verheiratet werden. Der Onkel offenbarte Mirjam, daß sie nach ihrem 13. Geburtstag eine standesgemäße Ehe eingehen sollte. Der Bräutigam war bereits ausgesucht. Diesem moralischen Zwang widersetzte sich Mirjam jedoch und ließ die Hochzeit platzen. Mirjam wollte unverheiratet bleiben und Christus gehören. Da sie sich als Mädchen den Plänen der Familie widersetzt hatte, wurde das Zusammenleben im Haus des Onkels unerträglich. Der erzürnte Onkel begann Mirjam zu schikanieren und zu demütigen, doch aller Druck konnte sie nicht von ihrem Vorhaben abbringen, Jungfrau zu bleiben und ein gottgeweihtes Leben zu führen. In ihrer Einsamkeit wandte sich Mirjam gedanklich ihrem Bruder Bulos zu. Sie schrieb ihm einen Brief, in dem sie ihn zu einem Besuch und einem Wiedersehen nach Alexandria einlud. Den Brief konnte sie jedoch nur heimlich absenden und so wandte sich Mirjam an einen muslimischen Bediensteten im Haushalt ihres Onkels, der Beziehungen nach Nazareth hatte und der ihren Brief überbringen sollte. Als er vom Verhalten des Onkels gegenüber Mirjam erfuhr, war der Bedienstete verärgert. Er wollte das Mädchen vom negativen Einfluß des Onkels befreien. Doch sah er als einzige Lösung Mirjams Übertritt zum Islam. Als er nun das Mädchen dahingehend bedrängte, erwachte in Mirjam jedoch ihre christliche Überzeugung. Ja, sie scheint, wie es aus ihren späteren Aussagen hervorgeht, sich gegenüber dem muslimischen Bediensteten ihres Onkels lautstark zum Glauben an Jesus Christus bekannt zu haben. Niemals wollte sie den wahren Glauben verraten und Muslim werden. Dies führte dazu, daß ihr vermeintlicher Vertrauter gewalttätig wurde. Er verlor die Kontrolle über sich und schlug auf Mirjam ein. Schließlich zog er seinen Dolch und durchschnitt ihr die Kehle. Da er dachte,

Mirjam sei tot, warf er ihren blutigen Körper in eine nahe dunkle Seitengasse. Das war am 8. September 1858. — Später berichtete Mirjam, daß sie damals wirklich das Gefühl hatte tot zu sein und ins Paradies einzutreten. Sie habe die Gottesmutter, verschiedene Heiligen und ihre Eltern gesehen, doch sei ihre Zeit noch nicht gekommen, um mit ihnen endgültig vereint zu werden. Auf unerklärliche Weise erwachte sie in einer Art Grotte, wo eine junge Frau, die wie eine Ordensschwester aussah, sich um sie sorgte. Jahre später erzählte Mirjam ihren Mitschwestern im Noviziat in Marseille von diesen wundersamen Erlebnissen. Und als sie am 8. September 1874 wieder einmal in Ekstase fiel, sagte Mirjam: »An diesem Tag im Jahre 1858 war ich mit meiner Mutter (Maria) zusammen und ich weihte ihr mein Leben. Jemand hatte mir die Kehle durchschnitten, doch schon am nächsten Tag heilte mich die Mutter Maria.« Und noch eine Zeit später gestand sie auf dem Weg nach Palästina ihrem geistlichen Begleiter: »Ich weiß nun, daß die Ordensschwester, die sich nach dem Martyrium meiner angenommen hatte, die selige Jungfrau Maria gewesen ist.« Welchen Beweis gibt es für das Wunder, das Mirjam beschreibt? Die Familie ihres Onkels, die nichts von der Tragödie wußte, dachte, Mirjam sei entflohen, um der geplanten Eheschließung zu entgehen. Sie hatte großes Interesse daran, die Sache aus Gründen der Familienehre geheim zu halten. Einige Details der Geschichte konnte später Mirjams Bruder Bulos bekräftigen. Er bestätigte den Erhalt des Briefes, den Mirjam an ihn geschrieben habe und berichtete, daß er auf den Brief hin eigens nach Alexandria gereist sei. Als er Mirjam jedoch nicht im Haus des Onkels vorgefunden hatte, sei er schließlich nach Galiläa zurückgekehrt. Es bleiben also allein Mirjams Aussage und ihre tiefe Halswunde. Diese wurde mehrfach von Ärzten untersucht und ein sehr bekannter Arzt in Marseille bestätigte gar, daß Mirjam aufgrund der erlittenen arteriellen Verletzungen vom medizinischen Standpunkt her nicht mehr am Leben sein dürfe. Da muß wohl ein höheres Wesen eingegriffen haben. Doch zurück ins Jahr 1858. — Die wundersame Retterin, von der Mirjam später berichtete, führte sie schließlich zur Kirche der Heiligen Katharina von Alexandrien und verließ sie dort. Dort nahm sich schließlich ein Franziskanerpater des dreizehnjährigen Waisenmädchens an und beschaffte ihr eine Stelle als Hausmädchen in einer christlichen Familie der Stadt. Dort arbeitete sie in der Küche und betreute auch die Kinder der Familie. Da Mirjam nicht eben gut behandelt wurde, verließ sie schließlich den Haushalt und suchte sich eine neue Arbeitsstelle, wo sie es jedoch auch nicht sehr lange aushielt. So lebte Mirjam fortan für gut zwei Jahre als Arme unter den Armen Alexandriens und gab nahezu ihren gesamten Lohn, den sie mit Gelegenheitsarbeiten bei Reichen verdiente, hilfsbedürftigen Menschen. Dann erwachte erneut der Wunsch, ihren Bruder Bulos wieder zu sehen und sie schloß sich Ende 1862 einer Pilgerkarawane nach Jerusalem an. Von Jerusalem aus wollte sie nach Jaffa gehen, um von dort per Schiff an der Küste entlang nach Akko zu gelangen. Von Akko aus war es nur noch ein kurzer Weg bis Tarschiha, wo ihr Bruder Bulos lebte. Doch kaum, daß sie Jerusalem verlassen hatte, wurde sie von Polizisten angehalten und verhaftet. Sie wurde beschuldigt ihrer Logierdame einen Diamanten geraubt zu haben. Nach zwei Tagen, die Mirjam im Gefängnis verbrachte, wurde jedoch die wahre Täterin gefunden und Mirjam konnte sich endlich auf den Weg nach Jaffa machen und dort ein Schiff besteigen. Doch die stürmische See vereitelte ihre Pläne. Das Schiff wurde nach Beirut abgetrieben, wo Mirjam schließlich nur sehr widerwillig an Land ging, war sie doch ihrem Ziel Tarschiha und damit ihrem Bruder Bulos kein bißchen näher gekommen. — Um sich über Wasser zu halten und Geld für eine Reise zu ihrem Bruder zu verdienen, nahm Mirjam erneut eine Stelle als Haushaltshilfe an. So kam sie um ihren 18. Geburtstag herum 1863/64 zur syrisch-christlichen Familie Naggiar, welche sie schließlich mit nach Marseille nahm. Während ihrer Dienstzeit bei Familie Naggiar reifte in Mirjam mehr und mehr der Wunsch, ihren weiteren Lebensweg als Schwester in einem Orden zu gehen. So nahm sie zunächst Kontakt mit den Vinzentinerinnen auf, deren Einsatz für die Armen und Kranken Mirjam sehr gefielen. Doch vereitelte Frau Naggiar die Aufnahme bei den Vinzentinerinnen, da sie schlicht und einfach ihre gute Köchin nicht verlieren wollte. So probierte es Mirjam bei den Klarissen. Doch auch diese wollten die junge Frau nicht haben, weil sie der

Meinung waren, ihr zarter Körper würde das harte Leben im Kloster nicht durchhalten. Über eine Freundin lernte Mirjam dann die Schwestern vom Heiligen Josef in Caplette bei Marseille kennen und im Mai 1865 wurde sie schließlich als Novizin in deren Gemeinschaft aufgenommen. Aufgrund ihrer drolligen und liebenswerten Art wurde sie bald nur noch die »Kleine Araberin« genannt. Im Kloster tat Mirjam, was sie auch während der letzten Jahre getan hatte. Sie arbeitete in der Küche. In dieser Zeit erlebte Mirjam auch ihre erste Ekstase, die sie überkam, ohne daß sie etwas dagegen tun konnte. Ja, je mehr sie den mystischen Erlebnissen durch praktische Arbeit zu entkommen suchte, desto mehr wurde sie von ihnen eingeholt, einmal sogar in der Kapelle des Klosters im Beisein der Mitschwestern. Und dann bildeten sich am 29. März 1867 bei Mirjam an Händen und Füßen gar noch dunkle blutige Blasen, welche ihr Schmerzen verursachten und nach dem Aufplatzen heftig bluteten. Sie dachte schon, sie hätte sich während ihres Aufenthalts im Heiligen Land mit Aussatz infiziert, doch waren nach wenigen Tagen die Blasen wieder völlig verschwunden. Daß diese seltsame »Krankheit« die Stigmata Jesu hätten sein können, daran dachte Mirjam wahrlich nicht. Ihre Ekstasen sowie die seltsame Krankheit machten Mirjam den anderen Schwestern suspekt, so lehnten sie es nach zwei Jahren ab, diese nach Beendigung des Noviziats in die Klostergemeinschaft aufzunehmen. Stattdessen wurde ihr der Vorschlag gemacht, es doch einmal im Karmel von Pau zu versuchen. Mutter Veronika, Mirjams Seelenführerin, begleitete Mirjam dorthin, da sie selbst dort eintreten wollte. So kam Mirjam am 15. Juni 1867 zu den Karmelitinnen und trug fortan den Namen »Maria von Jesus dem Gekreuzigten«. Später berichtete sie, daß sie beim Überschreiten der Klosterpforte in Pau »endlich daheim angekommen sei. Auch in Pau erfuhr Mirjam Ekstasen, deren verbale Eingebungen von Mitschwestern schriftlich festgehalten wurden und die heute eine Art geistliches Vermächtnis von Mirjam Baouardy darstellen. — Am 21. August 1870 wurde Mirjam zusammen mit fünf anderen Schwestern nach Indien geschickt, um dort in Manglore ein neues Kloster zu gründen. Die strapaziöse Reise und das tropische Klima ließen einige der Schwestern lebensbedrohlich erkranken und schließlich erreichten nur drei von ihnen am 19. November 1870 Manglore lebend. Darunter war Mirjam Baouardy. Bereits zwei Tage nach ihrer Ankunft in Indien durfte sie in Manglore ihre feierliche Profeß begehen. Als Mirjam dann auch in Manglore Ekstasen und Stigmata erfuhr, versuchte man ihr dort aber einzureden, daß diese nur Folgen von Einbildungen seien bzw. daß sie sich die Stigmata selbst beigebracht hätte. Als beide Phänomene schließlich verschwanden, sahen ihre Vorgesetzten darin ein verdientes Zeichen der Strafe Gottes und sie wurden nicht müde Mirjam in der Folgezeit zu kränken und zu demütigen. Damals war sie nahe daran, den Orden zu verlassen. Als die Oberin in Manglore schließlich beschloß, Mirjam nach Pau zurückzuschicken, war dies für sie eine innere Befreiung und die gehegten Pläne eines Austritts aus dem Orden waren vergessen. — Am 5. November 1872 war Mirjam zurück im Karmel von Pau. Dort versuchte sie nun stetig ihre Vorgesetzten von der Gründung eines Karmels in Betlehem zu überzeugen. Im Jahr 1874 war Mirjams Wunsch zum Greifen nahe, als eine reiche Gönnerin aus Pau sich bereit erklärte, ihr ganzes Vermögen für die Gründung eines Karmels in Betlehem einzusetzen. So verließ Mirjam im August 1874 zusammen mit sechs Chorschwestern, einer Novizin, einer weiteren Laienschwester und zwei Priestern Pau, um ins Heilige Land aufzubrechen. Die Reisegruppe machte noch einen Zwischenstopp in Lourdes, um dort noch einmal Kraft und Segen für die Überfahrt zu erbitten. Am 11. September 1874 erreichte die Gruppe sicher das Ziel ihrer Reise, Betlehem. Dort sah Mirjam in einem Schwarm Tauben auf einem verlassenen Hügel westlich der Stadt (sie nannte ihn fortan »Davidshügel«, weil dort David die Schafe gehütet haben soll, bevor er zum König gesalbt wurde) das vom Herrn versprochene Zeichen für die Lage des neu zu gründenden Karmelitinnenklosters. Bis das neue Kloster bezugsfertig war, lebten die Schwestern in einem Haus innerhalb der Stadt, das ihnen der lateinische Patriarch von Jerusalem zur Verfügung stellte. Im November 1876 weihte der Patriarch das Kloster ein, doch kaum daß es in großen Teilen bezogen werden konnte, hatte Mirjam die Eingebung, daß es noch eine weitere Gründung geben sollte und zwar in Na-

zareth, der Stadt, in der ihr »vielgeliebter« Herr Jesus Christus aufgewachsen war. Nach zahlreichen Gesprächen mit dem Patriarchen von Jerusalem erhielt sie schließlich von diesem die Erlaubnis in Nazareth nach einem geeigneten Grundstück zu suchen. So brach Mirjam am 7. Mai 1878 mit drei weiteren Schwestern auf. Im Dorf Latrun, das an einer wichtigen Straßenkreuzung etwa 15 km westlich von Jerusalem im Ajalon-Tal liegt, legten die Schwestern eine Rast ein, als Mirjam erneut in Verzückung geriet und über Feldwege und Äcker zu einer kleinen Anhöhe außerhalb des Dorfes eilte. Dort entdeckte sie zwischen Sträuchern und Gestrüpp alte Ruinen. Als ihre Mitschwestern sie schließlich dort einholten, sagte sie zu diesen: »Dies ist wirklich der Ort, an dem der Herr nach seiner Auferstehung mit seinen Jüngern von Emmaus gegessen hat.« In der Tat sollten später etliche Archäologen in der von Mirjam gefundenen Stätte das alte byzantinische Emmaus sehen. — 1878 beging Mirjam ihren 33. Geburtstag, nach alter Tradition auch das Lebensalter Jesu. Mirjam hatte die Eingebung erhalten, daß sie Jesus just in diesem Jahr zu sich holen würde. Genau genommen, hieß es in der Eingebung, sie werde das dritte Jahr im Karmel von Betlehem nicht vollenden. Diese Eingebung brachte es mit sich, daß Mirjam sich nun immer mehr danach sehnte, zu ihrem Schöpfer heimzukehren. Aber trotz ihrer wachsenden Todessehnsucht eilte sie doch jeden Tag hinaus auf die noch bestehenden Baustellen des Klosters, um die Arbeiten dort zu beaufsichtigen. Sie wollte alles tun, damit das Kloster endlich fertig würde, um den Schwestern nach gut zwei Jahren einen wirklichen Ort der Ruhe und Stille zu bieten. Im August 1878 ließen ihre Kräfte immer mehr nach. Sie hatte geschwollene Füße und starker Husten brachte wahre Erstickungsanfälle mit sich. Am 22. August 1878 stürzte Mirjam schließlich schwer, als sie gerade Wassereimer zur Baustelle tragen wollte. Sie brach sich mehrmals den Arm und hatte unsägliche Schmerzen. Als schließlich der Wundbrand einsetzte, war deutlich, daß das Ende nahe war. Mehrere Priester und auch der Patriarch von Jerusalem eilten an Mirjams Sterbelager, um ihr den Weg aus dieser Welt durch das Gebet und ihre Nähe zu erleichtern. In Anwesenheit des Patriarchen bat sie nochmals alle um Verzeihung für ihre Fehler und Schuld. Der Patriarch spendete ihr die Krankensalbung und reichte ihr die Kommunion, dann kam Mirjams letzte Nacht auf Erden. Um fünf Uhr am Morgen des 26. August 1878 ließ sie ihre Mitschwestern zu sich kommen, um mit ihnen ein letztes Mal das Angelus Gebet zu sprechen, danach entschlief sie. - Nach ihrem Tod erfuhr Mirjam Baouardy schnell große Verehrung unter den arabischen Christen in Israel, dem Libanon, Jordanien, Syrien und Ägypten. Viele kommen seither zu ihrem Grab, um dort zu beten und Heilung zu erfahren. Vor allem einfache Hausmädchen und Bedienstete sehen in Mirjam »ihre Patronin«, denn das »Kleine Nichts« hatte schließlich selbst viele Jahre als Hausangestellte niedrige und einfache Arbeiten verrichtet und immer eine Liebe zu den Armen und Kleinen bezeugt. Im November 1983 sprach Papst Johannes Paul II. Mirjam Baouardy selig. Die Seligsprechung war für die Christen im Nahen Osten ein Zeichen der Hoffnung und des Friedens. Papst Johannes Paul II. würdigte in seiner Ansprache die neue Selige und machte darin ihre Bedeutung für die Kirche deutlich: »Die Liebe von Schwester Mirjam zu Christus war stark wie der Tod. Die schmerzlichsten Prüfungen konnten diese Liebe nicht löschen. Vielmehr haben sie diese gereinigt und gestärkt. Alles hat sie für diese Liebe getan. Das ganze Leben der Kleinen Araberin war erfüllt von außerordentlichen, mystischen Gaben, als Frucht jener höchsten Weisheit des Evangeliums, durch die Gott die Armen bereichert und die Mächtigen beschämt. Die Kleine Mirjam besaß die Gabe eines reinen Herzens, einer brillanten, natürlichen Intelligenz, einer poetischen Phantasie, wie sie den semitischen Völkern zu eigen ist. Obwohl sie nicht die Möglichkeit hatte, eine Schule zu besuchen, war dieser Umstand dank ihrer herausragenden Tugenden kein Hindernis, vom Wissen über das Geheimnis der Heiligsten Dreifaltigkeit erfüllt zu sein, das so ein wichtiges Element für die orientalische Spiritualität darstellt. Die demütige Dienerin Christi, Mirjam von Jesus, dem Gekreuzigten, gehörte ihrer Abstammung, ihrem kirchlichen Ritus und ihrer Berufung nach zu den Völkern des Ostens. Sie repräsentiert diese und ist gleichzeitig auch deren Geschenk für die gesamte Weltkirche. Gerade diese Völker, die heute der schrecklichen Lage des Krieges und des Blutvergießens ausgesetzt sind, vor allem sie wenden sich mit großem Vertrauen zu Mirjam und bitten sie um ihre Fürsprache bei Gott, daß endlich der Friede und die Eintracht in jenem Teil der Welt hergestellt werde, in dem das Wort Gottes Fleisch geworden ist, Christus, der selbst unser Friede sein will. Die selige Mirjam hat in Galiläa das Licht der Welt erblickt. Deshalb möchte mein Gebet in besonderer Weise das Land erreichen, in dem Jesus das Gebot der Liebe gelebt hat, in dem er gestorben ist, auf daß endlich der Menschheit Versöhnung geschenkt werde. Heute fordert uns mehr denn je die Weltbedrohung heraus, die Liebe und die Brüderlichkeit zum Grundsatz der sozialen und internationalen Beziehungen zu machen, und zwar in einem Geist der Versöhnung und des Vergebens. Dazu können wir uns in besonderer Weise am Lebensstil der seligen Mirjam von Jesus, dem Gekreuzigten orientieren; denn sie ist nicht nur ein nachahmenswertes Beispiel für ihr Volk, sondern für die ganze Welt.«

Literatur: Pater Pierre Estrate, Vie de Soeur Marie de Jésus Crucifié, Paris 1913, [2]1916; — Pater Denis Buzy S.C.J., Vie de Soeur Marie de Jésus Crucifié, Paris 1922, [2]1927; — Ders., Pensées de la Bienheureuse Marie de Jesus Crucifié, Paris 1922; — Pater Benedikt Stolz O.S.B., Mirjam von Abellin oder Schwester Maria von Jesus dem Gekreuzigten, Laienschwester des Karmelitinnenklosters in Betlehem. Nach dem Französischen bearbeitet, Bigge / Ruhr 1929; — Ders., Flamme der göttlichen Liebe. Das Leben der Schwester Maria von Jesus den Gekreuzigten aus dem Karmelitinnenkloster zu Bethlehem, Verlag Siegfried Hacker, Gröbenzell 1954, [3]1970, [2]1988, 4. Auflage 1999; — Amédée Brunot, Licht vom Berge Tabor. Mirjam die kleine Araberin (Sr. Maria von dem Gekreuzigten OCD), Stein am Rhein (Schweiz) 1983; — Ferdinand Holböck (Hrsg.), Die neuen Seligen und Heiligen der katholischen Kirche, Bd. 1, 1979-1984, Miriam Verlag, Jestetten, 1991, 159; — Karl-Heinz Fleckenstein, Mirjam Baouardy - Das »Kleine Nichts« aus Bethlehem. Leben, Gedanken und Wirken einer Araberin und Christin, Ottersweier 1997; — Karmel in Bethlehem (Hrsg.), Thoughts of Blessed Mary of Jesus Crucified, Jerusalem (Franziskanische Presse) 1997; — Andreas Resch: Die Seligen Johannes Pauls II. 1979-1985 (Bd.1 der Reihe »Selige und Heilige Johannes Pauls II.«), Innsbruck 2000, 113; — Doris C. Neger, The little Arab, in: Sophia (Journal der Melkitischen Eparchie von Newton) Vol. 31, No.1 (Jan./Febr. 2001); — Paul H. Schmidt, Licht vom Tabor. Mirjam - die kleine Araberin, Parvis Verlag, Hauteville, Schweiz; — Vinzentinische Nachrichten Nr. 101 (2007), Die Großen der Kirche und der Islam - Teil 5: Josefine Bakitha, Mirjam Baouardy. (die Vinzentinischen Nachrichten gibt es seit 1975. Sie werden herausgegeben von der

Kongregation der Mission des heiligen Vinzenz von Paul in Graz).

Ronny Baier

BAYER, Karl Johannes (Carlo), Priester und Pionier der internationalen Caritashilfe, * 13.2. 1915 in Obernigk (Schlesien), † 16.1. 1977 in Rom. — Bayer studierte Theologie in Breslau und Rom (Germanikum) und wurde 1940 in Rom zum Priester geweiht. Den Krieg verbrachte er als Dolmetscher der Luftwaffe in mehreren Ländern Westeuropas. Sogleich nach Kriegsende ergriff er auf Initiative seines ehemaligen Germanikum-Rektors, des Jesuiten Ivo Zeiger, die Gelegenheit, deutsche Kriegsgefangene in Italien seelsorglich-caritativ zu betreuen. Nach der Auflösung der Gefangenenlager in Italien arbeitete er in der deutschen Abteilung der Pontificia Opera di Assistenza, der »päpstlichen Caritas«, in der Deutschlandhilfe. Im Hl. Jahr 1950 leitete Bayer das deutschsprachige Pilgerbüro in Rom, wo er zum »Don Carlo« und einem »Römer aus Schlesien« wurde. Als im Jahre 1950/51 die Arbeit der katholischen caritativen Werke durch die Gründung der »Caritas Internationalis« koordiniert werden sollte, wurde Bayer zum Generalsekretär dieses Dachverbandes gewählt. Diese Funktion hatte er bis zu seinem Rücktritt im Jahre 1970 inne. Dem Rücktritt ging ein diplomatisches Gerangel um die Biafra-Hilfe der Jahre 1968-1970 voraus, für die Bayer an exponierter Stelle tätig war. In den Jahren 1971-1977 leitete Bayer den neugegründeten Europäischen Hilfsfonds in Wien, eine Institution der deutschsprachigen Bischofskonferenzen, die Projekte der osteuropäischen Kirchen finanziell unterstützt. — Carlo Bayer wird als einer der bedeutendsten Pioniere der Caritasarbeit angesehen, der sich sowohl in der akuten Not- und Katastrophenhilfe als auch in der Aufbauarbeit (Südamerika, Südosteuropa) durch seine effektive und ideenreiche Tätigkeit bewährte. Von den kirchlichen Autoriäten erhielt Bayer 1951 den Titel Monsignore, im Jahre 1962 wurde er zum päpstlichen Hausprälaten ernannt. Der »Römer aus Schlesien« wurde auf dem Campo Santo Teutonico beigesetzt.

Lit.: Christian Heidrich: Carlo Bayer. Ein Römer aus Schlesien und Pionier der Caritas Internationalis. Sigmaringen 1992 (Arbeiten zur schlesischen Kirchengeschichte Bd. 6);

— ders.: Art. Carlo Bayer. In: Johannes Gröger / Joachim Köhler / Werner Marschall (Hrsg.): Schlesische Kirche in Lebensbildern. Sigmaringen 1992, 329-333.

Christian Heidrich

BECK, Mary Elizabeth, * 1.12. 1823 in Dover, † 8.1. 1903 in Stoke Newington. Schriftstellerin, Reisende, Quäkerin. — Mary E. Beck war die Tochter von Thomas Beck (1795-1859) und Susanna (geb. Rickman, 1787-1859). Sie wurde 1823 in Dover geboren. Als sie etwa neun Jahre alt war, zog die Familie nach Lindfield (Sussex), wo der Quäker William Allen (1770-1843) eine Musterfarm führte. In der dortigen Schule wurde Mary Beck nicht nur in Handwerken unterrichtet, sondern auch in Latein, Deutsch und einigen Naturwissenschaften. Mit 14 Jahren ging sie für ein Jahr an die Sarah Sweetapple's School in Stoke Newington. Anschließend arbeitete sie als Gouvernante in verschiedenen Haushalten von Quäkern, unter anderem bei Benjamin Seebohm (1798-1871), Francis Gibson (1753-1805), Ann Gibson (1797-1865), John Pease (1797-1868) und Ann Southall. Einige Jahre führte sie auch eine eigene Schule in Leominster. — 1872 war Mary Beck erstmals in Nordamerika, wo sie ihren Onkel Samuel Beck besuchte. 1881 nahm sie am Indiana Yearly Meeting teil, und 1890 am Philadelphia und Baltimore Yearly Meeting. Mehrmals reiste sie auch in den Mittleren Osten, nach Brumana (Libanon), Palästina und Jerusalem. Ein andermal schloß sie sich einer Missionsreise der Quäker nach Norwegen an. — Mary Beck war eine starke und zielgerichtete Persönlichkeit. Ihr Verständnis der Bibel wurde unter den Quäkern sehr geschätzt. Ab 1874 war sie im Hereford and Radnor Monthly Meeting als »Minister« (Predigerin) verzeichnet. 1903 verstarb sie in Stoke Newington im 79. Lebensjahr.

Werke: What does the Society of Friends believe? A letter addressed to all inquirers. London 1881[4]. London 1888. London 1891[11]. London 1895[12]. London (1895[13]). London 1900[14] (Friends Tract Association. Ordinary Series, XX-XIX). London 1902[15] (Friends Tract Association. Ordinary Series, XXXIX). London 1908[16] (Friends Tract Association. Ordinary Series, XXXIX). London 1911[17] (Friends Tract Association. Ordinary Series, XXXIX); Rites, or the Lord's supper and baptism, under new dispensation. Trough Egypt to Palestine. London 1885. London 1892 (Friends Tract Association); Fresh diggings from an old mine. London (1885); Collateral testimonies to 'Quaker' principles. London 1887; Daniel Wheeler. London 1895; Verses of 'Auld Lang Syne'. London 1902; Bible readings on Bible women.

In: Taylor, Marion Ann; Weir, Heather E. (Hrsg.): Let her speak for herself. Nineteenth-century women writing on the women of Genesis. Waco 2006, 221-223.

Claus Bernet

BECK, William, * 12.8. 1823 in London, † 31.10. 1907. Geschäftsmann, Philanthrop, Quäker. — William Beck war der älteste Sohn von Richard Low (1792-1854) und Rachel Beck (geb. Lucas) und wurde 1823 in London geboren. Da einer seiner Brüder früh verstarb, zog er, fast selbst noch ein Kind, seine fünf Geschwister mit auf. In Hitchin erhielt er von Isaac Brown seine Ausbildung und begann, mit 21 Jahren in London erfolgreich Geschäfte zu tätigen. Seine Gewinne investierte er in Immobilien in Hitchin und London. — Viele Jahre hinweg war er Bauaufseher des Six Weeks Meetings. Lebenslang fühlte er sich für den gesamten Zustand der Religiösen Gesellschaft der Freunde (Quäker) verantwortlich, bis er wegen Taubheit nicht mehr an den Versammlungen und Andachten teilnehmen konnte. Er schrieb, neben vielen Traktaten und Gelegenheitsschriften, unter anderem eine Geschichte der Quäker in London und eine Biographie über George Fox (1624-1691). Auch engagierte er sich in der Quäkermission, gründete das »Friends Mission Work« (Mitbegründer von »Home Mission Committee« sowie der »Friends Foreign Mission Association«) und das Bedford Institute. Er selbst war ein Jahr als Missionar in Australien tätig. Im Jahre 1867 ist er als Missionar bei den deutschen Quäkern in Minden nachgewiesen. 1869 wurde er zum Ältesten ernannt, und 1881 zum »Minister« (Prediger). Von 1870 bis 1873 war er Mitglied des »Friends War Victims Relief Committee« und half, die Leiden des deutsch-französischen Krieges zu lindern. Für Junge wie Alte war sein kluger Rat gern gehört, und dennoch war er frei von jeder Art des Hochmuts. Unverheiratet verstarb er am 31. Oktober 1907.

Werke: Devonshire House Monthly Meeting: The Ward trust. (London) (1859); The London Friends' meetings. Showing the rise of the Society of Friends in London, its progress, and the development of its discipline, with accounts of the various meeting-houses and burial-grounds, their history and general associations. Compiled from original records and other sources by William Beck and T. Frederick Ball. London 1869; Six lectures on George Fox and his times. Delivered at the Friends' Meeting-house, Stoke Newington, and reprinted from »The Friends' quarterly exami-ner«, with some additions. London 1877; New waterway to the east by a valley of passengers (...). Suggested by Capt. Allen (...) in 1855. Thoughts on its advantages and feasibility, etc. London (1882); Passover »a feast of the Jews«. Past and present. With thoughts from a Friend's point of view on its relation to Church ceremonies. London 1882; Birthright membership. Historical sketch. (London), um 1885; The Friends: Who they are, what they have done. (London) (1893). London 1897[2]; 'Vennernes Samfund', dets opridelse og udvikling, af William Beck. Oversat med forfatterens tilladelse af E. H. Kobenhavn 1895; Family fragments respecting the ancestry, acquaintance and marriage of Richard Low Beck and Rachel Lucas. Gathered by W.(illiam) Beck. Gloucester 1897; 'Valiant for the truth': George Whitehead. His work and service as a minister for sixty-eight years in the Society of Friends. Compiled from his autobiography by William Beck. London 1901; Devonshire House. Historical account of the acquisition by the Society of Friends of the Devonshire House property in Bishopsgate without London. London 1903. London 1908[2]; Peter Bedford, the Spitalfields philanthropist. London 1903 (Friends Ancient and Modern, V).

Lit. (Auswahl): William Beck and the Bedford Institute. (London) (1908).

Claus Bernet

BECKER, Karl-Heinz, * 18. Oktober 1900 in Insterburg (Ostpreußen), † 30. April 1968 in Neustadt/Aisch. Theologe und Pfarrer. — B. war der Älteste von drei Söhnen eines preußischen Juristen. Nach dessen Tod zog die Familie 1913 zum Vater der Mutter, Karl von Gareis (1844-1923). Dieser, katholisch und dem bayerischen Königshaus persönlich verbunden, lehrte als Jura-Professor an der Universität München, von der Sache her »Naturrecht«. Nach dem Notabitur 1919 kämpfte B. innerhalb von Freikorps unter Ritter von Epp. Geprägt war B. lebenslang durch sein Engagement als Schüler im Wehrkraftverein und dann bei den zur Jugendbewegung gehörenden Neupfadfindern. Anfang der zwanziger Jahre bewegte sich B., möglicherweise gemeinsam mit dem späteren NS-Juristen Hans Frank (1900-1946), im Dunstkreis völkischer Gruppen. Nach eigener Erinnerung war B. bereits 1920 nach dem Erlebnis einer Hitler-Rede im Münchner Hofbräuhaus von diesem als Person und von seiner Botschaft dauerhaft abgestoßen. Bis 1922 studierte B. Jura und Volkswirtschaft. Er entschloß sich jedoch, Pfarrer zu werden, und studierte von 1922 bis 1925 evangelische Theologie in Erlangen, Berlin und Marburg. In den Schriften Karl Barths entdeckte B. die Theologie, die ihm neben der Luthers in allen künftigen Auseinandersetzungen Orientierung bot. 1930 übernahm B. mit den mittelfränkischen Dorfgemeinden Ezelheim und Deutenheim seine erste Pfarrstelle. B. befand sich damit in einer kleinbäuerlich geprägten Region Frankens, in der die NSDAP und Hitler bei Wahlen enorme Erfolge erzielte. — Dieser Siegeszug und die wachsende Begeisterung für Hitler auch unter den Theologen, die sich in der Gründung eines ´Nationalsozialistischen Evangelischen Pfarrer-Bundes´ manifestierte, bewog B., eine ganze Reihe von Initiativen des »Warnens und Mahnens« zu starten. In den Jahren 1931 und 1932 wandte er sich an zahlreiche hohe Repräsentanten und Organe seiner Kirchenleitung und versuchte diese zu einer autoritativen Klarstellung zu bewegen: Für B. war die Unvereinbarkeit der von Hitler in seinem Buch ´Mein Kampf´ geäußerten zentralen Überzeugungen mit den ethischen Grundsätzen des Christentums eklatant. Ein Wort der Kirche sei unbedingt gefordert, damit bis dato unantastbare Werte und Normen nicht zur Disposition gestellt und Kirche und Pfarrerschaft nicht durch die NS-Bewegung mit ihrem Schlagwort vom »positiven Christentum« kompromittiert würden. Von der Kirchenleitung verlangte B. ein disziplinarisches Vorgehen gegen Geistliche, die politisches Engagement für die NSDAP mit ihrer Verkündigungsaufgabe vermischten. Seine Kritik an Hitler und am Nationalsozialismus machte B. auch in der größten süddeutschen Zeitung, den ´Münchner Neuesten Nachrichten´ publik. Mit manchen ihrer Redakteure war B. persönlich bekannt. Seinen Initiativen stellte B. Publikationen zur Seite, die seine Bedenken vor eine weitere Öffentlichkeit von Pfarrern und Lehrern brachten. B. stellte die sich selbst vergötzenden totalitären Ideologien Lenins und Hitlers der Lehre Luthers vom Staat gegenüber, die die »innere Freiheit« des Menschen achte. Unmittelbar nach dem Beginn von Hitlers Terrorherrschaft wandte sich B. in Briefen an Reichspräsident Hindenburg und den bayerischen Kultusminister Goldenberger und mahnte zu einer von christlicher Ethik bestimmten kritischen Haltung gegenüber Hitler. Auch seine Kirchenleitung und den Pfarrerverein, die Standesvertretung der Geistlichen, wies er auf die Unerträglichkeit ihres Schweigens zum Nationalsozialismus hin. Auf keine der zahlreichen Vorstöße B.s scheint eine Reaktion erfolgt zu sein! — Unter den Bedingungen der Diktatur veröffentlichte B. von 1934 bis 1937 mehrere dem Themenbereich Staat, Autonomie der Kirche, bürgerliche Gehorsamspflicht und Gewissensfreiheit gewidmete Aufsätze. Becker wurde zu einem der ersten Autoren der im Umkreis Karl Barths gegründeten Zeitschrift ´Evangelische Theologie´. B., der während seines Studium sich zweimal länger in Schweden aufhielt und die dortige lutherische Theologie kannte, nahm 1937/38 mehrmals für die Bekennende Kirche an ökumenischen Arbeitstreffen teil. 1938 reiste er illegal in die Schweiz. Kirchenpolitisch aktiv war B. vor allem innerhalb des Pfarrervereins und der Pfarrerbruderschaft seiner Landeskirche. Seit der Wahl des Hitler-Kandidaten Ludwig Müller zum Reichsbischof auch durch den bayerischen Landesbischof Hans Meiser war B. ein aufmerksamer Kritiker des kirchenpolitischen Kurses Meisers. In Rundbriefen an Vertraute gab er, inspiriert von Schriften Karl Barths, immer wieder seine Bedenken kund. B. lag an einem solidarischen Schulterschluß der bayerischen Landeskirche mit den Bruderräten der Bekennenden Kirche in den sog. zerstörten, also deutschchristlich regierten lutherischen, unierten oder reformierten Landeskirchen. In einer intern verbreiteten Denkschrift rief B. um 1933/34 zum Widerstand gegen die Diskriminierung von Christen jüdischer Herkunft auf. Wie kaum ein anderer in seiner Landeskirche begriff B. den prinzipiellen Gegensatz von totalitärem Staat und autonomer Kirche und thematisierte diesen. Gemeinsam mit seinem Bruder Dr. Fritz Becker, Pfarrer in Kirchrimbach, trat B. in der Pfarrerbruderschaft 1936 für die regimekritische Denkschrift der Bekennenden Kirche an Hitler ein. Auch mit Wilhelm von Pechmann stand B. in Verbindung. — B. informierte seine Gemeinden über den Gang des sog. Kirchenkampfes. Der Dorfschullehrer, der als Organist fungierte, überwachte B.s Predigten. Es gelang B., staatlicherseits anlaufenden Ermittlungen immer wieder auszuweichen, auch kamen ihm allgemeine Amnestien zugute. Vor einem erneut aufgenommenen Verfahren wegen Kanzelmißbrauchs und Heimtücke bewahrte ihn im August 1939 die Einberufung zum Kriegsdienst. 1940 wechselte B. zur Militärseelsorge. Im Herbst 1944 wurde wegen neuer ungenehmigter Veröffentlichungen ein

Hochverratsverfahren gegen ihn eingeleitet. Kurz vor Kriegsende gelangte B. in Gefangenschaft, kehrte aber noch 1945 unversehrt heim. B. übernahm bis 1965 weitere Pfarrstellen in Solnhofen, Oberammergau und Stübach. Als Konsequenz aus den Erfahrungen des Kirchenkampfes verstand er seinen politischen Einsatz für die CSU und seine wissenschaftlichen Beiträge zu einer christlichen »Mitsorge« für eine aus dem Naturrecht erwachsende Rechtsordnung, die nicht menschlicher Willkür unterworfen ist. B.s größte theologische, historisch freilich auch vergebliche Leistung ist, schon 1931/32 vor der Machtübernahme Hitlers gewarnt und eine klare Entscheidung der Kirche eingefordert zu haben. Hellsichtig wie kaum ein anderer evangelischer Theologe hat B. damals anhand von Hitlers ´Mein Kampf´ die grundsätzliche Unvereinbarkeit des Nationalsozialismus, der allgemeingültige Rechtsprinzipien verletzte, mit der christlichen Ethik herausgearbeitet.

Werke (gedruckt): Tirol, in: Grenzlandfahrten deutscher Jungen, hrsg. v. Georg Götsch. Rudolstadt 1923, S. 133-135; Das Spiel von Christi Höllenfahrt, nach dem Redentiner Osterspiel. München 1931 (= Münchener Laienspiele 61); Laienspiel, in: Korrespondenzbl. für die evangelisch-lutherischen Geistlichen in Bayern rechts des Rheins 56 (1931), S. 441-444; Gläubiger Aufblick, in: Evangelisches Gemeindebl. für die Dekanate Kitzingen, Rüdenhausen und Markt Einersheim 12 (1931), Nr. 7, S. 1; Das politisch-ethische Problem der Gegenwart und Luthers Schrift »Von weltlicher Obrigkeit, wie weit man ihr Gehorsam schuldig sei« (1523), in: Korrespondenzbl. 57 (1932), S. 121-124 und S. 135-138; Ressentiment gegen das Leben. Eine Frage, in: Glaube und Volk 1 (1932), S. 188-191; Noch einmal: Eine Frage; in: Korrespondenzbl. 57 (1932), Nr. 9, S. 79f; Wie stellst Du dich, deutscher Christ, zum Nationalsozialismus? in: Der Volkserzieher 37 (1933) [hrsg. v. Wilhelm Schwaner]. Korbach 1933, S. 22f; Buchbesprechung von: Dr. W. Knevels, Der Nationalsozialismus am Scheidewege, in: Korrespondenzbl. 58 (1933), Nr. 7, S. 72f; Beseitigung, in: Korrespondenzbl. 59 (1934), Nr. 35, S. 391f; Leserbrief in: Kunst und Kirche, 30. August 1934, und in: Dt. Zukunft, Nr. 37 (16. September 1934); Evangelium und Obrigkeit. Zu Römer 13,1, in: Christdeutsche Stimmen 14 (1934), S. 203-207; Um die innere Freiheit, in: Christdeutsche Stimmen 15 (1935), S. 3-8; Über das theologische und politische Problem der Versöhnung, in: EvTh 2 (1935), S. 127-140; Freiheit und Dienst. Untersuchungen zum theologischen Problem der Freiheit. München 1935 (= Bekennende Kirche 34); Um die christliche Freiheit, in: Christdeutsche Stimmen 16 (1936), S. 16f; Kirche und Recht, in: Christdeutsche Stimmen 16 (1936), S. 37- 45; Literatur zum heutigen Staatsproblem, in: Korrespondenzbl. 61 (1936), Nr. 10 (3. März 1936), S. 93f; Zu Amtsbruder Frör´s Leitsätzen »Bekenntnis und Bekennen«, in: Korrespondenzbl. 61 (1936),

Nr. 18 (28. April 1936), S. 176f; Der Christ als Untertan nach lutherischem Bekenntnis, in: EvTh 3 (1936), S. 276-288; Kirche, Volk und Staat, in: Korrespondenzbl. 61 (1936), Nr. 39, S. 401f; Zum Thema der Weltkirchenkonferenz in Oxford 1937, in: EvTh 3 (1936), S. 441-445; Um den lutherischen Gehorsam, in: Korrespondenzbl. 62 (1937), S. 29-32; Glaube und Anarchie, in: EvTh 4 (1937), S. 199-211; Zur Vorbereitung der Oxforder Weltkirchenkonferenz 1937, in: ThBl 16 (1937), Sp. 105-113; Die Reformatoren und das »Reich Christi zu Münster« 1535. München 1939 (= Bekennende Kirche 64); Schwedische Theologie I und II, in: DtPfrBl 43 (1939), S. 578f bzw. S. 681f; Der Christ als Jurist. Der »Gesellsch. f. evang. Theologie« gewidmet. Câmpulung/ Bukovina [1941]; Das Recht in der Lehre der evangelischen Kirche. Câmpulung 1942; Theologie und Rechtswissenschaft. Erw. Anh. zu: Das Recht in der Lehre der evangelischen Kirche. Câmpulung 1942; Neuere schwedische Lutherforschung, in: DtPfrBl 47 (1943), S. 45f; Versöhnung; Pàpà (Ungarn) 1944; Ein Kampf ums Recht. Bericht an das Forschungsinstitut des ÖRK. Fürstenfeldbruck 1946; Die Hilfe Christi, gehorsam zu sein, in: Christ und Politik, Reihe 2: Botschaft und Dienst. Bielefeld 1946; Die Frage nach der politischen Ethik des Luthertums in der schwedischen Theologie, in: EvTh 6 (1946/47), S. 198-211; Übers. mit Vorw. von: Gustaf Törnwall, Geistliches und weltliches Regiment bei Luther. München 1947 (= FGLP X/2); Vorbemerkungen zur Frage einer evangelischen Rechtsethik, in: EvTh 7 (1947/48), S. 303-323; Getrost in der Armut. Luthers Katechismus als Hilfe für unsere Tage, in: Kirche und Mann 1 (1948), Nr. 8, S. 3f; Wiederaufrichtung von Staat und Recht. Von der Verantwortung des Christen für das öffentliche Leben. in: Kirche und Mann 2 (1949), Nr. 2, S. 2; »Weltschau des Glaubens« - schwedisch und deutsch, in: ELKZ 4 (1950), S. 76-78; Eine verhängnisvolle Übersetzungsdifferenz, in: ELKZ 4 (1950), S. 267-269; Die Rekonstruktion der Solabasilika in Solnhofen, in: Korrespondenzbl. 67 (1952), Nr. 2, S. 5 und Nr. 3, S. 3f; Felix ordo, in: Kirche und Kunst, Dezember 1952, S. 6f; Amos, der älteste Schriftprophet, in: Arbeitsh. f. die christl. Unterweisung, Beil. zu: Schule und Leben, Oktober/November. München 1952; Amos und Hesiod, in: Korrespondenzbl. 67 (1952), Nr. 12, S. 3-5; Das Solagrab in Solnhofen. Ein karolingisches Denkmal. Erlangen 1953; Lutherische Demokratie. Zur inneren Problematik des heutigen deutschen Luthertums; in: Dt. Universitätszeitung 8 (1953), Nr. 24, S. 4-6; Theognis und der Prediger Salomo; in: Korrespondenzbl. 69 (1954), Nr. 7, S. 5-7; Der Prophet Jesaja, in: Arbeitshilfe für die christliche Unterweisung, Beil. zu: Schule und Leben 6/ 1954; Übers. mit Vorw. von: Ragnar Bring, Das Verhältnis von Glauben und Werken in der lutherischen Theologie. München 1955 (= FGLP X/7); Die Probleme des Widerstandsrechts in ökumen. Sicht, in: NELKB 10 (1955) S. 5-9; Widerstandsrecht und Staatsgewalt, in: NELKB 10 (1955), S. 129-130; Grundzüge der lutherischen Staatslehre in der neueren schwedischen Theologie, in: ZEE 5 (1957), S. 230-234; Vom Dienst des Christen in den beiden Reichen, in: Die Kirche in der Welt. München 1957, S. 68-73; Karl Barths »Christokratische Theologie«, in: Evangelische Verantwortung. Polit. Briefe des Evang. Arbeitskreises der CDU/CSU 9 (1961), S. 11f; Zum Verhältnis von Theologie und Rechtswissenschaft heute, in: Dt-

PfrBl 63 (1963), S. 83f; Mitsorge für Recht, in: ZEE 5 (1964), S. 67-70; Kirchliche Mitarbeit am Recht, in: Die Mitarbeit. Zeitschr. f. Gesellschafts- und Kulturpolitik (1964); Was ist Naturrecht? Stuttgart - Berlin 1964 (= Kirche im Volk 27); Widerstandserfahrungen, in: Korrespondenzbl. 80 (1965), Nr. 5, S. 2f; Zum vierten der »Zehn Artikel«, in: NELKB 20 (1965), S. 199-201; Utopie und Romantik im Ost-West-Verhältnis, in: DtPfrBl 65 (1965), S. 532-534; Ein Osterbrief Bischof Berggravs, in: Korrespondenzbl. 81 (1966); Siebenkittel. Ein Kampf ums Recht, in: ZBKG 42 (1973), S. 260-324.

Lit.: Friedrich Wilhelm Kantzenbach, Widerstand und Solidarität der Christen in Deutschland 1933-1945. Eine Dokumentation zum Kirchenkampf aus den Papieren des D. Wilhelm Freiherrn von Pechmann. Neustadt/A. 1971 (= EKGB 51); — ders., Der Einzelne und das Ganze. Zwei Studien zum Kirchenkampf, in: ZBKG 47 (1978), 106-228; — Rainer Hambrecht, Geschichte im 20. Jahrhundert: Die Bezirksämter/Landkreise Neustadt a. d. Aisch, Scheinfeld und Uffenheim 1919-1972, in: Landkreis Neustadt a.d.Aisch - Bad Windsheim. Heimatbuch für den Landkreis. Neustadt/A. 1982, S. 380-418; — Walter Höchstädter, Durch den Strudel der Zeiten geführt. Ein Bericht über meinen Weg von der Monarchie und der Weimarer Republik durch das Dritte Reich und den Zweiten Weltkrieg. Bubenreuth [Selbstverlag] 1983; — Björn Mensing, Pfarrer und Nationalsozialismus. Geschichte einer Verstrickung am Beispiel der Evangelisch-Lutherischen Kirche in Bayern, 2. Aufl. Bayreuth 1999 [1. Auflage: Göttingen 1998 (= AKZG.B 26]); — Wolfgang Huber, »Evangelisch sein muß doch eigentlich frei sein heißen«. Pfarrer Karl-Heinz Beckers Auseinandersetzung mit Hitler und dem Nationalsozialismus, in: ZBKG 74 (2005), S. 181-199; — Othmar Plöckinger, Geschichte eines Buches: Adolf Hitlers »Mein Kampf« 1922-1945. München 2006; — Axel Töllner, Eine Frage der Rasse? Die Evangelisch-Lutherische Kirche in Bayern, der Arierparagraf und die bayerischen Pfarrerfamilien mit jüdischen Vorfahren im »Dritten Reich«. Stuttgart 2007 (= Konfession und Ges. 36).

Wolfgang Huber

BELLOWS, John Thomas; * 18.1. 1831 in Liskeard (Cornwell), † 5.5. 1902 in der Nähe von Gloucester. Archäologe, Pädagoge, Quäker. — John (Thomas) Bellows wurde 1831 in Liskeard, Cornwall, geboren. Er war der Sohn des Schumachers William Lamb Bellows (1802-1877) und seiner Frau Hannah (um 1795-1874). In Camborne machte er 1845 eine Lehre als Drucker, und nach einiger Zeit in London ließ er sich 1858 als Drucker und Verleger in Gloucester nieder. Besonders interessierte er sich jetzt für Archäologie und die römische Antike, machte diese Neigung jedoch nicht zu seinem Beruf. Insbesondere entdeckte und belegte er die römischen Ursprünge von Gloucester. Auch interessierte er sich für didaktische Fragen und gab mehrere Wörterbücher heraus, die vielfache Auflagen bis in die Mitte des letzten Jahrhunderts fanden. 1869 heiratete er Elizabeth Earnshaw (1841-1932) aus Clitheroe, ihr Sohn war William Bellow. Gemeinsam mit anderen Quäkern begab sich John Bellows 1870 nach Frankreich, um den Opfern des deutsch-französischen Krieges zu helfen. 1892 reiste er mit dem Quäker Joseph James Neave (1836-1913) nach Rußland, um sich für die Stundisten, also neupietistische Freikirchenanhänger, einzusetzen. 1892 und erneut 1893 besuchte er die deutschen Quäker in Minden; 1896 reiste er mit seiner Frau nach Istanbul, wo er für die Belange der Armenier eintrat. Erneut reiste er 1899 in Begleitung von Edmund Wright Brooks nach Rußland und befreite etwa einhundertzwanzig Doukhobors, die nach Sibirien verbannt worden waren. In Den Haag war er Delegierter der Friedenskonferenz, und von dort reiste er nach Schweden, um sich für gefangene Norweger einzusetzen, die den Wehrdienst verweigert hatten. John Bellows war als Quäker geboren und wurde frühzeitig Ältester innerhalb der Quäkergemeinschaft. Auch war er Mitglied des einflußreichen »Meeting for Sufferings«. Er legte aus Enttäuschung über die Klüngeleien und Absprachen unter den Quäkern seine Mitgliedschaft nieder. Insbesondere nahmen es die Quäker, seiner Meinung nach, mit der Wahrheit nicht so genau. Er trat jedoch nach einigen Jahren wieder ein. In vielen Angelegenheiten vertrat er seine eigene Meinung und war deswegen bei den Quäkern ihres Harmoniebestrebens wegen nicht gerne gesehen. 1901 begab er sich in die USA, wo er von der Harvard University einen Ehrentitel verliehen bekam. Ein Jahr darauf verstarb John Bellows in der Nähe von Gloucester mit 71 Lebensjahren.

Bibliographie: A list of John Bellow's writings. As printed in John Bellows: Letters and memoirs by Elizabeth Bellows (1904). In: Charity, Kate: A many-sided man: John Bellows of Gloucester 1831 to 1902, Quaker printer, lexicographer and archaeologist. His life and letters. With an additional chapter by Malcolm J. Watkins. York 1993, 119-121; — Bibliography. In: Charity, Kate: A many-sided man: John Bellows of Gloucester 1831 to 1902, Quaker printer, lexicographer and archaeologist. His life and letters. With an additional chapter by Malcolm J. Watkins. York 1993, 122-123.

Werke: Remarks by J. Bellows on certain anonymous articles, designed to render Queen Victoria unpopular. With an exposure of their author ship. Gloucester 1864. Gloucester 1865[2]; Two days' excursion to Llanthony Abbey and the

Black Mountains. Gloucester (1865). Gloucester (1868²); A winter journey to Norway. Goucester 1867. ND O.O. 1992; Bellows, John; Müller, F.(riedrich) Max: Outline dictionary for the use of missionaries, explores and students of language. With an introduction on the proper use of the ordinary English alphabet in transcribing foreign languages. The vocabulary compiled by John Bellows. London 1867; English outline vocabulary for the use of students of the Chinese, Japanese, and other languages. With notes on writing Chinese with Roman letters by Professor Summers. London 1868; Bellows' interest calculator. A rapid, simple and unerring method of reckoning for all sums at any rate per cent for any number of days. (Gloucester) (1869); Bellows' concentric calculations. A new and rapid method of ascertaining equivalents without stating the sum in writing. No. 200: Interest at five per cent for any number of days, and for all sums between one pound and one hundred million. (Gloucester) (1869); Bellows' concentric calculations. A new and rapid method of ascertaining equivalents without stating the sum in writing. No. 55: Miles into kilomètres and mètres. (Gloucester) (1869); Bellows' concentric calculations. A new and rapid method of ascertaining equivalents without stating the sum in writing. No. 54: Kilomètres into miles and decimals. (Gloucester) (1869); Bellows' concentric calculations. A new and rapid method of ascertaining equivalents without stating the sum in writing. No. 52: Metres and centimetres into feet and inches. (Gloucester) (1869); New French and English dictionary. London (1869); Ritualism or Quakerism? Being remarks on a pamphlet by J. W. C. entitled ‚Quakerism and the church'. London 1870. London 1870²; The track of the war around Metz and the fund for the non-combatant sufferers. London 1870. London 1870²; London (1871²); Calculateurs concentriques de Bellows. Mèthode simple, rapide, et infaillible pour obtenir des équivalents sans calcul de décimales. Rien à écrire que la réponse. Séries B, pour la conversion en mesures métriques, des poids et des mesures a liquides, du système Anglais, à la usage des pharmaciens, des ètudians en médicine, etc. Paris, um 1870; The bona-fide pocket dictionary of the French and English languages on an entirely new system, showing both divisions on the same page, distinguishing the genders by different types, giving tabular conjugations of all the irregular verbs, explaining difficulties of pronunciation. London, um 1870; Who sent thee to baptize? Or, 'A clergyman's Christian baptism' not the baptism of Christ. London 1872; Le vrai dictionnaire de poche, francais-anglais, anglais-francais, avec les deux parties imprimées sur la meme page (...). Revu et corrigé par Auguste Beljame, Alexandre Beljame et John Sibree. Paris (1873); On the roman wall of Gloucester. (Gloucester) (1876); Dictionary for the pocket. French and English, English and French. Both divisions on some page. Masculine and feminine words shown by distinguishing types. London 1877². London 1883². London 1916³; On the Roman wall of Gloucester. In: Transactions of the Bristol and Gloucestershire Archaeological Society. For 1876, I, 1877, 153-166; On some archeological remains in Gloucester, relating to the burning of Bishop Hooper, read at the annual meeting of the Cotteswold Club, at Gloucester, 1878. Gloucester 1878. Gloucester 1880²; A week's holiday in the forest of Dean. A series of original sketches. With six coloured plates, many illustrations and a map. Gloucester (1881).

Gloucester 1905³. Gloucester 1946⁶; Notes of ancient British forest life. Material and other. In: Transactions of the Bristol and Gloucestershire Archaeological Society. For 1881-82, VI, 1882, 222-229; Remarks on some skeletons found at Gloucester in 1881. In: Transactions of the Bristol and Gloucestershire Archaeological Society. For 1881-82, VI, 1882, 345-348; What is Pounds 1.000.000? 1.000 tons of gold. Gloucester 1886; Ireland before its connection with England. London (1886) (Chapters of Irish History, I); Irish land tenures under English rule. London (1886) (Chapters of Irish History, II); In loving and lasting remembrance of Britannia. Who was born at Hastings, in the year, 1066, and died at Westminster, 1886. London (1886); Roberts, Daniel: The life of John Roberts, a Gloucestershire farmer of the time of Charles II. By his son, Daniel Roberts. Hrsg. von John Bellows. Gloucester 1891; Roman Wareham and the Claudian invasion. O.O. 1891; Roman Wareham and the Claudian invasion. In: Proceedings of the Dorset Natural History and Antiquarian Field Club, XIII, 1892, 115-129; On the past in the present in Asia. In: Proceedings of the American Antiquarian Society, N.S. IX, 1893/1894, 204; Chisel-drafted stones at Jerusalem. In: Palestine Exploration Fund. Quarterly statement, 3, 1896, 219-223; The Browns of Bartonbury. London 1899; The Browns of Bartonbury. In: The Friends' Quarterly Examiner. A religious, social and miscellaneous review, CXXXI, 1899, 385-390; Evolution in the monastic orders: Roman work at Chepstow, Roman remains at Bath. Gloucester 1899; The forest of Dean. In: Proceedings of the American Antiquarian Society, N.S., XIII, 1899, 269-291; The Romans in Gloucestershire. O.O., um 1900 (Cheltenham Natural Science Society, Session 1899/1900); Lettre sur la guerre en Afrique au sénateur Hoar de Massachusetts, Etats Unis. O.O. (1900); Letter to senator Hoar on the Transvaal. (London) (1900); The truth about the Transvaal War and the truth about war. (Gloucester) (1900); The England of the time of the war of independence. In: Proceedings of the American Antiquarian Society, N.S. XIV, 1900/1901, 452-460; Survivals of Roman architecture in Britain. Read December 13th 1898. (Gloucester) (1901); Letters and memoir. Edited by his wife. London 1904; The forest of the Dean. In: Hoar, George Frisbie: Autobiography of seventy years. London 1904, 449-470; Dictionary of French and English, English and French. London 1911. London 1916³. New York 1918³. London 1921³. London 1925³. London 1928³. London 1931³. London 1945³. London 1946³. London 1947³. London 1948³; Dictionnaire francais-anglais et anglais-francais. Paris 1925³. Paris 1937³; French dictionary. French-English, English-French for the pocket. New ed., rev. by William Bellows. London 1933; Bellows' French dictionary. French-English, English-French. London 1951⁴; Bellow, Max: Bellows' German dictionary. London 1956³. London 1959³.

Lit. (Auswahl): The story of a pocket dictionary. O.O. 1877; — Bellows, John. In: Kirk, John Foster: A supplement to Allibone's critical dictionary of English literature and British American authors. Containing over thirty-seven- thousand articles (authors), and enumerating over ninety-three thousand titles, I. Philadelphia 1891, 128. ND Detroit 1965, 128; — Maude, Aylmer: War and patriotism. London (1900); — Sessions, Fred; Grubb, Edward: Some comments on John Bellow's apology for the war in South Africa. (Gloucester), um 1900; —Death of Mr. John Bellows. In: The Outlook, IX, 1902, 460; — John Bellows. In: The Friend. A religious, literary, and miscellaneous journal, XLII, 20, 1902, 304-306; — Bellows, John. In: The Outlook, IX, 1902, 492; — Account of the unveiling of the portrait of John Bellows from Gloucester (Engl.) journal. In: Proceedings of the American Antiquarian Society, XV, 1902/1903, 448; — Portrait of John Bellows. Worcester 1903; — Hoar, George F.: Communications regarding John Bellows. In: Proceedings of the American Antiquarian Society, XV, 1902/1903, 278; — John Bellows. In: The Friend. A religious, literary, and miscellaneous journal, XLIV, 21, 1904, 331-332; — Neave, Joseph James: Leaves from the journal of Joseph James Neave. London 1910; — Birkenhead, Lord: 500 best English letters. London 1931; — Bellows, John Earnshaw: John Bellows, 1831-1931 (sic!): A biographical sketch and tribute. (Gloucester) 1931; — Bellows, John Earnshaw: John Bellows and his French dictionary. Issued to mark the 75th anniversary of the publication in April 1873, of John Bellows' French and English pocket dictionary. Gloucester 1948; — Bellows, Hannah: Some pages of my life. Gloucester 1953; — Scott, Richenda: Quakers in Russia. London 1964; — Newhouse, Neville: A history of the Friends School, Lisburn. (Lisburn) 1974; — Bellows, Grace: Life of William Bellows of Gloucester (1873-1942). A genius for friendship. York 1982; — Hewison, Hope Hay: Hedge of wild almonds: South Africa, the pro-Boers and the Quaker conscience, 1890-1910. London 1989; — Sessions, William K.: They close the star. Quaker relief work in France 1870-1975. York 1991; — Charity, Kate: A many-sided man: John Bellows of Gloucester 1831 to 1902, Quaker printer, lexicographer and archaeologist. His life and letters. With an additional chapter by Malcolm J. Watkins. York 1993.

Claus Bernet

BENEDICTA MARIA, OSU (Sophie Spier), Opernsängerin und später Nonne im Ursulinenorden, * 29.7. 1885 in Bückeburg, † 28.9. 1972 in Bielefeld. — Nach ihrem Gesangsstudium wurde sie aufgrund ihrer ungemein schönen, wohlklingenden Stimme Opern- und Konzertsängerin. Nach ihrer Konversion vom ev. zum kath. Glauben erfolgte am 29.11. 1919 ihre Einkleidung im Ursulinenkloster zu Breslau. Dort legte sie am 30.11. 1924 die feierliche Profess ab. An dem vom Ursulinenorden betriebenen Mädchengymnasium unterrichtete sie als Mater Benedicta das Fach Musik und komponierte manchmal selbst kurze Stücke, z. B. Kanons für die Schülerinnen. Aufgrund ihrer auch am Gregorianischen Choral orientierten Stimmbildung schuf sie kleinere Vertonungen liturgischer Texte für den privaten Gebrauch. Nach dem 2. Weltkrieg und dem Verlust der dt. Ostgebiete war es Mater Benedicta, die von ihrer Zufluchtsstätte in Bückeburg aus die Initiative ergriff, Kontakt zum Erzbischof von Paderborn aufnahm und gemeinsam mit einer weiteren Ordensfrau die durch Flucht und Vertreibung über ganz Deutschland verstreuten Schwestern des Convents der Breslauer Ursulinen mühsam ausfindig machte und nach Bielefeld holte. An dem dort neu gegr. Mädchengymnasium der Ursulinen unterrichtete sie noch im Alter als Musikpädagogin, lehrte die Schülerinnen das Notenlesen, regte sie zum Komponieren an und weckte in ihnen vor allem das Verständnis für Opernmusik. Den Gottesdiensten verlieh sie durch ihre herrliche, raumfüllende Gesangsstimme stets eine besonders festliche Note. Damals organisierte sie u. a. in der Bielefelder Oetkerhalle ein Wohltätigkeitskonzert ihrer früheren Schülerin, der bekannten Opernsängerin an der Staatsoper München, Anneliese Kupper. Der Erlös des Konzerts kam dem Neubau des Gymnasiums zugute. Mit Gottvertrauen ertrug Mater Benedicta die zunehmenden Beschwerden des Alters und ihre letzte schwere Krankheit. Sie verstarb mit 87 Jahren und wurde auf dem Friedhof in Bielefeld-Schildesche beigesetzt. — Mater Benedicta war eine außerordentliche Persönlichkeit mit großen künstlerischen, pädagogisch-didaktischen und organisatorischen Fähigkeiten. Vor allem ihrer Energie und Tatkraft ist es zu verdanken, dass der Convent der Ursulinen zu Breslau nach Kriegsende im ostwestfälischen Bielefeld eine neue Heimstatt und ein neues Betätigungsfeld fand.

Ingeborg Koza

BENIGNA, Gräfin zu Solms-Laubach, geb. von Promnitz-Sorau (1648-1702). Die bereits in ihren Jugendjahren durch religiöse Reformbewegungen berührte Benigna setzte diese verinnerlichten Werte später ebenso wie ihr Bruder Erdmann Balthasar von Promnitz in ihren 'weltlichen Obliegenheiten' in praktisches Leben um. Seit ihrer Eheschließung 1667 mit Johann Friedrich Solms-Wildenfels, später Solms - Laubach (1625-1696) gehörte Benigna dem Wetterauer Reichsadel an. »Die ersten Ehejahre waren davon geprägt, die Schäden des Dreißigjährigen Krieges in der kleinen Herrschaft Wildenfels bei Zwickau zumindest so weit zu beheben, daß die Einkünfte für ein standesgemäßes Leben der Familie reichten.« (Taege-Bizer, 99). Benigna gebar in Wildenfels zwischen 1668 und 1675 sieben Kinder: Wilhelmine Magdalene (1668-3.8. 1719), 37jährig 30.7. 1715 verh. Mit Johann Samuel Plönnies, Amtmann in Solms-Laubach (Konnubium), hatte drei Kinder; Johann Siegmund (1667-1678); Erdmuthe Benigna (1670-1732), verh. 29.11.1694 mit Herinrich X., Graf von Reuß-Ebersdorf (1662-1711) und Mutter der bekanntesten Enkelinnen Benignas, nämlich Benigna Maria, Komteß von Reuß- Ebersdorf (1695-1751), protestantische Liederdichterin und Erdmuthe Dorothea, Komteß von Reuß-Ebersdorf (1700-1756) (s.d. BBKL I, Sp. 499-500), die Nikolaus Ludwig Graf von Zinzendorf heiratete; Friedrich Ernst (1671-1723) (s.d. BBKL XIV, Sp. 509-547), ab 1696 regierender Graf von Laubach; Carl Otto (1673-1743), Herr auf Utphe und Wirklicher Geheimer Hofrat; Heinrich Wilhelm (*1674) jüngster Sohn, hatte gegen Benignas Bedenken die militärische Laufbahn eingeschlagen; Bibiane (†1675). In Herrschafts- und Erziehungsfragen beriet sich das Ehepaar eng mit dem Theologen Philipp Jakob Spener (seit 1670) (s.d. BBKL X, Sp. 909-939), der ihnen Hauslehrer vermittelte und dem Verwaltungspraktiker und christlichen Staatstheoretiker Veit Ludwig von Seckendorff, auf dessen Gut Meuselwitz sich ihre Söhne 1691/92 auf Wunsch Benignas zur Ausbildung aufhielten (Taege-Bizer, 99-101). Benignas Briefwechsel mit Spener ist von 1677-1689 überliefert, der mit Seckendorff von 1683-1692. War Benigna bereits in Wildenfels für die Hofhaltung und die Erziehung der Kinder die prägende Person, so setzte sich das in Laubach fort. Dort nahmen Graf Johann Friedrich und Benigna 1677 die ausgestorbene Linie Solms-Laubach für 8000 Taler Ablöse wieder auf und zogen 1679 von Sachsen in den Vogelsberg. Als 1696 Friedrich Ernst zu Solms-Laubach nach dem Tod seines Vaters die Regierung übernahm, führte ihm die 48jährige Witwe Benigna das gräfliche 'Haus' und vertrat ihn in seinen häufigen Abwesenheiten, denn der 25jährige Jurist und seit 1697 einer der beiden protestantischen Präsidenten des Reichskammergerichts war unverheiratet. In diese Zeit fiel die Blütezeit des Radikalpietistismus, in der die kleine Grafschaft Rückzugs - und Aktionsraum für zahlreiche Protagonistinnen und Protagonisten wurde, was die Herrschaft vor schwierige Ordnungsaufgaben stellte.

Mutter und Sohn bewältigten diese schwierige Phase mit persönlicher Toleranz und Offenheit auf der einen und striktem öffentlichem Ordnungshandeln auf der anderen Seite. Friedrich Ernst heiratete erst nach Benignas Tod die Gräfin Frederike Charlotte zu Stolberg-Gedern (1709). Benigna war - im Gegensatz etwa zu Hedwig Sophie von Sayn Wittgenstein-Berleburg (s.d. BBKL XIX, Sp. 1203-1209) - persönlich nicht radikalreligiös. Sie gehörte dem aus der lutherischen Orthodoxie geprägten innerkirchlichen Pietismus zu. Benignas persönliche Religiosität drückte sich in der Gestaltung des frommen Adels-Haushalts mit Schloß-Ecclesiola aus sowie in der Wahl des Hofpredigers Johann Philipp Marquard, der besonders die Töchter Erdmuthe und Wilhelmine als Seelsorger prägte und den sie auch als Inspector Scholarum der Lateinschule bestellte. Friedrich Ernst setzte 52 Jahre lang als regierender Graf zu Solms die Tradition seiner Mutter fort. So setzte er August Hermann Franckes Vorgaben für eine gute Regierung und für eine gute Erziehung der Untertanen und der Heranbildung von Beamten durch Schulreform und Armenhaus nach Halleschem Vorbild um. Ihre Töchter folgten Benignas Vorbild als fromme Regentinnen und Erzieherinnen ihrer Kinder. Benignas Konstruktion frommer Regierung war aber nicht nur für ihre eigene Familie stilbildend. Ihre zeitgenössische Bedeutung als Vorbild muß hoch eingeschätzt werden. Philipp Jakob Spener widmete ihr seine Schrift 'Laubachisches Denckmahl, mit einer Zuschrifft. Spener sprach sich darin lobend über die christliche Bildung der gräflichen Jugend und die Erbauungsstunden am Hof (ekklesiola in ekklesia) aus. Benignas Wirken kann aber nicht, wie bei Brecht in seiner Geschichte des Pietismus, darauf reduziert werden, daß Spener 'durch sie seine Reformpläne umsetzte', Renkewitz stellt sie in ihrer Bedeutung für die Geschichte des Pietismus an die Seite ihrer Freundin Henriette Catharine von Gersdorf (s.d. BBKL II, Sp. 228-229), der Großmutter Zinzendorfs, die auch eine wichtige Gesprächspartnerin Friedrich Ernsts war. Ihre persönliche Autorität unterstützte Benigna durch ihre geistliche Bildung. Sie verfaßte als Richtschnur für ihre Kinder in der Bewältigung ihrer unterschiedlichen 'Obliegenheiten' auf biblischen Texten basierende Schriften. So gibt ihr Regentenspiegel

Friedrich Ernst dynastisches und herrschaftliches Selbstbewußtsein in der Unterordnung unter Gottes Gebot und ihr Weiberschmuck entfaltet für ihre Tochter Erdmuthe Benigna die zeitgenössischen Begriffe Herr und Herrin als freiwilliges Unterordnungsverhältnis im Sinne eines Vertragsverhältnisses (Ehevertrag) und gleichzeitiger Bindung an die Billigkeit für Gottes Geschöpfe. Bei der Ordnung auf religiöser Grundlage für jeden Adeligen geht sie von einer verstärkten persönlichen Verpflichtung Herrschender aus. Benignas Werke können - der zeitgenössischen Charakterisierung als 'mütterliche Vermahnungen' folgend - als Erziehungsliteratur, aber ebenso - in Beachtung von Benignas Status als Regentin - als Politische Testamente für beide Geschlechter in einem kleinen Territorium gesehen werden. Werke: Ein und Zwantzig Vortreffliche Betrachtungen Über die schmertzlichste Leyden unseres theuersten Erlösers und Heylandes Jesu Christi; Von Einer Gräflichen Wittib Aus Geistlich=lebendiger Verständniß und Erfahrung schrifftlich verfasset Und nach Ihrem seligen Hintritt andern zur Erbauung durch den Druck mitgetheilet. Im Jahr 1710. Zu finden bey Henning Müllern, Buchhändlern und Buchdruckern in Gießen; Immer grünendes Klee=Blat Mütterlicher Vermahnungen von Einer Gräfflichen Person An einige Ihrer in verschiedenen Stand und Beruff sich befindende Kinder gerichtet Darinnen vornehmlich Eines Regenten, Soldaten / Ehe=Gattens Pflichten und Obliegenheiten vorgestellet und noch eine von eben Derselben verfassete Mütterliche Vermahnung an einen sich damahls auf der Universität befindenden Söhne vorgesetzet worden. Herausgegeben in Franckfurt am Mayn im Verlag Friedrich Koch und Sohn 1717. Diese Druckschrift enthält: 1. Richtigster Weg=Weiser Eines Jungen Pilgrims durch die Welt in seine Heimat, Vorgestellet von Einer Gräflichen Mutter ihrem studirenden Sohne In einer Betrachtung über den 9. Vers des CXIX Psalms (1689); 2. Der Christliche Soldat und Sein vortrefflicher Beystand Oder Anzeige worinnen die Krafft und der Nachtruck eines getrost= und muthig=fechtenden Christlichen Soldatens bestehe? Vorgestellet von Einer Gräflichen Mutter Dem Jüngsten Ihrer Söhne In einer geistreichen Betrachtung des 30. Vers im XIIX. Ps. (1693); 3. Regentenspiegel oder Das rechte Muster Wornach ein Regent seine Regierung einrichten soll, Vorgestellet von einer Gräflichen Mutter ihrem ältesten Sohne In einer geistreichen Betrachtung CI. Psalms (undatiert, vor 1696); 4. Der Vortreffliche und allein Lobenswürdige Weiber=Schmuck Oder Die nach den vornehmsten Lineamenten herrlich entworffene Abbildung Einer Tugendsam=Gottsfürchtigen Frau, Darinnen vorgestellet wird, Wessen sich eine tugendhaffte Frau vornehmlich befleissigen solle, wann sie denen in der Welt so hochgelobten Schönen den Preiß nehmen und das wahre Lob davon tragen wolle? Von einer Gräflichen Mutter an ihre Tochter gerichtet Nach Sprichwörtern Salomonis XXXI, 30.I. Petri III, I-6. (undatiert, nach 1694).

Lit. zeitgenössisch: Spener, Philipp Jakob (1683): Laubachisches Denckmahl, oder Lehre von dem Weg zum Himmelreich und dem Nahmen der Christen. Frankfurt [am Main]; — Solms-Laubach, Benigna Gräfin v. (1720-1733): Fragmente autobiografischer Schriften. In: Henckel, Erdmann Heinrich Graf v. (Hrsg.): Die letzten Stunden einiger der Evangelischen Lehre zugethanen [...] selig dem HERRN Verstorbenen Personen, Von unterschiedenem Stande, Geschlecht und Alter, Zum Lobe Gottes und zu allgemeiner Erweckung, Erbauung und Stärckung [...]. 4 Bände. Halle, Bd. II, 80-114; — Solms-Laubach, Johann Friedrich Graf v. (1720-1733): Lebensverlauf. In: Henckel, Die letzten Stunden, Bd. II, 42-63; — Solms- Laubach, Bibiane Komtess von (1720-1733): Lebensverlauf. In Henckel, Die letzten Stunden, Bd. II, 24-41; — Plönnies (1982): Wilhelmine Margaretha von Plönnies. Siebenzehende Historie. In: Reitz, Johann Heinrich: Historie der Wiedergeborenen, 5 Bde., Berleburg 1724. Sammelbiographie (1698-1745) VI Theile. Herausgegeben von Hans-Jürgen Schrader. Tübingen: Max Niemeyer, 291- 309. Forschungsliteratur: Barthold, Friedrich Wilhelm: Die Erweckten im protestantischen Deutschland während des Ausgangs des 17. und der ersten Hälfte des 18. Jahrhunderts. besonders die frommen Grafenhöfe. In: Historisches Taschenbuch, hg. v. Friedrich Raumer, 3. Folge, 3. Jg. 1852, 129-320 und 3. Folge, 4. Jg. 1853 1853, 169-390; — Solms=Laubach, Rudolf Graf zu (1865): Geschichte des Grafen- und Fürstenhauses Solms. Frankfurt am Main; Bräuning-Oktavio, Hermann (1931): Aus den Briefen Philipp Jacob Speners an den Grafen Johann Friedrich von Solms-Laubach. In: Au, Hans v.d.; Hassinger, Heinrich; Bräuning-Oktavio, Hermann (Hrsg.): Ich dien. Festgabe zum 60. Geburtstag von Wilhelm Diehl. Darmstadt, 179-195; — Ritschl, Albert (1966): Geschichte des PietismusND Berlin 1966. Bonn 1880-1886. unveränderter ND. 3 Bände. Berlin; — Renkewitz, Heinz (1969): Hochmann von Hochenau (1670-1721). Quellenstudien zur Geschichte des Pietismus. ND (1935) Witten: Luther-Verl. (Arbeiten zur Geschichte des Pietismus, 5); — Mack, Rüdiger (1978): Religionsstreitigkeiten und militärischer Ungehorsam in Laubach um 1700. In: Knauß, Erwin (Hrsg.): Mitteilungen des Oberhessischen Geschichtsvereins. Festschrift zum 100. Geburtstag des Oberhessischen Geschichtsvereins 1878-1978. NF Bd. 63. Giessen, 161-169; — Mack, Rüdiger (1984): Libertinärer Pietismus. Die Wanderungen der Pfarrerswitwe Wetzel. In: Mack, Rüdiger (Hrsg.): Pietismus und Aufklärung an der Universität Gießen und in Hessen-Darmstadt. Giessen, 208-238; — Merl, Trautel, Semmler, Richard, Merl, Fritz (1986): Laubach. Geschichte und Gegenwart. 2. neu bearb. Aufl. Gießen (darin enthalten eine Abbildung Benignas); — Mack, Rüdiger (1987): Forschungsbericht, Pietismus in Hessen. In: Pietismus und Neuzeit, Jg. 13, 181-226; — Bohn, Karl (1931): Beiträge zu der Geschichte des alten Pietismus im Solms-Laubacher Land. In: Au, Hans v.d.; Hassinger, Heinrich; Bräuning-Oktavio, Hermann (Hrsg.): Ich dien. Festgabe zum 60. Geburtstag von Wilhelm Diehl. Darmstadt, 148-178; — Brecht, Martin (1993): Philipp Jakob Spener, sein Programm und dessen Auswirkungen. In: Brecht, Martin (Hrsg.): Geschichte des Pietismus. 2 Bände. Göttingen, Bd. 1, 279-389; — Hoffmann, Barbara (1992): Landesverweis, Abschiebung, Duldung und Schutz: Pietistische Migranten an der Wende zum 18. Jahrhundert. In: Sowi, H. 3, 1992, 137-144; — Schneider, Hans (1993): Der radikale Pietismus im 17. Jahrhundert. In: Brecht, Martin (Hrsg.): Geschichte des Pietismus. 2 Bände. Göttingen, Bd. 1, 391-439; — Hoffmann, Barbara (1996): Radikalpietismus um 1700. Der Streit um das Recht auf eine neue Gesellschaft. Frankfurt [u.a.]: Campus-Verl. (Reihe Geschichte und Geschlechter, 15); — Jung, Martin H (1998).: Frauen des Pietismus. Zehn Portraits von Johanna Regina Benzel bis Erdmuthe Dorothea von Zinzendorf, Gütersloher Verlagshaus; — Taege-Bizer, Jutta (2002): Pietistische Herrscherkritik und dynastische Herrschaftssicherung. Die »mütterlichen Vermahnungen« der Gräfin Benigna von Solms-Laubach. In: Heide Wunder (Hrsg.): Dynastie und Herrschaftssicherung in der Frühen Neuzeit. Geschlechter und Geschlecht (= Zeitschrift für historische Forschung Beiheft 28), Berlin, 93-112.

Barbara Hoffmann

BERGSTRAESSER Arnold, geb. 14. Juli 1896 in Darmstadt, gest. 24. Februar 1964 in Freiburg i.Br., war ein deutscher Soziologe und Politikwissenschaftler jüdischer Abstammung. — Er verbrachte seine Jugend in Stuttgart; sein Vater war Verlagsbuchhändler. A.B. nahm am ersten WK teil, wo er als Artellerieleutnant verwundet wurde; anschließend studierte er Geschichte, Soziologie und Nationalökonomie. Seine Lehrer waren Eberhard Gothein sowie Max und Alfred Weber. Das Studium schloß er im Jahre 1923 mit der Promotion zum Dr. phil. an der Univ. Heidelberg ab (Dissertation: »Die wirtschaftlichen Mächte und die Bildung des Staatswillens nach der deutschen Revolution. Studie zur Frage der berufständischen Verfassung«, 1924). Seine kultur- und wissenschaftspolitischen Interessen begannen bereits in der Weimarer Republik. So war er einer der führenden Köpfe des Deutschen Studententages (AStA-Dachverband) und Mitbegründer des Deutschen Akademischen Austauschdienstes (DAAD) im Jahre 1925 (dem Jahr seiner Eheschließung mit Erika Sellschopp, 3 Kinder). B. habilitierte sich im Jahre 1927 für Nationalökonomie (Habilitationsschrift: »Landwirtschaft und Agrarkrise in Frankreich«) bei Alfred Weber in Heidelberg; 1928 nahm er einen Ruf auf den Lehrstuhl für Auslandskunde an der Univ. Heidelberg (Gothein-Gedächtnisprofessur) an. Er übernahm zur selben Zeit auch eine Gastprofessur für Internationale Politik an der Dt. Hochschule für Politik in Berlin. Politisch schloß sich A.B. Mitte der 20er Jahre der Deutschen Demokratischen Partei an; er bekannte sich zur liberalen Demokratie (1930 »Sinn und Grenzen der Verständigung zwischen Nationen«; 1933 »Geistige Grundlagen des deutschen Nationalbewußtseins in der gegenwärtigen Krise«). Mit der NS-Machtergreifung mußte B. Deutschland verlassen. 1937 bis 1953 lehrte er in den USA (zunächst am Scripps und am Claremont College, dann an der Univ. von Chicago), zuletzt als Prof. f. deutsche Literatur und Geschichte. In den USA wurde er von der FBI Enemy Control Unit als vermeintlicher Nazi-Spion zweimal verhaftet (weil er offenbar 1933 an der Entlassung eines pazifistischen, ebenfalls jüdischen Kollegen aus dem Hochschulbetrieb beteiligt war; desweiteren wegen Veröffentlichungen, die von Amerikanern als NS-freundlich eingestuft wurden). Nach dem zweiten WK war er aktiver Förderer der dt.-amer. Verständigung. So gab er 1944 zus. m. George N. Shuster eine »Deutsche Geschichte« heraus und organisierte 1954 eine Goethe-Konferenz in Aspen, Colorado (zus. m. Albert Schweitzer). A.B. übernahm nach seiner Rückkehr nach Deutschland 1954 den Lehrstuhl für Soziologie und Politische Wissenschaft an der Univ. Freiburg i.Br., wo er in vielem wieder an seine Tätigkeit vor 1933 anknüpfte. In dem einsetzenden weitverzweigten wissenschaftlichen, wissenschaftsorganisatorischen und politischen Wirken erhielt auch die Internationale Politik bald wieder ihren zentralen Platz. B. gründete die Freiburger Arbeitsstelle für kulturwissenschaftliche Forschung. Es handelte sich dabei um einen groß angelegten Versuch der interdisziplinären Erforschung des Kulturwandels in den Entwicklungsgebieten. Nach seinem Tod wurde das Institut auf den Namen seines Gründers umbenannt. A.B. gilt als ein bedeutender Gründervater der Nachkriegspolitologie in Deutschland und Begründer der »Freiburger Schule der Politikwissenschaft«. 1955-1959 war A.B. Direktor des Forschungsinstituts der Deutschen Gesellschaft für Auswärtige Politik (DGAP), Herausgeber des Jb. für Internationale Politik und mehrjähriger Präs. der deutschen UNESCO-Kommission und der Atlantikbrücke e.V., Leiter der Arbeitsgemeinschaft Bürger und Staat (Baden-Württemberg), Gründer des Instituts für Politische Bildung (Buchenbach), und Mitbegründer der Politischen Akademie in Tutzing (Bayern); ebenso Honorarprof. an der TH Stuttgart. A.B. war ebenfalls beteiligt an der Einführung des Gemeinschaftskundeunterrichts an höheren Schulen. 1961 wurde auf seine Initiative hin die »Arbeitsgemeinschaft Wissenschaft und Politik« gegründet, die dann im Folgejahr in »Stiftung Wissenschaft und Politik« (SWP) umgewandelt wurde und bis heute als bedeutende politische Denkfabrik und Politikberatung besteht. 1962 erhielt er das Große Bundesverdienstkreuz. — B. war getragen von der tiefen Überzeugung der Geschöpflichkeit des Menschen: der Mensch ist als Geschöpf Gottes durch Freiheit *und* Endlichkeit, Vernunft *und* Irrtumsfähigkeit, unauslöschliche Merkmale seiner Natur *und* Geschichtlichkeit bestimmt. Darin gründeten Spannungen für B.s Denken, Handeln und Verhalten, die zum ständigen Problem seines Philosophierens wurden. Die Aufgabe bestand darin, sich diesen Spannungen zu stellen. Daß B., daß die Politische Wissenschaft, eine »eigene Art des Philosophierens« brauchten, lag für ihn in der Lähmung der zeitgenössischen Philosophie in Deutschland (betreffend Politik, Gesellschaft, öffentliche Moral, Gemeinwesen, menschliches Gemeinwohl). A.B. ging es darum, die universalistische Weite des Horizonts zurückzugewinnen (gegen partikulare und provinzielle Ansätze und Zugänge), wozu ihm sein beharrliches Pochen auf abendländischer Geistesgeschichte und ihren Ursprüngen im antiken politischen Denken und der jüdisch-christliche Glaube dienten. Daneben versuchte er die Vereinbarkeit dieser geistig-politischen Tradition mit der deutschen politischen Kultur (insbesondere Goethe, Schiller, Kant, Hegel): die antike

Kultur sollte als ein ihr integraler Bestandteil existieren; so habe sie der ganzen Welt (insbesondere der »Dritten Welt«) zu begegnen (dazu schon die Schriften: »Staat und Wirtschaft Frankreichs«, 1930, und »Sinn und Grenzen der Verständigung zwischen Nationen«, 1930). B. richtete sich mit seinem Denken insbesondere gegen die perspektivischen Verengungen des 19. Jahrhunderts: Rassenideologie, Biologismus, Klassenideologie und den Materialismus, Positivismus, den inhumanen Strukturalismus, den Historismus und seinen blanken Relativismus, Nationalismus. A.B.s Versuch einer metaphysisch-rel.-geistesgeschichtlichen Sicht des Menschen, der Politik, ja der wissenschaftlichen Unternehmungen galt als anachronistisch. Er kann aber auch gesehen werden als bleibender Kampf gegen mehr oder minder dogmatische Wissenschaftstheorien und Weltanschauungen, die seinerzeit nach strikter Gewißheit und Sicherheit in der Sinn- und Kulturkrise strebten, die aber zwischenzeitlich wiederum enttäuschten, so daß sich A.B.s ausgreifende weltgeschichtliche, zugleich zutiefst humanistische Sicht der politischen und wissenschaftlichen Dinge als dauerhafter und zuverlässiger erweisen konnte, wenn sie mit der Aktualität ins Gespräch gebracht wurde resp. wird.

Herausgeberschaften: Zum wirtschaftlichen Schicksal Europas. Arbeiten des Instituts für Sozial- und Staatswissenschaften an der Univ. Heidelberg. Teil 1: Arbeiten zur europäischen Problematik, in Verbindung mit A.B. und J. Marschalk hrsg. v. A. Weber, 1932/33; Die Internationale Politik. Jb. des Forschungsinstituts der Deutschen Gesellschaft für Auswärtige Politik, hrsg. v. A.B. und Wilhelm Cornides unter Mitwirkung von Walter Hofer und Hans Rothfels, 1958ff.; Freiburger Studien zu Politik und Soziologie, 1958ff.; Politik. Schriftenreihe zu grundsätzlichen und aktuellen Fragen, 1962ff.; Soziologie. Schriftenreihe zu grundsätzlichen und aktuellen Fragen, 1962ff.

Werke (in Auswahl): Jugendbewegung und Univ., 1927 (zus. m. Hermann Platz); Staat und Wehrverbände, in: Europäische Rv. 3/1927/4, 300-302; Landwirtschaft und Agrarkrise in Frankreich, in: Schmollers Jb. 48/1928, 77-129; Erinnerungen des deutschen Krieges, in: Europäische Rv. 5/1929/1, 145-150; Sinn und Grenzen der Verständigung zwischen Nationen, 1930; Deutschland und die europäische Politik, in: Neue Blätter für den Sozialismus 12/1930, 529-535; Staat und Wirtschaft Frankreichs, 1930; Zur französischen Agrarpolitik, in: Deutsche Agrarpolitik im Rahmen der inneren und äußeren Wirtschaft, hrsg. v. Fritz Beckmann, Erg.-Teil.: Landwirtschaft und Agrarpolitik im Ausland,1932; Staat und Erziehung, in: Hochschule und Ausland 9/1933, 6-10; Geistige Grundlagen des deutschen Nationalbewußtseins in der gegenwärtigen Krise, 1933; Nation und Wirtschaft, 1933; Das Vaterland in der Dichtung Hölderlins, 1934; The economic policy of the German government, in: International Affairs 13/1934, 26-46; Volkskunde und Soziologie, in: Geistige Arbeit 1/1934/11, 3-5; Lorenzo Medici. Kunst und Staat im Florentiner Quattrocento, 1936; Mensch und Staat im Wirken Goethes/Pandora, in: Corona 6/1936, 99-123; Germany. A Short History, 1944 (zus. m. George N. Shuster); The Holy Beggar. Religion and Society in Hugo von Hofmannsthals Great World Theatre of Salzburg, in: Germanic Rv. 20/1945/4, 261-286; Der Friede in Goethes Dichtung, in: Deutsche Beiträge zur geistigen Überlieferung, hrsg. in Verbindung mit Helena M. Gamer, Ulrich Middeldorf, Wilhelm Pauck, Fritz K. Richter, Werner Richter und Hans Rothfels von A.B., 1947, 134-153; Wilhelm Dilthey and Max Weber. An Empirical Approach to Historical Synthesis, in: Ethics 57/1947, 92-110; Die Erziehungsweisheit des alten Goethe, in: Monatshefte 39/1947/8, 545-554; Die Epochen der Geistesgeschichte in Goethes Denken, in: Monatshefte 40/1948/3, 127-136; Goethe's Image of Man and Society, 1949 (Neudr. 1962); Goethes View of Christ, in: Modern Philology 46/1949/3, 172-202; Goethe und unsere Zeit, in: Monatshefte 42/1950/2, 77-88; Hofmannsthal und der europäische Gedanke, in: Kieler Univ.reden 2/1951, 5-24; Rel. Motive des universalgeschichtlichen Denkens, in: Deutschland und Europa. Festschr. f. Hans Rothfels zum 60. Geburtstag, hrsg. v. Werner Conze, Düsseldorf 1951, 315-336; Die Univ. und die gesellschaftliche Wandlung der Gegenwart, in: Die Sammlung 8/1953, 343-356; Deutsche und amerikanische Soziologie, in: Vierteljahreshefte für Zeitgeschichte 1/1953/3, 222-243, Die Dichtung und der Mensch des technologischen Zeitalters, in: Merkur 7/1953, 1-13; Rückblick auf die Generation von 1914, in: Ordnung als Ziel. Beiträge zur Zeitgeschichte. Festg. f. Peter van Aubel zum 60. Geburtstag, hrsg. v. Robert Tillmanns, 1954, 7-19; Nachwort zu: F.W.J. Schelling, Über das Verhältnis der bildenden Künste zu der Natur, 1954; Europa als geistige und politische Wirklichkeit, in: Freiburger Dies Universitatis: 3/1954/55, 69-80; Rückblick auf zehn Jahre Weltpolitik, in: Gesellschaft, Wissenschaft, Unterricht 6/1955, 265-274; Deutschland und Frankreich in der Weltpolitik der Gegenwart, in: Aus Politik und Zeitgeschichte (Beilage Das Parlament) 43/1955, 642-644; Die sozialpolitische Verantwortung des Westens und das Sowjetsystem, in: Offene Welt 38/1955, 30-36; Europäische Universalität im Denken der Gegenwart, in: Denker und Deuter im heutigen Europa, 1955, 14-18; Schillers Idee der Freiheit, in: Mannheimer Hefte 3/1955, 16-23; Die wissenschaftliche Politik, in: Geschichte in Wissenschaft und Unterricht 6/1955, 476-480; Deutsche Einheit, in: Vierteljahreshefte für Zeitgeschichte 3/1955/4, 335-344; Die Eingliederung der Streitkräfte in das Staatswesen der Bundesrepublik. Eine Untersuchung, in: Europa-Archiv 10/1955, 7953-7958 (zus. m. Theodor Eschenburg); Mensch und Gesellschaft im Atomzeitalter, in: Die neue Gesellschaft, Sonderheft: Der Mensch im Atomzeitalter, 1956, 19-28; Frankreich, Deutschland und Europa, in: Europa-Archiv 11/1956, 8509-8515; Amerikastudien als Problem der Forschung und Lehre, in: Jb. für Amerikastudien 1/1956, 8-14; Formen der Überlieferung, in: Verhandlungen des 13. Deutschen Soziologentages 1956 in Bad Meinberg, 1956, 13-30; Erwachsenenbildung und Kunst in der industriellen Gesellschaft, in: Gewerkschaftliche Monatshefte 7/1956, 479-484; Politische Bildung als staatsbürgerliche Aufgabe, in: Der Bürger im Staat 6/1956, 131; Ernst Robert Curtius. Literarische Kritik als politische Verantwortung, in: Jahresring 3/1956/57, 307-316; Der Mensch und die Politik im heutigen Deutschland, in: Sonderdruck vom 2. Deutschen Volkshochschulverband, 1956, 5-20; Art. Auswärtige Politik, in: Staatslexikon, hrsg. v. der Görres-Gesellschaft, 6. Aufl., Bd. 1, 1957, 753-783; Warum ist politische Bildung nötig?, in: Offene Welt 52/1957, 555-561; Die Aufgabe der Univ. in Gesellschaft und Staat, in: Festvorträge bei der Jubiläumsfeier der Albert-Ludwigs-Univ. Freiburg 1457-1957, 1957, 111-124; Die Stellung der Politik unter den Wissenschaften, in: Freiburger Dies Universitatis 6/1957/58, 85-95; Max Webers Antrittsvorlesung in zeitgeschichtlicher Perspektive, in: Vierteljahreshefte für Zeitgeschichte 5/1957/3, 209-219; Erwachsenenbildung als politische Aufgabe, in: Wege und Ziele der Erwachsenenbildung in unserer Zeit, hrsg. v. Verband für Erwachsenenbildung in Württemberg-Hohenzollern, 1957, 9-24; Max Weber, der Nationalstaat und die Politik, in: Aus der Geschichte der Rechts- und Staatswissenschaften zu Freiburg i.Br., hrsg. v. der Schrifttumskommission der Univ. Freiburg, 1957, 67-79; Art. Bürgertum, in: RGG, 3. Aufl., Bd. 1, 1957; Karl Gustav Vollmoellers späte Gedichte, in: Robert Boehringer. Eine Freundesgabe, hrsg. v. Erich Boehringer, 1957, 21-28; Das Wesen der politischen Bildung, in: Schicksalsfragen der Gegenwart, Bd. 2, 1957, 103-113; Mensch und Gesellschaft, in: Europa. Vermächtnis und Verpflichtung, hrsg. v. Hansgeorg Loebel, 1957, 90-95; Geschichtliche Kräfte im Gesellschaftsaufbau der Vereinigten Staaten, in: Schicksalsfragen der Gegenwart, 1/1957, 91-111; Zeugnisse zur Entstehungsgeschichte des Landes Hessen, in: Vierteljahreshefte für Zeitgeschichte 5/1957/4, 397-416; Prinzip und Analyse in der amerikanischen wissenschaftlichen Politik, in: Jb. für Amerikastudien 3/1958, 7-14; Wissenschaftliche Politik in unserer Zeit, in: Vierteljahreshefte für Zeitgeschichte 6/1958/3, 219-230; Die weltpolitische Dynamik der Gegenwart, in: Die Internationale Politik 1955, hrsg. v. A.B. und Wilhelm Cornides, 1958, 1-51; Zum 90. Geburtstag Alfred Webers, in: Ruperto-Carola 10/1958/23, 83-86; Die Begegnung der Kulturen in der modernen Welt, in: Internationale Zeitschrift für Erziehungswissenschaft 5/1959/1, 1-10; Alfred Webers Soziologie der Freiheit, in: Außenpolitik 10/1959, 141-149; Die Anforderungen der Weltlage an die wissenschaftliche Politik in der Bundesrepublik, in: Schriftenreihe Forschung und Wirtschaft 8/1959, 3-13; Art. Konservativismus, in: RGG, 3. Aufl., Bd. 3, 1959, 1782-1784; Die Technik und das Kulturproblem des XX. Jahrhunderts, in: VDI-Zeitschrift 101/1959/27, 1264-69; Altertum. Grundlagen der abendländischen Staatslehre, in: Handbuch des Geschichtsunterrichts, Bd. 1: Aufgabe und Gestaltung des Geschichtsunterrichts, hrsg. v. Wolfgang Kleinknecht und Wolfgang Lohan, 2. Aufl., 1959, 143-150; Gesellschaftspolitik in der heutigen Weltkonstellation, in: Schriftenreihe der Bundesvereinigung der deutschen Arbeitgeberverbände 22/1959, 8-19; Der Prospekt der Gleichheit, in: Sonntagsblatt 16/1959, 7; Art. Literatur, in: Staatslexikon, hrsg. v. der Görres-Gesellschaft, 6. Aufl., Bd. 5, 1960; Grundbegriffe der Politik, in: Gesellschaft, Staat, Erziehung 3/1960, 105-112; Art. Nationalismus, in: RGG, 3. Aufl., Bd. 4, 1960, 1312-1315; Die Lehrgehalte der politischen Bildung, in: Möglichkeiten und Grenzen der politischen Bildung in höheren Schulen, 1960, 75-88; Art. Diplomatie, in: Wörterbuch des Völkerrechts, hrsg. v. Hans-Jürgen Schlochauer, begr. von Karl Strupp, 2. Aufl., Bd. 1, 1960, 359-378; Internationale Politik als Zweig der politischen Wissenschaft, in: Politische Vierteljahresschrift 1/1960/2, 106-119; East-West-Tensions. The Present Status - Future Developments. Editor and Introduction, in: Atlantikbrücke 1960, 140; Ostwestbeziehungen. Der gegenwärtige Stand, künftige Entwicklung, 1960; The Atlantic Alliance. Report on the International Seminar of the University of Freiburg, 1960, 73; Das Atlantische Bündnis, 1960; Art. Politik, in: Staatslexikon, hrsg. v. der Görres-Gesellschaft, 6. Aufl., Bd. 6, 1961, 335-341; Der kulturelle Welthorizont, in: Offene Welt 71/1961, 68-81; Politik in Wissenschaft und Bildung. Reden und Schriften, 1. Aufl., 1961 (2. Aufl., 1966); Führung in der modernen Welt, 1. Aufl., 1961 (2. Aufl., 1963); Interview, gekürzt wiedergegeben in: Auszug des Geistes. Bericht über eine Sendung von Radio Bremen, 1962, 128-130; Klassiker der Staatsphilosophie 1. Texte und Einführungen, hrsg. v. A.B. und Dieter Oberndörfer, 1. Aufl., 1962 (2. Aufl., 1975); Art. Staatsformen, in: RGG, 3. Aufl., Bd. 6, 1962, 307-314; Die Zukunft der städtischen Lebensform, in: Der Städtetag, 15/1962/8, 403-409; Der Einzelne, die Vielen und die Ordnung, in: Freiburger Dies Universitatis 10/1962/63, 9-21; Gedanken zu Verfahren und Aufgaben der kulturwissenschaftlichen Gegenwartsforschung, in: Kulturen im Umbruch, hrsg. v. Gottfried-Karl Kindermann, 1962, 401-422; Zum Problem der sogenannten Amerikanisierung Deutschlands, in: Jb. für Amerikastudien 8/1963, 13-23; Zum Begriff des politischen Stils, in: Faktoren der politischen Entscheidung. Festg. f. Ernst Fraenkel, hrsg. v. Gerhard A. Ritter und Gilbert Ziebura, 1963, 39-55; Geschichtliches Bewußtsein und politische Entscheidung, in: Geschichte und Gegenwartsbewußtsein. Historische Betrachtungen und Untersuchungen. Festschr. f. Hans Rothfels zum 70. Geburtstag, hrsg. v. Waldemar Besson und Friedrich Frhr. Hillern von Gaetringen, 1963, 521-526; Die Hoffnung auf eine weltweite politische Ordnung, in: Festschr. f. Kurt Georg Kiesinger zum 60. Geburtstag, 1964; Zum 20. Juli 1944, in: Vierteljahreshefte für Zeitgeschichte 12/1964/1, 1-12; Das Bild Amerikas im deutschen Bewußtsein, 1964; Die Macht als Mythos und als Wirklichkeit, 1965; Weltpolitik als Wissenschaft. Geschichtliches Bewußtsein und politische Entscheidung, hrsg. v. Dieter Oberndörfer, 1965; Gemeinsame Ziele und Probleme der amerikanischen und deutschen Außenpolitik, in: A.B., ebd., 165-176; John F. Kennedy, in: A.B., ebenda, 177f.; Staat und Dichtung, hrsg. v. Erika Bergstraesser, 1967.

Bibliographie: A.B., Weltpolitik als Wissenschaft. Geschichtliches Bewußtsein und politische Erziehung, hrsg. v. Dieter Oberndörfer, 1965, 261-265 (mit zahlreichen Ungenauigkeiten).

Lit. (in Auswahl): Kurt R. Grossmann, Wer ist A.B.?, in: Aufbau v. 23.01.1942, 5; Maximilian Scheer, B., in: Aufbau v. 27.03.1942, 8; — Carl J. Friedrich, Der Fall B. Für A.B., in: Aufbau v. 03.07.1942, 14f.; — Maximilian Scheer, Der Fall B. Gegen A.B., in: Aufbau v. 03.07.1942, 14f.; — Kurt R. Grossmann, Antwort an Friedrich, in: Aufbau v. 03.07.1942, 15f.; Dieter Oberndörfer (Hrsg.), Wissenschaft-

liche Politik. Eine Einführung in Grundfragen ihrer Tradition und Theorie, 1. Aufl., 1962 (2. Aufl., 1966); — Atlantische Begegnungen. Eine Freundesgabe für A.B., hrsg. v. Fritz Hodeige und Carl Rothe, 1964; — Hans Maier, In memoriam A.B., in: Zeitschrift für Politik 11/1964/2, 97-99; — Kurt Sontheimer, A.B., in: Politische Vierteljahresschrift 5/1964/1, 150-152; — Dieter Oberndörfer, Nekrolog A.B., in: Kölner Zeitschrift für Soziologie und Sozialpsychologie 16/1964, 426-430; — Felix Messerschmid, In memoriam A.B., in: Gesellschaft, Staat, Erziehung 9/1964, 77-80; — Kurt Georg Kiesinger, In memoriam A.B., in: A.B., Weltpolitik als Wissenschaft. Geschichtliches Bewußtsein und politische Entscheidung, 1965, 17-19; — Victor Lange, Der Europäer in Amerika, in: A.B., ebd., 247-251; — Ernst Fraenkel, A.B. und die deutsche Politikwissenschaft, in: A.B., ebd., 252-259; — Heinrich Schneider (Hrsg.), Aufgabe und Selbstverständnis der politischen Wissenschaft, 1967; — Jürgen Schwarz, A.B. und die Studentenschaft der frühen zwanziger Jahre, in: Zeitschrift für Politik 15/1968/3, 300-311; — Werner Kindt (Hrsg.), Die Wandervogelzeit. Dokumentation der Jugendbewegung, Bd. 2, 1968; — Hans-Peter Schwarz, in: Staatslexikon, hrsg. v. der Görres-Gesellschaft, Erg. Bd. 1, 6. Aufl., 1969, 221-223; — Volkhard Laitenberger, Akademischer Austauschdienst und auswärtige Kulturpolitik. Der Deutsche Akademische Austauschdienst (DAAD) 1923-1945, 1976; — Hans Kastendiek, Die Entwicklung der westdeutschen Politikwissenschaft, 1977; — Claus-Dieter Krohn, Der Fall B. in Amerika, in: Exilforschung 4/1986, 254-275; — Horst Schmitt, Existenzielle Wissenschaft und Synopse. Zum Wissenschafts- und Methodenbegriff des »jungen« A.B., in: Politische Vierteljahresschrift 30/1989/3, 466-481; — Thomas Noetzel, A.B. Ontologie der Macht, in: Hans Karl Rupp, ders., Macht, Freiheit, Demokratie, Bd. 1, 1991, 121-136; — Rainer Eisfeld, Ausgebürgert und doch angebräunt. Deutsche Politikwissenschaft 1920-1945, 1991; — Jörg Ernst, Politikwissenschaft in der Bundesrepublik Deutschland. Die Entwicklung ihres Selbstverständnisses im Spiegel der Einführungswerke, 1994; — Horst Schmitt, Politikwissenschaft und freiheitliche Demokratie. Eine Studie zum »politischen Forschungsprogramm« der »Freiburger Schule« 1954-1970, 1995, insbesondere 40-91; — Horst Schmitt, Ein »typischer Heidelberger im Guten wie im Gefährlichen«. A.B. und die Ruperta Carola 1923-1936, in: Heinrich Blomert u.a. (Hrsg.), Heidelberger Staats- und Sozialwissenschaften zwischen 1918 und 1958, 1997, 167-196;- Horst Schmitt, Die Freiburger Schule 1954-1970. Politikwissenschaft in »Sorge um den neuen deutschen Staat«, in: Wilhelm Bleek/Hans J. Lietzmann (Hrsg.), Schulen in der deutschen Politikwissenschaft, 1999, 214-243; — Wilhelm Bleek, Geschichte der Politikwissenschaft in Deutschland, 2001; — Joachim Detjen, A.B. über die Politische Bildung an der Schule, in: Politische Bildung 36/2003/1, 121-128; — Emanuel Sarkisyanz, A.B. (1896-1964). Zum vierzigjährigen Bestehen. Vom Bekennertum zum Professorentum, vom Umgang mit Deutschlands Idealismus, Romantik und Jugendbewegung, 2004; — Alfons Söllner, Normative Verwestlichung? Die politische Kultur der frühen Bundesrepublik und A.B., in: ders., Fluchtpunkte. Studien zur politischen Ideengeschichte des 20. Jahrhunderts, 2006, 181-200.

Markus Porsche-Ludwig

BERTHOLD II. *von Pfirt* (Bertholdus de Firre-to), Bischof von Basel 1248-1262, * um 1200, Pfirt (Ferrette, Dept. Haut-Rhin), † 10.12. 1262, Basel. — Sohn des Grafen Friedrich II. von Pfirt (1197-1233) und der Heilwig (Hilwidis) von Urach, der Tochter des Grafen Egino IV. des Bärtigen von Urach und der Agnes von Zähringen. Das Ehepaar hatte zahlreiche Kinder: Ulrich, Ludwig, B., Alcardis (Alix), Albert, Margarete, Stephanie. Stephanie wurde Dominikanerin in Unterlinden, Albert Vogt in Marmoutier. B. wurde schon vor 1230 Domherr (Kanoniker) am Basler Münster (erstmals signierend 14.9. 1230, mit Titulatur 25.1. 1233), 1237/ 1240 Kanoniker an der Kathedrale von Straßburg, dann Kanoniker von Moutier-Grandval (Münster-Granfelden), hier seit 1243 Propst. Nach Ermordung Graf Friedrichs II. durch seinen Sohn Ludwig III. den Grimmigen (Grimmel, Féroce, Irascible; dessen Täterschaft entgegen den Quellen bestritten von Eberl in LMA) zerstritten sich die Söhne Ulrich (II.), Ludwig und Albert, die seit 1227 an der Herrschaft beteiligt gewesen waren und den Grafentitel führten, während B. sich dem geistlichen Stand zuwandte. Nachdem Ulrich seine Konkurrenten ausgeschaltet hatte (der geächtete und exkommunizierte Ludwig verstarb 1236 auf der Romreise, die ihm die Absolution bringen sollte), verbündete er sich mit B., dem auch an weltlichen Aufgaben gelegen war. Als der Bischof von Basel, Lüthold (Leuthold) II. von Aarburg und Rötteln (als Herr von Rötteln Lüthold I., als Bischof von Basel Lüthold II. 1238-1248), als Parteigänger des Hohenstaufers Friedrich II. sich und der Stadt den Kirchenbann zuzog, wurde er am 31.3. 1248 praktisch entmachtet, indem Innozenz IV. B. zum Koadjutor des Bischofs bestimmte, wobei im Gegenzug der Kirchenbann aufgehoben wurde. Zudem übernahm B. die weltlichen Amtsgeschäfte als päpstlicher Capitaneus (Verwalter während der Vakanz des Amtsträgers oder Stellvertreter des amtierenden Podestà, z. B. 1244 in Florenz, zur Amtsbezeichnung Diacciati 2006) und Defensor (militärischer Befehlshaber) der Stadt Basel. Lüthold wurde vor oder im Juni 1248 zur Abdankung gezwungen und B. als Nachfolger eingesetzt. Lüthold starb wenige Monate später (16.1. 1249). — Im Schatten der Auseinandersetzungen zwischen Papst und Kaiser betrieb B.

eine gezielte Expansionspolitik, indem er die Gelegenheit des über die Hohenstaufen verhängten Kirchenbanns benützte, Konrad, dem Sohn Friedrichs II., Schloß Rheinfelden »mit allen zugehörigen Weilern und Höfen« zu entreißen, ein Handstreich, den ihm Innozenz IV. mit Bulle vom 28.7. 1252 sanktionierte, wobei er ihm »ewigen Besitz im Namen der Basler Kirche« zusprach. Als eifriger Parteigänger des Papstes und der von diesem favorisierten deutschen Könige Wilhelm von Holland (1254-1256) und Richard von Cornwall (1257-1272) schloß sich B. in der unsicheren Zeit des Interregnums 1254 dem Rheinischen Städtebund (1254-1257) an und erreichte, daß Graf Rudolf IV. von Habsburg (der spätere Kaiser Rudolf I.), der zu den Hohenstaufen gehalten hatte, exkommuniziert wurde, mit der Auflage, die Schäden zu beheben, die er 1253 im Magdalenenkloster der Pönitenziarinnen (»Reuerinnen«) in Basel mit andern zusammen angerichtet hatte. 1255 eroberte B. die wichtige Handelsstadt Breisach am Rhein und ließ sich dort einen Palast errichten. In seinem Bistum förderte B. die neuen Orden, vor allem Franziskaner und Dominikaner. 1249 erließ er den Dominikanern die kanonischen Abgaben und gewährte Ablaß für den Besuch ihrer Predigten. Am 24.6. 1250 überließ er den Franziskanern ein größeres Grundstück für den Bau der Barfüßerkirche und des zugehörigen Klosters und siedelte beim Spalentor anstelle der Franziskaner Zisterzienserinnen an. 1253 stiftete er nach Aufhebung des elsässischen Benediktinerinnenklosters Michelbach, das in Verruf gekommen war, mit seinem Bruder Graf Ulrich II. von Pfirt die Zisterzienserinnenabtei Michelfelden (in St. Louis bei Basel). Der Wille zur Förderung der Wirtschaft zeigt sich in der Zulassung von Zünften (Bäckerzunft 30.1. 1256, Schneiderzunft 14.11. 1260), die politische Flexibilität in der Beglaubigung eines Bürgermeisters. Für das Hochstift beschaffte er 1254 aus Köln angesehene Reliquien, die die Stadtgeschichte widerspiegeln sollten (11000 Jungfrauen). — Im Sommer 1261 erlitt B. einen Schlaganfall, worauf Heinrich von Neuenburg im Auftrag von Papst Urban IV. von den Bischöfen von Genf und Lausanne als Koadjutor eingesetzt und zum künftigen Nachfolger (Electus) bestimmt wurde. B. starb im Jahr danach und wurde im Münster von Basel begraben. Der Koadjutor wurde nach längeren Querelen sein Nachfolger als Heinrich III. (1263-1274). — Der von B. geprägte Brakteat zeigt eine Bischofsbüste vor kreuzbekröntem Giebel zwischen zwei Kirchtürmen.

Quellen: Joseph Trouillat, Monuments de l'histoire de l'ancien évêché de Bâle recueillis et publiés par ordre du Conseil exécutif de la République de Berne, 1, Porrentruy 1852, 581-654; 3, Porrentruy 1858, 340 (Genealogie, lückenhaft); Acta Pontificum Helvetica: Quellen schweizerischer Geschichte aus dem päpstlichen Archiv in Rom, hrsg. von Johannes Bernoulli, 1: 1198-1268, Basel 1891, 330-430; Annales Colmarienses, Annales Basileenses, Chronicon Colmariense: MGH SS 17, 183-270, bes. 190; Chronicon Ebersheimense: MGH SS 23, 452.

Lit.: Rudolf Wackernagel, Geschichte der Stadt Basel, 1, Basel 1907, 26-31; — Rudolf F. Burckhardt, Der Basler Münsterschatz (Die Kunstdenkmäler des Kantons Basel-Stadt, 2), Basel 1933), 55 Abb. 23 (Siegel von 1258); — Günther Haseler, Geschichte der Stadt Breisach am Rhein, 1, Breisach 1969, 105; — Albert Bruckner / Werner Kundert [u.a.], Das Bistum Basel, in: Helvetia Sacra, I/1, Die Bistümer der Schweiz, Bern 1972, 132-134. 149-151. 178-180; — Anton Gössi (Hrsg.), Das Urkundenwesen der Bischöfe von Basel im 13. Jahrhundert, 1216-1274 (Quellen und Forschungen zur Basler Geschichte, 5), Basel 1974, 28-32. 65f. 174-181 (Urkundenverzeichnis Nr. 70-160). 189-195; — Brigitte Degler-Spengler, Zisterzienserinnenkloster (Basel-) Michelfelden, in: Cécile Sommer-Ramer / Patrick Braun (Hrsg.), Die Zisterzienser und die Zisterzienserinnen, die reformierten Bernhardinerinnen, die Trappisten und Trappistinnen und die Wilhelmiten in der Schweiz, in: Helvetia Sacra, III/3/2, Bern 1982, 575-578; — Christian Wilsdorf, Histoire des Comtes de Ferrette (1105-1324), Altkirch 1991, 107-141 (Genealogie S. 16); — Christian Wilsdorf, Ulrich II de Ferrette et son frère Berthold, prévôt de Moutier-Grandval et évêque de Bâle, in: Jean-Claude Rebetez (Hrsg.), La donation de 999 et l'histoire médiévale de l'ancien évêché de Bâle (Colloque organisé par la Fondation des Archives de l'ancien Evêché de Bâle, les 16, 17 et 18 septembre 1999 à Porrentruy), Porrentruy 2002, 187-212 (grundlegend); — Silvia Diacciati, Popolo e regimi politici a Firenze nella prima metà del Duecento, in: Annali di Storia di Firenze 1, 2006, 53-68; — LMA 6 (1993) 2033 (I. Eberl, s.v. Pfirt, Grafen von; Verwechslung von Ulrich I. und Ulrich II., dieser schiebt angeblich den Vatermord auf den Bruder Ludwig, was den Quellen widerspricht); — NDB 20 (2001) 336 (S. Haarländer, s.v. Pfirt, Grafen von); — HLS (Historisches Lexikon der Schweiz, online): Romain Jurot, s.v. Ferrette, Berthold de; Franziska Hälg-Steffen, s.v. Pfirt, von.

Bruno W. Häuptli

BERYNDA, Pavlo (Mönchsname Pamva), geb. ca. 1555-1560, wahrscheinlich im Ort Cajkovyči in der Nähe von Sambir (heute Ukraine), gest. 13./23. Juli 1632 in Kiev, ukrainisch-ruthenischer Drucker, Übersetzer, Lexikograph, Philologe, Poet, vor allem bekannt durch sein 1627 in Kiev erschienenes *Leksykon slavenorosskyj i imen tolkovanyje* (Kirchenslavisch-ruthenisches Lexikon und Lexikon der Eigennamen). B. gehört zur zweiten Generation ruthenisch-orthodoxer Intellektueller, die in Polen-Litauen seit der 2. Hälfte des 16. Jh. in der Auseinandersetzung mit den westlichen Konfessionen hervortraten. — Über die frühe Biografie B.'s sind nur unzureichende Angaben vorhanden. Schon über seine ethnische Herkunft wurde spekuliert. Slowakische Wurzeln wurden früher vermutet. Sein Nachname verweist eher auf rumän.-moldawische Vorfahren. In bestimmten Eigentümlichkeiten seiner Schriften hat man Hinweise auf eine Herkunft aus dem Karpatenraum gesehen; einigermaßen sicher muss aber inzwischen das Ruthenische, eine Vorform des Ukrainischen und Weißrussischen des 17. Jh. als seine Muttersprache angenommen werden. Auch wo B. seine Ausbildung erhielt, ist nicht geklärt. Eine Klosterschule bei Sambir, aber auch die Schuler der Lemberger orthodoxen Bruderschaft kommen dafür in Frage. Schließlich herrschen divergierende Ansichten über B.'s Bildungsniveau und besonders seine Sprachkenntnisse. Neben Ruthenisch und Polnisch beherrschte er sicher Lateinisch und Griechisch. Bezugnamen in seinem »Leksykon« auf arabische, hebräische oder syrochaldäische Wortherleitungen müssen dagegen nicht zwingend auf systematische Kenntnisse in diesen Sprachen schließen lassen. — B. erscheint spätestens seit der Mitte der 1590er Jahre als Protégé der Familie Balaban in L'viv (Lemberg) und Strjatyn, wo er in der von Bischof Gedeon Balaban unterhaltenen Druckerei arbeitete. In einem »Lehrevangelium« (*Evanhelije Učitel'noe*, Krylos 1606) fügte er erstmals im ukrainischen Buchdruck Illustrationen zum Textsujet ein. 1613-1619 arbeitete er in der Druckerei der Lemberger orthodoxen Bruderschaft. Vor 1613 bereits trat er in den Mönchsstand. Nach 1616 hielt er sich, auf Einladung des agilen und reformfreudigen Archimandriten Elisej Pletenec'kyj erstmals in Kiev auf, wo er an der Ausgabe eines »Anfologion« mitarbeitete, und ein Vorwort dazu schrieb. Ungefähr um diese Zeit dürfte auch seine Versdichtung zum Fest Christi Geburt (*Na roždestvo Hospoda Boha i Spasa našeho Isusa Chrysta virši dlja* *utichy pravoslavnym Christianam* - Verse zur Erbauung orthodoxer Christen aus Anlaß der Geburt unseres Herrn und Erlösers Jesus Christus) entstanden sein. Sie setzen sich zusammen aus einem Prolog, Reden von sieben jungen Männern, einem Epilog und weiteren Poemen über religiöse Themen. Ab 1619 siedelte er mit seinem Sohn Lukaš, und mit seinem Bruder Stepan B. dauerhaft nach Kiev über, und übernahm schließlich eine führende Position (wenn auch nicht offiziell die Leitung) der dortigen Klosterdruckerei. Von jetzt an tragen nahezu alle Druckwerke der 1620er Jahre aus der Lavra-Druckerei Merkmale seiner Mitarbeit. Nach älteren Angaben war er in Kiev zeitweise auch als Lehrer an der von der orthodoxen Bruderschaft unterhaltenen Lehrstätte tätig. 1624 reiste B. mit vier Druckwerken aus der Lavra Druckerei nach Moskau und wurde vom Patriarchen Filaret empfangen. 1627 erschien in Kiev B.'s Hauptwerk, das erwähnte »*Leksykon*«. Das insgesamt 6982 Stichworte umfassende Werk gliedert sich in 3 Teile. Im ersten, etwa 5000 Einträge umfassenden Teil erhalten kirchenslavische biblische und theologische Begriffe ihre ruthenische Entsprechung, Erläuterung und Einordnung unter Verwendung eines mehrsprachigen Kontextes. Ca. 2000 weitere Eigennamen und Ortsbezeichnungen biblisch-theologischer, aber auch kulturologisch-philosophischer Herkunft erfahren im folgenden Teil ebenfalls eine Übersetzung, nebst ethymologischer Herleitung. Ein Register komplettiert das Werk. Zu den Vorlagen gehörten u.a. ein kirchenslavisches Lexikon L. Zizanijs, Werke von Maksim Grek, aber auch ein Übersetzungsanhang einer griechisch-lateinischen Bibelausgabe aus Antwerpen (1571). B.'s »*Leksykon*«, an dem er seit seiner Zeit in L'viv und Strjatyn nahezu 30 Jahre lang arbeitete, ist ein sowohl philologisches als auch theologisches Pionierwerk der ruthenischen Orthodoxie, mit Wirkung weit darüber hinaus. Die Spannweite der aufgenommenen Begriffe verrät die Vertrautheit des Autors mit der zeitgenössischen philosophischen Terminologie, aber auch mit der meist an die griechisch-römische Antike anknüpfenden Metaphorik des Barock. Die in B.'s Begrifflichkeiten enthaltenen westlichen und griechischen Einflüsse sind seit langem Gegenstand intensiver Forschungen. Das »*Leksykon*« erfüllte die Aufgabe, das

Kirchenslavische in seiner theologischen und liturgischen Funktion für die Zeitgenossen neu zu erschließen, und zugleich der damaligen ruthenischen Sprache eine eigene theologische Lexik zu erschließen. Dies wirkte der im damaligen Milieu stets präsenten Verachtung beider Sprachen von seiten nichtorthodoxer Gelehrter entgegen. Hieraus entstand ein wichtiger Schritt zur Heranbildung einer ruthenischen (später ukrainischen und weißrussischen) Literatursprache. Noch im 19. Jh. wurde B.'s »*Leksykon*« konsultiert. Welchen Schritt sein Übertragungswerk bedeutete, erhellt sich aus einer ein einem seiner Vorworte geschriebenen (und in seiner Zeit offenbar notwendigen) Rechtfertigung, dass doch die Verwendung des Ruthenischen so wenig eine Sünde sei wie seinerzeit die des Griechischen durch die Evangelisten, oder die Übersetzung der Bibel ins Kirchenslavische. Schließlich wird B. auch ein 1628-29 in Kiev gedruckter Kalender mit 12 Illustrationen (eine für jeden Monat in Anlehnung an die Fest-Ikonen des Monats) und Darstellung der Heiligen zugeschrieben, ein Werk mit stark anti-katholischem und anti-uniertem Akzent. (Ein Exemplar findet sich u.a. in der Bodleian Library, Oxford; hierzu liegen indes gegenwärtig keine weiteren Forschungen vor.). B. starb 1632 in Kiev und wurde in der Himmelfahrts-(*Uspenskij-*)Kirche des Höhlenklosters beigesetzt.

Werke: Na roždestvo Hospoda Boha i Spasa našeho Isusa Chrysta virši dlja utichy pravoslavnym Christianam, Kiev 1616 (Neuausg.bei: A. Syčevskaja, Pamva Berynda i ego Virši na roždestvo Christovo i dr. dni, Kiev 1912); Vorwort zum »Anfologion«, Kiev 1616, und weiteren Druckwerken (Abdruck bei F. I. Titov, Materialy dlja istorii knyžnoi sprava na Ukraini. Vsezbirka peredmov do ukrains'kich starodrukiv, Kiev 1924; Nachdr. Köln 1982); Leksykon slavenorosskyj i imen tolkovanje, Kiev 1627, 2. Auflage Kutejno 1653; (Neudr. Leksykon slavenoros'kyj Pamvy Beryndy (ed. V. Nimčuk), Kiev 1961).

Lit.: O. Čuprina, P. Berynda ukladav svij slovnyk pivžyttja, in: Hazeta po ukrains'ky, no. 435, 23.8.2007; — A.-L. Caudano, Pamvo Berynda's Verses on the Nativity of Christ: Between Western Education and Byzantine Hymnography, in: Canadian Slavonic Papers 49 (2007), no.2; — Ja. Stratij, Art. Berynda Pavlo, in: V.S. Gors'kyj, M.L. Tkačuk, V.M. Ničik et.al. (eds.): Filosofs'ka dumka na Ukraini. Biobibliohr. Slovnyk, Kiev 2002; — V. Nimčuk, Art. Berynda Pavlo, in: Z.I. Chyžnjak, V. S. Brjuchovec'kyj (ed.): Kyivo-Mohyljans'ka akademija v imenach, Kiev 2001; — S. Plokhy, Cossacks and Religion in Early Modern Ukraine, New York 2001; — V. Nimčuk, Art. Berynda Pamvo, in: Ukrains'ka Mova, Kyiv 2000; — G. Shevelov, Art. Berynda Pamva, in: Encyclopedia of Ukraine, vol. 1, 1984; — M.

Leeming, Greek and Latin Elements in Pamvo Berynda's Lexicon on 1627, in: Slavic and East European Review, 51 (1973), 182-213; — V. Nimčuk, Pamvo Berynda i joho »leksikon slavenorosskij i imen tl'' kovanije«, Einl. zur Neuausg. von 1961 (s. Werke); — I. J. Ošipko, Iz sposterežen' nad pobutovoiu leksikoiu ukrains'koi movy XVII st. (Na materiali »Leksykonu slavenorosskoho« Pamvy Beryndy), in: Pytannja ukrains'koho movoznavstva, kn. IV, Lemberg (L'viv) 1960; — I.K. Bilodid (red.), Kurs istorii ukrains'koi literaturnoi movy, t. 1 (rozdil »Ukrains'ka literaturna mova drugoi polovyny XVI, XVII i XVIII st), Kiev 1958; — F. Ja. Šolom, Zarodžennja I rozvytok naukovoi filolohičnoi dumky v Rosii i na Ukraini v XVI - peršij polovyny XVII st., Filolohičnyj zbirnyk, Kiev 1958; — M. F. Stanivs'kyj, Do počatkiv slov'jano-rumuns'koi leksykohrafii, in: Pytannja istorii I dialektolohii schidnoslov'janskych mov (Naukovi zapysky Černivec'koho derž. Universitetu, T. XXXI, vyp. 7), Černivci (Czernowitz) 1958; — R.M. Cejtlin, Kratkij očerk istorii russkoj leksikografii, Moskau 1958; — M. R. Sudnik, Historyja usniknennja i etapy razviccja belaruskaj leksikagrafii staražytnaj pary, in: Pracy Instytuta movaznavstva AN BCCR, vyp. IV, Minsk 1957; — P.I. Horec'kyj, Pamva Berynda i joho »Leksykon slavenorosskij«, in: Ukrains'ka mova v školi«, no. 2, 1956; — J. Janów, Leksykografia wschodnio-słowiańska do końcu XVII w., cz. II, 1: Leksykon P. Beryndy i jego stosunek do nauki zachodnio-europejskiej, »Sprawozdania z czynności i posiedzień Polskiej Akademii Umiejętności«, t. LII, 1951, no. 4; — ders. Leksykografia wschodnio-słowiańska do końcu XVII w., cz. II, 2: Etymologie Maksyma Greka, Manuela Retora i innych autorów w słowniku imion P. Beryndy z 1627 r., »Sprawozdania z czynności i posiedzień Polskiej Akademii Umiejętności«, t. LII, 1951, no. 6; — L.S. Kovtun, K istorii russkoj leksikografii drevnego perioda. Avtoreferat kandidatskoj dissertacii, in: Izvestija AN SSSR. Otdelenie literatury i jazyka, t. VIII, vyp. 2, Moskau-Leningrad 1949; — J. Janów, Z badań nad słownikami staroruskimi, cz. 1, Uwagi o zbiorze »Synonima sławenorosskaja« (z XVII w.), Odbitka ze »Sprawozdań Towarzystwa Naukowego we Lwowie«, roczn. XVIII, 3, Lemberg (Lwów) 1939; — G. Florovsky, Puti russkago bogoslovija, Paris 1938; — ders., Ways of Russian Theology, New York 1956 (Collected Works, vol. 5-6); — A. Martel, La langue polonaise dans les pays ruthènes, Ukraine et Russie Blanche, 1569-1667 (Travaux et mémoires de l'université de Lille. Nouvelle série: Droit et lettres, no. 20), Lille 1938; — Z. M. Veselovs'ka, Mova »Leksikonu« Pamvy Beryndy, in: Zapysky istoryčno-filolohičnoho viddilu UAN, n. 13-14, Kiev 1927; — dies., Ukrains'kyj naholos u »Leksikoni« P. Beryndy, in: Zapysky istoryčno-filolohičnoho viddilu UAN, no. 21-22, Kiev 1929; — S. Maslov, Drukarstvo na Ukraini v XVI-XVIII st., in: Bibliolohični visti«, č. 1-3, Kiev 1924; — A.I. Syčevskaja, Pamva Berynda i ego Virši na roždestvo Christovo i dr. dni, Kiev 1912;B. Hrinčenko, Slovar' ukrains'koi movy, Bd. 1, Vorwort, Kiev 1907; — S.K. Bulič, Očerk istorii jazykoznanija v Rossii, Bd. 1, StPb. 1904; — A. Archangel'skij,, Art. Pamva Berynda, in: Russkij biografičeskij slovar', StPb. 1902; — Mardarie cozianul Lexikon slavo-românesc si tiicuirea nimeior din 1649. Publicate cu studiu, note si indicele cuvintelor românesci G. Cretu, Bukarest 1900; — K. Charlampovič, Zapadnorusskie pravoslavnye školy XVI

I načala XVII v., Kazan' 1898; — P. Žyteckij, Očerk literaturnoj istorii malorusskogo narečija v XVII veke, Kiev 1889 (s. ebenso: Kievskaja Starina, 1888, no. 5); — Filaret (Gumilevskij), Obsor russkoj duchovnoj literatury (862-1863), izd. III, StPb. 1884; — K. Širskij, Očerk drevnich slavjanorusskich slovarej (Filologičeskie zapiski), Voronež 1869; — Skazanija russkogo naroda, sobrtannye I. Sacharovym«, t. II, kn. V-VIII, StPb. 1849; — E. L. Bolchovitinov, Slovar' istoričeskij o byvšich v Rossii pisateljach duchovnogo čina greko-russkoj cerkvi, Bd. II, 2. Aufl., StPb. 1827.

Alfons Brüning

BICCHIERI, Guala (Wala Bicherius, Bicheri, Wallo, Galon), Kardinal, Diplomat, * um 1150, Vercelli, † Juli 1227, Rom. — B. stammte aus einem führenden ghibellinischen Aristokratengeschlecht, das auch als Beccaria bezeugt ist; als Vorname wird in den Quellen auch Jacopo oder Giacomo angegeben, Guala auch als Familienname (darum in der Lit. oft als »Kardinal Guala« bezeichnet). B. studierte zuerst wohl in Vercelli an der Kathedralschule S. Eusebio, darauf an der juristischen Fakultät von Bologna, wo er in kanonischem und zivilem Recht doktorierte. Am 5.12. 1187 wurde er Kanoniker des Kathedralkapitels von S. Eusebio in Vercelli. Der weitere Verlauf seiner Karriere ist nicht bekannt (ein angebliches Bischofsamt oder Aufgaben an der Kurie sind nicht nachweisbar). 1205 ernannte ihn Innozenz III. zum Kardinal als Kardinaldiakon von S. Maria in Porticu. Seit 1207 übernahm B. wichtige kirchenpolitische Aufgaben als päpstlicher Legat. Verschiedene diplomatische Missionen führten ihn nach Florenz (11.7. 1207, Streit mit Siena), in die Lombardei (Piacenza 3.10. 1206), die Romagna, die Marken, nach Umbrien (Sept. 1210), nach Passau und Salzburg, die wichtigsten und schwierigsten nach Frankreich und England. Am 29.5. 1208 wurde er beauftragt, in Frankreich den Kreuzzug ins Heilige Land zu predigen, den König zum Kreuzzug gegen die Albigenser zu bewegen, die Frage der sich seit 1193 hinziehenden Scheidung Philipps II. August von der kinderlos gebliebenen Ingeborg von Dänemark zu lösen und die Reform des Klerus (Kleidung, Gottesdienst, Schulung, Beziehung zu Frauen) in die Wege zu leiten, wie sie wenig später an den Konzilien von Paris 1212, Rouen 1214 und im Lateran (1.11. 1215) aufgegriffen wurde. Nach Rom kehrte B. erst im November 1209 zurück und blieb dort längere Zeit. Im Sommer

1211 wurde er für seine Verdienste zum Kardinalpresbyter von Ss. Silvestro e Martino ai Monti befördert. 1215 gründete B. in Vercelli die Gemeinschaft der Regularkanoniker von S. Andrea als Ableger von St. Viktor in Paris und faßte den Plan zu einem Neubau der Kirche S. Andrea und von Konventsbauten. 1219 gelang es ihm, den bedeutenden Theologen Thomas Gallus (um 1190-1246) aus Paris nach Vercelli zu berufen, für die Leitung der Bauarbeiten zu verpflichten und ihn 1224 als Prior, 1226 als Abt von S. Andrea zu gewinnen. Im Januar 1216 erhielt B. von Innozenz III. den heiklen Auftrag, zwischen der französischen und der englischen Krone zu vermitteln, da der französische Kronprinz, der spätere Ludwig VIII., verheiratet mit Blanka von Kastilien, Johanns Nichte, auf Anregung rebellierender Barone Ansprüche auf England erhob und trotz den von B. in Melun geführten Verhandlungen (24./25.4. 1216) mit Truppen nach England übersetzte (21.5.), was B., der Ende Februar mit weitreichenden Vollmachten aus Rom abgereist war, am 29. Mai in Winchester mit dem Kirchenbann beantwortete. Inzwischen hatte Johann Ohneland die Gefolgschaft des Adels verloren, als er die Magna Charta zwar unter Druck unterschrieb (15. Juni 1215), sie aber durch päpstliche Bulle vom 25. August 1215 widerrufen und die Barone, die dem französischen Prinzen die Krone anboten, exkommunizieren ließ. Die Lage verschärfte sich, als Johann unverhofft starb (19. Oktober 1216) und der Marschall Wilhelm von Pembroke als Protektor des Reiches zusammen mit B. die Regentschaft für den unmündigen Sohn Heinrich III. (* 1207) übernahm und B. ihn schon am 28. Oktober in Gloucester zum König krönte. In Bristol erreichte B. mit Unterstützung von Pembroke die Erneuerung der Magna Charta (12. Nov.). Honorius III. (1216-1227) setzte die Politik seines Vorgängers Innozenz III. fort, indem er mit einer Bulle (17.1. 1217) die Kreuzfahrer von ihrem Gelübde entband, wenn sie König Heinrich unterstützten. Nach erfolglosen Gefechten auf der Seite der rebellischen Barone (Niederlage bei Lincoln 20.5. 1217) zog sich Ludwig VIII. aus England zurück und unterzeichnete den Vertrag von Lambeth am 11. Sept. 1217, mit dem die französischen Expansionspläne beendet wurden. B. griff gegen die Rebellen und den mit ihnen teilweise sympathisierenden Klerus hart durch und machte ihnen fiskalische Auflagen, von denen er einen Teil für sich abzweigte, was ihm in den feindlichen (auch französischen) Quellen den Ruf eintrug, hochmütig, unbarmherzig und habgierig zu sein. Die ausgedehnten päpstlichen Vollmachten, mit denen B. ausgestattet war, riefen den Protest der Zisterzienseräbte hervor (s. DHGE). Zum Dank für die erfolgreichen diplomatischen Bemühungen erhielt B. von Heinrich III. 1217 die Einkünfte der Abtei St. Andrew in Chesterton zugewiesen, was er für eine größere Bautätigkeit in Vercelli nutzte. Auf eigenen Wunsch am 12.9. 1218 aus England zurückberufen reiste B. nach Vercelli, nahm am 12. Februar 1219 an der Grundsteinlegung der Basilika S. Andrea teil (Weihe 1224) und gab den Bau eines Konvents und später (1224) eines Spitals (Ospedale di S. Brigida degli Scoti, Statuten in der Bulle Honorius' III. vom 27.11. 1225) in Auftrag. Die letzte diplomatische Aktion zwecks Unterstützung eines Kreuzzugs führte B. 1225 nach Kampanien zu Friedrich II., der ihm einen kaiserlichen Schutzbrief für die Abtei S. Andrea in Vercelli ausstellte. B. verfaßte am 29.5. 1227 mit päpstlicher Erlaubnis sein Testament zugunsten seiner Abtei, während der seit März amtierende Gregor IX. tags darauf deren Privilegien erneuerte. B. starb in Rom kurz nach dem 30.6. 1227 (letzte Signatur in einer päpstlichen Bulle; Todesdatum 31.5., so Bolton, ist somit auszuschließen); er wurde in San Giovanni in Laterano beigesetzt, später aber nach Vercelli transferiert und die Gebeine in seiner eigenen Prunkkassette (mit Limoges-Emails) verwahrt (1611 eingemauert, 1823 vom Architekten Arborio Mella aufgefunden, jetzt Museo Civico d'Arte Antica e Palazzo Madama in Turin). Das Testament umfaßte Reliquiare (Auftrag für drei Emailreliquiare an die Werkstätten in Conques und Limoges während der Frankreichmission 1208/1209), Goldschmiedearbeiten, Kunstkammerobjekte, Paramente und eine 130 Exemplare umfassende Sammlung von Handschriften aus dem 11. bis 13. Jh. (weitgehend verloren), darunter eine deutsche Bibel, wohl ein Geschenk Friedrichs II. (erhalten). Daß auch das sog. Vercellibuch aus dem 10. Jh. mit den ältesten angelsächsischen Texten dazu gehörte, bleibt Vermutung (zu den verschiedenen Hypothesen Halsall 1969).

Quellen: Heinrich Zimmermann, Die päpstliche Legation in der ersten Hälfte des 13. Jahrhunderts vom Regierungsantritt Innocenz' III. bis zum Tode Gregors IX.: 1198-1241 (Veröffentlichungen der Sektion für Rechts- und Sozialwissenschaft: Görres-Gesellschaft zur Pflege der Wissenschaften im Katholischen Deutschland, 17), Paderborn 1913, passim; — Frederick M. Powicke / Christopher R. Cheney (Hrsg.), Councils and synods with other documents relating to the English Church, 1: 1205-1265, Oxford 1964, 49-51; — Agostino Paravicini Bagliani, I testamenti dei cardinali del Duecento (Miscellanea della Società Romana di Storia Patria, 25), Roma 1980, 110-120; — Nicholas Vincent (Hrsg.), The letters and charters of cardinal Guala Bicchieri, papal legate in England, 1216-1218 (Canterbury and York Society, 83), Woodbridge 1996 (im Anhang die Briefe als Legat in Frankreich 1208/9: 146-155); Rez. Marjorie Chibnall, in: The English Historical Review 114, 1999, 687f; Ralph W. Turner, in: Speculum 47, 1999, 124-126.

Lit.: Alfred Hessel / Walter Bulst, Kardinal Guala Bichieri und seine Bibliothek, in: Historische Vierteljahrschrift 27, 1932, 772-794; — Cosimo Damiano Fonseca, Ricerche sulla famiglia Bicchieri e la società vercellese dei secoli XII e XIII, in: Raccolta di Studi in memoria di Giovanni Soranzo (Contributi dell'Istituto di storia medioevale dell'Università Cattolica di Milano, 1 = Pubblicazioni dell'Università cattolica del Sacro Cuore: contributi. Serie III, Scienze storiche, 10), Milano 1968, 207-264; — Maureen Halsall, Vercelli and the »Vercelli Book«, in: Proceedings of the Modern Language Association 84, 1969, 1545-1550; — Agostino Paravicini Bagliani, Cardinali di Curia e »familiae« cardinalizie dal 1227 al 1254, 1 (Italia sacra, 18-19), Padova 1972, 14; — Werner Maleczek, Papst und Kardinalskolleg von 1191 bis 1216: die Kardinäle unter Coelestin III. und Innocenz III. (Publikationen des Historischen Instituts beim Österreichischen Kulturinstitut in Rom, Abt. 1, Abh. 6), Wien 1984, 141-146 u. passim; — Simonetta Castronovo, Il tesoro di Guala Bicchieri cardinale di Vercelli, in: Giovanni Romano (Hrsg.), Gotico in Piemonte (Arte in Piemonte, 6), Torino 1992; — Rosaldo Ordano, L'Università di Vercelli nel Medioevo, in: Atti del secondo Congresso Storico Vercellese, 23-25 ottobre 1992, Vercelli 1994, 167-204; — Barbara Drake Boehm, in: Elisabeth Taburet-Delahaye / Barbara Drake Boehm (Hrsg.), L'Œuvre de Limoges: émaux limousins du Moyen Age (Paris, Musée du Louvre, 23 octobre 1995 - 22 janvier 1996, New York, The Metropolitan Museum of Art, 4 mars - 16 juin 1996), Paris 1995, 282-285 Nr. 89; — Simonetta Castronovo / Giovanni Romano, Pittura e miniatura del Trecento in Piemonte (Arte in Piemonte, 11), Torino 1997, 233f; — Costanza Segre Montel, Un martirologio frammentario appartenuto al cardinale Guala Bicchieri, in: Bollettino storico vercellese 29, 2000, 29-43; — Simonetta Castronovo, Scrinium cardinalis: un tesoro medievale per il Museo Civico d'Arte Antica di Torino, (Katalog zur Ausstellung im Palazzo Reale, Torino 14.9.-14.11.2004), Torino 2004; — Martina Schilling, Victorine liturgy and its architectural setting at the church of Sant'Andrea in Vercelli, in: Gesta, 42/2, 2003, 115-130; — Dies., La chiesa abbaziale di Sant'Andrea a Vercelli: tradizione lom-

barda e gotico francese, in: Arte Lombarda. Atti del Convegno Internazionale di Studi, Parma 26-30 settembre 2001, hrsg. A.C. Quintavalle, Milano 2004, 189-198; — Dies., Von Paris nach Piemont, ein Kulturtransfer im frühen 13. Jahrhundert: Kardinal Guala Bicchieri, die Viktorinerabtei von Sant'Andrea und das Theologiestudium in Vercelli, in: Rainer Berndt (Hrsg.), Bibel und Exegese in Sankt Viktor zu Paris: Form und Funktion eines Grundtextes im europäischen Raum (Corpus Victorinum: Instrumenta, 4), Berlin 2006; — Dies., The abbey of Sant'Andrea in Vercelli: the Gothic architecture in its historical context, Turnhout 2008 (in Vorb.); — DBI 10 (1968) 314-324 (D. Fonseca; wichtig, umfangreiche Bibl.); — TRE 9 (1982) 629 (R. Lindsay Storey, s.v. England III); 15 (1986) 569 (H. Dilcher, s.v. Honorius III.); 16 (1987) 178 (G. Schwaiger, s.v. Innocenz III.); — DHGE 22 (1988) 492-495 (R. Aubert, s.v. Guala de Bicchieri); — Ph. Levillain, Dictionnaire historique de la papauté, Paris 1994, 877-882 (O. Guyotjeannin, s.v. Innocent III); 822-824 (A. Paravicini Bagliani, s.v. Honorius III); — Enciclopedia dei papi, 2, Roma 2000, 326-350, bes. 345f (W, Maleczek, s.v. Innocenzo III); 350-362, bes. 353f (D. Carocci / M. Vendittelli, s.v. Onorio III); — The Oxford Dictionary of National Biography 24 (2004) 160f (Brenda M. Bolton, s.v. Guala).

Bruno W. Häuptli

BLANCKENBERG, Berndinus, (auch Bernhardinus) * um 1470 in Eisleben, † 12.4. 1531 in Eisleben, Mansfelder Erbhüttenmeister, Stadtvogt von Eisleben. — B. ist wohl ein Herkunftsname für die Stadt Blankenburg am Harz. Bürger dieses Namens, die als Urk.-Zeugen auftreten, werden 1317-1321 in Osterwieck (Ludwig) u. 1339 in Heringen (Heinrich) genannt. Erstmals wird die Familie B. für Eisleben im ältesten Werderbuch der Stadt von 1420 mit einem schöppenbaren Haus der Witwe Blankenberg im Bereich des inneren Freistraßentores deutlich, das 1433 Hans Meynhard, der 1427 die Bürgerrechte erworben hat u. wohl ihr Schwiegersohn ist, besitzt. Meynhard erwirbt M. d. 15. Jh. drei Grundstücke weiter ein neues Haus. Sein Nachfahr, der Hüttenmeister u. Fernhändler Christoph Meinhard (Mitglied des Altstädter Rates, † 1527) wird auf seine Anfrage hin am 30.5. 1524 von Thomas Müntzer (s. d.) eine Auslegung des 18. Psalms (nach Luther der 19.) erhalten, ein Zeichen für die Beteiligung der Eisleber Bürgerschaft an den reformatorischen Bewegungen der Zeit. Der junge Sohn Heinrich der Witwe B. erwirbt 1439 die Eisleber Bürgerrechte. Dieser hat wohl zwei Söhne Jacob, † vor 1486, und Sebastian (Bastian), der Hüttenmeister u. 1486-1504 Ratsherr der Altstadt Eisleben ist. 1486 bezeugt Bastian einen

Vertrag zur Begiftung zwischen seiner Schwägerin Margarete und deren zweiten Mann Oswald Beckmann; 1497 erscheint Jacobs Sohn Heinrich mit einer Hausbelehnung u. wenig später mit der Begiftung seiner Frau Margarete vor dem Rat. Beide scheinen keine Kinder gehabt zu haben. Anders stellt sich die Situation bei dem Bastian B. folgenden Zweig dar. 1463 erwirbt er mit seiner Frau Gertrud die Hälfte des Hauses »Gegen die Linde« von Bartholomäus Blume (sein Schwiegervater?). Dabei handelt es sich um das Gebäude Markt 57 (Ecke Rathausstraße, zuvor Blanckenbergs Gäßlein bzw. Armesünder-Gäßlein), des wegen des Weges vom 1530 neu erbauten Gefängnis am Jüdenhof zur Richtstätte auf dem Markt so benannt war) und nicht um ein Gebäude am Topfmarkt, der damals »Über der Linde« hieß. Er bezog allerdings 1463 zunächst ein Haus in der »Kupfergasse« (wohl eine der nach dem Brand von 1498 verschwundenen Gassen in Marktnähe), das er von Lorenz Friedeburg (auch Schmiring) gekauft hatte. Dicscs geht 1465 an Hans Mackenrodt. 1478 wird er mit einem Haus von Hans Kobis (der zweiten Hälfte des Hauses »Gegen die Linde«?) u. 1495 mit einem Haus am Nicolaikirchhof belehnt. Bastian vererbte seinen 2 Söhnen Bartholomäus, der 1540 kinderlos verstarb, und Berndinus, die beide zwischen 1464 und 1470 geboren sein müssen, seine drei Erbfeuer in Lüttgen-Eisleben sowie eines in Hergisdorf. Beide Brüder treten als Berg- und Hüttenunternehmer stets gemeinsam auf, wobei Bartholomäus die Montanunternehmungen leitet u. Berndinus die Handelsgeschäfte führt. Er tritt spätestens 1507, wo »auf Blanckenbergs Ratsstuben« der Bau eines Stollens in den Holzmarken wegen der immensen Kosten von 15.000 fl. abgelehnt wird, in der Nachfolge seines Vaters in den Rat ein. Offenbar hatte er das diplomatische Geschick seines Vaters, der Ende des 15. Jh. mehrmals als Unterhändler in privaten Hüttenstreitsachen erwähnt wird, geerbt. 1498 brennt die gesamte Altstadt Eisleben, darunter das alte Rathaus aus der Zeit um 1300, ab. Mit dem Neubau des Gebäudes Markt 57 um 1500 zieht die Familie endgültig in diesen Stammsitz ein. Durch sein Amt als Ratsherr ist B. nunmehr stark in den Wiederaufbau und die Sicherung der Rechte der Stadt eingebunden. Neben den Stadt- (und somit Markt- und Befestigungsrechten) gehörten dazu die dem Rat 1454 verpfändeten niederen Gerichtsrechte (später auch die Blutgerichtsbarkeit), deren »Versteinung« bis 1808 immer wieder auch eine kaiserliche Bestätigung erfuhr. 1508 wird der Neubau des Rathauses gegründet. Basis für den vergleichsweise schnellen Wiederaufbau der Stadt sind drei Gründe: das gräfliche Privilegium von 1498 sowie die von den Grafen beim Kaiser erwirkten Jahrmärkte, die Oberlehnsherrschaft durch Ernst von Sachsen († 1513) u. Albrecht v. Brandenburg († 1540, s. d.), die zugleich EB v. Magdeburg u. Administratoren v. Halberstadt sind (dadurch können die Magdeburger Vorstädte des Halberstädter Marktviertels in den erweiterten hochma. Mauerring einbezogen werden) u. die durch das Montanwesen wirtschaftliche Kraft des Eisleber Bürgertums. Das zeigt auch die Entwicklung der Unternehmungen der »Blanckenberge«. 1511 werden sie zu Schichtmeistern im Weschtal bestellt, 1515 bestätigt Hans Lachs von Hergisdorf gegenüber dem Eisleber Rat, dass seine Ansprüche befriedigt seien - die B. hatten zwei weitere Erbfeuer in Hergisdorf erworben. Drei weitere betrieben sie bei Lüttgen-Eisleben. Zudem erwarben sie 1519 für 400 fl. von Hans Naße die Mühle auf der Vichweide (Plan) in Eisleben. Die B. gehörten so zu den reichsten Hüttenmeistern der Gfsch. Mansfeld und deren Hauptstadt Eisleben. Da Bartholomäus vorrangig die Montangeschäfte betrieb, konzentrierte sich Berndinus auf seine Aufgaben im Rat, der aus drei Dritteln mit jeweils einem Stadtvogt (dem von den Grafen bestätigten Bürgermeister) bestand. Bei wichtigen Handlungen trat dieser Rat (der alte, der sitzende, der neue) auch gemeinsam auf, so 1512, als er die Vogtei des Klosters Neuhelfta für den Fall des Aussterbens der Mansfelder Grafen erwarb - neben Bernhardinus B. unterzeichnen Vertreter folgender Ratsgeschlechter: Kniese, Merten, Orlamünde, Mackenrodt, Sost, Gerhardt, Wickardt u. Lange. Als Senior der Grafen unterzeichnet Graf Günter VI. († 1526), der den Hüttenmeistergeschlechtern besonders nahe stand. 1518 wird B. als Nachfolger von Claus Kniese erstmals Stadtvogt und bekleidet dieses Amt demzufolge auch 1521, 1524, 1527 u. 1530. In dieser ca. 25jährigen Amtszeit als Ratsmann u. später Stadtvogt erfolgt der Wiederaufbau der Stadt im Stil der

Spätgotik, teilweise bereits Elemente der Renaissance beinhaltend. Neben der Erweiterung der Stadtbefestigung u. der Marktkirche St. Andreas erfolgte u. a. der Bau des Rathauses (gedeckt 1531, Außentreppe 1532, versehen mit einer ausgeprägten Rechtssymbolik), dem Archensystem (Wasserversorgung), Brauhäusern, der Zscherne, dem Stadtschreiberhaus, des Kaufhauses mit Uhr und von Steinwegen. Es gab offenbar ein regelrechtes öffentliches Bauprogramm, so daß bis 1540 noch zahlreiche öffentliche Bauten (Wasserversorgung, Hochwasserschutz, Brücken, städtischer Marstall) abgeschlossen werden konnten. Auch hygienische Maßnahmen wie 1525 die Schließung des Gemeinen Dirnenhauses u. ab 1533 die Errichtung einer modernen Friedhofsanlage (campo santo) vor der Stadt wurden realisiert. 1525 wurde unter Johann Agricola (s.d.) im Beisein Martin Luthers (s.d.) und Philipp Melanchthon (s.d.) durch Gründung einer »Christlichen Schule« das Eisleber Schulwesen reformiert. Diese gewaltige Wiederaufbauleistung, trotz neuer Brände (1522, 1524, 1529, 1535), Überschwemmungen (1529, 1537), Massenerkrankungen (1529, 1539) und die Einbindung der Grafen in die Kriege der Zeit macht B. und seine Ratskollegen zum Schöpfer des frühneuzeitlichen Eisleben, das in dieser Struktur (trotz eines neuen Brandes 1601) heute noch so erhalten ist. Um 1503 heiratete B. Cäcilia Schirrmeister mit der er die Kinder Matthes (1510-1587, 1534 verh. mit Anna † 1588, der Tochter des Stadtvogtes Christoph Prew, † 1532), Barthel (* 1505, † vor 1563, der mit seinem gleichnamigen Onkel die Montanunternehmungen betrieb), Andreas (hatte mit seiner Frau Margarete 3 Kinder), Bernhard, Margarete, Katharina sowie Peter hatte. Kurz nach 1520 heiratete er nach dem Tod seiner ersten Frau die Tochter Anna des Hüttenmeisters Hans Brückner, mit der er 3 Kinder, darunter Valten (1523-1587), hatte. B. starb am 12. April 1531 und wurde noch an der Südseite der St. Andreaskirche in Blickrichtung seines Hauses begraben, da mit dem Bau des campo santo erst 1533 begonnen worden war. Sein Epitaph wurde 1540 von Hans Schlegel aus Halle geschaffen, der zu dieser Zeit auch an der großen Grabtumba für Hoyer VI. († 1540) arbeitete. Bereits 1526 hatte er das Epitaph für den B. besonders verbundenen Grafen Günter VI. in der Schloßkirche Mansfeld geschaffen. B. mußte nicht mehr miterleben, wie die 6 Erbfeuer, deren Lehen 1532 nochmals verlängert worden waren, 1536, als die Grafen auf den unglücklichen Gedanken verfielen, eine Feuer- u. Bergteilung durchzuführen, aufgeteilt wurden - die 3 Hergisdorfer Feuer fielen an den Grafen Philipp, die 3 Eisleber Feuer an den Teil des verstorbenen Grafen Günter. Aus den Hüttenmeistern werden gräfliche Offizianten - 1568 wird Gotze Blanckenberg (wohl ein Sohn Andreas') als Bergwerksverwalter genannt. Als 1563 die Blanckenberg-Erben eine Auseinandersetzung mit dem Vorderort um die eingezogenen Feuer führen - es geht um 725 fl. — wird Barthel d. J. von seinem Sohn Sebald vertreten. Der Entzug der Feuer durch die Grafen führte letztlich 1570 zu ihrer Sequestration (Ursache war neben der Finanzkrise im mitteleuropäischen Montanwesen M. d. 16. Jh. auch die immensen Lebenshaltungskosten der zahlreichen Grafenlinien) durch die Lehnsherren Sachsen, Magdeburg u. Halberstadt. Spätestens nach dem Tod des katholischen Grafen Günter 1526 dürften sich die B. der Reformation Martin Luthers (s. d.) zugewandt haben. Matthes erwarb 1540 nach dem Tod seines Onkels, von dem er 40 fl. geerbt hatte, die Mühle Blankenheim des Klosters Rode. E. 1546 wurde er auf dem Heimweg von einer Feier von Stadtvogt Wolf Bucher, einem Vertrauten des Vorderorts, mit dem Degen verletzt. Als Graf Albrecht (Hinterort, † 1560) A. 1547 im Zuge des Schmalkaldischen Krieges Eisleben besetzte, setzte er seinen Vertrauten Andreas B. am 1.2. 1547 als Stadtvogt ein. Bereits im Juni besetzte die Gegenpartei die Stadt u. Andreas, Matthes, Bernhard u. Valten flohen nach Quedlinburg, wo Andreas 1548 starb. Nach ihrer Rückkehr hatten die B. erst gegen Ende der Lebenszeit Wolf Buchers († 1566 in Leipzig) Möglichkeiten der Mitwirkung im Rat: Valten, der ein Haus im Neuendorf hat, wird 1563 Stadtrichter u. 1572 Stadtvogt; auf dem Feuerlein-Epitaph von 1563 (derzeit im Mus. »Luthers Geburtshaus« in Eisleben) befindet sich sein Bildnis. In der Urkunde mit der Aufstellung der Lehnsstücke zum Permutationsrezess 1573 zwischen dem Hochstift Halberstadt und Kursachsen sind für Matthes B. Äcker in Faulensee u. Lüttgen-Eisleben sowie für Valten B. Acker u. ein zehntfreier Weinberg in Lüttgen-

Eisleben angegeben. Sein Sohn Berndinus »der Wohlgelahrte« (geb. 1550) starb 1593. Die Familie Blanckenberg in Eisleben starb um 1600 im Mannesstamm aus; ihr Hauszeichen war (von den Söhnen teilweise leicht abgewandelt) der Schürhaken. Berndinus' Töchter und Enkeltöchter heirateten in die Bürgerfamilien Meller, Semmler, des späteren Stadtvogtes Busch, Meinhart, Apotheker Höpner u. Mag. Hahn ein.

Bauinschriften zu Berndinus Blanckenberg: Hermann Größler, Inscriptiones Islebienses, Eisleben 1883, Nr. 4 (St. Andreas-Kirche, Blanckenberg-Epitaph 1540), Nr. 120 (Bauinschrift Altstädter Rathaus 1519-1530).

Lit. u. urk. Nachrichten: Eusebius Christian Francke, Versuch einer historischen Beschreibung der Hauptstadt der Graffschaft Mannßfeld u. Weltberühmten Geburthsstadt Lutheri Eißleben, Friedeburg 1726, Stadtarch. Eisleben (Ms.), bes. 198-200, 207b-215; — A.v. Arnstedt: Stadt Eisleben, in: Zs. d. Harzvereins (3) 1870, 523-574, 592-623, bes. Urk. 5 (566-568); — Hermann Größler/Friedrich Sommer, Chronicon Islebiense, Eisleben 1882; — Max Krühne, UB d. Klöster d. Gfsch. Mansfeld (= Gesch.-Qu., d. Prov. Sachsen, Bd. 20), Halle 1888, Urk. Helfta Nr. 178 (1512); — Hermann Größler, Das Werder- u. Achtbuch der Stadt Eisleben aus der ersten Hälfte des 15. Jh., Eisleben 1890; — Hermann Größler/Adolf Brinkmann, Beschreibende Darstellung der älteren Bau- u. Kunstdenkmäler d. Prov. Sachsen, H. 19 - Mansfelder Seekreis, Halle 1895, bes. 103-106, 111-112, 188-194; — Hermann Größler, Das Werden der Stadt Eisleben, T. 5, in: Mansfelder Bll. 23, Eisleben 1909, 67-124, bes. Anh. 1 (= Privilegium der Grafen Volrad und Günther vom 17.8. 1498 zum Wiederaufbau der abgebrannten Stadt Eisleben); — Walter Mück, Der Mansfelder Kupferschieferbergbau und seine rechtsgeschichtliche Entwicklung, 2 Bde., Eisleben 1910, bes. Bd. 1, Beil. 41, 42, 58, 65, 89-94, 211 u. Bd. 2, Urk. 354, 185, 358, 150; — Carl Rühlemann, Das älteste Werderbuch der Stadt Eisleben aus dem Jahre 1420, in Mansfelder Bll. 25 (1911), Sonderdr.; — Rudolf Leers (Hrsg.), Cyriakus Spangenberg, Mansfeldische Chronica, Teil 3, Buch 3, in: Mansfelder Bll. 26 (1912), Beil., 248ff.; — Walter Möllenberg, UB z. Gesch. d. Mansfelder Saigerhandels im 16. Jh. (= Gesch.-Qu. der Prov. Sachsen, Bd. 47), Halle 1915, Urk. 62, 105; — Rudolf Leers/Max Könnecke (Hrsg.), Cyriakus Spangenberg, Mansfeldische Chronica, Teil 4, Buch 1, Titel 11, in: Mansfelder Bll. 31/32 (1918), 242, 262-272; — Hermann Etzrodt, 75 Mansfelder Bürgerwappen und Hausmarken, in: Mansfelder Heimatkalender 15, Eisleben 1936, 35-41; — Hermann Etzrodt, Die Blankenberge in Eisleben, in: Mansfelder Sippenkunde (= Beil. z. Eisleber Tagebl.), 7. Folge, Nr. 4 (19.4. 1939), 113-120; — Irene Roch, Zur Renaissanceplastik in Schloß Mansfeld und Eisleben, in: Wiss. Zs. d. Martin-Luther-Univ. Halle, Ges.-Sprachwiss. Reihe XII, 9/10, 1963, 765-784; — Max Steinmetz, Thomas Müntzers Weg nach Allstedt, Berlin 1988, bes. 189 ff.; — Günter Vogler, Thomas Müntzer, Berlin 1989, bes. 147 ff., 209 f., 248-259; — Bernd Feicke, Berndinus Blanckenberg - ein Eisleber Stadtoberhaupt der Renaissance, T. 1, in: Mansfelder Heimatbll. 9 (1990), 74-75; — Bernd Feicke, dgl., T. 2, in:

Neue Mansfelder Heimatbll. 3 (1993), 58-65; — Bernd Feicke, Das Stadtbild mitgeprägt, in: Mitteldt. Ztg. (Eisleben-Ausg.), 14.2.1994, 14; Siegfried Bräuer, Die Gründung der »christlichen Schule« zu Eisleben 1525, in: Veröff. d. Lutherstätten Eisleben, Bd. 2, Halle 1997, 81-96; — Eckehard Westermann, Der wirtschaftliche Konzentrationsprozeß im Mansfelder Revier und seine Auswirkungen auf Martin Luther, seine Verwandten und Freunde, in: Kat. 7 d. Stiftung Luthergedenkstätten in Sachsen-Anhalt, Eisleben 2000, 63-73; — Bernd Feicke, Zeitweiliger Besitz der Mansfelder Grafen in Thüringen, in: Zs. f. Heimatforschung, H. 15, Halle 2006, 36-42; — Bernd Feicke, Stadtgeschichte und der Schmuck historischer Rathäuser am Harz als Symbol stadtherrlicher Macht und städtischer Rechte - unter besonderer Beachtung des Rathauses der Altstadt von Eisleben, in: Harz-Forschungen, Bd. 23, Berlin u. Wernigerode 2007, 227-277; — Irene Roch-Lemmer: Eislebens Kirchen auf Epitaphgemälden des Kronenfriedhofes in der Lutherstadt, in: Schrr. d. Stiftung Luthergedenkstätten in Sachsen-Anhalt, Bd. 8, Leipzig 2007, 207-221, bes. 216-219 u. Taf. IV (Feuerlein-Epitaph); — Michael Rockmann, Recht im Bild - Das Eisleber Epitaph für den Münzmeister Anthonias Koburger († 1576), in: ebd. 223-261, bes. Anm. 163; — Thomas Wäsche, Die Gestalt der Stadt Eisleben. Rekonstruktion des baulichen Zustandes vom Beginn des 15. Jh. bis zum großen Stadtbrand von 1601, Eisleben 2007; — Bernd Feicke, Die Permutationsrezesse Ende des 16. Jh. in der Gfsch. Mansfeld, in: Zs. f. Heimatforschung, H. 17, Halle 2008; — Josef Dolle, UB des Klosters Walkenried, Bd. 2 (1301-1500), Veröff. d. Hist. Komm. für Niedersachsen u. Bremen 241, Hannover 2008, Urk. 938-941, 945, 967-970, 1076.

Bernd Feicke

BOCCONE, Paolo (1633-1704), Mönch und Botaniker. Paolo Silvio Boccone wurde am 24. April 1633 in Palermo geboren. Nach dem Studium der Literatur, Philosophie und Theologie empfing er die Priesterweihe. In Rom machte lernte er den berühmten Botaniker Charles Plumier (1646-1706), einen vielseitig begabten Mann, kennen, der ihn für diese Wissenschaft begeisterte. Durch Studien in den Botanischen Gärten: Messina, Padua (gegr. 1545!) und Florenz vertiefte Boccone seine Pflanzenkenntnisse. Vor allem die botanische Sammlung in Padua war ihm eine wichtige Hilfe, weil hier auch Arten aus den früheren und inzwischen osmanischen Besitzungen Venedigs kultiviert wurden. Nur so war er zur Veröffentlichung damals grundlegender Werke zur Flora Italiens und des Mittelmeeres imstande. Sie tragen typisch barocke Titel wie zum Beispiel *Museo di Piante rare.* — Angeblich soll er zeitweise auch am Hof der Medici geweilt haben. Er unternahm naturkundliche Forschungsreisen durch Italien, nach Kreta und Sizilien. Auf Kreta entdeckte er eine Variante der Glockenblume (*Campanula saxatilis subsp. saxatilis*). Schließlich trat er 1682 in Florenz dem Zisterzienserorden bei und absolvierte das Noviziat in Roccamadora (Messina). — Als Frater Silvio lebte er zuletzt im Zisterzienserkloster Altofonte in Parco bei Palermo, als Botaniker vor allem in Palermo, Rom und Padua. »Manche Förderung« soll er durch William Sherard (1669-1728) genossen haben. Geachtet bei gekrönten Häuptern, darunter Kaiser Leopold I., denen er einige seiner Werke widmete, geschätzt von Linné, der sich gelegentlich auf Boccone beruft, wurde er sogar 1696 zum Ehrenmitglied der *Academia Curiosorum* in Halle an der Saale ernannt. — Paolo Silvio Boccone verstarb am 22. Dezember 1704. Seinen als verschollen geltenden Nachlaß entdeckte Giuseppe Bertoloni (Sohn von Prof. Antonio Bertoloni (1775-1809) bei den Kapuzinern zu Genua. — In Fachkreisen Italiens ist er unvergessen. Eine bedeutende naturwissenschaftliche Publikation erscheint fortlaufend unter der Bezeichnung BOCCONEA. In der naturwissenschaftlichen Taxonomie ist sein Name verewigt in der Pflanzengattung *Bocconia* L. (*Papaveraceae*) mit den Arten *B. cordata* WILLD. (= *Macleaya cordata*), *B. frutescens* L. und *B. microcaroa* MAXIM. (= *Macleya microcarpa*). — Sein erster Biograph ist Giuseppe Moretti (1782-1853) aus Roncara bei Pavia, der als Professor der Botanik in Batavia wirkte und nach dem die Pflanzengattung *Morettia* DC. benannt ist. Wichtige Etappen des Botanikerlebens Boccones lagen aber in damals habsburgischen und damit zum Teil deutschsprachigen Gebieten, was vielleicht den begrenzten Bekanntheitsgrad des Forschers erklären mag. — Boccones publizierten Werke sind in aller Welt zerstreut, so daß nur langsam eine Übersicht über den Verbleib möglich erscheint. Neben der österreichischen National-Bibliothek in Wien besitzt die Bodleyana in Oxford einen Band Nachdrucke mit 68 Blättern Naturdrucke (Nr. 1732; Abb. bei SCHELENZ), während das Exemplar von *Museo di fìsica* der Leopoldina in Halle (Nr. Ca 8: 394) anscheinend im Krieg verloren gegangen ist. Die recht eigenwilligen Herbarien Boccones stellen ein merkwürdiges Beispiel zur Beschäftigung mit Botanik im Zeitalter des Barock dar. — Die botanischen Publikationen haben besonders durch die Qualität ihrer Abbildungen Aufmerksamkeit gefunden. Die Pflanzentafeln wurden zum Teil sogar in englische Werke übernommen. Originell erscheinen gerade heute die Pflanzenselbstdrucke. Doch wird dazu festgestellt: »Mit derartigen Pflanzenselbstdrucken illustrierte Handschriften sind an sich nichts Seltenes, doch fehlt noch eine genaue Bestandsaufnahme. Eine größere Anzahl recht guter Abdrücke (82 Abbildungen auf 42 Blatt) findet sich in dem 1685 datierten Folioband der Wiener National-Bibliothek Nr. 11 102: *Disegni naturali et originali consacrati alla sua Maesta Cesarea di Leopoldo Primo* des Zisterziensermönchs Silvio Boccone«. Dieses Werk enthält übrigens auch Angaben über das Herstellungsverfahren solcher Selbstdrucke. Überhaupt stand die Illustrationskunst von Kräuterbüchern in Italien damals in Blüte. Neben Boccone sind hier Zeitgenossen wie Pietro Castelli (1583-1650/62), Giovanni B. Trionfetti (1658-1708) und Giacomo Zanoni (1615-1682) zu nennen.

Werke: Bücher: Della pietra bezoar [Mayerhöfer: belzuar] minerale siciliana. Monteleone 1669 [Mayerhöfer: 1674]; Recherches et observations naturelles ... Paris 1671 [Mayerhöder 1672]; Neuausgabe Amsterdam 1674; Icones et descriptiones rariorum plantarum Siciliae, Melitae, Galliae et Italiae. Oxford 1674; Osservazioni naturali ove si contengono materie medico-fisiche e di botanica, produziono naturali, fosfori diversi, fuochi sotteranei d'Italia ed altre curiosità. Bologna 1684; Museo di Fisica e di Esperienze variato, e decorato di Osservazioni naturali, notizie medicinali e di ragionamenti segundo i principii de moderni. 1697 ; [dto.:] Curiöse Anmerkungen aus seinem nie im Druck gewesenen Museo experimentali-physico ... 1697; Museo di Piante rare della Sicilia, Malta, Corsica, Italia, Piemonte e Germania. Venedig 1697 [Pritzel Nr. 862]; Museo di fisica e di esperienze ... Venedig 1697; Noviziato alla Segretaria. Genua ca. 1669; Museum experimentale physicum complectens observationes eruditis et curiosis in Germania viris dicatum. Frankfurt 1697; Appendix ad suum Musaeum de plantis siculis. 1702 [n. Myerhöfer].

Herbarium: Piante dell'Austria Osservate dal Pr, Don Silvio Boccone Monaco Cistercense; Alla Sacra Maest. Cesarea di Leopoldo Primo; Cod. 1109 und 1109* Österr. National-Bibliothek Wien Nr. 11.102, 11.109 & 11.109*

Naturselbstdrucke: Disegni Naturali et Originali consacrati Alla Sacra Maest Cesarea di Leopoldo Primo. Invito e indefesso Propugnator della Religione Cattolica. Österr. National-Bibliothek Wien Nr. 11.102.

Lit. (Auswahl): Bonnet, Ed.: Etude sur un herbier de Boccone conservé au Muséum de Paris. In : Bull. Soc. Bot. de France 1883, 213; — Genaust, Helmut: Etymologisches Wörterbuch der botanischen Pflanzennamen. Basel, Stuttgart 1976, 76; — HJR [= Roth, Hermann Josef]: Paolo Boccone. In: Die Zisterzienser. Ordensleben zwischen Ideal und Wirklichkeit. Hrsg.: Elm, K., P. Joerißen & H. J. Roth (= Schriften d. Rh. Museumsamtes, 10). Bonn 1980, 650 Nr. I 30; — Lack, Hans Walter (1998): Die frühe botanische Erforschung der Insel Kreta. In: Ann. Nat. Hist. Mus. Wien 98 B Suppl., 183-236; — Lack, H. Walter (2001): Ein Garten Eden. Meisterwerke der botanischen Illustration. Köln: Taschen, 134-135; — Lanza, D.: Enciclopedia Italiana (Ist. Treccanti), t. VII, 1930, 237 (Abb.); — Mayerhöfer, Josef: Lexikon der Geschichte der Naturwissenschaften, Bd. 1. Wien 1959-1970, 504; — Moretti, Giuseppe: Sopra alcuni erbari del Padre Boccone conversati nell'Imp. Biblioteca di Vienna. Pavia: Bizzoni, 1830, 16 S.; — Nissen, Claus: Die botanische Buchillustration, ihre Geschichte und Bibliographie. 2Stuttgart 1966; Bd. I, 88, 100, 102, 107, 153, 246, 247 Bd. II, 17-18, Nr. 179-181; — Penzig, O.: Sopra un erbario di P. Boccone. In: Malpighia 2, 1888, 26; — Pritzel, G. A.: Thesaurus literaturae botanicae. Leipzig 1871-1877, Reprint: Koenigstein 1972, 30, Nr. 856-863; — Schelenz, Herm.: Zur Geschichte des Naturselbstdruckes, der Physiotypie, In: Archiv f. d. Gesch. d. Naturwiss. U. Technik 1, 1908, 176, fig. 3 - [Nachtrag:] Thienemann, Aug.: ebd. 2, 1909, 154; — Sermonti-Spada, I. (1969): Boccone, Paolo. In: Dizionario biografico degli italiani, 11, 98-99; Roma; — Spada, I. Simonetti: Dizionario biografico degli Italiani, XI, 1969, 98-99 (Lit.); — ValCat: Bocconi (Silvio). In: Dictionnaire des Auteurs Cisterciens (Baccetti-Custodio) = La documentation cistercienne 16, I/2, Sp. 121-122; Rochefort 1975 (Lit.).

Hermann J. Roth

BÖHMERT, Karl Friedrich (1797-1882), Pfarrer, * 13. Mai 1797 in Dahlen; † 6. November 1882 in Dresden. B. wächst als ältester Sohn des Haus- und Feldbesitzers Christian Friedrich Böhmert in der Ackerbürgerstadt Dahlen auf. Seine Mutter ist eine Gärtnerstochter. Vom Kantor wird die gute Stimme B.s entdeckt; der Ortspfarrer unterrichtet den intelligenten aber wenig bemittelten Jungen im Lateinischen und Griechischen. So vorbereitet kann B. 1811 in das Gymnasium der Stadt Torgau aufgenommen werden, wo er sich mit Nachhilfeunterricht freie Kost und Logis erarbeitet und im angesehenen Schulchor bis zum Adjunkt aufsteigt. — Zur Zeit der Besetzung Torgaus durch französische Truppen erkrankt B. schwer an Typhus. Auch seine Eltern erkranken; die Mutter stirbt. Die Familie verarmt infolge des Kriegs. Nur mit Unterstützung des Dahlener Rittergutsbesitzers, Graf Günther von Bünau, kann B. 1817 in Leipzig mit dem Theologiestudium beginnen. Der Student tritt einer deutschen Burschenschaft bei. 1820 schließt er sein Studium mit einem guten Kandidatenexamen ab. Anschließend nimmt

B. eine Lehrerstelle an der Leipziger Thomasschule an, erteilt Griechisch- und Lateinunterricht, arbeitet daneben wissenschaftlich und publiziert 1823 ein Buch »Ueber des Flavius Josephus Zeugniß von Christo«, in dessen Einleitung es heißt: »Ich habe vorliegenden Versuch, dem Josephus die Stelle zu vindizieren, wie ich glaube, frei von jeder vorgefaßten Meinung ausgearbeitet, habe eine genaue Beschreibung seiner Bildung und politischen Laufbahn bis zu dem Augenblicke, wo er in Rom seine Altertümer schrieb, eine Beschreibung seines Charakters, seiner Ansicht in Sachen der Religion und seiner Hinneigung zu der einen oder der anderen von den damals unter den Juden bestehenden Sekten zu geben mich bemüht, habe die sich daraus ergebenden Resultate im letzten Kapitel zusammengestellt und auf das Zeugnis selbst angewendet und hoffe, auf diese Weise einen jeden am besten in den Stand gesetzt zu haben, über diesen ehrwürdigen Veteran und besonders über unsere Stelle nach Gutdünken unparteiisch urteilen zu können.« (Victor Böhmert, Der Pfarrer von Roßwein, 1886, 10 f.) Das Buch bringt ihm das öffentliche Lob des Dresdner Oberhofpredigers Christoph Friedrich von Ammon sowie den Auftrag des Leipziger Verlags Tauchnitz für eine Edition der Römischen Geschichte von Titus Livius und eine Ausgabe von Augustins Gottesstaat ein. — Bereits 1824 erhält B. seine erste Pfarrstelle bei Makranstädt in Quesitz und heiratet die Tochter eines städtischen Steuerbeamten, Henriette, geborene Gräbner. Der Landpfarrer sorgt für den Bau neuer Schulen in Quesitz und im Nachbarort Kulkwitz, erteilt Privatunterricht und richtet schließlich ein Pensionat ein, in dem er die Söhne von Rittergutsbesitzern, Beamten und Bürgern für die Aufnahme ins Gymnasium vorbereitet. Bis 1831 bringt Henriette Böhmert zwei Söhne und drei Töchter zu Welt; eine Tochter stirbt. Im Rückblick konstatiert B.: »In dieser meiner ersten Pfarrstelle, obgleich sie nur 400 Thaler eintrug, habe ich die glücklichsten Jahre meines Lebens verbracht.« (Ebd., 23) — 1831 wird B. Pfarrer in Roßwein, da die Stadtverordneten den für die Stelle vorgesehenen örtlichen Diakon aufgrund seiner Haltung in den revolutionären Unruhen ab 1830 ablehnen. B. gilt nun, obgleich ein »alter ehemaliger Bursch von echtem Schrot und Korn«, als »Pfarrer des Widerstandes.« (Ebd., 27) Die Stadt zählt zu dieser Zeit gut 4000 Einwohner. Vorherrschendes Gewerbe ist die Tuchmacherei. Die Kirche war nach dem Stadtbrand von 1806 neu gebaut und 1815 eingeweiht worden. Hier bringt B. seine Predigten zu Gehör, die er zuvor bei Wanderungen in die Umgebung memoriert. Der Organist und Lehrer Tertius Eichler beschreibt den Pfarrer als »von kräftiger Statur, männlich würdiger Haltung und bevorzugt durch eine volle, wohltönende Stimme.« (Ebd., 42) Wohnung nimmt die Familie zunächst u. a. bei einem Zinngießer, bevor sie 1837 in ein neu gebautes Pfarrhaus mit Garten zieht, dessen Früchte zum Unterhalt der Familie dringend benötigt werden. — Die Maxime seiner Amtsführung legt B. in einem »Pfarrerhandbuch« nieder. Unter der Überschrift »Nachrichten über die Lebensverhältnisse und das Wirken der hiesigen Pastoren, angelegt von Karl Friedrich Böhmert im Jahre 1833« steht als »Aufschluß über nachstehende Notizen« zu lesen: »Nicht Geiz nach eitler Ehre, der einem Diener der Kirche Jesu Christi übel anstehen würde, hat mich bewogen, die Hauptdata meines Schaffens und Wirkens diesen Blättern anzuvertrauen, sondern die Überzeugung, daß der Geistliche in unseren Tagen, besonders in Fabrikstädten, wo die materiellen Interessen mehr als anderwärts prädominieren, sich allseitig nützlich machen müsse. Mir war dieses jährliche Repertorium des geistlichen Wirkens ein mächtiger Antrieb, daß kein Jahr aufzufinden sei, in welchem nicht in litterarischer und anderer Hinsicht etwas von mir gethan worden sei.« (Ebd., 73 f.) Als Veröffentlichungen werden darin z. B. Aufsätze über die nachlassende Abendmahlsbeteiligung, über die Heirat bei Fabrikarbeitern, über Reformationsjubelfeiern sowie über Schulthemen im Roßweiner Anzeiger, im Sächsischen Kirchen- und Schulblatt, im Aufklärungsblatt »Allgemeiner Anzeiger der Deutschen« und anderen Zeitungen aufgeführt. Mehr als literarische Arbeiten beansprucht ihn jedoch einer Vielzahl von Gründungen. Bald nach seinem Amtsantritt in Roßwein gibt er - in einer Phase der Neugründungen von Predigerkonferenzen in Sachsen - den Anstoß für die Gründung einer Predigerkonferenz der Ephorie Nossen und amtiert von 1835 bis 1845 als Stellvertreter des Superintendenten. In Roßwein gründet B. einen Gustav-Adolf-Verein, eine Bi-

belgesellschaft und einen Missionsverein, deren Vorsitz er jeweils übernimmt. Doch beschränkt sich der Pfarrer nicht auf das Umfeld der Kirchgemeinde. Bereits 1832 ruft er eine der ersten Sonntagsschulen Sachsens ins Leben, die er bis zu seiner Emeritierung leitet. Die Schule dient der Fortbildung von Schülern bis zum 30. Lebensjahr im Schreiben, Lesen und Rechnen, bald wird auch Unterricht in Chemie und Physik erteilt. Finanziert wird die Schule durch Spenden und Zuschüsse. Die Lehrer unterrichten unentgeltlich, so auch B., der im Anschluß an den Sonntagsgottesdienst nach kurzer Ruhepause Unterricht in Stilistik gibt und die Abfassung privater und geschäftlicher Schreiben lehrt. 1834 ist B. unter den Gründern eines Gewerbevereins, dessen Vorsitz er ab 1835 für einige Jahre übernimmt. Hier regt er die Gründung der Roßweiner Sparkasse an, die 1838 die königliche Bestätigung erhält. 1839 wird ihm die Ehrenbürgerschaft der Stadt Roßwein verliehen. Vom Bürgermeister erhält der Pfarrer ein Schreiben überreicht, in dem es heißt: »Acht Jahre haben Sie nun, hochehrwürdiger Herr Pastor, in dieser Eigenschaft hiesiger Gemeinde vorgestanden und in dieser Zeit unablässig nicht nur für das geistige, sondern auch für das leibliche Wohl, für Kirche, Schule und Gewerbe mit rastlosem Eifer gewirkt. Sie haben dadurch die ganze hiesige Stadtgemeinde, das heranwachsende Geschlecht und uns, deren Vertreter, zu bleibendem Dank verpflichtet« (Ebd., 65). — Wie B. den bürgerlichen Verein für seine Zwecke zu nutzen versteht, so gelingt es ihm auch, die Anliegen des christlichen Glaubens in der bürgerlichen Fest- und Feierkultur zu verankern: Seine christlichen Vereine feiern Missions-, Bibel-, und Stiftungsfeste. Der Pfarrer beteiligt sich 1833 an Feier der sächsischen Verfassung von 1831, bei der die neu gewählten Mitglieder des Stadtrates eingeführt werden und begründet 1837 die Tradition eines Schulfestes, zu dessen Abschluß er den auf dem Kirchplatz versammelten Teilnehmern jährlich eine Rede hält. 1841 führt B. einen Silvesterabendgottesdienst ein, der über die Stadt hinaus breiten Anklang findet. — Ab 1840 kümmert sich B. besonders um die Handwerksgesellen, richtet für diese eine besondere Klasse in der Sonntagsschule ein und gründet 1844 einen Gesellen-Leseverein mit Vereins-Bibliothek, aus dem noch ein Gesangsverein hervorgeht. Im Hungerjahr 1847 organisiert und leitet er den lokalen Hilfsverein, der eine Suppenküche betreibt und billiges Brot backen läßt. Wie Brot- und Hilfsvereine andernorts löst dieser Verein sich nach der Hungerkrise wieder auf. Die Gründung eines Bürger-Lesevereins 1848 unter seiner Leitung scheitert hingegen an den verbreiteten Aversionen gegen Geistliche und Kirche in der Revolutionszeit. Kontinuierlich steht B. dem wohltätigen Frauenverein und einer Kinderbewahranstalt vor. 1849 gründet der Pfarrer schließlich eine Kranken-Unterstützungs- und Begräbniskasse, die nach dem Prinzip gegenseitiger Verantwortung funktioniert. Von reichen Bürgern werden höhere Kassenbeiträge als von armen erwartet. Die Besonderheit dieser freiwilligen Kasse ist darin zu sehen, daß sie potentiell alle Bürger der Stadtgemeinde umfaßt, sind doch Krankenkassen in dieser Zeit meist als Berufsgenossenschaften oder als Fabrikkrankenkassen organisiert. Die Kasse heißt in Roßwein bald nur noch »Pastorkasse« (Ebd., 102). — Die Folgezeit als Pfarrer und Bürger in Roßwein verläuft für B. vergleichsweise ruhig; er setzt die begonnenen Aktivitäten fort. Nach einem politischen Vorfall sieht er sich 1851 gezwungen aus dem Gewerbeverein auszutreten, wird 1854 aber von der Tuchmacherinnung als Interessenvertreter in einer wirtschaftlichen Angelegenheit ins sächsische Innenministerium gesandt. 1857 führt ihn die größte Reise seines Lebens in die Schweiz. — 1868 wird B. emeritiert. Zu diesem Anlaß erhält er das Ritterkreuz erster Klasse des Königlich-Sächsischen Verdienstordens. Der Kultusminister Johann Paul von Falkenstein bescheinigt ihm, »daß in Roßwein seit seiner langen Amtierung ein ganz anderer Geist eingezogen sei.« (Ebd., 95). Seine letzten Lebensjahre verbringt B. in Dresden. Er stirbt, elf Jahre nach seiner Frau, am 6. November 1882. Bürger- und Kirchgemeinde Roßwein ehren ihn in einem Nachruf mit diesen Worten: »Die unterzeichnete Stadt- und Parochialvertretung kann es sich nicht versagen, Dir, Du teurer Entschlafener, der Du während Deiner 37jährigen Verwaltung des hiesigen Pfarramtes mit so reichem Segen in Kirche und Gemeinde gewirkt hast, den tiefgefühlten Dank in die Ewigkeit nachzurufen. Du hast nicht nur mehrere kirchliche Vereine hier ins Leben gerufen, sondern auch gemeinnützigen Zwecken Deine Kraft gewidmet. Sonntagsschule, Gewerbeverein, Kranken-Unterstützungsverein nennen Dich ihre Gründer, und wie viele Herzen wissen Dir heute noch Dank für Deine treue seelsorgerliche Beratung, sowie für Deine innige Teilnahme in Freud und Leid. Darum hast Du auch Roßwein Deine zweite Vaterstadt genannt ... . Der Herr aber wolle Dir Deine Treue und Liebe lohnen und Dich wohnen lassen in den Hütten des ewigen Friedens.« (Ebd., 105 f.) — Besonders prägend wirkt B. als väterliches Vorbild für seinen ältesten Sohn, den späteren Nationalökonomen Victor Böhmert, dessen »ganze Erziehung darauf zugeschnitten« ist, »Pfarrer zu werden« (Victor Böhmert, Rückblicke und Ausblicke eines Siebzigers, 1900, 2). Victor Böhmert, der in Dresden im Sinne der bürgerlichen Sozialreform ebenfalls ein ganzes Netz von gemeinnützigen Vereinen initiiert, schreibt: »... weil man mich oft über Gebühr wegen meines gemeinnützigen Strebens lobt, [will ich, S. K.] ausdrücklich bemerken, daß ich diesen Zug meines Wesens fast ganz meinem Vater abgelauscht und im Roßweiner Pfarrhause schon als Knabe die Seelsorge und selbstloses öffentliches Wirken beobachtet habe.« (Ebd., 2)

Werke: Ueber des Flavius Josephus Zeugniß von Christo. Ein Versuch von Carl Friedrich Böhmert, Leipzig 1823; T. Livii Patavini Historiarum libri, qui supersunt et deperditorum epitomae: cum fragmentis et indice historico, Nova editio, curavit C. F. Böhmert, 4 Bde., Leipzig 1824-1828; Augustinus Aurelius, S. Aurelii Augustini Hipponensis Episcopi De Civitate Dei Libri XXII, 2 Teile, Leipzig 1825; Ueber Sonntagsschulen überhaupt und namentlich über Sonntagsschulen im Königreiche Sachsen: nebst statistischen Tabellen, Leipzig 1843.

Lit.: Victor Böhmert, Der Pfarrer von Roßwein. Ein Lebensbild, Gotha 1886; — Otto Taubert, Zweiter Nachtrag zur Pflege der Musik in Torgau: Das Datum der ersten deutschen Oper und Nachträge zur Schilderung der betreffenden festlichen Tage. Zwei Ehemalige Schüler des Torgauer Gymnasiums: Johann Gottlob Friedrich Wieck und Karl Friedrich Böhmert, Torgau 1890; — Victor Böhmert, Rückblicke und Ausblicke eines Siebzigers, Dresden 1900.

Sebastian Kranich

BONALD, Louis Gabriel Ambroise (Vicomte de Bonald), frz. Staatsmann und Schriftsteller, * 1754 in Millau (Aveyron, Südfkr.), † 1840 in Millau. — Aus südfrz. Adelsfamilie stammend, wurde B. im Kolleg der Oratorianer in Juilly und in einem Musketierregiment ausgebildet.

1778 Eheschließung mit Elisabeth-Marguerite Guibal de Combescure, und 1785 Wahl z. Bürgermeister v. Millau. Nach Ausbruch der Frz. Rev. und der Verfolgung von Priestern 1791 Exil in Heidelberg und Eintritt in die konterrev. Emigrantenarmee des Prinzen von Condé. B. verfaßte dort sein Hauptwerk *Théorie du pouvoir politique et réligieux dans la société civile* (3 Bde.), das als Klassiker konservativer Staatsphilosophie gilt. Er kehrte 1797 anonym nach Fkr. zurück, wurde später v. Napoleon begnadigt, und betätigte sich als Publizist. B. hatte eine zwiespältige Haltung z. Napoleon, der seine Theorie der Macht bewunderte. B. nahm einen Sitz im Großen Rat der Kaiserlichen Universität an, verweigerte aber aufgrund seiner royalistischen Einstellung andere Ämter. Er begrüßte die bourbonische Restauration, war 1815-1822 Abgeordneter, wurde 1816 z. Mitgl. der Académie Française und 1823 z. Staatsmin. ernannt, und wurde 1823 z. Pair de France erhoben. — Gemeinsam mit Chateaubriand (s.), Lamennais (s.) und De Maistre (s.) zählt B. zum traditionalistischen und ultramontanen Flügel des frz. Kath. Beeinflußt von Thomas v. Aquin, Bellarmin und der Naturrechtslehre, vertrat er eine konservative Sicht von Mensch, Staat und Ges., die bes. in seiner Auffassung v. der Souveränität Gottes und dem göttlichen Usprung der Sprache gründet. Denken setzt Sprache voraus, die Anwendung v. Sprache aber ein Begriffssystem - eine wechselseitige Abhängigkeit, die B. als Beweis der Existenz Gottes sieht. Seiner Philosophie liegt ein triadisches Prinzip v. Ursache, Mittel und Ergebnis zugrunde, das er von der Natur auf Ges., Staat und Gesch. überträgt, und in dem er eine Abbildung der göttlichen Dreifaltigkeit sieht. Dem Individualismus Rousseaus (BBKL VIII, 845-857) setzt B. das Primat des soz. Bandes und die Bedeutung lokaler Verwurzeltheit entgegen. Aufgabe des Staates ist es, den menschlichen Hang z. Unordnung z. zügeln. Die rel. Bestimmung des Menschen erfordert Autorität in Familie, Kirche und Staat. B. wandte sich konsequent geg. allen Liberalismus und unterstützte die Zensur der Presse, das Verbot der Ehescheidung und der Blasphemie, sowie die Unterdrückung demokratischer Bestrebungen. B. hatte einen starken Einfluß auf Zeitgenossen wie Juan de Donoso Cortés (s.), Franz Xaver v. Baader (s.) und Adam Heinrich v. Müller (s.) sowie auf das spätere konservative Denken z.B. v. Charles Maurras, Carl Schmitt (s.) und T. S. Eliot (s.). Mit seiner »Wissenschaft der Gesellschaft« prägte er die Begründung der Soziologie durch Saint-Simon (s.) und Comte (s.) und mit seiner rel. Begründung staatlicher Autorität die politische Theologie. B.s Betonung der Vorrangigkeit der Ges. vor den Individuen sowie der intermediären Strukturen nimmt Themen der kath. Soziallehre (z.B. die Subsidiarität) und des modernen Kommunitarismus vorweg. — B.s Sohn Louis Jacques Maurice Cardinal de Bonald (* 1787 - † 1870) war Erzbisch. v. Lyon, wurde 1841 z. Kard. erhoben, und setzte sich vor allem gg. Jansenismus und Gallikanismus und f. soz. Belange ein.

Werke (Auswahl): Théorie du pouvoir politique et réligieux dans la société civile, Konstanz 1796; Essai analytique sur les lois naturelles de l'ordre social, Paris 1800; Du divorce considéré au XIXe siècle, Paris 1801; Législation primitive (3 Bde.), Paris 1802; Pensées sur divers sujets, Paris 1817; Recherches philosophiques sur les premiers objets des connaissances morales, Paris 1818; Réflexions sur l'intérêt général de l'Europe, Paris 1815; Observations sur un ouvrage de Madame de Staël, 1818; Mélanges littéraires, politiques et philosophiques, Paris 1819; Démonstration philosophique du principe constitutif de la société, Paris 1820; Législation primitive considérée dans les derniers temps par les seules lumières de la raison (3 Bde.), Paris 1821; Opinion sur la loi relative à la censure des journaux, Paris 1821; De la chrétienté et du christianisme, Paris 1825; De la famille agricole et de la famille industrielle, Paris 1826; Discours sur la vie de Jésus-Christ, Paris 1834.

Gesamtausg.: Œuvres complètes de M. de Bonald, Paris 1817-1843; Neuausgabe, Paris 1864 (Bde.); Neudruck Genf 1982

Überss.: Essais und Einfälle, hrsg. v. J.-J. Langendorf, Wien 2007.

Lit. (Auswahl): R. Nisbet, The Quest for Community, New York 1953; — E. Poulat, Intégrisme et catholicisme intégral, Paris 1969; — L. Hartz, The Necessity of Choice, New Brunswick 1990; — P. Pastori, Rivoluzione e potere in Louis de Bonald, Florenz 1990; — R. Dubreuil, Anthologie du pouvoir, Paris 1994; — R.-M. Lüddecke, Literatur als Ausdruck der Gesellschaft. Die Literaturtheorie des Vicomte de Bonald, Frankfurt 1995; — J.D. Klinck, The French Counterrevolutionary Theorist, Louis de Bonald (1754-1840), New York 1996; — G. Lorenz, De Bonald als Repräsentant der gegenrevolutionären Theoriebildung, Frankfurt 1997; — M. Toda, Louis de Bonald, théoricien de la Contre-Révolution, Paris 1997; — R. Spaemann, Der Ursprung der Soziologie aus dem Geist der Restauration, Stuttgart 1998 (1959); — J. Alimbert, Les triangles d'or d'une société catholique, Paris 2002; — P. Macherey, Bonald et la philosophie, in: Revue de Synthèse 108 (1987).

Wolfgang Grassl

BONSELS, Waldemar, * 21. Februar 1880 Ahrensburg, † 31. Juli 1952 in Ambach, Schriftsteller, Verleger und Missionar. — Waldemar Bonsels wurde 1880 in Ahrensburg geboren. Sein Vater war Reinhold Bonsels aus Köln, ein Pharamzeut, der zum Studium nach Schleswig-Holstein gekommen war. Seine Mutter war Nicoline Iversen aus Apenrade. Nach Heirat der Eltern besaß der Vater zunächst eine Apotheke in Rendsburg, dann ab 1880 in der Residenzstadt Ahrensburg, wo Waldemar Bonsels geboren wurde. Der Vater entschloß sich zu einem weiteren Studium und bekam 1886 die Approbation als Zahnarzt. Die Familie war ab 1891 in Kiel ansässig, später in Lübeck nach dem Tod des Bruders. Bonsels wurde christlich erzogen und entwickelte bereits früh schriftstellerische Neigungen. Das erste erhaltene »Werk« namens *Château Corbeau* entstand 1895 in Kiel. Dichterisch geprägt wurde Bonsels durch Schiller, Dostojewski und die Bibel. Ab 1901 arbeitete Bonsels in Karlsruhe bei einer Buch- und Kunstdruckerei. Nach einer Ausbildung zum Missionskaufmann in Bethel, Basel und England bekleidete er eine Stellung bei der Baseler Mission in Südindien, Cannanore (September 1903) und unternahm Wanderungen durch das Land. 1904 Heirat mit Kläre Brandenburg. In Indien bekam Bonsels Zweifel am Sinn der Mission, insbesondere an seiner eigenen Tätigkeit als Missionskaufmann. Er erhob Einwände gegen die Vermischung von Seelsorge und Ökonomie und veröffentlichte 1904 einen *Offenen Brief an die Baseler Missionsgemeinde in Württemberg und der Schweiz*. Nachdem er Indien verlassen hatte, wohnte Bonsels in München und gründete dort 1904 einen eigenen Verlag (E.W. Bonsels und Co). In dieser Zeit pflegte er eine enge Freundschaft mit Heinrich Mann, der auch in seinem Verlag publizierte. 1906 Geburt des Sohnes Frank Lothar (1941 im Zweiten Weltkrieg vermißt) und 1907 Geburt des Sohnes Bernd Holger (1907-1978). 1907 ließ sich Bonsels in gegenseitigem Einvernehmen von Kläre Brandenburg scheiden. 1909 heiratete er Elise Ostermeyer mit der er die Söhne Nils (1910-1937) und Hans (1912) bekommt. Im Jahr 1912 erschien das Buch *Die Biene Maja und ihre Abenteuer*, das Buch, das ihn weltbekannt machte. Das Werk wurde in fast 100 fremdsprachigen Ausgaben und in bis heute über 2 Millionen Exemplaren verlegt, zudem vielfach verfilmt und vertont. 1916 publizierte Bonsels die *Indienfahrt*, in der er seine Erlebnisse in dem Land reflektierte. — Im Ersten Weltkrieg wurde Bonsels rekrutiert, aber mit besonderen Aufgaben ausgestattet, 1915/16 als Kriegsberichterstattung der Kaiserlichen deutschen Südarmee in Galizien, 1918 im Baltikum als Teilnehmer der Friedensoffensive von Haeftens. Nach dem Krieg Hauskauf in Ambach am Starnberger See. 1921 wurde der Sohn Kay (1941 gefallen) aus einer Beziehung mit der Tänzerin Edith von Schrenk geboren. Reisen führten Bonsels 1924 nach Brasilien, 1928 nach Ägypten, 1934 in die Vereinigten Staaten und 1938/39 in die Türkei. Eine Emigration in die USA während der nationalsozialistischen Herrschaft lehnte Bonsels ab (Rückkehr 1935), wiewohl die meisten seiner Bücher der Bücherverbrennung zum Opfer fielen (Ausnahmen: *Biene Maja, Himmelsvolk* und *Indienfahrt*). Ein Freund Bonsels, Hanns Johst, Präsident der Reichsschrifttumskammer, ermöglichte weitere publizistische Tätigkeit, was ihm nach dem Krieg den Vorwurf des unkritischen Mitläufertums und ein Publikationsverbot bis 1948 einbrachte. 1931 heiratete Bonsels Rose-Marie Bachofen, die 1977 an der Gründung der Waldemar-Bonsels-Stiftung beteiligt war. Bonsels starb 1952 in Ambach nach Abschluß eines Christusromans (1951). — Seine Bücher kategorisiert Bonsels selber als »Märchen«. Sie setzen sich mit der Natur, und der Überwindung von Bürgertum und Pietismus auseinander. Die Religiosität spielt ebenfalls explizit und implizit eine große Rolle. Bonsels propagierte eine Religiosität, die unabhängig ist von Dogmen und sich dem Leben und der Liebe verpflichtet sieht. Als Vorbild der Liebe sieht er Christus. Die Kirche hat nach Bonsels das Christusbild verkrümmt und hat ihm die Radikalität genommen. Die Evangelien sind für ihn fundamentale Künderinnen der Botschaft Christi. Als zweite wichtige religiöse Figur sieht er den Buddha an, wegen der Vergleichbarkeit in der Geisteshaltung. Geplant aber nicht ausgeführt wurde von ihm das Buch *Christus, Buddha und wir*.

Werke [in Auswahl]: Das Feuer, München 1907; Rote Nacht. Ballade, Berlin 1908; Don Juans Tod, München 1910; Märztage. Ein Schauspiel in 4 Aufzügen, Berlin - Leipzig 1912; Die Biene Maja und ihre Abenteuer, Stuttgart

1912; Das Anjekind, Berlin - Leipzig 1913; Himmelsvolk. Ein Märchen von Blumen, Tieren und Gott, Stuttgart 1915; Die Heimat des Todes. Empfindsame Kriegsberichte, München 1916; Waldemar Bonsels Indienfahrt, Frankfurt/Main 1916; Menschenwege, Aus den Notizen eines Vagabunden, Frankfurt/Main 1917; Leben ich grüße dich, Berlin 1918; Der tiefste Traum, Berlin 1918; Don Juan. Eine epische Dichtung, Berlin - Leipzig 1919; Norby. Eine dramatische Dichtung, Berlin 1919; Trinklied, Berlin 1920; Eros und die Evangelien, Frankfurt/Main 1921; Kyrie eleison, Berlin 1922; Weihnachtsspiel. Eine Dichtung, Frankfurt/Main 1922; Jugendnovellen, Stuttgart 1923; Narren und Helden, Frankfurt/Main 1923; In den Bergen und Am Thron der Sonne aus »Indienfahrt«, Berlin 1924; Scholander, Stuttgart 1924; Tiergeschichten, Wien 1924; Vagabunden-Brevier. Gedanken u. Betrachtungen / Waldemar Bonsels. Aus seinen Werken ausgewählt und zu einem Bilde für Weltanschauung zusammengestellt von Reinhold Bulgrin, Frankfurt 1924; Die Flamme von Arzla. Ein Schauspiel in 4 Aufzügen Stuttgart 1925; Die Mundharmonika. Erzählungen, Leipzig 1925; Die schönsten Märchen der Gebrüder Grimm / Ausgew. und eingeleitet von Waldemar Bonsels, Dresden 1925; Der tiefste Traum. Eine Erzählung, Leipzig 1925 (Neue Aufl.); Der Wanderer zwischen Staub und Sternen. Vorwort von Hanns Martin Elster, Berlin 1926; Mario und die Tiere, Stuttgart 1927; Naemi, Wien 1929; Mario und Gisela, Stuttgart 1930; Die Nachtwache, Stuttgart - Berlin 1933; Menschenwege, Berlin 1933; Der ewige Weg. Ein Weihnachtsspiel, München 1934 (Neuaufl.); Der Reiter in der Wüste. Eine Amerikafahrt, Berlin 1935; Marios Heimkehr, Stuttgart - Berlin 1937; Mario. Ein Leben im Walde, Stuttgart - Berlin 1939; Begegnungen. Erzählungen, Berlin 1940; Die klingende Schale. Märchenbilder und Traumgestalten, Stuttgart 1940; Knorrherz und Ermelinde, Berlin 1941; Die Reise um das Herz, Stuttgart 1942; Mortimer. Der Getriebene der dunklen Pflicht, Hamburg 1946; Gott und Natur im Menschenherzen. Eine Auswahl aus den Dichtungen und dem Gedankengut Waldemar Bonsels. Nachw. Otto Paasche, Berlin - Buxtehude 1947 [Neuaufl.]; Runen und Wahrzeichen, Wuppertal 1947; Wahrzeichen und Lieder, Iserlohn 1948; Dositos. Ein mythischer Bericht aus der Zeitenwende, Neustadt (Haardt) 1949; Randbemerkungen zu einer Kritik über »Dositos«, Neustadt (Haardt) 1950; Freundschaften, Kämpfe und Jagden. Eine Auswahl der schönsten Tiergeschichten Waldemar Bonsels. Zusammengestellt von Rose-Marie Bachofen, Düsseldorf 1951; Den Freunden der Deutschen Verlags-Anstalt im Todesjahr von Waldemar Bonsels, Stuttgart 1952; Fragmente und Aufsätze, München 1978; Gesamtwerk. Hrsg. von Rose-Marie Bonsels, München 1980 [Stuttgart 1992]; Waldemar Bonsels Reisen und Expeditionen, Wiesbaden 1987; Christiane Latendorf / Waldemar Bonsels, Indien. Farbige Scherenschnitte, Pulsnitz 2005; Das dichterische Werk. 3 Bde, Dresden o.J.; Tausend-und-eine Nacht. Arab. Erzählungen, zum ersten Male aus dem Urtext übers. von Gustav Weil. Hrsg. u. bearb. von Waldemar Bonsels und Paul Weiglin. Mit einer Einleitung von Waldemar Bonsels, Berlin o.J.

Lit.: Karl Rheinfurth, Waldemar Bonsels. Eine Studie. Mit 2 Bildnisbeigaben und einer Lebensskizze des Dichters, Berlin 1919 [2. Aufl. 1921]; — Carl Stange, Waldemar Bonsels. Seine Dichtung und seine Weltanschauung, Gütersloh 1921

[Studien des apologetischen Seminars Wernigerode 6]; — Fritz Adler, Waldemar Bonsels. Sein Weltbild und seine Gestalten, Frankfurt/Main 1925; — Vridhagiri Ganeshan, Das Indienbild deutscher Dichter um 1900, Bonn 1975; — Otto Jordan, Waldemar - Bonsels Bibliographie, Bohmstedt 1977; — Otto Jordan, Waldemar Bonsels. Ahnenliste, München 1984; — Waldemar Bonsels im Spiegel der Kritik, Wiesbaden 1986 [Ambacher Schriften 1]; — Rose Marie Bonsels (Hrsg.), Waldemar Bonsels - Reisen und Expeditionen, Wiesbaden 1987 [Ambacher Schriften 2]; — Rose Marie Bonsels (Hrsg.), Waldemar Bonsels' epische Dichtung Don Juan, Wiesbaden 1987 [Ambacher Schriften 3]; — Rose Marie Bonsels (Hrsg.), Menschenbild und Menschenwege im Werk von Waldemar Bonsels, Wiesbaden 1988 [Ambacher Schriften 4]; — Der nicht gespielte Film. Eine Studie zur Vagabundenliteratur. Ill. v. Gunter Böhmer, Wiesbaden 1990 [Ambacher Schriften 5] - Rose Marie Bonsels (Hrsg.), Indien als Faszination. Stimmen zur »Indienfahrt« von Waldemar Bonsels, Wiesbaden 1990 [Ambacher Schriften 6]; — Waldemar Bonsels und seine Komponistenfreunde Fritz Skorzeny und August Schmid-Lindner. Mit separatem Reprint: Gedichte von Waldemar Bonsels vertont durch Fritz Skorzeny, Wiesbaden 1991 [Ambacher Schriften 7]; — Roswitha Henschel (Hg.), Paula Ludwig - Waldemar Bonsels. Dokumente einer Freundschaft, Wiesbaden 1994 Ambacher Schriften 8]; — Lini Hübsch-Pfleger, Waldemar Bonsels und die Tänzerin Edith von Schrenck, Wiesbaden 1997 [Ambacher Schriften 9]; — Helga Karrenbrock, Tagträume und Kinderwünsche. Die Biene Maja und ihre mannigfaltigen Brüder und Schwestern, in: Dorothee Römhild (Hrsg.), Die Zoologie der Träume. Studien zum Tiermotiv in der Literatur der Moderne, Opladen 1999, 152-169; — Ernst J. Dreyer, Zwei Briefe Richard Wagners an den Komponisten Robert von Hornstein im E. W. Bonsels-Verlag. Mit einer Monographie über Robert von Hornstein und einem Anhang über Robert Gund, Wiesbaden 2000 [Ambacher Schriften 10]; — Ders., Ferdinand von Hornstein, der Autor der »Lieder an eine Göttin« im E.W. Bonsels-Verlag, Wiesbaden 2001 [Ambacher Schriften 11]; — Jürgen Schwalm: Eine Reise um das Herz. Der Schriftsteller Waldemar Bonsels (1880-1952, Bad Schwartau 2006; — Volker Weidermann, Das Buch der verbrannten Bücher, Köln 2008.

Martin Lätzel

BOTERO, Giovanni, ital. Staatstheoretiker, Ökonom und Diplomat, * um 1544 in Bene Vagienna (Piemont); † 27. Juni 1617 in Turin. — B. trat mit 15 Jahren ins Jesuitenkolleg von Palermo ein. 1560 kam er in Rom im Rahmen seiner theologischen Studien mit dem Gedankengut der vom Jesuitenorden getragenen Gegenreformation in Berührung. 1565 ging B. als Philosophie- und Rhetoriklehrer nach Frankreich und lehrte an den Jesuitenkollegien von Billom (1565-66) und Paris (1567-69). Nach Italien zurückgekehrt, unterrichtete er ab 1570 in Mailand, Padua und Genua. Von 1576 bis 1584 war B. Sekretär bei Kardinal Karl Borromäus, nach dessen Tod er in die Dienste seines Neffen Friedrich eintrat. Zwischenzeitlich war B. 1581 wegen einer Predigt, in der er die weltliche Macht des Papstes in Frage gestellt hatte, aus dem Jesuitenorden ausgeschieden. 1585 wirkt B. als Gesandter Karl Emanuels I. von Savoyen in Paris. Ende der 1580er Jahre beginnt eine intensive Schaffensperiode, in der seine drei wichtigsten Werke entstehen.1599 beendete B. die Zusammenarbeit mit Friedrich Borromäus, der 1595 Erzbischof von Mailand geworden war, und wurde Hauslehrer der drei Söhne Karl Emanuels, mit denen er von 1604 bis 1607 Spanien bereiste, wo seine staatstheoretischen Ideen von Philipp III. und IV. positiv aufgenommen wurden. Seinen Lebensabend verbrachte B. wieder in seiner italienischen Heimat; am 27. Juni 1617 starb er in Turin. — B. gilt als einer der führenden Vertreter der italienischen Gegenreformation. Bekannt wurde er darüber hinaus insbesondere durch seine politischen und ökonomischen Schriften. Sein Hauptwerk ist die staatstheoretische Schrift *Della ragione di stato* (1589), die gegen Niccolò Machiavellis *Il Principe* (1513) gerichtet ist. Dessen Ansichten über die politische Moral der Staatsräson setzt B. ein Staatskonzept entgegen, das auf christlichen Prinzipien ruht. Sein Ansatz kulminiert in der Forderung nach einer intensiveren Beziehung des Fürsten zu seinen Untertaten, um den Bürgern mehr politische und wirtschaftliche Rechte zu gewähren. Diese progressiven Thesen, mit denen er nachweislich auf Lipsius wirkte und den Liberalismus des 17. und 18. Jh. (Locke, Smith, Ricardo) in seinen Grundaussagen schon vorwegnahm, ergänzte er mit der ökonomischen Analyse *Cause della grandezza e magnificenza della città,* die ebenfalls 1589 erschien. Darin stellt B. als erster Ökonom statistische Untersuchungen über die Zunahme der Bevölkerung an und wird damit zum Vorläufer Malthus'. B. vertrat die Auffassung, daß der Reichtum eines Staates nicht auf dem Besitz von Edelmetallen, sondern auf der von Landwirtschaft und Gewerbe geleisteten Arbeit beruhe. Damit wird B. zum Pionier der modernen wirtschaftspolitischen Analyse und der umfassenden Bewertung der Leistungsfähigkeit einer Volkswirtschaft. Zusammen formulieren die Werke eine moderne (wirtschafts-)politische Theorie, die gegen Absolutismus und Merkantilismus gerichtet ist. In seiner Kosmographie *Relationi universali* (1591) behandelte er in umfangreichen demographischen Studien den Einfluß des Klimas auf die Wesensart der Völker Asiens, Afrikas und Amerikas, ein Thema, das im 18. Jh. von großen Aufklärungsphilosophen wie Kant und Montesquieu aufgegriffen wurde.

Werke: De regia sapientia (1583), Della ragione di stato (1589), Cause della grandezza e magnificenza della città (1589), Relazioni universali (1591).

Lit.: F. Chabod, G. de B. Rom 1934; — L. Firpo, G. B., in: Dizionario biografico degli Italiani. Bd. 13, Rom (1971), 352-362; — L. de Luca, Stato e Chiesa nel pensiero politico die G. B. Rom 1946; — A. Magnaghi, Le relazioni universali di G. B. e le origini della statistica dell'antropogeografia. Turin 1906; — F. Meinecke, Werke. Bd. 1: Die Idee der Staatsräson in der neueren Geschichte. Hrsg. von W. Hofer. München 1963.

Josef Bordat

BOVO *von Saint-Bertin* (Bovo von Sithiu, Bovo Sithivensis), Abt (1045-1065), OSB, † 1065, Saint-Omer. — Von Jugend auf in der Abtei Saint-Bertin (ursprünglich St. Peter und Paul in Sithiu) in Saint-Omer aufgewachsen wurde B. nach dem Tod Roderichs 1045 Abt. 1050 kam es nach einem Brand anläßlich umfangreicher Bauarbeiten für eine Krypta in der Klosterkirche zur Entdeckung und Bergung, 1052 zur formellen Erhebung der unter dem Hochaltar (Martinsaltar) aufgefundenen Gebeine (2. Mai) des Klostergründers Bertin von Artois (BBKL XXIV, 235-238; Gründung des Klosters um 650, um 1100 nach dem Gründer umbenannt), die von Bertins Nachfolger Erlefried in einem Bleiarkophag beigesetzt und von Bischof Folquin von Thérouanne vor den Überfällen der Normannen im Jahr 843 unter dem Hochaltar vergraben worden und in Vergessenheit geraten waren. B. inszenierte die Graböffnung und erneute Beisetzung auf dem Hochaltar in einem versiegelten silbernen Schrein, bzw. einem vergoldeten Kopfreliquiar mit großer Feierlichkeit unter der Leitung von Guido (Wido) von Châtillon, Erzbischof von Reims (1032-1055), und unter Mitwirkung von Bischof Drogo von Thérouanne und mehrerer Äbte und Prälaten sowie in Anwesenheit prominenter Gäste wie Adele, Tochter des französischen Königs Robert II. und Gattin Balduins V. von Flandern, wobei die Gäste mit Teilen der Reliquien beschenkt wurden. B. verfaßte in Form eines Briefwechsels mit Erzbischof Guido einen detaillierten Bericht über Vorgänge, Zeremonien und eingetretene Wunder (Ergänzung dazu bildet der Hirtenbrief der Bischöfe von Thérouanne und Arras anläßlich der zweiten Eröffnung des Schreins und erneuten Umbettung in einen noch kostbareren Schrein unter Abt Jakobus am 16. Juli 1237 mit dem dabei aufgefundenen Dokument von 1052). Die Urkunden weisen B. als streitbaren Abt aus, der die Rechte des Klosters zu wahren und auszuweiten wußte. In diesem Zusammenhang gehört die Bemühung um die Reliquien Bertins, die der Legitimierung der Abtei und ihrem Ansehen dienten.

Werk: Auffindung und Erhebung der Reliquien von Abt Bertin von Sithiu (De inventione et elevatione corporis sancti Bertini abbatis, BHL 1296): Migne, PL 147, 1141-1160.

Quellen: Bischof Pierre von Thérouanne und Bischof Asso von Arras, Translatio S. Bertini (Hirtenbrief vom 16. Juli 1237): Migne, PL 147, 1139f; — Benjamin Edme Charles Guérard (Hrsg.), Cartulaire de l'Abbaye de Saint-Bertin (Collection de documents inédits sur l'histoire de France: Collection des cartulaires de France, 3), Paris 1840, 183. 201 (korr. durch Morand); — François Morand (Hrsg.), Appendice au cartulaire de l'abbaye de Saint-Bertin (Collection de documents inédits sur l'histoire de France: Collection des cartulaires de France, 3, App.), Paris 1867; — Daniel Haigneré (Hrsg.), Les chartes de Saint-Bertin d'après le grand Cartulaire de Dom Charles-Joseph Dewitte, 1: 648-1240, Saint-Omer 1886, Nr. 71-77. 80.

Lit.: Henri de Laplane, Les abbés de St-Bertin, 1, St-Omer 1854; — Oscar Bled, Les reliques de Saint Bertin, in: Mémoires de la Société des Antiquaires de la Morinie, 32, 1914-1920, 1-112;

Bruno W. Häuptli

BOVO *von Voghera* (Bobo de Viqueria, Bovone, Bobone, Bonone, Bevons, Beuvon, Beuve), Ritter, Bekenner, Heiliger (Fest: 22. Mai), * um 940, Noyers-sur-Jabron (bei Sisteron, Provence), † 22.5. 986 Voghera (Prov. Pavia). — B. war der Sohn des provenzalischen Adligen Adelfrid (Adalfred, Audeffroy, Audiffret) und der Odelinde (Odilinda). Als junger Mann kämpfte er als Ritter gegen die Sarazenen, die häufig von ihrem Stützpunkt Fraxinetum (Frassineto, La Garde-Freinet), wo sie sich seit 889 festgesetzt hatten, Raubzüge in die Provence, in die Dauphiné und das Languedoc unternahmen. Die Vertreibung der Sarazenen im Jahr 973 unter Wilhelm I. dem Befreier, Graf von Arles und

der Provence (970-994), wird von der Legende B. zugeschrieben, daß B. aber wie ein großer Teil des südfranzösischen Adels daran beteiligt war, ist anzunehmen. Nach dem Sieg zog sich B. aus der Welt zurück, wie er es vor der Schlacht gelobt hatte, kümmerte sich um Witwen und Waisen und pilgerte jährlich zu den Gräbern von Petrus und Paulus. Als Zeichen seiner Heiligkeit galt, daß er dem Mörder seines Bruders verzieh. B. starb in Voghera auf der Rückkehr von einer Romreise und wurde an der Südseite der Pilgerstraße nach Rom im Borgo San Pietro begraben. Über seinem Grab wurde eine Kirche (1119 bezeugt) errichtet, Kloster (Benediktiner), Spital und Waisenhaus angeschlossen; das Spital wurde von den Ospitalieri di San Bovo geleitet, die der an die Augustinerregel angelehnten Ordensregel des Guido von Montpellier folgten (Regula sive statuta hospitalis Sancti Spiritus). Die Reliquien wurden wegen Kriegswirren mehrfach hin und her verlegt: Bald nach 1200 gelangten sie nach Pavia ins Benediktinerkloster S. Apollinare vor der Porta Palazzo; 1469 (22.2.) kehrten sie auf Begehren des Erzpriesters der Kathedrale S. Lorenzo, Guglielmo de Mangiarinis, nach Voghera zurück, was zahlreiche Wunder (Heilungen, Duft) auslöste, und wurden seit 1470 unter dem Hochaltar von S. Bovo in einem Sarkophag verwahrt (datierte Inschrift); 1522 (7.11) erfolgte die Translatio in die Domsakristei, 1523 in einer Rettungsaktion vor den französischen Truppen wieder nach S. Apollinare (inzwischen Dominikanerkloster) in Pavia, 1526 bei der Zerstörung der Stadt ins Dominikanerinnenkloster S. Tomaso, wenig später wegen Bauarbeiten zu den Dominikanerinnen von S. Caterina in Siena, die sie nicht mehr hergeben wollten, bis das Kloster 1798 geschlossen wurde, worauf sie 1799 nach Pavia (ins Frauenkloster S. Giovanni in Borgo) zurückkamen, 1805 (20.8.) nach S. Luca, schließlich erst 1954 (14.11.) wieder nach Voghera (Dom), wo 1921 auch die Reste des inzwischen zerstörten Sarkophags in der Vorhalle gelandet waren. B. wird in Italien (wegen seines Namens, bove »Rind«) bei Tierseuchen, besonders bei Rindern, angerufen. Als Stadtpatron wurde er seit dem 12. Jh. in Voghera und Castino (Prov. Cuneo) verehrt, als Landespatron in der Provence. Der Kult verbreitete sich auch in der Lombardei, im Piemont, in Ligurien, im Veneto, in Frankreich und in Spanien. Am 22. Mai findet in den Regionen Novara und Vercelli der Tiersegen statt. In Voghera, Verona, Vicenza, Parma und Bologna waren B. Spitäler geweiht. Zu einer Kanonisierung kam es jedoch nie. Die Datierung der legendär ausgearbeiteten, mit eingestreuten klassischen Hexametern (z.B. Vision des Petrus vor der Schlacht) versehenen, in einer Handschrift des 15. Jhs. erhaltenen Vita (mit Anhang von postumen Wundern vom gleichen Verfasser) ist nicht zu klären; eine ursprüngliche Fassung ist aber für die 1330 verfaßte Beschreibung der Kirchen von Pavia durch Opicino de Canistris vorauszusetzen.

Quellen: Vita Bobonis (BHL 1383 »In partibus Provinciae«): AASS Mai. 5, 186-188; — Postume Wunder (Miracula post mortem; BHL 1384 »Postquam de eius laudabilibus«): AASS Mai. 5, 188-190; — Wunder des Jahres 1469 (Miracula anno 1469; BHL 1385 »Ista sunt miracula«): AASS Mai. 5, 191f; — Verwahrung der Reliquien im Jahr 1470 (Reclusio reliquiarum anno 1470; BHL 1386 »In nomine Domini«): AASS Mai. 5, 192f; — Odilo von Cluny, Vita Maioli abbatis: Migne, PL 142, 960; — Chronik von Novalesa (Chronicon Noviliciense), Buch 4, Kap. 20, fr. 1: Cronaca di Novalesa, ed. Cian Carlo Alessio, Torino 1982, 168ff; — Opicinus de Canistris, Libellus de descriptione Papie vel Liber de laudibus civitatis Ticinensis, cap. 5 (datiert 1330): Rodolfo Maiocchi / Ferruccio Quintavalle, Commentarius de laudibus Papiae: Anonymi Ticinensis Liber de laudibus civitatis Ticinensis (Rerum Italicarum scriptores, 11/1), Città Di Castello 1903-1906 (lat.-ital.; komm.; inkl. Cronica de corporibus sanctis Papie); Faustino Gianani, Opicino de Canistris. L' »Anonimo Ticinese« (Cod. Vaticano Palatino latino 1993) e la sua descrizione di Pavia, Pavia 1927 (Repr. 1976. 1996), 54. 86. 129; Delfino Ambaglio (Hrsg.), Opicino de Canistris, Il libro delle lodi della città di Pavia, Pavia 1984 (ital., komm.; Repr. 1995); Delfino Ambaglio (Hrsg.), Opicino de Canistris, 1296-1352, Le lodi della città di Pavia, Pavia 2004 (lat.-ital.).

Lit.: Tomasini, Giacomo Filippo, Vita di S. Bovone, Padova 1654; — Guido Maria Bersani, Vita di S. Bovone confessore protettore principale di Voghera, Vercelli 1823; — Giuseppe Boni / Rodolfo Maiocchi, Il catalogo Rodobaldino dei corpi santi di Pavia, Pavia, 1901; — Richard Salomon (Hrsg.), Opicinus de Canistris: Weltbild und Bekenntnisse eines avignonesischen Klerikers des 14. Jahrhunderts: mit Beiträgen von Adelheid Heimann und Richard Krautheimer (Studies of the Warburg Institute, 1), 2 Bde., London 1936 (Repr. 1969); — Dante Clerico / Giovanni Francesco Bascapè, Vita di San Bovo, Voghera 1946 (Reprint 1985); — Giuliana Albini, L'assistenza all'infanzia nelle città dell'Italia Padana, in: AA.VV., Città e servizi sociali nell'Italia dei secoli XII-XV: 12o convegno di studi, Pistoia, 9 - 12 ottobre 1987 (Centro Italiano di Studi di Storia e d'Arte Pistoia), Pistoia 1990, 115-117; — Pierluigi Tozzi, Opicino e Pavia, Pavia 1990; — Maria Grecchi, L'universo di Opicino de Canistris: la storico e cartografo pavese nel settimo centenario della nascita, Belgioioso (PV) 1996; — Muriel Laharie / Guy Roux, Art et folie au Moyen Age: aventures et énigmes d'Opicinus de Canistris (1296 - vers 1351), Paris 1997; —

Victoria Mary Morse, A complex terrain: church, society, and the individual in the works of Opicino de Canistris (1296 - ca. 1354), Ann Arbor, Mich. 2001 (= Diss. Berkeley, Univ. of Calif. 1996); — Guy Roux, Opicinus de Canistris (1296 - 1352?), prêtre, pape et Christ ressuscité, Paris 2005; — Réau III/1, 241; — DHGE 9 (1937) 285f (S. Hanssens, s.v. Bobo); — BiblSS 3, 378-380 (G. D. Gordini); — LCI 5, 442 (V. Mayr).

Bruno W. Häuptli

BRING, Ragnar, lutherischer Theologe, Professor für systematische Theologie in Åbo/Finnland und Lund/Schweden, * 10. Juli 1895 als sechstes von sieben Kindern des Konsistorialnotars Dr. phil. Gustaf I. M. Bring und seiner Frau Hilma, geb. Olbers, in Skara/Schweden, † 18. Juni 1988 in Lund. — Anders Ebbe Ragnar Bring, so sein voller Name, studierte von 1914-1917 in Uppsala Philosophie, Religionsgeschichte und Griechisch. In dieser Zeit erhielt B. wichtige Impulse für sein philosophisches Denken durch Adolf Phalén und Harry Meurling, die eine anti-metaphysische Philosophie vertraten. Beide blieben für Bring auch in ihrer Art des Lehrens vorbildlich dafür, wie ein Universitätsdozent sein müsse. Nach dem einjährigen Militärdienst 1918 zog es B. für das nun folgende Studium der Theologie nach Lund (1919-1923), wo man unter anderem die neuen Impulse der Uppsala-Philosophie auch in der Theologie aufgenommen hatte. Namentlich sind hier vor allem Gustaf Aulén und Anders Nygren zu nennen. Aulén wurde ein wichtiger Lehrer für B., und mit dem fünf Jahre älteren Nygren entstand eine fruchtbare Arbeitsgemeinschaft. Sie wurden für B. theologische Weggefährten, mit denen er Zeit seines Lebens befreundet war. Später wurde die theologische Arbeit dieser drei Theologen unter dem Begriff der »Lundenser Theologie« international bekannt, wobei sie selber aber diese Bezeichnung nicht mochten. Dabei darf nicht unerwähnt bleiben, daß B. im Blick auf Wirkungsgeschichte und Bekanntheitsgrad immer im Schatten von Aulén und Nygren gestanden hat. Im Jahr 1923 schloß B. das Theologiestudium ab, 1926 wurde er Lizentiat der Theologie. Er arbeitete dann an seiner Dissertation »Dualismen hos Luther« (Dualismus bei Luther), die 1929 erschien. Diese Arbeit führte zu seiner Anstellung als Dozent unter Gustaf Aulén und war bahnbrechend in der schwedischen Lutherforschung. Entscheidende

Impulse für sein Verständnis von Luther hatte B. durch die deutsche Lutherrenaissance bekommen, hier vor allem durch Emanuel Hirsch. 1928 hatte B. ein Reisestipendium nach Deutschland erhalten und besuchte u.a. Marburg, wo er Rudolf Otto und Rudolf Bultmann traf, Erlangen (mit Vorlesungen von Werner Elert und Paul Althaus) und Göttingen. Dort begegnete er Carl Stange, dem späteren Gründer der Luther-Akademie Sondershausen, wo B. auch mehrfach zu Gast war, und Emanuel Hirsch. Dieser nahm ihn außerordentlich freundlich auf und nahm sich viel Zeit für B. Noch ein Jahr vor seinem Tod, 1987, hat B. davon geschrieben, daß Hirsch von da an immer sein wichtigster Lehrer unter den deutschen Theologen gewesen ist. Seit dem Aufenthalt B.s in Deutschland waren Hirsch und er freundschaftlich verbunden, auch während der Zeit des Nationalsozialismus, in der Hirsch ein Anhänger Hitlers und des Nationalsozialismus war. Trotz einer gegensätzlichen Beurteilung des NS-Systems hielt B. den Kontakt zu Hirsch aufrecht, wofür dieser ihm Zeit seines Lebens dankbar war. Aus dem im Bring-Archiv in Lund erhaltenen Briefen von Hirsch an B. aus den dreißiger und vierziger Jahren wird ersichtlich, wie Hirsch bei B. um Verständnis für seine politische Haltung wirbt, er aber gleichzeitig die Freundschaft davon unbelastet sehen und auch vor allem als Lutherforscher beurteilt werden möchte. 1930 heirateten B. und Ester Rakel Gabriella Herner, ihre Ehe blieb kinderlos. Von 1930-1934 war B. Professor für systematische Theologie an der schwedischsprachigen theologischen Fakultät in Åbo in Finnland. 1934 wurde B. Nachfolger von Aulén auf dem Lehrstuhl für systematische Theologie in Lund, den er bis zu seiner Emeritierung 1962 innehatte. 1936 wurde B. zum Pfarrer der schwedischen Kirche ordiniert, und er war später bei mehreren Gelegenheiten Entsandter der Kirche Schwedens, so zum Beispiel beim Lutherischen Weltbund oder dem Weltkirchenrat. Nach seiner Emeritierung hatte Bring verschiedene Gastprofessuren, so in Berlin 1962 und 1969, Åbo 1962-63, Chicago 1963-64, Kopenhagen 1966 und Oslo 1968-69. Er erhielt die Ehrendoktorwürde in Erlangen 1952, Århus 1952, Åbo 1955 und Rock Island/Illinois 1960. Die Gastprofessuren und Ehrendoktortitel zeugen von den vielen Kontakten

B.s auch über Schweden und Skandinavien hinaus, vor allem nach Amerika und Deutschland. Zu seinem 60. Geburtstag 1955 erschien die Festschrift »Nordisk teologi. Ideer och män« mit insgesamt 19 Aufsätzen von Freunden und Schülern B.s aus Skandinavien, mit Bibliographie. Von 1938-1969 war B. verantwortlicher Redakteur der »Svensk teologisk kvartalskrift«, in der er selbst im Laufe der Jahre 35 Artikel veröffentlichte. — Im Blick auf das theologische Gesamtwerk B.s hat sein Freund und Weggefährte Anders Nygren in einem Aufsatz zu seinem 60. Geburtstag die drei Themenbereiche Lutherrenaissance, Bibeltheologie und Philosophie herausgehoben. International bekannt ist B. vor allem als Lutherforscher unter dem Einfluß der Lutherrenaissance mit Karl Holl und Emanuel Hirsch. Er zeichnet sich dadurch aus, daß er Lutherforschung mit den Herausforderungen der gegenwärtigen systematischen Theologie verbindet. Neben die gründliche historische Forschung an den Texten Luthers tritt die Frage, was die Einsichten Luthers für die heutige systematische Theologie bedeuten, kreisend um die Frage von Gesetz und Evangelium als Zentrum lutherischer Theologie. Daraus folgt bei B. eine zunehmende Beschäftigung mit den Texten der Bibel selbst, hier vor allem der paulinischen Schriften. In der Auseinandersetzung mit Paulus kommt Bring zu dem Ergebnis, daß Paulus und Luther Gesetz und Evangelium unterschiedlich verstanden haben, aber Luther durch seine Neuentdeckung auch das paulinische Verständnis zu neuem Leben erweckt hat. Von Beginn an hat B. sich auch mit philosophischen Fragestellungen auseinandergesetzt. Dabei hat er sich nicht einfach bestimmten philosophischen Richtungen angeschlossen, sondern diese immer auch kritisch beleuchtet und analysiert und verschiedene Schriften zu Methodenfragen in Theologie und Philosophie veröffentlicht. — Seinen Weggefährten und Schülern ist B. über die theologische Forschung hinaus als ein verläßlicher, treuer und persönlicher Freund in Erinnerung.

Werke (Auswahl): Ett märkligt verk om Luther, in: Kristendomen och vår tid , Jg. 23, 1928, 182-189 (Rez. von: T. Bohlin, Gudstro och Kristustro hos Luther, Stockholm 1927); Dualismen hos Luther. Akademisk avhandling, Stockholm 1929; Coram deo - coram hominibus. Några randanmärkningar till G. Ljunggren: Synd och skuld i Luthers teologi, SvTK 6, 1930, 171-184; Den svenska Lutherforskningen under de sista tre decennierna i dess samband med den systematiska teologien, Lund 1931; Några randanmärkningar til vissa den svenska systematiska teologiens senaste landvinningar, SvTK 7, 1931, 358-375 (Rez. von: G. Aulén, Den allmänneliga kristna tron, Stockholm ³1931; G. Aulén, Den kristna forsöningstanken, Stockholm 1930); Ordet, samvetet och den inre människan, in: Ordet och tron. Till Einar Billing på hans 60-årsdag den 6 oktober 1931, Stockholm 1931, 36-75; Systematisk och historisk Lutherforskning, SvTK 7, 1931, 31-51 (Rez. von: W. v. Loewenich, Luthers Theologia crucis, München 1929; N. Nøjgaard, Om Begrebet Synd hos Luther. Studier i Luthers Antropologi indtil 1522, København 1929; E. Vogelsang, Die Anfänge von Luthers Christologie nach der ersten Psalmenvorlesung, Berlin/Leipzig 1929); Förhållandet mellan tro och gärningar inom luthersk teologi. 1. Iustitia actualis. 2. Iustitia civilis, Lund 1933; Till frågan om den systematiska teologiens uppgift, med särskild hänsyn till inom svensk teologi föreliggande problemställningar, Lund 1933; Till kritiken av Harnacks syn på den gammalkyrkliga frälsningsuppfatningen, SvTK 9, 1933, 229-262; Några randanteckningar till andra upplagan av Nygren, Filosofisk og kristen etik, SvTK 9, 1933, 50-66 (Rez. von: A. Nygren, Filosofisk og kristen etik, Stockholm ²1932); Den systematiska teologiens vetenskapliga karaktär. Installationsföreläsning hållen den 2 dec. 1933, Åbo 1934; Förhållandet mellan teologi och religion i historisk belysning, SvTK 10, 1934, 260-274; Några intryck från Finland, in: Lundagård, Jg. 15, 1934, 127-131; Paradoxtanken i teologien, SvTK 10, 1934, 3-17; Tacksamheten - det kristna livets grundton. Föredrag vid de svenska kyrkodagarna i Wasa den 12-14 juni 1934, Helsingfors 1934; Gåva och krav. Till Manfred Björkquist på hans femtiårsdag, Stockholm 1934, SvTK 10, 1934, 383-387; Dogmatik med symbolik, in: Studiehandbok för teologie studerande vid Lunds universitet utgiven av teologiska fakulteten 1936, Lund 1936, 65-70; Lag och evangelium, SvTK 12, 1936, 207-227; [Rez. von:] Nygren, A., Dogmatikens vetenskapliga grundläggning, Stockholm 1935, SvTK 12, 1936, 287-290; Teologi och religion, Lund 1937; Till Yngve Brilioth, SvTK 13, 1937, 361-363; [Rez. von:] Althaus, P., Theologische Aufsätze. 2, Gütersloh 1935, SvTK 13, 1937, 92-98; Några synpunkter på problemet om nåden og den fria viljan, in: Från skilda tider. Studier tillägnade Hjalmar Holmquist 28.4.1938, Stockholm 1938, 104-122; Det uppseendeväckande och det verkligt betydelsesfulla, in: Julpost, Jg. 16, 1939, 4-6; Gustav Aulén 60 år, SvTK 15, 1939, 161-163; Kring uppgörelsen mellan Erasmus och Luther, in: Till Gustav Aulén 15.5.1939, Stockholm 1939, 69-83; Anders Nygren 50 år, in: Sydsvenska dagbladet snällposten 14.11.1940; Anders Nygrens teologiska gärning. Några reflexioner vid hans 50-årsdag, SvTK 16, 315-321; De kristna tankarnas sanningsvärde i olika kultursituationer, SvTK 16, 1940, 39-49; Det kroppsliga och det själsliga livet från kristen synpunkt, in: G. Grefberg/ E. Killander (Hrsg.), Idrotten - andlig beredskap?, Stockholm 1940, 87-97; Kristendomen och vårt arbete för folk, stat och samhälle, in: Vår lösen, Jg. 31, 1940, 77-85; Kyrkans män och landets nöd, in: Svensk kyrkotidning, Jg. 36, 1940, 221-222; Nutidens människor inför Andra artikeln, in: Ny kyrklig tidskrift, Jg. 9, 1940, 33-42; The Lord's supper - its origin and significance, in: The Augustana quarterly, Jg. 19, 1940, 291-300; Vad bör kyrkan göra för fred?, in: Kristen gemenskap, Jg. 13,

1940, 19-24; Finlands kamp och Finlands väg, in: Kyrkor under korset, Jg. 10, 1941, 242-248; Om nattvarden, in: Teologinen aikakauskirja. [Finsk] Teologisk tidskrift, Jg. 46, 1941, 16-28; Det subjektiva och det objektiva i kyrkouppfatningen, in: En bok om kyrkan av svenska teologer, Stockholm 1942, 285-305; Intryck från Finland under landets kamp- och nödtid, in: Kyrkor under korset, Jg. 11, 1942, 241-248; Teologisk konferens vid Lutherakademien i Sondershausen, SvTK 18, 1942, 271-272; Vad var det viktigaste i Skriften för Luther och för Paulus?, in: Södermanlands bibelsällskaps årsskrift 1942, 3-22; Dogmatik med symbolik, in: Studiehandbok för teologie studerande vid Lunds universitet utgiven av teologiska fakulteten 1944, Lund 1944, 59-71; Oliver Quick in memoriam, SvTK 20, 1944, 174-176; Vad innebär det att vara lutheran?, in: Livssyn och social vård. En vänbok till Joh. W. Johnsson, Stockholm 1944, 36-54; Till frågan om Pauli syn på lagens förhållande till tron. En studie över Gal. 3:10-12 och Rom. 10:2-8, SvTK 21, 1945, 26-54; Bibeln och uppenbarelsen, SvTK 22, 1946, 319-341; En blick på svensk teologi i dag, in: Dansk teologisk tidsskrift, Jg. 9, 1946, 197-211; Pauli syn på Gamla testamentet och vår. Ett bidrag till frågan om bibelsynen i nutiden, in: Ny kyrklig tidskrift, Jg. 50, 1946, 76-102; Professorskan Märta Lindblom död, in: Lunds dagblad 30.10.1946; Till frågan om lagens innebörd och dess förhållande till tron i Pauli åskådning. Även ett svar till universitetsstipendiat cand. theol. Ragnar Leivestad, SvTK 22, 1946, 168-208; Luthersk bibelsyn, in: En bok om Bibeln, Lund 1947, ²1948, 251-282; Några reflexioner till tolkningen av Gal. 3:19f, in: Svensk exegetisk årsbok, Jg. 12, 1947, 51-66; Teologi och religionsfilosofi, SvTK 23, 1947, 37-70; Tro och kärlek. Föredrag vid Inomeuropeisk missions årshögtid i S:t Lars' kyrka i Linköping lördagen den 22 mars 1947, in: Meddelanden från Inomeuropeisk mission, Jg. 3, 1947, 114-120; Allmänna kyrkomötet 1948. Motioner. N:r 44 om avlöning ur kyrkofonden åt vissa i diakoni- och sjömansvårdsstyrelserna samt vid diakonissanstalterna och diakonanstalten anställda prästmän (mit M. Björkquist u.a.); n:r 45 angående familjepensionsbestämmelser beträffande vissa prästmän, som knytas såsom lärare vid teologisk fakultet (mit Hj. Lindroth u.a.). Bihang till allmänna kyrkomötets protokoll år 1948, saml. 2, Stockholm 1948; Allmänna kyrkomötet 1948. Yttranden, in: Allmänna kyrkomötets protokoll år 1948, n:r 4, Stockholm 1948, 23-34; Den lutherska kyrkan i Österrike, in: Lutherhjälpen, Jg. 1, 1948, 85-90; En lysande succession, in: Sydsvenska dagbladet snällposten 6.11.1948; Luthersk teologi inför det ekumeniska arbetet, in: Edvard Rodhe. En hyllning av ordinarie ledamöter inom teologiska fakulteten, Lund 1948, 35-55; Biskop Aulén sjuttio år, in: Sydsvenska dagbladet snällposten 14.5.1949; Den kristne Inkarnationstanke, in: Lovet være du Jesu Krist. Seks forelæsninger, Bringstrup 1949, 5-23; Kristen tro och vetenskaplig forskning. Några reflexioner med anledning av den populära debatten om »tro och vetande«, SvTK 25, 1949, 201-243; Kristendomens gestaltvandlingar, in: Lutherska litteraturstiftelsens svenska publikationer, 5. Vid Åbodomensfot 1924-1949. Festskrift utgiven av Teologiska fakulteten vid Åbo akademi, Helsingfors 1949, 87-111; Till Anders Nygren, SvTK 25, 1949, 79; Från den teologiska samtiden, SvTK 26, 1950, 156-158; Anders Nygren, teologen og kyrkomannen, SvTK 26, 1950, 161-166; Biskop Anders Nygren sextio år, in: Lunds dagblad 14.11.1950; Kristendomstolkningar i gammal och ny tid. Studier till en månghundraårig idéhistoria, Stockholm 1950; On the Lutheran Concept of the Sacrament, in: Welt-Luthertum von heute. Anders Nygren gewidmet 15. November 1950, Lund, 36-55; Ordet och tron. [Predikan på söndagen efter nyår], in: Aftonsångspostilla. Predikningar över tredje årgångens högmässotexter av svenska präster. Utg. av. A. Malmberg, Stockholm 1950, 45-50; Upprop för insamling för byggande av ett Västgöta nations i Lund studenthem, Borås 1950; Allmænna kyrkomøtet 1951. Motioner. N:r 37 om rätt för vissa sjömanspräster att i löneturshänseende tillgodoräkna sig prästerlig tjänstgöring i utlandet (mit L. Schöldtz und H. Hallén); n:r 46 om inrättande av särskilda studentprästbefattningar (mit Å. Hassler u.a.); n:r 78 i anledning av Kungl. Maj:ts skrivelse med förslag till religionsfrihetslag m.m. (mit A. Nygren u.a.); n:r 83 i anledning av Kungl. Maj:ts skrivelse angående domkyrkoförvaltningens organisation (mit A. Nygren u.a.); n:r 90 om rätt i vissa fall för församling att inrätta självständig organisttjänst (mit A. Nygren u.a.). Bihang till allmänna kyrkomötets protokoll år 1951. Saml. 2, Stockholm 1951; Allmänna kyrkomötet 1951. Yttranden, in: Allmänna kyrkomötets protokoll år 1951: n:r 2, 33-34. n:r 7, 93-96; Tro, kyrka och stat, SvTK 28, 1952, 1-15; Statskyrkoproblemet, SvTK 28, 1952, 84-105; Till diskussionen om äktenskap, skilsmässa och vigsel av frånskilda, SvTK 28, 1952, 149-182; Förberedelseskonferens för Hannover i Holland, SvTK 28, 1952, 287-288; Den anglo-skandinaviska konferensen i Järvenpää, SvTK 28, 1952, 298-300; The subjective and the objective in the concept of the Church, in: This is the Church, Philadelphia 1952, 205-225; Artikel: Arvsynd, Dualism, Gud, in: Nordisk teologisk uppslagsbok för kyrka och skola, Bd. 1, Lund/Köpenhamn 1952; Allmänna kyrkomötet 1953. Motioner. N:r 7 om inrättande av särskilda studentprästbefattningar (mit Å. Hassler u.a.); n:r 28 i anledning av 1951 års utredningsnämnds betänkande n:r 5 (mit A. Nygren u.a.); n:r 36 i anledning av Kungl. Maj:ts skrivelse angående en reform av den territoriella pastoratsindelningen och den församlingsprästerliga organisationen i riket m.m. (mit A. Nygren u.a.). Bihang till allmänna kyrkomötets protokoll år 1953. Saml. 4, Stockholm 1953; Allmänna kyrkomötet 1953. Yttranden, in: Allmänna kyrkomötets protokoll år 1953: n:r 3, 10-13, 18. n:r 4, 22-23. n:r 6, 206-215, Stockholm 1952; Den lutherske synen på världen och det världsliga livet, in: Talenta quinque. Commentationes in honorem Ilmari Salomies, Eino Sorminen, E. G. Gulin, Rafael Gyllenberg, G. O. Rosenqvist, Helsinki 1953, 161-173; Dogmatik, in: Studiehandbok för teologie studerande vid Lunds universitet utgiven av teologiska fakulteten 1952. 2. Examensfordringar, Lund 1953, 36-41; Keskustelu avioliitosta, avioerosta ja eromeitteen vilkimisestä. Suomentanut A. Siirala, Porvoo/Helsinki 1953; Per Örtengren sextio år, in: Sydsvenska dagbladet snällposten 7.4.1953; Faith in the future and hope of eternal life, in: Lutheran world Jg. 1, 1954, 202-212; Gustaf Aulén sjuttiofem år, SvTK 30, 1954, 150-152; Gustaf Aulén sjuttiofem år, in: Sydsvenska dagbladet snällposten 15.5.1954; Västgötagården, ett hem för västgötastudenter i Lund, in: Västgötagården i Lund 8.5.1954, Borås 1954, 7-9; Västgötarna inviger i dag sitt nya nationshus vid Tuna. — Introduktion av Inspektor, professor Ragnar Bring, in: Lunds dagblad

8.5.1954; Presentation av professor Frans Lau, in: Lunds dagblad 27.4.1955; Artikel: Inkarnation, Kristendomens väsen, Lag och evangelium, Naturlig religion, in: Nordisk teologisk uppslagsbok för kyrka och skola, Bd. 2, Lund/Köpenhamn 1955; Mose lag och Kristus. En studie i Pauli teologi, SvTK 33, 1957, 137-153; [Rez. von:] T. Åberg & B.-E. Benktson, Den kristna tanken genom tiderna, SvTK 34, 1958, 55-57; Kristus såsom den nya lagen. Några synpunkter på förhållandet mellan lag och mystik i Nya testamentet, SvTK 34, 1958, 199-204; Troheten mot Skrift och tradition, SvTK 34, 1958, 325-340; Bibelns auktoritet och bibelns bruk, Lund 1958; Bibelns auktoritet såsom problem för luthersk kyrka och tro, in: Årsbok för kristen humanism, Jg. 20, 1958; Evangeliets gränsöverskridande tendens, in: Aktuell religionsdebatt: föredrag och diskussionsinlägg från Sveriges kyrkliga studieförbunds konferens i Stjärnholm 1957, Stockholm 1958; Pauli brev till Galaterna. Tolkning. Tolkning av Nya Testamentet, Bd. 8, Stockholm 1958, [2]1969; [3]1975; Rättspositivismen, naturrätten och luthersk rättsuppfattning, in: Studier tillägnade Hjalmar Lindroth, Uppsala 1958; Yttrande vid 1958 års allmänna kyrkomöte rörande Lagförslag om kvinnas behörighet till prästerlig tjänst. Allmänna kyrkomötets protokoll 1958, nr. 4; Det titsbestämda och det evigt giltiga i Bibelns ord och bud, SvTK 35, 1959, 21-42; [Rez. von:] G. Aulén, Reformation och katolicitet, SvTK 35, 1959, 111-120; Svensk Kyrkotidnings teologi. Reflexioner med anledning av Erik Allgrens avhandling Individen och samfundet, SvTK 35, 1959, 153-174; Bibelns lära om Kristus såsom Gud och människa samt Luthers utläggning därav, SvTK 36, 1960, 73-87; Det levande Ordet, SvTK 36, 1960,161-181; Preaching the law, SJTh 13, 1960; Commentary on Galatians, Philadelphia 1961 [Übers. von: Pauli brev till Galaterna, 1958]; Att lyda Bibeln. Luthers förhållande till bibelns bud, Stockholm 1961; Bibeln såsom Guds ord, SvTK 37, 1961, 1-20; Från den teologiska samtiden. Sven Edvard Rodhe in memoriam, SvTK 37, 1961, 71-72; Lagens uppfyllelse. Svar till lektor Eric Petrén, SvTK 37, 1961, 192-204; Det frälsande ordet i Bibeln, in: Ny kyrklig tidskrift, Jg. 31, 1961; Anvisningar för förståelse av predikotexten på Domsöndagen, in: Svensk kyrkotidning, Jg. 57, 1961; Hemmet - arbeitet - vännerna. G. O. Rosenqvist in memoriam, in: Julhälsning till församlingarna i Ärkestiftet, 1961; Teologiska fakulteten vid Åbo Akademi - ett skötebarn, in: Minnesbok över G. O. Rosenqvist, Helsingfors 1961; Pauli budskap till hedningarna, in: Handl. rör. prästmötet i Lund 1956 samt Svensk missionstidskrift 1962; How God speaks to us: The dynamics of the living word, Philadelphia 1962; [Rez. von:] Asheim, Glaube und Erziehung bei Luther, NTT 64, 1963; Den lutherska förkunnelsens uppgift i en tid, präglat av ateism och oförstådd själslig nöd, in: Ny kyrklig tidskrift, Jg. 32, 1963; Forsök till översättning av Pauli brev till galaterna med några förklaringar, SvTK 39, 1963, 1-20; En kultursyntesens teologi. Några drag ur lundensiskt teologiskt tänkande 1862-1912, SvTK 39, 1963, 137-144; Från den teologiska samtiden. Hugo Rosén in memoriam, SvTK 39, 1963, 193-195; The gospel and the new creation, Dialogue, 1964; Tro, rättfärdiggjörelse, tjänst, in: Kyrkans sociala ansvar, Stockholm 1964; Från den teologiska samtiden. Johannes Munck in memoriam, SvTK 41, 1965, 63-64; [Rez. von:] G. Aulén, Dramat och symbolerna, SvTK 41, 1965, 92-104; The message to the gentiles. A study to the theology of Paul the apostle, StTh 19, 1965; [Rez. von:] En avhandling vom G. G. Rosenqvists religiösa tänkande, in: Finsk Tidskrift 179/180, 1966; Från den teologiska samtiden. Fruktbart samarbete mellan protestantiska och katolska teologer, SvTK 42, 1966, 19-34; Guds lag och Kristi verk och bud, SvTK 42, 1966, 73-97; Från den teologiska samtiden. Konferenser om Luthers betydelse för nutiden i England, Öst-Berlin, Väst-Berlin och Holland, SvTK 43, 1967, 261-263; Från den teologiska samtiden. Anglo-skandinavisk teolog-konferens i Cambridge, SvTK 43, 1967, 263-265; Döpets innebord, Stockholm 1968; Kvinnan i församlingen: att förstå och tolka bibeln idag, Lund 1969; Bibeln och den historiska forskningen, SvTK 45, 1969, 1-21; Gustav Aulén 90 år, SvTK 45, 1969, 69-74; Trosrättfärdighet och lagens fullgörande, SvTK 45, 1969, 101-115; A. E. Norbeck : ett hundraårsminne, Växjö 1970; Bibeln såsom Guds Ord och historisk syn på bibeln, SvTK 46, 1970, 74-89; Det revolutionära och det auktoritatära draget i nutida kristendomsförståelse, SvTK 47, 1971, 103-115; Teologiska fakulteten under början av trettiotalet och dess betydelse för en av lärarna i denna, in: Teologiska fakulteten vid Åbo Akademi 50 år, Åbo 1974; Att »ha en Gud« och »att vara människa«, SvTK 51, 1975, 97-104; STK 1938-69. Några huvudlinjer vid redigeringen, SvTK 51, 1975; Vad som intresserat mig hos Paavo Ruotsalainen, in: Teologinen Aikakauskirja/teologisk tidskrift 1977, 317-331; Skriftens klarhet enligt Paulus, SvTK 54, 1978; Luther, stat och kyrka : Luthers syn på de två »rikena« eller »regementena«, Stockholm 1979; Dop och medlemskap i kyrkan, Stockholm 1979; Anders Nygren: *11/11 1890 †20/10 1978: minnesord, in: Årsberättelse/Kungl. Humanistiska vetenskapssamfundet i Lund, 1979/1980, 26-40; Kring Anders Nygrens arbete Sinn und Methode (Meaning and Method), SvTK 56, 1980, 39-43; [Rez. von:] Haystrup, Helge, Kristusbekendelsen i Oldkirken, SvTK 56, 1980, 88-91; [Rez. von:] Kohls, Ernst-Wilhelm, Erasmus oder Luther, Band I-II, SvTK 56, 1980, 130-135; Narrativ teologi. Berättelsens teologi och berättelsens verifikation, SvTK 57, 1981, 97-107; Om Bibelns auktoritet: föredrag vid temakväll i Göteborg den 8 febr. 1982 / Henry Cöster, Ragnar Bring, Göteborg: Evangeliskt forum i Göteborgs stift, 1982; Paulus, lagen och konsten att översätta Bibeln, Lund 1982; Några påpekanden om den kända motsatsen mellan »kött« och »ande« hos Luther, in: Fredric Cleve und Hans-Olof Kvist (Hrsg.), Theologia et cultura. Studia in honorem Gotthard Nygren, Meddelanden från Stiftelsens för Åbo Akademi forskningsinstitut Nr. 112, Åbo 1986, 1-6; Gud och människa. Ett alternativ och en kritisk kommentar till det i Uppsala utgivna arbetet »Människan och Gud. En kristen teologi«, Borås 1987 (mit autobiographischem Vorwort).

Deutsche Titel: Einige Blätter aus der schwedischen Lutherforschung, ZSth 8, 1931, 615-670; Rez. von: W. v. Loewenich, Luthers Theologia crucis, München 1929, ThLZ 56, 1931, 303-307; Ein Versuch dogmengeschichtlicher Neuorientierung, ThLBl 53, 1932, 257-261; Die neuere schwedische Theologie, in: Ekklesia. Eine Sammlung von Selbstdarstellungen der christlichen Kirchen. 2. Die skandinavischen Länder. Die Kirche in Schweden, Gotha 1935, 70-90; Glaube und Werke, ZSTh 12, 1934/35, 498-551; Wie ist nicht-metaphysische Philosophie möglich? Über das Ver-

hältnis der Metaphysik zur Frage der Gültigkeit der Urteile, Lund 1940; Das Subjektive und das Objektive in der Auffassung der Kirche, Luthertum 1942, 184-192. Luthertum 1943, 1-11; Gesetz und Evangelium und der dritte Gebrauch des Gesetzes in der lutherischen Theologie, in: Schriften der Luther-Agricola-Gesellschaft in Finnland, 4. Zur Theologie Luthers, Helsinki 1943, 43-97; Lutherische Theologie angesichts der ökumenischen Arbeit, in: Luthertum. Eine Schriftenreihe. H. 1, Berlin 1951, 17-40; Luthers Anschauung von der Bibel. Luthertum. Eine Schriftenreihe. H. 3, Berlin 1951; Der Glaube an die Zukunft und die Hoffnung auf das ewige Leben, in: LR 4, 1954, 225-237; Das Verhältnis von Glauben und Werken in der lutherischen Theologie, München 1955; Der Glaube und das Recht nach Luther, in: F. Hübner u. a. (Hrsg.): Gedenkschrift für D. Werner Elert. Beiträge zur historischen und systematischen Theologie, Berlin 1955, 140-162 [auch in: H.-H. Schrey (Hrsg.), Reich Gottes und Welt, Darmstadt 1969, 290-325]; Die paulinische Begründung der lutherischen Theologie, in: Luthertum. Eine Schriftenreihe. H. 17, Berlin 1955; Luthers Lehre von Gesetz und Evangelium, LuJ 24, 1957, 1-39; Christologie und Gottes Monarchie. Einige Gesichtspunkte zur neutestamentlichen Denkart, in: O. Michel und U. Mann (Hrsg.): Die Leibhaftigkeit des Wortes. Theologische und seelsorgerliche Studien und Beiträge als Festgabe für Adolf Köberle zum sechzigsten Geburtstag, Hamburg 1958, 199-210; Die Erfüllung des Gesetzes durch Christus. Eine Studie zur Theologie des Apostels Paulus, KuD 5, 1959, 1-22; Lutherforschung heute. Reflexionen über den Lutherforschungskongreß in Aarhus 1956, ThLZ 84, 1959, 161-164; Das heilwirkende Wort in der Heiligen Schrift, in: Lutherische Nachrichten, Jg. 9, 1960; Das göttliche Wort. Grundfragen unseres Glaubens, Gütersloh 1964 [Übers. von: How God speaks to us]; Der Mittler und das Gesetz. Eine Studie zu Gal. 3,20, KuD 12, 1966, 292-309; τὸ τέλος τοῦ νόμου. Eine Studie zu Röm. 10,4, in: StTh 20, 1966; Die Bibel als historisches Dokument und als das Wort Gottes, in: F. C. Fry (Hrsg.), Geschichtswirklichkeit und Glaubensbewährung. Festschrift für Bischof Friedrich Müller, Stuttgart 1967; Die Erfüllung des Gesetzes und der geknechtete Wille. Das Problem bei Paulus und Luther, in: Vierhundertfünfzig Jahre lutherische Reformation 1517 - 1967. Festschrift für Franz Lau zum 60. Geburtstag, Göttingen 1967, 80-89; Luthers Rechtfertigungslehre und die soziale Gerechtigkeit, in: Reformation heute, Stuttgart 1968; Luthers Lehre von Gesetz und Evangelium als Beitrag der lutherischen Theologie für die Ökumene, in: E. Kinder und K. Haendler (Hrsg.), Gesetz und Evangelium, Darmstadt 1968, 76-123 [leicht veränderter Abdruck von: Luthers Lehre... 1957]; Der Brief des Paulus an die Galater, Berlin 1968; Christus und das Gesetz: die Bedeutung des Gesetzes des Alten Testaments nach Paulus und sein Glauben an Christus, Leiden 1969.

Lit.: Nordisk teologi. Idéer och män. Till Ragnar Bring den 10 juli 1955, Lund 1955 (Festschrift mit Bibliographie); — Anders Nygren, Ragnar Brings teologiska innsats, in: Nordisk teologi. Idéer och män. Till Ragnar Bring den 10 juli 1955, Lund 1955, 293-296; — Jörgen Ericson (Hrsg.), Mellan Vänern och Vättern: en bok till Ragnar Bring, Lund 1962; — Art.: Bring, Anders Ebbe Ragnar, in: Lunds Universitets Matrikel 1967-68. Utgiven med anledning av universitetets 300-årsjubileum av Eva Gerle, Lund 1968, 109-

113 (Kurzbiographie und Bibliographie); — Thor Hall, A framework for faith. Lundensian theological methodology in the thought of Ragnar Bring, Leiden 1970; — Hans-Olof Kvist, Nekrolog Ragnar Bring, in: Hufvudstadsbladet, 29.6.1988; — ders., Ragnar Bring in memoriam, in: Kotimaa, 7.7.1988; — ders., Minnesord över Ragnar Bring, in: Meddelanden från Åbo Akademie 16, 11.11.1988, 3-4; — Per Erik Persson, Ragnar Bring in memoriam, SvTK 64, 1988, 190-191; — ders., Ragnar Bring: *10/7 1895 †18/6 1988. Minnesord, in: Årsberättelse/Kungl. Humanistiska vetenskapssamfundet i Lund, 1988/1989, 39-43.

Ralph Meier

BROCKHAUS, Rudolf, seinerzeit leitende Persönlichkeit und maßgebliche Lehrautorität innerhalb der deutschen »Brüderbewegung«, Verleger, * 13.2. 1856 in Elberfeld als fünftes Kind von Carl Brockhaus (s. Brockhaus, Karl), † 19.9. 1932 ebendort. — B. besuchte das Gymnasium in Elberfeld bis zur sog. Primareife und begann dann eine Lehre bei einem Eisenbahn- und Tiefbauunternehmen in Mülheim (Rhein), die er bei einem Elberfelder Bauunternehmen beendete. B. leistete einen einjährigen Militärdienst in Stuttgart. Er verwarf dann seine Pläne, eine höhere Bauschule zu besuchen, und stieg stattdessen im väterlichen Verlag ein, wo er zunächst die Schriftleitung der evangelistischen Zeitschrift »Samenkörner«, später auch die der bedeutenderen erbaulichen Zeitschrift »Botschafter des Heils in Christo« übernahm. Einen Großteil der - oft namentlich nicht gekennzeichneten - Artikel des »Botschafters« schrieb er wohl selbst. Manche davon wurden dann als Broschüre noch einmal eigens veröffentlicht. B. arbeitete auch mit an der Revision der »Elberfelder Bibel«, die seit 1871 (AT + NT) als wichtigstes Werk neben dem »Botschafter« und der »Kleinen Sammlung Geistlicher Lieder« im Verlag des Vaters erschien. B. übernahm die Verlagsleitung wohl 1894, in welchem Jahr das Unternehmen als »R. Brockhaus Verlag« handelsrechtlich eingetragen wurde. In der Zeit seiner Verlagsleitung wurde auch die »Elberfelder Bibelkonkordanz«, ein weiteres Großprojekt des Verlags, erarbeitet, die allerdings erst nach seinem Tod erschien. B. schrieb nicht nur Zeitschriftenartikel, die Erörterungen theologischer Fragen und Bibelauslegungen enthielten, sondern verfasste auch Gedichte. Einige geistliche Lieder in der »Kleinen Sammlung Geistlicher Lieder« stammen von ihm, andere hat er übersetzt oder bearbeitet. B. vertrat eine radikale, in den Grundzügen schon in den Schriften J. N. Darbys (s.d.) zu findende Ekklesiologie. Die Vorstellung der Kirchengeschichte als Geschichte des Verfalls durch menschliches Versagen wird verbunden mit dem Aufruf an alle wahrhaft Gläubigen, sich in Trennung von allen menschlichen Einrichtungen allein im Namen Jesu zu versammeln. Dieses Selbstverständnis der »Brüder« oder der »Versammlung«, wie sie sich auch nannten, artikulierte B. auch gegenüber Vertretern der Freien evangelischen Gemeinden im sog. »Schriftenstreit«, in dem die »Versammlung« mit dem Vorwurf konfrontiert wurde, im Namen der Einheit des Leibes Christi Spaltungen innerhalb desselben zu bewirken. B. räumte insbesondere in seiner Schrift »Die Einheit des Leibes Christi« (1913) menschliches Versagen auf Seiten der »Brüder« ein, verteidigte aber die grundsätzliche Richtigkeit der von ihm vertretenen Lehre. B.s Schriften und sein Wirken im Dienst der Gemeinden wirkten vereinheitlichend auf die deutsche »Brüderbewegung«, die sich - mit Ausnahme der »Offenen Brüder« (s. Müller, Georg) und einer kleinen Abspaltung sog. »Ravenscher Brüder« - an Elberfeld als ihrem geistigen und organisatorischen Zentrum orientierte. Zahlreiche Spaltungen, die vor allem die »Brüderbewegung« in England (und in den USA) kennzeichnen, konnten so vermieden werden. B. verstarb im Alter von 76 Jahren. Er hinterließ seine Frau Therese, geb. Scheidt, und 10 Kinder. Zeitgenossen loben seine Geradlinigkeit und Menschlichkeit.

Werke: Über das Verhalten des Gläubigen zur Ehe, Elberfeld 1899; — Die Ehe des Christen oder Gedanken über das Verhalten des Gläubigen in der Ehe, Elberfeld 1899 (1909²; 1924³); — (Anonym:) Die Gnade Gottes. Eine Betrachtung über Titus 2, 11-13, Elberfeld 1902 (1912²); — Gethsemane, Elberfeld 1903 (1925²); — (Anonym:) Gibt es eine Auferstehung des Leibes? Drei Vorträge, Elberfeld 1904 (1909²); — Die Gabe des Heiligen Geistes, Elberfeld 1906; — (Anonym:) Die Grundwahrheiten der Versammlung Gottes, Elberfeld 1906; — (Anonym:) Die Versammlung oder Gemeinde, Elberfeld 1911; — Die Versammlung, das Haus Gottes, und der Leib Christi, Elberfeld 1912 (1925²); — Älteste und Diener, Elberfeld 1912; — (Anonym:) Die Versammlung des lebendigen Gottes, Elberfeld 1912; — Die Einheit des Leibes Christi. Ein Wort in Erwiderung auf die Schrift von G. Nagel: »Die Zerrissenheit des Gottesvolkes in der Gegenwart«, Elberfeld 1913; — »Ich komme bald!« Ein Wort über die »Ankunft« und »Erscheinung« unseres Herrn Jesus Christus, Elberfeld 1920 (1922²); — (Anonym:) Die Versammlung und die Zucht, Elberfeld 1921; — »Er ist die Sühnung für unsere Sünden.« Ein Wort zur Versöhnung,

Sühnung und Stellvertretung, Elberfeld 1922; — Christus oder der Antichrist. Wen erwarten wir?, Elberfeld 1923 (1932[2]); — Der Tisch des Herrn, Elberfeld 1925 (1932[2]); — Nach Wahl der Gnade, Elberfeld 1925; — Das Reich Gottes, Elberfeld 1925; — Die Braut, das Weib des Lammes, Elberfeld 1926; — Was ist Anbetung?, Elberfeld 1927; — »Da bin ich in ihrer Mitte«, Elberfeld 1928; — Der Christ und das Gesetz. Gedanken über Römer 7, Elberfeld 1930; — Gedanken über den Brief an die Römer, Elberfeld 1930; — Gedanken über den Brief an die Galater, Elberfeld 1931; — Der Richterstuhl und der Gläubige, Elberfeld 1931; — Gibt es eine Allversöhnung, Elberfeld 1932; — Ein Wort über die christliche Taufe, Elberfeld 1932; — Unsterblichkeit der Seele, Seelenschlaf und ewige Verdammnis, Elberfeld o.J.; — (R.Brockhaus u.a.:) Bericht der Brüder R. Brockhaus, Dr. E. Dönges, M. Koechlin, Dr. N. Voorhoeve und J. Voorhoeve über ihren Besuch in England vom 28. November bis 2. Dezember 1910, Hemer i. Westf. o.J. — Gab heraus: Elberfelder Bibel (Bibelübersetzung); Botschafter des Heils in Christo (Zeitschrift); Samenkörner für die Jugend (Zeitschrift); Kleine Sammlung Geistlicher Lieder.

Lit.: Anonym, Zur Erinnerung an R. Brockhaus, Elberfeld 1932; — Anonym, Hat die Versammlung recht? Eine Antwort auf die Schrift von R. Brockhaus: »Die Einheit des Leibes Christi«, Neumünster o.J.; — Ulrich Bister, Die Brüderbewegung in Deutschland von ihren Anfängen bis zum Verbot des Jahres 1937 - unter besonderer Berücksichtigung der Elberfelder Versammlungen (Diss.), Marburg 1983; — Ulrich Brockhaus, Rudolf Brockhaus. 1856 - 1932, in: Perspektive 5, 2007, 25 ff.; — Walter Brockhaus, Gottes Weg mit mir, Wuppertal 1970[2]; — Konrad Bussemer, Die Schrift des Bruders Rud. Brockhaus gegen Bruder Gust. Nagel, in: Der Gärtner 21, 1913, 318f., 324-326; — Peter von Gebhardt, Geschichte der Familie Brockhaus aus Unna in Westfalen, Leipzig 1928; — Gerhard Jordy, Die Brüderbewegung in Deutschland (3 Bde.), Wuppertal 1979, 1981, 1986; — Kurt Karrenberg, Rudolf Brockhaus, in: Botschafter des Friedens, Dillenburg 1956, 31 - 35; — Ders., »Singt mir eins von Zions Liedern!«, in: Die Botschaft 101, 1960, 20ff., 68ff., 116ff.; — Paul Krumme, Rudolf Brockhaus (1856-1932), in: Die Wegweisung 12, 1991, 504 ff.; — Hartmut Lenhard, Studien zur Entwicklung der Ekklesiologie in den Freien Evangelischen Gemeinden in Deutschland (Diss.), Wuppertal / Witten 1977; — Friedhelm Menk, `Brüder` unter dem Hakenkreuz. Das Verbot der `Christlichen Versamlungen` 1937, Ms. 1980 (= Ders., Die Brüderbewegung im Dritten Reich. Das Verbot der `Christlichen Versammlung` 1937, Bielefeld 1986); — Ulrich Müller, Der »Schriftenstreit« zwischen den Freien evangelischen Gemeinden und der »Christlichen Versammlung«, in: Freikirchenforschung 17, 2008, 275-289; — Arthur Niederhagen, Rudolf Brockhaus, in: Die Botschaft 113, 1972, 204f.; — Napoleon Noel, The History of the Brethren, Denver 1936, 140f.; — Arend Remmers, Gedenkt eurer Führer. Lebensbilder einiger treuer Männer Gottes, Schwelm 1983; — Elisabeth Wetter u.a. (Hrsg.), Mit Bibel und Botschaft fing's an. 125 Jahre R. Brockhaus Verlag, Wuppertal 1978.

Philipp Brockhaus

BUCKLEY, Joseph, * 13.5. 1804 in Maer (Staffordshire), † 27.9. 1868 in Sale bei Manchester. Missionar, Quäker. — Joseph Buckley war der Sohn des Baumeisters George Buckley und Elizabeth aus Maer in Staffordshire. Dort wurde er 1804 geboren. Wie seine Eltern gehörte er zunächst der Anglikanischen Kirche an. Mit 18 Jahren schloß er sich den Methodisten an, für die er Traktate verteilte, in der Sonntagsschule unterrichtete und arme Gemeindemitglieder besuchte. Um 1824 traten erste Zweifel an der Richtigkeit des bezahlten Priesteramtes auf. Nach dem Besuch zweier Quäkerversammlungen wurde er zum ebenso überzeugten Quäker, wie er zuvor anderen Glaubensgemeinschaften angehangen hatte. 1829 wurde er von der Religiösen Gesellschaft der Freunde (Quäker) im Hardshaw West Monthly Meeting als Mitglied aufgenommen. 1836 sprach er zum ersten Mal innerhalb einer Quäkerversammlung, und ab 1843 war er als Prediger (Minister) anerkannt. 1856 und 1866 war er auf Missionsreisen in Norwegen und Südschweden. 1863 besuchte er in Minden die deutschen Quäker, anschließend die Quäkergemeinde in Südfrankreich. — Ab 1834 betrieb Joseph Buckley eine Seidenspinnerei in Preston, später verdiente er seinen Lebensunterhalt durch einen Teehandel. 1837 zog er nach Manchester um. Ein Jahr zuvor hatte er in Preston am 21. Juli Mary Houlding (1807-1871) geheiratet, die Tochter von William und Jane Houlding aus Preston. 1838 wurde die Tochter Hannah geboren. In den letzten Lebensjahren war Joseph Buckley von schweren Krankheiten geplagt. 1868 verstarb er in seinem 64. Lebensjahr in Sale bei Manchester und wurde am 1. Oktober gleichen Jahres in Ashton-on-Mersey begraben.

Werke: To Friends of Manchester Meeting (...). O.O. 1866.

Lit. (Auswahl): Memoirs of Joseph Buckley, ed. by his daughter. Glasgow 1874; — Buckley, Joseph. In: Kirk, John Foster: A supplement to Allibone's critical dictionary of English literature and British American authors. Containing over thirty-seven- thousand articles (authors), and enumerating over ninety-three thousand titles, I. London 1891, 243. ND Detroit 1965, 243; — Buckley, Joseph. In: Boase, Frederic: Modern English biography. Containing many thousand concise memoirs of persons who have died between the years 1851-1900. With an index of the most interesting matter, I. London 1892. London 1965[2], 464; — Hanson, John Frederick: Light and shade from the land of the midnight sun. In two parts. Oskaloosa 1903.

Claus Bernet

BURCHARD I. von Woldenberg, Erzbischof von Magdeburg 1233-1235; † 8.2. 1235 in Konstantinopel. — B. entstammte dem Geschlecht der Grafen von Weltingerode, später von Woldenberg genannt. Seit 1191 Kanoniker in Hildesheim, wurde er 1197 Propst von St. Blasii in Braunschweig und 1204 Propst von St. Peter in Goslar. Unmittelbar nach dem Tod des Magdeburger Erzbischofs Albrecht II. von Käfernburg (1170-1232, s.d.) wurde B. zum neuen Oberhirten gewählt. Da die Bestätigung des Papstes noch ausstand, urkundete B. am 1.1. 1233 in einem Streit zwischen dem Rat der Stadt Burg und Heinrich dem Jüngeren von Borch über den Wald Sterth als »Erwählter«. Papst Gregor IX. († 1241, s.d.) hatte zwar Propst Engelbrecht von Altona für den erzbischöflichen Stuhl des heiligen Mauritius vorgeschlagen, bestätigte aber 1233 dennoch die Wahl der Magdeburger. Die Weihe zum Erzbischof fand laut der Magdeburger Bischofschronik nicht statt, obgleich die Bischöfe Ekkehard von Merseburg († 1240) und Heinrich I. von Meißen (†1240) mit der Konsekration beauftragt worden waren. — B. regierte nur zwei Jahre, ohne irgendwelche Spuren zu hinterlassen. Er starb auf einer Pilgerreise ins Heilige Land.

Chroniken: Magdeburger Schöppenchronik, bearb. v. Karl Janicke, in: Die Chroniken der niedersächsischen Städte. Leipzig 1869; Gesta archiepiscoporum Magdeburgensium, bearb. von Wilhelm Schum, in: Monumenta Germaniae Historica, Scriptores, Bd. 14, Stuttgart 1983, liegt auch in deutscher Übersetzung vor: Eckart W. Peters (Hrsg.), Hermann Michaëlis (Übersetzer), Magdeburger Bischofschronik. Dößl (Saalkreis) 2006.

Lit.: Urkundenbuch des Erzstifts Magdeburg, bearb. v. Friedrich Israel unter Mitw. v. Walter Möllenberg; — Heinrich Rathmann, Geschichte der Stadt Magdeburg von ihrer Entstehung an bis auf gegenwärtige Zeiten. Magdeburg 1806; — Johannes Schäfers, Personal- und Amtsdaten der Magdeburger Erzbischöfe, 966-1503 (Diss., Greifswald) 1908; — Friedrich Wilhelm Hoffmann, Geschichte der Stadt Magdeburg, neu bearb. v. Gustav Hertel u. Friedrich Hülße. Magdeburg 1885; — F. A. Wolter, Geschichte der Stadt Magdeburg von ihrem Ursprung bis auf die Gegenwart. Magdeburg 1901, Nachdruck Magdeburg 1996; — Regina-Bianca Kubitscheck, Spurloser Tod in Konstantinopel. Die Erzbischöfe von Magdeburg (Teil 20): Burchard I. von Woldenberg. In: Magdeburger Volksstimme, 30.8.2008.

Regina-Bianca Kubitscheck

BURCHARD III. von Schraplau, Erzbischof von Magdeburg 1307-1325; † ermordet in der Nacht vom 21. zum 22.9. 1325 in Magdeburg. -

B. entstammte einer Seitenlinie der Edlen Herren von Querfurt und war der Sohn von Burchard von Schraplau und Oda von Buchau. B. führte wie sein gleichnamiger Vater den Beinamen »Lappe«. B. war seit 1296 Kanoniker in Hildesheim und seit 1298 auch in Halberstadt. Am Magdeburger Domkapitel ist er seit 1301 urkundlich als Scholastikus nachweisbar. Am 25.11. 1307 wurde B. zum Nachfolger des am 10.11. 1307 verstorbenen Magdeburger Erzbischofs Heinrich II. von Anhalt gewählt. Das Pallium erhielt er im März 1308 in Poitiers aus den Händen von Papst Clemens V. († 1314, s.d.), der auch die Weihe zum Erzbischof vollzog. - Mit der Stadt Magdeburg stand B. zunächst auf gutem Fuß. Unmittelbar nach seiner Wahl erhielt er 50 Mark Silber, einen Zuber Wein im Wert von 10 Mark Silber und das Schloß Randau geschenkt. Nach seiner Rückkehr aus Poitiers erhielt er von der Stadt weitere 100 Mark Silber. Gemeinsam belagerten B. und die Magdeburger Bürgerschaft 1308 in einer Auseinandersetzung mit der erzstiftischen Ritterschaft Neu-Gattersleben, wenn auch ohne Erfolg. Erste Streitigkeiten entstanden durch B.s Bestreben, die Stadt mit Steuern und Zöllen zu belegen. Die Abtretung des unter Erzbischof Burchard II. († 1305) an die Magdeburger Bürgerschaft erfolgten Bärm-Amtes erklärte er für ungültig und belegte die Brauer mit dem Bann, wenn sie sich weigerten, die Hefe aus der erzbischöflichen Brauerei zu entnehmen. Ferner stellte er die bisherigen Privilegien, Besitzungen und Rechte in Frage. Eine ernsthafte Auseinandersetzung konnte mit einem Vergleich am 24.11. 1309 abgewendet werden. Die Stadt Magdeburg zahlte für die Beibehaltung ihrer Rechte an den Erzbischof 600 Mark Silber. Ähnliche Verträge schloß B. auch mit anderen Städten (u.a. Halle) und ließ sich sein Wohlwollen durch hohe Summen bezahlen. — Ungemach verursachte auch die Aufforderung von Papst Clemens V., eine Untersuchung gegen den Templerorden einzuleiten. Im Juli 1310 wurde B. auf dem Reichstag zu Frankfurt mit der weltlichen Jurisdiktion des Erzstifts belehnt, und die päpstliche Bulle vom 10.12. 1310 ermächtigte B., die vier in und bei der Magdeburger Diözese gelegenen Tempelherrenkomtureien zu sequestrieren (Magdeburg, Wichmannsdorf bei Neuhaldensleben, Mücheln und Jerdekesdorf/

Gehringsdorf bei Seehausen). Da es B. unterließ, mit dem Bischof Albrecht von Halberstadt († 1324), dessen Diözese betroffen war, Rücksprache zu halten, erhob derselbe Einspruch bei seinem Metropoliten, Erzbischof Peter von Mainz († 1320). Vermutlich auf dessen Rat hin belegte Bischof Albrecht den Magdeburger Erzbischof mit dem Bann (am 12.12. 1311 durch eine päpstliche Bulle aufgehoben). Nochmals wurde B. vom Bischof von Halberstadt in den Bann gesetzt, nachdem er zwei Kirchen der Halberstädter Diözese für militärische Zwecke mißbraucht hatte (die päpstliche Bulle vom 25.7. 1312 hob den Bann wieder auf). — Im Herbst 1311 reiste B. nach Vienne (an der Rhône), wo auf einem von Papst Clemens V. einberufenen Konzil über die Auflösung des Templerordens diskutiert wurde (obgleich die päpstliche Untersuchungskommission den Orden freisprach, hob Clemens ihn am 22.3. 1312 auf). In Vienne ließ sich B. mit Johannes von Bockenem (Titularbischof von Granitza in Böötien, zuvor Prior des Eremitenordens St. Augustini in Magdeburg) einen Verweser stellen und ihn als Weihbischof für erzbischöfliche Obliegenheiten weihen. Bockenem war der erste Bistumsverweser an der Magdeburger Kirche. — Nach seiner Rückkehr nach Magdeburg (Juni 1312) sorgte B. für erneuten Unmut. B. belegte das von den Magdeburger Bürgern gewonnene Salz in den Salzquellen zu Elmen und Groß-Salze mit hohen Abgaben und ließ daselbst ein Salzamt und in Hohenwarthe eine neue Zollstätte errichten. Zudem verweigerte er der Stadt entgegen dem Vertrag vom 24.11. 1309 das Recht auf freie Verschiffung des Korns. Auch ein von B. erbauter verdeckter Gang vom erzbischöflichen Palast nach der Domkirche mißfiel den Bürgern. Als B. eines Tages die Stadt betrat, wurde er kurzerhand von den Magdeburgern gefangengenommen und auf dem Rathaus für einige Wochen festgesetzt. Nach seiner Freilassung belegte B. Magdeburg mit dem Bann und belagerte die Stadt mit seinen Bundesgenossen, dem Markgrafen von Meißen, dem Herzog von Braunschweig, dem Grafen von Mansfeld und anderen Fürsten. Den Chroniken ist zu entnehmen, daß die Magdeburger tagtäglich einen Bürger zu den Belagerern schickten und ihnen Lebensmittel feilboten. Der Markgraf von Meißen wurde alsbald stutzig und

bat den Rat der Stadt um einen Besuch. Nachdem er sich davon überzeugt hatte, daß die Stadt entgegen der Aussage des Erzbischofs blühte und keinen Hunger litt, ließ er die Belagerung aufheben. Erst durch die Vermittlung des Markgrafen Woldemar von Brandenburg († 1319) wurde der Frieden am 8.1. 1314 wiederhergestellt. Am 18.12. 1314 und 4.4. 1315 wurden weitere Vergleiche beschlossen, worin B. die Aufhebung des Bannes über Magdeburg versprach. Eine durch eine Mißernte verursachte Teuerung im Jahre 1316 veranlaßte jedoch neuerlichen Ärger, da B. den Bürgern verbot, Lebensmittel einzuführen. Das Verbot hob er erst durch die Zahlung von 200 Mark Silber wieder auf. Ebenfalls 1316 erwarb B. für das Erzstift die Grafschaft Billingshoch mit Wolmirstedt und im Jahr darauf die Dörfer Glöthe, Mukrena und Elberitz. — Da die Bedrückungen seitens des Erzbischofs nicht nachließen, legte die Stadt 1323 bei König Ludwig IV. (der Bayer, 1281-1347) Widerspruch ein, der die Privilegien Magdeburgs bestätigte. Doch B. setzte die Drangsalierungen weiter fort. Am 5.2. 1324 schlossen Magdeburg und Halle schließlich ein Bündnis. Während Halle dem Erzbischof einen Fehdebrief sandte, traten Calbe, Neuhaldensleben, Burg, der Herzog Otto von Braunschweig, die Grafen von Mansfeld, Wernigerode, Barby, Querfurt und andere Fürsten dem Bündnis zwischen Magdeburg und Halle bei. Am 13.10. 1324 kam es zu einem erneuten Vergleich zwischen B. und den Klägern. B. verpflichtete sich, die Städte und ihre Verbündeten vom Banne loszusprechen und ohne ihr Einverständnis keine neuen Abgaben zu erheben. Das Magdeburger Domkapitel stimmte diesem Beschluß zu und verpflichtete sich zur Entrichtung eines Schadensersatzes, falls B. die Verträge verletzen sollte. Die wiederholten Wortbrüche des Magdeburger Oberhirten besiegelten schließlich sein Schicksal. Als B. am 29.8. 1325 von Wolmirstedt kommend in Magdeburg einritt, wurde er gefangengenommen und in seinem Palast unter Hausarrest gestellt. In der Nacht vom 21.9. zum 22.9. wurde er auf Veranlassung des Rates in den Keller des Rathauses verbracht, wo ihn seine Wächter erschlugen. Einer der Täter, ein gewisser Kuppel aus Calbe, gab später an, er habe den Erzbischof erschlagen, weil er ihn in Armut gestürzt habe. Spätestens am 25.10. 1325 war der Tod des Erzbischofs dem Domkapitel bekannt, denn an jenem Tag diskutierten sie über die Wahl eines Nachfolgers. Doch erst am 19.8. 1326 wurde B. im Magdeburger Dom zu Grabe getragen. — Der in der Christenheit für Aufsehen erregende Mord an Erzbischof B. hatte für die Stadt Magdeburg den Bann seitens des Papstes und die Reichsacht seitens des Kaisers zur Folge. Erst am 30.6. 1331, unter der Regierung des Erzbischofs Otto von Hessen († 1361), wurde Magdeburg vom Bann gelöst. — B. ging als geldgieriger und tyrannischer Gottesmann in die Geschichte ein. Der Verfasser von B.s Biographie in der Magdeburger Bischofschronik verteidigt indessen den Oberhirten, der »im Eifer der Gerechtigkeit für seine Kirche« gehandelt habe; er hebt seine Tugenden hervor und nennt ihn einen Märtyrer. Doch wiederholte Anträge auf Heiligsprechung B.s lehnte der Heilige Vater ab.

Chroniken: Magdeburger Schöppenchronik/Schöffenchronik, bearb. v. Karl Janicke, in: Die Chroniken der niedersächsischen Städte. Leipzig 1869; — Gesta archiepiscoporum Magdeburgensium Gesta, bearb. von Wilhelm Schum, in: Monumenta Germaniae Historica, Scriptores, Bd. 14, Stuttgart 1883, liegt auch in deutscher Übersetzung vor: Eckart W. Peters (Hrsg.), Hermann Michaëlis (Übersetzer), Magdeburger Bischofschronik. Dößl (Saalkreis) 2006.

Lit.: Urkundenbuch des Erzstifts Magdeburg, bearb. v. Friedrich Israel unter Mitw. v. Walter Möllenberg; — Heinrich Rathmann, Geschichte der Stadt Magdeburg von ihrer ersten Entstehung an bis auf gegenwärtige Zeiten. Magdeburg 1806; — Gustav Hertel, Die Ermordung des Erzbischofs Burchard III. von Magdeburg. in: Geschichtsblätter für Stadt und Land Magdeburg, Bd. 22, 1887, 53-72; — Iwan Koch, Das Leben des Erzbischofs Burchard III. von Magdeburg (1307-1325). in: Geschichtsblätter für Stadt und Land Magdeburg, Bd. 23, 1888, 213-278, 235-369; — Johannes Schäfers, Personal- und Amtsdaten der Magdeburger Erzbischöfe, 966-1503 (Diss., Greifswald) 1908; — Friedrich Wilhelm Hoffmann, Geschichte der Stadt Magdeburg, neu bearb. v. Gustav Hertel u. Friedrich Hülße. Magdeburg 1885; — F. A. Wolter, Geschichte der Stadt Magdeburg von ihrem Ursprung bis auf die Gegenwart. Magdeburg 1901, Nachdruck Magdeburg 1996.

Regina-Bianca Kubitscheck

BURKITT, Francis Crawford, englischer Orientalist, Exeget und Kirchenhistoriker, * 3.9. 1864 in London, † 11.5. 1935 in Cambridge, einziges Kind von Crawford B. und Fanny Elizabeth Coward, 1888 Heirat mit Amy Persis. Im Internat Harrow (1878-1882) gewann B. zahlreiche Preise u.a. in Mathematik, Physik,

Deutsch und Musik. Er war ein begeisterter Verehrer Johann Sebastian Bachs. Seine Übersetzung des Chorals »Wachet auf ruft uns die Stimme« hat ebenso nachhaltig gewirkt wie seine theologischen Arbeiten. Seine ersten Studien, die er 1883 am Trinity College in Cambridge aufnahm, widmete er der Mathematik und promovierte 1886 in dieser Disziplin, 1888 dann in der Theologie. 1903 wurde er Nachfolger von J. Rendel Harris als Lektor in griechischer Paläographie an der Cambridge University. Von 1905 bis zu seinem Tod lehrte er hier als Norris-Professor (seit 1934 Norris-Hulse) für Theologie. — B. s Hauptinteresse galt dem Text des Neuen Testaments, insbesondere der Erforschung der syrischen und lateinischen Versionen. Die dreizehn Arbeitsfelder, die das Journal of Theological Studies, B.s »Hauspostille«, in einem Nachruf auflistet, beginnen mit den syrischen Studien. Als erster erkannte er die Bedeutung des 1892 von Agnes Smith Lewis und Margaret Gibson im Katharinenkloster auf dem Sinai entdeckten altsyrischen Evangelien-Palimpsests (sy[s]: Syrus Sinaiticus). Er stellte fest, daß diese Handschrift mit dem bereits 1842 von William Cureton entdeckten und 1858 edierten altsyrischen Evangelienfragment (sy[c]: Syrus Curetonianus) verwandt ist. 1894 veröffentlichte er zunächst zusammen mit R. L. Bensly und J. R. Harris ein Transkript des Palimpsests. 1904 gab er dann auf der Grundlage der beiden Handschriften eine zweibändige Ausgabe heraus, die im Titel beide altsyrischen Evangelientexte (sy[s] + sy[c]) »Evangelium der Getrennten« (im Unterschied zu Tatians Diatessaron als dem »Evangelium der Vermischten«) nennt: »Evangelion da-Mepharresche: the Curetonian Version of the Four Gospels, with the readings of the Sinai palimpsest and the early Syriac Patristic evidence edited, collected and arranged«. Der erste Band enthält den Text mit englischer Übersetzung sowie einen textkritischen Apparat: Wo sy[c] eine Lücke hat, stellt sy[s] den Text; wenn beide Handschriften den Text haben, werden die Lesarten von sy[s] im Apparat geboten, zusammen mit Belegen früher Kirchenväter. Eine gründliche Untersuchung bietet der zweite Band. Er enthält eine ausführliche Beschreibung der beiden Handschriften nebst Untersuchungen zu Sprache und Stil sowie Anmerkungen zu ausgewählten Textstellen. Ergänzende Anmerkungen

B. s zum Syrus Sinaiticus finden sich später im Reprint des zweiten Bandes von Westcott-Horts »The New Testament in the original Greek«. — In seiner 1901 herausgegebenen Schrift »St. Ephraim's Quotations from the Gospels« wies B. nach, daß der syrische Kirchenvater Ephraem nicht, wie bis dato angenommen, nach der syrischen Bibelübersetzung Peschitta, sondern in der Regel nach dem Diatessaron zitierte. Im übrigen vertrat er die Ansicht, daß Rabbula, Bischof von Edessa, maßgeblich an der Publikation der Peschitta beteiligt war (so in den 1904 unter dem Titel »Early Eastern Christianity« veröffentlichten St. Margret's Lectures), womit er den Nachweis erbrachte, daß der altsyrische Text der Peschitta vorausgeht. — Erste Ergebnisse seiner Studien zu den lateinischen Versionen des Neuen Testaments veröffentlichte er 1896 unter dem Titel »Old Latin and the Itala«. Darin vertrat er die These, daß Augustin bei längeren Zitaten aus den Evangelien nicht (wie der Kirchenvater selbst meinte) den Wortlaut der Itala wiedergab, sondern die Vulgata des Hieronymus. — Grundlegendes zur alt- und neutestamentlichen Textforschung hat B. in der Encyclopedia Biblica (1903) unter dem Titel »Text and Versions« veröffentlicht. Das 1906 edierte Buch »The Gospel History and its Transmission« wurde zur Standardlektüre der Theologiestudenten seines Landes. Daß das Markusevangelium die Quelle für die bei Matthäus und Lukas übereinstimmenden Berichte ist, gehört zur wichtigsten Erkenntnis dieses Werkes. In Ablehnung der formgeschichtlichen Methode William Wredes folgte B. Johannes Weiß in der eschatologischen Interpretation der Verkündigung Jesu. Auf seine Initiative hin übersetzte William Montgomery Albert Schweitzers »Geschichte der Leben-Jesu-Forschung« ins Englische (»The Quest of the Historical Jesus«, 1910). — B. war ein aktives Mitglied der Kirche von England. Von einer Revision des Book of Common Prayer hielt er nichts. Als sie dann doch durchgeführt wurde (»Revised Prayer Book«, 1927), war er ihr schärfster Gegner. Bei Gelegenheit verschiedener kirchlicher Kongresse machte B. die Ergebnisse seiner Bibelstudien sowie seiner Erforschung der Anfänge des Christentums bekannt. In seinem letzten Buch »Jesus Christ, an Historical Outline« (1932) unterstrich er noch einmal den historischen Wert des Markusevangeliums. — Wertvolle Beiträge leistete er auch zur Geschichte und Bedeutung der frühchristlichen Liturgie. So erkannte er z.B. die enge Verbindung zwischen der lex orandi und der lex credendi. Seine Franziskanischen Quellenstudien (»The Study of the sources of the life of St. Francis«, 1926), derentwegen er eigens nach Umbrien reiste, um vor Ort das Leben des Franz von Assisi zu recherchieren, erwiesen sich als hilfreich für die neuere Beurteilung der Scripta Leonis. Seine Bücher über den Manichäismus (»The Religion of the Manichees«, 1925) und die Gnosis (»Church and Gnosis«, 1932) haben der Forschung wertvolle Anstöße gegeben.

Werke: (eine vollständigere, nach Themen geordnete Bibliographie unter dem Titel »Professor Burkitt's Writings«, in: JThS 36 (1935) 337-346); The Book of Rules of Tyconius: newly edited from the mss with an introduction and examination into the text of the biblical quotations, Cambridge 1894; The four Gospels in Syriac, transcribed from the Sinaitic palimpsest by Robert L. Bensly and by J. Rendel Harris and by F. Crawford Burkitt; with an introduction by Agnes Smith Lewis, Cambridge 1894; Supplementary notes, in: The new Testament in the original Greek, the text revised by Westcott and Hort, Bd. 2, 143-147, (Reprint der Ausgabe von 1881, Bd. 2 mit Korrekturen und Ergänzungen), London ²1896; The Old Latin and the Itala, with an appendix containing the text of the S. Gallen palimpsest of Jeremiah, Cambridge 1896; Fragments of the Books of Kings according to the Translation of Aquila, from a MS. Formerly in the Geniza at Cairo, Cambridge 1897; The Hymn of Bardaisan, rendered into English, London 1899; Early Christianity outside the Roman Empire: Two Lectures delivered at Trinity College, Dublin, Cambridge 1899 (ND Piscataway, NJ 2002); Two Lectures on the Gospels, London 1901; Saint Ephraim's quotations from the Gospel, Cambridge 1901; Criticism of the New Testament: St. Margaret's Lectures, with Frederick Kenyon, A. C. Headlam and others; Early Eastern Christianity: Saint Margaret's Lectures on the Syriac Speaking Church, London 1904 (deutsch von E. Preuschen, Urchristentum im Orient, Tübingen 1907); Evangelion da-mepharreshe: The Curetonian Version of the Four Gospels, with the readings of the Sinai Palimpsest. I. Text; II: Introduction and Notes, Cambridge 1904; The Gospel History and its Transmission, London 1906; Franciscan Essays I/II, with H. E. Goad and A. G. Little, Aberdee / Manchester 1912-1932 (ND Farnborough 1965); The earliest sources for the life of Jesus, London 1910; The Syriac forms of New Testament proper names, London [1912]; Jewish and Christian Apocalypses, London 1914 (= Schweich Lectures of the British Academy 1913); The early Syriac lectionary system, London 1923; Christian Beginnings: three lectures, London 1924 (ND Eugene, Oreg. 2005); The Religion of the Manichees, Cambridge 1925 (= Donnellan Lectures 1924); Palestine in General History, London 1926 (= Schweich Lectures 1926); The study of the sources of the life of St. Francis, London 1926; Christian Worship (The

Christian Religion: Its Origin and Progress, The Church of today, vol. 3,2), Cambridge 1930; Jesus Christ: An Historical Outline, London 1932; Church and Gnosis: a Study of Christian Thought and Speculation in the Second Century, Cambridge 1932.

Lit.: Alexander Souter u. a. , F. C. B., in: JThS 36 (1935) 225-253; — Kirsopp Lake, F. C. B., in: JBL 55 (1936) 17-19; — Mark E. Glasswell, B., F. C., in: TRE VII, 424-428 (mit weiterführender Lit.); — Charles, H. Talbert, B., F. C., in: RGG⁴, I, Sp. 1893.

Michael Welte

BUSSEMER, Konrad (1874-1944); Pastor und theol. Lehrer. — Der Name »Bussemer« ist in der Geschichte Freier evangelischer Gemeinden fast zu einem Synonym geworden. Sein Standardwerk (*»Die Gemeinde Jesu Christi«*) war fast in jeder Gemeindefamilie anzutreffen und hat über viele Jahrzehnte die Gemeinden geprägt. Bussemer gehört neben Gustav (Friedrich) Nagel, Leopold Bender, Friedrich Fries und Otto Schopf zu den Persönlichkeiten, die die zweite Phase der Geschichte des Bundes Freier evangelischer Gemeinden in Deutschland entscheidend prägten. — Konrad Bussemer wurde am 19.3. 1874 als Sohn des Müllers und Landwirts Friedrich Bussemer und seiner Ehefrau Wilhelmine, geborene Frey, in Eberbach (Neckar) geboren. Da die Eltern verarmt waren, ermöglichte ihm eine Schwester seines Vaters den Besuch der so genannten »Höheren Bürgerschule« in Eberbach. Danach nahm ihn eine kinderlose und verwitwete Tante in St. Johann (Saar) in ihr Haus auf und sorgte für eine Fortsetzung des Schulbesuchs am Gymnasium in Saarbrücken, das Bussemer 1893 mit dem Abitur verließ. Im Unterricht hatten ihn besonders die alten Sprachen (Griechisch, Latein, Hebräisch) und die Geschichte des klassischen Altertums begeistert. — In St. Johann/Saar begegnete der Gymnasiast der Kinderschwester *Johanna Throm*, durch deren Wirken eine christliche Gemeinschaft entstanden war. Sie übte einen starken Einfluß auf den jungen Bussemer aus und war mitbeteiligt daran, daß er Zugang zu diesem Kreis von Christen fand. Bei einer Evangelisation fand Bussemer - ohne von einem spektakulären Bekehrungserlebnis gepackt zu sein - zum Glauben an Christus. Er hat kaum Aufhebens davon gemacht, aber sich dann umso deutlicher bei seiner Abiturfeier zu seinem Glauben bekannt. — *Gustav (Friedrich) Nagel*,

ein ehemaliger Verwaltungsbeamter aus Wetter (Ruhr) besuchte zu dieser Zeit die »Evangelische Predigerschule« in Basel. In St. Johann, wo er gelegentlich predigte, lernte er Bussemer kennen und veranlaßte ihn zum Besuch dieser renommierten freien theologischen Schule, zumal Bussemer schon länger den Gedanken gehegt hatte, Theologie zu studieren. Von 1893-1898 absolvierte Bussemer - durch die Militärzeit unterbrochen - die Ausbildungsstätte in Basel. Dort lernte er auch *Otto Schopf* kennen, mit dem er zeitlebens verbunden blieb. Die Zeit in Basel führte in mehrfacher Hinsicht zu tiefen Einschnitten in der Biografie Bussemers. Theologische Spuren im Denken Bussemers hinterließen neben dem blinden Theologen *Eduard Riggenbach* (Patristik, Exegese, Textkritik) besonders der aus dem Baltikum stammende Kirchengeschichtler *Johannes von Huene*. Hier konnten sich pietistische Frömmigkeit, reformatorischer Glaube und wissenschaftliche Forschung miteinander verbinden. Die dezidiert altsprachliche Ausrichtung der Schule, verbunden mit ausgeprägter textkritischer Arbeit an der Schrift, und die historische Dimension des Glaubens haben Bussemer zeitlebens zu gründlicher theologischer Arbeit veranlaßt. — Nach Abschluß der Predigerschule folgte Bussemer gegen den dringenden Rat seiner Mutter einer Berufung als Prediger der Freien evangelischen Gemeinde in Homberg/Niederrhein (1898-1899). Seine Mutter hatte gewünscht, daß er Pfarrer in einer Landeskirche würde, was Bussemer aus biblisch-theologischer Überzeugung von der Gemeinde der Glaubenden und den daraus erwachsenen Gewissensgründen ablehnte. Dabei hat Nagels 1896 herausgekommene programmatische Schrift »Der große Kampf« entscheidend mitgewirkt. — 1899 siedelte Bussemer nach Witten über, wo er auf Wunsch von *Friedrich Fries*, dem Gründer und Leiter des Bundes-Verlags, neben dem Gemeindedienst in Bochum-Langendreer die Schriftleitung des »Gärtner« (heute: »Christsein Heute«) übernahm. In der Gemeinde Witten wirkte zu dieser Zeit sein Baseler Mitstudent Otto Schopf. Im Mai 1901 heiratete Bussemer die Diakonisse *Johanna Aßmus* (1875-1847). Der Ehe wurden 8 Kinder geschenkt, von denen drei Söhne im 2.Weltkrieg umkamen. — 1908 folgte Bussemer mit seiner Familie einem Ruf der Freien evangelischen Gemeinde Lüdenscheid, der damals größten Gemeinde im Bund, die aber in Lehre und Leben sehr wechselhafte Erfahrungen durchlebt hatte. In Lüdenscheid entwickelte Bussemer seine Begabung in Predigt und Lehre, mit der er nicht überredete, aber überzeugte. Seit 1912 lehrte Bussemer nebenamtlich an der Predigerschule der Freien evangelischen Gemeinden in Wuppertal-Vohwinkel, die in seiner theologischen Ausrichtung der Basler Predigerschule ähnelte. Schließlich zog er mit seiner Familie im Jahr 1929 dorthin, um nun vollamtlich seine Aufgabe als theologischer Lehrer wahrnehmen zu können. Hier war er an dem Platz, an den er gehörte. — Als nach dem Beginn des Zweiten Weltkriegs das Seminar schließen mußte, verlor auch Bussemer seine Lehraufgabe. Die Freie evangelische Gemeinde Köln berief ihn daraufhin in ihren Gemeindedienst, wo er von 1939 bis 1944 in die immer noch spürbaren Fußstapfen Leopold Benders trat, der von 1874-1914 dort gewirkt hatte. Bussemer gehörte zum Vorstand der Westdeutschen Evangelischen Allianz und hat auf zahlreichen Konferenzen viel beachtete Reden und Vorträge gehalten. Nach einer schweren Erkrankung verstarb er am 16.12. 1944 in Elberfeld und wurde unter den schweren Bedingungen des zu Ende gehenden Krieges in Lüdenscheid bestattet. — Bussemer, ein hochgewachsener Mann mit ausdrucksstarkem Gesicht, bewahrte sich zeitlebens seine Eigenart, die von Zurückhaltung, Bescheidenheit und Vorsicht gegenüber der Originalität anderer bestimmt war. In die Geschichte der Freien evangelischen Gemeinden ist er als theologischer Lehrer eingegangen, der, wie kaum ein anderer, ganze Generationen von Hörern tief beeindruckte. Er legte Wert auf die Kenntnis der biblischen Sprachen und der Kirchengeschichte. Obwohl er von der Autorität der Bibel überzeugt war, lehnte er jedes Inspirationsdogma ab. Besonders eindrücklich beschäftigte er sich mit solchen Bewegungen der Kirchengeschichte, die oft unter Verfolgung und Verketzerung den Versuch unternommen hatten, Gemeinden nach neutestamentlichem Vorbild zu bilden. Hier hatten es ihm besonders die deutschen Erweckungsbewegungen des 17. und 18. Jahrhunderts und die des Réveil in der Westschweiz und im Frankreich des 19. Jahrhunderts angetan. Von der Letzteren waren maßgebliche

Anstöße zur Gründung der ersten Freien evangelischen Gemeinde in Deutschland ausgegangen. — Bussemers kirchengeschichtliches Interesse war weniger ideengeschichtlich als an Personen orientiert. Persönlichkeiten der Geschichte inspirierten ihn, Idealtypisches zu entdecken und für das geistliche Leben fruchtbar zu machen. Er hat in diesem Sinne eine ganze Reihe von Monographien, Kurzbiografien und kirchengeschichtlichen Beiträgen verfaßt. — Bussemer hielt die Beschäftigung mit dem prophetischen Wort sowie den Dienst der Prophetie für die Gemeinde für wichtig. Bei seiner Auslegung der Johannes-Offenbarung warnte er allerdings vor zeitgeschichtlichen Kurzschlüssen und sah in den Bildern der Offenbarung eher Typen menschlicher Verirrung einerseits und des göttlichen Heils- und Gerichtshandelns andererseits. — In der frühchristlichen Bewegung des Montanismus, über die er einen bemerkenswerten Beitrag schrieb, sah er bei aller Kritik den Versuch, zu urchristlichen Anliegen, besonders zur Prophetie, zurückzukehren. Er schloß seine Ausführungen mit den ihn kennzeichnenden Worten: »Laßt uns lernen, daß an jeder geistlichen Bewegung viel berechtigt sein kann! Laßt uns versuchen, das Berechtigte zu erkennen, anzuerkennen und anzunehmen!« Das galt auch für seine Position zur Heiligungsbewegung, der er kritisch entgegenhielt: »Mit der richtigen Auffassung der Rechtfertigung wird sich eine richtige Auffassung der Heiligung von selbst ergeben.« — In der Zeit des Dritten Reichs übte er deutlicher als andere vorsichtige Distanz zum Nationalsozialismus und seiner Rassenideologie. Er war zwar wie viele seiner Generation national begeisterungsfähig, aber seine Kenntnis der Geschichte hatte ihn ziemlich schnell erkennen lassen, was die Stunde geschlagen hatte. Gegenüber der nationalsozialistischen Rassenpolitik bezog er eindeutig Stellung in einem veröffentlichten Vortrag in Düsseldorf mit dem Thema: »Die Rassenfrage im Lichte der Heiligen Schrift« und formulierte als Ergebnis: »Rassenstolz und Rassenhaß kann nicht die Sache derer sein, die Gottes Kinder heißen.« — Für die Freien evangelischen Gemeinden und darüber hinaus ist Bussemer vor allem durch sein in vielen Auflagen erschienenes Buch »Die Gemeinde Jesu Christi« bedeutend geworden. Es beruht in seiner Grundkonzeption auf einer Schrift des westschweizerischen Erweckungstheologen Auguste Rochat, die 1855 von dem Gemeindegründer der FeG, Hermann Heinrich Grafe, in deutscher Übersetzung herausgegeben worden war. Bussemer brachte das Buch 1905 zusammen mit 6 weiteren führenden Persönlichkeiten heraus. In immer neuen Bearbeitungen entwickelte er darin die Ekklesiologie Freier evangelischer Gemeinden, die sowohl biblisch fundiert als auch zeitgemäß sein sollte. Dazu diente ihm als Leitlinie, die für sein Leben und seine Theologie insgesamt maßgebend war: *»Nicht der handelt immer und in jedem Falle biblisch, der ein Wort oder eine Lehre der Schrift für sich hat, sondern der, der im Geist der gesamten Schrift lebt und im Sinne dieses Geistes jedes Wort und jede Wahrheit anwendet. Der Geist der Schrift aber ist der Geist Jesu, und die vornehmste Offenbarung dieses Geistes ist die Liebe...«* (Die Gemeinde Jesu Christi, Witten 1916³, S. 31) — Bussemer ging es mit dieser programmatischen Schrift um die Frage nach der Wahrheit der Gemeinde der Glaubenden, wie Gott sie gewollt habe. Dazu gehörte für ihn die Freiheit und Unabhängigkeit der Ortsgemeinde ebenso wie ihre Einbindung in einen Bund wegen der Einheit *»aller Gläubigen«*. Bussemer kann als der kompetenteste und literarisch fruchtbarste Theologe der zweiten Generation im Bund der FeG bezeichnet werden.

Werke: »Gemeinde« oder »Versammlung«, in: Der Gärtner 7 (1899), 313 f; Zum Kapitel »Heiligung«, in: Der Gärtner (1899); Wesen, Verfassung und Zweck der Gemeinde Jesu Christi (nach A. Rochat), in: Der Gärtner 11 (1903), 21, 158; Rechtfertigung und Heiligung, in: Der Gärtner 14 (1903), 276-294; Eine kurze Geschichte der sogenannten »Ronsdorfer Sekte«, in: Der Gärtner (1905); Die Gemeinde Jesu Christi. Das Wesen der Gemeinde Jesu nach dem Neuen Testament besonders hinsichtlich ihrer Glieder und ihrer Ordnungen, Witten 1905; 2. Aufl. 1907; 3. Aufl. 1916; 4. Aufl. 1931; 5. Aufl. 1948; 6. Aufl. 1968; 7. Aufl. 1976; Das Fundament der Gemeinde Christi, in: Der Gärtner 14 (1906), 169 f; Die vier Grundelemente des wahren Gemeindelebens, in: Der Gärtner 14 (1906), 269, 310; Die Gemeindeämter in und am Ende der apostolischen Zeit, in: Der Gärtner 16 (1908), 42, 59; Blicke in das nachapostolische Zeitalter, in: Der Gärtner 18 (1910), 244, 278; Das Verhältnis der Glieder des Leibes Christi zueinander, in: Bericht über die Bundeskonferenz (,) zu Siegen am 2.3. u. 4.6.1912, Witten o.J. (1912), 70-80; Christus das Fundament und der Erbauer der Gemeinde (Eine notgedrungene Erwiderung an Br. R. Brockhaus), in: Der Gärtner 20 (1912), 280-284; Die Zerrissenheit des Gottesvolkes in der Gegenwart, in: Der Gärtner 21 (1913), 124-126; 253 f; Die Schrift des Br. R. Brock-

haus gegen Br. G. Nagel, in: Der Gärtner 21 (1913), 318, 326; Bruder Leopold Bender. in: Der Gärtner 22 (1914), 43-47; Schw. Johanna Throm in Schalksmühle. in: Der Gärtner 23 (1915), 325 f; Was haben wir vom Bund?, in: Der Gärtner 23 (1915), 388 f; Zum Heimgang des Br. August Otto in Kierspe, in: Der Gärtner 24 (1916), 133 f; Zur Erinnerung an Br. Karl Kaiser, in: Der Gärtner 25 (1917), 146-151; Zum Gedächtnis an Br. Karl Fürniß, in: Der Gärtner 27 (1919), 171, 181; Br. Heinrich Hengstenberg jr., in: Der Gärtner 30 (1922), 800-802; Otto Schopfs Persönlichkeit u. Wirken, besonders in ihrer Bedeutung für unsre Gemeinen, in: Der Gärtner 31 (1923), 38, 199; KarlEngler. Lehrer und Missions-Inspektor, Barmen 1925; Predigt, Prediger und Predigen. in: Der Gärtner 34 (1926), 747-749; Eine evangelistische Kraftnatur (Peter Müller). in: Der Gärtner 36 (1928), 650, 668; Prediger Wilhelm Oerter, in: Der Gärtner 36 (1928), 731-732; Friedrich Fries, in: Der Gärtner 37 (1929), 22, 736; Br. Ferdinand Fürniß, in: Der Gärtner 37 (1929), 154-156; Friedrich Fries. Ein Diener der Gemeinde Jesu aus dem Volk, Witten 1929; Heilung als Grund zur freikirchlichen Stellung? (L. Henrichs), in: Der Gärtner 39 (1931), 267 f; Ein Schatz in irdenen Gefäßen (Lebensskizze J. Konrad), in: Der Gärtner 40 (1932), 537, 556; Die Rassenfrage im Lichte der Heiligen Schrift, in: Der Gärtner 19 (1933), 364-367; Scheuklappen volks- und freikirchlicher Art, in: Der Gärtner 41 (1933), 185 f; Zum Gedächtnis von Wilhelm Rosenkranz, in: Der Gärtner 41 (1933), 530, 552; Eine »Evangelistin voll Kraft« (Lina Sattler), in: Der Gärtner 41 (1933), 669, 694; Gnade von Gott - Gehorsam gegen Gott (L. Bender), in: Der Gärtner 41 (1933), 710, 1049; 42 (1934), 12, 893; Leopold Bender (1833-1914) weiland Evangelist und Prediger in Köln a. Rh., Witten 1934; »Bischof« und »Bischöfe« in den biblischen Urgemeinden und ihre spätere Entwicklung, in: Der Gärtner 42 (1934), 407, 427; Vergiß mir den Spurgeon nicht! in: Der Gärtner 42 (1934), 471-475; Friedrich Sprenger, in: Der Gärtner 42 (1934), 997 f; Hermann Friedrich Kohlbrügge, in: Der Gärtner 44 (1936), 5, 28; Das heutige Kirchenproblem und die Freikirchen, in: Der Gärtner 44 (1936), 184-187; Aus der Geschichte der Vohwinkler Gemeinde und Otto Heyenbruchs, in: Der Gärtner 44 (1936), 232, 472; Inspektor Robert Kaiser, in: Der Gärtner 44 (1936), 536 f; Sechzig Jahre »Westdeutsche Allianz«, in: Der Gärtner 44 (1936), 609, 794; Ein Kranz von Erinnerungsblättern an Karl Krull, in: Der Gärtner 45 (1937), 12, 74; Gesang und Tonkunst in den christlichen Urgemeinden, in: Der Gärtner 45 (1937), 164-169; Zum Heimgang von Gustav Ischebeck, in: Der Gärtner 45 (1937), 298-300; Zum Gedächtnis von Friedrich Franz, in: Der Gärtner 45 (1937), 530-533; Wilhelm Reuter, in: Der Gärtner 45 (1937), 731-733; Zur Erinnerung an Prediger Friedrich A. Dücker, in: Der Gärtner 45 (1937), 746-749; Wilhelm Denß, ein Streiter Jesu aus dem Volk, in: Der Gärtner 45 (1937), 870, 907; Prediger Carl Bender. in: Der Gärtner 46 (1938), 30, 569; Heinrich Happe, in: Der Gärtner 46 (1938), 374-377; Zur Erinnerung an Jakob Millard, in: Der Gärtner 47 (1939), 373, 390; Der Montanismus, in: W.Wöhrle, Konrad Bussemer, ein Lehrer des Wortes Gottes, Witten 1948, 34-48; Origenes. Ein Lehrer und Irrlehrer alter Zeit, in: W.Wöhrle, Konrad Bussemer, ein Lehrer des Wortes Gottes, Witten 1948, 48-56; Arius und Athanasius, in: W.Wöhrle, Konrad Bussemer, ein Lehrer des Wortes Gottes,

Witten 1948, 56-63; Wie Gottes Gnade Leopold Bender suchte, in: Der Gärtner 63 (1956), 289, 312; Die Gemeinde Jesu Christi und ihre Einheit. in: Der Gärtner 70 (1963), 7.

Lit.: Wilhelm Wöhrle, Konrad Bussemer, ein Lehrer des Wortes Gottes, Witten 1948; — Hermann Ruloff, Konrad Bussemer, in: Arno Pagel (Her.), Er bricht die Bahn, Marburg 1979, 158-166; — Hartmut Lenhard, Studien zur Entwicklung der Ekklesiologie in den Freien evangelischen Gemeinden in Deutschland, Diss. Bielefeld 1977, 262-267; — Hartmut Weyel, Leben im Geist der Schrift. Konrad Bussemer (1874-1944); in: Christsein Heute Nr. 2/2005, 26-28; August Jung, Vom Kampf der Väter, Witten 1995, besonders 190ff; — Anna C. Hirzel-Strasky, Menschliche Werkzeuge göttlicher Erziehung. Die Evangelische Predigerschule Basel (1876-1915) und ihre Schüler, Zürich 2000; — Christoph Ramstein, Die Evangelische Predigerschule in Basel. Die treibenden Kräfte und die Entwicklung der Schule, Bern 2001.

Hartmut Weyel

BUTRIO, Antonius de, italienischer Kanonist, * 1338 in Bologna, † am 4.10. 1408 ebd. — Antonius de Butrio zählt zu den bedeutendsten Kanonisten des 14. Jahrhunderts. Er war ein Sohn des Bertolinus de Butrio und hatte durch seine Eltern die Bürgerrechte seiner Geburtsstadt Bologna. Nach der Vollendung der Vorstudien widmete er sich dem Rechtsstudium in Bologna unter der Leitung von Petrus de Ancharano (1330-1416). Erst mit 46 Jahren wurde Butrio am 5. Oktober 1384 zum »Doctor juris civilis« promoviert. Im Jahre 1386 erhielt er von der Stadt Bologna zum Besuch der Vorlesungen des kanonischen Rechts ein jährliches Stipendium von 100 Lire. Hintergrund war, daß sich zu wenig Studenten für dieses Fach entschieden, da es nicht so einträglich war. Ebenfalls 1386 begann Antonius mit seinen Vorlesungen an der Universität in Bologna und erlangte am 12. Juli 1387 auch seine kanonistische Promotion. Es folgten am 17. Juni 1391 die Ernennung zum außerordentlichen und am 19. November 1399 jene zum ordentlichen Professor für Kanonistik. Letztere Stelle übernahm er vom verstorbenen Casp. De Calderinis. Mit mehrjährigen Unterbrechungen lehrte Antonius de Butrio von 1387 bis 1408 in seiner Heimatstadt Bologna kanonisches Recht und erfreute sich zahlreicher Schüler, unter denen etwa Johannes von Imola, Matthäus Mattesillani, Franziscus Zabarella und Dominicus de S. Geminiano hervorragten. Aufgrund seines Ansehens wurde er um zahlreiche Gutachten angegangen. 1390 folgte der Gelehrte einem Ruf nach Perugia, lehrte dort und versah zugleich das Amt des Vikars des Bischofs Kardinal Martini Montempo. Da dieser noch im selben Jahr verstarb, kehrte Antonius bereits 1391 nach Bologna zurück. 1393 ging er als ordentlicher Professor der Dekretalen zunächst für drei Jahre nach Florenz. In diesem Amt wurde er 1395 auf weitere drei Jahre bestätigt und ließ sich 1398 erneut für zwei Jahre mit einem Honorar von 400 Goldgulden anstellen und zugleich dem »Colleg de Judices« und den »Advocati« einreihen. Im Jahre 1400 kehrte Antonius de Butrio wieder nach Bologna zurück mit der Zusicherung eines Gehalts von 400 Lire. Da der Markgraf von Ferrara, Nikolaus II. von Este, das Studium in seiner Stadt haben wollte, berief er 1402 Antonius dorthin. Bereits Ende 1403 kehrte er aber wieder in seine Heimatstadt zurück. Papst Gregor XII. sandte Butrio 1407 zusammen mit Antonius Corrarus und dem Bischof Wilhelm von Todi als drittes Gesandtschaftsmitglied nach Marseille, um dort mit dem Gegenpapst Benedikt XIII. (Petrus de Luna) über die Beendigung des Schismas zu verhandeln. Am 21. April 1407 kam es zum »Vertrag von Marseille«, in dem die Zusammenkunft beider Prätendenten am Fest des hl. Michaels in Savona vereinbart wurde. Daraufhin machte sich die Gesandtschaft im selben Anliegen auf zum Hofe König Karls VI. Da die anberaumte Zusammenkunft aufgrund der Weigerung Gregors nicht zustande kam, war Butrio in der Anerkennung Gregors XII. wohl erschüttert. Er kehrte über Rom nach Bologna zurück und starb dort wenig später im Alter von 70 Jahren. Unter feierlichem Geleit der Stadtväter wurde der Gelehrte in der Olivetanerkirche S. Michael in Bosco beigesetzt. — Butrio war Laie, verheiratet mit Margaretha de Lambertinis Balduini und Vater zweier Töchter. Seine tiefe Frömmigkeit veranlaßte ihn, sein beträchtliches Vermögen zu geistlichen Zwecken zu vermachen und nur den Nießbrauch seinen nächsten Verwandten vorzubehalten. Bereits 1401 schenkte er den gerade in Bologna angekommenen Jesuatinnen drei Häuser und 1406 überschrieb er den Fratres Minores de Observantia drei Äcker, die er für 150 Lire gekauft hatte. — Wenn Butrio auch größere Berühmtheit als Lehrer denn als Schriftsteller erlangte, hat er doch Werke im Umfang von 8 Foliobänden hinterlassen. Unter seinen Schriften ragen besonders die vielfach gedruckten

»Consilia«, die ausführlichen »Kommentare« zu den Dekretalen Gregors IX. und Bonifaz' VIII., ein »Repertorium in jure can.«, sowie ein »Repertorium in jure civile« und eine Reihe von Spezialtraktaten heraus. Zu letzteren zählen etwa jene Traktate über das Patronat und über die Simonie. Zudem stammt aus seiner Feder ein Beichtspiegel. Die Schriften Butrios gelten als weitschweifig, was aber ihren beträchtlichen praktischen Nutzen nicht schmälerte und ihm eine besondere Lehrautorität sicherte.

Werke: Commentaria in quinque libros decretalium, Romae 1473f.; Commentaria in Sextum, Venet. 1479; Lectura sive Repetitio, Bonon. 1474; Tractatus de jure patronatus, Frankfurt 1581; Tractatus de emptionibus et venditionibus et de notorio; Tractatus de symonia; Repertorium in jure canonico; Repertorium in jure civili; In tit. Dig. de acquisitionibus; Allegationes Lapi abbreviatae; Consilia, Romae 1472; Speculum de confessione, Vincentiae 1476.

Lit.: Schulte II, 289-294; — Hurter II, 771f.; — v. Scherer: WWKL 2, 1619f.; — A. Amanieu: DDC 1, 630f.; L. Prosdocimi: DBI 3, 540-543; — A. M. Stickler, Antonius de Butrio: LThK² 1,672; — J. Martetschläger, Antonius de Butrio: LThK³ 1, 789; — J. Müller, Antonius de Butrio: M. Stolleis (Hrsg.), Juristen - ein biographisches Lexikon, München ²2001, 37.

Peter H. Görg

C

CAESAR, Johann Jacob (John James Caesar) (*ca. 1670 - †1719). — Geboren um 1670 immatrikuliert sich C. 1693 als Theologiestudent aus Frankfurt am Main in der reformierten Hohen Schule Herborn. Er wird gelegentlich *Doctor* genannt, aber wo und wie er diesen akademischen Grad erworben hat, ist unbekannt. Die erste gedruckte Predigt feiert die Selbstkrönung Friedrich I. von Brandenburg zum »König in Preußen«, derselbe ernennt ihn mit einem Jahresgehalt von 400 Thalern am 31. Mai 1701 zum Prediger der 1697 gegründeten Londoner Kirchengemeinde des ev. reformierten Bekenntnisses. — C. veröffentlicht 1702 eine Leichenpredigt für King William III. in Englisch und Deutsch, gefolgt von einer Reihe weiterer Gelegenheitspredigten während der Herrschaft von Queen Anne (1702-1714). Diese Zweisprachigkeit der Veröffentlichungen eines deutschen Predigers ist selten, doch die Seltenheit der Drucke hat ein Wahrhaben seiner Existenz selbst durch Buchexperten wie Graham Jefcoa-

te verhindert. Am 12. August 1706 befördert ihn König Friedrich [Wilhelm] durch Johann Casimir von Kolbe, Reichsgraf von Wartenberg (1643-1712), zum Hofkaplan in England mit einer Erhöhung des Gehalts auf 500 Thaler. Am 15. Oktober 1707 fordert Wartenberg den gelehrten preußischen Botschafter in London, Baron Ezekiel Spanheim (1642-1710), auf, mit C. unbedingt einen Platz zu finden, auf dem eine reformierte Kirche in London erbaut werden könne. Am 7. März 1709 empfiehlt Botschafter Spanheim C. als Pastor der neuen und einzigen etablierten reformierten deutschen Kirche in Großbritannien. Gleichzeitig informiert er Königin Anne, daß C. nun nach Schottland deputiert werde, um die Unterstützung der schottischen Presbyter-Kirche zu gewinnen. Mehrere bisher ungedruckte Briefe der Korrespondenz C.s mit der schottischen Kirche zwischen den Jahren 1707 und 1712 sind in den National Archives of Scotland erhalten. — C.s Rolle in den ökumenischen Versuchen von Daniel Ernst Jablonski (s.d.) und Gottfried Wilhelm Leibniz (s.d.), die anglikanische Kirche mit der reformierten Preußens einerseits und den Schweizer Calvinisten andererseits zu vereinigen, ist noch zu untersuchen. — 1709-1710 dient C. als Schlüsselfigur der Society for the Propagation of the Gospel (SPG) für die »Palatines«, den Kriegs- und Wirtschaftsflüchtlingen aus Südwestdeutschland und Hessen. Er führt den Theologiestudenten J. Friedrich Haeger (s.d.) in die SPG ein, die den Nassau-Siegener - nach im Dezember erfolgter anglikanischen Ordination durch den Bischof von London - mit etwa 3000 deutschen Waldarbeiter-Kolonisten nach New York schickt. (Hunderte sterben unterwegs.) Im Februar 1710 begleitet C. auch den neu-gebackenen Landgrafen von Carolina, den Berner Christoph von Graffenried (1661-1743), nach Gravesend, um den nach Virginia segelnden »Palatines« die Abschiedspredigt zu halten. Im Mai 1710 warnt er Secretary Henry Boyle (1669-1725) vor einer neuen Auswanderungswelle aus der Pfalz. — Eine erwünschte Gehaltserhöhung wird vom König Friedrich am 4. Juli 1711 auf eine spätere Zeit verschoben, da der Etat bereits beschlossen sei. Im gleichen Jahr etabliert C. Kontakt zwischen der SPG und dem Pietisten Conrad Mel, oder Mell (s.d.), der 1712 durch Übergabe v. Mels Gedanken zur China-Mission, Missionarius Evangelicus, intensiviert wird und durch C.s persönliche Empfehlung vom 9. Feb. 1714 zur SPG Mitgliedschaft führt. C.s Leichenpredigten auf den Tod von König Friedrich erscheinen sowohl in deutscher (Februar) als auch in englischer (Mai) Sprache. Vom 23. August 1713 stammt die Resolution des neuen Königs, das Gehalt betreffend. — Als Frucht der Zusammenarbeit mit dem Bischof von London, John Robinson (1650-1723), ist im Haag Das allgemeine Gebet-Buch »anjetzo von neuem übersehen und corrigirt, in dieser Dritten Edition, ans Licht gegeben worden.« Diese deutsche Ausgabe von 1500 Exemplaren soll primär für Pastor Friedrich Haegers »Pfälzer« in New York gedruckt worden sein. — C.s Todesjahr ist 1719. Die undatierte Petition der reformierten Kirchengemeinde in London an den König in Preußen mit der Bitte um die Anstellung eines neuen Pastors erwähnt kein Todesdatum. Im Oktober 1719 zeichnet der gebürtige Schweizer (nun anglikanische) Pastor Johannes

[Conrad] Werndli (1656-1727) als pro tempore Nachfolger einen Spendenaufruf der reformierten Gemeindevorsteher in London für Henrich Haeger (s.d.) aus Oberfischbach, dem Pastor der ersten deutschen reformierten Gemeinde im amerikanischen Virginien. Exemplare des von C. überarbeiteten Allgemeinen Gebet-Buches werden 1720 auch an Pastor Haegers reformierte »Bergleute« in Virginia geschickt.

Manuskipt-Quellen: London Metropolitan Archives: German Reformed Saint Paul's Church, London; German Evangelical Reformed Church London, Reference ACC/1473 (1701-1820); The National Archives of Scotland, CH1/2/ 28/2, ff.181-182: Caesar Briefe vom 7. März, June 1709, 28. Juli, 27. Dezember 1709, 7. April 1710, 31. Juli 1710, 4. November 1712, 30. Dezember 1712; Society for the Gospel, Journal 2, 197; 3, 72, no. 12; 3, 74, no. 8,9; SPG Letter Books Series A, vol. 8, 32-33, no. 49; 12, no.13; — SPG Minutes 2, 88; SPG Papers 15, 26.

Werke: [Einst katalogisierte Drucke in Berlin werden von der Staatsbibliothek als »Kriegsverlust« verstanden.] - Die Einige Weisheit und Kraft Gottes in Zeit-Veränderung, in Ab- und Einsetzen der sterblichen Könige, bewiesen in einer Predigt, auf die Krönung des Königs in Preußen. Leyden, 1701; The Glorious Memory of a Faithful Prince by a Thankful Posterity; in a Sermon Preach'd upon the most lamented death of King William III. [...] Dedicated in its Native Language [...] and [...] translated into English by the author J. J. Caesar, Chaplain to his Prussian Majesty. London: Printed by J. H. for Henry Mortlock, 1702; The Victorious Deborah. A Thanksgiving-Sermon, For The most Glorious Success of the Arms of Her Majesty of Great Britain, &c. and Her Allies, both by Sea and Land. Preached the 12th of November, 1702. To The Prussian Congregation in the Savoy. By J. J. Caesar, Chaplain to the King Of Prussia. London: Printed for Thomas Bennet, at the Half Moon it St. Paul's Church-Yard, MDCCII; God's Inevitable Judgments On Perjured Princes: A Sermon Preached To the Prussian Congregation in the Savoy, the 7th day of September, 1704. being the Solemn Thanksgiving for the seasonable and fatal Overthrow of Perfidious Bavaria, with a French Army, near Hochstet in Germany. By J. J. Caesar, Chaplain to the King of Prussia. London: Printed for Awnsham and John Churchil, at the Black Swan in Pater-noster-Row. MDCCIV; Christ the Resurrection and the Life: A Funeral-Sermon on the much lamented Death of [...] Princess, Sophia Charlotta, Daughter of the [...] House of Brunswick and Luneburg, &c. and late Queen of Prussia, [...]. Preach'd the first Sunday after the Solemnization of the Royal Funeral at Berlin, to the Prussian Congregation in the Savoy. London: printed by H.. Clark, for Whattoff Boulter, 1705; Christus Die Auferstehung und das Leben/ Schrifftmäßiger Weise vorgestellet In einer Leich-Rede/ Auf den unverhofften Abschied der [...] Fürstin [...] Frauen Sophien Charlotten/ Weiland Königin in Preußen [...]. Gehalten in der Königlichen Preußischen Kirchen zu London/ Von Johann Jacob Cäsar/ Prediger daselbst. Cölln an der Spree/ Druckts Ulrich Liebpert/ Königl. Preuss. Hof-Buchdr. 1705; The Royal Pilgrim. A Funeral Sermon Upon the Most Lamented Death Of His Majesty Frederic, Late King of Prussia, Of Glorious Memory, On the Text chosen by Himself, Psalm lxxi. 5,6. Preached before

His Majesty's Resident and the Prussian Congregation in their Chapel at London. On Monday, May I, N.S. 1713. Wherein Some Account of the Chief Passages of His truly Royal Life and Death is given. By J. J. Caesar, Chaplain of His Majetsy [sic], and Minister of the said Prussian Church. London: Printed by G. James, for Rich. Smith, and Sold by J. Baker at the Black-boy in Pater-Noster-Row. MDCCXIII; Der Königl. Pilgrim: Eine Leich-Predigt auf dem Todes-Fall Ihre[r] Königl. Maj. Friderich, Königes in Preussen. Berlin: 1713; A Thanksgiving-Sermon preach'd The First Sunday after the Happy Landing of [...] King George, in the Prussian Church at London. By J. J. Caesar, Chaplain to the King of Prussia.. London: J. Churchill, 1724 [=1714]; The Great Happiness of a Faithful Princess in Child-bearing. Set forth in a Thanksgiving-Sermon upon the Entire Recovery of Her Royal Highness the Princess of Wales, from Her late Illness in Child-bed. Preach'd on Sunday the 9th of December, 1716. in the Royal Chapel of the Prussians at London. By James Caesar. D. D. Chaplain in Ordinary to the King of Prussia, now with His Majesty's Publick Minister Residing at the British Court. London: Printed by J. Heptinstall, for George Mortlock, at the Phoenix in St. Paul's Church-yard [MDCCXVI]; A Thanksgiving-sermon upon the Happy Delivery of her Royal Highness the Princess of Wales, of a Princess [...]. London: Printed for George Mortlock, 1717; Das allgemeine Gebet-Buch, Wie auch die Administration der H. Sacramenten, und Anderer Kirchl. Ritus und Ceremonien, nach dem Gebrauch der Kirchen von England. Mit den Psalmen Davids Wie solche in den Kirchen gesungen oder gelesen werden sollen. Samt den Religions-Articulen. Durch Ihro Königlichen Hoheit Der Princesse von Wallis, Gottseligen Eyffer für die Ehre Gottes, und seine Kirche, fortgesetzet, und auff Dero gnädigsten Befehl verfertiget. Im Haag: In Verlegung C. Fritsch. MDCCXVIII.

Lit.: High German Reformed Protestant Congregation: The Case of the High German Reformed Protestant Congregation in London [London, 1760?]; — Aikman, James: The History of Scotland, translated from the Latin of George Buchanan , with Notes, and a Continuation to the Present Time. Bd. 6. Edinburgh: Thomas Ireland, 1829, 186; — Wodrow; Robert und Matthew Leishman: Analecta, or Materials for a History of Remarkable Providences mostly relating to Scotch ministers and Christians. [Edinburgh] Printed for the Maitland Club, 1842-1843, i, 207-208; — Lappenberg, Johann Martin: Urkundliche Geschichte des Hansischen Stahlhofes zu London in zwei Abtheilungen mit 4 Tafeln in Steindruck. Hamburg: Langhoff, 1851 [ND Osnabrück: O. Zeller, 1967] 133; — Calendar of Treasury Papers, 1720-1728, hrsgg. v. Joseph Redington. Bd. 6. London: Longman & Co, 1889, 157-158; — [Pascoe, Charles Frederick:] Classified Digest of the Records for the Propagation of the Gospel in Foreign Parts, 1701-1892, London: Society's Office, 1893, 813; — »Harley Letters and Papers«, Calendar of the Manuscripts of His Grace the Duke of Portland, Bd. 5. Norwich: Her Majesty's Stationery Office, 1899,183-184; — Zedler, Gottfried und Hans Sommer. Die Matrikel der Hohen Schule und des Paedagogiums zu Herborn. Wiesbaden: Bergmann, 1908, 148; — Muss-Arnolt, William und Josiah H. Benton: The Book of Common Prayer among the Nations of the World, a history of the translations of the prayer book of the Church of England and of the Protestant Episcopal Church of America. London: Society for Promoting Christian Knowledge, 1914, Kapitel 16; — Christoph von Graffenried's Account of the Founding of New Bern. Hrsgg. Mit einer historischen Einleitung v. Vincent H. Todd in Cooperation with Julius Goebel. Raleigh, NC: Edwards & Broughton, 1920, 260; — Dickinson, H. T.: »The Poor Palatines and the Parties«, English Historical Review 83 (1967): 464-485; — Vigne, Rudolph und Charles Littleton: From Strangers to Citizens: The Integration of Immigrant Communities in Britain, Ireland, and Colonial America, 1550-1750. London: Huguenot Society of Great Britain and Ireland; Brighton; Portland, Or.: Sussex Academic Press, 2001, 489; — Nishikawa, Sugiko: »The SPCK in Defence of Protestant Minorities in Early Eighteenth-Century Europe«. The Journal of Ecclesiastical History 56 (2005): 730-748; — Mielke, Andreas: »Who was Kocherthal and What Happened to his Party of 1708?« Pennsylvania Mennonite Heritage 31,4 (2008) [= Kocherthal: A Tricentennial Commemoration of the Palatine Migration of 1708/1709]: 8-31.

Andreas Mielke und Sandra Yelton

CAPRANICA, *Domenico*, Kardinal, Theologe, Kanonist, Kirchenpolitiker, Humanist, * 31.5. 1400, Capranica Prenestina, † 14.8. 1458, Rom. — C. zählte mit Carvajal, Albergati und Estouteville zu den führenden Gestalten des Kardinalkollegiums im Quattrocento. C. war der Sohn eines römischen Adligen namens Niccolò (oder Cola, † 1438; Familienname unbekannt, von Gregorovius mit Nicolò Capranica aus dem Zweig der Pantagati verwechselt), eines Gefolgsmanns des in Capranica Prenestina östlich von Palestrina ansässigen Aristokatengeschlechts der Colonna, und der Iacobella († 1438/39). Von seinen fünf Brüdern ergriffen zwei unter Förderung von Papst Martin V. (Oddone Colonna, 1417-1431), der der gleichen Sippe angehörte, die kirchliche Laufbahn. Paolo († 1428) wurde päpstlicher Sekretär, 1420 Bischof von Évreux, 1427 Erzbischof von Benevent, Angelo († 1478) wurde Bischof von Rieti. C. studierte seit 1415 bei Giuliano Cesarini Kirchenrecht (nicht auch Zivilrecht) in Padua, seit 1417 in Bologna bei Nicoletti da Imola und erlangte dort 1422 die Doktorwürde in kanonischem Recht. An der Kurie machte C. unter Martin V. dank seiner politischen und militärischen Verdienste und seinen Beziehungen zu den Colonna rasch Karriere und erhielt Pfründen, die ihm das Studium finanzierten, u.a. in SS. Gervasio e Protasio in Budrio (Diözese Bologna). Am 15.4. 1420 wurde er Kanoniker in Konstanz (Verzicht am 17.6. 1423), am 1.5. 1420 Kanoniker im schlesischen Groß-Glogau, am 18.2. 1422 in San Terenziano (Umbrien). Der Papst berief C. am 3.2. 1423 an die Kurie zum apostolischen Protonotar, im Dezember 1424 zum Sekretär, und betraute den jungen Kleriker mit wichtigen Aufgaben. Am 14.11. 1423 wurde er zusammen mit dem Generalminister der Dominikaner, Leonardo Dati, mit den Vorarbeiten für das Konzil von Siena beauftragt (Eröffnung am 26.2. 1424). Ende 1425 wurde C. zum bischöflichen Administrator des Bistums Fermo ernannt, am 5.6. 1426 zum päpstlichen Administrator der Romagna als Rektor von Forlì, Imola und Cervia, wobei er allgemein geschätzt war, obwohl er energisch die Klöster disziplinierte. Weniger Glück hatte er wegen seiner Strenge bei einem Aufstand in Bologna (August 1428), als ihn der Papst auch als Administrator von Bologna einsetzte, so daß er vorzeitig von Kardinal Lucido Conti abgelöst wurde (18.6. 1429). Am 5.1. 1430 kehrte er nach Rom zurück, nachdem ihm Francesco Monaldeschi, Bischof von Orvieto, in der Administration der Romagna gefolgt war. Die Kardinalswürde erlangte C. nur auf Umwegen. Am 23.7. 1423 war die geheime Ernennung erfolgt, ein Verfahren, das Martin V. als erster praktizierte (zu unterscheiden von der Wahl »in pectore«; falsch LThK). Am 24.5. 1426 wurde die Wahl bestätigt, aber erst am 8.11. 1430 mit der Verleihung des Titels als Kardinaldiakon von S. Maria in Via lata proklamiert. Das Konklave, das nach dem Tod Martins V. (20.2. 1431) zusammentrat, schloß C. als Anhänger der Colonna auf Betreiben der Orsini jedoch aus, und der neue Papst Eugen IV. entzog ihm sogar die Kardinalswürde (25.10. 1431), strich ihm im folgenden Jahr (31.3. 1432) die Pfründe des Benediktinerklosters Preciano (Diözese Tortosa) und übertrug die Administration des Bistums Fermo Bartolomeo Vinci, Bischof von Valva (11.5. 1432). Da C. um sein Leben fürchtete, nachdem ihm seine Gegner zusammen mit den päpstlichen Truppen bereits den Palast verwüstet hatten, begab er sich nach Siena, wo er Enea Silvio Piccolomini, den späteren Papst Pius II., kennenlernte, darauf nach Mailand an den Hof des Filippo Maria Visconti. 1432 reiste er, in seinem Gefolge den Mailänder Gesandten und als Sekretär Enea Silvio, weiter ans Konzil nach Basel, wo er am 15.4. eintraf. Schon am 16.5. nahm er an den Konzilssitzungen teil und wurde am 22.5. in die Kommission für den Frieden berufen. Schließlich appellierte er erfolgreich

(31.10.) an das Konzil für die Anerkennung seines Titels, doch rief er damit den Zorn Eugens IV. hervor, der ihm alle Würden und Besitzungen entzog, er versöhnte sich aber auf Intervention von Venedig und von Kardinal Niccolò d'Albergati mit dem Papst, wurde am 19.7. 1434 rehabilitiert und als Legat mit der Aufgabe betraut, auf dem aus Basel 1437 nach Ferrara verlegten Konzil zusammen mit Kardinal Prospero Colonna die Verhandlungen mit den griechischen Bischöfen und Theologen für die Wiedervereinigung der Kirchen zu führen. Die Erhebung des Haudegens Giovanni Vitelleschi zum Kardinal (9.8. 1437) versuchte er vergeblich zu verhindern. Nachdem das Konzil 1439 nach Florenz verlegt worden war, setzte er sich für die Wahl des gelehrten Bessarione zum Kardinal ein (18.12. 1439). In den folgenden Jahren bekleidete C. zahlreiche Vertrauensposten in der kirchlichen Hierarchie: 1438 Protektor des Deutschen Ordens, 1444 Protektor des Franziskanerordens (10.4.), 1438-1439 und 1448-1449 Kämmerer (Camerlengo) des Kardinalkollegiums, 1443 Kardinalpriester von Santa Croce in Gerusalemme (4.4.), 1444 Kardinalpriester von S. Giovanni in Laterano, 1455 Archipresbyter von S. Giovanni in Laterano (30.12.), 1449 Großpönitentiar als Nachfolger von Kardinal Giovanni Berardi Orsini di Tagliacozzo (25.1.). C. war zwölfmal päpstlicher Legat (u.a. bereits in Perugia 1430-1431) und profilierte sich als Friedensvermittler in Genua zwischen den streitenden Parteien (1453), in Neapel vermittelte er zwischen Papst und Alfonso V. (6.11. 1454), bis der Vertrag der Liga Italica zustandekam (26.1. 1455). 1443 zum Generalvikar der Mark Ancona ernannt (6.9.) leitete er mit Francesco Piccinino die päpstlichen Truppen, unterlag aber 1444 (19.8.) in Montalmo dem Condottiero Francesco Sforza, wurde verwundet und geriet vorübergehend in Gefangenschaft. Ende 1444 wurde er Administrator von Perugia (4.12.), 1446 Generalvikar in der Mark Ancona (25.1.) und nochmals 1447 (19.4.). Während der Pest von 1456 blieb er in Rom und setzte sich für den Kreuzzug ein, der die Türken aus dem 1453 eroberten Konstantinopel vertreiben und die Palaiologoi wieder an die Macht bringen sollte. — Die Ausbildung der Priester förderte C. großzügig: In dem von ihm ab 1451 neben der Kirche S. Maria in Aquiro errichteten Stadtpalast mit der Kapelle S. Agnese, einem der wenigen römischen Beispiele gotischer Profanarchitektur des Quattrocento, richtete C. 1457 (Stiftungsurkunde vom 5.1.) das Collegio Capranica (Almo Collegio Capranicense, Collegium Pauperum Scholarium) ein, das 31 unbemittelten Anwärtern mit der Ausbildung in Theologie und Artes liberales (16 Studenten) und in kanonischem Recht (15 Studenten) als Priesterkolleg und als Einstieg in die kirchliche Karriere diente (seit 1460 in den von C.s Bruder Kardinal Angelo Capranica nebenan errichteten Palazzo verlegt). Schon unter Nikolaus V. galt C., der seit 1447 in päpstlichem Auftrag Pläne zu einer umfassenden Kurienreform ausarbeitete, als papabilis. Beim Tod Nikolaus' V. (24.3. 1455) wurde er mit den Kardinälen Orsini und Colonna als Verwalter der päpstlichen Güter eingesetzt. C.s Integrität war unter den Zeitgenossen unbestritten; so machte er sich unbeliebt, als er den Nepotismus Calixtus' III. (Alonso Borja) bekämpfte, besonders bei der Ernennung von Pedro Luis Borja zum Generalvikar von Spoleto. Nach Calixtus' Tod (6.8. 1458) galt C., favorisiert von Mailand und Neapel, allgemein als künftiger Papst, er starb aber zwei Tage vor dem Konklave, in dem der französische Kardinal Estouteville an der Mehrheit der italienischen Kardinäle scheiterte, worauf Enea Silvio Piccolomini gewählt wurde (19.8.). C.s Nachfolger als Bischof von Fermo war Nicolò Capranica Pantagati, Sohn des Antonio († 1473), dann dessen Bruder Giovanni Battista Pantagati († 1484 ermordet). C. vermachte sein beträchtliches Vermögen der Kirche, die reichhaltige Bibliothek dem Collegio (jetzt Biblioteca Apostolica Vaticana, Fondo Rossiano). C.s Grabmal (aus der Schule von Andrea Bregno, um 1510), ein Auftragswerk seines Bruders, Kardinal Angelo, befindet sich in der rechten Chorkapelle von S. Maria sopra Minerva. — C.s Schriften, juristische Abhandlungen, Predigten und ein Traktat mit Lebensregeln für den Neffen Nicolò (»Praecepta seu documenta de modo vivendi«) sind weitgehend unpubliziert, seine Darstellung des Basler Konzils scheint verloren. C.s angebliche Beschäftigung mit Seneca geht auf die falsche Zuschreibung des von ihm angeblich 1452 verfaßten Traktats »De arte moriendi« zurück. Inzwischen ist nachgewiesen (Rudolf 1951), daß diese Schrift, die auf Johannes Gersons Opus

tripartitum von 1408 zurückgreift, von einem Wiener Autor (wohl Nikolaus von Dinkelsbühl) stammt und wesentlich früher anzusetzen ist (1414-1419). C. verfaßte lediglich das Vorwort zu einer Neuausgabe.

Schriften: Praecepta seu documenta de modo vivendi: unp., Firenze, Bibl. Laur., cod. Strozzi 33; Vorwort: Catalani 1793, 238-241; Saraco 2004, 186f; — Quedam avisamenta super reformatione pape et Romane curie (um 1449): Saraco 2004, 93-97 (lat.). 165-182 (lat.-ital., Facsimile); — Vorwort zu Nikolaus von Dinkelsbühl, De arte bene moriendi (Tractatulus de arte moriendi, Speculum artis bene moriendi): falsche Zuschreibung des ganzen Traktats an C. (berichtigt durch Rudolf 1951, zustimmend Strnad in DBI); C.s Vorwort (1452): Catalani 1793, 244f; Saraco 2004, 188; — Konstitutionen des Collegio Capranica (1457): Almi collegii Capranicensis constitutiones, Roma 1879; Saraco 2004, 189-265 (lat.-ital.); — Handbüchlein über das Bischofsamt (Manipulus officii episcopalis): unp., Vorwort: Saraco 2004, 183-185 (lat.).

Quellen: ausführlich s. DBI. — Vespasiano da Bisticci (1421-1498), Vite di uomini illustri del secolo XV (um 1480): Angelo Mai, Spicilegium Romanum, I, Roma 1839; Ludovico Frati, Bologna 1892; Paolo d'Ancona, Milano 1951; krit. Ausgabe: Aulo Greco, Firenze 1970-1976; dt. in Auswahl: Paul Schubring, Jena 1914; Bernd Roeck, Große Männer und Frauen der Renaissance, München 1995; Giovanni Battista Poggio, Cardinalis Firmani vita (1462-1470): Étienne Baluze, Miscellanea I, Lucca 1761, 342-351.

Lit.: Michele Catalani, De vita et scriptis Dominici Capranicæ cardinalis antistitis Firmani commentarius, Fermo 1793; — Heinrich Denifle, Die Universitäten des Mittelalters bis 1400, 1, Die Entstehung der Universitäten des Mittelalters bis 1400, Berlin 1885, 317-322; — Enrico Carusi, La legazione del cardinale D. Capranica ad Alfonso di Aragona, Napoli 29 luglio - 7 agosto 1453, in: Archivio della Società Romana di storia patria 28, 1905, 473-481 (Ibáñez, En la España Medieval 24, 2001, 525: »1906«; Saraco 2004: »1907«); — Conrad Eubel, Hierarchia catholica medii aevi, 1, Münster 1913, 34. 56; 2, Münster 1914, 6. 27-29; — Conrad Eubel, Zur Cardinalsernennung des Dominicus Capranica, in: RQ 17, 1903, 273-292; — Maria Morpurgo-Castelnuovo, Il cardinal Domenico Capranica, in: Archivio della Società Romana di storia patria 52, 1929, 1-146 (Dokumente 128-146); — Karl A. Fink, Dominicus Capranica als Legat in Perugia 1430-31, in: RQ 39, 1931, 269-279; — Karl A. Fink, Martin V. und Bologna (1428-1429), in: QFIAB 23, 1931/32, 184-198; — Karl A. Fink, Untersuchungen über die päpstlichen Breven des 15. Jahrhunderts, in: RQ 43, 1935, 56-65; — Rainer Rudolf, Der Verfasser des Speculum artis bene moriendi, in: AnzÖAW 88, 1951, 387-398; — Riccardo Pratesi, Il cardinale Domenico Capranica, protettore dei Frati Minori, ed una sua lettera alla Congregazione generale di Assisi del 1455, in: Archivum franciscanum historicum 48, 1955, 197-200; — Alfred A. Strnad, Die Protektoren des Deutschen Ordens im Kardinalskollegium, in: Klemens Wieser (Hrsg.), Acht Jahrhunderte Deutscher Orden in Einzeldarstellungen (Quellen und Studien zur Geschichte des Deutschen Ordens, 1), Bad Godesberg 1967,

269-320 (Walter Brandmüller) 303. 306-310. 320; — Roberta Galli, Il cardinale di Fermo Domenico Capranica nel giudizio di alcuni umanisti, in: Studia Picena 39, 1972, 136-145; — Tony [Anthony V.] Antonovics, The library of Cardinal Domenico Capranica, in: Cecil H Clough (Hrsg.), Cultural aspects of the Italian Renaissance. Essays in honour of Paul Oskar Kristeller, Manchester 1976, 141-159; — Wolfgang Decker, Die Politik der Kardinäle auf dem Basler Konzil (bis zum Herbst 1434), in: Annuarium Historiae Conciliorum 9, 1977, 112-153. 315-400; — Antonio G. Luciani, Minoranze significative nella biblioteca del cardinale Domenico Capranica, in: Concetta Bianca [u.a.] (Hrsg.), Scrittura, biblioteche e stampa a Roma nel Quattrocento: aspetti e problemi. Atti del Seminario, Roma 1-2 giugno 1979 (Littera Antiqua I/1), Città del Vaticano 1980, 167-182; — Jürgen Miethke, Die handschriftliche Überlieferung der Schriften des Juan González, Bischof von Cádiz († 1440): zur Bedeutung der Bibliothek des Domenico Capranica für die Verbreitung ekklesiologischer Traktate des 15. Jahrhunderts (mit einem Anhang: Inhaltsübersicht über die Miszellanhandschrift Vat. lat. 4039), in: QFIAB 60, 1980, 275-324; — Antonio G. Luciani, Il Cardinal Capranica ed un progetto di riforma ecclesiastica, in: Res publica litterarum: studies in the classical tradition, 5, 1982, 161-167 (=Studi umanistici Piceni 2, 1982, 161-167); — Antonio G. Luciani, Il cardinale Domenico Capranica e S. Giacomo della Marca, in: Res publica litterarum: studies in the classical tradition 6, 1983, 205-209 (= Studi umanistici Piceni 3, 1983, 205-209); — Antonio G. Luciani, Ricerche sul cardinale Domenico Capranica, 1400-1458, in: Anticoli di Campagna (Fiuggi) e l'Alta Ciociaria: Atti del VII convegno del Centro studi storici ciociari: Fiuggi 28-29 giugno 1980, Frosinone 1985, 95-105; — Paolo Nardi, Enea Silvio Piccolomini, il cardinale Domenico Capranica e il giurista Tommaso Docci, in: Rivista di storia del diritto italiano 60, 1987, 195-203; — Peter Blastenbrei, The soldier and his cardinal: Francesco Sforza and Nicolò Acciapacci, 1438-1444, in: Renaissance Studies 3, 290-302; — Santo Gangemi, La vita e l'attività del cardinale Domenico Capranica, Casale Monferrato 1992 (Diss. Gregoriana 1990); — Alessandro Saraco, Il cardinale Domenico Capranica (1400-1458) e la riforma della Chiesa (Collana Chiesa e Storia, 1), Roma 2004 (wichtig; Bibl. 271-275); — DHGE 11 (1939) 932-941 (J. Toussaint); 941-943 (R. Mols, s.v. Collège Capranica); 14 (1960) 584-588 (R. Aubert, s.v. Domenichi); — ECatt 3 (1949) 715-718 (R. Orazi Ausenda, s.v. Capranica); — DBI 19 (1976) 147-153 (A. A. Strnad; präzis, detailliert); 154-157 (M. Miglio, s.v. Capranica, Giovanni Battista Flavius Panthagatus); 161f (M. Miglio, s.v. Capranica, Nicolò); 6 (1964) 510-512 (F. Gaeta, s.v. Barozzi, Pietro); 40 (1991) 691-695 (H. Smolinsky, s.v. Dominici, Domenico); — LMA 2 (1983) 1488 (E. Meuthen); — LThK³ 2 (1994) 935f (H. Müller); — Enciclopedia dei papi 2 (2000) 619-634 (C. Bianca, s.v. Martino V); 634-640 (D. Hay, s.v. Eugenio IV); 640-644 (F. Cagnasso, s.v. Felice V); 644-658 (M. Miglio, s.v. Niccolò V); 658-662 (M. E. Mallett, s.v. Callisto III); 663-685 (M. Pellegrini, s.v. Pio II); — NewCathEnc 3 (2002) 91f.

Bruno W. Häuptli

CASTRO, Alfonso de (Alphonsus a Castro), span. Jurist, Theologe und Prediger, * um 1495 in Zamora; † 3. Februar 1558 in Brüssel. — C. trat um 1510 in den Franziskanerorden ein. Nach dem Studium der Theologie und Philosophie in Alcalá und Salamanca wurde er 1512 Theologielehrer im Konvent von Salamanca und Professor an der dortigen Universität. 1530 begleitete C. Karl V. als dessen Berater zur Kaiserkrönung nach Bologna. Von 1532 bis 1535 war er als Prediger in den Niederlanden, Deutschland und Frankreich tätig. Als Apologet des katholischen Glaubens (für Kardinal Pacheco, 1545-1547) und Verfechter der spanisch-kaiserlichen Interessen (für Kaiser Karl V., 1551-1552) wirkte C. auf dem Trienter Konzil. 1553 Hofprediger des Prinzen Philipp, den er 1554 zu dessen Hochzeit nach England begleitete, bevor sich C. als Prediger in Antwerpen niederließ. Kurz nach seiner Ernennung zum Bischof von Santiago de Compostela (1557) starb C. am 3. Februar 1558. — In seinen Werken verteidigt C. den katholischen Glauben mit unabhängigen, juridischen Methoden. Er ist bemüht, die Häresien ihren Ausprägungen nach enzyklopädisch zu systematisieren und ihr Entstehen zu erklären, um zu einem differenzierten Umgang mit Häretikern zu gelangen, die seiner Ansicht nach weder verdammt noch geduldet werden sollten. C. verfaßte u. a. einen Kommentar zum *Malleus maleficarum* (»Hexenhammer«; De impia sortilegarum, Maleficarum, et Lamiarum haeresi, earumque punitione Opusculum, Lyon 1568). C. gilt in der spanischen Rechtswissenschaft als Begründer des Strafrechts, weil er eine Theorie entwickelte, die zu einer Kopplung von Strafbarkeit und Strafe (Analogieverbot) sowie von Schuld und Strafe (Subjektivierung) beitrug. Damit ordnet C. das Strafrecht dem Konzept von Sittlichkeit unter und macht es für die Moraltheologie verfügbar. So gelangte C.s Strafbegriff über Martin de Azpilcueta und Diego de Covarrubias y Leyva zunächst ins kanonische Recht und von dort ins zivile Strafrecht. Nach C.s Tode wurden die gesammelten Werke 1565 in Paris in vier Bänden herausgegeben.

Werke: Adversus omnes haereses (Paris 1534, Köln 1539, Antwerpen 1556), Sermones (1537, 1540), De iusta haereticorum punitione (Salamanca 1547), De potestate legis poenalis (Salamanca 1550, Nachdruck: Madrid 1961).

Lit.: E. Bullón y Fernández, A. d. C. y la ciencia penal. Madrid 1900; — S. Castillo Hernández, A. d. C. y el problema de las leyes penales, o la obligatoriedad moral de las leyes humanas. Salamanca 1941; — M. de Castro, Fr. A. d. C., O.F.M. (1495-1558), consejero de Carlos V y Felipe II, in: Salmanticensis 6 (1958), 281-322; — DHEE 1, 381-382; — O. Gómez Parente: Hacia el cuarto centenario de Fray A. d. C., fundador del derecho penal (1558-1958). Conferencia pronunciada el 26 de Marzuo de 1957, en la casa de Zamora de Madrid. Madrid 1958; — LThK 2, 974; — H. Maihold, Systematiker der Häresien. Erinnerung an A. d. C. (1492-1558), in: ZRG 118 (2001), 523-530; — H. Maihold, Strafe für fremde Schuld? Die Systematisierung des Strafbegriffs in der Spanischen Spätscholastik und Naturrechtslehre. Köln 2005; — A. de la Mañaricua Neure, La obligatoriedad de la ley penal en A. d. C., in: Rev. Esp. de Der. Can. 4 (1949), 35-64; — D. Müller, Ketzerei und Ketzerbestrafung im Werk des A. d. C., in: F. Grunert und K. Seelmann (Hg.), Die Ordnung der Praxis. Neue Studien zur Spanischen Spätscholastik, Tübingen 2001, 333-348; — J. M. Navarrete Urieta, A. d. C. y la ley penal. Madrid 1959 - T. Olarte, A. d. C. (1495-1558). Su vida, su tiempo y sus ideas filosóficas-juridicas. San José 1946; — M. Rodríguez Molinero, Origen español de la ciencia del Derecho penal. A. d. C. y su sistema penal. Madrid 1959; — D. Savall, Fray A. d. C. (1495-1558). La orientación voluntarista de su Derecho Penal in: Arch. Ib.-Am. 38 (1935), 240-255.

Josef Bordat

CECIL, William, Lord Burghley; englischer Staatsmann, wichtigster Ratgeber von Königin Elisabeth I. von England nahezu während ihrer ganzen Regierungszeit; von 1558-1572 Secretary of State und von 1572 bis zu seinem Tod im Jahr 1598 Lord High Treasurer, Verwalter der königlichen Schatzkammer und des Staatsschatzes; * 13. September 1521 in Bourne, Grafschaft Lincolnshire, England; † 4. August 1598 in London. — William Cecil war neben drei Schwestern der einzige Sohn von Richard Cecil of Burghley (†1554), einem Pagen und königlichem Gewandmeister und dessen Frau Jane (†1587). William erhielt als einziger Sohn der Familie eine gute schulische Ausbildung. Zunächst besuchte er die Schule im nahen Städtchen Grantham und dann im größeren und bedeutenderen Stamford. Mit 14 Jahren wechselte er schließlich 1535 ans St. Johns College nach Cambridge, wo er die Bekanntschaft mit Roger Ascham (1515-1568), dem Tutor von Elisabeth I. und dem Humanisten und Gräzisten John Cheke (1514-1557) machte. Letzterer weckte in William die Leidenschaft für das Griechische. In William Cecil wurde damals aber auch die Liebe zu John Chekes Schwester Mary geweckt. Um die geplante Heirat zu verhindern, holte sein Vater William aus Cambridge weg und schickte ihn stattdessen an die Anwaltskammer von Gray´s Inn nach London. Der Plan schlug jedoch fehl und William heiratete 1541 dennoch seine geliebte Mary und bereits im Mai 1542 kam deren Sohn Thomas (der spätere Earl of Exeter) zur Welt. Doch die Elternfreuden währten nur kurz, denn schon im Februar des folgenden Jahres starb Williams Frau Mary. Drei Jahre später heiratete William schließlich seine zweite Frau, Mildred Cooke (1526-1589), die älteste Tochter von Sir Anthony Cooke (1504-1576), Tutor des späteren Königs Edward VI. (1537-1553). Mildred war damals eine der meist gebildeten Frauen des Königreichs. — Nach seinen eigenen Aufzeichnungen bekleidete Cecil zu jener Zeit das Amt eines *»keeper of the rolls«* seiner Heimatgrafschaft Lincolnshire und saß für diese ab 1543 auch im Parlament. Doch erst für 1547 ist sein Parlamentssitz für den Bezirk Stamford auch in offiziellen Listen vermerkt. Im August 1547 begleitete Cecil den Protektor Edward Seymour, Herzog Somerset (1506-1552) zu dessen 2. Feldzug gegen die Schotten. Mit diesem Feldzug sollte erneut die Umsetzung des noch von König Heinrich VIII. arrangierten Heiratsvertrags zwischen dem minderjährigen König Edward VI. von England und der ebenfalls minderjährigen schottischen Königin Maria Stuart (1542-1587) erzwungen werden. Eine eheliche Verbindung der beiden Häuser Stuart und Tudor hätte die beiden Königreiche in einer Personalunion vereint und König Heinrich VIII. hätte endlich den Rücken gegen Schottlands alten Verbündeten Frankreich frei gehabt. Da Maria Stuarts Vater gleich nach der Geburt seiner Tochter verstorben war, forderte Heinrich VIII. die Überstellung des Säuglings nach England, um so die geplante Hochzeit zu sichern. Aber Maria Stuarts Mutter, Maria von Guise (1515-1560), verweigerte die Herausgabe ihrer Tochter. Darüber kam es zum Krieg und Lord Somerset traf im Mai 1544 mit einer Flotte in Leith ein, um Maria Stuart mit Gewalt nach England zu bringen. Maria von Guise hatte das Mädchen jedoch rechtzeitig im Schloß von Stirling in Sicherheit gebracht. Als die Schotten nach dem Tod von Heinrich VIII. am 28. Januar 1547 schließlich gar nichts mehr von einer Personalunion wissen wollten, zog Lord Somerset im August 1547 zum 2. Mal gegen Schottland. Zwar schlugen Somersets Truppen am 10. September bei Pinkie Cleugh, östlich von Edinburgh ein zahlenmäßig überlegenes schottisches Heer, konnten aber aus dem Sieg keinen politischen Nutzen ziehen. Die Schotten hatten nämlich bereits zu Beginn der neuerlichen Invasion Somersets ihre kleine Königin in der Priorei von Inchmahome in Sicherheit gebracht und verhandelten mit Frankreich über eine neue Allianz. Der neue französische König Heinrich II. (1519-1559) schlug daraufhin die Vereinigung Schottlands mit Frankreich vor, indem Maria seinen neugeborenen Sohn und Erben Franz II. (1544-1560) heiraten sollte. Im Februar 1548 schickte Maria von Guise ihre Tochter nach Schloß Dumbarton. Inzwischen erreichte eine französische Flotte Schottland und französische Truppen vertrieben die Engländer aus wichtigen Stellungen. Am 7. Juli 1548 wurde in einem Nonnenkloster bei Haddington die Heiratsvereinbarung zwischen Maria und Franz II. unterzeichnet und am 7. August 1548 verließ Maria Stuart mit der französischen Flotte ihr Heimatland. — Nachdem der schottische Feldzug nicht den gewünschten Erfolg gebracht hatte, war die politische Stellung Somersets deutlich geschwächt und seine innenpolitischen Gegner arbeiteten konsequent an seinem Sturz. William Cecil diente nach dem fehlgeschlagenen Schottlandfeldzug Somerset als dessen Privatsekretär. Als solcher geriet er schon bald persönlich in Gefahr, als nämlich Somersets Gegner 1549 zum Schlag gegen den Protektor und seine Gefolgsleute ausholten. Im November 1549 wurde Cecil verhaftet und in den Tower verbracht, doch schon im Januar 1550 gegen eine stattliche Geldsumme wieder auf freien Fuß gesetzt. Und nicht lange, da stand Cecil sogar in Diensten des Mannes, der den politischen Sturz Somersets am energischsten betrieben hatte: John Dudley, Earl von Warwick, später auch 1. Herzog von Northumberland (1502-1553). Diesem hatte es Cecil auch zu verdanken, daß er am 15. September 1550 zum königlichen Sekretär ernannt wurde. Anders als sein früherer Dienstherr, der am 22. Januar 1552 wegen Hochverrats hingerichtet wurde, erhielt Cecil am 11. Oktober 1551

den Ritterschlag und wurde im April 1552 sogar Kanzler des Hosenbandordens. Dies zeigt Williams Cecils politisches Geschick und politischen Überlebenswillen. Nicht anders war es, als der Herzog von Northumberland versuchte angesichts des nahenden Todes von König Edward VI. seine Schwiegertochter Lady Jane Grey (1536/37-1554) zur neuen Königin zu machen. Obwohl Cecil wie auch sein Gönner zur protestantischen Partei zählte und er wie dieser für den Erhalt der Reformation eintrat, hatte er doch keine Scheu sich später von diesem zu distanzieren, um abermals politisch zu überleben. — Die Thronfolge war 1543 im dritten Act of Succession (Thronfolgeakte) von König Heinrich VIII. testamentarisch festgelegt worden. Zuerst erbte nach seinem Tod sein Sohn Edward VI. die Krone, dann dessen Halbschwester Mary I. (1516-1558) und nach deren Tod dessen Halbschwester Elisabeth I. (1533-1603). Jane Grey stand erst an vierter Stelle in der Thronfolge. Sie war über ihre Mutter Frances Brandon (1517-1559), einer Tochter von Mary Tudor (1496-1533), der jüngsten Schwester von König Heinrich VIII. die Urenkelin von König Heinrich VII. von England (1457-1509). Als nun Edward VI. am 6. Juli 1553 starb, übernahm Northumberland als Lordprotektor die Regierungsgeschäfte. Zuvor hatte er es noch erreicht, daß der sechzehnjährige Edward VI. auf dem Sterbelager anstatt seiner Halbschwester Mary die Tochter seiner Cousine, Jane Grey, zu seiner Nachfolgerin bestimmte. Mit dieser wollte Northumberland eine eigene protestantische Dynastie in England gründen, denn Jane Grey war seit Mai 1553 mit seinem Sohn Guilford (1536-1554) verheiratet. Northumberland verheimlichte zunächst den Tod des Königs und versuchte Mary Tudor verhaften zu lassen. Diese wurde jedoch gewarnt und konnte rechtzeitig nach Norfolk zur einflußreichen katholischen Familie der Howards flüchten. Northumberland lief die Zeit davon. Am 10. Juli 1553 ließ er seine Schwiegertochter zwar noch hastig und ohne jedes Zeremoniell im Londoner Tower zur Königin krönen, wußte aber zu diesem Zeitpunkt bereits, daß seine Sache verloren war, denn Mary Tudor hatte das Recht auf ihrer Seite und rückte mit ihren Gefolgsleuten auf London vor, um sich dort als rechtmäßige Königin ausrufen zu lassen. — William Cecil mißfiel, mit welch unlauteren Mitteln Northumberland seine Ziele verfolgte, doch zu offenem Widerstand war er nicht bereit. So hielt er sich in den politischen Wirren im Juli 1553 dezent im Hintergrund, um abzuwarten, wie die Dinge sich entwickelten. Als es schließlich abzusehen war, daß Mary I. den Sieg davontragen würde, wandte er sich von Northumberland ab und bat die neue Königin um Pardon. Auch hatte er keine Skrupel ihr umgehend seine Treue und Loyalität sowie religiöse Konformität zu beschwören. In seiner Entschuldigung betonte Cecil die Tatsache, daß er weder etwas mit der Scheidung König Heinrichs VIII. von Marys Mutter Katharina von Aragon zu tun gehabt hatte, noch mit ihrer Erniedrigung und Zurücksetzung während der Regierungszeiten von Heinrich VIII. und Edward VI.. Cecil stellte sich damit gleichsam selbst einen »Persilschein« aus. Auch wenn Cecil mit der Thronbesteigung Marys sein Amt als Kanzler des Hosenbandordens ebenso verlor wie seine Stelle als königlicher Sekretär, zeigte er sich während ihrer Regentschaft als treuer Untertan der Krone. Er besuchte treu und brav die römische Messe, ging regelmäßig zur Beichte und suchte sogar ohne einen offiziellen Auftrag den persönlichen Kontakt zu Kardinal Reginald Pole (1500-1558), den er 1554 auf dessen Mission zur Aussöhnung Englands mit Rom traf und begleitete. Kardinal Pole war es, der als letzter katholischer Erzbischof von Canterbury unter Mary I. die Rekatholisierung des Landes vorantrieb. Erst als Königin Mary's Stern sank, sie ohne eigenen Erben blieb und krank mehr und mehr dem Tode nahe war, erwies sich William Cecil einmal mehr als politischer Überlebenskünstler. Er baute einen geheimen Kontakt zu Mary's Halbschwester Elisabeth auf und versicherte ihr seine Treue und Loyalität. — Als Elisabeth nach dem Tod ihrer Halbschwester am 17.11. 1558 zur Königin ernannt wurde, zahlten sich für Cecil seine Bemühungen abermals aus. Elisabeth erinnerte sich seiner Freundlichkeit ihr gegenüber und ernannte ihn zum Staatssekretär und Ratgeber. William Cecil war der richtige Mann für diese Zeit des erneuten Umbruchs. Cecil verstand es wie kein anderer einen politischen und religiösen Mittelweg einzuschlagen, um das Land nicht weiter zu spalten und innerlich zu stabilisieren. Nach einer Zeit außenpolitischer Mißerfolge und finanzieller

und ökonomischer Krisen brauchte das Land Zeit, um wieder auf die Beine zu kommen. So hatte Cecils Politik in den folgenden Jahren den inneren wie den äußeren Frieden zum Ziel. Er vermied es, das Land politisch zu isolieren oder gar katholische Mächte auf den Plan zu rufen, eine Invasion Englands zu betreiben. Die Hugenotten und die Niederländer wurden nur soweit unterstützt, um Frankreich und Spaniens militärische Mittel zu binden und Gefahren von Englands Küsten fernzuhalten. Auch bei der Etablierung der anglikanischen Kirche ab 1559 war Cecil wie seine Königin um einen Mittelweg bemüht, um so Englands Reformer, Konservative und Traditionalisten in Sachen Religion zusammenzubringen. Wie groß das Vertrauen der Königin zu Cecil war, bringt ein Satz derselben zum Ausdruck: »This judgment I have of you, that you will not be corrupted with any manner of gifts, and that you will always be faithful to the state.« Cecil repräsentierte die Grafschaft Lincolnshire im Parlament von 1559 und die Grafschaft Northamptonshire im Parlament von 1563. Bis er in die Reihen der Peers aufstieg, nahm Cecil aktiv Anteil an den Belangen des House of Commons, das ihn schließlich zu seinem Sprecher machen wollte. Aufgrund seiner vielfältigen Aufgaben im Staats- und Kronrat lehnte Cecil dieses Anliegen jedoch ab. Im Jahr 1561 wurde ihm der lukrative Posten des *Master of the Court of Wards and Liveries* angeboten. Diese Finanzbehörde, die von König Heinrich VIII. 1540 gegründet worden war, verwaltete solche Kronlehen, deren Lehnserben unmündig waren und organisierte die Investitur von Neubelehnten. William Cecil übernahm das Amt von Sir Thomas Parry (1515-1560), mit dem er eng befreundet war. Auch auf akademischem Gebiet wurden William Cecil Ehren zuteil. Im Februar 1559 wurde er als Nachfolger von Kardinal Reginald Pole zum Kanzler der Universität von Cambridge ernannt. Anläßlich eines Besuchs von Königin Elisabeth I. in Cambridge 1564 wurde ihm der Magister Artium der Universität verliehen und 1566 aus gleichem Anlaß der Magister Artium der Universität Oxford. Von 1592 bis zu seinem Tod 1598 war er Kanzler des neu gegründeten Trinity College in Dublin. — Am 25. Februar 1571 wurde er als Baron Burghley of Burghley in die Reihen der Peers aufgenommen und 1572 wurde er zum

Schatzkanzler (*Lord High Treasurer*) ernannt. Cecil übernahm das Amt von William Paulet, Marquis von Winchester (1483-1572), der von 1550 an das Amt des Schatzkanzlers innehatte. Cecil bekleidete dieses Amt ebenfalls bis zu seinem Tod im Jahr 1598. Die Ernennung Cecils zum Schatzmeister und seine Aufnahme in den Adelsstand zeigen, daß er sich zu dieser Zeit als engster Vertrauter der Königin schließlich gegen seine politischen Rivalen durchgesetzt hatte, die ihn bis dahin immer wieder mittels Intrigen ins Abseits manövrieren wollten. So versuchte beispielsweise 1569 Robert Dudley, Earl of Leicester (1532-1588) Cecil loszuwerden, weil er es nicht ertragen konnte, daß er gegenüber Cecil zusehends die Gunst der Königin verlor. Im gleichen Jahr wollte auch Thomas Howard, der 4. Duke of Norfolk, Cecil ausschalten, weil dieser sich seinen Plänen Maria Stuart zu heiraten widersetzte. Norfolks Ehepläne kosteten ihn schließlich 1572 den Kopf, als er in das Ridolfi Komplott verwickelt wurde, das vorsah, nach der Ermordung Elisabeths Maria Stuart zur englischen Königin zu machen. Königin Elisabeth I. zögerte danach aber noch bis zum Babington Komplott im Jahr 1587 Maria Stuart wegen Hochverrats anzuklagen und zum Tode verurteilen zu lassen. Cecil war gegen die lange Gefangenschaft der schottischen Königin und hätte es gern schon früher gesehen, Maria Stuart als ständige Bedrohung Elisabeths aus dem Weg zu schaffen. Er war es auch, der das gegen Maria Stuart gefällte Todesurteil unverzüglich und ohne weiteren Ausführungsbefehl Elisabeths vollstrecken ließ. Damit zog er sich den Zorn Elisabeths zu und wurde für einige Zeit aus dem Kronrat verbannt. — Da Cecil darum wußte, daß er eines Tages von der politischen Bühne abtreten würde, wollte er sein Werk dahingehend sichern, daß er systematisch seinen Sohn Robert Cecil, 1. Earl of Salisbury (1563-1612) zu seinem Nachfolger aufbaute. Nach dem Tod von Sir Francis Walsingham (1532-1590) im April 1590 übernahm William Cecil zwar offiziell dessen Amt als erster Staatssekretär, ließ aber bereits einen Großteil der Arbeit im Hintergrund von seinem Sohn Robert erledigen. 1591 durfte William Cecil voll Stolz erleben, wie die Königin den erst 28 Jahre alten Robert zum Mitglied des Kronrates ernannte und 1596 offiziell zum ersten Staatssekretär. Als

William Cecil am 4. August 1598 in seiner Londoner Residenz verstarb, war Robert reif in die Fußstapfen seines Vaters zu treten. — William Cecils Privatleben war tugendhaft. Er war ein treuer Ehemann und seinen Kindern ein guter Vater und Lehrmeister. Er war Buchliebhaber und Antiquitätensammler und hatte eine Leidenschaft für Heraldik und Ahnenforschung. Seiner Liebe zu Architektur und Gartenkultur gab William Cecil in den Jahren 1555-1587 mit dem Bau seines Palastes *Burghley House* nahe Stamford in Lincolnshire sichtbaren Ausdruck. Dieses Bauwerk gilt bis heute als eines der herausragendsten Beispiele für die Architektur des späten elisabethanischen Zeitalters. — Was sein öffentliches und politisches Leben angeht, kann man ohne Zweifel sagen, daß Cecil niemals zögerte, zum Wohl des Staates eigene Überzeugungen und Ansichten zu opfern. Toleranz in Sachen Religion lehnte er strikt ab, obgleich er sich im Lauf seines Lebens nicht gescheut hatte um des politischen Überlebens willen mehrfach das konfessionelle Lager zu wechseln. Für William Cecil war der Katholizismus eine höchst politische und imperiale Religion, die den protestantischen Staat stürzen wolle. In seinen Augen konnte der Staat daher die katholischen Untergrundpriester und alle, die ihnen halfen und sie unterstützten, nicht wie Menschen behandeln, denen es allein um das geistliche Wohl ihrer Herde gehe, sondern immer als Feinde der protestantischen Regierung. In seinen eigenen Worten lautete das so: »The state could never be in safety where there was a toleration of two religions. For there is no enmity so great as that for religion; and therefore they that differ in the service of their God can never agree in the service of their country.« Und da wären wir auch schon bei der Frage, wie es um Cecils religiöse Überzeugung bestellt war. Er hat wohl innerlich eher mit den calvinistisch geprägten Puritanern sympathisiert, jedoch um des Staatswohls willen den Mittelweg der Anglikanischen Staatskirche unterstützt. Königin Elisabeth I. wollte eine protestantische Hochkirche, die von Bischöfen geleitet wurde und sie liebte Zeremonien sowie eine reiche Liturgie und Kirchenmusik. Die Königin forderte daher von John Whitgift (1530-1604), seit 1584 Erzbischof von Canterbury, puritanische Abweichler auf Kurs zu bringen und notfalls aus ihren Ämtern zu drängen. William

Cecil betrachtete die Maßnahmen des Erzbischofs von Canterbury als eine Art Umsturz der Reformation. Für ihn kamen sie einer Bewahrung der römischen Inquisition gleich. Die Liebe der Königin für eine schöne Liturgie und Zeremonien tat er als »papistischen Götzendienst« ab. Immer wieder gerieten Cecil und Whitgift über die Verfolgung der Puritaner heftig aneinander, einmal sogar in Gegenwart der Königin. Diese machte Cecil daraufhin deutlich, daß für Fragen der Religion sie selbst und die Bischöfe zuständig seien und er sich als Ratsmitglied herauszuhalten habe aus religiösen Angelegenheiten. Zudem berief sie sich auf ihr kirchliches Supremat, das ihr schließlich von Gott her zukomme und sie deshalb auch allein Gott gegenüber verantwortlich sei in dem, was sie in Fragen der Religion und des Glaubens entscheide. Cecil fügte sich dem Machtwort der Königin und gab sich fortan als loyaler Anhänger der Staatskirche. Wieder einmal hat er seine eigenen Interessen und Ansichten dem Staat und der Krone untergeordnet. Was er aber tun konnte, das wollte er tun, um England einen weiteren katholischen Monarchen zu ersparen. Daher versuchte er zusammen mit seinem Geheimdienstchef Francis Walsingham mit allen Mitteln Maria Stuart als Gefahr für das protestantische England auszuschalten und war froh, als Elisabeth 1587 endlich das Todesurteil gegen die schottische Königin unterschrieb. Weil er das Todesurteil ohne ausdrückliche Ausführungsorder Elisabeths vollstrecken ließ, fiel er bei dieser eine Zeit lang in Ungnade. William Cecil wußte um die Skrupel Elisabeths gegen die Hinrichtung eines gesalbten und gekrönten Monarchen und entlastete auf diese Weise das Gewissen Elisabeths. Für vierzig Jahre war er Elisabeths rechte Hand, die ihn gern »my Spirit« nannte. Ihre echte Zuneigung zu Cecil zeigte sich schließlich auch bei dessen Sterben, als Elisabeth ihm während seiner letzten Lebenstage täglich selbst das Essen reichte und ihm ihre Nähe schenkte. Sie wußte nur zu gut, was sie an ihrem treuen Ratgeber und Minister hatte.

Werke: »The Execution of Justice in England for maintenance of public and Christian peace« (London 1583; diese Streitschrift Cecils diente der Verteidigung der harten Strafgesetze gegen katholische Priester und ihrer Sympathisanten).

Quellentexte: William Camden, Annales Rerum Gestarum Angliae et Hiberniae Regnate Elizabetha, London 1615 (der 2. Teil, der die letzten Regierungsjahre Elisabeths umfaßt, hatte Camden zwar schon 1617 fertig gestellt, doch wurde er erst nach dessen Tod 1623 in Leiden (1625) und in London (1627) gedruckt. Die Annales entstanden im Auftrag von William Cecil und sind bis heute ein großes Werk englischer Geschichtsschreibung); — A Collection of State Papers Relating to Affairs...from the Year 1542 to 1570 ...Left by William Cecill, Lord Burghley, transkribiert von Samuel Haynes, London 1740; — A Collection of State Papers Relating to Affairs in the Reign of Queen Elizabeth from the Year 1571 to 1596 Left by William Cecill, Lord Burghley, transkribiert von William Murdin, London, 1759; — Calendar of State Papers (Domestic Series) of the reigns of Edward VI, Mary I, Elizabeth (1547-1603), herausgegeben von R. Lemon, Mary Everett Green u.a., London 1856-70; — Calendar of State Papers, Foreign Series, of the Reign of Edward VI, 1547-1553, herausgegeben von William B. Turnbull, London 1861; — Calendar of State Papers (Foreign Series) of the Reign of Elizabeth (1558-1589), herausgegeben von J., Stevenson, R.B. Wernham u.a., London 1863-1950; — Charles Wriothesley, A Chronicle of England during the reign of the Tudors, herausgegeben von W.D. Hamilton, 2 Bde., London 1875-77; — Advice to a Son: Precepts of Lord Burghley, herausgegeben von Louis B. Wright, Ithaca, New York 1962.

Lit.: David Lloyd, The Statesmen and Favourites of England from the Reformation to the Revolution, London 1665; — Arthur Collins, The Peerage of England: or, an Historical and Genealogical Account of the Present Nobility, 3 Bde., London 1709; — Ders., The Life of William Cecil, Lord Burghley &c., London 1732; — Ders., The peerage of England, containing a genealogical and historical account of all the peers of. England, now existing..., 4 Bde., London 1735; ²1750; ³1756; eine weitere neun Bände umfassende Neuauflage erschien bei Francis Rivington, London 1812. (zu William Cecil Bd.2, 582) - Francis Peck, Desiderata Curiosa, Bd.1: The complete Statesman, exemplified in the Life and Action of Sir William Cecil, Lord Burghley, Lord High Treasurer of England in Queen Elizabeth's Time; largely setting forth both his public and private Conduct. With many Notes from his own MS. Diary, and other Authors..., London 1732 (dieses Buch enthält die erste wirklich brauchbare Biographie von William Cecil); — Thomas Birch, Memoirs of the Reign of Queen Elizabeth, From the Year 1581 till her Death, 4 Bde., London 1754; — John Strype, The Life and Acts of John Whitgift, Oxford 1822; — Edward Nares, Memoirs Of The Life And Administration Of The Right Honorable William Cecil, Lord Burghley, 3 Bde., London 1828-31; — Sir James Mackintosh, Lives of Eminent British Statesmen, Bd.1, London 1831; — John William Burgon, Life and Times of Thomas Gresham, 2 Bde., London 1839; ²1968 (der Kaufmann und Bankier Thomas Gresham war ein enger Freund von William Cecil, deren Verbindungen von Burgon gut herausgearbeitet werden); — Charles Henry Cooper, The Annals of Cambridge, 5 Bde., Cambridge 1842-1908, (zu William Cecil Bd. 2,137); — Ders. und Thompson Cooper, Athenae Cantabrigiensis, 3 Bde., Cambridge / London 1858-1913; — Thomas Baker, History of the College of St. John the Evangelist Cambridge, herausgegeben von John A.B. Mayor, 2 Bde., Cambridge 1869; — J.B. Mullinger, The University of Cambridge, 3 Bde., Cambridge 1873-1911; — George E. Cokayne, The Complete Peerage of England, Scotland, Irleand, Great Britain, and the United Kingdom, Extant, Extinct, or Dormant, 8 Bde., London 1887-98; ²13 Bde., London 1910-1959; ³6 Bde., Sutton Publishing, Stroud, Gloucestershire 2000; — Martin Andrew Sharp Hume, The Great Lord Burghley: A Study in Elizabethan Statecraft (English Biography Series, Nr. 31), London 1906; (Reprintausgaben: Haskell House Publishers, New York 1969 und International Law & Taxation Publications 2004; — John Venn (Hrsg.), Alumini Cantabrigiensis, a biographical list of all known students, graduates and holders of office at the University of Cambridge from the earliest times to 1751, 4 Bde., Cambridge 1922-1927; — Alan Gordon Smith, William Cecil: The Power behind Elizabeth, London 1934; — ²New York 1971, ³University Press of the Pacific 2004); — Joel Hurstfield, The Queen´s Wards: Wardship and Marriage Under Elizabeth I, London 1958; ²1973; — Ders., Freedom, Corruption and Government in Elizabethan England, London 1973; — John E. Neale, Elizabeth I and her Parliaments 1559-1581, London 1953; — Ders., Elizabeth I. And her Parliaments 1584-1601, London 1957; — Ders., Essays in Elizabethan History, London 1958; — Conyers Read, Mr. Secretary Cecil and Queen Elizabeth, (Bedford Historical Series), London 1955, ²1962; — Ders., Lord Burghley and Queen Elizabeth, London 1960; — Bernard W. Beckingsale, Elizabeth I, London 1963; — Ders., Burghley: Tudor Statesman, 1520-1598, London 1967; — Wallace T. MacCaffrey, The Shaping of the Elizabethan Regime: Elizabethan politics, 1558-1572, Princeton University Press, New Jersey 1968; überarbeitete Neuauflage 1971; — Ders., Queen Elizabeth and the Making of Policy 1572-1588, Princeton University Press, New Jersey 1981; — Ders., Elizabeth I: War and Politics 1588-1603, Princeton University Press, New Jersey, 1992; — Roy C. Strong, Tudor and Jacobean Portraits, 2 Bde., London 1969 (beschreibt unter anderem William Cecils Liebe zur Kunst und seine Sammelleidenschaft); — Paul Johnson, Elizabeth I: A Study in Power and Intellect, London 1974; — Christopher Haigh, Elizabeth I, London 1988; — C.R.N. Routh (revised by Peter Holmes), Who´s Who in Tudor England, London 1990, 207-214; — Alan Gordon Rac Smith (Hrsg.), The Anonymous Life of William Cecil, Lord Burghley (Studies in British History), Edwin Mellon Press, Ceredigion / Lewiston 1990; — Anne Somerset, Elizabeth I, New York 1992; — Michael A.R. Graves, Burghley: William Cecil, Lord Burghley, London und New York 1998; — Peter R. Seddon, William Cecil, Lord Burghley, in: EHR Bd. 115, Nr. 464 (November 2000), 1299f.; — Stephen Alford, The Early Elizabethan Polity: William Cecil and the British Succession Crisis, 1558-1569, Cambridge 2002; — Ders., Burghley: William Cecil at the Court of Elizabeth I, Yale University Press 2008; — David Loades (Hrsg.), The Reader´s Guide to British History, 2 Bde., Routledge Publishing, Abingdon, Oxford, 2003; — Brett Usher, William Cecil and episcopacy, 1559-1577 (Reihe: St. Andrews Studies in Reformation History), Ashgate Publishing Aldershot 2003; — David Loades, The Cecils: Privilege and Power behind the Throne, (The National Archives) Kew, Richmond, Surrey, 2007; — Pauline Croft, Patronage, Culure and Power: The Early Cecils, Paul Mellon Center, London 2004; — James M. Sutton, Materializing Space at an Early Modern Prodigy House. The Cecils at Theobalds, 1564-1607, Ashgate Publishing, Aldershot, Hampshire 2004; — DNB III, 1315-21; — EncBrit, (11. Auflage) Bd. IV, 817f.

Ronny Baier

CHALK, Thomas, * 19.4. 1786 in Brighton, Sussex, † 2.2. 1869 in Kingston, Sussex. Unternehmer, Philanthrop, Quäker. — Thomas Chalk, der Sohn des Seemanns Thomas (1741-1807) und Sarah Chalk (1753-1811) aus Brighton in Sussex wurde dort 1786 geboren. Er besuchte ab seinem 9. Lebensjahr die Schule in Ackworth. 1799 machte er bei William Marten aus Lewes eine Lehre als Textilhändler. Noch in seiner Lehrzeit eröffnete Thomas Chalk mit seinem Meister eine Sonntagsschule für zunächst vierzig arme Kinder. Hier arbeitete Chalk vier Jahre, bis er in eine andere Schule versetzt wurde. Eine weitere Sonntagsschule wurde von ihm in Kingston (Sussex) eröffnet, die bald von Hunderten von Kindern besucht wurde, die sich dadurch ein Entkommen aus bitterster Not erhofften. — 1811 eröffnete Thomas Chalk ein kleines Leinenwarengeschäft in Kingston. Das ermöglichte ihm am 7. Oktober 1824 die Heirat von Deborah Harris (gest. 1834), Tochter von Thomas und Ann Harris aus Long Compton (Warwick). Die Ehe blieb kinderlos. Nach dem Tod seiner Frau heiratete er am 28. Juli 1836 Lydia Sargent (1794-1851) aus Paddington (Middlesex), und auch diese Ehe war kinderlos. Schließlich blieb auch die Frau seiner dritten Ehe, Elizabeth Sarah Pridaux (1809-1883) aus Kingsbridge, ohne Kinder, was Thomas Chalk enttäuschte, wenngleich auch alle drei Ehen ansonsten glücklich verliefen. Die letzten Lebensjahre mußte Thomas Chalk gesundheitsbedingt zu Hause verbringen. Dort verstarb er 1869 im 82. Lebensjahr. — In seiner Jugendzeit, vor allem in Ackworth, lebte Chalk nicht besonderes fromm. Erst durch philanthropische Unternehmungen in Lewes wurde er zum christlichen Glauben hingeführt. Obwohl er als Geschäftsmann wenig Zeit besaß, sah er religiöse Angelegenheiten nicht als zweitrangig an und besuchte regelmäßig die Versammlungen der Quäker. Diese veranstalteten zu dieser Zeit neben den Sonntagsversammlungen eine weitere Andacht unter der Woche, an welchem Tag das Geschäft von Chalk regelmäßig geschlossen blieb. Als er in seinen letzten Lebensjahren sein Haus nicht mehr verlassen konnte, hielt er die Andachtszeiten alleine und fühlte sich nach diesen Andachten meist gestärkt. Sein eigenes religiöses Leben führte er nach einem System selbst aufgestellter Regeln, die Sicherheit und Gewissheit verliehen. 1836 predigte er das erste Mal in einer Quäkerversammlung, und 1839 wurde er zum »Minister« (Prediger) ernannt. Fast alle Quarterly-Meetings der Quäker in England wurden von Thomas Chalk besucht, und zweimal reiste er auch nach Irland. Als Mitglied in einem Komitee besuchte er 1861 die deutschen Quäker in Minden sowie die französischen Quäker in Südfrankreich. Schon 1843 hatte er seinen Handel aufgegeben, um sich die restlichen zwanzig Lebensjahre ganz religiösen Angelegenheiten widmen zu können. In der »Poor Law Union« betreute er einen weiträumigen Distrikt, für die Arbeiter der Gaswerke war er Direktor ihrer Sparkasse, und einer öffentlichen Schule diente er über zwanzig Jahre als Kassenwart. Für eine Einrichtung, die speziell armen Mädchen Kleidung und Schulbildung verschaffen sollte, war er im Aufsichtsrat und diente als Kassenwart. Außerdem engagierte er sich in der Bibelgesellschaft von Kingston, wo er für über vierzig Jahre ebenfalls Kassenwart gewesen war. Mehr oder weniger hatte er mit allen philanthropischen Angelegenheiten von Kingston zu tun. Dort war er in kirchlichen Kreisen wenig beliebt, da er die Abschaffung der Kirchensteuer durchsetzen konnte.

Werke: Selections from the diary and epistolary correspondence of the late William Marten, of Lewes. To which is prefixed, a short memoir of the early part of his life. Written by himself. Hrsg. von Thomas Chalk. London 1828; Selections from the epistles of William Bennit, an early minister of the Gospel in the Society of Friends, who, after suffering long and patiently (...). To which is prefixed a memoir of his religious experience and character. Hrsg. von Thomas Chalk. London 1838; The journal, together with sundry epistles and other writings of Charles Marshall, a minister of the Gospel in the Society of Friends, who died in the year 1698. Hrsg. von Thomas Chalk. London 1844; Journals of the lives, travels, and Gospel labours of Thomas Wilson, and James Dickinson. Hrsg. von Thomas Chalk. London 1847; Autobiographical narrations of the convincement and other religious experience of Samuel Crisp, Elizabeth Webb, Evan Bevan, Margaret Lucas, and Frederick Smith. Hrsg. von Thomas Chalk. London 1848; The life and writings of John Whitehead, an early and eminent minister of the Gospel on the Society of Friends. London 1852; Some account of the Gospel labours of Jonathan Burnyeat who died A. D. 1709, in the twenty-third year of his age, having been a minister eleven years. London 1857; A triple offering to the Christian believer. Consisting of a scripture text, and original stanza, and a quotation, for every day in the month. London, um 1860.

Lit. (Auswahl): Thomas Chalk. In: The Annual Monitor for 1870. Or obituary of the members of the Society of Friends in Great Britain and Ireland, for the year 1869. London 1869, 51-69.

Claus Bernet

CLARK, James, * 17.12. 1811 in Street, Somerset, † 16.1. 1906 in Street, Somerset. Philanthrop, Quäker. — James Clark, der Sohn von Joseph (1762-1831) und Fanny Clark (1762-1840), wurde 1811 in Street, Somerset geboren. Seine Mutter stammte aus der bekannten Quäkerfamilie Sturge, und sein Vater war ein weit umherreisender »Minister« (Prediger) der Quäker. James Clark ging in Bridgwater, Sidcot und Bath auf die Schule. Anschließend schloß er sich seinem Bruder Cyrus Clark (1830-1909) und dessen Produktion von Schaffellteppichen und später auch Schuhen an. Stets hatte er ein offenes Ohr für die Belange und Sorgen seiner Angestellten. Sein Beruf brachte ihn häufig durch ganz England, Schottland und Irland. Obwohl er nachts in Eisenbahnwagen schlief und tagsüber arbeitete, besuchte er jedoch meist an seinen Aufenthalten die örtliche Quäkerversammlung. Ebenso besuchte er in Manchester, Edinburgh, Glasgow und anderswo die Treffen der Abstinenzler, unter denen er den »Tee-Totalitarismus« propagierte: Ausschließlicher Teegenuß führe zur Gesundung von Leib und Seele. Gemeinsam mit seinem Bruder unterstützte er die 1832-Gesetzesreform, den Freihandel, die Abschaffung der Sklaverei und förderte die Feministin Josephine E. Butler (1828-1906). 1848 besuchte James Clark den Friedenskongreß in Brüssel, und zwei Jahre darauf den Folgekongreß in Frankfurt. — 1835 hatte James Clark Eleanor Stephens (1813-1879) aus Bridport geheiratet. Gemeinsam hatten sie 14 Kinder: Amy Jane (1836-1836), Amy Jane (1837-1911), William Stephens (1839-1925), Fanny (1840-1938), Mary (geb. 1842), Thomas Bryant (1843-1852), Ann Elizabeth (1844-1924), Eleanor (1846-1915), Florence May (1847-1882), Sophia Sturge (1849-1933), James Edmund (1850-1944), Edith Octavia (geb. 1852), Francis Joseph (1853-1938) und schließlich Mabel Bryant (1857-1872). Nach dem Tode seiner ersten Frau heiratete er 1882 Sarah B. Satterthwaite aus Allonby. Noch im gleichen Jahr besuchten beide die deutschen Quäker in Minden. In den folgenden Jahren wurden Gemeinden der Quäker in ganz Großbritannien und Nordamerika von den Clarks besucht. 1856 wurde er als »Minister« (Prediger) von den Quäkern anerkannt. Zeitweise sympathisierte er während der Beacon-Kontroverse mit Isaac Crewdson (1780-1844), ohne sich aber dessen evangelikaler Bewegung anzuschließen. Bis 1897 besuchte er regelmäßig die Jahresversammlungen in London und die Treffen des »Meeting for Sufferings«, einem Sozialausschuß der britischen Quäker. 1906 verstarb James Clark in seinem 94. Lebensjahr.

Werke: Recollections of the early days of teatotalism in and near Street, Somersetshire. In: The Western Temperance Herald, LXX, 2, 1906, 20-12; Two Clark family diaries of visits to America: 1879, Sophie Sturge Clark, 1887-1888, James Clark: also notes written by Lucretia Hasseltine Kendall Clark concerning the visit to John Greenleaf Whittier. (Auckland) 2003.

Lit. (Auswahl): James Clark, of Street. Founder of the Western Temperance League nearly seventy years ago. In: The Friend. A religious, literary, and miscellaneous journal, XLVI, 5, 1906, 72-73; — In love and remembrance of James Clark. In: The Western Temperance Herald, LXX, 2, 1906, 17-20; — Temperance experiences of Mrs. James Clark (December 17th, 1873). In: The Western Temperance Herald, LXX, 2, 1906, 21; — James Clark. In: Annual Monitor for 1907. Or obituary of the member of the Society of Friends, in Great Britain and Ireland, for the year 1906. London 1906, 54-66; — A short account of the life of James Clark. London (1906); — Bronner, Edwin B.: Moderates in London Yearly Meeting, 1857-1873: Precursors of Quaker liberals. In: Church History, LIX, 3, 1990, 356-371.

Claus Bernet

CLAVIUS, Christoph, S.J., Mathematiker und Astronom, * 25. März 1538 (?) in Bamberg, † 2. Februar 1612 in Rom. — Über sein frühes Leben ist fast nichts bekannt: Während Bamberg als Geburtsort wohl unumstritten ist, wird als Geburtsjahr manchmal auch 1537 angegeben; auch über seinen deutschen Namen gibt es nur Vermutungen (die 'Catholic Encyclopedia' gibt Christoph Clau an). Sichere Daten zu seiner Biographie beginnen 1555, nachdem er - kaum siebzehnjährig - in Rom zum Eintritt in den Jesuitenorden zugelassen wurde. Kurz darauf wurde er ins Jesuitenkollegium Coimbra in Portugal gesandt, wo er das damals übliche Universitätsstudium absolvierte. Bald entdeckte er seine Begabung für die Mathematik, und die Beobachtung einer totalen Sonnenfinsternis scheint der endgültige Auslöser für seinen Entschluß gewesen zu sein, seine Fähigkeiten zur Behandlung astronomischer Fragen einzusetzen. 1560 kehrte Clavius nach Rom zurück und begann am Collegium Romanum sein Theologiestudium. 1564 wurde er zum Priester geweiht, 1575 erfolgte seine Aufnahme als Profeß in die S.J. Schon ab 1564 hielt er Vorlesungen über mathematische Themen und wurde schließlich auf den Lehrstuhl für Mathematik im Collegium Romanum berufen, den er bis zu seinem Tod 1612 inne hatte (weitere berühmte Lehrstuhlinhaber waren Clavius' Schüler und Nachfolger Christoph Grienberger (s. BBKL Bd. XXII), Athanasius Kircher (s. BBKL Bd. III), Giovanni Girolamo Saccheri und Roger Joseph Boscovich (s. BBKL Bd. XXVII)). Clavius war einer der ersten, die den Himmel mit dem Fernrohr beobachteten, er verbesserte und beschrieb den Nonius (20 Jahre vor Vernier) zur genaueren Ablesung von Meßskalen, entwarf Sonnenuhren und Quadranten, und war auf vielen anderen Gebieten produktiv. Er unterhielt einen intensiven Briefwechsel mit fast allen bedeutenden Naturwissenschaftlern seiner Zeit, u.a. auch mit Tycho Brahe (der ihn tadelte, ihm nicht oft genug zu schreiben), François Viète, Kepler (s. BBKL Bd. III) und Galilei (s. BBKL Bd. XX), mit dem er erstmals 1587 zusammentraf und bis zu seinem Tod freundschaftlich verbunden blieb (belegt durch den Inhalt der vielen Briefe, die Clavius und Galilei austauschten). Neuere Forschungen belegen den großen Einfluß, den Clavius und andere Jesuiten auf Galileis Denken und Methoden ausgeübt haben. Es wird auch angenommen, daß Clavius' Bestätigung der Richtigkeit von Galileis astronomischen Beobachtungen bei dessen erster Ermahnung durch die Inquisition 1616 Kardinal Bellarmin (s. BBKL Bd. I) veranlaßte, ein Leumundszeugnis zugunsten Galileis abzugeben und ihm zu raten, das kopernikanische System als Hypothese zu vertreten. Obwohl Clavius und andere jesuitische Astronomen bei ihrer 1611 erfolgten positiven Beurteilung der Forschungsergebnisse Galileis auf Schlußfolgerungen verzichteten, gilt heute als sicher, daß sie zu dieser Zeit das heliozentrische Weltbild vertraten und lehrten. Neben anderen Indizien wird angeführt, daß sich die chinesische Astronomie zeitweilig deshalb schneller entwickelte als die europäische, weil ihr die jesuitischen Missionare das kopernikanische Weltbild vermittelten, in dem sie am Collegium Romanum von Clavius und seinen Mitbrüdern ausgebildet worden waren. Die beiden berühmtesten China-Missionare der S.J. waren Matteo Ricci (1552-1610, s. BBKL Bd. VIII), der Clavius' Euklid-Ausgabe und seine Geometrica Practica und Trigonometrica ins Chinesische übersetzte, und damit viel zur Verbreitung abendländischen Wissens in China beitrug, und später Johann Adam Schall von Bell (1592-1666, s. BBKL Bd. VIII), der als Direktor des Pekinger astronomischen Instituts an einer Kalenderreform mitwirkte. 1658 wurde er Mandarin I. Klasse, erwarb das Vertrauen des jungen Kaisers, und galt als einer der Regenten Chinas. In Rom kam es dagegen zu einer Restauration, als der Ordensgeneral Claudio Aquaviva (s. BBKL Bd. I) 1614 die strikte Weisung gab, am geozentrischen System festzuhalten. Sie blieb fast bis zur Auflösung des Ordens 1773 in Kraft, was zu einer zunehmenden Abkopplung des Collegium Romanum von den modernen naturwissenschaftlichen Entwicklungen führte. Sie betraf nicht nur die Astronomie, sondern z.B. auch die Physik Newtons, die ja auf der Gültigkeit der Keplerschen Gesetze fußt. Professoren, die in ihrer Lehre vom aristotelisch-ptolomäischen Weltbild abwichen oder darüber hinausgingen, wurden noch um die Mitte des 18. Jh. entweder in andere Fakultäten »versetzt« (wie Carlo Benvenuti, ein Protegé Boscovichs und dessen Vertreter am Lehrstuhl für Mathematik, der als Professor für Liturgie endete) oder verließen das Collegium (wie Boscovich selbst). Clavius hat diese Entwicklung nicht mehr erlebt, und auch sein Nachruhm wurde durch sie nicht beeinflußt, da er auf Leistungen gründet, die kaum Anlaß zu ideologischen Auseinandersetzungen boten: Seine federführende Rolle bei der Schaffung des Gregorianischen Kalenders und seine Buchveröffentlichungen, die - ergänzt durch eigene Erkenntnisse - das gesamte mathematische Wissen seiner Zeit darlegten und aufbereiteten. Die Komplikationen bei der Erstellung eines Kalenders auf der Basis eines Sonnenjahres beruhen darauf, daß die Zeit für einen Sonnenumlauf und die Eigenrotationszeit der Erde kein ganzzahliges Verhältnis bilden. Der unter Julius Caesar 46 v. Chr. eingeführte Kalender enthielt die Schaltung eines Tages in den durch vier teilbaren Jahren, so daß das Jahr im Durchschnitt 365,25 Tage lang wurde. Dieser Julianische Kalender wurde ins mittelalterliche Abendland übernommen, mit einigen zusätzlichen Regeln, wie die Festlegung der Daten der christlichen Osterfeste und des 21. März als Frühlingsbeginn (325 durch das Konzil von Nikaia). Im späteren Mittelalter fiel das Vorrücken dieses Datums der Tag-Nacht-Gleiche auf, und im 16. Jh. war der Unterschied auf 10 Tage angewachsen, da das Julianische Jahr um 0,0078 Tage (d.s. 11 min.) zu lang ist. Die deshalb vom Konzil in Trient (1545-1563) beschlossene Revision des Julianischen Kalenders wurde von einer römischen Kommission umgesetzt, die Papst Gregor XIII. (1502-1585, Papst von 1572 bis 1585, s. BBKL Bd. II) 1577 einberufen hatte. Unter der Federführung von Clavius erarbeitete diese Kommission einen Vorschlag (es gibt Hinweise, daß darin frühere Arbeiten von Aloisious Lilius (Aloigi Giglio, ca. 1510-1576) einflossen), den Gregor XIII. am 24.2. 1582 durch die Bulle »Inter gravissimas« als neuen Kalender einführte, der seinen Namen trägt und auch heute noch gilt. Er beinhaltet eine neue Schaltjahrregelung, nach der die Schalttage in den Jahren entfallen, die durch 100, nicht aber in denen, die durch 400 teilbar sind. Dadurch wird die mittlere Jahreslänge auf 365,2425 Tage festgelegt und die verbleibende Abweichung gegenüber dem tropischen Jahr ist so gering, daß ein zusätzlicher Schalttag erst nach mehr als 3000 Jahren ansteht. Um das bisher aufgelaufene Vorrücken des Datums der Tag-Nacht-Gleiche zu kompensieren, wurde festgelegt, daß der erforderliche Fortfall von 10 Kalendertagen erreicht wird, indem auf den 4. Okt. der 15. Okt. 1582 folgt. Der Ablauf der Wochentage blieb hiervon unberührt, und es wurde verfügt, daß der Gregorianische Kalender keine rückwirkende Gültigkeit erhalten sollte. Eine rasche Einführung des neuen Kalenders erfolgte nur in Spanien, Portugal und dem größten Teil Italiens (die übrigen katholischen Länder folgten ein bis zwei Jahre später, das evangelische Deutschland erst 1700, Großbritannien 1752 und die Türkei sogar erst 1927). Einige lehnten die neue Regelung ab, so z.B. der berühmte französische Mathematiker Viète (Vieta, 1540-1603, er führte u.a. die Buchstabenrechnung in die Algebra und Gleichungslehre ein). Mancherorts kam es sogar zu Aufständen, da viele glaubten, daß ihnen der Papst und seine Mathematiker 10 Tage ihres Lebens rauben wollten. Clavius verfaßte deshalb zwei umfangreiche Werke »Novi Calendarii Romani Apologia (1588)« und »Romani Calendarii a Gregorio XIII. P.M. restituti explicatio (1603)«, in denen er das neue Kalendersystem ausführlich behandelte und verteidigte und Tabellen zur Berechnung der Ostersonntage für 300.000 Jahre bereitstellte. Er demonstrierte ihren Gebrauch für das Jahr 11400, wo der Ostersonntag auf den 5. April fällt, »wenn in jenen Tagen noch Menschen auf Erden leben« (!). Neben der Kalenderreform gründet Clavius' nachhaltiger Ruhm auf seiner Wirkung als Lehrer und Buchautor. Sein Verdienst um die Verbreitung mathematischen und astronomischen Wissens durch seine Schüler bis nach China wurde schon erwähnt. Die Beinamen 'Euklid des 16. Jahrhunderts' oder 'König der Mathematiker' verdankt er hauptsächlich seinen kommentierten und mit eigenen Erkenntnissen angereicherten Ausgaben der Werke von Euklid und Johannes von Sacrobosco (John Holywood/Halifax, s. BBKL Bd. XXIX). Sie wurden bald nach ihrem ersten Erscheinen, zusammen mit der 1604 gedruckten »Algebra« (die das ganze Wissen der Cossisten einheitlich zusammenfaßte), die Standardlehrbücher für Mathematiker und Astronomen und blieben es für fast 200 Jahre. Sie wurden u.a. von Descartes, Brahe, Kepler, Galilei und Leibniz (s. BBKL Bd. IV) sehr geschätzt und oft in ihren Arbeiten erwähnt. Obwohl Clavius' Schriften in mehreren früheren Auflagen erschienen waren, entschloß er sich kurz vor seinem Tod zur Herausgabe eines Sammelwerkes, das in fünf umfangreichen Folio-Bänden unter dem Titel »Christophori Clavii e Societate Jesu opera mathematica, quinque tomis distributa« 1611-12 in Mainz gedruckt wurde. Bd. 1 enthält die euklidische Geometrie und die 'Sphärik' (Sphaericorum Libri III) des Theodosius; Bd. 2 die praktische Geometrie und Algebra; Bd. 3 setzt sich zusammen aus Clavius' vollständigem Kommentar der »Sphaera« Sacroboscos (hier erwähnt er auch die ersten Resultate von Galileis Himmelsbeobachtungen durch das Teleskop) und einer Abhandlung über das Astrolabium (schon in der Erstausgabe dieses Werkes

1593 gebrauchte Clavius als Erster konsequent den Dezimalpunkt); Bd. 4 gibt eine detaillierte Diskussion über den Entwurf und Bau von Sonnenuhren aller Art ('Gnonomik'); Bd. 5 schließlich enthält eine naturgemäß äußerst kompetente und ausführliche Beschreibung der unter Gregor XIII. erfolgten Kalenderreform. In der heutigen Zeit ist es unerläßlich, im Internet vertreten zu sein, und in der Tat gibt es auch zu Clavius eine wachsende Zahl von Einträgen. Neben guten Artikeln finden sich auch stark ideologisch geprägte. Da sich letztere meist nur auf Clavius' Rolle im 'Fall' Galilei beziehen, wollen wir auf sie nicht eingehen, sondern den vorliegenden Beitrag mit zwei Sätzen von Zeitgenossen beschließen. Sixtus V. (1521-1590, als Nachfolger von Gregor XIII. Papst von 1585-1590, s. BBKL Bd. X) war zwar eine umstrittene Persönlichkeit, kann aber in diesem Fall kaum der Schönfärberei verdächtigt werden, da er als ehemaliger Franziskaner den Jesuiten, gelinde gesagt, nicht gerade gewogen war. Über den Mathematikprofessor am Collegium Romanum urteilte er jedoch: »Hätte der Jesuitenorden nicht mehr als diesen Clavius hervorgebracht, so sollte der Orden schon allein deswegen gepriesen werden«. Joseph Justus Scaliger (1540-1609, s. BBKL Bd. VIII), der aus Ärger darüber, daß sein alternativer Vorschlag einer Kalenderreform nicht umgesetzt wurde, Clavius einen 'Deutschen Spitzbauch' genannt hatte, sagte später, daß für ihn »eine Kritik von Clavius wertvoller sei als ein Lob jedes anderen Menschen«. Diese Wertschätzung von Clavius' Leistungen wird auch heute von den meisten Historikern geteilt.

Werke: Während im Jahrhundert nach dem Druck der Gutenberg-Bibel (1455) nur wenige wissenschaftliche Werke gedruckt wurden, erkannten die Jesuiten schnell die Bedeutung dieses neuen Mediums, und bald nach der Gründung ihres Ordens 1540 erschien eine Flut von Druckwerken jesuitischer Autoren. Einer der ersten war Clavius mit 19 Veröffentlichungen, von denen die meisten mehrere Auflagen erfuhren. Eine Auswahl: Commentarius in Sphaeram Ioannis de Sacro Bosco (Roma 1570, 1575, 1581, 1585, 1606; Venetiis 1596, 1601, 1602, 1603, 1607; Lyon 1593, 1600, 1608, etc.); Euclidis Elementorum Libri XV (Roma 1574, 1589, 1591, 1603, 1605; Frankfurt 1612; postum Köln, Frankfurt, Amsterdam 1617, 1627,1654, 1663, 1717; 1607 erschien eine Teilübersetzung ins Chinesische von Matteo Ricci). Moderne Auflagen dieser beiden Werke wurden von E. Knobloch herausgegeben und mit einem Vorwort versehen (Hildesheim 1999); Fabrica et usus instrumenti ad horologiorum descriptionem peroppotuni (Roma 1586); Novi calendarii Romani apologia (adversus M. Maestlinum in Tübingensi Academiâ; mathematicum),(Roma 1588); Astrolabium (Roma 1593); Gnomonices (Roma 1602); Romani calendarii a Gregorio XIII restituti explicatio (Roma 1603); Geometrica Practica (Roma 1604); Algebra (Roma 1608); Triangola sphaerica (Mainz 1611); Christophori Clavii e Societate Jesu opera mathematica, quinque tomis distributa (Mainz 1611-1612, fünf Sammelbände, die viele frühere Arbeiten von Clavius enthalten, s. Text).

Lit. (Auswahl): C. Sommervogel, Bibliothèque de la Compagnie de Jèsus, Bd. II (Bruxelles-Paris, 1891); — A. Müller: Christopher Clavius, in: The Catholic Encyclopedia, Vol. IV (New York, 1908); — J.B. Barnickel, Der Bamberger Mathematiker und Astronom P. Christoph Clavius und die Kalenderreform, Altfranken Bd. 5 (1929) und Bd. 6 (1930); — N. Jardine, The Forging of Modern Realism: Clavius and Kepler against the Sceptics, Studies in History and Philosophy of Science 10 (1979), p. 141-173; — C. Naux, Le père Christophore Clavius (1537-1612): Sa vie et son oeuvre, Revue des Questions Scientifique 154 (1983), p. 55-67, 181-193, 325-347; — F.A. Homann, Christopher Clavius and the Renaissance of Euclidean Geometry, Archivum Historicum Societatis Jesu 52 (1983), p. 233-246; — E. Knobloch, Sur la vie et oeuvre de Christopher Clavius, Revue d'histoire des sciences 41 (1988), p. 331-356; — E. Knobloch, Christoph Clavius. Ein Namen- und Schriftenverzeichnis zu seinen 'Opera mathematica', Boll. Storia Sci. Mat. 10 (2) (1990), p. 135-189; — J.M. Lattis, Between Copernicus and Galileo: Christoph Clavius and the Collapse of Ptolemaic Astronomy (Chicago, 1994); — D. Freudig et al. (Hrsg.): Christoph Clavius, in: Lexikon der Naturwissenschaftler (Heidelberg-Berlin-Oxford, 1996); — E. Knobloch, Christoph Clavius (1538-1612) and his knowledge of Arabic sources, in: Gesuiti e universitá in Europa (secoli XVI-XVIII), Atti del Convgno di studi Parma (Bologna, 2002), p. 403-420.

Hans Ullmaier

COLLINS, Rebecca, * 1805 in Philadelphia, † 1882 in New York. Quäkerin. — Rebecca Singer wurde 1805 in Philadelphia geboren. 1835 heiratete sie Isaac Collins aus New York. Aus dieser Verbindung sind mehrere Kinder hervorgegangen. Rebecca Collins besuchte einmal in ihrem Leben England, und vermutlich während dieser Reise gelangte sie 1865 auch zu den deutschen Quäkern nach Pyrmont. 1869 wurde sie zur Predigerin (Minister) des Twelfth Street Meeting in Philadelphia ernannt. In New York hielt sie auch Quäkerandachten für und mit Seemännern ab. 1892 verstarb Rebecca Collins in ihrem 88. Lebensjahr in New York.

Werke: Questions and answers. Suitable for children. Philadelphia 1830. Philadelphia 1854[2]. Philadelphia 1862[3]; Scriptural questions, for the use of schools or private in-struction. Philadelphia 1834[2]. Philadelphia 1841[3]; Parents gift, or, reading book for little children, Philadelphia 1854. Philadelphia 1855.[2] Philadelphia 1856[2]. Philadelphia 1861.[2] Philadelphia 1868[2]; The child's treasury. A selection of verses for little children. Compiled by Rebecca Collins. Philadelphia 1857; The pious remembrance. Selected by Rebecca Collins. Philadelphia 1857[2]; Collins, Rebecca (Hrsg.): Treasured gems. New York, um 1878.

Lit: (Auswahl): Budge, Anne Frances: Sketches of the lives of Sybil Jones and Rebecca Collins. With two portraits. London 1900.

Claus Bernet

COPE, Thomas Pim, * 7.2. 1823 in Philadelphia, † 22.10. 1900 in Germantown. Botaniker, Quäker. — Thomas Pim Cope (nicht zu verwechseln mit Thomas Pym Cope, 1768-1854) wurde 1823 in Philadelphia geboren, als Sohn von Henry und Rachel (geb. Reeve) Cope. 1835 ging er auf das Haverford College. Im Jahre 1849 heiratete er Elizabeth Wistar Stokes, mit der er acht Kinder hatte. — Den Quäkern diente Thomas Cope lange Zeit als Ältester. Um 1864 gründete er das Awbury Arboretum in Germantown mit seiner Sammlungen an seltenen Bäumen und Sträuchern. Mit Samuel Morries (1827-1905) unternahm er eine längere Reise nach Europa, die ihn 1888/1889 auch für längere Zeit zur deutschen Quäkergemeinde nach Minden brachte. Anschließen begab er sich nach England, wo er sich 1890 aufhielt. In vielen Angelegenheiten war er auf Grund seiner liberalen Einstellung den Quäkern seiner Zeit voraus. So etwa sprach er sich dagegen aus, diejenigen Mitglieder aus der Quäkergemeinschaft auszuschließen, die einen Ehepartner mit einer anderen Glaubensrichtung wählten. In seinem 78. Lebensjahr verstarb Thomas Cope im Oktober 1900 in seinem Arboretum in Germantown.

Werke: Passages from the life and writings of George Fox. Taken from his Journal, with the desire on the part of the editor to give a fair representation of his character and religious views, and to lead the reader to seek a fuller acquaintance with them. Hrsg. von Thomas P. Cope. Philadelphia 1881. Philadelphia 1882[2]. Philadelphia, um 1885[3]; Passages from the life and writings of William Penn. Collected by the editor from his published works and correspondence and from the biographies of Clarkson, Lewis, and Janney, and other reliable sources. Philadelphia 1882. Philadelphia 1882[2]; Views of Christian doctrine held by the Religious Society of Friends. Being passages taken from Barclay's Apology, with the desire on the part of the editor to present in smaller compass but unchanged, the truths set forth in his work, and some of his arguments in their support. Philadelphia 1882; Passages from holy writ. Chosen and arranged for family reading, the private reading of children and for the use in schools. Philadelphia 1894.

Lit. (Auswahl): Cope, Gilbert: A record of the Cope family. As established in America, by Oliver Cope, who came from England to Pennsylvania, about 1682, with the residences, dates of births, deaths and marriages of his descendants as far as ascertained. Philadelphia 1861.

Claus Bernet

COTON, Pierre, katholischer Kontroverstheologe, Jesuit, Volksmissionar, * 7. März 1564 in Chevenou bei Néronde in der Grafschaft Forez (Dép. Loire), † 19.3. 1626 in Paris. — Pierre Coton war der Sohn Guichard Cotons, des Herrn von Chevenoux. 1574 nahm er ein Rechtsstudium in Paris auf, das ihn im Oktober 1578 nach Bourges und im September 1582 nach Turin führte. Trotz des Widerstandes seines Vaters trat Coton am 30. September 1583 in Arona bei den Jesuiten ein, studierte Philosophie in Mailand und ab 1588 Theologie in Rom und Lyon. 1591 wurde Pierre Coton zum Priester geweiht. Er machte sich einen großen Namen als Volksmissionar in Südfrankreich (Lyon, Florez, Avignon, Aix, Grenoble, Nîmes und Marseilles), sowohl in den Zeiten der Liga, als auch unter den Servilen, die die Jesuiten vertrieben oder sogar hängten. Seine Predigten führten zu zahlreichen Konversionen unter den Hugenotten und Coton wurde in öffentliche Religionsdispute gezogen (1599 in Grenoble mit Cresson und Caille; vom 26. September bis 3. Oktober 1601 in Nîmes mit David Chamier von Montelimart). Nachdem die Verhandlungen zwischen König Heinrich IV. und dem Visitator der Jesuiten, Magius, über die Rückführung der 1594 verbannten Jesuiten in ihre Häuser fortgeschritten waren, wurde Coton auf Wunsch des Königs an dessen Hof berufen. Der König war ursprünglich Hugenotte und konvertierte 1593 zum katholischen Glauben. Coton erreichte Paris am 29. Mai 1603 und erhielt am 1. September 1603 das Edikt von Rouen, das den Jesuiten elf ältere und vier neue Kollegien gewährte. Von 1603-1617 wirkte Pierre Coton als Hofprediger. Im März 1608 wurde er außerdem zum Beichtvater des Königs und zum Erzieher des Dauphins ernannt. Für sein theologisches Hauptwerk »Institution catholique contre les hérésies«, das er im Auftrag des Königs geschrieben hatte, erhielt der Jesuit im August 1608 die römische Approbation. Neben zahlreichen Kontrovers-

schriften erlangte Coton große Verdienste bei der Gründung der Jesuitenmission in Konstantinopel im September 1609 und bei der Vereitlung des Planes des Venezianers Paolo Sarpi, mit Rom zu brechen und Venedig zu protestantisieren. Er riet dem König, diplomatisch gegen dieses Vorhaben vorzugehen. Nach der Ermordung König Heinrich IV.' am 14. Mai 1610 beauftragte die Königin Coton, das Herz ihres Gatten in das Jesuitenkolleg in La Flèche zu bringen. Gegen jene Verleumder, die die Jesuiten des Königsmordes beschuldigten, verfaßte er zudem an die Königin seinen »Lettre déclaratoire de la doctrine des Jésuites«. Als Erwiderung auf Coton erschien die anonyme Schrift »Anticoton, ou réfutation de la lettre déclaratoire« mit dem Anagramm »Perce ton Roi« (»Ersteche Deinen König«, die Buchstaben stehen für Pierre Coton). Coton antwortete wiederum mit »Résponse apologétique à Anticoton et à ceux de sa suite«. Außerdem verfaßte der Gelehrte mehrere Apologien für die angefeindeten Jesuiten, sowie einige aszetische Schriften. — Im Mai 1617 mußte Coton aufgrund von Feindseligkeiten des Herzogs de Luynes als Beichtvater Ludwigs XIII. abtreten und im Juli verließ er Paris. Er begann wieder verstärkt zu predigen und wandte sich in seiner Schrift »Genève Plagiaire« 1618 gegen Verfälschungen der Heiligen Schrift in der Genfer Bibel. Im folgenden Jahr erschien er als Prokurator der Provinz Lyon in Rom und konnte einen Konflikt zwischen Frankreich und Rom beilegen. Ende 1620 wurde Coton Rektor in Bordeaux, im Januar 1622 Provinzial von Aquitanien und am 24. Januar 1625 Provinzial von Paris. Nachdem im März 1626 aufgrund eines Werkes des italienischen Jesuiten Antonio Santarelli (Tractatus de haeresi, schismate, apostasia, sollicitationes in Sacramento Poenitentiae et de potestate Romani Pontificis in his delictis puniendis, Rom 1625) erneut ein heftiger Angriff gegen die Jesuiten in Frankreich erfolgte, erkrankte Coton am 16. März 1626 tödlich. Zwei Tage später erhielt auch er eine Anklage wegen Majestätsverbrechens an seinem Sterbebett. Er reagierte verwundert mit den Worten »So soll ich denn als Majestätsverbrecher und Ruhestörer sterben, nachdem ich 20 Jahre lang zwei Königen mit solcher Treue diente!« Am 19. März verstarb

Coton, der von manchen Zeitgenossen als Heiliger angesehen wurde.

Werke: Du tres-Sainct tres-Auguste Sacrement, et Sacrifice de la Messe, Des merueilles, figures, verité, antiquité et parties d'icelle. Discours Contre les erreurs de nostre siècle, et les cayers d'un Predicant à Grenoble. Par Pierre Coton Foresien de la Compagnie de Jesus. A Paris, Chez Laurent Sonnius, M.DC, 8°, pp. 583 - En Avignon, de l'Imprimerie de Jacques Bramereau, 1600, 8°, pp. 569, 7ff.; Apologetique de Pierre Coton Foressien de la Compagnie de Jesus. Tant sur le faux bruits, dont il a esté chargé, qu'autres signalez incidents et rencontres. En Avignon, de l'Imprimerie de Jacques Bramereau, 1600, 12 12ff., pp. 771; Lettres et articles envoyés par Pierre Coton, Iésuite au Seigneur des Diguières. Ensemble les notes sur les dites lettres et articles faits par Chrestien Constant, gendarme de la compagnie dudit seigneur Des Diguières, 1601; Contredits au libelle diffamatoire, intitulé, Histoire Notable de Pere Henry Iesuite, bruslé à Anvers le XII. d'Auril 1601. etc. Par Franc. de Segusie. Tu hais tous ceux qui proferent mensonge, Ps. 7.ö A Lyon, par Iaques Roussin, M.DCI, 12, pp. 202; Actes de la Conference tenue à Nimes entre le R. P. Pierre Coron de la Compagnie de Jesus, et M. Chamier, Ministre, commencée le 26 Septembre 1600 et interrompue le 3 Octobre dudict an, sur certains passages citez par ledict P. Coton en son livre de la Messe, et impugnez de faux par ledict Chamier. Prins originairement des mains des Magistrats de Nimes, avec la verification oculaire des mesmes passages faicte par ledict Coton dans le Chapitre de l'Eglise Cathedrale de la dicte ville, porte ouverte, en presence desdicts sieurs Magistrats et de plusieurs autres personnes de la dicte Ville, deue et réitérée sommairement faicte audict Chamier de la voir faire, et despuis envoyee tant au Consistoire, qu'au susdict M. Chamier. Y sont adjoustez un sommaire recueil des Arrianismes, contradictions, ignorances et refus de respondre du mesme ministre conferant avec le R. P. Gautier de la mesme Compagnie de Jesusm en la Ville d'Alan en Provence, et une response faicte par ledict Chamier sur un cas de conscience, dont on luy a demandé la resolution. A Lyon, par Estienne Tantillon, MDCI. Avec Approbation et Permission, 8°, pp. 296 (Puis: Recueil d'une partie des fautes commises par le Sieur Charmier Ministre Calvinien de la religion pretendue reformée à Montelimar, en la conférence qu'il a eu, avec öe P. Jacques Gaultier de la Compagnie de Jesus, touchant les images et tradition, à Alan, depuis le huitime Janvier, jusqu'au Mardy 13 Février 1601, 9ff.); Trente deux demandes proposée par le P. Coton, avec les solutions, 1606; dt.: Calvinische Andachten... Ingolstadt 1610, (Übersetzung durch P. Math. Mairhoffer, S.J.); Trente deux demandes proposées par le P. Coton, avec les solutions, item, LXIV demandes proposées en contre' échange par Pierre du Moulin. 1616, 8°; dt.: Zwo und dreissig Fragen, welche Pater Cotton auffgeben, sampt deo aufflösungen. Item 40 Fragen, welche widerump dagegen auffgeben durch Petrum de Molin, auss dem Frantzösischen verteutscht. 1607, 8°; Pourparlé entre le R. Pere Coton, Predicateur du Roy. De la Compagnie de Jesus, et le S. Gigord, ministre de la Religion Pretendue Reformee à Mont-pelier. Declaré par une lettre Missive du Sieur d'angenoud, Seigneur d'Avans, Conseiller au Roy, President et Lieutenant General au Balliage et Siege Presidial de Troyes, adressee a un sien amy. A Lyon, chez Pierre Rigaud, en rue Merciere, au coin de rue Ferrandiere, à l'Horloge, 1608, pet. 12°, pp. 119; L'intérieur occupation d'une âme dévote, Paris 1608 (Douai 1617); Institution catholique Ou est déclarée et confirmée la verite de la foy. Contre les heresies et superstitions de ce temps. Diuisee en quatre liures, quie seruent d'Antidote aux quatre de l'Institution de Jean Caluin. Par Pierre Coton Foresien de la Compe de Jesus, Confessur et Predicateur ordinaire du Roy. A Paris, Chez Claude Chappelet rue St Jaques. A la Licorne. Avec privilege du Roy, 1610, 4°, pp. 768; Institution catholique. Tome second. Contenant la seconde partie du Traité de l'Eglise Militante, et celle qui concerne la souffrante: où, par suite de matiere, est aussi traicté des Indulgences, des Limbes, de l'Enfer, de l'Apparation des Ames et de la Predestination. Avec un extrait des passages de la seule Escriture, pour preuve de ce qu'enseigne la Foi catholique: Ensemble une briefe response aux demandes du Ministre du Moulin, de 771-1607, et 166 pour le preuves, etc.; Seconde edition. A Paris 1612; Troisieme Edition. Corrigée et augmentée, Paris 1624; Cinquante et quatre demandes du R. P. Coton...aux sieurs du Moulin, Montigni, Durand, Gigord, Soulas et autres Ministres de la Religion pretendue reformée. A Troyes, Chez Iean Uodot, 1610 (?); Sonnet et response du R. P. Cotton de la Compagnie de Iesus, touchante (sic) les tressainctes parolles (Hoc est Corpus meum, quod pro vobis tradetur) contre le Sieur de Moulin Ministre du Pont de Challenton (sic), etc. A Paris, Chez René Ruelle, L'an 1610, 8°, pp.8; Lettre declaratoire de la doctrine des Peres Iesuites, conforme aux decrets du Concile de Constance, adressée à la Royne mere du Roy Regente en France. Par le Pere P. Caton, de la Compagnie de Iesus, Predicateur ordinaire de sa Majesté. A Paris, Chez Claude Chappelet, M.DC.X, 8°, pp. 29 (u.ö.); dt.: Erklärungs Schreiben P. Cottonis des Jesuiten zu Paris An Die Königliche Wittib und Regentin in Franckreich . In welchem er zu beweisen und darzuthun unterstehet, dass der Jesuiten lehr, dem in Jahr 1415 im Comcilio zu Costnitz (Sic) ergangnem Decret gemäss seye. Aus dem Parisischen getruckten Exemplar aufs trewslichst verteutscht; Réponse Apologétique à l'Anticoton et à ceux de sa suite, 1610; Oraisons devotes pour tous chrestiens catholiques, lesquelles se peuunt dire chaque iour aux heures dediees al la Devotion. Composées par le R. P. Coton, de la Compagnie de Jesus, par commandement de la Reyne. Seconde Edition, reueuë, corrigée et augmentée par le mesme. A Paris, Chez Eustache Foucault, M.DC.XI, 8°, pp. 148 (u.ö.); Plaidoyé de Me Iacques de Montholon advocat en la Cour: faict en Parlement les 17. et 20. Decembre, mil six cens onze. Pour les Peres Iesuites demandeurs, et requerans l'enterinement des lettres patentes à eux octroyées par sa Maiesté. de pouvoir enseigner toute soorte de sciences, selon leur institut, en l'Université de Paris, Contre les Opposans de l'Université. Et pour response au plaidoyé de Maistre Pierre de la Marteliere, leur Advocat. A Paris, Chez Claude Chappelet, M.DC.XII, 8°, pp. 480 (u. ö.); Meditations sur la Vie de Nostre Sauveur Iesus-Christ. Dressees par le commandement de la Royne. Par Pierre Coton de la Compagnie de Iesus Confesseur du Roy, et Predicateur ordinaire de leurs Majestez. A Paris, Chez Eustache Foucault, M.DC.XIV, 12° ff.306; Seconde Edition reueue et augmentée de moitié M.DC.XIIII, 12°, ff. 453; Response aux objections qui se font pour empêcher la reception du

Concile de Trente. A Nosseigneurs des trois Ordres qui composent les Estats generaux. A Paris, Chez Sebastien Chappelet, M.DCXV, 8°, pp. 72; Seconde edition reueue et augmentée par l'Autheur. A Paris, Chez Pierre Delon, Imprimeur, M-DCXV, 8°, pp. 72; Apregé des Controverses; Sermons sur les principales et plus difficiles matieresde la foy Faicts par le R. Pere Pierre Coton de ka Compagnie de Iesus, Confesseur et Predicateur ordinaire du Roy. Reduicts par luy mesme en forme de meditations. Dediés à la Royne. A Paris, chez Sebastien Huré, 1617, 8°, pp. 922 (u. ö.); Oraison funebre sur le trepas de feu Monsieur de Villeroy. Faitte et recitee à Lyon le second iour de la presente annee 1618. Par le Pere Pierre Cotton de la Compagnie de Jesus, Predicateur dr Roy. A Lyon, par Claude Larjot, M.DC.XVIII. Avec permission, 8°, pp. 66. — Paris, Séb. Huré, M.DC.XVIII, 8°, pp. 40; L'office de la Vierge Marie pour tous les temps de l'année, reveu et ordonné suivant la reformation du Concile de Trente avec plusieurs pièces faites par le R. P. Cotton de la compagnie de Jesus. Le tout par le Commandement de la Royne Regente. A Paris, chez Eustache Foucault, 1618, 8°, pp. 634 (u. ö., auch in lat. Sprache); Geneve Plagiaire ou Verification des deprauuations de la parole de Dieu, qui se trouuent ès Bibles de Geneue, A Paris, Chez Claude Chappelet, 1618; Recheute de Geneve plagiaire, Ou replique par voye de Dialogues aux pretenduës defcnses de Benedict Turretin, Ministre et Professeur en l'eschole de Geneue. Adressée à Messieurs les syndics et conseil de la mesme villc, Par Pierre Coton, Forisien (sic), de la Compagnie de Iesus, Predicateur ordinaire du Roy. A Lyon, Chez Claude Morillon, M.DC.XIX, 4°, pp. 601 et 240; De ratione et modo Provinciarum S. J. constituendarum in Gallia (dans les Mémoires du P. Prat sur le P. Coton, 367-377); Le théologiens dans les conversations avec les sages... Paris, 1683; De modo agendi Haereticis; Remonstrance des Jesuites au Roi en son Conseil, pour estre deffendu à M. le Recteur de l'Université de Paris, et à tous autres de descrier la doctrine des dits Jesuites en quelque manière que ce soit: laquelle Remonstrance, en Requeste, fut renuoyée au Parlament le 17 Ianvier 1626 (dans le Mercure Jésuits, 1631, I, p. 865); Déclaration du 16 mars 1626, contre l'ouvrage du P. Santarelli (signée par le P. Coton et par 13 autres Jésuites de Paris. Elle est en tête du Gallicinium in Sanctarelli assertiones de R. Bouteraie; Diverse Briefe (u.a. an: Chamier; M. de Lesdiguières; Maires et Echevins de Caen; M. Du Vair, Premier Président du Parlament de Provence; M^lle^lle de Clarensac; Son Altesse Serenissime de Lorraine Monseigneur le Duc Henry; Cardinal du Perron; Cardinal de Sourdis; M. de Bérulle; Sermons et autres ouvrages du P. Coton, Jésuite. 4°, environ 360 pages; Principaux points des Prédications du P. Coton dans l'église de Ste Croix de Lyon.

Lit.: P. J. Roverius, De vita P. Petri Cotoni, Lyon 1660; — J. M. Prat, Recherches hist. et crit. sur la Comp. de Jésus en France du temps du P. Coton, 5 Bde., Lyon 1876-78; — C. Sommervogel II, 1539-1560; — Bremond II, 75-134; — Koch JL, 362f.; — Catholicisme III, 233ff.; — DThC III, 1926-1929; — DSp II, 2422-2432; — Bauer, Coton: WWKL² 3,1159f.; — L. Koch, Coton: LThK 3, 61; — R. Metz, Coton: LThK² 3, 76f.; — S. de Smeet, Coton: LThK³ 2, 1331f.

Peter H. Görg

CROSFIELD, Joseph, * 13.4. 1821 in Liverpool, † 15.12. 1879 in Reigate. Quäker. — Joseph Crosfield wurde als das fünfte Kind von George (1785-1847) und Margaret (geb. Chorles) Crosfield 1821 in Liverpool geboren. Er ergriff den Beruf des Teehändlers. Während des Hungerwinters 1846/47 in Irland half er, die Not zu lindern und verteilte Gelder im Wert von 200.000 Pfund. Am 18. August 1847 heiratete er in York Elizabeth Backhouse (1823-1852). Aus dieser Verbindung sind vier Kinder hervorgegangen: James Backhouse (geb. 1848), George Theodore (geb. 1849), Josephine (geb. 1851) und Albert Joseph (geb. 1852). Nach dem Tode seiner ersten Frau heiratete er erneut am 3. August 1854 in Liverpool Sarah Swalbridge Lowe, mit der er drei Kinder hatte: Sarah Elizabeth (geb. 1855), Herbert (geb. 1856) und Margaret Chorley (geb. 1859). Bis 1855 lebte Joseph Crosfield in Liverpool, bis er mit seiner Familie nach Reigate in der Nähe von London zog. Dort verstarb er 1879 mit 58 Jahren. — Joseph Crosfield war durch Geburt Mitglied der Religiösen Gesellschaft der Freunde (birthright-membership). Zwei Mal besuchte er die USA (1845 und 1865), und drei Mal reiste er zu den deutschen Quäkern nach Minden: 1861, 1864 und 1874. Dem London Yearly Meeting diente er von 1864 bis 1869 sowie dem Meeting for Sufferings von 1870 bis 1874 als Vorsitzender (Schreiber). 1871 reiste er mit anderen Quäkern nach Paris, um dort karitativ tätig zu sein. Die Mitgliedschaft bei den Quäkern verlief für Crosfield nicht immer konfliktfrei. Daher legte er 1855 erstmals von seiner Seite aus die Mitgliedschaft bei den Quäkern nieder, möglicherweise im Zusammenhang mit der Heirat seiner zweiten Frau. Bis spätestens 1864 wurde er jedoch wieder Mitglied, und dies sogar in führender Position. 1874 jedoch trat er wieder aus der Quäkergesellschaft aus. Kurze Zeit später, nur zwei Jahre vor seinem Tode, trat er den Quäkern wieder bei. Damit dürfte Crosfield am häufigsten unter den Quäkern des neunzehnten Jahrhunderts den Stand zwischen Mitgliedschaft und Nichtmitgliedschaft gewechselt haben.

Werke: A letter from Joseph Crosfield. Containing a narrative of the first week of William Forster's visit to some of the distressed districts in Ireland. London 1846; Distress in Ireland. In: The Friend. A religious and literary journal, XX, 22, 1847, 174-175; Extracts from a recent correspondence in relation to fugitives from slavery in America. London

1864; The epistle from the Yearly Meeting, held in London, by adjournments from the 24th of the fifth month to the 2d of the sixth month, inclusive, 1865. Providence 1866; A narrative of the cruelties inflicted upon Friends of North Carolina Yearly Meeting during the years 1861 to 1865. In consequence of their faithfulness to the Christian view of the unlawfulness of war. Published by order by the Representatives of North Carolina Yearly Meeting of Friends. With a few introductory remarks by Joseph Crosfield. London 1868; The general epistle from the Yearly Meeting, held in London, by adjournments from the 20th of the fifth month to the 29th of the same inclusive, 1868. To the Quarterly and Monthly Meetings of Friends in Great Britain, and elsewhere. (Lynn), um 1868; The general epistle from the Yearly Meeting, held in London, by adjournments from the 19th of fifth month to the 28th of the same inclusive, 1869. New Bedford 1870; War and Christianity. An address from the Religious Society of Friends in Great Britain on the present war. O.O. (1871).

Claus Bernet

D

DENGEL, Anna, österr. röm.-kath. Ärztin u. Gründerin des Ordens der Missionsärztlichen Schwestern (Medical Mission Sisters: MMS), * 16.3. 1892 in Steeg im Lechtal (Tirol), als ältestes von fünf Kindern des Edmund Wilhelm Dengel und seiner Frau Gertrud, geb. Scheidle, † 17.4. 1980 in Rom. Sie besuchte die Primarschule in Steeg, bis ihre Familie um 1901 nach Hall übersiedelte. Im selben Jahr starb ihre Mutter; dieser Schicksalsschlag hinterließ tiefe Spuren im Leben der 9jährigen, die sich als wegweisend herausstellen sollten, wie sie sich später erinnerte: Diesem Verlust »schreibe ich auch mein besonderes Mitgefühl mit den Müttern und Kindern in Indien zu«. In Hall besuchte sie dann das Mädchenpensionat der Schwestern des Ordens von der Heimsuchung Mariä (OVM) und erlernte dort auch die französische und italienische Sprache. Nach Beendigung ihrer schulischen Ausbildung unterrichtete sie kurzzeitig als Aushilfslehrerin, bevor sie dann für zwei Jahre nach Lyon ging, um dort Deutsch zu lehren. Nach Hause zurückgekehrt erfuhr sie wohl eher zufällig von der schottischen Ärztin Dr. Agnes McLaren († 1913), die junge Frauen zu Krankenschwestern für Missionsgebiete u. a. in Indien ausbildete. Sofort nahm D. Kontakt zu McLaren auf, denn sie wußte plötzlich, wozu sie sich zutiefst berufen fühlte: Sie wollte Ärztin und Missionarin werden. Unverrückbar stand ihr Plan fest, und so folgte sie dem Rat der schottischen Ärztin, die sie persönlich nie kennen gelernt hatte, an der katholischen Universität im irischen Cork Medizin zu studieren, da zu dieser Zeit ein britischer Universitätsabschluß für eine ärztliche Tätigkeit in Indien obligatorisch war. Im Juni 1914, kurz vor Ausbruch des Ersten Weltkriegs, begann D. ihr Medizinstudium, das sie 1919 mit der Promotion abschloß, bevor sie nach kurzer medizinischer Tätigkeit in einem Bergbaugebiet in Nottingham im Oktober 1920 nach Pakistan reiste, um dort als Ärztin zu praktizieren. Nur wenige Jahre später riet ihr ein Priester in Rawalpindi, dem sie sich in einer depressiven Lebensphase anvertraut hatte, sich einem Missionsorden anzuschließen. Dazu bereit verließ sie schweren Herzens im Frühjahr 1924 Rawalpindi. Der

Eintritt in eine Ordensgemeinschaft hätte für D. jedoch den Verzicht auf ihre ärztliche Tätigkeit bedeutet, da einer Nonne zu dieser Zeit die Praktizierung als Ärztin untersagt war. Ihren Kindheitstraum aufzugeben schien für sie allerdings unvorstellbar. Im Verlauf eines kurzen Exerzitienaufenthalts in Rom berichtete D. ihr Dilemma dem jesuitischen Exerzitienmeister, der sie daraufhin zur Gründung einer eigenen Ordensgemeinschaft inspirierte, ein Rat, den D. begeistert aufgriff. Nahezu ein Jahr bereiste sie die USA, u. a. Philadelphia, berichtete über ihre Zeit in Rawalpindi, warb in Wort und Schrift für ihr karitatives und missionarisches Anliegen. Der Wunsch nach einer eigenen Ordensgründung reifte weiter und nachdem der Bischof von Baltimore eine entsprechende von ihr verfaßte Ordensregel am 12.6. 1925 approbiert hatte, gründete D. am 30.9. 1925 zusammen mit drei gleichgesinnten Frauen, einer Ärztin und zwei Krankenschwestern, in Washington den Orden der Medical Mission Sisters. Bis zur einschlägigen Änderung des kanonischen Rechts im Jahre 1936, daß auch Ordensschwestern mit öffentlichem Gelübde uneingeschränkt medizinisch tätig sein durften, agierten die Missionsschwestern als »Pia Societas«. Fast 16 Jahre nach Gründung der missionsärztlichen Kongregation legten D. und ihre Mitschwestern dann am 15.8. 1941 die Ewigen Ordensgelübde ab. Aus den Anfängen des »heiligen Experiments« (A. D.) von 1925 ist bis heute eine weltweit tätige Ordensgemeinschaft mit wachsender Tendenz (derzeit ca. 650 Missionsschwestern) geworden. In Deutschland wurde die erste Ordensniederlassung 1958 in Mödrath bei Köln gegründet. Durch ihr Lebenswerk hat D. ihre Berufung verwirklicht: »... Meinen größten Wunsch und meine tiefste Sehnsucht: eine Missionarin zu sein mit einem bestimmten Ziel im Auge, eine dringend notwendige Aufgabe zu übernehmen, die nur Frauen erfüllen können«. Sie leitete ihre Ordengemeinschaft bis 1973. Anna Dengel war eine Frau, »(die) wurde was (sie) konnte und (die) war, was (sie) war - bereit, im einfachen Opfer alles zu fassen« (nach Dag Hammarskjöld). Auf dem Campo Santo Teutonico im Vatikan fand sie ihre letzte Ruhestätte.

Werke: Mission for Samaritans. A survey of achievements and opportunities in the field of Catholic medical missions, with a foreword by the Rt. Rev. John M. Cooper, Milwaukee 1945; Thirty years of the holy experiment 1925-1955, New York 1955.

Lit.: Burton (Kurz), Katherine: According to the pattern. The story of Dr. Agnes McLaren and the society of Catholic medical missionaries, New York 1946; - Plechl, Pia Maria: Kreuz und Äskulap, Wien u.a. 1967; - Polchino, M. R.: The Medical Mission Sisters. Their founder, Mother Anna Dengel, M.D., and their role in the historical evolution of the Medical Mission apostolate, in: Transactions & studies of the College of Physicians of Philadelphia, 1967, 35 (1), 1-25; - Poppe, E.: A gyógyitó Krisztus küldötte: Anna Dengel, in: Marosi, László (Hg.): Sugárzó emberek. Életpéldák századunkból, Eisenstadt 1981; - Plechl, Pia Maria: Die Nonne mit dem Stethoskop, Mödling b. Wien 1981; - Zwei heiligmäßige Gründerinnen moderner Schwesterngemeinschaften: Anna Dengel, Missionsärztliche Schwestern, Hildegard Burjan, Caritas Socialis, zusammengestellt von Franz Loidl, Arbeitskreis für Kirchliche Zeit- und Wiener Diözesangeschichte, Wien 1982; Plechl, Pia Maria: Die Ärztin im Habit, Leipzig 1988; - Rhomberg, Hans-Peter: Anna Dengel. Ärztin und Ordengründerin, mit einem Vorw. von Mutter Teresa, Innsbruck u.a. [2]1993; - Society of Catholic Medical Missionaries (U.S.): Fire and flames. The legacy of Anna Dengel, a collection of essays on the legacy of Anna Dengel, Philadelphia 1998; - Dries, A.: Fire and Flame. Anna Dengel and the Medical Mission to Women and Children, in: Missiology 27, No. 4, 1999, 495-502; - Dengel, Anna Maria, in: Ogilvie, Marilyn Bailey/Harven, Joy Dorothy (ed.): The Biographical Dictionary of Women in Science. Pioneering Lives from Ancient Times to the Mid-20th. Century, New York 2000, 346-347; - Rhomberg, Hans-Peter: Heilige und die Kunst des Heilens, Lindenberg i. Allgäu 2008.

Thomas Stahl

DEXINGER, Ferdinand, * 24. April 1937 in Wien, † 21. Februar 2003 in Wien. Katholischer Theologe und bedeutender Judaist. Von 1955-1961 studierte er Theologie an der Kath.-theol. Fakultät der Universität Wien [1964 Abschluß mit der Dissertation »Wer waren die Elohim-Söhne? (Gen. 6,2 ff.)«]. 1966 begann er das Studium der Judaistik in Wien und Jerusalem und promovierte 1973 mit der Dissertation »Offene Probleme der Apokalyptikforschung und die Zehnwochenapokalypse«. Ab 1973 war er Assistent, nach seiner Habilitation 1978 [»Der Ta'eb. Die ,messianische' Gestalt bei den Samaritanern«] Professor am Institut für Judaistik an der Universität Wien. Dort wirkte er bis zu seinem Tod als allseits geschätzter Lehrer. In seinen wissenschaftlichen Arbeiten ragen einerseits religionswissenschaftliche Untersuchungen zum Judentum sowie zu den jüdischen Randgruppen (Samaritaner-, Qumran-, Apokalyptikforschung), andererseits das mit der Hebrew University in Jerusalem gemeinsam gestartete Projekt »Hebräische Fragmente in österreichischen Bibliotheken« hervor. Außerdem verfaßte er wichtige biblisch-religionsgeschichtliche und judaistische Monographien sowie zahlreiche Artikel in Sammelwerken, Lexika und Zeitschriften. Regelmäßig schrieb er Beiträge in der jüdischen Kulturzeitschrift »David«, die seine intensive Auseinandersetzung mit aktuellen Problemen des jüdischen Lebens bezeugen.

Werke: Sturz der Göttersöhne oder Engel vor der Sintflut? Versuch eines Neuverständnisses von Genesis 6,2-4 unter Berücksichtigung der religionsvergleichenden und exegese-ge-schichtlichen Methode (Wiener Beiträge zur Theologie 13), Wien 1966; Das Buch Daniel und seine Probleme (Stuttgarter Bibelstudien 36), Stuttgart 1969; Henochs Zehnwochen-apokalypse und offene Probleme der Apokalyptikforschaung (Studia post-biblica 29), Leiden 1977; Gelobtes Land Hrsg. v. H. Fasching, F. Staudinger u. F. Dexinger, Innsbruck 1978;Tod, Hoffnung, Jenseits. Dimensionen und Konsequenzen biblisch verankerter Eschatologie. Ein Symposion, hg. von F. Dexinger (Religion, Wissenschaft, Kultur 4), Wien 1983; F. König, F. Dexinger und G. Hierzenberger, Der Glaube der Menschen. Christus und die Religionen der Erde, Wien 1985; Jordanien. Auf den Spuren alter Kulturen, hg. von F. Dexinger u.a, Innsbruck 1985; Der Taheb. Ein »messianischer« Heilsbringer der Samaritaner (Kairos 003), Salzburg 1986; Rosenthal, Jos und F. Dexinger, Als die Heiden Christen wurden. Zur Geschichte des frühen Christentums, Wien 1992; Die Samaritaner, hg. von F. Dexinger und R. Pummer (Wege der Forschung 604), Darmstadt 1992; K. S. Davidowicz und F. Dexinger, □idovstvo v staroveku a novoveku, Bratislava (Inst. Judaistiky, Univ. Komenského), 1998; Der Glaube der Juden (Grundwissen Religion = Topos plus Taschenbücher 474), Limburg-Kevelaer 2003.

Webseite: URL zum Projekt »Hebräische Handschriften und Fragmente in österreichischen Bibliotheken«: http://www.ksbm.oeaw.ac.at/hebraica/ (mit Bibliographie zu F. Dexinger).

Lit.: Proceedings of the fifth international congress of the Société d'Études Samaritaines: Helsinki, August 1-4, 2000; — Studies in memory of Ferdinand Dexinger, ed. by Haseeb Shehadeh ..., Paris 2006.

Josef M. Oesch

DICKMANN, Fritz, Historiker, * 23. April 1906 in Potsdam, † 29. Juli 1969 in Berlin. — Der Sohn einer Lehrerfamilie studierte von 1924 bis 1928 in Berlin und Graz Geschichte, Volkswirtschaftslehre und Philosophie. 1928 folgte die Promotion bei Friedrich Meinecke mit einer Arbeit zu den militärpolitischen Beziehungen zwischen Preußen und Sachsen 1866-1870. Der erhoffte Einstieg in die Wissenschaft oder den wissenschaftlichen Archivdienst erwies sich in den Jahren der Weltwirtschaftskrise und knapper staatlicher Kassen als schwierig. Für einige Jahre erhielt D. befristete wissenschaftliche Sonderaufträge zur Sichtung und Sammlung von Akten im Deutschen Reichsarchiv Potsdam. Als die Finanzierung dieser archivalischen Sonderaufträge auslief und sich zunächst keine andere wissenschaftliche Berufsperspektive bot, entschloß sich D., zum Lehrerberuf überzuwechseln, den er seit 1934 an Gymnasien in Kassel und Marburg ausübte. Ein Abschied von seinem ursprünglichen Berufsziel Wissenschaft bedeutete dies nicht, denn neben der schulischen Tätigkeit begann D. mit der Arbeit an einer historischen Habilitationsschrift zum Westfälischen Frieden. — Doch schon bald stellten die politischen Verhältnisse D. vor neue berufliche Schwierigkeiten, die in seiner konsequenten, christlich begründeten Verweigerung gegenüber dem NS-Regime wurzelten. Als Mitglied der Bekennenden Kirche nahm D. eine reservierte Haltung zum Nationalsozialismus ein, aus der er auch öffentlich keinen Hehl machte. 1937 wurde er aus dem Marburger Schuldienst entfernt und sah sich gezwungen, seine Familie mit sechs Kindern vorübergehend als Aushilfslehrer in Münster durchzubringen. — Trotz all dieser Belastungen und Widrigkeiten hat D. seine wissenschaftlichen Ziele nicht aus den Augen verloren und die Arbeit an seiner historischen Habilitationsschrift mit großer Disziplin vorangetrieben. Dies galt auch für die Zeit nach Ausbruch des Krieges, an dem D. seit 1939 als Wehrpflichtiger teilnehmen mußte. 1943, während eines kurzen Fronturlaubs, wurde er mit dem ersten Teil der Studie zum Westfälischen Frieden durch die Philosophische Fakultät der Philipps-Universität Marburg habilitiert. — Die Wahl des Themas und seine Durchführung waren ungewöhnlich und zeugen von der Souveränität, Risikobereitschaft und Zeitgeistunabhängigkeit, die auch sonst das Wirken D.s kennzeichnen. Der Westfälische Friede galt bis dahin in historischen Fachkreisen und darüber hinaus als trister Tiefpunkt der neueren deutschen Geschichte, der die innere Schwäche und Zersplitterung des römisch-deutschen Reichs zementiert habe. Entsprechend war der Westfälische Frieden eher

Gegenstand plakativer Schuldzuweisungen und scharfer Polemik D. entschloß sich, einen anderen Weg zu gehen, den schwierigen Weg zum Frieden anhand minutiöser Aktenstudien zu rekonstruieren und so in historisch angemessener Weise zu würdigen - angesichts der allgemeinen Stimmung in Fachkreisen eine durchaus kühne Entscheidung, die im Verlauf des Marburger Habilitationsverfahrens auch zu kritischen Nachfragen führte. — Unmittelbar nach dem Krieg, aus dem er nach schwerer Kriegsverletzung und amerikanischer Kriegsgefangenschaft zurückkehrte, wurde D. als politisch »Unbelasteter« sofort zum Direktor eines Marburger Gymnasiums berufen. Gleichwohl nahm er die Arbeit an seinem Buch zum Westfälischen Frieden wieder auf, das er schließlich 1959 veröffentlichen konnte. Es machte den Marburger Schulleiter auf einen Schlag in Fachkreisen bekannt. Nun stellte sich auch der akademische Erfolg ein. Im Jahre 1965 wurde D. mit fast 60 Jahren auf den Lehrstuhl für Neuere Geschichte an der Freien Universität Berlin berufen, den er bis zu seinem frühen Tod 1969 innehatte. — D.s umfassendes Buch über den Westfälischen Frieden, bis 1998 in sieben Auflagen erschienen, gilt bis heute als methodisch wie inhaltlich wegweisendes Standardwerk. Obwohl die Komplexität der diplomatischen Materien und der unterschiedlichen Verhandlungsebenen des Kongresses detailgenau beschrieben wird, verliert sich die Darstellung zu keinem Zeitpunkt in Einzelheiten: Entstehung und Verlauf des Kongresses werden vielmehr in klaren Linien und mit Konzentration auf das Wesentliche nachgezeichnet. — Dies gelang D. vor allem deshalb, weil seine Darstellung einen Konzeptionskern hat, das Recht. Anders als die voraufgegangene Geschichtsschreibung sah D. im zeitgenössischen Recht und den konkurrierenden Rechtsansprüchen nicht nur Camouflage, sondern nahm sie ernst. Zugleich arbeitete D. heraus, daß es gerade der flexible Umgang mit rechtlichen Ausnahmebestimmungen (»Suspensionen«) war, der es schließlich möglich machte, trotz einander ausschließender Rechtsauffassungen letztendlich doch einen Ausgleich der politischen und religiösen Gegensätze zu finden. Gerade Kardinal Richelieu, einer der Väter des Westfälischen Friedens, der in der älteren deutschen Historiographie als zynischer Machtpolitiker dargestellt worden war, faszinierte D. besonders, weil er in ihm Prinzipienfestigkeit mit unerreichter Meisterschaft im Umgang und im Einsatz dieser Ausnahmebestimmungen verbunden sah. — Während kurz nach Erscheinen des Werkes trotz allgemein positiven Echos Stimmen aufkamen, die D. eine zu wohlwollende Beurteilung des Westfälischen Friedens und insbesondere der französischen Politik vorwarfen, wird in der neuesten Literatur zuweilen darauf hingewiesen, daß D. partiell doch noch zu stark der älteren, negativen Beurteilung des Friedens verhaftet bleibe. Unabhängig davon ist im Blick auf das Gesamtwerk aber heute wohl unbestritten, daß D. wesentlich zu jener Aufwertung des Westfälischen Friedens beigetragen hat, die seit den fünfziger Jahren des 20. Jahrhunderts zu beobachten ist. — Im Anschluß an sein Werk zum Westfälischen Frieden legte D. weitere Studien zur Geschichte von Friedensdenken und Friedenspolitik bis zum 20. Jahrhundert vor. D. gehörte überdies zu der Gruppe von gleichaltrigen und jüngeren Forschern wie Max Braubach, Konrad Repgen und Stephan Skalweit in der »Vereinigung zur Erforschung der Neueren Geschichte«, die sich zum Ziel gesetzt hatte, den verborgenen Quellenschatz der frühneuzeitlichen Friedensstiftung editorisch zu erfassen. In seinen letzten Lebensjahren arbeitete er an einer großen Darstellung zu Friedenssicherung und Kriegsverhütung zwischen dem Mittelalter und dem 20. Jahrhundert. Ausgangspunkt war auch hier wieder das Verhältnis von Frieden und Recht. Dem hohen Respekt vor der rechtlichen Tradition in der Vormoderne, der die Konfliktlösung oft erschwerte, andererseits aber auch zur Einhegung des Krieges beitragen konnte, sollten die extremen Gefahren gegenübergestellt werden, die der Verlust des alteuropäischen Rechtsbewußtseins, bis hin zur expliziten Völkerrechtsleugnung im 20. Jahrhundert, barg.

Werke: Militärpolitische Beziehungen zwischen Preußen und Sachsen 1866-1870. Ein Beitrag zur Entstehungsgeschichte des Norddeutschen Bundes München 1929; Auswanderungsakten des Deutschen Bundestags (1817-1866) und der Frankfurter Reichsministerien (1848/49), hrsg. von Georg Leibbrandt und Fritz Dickmann, Stuttgart 1932; Der Westfälische Frieden, Münster: Aschendorff 1959 (bis 1998 7 Aufl.); Acta Pacis Westphalicae, im Auftrage der Vereinigung zur Erforschung der Neueren Geschichte hrsg. von Max Braubach und Konrad Repgen. Serie I Instruktionen, Bd. 1, Münster 1962; Rechtsgedanke und Machtpolitik bei

Richelieu. Studien an neu entdeckten Quellen. In: Historische Zeitschrift 196 (1963), 265-319; Die Kriegsschuldfrage auf der Friedenskonferenz von Paris 1919, München 1964; Machtwille und Ideologie in Hitlers außenpolitischen Zielsetzungen vor 1933. In: Spiegel der Geschichte. Festgabe für Max Braubach zum 10. April 1964, hrsg. von Konrad Repgen und Stephan Skalweit 1964, 915-941; Der Westfälische Friede und die Reichsverfassung. In: Forschungen und Studien zur Geschichte des Westfälischen Friedens. Vorträge bei dem Colloquium französischer und deutscher Historiker vom 28.-30. April 1963 in Münster. (Schriftenreihe der Vereinigung zur Erforschung der Neueren Geschichte e. V., Bd. 1) Münster 1965, 5-32; Das Problem der Gleichberechtigung der Konfessionen im Reich im 16. und 17. Jahrhundert. In: Historische Zeitschrift 201 (1965), 265-305; Renaissance, Glaubenskämpfe, Absolutismus, bearbeitet von Fritz Dickmann München 1966.

Lit.: Johannes Burkhardt, Die Bedeutung des Westfälischen Friedens für die deutsche Geschichte, in: ders. Vollendung und Neuorientierung des frühmodernen Reichs 1648-1763, Stuttgart 2006 (Gebhardt Handbuch der deutschen Geschichte Band 11), 25-54;Elisabeth Dickmann (Hrsg.), Fritz Dickmann (1906-1969). Ein Leben zwischen Krieg und Frieden, Bremen 1996; — Christoph Kampmann, Der springende Punkt war das Recht. Friedenshistoriker in Kriegszeiten, in: Frankfurter Allgemeine Zeitung Nr. 94 vom 22. April 2006, 40; — Klaus Malettke, Fritz Dickmann in: Jahrbuch für die Geschichte Mittel- und Ostdeutschlands 18 (1969), 705-709; — Antje Oschmann, Der Nürnberger Exekutionstag 1649-1650. Das Ende des Dreißigjährigen Krieges in Deutschland, Münster/W. 1991; — Konrad Repgen, Aktuelle Friedensprobleme im Lichte der Geschichte des Westfälischen Friedens, in: ders., Dreißigjähriger Krieg und Westfälischer Frieden. Studien und Quellen, hrsg. von Franz Bosbach und Christoph Kampmann, Paderborn u. a. 1999², 817-830; — Stephan Skalweit, Fritz Dickmann, in: Historische Zeitschrift 211 (1970), 257-259.

Christoph Kampmann

DIETERICH, Albrecht, evangelischer klassischer Philologe (Gräzist), Religionswissenschaftler und Volkskundeforscher, * 2.5. 1866 in Hersfeld, † 6.5. 1908 in Heidelberg. — D., spät geborener Sohn des oberhessischen Gymnasialprofessors Hermann Albrecht Wilhelm Dieterich (14.5. 1820-20.9. 1889) und dessen Gattin Henriette Münscher (1830-1873), Tochter des dortigen Gymnasialdirektors Wilhelm Münscher (25.3. 1795-8.11. 1872), studierte nach dem 1884 am Hersfelder Gymnasium erworbenen Abitur Theologie in Leipzig, wo ihn aber nur die Neutestamentliche Wissenschaft und die Kirchengeschichte zu interessieren vermochte; gastweise besuchte D. dagegen mit wachsendem Interesse altphilologische Kollegien von Georg Curtius (16.4. 1820-12.8. 1885), Otto Crusius (20.12. 1857-29.12. 1918), Justus Hermann Lipsius (9.5. 1834-5.9. 1920) und Otto Ribbeck (23.7. 1827-18.7. 1898). In engere Beziehung dürfte D. wohl nur mit Crusius und dem Philologen und späteren Jenaer Rektor Rudolf Hirzel (1846-1917) getreten sein. Zum Sommersemester 1886 wechselte D. zum Studium der klassischen Philologie nach Bonn, wo er einer der profiliertesten Schüler von Franz Bücheler (3.6. 1837-3.5. 1908) und Hermann Usener (s.d.) werden sollte; das erwachende Interesse an paganen religiösen Vorstellungen dürfte Usener gefördert haben, der damals seine Veröffentlichung über »Das Weihnachtsfest« (1888) vorbereitete. Im August 1888 wurde D. in Bonn mit Erörterungen über den Leidener Zauberpapyrus (P. Leid. J 384) insigne cum laude promoviert; die Themenstellung ging auf eine von Hermann Bücheler gestellte Preisaufgabe zurück. Es ist D.s bleibende Leistung, Zauberpapyri als Zeugnisse irrationaler Vorstellungen, gegen die die Fachwelt hermeneutische Vorbehalte kultivierte, in das Blickfeld wissenschaftlicher Forschung geholt und den in ihnen tradierten Synkretismus analytisch auf die religionsgeschichtlichen Hintergründe befragt zu haben. Noch im Sommersemester 1905 ließ D. nach dem Zeugnis seines Schülers Karl Preisendanz (s.d.) »die Mitglieder des Heidelberger Oberseminars ›ausgewählte Stücke aus griechischen Papyri‹ behandeln. Unter diesem Decknamen gingen im Vorlesungsverzeichnis der Ruperto-Carola die griechischen Zauberpapyri. Denn es empfahl sich damals noch nicht für die zünftigen Philologen, sich öffentlich zur Beschäftigung mit so tiefstehenden Erzeugnissen ungebildeter Volksschichten zu bekennen, Erzeugnissen krassen Aberglaubens, denen der Name ›Literatur‹ nicht zukam« (Veltri, Magie und Halakha, 1997, 194 Anm. 19). — Im Mai 1889 bestand das Staatsexamen für das gymnasiale Lehramt und absolvierte sodann ein Probejahr am Elberfelder Gymnasium. Die Lehrerlaufbahn schlug D. aber nicht ein, da sein Vater im Herbst 1889 verstorben war und D. den väterlichen Altersruhesitz in Kirchditmold bei Kassel nicht veräußern wollte; vielmehr bereitete er sich hier auf die Habilitation vor und hörte in Göttingen gastweise u.a. bei Ulrich von Wilamowitz-Moellendorff (s.d.), dessen »Herakles« (1889) D. tief beeindruckte. Am 24.10. 1891 habilitierte sich D., in seinen Absichten von Georg Wissowa (s.d.) gefördert, in Marburg mit einer 56seitigen Abhandlung über die orphische Hymnik (De hymnis Orphicis capitula quinque, s.u.) und lehrte sodann als Privatdozent, bevor er im Sommer 1895 in das Extraordinariat und damit auch in die Seminarleitung aufrückte. Im Frühjahr 1894 brach D. zu einer einjährigen Forschungsreise nach Griechenland, die westliche Türkei und Italien auf. 1897 folgte D. der Berufung nach Gießen an die Seite von Gotthold Erdmann Gundermann (1856-1922) als Nachfolger von Eduard Schwartz (s.d.), der nach Straßburg übergegangen war. Zum Sommersemester (1.4.) 1903 wechselte A. D. nach Heidelberg und ersetzte auf dem Lehrstuhl, den zuvor Erwin Rohde (s.d.) innegehalten hatte, Otto Crusius, der die Berufung nach München angenommen hatte; D.s Gießener Lehrstuhlnachfolger wurde Erich Bethe (1863-1940). Eine Berufung nach Halle hat D. im Sommer 1907 ausgeschlagen. In Heidelberg gründete D. mit Adolf Deißmann (s.d.) 1904 den religionswissenschaftlichen Eranos-Kreis, dem sich u.a. (s.d.) Carl Heinrich Becker, Hans von Schubert, Ernst Troeltsch und Max Weber anschlossen. Der frühe Schlaganfalltod D.s, der noch grippal geschwächt im April 1908 die Vorlesungen wiederaufgenommen hatte, vereitelte Veröffentlichungspläne, die er im Vorwort zu »Mutter Erde« 1905 angekündigt hatte: Abhandlungen über »Die Formen des Zauberritus«, »Die Formen göttlicher Offenbarung« und »Die Formen der Vereinigung des Menschen mit Gott«. — A. D.s Lebensleistung besteht in der religionsgeschichtlichen Erforschung von Motiven und Formen der Volksreligiosität an der Peripherie der markanten pagan-antiken Kulte in hellenistisch-römischer Zeit und ihres Einflusses auf das Frühchristentum. Auch gilt D. als Pionier der volkskundlichen Forschung und hatte neben Adolf Strack (1860-1906) und dem Latinisten Richard Wünsch (s.d.) maßgeblichen Anteil an der Gründung der Hessischen Vereinigung für Volkskunde (1901); die programmatische Umbenennung ihres Organs »Blätter für hessische Volkskunde« in »Hessische Blätter für Volkskunde« (ISSN 0342-1260) geht auf konzeptionelle Überlegungen D.s zurück. Erstmals kündigte D. für das Sommersemester 1902 die Vorlesung »Die Volkskunde und ihre wissenschaftlichen Aufgabe, öffentlich (für Studierende aller Fakultäten)« im größten Universitätshörsaal an und reklamierte damit auch den Anspruch, die Volkskunde im akademischen Betrieb zu etablieren, die D. vom unterschwelligen Vorwurf der Unwissenschaftlichkeit befreit und der angelsächsischen Tradition von u.a. (s.d.) Edward Burnett Tyler und James George Frazer bzw. in der von seinem Lehrer Hermann Usener angestoßenen Rezeption des Ansatzes von Wilhelm Mannhardt (s.d.) sehen wollte (vgl. auch Über Wesen und Ziele der Volkskunde, 1902). Sein Verständnis von Religionswissenschaft notierte A. D. im programmatischen Vorwort zum 7. Band des »Archivs für Religionswissenschaft«, mit dessen Erscheinen er die Schriftführerschaft von Thomas Ludwig Bernhard Achelis (17.6. 1850-17.6. 1909) übernommen hatte (s.u.); darin plädierte D. für interdisziplinäre komparative Erforschung religiöser Unterströmungen und die Institutionalisierung der Religionswissenschaft (Vorwort, 1904). — 1891 publizierte D. das sog. Achte Buch Mose (P. Leid. J 395 = PGM XIII) nebst weite Bögen spannende Studien zu den darin tradierten religiösen Vorstellungen, die dieser zweite Leidener Papyrus enthält, auf den D. während seiner Forschungen im Rahmen seiner Promotion gestoßen war (Abraxas, 1891). Die erst kürzlich im oberägyptischen Akhmim entdeckte Petrusapokalpyse (ApkPetr) unterzog D. 1893 einer intensiven Untersuchung und beleuchtete die Traditionsgeschichte des descensus-Motivs sowie Mysterien und antike Jenseitsvorstellungen und deren Einwirkung auf die judenchristliche Apokalyptik, ohne in erster Auflage die grundlegende Miszelle von Eduard Norden (s.d.; Die Petrus-Apokalypse und ihre antiken Vorbilder, s.u.) zu rezipieren; großen Anteil an »Nekyia. Beiträge zur Erklärung der neuentdeckten Petrusapokalypse« hatten der Indogermanist Wilhelm Schulze (15.12. 1863-15.1. 1935) und der Neutestamentler Adolf Jülicher (s.d.). D. kam zu dem Ergebnis, daß die Vorstellung vom Weiterleben nach dem Tod der Tradenten der ApkPetr orphisch-pythagoreïsch geprägt ist, wie auch das oberägyptische Frühchristentum des Zeitraums zwischen 80 und 130 n.Chr. Affinitäten zur Orphik erkennen lasse, das Elemente stoischer Popularethik und Traditionen der Didache, von Pseudo-Phokylides und der sibyllinischen Orakel aufgenommen hatte; die Entstehung der orphischen Hymnen hatte D.

in seiner Habilitationsschrift in die Zeit zwischen dem zweiten Jahrhundert und dem Frühchristentum angesetzt. — Die fragmentarische Aberkios-Inschrift im Lateran erachtete D. als heidnisches Dokument (Die Grabschrift des Aberkios erklärt, 1896); die Abhandlung ist Johannes Bauer (s.d.) gewidmet, der wiederum seine »Ungedruckte Predigten Schleiermachers« (1909) dem Gedächtnis D.s zueignete. Als motivische Vorlage für die Anbetung der Weisen aus dem Morgenlande Mt 2,1-12 vermutete erstmals D. den Besuch einer von König Tiridates (Tirdad) I. von Armenien (reg. mit Unterbrechungen 53-54, 54-58, 63-ca. 75) angeführten Delegation von magoi (μάγοι) bei Kaiser Nero (s.d.) im Jahre 66 (Die Weisen aus dem Morgenlande. Ein Versuch, 1902). In PGM IV 475-834 (P. Bibl. Nat. Suppl. gr. 574 bzw. Anastasi 1073, heute »Pschai-Aion-Liturgie« genannt) meinte D. eine synkretistische Mithrasliturgie identifiziert zu haben (Eine Mithrasliturgie, 1903), während Franz Cumont (s.d.; Un livre nouveau sur la liturgie païenne, 1904), Widmungsträger von D.s Monographie, prompt dagegenhielt, daß hier allenfalls eine magische Phantasie vorliege und der Name des Mithras sekundärer Texteinschub sei. Da D.s Ansicht aber auch von Otto Gruppe (1851-1921) und Richard Reitzenstein (s.d.) (später auch von [s.d.] André-Jean Festugière und Arthur Darby Nock) bezweifelt wurde mußte D. gegen Ende seines Lebens einräumen, daß seine Annahme schwer zu halten war. Andererseits hat D.s Monographie wie zuvor schon »Abraxas« und die Mithrasforschungen von Cumont großen Einfluß auf das Frühwerk von C[arl] G[ustav] Jung (s.d.), seine Entdeckung psychologischer Libidosymbolik (vgl. Wandlungen und Symbole der Libido, 1912) und die Formulierung seiner Archetypentheorie ausgeübt. — In »Mutter Erde. Ein Versuch über Volksreligion« (1905) propagierte D. die These, daß mit der Entwicklung der Landwirtschaft die Entstehung der Mutter Erde-Religion einhergehe. Anders als Johann Jakob Bachofen (s.d.) setzte D. aber weder die Verehrung der Mutter Erde als gebärende Kraft mit Matriarchat in eins noch behauptete D. eine direkte Verbindung zwischen dem Vordringen des Vatergotts und der Zurückdrängung des Mutterrechts, denn die Verehrung der terra mater ist auch in späteren Religionsformen nicht völlig untergegangen; dagegen konnte D. nachweisen, daß die Durchsetzung des Vatergotts sich orientalischen Einflüssen verdankt (Mutter Erde, 88-90). — Die dreifach auf einem Papyrus notierte Formel ΧΜΓ, die Eberhard Nestle (s.d.) mit Χριστὸς Μιχαὴλ Γαβριὴλ auflöste, interpretierte D. in einer Miszelle als Invokation Χριστὸς Μαρία γέννα, Χριστοῦ Μαρία γέννα, Χριστὲ Μαρία γέννα, da γέννα in der frühchristlichen Literatur zur Bezeichnung des Weihnachtsfestes gebräuchlich war (ΧΜΓ, 1906). — D. ging in seinen Forschungen über die Ursprünge der Religion über Useners Annahme, daß der erzählte Mythos früheste Entfaltung gedachter Begriffe sei, hinaus und postulierte, daß mehr noch als in der Sprache im primitiven Ritus Spuren frühester religiöser Vorstellungen konserviert seien, da hier Bezeichnetes und Bezeichnendes zusammenfalle. Useners Annahme von »Augenblicksgöttern« ersetzte D. durch die »Metathese«, »bei der Vertreterrelationen als Identitätsbeziehungen genommen werden« (Wessels, Ursprungszauber, 2003, 4). — D. begründete mit Richard Wünsch 1903 die im Gießener Verlag von Alfred Töpelmann (s.d.) betreute Reihe der »Religionsgeschichtliche[n] Versuche und Vorarbeiten« (RVV; ISSN: 0939-2580), die mit eigenem Profil in der Tradition der 1903 eingestellten Supplementbände zu den »Jahrbücher[n] für classische Philologie« stehen; sie wurde mit der Publikation der Dissertation von D.s Schüler Hugo Hepding (s.d.) über den Attiskult eröffnet. Seit 1904 redigierte D. das »Archiv für Religionswissenschaft« (ARW; ISSN: 1435-5906); in diesem Amt folgte ihm nach seinem Tod Richard Wünsch, der 1911 A. D.s »Kleine Schriften« (s.u.) herausgab. Zu D.s Schülern zählen außer Hepding und Wünsch noch (s.d.) Ludwig August Deubner, Joseph Eugen Fehrle (der seine Monographie »Die kultische Keuschheit im Altertum« [1910] dem Andenken A. D.s widmete), Friedrich Pfister, Karl Preisendanz und Otto Karl Weinreich. — A. D. war seit dem Frühjahr 1899 mit Marie (11.11. 1867-1931), der Tochter seines Bonner Lehrers Hermann Usener verheiratet; der Ehe entstammen zwei Söhne.

Werke: Papyrus magica Musei Lugdunensis Batavi, quam C. Leemans edidit in papyrorum Graecarum tomo II (V), denuo edidit, commentario critico instruxit, prolegomena scripsit A. D., in: Jber. über die Fortschritte der Klass. Altertumswiss. 16 (1888), 749-830, 749-792, erneut in: Kleine

Schrr., 1911, 1-47; — Abraxas. Stud. z. Religionsgesch. des späteren Altertums. Festschr. Hermann Usener z. Feier seiner 25-j. Lehrtätigkeit an der Bonner Univ. Dargebracht v. Klass.-Philologischen Ver. z. Bonn, Leipzig 1891. Abraxas. Stud. z. Religionsgesch. des späteren Altertums. Festschr. Hermann Usener z. Feier seiner 25-j. Lehrtätigkeit an der Bonner Univ. Dargebracht v. Klass.-Philologischen Ver. z. Bonn. Neudr. der Ausg. Leipzig 1905, Aalen 1973; — De hymnis Orphicis capitula quinque. Ad veniam legendi in universitate Philippina Marpurgensi a philosophorum ordine impetrandam scripsit Albrechtus D., Marpurgi Cattorum 1891, erneut in: Kleine Schrr., 1911, 69-110; — Schlafszenen auf der attischen Bühne, in: RheinMus 46 (1891), 25-46, erneut in: Kleine Schrr., 1911, 48-68; — Nekyia. Btrr. z. Erkl. der neuentdeckten Petrusapokalypse, Leipzig 1893. 2. Aufl., Leipzig/Berlin 1913; — Die Göttin Mise, in: Philologus 52 (1893), 1-12, erneut in: Kleine Schrr., 1911, 125-135; — Die Zahl der Dramen des Aischylos, in: RheinMus 48 (1893), 141-146, erneut in: Kleine Schrr., 1911, 111-116; — Über eine Szene der aristophanischen Wolken, in: RheinMus 48 (1893), 275-283, erneut in: Kleine Schrr., 1911, 117-124; — Die Grabschr. des Aberkios erkl., Leipzig 1896; Pulcinella. Pompejanische Wandbilder u. röm. Satyrspiele, Leipzig 1897. Pulcinella. Pompejanische Wandbilder u. röm. Satyrspiele. Neudr. der Ausg. Leipzig 1897, Aalen 1982; — Über den Ursprung des Sarapis, in: Verhandlungen der 44. Versammlung dt. Philologen u. Schulmänner in Dresden, Leipzig 1897, 31-33, erneut in: Kleine Schrr., 1911, 159-161; — Matris cena, in: Strena Helbigiana. Sexagenario obtulerent amici a. d. IIII. Non. Febr. a 1899, Lipsiae 1900, 49-50, erneut in: Kleine Schrr., 1911, 162-163; — Εὐαγγελιστής, in: ZNW 1 (1900), 336-338, erneut in: Kleine Schrr., 1911, 193-195; — Ein hessisches Zauberbuch, in: Blaetter f. hessische Volkskunde hrsg. im Auftrag der Vereinigung f. Hessische Volkskunde 2 (1900), 5-7, erneut in: Kleine Schrr., 1911, 196-201; — Die Widmungslegende des letzten Buches des Propertius, in: RheinMus 55 (1900), 191-221, erneut in: Kleine Schrr., 1911, 164-192; — ABC-Denkmäler, in: RheinMus 66 (1901), 77-105, erneut in: Kleine Schrr., 1911, 202-228; — Himmelsbriefe, in: Blaetter f. hessische Volkskunde hrsg. im Auftrag der Vereinigung f. Hessische Volkskunde 3 (1901), 9-12, erneut in: Kleine Schrr., 1911, 234-242; — Weitere Beobachtungen z. den Himmelsbriefen, in: Hessische Bll. f. Volkskunde hrsg. im Auftrag der Hessischen Vereinigung f. Volkskunde 1 (1902), 19-27, erneut in: Kleine Schrr., 1911, 243-251; Volkskunde. Ein Hdb. z. Gesch. ihrer Probleme. Hrsg. v. Gerhard Lutz. Mit einem Geleitwort v. Josef Dünninger, Berlin 1958, 77-78; — Über Wesen u. Ziele der Volkskde. Vortr. gehalten in der ersten Generalversammlung der Hessischen Vereinigung f. Volkskunde z. Frankfurt am Main am 24. Mai 1902, in: Hessische Bll. f. Volkskunde hrsg. im Auftrag der Hessischen Vereinigung f. Volkskunde 1 (1902), 169-194, erneut in: Kleine Schrr., 1911, 287-311; — Die Rel. des Mithras, in: Bonner Jbb. Jb. des Ver. von Alterthumsfreunden im Rheinlande 108/109 (1902), 26-41, erneut in: Kleine Schrr., 1911, 252-271; — Die Weisen aus dem Morgenlande. Ein Versuch, in: ZNW 3 (1902), 1-14, erneut in: Kleine Schrr., 1911, 272-286; — Eine Mithrasliturgie. Erl. v. A. D., Leipzig 1903, 1910². Dritte erw. Aufl. hrsg. v. Otto Weinreich, Leipzig/Berlin 1923 = Unveränd.

reprograf. Nachdr. der v. Otto Weinreich hrsg. 3., erw. Aufl. Leipzig u. Berlin 1923, Stuttgart 1966; — Volksglaube u. Volksbrauch in Altertum u. Ggw. Ausgew. Kap. vergleichender Volkskunde, in: Jb. des Freien Dt. Hochstifts, 1903, 124-135, erneut in: Kleine Schrr., 1911, 312-323; — Ein neues ABC-Denkmal, in: ARW 7 (1904), 524-529, erneut in: Kleine Schrr., 1911, 229-233; — Mutter Erde. Ein Versuch über Volksrel., Leipzig/Berlin 1905. Mutter Erde. Ein Versuch über Volksrel. Unveränd. reprografischer Nachdr. der 3., erw. u. v. Eugen Fehrle besorgten Aufl., Darmstadt 1967; — Hermann Usener, in: ARW 8 (1905), I-XI, erneut in: Kleine Schrr., 1911, 354-362; — Sommertag, in: ARW 8 (1905), 82-117, erneut in: Kleine Schrr., 1911, 324-352; — Enneakrunos, in: ARW 8 (1905), 156, erneut in: Kleine Schrr., 1911, 353; — Oulos óneiros, in: ARW 9 (1906), 147-148, erneut in: Kleine Schrr., 1911, 410-411; — ΧΜΓ, in: Berliner philologische Wschr. 26 (1906), 510, erneut in: Kleine Schrr., 1911, 409; — DIKA, in: ARW 11 (1908), 159-160, erneut in: Kleine Schrr., 1911, 412-413; — Die Entstehung der Tragödie, in: ARW 11 (1908), 163-196, erneut in: Kleine Schrr., 1911, 414-439; — Der Ritus der verhüllten Hände, in: Kleine Schrr., 1911, 440-448; Der Untergang der antiken Rel., in: Kleine Schrr., 1911, 449-539.

Art.: Aischylos, in: Pauly-Wissowa 1, 1894, 1065-1084, erneut in: Kleine Schrr., 1911, 136-158; — Euripides, in: Pauly-Wissowa 4, 1905, 1242-1281, erneut in: Kleine Schrr., 1911, 363-408.

Teilausg.: Kleine Schrr. Mit einem Bildnis u. zwei Tf., Leipzig/Berlin 1911.

Bibliogr.: A. D., Kleine Schrr. Mit einem Bildnis u. zwei Tf., Leipzig/Berlin 1911, XL-XLII.

Qu.: Personalakte A. D., Universitätsarch. Gießen PrA Phil. Nr. 6.

Lit.: Eduard Norden, Die Petrus-Apokalypse u. ihre antiken Vorbilder, in: Allgemeine Ztg., 1893, Nr. 107, Beil. 98, S. 1-6, erneut in: Eduard Norden, Kleine Schrr. z. klass. Altertum. Hrsg. v. Bernhard Kytzler, Berlin 1966, 1-6; — Kaufmann Kohler, The Pre-Talmudic Haggada. II. C. The Apocalypse of Abraham and Its Kindred, in: JQR VII (1895), no. 4, p. 581-606; — Frederick Cornwallis Conybeare, Christian Demonology. II, in: JQR IX (1896), no. 1, p. 59-114; — Alfred Nutt, Alphabet Used in Consecrating a Church, in: Folklore. [Publ. by] the Folklore Soc. 12 (1901), 100-101; — Hugo Hepding, Attis, seine Mythen u. seinen Kult (Religionsgeschichtliche Versuche u. Vorarbeiten, 1), Gießen 1903; — Ders., Richard Wünsch, in: Hessische Bll. f. Volkskunde hrsg. im Auftrag der Hessischen Vereinigung f. Volkskunde 14 (1915), 136-143; — Franz Cumont, Un livre nouveaux sur la liturgie païenne, in: Rv. de l´Instruction Publique en Belgique 47 (1904), 1-10; — Ders., L´adoration des mages et l´art triomphal de Rome (Atti della Pontificia Accademia Romana di archeologia. Serie 3: Memorie [In 4°], 3), Roma 1932; — Ders., L´iniziazione di Nerone da parte di Tiridate d´Armenia, in: Rivista di filologia e di istruzione classica [Torino], 2a ser. 11 [61] (1933), 145-154; — Jane Ellen Harrison, Hepding´s Attis and Ruhl´s De Mortuorum Iudicio, in: The Classical Rv. 18 (1904), 234-235; — Alfred Bertholet, Duncan Black Macdonald and Arthur Fairbanks, Some Important Books on the Hist. and Philosophy of Rel., in: The American Journal of Theology. Ed. by the Divinity Faculty of the University of Chicago and colleagues in allied departments X (1906), 144-161; — Adolf Deißmann, Licht v. Osten. Das NT u. die neuentdeckten Texte der hellenistisch-röm. Welt, Tübingen 1908. 2. und 3., verb. und vermehrte Aufl., Tübingen 1909. 4., völlig neubearb. Aufl., Tübingen 1923; engl.: Light from the ancient East. The New Testament illustrated by recently discovered texts of the Gracco-Roman world. Transl. by Lionel R[ichard] M[ortimer] Strachen (Limited Editions Library). New and completely rev. ed. with 85 ill. from the latest German ed., Grand Rapids, MI 1965; — Hugo Hepding u. Karl Helm, A. D., in: Hessische Bll. f. Volkskunde hrsg. im Auftrag der Hessischen Vereinigung f. Volkskunde 7 (1908), 115-117; — Richard Wünsch, A. D., in: Jber. über die Fortschritte der Klass. Altertumswiss. 145 (1910), erneut in: A. D., Kleine Schrr. Mit einem Bildnis u. zwei Tf., Leipzig/Berlin 1911, IX-XLII; — Ders., Vorwort, in: A. D., Kleine Schrr. Mit einem Bildnis u. zwei Tf., Leipzig/Berlin 1911, III-VII; — Ernst v. Dobschütz, The Most Important Motives for Behavior in the Life of the Early Christians, in: The American Journal of Theology. Ed. by the Divinity Faculty of the University of Chicago and colleagues in allied departments XV (1911), 505-524; — Carl Gustav Jung, Wandlungen u. Symbole der Libido. Btrr. z. Entwicklungsgesch. des Denkens. Sonderabdr. aus dem Jb. f. psychoanalytische u. psychopathologischen Forschungen, III. u. IV. Bd., Leipzig/Wien 1912, 2. Aufl., Leipzig/Wien 1925, 3 Aufl., Leipzig/Wien 1938. Symbole der Wandlung. Analyse des Vorspiels z. einer Schizophrenie. Mit 300 Ill. ausgew. u. zsgest. v. Jolande Jacobi, Zürich 1952. Wandlungen u. Symbole der Libido. Btrr. z. Entwicklungsgesch. des Denkens (dtv, 15071). Lizenzausg. des Walter-Verl., Olten, München 1991; — Rudolf Knopf, Paul and Hellenism, in: The American Journal of Theology. Ed. by the Divinity Faculty of the University of Chicago and colleagues in allied departments XVIII (1914), 497-520; — Alfred Bertholet, The Pre-Christian Belief in the Resurrection of the Body, in: The American Journal of Theology. Ed. by the Divinity Faculty of the University of Chicago and colleagues in allied departments XX (1916), 1-30; — Richard Reitzenstein, Die Göttin Psyche in der hellenistischen u. frühchristlichen Lit. (SAH.PH, 1917,10), Heidelberg 1917; — Campbell Bonner, A Papyrus Describing Magical Powers, in: Transactions and Proceedings of the American Philological Association 52 (1921), 111-118; — Ders., The Technique of Exorcism, in: HThR XXXVI (1943), 39-49; — Cavendish Moxon, A Psycho-Analytic Study of the Christian Creed, in: Internat. Journal of Psycho-Analysis 2 (1921), 54-84; — Arthur Darby Nock, A Traditional Form in Religious Language, in: The Classical Quarterly 18 (1924), 185-188; — Ders., Studies in the Graeco-Roman Beliefs of the Empire, in: The Journal of Hellenic Studies 45 (1925), 84-101; — Ders., Cremation and Burial in the Roman Empire, in: HThR XXV (1932), 321-359, erneut in: Idem, Essays on rel. and the ancient world. Selected and ed., with an introd., bibliography of Nock's writings, and indexes, by Zeph Stewart. Vol. I, Oxford 1972, 277-307; — Ders., A Vision of Mandulis Aion, in: HThR XXVII (1934), 53-104, erneut in: Idem, Essays on rel. and the ancient world. Selected and ed., with an introd., bibliography of Nock's writings, and indexes, by Zeph Ste-

wart. Vol. I, Oxford 1972, 357-400; — Ders., A Cabiric Rite, in: AJA 45 (1941), 577-581; — Lily Ross Taylor, The Mother of the Lares, in: AJA 2nd series 29 (1925), 299-313; — Harold Rideout Willoughby, The Study of Early Christianity during the Last Quarter-Century, in: JR 6 (1926), no. 3, p. 259-283; — Jakob Wilhelm Hauer, Die Dhāraṇī im nördlichen Buddhismus u. ihre Parallelen in der sogenannten Mithrasliturgie (Btrr. z. ind. Sprachwiss. u. Religionsgesch., 2), Stuttgart 1927; — Luigi Salvatorelli, From Locke to Reitzenstein: The Historical Investigation of the Origins of Christianity, in: HThR XXII (1929), 263-369; — Jan Hendrik Scholte, Qui aviam suam virginem violavit? Abel terram, in: Neophilologus. An internat. journal of modern and mediaeval language and literature 19 (1934), 13-24; — William Francis Jackson Knight, A Prehistoric Ritual Pattern in the Sixth Aeneid, in: Transactions and Proceedings of the American Philological Association 66 (1935), 256-273; — Martin Persson Nilsson, Early Orphism and Kindred Religious Movements, in: HThR XXVIII (1935), 181-230; — Ders., Problems of the Hist. of Greek Rel. in the Hellenistic and Roman Age, in: HThR XXXVI (1943), 251-275; — Ders., The Bacchic Mysteries of the Roman Age, in: HThR XLVI (1953), 175-202; — Ernst A. Philippson, Die agrarische Rel. der Germanen nach den Ergebnissen der nordischen Ortsnamenforsch., in: PMLA. Publications of the Modern Language Association of America 51 (1936), 313-327; — Friedrich Pfister, A. D.s Wirken in der Religionswiss., in: ARW 35 (1938), 180-185; — Hans Leisegang, Das Mysterium der Schlange. Ein Btr. z. Erforsch. des griech. Mysterienkultes u. seines Fortlebens in der christlichen Welt, in: Vortrr. über die Symbolik der Wiedergeburt in der religiösen Vorstellung der Zeiten u. Völker. Hrsg. v. Olga Fröbe-Kapteyn (ErJb, 7 [1939]), Zürich 1940, 151-250; engl.: The Mystery of the Serpent, in: The mysteries. Papers from the Eranos Yearbooks. Ed. by Joseph Campbell. Selected and translated from the »Eranos-Jahrbücher«, ed. by Olga Froebe-Kapteyn. Vol. 2 (Bollingen series, sponsored by Bollingen Foundation, XXX,2), Princeton, NJ 1955, 194-260; — Walter F[riedrich Gustav Hermann] Otto, Der Sinn der eleusinischen Mysterien, in: Vortrr. über die Symbolik der Wiedergeburt in der religiösen Vorstellung der Zeiten u. Völker. Hrsg. v. Olga Fröbe-Kapteyn (ErJb, 7 [1939]), Zürich 1940, 83-113; engl.: The Meaning of the Eleusinian Mysteries, in: The mysteries. Papers from the Eranos Yearbooks. Ed. by Joseph Campbell. Selected and translated from the »Eranos-Jahrbücher«, ed. by Olga Froebe-Kapteyn. Vol. 2 (Bollingen series, sponsored by Bollingen Foundation, XXX,2), Princeton, NJ 1955, 14-31; — Alexander Turyn, The Sapphic Ostracon, in: Transactions and Proceedings of the American Philological Association 73 (1942), 308-318; — Heinrich Henel, Byrhtferth's »Preface«: The Epilogue of His Manual?, in: Speculum 18 (1943), 288-302; — Max Pulver, Jesu Reigen u. Kreuzigung nach den Johannes-Akten, in: Das hermetische Prinzip in Mythologie, Gnosis u. Alchemie. Hrsg. v. Olga Fröbe-Kapteyn (ErJb, 9 [1942]), Zürich 1943, 141-177; engl.: Jesus' Round Dance and Crucifixion According to the Acts of St John, in: The mysteries. Papers from the Eranos Yearbooks. Ed. by Joseph Campbell. Selected and translated from the »Eranos-Jahrbücher«, ed. by Olga Froebe-Kapteyn. Vol. 2 (Bollingen series, sponsored by Bollingen Foundation, XXX,2), Princeton, NJ 1955, 173-

193; — Valentine Muller, The Prehist. of the »Good Shepherd«, in: JNES 3 (1944), 87-90; — Bruce Manning Metzger, St. Jerome´s Testimony Concerning the Second Grade of Mithraic Initiation, in: AJP 66 (1945), 225-233; — Ders., Considerations of Methodology in the Study of the Mystery Religions and Early Christianity, in: HThR XLVIII (1955), 1-20 (auch separat Cambridge, MA 1955), Wiederveröff. u.d.T.: Methodology in the Study of the Mystery Religions and Early Christianity, in: Bruce Manning Metzger, Historical and literary studies: Pagan, Jewish, and Christian (New Testament tools and studies, 8), Leiden 1968, 1-24; — Hugo Rahner, Das christliche Mysterium u. die heidnischen Mysterien, in: Die Mysterien. Hrsg. v. Olga Fröbe-Kapteyn (ErJb, 11 [1944]), Zürich 1945, 347-449; engl.: The Christian Mystery and the Pagan Mysteries, in: The mysteries. Papers from the Eranos Yearbooks. Ed. by Joseph Campbell. Selected and translated from the »Eranos-Jahrbücher«, ed. by Olga Froebe-Kapteyn. Vol. 2 (Bollingen series, sponsored by Bollingen Foundation, XXX,2), Princeton, NJ 1955, 337-401; — Roger Pack, The »Volatilization« of Peregrinus Proteus, in: AJP 67 (1946), 334-345; — Ralph Marcus, Alphabetic Acrostics in the Hellenistic and Roman Periods, in: JNES 6 (1947), 109-115; — Howard N. Porter, A Bacchic Graffito from the Dolicheneum at Dura, in: AJP 69 (1948), 27-41; — Wladimir Szylkarski, Jugendgesch. Adolf Dyroffs. Mit einigen Streifzügen durch die J. seiner Reife u. Vollendung (Deus et anima. Arch. f. christliche Philos. u. Dichtung, 4). 2., umgearb. Aufl., Bonn 1948; — Zofia Ameisenowa, Animal-Headed Gods, Evangelists, Saints and Righteous Men, in: The Journal of the Warburg and Courtauld Institutes 12 (1949), 21-45; — Alphons Augustinus Barb, The Vulture Epistle, in: The Journal of the Warburg and Courtauld Institutes 13 (1950), 318-322; — Ders., Abraxas-Stud., in: Hommages à Waldemar Deonna (Coll. Latomus, Rv. d´études latines, 28), Bruxelles 1957, 67-86; — Francis R. Walton, »Kinsman of the Gods?«, in: Classical Philology. A journal devoted to research in classical antiquity 48 (1953), 24-28; — Martin Plessner, Hermes Trismegistus and Arab Science, in: Studia Islamica 2 (1954), 45-59; — Furio Jesi, Notes sur l´édit Dionysiaque de Ptolémée IV Philopator, in: JNES 15 (1956), 236-240; — Alfons A. Barb, Abraxas-Stud., in: Hommages à Waldemar Deonna (Coll. Latomus, Rv. d´études latines, 28), Bruxelles 1957, 67-86; — Hans Georg Gundel, Die klass. Philologie an der Univ. Gießen im 20. Jh., in: Ludwigs-Univ. Justus-Liebig-Hochschule 1607-1957. Festschr. z. 350-Jahrfeier, Gießen 1957, 192-221; — Karl Heinrich Rengstorf, Old and New Testament Traces of a Formula of the Judaean Royal Ritual, in: NovTest V (1962), 229-244; — Peter Fingesten, The Six-Fold Law of Symbolism, in: The Journal of Aesthetics and Art Criticism [Malden, MA] 21 (1963), 387-397; — Institutions, in: Current Anthropology, sponsored by the Wenner-Gren Foundation for Anthropological Research [Chicago, IL] 4 (1963), 370-373; — Philip Merlan, Rel. and Philosophy from Plato´s Phaedo to the Chaldaean Oracles, in: Journal of the Hist. of Philosophy 1 (1963), 163-176; — Günther Zuntz, Once More the So-Called »Edict of Philopator on the Dionysiac Mysteries« (BGU 1211), in: Hermes 91 (1963), 228-239. 384, erneut in: Idem, Opuscula selecta. Classica, Hellenistica, Christiana, Manchester-Totowa, NJ 1972, 88-101; — Robert Luyster, Symbolic Elements in the Cult of Athena, in: Hist. of Religions. An internat. journal for comparative historical studies [Chicago, IL] 5 (1965), 133-163; — Sven B. Ek, En skånsk kvarn och dess persiska frände. En studie i folklig uppfinnarkonst (Scripta minora Regiae Societatis Humaniorum Litterarum Lundensis = Studier utg. av Kungliga Humanistiska Vetenskapssamfundet i Lund, 1964/1965, 1), Lund 1966; — Joel Trapido, The Atellan Plays, in: Educational Theatre Journal 18 (1966), no. 4: Special Internat. Theatre Issue, p. 381-390; — Olof Pettersson, Mother Earth. An analysis of the Mother Earth concepts according to A. D. (Scripta minora Regiae Societatis Humaniorum Litterarum Lundensis = Studier utg. av Kungliga Humanistiska Vetenskapssamfundet i Lund, 1965/1966, 3), Lund 1967; — Hans Dieter Betz, The Mithras Inscriptions of Santa Prisca and the New Testament, in: NovTest X (1968), 62-80, erneut in: Ders., Hellenismus u. Urchristentum. Gesammelte Aufss. Bd. 1, Tübingen 1990, 72-90. 90-91 [Nachtr.]; — Ders., Fragments from a Catabasis Ritual in a Greek Magical Papyrus, in: Hist. of Religions. An internat. journal for comparative historical studies [Chicago, IL] 19 (1980), no. 4, p. 287-295, erneut in: Ders., Hellenismus u. Urchristentum. Gesammelte Aufss. Bd. 1, Tübingen 1990, 147-155. 155 [Nachtr.]; — The Delphic Maxim »Know Yourself« in the Greek Magical Papyri, in: Hist. of Religions. An internat. journal for comparative historical studies [Chicago, IL] 21 (1981), no. 2, p. 156-171, erneut in: Ders., Hellenismus u. Urchristentum. Gesammelte Aufss. Bd. 1, Tübingen 1990, 156-172. 172 [Nachtr.]; — The Formation of Authoritative Tradition in the Greek Magical Papyri, in: Jewish and Christian Self-Definition. Vol. 3: Self-definition in the Graeco-Roman world, ed. by Ben F. Meyer and E[d] P[arish] Sanders, London-Philadelphia, PA 1982, 161-170, erneut in: Hans Dieter Betz, Hellenismus u. Urchristentum. Gesammelte Aufss. Bd. 1, Tübingen 1990, 173-183. 183 [Nachtr.]; — Ders., Magic and Mystery in the Greek Magical Papyri, in: Magika Hiera. Ancient Greek magic and rel. Ed. by Christopher A. Faraone, Dirk Obbink, New York/Oxford 1991, 244-259, erneut in: Hans Dieter Betz, Hellenismus u. Urchristentum, Tübingen 1990, 209-229; — Ders., Gottesbegegnung u. Menschwerdung. Zur religionsgeschichtlichen u. theol. Bedeutung der »Mithrasliturgie« (PGM IV, 475-820) (Hans-Lietzmann-Vorlesungen, 6), Berlin/New York 2001; — Ders., The »Mithras Liturgy«. Text, Transl. and Commentary (Stud. u. Texte z. Antike u. Christentum = Studies and texts in antiquity and christianity, 18), Tübingen 2003; — Karl-Sigismund Kramer, Volkskunde jenseits der Philologie, in: Zschr. f. Volkskunde. Hjschr. der Dt. Ges. f. Volkskunde 64 (1968), 1-11; — Hans Jonas, Myth and Mysticism: A Study of Objectification and Interiorization in Religious Thought, in: JR 49 (1969), 315-329; — Walter Burkert, Jason, Hypsipyle, and New Fire at Lemnos: a Study in Myth and Ritual, in: The Classical Quarterly, N.S. 20 (1970), 1-16, erneut in: Oxford Readings in Greek Rel. Ed. by Richard G. A. Buxton, Oxford/New York 2000, 227-249; dt. Rückübers.: Neues Feuer auf Lemnos. Über Mythos u. Ritual, in: Walter Burkert, Wilder Ursprung. Opferritual u. Mythos bei den Griechen (Kleine kulturwiss. Bibl., 22), Berlin 1990, 60-76; — Ders., Griech. Rel. der archaischen u. klass. Epoche (Die Religionen der Menschheit, 15), Stuttgart/Berlin/Köln/Mainz 1977; — Ders., Griech. Mythologie u. die Geistesgesch. der Moderne, in: Les études classiques aux XIXe et XXe siècles, leur place dans l'hist. des idées. Huit exposés suivis de discussions. Vandoeuvres-Genève, 20-25 août, 1977, par Willem den Boer [et al.]. Entretiens préparés et présidés par Willem den Boer (Entretiens sur l'antiquité classique, 26), Vandoeuvres-Genève 1980, 159-199; — Ders., Klass. Altertum u. antikes Christentum. Probleme einer übergreifenden Religionswiss. (Hans-Lietzmann-Vorlesungen, 1), Berlin/New York 1996; — Gary Wills, Phoenix of Colophon's ΚΟΡΩΝΙΕΣΜΑ, in: CQ N.S. 20 (1970), 112-118; — Samuel Terrien, The Omphalos Myth and Hebrew Religion, in: VT XX (1970), 315-338; — Charles Thomas Davis, Tradition and Redaction in Matthew 1:18-2:23, in: JBL 90 (1971), 404-421; — Max Zeller, Psychological Interpretations of Myth in Rel., in: Psychological Perspectives. A semiannual journal of Jungian thought. Sponsored by the C.G. Jung Institute of Los Angeles 2 (1971), 146-159; — Mircea Eliade, Zalmoxis, in: Hist. of Religions. An internat. journal for comparative historical studies [Chicago, IL] 11 (1972), no. 3, p. 257-302; — Friedrich Solmsen, The World of the Dead in Book 6 of the »Aeneid«, in: Classical Philology. A journal devoted to research in classical antiquity 67 (1972), 31-41, erneut in: Oxford Readings in Vergil's Aeneid. Ed. by S[tephen] J. Harrison, Oxford/New York 1990, 208-223; — Reinhart Staats, Ogdoas als ein Symbol f. die Auferstehung, in: VigChr 26 (1972), 29-52; — Rein Ferwerda, Le serpent, le nœud d'Hercule et le caducée d'Hermès. Sur un passage orphique chez Athénagore, in: Numen XX (1973), 104-115; — Martin Hengel u. Helmut Merkel, Die Magier aus dem Osten u. die Flucht nach Ägypten (Mt 2) im Rahmen der antiken Religionsgesch. u. der Theol. des Matthäus, in: Orientierung an Jesus. Zur Theol. der Synoptiker. Für Josef Schmid. Hrsg. v. Paul Hoffmann in Zusammenarbeit mit Norbert Brox u. Wilhelm Pesch, Freiburg i.Br./Basel/Wien 1973, 139-169; — Wolfgang Fauth, Der Schlund des Orcus. Zu einer Eigentümlichkeit der röm.-etruskischen Unterweltsvorstellung, in: Numen XXVI (1974), 105-127; — Don Yoder, Toward a Definition of Folk Rel., in: Western Folklore. Published by the California Folklore Soc. 33 (1974), no. 1: Symposium on Folk Rel., p. 2-15; — J[ohn] Duncan M[artin] Derrett, Further Light on the Narratives of the Nativity, in: NovTest XVII (1975), 81-108; — Anitra Bingham Kolenkow, The Genre Testament and Forecasts of the Future in the Hellenistic Jewish Milieu, in: JSJPHR 6 (1975), 57-71; — Albert Henrichs, Despoina Kybele: Ein Btr. z. rel. Namenkunde, in: Harvard Studies in Classical Philology 80 (1976), 253-286; — Ders., Greek Maenadism from Olympias to Messalina, in: Harvard Studies in Classical Philology 82 (1978), 121-160; — Pieter Willem van der Horst, The sentences of Pseudo-Phocylides. With introd. and commentary (Studia in Veteris Testamenti pseudepigrapha, 4), Leiden 1978; — Ders., Silent Prayer in Antiquity, in: Numen XLI (1994), 1-25; — Ders., The Great Magical Papyrus of Paris (PGM IV) and the Bible, in: Idem, Jews and Christians in their Graeco-Roman context. Selected essays on early Judaism, Samaritanism, Hellenism, and Christianity (WUNT, 196), Tübingen 2006, 269-279; erneut in: A kind of magic. Understanding magic in the New Testament and its religious environment. Ed. by Michael Labahn and Bert Jan Lietaert Peerbolte (Library of New Testament studies, 306 = European studies on christian origins), Lon-

don 2007, 173-183; — Wolfgang Speyer, Die Zeugungskraft des himmlischen Feuers in Antike u. Urchristentum, in: Antike u. Abendland. Btrr. z. Verständnis der Griechen u. Römer u. ihres Nachlebens 24 (1978), 57-75, erneut in: Ders., Frühes Christentum im antiken Strahlungsfeld. Kleine Schrr. I (WUNT, 50), Tübingen 1989, 235-253; — Gilles Quispel, Gnosis and Psychology, in: The rediscovery of Gnosticism. Proceedings of the Internat. Conference on Gnosticism at Yale, New Haven, Conn., March 28-31, 1978. Ed. by Bentley Layton. Vol. I: The School of Valentinus (Studies in the hist. of religions = Suppl. to Numen, 41.1), Leiden 1980, 17-31, erneut in: The Gnostic Jung. Selected and introduced by Robert A[lan] Segal (Mythos), Princeton, NJ 1992, 239-253; — Wolfgang Wischmeyer, Die Aberkiosinschr. als Grabepigramm, in: JAC 23 (1980), 22-47; — Lowell Edmunds, The Cults and the Legend of Oedipus, in: Harvard Studies in Classical Philology 85 (1981), 221-238; — Patricia A. Marquardt, A Portrait of Hecate, in: AJP 102 (1981), 243-260; — Ioan Petru Culianu, Psychanodia. Vol. I: A survey of the evidence concerning the ascension of the soul and its relevance (Études préliminaires aux religions orientales dans l'Empire romain, 99), Leiden 1983, 24-26; — David Arthur Fiensy, »Lex Talionis« in the »Apocalypse of Peter«, in: HThR 76 (1983), 255-258; — Alfred Höck, Zur Gesch. der Volkskunde in Hessen, vornehmlich an den Universitäten Gießen u. Marburg, in: Volkskunde als akademische Disziplin. Stud. z. Institutionenausbildung. Referate eines wissenschaftsgeschichtlichten Symposions v. 8.-10. Oktober 1982 in Würzburg. Hrsg. v. Wolfgang Brückner in Zusammenarb. mit Klaus Beitl (SÖAW.PH, 414 = Mitt. des Inst. für Gegenwartsvolkskunde, 12), Wien 1983, 95-106; — Noel Robertson, Greek Ritual Begging in Aid of Women's Fertility and Childbirth, in: Transactions of the American Philological Association 113 (1983), 143-169; — Franca Ela Consolino, Magna est veritas et praevalebit. Comparativismo religioso e cristianesimo nel Ramo d'oro, in: Erreffe. La ricerca folklorica. Contributi allo studio della cultura delle classi popolari. Rivista semestrale [Brescia] (1984), n. 10: I frutti del Ramo d'oro. James G. Frazer e le eredità dell'antropologia. A cura di Pietro Clemente, p. 55-62; — Morton Smith, The Eighth Book of Moses and How it Grew (P. Leid. J 395), in: Atti del XVII Congresso di Papirologia [Napoli, 19-26 maggio 1983]. Vol. 2 [Papirologia letteraria. Testi e documenti egiziani], Napoli 1984, 683-693, erneut in: Morton Smith, Studies in the cult of Yahweh. Ed. by Shaye J. D. Cohen. Vol. Two: New Testament, early Christianity, and magic (Religions in the Graeco-Roman world, 130.2), Leiden/New York/Köln 1996, 217-226; — Ders., O'Keefe's »Social Theory of Magic«, in: JQR N.S. 74 (1984), no. 3, p. 301-313; — Ders., P. Leid J 395 (PGM XIII) and Its Creation Legend, in: Hellenica et Judaica. Hommage à Valentin Nikiprowetzky. Édité par A[ndré] Caquot, M[ireille] Hadas-Lebel et J[ean] Riaud (Coll. de la Rv. des études juives, 3), Leuven/Paris 1986, 491-498, erneut in: Morton Smith, Studies in the cult of Yahweh. Ed. by Shaye J. D. Cohen. Vol. Two: New Testament, early Christianity, and magic (Religions in the Graeco-Roman world, 130.2), Leiden/New York/Köln 1996, 227-334; — Peter Assion, »Was Mythos unseres Volkes ist«. Zum Werden u. Wirken des NS-Volkskundlers Eugen Fehrle, in: Zschr. f. Volkskunde. Hjschr. der Dt. Ges. f. Volkskunde 81 (1985),

220-244; engl.: Eugen Fehrle and »The Mythos of Our Folk«, in: The Nazification of an academic discipline. Folklore in the Third Reich. Ed. and translated by James R. Dow and Hannjost Lixfeld (Folklore studies in transl.), Bloomington, IN 2004, 112-134; — Dennis C. Duling, The Eleazar Miracle and Solomon's Magical Wisdom in Flavius Josephus's »Antiquitates Judaicae« 8.42-49, in: HThR 78 (1985), 1-25; — Howard M. Jackson, The Meaning and Function of the Leontocephaline in Roman Mithraism, in: Numen XXXII (1985), 17-45; — Ders., Echoes and Demons in the Pseudo-Philonic Liber Antiquitatum Biblicarum, in: JSJPHR 27 (1996), 1-20; — Sam D. Gill, Mother Earth. An American story, Chicago, IL/London 1987; — Richard J. Bauckham, The Apocalypse of Peter: An Account of Research, in: Aufstieg u. Niedergang der röm. Welt (ANRW). Gesch. u. Kultur Roms im Spiegel der neueren Forsch. Teil II: Principat. Bd. 25 (6. Teilbd.): Rel. (vorkonstantinisches Christentum: Leben u. Umwelt Jesu, NT [Kanonische Schrr. u. Apokryphen], Schluß). Hrsg. v. Wolfgang Haase, Berlin/New York 1988, 4712-4750; — Dennis D. Buchholz, Your Eyes Will Be Opened: A Study of the Greek (Ethiopic) Apocalypse of Peter (Soc. of Biblical Literature: Diss. series, 97), Atlanta, GA 1988; — William C. Grese, »Unless One Is Born Again«: The Use of a Heavenly Journey in John 3, in: JBL 107 (1988), 677-693; — Otto Neugebauer and George A. Saliba, On Greek Numerology, in: Centaurus. An Internat. Journal of the Hist. of Science and its Cultural Aspects 31 (1988), no. 3, p. 189-206; — David Ulansey, The origins of the Mithraic mysteries. Cosmology and salvation in the ancient world, New York/Oxford 1989; dt.: Die Ursprünge des Mithraskults. Kosmologie u. Erlösung in der Antike. Aus dem Engl. übers. v. Gabriele Schulte-Holtey, Stuttgart 1998; it.: I misteri di Mithra. Cosmologia e salvazione nel mondo antico. Edizione italiana a cura di Gianfranco de Turris. Traduzione dall'inglese di Massimiliano T. Rezza e Livio Tucci, Roma 2001; — Tony Swain, The Earth Mother from Northern Waters, in: Hist. of Religions. An internat. journal for comparative historical studies [Chicago, IL] 30 (1991), no. 3, p. 223-260; — Ders., The Mother Earth Conspiracy: An Australian Episode, in: Numen XXXVIII (1991), 3-26; — Christopher G. Brown, Empousa, Dionysus and the Mysteries: Aristophanes, »Frogs« 285ff, in: The Classical Quarterly, N.S. 41 (1991), 41-50; — Abrasax. Ausgewählte Papyri rel. u. magischen Inhalts, hrsg. u. erkl. v. Reinhold Merkelbach u. Maria Totti [in Zusammenarbeit mit der Arbeitsstelle f. Papyrusforsch. im Inst. f. Altertumskunde der Univ. z. Köln]. Bd. III: Zwei griech.-ägypt. Weihezeremonien (die Leidener Weltschöpfung, die Pschai-Aion-Liturgie) hrsg. u. erkl. v. Reinhold Merkelbach (Abhh. der Rheinisch-Westfälischen Akademie der Wissenschaften. Sonderr. Papyrologica Coloniensia, 17,3), Opladen 1992; — Siegfried Becker, Volkskundliche Forsch. in Hessen. Gesch., Organisation u. Aufgaben, in: Hessische Bll. f. Volks- u. Kulturforsch. N.F. der Hessischen Bll. f. Volkskunde hrsg. v. der Hessischen Vereinigung f. Volkskunde 28 (1992), 41-64; — Ders., Hinwendung zum Volk. Die Anfänge der wiss. Volkskunde in Hessen um 1900. Zum hundertj. Bestehen der Hessischen Vereinigung f. Volkskunde, in: Arch. f. hessische Gesch. u. Altertumskunde N.F. 58 (2000), 233-257; — The Greek magical papyri in transl., including the Demotic spells. Ed. by Hans Dieter Betz. Contributors: David E. Aune et al. [Translations of Greek, Demotic, and Coptic texts found in: Papyri graecae magicae, 2nd ed., with translations of fifty additional texts]. Vol. 1: Texts. 2nd ed., with an updated bibliography, Chicago, IL/London 1992; — Paul T. Keyser, Propertius' Horoscope: A Suggested Birthdate, in: Classical Philology. A journal devoted to research in classical antiquity 87 (1992), 328-334; — Shawn Eyer, Psychedelic Effects and the Eleusinian Mysteries in Alexandria, in: Alexandria. The Journal for the Western Cosmological Traditions, ed. by David L. Fideler. Vol. 2, Grand Rapids, MI 1993, 63-95; — Hans G[erhard] Kippenberg, Max Weber im Kreise v. Religionswissenschaftlern, in: ZRGG 45 (1993), 348-366; — Alf Önnerfors, Magische Formeln im Dienste röm. Medizin, in: Aufstieg u. Niedergang der röm. Welt (ANRW). Gesch. u.. Kultur Roms im Spiegel der neueren Forsch. Teil II: Principat. Bd. 37: Philos., Wissenschaften, Technik. 1. Teilbd.: Wissenschaften (Medizin u. Biologie). Hrsg. v. Wolfgang Haase, Berlin/New York 1993, 157-224; — Pier Angelo Carozzi, Due maestri di fenomenologia storica delle religione: Uberto Pestalozza e Mircea Eliade, in: Ἀγαθὴ ἐλπίς. Studi storicoreligiosi in onore di Ugo Bianchi a cura di Giulia Sfameni Gasparro (Storia delle religioni [Roma], 11), Roma 1994, 35-61; — Utz Jeggle, Volkskunde im 20. Jh., in: Grdr. der Volkskunde. Einf. in die Forschungsfelder der Europäischen Ethnologie. Hrsg. v. Rolf W. Brednich (Ethnologische Paperbacks). 2., überarb. u. erw. Aufl., Berlin 1994, 51-72; — Richard Noll, Jung the »Leontocephalus«, in: Spring. A Journal of archetype and culture [Woodstock, CT] 53 (1994), 12-60, erneut in: Jung in contexts. A reader. Ed. by Paul Bishop, London/New York 1999, 51-91; — Simon Pulleyn, The Power of Names in Classical Greek Rel., in: The Classical Quarterly, N.S. 44 (1994), 17-25; — Renate Schlesier, »Arbeiter in Useners Weinberg«: Anthropologie u. antike Religionsgesch. in Dtld. nach dem ersten Weltkrieg, in: Dies., Kulte, Mythen u. Gelehrte. Anthropologie der Antike seit 1800 (Fischer Wiss., 11924), Frankfurt a.M. 1994, 193-209; — Dies., »Arbeiter in Useners Weinberg«: Anthropologie u. antike Religionsgesch. in Dtld. nach dem ersten Weltkrieg. Mit einem Anh., in: Hellmut Flashar (Hrsg.), Die Altertumswiss. im Dtld. der 20er J. Neue Fragen u. Impulse. Unter Mitarbeit v. Sabine Vogt. Aus den Arbeitskreisen »Methoden der Geisteswissenschaften« der Fritz Thyssen Stiftung, Stuttgart 1995, 329-380; — William Matt Brashear, The Greek Magical Papyri: an Introd. and Survey; Annotated Bibliography (1928-1994), in: Aufstieg u. Niedergang der röm. Welt (ANRW). Gesch. u. Kultur Roms im Spiegel der neueren Forsch. Teil II: Principat. Bd. 18: Rel. 5. Teilbd.: Heidentum: die rel. Verhältnisse in den Provinzen (Forts.). Hrsg. v. Wolfgang Haase, Berlin/New York 1995, 3380-3684, 3408-3410; — Ders., Out of the Closet: Recent Corpora of Magical Texts, in: Classical Philology. A journal devoted to research in classical antiquity 91 (1996), 372-383; — Peter Kingsley, Ancient philosophy, mystery, and magic. Empedocles and Pythagorean tradition, Oxford-Oxford/New York 1995; — Erica Reiner, Astral Magic in Babylonia, in: Transactions of the American Philosophical Soc. held at Philadelphia for promoting useful knowledge, N.S. 85 (1995), no. 4, p. 1-150; — Robert Kriech Ritner, Egyptian Magical Practice under the Roman Empire: the Demotic Spells and their Religious Context, in: Aufstieg u.

Niedergang der röm. Welt (ANRW). Gesch. u. Kultur Roms im Spiegel der neueren Forsch. Teil II: Principat. Bd. 18: Rel. 5. Teilbd.: Heidentum: die rel. Verhältnisse in den Provinzen (Forts.). Hrsg. v. Wolfgang Haase, Berlin/New York 1995, 3333-3377; — James R. Russell, On Mithraism and Freemasonry, in: Heredom. The Transactions of the Scottish Rite Research Soc. [Washington, DC] 4 (1995), 269-287, erneut in: James R. Russell, Armenian and Iranian studies (Harvard Armenian texts and studies, 9), Cambridge, MA 2004, 641-660; — Bert Jan Lietaert Peerbolte, The antecedents of Antichrist. A traditio-historical study of the earliest Christian views on eschatological opponents (Suppl. to the Journal for the Study of Judaism, 49), Leiden/New York 1996; — Cristopher Athanasious Faraone, Salvation and Female Heroics in the Parodos of Aristophanes' »Lysistrata«, in: The Journal of Hellenic Studies CXVII (1997), 38-59; — Giuseppe Veltri, Magie u. Halakha. Ansätze z. einem empirischen Wissenschaftsbegriff im spätantiken u. frühma. Judentum (Texte u. Stud. z. antiken Judentum, 62), Tübingen 1997; — Andrzej Wypustek, Magic, Montanism, Perpetua, and the Severan Persecution, in: VigChr 51 (1997), 276-297; — Panel Discussion: »Magic in the Ancient World« by Fritz Graf, in: Numen XLVI (1999), 291-325; — Harold Remus, »Magic«, Method, Madness, in: Method & Theory in the Study of Rel. Journal of the North American Association for the Study of Rel. 11 (1999), 258-298; — Mark Allan Powell, The Magi as Wise Men: Re-examining a Basic Supposition, in: NTS 46 (2000), 1-20; — Herbert Stein, Das Sator-Quadrat, in: Archive for the Psychology of Rel. / Arch. f. Religionspychologie 23 (2000), 209-219; — Kocku v. Stuckrad, Das Ringen um die Astrologie. Jüd. u. christliche Btrr. z. antiken Zeitverständnis (Religionsgeschichtliche Versuche u. Vorarbeiten, 49), Berlin/New York 2000; — Roger Beck, New thoughts on the genesis of the mysteries of Mithras, in: Topoi: Orient-Occident [Paris] 11 (2001 [i.e. 2003]), n° 1, p. 59-76; — Patrick Gray, Abortion, Infanticide, and the Social Rhetoric of the Apocalypse of Peter, in: Journal of Early Christian Studies. Journal of the North American Patristics Soc. [Baltimore, MD] 9 (2001), 313-337; — Friedrich Wilhelm Graf, Puritanische Sektenfreiheit versus luth. Volkskirche. Zum Einfluß Georg Jellineks auf religionsdiagnostische Deutungsmuster Max Webers u. Ernst Troeltschs, in: Zschr. f. neuere Theologiegesch. / Journal for the Hist. of Modern Theology 9 (2002), 42-69; — Volkhard Krech, Wiss. u. Rel. Stud. z. Gesch. der Religionsforsch. in Dtld. 1871 bis 1933 (Religion u. Aufklärung, hrsg. v. der Forschungsstätte der Ev. Studiengemeinschaft Heidelberg, 8), Tübingen 2002; — Andrea Orsucci, L'enciclopedia nietzscheana delle scienze dello spirito nelle discussioni del primo Novecento: alcune corispondenze. Nuove prospettive storiografiche, in: Links. Rivista di cultura e letteratura tedesca 2 (2002), 131-141; — Kelley Coblentz Bautch, A study of the geography of 1 Enoch 17-19: »no one has seen what I have seen« (Suppl. to the Journal for the Study of Judaism, 81), Leiden/Boston, MA 2003; — Jan Nicolaas Bremmer, The »Apocalypse of Peter«: Greek or Jewish?, in: The Apocalypse of Peter. Jan N. Bremmer, István Czachesz (eds.) (Studies on early christian apocrypha, 7), Leuven 2003, 1-14; — Giovanni Casadio, The Failing Male God: Emasculation, Death and Other Accidents in the Ancient Mediterranean World, in: Numen L (2003), 231-268;

— Suzanne L. Marchand, From Liberalism to Neoromanticism: A. D., Richard Reitzenstein, and the religious turn in fin-de-siècle German Classical Studies, in: Out of Arcadia: classics and politics in Germany in the age of Burckhardt, Nietzsche and Wilamowitz, ed. by Ingo Gildenhard and Martin A[lexander] Ruehl (Bulletin. University of London, Institute of Classical Studies [BICS]. Suppl., 79), London 2003, 129-160; — Dies., Philhellenism and the »furor orientalis«, in: Modern Intellectual Hist. [Cambridge] 1 (2004), 331-358; — Dies., Popularizing The Orient In »Fin De Siècle« Germany, in: Intellectual Hist. Rv. Journal of the Internat. Soc. for Intellectual Hist. 17 (2007), no. 2: An Empire of Vision: German Art and Visual Culture, 1848-1919, p. 175-202; — José Antonio Molina Gómez, Otto K. Weinreich (1886-1972) y los estudios de historia de la religión, in: La cultura latina en la Cueva Negra. En agradecimiento y homenaje a los Profs. A. Stylow, M. Mayer, I. Velázquez. [Actas del congreso celebrado en Fortuna, en el Salón de Actos del Ayuntamiento, los días 10-13 de febrero del año 2001]. Ed. A[ntonino] González Blanco, G[onzalo] Matilla Séiquer (Antigüedad y cristianismo. Monografias históricas sobre la antigüedad tardia, XX), Murcia 2003, 607-636; — Ennio Sanzi, Magia e culti orientali II. Le iscrizioni alfabetiche dolichene e le formule dei papiri e delle gemme magiche, in: Archævs. Studies in hist. of religions [Bucuresti] VII (2003), 181-205; — Antje Wessels, Ursprungszauber. Zur Rezeption v. Hermann Useners Lehre von der rel. Begriffsbildung (Religionsgeschichtliche Versuche u. Vorarbeiten, 51), Berlin/New York 2003; — Claude Calame, ¿Qué es lo que es órfico en los Orphica? La poesía atribuída a Orfeo, in: Synthesis. Centro de Estudios de Lenguas Clásicas, Área Filología Griega, Facultad de Humanidades y Ciencias de la Educación, Universidad Nacional de La Plata 11 (2004), 1-12; — Annette Kledt, Die Entführung Kores. Stud. z. athenisch-eleusinischen Demeterrel. (Palingenesia. Monogrr. u. Texte z. klass. Altertumswiss., 84), Stuttgart 2004, 19; — Ezio Albrile, La Signora dei sogni: origini e visioni dell'alchimia ellenistica, in: Archævs. Studies in hist. of religions [Bucuresti] 9 (2005), 57-80; — Anita Bagus, Volkskultur in der bildungsbürgerlichen Welt. Zum Institutionalisierungprozeß wiss. Volkskunde im wilhelminischen Kaiserreich am Beispiel der Hessischen Vereinigung f. Volkskunde (Berr. u. Arbeiten aus der Universitätsbibl. u. dem Universitätsarch. Gießen, 54), Gießen 2005 (http://geb.uni-giessen.de/geb/volltexte/2006/2746/pdf/BagusAnita.pdf); — Sigmar Berrisch, Adolf Strack. Ein Btr. z. Volkskunde um 1900 (Berr. u. Arbeiten aus der Universitätsbibl. u. dem Universitätsarch. Gießen, 53), Gießen 2005; — Friedrich Kratochwil, Rel. and (Inter-)Nat. Politics: On the Heuristics of Identities, Structures, and Agents, in: Alternatives: Global, Local, Political 30 (2005), 113-140; — Christoph Markschies, Adolf Deißmann - ein Heidelberger Pionier der Ökumene, in: Zschr. f. neuere Theologiegesch. / Journal for the Hist. of Modern Theology 12 (2005), 47-88; — Rostovtzeffs Briefwechsel mit deutschsprachigen Altertumswissenschaftlern. Einl., Ed. u. Komm., hrsg. v. Gerald Kreucher (Philippika. Marburger altertumskundliche Abhh., 6), Wiesbaden 2005; — Alexander Toepel, Planetary Demons in Early Jewish Literature, in: Journal for the Study of the Pseudepigrapha (and related literature) [Sheffield] 14 (2005), 231-238; — Diane Treacy-Cole, Women in the Wilderness. Rereading Revelation 12, in: Wilderness. Essays in honour of Frances Young, ed. by R[asiah] S. Sugirtharajah (Library of New Testament studies, 295), London/New York 2005, 45-58; — Hubert Treiber, Der »Eranos«. Das Glanzstück im Heidelberger Mythenkranz?, in: Asketischer Prot. u. der »Geist« des modernen Kapitalismus. Max Weber u. Ernst Troeltsch. Hsg. v. Wolfgang Schluchter u. Friedrich Wilhelm Graf, Tübingen 2005, 75-153; — Claudio Morrone, Incontro di civiltà. L´Islamwissenschaft di Carl Heinrich Becker (Domini. La cultura storica, 32), Napoli 2006; — Stefan Schreiber, Die Sternenfrau u. ihre Kinder (Offb 12): Zur Wiederentdeckung eines Mythos, in: NTS 53 (2007), 436-457; — Mark Stoholski, »Welcome to Heaven, Please Watch Your Step«: The »Mithras Liturgy« and the Homeric Quotations in the Paris Papyrus, in: Helios. Journal devoted to critical and methodological studies of classical culture, literature and soc. [Lubbock, TX] 34 (2007), 69-95; — Klaus Zelzer, Der Goldene Zweig des Aeneas, in: Kelten-Einfälle an der Donau. Akten des Vierten Symposiums deutschsprachiger Keltologinnen u. Keltologen Linz/Donau, 17.-21. Juli 2005. Philologische - hist. — archäologische Evidenzen. Konrad Spindler (1939-2005) z. Gedenken. Hrsg. v. Helmut Birkhan unter Mitwirkung v. Hannes Tauber (Denkschrr. Östr. Akademie der Wissenschaften, Philos.-Hist. Kl., 345), Wien 2007, 653-660; — Dieter Zeller, Gibt es religionsgeschichtliche Parallelen z. Taufe f. die Toten (1Kor 15,29)?, in: ZNW 98 (2007), 68-76.

Klaus-Gunther Wesseling

DOOLEY, Thomas Anthony; amerikanischer Marinearzt; Schriftsteller, Sozialaktivist; erhielt für seinen Einsatz in Vietnam und für die Gründung von MEDICO in Laos vom amerikanischen Kongreß wenige Monate nach seinem Tod posthum die Congressional Medal of Honor verliehen; * 17. Januar 1927 in St. Louis, Missouri; † 18. Januar 1961 in New York City; - Thomas Dooley wuchs als Sohn einer prominenten und vermögenden Familie in St. Louis auf. Seine Eltern ermöglichten ihm eine solide schulische und akademische Ausbildung an der von den Jesuiten geführten St. Louis University High School und später an der Notre Dame University in Indiana sowie der Medizinischen Fakultät der Universität von St. Louis. Thomas Dooley war ein rebellischer und impulsiver Schüler und Student, der nicht selten Unterrichtsstunden und Vorlesungen schwänzte, um sich viel lieber im Bridlespur Hunt Club herumzutreiben. Und dennoch machte er nach fünf Jahren des Studiums 1953 seinen Doktor in Medizin und meldete sich dann im Sommer 1954 für das Medizinische Corps der US Marine, da er in St. Louis wenige berufliche Möglichkeiten sah. Fast zwei Jahre wirkte er als Arzt der Marine in Indochina, das damals unter dem 1. In-

dochinakrieg zu leiden hatte. — Nach der vernichtenden militärischen Niederlage der Franzosen in der Schlacht von Dien Bien Phu wurde vom 8. Mai bis zum 21. Juli 1954 in Genf eine Indochinakonferenz einberufen, an der neben China, Frankreich, Großbritannien, der UdSSR und der USA auch die ehemaligen französischen Kolonien Vietnam, Laos und Kambodscha teilnahmen. Das auf der Konferenz geschlossene Indochina-Abkommen sah vor, daß Frankreich seinen ehemaligen Kolonien Vietnam, Laos und Kambodscha die völlige Unabhängigkeit zusagt und sich militärisch völlig aus den Kampfgebieten zurückzieht. Für Vietnam wurde zudem vereinbart, daß es entlang des 17. Breitengrades getrennt wird. Im nördlichen Teil hatten die kommunistischen Viet Minh unter ihrem Führer Ho Chi Minh das Sagen, im südlichen Teil die Anhänger der pro-westlichen Regierung von Bao Dai, der bis 1945 letzter Kaiser Vietnams gewesen und seit 1950 Chef einer von Frankreich eingesetzten Regierung war. Diese Demarkationslinie entlang des 17. Breitengrads sollte jedoch bis zum Ablauf des Jahres 1956 durch freie Wahlen in ganz Vietnam aufgehoben werden. Diesen Wahlen kam der südvietnamesische katholisch-nationalistische Ministerpräsident Ngo Dinh Diem mit einem Referendum zuvor, nach dem im Süden die Monarchie endgültig abgeschafft und zur Republik Vietnam erklärt wurde. Ngo Dinh Diem wurde ihr erster Präsident. Der Norden erklärte sich daraufhin zur Demokratischen Republik Vietnam und so war das Land fortan faktisch in einen kommunistischen Norden und einen kapitalistischen Süden geteilt. Die Landesteilung setzte große Wanderungsströme der Bevölkerung in Gang. Dem Genfer Abkommen gemäß hatten alle Bürger Vietnams die Möglichkeit innerhalb von 100 Tagen in den Norden bzw. Süden umzuziehen. Viele, die mit Diems christlicher (katholischer) Bekehrungskampagne und seinem autoritärem Regierungsstil nicht einverstanden waren, zogen gen Norden, während andererseits viele Katholiken aus dem kommunistischen Norden in den Süden drängten. Die Kommunisten sahen in den nordvietnamesischen Katholiken Kollaborateure der alten Kolonialmacht Frankreich. Sie konfiszierten Kirchengüter und verhafteten und ermordeten zahlreiche Geistliche, da viele Katholiken mit den Franzosen gegen die Viet Minh gekämpft hatten. Da auch der katholische Episkopat Vietnams Ho Chi Minh ablehnend gegenüber stand, war für die Katholiken im Norden die Umsiedlung in ein von einem katholischen Regime regierten Südvietnam eine attraktive Alternative. Es war im Interesse der katholischen Kirche, der Regierung in Südvietnam und deren amerikanischen Sponsoren, die Umsiedlung von Katholiken in den Süden zu forcieren. Die Bemühungen dazu (1954/55) wurden unter dem Titel *Passage to Freedom* (1954-1955) bekannt. Und hier betritt nun Thomas Dooley die Szene. — Nach dem Genfer Abkommen war die Umsiedlung von Flüchtlingen vornehmlich die Sache der ehemaligen Kolonialmacht Frankreich. Doch Präsident Diem glaubte, daß die Franzosen diese Aufgabe nicht alleine schaffen würden und bat daher den amerikanischen Botschafter um Mithilfe bei der Umsiedlung von antikommunistischen Vietnamesen in den Süden. Im August 1954 wurde daher die USS Montague in die Bucht von Ha Long südlich von Haiphong beordert. Haiphong war seit Jahrhunderten die bedeutendste Hafenstadt im Norden Vietnams. Von dort sollte die USS Montague Flüchtlinge nach Saigon (heute Ho Chi Minh Stadt) bringen. Thomas Dooley, der auf der USS Montague Dienst tat und fließend Französisch sprach, diente zunächst an Bord seines Schiffes, später in Haiphong selbst als Dolmetscher zwischen den Amerikanern sowie Franzosen und Vietnamesen. In Haiphong war er aber auch mit der medizinischen Versorgung der Flüchtlinge betraut worden. Seine Erlebnisse in Haiphong schrieb Dooley in eindringlichen und leidenschaftlichen Berichten nieder, die bald unter der Mannschaft der USS Montague und anderer Schiffe hinaus kursierten und schließlich auch William Lederer erreichten, den Informationsoffizier des Kommandierenden der Pazifik-Flotte. Der erkannte das schriftstellerische Talent Dooleys und half diesem dabei, seine Schriften einer breiteren Leserschaft zugänglich zu machen. So stellte er Dooley dem Senior Herausgeber des Reader´s Digest vor, der dessen Geschichten und Erzählungen zu Bestsellern machte. Dooleys sehr emotionale und religiös geprägte Berichte gaben eindrucksvoll die Leiden der vietnamesischen Flüchtlinge wieder, die dem kommunistischen Norden zu entrinnen suchten. Sie prägten das negative Meinungsbild des Westens von Nordvietnam mit. Dooley überlieferte bspw. Augenzeugenberichte, wonach das Beten des Vaterunsers von den Viet Minh mit dem Abschneiden der Ohren bestraft wurde. Nach einem anderen Bericht wurde ein katholischer Vietnamese von den Kommunisten lebendig verbrannt, weil er Haupt einer christlichen Jugendbewegung war. Selbst Kinder würden von drakonischen Strafen nicht verschont. Dooley berichtet von Kindern einer Schule, die mit gefesselten Händen auf den Dorfplatz getrieben wurden, weil sie im Katechismus gelesen hatten. Vor der versammelten Schüler- und Einwohnerschaft der Gemeinde seien ihnen dann Eßstäbchen in die Ohren gerammt worden. Dem Lehrer, der den Kindern den Katechismus nahe gebracht hatte, wurde die Zunge abgeschnitten. Auch viele Priester und Ordensleute wurden gequält und traktiert. Einem Priester, den man zu ihm gebracht hätte, so Dooley, seien acht Eisennägel in den Schädel getrieben worden. Wie durch ein Wunder habe er diese Tortur relativ unbeschadet überlebt. Nicht wenige zweifeln diese Berichte allerdings an und halten sie für reine Propaganda. Viele Beweise dafür legte Dooley wirklich nicht vor. — Im Mai 1955 war die Frist für die Umsiedlung abgelaufen und alles französische und amerikanische Militärpersonal mußte Haiphong verlassen. Auf Veranlassung Dooleys wurde aus der geschlossenen katholischen Mission der Stadt noch die Statue »Unserer Lieben Frau von Fatima« geholt und nach Südvietnam gebracht. Sie war ein Geschenk des Papstes an die Katholiken von Haiphong und sollte nach dem Willen Dooleys mit den Christen der Stadt eine »Passage to Freedom« bekommen. Dooleys humanitäre Aktion wurde ohne sein Wissen vom CIA forciert, denn man wollte möglichst viele Menschen aus dem Norden in den Süden verbringen, um die Unterschiede in der Bevölkerungsstärke auszugleichen, was bei möglichen zukünftigen Wahlen ausschlaggebend sein konnte. Daher versuchte man von Seiten der amerikanischen Militärs Menschen im Norden davon überzeugen, daß die Lebensverhältnisse dort unannehmbar seien. So wurden südvietnamesische Soldaten in Zivilkleider gesteckt und in den Norden geschickt, um dort Gerüchte in Umlauf zu bringen. So wurden von ihnen in großem Stil Flugblätter verteilt, die davon berichteten, daß die Viet Minh chinesische Truppen ins Land ließen, die raubend und vergewaltigend durchs Land zogen. Geschäftsinhaber wurden in solchen Flugblättern davor gewarnt, daß sie in Bälde enteignet würden. Auf anderen Blättern wurden mit falschen astrologischen Voraussagen den Führern der Viet Minh schlimme Katastrophen angekündigt, dem Süden jedoch eine Zeit des Wohlstands verheißen. Die Geistlichen der christlichen Kirchen wirkten ebenfalls auf ihre Schäfchen ein, indem sie ihnen klarmachten, daß Gott und im Falle der Katholiken auch Maria in den Süden Vietnams gegangen sei. Allein der Teufel bliebe im Norden. Dazu wurden in den Gemeinden viele Folterberichte von Christen verteilt, welche den Menschen zusätzlich Angst machten. So erreichte die CIA schließlich ihr Ziel und über eine Million Menschen zogen nach Südvietnam. Viele von ihnen wurden im Raum Saigon angesiedelt und erhielten in überdurchnittlichem Maß Posten im Regierungs- und Verwaltungsapparat Diems. Artikel über die Operation »Passage to Freedom« erschienen in verschiedenen US Magazinen und Zeitschriften wie *Department of State Bulletins*, in *Life,* im *National Geographic,* im *New York Times Magazine,* in der *Newsweek,* der *Time* und den *U. S. News.* Im Mai 1955 zeichnete Südvietnams Präsident Diem Thomas Dooley persönlich aus für seine außerordentlichen Verdienste in den Flüchtlingslagern Nordvietnams. Was Dooley nicht wußte, war, daß die CIA die Ehrung vorgeschlagen hatte, aus deren Feder auch die Verleihungsrede stammte. Ende Mai 1955 entstand während einer Reise nach Japan Dooleys Manuskript für sein Buch *Deliver Us from Evil*, das innerhalb der US Marine rasche Verbreitung fand. Dooley wurde als Held gefeiert, für den »Legion of Merit« (ein hoher militärischer Verdienstorden) vorgeschlagen und als Arzt ans *Bethesda Naval Hospital* in Maryland berufen. Dooley hatte großen Einfluß auf die Meinungsbildung in den USA. Das erste Bild, das die US Amerikaner von Vietnam gewannen, war das Bild, das ihnen Dooleys Berichte und Bücher präsentierte. Was davon allerdings der Wahrheit entsprach, ist schwer zu bestimmen. Wie schon gesagt, hielten nicht wenige Dooleys Ausführungen für reine Propaganda und für erfunden. — Nicht lange und Dooleys Karriere bei der Marine näherte sich

dem Ende. Der Geheimdienst durchforschte Dooleys Leben und stellte schließlich am 28. März 1956 ein 700 Seiten umfassendes Dokument vor, welches Dooleys Homosexualität belegte. Schon seit 1952 gab es Anzeichen dafür. Damals wurde Dooley von einem deutschen Flugbegleiter in eine Gruppe der Gay-Szene von Washington D.C. eingeführt. Zu dieser gehörten bekannte Theaterleute und Musiker. Dooley wurde von ihnen als charmant, ja geradezu hypnotisierend erlebt und beschrieben. Normalerweise wurden Homosexuelle sofort unehrenhaft aus der Marine entlassen, doch Dooley war ein landesweiter Held. So fand man einen Kompromiß: Dooley sollte die Marine freiwillig verlassen, um sein humanitäres Werk fortsetzen zu können. Als der Botschafter von Laos ihn einlud, in seinem Land eine Klinik zu eröffnen, stimmte Dooley einem Ausscheiden aus der Marine zu. Im November 1957 hob er unter der Schirmherrschaft des Internationalen Flüchtlingshilfswerkes und zusammen mit Dr. Peter Commanduras von der George Washington Medical School die *Medical International Cooperation Organization* (kurz MEDICO genannt) aus der Taufe. MEDICO wollte kleine Hospitäler in Ländern entlang des Eisernen Vorhangs bauen und unterhalten, um die dortige Landbevölkerung medizinisch zu versorgen. Die Organisation sah vor, daß die gegründeten Hospitäler nach sechzehn Monaten in die Trägerschaft des Gaststaates übergehen sollten. Finanziert wurde MEDICO durch großzügige Spenden von Kliniken und pharmazeutischen Unternehmen sowie privaten Stiftungen. Bereits im Frühjahr 1958 konnte Dooley ein zweites Hospital in Laos errichten und zwar in Muong Sing nahe der chinesischen Grenze. Zu dieser Zeit war er für die meisten seiner amerikanischen Mitbürger ein Held. Wann immer er in der Heimat weilte, trat Dooley in Radio- und Fernsehshows auf wie etwa in Arthur Godfrey's Rundfunkshow und Jack Paar's *Tonight Show.* Die Magazine *Time, Life* und *Look* brachten Portraits heraus und KMOX Radio in St. Louis gab ihm sogar eine eigene Sendung mit dem Titel »*That Free Men May Live*«, in der Dooley direkt aus Laos berichtete. Seine Fundraising-Touren, Lesungen und Vorträge motivierten viele Amerikaner MEDICO zu unterstützen. Dooleys Sekretärin Teresa Gallagher, die eigentlich für die Metropolitan Lebensversicherungsgesellschaft in New York arbeitete, hatte die Idee so genannter »Dooley-Kits«, Päckchen gefüllt mit Hygieneartikeln und Süßigkeiten, welche für die Menschen in Laos gedacht waren. Teresa Gallagher und andere Mitstreiter bearbeiteten in ihrer Freizeit auch Dooleys Korrespondenz, da er die Berge von Post nicht allein bewältigen konnte. So wurde Dooley bis 1958/59 zu einem der am meisten bewunderten Männer Amerikas. — Doch dann diagnostizierte man bei ihm 1959 Hautkrebs, der bereits weit fortgeschritten war. Eine Operation im August 1959 blieb ebenso erfolglos wie eine anschließende Therapie. Doch Dooley ließ sich nicht entmutigen. Er sammelte weiter Gelder für MEDICO und kehrte an Weihnachten 1959 in sein Hospital in Muong Sing in Laos zurück. Im folgenden Jahr erschien sein drittes Buch *The Night They Burned the Mountain*, das von der Gründung MEDICO´s erzählt und von seinem Kampf gegen den Krebs. Im April 1960 strahlte der Fernsehsender CBS die Dokumentation *Biography of a Cancer* aus, welche ein Interview mit Dooley sowie den Film von seiner Operation im Jahr zuvor zum Inhalt hatte. Im Juni 1960 erhielt Dooley die Ehrendoktorwürde der Notre Dame Universität, seine bis dahin bedeutendste Auszeichnung. Nur sieben Monate später kehrte er nach New York zurück, um sich erneut untersuchen zu lassen. Der Krebs hatte inzwischen auf Lungen, Leber, Herz und Gehirn gestreut und für Dooley begann der letzte Wegabschnitt hin auf den Tod zu. Dooley starb am 18. April 1961 im Memorial Hospital in New York, genau an dem Tag, als die kommunistischen Truppen der Pathet Lao seine Klinik in Laos überrannten und zerstörten. Am 23. Januar 1961 wurde in der Kathedrale von St. Louis vom dortigen Bischof das Requiem für Thomas Dooley gefeiert. Anschließend wurde er neben seinem Vater auf dem Calvary Friedhof beigesetzt. Thomas Dooley, der beides: ein Instrument der amerikanischen Außenpolitik und ein nationaler Held war, wurde am 27. Mai 1962 vom amerikanischen Kongreß posthum die »Medal of Honor« verliehen. Präsident John F. Kennedy überreichte sie am 7. Juni 1962 in einer feierlichen Zeremonie im Weißen Haus der Mutter von Thomas Dooley. Ohne ihren charismatischen Fundraiser Dooley gingen MEDICO´s Einnahmen spürbar

zurück und es mußten noch vor Ende 1961 einige Hospitäler aufgegeben werden. Im März 1962 schloß sich MEDICO schließlich mit der Hilfsgüterorganisation CARE zusammen und hörte auf als eigenständige Organisation zu existieren. — Thomas Dooley war eine schillernde Persönlichkeit. Er hatte eine Schlüsselfunktion in Sachen antikommunistischer Propaganda inne und er trug maßgeblich dazu bei, daß die amerikanische Öffentlichkeit den Kampf gegen die Kommunisten in Südostasien gut hieß. Doch dies hinderte Dooleys Freunde nicht daran, Mitte der 70er Jahre in Rom ein Heiligsprechungsverfahren anzuregen. Dabei taten sich vor allem die Oblaten hervor, die mit Dooley in Laos zusammengearbeitet hatten. Der Vatikan verlangte Dokumente, eine glaubhafte Biographie und den Erweis zweier von Dooley gewirkten Wunder. Das Zusammentragen der von Rom geforderten Papiere brachte auch Dooleys Verbindung zur CIA zu Tage. So soll er den Geheimdienst detailliert über Truppenbewegungen in der Umgebung seiner Hospitäler in Laos informiert haben. Wie Rom nach Prüfung aller Dokumente in Sachen einer Heiligsprechung von Thomas Dooley weiter verfährt, wird sich zeigen.

Werke: »Deliver us from Evil. The Story of Vietnam's Flight to Freedom«, New York 1956; »The Edge of Tomorrow«, New York 1958; »Doctor Tom Dooley. My Story«, New York 1960; »The Night They Burned the Mountain«, New York 1960. Deutsch: »Arzt am Bambusvorhang Indochinas. Übertragen aus dem Amerikanischen und Nachwort von Mary Hansen« (Enthält die drei Bücher Deliver us from evil, The edge of tomorrow und The night they burned the mountain), Freiburg 1964; ²1966.

Lit.: Elizabeth Perazic, Little Laos, Next Door To China, in: National Geographic, Januar 1960, 46-70; — Agnes W. Dooley, Promises to Keep: The Life of Dr. Thomas A. Dooley, New York 1962; — James Monahan, Before I Sleep: The Last Days of Dr. Tom Dooley, New York 1962; — Christiane Fournier, Qui Etes Vous Tom Dooley?, Paris 1963; — Terry Morris, Doctor America: The Story of Tom Dooley, New York 1963; — Theresa Gallagher, Give Joy to My Youth: A Memoir of Dr. Tom Dooley, New York 1965; — Alfred K. Allan, Catholics Courageous, Garden City, New York 1966; — Sister Mary Celine O´Brian, I Charge Each of You, New York, Holy Cross Press, 1966 (eine Biographie von Tom Dooley für junge Menschen); — F.M. Reuschle, Im Zeichen der Menschlichkeit. 10 Lebensbilder. Biographien von: Bettina von Arnim, Walther Rathenau, Anne Sullivan, Käthe Kollwitz, Karl Thylmann, Elseard Bouffier, Thomas A. Dooley, David Wilkerson, Brigitta Wolf, Karl König, Stuttgart 1968; — Lucille Selsor, Sincerely, Tom Dooley, New York 1969; — Frances Fitzgerald, Fire in the

Lake: The Vietnamese and Americans in Vietnam, Boston 1972; — Wayne R. McKinney, Lift Up Your Head, Tom Dooley, in: Catholic Digest 37, Nr. 2 (Dezember 1972), 33-37; — Emmanuel Voulgaropoulos, Unforgettable Tom Dooley, in: Reader's Digest, Juni 1976, 108-112; — Jim Winters, Tom Dooley: The Forgotten Hero, in: Notre Dame Magazine 8, Nr. 2 (Mai 1979), 10-17; — Diana Shaw, The Temptation of Tom Dooley, in: Los Angeles Times Magazine, 15. Dezember 1991, 43-50; — Randy Shilts, Conduct unbecoming : lesbians and gays in the U.S. military : Vietnam to the Persian Gulf, New York 1993; — James Terence Fisher, Dr. America: The Lives of Thomas A. Dooley, 1927-1961, Amherst, University of Massachusetts Press 1997; — Robert Mann, A Grand Delusion: America's Descent into Vietnam, New York 2001; — Seth Jacobs, Cold War Mandarin: Ngo Dinh Diem and the Origins of America's War in Vietnam, 1950-1963, Lanham / Maryland 2006; — Ronald B. Frankum, Jr. Operation Passage to Freedom: The United States Navy in Vietnam, 1954-1955, Lubbock, Texas Tech University Press, 2007; — Michael Glazier und Thomas J. Shelley (Hrsg.), The Encyclopedia of American Catholic History, Collegeville, Minnesota 1997, 450-451; — NCE IV, 1010f.

Ronny Baier

DORRE, Hugo. Gelehrter Jurist, Prokurator des Bischofs von Speyer, Raban von Helmstatt, * wahrsch. nach 1400 in Landau in der Pfalz, † vor 31. Juli 1439. — D.s Vita steht beispielhaft dafür, daß im Spätmittelalter auch illegitime, und somit de jure vom Genuß kirchlicher Benefizien ausgeschlossene Kinder einflußreicher Eltern durch päpstliche Dispens und Universitätsstudium beachtliche Karrieren absolvieren konnten. D.s kirchenrechtlich definierter Geburtsmakel (»defectus natalium«) bestand in seiner Geburt als Sohn eines Priesters und einer Ledigen. D.s Vater war mit großer Wahrscheinlichkeit der »licentiatus in decretis«, Speyerer Domherr und Pfarrer von Ingenheim Johannes Dorre aus Landau († 10. Februar 1429). Dieser enge Vertraute des Speyerer Bischofs Raban von Helmstatt (seit 1402 war er sein Kaplan, seit 1425 sein Generalvikar) hatte das Konstanzer Konzil besucht, war während der Zeit der Kanzlerschaft Rabans von Helmstatt bei König Ruprecht von der Pfalz (August-September 1401) als Registrator in der königlichen Kanzlei eingesetzt und 1406 in den Kreis der Kapläne des Königs aufgenommen worden. Dieser einflußreichen Stellung des Vaters hatte D. wahrscheinlich die Möglichkeit zur Karriere trotz illegitimer Geburt zu verdanken. Den Weg zu kirchlichen Pfründen und politischen Ämtern ebnete ihm das Universitätsstudium. — In Hei-

delberg, Erfurt und Leipzig absolvierte D. seit 1414 das grundlegende Artes-Studium, das er 1420 in Leipzig mit dem »magister artium« abschloß. Zum nachfolgenden Rechtsstudium begab sich D. spätestens nach 1423 an die von deutschen Studenten zu jener Zeit viel frequentierte Universität Pavia. Er wurde Schüler des aus Mailand stammenden Juristen Pietro Besozzi († 1433) und lehrte seit 1426 selbst kanonisches Recht an der norditalienischen Hochschule. Mit dem Studienfreund Aliberto Besozzi aus Mailand († 1447) hielt D. noch über seine Zeit in Pavia hinaus Kontakt. Erstmals in einer Supplik vom 29. April 1429 erscheint D. als »licentiatus in decretis«. Am 28. Juni desselben Jahres wurde er in Pavia schließlich mit dem damals von Universitätsbesuchern aus dem deutschsprachigen Raum selten erreichten Grad eines »doctor utriusque iuris« ausgezeichnet und ins Kolleg der Paveser Juristen aufgenommen. — Spätestens 1430 hat D. Pavia verlassen. Seine folgende politische Karriere war, ebenso wie die seines Vaters, eng mit dem Speyerer Bischof Raban von Helmstatt verbunden, dessen Kaplan D. wohl schon seit ungefähr 1418 war. Hauptsächlich in zwei sich teilweise überschneidenden Aufgabengebieten wurde D. nun für seinen Herrn tätig. Es waren dies einerseits der auf dem Basler Konzil prozessuell ausgefochtene Trierer Bistumsstreit zwischen Raban, der durch Papst Martin V. providiert worden war, und Ulrich von Manderscheid, der im Trierer Land vor allem die Unterstützung des Lokaladels genoß, andererseits engagierte sich D. auch im Konflikt um das Konzil selbst. — Nach der päpstlichen Provision Rabans von Helmstatt auf den Trierer Erzstuhl reisten D. und der Speyerer Domvikar, Kaplan und Sekretär Rabans, Ernst Dufel, an die Kurie und leisteten am 4. und 5. August 1430 die Servitienzahlungen für ihren Herrn. Nach dieser Mission erscheint D. als ständiger Kurienprokurator Rabans. Von Dezember 1430 bis Sommer 1433 ist D. in Rom nachweisbar, doch war er wohl schon im Frühjahr 1430 für Raban dort aktiv. Die Prozeßführung am Konzil in der »Causa Treverensis« leitete in jener Zeit Job Vener, der D. die wichtigen Dokumente zum Verlauf des Streitfalles nach Rom sandte, wo D. im Haus des Rota-Auditors Hartung von Cappel (dessen jüngerer Sohn später in der Kanzlei Friedrichs III.

Karriere machte) Wohnung genommen hatte. Am 3. November 1432 wurde D. von Raban die Aufgabe übertragen, als sein Prokurator die Regalien und Lehen der Trierer Kirche von dem in Italien weilenden König Sigmund entgegen zu nehmen. Bei dessen Kaiserkrönung am 31. Mai des Folgejahres in Rom war D. ebenso zugegen. — In jenem Jahr verschärften sich die Verhältnisse in Trier. Ulrich von Manderscheid suchte nun eine militärische Entscheidung und belagerte die Stadt. Das Domkapitel dagegen wandte sich nun Raban zu und erkannte ihn im Juli als seinen Erzbischof an. In dieser Situation begab sich D. im Oktober nach Basel und übernahm als Hauptverteidiger Rabans die Prozeßführung am Konzil von den Brüdern Job und Reinbold Vener. Am 13. November des Jahres wurde er für das Speyerer Domkapitel dem Konzil inkorporiert und ist dort bis Oktober 1435 nachgewiesen. Für den 18. Januar 1435 ist D. als Konzilsrichter belegt. — Nach der Vorladung der Kontrahenten vor das Konzil Ende 1433 und dessen Entscheidung für Raban im Mai 1434 erreichte Ulrich von Manderscheid die Einsetzung eines reichsfürstlichen Schiedsgerichtes, das in St. Goar tagen sollte. Bei den Ausgleichsverhandlungen auf der sog. »Tagfahrt zu St. Goar« auf katzenelnbogischem Territorium waren die zwei Erzbischöfe persönlich anwesend. Verhandlungsführer waren für Raban D., Nikolaus von Kues für Ulrich. Auch jetzt sprach sich das Schiedsgericht wiederum für Raban aus (7. Februar 1436). Aufgrund des erfolgreichen Prozeßverlaufes reiste D. am 8. Januar 1438 an die damals in Bologna weilende Kurie. Im Namen Rabans verzichtete er dort auf das Bistum Speyer zugunsten seines Neffens Reinhard von Helmstatt und bereitete so unter Wahrung der Familieninteressen der Familie Helmstatt in Speyer Rabans Übernahme des Bistums Trier vor. Nach dem Tod des Ulrich von Manderscheid, der 1438 auf seiner Romfahrt erkrankte und am 18. Oktober in Zürich starb, hinderte Raban nichts mehr daran, den Trierer Erzstuhl endgültig zu besteigen. Und doch resignierte der nunmehr gealterte Raban rund ein Jahr später, am 17. April 1439, auch diesen zugunsten des Jakob von Sierck, nicht gewillt, dem durch die Bistumsfehde zerrütteten und hoch verschuldeten Erzbistum vorzustehen. — D.s Engagement in der Konzilsfrage für Raban ist seit

1437 durch seine Anwesenheit auf dem Frankfurter Kurfürstentag quellenmäßig greifbar. Dort brachte er nicht nur die gemeinsamen Vorschläge Rabans und der pfälzischen und sächsischen Gesandten zur Abänderung des Mainzer Planes vor, der eine Vermittlung zwischen Papst und Konzil durch eine kaiserliche und kurfürstliche Gesandtschaft vorsah. Er verfaßte außerdem zu dieser Frage eine eigene Denkschrift, in der er die verschiedenen kurfürstlichen Vorschläge zu harmonisieren versuchte. Am 17. März 1438 unterfertigte D. in Frankfurt als Zeuge das Notariatsinstrument, mit dem sich die deutschen Kurfürsten für neutral im Kirchenstreit erklärten. Auch in den folgenden Verhandlungen scheint er eine gewisse Rolle gespielt zu haben. Am 1. Februar 1439 unterschrieb er in Vertretung Rabans in Basel das Notariatsinstrument über die Erklärung des Niccolò Tedeschi (Panormitanus) in der Generalkongregation des Konzils, welche der Abt von Palermo im Namen der fürstlichen Gesandten über die Bestimmung eines dritten Konzilsortes und die Abberufung der kurfürstlichen Gesandten abgab. Auch auf dem Mainzer Kongreß (26.-28. März 1439), auf dem mit der »Mainzer Akzeptation« die deutschen Kurfürsten und Metropoliten einen Großteil der Dekrete des Basiliense für die deutsche Kirche annahmen, erscheint D. unter den Gesandten Rabans von Helmstatt. — D.s Pfründenkarriere spiegelt den Verlauf seiner politischen Karriere wieder. War D. bei Aufnahme seines Studiums in Heidelberg noch als »pauper« von der obligatorischen Immatrikulationsgebühr befreit worden, so gelang es ihm während seines Studiums bald, sein Auskommen mit kirchlichen Pfründen zu sichern. Der Umstand, daß diese ihren Schwerpunkt in der Speyerer Diözese hatten, läßt den Zusammenhang der Präbendierung mit der Anstellung durch Raban deutlich hervortreten. Seine wohl erste Pfründe, eine Kaplanei an St. Justin in Oberbornheim bei Landau, tauschte D. 1424 gegen die Pfarrkirche in Ingenheim. Am 30. Dezember 1425 erhielt er Dispens zur Erlangung dieses Benefiziums, das vorher der nun zum Generalvikar ernannte Johannes Dorre innegehabt hatte. Auch nachdem D. 1431 ein Kanonikat am Stift St. German vor den Mauern von Speyer erlangt hatte, bezog er weiterhin aus der Ingenheimer Pfarrei eine Jahresrente von 36

Gulden. Bedeutete D.s Stellung als Rabans Kurienprokurator und als Hausgenosse eines Rota-Auditors sicherlich einen großen Vorteil bei der Jagd nach kirchlichen Benefizien, so stagnierten zahlreiche in den römischen Jahren initiierte Pfründenprojekte während seiner Basler Jahre. Erfolge blieben zunächst auf Provisionen beschränkt, die D. zumeist nicht langfristig durchzusetzen vermochte. Häufige neuerliche Dispensierungen von seinem Geburtsmakel trotz gewährter Erlaubnis, auf dessen Erwähnung verzichten zu dürfen, deuten ebenso auf Schwierigkeiten bei der Inbesitznahme der Pfründen hin. Um ein Domvikariat in Worms, mit dem er 1431 providiert wurde, bemühte er sich bis 1438. Erst in jenem Jahr erlangte er am Wormser Dom ein Kanonikat, verzichtete jedoch auf die Vikarie. Weitere Anstrengungen richtete D. auf Konstanz. Kanonikat und Propstei an St. Stephan in Konstanz, die er 1431 zugesprochen bekam, können nicht »in partibus« nachgewiesen werden. Den Archidiakonat Breisgau zu Konstanz, der D. 1432 übertragen wurde, resignierte er nach längeren Rechtsstreitigkeiten 1435 zugunsten des Basler Kanonikers und späteren Bischofs Friedrich zu Rhein (»de Reno«). Die Tatsache, daß er in demselben Jahr durch die Resignation desselben Konkurrenten die Pfarrkirche in Auheim als Pfründe erlangen konnte, deutet darauf hin, daß die Rivalen ihre Pfründenstreitigkeiten durch Tausch gütlich regelten. — Ebenso wie D. als Anwalt Opponent des Nikolaus von Kues im Trierer Schisma war, so wurde er ihm zum Konkurrenten auf dem Pfründenmarkt. Im Streit um die Pfarrei Bernkastel mit D., welcher die Pfründe durch Raban von Helmstatt übertragen bekommen hatte, und dem Kandidaten des Amtmannes von Pfalzel Johann von Schwarzenberg, der seinen minderjährigen Sohn durch das Recht des Laienpatrons auf die Stelle präsentiert hatte, setzte sich schließlich der durch das Konzil von Basel unterstützte Cusanus durch. — D.s Pfründenambitionen hinsichtlich Straßburgs sind wahrscheinlich im Zusammenhang mit seinem Kontakt zu den Gebrüdern Vener zu sehen. Mit Sand und Auheim hatte D. 1433 und 1435 die Provision mit zwei kleineren Pfarrpfründen in der Straßburger Diözese erreicht. 1435 erstellte er für den Dekan des Stifts Alt-St. Peter in Straßburg ein Rechtsgutachten. Diese Verbindung zur elsässischen Stadt intensivierte sich vor allem in der Endphase des Trierer Bistumsstreits. Seit 1438 erscheint D. als Offizial der Stadt. Seine zugleich in diesem Jahr dort erlangten Pfründen, die Kaplanei am Stephans-Altar von Alt-St. Peter und das Vikariat am Peters-Altar in Jung-St. Peter, dürften als Entlohnung für diese Tätigkeit anzusehen sein. D. hatte die Pfründen bis zu seinem Tod am 31. Juli 1439 inne. — Große Bedeutung für die Erforschung des Trierer Bistumsstreits kommt den Sammelhandschriften zu, welche D. in Zusammenarbeit mit Job Vener teils selbst anlegte und teils überarbeitete. Diese heute in der Vatikanischen Bibliothek (Codex Ottobonianus latinus 2745) und in der Pariser Nationalbibliothek (Parisinus latinus 1515) aufbewahrten Dossiers gewähren in vielfacher Hinsicht detaillierte Einblicke in die personelle Zusammensetzung sowie die Prozeßführung der gegnerischen Parteien im Trierer Bistumsstreit. Erst durch die Auswertung dieser Sammelhandschriften wurde erkennbar, wie zahlreich und intensiv Herrschaftsträger und -funktionäre im Trierer Land und darüber hinaus in den Bistumsstreit involviert gewesen sind. Erich Meuthen hat insbesondere aus dem später entstandene Quellen bietenden und stärker unter D.s Einfluß erstellten Ottobonianus latinus 2745 die Verteilung der Obödienznahmen für die entgegengesetzten Parteiungen rekonstruiert und den Gang des Prozesses mit Fokus auf Ulrich von Manderscheids führenden Politiker Nikolaus von Kues beschrieben. Hermann Heimpel hingegen hat, basierend auf den Untersuchungen Meuthens, unter Hinzunahme des früheren, maßgeblich von Job Vener angelegten, Parisinus latinus 1515 die Verteidigungsstrategie der Prokuratoren des Raban von Helmstatt analysiert und die bedeutende Rolle des Job Vener in Rabans Verteidigung betont. Ferner hat Paul Uiblein aus dem Parisinus latinus 1515 herausgearbeitet, daß der Utrechter (1423 bis 1450) und der Passauer Bistumsstreit (1423 bis 1428 bzw. 1434) der Verteidigung des Raban von Helmstatt zumindest in formaler Hinsicht als Präzedenzfälle dienten. — Doch lassen die Codices auch Rückschlüsse auf D.s hohe juristisch-theologische Kompetenz zu, die seiner Graduierung mit dem »doctor utriusque juris« entsprach. So zitierte er häufig aus dem Corpus Iuris Civilis, dem Corpus Iuris Canonici sowie unabhängig davon aus Bernhard von Clarivaux, Augustinus und Ovid. Auf leere Stellen in den Prozeßakten schrieb er Bibelzitate, die er zu kleinen Gebeten verband. Zudem kompilierte er einen kurzen Traktat über Krieg und Frieden, der insbesondere auf Augustinus fußt. Dennoch, so Erich Meuthen (1964, 9f.), war D. kein origineller Anwalt oder Denker vom Format seines Opponenten Nikolaus von Kues.

Gedruckte Quellen und Regestenwerke: Acta Cusana. Quellen zur Lebensgeschichte des Nikolaus von Kues. Im Auftrag der Heidelberger Akademie der Wissenschaften hrsg. von Erich Meuthen und Hermann Hallauer. I,1, Hamburg 1976, I,2, Hamburg 1983; — Codice diplomatico dell'Università di Pavia, hrsg. von der Società pavese di storia patria, Bologna 1971 (Athenaeum; 13) (ND der Ausg. Pavia 1915), Bd. II/2 (Matricola d'Iscrizione nel Collegio dei Giuristi, dal principio alla metà del secolo XV); — Deutsche Reichstagsakten (ältere Reihe), hrsg. durch die Historische Kommission bei der Bayerischen Akademie der Wissenschaften, Bd. 12: Deutsche Reichstagsakten unter Kaiser Sigmund, Abt. 6: 1435-1437. hrsg. von Gustav Beckmann, Gotha u.a. 1901; Bd. 13: Deutsche Reichstagsakten unter König Albrecht II., 1. Abt: 1438, bearb. von Gustav Beckmann, Göttingen 1957; Bd. 14: Deutsche Reichstagsakten unter König Albrecht II., 2. Abt: 1439, hrsg. von Helmut Weigel, Göttingen 1957; — Georg Erler (Hrsg.), Die Matrikel der Universität Leipzig, Bd. 1, Nendeln/Liechtenstein 1976 (ND der Ausg. Leipzig 1895) (Codex diplomaticus Saxoniae Regiae, 2. T., 18); — Michael Glaser, Die Diözese Speier in den päpstlichen Rechnungsbüchern 1317 bis 1560, in: Mitteilungen des Historischen Vereins der Pfalz 17 (1893), 1-166; — Emil Göller, Spirensia aus dem vatikanischen Archiv, in: Kaiserdom und Liebfrauenmünster zu Speyer. Beiträge zum Domjubiläum 1030-1930, Speyer 1930, 147-156; — Johannes Haller u. a. (Bearb.), Concilium Basiliense. Studien und Quellen zur Geschichte des Concils von Basel, hrsg. von der Akademie der Wissenschaften Wien und der Antiquarischen Gesellschaft Basel, Bd. 2, 3, 5, Nendeln/Liechtenstein 1971 (GesamtND der Ausgg. Basel 1897, 1900, 1904); — Memorie e documenti per la storia dell'Università di Pavia e degli uomini più illustri che v'insegnarono, Bologna 1970 (Athenaeum; 12) (parte Ia: serie dei rettori e professori con annotazioni) (ND der Ausg. Pavia 1878); — Monumenta conciliorum generalium saeculi decimi quinti, Bd. 2. Joannis de Segovia...historia gestorum generalis synodi Basiliensis, hrsg. von Ernst Birk, vol. 1., Liber 1-12, Wien 1873; — RepGerm 4-5; — Heinrich-Volbert Sauerland, Trierische Taxen und Trinkgelder an der päpstlichen Kurie während des späteren Mittelalters, in: Westdeutsche Zeitschrift 16 (1897), 78-108; — Rainer Christoph Schwinges / Klaus Wriedt (Hrsgg.), Das Bakkalarenregister der Artistenfakultät der Universität Erfurt 1392-1521 (Registrum baccalariorum de Facultate Arcium Universitatis Studii Erffordensis existencium), Jena/Stuttgart 1995; — Gustav Toepke (Hrsg.), Die Matrikel der Universität Heidelberg von 1389-1804, Bd. 1: von 1386 bis 1553, Nendeln/Liechtenstein 1976 (ND der Ausg. Heidelberg 1884); — Paul Uiblein (Hrsg.), Dokumente zum Passauer Bistumsstreit von 1423 bis 1428. Zur Kirchenpolitik Albrechts V. von Österreich (Paris, Bibl. Nat. lat. 1515), Wien 1984 (Fontes Rerum Austriacarum, Zweite Abteilung: Diplomataria et Acta; 84); — Johann Christoph Hermann Weissenborn (Bearb.), Acten der Erfurter Universität, hrsg. von der Historischen Kommission der Provinz Sachsen, Bd. 1, Nendeln/Liechtenstein 1976 (ND der Ausg. Halle 1881) (Geschichtsquellen der Provinz Sachsen und angrenzender Gebiete; 8,1).

Lit.: Hans Ammon, Johannes Schele, Bischof von Lübeck, auf dem Basler Konzil. Ein Beitrag zur Reichs- und Kirchengeschichte des 15. Jahrhunderts, Lübeck 1931 (Veröffentlichungen zur Geschichte der Hansestadt Lübeck; 10); — Bruno Hubertus Beuter, Ubi non est ordo, ibi est confusio. Konflikte und Konfliktlösungen im Leben und im Werk des Nikolaus von Kues, Frankfurt a. M. u.a. 2007 (Europäische Hochschulschriften; Reihe XXIII; 843); — Dean Loy Bilderback, The Membership of the Council of Basle, Ph.D. Thesis Washington, Ann Arbor 1966; — Klaus Finkel, Musik in Unterricht und Erziehung an den Gelehrten Schulen im pfälzischenTeil der Kurpfalz, in Leiningen und in der Reichsstadt Landau. Quellenstudien zur pfälzischen Schulmusik bis 1800, Bd. 3, Tutzing 1978; — Robert Gramsch, Erfurter Juristen im Spätmittelalter: die Karrieremuster und Tätigkeitsfelder einer gelehrten Elite des 14. und 15. Jahrhunderts, Leiden u.a. 2003 (Education and society in the Middle Ages and Renaissance; 17); — Manfred Groten, Nikolaus von Kues. Vom Studenten zum Kardinal - Lebensweg und Lebenswelt eines spätmittelalterlichern Intellektuellen, in: Nicholas of Cusa. A Medieval Thinker for the Modern Age, hrsg. von Kazuhiko Yamaki, Richmond 2002, 112-124; — Johannes Haller, Die Protokolle des Konzils von Basel, in: HZ 74 (= NF 38) (1895), 385-406; — Conrad Hanna, Die südwestdeutschen Diözesen und das Baseler Konzil in den Jahren 1431 bis 1441, Diss. Erlangen, Borna (Leipzig) 1929; — Hermann Heimpel, Die Vener Gmünd und Straßburg 1162-1447. Studien und Texte zur Geschichte einer Familie sowie des gelehrten Beamtentums in der Zeit der abendländischen Kirchenspaltung und der Konzilien von Pisa, Konstanz und Basel, 3 Bde, Göttingen 1982 (Veröffentlichungen des Max-Planck-Instituts für Geschichte; 52); — Johannes Helmrath, Das Basler Konzil. 1431-1449. Forschungsstand und Probleme, Köln/Graz 1987; — Meike Hensel-Grobe, Das St.-Nikolaus-Hospital zu Kues. Studien zur Stiftung des Cusanus und seiner Familie (15.-17. Jahrhundert), Stuttgart 2007 (Geschichtliche Landeskunde; 64); — Hermann Issle, Das Stift St. German vor Speyer, Mainz 1974 (Quellen und Abhandlungen zur Mittelrheinischen Kirchengeschichte; 20); — Paul Joachimson, Gregor Heimburg, Diss. München 1889, Aalen 1983 (ND der Ausg.: Bamberg 1891) (Historische Abhandlungen aus dem Münchener Seminar; I); — Bettina Koch, Räte auf deutschen Reichsversammlungen. Zur Entwicklung der politischen Funktionselite im 15. Jahrhundert, Diss. Gießen 1997, Frankfurt a. M. u.a. 1999 (Europäische Hochschulschriften; Reihe 3; 832) [»Padua« (177) ist zu korrigieren in »Pavia«]; — Michael Lehmann, Die Mitglieder des Basler Konzils von seinem Anfang bis August 1442, Diss. (masch.), Wien 1945; — Helmut Maurer, Das Stift St. Stephan in Konstanz, Berlin / New York 1981 (Germania Sacra, NF 15: Die Bistümer der Kirchenprovinz Mainz, Das Bistum Konstanz; 1); — Erich Meuthen, Obödienz- und Absolutionslisten aus dem Trierer Bistumsstreit (1430-1435), in: QFIAB 40 (1960), 43-64; — Ders., Die Pfründen des Cusanus, in: Mitteilungen und Forschungsbeiträge der Cusanus-Gesellschaft 2 (1962), 15-66; — Ders., Nikolaus von Kues und der `Laie' in der Kirche. Biographische Ausgangspunkte, in: HJ 81 (1962), 101-122; — Ders., Das Trierer Schisma von 1430 auf dem Basler Konzil, Münster 1964 (Buchreihe der Cusanus-Gesellschaft; 1); — Ders., Nikolaus von Kues und die Wittelsbacher, in: Festschrift für Andreas Kraus zum 60. Geburtstag, hrsg. von Pankraz Fried und Walter Ziegler, Kallmünz/Opf. 1982 (Münchener Historische Studien, Abteilung Bayerische Geschichte; 10), 95-113; — Ders., Nikolaus von Kues: 1401-1464. Skizze einer Biographie, 7., überarbeitete Auflage, Münster 1992; — Ders., Nikolaus von Kues als Jurist, in: Hartmut Boockmann u.a. (Hg.): Recht und Verfassung im Übergang vom Mittelalter zur Neuzeit. Bericht über Kolloquien der Kommission zur Erforschung der Kultur des Spätmittelalters. 1996 bis 1997, 2. Teil, Göttingen 2001, 247-75; — Ignaz Miller, Jakob von Sierck, Mainz 1983 (Quellen und Abhandlungen zur Mittelrheinischen Kirchengeschichte; 45); — Peter Moraw, Kanzlei und Kanzleipersonal König Ruprechts, in: Archiv für Diplomatik 15 (1969), 428-531; — Wilfried Podlech, Tilmann Joel von Linz † 1461 - Kanzler, Rat und Gesandter Rheinischer Kurfürsten, Neustadt a. d. Weinstr. 1988; — Eduard Preiswerk, Der Einfluß Aragons auf den Prozeß des Basler Konzils gegen Papst Eugen IV., Diss. Basel 1902; — Christiane Schuchard, Die Deutschen an der päpstlichen Kurie im späten Mittelalter (1378-1447), Tübingen 1987 (Bibliothek des Deutschen Instituts Rom; 65); — Dies., »Defectus natalium« und Karriere am römischen Hof. Das Beispiel der Deutschen an der päpstlichen Kurie (1378-1471), in: Ludwig Schmugge, Béatrice Wiggenhauser (Hrsgg.), Illegitimität im Spätmittelalter, München 1994 (Schriften des Historischen Kollegs. Kolloquien; 29), 149-170; — Birgit Studt, Papst Martin V. (1417-1431) und die Kirchenreform in Deutschland, Köln u.a. 2004 (Forschungen zur Kaiser- und Papstgeschichte des Mittelalters. Beihefte zu J. F. Böhmer, Regesta Imperii; 23); — Joachim Wolfgang Stieber, Pope Eugenius IV, the council of Basel and the secular and ecclesiastical authorities in the Empire, Leiden 1978, (Studies in the history of Christian thought; 13); — Michael Stütz, Die Neutralitätserklärung der deutschen Kurfürsten von 1438, Diss. (masch.) Mainz 1975; — Stefan Sudmann, Das Basler Konzil. Synodale Praxis zwischen Routine und Revolution, Frankfurt a. M. 2005 (Tradition - Reform - Innovation. Studien zur Modernität des Mittelalters; 8); — Gertrud Weber, Die selbständige Vermittlungspolitik der Kurfürsten im Konflikt zwischen Papst und Konzil 1437-38, Vaduz 1965 (Historische Studien; 127) (ND der Ausg. Berlin 1915).

Tobias Daniels

DOUAIHY (Al-Duwayhi), Stephan (Istifan) Boutros, maronitischer Patriarch (1670-1704). — Stephan wurde am 2.8. 1630 in Ehden (Ihdin) im Nordlibanon in einer christlichen Landadelsfamilie geboren. Als seine Umgebung seine Begabungen erkannte, schickte man ihn 1641 mit einer Empfehlung des Patriarchen Georg Amirah nach Rom an das von Papst Gregor XIII. 1585 gegründete Maronitische Kolleg, wo er von einem Augenleiden kuriert wurde und sich für neun Jahre gründlichen Studien unterzog. Er reiste in Italien umher, um maronitische Handschriften zu kopieren Nach der Rückkehr in den Libanon setzte er hier seine Studien fort. Er besuchte auch auswärtige maronitische Gemeinden und Klöster in Zypern und Aleppo, wo er vor seiner Wahl zum Patriarchen Bischof war. Seine Auffassung von der beständigen Rechtgläubigkeit der Maroniten ist umstritten. 1670 wurde er mit 40 Jahren zum Patriarchen gewählt. Obwohl es seit der türkischen Eroberung 1516 üblich geworden war, daß die christlichen Patriarchen den Sultan um eine Bestätigung (Ferman) anzusuchen, verweigerte al-Duwayhi dies, da die Maroniten und ihr Patriarch unter dem Schutz Frankreichs stünden. An Papst Innozenz XI. schrieb er, daß die Maroniten wegen ihres Verhältnisses zum Papsttum bei den nicht-katholischen Christen verhaßt seien. Er bemühe sich um eine Reform der Kirche und versuchte, die Latinisierungsbestrebungen zurückzudrängen. Mit der türkischen Verwaltung kam es wiederholt zu Auseinandersetzungen, weil der Patriarch die harten Besteuerungsmaßnahmen zurückwies, in deren Gefolge zahlreiche Bauern ihre Höfe verlassen mußten. Auch der Patriarch war gezwungen, von Ort zu Ort zu ziehen. 1675 verlegte er angesichts der Unterdrückung durch den schiitischen Emir in Tripolis seine Residenz von Deir Qannoubin für drei Jahre in das Dorf Majdel Meouch in das Schuf-Gebirge in der Nähe des schiitischen Emirs Ahmad Maan, mit dem er befreundet war. Durch seine reiche schriftstellerische Tätigkeit - vor allem als Geschichtsschreiber - blieb die Leidensgeschichte der Maroniten unter türkischer Herrschaft präsent. 1688 fand der französische Reisende Jean La Roque noch syrisch sprechende Christen in der Gegend von Bscharre; Stephan erwähnte dabei etwa achthundert von Einsiedlern bewohnte Grotten im Quadisha-Tal; mehrere davon seien von den Muslimen niedergemetzelt worden. 1695 genehmigte Stephan eine erste maronitische Ordensregel für den Libanon, um das Leben der Eremiten zu regulieren. 1700 wandte Stephan sich an König Ludwig XIV. von Frankreich um Hilfe, dem er das Unrecht unter der ottomanischen Verwaltung darlegte, die dazu geführt habe, daß viele Christen aus den Dörfern flohen und sich in Höhlen versteckten. Die französische Regierung intervenierte bei der Hohen Pforte und berief sich darauf, daß das französische Protektorat von den Türken immer respektiert worden sei. Er versuchte jedoch, die Latinisierung der maronitischen Kirche zurückzudrängen und die syrische Tradition in Liturgie und Sprache zu erhalten. — Als Schriftsteller verfaßte Stephan eine Chronik »Tarikh al-Muslimi« (»Geschichte der Muslime«), das Werk »Tarik al-azuminah«1095-1699 (»Geschichte der Zeiten«, Beirut 1952) und sein Hauptwerk »Tarikh al-tai'fah al-Maruniyyah« (»Geschichte der maronitischen Gemeinde«, die 1890 in Beirut publiziert wurde. Hier behauptet er im Anschluß an Ibn al-Qila (1510 maronit. Bischof von Zypern), die Maroniten seien nie Monotheliten gewesen. Er betont aber auch, daß es die Verfolgung der Byzantiner und nicht die der Muslime gewesen sei, die die Maroniten zur Auswanderung aus dem Orontestal in den Libanon gezwungen hätten. Irrig scheint jedoch seine These zu sein, die Maroniten seien Nachkommen der im 9.Jh. von Theophanes Confessor erwähnten »Mardaiten«, die im 7. Jh. von Johannes Maroun von Sarum gegründet worden seien, dessen Mutter von den Karolingern (!) abstamme. Dahinter steckt der Versuch, eine arabische Herkunft der Maroniten beweisen zu wollen. In einer Abhandlung setzte er sich auch mit dem Strophenbau in der syrischen Sprache auseinander. Stephan Al-Douayhi ist noch heute im Libanon bekannt; die Bemühungen um eine Heiligsprechung wurden am 3.7. 2008 von Papst Benedikt XVI. unterstützt.

Lit.: Philipp K. Hitti: Lebanon in History, London 1957; — (Patriarch Doueihy) Brief explanations on the Maronites origins, ed. by Antoine Daou, Ehden 1973; — (Patriarch Doueihy u. Butrus Fahd) Liber brevis explicationis de Maronitarum origine eorumque perpetua orthodoxia et salute ab omni haeresi et superstitione, 1974; — Louis Hage (Hrsg.): The Syriac Model Strophes and their Poetic Meters by by the Maronite Patriarch Stephan Douayhi, Kaslik 1987; — Matti Moosa - The Maronites in History, Syracuse University Press, 1986, 2. Ausg. Piscataway 2005; — Kamal Salibi: A House of many mansions. The History of Lebanon reconsidered, London New York (1988), ND 2005; — Michael Breydy: L'Apology de Duayhy. Ses différentes rédactions et sa version latine, in: ders.: Etudes Maronites = Orientalia biblica et Christiana 2, Glückstadt 1991, 9-79; —

George Hayek: The Qadisha Valley, 2008; — Wikipedia: Estephane Boutros El Douaihy

Wilhelm Baum

DOUGLAS, John Henry, * 27.11. 1832 in Fairfield, Maine, † 24.11. 1919 in Whittier, Kalifornien. Missionar, Quäker. — John Henry Douglas wurde 1832 in Fairfield geboren. Seine Eltern waren David (1786 - um 1883) und Chloe Douglas, sein Bruder David (1834-1919). In Providence besuchte er die Quäkerschule, wo seine Mutter einige Zeit als Hausdame arbeitete. Bei einem Seesturm gelobte er, ein christliches Leben führen zu wollen, da er zuvor im Unglauben, Zweifel und in den »Weltfreuden« gelebt hatte. Er zog mit seinen Eltern 1853 nach Ohio und heiratete 1856 Miriam Carter. Mit dieser war er 63 Jahre lang verheiratet und hatte die Kinder Jessie C. (geb. 1859), Mellie (geb. 1861), John Henry (geb. 1863), Robert (geb. 1866), Christine (1869) und Mary L. (geb. 1872). Die folgenden Jahre waren angefüllt mit den Arbeiten auf einer Farm, nur gelegentlich blieb Zeit, an der Schule zu unterrichten oder bei den Quäkern zu predigen. 1858 wurde er offiziell als Prediger (Minister) anerkannt, und 1860 machte er sich unter den Quäkern für die Erweckungsbewegung stark. 1866/67 besuchte er England, Irland, Frankreich, Norwegen, Schweden, Italien und Deutschland, wo er 1866 die deutschen Quäker in Minden aufsuchte. 1891 erregte er Aufmerksamkeit, als er jedem zehn Dollar zahlte, der Bibelstellen aufzeigen konnte, die das Schweigen in der Anwesenheit Gottes empfahlen oder belegten. Selbst unter den evangelikalen Quäkern galt er als radikaler Fundamentalist, der unablässig für den christlichen Glauben missionierte und die Bibel über alles wertschätzte. In Whittier, wohin er sich zurückgezogen hatte, verstarb John Henry Douglas mit 87 Jahren 1919.

Werke: An address to parents on the importance of Sabbath Schools. O.O., o.D.; Facts and figures. O.O., o.D.

Lit. (Auswahl): Memorials of Christine Majolier Alsop. Compiled by Martha Braithwaite. London 1881; — Fifty golden milestones passed by honored couple. In: The American Friend, XIII, 19, 1906, 309-310; — Whittier: The boyhood of John Henry Douglas. In: The American Friend, XVIII, 1, 1911, 6-7; — Stevens, Alice Earle: Lines written for the sixtieth marriage anniversary of John Douglas and wife. Fourth month 23rd, 1916. In: The American Friend, IV, 17, 1916, 326; — In memoriam. In: Pacific Friend, XXVI, 8, 1919, 11; — In memoriam: John Henry Douglas.

In: The American Friend, XXVII, 1, 1920, 17, 23; — Bronner, Edwin B.: Moderates in London Yearly Meeting, 1857-1873: Precursors of Quaker liberals. In: Church History, LIX, 3, 1990, 356-371; — Oliver, John W.: Douglas, John Henry (1832-1911). In: Historical dictionary of the Friends (Quakers). Hrsg. von Abbott, Margery Post; Chijioke, Mary Ellen; Dandelion, Pink; Oliver, John William. Lanham 2003, 75 (Religions, Philosophies, and Movements Series, XLVI).

Claus Bernet

DOUGLAS, Robert Walter, * 11.11. 1834 in Maine (USA), † 18.2. 1919 in Versailles (Ohio). Missionar, Evangelikaler, Quäker. — Robert Walter Douglas wurde 1834 auf einer Farm in Maine (USA) geboren. Er war der Sohn von David (1786- um 1883) und Chloe Douglas, sein bedeutender Bruder war, neben fünf weiteren Geschwistern, John Henry (1832-1919). In Providence besuchte er die Quäkerschule, wo seine Mutter einige Zeit als Hausdame arbeitete. Er zog mit seinen Eltern 1853 nach Ohio, wo er für ein Jahr an einer Schule unterrichtete. Bei einem gelegentlichen Besuch in Maine lernte er Margaret Ann Gifford (gest. 1905.) kennen, die er heiratete und mit der er nach Ohio zog. Ihre Kinder waren: George Gifford (geb. 1859), Annie Belle (geb. 1864) und Charles Bailey (geb. 1872). In Bloomington führte Robert Walter Douglas mit seinem Vater einen Laden für Haushaltswaren. Nach einigen Jahren wurde er als Prediger (Minister) anerkannt und wurde Quäkerpastor des Wilmington Meetings in Ohio. Gemeinsam mit seinem Bruder John Henry missionierte er innerhalb des Indiana Yearly Meeting und verbreitete dort seine evangelikalen Ansichten. Vermutlich war er der erste Quäker, der eine kirchliche Trauung unter Quäkern vollzog, was unter evangelikalen Quäkern bald Schule machte. Um die evangelikale Richtung des Quäkertums weiter zu verbreiten, wurde er auf Missionsreisen nach Europa geschickt, wo er 1874 die deutschen Quäker in Minden aufsuchte. 1878 bereiste er Neuseeland und Tasmanien. 1882 zog er nach West Milton (Ohio), wo er eine Bank eröffnete. 1890 ließ er sich in Versailles (Ohio) nieder und eröffnete die National Bank of Versailles, deren Präsident er seitdem war. Dort verstarb er 1910.

Lit. (Auswahl): Mather, J. B.: Robert W. Douglas. In: Christian Worker, VIII, 21, 1878, 247; Robert W. Douglas. In: The American Friend, XXVI, 11, 1919, 239.

Claus Bernet

DRACONTIUS, Blossius Aemilius: Lateinischer Dichter und Advokat aus Karthago im späten 5. Jhd. — Über das Leben des D. gibt es nur wenige gesicherte Kenntnisse. Das, was von D. bekannt ist, ist ausschließlich aus seinen eigenen Werken zu erschließen, da es von ihm keine Lebensbeschreibung oder Angaben bei anderen Schriftstellern gibt. Aus einer Subskription im Codex Neapolitanus zu D.s »Romulea« (5) geht hervor, daß seine Familie vermutlich dem Senatorenstand angehörte; aus dem Begriff »togatus« läßt sich ersehen, daß D. Anwalt am Gericht des Prokonsuls von Karthago war. D. war in Karthago ein Schüler des Grammatiklehrers Felicianus (vgl. Rom. 1,13 f.; 3,17). Seinem Lehrer sind auch zwei »Romulea« (2 und 4) gewidmet, profane Gelegenheitsgedichte, die auch »carmina minora« genannt werden (Abfassungszeit vor oder nach der Gefangenschaft), darunter zwei Epithalamien (Hochzeitsgedichte; Rom. 6 und 7) und Gedichte mythologischen Inhalts (über Hylas, Helena, Achill und Medea). Vermutlich hat er bei Felicianus auch seine rhetorische Ausbildung erhalten, für die sein dichterisches Werk Zeugnis ablegt (z.B. eine »controversia« in Rom. 5 und eine »suasoria« in Rom. 9). Viele Gedichte des D. haben die Form von Schuldichtung (z.B. Hylas (2); vgl. Vergil, Georgica 3,6 und Properz 1,20). Die bunt gemischte Auswahl der Themen der »Romulea« ist wohl an den »Silvae« des Statius orientiert. Von D. ist eine Tragödie in Hexametern mit dem Titel »Orestes« überliefert. »De mensibus« haben zwei hexametrische Verse über jeden Monat des Jahres zum Inhalt. Außerdem sind von D. »De laudibus Dei libri tres« (Lob Gottes in drei Büchern) bekannt. In diesem Werk polemisiert D. heftig gegen die Lehre der Arianer (laud. Dei 2,98 ff.). Weil er den arianischen Vandalenkönig Gunthamund (Regierungszeit 484-496) beleidigt hatte, wurde er und seine Familie eine zeitlang in Haft genommen. Aus der »Satisfactio« des D. geht das Motiv für den Zorn des Königs hervor: D. hatte in einem seiner Werke eine andere Person als den König gepriesen (Sat. 93-94). Die Forschung ist sich uneins, ob es sich dabei um den katholischen oströmischen Kaiser

Zenon oder um den Ostgotenkönig Theoderich gehandelt haben mag. Ein Denunziant hatte das Vergehen noch schlimmer gemacht (Rom. 7,127-129). Die »Satisfactio«, die D. im Gefängnis schrieb und an Gunthamund adressiert hatte, hatte den Zweck, seine Freilassung zu erwirken. Vermutlich wurden »De laudibus Dei« und die »Satisfactio« zwischen 493-496 verfaßt. D. wurde wohl erst nach dem Tod des Gunthamund 496, unter dessen Nachfolger Thrasamund (496-523), aus der Gefangenschaft entlassen. D. hat einen Panegyricus auf Thrasamund verfaßt, der allerdings verloren gegangen ist. Das Todesjahr des D. ist nicht bekannt. — D. hat die »Satisfactio« vmtl. in Anlehnung an Ovids 2. Buch der »Tristien« in elegischen Distichen verfaßt. Es handelt sich dabei um ein Reuegedicht. Das Gedicht weist zwei Teile auf. Im ersten (1-116), der mit einem Gebet zu Gott beginnt, dessen Macht unendlich ist, der zeitlos ist im Gegensatz zu seinen der Zeit unterworfenen Geschöpfen (1-10). Mit seinen grundlegenden Eigenschaften Zorn und Güte ist er auch absoluter Herr über die Handlungen der Menschen (11-16). Hierfür wird ein Schriftbeweis erbracht: Nach Ex 4,21 hat Gott das Herz des Pharao verhärtet und ihn ins Unglück gestürzt. Warum sollte Gott in seinem Zorn wie mit dem Pharao nicht auch mit anderen Menschen, so zum Beispiel dem Dichter selbst, verfahren (17-18)? Der Dichter gesteht seine schwere Verfehlung (19-28) und beruft sich auf mildernde Umstände: Gott handelt erstens unwiderstehlich im Herzen der Menschen; zweitens sind einige Sünden Strafen für frühere Sünden. In diesem ersten Beweisgang versucht D. den Nachweis zu führen, daß sein Vergehen das Werk des zornigen Gottes war. Der strafende Gott ist aber auch ein gnädiger Gott, der eine Strafe wieder aufheben kann. Als Schriftbeweise verwendet D. den mit Wahnsinn geschlagenen Nebukadnezar aus dem Buch Daniel (29-38) und den für seinen Unglauben mit Stummheit bestraften Zacharias aus dem Lukasevangelium (39-40). Beider Ergehen bezieht im folgenden D. auf sich selbst: Er wurde wie Nebukadnezar und Zacharias von Gott bestraft, hofft aber unter Bezug auf die beiden Gestalten - dem einen hat Gott seine Menschlichkeit wiedergegeben, dem anderen seine Sprache - auf eine Begnadigung durch Gott (41-50). Hier erinnert der Dichter an

die Allmacht Gottes, der auch über Könige herrscht. D. hofft, der gnädige Gott wird König Gunthamund befehlen, ihn freizulassen und zu rehabilitieren. Im Anschluß daran wendet sich der Dichter mit seiner Berufung auf mildernde Umstände an den Schöpfergott, der die ambivalenten Bedingungen des menschlichen Lebens geschaffen hat. Er argumentiert mit einer Reihe von Gegensätzen, die in der Natur vorkommen: So kann z.B. die Sonne Blumen erblühen, aber auch verdorren lassen (53-90). Die Sünde des D. ist daher auch Bestandteil seiner menschlichen Natur (91-92). Ab Vers 93 kommt der Dichter auf seine persönliche Schuld zu sprechen, die er in ihrem Ausmaß mit der Geschichte vom Goldenen Kalb in Ex 32 veranschaulicht. Er setzt sein Vergehen gegen den Vandalenherrscher mit einer Apostasie von Gott gleich. Dieser Vergleich hat aber auch überleitende Funktion: D. erinnert nämlich an die Verzeihung, die Gott den abtrünnigen Israeliten gewährt hat (93-98). Der erste Teil schließt dann mit einem Buß- und Bittgebet ab (101-116). Die zweite Hälfte des Werks (117-316) besteht aus zwei Paränesen an Gunthamund, die durch einen Exkurs über die Zeit (219-264) voneinander getrennt sind. In Vers 119 f. verbindet D. die Bitte an den Herrscher mit einem Vorwurf. Der Zorn des Vandalenherrschers, der sonst für die Schonung besiegter Feinde bekannt sei, habe die Begnadigung des D. behindert. Daran schließt der Dichter einen Panegyrus auf die »pietas« Gunthamunds gegenüber den besiegten Feinden an (121-136). Er beendet ihn mit dem Gleichnis vom großmütigen Löwen (137-146). Im weiteren Verlauf stellt D. Gunthamund Herrscher aus Bibel und Geschichte als Vorbild vor Augen: Allen voran die Herrschaft Gottes, an der sich jeder irdische Herrscher zu orientieren hat (149-156), außerdem die »clementia« Davids, Salomons, Caesars, Augustus', Titus' und Commodus' (157-192). Darauf folgt die Mahnung, das öffentliche Ansehen und der Weltruhm des Vandalenkönigs könnten Schaden nehmen (193-196). Der durch Milde erworbene Ruhm gehört dem Herrscher allein, während er den Kriegsruhm mit seinen Soldaten teilen muß; die Sanftmut des Herrscher ist auch moralisch viel höher zu bewerten als offen gezeigte Aggressionen im Kampfgetümmel des Krieges (197-214). Nach dem Exkurs über die Zeit beginnt D. die zweite Paränese an Gunthamund mit einer Anklage, daß der Zorn des Herrschers maßlos sei (265-286). Während Zorn Sünde nach sich zieht, hat Verzeihung Ruhm zur Folge (287-298). D. argumentiert in diesen Versen mit Jesus-Worten aus dem Neuen Testament; so gelte z.B. das Gebot, seinem Bruder zu verzeihen (Lk 17,4), besonders für einen Herrscher gegenüber seinen Untertanen. Die Verse 299-302 wenden sich an Gunthamund als einen gebildeten Menschen. Am Ende des Gedichtes paraphrasiert D. Bibelstellen, die den Menschen zur Vergebung gegenüber einem Sünder verpflichten (303-308). In Vers 309 f. wendet sich D. nochmals vertrauensvoll an den Vandalenkönig und warnt zum Abschluß nochmals nachdrücklich vor unmenschlicher Grausamkeit (311-316). — Das drei Bücher umfassende Werk trägt seinen Titel zu Recht: Es enthält sehr unterschiedliche Gedichtpartien, die durch Hymnen auf den treuen und barmherzigen Gott zu einer Einheit verbunden werden. Der Lobpreis Gottes gliedert das gesamte Werk. Herzog bezeichnet »De laudibus Dei« sogar als »bibelpoetische Didaktik« (Herzog LVIII). Den Großteil des 1. Buches bildet die dichterische Bearbeitung des Sechstagewerkes von Gen 1. Aber bereits hier flicht D. Ausblicke auf weitere Textpartien des Alten und des Neuen Testaments ein. D. beginnt sein Werk mit einem Lobpreis Gottes (1,1-117). Der Hymnus fungiert gleichzeitig als Proömium, in dem D. eine erste Inhaltsübersicht seines Werkes gibt. Es geht im Werk um den Lobpreis des Schöpfers, seine allmächtige Vorsehung, die Erschaffung und Bewahrung der Schöpfung durch Gott. Der Schöpfer will die Erhaltung der Schöpfung und nicht den Tod des Sünders erwirken; Gott ist in der Welt durch Wunder zu erfahren. Seine Wahrnehmbarkeit durch Vorzeichen auch in der sündigen Welt läßt D. darauf schließen, daß Gott das Heil der Menschen will. In den Versen 115-117 entfaltet D. das Programm seines Werkes: Der christliche Gott ist ein Gott der Gnade, der unter allen Umständen das Heil der Schöpfung und der Menschen will. In den darauf folgenden Versen 118-417 schildert D. zunächst die ersten sechs Schöpfungstage anhand der Reihenfolge von Gen 1 und bereichert den biblischen Schöpfungsbericht durch eigene Gestaltung. Er verfaßt für den 1. Schöpfungstag, die Erschaffung des Lichts, einen Hymnus auf das Licht (118-128). Bei der Gestaltung des 2. Schöpfungstags, der Erschaffung von Himmel und Erde, widmet er sich eigens den konträren Elementen, die in Gottes Schöpfung harmonisch zusammengefügt sind (144-148). Am 3. Schöpfungstag, der Scheidung des Meeres und der Erde, fügt D. bereits den Bericht von der Erschaffung des Paradieses aus Gen 2 ein (180-205). Am 4. Schöpfungstag stellt D. die Erschaffung der Gestirne dar mit dem Verweis auf den Primat der Sonne, die sich dem Schöpfer zu unterwerfen hat (206-233). Für den 5. Schöpfungstag widmet sich D. der Erschaffung der Meerestiere und der Vögel (234-254). Die längste Bearbeitung erfährt der 6. Schöpfungstag. D. schildert zunächst die Erschaffung der Landtiere (270-291), dann erläutert er die Rangordnung der Lebewesen in der Schöpfung (292-328). Hierauf wendet sich D. der Erschaffung Adams zu (329-359). Gott plant die Ehegemeinschaft für Adam und erschafft daher die Frau (360-401). Nach der Zusammenführung der Menschen prophezeit ihnen Gott ihre Bestimmung: Sie erhalten den Vermehrungs- und Herrschaftsauftrag nach Gen 1,28 (402-417). D. geht anschließend zur Schilderung des Sündenfalls und seiner Bestrafung durch Gott über. Zunächst berichtet D. vom glückseligen Leben der Menschen im Paradies (417-458), an das sich unmittelbar die Versuchung und der Sündenfall anschließen (459-490). Die Menschen versuchen sich vergeblich vor Gott zu verstecken (491-501). Darauf schildert D. als Beweise dafür, daß den Menschen die Augen aufgegangen sind, Phänomene der Wahrsagerei (502-533). Daran schließt sich die Verurteilung und die Vertreibung aus dem Paradies an. D. beschreibt die Mühsal der Menschen und ihren Tod (533-561). Darauf preist der Dichter den ewigen und barmherzigen Gott, der seinen Zorn zu mäßigen versteht; als Beweis für Gottes Barmherzigkeit gilt für D., daß der sündig gewordene Mensch noch immer die Herrschaft über die Erde ausüben darf (562-599). Dann wendet sich der Dichter der Bedeutung des Heiligen Geistes für die Schöpfung zu (600-605); anschließend versucht D. in einem längeren Beweisgang die Treue des Schöpfers zu seiner Schöpfung zu beweisen (606-682): Zumindest die Gattungen der Kreaturen, die er hervorgebracht hat, haben ewigen Bestand, und der

Mensch darf darüber hinaus nach seinem persönlichen Tod auf ein ewiges Leben hoffen. Auf diese Ausführungen hin läßt D. wieder einen Lobpreis von Gottes Treue und Barmherzigkeit gegenüber seiner Schöpfung folgen (683-695). Im Epilog des 1. Buches bietet D. zunächst einen Hymnus auf den furchtbaren Gott, die barmherzige Vorsehung und den Freund der Schwachen und Bedrängten (696-742). Der Epilog schließt mit einem Gebet des Sünders D. zu Gott, in dem er den Erlöser um seine Rettung bittet (743-754). — Auch das 2. Buch beginnt D. mit einem Hymnus (1-59). Er lobt den Schöpfer, dessen Willen selbst die Sonne Gehorsam schenkt. Er bekundet, daß die gesamte Schöpfung von Gottes Geist erfüllt ist. Nach dieser lobpreisenden Einleitung wendet sich D. zunächst der Inkarnation des Gottessohnes zu und verteidigt dabei das Trinitätsdogma gegen die Ansichten der Arianer (60-110). Dann wendet sich D. dem Lobpreis der Allmacht Gottes zu (111-244). Diese zeigt sich in den Wundern Jesu im Neuen Testament und an bestimmten Vorzeichen im Alten Testament. Dieser Passus wird durch Hymnen untergliedert, die den allmächtigen Schöpfer und seine Vorsehung für die Schöpfung preisen. Im Kontrast dazu schildert D. dann die Freveltaten, zu denen die Menschen fähig sind (245-338): zunächst Adams Sünde gegen Gott und dann sämtliche Freveltaten und Grausamkeiten, zu denen die Menschen fähig sind. Daran schließt D. die verschiedenen Strafen an, mit denen Gott die Verbrechen der Menschen ahndet (339-508): darunter fallen die Sintflut, die Zerstörung von Sodom und Gomorrha und die Vertreibung aus dem Paradies. Da D. daran gelegen ist, die Treue und Barmherzigkeit Gottes zu preisen, fährt er mit der Darstellung der Erlösung der Menschheit durch Christus fort (509-576). Er berichtet von Jesu Leiden und Tod, seiner Höllenfahrt und Auferstehung. Hierauf stimmt D. wiederum einen Lobpreis auf den barmherzigen Gott an (577-624), der es vermochte, daß aus dem Sünder Saulus ein Apostel der Heidenchristen wurde. Der Dichter fährt dann mit der Darstellung seiner Überzeugung fort, daß Gott die Gebete der Glaubenden erhört (625-692): Als Beispiele führt er u.a. Abraham und Sara, Tobit, David und Anna an. D. beschließt das 2. Buch der »De laudibus Dei« mit einem Hymnus auf den langmütigen und gütigen Gott (693-818). Innerhalb dieses Lobpreises kommt er auf die Auferweckung der Tabitha, den brennenden Dornbusch und den Durchzug der Israeliten durch das Rote Meer zu sprechen. — Das 3. Buch der »De laudibus Dei« beginnt D. mit einem Lobpreis auf den allwissenden, allmächtigen, gütigen und freigebigen Gott (1-31). Diesem stellt der Autor den habgierigen Menschen gegenüber (32-75). Die Freigebigkeit, Allwissenheit und Güte Gottes beweist D. zunächst an einer Reihe von Beispielen aus dem Alten und dem Neuen Testament (76-250): darunter führt der Dichter beispielsweise die Opferung Isaaks, Daniel in der Löwengrube und den Apostel Petrus an. Um auch die ungläubigen Heiden zu überzeugen, gibt D. noch Beispiele aus der Geschichte und der Legendentradition an: u.a. Leonidas, Brutus, Manlius Torquatus, Scaevola, Judith, Semiramis und Dido (251-530). D. fährt dann fort mit einem Lobpreis auf den unveränderlichen und ewigen Gott und seiner fürsorglichen Güte, dem die Schöpfung gehorcht, aber der Mensch den Gehorsam verweigert (531-566). Der Autor gesteht daraufhin Gott seine eigene Schuld ein (567-719). Den Abschluß des 3. Buches bildet das inständige Gebet des D. zum barmherzigen Gott, er möge ihm, der in Gefangenschaft ist, helfen, seine körperliche Unversehrtheit wiederzuerlangen und beim Jüngsten Gericht zu den Gerechten gezählt zu werden (720-755). — Schon früh wurde das geschlossener wirkende 1. Buch über das Sechstagewerk von den beiden folgenden Büchern abgetrennt und als »Hexaemeron« selbständig überliefert. Auf Veranlassung des Chindaswinth, des westgotischen Königs von Spanien (641-652), hat Eugenius, der von 646-657 Bischof von Toledo war, das 1. Buch von »De laudibus Dei« überliefert und in eigener Gestaltung den 7. Schöpfungstag dazugesetzt. Die »Satisfactio« erfuhr ebenfalls eine Bearbeitung durch Eugenius. Die erste große Bibeldichtung des Mittelalters, die »Occupatio« des Odo von Cluny (um 900), lehnt sich an die literarische Form der Dichtung des Dracontius an.

Ausg.: Dracontii carmina minora plurima inedita ex codice neapolitano, ed. F. de Duhn, Leipzig 1873; Dracontii carmina profana : Poetae Latini Minores V, rec. E. Bährens, Leipzig 1883; Fl. Merobaudis reliquiae, Blossi Aemilii Dracontii carmina, Eugenii Toletani episcopi carmina et epistulae: cum appendicula carminum spuriorum, ed. F. Vollmer:

MGH AA 14, Berlin 1905 (Nachdruck 1961) 60ff. (älteste vollständige Ausgabe; mit synoptischem Druck der Eugeniusrevision); Blossi Aemili Draconti Satisfactio una cum Eugeni recensione, ed. F. Speranza, Roma 1978; Draconcio y sus carmina profana. Estudio biográfico, introducción y edición crítica, ed. J.M. Diaz de Bustamente, Santiaga de Compostella 1978; Dracontius œvres, edd. C. Moussy, C. Camus, Tome 1-2, Paris 1985-1988 (De laudibus dei libri tres; Satisfactio); Dracontius œvres. Poèmes profanes, edd. J. Bouquet, E. Wolff, Tome 3-4, Paris 1995-1996 (Orestis tragoedia; Romulea 1-10; De mensibus; De origine rosarum; Fragmenta).

Lit.: S. Bodelòn, D. y el reino vándalo, in: Epos 17, 2001, 29-53; — J. Bouquet, L´imitation d´Ovide chez D., in: Caesarodunum 17 bis, 1982, 177-188; — ders., D. œvres. Poèmes profanes. Introduction, Tome 3, 1995, 1-86; — D. F. Bright, The Miniature Epic in Vandal Africa, Norman 1987 (mit Bibliographie); — ders., The chronology of the poems of D.: Classica et mediaevalia 50, 1999, 193-206; — L. Castagna (Hrsg.), Studi draconziani (1912-1996), Napoli 1997 (Forschungsüberblick); — F. Chatillon, Dracontiniana, in: Revue du Moyen Age Latin 8, 1952, 177-212; — E. Clerici, Due poeti : Emilio Blossio D. e Venanzio Fortunato, in: Rendiconti dell´ Istituto Lombardo 107, 1973, 108-150; — F. Comparelli, » Serus »/« senex »/« senior » in D., » Satisfactio » 39, in: Appunti romani di filologia 2, 2000, 99-106; — ders., Riflessi della » Vetus Latina » in D.: Bollettino della Badia Greca di Grottaferrata 55, 2001, 23-36; — ders., La lotta del cervo col serpente: nota a Drac. Satisf. 67-68: Appunti romani di filologia 5, 2003, 137-141; — ders., La » satisfactio » di D. 1: Schol(i)a 5 (2), 2003, 111-141; — ders., La » satisfactio » di D. 2: Schol(i)a 5 (3), 2003, 107-120; — ders., La » satisfactio » di D. 3: Schol(i)a 6 (1), 2004, 43-51; — ders., La » satisfactio » di D. 4: Schol(i)a 6 (2), 2004, 137-146; — ders., La » satisfactio » di D. 5: Schol(i)a 6 (3), 2004, 73-81; — F. Corsaro, Problemi storico-letterari del cristianesimo africano nel Vo secolo. Studi su D., in: Miscellanea di Studi di Letteratura Christiana Antica 11, 1962, 5-32; — C. Curti, D., in: Enciclopedia Virgiliana 2, 1985, 138 f.; — P.-A. Deproost, » Telle une nymphe de l´abîme ... » la création d´Eve dans l´« Hexameron » poétique de D. (Laud. Dei I, 371-401), in: P.-A. Deproost, A. Meurant (Hrsgg.), Images d´origines, origines d´une image : hommages à J. Poucet, Louvain-la-Neuve 2004, 393-402 ; — J.M. Diaz de Bustamente, Draconcio y sus carmina profana, Santiago de Compostela 1978 (Bibliographie bis 1978); — J. Duvernet, D. : Dictionnaire d´histoire et de géographie ecclésistique 14, Paris 1960, 774-781; — M. J. Edwards, D. the African and the fate of Rome, in: Latomus 63, 2004, 151-160; — W. Evenepoel, D., De laudibus Dei, 1, 329/458 : Adam and Eve before the fall, in: M. Wacht (Hrsg.), Panchaia. Festschrift K. Thraede, Münster, Westfalen 1995, 91-101; — J. Fontaine, Naissance de la poésie dans l´occident chrétien. Esquisse d´une histoire de la poésie latine chrétienne du IIIe au VIe siècle, Paris 1981, 252-256.275 f.; — S. Gamber, Le livre de la Genèse dans la poésie au Ve siècle, Paris 1899; — Th. Gärtner, Kritisch-Exegetisches zu den Gedichten des D., in: Mnemosyne 52, 1999, 198-202; — ders., Das Voegelprodigium im Helena-Epyllion des D.: antike Vorbilder und mittelalterliches Nachleben, in: Mnemosyne 54, 2001, 349-353; — A. Grillone, Noterella draconzi-

ana, in: Civiltà classica e christiana 5, 1984, 191-200; — ders., Note esegetiche all´« Orestis Tragoedia » di D., in: Maia 51, 1999, 457-469; — ders., Considerazioni sul testo dell´ Orestis Tragoedia » di D., in: Maia 52, 2000, 497-504; — R. Herzog, Die Bibelepik der lateinischen Spätantike. Formgeschichte einer erbaulichen Gattung 1, München 1975; — D. Kartschoke, Bibeldichtung. Studien zur Geschichte der epischen Bibelparaphrase von Juvencus bis Otfried von Weißenburg, München 1975, 48-50; — H. Kaufmann, Dracontius Romul. 10 (Medea). Einleitung, Text, Übersetzung und Kommentar, Heidelberg 2006; — W. Kirsch, Altes und Neues im lateinischen Epos des 4.-6. Jahrhunderts, in: Klio 60, 1978, 389-396; — ders., Strukturwandel im lateinischen Epos des 4.-6. Jahrhunderts, in: Philologus 123, 1979, 38-53; — R. Klein, Medea am Ausgang der Antike : Bemerkungen zum Epyllion » Medea » des christlichen Dichters D., in: Würzburger Jahrbücher für die Altertumswissenschaft 25, 2001, 229-238; — D. Kuijper, Varia Dracontiniana (Diss. Amsterdam), Den Haag 1958 (Bibliographie bis 1958); — C. Martín Puente, Las » Geórgicas » de Virgilio, fuente del » Hilas » de Draconcio, in: Emerita 65, 1997, 77-84 ; — C. Moussy, Dracontius œuvres. Introduction générale, Paris 1985, 1-136 ; — C. Moussy, L´imitation de Stace chez D., in: Illinois Classical Studies 15, 1989, 425-433 ; — M. Mülke, Interpolationen im D., in: W. Blümer (Hrsg.), Alvarium. Festschrift Ch. Gnilka, Münster 2002, 279-291; — T. Privitera, Oreste » scholasticus » : una nota a D., in: Euphrosyne 24, 1996, 127-146; — E. Rapisarda, Il poeta della misericordia divina. Vol. 1. L´unitá del mondo religioso di D., in: Orpheus 2, 1955, 1-9; — M. Roberts, Biblical Epic and Rhetorical Paraphrase in Late Antiquity, Liverpool 1985; — ders., Creation in Ovid´s » Metamorphoses » and the Latin poets of late antiquity, in: Arethusa 35,3 (2002) 403-412; — D. Romano, Studi Draconziniani, Palermo 1958; — W. Schetter, Dares und D. über die Vorgeschichte des trojanischen Krieges, in: Hermes 115, 1987, 211-231; — ders., D. togatus, in: Hermes 117, 1989, 342-350; — ders., Zur ´Satisfactio´ des D., in: Hermes 118, 1990, 90-117; — ders., Rezension zu: D. F. Bright, The Miniature Epic in Vandal Africa, in: Gnomon 63, 1991, 213-223; — K. Smolak, Die Stellung der Hexamerondichtung des D. (laud. Dei 1,118-426) innerhalb der lateinischen Genesispoesie, in: R. Hanslik, A. Lesky und H. Schwabl (Hrsgg.), Antidosis. Festschrift W. Kraus, Wien - Köln - Graz 1972; — W. Speyer, Kosmische Mächte im Bibelepos des D., in: Philologus 132 (1988) 275-285; — ders., Der Bibeldichter D. als Exeget des Sechstagewerkes Gottes, in: G. Schöllgen, C. Scholten (Hrsgg.), Stimuli: Exegese und ihre Hermeneutik in Antike und Christentum. Festschrift E. Dassmann (Jahrbuch für Antike und Christentum. Ergänzungsband 23), Münster 1996, 464-484; — ders., Das Leben im Garten Eden nach D., in: J.-M. Carrié, R. Lizzi Testa (Hrsg.), »Humana sapit«. Etudes d´antiquité tardive offertes à L. Cracco Ruggini, Turnhout 2002, 277-282; — F. Stella, Innovazioni lessicali delle » Laudes Dei » di Draconzio fra latinità tardoantica e medievale, in: Invigilata lucernis 21, 1999, 417-444; — B. Weber, Der Hylas des D.: Romulea 2, Stuttgart - Leipzig 1995; — C. Weyman, Beiträge zur Geschichte der christlich-lateinischen Poesie, München 1926, 142-160; — C. Witke, Numen litterarum. The old and the new in latin poetry from Constantine to Gregory the Great,

Leiden - Köln 1971, 172-179; — E. Wolff, D. revisité: retour sur quelques problèmes de sa vie et de son œvre, in: B. Bureau (Hrsg.), Moussyllanea. Mélanges de linguistique et de littérature anciennes offerts à C. Moussy, Louvain u.a. 1998, 379-386 ; — B. van Zyl Smit, A Christian Medea in Vandal Africa ?: some aspects of the » Medea « of Blossius Aemilius D., in: A. F. Basson (Hrsg.), Literature, art, history. Studies on classical antiquity and tradition in honour of W. J. Henderson, Frankfurt a. M. u.a. 2003, 151-160; — Pauly-Wissowa V, 1635-1644; — RAC IV, 250-269; — Der Neue Pauly III, 809-810.

Tanja Thanner

DREIER, Wilhelm, katholischer Wirtschaftswissenschaftler und Sozialethiker, geboren am 17.2. 1928 in Wattenscheid/Westf., gestorben am 27.2. 1993 in Würzburg. — Nach dem Studium der Philosophie, Katholischen Theologie, Volkswirtschaftslehre und Soziologie in Paderborn und Münster wurde Dreier in Münster 1958 in Volkswirtschaftslehre und 1964 in Katholischer Theologe promoviert. Von 1954 bis 1962 war er dort wissenschaftlicher Mitarbeiter bzw. Assistent des späteren Kölner Kardinals Josef Höffner und nach dessen Ernennung zum Bischof von Münster 1962 bis 1968 geschäftsführender Assistent des Münsteraner Instituts für Christliche Sozialwissenschaften. 1967 wurde er nach Überwindung einiger rechtlicher Probleme als erster katholischer Laie für das Fach Christliche Sozialwissenschaften von der Katholisch-Theologischen Fakultät der Universität Mainz habilitiert und erhielt 1968 als erster Laie einen Ruf auf einen Lehrstuhl einer Katholisch-Theologischen Fakultät, nämlich den Lehrstuhl für Christliche Sozialwissenschaften an der Universität Würzburg, wo er bis zu seinem frühen Tod 1993 Christliche Sozialwissenschaft und mehrere Jahre lang auch Soziologie lehrte. Von 1971-1972 war er Dekan, danach bis 1976 Prodekan der Fakultät. — Auch wenn in den ersten Veröffentlichungen Dreiers die naturrechtlichen Argumentationsmuster seines Lehrers Höffner noch deutlich spürbar sind, so war er doch der erste, der die damals dominante »Einheitslinie« der christlichen Gesellschaftsethik durchbrach. Er öffnete sich ohne Vorbehalte dem Neuansatz des Zweiten Vatikanischen Konzils, denn er fühlte sich in seinen grundlegenden Intuitionen, zu denen die Forderungen nach Interdisziplinarität und nach Ergänzung der Soziallehre durch Sozialtheologie gehörten, durch die Pastoralkonstitution Gaudium et Spes bestätigt. Der Schlüsselsatz ist dabei folgende Aussage über die im Dialog mit der Welt (GS 1) notwendige ethisch-theologische Methode: »Zur Erfüllung dieses ihres Auftrags obliegt der Kirche allzeit die Pflicht, nach den Zeichen der Zeit zu forschen und sie im Licht des Evangeliums zu deuten.« (GS 4) Dreier betont: »Es ist nicht eine 'progressive' Theologie, sondern die Kirche des Zweiten Vatikanischen Konzils selbst, die den Sozialethiker veranlaßt, sein wissenschaftliches Handeln auf die 'Zeichen der Zeit' auszurichten.«(Sozialethik 1983, 20-21) Er gelangt so zu einem Konzept einer wissenschaftlichen Sozialethik, die durch die christlich-eschatologische Hoffnungsbotschaft und Umkehrforderung motiviert wird, sich aber grundsätzlich und gleichzeitig im interdisziplinären Gespräch vollzieht und auf gesellschaftsverändernde Praxis ausgerichtet ist. — In diesem Geist baute er zusammen mit seinem naturwissenschaftlichen Kollegen Reiner Kümmel (Physik) ab 1976 einen interdisziplinären Forschungsschwerpunkt der Universität zum Thema »Die Zukunft der Menschheit« auf, in dessen Rahmen er die neuen, durch die Berichte an den Club of Rome angezeigten Problemlagen der »Grenzen des Wachstums« als erster katholischer Sozialethiker in Deutschland bearbeitete. Auch in den Folgejahren wurden an seinem Institut immer wieder aktuelle Themen aufgegriffen - häufig in enger Kooperation mit Gruppen aus der Umwelt-, Frauen-, Eine-Welt- und Friedensbewegung sowie Institutionen der Erwachsenenbildung und katholischen Verbänden. Seine besonderen Anliegen waren neben der ökologischen Problematik eine wirklich »soziale« Ausgestaltung der Sozialen Markwirtschaft und eine Neuorientierung von Bildungsprozessen und des Bildungssystems im Sinne »praxisverändernder Bildung« mit dem Ziel, die Menschen zur Bewältigung der enormen Herausforderungen der weltweiten Ungerechtigkeiten und der drohenden Umweltzerstörung zu befähigen. 1992 engagierte er sich in den kontroversen Debatten um das 500-Jahr-Gedenken der Entdeckung/Eroberung Amerikas (1492-1992) und schrieb sein letztes Buch mit dem programmatischen Titel »Umkehr zur Zukunft - Sozialethische Wegzeichen in ein postkoloniales Zeitalter«. — Wichtig sind auch seine vielfältigen außeruniversitären Beratungstätigkeiten: Von

1969-1984 war er Mitglied des Deutschen Jugendinstituts in München, 1970-1975 wirkte er als Mitglied der Gemeinsamen Synode der Bistümer in der Bundesrepublik Deutschland entscheidend am Beschluß der Synode zur Jugendarbeit und an einem Text zum Thema »Zum Dienst der Kirche in der Leistungsgesellschaft« mit, der jedoch nicht mehr von der Synode beschlossen wurde. 1976-1986 war er Mitglied der Wissenschaftlichen Kommission des Katholischen Arbeitskreises für Entwicklung und Frieden und 1981 Mitbegründer der interdisziplinären »Studiengruppe Entwicklungsprobleme der Industriegesellschaft - STEIG e.V.« Von 1968 bis 1989 war er zudem wissenschaftlicher Leiter der Akademie für Jugendfragen, einer bundeszentralen Fortbildungseinrichtung für Fachkräfte in der Jugend-, Sozial- und Bildungsarbeit, in der insbesondere in den Bereichen Gruppendynamik und Supervision Pionierarbeit geleistet worden war. Die dort gemachten Erfahrungen inspirierten auch seine Arbeit an der Universität: Jahrelang praktizierten Mitarbeiter/innen an seinem Lehrstuhl innovative hochschuldidaktische Methoden »teilnehmerorientierten« bzw. »selbstgesteuerten Lernens«. Seine Schüler/innen sind heute in den verschiedensten Bereichen der Wissenschaft, der allgemeinen Erwachsenbildung, der Fort- und Weiterbildung, der pastoralen Arbeit und des politischen Engagements tätig.

Monographien und Sammelwerke (Auswahl): Das Familienprinzip. Ein Strukturelement der modernen Wirtschaftsgesellschaft. Münster 1960 (Wirtschaftswissenschaftliche Dissertation); Funktion und Ethos der Konsumwerbung. Münster 1965 (Theologische Dissertation); Wirtschaftliche und soziale Sicherung von Ehe und Familie. Münster 1965; Soll die Kirche Werbung treiben? Köln 1967; Raumordnung als Bodeneigentums- und Bodennutzungsreform. Köln 1968 (Habilitationsschrift); (Hg.) Über Ziele und Methoden der Sozialarbeit. Ein Tagungsbericht. Münster: Regensberg 1970 (Schriftenreihe der Akademie für Jugendfragen 4); (Hg. zus. m. Teichtweiher, Georg) Herausforderung und Kritik der Moraltheologie. Würzburg 1971; (zus. m. Kümmel, Reiner) Zukunft durch kontrolliertes Wachstum. Naturwissenschaftliche Fakten - sozialwissenschaftliche Probleme - theologische Perspektiven; ein interdisziplinärer Dialog. Münster 1977; Gesellschaftliche Reformen über praxisverändernde Bildung. Eine Problemskizze. Münster 1977; Caritasarbeit für eine alternative Lebensweise christlicher Gemeinden. Freiburg 1979; Sozialethik. Düsseldorf: Patmos 1983; Umkehr zur Zukunft. Sozialethische Wegzeichen in ein postkolonialistisches Zeitalter. Saarbrücken, Fort Lauderdale 1992; (als Mitherausgeber) Entdeckung, Eroberung, Befreiung. 500 Jahre Gewalt und Evangelium in Amerika. Würzburg 1993.

Beiträge (Auswahl): Der Weg zur normativen Sozialwissenschaft. In: Jahrbuch des Instituts für Christliche Sozialwissenschaften 1(1960), S. 19-30; Rationale Wirtschaftspolitik am Scheidewege. In: Jahrbuch des Instituts für Christliche Sozialwissenschaften 2(1962), S. 239-259; Mitbestimmung der Arbeitnehmer - ein Weg zur Sozialpartnerschaft. In: Jahrbuch des Instituts für Christliche Sozialwissenschaften 3(1963), S. 79-104; Vom Dienst der Kirche an der gesellschaftlichen Ordnung. A.M. Knolls indirekte Frage nach der paternalen Funktion der Kirche. In: Jahrbuch des Instituts für Christliche Sozialwissenschaften 5(1965), S. 109-142; Welche »normative Kraft« hat das Faktische? In: Buchmann, J.; Svoboda, R. (Hg.): Die Wende zum Gewissen. Hamm/Westf. 1968, S. 31-40; Christlich verantwortete Politik und »Politische Theologie«. Eine theologisch-politologische Grundsatzüberlegung. In: Jahrbuch für Christliche Sozialwissenschaften 10(1969), S. 235-257; Christliche Sozialwissenschaft/Sozialethik. In: Klostermann, Ferdinand; Zerfaß, Rolf (Hg.): Praktische Theologie heute. München, Mainz 1974, S. 255-265; (zus. m. Estor, Marita; Risse, Hans-Thomas) Zum Dienst der Kirche in der Leistungsgesellschaft. In: Emeis, Dieter; Sauermost, B. (Hg.): Synode. Ende oder Anfang. Düsseldorf 1976, S. 425-487; Gewinnung der Zukunft durch ein neues Wertbewußtsein. Zur Dialektik von Wertkonservativismus und sozialem Wandel. In: Kimminich, Otto (Hg.): Was sind Grundwerte? Zum Problem ihrer Inhalte und ihrer Begründung. Düsseldorf 1977, S. 78-96; Der Mut zur Utopie. Für eine zukunftsorientierte christliche Sozialethik. In: Katechetische Blätter (1978)4, S. 263-275; Kapitalismus. In: Klose, A. u.a. (Hg.): Katholisches Soziallexikon. 2. Aufl. Innsbruck u.a. 1978, Sp. 1267-1284; Fachorientiertes Schwerpunktstudium. Christliche Sozialwissenschaft/Sozialethik. In: Kommission »Curriculum in Theologie« des; Westdeutschen Fakultätentages durch Erich Feifel (Hg.): Fachorientierte Schwerpunktbildung. Zürich 1980, S. 141-154; Sozialethik. In: Eicher, Peter (Hrsg.) Neues Handbuch theologischer Grundbegriffe. Bd. 4. München 1985, 128-138; 25 Jahre Akademie für Jugendfragen. In: Caritas '86 : Jahrbuch des Deutschen Caritasverbandes. Freiburg i.Br. 1985, 179-188; Für ein Recht auf Arbeit in internationaler Solidarität. Teile I u. II. In: Arbeiterfragen 1987/1 u. 1987/2; La amenaza neocolonialista de la paz. Perspectivas ético-sociales. In: González Montes, Adolfo (Hg.): Iglesia, teología y sociedad veinte años después del Concilio del Vaticano. Salamanca 1988, S. 313-326; Lebenssinn und Dritte Welt. In: Böhm, Winfried; Lindauer, Martin (Hg.): Woher, Wozu, Wohin? Fragen nach dem menschlichen Leben. Viertes Symposion der Universität Würzburg. Stuttgart 1990, S. 309-319; Katholische Soziallehre und die Praxis der sozialen Marktwirtschaft. In: Henning, Klaus; Bitzer, Arnold (Hg.): Ethische Aspekte von Wirtschaft und Arbeit. Mannheim 1990, S. 101-122.

Lit.: Albert, Rochus u.a.: Die Zeichen der Zeit erkennen. Lernorte einer nachkonziliaren Sozialethik. Wilhelm Dreier zum 60. Geburtstag. Mit einem Grußwort von Joseph Kardinal Höffner. Münster 1988; — Kruip, Gerhard: Gesellschaftsethik im interdisziplinären Dialog : Wilhelm Dreiers Beitrag zur Erneuerung der Gesellschaftsethik nach dem

Konzil. In: Hengsbach, Friedhelm; Emunds, Bernhard; Möhring-Hesse, Matthias (Hrsg.): Jenseits Katholischer Soziallehre : Neue Entwürfe christlicher Gesellschaftsethik. Düsseldorf 1993, 91-105 (Anm.: 305-306).

Gerhard Kruip

DREXEL, Albert, Sprachwissenschafter, Theologe. — D. wurde am 18. Juni 1889 in Hohenems geboren, seine Familie betrieb eine Stickerei und Landwirtschaft. Seine vier Geschwister wurden alle Priester, drei davon Jesuiten. 1910 absolvierte D. die Matura im Staatsgymnasium Feldkirch. D. studierte Latein, Griechisch, Französisch, Spanisch, nordische und altindische Sprachen. 1914 wurde D. im Priesterseminar in Brixen zum Priester geweiht. Ab 1917 studierte D. Sprachen an der Universität in Innsbruck. 1923 gründete er die Fachzeitschrift »Bibliotheca Africana«. D. war am Aufbau des 1925 gegründeten Afrikanischen Instituts in Innsbruck beteiligt, welches ab 1928 als »Missionshochschule« geführt wurde. 1933 wurde D. als Professor an die päpstliche Missionshochschule »Propaganda« in Rom berufen. Dort dozierte er bis er 1936 und kehrte danach nach Innsbruck zurück. Nach dem Anschluß Österreichs reiste D. in die Schweiz ein, 1939 kam er in einem Kloster in Schaan in Vaduz FL unter. 1946 ließ sich D. als Pfarrresignat in Egg bei Zürich nieder, wo er auch beim Albertusverlag mitwirkte. Ab 1963 schrieb D. gelegentlich und ab 1968 regelmäßig für die reaktionäre katholische Zeitung »Das Neue Volk«. Am 9. März 1977 verstarb D. nach kurzer Krankheit in St. Gallen und wurde in Batschuns in Österreich beigesetzt.

Quellen: »Das neue Volk«, Organ für katholische Gesinnungsbildung, Goldach; Drexel Albert/Girsberger K. Ernst (Hg.), Albert Drexel, Schicksal und Werk eines österreichischen Gelehrten.

Werke (Auswahl): Atlas Linguisticus, Innsbruck 1931; Die Judenfrage in wissenschaftlicher Beleuchtung, Innsbruck 1936; Die indogermanischen Sprachen, Freiburg/Schweiz [1939?]; Grundriß der Rassenkunde, Freiburg i. Ue. 1941; Natur und Kultur des Menschen: Handbuch der völkerkundlichen Wissenschaften in 3 Bden; Zürich 1947-.; Das Problem von der Abstammung des Menschen im Lichte der Vernunft und des Glaubens, Zürich 1949; Kommunismus und Kirche, Zürich 1949; Die Frage nach der Einheit des Menschengeschlechtes im Lichte der Sprachforschung, Zürich 1956; Die alpine Rasse in Mitteleuropa. Beschreibung, Herkunft, Bedeutung. Freiburg i. Ue. 19??.; Teilhard de Chardin : Analyse einer Ideologie, Egg/Zürich 1969; Ein neuer Prophet? Eine Einführung zu dem neuen Buch über

Teilhard und Teilhardismus, Stein am Rhein 1971; Katholisches Glaubensbuch: Ein Erwachsenen-Katechismus, Stein am Rhein 1972; Der Glaube und die neue Zeit, Stein am Rhein 1975; Religion, Glaube, Kirche, Egg/Zürich 1976; Der Glaube ist mehr als Gehorsam: Heilandsworte an Prof. Drexel am 5. März 1976, Olten 1981.

Simona Sigrist

DRYANDER, Hermann Ludwig, Diakon, Archidiakon, Superintendent, Oberpfarrer, * 22. Dezember 1809 und † 15. Februar 1880 in Halle an der Saale, beerdigt auf dem Stadtgottesacker. D.s Vater, Friedrich August Dryander, entstammt einer traditionsreichen halleschen Patrizierfamilie und bekleidet als Jurist die Ämter eines Pfännerschafts- und Universitätssyndikus. Die Mutter, Karoline Wilhelmine Bassenge, ist hugenottischer Herkunft. Als ältester von vier Geschwistern besucht D. mit seinen Brüdern das Pädagogium der Franckeschen Stiftungen zu Halle, das von Hermann Agathon Niemeyer geleitet wird. — Von 1828 bis 1832 studiert er Theologie in Halle. Hier weckt der Patristiker Johann Karl Thilo sein Interesse für Geschichte und der Vermittlungstheologe Christian Ullmann bringt ihm die Hymnologie nahe. Vor allem aber bahnt sich eine lebenslange Freundschaft D.s zum Erweckungstheologen Friedrich August Gotttreu Tholuck an, zu dessen ersten Anhängern an der Fakultät der Student gehört. Nach dem ersten Examen reist D., ausgestattet mit der Empfehlung Tholucks, nach Berlin und kommt im Kontakt mit Baron Ernst von Kottwitz und dem Kirchenhistoriker August Neander. Letzterer redet ihm eine von Ullmann angeregte Promotion zur Hymnologie aus. Doch beschäftigt sich D. auch weiterhin mit diesem Thema, setzt sich später nachdrücklich für reichere liturgische Gottesdienste ein und redigiert mehrere Auflagen des halleschen Stadtgesangbuchs. — Nach dem zweiten Examen und einem Intermezzo als Lehrer an der Töchterschule der Franckeschen Stiftungen wird D. 1834 ordiniert und zum Diakonus der Marktkirche »Unserer Lieben Frauen« zu Halle gewählt. An dieser Kirche wirkt er über einen Zeitraum von 46 Jahren. 1844 wird D. Archidiakon, 1846 zugleich Superintendent der zweiten Land-Ephorie Halle, dann Stadtsuperintendent und 1876 Oberpfarrer. Willibald Beyschlag, ab 1860 Professor in Halle, erlebt ihn als »das wirkliche Haupt der Stadtgeistlichkeit« (Willibald Beyschlag, Aus meinem Leben, 2. Theil, 1899, 137). 1866 wird D. in das Konsistorium der Provinz Sachsen berufen und bald darauf zum Konsistorialrat sowie schließlich zum Oberkonsistorialrat ernannt. 1867 erhält er die Ehrendoktorwürde der Theologischen Fakultät Halle. — Neben seinen Amtspflichten arbeitet D. über viele Jahre als Redakteur und Herausgeber des 'Halleschen Patriotischen Wochenblatts', dessen Gewinn der städtischen Armenkasse zufließt. Gemeinsam mit seinem Bruder Justizrat Karl Dryander, dem Großkaufmann Christian Friedrich Dürking und dem Unternehmer Ludwig Wucherer gründet er 1837 und 1841 die ersten beiden Kinder-Bewahranstalten in Halle. In der Teuerungskrise 1847 ist das von ihm geleitete 'Komitee zur Unterstützung verschämter Armer' der einzige private Hilfsverein in der Stadt, der wirklich aktiv wird. Die vom Komitee gesammelten über 2000 Taler kommen vor allem Handwerkern und deren Familien zugute, die sich scheuen, öffentliche Armenunterstützung in Anspruch zu nehmen. Zugleich gehört D. in diesem Jahr zu den Gründern des Frauenvereins für Armen- und Krankenpflege, dessen Vorsitz er ab 1848 für lange Zeit innehat. — 1844 wird D. Vorsitzender des Hauptvereins Halle der Gustav-Adolf Stiftung, später auch Leiter des Provinzialvereins. Hier arbeitet er mit Tholuck und dem Philosophen Hermann Ulrici zusammen, der nach D. ebenfalls Leiter des Provinzialvereins wird, bevor Beyschlag Ulrici in diesem Amt 1862 ablöst. — Von seinen Zeitgenossen wird D. als bisweilen wenig selbstbewußt, in sich gekehrt, melancholisch und kränklich bis zur Hypochondrie geschildert. Zugleich werden ihm eine vermittelnde, liebenswürdige Art und großes seelsorgerliches Geschick zugeschrieben. 1837 heiratet er Franziska Delbrück, Tochter des Kurators der Universität Halle, Gottlieb Delbrück. Deren Tod 1849 im Alter von 36 Jahren verkraftet D. nur schwer. Sein zweitgeborener Sohn, der Berliner Oberhofprediger Ernst Hermann Dryander, schildert die bedrückende Atmosphäre in seinem Vaterhaus bis zur erneuten Heirat D.s 1853 mit Hedwig Delbrück, einer Stiefschwester seiner ersten Frau: »Der an sich verschlossene Mann wurde noch verschlossener«, erinnert sich der Sohn und fährt fort: »Mehrere Jahre feierten wir kein Weihnachten zu Haus, sondern empfingen unsere Bescherung in den Häusern der Verwandten, während zu Haus nur ein kleines Bäumchen, unter dem unsere bescheidenen Kindergaben lagen, uns an das Fest erinnerte. [...] Die frohe Kindheit, die man einem jungen Menschenkinde wünscht« habe für die Kinder erst begonnen, als die neue Mutter »das Erbe der frühvollendeten Schwester antrat.« (Ernst von Dryander, Erinnerungen, 1922, 11, 25). — Die zweite Ehe D.s bleibt kinderlos. Aus der ersten Ehe erreichen neben Ernst Dryander zwei weitere Kinder das Erwachsenenalter. Tochter Elisabeth heiratet den Pfarrer am halleschen Diakonissenhaus, Eduard Grüneisen. Der erstgeborene Sohn Friedrich Gottlieb wird Jurist und stirbt 1868 kurz vor seinem Assessorexamen. In einer Predigt über 'Abrahams Opfer' verarbeitet der Vater seinen Schmerz. Zehn Jahre zuvor war D. in schwerer Krankheit selbst von den Ärzten aufgegeben worden. — Trotz und mit allen persönlichen und familiären Schwierigkeiten ist D. nicht nur für seine Amtskollegen sondern auch im liberalen Bürgertum der Stadt eine feste Größe. Besonders tritt dabei zunächst die enge Verbindung mit einem der einflußreichsten Männer der Stadt, dem Unternehmer und Kommunalpolitiker Ludwig Wucherer hervor. Dieser wird 1832 in das Kirchenkollegium der Marktkirche »Unserer Lieben Frauen« gewählt, »dessen Seele er, späterhin als Oberkirchvater, bis zum Jahre 1858« ist. (Erich Neuß, Ludwig Wucherer, 1926, 201). Mit D. und dessen Bruder, Justizrat Karl Dryander, verbindet Wucherer »fast ein brüderlich-freundschaftliches Verhältnis« (ebd., 230). So verlebt Wucherer z. B. 1840 seinen 50. Geburtstag mit »Dryanders« (ebd., 278), einem Neffen sowie der Familie des Dompredigers und Romanisten Ludwig Blanc in der Sächsischen Schweiz. Und ein Jahr vor seiner erneuten Heirat zieht der verwitwete D. 1852 in den zweiten Stock des großen Hauses Wucherers, wo die Familie bis 1866 wohnt. — Nicht zuletzt verbindet ihn mit Wucherer, den er 1861 im Sterben begleitet, die Liebe zur Musik. So ist D. unter den Honoratioren, die 1856 einen von Wucherer initiierten Aufruf für ein Händeldenkmal unterzeichnen. Für die Zeit nach dem Tod der Mutter berichtet Ernst Dryander über den meist nur bei Tisch anwesenden Vater: »Am Sonnabendabend aber, nachdem die allgemeine Waschung in der Kinderstube beendet war, kam er immer zu uns, spielte Klavier und ließ uns die angeschlagenen Melodien raten. Namentlich die Lieder von 1813 spielten dabei eine große Rolle - Arndts 'Was blasen die Trompeten' und 'Es zog aus Berlin ein tapferer Held, der führte 600 Reiter ins Feld' u. a.« (Ernst von Dryander, Erinnerungen, 1922, 14). Mit der zweiten Ehe entwickelt sich das Haus D.s dann zu einem Ort, »in dem die Pflege der Musik, humanistischer Bildung und des verwandtschaftlichen Verkehrs ebenso großgeschrieben wurden wie eine ernste christliche Erziehung.« (Bernd Andresen, Ernst von Dryander, 1995, 16). — Zu Hausmusiken findet sich neben der eng befreundeten Familie von Hermann Ulrici u. a. der Leiter des Stadtsingechors Halle, Carl Adolph Haßler, ein, mit dem D. auch liturgische Gottesdienste veranstaltet. Hedwig Dryander, geb. Delbrück, singt in der von Robert Franz geleiteten Singakademie. Und so lebt die ganze Familie auch die Renaissance Händels und der Kirchenmusik. Der intensivste verwandtschaftliche Verkehr besteht zur Familie Delbrück. — Regelmäßig finden Hausandachten statt. Vom »Glauben« wird »weniger gesprochen, als danach gehandelt« (Ernst von Dryander, Erinnerungen, 1922, 31). D. »sprach nicht gerne« von seinen »innersten Gnadenerfahrungen und ließ nur wenige Geistesverwandte hineinblicken in das Heiligthum Seines Herzens«. (Eduard Grüneisen, Rede im Sterbehause, in: Zum Begräbnis von Hermann Ludwig Dryander, ca. 1880, 4). Ernst Dryander erinnert sich, daß es ihm »einen tiefen Eindruck gemacht hat, wie ich einst meinen geliebten Vater unversehens überraschte, als er sein Knie gebeugt hatte zum einsamen Gebet.« (Ernst Dryander, Ansprache im Sterbehause, in: Zum Begräbnis der Frau Hedwig Dryander, 1898). — Theologisch ist D. ein Anhänger der Kirchenunion von Reformierten und Lutheranern. Über lange Jahre hat er den Vorsitz des Unionsvereins der Provinz Sachsen inne und beteiligt sich noch 1876 aktiv an der Neukonstitution der alten Mittelpartei in der Landeskirchlichen Evangelischen Vereinigung und an der Etablierung der Deutsch-evangelischen Blätter. »War er in früheren Zeiten manchen zu eng und streng, so vermißten andere, als die Zeiten anders geworden waren, die strenge Fassung der Lehre und die dogmatische Bestimmtheit.« (Julius Fricke im Namen der Hrsg., Zum Gedächtnis D. Her-

mann Ludwig Dryander's, 1880, XIV). — Tatsächlich übt D. etwa 1835 in einer Predigt scharfe Kritik an spätrationalistischer Frömmigkeit: »da erkennet man Gott nicht, wie er geoffenbaret ist in Christo, dem Ebenbilde seines Wesens, sondern machet sich selbst einen Gott, der nur die Liebe ist (...); da redet und träumt man von der Seligkeit des Himmels und schwärmt in Erwartung der Freuden, welche dem unvollkommenen, mühseligen Erdenleben folgen sollen; aber von dem Gerichte, das den Menschen gesetzet ist, will man nichts hören« (ebd., 15). Und er geißelt die »böse Zeit wegen der herrschenden Sucht nach sinnlichen Genüssen.« (ebd., 18). Den späteren Predigten fehlen die Schärfe und der erweckliche Ton der frühen. Von Konfessionalismus ist hier wie da nichts zu spüren. Die posthum veröffentlichten Predigten des letzten Lebensjahrzehnts thematisieren von einer Kriegspredigt 1870 bis zu D.s letzter Predigt vor allem Leiden, Demut und Gehorsam. — Ein letztes Amt erhält D. im Alter von 67 Jahren. Als Nachfolger des Oberpfarrers Karl Christian Leberecht Franke wird er 1876 zugleich Bibliothekar der Marienbibliothek zu Halle und übt dieses Amt über vier Jahre bis zum Tod 1880 aus. 1913 erhält die Bibliothek mehrere hundert Titel Halensia aus der Familienbibliothek D.s. Darunter befinden sich viele Raritäten.

Predigten: Zwei Predigten am Sonntage nach dem Tode des Hochseligen Königs und am Sonntage nach der Huldigungsfeier, Halle 1840; Predigt am zweiten Tage der Jubelfeier in der Kirche zu U. L. Frauen, in: Das dritte Reformations-Jubelfest der Stadt Halle. Predigten und Reden nebst einer Beschreibung der Jubelfeier. Herausgegeben zur Begründung eines Bürger-Rettungsinstitutes, Halle 1841, 148-160; Rede am Grabe des selig vollendeten Dr. Johann Thilo am 20. Mai 1853, Halle 1853; Rede des Herrn Consistorialrath Dryander, in: Zum Begräbnis des Herrn Geh. Rath Prof. Dr. A. Volkmann am 24. April 1877, Leipzig o. J., 3-7; Julius Fricke im Namen der Hrsg., Zum Gedächtnis D. Hermann Ludwig Dryander's, weil. Oberpfarrer an der Kirche zu U. L. Frauen, Superintendent und Consistorialrath zu Halle a. d. S.. Eine Auswahl von Predigten nebst einem Bild seines Lebens, Halle 1880; Abrahams Opfer. Eine Betrachtung für Trauernde, Berlin 1891.

Lit.: Eduard Grüneisen, Rede im Sterbehause und Heinrich Pfanne, Rede am Grabe, in: Zum Begräbnis des Herrn Consistorialraths und Superintendenten, Oberpfarrers zu U. L. Fr. Dr. th. Hermann Ludwig Dryander am 18. Februar 1880, Halle ca. 1880; — Zum Gedächtnis D. Hermann Ludwig Dryanders, in: Hermann Meßner (Hrsg.), Neue Evangelische Kirchenzeitung, Jg. 22, Nr. 36, 4.9.1880, 556; — Den Manen von Hermann Ludwig Dryander, in: Beilage zum

Halle'schen Tageblatt, Jg. 82, Nr. 15, 19.1.1881 (Teilabdruck aus: Fricke (Hrsg.), Zum Gedächtnis D. Hermann Ludwig Dryander's, Halle 1880); — Ernst Dryander, Ansprache im Sterbehause und Eduard Grüneisen, Grabrede, in: Zum Begräbnis der Frau Hedwig Dryander geb. Delbrück, Halle 1898; — Willibald Beyschlag, Aus meinem Leben, 2. Theil: Erinnerungen und Erfahrungen der reiferen Jahre, Halle 1899, 136-139; — Ernst von Dryander, Erinnerungen aus meinem Leben, Bielefeld und Leipzig 1922, 1-33, 129-131; — Erich Neuß, Ludwig Wucherer. Sein Leben und sein Wirken, Halle 1926, 186, 230-235, 278; — Bernd Andresen, Ernst von Dryander. Eine biographische Studie (Arbeiten zur Kirchengeschichte, Bd. 63), Berlin 1995, 15-24, 80 f.; — Andreas de Boor, »Wir gehen einer schauerlichen Catastrophe entgegen«. Die Teuerungsproteste in Halle am 22. April 1847, in: Christian Benninghaus (Hrsg.), Region in Aufruhr. Hungerkrise und Teuerungsproteste in der preußischen Provinz Sachsen und Anhalt 1846/47 (Studien zur Landesgeschichte, Bd. 3), Halle 2000, 39-53, hier 49 f.; — Heinrich L. Nickel (Hrsg.), 450 Jahre Marienbibliothek zu Halle an der Saale. Kostbarkeiten und Raritäten einer alten Büchersammlung, Halle 2002, 25, 50; — Veronika Albrecht-Birkner (Red.), Pfarrerbuch der Kirchenprovinz Sachsen, Bd. 2, Biogramme Br - Fa, Leipzig 2004, 373.

Sebastian Kranich

DUBOIS, Jean (John), Bischof; Missionar, Lehrer und Erzieher, Gründer des Mount St. Mary´s College in Emmitsburg, Maryland; * 24. August 1764 in Paris; † 20. Dezember 1842 in New York. — Jean verlor als kleines Kind den Vater und so erhielt er seine frühe Erziehung durch die Mutter. Diese schickte ihn später auf das *Collège Louis-le-Grand*, das seinen Namen 1674 aus Ehrerbietung und Dank für einen Besuch von König Ludwig XIV. erhielt. Das Kolleg trug zuvor den Namen *Collège de Clermont* und war 1564 von den Jesuiten gegründet worden, die es nach ihrem Gönner, Guillaume Duprat (†1560), Bischof von Clermont benannt hatten. Zu Jean Dubois Klassenkameraden zählten unter anderem Camille Desmoulins (1760-1794) und Maximilien de Robespierre (1758-1794), zwei Führer der Französischen Revolution. Nach Beendigung der Schule studierte Dubois Theologie im Seminar der Oratorianer, das diese in der altehrwürdigen Abtei von St. Magloire (975 von Hugo Capet als Benediktinerabtei gestiftet) eingerichtet hatten. Am 22. September 1787 erhielt er die Priesterweihe. Diese war jedoch nur mit einer speziellen Dispens möglich, da Dubois noch nicht das kanonische Mindestalter hatte. Nach seiner Ordination war Jean dann zunächst als Hilfsgeistlicher an der berühmten Pariser Pfarrkirche St. Sulpice und

als Kaplan am *Hospice de Petites Maison* für Geisteskranke tätig. Mit zunehmender Radikalisierung der Französischen Revolution war Dubois gezwungen wie viele andere Geistlichen auch sein Heimatland zu verlassen. Mit Hilfe eines Ausweises und eines Empfehlungsschreibens, welche ihm Marie-Joseph Motier, Marquis de Lafayette (1757-1834) aushändigte, konnte Dubois den Revolutionswirren entkommen und im Juli 1791 von Le Havre aus nach Norfolk in Virginia segeln. John Carroll, der erste katholische Bischof von Baltimore in Maryland (BBKL XXI, 263-66) nahm Dubois freudig auf und übertrug ihm die Seelsorge für die Katholiken in Norfolk und später in Richmond, seit 1788 Hauptstadt Virginias. — In Richmond erlernte Dubois durch den Anwalt Patrick Henry die englische Sprache und dort schloß er auch Freundschaft mit James Monroe, dem 5. Präsidenten der USA, in dessen Haus er eine Zeit lang lebte. Auf Monroes Einladung hin feierte Dubois einige Jahre lang die Heilige Messe im Kapitol von Richmond, solange keine eigene katholische Pfarrkirche existierte. Von Richmond aus sandte Bischof Carroll Dubois schließlich als Pfarrer nach Frederick, Maryland. Dessen katholische Pfarrei umfaßte weite Teile von Maryland und Virginia. In diesem weitläufigen Gebiet war Dubois lange Zeit der einzige katholische Geistliche. Unermüdlich reiste er durch seine Pfarrei und war seinen Gemeindegliedern ein treu sorgender Hirte. 1805 begann Dubois in Mount St. Mary´s in Emmitsburg, Maryland mit dem Bau eines Konvikts, in welchem Jungen auf das Theologiestudium vorbereitet werden sollten. Diese Schule wurde bald zu einer der wichtigsten katholischen Bildungsstätten in den USA. Als Träger der Einrichtung gewann er 1808 die Priestergemeinschaft der Sulpicianer. Nicht lange und das Konvikt expandierte zum Mount St. Mary's College and Seminary, in dem Theologiestudenten und Laien gleichermaßen ihre schulische Ausbildung erhielten. In Emmitsburg traf Dubois auch auf die charismatische Ordensgründerin Elizabeth Ann Seton, (BBKL XXI, 1435-38), mit der ihn bald eine enge Freundschaft verband. Zusammen mit Dubois und drei weiteren Freunden gründete Elizabeth Seton 1812 in Emmitsburg die *Sisters of St. Joseph* - besser bekannt als *Sisters of Charity*. Dieser Schwesternorden sorgte sich um Arme und Kranke und folgte dabei einer Regel, die zum größten Teil vom Vinzentinerinnenorden übernommen wurde. Dieser war im 17. Jahrhundert von dem französischen Priester Vinzenz von Paul gegründet worden. — Bis 1826 leitete Dubois als Rektor die von ihm gegründete Schule, doch dann wurde er am 29. Oktober 1826 zum dritten Bischof von New York erwählt. Dank seiner unermüdlichen Tatkraft konnte er in seiner Diözese bald schon neue Kirchen in Albany und Buffalo errichten und die pastorale Arbeit trotz steter Querelen mit Finanzverwaltern in Diözese und Pfarreien auch außerhalb der Stadtgrenzen New Yorks auf sichere Beine stellen. Um seine vielen pastoralen Projekte verwirklichen zu können, reiste er 1829 nach Paris und Rom, um dort Spenden dafür zu sammeln. Von Europa kehrte Dubois mit großzügigen Spenden (unter anderem auch von der römischen Gesellschaft zur Verbreitung des Glaubens), sowie einigen französischen Priestern und viel missionarischem Eifer in seine Bischofsstadt zurück. Dubois erlebte in den folgenden Jahren aber nicht nur den Aufbruch der Kirche und das rasante Wachsen derselben durch die zahlreichen ins Land strömenden katholischen Immigranten, sondern er erlebte auch, wie diese bei den Protestanten regelrechte antikatholische Bewegungen auslösten. Diese entluden sich immer wieder in gewaltsamen Aktionen gegen katholische Einrichtungen und Kirchen. So brannte beispielsweise das von Dubois errichtete Kolleg in Nyack kurz nach seiner Fertigstellung schon wieder ab, nachdem protestantische Eiferer dort Feuer gelegt hatten. Auch gegen Pläne, die St. Patrick's Kathedrale in New York abreißen zu lassen, mußte sich Dubois zur Wehr setzen. Schließlich scheiterte Dubois auch am Widerstand protestantischer Kreise mit seinem Versuch in Brooklyn ein katholisches Kolleg zu gründen. Dieses entstand stattdessen als St. Vinzenz von Paul Seminar im abgelegenen Lafargeville, Jefferson County, unweit des östlichen Ufers des Ontariosees. Doch nicht lange und die Schule mußte wieder aufgegeben werden aufgrund ihrer abgeschotteten Lage. — Als Dubois seine Diözese in Besitz nahm, gab es dort nur 18 Priester für gut 150.000 Katholiken, doch schon 1838 hatte er die Zahl der Priester auf 43 erhöhen können. Statt zwölf Kirchen im Jahr 1826

gab es nun bereits sechsundzwanzig, dazu ein Kolleg, fünf Krankenhäuser und etliche Pfarreischulen. Aufgrund seiner angeschlagenen Gesundheit erbat Dubois sich 1837 einen Koadjutor. So wurde ihm schließlich John Hughes, Pfarrer in Philadelphia, als Titularbischof von Basilinopolis (heutige Türkei) und Koadjutor von New York zur Seite gestellt. Schon 1839 mußte Hughes als Administrator die Diözese leiten, da Dubois immer kränklicher wurde und während seiner letzten Lebensjahre kaum noch seelsorgerliche Aufgaben wahrnehmen konnte. Aufgezehrt vom Dienst an den Menschen starb Jean Dubois schließlich nach mehreren Schlaganfällen am 20. Dezember 1842 in New York. Dort wurde er in der alten St. Patrick's Kathedrale beigesetzt, wo er noch heute ruht.

Quellen: »Mount St. Mary's College and Seminary Records 1810-1840«; Herkunftsort ist das von Dubois gegründete Mount St. Mary's College in Emmitsburg, Maryland; aufbewahrt werden die Aufzeichnungen, die auch große Teile der Korrespondenz von John Dubois umfassen, unter dem Titel MNT in den University of Notre Dame Archives, Notre Dame, Indiana 46556.

Lit.: J.J. McCaffrey, The Jubilee of Mount St. Mary's, New York 1859; — John Gilmary Shea, History of Catholic Church in the United States, New York 1890; — Francis X. Reuß, Biographical Encyclopedia of the Catholic Hierarchy in the United States, Milwaukee 1898; — Charles G. Herbermann, The Right Reverend John Dubois, D.D., Third Bishop of New York, in: Historical Records and Studies 1 (1899), 278-355; — Ders., The Sulpicians in the United States, New York 1916; — John Talbot Smith, The Catholic Church in New York, New York 1905-8; — John M. Farley, The History of St. Patrick's Cathedral, New York 1908; — Ders., Bishop Dubois on New York in 1836, in: Historical Records and Studies 10 (1917), 124-129; — Mary M. Meline und E. F. McSweeney, The Story of the Mountain, 2 Bde., Emmitsburg, Maryland 1911; — Peter Guilday, Trusteeism in New York, in: Historical Records and Studies 18 (1928), 44-74; — Joseph William Ruane, The beginnings of the Society of St. Sulpice in the United States (1791-1829), Reihe: Catholic University of America: Studies in American Church History Nr. 22, Washington und Baltimore, Maryland 1935; — Leo Raymond Ryan, Old St. Peter's, The Mother Church of Catholic New York, 1785-1935, Reihe: United States Catholic Historical Society Nr. 15, New York 1935; — Joseph Code, Dictionary of the American Hierarchy, New York 1940; — M.P. Carthy, Old St. Patrick's, New York's First Cathedral, New York 1947; — Annabelle M. Melville, Elizabeth Bayley Seton 1774-1821, New York 1951, ²1960; — Florence D. Cohalan, A Popular History of the Archdiocese of New York, Yonkers (NY) 1983, 39-52; — Richard Shaw, John Dubois: Founding Father, Yonkers und Emmitsburg 1983; — Christopher J. Kauffmann, Tradition and Transformation in Catholic Culture: The Priests of Saint Sulpice in the United States from 1791 to the Present,

New York 1988; — Michael Gazier (Hrsg.), The Encyclopedia of American Catholic History, Collegeville, Minnesota 1997, (Dubois, John) 460-461; (Mount St. Mary's College and Seminary) 983-984; (New York, Catholic Church in) 1044-1049; (Seton, Elizabeth Ann Bayley) 1277-1279; — NCE IV, 1079-80.

Ronny Baier

DÜHRING, Karl Eugen, geboren am 12. Januar 1833 in Berlin, gestorben am 21. September 1921 in Nowawes bei Potsdam; Philosoph und Nationalökonom. - D., Sohn eines Geheimen Sekretärs der preußischen Baudirektion, studierte ab 1853 Jura in Berlin. Zwar absolvierte er 1856 bis 1859 ein juristisches Referendariat, jedoch wurde ihm eine juristische Laufbahn wegen Erblindung unmöglich. 1861 promovierte er in Berlin mit der philosophisch-mathematischen Arbeit »De tempore, spatio, causalitate atque de analysis infinitesimalis logica«. 1862 heiratete er Emilie Gladow (1838-1911), mit welcher er zwei Kinder hatte. Nach seiner 1863 erfolgten Habilitation für Philosophie, anschließend für Nationalökonomie lehrte er als Privatdozent und unterrichtete zudem ab 1872 am Berliner Victoria-Lyzeum, einem frühen Zentrum der Frauenbildung. - Doch seine scharfen Angriffe auf Gelehrtenkollegen und auf die Universität als wissenschaftliche Institution, die sich in seinen Schriften finden, vernichteten letztlich auch die Möglichkeit einer akademischen Karriere. Er verlor seinen Lehrauftrag am Victoria-Lyzeum, worauf er mit antisemitischen Verdächtigungen reagierte. [vgl. Dühring (Berufsbildung) 1877, S. 67-69; dazu auch Jakubowski, 1995, S. 78]. An der Universität wurde D. 1877 die venia legendi entzogen. Anschließend wirkte er als Privatgelehrter, führte aber seine Fehde gegen Gelehrtenkollegen fort. In der polemischen biographischen Fallstudie über den Arzt und Physiker Robert Mayer bezeichnete er sie 1880 als unfrei und durch Neid, Eigennutz und Intriganz gegen freie, unabhängige Forscher (wie Mayer) geprägt. [Dühring, 1880, S. 6 und 9] Sei das Volk vormals durch den religiösen Priesterstand aufgrund seiner Monopolstellung unter Ausnutzung des Aberglaubens an die Götter betrogen worden, so komme diese Rolle nun den Gelehrten zu, die sie von den Priestern übernommen hätten. [vgl. Dühring, 1880, S. 9-12] - D.s philosophische Arbeiten zeugen zunächst von großer Vielseitigkeit: Er befaßte sich mit naturwissenschaftlichen Fächern wie Mathematik und Physik, mit Nationalökonomie, Literatur- und Wissenschaftsgeschichte sowie mit Religionskritik. Philosophisch versuchte er, die Metaphysik durch eine positivistische, »nur auf Wirklichkeiten gegründete Weltanschauungslehre« zu ersetzen. [vgl. Dühring, 1905, S. 9] Das produzierte Wissen solle praktisch anwendbar sein und »directen Nutzen auf das Volksleben« ausüben. [Dühring, 1905, S. 419] Zu den vielfältigen Anforderungen, welche die Erlangung dieses Ziels an die Person des Wissenschaftlers stelle rechnete er in Abgrenzung zu angeblichen Mißständen die persönliche Verantwortlichkeit und Rechtschaffenheit, die Freiheit von Eitelkeit und Streitsucht, die Suche nach sachlicher Wahrheit sowie Gelassenheit und Ehrenhaftigkeit gegenüber unsachlicher Kritik. [vgl. Dühring, 1905, S. 476-480] Zu den organisatorischen Voraussetzungen zählte er die wissenschaftliche Freiheit gegenüber Kirche, Staat und Parteien zur Wahrung der Objektivität, die freie und gleiche Konkurrenz im Lehrbetrieb sowie die volle Öffentlichkeit des wissenschaftlichen Verkehrs. [Dühring, 1905, S. 511 und 530-531] - Die postulierte Nützlichkeit gelte auch für die Wirtschaftswissenschaften. D. kritisierte jedoch, daß die zeitgenössische Volkswirtschafts- und Gesellschaftslehre nicht auf einen praktischen Gebrauch hin angelegt seien. [Dühring, 1905, S. 415] Seine ökonomischen Ansichten entwickelte er in Auseinandersetzung mit den Ideen der deutschen (v.a. Friedrich List) sowie der amerikanischen Nationalökonomie, des Sozialismus sowie der Lehren Charles Henry Careys und Frédéric Bastiats. D. kritisierte den Zustand der »freien Concurrenz«, bzw. des Freihandels, die er v.a. als »Beutemachen« interpretierte. Sie führe zur Kräftevergeudung und hemme die Produktivität. [Dühring, 1866, S. 235- 239] Zwischen den Konkurrenten gebe es zudem eine »blos leidende Masse«. Er schrieb: »Die Fictionen der Parteiökonomie lieben es allerdings, das Regime der freien Concurrenz so darzustellen, als wenn es in ihm nur Herrschende, aber nicht Beherrschte gebe. Sie stellen es so dar, als wenn sich in ihm die Kräfte coordinierten, und als wenn jeder Arbeiter auf gleichem Fuß mit dem Unternehmer seine Bestrebungen geltend machen könnte.« [Dühring, 1866, S. 239] Den herrschenden Verhältnissen stellte D. ein »sozialitäres System« gegenüber und erkannte die Notwendigkeit einer politischen Vertretung der »kapitallosen Arbeit«. Er forderte soziale Koalitionen wie Konsum- und Vorschußvereine sowie Produktivassoziationen zum gemeinschaftlichen Geschäftsbetrieb. [vgl. Dühring, 1866, S. 225-231] - Seine ökonomischen Ansichten führten ihn in die Nähe der Sozialdemokratie, jedoch blieb eine Annäherung an sie in den 1870er Jahren nicht von langer Dauer. Seine Kritik an Karl Marx und sein wachsender Einfluß veranlaßten Friedrich Engels zur Abfassung der Streitschrift »Herrn Eugen Dührings Umwälzung der Wissenschaft«, die populär als »Anti-Dühring« bekannt geworden ist. Seine Bedeutung liegt zum einen in der Zurückdrängung D.s. Zum anderen führte Engels Widerlegung aber auch zu einer zusammenhängenden Präsentation der kommunistischen Weltanschauung, die zur Popularität des »Anti-Dühring« beitrug. - D. vertrat einen rassistischen Antisemitismus, der nicht nur mit eigenen beruflichen Enttäuschungen zusammenfällt, sondern auch vor dem Hintergrund der »Gründerkrise« des deutschen Kaiserreiches gesehen werden muß. In ihrer Folge kam es zu antisemitischen Agitationen, in deren Zusammenhang etwa auch der Berliner Antisemitismusstreit (1878-1880) zu erwähnen ist. Hatten manche Stimmen die gesellschaftliche Emanzipation der Juden durch Konvertierung zum Christentum gefordert, so definierte D. das Judentum in seiner 1881 erschienenen Schrift »Die Judenfrage als Racen-, Sitten- und Culturfrage« nach einer angeblichen Rassen- und nicht nach Religionszugehörigkeit. Daher würde die »Judenfrage«, die er als international zu beantwortendes Problem interpretierte, auch dann existieren, wenn alle Juden religiös konvertieren würden. [Dühring, 1881, S. 2f.] Sie wollten andere Völker zu Dienern ihrer Selbstsucht machen, weshalb sie für diese eine Gefahr darstellten. [Dühring, 1881, S. 5f.] In Deutschland hätten sie den liberalen und sozialdemokratischen Parteien geschadet und sich in den Besitz der freiheitlichen Presse gebracht. [vgl. Dühring, 1881, S. 9-13] In seinem unbändigen Haß argumentierte D. gegen jegliche Toleranz gegenüber den Juden und sprach sich für radikale Maßnahmen zu ihrer Ausgrenzung aus, um ihre gesellschaft-liche Emanzipation zu verhindern. [Dühring, 1881, S. 113f.] - Auch seine Religionskritik ist von einem grundlegenden Antisemitismus geprägt. Gottesvorstellungen interpretierte D. als »Menschenabbilder und Völkerspiegel«, die ein aufschlußreiches Gegenstück zum Verhalten des Volkes darstellen würden. [Dühring, 1881, S. 5 und S. 21f.] Während er dem Judentum Charakterzüge wie Herzenshärte, Selbstsucht und Grausamkeit unterstellte, deutete er das Christentum mit seinen Forderungen nach Nächsten- und Feindesliebe als »Selbstcorrectur« des Judentums, dessen Stifter jedoch von den Juden selbst verraten worden sei. [Dühring, 1881, S. 28] Das Christentum habe die jüdische Religion importiert, die jedoch mit den Charakteren der Kulturvölker nicht vereinbar sei. Das »Vaterunser« sei Ausdruck eines angeblich passiven jüdischen Charakters, dem Herrenhaftigkeit und Kraft imponiere - wie D. in seiner 1906 in dritter Auflage erschienenen polemischen Schrift »Der Ersatz der Religion durch Vollkommeneres und die Abstreifung alles Asiatismus« behauptete. [Dühring (Religion), 1906, S. 17] Zwar sei das aus der jüdischen Religion hervorgegangene Christentum im Mittelalter durch die Eigenschaften der germanischen Rasse »verbessert« worden, doch hätten es die Kulturvölker immer als fremde Religion empfunden und durch ihren Nationalismus abzustreifen versucht. Auch die Reformationsbewegung verdrehte er zu einer Befreiungsbewegung in diesem Sinne. [vgl. Dühring (Religion), 1906, S. 6] Den im Norden beheimateten Völkern, besonders dem deutschen Volk wies D. bei der Befreiung von der Religion eine wesentliche Aufgabe zu. [Dühring (Religion), 1906, S. 15] - Ihre zukünftige Beseitigung schaffe die Grundlage, »um eine edler gestaltete Welt von Gedanken und Gefühlen aufzurichten«, die auf dem jeweiligen Nationalcharakter basiere. [Dühring (Religion), 1906, S. 9 und 12] Die Grundzüge des Neuen sah er in Freiheit, Vertrauen, Gerechtigkeit sowie Treue und ging von einem mechanisch funktionierenden, über die Sinne und den Verstand erfahrbaren Weltganzen aus. Er verwarf die Vorstellung einer Schöpfung oder einer Urzeugung des Lebens aus anorganischer Materie und versuchte sie durch die Annahme zu ersetzen, daß die Naturdinge mit vielfältigen Beziehungen durchwoben seien, welche dem Leben dienen würden. [Dühring (Religion), 1906, S. 161-162] Dem religiösen Unsterblichkeitsglauben hielt er entgegen, daß der Tod das Leben endgültig beende und somit auch die Erlösung biete. [Dühring (Religion), 1906, S. 166-167] - D.s Arbeiten erscheinen aus mehreren Gründen äußerst problematisch. Er präsentierte sich seiner Zeit und der Nachwelt als streitbarer Gelehrter, der vor öffentlichen Fehden und persönlichen Angriffen nicht zurückschreckte. Seine scharfe, haßerfüllte Polemik kann in Wechselwirkung mit seinem beruflichen Scheitern gesehen werden. Sie führte letztlich nicht nur zum Verlust der Lehrtätigkeit, sondern auch zur Nichtbeachtung seiner Arbeiten in der wissenschaftlichen Diskussion, was ihn weiter verbitterte. D. verblieb nur eine kleine Anhängerschaft, die v.a. um die Zeitschrift »Personalist und Emanzipator« angesiedelt war, in welcher er ab 1899 seine Aufsätze veröffentlichte. [Kruse, 1959, S. 158] Der 1924 gegründete Dühringbund engagierte sich zur Verbreitung seiner Lehre. Indem sich D. antisemitischen Strömungen anschloß, die er durch rassistische Ideen sowie durch die Forderung nach radikaler Ausgrenzung der Juden verschärfte, muss er somit auch als ein Wegbereiter der verheerenden nationalsozialistischen Ideologie gelten.

Werke: De tempore, spatio, causalitate atque de analysis infinitesimalis logica, Diss. Berlin 1861; Capital und Arbeit. Neue Antworten auf alte Fragen, Berlin 1865; Natürliche Dialektik. Neue logische Grundlegungen der Wissenschaft und Philosophie, Berlin 1865; Carey's Umwälzung der Volkswirthschaftslehre und Socialwissenschaft. 12 Briefe, München 1865; Kritische Grundlegung der Volkswirthschaftslehre, Berlin 1866; Die Verkleinerer Carey's und die Krisis der Nationalökonomie. Sechzehn Briefe, Breslau 1867; Der Weg zur höheren Berufsbildung der Frauen und die Lehrweise der Universitäten, Leipzig 1877; Der Werth des Lebens populär dargestellt, 2. Auflage, Leipzig 1877; Kritische Geschichte der Philosophie von ihren Anfängen bis zur Gegenwart, 3. Auflage, Leipzig 1878; Neue Grundgesetze zur rationellen Physik und Chemie, Leipzig 1878-1886; Robert Mayer, der Galilei des neunzehnten Jahrhunderts, Chemnitz 1880; Die Judenfrage als Racen-, Sitten- und Culturfrage. Mit einer weltgeschichtlichen Antwort, 2. Auflage, Karlsruhe/Leipzig 1881; [mit Ulrich Dühring] Neue Grundmittel und Erfindungen zur Analysis, Algebra, Functionsrechnung und zugehörigen Geometrie sowie Principien zur mathematischen Reform, Leipzig 1884; Die Judenfrage als Frage der Racenschädlichkeit für Existenz, Sitte und Cultur der Völker 3. Auflage, Karlsruhe 1886; Kritische Geschichte der allgemeinen Principien der Mechanik. Nebst einer Anleitung zum Studium mathematischer Wissenschaften, 3. Auflage, Leipzig 1887; Cursus der National- und Socialökonomie nebst einer Anleitung zum Studium und zur Beurtheilung von Volkswirthschaftslehre und Socialismus, 3. Auflage, Leipzig 1892; Gesammtcursus der Philosophie, Leipzig 1894; Kritische Geschichte der Nationalökonomie und des Socialismus von ihren Anfängen bis zur Gegenwart, 4. Auflage, Leipzig 1900; Sache, Leben und Feinde. Als Hauptwerk und Schlüssel zu seinen sämmtlichen Schriften, 2. Auflage, Leipzig 1903; Die Größen der modernen Literatur, populär und kritisch nach neuen Gesichtspunkten dargestellt. 2. Auflage, Leipzig 1904-1910; Logik und Wissenschaftstheorie. Denkerisches Gesammtsystem verstandessouveräner Geisteshaltung, 2. Auflage, Leipzig 1905; Der Ersatz der Religion durch Vollkommeneres und die Abstreifung alles Asiatismus, 3. Auflage, Leipzig 1906; Die Ueberschätzung Lessing's und seiner Befassung mit Literaten. Zugleich eine neue kritische Dramatheorie; 2. Auflage, Leipzig 1906; Waffen, Capital, Arbeit, 2. Auflage, Leipzig 1906; Sociale Rettung durch wirkliches Recht statt Raubpolitik und Knechtsjuristerei, Leipzig 1907; Dühringwahrheiten in Stellen aus den Schriften des Reformators, Forschers und Denkers, Leipzig 1908.

Lit: Albrecht, Gerhard: Eugen Dühring. Ein Beitrag zur Geschichte der Sozialwissenschaften, Jena 1927; — Backhaus, Jürgen G.: »Eugen Dühring (1833-1921) and the freedom of teaching and research«, in: Journal of Economic Studies 29,4/5 (2002) 255-363; — Cahan, David: »Anti-Helmholtz, Anti-Zöllner, Anti-Dühring: The Freedom of Science in Germany during the 1870s«, in: Universalgenie Helmholtz. Rückblick nach 100 Jahren, hrsg. von Lorenz Krüger, Berlin 1994, 330-344; — Cosman, Peggy: Physiodicee und Weltnemesis. Eugen Dührings physiomoralische Begründung des Moral- und Charakterantisemitismus (Schriftenreihe des Minerva-Instituts für Deutsche Geschichte der Universität Tel Aviv 26) Göttingen 2007; — Döll, Emil: Eugen Dühring. Etwas von dessen Charakter, Leistungen und reformatorischem Beruf, Leipzig 1893; — Engels, Friedrich: Herrn Eugen Dührings Umwälzung der Wissenschaft, Berlin 1877; — Friedländer, Benedict: Der freiheitliche Sozialismus im Gegensatz zum Staatsknechtthum der Marxisten. Mit besonderer Berücksichtigung der Werke und Schicksale Eugen Dührings, Berlin 1892; — Greulich, Maximilian: Eugen Dühring und das Arbeiterproblem, Leipzig 1930; — Jakubowski, Jeanette: »Eugen Dühring - Antisemit, Antifeminist und Rassist«, in: Historische Rassismusforschung. Ideologen - Täter - Opfer, hg. von Barbara Danckwartt/Thorsten Querg/ Claudia Schöningh (Philosophie und Sozialwissenschaften 30), Hamburg/Berlin 1995, 70-90; — Kruse, Alfred: »Dühring, Eugen Carl«, in: NDB 4, Berlin 1959, 157-158; — Lau, Hermann: Eugen Dühring als Religionsphilosoph, Diss Lübeck 1907; — Mogge, Brigitta: Rhetorik des Hasses: Eugen Dühring und die Genese seines antisemitischen Wortschatzes (Aus Zeit und Geschichte 1) Neuss 1977; — Pacher, Paul: Der klägliche Versuch, Eugen Dühring totzuschweigen, Salzburg 1904; — Reinhardt, Hans: Dühring und Nietzsche, Leipzig 1931; — Reményi, Maria: »Der Fall Eugen Dühring und die Diskussion um das Frauenstudium in Berlin«, in: Geschlechterverhältnisse in Medizin, Naturwissenschaft und Technik, hg. von Christoph Meinel/Monika Renneberg, Bassum 1996, 270-279; — Reményi, Maria: »Eugen Dühring und die Rezeption moderner mathematischer Konzepte im Kaiserreich«, in: Mathematik im Wandel. Anregungen zu einem fächerübergreifenden Mathematikunterricht 2, hg. von Michael Toepell (Mathematikgeschichte und Unterricht 3), Hildesheim/Berlin 2001, 242-255; — Sandkühler, Hans Jörg: »Dühring, Eugen«, in: Metzler Philosophenlexikon. Von den Vorsokratikern bis zu den Neuen Philosophen, hg. von Bernd Lutz, 2. Auflage, Stuttgart/Weimar 1995, 229-231; — Schwarz, Egon: Ich bin kein Freund allgemeiner Urteile über ganze Völker. Essays über österreichische, deutsche und jüdische Literatur, hg. von Dietmar Goltschnigg, Berlin 2000; — Small, Robin: »Dühring, Eugen Karl«, in: Routledge Encyclopedia of Philosophy 3, New York 1998, 147-149; — Thiel, Christian: »Dühring, Karl Eugen«, in: Enzyklopädie Philosophie und Wissenschaftstheorie 2, 2. Auflage, Stuttgart/Weimar 2005, 257-258.

Martin Schneider

DUNCKER, Johann Heinrich August, ev. Pfarrer, Gründer der Optischen Industrieanstalt in Rathenow, * 14.1. 1767 in Rathenow, † 14.6. 1843 ebd. — Der Vater Johann Jakob Duncker war Archidiakonus an der St.-Marien-Andreas Kirche in Rathenow. Die Mutter entstammte ebenfalls einer Pfarrersfamile aus der Nähe von Oschersleben. Nach dem Besuch des Gymnasiums in Salzwedel ging D. zum Studium der Theologie nach Halle an der Saale. Die Universität und die Frankeschen Stiftungen ermöglichten es ihm, sich allen seinen Interessen und Anlagen gemäß zu bilden und zu entwickeln: In den Stiftungen lernte er das Drechseln und Glasschleifen. Auch unterrichtete er selbst, um seine materielle Grundlage aufzubessern. Daneben hörte er Vorlesungen der Mathematik und Physik. Die Krankheit seines Vaters rief D. 1789 nach Rathenow zurück, wo er zunächst Diakonus an der St.-Marien-Andreas Kirche wurde und 1808 die Stelle seines Vaters übernahm. Nebenbei widmete er sich Experimenten zu Mechanik und Optik. Ergebnis dieser Forschung war schließlich der Bau von Fernrohren und Mikroskopen, die er bis nach Berlin, Schlesien, Mecklenburg, Hamburg, Dänemark und Preßburg verkaufte. Eines seiner Mikroskope schenkte D. dem Kronprinzen Friedrich Wilhelm IV. Mit dem Erlös dieser Geräte besserte er die schmale Haushaltskasse der Familie auf. Auch die Hochzeit 1790 mit Johanna Wilhelmine Friederike Hertzberg, einer Kaufmannstochter aus Müncheberg, konnte er sich nur durch diesen Zuverdienst leisten. In dieser Zeit kam D. in Kontakt mit dem aufgeklärten und sehr gebildeten Feldprediger Samuel Christoph Wagener (1763-1845), der außerdem in der Indu-

strieschule der Garnison zumeist verwaiste Soldatenkinder unterrichtete. Die Nachfrage nach Mikroskopen und die hohen Absatzmöglichkeiten von Brillen aufgrund eines steigenden Bedarfs im Bürgertum ließ die Gründung einer Glasschleiferei aussichtsreich erscheinen. Mit 6000 Talern Startkapital gingen D. und Wagener 1800 im Pfarrhaus in die Produktion und beantragten beim Preußischen König die Konzession für eine Industrie Anstalt. Gleichzeitig ersuchte D. den König um das Patent auf eine von ihm konstruierte »Vielschleifmaschine«, die gleichzeitig elf Linsen »nach den Regeln einer richtigen Dioptik« (Samuel Christoph Wagener: Denkwürdigkeiten der Churmärkischen Stadt Rathenow. Berlin 1803, S.135) schleifen konnte. Bisher waren Brillengläser entweder gegossen bzw. schlecht und unregelmäßig geschliffen worden. D. erhielt das Patent 1801. Nachdem der König mehrere Gutachten über die Rathenower Gläser eingeholt hatte, wurde im gleichen Jahr die Erlaubnis zur Eröffnung einer Industrie Anstalt erteilt und die Zahlung der Kapitalzinsen von 5% zugesagt. — Die Gegebenheiten für die Gründung eines solchen Unternehmens waren günstig: König Friedrich Wilhelm III. wollte in Preußen eine Optische Industrie ansiedeln. Obwohl zwei frühere Versuche bereits gescheitert waren, ermöglichte er auch den beiden Rathenower Pfarrern die Eröffnung einer Brillen-Manufaktur und unterstützte das Unternehmen finanziell. Zugleich war jedoch die Glasschleiferei wegen ihrer gesundheitsschädlichen Wirkung berüchtigt, denn Erkrankungen der Lunge und Luftwege waren wegen der starken Staubentwicklung üblich. Die beiden Gründer waren deshalb bemüht, die Gefahren und negativen Folgen der Fabrikarbeit zu beseitigen oder wenigstens einzudämmen. D.'s Vielschleifmaschine beispielsweise schliff naß und konnte mit wenig Kraftaufwand betrieben werden. Die Verbindung von volkswirtschaftlichen und sozialen Motiven wird schließlich in der Zielsetzung der Industrie Anstalt deutlich: Auf der einen Seite sollte Preußen auf diesem Gebiet unabhängig vom Importen sein und durch Export »Geld ins Land ziehen«. Auf der anderen Seite reagierten Wagener und D. auf die große Not unter der Bevölkerung der 4000-Seelen-Stadt Rathenow als Folge der Napoleonischen Kriege. Vor allem Kriegsinvaliden und Waisenkinder sollten in der neuen Manufaktur ihren Lebensunterhalt verdienen können. Die ersten Arbeiter waren Zöglinge der Industrieschule der Rathenower Garnison. Weiterhin nannten Wagener und D. als Ziel ihres Unternehmens: die Vervielfältigung »des hiesigen Kunstfleißes« und die fabrikmäßige Herstellung aller »Arten von Sehwerkzeugen«, »die Jugend nach und nach an nützliche Erwerbstätigkeiten zu gewöhnen« sowie den »Künstlern und Handwerkern einigen Verdienst mehr zu verschaffen« (Wagener: Denkwürdigkeiten, S.134). Gewinnorientierung und Maximierung des eigenen Gewinns standen bei D. und Wagener nicht im Vordergrund. Das Glas für die Brillen und Linsen wurde aus England sowie aus Neustadt/Dosse und Zechlin b. Ruppin bezogen. D.'s Enkel und Nachfolger in dritter Generation, Emil Busch, schliff Glas aus Jena. Mit Carl Zeiß kam es sogar zu internen Preisabsprachen und gegenseitigen Freundschaftsdiensten. Gegen Gerüchte, daß Gläser aus Philippinischem und Brasilianischem Kristall auch in Rathenow geschliffen und das Tragen von Brillen innerhalb von 24 Stunden jedes Augenleiden heilen würden, schrieb D. in der Vossischen Zeitung: »[...] wenn öfters Brillen von Brasilianischem Kristall oder geschmolzenem Kiese ausgeboten werden, so ist dies bloß Charlatanerie. [...] keine Brille kann alle wirklichen Augenkrankheiten in 24 Stunden heilen.« (abgedruckt bei: Albrecht: Geschichte der Emil Busch AG, Erfurt 1925, S.28f.) D. ließ seine Brillen von Augenärzten begutachten und warb öffentlich damit. Außerdem verkaufte er sie nicht durch Hausierer, wie bislang üblich, sondern lieferte an ausgewählte Fachgeschäfte, welche die Brillen zu einem festen Wiederverkaufspreis anboten. Als erstes derartiges Geschäft wurde ab 1803 das von Friedrich Wilhelm Lieber in Berlin beliefert. Die Vossische Zeitung berichtete darüber: »1. daß sie [die Anstalt in Rathenow; P. R.-B.] auf die große Verschiedenheit der Sehkräfte der Augen durchaus Rücksicht genommen hat und ihr Brillenlager also ein jedes Auge befriedigen kann, 2. daß die von ihr verfertigten Brillen vollkommen richtig geschliffen sind, wodurch dieselben sich bei einem jeden als brauchbar empfehlen werden.[...] 3. daß sie dafür gesorgt hat, daß alle bei ihr gefertigten Brillen nach ihrer Kraft nummeriert sind« (abgedruckt bei: Albrecht: Emil Busch

AG., S.27f.). 1815 befanden sich in Berlin bereits 3 Filialen. Lieber richtete auch außerhalb Berlins Niederlagen ein. Schließlich verkaufte D. seine Brillen in ganz Preußen und Deutschland, beispielsweise im Warenhaus des Halleschen Unternehmers und Kaufmanns Ludwig Wucherer. Wucherer war der Meinung, »[...] 'da unter die ersten Bedürfnisse für viele Personen ohnzweifelhaft die Brille gehört', dem Angebot einer vaterländischen Anstalt von anerkanntem Rufe nicht ausweichen zu dürfen, ein Comissionslager der Optischen Industrie-Anstalt zu Rathenow bei sich zu etablieren [...].« (Erich Neuß: Ludwig Wucherer. Sein Leben und sein Wirken. Halle 1926, S. 62) D. war davon überzeugt, seine Arbeit wissenschaftlich fundieren und nach den Lehren der Dioptik schleifen zu müssen und setzte sich damit langfristig erfolgreich gegen die durch Hausierer vertriebenen und schlecht geschliffenen Brillen aus Nürnberg und Fürth durch. Der Krieg 1806 bedeutete für D. und die Industrie Anstalt einen tiefen und schmerzhaften Einschnitt. Aufgrund einer Absatzkrise im Zuge des Krieges schied Wagener aus der Anstalt und entzog dem Unternehmen einen großen Teil seines Vermögens. Wagener war bis dahin der kaufmännische Leiter gewesen und D. hatte die technisch-wissenschaftlichen Einrichtungen geschaffen. Mit dem Weggang Wageners fehlte dem Unternehmen ein fähiger Kaufmann. D. besaß auf diesem Gebiet weder ausreichende Kenntnisse noch Talent. Von dieser Schwächung erholte sich die Fabrik nur langsam. Die schweren Kriegsjahre zwischen 1806 und 1815 brachten die Anstalt fast zum Scheitern. Da auf dem deutschen Markt noch immer die englische Brillenindustrie führend war, ließ sich D. 1815 Brillen aus England kommen, um sie in seiner eigenen Fabrik nachzubauen. Im gleichen Jahr veröffentlichte er seine »Belehrungen über Brillen«. In diesem Buch machte er seine Erfahrungen auf dem Gebiet der Augenoptik einem breiten Publikum zugänglich. Bis 1851 erschienen 7 Auflagen. Den Reingewinn der ersten Auflage stellte D. zugunsten verwaister Soldatenkinder zur Verfügung. Daraufhin bewarb auch das Preußische Kriegsministerium die Anstalt in Rathenow. Von D.'s Kindern, über deren Anzahl leider nichts bekannt ist, sind zwei für die Entwicklung der Brillenmanufaktur bedeutend geworden: sein

Sohn Eduard (1797-1878) und seine Tochter Jeanette. Eduard führte nicht die Tradition seiner Vorfahren fort und wurde Theologe, sondern erhielt eine kaufmännische Ausbildung in Berlin. D. schuf damit die notwendigen Grundlagen für eine erfolgreiche Geschäftsführung. Schon 1824 übernahm Eduard den väterlichen Betrieb, der ab 1834 endlich einen Aufschwung verzeichnete. Er entwickelte die Antriebstechnik und die Verkaufsmethoden weiter und mit der Teilnahme an Gewerbemessen machte er die Rathenower Optik weltweit bekannt. Jeanette war im väterlichen Pfarrhaus zunächst mit der Anleitung der Kinder betraut, welche die Brillenetuis herstellten. In der von D. gegründeten Zeichenschule bekam sie selbst Unterricht. Schließlich heiratete sie einen Berliner Kaufmann. Ihr Sohn, Emil Busch, übernahm 1845 den Betrieb seines Onkels Eduard. Unter Busch erfolgte die eigentliche Umstellung vom manufakturmäßigen zum fabrikmäßigen Betrieb. Die entscheidenden Weichen hatte zwar D. gestellt, indem er durch die Trennung von Antriebskraft und Schleifkraft die Mechanisierung der Arbeitsvorgänge ermöglichte. Zur entscheidenden Rationalisierung und technischen und ökonomischen Planmäßigkeit kam es erst ab der Jahrhundertmitte. Erst Busch arbeitete unter kapitalistischen Vorzeichen - gewinnorientiert, rationalistisch und fortschrittlich. Ab 1846 setzte er Dampfmaschinen ein. In den knapp 30 Jahren unter Busch erlebte die Fabrik ihre größte Ausdehnung und erlangte Weltruf. 1872 wandelte er das Familienunternehmen in eine Aktiengesellschaft um, da sowohl ein Nachkomme bzw. geeigneter Nachfolger fehlte und das Unternehmen auf von Personen unabhängigen Füßen stehen sollte. — D. mußte sich schon 1824 aus seinem Unternehmen zurückziehen. Während eines Besuchs bei seiner Tochter Jeanette in Berlin 1819 war er schwer an einem Nervenfieber erkrankt, von dem er sich nicht mehr erholte. Deshalb mußte sein Sohn Eduard nach Rathenow zurückkehren, um die Leitung der Anstalt zu übernehmen. Bis 1838 blieb D. Prediger an der St.-Marien-Andreas-Kirche. Er starb am 14. Juni 1843 in Rathenow. — Obwohl D. auch als beliebter Seelsorger seiner Gemeinde galt, hat er nicht als Theologe Bedeutung erlangt, sondern als Unternehmer. Er fertigte als erster in Deutschland Brillen auf der Grundlage seiner

wissenschaftlichen Erkenntnisse an. Als Frühunternehmer mit einem Blick für die sozialen Nöte der Zeit stellte er Waisenkinder und Kriegsinvaliden an, um ihnen ein Einkommen und Beschäftigung zu ermöglichen. Kranke Soldaten und Arme bekamen seine Brillen kostenlos. Die Optische Industrie Anstalt in Rathenow legte mit ihrer Gründung 1801 den Grundstein für die »Brillenstadt« Rathenow. Zunächst einzig auf dem Gebiet der Optik in Preußen und Deutschland siedelten sich ab 1851 weitere Unternehmen in Rathenow an - Zulieferbetriebe und andere Brillenhersteller. Die D.'sche Anstalt entwickelte sich langfristig zu einer Konkurrenz zu den Brillenherstellern in Nürnberg und Fürth. Die hohe Qualität der Gläser und die Beratung der Kunden in Fachgeschäften zeichnete die Rathenower Brillen - mit dem Markenzeichen »O.I.A.R.« - aus. Prediger Fischer beschreibt D. in seiner Grabrede als »kenntnisreiche[n], forschende[n], fortstrebende[n], tatkräftige[n] Geist, erwärmt und beflügelt von menschenfreundlicher, gemeinnütziger Gesinnung [...]« (700 Jahre Geschichte der St.-Marien-Andreas-Kirche Rathenow, Wolfsburg 1994, S.36.). Außerdem stellt er D.'s Vertrauen und seine Dankbarkeit gegenüber Gott heraus und die besondere »Liebe und Sorgfalt [...,] Uneigennützigkeit und Selbstverleugnung, [...] Aufopferung körperlicher und geistiger Kräfte«, mit der er die Anstalt »pflegte« (700 Jahre, S.36). — Bevor er durch seine Brillen bekannt wurde, hatte sich D. noch auf einem anderen Gebiet einen Namen gemacht. Da sein Vater und er selbst an Schwerhörigkeit litten, konstruierte er ein Hörrohr, das neben den Brillen und anderen optischen Erzeugnissen der Industrie Anstalt verkauft wurde: »Die Duncker'schen Gehörrohre bestehen aus einem einfachen biegsamen 5 Fuß langen, mit schwarzem Ledervantin überzogenen Rohr. Das eine Ende desselben ist mit einer biegsamen, von weichem schwarzen Leder überzogenen Spitze versehen, welches die Schallwellen nach dem Ohre leitet; am anderen Ende des Rohres ist ein kleiner glockenförmiger Schalltrichter von Horn, der den Schall auffängt. Der Schwerhörige steckt die weiche Lederspitze des Rohres in den Eingang des Gehörganges und läßt die mit ihm sprechende Person in den Trichter hineinsprechen, wobei es jedoch keineswegs einer lauten Stimme bedarf. Der

Schwerhörige wird dann jeden Ton deutlich vernehmen, ohne daß ihm der Schall unangenehme Empfindungen erregt. Dieses Hörrohr findet bei seiner zweckmäßigen Einfachheit besonderen Beifall [...].« (abgedruckt bei: Karl Albrecht: Eduard Duncker. Weimar 1928, S.23). Diese Erfindung brachte ihm 1819 die Einladung des Staatskanzlers Fürst von Hardenberg auf sein Landgut Alt-Glienicke bei Potsdam ein. Auch Hardenberg litt an Schwerhörigkeit und war von D.'s Hörrohr so begeistert, daß er ihm seine Unterstützung zusagte. — Prediger Fischer faßt in der Grabrede den Charakter D.'s so zusammen: »Ihm selber aber, dem verdienstvollen Stifter, gereichte sie [die Industrie Anstalt; P. R.-B.] zu umso größerer Ehre, zu um so bleibenderem Ruhme, je bescheidener und anspruchsloser er selber immer über sein Verdienst bei ihr dachte und urteilte.« (700 Jahre, S.37)

Werke: Belehrungen über Brillen, die Beschaffenheit, Auswahl und Anwendung derselben. Ein Noth- und Hülfsbüchlein für Alle, welche der Brille bedürfen. Zum Besten verwaister Soldatenkinder herausgegeben von. A. Duncker. Berlin 1815 (hrsg. von Eduard Duncker. Rathenow 1851[7]).

Lit.: Samuel Christoph Wagener: Denkwürdigkeiten der Churmärkischen Stadt Rathenow. Berlin 1803; — Neuer Nekrolog der Deutschen 21. Jg. 1843. Erster Teil, S.589-592; — A. Burowsen: Belehrungen über die Wahl der Brillen mit besonderer Berücksichtigung der Brillenhändler. Rathenow 1870; — Zum 100jährigen Jubiläum der Rathenower Optischen Industrie Anstalt vorm. Emil Busch und der optischen Industrie zu Rathenow. Berlin 1900; — Rudolf Braun: Optik und Feinmechanik in Deutschland. Ein Beitrag zur Wirtschaftlichen Bedeutung der Optik und Feinmechanik, der Glasinstrumenten-Industrie und der Chirurgieinstrumenten-Fabrikation. Darmstadt 1820; — Hans Nitsche: Die Rathenower Brillen-Industrie mit besonderer Berücksichtigung ihrer geschichtlichen und technischen Entwicklung; in: Central-Zeitung für Optik und Mechanik. 43. Jg. (1922); — Karl Albrecht: Die Geschichte der Emil Busch AG, Optische Industrie Rathenow. Vom Wirtschaftswissenschaftlichen Standpunkt. Ein Beitrag zur Erkenntnis der Struktur des Wirtschaftslebens. Erfurt 1925; — Erich Neuß: Ludwig Wucherer. Sein Leben und sein Wirken. Halle 1926; — Karl Albrecht: Eduard Duncker. Geschichte seines Wirkens. Weimar 1928; — Neue Deutsche Biographie, 4. Band. Berlin 1959, 196-197; — Gisela Buchheim/Wolf D. Hartmann (Hgg.): Biographien bedeutender Unternehmer. Eine Sammlung von Biographien. Berlin 1991, 193-200; — Deutsche Biographische Enzyklopädie, Band 2, 1995, 651; — 700 Jahre. Geschichte der St.-Marien-Andreas-Kirche Rathenow. hrsg. v. G. Heimerdinger. Reprint der Ausgabe von 1857. Wolfsburg 1994.

Peggy Renger-Berka

E

EBERLE, Joseph, Dr. phil., Katholischer Publizist, Zeitungsherausgeber. Pseudonym: Edgar Mühlen, Dr. Johannes Am Berg, geb. 2. August 1884 Ailingen bei Friedrichshafen/Württemberg, gest. 12. September 1947 in Salzburg. — E. stammte aus einer wohlhabenden Guts- und Mühlenbesitzer-Familie, die ihm ein sehr frommes, katholisches Umfeld bot. Deshalb hatte er nach der Reifeprüfung den Wunsch, Priester zu werden. Zunächst studierte E. Theologie in Tübingen, dann Geschichte, Kunstgeschichte, Philosophie, Soziologie und Volkswirtschaftslehre ua an den Universitäten Tübingen, Straßburg, Freiburg und Berlin. Im Jahr 1911 erfolgte die Promotion zum Dr. phil. aufgrund seiner Dissertation mit dem Titel »Die Ideenlehre Bonaventuras«. Infolge eines Kehlkopfleidens wurde E. der ärztliche Rat nahegelegt, keinen Sprechberuf auszuüben, weshalb er beschloß, Schriftsteller zu werden. Schon 1912 erschien sein erstes Buch unter dem Titel »Großmacht Presse. Enthüllungen für Zeitungsgläubige, Forderungen für Männer«. Darin legte E. seine Lebenseinstellung dar: er wolle durch eine katholische Presse für die christliche Weltanschauung und Kultur eintreten und gleichzeitig der jüdischen Presse, die seiner Meinung nach die Trägerin der Plutokratie, des Kapitalismus, des Marxismus und des Liberalismus sei, auf das schärfste bekämpfen (Eppel, Zwischen Kreuz, 35). — 1913 kam E. als Berichterstatter der *Allgemeinen Rundschau* erstmals nach Wien und war von der Reichshauptstadt der Donaumonarchie »berauscht«. Im selben Jahr bot ihm Friedrich Funder, der Herausgeber der christlichsozialen und viertgrößten Zeitung in der Monarchie, der *Reichspost,* eine Stelle an. Hier sollte E. bis 1916 zunächst über »Kirchliches« und »Allgemeine Kulturfragen« schreiben. Sein Kehlkopfleiden machte E. für einen Kriegseinsatz untauglich; den Ersten Weltkrieg idealisierte E. jedoch als »Kriegserlebnis der wahrhaften Patrioten«. — Den Ausschlag für seinen endgültigen Verbleib in Wien machte die Verehelichung mit Edith Zacherl im November 1916; der Ehe entsprangen fünf Kinder. Zacherl war die Tochter des Industriellen Johannes Evangelist Zacherl, mit ihm verband E. eine längere Freundschaft. Zacherl, der ein Schutzmittel gegen Insekten, das sogenannte »Zacherlin« erfunden hatte, galt als angesehener Förderer des katholisch-konservativen Milieus in Österreich: Richard Kralik, Karl Lueger, Carl Ritter von Vogelsang oder Anton Orel zählten zu seinen persönlichen Freunden. Schließlich motivierte E. auch der Schwiegervater, eine eigene Zeitschrift herauszugeben. Dafür überließ Zacherl seinem Schwiegersohn Redaktionsräume auf dem eigenen Fabriksgelände, half ihm beim organisatorischen Aufbau und unterstützte E. vor allem finanziell. Noch 1945 bezifferte E. den Wert der *Schöneren Zukunft (SZ)* mit 400.000 RM. Aufgrund der Unterstützung durch seinen Schwiegervater und der Mitgift seiner Frau Edith konnte E. bereits am 1. Oktober 1918 seine erste Zeitschrift gründen. Er nannte sie bewußt *Die Monarchie. Wochenschrift für Kultur, Politik und Volkswirtschaft* sah er doch in der österreichisch-ungarischen Monarchie die rechtmäßige Nachfolgerin des Heiligen Römischen Reiches. Allerdings war E. nach dem Ende der Monarchie ein Realist, hielt aber Kontakte zum »Reichsbund der Österreicher«; diesem gehörten Anhänger der legitimistischen Bewegung an. Da sich E. vehement für eine Anlehnung Österreichs an das föderative Deutschland aussprach und die Kultureinheit beider Staaten

beschwor, war man geneigt, seine Zeitschriften bald als Organe des Gesamtdeutschtums zu bezeichnen. Aufgrund dessen wird E. gerne als »national« bezeichnet, was allerdings im Sinne eines Anschlusses an das *vom protestantischen Preußen regiertes, zentral- und nationalstaatlich organisierte Deutschland.* (Eppel, Zwischen Kreuz, 38.) nicht stimmt. — Nach dem Zusammenbruch der österreichisch-ungarischen Monarchie benannte E. einige Wochen später die *Monarchie* in *Das Neue Reich* um und ihr Druck übernahm nun die Verlagsanstalt Tyrolia. Die programmatische Linie des Blattes blieb aufrecht: Ablehnung des Nationalstaates, Sinn für österreichische Vergangenheit, Sicherung der deutschsprachigen Minderheiten im Donauraum durch Einbeziehung in eine höhere Rechtsform, kulturell bestimmte großdeutsche Gesinnung. *Das Neue Reich* richtete sich an die katholische Intelligenz, sie stellte ein Wochenblatt dar mit legitimistischer Ausrichtung und »kämpfte« gegen die republikanische Staatsform. Ganz offen propagierte man die Monarchie und bezeichnete Juden, Freimaurer sowie Liberale und Pan-Germanisten als Feinde der Habsburger. Sieben Jahre nach der Gründung der *Monarchie* erfolgte jene der *Schöneren Zukunft (SZ)* am 1. Oktober 1925; wiederum aufgrund der finanziellen Unterstützung durch den Schwiegervater. E. hatte sich wohl deshalb vom *Neuen Reich* getrennt, weil er auf die Geldgeber Tyrolia keine Rücksicht nehmen wollte. (Eppel, Zwischen Kreuz, 18ff). Die *SZ* kam zunächst im Eigenverlag heraus! In seinem Leitartikel zur ersten Nummer der *SZ* bekannte sich E. dazu, sich keinen Illusionen über den schlechten Ruf der Presse hingeben zu wollen - auch er lese lieber Bücher als Zeitungen! Allerdings betonte E. den Unterschied *zwischen einer Presse gedacht als Sprachrohr der Besten eines Volkes und einer Presse, die etwa von jüdischen Schmöcken fabriziert wird* (Joseph Eberle, *Die neue Wochenschrift »Schönere Zukunft«,* in: *SZ* 1(1925), 2). *Schönere Zukunft* sollte bedeuten *im Zeichen des Kreuzes erneuerte, neugeordnete Welt; und es soll heißen das Aufzeigen der Wege hiezu - das Herausarbeiten und das ‚rücksichtslose' Vertreten der katholischen Ideen und Grundsätze für alle Gebiete des privaten und öffentlichen Lebens.* Deshalb beabsichtigte er mit der Gründung der *SZ* der liberalen (jüdischen) Presse, die jahrzehntelang Verwüstungsarbeit getrieben habe, den Kampf ansagen zu wollen, durch Stärkung der katholischen Presse, nicht nur in Wien, in Österreich, sondern in Mitteleuropa. Gerade in Wien sah E. eine große Dringlichkeit, eine katholische Wochenschrift zu gründen. Retrospektiv beschrieb der Herausgeber seine Wochenschrift mit folgenden Worten: *Sie war primär ein religiös-kulturelles Organ, Blatt nicht eines bestimmten Landes, sondern Organ für die deutschsprechenden Katholiken sämtlicher Siedlungsgebiete; sie verfolgte nicht bestimmte Parteiziele, sondern betrieb überparteiliche Ideenarbeit; sie diente nicht einer Gruppe gegen anderen Gruppen, sondern der religiös-kulturellen Aufklärung aller, unter Mitarbeit von Vertretern der verschiedenen Gruppen* (Joseph Eberle, Das Los der christlichen Presse, 14). — Neben E. bildeten führende Katholiken und auch Legitimisten wie Anton Böhm, Alfred Missong, Helmut Burgert, Johannes Messner, Kaspar May das Redaktionsteam der *SZ*. Mit Richard von Kralik und Pater Friedrich Muckermann verband E. eine Freundschaft. Der Anspruch E.s, mit der *SZ* die deutschsprachigen Katholiken sämtlicher Siedlungsgebiete erreichen zu wollen, ging voll auf. Die *SZ* fand unter den Deutschen in Ungarn, Siebenbürgen, der Tschechoslowakei oder Südtirol ausgesprochen viele Abnehmer. Darüber hinaus war sie auch in Amerika, China, Japan oder Australien verbreitet. Anders verhielt es sich etwa mit der angestrebten Überparteilichkeit; mit diesem (selbst auferlegten) Grundsatz brach die *SZ*, die aufgrund unüberbrückbarer Weltanschauungen keine Gelegenheit ausließ, die Sozialdemokratie zu kritisieren, ja gar zu verwerfen. Obwohl es zwischen dem *Neuen Reich* und der *SZ* inhaltliche Unterschiede gab und die »gemäßigteren« Chefredakteure, der Priester und Politiker Dr. Aemilian Schöpfer und der habilitierte Sozialethiker Dr. Johannes Messner einerseits mit dem »radikalen« E. andererseits konkurrierten, erfolgte 1932 die Fusion beider Zeitungen. Man begründete diesen Schritt mit den Auflagenzahlen: Den Druckort der *SZ* hatte man 1928 nach Deutschland zu Friedrich Pustet/Regensburg verlegt (zuvor bei Friedrich Jasper/Wien), um die Werbung deutscher Abonnenten zu intensivieren, während die Abonnenten für *Das Neue Reich* stetig abnahmen. Daher fusionierten bei-

den Zeitschriften und die *SZ* erschien mit 1. Oktober 1932 mit dem Zusatz »*Zugleich Ausgabe von ‚Das Neue Reich'*«. Der Untertitel »*Wochenschrift für Kultur und Politik, Volkswirtschaft und soziale Frage*« blieb erhalten. Neben dem Herausgeber und Hauptschriftleiter E. erschien bis 12. März 1939 als »führender Mitarbeiter für das angeschlossene Neue Reich« Johannes Messner. Wohl als Reaktion auf die Ereignisse in Deutschland 1933 und auch infolge des nationalsozialistischen Schriftleitergesetzes erfolgte eine weitere Umbenennung der *SZ*. Das Wort »Politik« wurde mit der Ausgabe vom 5. November 1933 durch »Religion« ersetzt. Jetzt lautete der Untertitel bis zur Auflösung der Zeitschrift »*Wochenschrift für Religion und Kultur, Soziologie und Volkswirtschaft*«. Man gab vor, daß nicht politische, sondern religiös-kulturelle, soziologische und volkswirtschaftliche Themen das künftige Hauptaugenmerk der *SZ* darstellen werden. Die Befassung mit Politik ließ man sich jedoch nicht nehmen, konzentrierte sich aber auf die grundsätzliche und nicht tagespolitische Berichterstattung. — E. verstand seine *SZ* seit 1932 verstärkt als »Brückenbauer« zwischen Nationalsozialismus und österreichischem autoritären Staat. 1933 erhielt die *SZ* in Österreich starke Konkurrenz vom *Christlichen Ständestaat*, der von Bundeskanzler Engelbert Dollfuß initiierten Zeitschrift unter Führung von Dietrich von Hildebrand. Diese empfand sich als Speerspitze gegen den Nationalsozialismus. Bereits 1934 klagte E. darüber, daß seine bis dato konkurrenzlose Zeitschrift immer mehr zugunsten von Organen wie etwa dem *Christlichen Ständestaat* verdrängt werde. Grundsätzlich versuchten die beiden Zeitungs-Herausgeber ein Konkurrenzverhältnis zu vermeiden, was spätestens im Mai 1934 scheiterte. Der *Christliche Ständestaat* reagierte auf einen Beitrag von Hans Eibl in der *SZ* vom Vormonat (Hans Eibl, Um Fragen und Zielsetzungen in Deutschland, in: SZ 31 (1934), 787), in welchem Eibl gewisse christliche Forderungen mit den nationalsozialistischen Zielen als vereinbar erklärte. Damit löste man die künftigen Auseinandersetzungen zwischen den beiden Blättern aus. — E.s »gemäßigte« Haltung gegenüber dem Nationalsozialismus sollten sich ab 1934 ändern: in diesem Jahr begannen die Repressionen ihm und der *SZ* gegenüber; die deutsche Ausgabe wurde beschlagnahmt, Interventionen des österreichischen Auswärtigen Amtes verhinderten das Gröbste. Ab 1938 standen Vorladungen bei der Gestapo an der Tagesordnung. Im Mai 1940 wurde E. nahegelegt, die *SZ* einem anderen Verlag zu übertragen. Es fiel ihm schwer, seine Firma »Verlagsgesellschaft ‚Schönere Zukunft'« (sie bildete E. und die Verlagsanstalt Tyrolia AG) zu verkaufen. Schlußendlich übernahm der Stuttgarter Schwabenverlag, ein angesehener katholischer Verlag, die Herausgabe der *SZ*. Der Verkauf bedeutete jedoch nicht das Ende der journalistischen Tätigkeit E.s. Am 4. Februar 1941 wurde E. von der Gestapo festgenommen und in Schutzhaft genommen, die *SZ* verboten, der Verlag geschlossen. Da man E. nichts nachweisen konnte, wurde er sogleich entlassen. Auf besonderen Befehl des »Kirchenhassers« Reinhard Heydrich wollte man den Fall E. nochmals aufrollen. Man beabsichtigte den »bockigen«, »harthörigen« und »zersetzenden« Journalisten zu verhaften. Es gelang der Gestapo, E. unter fadenscheinigen Anschuldigungen in Schutzhaft zu nehmen: man bezichtigte ihn des Verkehrs mit deutschfeindlichen Kreisen des Auslandes und der Beteiligung an der Verbreitung von deutschfeindlicher Hetzliteratur: »Störung und Zersetzung der Erziehungsarbeit des Führers durch seine Publizistik«. Die Haft währte 8 1/2 Monate, dann mußte man den Häftling krankheitshalber entlassen. Hierauf zog sich E. auf seinen Besitz am Ossiachersee zurück, um 1944 nach Bezau im Bregenzerwald zu übersiedeln. Dort plante er sein Bibelwerk »Die Bibel, von einem Laien gesehen« zu schreiben, wozu er nicht mehr kam. E. verstarb am 12. September 1947 im 64. Lebensjahr und ist am Friedhof St. Peter zu Salzburg begraben. Die *SZ* hatte man 1940 als erste der großen religiösen Zeitschriften verboten, das gesamte Redaktions- und Verwaltungsmaterial wurde auf Lastwagen weggekarrt; die Redaktionsräume in Wien XIX (Döbling); Nußwaldgasse 14-16 geschlossen. Damit endete die Existenz eines der einstmaligen führenden Sprachorgane des katholischen Österreich. — Hinsichtlich seiner journalistischen Tätigkeit wurde E. von den Zeitgenossen oft mit Joseph Görres verglichen, dem Begründer des *Rheinischen Merkurs* und der *Historisch-politischen Blätter*. Der Vergleich ist nicht nur aufgrund des leidenschaftlichen Katholizis-

mus, die beide lebten, gerechtfertigt, sondern auch deshalb, weil E. die gleiche Zielrichtung wie Görres vertrat: romantischer Konservatismus, monarchistischer, großdeutscher Kurs (Hofer, Joseph Eberle, 109). Friedrich Heer sah E. als Vorkämpfer eines antidemokratischen Katholizismus, der nach einem »unabhängigen christlichen Diktator« und einen »großen Retter«, nach einer »starken Autorität« ruft (Friedrich Heer, Gottes erste Liebe, 358ff). Hinsichtlich des Verhältnisses Katholiken und Juden vertrat E. die Haltung, daß der *Abwehrkampf gegen das Judentum nicht unchristlich sei, sondern die Wiederaufnahme kirchlicher Traditionen, die nur durch Renaissance und Reformation zum Einschlafen gekommen sind* - Heer gab ihm recht. — Eppels Forschungen führten zum Ergebnis, daß E. niemals der NSDAP beigetreten war. Er hatte sogar ein Austrittsgesuch aus dem *Bund der Reichsdeutschen Österreichs* gestellt, weil er eine Mitgliedschaft mit jener der NSDAP gleich bedeutend sah. Allerdings zog er dieses Gesuch zurück, nachdem sich seine Ansicht als falsch erwiesen hatte. Andererseits lehnte er die totalitäre Ideologie zunächst nicht gänzlich ab. Dies manifestiert sich etwa im Judenhaß oder auch darin, daß die *SZ* den »Anschluß« propagierte: Damit hatte die *SZ* dem Nationalsozialismus ungewollte, aber nichts desto weniger wertvolle Zubringerdienste geleistet. Zwei Jahre vor seinem Tod vertrat E. die Meinung, daß die nationalsozialistische Bewegung nicht von Anfang an das war, was sie zuletzt wurde. Er konnte positive Gedanken herausfiltern und vertrat den Standpunkt, daß *bei vernünftiger Auslegung und Anwendung* das Programm Gutes zuließ. Schließlich siegten Radikalismus und Unvernunft; die Idealisten wurden von den Materialisten, die Geistmenschen von den Gewaltmenschen verdrängt. Bezeichnend für ihn, dem Pressemenschen, war, daß *die bösesten Dinge nicht offen, sondern im geheimen erfolgten, unter Tarnungen*. In seiner Bewertung der *SZ* in Bezug auf den Nationalsozialismus kommt Eppel zu dem Ergebnis, daß es der *SZ* nicht gelang, die prinzipielle Unvereinbarkeit von Nationalsozialismus und Christentum klar aufzuzeigen und somit die Leserschaft zum Widerstand gegen diese totalitäre Ideologie aufzufordern. — In einem Nachruf in der österreichischen Zeitschrift *Die Furche* lobt man E.s

unbeugsame Treue zu seiner katholischen Gesinnung, die schlußendlich zur Zerstörung seines Lebenswerkes, zu Haft, Todeskrankheit,
Zerstörung seines Familienlebens und
schlußendlich zur Einsamkeit führte (Hans
Brecka, In memoriam Dr. Joseph Eberle, in: Die
Furche, 27. September 1947, 48, 5). E. wird als
altväterlich, bäuerlich, gütig, geduldig, welt-
fremd und kindlich beschrieben. Andererseits
begegnete er seinen Mitarbeitern mit großem
Respekt, konnte jedoch auch sehr jähzornig und
autoritär sein: *In meiner Redaktion bin ich der
Pascha!*

Werke: Die Ideenlehre Bonaventuras, Inauguraldissertation
Straßburg 1911; Großmacht Presse, Enthüllungen für Zeitungsgläubige, Förderungen für Männer, Mergentheim 1912
sowie Wien 1920; Schönere Zukunft. Kriegsaufsätze über
Kultur- und Wirtschaftsleben, Regensburg 1916; Zertrüm-
mert die Götzen! 12 Aufsätze über Liberalismus und Sozialdemokratie, Wien-Innsbruck-München 1918; Die Überwindung der Plutokratie. 14 Aufsätze über die Erneuerung
der Volkswirtschaft und Politik durch das Christentum, Wien-Innsbruck-München 1918; De profundis. Der Pariser
Friede. Und das christliche Weltgewissen? Innsbruck-Wien-
München-Bozen 1921; Zum Kampf um Hitler. Ein Reform-
programm für Staats- Wirtschafts- und Kulturpolitik zur
Überwindung des Radikalismus. Stark erweiterter Sonderabdruck aus der Wochenschrift SZ, Wien-Regensburg 1931;
Das Los der Presse im Dritten Reich, beleuchtet am Beispiel
der Zeitschrift Schönere Zukunft, Bregenz 1945; Erlebnisse
und Bekenntnisse. Ein Kapitel Lebenserinnerungen des
früheren Herausgebers der Zeitschriften Neues Reich und
Schönere Zukunft, Stuttgart 1947; Konvertitenzeugnisse,
Luzern 1947; Die Bibel im Lichte der Weltliteratur und
Weltgeschichte. Bearbeitet und herausgegeben von Dr.
Franz König, Wien 1949.

Lit.: Peter Eppel, Zwischen Kreuz und Hakenkreuz. Die
Haltung der Zeitschrift »Schönere Zukunft« zum Nationalsozialismus in Deutschland 1934-1938, Wien 1980 (Veröffentlichungen der Kommission für neuere Geschichte Österreichs 69); — Barbara Maria Hofer, Joseph Eberle. Katholischer Publizist zwischen »Monarchie« und »Schönerer Zukunft«. Ein Beitrag zur katholischen Publizistik der Ersten
Republik, phil.Diss. Salzburg 1995; — Anita Ziegerhofer-
Prettenthaler, Schönere Zukunft. Die führende Wochenschrift der (österreichischen) Ersten Republik (1925-1938)
in: Michel Grunewald, Uwe Puschner Hrsg., Le milieu in-
tellectuel catholique en allemagne sa presse et ses reseaux
(1871-1963). Das katholische Intellektuellenmilieu in
Deutschland, seine Presse und seine Netzwerke (1871-
1963), Bern et.al 2006 (Convergences 40), 395-414; — Anton Brandner, Stellung der Wochenschrift Schönere Zukunft
zum Nationalsozialismus in Deutschland in den Jahren
1932/33 (Hausarbeit im Rahmen der Lehramtsprüfung Wi-
en 1971); — Heinrich Bußhoff, Das Dollfuß-Regime in
Österreich in geistesgeschichtlicher Perspektive unter besonderer Berücksichtigung der Schöneren Zukunft und
Reichspost (Beiträge zur Politischen Wissenschaft 6) Berlin

1968; — Stefan Hanzer, Die Zeitschrift »Das Neue Reich«
1918-25. Zum restaurativen Katholizismus in Österreich
nach dem Ersten Weltkrieg, ungedr. Diss. Wien 1971; —
Jörg Kießling, Die politische Ideenwelt der Schöneren Zukunft, ungedr. Zulassungsarbeit für das Staatsexamen München 1966; — Kurt Paupié, Handbuch der österreichischen
Pressegeschichte 1848-1959, Band 1, Wien 1960; — Albert
J. F. Reichert, Dr. Joseph Eberle als Kritiker der katholischen Presse in seiner Wochenschrift Schönere Zukunft
1925-1940, ungedr. Diss. München 1950; — Heer Friedrich, Gottes erste Liebe. 2000 Jahre Judentum und Christentum. Genesis des österreichischen Katholiken Adolf Hitler,
München-Esslingen 1968.

Anita Prettenthaler-Ziegerhofer

EBERLIN, Johann Ernst, Komponist, Hofkapellmeister (1702, Jettingen - 1762, Salzburg),
Johann Ernst Eberlin wurde am 26. März 1702
in Jettingen (Schwaben) als viertes Kind des
Beamten Christian Amandus Eberle und seiner
Frau Franziska Kreutzer geboren. Die Familie
Eberlin stammt aus dem Würtembergischen
(1640 wurde in Rottenburg (Neckar) der
Großvater Johann Ernsts, Johann Melchior
Eberlin geboren. Sein Sohn Christian Amandus
wurde am 4. Februar 1669 in Laupheim (Württemberg) getauft und starb am 24. September
1736 in Jettingen.) Johann Ernst Eberlin wurde
Schüler des Gymnasiums St. Salvator in Augsburg, das einige Jahre später auch Leopold Mo-
zart besuchen sollte. Sein Abgangszeugnis bescheinigt ihm bereits »gediegene Kenntnis« in
der Musik. Gemeinsam mit seinem jüngeren
Bruder Anton Bonaventura immatrikulierte sich
Johann Ernst Eberlin am 6. Dezember 1721 an
der Universität Salzburg und begann, Jura zu
studieren. Er dürfte sich allerdings bald vom
Studium ab- und seiner musikalischen Berufung
zugewandt haben, denn bereits 1727 ist er im
»Hochfürstlich-Salzburgischen Kirchen- und
Hofkalender« als vierter Organist verzeichnet.
— Mit seiner Frau Maria Caecilia Pflanzmann
(1698-1763), die er 1927 heiratete, hatte Johann
Ernst Eberlin neun Kinder, von denen fünf das
Kindesalter nicht überlebten. Während die älteste Tochter, Maria Caecilia, als Komponistin
nachgewiesen werden kann, wurde ihre Schwester Maria Franziska Hofsängerin. Maria Barbara Gertrudis Eberlin, die jüngste, kommt als
»Eberlin Waberl« in vielen Mozart-Briefen vor.
— In der Folge steigt Johann Ernst Eberlin zum
ersten Hoforganisten auf. Von 1742 an ist er Or-
gellehrer am Kapellhaus (dem Erziehungsinsti-

tut der Kapellknaben). Um diese Zeit beginnt er auch, Schuldramen, Opern und Oratorien für das Theater der Salzburger Benediktineruniversität zu komponieren. 1743 ist seine Ernennung zum Hofkapellmeister bereits ausgestellt, da wird ihm im letzten Moment ein anderer Bewerber vorgezogen - 1749 schließlich rückt Johann Ernst Eberlin dann in dieses Amt auf. Neben diesen Tätigkeiten unterrichtet er zahreiche Schüler, von denen Georg Pasterwiz, A. C. Adlgasser und Leopold Mozart die prominentesten sind. Er pflegt freundschaftliche Beziehungen zu Angehörigen verschiedener Klöstern wie St. Peter (Salzburg), Nonnberg und Kremsmünster. Acht Jahre vor seinem Tod, 1754, wird Johann Ernst Eberlin geadelt: Sigismund III Graf von Schrattenbach ernennt ihn in Anerkennung seiner Verdienste zum Titular-Truchsess. Er stirbt am 21. Juni 1762 in Salzburg und wird im Friedhof in St. Peter beigesetzt. — Wenn »jemand den Namen eines gründlichen und fertigen Meisters in der Setzkunst verdientet, so ist es gewiß dieser Mann. Er hat die Töne ganz in seiner Gewalt« schrieb der mit positiven Urteilen über Komponistenkollegen selten großzügige Leopold Mozart 1757 über seinen Freund und Kollegen in seiner *Nachricht von dem gegenwärtigen Zustande der Musik Sr. Hochfürstlichen Gnaden des Erzbischofs zu Salzburg* in Marpurgs *Historisch-kritischen Beyträgen zur Aufnahme der Musik.* Einige Jahre später ließ er seinen Sohn Wolfgang in der Absicht, ihm den Kirchenstil näher zu bringen, Werke Eberlins studieren, und dieser bekundete noch 1782 in einem Brief aus Wien »....allen Respect für seinen vierstimmigen Satz.« obwohl er die Klavierfugen als »lauter in die länge gezogene versettl« abtut. — Eberlins Werke sind zahlreich. Zu seinen Lebzeiten gedruckt werden allerdings nur seine *IX Toccate e fughe per l'Organo* (Augsburg: Lotter, 1747) und *Der Morgen und der Abend,* eine Sammlung von Werken, das der als Herausgeber fungierende Leopold Mozart gemeinsam mit Johann Ernst Eberlin für das Hornwerk der Festung Hohensalzburg geschrieben hatte. In seiner Kirchenmusik verwendet Johann Ernst Eberlin die verschiedenen Stilarten im Sinne J. J. Fux', auch finden sich zahlreiche rhethorische Figuren. In seinen dramatischen Werken tendiert er zu einsätzigen Ouvertüren, großen Da-Capo Arien mit zahlreichen Koloraturen und Rezitative mit Kehrritornellen. Er kennt und verwendet das Melodram und hat eine Vorliebe für Posaunensoli, was durch den hervorragenden Posaunisten Thomas Gschlatt zu erklären ist, der am Salzburger Hof engagiert war. Johann Ernst Eberlin war Mitte des 18. Jahrhunderts der fruchtbarste Musiker, Lehrer und Komponist in Salzburg und hat auch W. A. Mozart, der mehrere seiner Werke im *stile antico* abschrieb und studierte und der Eberlins Musik in den Kirchen Salzburgs in seiner Kindheit noch hören konnte, beeinflußt.

Werke: 6 Opern, 22 Oratorien, 61 Schulspiele, 58 Messen, 9 Requiemkompositionen, zahlreiche Vespern, 43 Litaneien, 160 Propriumsvertonungen, Schauspielmusiken, 3 Sinfonien, Orgelwerke, Klavierstücke und Kammermusik.

Ausgaben: IX. Toccate e Fughe per l'organo, dedicate a Sua Altezza Eccelsa, e Reverendissima, Monsignor Giacobbe Ernesto, Arcivescovo e Precipe di Salisburgo [...], Augsburg, [1747]; — Klaviersonaten, Leipzig, 1757 bzw. 1759; — »Der Morgen und der Abend, den innewohnern der Hochfürst. Residenz-Stadt Salzburg melodisch und harmonisch angekündigt, oder: Zwölf Musikstücke für das Clavier, deren eines täglich in der Festung Hohensalzburg auf dem sogenannten Hornwerke Morgens und avends gespielet wird; auf Verlangen vieler Liebhaber, sammt einer kurzen Geschichte von dem Ursprunge der Festung Hohensalzburg; herausgegeben von Leopold Mozart«, Augsburg, 1759; — 115 Versetten und Cadenzen für die Orgel: in den gewöhnlichen 8 Kirchentonarten / für seine Schüler im Orgelspiel geschr. von Johann Ernest Eberlin, München, [ca. 1830]; — Six préludes et fugues: pour l'orgue ou le clavecin, (1747) / Joh. Ernest Eberlin, Paris, 1867; — Ad te domine, levavi. Offertorium für den 1. Sonntag im Advente hrsg. v. Joh Ev. Habert, Part., Gmunden, 1878 (Zeitschrift für Kath Kirchenmusik, Beilage.: 7.3); — Ave Maria. Offerorium pro Dom. IV Adventus cantatibus quatuor vocibus hrsg. v. S. Keller, Berlin, 1878; — Confitebor tibi Domine. Offertorium pro Dominica Passionis, cantatibus quatuor vocibus hrsg. v. S. Keller, Berlin, 1878; — Jerusalem quae aedificatur, Qui confidunt in Domino, Sicut mater, SATB und Cembalo. Paris, [Ende 19. Jhdt.]; — 2 Fugen (G-Dur, C-Dur) hrsg. von Gottfried Basse, Quedlinburg, Leipzig, o. J.; — Fugen für uns. von Hans Georg Nägeli, Zürich, o. J.; — Preludium und Fuge. (Klav.) hrsg. von Louis Köher in: Les Maitres du Clavecin. Clavier-Musik aus alter Zeit. Oevres choisies. vol 1. Ecole Allemande, Braunschweig, o. J.; — »Das mißlungene Doktorat«, o. O., o. J.; — Qui confidunt in Domino. a 3 (S,A,B) u. b.c.; Einzelblatt aus einer Sammlung. Winterthur (Schweiz), Stadtbibliothek, o. O., o. J. No. 2614 (RISM: Einzeldrucke vor 1800); — Oratorium Der blutschwitzende Jesus hrsg. von Robert Haas, Wien, 1921 (Denkmäler der Tonkunst in Österreich 55); — Die Musikstücke des Orgelwerkes im mechanischen Theater zu Hellbrunn. Erstmalig veröffentlicht [...] hrsg. von Constantin Schneider, Salzburg 1927; — Tenebrae factae sunt. SATB a capella. Wien, o. J. [1946]; — Tenebrae für gemischten Chor hrsg von B. Peyer, Zürich, 1950; — Neun Tokkaten und Fugen, hrsg. von Rudolf Walter, Altötting, [ca. 1958] (Süddeutsche Orgelmeister des Barock, Bd. 4); — Bonum est confiteri, Adjutor in opportionitatibus, Expectavit cor meum hrsg. v. Reinhard G. Pauly, New York, 1960; London, 1961 (Choral Church Music Series); — Oratorium »Der blutschwitzende Jesus« u. Stücke aus anderen Oratorien hrsg. v. Robert Haas, Graz 1960 (Denkmäler der Tonkunst in Österreich, 55); — Salzburger Kirchenkomponisten: Carl H. Biber (1681-1749), Matthias Sigmund Biechteler (gest. 1744), Johann Ernst Eberlin (1702-1762), Anton Cajetan Adlgasser (1729-1777). Eine Messe, Sechs Motetten hrsg. v. Karl August Rosenthal, Constantin Schneider, Graz, 1960; —. Tu es Deus. Expectavit cor meum. Adjutor in opportunitatibus. Bonum es confiteri. Lenten motets from the music library of the monastery church of St. Peter, Salzburg: for mixed voices a capella hrsg v. Reinhard G. Pauly London, 1961; — Justum deduxit Dominus. W. A. Mozart zugeschrieben KV 326, hrsg. v. Don Smithers, New York, 1966; London, 1966; — Tenebrae for mixed chorus a capella, Brooklyn, 1969; — Missa secundi toni für Soli, vierstimmigen gemischten Chor, 2 Violinen und Continuo hrsg. v. Wolfgang Fürlinger, Altötting, o. J. [ca. 1970] (Süddeutsche Kirchenmusik des Barock, 1); — »Der Morgen und der Abend«, 12 Musikstücke für das Clavier [v. J. G. L. Mozart und Johann Ernst Eberlin.] hrsg. v. Karl Heinz Taubert, Berlin, [1971]; — Te Deum, Dixit dominus, Magnificat hrsg. v. Reinhard G. Pauly, Madison (Wisc.), 1972 (Recent researches in the music of the Baroque era, vol 12); — Justum deduxit Dominus. für 4 Singst. mit Begl. von Baß und Orgel. Wiesbaden, 1972; — Missa solemnis brevis für Soli, vierstimmigen gemischten Chor, 2 Violinen, Viola, 2 Trompeten, Pauken und Basso continuo hrsg. v. Wolfgang Fürlinger, Altötting, 1972 (Süddeutsche Kirchenmusik des Barock, 2); — Mozart, Leopold, Johann Ernst Eberlin. »Der Morgen und der Abend« 12 Musikstücke für das Hornwerk »Salzburger Stier« der Festung Hohensalzburg, hrsg. v. Franz Haselböck, Wien, München, 1974 (Diletto musicale 588.); — 65 vor- und Nachspiele. Versetten und Fughetten in den 8 Kirchentonarten für Orgel. Heft 2 hrsg. v. Rudolf Walter, Wien u. München, 1975 (Diletto Musicale, 569); 65 vor- und Nachspiele. Versetten und Fughetten in den 8 Kirchentonarten für Orgel. Heft 1 hrsg. v. Rudolf Walter, Wien u. München, 1975 (Diletto Musicale, 568); — Christus factus est hrsg. v. W. Fürlinger ed. Darmstadt: Ed. Tonos, 1976; — Missa quinti toni für Soli, vierstimmigen gemischten Chor, 2 Violinen, Kontrabass und Orgel hrsg. v. Wolfgang Fürlinger, Altötting, o. J. [ca. 1976] . (Süddeutsche Kirchenmusik des Barock, 5); — Aufzüge für Trompeten und Pauken. Musikstücke für mechanische Orgelwerke hrsg. v. Maria Michaela Schneider-Cuvay u. a., München, Salzburg 1977 (Denkmäler der Musik in Salzburg, 1); — Six préludes et fugues: pour l'orgue ou le clavecin, (1747) / Joh. Ernest Eberlin, Reprint d. Ausgabe Paris 1867, New York, 1977; — Requiem in B für Soli, vierstimmigen gemischten Chor, 2 Violinen und Continuo hrsg. v. Wolfgang Fürlinger, Altötting 1979 (Süddeutsche Kirchenmusik des Barock, 9); — Justum deduxit dominus: SATB; 4-part chorus of mixed voices with continuo (keyboard) accompaniment/Mozart, hrsg. v. Jerry W. Harris, Wendover, 1980; — Tenebrae factae sunt. SATB, New York: Broude 1980; — 3 Sinfonien hrsg. von Maria Michaela Schneider-Cuvay in: The Symphony 1720-1840. Series B, Austria, Bohemia, Slovakia , and Hungary; vol VIII, New York, London, 1982; — Justum deduxit Dominus for four part chorus of mixed voices with continuo accomp./ W.A. Mozart hrsg. v. J. W. Harris, Wendover, 1982; — Benedixisti Domine. SATB, cont, str., Hilversum (Netherlands) u. Nutley (USA), 1984; — Missa in contrapuncto g-Moll hrsg. v. Thomas Kohlhase, Stuttgart, 1984; — Missa sexti toni (in F) für Soli, vierstimmigen gemischten Chor, 2 Violinen und Continuo hrsg. v. Wolfgang Fürlinger, Altötting, 1984 (Süddeutsche Kirchenmusik des Barock, 17); — Missa di San Giuseppe für Sopran und Orgel (Bass, 2 Violinen und Streichbass ad libitum) hrsg. v. Wolfgang Fürlinger, Altötting, 1986 (Süddeutsche Kirchenmusik des Barock, 20a); — Missa solemnis brevis für Soli, vierstimmigen gemischten Chor, 2 Violinen, Viola, 2 Trompeten, Pauken und Continuo hrsg. v. Wolfgang Fürlinger, Altötting, 1986 (Süddeutsche Kirchenmusik des Barock, 20a); — Anton Cajetan Adlgasser /[Johann Ernst Eberlin]. Missa brevis in a für Soli, gemischten Chor und Orgel (AWK 7) hrsg. v. Werner Rainer, Augsburg, 1987; — Der Morgen und der Abend: 12 Musikstücke für das Hornwerk (»Salzburger Stier«) der Festung Hohensalzburg, hrsg. v. Franz Haselböck, Wien, München, 1987; — Missa a due chori für Soli SATB/SATB, Chor SATB/SATB , zwei Orchester (je 2 Trompeten, Pauken, Streicher und Orgel), hrsg. v. Jochen Reutter, Stutgart, 1988; — Justum deduxit Dominus. Hymnus, Wiesbaden: Breitkopf und Härtel 1990; — 115 Versetten und Kadenzen in den 8 Kirchentonarten für Orgel. Heft 1 (Tonus primus-Tonus quartus) hrsg. v. Rudolf Walter, Wien u. München, 1991 (Diletto Musicale, 1108); — 115 Versetten und Kadenzen in den 8 Kirchentonarten für Orgel. Heft 1 (Tonus quintus-Tonus octavus) hrsg. v. Rudolf Walter, Wien u. München, 1991 (Diletto Musicale, 1109); — Justum deduxit Dominus. Instrumentalstimmen. Wiesbaden: Breitkopf und Härtel 1991; — Universi, qui te expectant: (Graduale and Alleluia for Advent): for SATB choir and keyboard (organ or piano) hrsg. v. David Bruce Stein, R. Dean Publishing, Dayton, Ohio 1991; — Motete: Justum deduxrit [sic!], K 326: for four-part chorus of mixed voices with keyboard accompaniment hrsg. v. Ifor Jones u. Peter J. McCarthy, New York, 1993; Arie »Wie bei ergrimmten Winden« aus dem Oratorium Augustinus: für Tenor (Sopran), Trompete, Streicher und B.c. hrsg. v. Johann Brand, Ebersberg, 1994; — Orchestral music in Salzburg: 1750-1780 hrsg. v. Cliff Eisen, Madison (Wis.), 1995; — IX Toccate e Fughe per l'Organo grsg v. Hans-Joachim Röhrs, Salzburg, 1998 (Denkmäler der Musik in Salzburg, Faksimile-Ausgaben. 6.); — Prope est Dominus: Graduale zum vierten Adventsonntag, hrsg. v. Friedrich Hägele, S. Augustin, 1998; — Qui sedes, Domine, super cherubim: Graduale zum dritten Adventssonntag, für vierst. gem. Chor und Orgel, hrsg. v. Friedrich Hägele, S. Augustin, 1999; — Veni sancte spiritus: Pfingstantiphon: für gemischten Chor (SATB), zwei Trompeten, Pauken, zwei Violinen und Generalbass, hrsg. v. Eberhard Hofmann, Ditzingen, 1999; — Ad te Domine levavi: Offertorium für die Adventszeit, für vierstg. gem. Chor, hrsg. von Friedrich Hägele, Sankt Augustin, Butz, [ca. 2000]; — Due sonate per clavicembalo, hrsg. v. Laura Cerutti, Padova, 2000; — O sancta Maria für Sopran und Alt solo, 2 Violinen, Violoncello (ad lib.) und Orgel, hrsg v. Friedrich Hägele, S. Augustin, 2000; — Vier eucharistische Motetten hrsg. v. Armin Kircher, Stuttgart, 2001; — Ave regina coelorum für vierstimmigen gemischten Chor, 2 Violinen und Basso continuo hrsg. von Erich Liebisch, Altötting, ca. 2002; — Der Trinkgern: ein Zwischenspiel in zwei Aufzügen, hrsg. von Werner Rainer, Wien, 2002 (Diletto musicale, 1346); — Deus tu convertens. Motetto pro omni tempore, hrsg. v. Armin Kircher, Stuttgart 2002; — Sinfonie in G, hrsg. von Werner Rainer, Wien, [ca. 2002], (Diletto musicale, 1347); — Lauda Jerusalem Dominum für Soli, SATB, 2 Violinen, Violoncello und Orgel hrsg. von Friedrich Hägele, Orgelstimme von Albert Kupp, Sankt Augustin, 2003; — Salve regina for soprano, alto & basso continuo hrsg. v. Alejandro Garri. Keyboard realizations by Kent Carlson, Frankfurt am Main, ca. 2004; Missa brevis in a per soli (SATB), coro (SATB), 2 violini, basso continuo, 3 tromboni colla parte voci ad lib., hrsg. von Armin Kircher, Stuttgart, 2005; — Missa in C für soli (SATB), SATB, Streicher und Orgel, 2 Trompeten und Pauken ad lib., hrsg. von Freidrich Hägele, Sankt Augustin, 2005; — Salzburger Klaviermusik des 18. Jahrhunderts, hrsg. v. Petrus Eder, Salzburg, 2005; — Vagit infans: Offertorium für Weihnachten per soli (SATB, coro (SATB), 2 violini, viola, 3 tromboni e basso continuo, hrsg. von Armin Kircher, Stuttgart, 2005; — Veni, creator spiritus: Offertorium zum Pfingstsonntag per soli (SATB), coro (SATB), 2 clarini, timpani, 3 tromboni ad lib., 2 violini, viola e basso continuo, hrsg. v. Armin Kircher, Stuttgart, 2005; — Zwei Marienmotetten hrsg von Friedrich Hägele, Orgelstimme von Hermann Angstenberger, Sankt Augustin, [ca. 2005]; — Terra tremuit: Offertorium zum Ostersonntag per soli (SATB), coro (SATB), 2 clarini, timpani, 3 tromboni ad lib., 2 violini, basso continuo hrsg. von Armin Kircher, Stuttgart, 2006.

Lit.: Robert Eitner. Biographisch-bibliographisches Quellen Lexikon der Musiker und Musikgelehrten. Leipzig: Breitkopf und Härtel, 1900-1904; — Robert Haas. »Eberlins Schuldramen und Oratorien«. in: Guido Adler (ed.) Studien zur Musikwissenschaft. 8 (1921), S. 9-44; — Karl Pfannhäuser. »Mozart hat kopiert!« in: Acta Mozartiana 1 (1954), S. 21ff.; — Heinz-Josef Herbort. Die Messen des Johann Ernst Eberlin. Phil. Diss., Münster, 1961; —Reinhard G. Pauly. »Johann Ernst Eberlins Concerted Liturgical Music« in: Musik und Geschichte: Festschrift Leo Schrade zum 60. Geburtstag. Köln, 1963; — ders. »Johann Ernst Eberlins Motets for Lent« in: JAMS 15 (1962), S. 182 - 192; — Hellmut Federhofer. »Ein Salzburger Theoretikerkreis« in: Acta Musicologia 36 (1964), S. 50,- 79; — ders. »Mozart und die Musiktheorie seiner Zeit« In: Mozart-Jahrbuch 1978, Salzburg 1979, S. 172 - 175; — Ernst Hintermaier. Die Salzburger Hofkapelle von 1700 bis 1806: Organisation und Personal. Phil. Diss., Salzburg, 1972; — Maria-Michaela Schneider-Cuvay. Die Instrumentalwerke Johann Ernst Eberlins. Phil. Diss., Salzburg, 1975; — Manfred Hermann Schmid. Mozart und die Salzburger Tradition (Münchner Veröffentlichungen zur Musikgeschichte Bd. 24), Tutzing: Schneider, 1976; — Beatrice Ebel. Die Salzburger Requiemtradition im 18. Jahrhundert: Untersuchungen zu den Voraussetzungen von Mozarts Requiem. Phil. Diss. München, 1997; — Eva Neumayr. J. E. Eberlin (1702-1762): »Graduale, Offertor: Commun: / Septuag:, Sexages:, Quinquages: er: IV Cin. Dom. quadrag: / Eberlin« 21 Motetten für die Vorfasten- und Fastenzeit aus der Erzabtei St. Peter in Salzburg, Dipl.

Arb., Wien, 1999; — dies. Die Propriumsvertonungen Johann Ernst Eberlins (1702-1762): Studien zu Quellen, Entwicklung, Komposition und Aufführungspraxis und Alphabetisches Verzeichnis. Frankfurt am Main, Berlin, Bern etc., 2007 (Europäische Hochschulschriften XXXVI, Bd. 248); — Eugen Schiendorfer. Die Litaneikompositionen von Johann Ernst Eberlin (1702-1762):` eine Materialsammlung. Dipl. Arb., Salzburg, 2000; — Ulrike Aringer-Grau. Marianische Antiphonen von Wolfgang Amadeus Mozart, Johann Michael Haydn und ihren Salzburger Zeitgenossen. Tutzing: Schneider, 2002.

Eva Neumayr

ELFERS, Claus *August*, deutscher evangelischer Theologe und Missionsdirektor, * 18.7. 1897 in Himmelpforten, Kreis Stade, † 6.7. 1959 in Hannover. — E. war Sohn eines Hofbesitzers in der Elbmarsch. Die Schulzeit am Stader Athenäum schloß er 1916 mit dem Notabitur ab. Anschließend diente er als Soldat im 1. Weltkrieg, in dem er 1917 bei Soissons verwundet wurde; im Juli 1918 geriet er in britische Kriegsgefangenschaft. Nach der Rückkehr begann er 1920 an der Universität Göttingen mit dem Studium der evangelischen Theologie. 1929, bereits als Pastor der hannoverschen Landeskirche, wurde er aufgrund einer Arbeit über »Das Erzstift Bremen im Zeitalter der Reformation« zum Lizentiaten der Theologie promoviert. In dieser Arbeit, die beim Kirchenhistoriker Carl Mirbt (s. d.) entstand, betonte E. den Wert gelebter Frömmigkeit: Für den Erfolg der Reformation sei nicht nur die »Predigt des reinen Evangeliums«, sondern auch die »Kraft lebendigen Glaubens« ausschlaggebend gewesen (Das Erzstift Bremen, S. 11). Von dieser Wertschätzung gelebter Frömmigkeit war auch sein späteres Engagement für Mission und Volksmission geprägt. 1926 wurde E. ordiniert; nach einer kurzen Hilfspredigerzeit in Goslar (St. Stephani) versah er 1926-35 die Pfarrstelle in der Landgemeinde Wriedel bei Uelzen. Ab 1929 profilierte sich E., der während seiner Studienzeit 1922 vorübergehend der »völkischen Bewegung« angehört hatte (E. an Pastor Ulrich Bahrs/Bevensen, 8.6.1933, Pfarrarchiv Wriedel, Rep. 161-1), mehrfach in der Auseinandersetzung mit dem völkischen Neuheidentum. Als Reaktion auf einen Vortrag, in dem er sich im Januar 1932 kritisch mit dem Tannenbergbund auseinandergesetzt hatte, strengte der Bundesvorsitzende Bronsart von Schellenberg gegen ihn einen Prozeß wegen Beleidigung an, der

1934, nach der Auflösung des Tannenbergbunds, allerdings eingestellt wurde (Pfarrarchiv Wriedel, Rep. 175-1). In dieser Auseinandersetzung mit dem Tannenbergbund ließ E. allerdings auch judenfeindliche Töne erkennen, wenn er die Haltung seiner Gegner polemisch mit dem »jüdisch-marxistischen Geist« und der Haltung des »Juden Baruch Spinoza« identifizierte und mit dieser Argumentation verurteilte (Typoskript »Tannenbergbund und Christentum«, 1932, Pfarrarchiv Wriedel a. a. O.). An diese antijüdische Argumentationslinie knüpfte E. dann auch in der NS-Zeit bei seiner apologetischen Auseinandersetzung mit dem Neuheidentum an. Nach dem Machtantritt Hitlers nahm E. eine vielschichtige Haltung ein, die von Zustimmung und Loyalität, aber auch von Distanz und Kritik geprägt war. Einer Position, die schon vor 1933 vom Nationalsozialismus »eine Erneuerung Deutschlands« erwartet hatte, stand er positiv gegenüber (Schreiben an W. Laible, 13.4. 1934, Pfarrarchiv Wriedel, Rep. 160), auch wenn er selber 1933 einer anderen Gruppierung der Regierungskoalition beitrat, nämlich dem antirepublikanischen »Stahlhelm«. Aus diesem »Bund der Frontsoldaten« trat er allerdings bereits Ende 1933 wieder aus, »da der Stahlhelm unter die Herrschaft der Partei geriet« (E., Eintrag nach 1945 auf einem Personalfragebogen der englischen Nachrichtenkontrolle, Bundesarchiv Berlin, ehem. Berlin Document Center, RKK 2703, Box 0049, File 66). Hier wird eine Distanznahme zur NSDAP bzw. zu ihrem Alleinherrschaftsanspruch deutlich. Sie drückte sich später auch darin aus, daß er seine älteste Tochter bis 1939 vom Eintritt in den Bund deutscher Mädel zurückhielt (schriftliche Auskunft von Adelheid Kistner, geb. Elfers, 18.3. 2002). Besonders deutlich hat sich E. seit 1933 allerdings von der NS-treuen Glaubensbewegung Deutscher Christen abgegrenzt. Bereits im zeitlichen Umfeld der Kirchenwahlen vom Juli 1933 engagierte er sich für die »Gegenliste«, nämlich für die Liste »Evangelium und Kirche« (Bahrs an E., 29.7.1933, Pfarrarchiv Wriedel, Rep. 161-1), und 1936 wurde er in den Bruderrat der Hannoverschen Bekenntnisgemeinschaft berufen und war für diese Gruppe sowohl im Schulausschuß als auch in der Geschäftsstelle tätig (AELKZ 1936, Sp. 1076, u. maschinenschriftl. Übersicht: »Der organisatorische Aufbau der Bekenntnisgemeinschaft«, ELM-Archiv Hermannsburg 91.622); beim Auseinanderbrechen der Bekennenden Kirche im ersten Halbjahr 1936 vertrat er die hannoversche Mehrheitslinie (vgl. das Schreiben von Arnold Fratzscher an E., 13.5. 1936, ELM-Archiv a. a. O.). Sein besonderes Engagement galt aber der Volksmission: Als der hannoversche Landesbischof August Marahrens (s. d.) im September 1933 zu einer volksmissionarischen Initiative aufrief und dabei auch die Deutschen Christen zu integrieren versuchte, trat E. als Organisator eines volksmissionarischen Helferkreises hervor. Dieser Kreis, der im Oktober 1933 in Uelzen gegründet wurde, bestand aus Pastoren der hannoverschen Landeskirche (E. an Marahrens, 29.10. 1933, Pfarrarchiv 351-3); E. stand diesem Kreis, der später Bruderkreis für Volksmission hieß, bis 1939 vor (Selbstauskunft auf einem Personalfragebogen der englischen Nachrichtenkontrolle, Bundesarchiv Berlin, ehem. Berlin Document Center, RKK 2703, Box 0049, File 66). Aufgrund dieser Erfahrungen wurde er 1935 in das neugegründete Volksmissionarische Amt der Hannoverschen Landeskirche berufen (Blatz, S. 82); in dieser Funktion bekam er engen Kontakt zu anderen Vertretern der damaligen Volksmission und kirchlichen Apologetik (z. B. Walter Künneth [s. d.]). 1937 berief ihn die Missionsanstalt Hermannsburg zum Missionsinspektor, nachdem er bereits in seiner missionsfreundlichen Kirchengemeinde Wriedel mit der Hermannsburger Mission in Verbindung gestanden hatte. Was E. für die Missionsanstalt interessant machte, war »seine nahe Verbindung mit der Volksmission« (Protokoll des Missionsausschusses, 6.5. 1936, ELM-Archiv, HA I 1205). Im Dienst der Missionsanstalt leitete E. als »Hausvater« das Hermannsburger Missionsseminar und unterrichtete dort Missionsgeschichte, Missionswissenschaft und Religionsgeschichte (ELM-Archiv, HA 3,0 2410b). Damit konnte er an sein historisches Interesse anknüpfen. Nach der kriegsbedingten Schließung des Missionsseminars wurde er immer mehr zum engsten Mitarbeiter und Stellvertreter von Missionsdirektor Christoph Schomerus (s. d.): Seit September 1940 gab er das Hermannsburger Missionsblatt heraus, 1941 bekam er die Vollmacht zur Vertretung des Missionsdirektors, und 1943 wurde er nach Schomerus′ altersbedingtem Rücktritt zu dessen Nachfolger gewählt (Protokolle des Missionsausschusses, 12.2. 1941 u. 3.2. 1943, ELM-Archiv HA I 1206). Das Amt des Missionsdirektors, das ihn zu kollegialer Zusammenarbeit mit dem in Südafrika weilenden Kondirektor Winfried Wickert (s. d.) verpflichtete, versah E. bis zu seinem Tod im Jahr 1959. Missionstheologisch setzte E. in seinen ersten Hermannsburger Jahren keine eigenen Akzente: So betonte er 1938 zwar das Ziel, daß aus der südafrikanischen Missionskirche eine »selbständige« Kirche entstehen müssen, hielt vorläufig aber die »Führung« durch die weißen Missionare für unverzichtbar (Hermannsburger Missionsblatt 1938, S. 63 u. 61). Seine apologetische Auseinandersetzung mit dem Neuheidentum führte er auch im Dienst der Missionsanstalt fort. In diesem Zusammenhang, aber auch in anderen Äußerungen ließ er erneut judenkritische Töne anklingen, mit denen er sich in der Tradition eines christlichen Antijudaismus bewegte (Hermannsburger Missionsblatt 1937, S. 33; 1938, S. 34; 1940, S. 89). Daß E. jedoch keinen rassistischen Antisemitismus vertrat, belegt auch die enge Zusammenarbeit mit dem Theologen Rudolf Gurland, der wegen seiner »halbjüdischen« Herkunft von der hannoverschen Landeskirche in den einstweiligen Ruhestand versetzt worden war und 1941-1945 im Innendienst der Hermannsburger Missionsanstalt beschäftigt wurde. Den Zweiten Weltkrieg wertete E. jedoch ähnlich wie die nationalsozialistische Propaganda, wenn er ihn 1941 als deutsches »Ringen [...] um Raum und Freiheit in der Welt« bezeichnete (HMB 1941, S. 30); noch 1943 sah er seine Seminaristen von Gott in einer der größten Entscheidungen der Weltgeschichte eingesetzt (Rundschreiben an die Missionsseminaristen, 16.8. 1943, ELM-Archiv Dir. 93). Allerdings veränderte sich diese Einschätzung mit zunehmender Nähe der deutschen Kriegsniederlage: Jetzt sah er die Gegenwart als Ausdruck des göttlichen Gerichts und als Aufforderung zur Umkehr und zum Glauben; hierbei griff er auf Äußerungen Martin Luthers (s. d.) sowie von Helmut Thielicke (s. d.) zurück. Dementsprechend engagierte sich E., der seit 1939 auch pfarramtlichen Dienst in Hermannsburg versehen hatte, nach Kriegsende rastlos für den Wiederaufbau der Hermannsburger Missionsarbeit: Noch 1945 konnte das Missionssemi-

nar wiedereröffnen, in den folgenden Jahren kam es zur Wiedereröffnung der Hermannsburger Volkshochschule und der missionseigenen Privatschule; und 1950 konnten die ersten Missionare wieder nach Übersee ausreisen. In der Heimatarbeit verfolgte E., der das Christentum als entscheidenden Faktor für den Wiederaufbau Deutschlands ansah, das Konzept einer Rechristianisierung: Dementsprechend forcierte er die (allerdings schon vor 1945 geplante) Gründung des Hermannsburger Gemeindehelferinnenseminars (1946) und unterstützte auch die Einrichtung einer ev. Akademie in Hermannsburg (seit 1953 in Loccum). Die Schuld der nationalsozialistischen Vergangenheit thematisierte E. in seinen Nachkriegsäußerungen nur sehr abstrakt; außerdem relativierte er sie durch den Hinweis auf die Leiden der Deutschen seit 1945. Der Umgang mit vermeintlichen oder tatsächlichen Nationalsozialisten in den eigenen Reihen war widersprüchlich; eine aktive und zugleich systematische Beschäftigung mit der NS-Vergangenheit von Missionsmitarbeitern erfolgte nicht. Stattdessen sorgte E.´s Entscheidung für Konfliktstoff, den wegen seiner Haltung in der NS-Zeit umstrittenen Landesbischof Marahrens 1946 zum Hermannsburger Missionsfest einzuladen. Allerdings arbeitete E. auch eng mit dem 1947 neugewählten hannoverschen Landesbischof Hanns Lilje (s. d.) zusammen und sorgte pragmatisch für den Anschluß der Missionsanstalt an die neue kirchen- und missionspolitische Situation. Besonders wichtig war für die Missionsanstalt die Wiederaufnahme der Kontakte zum internationalen Christentum: Herausragende Marksteine waren hier die Missionstagungen in Hermannsburg 1945/46, bei denen E. in enger Abstimmung mit Walter Freytag (s. d.) auch englische Gäste des Internationalen Missionsrats begrüßen konnte, sowie E.´s Teilnahme an der Gründungstagung des Lutherischen Weltbundes im schwedischen Lund (1947). Als bewußter Lutheraner favorisierte E. in der Nachkriegszeit den organisatorischen Zusammenschluß der lutherischen Landeskirchen und nahm 1949 an der Leipziger Synodentagung der neugegründeten Vereinigten Evangelisch-Lutherischen Kirche in Deutschland (VELKD) teil. Seiner dezidiert lutherischen Haltung entsprechend lehnte er 1948 als Mitglied der hannoverschen Synode die Grundordnung der neugegründeten Evangelischen Kirche in Deutschland (EKD) ab, sprach sich aber auch gegen den Weg in die kirchenpolitische Opposition aus (Elfers an Rev. H. O. Rhode/Darrouzett, USA, 10.2. 1949, ELM-Archiv, Dir. 103; vgl. auch die grundsätzliche Stellungnahme des Hermannsburger Missionsausschusses, zit. in E., An die Freunde unserer Mission!, 14.5. 1948, ELM-Archiv, Dir. 93). Durch seine internationalen Kontakte gewann er auch Anschluß an die neuere theologische Diskussion; so nahm er die aktuelle Interpretation der Zweireichelehre durch die skandinavischen Lutheraner Anders Nygren (s. d.) und Eivind Berggrav (s. d.) auf (Elfers, Ms. »Die Tagung des Lutherischen Weltbundes in Lund«, S. 4, ELM-Archiv, Dir. 107; u. Rundbrief Nr. 7, 18.8. 1952, ELM-Archiv, Dir. 114). Eine besondere Herausforderung bedeutete 1948 die Einführung der Apartheid in Südafrika: Hatte E. zuvor indirekt das Scheitern der südafrikanischen Rassentrennungspolitik konstatiert (Epiphaniasgruß und Bericht der Hermannsburger Mission 1948, S. 13, ELM-Archiv, Dir. 115), so nahm er nach seiner Visitationsreise nach Südafrika (1950/51) eine recht vorsichtige Haltung ein: Er sprach ihr jede biologische und schöpfungstheologische Berechtigung ab, bezeichnete sie aber als eine menschengemachte »geschichtliche[.] Ordnung, die für Südafrika in der Gegenwart die richtige sein mag«. Damit wollte er der zustimmenden Position der Hermannsburger Missionsmitarbeiter nicht widersprechen, forderte aber auch zur Wachsamkeit der Christen auf (Weihnachtsbrief an die Brüder und Schwestern, 20.11.1952, S. 4f., [Zitat S. 5], ELM-Archiv, Dir. 114). — Die rastlose Tätigkeit, die E. besonders seit Kriegsende an den Tag legte, ging zulasten seiner Gesundheit: Nachdem er schon 1948 einen gesundheitlichen Zusammenbruch erlebt hatte und 1954 die Visitation des äthiopischen Missionsgebietes absagen mußte, starb er 1959 kurz vor Vollendung seines 62. Geburtstags in Hannover an den Folgen eines Herzinfarkts. — Eine prägnante Charakterisierung E.´s stammt von der englischen Missionsvertreterin Betty Gibson, die den Missionsdirektor bereits 1945 nicht in erster Linie als Theologen, sondern als praktischen und kooperativen Mann gewürdigt hatte (Gibson, Confi-

dential Notes on meeting of German Missionsrat, Hermannsburg Nov. 14th-16th, 1945, ÖRK-Archiv Genf IMC 261416). Mit diesem Pragmatismus, den E. schon mit seinem volksmissionarischen Engagement an den Tag gelegt hatte, trug er wesentlich zum Aufschwung der Hermannsburger Missionsanstalt nach dem Zweiten Weltkrieg bei; damit war er ein typischer Vertreter jener jüngeren Generation, die in der Nachkriegszeit in der deutschen Missionsbewegung an Einfluß gewann. Insofern war es folgerichtig, daß die Göttinger theologische Fakultät E. zur Hundertjahrfeier der Missionsgründung im Jahr 1949 die Ehrendoktorwürde verlieh. Die Kehrseite seines großen Engagements war - wie bei der Mehrzahl der damaligen Kirchen- und Missionsvertreter - der wenig reflektierte Umgang mit der NS-Vergangenheit in der unmittelbaren Nachkriegszeit.

Werke: Monographien: Die Eroberung der Burg Vörde durch den Grafen Albrecht von Mansfeld im Jahre 1547, Stade (Stader Heimatbücher, Heft 7/8); Das Erzstift Bremen im Zeitalter der Reformation, Stade 1929 (Sonderabdruck aus dem Stader Archiv, N. F. 19; zugleich: Inaugural-Diss. zur Erlangung der Lizentiaten-Würde); Die Lehre der ersten lutherischen Prediger in Bremen, o. O. 1929; Auferstehung! Siegesbotschaft vom Leben. Eine Gabe aus dem Bruderkreis für Volksmission Hannover, Hermannsburg [1937]; Kirche! Sendung und Segen, Hermannsburg [1937]; Wieder im Gallaland, Hermannsburg [1938]; Gott spricht zu mir, Hermannsburg 1940; Sieg des Lebens, o. O., 1940; Aba Magal, der König der Zauberer, Hermannsburg 1952; Rückkehr ins Gallaland, Hermannsburg 1951 (²1952); Südafrikanisches Bilderbuch, Hermannsburg 1952 (²1952); Der Zimmermann von Aira, Hermannsburg 1953; Bilder aus dem Gallaland, Hermannsburg 1954; Daß sich Mensch zum Menschen finde. Tatsachen und Tragik im Rassenproblem Südafrikas, Hermannsburg 1954; Die Treue der Gresi Ndlovu, Hermannsburg 1954 (³1968); Pula Pula: Ein afrikanisches Schicksal, Hermannsburg 1955 (²1956); Ramoutsa. Die Stadt in der Wüste, Hermannsburg 1957; Der listige Zauberer. Kurzgeschichten aus Afrika, Hermannsburg 1959; Der Wächter des Tales. Afrikanische Kurzgeschichten, Hermannsburg 1959.

Artikel: Vom Dienst der Mission an der Kirche, in: Evangelische Wahrheit, Jg. 1940, S. 2-6; Aufbau junger Kirche in Südafrika, in: Lutherisches Missionsjahrbuch für die Jahre 1951/ 1952, S. 95-102; Förderer der Mission, in: Walter Ködderitz (Hrsg.): D. August Marahrens. Pastor Pastorum zwischen zwei Weltkriegen, Hannover 1952, S. 121-123; Wirtschaftliche und soziale Voraussetzungen im Rassenproblem Südafrikas, in: Deutsche Evangelische Weltmission - Jahrbuch 1952, S. 11-26; Das Evangelium im Gallaland, in: Lutherisches Missionsjahrbuch für das Jahr 1957, S. 78-82; Bodenständige Volkskirche als Ziel der Heidenmission.

Missionsgrundsätze bei Ludwig Harms und ihre Bedeutung, JGNKG 56 / 1958, S. 35-46; Offene Türen in Äthiopien, in: Lutherisches Missionsjahrbuch für das Jahr 1958, S. 49-54; Entwurzelt oder eingewurzelt. Zum Ringen um die junge Kirche in Südafrika, in: Lutherisches Missionsjahrbuch für das Jahr 1959, S. 88-91. — Außerdem seit 1926 jährlich 2-3 Artikel im Hannoverschen Sonntagsblatt und seit 1937 zahlreiche Andachten und Artikel im Hermannsburger Missionsblatt (s. u.).

Herausgeberschaft: Es ist ein Ros entsprungen (Ein weihnachtliches Liederheft), Hermannsburg o. J.; Gotteslob: Kernlieder der Kirche. Dazu Luthers Kleiner Katechismus und Spruchbuch, Hermannsburg [1948]; August Behrens: Der Farmer von Kroondal. August Behrens erzählt aus seinem Leben in Südafrika (Neubearbeitung durch E.), Hermannsburg 1956; Hermannsburger Missionsblatt, Hermannsburg (Mitarbeit 1937-1940, Herausgeberschaft 1940-1959); Hermannsburger Kindermissionsblatt (1952-1955); Licht über Afrika (1956-Juli 1959). — Außerdem: Jahresberichte der Hermannsburger Mission 1943 bis 1959, Hermannsburg (1943-1944 unter dem Titel: Die Hermannsburger Mission nach dem Stande vom August 1943 bzw. 1944; 1945-1947 unter dem Titel: An die Freunde der Hermannsburger (1947: unserer) Mission; 1948 unter dem Titel: Epiphaniasgruß und Bericht der Hermannsburger Mission 1948; Wirklichkeit und Aufgabe. Die Hermannsburger Mission im Jahre 1954; Junge Kirche. Die Hermannsburger Mission im Jahre 1956; Freudenbotschaft. Die Hermannsburger Mission im Jahre 1957; Das neue Lied. Die Hermannsburger Mission im Jahre 1958; Afrika. Die Hermannsburger Mission im Jahre 1959.

Bibliographien: Hermannsburger Missionsblatt 1959, S. 105; RGG³, Bd. 7, Sp. 53 (Auswahlbibliographien).

Fundorte unveröffentlichter Dokumente: ELM-Archiv Hermannsburg, besonders Dir. 92 - Dir. 116 [hier auch zahlreiche Vortragskonzepte]; Bundesarchiv Berlin, ehem. Berlin Document Center, RK 2101, Box 0265, File 02; Niedersächsisches Hauptstaatsarchiv Hannover Nds. 171 Lüneburg, Lbg./Ad. 1801; ÖRK-Archiv Genf IMC 261416; Landeskirchliches Archiv Hannover, L 2 1a; Pfarrarchiv Wriedel, Rep. 160, 161-1, 175-1 u. 351-3.

Lit.: Nachrufe: Hermannsburger Missionsblatt, Augustnummer 1959 (darin u. a.: Winfried Wickert, Zum gedächtnis [S. 87f.]; — Hanns Lilje, Predigt des Landesbischofs [S. 91f.]; — Hans Robert Wesenick, Sein Weg [S. 95f.]; — Walter Freytag, Nachruf des D.E.M.R. [= Deutschen Evangelischen Missionsrats], [S. 96]); — Hans Robert Wesenick: Missionsdirektor D. Elfers †, in: Die Botschaft, 19.7.1959; — S. Kürzel »Dtd.«, Missionsdirektor Elfers ist tot, in: Hannoversche Presse (Regionalausgabe Celle), Nr. 154, 7. Juli 1959; — N. N. in: Evangelische Missionszeitschrift 1959, S. 149.

Darstellungen: [Tannenbergbund,] Habt ihr der Wahrheit die Ehre gegeben? Eine öffentliche Anklageschrift gegen Pastor Elfers und seine Amtsbrüder, Wittingen 1932 [völkische Polemik gegen Elfers]; — Philipp Meyer (Hrsg.): Die Pastoren der Landeskirchen Hannovers und Schaumburg-Lippes seit der Reformation, Göttingen 1941-1953 (Bd. 1,

S. 344, Bd. 2, S. 417, 491 u. 533); — Eberhard Klügel, Die lutherische Landeskirche Hannovers und ihr Bischof 1933-1945, Berlin/Hamburg 1964 (S. 162, 489f. u. 495); — Christoph Schomerus: Die Mission - meine Freude (QBGHM, Bd. 1), Erlangen/Hermannsburg 1987, S. 179; — Winfried Wickert, Männer und Zeiten. 50 Jahre Hermannsburger Missionsgeschichte - Ein Rückblick - (QBGHM, Bd. 2), Erlangen/Hermannsburg 1987 (besonders S. 306-318); — Beate Blatz, Erbstücke aus der hannoverschen Kirchengeschichte. 50 Jahre Amt für Gemeindedienst. Hrsg. vom Amt für Gemeindedienst der Ev.-luth. Landeskirche Hannovers, Hermannsburg 1991 (S. 82); — Martin Tamcke: Die Missionsanstalt Hermannsburg in Deutschland bis 1959, in: Ernst-August Lüdemann u. a. (Hrsg.), Vision: Gemeinde weltweit. 150 Jahre Hermannsburger Mission und Ev.-luth. Missionswerk in Niedersachsen, Hermannsburg 2000, S. 33-101 (besonders S. 82-101); — Hartwig F. Harms, Die Missionsanstalt und das Ev.-luth. Missionswerk in Deutschland seit 1959, in: Lüdemann, a. a. O., S. 127-232 (passim); — Heinrich Voges, Die Arbeit im Südlichen Afrika, in: Lüdemann, a. a. O., S. 233-355 (S. 291-293, 296, 307, 311 u. 327); — Ernst Bauerochse, Die Arbeit in Äthiopien, in: Lüdemann, a. a. O., S. 585-709 (S. 618); — Gunther Schendel, Die Missionsanstalt Hermannsburg in der Zeit des Nationalsozialismus, in: Georg Gremels (Hrsg.): Die Hermannsburger Mission und das »Dritte Reich«. Zwischen faschistischer Verführung und lutherischer Beharrlichkeit (QBGHM, Bd. 13), Münster 2005, S. 61-124 (S. 97-124 passim); — Ernst Bauerochse, Die Hermannsburger Mission in Äthiopien im Zeitalter des Totalitarismus, in: Gremels, a. a. O., S. 127-140 (S. 136-138 zum Umgang mit Missionar Hermann Bahlburg); — Gunther Schendel, Die Missionsanstalt Hermannsburg und der Nationalsozialismus. Der Weg einer lutherischen Milieuinstitution zwischen Weimarer Republik und Nachkriegszeit (QBGHM, Bd. 16) [erscheint 2008], passim; — Gunther Schendel, Die Missionsanstalt Hermannsburg und der Nationalsozialismus. Münster 2009.

Lex.: RGG³, Bd. 7, Sp. 53.

Gunther Schendel

ELIOT, Thomas Stearns: Herausragender amerikanisch-britischer christlicher Lyriker, Dramatiker, Essayist, Kultur- und Literaturkritiker; Literatur-Nobelpreisträger. * 26. September 1888 in St. Louis (Missouri, USA); † 4. Januar 1965 in London. — T. S. Eliot war - mit weitem Altersabstand - das jüngste von sieben Kindern des wohlhabenden Kaufmanns Henry Ware Eliot (1843-1919) und dessen Ehefrau Charlotte Champe Stearns (1843-1929). Die Eliots gehören zu den angesehensten und ältesten amerikanischen Familien. Ihr Stammvater Andrew Eliot war 1667 als Puritaner aus dem englischen East Coker (Somersetshire) nach Nordamerika ausgewandert und hatte sich schließlich in Beverley (Massachusetts) niedergelassen, wo er 1690 Stadtsyndikus war. In späteren Generationen hatten die Eliots führende Ämter in Boston inne. T. S. Eliots Großvater William Greenleaf Eliot war ein liberaler unitarischer Geistlicher, der 1834 als Missionar nach St. Louis gekommen war, wo er bald eine führende Rolle im Kulturleben dieser Stadt spielte. Ein weiterer Verwandter, Charles William Eliot (1834-1926), stand von 1869 bis 1909 als Präsident der Harvard University vor. Henry W. Eliot leitete, als sein jüngstes Kind Thomas geboren wurde, ein Unternehmen zur Ziegelsteinherstellung. Thomas' Mutter Charlotte war vor ihrer Heirat (1868) Lehrerin gewesen. Sie schrieb Gedichte und Dramen, von denen einige veröffentlicht wurden, und war bereits von den ersten Gedichten ihres Sohnes äußerst beeindruckt. Eine wichtige Rolle in der Erziehung des jungen Eliot spielte seine katholische Kinderfrau Annie Dunne. — T. S. Eliot, ein introvertiertes und lesebegeistertes Kind, wuchs in einem privilegierten Umfeld auf. Alljährlich verbrachte er die Sommermonate in einem familieneigenen Haus am Meer in Massachusetts. Als Zehnjähriger wechselte er von einer Elementarschule in St. Louis auf die Smith Academy, ein Internat in seiner Heimatstadt, in dem ein am klassisch-humanistischen Bildungsideal ausgerichteter Unterricht erteilt wurde. Schon in diesen Jahren zeigte sich eine Vorliebe Eliots für literarische Tätigkeiten; als Elfjähriger gab er mehrere Nummern einer eigenen Zeitschrift (The Fireside) heraus. Als Vierzehnjähriger begann er, eigene Gedichte zu schreiben, etwas später auch Kurzgeschichten, die in der Schulzeitschrift (»Smith Academy Record«) veröffentlicht wurden. Er blieb ein Schüler mit guten Noten und erhielt 1905 für seine Leistungen in Latein einen Preis. Im Herbst 1905 wechselte er auf die Internatsschule Milton Academy bei Boston, um sich dort auf die Universität Harvard vorzubereiten. Im Juni 1906 bestand er die Aufnahmeprüfung für die Harvard University; er belegte dort eine Vielzahl von Kursen mit dem Schwerpunkt Philosophie. Sein Berufsziel scheint in dieser Zeit eine universitäre Laufbahn als Philosoph gewesen zu sein. Nach dem Baccalaureat (Bachelor of Arts) im Juni 1909 bereitete er sich auf das Magisterexamen (Master of Arts) vor, das er 1910 erfolgreich abschloß. In dieser Zeit zählten zu seinen Lehrern unter anderem der spanische Dichter-Philosoph George

Santayana und der Philosoph, Romanist, Literaturwissenschaftler und Neohumanist Irving Babbit, dessen enzyklopädische Bildung Eliot in höchstem Maße bewunderte, dessen Humanismus er aber in einem späteren Essay (1928) bei aller grundsätzlichen Zustimmung insofern als unvollkommen kritisierte, weil er noch nicht die Abhängigkeit der humanistischen Idee vom Christentum erkannt habe. — Für Eliots frühe literarische Entwicklung war vor allem seine Begegnung mit der zeitgenössischen französischen Lyrik bedeutsam. Ende 1908 hatte er Arthur Symons´ »The Symbolist Movement in Literature« (1899) gelesen; durch diese Lektüre wurde er unter anderem auf Jules Laforgue, Baudelaire, Rimbaud, Verlaine und Tristan Corbière aufmerksam. Das Buch veränderte nach Eliots eigenem Zeugnis den Lauf seines Lebens; von diesem Zeitpunkt an befaßte er sich eingehend mit französischer Dichtung, was sich wiederum deutlich auf sein eigenes lyrisches Schaffen auswirkte. Er verfaßte weiter eigene Gedichte, die teilweise im »Harvard Advocate« veröffentlicht wurden. Nicht zuletzt aufgrund des starken Interesses an französischer Literatur zog Eliot im Oktober 1910 für ein Jahr nach Paris und studierte Literatur an der Sorbonne. Auf diese Zeit gehen einige Gedichte zurück, die wenige Jahre später sein Ansehen als Lyriker begründeten. Dazu zählt vor allem »The Love Song of J. Alfred Prufrock«, dessen Manuskript 1914 von Ezra Pound gelesen wurde. Pound hielt den Text für das beste Gedicht, das er bis dahin von einem Amerikaner gesehen habe. Mit - auch finanzieller - Unterstützung von Pound wurde das Gedicht 1917 in Eliots erstem Buch »Prufrock and Other Observations« publiziert. Das Werk stieß auf beträchtliche Beachtung und Anerkennung. Kaum geringer als sein Interesse an Dichtung war Eliots Beschäftigung mit zeitgenössischer französischen Philosophie. So besuchte er unter anderem Vorlesungen von Henri Bergson am Collège de France und wurde nachhaltig durch die Schriften von Charles Maurras beeinflußt. — Nach seiner Rückkehr aus Frankreich im Herbst 1911 studierte Eliot in Harvard griechische Philosophie und begann, sich intensiv mit indischem und fernöstlichem Denken auseinanderzusetzen. Er lernte Sanskrit bei den berühmten Sanskritisten C. R. Lanman und J. H. Woods sowie buddhistische Philosophie bei M.

Anesaki. 1913 wurde er Teaching Assistant am Philosophischen Seminar und Präsident der Philosophical Society von Harvard. Bei einer erneuten Europareise besuchte er zu Studienzwecken Marburg (Juli 1914) und Oxford (1914/15), wo er den Hauptteil seiner philosophischen Dissertation »Experience and Objects of Knowledge in the Philosophy of F. H. Bradley« verfaßte. Sie wurde im Juni 1916 in Harvard eingereicht und angenommen, aber erst Jahrzehnte später (1964) veröffentlicht. Eliot analysierte in dieser von dem Philosophen Josiah Royce betreuten Arbeit zentrale Begriffe der maßgeblich vom deutschen Idealismus - insbesondere Hegel - beeinflußten Philosophie von Francis Herbert Bradley. Die Arbeit fand in Harvard hohe Anerkennung, aber da Eliot - wohl aufgrund der Weltkriegsumstände - nicht zu der erforderlichen mündlichen Prüfung erschien, blieb ihm der Doktortitel dafür versagt. Neben der Dissertation deutet eine Reihe philosophischer Beiträge aus den Jahren zwischen 1916 und 1918 darauf hin, daß Eliot weiterhin eine philosophische akademische Laufbahn in Betracht zog. Inhaltlich ist in diesen frühen Publikationen neben dem Einfluß Bradleys vor allem auch die Beschäftigung mit der Philosophie Bertrand Russels - mit dem Eliot auch persönlich befreundet war - zu erkennen. — 1915 hatte Eliot die Tänzerin Vivien (eigentlich: Viviene) Haigh-Wood kennengelernt, Tochter eines wohlhabenden Malers und Landbesitzers. Vivien Haigh-Wood wird als intelligente und lebhafte Frau geschildert, die jedoch mit zahlreichen gesundheitlichen Problemen psychischer und physischer Art belastet war. Bereits im Juni 1915 fand die standesamtliche Trauung statt, ohne daß vorher Eliots Eltern davon unterrichtet wurden. Ende Juli 1915 reiste Eliot für drei Wochen zurück in die USA, blieb aber trotz der entgegengesetzten Wünsche seiner Eltern nicht dauerhaft dort; er sah seinen Vater bei diesem Aufenthalt zum letzten Mal. Die kinderlose Ehe Eliots erwies sich schon nach kurzer Zeit als für beide Seiten unbefriedigend. Vivien Eliot wurde schließlich nach langen Krankheitsjahren 1938 mit Billigung Eliots in eine private Nervenklinik in London zwangseingewiesen. Sie starb dort 1947, worauf Eliot mit anhaltenden Schuldgefühlen reagierte. — In der Eliot-Forschung wird - etwa durch seinen Biographen P.

Ackroyd - darauf hingewiesen, daß in Eliots Gedichten Geschlechtsverkehr durchweg in unpersönlichen und gewalttätigen Formulierungen beschrieben werde, als Begleiterscheinung akuter Sterilitätsvorstellungen, die nichts als Schuld- und Abwehrgefühle zur Folge gehabt hätten. Ackroyd führt dies auf einen angeblich physisch bedingten Mangel an vitaler Energie bei Eliot zurück, während andere Autoren Eliots Einstellung zur Sexualität stärker im Zusammenhang einer möglichen Homosexualität diskutieren. Sie verweisen darauf, daß insbesondere der junge Eliot sich vielfach abwertend über Frauen allgemein und speziell über die zunehmende Beteiligung der Frauen am Kulturleben geäußert hat. Inwieweit in solchen Äußerungen Eliots allerdings eine grundsätzliche Misogynie oder ein gestörtes Verhältnis zur Maternalität zum Ausdruck kommt oder ob sich nicht hinter dieser teilweise zeittypischen maskulinen Fassade sogar eine besondere Sensibilität für die Lage der Frauen in der modernen Gesellschaft erkennen läßt, ist umstritten. Vertreter der letzteren Auffassung halten es in diesem Kontext für aufschlußreich, daß gerade einige Frauen erheblich zum Erfolg Eliots beigetragen und ihn unterstützt haben. Dazu zählen neben seiner literaturbegeisterten Mutter unter anderem Virginia Woolf, Marianne Moore, Djuna Barnes und Harriet Monroe. — 1916 unterrichtete T. S. Eliot mehrere Monate lang als Aushilfslehrer an verschiedenen englischen Schulen, schrieb Rezensionen und bewarb sich auf eine Stelle als Dozent an der London University. Im Frühjahr 1917 nahm er überraschend eine feste Berufstätigkeit in einem ganz anderen Bereich auf: Er arbeitete in der Lloyds Bank in London, wo er aufgrund seiner Sprachkenntnisse mit der Bearbeitung nichtenglischer Dokumente beauftragt wurde. In dieser Zeit erhielt mit Hilfe einflußreicher Freunde und Bekannter aus der britischen Oberschicht - wie etwa Bertrand Russel oder der Politikergattin Ottoline Morell - Zugang zu führenden intellektuellen Kreisen. 1920 veröffentlichte er einen zweiten schmalen Gedichtband (»Poems«) und eine Essaysammlung (»The Sacred Wood«). Die darin enthaltenen Aufsätze ließen bereits eine ganz außergewöhnliche literarische Bildung und ein hohes literarisches Selbstbewußtsein erkennen. Sie wurden trotz ihres als elitär empfundenen Stils geschätzt, aber auch wegen ihrer tiefgründigen Auseinandersetzung mit zahlreichen - nicht nur englischsprachigen - Autoren verschiedener Epochen (z. B. C. Marlowe, Ben Jonson, T. Middleton, T. Heywood und viele mehr) als schwierig empfunden. Dazu trug bei, daß Eliot in seinen Essays zahlreiche Zitate und Anspielungen verwendete, deren Bezüge allenfalls einer kleinen Minorität von hoch gebildeten Lesern vertraut waren. In seinen Gedichten war die inhaltliche und formale Bezugnahme auf zahlreiche literarische und sonstige kulturelle Quellen sogar noch ausgeprägter. Eliot legte keinen Wert darauf, von einem breiten Leserkreis »verstanden« zu werden, da er davon überzeugt war, daß ohnehin nur eine winzige Minderheit von Lesern wirklich die Qualität von Lyrik voll erfassen kann. Als bedeutendster Essay dieser Zeit und als Schlüsseltext überhaupt für Eliots Auffassung von Literatur und Literaturkritik gilt seine Abhandlung »Tradition and the Individual Talent« (1919). Darin beschwört er den Geist Europas (»mind of Europe«) als Ideal und akzentuiert vor allem die Wichtigkeit der Tradition. Er wendet sich gegen ein restriktives Verständnis des Traditionsbegriffs, sondern versteht unter Tradition in diesem Zusammenhang vielmehr einen ausgeprägt historischen Sinn für das Zeitlose ebenso wie für das Zeitgebundene. Seiner Ansicht nach muß es ein entscheidender Grundsatz ästhetischer Kritik sein, daß kein Künstler und kein Dichter in seiner Bedeutung für sich allein erfaßt werden kann. Literarische Werke können nur adäquat gewürdigt werden, wenn sie mit den Schöpfungen früherer Autoren verglichen werden. Jede poetische Schöpfung steht im Zusammenhang einer größeren Ordnung, wobei jedes neue Werk diese Ordnung selbst wiederum - sowohl hinsichtlich der Vergangenheit als auch für die Zukunft - modifiziert. Eliot fordert den gebildeten Dichter, der sich lebenslang ein möglichst immer tieferes Wissen über die Vergangenheit aneignet und sich als Teil eines höheren Kultur- und Traditionszusammenhangs begreift. Insofern versteht er den Weg des Künstlers und Dichters als beständiges Auslöschen der privaten Persönlichkeit zugunsten höherer Werte. — In persönlicher Hinsicht stand Eliot in den ersten Nachkriegsjahren unter erheblichem psychischen Druck. Der Tod seines Vaters (1919) hatte ihn

mit starken Schuldgefühlen erfüllt und die Gesundheitsprobleme seiner Frau wurden immer gravierender. Im Sommer 1921 erlitt er einen Nervenzusammenbruch, der zu einer dreimonatigem Arbeitspause und einem Kuraufenthalt in der Schweiz führte. Eliot selbst beschrieb später seine Erkrankung als »Aboulie« und sah in ihr eine Störung, unter der er sein ganzes Leben lang immer wieder gelitten habe: Sich-Abschließen in negative emotionale Kälte, verbunden mit einem Nachlassen geistiger und physischer Energie. Bemerkenswerterweise löste sich aber gerade in dieser Zeit eine schwere Schreibblockade Eliots und er konnte 1922 das epochale Langgedicht »The Waste Land« veröffentlichen. Dieses in fünf Teile gegliederte Werk begründete T. S. Eliots literarischen Weltruhm; das Gedicht gilt als zentrales Zeugnis der lyrischen Moderne des 20. Jahrhunderts. Das Ezra Pound gewidmete und von J. L. Westons »From Ritual to Romance« (1920) beeinflußte Poem gestaltet neben persönlichen Erfahrungen eine enorme Fülle von religiösen, mythologischen, philosophischen und literarischen Einflüssen in einer höchst komplexen und innovativen Art und Weise, die seit jeher zu zahlreichen divergierenden Interpretationen Anlaß gegeben hat. Die Wirklichkeit wird darin als Struktur von Fragmenten teils bewußter, teils unbewußter Erfahrung thematisiert, die zumindest partiell auch das Vergehen von Kultur und Zivilisation widerspiegelt. Die intensive Verarbeitung vielfältiger Elemente in Verbindung mit der diffizilen und kunstvollen modernen Komposition führt dazu, daß »The Waste Land« als hoch artifizielles Werk anzusehen ist, dessen außerordentlich starke und fortdauernde Rezeption nicht zuletzt auf seiner Mehrdeutigkeit und Rätselhaftigkeit beruht. — Trotz der zahlreichen privaten Probleme gelang Eliot im Herbst 1922 mit Unterstützung der Verlegersgattin Lady Rothermere die Gründung der sehr einflußreich werdenden Literatur- und Kulturzeitschrift »Criterion«. Seine Herausgeberstellung in Verbindung mit seinen regelmäßig erscheinenden »Editorials« und seinen literarischen Veröffentlichungen verschafften Eliot allmählich eine Position als eine der führenden literarischen Stimmen Großbritanniens. Begünstigt wurde dies weiter dadurch, daß er 1925 seinen Job bei der Bank aufgab und Direktor im neuen wichtigen

Verlag von Geoffrey Faber (Faber and Gwyer, ab 1929 Faber and Faber) wurde. — In Eliots Leben und Werk spielte die Religion eine zentrale Rolle. Er befaßte sich nicht nur schriftstellerisch zeitlebens immer wieder mit religiösen Fragestellungen, sondern wurde auch persönlich tiefgreifend durch Religion bestimmt. 1953 bekannte er seinen Glauben an eine Hölle, die er zwar als transzendental (»outside time«) verstand, aber zugleich als sehr persönlich empfand (»It is in my bones«). Zu den theologischen Konzepten, von denen Eliot besonders geformt wurde, gehörte vor allem die Vorstellung der Erbsünde. Der - im Calvinismus wie im römischen Katholizismus sowie bei den Anglikanern gleichermaßen vorhandene - Gedanke der Erbsünde bildete für Eliot einen entscheidenden Schlüssel zum Verständnis des Menschen überhaupt. Mit dieser Ansicht stellte er sich ebenso wie mit seiner Überzeugung, daß Jesus Sohn Gottes und die Inkarnation das zentrale Ereignis in der Geschichte der Menschheit seien, in klare Opposition zu den Auffassungen seines unitarischen Elternhauses. — In den Zwanziger Jahren hatte sich Eliots religiöse Einstellung beträchtlich verändert. Während er zuvor mit buddhistischen Auffassungen sympathisiert hatte und nach Auffassung mancher Autoren (z. B. S. Spender) zu Beginn der Zwanziger Jahre kurz davor war, offiziell Buddhist zu werden, bekannte er sich in der zweiten Hälfte dieser Dekade immer entschiedener zum Christentum. Dabei wandte er sich vom Unitarismus seiner Vorfahren ab und dem Anglo-Katholizismus zu, ohne allerdings diese Veränderung zunächst öffentlich zu machen. So kam 1927 sein offizieller Übertritt, verbunden mit der Taufe, zur Church of England überraschend und stieß insbesondere bei den zahlreichen atheistischen und vielfach marxistisch orientierten Intellektuellen in Großbritannien und darüber hinaus auf Befremden. Trotz der auch für seine Umgebung unerwartet erfolgten Konversion wird seine Hinwendung zum anglo-katholischen Richtung innerhalb der englischen Hochkirche von der neueren Forschung (L. Gordon, R. Germer) überwiegend weder als Ausdruck eines plötzlichen »Damaskus-Erlebnisses« gesehen noch als Reflex direkter äußerer Einflüsse. Die Übernahme katholisch theologischer Vorstellungen gilt vielmehr als konsequente Folge einer jahrelangen philosophisch-spirituellen Entwicklung. Bereits als Student hatte Eliot sich mit hagiographischen und historischen Darstellungen katholischer Heiliger sowie christlich-mystischem Gedankengut intensiv befaßt. Die enorme Bedeutung der Religion für Eliot dokumentiert sich auch in Gedichten dieser Jahre (»Journey of the Magi«, 1927; »A Song for Simeon«, 1928; »Animula«, 1929, und andere). Eliots Auseinandersetzung mit religiösen Fragen, noch intensiviert durch den Tod seiner Mutter im Jahr 1929, kommt besonders deutlich in dem Gedichtzyklus »Ash-Wednesday« zum Ausdruck, der geradezu als »geistliche Lyrik« bezeichnet wurde (J. Klein, 2003) und in dem - unter anderem - in mythischen Bildern Verwandlung und Konversion dargestellt werden. Die Gedichte reflektieren zudem Eliots gründliche Beschäftigung mit Dante, dessen »Divina Comedia« von ihm neben der Bhagavad-Gita zum Gipfel der Literatur überhaupt gezählt wurde. Eliot hielt Dante für den universalsten Dichter moderner Sprachen, der nicht nur das Denken Italiens, sondern der ganzen europäischen Kultur seiner Zeit ausgedrückt habe. Dieses Denken und Fühlen des hochmittelalterlichen Europas sei der Gegenwart leider fremd und unbekannt. Eliot forderte, sich nicht nur historisch mit diesem mittelalterlichen christlichen Europa vertraut zu machen, sondern die Formen seines Geistes auch innerlich zu akzeptieren, da das Christentum der wichtigste Bestandteil des europäischen kulturellen Erbes sei. Falls es zu einer Zukunft ohne Christentum käme, seien sogar die lateinische und griechische Sprache - und damit die antike heidnische Literatur und Kultur - nicht erhaltenswert. — In ideologisch-politischer Hinsicht bekannte sich Eliot, der 1927 die britische Staatsbürgerschaft angenommen hatte, Ende der Zwanziger Jahre zu ausgeprägt traditionalistisch-konservativen Auffassungen. Er brachte dem Faschismus, wie er dieser Zeit im Italien Mussolinis herrschte, beträchtliche Sympathien entgegen, ohne ihn allerdings generell zu bejahen. In der Essay-Sammlung »For Lancelot Andrewes« (1928) faßte er seine eigene Haltung selbst mit der Formel »classicist in literature, royalist in politics, and anglo-catholic in religion« zusammen. Eliot hielt die konfessionelle Spaltung des Christentums für ein Problem, das unbedingt behoben werden müsse. — Besonders wichtig sei dabei die Vereinigung mit der Ostkirche (»Thoughts after Lambeth«, 1931). Erastianische Bestrebungen und nationalistische Tendenzen christlicher Nationalkirchen lehnte Eliot zugunsten einer stärkeren Betonung der Katholizität ab. Er betrachtete die katholische Kirche mit ihrem jüdischen und griechischen Erbe als den großen und entscheidenden Hort der Weisheit; nichtchristliche Ideale - z. B. faschistische, marxistische, aber auch rationalistische - wies er als Häresien zurück. In politischer Hinsicht kritisierte der Antikommunist Eliot alle dezidiert antichristlichen Gesellschaftssysteme und war überzeugt davon, daß sie - weil auf Falschem gegründet - nie richtig funktionieren könnten. — In den Dreißiger Jahren trat Eliot, der sich als essayistischer Theoretiker und bei Vorträgen in Oxford schon vorher vielfach vor allem zu britischen Dramatikern geäußert hatte, selbst als Autor von Theaterstücken hervor. Als bedeutendstes gilt dabei das 1935 veröffentlichte und formal an die altgriechische Tragödie angelehnte Drama »Murder in the Cathedral«. In dessen Handlung geht es um den Mord an dem 1170 von vier Rittern in der Kathedrale zu Canterbury getöteten (und wenige Jahre später heilig gesprochenen) Erzbischof Thomas Becket und um die Auseinandersetzung Beckets mit seinem König Heinrich II. Plantagenet. Das Martyrium des Erzbischofs - als solches wurde Beckets Tod sowohl von der katholischen Kirche als auch von Eliot verstanden - wird für Eliot zum Kristallisationspunkt allgemeiner Fragen nach dem Verhältnis von Handeln, Dulden und Widerstand. Ende der Dreißiger Jahre hatte Eliot nach der Veröffentlichung zweier Sammelbände seines lyrischen und essayistischen Werks in Großbritannien enorme Bekanntheit erlangt. Er wurde von Zeitschriften porträtiert, hielt zahlreiche Vorträge und war Mitglied wichtiger Literaturpreis-Jurys. In den Jahren vor dem Zweiten Weltkrieg bestand sein Alltag - neben dem Schreiben - in der Erfüllung kirchlicher Aufgaben, der Wahrnehmung der mit der Mitgliedschaft in verschiedenen Komitees und verschiedenen Tory-Clubs verbundenen Aufgaben sowie seiner Verlagstätigkeit. — Nach dem Tod von W. B. Yeats (1865-1939) galt der in London lebende Eliot vielen als der bedeutendste zeitgenössische Dichter englischer Sprache.

Während des Krieges ließ er in mehreren Gedichten (z. B. in den 1940 verfassten »East Coker« und »Defence of the Islands«) eine britisch-patriotische Haltung erkennen, die seine Rolle als repräsentativer Intellektueller Großbritanniens unterstrich. Inhaltlich vertrat er in Essays und publizistischen Aktivitäten - beispielsweise bei Rundfunkansprachen oder Beiträgen für die Zeitschrift »Christian News Letter« - weiterhin eine entschieden christliche Position. Er plädierte für eine verstärkte Neubesinnung auf christliche Werte und Prinzipien, wobei er davon ausging, daß diese Art Neumissionierung von einer kulturellen Elite ausgehen müsse. In zahlreichen Essays und Vorträgen analysierte er Fragen der Bildung und Erziehung und der damit eng zusammenhängenden kulturellen - insbesondere literarischen - Tradition. Er betonte die Bedeutung des Lateinischen und sah in der fortdauernden Kenntnis der antiken Klassiker eine entscheidende Voraussetzung für die von ihm erstrebte Kontinuität und Perpetuierung christlich-europäischer Kultur. Die zentrale Veröffentlichung Eliots in den Kriegsjahren waren die 1943 zuerst in den USA erschienenen »Four Quartets«. Diese Gedichtsammlung faßte bereits vorher veröffentlichte Texte in einer Weise zusammen, daß sie als ein einziges Langgedicht in vier Teilen (Burnt Norton, East Coker, The Dry Salvages, Little Gidding) aufgefaßt werden können. Der komplexe Inhalt der Gedichte ist voll direkter philosophischer Reflexionen, unter anderem über Zeit, Sprache und Bewegung, die in einer sehr offenen und variablen syntaktischen Struktur präsentiert und mit einprägsamen poetischen Bildern kombiniert werden. Vielfach wird darauf hingewiesen, daß die »Four Quartets« mystische Erfahrungen zum Ausdruck bringen. Eliot selbst hat es abgelehnt, sich als Mystiker zu bezeichnen, hat aber bestätigt, daß er immer schon stark an Mystik interessiert gewesen sei und sich viel mit ihr beschäftigt habe. Als einzigen Mystiker, der zugleich ein großer Dichter gewesen sei, ließ er den heiligen Johannes vom Kreuz gelten. — Nach dem 2. Weltkrieg schrieb Eliot, der von 1946 bis 1957 mit dem befreundeten John Hayward gemeinsam in einem Haus in London wohnte, kaum noch Lyrik. Er konzentrierte sich in seiner literarischen Arbeit, deren Produktivität allerdings gegenüber der Vorkriegszeit merklich abgenommen hatte, auf Dramen und Essays. In diesen Essays trat, nicht zuletzt unter dem Einfluß der politischen Nachkriegsentwicklung und des sich entwickelnden Ost-West-Konflikts, Eliots optimistische Hoffnung auf eine christliche Erneuerung der europäischen Kultur immer stärker zurück gegenüber dem Gedanken an die grundlegende Gefährdung abendländischer Zivilisation und Kultur überhaupt. Zunehmend pessimistisch geworden glaubte er, der Welt allgemein und vor allem Europa stehe ein Zeitalter kultureller Verflachung und Barbarei bevor. Als letztes wichtiges Prosabuch von Eliot gelten seine 1948 erschienen Abhandlungen »Notes Towards The Definition of Culture«. Eliot versteht unter »culture« grundsätzlich nicht nur die im eigentlichen Sinn künstlerischen Produktionen, sondern allgemein die Lebensform eines bestimmten Volkes in einem bestimmten Lebensraum. Diesen allgemeinen Kulturbegriff gliedert er in verschiedene Einzelkulturen auf und unterscheidet beispielsweise die Kultur eines Philosophen von der eines Bergarbeiters oder Dichters. Er hält dabei an der Auffassung fest, daß es höher- und tieferstehende Kulturen ebenso gibt wie unterschiedlich kultivierte Menschen. Die Hochwertigkeit einer bestimmten Kultur hängt für ihn davon ab, daß sie Kultur einer elitären Minderheit bleibt. Für Eliot sind unterschiedliche kulturelle Niveaus in einer Gesellschaft nicht nur unvermeidlich, sondern vielmehr sogar nützlich und notwendig. Überhaupt ist er der Auffassung, daß soziale Differenzen und Reibungen sich auf die kulturelle Entwicklung einer Gesellschaft weitaus günstiger auswirken als egalitäre Harmonie. Über die Bedingungen der Nationalkultur hinaus untersucht er mehrfach das Problem der Einheit der europäischen Kultur. Das Bewußtsein von der Verwandtschaft und gemeinsamen Herkunft der europäischen Kulturen erscheint ihm dabei für Europa ebenso essentiell wie das fortdauernde Vorhandensein unverwechselbarer Nationalkulturen. — In der Nackkriegszeit war Eliot, der werktags regelmäßig die Frühmesse besuchte, weiter für den Verlag Faber and Faber tätig. Bei zahlreichen Auslandsreisen wurde sein mittlerweile internationaler Ruhm unter anderem durch die Verleihung der Ehrendoktorwürde der Universität Harvard und eine Audienz bei Papst Pius XII.

dokumentiert. Als Höhepunkt zahlreicher bedeutender Ehrungen kann die 1948 erfolgte Verleihung des Nobelpreises für Literatur gesehen werden. In persönlicher Hinsicht litt Eliot nun zunehmend unter gravierenden gesundheitlichen Beschwerden (Herz, Lunge), wozu zahlreiche Infekte kamen. Trotz dieser Handicaps vertrat er die Auffassung, daß körperliche Leiden für den poetischen Schaffensprozeß, den er überwiegend als einen zwanghaften begriff, sogar nützlich sein könnten. — Die Erstaufführungen seiner Stücke »The Cocktail Party« (1949), »The Confidential Clerk« (1953) und »The Elder Statesman« (1958) fanden alle in Edinburgh statt. Den größten Publikumserfolg hatte die Komödie »The Cocktail Party«; auch in den USA., wohin Eliot in den Fünfziger Jahren wieder regelmäßig reiste, wurde er nun zu einem der populärsten zeitgenössischen Intellektuellen. So kamen 1956 im Baseballstadion der Universität Minnesota rund 14 000 Menschen zusammen, um Eliots Vortrag über die Grenzen der Literaturkritik (»The Frontiers of Criticism«) zu hören. In diesem Vortrag nahm Eliot, der allgemein als einer der einflußreichsten englischsprachigen Literaturkritiker des 20. Jahrhunderts gilt, auch Stellung zu der im 20. Jahrhundert in den USA lange Zeit maßgeblichen literaturkritischen Richtung des New Criticism, der er selbst teilweise zugerechnet wird. Eliot wies diese Zuordnung zurück und bezeichnete überhaupt seine zahlreichen kritischen Schriften lediglich als Nebenprodukte seines poetischen Schaffens. — 1957 heiratete er als Achtundsechzigjähriger die 38 Jahre jüngere Valerie Fletcher, seine langjährige Sekretärin. In den folgenden Jahren zog Eliot sich weitgehend ins Privatleben zurück. Im Oktober 1964 erlitt er einen Schlaganfall, wurde linksseitig gelähmt und fiel ins Koma. Daraus erwachte er zwar am folgenden Morgen; er blieb aber pflegebedürftig und wurde bis zu seinem Tod von seiner Frau versorgt. Gemäß seinem letzten Willen wurde er eingeäschert und in der St. Michael´s Church in East Coker, dem Heimatdorf seiner Eliot-Vorfahren, beigesetzt. — Nach seinem Tod setzte sich die wissenschaftliche Beschäftigung mit seinem komplexen Werk ungebrochen fort, wobei immer stärker auch biographische Aspekte einbezogen wurden. Zunehmend wurden dabei auch Fragen nach eventuellen profaschistischen, antijüdischen, anti-emanzipatorischen und homosexuellen Tendenzen bei Eliot kontrovers diskutiert, wobei sich bislang keine einheitliche Einschätzung ergeben hat. Zu Beginn des 21. Jahrhunderts läßt sich die allgemeine Bekanntheit Eliots und das Publikumsinteresse an seinen Veröffentlichungen zwar in keiner Weise mehr mit der Prominenz vergleichen, die er zu Lebzeiten erreicht hatte. Gleichwohl wird seine Rolle für die Entwicklung der Literatur der klassischen Moderne weiterhin als zentral eingeschätzt. Sowohl zu seiner Person als auch über seine lyrischen, essayistischen und dramatischen Texte erscheint alljährlich nach wie vor weltweit eine immense Fülle wissenschaftlicher Sekundärliteratur. Im britischen Verlag Faber and Faber, bei dem Eliot einst tätig war, wird eine siebenbändige Ausgabe seines gesamten Prosaschaffens vorbereitet (The Complete Prose of T. S. Eliot), das über 700 Artikel und Essays umfasst und ihn damit als einer der produktivsten Essayisten und Literatur- und Kulturkritiker des 20. Jahrhunderts ausweist. Insgesamt ist der moderne Klassiker T. S. Eliot als einer der international herausragendsten Intellektuellen des 20. Jahrhunderts und speziell als einer der wichtigsten Dichter englischsprachiger Lyrik aller Zeiten zu betrachten.

Bibliographien: D. Gallup: T. S. Eliot: A Bibliography. London 1969 und New York 1969 (revised edition); M. Martin: A Half-Century of Eliot Criticism. An Annotated Bibliography of Books and Articles in English, 1916-1965. Lewisburg 1972; B. Ricks: T. S. Eliot: A Bibliography of Secondary Works. Metuchen 1980; A. S. G. Edwards: Addenda to Gallup: T. S. Eliot. In: Papers of the Bibliographical Society of America 75. 1 (1981), 93; C. Beht: T. S. Eliot. A Chronology of his Life and Works. London 1983; S. D. G. Knowles/S. A. Leonard: An Annotated Bibliography of a Decade of T. S. Eliot Criticism: 1977-1986. T. S. Eliot: Man and Poet. Vol. II. Orono 1992.

Werke (Auswahl): Selbständige Veröffentlichungen: Prufrock and Other Observations. London 1917; Ezra Pound: His Metric and Poetry. New York 1917; Poems. Richmond 1919; Ara Vos Prec. London 1920 (andere Ausgabe: Poems. New York 1920); The Sacred Wood: Essays on Poetry and Criticism. London 1920 und New York 1921; The Waste Land. New York 1922 und London 1922; Homage to John Dryden: Three Essays on Poetry of the Seventeenth Century. London 1924; Poems 1909-1925. London 1925 und New York/Chicago 1932; The Journey of the Magi. London 1927 und New York 1927; Shakespeare and the Stoicism of Seneca. London 1927; A Song for Simeon. London 1928; For Lancelot Andrewes: Essays on Style and Order. London 1928 und New York 1929; Dante. London 1929; Animula. London 1929; Ash-Wednesday. London 1930 und New York 1930; Marina. London 1930; Thoughts After Lambeth. London 1931; Triumphal March. London 1931; Charles Whibley: A Memoir. London 1931; Selected Essays 1917-1932. London 1932 und New York 1932; John Dryden: The Poet, the Dramatist, the Critic. New York 1932; Sweeney Agonistes: Fragments of an Aristophanic Melodrama. London 1932; The Use of Poetry and the Use of Criticism: Studies in the Relation of Criticism to Poetry in England. London 1933 und Cambridge/Mass. 1933; After Strange Gods: A Primer of Modern Heresy. London 1934 und New York 1934; The Rock: A Pageant Play. London 1934 und New York 1934; Elizabethan Essays. London 1934; Words for Music. Bryn Mawr (Pa./USA) 1935; Murder in the Cathedral. London 1935 und New York 1935; Two Poems. Cambridge, England, 1935; Essays Ancient & Modern. London 1936 und New York 1936; Collected Poems 1909-1935. London 1936 und New York 1936; The Family Reunion. London 1939 und New York 1939; Old Possum's Book of Practical Cats. London 1939 und New York 1939; The Idea of a Christian Society. London 1939 und New York 1940; The Waste Land and Other Poems. London 1940 und New York 1955; East Coker. London 1940; Burnt Norton. London 1941; Points of View. London 1941; The Dry Salvages. London 1941; The Classics and the Man of Letters. London 1942; The Music of Poetry. Glasgow 1942; Little Gidding. London 1942; Four Quartets. New York 1943 und London 1944; What is a Classic? London 1945; Die Einheit der Europäischen Kultur. Berlin 1946; On Poetry. Concord/Mass. 1947; Milton. London 1947; A Sermon. Cambridge, England 1948; Selected Poems. Harmondsworth 1948 und New York 1967; Notes Towards the Definition of Culture. London 1948 und New York 1949; From Poe to Valéry. New York 1948; The Aims of Poetic Drama. London 1949; The Cocktail Party. London 1950 und New York 1950; Poems Written in Early Youth. Stockholm 1950, London 1967 und New York 1967; poetry and Drama. Cambridge, Mass. 1951 und London 1951; The Film of Murder in the Cathedral (mit G. Hoellering). London 1952 und New York 1952; The Value and Use of Cathedrals in England Today. Chichester 1952, The Complete Poems and Plays, 1909-1950. New York 1952; An address to Members of the London Library. London 1952 und Providence, Rhode Island, 1953; The Complete Poems and Plays 1909-1950. New York 1952; selected Prose (ed. By J. Hayward). Harmondsworth 1953; American Literature and American Language. St. Louis 1953; The Three Voices of Poetry. Cambridge 1953 und New York 1953; The Confidential Clerk. London 1954 und New York 1954; Religious Drama: Medieval and Modern. New York 1954; The Cultivation of Christmas Trees. London 1954 und New York 1956; The Literature of Politics. London 1955; The Frontiers of Criticism. Minneapolis 1965; On Poetry and Poets. London 1957 und New York 1957; The Elder Statesman. London 1959 und New York 1959; Geoffrey Faber 1889-1961. London 1961; Collected Plays. London 1962; George Herbert. London 1962; Collected Poems 1909-1962. London 1963 und New York 1963; Knowledge and Experience in the Philosophy of F. H. Bradley. Glasgow 1964 und New York 1964; To Criticize the Critic and Other Writings. London / New York 1965; The Waste Land: A Facsimile and

Transcript of the Original Drafts Including the Annotations of Ezra Pound (ed. by V. Eliot). London 1971 und New York 1971; Selected Prose of T. S. Eliot (ed by F. Kermode). New York 1975; W. Wicht (Hrsg.): T. S. Eliot. Ausgewählte Aufsätze, Vorträge und Essays. Berlin 1982; The Letters of T. S. Eliot (ed. by V. Eliot), Vol. 1. London 1988;; R. Schuchard (Ed.): T. S. Eliot: The Varieties of Metaphysical Poetry: The Clark Lectures at Trinity College, Cambridge, 1926, and the Turnbull Lectures at the John Hopkins University. 1994; C. Ricks (Ed.): T. S. Eliot: Inventions of the March Hare: Poems 1909-1917. London 1996.

Deutsche Übersetzungen (Auswahl): T. S. Eliot: Old Possums Katzenbuch (übersetzt von E. Kästner u. a.). Frankfurt am Main 1952; T. S. Eliot: Werke in vier Bänden. Frankfurt am Main. 1: Die Dramen (übersetzt von Erich Fried, Rudolf Alexander Schröder, Peter Suhrkamp und Nora Wydenbruck. 1966; 2: Essays 1 (übersetzt von G. Hensel). 1967; 3: Essays 2: Literaturkritik (übersetzt von H. Ritzerfeld). 1969; 4: Gesammelte Gedichte 1909-1962 (übersetzt von E. Hesse u. a.). 1972; T. S. Eliot: Das wüste Land (übersetzt von E. R. Curtius). Frankfurt am Main 1975; W. Wicht (Hrsg.): T. S. Eliot: Das wüste Land. Leipzig 1990; T. S. Eliot: Das öde Land (übersetzt von N. Hummel). Frankfurt am Main 2008.

Vorworte zu folgenden Büchern (Auswahl): P. Valéry: Le Serpent. London 1924; C. Eliot: Savonarola. A Dramatic Poem. London 1926; E. Pound: Selected Poems. London 1928; G. W. Knight: The Wheel of Fire. Essays in Interpretation of Shakespeare's Sombre Tragedies. London 1930; S. Johnson: London. A Poem and the Vanity of Human Wishes. London 1930; C.-L. Philippe: Bubu of Montparnasse. Paris 1932; M. Moore: Selected Poems. New York 1935; T. S. Eliot: Introducing James Joyce. A Selection of Joyce's Prose. London 1942; S. L. Bethell: Shakespeare and the Popular Dramatic Tradition. London 1943; S. L. Clemens (Mark Twain): The Adventures of Huckleberry Finn. London 1950.

Zeitschriften- und Buchbeiträge (Auswahl): The Birds of Prey. In: Smith Academy Record (St. Louis, Mo.), VIII (Jan. 1905), 1-2; A Tale of the Whale. In: Smith Academy Record. VIII Apr. 1905), 1-3; A. J. Balfour: Theism and Humanism. In: International Journal of Ethics (Chicago), XXVI 2 (Jan. 1916), 284-289; A. Wolf: The Philosophy of Nietzsche. In: International Journal of Ethics, XXVI 3 (Apr. 1916), 426-427; C. Sarolea: The French Renascene. In: New Statesman, VII 169 (Jul. 1916), 309-310; H. Rashdall: Conscience and Christ: Six Lectures on Christians Ethics. In: International Journal of Ethics, XXVII 1 (Oct. 1916), 111-112; C. C. J. Webb: Group Theories and the Religion of the Individual. In: International Journal of Ethics, XXVII 1 (Oct. 1916), 115-117; J. T. Merz: Religion and Science: A Philosophical Essay. In: International Journal of Ethics, XXVII 1 (Oct. 1916), 125-126; W. Boulting: Giordano Bruno: His Life, Thought, and Martyrdom. In: New Statesman, VIII 185 (Oct. 1916), 68; The Development of Leibniz's Monadism. In: Monist XXVI 4 (Oct. 1916), 534-556; Leibnitz's Monads and Bradley's Finite Centers. In: Monist XXVI 4 (Oct. 1916), 566-576; W. Wundt: Elements of Folk Psychology. Outlines of a Psychological History of the Development of Mankind. In: International Journal of Ethics, XXVII 2 (Ja. 1917), 252-254; Reflections on vers libre. In: New Statesman, VIII 204 (Mar. 1917), 518-519; The Borderline of Pro-

se. In: New Statesman, IX, 214 (May 1917), 157-159; A Note on Ezra Pound. In: To-day IV, 19 (Sept. 1918), 3-9; Studies in Contemporary Criticism (I). In: Egoist, V, 9, (Oct. 1918), 113-114; Studies in Contemporary Criticism (II). In: Egoist, V, 10 (Nov/Dec. 1918), 131-133; Marivaux. In: Art & Letters II, 2 (Spring 1919), 80-85; The Preacher as Artist. In: The Athenaeum, 28 November 1919, 1252; Some Notes on the Blank Verse of Christopher Marlowe. In: Art & Letters, II, 4 (Autumn 1919), 194-199; Euripides and Gilbert Murray: A Performance at the Holborn Empire. In: Art & Letters, III, 2 (Spring 1920), 36-43; The possibility of a Poetic Drama. In: Dial (New York), LXIX, 5 (Nov. 1920), 441-447; Dramatis Personae. In: Criterion, I, 3 (Apr. 1923), 303-306; On the Eve. A Dialogue. In: Criterion, III, 10 (Jan. 1925), 278-281; The Idea of a Literary Review. In: Criterion, IV, 1 (Jan. 1926), 1-6; Mr. Read and M. Fernandez. In: Criterion IV, 4 (Oct. 1926), 751-757; Nicolo Machiavelli (1469-1527). In: Times Literary Supplement (16 June 1926), 413-414; Thomas Middleton. In: Times Literary Supplement (30 June 1927), 445-446; A Note on Poetry and Belief. In: Enemy (London), 1 (Jan. 1927), 15-17; Archbishop Bramhall. In: Theology (London), XV, 85 (July 1927), 11-17; Homage to Wilkie Collins. In: Criterion V, 1 (Ja. 1927), 139-143; Literature, Science, and Dogma. In: Dial LXXXII, 3 (March 1927), 239-243; Popular Theologians: Mr. Wells, Mr. Belloc and Mr. Murry. In: Criterion V, 2 (May 1927), 253-259; Le Roman Anglais Contemporain. In: Nouvelle Revue Francaise XIV, 164 (May 1927), 669-665; Recent Detective Fiction. In: Criterion V, 3 (June 1927), 359-362; Political Theorists. In: Criterion VI, 1 (July 1927), 69-73; Why Mr. Russel is a Christian. In: Criterion VI, 2 (Aug. 1927), 177-179; Mr. Middleton Murry's Synthesis. In: Criterion VI, 4 (Oct. 1927), 340-347; Isolated Superiority. In: Dial LXXXIV, 1 (Febr. 1928), 4-7; The Action Francaise, M. Maurras and Mr. Ward. In: Criterion VII, 3 (March 1928), 195-203; The Poems English Latin and Greek of Richard Crashaw. In: Dial LXXXIV, 3 (March 1928), 246-250; An Emotional Unity. In: Dial, LXXXIV, 2 (Feb. 1928), 109-112; Mr Lucas` s Webster. In: Criterion, VII, 4 (June 1928), 155-158; The Idealism of Julien Benda. In: Cambridge Review, XLIX, 1218 (6 June 1928), 485-488; The Humanism of Irving Babbit. In: Forum (New York), LXXX, 1 (July 1928), 37-44; The Golden Ass of Apuleius. In: Dial, LXXXV, 3 (Sept. 1928), 254-257; Freud's Illusions. In: Criterion, VIII, 31 (Dec. 1928), 350-353; The Literature of Fascism. In: Criterion VIII, 31 (Dec. 1928), 280-290; The Latin Tradition. In: Times Literary Supplement (14 March 1929), 200; Sherlock Holmes and His Times. In: Criterion, VIII, 32 (Apr. 1929), 552-556; Second Thoughts on Humanism. In: New Adelphi, II, 4 (June/August 1929), 304-310; The Prose of the Preacher: The Sermons of Donne. In: Listener, II, 25 (3 July 1929), 22-23; Mr. Barnes and Mr. Rowse. In: Criterion VIII, 33 (July 1929), 682-691; A Humanist Theory of Value, by Ramon Fernandez. In: Criterion, IX, 35 (Jan. 1930), 228-245 (Übersetzung); Poetry and Propaganda. In: Bookman, LXX, 6 (Feb. 1930), 595-602; Thinking in Verse: A Survey of Early Seventeenth-Century Poetry. In: Listener, III, 61 (12 March 1930), 441-443; The Minor Metaphysicals: From Crowley to Dryden. In: Listener, III, 65 (9 Apr. 1930), 641-642; Arnold and Pater. In: Bookman, LXXII, 1 (Sept. 1930), 1-7; Cyril Tourneur. In: Times

Literary Supplement (13 Nov. 1930), 925-926; Religion without Humanism. In: N. Foerster (Ed.): Humanism and America. Essays on the Outlook of Modern Civilization. New York 1930, 105-112; Donne in Our Time. In: T. Spencer (Ed.): A Garland for John Donne. Cambridge 1931, 1-19; John Dryden - I. The Poet Who Gave the English Speech. In: Listener, V, 118 (15 Apr. 1931), 611-612; John Dryden - II. Dryden the Dramatist. In: Listener, V, 119 (22 Apr. 1931), 681-682; John Dryden - III. Dryden the Critic, Defender of Sanity. In: Listener, V, 120 (29 Apr. 1931), 724-725; Thomas Heywood. In: Times Literary Supplement (30 July 1931), 589-590; Fragment of an Agon (From Wanna Go Home, Baby?). In: Ezra Pound, Profile. An Anthology Collected in MCMXXXI. Milan 1932, 91-99; Christianity and Communism. In: Listener VII, 166 (March 1932), 382-383; Religion and Science: A Phantom Dilemma. In: Listener VII, 167 (March 1932), 428-429; The Search for Moral Sanction. In: Listener VII, 168 (March 1932), 445-446 und 480; Building up the Christian World. In: Listener VII, 169 (April 1932), 501-502; Catholicism and International Order. Opening Address to the Anglo-Catholic Summer School of Sociology. In: Christendom (Oxford) III, 11 (Sept. 1933), 171-184; Personality and Demonic Possession. In: Virginia Quarterly Review, X, 1 (Jan. 1934), 94-103; Tradition and Orthodoxy. In: American Review (New York), II, 5 (March 1934), 513-528; John Marston. In: Times Literary Supplement (26 July 1934), 517-518; What does the Church Stand for? In: Spectator, CLIII (19. Oct. 1934), 560-561; Shakespearian Criticism: I. From Dryden to Coleridge. In: H. Granville-Barker/G. B. Harrison (Eds.): A Companion to Shakespeare Studies. Cambridge 1934, 287-299; Difficulties of a Statesman. In: M. Roberts (Ed.): The Faber Book of Modern Verse. London 1936, 123-125; A Note on the Verse of John Milton. In: Essays and Studies by Members of the English Association. Vol. XXI. Oxford 1936, 32-40; The Idealism of Julien Benda. In: G. Conklin (Ed.): The New Republic Anthology 1915:1935. New York 1936, 293-300; The Need for Poetic Drama. In: Listener XVI, 411 (Nov. 1936), 994-995; The Church's Message to the World. In: Listener, XVII, 423 (17 Febr. 1937), 293-294, 326; Religious Drama: Mediaeval and Modern. In: University of Edinburgh Journal IX, 1 (Autumn 1937), 8-17; Byron. In: B. Dobrée (Ed.): From Anne to Victoria. Essays by Various Hands. London u. a. 1937, 601-619; Poetry and Propaganda. In: M. Dauwen Zabel (Ed.): Literary Opinion in America. New York/London 1937, 25-38; An Anglican Platonist: The Conversion of Elmer More. In: Times Literary Supplement (30 Oct. 1937), 792; The Future of Poetic Drama. In: Drama (London), XVII (Oct. 1938), 3-5; A Note on Two Odes of Cowley. In: Seventeenth Century Studies Presented to Sir Herbert Grierson. Oxford 1938, 235-242; A Sub-Pagan Society? In: New English Weekly, XVI, 9 (Dec.1939), 125-126; Preface to the English Tradition. In: Christendom (Oxford), X, 38 (June 1940), 101-108; The Poetry of W. B. Yeats. In: Purpose, XII, 3/4 (July/Dec. 1940), 115-127; Hopousia. In: Purpose, XII, 3/4 (July/Dec. 1940), 154-158; The English Tradition: Address to the School of Sociology. In: Christendom X, 40 (Dec. 1940), 226-237; Towards a Christian Britain. In: Listener, XXV, 639 (10 Apr. 1940), 524-525; Virginia Woolf. In: Horizon, III, 17 (May 1941), 313-316; The Voice of His Time: T. S. Eliot on Tennyson's 'In Memoriam'. In: Li-

stener, XXVII, 683 (12 Febr. 1942), 211-212; Planning and Religion. In: Theology (London), XLVI, 275 (May 1943), 102-106; The Social Function of Poetry. In: Norseman I, 6 (Nov. 1943), 449-457; What is Minor Poetry? In: Welsh Review III, 4 (Dec. 1944), 256-267; Cultural Diversity and European Unity. In: Review-45 (London), II, 2 (Summer 1945), 61-69; The Social Function of Poetry. In: Adelphi (London), XXI, 4 (July/Sept. 1945), 152-161; The Class and the Élite. In: New English Review (London), XI, 6 (Oct. 1945), 499-509; John Maynard Keynes. In: New English Weekly, XXIX, 5 (16 May 1946), 47-48; Ezra Pound. In: Poetry LXVIII, 6 (Sept. 1946), 326-338; Leadership and Letters. In: Milton Bulletin (Milton, Mass., USA), XII, 1 (Feb. 1949), 3-16; The Aims of Poetic Drama. In: Adam, XVII, 200 (Nov. 1949), 10-16; Talk on Dante. In: Italian News (London), 2 (July 1950), 13-18; The Aims of Education. 1. Can »Education« be Defined? In: Measure II, 1 (Dec. 1950), 3-16; The Aims of Education. 2. The Interrelation of Aims. In: Measure II, 2 (Spring 1951), 191-203; The Aims of Education. 3. The Conflict between Aims. In: Measure II, 3 (Summer 1951), 285-297; The Aims of Education. 4. The Issue of Religion. In: Measure II, 4 (Autumn 1951), 362-375; Vergil and the Christian World. In: Listener, XLVI (13 Sept. 1951), 411-412 und 423-424; The Value and Use of Cathedrals in England Today. In: Friends of Chichester Cathedral Annual Report (Chichester), 1950/51, 17-27; A note on Monstre Gai. In: Hudson Review, VII, 4, (Winter 1954/55), 522-526; Gordon Craig's Socratic Dialogues. In: Drama, New Series 36 (Spring 1955), 16-21; The Literature of Politics. In: Time and Tide, XXXVI, 17 (23 Apr. 1955), 523-524; Wyndham Lewis. In: Hudson Review, X, 2 (Summer 1957), 167-170; The Art of Poetry I: T. S. Eliot. In: Paris Review, 21, 47-70 (Interview); The Unfading Genius of Rudyard Kipling. In: Kipling Journal (London), XXVI, 129, 9-12; The Influence of Landscape upon the Poet. In: Daedalus. Journal of the American Academy of Arts and Sciences. Proceedings LXXXIX, 2 (Spring 1960), 420-422; On Teaching the Appreciation of Poetry. In: Teachers College Record (New York), Dec. 1960, 215-221; Sir Geoffrey Faber. A Poet among Publishers. In: Times (London), 1 Apr. 1961, 12; A Note on Translation. In: Arena (London), 19 (Apr. 1964), 102-103; Edwin Muir: 1887-1959. An Appreciation. In: Listener, LXXI, 1835 (28 May 1964), 872.

Lit. (Auswahl): A. Waugh: The New Poetry. In: Quarterly Review 226 (1916), 386; — E. Pound: Drunken Helots and Mr. Eliot. In: Egoist 4, no. 5 (June 1917), 72-74; — E. Pound: Prufrock and Other Observations. In: Poetry 10 (Aug. 1917), 264-271; — C. Aiken: Divers Realists. In: Dial 63 (Nov. 1917), 453-455; — M. Sinclair: Prufrock and Other Observations. In: Literary Review 4 (Dec. 1917), 8-14; — B. Deutsch: Another Impressionist. In: New Republic 14 (Febr. 1918), 89; — R. Aldington: The Poetry of T. S. Eliot. In: R. Aldington: Literary Studies and Reviews. London 1924, 181-191; — C. Williams: T. S. Eliot. In: C. Williams: Poetry at Present. Oxford 1930, 163-174; — T. MacGreevy: Thomas Stearns Eliot. A Study. London 1931; — E. Wilson: Axel's Castle. New York 1931; — L. Grudin: Mr. Eliot among the Nightingales. Paris 1932; — F. R. Leavis: New Bearings in English Poetry. London 1932; — H. R. Williamson: The Poetry of T. S. Eliot. London 1932; — J. A. Passmore: T. S. Eliot. Sydney 1934; — A. Nicoll: Mr. T. S.

Eliot and the Revival of Classicism. In: English Journal 23 (1934), 269-278; — S. Spender: The Destructive Element. London 1935; — F. O. Matthiessen: The Achievement of T. S. Eliot: An Essay on the Nature of Poetry. London/New York 1935 (revised and enlarged 1947); — C. A. Partridge: T. S. Eliot. Pretoria 1937; — C. Brooks: Modern Poetry and the Tradition. Chapel Hill, NC, 1939; — H. W. Haeusermann: L'Oeuvre poétique de T. S. Eliot. Montreux 1940 ; — I. A. Richards: The New Criticism. Norfolk 1941; — L. Unger: T. S. Eliot's Rose Garden: A Persistent Theme. In: Southern Review 7 (1942), 667-689; — E. Stephenson : T. S. Eliot and the Lay reader. London 1944; — R. Preston: Four Quartets Rehearsed. London 1946; — J. Tordeur. À la rencontre de Thomas Stearns Eliot. Brüssel 1946; — L. L. Martz : The Wheel and the Point. Aspects of Imagery and Theme in Eliot's Later Poetry. In: Sewanee Review 55 (1947), 126-147; — C. Sansom: The Poetry of T. S. Eliot. London 1947; — B. Rajan (Ed.): T. S. Eliot: A Study of his Writing by Several Hands. London 1947; — H. E. Holthusen: Eliots Christliche Formel'. In: Merkur 1(1947-48), 930-937; — I. Blyth: The Redeemed Realm. A Satire on T. S. Eliot and the Hollywood Hindus. Boston 1947; — M. M. Barry: An Analysis of the Prosodic Structure of Selected Poems of T. S. Eliot. A Dissertation. Washington 1948; — D. Daiches: T. S. Eliot. In: D. Daiches: Poetry and the Modern World. Chicago 1948, 106-127; — B. I. Evans: T. S. Eliot. In: B. I. Evans: English Literature between the Wars. London 1948, 91-101; — R. March/T. Tambimuttu (Eds.): T. S. Eliot: A Symposium from Conrad Aiken and Others. London 1948 und Chicago 1949; — G. Schaeder/H. H. Schaeder: Ein Weg zu T. S. Eliot. Hameln 1948; — E. Vietta: Die Selbstbehauptung des Abendlandes im Werk von T. S. Eliot. Hamburg 1948; — F. Wilson: Six Essays on the Development of T. S. Eliot. London 1948; — L. Unger (Ed.): T. S. Eliot. A Selected Critique. New York/Toronto 1948; — K. Smidt: Poetry and Belief in the Work of T. S. Eliot. Oslo 1949 (revised: London/New York 1961); — H. Kenner. Eliot's Moral Dialectic. In: Hudson Review 2 (1949), 421-448; — J. Worthington: The Epigraphs to the Poetry of T. S. Eliot. In: American Literature 21 (1949), 1-17; — H. Gardner: The Art of T. S. Eliot. London 1949; — M. C. Bradbrook: T. S. Eliot. London/New York 1950; — E. R. Curtius: T. S. Eliot. In: E. R. Curtius: Kritische Essays zur europäischen Literatur. Bern 1950, 298-346; — H. Viebrock: Thomas Stearns Eliot. Kevelaer 1950; — E. Drew: T. S. Eliot: The Design of His Poetry. London 1950; — H. L. Gardner: The Art of T. S. Eliot. New York 1950; — D. Wynn: The Integrity of T. S. Eliot. In: A. M. Fiskin (Ed.): Writers of our Years. Denver 1950, 59-78; — E. J. H. Greene: T. S. Eliot et la France. Paris 1951 ; — F. Bohnsack: Zeit und Ewigkeit im Spätwerk Eliots. Versuch einer Deutung. Diss. Hamburg 1951; — E. Holthusen: Der unbehauste Mensch. München 1951; — J. Isaacs: T. S. Eliot and Poetic Drama. In: J. Isaacs: An Assessment of Twentieth-Century Literature. London 1951, 133-160; — R. H. Robbins: The T. S. Eliot Myth. New York 1951; — R. Tschumi: Thought in T. S. Eliot's Poetry. In: R. Tschumi: Thought in Twentieth-Century English Poetry. London 1951, 119-156; — R. Ames: Decadence in the Art of T. S. Eliot. In: Science & Society 16 (1952), 193-221; — R. P. Blackmur: T. S. Eliot. From »Ash-Wednesday« to »Murder in the Cathedral«. In:

R. P. Blackmur: Language as Gesture. New York 1952, 163-191; — D. E. S. Maxwell: The Poetry of T. S. Eliot. London 1952; — H. E. MacCarthy: T. S. Eliot and Buddhism. In: Philosophy East and West 2 (1952), 31-55; — J. Isaacs: The Poetry of T. S. Eliot. In: J. Isaacs: The Background of Modern Poetry. New York 1952, 44-61; — R. Williams: T. S. Eliot. In: R. Williams: Drama from Ibsen to Eliot. London 1952, 223-246; — M. A. Martin: T. S. Eliot. The Still Point and the Turning Wheel. In: Bucknell University Studies 4 (1953), 51-68; — E. Beer: Thomas Stearns Eliot und der Antiliberalismus des XX. Jahrhunderts. Wien 1953; — E. Standop: T. S. Eliots Kulturkritik. Bochum-Langendreer 1953; — B. Matteuci: La Madonna in Thomas Stearns Eliot. In: Humanitas 6 (1954), 527-546; — A. Weber: Der Symbolismus T. S. Eliots. Versuch einer neuen Annäherung an moderne Lyrik. Diss. Tübingen 1954; — E. Pound: T. S. Eliot. In: E. Pound: Literary Essays. London 1954, 418-422; — P. Fussel: The Gestic Symbolism of T. S. Eliot. In: Journal of English Literary History 22 (1955), 194-211; — G. Calliebe: Das Werk T. S. Eliots und die Tradition der Mystik. Diss. Berlin 1955; — H. Blumenberg: Rose und Feuer: Lyrik, Kritik und Drama T. S. Eliots. In: Hochland 49 (1956), 109-126; — E. Heller: Glaube, Weisheit und Dichtung. Zu T. S. Eliots Rede über Goethe. In: Merkur 10 (1956), 234-244; — H. Galinsky: Deutschland in der Sicht von D. H. Lawrence und T. S. Eliot. Eine Studie zum anglo-amerikanischen Deutschlandbild des 20. Jahrhunderts. Mainz 1956; — C. Weiss: Die Sprachkunst in T. S. Eliots dichterischen Werken. Diss. Hamburg 1956; — L. Unger: The Man and the Name. Minneapolis 1956; — G. Cattaui: T. S. Eliot. Paris 1957; — I. Strömsdörfer: Der Begriff der Zeit bei T. S. Eliot. Diss. München 1957; — N. Braybrooke (Ed.): T. S. Eliot: A Symposium for His Seventieth Birthday. New York 1958; — R. Germer: Schwierigkeiten bei der Interpretation von T. S. Eliot's Waste Land. In: GRM 39 (1958), 302; — E. Holthusen: Das Schöne und das Wahre. München 1958; — A. Weber: Ein Beitrag zur Chronologie und Genesis der Dichtung T. S. Eliots. In: Jahrbuch für Amerikastudien 3 (1958), 162-191; — T. Good: T. S. Eliot et la tradition anglaise. In: Cahiers du Sud 352 (1959), 427-443; — H. Howart: Eliot. The Expatriate as Fugitive. In: Georgia Review 13 (1959), 5-17; — K. Smidt: Point of View in Eliot's Poetry. In: Orbis litterarum 14 (1959), 38-53; — H. Kenner: T. S. Eliot: The Invisible Poet. New York 1959 (London 1960); — H. Bergsten: Time and Eternity: A Study in the Structure and Symbolism of T. S. Eliot's Four Quartets. Stockholm 1960; — D. E. Jones: The Plays of T. S. Eliot. London 1960; — R. Haas: Der frühe T. S. Eliot. In: Die neueren Sprachen, Neue Folge. 1960, 561-572; — S. S. Hoskot: T. S. Eliot. His Mind and Personality. Bombay 1961; — H. Kenner (Ed.): T. S. Eliot: A Collection of Critical Essays. Englewood Cliffs, NJ, 1962; — L. Freed: T. S. Eliot. Aethetics and History. La Salle (Illinois, USA) 1962; — B. N. Chaturvedi: T. S. Eliot. Allahabad 1963; — A. G. George: T. S. Eliot. His Mind and Art. Bombay/New York 1953; — N. Frye: T. S. Eliot. Edinburgh 1963; — H. W. Bentz: Thomas Stearns Eliot in Übersetzungen. Frankfurt a. M. 1963; — S. Emge: Die Frage nach einem neuen Kulturbegriff. Betrachtungen am Leitfaden der Auffassung von T. S. Eliot. Mainz u. a. 1963; — C. H. Smith: T. S. Eliot's Dramatic Theory and Practice. Princeton 1963; — E. Thompson: T. S. Eliot. The metaphysical perspective. Carbondale (Illinois), 1963; — K. S. Narayana Rao: T. S. Eliot and the Bhagavad-Gita. In: American Quarterly 15, 1963, 572-578 und 16,1964, 102-103; — P. R. Headings: T. S. Eliot. New York 1964; — H. Howarth: Notes on Some Figures Behind T. S. Eliot. Boston 1964 (London 1975); — R. E. Knoll (Ed.): Storm Over The Waste Land. Chicago 1964; — G. Jones: Approach to the Purpose: A Study of the Poetry of T. S. Eliot. London 1964; — C. K. Stead: The New Poetic: Yeats to Eliot. London 1964; — B. Blanshard: Eliot in Memory. In: Yale Review 54, 4 (1965), 635-640; — K. Weiss: Das Bild des Weges. Ein Schlüssel zum Verständnis des Zeitlichen und Überzeitlichen in T. S. Eliots »Four Quartets«. Bonn 1965; — H. Gardner: T. S. Eliot and the English Poetic Tradition. Nottingham 1966; — R. Germer: T. S. Eliots Anfänge als Lyriker (1905-1915). Heidelberg 1966; — M. Hirai/E. W. F. Tomlin (Eds.): T. S. Eliot: A Tribute from Japan. Tokyo 1966; — J. Kleinstück: T. S. Eliot. Reinbek bei Hamburg 1966; — J. H. Miller: Poets of Reality. Harvard 1966; — G. Williamson: A Reader's Guide to T. S. Eliot. New York 1966; — L. Unger: T. S. Eliot: Movements and Patterns. Minneapolis 1966; — A. Tate (Ed.): T. S. Eliot: The Man and His Work. New York 1966 und London 1967; — K. S. Narayana Rao: T. S. Eliot's Use of the Upanishad. In: Aryan Path 38, no. 6 (June 1967), 266-271; — K. R. Jankowsky: Die Versauffassung bei Gerard Manley Hopkins, den Imaginisten und T. S. Eliot. Renaissance altgermanischer Formgestalten in der Dichtung des 20. Jahrhunderts. München 1967; — W. T. Levy/V. Scherle: Affectionately, T. S. Eliot: The Story of a Friendship, 1947-1965. Philadelphia/New York 1968; — J. Frank: The Widening Gyre: Crisis and Mastery in Modern Literature. Bloomington 1968; — C. B. Cox/A. P. Hinchcliffe (Eds.): The Waste Land: A Casebook. London 1968; — J. Martin (Ed.): A Collection of Critical Essays on The Waste Land. Englewood Cliffs, NJ, 1968; — H. Williams: T. S. Eliot: The Waste Land. London 1968; — B. C. Southam: The Student's Guide to Selected Poems of T. S. Eliot. New York 1968; — B. Bergonzi (Ed.): T. S. Eliot: Four Quartets: A Casebook. London 1969; — I. Chmielewski: Die Bedeutung der »Göttlichen Komödie« für die Lyrik T. S. Eliots. Neumünster 1969; — E. M. Browne: The Making of T. S. Eliot's Plays. Cambridge 1969; — H. Blamires: Word Unheard: A Guide Through Eliot's Four Quartets. London 1969; — S. Sarkar: The Impact of Indian Philosophy on T. S. Eliot. In: Modern Review 761 (May 1970), 366-368; — M. E. Browne: The Making of T. S. Eliot's Plays. Cambridge 1970; — D. Gallup: T. S. Eliot and Ezra Pound: Collaborators in Letters. New York 1970; — G. Martin (Ed.): Eliot in Perspective: A Symposium. London 1970; — R. Sencourt: T. S. Eliot: A Memoir (ed. by D. Adamson). New York 1971 und London 1974; — R. Kojecky: T. S. Eliot's Social Criticism. London 1971; — B. Gunter: Studies in The Waste Land. Columbus, Ohio, 1971; — E. O. Fink: Die übersetzerische Rezeption des lyrischen Werkes von T. S. Eliot im deutschsprachigen Raum. Diss. Hamburg 1971; — R. Kirk: Eliot and his Age: T. S. Eliot's Moral Imagination in the Twentieth Century. New York 1971; — G. Patterson: T. S. Eliot: Poems in the Making. Manchester 1971 und New York 1971; — A. Austin: T. S. Eliot: The Literary and Social Criticism. Bloomington 1972; — B. Bergonzi: T. S. Eliot. New York 1972; — O. Kuhn:

Mythos, Neuplatonismus, Mystik. Studien zur Gestaltung des Alkestisstoffes bei Hugo von Hoffmansthal, T. S. Eliot und Thornton Wilder. München 1972; — J. Chiari: T. S. Eliot: Poet and Dramatist. London 1972; — J. D. Margolis: T. S. Eliot's Intellectual Development 1922-1939. Chicago/London 1972; — J. Olney: Metaphors of Self: The Meaning of Autobiography. Princeton 1972; — P.G Ellis: The Development of T. S. Eliot's Historical Sense. In: Review of English Studies. New Series, 23 (1972), 291-301; — E. Hesse: T.S. Eliot und 'Das wüste Land'. Eine Analyse. Frankfurt a. M.1973; — A. C. Bolgan: What the Thunder Really Said: A Retrospective Essay on the Making of The Waste Land. Montreal 1973; — A. P. Frank: Die Sehnsucht nach dem unteilbaren Sein. Motive und Motivation in der Literaturkritik T. S. Eliots. München 1973; — K. Smidt: The Importance of Recognition: Six Chapters on T. S. Eliot. Tromso 1973; — A. W. Litz (Ed.): Eliot in His Time: Essays on the Occasion of the Fiftieth Anniversary of The Waste Land. Princeton 1973; — S. Sullivan (Ed.): Critics on T. S. Eliot. London 1973; — D. Ward: T. S. Eliot Between Two Worlds: A Reading of T. S. Eliot's Poetry and Plays. London 1973; — I. G. Nageswara: The Upanishads and The Waste Land. In: K. P. K. Menon (Ed.): Literary Studies. Trivandrum 1973, 195-200; — K. Habedank: Kultur- und Sozialkritik bei T. S. Eliot. Eine Untersuchung der Werke Eliots 1909-1939. Hamburg 1974; — T. S. Matthews: Great Tom: Notes Toward the Definition of T. S. Eliot. New York 1974; — M. Allan: T. S. Eliot's Impersonal Theory of Poetry. Lewisburg 1974; — A. D. Moody (Ed.): The Waste Land in Different Voices. London/New York 1974; G. Smith: T. S. Eliot's Poetry and Plays: A Study in Sources and Meanings. Chicago 1974 (enlarged edition); — L. Wagner (Ed.): T. S. Eliot: A Collection of Criticism. New York 1974; — R. Schuchard: T. S. Eliot as an Extension Lecturer, 1916-1919. In: The Review of English Studies (New Series) 25, 98 (1974), 163-173; — H. Wetzel: Banale Vitalität und lähmendes Erkennen. Drei vergleichende Studien zu T. S. Eliots »The Waste Land«. Bern u. a. 1974; — W. M. Chase: The Political Identities of Ezra Pound and T. S. Eliot. Stanford 1975; — H. Levin: Ezra Pound, T. S. Eliot and the European Horizon. Oxford 1975; — E. W. Schneider: T. S. Eliot: The Pattern in the Carpet. Berkeley 1975; — L. Simpson: Three on the Tower. The Lives and Works of Ezra Pound, T. S. Eliot and William Carlos Williams. New York 1975; — H. Viebrock/A. P. Frank (Hrsg.): Zur Aktualität T. S. Eliots. Zum 10. Todestag. Frankfurt a. M. 1975; — S. Spender: T. S. Eliot. London und New York 1975; — R. Dietrich: Bestand und Wandel in T. S. Eliots kritischen Schriften. Beiträge zur Deutung. Bern u. a. 1976; — B. Rajan: The Overwhelming Question: A Study of the Poetry of T. S. Eliot. Toronto 1976; — D. Traversi: T. S. Eliot: The Longer Poems. London 1976; — R. Bluck: T. S. Eliot and What the Thunder said. In: Notes and Queries, New Series, 24, no. 5 (1977), 450-451; — P. Foster: The Buddhist Influence in T. S. Eliot's »Four Quartets«. Frankfurt 1977; — J. E. Miller Jr.: T. S. Eliot's Personal Waste Land: Exorcisms of the Demons. University Park, Pa/London 1977; — R. Diehl: The Waste Land und die Poet Critics. Die Rezeption von T. S. Eliots The Waste Land durch die Poet Critics J. C. Ransom, A. Tate, C. Aiken, E. Muir und S. Spender in ihrer Literaturkritik und Dichtung. Großen-Linden 1977; — N.

Srivastava: The Ideas of Bhagavad Gita in Four Quartets. In: Comparative Literature 29.2 (1977), 97-108; — L. Gordon: Eliot's Early Years. Oxford/New York 1977; — G. Bornstein: Transformations of Romanticism in Yeats, Eliot, and Stevens. Chicago 1977; — K. Alldritt: Eliot's Four Quartets. Poetry as Chamber Music. London 1978; — H. Gardner: The Composition of the Four Quartets. London 1978; — W. Weihermann: Sprachhermeneutik und Literatur. Ein Interpretationsversuch zu T. S. Eliots »Four Quartets«. Frankfurt a. M. u. a. 1978; — B. Lee: Theory and Personality: The Significance of T. S. Eliot's Criticism. London 1978; — M. Thormählen: The Waste Land: A Fragmentary Wholeness. Lund 1978; — D. Newton de Molina (Ed.): The Literary Criticism of T. S. Eliot: New Essays. London 1978; — M. L. Rosenthal: Sailing into the Unknown: Yeats, Pound and Eliot. New York 1978; — B. C. Southam (Ed.): T. S. Eliot: 'Prufrock', 'Gerontion', 'Ash Wednesday' and Other Shorter Poems. London 1978; — Nancy D. Hargrove: Landscape as a Symbol in the Poetry of T. S. Eliot. Jackson (USA) 1978; — H. Osterwalder: T. S. Eliot. Bern 1978; — P. Reiners: Recurring Patterns in T. S. Eliot's Prose and Poetry. Bern 1978; — T. Materer: Vortex: Pound, Eliot, and Lewis. Ithaca/London 1979; — A. D. Moody: Thomas Stearns Eliot: Poet. Cambridge/New York 1979; — B. Lee: Theory and Personality: The Significance of T. S. Eliots Criticism. London 1979; — W. Wicht: Joyce, Eliot und die Idee vom »unpersönlichen« Kuunstwerk. In: Zeitschrift für Anglistik und Amerikanistik 27, 4 (1979), 293-306; — W. Riehle: T. S. Eliot. Darmstadt 1979; — E. Baun: T. S. Eliot als Kritiker. Eine Untersuchung anhand der ungesammelten kritischen Schriften. Salzburg 1980; — A. D. Moody: Thomas Stearns Eliot, Poet. Cambridge 1980; — M. Pittock: »Sweeney Among the Nightingales« In: Essays in Criticism 19 (1980), 34; — P. Drexler: Escape from Personality: Eine Studie zum Problem der Identität bei T. S. Eliot. Bern 1980; — B. Ricks: T. S. Eliot. Metuchen 1980; — N. Frye: T. S. Eliot. An Introduction. Chicago 1981; — E. Lobb: T. S. Eliot and the Romantic Critical Tradition. London 1981; — L. Unger: Eliot's Compound Ghost: Influence and Confluence. Philadelphia/London 1981; — W. Wicht: Virginia Woolf - James Joyce - T. S. Eliot: Künstlergestalten und Kunstkonzeptionen. Berlin 1981; — R. Bush: T. S. Eliot: Singing the Emerson Blues. In: J. Porte (Ed.): Emerson: Prospect and Retrospect. Cambridge (Mass.)/London 1982, 179-197; — J. Chiari: T. S. Eliot: A Memoir. London 1982; — C. Craig: Yeats, Eliot, Pound and the Politics of Poetry. London 1982; — M. Grant (Ed.): T. S. Eliot: The Critical Heritage. 2 vols. London 1982; — P. Gray: T. S. Eliot's Intellectual and Poetic Development, 1909-1922. Atlantic Highlands, NJ, 1982; — R. H. Canary: T.S. Eliot. The Poet and His Critics. Chicago 1982; — W. Wicht: The ideological background of T. S. Eliot. In: Zeitschrift für Anglistik und Amerikanistik 30, 2 (1982), 101-118; — J. E. Booty: Meditating on Four Quartets. Oxford 1983; — C. Behr: T. S. Eliot: A Chronology of His Life and Works. London 1983; — R. Bush: Modern/Postmodern: Eliot, Perse, Mallarmé, and the Future of the Barbarians. In: R. Kiely (Ed.): Modernism Reconsidered. Cambridge, Mass./London 1983, 193-197; — G. Smith: The Waste Land. London 1983; — J. Klein: Die Anfänge des New Criticism bei Irving Babbit, T. E. Hulme und J. E. Spingarn: Ein Beitrag zur Geschichte der Kunst- und Literaturtheorie des Modernismus. In: Zeitschrift für Ästhetik und Allgemeine Kunstwissenschaft 28, 1 (1983), 94-122; — P. Ayckroyd: T. S. Eliot: A Life. New York 1984; — R. Bush: T. S. Eliot: A Study in Character and Style. New York/London 1984; — M. Thormählen: Eliot's Animals. Lund 1984; — T. Pinkney: Women in the Poetry of T. S. Eliot: A Psychoanalytic Approach. London 1984; — M. Edwards: Towards a Christian Poetics, William B. Eerdman Publishing Company, Michigan, 1984; — W. Böhler: Der Literat als Vermittler ökonomischer Theorie: T. S. Eliot im »Criterion«, 1922-1939. Frankfurt a. M. u. a. 1985; — B. Blanshard: Eliot at Oxford. In: The Southern Review, vol. 21, no. 4 (1985), 889-898; — J. S. Brooker: Substitutes for Christianity in the Poetry of T. S. Eliot. In: The Southern Review, vol. 21, no. 4 (1985), 899-913; — C. Brooks: T. S. Eliot and the American South. In: The Southern review, vol. 21, no. 4 (1985), 914-923; — R. Bush: Nathaniel Hawthorne and T. S. Eliot's American Connection. In: The Southern Review, vol. 21, no. 4 (1985), 924-933; — W. Fowlie: Time in Sewer Hall and in the Quartets. In: The Southern Review, vol. 21, no. 4 (1985), 957-966; — D. Gallup: Mr Eliot at the Churchill Club. In: The Southern Review, vol. 21, no. 4 (1985), 969-973; — H. Gross: The Figure of St Sebastian. In: The Southern Review, vol. 21, no. 4 (1985), 974-984; — A. Guiness: Eliot in the Theatre. In: The Southern Review, vol. 21, no. 4 (1985), 985-986; — V. Eliot: A Photographic Memoir, with a Note by James Olney. In: The Southern Review, vol. 21, no. 4 (1985), 987-999; — L. Leavell: Eliots Ritual Method: Ash Wednesday. In: The Southern Review, vol. 21, no. 4 (1985), 1000-1007; — H. Levin: Old Possum at Possum House. In: The Southern Review, vol. 21, no. 4 (1985), 1008-1011; — M. L. Rosenthal: Psychological Pressure in Four Quartets. In: The Southern Review, vol. 21, no. 4 (1985), 1033-1044; — R. Schuchard: Eliot and the Horrific Moment. In: The Southern Review, vol. 21, no. 4 (1985), 1045-1056; — J. A. Smith: Tom Possum and the Roberts Family. In: The Southern Review, vol. 21, no. 4 (1985), 1057-1070; — S. Sultan: Eliot and the Concept of Literary Influence. In: The Southern Review, vol. 21, no. 4 (1985), 1071-1093; — L. Unger: Intertextual Eliot. In: The Southern Review, vol. 21, no. 4 (1985), 1094-1109; — A. Warren: A Survivors Tribute to T. S. Eliot. In: The Southern Review, vol. 21, no. 4 (1985), 1110-1117; — A. Weinblatt: T. S. Eliot: Poet of Adequation. In: The Southern Review, vol. 21, no. 4 (1985), 1118-1137; — H. Davidson: T. S. Eliot and Hermeneutics: Absence and Interpretation in The Waste Land. London 1985; — D. Spur: Conflicts of Consciousness: T. S. Eliot's Poetry and Criticism. Chicago 1985; — J. M. Perl/A. P. Tuck: The hidden advantage of tradition: On the significance of T. S. Eliot's Indic studies.In: Philosophy East and West 35.2 (1985), 115-131; — B. Raffel (Ed.): Possum and Old Ez in the Public Eye. Boston 1985; — S. Schwartz: The Matrix of Modernism. Pound, Eliot, and Early Twentieth-Century Thought. 1985; — S. Coote: T. S. Eliot. The Waste Land. Harmondsworth 1985; — P. S. Sri: T. S. Eliot, Vedanta, and Buddhism. Vancouver 1985; — J. M. Perl/ A. P. Tuck: The Hidden Advantage of Tradition: On the Significance of T. S. Eliot's Indic Studies. In: Philosophy East & West Vol. 35, No. 2 (1985), 116-131; — E. Hulpke: Die Vielzahl der Übersetzungen und die Einheit des Werks:

Bildmuster und Wortwiederholungen in T. S. Eliot, Collected Poems/Gesammelte Gedichte. Neue Studien zur Anglistik and Amerikanistik Ser. 32. Frankfurt a. M/ Bern/New York 1985; — P. A. Frank: T. S. Eliot Criticism and Scholarship in German: A Descriptive Survey, 1923-1980. Göttingen 1986; — P. Douglass: Bergson, Eliot, and American Literature. Lexington (Kentucky) 1986; — W. Skaff: The Philosophy of T. S. Eliot: From Skepticism to Surrealistic Poetic, 1909-1927. Philadelphia 1986; — A. S. Ali: T. S. Eliot as Editor. Ann Arbor 1986; — C. Bedient: He Do the Police in Different Voices. The Waste Land and Its Protagonist. Chicago 1986; — E. Hessenberger: Metapoesis und Metasprache in der Lyrik von W. B. Yeats und T. S. Eliot. Passau 1986; — C. A. M. Noble: Dichter und Religion. Thomas Mann, Franz Kafka, T. S. Eliot. Bern u. a. 1987; — M. Beehler: T. S. Eliot, Wallace Stevens, and the Discourses of Difference. Baton Rouge/London 1987; — R. Crawford: The Savage and the City in the Work of T. S. Eliot. Oxford 1987; — M. Ellmann: The Poetics of Impersonality: T. S. Eliot and Ezra Pound. Cambridge (Mass.) 1987; — C. McNelly Kearns: T. S. Eliot and Indic Traditions: A Study in Poetry and Belief. Cambridge 1987; — S. Sultan: Eliot, Joyce & Company, Oxford 1987; — R. Tamplin: A Preface to T.S. Eliot. London 1987; — L. Menand: Discovering Modernism. T.S. Eliot and His Context, Oxford 1987; — V. Olejniczak: Wirkungsstruktur in ausgewählten Texten T. S. Eliots und Virginia Woolfs. Olms 1987; — A. Hinchliffe: The Waste Land and Ash Wednesday, London 1987; — J. Klein: Die Auseinandersetzung der britischen Schriftsteller 1933 bis 1945 mit dem Dritten Reich. In: Neue Rundschau 98 (4), 1987, 45-74; — L. Gordon: Eliot's New Life. Oxford 1988; — L. Higgins: T. S. Eliot and the Poetry of Gerard Manley Hopkins. In: J. Olney (Ed.): T. S. Eliot. Essays from the Southern Review. Oxford 1988, 131-143; — J. M. Perl/A. P. Tuck: The Significance of T. S. Eliot's Philosophical Notebooks. In: J. Olney (Ed.): T. S. Eliot. Essays from the Southern Review. Oxford 1988, 157-177; — K. Junkes-Kirchen: T. S. Eliots The Waste Land Deutsch. Theorie und Praxis einer Gedichtübersetzung nach literatur- und übersetzungswissenschaftlichen Gesichtspunkten. Frankfurt a. M./Bern/New York/Paris 1988; — G. Schulman: Notes on the Theme of 'Marina' by T. S. Eliot. In: J. Olney (Ed.): T. S. Eliot. Essays from the Southern Review. Oxford 1988, 205-211; — E. W. F. Tomlin: The Master of Prose. In: J. Olney (Ed.): T. S. Eliot. Essays from the Southern Review. Oxford 1988, 251-269; — J. Klein: T. S. Eliot, The Waste Land. Mythos als Wirklichkeitskonstruktion im literarischen Modernismus. In: K. Bering/W. L. Hohmann (Hrsg.): Mythos, Realisation von Wirklichkeit? Essen 1988, 25-52; — J. Olney (Ed.): T. S. Eliot. Essays from the Southern Review. Oxford 1988; — R. Shusterman: T. S. Eliot and the Philosophy of Criticism. London/New York 1988; — M. Scofield: T. S. Eliot/The Poems. Cambridge 1988; — E. M. Svarney: 'The Men of 1914': T. S. Eliot and Early Modernism. Milton Keynes 1988; — L. Johnson: A temporary Marriage of Two Minds: T. S. and Vivien Eliot. In: Twentieth Century Literature, XXXIV 1 (1988), 48-61; — C. Ricks: T. S. Eliot and Prejudice. London 1988; — J. S. Brooker (Ed.): Approaches to Teaching the Poetry and Plays of T. S. Eliot. New York 1988; — W. Wicht: Eliot and Karl Mannheim: Cultural reconstruction vs. the destruction of culture. In: Zeitschrift für Anglistik und Amerikanistik 36, 3 (1988), 197-204; — W. Koestenbaum: Double Talk: The Erotics of Male Literary Collaboration. New York 1989; — F. Kermode: T.S. Eliot. An Appetite for Poetry, Harvard 1989; — E. Sigg: The American T. S. Eliot. A Study of the Early Writings. Cambridge 1989; — J. M. Perl: Skepticism and Modern Enmity: Before and After Eliot. Baltimore 1989; — K. Alldritt: Modernism in the Second World War. The Later Poetry of Ezra Pound, T.S. Eliot, Basil Bunting and Hugh MacDiarmid. Bern u. a. 1989; — C. Ricks: T. S. Eliot and Prejudice. Berkeley 1989; — G. Clark (Ed.): T. S. Eliot. Critical Assessments. London 1990; — R. Shusterman: Reactionary Meets Radical Critique: Eliot and Contemporary Culture Criticism. In: L. Cowan (Ed.): T. S. Eliot: Man and Poet. Orono 1990, 367-393; — V. B. Phelan: Two Ways of Life and Death: Alcestis and the Cocktail Party. New York und London 1990; — P. Smoor: The Influence of T. S. Eliot on a Representative Modern Arab Poet, Badr Shakir al-Sayyab. In: C. C. Barfoot/T. D'haen (Eds.): Centennial Hauntings: Pope, Byron and Eliot in the Year 88. Atlanta 1990, 341-362; — G. Smith: Eliot the Skeptic and the War between Moderns and Postmoderns. In: Sewanee Review 1990, 98 (2), 305-307; — S.-Y. Killingley: Time, Action, Incarnation: Shades of the Bhagavad-Gita in the Poetry of T. S. Eliot. In: Literature & Theology 4 (1), 1990, 50-71; — S. Asbee: T. S. Eliot. Wayland 1990; — M. Gassenmeier: T.S. Eliots Waste Land: Paradigma welcher Moderne? In: Anglia 108 (1990), 96-113; — A. Fathman: Viv and Tom: The Eliots as Ether Addict and Co-Dependent. In: Yeats Eliot Review XI 1991, 33; — V. B. Phelan: Unidentified But Invited: Charles Williams at The Cocktail Party. In: Yeats Eliot Review 11 (Fall 1991), 29-32; — L. A. Cuddy/D. Hirsch (Eds.): Critical Essays on T. S. Eliot's »The Waste Land«. Boston 1991; — S. Ellis: The English Eliot. London 1991; — T. Sharpe: T. S. Eliot: A Literary Life. London 1991; — R. Bush (Ed.): T. S. Eliot: The Modernist in History. Cambridge 1991; — M. North: The Political Aesthetic of Yeats, Eliot, and Pound. Cambridge 1991; — A. P. Frank: Some Complexities of European Culture(s) as Manifest in French and German Translation of The Waste Land. In: J. S. Brooker (Ed.): The Placing of T. S. Eliot. Columbia 1991, 119-127; — A. P. Frank/B.Bödeker: Transculturality and Inter-culturality in French and German Translations of T. S. Eliot's The Waste Land'. In: H. Kittle/A. P. Frank (Eds.): Interculturality and the Historical Study of Literary Translations. Berlin 1991, 41-63 ; — M. Krupnick: Cynthia Ozick as the Jewish T. S. Eliot. In: Soundings 74 (3-4), 1991, 351-68; — P. Murray: T.S. Eliot and Mysticism. The Secret History of the Four Quartets. New York 1991; — J. P. Riquelme: Harmony of Dissonances. T.S. Eliot, Romanticism and Imagination. Baltimore 1991; — W. Wicht: Thomas Stearns Eliot. In: B.-P. Lange (Hrsg.): Classics in Cultural Criticism. Frankfurt am Main 1991, 315-342; — M. Jain: T. S. Eliot and American Philosophy. The Harvard Years. Cambridge 1992; — R. Malamud: T. S. Eliot's Drama: A Research and Production Sourcebook. New York 1992; — M. Manganaro: Myth, Rhetoric, and the Voice of Authority: A Critique of Frazer, Eliot, Frye, and Campbell. New Haven 1992; — R. Malamud: T. S. Eliot's Drama: A Research and Production Sourcebook. Westport (USA) 1992; — L. E. Niesen de Abruña: The Refining Fire:

Herakles and Other Heroes in T. S. Eliot's Works. New York 1992; — R. F. Fleissner: T. S. Eliot and the Heritage of Africa: the Magus and the Moor as Metaphor. New York 1992; — V. Sena/ R. Verma (Eds.): The Fire and the Rose: New Essays on T. S. Eliot. Delhi 1992; — E. K. Hay: Conversion and Expatriation: T. S. Eliot's Dual Allegiance. In: V. Sena/ R. Verma (Eds.): The Fire and the Rose: New Essays on T. S. Eliot. Delhi 1992, 1-24; — S. Nagarajan: T. S. Eliot on the Problem of Belief in Poetry. In: V. Sena/ R. Verma (Eds.): The Fire and the Rose: New Essays on T. S. Eliot. Delhi 1992, 82-97; — W. F. Monroe: T. S. Eliots' Gnostic Impulse. In: Literature & Theology 6 (2), 1992, 191-206; — R. Grove: the Early Poetry of T. S. Eliot. Sydney 1993; — E. Lobb (Ed.): Words in Time. New Essays on »Four Quartets.« London 1993; — C. Deniers: Die Darstellung des Alters im Werk T. S. Eliots. Ein literaturwissenschaftlicher Beitrag zur Gerontologie. Bern u. a. 1993; — C.McNelly Kearns: Negative Theology and Literary Discourse in Four Quartets: A Derridean Reading. In: E. Lobb (Ed.): Words in Time. New Essays on »Four Quartets.« London 1993, 131-157; — W. Liu: The Poetics of Allusion: Tu Fu, Li Shangyin, Ezra Pound, and T. S. Eliot. Diss. Princeton 1993; — T. E. Morgan: Influence, Intertextuality and Tradition in Swinburne and Eliot. In: R. Rooksby/N. Shrimpton (Eds.): The Whole Music of Passion: New Essays on Swinburne. Hants (England), 1993, 136-147; — L. R. Severin: Reading T. S. Eliot Reading D. H. Lawrence: The Significance of Gender. In: The Centennial Review 37 (2), 1993, 355-368; — K. Meyer/R. Salmon: The Poetry of Conversion as Language Act: Gerard Manley Hopkins and T. S. Eliot. In: E. Hollahan (Ed.): Gerard Manley Hopkins and Critical Discourse. New York 1993, 233-261; — E. Lobb (Ed.): Words in Time: New Essays on Eliot's Four Quartets. Ann Arbor 1993; — G. Nieragden: Politik-Philosophie-Psychologie: Ansätze zu einer Deutung der Literaturtheorie T. S. Eliots. In: Neophilologus 77 (1), 1993, 1-18; — L. Surette: The Birth of Modernism: Ezra Pound, T. S. Eliot, W. B. Yeats, and the Occult. Montreal 1993; — S. Shin: A Christian Approach to 'Gerontion'. In: Journal of the T. S. Eliot Society of Korea 5 (1993), 195-210; — T. K. Basu (Ed.): T. S. Eliot: An Anthology of Recent Criticism. Delhi 1993; — W. H. Pritchard: T. S. Eliot. In: J. Parini / B. Millier (Eds.): The Columbia History of American Poetry. New York 1993, 319-342; — C. M. Ionescu: T. S. Eliot si devotiunea marianica. In: Revista de Istorie si Teorie Literara 41 (1-2), 1993, 101-05; — M. E. González Padilla: De la 'Noche oscura' de san Juan de la Cruz a los Cuatro cuartetos de T.S. Eliot. In: Anuario de Letras Modernas 6 ,1993-1994, 29-36 ; — P. Firchow: Sunlight in the Hofgarten: The Waste Land and Pre-1914 Munich. In: Anglia 111 (3-4), 1993, 447-458; — J. H. Timmerman: Lancelot Andrewes and T. S. Eliot: The Making of Histories. In: American Benedictine Review 44 (1), 1993, 76-98; — B. Cheyette: Construction of 'the Jew' in English Literature and Society. Racial Representations, 1875-1945, Cambridge 1993; — J. F. Durey:Realism and Narrative Modality. The hero and heroine in Eliot, Tolstoy and Flaubert. Tübingen 1993; — M. Thormählen (Ed.): T. S. Eliot at the Turn of the Century. Lund 1994; — A. D. Moody: The Mind of Europe in T. S. Eliot. In: M. Thormählen (Ed.): T. S. Eliot at the Turn of the Century. Lund 1994, 13-32; — L. A. Cuddy: Making a Space in Time: T. S. Eliot, Evolution and the Four Quartets. In: M. Thormählen (Ed.): T. S. Eliot at the Turn of the Century. Lund 1994, 77-90; — R. Germer: T. S. Eliots Religious Development. In: M. Thormählen (Ed.): T. S. Eliot at the Turn of the Century. Lund 1994, 91-104; — M. T. Gibert-Maceda: T. S. Eliot on Women: Women on T. S. Eliot. In: M. Thormählen (Ed.): T. S. Eliot at the Turn of the Century. Lund 1994, 105-119; — M. Thormählen: »My Life for This Life«: T. S. Eliot and the Extinction of the Individual Personality. In: M. Thormählen (Ed.): T. S. Eliot at the Turn of the Century. Lund 1994, 120-132; — G. Smith: Eliot and the Shamans. In: M. Thormählen (Ed.): T. S. Eliot at the Turn of the Century. Lund 1994, 162-180; — K. Smidt: Eliot and the Victorians. In: M. Thormählen (Ed.): T. S. Eliot at the Turn of the Century. Lund 1994, 181- 197; — A. D. Moody (Ed.): The Cambridge Companion to T. S. Eliot. Cambridge 1994; — R. Shusterman: Eliot as philosopher. In: A. D. Moody (Ed.): The Cambridge Companion to T. S. Eliot. Cambridge 1994, S. 31-47; — T. Materer: T. S. Eliot´s critical program. In: A. D. Moody (Ed.): The Cambridge Companion to T. S. Eliot. Cambridge 1994, S. 48-59; — C.McNelly Kearns: Religion, literature, and society in the work of T. S. Eliot. In: A. D. Moody (Ed.): The Cambridge Companion to T. S. Eliot. Cambridge 1994, S. 77-93; — C. Altieri: Eliot´s impact on twentieth-century Anglo-American poetry. In: A. D. Moody (Ed.): The Cambridge Companion to T. S. Eliot. Cambridge 1994, S. 189-209; — J.-M. Rabaté: Tradition and T. S. Eliot. In: A. D. Moody (Ed.): The Cambridge Companion to T. S. Eliot. Cambridge 1994, S. 210-222; — D.-Y. Kim: Puritan Sensibility in T. S. Eliot's Poetry. New York 1994; — A. Julius: T. S. Eliot, Anti-Semitism, and Literary Form. Cambridge 1995; — A. Carosso: T. S. Eliot e i miti del moderno: Prassi, teoria e ideologia negli scritti critici e filosofici. Turin 1995; — J. X. Cooper: T. S. Eliot and the Ideology of Four Quartets. Cambridge 1995; — M. Tratner: Modernism and Mass Politics: Joyce, Woolf, Eliot, Yeats. Stanford 1995; — S. Wolosky: Language Mysticism: The Negative Way of Language in Eliot, Beckett, and Celan. Stanford 1995; — D. Spurr: Conflicts in Consciousness: T. S. Eliot's Poetry and Criticism. Urbana (Illinois) 1995; — J. L. Dawson/ P. D. Holland/ D. J. McKitterick, D. J. (Eds.): A Concordance to The Complete Poems and Plays of T. S. Eliot. Ithaca, NY, 1995; — R. Bush:The Presence of the Past: Ethnographic Thinking/Literary Politics. In: E. Barkan/R. Bush (Eds.): Prehistories of the Future: The Primitivist Project and the Culture of Modernism. Stanford 1995, 23-41; — D. Gervais: T. S. Eliot: The Metaphysical and the Spiritual. In: Cambridge Quarterly 1995; — 24 (3), 243-62; — N. D. Hargrove/P. Grootkerk: The Waste Land as a Surrealist Poem. In: The Comparatist: Journal of the Southern Comparative Literature Association , 1995, May 19, 4-19; — V. S. Freeman: Gender Politics and the Mythic Method: A Feminist Re-Reading of the Women in 'The Waste Land'. Diss. Florida 1995; — P. D. W. Kreller: The Rhetoric of Christian Argument and Faith: A Comparative Study of John Henry Newman and T. S. Eliot. Diss. Waterloo 1995; — D.-Y. Kim: T. S. Eliot's Puritan Language: 'A Calvinistic Heritage and a Puritanical Temperament'. In: Yeats Eliot Review 13 (3-4), 1995, 78-84; — E. Schenkel: Dionysus and the Word: The Nietzschean Context of American Modernist Poetry - Cummings, Stevens, Eliot. In: Manfred Pütz (Ed.): Nietzsche in American

Literature and Thought. Columbia, South Carolina (USA) 1995, 179-196; — P. Morrison: The Poetics of Fascism: Ezra Pound, T. S. Eliot, Paul de Man. New York 1996; — G. Smith: T. S. Eliot and the Use of Memory. London 1996; — K. Asher: T. S. Eliot and Ideology. Cambridge 1996; — M. Palmer: Men and Women in T. S. Eliot's Early Poetry. Lund 1996; — R. Schuchard: American Publishers and the Transmission of T. S. Eliot's Prose: A Sociology of English and American Editions. In: I. Willison/W. Gould/W. Chernaik (Eds.): Modernist Writers and the Marketplace. New York: 1996, 171-201; — M. Palmer: Men and Women in T. S. Eliot's Early Poetry. Diss. Lund 1996; — M. Ellman: The Imaginary Jew: T. S. Eliot. In: B.Cheyette (Ed.): Between 'Race' and Culture: Representations of 'the Jew' in English and American Literature. Stanford 1996, 84-101; — C. Cook: The Hidden Apocalypse: T. S. Eliot's Early Work. In: Literature & Theology 10, 1 (March 1996), 68-80; — L. Menand: Eliot and the Jews. In: New York Review of Books 43 (10), 1996, 36-41; — L. Oser: Charlotte Eliot and the 'Love Song of J. Alfred Prufrock'. In: Modern Philology 94 (2), Nov. 1996,190-200; — A. D. Moody: Tracing T. S. Eliot´s Spirit. Cambridge 1996; — D. J. Childs: T. S. Eliot: Mystic, Son and Lover. New York 1997; — D. Albright: Quantum Poetics: Yeats, Pound, Eliot, and the Science of Modernism. Cambridge 1997; — F. Kelleter: Die Moderne und der Tod: Das Todesmotiv in moderner Literatur, untersucht am Beispiel Edgar Allan Poes, T. S. Eliots und Samuel Becketts. Frankfurt am Main 1997; — L. Mirella: T. S. Eliot's Calvinist Modernism. In: A. Barnstone/M. T. Manson/ C. J. Singley (Eds.) : The Calvinist Roots of the Modern Era. Hanover (NH, USA) 1997, 20-35; — J.-P. Rosaye : L'Incarnation selon T. S. Eliot. In : Etudes Anglaises 50 (1), 1997,26-39 ; — P. Puchek: The Tenuous Christianity of Eliot's 'Gerontion': History as Pagan Whirlwind. In: Yeats Eliot Review 15 (1), Fall 1997,10-17; — W. A. Strauss: The Merchant of Venom? T. S. Eliot and Anti-Semitism. In: South Central Review 14 (3-4), Fall-Winter 199, 31-44; — E. Goebel: Die Verwüstung der Religion durch die Anarchie des Gefühls: T. S. Eliot und das Problem des Solipsismus. In: Deutsche Vierteljahrsschrift für Literaturwissenschaft und Geistesgeschichte 71 (3), 1997, 518-532; — A. C. George: The New Alexandrians: The Modernist Revival of Hellenistic Poetics in the Poetry of T. S. Eliot and Ezra Pound. Diss. Toronto 1997; — S. Stockton: T. S. Eliot and the Rape of God. In: Texas Studies in Literature and Language 39 (4), Winter 1997, 375-398; — L. Oser: T.S. Eliot and American Poetry. Columbia (Mo.,USA) 1998; — M. C. Carpentier: Ritual, Myth, and the Modernist Text: The Influence of Jane Ellen Harrison on Joyce, Eliot, and Woolf. Amsterdam 1998; — C. Lamos: Deviant Modernism: Sexual and Textual Errancy in T. S. Eliot, James Joyce, and Marcel Proust. Cambridge (England) 1998; — S. Lee: The Eastern Spiritual World and the Dramatic Works of T. S. Eliot, with Special Reference to Murder in the Cathedral. In: M. Lee/ A. D. Syrokomla-Stefanowska (Eds.); — Literary Intercrossings: East Asia and the West. Sydney 1998, 40-52; — M. C. Ford: Eliot v. Milton: Virgil's Greatest Heirs. In: Publications of the Mississippi Philological Association 1998, 45-49; — N. Lennartz: Absurdität vor dem Theater des Absurden. Absurde Tendenzen und Paradigmata untersucht an ausgewählten Beispielen von Lord Byron bis T.S. Eliot. Trier 1998; — E. Däumer: Charlotte Stearns Eliot and Ash-Wednesday's Lady of Silences. In: English Literary History, Vol. 65 (Summer 1998), Nr. 2, 479-501; — R. Habib: The Early T. S. Eliot and Western Philosophy. Cambridge 1999; — R. Schuchard: Eliot's Dark Angel: Intersections of Life and Art. New York 1999; — R. A. Kaye: 'A Splendid Readiness for Death': T. S. Eliot, the Homosexual Cult of St. Sebastian, and World War I. In: Modernism/Modernity 6 (2), 1999, 107-34; — M. North: Reading 1922: A Return to the Scene of the Modern. New York 1999; — D. Tracy: T. S. Eliot as Religious Thinker: Four Quartets. In: T. Breyfogle (Ed.): Literary Imagination, Ancient & Modern: Essays in Honor of David Grene. Chicago 1999, 269-284; — N. Selby (Ed.): T. S. Eliot: 'The Waste Land'. New York 1999; — M. Coyle: The European Radio Broadcasts of T. S. Eliot. In: Miscelánea. A Journal of English and American Studies 20 (1999), 20: 341-353; — M. R. Stevens: T. S. Eliot's Neo-Medievalism and the 'Criterion' Years. Diss. Dallas 1999; — R. Hanson: A Grammatical and Idiomatic Analysis of the Sanskrit in The Waste Land. In: Yeats Eliot Review 16 (2), Winter 1999, 34-39; — C. Lamos: Deviant Modernism: Sexual and Textual Errancy in T. S. Eliot, James Joyce. Cambridge 1999; — R. Edmond: Home and Away: Degeneration in Imperialist and Modernist Discourse. In: H. J. Booth/N. Rigby (Eds.): Modernism and Empire. Manchester 2000, 39-63; — T. DeYoung: T. S. Eliot and Modern Arabic Literature. In: Yearbook of Comparative and General Literature 48 (2000), 3-21; — N. Takeda: A Flowering Word: The Modernist Expression in Stéphane Mallarmé, T. S. Eliot, and Yosano Akiko. New York u. a. 2000; — J. X. Cooper (Ed.): T. S. Eliot's Orchestra: Critical Essays on Poetry and Music. New York 2000; — J. X. Cooper: Thinking with Your Ears: Rhapsody, Prelude, Song in Eliot's Lyrics. In: J. X. Cooper (Ed.): T. S. Eliot's Orchestra: Critical Essays on Poetry and Music. New York 2000, 85-107; — M. E. Dana: Orchestrating The Waste Land: Wagner, Leitmotiv, and the Play of Passion. In: J. X. Cooper (Ed.): T. S. Eliot's Orchestra: Critical Essays on Poetry and Music. New York 2000, 267-294; — D. Barndollar: Movements in Time: Four Quartets and the Late String Quartets of Beethoven. In: J. X. Cooper (Ed.): T. S. Eliot's Orchestra: Critical Essays on Poetry and Music. New York, NY: Garland; — 2000, 179-194; — C. Moorman: T. S. Eliot. In: D. B. Mahoney(Ed.): The Grail: A Casebook. New York 2000, 505-523; — R. Ingelbien: The Uses of Symbolism: Larkin and Eliot. In: J. Booth (Ed.): New Larkins for the Old: Critical Essays. Basingstoke/New York 2000, 130-143; — H. Rofaers: Eliot´s Early Criticism. Philosophical Explorations into The Sacred Wood. A Reconsideration. 2., revised and expanded edition. Frankfurt/M. etc. 2001; — J. S. Brooker (Ed.): T. S. Eliot and Our Turning World. London 2001 M. Thormählen: T. S. Eliot and the Reality of Childhood. In: J. S. Brooker (Ed.): T. S. Eliot and Our Turning World. London 2001, 3-14; — C. Knellwolf/ C. Norris (Eds.): The Cambridge History of Literary Criticism: Twentieth-Century Historical, Philosophical and Psychological Perspectives. Cambridge 2001; — C. Seymour-Jones: Painted Shadow: The Life of Vivienne Eliot, First Wife of T. S. Eliot and the Long Suppressed Truth about Her Influence on His Generation. London 2001; — J.-Y. Noh: Humanism and Religion. In: Journal of the T. S. Eliot Society of Korea 12 (2), 2002 ,147-171; — K. Meyer: The 'Otherness' within 'Ownness': Reading T. S. Eliot's 'Ash Wednesday'. In: Christianity and Literature 51 (3),

2002, 425-453; — M. Hewson: 'Her Style Is Quite Her Own': Recovering the Feminine in The Waste Land. In: Yeats Eliot Review 18 (4), 2002, 14-23; — M.-Y. Tseng: Expressing the Ineffable: Toward a Poetics of Mystical Writing. In: Social Semiotics 12 (1),2002, 63-82; — S. Cotter: The Sacramental Dada of T. S. Eliot. In: Comparatist May 2002, 69-82; — A.C. Woodruff: 'I Caught the Sudden Look of Some Dead Master': Eliot's Tradition and Modern Materialism. In: Culture, Theory, and Critique 43 (2), 2002, 85-100;; — M. C. Johnson: Vivien Haigh-Wood Eliot: A Literary Half-Life. Diss. South Carolina 2002; — J. E. Mallinson: T.S. Eliot's Interpretation of F.H. Bradley: Seven Essays. 2002; — J. Klein (Hrsg.): T. S. Eliot, poeta doctus, Tradition und die Konstitution der klassischen Moderne. Frankfurt/M. etc. 2003; — J. Klein: T. S. Eliot (1888-1965): Vom avantgardistischen Harvardstudenten zum englischen Klassiker der Moderne. In: J. Klein (Hrsg.): T. S. Eliot, poeta doctus, Tradition und Konstitution der klassischen Moderne. Frankfurt/M. etc. 2003, 19-41; — W. Iser: Walter Pater und T. S. Eliot. Der Übergang zur Modernität. In: J. Klein (Hrsg.): T. S. Eliot, poeta doctus, Tradition und Konstitution der klassischen Moderne. Frankfurt/M. etc. 2003, 43-63; — A. Beck: Klassische Moderne: T. S. Eliots Frühwerk. Poetologische Postulate und literarische Praxis. In: J. Klein (Hrsg.): T. S. Eliot, poeta doctus, Tradition und Konstitution der klassischen Moderne. Frankfurt/M. etc. 2003, 65-86; — J. Klein: T. S. Eliot, The Waste Land. Mythos als Wirklichkeitskonstruktion im literarischen Modernismus. In: J. Klein (Hrsg.): T. S. Eliot, poeta doctus, Tradition und Konstitution der klassischen Moderne. Frankfurt/M. etc. 2003, 105-134; — S. Plasa: Schweigen und Tod des Individuums. Die Konstituierung der Person in der Kunst der Moderne. In: J. Klein (Hrsg.): T. S. Eliot, poeta doctus, Tradition und Konstitution der klassischen Moderne. Frankfurt/M. etc. 2003, 165-203; — M. Thormählen: Zeit und Geschichte in T. S. Eliots Four Quartets. In: J. Klein (Hrsg.): T. S. Eliot, poeta doctus, Tradition und Konstitution der klassischen Moderne. Frankfurt/M. etc. 2003, 205-215; — J. Klein: Modernism and Modernities. In: J. Klein (Hrsg.): T. S. Eliot, poeta doctus, Tradition und Konstitution der klassischen Moderne. Frankfurt/M. etc. 2003, 217-273; — L. MacDiarmid: T.S. Eliot's Civilized Savage. Religious Eroticism and Poetics. 2003; — D. E. Chinitz: T. S. Eliot and the Cultural Divide. Chicago 2003; — H. Vendler: Coming of Age as a Poet: Milton, Keats, Eliot, Plath. Cambridge (USA) 2003; — S. Schenk-Haupt: Dulness Never Dies. Ein thematischer und struktureller Vergleich zwischen Alexander Popes The Dunciad (1742) und T. S. Eliots The Waste Land (1922). Bern u. a. 2003; — R. Schuchard: Burbank with a Baedeker, Eliot with a Cigar: American Intellectuals, Anti-Semitism, and the Idea of Culture. In: Modernism/Modernity 10 (1), 2003, 1-26; — J. S. Brooker: To Murder and Create: Ethics and Aesthetics in Levinas, Pound, and Eliot. In: Thormählen, Marianne (Ed.): Rethinking Modernism. Basingstoke 2003, 55-76; — M. Pütz: T. S. Eliots The Waste Land als Monument der Moderne. In: J. Alber / M. Fludernik (Hrsg.): Moderne/Postmoderne. Trier, 2003, 43-60; — A. Hawthorne: The Sittlichkeit Project: T. S. Eliot's Social Criticism and Hegel's Political Philosophy. In: Yeats Eliot Review 20 (3), 2003, 2-15; — Thormählen, Marianne (Ed.): Rethinking Modernism. Basingstoke 2003;

— S. McRae: 'Glowed into Words': Vivien Eliot, Philomela, and the Poet's Tortured Corpse. In: Twentieth Century Literature 49 (2), 2003, 193-218; — H. Lee: Eliot's Poetics of Symbol and Four Quartets.In: Journal of the T. S. Eliot Society of Korea 13 (1), 2003, 145-177;C. Ricks: Decisions and Revisions in T. S. Eliot. London 2003; — T. Paulin: »Die Geschichte hat manch schlauen Gang«. Wie John Maynard Keynes T. S. Eliots Gedicht »Das Wüste Land« prägte. In: Sinn und Form 2003 (55), Heft 5, 619-629; — N. K. Gish/ C. Laity (Eds.): Gender, Desire, and Sexuality in T. S. Eliot. Cambridge 2004; — R. Badenhausen: T. S. Eliot and the Art of Collaboration. Cambridge 2004; — J. S. Brooker (Ed.): T. S. Eliot: The Contemporary Reviews. Cambridge 2004; — E. Larissy: Myth, Legend, and Romance in Yeats, Pound, and Eliot. In: C. Saunders (Ed.): A Companion to Romance: From Classical to Contemporary. Malden, MA. (USA) 2004, 438-453; — M. Stannard: Nativities: Muriel Spark, Baudelaire, and the Quest for Religious Faith. In: Review of English Studies, 55 (218), Febr. 2004, 91-105; — K. Kidd: T. S. Eliot, Jacques Derrida, and the Idea of the Post-War Audience. In: Yeats Eliot Review: A Journal of Criticism and Scholarship, 21 (1), Spring 2004, 13-21; — R. Chaudhuri: The Flute, Gerontion, and Subalternist Misreadings of Tagore. In: Social Text, 22, Spring 2004, 103-22; — S. Trevisan: Eliot's 'The Love Song of J. Alfred Prufrock'. In: Explicator 62 (4), Summer 2004, 221-23; — N. D. Hargrove: T. S. Eliot and Opera in Paris, 1910-1911. In: Yeats Eliot Review 21 (3), Fall 2004, 2-20; — N. Burns: T. S. Eliot: Poet of Belief. In: Anglican 33 (4), Oct. 2004, 16-19; — A. Sharon: Touching Words: Finding Tradition through Translation among Seferis, Eliot, and Keats. In: Arion. A Journal of Humanities and the Classics 11 (3), Winter 2004, 47-82; — B. Schmidthorst: Mythos und Primitivismus in der Lyrik von T. S. Eliot, W. B. Yeats und Ezra Pound. Zur Kulturkritik in der klassischen Moderne. Heidelberg 2004; — E. Däumer: Vipers, Viragos, and Spiritual Rebels: Women in T. S. Eliot's Christian Society Plays. In: N. K. Gish/C. Laity (Eds.): Gender, Desire, and Sexuality in T. S. Eliot. Cambridge 2004, 234-53; — B. Zangen: Our Daughters Must Be Wives. Marriageable Young Women in the Novels of Dickens, Eliot, and Hardy. Bern u. a. 2004; — B. Glaser: Also F. H. Bradley. A Hegelian Reading of T. S. Eliots Negativity. In: Cercles 12 (2005), 26-49; — J. S. Brooker: Dialectic and Impersonality in T. S. Eliot. In: Journal of Literature and the History of Ideas, Vol. 3, No. 2 (June 2005), 125-151; — J. E. Miller: T. S. Eliot: The making of an American Poet, 1888-1922. University Park, Pa. (USA) 2005; — S. W. Churchill: Outing T. S. Eliot. In: Criticism: A Quarterly for Literature and the Arts, 47 (1),Winter 2005, 7-30; — A. Ensslin: Women in Wasteland: Gendered Deserts in T. S. Eliot and Shelley Jackson. In: Journal of Gender Studies, 14 (3), 2005, 205-16; — J. Ward: A 'Polish' Eliot: A Study of the Prose Writings of Jaroslaw Marek Rymkiewicz and Ryszard Przybylski as a Contribution to the 'Polish Image' of T. S. Eliot. In: Comparative Critical Studies 2005, 2 (1), 67-91; — C. Reynier, Christine/ J.-M. Ganteau Eds.): Impersonality and Emotion in Twentieth-Century British Literature. Montpellier 2005; — L. Rainey (Ed.): The Annotated Waste Land with Eliot's Contemporary Prose. New Haven, CT, 2005; — F. Gozzi: Shakespeare as Paraclitus: Transubstantiation in Joyce and T. S. Eliot. In:

D. Burnham/E. Giaccherini (Eds.): The Poetics of Transubstantiation: From Theology to Metaphor. Aldershot, England 2005, 88-94; — J. Zilcosky: Modern Monuments: T. S. Eliot, Nietzsche, and the Problem of History. In: Jourrnal of Modern Literature 29 (1), Fall 2005, 21-33; — C. N. Pondrom: T. S. Eliot: The Performativity of Gender in The Waste Land. In: Modernism/Modernity 2005, 425-41; — A. J. Harris: T. S. Eliot's Mental Hygiene. In: Journal of Modern Literature, 29(4)),Summer 2006, 44-56; — J. L. Venegas: Eliot, Borges, Tradition and Irony. In: Symposium: A Quarterly Journal in Modern Literatures, 59 (4), 2006, 237-55; — I. Peddie: Thomas McGrath, T. S. Eliot, and the Commissars of Culture. In: Western American Literature, 40 (4), 2006, 423-48; — S. Chao: 'To Form a New Compound': Eliot, Bergson, and Cubism. In: Etudes Britanniques Contemporaines: Revue de la Société d' Etudes Anglaises Contemporaines 31, 2006, 55-67 ; — C. J. Del Dotto: T. S. Eliot as Medieval Modernist: Period and Ideology in 'Religious Drama: Mediaeval and Modern'. In: Journal of Religion and Theatre, 5 (2), 2006, 104-14; — R. Booth: T. S. Eliot, Sweeney Agonistes, and Ben Jonson's Masque of Queenes. In: Notes and Queries, 53 (251) (3), 2006, 351-52; — M. Peters: A New Source for The Waste Land. In: Notes and Queries, 53 (251) (3), 2006, 352-53; — P. Howarth: Eliot in the Underworld: The Politics of Fragmentary Form. In: Textual Practice, 20 3), 2006, 441-62; — S. Matthews: T. S. Eliot's Chapman: 'Metaphysical' Poetry and Beyond. In: Journal of Modern Literature, 29 (4), 2006, 22-43; — G. Brazeal: The Alleged Pragmatism of T. S. Eliot. In: Philosophy and Literature 2006, 248-64; — V. Patea: Pound and Eliot's Sense of History and Tradition as Relived Experience. In: R. Rehder/P.Vincent (Eds.): American Poetry: Whitman to Present. Tübingen 2006, 53-69; — D. Hall: T. S. Eliot. In: P. Gourevitch: The Paris Review Interviews I. New York 2006, 62-85; — T. Howard: Dove Descending: A Journey into T. S. Eliot's Four Quartets. San Francisco 2006; — J. X. Cooper: The Cambridge Introduction to T. S. Eliot. Cambridge 2006; — E. Däumer: Blood and Witness: The Reception of Murder in the Cathedral in Postwar Germany. In: Comparative Literature Studies 43 (2006), 77-97; — P. Mullins: T. S. Eliot's Idea of the Clerisy, and its Discussion by Karl Mannheim and Michael Polanyi in the Context of J. H. Oldham's Moot. In: Journal of Classical Sociology, Vol. 6, No. 2 (2006), 147-156; — A. Walton Litz/L. Menand/L. Rainey (Eds.): The Cambridge History of Literary Criticism, Vol. 7: Modernism and the New Criticism. Cambridge 2006; — D. Gervais: T. S. Eliot and Racine: Tragedy and Resignation in Bérénice. In: Cambridge Quarterly, 36 (1), 2007, 51-70; — P. Lowe: Life as a 'Ruined Man': Samuel Taylor Coleridge and T. S. Eliot's Marital Crisis. In: English Studies: A Journal of English Language and Literature, 88 (3), June 2007, 298-319; — M. Hart: Visible Poet: T. S. Eliot and Modernist Studies. In: American Literary History, 19 (1), 2007, 174-89; — R. Ingelbien: They Saw One They Knew: Baudelaire and the Ghosts of London Modernism. In: English Studies: A Journal of English Language and Literature, 88 (1), Febr. 2007, 43-58; — D. Gabriel: Hart Crane and the Modernist Epic: Canon and Genre Formation in Crane, Pound, Eliot, and Williams. New York 2007; — C.Raine: T. S. Eliot. Oxford 2007; — G. Cianci/J. Harding (Eds.): T. S. Eliot and the Concept of Tradition. Cambridge 2007; — R. Beasley:

Theorists of Modernist Poetry: T. S. Eliot, T. E. Hulme & Ezra Pound. Routledge 2007; — L. Oser: The Ethics of Modernism: Moral Ideas in Yeats, Eliot, Joyce, Woolf and Beckett. Cambridge 2007; — M. Engel: T.S. Eliot and Rilke. Polyphony and Dialogism in The Waste Land and the Duineser Elegien. In: Agenda 42 (2007) 3/4: A Reconsideration of Rainer Maria Rilke, 106-115; — E. Voegelin: »Wo sich Zeitloses schneidet mit Zeit«. Notizen zu T.S. Eliots »Vier Quartetten«. In: Sinn und Form 2007, Heft 6; — E. Däumer: (Re)modernizing Eliot: Eva Hesse and Das Wüste Land. In: E. Däumer/S. Bagchee: The International Reception of T.S. Eliot. London 2007; — A. D. Moody: Ezra Pound : Poet I: A Portrait of the Man and his Work. Vol. I: The Young Genius 1885-1920. Oxford 2008; — A. Kirsch: The Modern Element: Essays on Contemporary Poetry. New York 2008; — E. Zemanek: T.S. Eliot und Ezra Pound im Dialog mit Dante. Die Divina Commedia in der modernen Lyrik. München 2008; — J. P. McCombe: Cleopatra and Her Problems: T.S. Eliot and the Fetishization of Shakespeare's Queen of the Nile. In: Journal of Modern Literature,Vol. 31, Number 2 (Winter 2008), 23-38; — N. Takeda: The Modernist Human. The Configuration of Humanness in Stéphane Mallarmé´s Herodiade, T. S. Eliot´s Cats and Modernist Lyrical Poetry. New York u. a. 2008.

Gregor Brand

ELLWOOD, Thomas, * 1639 in Oxfordshire, † 1714 in Jordans. Literat, Poet, Quäker. — Thomas Ellwood wurde im Oktober 1639 in Oxfordshire geboren, seine Eltern waren der Gutsherr Walter und Elizabeth (geb. Potman) Ellwood. In Thame besuchte er die Schule. Die Quäker hatte Ellwood durch Edward Burrough (1634/35-1663) und bei einem Besuch von Isaac Penington (1616-1679) in Chalfont St. Peter in Buckinghamshire kennen gelernt. Später lebte und arbeitete er bei der Familie Penington als Hauslehrer. Für seinen Glauben nahm Ellwood Verfolgungen und Gefängnisaufenthalte in Kauf. 1669 heiratete er Mary Ellis und lebte für den Rest seines Lebens in Coleshill (Bucks). Ellwood konzentrierte sich wie wenige Quäker auf sein schriftstellerisches Tun. Er trat auch als Lyriker hervor. Dem Dichter John Milton (1608-1674), als dessen Vorleser er angestellt war, riet er zu »Paradise Found«, was später unter »Paradise Regained« veröffentlicht wurde. 1694 führte er eine intensive Korrespondenz mit George Keith (1638-1716) über dessen vom Quäkertum abweichende Ansichten. Bekannt wurde Ellwood vor allem dadurch, daß er das Journal von George Fox (1624-1691) herausgab. Diese Edition gilt heute als eigenwillige Interpretation, die den Quäkern eine gefälschte Version der eigentlichen Botschaft von Fox präsentierte. Gleichzeitig gelang es Ellwood, aus einem unfertigen Manuskript einen lesbaren Text zu formen, der Leser über Hunderte von Jahren faszinierte. Erst zu Beginn des 20. Jahrhunderts wurde eine wissenschaftliche Edition des Journals herausgebracht. Thomas Ellwood verstarb 1714 in seinem 74. Lebensjahr auf seinem Anwesen in Jordans, wo er auch begraben wurde. — Thomas Ellwood galt als gut aussehend, besaß einen freizügigen Charakter und ging mit seinen Einnahmen großzügig um. Im persönlichen Umgang war er höflich und zurückhaltend, er war als brillanter Gesprächspartner geschätzt. Ellwood war durch und durch englischer Gentleman, gleichzeitig ein anerkannter Gelehrter, überzeugter Christ und bedeutender Schriftsteller. Bekannter sind heute noch die Dichtung »Davideis« (1712) über König David und seine verständlich gehaltene Autobiographie (1714).

Werke: An account of tithes in general. In: Pearson, Anthony: The great case of tithes truly stated, clearly open'd, and fully resolv'd. With an appendix thereto. To which is added, a defence of some other principles held by the people called Quakers, in which they differ from other religious denominations. The arguments for these are supported by Scripture, and the concurring sentiments of ancient and modern authors. London 1657. London 1730. London 1754, 67-128. Dublin 1756, 69-130. London 1762[7]. Woodbridge 1986 (The Eighteenth Century, reel 5573, no. 5); An alarm to the priests, or, a message from heaven. To forewarn them of the dreadfull day of the Lord which will suddenly overtake them, unless by speedy and unfeigned repentance they return to the Lord. With a call to all people to come out of Babilon least they be made partakers of her plagues, by a follower of the lamb, one whose eye sees the down-fall of Babilon, and waits for the exaltation of Sion. A message from heaven. London 1660. Ann Arbor 1970 (Early English Books, 1641-1700, 353, 2). Ann Arbor 1972 (Early English Books, 1641-1700, 416, 2); Histoire de deux Turcs, et d'un Juif avec un discours de l'entier banissement des Juifs du Royaume de Perse. Paris 1673; A fresh pursuit, wherein the controversie between the people call'd Anabaptists, and us who are call'd Quakers, is re-stated, and our charge of forgery against Thomas Hicks, and his abettors, re-enforced. (London) (1674); Forgery no Christianity. Or, a brief examen of a late book, published by one T. Plant, a Baptist teacher, under the title of A contest for Christianity, or, A faithful relation of two late meetings, etc. As also, some animadversions on J. Ive's Postscript. And an expostulatory postscript to the Baptists. London 1674. Ann Arbor 1983 (Early English Books, 1641-1700, 1423, 5); Truth prevailing and detecting error, or, an answer to a book mis-called, A friendly conference between a minister and a parishioner of his, inclining to Quakerism, etc. (London) 1676. Ann Arbor 1972 (Early English Books, 1641-1700, 416, 3); Fowler, Thomas; Ellwood, Thomas: A vindication of the friendly conference, between a minister and a parishioner of his inclining unto Quakerism, etc; from the exceptions of Thomas Ellwood, in his pretended answer to the said conference, by the same author. London 1678. Ann Arbor 1978 (Early English Books, 1641-1700, 915, 7); The foundation of tythes shaken, and the four principal posts (of divine institution, primitive practice, voluntary donations, and positive laws) on which the nameless author (of a book, called, The right of tythes asserted and proved,) hath set his pretended right to tythes, are removed, in a reply to the said book. (London) 1678. London 1720[2]. Ann Arbor 1970 (Early English Books, 1641-1700, 353, 4). New Haven 1981 (Goldsmith's-Kress Library Economic Literature, reel 141, no. 5898.25-1 supplement). Woodbridge 1986 (The Eighteenth Century, reel 1792, no.5); An antidote against the infection of William Rogers's book, mis-called, The Christian-Quaker distinguished from the apostate and innovator, whereby the envy, falshood, slander, errors, and false doctrines contained in the said book, being plainly laid open, the charge of apostacy and innovation is justly retorted upon W. R. and his adherents. London 1682; A seasonable disswasive from persecution, humbly and modestly, yet with Christian freedom and plainness of speech, offered to the consideration of all concern'd therein, on behalf generally of all that suffer for conscience sake, particularly of the people called Quakers. London 1683. London 1693. Ann Arbor 1982 (Early English Books, 1641-1700, 1258, 36); A discourse concerning riots. Occasioned by some of the people called Quakers, being imprisoned and indicted for a riot, for only being at a peaceable meeting to worship God. Written by one of that people, Thomas Ellwood. London 1683. Ann Arbor 1985 (Early English Books, 1641-1700, 1632, 2). Ann Arbor 1996 (Early English Books, 1641-1700, 2353, 11); A caution to constables and other inferiour officers, concerned in the execution of the Conventicle-Act, with some observations thereupon, humbly offered, by way of advice, to such well-meaning and moderate justices of the peace, as would not willingly ruine their peaceable neighbours, but act (in relation to that act) rather by constraint, than by choice. London 1683. Ann Arbor 1970 (Early English Books, 1641-1700, 353, 3); Rogero-Mastix. A rod for William Rogers, in return for his riming scourge, etc. (London) 1685. Ann Arbor 1988 (Early English Books, 1641-1700, 1864, 19); An epistle to friedns (sic!). O.O. (1686). Ann Arbor 1985 (Early English Books, 1641-1700, 1614, 38); The account from Wickham (lately published by John Raunce and Charles Harris) examin'd and found false, and warning thereof given to all such well-meaning persons among the people called Quakers, as through personal affection, want of consideration, or weakness of judgment have been betrayed, or may be in danger to be betrayed by them, or any other in the same dividing spirit with them, and led aside from the way of truth into a separation from the people of God, for whose recovery and preservation this is written. (London) 1689; A reply to an answer lately published to a book long since written by W. P. entituled A brief examination and state of liberty spiritual, etc. London 1691. Ann Arbor 1983 (Early English Books, 1641-1700, 1401, 30); A fair examination of a foul paper, called Observations and reflections, etc. Lately published by John Raunce and Leonard Key. Wherein their envy is rebuked, and their folly and falshood laid open. London 1693; Thomas Ellwood's answer to so much of Leonard Key's late printed sheet of paper, as relates to him. (London) (1693). Ann Arbor 1987 (Early English Books, 1641-1700, 1758, 17); Deceit discovered and malice manifested in L. Key's late paper from Reading the third of the fourth month 1693. London 1693. Ann Arbor 1987 (Early English Books, 1641-1700, 1758, 18); An epistle to Friends, briefly commemorating the gracious dealings of the Lord with them, and warning them to beware of the spirit of contention and division which hath appeared of late in George Keith and some few others that join with him, who have made a breach and separation from Friends in some parts of America. London 1694. Ann Arbor 1981 (Early English Books, 1641-1700, 1205, 16). Ann Arbor 1982 (Early English Books, 1641-1700, 1205, 17); A further discovery of that spirit of contention and division which hath appeared of late in George Keith, etc, being a reply to two late printed pieces of his, the one entituled A loving epistle, etc. the other, A seasonable information, etc. Wherein his cavils are answered, his falshood is laid open, and the guilt and blame of the breach and separation in America, and the reproach he hath brought upon truth and Friends by his late printed books, are fixed faster on him. London 1694. Ann Arbor 1986 (Early English Books, 1641-1700, 1698, 55); Truth defended, and the Friends thereof cleared from the false charges, foul reproaches, and envious cavils, cast upon it and them, by George Keith (an apostate from them), in two books by him lately published, the one being called A true copy of a paper given into yearly meeting of the people called Quakers, etc. the other, The pretended yearly meeting of the Quakers, their nameless bull of excommunication, etc. Both which books are herein answered, and his malice, injustice, and folly exposed. London 1695. Ann Arbor 1979 (Early English Books, 1641-1700, 981, 5); An answer to George Keith's narrative of his proceedings at Turners-Hall, on the 11th of the month called June, 1696. Wherein his charges against divers of the people called Quakers (both in that, and in another book of his, called, Gross error and hypocrisie detected) are fairly considered, examined, and refuted. London 1696. Ann Arbor 1979 (Early English Books, 1641-1700, 981, 4); A reply, on behalf of the people called Quakers, to two petitions against them (the one out of Norfolk, the other from Bury in Suffolk) being some brief observations made on those petitions, and humbly tendered to the consideration of the House of Commons, to whom those petitions are directed. London 1699; To the reader. In: Baker, Richard: A testimony to the power of God, being greater than the power of Satan, contrary to all those who hold no perfection here, no freedom from sin on this side of the grave, which doleful doctrine is here testified against by Richard Baker London 1699, A2-A5; A sober reply, on behalf of the people called Quakers, to two petitions against them, the one out of Norfolk, and the other from Bury in Suffolk, being some brief observations upon them, published on occasion of Francis Bugg's exposing one of the said petitions in print, and commending the other, etc, with many unjust aggravations and misrepresentations in his late book, falsly stiled A modest defence, etc. London 1699. London 1700. Ann Arbor 1970 (Early English Books, 1641-1700, 815, 2); In Georgium Keithum Calendonium apostatam epigramma. London 1700; An account of tithes in general. (Dublin) (1700). Ann Arbor 1984 (Early English Books, 1641-1700, reel 1591, no.65); Sacred history. Or the historical part of the holy scriptures of the Old and New Testaments, digested into due method, with respect to order of time and place. With observations, tending to illustrate some passages therein. And a table to the whole. London 1705. London 1709. London 1720^2. London 1778^4. London 1791^4. London 1794^5. Burlington 1804. New York 1832. Mountpleasant 1853. Mountpleasant 1854. Woodbridge 1986 (The Eighteenth Century, reel 1792, no.1). Woodbridge 1987 (The Eighteenth Century, reel 2514, no.4). Worcester, um 1995 (Early American Imprints, Second Series, no. 6239); The glorious brightness of the gospel-day, dispelling the shadows of the legal dispensation, and whatsoever else of human invention hath been superadded thereunto. Set forth in some observations made on a late pamphlet called a Divine treatise (written by way of essay, and pretending to demonstrate, according to the mosaical philosophy, that water-baptism, imposition of hands (...) were all of them suitably and homogeneally adapted to the present imperfect state of nature, as man consists of body, soul and spirit). In answer whereunto this was written by Thomas Ellwood. London 1707; Davideis. The life of David, King of Israel. A sacred poem. In five books. London 1709. London 1712. Dublin 1722. London 1727^2. London 1749^3. London 1751^4. Philadelphia 1754. Philadelphia 1760. London 1763. Wilmington 1764. Philadelphia 1785. London 1796^5. Wilmington 1797. Philadelphia 1805. Heidelberg 1936 (Englische Textbibliothek, XXI). New York 1985 (Early American Imprints, Ser.1, 7192). New York 1985 (Early American Imprints, Ser.1, 32079). New York 1985 (Early American Imprints, Ser.1, 24297). New York 1985 (Early American Imprints, Ser.1, 41441). New York 1985 (Early American Imprints, Ser.1, 6667). New York 1985 (Early American Imprints, Ser.1, 8591). New York 1985 (Early American Imprints, Ser.1, 19001). Woodbridge 1986 (The Eighteenth Century, reel 8527, no.1). Woodbridge 1988 (The Eighteenth Century, reel 3002, no. 12). Worcester, um 1995 (Early American Imprints, Second Series, no. 8389). Woodbridge 1997 (The Eighteenth Century, reel 9044, no.7). Woodbridge 1997 (The Eighteenth Century, reel 9375, no.1). Woodbridge 1997 (The Eighteenth Century, reel 9044, no.7); An answer to some objections of a moderate enquirer. O.O. (1714). Woodbridge 1986 (The Eighteenth Century, reel 2669, no.8); The history of the life of Thomas Ellwood. Or, an account of his birth, education, ect. With divers observations in his life and manners when a youth. And how he came to be convinced of the truth, with his many sufferings and services for the same. Also several other remarkable passages and occurrences. Written by his own hand. To which is added, a supplement. London 1714. London 1714^2. London 1765^3. Philadelphia 1775^4. London 1791^4. Philadelphia 1808. York 1825^5. London 1827 (Hunt and Clarke's Autobiography, XI). London 1829. Lindfield 1836. New York 1838. Manchester 1855^6. Philadelphia 1865^3. London 1885 (Morley's Universal Library, XXXII). London 1886^2 (Morley's Universal Library, XXXII). London 1900 (Methuen's Standard Library). London 1906. London 1914. New York 1985 (Early American Imprints, Ser.1, 14020). Woodbridge 1986 (The Eighteenth Century, reel 7266, no.2). Woodbridge 1986 (The Eighteenth Century, reel 7498, no. 3). Woodbridge 1986 (The Eighteenth Century, reel 6590, no. 3). Worcester, um 1995 (Early American Imprints, Second Series, no. 14932). Walnut Creek 2004; A collection of poems on various subjects. London, um 1750. London, um 1770[2]. Woodbridge 1985 (The Eighteenth Century, reel 999, no.16). Woodbridge 2000 (The Eighteenth Century, reel 12103, no. 8); Sonnets. O.O. 1751; The appendix. An account of tithes in general. In: Pearson, Anthony: A premonition to the reader on The great case of tithes truly stated, clearly open'd, and fully resolv'd. With an appendix, giving an account of tithes in general, by Thomas Ellwood. Dublin 1756, 69-130; The testimony of Thomas Ellwood. In: Penington, Isaac: Selections from the works of Isaac Penington. London 1837, (xix)-xxxiii; An epistle to Friends. In a season of great trial from a spirit of defection. Manchester, um 1840 (Manchester and Stockport Tract Depository and Association). Philadelphia 1860; The life of Thomas Ellwood. In: Evans, William; Evans, Thomas (Hrsg.): The Friend's Library. Comprising journals, doctrinal treaties, and other writings of member of the religious society of friends, VII. Philadelphia 1843, 347-430; A new year's petition. (London) (1874); Extract from Thomas Ellwoods History of himself, describing his relations with Milton. In: An English garner, XII, 1903, 135-148; (Thomas Ellwood, 1639-1713). In: Deutsche Jahresversammlung der Quäker (Hrsg.): Christliches Leben, Glauben und Denken in der Gesellschaft der Freunde. Erster Teil der Christlichen Unterweisung der religiösen Gesellschaft der Freunde in Großbritannien. Berlin 1921. Bad Pyrmont 1951[2], 45-47; A collection of poems. In: Turner, W. Arthur (Hrsg.): Pathways to the light within. A gathering of early Quaker poems. Richmond (1979), 31-46; Now was all my former life ripped up. In: West, Jessamyn (Hrsg.): The Quaker reader. Wallingford 1992, 14-166.

Bibliographie: Ellwood, Thomas. In: Watt, Robert: Bibliotheca Britannica. Or, a general index to British and foreign literature, I. Edinburgh 1824, 334r; A list of books printed and published by Thomas Ellwood. In: The history of the life of Thomas Ellwood. Or, an account of his birth, education, ect. With divers observations in his life and manners when a youth. And how he came to be convinced of the truth, with his many sufferings and services for the same. Also several other remarkable passages and occurrences. Written by his own hand. To which is added, a supplement. Hrsg. von C.(charles) G.(eorge) Crump. London 1900, 215-216.

Lit. (Auswahl): Comber, Thomas: The right of tythes asserted and proved. With a just vindication of that sacred maintenance from the cavils of Thomas Ellwood in his pretended answer to the friendly conference. London 1677; — Comber, Thomas: Christianity no enthusiasm, or the several Kinds of inspirations and revelations pretended to by the Quakers, tried and found destructive to holy scripture and true religion. In answer to Thomas Ellwood's defence thereof, in his tract, miscalled Truth prevailing etc. London 1678; — Comber, Thomas: The right of tithes re-asserted, wherein the proofs from divine institution, primitive practice, voluntary donation, and positive laws are further strengthened and vindicated, especially from the objections taken out of Mr. Selden's 'History of tithes'. London 1680;

— Keith, George: A seasonable information and caveat against a scandalous book of Thomas Ellwood, called An epistle to Friends. London 1694; — Penington, John: Reflections upon George Keith's late advertisement of a meeting to be held by him and his friends, at Turner's-Hall on the eleventh of the fourth month, 1696, to which he saith, William Penn, Thomas Ellwood, George Whitehead, John Penington, and the second days weekly meeting at London, called Quakers, are justly desired to be present, to hear themselves charged, etc. (London) (1696); — Keith, George: An exact narrative of the proceedings at Turners-Hall, the 11th of the month called June, 1696, together with the disputes and speeches there, between G. Keith and other Quakers, differing from him in some religious principles, the whole published and revised by George Keith, with an appendix containing some new passages to prove his opponents guilty of gross errors and self-contradictions. London 1696; — Keith, George: An advertisement of an intended meeting, to be held by George Keith and his friends, at their usual meeting-place, in Turners-Hall, in Philpot-Lane, the 29th day of this instant and present month called April, 1697 to begin about the 9th. hour. To which meeting William Penn, Thomas Ellwood, George Whitehead, John Penington, and these of the second days weekly meeting at Lombard-street, are justly desired to be present, to hear themselves recharged and proved guilty of these vile and gross errors and heresies, wherewith they have been formerly charged by George Keith, and proved guilty off (sic!), at a meeting held at Turners-Hall, on the 11th, of the month called June, 1696. (London) (1697); — Keith, George: Second narrative of the proceedings at Turners-Hall, the 29th of the month called April, 1697. Giving an exact account of all the proofs G. K. brought out of the Quakers books, and read in that meeting, to prove them guilty of the four great errors he had charged them with, in his printed advertisements, as also the most material speeches he made on every head, with reference to the authors of those books, and more particularly with reference to G.W., T.E., W.P., J. Pennington, and them of the second-days meeting at Londn (sic!). London 1697; Keith, George: George Keith's explications of divers passages contained in his former books, as also his free and open retractation of sundry other passages contained in the same. Which may at present suffice for a reply to the late, as well as former books of Tho. Elwood, and John Penington, published against me, in respect to the most material things. London 1697; — Leslie, Charles: Satan dis-rob'd from his disguise of light, or, the Quakers last shift to cover their monstrous heresies, laid fully open, in a reply to Thomas Ellwood's answer (published the end of last month) to George Keith's narrative of the proceedings at Turners-Hall, June 11, 1696, which also may serve for a reply (as to the main points of doctrine) to Geo. Whitehead's answer to The snake in the grass, to be published the end of next month, if this prevent it not. London 1697. London 1698[2]; — Comber, Thomas: The several kinds of inspirations and revelations pretended by the Quakers tried and found destructive to Holy Scripture and true religion, in answer to Thomas Ellwood's defence thereof in his tract miscalled Truth prevailing etc. London 1698; — Pickworth, Henry: Vindication of his former defence of a certain narrative he (...) presented to (...) the Lord Bishop of Litchfield and Coventry. Concerning

W. Penn and R. Claridge's acknowledgment to the author of their being led into divers gross errors by some (...) among the Quakers, with a detection of one J. Besse's abusive reflections. Together with a full proof of the said W. Penn's being a real Papist (...) in confutation of his former apology, in his defence from the said charge (...). With a particular refutation of the Quaker insolent reply to the (...) petition of the justices, etc. of Norfolk, likewise of Bury in Suffolk, to the Parliament (...). With some notice of their (...) martyrology now printing, etc. London 1738; — Ellwood, Thomas. In: Aikin, John; Morgan, Thomas; Johnston, William: General Biography. Or, lives, critical and historical, of the most eminent persons of all ages, countries, conditions, and professions, arranged according to alphabetical order, III. London 1802, 551-554; — Ellwood (Thomas). In: Chalmers, Alexander: The General Biographical Dictionary. Containing an historical and critical account of the lives and writings of the most eminent persons in every nation, particularly the British and Irish, from the earliest accounts to the present time, XIII. London 1814, 150. ND New York 1969, 150; — Ellwood (Thomas). In: Gorton, John: A general biographical dictionary, containing a summary account of the lives of eminent persons of all nations, previous to the present generation, I. London 1828, 699-700; — Ellwood, Thomas. In: Davenport, Richard Alfred: A Dictionary of Biography. Comprising the most eminent characters of all ages, nations, and professions. London 1831, 246; — Ellwood (Thomas). In: À'Beckett, William: Universal Biography. Including scriptural, classical, and mythological memoirs, together with accounts of many eminent living characters. The whole newly compiled and composed from the most recent and authentic sources, London 1836, 167-168; — Paschall, Ann S.: The Friend's family. Intended for the amusement and instruction of children. Philadelphia 1844; — Thomas Ellwood - 'National era'. In: Littell's Living Age, XV, 181, 1847, 193-201; — Sansom, Oliver: The life of Oliver Sansom, shewing, his convincement of the truth, the exercises, trials and sufferings which came upon him for his obedience thereunto: also relating some of his travels and labors in the work of the ministry. London 1848; — Whittier, John Greenleaf: Old portraits and modern sketches. New York, um 1850; — On the supper. Stockport, um 1850; — Ellwood, (Thomas). In: Rose, Hugh James: A new general biographical dictionary, VII. London 1850, 228-229; — Ellwood, Thomas. In: Allibone, Samuel Austin: A critical dictionary of English literature, and British and American authors, living and deceased, from the earliest accounts to the middle of the nineteenth century. Containing thirty thousand biographies and literary notices, with forty indexes of subjects, I. Philadelphia 1859, 555. ND Detroit 1965, 555; — Paschall, Ann S.: The story of Thomas Ellwood. Philadelphia 1861; — Ellwood, Thomas. In: Dove, E. P. (Hrsg.): The imperial dictionary of universal biography. A series of original memoirs of distinguished men, of all ages and all nations, by writers of eminence in the various branches of literature, science, and art, II. London (1863), 239; — The Penns and Peningtons of the seventeenth century in their domestic and religious life, ill. by orig. family letters, also incidental notices of their friend Thomas Ellwood, with some of his unpublished verses. Hrsg. von Maria Webb. London 1867. Philadelphia 1868. Philadelphia 1877. Philadelphia

1881. Woodbridge 1975 (History of Women, reel 357, 2454); — Ellwood, Thomas. In: Cassell's Biographical Dictionary. Containing original memoirs of the most eminent men and women of all ages and countries. London 1867-1869, 592; — Thomas Ellwood. In: Littell's Living Age, 5th Ser., XI, 1875, 695-700; — Ellwood, Thomas. In: Adams, William Davenport: Dictionary of English literature. Being a comprehensive guide to English authors and their works. London 1877, 200; — Lives of Lord Herbert of Cherbury and Thomas Ellwood. With essays by William D. Howells. Boston 1877; — Budge, Francis Anne: Thomas Ellwood. In: The Friends' Quarterly Examiner. A religious, social, and miscellaneous review, LXI, 1882, 45-71; — Budge, Frances Anne: Thomas Ellwood, and other worthies of the olden time. London 1891; — Summers, William Henry: Memoirs of Jordans and the Chalfonts, and the early Friends in the Chiltern Hundreds. London 1895. London 1904; — Allen, Mary S.: Thomas Ellwood. A picture of life in the seventeenth century. In: Quaker Biographies. A series of sketches, chiefly biographical, concerning members of the Society of Friends, from the seventeenth century to more recent times, II. Philadelphia 1909, 63-101; — Jones, Rufus M.: Little book of selections from the children of the light. London (1909); — Brown, Alfred Kemp: Thomas Ellwood. The friend of Milton. London 1910 (Friends Ancient and Modern, XV); — Nicholls, R.: Thomas Ellwood: Date of death. In: Notes and Queries. A medium of intercommunication for literary men, general readers, etc., Ser.11, XII, 306, 1915, 359; — Sainty, F. J.: Thomas Ellwood and his friends. In: Holborn Review, VII, 1916, 570-585; — (Allen, Phebe): Thomas Ellwood and Hunger Hill. In: The Journal of the Friends Historical Society, XVI, 2, 1919, 62; — Fischer, Walther Paul: Zur Textgeschichte von Thomas Ellwood's 'Davideis' (1712-1796). In: Anglia. Zeitschrift für englische Philologie, XLIII, 1, 1919, 84-100; — Allen, Jeremiah C.: An epistle to Friends everywhere. (Wheldon) (1920); — Roscoe, Theodora: Romances of old Buckinghamshire. Uxbridge (1922); — Snell, Beatrice Saxon: Thomas Ellwood. The friend of Milton. With a foreword by Samuel Graveson. London 1934 (Friends Ancient and Modern, XV). London 1949²; — Snell, Beatrice Saxon: Paradise regained. A play in one act. London, um 1935; — Snell, Beatrice Saxon: Some Thomas Ellwood documents including his will. In: The Journal of the Friends Historical Society, XXXV, 1938, 65-69; — Snell, Beatrice Saxon: The making of Thomas Ellwood. In: The Journal of the Friends Historical Society, XXXVI, 1939, 21-47; — Rowntree, Arthur: Thomas Ellwood. In: The Friends' Quarterly Examiner, 291, 1939, 248-260; 292, 1939, 295-308; — Further notes on the history of the life of Thomas Ellwood. In: The Journal of the Friends Historical Society, XXXVI, 1939, 48-49; — H., C. E.: Thomas Ellwood. In: Notes and Queries. For readers and writers, collectors and librarians, CLXXVII, 14, 1939, 246; — Thomas Story and Thomas Ellwood. In: Proceedings of the Wesley Historical Society, XXVI, 7, 1948, 125; — Garlick, Raymond: On Thomas Ellwood. In: The Friends' Quarterly, III, 4, 1949, 249-255; — Lambert, David Willoughby: The quiet in the land. Some Quaker saints challenge us today. London (1956); — Patrick, J. Max: The influence of Thomas Ellwood upon Milton's epics. In: Bluhm, Heinz (Hrsg.): Essays in history and literature. Presented by fellows of the Newberry Library to Stanley Pargellis. Chicago 1965, 119-132; — Vipont, Elfrida: Quakerism. A faith to live by. London, um 1965; — McLaughlin, Elizabeth T.: Milton and Thomas Ellwood. In: Milton Quarterly, I, 2, 1967, 17-28; — Patrick, J. Max: Milton and Thomas Ellwood: A reconsideration. In: Milton Newsletter, 2, 1968, 2-4; — Nicholson, Frederick James: Quakers and the arts. A survey of attitudes of British Friends to the creative arts from the seventeenth to the twentieth century. London 1968;- Cadbury, Henry J.: The editio princeps of Fox's journal. In: Journal of the Friends Historical Society, LIII, 3, 1974, 197-218; — Michener, Thomas S.: Renowned Quakers whose names lend grace to Pennswood Village buildings. O.O. 1982; — Kohler, Charles: Thomas Ellwood. A rare love. In: The Friends' Quarterly, XXV, 3, 1988, 104-110; — Miller, Timothy C.: The critical response to John Milton's Paradise Lost. Westport 1997; — Baker, Naomi: 'Cross to my honour': Status and gender in the life writings of Mary Penington and Thomas Ellwood. In: Quaker History, XCI, 1, 2002, 20-44; — Moore, Rosemary: Seventeenth century published Quaker verse. In: Quaker Studies, XI, 1, 2004, 5-16.

Claus Bernet

ERNST, Joseph, katholischer Theologe und Priestererzieher, geb. am 26.11. 1804 auf dem Stadlhof zwischen March und Teisnach im Bayerischen Wald, gest. am 21.2. 1869 in Eichstätt. — Aus bescheidenen Verhältnissen stammend, konnte J.E. erst 1822 mit seiner Gymnasialbildung in Straubing beginnen. 1827 schrieb er sich an der Universität in München ein, hörte Joseph Görres und Friedrich Schelling, wechselte aber schon 1829 an die Gregoriana in Rom und promovierte dort 1831 in Philosophie und 1835 in Theologie. 1834 empfing er die Priesterweihe, 1835-37 wirkte er als Studienpräfekt in der Kammer der Philosophen am Germanicum-Hungaricum. Von Bischof Carl August von Reisach 1837 nach Eichstätt gerufen, wurde er 1838 zum ersten Regens des wieder errichteten »Collegium Willibaldinum« ernannt, einem Priesterseminar, das von Reisach zur Restauration des tridentinischen Ideals gedacht war und in dem 1843 ein bischöfliches, öffentlich anerkanntes Lyzeum gegründet wurde. Auch diesem Lyzeum stand Ernst bis 1862 als Rektor vor, dozierte an ihm nacheinander mehrere philosophische und theologische Disziplinen, vor allem 1853-62 und 1863-69 die Dogmatik, und prägte, auch durch seine Schüler (u.a. Franz Morgott, Johann Ev. Pruner, Mathias Schneid, Albert Stöckl, Joseph Georg Suttner), den Geist und bestimmende Inhalte an der von ihm begründeten Schule. Zugleich reformierte er (seit 1854) durch Pastoralkonferenzen die Priesterfortbildung der Eichstätter Diözese. Veröffentlicht hat er selbst nichts; an der Überarbeitung der 1768 erstmals erschienenen »Instructio Pastoralis Eystettensis« unter Bischof Georg von Oettl (1854) war er mit J.G. Suttner wesentlich beteiligt. 1843 wurde Ernst Domkapitular in Eichstätt (königliche Ernennung), 1857 Cameriere segreto, 1859 Summus Theologus und Dompropst. Nach Differenzen mit Bischof Oettl, ausgelöst durch die enge finanzielle Lage des Seminars, wurde Joh. Ev. Pruner 1862 als Ernsts Nachfolger in Rektorat und Regentie bestellt. Ernst gab zur gleichen Zeit auch seine Professur ab, ließ sich 1863 in den Bayerischen Landtag wählen, nahm aber noch 1863 seine Vorlesungen in Dogmatik wieder auf und legte 1865 sein Landtagsmandat nieder. — Von seinen hinterlassenen Manuskripten zeigt vor allem sein Kirchentraktat weit reichenden Einfluß auf ein soteriologisches Verständnis der Kirche als »Sakrament des Lebens«. Ein relationaler, personaler Ansatz prägt seine Gnadenlehre, in der er die Existenz einer bloßen Natur bestreitet, personale Freiheit als erste, allgemeine Wirkung der Gnade versteht und die Aporien neuzeitlicher Gnadenlehre (bei Thomisten und Molinisten) zu unterlaufen sucht.

Nachlass: In der Universitätsbibliothek Eichstätt (Nl. 1); vgl. dazu Franz Sales Romstöck, Personalstatistik und Bibliographie des bischöflichen Lyceums in Eichstätt, 1894, 121f; zu den Vorlesungsmitschriften vgl. Stephan Kellner, Die Handschriften der Bischöflichen Seminarbibliothek, Cod. sm 600-1272. Die Kollegschriften aus dem 19. und frühen 20. Jh. (Kataloge der UB Eichstätt II,3), 1998; Ernsts Korrespondenz findet sich im Diözesanarchiv Eichstätt.

Lit.: Franz v. P. Morgott, Dompropst Dr. J.E., der erste Regens des bischöflichen Seminars zu Eichstätt. Eine Lebensskizze, 1888; — Erich Naab, Das eine große Sakrament des Lebens. Studie zum Kirchentraktat des J.E. (1804-1869) mit Berücksichtigung der Lehrentwicklung in der von ihm begründeten Schule, 1985; — Ders., Die Kirche als Bild des dreifaltigen Gottes. Eine Überlegung zum Kirchentraktat des J.E., in: Herbert Hammans u.a. (Hrsg.), Geist und Kirche, 1991, 277-297; — Ders., »Thomismus« am Eichstätter Lyzeum? Die Diskussion der hinreichenden und wirksamen Gnade, in: Alfred Glässer (Hrsg.), Veritati et Vitae I. 150 Jahre Theologische Fakultät Eichstätt, 1993, 73-103; — Ders., Die Gegenwart Gottes in der Gnade. Universalität und Relation der Gnade nach Eichstätter Theologen im 19. Jh., 2002, 8-102; — Ludwig Mödl, Priesterfortbildung um die Mitte des 19. Jh., 1985; — Erich Garhammer, Seminaridee und Klerusbildung bei Karl August Graf von Reisach. Eine pastoralgeschichtliche Studie zum Ultramontanismus des 19. Jh., 1990 (dazu E. Naab, in: FoKTh 9, 1993, 290-293); — Leo Scheffczyk, Theologie im Aufbruch. Das 19.

Jh., in: Walter Brandmüller (Hrsg.), Handbuch der bayerischen Kirchengeschichte III, 1991, 477-537, hier 524-528; — Rainer A. Müller (Hrsg.), Vitae et Veritati II, 1993, 323f.; — Kosch, KD 652; — LThK³ III, 820.

Erich Naab

ESTOUTEVILLE, Guillaume d' (Guillermus de Astaldivilla, Estoutevilla, Destovilla), Kirchenpolitiker, Kardinal, * um 1412 (Denifle, DBF, DBI, Beck, LMA; nach der fehlerhaften [?] Grabinschrift angeblich 1402/1403), Valmont (Normandie), † 22./23.1. 1483, Rom. — Mit Albergati, Capranica und Carvajal zählte E. zu den führenden Gestalten des Kardinalkollegiums im Quattrocento. Die d'Estouteville (auch d'Aigrefeuille oder d'Estrouville) war eine in Schloß Valmont in der Normandie ansässige Adelsfamilie, die sich durch Widerstand gegen die englische Besetzung (1417-1450) und durch Mäzenatentum hervortat und aus der Vertreter des hohen Klerus hervorgingen: Guillaume (der Ältere), Bischof von Évreux, Auxerre und Lisieux 1375-1414; Thomas, Erzbischof von Beauvais 1389-1395. Guillaume (der Jüngere) war der jüngste Sohn Johanns II. d'Estouteville de Hotot (1378-1435) und der Marguerite d'Harcourt de Plaines de Longueville. Die Mutter war sowohl mit dem französischen Königshaus der Kapetinger wie dem der Valois verwandt; sie war die Tochter Johanns VI. von Harcourt und der Katharina von Bourbon, der Tochter Peters I. von Bourbon und der Isabella von Valois. Katharinas Schwester, Marguerites Tante, war die französische Königin Johanna von Bourbon († 1377), die Gattin Karls V. des Weisen († 1380) aus dem Hause Valois; Marguerites Bruder Louis d'Harcourt war Erzbischof von Rouen (1382-1422). E.s Privatleben zeigt eine ausgesprochen weltliche Prägung: Von der Römerin Girolama Tosti hatte er 5 Kinder, die er alle legitimieren und von seinem Bruder Robert adoptieren ließ: 1. Girolamo Tuttavilla († kurz nach 1495), seit 1481 Signore von Frascati, Nemi und Genzano, als Herr von Porto (Ostia) Patrizier des Königreichs Neapel, am 19.6. 1495 nach einem Sieg über die einmarschierenden Franzosen von König Ferrante II. von Neapel zum ersten Graf von Sarno ernannt. Verheiratet am 22.2. 1483 mit Ippolita, der natürlichen Tochter von Napoleone Orsini, 7. Graf von Tagliacozzo und Signore von Bracciano (deren Sohn Guglielmo Tuttavilla, Graf von Sarno,

verheiratet mit Costanza Caraffa). 2. Caterina Tuttavilla, verheiratet mit Saba di Ludovico Mattei. 3. Margherita Tuttavilla, verheiratet mit Mario di Francesco Massimi. 4. Giulia Tuttavilla, verheiratet mit Giorgio di Camillo Beninbene, Notar, der E.s Testament vom 14.1. 1483 ausfertigte. 5. Agostino Tuttavilla.- E. durchlief eine glanzvolle, reich dokumentierte Karriere, die ihm dank eigenem Vermögen und einträglichen Pfründen einen fürstlichen Lebensstil und ein großzügiges Mäzenatentum gestattete. 1428 wurde er Kanoniker (nicht Benediktinermönch) in Évreux, was ihm die Studien an der Pariser Universität finanzierte, 1432 Kanoniker in Lyon, 1433 Kanoniker in S. Maurice in Angers und Archidiakon von Outre-Loire, am 1.3. 1433 apostolischer Notar, 1435 Lizenziat des Kanonischen Rechts und Magister artium an der Universität von Paris, am 27.2. 1439 (nicht »20.2.«) Bischof von Angers (Amtsantritt durch den französischen König Karl VII. verhindert, Verzicht am 27.10. 1447, Titel »Kardinal von Angers« aber weiter geführt, s.u.), am 25.9. 1439 (Denifle: 9.10.) bischöflicher Administrator von Digne, am 2.12. 1439 Bischof von Couscerans (mit Sitz in St-Lizier), am 18.12. 1439 Kardinalpriester von San Silvestro (berufen von Eugen IV.), am 8.1. 1440 Kardinalpriester von San Martino ai Monti (falsch Strnad 1964 »18.12. 1439«), am 18.4. 1440 Titularbischof von Mirepoix, am 17.4. 1441 Administrator der Diözese Nîmes, 1443 Archipresbyter von S. Maria Maggiore, am 10.7. 1444 Titularbischof von Béziers, am 13.8. 1444 auf Ersuchen Karls VII. Kommandatarabt von Mont-St-Michel, das E.s Bruder Louis erfolgreich gegen die Engländer verteidigt hatte, 1445 Mitglied der kurialen Kommission für die Kanonisierung Bernardinos von Siena, 1446 Kardinalprotektor des Augustinerordens (laut LMA angeblich 1449 Erzbischof von Arles), am 7.1. 1450 bischöflicher Administrator von Lodève, 1452 päpstlicher Legat in Frankreich, am 26.1. 1453 bischöflicher Administrator von St-Jean-de-Maurienne, am 20.4. 1453 Erzbischof von Rouen (als Guillaume VII., seither als Kardinal von Rouen tituliert), 19.3. 1454 (Denifle, falsch 1459) Kardinalbischof von Porto und Santa Rufina (berufen von Nikolaus V.), 1457 Administrator des Benediktinerklosters San Giusto in Susa, 1458 erfolgloser Papstkandidat der französischen Partei im

Konklave vor der Wahl von Pius II., im Oktober 1458 von Pius II. in der Nachfolge des am 4.7. verstorbenen Domenico Capranica (s. dort) zum Protektor des Deutschen Ordens im Kardinalskollegium berufen, 1459 Kardinalpriester von S. Pudenziana al Viminale (statt San Silvestro und San Martino ai Monti), am 26.10. 1461 (bis zu seinem Tod 1483) Kardinalbischof von Ostia und Velletri und damit Dekan des Kardinalskollegiums, was als höchste Kardinalswürde gilt (prima inter cardinales dignitas), 1464 nochmals erfolgloser Papstkandidat (mit Kardinal Bessarion als Subdekan) vor der Wahl von Paul II., 1466 Abt von Montebourg (bei Cherbourg), 1471 (DBI: nach 1444) Großprior der Abtei Saint-Martin-des-Champs in Paris, 1472 (1462?) Titularabt von Saint-Ouen in Rouen, im November 1472 Dekan von Le Puy, im August 1477 (unzutreffend LMA: seit 1440 bis 1473 mehrfach) Kämmerer (Camerlengo, Camerarius) der Römischen Kirche (Finanzverwalter) nach dem Tod seines Vorgängers Latino Orsini († 11.8. 1477). Daneben erhielt E. im Lauf seiner Karriere zahlreiche kleinere Pfründen in Jumièges, Grandmont, Beaumont-en-Auge, Léhon, Vertou, St-Gildas-des-Bois, Cunault, Bonnecombe.- Die heiklen diplomatischen und kirchenrechtlichen Aufgaben, die E. zu übernehmen hatte, bewältigte er mit großem Geschick, auch wenn er zwischen die Fronten geriet. Die Ernennung E.s zum Bischof von Angers 1439 durch Eugen IV. rief nicht nur den Widerstand der Kanoniker der Kathedrale von Angers hervor, die den von ihnen vorgeschlagenen Kandidaten durchzusetzen suchten, sondern bedeutete einen Verstoß gegen die Pragmatische Sanktion, die von Karl VII. mit der durch E. selbst als päpstlichen Legaten vertretenen Kurie an der Bischofssynode in Bourges am 7. Juli 1438 vereinbart worden war und die bei der Investitur des hohen Klerus die Zustimmung des Königs voraussetzte und diesem ein Vetorecht bei päpstlichen Erlassen zusicherte. Dennoch hielt E. fast ein Jahrzehnt an seiner Ernennung fest (Verzicht erst im Oktober 1447). Nach dem Tod Eugens IV. (23.2. 1447) nahm E. an der Wahl von Papst Nikolaus V. teil (6.3. 1447) und wurde von diesem mit zahlreichen wichtigen Aufgaben betraut. 1451 vermittelte er in dessen Auftrag zwischen Karl VII. und Heinrich VI. von England, um die Gefahr von Seiten der

Türken zu bannen. In diesem Zusammenhang verwendete sich E. für den erfolgreichen Kaufmann und Bankier Jacques Coeur von Bourges, der dem König den Krieg gegen England finanziert hatte. Dieser war 1451 auf Befehl des Königs willkürlich verhaftet worden, blieb zwei Jahre eingekerkert und wurde schließlich zum Tod verurteilt, dann aber dank E.s Eintreten begnadigt, jedoch enteignet und verbannt und konnte sich nach Italien in päpstlichen Schutz begeben, wo er wenig später starb (1456). 1452 reformierte E. mit Unterstützung von Parlament und Klerus die Statuten der Pariser Universität (erlassen am 1.6. 1452; publ. Denifle 1897). Im gleichen Jahr erhielt er den Auftrag, die Revision des Prozesses der 1431 in Rouen hingerichteten Jeanne d'Arc vorzubereiten, was mittels mehr als hundert Zeugenbefragungen in verschiedenen Städten geschah, und war als Erzbischof von Rouen Gastgeber des am 7.11. 1455 von Karl VII. eröffneten, am 7.7. 1456 erfolgreich abgeschlossenen Annullierungsprozesses. Auch unter Pius II., der aufgrund seines Bündnisses mit Ferrante von Neapel eine antifranzösische Politik betrieb, blieben die engen Beziehungen zum päpstlichen Hof bestehen, so daß E. 1461 ordnungsgemäß zum Kardinalbischof von Ostia ernannt wurde, worauf er als Kardinalbischof von Porto bei Vakanz Anrecht hatte. 1464 beauftragte ihn zusammen mit Kardinal Carvajal (s. dort) Pius II. in Ancona in den Wirren bei der Sammlung von Kreuzfahrern gegen die Türken für Ordnung zu sorgen. Für Paul II. finanzierte E. die päpstliche Flotte gegen die Türken unter Verpfändung von Monticelli (bei Parma) an E. 1478 leistete er bei einer Hungersnot in Rom Finanzhilfe an Sixtus IV. unter Abtretung von Soriano, Cerveteri u.a. 1479 kaufte er von Giovanni Colonna die kampanischen Sitze Frascati, Nemi und Genzano und überließ seinen Kindern eine Rente von 12.000 Dukaten aus den Zolleinnahmen der römischen Kampagna. 1482 erwarb er von der apostolischen Kammer, die er selber leitete, für seine Söhne Girolamo und Agostino das Kastell Frascati. Aufgrund der Beziehungen zur französischen Krone weihte E. auf Wunsch des 1459 verstorbenen Bischofs von Chartres, Pierre Bêchebien, am 5.6. 1465 die vom königlichen Bastard (und im gleichen Jahr legitimierten) Jean von Orléans, Graf von Dunois († 1468), gestiftete

Sainte-Chapelle im Schloß von Châteaudun (SW von Paris). Als Kardinal war er die führende Gestalt der französischen Fraktion, doch wegen seines liberalen Wesens und seiner Kenntnis des Italienischen, das er wie eine Muttersprache beherrschte, war er auch bei den übrigen Kardinälen beliebt. E.s Hang zum Luxus war berüchtigt. In seinem herrschaftlichen Palazzo dell'Apollinare beschäftigte er Musiker, Maler und Architekten. Zum päpstlichen Konsistorium pflegte er mit 300 Reitern aufzuziehen. Als E. in der Nacht vom 22./23.1. starb, bereitete man ihm am 24. Januar ein pompäses Begräbnis, das in Tumulten endete, weil die Mönche von S. Maria Maggiore den Goldbrokat von der Leiche rauben wollten. E. wurde in S. Agostino in Rom begraben (DBI), das Herz wurde in der Kathedrale von Rouen in dem mit E.s Büste geschmückten Marmorgrabmal beigesetzt, das er einige Jahre vor seinem Tod in Auftrag gegeben hatte. Ein weiteres Porträt befindet sich über der Sakristeitür in S. Agostino; erhalten ist auch eine Porträtmedaille. — An seinen verschiedenen Amtssitzen entfaltete E. mit seinen großen finanziellen Mitteln und unter Einsatz seiner Pfründen eine intensive Bautätigkeit, vergab Aufträge an Künstler und unterstützte kulturelle Institutionen (falsch die Angabe in LMA, E. habe den Bau von S. Luigi dei Francesi gefördert): 1446 Neubau des 1421 eingestürzten Chors der Abtei von Mont-St-Michel. 1452 Renovation und Umbauten der Kathedrale von St-Jean-de-Maurienne. 1454 Auftrag an Pierre de Manneville und Jehan Quesnel (nach dessen Tod 1463 an dessen Sohn Robert) für einen luxuriösen Neubau (»Ostel Neuf«) des 1420 von den Engländern geschleiften Schlosses Gaillon (SO von Rouen) als Sommerresidenz für die Erzbischöfe von Rouen. 1457 Renovation von Schiff, Apsis und Campanile und Freskenschmuck in der Kirche des Benediktinerklosters San Giusto in Susa (jetzt Kathedrale). 1459 Neubau des Bischofspalastes in Rouen. 1461 (laut Gaspar von Verona, De gestis temporum Pontificis Maximi Pauli Secundi) als Archipresbyter von S. Maria Maggiore Ausstattung der Kathedrale mit einer Orgel und Schaffung der Stelle eines Organisten (Reynolds 1996). 1461 Auftrag an den Florentiner Bildhauer Mino da Fiesole oder den Neapolitaner Mino del Reame für ein Ciborium über dem Hochaltar, die Ein-

wölbung der Seitenschiffe und den Bau der Michaelskapelle (Inschrift der Madonna: OPVS MINI; nach Sciolla 1970, 24f, Abb. 13. 17, 1463-1464 ausgeführt von einem Mitarbeiter Minos, dem Neapolitaner Jacopo della Pila; das Ciborium 1747 beseitigt, 3 Reliefs in der Sakristei verbaut, eines im Cleveland Museum of Art, 1928.747). 1464 Altar mit Szenen aus der Vita des Hieronymus für die Kapelle mit den Reliquien des Hieronymus in S. Maria Maggiore, nach dem Zeugnis Vasaris (ed. Milanesi 3, 1906, 117f) Auftrag des Kardinals »Destovilla« an Mino da Fiesole (oder del Reame); 1585 zugunsten der neuen Kapelle von Sixtus V. beseitigt; erhalten 4 Reliefs (jetzt Rom, Palazzo Venezia: Sciolla 1970, 25. 131f Nr. 94, Abb. 19 Entwürfe Minos, ausgeführt von einem Mitarbeiter, dem Neapolitaner Jacopo della Pila). 1465 Umbau des Palazzo dell'Apollinare, des bisherigen Wohnsitzes mehrerer Kardinäle durch Baccio Pontelli und Girolamo Capodiferro zum eigenen Wohnsitz (später Sitz der Università Lateranense, des Collegio Germanico-Ungarico, seit 1990 der Pontificia Università della Santa Croce). 1468 Auftrag an Guillaume Pontifs zum Ausbau der Türme der Kathedrale von Rouen. 1469 Neubau des Klosters S. Agostino in Rom. 1472-1477 Neubau von S. Maria del Popolo, auf Initiative E.s als Kardinalprotektor von Sixtus IV. den lombardischen Observanten der Augustinereremiten als Ordenskirche übergeben. 1475-1480 Augustinerkloster S. Oliva in Cori durch Antonio da Como (Vollendung datiert und signiert, Wappen E.s in Kapitellen des Kreuzgangs). 1477-1479 Hôtel archiépiscopal in Pontoise (NO von Paris) als Residenz des Großvikars des Erzbistums Rouen (jetzt Musée Tavet-Delacour), Bibliothek am nördlichen Querschiff (jetzt Dommuseum) und Portail des Libraires (Nordportal) der Kathedrale von Rouen durch den Architekten Guillaume Pontifs. 1478-1480: Palast der apostolischen Kammer in Frascati (jetzt Bischofspalast), Ausbau zur Festung mit Wasserversorgung aus Grottaferrata. 1479-1483 Bauten in Ostia durch den Festungsarchitekten Baccio Pontelli: Neubau von S. Aurea (vollendet im Auftrag von Giuliano della Rovere), Festung und Stadtmauer (Wappen E.s auf der Außenseite), Renovation von Siedlung und Bischofspalast (nach Frommel 1989 und Gill 1992 ist der antikisierende

Neubau von S. Aurea und die Festung auf Rovere und den Kreis um Pomponius Laetus zurückzuführen, anders Fischer Pace 1988). Ende 1479 Verlegung des Marktes vom Kapitol auf die Piazza Navona durch E. als Leiter der römischen Stadtplanungskommission, im Januar 1480 Räumung der Buden der Waffenschmiede an der Engelsbrücke. 1480 Bischofspalast in Velletri (jetzt Seminario und Museo Diocesano mit dem Archivio storico della Diocesi di Velletri). 1479-1483 Neubau der Kirche S. Agostino in Campo Marzio anstelle der kleinen Kirche S. Trifone in Posterula, die seit dem 9.4. 1430 die aus Ostia hierher überführten Reliquien von Augustins Mutter Monika und die der angeblichen Märtyrerin Aurea von Ostia (s. dort) beherbergte. Der von den Architekten Giacomo da Pietrasanta und Sebastiano Fiorentino begonnene Bau (Grundsteinlegung 1.11. 1479), seit der Antike als erster in Rom mit einer Kuppel ausgestattet (1756 beseitigt), war 1483 kurz nach E.s Tod fertiggestellt (Inschrift an der Fassade: GUILLERMVS DE ESTOVTEVILLA EPISCO[PVS]. OSTIEN[SIS]. CARD[INALIS]. ROTHOMAGEN[SIS]. S[ANCTAE]. R[OMANAE]. E[CCLESIAE]. CAMERARIUS FECIT MCCCCLXXXIII).

Quellen: ausführlich aufgelistet in DBI. Henricus Denifle / Aemilius Chatelain (Hrsg.), Chartularium universitatis Parisiensis [...], 4, Paris 1897, XX-XXIV (Strnad 1967: »bestes Lebensbild«); 705f Nr. 2675; 710f Nr. 2685; 712-734 Nr. 2689-2690; Paul Doncoeur / Yvonne Lanhers, La réhabilitation de Jeanne La Pucelle: l'enquête ordonnée par Charles VII en 1450 et le codicille de Guillaume Bouillé, texte établi, trad. et annoté (Documents et recherches relatifs à Jeanne la Pucelle, 3), Paris 1956 (lat.-frz.); Dies., L'enquête du Cardinal d'Estouteville en 1452: la réhabilitation de Jeanne la Pucelle (Documents et recherches relatifs à Jeanne la Pucelle, 4), Paris 1958 (lat.-frz.); Paul Le Cacheux, Correspondance de la famille d'Estouteville, 1460-1535, Rouen 1935; Pierre Duparc (Hrsg.), Procès en nullité de la condamnation de Jeanne d'Arc, 5 Bde., Paris 1977-1988.

Porträt: Medaille, früher Cristoforo di Geremia zugeschrieben, Medaille, Bronze, vergoldet (Dm. 47 mm), Porträtbüste nach rechts, umlaufend Inschrift: G[ulielmus] DESTOVTEVILLA EPIS[copus] OSTI[ensis] CAR[dinalis] ROTHO[magensis] S[anctae] R[omanae] E[cclesiae] CAM[erarius]; R: Kardinalshut über Wappen E.; Washington, National Gallery of Art, Samuel H. Kress Collection, 1957.14.807.a-b: aufgrund der Titulierung als Camerlengo (Camerarius) nicht vor August 1477 zu datieren: George Francis Hill, A corpus of Italian medals of the Renaissance before Cellini, London 1930, 195-198, Taf. 128, Nr. 757 (irrtümlich »nicht vor 1461«, »† vor 22.2. 1476«); George Francis Hill / Graham Pollard, Renaissance medals from the Samuel H. Kress Collection at the National Gallery of Art, London 1967, Nr. 213, George Francis Hill, Medals of the Renaissance, London 1977 (revised and enlarged by G. Pollard), 68-70; Thieme-Becker 8 (1913) 121 (G. F. Hill, s.v. Cristoforo di Geremia: »von einem Nachahmer«); The Dictionary of Art 8 (1996) 164 (S. K. Scher, s.v. Cristoforo di Geremia); »zugeschrieben«; in DBI 31 (1985) 85f (L. Porzio Biroli Stefanelli, s.v. Cristoforo di Geremia) nicht mehr erwähnt.- Porträtbüste über der Sakristeitür in S. Agostino: Strnad 1964, 189; — Büste, Metropolitan Museum New York, von Bode Mino da Fiesole zugeschrieben, von Venturi als Fälschung erkannt; zustimmend Sciolla 1970, 115 Nr. 77.

Lit.: Jean-Barthélemy Hauréau (Hrsg.), Gallia Christiana, 11, Paris 1874², 90-93. 528; — Ferdinando Gabotto, Girolamo Tuttavilla, uom d'armi e di lettere del secolo XV, in: Archivio Storico per le province napoletane 14, 1889, 410-431; — Xavier Barbier de Montault, Le Cardinal d'Estouteville, bienfaiteur des églises de Rome, in: Mémoires de la Commission archéologique de Maine-et-Loire, 1, 1860, 1-30 = Oeuvres complètes, 1, Paris 1889, 5-29; — Ludwig Pastor, Geschichte der Päpste im Zeitalter der Renaissance bis zur Wahl Pius II., 1-2, Freiburg 1891-1894; — Joseph Depoin, La reconstruction de l'hôtel archiépiscopal de Pontoise par le cardinal d'Estouteville, in: Bulletin de la Commission des Antiquités et des Arts de Seine et Oise 17, 1897, 60. 71-78; — Ulysse Chevalier (Hrsg.), Gallia christiana novissima: histoire des archévêchés, évêchés et abbayes de France, 3, Arles, Montbéliard 1900, Nr. 1958f; — Gabriel de La Morandière, Histoire de la maison d'Estouteville en Normandie, Paris 1903; — Georges Bourgin, Les cardinaux français et le diaire caméral de 1439-1486, in: Mélanges d'Archéologie et d'Histoire de l'École française de Rome 24, 1904, 296-301; — Marguerite Mollier, Le cardinal Guillaume d'Estouteville et le grand vicariat de Pontoise, Paris 1906 (unzureichend); — Gustavo Giovannoni, Il chiostro di S. Oliva in Cori, in: L'Arte 9, 1906, 108 -116; — Noël Valois, Histoire de la pragmatique sanction de Bourges sous Charles VII (Archives d'histoire religieuse de la France, 4), Paris 1906; — Konrad Eubel, Hierarchia catholica medii aevi, 1, Münster 1913, 8; — Jean Marx, Quatre documents relatifs à Guillaume d'Estouteville, cardinal du titre de Saint-Martin, archevêque de Rouen et archiprêtre de Sainte-Marie-Majeure, in: Mélanges d'Archéologie et d'Histoire de l'École française de Rome 35, 1915, 41-55; — Christian Hülsen, Le chiese di Roma nel medio evo, Firenze 1927, 494f (S. Trifone); — Giovanni Pietro Kirsch, La chiesa di Sant' Agostino in Roma, in: RivAC 9, 1932, 257-277; — Paul Ourliac, La Pragmatique Sanction et la légation en France du cardinal d'Estouteville (1451-1453), in: Mélanges d'Archéologie et d'Histoire de l'École française de Rome 55, 1938, 403-432; = Paul Ourliac, Études d'histoire du droit médiévale, 1, Paris 1979, 375-398 (wichtig); — Günter Urban, Die Kirchenbaukunst des Quattrocento in Rom. Eine bau- und stilgeschichtliche Untersuchung, in: Römisches Jahrbuch für Kunstgeschichte 9/10, 1961/62, 73-287, bes. 274-276; — Alfred A. Strnad, Francesco Todeschini Piccolomini: Politik und Mäzenatentum im Quattrocento, in: Römische historische Mitteilungen 8/9, 1964/1966, 101-425, bes. 188-190; — John R. Hale, The early development of the bastion: an italian chronology, c. 1450 - c. 1534, in:

J.-R. Hale [u.a.] (Hrsg.), Europe in the late Middle Ages, London 1965, 466-494; — John R. Hale, Renaissance war studies (History series, 11), London 1983, 1-29; — W. Buchowiecki, Handbuch der Kirchen Roms, 1, Die vier Patriarchalbasiliken und die Kirchen innerhalb der Mauern Roms: S. Agata dei Goti bis S. Francesco Saverio, Wien 1967; — Alfred A. Strnad, Die Protektoren des Deutschen Ordens im Kardinalskollegium, in: K. Wieser (Hrsg.), Acht Jahrhunderte Deutscher Orden in Einzeldarstellungen (Quellen und Studien zur Geschichte des Deutschen Ordens, 1), Bad Godesberg 1967, 307-312. 320; — Vincenzo Golzio / Giuseppe Zander, L'arte in Roma nel secolo XV (Storia di Roma, 28), Bologna 1968, 141-143, T. 42f; 147, T. 46; 164, T. 56; 186, T. 76f. 501; — Gianni Carlo Sciolla, La scultura di Mino da Fiesole (Archeologia e storia dell'arte, 3), Torino 1970; — Bernardin de Mathan, Guillaume d'Estouteville, cardinal-légat du pape, archevêque de Rouen, in: Bulletin Association des amis du vieux Fécamp et du pays de Caux, 1970/71, 19-31; — Enzo Bentivoglio / Simonetta Valtieri, Santa Maria del Popolo a Roma: con una appendice di documenti inediti sulla chiesa e su Roma, Roma 1976, 15f; — Margherita Breccia Fratadocchi, S. Agostino in Roma: arte storia documenti, Roma 1979, 30-34; — Anna Esposito Aliano, Testamento e inventari per la ricostruzione della biblioteca del cardinale Guglielmo d'Estouteville, in: Concetta Bianca (Hrsg.), Scrittura, biblioteche e stampa a Roma nel Quattrocento: aspetti e problemi: atti del seminario 1-2 giugno 1979 (Littera antiqua, 1/1), Città del Vaticano 1980, 309-342; — Silvia Danesi Squarzina, Il Borgo di Ostia da Sisto IV a Giulio II: mostra Ostia, Fortezza ed Episcopio, 19 giugno-30 settembre 1980 (Il Quattrocento a Roma e nel Lazi, 3), Roma 1981; — Umberto Broccoli, Ostia Antica, S. Aurea, Gregoriopoli: spigolature sulle vicende di Ostia dalla tarda antichità all'alto medioevo, in: Renato Lefevre (Hrsg.), Il Lazio nell'antichità romana (Lunario romano, 12), Roma 1982, 189-195; — Katherine J. Walsh, Päpstliche Kurie und Reformideologie am Beispiel von Santa Maria del Popolo in Rom: die Augustiner-Observanten in Spannungsfeld zwischen Borgia und Della Rovere, in: Archivum Historiae Pontificiae 20, 1982, 129f (wichtig); — Cecilia Fiorini / Domenico Palombi, Un esempio di continuità edilizia: il tempio e la chiesa di S . Oliva a Cori, in: Rivista dell'Istituto nazionale d'archeologia e storia dell'arte (RIASA). ser. III/10, 1987, 91-100; — Piero Manciocchi, Cori: storia e monumenti, Latina 1987; — Ursula V. Fischer Pace, Kunstdenkmäler in Italien: Rom, 2, Darmstadt 1988, 424 Abb. 642f; — Christoph L. Frommel, Kirche und Tempel: Giuliano della Roveres Kathedrale Sant'Aurea in Ostia, in: Fest-schrift für Nikolaus Himmelmann (Bonner Jahrbücher. Beihefte, 47) Mainz 1989, 491-505, Taf. 76-78; — Katherine J. Walsh, Papsttum und Ordensreform in Spätmittelalter und Renaissance: zur Wechselwirkung von Zentralgewalt und lokaler Initiative, in: Kaspar Elm (Hrsg.), Reformbemühungen und Observanzbestrebungen im spätmittelalterlichen Ordenswesen (Berliner historische Studien, 14: Ordensstudien, 6), Berlin 1989, 411-430, bes. 426f (wichtig); — Francesco Caglioti, Mino da Fiesole, Mino del Reame, Mino da Montemignaio: un caso d'identità artistica, in: Bollettino d'arte (ser. 6) 67, 1991, 19-86; — Meredith Jane Gill, A French Maecenas in the Roman quattrocento: the patronage of Cardinal Guillaume d'Estouteville (1439-1483), 2 Bde., Diss. Princeton 1992; — Lidia Paroli, Ostia nella tarda antichità e nell'alto medioevo, in: Lidia Paroli / Paolo Delogu (Hrsg.), La storia economica di Roma nell'alto medioevo alla luce dei recenti scavi archeologici. Atti del Seminario, Roma 2-3 aprile 1992 (Biblioteca di archeologia medievale, 10), Firenze 1993, 153-176; — Shelley E. Zuraw, The sculpture of Mino da Fiesole: 1429-1484, 2, New York 1993, 576; — Christopher A. Reynolds, Papal patronage and the music of St. Peter's, 1380-1513, Berkeley 1996, 78; — Christophe Piel, Un lignage normand à la fin du Moyen Âge: les Estouteville 1204-1517, Diss. Paris 1997 (unp.); — Francesco Caglioti, Su Isaia da Pisa: due 'Angeli reggicandelabro' in Santa Sabina all'Aventino e l'altare eucaristico del Cardinal d'Estouteville per Santa Maria Maggiore, in: Prospettiva 89/90, 1998, 125-160; — Simona Olivetti, La cappella dei SS. Michele e Pietro ad Vincula: Piero della Francesca, il cardinale d'Estouteville e la crociata di Pio II, in: Storia dell'arte 93/94, 1998, 177-182; — Meredith J. Gill, Death and the cardinal: the two bodies of Guillaume d'Estouteville, in: Renaissance Quarterly 54/2, 2001, 347-388; — Fabrizio Biferali, Ambrogio Massari, Guillaume d'Estouteville e il chiostro figurato di Sant'Oliva a Cori (Monografie storiche agostiniane, 2), Tolentino 2002; — Bernard Beck, Le mécénat des d'Estouteville, in: B. Beck [u.a.] (Hrsg.), L'architecture de la Renaissance en Normandie: actes du colloque de Cerisy-la-Salle (30 septembre - 4 octobre 1998), 1, Regards sur les chantiers de la Renaissance, Condé-sur-Noireau 2003, 23-40 (wichtig); — Ruth Wessel, Die Sainte-Chapelle in Frankreich: Genese, Funktion und Wandel eines sakralen Raumtyps, Diss. Düsseldorf 2003, 175f; — Dorothee Heinzelmann, Die Kathedrale Notre-Dame in Rouen: Untersuchungen zur Architektur der Normandie in früh- und hochgotischer Zeit (Beiträge zur Kunstgeschichte des Mittelalters und der Renaissance, 9), Münster 2003, 54. 65. 317; — Thieme-Becker 27 (1933) 247f (M. Labò, s.v. Pontelli); 24 (1930) 580-582 (F. Schottmüller, s.v. Mino da Fiesole), 582 (s.v. Mino del Reame); — Catholicisme 4 (1956) 523 (G. Mollat); — DHGE 15 (1963) 1080-1082 (G. Mollat); — DBF 13 (1975) 126f (R. Darricau); — LMA 4 (1989) 40f (H. Müller, fehlerhaft); 39f (H. Müller, s.v. Guillaume d'E.); 42 (J.-M. Roger, s.v. Thomas d'E.); — DBI 43 (1993) 456-460 (A. Esposito, grundlegend); — LThK³ (1995) 897f (H. Müller); — The Dictionary of Art 25 (1996) 216f (M. J. Gill, s.v. Pontelli); 21 (1996) 692-695 (S. E. Zuraw, s.v. Mino da Fiesole); 695f (s.v. Mino da Reame); — Enciclopedia dei papi 2 (2000) 619-634 (C. Bianca, s.v. Martino V); 634-640 (D. Hay, s.v. Eugenio IV); 644-658 (M. Miglio, s.v. Niccolò V); 658-662 (M. E. Mallett, s.v. Callisto III); 663-685 (M. Pellegrini, s.v. Pio II); — NewCathEnc 5 (2002) 379 (G. Mollat).

Bruno W. Häuptli

F

FELDMANN, Erich, geb. 9.5. 1929 in Bamenohl (Finnentrop) im Sauerland, gest. 27.12. 1998 in Münster. Erich Feldmann wurde als zweites von vier Kindern des Bauunternehmers Anton Feldmann und seiner Ehefrau Maria (geb. Scheele) geboren. Im Anschluß an die Volksschule besuchte er die Oberschule für Jungen in Attendorn. Nach kriegsbedingter Unterbrechung und zweijähriger Lehrzeit als Elektromaschinenbauer kehrte er zum Gymnasium in Attendorn zurück und legte 1951 das Abitur ab. Von 1951 bis 1957 studierte er katholische Theologie in Paderborn mit Aufenthalt in München, wo er zusätzlich Geschichte studierte. Daß er sich bereits in dieser Zeit besonders für Augustinus interessierte, zeigt die 1955 in Paderborn prämierte Preisarbeit über »Die hermeneutischen Grundsätze des hl. Augustinus«. Nach der Priesterweihe am 5. Juni 1957 und zweijährigem Vikariat in Paderborn war er ab 1960 am Neusprachlichen Gymnasium Hamm als Religionslehrer tätig. Begleitend setzte er sein Studium in Münster und Köln fort, wo er 1962 das Erste Staatsexamen in Katholischer Theologie und Geschichte ablegte. Nach Referendariat und Zweitem Staatsexamen in Dortmund kehrte er 1963 an das Gymnasium in Hamm zurück. Mit Abordnung an die Katholisch-Theologische Fakultät der Westfälischen Wilhelms-Universität Münster nahm er im April 1966 eine breite Lehrtätigkeit zunächst im Rahmen der Lehrerausbildung auf. Er wurde 1976 mit der von Bernhard Kötting betreuten Dissertation »Der Einfluß des Hortensius und des Manichäismus auf das Denken des jungen Augustinus von 373« promoviert. Erich Feldmann gehörte 1976 zu den Initiatoren des Augustinus-Lexikons, war einer der Mitherausgeber und verfaßte mehrere Artikel, u.a. zum Stichwort »Confessiones«. Neben der Augustinusforschung bildete die Entwicklung des kirchlichen Amtes einen zweiten Interessenschwerpunkt. Dies dokumentiert die u.a. durch Archivstudien in Rom (1975) vorbereitete Habilitationsschrift »Abgesetzte Presbyter. Problematik einer Konfliktlösung in einer frühchristlichen Gemeinde - Studien zum Ersten Clemensbrief« (Münster masch. 1980). Von 1982 bis zu seiner Emeritierung 1990 war Erich Feldmann an der WWU Münster als Professor für Alte Kirchengeschichte mit dem Schwerpunkt des lateinischen Westens tätig. Neben seiner universitären Tätigkeit engagierte er sich weiter als Seelsorger und hielt zahlreiche Vorträge. - Erich Feldmann hat vor allem grundlegende Beiträge zum Verständnis der intellektuellen Biographie Augustins und der Confessiones-Forschung geleistet. Er zeigt auf, dass der junge Augustinus durch die Lektüre des Ciceronischen Hortensius für das philosophische Lebensideal begeistert wird, dies jedoch mit dem Christentum zu verbinden sucht und sich daraufhin den Manichäern zuwendet, weil diese ein intellektuell und ethisch befriedigendes „höheres" Christentum zu repräsentieren scheinen. Durch Studien zu Auftreten und Verkündigung der Manichäer, zu Manis »Epistula fundamenti«, zur manichäischen und augustinischen Paulusrezeption u.a. erweitert er insbesondere das Bild vom nordafrikanischen Manichäismus und von dessen Einfluß auf Augustinus. In direktem Zusammenhang hiermit stehen die Forschungen zu den Augustinischen Confessiones. Er versteht sie als christlichen Protreptikos. Indem Augustinus deutend und wertend im Gespräch mit Gott seinen Werdegang reflektiert, seinen gegenwärtigen Zustand bestimmt und schließlich in der Interpretation der Schöpfungsberichte die bisher erreichte Gotteserkenntnis darstellt, will er den Leser in die Annäherung an diesen Gott mit hineinnehmen. Damit beantwortet Erich Feldmann die Gattungsfrage und leistet zugleich einen wichtigen Beitrag zum Verständnis der Einheit der »Confessiones«.

Schriften: Der Einfluß des Hortensius und des Manichäismus auf das Denken des jungen Augustinus von 373, Diss. Münster (masch.) 1975; Die Bedeutung der Kirchengeschichte für das Lernen am Beispiel, in: rhs 18 (1975) 230-239; Christus-Frömmigkeit der Mani-Jünger. Der suchende Student Augustinus in ihrem »Netz«?, in: E. Dassmann / K.S. Frank (Hrsg.), Pietas. Festschrift für Bernhard Kötting (JAC.E 8), Münster 1980, 198-216; Abgesetzte Presbyter. Problematik einer Konfliktlösung in einer frühchristlichen Gemeinde - Studien zum Ersten Klemensbrief«, Habil.-Schrift Münster (masch.) 1980; Christenverfolgung im Römischen Reich, in: rhs 26 (1983) 137-143; Augustins Bekehrung, in: rhs 28 (1985) 352-357; Las Confesiones de Agustín y su unidad. Reflexiones sobre su composición, in:

Augustinus (Madrid) 31 (1986) 113-122; Art. Alypius (I-III), in: AL 1 (1986-1994), 245-253; Konvergenz von Strukturen? Ciceros Hortensius u. Plotins Enneaden im Denken Augustins, in: Atti del Congresso internazionale su S. Agostino nel XVI centenario della conversione. Roma, 15-20 settembre 1986 (SEAug 24), Roma 1987, Bd. 1, 315-330; Sinn-Suche in der Konkurrenz der Angebote von Philosophien und Religionen. Exemplarische Darstellung ihrer Problematik beim jungen Augustinus, in: C. Mayer / K.H. Chelius (Hrsg.), Homo spiritalis. Festgabe für Luc Verheijen (Cass. 38), Würzburg 1987, 100-117; Die »Epistula Fundamenti« der nordafrikanischen Manichäer. Versuch einer Rekonstruktion, Altenberge 1987; Art. Apostolus (apostolatus), in: AL 1 (1986-1994), 395-406; Literarische und theologische Probleme der Confessiones, in: C. Mayer / K.H. Chelius (Hrsg.), Internationales Symposion über den Stand der Augustinus-Forschung (Cass. 39,1), Würzburg 1989, 27-45; Unverschämt genug vermaß er sich, astronomische Anschauungen zu lehren. Augustins Polemik gegen Mani in conf. 5,3ff., in: A. Zumkeller (Hrsg.), Signum Pietatis. Festgabe für Cornelius Petrus Mayer (Cass. 40), Würzburg 1989, 105-120; Noch einmal: die Confessiones des Augustinus und ihre Einheit. Reflexionen zu ihrer Komposition, in: StPatr 18,4 (1990) 64-70; »... Et inde rediens fecerat sibi deum ...« (conf. 7,20). Beobachtungen zur Genese des augustinischen Gottesbegriffes und zu dessen Funktion in den Confessiones, in: B. Bruning / M. Lamberigts / J. van Houtem (Hrsg.), Collectanea Augustiniana. Mélanges T. J. van Bavel, Leuven 1991, Bd. 2, 881-904; Augustinus und die Ethik, in: H.R. Seeliger (Hrsg.), Kriminalisierung des Christentums? Karlheinz Deschners Kirchengeschichte auf dem Prüfstand, Freiburg 1993, 207-216; Ich war mir selbst zur großen Frage geworden! (Bekenntnisse 4,9). Augustinus - erster moderner (neuzeitlicher) Mensch?, in: Cor unum 51 (1993) 45-61; »Gefährliche Erinnerung« in der vita des jungen Augustinus, in: T.R. Peters / Th. Pröpper / H. Steinkamp (Hrsg.), Erinnern und Erkennen. Denkanstöße aus der Theologie von Johann Baptist Metz, Düsseldorf 1993, 104-112; Das Augustinische Menschbild, in: G. Lange (Hrsg.), Was ist der Mensch? Aktuelle Fragen der theologischen Anthropologie, Bochum 1993, 49-72; Art. Confessiones, in: AL 1 (1986-1994), 1134-1193; Der Übertritt Augustins zu den Manichäern, in: A. van Tongerloo / J. van Oort (Hrsg.), The Manichaean NOYΣ. Proceedings of the international Symposium organized in Louvain from 31 July to 3 August 1991 (Manichaean Studies 2), Louvain 1995, 103-128; Der junge Augustinus und Paulus. Ein Beitrag zur (manichäischen) Paulus-Rezeption, in: L. Cirillo / A. van Tongerloo (Hrsg.), Atti del Terzo Congresso internazionale di Studi »Manicheismo e Oriente Cristiano Antico«. Arcavacata di Rende - Amantea 31 agosto - 5 settembre 1993 (Manichaean Studies 3), Louvain / Napoli 1997, 41-76; Das 'größte Geschenk der Götter'. Beobachtungen zu einer Sentenz Ciceros bei Augustinus (ciu. 22,22), in: B. Czapla / T. Lehmann / S. Liell (Hrsg.), Vir bonus dicendi peritus. Festschrift für Alfons Weische, Wiesbaden 1997, 85-95; Christologische Ansätze des Augustinus von Mailand und ihre Voraussetzungen, in: R. Hoppe / U. Busse (Hrsg.), Von Jesus zu Christus. Christologische Studien. Festgabe für Paul Hoffmann, Berlin 1998, 529-549; Psalmenauslegung der Alten Kirche: Augustinus, in: E. Zenger (Hrsg.), Der Psalter in Judentum und Christentum, Freiburg 1998, 297-322; Das literarische Genus und das Gesamtkonzept der Confessiones, in: N. Fischer / C. Mayer (Hrsg.), Die Confessiones des Augustinus von Hippo. Einführung und Interpretation zu den dreizehn Büchern, Freiburg 1998, 11-59; Der Begriff der Augustinischen »ratio« im existentiellen Vollzug innerhalb und außerhalb des manichäischen Mythos, in: R.E. Emmerick / W. Sundermann / P. Zieme (Hrsg.), Studia Manichaica. IV. Internationaler Kongress zum Manichäismus, Berlin, 14.-18. Juli 1997, Berlin 2000, 179-206; Einführung in Augustins »Confessiones«. Ein Fragment, hrsg. v. A. Hoffmann, in: ThGl 93 (2003) 134-162.

Andreas Hoffmann

FELSBERG, Julius Hans Otto Ferdinand (nachfolgend vereinfacht Otto Felsberg genannt), Pfarrersohn, Pädagoge, Historiker, Germanist, Publizist, * 16.5. 1860 in Gronau/Leine, get. 16.7. 1860 in Gronau, St. Matthäi, † 2.2. 1941 in Brandenburg/ Havel, geh. 20.4. 1887 in Jena, Elisabeth Johanna Friederike Schwabe, Tochter des Pfarrers Friedrich Schwabe, * 2.8. 1860 in Schwerinsburg bei Anklam. Otto Felsberg war das älteste von vier Kindern des Dr. phil. Otto Robert Wilhelm Felsberg, damaligen Vorstehers eines Gronauer Bildungs- und Erziehungsinstituts sowie dessen Ehefrau Marie Julie Agathe, geborenen Weismann. Die Taufe des Kindes vollzog der Gronauer Pfarrer Ludwig Sauerwein, Vater des nachmalig berühmt gewordenen Publizisten und Sprachwissenschaftlers Dr. phil. Georg Julius Justus Sauerwein, * 15.1. 1831 in Hannover. Seine Taufzeugen waren der Großvater, Gymnasiallehrer Prof. Dr. Johann (Jean) Konrad August Weismann, * 13.10. 1804 und † 24.10. 1880 jeweils in Frankfurt/Main, der Onkel, Buchhändler Ferdinand Otte in Greifswald und die Tante, Amalia Schreiber, geborene Felsberg, zu Neunheilingen bei Langensalza. Zwei Jahre nach der Geburt des Kindes zog die Familie nach Hohenkirchen bei Ohrdruf, 1868 schließlich nach Sonneborn, wo der Vater fortan als Pfarrer tätig wurde. Hier erlebte Otto eine sozial gesicherte, glückliche Kindheit und Jugend. Im Alter von 13 Jahren durfte er erstmals alleine die weite Reise zum Großvater nach Frankfurt/Main antreten, der seinen Enkel mit den bekanntesten historischen und kulturellen Stätten der alten Reichsstadt vertraut machte. 1877 reiste er ein zweites und 1880 ein letztes Mal zum Großvater, zunächst an dessen Kranken- und kurz darauf ans Sterbebett. Er besuchte die Volksschulen seiner Wohnorte und von 1872 bis 1880 das Gymnasium »Ernestinum« in Gotha, an dem er am 9.3. 1880 das Reifezeugnis erhielt. Schon damals entwickelte er eine Vorliebe für Geschichte und wurde im Jahre 1877 Gründer des historischen Vereins »Ernst und Scherz« der Gymnasiasten zu Gotha, später dessen Ehrenvorsitzender. Im Jahre 1880 nahm Otto Felsberg ein Lehramtsstudium an der Albert-Ludwigs-Universität Freiburg/Breisgau auf, an der sein berühmter Onkel, der Arzt und spätere Zoologe, Prof. Dr. med. Leopold Friedrich August Weismann, * 17.1. 1834 in Frankfurt/Main † 5.11. 1914 in Freiburg im Breisgau, lehrte. 1881 wechselte er nach Jena, 1882 nach Berlin und 1883 zurück nach Jena. Er hörte Vorlesungen in Philosophie, Geschichte, Deutsch und Erdkunde. Otto Felsberg leistete als Einjährig-Freiwilliger Militärdienst vom 1.10. 1883 bis 30.9. 1884 beim 5. Thüringer Infanterie-Regiment Nr. 94 in Jena, er war Unteroffizier, erhielt das Befähigungszeugnis zum Reserveoffizier und wurde als Vizefeldwebel der Reserve entlassen. Die 1. Lehramtprüfung legte er an der Universität Jena am 6.6. 1885 in Deutsch, Geschichte u. Erdkunde für alle Klassen höherer Schulen sowie in altklassischer Philologie für untere Klassen ab. Seine Examensarbeit trug den Titel: »Die Stellung der tuskischen Städte und König Roberts von Neapel gegenüber Kaiser und Papst während des Romzuges Heinrichs VII.«. Otto Felsberg promovierte zum Dr. phil. an der Philosophischen Fakultät der Universität Freiburg am 7.10. 1886 und schrieb eine Dissertationsschrift zum Thema »Beiträge zur Geschichte des Römerzuges Heinrich VII.; I. Innere und Finanzpolitik Heinrich VII. in Italien«. Am 25.2. 1888 unterzog er sich einer Erweiterungsprüfung (Religion bis Obersekunda) an der Universität Jena. Seine erste Anstellung erhielt Otto Felsberg am 1.10. 1885 als Probekandidat am Herzoglichen Ernestinum (Realschule) Coburg, wo er bereits mit der kommissarischen Verwaltung einer unbesetzten Lehrerstelle betraut wurde. Seine Probezeit lief bis zum 30.9. 1886, wonach er die Zulassung zur Lehrtätigkeit an höheren Lehranstalten erhielt und daselbst bis zum 31.12. 1899 tätig blieb. Ab dem 1.10. 1889 bis gleichfalls dem 31.12. 1899 leitete Otto Felsberg zusätzlich die Alexandrinenschule, eine höhere Mädchenschule, in Coburg. Er unternahm ab 1888 Reisen nach Franken, Schwaben, in den Harz, nach Rügen, in die Al-

pen sowie nach Österreich, Dänemark, Schweden, Italien und Nordafrika und legte eine Mineralien- und eine Sammlung von Fossilien fast aller Erdzeitalter an. Er erweiterte die analoge väterliche Sammlung, die er nach dessen Tode erbte. Er arbeitete in seiner knappen Freizeit an seine Dissertationsschrift anknüpfend an dem Thema »Beiträge zur Geschichte des Römerzuges Heinrich VII. — II. Die Äußere Politik Heinrich VII. in Italien«, befaßte sich mit historischen Problemen zur Reichsgeschichte des XV. Jahrhunderts, der Coburger Regionalgeschichte, insbesondere dem Coburger Zunft- bzw. Innungswesen, der Eroberung Amerikas und dem Kampf der Parteien nach der Französischen Revolution von 1789. Die Felsberg'schen Interessen erschöpften sich nicht in der Historie und Regionalkunde, sondern äußerten sich auch in sprachkundlichen Publikationen zur Coburger Mundart, zur Aussprache des Schriftdeutschen unter besonderer Berücksichtigung der Coburger Lautverhältnisse, einer Novelle und einer Darlegung zum historischen Faust. In gleicher Zeit hält er populärwissenschaftliche Vorträge insbesondere zur Coburger Regionalgeschichte. Er war Mitglied des Anthropologischen Vereins Coburg. 1892 erhielt Otto Felsberg den Titel eines Oberlehrers und am 18.6. 1898 durch Staatsakt des Herzoglichen Staatsministeriums Coburg die Professorenwürde. Die Jahrhundertwende brachte zufälligerweise einen Schnitt in das berufliche und private Leben der Familie Felsberg, indem sie am 1.1. 1900 von Coburg nach Brandenburg/Havel zog und Otto Felsberg dort die Aufgabe des Direktors der Höheren Mädchenschule und des Höheren Lehrerinnenseminars bis zum Eintritt in den Ruhestand am 30.9. 1925 ausübte. Er widmete sich nun mit vollem Engagement seinen neuen beruflichen Aufgaben, publizierte zur Neuordnung des höheren Mädchenschulwesens und die Vorzüge des erfolgreichen Besuches einer anerkannten höheren Mädchenschule bzw. höheren Lehrerinnenseminars. Otto Felsberg wurde Mitglied der städtischen Schuldeputation in Brandenburg/Havel und 1909 zum Oberlyzealdirektor befördert. Außerberuflich trat er dem Historischen Verein zu Brandenburg/Havel bei und wurde ein aktives, tragendes Mitglied! Er hielt Vorträge über europäische Vorgeschichte im Historischen Verein und an der örtlichen Volkshochschule. Seine Ausbildung zum Religionslehrer befruchtete nun seine ehrenamtliche Tätigkeit als Mitglied des Kirchenvorstands der evangelisch-lutherischen Kirche, St. Pauli, Brandenburg/Havel, dem er ca. 3 Jahrzehnte angehörte. 1913 begab er sich auf eine Studienreise in die schwäbische Alb und erkrankte so sehr, daß er 10 Monate beruflich pausieren mußte und erst nach einem Erholungsaufenthalt in Malta im Hause seines Bruders wieder gesund wurde. Kurz vor Ausbruch des ersten Weltkrieges kehrte er nach Deutschland zurück und nahm am 4.8.1914, dem Tag der englischen Kriegserklärung an Deutschland, seine berufliche Tätigkeit wieder auf. Die herausragenden beruflichen Leistungen Otto Felsbergs wurden im Jahre 1918 durch die Ernennungen zum Studiendirektor und Geheimen Studienrat (9.9. 1918) gewürdigt. Er schrieb zur deutschen Kolonialpolitik: »Venezuela, eine deutsche Kolonie 1528-1555«, wurde Mitautor einer »Heimatkunde der Provinz Brandenburg - Deutsches Lesebuch f. Höhere Mädchenschulen -« (1910), wurde Herausgeber einer Goethe-Biographie für den Schulgebrauch u. zum Selbstunterricht (1915; 1930, 2. Auflage) und widmete sich nach dem ersten Weltkrieg in Zeitschriftenartikeln den Frauen im Kriege und ihrer Stellung nach dem Krieg (1919). Ein Höhepunkt in der beruflichen Entwicklung von Otto Felsberg war das 100jährige Bestehen des städtischen Lyzeums zu Brandenburg und sein 25jähriges Amtsjubiläum an dieser Einrichtung. Zu diesem Anlaß erarbeitete er eine »Geschichte des städtischen Lyzeums zu Brandenburg 1825-1925. Festschrift zur Jahrhundertfeier seines Bestehens« und leitete die Feierlichkeiten. Im gleichen Jahr, am 30.9. 1925, trat er in den wohlverdienten Ruhestand, den er allerdings zum Unruhestand gestaltete. Am 7.10. 1926 feierte Otto Felsberg sein Goldenes Doktorjubiläum; zu diesem Anlaß erneuerte die Universität Freiburg sein Doktorzertifikat. Er intensivierte seine Tätigkeit im Historischen Verein der Stadt Brandenburg/Havel, wurde Mitglied des Vorstandes und leitete die vorgeschichtliche Abteilung im Heimatmuseum der Stadt Brandenburg. 1928 wurde er zusätzlich Mitglied der Gesellschaft für deutsche Vorgeschichte. Felsberg publizierte nun eine Vielzahl ur- und frühgeschichtlicher Artikel speziell über Brandenburg in Tageszeitungen und Zeitschriften, hielt fach- und populärwissenschaftliche Vorträge und erarbeitete etwa 40 handschriftliche geologische und naturwissenschaftliche Exzerpte zu den entsprechenden Sammlungen! 1939 erhielt er die Ehrenmitgliedschaft des Historischen Vereins zu Brandenburg/Havel. In seinem letzten Lebensjahrzehnt widmete er sich ergänzend zu allen bereits genannten Aktivitäten der Familiengeschichte, hierbei speziell seiner mütterlichen Linie, aus der herausragende Gelehrte hervorgingen. Seine genealogischen Forschungsergebnisse veröffentlichte Otto Felsberg in den »Beiträgen zur Geschichte der Familie Weismann, stammend von Ehrenreich Weismann, 1641-1717, württembergischer Generalsuperintendent und evangelischer Abt des Klosters Maulbronn/ Württemberg«. Diese familiengeschichtliche Vierteljahresschrift erschien ab 1.1. 1934 bis zum Ende des Zweiten Weltkrieges. Infolge des Umfanges der nachweisbaren Ahnen, seines fortgeschrittenen Alters und eingetretener Schwäche unterblieb die Bearbeitung der väterlichen Ahnenlinie. Das Ehepaar Felsberg hatte zwar keine eigenen Kinder, doch nahm es bereits 1893 eine noch kleine, verwaiste Nichte im Haushalt an Kindes statt auf. Diese inzwischen zur Frau gereifte Nichte heiratete, verlor nach kurzer Ehe ihren Mann, ein Opfer des 1. Weltkrieges, und starb selbst wenig später. Die verbliebenen beiden Söhne dieser Nichte wurden nun ebenfalls in Felsberg'sche Obhut genommen und aufgezogen! Am 2.2. 1941 starb Otto Felsberg in Brandenburg/Havel. Seinen wissenschaftlichen Nachlaß teilen sich das Staatsarchiv Coburg (Aktenabschriften, Vortragsmanuskripte), das Museum im Frey-Haus, Brandenburg/Havel (Sammlungskataloge, Manuskripte zur Ahnenforschung u. a.), der Historische Verein e.V. der Stadt Brandenburg/Havel (Artikel in den Jahresberichten des Historischen Vereins), die Humboldt-Universität Berlin, Naturkundemuseum (Reste der Mineraliensammlung). — Die Dissertation und Monographien aus der Feder Otto Felsbergs findet man in vielen europäischen und außereuropäischen Bibliotheksbeständen, seine Zeitschriftenbeiträge vorwiegend in der ur- und frühgeschichtlichen Fachliteratur, aber auch in brandenburgischen Zeitungen. Otto Felsberg erfuhr bereits zu Lebzeiten zahlreiche Ehrungen, so die bereits genannten Ernennungen zum Oberlehrer, Professor, Oberlyzealdirektor, Studiendirektor, Geheimer Studienrat, die Erneuerung seines Doktorzertifikates nach 50 Jahren und die Ehrenmitgliedschaft im Historischen Verein Brandenburgs. Das Museum im Freyhaus Brandenburg würdigt in einem Ausstellungsabschnitt seine Leistungen als Mitglied des Historischen Vereins Brandenburg und seine wissenschaftliche Produktivität. Studienrat Paul Krause, ein Mitglied des Historischen Vereins, schrieb 1941 in einem Nachruf: »Solange es in der Stadt Brandenburg eine Vorzeitforschung gibt, wird sein Name unvergessen sein«. Ein vorerst letzter ehrender Höhepunkt war der Beschluß der Stadtverordnetenversammlung der Stadt Brandenburg/Havel im Jahre 1993, eine Brandenburger Straße zu Ehren seines einstigen verdienstvollen Bürgers als »Felsbergstraße« zu benennen.

Werke: Die Stellung der tuskischen Städte und König Roberts von Neapel gegenüber Kaiser und Papst während des Romzuges Heinrichs VII. Examensarbeit für Kandidaten des höheren Schulamts. Jena, 06. Juni 1885; Beiträge zur Geschichte des Römerzuges Heinrich VII. I. Innere und Finanzpolitik Heinrich VII. in Italien (Inaugural-Dissertation zur Erlangung der Doctorwürde an der Philosophischen Fakultät der Universität Freiburg). Coburg: Druck der Dietz'schen Hofbuchdruckerei, 1886; Beiträge zur Geschichte des Römerzuges Heinrich VII. I. Innere und Finanzpolitik Heinrich VII. in Italien. Leipzig: Fock, 1886; Beiträge zur Geschichte des Römerzuges Heinrich VII. II. Die Äußere Politik Heinrich VII. in Italien (Handschriftliches Manuskript; undatiert); Nur auf Schläger »Novelle« (Separat-Abdruck aus dem Berliner Fremdenblatt, Vorwort v. Max Baumgart). Berlin: R. von Deckers-Verlag G. Schenck, 1886; Die Ermordung Herzog Friedrichs von Braunschweig im Jahre 1400 und ihre Folgen. Ein Beitrag zur Reichsgeschichte des XV. Jahrhunderts. In: Programm des Herzoglichen Ernestinum (Realschule) zu Coburg, Nr. 660/1888. Coburg: Druck der Dietz'schen Hofbuchdruckerei, 1888, 1-32; Die Ermordung Herzog Friedrichs von Braunschweig im Jahre 1400 und ihre Folgen. Ein Beitrag zur Reichsgeschichte des XV. Jahrhunderts. Leipzig: Fock, 1889; Zur Aussprache des Schriftdeutschen, mit besonderer Bezugnahme auf die Coburger Lautverhältnisse. In: Bericht der Alexandrinenschule zu Coburg, Ostern 1894; Zweiunddreißigster Bericht über die Städtische Höhere Mädchenschule und sechster Bericht über das städtische Lehrerinnenseminar zu Brandenburg. Brandenburg a. H.: Buch- und Kunstdruckerei Ad. Althertum, 1904; Die Neuordnung des höheren Mädchenschulwesens. In: Jahresbericht der Städtischen Höheren Mädchenschule u. des städtischen Lehrerinnenseminars. Brandenburg a. H.: Buch- und Kunstdruckerei Ad. Altherthum, 1909, 1-16; Felsberg; Plümer, Haupt und Bachmann: Heimatkunde der Provinz Brandenburg. Deutsches Lesebuch f. Höhere Mädchenschulen. Leipzig, Frankfurt: Kesselring'sche Hofbuchhandlung, 1910-14, Teile 1-8;

Welche Berechtigungen verleiht der erfolgreiche Besuch einer anerkannten Höheren Mädchenschule und eines Höheren Lehrerinnenseminars? In: Programm der Städtischen Höheren Mädchenschule u. des städtischen Lehrerinnenseminars. Brandenburg a. H.: Buch- und Kunstdruckerei Ad. Alterthum, 1910; (Herausgeber): Aus meinem Leben. Dichtung und Wahrheit von Wolfgang von Goethe (in Auswahl). Für den Schulgebrauch u. zum Selbstunterricht, Reihe: Meisterwerke der Literatur, Bd. 10. Leipzig: Verlag von Julius Klinkhardt, 1915 (1930, 2. Auflage); Geschichte des städtischen Lyzeums zu Brandenburg 1825-1925. Festschrift zur Jahrhundertfeier seines Bestehens. Brandenburg/Havel: Verkehrsbüro, 1925; Das vorgeschichtliche Brandenburg a. d. Havel. In: Brandenburgisches Jahrbuch (Hrsg.: Landesdirektor der Provinz Brandenburg). Berlin: Verlag: Deutsche Bauzeitung, 1928, 3. Band, 17-35; Die Steinzeitfunde von Plaue. Scherben und Waffen lassen verschiedenartige Kultureinflüsse erkennen. Festschrift zur 300-Jahrfeier... Plaue. Brandenburg: Wiesicke, (1937), 9-14.

Zeitungs- und Zeitschriftenartikel: Die Koburger Mundart. In: Mitteilungen der Geographischen Gesellschaft für Thüringen. Jena: G. Fischer, 1888, Band VI, 127-160; Vom historischen Faust. In: Zeitschrift für den deutschen Unterricht 7 (1893), 56-57. Leipzig: Teubner, 1893; Venezuela, eine deutsche Kolonie 1528-1555. In: Jahresbericht des Historischen Vereins Brandenburg 34 (1903), 112-115; Die Frauen im Weltkriege. In: Jahresbericht des Historischen Vereins zu Brandenburg/Havel 50 (1919), 297; Das Königsgrab von Seddin. In: Blätter für Heimatpflege 1 (Nov. 1922), Nr. 2, 14-16 herausgegeben vom Lehrer- u. Lehrerinnenverein Brandenburg a. d. H. Brandenburg: O. Sidow; Die Urbewohner des Havellandes (1. Der Urmensch. 2. Die Renntierjäger). In: Blätter für Heimatpflege 2 (Nov. 1923) Nr. 1, 10-12. Brandenburg: O. Sidow; Die Urbewohner des Havellandes (3. Die Dobbertiner). In: Blätter für Heimatpflege 2 (Dez. 1923) Nr. 2, S. 23-24. Brandenburg: O. Sidow; Die Urbewohner des Havellandes (4. Die Erbauer der Riesengräber. 5. Die Germanen). In: Blätter für Heimatpflege 2 (Febr. 1924) Nr. 3, 31-36. Brandenburg: O. Sidow; Die Wendenburg am Riewendtsee (Eine Erzählung; 2 Fortsetzungen). In: Blätter für Heimatpflege 2 (Aug. 1924) Nr. 7, 84-88. Brandenburg: O. Sidow; Die Wendenburg am Riewendtsee (1. Fortsetzung). In: Blätter für Heimatpflege 2 (Okt. 1924) Nr. 8, 90-99. Brandenburg: O. Sidow; Die Wendenburg am Riewendtsee (2. Fortsetzung). In: Blätter für Heimatpflege 2 (Dez. 1924) Nr. 9, 110-114. Brandenburg: O. Sidow; Die Heimat der Indogermanen und die Herkunft der Germanen. In: Jahresbericht des Historischen Vereins zu Brandenburg/Havel 55/57 (1924-1926), 55; Gründung der Höheren Töchterschule vor 100 Jahren. In: Jahresbericht des Historischen Vereins zu Brandenburg/Havel 55/57 (1924-1926), 71; Über vorgeschichtliche Feuerbestattung im Havellande. In: Natur und Geschichte der Heimat 2 (1926), 44-46; Germanisches Dorfleben auf dem Rietzer Holzberg vor zweieinhalb Jahrtausenden. In: Blätter für Heimatpflege 4 (Dez. 1926), Nr. 3, 62-66. Brandenburg/Havel: O. Sidow; Germanisches Dorfleben auf dem Rietzer Holzberg vor zweieinhalb Jahrtausenden. In: Blätter für Heimatpflege 4 (Febr. 1927) Nr. 4, 62-66. Brandenburg/Havel: O. Sidow; Aus Golzows Urzeit. In: Natur und Geschichte der Heimat 3 (1927) 34-36; Wanderungen durch die vorgeschichtliche Abteilung des Brandenburger Heimatmuseums, Teil I. In: Natur und Geschichte der Heimat 3 (1927), 45-49; Otto Tschirch, ein märkischer Geschichtsforscher. In: Brandenburg 6 (1928), 185-187; Vorgeschichtliches aus Plaue. In: Brandenburger Anzeiger (1928), Nr. 47; Die Töpferkunst, ein uraltes märkisches Handwerk. In: Blätter für Heimatpflege 4 (März 1928) Nr. 8/9, 121-126. Mit Abb. Brandenburg/Havel: O. Sidow; Ein germanischer Urnenfriedhof bei Schenkenberg (Kreis Zauch-Belzig). In: Forschungen und Fortschritte 4 (1928) 157-158; Eine spätgermanische Riemenzunge aus der Mark Brandenburg. In: Prähistorische Zeitschrift 19 (1928), 369-374; Kaiserzeitliche und bronzezeitliche Siedlungsfunde von Jeserig (Kreis Zauch-Belzig). In: Brandenburgische Museumsblätter, Neue Folge (1928), Nr. 8; Vorgeschichtliches von Pritzerbe und dem Pritzerber See. In: Der Roland, Unterhaltungsblatt des Brandenburger Anzeigers 3 (1928) 134-135; Das Havelland zur Wendenzeit. In: Jahresbericht des Historischen Vereins zu Brandenburg/Havel 58-60 (1927-1929), 115-140, 160; Die älteste Eisenkultur im Havellande und ihre zeitliche Gliederung. In: Jahresbericht des Historischen Vereins zu Brandenburg/Havel 58-60 (1927-1929), 149; Ausgrabungen von 1926. In: Jahresbericht des Historischen Vereins zu Brandenburg/Havel 58-60 (1927-1929), 153; Steinzeitliche Bewohner des Havellandes. In: Jahresbericht des Historischen Vereins zu Brandenburg/Havel 58-60 (1927-1929), 153; Die römische Kaiser- und Völkerwanderungszeit im Elbhavelland. In: Mannus, Zeitschrift für Vorgeschichte, Ergänzungsband 7 (1929), 123-169; Wanderungen durch die vorgeschichtliche Abteilung des Brandenburger Heimatmuseums, Teil II. In: Natur und Geschichte der Heimat 5 (1929), 2-4; Wanderungen durch die vorgeschichtliche Abteilung des Brandenburger Heimatmuseums, Teil III. In: Natur und Geschichte der Heimat 5 (1929), 13-14; Die Urbewohner des Havellandes. In: Brandenburger Anzeiger (1929), Nr. 108 (mit einer Fundkarte); Das Steinsburg-Museum bei Römhild. In: Blätter für Heimatkunde, Beilage der Mitteldeutschen Zeitung (1929), Nr. 11; Die Steinsburg auf dem kleinen Gleichberg bei Römhild. In: Brandenburger Anzeiger (1929), Nr. 216; Das Rätsel des Burgwalls von Lossow bei Frankfurt a. d. O. In: Natur und Geschichte der Heimat (1930), 10-12; Tod und Jenseits in der Vorstellung unserer vorgeschichtlichen Ahnen. In: Natur und Geschichte der Heimat (1930), 293; Fundbericht aus dem Arbeitsgebiet des Heimatmuseums Brandenburg/Havel. Neuerwerbungen des Museums für Okt. 1928 bis Dez. 1929. In: Nachrichtenblatt für Deutsche Vorzeit VI (1930), H. 5, 90-92. Leipzig: Curt Kabitzsch; Die Bevölkerung des Havellandes zur römischen Kaiserzeit und ihre Kultur. In: Jahresbericht des Historischen Vereins zu Brandenburg/Havel 61-63 (1930-1932), 52; Ausgrabungstätigkeit 1928-1929. In: Jahresbericht des Historischen Vereins zu Brandenburg/Havel 61-63 (1930-1932), 58; Die Urlandschaft und der vorgeschichtliche Mensch. In: Natur und Geschichte der Heimat (1931), 7-8; Haithabu, eine befestigte Handelsstadt der Wikinger auf deutschem Boden. In: Natur und Geschichte der Heimat (1931), 187-188 und 191-192; Haithabu, eine Handelsstadt der Wikinger auf deutschem Boden. In: Jahresbericht des Historischen Vereins zu Brandenburg/Havel 61-63 (1930-1932), 63; Die Tierwelt der Eiszeit. In: Der Roland, Unterhaltungsblatt des Brandenburger Anzeigers (1932),

Nr. 58; Neue Gräberfelder und Wohnplätze der frühesten Eisenzeit in der Umgebung von Brandenburg/Havel. In: Mannus, Zeitschrift für Vorgeschichte 24 (1932) H. 1-3, 337-364. Leipzig: Curt Kabitzsch; Neues über Haithabu und Vineta. In: Der Roland, Unterhaltungsblatt des Brandenburger Anzeigers (1933), 95; Fundbericht aus dem Arbeitsgebiet des Heimatmuseums Brandenburg/Havel. Neuerwerbungen des Museums für 1930-32. In: Nachrichtenblatt für Deutsche Vorzeit IX (1933), 72-75. Leipzig: Curt Kabitzsch; Die Tierwelt der Eiszeit. In: Jahresbericht des Historischen Vereins zu Brandenburg/Havel 64-67 (1933-1936), 68; Bericht über die letzten Ausgrabungen. In: Jahresbericht des Historischen Vereins zu Brandenburg/Havel 64-67 (1933-1936), 76; Das Gräberfeld bei Jeserig. In: Jahresbericht des Historischen Vereins zu Brandenburg/Havel 64-67 (1933-1936), 96; Ein Gang durch das Heimatmuseum des Historischen Vereins zu Brandenburg. In: Brandenburger Anzeiger vom 02.06.1934; Meine Großeltern, Gymnasialprofessor Jean Weismann und Elise geb. Lübbren. In: Beiträge zur Geschichte der Familie Weismann, stammen von Ehrenreich Weismann, 1641-1717, württembergischer Generalsuperintendent und evangelischer Abt des Klosters Maulbronn/Württemberg. (Victor Bünte-Weismann, Frankfurt/M., Lindenstr. 35 (als Schriftleiter). Eine familiengeschichtliche Vierteljahresschrift, erscheint ab 1.1.1934, 1. Band, Jahrgang 1-3 (1934-36) 113-125; Fundbericht aus dem Arbeitsgebiet des Heimatmuseums Brandenburg/Havel. Neuerwerbungen des Museums für 1933-35. In: Nachrichtenblatt für Deutsche Vorzeit XI (1935), 204-207. Leipzig: Curt Kabitzsch; Das alte Wendendorf Briest. In: Brandenburger Anzeiger 127 (1936) Nr. 7; Das frühgermanische Urnenfeld von Brielow (Kreis Westhavelland). In: Brandenburger Anzeiger, Mai 1937; Die Nachkommenschaft des Valentin Weismann aus Weierburg (Niederösterreich) und des Ehrenreich Weismann 1641-1717, württembergischer Generalsuperintendent und evangelischer Abt des Klosters Maulbronn/Württemberg. Auf Grund handschriftlicher und gedruckter Quellen zusammengestellt u. unter Mitarbeit zahlreicher Familienangehöriger bis auf die Gegenwart fortgeführt von Geh. Studienrat i. R., Prof. Dr. Otto Felsberg, Brandenburg/Havel. In: Beiträge zur Geschichte der Familie Weismann, Jg. 4 (1.1.u.1.4.1937) Doppelnummer 1+2, 1-100; Weismann-Ahnen von der Frauenseite. Beiträge zur Sippenkunde der Familie Weismann. In: Beiträge zur Geschichte der Fam. Weismann, Jg. 4 (1937), 360-367, 395-406; Bericht über vorgeschichtliche Bodenfunde des letzten Jahres (1935). In: Jahresbericht des Historischen Vereins e. V. der Stadt Brandenburg/Havel 68/71 (1937-1941), 59; Ausgrabungen im Sommerhalbjahr 1936. In: Jahresbericht des Historischen Vereins e. V. der Stadt Brandenburg/Havel 68/71 (1937-1941), 63; Vorführung und Besprechung vorgeschichtlicher Funde aus dem Plauer See. In: Jahresbericht des Historischen Vereins e. V. der Stadt Brandenburg/Havel 68/71 (1937-1941), 66.

Lit.: Autorenkollektiv: Jahresverzeichnis der an den deutschen Universitäten erschienenen Schriften Teil II (15. Aug. 1886-14. Aug. 1887). Berlin: Behrend & Co. (1887), 67; — Autorenkollektiv: Festschrift des Herzoglichen Ernestinum zu Coburg 1898. Coburg: Herzogliches Ernestinum, (1898), 41; — Autorenkollektiv: Jahresbericht des Herzoglichen Ernestinum zu Coburg 1899/1900. Coburg: Herzogliches Ernestinum (1901), 29; — Tschirch, Otto (Herausgeber): Jahresbericht des Historischen Vereins zu Brandenburg/Havel. Brandenburg/Havel: J. Wiesickes Buchdruckerei, 36/37 (1905-1906), 173/174; — Autorenkollektiv: Catalogue général des livres imprimes de la Bibliotheque Nationale, Auteurs, Tome L, Faures-Ferramosca . Paris : Imprimerie Nationale (1912), 666; — Brümmer, Franz: Lexikon der deutschen Dichter und Prosaisten vom Beginn des 19. Jahrhunderts bis zur Gegenwart. Leipzig: Druck und Verlag von Philipp Reclam jun., (1913), Sechste völlig neu bearbeitete und stark vermehrte Auflage, Band 2: Dennert-Grütter, 198; — Kerkhof, Karl (Herausgeber): Forschungen und Fortschritte: Nachrichtenblatt der deutschen Wissenschaft und Technik 4 (1926) 16, 157; — Mannus, Zeitschrift für Vorgeschichte 21 (1929) III. Leipzig: Verlag von Curt Kabitzsch; — Mannus, Zeitschrift für Vorgeschichte, VII. Ergänzungsband (1929) 14, 31. Leipzig: Verlag von Curt Kabitzsch; — Brachmann, Albert; Hartung, Fritz: Jahresbericht für Deutsche Geschichte aus der Zwischenkriegszeit 1925-1938. Leipzig: Koehler 5 (1929-1931), 193, 449; — Marschallek, K. H.: Otto Felsberg als märkischer Vorgeschichtsforscher (Zum 70. Geburtstag). In: Der Roland, Unterhaltungsblatt des Brandenburger Anzeigers 5 (1930), Nr. 50; — Marschallek, K. H.: Otto Felsberg als märkischer Vorgeschichtsforscher (Zum 70. Geburtstag). Brandenburg, Zeitschrift für Heimatkunde 8 (1930) 227-228; — Mannus, Zeitschrift für Vorgeschichte 23 (1931) VII. Leipzig: Verlag von Curt Kabitzsch; — Bünte-Weismann, Victor: Geheimrat Prof. Dr. Otto Felsberg zu seinem 75. Geburtstage am 16. Mai 1935. In: Beiträge zur Geschichte der Familie Weismann, stammend von Ehrenreich Weismann, 1641-1717, württembergischer Generalsuperintendent und evangelischer Abt des Klosters Maulbronn/Württemberg. Eine familiengeschichtliche Vierteljahresschrift. Jg. 1-3 (1934-1936), 110-113; — Krause, Paul: Otto Felsberg, ein Forscherleben (Gedenkrede am 28. Februar 1941 im Historischen Verein zu Brandenburg a. d. H.). In: Beiträge zur Geschichte der Familie Weismann 8 (01. April 1941) Nr. 2; — Krause, Paul: Gedenkrede, gehalten am 28. Februar 1941 auf der Trauersitzung des Historischen Vereins. In: Jahresbericht des Historischen Vereins zu Brandenburg 72-73 (1941-1942), 21-26; — Krause, Paul: »Otto Felsberg«. In: Mannus, Zeitschrift für Vorgeschichte 33 (1941), 420-423. Leipzig: Verlag von Curt Kabitzsch; — Krause, Paul: Otto Felsberg. In: Nachrichtenblatt für Deutsche Vorzeit (1942). Leipzig: Curt Kabitzsch; — Arnim, Max: Internationale Personalbibliographie 1800-1943, Zweite verbesserte und stark vermehrte Auflage. Leipzig: Verlag von Karl W. Hiersemann, (1944), Band 1: A-K, 362; — Ungelenk, Ludwig: Hundert Jahre Alexandrinenschule. In: Alexandrinum Coburg (Herausgeber): Festschrift des Alexandrinums Coburg. 1852-1952. Coburg: Verlag A. Roßteutscher, (1952), 9, 11; — Kuhn, Waldemar: Berlin, Stadt und Land: Handbuch des Schrifttums. Berlin: Arani-Verlagsgesellschaft (1952), 11, 17; — Autorenkollektiv: General Catalogue of Printed Books. Photolithographic edition to 1955. London: British Museum (1960), Band 71, 836 (Farn-Feo); — Ludat, Herbert: Deutsch-slawische Frühzeit und modernes polnisches Geschichtsbewußtsein. Köln; Wien: Böhlau (1969), 45; — Autorenkollektiv: The National Union Catalog (NUK) A cumulative author list representing Library of Congress prin-

ted cards and titles, reported by other American librarys. Mansel (1971), Band 169 (Feith, Hendrik (K) - Ferguut), 231; — Kosch, W.; Berger, B.: Deutsches Literatur-Lexikon. Biographisch-bibliographisches Handbuch. Bern und München: Francke-Verlag (1972), 3. völlig überarbeitete Auflage, Band IV, 901; — Gorzny, Willi u. a.: Gesamtverzeichnis des deutschsprachigen Schrifttums (GV) 1911-1965. München: Verlag Dokumentation (1977), Band 35 (Fei-Fh), 149; — Gorzny, Willi u. a.: Gesamtverzeichnis des deutschsprachigen Schrifttums (GV) 1700-1910. München, New York, London, Paris: K.G. Saur (1981), Band 37 (Fei-Fes), 118; — Scheele, Martin; Natalis, Gerhard u.a.: Biologie-Dokumentation. Bibliographie der deutschen biologischen Zeitschriftenliteratur 1796-1965. München, New York, London, Paris: K.G. Saur (1981), Bd. 6 (Feh-Gel), 2480; — Sveistrupp, Hans; von Zahn-Harrack, Agnes: Die Frauenfrage in Deutschland -Quellenkunde, 1790-1930. München, New York, London, Paris: K.G. Saur, (1984), 407; — Hachmann, Rolf (Herausgeber): Ausgewählte Bibliographie zur Vorgeschichte in Mitteleuropa. Stuttgart: Franz-Steiner-Verlag (1984), 61, 365; — Kössler, Franz: Verzeichnis von Programm-Abhandlungen deutscher, österreichischer und schweizerischer Schulen der Jahre 1825-1918. München, London, New York, Oxford, Paris: K.G. Saur (1987), Bd. 1 (A-Godt) 383; — Mangelsdorf, Günter: Zur Geschichte der prähistorischen Forschung in Brandenburg. In: Jahresbericht des Historischen Vereins Brandenburg e. V. -Neue Folge- 1/2 (1991-1992), 15-28; — Dietrich, Frank: Prof. Dr. Otto Felsberg -Aus dem Leben eines Brandenburger Gelehrten und zu seiner Sammlertätigkeit. In: Brandenburg/Havel: Kulturspiegel (1992), Heft 7, 29-31; — Schich, Winfried: Beiträge zur Entstehung und Entwicklung der Stadt Brandenburg im Mittelalter (Veröffentlichungen der Historischen Kommission zu Berlin, Band 84). Berlin: Walter de Gruyter (1993), 46; — Dietrich, Frank: Ein Rückblick auf die vergangenen zwei Jahre. In: Jahresbericht des Historischen Vereins Brandenburg e. V. -Neue Folge- 3/4 (1993-1994), 10; — Kusior, Wolfgang: Otto Tschirch -Leben und Werk-. In: Jahresbericht des Historischen Vereins Brandenburg e. V. Neue Folge 3/4 (1993-1994), 14; — Röhring, Karl-Heinz: Die Reichspräsidentenwahlen 1925 und 1932 in Brandenburg/Havel. In: Jahresbericht des Historischen Vereins Brandenburg e. V. Neue Folge 3/4 (1993-1994), 88-100; — Zeller, Otto et Wolfram: Index bio-biographicus notorum hominum. Corpus alphabeticum I. Sectio generalis. Osnabrück: Biblio Verlag (1994), Band 69 (Favre, Pierre usque ad Ferguson), 640; — Mangelsdorf, Günter: Die Ortswüstungen des Havellandes: Ein Beitrag zur historisch-archäologischen Wüstungskunde der Mark Brandenburg. Berlin; New York: W. de Gruyter (1994), 38, 43-45, 78, 103, 205, 303; — Pfarrerkartei (Dr. Otto Wilhelm Robert Felsberg). Eisenach/Thüringen: Evangelisch-lutherische Landeskirche Thüringen; — Möller, Bernhard u. a.: Thüringer Pfarrbuch, Band 1: Herzogtum Gotha. Herausgegeben von der Gesellschaft für Thüringische Kirchengeschichte, Schriftenreihe der Stiftung Stoye, Band 26. Neustadt a. d. Aisch: Verlag Degener & Co., Inhaber Manfred Dreiss (1995), 230; — Dietrich, Frank: Die Schönheit der Mineralien. Prof. Dr. Otto Felsberg, Einblicke in eine Sammlung. In: Jahresbericht des Historischen Vereins Brandenburg e. V. Neue Folge 5/6 (1995-1996), 109-113; —

Schmidt, Heiner: Quellenlexikon zur deutschen Literaturgeschichte -Personal- und Einzelwerkbibliographien der internationalen Sekundärliteratur 1945-1990 zur deutschen Literatur von den Anfängen bis zur Gegenwart. Berlin: Verlag für Pädagogische Dokumentation (1996), Band 6 (Ege-Fis); — Autorenkollektiv: Handbuch der historischen Buchbestände in Deutschland. Mecklenburg-Vorpommern; Brandenburg. Hildesheim: Georg Olms Verlag AG (1996), Bd. 16, 305-306; — Silber, Helmut: Das Heimatmuseum des Historischen Vereins zu Brandenburg/Havel. In: Jahresbericht des Historischen Vereins Brandenburg e. V. Neue Folge 7 (1997-1998), 86; — Rowly, Antony Robert: Morphologische Systeme der nordwestbayerischen Mundarten in ihrer sprachgeographischen Verflechtung. Stuttgart: Franz Steiner Verlag (1997), 10, 11, 88, 92, 93, 244; — Heinrich, Gerd (Herausgeber); Heß, Klaus; Schich, Winfried; Schößler, Wolfgang: Stahl und Brennabor: Die Stadt Brandenburg im 19. und 20. Jahrhundert (=Bibliothek der Brandenburgischen und Preußischen Geschichte 3). Potsdam: Verlag für Berlin-Brandenburg (1998); — Fabian, Bernhard (Herausgeber): Handbuch der Historischen Buchbestände in Deutschland. Hildesheim: Olms Neue Medien, 2003; — Heß, Klaus: Die Benennung von Straßen in der Stadt Brandenburg nach Personen. In: Jahresbericht des Historischen Vereins Brandenburg (Havel) e. V. Neue Folge 14 (2003-2004), 19-25.

Hartmut Felsberg

FELSBERG, Otto Wilhelm *Robert*, * 31.7. 1821 in Gotha/Thüringen, † 2.9. 1898 in Gotha/Thüringen, verheiratet 29.9. 1858, Marie Julie Agathe Weismann in Frankfurt/Main. — O. W. Robert Felsberg, Sohn des Gothaer Garnison- und Stadtkantors Justinus Felsberg und seiner Ehefrau Henriette, geb. Clemen, aus Schmalkalden, wurde in eine gebildete Familie geboren. — Sein Bildungsweg führte über die örtliche Volksschule, das Gothaer Gymnasium Illustre, an dem sein Vater Musikunterricht erteilte, zum Theologie- und Philologiestudium an der Universität Jena. 1842 wurde er Candidat der Theologie, 1849 legte er das 2. Staatsexamen ab und am 14.5. 1854 promovierte er an der Philosophischen Fakultät der Universität Jena zum Doctor der Philosophie (Dr. phil.). Seine berufliche Tätigkeit begann er 1846 als Hauslehrer der Kinder der Familie von Planitz in Neidschütz bei Naumburg. 1849 wechselte er nach Gronau a. d. Leine, um eine Privatschule für die Kinder der Honoratioren Gronaus zu gründen, diese zu leiten und selbst zu lehren. Der Erfolg seiner pädagogischen Arbeit führte zu einer stetigen Steigerung der Schülerzahlen und schließlich auch zur Aufnahme von Internatsschülern in das Felsbergsche Institut. 1861 beendet Felsberg seine Gronauer Zeit um im gleichen Jahr kurzzeitig eine Lehrtätigkeit in der Nähe Dresdens auszuüben. — Am 10.1. 1862 wird Otto Wilhelm Robert Felsberg in Gotha zum Pfarrer ordiniert und am 19.1. 1862 in sein Amt als Pfarrer der Gemeinden Hohenkirchen und Herrenhof (Thüringen) eingeführt. Vom Juli 1868 bis zu seiner Emeritierung am 1.10. 1894 übt er seinen Pfarrerberuf in den Gemeinden Sonneborn und Eberstädt, zeitweise zusätzlich in Nordhofen aus. Der desolate bauliche Zustand der Sonneborner Kirche führte zur Sperrung und späterem Abriß dieses Bauwerkes. Pfarrer Dr. Felsberg hielt dort am 18.4. 1869 seinen letzten Gottesdienst, um von nun an in Nordhofen zu predigen. Die Grundsteinlegungsfeier zur heutigen Sonneborner Kirche St. Peter & Paul fand am 28.6. 1897 statt, zu der der Pensionär Dr. Felsberg neben weiteren Ehrengästen geladen wurde. Er stiftete »seiner neuen Kirche« ein farbiges Kirchenfenster (mit der Signatur: Kirchenrat Dr. Felsberg), das bis heute (2008) existiert. Der Pädagoge und Pfarrer Felsberg erarbeitete sich durch Können und Fleiß in seinen beiden Berufen und jeweiligen Wirkungsstätten höchste persönliche Wertschätzung. Bereits in den frühen Neidschützer Jahren fand F. Zugang zu dem in der damaligen Zeit pädagogisch-revolutionärem Gedankengut Friedrich Wilhelm August Fröbels (1782-1852), des Begründers des Kindergartens. Seinen ersten brieflichen Kontakt hatte Felsberg mit Fröbel vermutlich im August 1846. Im Mittelpunkt des bis zum Tode Fröbels anhaltenden Briefwechsels standen die Fröbelschen Erziehungskonzepte und ihre praktische Umsetzung. Felsberg wird zum begeisterten Anhänger Fröbels und Multiplikator der Kindergartenidee. Bereits 1848 gründet er mit Billigung seines Prinzipals von Planitz eine dörfliche Fortbildungsanstalt in Neidschütz. Er erprobt die Fröbelschen Spielideen in seiner Hauslehrerstelle, organisiert regionale Spielfeste und äußert in einem Brief an Fröbel vom 15.11. 1848 im Zusammenhang seiner pädagogischen Tätigkeit, daß er »... alles aufbieten werde, um für die Idee der Kindergärten zu begeistern und in Gronau selbst einen solchen ins Leben zu rufen ...«. Er gründet dort einen Erziehungsverein, lies pädagogische Schriften unter den Eltern der anvertrauten Zöglinge kursieren, publiziert Fröbelsche Pädagogik und ihre Erfolge in der örtlichen Presse. F. wurde anerkanntes Mitglied der gesellschaftlichen Kreise der Stadt Gronau und erhielt am 7.6. 1858 die Ehrenbürgerschaft, welche ihm nochmals am 17.6. 1896 bestätigt wurde. Felsbergs sozialpädagogische Bestrebungen gipfeln später, persönlich bereits im Ruhestand, in der Gründung eines Kindergartens für Sonneborn. — Der Pfarrer Dr. Felsberg betreute seine Gemeinden nicht nur seelsorgerisch; in Kenntnis der sozialen Lage vieler seiner Mitbürger wurde er Begründer einer Darlehenskasse Raiffeisenscher Prägung und Vorsitzender ihres Aufsichtsrates in Sonneborn. Er gründete weiterhin eine Friedhofskasse und wurde Vorstandsmitglied der Inneren Mission in der Ephorie Wangenheim. — F. war schriftstellerisch tätig und rezensierte Schulbücher religiöskirchlichen Inhaltes. Er wurde Mitherausgeber der Theologischen Literaturzeitung und Mitautor einer kirchenrechtlichen Schrift. Er unterrichtete gelegentlich zusätzlich zu seiner hohen Belastung als Pfarrer und in diversen Ehrenämtern die Schüler seiner Gemeinde aushilfsweise in der Schule und engagierte sich auch für die Entwicklung einer Volksbibliothek im Friedrichswerter Bezirk. Den evangelisch-protestantischen Missionsverein unterstützte er durch Vorträge und Einladung auswärtiger Redner. — Ernst II., Herzog von Sachsen-Gotha (1818-1893), verlieh Otto Wilhelm Robert Felsberg bereits1879 »in Anerkennung seiner treuen, segensreichen Wirksamkeit als Seelsorger« und als Verweser der Superintendentur das Ritterkreuz 2. Klasse und 1893 den Titel »Kirchenrat«. O. W. R. Felsberg lebte nach seiner Emeritierung bis zu seinem Tod in seiner Geburtsstadt Gotha.

Korrespondenz: Briefe (O. W. R. Felsberg an Friedrich Fröbel) vom 09.08.1846, 02.12.1846, 18.04.1847, 14.05.1847, 03.07.1847, 24.10.1847, 08.12.1847, 28.03.1848, 01.04.1848, 15.06.1848, 19.07.1898, 14.09.1848, 02.10.1848, 09.10.1848, 31.10.1848, 15.11.1848 jeweils aus Neidschütz bei Naumburg/Saale. — Briefe (O. W. R. Felsberg an Friedrich Fröbel) vom 24.02.1849, 11.12.1849, 12.03.1850, 07.04.1850, 14.05.1850, 25.07.1850, 07.09.1851 jeweils aus Gronau/Leine. — Briefe (O. W. R. Felsberg an Friedrich Fröbel) vom 10.10.1849, 12.10.1849, 18.05.1850 jeweils aus Gotha. — Brief (O. W. R. Felsberg an Hildenhagen) vom 19.09.1846 aus Neidschütz. — Brief (Friedrich Fröbel an O. W. R. Felsberg) vom 22.10.1846 aus Quetz. — Briefe (Friedrich Fröbel an O. W. R. Felsberg) vom 07.02.1847, 12.04.1847, 25.04.1847, 24.11.1847, 16.12.1847, 07.02.1848, 21.03.1848, 04.10.1848 jeweils

aus Keilhau bei Rudolstadt. — Brief (Middendorf an O. W. R. Felsberg) vom 23.12.1848 aus Keilhau. — Brief (vermutlich O. W. R. Felsberg an Hermann Sauppe) von 1857, ohne Ortsangabe.

Werke: Anonym (Autor: Felsberg, R.): Das Kinderspielfest in Quetz bei Halle. — In: Naumburger Kreisblatt 36 (1847) Nr. 65, S. 307-309 v. 14.08.1847; Anonym (Autor: Felsberg, R.): Friedrich Fröbels Bestrebungen für naturgemäße Pflege und Entwicklung der ersten Kindheit durch Spiel. — In: Naumburger Kreisblatt 37 (1848) Nr. 21, S. 86/87, Nr. 25, S. 102/103, Nr. 32, 1. Beil., 143/144; Felsberg, R.: Rückblick auf mein Leben bis zum Jahre 1858 (maschineschriftlich); Felsberg, R. (in Gronau/Leine): Die Strafe. — In: Pädagogisches Archiv -Monatsschrift für Erziehung, Unterricht und Wissenschaft- 3 (1861) 5, S. 337-354; Felsberg, R.: Die Erziehung zur Wahrhaftigkeit. — In: Pädagogisches Archiv -Monatsschrift für Erziehung, Unterricht und Wissenschaft- 4 (1862) 1, S. 17-32; Felsberg, R.: Wie unser Christensinn bei dem Brandunglücke, das uns betroffen hat, sich bewähren soll: Predigt über Psalm 42,12 am Sonntage Cantate (29.04.1866) in der Kirche zu Hohenkirchen/gehalten von Robert Felsberg.. — Gotha: Verlag von Thienemann`s Hofbuchhandlung, 1866; Felsberg, R. (Dr.); Thielemann, G., Rudloff, G. (Herausgeber): Gothaisches Kirchen- und Pastoralrecht - Gotha: Verlag von Thienemann`s Hofbuchhandlung, 1883 (1. Auflage); 1892 (2. Auflage).

Lit.: Hofmeister, Adolf Moritz; Hofmeister, Friedrich; Whistling, C. F.: Handbuch der musikalischen Literatur o. allgemeines systematisch-geordnetes Verzeichnis der in Deutschland und in den angrenzenden Ländern gedruckten Musikalien auch musikalischen Schriften und Abbildungen, mit Anzeige der Verleger und Preise. — Leipzig: Friedrich Hofmeister, 1844-45, 3. Auflage, 210; — Kindergarten, Bewahr-Anstalt und Elementarklasse (Zeitschrift). — Berlin, 12(1871), 12-15, 21-26, 39-42, 52-56, 106-109 (enthält: Briefwechsel Fröbel-Felsberg); — Pösche, Hermann (Herausgeber): Friedrich Fröbel's Kindergartenbriefe. — Wien, Leipzig: Verlag von Bichler's Witwe & Sohn, 1887, 220; — Kurze, G.; Regel, F. (Herausgeber): Mitteilungen der Geographischen Gesellschaft für Thüringen zu Jena. — Jena: Verlag von Gustav Fischer Jena 1888, Bd. 6, 193, (enthält: Mitgliedsnachweis für O. W. R. Felsberg im Deutsch-Österreichischen Alpenverein, Sektion Jena, per 31.03.1888); — Pfarrer Senffleben und Lehrer Wagner (Herausgeber): Dr. Robert Felsberg (Nachruf der Gemeinde). — In: Gemeinde-Bote für Sonneborn III. -Nachrichten aus Sonneborns Vergangenheit und Gegenwart- (April 1899) Nr. 2, 17-21. — Eisleben: Druck von August Klöppel; — Schneider, Max (Prof. Dr.): Abiturienten des Gymnasium Illustre zu Gotha von 1768-1859. In: Programm des Herzoglichen Gymnasium Ernestinum zu Gotha, 1906; — Felsberg, Otto Julius Ferdinand: Die Nachkommenschaft des Valentin Weismann aus Weierburg (Niederösterreich) und des Ehrenreich Weismann 1641-1717, württembergischer Generalsuperintendent und evangelischer Abt des Klosters Maulbronn/Württemberg. Auf Grund handschriftlicher und gedruckter Quellen zusammengestellt und unter Mitarbeit zahlreicher Familienangehöriger bis auf die Gegenwart fortgeführt. — In: Beiträge zur Geschichte der Fam. Weismann, Jg. 4 (1.1.u.1.4.1937) Doppelnr.; — Autorenkollektiv: General

Catalogue of Printed Books (Photolithographic edition to 1955); — Published by the Trustees of the British Museum London 1960, Volume 71, 836 (Farn-Feo); — Alt, R.: Jahrbuch für Erziehungs- und Schulgeschichte. — Berlin: Akademie-Verlag, 1972, 38, 39, 52; — Pfarrerkartei (Dr. Otto Wilhelm Robert Felsberg), Ev.-lutherische Landeskirche Thüringen, Eisenach, Landeskirchenarchiv; — Gorzny, Willy und andere: Gesamtverzeichnis des deutschsprachigen Schrifttums (GV) 1700-1910. — München - New York - London - Paris: K.G. Saur 1981, Band 37 (Fei-Fes); — Möller, Bernhard und andere: Thüringer Pfarrerbuch, Band 1: Herzogtum Gotha. Herausgegeben von der Gesellschaft für Thüringische Kirchengeschichte, Schriftenreihe der Stiftung Stoye, Band 26, 64, 96, 230. — Neustadt a. d. Aisch: Verlag Degener & Co., Inhaber Manfred Dreiss, 1995; — Blankenburger Nachlaß Friedrich Fröbels (Briefwechsel Friedrich Fröbel - O.W.R. Felsberg). — Standort: Fröbel-Museum Bad Blankenburg; — Berliner Nachlaß Friedrich Fröbels (Briefwechsel Friedrich Fröbel - O.W.R. Felsberg). Standort: Deutsches Institut für Internationale Pädagogische Forschung, Außenstelle Berlin; — Heiland, Helmut: Die Spielpädagogik Friedrich Fröbels (Beiträge z. Fröbelforschung, Bd. 5). Hildesheim, Zürich, New York: Georg Olms Verlag, 1998, 148, 219, 361, 364, 365; — Langlotz, Kurt: Aus der Geschichte der Sonneborner Kirche Sankt Peter und Paul. — St. Peter & Paul - Sonneborn, 1898-1998, Festschrift, 1998, 5, 7; — (Hrsg.), Evangelisch-Lutherische Kirchgemeinde Sonneborn; — Heiland, Helmut: Friedrich Fröbels Beziehungen zu Quetz. In: Anfänge des Kindergartens, 1. Auflage 2000, Bd. 2, 61, 74-75, 93, 95-97, 102; — (Hrsg.), Thüringer Landesmuseum Heidecksburg Rudolstadt (Friedrich-Fröbel-Museum Bad Blankenburg).

Hartmut Felsberg

FIRTH, (seit 1973: Sir) Raymond William, methodistischer britisch-neuseeländischer Anthropologe, C.N.Z.M., F.B.A., * 25.3. 1901 in Auckland, Neuseeland, † 22.2. 2002 in London. — F. besuchte die Auckland Grammar School. 1922 wurde F. zum M.A. in Wirtschaft an der University of Auckland graduiert; ein Jahr später wurde er in Sozialwissenschaften diplomiert. 1924 wechselte F. an die der University of London angegliederten London School of Economics and Political Science (LSE), wo er in Wirtschaftswissenschaften promovieren wollte. Thematisch beabsichtigte er die Untersuchung der neuseeländischen Tiefkühlfleischindustrie; sein anthropologisches Interesse, das die Lektüre von Frederick Edward Manings »Old New Zealand: a tale of the good old times by a Pakeha Maori« (1863) im jugendlichen Alter geweckt wurde, brachte ihn bald in Kontakt zu Bronislaw Kasper Malinowski (s.d.), zu dessen ersten Schülern F. gehörte, und so wurde er 1927 an der University of London mit einer

Darstellung des Handelswesens der neuseeländischen Maori promoviert. 1928/1929 hielt sich F., der lieber die Rennell-Insel erforscht hätte, erstmals für ein Jahr auf dem fünf Quadratkilometer großen und von ca. 1.200 Menschen in einer nicht-monetären Gesellschaft bewohnten Atoll Tikopia (12°18′ S, 168°48′ O) auf, einer kleinen polynesischen Enklave am Ostrand der Salomon-Inseln unter britischem Protektorat, die sich als relativ resistent gegen Kolonialisierung und Christianisierung erwiesen hatte. Nach mehreren Aufsätzen erschien 1936 »We, the Tikopia: A Sociological Study of Kinship in Primitive Polynesia«, die zu den wegweisenden ethnographischen Monographien des 20. Jahrhunderts wurde, da sie aus minutiöser und empathischer Alltagsbeobachtung ein lebendiges Bild von Verwandtschaftsstrukturen und Gesellschaft zeichnete und sich noch vor der anthropologischen mit Fragen der Verwandtschaftsorganisation auseinandersetzte; Tikopia, 1952 für einige Monate und 1966 während eines kürzeren Zeitraums erneut aufgesucht, wird zeitlebens F.s Referenzparadigma bilden und Thema von neun Monographien und rund 100 Artikeln werden, so daß Tikopia zu den am besten dokumentierten Kulturen gehört, zu deren Sprachverständnis F. als Alterswerk auch ein Wörterbuch verfaßte (Tikopia-English dictionary. Taranga Fakatikopia ma Taranga Fakainglisi, 1985). Seine Beobachtungen des Ritualzyklus führten F. zu der These, daß Religion eine künstlerische Schöpfung zur Sicherung kosmologischer und sozialer Kohärenz sei. — Von 1930 bis 1932 lehrte F. an der Seite von Alfred Reginald Radcliffe-Brown (s.d.) als acting professor Anthropologie an der University of Sydney, wo er 1932 zum Vizepräsidenten der Freethought Society gewählt wurde. 1933 kehrte F. an die LSE zurück, wo er zunächst als lecturer, dann als reader (1935) neben Malinowski die Anthropologie vertrat und wo er bis zu seiner 1968 erfolgten Emeritierung verblieb. 1939 und 1940 (sowie 1945 und 1963) betrieb F. gemeinsam mit seiner Gattin Rosemary geb. Upcott (1912-7.7. 2001), die er 1936 geheiratet hatte, Feldforschungen bei den Malayen an der Küste von Kelantan, deren Resultate 1946 unter dem Titel »Malay Fishermen: Their Peasant Economy« publiziert wurden und den Beginn der ökonomischen Anthropologie nicht-merkantilistischer Gesellschaften markieren; zur Lebensmitte kehrte F. zu seinen Wurzeln als Wirtschaftswissenschaftler zurück, die auch in der lebenslangen engen Freundschaft zu dem Wirtschaftshistoriker Sir Michael M. Postan (24.9. 1899-12.12. 1981) in Cambridge begründet liegen. — Während des Zweiten Weltkriegs war F. für die Naval Intelligence Division in der britischen Admiralität tätig. 1944 rückte F. auf den seit 1939 vakanten Lehrstuhl Malinowskis und in die Leitung des Instituts auf, dem damals u.a. Meyer Fortes (s.d.), Maurice Freedman (11.12. 1920-14.7. 1975), Jomo Kenyatta (20.9 1889 [?]-22.8. 1978, später erster Präsident Kenias), (s.d.) Edmund Ronald Leach (s.d.), Lucy Philip Mair, (s.d.) Siegfried Frederick Nadel und Audrey Isabel Richards angehörten. Für den 1944 gegründeten Colonial Social Science Research Council war F. als Sekretär tätig, und F. war Mitbegründer ihrer Nachfolgeorganisation (Social Science Research Council). Von 1948 bis 1952 war F. Berater der Australian National University Research School for Pacific Studies. Um die Mitte der 1950er Jahre übertrug F. mit seinem Mitarbeiterteam die Feldforschungsmethoden auf Inlandsstudien und nahm Verwandtschaftsstrukturen der Londoner Arbeiter- und Mittelschicht in Augenschein. Nach seiner Emertierung nahm F. von 1968 bis 1974 zahlreiche Gastprofessuren in Nordamerika wahr, wo er u.a. auf Hawaii (1968-1969), in British Columbia (1969), an der Cornell University (1970), in Chicago (1970-1971), an der Graduate School der University of New York (1971) und University of California, Davis (1974) dozierte; im akademischen Jahr 1958/59 war F. Fellow am Center for Advanced Study in the Behavioral Sciences. — F. gehörte 1946 neben (s.d.) Edward Evan Evans-Pritchard als erstem Ehrenpräsidenten, neben Radcliffe-Brown als Gründungspräsidenten, Cyril Daryll Forde und Meyer Fortes zu den Gründern der Association of Social Anthropologists (ASA), die sich als professionelle und wissenschaftliche Alternative zum Royal Anthropological Institute verstand. Gegenüber dem Funktionalismus und seinen schematisierenden Tendenzen unterstrich F. die Bedeutung freier persönlicher Wahl und der Flexibilität gesellschaftlichen Lebens. An Radcliffe-Brown bewunderte F. dessen Brillanz theoretischer Modelle, kritisierte dagegen die Unterbewertung von sozialer Interaktion und die Mißachtung des Unterschieds zwischen kollektivem und persönlichen Wissen. — R. W. F.s Frazer Lecture in Social Anthropology von 1955 (»The fate of the soul: an interpretation of some primitive concepts«, s.u.) . In seinem 1960 erschienenen Festschriftbeitrag »The Plasticity of Myth: Cases from Tikopia« bestätitgte F. prinzipiell die kosmogonische und gesellschaftsstabilisierende Funktion des Mythos, reklamierte aber gleichzeitig eine Interpretation, die den Mythos nicht allein statisch und überlieferungsstabil auffaßt, sondern in unterschiedlichen Überlieferungsvarianten sowohl narrative Flexibilität als auch gesellschaftsstrukturelle Unterschiede bei den Tradentengruppen anerkennt. — R. W. F. wurde 1984 anläßlich eines Symposiums zum 100. Geburtstag Malinowskis von der Uniwersytet Jagiellonski w Krakowie ehrenhalber promoviert; außerdem war F. Ehrendoktor der Universitäten London (Ph.D.), Oslo (Hon. D.Ph.), Michigan (Hon.L.L.D.), British Columbia (Hon.D.Sc.) Australian National University (Hon.D.Litt.), Exeter und Chicago (Hon.D.Lett.Hum.). F. war Honorary Fellow der Association for Social Anthropology in Oceania (ASAO) und Honorary Fellow of the Royal Society of New Zealand. In Anerkennung seiner wissenschaftlichen Leistungen wurde F., der 1949 in die British Academy als ordentliches Mitglied gewählt worden war, am 1.6. 1973 zum Ritter geschlagen. Zu den zahlreichen akademischen Ehrungen, diue F. zu Lebzeiten erhielt, gehören der Distinguished Lecture Award (1980) der American Anthropological Association. Anläßlich eines Festbanketts zu Ehren seines hundertsten Geburtstages erhielt F. von der Polynesian Society die Rusiate Nayacakalou Medal, und 2001 wurde F. zum Companion of the New Zealand Order of Merit (C.N.Z.M.) ernannt. Die British Academy verlieh F. postum erstmals die Leverhulme Medal für herausragende wissenschaftliche Leistungen. — F. war seit 1943 honorary associate der Rationalist Press Association

Werke: The Kauri-gum Industry: some economic aspects, Wellington N.Z. 1924; The Royalty System in the Kauri-gum Industry. (From The New Zealand Journal of Science and Technology), Wellington N.Z. 1924; Economic Psychology of the Maori, in: Journal of the Royal Anthropological Institute of Great Britain and Ireland 55 (1925), 340-362; The Korekore Pa, in: Journal of the Polynesian Soc. A quarterly study of the native peoples of the Pacific area [Auckland NZ] 34 (1925), 1-18; The Maori Carver, in: Journal of the Polynesian Soc. A quarterly study of the native peoples of the Pacific area [Auckland NZ] 34 (1925), 277-291; Maori Store-houses of To-day, in: Journal of the Royal Anthropological Institute of Great Britain and Ireland 55 (1925), 364-372; The Study of Primitive Economics, in: Economica. Publ. quarterly by the Suntory and Toyota Internat. Centre for Economics and Related Disciplines on behalf of the London School of Economics [Oxford] 7 (1927), 312-335; Primitive economics of the New Zealand Maori. With a preface by R[ichard] H[enry] Tawney. [Thesis approved for the degree of doctor of philosophy in the University of London], London 1929. Economics of the New Zealand Maori, with a preface by R. H. Tawney. Being the second ed. of Primitive Economics of the New Zealand Maori, Wellington N.Z. 1959, 1972; Marriage and the Classificatory System of Relationship, in: Journal of the Royal Anthropological Institute of Great Britain and Ireland 60 (1930), 235-268, erneut in: Essays on social organization and values, 1964, 88-122; — A Dart Match in Tikopia, in: Oceania. Journal devoted to the study of the native peoples of Australia, New Guinea and the islands of the Pacific Ocean [Sydney] 1 (1930), 64-96; Report on Research in Tikopia, in: Oceania. Journal devoted to the study of the native peoples of Australia, New Guinea and the islands of the Pacific Ocean [Sydney] 1 (1930), 105-117; Totemism in Polynesia, in: Oceania. Journal devoted to the study of the native peoples of Australia, New Guinea and the islands of the Pacific Ocean [Sydney] 1 (1930), 291-321, 377-398, erneut in: Tikopia ritual and belief, 1967, 226-268; — Maori Material in the Vienna Museum, in: Journal of the Polynesian Soc. A quarterly study of the native peoples of the Pacific area [Auckland NZ] 40 (1931), 95-102; Maori Canoe-Sail in the British Museum. Additional notes by Te Rangi Hiroa, in: Journal of the Polynesian Soc. A quarterly study of the native peoples of the Pacific area [Auckland NZ] 40 (1931), 129-140 (auch separat New Plymouth, 1931); — A Native Voyage to Rennell, in: Oceania. Journal devoted to the study of the native peoples of Australia, New Guinea and the islands of the Pacific Ocean [Sydney] 2 (1931), 179-190; The meaning of dreams in Tikopia, in: Essays presented to C[harles] G[abriel] Seligman. Ed. by E[dward] E[van] Evans-Pritchard, R. F., Bronislaw [Kasper] Malinowski and Isaac Schapera, London 1934 [= reprint. Westport, CT 1970], 63-74, erneut in: Tikopia ritual and belief, 1967, 162-173; — Art and life in New Guinea, London/New York 1936; jap.: Nyuginia no geijutsu, Nara 1943; — We, the Tikopia: a sociological study of kinship in primitive Polynesia. With a preface by Bronislaw Malinowski, London 1936. 2nd ed., London 1957, 1961. We, the Tikopia: a sociological study of kinship in primitive Polynesia. Abridged by the author with a new introd. Preface by Bronislaw Malinowski (Beacon paperback, 164), Boston 1963, 1966, 1970. 2nd ed., Stanford, CA 1983. We, the Tikopia: a sociological study of kinship in primitive Polynesia (Routledge library editions. Anthropology and ethnography, 041/R. F. collected works, 6), London/New York 2004; it.: Noi, Tikopia. Economia e società nella Polinesia primitiva. Introduzione di Bronislaw Malinowski. Traduzione di Carla Bianco e Danila Cannella Visca (Biblioteca di cultura moderna, 791), Bari 1976, Roma 1994²;

port.: Nós, os Tikopias: um estudo sociológico do parentesco na Polinésia primitiva. Prefacio: Bronislaw Malinowski. Apresentação: Marcos Lanna. Tradução: Mary Amazonas Leite de Barros e Geraldo Gerson de Souza (Clássicos, 11), São Paulo 1998; — Bond-friendship in Tikopia, in: Custom is king: essays presented to R[obert] R[anulph] Marett on his seventieth birthday, June 13, 1936, ed. by L[eonard] H[alford] Dudley Buxton (Hutchinson´s scientific and technical publications), London 1936, 259-269, erneut in: Tikopia ritual and belief, 1967, 108-115; — Anthropology and the study of soc., in: Further papers on the social sciences: their relations in theory and in teaching. Being the report of a conference held under the auspices of the Institute of sociology at Westfield college, Hampstead, London, from the 25th to the 27th of September, 1936, ed. by J. E. Dugdale, London 1937, 75-90; Human types (Nelson´s Discussion books, 11), London/New York 1938, London 1941. Human types: an introd. to social anthropology. Revised ed., London/New York 1956. Human types: an introd. to social anthropology. Revised ed. (A mentor book, MP423), New York 1958. Human types. Revised and enlarged ed. (Sphere library), London 1970. Human types. Revised ed. (Abacus books), London 1975. Human types (Sphere books), Westport, CT 1983; span.: Tipos humanos. Una introducción a la antropología social. Traducción de la edición revista y aumentada por Roxana Balay (Lectores de Eudeba, 12), Buenos Aires 1961, 1963²; ndrl.: Sociale antropologie, een inleiding (Het spectrum. Aula reeks, 89), Utrecht/Antwerpen 1962; poln.: Spolecznosci ludzkie. Wstep do antropologii spolecznej. Tlum. Jaroslaw Dunin i Zofia Szyfelbejn-Sokolewicz, Warszawa 1965; norw.: Fremmede kulturer. En innføring i ethnografien. Oversatt av Alv Alver (Gyldendals fakkel-bøker, F 111), Oslo 1967; schwed.: Människotyper. En inledning till socialantropologin. Översatt av Birgitta Nelson, vetenskaplig granskning av Birger Lindskog (Aldusserien, 194), Stockholm 1967; port.: Tipos humanos. Tradução de Miguel Maillet, São Paulo 1978; — Tatooing in Tikopia, in: Man. A record of anthropological science. Publ. under the direction of the Royal Anthropological Institute of Great Britain and Ireland 36 (1936); Primitive Polynesian economy, London 1939. 2nd ed., London/Hamden, CT 1965 (= reprint. London 1967, 1974). Primitive Polynesian economy (Routledge library editions. Anthropology and ethnography, 038 / R. F. collected works, 3), London/New York 2004; it.: Economia primitiva polinesiana. Traduzione di Vito Messana (Collana di antropologia culturale e sociale. Ser. I maestri), Milano 1977; — The work of the gods in Tikopia. Vol. 1 (London School of Economics and Political Science monographs on social anthropology, 1), London 1940. The work of the gods in Tikopia. Vol. 2 (London School of Economics and Political Science monographs on social anthropology, 2), London 1940. The work of the gods in Tikopia. Second ed. with new introd. and epilogue (London School of Economics and Political Science monographs on social anthropology, 1-2), London/New York 1967; — The Analysis of »Mana«: an Empirical Approach, in: Journal of the Polynesian Soc. A quarterly study of the native peoples of the Pacific area [Auckland NZ] 49 (1940), 483-510. The analysis of »mana«: an empirical approach (The Bobbs-Merrill reprint ser. in social sciences, A-290), Indianapolis, IN 1940, erneut in: Tikopia ritual and belief, 1967, 174-194; Peoples and cultures of the Pacific: an anthropological reader ed., and with an introd., by Andrew P[eter] Vayda, Garden City, NY 1968, 316-333; Cultures of the Pacific: selected readings ed. and with introductions by Thomas G[rayson] Harding and Ben J[oe] Wallace, New York/London 1970, 316-333; — Prof. Bronislaw Malinowski, in: Nature 149 (1942), 661-662; The coastal people of Kelantan and Trengganu, in: Geography Journal 101 (1943), 195-205; Social science research in West Africa, London 1945; Malay fishermen: their peasant economy (Internat. library of sociology and social reconstruction). Issued in cooperation with the Royal Institute of Internat. Affairs and the Institute of Pacific Relations, London 1946. Malay fishermen: their peasant economy. 2nd (revised and enlarged) ed., London 1966, 1971. Malay fishermen: their peasant economy (Internat. library of sociology, 064 / Internat. library of sociology. Sociology of development, 7), London 1998; malaysisch: Nelayan Melayu: ekonomi tani mereka. Diterjemahkan oleh Yaacob Harun dan Noor Hasnah Moin, Kuala Lumpur 1990; — Bark Cloth in Tikopia, in: Man. A record of anthropological science. Publ. under the direction of the Royal Anthropological Institute of Great Britain and Ireland 47 (1947), 69-72; Privilege Ceremonies in Tikopia, in Oceania. A journal devoted to the study of the Native peoples of Australia, New Guinea, and the islands of the Pacific [Sydney] 21 (1947), 161-177, erneut in: Tikopia ritual and belief, 1967, 79-94; Internat. Encyclopaedia of Tribal Rel. Ed. by Subhadra M[itra] Channa. Vol. 5: Rel. and soc. Social life and belief systems, New Delhi 2000; — Report on social science research in Malaya, Singapore 1948; Religious Belief and Personal Adjustment, in: Journal of the Royal Anthropological Institute of Great Britain and Ireland 78 (1948), 25-32. Religious belief and personal adjustment. The Henry Myers lecture 1948, London 1949, erneut in: Rel.: a Humanist Interpretation, 1996, 14-47. 217-220; — Authority and Public Opinion in Tikopia, in: Social Structure. Studies Presented to A[lfred] R[eginald] Radcliffe-Brown. Ed. by Meyer Fortes, Oxford 1949 [= reprint. New York 1963], 168-188, erneut in: Essays on social organization and values, 1964, 123-144; — Economics and Ritual in Sago Extraction in Tikopia, in: Mankind. Official journal of the anthropological societies of Australia [Sydney] 4 (1950), 131-142, erneut in: Tikopia ritual and belief, 1967, 269-283; — Elements of social organization. Josiah Mason lectures delivered at the University of Birmingham, 1947, London 1951, 2nd ed. 1956, 3rd ed. 1961, 1963. Elements of social organization. 3rd ed. (reprinted) (with a new preface by the author), London 1971 (= reprint. Westport, CT 1981). Elements of social organization (Routledge library editions. Anthropology and ethnography, 037 / R. F., collected works, 2), London/New York 2004; span.: Elementos de antropologia social. Traducción de Zoraida J. Valcárcel (Biblioteca de sociología), Buenos Aires 1971, 1976; port.: Elementos de organização social. Tradução de Dora Flaksman e Sérgio Flaksman, revisão técnica de Gilberto Velho (Biblioteca de antropologia social), Rio de Janeiro 1974; — The Peasantry of South East Asia, in: Internat. Affairs. Publ. by the Royal Institute of Internat. Affairs [London] 26 (1950), 503-514; Contemporary British social anthropology, in: The American Anthropologist. Journal of the American Anthropological Association 53 (1951), 474-489; Notes on Some Tikopia Ornaments, in: Journal of the Polynesian Soc. A quarterly study of the native peoples of the Pacific area [Auckland NZ] 60 (1951), 130-133; Some Social Aspects of the Colombo Plan, in: Westminster Bank Rv., 1951, 1-17; Notes on the Social Structure of Some South-Eastern New Guinea Communities, Part I: Mailu, in: Man. A record of anthropological science. Publ. under the direction of the Royal Anthropological Institute of Great Britain and Ireland 52 (1952), 65-67; Notes on the Social Structure of Some South-Eastern New Guinea Communities, Part II: Koita, in: Man. A record of anthropological science. Publ. under the direction of the Royal Anthropological Institute of Great Britain and Ireland 52 (1952), 86-89; Anuta and Tikopia: Symbiotic Elements in Social Organization, in: Journal of the Polynesian Soc. A quarterly study of the native peoples of the Pacific area [Auckland NZ] 63 (1954), 87-131; Orientations in economic life, in: The institutions of primitive soc.: a ser. of broadcast talks by Edward Evan Evans-Pritchard, Meyer Fortes, R. W. F., Edmund Ronald Leach, R[onald] G[odfrey] Lienhardt, Max Gluckman, J[ohn] G[eorge] Peristiany & John Layard, Oxford 1954 [= reprint. 1956, 1959, 1963. The institutions of primitive soc.: a ser. of broadcast talks, Glencoe, IL 1954], 12-24; span.: Instituciones de la sociedad primitiva [Acta antropológica publicada por la Sociedad de Alumnos de la Escuela Nacional de Antropologia y Historia. Segunda época, 2/4], México 1964; dt.: Orientierungen im Wirtschaftsleben, in: Institutionen in primitiven Gesellschaften. Vortrr. v. R. F., E. E. Evans-Pritchard u.a. Aus dem Engl. übers. v. Michael Bärmann (ed. suhrkamp, 195), Frankfurt a.M. 1967 [= 1968²], 31-45); — Privilege Ceremonies in Tikopia: A further note, in: Oceania. Journal devoted to the study of the native peoples of Australia, New Guinea and the islands of the Pacific Ocean [Sydney] 26 (1954), 1-13, erneut in: Tikopia ritual and belief, 1967, 95-107; — Ceremonies for Children and Social Frequency in Tikopia, in: Oceania. Journal devoted to the study of the native peoples of Australia, New Guinea and the islands of the Pacific Ocean [Sydney] 27 (1954), 12-55, erneut in: Tikopia ritual and belief, 1967, 31-78; — Social Organization and Social Change. Presidential address, in: Journal of the Royal Anthropological Institute of Great Britain and Ireland 84 (1954), 1-20, erneut in: Essays on social organization and values, 1964, 30-58; — The Sociology of »Magic« in Tikopia, in: Sociologus. Zschr. f. empirische Ethnosoziologie u. Ethnopsychologie [Berlin], N.F. 4 (1954), 47-116, erneut in: Tikopia ritual and belief, 1967, 195-121; — The fate of the soul: an interpretation of some primitive concepts [The Frazer Lecture, delivered in Cambridge on 7 March, 1955], Cambridge 1955, erneut in: Anthropology of folk rel., ed. and introduced by Charles M. Leslie (A Vintage original, V-105), New York 1960, 301-332; Tikopia ritual and belief, 1967, 330-353; it.: Il destino dell´anima, in: Uomo e mito nelle società primitive. Saggi di antropologia religiosa. A cura di Charles Leslie, edizione italiana a cura di Tullio Tentori (Biblioteca Sansoni), Firenze 1965, 1978²; — Function, in: Yearbook of Anthropology [New York] 1 (1955), 237-258; Some Principles of Social Organization, in: Journal of the Royal Anthropological Institute of Great Britain and Ireland 85 (1955), 1-18, erneut in: Essays on social organization and values, 1964, 59-87; dt.: Der soz. Rahmen der ökonomischen Organisation, in: Gesellschaften ohne Staat.

Hrsg. v. Fritz Kramer u. Christian Sigrist. Bd. 1: Gleichheit u. Gegenseitigkeit, Frankfurt a.M. 1978, 101-131; — The Theory of Cargo Cults: A Note on Tikopia, in: Man. A record of anthropological science. Publ. under the direction of the Royal Anthropological Institute of Great Britain and Ireland 55 (1955), 130-132, erneut in: Tikopia ritual and belief, 1967, 157-161; — Work and community in a primitive soc., in: H[is] R[oyal] H[ighness] the Duke of Edinburgh's Study Conference on the Human Problems of Industrial Communities within the Commonwealth and Empire, vol. 2, Oxford 1956, 103-114; Rumor in a Primitive Soc., in: Journal of Abnormal and Social Psychology [Lancaster, PA] 53 (1956), 122-132, erneut in: Tikopia ritual and belief, 1967, 141-157; — A Note on Descent Groups in Polynesia, in: Man. A record of anthropological science. Publ. under the direction of the Royal Anthropological Institute of Great Britain and Ireland 57 (1957), 4-8. A note on descent groups in Polynesia (The Bobbs-Merrill reprint ser. in social sciences, A-375), Indianapolis, IN 1957, erneut in: Kinship and social organization. Ed. by Paul Bohannan and John F[rancis] M[archment] Middleton (American Museum sourcebooks in anthropology publ. for the American Museum of Natural Hist., Q10), New York 1968, 213-223; — Introd.: Malinowski as Scientist and Man, in: Man and Culture: an evaluation of the work of Bronislaw Malinowski, ed. by R. W. F., London 1957, 1-14; span.: Introducción: Malinowski como científico y como hombre, in: Hombre y cultura. La obra de Bronislaw Malinowski por R. F., E[dmund] R[onald] Leach, L[ucy Philip] Mair, S[iegfried] F[rederick] Nadel, T[alcott] Parsons y otros. Traducción de Ramón Valdés del Toro de la 5ª edición inglesa corregida (Antropología), Madrid/México 1974 [= 1978, 1981, 1997]; — The place of Malinowski in the hist. of economic anthropology, in: Man and Culture: an evaluation of the work of Bronislaw Malinowski, ed. by R. W. F., London 1957, 209-277 (span.: El lugar de Malinowski en la historia de la Antropología Económica, in: Hombre y cultura. La obra de Bronislaw Malinowski por R. F., E[dmund] R[onald] Leach, L[ucy Philip] Mair, S[iegfried] F[rederick] Nadel, T[alcott] Parsons y otros. Traducción de Ramón Valdés del Toro de la 5ª edición inglesa corregida [Antropología], Madrid/México 1974 [= 1978, 1981, 1997], 227-248); — Village life in Tikopia, in: Studies in social and cultural anthropology, compiled by John F[rancis] M[archment] Middleton, New York 1968, 57-92; Social anthropology as science and art: A lecture delivered before the Australian and New Zealand Association for the Advancement of Science during their thirty-second meeting at Dunedin, Dunedin 1958; Social change in Tikopia: re-study of a Polynesian community after a generation, London 1959. Social change in Tikopia: re-study of a Polynesian community after a generation (Routledge library editions. Anthropology and ethnography, 039/R. F. collected works, 4), London/New York 2004; poln. [Teildr.:] Przemiany kontroli spolecznej, in: Etnologia. Wybór tekstów, Sokolewicz Zofia (red.), 1969, 299-307; — Acculturation in relation to concepts of health and disease, in: Medicine and anthropology (Lectures to the laity [New York Academy of Medicine], 21). Iago Galdston, ed., New York 1959 [= reprint. Freeport, NY 1971: Essay index reprint ser.], 129-165; Problem and Assumption in an Anthropological Study of Rel., in: Journal of the Royal Anthropologi-

cal Institute of Great Britain and Ireland 89 (1959), 129-148; Ritual Adzes in Tikopia, in: Anthropology in the South Seas: essays presented to H[enry] D[evenish] Skinner. Ed. by J[ohn] D[erek] Freeman and W[illiam] R[obert] Geddes, New Plymouth N.Z. 1959, 149-59, erneut in: Tikopia ritual and belief, 1967, 213-225; — The Plasticity of Myth: Cases from Tikopia, in: Völkerkundliche Forschungen. Martin Heydrich z. 70. Geburtstag überreicht v. Freunden u. Schülern hrsg. v. Willy Fröhlich (Ethnologica. Im Auftrag der Ges. f. Völkerkunde [Ver. z. Förderung des Rautenstrauch-Joest-Museums der Stadt Köln] hrsg, N.F. 2), Köln 1960, 181-188, erneut in: Tikopia ritual and belief, 1967, 284-292; Sacred narrative: readings in the theory of myth ed. with an introd. by Alan Dundes, Berkeley, CA/London 1984, 207-216; — Succession to Chieftainship in Tikopia, in: Oceania. Journal devoted to the study of the native peoples of Australia, New Guinea and the islands of the Pacific Ocean [Sydney] 30 (1960), 161-180. Succession to chieftainship in Tikopia (The Bobbs-Merrill reprint ser. in social sciences, A-291), Indianapolis, IN 1960, erneut in: Essays on social organization and values, 1964, 145-170; port.: Sucessão à chefia em Tikopia (Textos de aula, 5), Brasília; — A Polynesian aristocrat, in: In the company of man: twenty portraits by anthropologists ed. by Joseph B[artholomew] Casagrande, New York 1960 [= reprint. 1964: Harper Torchbooks. The University Library], 1-40; Tikopia Wood Working Ornaments, in: Man. A record of anthropological science. Publ. under the direction of the Royal Anthropological Institute of Great Britain and Ireland 60 (1960), 17-20; Hist. and traditions of the Tikopia (Memoirs of the Polynesian Soc., 32), Wellington N.Z. 1961; Family and Kin Ties in Britain and Their Social Implications, in: The British Journal of Sociology, publ. for the London School of Economics 12 (1961), 305-309; Suicide and Risk-taking in Tikopia Soc., in: Psychiatry. Interpersonal and Biological Processes. A journal of the Washington School of Psychiatry [New York] 24 (1961), 1-17, erneut in: Tikopia ritual and belief, London 1967, 116-140; The sociology of suicide: a selection of readings ed. by Anthony Giddens (New sociology library ed. by Norbert Elias, 3), London 1971 [= reprint. 1983], 197-222; Cultural psychiatry and medical anthropology: an introd. and reader ed. by Roland Littlewood and Simon Dein, London/New Brunswick, NJ/Somerset, NJ 2000, 314-338; — Bilateral descent groups: an operational viewpoint, in: Studies in kinship and marriage dedicated to Brenda Z. Seligman on her 80th birthday, ed. by I[saac] Schapera with a foreword by E[dward] E[van] Evans-Pritchard (Occasional paper of the Royal Anthropological Institute of Great Britain and Ireland, 16), London 1963, 22-37; L and R in Tikopia Language, in: Oceanic Linguistics [Honolulu, HI] 2 (1963), no. 2, p. 49-61; Offering and Sacrifice: Problems of organization, in: Journal of the Royal Anthropological Institute of Great Britain and Ireland 93 (1963), 12-24, erneut in: Reader in comparative rel.: an anthropological approach, ed. by William A[rmand] Lessa and Evon Z[artman] Vogt. 3rd ed., New York 1972, 185-194; überarb. in: Rel.: a Humanist Interpretation, London/New York 1996, 93-109. 222-223; — Capital, saving and credit in peasant societies: a viewpoint from economic anthropology, in: Capital, saving and credit in peasant societies: studies from Asia, Oceania, the Caribbean and Middle America. Essays ed.

with two general essays by R. F. and B[asil] S[elig] Yamey, London 1964, 15-34; Family and kinship in industrial soc., in: The development of industrial societies: papers read at the Nottingham Conference of the British Sociological Association, April, 1964, ed. by Paul Halmos (Sociological Rv. monograph, 8), Keele 1964, 65-87; Reflections on Tikopia Totemism, in: Oceania. Journal devoted to the study of the native peoples of Australia, New Guinea and the islands of the Pacific Ocean [Sydney] 34 (1964), 280-295; Family in Tikopia, in: Comparative family systems. M[eyer] F[rancis] Nimkoff, ed., Boston 1965, 105-120; Indo-Pacific economic systems, in: Readings on economic sociology, ed. by Neil J[oseph] Smelser (Prentice-Hall readings in modern sociology ser.), Englewood Cliffs, NJ 1965, 253-263; Offering and sacrifice: problems of organization, in: Reader in comparative rel.: an anthropological approach, ed. by William A[rmand] Lessa and Evon Z[artman] Vogt. 2nd ed., New York 1965, 185-194; The Meaning of Pali in Tikopia, in: In memory of J[ohn] R[upert] Firth, ed. by C[harles] E[rnest] Bazell, J[ohn] C[unnison] Catford, M[ichael] A[lexander] K[irkwood] Halliday, R[obert] H[enry] Robins (Longmans' linguistic library), London 1966 [= 2nd impress. 1970], 96-115; The social framework of primitive art, in: The many faces of primitive art: a critical anthology ed. by Douglas Fraser, Englewood Cliffs, NJ 1966, 13-33; Twins, Birds and Vegetables: Problems of Identification in Primitive Religious Thought, in: Man. The Journal of the Royal Anthropological Institute of Great Britain and Ireland, N.S. 1 (1966), 1-17; span: Gemelos, pájaros y vegetales: problemas de identificación en el pensamiento religioso primitivo, in: De la función al significado. Escritos de antropología social traducidos y compilados por Federico Bossert, Pablo Sendón y Diego Villar, prólogo de Jürgen Golte, Lima 2001; — Themes in economic anthropology: A general comment, in: Themes in economic anthropology [material presented at a conference on economic anthropology at St. Antony's College, University of Oxford, 28-30 June 1965], ed. by R. F. (ASA [Association of Social Anthropologists of the Commonwealth] monographs, 6), London/New York/Sydney 1967 [= 2nd imprint. 1970, 3rd imprint. 1975 = reprint. London/New York 2004: Routledge library editions, Anthropology and ethnography, 040: R. F., Collected works, 5], 1-28; — Sea creatures and spirits in Tikopia belief, in: Polynesian Culture hist.: Essays in Honor of Kenneth P[ike] Emory, ed. by Genevieve A. Highland, Roland W[ynfield] Force, Alain Howard [et al.] (Bernice P[auahi] Bishop Museum special publication, 56), Honolulu, HI 1967, 539-564; Ritual and Drama in Malay Spirit Mediumship, in: Comparative Studies in Soc. and Hist. An internat. quarterly [The Hague] 9 (1967), 190-207, erneut in: Rel.: a Humanist Interpretation, London/New York 1996, 110-132. 223; — Gods and God: Monotheism and polytheism, in: The humanist outlook, ed. by A[lfred] J[ules] Ayer, London 1968, erneut in: Rel.: a Humanist Interpretation, London/New York 1996, 72-92; — The social framework of economic organization, in: Economic anthropology: readings in theory and analysis ed. by Edward E. LeClair, [and] Harold K. Schneider, New York/London 1968, 491-507; Rivers on Oceanic kinship, in: William Halse Rivers Rivers, Kinship and social organization. Together with »The genealogical method of anthropological enquiry«. With commentaries by Raymond Firth and

David M[urray] Schneider (London School of Economics monographs on social anthropology, 34), London/New York 1968, 17-36; Extraterritoriality and the Tikopia Chief, in: Man. The Journal of the Royal Anthropological Institute of Great Britain and Ireland, N.S. 4 (1969), 354-378; Tikopia Social Space: A Commentary, in: Bijdragen tot de Taal-, Land- en Volkenkunde van Nederlandsch-Indië uitg. door het Koninklijk Instituut voor de Taal-, Land- en Volkenkunde van Nederlandsch-Indië ['s-Gravenhage], deel 125 (1969), 64-70; Rank and rel. in Tikopia: a study in Polynesian paganism and conversion to Christianity (Studies in Tikopia rel., 3), London 1970; Education in Tikopia, in: From child to adult: studies in the anthropology of education. Ed. by John [Francis Marchment] Middleton (American Museum sourcebooks in anthropology, Q12), Garden City, NY 1970 [= reprint. Austin, TX/London 1976: Texas Press sourcebooks in anthropology, 9]; Postures and gestures of respect, in: Échanges et communications. Mél. offerts à Claude Lévi-Strauss à l'occasion de son 60ème anniversaire réunis par Jean Pouillon et Pierre Maranda (Studies in general anthropology, 5/1-2), The Hague/Paris 1970, 230-254; Reason and unreason in human belief, in: Witchcraft and sorcery: selected readings ed. by Max [Gay] Marwick (Penguin modern sociology readings), Harmondsworth/Baltimore, MD 1970 [= reprint. Harmondsworth 1972, 1975], 38-40; Sibling Terms in Polynesia, in: Journal of the Polynesian Soc. A quarterly study of the native peoples of the Pacific area [Auckland NZ] 79 (1970), 272-287; Economic aspects of modernization of Tikopia, in: Anthropology in Oceania: essays presented to Ian Hogbin. Ed. by L[ester] R[ichard] Hiatt and C[handra] Jayawardena, foreword by R. F., Sydney 1971, 47-75; Anthropology Within and Without the Ivory Towers, in: JASO 2 (1971); Anthropological background to work, in: The social dimensions of work, ed. by Clifton D. Bryant (Prentice-Hall sociology ser.), Englewood Cliffs, NJ 1972, 8-12; Methodological Issues in Economic Anthropology, in: Man. The Journal of the Royal Anthropological Institute of Great Britain and Ireland, N.S. 7 (1972), 467-475; The Sceptical Anthropologist? Social Anthropology and Marxist Views on Soc. The British Academy Radcliffe-Brown Lecture 1972, in: Proceedings of the British Academy for the promoting of historical, philosophical and philological studies 58 (1972), 177-213. The sceptical anthropologist? Social anthropology and Marxist views on soc. Inaugural Radcliffe-Brown lecture in social anthropology, 1972. From the proceedings of the British Academy, vol. LVIII, London 1972, erneut u.d.T.: The Sceptical Anthropologist? Social Anthropology and Marxist Views on Soc., in: Marxist analyses and social anthropology. [Based on a session held July 7, 1973, of the decennial conference of the Association of Social Anthropologists of the Commonwealth at St. John's College, Oxford]. Ed. by Maurice Bloch (ASA [Association of Social Anthropologists of the Commonwealth] studies / Social science paperbacks, 289), London/New York 1984, 29-60; — Faith and scepticism in Kelantan village magic, in: Kelantan: rel., soc. and politics in a Malay state ed. by William R. Roff, Kuala Lumpur/London/New York 1974, 190-224, erneut in: Readings on Islam in Southeast Asia, compiled by Ahmad Ibrahim, Sharon Siddique, Yasmin Hussain (Institute of Southeast Asian Studies. Social issues in Southeast Asia), Singapore 1985 [= 1st reprint. 1990], 315-322; Rel.: a Humanist Interpretation, London/New York 1996, 133-155. 223-224; — Verbal and bodily rituals of greeting and parting, in: The Interpretation of ritual: Essays in honour of A[udrey] I[sabel] Richards ed. by J[ean] S[ybil] La Fontaine, London 1972 [= reprint. London 1974: Social science paperbacks, 140; London/New York 2004: Routledge library editions. Anthropology and ethnography, 046: Rel., rites & ceremonies, 5], 1-38; Symbols: public and private, London 1973, 1975. Symbols: public and private. Cornell paperback ed. (Symbol, myth, and ritual ser.), Ithaca, NY 1973, 1975, 1984, 1989; it.: I simboli e le mode. Traduzioni di Raffaele Simone e Danila Cannella Visca (Biblioteca di cultura moderna, 803), Roma/Bari 1977; — Tikopia art and soc., in: Primitive art & soc., ed. by Anthony Forge. Publ. for the Wenner-Gren Foundation for Anthropological Research, Oxford/London/New York 1973, 20-48; An Appraisal of Modern Social Anthropology, in: Annual Rv. of Anthropology [Palo Alto, CA] 4 (1975), 1-25; Max Gluckman, in: Proceedings of the British Academy 61 (1975), 479-496; Seligman's Contributions to Oceanic Anthropology, in: Oceania. Journal devoted to the study of the native peoples of Australia, New Guinea and the islands of the Pacific Ocean [Sydney] 44 (1975), 272-282; Speachmaking and authority in Tikopia, in: Political language and oratory in traditional soc., ed. by Maurice Bloch, London/New York 1975, 29-43; Whose Frame of Reference? One Anthropologist's Experience, in: Anthropological Forum. An internat. journal of social and cultural anthropology and comparative sociology [Nedlands, West Austr.] 4 (1977), no. 2: Special Issue: Anthropological Research in British Colonies: Some Personal Accounts, p. 9-31 [145-167]; Sex Roles and Sex Symbols in Tikopia Soc., in: Kroeber Antropological Soc. Papers [Berkeley, CA], 1978, no. 57/58, p. 1-19; The sacredness of the Tikopia chiefs, in: Politics in leadership: a comparative perspective ed. by William A[lfred] Shack and Percy S[aul] Cohen, Oxford 1979, 139-168; — Work and value: reflections on ideas of Marx, in: Social anthropology of work, ed. by Sandra Wallman (ASA [Association of Social Anthropologists of the Commonwealth] monographs, 19), London/New York 1979, 177-206; Engagement and Detachment: Reflections on Applying Social Anthropology to Social Affairs, in: Human Organization. Journal of the Soc. for Applied Anthropology [Oklahoma City] 40 (1981), no. 3, p. 193-201; Bronislaw Malinowski, in: Totems and teachers: perspectives on the hist. of anthropology, ed. by Sydel Silverman, New York 1981, 100-139; dt.: Bronislaw Malinowski, in: Bronislaw Malinowski, Schrr. z. Anthropologie. Mit einem Essay v. R. W. F. Hrsg. u. mit einer Einl. v. Fritz Kramer (B. M., Schrr. in vier Bde. Hrsg. v. Fritz Kramer, 4/2), Frankfurt a.M. 1986 [= Eschborn 2000²], 227-265; — Magnitudes and values in kula exchange, in: The Kula: New perspectives on Massim exchange, ed. by Jerry W. Leach and Edmund R[onald] Leach, Cambridge/New York 1983, 89-102; Spiritual Aroma? Rel. and Politics, in: The American Anthropologist. Journal of the American Anthropological Association 85 (1983), 582-601, erneut in: Rel.: a Humanist Interpretation, London 1996, 48-71. 220-222; — Magic and rel., in: The pleasures of anthropology, ed. with an introd. and notes by Morris Freilich (A Mentor book, 2240), New York 1983; A »szimbólum« jelentése, in: Jelképek - kommunikáció - tár-

sadalmi gyakorlat. Válogatott tanulmányok a szimbolikus antropológia köréból. Szerkesztette Hoppál Mihály, Niedermüller Péter, Budapest 1983, 189-197; Organization of work among the New Zealand Maori, in: Work in non-market and transitional societies, ed. by Herbert A. Applebaum (SUNY [State University of New York] ser. in the anthropology of work), Albany, NY 1984, 186-198; Roles of women and men in a sea fishing economy: Tikopia compared with Kelantan, in: The Fishing culture of the world: studies in ethnology, cultural ecology, and folklore ed. by Béla Gunda, Budapest 1984, vol. 2,1145-1170; Tikopia-English dictionary. Taranga fakatikopia ma taranga fakainglisi. With special assistance from Ishmael Tuki, Pa Rangiaco, Auckland N.Z./Oxford 1985; Degrees of intelligibility, in: Reason and morality, ed. by Joanna Overing (ASA [Association of Social Anthropologists of the Commonwealth] monographs, 24), London 1985, 29-46; An eye for incongruity: Audrey Richards in a light mood, in: CambrAnthr 10 (1985), no. 1 [Audrey Richards: in memoriam], p. 18-31; Audrey Richards, 1899-1984, in: Man. A record of anthropological science. Publ. under the direction of the Royal Anthropological Institute of Great Britain and Ireland 20 (1985), 341-344; Malinowski in the Hist. of Social Anthropology, in: Malinowski between two worlds: The Polish roots of an anthropological tradition. Ed. by Roy Ellen, Ernest Gellner, Grazyna Kubica and Janusz Mucha, Cambridge/New York/Port Chester/Melbourne/Sydney 1988 [= reprint. Cambridge 1990], 12-42; Fiction and fact in ethnograpy, in: Hist. and ethnicity: 27th Annual meeting. Selected papers, ed. by Elizabeth Tonkin, Maryon McDonald and Malcolm Chapman (A.S.A. [Association of Social Anthropologists of the Commonwealth] monographs, 27), London 1989, 48-52; Sex and Slander in Tikopia Song: Public Antagonism and Private Intrigue, in: Oral Tradition [Bloomington, IN] 5 (1990), no. 2-3, p. 219-240, erneut in: South Pacific oral traditions, ed. by Ruth Finnegan and Margaret Orbell (Voices in performance and text), Bloomington, IN 1995, 64-84; — A future for social anthropology?, in: Contemporary futures: perspectives from social anthropology ed. by Sandra Wallman (A.S.A. [Association of Social Anthropologists of the Commonwealth] monographs, 30), London/New York 1992, 208-224; poln.: Czy antropologia spoleczna ma przyszlosc?, in: Badanie kultury: elementy teorii antropologicznej. Wyboru dokonali i przedmowa poprzedzili Marian Kempny, Ewa Nowicka. Red. nauk. poszczeg. tekstów Michal Buchowski et al., Warszawa 2003, 19-34; — Contingency of the Incest Taboo, in: Man. The Journal of the Royal Anthropological Institute of Great Britain and Ireland, N.S. 29 (1994), 712-713; Rel.: a Humanist Interpretation, London/New York 1996 (Ausz.: An anthropological approach to the study of rel., in: The Insider/Outsider problem in the study of rel.: a reader ed. by Russell T. McCutcheon [Controversies in the study of rel.], London/New York 1999, 114-123); — An anthropological approach to the study of rel., in: Rel.: a Humanist Interpretation, London/New York 1996, 1-13; Paradox in religious systems, in: Rel.: a Humanist Interpretation, London/New York 1996, 156-211.224-225; The truth of rel.?, in: Rel.: a Humanist Interpretation, London/New York 1996, 212-216; Anthropologists and Aborigines 65 Years Ago, in: Australian Aboriginal Studies. Journal of the Australian Institute of

Aboriginal Studies [Canberra], 1998, no. 1, p. 40-42; Reflections on Knowledge in an Oceanic Setting, in: Common Worlds and Single Lives: Constituting Knowledge in Pacific Societies, ed. by Verena Keck (Explorations in Anthropology), Oxford/New York 1998, 33-51; — Christianity and Privilege Ceremonials in Tikopia, in: Internat. Encyclopaedia of Tribal Rel. Ed. by Subhadra M[itra] Channa. Vol. 12: Christianity and tribal rel., New Delhi 2000; Tikopia Dreams: Personal Images of Social Reality, in: Journal of the Polynesian Soc. A quarterly study of the native peoples of the Pacific area [Auckland NZ] 110 (2001), no. 1, p. 7-29; The Creative Contribution of Indigenous People to their Ethnography: In reply to receiving the Polynesian Soc.´s Nayacakalou Medal at his Centennial Luncheon, in: Journal of the Polynesian Soc. A quarterly study of the native peoples of the Pacific area [Auckland NZ] 110 (2001), no. 3; Linguistic and social patterns of separation and reunion, in: Living with separation in China: anthropological accounts ed. by Charles Stafford, New York/London 2003, 176-188.

Gemeinschaftswerke: Kinship in South Borough drafted by R. F. and Judith Djamour, in: Two studies of kinship in London, ed. by R. F. (London School of Economics monographs on social anthropology, 15), London 1956, erneut in: Modern sociology. Introductory readings, selected readings ed. by Peter Worsley (Penguin education), Harmondsworth 1970, 136-145; — Kinship organisation of Italianates in London. By Philip Garigue and R. F., in: Two studies of kinship in London, ed. by R. F. (London School of Economics monographs on social anthropology, 15), London 1956; — W[ilfred] D[avid] Borrie/R. F./James Spillius, The Population of Tikopia, 1929 and 1952, in: Population Studies 10 (1957), 229-252; — A study in ritual modification: the work of the gods in Tikopia in 1929 and 1952 by R. F. and James Spillius (Occasional paper of the Royal Anthropological Institute of Great Britain and Ireland, 19), London 1963; — Edward Evan Evans-Pritchard, Rodney Needham and R. F., Twins, Birds and Vegetables, in: Man. The Journal of the Royal Anthropological Institute of Great Britain and Ireland, N.S. 1 (1966), 398-399; — Methods of study of middle-class kinship in London: a working-paper on the hist. of an anthropological project 1960-65 by Jane Hubert, Anthony Forge and R. F. (Occasional paper of the Dept. of Anthropology, London School of Economics and Political Science), London 1968; — Families and their relatives: kinship in a middle-class sector of London. An anthropological study by R. F., Jane Hubert, Anthony Forge, with the team of the »London Kinship Project« (The internat. library of sociology and social reconstruction), London/New York 1969 [i.e. 1970]. Families and their relatives: kinship in a middle-class sector of London. An anthropological study by R. F., Jane Hubert, Anthony Forge, with the team of the »London Kinship Project« (The internat. library of sociology. The sociology of gender and the family, 3), London 1999; — Tikopia string figures by R. F. and Honor Maude (Occasional paper of the Royal Anthropological Institute of Great Britain and Ireland, 29), London 1970; — Tikopia songs: poetic and musical art of a Polynesian people of the Solomon Islands by R. F. with Mervyn McLean (Cambrid-

ge studies in oral and literate culture, 20), Cambridge/New York 1990.

Teildr.: In primitive Polynesia [1936], in: Cultures of the Pacific: selected readings ed. and with introductions by Thomas G[rayson] Harding and Ben J[oe] Wallace, New York/London 1970, 115-124.

Teilausgg.: Essays on social organization and values (London School of Economics monographs on social anthropology, 28), London 1964 (= reprint. London/New York 1981). Essays on Social Organization and Values (London School of Economics monographs on social anthropology, 28). 1st paperback ed., London 1969 (darin: The Study of Values by Social Anthropology, 206-224); — Tikopia ritual and belief, London 1967, 1968 [paperback ed.]. Tikopia ritual and belief (Beacon paperback, 280), Boston 1968; — Rel.: a Humanist Interpretation, London/New York 1996.

Gesamtausgg.: Capital, saving and credit in peasant societies: studies from Asia, Oceania, the Caribbean and Middle America. Essays ed. with two general essays by R. F. and B[asil] S[elig] Yamey (Routledge library editions. Anthropology and ethnography, 036 / R. F., collected works, 1), London/New York 2004; — Elements of social organization (Routledge library editions. Anthropology and ethnography, 037/R. F., collected works, 2), London/New York 2004; — Primitive Polynesian economy (Routledge library editions. Anthropology and ethnography, 038 / R. F., collected works, 3), London/New York 2004; — Social change in Tikopia: re-study of a Polynesian community after a generation (Routledge library editions. Anthropology and ethnography, 039 / R. F., collected works, 4), London/New York 2004; — Themes in economic anthropology, ed. by R. F. (Routledge library editions, Anthropology and ethnography, 040: R. F., Collected works, 5), London/New York 2004; — We, the Tikopia: a sociological study of kinship in primitive Polynesia (Routledge library editions. Anthropology and ethnography, 041 / R. F., collected works, 6), London/New York 2004.

Einll./Vorworte/Komm.: Robert W[ood] Williamson, Rel. and social organizations in central Polynesia. Ed. by R[alph] Piddington, with a preface by R. F., Cambridge 1937; — Lin Yueh-hwa, The golden wing: a sociological study of Chinese familism. Introd. by R. F. (Internat. library of sociology and social reconstruction), London 1947; — Adrian C[urtius] Mayer, Land and soc. With a preface by R. F., London 1952; — Edmund R[onald] Leach, Political systems of Highland Burma: a study of Kachin social structure, with a foreword by R. F., London 1954, v-viii. Political systems of Highland Burma: a study of Kachin social structure, with a foreword by R. F. 1st ed., reprint. with a new introductory note by the author (Publications of the London School of Economics and Political Science), London 1954. Political systems of Highland Burma: a study of Kachin social structure, Boston 1964, 1965. Political systems of highland Burma: a study of Kachin social structures. With a foreword by R. F. With a new introductory note by the author, London 1964. Political systems of Highland Burma: a study of Kachin social structure (London School of Economics monographs on social anthropology, 44), London 1970, 1977, 2001. Political systems of Highland Burma: a study of Kachin social structure. Reprint. (London School of Economics monographs on social anthropology, 44), London/Atlantic Highlands NJ 1986, 1993 (span.: Sistemas políticos de la alta Birmania. Estudio de la estructura social kachín, Barcelona 1964. Sistemas políticos de la alta Birmania. Estudio de la estructura social Kachín. Traducción del inglés: Antonio Desmonts [Biblioteca Anagrama de Antropología, 8], Barcelona 1977; frz.: Les Systèmes politiques des hautes terres de Birmanie. Analyse des structures sociales kachin. Traduit de l'anglais par Anne Guérin. Préface de R. F., postface de Jean Pouillon [Bibliothèque d'anthropologie], Paris 1972; it.: Sistemi politici birmani. Struttura sociale dei Kachin. Traduzione di Lucio Trevisan [Collana di antropologia culturale e sociale, Ser. I maestri], Milano 1979; port.: Sistemas políticos da alta Birmânia: um estudo da estrutura social kachin. Tradução de Geraldo Gerson de Souza, António de Padua Danesi, Gilson César Cardoso de Souza [Clássicos, 6], São Paulo 1995); — Cyril S[hirley] Belshaw, The great village: The economic and social welfare of Hanuabada, an urban community in Papua. Foreword by R. F., London 1957; — Henry Sumner Maine, Ancient law: its connection with the early hist. of soc. and its relation to modern ideas. With introd. and notes by Frederick Pollack. Preface to the Beacon paperback ed. by R. F., Boston 1963; — Introd., in: Bronislaw Malinowski, A Diary in the strict sense of the term. Transl. [From the Polish] by Norbert Guterman, preface by Valetta Malinowska, introd. by R. W. F. Index of native terms by Mario Bick, London 1967, xi-xix (dt.: Ein Tgb. im strikten Sinn des Wortes: Neuguinea 1914-1918. Mit einem Vorwort v. Valetta Malinowska u. einer Einl. v. R. F. Übers. v. Nils Thomas Lindquist [Bronislaw Malinowski, Schrr. in vier Bde. Hrsg. v. Fritz Kramer, 4/1], Frankfurt a.M. 1986. Ein Tgb. im strikten Sinn des Wortes: Neuguinea 1914-1918. Mit einem Vorwort v. Valetta Malinowska u. einer Einl. v. R. F. 2., unveränd. Auflage, Eschborn 2000; span: Diario de campo en Melanesia. Traducción y prólogo de Alberto Cardín. Con un prefacio de V[aletta] Malinowska y una introducción de R. F. [Júcar universidad. Ser. Antropología, 24], Madrid/Barcelona 1989); — Spirit mediumship and soc. in Africa by Elizabeth Colson [et al.], ed. by John [Hugh] [Marshall] Beattie and John F[rancis] M[archment] Middleton, foreword by R. F., London 1969; — Anthropology in Oceania: essays presented to Ian Hogbin. Ed. by L[ester] R[ichard] Hiatt and C[handra] Jayawardena, foreword by R. F., Sydney 1971; — Richard Feinberg, Anuta: social structure of a Polynesian island. Foreword by R. F., La'ie, HI/Copenhagen/Provo, UT 1981; — Comment on Antony Hooper, Why Tikopia has four clans. With a comment by R. F. (Occasional paper of the Royal Anthropological Institute of Great Britain and Ireland, 38), London 1981, 45-70; — Ethnographic research: a guide to general conduct ed. by R[oy] F. Ellen. With a foreword by Sir R. F. (A.S.A. [Association of Social Anthropologists of the Commonwealth] research methods in social anthropology, 1), London/Orlando, FL 1984, 4th print. 1988, 7th print. 1993, 9th print. 1998; — Research practices in the study of kinship by Alan J. Barnard and Anthony Good. With a foreword by R. F. (A.S.A [Association of Social Anthropologists of the Commonwealth] research methods in social anthropology, 2), London/Orlando, FL 1984 (= reprint. London 1987); — Second Introd. 1988, in: , xxi-xxxvi; — Social anthropology of the Malays: collected essays of M[ichael] G[odfrey]

Swift. Foreword: Sir R. F. Ed.: Shamsul Amri Baharuddin, Bangi 2001.

Hrsg.: Essays presented to C. G. Seligman. Ed. by E[dward] E[van] Evans-Pritchard, R. F., Bronislaw [Kasper] Malinowski and Isaac Schapera, London 1934 (= reprint. Westport, CT 1970); — Naval Intelligence Division (of the Admiralty), Pacific Islands. Vol. 1: B.R. 519. Vol. 2: 519 A. Vol. 3: 519 B. Vol. 4: 519 C. Ed. by R. F. and J[ames] W[ightman] Davidson (Geographical Handbook Ser. For official use only), Cambridge 1943-1945; — Two studies of kinship in London, ed. by R. F. (London School of Economics monographs on social anthropology, 15), London 1956; — Man and Culture: an evaluation of the work of Bronislaw Malinowski, ed. by R. W. F., London 1957 = Man and Culture: an evaluation of the work of Bronislaw Malinowski, ed. by R. W. F. (Harper torchbbooks, TB 1133: Researches in the social, cultural and behavioral sciences), New York 1964. Man and Culture: an evaluation of the work of Bronislaw Malinowski, ed. by R. W. F. 2nd imprint. with corrections, London 1963 (= reprint. 1980). Man and Culture: an evaluation of the work of Bronislaw Malinowski, ed. by R. W. F. (Routledge paperback), London 1970. Man and culture. An evaluation of the work of Bronislaw Malinowski. Ed. by R. F. (Bronislaw Malinowski. Collected Works, 10), London 2002 (span.: Hombre y cultura. La obra de B. M. por R. F., E[dmund] R[onald] Leach, L[ucy Philip] Mair, S[iegfried] F[rederick] Nadel, T[alcott] Parsons y otros. Traducción de Ramón Valdés del Toro de la 5ª edición inglesa corregida [Antropología], Madrid/México 1974, 1978, 1981, 1997); — Capital, saving and credit in peasant societies: studies from Asia, Oceania, the Caribbean and Middle America. Essays ed. with two general essays by R. F. and B[asil] S[elig] Yamey, London 1964, Chicago, IL 1964. Capital, saving and credit in peasant societies: studies from Asia, Oceania, the Caribbean and Middle America. Essays ed. with two general essays by R. F. and B[asil] S[elig] Yamey (Routledge library editions. Anthropology and ethnography, 036/R. F., collected works, 1), London/New York 2004; — Themes in economic anthropology [material presented at a conference on economic anthropology at St. Antony's College, University of Oxford, 28-30 June 1965], ed. by R. F. (ASA [Association of Social Anthropologists of the Commonwealth] monographs, 6), London/New York/Sydney 1967, 2nd imprint. 1970, 3rd imprint. 1975. Themes in economic anthropology, ed. by R. F. (ASA [Association of Social Anthropologists of the Commonwealth] monographs, 6/Social science paperback, 56), London/New York/Sydney 1970. Themes in economic anthropology, ed. by R. F. (Routledge library editions, Anthropology and ethnography, 040: R. F., Collected works, 5), London/New York 2004 (span.: Temas de antropología económica. Compilados por R. F. Traducción de José Luis Pérez Hernández [Sección de obras de economía], México D.F. 1974).

Lit.: Sammelwerke (im Folgenden abgek. zit.): Adaptation and symbolism. Essays on social organization. Presented to Sir R. F. by his students in the United States and Canada, 1968-1974. Ed. by Karen Ann Watson-Gegeo and S. Lee Seaton, Honolulu, HI 1978; — Leadership and Change in the Western Pacific. Essays Presented to Sir R. F. on the Occasion of His Ninetieth Birthday, ed. by Richard Feinberg &

Karen Ann Watson-Gegeo (London School of Economics Monographs on Social Anthropology, 66), London/Atlantic Highlands, NJ 1996.

Einzeltitel: Bronislaw Malinowski, Preface, in: R. F., We, the Tikopia: a sociological study of kinship in primitive Polynesia. With a preface by Bronislaw Malinowski, London 1936, vii-xi; — Phyllis M[ary] Kaberry, Myth and ritual: Some recent theories, in: Bull. of the Institute of Classical Studies of the University of London 4 (1957), 42-54, erneut in: Theories of myth. From ancient Israel and Greece to Freud, Jung, Campbell and Lévi-Strauss. Vol. 5: Ritual and myth: Robertson Smith, Frazer, Hooke, and Harrison. Ed. with introd. by Robert A[lan] Segal, New York/London 1996, 230-242; — Dies., The plasticity of New Guinea kinship, in: Social organization: Essays presented to R. F. ed. by Maurice Freedman, London 1967, 105-123; — Edmund R[onald] Leach, Rethinking Anthropology. [Malinowski Memorial lecture, 3. 12. 1959], in: Rethinking Anthropology (London School of Economics monographs on social anthropology, 22), London 1961, 1-27, erneut in: The Essential Edmund Leach. Vol. I: Anthropology and Soc., ed. by Stephen Hugh-Jones and James Laidlaw, New Haven, CT/London 2000, 286-312; — Ders., Review of »Hist. and traditions of Tikopia« by R. F., in: Journal of the Polynesian Soc. A quarterly study of the native peoples of the Pacific area [Auckland NZ] 71 (1962), 273-276; — Ders., The language of Kachin kinship: reflections on a Tikopia model, in: Social organization: Essays presented to R. F. ed. by Maurice Freedman, London 1967, 125-152; — Ders., Tribal Ethnography: Past, Present, Future, in: CambrAnthr 11 (1986), no. 2, p. 1-14, erneut in: Hist. and ethnicity, ed. by Elizabeth Tonkin, Maryon McDonald and Malcolm Chapman (ASA [Association of Social Anthropologists of the Commonwealth] monographs, 27), London 1989, 34-47; Ethnography, vol. 1: The Nature of Ethnography, ed. by Alan Bryman (Sage benchmarks in social research methods ser.), London/Thousand Oaks, CA/New Delhi 2001, 47-59; — Alvin Ward Gouldner, The Norm of Reciprocity: A Preliminary Statement, in: American Sociological Rv. Official journal of the American Sociological Soc. 25 (1960), 161-178; — Lucy Philip Mair, An Introd. to Social Anthropology, Oxford 1965, 1972² u.ö.; schwed.: Introduktion till socialantropologin. Till svenska av Björn Ranung och Karin Öberg. Vetenskaplig granskare: Björn Ranung (Storprisma), Stockholm/Solna/Falköping 1971; it.: Introduzione alla antropologia sociale. Traduzione dall'inglese di Mario Maffin, Lucio Trevisan e Neva Maffi (Universale economica, 610), Milano 1970. 2a ed. interamente riveduta (Feltrinelli economica), Milano 1980; finn.: Avioliiton sosiologiaa. Suomentanut Sini Rinne (Delfiinikirjat), Helsinki 1974; span.: Introducción a la antropología. Version española de Carlos Martín Ramirez (Alianza Universidad, 67), Madrid 1982; — Stanley Jeyaraja Tambiah, Kinship Fact and Fiction in Relation to the Kandyan Sinhalese, in: Journal of the Royal Anthropological Institute of Great Britain and Ireland 95 (1965), 131-173; — Ders., Edmund Leach: an anthropological life, Cambridge/New York 2002; — Walter Goldschmidt, Comparative Functionalism: An Essay in Anthropological Theory, Berkeley, CA 1966; — W[illiam] E[dward] H[anley] Stanner, F.'s Conception of Social Organization, in: The Australian and New Zealand Journal of Sociology 2 (1966) no. 2, p. 66-78; — Cyril S[hirley] Belshaw, Theoretical problems in economic anthropology, in: Social organization: Essays presented to R. F. ed. by Maurice Freedman, London 1967, 25-42; — Social organization: Essays presented to R. F. ed. by Maurice Freedman, London 1967 (= Chicago, IL 1967); — Maurice Freedman, Ancestor worship: two facets of the Chinese case, in: Social organization: Essays presented to R. F. ed. by Maurice Freedman, London 1967, 85-103; — R[obert] H[enry] Robins, Malinowski, F., and the »Context of Situation«, in: Social Anthropology and Language, ed. by Edwin Ardener (ASA [Association of Social Anthropologists of the Commonwealth] monographs, 10), London 1971 [= reprint. 1973, = reprint. London/New York 2004: Routledge library editions. Anthropology and ethnography, 047, Social and cultural anthropology, 1], 33-46; — Theodorus P. van Baaren, The Flexibility of Myth, in: Ex orbe religionum. Studia Geo Widengren XXIV mense apr. MCMLXXII quo die lustra tredecim feliciter explevit oblata ab collegis, discipulis, amicis, collegae magistro amico congratulantibus. [Editores honorarii: C. J. Bleeker, S. G. F. Brandon †, M. Simon. Edenda curaverunt J. Bergman, K. Drynjeff, H. Ringgren]. Pars altera (Studies in the hist. of religions [Supplements to »Numen«], XXII), Lugduni Batavorum MCMLXXII, 199-206; — Adam [Jonathan] Kuper, Anthropologists and anthropology. The British School 1922-1972, London 1973 (u.ö.). Anthropology and anthropologists. The modern British School. Completely revised ed., London/New York 1983. 3rd revised and enlarged ed., London/New York 1996; span.: Antropología y antropólogos. La escuela británica: 1922-1972. Traducción de Antonio Desmonts. Revisión: José R[amón] Llobera (Biblioteca Anagrama de Antropología, 1), Barcelona 1973; port.: Antropólogos e antropologia. Tradução de Álvaro Cabral (Coleção Ciências sociais), Rio de Janeiro 1978; poln.: Miedzy charyzma i rutyna: antropologia brytyjska 1922-1982. Przelozyla [z ang.] Katarzyna Kaniowska (Czlowiek i Jego Cywilizacja), Lódz 1987; frz.: L'anthropologie britannique au XXe siècle. Traduit de l'anglais par Gérald Gaillard (Coll. Hommes et sociétés), Paris 2000; — Jeremy Boissevain, Towards a sociology of social anthropology, in: Theory and Soc. Renewal and critique in social theory 1 (1974), 211-230; — Rodney Needham, Nyoro Symbolism: The Ethnographic Record, in: Africa. Journal of the Internat. African Institute 46 (1976), 236-246; — Meyer Fortes, An anthropologist's apprenticeship, in: Annual Rv. of Anthropology [Palo Alto, CA] 7 (1978), 1-30; — Steven Gudeman, Anthropological Economics: The Question of Distribution, in: Annual Rv. of Anthropology [Palo Alto, CA] 7 (1978), 347-377; — Honor C. Maude, Solomon Islands string figures: from field collections made by Sir R. F. in 1928-1929 and Christa de Coppet in 1963-1965 (String figure monographs, 1), Canberra 1978; — James G. Peoples, From Cargo to Politics: The Transformation of the Yali Cult, in: Adaptation and symbolism. Essays on social organization, 1978, 49-68; — Rosemary Firth, From wife to anthropologist, in: The craft of community study: fieldwork dialogues. Solon T[oothaker] Kimball and William L. Partridge (University of Florida monographs. Social sciences, 65), Gainesville, FL 1979, 10-32; — Ian Langham, The building of British social anthropology: W. H. R. Rivers and his Cambridge disciples in the development of kinship studies, 1898-1931 (Studies in the hist. of modern science, 8), Dordrecht/Boston, MA/Hingham, MA 1981; — Economic anthropology: topics and theories ed. by Sutti Ortiz (Monographs in economic anthropology, 1), Lanham, MD/London 1983; — Patrick Kirch, The Polynesian Outliers, in: The Journal of Pacific Hist. [Canberra] 19 (1984), 224-238; — Hilda Kuper, Function, hist., biography: reflections on fifty years in the British anthropological tradition, in: Functionalism historicized: essays on British social anthropology, ed. by George W[ard] Stocking Jr. (Hist. of anthropology, 2), Madison, WI 1984, 192-213; — Nancy Christine Lutkehaus, »She Was »Very« Cambridge«: Camilla Wedgwood and the Hist. of Women in British Social Anthropology, in: American Ethnologist. A journal of the American Ethnological Association 13 (1986), 776-798; — Dies., »Identity Crisis«: Changing Images of Chieftainship in Manam Soc., in: Leadership and Change in the Western Pacific, 1996, 343-375; — Jon P. Kirby, Why the Anufo Do Not Eat Frogmeat: The Importance of Taboo-Making for Development Work, in: African Affairs. The journal of the Royal African Soc. 86 (1987), no. 342, p. 59-72; — Clifford Geertz, Being there: Anthropology and the scene of writing, in: Idem, From Works and Lives: The Anthropologist as Author (The Harry Camp lectures at Stanford University), Stanford, CA/Cambridge 1988, 1-24, erneut in: Ethnography, vol. 4: Analysis and Writing in Ethnography, ed. by Alan Bryman (Sage benchmarks in social research methods ser.), London/Thousand Oaks, CA/New Delhi 2001, 297-311; Wiederabdr. u.d.T.: Being There, Writing Here, in: Harper's Monthly Magazine 276 (1988), no. 1654 p. 32-35; ndrl. in: De antropoloog als schrijver. Ingel. door Jan Willem Bakker, vert. uit het Engels door Meile Snijders met medew. van Ko Kleisen, Kampen 1989; span.: Estar allí. La antropología y la escena de la escritura, in: El antropólogo como autor. Traducción de Alberto Cardín (Paidós studio, 73), Barcelona 1989, 11-34; dt.: Dort sein. Die Anthropologie u. die literarische Szene, in: Die künstlichen Wilden. Anthropologen als Schriftsteller. Aus dem Amerikanischen v. Martin Pfeiffer, München/Wien 1990, 9-30.147; it. in: Opere e vite: l'antropologo come autore. Trad. di Silvia Tavella (Intersezioni), Bologna 1990 [= ristampa 1992], 81-109; frz. in: Ici et là-bas. L'anthropologue comme auteur. Trad. de l'anglais par Daniel Lemoine (Leçons de choses), Paris 1996; poln. in: Dzielo i zycie. Antropolog jako autor. Tlumaczenie: Ewa Dzurak, Slawomir Sikora, Warszawa 2000; indon. in: Hayat dan karya: antropolog sebagai penulis dan pengarang, Yogyakarta 2002; — Rhoda H. Halperin, Economies across cultures: towards a comparative science of the economy, Houndmills/Basingstoke/New York 1988; — David Parkin, An Interview with R. F., in: Current Anthropology, sponsored by the Wenner-Gren Foundation for Anthropological Research [Chicago, IL] 29 (1988), 327-341; — Linton Clarke Freeman, Social Networks and the Structure Experiment, in: Research methods in social network analysis. Linton C[larke] Freeman, Douglas R. White, and A[ntone] Kimball Romney, eds., Fairfax, VA 1989, 11-40; — George E. Marcus, Chieftainship, in: Developments in Polynesian ethnology ed. by Alan Howard and Robert Borofsky, Honolulu, HI 1989, 175-209; — Bradd Shore, Mana and tapu, in: Developments in Polynesian ethnology ed. by Alan Howard and Robert Borofsky, Honolulu, HI

1989, 137-173; — Ders., The Absurd Side of Power in Samoa, in: Leadership and Change in the Western Pacific, 1996, 142-186; — Ders., Sir F. F. (1901-2002): a Tikopian odyssey, in: Nature. A weekly illustrated journal of science [London] 416, 28. 3. 2002, no. 6879, p. 384; — Roger Sanjek, A vocabulary for fieldnotes, in: Fieldnotes: the makings of anthropology, ed. by Roger Sanjek, Ithaca, NY/London 1990 [u.ö.], 92-138, erneut in: Ethnography, vol. 2: Ethnographic Fieldwork Practice, ed. by Alan Bryman (Sage benchmarks in social research methods ser.), London/Thousand Oaks, CA/New Delhi 2001, 266-290; — R. F. on Social Anthropology: An Interview with Declan Quigley, in: SocAnthr 1 (1993), pt. 2, p. 207-222; — Geoffrey Gray, »Piddington's Indiscretion«: Ralph Piddington, the Australian Nat. Research Council and Academic Freedom, in: Oceania. Journal devoted to the study of the native peoples of Australia, New Guinea and the islands of the Pacific, publ. by the University of Sydney, Dept. of Anthropology 64 (1994), 217-245; — Jack [i.e. John Rankine] Goody, The expansive moment: the rise of social anthropology in Britain and Africa, 1918-1970, Cambridge/New York 1995; — Niko Besnier, Authority and Egalitarianism: Discourses of Leadership on Nukulaelae Atoll, in: Leadership and Change in the Western Pacific, 1996, 93-128; — Stephen T. Boggs and David Welchman Gegeo, Leadership and Solomon Inlanders' Resistance to Plantation-Based Economy: Roles and Circumstances, in: Leadership and Change in the Western Pacific, 1996, 272-297; — Richard Feinberg, Preface, in: Leadership and Change in the Western Pacific, 1996, viii-xiv; — Ders., Sanctity and Power on Anuta: Polynesian Chieftainship Revisited, in: Leadership and Change in the Western Pacific, 1996, 56-92; — Ders., In Memoriam: Sir R. F., in: ASAO [Association for Social Anthropology in Oceania] Newsletter 112 (2002), 23; — David Welchman Gegeo and Karen Ann Watson-Gegeo, Priest and Prince: Integrating Kastom, Christianity, and Modernization in Kwara'ae Leadership, in: Leadership and Change in the Western Pacific, 1996, 298-342; — Steven Hooper, Who are the Chiefs? Chiefship in Lau, Eastern Fiji, in: Leadership and Change in the Western Pacific, 1996, 239-271; — Alan Howard, Money, Sovereignty and Moral Authority on Rotuma, in: Leadership and Change in the Western Pacific, 1996, 205-238; — Barbara Lüem, A New King for anumaga: Changing Demands for Leadership and Authority in a Polynesian Atoll Soc., in: Leadership and Change in the Western Pacific, 1996, 129-141; — Torben Monberg, The Bellonese: High, Low - and Equal: Leadership and Change on a Polynesian Outlier in the Salomon Islands, in: Leadership and Change in the Western Pacific, 1996, 187-204; — William A[lfred] Shack, Epilogue: Old Canvas, New Leadership, in: Leadership and Change in the Western Pacific, 1996, 398-410; — Karen Ann Watson-Gegeo, Introd.: Leadership and Change in the Western Pacific, in: Leadership and Change in the Western Pacific, 1996, 1-55; — Harvey Whitehouse, From Possession to Apotheosis: Transformation and Disguise in the Leadership of a Cargo Movement, in: Leadership and Change in the Western Pacific, 1996, 376-397; — Malcolm Ruel, Rescuing Durkheim's »rites« from the symbolizing anthropologists, in: On Durkheim's »Elementary Forms of Religious Life«, ed. by N[icholas] J[ustin] Allen, W[illiam] S[tuart] F[rederick] Pickering and W[illiam]

Watts Miller (Routledge studies in social and political thought, 10), London/New York 1998, 105-115; — Mary Douglas, Racionalismo e crença, in: Mana. Estudos de antropologia social. PPGAS, Programa de Pós-Graduação em Antropologia Social, Museu Nacional, Universidade Federal do Rio de Janeiro, 5 (1999), n° 2, p. 145-156; — Burkhard Schnepel, Ethnologie u. Gesch. Stationen der Standortbestimmung aus der brit. »Social Anthropology«, in: Hist. Anthropologie. Kultur, Ges., Alltag [Köln/Weimar/Wien] 7 (1999), 110-128; — Judith MacDonald, The Tikopia and »What Raymond Said«, in: Ethnographic artifacts: challenges to a reflexive anthropology ed. by Sjoerd R[ienk] Jaarsma and Marta A[drianna] Rohatynskyj, Honolulu, HI 2000, 107-123; — Dies., Sir R. F. 1901-2002: Obituary, in: Oceania. Journal devoted to the study of the native peoples of Australia, New Guinea and the islands of the Pacific Ocean [Sydney] 72 (2002), no. 3, p. 153-155; — Matti Sarmela, Polttavatko Malaijin rannikkokalastajat veneensä? Kirjaesittely, in: Suomen Antropologi. Suomen antropologisen seuran julkaisu = Antropologi i Finland. Tidskrift utg. av Antropologiska sällskapet i Finland. Journal of the Finnish Anthropological Soc. 25 (2000), lehti 4, s. 48-51; — C. Griffin, Words of celebration on the occasion of Sir R. F.'s 100th birthday (25 March 2001), in: Anthropological Forum 11 (2001), 217-223; — Volker Harms, R. W. F. [...], We, the Tikopia. A Sociological Study of Kinship in Primitive Polynesia [...], in: Christian F. Feest u. Karl-Heinz Kohl (Hrsg.), Hauptwerke der Ethnologie (Kröners Taschenausg., 380), Stuttgart 2001, 95-98; — Clive S. Kessler, R. W. F., 1901-2002: Obituary, in: The Australian Journal of Anthropology. The Official Journal of The Australian Anthropological Soc. 13 (2002), 224-229; — Roberto Melville, [Revistero.] Sir R. F. (1901-2002), in: Memória. Revista mensual de política y cultura, 2002, n° 158; — Jonathan Spencer, British Social Anthropology: A Retrospective, in: Annual Rv. of Anthropology [Palo Alto, CA] 29 (2002), 1-24; — Judith Huntsman, R. F. (1901-2002), in: The American Anthropologist. Journal of the American Anthropological Association 105 (2003), 487-490; — J[ean Sybil] La Fontaine, Isaac Schapera (1905-2003) and R. F. (1901-2002): The end of a generation, in: Anthropology Today. Incorporating RAIN. Royal Anthropological Institute of Great Britain and Ireland [Oxford] 19 (2003), no. 4, p. 26; — Kenneth Maddock, Anthropology and the falsity of religions, in: The Open Society. Official journal of the New Zealand Association of Rationalists & Humanists (Inc.) 76 (2003), no. 1, p. 2-6:- Jukka Siikala, Mies, joka ei koskaan ollut muodissa. Sir R. F. 1901-2002, in: Suomen Antropologi. Suomen antropologisen seuran julkaisu = Antropologi i Finland. Tidskrift utg. av Antropologiska sällskapet i Finland. Journal of the Finnish Anthropological Soc. 27 (2002), lehti 2; — Michael W[illis] Young, Obituaries: R. W. F., 1901-2002, in: The Journal of Pacific Hist. [Canberra] 38 (2003), 277-280; — Elizabeth Bonshek, Ownership and a Peripatetic Collection: R. F.'s Coll. from Tikopia, Solomon Islands, in: Records of the Australian Museum [Sydney], Suppl. 29 (2004), 37-45; — Niccolo Caldararo, Sustainability, human ecology, and the collapse of complex societies: economic anthropology and a 21st century adaptation (Mellen studies in anthropology, 15), Lewiston, NY 2004; — Leif Korsbaek y Marcela Barrios Luna, La antropología y la economía, in: Ciencia er-

go sum. Revista científica multidisciplinaria de la Universidad Autónoma del Estado de México [Toluca] 11 (2004), n° 3, p. 225-236; — Sutti Ortiz, [Biographical memoirs.] Sir R. F. in: Proceedings of the American Philosophical Soc. 148 (2004), no. 1, p. 129-133; — Angela Pashia, A Cross-Culture Examination of Religious Skepticism, in: The Berkeley McNair Journal 12 (2004), 22-26.- Internat. dictionary of anthropologists. Compiled by Library-Anthropology Resource Group (LARG). Christopher Winters, general ed. (Garland reference library of social science, 638), New York/London 1991, 197-199 [Karen Ann Watson-Gegeo].

Filmogr.: F. on F. — Reflections of an Anthropologist. By Rolf Husmann, Peter Loizos, Werner Sperschneider. Direction: David and Judith MacDougall, Göttingen (Inst. f. den Wiss. Film) 1993 (VHS-Video, 46 min., colour).

Klaus-Gunther Wesseling

FLEINER, Fritz, bedeutender Professor für Staats-, Verwaltungs- und Kirchenrecht an den Universitäten Basel, Tübingen, Heidelberg und Zürich, * 24. Januar 1867 in Aarau (Kanton Aargau), † 26. Oktober 1937 in Ascona (Kanton Tessin); verheiratet mit Fanny, geborene Veith (1870-1957). — F. wurde als jüngster Sohn des Zementindustriellen Albert Fleiner und dessen zweiter Ehefrau Léontine (Enkelin des berühmten Publizisten Heinrich Zschokke) geboren. Zusammen mit vier Geschwistern wuchs er in einer angesehenen Familie in Aarau auf. Das Elternhaus vermittelte F. nach seinen eigenen Angaben »die reformierte Geisteshaltung und den protestantischen Lebensstil«. Im April 1887 erwarb F. an der Aarauer Kantonsschule nach Absolvierung sämtlicher Klassen des Progymnasiums und des Gymnasiums das Maturitätszeugnis mit der überwiegenden Benotung »sehr gut«. Schon kurz darauf immatrikulierte sich F. am 16. April 1887 für das Jurastudium an der staatswissenschaftlichen Fakultät der Universität Zürich und hörte dort insbesondere die Vorlesungen der Professoren Vogt (Allgemeines Staatsrecht) und Fick (Institutionen des römischen Rechts). Ab Herbst 1887 studierte F. für zwei Semester an der Universität Leipzig, deren Juristenfakultät dank den Professoren Windscheid, Sohm, Wach und Binding damals hohe Anziehungskraft genoß. Bei Windscheid belegte F. insbesondere die Pandektenvorlesungen sowie die romanistischen Übungen. Im Herbst 1888 siedelte F. nach Berlin über, um dort für die folgenden zwei Semester das Rechtsstudium an der Friedrich-Wilhelm-Universität fortzuführen. F. besuchte dort insbesondere die Kollegien der Professoren Gierke (Deutsches Privatrecht), Goldschmidt (Handelsrecht/Wechselrecht) und Hübler (Kirchenrecht/Deutsches Staatsrecht). Angeregt durch Professor Hübler beteiligte sich F. an der von der Berliner Universität ausgeschriebenen Preisaufgabe über »Die rechtliche Stellung der katholischen Kirche zur obligatorischen Zivilehe« und erlangte im August 1889 mit seiner gleichnamigen Arbeit den königlichen Preis. Ab diesem Zeitpunkt war in F. der Entschluß gereift, nach der praktischen Ausbildungszeit eine akademische Laufbahn einzuschlagen. Mit Beginn des Wintersemesters 1889/90 studierte F. erneut in Zürich und meldete sich daselbst im März 1890 mit einer überarbeiteten Fassung seiner Berliner Preisschrift zum Doktorexamen an. Nach Begutachtung der Dissertation durch Professor von Orelli legte F. im Frühjahr 1890 die mündlichen und-nach einem Verschiebungsgesuch-im Herbst 1890 die schriftlichen Prüfungen ab. Am 13. Dezember 1890 promovierte F. zum Dr. juris utriusque mit dem Prädikat »magna cum laude«. Seit Frühjahr 1891 arbeitete F. als Volontär in einem Advokaturbüro in Aarau und absolvierte im Laufe des Sommers 1891 das mündliche und schriftliche Staatsexamen zum aargauischen Patent als Fürsprech und Notar, das ihm am 30. September 1891 verliehen wurde. Den Winter 1891/92 verbrachte F. in Paris, wo er sich mit Besuchen in der französischen Nationalbibliothek und am Institut Catholique seinen kirchenrechtlichen Studien widmete. — Von Paris aus reichte F. am 6. Mai 1892 mit seiner kirchenrechtlichen Abhandlung über »Die tridentinische Ehevorschrift« das Gesuch um eine Venia legendi für katholisches und evangelisches Kirchenrecht an der staatswissenschaftlichen Fakultät Zürich ein. Mit der Begutachtung wurden die Professoren Vogt und Cohn betraut. Am 9. Juli 1892 erlangte F. die Venia legendi für Kirchenrecht. Seine akademische Antrittsrede an der Universität Zürich hielt F. am 22. Oktober 1892 über »Die Ehescheidung Napoléons I«. Als Privatdozent kündigte F. im Wintersemester 1892/93 seine erste Vorlesung über »Katholisches und evangelisches Kirchenrecht« an. Am 6. Mai 1895 wurde F. auf Beginn des folgenden Wintersemesters zum außerordentlichen Professor der staatswissenschaftlichen Fakultät Zürich mit dem Lehrauftrag für französisches

Zivilrecht, Kirchenrecht und öffentliches Recht ernannt. Ein Jahr später, am 27. Juni 1896, hielt F. in der Aula der Universität Zürich seine Antrittsvorlesung über »Die konfessionslose Volkshochschule«. Gemäß einem Schreiben der kantonalen Erziehungsdirektion vom 8. März 1897 galt F. als einer der besten Dozenten der juristischen Fakultät. Infolge des Rücktritts von Professor von Salis wurde F. im Frühjahr 1897 für die Besetzung des ersten selbständigen Lehrstuhles für öffentliches Recht an der juristischen Fakultät Basel vorgeschlagen. Trotz einem gleichzeitigen Angebot der Universität Zürich für eine ordentliche Professur nahm F. im Mai 1897 den Ruf nach Basel an und wurde am 2. Juni 1897 mit Wirkung ab dem Wintersemester 1897/98 zum Ordinarius ernannt. Sein Lehrauftrag erstreckte sich seit Basel auf das ganze Gebiet des öffentlichen Rechts und des Kirchenrechts. Am 17. Dezember 1897 hielt F. seien Antrittsrede an der Universität Basel über »Die Gründung des Schweizerischen Bundesstaates im Jahre 1848«. In den folgenden Jahren verkörperte F. zusammen mit den Professoren Heusler, Burckhardt und Speiser die »klassische Epoche« der Basler Juristenfakultät. In der Zeit seiner Basler Professur, von 1898 bis 1904, war F. Mitglied des Appellationsgerichts Basel. Ein Angebot des Bundesrates für die Stelle des Abteilungschefs für Gesetzgebung und Rechtspflege im Eidgenössischen Justizdepartement (als Nachfolger von Professor von Salis) lehnte F. ab. Am 20. November 1900 wählte die Basler Regierung F. zum Universitätsrektor für das Jahr 1901. Einen Ruf an die Universität Zürich, der auf ausdrücklichen Wunsch des krankheitshalber zurücktretenden Vogt und mit einstimmigem Beschluß der rechtswissenschaftlichen Fakultät erging, lehnte F. ab. Am 8. November 1901, der Rektoratsfeier der Universität Basel, hielt F. eine Rede »Über die Entwicklung des katholischen Kirchenrechts im 19. Jahrhundert«. — Die staatswissenschaftliche Fakultät der Universität Tübingen nominierte F. im November 1905 für den infolge des Todes von Professor Jolly frei gewordenen öffentlichrechtlichen Lehrstuhl (an erster Stelle vor Walz und Hubrich). Im Dezember desselben Jahres erging der Ruf einer ordentlichen Professur für Verwaltungslehre, Verwaltungsrecht und allgemeines Staatsrecht unter zusätzlicher Erteilung eines Lehrauftrages für Kirchenrecht, den F. am 3. Januar 1906 auf Beginn des Sommersemesters 1906 annahm. Am 31. Mai 1906 hielt F. an der Tübinger Universität seine akademische Antrittsrede »Über die Umbildung zivilrechtlicher Institute durch das öffentliche Recht«. Die staatswissenschaftliche Fakultät Tübingen verlieh F. am 14. Juli 1906 den Ehrendoktor der politischen Wissenschaft. Im Mai 1908 schlug die Heidelberger Juristenfakultät für die Nachfolge von Professor Anschütz pari loco F., Piloty und Triepel vor. Die Berufung von F. wurde dabei insbesondere von Professor Georg Jellinek gefördert. Den im Juni 1908 ergangenen Ruf nach Heidelberg auf Beginn des Wintersemesters 1908/09 nahm F. bereits nach wenigen Tagen an, so daß er am 14. Juli 1908 für das folgende Wintersemester zum ordentlichen Professor der deutschen Staats- und Rechtsgeschichte, des deutschen Reichs- und Landesstaatsrechts einschließlich des Verwaltungsrechts sowie des Kirchenrechts an der Universität Heidelberg ernannt wurde. In der Heidelberger »Gelehrtenrepublik« pflegte F. unter anderem engeren Kontakt zu den Juristen Georg Jellinek, Bekker und Radbruch sowie zum Nationalökonomen Gothein. Auch mit dem Soziologen Max Weber verband ihn ein freundschaftliches Verhältnis. Im November 1909 lehnte F. einen vom zuständigen Regierungsrat überbrachten Ruf an die Berner Universität ab, worauf ihm in Heidelberg die Vorlesung »Einführung in die Rechtswissenschaft« zugesichert wurde, die er im Sommersemester 1912 erstmals hielt. Im Zuge der Berufung von Professor Thoma zum Ordinarius für öffentliches Recht (in der Nachfolge des verstorbenen Georg Jellinek) wurde auch der Lehrauftrag von F. auf das »öffentliche Recht« generell erstreckt, beinhaltete aber auch weiterhin zusätzlich das Kirchenrecht, die Deutsche Rechtsgeschichte sowie die Einführung in die Rechtwissenschaft. In der Zeit seiner Heidelberger Professur, von 1910 bis 1915, war F. Mitglied des Bezirksrates von Heidelberg. Am 14. April 1911 beendete F. das Manuskript der »Institutionen des Deutschen Verwaltungsrechts«, die im Sommer desselben Jahres erstmals erschienen. Die »Institutionen« wurden für Jahrzehnte zum wohl erfolgreichsten Verwaltungsrechtslehrbuch im deutschsprachigen Raum und befestigten den Ruf von F. als einen der bedeutendsten Verwaltungsrechtsprofessoren seiner Zeit. F. wurde am 21. Dezember 1912 vom Großherzogtum Baden das »Ritterkreuz I. Klasse vom Orden vom Zähringer Löwen« verliehen. — Im Juli 1913 unternahm die Erziehungsdirektion des Kantons Zürich einen ersten Versuch, um F. — als nunmehr »anerkannte Autorität auf dem Gebiete des Verwaltungsrechts« wieder für die Universität Zürich zu gewinnen. Das Angebot einer ordentlichen Professur für allgemeines Staats- und Verwaltungsrecht, Kirchenrecht und schweizerisches Bundesstaatsrecht schlug F. jedoch aufgrund seiner glänzenden Stellung in Heidelberg zunächst noch aus. Ab Februar 1915 wurden erneut Unterhandlungen für eine Berufung von F. nach Zürich geführt, da dieser seit Ausbruch des Krieges eine Rückkehr in die Schweiz in Erwägung zu ziehen schien. Am 11. Juli 1915 nahm F. den Ruf nach Zürich als Ordinarius für öffentliches Recht und Kirchenrecht mit Beginn des Wintersemesters 1915/16 an. Am 18. Oktober 1915 begann F. an der Universität Zürich seine Vorlesungstätigkeit mit einem Kolleg über »Allgemeines Staatsrecht« und hielt am 4. Dezember 1915 daselbst seine Antrittsrede über »Die Entstehung und Wandlung moderner Staatstheorien in der Schweiz«. Die staatswissenschaftliche Fakultät der Universität Genf verlieh F. am 14. Juli 1916 den Ehrendoktor für Soziologie. Eine Beurlaubung im Wintersemester 1920/21 diente der Fertigstellung des »Schweizerischen Bundesstaatsrechts«, das 1922 in einer ersten Lieferung erschien. Infolge des Todes von Professor von Tuhr übernahm F. im Wintersemester 1925/26 kurzfristig dessen Vorlesung über »Römisches Privatrecht«. Zum 60. Geburtstag wurde F. eine Festschrift überreicht, die »dem Meister des deutschen Verwaltungsrechts« und »nicht minder dem glänzenden akademischen Lehrer« galt. Auch die Erziehungsdirektion des Kantons Zürich überbrachte dem »ausgezeichneten Lehrer unserer obersten Lehranstalt und dem Rechtsgelehrten von hohem internationalen Ruf« ihre Glückwünsche. Vom 14. bis 18. Januar 1929 hielt F. fünf Vorlesungen zum Thema »Die römische Kurie und ihr Weltrecht« am »Institut Universitaire de Hautes Etudes Internationales« in Genf. Auf der dritten Pariser Tagung des »Institut International de Droit Public« vom Oktober 1930 wurde F. in der Nachfolge von Professor Jèze für drei Jahre zum Präsidenten gewählt. Von 1930 bis 1932 amtete F. auch als Richter am Zürcher Kassationsgericht. Anläßlich der Zürcher Zwingli-Feier vom 31. Oktober 1931 verlieh die theologische Fakultät der Universität Zürich F. — »dem Meister des Kirchenrechts«-den Ehrendoktor. Im Albumblatt der Ehrendoktoren schrieb F. am 15. Juli 1937: »Mit neuer Freude bin ich stets zum Kirchenrecht zurückgekehrt. Der übernationale Charakter der beiden autonomen kirchlichen Rechtssysteme, die ihre Kraft aus religiösen Überzeugungen schöpfen, die Einzigartigkeit ihrer juristischen Probleme, die Rolle des Geschichtlichen im kirchlichen Rechtsleben, all dies hat eine dauernde Anziehungskraft auf mich ausgeübt.« Im Januar 1932 wählte der Senat der Universität Zürich F. zum Rektor für die Amtsperiode 1932/34. In dieser Stellung oblag F. insbesondere die Leitung der Jahrhundertfeier der Universität Zürich. Im Rahmen dieser Feier hielt F. am Dies Academicus, dem 29. April 1933, im Lichthof der Universität die Festrede. Am 22. November 1934 wurde F. der Ehrendoktor der juristischen Fakultät Straßburg verliehen. Nach 50 Semestern Lehrtätigkeit an der Zürcher Universität stellte F. am 31. Oktober 1935 bei der kantonalen Erziehungsdirektion das Gesuch um Entlassung auf Ende des Wintersemesters 1935/36. Zur Begründung seiner - ein Jahr vor der Altersgrenze-beantragten Demission machte F. insbesondere die Fertigstellung »zurückgestellter wissenschaftlicher Arbeiten« geltend. Mit Beschluß des Regierungsrates vom 19. Dezember 1935 wurde F. mit der Emeritierung auf den 15. April 1936 zugleich zum Honorarprofessor der Universität ernannt. Am 26. Februar 1936 hielt F. in einem festlichen Rahmen seine Abschiedsvorlesung an der Universität Zürich. Im Mai 1936 unternahm F. eine Vortragsreise in die Türkei, wo ihm in Ankara ein Diplom als Ehrenmitglied der Juristischen Gesellschaft überreicht wurde. An der Universität Istanbul hielt F. unter anderem einen Vortrag in französischer Sprache über »Die neuen Staatstheorien in Westeuropa«. In Paris wurde F. zum korrespondierenden Mitglied des Komitees für fremde Gesetzgebung und internationales Recht sowie zum Vizepräsidenten des Internationalen Instituts für Verfassungsgeschichte ernannt. Die Rechts- und staatswissenschaftliche Fakultät Zürich überreichte F. zu seinem 70. Geburtstag eine Festschrift. F. empfing zu seinem Geburtstag über 500 Gratulationsschreiben. Wegen einer Herzkrankheit mußte F. die für das Wintersemester 1936/37 angekündigte Kirchenrechtsvorlesung absagen. Am 26. Oktober 1937 starb F. in seinem Ferienhaus in Ascona. Das Grabmahl von F. (mit einer Bronzeplastik des Basler Bildhauers August Suter) befindet sich im Aarauer Friedhof Rosengarten. Am 24. Januar 1938 fand in der Aula der Universität Zürich eine große Gedächtnisfeier zu Ehren von F. statt.

Werke:-Kircherechtliche Schriften und Reden: Obligatorische Civilehe und katholische Kirche. Eine kirchenrechtliche Abhandlung, Gekrönte Preisschrift, Leipzig 1890; Die rechtliche Stellung der katholischen Kirche zur obligatorischen Civilehe, Diss. Zürich, Zürich 1890; Die tridentinische Ehevorschrift, Habil. Zürich, Leipzig 1892; Die Ehescheidung Napoléons I, Antrittsvorlesung Zürich, Leipzig 1893; Die religiöse Erziehung der Kinder, in: Zeitschrift für Schweizerisches Recht, NF 12 (1893), S. 453-481; Zum Entwurfe einer Organisation der reformierten Kirche des Kantons Aargau, in: Aargauer Tagblatt vom 25. September 1893; Kirchenpolitische Kämpfe im Aargau vor der Klosteraufhebung von 1841, unveröffentlichte Rede vom 27. Januar 1894, in: Zentralbibliothek Zürich, Nachlaß Fleiner, Mappe 12; Aargauische Kirchenpolitik in der Restaurationszeit, Taschenbuch der Historischen Gesellschaft des Kantons Aargau für das Jahr 1896; Die diplomatischen Verhandlungen zwischen der Schweiz und der römischen Kurie von 1815 bis 1820, unveröffentlichte Rede vom 18. Januar 1896, in: Neue Zürcher Zeitung vom 6. Februar 1896; Die konfessionslose Volksschule, unveröffentlichte Rede vom 27. Juni 1896, in: Neue Zürcher Zeitung vom 30. Juni 1896; Staat und Bischofswahl im Bistum Basel. Geschichte der diplomatischen Unterhandlungen mit der Römischen Kurie im 19. Jahrhundert und Darstellung des geltenden Rechtes, Leipzig 1897; Kardinal Consalvi, Vortrag an der Universität Basel, Basel 1898; Kirchenpolitik im Bistum Basel, in: Zeitschrift für Schweizerisches Recht, NF 18 (1899), S. 32-60; Die römische Kurie, unveröffentlichte Rede, in: Zentralbibliothek Zürich, Nachlaß Fleiner, Mappe 13; Die Entwicklung der Parität in der Schweiz, in: Zeitschrift für Schweizerisches Recht, NF 20 (1901), S. 97-120; Über die Entwicklung des katholischen Kirchenrechts im 19. Jahrhundert, Rektoratsrede Basel, Tübingen/Leipzig 1902; Artikel »Pfaffenbrief«, in: Albert Hauck (Hrsg.), Realencyklopädie für protestantische Theologie und Kirche, 3. Auflage, Band 15, Leipzig 1904, S. 237-239; Schranken der Kultusfreiheit, Rechtsgutachten, in: Zeitschrift für Schweizerisches Recht, NF 23 (1904), S. 23-51; Die Verfassungsänderung in der Kirche augsburgischer Konfession von Elsaß-Lothringen, in: Deutsche Zeitschrift für Kirchenrecht, 19 (1909), S. 335-347; Die Mitwirkung des Propstes zu St. Petri bei den Wahlen der Prediger der St. Petri-Kirche zu Cöln an der Spree, Rechtsgutachten, in: Jahrbuch für brandenburgische Kirchengeschichte, Jahrgang VI (1909), Abt. I, S. 1-47; Die Befugnis zum Bezuge von Grabtaxen, Rechtsgutachten, Luzern 1909; Geistliches Weltrecht, in: Neue Zürcher Zeitung vom 19. Mai 1918; Verfassungsmässiger Schutz der Feuerbestattung, Rechtsgutachten, in: Schweizerische Juristen-Zeitung, 16 (1919), S. 1-14; Der Katholizismus und sein Weltrecht, unveröffentlichte Rede vom 10. Januar 1920, in: Luzerner Tagblatt vom 14. Januar 1920; Die römische Kurie und ihr Weltrecht, fünf Vorlesungen gehalten vom 14. bis 18. Januar 1929 am Institut Universitaire de Hautes Etudes Internationales in Genf, in: Zentralbibliothek Zürich, Nachlaß Fleiner, Mappe 13; Verstöße gegen das Jesuitenverbot, in: Neue Zürcher Zeitung vom 19. Januar 1930; Vatikan und Italien, unveröffentlichte Rede vom 5. Dezember 1930, in: Neue Zürcher Zeitung vom 8. Dezember 1930; Zwingli als Staatsmann, unveröffentlichte Rede vom 31. Oktober 1931, in: Neue Zürcher Zeitung vom 2. November 1931; Geistliches Weltrecht und weltliches Staatsrecht, Festrede Zürich, in: Jahresbericht der Universität Zürich 1931/32, S. 1-21; Cardinal Consalvi. Der Begründer der modernen päpstlichen Diplomatie, unveröffentlichte Rede vom 2. November 1933, in: Neue Zürcher Zeitung vom 4. November 1933; Die konfessionellen Artikel in katholischer Fassung, in: Neue Zürcher Zeitung vom 1. September 1935.

Staats- und verwaltungsrechtliche Schriften und Reden (Auswahl): Die Gründung des Schweizerischen Bundesstaates im Jahre 1848, Antrittsvorlesung Basel, Basel 1898; Öffentlich-rechtliche Vorteilsausgleichung, in: Festgabe der Juristischen Fakultät der Universität Basel zum siebzigsten Geburtstag von Andreas Heusler, Basel 1904, S. 92-112; Über die Umbildung zivilrechtlicher Institute durch das öffentliche Recht, Antrittsvorlesung Tübingen, Tübingen 1906; Einzelrecht und öffentliches Interesse, in: Staatsrechtliche Abhandlungen, Festgabe für Paul Laband zum fünfzigsten Jahrestage der Doktor-Promotion, Band 2, Tübingen 1908, S. 1-39; Institutionen des Deutschen Verwaltungsrechts, Tübingen 1911 (8. Auflage, Tübingen 1928); Wie ist der akademische Unterricht im Verwaltungsrecht zweckmäßig zu gestalten?, in: Verhandlungen des Zweiunddreißigsten Deutschen Juristentages (Düsseldorf), Band 1 (Gutachten), Berlin 1914, S. 305-312; Die Staatsauffassung der Franzosen, in: Vorträge der Gehe-Stiftung zu Dresden, Band VII, Heft 4, Leipzig/Dresden 1915, S. 101-124; Beamtenstaat und Volksstaat, in: Festgabe für Otto Mayer. Zum siebzigsten Geburtstag dargebracht von Freunden, Verehrern und Schülern, Tübingen 1916, S. 29-57; Entstehung und Wandlung moderner Staatstheorien in der Schweiz, Antrittsvorlesung Zürich, Zürich 1916; Politik als Wissenschaft, Vortrag Zürich, Zürich 1917; Zentralismus und Föderalismus in der Schweiz, Vortrag Zürich, in: Schriften für Schweizer Art und Kunst, 85 (1918); Politische Selbsterziehung, in: Wissen und Leben, Schweizerische Halbmonatsschrift, 11 (1917/18), S. 369-374; Probleme und Zielpunkte der schweizerischen Verwaltungsreform, in: Schweizerisches Zentralblatt für Staats- und Gemeindeverwaltung, 21 (1920), S. 61-64; Eidgenössische Verwaltungsgerichtsbarkeit, in: Neue Zürcher Zeitung vom 26. und 27. Mai 1921; Eidgenössische Verwaltungsgerichtsbarkeit, in: Schweizerische Juristen-Zeitung, 18 (1921/22), 149-155, 172-177; Schweizerisches Bundesstaatsrecht, Tübingen 1923; Die Dringlichkeitsklausel, in: Schweizerisches Zentralblatt für Staats- und Gemeindeverwaltung, 28 (1927), S. 577-582; Zur Technik des Verwaltungsrechts, in: Festgabe der rechts-

und staatswissenschaftlichen Fakultät der Universität Zürich zum Schweizerischen Juristentag 1928, Zürich 1928, 3-12; Schweizerische und deutsche Staatsauffassung, in: Recht und Staat in Geschichte und Gegenwart, Heft 67, Tübingen 1929; Bundesstaatliche und gliedstaatliche Rechtsordnung in ihrem gegenseitigen Verhältnis im Rechte Deutschlands, Österreichs und der Schweiz, in: Veröffentlichungen der Vereinigung der Deutschen Staatsrechtslehrer (VVDStRL), Heft 6, 1-24; Unitarismus und Föderalismus in der Schweiz und in den Vereinigten Staaten von Amerika, in: Bernhard Harms (Hrsg.), Kieler Vorträge, Nr. 34, Jena 1931; Tradition, Dogma, Entwicklung als aufbauende Kräfte der Schweizerischen Demokratie, Zürich/Leipzig 1933; Die Pflege der staatswissenschaftlichen Disziplinen an der Universität Zürich, in: Schweizerische Juristen-Zeitung, Sondernummer zur Jahrhundertfeier der Universität Zürich, 29 (1932/33), 311-313; Die Prüfung der Verfassungsmäßigkeit der Bundesgesetze durch den Richter, in: Verhandlungen des Schweizerischen Juristenvereins, 1934, Heft 1, 1a-35a; Kausalitätsprobleme im Verwaltungsrecht, in: Festschrift für Heinrich Zangger, Zürich u.a. 1934, 496-503; Armee und Demokratie, in: Neue Schweizer Rundschau, NF 2 (1935), 538-543.

Quellen: Zentralbibliothek Zürich, Handschriftenabteilung, Nachlaß Fleiner, Mappe 1-35; Universitätsarchiv Zürich, AB 1.261, Mappe 1-6; Staatsarchiv Zürich, U 105 h.3a, U 105 g.1, U 105 e.3, U 105 a.1, U 105 ho.2-38; Staatsarchiv Aargau, Nachlaß Hunziker, Mappe 3-5 (diverse Zeitungsartikel); Staatsarchiv Basel, Z 14, Z 19, IX 3.3, F 6.1, I 21; Universitätsarchiv Tübingen, 119/205, 126/167, 127/36, 132/42-1906.1; Universitätsarchiv Heidelberg, PA 1559, A 640, H-II-111/127, Rep. 27/328; Generallandesarchiv Karlsruhe, 235/1970, 235/3118 und 3119.

Lit.: Ernst Blumenstein, Fritz Fleiner und der schweizerische Rechtsstaatsgedanke, in: Monatsschrift für Bernisches Verwaltungsrecht und Notariatswesen, 35 (1937), 369 ff.; — Erich Karl Born, Fritz Fleiner, in: ders., Geschichte der Wirtschaftswissenschaften an der Universität Tübingen 1817-1967, Tübingen 1967, 160; — Friedrich Darmstaedter, Fritz Fleiner (1867-1937), in: Rivista Internazionale di Filosofia del Diritto, 18 (1938), 213 f.; — Dagmar Drüll, Fritz Fleiner, in: dies., Heidelberger Gelehrtenlexikon 1803-1932, Berlin u.a. 1986, 70; — Immo Eberl/Helmut Marcon, Dr. iur. Fritz Fleiner, in: dies., 150 Jahre Promotion an der Wirtschaftswissenschaftlichen Fakultät der Universität Tübingen. Biographie der Doktoren, Ehrendoktoren und Habilitierten, 1830-1980, Stuttgart 1984, 579; — Fanny Fleiner-Veith (Hrsg.), Fritz Fleiner. Ausgewählte Schriften und Reden, Zürich 1941; — Thomas Fleiner, Fritz Fleiner, in: Schweizer Lexikon, Band 2, Luzern 1992, 634; — Paul Gygax, Fleiner und die Fortbildung der staatsrechtlich-politischen Ideen in der Schweiz, in: Zeitschrift für Politik, 16 (1927), 276 ff.; — Karl Heiz, Fritz Fleiner, in: Biographisches Lexikon des Aargaus 1803-1957, Aarau 1958, 212; — Karl Heiz, Fritz Fleiner, in: Lebensbilder aus dem Aargau 1803-1953, Aarau 1953, 397 ff.; — Adolf Im Hof, Zum Andenken an Fritz Fleiner, in: Zeitschrift für Schweizerisches Recht, NF 57 (1938), 349 ff.; — Adolf Im Hof, Fritz Fleiner, in: Schweizer Juristen der letzten hundert Jahre, Zürich 1945, 455 ff.; — Arnold Köttgen, Fritz Fleiner und die deutsche Verwaltungsrechtswissenschaft, in: Zeitschrift der Akademie für deutsches Recht, 5 (1938), 47 ff.; — Franz Meisel, Fritz Fleiner und die Verwaltungsrechtswissenschaft, in: Prager Juristische Zeitschrift, 7 (1927), 50 ff.; — Markus Müller, Verwaltungsrecht. Eigenheit und Herkunft, Bern 2006, 99 ff.; — Roger Müller, Verwaltungsrecht als Wissenschaft-Fritz Fleiner 1867-1937, Diss. Zürich, Frankfurt a.M. 2006; — Erwin Ruck, Fritz Fleiner, in: Andreas Staehelin (Hrsg.), Professoren der Universität Basel aus fünf Jahrhunderten. Bildnisse und Würdigungen, Basel 1960, 308; — Dietrich Schindler, Begründer der wissenschaftlichen Methode des öffentlichen Rechts. Zum 50. Todestag von Fritz Fleiner, in: Neue Zürcher Zeitung vom 24. und 25. Oktober 1987; — Dietrich Schindler, Fritz Fleiner, in: Jahrbuch des öffentlichen Rechts der Gegenwart, 40 (1991/92), 175 ff.; — Dietrich Schindler, Fritz Fleiner, in: Hans Merz/Dietrich Schindler/Hans Ulrich Walder (Hrsg.), Juristengenerationen und ihr Zeitgeist. Abhandlungen großer Juristen aus zwei Jahrhunderten mit einführenden Worten, Zürich 1991, 105 ff.; — Michael Stolleis, Geschichte des öffentlichen Rechts in Deutschland, Band 2: Staatsrechtslehre und Verwaltungswissenschaft 1800-1914, München 1992, 408 f., Band 3: Staats- und Verwaltungsrechtswissenschaft in Republik und Diktatur 1914-1945, München 1999, 236 f.; — Werner Wichser, Einem der großen Juristen zum Gedenken-Fritz Fleiner, in: Basler Zeitung vom 28. Oktober 1987, 35.

Roger Müller

FOLLOWS, Elizabeth Anna, * 4.3. 1842 in Ravenhurst Terrace, † 6.8. 1933. Lehrerin, Quäkerin. — Elizabeth Anna Follows wurde 1842 geboren. Ihr Vater George Follows (um 1805-1847), der Privatsekretär des Ingenieurs Robert Stephenson (1803-1859), stammte aus einer bekannten Quäkerfamilie. Nach seinem Tode wurden die vier Kinder von seiner Frau Emily Fellows (geb. Hyatt, gest. 1869) durchgebracht. Alle wurden auf der Ackworth-Schule ausgebildet, an der Elizabeth Anna Follows unterrichtete, bevor sie in Darlington Erzieherin in der Familie von Joseph Peases (1799-1872) wurde. 1871 besuchte sie die deutschen Quäker in Minden. Von 1877 bis 1881 unterrichtete sie an einer Schule in Mount (York). Um nahe bei ihrem Onkel Edward Hyatt (gest. 1890) zu sein, zog sie jedoch nach Gaywood, einen Vorort von King's Lynn. Dort unterrichtete sie an den Erwachsenenschulen von Lynn und Gaywood. Während des Ersten Weltkriegs engagierte sie sich, ermöglicht durch ihre Sprachkenntnisse, in der Hilfsarbeit auf dem europäischen Festland. Engen Kontakt pflegte sie zu den Flüchtlingen aus Belgien. Im Gegensatz zu den Quäkern ihrer Zeit übte sie sich im Zeichnen und hatte ein ausgeprägtes Interesse an Astronomie. Elizabeth Anna Follows verstarb 1933 in ihrem 91. Lebensjahr.

Lit. (Auswahl): Elizabeth Follows. In: The Friend. A religious and literary journal, XCI, 33, 1933, 722.

Claus Bernet

FONSECA, Pedro da (Petrus), port. Philosoph und Jesuit, * 1528 in Cortiçada; † 4. November 1599 in Lissabon. — F., seit 1548 Jesuit, studierte von 1551 bis 1555 Theologie und lehrte zeitgleich Philosophie in Évora. Von 1555 bis 1561 wirkte F. als Philosophieprofessor in Coimbra. In den folgenden Jahren war er in der Ordensadministration tätig, ehe er 1564 für drei Jahre nach Évora zurückkehrte, wo er Theologie lehrte. Von 1567 bis 1569 hatte F. das Amt des Rektors in Coimbra inne. 1570 wurde er in Évora zum Dr. theol. promoviert. In der Folge bekleidete F. hohe Ordensämter: von 1573 bis 1581 war er zunächst Assistent des Generals für die portugiesischen Ordensprovinzen, sodann Oberer des Profeßhauses in Lissabon (1582-1589), schließlich Visitator der portugiesischen Ordensprovinz (1589-1592). — Neben Francisco Suárez ist F. bedeutendster Vertreter der nachtridentinischen Jesuiten-Scholastik (Schule von Coimbra). Er war Initiator des »Cursus conimbricensis«, der sich - gegen die vorherrschende thomistische Deutung des Aristoteles in der dominikanisch geprägten Schule von Salamanca - um eine Neuinterpretation der aristotelischen Logik und Metaphysik bemühte. Mit seinen umfassenden und sehr eigenständigen Aristoteles-Kommentaren leitete F. den neuen Aristotelismus ein, der später von Suárez vollendet wird. Diese von F. begonnene und von Suárez ausgebildete Schullehre des Jesuitenordens wirkte im 17. Jh. stark auf die Philosophie und Theologie in Mitteleuropa, insbesondere in Holland und Deutschland, wo er die protestantischen Hochschulen erreichte und bedeutende Denker wie Leibniz beeinflußte.

Werke: Institutiones dialecticae (Erstausgabe: Lissabon 1564; Neudruck: Coimbra 1964), Isagoge philosophica (Erstausgabe: Lissabon 1591; Neudruck: Coimbra 1965), Commentarii in libros metaphysicorum Aristotelis (Erstausgaben der Einzelbände: Bd. 1 Rom 1577, Bd. 2 Rom 1589, Bd. 3 Évora 1604, Bd. 4 Lyon 1612; Gesamtausgabe: Köln 1615, Neudruck: Hildesheim 1964).

Lit.: C. Abranches, A causa exemplar em P. d. F., in: Rev. portug. filos. 14 (1958), 3-10; — E. J. Ashworth, P. F. and material implication, in Notre Dame J. of Form. Log. 9 (1968), 3, 227-228; — C. Giacon, La seconda scolastica. Bd. 2. Mailand 1946; — B. Hachmann, S. d. Carvalho, Os Conimbricenses e P. d. F. como leitores de Henrique de Gand, in: Mediaevalia. Textos e Estudos 3 (1993), 207-212; — C. H. Lohr, Latin Aristotle Commentaries, Bd. 2 (Renaissance Authors), Florenz 1988, 150-151; — M. B. Pereira, Ser e Pessoa. P. d. F. O método da Filosofia. Coimbra 1967; — C. A. F. d. Silva, Teses fundamentais da gnoseologia de P. d. F. Lissabon 1959; — C. Sommervogel, F., in: Bibliothèque de la Compagnie de Jésus, Brüssel 1890-1900, Bd. 3, 837-840; — M. Uedelhofen: Die Logik P. F.s. Bonn 1916.

Josef Bordat

FORSTER, Robert, * 13.12. 1791 in Tottenham, † 11.10. 1873. Philanthrop, Quäker. — Robert Forster wurde als Sohn von William Forster (1747-1824) und Elizabeth Forster (1759-1839) in Tottenham geboren. Zeit seines Lebens lebte er in London, nur für 1850 ist eine Reise zu den deutschen Quäkern nach Minden nachgewiesen. Viele Jahre war er Ältester des Tottenham Monthly Meeting. Er war stets besorgt um die Entwicklung, die die Religiöse Gesellschaft der Quäker einschlug. Besonders kümmerte er sich um junge Männer unter den Mitgliedern, ebenso wie um die Ausbildung der Armen und die weltweite Ächtung der Sklaverei.

Werke: A Christian appeal from the Society of Friends to their fellow-countrymen, on the present war. Given forth by a meeting representing the Society of Friends in Great Britain, held in London this 8th day of the twelfth month, 1854. London (1854).

Lit. (Auswahl): Robert Forster. In: The Annual Monitor for 1875. Or obituary of the members of the Society of Friends in Great Britain and Ireland, for the year 1874. London 1874, 53-59; — Robert Forster. Born 1791. Died 1873. Aged nearly eighty-two years. In: Beck, W.; Wells, W. F.; Chalkley, H. G.: Biographical catalogue being an account of the lives of Friends and others whose portraits are in the London Friends' Institute. Also descriptive notices of those of the Friends' schools and institutions of which the gallery contains illustrations. London 1888, 219-222.

Claus Bernet

FORSTER, William, * 23.3. 1784 in Tottenham (London), † 27.1. 1854 in Tennessee. Quäker. — William Forster wurde als zweiter Sohn von William (1747-1824) und Elizabeth Forster (geb. Hayward, 1759-1837) geboren. Er kam 1784 in Tottenham (London) zur Welt. Nach seiner Ausbildung arbeitete er wie sein Vater und sein Bruder Josiah als Gutsverwalter. Schon im Sommer 1803 begann er, in den Andachten

der Quäker das Wort zu ergreifen. Zwei Jahre darauf wurde er offiziell als Prediger (Minister) anerkannt. In den folgenden zehn Jahren war eine Zeit mit Besuchsreisen von Quäkern in Großbritannien und Irland ausgefüllt, einschließlich einer Reise zu den Hebriden 1812. — Im Oktober 1816 heiratete er Anna Buxton, die Tochter von Thomas Fowell Buxton. Ihr einziger Sohn war William Edward (geb. 1819). Mit seiner Familie ließ Forster sich in Dorset nahe Bridport nieder. 1820 brach er zu einer ersten Reise nach Nordamerika auf, wo er länger als fünf Jahre blieb, um weitere Spaltungen unter den amerikanischen Quäkern zu verhindern. 1837 zog er nach Norwich, befand sich jedoch die meiste Zeit auf Reisen: Irland (1843), Normandie (1844/45) und Indiana (1845/46). Dort sprach er mit Präsident James Knox Polk (1795-1849) über die Sklavenfrage. Im Winter 1846/47 bekämpfte er die Hungersnot in Irland. 1849 war er ein Mitglied der Quäkerkommission, die den Herrschern Europas eine Note gegen die Sklaverei überbrachten. 1852 befand er sich auf einer Reise nach Südfrankreich, in das Vaudois und in die Piemonttäler. 1853 wurde er, trotz seiner bereits angegriffenen Gesundheit, vom London Yearly Meeting delegiert, zusammen mit weiteren Quäkern den amerikanischen Präsidenten Franklin Pierce (1804-1869) in der weiterhin ungelösten Sklavenfrage aufzusuchen. Nach Aufenthalten in Hickery Grove und Friendsville (Tennessee) erkrankte William Forster schwer und verstarb nach sechs Wochen 69jährig im Januar 1854 im östlichen Tennessee. Er wurde in Friendsville bestattet.

Werke: A Christian exhortation to sailors, and persons engaged in a seafaring life. Stockport 1813. Dublin 1817. London 1817⁴ (Tracts on Moral and Religious Subjects, I / Tract Association of the Society of Friends, VII). London 1819 (Tract Association of the Society of Friends, VII). Dublin 1819 (Dublin Tract Association, VIII). London 1824 (Tract Association of the Society of Friends, VII). York 1827. London 1829. London 1843. Dublin 1851. London 1856 (General Series, VII); Eene Christelijke vermaning aan matrozen, en andere lieden van een Zee-varend leven. Uit het engelsch. London 1824; Society of Friends. Bradford (1836); Christliche Ermahnung für Schiffer und Seefahrer. London 1845 (Friends' Tracts Association, VII). London 1848² (Der Tractat-Verein der Gesellschaft der Freunde, VII); Christelyke vermaning voor zeevarenden. London 1846; The duties of Sunday school teachers in relation to state churches. By the Rev. William Forster. London 1846 (Tracts of the British Anti-State Church Association, XII); Christiana esortazione ai Marinaj, ed a tutte quelle persone impiegate sul mare.

Londini 1855; Exhortation Chrétienne adressée aux matelots et aux marins en général. London 1855; A salutation of Gospel love to those in the islands of the Pacific Ocean, who make profession of faith in our Lord Jesus Christ. Philadelphia 1859. London 1860[2]; Memoirs of William Forster. Ed. by Benjamin Seebohm in two volumes. London 1865.

Lit. (Auswahl): Crosfield, Joseph: A letter from Joseph Crosfield. Containing a narrative of the first week of William Forster's visit to some of the distressed districts in Ireland. (London) (1846); — Tuke, James H.(ack): Narrative of the second, third, and fourth weeks of William Forster's visit to some of the distressed districts in Ireland. (London) (1847); — Sims, William Dillwyn: Narrative of the fifth and sixth weeks of William Forster's visit to some of the distressed districts in Ireland. (London) (1847); — Society of Friends Norwich Monthly Meeting (Hrsg.): A testimony of Norwich Monthly Meeting, concerning William Forster, deceased. (London) (1854); — Ash, Edward: A tribute to the memory of the late W. F. By one who honored and loved him. Printed for private circulation. London 1857; — A tribute to the memory of the late William Forster, by one who honoured and loved him. Philadelphia 1858; — Allinson, William J.: Quakerism vital. Illustrated by the course of a distinguished Christian. A tribute to the memory of William Forster. A lecture (....). Third edition. London (1861); — Charleton, Robert: Brief memoir of William Forster. (Manchester) (1865) (Manchester Tract Association); — William Forster. In: Robinson, William (Hrsg.): Friends of a half century, fifty memorials with portraits of members of the Society of Friends. 1840-90. London 1891, 119-126; — Forster, William. In: Herringshaw's National Library of American Biography. Contains thirty-five thousand biographies of the acknowledged leaders of life and thought of the United States. Illustrated with three thousand vignette portraits: Complete in five volumes, including every name of eminence produced by this great republic since its formation to the present time, II. Chicago 1909, 488; — Baily, Joshua L.: Reminiscences of William Forster and Stephen Grellet. In: Journal of the Friends' Historical Society, XII, 2, 1915, 71-75; — The Forster family and the Irish famine. In: Quaker History. The bulletin of Friends Historical Association, LXXXIV, 1, 1995, 116-130.

Claus Bernet

FRANZ, Gustav Moritz, Seminardirektor, Gemeindepfarrer, Superintendent; * 3. Februar 1816 in Sosa im Erzgebirge; † 26. Mai 1899 in Dresden, dort beerdigt auf dem Trinitatisfriedhof. F. ist »durchaus ein Kind des deutschen Pfarrhauses« (D. Gustav Moritz Franz. Ein sächsisches Theologenleben, zum 100. Geburtstag geschildert vom Enkel Pastor Lic. Schwen, Freiberg, in: Neues Sächsisches Kirchenblatt, Jg. 23, 1916, Nr. 5, 65-72, 65). Die Lebensverhältnisse in seiner Kindheit sind einfach, bisweilen ärmlich. Der Vater verdient als Pfarrer in Sosa höchstens 500 Taler im Jahr, legt aber die Grundlagen für die Bildung des ältesten Sohnes.

Er unterrichtet ihn selbst. Im Alter von vier Jahren lernt F. schon Latein. Ab 1829 besucht er das Lyzeum in Schneeberg und verlässt die Schule Ostern 1834 mit den Noten »Ia im sittlichen Verhalten« und »Ib in Wissenschaften«. Zum Abschied aus der Schule hält er eine lateinische Rede über die These, »daß nur auf einer zweckmäßigen Einrichtung der Schulen die Hoffnung des Vaterlandes beruhe« (ebd., 66). — Anschließend studiert F. Theologie in Leipzig und besteht im Juni 1837 sein Examen mit dem Prädikat »sehr wohl« (ebd., 67). Besonderen Einfluss auf seine theologische Bildung haben hier der Neutestamentler Johann Georg Benedikt Winer, der Kirchengeschichtler Christian Wilhelm Niedner und der Homilet Friedrich August Wolf. Aber auch Richard Rothes Ethik verdankt er nach eigener Aussage »viel, sehr viel« (Bücherkleinode evangelischer Theologen, hg. von Friedrich Zimmer, Gotha 1888, 43). 1835 veröffentlicht der 19-jährige Student in der Grimmaer Zeitschrift »Ameise« unter dem Pseudonym »Iusculanus« einen Aufsatz, in dem er das Trucksystem im Bergbau seiner Heimat kritisiert. Wer von den Bergleuten gegen dieses System aufbegehre und »sich unzufrieden zeigt, wird abgelegt, brotlos und Hunger tut doch weh!« (D. Gustav Moritz Franz. Ein sächsisches Theologenleben, 65-72, 67). — Nach dem Studium folgen Hauslehrerstellen in Langenhessen und ab 1840 im Blaufarbenwerk Schindlerswerk bei Bockau, wo F. auch zu predigen hat. Private Aufzeichnungen aus dieser Zeit geben Einblick in seine Ziele. F. möchte seine Erzgebirgsgemeinde physikotheologisch aufklären: »Ich will suchen, durch physikalischen Unterricht, durch physikalische Experimente mit Erklärung in meiner Wohnung an den Winterabenden, besonders Sonntags, in meiner Gemeinde den Aberglauben zu bekämpfen und Gottes Macht und Weisheit in der Natur die Leute beachten lehren.« Zugleich kommen Impulse der entstehenden inneren Mission zu Sprache: »In London besteht eine Gesellschaft, welche Matrosen, während sie an Land sind, ... aufnehmen in ein Haus und ihnen zugleich Gelegenheit geben, Gottesdiensten beizuwohnen. O, wie nöthig ist Ähnliches für unsere Handwerkspursche!« Doch sieht F. seine Aufgabe nicht auf die einfachen Leute beschränkt: »Nicht nur die infima plebs mit der Seelsorge bedenken, sondern auch vorzüglich die jungen Leute, welche gewöhnlich sehr irreligiös und unkirchlich, die Kaufmannsdiener und Offiziere; anfangen mit denen, mit welchen man bekannt geworden ist, zu ihnen gehen, gute Bücher geben, Abscheu einflößen vor den heillosen Scharteken, zu sich einladen auf die Studierstube mehrere zu ernsten Besprechungen, Sonntagmorgen einmal zu dem oder jenem gehen und ihn einladen in die Kirche zu gehen; zum Kommunizieren ermahnen; kurz Menschen fischen!« (ebd., 69). 1842 nimmt F. als Oberlehrer die einzige Lehrerstelle des neu gegründeten königlich-sächsischen Lehrerseminars Annaberg, des ersten Volksschul-Lehrerseminars im Erzgebirge, an. Er engagiert sich im örtlichen Jünglingsverein, gründet 1845 einen Turnverein mit, betätigt sich in der Hungerkrise 1846/47 als Sekretär und Kassierer des Frauenvereins und ist an der Gründung eines Gustav-Adolf- Zweigvereins beteiligt. 1847 wird F. zum Rektor des Annaberger Seminars ernannt. — Nach dem Tod seiner ersten Verlobten 1844 heiratet er 1848 Caroline Münderloh aus Weimar. Aus der Ehe gehen drei Töchter hervor. In der Revolution von 1848/49 steht F. den Demokraten nahe. Er wird zum Vorsitzenden einer großen Lehrerkonferenz gewählt, stellt Leitsätze »über die Organisazion des Schulwesens« auf und fordert eine »demokratische Kirchenverfassung«. Die politischen Zustände der nachfolgenden Reaktionszeit erschüttern ihn. Er notiert darüber: Die »Verhältnisse gestalten sich so widerwärtig, daß ich länger als ein halbes Jahr in keine öffentliche Gesellschaft gegangen bin.« (ebd., 70). — Im Januar 1852 erhält F. einen Brief des Dresdner Oberhofpredigers Adolf Harleß, in dem ihm das Pfarramt im Erzgebirgsdorf Grünstädtel angetragen wird. Neben dem Wunsch der dortigen Gemeinde dürfte dafür auch die Absicht des Kultusministeriums eine Rolle gespielt haben, für die geplante Umgestaltung des Annaberger Seminars einen Wechsel an dessen Spitze herbeizuführen. F. folgt dem Ruf mehr aus Pflicht denn aus Neigung und wird ein Landpfarrer, der die Kirchgemeinde entschlossen führt und in der Typhusepidemie 1855 gar die Leitung der Kommune vom Gemeinderat übertragen bekommt. Mitten in dieser Notsituation wird F. zum Oberpfarrer und Superintendenten in Annaberg berufen. — Der Amtsantritt erfolgt im März 1856, einen Monat darauf wird die Kirchenvisitation als Aufgabe von Superintendenten in Sachsen wieder eingeführt. F. macht sich einen Namen als Visitator. Bei den neuen Visitationen stellt sich u. a. heraus, dass in einer Gemeinde Apfelwein zum Abendmahl verwendet wird. Auch wird z. B. ein mit Silber beschlagener Agendeneinband von 1617 unter Abraum entdeckt. Darüber hinaus sorgt F. als Inhaber der Bezirksschulaufsicht für Ordnung in den Schulen seiner Ephorie. Dabei ist F. kein Mann, der Vorschriften von oben nur schematisch umsetzt. Als selbstbewusster Bürger notiert er in einer Nebenbemerkung: »Wenn ich noch der Verordnung vom 5. November 1862 gedenke, durch welche den Superintendenten eine Hoftracht vorgeschrieben wurde, so geschieht es deswegen, weil ich erwähnen will, daß ich mir nie eine solche Hoftracht habe fertigen lassen, auch in Dresden nicht, wo ich wiederholt vor Sr. Majestät zu erscheinen gehabt habe. Ich habe es nicht getan, weil mir diese Hoftracht entschieden mißfiel.« (D. Gustav Moritz Franz. Ein sächsisches Theologenleben, zum 100. Geburtstag geschildert vom Enkel Pastor Lic. Schwen, Freiberg, in: Neues Sächsisches Kirchenblatt, Jg. 23, 1916, Nr. 6, 81-88, 82). Das Haus des Annaberger Superintendenten ist ein offenes Haus. Hier verkehren Seminaristen, die er nicht mit Geld unterstützt, sondern an einen Freitisch lädt, damit sie die Formen des gesellschaftlichen Umgangs lernen, Kandidaten der Theologie und in den Ferien auch Studenten. — Nach 17 Jahren als Ephorus in Annaberg wird F. 1873 als erster Pfarrer der Kreuzkirche und Superintendent nach Dresden berufen. Er lehnt zunächst ob seines Alters ab, erhält aber darauf zur Antwort, dass man gerade einen erfahrenen Mann suche. Anfang April 1874, nur ein gutes halbes Jahr nach seinem Amtsantritt im September 1873, veröffentlicht F. eine Denkschrift, die »Theilung der großen evangelisch-lutherischen Kirchspiele in Dresden betreffend« (Dresden, 1874). Beigelegt ist ihr eine Nummer der von Emil Sulze herausgegebenen Zeitschrift »Die Leuchte«, in der der Diakonus der Dresdner Kreuzkirche, Clemens Peter, einen Artikel über den »Verfall des kirchlichen Gemeindelebens in unseren großen Städten« (ebd., 3) geschrieben hat. — Zu diesem Zeitpunkt ist die Ephorie Dresden I mit fast 200.000 evangelisch-lutheri-

schen Christen, verteilt auf lediglich vier Parochien, die größte in Sachsen. Die Denkschrift
wird zum Startschuss der überfälligen Parochialteilungen in Dresden, die F. in der Folge
gegen viele Widerstände und mit der Unterstützung Emil Sulzes, ab 1876 Pfarrer an der Drei-
königskirche Dresden-Neustadt, vorantreibt.
Das Teilungskonzept von F. ist theologisch bei
weitem nicht so anspruchsvoll wie das, was Sulze mit seiner ‚Gemeindereform' im Blick hat.
Doch lassen sich die pragmatischen und im Vergleich bescheideneren Pläne von F. in der Praxis
meist besser umsetzen als die weit reichenden
Visionen Sulzes. F's Denkschrift enthält einen
konkreten, juristisch und finanziell durchdachten Teilungsplan. Die maximale Seelenzahl für
eine Großstadtgemeinde soll auf 25.000 begrenzt werden. Als Berechnungsgrundlage ist
die Zahl der Konfirmanden zugrunde gelegt, die
pro Pfarrer zu unterrichten sind. Auf 50 Gemeindeglieder wird ein Konfirmand gerechnet.
Für die neue Parochie der Frauenkirche z. B.,
die diese Maximalgröße erreicht, sind drei Stellen vorgesehen: ein Superintendent, der 100
Konfirmanden, einen Archidiakonus, der 200
Konfirmanden, und ein Diakonus, der ebenfalls
200 Konfirmanden zu unterrichten hat. — In der
Analyse der herrschenden Situation weiß sich F.
mit Peter und Sulze weithin einig. Im ersten Abschnitt der Denkschrift heißt es: »Daß es zum
Nachtheile des kirchlichen Lebens gereicht,
wenn Kirchengemeinden zu einer sehr großen
Seelenzahl anwachsen, darf als allgemein zugestanden angesehen werden. Einen längeren Beweis dafür zu führen ist deshalb nicht nöthig. Es
genügt, daran zu erinnern, daß die Gemeindeglieder das Bewußtsein der Zusammen-
gehörigkeit verlieren, so daß von einer ‚Gemeinschaft' nicht mehr die Rede sein kann, -
daß die die einzelnen Personen und Familien
zunächst berührenden geistlichen Amtshandlungen der Taufen, Trauungen und Begräbnisse
durch ihre Massenhaftigkeit zur Eile drängen,
und immerwährenden Wechsel in den Personen
der fungirenden Geistlichen nöthig machen, so
daß ihr wohlthätiger Einfluß auf ein Minimum
reducirt wird, - daß in großen Parochieen die
Geistlichen eben so wenig von den Gemeindegliedern gekannt sind, als sie mit den einzelnen Parochianen in Berührung kommen und mit
deren Verhältnissen bekannt werden. In unsern
großen Kirchspielen giebt es Tausende, welche
von der Zeit des Confirmanden-Unterrichts an
nie wieder mit einem Geistlichen in nähere Beziehung getreten sind oder nur gesprochen haben. Nun aber wirken Ideen, - auch die religiösen Ideen - nur durch die sie vertretenden Personen auf die großen Massen. So kann denn ohne auf die einzelnen Individuen einwirkende
Geistliche kein religiös-kirchliches Leben in
den Massen erweckt und gepflegt werden.«
(ebd., 3). — Nachdem die Diözesanversammlung im Mai 1874 die Bildung neuer Parochien
zu einer wichtigen Angelegenheit erklärt hat,
werden in der Amtszeit von F. zum Jahresbeginn 1878 von der Kreuzkirchenparochie die
Parochie der Frauenkirche und eine Parochie
der Johanneskirche, die die Pirnaische Vorstadt
und die neue Johannstadt umfasst, abgeteilt. Die
von F. vorgeschlagene Umgestaltung der als
evangelische Hofkirche genutzten Sophienkir-
che zur Gemeindekirche scheitert indes ebenso
wie eine Steuergemeinschaft der Dresdner
Kirchgemeinden, der sich die reichen Gemeinden noch lange widersetzen. Nicht zu Unrecht
wird der Einsatz für die Parochialteilungen in
Dresden, die sein Nachfolger Franz Wilhelm
Dibelius konsequent fortsetzt, als das Hauptwerk von F. angesehen. Schriften hat er nur
ganz wenige hinterlassen. Daraufhin angesprochen meinte er: »Meine Werke stehen in den
Akten« (Gerhart Wendelin, Bewährung und Bewahrung (1875-1965), in: Ders. (Hrsg.), 750
Jahre Kreuzkirche zu Dresden, Berlin 1965, S.
52-85), 58). — Als Leiter der Pfarrerschaft richtet er für die eingepfarrten Dörfer Landdiakona-
te ein, womit die Verlegung des Wohnsitzes der
zuständigen Pfarrer in die Außenorte verbunden
ist. Von der Einführung des Landdiakons im Ar-
beitervorort Löbtau wird berichtet, dass der Or-
dinand von der Stelle zurücktreten wollte, nachdem »ihm bange gemacht worden war: Die
Löbtauer würden ihn totschlagen.« F. habe ihn
ruhig gefragt, »ob er der erste und einzige Botschafter Christi sein würde, der den Märtyrertod
erlitte?« (D. Gustav Moritz Franz. Ein sächsisches Theologenleben, 81-88, 85), jeglichen Po-
lizeischutz abgelehnt und stattdessen die vornehmlich aus Sozialdemokraten bestehende
Feuerwehr mit der Aufgabe des Spalierstehens
betraut. — Zum Superintendentenamt kommen
für F. noch weitere Funktionen hinzu. 1871 in

die erste evangelisch-lutherische Landessynode im Königreich Sachsen gewählt gehört er allen Landessynoden bis zur fünften 1891 an. Seit 1874 ist er als Konsistorialrat Beisitzer im neuen Landeskonsistorium und als solcher an den Kandidatenprüfungen beteiligt. Von 1874 bis 1893 hat er das Amt des ersten Vorsitzenden des Dresdner Gustav-Adolf-Hauptvereins inne. — Geehrt wird F. 1872 mit dem königlich-sächsischen Verdienstorden (Ritter), 1877 mit der Ehrendoktorwürde der theologischen Fakultät Leipzig, bei seinem Eintritt in den Ruhestand 1884 mit der Ernennung zum Oberkonsistorialrat und 1892 mit dem sächsischen Albrechts-Orden (Komtur). — Theologisch gilt F. manchen Zeitgenossen als liberal. Er selbst kann das nur zum Teil bestätigen: »Handelt es sich um kirchenregimentliche Verhältnisse, so bin auch ich liberal, das heißt, ich will keinen Glaubenszwang, ich will freie Bewegung der Gemeinden in ihren Angelegenheiten; wenn aber die Bezeichnung 'liberal' sich auf den Glauben erstreckt, dann ist sie höchst bedenklich und ich mag nichts davon wissen.« (ebd., 88) F. ist Mitglied im Vorstand der Meißner Pfarrkonferenz und mit deren Leiter, Gustav Adolph Fricke, befreundet. In dieser Konferenz, die über gute Kontakte ins Konsistorium verfügt, sammelt sich die mittlere Strömung der sächsischen Theologenschaft. Schon in seiner Annaberger Zeit referiert F. hier 1868 über »die neue Kirchenvorstands- und Synodalordnung« sowie 1872 über »den zunehmenden Mangel an Theologen in unserer Landeskirche und über die künftige Gestaltung der Diakonate« (ebd., 83). — F. ist weder ein ausgesprochener Liberaler noch ein Neulutheraner. Als Bekenntnisschrift bedeutet ihm der Kleine Katechismus Luthers mehr als die Konkordienformel. Deutlich kommt F's Orientierung auf das Bürgertum als Träger des Protestantismus in dessen Festpredigt zum Lutherjubiläum 1883 zum Ausdruck. Nach den Verdiensten Luthers um Wort und Sakrament, um Glaubens- und Gewissensfreiheit betont er dessen Trennung von Staat und Kirche: »Die Reformation Luthers verwies die Kirche auf das religiöse Gebiet [...]. Unter den Begriff des Christenthums, 'der Christenheit', wie Luther mit Vorliebe sagte, fallen alle Gebiete des menschlichen Lebens, aber nicht unter den der Kirche.« Seine Hörer fordert er auf: »Danket ihm [Luther] durch die Pflege christlichen Sinnes in euern Häusern, in der Erziehung eurer Kinder. Danket ihm durch christliche Treue in eurem Berufe und Ausübung desselben nach streng religiös-sittlichen Grundsätzen. Danket ihm durch christliche Bürgertugenden in unserem bürgerlichen Gemeinwesen, in der Gemeinde und im Staate und durch kräftige Abwehr jedes Versuches einer neuen Vermischung von Staat und Kirche.« (Predigt am Jubel- und Dankfeste zur Feier des zum 400sten Male wiederkehrenden Geburtstages Dr. Martin Luthers am Tauftage Luthers - 11. November, XXV. P. Tr. — in der Kreuzkirche zu Dresden gehalten von Dr. th. G. M. Franz, Pastor primarius, Superintendent und Consistorialrath, Ritter des Königl. Sächs. Verdienst-Ordens, Dresden 1883, 12). — Neben seinem Einsatz für die Parochialteilungen war F. den Zeitgenossen vor allem durch seinen Einsatz für den in Sachsen besonders populären Gustav-Adolf -Verein ein Begriff. Als er 1899 kurz nach seiner Frau stirbt und beerdigt wird singt der Dresdner Kreuzchor und es ertönen die Glocken der Kreuz-, Johannes-, und Trinitatiskirche. Aber auch die Glocken der evangelischen Kirche im böhmischen Saaz läuten in der Begräbnisstunde. F's Nachfolger im Dresdner Superintendentenamt Dibelius bescheinigt dem Verstorbenen in seiner Traueransprache: »für des Herrn Reich wollte er schaffen und wirken bis zur letzten Kraft. Das hat insonderheit unser Gustav-Adolf-Werk erfahren, das ihm schon in seiner Jugend es angethan, und dessen begeisterter Freund und Mitarbeiter er geblieben bis ans Ende. Noch in den allerletzten Tagen, als schon sein Geist umdunkelt war, beschäftigte ihn noch die evangelische Bewegung in Böhmen und unsere hochnöthige Vereinshilfe an die Diasporagemeinden dort.« (Reden am Sarge des Herrn Oberkonsistorialrat Superintendent em. D. Gustav Moritz Franz in Dresden. Gehalten von Pastor Dr. Kühn, Oberkonsistorialrat Superintendent D. Dibelius, Superintendent Dr. Schmidt und Lehrer Augustin, Dresden 1899, 9) Dibelius Ansprache wurde mit anderen Ansprachen gedruckt. Der Erlös des Hefts war für eine »D. Franz-Stiftung im Dresdner Hauptverein der Evangel. Gustav Adolf-Stiftung« (ebd., 2) bestimmt.

Veröffentlichungen: Denkschrift des Superintendenten Franz die Theilung der großen evangelisch-lutherischen Kirchspiele in Dresden betreffend, Dresden 1874; Predigt am Jubel- und Dankfeste zur Feier des zum 400sten Male wiederkehrenden Geburtstages Dr. Martin Luthers am Tauftage Luthers - 11. November, XXV. P. Tr. — in der Kreuzkirche zu Dresden gehalten von Dr. th. G. M. Franz, Pastor primarius, Superintendent und Consistorialrath, Ritter des Königl. Sächs. Verdienst-Ordens, Dresden 1883.

Lit.: Die Johanneskirche und Johannesgemeinde in Dresden bis mit Ablauf des 2. Jahres seit der Wahl ihres Kirchenvorstands am 30. Mai 1877: ein Beitrag zur Dresdner Kirchen-, Stadt-, und Baugeschichte von Ernst Pfeilschmidt, Dresden 1879; — Reden am Sarge des Herrn Oberkonsistorialrat Superintendent em. D. Gustav Moritz Franz in Dresden. Gehalten von Pastor Dr. Kühn, Oberkonsistorialrat Superintendent D. Dibelius, Superintendent Dr. Schmidt und Lehrer Augustin, Dresden 1899; — Franz, Gust. Mor., in: Amtskalender für evangelisch-lutherische Geistliche im Königreich Sachsen, Leipzig 1900, 174; — D. Gustav Moritz Franz. Ein sächsisches Theologenleben, zum 100. Geburtstag geschildert vom Enkel Pastor Lic. Schwen, Freiberg, in: Neues Sächsisches Kirchenblatt, Jg. 23, 1916, Nr. 5, 65-72, Nr. 6, 81-88, als Sonderdruck Leipzig 1916; — Gerhart Wendelin, Bewährung und Bewahrung (1875-1965), in: Ders. (Hrsg.), 750 Jahre Kreuzkirche zu Dresden, Berlin 1965, 52-85; — Steffen Heitmann, Geschichte der Ephorie Dresden I. Eine strukturgeschichtliche Untersuchung, in: Herbergen der Christenheit, Bd. 9, 1975/76, Berlin 1976, 163-192; — Günter Wartenberg, Zur Entwicklung der Stadt Dresden und ihrer evangelisch-lutherischen Kirchgemeinden in der zweiten Hälfte des 19. Jahrhunderts, in: Landeshauptstadt Dresden (Hrsg.), 7. Kolloquium zur dreibändigen Dresdner Stadtgeschichte 2006 »Aus der jüngeren Dresdner Kirchengeschichte«, Dresden 2004, 8-18.

Sebastian Kranich

FREIRE, Paolo (Reglus Neves), Pädagoge, * 19.9. 1921 in Recife (Brasilien), † 2.5. 1997 in Sao Paolo (Brasilien). Geboren in einer Mittelschichtfamilie, erlebte er im Rahmen der Weltwirtschaftskrise Hunger und Armut am eigenen Leib. Daran ändcrtc auch dcr Umzug der Familie nach Joboatao 1931 nichts. 1934 starb sein Vater. Paolo Freire besuchte die Schule in Recife und studierte Rechtswissenschaft (Lizenziat) und Sprachphilosopie an der Universität in Pernambuco. Nur für kurze Zeit arbeitete er als Rechtsanwalt, lehrte dann Philosophie und Geschichte an der Universität Recife. Beeinflußt durch die Grundschullehrerin Elza Maria Oliviera, die er 1944 geheiratet und mit der er fünf Kinder hatte, beschäftigte er sich schon früh mit Bildungsfragen. Schon als Schüler und Student unterrichtete er Portugiesisch; seit 1946 hauptberuflich in der Abteilung für Erziehung und Kultur im Sozialdienst der Industrie (SESI), später war er dort als Direktor für den Bundesstaat Pernambuco tätig. Außerdem gründete er studentische Diskussionskreise, die später mit dem »Projekt für Erwachsenenbildung« koordiniert wurden. Dieses Vorhaben bildete die Basis für die »Bewegung der Volkserziehung« und damit für die Kulturzirkel und Kulturzentren seiner Alphabetisierungskurse. 1956 verließ Freire seinen Posten im Sozialdienst der Industrie und arbeitete als Berater für SESI-Projekte. 1958 nahm er für Pernamuco an der »Second National Conference on Adult Education« in Rio de Janeiro teil. Ein Jahr später (1959) promovierte er an der Universität Recife mit einer Dissertation über das Unterrichten von erwachsenen Analphabeten und wurde Professor für Erziehungsgeschichte und -philosophie in Recife. 1961 startete eine von Freire konzipierte Alphabetisierungskampagne in Brasilien auf nationaler Basis. Zu der Zeit war er »Director of the Division of Culture and Recreation of the City of Recife's Department of Archives and Culture«. Der damalige Staatspräsident Goulart ordnete an, daß mit Freire's Methode in 20.000 »Kulturzirkeln« zwei Millionen Erwachsene alphabetisiert werden sollten. Mit diesem Projekt, das Freire als gesellschaftliches und individuelles Transformationsprojekt (»Praxis der Freiheit«) verstand, sollte durch gemeinsames Forschen von Lehrenden und Lernenden, durch gemeinsames Kodieren und Decodieren gesellschaftlicher Leitmotive und generativer Themen bzw. Wörter (Nationalbewußtsein, Transfer der Profite nach Übersee, Partizipation, Eigentum, Analphabetismus, Demokratie etc.) politisches Bewußtsein entwickelt und so eine Alternative zum traditionellen Wissenvermittlungs-Modell (»Bankiers-Konzept«) geschaffen werden. — Beim Staatsstreich durch die Militärs 1964 mußte Freire 75 Tage ins Gefängnis und dann ins Exil. In der Folgezeit arbeitete er zuunächst vier Jahre im chilenischen Agrar- und Bildungsministerium, wo er Fortbildungen für landlose Bauern organisierte und die »Pädagogik der Unterdrückten« verfaßte. Danach unterrichtete er 1969 sowohl an der Universität von Santiago als auch an der Universität in Harvard (USA) und führte Alphabetisierungskurse durch. 1971 übernahm er beim Oekumenischen Rat der Kirchen in Genf die Stelle als Berater für Bildungsfragen in »Entwicklungsländern«. In dieser Zeit war er in vielen Ländern (vor allem in Sao Tomé und Principe, Mozambik, Angola und Nicaragua) tätig. In dieser Zeit wurde er auch in

Europa bekannt (Paulo Freire Gesellschaft in Deutschland).Nach der Demokratisierung in Brasilien erhielt er 1980 die Erlaubnis zur Rückkehr aus dem Exil. Er lehrte an der Universität von Campinas und an der Katholischen Universität von Sao Paulo und leitete seit 1989 das Sekretariat für Bildung und Erziehung in Sao Paulo. In dieser Zeit arbeitete er auch beim Aufbau des Bildungswesens in Guinea Bissau mit und war Mitbegünder der »Workers' Party«, die in Sao Paolo die Kommunalwahlen gewann. 1991 trat Freire von seinem politischen Posten zurück, um wieder mehr im Bereich der wissenschaftlichen und beraterischen Arbeit tätig zu sein. In seiner Auffassung, daß problemformulierende Erziehung einen Akt der politischen Erkenntnis darstellt, ist er sowohl von der Hegelschen Dialektik als auch vom Existentialismus Sartres und Bubers, vom historischen Materialismus von Marx ebenso wie von der christlichen Tradition und seinem eigenen Glauben beeinflußt und erweist sich als dialektischer Marxist christlicher Prägung.Für sein Werk erhielt er von über 20 Universitäten die Ehrendoktorwürde. Seine Bücher sind in 18 Sprachen weltweit übersetzt.

Werke: Pädagogik der Unterdrückten. Bildung als Praxis der Freiheit, Reinbeck bei Hamburg, 1973; Concientization. The Month, May 1974; Erziehung als Praxis der Freiheit, Stuttgart-Berlin, 1974; Education: The Practice of Freedom. London 1974; Pädagogik der Solidarität - für eine Entwicklungshilfe im Dialog, in: »Reihe friedenspolitische Konsequenzen«, Bd. 2, hrsg. von K. Lefringhausen, J. Rau u. H. G. Schmidt Wuppertal, 1974; Schooling and Capitalism: A Sociological Reader, London 1976; Erziehung als Praxis der Freiheit, Beispiele zur Pädagogik der Unterdrückten, Reinbek bei Hamburg, 1980 (1977); Der Lehrer ist Politiker und Künstler. Neue Texte zur befreienden Bildungsarbeit, Reinbek bei Hamburg, 1981; Schule, die Leben heißt, Befreiungstheologie Konkret. Ein Gespräch München, 1986; A few notions about the word »concientization«. in: R. Dale, G. Esland, M. MacDonald, A Pedagogy for Liberation. (zusammen mit Ira Shor), London 1987; A educacao na cidade. Cortez Editora, Sao Paulo 1995; Education and Community Involvement In: Castells et al.: Critical Education in the new Information Age. Lanham/Oxford 1999; Pedagogia da autonomia.Paze e Terra, Rio de Janeiro 2001; Pedagogia da Esperanca. Paz e Terra, Rio de Janeiro 2002; Unterdrückung und Befreiung - Münster; New York; München; Berlin 2008; Pädagogik und Autonomie: notwendiges Wissen für die Bildungspraxis, Münster; New York, NY; München; Berlin 2008.

Lit.: Helmut Liekenbrock: Zur Alphabetisierung der Unterdrückten. Über die »funktionale« Alphabetisierungsmethode des Brasilianers Paulo Freire, in: Westermanns Pädago-

gische Beiträge, Heft 3/1972, 129-135; — Jürgen Zimmer und Wolfgang Geisler (Redaktion): Die Methode Paulo Freire, in: betrifft:erziehung Heft 7/1973, 14-38; — Cynthia Brown: Literacy in 30 Hours: Paulo Freire's Process in Northeast Brazil. in: Social Policy 5 (1974); — René Bendit und Achim Heimbuchner: Von Paulo Freire lernen, Ein neuer Ansatz für Pädagogik und Sozialarbeit, München 1977; — Jesús Hernandez: Pädagogik des Seins: Paulo Freires praktische Theorie einer emanzipatorischen Erwachsenenbildung. Aschenbach 1977; — Heinz-Peter Gerhardt: Zur Theorie und Praxis Paulo Freires in Brasilien. Frankfurt/Main 1979, 2. Aufl.; — Ilse Schimpf-Herken: Erziehung zur Befreiung. Paulo Freire und die Erwachsenenbildung in Lateinamerika, Berlin 1979; — Robert Mackie (Hrsg.): Literacy and Revolution: The Pedagogy of Paulo Freire. London 1980; — Dimas Fieguera: Paulo Freire zur Einführung. Hamburg 1989; — Costa Riemann e Margot Silva: Paulo Freire - Bilanz einer Konzeption. Frankfurt/Main 1990; — Joachim Dabisch (Hrsg.): Befreiung und Menschlichkeit. Texte zu Paulo Freire, München 1991; — Flavia Maedche: Kann Lernen wirklich Freude machen? Der Dialog in der Erziehungskonzeption von Paulo Freire, München 1995; — Bernhard Mann: The Pedagogical and Political Concepts of Mahatma Gandhi and Paulo Freire. In: Claußen, Bernhard (Ed.) International Studies in Political Socialization and Political Education. Vol. 8. Hamburg 1995; — Axel Zielke: Paulo Freire 1994: »Nie gab es solch eine Gelegenheit zur Wiedergeburt des Traumes vom Sozialismus. Ein Interview, in: Paedagogik Jg. 47, Heft 7-8/1995, 72-74; — Dieter Nohlen (Hrsg.): Lexikon Dritte Welt. Reinbek 1996, 9. Aufl.; — Paulo Freire Gesellschaft (Hrsg.): Adios Paulo Freire! Texte-Würdigung-Nachrufe, München 1997; — Monika Kleinert: Befreiung aus der Unterdrückung durch Bewußtseinsbildung? Die Pädagogik Paulo Freires, in: Asit Datta und Gregor Lang-Wojtasik (Hrsg.): Bildung zu Self-Reliance. Reformpädagogische Ansätze aus dem Süden. 1998, Band 68 aus: Theorie und Praxis. Schriftenreihe des Fachbereichs Erziehungswissenschaft der Universität Hannover 1998; — Peter Mayo: Politische Bildung bei Antonio Gramsci und Paulo Freire, Perspektiven einer verändernden Praxis, Argument Sonderband Hamburg 2006; — Thorsten Knauth, Joachim Schroeder (Hrsg.): Über Befreiung. Befreiungspädagogik, Befreiungsphilosophie und Befreiungstheologie im Dialog. Ein Lesebuch für Einsteiger; ein Arbeitsbuch zur Reflexion über unterschiedliche befreiungsorientierte Praxen; ein Forschungsbericht. Befreiung und interkultureller Dialog Band I und II, Münster 2007.

Geert Franzenburg

FRIES, Friedrich (1856-1926), Evangelist, Buchhändler und Verleger. — »Aber der Anfang war gemacht.« Mit diesem Satz aus seiner Feder kann das Leben und Lebenswerk von Friedrich Fries zutreffend gekennzeichnet werden. Fries hat viele Anfänge von Werken und Initiativen im Bund Freier evangelischer Gemeinden (BFeG) gemacht, aus denen ansehnliche Einrichtungen und Arbeitszweige hervorgegangen sind. — Im Oktober 1887 gründete er in Witten mit einem Grundkapital von 6,80 Mark die Firma Fries & Cie., die als »Buchhandlung der Stadtmission« der missionarischen Schriftenverbreitung dienen sollte. Aus diesem Anfang ist der heutige Bundes-Verlag geworden. Seit 1890 brachte er christliche Zeitschriften heraus, von denen sich »Der Gärtner« als »Blatt für freie evangelische Gemeinden und Gemeinschaften« zu einer modernen Monatszeitschrift mit dem Namen »Christsein Heute« entwickelt hat. Daneben begann er mit der Herausgabe eines christlichen Buchkalenders und unter schwierigen Umständen mit einer Buchproduktion. Seine unermüdliche Initiative zur Gründung eines Diakonissenwerkes in Wetter (Ruhr) im Jahre 1896 entwickelte sich zum heutigen »Diakonischen Werk Bethanien« in Solingen-Aufderhöhe mit zahlreichen Einrichtungen. Auch die Gründungen der Immobiliengesellschaft »Gemeinwohl« zur rechtlichen Sicherstellung von Gemeindehäusern, eines Evangelisationswerkes (heute »Inlandmission«) und der Spar- und Kreditbank des Bundes FeG gehen auf die Initiativen von Fries zurück. — Nicht wenige Anfänge sind von Fries ungeschickt, eigenbrötlerisch und fast halsstarrig begonnen worden. Einige sind daher auch mit bitteren Folgen gescheitert. Andere hat Fries mit seinem unverwüstlichen Optimismus gegen viele Widerstände aus Gemeinden und Bund beharrlich weitergeführt. Dazu gehörte auch die Gründung des oben genannten Diakonissenwerkes, mit dem Fries freikirchlich gesonnenen Diakonissen ihre Arbeit ohne Einschränkung ihrer Gewissensfreiheit ermöglichen wollte. So sehr Fries mit seinem warmherzigen Idealismus Leute begeistern und motivieren konnte, so kühl und mit eiserner Sachlichkeit ging er mit Leuten um, die nicht mitzogen, wenn er davon überzeugt war, daß die Sache Gottes getan werden müsse. Ihm fehlte oft ein Verständnis für komplexe menschliche, geschichtliche und theologische Betrachtungsweisen. — Friedrich Fries stammte aus dem Westerwald, wo er am 18. Dezember 1856 in Mauden bei Daaden geboren wurde. Sein erlernter Beruf als Schmied und seine Prägung durch die Siegerländer Erweckungsbewegung lehrten ihn praktisches, unkonventionelles Christsein ohne Wenn und Aber. Im kleinen Siegerländer Ort Gosenbach

fand er durch die Predigt des niederländisch-reformierten Predigers Hollemann nach einjährigem Kampf um seine Heilsgewißheit zum Glauben an Christus und zur Mitarbeit in der dortigen Gemeinschaft, die sich durch Besuche von *Leopold Bender* (1833-1914) freier entwickelt und in ihrer Mitte regelmäßig das Abendmahl gefeiert hatte. Hier stieß Fries zum ersten Mal auf die Frage nach der biblisch sachgemäßen Feier des Abendmahls. Durch Persönlichkeiten der Siegerländer Erweckungsbewegung und Boten des Evangelischen Brüdervereins aus dem Wuppertal wurde Fries in seinem Glaubenswachstum geprägt. 1875 nahm er an einer durch *Robert Pearsall Smith* (1827-1898) ausgelösten Versammlung der Heiligungsbewegung teil, distanzierte sich aber später im Unterschied zu manchen führenden Köpfen des geistlichen Lebens in Deutschland von der aufkommenden Pfingstbewegung (»Kasseler Bewegung«), in der er nicht »Gottes Werk« sehen konnte. — Nach seiner 1878 erfolgten Heirat mit Katharina Seidel - der Ehe wurden neun Kinder geschenkt - berief ihn der Brüderverein 1879 als seinen Boten und schickte ihn als Stadtmissionar nach Wesel, wo eine Freie evangelische Gemeinde bestand. Dort traf er auf führende Persönlichkeiten wie *Wilhelm Hoevel* (1833-1916) und *Heinrich Schürmann* (* 1884). Besonders durch den gebildeten und kirchengeschichtlich bestens orientierten Schürmann erfuhr Fries weitere entscheidende Prägungen in seinem freikirchlich angelegten Gemeindeverständnis. In der Zusammenarbeit mit dem Brüdervereinsboten und Evangelisten *Hermann Hengstenberg* (1830 bis 1890) erhielt er viele derjenigen Anregungen, die ihn später zu seinen oben genannten Initiativen veranlaßten. — In Wesel widmete sich Fries vor allem der Schriftenmission und Evangelisation, aber auch der Gemeindearbeit, ohne ausdrücklich von der Gemeinde berufen zu sein. Weil sein Anstellungsträger, der Ev. Brüderverein, in seinen »Instructionen« den »arbeitenden Brüdern aufs strengste untersagt« hatte, »das Abendmahl auszuteilen oder zu taufen«, geriet Fries wegen seiner inzwischen gewonnenen ekklesiologischen Erkenntnis mit diesem in Konflikt, weil er »um keinen Preis durch irgendwelches Statut gezwungen sein wollte, etwas unterlassen zu müssen, was die Kinder Gottes und das eigene Gewissen nach der Schrift zu fordern berechtigt sind.« Fries beharrte darauf, das Abendmahl austeilen oder gegebenenfalls auch taufen zu dürfen. Er selber hatte von *Carl Bender* (1838-1912), seinem späteren Schwager, der seinerseits 1879 aus dem Brüderverein ausgeschieden und Reiseprediger des Bundes Freier evangelischer Gemeinden geworden war, in Solingen die Glaubenstaufe empfangen. Folgerichtig schied Fries 1884 aus dem Brüderverein aus und meldete sich bei der Neukirchener Mission zur Missionsarbeit in Java. Zur Vorbereitung schickte man ihn nach Ermelo in Holland, wo sich Fries mit dem Erlernen der niederländischen Sprache und in Grundzügen auch mit Englisch und Javanisch betätigte. Als sich die Aussendung zerschlug, darunter auch deswegen, weil Fries keine Taufe von Kleinkindern praktizieren wollte, vermittelte ihn Missionsinspektor *Julius Stursberg* (1857-1909) auf Anfrage des bekannten Wittener Gelehrten und Evangelisten *Friedrich Baedecker* (1823-1906) nach Witten, wo eine von der Evangelischen Gesellschaft verlassene Gemeinschaft von Erweckten und Bekehrten einen Prediger und Evangelisten suchte. Fries galt schon damals als sehr belesen und begabt, als guter Redner und Evangelist, der sich auf Evangelisationsreisen in verschiedensten Gegenden Deutschlands, darunter dem Sauerland und im Hessenland, bestens bewährt hatte. — In Witten, wohin er am 1. Oktober 1887 mit seiner Familie umzog, fand er zu seiner eigentlichen Berufung. Schon am 17. Oktober ließ Fries eine »Buchhandlung der Stadtmission Fries & Cie« beim Handelsgericht eintragen, um eine Grundlage für die Verbreitung christlicher Schriften zu schaffen und die geplante Errichtung eines Versammlungshauses für die Gemeinschaft rechtlich sicher zu stellen. In Witten setzte Fries seine Auffassung von der Gemeinde um, die sich nach biblischen Vorbildern aufbaut und strukturiert, und zu der nur an Christus Glaubende gehören sollten. Dabei vertrat er einen Kongregationalismus, der die Independenz der Ortsgemeinde gegenüber Staat und Kirche und die Selbstverantwortung der Ortsgemeinde auf der Grundlage des allgemeinen Priestertums forderte. Fries war seiner ganzen Einstellung nach Independent, »das heißt überzeugter Vertreter der völligen Freiheit der einzelnen Gemeinde sowohl in dogmatischer wie kirchen-

politischer Hinsicht«, wie ihn sein Freund und Schüler *Konrad Bussemer* (1874-1944) charakterisierte. 1893 schloß sich die Gemeinde dem Bund Freier evangelischer Gemeinden an. Damit machte Fries deutlich, daß er keineswegs nur den Independentismus vertrat, sondern auch die Interdependenz der Ortsgemeinde mit anderen Gemeinden in einem Bund als wesentlich ansah. Entsprechend suchte er seine Aktivitäten im Bund der FeG zu verankern und ihn dadurch zu stärken, den er aber nicht als verfaßte Freikirche verstand, sondern als Arbeits- und Zweckgemeinschaft independenter Gemeinden. Als Mann der Tat sah er die Identität und Einheit des Bundes am besten in gemeinsamen Arbeiten gewährleistet. — Fries vergaß neben seiner Arbeit als Schriftleiter und Verleger keineswegs seine ursprüngliche Berufung und Begabung als Evangelist und Prediger, die ihn in viele Orte der näheren und weiteren Umgebung führten. Mit seinen Tätigkeiten entwickelte er sich immer mehr zum Initiator und Motor einer vorwärts weisenden Entwicklung im Bund der FeG. Er durchschnitt mit der ihm eigenen Art den gordischen Knoten, der seit langem ein fruchtbares Verhältnis zwischen Evangelisation und Gemeindebildung im Bund verhinderte. Damit bahnte sich ein Konflikt mit der Wuppertaler Leitung des Bundes um die Führung und Ausrichtung der Gemeinden und des Bundes an, die in den Händen von Alterspräsident *Heinrich Neviandt* (1827-1901) und dem Vorsitzenden *Friedrich Koch* (1847-1919) lag, der fast zu einem Zerbruch des Bundes geführt hätte. Das Vorpreschen von Fries traf auf Ablehnung der Wuppertaler, weil sie in seinen Aktivitäten eine denominationelle Engführung befürchteten, die sie auch mit Rücksicht auf den übergemeindlichen Evangelischen Brüderverein unbedingt zu vermeiden suchten. In der Folgezeit verlagerten sich aber die treibenden Kräfte im Bund immer mehr vom Wuppertal nach Witten. Auch theologisch setzte jetzt Witten mit dem von Fries in den Bund geholten und von ihm beeinflußten »Triumphirat« *Gustav Friedrich Nagel* (1868-1944), *Otto Schopf* (1870-1913) und *Konrad Bussemer* die Akzente. Im Verständnis von Fries und seinen Schülern ging es letztlich darum, die Independenz auch dann konsequent beizubehalten, wenn dem Bund Gemeinden beizutreten wünschten, die nach dem Glauben die Bekenntnistaufe als weiteren Schritt der Aufnahme in die Gemeinde forderten, ohne allerdings die Teilnahme am Abendmahl davon abhängig zu machen. Denn nicht die Offenhaltung (»Ohnseitigkeit«) der Tauffrage, wie in der Wuppertaler Gemeinde, sei das verbindende und identitätsstiftende Element von FeGs, aber auch nicht die baptistische Antwort, sondern allein der sich bekennende Glaube an Christus. Die Einheit der Gemeinden habe in Christus ihren Ursprung und ihr Wesen und ihren Bestand. Keine äußere Form, kein Bekenntnis und kein menschliches Statut gewährleiste die Einheit des Volkes Gottes. Freiheit sei »das Element, in dem der Geist des Herrn sein Wirken hat, damit jede Geistesschöpfung ihr besonderes Ziel erreiche.« (G.F.Nagel). Die Freiheit jeder Gemeinde, ihre Eigenart zu pflegen und die Achtung vor dem Gewissen des Einzelnen erlaube eine gewisse Toleranz und Vielfalt in nicht heilswichtigen Formen Da die Gemeinden bei aller Gebundenheit an Gottes Wort keine Taufe als Einigungsmittel, kein Bekenntnis, keine ungeschriebene Dogmatik, keine festgelegte Schriftauslegung hätten, müsse sie allein die Liebe zusammenhalten. Diese »freie, weite und weitherzige, so verschiedenartige Elemente in sich vereinigende Art« erschien Fries und seinen Schülern »als die beste Voraussetzung für die Vereinigung der verschiedenen Kreise der Kinder Gottes.« (O.Schopf). — Nach den klärenden Auseinandersetzungen, die als »Krise des Bundes« bezeichnet wurden und zum Rücktritt des Bundesvorsitzenden Koch geführt hatten, sprach man von der »Wittener Richtung« im Bund, die sich mit ihrem Independentismus gegen die synodalpresbyterialen »Wuppertaler« durchgesetzt habe. Der Name Fries steht dafür als Synonym in der einschlägigen Literatur. — Fries geriet mit seiner engagierten Verlagsarbeit und Schriftenmission, aber auch durch unternehmerische Fehlleistungen immer wieder in finanzielle Schwierigkeiten, die nur durch großzügige Spenden von Bekannten und Freunden aufgefangen werden konnten. Seine angeschlagene Gesundheit nötigte ihn immer wieder zu Pausen, in denen ihn Freunde in Verlag und Schriftleitung ersetzen mußten. Altgeworden verzog er nach Hamm, in dessen Salinen er von seinem lebenslangen Katarrh Linderung suchte. Am 23. September 1926 verstarb er. 23 Jahre zuvor hatte er kurz nach der Silberhochzeit seine erste Frau begraben müssen, aber mit Elise Throm eine neue Lebenspartnerin gefunden. Auf dem Sterbebett hatte Fries im Rückblick auf sein Leben geäußert: »Wenn ich mich selbst betrachte, so bin ich nicht ohne Hoffnung, weil es ein Wort der Gnade gibt, aber ich bin ohne Trost, wenn ich das Eigene besehe.«

Werke: Friedrich Fries, Carl Bender, Robert Kaiser, Eröffnungsfeier des Diakonissenheimes »Bethanien« zu Wetter an der Ruhr. In: Der Gärtner Nr. 4/1896, Witten 1896, S. 190-192; Zum Preis der Gnade (Her.), Schriftbetrachtungen, Predigten, Vorträge und Gedichte aus dem Nachlaß von Otto Schopf. Witten 1914; Einiges aus dem Leben des Verfassers (Otto Schopf). In: Zum Preis der Gnade, S. 1-27; Richard Zurmühl. In: Der Gärtner Nr. 19/1911, Witten 1911, S. 84...92; Einiges vom Heimgang von Br. Otto Schopf. In: Der Gärtner Nr. 21/1913, Witten 1913, S. 44...55; Zum Heimgang von Br. Otto Schopf. In: Der Gärtner Nr. 21/1913, Witten 1913, S. 60-61; Die Zerrissenheit des Gottesvolkes in der Gegenwart. In: Der Gärtner Nr. 21/1913, Witten 1913, S. 228; Gott hat geredet (Her.). Bibelstunden über den Brief an die Hebräer. Witten 1914; Nachruf Leopold Bender. In: Der Gärtner Nr. 22/1914, Witten 1914, S. 36; Erinnerungen aus dem Leben. In: Der Gärtner Nr. 36/1928, Witten 1928, S. 295, 761

Lit.: Konrad Bussemer, Friedrich Fries, ein Diener der Gemeinde aus dem Volk. Witten 1929; — Karl Mosner, Friedrich Fries - ein Diener der Gemeinde Jesu aus dem Volk und Bahnbrecher der Freien evangelischen Gemeinden. Witten 1948; — Wilhelm Wöhrle, Erbaut auf einem Grunde. Fünfundsiebzig Jahre Freie evangelische Gemeinde Witten 1889-1964. Witten 1965, 13ff; — Hartmut Lenhard, Studien zur Entwicklung der Ekklesiologie in den Freien evangelischen Gemeinden in Deutschland. Wuppertal/Witten 1977, 198-208; — Hartmut Weyel, »Aber der Anfang war gemacht«. Zum 125. Geburtstag von Friedrich Fries. In: Der Gärtner Nr. 50/1981, Witten 1981, 792-793; — August Jung, Vom Kampf der Väter, Witten 1995; — Hartmut Weyel, Amboss, Kanzel und Druckerpresse. Ein Schmied wird zur vorwärts treibenden Kraft in Gemeinden und Bund. In: Christsein Heute Nr. 12/2006, Witten 2006, 26-29; — August Jung, Das Erbe der Väter, Witten 2007.

Hartmut Weyel

FRITZ, Volkmar (1938-2007). Alttestamentler und Biblischer Archäologe. Geboren am 12. Februar 1938 in Düren / Rheinland als Sohn des Berufsberaters Otto Fritz und seiner Frau Elfriede geb. von der Beeck als ältester von zwei Söhnen, gestorben am 21. August 2007 in Bad Schwartau. Nach der Schulzeit in Langenberg / Rheinland und Essen studierte er von 1957-1964 in Tübingen, Berlin, Heidelberg, Marburg und Bonn Evangelische Theologie. Nach dem Ersten Theologischen Examen studierte von

1964-1967 an der Hebräischen Universität in Jerusalem Biblische Archäologie. In den Jahren zwischen 1965-1971 nahm er an Ausgrabungen seines Lehrers Yohanan Aharoni (1919-1976) in Arad, Lachisch und Tell es-Seba' sowie an den Ausgrabungen des Amerikaners George Ernest Wright (1909-1974) in Geser teil. 1968 wurde er in Marburg bei Otto Kaiser mit einer traditionsgeschichtlichen Arbeit über die Wüstenüberlieferung des Jahwisten promoviert. 1972 zum Assistenzprofessur ernannt, habilitierte er sich an der Universität Mainz 1973 mit einer Arbeit über den Tempelbau in Israel und das Zeltheiligtum der Priesterschrift. 1974 wurde er zum Wissenschaftlichen Rat und Professor ernannt. Während seiner Mainzer Zeit führte er in den Jahren 1972 und 1974-1975 als erster Deutscher nach dem Zweiten Weltkrieg zusammen mit Aharon Kempinski (1939-1994) eine gemeinsame deutsch-israelische Grabung auf der Khirbet el-Mšāš (Tēl Māśoś) im Negev durch. Von 1987 bis zu seiner Pensionierung 2003 hatte V. Fritz einen Lehrstuhl für Bibelwissenschaft / Altes Testament am Institut für Evangelische Theologie der Universität Gießen inne, dem er als Dekan in den Jahren 1988/1989 und 1999-2001 vorstand. In den Jahren 1982-1986 führte er von Mainz aus eine eigenständige deutsche Grabung auf dem Tell el-'Orēme (Tel Kinrōt), dem alttestamentlichen Kinneret, am Westufer des Sees Gennesaret durch, die er dann von Jerusalem bzw. Gießen aus in den Jahren 1994-1999 und 2001 weiterführte. 1990 leitete er zwei kleinere Sondagen im jordanischen Teil der 'Araba in Zusammenarbeit mit dem Deutschen Bergbau-Museum Bochum. Von 1994-1999 amtierte V. Fritz als Direktor des Deutschen Evangelischen Instituts für Altertumswissenschaft des Heiligen Landes in Jerusalem. Dem Staat Israel war er in vielfacher Weise eng, aber nicht unkritisch verbunden. Im Deutschen Verein zur Erforschung Palästinas (DPV) und in der Deutschen Orient-Gesellschaft (DOG) arbeitete er auf unterschiedliche Weise mit: Von 1980-2004 gehörte er dem Vorstand des DPV an. In der DOG wirkte er 1974-1982 und 1988-1992 als Schriftführer und gehörte 1983-1987 ihrem Wissenschaftlichen Beirat an. Vor allem mit seinen Grabungsprojekten und ihrer zügigen Publikation sowie der Förderung junger Archäologen hat er sich internationales Ansehen und große Verdienste um die Biblische Archäologie in Deutschland erworben.

Werke: Israel in der Wüste. Traditionsgeschichtliche Untersuchung der Wüstenüberlieferung des Jahwisten (MThSt 7), Marburg 1970; Tempel und Zelt. Studien zum Tempelbau in Israel und zu dem Zeltheiligtum der Priesterschrift (WMANT 47), Neukirchen-Vluyn 1977; (zusammen mit A. Kempinski): Ergebnisse der Ausgrabungen auf der Khirbet el-Mšāš (Tēl Māśoś) 1972-1975 (ADPV 6), Wiesbaden 1983; Einführung in die biblische Archäologie, Darmstadt 1985. [2]1993 (italien. 1991; engl. 1992); Kinneret. Ergebnisse der Ausgrabungen auf dem Tell el-'Orēme am See Gennesaret 1982-1985 (ADPV 15), Wiesbaden 1990; Kleines Lexikon der Biblischen Archäologie (Bibel - Kirche - Gemeinde 26), Konstanz 1987 (poln. 1995); Die Stadt im alten Israel, München 1990 (engl. 1995); Das Buch Josua (HAT 1,7), Tübingen 1994; Die Entstehung Israels im 12. und 11. Jahrhundert v.Chr. (BE 2), Stuttgart u.a. 1996; Studien zur Literatur und Geschichte des alten Israel (SBAB 22), Stuttgart 1997; Das erste / zweite Buch der Könige (ZBK.AT 10,1-2), Zürich 1996. 1998 (engl. 2003).

Bibliographie: Hübner U. / St. Münger / A. Welzel, Bibliographie Volkmar Fritz, in: Saxa loquentur. Studien zur Archäologie Palästinas / Israels. Festschrift für V. Fritz zum 65. Geburtstag, ed. C. G. Den Hertog / U. Hübner / St. Münger (AOAT 302), Münster 2003, 1-13.

Nachträge zu Bibliographie: Hafen, NBL 2 (1995) 8-9; — Masada, NBL 2 (1995) 726-727 (zusammen mit M. Görg).; — Herausgeber des JbDEI 4 (1995) - 6 (1999); — Kinneret. Übersicht über die Stadtgeschichte aufgrund von Ausgrabungen und Schriftquellen, in: Faßbeck, G. et al. (ed.), Leben um den See Gennesaret, Mainz 2003, 33-42; — Cross Cultural Connections at the Lake of Galilee during the Iron Age, JbDEI 8 (2003) 17-22; — Kein Altar auf dem Ebal. Zur Interpretation eines archäologischen Befundes durch biblische Texte, in: Diehl, J. F. / R. Heitzenröder / M. Witte (ed.), »Einen Altar von Erde mache mir ..«. Festschrift für D. Conrad zu seinem 70. Geburtstag (Kaant 4/5), Waltrop 2003, 41-55; — Biblische Archäologie, Neuer Pauly 15 (2003) 1057-1061; — Das »negative Besitzverzeichnis« in Judicum 1, in: Witte, M. (ed.), Gott und Mensch im Dialog. Festschrift für O. Kaiser zum 80. Geburtstag (BZAW 345,1-2), Berlin - New York 2004, 375-389; — Wirtschaft / Wirtschaftsethik: Altes Testament, TRE 36 (2004) 136-140; — The Complex of Traditions in Judge 4 and 5 and the Religion of Pre-state Israel, in: Maeir, A. M. et al. (ed.), »I Will Speak the Riddles of Ancient Times«, Archaeological and Historical Studies in Honor of A. Mazar on the Occasion of His Sixtieth Birthday, Volume 2, Winona Lake / IN 2006, 689-698; — Solomon and Gezer, in: Gitin, S. / J. E. Wright / J. P. Dessel (ed.), Confronting the Past: Archaeological and Historical Essays on Ancient Israel in Honor of W. G. Dever, Winona Lake / IN 2006, 303-307; — On the Reconstruction of the Four-Room House, in: WHITE CRAWFORD, S. et al. (ed.), »Up to the Gates of Ekron«. Essays on the Archaeology and History of the Eastern Mediterranean in Honor of S. Gitin, Jerusalem 2007, 114-118; — Zum Standort des Tempels, in: Edwards, D. E. / C. T. Mccollough (ed.), The Archaeology of Difference. Gender, Ethnicity, Class and the »Other« in Antiquitiy. Studies in Honor of E. M. Meyers

(Aasor 60/61), Boston / MA 2007, 163-168; — Kinneret, NEAEHL 5 (2008) 1684-1685.

Nachrufe: Hübner, U., Zum Gedenken an Volkmar Fritz (1928-2007), Antike Welt 38,6 (2007) 5f; — ders., Volkmar Fritz (1938-2007) zum Gedenken, ThLZ 132 (2007) 1393; — ders., Volkmar Fritz (12. Februar 1938 - 21. August 2007), MDOG (2007) 9-10; — ders., Der Ausgräber vom Tell al-Oreme verstorben: Volkmar Fritz 1938-2007, Das Heilige Land 139,3 (Köln 2007) 7; — Hübner, U. / Kamlah J., Volkmar Fritz 1938-2007, ZDPV 124 (2008) (im Druck); — NN, Volkmar Fritz, IEJ 57 (2007) 241-242.

Ulrich Hübner

FURGER, Franz, * 22. Februar 1935 in Bern, 5. Februar 1997. — Furger studierte Philosophie und Theologie; im Anschluß an das philosophische Lizenziat an der Katholischen Universität Leuven erwarb er an der Päpstlichen Universität Gregoriana in Rom mit einer Arbeit zu Karl Jaspers 1958 den philosophischen und mit einer Studie über »Gewissen und Klugheit« 1964 den theologischen Doktorgrad. 1961 wurde Furger zum Priester geweiht. In der Schule seines römischen Lehrers Josef Fuchs SJ, einer der zukunftsweisenden Leitgestalten in der Krisen- und Umbruchzeit der Moraltheologie im Vor- und Umfeld des Zweiten Vatikanischen Konzils, wurde Franz Furger eingeführt in eine »auf persönlicher Freiheit wie Verantwortlichkeit gründende[ ] Moraltheologie [...], die im Licht rational begründeter Normen wie aus der Motivation des christlichen Glaubens lehrt, persönliche Tat- und Verhaltensentscheide zu treffen« (Franz Furger, Christliche Sozialethik in pluraler Gesellschaft, posthum hrsg. von Marianne Heimbach-Steins, Andreas Lienkamp, Joachim Wiemeyer (ICS-Schriften 38) Münster 1998 (CSEG): 11). Die Vorbereitungszeit und große Teile des Zweiten Vatikanischen Konzils erlebte er aus nächster Nähe in Rom mit, insbesondere als Mitarbeiter im Pressebüro des Konzils während der ersten Session (vgl. sein unveröffentlichtes Konzilstagebuch, Nachlaß Archivmappe 00195). Nach einer kurzen Tätigkeit als Lehrer an der Kantonsschule Luzern und als Dozent an der Theologischen Fakultät ebendort wurde Franz Furger 1967 zum ordentlichen Professor für Philosophische Ethik und Moraltheologie an der Luzerner Fakultät ernannt; in diesem Wirkungsfeld hat er zur nachkonziliaren Erneuerung der Moraltheologie wesentliche Beiträge geleistet. Auch die Sozialethik hatte für ihn von Anfang an ein eigenes Gewicht, was schon daran deutlich wird, daß er an seiner Fakultät ein sozialethisches Institut gründete. Daß er den Gesamtzusammenhang theologischer Ethik in Forschung und Lehre im Blick hatte und zu vermitteln verstanden, bezeugen neben Veröffentlichungen zur ethischen Entscheidungslehre, zur Ethikbegründung, zu den ethischen Strömungen der Gegenwart u.a. besonders sein Entwurf einer »Ethik der Lebensbereiche« (1985) und sein gemeinsam mit Cornelia Strobel-Nepple verfaßtes Buch über »Individuelle und soziale Menschenrechte und Christliche Soziallehre« (1984), aber auch seine Tätigkeit als Mitherausgeber der Reihe »Theologische Berichte« und die regelmäßigen Sammelbesprechungen theologisch-ethischer Neuerscheinungen für die Schweizer Kirchenzeitung. Mit der »Einführung in die Moraltheologie« (1988, ²1997) hat Furger eine Summe seines Schaffens aus den zwei Dezennien in Luzern vorgelegt. Bei Erscheinen dieses Lehrbuchs lehrte Furger bereits an der Universität Münster, wo er zum Sommersemester 1987 mit der Leitung des Instituts für Christliche Sozialwissenschaften zugleich den ältesten und traditionsreichsten sozialethischen Lehrstuhl in Deutschland sowie die Herausgeberschaft des »Jahrbuchs für Christliche Sozialwissenschaften« übernommen hatte. Wissenschaftlich stand von nun an die Sozialethik im Vordergrund; nach seinem Verständnis der Disziplin bedingte dies keinen Bruch mit seinem bisherigen Wirken; allerdings war mit dem Wechsel an die Fakultät in Münster in mehrfacher Hinsicht eine Erweiterung seines Wirkungskreises verbunden (vgl. ausführlicher: Heimbach-Steins 2005). Von den Grundoptionen seiner sozialethischen Arbeit hat Franz Furger wiederholt schriftlich Rechenschaft gegeben: Grundlagen und Zielsetzung der Christlichen Sozialethik hat er in einem Lehrbuch entfaltet (CSE, 1991). Rasch folgten - neben vielen weiteren Publikationen - Lehrbücher zur Wirtschaftsethik (1992) und zur politischen Ethik (1994). Aus seinen vielfältigen Beratungstätigkeiten sei nur auf seine Aufgabe als Delegierter der Schweiz in der Bioethik-Kommission beim Europa-Rat in Straßburg, als Berater der Deutschen Bischofskonferenz (Glaubenskommission; Kommission für gesellschaftliche und soziale Fragen) und auf sein Engagement als Mitglied des Conseil d´administration bei Gründung und Aufbau der Zentralafrikanischen Katholischen Universität in Yaoundé/Kamerun hingewiesen. Plötzlich und unerwartet verstarb Franz Furger, knapp 62jährig, am 5. Februar 1997. Er wurde auf dem Friedhof der Hofkirche St. Leodegar in Luzern begraben. — In einem seiner letzten Aufsätze formulierte Franz Furger unter der Überschrift »Christliche Sozialethik - ein theologisches Fach in pluralistischer Gesellschaft« (CSEG 75-83) auf wenigen Druckseiten ein Programm der Disziplin. Ausgehend von bestimmten Engführungen der »klassischen Soziallehre« markiert er notwendige methodologische und inhaltlich-theologische Differenzierungen, Weiterungen in ökumenischer und in thematisch-problemorientierter Hinsicht und skizziert ein Anforderungsprofil an die Vertreter des Faches, das auch als eine Art Selbstportrait gelesen werden kann: »Was [...] seitens des Sozialethikers dringend gefordert werden muß, ist eine offene interdisziplinäre Dialogbereitschaft. Als Experte für die Belange umfassender Menschlichkeit vermag er sich [...] gerade auch im Blick auf jene, die ihre berechtigten Bedürfnisse selber nicht hinreichend anzumelden vermögen (also im biblischen Sinn auf die »Armen«), als Dialogpartner einzubringen und versteht sich für die Fachebene zugleich durch entsprechende Rückfrage kundig zu machen. Daß in einem interdisziplinären Team die Bereitschaft der Teilnehmer zum gegenseitigen Austausch der Fachkenntnisse groß und hinreichend ist, lehrt nicht nur die Erfahrung, sondern auch die Verabschiedung von praxisrelevanten berufsethischen Richtlinien wie etwa denjenigen zur Organtransplantation der beiden großen christlichen Kirchen in Deutschland 1990 oder den Richtlinien der schweizerischen medizinischen und naturforschenden Akademien zum Tierversuch von 1993. Um aber auch einen solchen Dialog im Blick auf einvernehmliche, politisch relevante Normfindung vor dem Verdacht des Opportunismus wie der unterschwelligen Einvernahme der Partner zu bewahren, ist [...] die Reflexion auf die theologische Berechtigung eines solchen Dialogs unerläßlich, der ‚alles zu prüfen und das Gute zu behalten' (1 Thess 5,21) bereit ist.« (CSEG 80). Anhand einiger zentraler Stichworte aus diesem Text ist das Profil des Ethikers

Franz Furger genauer zu umschreiben. — Furger insistiert darauf, christliche Sozialethik müsse in einer pluralen Gesellschaft vor allem als Stimme im interdisziplinären Dialog hörbar werden, um dem Anspruch einer »Weltgestaltung aus Glauben« (so der Titel seiner ersten, zu Beginn der Münsteraner Zeit veröffentlichten sozialethischen Aufsatzsammlung, 1989) wissenschaftlich gerecht zu werden. Deshalb gehören »philosophische, vor allem aber theologisch-ethische Kompetenz, Dialogfähigkeit verbunden mit kritischem Interesse für die human- und sozialwissenschaftliche wie für die naturwissenschaftliche Erkenntnis, Sensibilität für die `Zeichen der Zeit´ verbunden mit Offenheit für die Korrektur der eigenen Meinung und Positionen, wo immer neue Erkenntnis oder die Entdeckung eigener Befangenheit dies erfordert, sowie schließlich Mut und Geduld im Sinn der neutestamentlichen `Hypomone´ gegen jeden Opportunismus auch in den eigenen Reihen [...] zum unerläßlichen Rüstzeug der christlichen Sozialethiker und (in Zukunft hoffentlich auch vermehrt) Sozialethikerinnen« (CSEG 83). Der Ethiker, die Ethikerin ist auf das Wissen und die Perspektive der Human- und Gesellschaftswissenschaften angewiesen, ohne deren Wissensbestände, Theorie- und Methodenangebote die Sozialethik ihre Aufgabe nicht angemessen erfüllen kann. — Angesichts der Vielzahl der ethisch zu begleitenden gesellschafts- und humanwissenschaftlichen Diskurse setzt Furger den Schwerpunkt des sozialethischen Beitrags auf die spezifisch ethische Kompetenz, nicht so sehr auf den Erwerb einer bestimmten zusätzlichen Fachexpertise (wie etwa in der Schule Joseph Höffners, der von seinen Schülern ein Studium der Nationalökonomie verlangte). Der Ethiker tritt als »Experte für die Belange umfassender Menschlichkeit« in den Dialog ein (CSEG 80). Furgers sozialethisches Kompetenzmodell verweist die Ethik-Experten zunächst auf deren ureigenes Metier und fordert dazu heraus, eben diese Kompetenz zu präzisieren, eine entsprechende Rolle in interdisziplinären Diskursen zu finden und zu besetzen. Franz Furger selbst hat diesen Ansatz durchaus erfolgreich verkörpert; sein Oeuvre weist ihn als einen (der letzten) Generalisten seiner Disziplin aus. Allerdings setzt ein solches Modell zwingend voraus, daß sich die Vertreter/innen der

Sozialethik in den jeweiligen Fachdiskursen soweit kundig machen, daß eine Verständigung mit den jeweiligen Fachwissenschaftlern und zwischen den beteiligten wissenschaftlichen Sprachspielen, Denkmodellen und Wissenschaftskulturen möglich ist. Insofern dies in hochkomplexen Zusammenhängen, ob z. B. bioethischer, finanzwirtschaftlicher oder friedenspolitischer Natur, ohne entsprechende Fachstudien bzw. intensive fachliche Einarbeitung kaum möglich ist, gerät das Modell zweifellos an Grenzen. — Mit der dialogischen Haltung, die ein hohes Vertrauen in die genuin ethische Kompetenz setzt, geht der Anspruch einher, nicht nur einen eigenen Beitrag zu den notwendigen gesellschaftsethischen Klärungen der Gegenwart zu leisten, sondern auch Charakter und Zielsetzung dieses Engagements theologisch zu legitimieren. In diesem Postulat findet die moraltheologische Debatte um das Proprium christlicher Ethik einen deutlichen Widerhall, die mit den Debatten um die Krise des Naturrechts, um die autonome Moral, um deontologische oder teleologische Ethikbegründung eng verwoben war und die Moraltheologie seit etwa Mitte des 20. Jahrhunderts und insbesondere in der Nachkonzilszeit zu neuen Ufern führte. Franz Furger ist als eine durchaus prägende Gestalt in dieses Szenario der (nach-)konziliaren Ethik einzuordnen: Als ein Vertreter der »autonomen Moral im christlichen Kontext« hat er eine theologische Identitätsklärung christlicher Ethik ausdrücklich gesucht. Die von Franz Böckle in die Diskussion eingeführte Formel der »theonomen Autonomie« hat er zustimmend rezipiert (vgl. F. Böckle, Theonome Autonomie. Zur Aufgabenstellung einer fundamentalen Moraltheologie, in: J. Gründel, F. Rauh, V. Eid [Hgg.], Humanum [FS Egenter], Düsseldorf 1972, 17-46) und damit einen schöpfungstheologischen Zugang zum Autonomiegedanken aufgenommen. Von Alfons Auer hat er die triadische Formel von der »integrierenden, stimulierenden und kritisierenden« Einmischung von Lehramt und Moraltheologie in die Weltwirklichkeit aufgenommen (vgl. A. Auer, Autonome Moral und christlicher Glaube, Düsseldorf 1971, v. a. 185-197). Furger nimmt diese Trias u. a. in seinem Beitrag zur FS Fuchs (,Kenosis' oder das Christliche einer christlichen Ethik, in: K. Demmer / B. Schüller [Hgg.], Christlich

glauben und handeln, Düsseldorf 1977, 96-111) auf. Charakteristisch für seine Adaption des Auerschen Gedankens ist eine - m. W. von ihm selbst geprägte - begriffliche Variante, wenn er das Engagement des christlichen Ethikers als »kritisch-stimulativ« und »prospektiv-dynamisch« kennzeichnet. Darin drückt sich ein Moment seines theologischen Programms einer »christlichen Sozialethik in heilsgeschichtlicher Dynamik« aus, die sowohl individual-tugendethisch als auch gesellschaftsbezogen einen Beitrag zur »Vermenschlichung« leisten soll (vgl. u. a. Weltgestaltung aus Glauben. Versuche zu einer christlichen Sozialethik (ICS-Schriften Bd. 20), Münster 1989 (WaG) 1-22). »Dynamik« bezeichnet in diesem gedanklichen Zusammenhang einen geschichtstheologischen und letztlich pneumatologischen Sach- bzw. Sinnverhalt. So verknüpft Furger die Einsicht in die geschichtliche Bedingtheit von Normen mit der Frage, »wie diese geschichtliche Dimension als heilsgeschichtliche verstanden werden kann« (WaG 6). Von den Grenzen des Naturrechtsmodells her plädiert er zunächst für eine kontextsensitive ethische Argumentation und kommt dann zu der These, »daß hinsichtlich der Normfindung, also hinsichtlich der Entdeckung neuer Möglichkeiten von Vermenschlichung oder latenter Ungerechtigkeiten, eine eigene, die Fähigkeiten der kritisch prüfenden Ratio übersteigende Dynamik des Geistes am Werk sein muß.« (WaG 6). Im Hintergrund steht eine meist implizit bleibende, von Karl Rahner inspirierte Inkarnationstheologie, von der her Furger zu dem Schluß kommt, gerade aufgrund der kenotischen Struktur des Christlichen dürfe nicht erwartet werden, »diese ganzheitliche Glaubensbindung, die als Grundmotivation und tragende Intention das Ganze prägt, könnte nun auch innerweltlich ausgewiesen und als kategoriales Kriterium für das spezifisch Christliche [...] aufgezeigt werden. [...] Ein solches, wenn auch Gott-bezogenes Erfolgsdenken für die christliche Weltwirksamkeit denkt an der christologischen Grundlage prinzipiell vorbei und kann christlich gesehen kaum anders als in der Enttäuschung und Verzweiflung über solch sinnlosen Einsatz enden.« (,Kenosis' oder das Christliche einer christlichen Ethik: 108) . — Diese Ansätze zur theologischen Identitätsklärung der erneuerten Moraltheologie und Sozialethik machen Furger zu einem Vermittler und Wegbereiter einer Entwicklung, die in der Sozialethik erst in jüngster Zeit vermehrt Früchte trägt. Die nachkonziliare Entwicklung beider Disziplinen war im deutschen Sprachraum von merkwürdigen Ungleichzeitigkeiten bestimmt, die Furger in eigenen Beiträgen verschiedentlich ausgeleuchtet hat (vgl. u. a. CSEG 84-96); während die »klassische Soziallehre« von den Debatten der Nachbardisziplin kaum Kenntnis nahm geschweige denn profitierte, stand für jene Sozialethiker/innen, die ihr Fach mit etwa 20-jähriger Verzögerung gegenüber der Entwicklung in der Moraltheologie aus dem Klammergriff des Essentialismus zu befreien suchten, Bemühen um Anschlußfähigkeit an die philosophischen und humanwissenschaftlichen Diskurse im Vordergrund. Dabei erschien nicht wenigen Fachvertretern ein genuin theologisches Profil eher hinderlich. Insofern ist es bedenkenswert, daß Furger in seinen letzten Texten ausdrücklich die Notwendigkeit einer vertieften, auch von ökumenischen Verständigungsprozessen profitierenden, theologischen Begründung der Sozialethik erneut anspricht (vgl. z. B. CSEG 81; Einführung in die Moraltheologie, Nachwort zur 2. Auflage [1997], 219-236). Jedenfalls öffnet sein Verständnis des Faches einen Raum, in dem diese Fragen verortet und weiter entwickelt werden können. — Furgers Ansatz und Denkstil ist von einem umfassenden Verständnis von »Moraltheologie« bestimmt, das die Sozialethik selbstverständlich integriert: Christliche Sozialethik ist für ihn - im Anschluß an die Enzyklika »Sollicitudo rei socialis« Nr. 41 (1987) - »Moraltheologie der gesellschaftlichen Belange«; sie muß vier Kriterien genügen (vgl. WaG 23-31): (1) Sie muß sich durch stringente und kohärente ethische Argumentation vom Genus der Paränese unterscheiden. (2) Sie muß auf grundlegenden geschichts- und kulturunabhängigen Prinzipien (vor allem dem Person-, Subsidiaritäts- und Solidaritätsprinzip) aufbauen; Furger sieht in einer solchen vorpositiven Grundlage der Ethik eine Verständigungsbrücke in die säkulare Wirklichkeit hinein, die er vor allem im Zusammenhang mit dem interkulturellen Diskurs um die Begründung von Menschenrechten als unerläßlich verteidigt. Für die notwendige Vermittlung der geschichts- und kulturunabhängig geltenden Prinzipien in ge-

schichtlich und kulturell gebundene Kontexte der Interpretation rekurriert er auf die scholastische Unterscheidung zwischen primärem und sekundärem Naturrecht: Als Fundament der Sittlichkeit sind Normen auszumachen, die unbedingt und allgemein (universaliter) gelten: Die Trias der ciceronischen Grundgebote der Gottesverehrung, der Elternehrung und der Gerechtigkeit, welche als ethische Antwort auf eine dreifache Abhängigkeit menschlicher Existenz zu lesen sei, müsse heute ergänzt werden um eine Antwort auf die Abhängigkeit menschlicher Existenz von der Integrität der natürlichen Lebensgrundlagen, mithin um die kategorische Forderung, diese zu schützen (vgl. Christliche Sozialethik. Grundlagen und Zielsetzungen (Kohlhammer Studienbücher Theologie 20), Stuttgart-Berlin-Köln: 1991 (CSE) 104-108; 124-126; zur Anwendung auf den Menschenrechtediskurs: WaG 74-88); auf einer darauf gründenden zweiten Ebene sind aus Vernunft und Erfahrung gewonnene, daher auch nicht schlechthin absolut, sondern nur im allgemeinen (ut in pluribus) geltende grundlegende ethische Normen situiert. Diese Differenzierung schätzt Furger als Ansatzpunkt für eine dynamische Interpretation des normativ-ethischen Fundaments (vgl. dazu Lienkamp, Systematische Einführung: 59). (3) Insofern sozialethische Reflexion »einer möglichst genauen Kenntnis der sozialen Umstände, in denen diese Grundprinzipien zu verwirklichen sind« (WaG 29), sind die Human- und Gesellschaftswissenschaften als unabdingbare und eigenständige Erkenntnisquelle der Ethik zu würdigen und hat der sozialethische Experte die Zusammenarbeit mit den betreffenden Disziplinen zu pflegen. (4) Dem geschichtlich offenen, dezidiert nicht doktrinären und interdisziplinär-dialogischen Verständnis des Faches entspricht die Forderung beständiger Korrekturoffenheit: Zum einen entspricht dies der Struktur des ethischen Urteils, in das immer auch nicht bis ins Letzte überprüfbare und deshalb u. U. korrekturbedürftige Ermessensentscheide einfließen, zum anderen ist mit der perspektivischen Begrenztheit und unter dem Vorzeichen der Sündhaftigkeit stehenden Disposition der beteiligten individuellen und kollektiven Akteure zu rechnen. — Franz Furger vertritt eine dezidiert normative Ethiktheorie, die aber ausdrücklich nicht Doktrin, sondern

»enseignement« (M.-D. Chenu) bzw. ein ‚Gefüge offener Sätze' (Hermann-Josef Wallraff) sein will (vgl. CSEG 83). Mit dieser Positionierung wurde Franz Furger als Moraltheologe in der Sozialethik in seinen Münsteraner Jahren de facto zu einem der schärfsten Antipoden jener Richtung, die an der essentialistisch-naturrechtlichen und doktrinären Richtung der Katholischen Soziallehre festhielten, ohne allerdings den Gesprächsfaden auch zu dieser Strömung im Fach abreißen zu lassen. Furger übernahm seine Rolle im sozialethischen Richtungsstreit in Deutschland bezeichnenderweise als ein Vertreter der Zunft, der gerade keinen radikalen Bruch mit der Tradition vollzog, sondern z. B. am Lehrstück des Naturrechts, allerdings in einer ausdrücklich geschichtsbewußten, dynamischen Interpretation, festhielt. Er blieb der Sache nach zeit seines Lebens ein Vermittler zwischen den Anhängern der »katholischen Soziallehre« einerseits und denjenigen, die ein »Jenseits katholischer Soziallehre« (so der Titel eines Bandes von F. Hengsbach u.a., Düsseldorf 1993) programmatisch besetzten. Als Nachfolger von Wilhelm Weber vollzog Furger am Münsteraner Institut einen klaren Kurswechsel, der sowohl in seinem fachlichen Programm als auch im erneuerten Redaktionskonzept des »Jahrbuchs für Christliche Sozialwissenschaften« seinen Niederschlag fand (vgl. dazu auch die materialreiche Studie Hermanns 2006, dessen Voreingenommenheit für das Paradigma der „Katholischen Soziallehre" jedoch das erwartbare Mindestmaß an wissenschaftlicher Objektivität im Urteil über die wissenschaftliche Leistung und Wirksamkeit Furgers vermissen läßt. Trotz vieler zutreffender Beobachtungen zu seinem theologischen Profil artikuliert sie ihm gegenüber eine an der Fachauffassung der Vorgänger auf dem Münsteraner Lehrstuhl Maß nehmende, vor allem defizitorientierte Wahrnehmung; dadurch kommt der Verfasser zu verzerrenden, teilweise persönlich herabwürdigenden Einschätzungen, etwa, wenn er Furger opportunistische Motive unterstellt, vgl. 411, und ihm sozial- und wirtschaftswissenschaftliche Inkompetenz nachsagt, so ebd. 412). Bezeichnend für Furgers Verständnis christlicher Sozialethik sind dementsprechend auch Brückenschläge und Öffnungen, von denen das Fach methodologisch wie thematisch profitieren konnte, insbe-

sondere die Verständigung mit Politischer Theologie und Befreiungstheologie, die programmatische ökumenische Ausrichtung und die Anwendung von christlicher Sozialethik und kirchlicher Sozialverkündigung als normativer Orientierung auf die Kirche selbst (vgl. ausführlich zu diesen Aspekten Heimbach-Steins, Franz Furger, 2005: 249-256). Die bleibende Bedeutung Franz Furgers für die Sozialethik liegt darin, daß er - gemeinsam mit anderen Fachvertretern seiner Generation - konsequent den Paradigmenwechsel von der »katholischen Soziallehre« zur »christlichen Sozialethik« vorangetrieben und damit einen bedeutenden Beitrag zur Anschlußfähigkeit des Faches an sozialphilosophische wie an andere theologische Diskurse, aber auch die Gesprächsoffenheit und -fähigkeit zu den Gesellschafts- und Humanwissenschaften mit aller Entschiedenheit befördert hat.

Monographien und Aufsatzsammlungen: Gewissen und Klugheit in der katholischen Moraltheologie der letzten Jahrzehnte, Luzern-Stuttgart: Raeber 1965; Begründung des Sittlichen - ethische Strömungen der Gegenwart, Fribourg: Imba 1975; Was Ethik begründet - Deontologie oder Teleologie. Hintergrund und Tragweite einer moraltheologischen Auseinandersetzung, Einsiedeln-Köln-Zürich: Benziger 1984; Menschenrechte und katholische Soziallehre (Gerechtigkeit und Frieden - Ethische Studien zur Meinungsbildung 4), Bern: Iustitia et Pax-Fribourg: Imba 1985 (zus. mit Cornelia Strobel-Nepple); Weltgestaltung aus Glauben. Versuche zu einer christlichen Sozialethik (Schriften des Instituts für Christliche Sozialwissenschaften 20), Münster: Aschendorff 1989; Christliche Sozialethik. Grundlagen und Zielsetzungen (Kohlhammer Studienbücher Theologie 20), Stuttgart-Berlin-Köln: Kohlhammer 1991; (Hrsg.), Perspektiven christlicher Sozialethik. Hundert Jahre nach Rerum novarum, Münster: Regensburg 1991 (zus. mit Marianne Heimbach-Steins); (Hrsg.), Christliche Sozialethik im weltweiten Horizont (Schriften des Instituts für Christliche Sozialwissenschaften 25), Münster: Aschendorff 1992 (zus. mit Joachim Wiemeyer); Ethik der Lebensbereiche - Entscheidungshilfen, Freiburg-Basel-Wien: Herder, 3. Aufl. 1992; Moral oder Kapital? Grundlagen der Wirtschaftsethik, Zürich: Benziger - Mödling: St. Gabriel 1992; Politik oder Moral? Grundlagen einer Ethik der Politik, Solothurn-Düsseldorf: Benziger 1994; Sozialethik oder Ökonomik. Gesichtspunkte der christlichen Sozialethik, Münster: Lit 1994; (Hrsg.), Akzente christlicher Sozialethik. Schwerpunkte und Wandel in 100 Jahren »Christliche Sozialwissenschaften« an der Universität Münster (Schriften des Instituts für Christliche Sozialwissenschaften 30), Münster: Lit 1995; (Hrsg.), Einführung in die Sozialethik (Münsteraner Einführungen in die Theologie 3), Münster: Lit 1996 (zus. mit Andreas Lienkamp und Karl-Wilhelm Dahm); Einführung in die Moraltheologie (Die Theologie - Einführungen in Gegenstand, Methoden und Ergebnisse ihrer Disziplinen und Nachbarwissenschaften), Darmstadt: Wissenschaftliche Buchgesellschaft, 2., bibliographisch ergänzte und um ein Nachwort erweiterte Auflage 1997; Moral ohne Drohfinger. Predigthilfen für jeden Sonntag des Kirchenjahres, Graz: Styra 1997.

Bibliographie: Franz Furger, Christliche Sozialethik in pluraler Gesellschaft, posthum hrsg. von Marianne Heimbach-Steins, Andreas Lienkamp, Joachim Wiemeyer (ICS-Schriften 38) Münster 1998, 294-312.

Nachlaß: Der wissenschaftliche Nachlaß von Franz Furger wurde der Verfasserin dieses Beitrags anvertraut und befindet sich am Lehrstuhl für Christliche Soziallehre und Allgemeine Religionssoziologie an der Universität Bamberg. Die Materialien wurden durch Herrn Alexander Filipovic M.A. vollständig erfaßt und archiviert und sind über ein Findbuch leicht zu erschließen.

Lit.: Alexander Filipovic, Der wissenschaftliche Nachlaß von Prof. Dr. Dr. Franz Furger. Abschlußbericht (2001) und aktuelle Listen (2002), Ms. (über den Lehrstuhl für Christliche Soziallehre und Allgemeine Religionssoziologie an der Universität Bamberg [Prof. Dr. Marianne Heimbach-Steins] zugänglich); — Marianne Heimbach-Steins, In Memoriam Franz Furger, in: JCSW 38 (1997) 13-19; — Marianne Heimbach-Steins, Furger, Franz, LThK, 3. Aufl., Bd. XI (2001) 81; — Marianne Heimbach-Steins, Franz Furger (1935-1997), in: Wolfgang Lienemann / Frank Mathwig (Hrsg.), Schweizer Ethiker im 20. Jahrhundert. Der Beitrag theologischer Denker, Zürich 2005, 235-258; — Manfred Hermanns, Sozialethik im Wandel der Zeit. Geschichte des Lehrstuhls für Christliche Gesellschaftslehre in Münster 1893-1997 (Abhandlungen zur Sozialethik 49), Paderborn 2006, 389-446; — Andreas Lienkamp, Systematische Einführung in die christliche Sozialethik: Franz Furger/Andreas Lienkamp/Wilhelm Dahm (Hrsg.), Einführung in die Sozialethik, Münster 1996, 29-88; — Andreas Lienkamp, Franz Furger, in: AKSB-inform 1/97, 9; — Hans-Jürgen Münk, Erneuerung der Ethik. Zum Tod des Theologen Franz Furger, in: NZZ 7. Februar 1997.

Marianne Heimbach-Steins

G

GARIJO-GUEMBE, Miguel María, katholischer Theologe, Ostkirchenkundler und Ökumeniker, * 26.9. 1935 in Villafranca de Ordizia (spanisches Baskenland), † 2.9. 1996 in Münster (Westfalen). Der Sohn einer baskischen Ingenieursfamilie studierte Theologie in San Sebastián und wurde am 15.2. 1959 in seiner Heimatdiözese San Sebastián zum Priester geweiht. Danach setzte er seine Studien am Päpstlichen Orientalischen Institut in Rom fort, wo er mit einer Arbeit über die Pneumatologie des Origenes zum Dr. scie. eccl. orient. promoviert wurde. Von 1964 bis 1971 lehrte Garijo-Guembe als Professor für Patrologie und ostkirchliche Theologie am Priesterseminar von San Sebastián und an der Theologischen Fakultät in Vitoria. 1971 übernahm er den Lehrstuhl für Ostkirchliche und Systematische Theologie an der Päpstlichen Universität Salamanca und wurde 1973 Direktor des neu gegründeten »Centro de Estudios Orientales y Ecuménicos Juan XXIII.« dieser Universität. In dieser Funktion war er zugleich Herausgeber der Zeitschrift »Diálogo ecuménico«. 1982 wurde er auf den Lehrstuhl für Geschichte und Theologie der östlichen Kirchen an der Katholisch-Theologischen Fakultät der Universität Münster berufen, der zum Ökumenischen Institut dieser Fakultät gehörte. Von 1991-1993 war er Dekan der Katholisch-Theologischen Fakultät in Münster, 1992 übernahm er die Funktion des Direktors des Ökumenischen Instituts, die er bis zu seinem Tode 1996 innehatte. — Garijo-Guembe brachte seine fundierten Kenntnisse der Vätertheologie sowie der Ergebnisse der neuzeitlichen ökumenischen Dialoge in zahlreiche nationale und internationale Forschungs- und Beratungsgremien ein. Er war Mitglied der Bistumskommission für ökumenische Fragen, Koordinator des Sokrates-Erasmus-Programms und Fachberater für Ostkirchenkunde für die 3. Auflage des »Lexikons für Theologie und Kirche«. Auf internationaler Ebene engagierte er sich vor allem in der Societas Oecumenica, der Europäischen Gesellschaft für ökumenische Forschung. Neben Vorlesungen und Seminaren zur ostkirchlichen und ökumenischen Theologie vertrat er auf Bitte der Fakultät auch das Fach Dogmatik. Seine Schwerpunkte lagen im Bereich der Ekklesiologie und der Sakramententheologie, was sich auch in seinen Monographien (»Gemeinschaft der Heiligen« und »Mahl des Herrn«) widerspiegelt. In seiner wissenschaftlichen Arbeit drängte er immer wieder auf ein gründliches Studium der Quellen und die Auseinandersetzung mit dem historischen Kontext kirchlicher Lehrentscheidungen. Die Wiederentdeckung der altkirchlichen Traditionen war seiner Überzeugung nach eine zentrale Aufgabe für die Kirche von heute - sowohl in der innerkirchlichen Auseinandersetzung mit »traditionalistischen« Strömungen, die sich oft auf recht junge, nachtridentinische Traditionen berufen, als auch im ökumenischen Dialog mit anderen Christen, deren Glaube letztlich auf demselben altkirchlichen Fundament ruht. Im Blick auf den ökumenischen Dialog betonte er - im Rückgriff auf das Ökumenismus-Dekret des Zweiten Vatikanischen Konzils (UR 17) - die Komplementarität der Traditionen, wobei er gerade in den ostkirchlichen Traditionen eine wichtige Ergänzung zur westlichen liturgischen und theologischen Entwicklung sah, die im gegenseitigen Austausch für die Wiedergewinnung der Einheit der Kirche fruchtbar gemacht werden müsse. Diese kann seiner Auffassung nach nur in einer Communio von Ortskirchen zum Ausdruck kommen, wie sie in den ersten Jahrhunderten der christlichen Zeitrechnung gelebt wurde.

Werke: Pneumatología origeniana, Vitoria 1965; Aspectos de la pneumatología origeniana, in: Scriptorium Victoriense 13 (1966) 65-86, 121-171; Boletin de teología ortodoxa, in: Scriptorium Victoriense 16 (1969) 338-355; La conciliaridad eclesial, in: Lumen 19 (1970) 438-463; La apostolicidad de la Iglesia y la sucesión apostólica. Problemática al respecto entre las teologías católica y protestante, in: Miscelánea José Zunzunegui 4 (1975) 125-196; Aspectos de la teología sacramental en la moderna teología ortodoxa, in: Diálogo ecuménico 11 (1976) 519-553; Bibliografía sobre la Trinidad en la teología ortodoxa, in: Estudios trinitarios 11 (1977) 369-441; Boletin de teología oriental, in: Diálogo ecuménico 12 (1977) 433-446; Boletin de teología ecuménica, in: Diálogo ecuménico 13 (1978) 437-445; El concep-

to de »Recepción« y su enmarque en el seno de la Eclesiología católica, in: Lumen 29 (1980) 311-331; La sacramentalidad del matrimonio, in: Salmanticensis 27 (1980) 293-323; La naturaleza del ministerio sacerdotal en la teología ortodoxa moderna, in: Teología del sacerdocio, Burgos 1980, 209-236; Boletin de teología oriental, in: Diálogo ecuménico 15 (1980) 413-419; Boletin sobre la »Confessio Augustana«, in: Diálogo ecuménico 15 (1980) 419-425; ¿Sería posible el reconocimiento de la »Confessio Augustana« por parte católica?, in: Diálogo ecuménico 16 (1981) 307-341; La confesión de fe de Augsburgo ayer y hoy. Congreso internacional luterano-católico, Salamanca 1980, hrsg. v. M.M. Garijo-Guembe, Salamanca 1981, 396 S.; Los diálogos interconfesionales sobre el reconocimiento de los ministerios - problemas y perspectivas, in: Revista católica internacional 3 (1981) 661-682; Der Begriff 'Rezeption' und sein Ort im Kern der katholischen Ekklesiologie, in: Theologischer Konsens und Kirchenspaltung, hrsg. v. P. Lengsfeld u. H.G. Stobbe, Stuttgart 1981, 97-109; La naturaleza de la teología ecuménica - Reflexiones con ocasión de la »Sapientia christiana«, in: Diálogo ecuménico 17 (1982) 5-27; Boletin bibliográfico sobre el »servicio petrino«, in: Diálogo ecuménico 17 (1982) 53-70; Boletin de teología oriental, in: Diálogo ecuménico 17 (1982) 219-239; El ministerio ordenado en el documento de Lima 1982, in: Diálogo ecuménico 18 (1983) 123-147; Las cuestiones eclesiológicas centrales en el diálogo teológico luterano-católico, in: Diálogo ecuménico 18 (1983) 571-587; Sakrament und Sakramentalität, in: Catholica 40 (1986) 110-124; Die Eucharistie im Gespräch der Konfessionen. Ein Beitrag zur Rezeption des Dokuments »Taufe, Eucharistie und Amt« (Lima 1982), hrsg. v. der Bistumskommission für ökumenische Fragen Münster, bearb. v. Miguel Garijo-Guembe u.a., Kevelaer 1986, 304 S.; Überlegungen für einen Dialog zwischen Orthodoxie und Katholizismus im Hinblick auf den Satz »Lex orandi - lex credendi«, in: Liturgie - ein vergessenes Thema der Theologie?, Freiburg i.Br. 1986, 128-152 (auch in: Theologisches Jahrbuch, Leipzig 1988, 145-163); Maria in der östlichen Tradition, in: Lebendiges Zeugnis 43 (1988) 35-43; Gemeinschaft der Heiligen. Grund, Wesen und Struktur der Kirche, Düsseldorf 1988, 309 S. (spanische Übersetzung: La comunión de los santos. Fundamento, esencia y estructura de la Iglesia, Barcelona 1991; englische Übersetzung: Communion of the Saints. Foundation, nature and structure of the Church, Collegeville/Minn. 1994); Die Eucharistie nach römisch-katholischem Verständnis, in: M.M. Garijo-Guembe, J. Rohls, G. Wenz, Mahl des Herrn. Ökumenische Studien, Frankfurt a.M./Paderborn 1988, 9-103; Epíclesis y Trinidad, in: Estudios trinitarios 24 (1990) 107-139; Die Dokumente der Internationalen Dialogkommission der römisch-katholischen und der Orthodoxen Kirche, in: Una Sancta 45 (1990) 305-320; Bibliografía ortodoxa sobre la Trinidad y la pneumatología, in: Estudios trinitarios 25 (1991) 221-246; Marcus Eugenicus, Metropolit von Ephesus (1394-1445), in: Theologische Realenzyklopädie XXII (1992) 105-109; Communio-Ekklesiologie. Zum Schreiben der römischen Glaubenskongregation über einige Aspekte der Kirche als Communio, in: Una Sancta 47 (1992) 323-329; Die Antwort der Glaubenskongregation auf die Dokumente der Anglikanisch/römisch-katholischen Internationalen Kommission. Eine Bewertung, in: Ökumenische Rundschau 42 (1993) 32-51; Wandern - pilgern - beten am Beispiel eines russischen Pilgers, in: Sie wandern von Kraft zu Kraft. Festgabe für Bischof Reinhard Lettmann, hrsg. von A. Angenendt und H. Vorgrimler, Kevelaer 1993, 321-327; Die Erfahrungen der Zeit des Photios für den heutigen ökumenischen Dialog zwischen Orthodoxie und Katholizismus, in: Orthodoxes Forum 7 (1993) 55-85; Schwesterkirchen im Dialog. Überlegungen eines römisch-katholischen Theologen, in: Catholica 48 (1994) 279-293 (griechische Übersetzung: Adelfes ekklesies se dialogo, in: Kath' Odon, Thessaloniki 1994, 125-138); La reconciliación en la Iglesia, in: Estudios trinitarios 28 (1994) 123-152; Buße, VI. In den Ostkirchen, in: Lexikon für Theologie und Kirche, 3. Auflage, Bd. 2 (1994) 830-832; Die apophatische Theologie als Quintessenz der östlichen Tradition nach modernen orthodoxen Autoren, in: Und dennoch ist von Gott zu reden. Festschrift für Herbert Vorgrimler, hrsg. von M. Lutz-Bachmann, Freiburg i.Br. 1994, 157-171; Unidad en una diversidad reconciliada, in: Diálogo ecuménico 30 (1995) 67-82; Unauflöslichkeit der Ehe und die gescheiterten Ehen in der Patristik, in: Geschieden, wiederverheiratet, abgewiesen? Antworten der Theologie, hrsg. von Th. Schneider, Freiburg i.Br. 1995 (Quaestiones disputatae 157), 68-83; Eucharistie, IV. Ostkirchlich, in: Lexikon für Theologie und Kirche, 3. Auflage, Bd. 3 (1995) 951-953; Worte des Herrn und Epiklese nach dem Lima-Dokument. Methodische Überlegungen im Lichte der eucharistischen Hochgebete der Alten Kirche, in: Geist und Kirche. Festschrift für Eckhard Lessing, Frankfurt a.M. 1995, 317-339; Idiorrhythmie, in: Lexikon für Theologie und Kirche, 3. Auflage, Bd. 5 (1996) 406; Kataphatische Theologie, in: Lexikon für Theologie und Kirche, 3. Auflage, Bd. 5 (1996) 1301-1302; Die Komplementarität der Traditionen als methodisches Prinzip für den Dialog zwischen Orthodoxie und Katholizismus, in: The Christian East. Its Institutions and its Thought. A Critical Reflection, hrsg. v. R.F. Taft, Rom 1996 (Orientalia Christiana Analecta 251), 613-630; Orthodoxie im Dialog. Bilaterale Dialoge der orthodoxen und der orientalisch-orthodoxen Kirchen 1945-1997. Eine Dokumentensammlung. In Verbindung mit M.M. Garijo-Guembe (†) hrsg. und bearb. v. Th. Bremer, J. Oeldemann, D. Stoltmann, Trier 1999 (Sophia, Bd. 32), 578 S.

Lit.: E. Herms, »Grund, Wesen und Struktur der Kirche« aus der Sicht eines katholischen Theologen, in: Theologische Rundschau 57 (1992) 188-223; — H.B. Kraienhorst, Miguel Maria Garijo-Guembe †, in: Ostkirchliche Studien 46 (1997) 62-65; — A. González Montes, In memoriam de Don Miguel María Garijo-Guembe, in: Diálogo ecuménico 32 (1997) 9-15; — Th. Bremer, Garijo-Guembe, Miguel María, in: Lexikon für Theologie und Kirche, 3. Auflage, Bd. 11 (2001) 86; — J. Planellas Barnosell, La recepción del Vaticano II en los manuales de eclesiología españoles: I. Riudor, J. Collantes, M.M. Garijo-Guembe, S. Pié-Ninot, E. Bueno, Rom 2004 (Tesi gregoriana - Serie Teologia 111).

Johannes Oeldemann

GATZEN, Carl , Gewerkschafter und katholischer Sozialist, * 14.5. 1897 in Dorsten/Westfalen, † 3.8. 1981 in Neuenburg am Rhein. — G., der aus einer katholischen Familie stammte und

in diesem Geist erzogen wurde, besuchte von 1903 bis 1911 die Volkschule, absolvierte anschließend eine kaufmännische Lehre im Großhandel und arbeitete bis 1916 als Angestellter. Von 1916 bis 1919 leistete er Kriegsdienst, um danach von 1919 bis 1920 als Einkäufer im Handel zu arbeiten. 1920 wechselte G. in den Dienst der Reichstelegrafenverwaltung. Bereits als Jung-Angestellter seit 1919 aktiv in der christlichen Gewerkschaftsbewegung, trat er am 1.4. 1924 in den hauptamtlichen Dienst des Christlichen Gewerkschaftsbundes (CGB) ein. Bis zum 30.6. 1925 fungierte er als Kartellsekretär und war zuständig für eine Lokalgliederung. Von 1925 bis 1929 war er im Organisationsbereich des CGB in mehreren hauptamtlichen Funktionen beschäftigt, u.a. als Geschäftsführer gewerkschaftlicher Unternehmen. Von 1929 bis 1933 war er in der Arbeitsverwaltung in Gelsenkirchen tätig. 1933 entlassen, arbeitete er bis 1939 u.a. als Vertreter in der Lebensmittelbranche. Von 1939 bis 1945 leistete er Kriegsdienst und war in Gefangenschaft. 1945 beteiligte sich G. an der Wiedergründung der freien Angestelltengewerkschaften und wurde am 1.12. 1945 hauptamtlicher Bezirksleiter im »Verband der kaufmännischen und Büroangestellten« mit Sitz in Gelsenkirchen. Dieser Verband wurde dann Teil der Deutschen Angestelltengewerkschaft (DAG). Diese Funktion übte G. bis zum 30.9. 1949 aus und wechselte dann von der DAG zum Deutschen Gewerkschaftsbund (DGB). Vom 1.1. 1950 bis zum 25.2. 1952 übte er die Funktion des Angestelltensekretärs in der Bezirksleitung Hessen der IG-Bergbau (IGBE) aus und vom 26.2. 1952 nach offensichtlich erfolgreicher Bewährung die gleiche Funktion in der Dortmunder IGBE-Bezirksleitung. Vom 1.1. 1953 bis zum 30.9. 1953 war er als Angestelltensekretär in der IGBE-Geschäftsstelle in (Duisburg-) Hamborn tätig. Am 1.10. 1953 wechselte er in die Angestelltenabteilung der IGBE-Hauptverwaltung in Bochum. Von 1954 bis zum 2.9. 1956 amtierte er als Angestelltensekretär in der IGBE-Bezirksleitung Bochum und wechselte dann wieder in die Hauptverwaltung zurück. Am 30.6. 1962 erfolgte seine Pensionierung. G., der in der christlichen Gewerkschaftsbewegung seine wichtigste Prägung erfahren hatte, ist nach eigenen Angaben bereits 1928 Mitglied des Bundes der religiösen Sozialisten Deutschlands (BRSD) geworden, einer überkonfessionellen Organisation mit Affinität zur SPD. In ihm waren Katholiken eine winzige Minderheit. G. wurde bald nach seinem BRSD-Eintritt auch SPD-Mitglied. Seit 1930 organisierte er im Auftrag des BRSD-Reichsvorstandes den Aufbau einer katholischen Gruppe im BRSD und arbeitete hierbei auch mit dem führenden Badener BRSD-Funktionär Dr. Eduard Dietz zusammen. G., der in Gelsenkirchen/Westfalen lebte, wurde darüber hinaus zur treibenden Kraft bei der Organisierung des BRSD-Landesverbandes Westfalen in den Jahren 1930/31. Auf der Westfälischen Landestagung des BRSD am 5./6.9. 1931 wurde er zum 2. Landesverbandsvorsitzenden gewählt und bei der evangelischen Kirchenwahl 1932 fungierte der Katholik G. als BRSD-Wahlkampfleiter für die Kirchenprovinz Westfalen. Nach der Auflösung des BRSD im Sommer 1933 hat sich G. an informellen Gruppen von Sozialdemokraten beteiligt, ist aber unbeschadet durch die NS-Zeit gekommen. Nach 1945 hat sich G. nicht an den religiös-sozialistischen Reorganisationsversuchen beteiligt. Erst nach 1955 trat er als Schriftleiter des Blattes des überwiegend katholischen »Bundes christlicher Sozialisten« (BCS) hervor. Vorher hatte G. für den sich 1956/57 konstituierenden BCS ein hektographiertes Blatt »Der Bundesbrief« herausgegeben. Dem BCS war kein langes Leben beschieden. G. war nach dem Ende des BCS als religiöser Sozialist unorganisiert geblieben und ist dann 1975 dem reorganisierten BRSD beigetreten. Aus Altersgründen konnte er an der Bundesarbeit nicht mehr aktiv teilnehmen, führte aber mit BRSD-Mitgliedern eine rege Korrespondenz über Geschichte und Zukunft des religiösen Sozialismus.

Nachlaß: Ein Nachlaß ist nicht bekannt. Nachlaß-Splitter befinden sich im Privatarchiv Ulrich Peter, Berlin.

Werke: Editorial und Geschichtliches, in: Der Bundesbrief. Informationen für Christentum und Sozialismus, hrsg. vom Bund Christlicher Sozialisten. Gelsenkirchen-Buer, August 1957; Die geschichtliche Entwicklung der Bewegung christlicher Sozialisten, in: Die Aufgabe -Zeitschrift für Christentum und Sozialismus, hrsg. im Auftrage des Bundes Christlicher Sozialisten Deutschlands, Gelsenkirchen-Buer, 1958.

Lit.: Ulrich Peter: Entstehung und Geschichte des Bundes der religiösen Sozialisten in Berlin 1919-1933, Frankfurt 1995; — Ulrich Peter: Christuskreuz und Rote Fahne: Die

religiösen Sozialisten in Westfalen 1919-1933, Bielefeld 2002.

Ulrich Peter

GAUFREDI, Raimund (Raimundus de Gaufredi, Raymond Geoffroy, Ramon Godefroid), Franziskaner OFM (Spirituale), Generalminister 1289-1295, * Provence, † 1310, Provence. — G., aus provenzalischem Aristokratengeschlecht, war »die hervorragendste Persönlichkeit unter den Spiritualenführern« (Ehrle 1887). Geburtsjahr und Eintritt in den Franziskanerorden sind nicht bekannt. 1287 soll G., wohl schon als leitender Ordensmann, bei der Befreiung Karls II. von Anjou aus der Gefangenschaft beim König von Neapel-Aragon mitgewirkt haben. Auf dem Generalkapitel in Rieti 1289, wo er als Custos bezeichnet wird (nach der Franziskusregel IV und VIII ein Vorgesetzter unbestimmten Grades bis zum Generalminister), wurde er als Nachfolger von Matteo di Acquasparta, der von Nikolaus IV. zum Kardinal erhoben worden war, zum 12. Generalminister gewählt. In Rieti lernte G. Raimundus Lullus kennen und beauftragte ihn, obwohl dieser Laie war, in den Franziskanerkonventen in Apulien und in Rom zu unterrichten (Dokument vom 26.10. 1290). Als Sympathisant der Spiritualen bewirkte er schon in seinem ersten Amtsjahr 1289 die Entlassung des Angelus Clarenus (Angelo da Clareno) und seines Kreises aus der 1278 wegen Ketzerei lebenslänglich verhängten Kerkerhaft und schickte sie zur Missionierung nach Armenien. Auch Roger Bacon, den seinerzeit (1278) der Generalminister Girolamo Masci d'Ascoli und inzwischen amtierende Papst Nikolaus IV. (1287-1292) in Paris hatte unter Arrest stellen lassen, soll G. 1289 zur Begnadigung verholfen haben. Den ebenfalls umstrittenen Petrus Johannes Olivi, der seit 1287 an S. Croce in Florenz unterrichtete, berief G. 1289 zum Lector an die Universität Montpellier. Als Ordensgeneral inspizierte er 1291 England, pflegte Kontakte mit dem englischen König Eduard I., nahm teil am Begräbnis der Königinwitwe Eleonore von Provence († 25.6. 1291) und leitete die Provinzialsynode in London (15. August). Im September besuchte er die Ordensprovinz Irland, um den an der Provinzialsynode in Cork blutig bis zu Todesopfern ausgetragenen Streit der irischen mit den englischen

Franziskanern zu schlichten, die von der Krone systematisch bevorzugt wurden (u.a. mit der Besetzung von Bischofsämtern). Im Oktober kehrte er nach Oxford zurück, wo er am 28.10. bei den Dominikanern, an Allerheiligen bei den Franziskanern predigte, an Allerseelen an unbekanntem Ort (nach Glorieux 1934 in Gainsborough, was aufgrund der Distanz von Oxford auszuschließen ist; Predigten erhalten). Auf dem Generalkapitel in Paris 1292 revidierte er die Generalkonstitutionen und wurde dank der Fürsprache König Philipps IV., der die Spiritualen unterstützte, zum Magister theologiae ernannt. Papst Bonifaz VIII., ein entschiedener Gegner der Spiritualen, enthob G. am 29.10. 1295 seines Amtes, nachdem er ihm vergeblich die Bischofswürde von Padua, darauf sogar die von Mailand angeboten hatte, und setzte als Nachfolger Giovanni Minio de Murovalle ein, einen Gegner der Spiritualen. Aufgrund der Akten spielte G. seit 1309 eine profilierte Rolle als Gegenspieler der Kommunität (Konventualen) in den Verhandlungen mit der Kardinalkommission zur Untersuchung der Spiritualen und im anschließenden Konzil von Vienne, für das er mehrere Gutachten verfaßte, dessen Ende er aber nicht mehr erlebte. G. starb zwischen 14.4. und 13.8. 1310 auf dem Schloß der Familie in der Provence, vermutlich (Ehrle 1887, 141 Anm. 6; »wahrscheinlich«: Chiappini 1914, 655) zusammen mit mehreren Gefährten vergiftet, womit der Täter, ein Konventuale, öffentlich prahlte (Quellenedition: Ehrle 1886, 133f). Die Autorschaft der G. (oder Roger Bacon oder Raimundus Lullus) zugeschriebenen alchemistischen Schriften über den Grünen Löwen und den Stein der Weisen ist nicht geklärt.

Werke: Responsio ad Propositionem procuratorum Narbonensium »Sanctissime Pater« et ad Responsionem Raymundi Gaufredi et sociorum »Ad articulos per sanctissimum Patrem«, vgl. Amorós 1935, XLVI, Anm. 1; — Impugnatio petitionum quas domino Papae fecerunt Raymundus Gaufredi et sociorum »Cum tota causa commotionis«, vgl. Amorós 1935, XLVI, Anm. 2; — Memoriale quatuor quaestionum (1309): vgl. Ehrle 1887, 142-144; — Predigten (Sermones): 1. In festo apostolorum Symonis et Iude (28. Oktober 1291): Little 1934, 165-169; 2. In festo omnium sanctorum (1. Nov. 1291): Little 1934, 170-174; 3. In commemoratione animarum (2. Nov. 1291): unp.; — Vereinbarung über die Almosenverteilung zwischen den Provinzen Austria und Alemania superior (Paris, 9.6. 1292): Michael Bihl, Archivum Franciscanum Historicum 36, 1943, 98-102; — Alchemistische Schriften (zugeschrieben): Notiz über den Grünen Löwen (Verbum Abbreviatum de leone viridi): Ms. Vat. Lat.

4092; Oxford, Bodleian Library, Digby 119 (Roger Bacon); Wolfenbüttel, August 3076 (15. Jh.; Raimundus Lullus); — Traktat über den Stein der Weisen (Tractatus de lapide philosophico): Ms. Leiden Vossianus Chym. F. 3.

Lit.: Henry R. Luard (Hrsg.), Annales prioratus de Wigornia (Annalen des Priorats Worcester), in: Annales Monastici 4/3 (Rolls Series, 36), London 1869, 505f; — Franz Ehrle, Die Spiritualen, ihr Verhältnis zum Franziskanerorden und zu den Fraticellen, in: Archiv für Literatur- und Kirchengeschichte des Mittelalters 1, 1885, 509-569 (grundlegend, bes. 519); — Franz Ehrle, Die Spiritualen, ihr Verhältnis zum Franziskanerorden und zu den Fraticellen, 3. Die historia septem tribulationum ordinis minorum de fr. Angelus de Clarino, in: Archiv für Literatur- und Kirchengeschichte des Mittelalters 2, 1886, 108-164. 249-336 (krit. Quellenedition, bes. 133); — Franz Ehrle, Zur Vorgeschichte des Concils von Vienne, in: Archiv für Literatur- und Kirchengeschichte des Mittelalters 3, 1887, 1-195 (grundlegend, bes. 157); — Anicetus Chiappini, Communitatis responsio »Religiosi viri« ad rotulum fratris Ubertini de Casali, in: Archivum Franciscanum Historicum 7, 1914, 654-675; 8, 1915, 56-80; — William R. Newbold [u.a.], The Cipher of Roger Bacon, Philadelphia / London 1928, 186-190; — Père Gratien (Badin Gratien), Histoire de la fondation et de l'évolution de l'Ordre des Frères Mineurs au XIIIe siècle, Paris 1928, 365. 451.696; Repr. (mit neuer Bibl.): Mariano d'Alatri / Servus Gieben (Bibliotheca seraphico-capuccina, 29), Roma 1982; — Palémon Glorieux, Répertoire des maîtres en théologie de Paris au XIIIe siècle, 2, Paris 1934, 136 Nr. 329; — Andrew G. Little, Two sermons of Friar Raymond Gaufredi, minister general preached at Oxford in 1291, in: Collectanea Franciscana 4, 1934, 161-174; — Ewald Müller, Das Konzil von Vienne 1311-1312: seine Quellen und seine Geschichte (Vorreformationsgeschichtliche Forschungen, 12), Münster i. W. 1934, 254-279. 292. 326 (umfassende Studie); — Manuel C. Díaz y Díaz, Index Scriptorum Latinorum Medii Aevi Hispanorum, Madrid 1959, Nr. 1443; — Johann Baptist Schneyer, Repertorium der lateinischen Sermones des Mittelalters für die Zeit von 1150-1350, 5, Münster 1974, 34; — Pierre Péano, Raymond Geofroy ministre général et défenseur des Spirituels, Picenum Seraphicum 11, 1974, 190-203; — David Burr, The Spiritual Franciscans: from protest to persecution in the century after Saint Francis, University Park, PA, 2001, passim; — Anne Müller, Conflicting loyalties: the Irish Franciscans and the English crown in the high middle ages, in: Proceedings of the Royal Irish Academy, Section C 107, 2007, 101; — The Oxford Dictionary of National Biography 3 (2004) 176-181 (G. Molland, s.v. Bacon, Roger).

Bruno W. Häuptli

GEORG (der Fromme), Markgraf von Brandenburg-Ansbach, Burggraf von Nürnberg, Herzog von Jägerndorf (Schlesien), * 4. März 1484 in Ansbach, † 27. Dezember 1543 in Ansbach. — G. wurde als zweiter von zehn Söhnen Markgraf Friedrichs von Brandenburg-Ansbach (1460-1536) und damit als Enkel Kurfürst Albrechts Achilles von Brandenburg (1414-1486) geboren. Seine Mutter war Sophia Jagiellonica (1464-1512), Tochter König Kasimirs IV. von Polen (1427-1492) und Elisabeths von Habsburg-Österreich (1437-1505). Als Zweitgeborener war G. zunächst für eine Karriere in der Reichskirche vorgesehen und hatte von 1498 bis 1506 eine Domherrenpfründe zu Würzburg inne. Nach zwei Jahren am Hof Landgraf Wilhelms von Hessen nahm G. am Bayerisch-pfälzischen Erbfolgekrieg teil. 1505 ging er an den Hof seines Onkels König Wladislaw II. (1456-1515) von Ungarn und Böhmen nach Ofen. G. wurde dessen enger Berater und im Jahr 1515 mit der Erziehung des jungen Thronfolgers Ludwig II. (1506-1526) betraut. 1509 heiratete G. Beatrix (1480-1510), Tochter des Grafen Bernhard von Frangepan, die die Witwe des illegitimen ungarischen Königssohns Johannes Corvinus war. Durch sie erbte G. einen riesigen Besitz an Ländereien im heutigen Ungarn, Kroatien und Österreich. Da G. auf starkes Mißtrauen beim einheimischen Adel stieß, veräußerte er diese Güter nach und nach, um in dem zur böhmischen Krone gehörenden Schlesien neue Herrschaften zu erwerben. 1512 schloß G. Erbverbrüderungen mit den kinderlosen schlesischen Herzögen Johann von Oppeln und Valentin von Ratibor. Bei der Kaiserwahl am 28. Juni 1519 zu Frankfurt war es G., der namens des Königs von Böhmen die Stimme für Karl von Habsburg abgab. Sein Bruder Kasimir von Brandenburg-Ansbach hatte auf dem diplomatischen Parkett engagiert für die Wahl Karls V. gearbeitet, von dem er finanzielle Gegenleistungen erwartete. 1522 schlug G. den Aufstand der Bürger der niederschlesischen Stadt Schweidnitz gegen ihren patrizischen Rat nieder. Wegen dieser eigenmächtigen Einmischung wurde ihm die Anwartschaft auf Oppeln-Ratibor formal entzogen. 1523 kaufte G. das Herzogtum Jägerndorf-Leobschütz. Im Januar 1525 heiratete G. Hedwig (1508-1531), die Tochter Herzog Karls von Münsterberg-Oels, des schlesischen Oberlandeshauptmanns. Ihre Tochter Anna Maria (1526-1589) sollte 1544 die Ehe mit Herzog Christoph von Württemberg (1515-1568) schließen, was für die Festigung des Luthertums im Haus Württemberg wichtig war. Zwei Schwestern G.s hatten mit Friedrich II. von Liegnitz und Brieg und Wenzel von Teschen ebenfalls mächtige schlesische Herzöge

geheiratet. 1526 übernahm G. die Herrschaften Oderberg und Beuthen und führte nun auch den Titel eines Herzogs von Ratibor. Seither war G. ein anerkannter schlesischer Fürst. In Jägerndorf (tschechisch: Krnov) ließ sich G. von dem Nürnberger Baumeister Hans Behaim ein neues Schloß errichten. Nach dem Tod König Ludwigs von Ungarn und Böhmen bei Mohács 1526, seines großen Gönners, wurde dessen Nachfolger Erzherzog Ferdinand von Österreich zum direkten politischen Konkurrenten G.s in Schlesien. G.s Situation wurde kritisch, als der in Franken regierende ältere Bruder Markgraf Kasimir von Brandenburg-Ansbach 1527 im Dienst für die Habsburger zu Ofen starb. G., der schon seit 1521 die fränkischen Markgraftümer nominell mitregiert hatte, übernahm nun allein die Herrschaft in Franken. G. mühte sich zugleich um die lehnsrechtliche Anerkennung seiner Herrschaft in Schlesien und verlangte finanzielle Abfindung für seine den Habsburgern überlassenen Güter sowie Pensionen für geleistete Dienste. König Ferdinand freilich ließ sich nur widerstrebend auf Verhandlungen ein. Er wollte den deutschen Reichsfürsten aus Schlesien hinausdrängen und brachte Herzog Johann von Oppeln dazu, die Erbverbrüderung mit G. zu widerrufen. Die Rechtstitel, die G. erworben hatte, sollten im 18. Jahrhundert von König Friedrich II. von Preußen herangezogen werden, um seine Ansprüche auf Schlesien zu begründen. Erst 1531 gelangte man zu Ergebnissen, die von dem hoch verschuldeten G. akzeptiert werden mußten: Die Herrschaften Oppeln und Ratibor sowie Oderberg und Beuthen wurden G. von den Habsburgern als Pfandbesitz befristet zugestanden, immerhin aber Jägerndorf ausdrücklich als Erbbesitz anerkannt. Mit den schlesischen Einnahmen konnte G. im fränkischen Roth das Jagdschloß Ratibor erbauen lassen. G. heiratete 1532 Aemilia (1516-1591), Tochter Herzog Heinrichs (des Frommen) von Sachsen (1473-1541). 1539 wurde ihnen der ersehnte Thronfolger geboren: Markgraf Georg Friedrich (1539-1603) von Brandenburg-Ansbach, der seit 1556 regierte und seit 1577 auch Administrator des Herzogtums Preußen war. — G. war, wie sein nächstjüngerer Bruder Albrecht, der Hochmeister des Deutschen Ordens in Preußen, bereits früh ein entschiedener Anhänger der evangelischen Theologie Martin Luthers. G.s Brief an den Wittenberger Reformator vom 5. Januar 1523 bildet den Beginn der überlieferten Korrespondenz von insgesamt neun Briefen Luthers und sechs des Markgrafen (Ed.: Luther, WAB). G. scheint am ungarisch-böhmischen Hof geradezu das Haupt eines Kreises gewesen zu sein, der Luthers Lehre aufgeschlossen gegenüberstand. Maria von Habsburg (1505-1558), der Frau König Ludwigs, ließ G. aus Nürnberg reformatorische Schriften zukommen. Als unter G.s Einfluß lutherische Gelehrte und Prediger an den ungarischen Hof berufen wurden, intervenierten die Brüder Marias, Kaiser Karl V. und Erzherzog Ferdinand, und die ungarischen Stände forderten die Entfernung der Deutschen. Wegen der Anfeindungen verkaufte G. seine ungarischen Güter und verließ Ofen im Juni 1525. Er wandte sich ganz seinen schlesischen Besitzungen zu. In Jägerndorf wurde G. als Landesherr seit 1527 für die Reformation tätig. 1533 führte er die Brandenburg-Nürnbergische Kirchenordnung ein. — G.s intensive Beschäftigung mit Luther war möglicherweise durch seinen jüngeren Bruder Albrecht (1490-1568), den Hochmeister des Deutschen Ordens im Land Preußen angeregt worden. 1521, nach Vermittlung eines vierjährigen Waffenstillstands mit ihrem Onkel König Sigmund I. (1467-1548) von Polen durch G. hatte sich Albrecht nach Franken begeben und an den Reichstagen zu Nürnberg 1522 bis 1524 teilgenommen. Die Predigten Andreas Osianders gewannen ihn für den evangelischen Glauben. 1523/24 suchte Albrecht zweimal Luther persönlich in Wittenberg auf, der ihn zur Aufgabe des bisherigen Ordensstandes riet. G. unterstützte Albrecht in seinem Vorhaben, seine »geistliche« Herrschaft in ein weltliches Erbfürstentum unter der Lehnshoheit der polnischen Krone umzuwandeln. Zusammen mit seinem Schwager Herzog Friedrich II. von Liegnitz fungierte G. als Unterhändler Albrechts mit Polen. Beim Lehnseid, den Albrecht als neuer Herzog am 10. April 1525 in Krakau König Sigmund schwor, stand G. an seiner Seite und empfing mit ihm als Vertreter der fränkischen Hohenzollern das preußische Lehen. — Unter Markgraf Kasimir von Brandenburg-Ansbach (1481-1527), der 1515 mit Billigung seiner jüngeren Brüder, der Landstände und des Kaisers seinen Vater Friedrich absetzte, entmündigt und inhaftiert hatte,

hatte sich die evangelische Bewegung in den fränkischen Herrschaftsgebieten vor allem in den größeren Orten frühzeitig ausgebreitet. Am Ansbacher Hof etablierte sich seit 1521 um den Obersten Sekretär Georg Vogler, dem Prediger Johann Rurer und dem Hofmeister Johann von Schwarzenberg eine starke reformatorisch gesinnte Gruppe. Durch Vogler wurde Markgraf G., der nominell in Franken mitregierte, sich faktisch aber in Ungarn und Schlesien aufhielt, über die religiöse Lage in Franken unterrichtet. Mit Blick auf das durch den Nürnberger Reichstagsabschied 1524 angesetzte Nationalkonzil war in den Markgraftümern ein evangelischer ´Ansbacher Ratschlag´ erarbeitet worden, den die Wittenberger Reformatoren guthießen. Der politisch ehrgeizige Markgraf Kasimir freilich zögerte mit Rücksicht auf die Haltung des habsburgischen Kaiserhauses. Er bestimmte als Grundlage der Predigt und Lehre zwar das Evangelium, verbot aber Reformmaßnahmen - trotz der Petitionen, die die evangelischen Städte mit Hilfe Voglers bei ihrem Landesherrn einreichten. Damit zeichnete sich der Bruch zwischen Kasimir und dem mitregierenden G. ab, der gegenüber seinem Bruder engagiert für die Reformation eintrat. Nach dem Bauernkrieg 1525 und dem Reichstag zu Speyer erließ Markgraf Kasimir am 10. Oktober 1526 auch im Namen seines Bruders eine restaurative Kirchenordnung, über die sich G. beschwerte. Wohl vor allem wegen seiner eigenmächtigen Zusammenarbeit mit G. ließ Kasimir seinen Obersten Sekretär Vogler und den ebenfalls evangelisch gesinnten Kulmbacher Landschreiber Johann Clauß verhaften. Kasimir selbst begab sich in habsburgische Dienste und der Würzburger Dompropst Friedrich von Brandenburg (1497-1536), ein weiterer jüngerer Bruder, übernahm eine immer aktivere Rolle in der Ansbacher Politik. Gegen den ausdrücklichen Willen des mitregierenden G. und Herzog Albrechts begann eine Phase der gewaltsamen Unterdrückung der Reformation und ihrer Protagonisten in den fränkischen Markgraftümern. Der unerwartete Tod Kasimirs in Ungarn am 21. September 1527 brachte jedoch die Wende zugunsten der Reformation. G. trat im Frühjahr 1528 die Herrschaft in seinen fränkischen Markgraftümern an, rehabilitierte Vogler und machte ihn zum Leiter der Ansbacher Kanzlei. V. überließ ihm sogleich die

Organisation der religionspolitischen Zusammenarbeit mit der Reichsstadt Nürnberg, deren erster Schritt die Brandenburg-Nürnbergische Kirchenvisitation war. Die bisher von Feindschaft geprägten politischen Beziehungen zur prosperierenden Nachbarstadt wollte G. durch die Klärung der gegenseitigen territorialen und finanziellen Ansprüche auf eine neue Grundlage stellen. Im Schulterschluß war die gemeinsame Religionspolitik gegenüber den drei fränkischen Bischöfen, die beim Schwäbischen Bund klagten, und gegenüber dem Kaiserhaus besser zu verteidigen. Bis auf die ohnehin durch Austritte, restriktive Maßnahmen und den Bauernkrieg geschwächten Klöster und Stifter, denen Neuaufnahmen von Mitgliedern verboten wurden, wurde das gesamte Kirchenwesen des Fürstentums im evangelischen Sinne reformiert. Kanzler Vogler war - wie Ratsschreiber Lazarus Spengler auf der Nürnberger Seite - die lenkende Kraft. Auf persönliche Anregung Luthers hin förderte G. die Gründung einer humanistischen Schule in Ansbach. Der Speyerer Reichsabschied von 1526 wurde von G. als die rechtliche Grundlage für reformatorische Maßnahmen herangezogen. Darum gehörte G. auch zu den evangelischen Ständen, die 1529 in Speyer gegen dessen Aufhebung durch die Reichstagsmehrheit protestierten und an ein Konzil appellierten. — Im Laufe des Jahres 1529 freilich mußte G. seine politische Situation immer unhaltbarer vorkommen. Die immense Verschuldung lähmte G.s Handlungsfähigkeit, sie wurde auch nicht durch die umstrittene Einziehung der Kirchenkleinodien 1529/30 wesentlich verringert. Die Gespräche mit der Reichsstadt Nürnberg erbrachten nicht die erhofften Kompensationen für abgetretene Hoheitsrechte. Die Verhaftung der Gesandtschaft der Protestierenden am Kaiserhof, die demütigende Behandlung von G.s Forderungen bei den Habsburgern, der Druck, der anhand des Problems der Vormundschaft über den Sohn Kasimirs, den jungen Markgraf Albrecht Alcibiades, ausgeübt wurde - eine Zukunftsfrage für den Bestand des evangelischen Glaubens und der beiden Markgraftümer -, nötigten G. zu einem Kurswechsel. G. verweigerte, zunächst in Übereinstimmung mit den Wittenberger Theologen, den Beitritt zum entstehenden Verteidigungsbündnis der Protestierenden. Dabei bezog G. sich auf das neutesta-

mentliche Verbot des Widerstandes gegen die von Gott eingesetzte Obrigkeit und monierte die Beeinflussung der oberdeutschen Evangelischen durch den Schweizer Theologen Zwingli. Mit dieser wiederum von Landgraf Philipp von Hessen kritisierten Haltung verfolgte G. den realpolitischen Zweck, das Kaiserhaus, dem die fränkischen Hohenzollern traditionell ergeben waren, nicht weiter zu reizen. G. lag daher auch am Nachweis der theologischen und rechtlichen Legitimität seines reformatorischen Kurses. Wenn G. sich auch politisch von den anderen evangelischen Fürsten zu distanzieren begann, auf dem Augsburger Reichstag 1530, zu dem er mit großem Gefolge angereist war, ließ er keine Zweifel an seiner religiösen Haltung aufkommen. Als gleich zu dessen Auftakt der Kaiser die evangelischen Predigten untersagte, bekannte sich G. gegenüber Karl V. und König Ferdinand in eindrucksvoller Weise: Ehe er Gott und sein Evangelium verleugne, wolle er lieber niederknien und sich den Kopf abschlagen lassen. G. unterzeichnete die Confessio Augustana der lutherischen Fürsten und Reichsstädte. Im weiteren Verlauf des Reichstags wurde mit Drohungen und Angeboten versucht, den finanziell angeschlagenen Markgrafen. zur Aufgabe seiner Position zu überreden. Hier spielte sein Bruder Dompropst Friedrich erneut eine zentrale Rolle, der Kanzler Vogler persönlich so bedrängte, daß dieser überstürzt aus Augsburg floh. Der Nürnberger Ratsschreiber Spengler verfaßte wie bereits zuvor Trostschriften, um G. in seiner Haltung zu bestärken. Bei den Ausschußverhandlungen, an denen für G. sein Advokat Sebastian Heller und der Schwäbisch Haller Prediger Johannes Brenz teilnahmen, zeigte G. Konzessionsbereitschaft. An einer Verständigung, die auch den Verhandlungen mit den Habsburgern über seine Herrschaft in Schlesien zugute gekommen wäre, hatte G. großes Interesse. Zu Luther, der theologische Kompromisse ablehnte, bestand in dieser Zeit kein Kontakt. Der Reichstagsabschied, in dem der Kaiser ultimativ verlangte, das evangelische Glaubensbekenntnis als widerlegt zu betrachten und das vorreformatorische Kirchenwesen wiederherzustellen, zerstörte freilich alle Hoffnungen auf Ausgleich. — Die bedrohten Konfessionsverwandten schlossen sich im Schmalkaldischen Bund zusammen. Nürnberg und Brandenburg-Ansbach blieben diesem Verteidigungspakt trotz aller Werbungen fern. 1531 erreichte G. bei König Ferdinand wenigstens teilweise die Bestätigung seiner Rechte in Schlesien. Für die unbefriedigende politische Situation wurde durch die immer noch von Dompropst Friedrich angeführten romtreuen Kräfte Kanzler Georg Vogler persönlich verantwortlich gemacht. G. entzog Vogler das Vertrauen, obwohl Herzog Albrecht Fürsprache einlegte. Nachdem mit Jahresbeginn 1533 die Brandenburg-Nürnbergische Kirchenordnung offiziell eingeführt worden war, übergab Vogler sein Amt an Dr. Sebastian Heller. Vogler verließ das Fürstentum, blieb aber in Verbindung mit G. Eine Restauration des mittelalterlichen Kirchenwesens war nicht mehr zu befürchten und wäre auch auf den entschiedenen Widerstand Markgraf G.s gestoßen, der sich mit seinem Bruder Herzog Albrecht von Preußen in konfessionellen Dingen einig wußte. Das in Luthers Gesangbuch 1529/33 als »Marggraf Georgens Lied« aufgenommene »Genad mir, Herr, ewiger Gott« (Wackernagel 3, Nr. 155) ist wohl aus dem Umkreis Herzog Albrechts als Akrostichon G. gewidmet. — Im Herzogtum Jägerndorf, wo G. sich immer wieder gern aufhielt, förderte er die Entwicklung der Stadt und des Landes. Die immense Verschuldung der fränkischen Markgraftümer bekam G. auch trotz einer starken Erhöhung der Steuer- und Abgabenlast nicht in den Griff. Der Altkanzler Vogler wurde von der benachbarten Reichsstadt Windsheim aus zu einem scharfen, auch ungerechten Kritiker politischer und moralischer Mißstände am Ansbacher Hof und im Kirchenwesen. — Nach der Geburt des Prinzen Georg Friedrich 1539 fürchtete der junge Markgraf Albrecht Alcibiades (1522-1557) um sein Erbe und forderte auch mit Hilfe Voglers die Landesteilung. Diese wurde 1541 vollzogen. Der darüber erbitterte G. mußte nach Losentscheid das Markgraftum »ob dem Gebirg«, ergänzt mit den vorher unterländischen Ämtern um Neustadt/Aisch und Erlangen an Albrecht Alcibiades abtreten. Nach dessen katastrophalem Scheitern und der Zerstörung der Kulmbacher Plassenburg, die G. kostspielig ausgebaut hatte, wurden die beiden Landesteile unter Markgraf Georg Friedrich 1557 wieder vereint. — G. von Brandenburg hat auf der Basis seiner Gewissensentscheidung für den evangelischen Glauben als Landesherr der unterdrückten Reformation in den fränkischen Markgraftümern zum Durchbruch verholfen und mit einer Kirchenordnung langfristig stabilisiert. Als Repräsentant eines der angesehensten deutschen Fürstenhäuser hat er dem evangelischen Bekenntnis auf der politischen Bühne Anerkennung verschafft. In einer von mächtigen lutherfeindlichen Kräften dominierten Region des Reiches hat G. der Reformation den Weg geebnet, sie gewaltlos verteidigt, aber auch mit seiner Rücksichtnahme auf das Kaiserhaus politische Konfrontationen vermieden und damit beigetragen, die Reformation langfristig zu erhalten. In Schlesien freilich ging G.s Werk in der gewaltsamen habsburgischen Gegenreformation im Zuge des Dreißigjährigen Krieges weitgehend zugrunde. Das Bestehen kleiner, aber altehrwürdiger evangelisch-lutherischer Kirchen bis heute in dem zu Polen und Tschechien gehörenden Oberschlesien erinnert jedoch immer noch an den fränkischen Markgrafen.

Porträt-Darstellungen: Gemälde von Hans Henneberger (1522), Klosterkirche Heilsbronn; — Porträt-Medaille (1534), Germanisches Nationalmuseum Nürnberg; — Holzschnitt von Erhard Schön, gedruckt von Hans Guldenmund, Nürnberg (um 1536); — Grabmal mit Epitaph von Loy Hering (um 1538), Klosterkirche Heilsbronn; — Gemälde von Lucas Cranach d.J. (1571), Jagdschloß Grunewald, Berlin.

Lit.: Philipp Ernst Spieß, Beurkundete Nachricht von der Vermählung des Herrn Marggrafs Georg zu Brandenburg mit Beatrix verwittibten Herzogin von Liptaw, gebohrner Gräfin von Frangepan, in: Aufklärungen in der Geschichte und Diplomatik. Bayreuth 1791, 90-96; — Wilhelm Löhe, Erinnerungen aus der Reformationsgeschichte von Franken, insonderheit der Stadt und dem Burggraftum Nürnberg ober- und unterhalb des Gebirgs. Nürnberg 1847 (Ed.: Wilhelm Löhe, Gesammelte Werke, hrsg. v. Klaus Ganzert, Bd. 3,2. Neuendettelsau 1958); — Gottlieb Biermann, Jägerndorf unter der Regierung der Hohenzollern, in: Zs. des Vereins f. Gesch. und Altertum Schlesiens 11 (1871), 36-96; — Chr. Fr. David Erdmann, Luther und die Hohenzollern. Breslau 1883; — Ders., Markgraf Georg von Brandenburg und seine Verdienste um die Reformation, in: Correspondenzblatt des Ver. f. Gesch. der ev. Kirche Schlesiens 1 (1882), 49-63 und 2 (1883), 17-33, 81-97; — Gustav Koffmane, Weitere Mitteilungen über die reformatorische Tätigkeit des Markgrafen Georg von Brandenburg in Oberschlesien, in: ebd., 3 (1887), 3-18; — Hermann Neufert, Die schlesischen Erwerbungen des Markgrafen Georg von Brandenburg. Diss. phil. Breslau 1883; — Hugo Cuers, De Georgi marchionis Brandenburgici in aula Vladislai et Ludovici II Ungariae et Bohemiae regum vita et consiliis politicis, Diss. phil. Berlin 1883; — Ders., Die Politik des Markgrafen Georg von Brandenburg am ungarischen Hofe, in: Berichte des Freien Deutschen Hochstiftes zu Frankfurt am Main, NF 5 (1889), 277-292; — Louis Neustadt, Markgraf Georg von Brandenburg als Erzieher am ungarischen Hofe, Diss. phil. Breslau 1883; — Ders., Aufenthaltsorte des Markgrafen Georg von Brandenburg, in: Archiv f. Gesch. und Altertumskunde v. Oberfranken 15 (1883), 231-257; — Ders., Zu Luthers Briefwechsel, in: ZKG 8 (1886), 466-476; — Ders. (Hrsg.), Aus der Mappe eines Hohenzollern am ungarischen Hofe, in: ebd. 18 (1892), 1-80; — Moritz Wertner, Markgraf Georg von Brandenburg in Ungarn, in: Vierteljahresschr. f. Wappen-, Siegel- und Familienkunde 22 (1894), 296-309; — Theodor Kolde, Der Briefwechsel Luthers und Melanchthons mit den Markgrafen Georg und Friedrich von Brandenburg, in: ZKG 13 (1892), 318-337; — Ders., Der Briefwechsel zwischen Urban Rhegius und Markgraf Georg von Brandenburg, in: BBKG 2 (1895), 26-34; — Ders., Markgraf Georg von Brandenburg und das Glaubenslied der Königin Maria von Ungarn, in: BBKG 2 (1896), 82-89; — Karl Schornbaum, Die Stellung des Markgrafen Kasimir von Brandenburg zur reformatorischen Bewegung in den Jahren 1524-1527. Nürnberg 1900; — Ders., Markgraf Georg von Brandenburg und die sächsisch-hessischen Bündnisbestrebungen vom Jahre 1528, in: BBKG 8 (1902), 193-212; — Ders., Zur Reformationsgeschichte im Markgrafentum Brandenburg: Zur persönlichen Glaubensstellung Markraf Georgs des Frommen, in: BBKG 9 (1903), 82-92; — Ders., Zum Briefwechsel des Markgrafen Georg von Brandenburg mit Luther, in: BBKG 10 (1904), 188-191; — Ders., Zur Politik des Markgrafen Georg von Brandenburg vom Beginne seiner selbständigen Regierung bis zum Nürnberger Anstand 1528-1532. Nürnberg 1906 (grundlegend); — Ders., Ein fürstlicher Hausschatz im 16. Jahrhundert, in: Jber. des Hist. Vereins f. Mittelfranken 53 (1906), 23-48; — Ders., Eine Hofordnung des Markgrafen Georg von Brandenburg aus dem Jahre 1528, in: Jahrb. des Histor. Vereins f. Mittelfranken 53 (1906), 32-39; — Ders, Aus dem Briefwechsel Georg Voglers, in: Jber. des Hist. Vereins f. Mittelfranken 58 (1911), 120-130; — Johann Baptist Götz, Beiträge zur Charakterbeurteilung des Markgrafen Georg des Frommen von Brandenburg. 1484-1543, in: Beil. zur Augsburger Postzeitung 1904, 401-404, 409-413, 427-429, 433-436, 452-455, 459-464; — Ders., Die Glaubensspaltung im Gebiete der Markgrafschaft Ansbach-Kulmbach in den Jahren 1520-1535. Freiburg/Br. 1907 (= Erll. und Ergg. z. Janssens Gesch. des dt. Volkes 5.3-4); — Hans von Schubert, Bündnis und Bekenntnis 1529/30. Leipzig 1908 (= SVRG 98); — Ders., Die Frage nach dem Recht des Widerstandes gegen den Kaiser und der Briefwechsel zwischen Philipp von Hessen und Georg von Brandenburg, in: ZKG 30 (1909), 271-315; — Ders., Bekenntnisbildung und Religionspolitik 1529/30 (1524-1534), Gotha 1920; — Gustav Sommerfeldt, Die Beziehungen Georgs des Frommen, Markgraf von Ansbach, zu seinem Bruder, Herzog Albrecht I. von Preußen, 1529-1540, in: ZKG 32 (1911), 99-110; — August Jegel, Die schlesischen Besitzungen der fränkischen Hohenzollern, in: Zs. f. Gesch. u. Kulturgesch. Österreichisch-Schlesiens 10 (1915), 85-179; — Hermann Jordan, Reformation und gelehrte Bildung in der Markgrafschaft Ansbach-Bayreuth. Eine Vorgeschichte der Universität Erlangen, Teil I. Leipzig 1917 (= Qu. und Forsch. z. bayr. KG 1/I); — Adolf Bayer, Markgraf Georg und Beatrix von Frangepan. Ansbach 1934 (= Neujahrsbll. der Ges. f. fränkische Gesch. 19); — Ludwig Petry, Die Ho-

henzollern in Jägerndorf 1523 bis 1621, in: Schlesische Bll. 3 (1939), 46-52; — Konrad Müller, Markgraf Georg von Brandenburg-Ansbach-Jägerndorf. Eine Gestalt aus der fränkischen und schlesischen Reformationszeit, in: JSKG 34 (1955), 7-31; — Ekkehart Fabian, Die Entstehung des Schmalkaldischen Bundes und seiner Verfassung 1524/29-1531/35. Tübingen ²1961 (= SKRG 1); — Walther Hubatsch, Albrecht von Brandenburg-Ansbach. Deutschordens-Hochmeister und Herzog in Preußen 1490-1568, Heidelberg 1960 (= Studien zur Gesch. Preußens 8); — Sehling 11/I: Bayern/ Franken [bearb. v. Matthias Simon]. Tübingen 1961; — Gerhard Pfeiffer, Art. Markgraf Georg von Brandenburg-Ansbach, in: NDB 6 (1964), 204f; — Friedrich Wilhelm Kantzenbach, Johannes Brenz in markgräflichem Dienst auf dem Reichstag in Augsburg, in: Jahrb. des Histor. Vereins f. Mittelfranken 82 (1965), 50-80; — Richard Klier, Dr. med. Johann Weinmann, Rat und Gesandter des Markgrafen Georg von Brandenburg in Ungarn, in: Südost-Forschung 29 (1970), 270-289; — Ludwig Petry, Das Verhältnis der schlesischen Piasten zur Reformation und zu den Hohenzollern, in: Schlesien 21 (1976), 206-214; — Othmar Karzel, Die Reformation in Oberschlesien. Ausbreitung und Verlauf. Würzburg 1979 (= Qu. und Darst. zur schlesischen Gesch. 20); — Gerhard Müller, Die Reformation im Fürstentum Brandenburg-Ansbach/Kulmbach, in: ZBKG 48 (1979), 1-18; — Ders., Bündnis und Bekenntnis. Zum Verhältnis von Glaube und Politik im deutschen Luthertum des 16. Jahrhunderts, in: Martin Brecht und Reinhard Schwarz (Hrsgg.), Bekenntnis und Einheit der Kirche. Stuttgart 1980, 23-43; — ders., Die Anhänger der Confessio Augustana und die Ausschußverhandlungen, in: Erwin Iserloh (Hrsg.), Confessio Augustana und Confutatio. Der Augsburger Reichstag 1530 und die Einheit der Kirche. Münster 1980 (= RGST 118), 243-257; — Günther Schuhmann, Die Markgrafen von Brandenburg-Ansbach. Eine Bilddokumentation zur Geschichte der Hohenzollern in Franken. Ansbach 1980 (= Jb. des Hist. Vereins f. Mittelfranken 90); — Bernhard Sicken, Landesherrliche Einnahmen und Territorialstruktur. Die Fürstentümer Ansbach und Kulmbach zu Beginn der Neuzeit, in: JFLF 42 (1982), 153-248; — Franz Machilek, Markgraf Friedrich von Brandenburg-Ansbach, Dompropst zu Würzburg (1497-1536), in: Fränkische Lebensbilder 11, hrsg. v. Alfred Wendehorst und Gerhard Pfeiffer. Neustadt/A. 1984 (= Veröff. der Ges. f. fränkische Gesch. VIIA/11), 101-139; — Ders., Die Markgrafen von Brandenburg-Ansbach als schlesische Territorialherren im 16. Jahrhundert, in: Schlesien 28 (1983), 129-138; — Uwe Müller, Die ständische Vertretung in den fränkischen Markgraftümern in der ersten Hälfte des 16. Jahrhunderts, Neustadt/A. 1984 (= Schr. des Zentralinstituts f. fränkische Landeskunde und allg. Regionalforsch. an der Univ. Erlangen-Nürnberg 24); — Ders., Markgraf Georg der Fromme. Ein protestantischer Landesherr im 16. Jahrhundert; in: JFLF 45 (1985), 107-123; — Reinhard Seyboth, Die Markgraftümer Ansbach und Kulmbach unter der Regierung Markgraf Friedrichs des Älteren (1486-1515). Göttingen 1985 (= SHKBAW 24); — Ders., Die Reichspolitik Markgraf Kasimirs von Ansbach-Kulmbach von 1498 bis 1527, in: Zeitschr. f. bayr. Landesgesch. 50 (1987), 63-108; — Ders., Markgraf Georg von Ansbach-Kulmbach und die Reichspolitik, in: JFLF 47 (1987), 35-81; — Ders., Fränkisch-schlesische Beziehungen im 15. und 16. Jahrhundert, in: Jahrb. der schlesischen Friedrich-Wilhelms-Universität zu Breslau 18 (1987), 83-97; — Martin Brecht, Johannes Brenz auf dem Augsburger Reichstag 1530, in: Rolf Decot (Hrsg.), Vermittlungsversuche auf dem Augsburger Reichstag 1530, Stuttgart 1989 (= VIEG Beih. 26), 29-49; — Diethelm Böttcher, Ungehorsam oder Widerstand? Zum Fortleben des mittelalterlichen Widerstandsrechtes in der Reformationszeit (1529-1530). Berlin 1991 (= Hist. Forsch. 46); — Volker Press, Franken und das Reich in der Frühen Neuzeit, in: FS Alfred Wendehorst I, hrsg. v. Gerhard Rechter / Jürgen Schneider. Neustadt/A. 1992 (= JFLF 52 [1992]), 329-347; — Bernhard Sicken, Franken 1517-1648, in: Handbuch der bayerischen Kirchengeschichte, hrsg. v. Walter Brandmüller, Bd. 2: Von der Glaubensspaltung bis zur Säkularisation. St. Ottilien 1993, 123-291; — Iselin Gundermann, Markgraf Georg von Ansbach, Herzog von Jägerndorf (1484-1543), in: JSKG 73 (1994), 205-224; — Dies., Markgraf Georg von Brandenburg-Ansbach und die Einführung der Reformation in Oberschlesien, in: Thomas Wünsch (Hrsg.), Reformation und Gegenreformation in Oberschlesien. Die Auswirkungen auf Politik, Kunst und Kultur im ostmitteleuropäischen Kontext. Berlin 1994, 31-45; — Joachim Bahlcke, Regionalismus und Staatsintegration im Widerstreit. Die Länder der böhmischen Krone im ersten Jahrhundert der Habsburgerherrschaft (1526-1619), München 1994 (= Schr. des Bundesinstituts f. ostdt. Kultur und Gesch. 3); — Norbert Conrads (Hrsg.), Deutsche Geschichte im Osten Europas: Schlesien. Berlin 1994; — Scott Dixon, The Reformation and rural society: The parishes of Brandenburg-Ansbach-Kulmbach, 1528-1603. New York 1996 (Cambridge Studies in Early Modern History); — Wolfgang Neugebauer, Die Hohenzollern, Bd. 1: Anfänge, Landesstaat und monarchistische Autokratie bis 1740. Stuttgart 1996; — Reinhard Seyboth, Markgraf Georg der Fromme von Brandenburg-Ansbach und Martin Luther, in: JFLF 57 (1997), 125-144; — ders., Markgraf Georg der Fromme (1484-1543), in: Fränkische Lebensbilder 17, hrsg. v. Alfred Wendehorst. Neustadt/A. 1998, 43-71; — Radek Fukala, Náboženská politika markraběte Jiřího Braniborsko-Ansbašského v krnovském knížectví [= Die Religionspolitik des Markgrafen Georg von Brandenburg-Ansbach im Fürstentum Jägerndorf], in: Václav Bůžek / Pavel Král (Hrsgg.), Aristokratické rezidence a dvory v raném novověku. České Budějovice 1999 (= Opera historica 7), 535-557; — Martin G. Meier, Systembruch und Neuordnung. Reformation und Konfessionsbildung in den Markgraftümern Brandenburg-Ansbach-Kulmbach 1520-1594. Frankfurt/M. 1999 (= EH XXIII/657); Berndt Hamm, Art. Spengler, Lazarus (1479-1534), in: TRE 31 (2000), 666-670; — Zoltán Csepregi, Notbischof auf dem Rechtswege. Zur Reformation in den oberschlesischen Herzogtümern von Georg dem Frommen 1523-1543, in: ZBKG 70 (2001), 28-42; — Rudolf Endres, Markgraftümer, in: Handbuch der Geschichte der evangelischen Kirche in Bayern, hrsg. von Gerhard Müller u.a., Bd. 1: Von den Anfängen bis 1800. St. Ottilien 2002; — Radek Fukala, Hohenzollernové v evropské politice 16. století. Mezi Ansbachem, Krnovem a Královcem (1523-1603) [= Die Hohenzollern in der europäischen Politik des 16. Jahrhunderts. Zwischen Ansbach, Jägerndorf und Königsberg]. Praha 2005; — Zoltán Csepregi, »...ich will kain fleis nit

sparen«. Königin Maria von Ungarn und das Haus Brandenburg, in: Martina Fuchs / Orsolya Réthely (Hrsgg.), Maria von Ungarn (1505-1558). Eine Renaissancefürstin. Münster 2007 (= Geschichte in der Epoche Karls V. 8), 59-72; — Markus Hein, Maria von Habsburg, der ungarische Hof und die Reformation in Ungarn. In: Maria von Ungarn (1505-1558), in: ebd., 255-266; — Wolfgang Huber, Georg Vogler (1486/87-1550), Kanzler der Markgrafen von Brandenburg-Ansbach und Förderer der Reformation, in: ZBKG 77 (2008).

Wolfgang Huber

GILBERT CRISPIN (Gillebert, Giselbert, Gilbertus/Gislebertus Crispinus), Abt und Theologe, * um 1045/46, † 6. Dezember 1117. G. wurde von seinen Eltern Wilhelm Crispin, einem Angehörigen des normannischen Hochadels, und Eva von Montfort-l'Amaury (einer Nebenlinie des flandrischen Hauses Hennegau; Milo: »de gente Francorum«) dem Kloster Le Bec (Le Bec-Hellouin, unweit Brionne) als puer oblatus anvertraut. Seine Familie war, wie u.a. ein Brief Anselm von Aostas aus seiner Zeit als Prior von Le Bec bezeugt, der Abtei und dessen Gründerabt Herluin (994-1078) aufs Engste verbunden und verteidigte sie gegen die Ansprüche des normannischen Magnaten Robert von Beaumont, Graf von Meulan und Earl of Leicester; zu G.'s Lebzeiten traten noch zwei weitere Träger des Beinamens Crispin in das Kloster ein, darunter Milo Crispin, der als Praecentor das Leben des Schulleiters und Priors Lanfranc von Pavia sowie der vier auf den zweiten Abt Anselm von Aosta folgenden Vorsteher aufzeichnete und eine Familiengeschichte »De nobili genere Crispinorum« verfaßt hat - neben den Briefen Anselms und Urkunden aus der Abtszeit die wichtigste Quelle zum Leben G.s. Dieser legte seine Gelübde wenige Jahre vor dem Eintritt des zwölf Jahre älteren Anselm in Le Bec (1063) ab, wie sich aus deren Stellung (59. bzw. 68.) in der Mönchsliste ergibt. Zunächst Schüler Lanfrancs und daraufhin Anselms, suchte G. auch später den wissenschaftlichen Austausch mit seinen Lehrern. Sein theologisches Schaffen ist weitgehend von deren Ansätzen geprägt. Er wird selbst Lehrer an der Klosterschule. Lanfrancs sandte wohl noch als Abt von Caen (1063-1070) Mönche zu G., »um sie in den Wissenschaften zu belehren und in den guten Sitten zu unterweisen« (»litteris edocendos bonisque moribus instruendos«) und vertraute ihm 1073 auch einen Neffen als Schüler an; Anselm nennt ihn später »doctor«; und nach Milo »machte er solche Fortschritte in der theologischen und philosophischen Unterweisung (»in divinis et philosophicis institutis«), daß er alle Künste, welche die Freien genannt werden, aufs Genaueste« beherrschte. Lanfranc läßt sich nach seiner Einsetzung zum Erzbischof von Canterbury (1070) mehrere Mönche von Le Bec nach England schicken, so auch um 1079 G. Trotz einer eindringlichen Bitte Anselms an Lanfranc, G. nach Möglichkeit zurückzusenden, und einem weiteren Schreiben an G., in dem Anselm nicht weniger eindringlich die Abwesenheit seines Freundes beklagt, kehrte dieser nicht wieder in sein normannisches Heimatkloster zurück. 1085 wird G. von Lanfranc aufgrund seiner außerordentlichen Befähigung, nicht nur zum wissenschaftlichen Denken, sondern auch zur Leitung und Verwaltung (Milo: »in activa et speculativa vita perfectio«) zum vierten Abt von Westminster in London bestellt. Der vorletzte angelsächsische König, der später kanonisierte Edward der Bekenner (gest. 1066), hatte die Abteikirche St. Peter in Westminster zu seiner Grabstätte erkoren. Wilhelm der Eroberer hatte sich in Westminster zum König krönen lassen. Während des 32-jährigen Abbatiats G.s wuchs die Zahl der Mönche, vermehrten sich die Besitzungen der Abtei, wurden die Klosteranlage erweitert und neue Töchterklöster in Great Malvern, Hurley und Sudbury gegründet. 1087 ist G. bei der Krönung Wilhelms II. Rufus in Canterbury durch Lanfranc anwesend. 1092/93 verbringt Anselm von Aosta den Winter bei G. in Westminster. Vermutlich erfährt er dort von jüdisch-christlichen Religionsgesprächen in London und G.s Arbeit an einem interreligiösen Dialogwerk, basierend auf seinen Unterredungen mit einem offenbar in der angesehenen, im frühen 11. Jh. von Gerschom ben Jehudah gegründeten Mainzer Talmudschule ausgebildeten jüdischen Freund (»apud Maguntiam litteris educatus«), zu dem die Abtei Geschäftsbeziehungen unterhielt, vielleicht wegen der Finanzierung der Bauvorhaben. Dies veranlaßte Anselm wahrscheinlich, seinen Dialog *Cur deus homo* zu konzipieren; umgekehrt dürften die Diskussionen mit Anselm in jenem Winter für die weitere theologische Entwicklung G.s wegweisend geworden sein. 1100, während des ersten Exils Anselms - seit 1093 als Nachfolger Lanfrancs

Erzbischof von Canterbury - wird Heinrich I. Beauclerc in Westminster vom Bischof von London zum König gekrönt. Nach seiner Rückkehr aus dem Exil hält Anselm 1102 dort ein Reformkonzil ab; in dasselbe Jahr fällt wohl eine erste Translatio der Gebeine Edwards des Bekenners innerhalb von Westminster. Die Position G.s in dem Konflikt zwischen Anselm, den englischen Bischöfen und dem König um Führung und Primat der englischen Kirche und deren Stellung zum Papst, dem so genannten »englischen Investiturstreit«, ist angesichts der Quellenlage schwer zu eruieren. Vermutlich unterstützte G. seinen Freund zumindest in seiner Auseinandersetzung mit dem König, bot sich als Abt einer für das Königshaus derart symbolträchtigen Abtei aber auch wie kaum ein anderer als Vermittler an. So richtet er während des zweiten, vierjährigen Exils Anselms einen in Versen gehaltenen Brief an seinen Lehrer, in dem er ihm mit drastischen Bildern die prekäre Situation der führerlosen Kirche von England, Schottland und Irland vor Augen führt und ihn auf diese Weise zur Rückkehr auffordert. 1108 ist G. als einziger Abt unter Bischöfen Teil einer königlichen Delegation mit dem Auftrag, Anselm dazu zu bewegen, der Weihe von Hugo, einem Mönch aus Le Bec zum Abt von Sankt-Augustin zu Canterbury in der dortigen Abteikirche (statt in Anselms eigener Metropolitankirche Christ Church) zuzustimmen, was den Primatsansprüchen Anselms Abbruch getan hätte; der Streit endete mit einem Kompromiß. In Eadmers Lebensbeschreibung Anselms findet G. keine Erwähnung. G. hat ein nicht unbedeutendes, obschon im Schatten Anselms stehendes theologisches Werk mittleren Umfangs hinterlassen, das durch seinen Themenreichtum auffällt und seit 1986 in einer kritischen Gesamtausgabe vorliegt. Seine frühesten erhaltenen Werke dürften die beiden Ralph d'Escures - dem Abt von Séez, späterem Bischof von Rochester und Erzbischof von Canterbury, einem weiteren Schüler Anselms - gewidmeten Abhandlungen *De monachatu* (»Der Mönchsstand«) und *Probatio de illa peccatrice que unxit pedes domini* (»Beweis hinsichtlich jener Sünderin, welche die Füße des Herrn salbte«) sein, entstanden wohl vor 1085 bzw. vor 1089. In ersterer erweist er »mittels der heiligen Autoritäten und zustimmender Gründe« (»sacrisque auctoritatibus et assentaneis rationibus«) den Mönchsstand als vollkommene Erfüllung des Taufversprechens und der christlichen Religion, als zugleich im höchsten Maße vernünftige und evangelische Lebensform, woraus er das uneingeschränkte Recht eines Weltgeistlichen zum Transitus in den Ordensstand ableitet; in letzterer sucht er die (noch heute von Exegeten diskutierte) Frage beizulegen, ob die verschiedenen Berichte einer Salbung des Hauptes bzw. der Füße Jesu durch eine Frau in den Evangelien sich auf dasselbe Ereignis beziehen und ob es sich bei dieser Frau - oder bei einer dieser Frauen - um Maria von Magdala handelt. Vermutlich zwischen 1090 und 1095 verfaßte G. in gepflegtem Latein sein umfang- wie erfolgreichstes Werk, die in über 30 Handschriften überlieferte *Disputatio Iudei et Christiani* (»Streitgespräch zwischen einem Juden und einem Christen«). Bemerkenswert ist dabei der respektvolle Ton und die freundschaftliche Atmosphäre der Unterredungen. Obwohl das Widmungsschreiben an Anselm in einer Textvariante erwähnt, die geschilderten Religionsgespräche hätten einen Juden zur Taufe veranlaßt, endet der Dialog selbst weder mit der Bekehrung des Juden noch mit einem offensichtlichen Sieg des Christen. Wilhelm von Malmesbury berichtet von einem Disput zwischen Bischöfen und Vertretern der Londoner Juden unter der Schirmherrschaft von König Wilhelm II. Rufus (1087-1100), der vielleicht ebenfalls als Vorbild diente. Im Mittelpunkt stehen die Fragen, ob die Schrift nur buchstäblich (so der Jude) oder auch allegorisch (so der Christ) gedeutet werden muß; und ob die Menschwerdung Gottes mit bloßen Vernunftgründen in ihrer Notwendigkeit aufweisbar ist. Dabei gerät das Projekt einer rein rationalen Inkarnationstheologie im Laufe des Dialogs aus dem Blick, weil nicht nur der Jude, sondern auch der Christ immer wieder auf die Bibel rekurrieren. Die Autorschaft G.s einer singulär bezeugten *Continuatio* (»Fortsetzung«) des Gesprächs ist zweifelhaft. Kurze Zeit nach Vollendung seines Religionsgespräches verfaßt G. ein zweites »Streitgespräch eines Christen mit einem Heiden über den Glauben an Christus« *(Disputatio Christiani cum Gentili de fide Christi)*. Dieses trägt ausgeprägtere literarische Züge und schildert das in einem Londoner Gasthaus stattfindende Gespräch eines christlichen mit einem heidnischen »Philosophen« in Gegenwart G.s. Da der heidnische Philosoph die Autorität der Schrift ausdrücklich nicht anerkennt, einigt man sich auf ein rein vernünftiges Verfahren (»iudicem sequamur rationem«). Dem Heiden scheint zwar der christliche Monotheismus zuhöchst vernünftig; doch verläßt er, scheinbar mitten in der Diskussion um die Rationalität der christlichen Inkarnations- und Trinitätslehre, plötzlich ruhigen Mutes den Saal, nachdem er sich zur Uneinlösbarkeit dieser Ansprüche bekannt hat; seinen Platz nimmt ein Freiwilliger unter den christlichen Zuhörern ein. Darin ähnelt G.s zweites Streitgespräch auf den ersten Blick Anselms Dialog *Cur deus homo*, wo es Anselms Lieblingsschüler und zweiter Nachfolger als Abt von Le Bec Boso ist, der den Part des Nicht-Christen übernimmt (»ut verbis utar infidelium«). Im Gegensatz zum Dialog G.s ist der Gesprächspartner Anselms allerdings von Anfang an ein Christ; und im Unterschied zu G.s christlichem Ersatzpartner vermeidet es Boso in der Regel, Autoritäten anzuführen - und sei es nur, um wie G.s christlicher »Schüler« an ihrer Beweiskraft zu zweifeln. Auch eine dritte Gruppe von theologischen Schriften G.s - eine Predigt und drei Dialoge zwischen einem anonymen Lehrer und Schüler bzw. einem Fragenden und Antwortenden - dürfte ihren Ursprung in seinen Diskussionen mit Anselm während dessen Winteraufenthalt in Westminster haben und entstand wohl zwischen 1093 und 1097. »Die Predigt zum Palmsonntag« *(Sermo in Ramis Palmarum)* hat wie die beiden Religionsgespräche den Sündenfall und die Erlösung zum Thema und könnte parallel zu jenen verfaßt worden sein. Im Dialog *De Angelo Perdito* (»Der verlorene Engel«) diskutiert G. nach dem Vorbild von Anselms Dialog *De casu diaboli* (»Der Fall des Teufels«) das Problem der Freiheit und Verantwortlichkeit des von Gott abgefallenen Engels, aber auch Fragen wie die Vereinbarkeit von Gnade und freiem Willen, die Freiheit Gottes, das Verhältnis von Freiheit und Notwendigkeit sowie die (von Anselm in *Cur deus homo* im Rahmen eines Exkurses besprochene) augustinische Lehre, daß der Platz der gefallenen Engel von Menschen eingenommen wird, um die vollkommene Anzahl der Auserwählten wiederherzustellen. Wie Anselm vertritt G. die Ansicht, daß der Mensch nicht allein zu dem Zweck geschaffen wurde, um für die verlorenen Engel aufzukommen, sondern seinen Daseinszweck in sich selbst hat. Dabei legt er eine Variante des Anselmschen Gottesbegriffs zugrunde: Gott ist »[das], im Vergleich zu dem nichts Besseres ausgedacht werden kann« (»quo nichil melius excogitari possit«). Methodisch orientiert er sich hier einerseits an der Vernunft, andererseits an der Autorität der Schrift, wobei jedoch der Schriftbeweis in der Regel Anlaß zu weiteren Fragen gibt und folglich in den Vernunftbeweis mündet. Seine Überlegungen stellt G. unter den »Vorbehalt des besseren Argumentes und der Autorität der heiligen Schrift« (»salva potiori ratione, et Scripture sacre auctoritate«). In seinem Dialog *De altaris sacramento* (»Das Sakrament des Altars«) greift G. ein Thema auf, das einen seiner Lehrer, Lanfranc, lange Zeit beschäftigt hatte, während der andere, Anselm, im Eucharistiestreit nie schriftlich Stellung bezog. Der wiederum an Anselm gerichtete Dialog *De spiritu sancto* (»Der Heilige Geist«) ist mit der zwischen der griechischen und lateinischen Kirche umstrittenen Frage befaßt, ob die dritte Person der Trinität aus dem Vater und dem Sohn hervorgeht oder nur aus dem Vater. Die erstere Position als die mit dem gemeinsamen Glaubensgut beider Kirchen stimmigere zu erweisen, ist auch das Ziel von Anselms Traktat *De processione spiritus sancti* (»Der Hervorgang des Heiligen Geistes«), den dieser 1102 vollendete; doch spricht unter anderem die Wahl der Gesprächsform für eine frühere Abfassung von G.s Beitrag zu dieser Kontroverse. Nur noch angedeutet ist die Form des Dialogs in G.s ebenfalls an Anselm gerichteter Schrift *De simoniacis* (»Über die Simonisten«), die nach Anselms großem Reformkonzil von Westminster verfaßt sein dürfte, auf dem neun simonistische Äbte abgesetzt wurden. G. versammelt darin sowohl Autoritäten, die für ein derart energisches Vorgehen gegen den Ämterkauf (G. bezieht sich auf »Bischöfe«), als auch solche, die dagegen zu sprechen scheinen; diesen ambivalenten Befund legt er Anselm zur Entscheidung vor. Vermutlich ein Spätwerk G.s ist sein Traktat über die Seele *(De anima)*, in dem er der von Augustinus wie von Anselm offen gelassenen Frage nachgeht, ob die Seele des Kindes aus der elterlichen Seele genommen ist oder ob jedem Menschen von Gott eine »neue« unsterbliche Seele »eingehaucht« wird (»utrum anima ex anima, an nova inspiretur«). Anselm hatte nach Auskunft seines Biographen eine eigene Abhandlung zu diesem Thema ins Auge gefaßt, war aber darüber gestorben (1109). Vielleicht versuchte G. mit seiner Schrift, diese Lücke zu schließen, oder er hegte noch zu Lebzeiten Anselms die Absicht, ihn mit seinen Überlegungen zur eigenen Arbeit an einer entsprechenden Studie anzustoßen. G.s Alterswerk ist die nach dem Tode Anselms entstandene *Vita Herluini*, die Lebensbeschreibung des Gründungsabtes von Le Bec und Hauptquelle zur Frühzeit dieses Klosters, das wenige Jahrzehnte nach seiner Errichtung die Geschichte der abendländischen Theologie mitschreiben sollte. Von G. sind außerdem drei Gedichte, zwei Fragmente (»Florilegium-Fragmente«) und eine Predigt erhalten; nicht erhalten sind zwei in den Buchkatalogen von Le Bec verzeichnete Predigten und drei dort erwähnte Briefe. Die bisweilen G. zugeschriebenen Predigten über das Hohelied, Kommentare zu Hieronymus, Jesaia und Jeremia und die Abhandlung *De Statu Ecclesiae* stammen nicht von G., sondern von Namensverwandten. G.s Grab befindet sich im Kreuzgang der Abtei von Westminster. Die Bedeutsamkeit seines theologischen Denkens liegt besonders in den innovativen Beiträgen zum Religionsgespräch begründet, nicht zuletzt aber auch darin, daß es Licht wirft auf das Werk eines der wichtigsten christlichen Theologen des lateinischen Mittelalters, seines Lehrers und Freundes Anselm von Aosta.

Werke: The Works of Gilbert Crispin, ed. A. Sapir Abulafia, G.R. Evans (Auctores Britannici Medii Aevi, Bd. 8), Oxford 1986; — British Library Add. MS. 8166; — Disputatio Iudaei cum christiano, ed. G. Gerberon, Sancti Anselmi ex Beccensi Abbate Cantuariensis Archiepiscopi opera, necnon Eadmeri Monachi Cantuariensis Historia Novorum etc., Paris 1675 (²1721), 512-523; ed. J.-P. Migne, PL 159, Paris 1865, 1005-1036; — Vita Herluini, ed. L. d'Archery, in: Beati Lanfranci Cantuariensis Archiepiscopi opera omnia, Paris 1648, Appendix, 32-40; ed. J.-M. Mabillon, in: Acta Sanctorum Ordinis Sancti Benedicti Saec. VI.2, Bd. 9, Paris 1701 (Ndr. Venedig 1740), 342-355; ed. J.A. Giles, in: Beati Lanfranci Cantuariensis Archiepiscopi opera omnia, Bd. 1, Oxford/Paris 1844; ed. J.A. Robinson, in: ders., Gilbert Crispin, abbot of Westminster, Cambridge 1911, 87-110; — De Simoniacis, ed. J.A. Robinson, in: ders, Gilbert Crispin, abbot of Westminster, Cambridge 1911, 111-124; — De monachatu, ed. J. Leclercq (La lettre de Gilbert Crispin sur la vie monastique), in: AnMon 2 (1953), 118-123; ed. R.W. Southern, in: ders., St. Anselm and Gilbert Crispin, abbot of

Westminster, in: MRS 3 (1954), 99-104; — Sermones, ed. J.A. Robinson, in: ders., Gilbert Crispin, abbot of Westminster, Cambridge 1911, 75-76; Sermo in Ramis Psalmarum, ed. R.W. Southern, in: ders., St. Anselm and Gilbert Crispin, Abbot of Westminster, in: MRS 3 (1954), 112-115; — Probatio de illa peccatrice, ed. R.W. Southern, in: ders., St. Anselm and Gilbert Crispin, abbot of Westminster, in: MRS 3 (1954), 105-112; — Ad Anselmum Archiepiscopum epistula, ed. F.S. Schmitt, in: S. Anselmi Cantuariensis archiepiscopi opera omnia, Bd. 5, Edinburgh 1951, Ndr. Stuttgart ²1984, 309-310; — Disputatio Christiani cum gentili (Gilbert Crispin, abbot of Westminster: dispute of a Christian with a Heathen touching the faith of Christ), ed. C.C.J. Webb, in: MRS 3 (1954), 55-77; — Gisleberti Crispini Disputatio Iudei et Christiani et anonymi auctoris Disputationis Iudei et Christiani Continuatio, ed. B. Blumenkranz (Stromata Patristica et Mediaevalia, Bd. 3), Antwerpen/Utrecht 1956; — La vie de saint Herluin, übers. v. M.-P. Dickson, Le Bec 1962; — Liber Florum: a twelfth-century theological Florilegium, ed. R.W. Hunt, in: Sapientiae Doctrina: mélanges offerts à Dom Hildebrand Bascour, Louvain 1980, 141-143; — Vita Herluini (engl. Teilübers.), in: E. van Houts (Hrsg.), The Normans in Europe, Manchester 2000, 69-74; — Vita Herluini (engl. Teilübers.), in: D.C. Douglas, G.W. Greenaway (Hrsg.), English Historical Documents, Bd. 2, New Edition, London 2001, 626-631; — Religionsgespräche mit einem Juden und einem Heiden - Disputatio iudaei et christiani - Disputatio christiani cum gentili de fide Christi, übers. u. eingel. v. K.W. Wilhelm, G. Wilhelmi (Herders Bibliothek der Philosophie des Mittelalters, Bd. 1), Freiburg 2005.

Quellen: Milo Crispin, De nobili Crispinorum genere (Miraculum quo B. Maria subvenit Guillelmo Crispino Seniori), ed. J.-P. Migne, PL 150, Paris 1854, 735-744; — Charters (Urkundensammlung), ed. J.A. Robinson, in: ders., Gilbert Crispin, abbot of Westminster, Cambridge 1911, 125-170; — Anselm von Canterbury, Epistulae 22, 84, 103, 106, 130, 142, 147, in: S. Anselmi Cantuariensis archiepiscopi opera omnia, ed. F.S. Schmitt, Bd. 3, Edinburgh 1946, Ndr. Stuttgart ²1984, 129; 208-209; 236; 239; 288-289; 293-294 - Lanfranc von Pavia, Epistula 20, ed. H. Clover, M. Gibson, in: The Letters of Lanfranc, Archbishop of Canterbury, Oxford (Oxford Medieval Texts) 1979, 99-103; — G. Becker, Catalogi Bibliothecarum Antiqui, Bonn 1885, Nr. 86, 1; 127, 1; — G. Nortier, Les Bibliothèques médiévales des abbayes bénédictines de Normandie. Nouvelle édition, Paris 1971, 39-44; — The Anglo-Saxon Chronicle: A Collaborative Edition, Bd. 3: MS. A, ed. J. Bately, Cambridge 1986; — Eadmer von Canterbury, Historia novorum in Anglia, ed. M. Rule, London 1884 (ND Nendeln 1965), 188-191.

Lit.: I. Levi, Controverse entre un Juif et un Chrétien au XIe siècle, in: REJ 5 (1882), 238-245; — M. Rule, Life and times of St Anselm, Bd. 2, London 1883; — J. Jacobs, The Jews of Angevin England: Documents and Records, London 1893; — J. Flete, The History of Westminster Abbey, ed. J.A. Robinson (Notes and Documents relating to Westminster Abbey, Bd. 2), Cambridge 1909; — J.A. Robinson, Gilbert Crispin, abbot of Westminster: a study of the abbey under Norman rule (Notes and Documents relating to Westminster Abbey, Bd. 3), Cambridge 1911; — J.P. Gilson, Be-

sprechung von: J.A. Robinson, Gilbert Crispin, abbot of Westminster, in: EHR 27 (1912), 141-142; — R.J. Zwi Werblowsky, Crispin's disputation, in: JJS 11 (1960), 69-77; — E.H. Pearce, The monks of Westminster, Cambridge 1916; — G. van den Plaas, Des hl. Anselm Cur Deus Homo auf dem Boden der jüdisch-christlichen Polemik des Mittelalters, in: DTh 7 (1929), 446-467 u. 8 (1930), 18-32; — A.L. Williams, Adversus Iudaeos. A bird's eye view of Christian Apologiae until the Renaissance, Cambridge 1935; — B. Blumenkranz, La Disputatio Judei cum Christiano de Gilbert Crispin, abbé de Westminster, in: RMAL 4 (1948), 237-252; — Ders., Juifs et Chrétiens dans le monde occidental 430-1096, Paris/Den Haag, 1960; — Ders., Les auteurs chrétiens latins du moyen âge sur les Juifs et le Judaisme, Paris/Den Haag, 1963; — C. Mercati, A propos de l'Altercatio Sinagoge et Ecclesie: Gilbert Crispin et Hugues de Saint-Victor, in: RMLA 5 (1949), 149-150; — J. Leclercq, Une doctrine de la vie monastique dans l'école du Bec, in: Spicilegium Beccense I (1959), 477-488; — R.W. Southern, St Anselm and his English pupils, in: MRS 1 (1941), 3-34; — Ders., St. Anselm and Gilbert Crispin, abbot of Westminster, MRS 3 (1954), 78-115; — Ders., Saint Anselm and his biographer. A study of monastic life and thought, Cambridge ²1963, 86-91; 205-209; — Ders., Saint Anselm: a portrait in a landscape, Cambridge 1990; — H. Silvestre, Besprechung von: Gisleberti Crispini Disputatio Iudei et Christiani, ed. B. Blumenkranz, in: Le Moyen Age 63 (1957), 551-553; — Ders., Besprechung von: B. Blumenkranz, Juifs et Chrétiens, in: RHE, 40 (1965); — S.G.A. Luff, Norman Sense and Sensibility: Abbot Gilbert Crispin at Westminster, in: Wiseman Review 235 (1961), 374-384; — F. Fiske, St. Anselm and friendship, in: StM 3 (1961), 259-290; — J. Gauss, Anselm von Canterbury. Zur Begegnung und Auseinandersetzung der Religionen, in: Saeculum 17 (1966), 277-263; — Dies., Die Auseinandersetzung mit Judentum und Islam bei Anselm, in: H. Kohlenberger (Hrsg.), Analecta Anselmiana. Untersuchungen über Person und Werk Anselms von Canterbury, Bd. 4.2, Frankfurt 1975, 101-109; — W. Fröhlich, Die bischöflichen Kollegen des Hl. Erzbischofs Anselm von Canterbury. Erster Teil: 1093-1097, in: F.S. Schmitt (Hrsg.), Analecta Anselmiana. Untersuchungen über Person und Werk Anselms von Canterbury, Bd. 1, Frankfurt 1969, 223-267; — D. Knowles, C.N.L. Brooke, V.C.M. London (Hrsg.), The heads of religious houses, England and Wales, Bd. 1: 940-1216, Cambridge 1972; — D. Berger, Gilbert Crispin, Alan of Lille and Jacob ben Reuben: a study in the transmission of medieval polemic, in: Speculum, 49 (1974), 34-47; — B. Harvey, Westminster Abbey and its estates in the middle ages, Oxford 1977; — M. Gibson, Lanfranc of Bec, Oxford 1978; — C. Harper-Bill, Herluin, abbot of Bec, and his biographer, in: D. Baker (Hrsg.), Religious motivation: biographical and sociological problems for the Church historian (Studies in Church History, Bd. 15), Oxford 1978, 15-25; — M. Awerbuch, Christlich-jüdische Begegnung im Zeitalter der Frühscholastik, München 1980; — G.R. Evans, Anselm and a new generation, Oxford 1980; — Dies., Gilbert Crispin, abbot of Westminster: the forming of a monastic scholar, in: StM 22 (1980), 63-82; — Dies., Gilbert Crispin, abbot of Westminster, on the soul, in: StM 22 (1980), 261-272; — Dies., Gilbert Crispin on the Eucharist: a monastic postscript to Lanfranc and Berengar, in: JThS 31 (1980), 28-43; — Dies., 'Omnibus hiis litterator litteratior': Gilbert Crispin, noted theologian, in: StMed 22 (1981), 695-716; — A. Sapir Abulafia, An eleventh-century exchange of letters between a Christian and a Jew, in: Journal of Medieval History 7 (1981), 153-174; — Dies., An attempt by Gilbert Crispin, abbot of Westminster, at rational argument in the Jewish-Christian debate, in: StM 26 (1984), 55-74; — Dies., Gilbert Crispin's disputations: an exercise in hermeneutics, in: R. Foreville (Hrsg.), Spicilegium Beccense II. Les mutations socio-culturelles au tournant des XIe et XIIe siècles: études anselmiennes, Paris 1984, 511-520; — Dies., The ars disputandi of Gilbert Crispin, abbot of Westminster (1085-1117), in: C.M. Cappon (Hrsg.), Ad Fontes. Opstellen aangeboden aan Professor Dr. C. van de Kieft, Amsterdam 1984, 139-152; — Dies., Christians disputing disbelief: St. Anselm, Gilbert Crispin and Pseudo-Anselm in: B. Lewis, F. Niewöhner (Hrsg.), Religionsgespräche im Mittelalter (Wolfenbütteler Mittelalter-Studien, Bd. 4), Wiesbaden 1992, 131-148; — Dies., Christians and Jews in the Twelfth-Century Renaissance, London 1995; — P. Riché, La vie scolaire et la pédagogie au Bec au temps de Lanfranc et de saint Anselme, in: R. Foreville (Hrsg.), Spicilegium Beccense II. Les mutations socio-culturelles au tournant des XIe et XIIe siècles. Etudes Anselmiennes, Paris 1984, 213-228; — A. Saltman, Gilbert Crispin as a source of the anti-Jewish polemic of the Ysagoge in Theologiam, in: P. Artzi (Hrsg.), Confrontation and Coexistence (Bar-Ilan Studies in History, Bd. 2), Ramat-Gan 1984, 89-99; — H. Leyser, Hermits and the New Monasticism. A Study of Religious Communities in Western Europe, 1150-1150, London 1984; — J. Cohen, Scholarship and Intolerance in the Medieval Academy. The Study of Evaluation of Judaism in European Christendom, in: AHR 91 (1986), 592-613; — A.S. Abulafia, G.R. Evans, Introduction, in: The Works of Gilbert Crispin, ed. A.S. Abulafia, G.R. Evans (Auctores Britannici Medii Aevi, Bd. 8), Oxford 1986, xxi-xli; — J. Marenbon, Besprechung von: The Works of Gilbert Crispin, Abbot of Westminster, ed. A.S. Abulafia, G.R. Evans, in: EHR 105 (1990), 152-153; — H. Schreckenberg, Die christlichen Adversus-Judaeos-Texte und ihr literarisches und historisches Umfeld (1.-11. Jahrhundert), Frankfurt ²1990; — G. Fioravanti, Anselmo, Gilbert Crispin e l'uso della ratio nella polemica contro gli Ebrei, in: Rivista di storia della filosofia 48 (1993), 625-636; — J.-F. Cottier, Iustitia diaboli: Anselme, Gilbert Crispin et Rodolfus monachus, in: P. Gilbert, H. Kohlenberger, E. Salmann (Hrsg.), Cur Deus Homo (SA, Bd. 128), Rom 1999, 235-260; — K.W. Wilhelm, Einleitung, in: Gilbert Crispin, Religionsgespräche mit einem Juden und einem Heiden, übers. u. eingel. v. K.W. Wilhelm u. G. Wilhelmi, Freiburg 2005, 9-29; — O.J. Thienhaus, Jewish-Christian Dialogue: The Example of Gilbert Crispin, Frederick 2006.

Lexika: DHGE XIII, 1037-1039 (H. Dauphin); — DSp VI, 369-370 (J. Leclercq); — NCE1 VI, 477 = NCE² VI, 213 (J. Leclercq); — LMA IV, 1448-1449 (K. Schnith); — LThK² IV, 892 (F.S Schmitt); — LThK³ IV, 648 (H. Meinhardt); — Oxford Dictionary of National Biography, Oxford 2004, Nr. 6709 (G.R. Evans).

Bernd Goebe

GILLET, Margarete, * 23.7. 1895 in Nienburg a.d. Weser, † 2.6. 1970 in Heidelberg. — Grete Gillet wurde am 23. Juli 1895 in Nienburg an der Weser geboren als einziges Kind von Agnes und Franz Gillet. Ihre Kindheit und Jugend verbrachte sie in Hannover. Im Jahr 1915 begann sie in Marburg Religion, Geschichte und Deutsch für das Lehramt zu studieren, wechselte nach drei Semestern nach Berlin und ab 1917 nach Heidelberg, wo sie ausschließlich Theologie studierte. Als eine der ersten Frauen in Deutschland wurde sie von der Theologischen Fakultät zur Licentiatenprüfung zugelassen und bestand diese am 10. April 1919. In ihrer Arbeit behandelt sie die Begriffsgeschichte von *euangelion* und legt dessen Bedeutung für das literargeschichtliche und religionsgeschichtliche Verständnis des Neuen Testamentes dar. Der Titel »Lic.theol.« wurde später umgewandelt in den Titel »Dr. theol.« Nach dem Besuch des Praktisch-Theologischen Seminars in Heidelberg absolvierte Gillet im Jahr 1920 das zweite theologische Examen. — Sie arbeitete zunächst als »Pfarrgehilfin« in Waldkirch/Baden, bis sie im Jahr 1923 - als erste Frau - in den Dienst der Badischen Landeskirche übernommen wurde, und zwar als Religionslehrerin. Gillet stellte sich der nationalsozialistischen Vereinnahmung des Religionsunterrichtes und erarbeitete gemeinsam mit Kolleginnen theologische Gegenentwürfe. Im Jahr 1925 nahm sie an der 1. Theologinnentagung in Marburg teil und gehörte somit zu den Mitbegründerinnen des »Verbandes evangelischer Theologinnen Deutschlands«. — Gillet wurde erst im Jahr 1936 nachträglich unter die Pfarrkandidaten der Badischen Landeskirche aufgenommen. Seit 1940 leitete sie die Frauenarbeit der Badischen Landeskirche. Doch war sie ab diesem Jahr auch Religionslehrerin in Karlsruhe, weil diese Leitungsstelle der Frauenarbeit nicht durch die von der Reichskirche eingesetzte Finanzabteilung genehmigt wurde. — Man mutete ihr zu, im November 1944 zur Versehung der Pfarrei Pfaffengrund bei Heidelberg umzuziehen. Dies geschah unter Mitnahme der Geschäftsstelle der Frauenarbeit. — Obwohl Gillet 1944 für den Dienst in Gemeinden, deren Pfarrer im Kriegseinsatz waren, in ihrem Fall für die Arbeit in Pfaffengrund, eingesegnet wurde zusammen mit acht anderen Theologinnen, erhielt sie den Titel »Pfarrerin« erst im Jahr

1962. Frauen wurden nicht ordiniert. Die Einsegnung der Frauen geschah nur zum »Dienst der Vikarin«. Außerdem herrschte die »Zölibatsklausel«. Das bedeutete das Aufgeben des Dienstes bei Heirat. — Nach Beendigung des Krieges mussten alle Vikarinnen wieder auf die ihnen vor dem Krieg eingeräumten Plätze zurück. Gillet ging 1945 wieder nach Karlsruhe, um hier zum ersten Mal hauptamtlich die evangelische Frauenarbeit in Baden wahrzunehmen und weiter aufzubauen. — Gillet edierte und verfaßte gelegentlich selbst Texte, die aus seelsorgerlichem Anlaß entstanden sind und sich als Seelsorge verstehen sowie Erbauungsliteratur für die Weihnachtszeit. Hier sind zu nennen: »Das Lied vom Troste«, »Ein Gebetbuch für die Familie. Chor der Beter aus alter und neuer Zeit« und die drei Weihnachtsbücher »Es leucht' wohl mitten in der Nacht« (1947), »Das Herz der Barmherzigkeit« (1948) und »Das Licht des Lebens« (1949). — Unzählige Beiträge verfaßte Gillet in der evangelischen Frauenzeitschrift »Der Kreis«. Ihre theologischen Reflexionen kreisen um die Frage der Gegenwartsrelevanz des Evangeliums und dessen Möglichkeit, Klischees gesellschaftlicher und kirchlicher Geschlechterrollen aufzubrechen. Gillet müht sich um eine christliche Bestimmung der sich neu entwickelnden Rolle der Frau als Berufstätige; insbesondere auch als Pfarrerin. Jedoch war sie selbst von gewissen Klischees hinsichtlich der für sie zentralen Mutterrolle der Frau nicht ganz frei und noch nicht so weit, daß sie unter der Berufung der Frau die partnerschaftliche *und* berufliche Erfüllung verstehen konnte. Dennoch hat sie als Pädagogin und Theologin Entscheidendes für Mädchen und Frauen in gesellschaftlichen Umbrüchen der Nachkriegszeit getan; einmal ganz abgesehen von der vielfältigen praktischen Lebens- und Überlebenshilfe, die sie ihnen gab. — Gillet begründet ihr entschiedenes Plädoyer für die Ordination studierter Theologinnen ins Pfarramt, indem sie den neutestamentlichen Begriff für Dienst, nämlich *diakonia*, entkoppelt von einer historisch gewachsenen geschlechtsspezifischen Arbeitsteilung in »weibliche« Fürsorge und »männliche« Verkündigung und Verwaltung der Sakramente. Mann und Frau haben den gleichen Auftrag der Verkündigung, aber sie ergänzen einander in der Verschiedenartigkeit ihres Wesens. — Grete Gillet trat am 1. Januar 1963 in den Ruhestand, der in den ersten Jahren noch ein sehr tätiger war. Sie lebte in einer Wohnung in Karlsruhe zusammen mit ihrer inzwischen verwitweten Mutter, die 1950 starb. Im Februar 1962 zog sie nach Heidelberg. Dort verstarb sie am 2. Juni 1970. — Margarete Gillet ist Repräsentantin einer Generation von Frauen, die gegen den Willen der um spätere Verdienstmöglichkeiten ihrer Töchter besorgten Eltern Theologie studierten. Gillet steht auch für eine Generation, die trotz erkämpfter Möglichkeit zum Ablegen der kirchlichen Examina und Übernahme in den kirchlichen Dienst dennoch nicht ordiniert wurden. Die längste Zeit ihres Lebens hat sie darauf warten müssen, sich endlich »Pfarrerin« nennen zu dürfen, obwohl sie es die längste Zeit ihres Lebens gewesen ist. Mit ihrer Berufs- und Berufungsbiographie hat sie Pionierarbeit für die Frauen nach ihr geleistet. Die in Kirche und Universität kaum thematisierte und erschreckend junge Geschichte des Berufes der Pfarrerin ins Gedächtnis zu rufen und im Gedächtnis zu behalten ist die Aufgabe, zu der die Vita Grete Gillets herausfordert.

Werke: Evangelium. Studien zur urchristlichen Missionssprache. Inaugual-Dissertation zur Erlangung der Licentiatenwürde der Hohen theologischen Fakultät der Grossherzoglich Badischen Ruprecht-Karls-Universität in Heidelberg, vorgelegt von Lic. theol. Grete Gillet. Diss, Heidelberg 1919. Typoskript; Vom katechetischen Amt, in: Mitteilungen des Verbandes evangelischer Theologinnen Deutschlands 1939, Heft 1, 5-9; (ed.), Das Lied vom Troste. Aus der neueren geistlichen Dichtung. Im Auftrag der Frauenarbeit der Evang. Landeskirche in Baden herausgegeben von Grete Gillet, Lahr 1946, 1970[8]; (ed.), Ein Gebetbuch für die Familie. Chor der Beter aus alter und neuer Zeit. Im Auftrag der Frauenarbeit der Evang. Landeskirche in Baden herausgegeben von Grete Gillet, Lahr 1947, 1962[3]; (ed.), Es leucht' wohl mitten in der Nacht. Ein Weihnachtsbuch, Lahr 1947; (ed.), Das Herz der Barmherzigkeit Ein Weihnachtsbuch, Lahr 1948; (ed.), Das Licht des Lebens. Ein Weihnachtsbuch, Lahr 1949.

Auswahl der zahlreichen Beiträge aus »Der Kreis«: Die Frau in der Bibel. Gedanken zur Frage der Gleichberechtigung, in: Der Kreis, Juli 1951, 2-4; 40 Jahre evangelische Frauenarbeit in Baden, 1916-1956. Ein Rechenschaftsbericht, o.O., o.J.; Die Frau im Geistlichen Amt, Rundfunkvortrag vom Juli 1961, ausgestrahlt vom Südwestfunk und anschließend vom Schweizer Radio Bern, leicht gekürzt abgedruckt in: Der Kreis, Okt. 1962, 12-16.

Archiv: Aus dem Landeskirchlichen Archiv (LKA) beim Evangelischen Oberkirchenrat Karlsruhe, Personalakte Grete Gillet: LKA 4514.

Lit.: Maria Heinsius, Grete Gillet zum Gedächtnis, in: Der Kreis, Aug./Sept. 1970, 6-11; — Leonore Sauder, Zurückschauend, in: Der Kreis, Aug./Sept. 1970, 14-17; — Aus Briefen, die uns erreicht haben, in: Der Kreis, Aug./Sept. 1970, 20-22; — Ruth Pfisterer, Grete Gillet, in: Heike Köhler, Dagmar Henze, Dagmar Herbrecht, Hannelore Erhart (eds.) Dem Himmel so nah - dem Pfarramt so fern. Erste evangelische Theologinnen im geistlichen Amt, Neukirchen-Vluyn 1996, 34-37; — Gabriele Klappenecker, Grete Gillet (1895-1970). Erste Leiterin der Frauenarbeit in Baden, in: Peter Zimmerling, Evangelische Seelsorgerinnen. Biografische Skizzen, Texte und Programme, Göttingen 2005, 279-297; — Hilde Bitz, Art.: Dr. Grete Gillet, in: Lexikon früher evangelischer Theologinnen, ed. im Auftrag des Konvents Evangelischer Theologinnen in Deutschland von Hannelore Erhart, Neukirchen-Vluyn 2005.

Gabriele Klappenecker

GÖRING, Bernhard, Gewerkschafter und religiöser Sozialist, * 21. November 1897 in Berlin, † in der Nacht vom 1. zum 2. Dezember 1949 auf der Heimfahrt von einer Gewerkschaftsschule in Sachsen an Herzschlag. — G. wuchs in Berlin-Moabit auf. Seine Mutter war Hausangestellte in einer Bankiersfamilie, seinen Vater, einen Angestellten, kannte er nicht. Von 1903 bis 1911 besuchte er die Volksschule. Danach absolvierte er von April 1912 an im Handelshaus N. Israeli eine dreijährige kaufmännische Ausbildung. Während dieser Zeit besuchte er die kaufmännische Berufsschule und nahm daneben noch Privatunterricht, um sich auf den Erwerb der mittleren Reife vorzubereiten. Er erwarb die Sekundareife (Mittl. Reife) in der Königstädt. Oberrealschule in Berlin mit dem Zeugnis gut und schloß auch die Berufsausbildung erfolgreich ab. Seine genaue Berufsbezeichnung war die eines Handlungsgehilfen. Von 1915 bis 1921 war er als Verkäufer, Einkäufer, Lager- und Betriebsbuchhalter in der Metallindustrie tätig, sowie als Korrespondent, Disponent und zeitweise als Abteilungsleiter in der Eisenbewirtschaftung und Reichstreuhandgesellschaft. Von 1921 bis 1933 war er in verschiedenen Positionen als hauptamtlicher Gewerkschaftssekretär tätig. Nach dem Verbot der Gewerkschaftsbewegung 1933 betrieb G. einen Zigarrenladen und arbeitete auch als Handelsvertreter. Das »Zigarrenhaus G.« befand sich in Berlin An der Schillingsbrücke 1. Er bezog seine Waren von einem jüdischen Grossisten, der den Mut hatte, mit ihm zusammenzuarbeiten und die Ware vorzustrecken. Ab November 1941 bis Kriegsende war er Abteilungsleiter in der Wirtschaftsgruppe Elektroindustrie. Nach der Befreiung 1945 war G. wieder als Gewerkschaftssekretär tätig. G. war 1919 Mitbegründer des »Bundes sozialistischer Kirchenfreunde«, der von Pfarrer Günter Dehn geleitet wurde. G., der die Gründungsversammlung am 28.3. 1919 leitete und Dehn waren zu diesem Zeitpunkt bereits alte Bekannte. G. war im »Beussel-Kiez«, der zur Moabiter Reformationsgemeinde gehörte, groß geworden und gehörte zur ersten Generation des von Dehn in dieser Gemeinde gegründeten »Jugendvereins Nord-West (JVNW)«. G. war Gruppenleiter und bis 1920 Gruppenhelfer im JVNW. Das Organisationstalent Bernhard G., der in der Arbeiterbewegung Organisation und Strategie gelernt hatte, kann mit Fug und Recht als die zentrale Person des Weimarer »Bundes der religiösen Sozialisten Deutschlands (BRSD) bezeichnet werden, die ihm Strukturen und innere Stabilität gab. Von 1919 an war er Vorstandsmitglied des Berliner BRS, seit 1921 dessen Geschäftsführer. Seit 1924 war er als Mitglied des Arbeitsausschusses führend an der Konstituierung des reichsweiten BRSD beteiligt. Seit 1925 war er Vorsitzender seines preußischen Landesverbandes. Von 1926 bis 1930 gehörte er neben Erwin Eckert und Emil Fuchs dem Reichsvorstand des BRSD an, dessen 2. Vorsitzender er dann 1930 wurde. Nach Erwin Eckerts Übertritt zur KPD betrieb der organisationsbewußte G. den Rücktritt Eckerts als Bundesvorsitzender, da er den Kurs Eckerts schon seit langem für falsch und für den BRSD desorientierend gehalten hatte. Er wollte außerdem das gespannte Verhältnis zur SPD nicht noch weiter belasten. Nach Eckerts Rück- und Austritt übernahm G. das Amt des Bundesvorsitzenden, das er bis zur Auflösung des Bundes 1933 innehatte. Er organisierte auch nach 1933 weiterhin den Zusammenhalt von Kerngruppen des Berliner BRSD und bildete ein Scharnier zwischen verschiedenen Widerstandsbereichen. G. war 1916 sowohl Mitglied der SPD, wie auch des freigewerkschaftlichen »Zentralverbandes der Handlungsgehilfen« geworden. 1921 wurde er Gewerkschaftssekretär beim ZdA (Zentralverband der Angestellten). 1922 wechselte er als Sekretär und Prokurist der Vermögensverwaltung zum Dachverband der freien Angestelltengewerkschaften, dem AfA-Bund, über. Er war bis zum Verbot des AfA-Bundes 1933 dessen Generalsekretär und Prokurist der Vermögensverwaltung Vorstandssekretär und zuletzt persönlicher Referent des Vorsitzenden Siegfried Aufhäuser. Nach dem Verbot der Angestelltengewerkschaften wurde G. zur Kristallisationsfigur der illegalen Gewerkschaftsorganisation. Dies konnte er, weil er gut in der politischen und gewerkschaftlichen Arbeiterbewegung verankert war. 1938 übernahm G. die Leitung fast aller Kreise der illegalen Angestelltenbewegung. In einem politischen Lebenslauf, der wahrscheinlich 1948 entstand, teilt G. Details seiner Widerstandsarbeit mit: »Ab 1933 im Envernehmen mit dem Internationalen Bund der Privatangestellten Amsterdam (Smith und Speekmann) Organisierung von Gruppenarbeit unter den kaufmännischen und technischen Angestellten der ehemaligen freigewerkschaftlichen Verbände (ZdA, Butab, D.W.V., Bankangestellte), Verbindung mit den illegal arbeitenden Arbeiterverbänden (Schlimme, Maschke, Barth, Leuschner). Aufrechthaltung von Beziehungen mit politischen Gruppen der SPD und der ehem. Religiösen Sozialisten (Grimme, Prof. Fuchs, Harnack etc.). Verbindung mit den Quäkern. Bis 1937 wiederholte Besuche in Amsterdam und Kopenhagen. 1937 Verhaftungen, Voruntersuchung wegen Vorbereitung zum Hochverrat in der Prinz-Albrecht-Straße. Wiederholte Haussuchungen 1933, 1937 und 1939. Vernehmungen durch die Gestapo 1933, 1937, 1939. Beteiligung an den gewerkschaftlichen Vorbereitungen für den Einsatz zum 20. Juli 1944 für den Fall des Gelingens des Militärputsches.« (In: Kaderakte V 122 im SAPMO). — In einem anderen Fragebogen gab er noch die illegale Arbeit in der sozialistischen Widerstandsgruppe »Neubeginnen« an. Nach der Befreiung 1945 war G. führend am Wiederaufbau von SPD und Gewerkschaften beteiligt. Er unterzeichnete zusammen mit Ernst Lemmer, Jakob Kaiser, Hermann Schlimme und weiteren 4 Gewerkschaftern den »Aufruf des Vorbereitenden Gewerkschaftsausschusses für Groß-Berlin«, der am 15. Juni 1945 veröffentlicht wurde. Am gleichen Tag wurde auch ein »Aufruf des Zentralausschusses der Sozialdemokratischen Partei« publiziert, der von G. mit unterzeichnet war und die Reorganisation der SPD einleitete. Damit war G.s Einfluß sowohl in der politischen Partei wie im Gewerkschaftsbereich markiert. In der SPD gehörte er als Mitglied des Zentralausschusses zu der Richtung um Otto Grotewohl, die auf eine Vereinigung mit der KPD orientierte. Seine wichtigste Erfahrung aus dem Faschismus war die Wiederherstellung der politischen und gewerkschaftlichen Einheit der Arbeiterschaft. In diesem Entschluß bestärkte ihn auch eine Reise durch das weitgehend zerstörte Rußland. Die Schilderung G.s über die Reise und darüber, wie sehr er sich geschämt hatte, als er die Verwüstungen sah, die die deutschen Truppen in der UdSSR angerichtet hatten, beeindruckt noch 40 Jahre später. G. und die übrigen 9 Delegationsteilnehmer haben über ihre Rußlandfahrt eine Broschüre verfaßt, die 1948 mit dem Titel »Was sahen deutsche Gewerkschafter in der Sowjetunion?« vom FDGB veröffentlicht wurde. Einer der Gesprächspartner G.s war der Pfarrer und damalige Kriegsgefangene Helmut Gollwitzer. »Mit derselben Selbstverständlichkeit, mit der ihm eigen gewesenen Ausdauer und Zähigkeit hat sich Bernhard Göring für die politische Einigung der deutschen Arbeiterschaft eingesetzt. Auf das Zustandekommen der Einheit, der Verschmelzung der Kommunistischen mit der Sozialdemokratischen Partei zur Sozialistischen Einheitspartei Deutschlands hat Bernhard G. in ganz erheblichem Umfang Einfluß ausgeübt«. (FDGB-Bundesvorstand: Nachruf Bernhard Göring). Seit Gründung der SED 1946 war er Mitglied des Parteivorstandes. Auf dem 1. FDGB-Kongreß vom 9.-11. Februar 1946 wurde er zum 2. Vorsitzenden gewählt. Diese Funktion hatte er bis zu seinem Tod inne. 1947/48 war er darüber hinaus Mitherausgeber der theoretischen Zeitschrift des FDGB »Die Arbeit«. Er war daneben noch Mitglied im »Deutschen Volksrat« und Abgeordneter der »Volkskammer«. Im Gegensatz zu anderen ehemaligen religiösen Sozialisten, die nach 1945 die religiös-sozialistische Arbeit nicht mehr aufnahmen und z.T. sogar aus der Kirche austraten, unterstützte G. die Reorganisation der Berliner religiösen Sozialisten durch Arthur Rackwitz. Er nahm oft an den Treffen teil und wirkte auch als Referent. Er blieb in SED und FDGB bis zu seinem Lebensende der Tradition der linken Sozialdemokratie, dem Freigewerkschaftertum und dem religiösen Sozialismus verpflichtet. Darüber, wie lange er dieses in den Organisationen der Ulbrichtära noch gedurft hätte, ob er ausgeschlossen worden oder in den Westen gegangen wäre, darf gemutmaßt werden. Zwei politische Beurteilungen aus seiner SED-Kaderakte sollen diese Biographie abschließen. — »Gen. G. hat auf Grund seiner gewerkschaftlichen Vergangenheit vor 1933 Qualitäten in der Gewerkschaftsarbeit. Zur Durchführung bestimmter politischer Aufgaben fehlt ihm die notwendige Konsequenz.« (Blatt 11: Vermerk vom Januar 1949, in: DY 30/IV 2111 SED-Zentralkomitee Kaderabteilung Akte V 122 Kaderakte Bernhard Göring). »Kollege G. ist noch sehr stark von alten Vorstellungen der Gewerkschaftsarbeit befangen. Er bemüht sich, diese Vorstellungen zu überwinden. Doch fehlt es ihm an theoretischem Fundament. Er hat wiederholt in interner Unterhaltung den Wunsch geäußert, sich dieses Wissen durch Selbststudium anzueignen. Er ist nicht frei von opportunistischen Entgleisungen, wobei bei ihm noch starke Gefühlsmomente hinzukommen, die ihn auch in der Behandlung von Personen oft als nachgiebig erscheinen lassen, wenn diese irgendwelche Fehler politischer Art in der Gewerkschaftsarbeit gemacht haben. G. ist ein guter Redner, doch ist der Inhalt seiner Reden nicht immer politisch klar und konkret. Eine weitere Entwicklung des Kollegen G. ist kaum noch anzunehmen.« (Charakteristik vom 19.10. 1949, Blatt 22, Akte V 122 Kaderakte Bernhard Göring).

Nachlaß: Ein kompletter Nachlaß G.s existiert nicht. Ein Teil-Nachlaß befindet sich im Berliner Bundesarchiv, Bestand SAPMO, Nachlaß NY 4409. Er enthält persönliche Dokumente, Unterlagen aus seiner Tätigkeit im Zentralausschuß der SPD und im FDGB, Reden und Artikel v.a. zur Wirtschafts-, Sozial- und Gewerkschaftspolitik aus den Jahren 1916-1950. 1990 bestand noch im Archiv der damaligen Johannes-Sassenbach-Stiftung Berlin (vormals Archiv des Freien Deutschen Gewerkschaftsbundes FDGB) der Nachlaß Nr.8, Bernhard Göring, der mittlerweile ebenfalls in den SAPMO-Bestand übergegangen sein dürfte. Er enthielt u.a: Briefwechsel in Gewerkschafts- und Personalangelegenheiten und Materialsammlungen aus den Jahren 1945-1949. Weitere Archivalien finden sich im SAPMO im FDGB-Bestand DY 34 »Bestand FDGB- Büro Bernhard Göring.« Wichtig ist die im SED-Bestand des SAPMO, DY 30/IV 2/11 SED-Zentralkomitee Kaderabteilung, befindliche Akte V 122 »Kaderakte Bernhard Göring.« Hinweise auf weitere

Archivalien bietet Ulrich Peter: Entstehung und Geschichte des Bundes der religiösen Sozialisten in Berlin 1919-1933, Frankfurt 1995.

Werke: Aufruf zum 1. Mai, in: Der Religiöse Sozialist (DRS), Nr. 4 v. 15.4., Berlin 1922; Rückblick und Ausblick«, in: DRS, Nr.1 v. 15.1., Berlin 1923; Zur Ruhr- und Rheinfrage, in: DRS, Nr.3, 2.Jg. v. 15.3., Berlin 1923; Gedanken zum 1. Mai, in: DRS, Nr.4 v. 15.4., Berlin 1923; Wo bleibt die Jugend?, in: DRS, Nr. 5 des 2. Jg. v. 15.5., Berlin 1923; Der Weltkongreß der sozialistischen Arbeiterinternationale, in: DRS, Nr. 6 des 2. Jg. v. 15.6., Berlin 1923; Abschiedsworte«, in: Christliches Volksblatt (Sonntagsblatt des arbeitenden Volkes - SDAV), Nr.31, Karlsruhe 1924; Arbeitsgemeinschaft der religiösen Sozialisten Deutschlands«, in: Christliches Volksblatt (SDAV), 6.Jg.Nr. 35 v. 7.9., Karlsruhe 1924; Die religiösen Sozialisten, in: Volk und Zeit, Illustrierte Beilage des Vorwärts, Nr. 43/1924; Die religiösen Sozialisten, in: Sonntagsblatt des arbeitenden Volkes (SDAV), Nr.8, 7. Jg. 22.2., Karlsruhe 1925; Zum 1. Mai, in: SDAV, Nr.18 vom 3.5., Karlsruhe 1925; Sozialistische Wirtschaftsordnung und christliche Weltanschauung, in: Die Arbeit, (Funktionärszeitschrift des ADGB), Nr.5, Berlin 1925; Zur Tagung des Bundes rel. Sozialisten in Berlin, in: SDAV, Nr.45 v. 15.11., Karlsruhe 1925; Die Freien Gewerkschaften und die christliche Religion, in: Die Arbeit, Nr.12, Berlin 1925; Die Berliner Tagung des Bundes rel. Sozialisten und ihre organisatorischen Ergebnisse«, in: SDAV, Nr.49 v. 13.12., Karlsruhe 1925; »Partei, Gewerkschaft, Freidenker und Religiöse Sozialisten«, in: SDAV, Nr. 4v. 24.1.; Karlsruhe 1926; Aufruf des Bundes der religiösen Sozialisten Deutschlands gegen ein Reichskonkordat, in: SDAV Nr.9, 9. Jg. v. 27.2.; Karlsruhe 1927; Zum 1. Mai, in: SDAV Nr.18, 9. Jg. v. 1.5., Karlsruhe 1927; Geschichte der norddeutschen religiös-sozialistischen Bewegung, in: Heinrich Dietrich, Wie es zum Bund der religiösen Sozialisten kam, Karlsruhe-Rüppur o.J. (1927); Die Gewerkschaftsbewegung der Angestellten, in: Richard Seidel (Hg): Die Gewerkschaftsbewegung in Deutschland, Amsterdam 1927; Die Stellung der Angestellten in Wirtschaft und Gesellschaft, in: SDAV, 11. Jg., Nr. 11 v. 17.3., Karlsruhe 1929; Die Gewerkschaftsbewegung der Angestellten, in: Seidel, Richard: Die Gewerkschaftsbewegung in Deutschland. Internationale Gewerkschaftsbibliothek Heft 7/8, Amsterdam, 2. erw. Aufl. 1929; Der Kampf um den Arbeitsschutz, in: SDAV, 11. Jg., Nr. 6 v. 10.2., 1929; »Der Kampf um die Arbeitslosenversicherung«, SDAV, 11. Jg., Nr. 39 v. 29.9., Karlsruhe 1929; Partei und religiöse Sozialisten, in: SDAV, 12. Jg., Nr.2 vom 12.1.; Karlsruhe 1930; Evangelische Kirche und das Konkordat, in: SDAV, 12. Jg., Nr.12 vom 23.3., Karlsruhe 1930; Sozialpolitik und Sozialversicherung als Forderung christlicher Sittlichkeit, in: Zeitschrift für Religion und Sozialismus (ZRS) , Heft 5, Mannheim 1930.

Zur wirtschaftlichen Lage, in: ZRS, Heft 6, Mannheim 1930; Zur wirtschaftlichen und sozialen Lage, in: ZRS, Heft 1, Mannheim 1931; Was erwartet das arbeitende Volk heute noch und gerade heute von der Kirche?, in: SDAV, 13.Jg., Nr.1 v. 4.1., Mannheim 1931; Zus. mit Erwin Eckert: Gläubige Christen und klassenbewußte Sozialisten, in: SDAV, 13.Jg. Nr.20 v. 17.5., Mannheim 1931; In letzter Stunde, in: SDAV, 13.Jg., Nr. 23 v. 7.6., Mannheim 1931; Zum Jahreswechsel, in: SDAV, 14. Jg., Nr.1 v. 3.1., Mannheim 1932; Zus. mit Emil Fuchs: Zur Wahl des Reichspräsidenten, in: SDAV, 14. Jg., Nr.11 v. 13.3.; Mannheim 1932; Bundesvorstands- und Ausschusssitzung, in: SDAV, 14. Jg., Nr.18 v. 1. 5., Mannheim 1932; Der Kampf um die Wirtschaftsordnung, in: SDAV, 14. Jg., Nr.23 v. 5.6. (Nachdruck aus der Metallarbeiter-Zeitung ohne Nachweis), Mannheim 1932; Die Reaktion im Vormarsch, in: SDAV, 14. Jg., Nr.25 v. 19.6.; Mannheim 1932; Die ‚Neue deutsche Schule' hetzt gegen die religiösen Sozialisten, in: SDAV, 14. Jg., Nr. 29 v. 17.7., Mannheim 1932; Schicksalsschwere Tage und Stunden, in: SDAV, 14. Jg., Nr.31 v. 31.7., Mannheim 1932; Hakenkreuz über dem Kreuz, in: Vorwärts, Nr. 421 v. 7.9., Berlin 1932; Kirchenwahlen in Preußen, in SDAV, 14. Jg., Nr.37 v. 11.9., Mannheim 1932; An die preußischen Kirchenwähler, in: SDAV, 14 Jg., Nr.44 v. 30.10., Mannheim 1932; Die Stellung der Gewerkschaften zur Arbeitsbeschaffung und zum Arbeitsdienst, in: ZRS, Heft 5, Mannheim 1932; Notverordnung - Reichstagsauflösung - Neuwahl, in: SDAV, 14. Jg., Nr.42 v. 16.10., Mannheim 1932; 6. November, in: SDAV, 14. Jg., Nr.45 v. 6.11., Mannheim 1932.

Religiöse Sozialisten vor die Front, in: SDAV, 15. Jg., Nr.10 v. 5.3., Mannheim 1933; Die Aufgaben der Angestellten, in: Das Volk (Tageszeitung der SPD) Jg. 1 (1945), Nr. 7 v. 14.7.1945. Erscheinungsort Berlin; Über Verpflichtung und Arbeit zum Ziel, in: Das Volk, Jg. 1 (1945), Nr. 10 v. 17.7.1945; AEG-Funktionäre und Wahlen. Göring und Chwalek zu den Fragen unserer Zeit, in: Das Volk, Jg. 2 (1946), Nr. 5 v. 8.1.1946; Erstes Parlament der Arbeit tagt, in: Das Volk, Jg. 2 (1946), Nr. 28 v. 3.2.1946; Schlußwort Bernhard Görings auf der 1. Großberliner Gewerkschaftskonferenz«, in: Neue Zeit, Tageszeitung der CDU der SBZ, Jg. 2 (1946), Nr. 29; Der Aufbau in der Sowjetzone: aufschlußreiche Länderberichte aus d. Zonenkonferenz - die Arbeiterschaft hat die Führung«, in: Das Volk, Jg. 2 (1946), Nr. 35, 12.2.1946; Einheit und Geschlossenheit, in: Das Volk, Jg. 2 (1946), Nr. 39 v. 16.2.1946; Sozialismus und Christentum, in: Das Volk, Jg. 2 (1946), Nr. 57 v. 7.3.1946; Wege der Arbeiterklasse zur Einheit, in: Das Volk 2 (1946), Nr. 82 v. 7.4.1946; Erneuerte Kirche: Bernhard Göring auf d. Charlottenburger Kirchentag, in: Die Kirche, Jg. 1 (1945/46), Nr. 28, Erscheinungsort Berlin; Bekenntnis zur eigenen Kraft, in: Neues Deutschland (ND), Jg. 1 (1946), Nr. 96; Die Gewerkschaftskonferenz in Hannover, in: ND, Jg. 1 (1946), Nr. 209; »Kritik an der Gewerkschaftsarbeit, in: ND, Jg. 1 (1946), Nr. 62; Das künftige Verhältnis der Gewerkschaften zur Sozialistischen Einheitspartei«, in: Einheit, (Zeitschrift der SED) Jg. 1 (1946), H. 3, Erscheinungsort Berlin; Der Plan des demokratischen Neuaufbaues, in: Einheit, Nr. 1 (1946); Diskussionsbeitrag/ Rostock verwirklicht die Einheitspartei: Bernhard Göring u. Karl Bürger sprachen in einer Betriebsversammlung der Neptun-Werft u. in einer öffentlichen Massenversammlung, in: Einheit, Jg. 1 (1946), Nr. 20; Neue freie Gewerkschaften; 3 Reden. Roman Chwalek, Bernhard Göring, Hermann Schlimme, (Die Freie Gewerkschaft), Berlin 1946; Zum Geleit, in: Die Arbeit, (theoretische Zeitschrift d. Freien Deutschen Gewerkschaftsbundes, hrsg. von Hans Jendretzky u. Bernhard Göring.), Nr. 1, Berlin 1947; Die Aufgaben der Gewerkschaften im neuen Deutschland, in: Die Arbeit, Nr. 1 (1947); Neue deutsche Sozialpolitik, in: Die Arbeit, 1 Jg. (1947);

Weg und Wille der deutschen Gewerkschaften, in: Die Arbeit, 1 Jg. (1947); Der zweite Bundes-Kongreß des FDGB, in: Die Arbeit, 1. Jg. (1947); Betrachtungen zur Verfassung und zu den Grundsätzen der Gewerkschaftsbewegung,« in: . Einheit, Nr. 2, (1947); Interzonen-Konferenz der Gewerkschaften, in: ND, Jg. 2 (1947), Nr. 39; 2 Jahre FDGB, Berlin: Freier Deutscher Gewerkschaftsbund f. d. sowjet. besetzte Zone, 1947; Wirtschaftskrisen, ihre Ursachen und wie kann man sie bekämpfen, Die Freie Gewerkschaft, Berlin 1947; Zum Beginn des zweiten Jahrganges«, in: Arbeit, 2. Jg. (1948); Die Gewerkschaftsbewegung im Wandel der Zeiten«, in: Die Arbeit, 2. Jg. (1948); Die Sowjetunion, in: Die Arbeit, 2.Jg. (1948); Rom - Heidelberg, in: Die Arbeit, 2. Jg. (1948); Gewerkschaften und Konsumgenossenschaften, in: Arbeit, 2.Jg. (1948); WGB und deutsche Gewerkschaftseinheit, in: Die Arbeit, 2. Jg. (1948); Arbeit und Aufgaben der Gewerkschaften in den volksdemokratischen Ländern: d. 17. Kongreß der ungarischen Gewerkschaften - ein Beispiel, in: Die Arbeit, 2.Jg. (1948); Zus. mit Hans Jendretzky: Aufruf des FDGB zur Gedächtniskundgebung d. VVN am 12. September 1948, in: ND, 3.Jg. (1948), Nr. 209; Zus. mit Hans Jendretzky/ Lemmer, Ernst/ Aufruf des FDGB zum neuen Jahr!, in: ND, 3.Jg. (1948); Diskussionsbeitrag: 900000 erhalten höhere Renten: Erholungsheime erwarten 120000 FDGB-Mitglieder; eine Erklärung Bernhard Görings, in: ND, 3. Jg. (1948); Gewerkschaften und Volkskongreß, in: ND, 3. Jg. (1948), Nr. 73; Die Gewerkschaften und der 1. Mai, in: ND, 3 Jg. (1948), Nr. 80; Zur Tagung des Weltgewerkschaftsbundes: deutsche Gewerkschaftsvertreter fahren nach Rom, in: ND, 3. Jg. (1948), Nr. 100; FDGB begrüßt Zentrale Kontrollkommission, in: ND, 3.Jg. (1948), Nr. 212; Elli Schmidt und Bernhard Göring zur Sokolowsky-Erklärung, in: ND, 3.Jg. (1948), Nr. 233; Diskussionsbeitrag auf der 8. Bundesvorstandssitzung des FDGB: Sozialpolitische Aufgaben der Gewerkschaften: jede Bürokratie muß vermieden werden«, in: ND, 3. Jg. (1948), Nr. 236; Diskussionsbeitrag auf der Bundesvorstandssitzung des FDGB, in ND, 3 Jg. (1948), Nr. 251; Kongreß der Ungarischen Gewerkschaften, in: ND, 3.Jg. (1948), Nr. 252; Große Aufgaben für den fortschrittlichen Gewerkschafter, in: ND, 3. Jg. (1948), Nr. 275; Gewerkschaften und Wirtschaft, Die Freie Gewerkschaft, Berlin 1948; Bundesvorstand des Freien Deutschen Gewerkschaftsbundes (Hg.): Was sahen deutsche Gewerkschafter in der Sowjetunion, Berlin 1948; Entspannung und Erholung durch den FDGB-Feriendienst, Berlin 19481 und 2., erg. Aufl. 1949; Die Lage und Rolle der Angestellten in Staat und Wirtschaft, in: Die Arbeit, 3.Jg. (1949); Entscheidende Tage für den WGB, in: Die Arbeit, 3.Jg. (1949); Internationale Solidarität und Kampf um den Frieden, in: Die Arbeit, 3.Jg. (1949); Der zweite Weltgewerkschaftskongreß und die deutschen Gewerkschaften, in: Die Arbeit, 3.Jg. (1949); Der zweite Kongreß des Weltgewerkschaftsbundes, in: Die Arbeit, 3.Jg. (1949); Um die Einheit der deutschen Gewerkschaftsbewegung, in: Die Arbeit, 3.Jg. (1949).

Zum Gründungskongreß des westdeutschen Gewerkschaftsbundes in München, in: Die Arbeit, 3.Jg. (1949); Die Hennecke-Aktivistenkonferenz des FDGB, in: ND, Jg. 4 (1949), Nr. 28; Weltgewerkschaftsbund und wir: deutsche

Gewerkschaftsvertreter auf dem 2. Weltkongreß des WGB, in: ND, Jg. 4 (1949), Nr. 142.

Lit.: Kurzbiographie von Bernhard Göring in: Handbuch des Vereins Arbeiterpresse. 4. Folge Berlin 1927; — Bundesvorstand des FDGB (Hg.): Nachruf Bernhard Göring, in:. Aus der Arbeit des Freien Deutschen Gewerkschaftsbundes 1947-1949. Berlin/DDR 1950; — D. Jung/ H.P. Schreiber, »Bernhard Göring«, in: Geschichte der deutschen Arbeiterbewegung. Biographisches Lexikon, Berlin/DDR 1970; — Gerhard Beier: Die illegale Reichsleitung der Gewerkschaften 1933 - 1945, Köln 1981; — Gerhard Beier: »Die illegale Reichsleitung der freien Gewerkschaften«, in: Patrick von zur Mühlen/Richard Löwenthal (Hg.). Widerstand und Verweigerung in Deutschland 1933-1945, Bonn 1982; — Jan Foitzik: »Zwei Dokumente aus dem Untergrund«, in: Internationale Wissenschaftliche Korrespondenz zur Geschichte der Deutschen Arbeiterbewegung(IWK), Nr.2, Berlin 1985; — Jan Foitzik: Zwischen allen Fronten. Zur Politik, Organisation und Funktion linker politischer Kleinorganisationen im Widerstand 1933-1939/40. Bonn-Bad Godesberg 1986; — Wolfgang Heyn, »Bernhard Göring«, in: Deutschland, Heinz /Ernst Egon Lange (Hg.). Wegbereiter. 32 Porträtskizzen. Berlin/DDR 1988²; — Ulrich Peter: Bernhard Göring, in: Entstehung und Geschichte des Bundes der religiösen Sozialisten in Berlin 1919-1933, Frankfurt 1995; — Detlev Brunner, Sozialdemokraten im FDGB. Von der Gewerkschaft zur Massenorganisation 1945 bis in die frühen 1950er Jahre, Essen 2000; — Ulrich Peter: Christuskreuz und Rote Fahne: Die religiösen Sozialisten in Westfalen 1919-1933, Bielefeld 2002.

Ulrich Peter

GONSALVUS von Balboa (Gonsalvus de Hispania, Gonsalvus Hispanus, Gonsalvus Gallaecus, Gonsalvus de provincia sancti Iacobi, Gonsalvus Minor; Gonzalo de Balboa y Valcarcel, Gundisalvus de Vallebona), Theologe, Franziskaner, Generalminister OFM 1304-1313, * um 1255, Galizien (angeblich Balboa), † 13.4. 1313, Paris. — Von Marius von Florenz (Compendium, 1532) verwechselt mit dem spanischen Franziskaner Gondisalvus de Vallebona oder Gonsalvus von Balboa (oder Valboa), 12.9. 1437 Bischof von Granada, Teilnehmer an der Synode von Florenz (1438-1445); seither in der Lit. unter falscher Bezeichnung geläufig; der Geburtsort ist nicht bekannt (Nachweise bei Amorós und Martel). — G. absolvierte das Studium der Theologie in Paris u.a. als Student von Petrus Johannes Olivi. 1288 war er Baccalaureus sententiarum in Paris, 1289 Mitglied einer Gesandtschaft von König Sancho IV. von Kastilien zu Papst Nikolaus IV., 1290-1297 Ordensprovinzial der Franziskanerprovinz Santiago di Compostela, um 1297 Magister theologiae (Licentiatus) in Paris, 1302-1303 Magister regens (Rektor) des Generalstudiums. Anfangs 1303 forderte er den Dominikaner Meister Eckart zu einer Disputation »Über das Lob Gottes« heraus. Als Philipp IV. der Schöne im März 1303 ein Konzil zur Absetzung von Bonifaz VIII. anstrebte, Adel, Klerus und Bettelorden dafür gewann und für eine papstfeindliche Demonstration in den Gärten des Louvre einspannte, leistete G. Widerstand und mußte nach königlichem Dekret (25.6.) zusammen mit 80 weiteren dissidenten Franziskanern, darunter seinem Schüler Johannes Duns Scotus, Frankreich innert drei Tagen verlassen. Nachdem er die Leitung der Provinz Kastilien übernommen hatte (1303-1304), wurde er am 17. März 1304 auf der Generalsynode in Assisi zum 14. Generalminister (Ordensgeneral) als Nachfolger des zum Kardinal erhobenen (15.12. 1302) Giovanni Minio da Murrovalle (Johannes Murro, 1296-1304) gewählt, was er bis zu seinem Tod blieb. Gleich nach Amtsantritt erlangte G. von Benedikt XI. die Genehmigung für die Feier der Stigmatisierung des Franziskus (14.9. 1224, Feier am 17.9.). Da Bonifaz am 11.10. 1303 gestorben war und sein Nachfolger Benedikt XI. sich mit Philipp versöhnt hatte, kehrte G. bereits im April 1304 nach Paris zurück. Mit Brief vom 18. November 1304 schlug G. dem Kanzler Simon von Guiberville mit Erfolg Duns Scotus als Nachfolger von Gilles von Loigny für das Rektorat (Magister regens) der Universität Paris vor. G. war ein initiativer Reformer des Ordens durch Förderung der Studien in der Auseinandersetzung mit den Spiritualen, insbesondere mit seinem Lehrer Petrus Johannes Olivi († 1298) und mit Ubertino da Casale († um 1330), folgte aber dem Wunsch des Königs von Neapel, Karl II. von Anjou, und seines einflußreichen Leibarztes Arnald von Villanueva, die Verfolgung der Spiritualen einzustellen, wie ihm überhaupt an der Einheit des Ordens gelegen war. Bei Clemens V. erwirkte G. die Einsetzung einer Kardinalkommission, die seit 1309 in Avignon tagte. 1311 nahm er am Konzil von Vienne teil, das die Fragen weiter behandelte und wo der Papst unter dem Druck des französischen Königs am 3. April 1312 mit der Bulle »Vox in excelso« die Aufhebung und endgültige Vernichtung des Templerordens verkündete. G. wirkte an der Klärung der umstrittenen Armutsfrage mit (mit dem Traktat »De usu paupere« von 1309/1310 gegen den Spiritualen Raimund Gaufredi über die asketische Verwendung irdischer Güter, d.h. ohne Eigentum und Beschränkung des Gebrauchs auf das unumgänglich Notwendige), die am 5. Mai 1312 mit dem Dekretale »Exivi de paradiso« allerdings überraschend im Sinne der Spiritualen entschieden wurde, und war offenbar beteiligt an der Verurteilung der Thesen Olivis (u.a. zu den zwei Naturen Christi, zur Seitenwunde Christi, zur Wirkung der Taufe) durch die Konstitution »Fidei catholicae« vom 6. Mai 1312. Die letzten Jahre scheint G. in Paris verbracht zu haben. Laut der Quellensammlung des Bartholomäus de Rinonico (De conformitate vitae Beati Francisci ad vitam domini Jesu, 1385-1390) wurde G. im Pariser Franziskanerkonvent beigesetzt. — Erhalten, aber nur teilweise ediert sind drei Gruppen von Schriften: 1. Pastoralschriften (in Briefform, 1304-1313); 2. Polemische Schriften (Declarationes, Responsiones u.ä.): Diskussionsbeiträge an den Verhandlungen in Avignon und Vienne (1309-1312), meist nur in Inhaltsangaben aus der von Raimund von Fransac und Bonagratia (Boncortese) von Bergamo 1318 geplanten Aktensammlung zur Geschichte der Spiritualen überliefert; 3. Scholastische Schriften (wichtig die von Grabmann und Longpré gleichzeitig entdeckte Handschrift der Quaestionen in Avignon, Bibl. Mun. 1071). Der Kommentar zur Metaphysik des Aristoteles (fälschlich ediert als Werk des Johannes Duns Scotus) zeigt G. als subtilen Denker. G.s Erkenntnistheorie vertritt den bekannten franziskanischen Standpunkt (Primat des Willens gegenüber dem Erkennen, der Gottesliebe gegenüber der Schau Gottes: Pisvin 1949, vgl. die gegen Eckhart gerichtete Pariser Quaestio »Utrum laus dei«).

Werke und Ausgaben (in Auswahl): vollständiges Werkverzeichnis mit Angabe der Handschriften und Editionen: Amorós 1935, XL-LXV. — 1. Pastoralschriften: Mitteilungen (Communicationes) und Pastoralschreiben (Litterae) an verschiedene Provinzialminister und Briefe an König Jaime II. von Aragon; Sammlung von Beschlüssen des Generalkapitel (Ordinationes); Predigt in Paris (Sermo, 25.2. 1302): verloren; Traktat über die Franziskanerregel (Tractatus de praeceptis eminentibus regulae et aequipollentibus, 1312/1313): Fidel Elizondo, in: Laurentianum (Roma) 25, 1984, 181-202; — 2. Polemische Schriften (1309-1312), weitgehend verloren; Inhaltsangaben in der Aktensammlung des Raymund von Fransac (Ehrler 1887, 18-23): Tractatus de usu paupere (Declaratio communitatis circa materiam de usu paupere, 1309/1310): Albanus Heysse, in: Archivum Franciscanum Historicum 10, 1917, 116-122. — Communi-

tatis responsio »Religiosi viri« ad rotulum fratris Ubertini de Casali: Anicetus Chiappini, in: Archivum Franciscanum Historicum 7, 1914, 654-675; 8, 1915, 56-80; — 3. Scholastische Schriften: Sentenzenkommentar (um1288): verloren; — Conclusiones Metaphysicae Aristotelis (de textu philosophi extractae): ed. in: Duns Scotus, Opera omnia 6, Paris 1892, 601-667; — Conclusiones Physicorum (»Prima conclusio«): Ms. Erlangen, Univ. 434, unp. (zugeschrieben); — Quaestiones: Amorós 1935, 1-385 (vollständige Ausgabe); — Auswahl: Quaestio (VII) magistri Consalvi de Vallebona, Utrum laus Dei in patria sit nobilior eius dilectione in via (1302/1303): Bernhard Geyer (Hrsg.), Magistri Echardi Quaestiones Parisienses una cum quaestione magistri Consalvi, in: Meister Eckhart, Die lateinischen Werke, 5, Opera Parisiensia, Stuttgart 1936, 29-35 (Einleitung), 55-71 (Text lat./dt.) [= Amorós 1935, 100-112]; — Martin Grabmann, Neuaufgefundene Pariser Quästionen Meister Eckharts und ihre Stellung in seinem geistigen Entwicklungsgange (Abhandlungen der Bayerischen Akademie der Wissenschaften, 32, Abh. 7), München 1927, 101-111 = Gesammelte Akademieabhandlungen, 1 (Münchener Universitäts-Schriften. Veröffentlichungen des Grabmann-Institutes, N.F. 25), Paderborn 1979, 366-371; — Ephrem Longpré, Questions inédites de Maître Eckhart OP et de Gonsalve de Balboa OFM, in: Revue néoscolastique de Philosophie 29, 1927, 69-85; Alain de Libera [nicht Liberia], Quaestio magistri Consalvi continens rationes magistri Echardi [...], in: Maître Eckhart à Paris: une critique de l'ontothéologie, ed. Émilie Zum Brunn [et al.] (Bibliothèque de l'école des hautes études: section des sciences religieuses, 86), Paris 1984, 109-140. 200-223; — Quodlibet: Amorós 1935, 389-426 (vollständige Ausgabe).

Bibliographien: Palémon Glorieux, Répertoire des maîtres en théologie de Paris au XIIIe siècle, 2, Paris 1934, 194f Nr. 338; — Ders., Faculté des arts et ses maîtres au XIIIe siècle (Etudes de philosophie médiévale, 59), Paris 1971, 155 Nr. 131; — Manuel C. Díaz y Díaz, Index Scriptorum Latinorum Medii Aevi Hispanorum, Madrid 1959, Nr. 1712-1730; — Rolf Schönberger / Brigitte Kible, Repertorium edierter Texte des Mittelalters aus dem Bereich der Philosophie und angrenzender Gebiete, Berlin 1994, Nr. 12974-12978; — Peter Schulthess / Ruedi Imbach, Die Philosophie im lateinischen Mittelalter: ein Handbuch mit einem bio-bibliographischen Repertorium, Zürich 1996, 435 [falsches Todesdatum 13.5.]; — Manuel de Castro y Castro, Escritores de la Provincia Franciscana de Santiago. Siglos XIII-XIX, in: Liceo Franciscano. Revista de Estudio e Investigacion 48 (2a epoca) 1996, 15f.

Lit: Franz Ehrle, Die Spiritualen, ihr Verhältnis zum Franziskanerorden und zu den Fraticellen, in: Archiv für Literatur- und Kirchengeschichte des Mittelalters 1, 1885, 509-569 (grundlegend); — Ders., Zur Vorgeschichte des Concils von Vienne, in: Archiv für Literatur- und Kirchengeschichte des Mittelalters 3, 1887, 1-195 (grundlegend, bes. 18-23); — José Maria Pou y Martí, Fr. Gonzalo de Balboa, primer general español de la orden, in: Revista de Estudios Franciscanos 7, 1911, 171-180. 332-342; — Ephrem Longpré, Le primat de la volonté: question inédite de Gonsalve de Balboa, in: Études franciscaines 37, 1925, 170-181; — Max Heimbucher, Die Orden und Kongregationen der katholischen Kirche, 1, Paderborn 1933², 700-704; — Ewald Müller, Das Konzil von Vienne 1311-1312: seine Quellen und seine Geschichte (Vorreformationsgeschichtliche Forschungen, 12), Münster i. W. 1934, 251-299. 330-334 (umfassende Studie); — Leon Amorós (Hrsg.), Quaestiones disputatae et De Quodlibet (Bibliotheca Franciscana Scholastica Medii Aevi, 9), Quaracchi 1935, 1-426 (Biographie und Werkverzeichnis I-LXXVIII, Bibl. 457-460; grundlegend); Rez. Archivo Ibero-Americano (Madrid) 45, 1985, 398-401; — Tomás y Joaquín Carreras y Artau, Historia de la filosofia española, 1: Filosofia cristiana de los siglos XIII al XV, Madrid 1939, 188-196; — Auguste Pisvin [nicht Pisuin], Die Intuitio und ihr metaphysischer Wert nach Vitalis de Furno († 1327) und Gonsalvus Hispanus († 1313), in: Wissenschaft und Weisheit: franziskanische Studien zu Theologie, Philosophie und Geschichte 12, 1949, 147-162 (klare Analyse der Erkenntnistheorie G.s); — Giovanni Murana, Il pensiero di Gonsalvo di Spagna, in: L'Italia francescana [nicht: franciscana]: rivista di cultura (Roma) 26, 1951, 25-37; — Friedrich Heer, Meister Eckhart, Schriften und Predigten, Frankfurt 1956, 18; — Jorge J. E. Gracía, The doctrine of the possible and agent intellects in Gonsalvus Hispanus' Question XIII, in: Franciscan Studies 29, 1969, 5-36; — Manuel de Castro, Crónica de la provincia franciscana de Santiago: 1214-1614, Madrid 1971, 50-52; — Benoît Martel, La psychologie de Gonsalve d'Espagne (Publications de l'Institut d'Études Médiévales, Université de Montréal, 21), Paris 1969 (grundlegende Studie, mit Biographie: 15-23); Rez. Leo Sweeney, in: Speculum 46, 1971, 166-168; — Isaac Vazquez Janeiro, Aportaciónes histórico-literarias a la historia del pensamiento medieval en España, in: Antonianum 47, 1972, 644-646; — Kurt Ruh, Initiation à Maître Eckhart, théologien, prédicateur, mystique (Vestigia, 23), Paris 1997, 22-24; — Melquiades Andrés Martín (Hrsg.), Historia de la teología española, 1, Desde sus origines hasta fines del siglo XVI (Publicaciones de la Fundación Universitaria Española: Monografías, 38), Madrid 1983, 474-478; — Andrew G. Traver, Gonsalvo of Spain, in: Jorge J. E. Gracía, Timothy B. Noone [Hrsg.], A Companion to Philosophy in the Middle Ages, Oxford 2003, 281f; — Thomas Williams, Introduction, in: Thomas Williams (Hrsg.), The Cambridge companion to Duns Scotus, Cambridge 2003, 2-6; — Antonie Vos, The philosophy of John Duns Scotus, Edinburgh 2006, 21. 55. 64-96. 111; — Heinrich Denzinger / Peter Hünermann, Kompendium der Glaubensbekenntnisse und kirchlichen Lehrentscheidungen = Enchiridion symbolorum definitionum et declarationum de rebus fidei et morum, Freiburg im Breisgau (41. Aufl.) 2007, Nr. 900-904. 908; — DHEE 1 (1972) 178 (M. de Castro, s.v. Balboa y Valcarel, Gonzalo de); — LThK³ 4 (1995) 832f (F. Dominguez,, s.v. Gonsalvus Hispanus); — LMA 1 (1980) 1361 (K. Reinhardt, s.v. Balboa y Valcarel, Gonzalo de); — Routledge encyclopedia of philosophy 1 (1998) 633 (G. Finkler, s.v. Bacon, Roger); — NewCathEnc 6 (2002) 340f (G. Gál, s.v. Gonsalvus Hispanus); — TRE 35 (2003) 76-79 (M. Ch. Barber, s.v. Vienne, Konzil von; Bibl.); 25 (1995) 239-242 (W. Backull, s.v. Olivi).

Bruno W. Häuptli

GOPPEL, Alfons, bayerischer Ministerpräsident, * 1. Oktober 1905 in Reinhausen bei Regensburg, † 24. Dezember 1991 in Johannesberg bei Aschaffenburg. — Er wuchs als viertes von neun Kindern in einfachen handwerklichen Verhältnissen auf. Von 1916 bis 1925 besuchte er das Alte Gymnasium in Regensburg. Den humanistischen Idealen, die ihm dort vermittelt wurden, fühlte er sich zeitlebens verpflichtet. Zum anschließenden Jurastudium ging G. nach München. Im Sommersemester 1927 studierte er für ein Semester an der Philosophisch-Theologischen Hochschule in Regensburg und schloss dann sein Jurastudium mit dem Examen im Wintersemester 1928/29 mit mäßigem Erfolg ab. Das Referendariat absolvierte er in Regensburg und legte 1932 die große Staatsprüfung für den höheren Justiz- und Verwaltungsdienst ab. Im Umfeld seiner Studentenverbindung Erwinia, einer Münchner Verbindung des Kartellverbandes katholischer deutscher Studentenvereine (KV), lernte G. seine spätere Ehefrau Gertrud Anna Maria Wittenbrink kennen, die genau wie er tief im katholischen Glauben verwurzelt war. Aus der 1935 geschlossenen Ehe gingen in den Jahren 1936 bis 1952 sechs Söhne hervor. — Erste politische Erfahrungen sammelte G. als Wahlredner für die Bayerische Volkspartei (BVP). In der Bayernwacht, einer von der BVP gegründeten regierungstreuen Selbstschutzorganisation, war G. bis zu deren erzwungener Selbstauflösung am 28. März 1933 als stellvertretender Gauführer in der Oberpfalz gegen den Nationalsozialismus politisch aktiv. Am 4. Juli 1933, dem Tag an dem die in München inhaftierten BVP Politiker unter nationalsozialistischem Druck die Selbstauflösung der Partei beschlossen hatten, rückte er in den Regensburger Stadtrat nach, so dass es zu tatsächlicher Arbeit im Kommunalparlament nicht mehr kam. Um sich den Weg in den Staatsdienst nicht zu verbauen, arrangierte sich G. mit den neuen Machthabern und trat am 1. November 1933 in die SA ein. Zum 1. Juli 1934 wurde er dann zum Gerichtsassessor beim Amtsgericht Mainburg in der Hallertau ernannt, nachdem er zuvor vergeblich versucht hatte, in Regensburg als Rechtsanwalt beruflich Fuß zu fassen. Bereits drei Monate später wurde er zweiter Staatsanwalt beim Landgericht Kaiserslautern. Zum 1. November 1938 gelang ihm schließlich der langersehnte Wechsel weg von Kaiserslautern nach Aschaffenburg, wo er die

Stelle eines Amtsgerichtsrates bekleiden konnte. G. war seit 1. Mai 1937 Anwärter und seit 1. März 1939 schließlich Mitglied der NSDAP. Während der gesamten Zeit des Zweiten Weltkriegs war G. Soldat, zuletzt als Oberleutnant der Reserve. G. war zunächst in amerikanischer, dann in britischer Kriegsgefangenschaft, aus der er bereits am 1. Juli 1945 entlassen wurde. G. begab sich nach Bentheim in Westfalen, wo seine Frau mit den Söhnen bei ihrer Familie als Evakuierte Unterschlupf gefunden hatte. Da es G. nicht gelang, in der Heimat seiner Frau beruflich Fuß zu fassen, kehrte er gut ein Jahr nach Kriegsende nach Aschaffenburg zurück, wo er ab November 1946 die Stelle eines Rechtsrates bei der Stadt innehatte. — In der unmittelbaren Nachkriegszeit beschäftigte sich G., wie viele andere konservative Politiker, mit den katholischen Staats-, Gesellschafts- und Soziallehren. Er hielt als politisch engagierter Katholik Vorträge in der katholischen Erwachsenenbildung. In seinen Vorträgen führte er theoretisch aus, was er persönlich in die Praxis umsetzte, indem er sich »aus christlicher und staatsbürgerlicher Verantwortung«, so sein Wahlslogan im Landtagswahlkampf 1954, politisch betätigte und sich in der Katholischen Aktion engagierte. Von Aschaffenburg aus trat G., der bereits in Westfalen an der Gründung der CDU in Nordhorn und Bentheim beteiligt gewesen war, seinen schwierigen Weg in die Politik an, der zunächst von vielen Niederlagen und Rückschlägen gekennzeichnet war. 1947 war G. von Hanns Seidel als Nachfolger für sein Amt als Landrat von Aschaffenburg vorgeschlagen und vom Kreistag gewählt worden. Innenminister Willi Ankermüller versagte dem im Entnazifizierungsverfahren als Mitläufer eingestuften G. dann aber die Bestätigung aufgrund seiner formalen politischen Belastung. Nach eigener Aussage wäre G. gerne Oberbürgermeister einer Stadt geworden. Er hat hierzu zwei Versuche unternommen, die aber beide misslangen: 1952 in Aschaffenburg und 1956 in Würzburg. Auch auf landespolitischer Ebene mußte G. zunächst eine Niederlage hinnehmen: 1950 unterlag er knapp bei der Landtagswahl im Stimmkreis Aschaffenburg Stadt und Land. 1954 konnte er sich klar durchsetzen und zog in den bayerischen Landtag ein, dem er bis 1978 angehörte. In seiner ersten Legislaturperiode gehörte er als CSU Abgeordne-

ter zunächst der Opposition an, da Bayern von 1954 bis 1957 von der sogenannten Viererkoalition aus SPD, FDP, Bayernpartei und Gesamtdeutscher Block/Bund Heimatvertriebener und Entrechteter regiert wurde. In dieser Situation konnte er sich rasch als kulturpolitischer Sprecher seiner Fraktion profilieren. Er setzte sich für die Konfessionsschule und im Rahmen der Lehrerbildung, dem zentralen politischen Thema dieser Legislaturperiode, für die weiterhin konfessionell gebundene Ausbildung der Studenten ein. Folglich wurde G. zu dieser Zeit vor allem als Vertreter des konservativen Flügels seiner Partei gesehen, der aber auch in den liberaleren Kreisen der Partei akzeptiert wurde. Als engagierter Katholik hatte G. in der Schulfrage auch in den folgenden Jahren seine Meinung nicht geändert und beugte sich in den 1960er Jahren nur widerwillig den Plänen zur Abschaffung der Bekenntnisschule. Vergleichsweise rasch wurde G. nach Auseinanderbrechen der Viererkoalition 1957 als Staatssekretär im Justizministerium in das Kabinett Hanns Seidel berufen. Bereits ein Jahr später wurde G. unter Ministerpräsident Seidel Innenminister. Zunächst noch ohne Erfolg setzte sich G. in diesem Amt für eine Gebietsreform ein, die dann erst in seinem dritten Kabinett als Ministerpräsident vollzogen werden sollte. Weitere Themen seines Ressorts waren die Modernisierung und Konzentration der Polizeikräfte, die bereits von der Viererkoalition angestoßen, von G. erfolgreich abgeschlossen wurde und die erste öffentliche Schluckimpfung gegen Kinderlähmung, die in Bayern als dem ersten Land der Bundesrepublik Deutschland begonnen wurde. Um eine möglichst hohe Impfquote zu erreichen, wurde eine gezielte Presse- und Öffentlichkeitsarbeit eingesetzt, im Rahmen derer sich die Familie Goppel vor laufender Fernsehkamera an dieser Aktion beteiligte. — Nach dem krankheitsbedingten Rücktritt von Ministerpräsident Hanns Seidel 1960 hatte sich Hans Ehard bis zum Ende der Legislaturperiode als Ministerpräsident zur Verfügung gestellt. In dieser Situation kam es zu einer Verschärfung der Spannungen innerhalb der CSU zwischen dem konservativen Flügel um Landwirtschaftsminister Alois Hundhammer und dem evangelisch-liberalen Flügel um Finanzminister Rudolf Eberhard. Da ein Vertreter weder des einen noch des anderen Flügels als Kandidat mehrheitsfähig gewesen wäre und sich der Parteivorsitzende und damalige Bundesfinanzminister Franz Josef Strauß zu diesem Zeitpunkt noch gegen das Amt des Ministerpräsidenten entschieden hatte, einigte man sich für viele überraschend auf Innenminister G., für den sich bald die Formel vom Kompromisskandidaten einbürgerte. G. war keinem der beiden Flügel eindeutig zuzuordnen; er wurde einerseits vor allem in Sachen Kulturpolitik als konservativ wahrgenommen, genoss aber andererseits auch das Vertrauen von Politikern des liberaleren Flügels der CSU, wie Seidel oder Eberhard. G.s 16-jährige Ministerpräsidentschaft (1962 bis 1978) wurde schon von Zeitgenossen als »Ära Goppel« bezeichnet. In dieser Zeit vollzog sich maßgeblich der Wandel Bayerns vom noch stärker agrarisch geprägten Land, zu einem, das durch Industrie und Dienstleistung geprägt wurde. Während der gesamten Regierungszeit G.s hatte Franz Josef Strauß das Amt des Parteivorsitzenden der CSU inne. Während Strauß vielfach polarisierte, konnte G. die Rolle des ausgleichenden parteiübergreifenden Landesvaters übernehmen. Dieser Dualismus, der auch in Wahlkämpfen immer wieder inszeniert wurde, brachte der CSU bei der Landtagswahl 1974 mit 62,1% das beste Ergebnis ihrer Geschichte ein. G entschied sich in seiner ersten Legislaturperiode für eine Koalition mit der Bayernpartei, stand dann aber für die folgenden drei Legislaturperioden CSU-Regierungen ohne Koalitionspartner vor. Dem bayerischen Ministerpräsidenten obliegt es auch, Bayern als Staatsoberhaupt nach außen zu vertreten. G. nahm diese Aufgaben, wie es schien, besonders gerne und auch intensiver als seine Vorgänger war. Bald prägte sich für ihn das Bild vom »repräsentationsfreudigen Landesvater« ein, das von seinen Mitarbeitern in der Presse- und Öffentlichkeitsarbeit bewusst aufgebaut und gepflegt worden ist, da sein Engagement in diesem Bereich eine wichtige politische Aufgabe erfüllte und auch zu seinem Erfolg und seiner Beliebtheit in der Bevölkerung beitrug. Dies ersetzte ihm bis zu einem gewissen Grad die Hausmacht in der eigenen Partei. — G. begann seine erste Regierungserklärung am 19. Dezember 1962 mit den Worten »Im Mittelpunkt aller staatlichen Tätigkeit steht der Mensch.« Für G., dem es stets um eine Personalisierung von Poli-

tik ging, war diese Formulierung typisch, wenngleich sie für den Anlass beispiellos war. Mit den von G. vergleichsweise häufig gehaltenen Regierungserklärungen, nahm er zum Einen seine Richtlinienkompetenz gegenüber seinen Ministern explizit wahr. Zum Anderen aber ließ er seinen Ministern auch Raum für die eigene Profilierung, so dass die Namen mancher noch heute Begriffe im Land sind, wie etwa die der Wirtschaftsminister Otto Schedl oder Anton Jaumann oder Kultusminister Hans Maier. 1962 errichtete G. das Staatsministerium für Bundesangelegenheiten, in das er Franz Heubl berief. Der Ausbau des Bildungswesens, der unter dem 1964 berufenen Kultusminister Ludwig Huber einen besonderen Schub erhielt, war ein wichtiges Thema für Goppels Minsterpräsidentschaft. Anhand des Schulentwicklungsplans kam es zu einer flächendeckenden Neugründung zahlreicher Gymnasien und Realschulen. Im Bereich der Hochschulen wurde deren Erweiterung und auch die Gründung neuer Einrichtungen erreicht. Gegen den Trend der Zeit versuchte G. die Aufhebung der bekenntnismäßigen Gliederung des Volksschulwesens zu verhindern, fügte sich aber schließlich 1968 den Plänen zur Einführung der Christlichen Gemeinschaftsschule, die sein Kultusminister Huber zusammen mit Vertretern der SPD und FDP erarbeitet hatte. — G. stand staatlichen Planungen lange Zeit eher zurückhaltend gegenüber; 1969 wurde schließlich das von der SPD schon seit langem geforderte Landesplanungsgesetz verabschiedet. Bei der Regierungsbildung 1970 schuf er, gegen massive Widerstände in seinem Kabinett, das Staatsministerium für Landesentwicklung und Umweltfragen, in das er Max Streibl berief. Im Jahr darauf veröffentlichte er einen Aufsatz zum Thema »ein Land plant seine Zukunft«. Dieser zeigt ihn auf dem Höhepunkt seiner Akzeptanz staatlicher Steuerungsprogramme. Ab Mitte der 1970er Jahre war bei G. eine deutliche Ernüchterung in diesem Bereich zu erkennen. Die Gebietsreform, die G. schon als Innenminister ein Anliegen war, hat er als Ministerpräsident mutig angestoßen. Sein Innenminister Bruno Merk hat sie in den Jahren 1971 bis 1976 konsequent durchgeführt und trotz vielfältiger Kritik auch aus den eigenen Reihen, mit Strauß an der Spitze, die Zahl der Gemeinden in etwa gedrittelt und die Zahl der Landkreise und kreisfreien

Städte in etwa halbiert. Die Normenkontrollklage beim Bundesverfassungsgericht gegen den Grundlagenvertrag mit der DDR leitete G., »der Verfassungskläger wider Willen« (Die Weltwoche, 6.6. 1973), nur nach der Einflußnahme von Franz Josef Strauß ein. Das Verhältnis des Ministerpräsidenten G. zum Parteivorsitzenden Strauß war kooperativ aber auch zeitweise gespannt. Bis 1969 war Strauß als Bundesfinanzminister (1966-1969) stark auf die Bundespolitik konzentriert und ordnete zum Beispiel in der großen Finanzreform von 1969 die Steuerverteilung zwischen Bund, Ländern und Gemeinden zuungunsten der Länder neu und verankerte die heftig umstrittenen Gemeinschaftsaufgaben im Grundgesetz. Seit Beginn der sozialliberalen Koalition war die politische Präsenz des Parteivorsitzenden in der bayerischen Landespolitik deutlich stärker zu spüren. Nach der Bundestagswahl 1976, die die Unionsparteien verloren hatten, traten Strauß' Ambitionen auf das Amt des bayerischen Ministerpräsidenten immer stärker zutage. Getragen von der breiten Zustimmung in der Bevölkerung konnte G. bis zum Ende der Legislaturperiode 1978 im Amt bleiben und empfahl erst im September 1977 Strauß als seinen Nachfolger. G. zog 1979 für fünf Jahre in das erste direkt gewählte Europäische Parlament in Straßburg ein. Er setzte sich, auch als Vorsitzender der Paneuropa-Union Deutschland, für ein nach deutschem Vorbild föderalistisch aufgebautes Europa ein, das den europäischen Regionen ein stärkeres politisches Gewicht verlieh. Mit seinem Ausscheiden aus dem Europaparlament zog sich G. von der politischen Bühne zurück. Er starb an Heiligabend 1991 in Johannesberg bei Aschaffenburg und wurde unter großer Anteilnahme der Bevölkerung neben seiner zwei Jahre zuvor verstorbenen Frau im Münchner Waldfriedhof beerdigt. In G.s Biographie und seinem politischen Schaffen zeigt sich immer wieder seine starke Verwurzelung im katholischen Glauben und seine tiefe Religiosität. Er pflegte zahlreiche persönliche Freundschaften mit Geistlichen, unter anderem zu Julius Kardinal Döpfner, dem Erzbischof von München und Freising (1961-1976). — In der Bewertung der Ära Goppel sind sich die Historiker einig, daß G. mit seiner integrativen Persönlichkeit für »Kontinuität im Wandel« (Zorn, 1984) stand und daß es dem repräsentationsfreudigen Landesvater gelang, viele der doch rasanten gesellschaftlichen Veränderungsprozesse politisch aufzufangen, ähnlich wie dies auf bundesrepublikanischer Ebene für Konrad Adenauer beobachtet worden ist, so daß es in der bayerischen Bevölkerung vergleichsweise wenig Modernisierungswiderstände gab.

Werke: Manuskripte von Reden finden sich in: BayHStA, StK 12569-12577 und 15427-15429. Ein handschriftlicher Redenkatalog ist überliefert in: ACSP, NL Goppel, ungeordnet. Die Neujahrsansprachen Goppels im Bayerischen Rundfunk (1963-1978) liegen vor in: ACSP, NL Goppel, 125. Drei Reden aus seiner Zeit als Innenminister sind abgedruckt in: Alfons Goppel. Reden. Kulturelles Leben in Aschaffenburg, in: Aschaffenburg. Mittelpunkt des fränkischen Untermaingebietes, Hanau 1957, 40-45; Heimat. Mitte des Lebens. Ansprache zur 950-Jahrfeier der ehemaligen Gemeinde Reinhausen in Regensburg 1958, 155-162; Recht und Technik. Vortrag auf der Mitgliederversammlung des Stahlbauvereins Bayern e.V. in Garmisch-Partenkirchen am 18.09.1959, 89-104; Zum Gedenken an Josef Wintrich (Nachruf), in: Juristenzeitung 14 (1959), 186-188; Das Wasserhaushaltsgesetz, in: Bayerische Verwaltungsblätter 7 (1961), 33-36; Freie Wohlfahrtspflege im demokratischen Staat. Festrede aus Anlaß des Jubiläums der Katholischen Jugendfürsorge der Erzdiözese München e.V., Sommer 1961. Auszug, 81-87; Die Rechtsstellung der Opposition in Bayern, in: Bayerische Verwaltungsblätter 9 (1963), 261-265; Zum sozialen Rechtsstaat, in: Zeitschrift für Sozialreform 10 (1964), 513-522; Reden. Ausgewählte Manuskripte aus den Jahren 1958-1965, Würzburg 1965; Bayern und das Jahr 1866, in: ZBLG 28 (1966), 680-688; Das Amt des bayerischen Ministerpräsidenten in der Verfassung, in: Nach 20 Jahren. Diskussion der Bayerischen Verfassung, hrsg. v. der Bayerischen Landeszentrale für Politische Bildungsarbeit, München 1966, 53-63; Ansprache 150 Jahre Bayerische Verfassung, hrsg. v. der Bayerischen Staatskanzlei, München 1968; Ein Land plant seine Zukunft, in: Ernst Schmacke (Hrsg.): Bayern auf dem Weg in das Jahr 2000, Düsseldorf 1971, 11-29; Bundesrat - Hüter des föderalistischen Staatsprinzips. Ansprache am 01.12.1972, Bonn 1972, 12-20; Politisches Handeln und christlicher Glaube, in: Politische Studien 25 (1974), 195-201; Der Bundesrat, in: Gerhard Mayer-Vorfelder - Hubertus Zuber (Hrsg.): Union alternativ, Stuttgart 1976, 175-196; Föderalismus - Bauprinzip Europas, in: Karl Assmann - Thomas Goppel (Hrsg.), Föderalismus. Bauprinzip einer freiheitlichen Grundordnung in Europa, München 1978, 9-19; Parlament und Regierung, in: Heinz Rosenbauer - Volkmar Gabert (Hrsg.): Parlamentarismus und Föderalismus. Festschrift für Rudolf Hanauer aus Anlaß seines 70. Geburtstages, München 1978, 33-44; Das Europa der Regionen, in: Europa. Union freier Völker (Politische Studien, Sonderheft 1/79), München 1979, 5-10; Der Bayerische Ministerpräsident, in: Friedrich Zimmermann (Hrsg.): Anspruch und Leistung. Widmungen für Franz Josef Strauß, Stuttgart 1980, 109-116; Die Stellung Bayerns in Europa. Interview mit dem Bayerischen Ministerpräsidenten a.D. und jetzigen Mitglied des Europa-Parlaments, in: Politische Studien 33 (1982), 229-231; Europa, in: Menschenwürde. Soziale Gerechtigkeit. Europa. Festschrift für Fritz Pirkl zum 60. Geburtstag, hrsg. v. der Hanns-Seidel-Stiftung, Regensburg 1985, 23-28; Rückblicke 1957-1984 des Bayerischen Ministerpräsidenten Alfons Goppel, hrsg. v. Claudia Friemberger und Ferdinand Kramer, St. Ottilien 2005.

Lit.: Karl Hnilicka: Die Bayerischen Ministerpräsidenten der Nachkriegszeit (1945-1965). Memoirenartige Beiträge zur Geschichte und Politik in Bayern, München 1963-1969; —Heinrich Junker: Aus Bayerns Innenpolitik 1945-1965 (Bayerische Profile 1945-1965 9), München 1965; — Raimund Eberle: Bayerns Ministerpräsident Alfons Goppel, Bayerland 70 (1968), 2-11; — Dr. h.c. Alfons Goppel. Ein Lebensbild, hrsg. v. der Akademie Kontakte der Kontinente, Zürich 1969, nicht paginiert; — Fritz Baer: Die Ministerpräsidenten Bayerns 1945-1962. Dokumentation und Analyse (ZBLG, Beiheft B 3), München 1971; — Karl Bosl: Ministerpräsident Alfons Goppel zum 70. Geburtstag, in: Politische Studien 26 (1975), 641-644; — Ludwig Huber (Hrsg.): Bayern, Deutschland, Europa. Festschrift für Alfons Goppel, Passau 1975; — Bayern im Wandel. Alfons Goppel 15 Jahre Ministerpräsident, Sonderheft der Politischen Studien 4/1977, München 1977; — Alf Mintzel: Die CSU. Anatomie einer konservativen Partei 1945-1972 (Schriften des Zentralinstituts für sozialwissenschaftliche Forschung der Freien Universität Berlin 26), Opladen 1975; — Zeitungsdokumentation Ministerpräsident Dr. h.c. Alfons Goppel 1962-1978, 4 Bände, München 1980; — Wolfgang Zorn: Bayern unter der Regierung Goppel 1962-1978. Erste Skizze zu einem Kapitel neuester bayerischer Zeitgeschichte, in: Andreas Kraus (Hrsg.): Land und Reich. Stamm und Nation. Probleme und Perspektiven bayerischer Geschichte. Festgabe für Max Spindler zum 90. Geburtstag, Bd. III, München 1984, 531-545; — Bernhard, Christoph, Ludger, Michael und Thomas Goppel (Hrsg.): Was waar [!] Er ohne Sie. Festschrift für Gertrud Goppel, 04.09.1908-1988, München 1988; — Hermann Rumschöttel: Das Bayerische Staatsministerium der Justiz 1799-1966, München 1990; — Walter Osterried: Das Albertus-Magnus-Gymnasium trauert um Alfons Goppel, in: Albertus-Magnus-Gymnasium Jahresbericht für das Schuljahr 1991/1992, 27-31; — Festschrift zum 90. Geburtstag von Dr. h.c. Alfons Goppel. 1. Oktober 1995, hrsg. v. der Alfons Goppel-Stiftung, München 1995; — Geschichte einer Volkspartei. 50 Jahre CSU - 1945-1995, hrsg. v. der Hanns-Seidel-Stiftung e.V. (Sonderausgabe der Politischen Studien), München 1995; — Peter Jakob Kock: Der Bayerische Landtag. Eine Chronik, Würzburg 1996; — Bernhard Pfändtner: Alfons Goppel, in: Siegfried Koß und Wolfgang Löhr (Hrsg.): Biographisches Lexikon des KV IV (1996), 44-48; — Stefanie Siebers-Gfaller: Von Utopia nach Europa: Alfons Goppel 1.10.1905 bis 24.12.1991. Biographische Notizen, hrsg. v. der Hanns-Seidel-Stiftung, München 1996; — Ferdinand Kramer: Die Regierungserklärungen der bayerischen Ministerpräsidenten nach 1945. Antrittsvorlesung an der Katholischen Universität Eichstätt, gehalten am 16. Juni 1997. (unveröffentlichtes Manuskript); — Andreas Bitterhof- Renate Höpfinger: Ministerpräsident Alfons Goppel, in: Bayerisches Hauptstaatsarchiv (Hrsg.): »Das schönste Amt der Welt«. Die bayerischen Ministerpräsidenten von 1945 bis 1993 (Staatliche Archive Bayerns. Kleine Ausstellungen 13), München 1999, 116-146; — Claudia Friember-

ger: Alfons Goppel. Vom Kommunalpolitiker zum Bayerischen Ministerpräsidenten, München 2001; — Karl-Ulrich Gelberg: Alfons Goppel (1905-1991), in: Jürgen Aretz (Hrsg.): Zeitgeschichte in Lebensbildern, Münster 2001, 260-279; — Ders.: Alfons Goppel, in: Winfried Becker u.a. (Hrsg.): Lexikon der Christlichen Demokratie in Deutschland, Paderborn 2002, 254-256; — Ders.: Dynamischer Wandel und Kontinuität - Die Ära Goppel (1962-1978), in: Alois Schmid (Hrsg.): Handbuch der bayerischen Geschichte, München 2003, 857-956; — Isabella Kratzer: Der Bayerische Ministerpräsident. Bedeutungswandel des Amtes im Spiegel der Geschäftsordnungen der Staatsregierung (1918-2001), St. Ottilien 2003; — Ferdinand Kramer: Das Amt des Ministerpräsidenten in der politischen Kultur des Freistaates: populäre Ministerpräsidenten wie Hans Ehard, Wilhelm Hoegner, Alfons Goppel oder Franz Josef Strauss, Maximilianeum 16 (2004), 150-151; — Claudia Friemberger: Alfons Goppel - Eine biographische Skizze, in: Claudia Friemberger und Ferdinand Kramer (Hrsg.): Rückblicke 1957-1984 des Bayerischen Ministerpräsidenten Alfons Goppel, St. Ottilien 2005, 9-37; — Ferdinand Kramer: Die Rückblicke von Alfons Goppel - Form und Inhalt, in: Claudia Friemberger und Ferdinand Kramer (Hrsg.): Rückblicke 1957-1984 des Bayerischen Ministerpräsidenten Alfons Goppel, St. Ottilien 2005, 39-58; — Joseph Ratzinger: Laudatio auf Ministerpräsidenten Dr. h. c. Alfons Goppel: Zur Verleihung des Romano-Guardini-Preises 1978, in: Florian Schuller (Hrsg.): Grundsatz-Reden aus fünf Jahrzehnten, Regensburg 2005, 173-181; — Hans Zehetmaier (Hrsg.): Bilanz eines erfüllten Lebens: Alfons Goppel zum 100. Geburtstag, München 2005.

Claudia Friemberger

GRAUERT, Hermann (von), Historiker. — * 7. September 1850 in Pritzwalk/ Brandenburg, † 12. März 1924 in München. — G. entstammte einer aus dem Westfälischen eingewanderten, streng katholischen Kaufmannsfamilie. Nach Schule (Real-Gymnasium Wittstock) und Abitur (Prüfung am Paulinum-Gymnasium Münster) arbeitete er zunächst von 1868 bis 1872 im väterlichen Geschäft. Anschließend studierte G. Geschichte und Jura in Münster, Göttingen, Berlin, Straßburg und München. 1876 wurde er mit der Arbeit »Die Herzogsgewalt in Westfalen seit dem Sturze Heinrichs des Löwen« von Georg Waitz in Göttingen promoviert. 1882 legte er die archivalische Staatsprüfung ab, anschließend arbeitete im Auftrag der Historischen Kommission bei der bayerischen Akademie der Wissenschaft in den kurz zuvor von Papst Leo XIII. der Forschung zugänglich gemachten vatikanischen Archiven. 1883 habilitierte G. sich (bei Wilhelm von Giesebrecht und Karl Adolph Cornelius in München) mit dem Thema »Die Konstantinische Schenkung«. Seit

Anfang 1885 lehrte er als Professor auf dem Konkordatslehrstuhl für Geschichte an den Universität München; mehrfach Dekan, wurde G. für das Jahr 1915/16 zum Rektor gewählt. In Anerkennung seiner Forschungsleistungen verlieh ihm die Universität Leuven/Löwen 1899 den Ehrendoktor. Seine Emeritierung erfolgte 1923. — G. war Mitglied zahlreicher Akademien und gelehrter Gesellschaften, u.a. der Historischen Kommission bei der Akademie der Wissenschaften zu München (1898 Wahl zum außerordentlichen, 1899 zum ordentlichen Mitglied der historischen Klasse). Seit 1919 saß er auch in der Zentraldirektion der Monumenta Germaniae Historica. G. zählte zu den frühen Mitgliedern der Görres-Gesellschaft (1877); seit 1884 gehörte er dem Vorstand an, ab 1889 als Vizepräsident. In dieser Funktion führte G. faktisch seit 1912 die Geschäfte der Gesellschaft an Stelle ihres Präsidenten Georg von Hertling. Nach dessen Tod (4. Januar 1919) übernahm G. auch formal das Amt des Präsidenten (1920-24). Bereits seit 1885 zeichnete er als Mitherausgeber für das renommierte 'Historischen Jahrbuch' verantwortlich und leitete lange Jahre die Redaktion der Zeitschrift. — Als Historiker, der über 70 Abhandlungen, Aufsätze und Vorträge publizierte, beschäftigte sich G. mit den klassischen Themen der deutsche Mediävistik seiner Zeit. Gestützt auf von ihm gemachte archivalische Funde verfaßte er u.a. Abhandlungen zur Geschichte der Papstwahl, zur Reichstheorie, zum Romgedanken und zur Friedensidee im Mittelalter, darüber hinaus zum spätmittelalterlichen Geistesleben (Dante, Petrarca). Mit diesen Arbeiten profilierte er sich als einer der führenden katholischen Mediävisten seiner Zeit. — G. gehörte zu einer Gruppe jüngerer katholischer Historiker, die - nach der Isolation der Kulturkampfzeit - um und kurz nach der Jahrhundertwende die Integration der Katholiken in das Deutsche Reich anstrebten, ohne allerdings die eigene katholische Identität aufzugeben. Katholisch und deutsch zugleich zu sein, war für ihn daher auch kein Widerspruch, sondern entsprach seinem Selbstverständnis. Vor diesem Hintergrund ist auch die für einen Mediävisten eher ungewöhnliche intensive Beschäftigung mit der unmittelbaren Vergangenheit zu sehen. In diesem Kontext sind auch seine Publikationen zur Geschichte der Bismarck-

zeit einzuordnen. Als Patriot trat er im Ersten Weltkrieg vehement für die auf Expansion gerichteten »deutschen Interessen« ein. Die Niederlage, der die Ausrufung der Republik folgte, war denn für G. auch ein Schock. Der Weimarer Demokratie stand er, dessen Herz auch weiterhin für die untergegangene Monarchie schlug, ziemlich verständnislos und distanziert gegenüber. Als Repräsentant einer vergangenen Epoche hatte er sich gewissermaßen selbst überlebt. Ebenso blieb das wissenschaftliches Œuvre G.s, daß zuweilen etwas feullitonistisch und zu sehr dem aktuellen Anlaß verhaftet wirkte, ohne größeren Einfluß auf die weitere Entwicklung seines Fachs. — G.s Nachlaß befindet sich in der Bayerischen Staatsbibliothek, München; die Görres-Gesellschaft betreffende Angelegenheiten im Archiv der Görres-Gesellschaft (in: Historisches Archiv des Erzbistums Köln, ebd.). — Selbstbiographie, in: W. Zils (Hg.), Geistiges und künstlerisches München, München 1913, 117-124.

Werke (Auswahl): 1. Historische Arbeiten - a) Mediävistik: Die Herzogsgewalt in Westfalen seit dem Sturze Heinrichs des Löwen (1876; Druck: 1877); Eine Tempelherrnurkunde von 1167 (in: Archivalische Zeitschrift 3, 1878, 294-309); Drei bayrische Traditionsbücher des 12. Jahrhunderts, 1880; Das Dekret Nikolaus' II. von 1059 (in: Historisches Jahrbuch 1, 1880, 501-602); Die Konstantinische Schenkung. Eine historisch-kritische Untersuchung (1883; Druck in: Historisches Jahrbuch 3, 1882, ~~¥¥¥~~; 4, 1883, 45-95, 526-617); Das angebliche Diplom Karls d. Gr. für Aachen in seiner geschichtlichen Bedeutung (in: Historisches Jahrbuch 12, 1891); Zu den Nachrichten über die Bestattung Karls d. Gr. (in: Historisches Jahrbuch 14, 1893); Rezension zu: J. Kempf, Geschichte des deutschen Reiches während des großen Interregnums 1245-1273 (in: Göttingische gelehrte Anzeigen 156, 1894, 614-631); Zur Dante-Forschung (in: Historisches Jahrbuch 16, 1895, 510-544); Dante in Deutschland (in: Historisch-politische Blätter 120, 1897, 81-100, 173-189, 321-356, 512-536, 633-652, 789-822); Rom und Gunther der Eremit? (in: Historisches Jahrbuch 19, 1898, 249-287); Nikolaus II. Papstwahldekret und Simonieverbot (in: Historisches Jahrbuch 19, 1898, 827-841); Aus Dantes Seelenleben (in: Historisches Jahrbuch 20, 1899, 718-762); Papstwahlstudien (in: Historisches Jahrbuch 20, 1899, 236-325); Die Kaisergräber im Dom zu Speyer. Bericht über die Öffnung im August 1900 (SB der Akad. der Wissenschaften. Phil.-philolog.-hist. Klasse 1901, 539-617; auch: Die Kaisergruft im Dome zu Speyer, in: Allgemeine Zeitung [München], Beilage zu Nr. 246-249, 1906); Konrad von Megenberg Chronik und sein Planctus ecclesiae Germaniam (in: Historisches Jahrbuch 22, 1901, 632-687); Meister Johann von Toledo (SB der Akad. der Wissenschaften. Phil.-philolog.-hist. Klasse 1901, 111-325); Petrarka und die Renaissance (in: Hochland 1, 1902); Jourdain d'Osnabrück et la noticia saeculi in: Mélanges Paul Fabre, Paris 1902, 330-352; Dante und die Idee des Weltfriedens (in: Historisch-politische Blätter 141, 1908, 112-138; erw. in: Reden der Kgl. Bayerischen Akademie der Wissenschaften 1909); Die päpstliche Kurie im 13. Jahrhundert, Thomas von Aquino und Magister Heinrich der Poet (Köln 1911); Magister Heinrich, der Poet, in Würzburg und die römische Kurie (Abhandlungen der Bayer. Akademie, Phil.-philolog.-hist. Klasse 27, 1912); Konstantin der Große und das Toleranz-Edikt von Mailand (1913); Bemerkungen zur Kaiserkrönung Karls d. Gr., in: Beiträge zur Geschichte der Renaissance und Reformation. Joseph Schlecht zum sechzigsten Geburtstag dargebracht ... , München-Freising 1917, 7-21; — b) 19. Jahrhundert: Die Anfänge der Regentschaft in Bayern (in: Hochland 1911); Deutschnationale Regungen in Süddeutschland während der Jahre 1812/13 (in: FS Georg von Hertling zum siebzigsten Geburtstage am 31. August 1913, Kempten - München 1913); Zum Regentenwechsel in Bayern (in: Hochland 1913, 1-60); England und Deutschland am Ende des 19. Jahrhunderts (in: Hochland 1915, 317-334, 447-472); Kaiser Franz-Joseph und die Lebenskraft Österreich-Ungarns (in: Historisch-politische Blätter 160, 1917, 1-21, 91-112); — 2. Historisch-publizistische Reden u. Werke: Deutschlands Weltstellung und der Katholizismus. Historisch-politische Betrachtungen (in: Wiss. Beilage zur 'Germania' Nr. 12-15, März/April 1900; Dante und Houston Stewart Chamberlain (Freiburg i.Br. 1903 ²1904); Der katholische Wettbewerb um die höhere Bildung und die moderne Gesellschaft. Eine Ansprache ... (Freiburg i.Br. 1904); Dante und die Idee des Weltfriedens (in: Historisch-politische Blätter 1909, 113-138); P. Heinrich Denifle O.Pr ein Wort zum Gedächtnis und zum Frieden (in: Historisches Jahrbuch 26, 1905, 959-1018); Görres in Straßburg (Köln 1910); Auf dem Wege zur Universität Erfurt (in: Historisches Jahrbuch 31, 1910, 250-289); Deutschnationale Regungen in Süddeutschland während der Jahre 1812/13, in: Festschrift Georg Hertling, Kempten-München 1914; Deutsche Weltherrschaft? (in: Georg Pfeilschifter [Hg.], Deutsche Kultur, Katholizismus und Weltkrieg, 1915); Schwarz-rotgoldene und schwarzweißrote Gedanken an deutsche Universitäten (1916; Druck in: Historisches Jahrbuch 38, 1917, 1-40); Kaiser Franz Josef und die Lebenskraft Oesterreich-Ungarns, in: Historisch-politische Blätter 160, 1917, 1-21, 92-112; Gedächtnisrede auf Graf von Hertling (in: Vereinsschrift der Görres-Gesellschaft, Köln 1918, 107-118); Zur Geschichte des Weltfriedens, des Völkerrechts und der Idee der Liga der Nationen (in: Historisches Jahrbuch 39, 1919, 115-243, 557-673; erw. 1920); Graf Georg von Hertling. Ein Wort zum Gedächtnis (1920); Das Schulterkreuz der Helden mit besonderer Beziehung auf das Haus Wettin (ca. 1920); Graf Joseph de Maistre und Joseph Görres vor hundert Jahren (Köln 1922).

Herausgeber: Historische Abhandlungen aus dem Münchener Seminar (1891-1900); Studien und Darstellungen aus dem Gebiete der Geschichte, Freiburg i.Br. (1900-1924).

Lit.: Wer ist wer? 1911 u.ö. / Hermann Degener (Hrsg.), Wer ist's? [zuletzt:] Leipzig ⁸1922, 514; — Max Jansen (Hrsg.), Festschrift H.G. zur Vollendung seines 60. Lebensjahres am 7.9.1910 gewidmet, hg. v. seinen Schülern, Freiburg i. Br. 1910; — Georg von Hertling, Erinnerungen aus meinem Leben, München/Kempten 1920, II 87-89; — Konrad Beyerle, H.v.G. zum 70. Geburtstag, in: 'Allgemeine Rundschau' (München) 17. Jg., Nr. 27 vom 11. September 1920, 479; — Karl Alexander von Müller, H.v.G., in: Ders., Zwölf Historikerprofile, Stuttgart/München 1935, 80-87 [zuerst in: 'Münchener Neueste Nachrichten' Nr. 364 vom 3. September 1920 und Nr. 73 vom 14. März 1924]; — Ulrich Thürauf (Bearb.), Gesamtverzeichnis der Mitglieder der bayerischen Akademie der Wissenschaften in den ersten beiden Jahrhunderten ihres Bestehens (1759-1959), München 1963, 60; — Wolfgang Weber, Biographisches Lexikon zur Geschichtswissenschaft in Deutschland, Österreich und der Schweiz, Frankfurt/M. u.a. (1984) ²1987, 183f.; — Sigfried Koß / Wolfgang Löhr, H.v.G., in: Biographisches Lexikon des KV, Teil 5, Köln 1998, 59-62; — Rudolf Morsey, Die Görres-Gesellschaft unter ihrem Präsidenten H.v.G. (1919/20-1924), in: Jahres- und Tagungsbericht der Görres-Gesellschaft 2005, 73-114; — Wilhelm Kosch, Das katholische Deutschland I, Augsburg 1933, 1107-1109; — LThK² 4, 1960, 1173; — Wilhelm Kosch, Biographisches Staatshandbuch, Bern/München 1963, 419; — DLL³ 6, 1978, 728f.; — Bosls Bayerische Biographie, Regensburg 1983, 271; — Rüdiger vom Bruch / Rainer A. Müller (Hg.), Historikerlexikon, München 1991, 114; — LThK³ 4, 1995, 991; — DBE 4, 1996, 142; — Hans-Michael Körner, Große Bayerische Biographische Enzyklopädie 1, 2005, 683; — DBE² 4, 2006, 111.

Nachrufe [u.a.]: Heinrich Günter, in: Historisches Jahrbuch 44, 1924, 169-196; — Karl Wenck, in: Historische Zeitschrift 131 (1925) 263-267; — M. Döberl, H.v.G., in: Jahrbuch der Akademie der Wissenschaften zu München 1924.

Ansgar Frenken

GREIFFENCLAU-VOLLRATHS, Johann Philipp von * 1652, † 1719, Johann Philipp von Greiffenclau-Vollraths wurde am 13. Februar 1652 in Amorbach (Unterfranken) geboren. Seine Eltern waren der kurmainzische Amtmann Georg Philipp Freiherr von Greiffenclau-Vollraths und dessen Gemahlin Rosina geborene von Oberstein. Getauft wurde Johann Philipp am 17. Februar 1652. — Über seine Kindheit und Jugend berichten die Quellen so gut wie nichts, außer daß Johann Philipp bereits im Alter von zwölf Jahren, am 23. Oktober 1664, die Tonsur empfing, wodurch seine Zukunft als Kleriker vorgezeichnet wurde. Domizellar in Würzburg wurde Johann Philipp mit vierzehn Jahren, also 1666. Die niederen Weihen (Ostiarier-, Exorzisten-, Lektoren- und Akoluthenweihe) empfing er am 17. und 30. Mai 1676. Die Diakonatsweihe folgte am 22. Dezember 1685. Am 13. April 1688 wurde Greiffenclau-Vollraths zum Priester geweiht. 1695 erfolgte die Ernennung zum Domdechanten in Mainz. Das Würzburger Domkapitel wählte Johann Philipp am 9. Februar 1699 zum Bischof von Würzburg. Lothar Franz von Schönborn, der bereits Erzbischof von Mainz war, konnte sich bei der Wahl in Würzburg nicht durchsetzen. Papst Innozenz XII bestätigte die Wahl von Johann Philipp Greiffenclau-Vollraths zum Bischof von Würzburg. Die Bischofsweihe gespendete ihm am 5. Juni 1699 im Würzburger Dom der Würzburger Weihbischof Stephan Weinberger. Der Papst erlaubte ihm, die Bischofsweihe von einem Bischof als Hauptkonsekrator und zwei Äbten als Konkonsekratoren zu empfangen. — Während seiner Amtszeit entwickelte Johann Philipp von Greiffenclau-Vollraths eifrige Bautätigkeiten. So ließ er die Neumünsterkirche umgestalten und den Dom neu ausstatten. Ebenso ließ er das Jesuitenkolleg neu errichten und auch der Neubau des Nordflügels mit einem Fürstenpavillion am Juliusspital gingen auf seine Initiative zurück. Sicherlich waren das aber nicht seine einzigen Tätigkeiten. Als Bischof hatte er vor allem seelsorgerische Aufgaben zu erfüllen. So konsekrierte am 5. Mai 1705 Johannes Bernhard Mayer zum Bischof von Chrysopolis und Weihbischof in Würzburg. Nach einer Amtszeit von 20 Jahren starb Johann Philipp Greiffenclau-Vollraths im Alter von 67 Jahren am 17. August 1719 in Würzburg.

Werke: Über eigene theologische Werke ist nichts bekannt.

Lit.: Bosls, Karl: Bosls Bayerische Biographie, 8000 Persönlichkeiten aus 15 Jahrhunderten, Pustet Verlag 1983; — Killa, Walther (Hrsg.) Deutsche Biographische Enzyklopedie. Bd., Jubileumsausgab, K.G.Saur Verlag, München1999; — Gauchat, Patritius: Hierarchia Catholica, Bd.5, 218, Sp.2.

Johannes Kreuzenbeck

GROT, Martha von, * 26. Oktober 1867 in Hasenpot(h), an der Tebber (damals Kreisstadt im russ. Gouvernement Kurland, heute Lettland), † 28. Dezember 1962 in Vielbach/Westerwald, Reformpädagogin, Schulleiterin, Befürworterin der Bekenntnisschule. — Ihre Vorfahren, die sich Grote nannten und aus dem damaligen »Stift Verden« stammten, wanderten Anfang des 18. Jahrhunderts in die baltischen Länder ein. Das fest in evangelisch-lutherischer Tradition verwurzelte Geschlecht wurde 1775 in Wien in den Reichsadelsstand erhoben und 1797 bei der Livländischen Reichsritterschaft immatrikuliert. Die G.s, die wie der größte Teil der Baltendeutschen der Oberschicht angehörten, mußten schon sehr früh, insbesondere nach dem Tod

von Zar Alexander II. (1881), den verzweifelten Kampf der Bevölkerung um die Aufrechterhaltung ihrer Eigenart und Kultur gegenüber einer immer gewalttätiger auftretenden Russifizierung miterleben. — Martha wuchs in einem streng gläubigen Elternhaus auf. In diesem war das tägliche Vorlesen aus der Bibel, das Beten und Singen im Kreise der Familie ebenso verständlich wie die Unterstützung von Armen und Kranken. Der Vater wurde von den Kindern »als starke, strenge aber auch liebevolle Autorität erfahren. Seine weltaufgeschlossene, bodenständige und charakterfeste Art und die einfühlsame, freundliche Umgangsweise der Mutter schaffen ein Familienklima, in dem die Kinder geborgen sind und vertrauensvoll aufwachsen können« (Schwertberger 1998, S. 10). — Wie damals in höheren Kreisen üblich, wurde G. von Privatlehrern, vor allem in Musik und Sprachen unterrichtet, besuchte zudem noch die örtliche Schule, später die deutsche »Höhere Töchterschule« in Dorpat (heute Tartu/Estland). Die dem Hausunterricht nachfolgenden Schulen empfand sie als äußerst unangenehm, zumal die Unterrichtsmethoden und -inhalte alle vordergründig ausgelegt waren auf die Erziehung zu Gehorsam, Disziplin, Drill und übertriebenem Pauken. Sie hatte darunter gelitten, daß die Lehrer immer nur Resultate verlangten, aber die Wege dazu, die Möglichkeiten, sie zu erreichen, nicht aufzeigten. — Als Konfirmandin betätigte sich die junge Adelige in der »Sonntagsschule«. Im Umgang mit jüngeren Kindern, denen sie biblische Geschichten vorlas oder erzählte, entdeckte sie ihr pädagogisches Geschick. So entstand in ihr der Wunsch, Lehrerin zu werden, »anderen zu helfen« (Schwertberger 1998, S. 12). Daß G. überhaupt einen Beruf ergreifen durfte, was seinerzeit keineswegs die Regel für junge Frauen ihres Standes war, hatte sie der liberalen Einstellung der Mutter zu verdanken. Der konservativ denkende Vater hätte sie lieber zuhause gesehen, die Mutter im Haushalt und in der Erziehung der jüngeren Geschwister unterstützend. — Von 1883 bis 1885 besuchte sie das deutsche Lehrerinnenseminar in Dorpat. Die Seminaristin war mit der Ausbildung sehr unzufrieden, insbesondere die damals vorherrschenden Unterrichtsformen betreffend. Dazu konstatierte ihre Biografin, Maria Freiin von Gebsattel: - »Schon als Schülerin des Dorpater Lehrerinnenseminars empfand Martha v. Grot das Ungenügen der heuristischen Methode, welche die Schüler Schritt für Schritt zum Resultat führt, aber das ‚Allerwichtigste’, das selbständige Gehen des Arbeitsweges sie nicht lehrt. Auch der Vortrag in den Oberklassen, der in seinen wichtigsten Punkten notiert und dann auswendig gelernt wurde, blieb den Schülerinnen dieses ‚Allerwichtigste’ schuldig« (Gebsattel 1949, S. 15). — Die Frage der Bildung und Erziehung, insbesondere der weiblichen Jugend, wurde für die junge Lehrerin immer mehr zur brennenden Frage, geradezu, wie ihre Biografin schrieb, zu einer »seelischen Qual« (Gebsattel 1949, S. 15). Unermüdlich forschte sie in der ihr zugänglichen pädagogischen Literatur alter und neuer Zeit. Die Adelige vermerkte: Alles flog über die Grenzen des Landes zu mir. Ich klopfte eine ganze Wagenladung davon, Halm um Halm, durch und nur einige Goldkörner blieben zurück. Ich wandte mich persönlich an die damals lebenden, bekannten Pädagogen des Deutschen Reiches, besuchte ihre Anstalten, sowie öffentliche wie private Schulen verschiedenster Art und Richtung. Viel Aufopferung, viel edle, hingebende Persönlichkeiten, viel Gutes und Schönes fand ich - aber das, was ich suchte: Mittel und Wege, den Unterricht in Wahrheit charakterbildend zu gestalten, das fand ich nicht. Aber ich muß an das Ziel kommen, ich muß das finden, was wir Balten zum Leben brauchen!« (zit. n. Blum 1932, S. 4). — Bahnbrechend wurde für sie Begegnung mit dem Pädagogen Hugo Gaudig, im Jahre 1900. Dieser hatte gerade in Leipzig die Leitung der »Höheren Mädchenschule« und das neu gegründete Lehrerinnenseminar mit angeschlossener Versuchsschule übernommen. Bei ihm fand G., wonach sie viele Jahre vergebens suchte, nämlich, daß die »(geistige) Selbsttätigkeit« des Schülers die wesentliche, den Charakter der Schule beherrschende Tätigkeitsform ist: - »Sie erlebte bei Gaudig das Unterrichtsgespräch zwischen den Schülern, - nicht den fragenden Lehrer, sondern den fragenden Schüler, fragend, weil ihn die Sache interessiert, weil er hinter die Sache kommen und sie meistern will, geistig lebendig im fragenden Weiterdenken, im eigenen Denken nicht gehemmt und erstickt durch fortgesetzte Fragen des Lehrers. — Sie erfaßte weiter bei Gaudig, daß jedes Unterrichtsfach seine ihm ei-

genen erziehlichen Werte hat, die in dem Maße wirksam werden, als der Schüler sich mit dem Stoff selbsttätig auseinandersetzt, ihn als eine Arbeit ‚erlebt’, die er bewältigen muß und will, zu deren Bewältigung er selbst zusammen mit seinen Kameraden sich den Weg suchen muß« (Gebsattel 1949, S. 16). — Durch Hugo Gaudig wurde G. auf die Wichtigkeit psychologischer Erkenntnisse für die Bildung und Erziehung junger Menschen hingewiesen. Daraufhin ging sie zu Oswald Külpe, seinerzeit Professor für Philosophie und Ästhetik an der Universität Würzburg. Dort arbeitend und studierend lernte sie die Eigentümlichkeiten und Entwicklungsstufen des kindlichen Denkens und der kindlichen Logik kennen sowie die Notwendigkeit, diese mit den immanenten Gesetzlichkeiten der verschiednen Wissenschaften in Einklang zu bringen. Ferner wurde ihr bewußt, daß jedes Unterrichtsfach seine ihm eigentümlichen Denk- und Vorstellungskreise hat, in die das Kind je nach Entwicklungsstufe einzuführen sind: »Die Denkinhalte des Kindes hängen ab vom Umfang und vom Inhalt seiner Anschauungen, darum steigen bei gleichen Worten vielfach andere Vorstellungen in ihm auf als in uns, und die kindliche Logik führt deshalb auch zu uns oft ganz unerwarteten, ja bisweilen unverständlichen Schlüssen. — Es ist blinder Hochmut von uns Lehrern, wenn wir uns einbilden, alle Anschauungslücken einer Klasse überschauen zu können. Das Kind selbst muß durch Fragen seine Lücken offenbaren, damit ihm geholfen werden kann, oft - wer von uns hätte das nicht wenigstens gelegentlich erlebt? - können Kinder die Schwierigkeiten ihrer Altersgenossen rascher erfassen als wir und darum die fragliche Sache ihnen auch besser erklären. Durch die Schülerfrage und Schülererklärung erhält der Lehrer ein viel sicheres Wissen von der Entwicklungsstufe seiner Klasse und kann bei seinen Vorbereitungsarbeiten ihr besser die Gesetzmäßigkeit des Stoffes anpassen« (Gebsattel 1949, S. 16). — Mit den neu gewonnen Erkenntnissen und Erfahrungen kehrte G. an ihre ehemalige Ausbildungsstätte in Dorpat zurück, dessen Leitung man ihr und die der angeschlossenen Versuchsschule übertrug. Sofort begann sie mit der Reformierung der Lehrerinnenausbildung und der damals üblichen Unterrichtsgestaltung. Ihren Seminaristinnen erklärte sie eindringlich, daß die Schule mehr ist als eine Anstalt die nur Wissens vermittelt. Sie meinte, zu viele Lehrer würden nur Fächer unterrichten - und nicht Schüler. Ihre Überzeugung entsprechend sollte die Institution Schule eine umfassende Lebensgemeinschaft sein, d. h. eine Stätte der Erziehung und Charakterbildung: - »Sie erkannte, daß die guten und häßlichen Charaktereigenschaften der Schüler sich in der Gemeinschaft äußern, sich durch das gemeinsame Arbeiten an einer Aufgabe unwillkürlich, ja gewissermaßen notgedrungen offenbaren; daß infolgedessen durch die Gemeinsamkeit der Arbeit sich für den Lehrer das Feld seiner pädagogischen Wirksamkeit erst umfassend aufschließt. — Sie erkannte weiter, daß der Lehrer, um dieses Feld zu beackern, einerseits eine ganz straffe Unterrichtszucht halten muß, andererseits, die Wechselbeziehungen der Schüler mitverantwortlich machen muß für die Arbeitsleistung seiner Mitschüler und für den Geist der Klasse« (Gebsattel 1949, S. 17). — Mit Ausbruch des Ersten Weltkrieges begann für die Bevölkerung im Baltikum, besonders für die deutschstämmige, eine schwere Zeit. Sie war brutaler Gewalt und grausamer Folter ausgesetzt. Wie ein Wunder und weil fest verankert im christlichen Glauben überlebte G., trotz monatelanger Inhaftierung (bei Wasser und Brot sowie schwerer Folter) und Verbannung ins Innere von Rußland. Nach ihrer Freilassung verließ sie die Heimat und übersiedelte nach Nürnberg. Dort unterrichtete die Adelige kurze Zeit an der »Höheren Mädchenschule an der Zeltnerstraße«, die von Neuendettelsauer Diakonissen geleitet wurde. 1920 übernahm sie die Leitung der privaten und konfessionell gebundenen sechsklassigen »Höheren Mädchenschule« in Pasing (heute ein Stadtteil von München). Unter ihrer Ägide und in enger Zusammenarbeit mit dem Schulreformer Georg Kerschensteiner, langjähriger Stadtschulrat von München und seit 1918 Honorarprofessor für Pädagogik an der Universität der Bayerischen Hauptstadt, entwickelte sich die evangelische Bildungsinstitution in kurzer Zeit »zu schönster Blüte« (Gebsattel 1949, S. 13). Die Schulleiterin der Pasinger »Höheren Mädchenschule« (ab 1924 »Mädchenlyzeum«) wurde wesentlich unterstützt von Marie Freiin von Gebsattel, seinerzeit »Referentin des Höheren weiblichen Bildungswesens am Bayeri-

schen Staatsministerium für Unterricht und Kultus«. Die beiden Frauen wollten dem Mädchenschulwesen die gleiche Anerkennung wie den Knabenschulen verschaffen, obwohl die Unterrichtsinhalte und Ziele unterschiedlich waren und offenbar auch bleiben sollten. Weit über die Grenzen der Stadt und dem Land Bayern hinaus hatte die »Grotschule« (heute: Grundschule an der Oselstraße), wie sie lange genannt wurde, als »Reformschule« einen besonderen Ruf. Dieser beruhte vor allem auf der »Methode« des »erziehenden Unterrichts«, der neben der Vermittlung von Lerninhalten zugleich die »Weiterentwicklung und Entfaltung der Schülerpersönlichkeit unterstützen soll, beruhend auf dem Grundprinzip der freien, geistigen Selbsttätigkeit (Eigentätigkeit; Freitätigkeit)« (Schwertberger 1998, S. 37): - »Aus nah und fern in deutschen Landen kamen Besucher, um sich von der Kraft, die sich hier auswirkte, zu überzeugen. Nicht nur die christliche Schule, sondern auch die wissenschaftliche Pädagogik bezeugte ihr Interesse an der neuen Unterrichtsgestaltung, und kein geringerer als ihr geistiger Führer, Professor Kerschensteiner in München, der die Schule öfters aufsuchte, bezeugte öffentlich ihre Bedeutung. In einem Gutachten an das preußische Unterrichtsministerium bezeichnete er sie als eine ‚Musteranstalt in experimentalpsychologischem Sinne', sah er doch hier auf eine vorbildliche Weise verwirklicht, was er in seinen Werken über den Sinn der Arbeitsschule niedergelegt hatte« (Blum 1932, S. 9 f). — Unter den Besuchern, die die »Grotschule« visitierten, befand sich auch Walter Wedemann, Direktor der »Herrnhuter Brüdergemeindeschule« in Neuwied am Rhein. Mit Ablauf des Schuljahres 1926/1927 folgte G. seinem Ruf und übernahm die »erzieherische Leitung der Töchter« (Blum 1932, S. 10) der »Zinzendorfschule der Herrnhuter Brüdergemeine«, die sie ganz im Sinne des in Pasing erprobten »erziehenden Unterrichts« führte: - »Dabei legte sie auf die christliche Prägung der Schule großen Wert, denn Religion ist kein Fach, sondern bestimme das ganze Leben. Sie suchte den Kontakt zur Gemeinde... Die Direktion erhoffte sich durch die Methode von Frau von Grot positive Anstöße für das brüderliche Schulwerk und veranstaltete pädagogische Tagungen« (Meyer 2000, S. 141). - Marie Freiin von Gebsattel wohnte für vier Tage den Unterricht in der »Zinzendorf-schule« bei. Begeistert schrieb sie an ihre Mut-ter«: - »Die haben das, was ich suchte, die kön-nen es! Es kam am Montag früh ein Augenblick, da gaben Frl. v. Grot und ich uns die Hände und konnten nicht sprechen; wir fingen beide still an zu beten, so stark war die Erschütterung in uns beiden... Ich, von einer Ahnung getrieben, daß ich hier finden werde, was ich suche, was wir finden müssen um unseres Volkes willen, reise dieser Frau nach, und sie legt in voller Selbstlo-sigkeit ihr Lebenswerk in meine Hände, nur glücklich, daß was Gott ihr geschenkt - nun genützt werden wird für die seelische Erneue-rung unseres Volkes« (zit. n. Pfeil 1978, S. 15). -Marie Freiin von Gebsattel konnte die Admini-stration des »Bayerischen Staatsministeriums für Unterricht und Kultus« davon überzeugen, daß man die »Grot'sche Methode" einem größeren Personenkreis bekannt machen sollte. In den Jahren 1930 und 1931 fanden in Nürnberg und Augsburg Einführungskurse in die Methode des »erziehenden Unterrichts« statt, die offen waren für Lehrer und Lehrerinnen der unterschiedlich-sten Schultypen. Die Beteiligung seitens der ka tholischen Ordensschulen war erstaunlich hoch; so wurde die »Grot'sche Schulreform« auch in katholischen Schulkreisen bekannt. — Die Na-zis versetzten 1936 G. sofort in den Ruhestand, zumal alle konfessionell gebundenen Schulen in naher Zukunft ihren Betrieb einstellen mußten. Die inzwischen 69-jährige folgte einem ehema-ligen Schüler, der Rektor einer kleinen Real-schule im Kreis Osnabrück war. Folgend wirkte sie nicht mehr als Leiterin oder Lehrerin, son-dern »als geistige Mutter des dortigen Lehrkör-pers..., bis auch dieses Schülchen den Machtan-sprüchen des Nationalsozialismus erlag« (Geb-sattel 1949, S. 14). — Die Pädagogin starb hochbetagt im Alter von 95 Jahren in Vielbach, wo sie im Haus »Dora« ihren Lebensabend ver-brachte. — Leider ist G. in Vergessenheit gera-ten, sind ihre (reformpädagogischen) Leistun-gen für Schule und Unterricht im Dunklen der Historischen Pädagogik geblieben. Keine ge-genwärtige Publikation zur Geschichte der Schulpädagogik nennt ihren Namen, obwohl der von ihr aus der Praxis heraus entwickelte »erziehende Unterricht« seinerzeit wegweisen-de Impulse setzte. G.s »Methode« (bzw. »Unter-richtsform«) entstand nicht »primär aus dem

Zwecke zur Optimierung der beabsichtigen Lernprozesse, sondern leitete sich unmittelbar und vorrangig aus der Grundüberzeugung eines christlichen Menschen- und Weltbildes ab, des-sen Kern die Gotteskindschaft des Menschen ist: ‚Jeder Mensch, der so von Gott gewollt und geliebt ist, hat Anspruch sowie das Recht auf Respekt und Achtung seiner Würde, die auch Nachsicht mit seinen Schwächen und Fehlern einschließt. Die Liebe des HERRN geht mit der Liebe zum Nächsten einher'« (Schwertberger 1998, S. 45). Marie Freiin von Gebsattel cha-rakterisierte treffsicher die »Grot'sche Reform-schule des erziehenden Unterrichts«: - »Was be-sagt der Name ‚Schule des erziehenden Unter-richts'? - Er besagt, daß es sich um eine Schule handelt, nicht um eine Heim, eine Erziehungs-anstalt, deren eigentliche Aufgabe der Unter-richt, die Wissensübermittlung und Wissensan-eignung ist. Das Beiwort ‚erziehend' aber be-sagt, daß in dieser Schule der Unterricht in For-men verläuft, die an sich erziehend wirken. — Damit sollen die auch bisher unserem Unter-richt innewohnenden erziehlichen Momente, der sittlich wertvolle und darum gesinnungsbil-dende Inhalt vieler Stoffe, die emotionale Be-einflussung durch den Vortrag, vor allem das für alle Pädagogik letzten Endes immer entschei-dende Moment der Persönlichkeit des Erziehers weder theoretisch verneint, noch herabgesetzt, noch praktisch ausgeschaltet werden. Im Ge-genteil, alle diese Momente erfahren durch das Moment, das neu hinzutritt, durch die Formen des erziehenden Unterrichts, eine Steigerung ih-rer Wirksamkeit... Als was stellt die Schule des erziehenden Unterrichts sich nun dar? - 1. als Werkgemeinschaft zur Erarbeitung von Wis-sensstoffen und Arbeitswegen und zugleich als Werkgemeinschaft zur Erziehung der Schüler; — 2. als Lebensgemeinschaft in gegenseitigem Dienst und gegenseitiger Verantwortung; — 3. als Christusgemeinschaft, d.h. als organische Gemeinschaft im Sinne des Pauluswortes: Glie-der eines Leibes, dessen Haupt Christus ist« (Gebsattel 1949, S. 20 f). — Für die überzeugte Christin war der Religionsunterricht das »Herz der schulischen Arbeit«. Ihrem Verständnis ent-sprechend ist Religion nicht nur ein Unterrichts-fach, vielmehr bestimmt sie das ganze Leben ei-nes Menschen. Demzufolge kann die »Schule des erziehenden Unterrichts« ihre letzte Tiefe nur dann ausschöpfen, wenn Lehrer und Schüler bekenntnismäßig eine homogene Einheit bilden. Darum kämpfte G. für den Erhalt und Ausbau der Bekenntnisschulen, da nur sie den Religionsunterricht in den Mittelpunkt des gesamten Schulunterrichts rücken: - »Denn von ihm (dem Religionsunterricht; M. B.) gehen fortlaufend die belebenden Kräfte für den Geist der Klasse aus. In der Schule des erziehenden Unterrichts hat ja die Erziehung den Primat vor der Wissensaneignung, und die Erziehung wird verwirklicht in einer Lebensgemeinschaft, deren gestaltendes Prinzip das gegenseitige Dienen in gegenseitiger Verantwortlichkeit ist. — Vom Stoff des Religionsunterrichts aus, von dem Gebetsleben aus, das in ihm geformt wird, von den Gnadenmitteln der Kirche aus, zu denen die Schüler im Religionsunterricht hingeführt werden, kann und muß in der Bekenntnisschule die innere Haltung der Klasse, welche durch den erziehenden Unterricht gefordert wird, nicht nur bestimmt, sondern dauernd durch die Übung von Tugenden gekräftigt werden... So wird uns die Schule des erziehenden Unterrichts die Bekenntnisschule, die wir immer haben wollten, erst wirklich geschenkt« (Gebsattel 1949, S. 26).

Lit. (Ausw.): Blum, F.: Die Zinzendorfschule in Neuwied ein neuer Weg zur christlichen Schulerziehung, München 1932; — Gebsattel, M. v.: Schule des erziehenden Unterrichts (Grotschule), Paderborn 1949; — Pfeil, H.: Schule und Erziehung. Zum Gedenken an Maria von Gebsattel, Altötting 1978; — Grundschule an der Oselstraße (Hrsg.): 30 Jahre Oselschule, München-Pasing 1988; — Meyer, D.: Zinzendorf und die Herrnhuter Brüdergemeinde 1700-2000, Göttingen 2000; — Schwertberger, E.: Martha von Grot. Leben und Werk einer Reformpädagogin, München 1998 (unveröffentlichte Diplomarbeit); — o.V.: Sie behütete die Unbehüteten. Ruth Kannengießer und das Mädchenwohnheim. In: Pasinger Archiv, Jhg. 15, Jubiläums-Ausgabe 1996; München 1996, S.30-42; — Grundschule an der Oselstraße (Hrsg.): 1958-2008 50 Jahre Grundschule an der Oselstraße, München 2008; — o.V.: In der halben Welt eine Freundschaft fürs ganze Leben. Die 47er-Schülerinnen der Grotschule. In: Pasinger Archiv, Jhg. 27, Ausgabe 2008, S. 31-44.

Weblinks: http://de.wikipedia.org/wiki/Martha_von_Grot; http://de.wikipedia.org/wiki/Grundschule_an_der_Oselstra%C3%9Fe

Manfred Berger

GÜNTER, Heinrich, Dr. phil., Dr. theol. h.c., Historiker, * 15. Februar 1870 in Schelklingen bei Ulm, † 13. Mai 1951 in München, beerdigt in Stuttgart. — Nach privaten Lateinstunden beim Heimatkaplan, dem Besuch der Lateinklasse in Riedlingen und des Gymnasialkonvikts in Ehingen studierte G. in Tübingen Theologie (Theologenkonvikt Wilhelmstift). 1890 löste G. die Preisaufgabe der Tübinger philosophischen Fakultät über »Die römischen Krönungseide der deutschen Kaiser« und erhielt 1891 den Preis der Speyer'schen Stiftung. Wie viele Tübinger Theologiestudenten erwarb G. noch vor Abschluß seines Studiums 1893 in der Philosophischen Fakultät den philosophischen Doktorgrad. Nach dem Studium trat G. in das Rottenburger Priesterseminar ein, verließ dies aber noch vor der Weihe wieder. Sein Tübinger Doktorvater, Dietrich Schäfer (1845-1929), half G. über finanzielle Schwierigkeiten hinweg, in die er dadurch geraten war. Von 1894 bis 1895 erstellte G. die Archivordnung des Stadtarchivs in Rottweil. 1896 veröffentlichte er das »Urkundenbuch der Stadt Rottweil«. Im WS 1895/96 war G. zu Studien am Institut für österreichische Geschichtsforschung in Wien. 1897 habilitierte sich G. für mittelalterliche Geschichte und historische Hilfswissenschaften in Tübingen und übernahm als Privatdozent zunächst Vertretungsweise Vorlesungen in Geschichte. In Forschung und Lehre wandte sich G. nun der Hagiographie zu: WS 1901/02 Vorlesung: Mittelalterliche Heiligenleben, SS 1902 Vorlesung: Mittelalterliche Heiligenleben, WS 1903/04 Vorlesung: Heiligenlegenden, SS 1905 Vorlesung: Martyrerlegenden. 1902 wurde G. zum Extraordinarius für Geschichte ernannt. 1906 legte G. das Ergebnis seiner Forschungen in seiner Schrift »Legenden-Studien« vor. Der Inhalt dieses Buches hatte den Rottenburger Bischof Paul Wilhelm von Keppler (1852-1926) veranlaßt, durch den Direktor des Wilhelmstifts, Franz Xaver Reck (1853-1924), G. zu bitten, in der für das SS 1906 angekündigten Vorlesung von der kritischen Behandlung der Heiligenlegenden abzusehen, bis sich die infolge seines Buches zu erwartenden Erregungen gelegt haben würden. G. kam der Bitte nach. Die vom Bischof befürchteten Reaktionen auf G.s Legendenstudie trafen jedoch nicht ein. Für das WS 1907/08 kündigte G. daher erneut eine Vorlesung über Heiligenleben an. Bischof Keppler intervenierte erneut. Auch diesmal kam G. der Bitte nach, unterrichtete indes die philosophische Fakultät aber nicht von seinem Entschluß. Die Vorgänge wurden in der Öffentlichkeit bekannt und entfesselten eine wilde Agitation gegen die katholische Kirche. Dabei wurde die Angelegenheit zu einem Fall aufgespielt, zum Eingriff in die Freiheit der Forschung und Lehre an den deutschen Universitäten. Durch das Erscheinen des Dekretes Lamentabili Pius X. vom 3. Juli 1907 und durch die Publikation der Enzyklika Pascendi vom 8. September 1907 war die Atmosphäre besonders aufgeladen. Die Unruhen im Universitären Bereich wurden durch einen Ministererlaß am 11. Dezember 1907 wieder beigelegt. Dennoch war G. der Meinung, daß eine konfessionell gebundene Professur unvereinbar sei mit wissenschaftlicher Forschung und so war er entschlossen, sich um die erste, ihm zusagenden Stellung außerhalb der Universität, zu bewerben. Er sprach beim Ministerium vor und bewarb sich 1908 um eine Bibliothekarsstelle in Stuttgart. Auch Bischof Keppler lenkte ein und ersuchte G. in Tübingen zu bleiben. G. blieb. Im SS 1909 las er über Geschichte und Legende, im SS 1913 über Mittelalterliches Heiligenleben. Im WS 1923/24 wurde G. Professor für Geschichte in München und trat damit die Nachfolge von Hermann von Grauert (1850-1924) an. Er begann im WS 1923/24 mit einer Vorlesung über Mittelalterliches Heiligenleben. Von 1926 bis 1929 war G. Herausgeber des Historischen Jahrbuches. 1935 erfolgte seine Emeritierung. 1950 verlieh im die Universität München den Titel Dr. theol. h.c. G. starb am 13. Mai 1951 in München.

Werke: Urkundenbuch der Stadt Rottweil, Bd. 1 (Württembergische Geschichtsquellen 3), Stuttgart 1896; Das Münzwesen in der Grafschaft Württemberg, Stuttgart 1897; Zur Konversion Christoph Besold's, in: Akten des 5. internationalen Kongresses katholischer Gelehrten zu München vom 24. bis 28. September 1900, München 1901, 320-321; Heinrich Günter und Eugen Nägele, Regesten aus den älteren Urkunden des Spitalarchivs Tübingen, in: TBAW 3 (1900), 37-42; Kleinere Beiträge zur Geschichte des Schriftwesens in neuerer Zeit, in: WVLG 10 (1901), 280-284; Das Restitutionsedikt von 1629 und die katholische Restauration Altwirtembergs, Stuttgart 1901; Dorfordnung von Althausen OA Mergentheim erneuert am 9. Juli 1528, in: WVLG 12 (1903), 440-449; Das Mittelalter in der späteren Geschichtsbetrachtung. Eine akademische Antrittsrede, in: HJ 24 (1903), 1-14; Mittelalterliches Kleinstadttreiben, in: Reutlinger Geschichtsblätter 14 (1903), 21-26; Mittelalterliches Kleinstadttreiben. Vortrag, in: Schwarzwälder Bürgerzeitung vom 21. Juli 1903; Die Toleranz der Geschichte (Popularwissenschaftliche Vorträge 29, Stuttgart 1903; Der Ge-

ruch der Heiligkeit, in: Hochl. 1 II (1904), 73-77; Kaiser Heinrich II., der Heilige (Sammlung illustrierter Heiligenleben 1). Kempten/München 1904; Mühringer Hexenprozesse, in: Reutlinger Geschichtsblätter 16 (1905), 28-31; Altwürttembergische geistliche Gefälle, in: WVLG 15 (1906), 466-476; Legenden-Studien, Köln 1906; Franz Xaver Funk, Nachruf, in: Hochl. 4 II (1907), 107-109; Die Habsburger-Liga 1625-1635. Briefe und Akten aus dem Generalarchiv zu Simancas (Eberings Historische Studien 62), Berlin 1908; Die christliche Legende des Abendlandes (Religionswissenschaftliche Bibliothek 2), Heidelberg 1910; Legends of the Saints, in: CathEnc 9 (1910), 128-131; Abt Gerwig Blarer von Weingarten und die Gegenreformation, in: FS Georg von Hertling zum siebzigsten Geburtstage am 31. August 1913 dargebracht von der Görres-Gesellschaft zur Pflege der Wissenschaft im katholischen Deutschland, Kempten 1913, 342-349; Gerwig Blarer, Abt von Weingarten 1520-1567. Briefe und Akten, Bd. 1: 1518-1547 (Württembergische Geschichtsquellen 16), Stuttgart 1914; Die Krönungseide der deutschen Kaiser im Mittelalter, in: Forschungen und Versuche zur Geschichte des Mittelalters und der Neuzeit. FS Dietrich Schäfer zum siebzigsten Geburtstag dargebracht von seinen Schülern, Jena 1915, 6-39; Die römischen Krönungseide der deutschen Kaiser (Kleine Texte für Vorlesungen und Übungen, hg. von Hans Lietzmann 132), Bonn 1915; Das evangelische Kaisertum, in: HJ 37, 1916, 376-393; Die Toten von Lustnau, in: WVLG 25 (1916), 94-106; Hagiographisches, in: Archiv für Religionswissenschaft 19 (1918), 401-423; Zur schwäbischen Sagenkunde, in: Tübinger Chronik 75 (1919), Nr. 135 (14. Juni 1919); Gerwig Blarer, Abt von Weingarten und Ochsenhausen, Bd. 2: 1547-1567 (Württembergische Geschichtsquellen 17), Stuttgart 1921; Buddha in der abendländischen Legende?, Leipzig 1922; Der mittelalterliche Mensch, in: HJ 44 (1924), 1-18; Hermann Grauert. Nachruf, in: HJ 44 (1924), 169-196; Der heilige Kaiser Heinrich II. als Politiker, Bamberg 1924; Das Universitätsarchiv, in: Karl Alexander von Müller (Hg.), Die wissenschaftlichen Anstalten der Ludwig-Maximilians-Universität zu München. Chronik zur Jahrhundertfeier im Auftrag des akademischen Senats, München 1926, 1-3; Das Historische Seminar, in: Karl Alexander von Müller (Hg.), Die wissenschaftlichen Anstalten der Ludwig-Maximilians-Universität zu München. Chronik zur Jahrhundertfeier im Auftrag des akademischen Senats, München 1926, 193-199; Zur Kulturgeschichte [Sammelrezension], in: HJ 46 (1926), 602-630; Michael Doerberl, Nachruf; in: ZBLG 1 (1928), 133-135; Die Jahrhundert-Feier der Übertragung der Universität von Landshut nach München 26. und 27. November 1926, hg. vom Universitäts-Archivar [Heinrich Günter], München 1928; Deutsche Kultur in ihrer Entwicklung, Leipzig 1932; Das mittelalterliche Kaisertum (Münchener Universitätsreden 27), München 1933; Die Reichsidee im Wandel der Zeiten, in: HJ 53 (1933), 409-428; Der Patriziat Chlodwigs, in: HJ 54 (1934), 468-475; Das werdende Deutschtum und Rom. Von Einhard zu Widukind von Korvey (Münchener Historische Abhandlungen 1,6), München 1934; Die Bischöfe und die deutsche Einheit im Hochmittelalter, in: HJ 55 (1935), 143-159; Das deutsche Mittelalter 1. Hälfte: Das Reich. Hochmittelalter (Geschichte der führenden Völker 12), Freiburg i.Br. 1936; Das deutsche Fürstentum und die Reichspolitik im Hochmittelalter, in: HJ 57 (1937), 209-216; Das deutsche Mittelalter, 2. Hälfte: Das Volk. Spätmittelalter (Geschichte der führenden Völker 13), Freiburg i.Br. 1936; Geschichte der Stadt Schelklingen bis 1806, Stuttgart 1939; Kaiser Heinrich II. und Bamberg. Ein Vortrag, in: HJ 59 (1939), 273-290; Kaiser Otto der Große, Stuttgart/Berlin 1941; Hagiographie und Wissenschaft, in: HJ 62-69 (1949), 43-88; Psychologie der Legende. Studien zu einer wissenschaftlichen Heiligen-Geschichte, Freiburg i.Br. 1949; Entwicklung und Vorsehung in der Geschichte. Ein Geschichts-Ausschnitt (Bücher christlichen Lebens), Würzburg 1949; Johannes Haller. Nachruf, in: HJ 62-69 (1949), 931-932; Erich König, Nachruf, in: HJ 62-69 (1949), 941-943.

Lit.: Heinrich Schrörs, Zur Legendenforschung, in: Lit-Rdsch 32 (1906), 481-486; — F. R. [Philipp Funk], Legendenstudien, in: Renaissance 7 (1906), 645-654, 710-717; — Heribert Holzapfel, Legendenstudien, in: HJ 28 (1907), 423-424; — [Philipp] Funk, Legenden Studien, in: ThQ 88 (1906); — [Johann] Brunsmann, Legenden-Studien, in: ThPQ 60 (1907), 148-151; — J[osef] Forderer, Prof. Dr. Heinrich Günter 80 Jahre alt, in: Alamannenblätter. Mitteilungen des Hausvereins alter Tübinger Alamannen. NF 1, Tübingen 27. Dezember 1948; — Heinz Seewald, Die Vertretung der Geschichtswissenschaft an der Universität Tübingen in der zweiten Hälfte des 19. Jahrhunderts (1837-1907), Phil.-Diss., Tübingen 1950, 221-226; — Adolf Herte, Heinrich Günter, Das deutsche Mittelalter, in: ThGL 82 (1940), 167-168; — [N.N.], Prof. Dr. Heinrich Günter, in: Katholisches Sonntagsblatt 99, Stuttgart 1951, 339; — Max Spindler, Nachruf Heinrich Günter, in: ZBLG 16 (1951/52), 405-406; — Ders., Nachruf Heinrich Günter, in: ZWLG 12 (1953), 330-331; — Johannes Spörl, Heinrich Günter. Ein Nachruf, in: HJ 70 (1951), 3-14; — Ders., Art. Günter, in: LThK 4 (21960), 1275; — August Hagen, Der Reformkatholizismus in der Diözese Rottenburg (1902-1920), Stuttgart 1962, 43-50; — Georg May, Mit Katholiken zu besetzende Professuren an der Universität Tübingen von 1817 bis 1945. Ein Beitrag zur Ausbildung der Studierenden katholischer Theologie, zur Verwirklichung der Parität an der württembergischen Landesuniversität und zur Katholischen Bewegung (Kanonistische Studien und Texte, Bd. 28), Amsterdam 1975, 596-634; — Rudolf Reinhardt, Zu den Auseinandersetzungen um den »Modernismus« an der Universität Tübingen, in: Rudolf Reinhardt (Hg.), Tübinger Theologen und ihre Theologie. Quellen und Forschungen zur Geschichte der Katholisch-Theologischen Fakultät Tübingen (Contubernium 16), Tübingen 1977, 271-352; — Joachim Köhler, Heinrich Günters Legendenstudien. Ein Beitrag zur Erforschung historischer Methode, in: Georg Schwaiger (Hg.), Historische Kritik in der Theologie. Beiträge zu ihrer Geschichte (Studien zur Theologie und Geistesgeschichte des 19. Jahrhunderts, Bd. 32), Göttingen 1980, 307-337; — Wolfgang Weber, Biographisches Lexikon zur Geschichtswissenschaft in Deutschland, Österreich und der Schweiz. Die Lehrstuhlinhaber für Geschichte von den Anfängen des Faches bis 1970, Frankfurt a. M. u.a. 1984, 191; — Otto Weiß, Der Modernismus in Deutschland. Ein Beitrag zur Theologiegeschichte, Regensburg 1995; — Roland Engelhart, »Wir schlugen unter Kämpfen und Opfern dem neuen Bresche«. Philipp Funk (1884-1937). Leben und Werk (Europäische Hochschulschriftenreihe, Reihe III, 695), Frankfurt a.M. 1996; — Roland Engelhart, Zwischen Rebellion und Gehorsam. Zur Entlassung des Diakons Josef Heilig aus dem Priesterseminar Rottenburg (Europäische Hochschulschriftenreihe, Reihe III, 728), Frankfurt a. M. 1997, 32, 134.

Kathrin Brüggenthies

H

HABISREUTTINGER (oder HABISREITINGER / HABISREUTINGER), Columban, Taufname: Josephus, Benediktiner, * 1683 (Taufe 19.1.) in Immenstadt im Allgäu (Bayern), † 28.12. 1755. Eltern: Gregor Habisreitinger († 14.4. 1705), Müller und Ehefrau Catarina Stauder († 25.11. 1705). Eintritt in die Benediktinerabtei Zwiefalten am 1.1. 1702, Primiz 15.8. 1708. Über seine schulische und musikalische Ausbildung ist nichts bekannt. Möglicherweise besuchte er das Kolleg Ehingen, das von Zwiefalten geleitet wurde bzw. die Schule des Klosters. In der Abtei Zwiefalten war er als Professor der Philosophie und Theologie, Moderator clericorum und Novizenmeister tätig. Er beherrschte Griechisch, Französisch, Italienisch und war Musiker, Komponist und Schriftsteller. — Aus einem Schreiben des Zwiefalter Abtes

Beda Summerberger (Amtszeit: 1715-1725) geht hervor, daß sich P. Habisreuttinger um 1720 im Benediktinerinnenkloster Urspring aufhielt (möglicherweise als Beichtvater) und dort auch als Musiker in Erscheinung trat. 1727 und 1729-1739 war er Prior im Kloster Zwiefalten und 17 Jahre Beichtvater im Benediktinerinnenkloster Mariaberg, das mit dem unweit gelegenen Zwiefalten in enger Verbindung stand. Er wurde wenige Monate vor seinem Tode ins Kloster zurückberufen. Die Totenrotel sagt über ihn: »Iurium monasterii vindex acerrimus, quae non raro ad aulas principum missus tum coram, tum scriptis, erudite non minus quam docte tueri adlaboravit.« — P. Habisreuttinger befaßt sich in seinen literarischen Publikationen »Etwas für alle«, (1741ff.) und »Irrtum der Unwissenden«, (1746) mit moraltheologischen Fragen, seelsorgerischen Problemen und der Askese. Er wählt in den beiden Werken die Dialogform. Seine musikalischen Kompositionen sind offenbar bis auf die 1744 gedruckte Ariensammlung »Melodiae Ariosae« verloren. Die 114 Arien haben nach eigenen Angaben hauptsächlich didaktischen Zweck. Sie gehören als zweiter Band zu einer von ihm verfaßten deutschen Verssammlung, in der er die »Imitatio Christi« des Thomas von Kempen paraphrasiert. Seine deutschen Verse gehen wahrscheinlich auf die lateinischen Gedichte des aus Biberach stammenden Zwiefalter P. Thomas Mezler OSB († 1655) zurück, dieser hatte 1646 und 1649[2] (1724[3] posth.) die »Imitatio Christi« in Versen unter dem Titel »Venerabilis Viri Joannis Gersen, de Canabaco, Ordinis S. Benedicti, Abbatis Vercellensis De Imitatione Christi Libri Quatuor« herausgegeben - P. Mezler ging von der Autorschaft Abt Joh. Gersens de Canabaco aus. 1647/48 führte dies im Zusammenhang mit der jahrhundertelang geführten Diskussion über den wahren Urheber der »Imitatio« zu einem Monitum des Bischofs von Konstanz und einem entschuldigenden Antwortschreiben des Zwiefalter Abtes Ulrich IV.

Werke: Etwas für Alle. Das ist eine wohlgegründete Gewissens-Ruhe auf Theologisch- und Ascetische Lehren gesetzt ... mit Red und Widerred vorgetragen, Augsburg 1741[1]-1754[4]; Thomae a Kempis Imitatio Christi ... aus dem Original-Texte in teutsche Vers gebracht, Bd. I = Text, Bd. II = Melodieae ariosae, Arien mit Generalbaß, Augsburg 1744; Irrtum der Unwissenden in dem täglichen vorfallenden Handel und Wandel unter den Menschen betreffend die Noth- und Nutz-Lugen, die zweydeutige Reden ... in 20 Gesprächen zwischen Pithanophilo und Philaletho, Augsburg 1746.

Lit.: Catalogus Reverendorum ac Religiosum Patrum & Fratrum Imperialis Monasterii Zwifaltensis, Ulm 1751; — Ernst Ludwig Gerber, Neues historisch biographisches Lexikon der Tonkünstler II., Leipzig 1812, Sp. 459f.; — François Joseph Fétis, Biographie universelle des musiciens IV., Paris 1862, 171; — Hermann Mendel, Musikalisches Conversations-Lexicon IV., Berlin 1874, 469; — P. Utto Kornmüller, Die Pflege der Musik im Benedictiner-Orden, in: StMBO 2. Jg. II., 1, Würzburg, Wien 1881, 232; — August Lindner, Die Schriftsteller und die um die Wissenschaft verdienten Mitglieder des Benedictiner-Ordens im heutigen Königreich Württemberg vom Jahre 1750 bis zu ihrem Aussterben, in: StMBO 4. Jg. I./1, Würzburg-Wien 1883, 79f.; — Robert Eitner, Biographisches-Bibliographisches Quellen-Lexikon der Musiker und Musikgelehrten IV., Leipzig 1910, 442; — P. Pirmin Lindner, Profeßbuch der Benediktiner-Abtei Zwiefalten, Kempten u. München 1910, 66, Nr. 1464; — Alfons Krießmann, Geschichte der kath. Kirchenmusik in Württemberg, Stuttgart 1939, 62 u. 103; — Konrad Küster, Zwiefalter Klostermusik und oberschwäbische Musikgeschichte, in: Hermann Pretsch [Hrsg.], 900 Jahre Benediktinerabtei Zwiefalten, Ulm 1989, 238f.; — Torsten Mario Augenstein, Musik des 18. Jahrhunderts im oberschwäbischen Raum, P. Ernestus Weinrauch (1730-1793), St. Ottilien 2006, 35ff.; — BMLO [Bayerisches Musiker-Lexikon Online], h0036.

Torsten M. Augenstein

HANDLE, Augustinus (III.) OCist; * 9. November 1774, Hall i. Tirol; Abtwahl 13, Juni 1820 / 36. Abt des Zisterzienserstiftes Stams; † 12. Februar 1839, Stams. — Der in einer der größten Krisenzeiten des Tiroler Zisterzienserstiftes Stams zum Abt berufene H. wurde am 9. November 1774 als Sproß einer kleinadeligen Stamser Familie, die sich der Geschäfte halber in Hall i. Tirol aufhielt, dort geboren. In der Taufe erhielt er - wie das Stamser Profeßbuch vermerkt - den Namen Franz Vigil. Im Kloster zu Stams war wenig davor ein Knabenseminar eingerichtet worden (dazu vgl. S. Brunner, Ein Zisterzienserbuch. Würzburg 1881, 446), um begabten Knaben, die vielleicht schon früh Anlagen für einen möglichen Priesterberuf zeigten, eine erste Grundausbildung zu ermöglichen. Hier in dieser Lehranstalt fallen die Begabungen des Kindes auf; er schließt die ersten Studien sehr erfolgreich ab (»Franz Vigil, bereits in der Dorfschule viele Fähigkeiten und Lehrlust beweisend, fand in der Stiftschule bereite Aufnahme, und wurde mit entschiedenem Erfolge in der deutschen und lateinischen Sprache unterrichtet.« Abt Augustin III. von Stams [Nachruf]. In: Kaiserlich königlich privilegirter Bothe von und für Tirol und Vorarlberg, 13. Juni 1839 / Nr. 47, 188) . Mit dieser Grundlage kann er zum weiteren Schulbesuch nach Bozen übersiedeln, später wird er ins Gymnasium nach Innsbruck wechseln. Im Nachruf auf den in Stams verstorbenen Abt 1839 schreibt der Redakteur des ›Bothen‹, daß »Männer die ihn damals gekannt [haben], vorzüglich das ruhige Ebenmaß seines Studentenlebens rühmen« (ebd.). Er war Primus der Klassen, fleißig und so gar nicht angesteckt vom jugendlichen Übermut, wissen diese Quellen weiter zu berichten. — Der Nachruf gibt auch den Grund an, warum der junge Mann nach Schulabschluß um Aufnahme in der Stamser Zisterze gebeten haben soll: er sei so stark von den politischen Verhältnissen getroffen gewesen - Tirol wurde in jenen Jahren der bayrisch-französischen Verwaltung unterstellt, daß er ein ruhiges im Gegensatz zum unchristlichen Geist der Zeit stehendes Leben zu führen beschloß´. Am 11. November 1794 kleidet den Zwanzigjährigen der Stamser Abt Sebastian Stöckl (* 16. August 1752, Stans; Profeß: 22. September 1771, Priester: 17. September 1775, Trient; Abtwahl 20. September 1790/35. Abt von Stams; † 1819 November 10, Stams. Vgl. Album Stamsensis seu Catalogus religiosorum sacri et exempti Ordinis Cisterciensis archiducalis Monasterii B. V. Mariae et S. Joann. Bapt. in Stams. 1272-1898 [ed. K. Lindner]. Salzburg 1898, Nr. 629) ein und gibt ihn den Namen des Kirchenvaters Augustinus. Seine Ordensprofeß legte er vier Jahre später ab und begann darauf in Innsbruck an der Theologischen Fakultät der Jesuiten mit dem Studium von erst Philosophie und dann Theologie, daß er mit größtem Eifer betrieb: Nach nur zwei Studienjahren bestätigt die Innsbrucker Alma Mater den jungen Mönch, daß er fähig sei seinen jüngeren Mitbrüdern im Kloster an der damals existierenden theologischen Hauslehranstalt Einführungen in Dogmatik, Moral, Pastoral und Kirchenrecht zu lesen [Todesanzeige mit Curriculum Vitae Augustin Handle]. Stiftsarchiv Stams, Lade Rotulae. Abt Augustin III. von Stams 188). Im Jahr zuvor war er von Fürstbischof Franz II. Karl Lodron aus Brixen zum Priester geweiht worden, und vielerlei Hoffnungen wurden in seine Person gesetzt. Neben dem Lehramt, daß er betont

wichtig nahm - so der Nachruf im Bothen (ebd.) - wurde er 1896 zum Magister Novitiorum bestellt; damit war er in schwieriger Zeit verantwortlich für die Zukunft seiner Abtei. Im Stamser Nachruft (vgl. Rotulae StA Stams) wird dann gleich von der Berufung ins Priorat berichtet, er folgte P. Heinrich Weißkopf, der Pfarrer wurde, nach. Es war aber ein böses Jahr für das Kloster, wie für alle Tirolischen geistlichen Häuser - es tobte der bayrische Kirchensturm, der schließlich die Menschen im ganzen Land gegen die ungeliebten Bayern und Franzosen aufbringen sollte. Kaum im Amte wurde das Stift in Stams staatlicherweise unter Zwangsverwaltung gestellt, aufgelöst und die Güter und Ein-künfte dem josephinischen Religionsfond zugewiesen (vgl. O. Stolz, Geschichte des Landes Tirol. Quellen und Literatur, Land und Volk in geschichtlicher Betrachtung, allgemeine und politische Geschichte in zeitlicher Folge. Bd. 1, Innsbruck 1955, 584f). Und damit aus den arbeitsfähigen Mönchen wie es schon öfter vorkam nicht untätige Pensionäre würden, wurden diese verpflichtet einen Seelsorgsposten zu übernehmen. — Der spätere Abt wurde Seelsorger in Burgeis am Fuße des uralten Benediktinerklosters Marienberg, denn die angestammten Patres des Stiftes Marienberg waren im Kirchenkampf mit dem Churer Fürstbischof als Eidverweigere vertrieben worden [vgl. M. Blaas, Die »Priesterverfolgung« der bayerischen Behörden in Tirol 1806-1809. Der Churer Bischof Karl Rudolf von Buol-Schauenstein und sein Klerus im Vinschgau, Passeier und Burggrafenamt im Kampf mit den staatlichen Organen. Ein Beitrag zur Geschichte dieses Jahres 1809 (SchlSchr 277). Innsbruck 1986, 137-141. 305f. 354f). Indes war seine Zeit hier nur kurz, schon im Juli des Jahres berief ihn der diesen Teil Churs verwaltende Brixner Fürstbischof als Pfarrer und Dekan nach dem unweit gelegcnen Mals im Obervinschgau. Staatlicherseits, und das zeigt daß er trotz seiner konsequent kirchlichen Haltung aufgrund seines zugänglichen Wesens das Vertrauen der neuen Regierung Tirols besaß, wurde er zum Inspektor des Schulwesens in diesem Regierungsbezirk ernannt. Die Fülle der Aufgaben gerade in dieser politisch unruhigen Zeit meisterte er dann auch lange Jahre zu Zufriedenheit seiner kirchlichen wie staatlichen Vorgesetzten. Daß ihm aber etwas an der Stamser Abtei und noch mehr an den Mitbrüdern des zerstreuten Konventes lag zeigt der Umstand, daß er in ständiger Verbindung mit seinem Abt Sebastian - der war inzwischen auch in eine Stiftspfarre untergekommen - stand. Dieser wiederum erbat häufig den Rat seines Mitbruders. — Als in Tirol langsam wieder geordnete Verhältnisse entstehen, werden auch die aufgehobenen Prälaturen schrittweise wiederherrichtet. Stams wird durch allerhöchste kaiserliche Entschließung vom 12, Januar 1816 wiederhergestellt und Abt und Konvent in die - geschmälerten - Rechte wieder eingesetzt. Der Zisterzienser in Mals erwartet nun, daß der Abt ihn mit der Absicht ihn in Innsbruck als Dozent der Pastoral einsetzen zu können nach Stams berufen würde (vgl. Brief von Handle an Stöckl, 20. März 1816. StA Stams). Weil er aber gerne Dekan und Seelsorger ist, unternimmt H. seinerseits nichts, um ins Kloster heimkommen zu können, da er »1. [...] nur durch Gottes Fügung der Vorsicht hierher [nach Mals gekommen ist], und es ist dem Geiste Bernhard [Clairvaux] so wenig entgegen, auf höhere Fügung in der Seelsorge zu bleiben [...]«« (Brief von Handle an Stöckl, 5. Dezember 1817. StA Stams). Er hatte den Eindruck gewonnen, daß man ihn im Kloster nicht so richtig brauchen könne, warum sonst wollte der Abt dafür sorgen, daß er eine Professorenstelle in Innsbruck antrete? Da er gern in seiner Pfarre war, zog er den momentanen Zustand vor. Der Antrag von 1817 zur Rückkehr nach Stams, den H. wohl auf Verlangen von Abt Sebastian stellte, wurde von der Brixner Kurie abgewiesen, da auch die Vorgesetzen in der Diözese erkannten, welche gute Arbeit der Zisterzienser leistete. 1818, nach neuerlichem Antrag, wurde dem drängenden beschieden, er möge sich bis zur endgültigen Regelung der Diözesangrenzen in Tirol gedulden (vgl. A. Dörrer, Der Wandel der Diözesaneinteilung Tirols und Vorarlbergs. Ein Beitrag zur Geschichte des Verhältnisses von Kirche und Staat [Mit 6 Haupt- und 7 ihnen beigeordneten Nebenkärtchen]. In: Tiroler Heimat 27 (1953) 41–74) und seine Arbeit und wie bisher versehen. Erst im Februar 1820 kehrte der Mönch ins Kloster zurück, das ihm aber nicht mehr recht behagte, denn nach den langen Jahren der Aufhebung war die klösterliche Zucht auf niedriges Niveau gesunken. — Am 10. November 1819 stirbt Abt Sebastian Stöckl, und es ist unklar, wie es mit dem Stamser Konvent weitergehen würde. Die Disziplin im Haus ist schlecht, der Besuch des Chorgebetes eher sporadisch und auch die wirtschaftliche Seite ist bedenklich. Dazu kommt, daß es nicht sicher ist, ob überhaupt ein Nachfolger für den verstorbenen Abt gewählt werden kann, noch fehlen die bischöfliche wie die kaiserliche Zustimmung zum Wahlakt. Zudem war der Personalstand sehr niedrig, gerade einmal 28 Professmönche zählte der Konvent, darunter aber eine große Zahl tüchtiger Verwalter, Priester und Lehrer. Der Prior, P. Florian Grün, erreicht durch eine Petition nach Brixen und Innsbruck schlußendlich, daß eine Wahl vorgenommen werden darf. Im Mai 1820 kam die Mitteilung, daß der 13. Juni als Wahltag ausersehen sei und der bischöfliche wie kaiserliche Kommisär in Stams die Wahl leiten würden. Im ersten Wahlgang schon entfielen auf H. die notwendigen Stimmen, von den 28 Wählern schenkten dem erst sechsundvierzigjährigen Mitbruder 16 der 28 Wähler das Vertrauen und erwählten ihn damit zum Abt (vgl. Wahlakte Q.IV.n.105. StA Stams). Aufgrund der Unsicherheit und wohl auch im Bewußtsein, das es Leidensjahre werden würden, verweigerte der ›abbas electus‹ vorerst einmal die Annahme der Wahl. Erst auf Drängen der Mitbrüder, und auf das Versprechen hin, ihn besonders tatkräftig zu unterstützen, willfahrte er dem Wunsch des Konvents und nahm die Wahl zu Abt an. Die Benediktion am 2. Juli 1820 nahm der Brixner Fürstbischof Karl II. Franz von Lodron (1791-1828) höchstpersönlich vor und gestand dem neuen Abt von Stams wie den zur gleichen Zeit erwählten Wiltener Propst Alois Röggl, das sie beide seine Wunschkandidaten gewesen wären (vgl. Diarium Abt Augustinus III. Bd. 1 (E 5/1). StA Stams). — Die schwere Aufgabe, Stams nicht nur wirtschaftlich wieder zu sanieren sondern und vor allem das brach liegende geistliche Leben in seiner Abtei erneuern zu wollen, lag vor ihm. Dazu kam, daß gerade die wirtschaftliche Selbständigkeit durch eine eher säumige Restitution seitens des Guberniums in Innsbruck, die so manches Gut für den Religionsfond reklamierten, die Langmut des Prälaten auf eine äußerste Probe stellt. Die Sorge um klösterlichen Nachwuchs, um das regeltreue Leben und um die

Verantwortung in den zum Stift gehörenden Seelsorgen lag nun auf seinen Schultern. Er hatte nicht genügend Mönche zur Verfügung, um alle Aufgaben sogleich in Angriff zu nehmen, zudem war er - so belegen das Briefe an und von ihm - doch kein Oberer, der alles und jeden sofort in das Kloster aufnahm. Er bestand immer auf Zeugnisse und eine Prüfung bevor eine Zulassung zum Noviziat aussprach. Das in der Bayernzeit aufgelöste Hausstudium wollte er wieder herstellen, hatte aber mit Widerständen von den Jesuiten in Innsbruck zurechnen, aber auch im eigenen Konvent nicht genügend gut ausgebildete Lehrer, so daß dieser Plan nur langsam und schrittweise verwirklicht wurde. Überdies war die Klosterbibliothek wieder aufzubauen, sie wurde nach der Aufhebung 1807 mitsamt der Wiltener Bibliothek der Universität übergeben - der Verlust der Handschriften und Inkunabeln schmerzte sehr. Es war überhaupt schwer möglich, den alten Bestand wiederherzustellen, was in Jahrhunderten gesammelt war, ging endgültig verloren. Der Abt mußte von Grund auf neu beginnen die für ein Kloster unverzichtbare Einrichtung zu schaffen. In den fast 19 Jahren seines Abbatiates konnte das Zisterzienserstift unter der klugen Regierung H.s doch wieder an die alte, untergegangen geglaubte Tradition anschließen. Der Abt kümmerte sich um die Bildung seiner Religiosen - er lies eine Reihe von Mönchen zu Lektoren ausbilden (vgl. K. Neumüller, Abt Augustin III. Handle. Wiederherstellung der inneren und äußeren Ordnung im Stift Stams unter Abt Augustin Handle [1820?1839]. Dipl. masch, Innsbruck 1981, 100 [Liste der unter Augustin III. ausgebildeten Lektoren für die Lehranstalt]) ?, stellte auch die Seelsorge in den dem Stifte inkorporierten Kuratien und Pfarren sicher und konnte auch wieder wirtschaftlich Fuß fassen. Alles in allen darf Abt Augustin nach der Krisenzeit der Aufhebung durchaus als Wiederbegründer gesehen werden. Die ehrende Unterschrift unter seinem Portrait in der Bildergalerie der Stamser Äbte ist keinesfalls übertrieben. Darin wird er als »pastor exili sit fidelis & prudens« bezeichnet, und als Abt sei er ein »vere pater pius consolator« gewesen, der »auxit enim Conventum Fratribus, templum spoliatum sacrum multaque supellectili, bibliothecam operibus aedificia restauravit, & iniqui temporis

vulnera sarcevit« habe. Er wird als »Disciplinae relig. restitutor & servator, erudiens verbo & exemplo« gepriesen. Denn als H. am 12. Februar 1839 verstarb, konnte er darauf vertrauen, daß das Kloster, das er als seine Heimat und Zuflucht betrachtete, die kommenden, immer noch schweren Zeiten durch seine Arbeit und Mühsal wohl meistern würde. Abt Augustin III. liegt am Konventfriedhof in der dortigen Kapelle begraben.

Werke: Trauerrede auf Alphons II, Prälat von Fiecht, 21. Mai 1806; Trauerrede auf Markus Eggle, Prälat in Wilten, 24. Februar 1820; Primizpredigt auf Ludwig Theuille, Mals am 21. Januar 1821. Salzburg 1821; Das Nothwendigste für Eltern. Einige Erziehungsregeln. Brixen 1814; Wie man den Tag zubringen soll. O.O. O.J.; Ritus et Usus in festorum celebritate aliisque functionibus sacris et quaedam observantiae monasterii in Stams. O.O. 1833; Observanda circa Missas legendas ad usum sacerdotum Monasterii Stams. Innsbruck 1834. (Nach Album Stamsensis).

Lit.: Abt Augustin III. von Stams [Nachruf]. In: Kaiserlich königlich privilegirter Bothe von und für Tirol und Vorarlberg, 13. Juni 1839 / Nr. 47, 188. 17. Juni 1839 / Nr. 49, 192. 20. Juni 1839 / Nr. 48, 18896. 24. Juni 1839 / Nr. 50, 200. 27. Juni 1839 / Nr. 51, 284; — O. Stolz, Geschichte des Landes Tirol. Quellen und Literatur, Land und Volk in geschichtlicher Betrachtung, allgemeine und politische Geschichte in zeitlicher Folge. Bd. 1, Innsbruck 1955; — K. Neumüller, Abt Augustin III. Handle. Wiederherstellung der inneren und äußeren Ordnung im Stift Stams unter Abt Augustin Handle (1820-1839). Dipl. masch, Innsbruck 1981; — M. Blaas, Die »Priesterverfolgung« der bayerischen Behörden in Tirol 1806-1809. Der Churer Bischof Karl Rudolf von Buol-Schauenstein und sein Klerus im Vinschgau, Passeier und Burggrafenamt im Kampf mit den staatlichen Organen. Ein Beitrag zur Geschichte des Jahres 1809 (Schlern Schriften 277). Innsbruck 1986.

Wolfgang G. Schöpf

HANSON, John Frederick, * 2.8. 1841 in Stavanger (Norwegen), † 30.3. 1917 in Portland (Oregon). Missionar, Quäker. — John Frederick Hanson wurde 1841 im norwegischen Stavanger geboren und besuchte dort die öffentlichen Schulen. 1856 emigrierte er mit seiner Familie nach Minden, Iowa (USA). Dort heiratete er am 9. April 1862 in Oskaloosa Mary (geb. Hull), mit der er nach Portland (Oregon) zog. Ihre Kinder waren Endres und Bertha Centenella. Nach dem Tode seiner Frau 1877 heiratete Hanson am 2. November 1878 Alice Nicholson (1847-1931). 1879 wurde ihr Sohn Charles geboren, 1884 Marie. In Portland verstarb Hanson nach einer langen Krankheit 1917 im 76. Lebensjahr. — Seit 1868 war Hanson unter den Quäkern als

»Minister« (Prediger) anerkannt. Besonders setzte er sich innerhalb der Abstinenzbewegung für das Alkoholverbot ein. 1903 veröffentlichte er »Light and Shade from the Land of the Midnight Sun«, ein Buch über die Geschichte der Quäker in Norwegen. Fünf Mal reiste er im Laufe seines Lebens in seine Heimat, wo er für das Quäkertum warb. 1879 besuchte er und Alice Hanson die deutschen Quäker in Minden.

Werke: Notes on life history - John F. Hanson. O.O., um 1900; Light and shade from the land of the midnight sun. In two parts. Oskaloosa 1903; Skitser fra vennernes samfunds historie. Fra Vennen 1900-1902. As 1978.

Lit. (Auswahl): John Frederick Hanson. In: The Friend. A religious and literary journal, XCI, 14, 1917, 177; — Cadbury, Henry J.: The Norwegian Quakers of 1825. In: The Harvard Theological Review, XVIII, 4, 1925, 293-319; — Roberts, Arthur O.: John Frederick Hanson, a biographical study. Newberg 1988; — Roberts, Arthur O.: John Frederick Hanson. In: Birkel, Michael L.; Newman, John W. (Hrsg.): The Lambs' war. Quaker essays to honor Hugh Barbour. Earlham 1992, 143-172.

Claus Bernet

HARNACK, Ernst Wolf Alexander Oskar von. Jurist und religiöser Sozialist, * 15.Juli 1888 in Marburg † 5.März 1945 in Berlin-Plötzensee. — H. war Sohn des berühmten Theologen Adolf von H. (1851 - 1930), Professor für Kirchengeschichte und exponierter Vertreter der liberalen Theologie. H.'s Mutter war Amalie von H. (1858-1937), Tochter von Carl Thiersch (Prof. der Chirurgie), und Johanna Freiin von Liebig (Tochter des Chemikers Justus Freiherr von Liebig). Da H. senior 1888 an die Berliner Universität berufen wurde, siedelte die Familie nach Berlin über und bezog ein Haus in Grunewald, einem von bürgerlich-liberalen Akademikern geprägten Wohnviertel. Das Haus der Harnacks war Treffpunkt eines großen Kreises von Gelehrten, Politikern und Wirtschaftsführern. H. senior war von 1903-12 Präsident des Evangelisch-Sozialen Kongresses und seit 1910 Präsident der auf seinen Vorschlag gegründeten Kaiser-Wilhelm-Gesellschaft. 1914 wurde seiner Familie der erbliche Adel verliehen. H. wuchs im Berliner Grunewaldviertel auf. Hier lebten zur gleichen Zeit u.a. auch die Familien Mauthner (Fritz M., Philosoph). Planck (Max P., Physiker, 1918 Nobel-Preis). Delbrück (Hans D., Historiker, Sohn: Justus), von Dohnanyi (Ernst v. D., Ung. Komponist, Sohn: Hans), Benjamin (Emil B., Kaufmann, Sohn: Walter), Leibholz (William L., Direktor der Sommerfelder Tuchfabriken, Stadtrat in Bln.-Wilmersdorf. Sohn: Gerhard), und ab 1916 auch Bonhoeffer (Karl B., Prof. für Psychiatrie und Neurologie, Kinder.: Klaus, Dietrich, Christine, Ursula, Sabine). Die Söhne und Töchter dieser Familien lernten sich kennen, heirateten auch untereinander. Viele trafen sich später im Kampf gegen Hitler wieder. Auffällig ist, daß häufig über jeweils ihre Person verschiedene Bereiche und Gruppen der Opposition gegen Hitler (Militär, Bürgertum, SPD, Gewerkschaften, Kirche) miteinander in Kontakt standen. Charakteristisch für ihre Familien war, daß sie zwar durchaus standesbewußt waren, aber wenig Berührungsängste gegenüber Angehörigen anderer Klassen oder nicht-bürgerlichem Gedankengut hatten. Diese Sozialisation läßt sich am Beispiel von H. paradigmatisch nachvollziehen. Nach einjährigem Privatunterricht besuchte er das Joachimsthalsche Gymnasium, eine weit über Berlin hinaus berühmte Lehranstalt, wo er zu Ostern 1907 das Abitur ablegte, ohne besondere Schwierigkeiten, aber auch ohne Auszeichnung. Nach einer Italienreise begann er das Jurastudium in Marburg. Während seiner drei Semester an der Universität Marburg entwickelte sich ein enger Kontakt zu dem Professor für systematische Theologie und Herausgeber der Zeitschrift Christliche Welt, Martin Rade, eine Beziehung, die dreißig Jahre bestehen sollte. Anschließend studierte er noch vier Semester in Berlin, wo er am 6. Mai 1911 das erste juristische Staatsexamen ablegte. Danach begann er eine Ausbildung beim Amtsgericht in der damals noch selbstständigen Landgemeinde Groß-Lichterfelde. Hier wurde er erstmalig mit der Lebenssituation der Arbeiterschaft konfrontiert: »Zum ersten Male blickte er in die Welt der kleinen Leute mit ... ihren Sorgen, ... den Forderungen und Schulden. Er sah unendlich viel Mitleidwürdiges und unzählige Sachlagen, wo Hilfe notwendig und möglich gewesen wäre. Sein soziales Gewissen wuchs und verfeinerte sich in diesen Beobachtungen.« (A.v. Harnack, 1951, S.17). Vom 1. Oktober 1911 bis 30. September 1912 leistete er als Einjährig-Freiwilliger seinen Militärdienst beim Husaren-Regiment Nr.12 in Torgau. Anschließend trat er in den Preußischen Höheren Verwaltungsdienst ein und wurde Regierungsreferendar im Regierungsbezirk Oppeln (Oberschlesien, heute: Opole). Hier spezialisierte er sich, sensibilisiert durch seinen Onkel Hans Delbrück und Tagungen des »Evangelisch-Sozialen Kongresses«, auf Fragen der Behandlung der polnischen Bevölkerung sowie der Sozialpolitik. Zu seinen Aufgaben gehörte insbesondere die Betreuung der Bergarbeiter: die Fürsorge im Allgemeinen sowie die Bekämpfung des Alkoholismus im Besonderen. Die nächste Station seines Referendariates war das Landratsamt Zabze/Oberschlesien. Dort lernte er seine spätere Frau Änne Wiggert kennen. Über ihren Vater, den Direktor der staatlichen Bergwerke, erhielt H. weitere Einblicke in den oberschlesischen Bergbau. Vom 2. August 1914 bis 1916 nahm H. am ersten Weltkrieg an der Westfront teil, u.a. in Verdun, zuerst als Bataillonsadjutant, dann, nach seiner Beförderung zum Leutnant, als Gerichtsoffizier. Er erhielt das eiserne Kreuz II. Klasse und eine Lebensrettungsmedaille. Nach dem Bericht seines Bruders Axel haben H. die Kriegserlebnisse aufs tiefste erschüttert und auch innerlich verändert. Nervliche Überreizung und Überanstrengung führten dazu, daß er in die Zivilverwaltung des Generalgouvernements Warschau abkommandiert wurde. Hier war er beim Zivilbeauftragten in Russisch-Polen tätig. Bei seiner zivilen Tätigkeit als Gehilfe des Kreischefs von Lipno entsetzte ihn das Treiben der deutschen Besatzungsmacht in Polen. Versuche, hier positiv verändernd einzugreifen, scheiterten. Er heiratete am 29. März 1916 in Hindenburg/(Oberschlesien) Anna (Änne) Wiggert (* 5. Oktober 1894 in Göttelborn, Landkreis Ottweiler, Saarland; † 22. August 1960 in Berlin-Zehlendorf), die Tochter des Königlich Preußischen Geheimen Oberbergrats Ernst Wiggert und seiner Gattin Elisabeth Schmidt. Aus der Ehe H.'s gingen zwei Söhne und drei Töchter hervor. Die Tochter Irene kam 1924 im Alter von 3 1/2 Jahren bei einem Verkehrsunfall ums Leben und der Sohn Helmut fiel 1942 an der Ostfront. 1918 legte H. die 2. juristische Staatsprüfung ab und wurde als Regierungsassessor zur Regierung in Potsdam versetzt. Er bearbeitete dort Steuerfragen beim Bezirksausschuß. Ein Jahr später, nach dem Zusammenbruch des Kaiserreiches, wechselte er nach Berlin ins Kultusministerium, wo er persönlicher Referent des sozialdemokratischen Ministers Konrad Haenisch wurde und seine

Verwaltungskenntnisse vervollkommnete. Am 24. Januar 1921 wurde er zum Regierungsrat befördert. Nach den im Krieg gemachten Erfahrungen trat H. 1919 in die SPD ein. Für den Kreis, dem er durch Geburt und Erziehung angehörte, war dies ein ungewöhnlicher und auffallender Schritt. Nach anfänglichen Schwierigkeiten als bürgerlicher Akademiker in der Arbeiterpartei, konnte er auf ihrem rechten Flügel Fuß fassen und wurde schließlich zum Stadtverordneten in Potsdam gewählt. Sein besonderes Anliegen in der Parteiarbeit war die Überwindung der ablehnenden Haltung maßgeblicher Parteikreise gegenüber Kirche und Religion. Auf einer Veranstaltung der Stettiner Jungsozialisten führte er im Jahr 1921 aus: »Wenn die Sozialdemokratische Partei die Kirche nicht in irgendeiner Form übernimmt, ist ihr Ende bald abzusehen. Keine Partei kann ohne das Wort Gottes lange bestehen.« (A.v.Harnack, 1951, S.26). — Diese Grundgesinnung führte er 11 Jahre später, mitten im Abwehrkampf gegen den Nationalsozialismus, in einem Artikel mit dem programmatischen Titel »Sollen wir die evangelische Landeskirche dem Faschismus ausliefern?« (in: SDAV, Nr. 39/1932 vom 25.9. 1932) genauer aus: »Brüderliche Gesinnung und Tatbereitschaft sind die Kennzeichen jeder echten sozialistischen Gemeinschaft. Dereinst glaubte man, daß die Antriebe zu solchem Verhalten nur aus materieller Not auf dem Wege über vernunftgemäße Überlegungen kämen. Unsere Generation weiß, daß starke Quellen sozialistischen Handelns der Tiefe des Gemüts und des Herzens entspringen. Es geht ein Hungern und Dürsten nach Gerechtigkeit durch die Welt, das aus leiblichen Nöten keineswegs allein erklärt werden kann. Wir zählen in unseren Reihen Tausende und Abertausende, die aus dem Gefühl oder Bewußtsein religiöser Verpflichtung heraus zu Arbeitern im Weinberge des Sozialismus geworden sind. Wer unsere Bewegung kennt, der weiß, daß es nicht die schlechtesten Arbeiter sind.« Harnack publizierte auch in der Zeitschrift »Die Glocke«, die ein intellektuelles Organ der SPD-Rechten war. H. arbeitete mit ganzer Kraft sowohl für die junge Republik wie auch die Partei. Sehr hart traf ihn der Kapp-Putsch, da er ein solches Ereignis in der Republik nicht mehr für möglich gehalten hatte. Gleichzeitig mit seinem Parteieintritt nahm H.

Kontakt zu Günther Dehn und dem »Bund sozialistischer Kirchenfreunde«, der Vorläufergruppe der Berliner Religiösen Sozialisten, auf. Hier avanciert er schnell, da er den BRSD intellektuell verstärkte, wie sich Günter Dehn erinnerte: »Dankbar war ich für die Mitarbeit von Ernst v. Harnack, damals Referent im Kultusministerium, und Dr. Jäschke, dem jetzigen Professor für orientalische Sprachen in Münster/Westf., durch die der Bund ein höheres geistiges Niveau erhielt.« (Dehn, S.214). Nach der Bildung des Berliner »Bund religiöser Sozialisten (BRSD)« war H. neben Dehn 1921 Mitglied des Vorstandes. Durch den Kontakt zu Martin Rade und die Prägung durch seinen Vater nahm er früh an den Tagungen des »Evangelisch-Sozialen Kongresses« teil. Ebenso war er Mitglied der »Vereinigung zur Bekämpfung des Antisemitismus.« Auch als er 1921 als kommissarischer Landrat in Hersfeld (Regierungsbezirk Kassel) berufen und wenig später endgültig gewählt wurde, blieb er aktiv im religiös-sozialistischen Sinne. Große Beachtung schenkte er den evangelischen Pfarrern und deren Anliegen. Daneben initiierte er in Hersfeld Gruppen religiöser Sozialisten und vertrat sie als Ortsgruppe überregional im Vorstand des BRSD. Seine Tätigkeit als Landrat fand allgemeine Anerkennung. Seine Leitlinie beschreibt sein Bruder folgendermaßen: »Eine starke und gerechte Verwaltung, welche in die Aufgaben des Tages in den engen Verhältnissen des kleinen Bezirkes politische Gesichtspunkte möglichst wenig hineinspielen läßt. Der gesunde Menschenverstand soll das Maß aller Dinge sein.« Vom 15. August 1921 bis 9. November 1923 und vom 1. Juni 1924 bis 31. Mai 1925 war er als Landrat im Landkreis Hersfeld tätig, zwischenzeitlich war er kommissarischer Landrat des Landkreises Randow bei Stettin. Seine Arbeitsschwerpunkte waren hier die Oder- und Ostseeschiffahrt, Probleme des polnischen Korridors und die beginnende Landwirtschaftskrise; wobei er wegen des Widerstandes der Junker im Kreistag schließlich gehen mußte. Am 1. Juni 1925 wurde er zum Regierungsvizepräsidenten in Hannover ernannt. Die gleiche Funktion übernahm H. am 1. April 1927 in Köln. Am 8. August 1929 wurde H. zum Regierungspräsidenten von Halle-Merseburg berufen. Während dieser Zeit lernte er Carl Friedrich Goerdeler kennen, der

1930 Bürgermeister von Leipzig wurde. Halle-Merseburg war nach Düsseldorf der zweitgrößte Regierungsbezirk Preußens. In dem stark industrialisierten Gebiet (dort befanden sich u.a. die Leuna-Werke) erlebte H. die Folgen der Wirtschaftskrise und das Erstarken des Nationalsozialismus innerhalb der traditionell stark kommunistisch orientierten Arbeiterschaft besonders drastisch. Mit seinen Mahnungen und Warnungen vor der Skrupellosigkeit der Nationalsozialisten auch in der eigenen Partei nicht unumstritten, wurde er vor allem von Seiten des »Stahlhelms« und der studentischen Verbindungen angegriffen. Das Amt des Regierungspräsidenten von Halle-Merseburg übte er bis zum 21. Juli 1932 aus. Seine Dienstentlassung erfolgte nach dem so genannten Preußenschlag. Am 20.7.1932 erklärte Reichskanzler Franz von Papen den Preußischen Ministerpräsidenten Otto Braun und den Preußischen Innenminister Carl Severing (beide SPD) per Notverordnung für abgesetzt. Auch H. wurde an diesem Tag in den einstweiligen Ruhestand versetzt, 1933 folgte mittels des »Gesetzes zur Wiederherstellung des Berufsbeamtentums« die endgültige Pensionierung. Er zog daraufhin nach Berlin. Hier wurde er sofort als religiöser Sozialist aktiv und knüpfte damit an seine Aktivitäten von Halle und Köln an. Als er von Hersfeld nach Köln versetzt wurde, hatte er sich umgehend in der von Georg Fritze geleiteten Kölner BRSD-Organisation engagiert. Für sie war er vor allem aktiv durch Vorträge, Schulungen und Öffentlichkeitsarbeit. Die Bedeutung H.'s für den Kölner BRSD unterstreicht seine Mitgliedschaft im 5-köpfigen Wahlausschuß, der für den BRSD die Kölner Kirchenwahl im November 1928 organisierte und koordinierte. Wahrscheinlich wurde er bei dieser Wahl selbst in die Kirchenvertretung gewählt. »Beachtet den Etat, seid wachsam! Interessant der Vorstoß des Kölner 2.Regierungspräsidenten Genossen v. Harnack. Dieser geschulte Verwaltungsbeamte bezeichnet kurz-bündig die Etats der Kirchengemeinden als schlampig. In Ehrenfeld wurde der Etat abgelehnt!« (SDAV, Nr.46 v. 11.11. 1928). Auch in Halle wurde er für den BRSD tätig. Hier bildete sich eine BRSD-Ortsgruppe erst 1930, nachdem H. dort Regierungspräsident geworden war. Er leitete am 29.10. 1930 in der Aula des Lyzeums die erste religiös-sozialistische Veranstaltung in dieser Stadt, die am 29.1. 1930 mit Emil Fuchs als Redner zum Thema »Marxismus und Christentum« stattfand. Bis zu seiner Übersiedlung nach Berlin blieb er in der Ortsgruppe des BRSD aktiv, der er den nach Halle übergesiedelten Günter Dehn zuführte. Im September 1932 entstand eine eigenständige BRSD-Ortsgruppe in Berlin-Zehlendorf, die wesentlich von H. geleitet wurde. Im Kirchenwahlkampf 1932 war H. nicht nur in Berlin maßgebend tätig, sondern reiste als Referent in fast alle Teile des Reiches. So sprach er u.a auf der Wahlkundgebung des BRSD in Brieg/Schlesien am 30.10. vor über 600 Teilnehmern. Während der gesamten Weimarer Republik war er profilierter Sozialdemokrat und in den letzten Jahren in der antifaschistischen Arbeit der »Eisernen Front« engagiert. Anläßlich seiner Versetzung in den einstweiligen Ruhestand würdigte das sozialdemokratische »Volksblatt« in Halle am 23.7. 1932 den »Genossen von Harnack« fast überschwänglich und hob besonders auf den Religiösen Sozialisten ab. Zutreffend wird dabei H.'s Weg von der liberalen Theologie seines Vaters zum religiösen Sozialismus nachgezeichnet. »Daß Ernst von Harnack als einer der Ersten der Diktatur zum Opfer fallen würde, war zu erwarten. War er doch bürgerlicher Renegat. Und nie haßt das Bürgertum inniger und verbissener, als dann, wenn ein Bürgersohn angeekelt die bürgerliche Gesellschaft verläßt, um dem Volk zu dienen. ... Er aber kam zu uns, weil sein Pflichtgefühl ihn mit uns verband, weil das Bekenntnis zu uns letzte moralische Konsequenz seiner Weltanschauung sein mußte. ... Man nimmt es Harnack besonders übel, daß er als Sohn eines Theologen von Weltbedeutung Sozialist werden konnte. Weiß man denn, wer dieser Theologe war? Man stelle ihn sich nicht als den landläufigen Pfaffen vor, der um seiner fetten Pfründe willen zum nationalistischen Hetzapostel wird, der die Kanzel mit Politik und Kriegsgeschrei besudelt. Adolf von Harnack, wohl der bedeutendste Kirchenhistoriker, den Deutschland jemals gehabt hat, hat in seinem Werk die Grundlagen der liberalen Kirchenidee geschaffen, er war der Mittelpunkt und der leuchtende Stern des kirchlichen Liberalismus. Wer sein Werk kennt, der wird den Weg seines Sohnes zum Sozialismus als eine natürliche Weiterentwicklung verstehen. So wie der Vater praktisches Christentum, den Dienst am Menschen und Bruder lehrte, so wurde für den Sohn der Sozialismus letzte Möglichkeit der Tat im christlichen Sinne. ... Die Persönlichkeit Harnacks stellt die vollkommene Synthese zwischen bester bürgerlicher Kultur und sozialistischer Weltanschauung dar.« (Harnack, 1989, S.22). In der Endphase der Weimarer Republik bildete sich von Berlin ausgehend ein »Evangelischer Friedensbund«, der mit dem »Friedensbund deutscher Katholiken« und dem »Jüdischen Friedensbund« eine »Arbeitsgemeinschaft der Konfessionen für den Frieden« bildete. H. war Gründungsmitglied. Bis zur Auflösung des BRSD blieb Harnack Funktionär und bemühte sich vor allem um inhaftierte Genossen. Seine Kontakte in die Ministerien ermöglichten es ihm, nach dem 30. Januar 1933 jüdischen und anderen verfolgten Freunden zu helfen. Diese Arbeit trug ihm im Juli 1933 eine zweiwöchige Haftstrafe ein. Zu den von März bis Juli 1933 Betreuten gehören unter anderen: - D. theol. Emil Fuchs, der »unzulässiger politischer« Äußerungen beschuldigt wurde und sich in Berlin fünf Wochen in Untersuchungshaft befunden hatte. Die geplante Verteidigung vor dem Sondergericht scheitert jedoch an H.'s Verhaftung. — Pastor em. Hans Francke, eine der wichtigsten Persönlichkeiten der Religiösen Sozialisten in Berlin. Francke war unter der Anschuldigung verhaftet worden, eine unrichtige Darstellung über seine erste Festnahme am 6.3. 1933 verbreitet zu haben. H. begleitete den schwer Herzkranken als juristischer Beistand und bewirkte seine Entlassung. — Theodor Leipart (Vorsitzender des Allgemeinen Deutschen Gewerkschaftsbundes ADGB) und Peter Grassmann (Stellvertreter von Leipart), die beide bei der Besetzung der Gewerkschaftshäuser am 2.5. 1933 durch die SA festgenommen worden waren. Grassmann und H. kannten sich aus Beratungsgesprächen während der Versuche zur Abwehr der Besetzung des Ruhr-Gebietes durch französische und belgische Truppen 1923. — Dr. Carlo Mierendorff, SPD-Reichstagsabgeordneter und Reichsbanner-Führer. Bei seiner Verhaftung in Darmstadt war er unter Sprechchören der SA durch die Straßen geführt und zum Schluß verprügelt worden. — Johannes Stelling, 1919/20 Innenminister und 1921-24 Ministerpräsident von Mecklenburg-Schwerin. Zuletzt hauptamtliches Mitglied im Parteivorstand der SPD, nicht wie der übrige Vorstand nach Prag ins Exil ausgereist. Außerdem war er Reichsbannerführer und wurde nach der NS-«Machtübernahme« von SA während der »Köpenicker Blutwoche« umgebracht. H. versuchte, seine Mörder zu finden und wurde deswegen 1933 mehrere Wochen inhaftiert. Sehr früh erhielt das Züricher Büro der religiös-sozialistischen Internationale Informationen über die deutschen Konzentrationslager, u.a. durch eine Erhebung, die H. bereits im Juni 1933 durchführte. Vertrauenswürdige BRSD-Genossen bekamen von ihm einen Fragebogen zugeschickt, in dem es unter anderem hieß: »Bitte nehmen Sie sich des beifolgenden Fragebogens an, setzen Sie sich mit allen Ihnen erreichbaren Persönlichkeiten in Verbindung, die Bescheid wissen könnten. Es liegt mir sehr daran, schon bis Freitag, den 16. VI. einiges Material in die Hand zu bekommen. ... 1.) Wo sind Schutzhäftlinge in der dortigen Gegend untergebracht? Angabe der betr. Konzentrationslager und Gefängnisse mit Belegungsstärke, Aufgliederung der Häftlinge nach Geschlecht, Konfession und polit. Parteien.« Bereits Mitte 1933 veröffentlichte die RS-Internationale Berichte aus den deutschen Konzentrationslagern, die sie aus Kreisen des BRSD bekam. Um politisch Verfolgten wirksam helfen zu können, scheute H. sich nicht, auch zu überzeugten Nationalsozialisten in der Verwaltung Kontakt zu halten, wie etwa ab 1938 zu Werner Best. H.'s materielle Situation war in den ersten Jahren nach der Entlassung in Merseburg durch eine - allerdings strafgeminderte Pension - nicht bedrohlich. So konnte er wissenschaftlich arbeiten. Bis 1936 schrieb er seine Erfahrungen aus 16 Jahren Verwaltungstätigkeit in dem Buch »Praxis der Öffentlichen Verwaltung«, einer Art Allgemeinen Verwaltungslehre, nieder. Die Verbreitung des Werkes wurde dann allerdings von der Reichsschrifttumskammer untersagt - und zwar ausdrücklich nicht wegen des Inhalts, sondern wegen der politischen Vergangenheit des Autors. Vom Sommer 1937 bis zum Frühjahr 1938 arbeitete H. in der Datenverarbeitungs-Firma Adrema als angelernter Arbeiter. »Wir haben eine Arbeitszeit von brutto 8 1/2 h Stunden. Ich bin wahrhaft konzentriertes Arbeiten gewöhnt, hätte aber nie gedacht, wie schwer es ist, sich von intensiver geistiger Arbeit im engeren Sinne (d.h. von intensivem Assoziieren und

Kombinieren) auf intensive gleichmäßige Arbeit umzustellen, ganze Teile des Gehirns gewissermaßen stillzulegen und andere mit der Präzision von Maschinenteilen arbeiten zu lassen. ... Aber dann weiß man auch, was 'Pause' oder gar Feierabend bedeutet.« (zit. nach A.v.Harnack 1989, 118ff). Zur Zeit des Nationalsozialismus war H. Gräberkommissar. Er legte für Berlin eine Gräberkartei an und beaufsichtigte ab 1938 die großflächigen Umbettungen, die für Albert Speers Welthauptstadt Germania angeordnet worden waren. Nach der Arbeit an der Grabstätten-Denkschrift für Albert Speer von 1941-43 betätigte sich H. ab Oktober 1943 noch für die Firma Brose & Seng (Außenstelle Tirol), die gemeinnützige Werbung für die deutsche Bergwirtschaft betrieb. H. war während all dieser Jahre in Widerstandsaktivitäten involviert. Seine Vettern Arvid (Rote Kapelle), Falk Harnack (Weiße Rose) und Dietrich Bonhoeffer waren ebenfalls im Widerstand. H. bildete in der Illegalität ein wichtiges Scharnier zwischen verschiedenen Widerstandsgruppen, in denen religiöse Sozialisten aktiv waren. Emil Fuchs, Mitglied des letzten Bundesvorstandes des BRSD und von den Nazis abgesetzter Professor, lebte nach 1933 in Berlin. In seiner Autobiographie nimmt er auf die Widerstandskreise Bezug. »Ich führte die Verbindung mit meinen SPD-Freunden weiter. Es war vor allem Bernhard Göring und sein Kreis illegaler Arbeit, zu dem ich gehörte. Doch auch Ernst v. Harnack und sein Kreis standen mir nahe, so daß ich oft den Vermittler von Nachrichten zwischen ihm und Bernhard Göring machen konnte. Durch ihn erhielt ich Mitteilung über das, was man im Kreis des 20. Juli gegen Hitler plante. (Emil Fuchs, Mein Leben, 2. Band, S.263). 1942 wurde Arvid Harnack in Verhören mehrmals nach H., seinem Cousin, befragt. Er ließ diesem über den Gefängnispfarrer Harald Poelchau eine Warnung zukommen, sofort ins Ausland zu gehen, wenn auch nur das Geringste gegen ihn vorliege. Da H. sich in keiner Verbindung zu dem Prozeß gegen seinen Vetter sah (dessen Mitarbeit in der »Roten Kapelle« wurde erst nach 1945 bekannt), befolgte er die Warnung nicht und blieb in Berlin. Am 20. Juli 1944 erfuhr H. auf der Rückfahrt von seiner Arbeitsstätte in Tirol nach Berlin vom Scheitern des Attentats. Trotz eigener Gefährdung versuchte er den Mitverschwörern zu helfen, insbesondere setzte er sich für die in Sippenhaft genommenen Kinder Julius Lebers ein. Als H. selbst von der Gestapo gesucht wurde, versteckte er sich bei seinem Freunde, dem religiös-sozialistischen Pfarrer Arthur Rackwitz, den er zwei Jahrzehnte vorher im BRSD kennen gelernt hatte, in dessen Neuköllner Pfarrhaus. Dort wurde er am 29. September 1944 festgenommen. Rackwitz wurde ebenfalls verhaftet, da er H. Unterschlupf gewährt hatte, und in den Pfarrerblock des KZ Dachau gebracht, wo er bis zur Befreiung blieb. H. wurde in Berlin inhaftiert und nach intensiven Verhören zum Tode verurteilt. Der Bonhoeffer-Biograph Eberhard Bethge (1989, 180f) berichtet von H.'s letzten Tagen im Gefängnis. Unter dem Eindruck der nahenden russischen Front lockerten einige Aufseher die Bewachung etwas, so daß im Gefängnis eine Abendmahlsgemeinde entstehen konnte. Oblaten ließ ein ebenfalls einsitzender katholischer Geistlicher von einem der Wächter ins Gefängnis schmuggeln. »Auch zum Wein kommen wir. Ernst v. Harnack, zum Tode verurteilt, wird verlegt. 'Verlegen' sagt man ihm und uns, die wir ihm die Sachen zusammensuchen helfen und heruntertragen. Man gibt sich Mühe, in der quälenden Stunde des Abschieds das zu glauben. Wie alle in dem ungleichen Kampf um das Leben hatte auch er die begehrlichen Wächter mit diesem und jenem, was seine Frau herantragen konnte, bestochen; dadurch konnte er wohl manche vorübergehende Erleichterung erfahren, aber doch nichts verhindern. So findet sich bei ihm eine Flasche Wein, und ehe sich die Wache mit dem Besitz des Toten eine unwürdige Szene machen kann, nehme ich sie für meine und des Paters Zwecke. Sie wird uns lange dienen.« H. wurde am 5. März 1945 in Berlin-Plötzensee ermordet. Sein Leichnam wurde an unbekannter Stelle verscharrt. Ein Familiengrab auf dem Friedhof Zehlendorf, Onkel-Tom-Straße, führt auch seinen Namen auf.

Werke: Sozialisten als Beamte, in: Die Glocke. Jg. 5 Nr. 18 v. 2.8., Berlin1919; Religion und Sozialismus, in: Deutsche Allgemeine Zeitung v. 9.4.1920 (Nachdruck 1966 im Ev. Pfarrerblatt, 8 Jg. Berlin/DDR, 1966); Zu dem Thema: Kirche und Sozialdemokratie, in: ChW, Nr. 19/1920; Die kommunistische Massenflucht, in: Die Glocke. Jg. 7 Nr. 5 v. 2.5., Berlin 1921; Der Fall Lensch, in: Die Glocke, 8. Jg., Berlin 1922; Häusliche Sorgen, in: Die Glocke, 8. Jg., Berlin 1923; Staatssekretär Dr. Dietrich Freund, in: Die Glocke, Nr. 50 v. 12.3.1924; Sozialismus als tägliche Aufgabe, in: Sonntagsblatt des arbeitenden Volkes (SDAV), Nr.46; Karlsruhe 1928; Die Staatsführung in der Zeitwende: Rede z. Gedächtnis d. Frh. vom Stein bei d. amtl. Verfassungsfeier in Halle (Saale) am 11. Aug. 1931, Merseburg 1931; Sollen wir die evangelische Landeskirche dem Faschismus ausliefern?, in: SDAV), Nr. 39 vom 25.9., Mannheim 1932; Sollen wir die evangelische Landeskirche dem Faschismus ausliefern?, in Vorwärts (Berlin), 10. September 1932, ebenso im Recklinghäuser Volksfreund Nr.266 v.11.11.1932 und in der Westfälischen Allgemeinen Volkszeitung (Dortmund), Nr.266 v. 11.11.1932; Internationalismus. - Rede auf dem Internationalen Forum der Amerikanischen Kirche in Berlin, in: SDAV, 14. Jg. Nr.50 v. 11.12., Mannheim 1932; Bestand und Erhaltung der bedeutsamen Grabstätten und Friedhöfe in Groß-Berlin. Denkschrift im Auftrag des Generalbauinspektors für die Reichshauptstadt. Teil 1-3, Berlin 1941-1943, im Bestand des Landesarchivs Berlin; Die Praxis der Öffentlichen Verwaltung, Berlin 1936; Briefe aus ihren Jugendjahren: Johanna Thiersch, geborene Freiin von Liebig ; 1848-1855.« Für d. Familie zsgest. zum Gedächtnis ihres 100. Geburtstages 20. Nov. 1836. 1936 . Als Ms. vervielfältigt. B.-Zehlendorf, o.J.; Die Praxis der Öffentlichen Verwaltung, 2. durchges. Aufl., Schwenningen 1951.

Lit.: Axel von Harnack: Ernst von Harnack 1888-1945. Ein Kämpfer für Deutschlands Zukunft. Schwenningen 1951; — Emil Fuchs Mein Leben, Bd.1/2., Leipzig 1957/ Bd.2. Leipzig 1959; — Max Rehm: Ernst von Harnack; Leben u. Vorbild e. Verwaltungsbeamten, in: Zeitschrift für Verwaltungsrecht u. Verwaltungspolitik - Die Öffentliche Verwaltung, H. 1-2.1958. Stuttgart, 1958; — Günther Dehn: Die alte Zeit - Die vorigen Jahre, München 1964; — Ricarda Huch: Bilder deutscher Widerstandskämpfer, in: Gesammelte Werke Bd. V., Köln 1966; — Hans-Rainer Sandvoß: Widerstand in einem Arbeiterbezirk, Berlin 1983; — Johannes Jänicke: Ich konnte dabei sein, Berlin 1986; — Hans-Rainer Sandvoß: Widerstand in Steglitz und Zehlendorf, Berlin 1986; — Gustav-Adolf von Harnack (Hg.): Ernst von Harnack: Jahre des Widerstands 1932-1945, Pfullingen 1989; — Eberhard Bethge: In Zitz gab es keine Juden. Erinnerungen aus meinen ersten vierzig Jahren. München 1989; — Hans-Rainer Sandvoß: Widerstand in Neukölln, Berlin 1990; —Andreas Matschenz: Ernst von Harnack und die Berliner Gräberkartei. In: Berlin in Geschichte und Gegenwart. Jahrbuch des Landesarchivs Berlin, Berlin 1992; — Lexikon des Widerstandes, München 1994; — Ulrich Peter: Entstehung und Geschichte des Bundes der religiösen Sozialisten in Berlin 1919-1933, Frankfurt 1995; — Walter Killy und Rudolf Vierhaus (Hg.): Deutsche Biographische Enzyklopädie München 1996; — Hermann Weiß (Hg.): Biographisches Lexikon zum Dritten Reich, Frankfurt am Main, 2002; — Ulrich Peter: Anpassung, Bekennende Kirche und politischer Widerstand. Die religiösen Sozialisten im Dritten Reich, in: In: Traugott Jänichen/ Norbert Friedrich (Hg.) Sozialer Protestantismus im Nationalsozialismus, Münster 2003; — Harry Balkow-Gölitzer / Rüdiger Reitmeier et al.: Prominente in Berlin-Grunewald und ihre Geschichten, Berlin 2006.

Ulrich Peter

HARRIS, James Rendel, * 27.1. 1852 in Plymouth, † 1.3. 1941 in Birmingham. Archäologe, Paläograph, Patristiker, Bibelwissenschaftler, Quäker. — James Rendel Harris war der zweite Sohn von Henry Marmaduke und Elizabeth Corker Harris (geb. Budd). Er wurde 1852 im englischen Plymouth geboren. Dort besuchte er zunächst die Plymouth Grammar School und war dann er von 1870 bis 1875 Student und ab 1875 Fellow des Clare College in Cambridge. Dort hatte er unter anderem Mathematik studiert, wodurch er sein einzigartiges Talent ausbildete, Dinge und Zusammenhänge seinen Lesern und Zuhörern klar und deutlich vor Augen zu führen. 1882 bis 1885 unterrichtete er Ethik, Logik und Altgriechisch an der amerikanischen Johns Hopkins Universität in Baltimore, 1882 bis 1892 lehrte er am Haverford College in Pennsylvania. In diesen Jahren versuchte er, so oft wie nur irgend möglich, Zeit im Nahen Osten zu verbringen. 1889 besuchte er das Katharinenkloster am Berg Sinai und entdeckte dort knapp fünfzig wertvolle altsyrische, hebräische, arabische, armenische und äthiopische Handschriften, die er nach Haverford mitnahm und edierte. Diese Funde waren die Grundlage seiner wissenschaftlichen Karriere. Von 1893 bis 1903 war Harris, um seine Handschriftenedition vorantreiben zu können, als Lecturer in Paläographie an der Cambridge University angestellt. 1909, nachdem er »Odes and Psalms of Salomon« publiziert hatte, begab er sich den Winter über in den Nahen Osten, um nach weiteren Handschriften zu suchen. 1917 erlitt ein Schiff, auf dem sich Harris befand, während des Krieges einen Torpedotreffer, und Harris entging auf einem Rettungsboot nur knapp dem Tode. Im folgenden Jahr trat Harris eine Stelle als Kurator der fernöstlichen Handschriftenabteilung an der John Rylands Library in Manchester an. 1925 kehrte er nach Birmingham zurück, wo er 1933 in Folge einer Operation seine Sehkraft verlor. Obwohl er blind und fast taub wurde, ließ seine Geistesschärfe nicht nach, sein nach vorne weisendes Motto war »Gebe der heutige Tag uns seine neue Entdeckung«. Harris verstarb mit 89 Jahren am 1. März 1941 in Birmingham. — James Rendel Harris war maßgeblich von der evangelikalen Bewegung seiner Zeit ergriffen und fühlte sich besonders von Dwight L. Moody (1837-1899) sowie vom »Holiness Movement« des Ehepaares Robert (1827-1899) und Hannah Pearsall Smith (1832-1911) angesprochen. Obwohl er bereits in Cambridge die Andachten der Quäker besuchte und dort auch Wortbeiträge beisteuerte, konnte er sich aus Mißtrauen gegenüber jeder Form von religiöser Institution zu keiner Mitgliedschaft durchringen. Eine Mahnung eines Lehrers der Ackworth-Schule, daß es nicht loyal sei, die Früchte der Gemeinschaft zu ernten ohne für sie Verantwortung zu übernehmen, erschütterte Harris tief und er trat 1885 den Quäkern bei. Schon 1884 war ihm erlaubt worden, der englischen Jahresversammlung beizuwohnen und 1886 wurde er von dem Cambridge Huntingdon Monthly Meeting als »Minister« (Prediger) geführt. Seine Erfahrungen mit den Quäkern waren ambivalent. Gemeinsam mit Joseph John Gurney (1788-1847) und John Wilhelm Rowntree (1868-1905) vertrat er die Meinung, daß die Quäker nicht so sehr der wohlgeordneten Predigt vertrauen sollten, sondern deutlicher die spontane, prophetische Offenbarung zu Worte kommen lassen sollten. An den Jahresversammlungen und an den Geschäftsversammlungen der Quäker kritisierte er bald, daß dort zwar wichtige Zeitfragen aufgegriffen wurden, sich aber die Versammlung zu oft in langatmige Diskussionen verlieren würde. Aus diesem Grund zog er sich aus den Geschäftsversammlungen zurück. Eine etwas bessere Meinung hatte er von seiner eigenen lokalen Quäkerversammlung in Selly Oak (Birmingham), doch am meisten lag ihm der individuelle persönliche Austausch mit den Quäkern am Herzen. Für die Quäker begab Harris sich in Begleitung seiner Frau Helen (1841-1914, Hochzeit 1880) 1896 in den Nahen Osten, um Hilfsarbeit unter den Armeniern zu leisten. 1912/13 reiste er mit dem Quäkertheologen Stephen Hobhouse (1881-1961) nach Konstantinopel. Unter Leitung seiner Frau setzte er sich auch für eine Linderung der Leiden der Buren, besondere der Kinder und Frauen, in den britischen Konzentrationslagern ein. Harris wurde 1903 der erste Direktor des neugegründeten Bildungszentrum Woodbrooke in Birmingham, wo er versuchte, das Interesse der Schüler für spirituelle, historische und intellektuelle Belange des Quäkertums zu wecken. — James Rendel Harris war einer der bedeutendsten Wissenschaftler, den die Quäker jemals hatten. Er verkörperte wie kein anderer Quäker die besten Seiten des viktorianischen Gelehrtentums. Dennoch unterschied er sich in manchen Punkten von seinen akademischen Zeitgenossen. Besondere Wertschätzung erteilte er einem unabhängigen Urteil. Bewertungen in Form von Noten lehnte er ab. An seiner Gelehrsamkeit war, selten genug, nichts Distanzierendes oder gar Abstoßendes. Junge wie Alte, Arme wie Reiche, Gebildete wie Ungebildete - sie alle fühlten sich von Harris angezogen, wurden respektiert und respektierten ihn gleichermaßen. Sein Einfluß reichte weit über die Quäker hinaus in alle anderen christlichen Religionsgemeinschaften. Sein wissenschaftliches Werk auf dem Gebiete der Paläographie gab wichtige Impulse insbesondere bezüglich der Wertschätzung von Handschriften als Artefakte ebenso wie seine Arbeiten zur Bedeutung der Pilgrim Fathers; seine Beiträge zu religionsethischen Fragen, insbesondere im christlich-muslimischen Dialog, sind aktuelle wie nie zuvor. Insbesondere ist es dem italienischen Wissenschaftler Alessandro Falcetta zu verdanken, durch Beiträge und neue Quelleneditionen das Bewußtsein für das Erbe von Harris zu schärfen.

Werke: New Testament autographs. Baltimore 1882 (The American Journal of Philology, Suppl. zu III, 12); A declaration of faith, and some remarks thereupon. (Baltimore) (1883); Three pages of the Bryennios manuscript including the last verses of the Epistle of Barnabas, the superscription and opening of the first epistle of Clement. Edited with notes by J. Rendel Harris Associate Professor of New Testament Greek and Paleography (Cambridge, Mass.). Baltimore 1885; Conflate readings of the New Testament. In: American Journal of Philology, VI, 1, 1885, 25-40; Abbot, Ezra: Notes on Scriveners' 'Plain introduction to the criticism of the New Testament«, third edition. Chiefly from memoranda of the late Prof. Ezra Abbot. With additions from Profs. Harris and Warfield and Dr. C. R. Gregory, edited by Joseph Henry Thayer. Boston 1885; The teaching of the Apostles and the Sibylline books. Cambridge 1885; Fragments of Philo Judaeus. With two fac-similes, etc. Gr. and Lat. Cambridge 1886; The teaching of the apostles (...). Newly edited with facsimile texts and a commentary, for the Johns Hopkins University, Baltimore, from the ms. of the holy sepulchre, (Convent of the Greek Church), Jerusalem, by J. Rendel Harris. London 1887; Preparation for the ministry of the word. In: Addresses delivered before New York Yearly Meeting of Friends. Under the auspices of the Committee on Education and the Committee on Evangelistic Work, 1887. New York (1887), 9-17; The origin of the Leicester Codex of the New Testament. London 1887; The 'sortes sanctorum' in the St. Germain Codex (g 1). In: American Journal of Philology, IX, 1888, 58-63; The rest of the words of Baruch. A Christian apocalypse of the year 136 A.D. The text revised, with an introduction. London 1889; Library of the convent of the Holy Sepulchre at Jerusalem. In: Haverford College Studies, I, (1889), 1-17; Harris, James Rendel; Gifford, S. K.: The acts of the martyrdom of Perpetua and Felicitas. The original Greek text now first edited from a ms. in the library of the convent of the Holy Sepulchre at Jerusalem. London 1890; Biblical fragments from Mount Sinai. Hrsg. von James Rendel Harris. London 1890; The Diatessaron of Tatian. A preliminary study. London 1890; The rest of the words of Baruch. In: Haverford College Studies, II, 1890, 1-64; Harris, James Rendel; Gifford, S. K.: Passion of Perpetua. In: Haverford College Studies, III, (1891), 1-73; Codex Bezae. A study of the so-called western text of the New Testament. Cambridge 1891 (Text and Studies. Contributions to Biblical and Patristic Literature; II, 1). Nendeln 1967[2]; The Codex Sangallensis (Delta). A study in the text of the old Latin Gospels. London 1891; Some interesting Syrian and Palestinian inscriptions. London 1891; The apology of Aristides on behalf of the Christians. From a Syriac ms. preserved on Mount Sinai. Ed. with an introd. and transl. by J. Rendel Harris. With an appendix containing the main portion of the original Greek text by J. Armitage Robinson. Cambridge 1891 (Text and Studies, I). Cambridge 1893[2]. Nendeln 1967[2]. Piscataway 2005[3]; Memoranda sacra. London 1892 (Devotional Library Series, II). London 1893[2]. London 1896[3] (Devotional Library Series, II). London 1907[4] (Devotional Library Series, II); Specimens of uncial lectionaries from Mount Sinai. In: Haverford College Studies, IV, (1892), 64-77; The Diatessaron of Tatian. In: Haverford College Studies, V, (1893), 1-68; The structure of the Gospel of Peter. In: The Contemporary Review, LXIV, 1893, 212-236; On the origin of the Ferrar-Group. A lecture on the genealogical relations of New Testament mss. delivered at Mansfield College, Oxford, on Nov. 6th, 1893. London 1893; A popular account of the newly-recovered Gospel of St. Peter. London 1893; Stichometry. Part I. In: American Journal of Philology, IV, 2, 1893, 133-157; Stichometry. Part II. In: American Journal of Philology, IV, 3, 1893, 309-331; Apology of Aristides. In: Haverford College Studies, VI/VII (1894/95), 1-118; Harris, James Rendel; Burkitt, F.(rancis) C.(rawford); Bensly, R.(obert) L.(ubbock) (Hrsg.): The four Gospels in Syriac transcribed from the Sinaitic palimpsest. Cambridge 1894; Four lectures on the western text of the New Testament. London 1894; Appendix (...) fragments, chiefly Greek. Catalogued by J. R. Harris. In: Saint Catherine: Catalogue of the Syriac mss. in the covent of S. Catharine on Mount Sinai. Hrsg. von Agnes Smith Lewis. London 1894, (95)-123 (Studia Sinaitica, I); Union with God. A series of addresses. London 1895. London 1896[2]. London 1898[3]; A new patristic fragment. In: The Expositor, VI, 6, 1895, 448-455; Ephraem: Fragments of the commentary of Ephrem Syrus upon the Diatessaron. Hrsg. von James Rendel Harris. London 1895; The blessed virgin in the Talmud. In: The Expositor, IX, 9, 1895, 191-199; IX, 11, 1895, 350-356; The guiding hands of God. London 1895. London 1904 (Little Books of the Devout Life X). London 1905 (Little Books of the Devout Life X). London 1907[8]; New Testament authors. Baltimore, um 1895; Study of Codex Bezae. In: Haverford College Studies, VIII, (1896), 1-272; Hermas in Arcadia and other essays. Cambridge 1896; Some notes on the Logia. In: Independent,

XLIX, 1897, 17; Codex Sangallensis. In: Haverford College Studies, IX, (1897), 1-56; Harris, James Rendel; Harris, Helen Balkwill: Letters from the scenes of the recent massacres in Armenia. London 1897; Lepsius, Johannes: Armenia and Europe. An indictment. Hrsg. von James Rendel Harris. London 1897. MF Cambridge 1997 (The Nineteenth Century, no. N1110118); Some interesting Syrian and Palestinian inscriptions. In: Haverford College Studies, X (1898), 1-35; The new Aquila finds. In: Independent, L, 1898, 8; Recovery of an early Jewish document. In: Independent, L, 1898, 18-19; A study in letter-writing. In: The Expositor, XLV, 9, 1898, 161-180; The Homeric centones and the acts of Pilate. London 1898; Epaphroditus, Scribe and Courier. In: The Expositor, XLVIII, 12, 1898, 402-410; The story of Ahikar. From the Aramaic, Syriac, Arabic, Armenian, Ethiopic, old Turkish, Greek and Slavonic versions. By F. C. Conybeare, J. Rendel Harris, Agnes Smith Lewis. London 1898. London 1913[2]; The life of Francis William Crossley. Hrsg. von James Rendel Harris. London 1899. London 1899[2]. London 1900[3]. Philadelphia 1900. London 1901[4]; On certain obscure names in the New Testament. A problem in palaeography. In: The Expositor, III, 3, 1900, 161-177; A further note on the names of the two robbers in the Gospel. In: The Expositor, IV, 4, 1900, 304-308; Two important glosses in the Codex Bezae. In: The Expositor, XI, 11, 1900, 394-400; A further note on the use of Enoch in 1 Peter. In: The Expositor, XXIII, 11, 1901, 346-349; The Gospels of the twelve apostles together with the apocalypses of each of them. Edited from the Syriac ms. with a translation and introduction by Rendel Harris. Cambridge 1900; Further researches into the history of the Ferrar-Group. London 1900; The influence of quietism on the Society of Friends. A lecture delivered at Bryn Mawr College on April 30th, 1900. Philadelphia (1900); The problem of the address in the second epistle of John. In: The Expositor, XV, 3, 1901, 194-203; An unobserved quotation from the book of Enoch. In: The Expositor, XXI, 9, 1901, 194-199; The annotators of codex Bezae. With some notes on sortes sanctorum. London 1901; 'Our Lord' in the Lewis palimpsest. In: Expository Times, XIII, 1901/02, 283-284; A curious Bezan reading vindicated. In: The Expositor, V, 3, 1902, 189-195; On a recent emendation in the text of St. Peter. In: The Expositor, Apr. 1902, 317-320; The Oxford Peshito. In: London Quarterly Review, 3rd Ser., VII, 1, 1902, 99-107; The recent history and present status of the English curriculum. In: School Review, X, 1902, 566-573; The history of a conjectural emendation, XXXV, 11, 1902, 378-390; The Dioscuri in Christian legends. London 1903; Preface. In: Thomas, Richard Henry: Richard H. Thomas: Life and letters. By his wife. Philadelphia 1905, v; The present state of the peace question. An address by J. Rendel Harris, at the Temperance Hall, Birmingham, on January 31st, 1905. London 1905; Introductory letter. In: Campbell, John Alston: In the shadow of the crescent. London (1906), v-vi; The cult of the heavenly twins. With seven plates. Cambridge 1906. Cambridge 1928[2]; Prefatory note. In: Perris, Henry Shaw: The cult of the rifle and the cult of peace. London (1907), 9-10; Aaron's breastplate, and other addresses. London 1908 (Books of the Inner Life, III); Side-lights on New Testament research. Seven lectures delivered in 1908, at Regent's Park College, London. London 1908 (The Angus Lectureship,

VI); The Odes and Psalms of Salomon. Published from the Syriac version. Cambridge 1909. Cambridge 1911[2]. Cambridge 1912[3]; An early Christian Psalter. London 1909. London 1910[2]. Cambridge 1911[3]; Professor Dr. Rendel Harris responded. In: Kirchliches Komitee zur Pflege freundschaftlicher Beziehungen zwischen Gross-Britannien und Deutschland von Friedrich Siegmund-Schultze (Hrsg.): Friendly relations between Grat Britain and Germany. Souvenir volume of the visit to Germany of representatives of the British Christian churches June 7th to 20th 1909. Berlin 1909, 137-139; An early Christian hymn-book. In: The Contemporary Review, XCV, 1909, 414-428; Three Woodbrooke liturgies. Arranged by Rendel Harris. London 1909. London 1914[2]; Ein jüdisch-christliches Psalmbuch aus dem ersten Jahrhundert. Aus dem Syrischen übersetzt von Johannes Flemming. Bearbeitet und herausgegeben von Adolf Harnack. Leipzig 1910 (Texte und Untersuchungen zur Geschichte der altchristlichen Literatur, V, 4); New light on the book of Jashar. A study of 3 Regn. VIII 53b LXX). In: The Journal of Theological Studies, XI, 44, 1910, 518-532; On an obscure quotation in the first epistle of Clement. In: The Journal of Biblical Literature, XXIX, 1910, 190-195; Two flood-hymns of the early church. In: Expositor, Nov. 1911, 405-417; Primitive lectionary notes in the Psalm of Habakkuk. In: The Journal of Theological Studies, XII, 46, 1911, 191-213; Introduction. In: Gibson, Margaret Dunlop; Ishodadh: Translation. Cambridge 1911, xi-xxxii (The Commentaries of Isho'dad of Merv, Bishop of Hadatha (c. 850 A.D.) in Syrica and English, I / Horae Semiticae, V); Introduction. In: Gibson, Margaret Dunlop; Isho-dadh: Matthew and Mark in Syriac. Cambridge 1911, xi-xxxii (The Commentaries of Isho'dad of Merv, Bishop of Hadatha (c. 850 A.D.) in Syrica and English, II / Semitic Hours. Horae Semiticae, VI); Harris, James Rendel; Gibson, Margaret Dunlop; Isho-dadh: Luke and John in Syriac. Cambridge 1911 (The Commentaries of Isho'dad of Merv, Bishop of Hadatha (c. 850 A.D.) in Syrica and English, III. Semitic Hours. Horae Semiticae, VII); Preface. In: Thomson, Mary Horner: Environment and efficiency. A study in the records of industrial schools and orphanages. London 1912, v-vii (Birmingham Studies in Social Economics and Adjacent Fields, I); Odes. O.O. 1912; Some notes on the verse-division of the New Testament. Boston (1912); Tributes. In: Stanley, John: 'Lest we forget'. A commemoration of the 2000 ministers who left their livings - were ejected! On St. Bartholomew's Day, 1662. Rather than 'make a nick in their consciences.' London (1912), 5; Boanerges. Cambridge 1913; Prefatory letter from Dr. Rendel Harris. In: Wilson, William Ernst: Christ and war. The reasonableness of disarmament on Christian, humanitarian and economic grounds. A peace study text-book. London 1913, i-iv. London 1914[2], i-iv; The doctrine of immortality in the odes of Solomon. London 1913 (Little Books on Religion); Introduction. In: Gibson, Margaret Dunlop; Isho-dadh: Acts of the apostles and three Catholic epistles. Cambridge 1913, x-xv (The Commentaries of Isho'dad of Merv, Bishop of Hadatha (c. 850 A.D.) in Syrica and English, IV / Horae Semiticae, X); On the name 'Son of God' in northern Syria. In: Zeitschrift für die neutestamentliche Wissenschaft, XV, 2, 1914, 98-113; The sufferings and the glory. With other Woodbrooke addresses. London 1914; St. Luke's version of the death of Judas. In: The

American Journal of Theology, XVIII, 1, 1914, 127-131; An inquiry into the departmental system. In: Journal of Elementary School, XV, 6, 1915, 323-330; Harris, James Rendel; Gibson, Margaret Dunlop; Isho-dadh: The epistles of Paul the apostle in Syriac. Cambridge 1916 (The Commentaries of Isho'dad of Merv, Bishop of Hadatha (c. 850 A.D.) in Syrica and English, V, 1 / Semitic Hours. Horae Semiticae, XI); Introduction. In: Gibson, Margaret Dunlop; Isho-dadh: The epistles of Paul the apostle in English. Cambridge 1916, ix-xviii (The Commentaries of Isho'dad of Merv, Bishop of Hadatha (c. 850 A.D.) in Syrica and English, V, 2 / Semitic Hours. Horae Semiticae, XI); Harris, James Rendel; Mingana, Alphonse: The Odes and Psalms of Salomon. Re-edited for the governors of the John Rylands Library. Bdd. II. Manchester 1916-1920; Checking the Eugene results in spelling. In: School and Society, IV, 100, 1916, 832-834; Testimonies. Bdd. II. London 1916-1920; Picus who is also Zeus. Cambridge 1916; The origin of the cult of Artemis. A lecture delivered at the John Rylands Library on the 14. March, 1916. In: The Bulletin of the John Rylands Library Manchester, III, 1916, 354-381; The origin of the cult of Apollo. In: The Bulletin of the John Rylands Library Manchester, III, 1916, 10-47; Foreword. In: Robson, S. Elizabeth: Joshua Rowntree. London 1916, 11-12; The Odes of Salomon. In: The Bulletin of the John Rylands Library Manchester, II, 1916, 48-50; Introduction. In: Cadbury, Maria Hotham: The life of Amanda Smith: 'The African Sybil, the Christian Saint'. Birmingham 1916, o.S.; The origin of the cult of Dionysos. In: The Bulletin of the John Rylands Library Manchester, II, 1917, 114-128; The origin of the cult of Aphrodite. A lecture. In: The Bulletin of the John Rylands Library Manchester, III, 4, 1917, 354-381; The origin of the prologue to St. John's Gospel. Cambridge 1917. ND Ann Arbor 1979; The ascent of Olympus. Manchester 1917; Ulysses to his friends. Birmingham 1917; Foreword. In: Catchpool, Corder: On two fronts. Letters of a conscientious objector. London 1918, 5-6. London, um 1940[3], 5-6. ND London 1971, 5-6; Metrical fragments in III Maccabees. In: The Bulletin of the John Rylands Library Manchester, V, 3/4, 1919, 195-207; Appendices I: The legal processes against the Pilgrims. In: Wood, Herbert George: Venturers for the kingdom. A study in the history of the Pilgrim fathers. London 1919, 227-239. London 1920[2]; The origin of the doctrine of the Trinity. A popular exposition. Manchester 1919; The return of the 'Mayflower'. An interlude. Manchester 1919; Origin and meaning of apple cults. Manchester 1919; Leyden documents relating to the Pilgrim fathers. Permission to reside at Leyden and betrothal records, together with parallel documents from the Amsterdam archives. Facsimile, transcript, translation and annotations by Dr. D. Plooij of Leyden and Dr. J. Rendel Harris of Manchester; under the auspices of the Netherlands America Institute. Leyden 1920; The last of the 'Mayflower'. Manchester 1920; The documents concerning the appraisement of the 'Mayflower'. Hrsg. von James Rendel Harris. Manchester 1920 (Souvenirs of the 'Mayflower' Tercentenary, I); Refusal of the Leyden authorities to expel the pilgrims. Hrsg. von James Rendel Harris. Manchester 1920 (Souvenirs of the 'Mayflower' Tercentenary, II); The marriage certificate of W. Bradford and Dorothy May. Manchester 1920 (Souvenirs of the 'Mayflower' Tercentenary, III); The Plymouth copy of the first charter of Virginia. Hrsg. von James Rendel Harris. Manchester 1920 (Souvenirs of the 'Mayflower' Tercentenary, IV); Three letters of John Eliot, and a bill of lading of the 'Mayflower'. In: The Bulletin of the John Rylands Library Manchester, V, 1920, 102-110; An unidentified papyrus in the new Oxyrhynchus volume (vol. xiii). In: The Bulletin of the John Rylands Library Manchester, V, 1920, 386-387; The woodpecker in human form. In: The Bulletin of the John Rylands Library Manchester, V, 1920, 480-496; The origin and meaning of apple cults. In: The Bulletin of the John Rylands Library Manchester, V, 1920, 29-74; The masque of the apple. Assisted by the students of Woodbrooke, Kingsmead, Carey Hall, and West Hill. Manchester 1920; The finding of the 'Mayflower'. London 1920; Souvenirs of the 'Mayflower' tercentenary. Hrsg. von James Rendel Harris. New York 1920; Stirling, W. Edward: The Mayflower. A play of the Pilgrim fathers, in four acts and a prologue and epilogue. By W. Edward Stirling and Alfred Hayes, with a foreword by Dr. Rendel Harris. London 1920; Parry, Hugh: The historical pageant of the 'Mayflower' (...). With a foreword (...) scene and epilogue by Dr. J. Rendel Harris. London (1920); The Mayflower song book. Prepared for the tercentenary of the sailing of the Mayflower in 1620, by J. R. Harris with the assistance of C. Bonner. London (1920); Marcion's book of contradictions. In: The Bulletin of the John Rylands Library Manchester, VI, 3, 1921, 289-309; Notes on the Clementine romances. In: Journal of Biblical Literature, XL, 1921, 125-145; An interesting confirmation. In: The Bulletin of the John Rylands Library Manchester, VI, 1921/22, 545-546; On a lost ms. of Dr. Adam Clark's. In: The Bulletin of the John Rylands Library Manchester, VI, 1921/22, 365-369; Celsus and Aristides. In: The Bulletin of the John Rylands Library Manchester, VI, 1/2, 1921/22, 163-175; Harris, James Rendel: The pilgrim press. A bibliographical and historical memorial of the books printed at Leyden by the Pilgrim Fathers. With a chapter on the location of the pilgrim press in Leyden by D. Plooij. Cambridge 1922 (Bibliotheca Bibliographica Neerlandica, XXIII). Nieuwkoop 1987[2]; Stoic origins of the prologue to St. John's Gospel. In: The Bulletin of the John Rylands Library Manchester, VI, 1922, 439-451; Stoic origin of the fourth Gospel. In: The Bulletin of the John Rylands Library Manchester, VI, 1922, 439-451; Athena, Sophia and the Logos. In: The Bulletin of the John Rylands Library Manchester, VII, 1, 1922, 57-72; Introductory note. In: Plooij, Daniel: A primitive text of the Diatessaron. The Liège manuscript of a medieval Dutch translation, a preliminary study. Leyden 1923, 1-4; A new Christian apology. In: The Bulletin of the John Rylands Library Manchester, VII, 3, 1923, 355-383; An archaeological error in the text of Philo Judaeus. In: The Classical Review, XXXVIII, May/June, 1924, 61-63; 'Deissman and the holy grail'. In: The Expository Times, XXXV, 1924, 523-524; Tatian: Perfection according to the Saviour. In: The Bulletin of the John Rylands Library Manchester, VIII, 1, 1924, 15-51; As pants the hart and other devotional addresses. London 1924; The quest for Quadratus. In: The Bulletin of the John Rylands Library Manchester, VIII, 2, 1924, 284-397; The traditional burial of Moses on Mount Sinai. In: The Bulletin of the John Rylands Library Manchester, VIII, 2, 1924, 404-405; Some notes on the gospel-harmony of Zacharias Chrysopolitanus.

In: The Journal of Biblical Literature, XLIII, 1924, 32-45; Coventina's well. Newcastle-upon-Tyne 1924; The Gospel harmony of Clement of Llanthony. In: The Journal of Biblical Literature, XLIII, 1924, 349-362; Conventina's well. In: Archaeologia aeliana. Or miscellaneous tracts relating to antiquity, 3rd. Ser., XXI, 1924, 162-172; Apollo's birds. In: The Bulletin of the John Rylands Library Manchester, IX, 2, 1925, 372-416; Scylla and Charybdis. In: The Bulletin of the John Rylands Library Manchester, IX, 1, 1925, 87-118; The sources of Barlaam and Joasaph. In: The Bulletin of the John Rylands Library Manchester, IX, 2, 1925, 119-129; Preface. In: Dobson, Augusta Mary Rachel: Mount Sinai. A modern pilgrimage. With a preface by Rendel Harris. London (1925), v-viii; Foreword. In: New appreciations of George Fox. A tercentenary collection of studies. London (1925), 9-10. ND London 1971; Foreword. In: Waldmeier, Theophilius: The autobiography of Theophilus Waldmeier comprising ten years in Abyssinia and forty-six years in Syria. With some description of the peoples and religions of these countries. Hrsg. von Stephen Hobhouse. London 1925, iii-vi; Apollo's birds. Manchester 1925; Apollo at the back of the north wind. In: Journal of Hellenic Studies, XLX, 2, 1925, 229-242; Apollo at the back of the north wind. (London) 1925; Was the Diatessaron anti-Judaic?? In: Harvard Theological Review, XVIII, 1, 1925, 103-109; The thirteenth ode of Solomon. Rendered in prose and verse. O.O., um 1925; Hadrian's decree of expulsion of the Jews from Jerusalem. In: The Harvard Theological Review, XIX, 2, 1926, 199-206; F. C. Conybeare, 1856-1924. From the proceedings of the British Academy. London (1926); On the trial of Marcion. In: Festgabe für Adolf Deissmann. Zum 60. Geburtstag, 7. November 1926, 97-107; Foreword. In: Saunders, Una M.: Mary Dobson, musician, writer and missionary. With a foreword by J. Rendel Harris. Containing sixteen illustrations from photographs. London 1926, ix-x; The early colonists of the Mediterranean. In: The Bulletin of the John Rylands Library Manchester, X, 2, 1926, 330-361; On the stature of Our Lord. In: The Bulletin of the John Rylands Library Manchester, X, 1926, 112-126; The new text of the Kuran. In: The Bulletin of the John Rylands Library Manchester, X, 1926, 219-222; Wood, Herbert George: Friends and the scriptures. With a paper on 'The continuity of inspiration' by J. Rendel Harris. London (1926). London 1929²; London 1943³; The twenty-sixth ode of Solomon. Rendered in prose and verse. In: Bulletin of the John Rylands Library, X, 1926, 532-534; Glass chalices of the first century. In: Bulletin of the John Rylands Library, XI, 2, 1927, 286-295; The western Greek text of acts. A surprising discovery. In: Bulletin of the Bezan Club, IV, 1927, 15-16; Symposium on the pith of palm trees. In: Bulletin of the Bezan Club, IV, 1927, 16-17; Eucharistic origins. Cambridge 1927; Further traces of Hittite migration. In: The Bulletin of the John Rylands Library Manchester, XI, 1, 1927, 57-76; Glass chalices of the first century, 4 plates. In: The Bulletin of the John Rylands Library Manchester, XI, 1, 1927, 286-295; The twelve Apostles. Cambridge 1927; Traces of ancient Egypt in the Mediterranean. Cambridge 1927 (Woodbrooke Essays, I); What was the Afikoman? Cambridge 1927 (Woodbrooke Essays, II); Coleridge's 'Hymn before sunrise in the vale of Chamouni'. Cambridge, um 1927 (Woodbrooke Essays, III); The comb in human history, a study of origins. Cambridge 1927 (Woodbrooke Essays, IV); Jesus and Osiris. Cambridge 1927 (Woodbrooke Essays, V); More about Egypt and its colonies. Cambridge 1927 (Woodbrooke Essays, VI); St. Paul and Greek literature. Cambridge 1927 (Woodbrooke Essays, VII); Was Rome a twin town? Cambridge 1927 (Woodbrooke Essays, VIII); More about Keltic migrations. Cambridge 1927 (Woodbrooke Essays, IX); Watendleth. Cambridge 1927 (Woodbrooke Essays, XIX); A primitive dyestuff. Cambridge 1927 (Woodbrooke Essays, X); Egypt in Britain. Cambridge 1927 (Woodbrooke Essays, XI); Egypt and the Isle of Wright. Cambridge 1927 (Woodbrooke Essays, XII); St. Winefred. Cambridge 1927 (Woodbrooke Essays, XIII); The piety of the heavenly twins. Cambridge 1928 (Woodbrooke Essays, XIV); Egypt and the Atlantic sea-board. Cambridge 1928 (Woodbrooke Essays, XV); St. Bees. Cambridge 1928 (Woodbrooke Essays, XVI). ND Leigh on Sea 1993; Witling Street. Cambridge 1928 (Woodbrooke Essays, XVII); The voyage of Hanno. Cambridge 1928 (Woodbrooke Essays, XVIII); Go west. Cambridge 1928 (Woodbrooke Essays, XX); St. Bees. Cambridge 1928 (Evergreen Essays, XVI); A note on John XI. 25. In: Bulletin of the Bezan Club, V, 1928, 5-8; John Bunyan and the higher criticism. In: The Bulletin of the John Rylands Library Manchester, XII, 2, 1928, 347-362; The origin of the cult of Hermes. In: The Bulletin of the John Rylands Library Manchester, XIII, 1929, 107-122; A further note on Hermes. In: The Bulletin of the John Rylands Library Manchester, XIII, 2, 1929, 305-308; Go east. Cambridge 1929 (Caravan Essays, I); St. Mildred, by Helen Travers Sherlock. Cambridge 1929 (Caravan Essays, II); St. Mildred's hair. Cambridge 1929 (Caravan Essays, III); An early map of Britain. Cambridge 1929 (Caravan Essays, IV); North and south. Cambridge 1929 (Caravan Essays, V); A new Stonehenge. Cambridge 1929 (Caravan Essays, VI); Barley. Cambridge 1929 (Caravan Essays, VII); Minster. Cambridge 1929 (Caravan Essays, VIII); Mustard. Cambridge 1929 (Caravan Essays, IX); The Wyrley stones, by Helen Travers Sherlock. Cambridge 1929 (Caravan Essays, X); Rutupiae. Cambridge 1929 (Caravan Essays, XI); The gold coast. Cambridge 1929 (Caravan Essays, XII); Bunyan books. A further note on the fictitious Bunyan books. With special reference to the spurious second part of the Pilgrim's Progress, signed: T. S. In: The Bulletin of the John Rylands Library Manchester, XIII, 1, 1929, 123-127; Way-marks. Cambridge (1930) (Sunset Essays, I); Peg O'Nell. Cambridge 1930 (Sunset Essays, II); Tenedos. Cambridge (1930) (Sunset Essays, III); Horus. Cambridge 1930 (Sunset Essays, IV); St. Joseph and the Saintes-Maries, by Helen Travers Sherlock. Cambridge, um 1930 (Sunset Essays, V); Augmentation. Cambridge (1930) (Sunset Essays, VI); St. Kilda, the Azores and the Brazil Island. Cambridge, um 1930 (Sunset Essays, X); Fomors and Firbolgs. Cambridge 1930 (Sunset Essays, VII); Character education in Pontiac school. In: Religious Education, XXV, 1930, 228-229; Symposium on the Blass-hypothesis. In: Bulletin of the Bezan Club, VIII, 1930, 4-7; Runnymede. Cambridge 1931 (Sunset Essays, VIII); Egypt and the Volga. Cambridge (1931) (Sunset Essays, IX); Maeldune. Cambridge 1931 (Sunset Essays, XI); Semo Sancus. Cambridge (1931) (Sunset Essays, XII); Bast. Cambridge 1931 (Evergreen Essays, I); Symposium on the Blass-hypothesis. In:

Bulletin of the Bezan Club, IX, 1931, 1-3; The mentality of Tatian. In: Bulletin of the Bezan Club, IX, 1931, 8-10; Test-questions from Ropes. In: Bulletin of the Bezan Club, IX, 1931, 3-4; Josephus and his testimony. Cambridge 1931 (Evergreen Essays, II); Soap. A lecture delivered at Wood-brooke by R. Harris on his seventy-ninth birthday, Jan. 27, 1931. Aberdeen 1931; Commentary of Theodore of Mopsuestia on the Nicene creed. Cambridge, 1932 (Woodbrooke Studies, V); The builders of Stonehenge. Cambridge 1932 (Evergreen Essays, X); When and where? Cambridge 1932 (Evergreen Essays, V); Scarabs. Cambridge 1932 (Evergreen Essays, VIII); Nicodemus. Cambridge 1932 (Evergreen Essays, IV); The masts of the 'Mayflower'. Cambridge 1932 (Evergreen Essays, VI); The Magi. Cambridge 1932 (Evergreen Essays, III); Justin Martyr and Menander. Cambridge 1932 (Evergreen Essays, IX); Antioch or Alexandria? In: Bulletin of the Bezan Club, X, 1932, 3-5; Denderah. Cambridge 1932 (Evergreen Essays, VII); Wilson, J. M. in memoriam. In: Bulletin of the Bezan Club, X, 1932, 1-3; Up the Camel River. London 1933 (The After-glow Essays, I); Up the Otter River. London 1934 (The After-glow Essays, II); The dog. London 1934 (The After-glow Essays, III); The Nome. London 1934 (The After-glow Essays, IV); Who discovered North America? London 1934 (The After-glow Essays, V); Egypt on Exmoor. London 1934 (The After-glow Essays, VI); A temple in Tennessee. London 1935 (The After-glow Essays, VII); Nordsworth's Lucy. London 1935 (The After-glow Essays, VIII). ND Folcroft 1980; The Tiber and the Rhine. London 1935 (The After-glow Essays, XI); Rejuvenescence. London 1935 (The After-glow Essays, XI); Hundreds and hides. London 1935 (The After-glow Essays, XII); Wordsworth's Lucy. London 1935. Norwood 1977[2]; The migration of culture. Two essays, with maps. Oxford 1936; The acts of the apostles. In: Bulletin of the Bezan Club, XI, 1936, 5-9; The Greek testament goes west. In: Bulletin of the Bezan Club, XI, 1936, 9-10; Powell, J. Enoch (Hrsg.): The Rendel Harris papyri of Woodbrooke College, Birmingham. With a portrait and five plates. Cambridge 1936 (The Rendel Harris Papyri of Woodbrooke College, Birmingham, I). ND Milano 1974. Zutphen 1985[2] (Studia Amstelodamensia ad epicraphicam, ius antiquum et papyrologicam pertinentia, XXVI); An Egyptian cat goddess discovered in Britain. Bristol (1938); Isis and Nephthys in Wiltshire and elsewhere (...). With an appendix by E. F. Wills. Bristol (1938); Controversial questions in one High School. In: School Review, XLVIII, 1940, 49-54; The life indeed. Thoughts from the devotional writings of Dr. J. Rendel Harris, comp. by W. G. Hanson, with a personal tribute by J. Alexander Findlay. London (1942) (Wayside Books, X); Collignon, Piere Louis; Wills, (Eric Foulger): An index to the cssays dealing with ancicnt Egypt, the Celts and the Basques by Dr. J. Rendel Harris and Miss Helen T. Sherlock. (Winscome) (1953); Lexicographical studies in ancient Egyptian minerals. Berlin 1961 (Veröffentlichungen des Instituts für Orientforschung, LIV); Lucas, Alfred: Ancient Egyptian materials and industries. London 1962. 4th ed., rev. and enl. by J. R. Harris. ND London 1999[4]; Egyptian art. London 1967; The legacy of Egypt. Oxford 1971[2].

Lit. (Auswahl): Harris, James Rendel. In: Kirk, John Foster: A supplement to Allibone's critical dictionary of English literature and British American authors. Containing over thir-ty-seven-thousand articles (authors), and enumerating over ninety-three thousand titles, II. London 1891, 771. ND Detroit 1965, 771; — Conybeare, Frederick Cornwallis: Specimen lectionum armeniacarum, or a review of the fragments of Philo Judaeus, as newly edited by J. Rendel Harris. Oxford 1891; — Dr. Harris' Angus lecture. In: The Old Woodbrookers Magazine, 9, 1909, 68; — Heath, H. M.: Rendel Harris. In: The Woodbrooke Chronicle, X, 1918, 19-52; — The Rendel Harris Library (at the Woodbrooke Settlement). In: The Bulletin of the John Rylands Library Manchester, X, 1926, 6-8; — Wood, Herbert G.: Amicitiae corolla. A volume of essays presented to James Rendel Harris on the occasion of his 80th birthday. London 1933; — Hommes, Nicolaas Jan: Het testimoniaboek. Studien over O.T. citaten in het N.T. en bij de patres, met critische beschouwingen over de theorieen van J. Rendel Harris en D. Plooy. Amsterdam 1935; — Williams, Mary Rhoads Garrett: Reminiscences. Haverford 1938; — James Rendel Harris. In: Bulletin of the John Rylands Library, XXVI, 1, 1941, 10-13; — The doctor. In: The Woodbrooke International Journal, XLI, 1941, 2-15; — Wood, Herbert George: James Rendel Harris: 1852-1941. In: The Friend. The Quaker weekly journal, XCIX, 9, 1941, 115-118; — 'The Doctor'. In: The Friend. The Quaker weekly journal, XCIX, 9, 1941, 118-119; — Rendel Harris the interpreter, 1852-1941. In: Friends' Quarterly Examiner, LXXV, 298, 1941, 81-91; — Wilson, W. E.: Rendel Harris at Woodbrooke. 'Give us this day our daily discovery'. In: Friends' Quarterly Examiner, LXXV, 298, 1941, 153-160; — Wood, Herbert George: James Rendel Harris: 1852-1941. In: The Friend. The Quaker weekly journal, XCIX, 1941, 115-119; — Wilson, William E.; Wilson, Edith J.: The passing of Rendel Harris. In: The Wayfarer. A record of Quaker life and work, XX, 4, 1941, 67-69; — Zwemer, Samuel M.: James Rendel Harris on Al-Ghazali. In: Moslem World. A Christian quarterly review of current events, literature, and thought among Mohammedans, XXXII, 1942, 51-54. ND New York 1968, 51-54; — Backhouse, M. A.: James Rendel Harris. In: London Yearly Meeting of the Society of Friends 1942. Reports and documents presented to the Yearly Meeting together with minutes and index. London 1942, 182-184; — Wadsworth, Raymond V.: James Rendel Harris. Born 27 i 1852. Died 3 iii 1942. In: Testimony of Warwickshire Monthly Meeting. In: London Yearly Meeting of the Society of Friends 1942. Reports and documents presented to the Yearly Meeting together with minutes and index. London (1943), 182-184; — Wood, Herbert George (Hrsg.): Rendel Harris as letter writer. Birmingham 1945; — Wood, Herbert George: Rendel Harris as letter writer. In: Friends' Quarterly Examiner, CCCXIV, 1945, 77-91; — Rendel Harris, the interpreter. In: Newman, George: Quaker profiles. London 1946, 75-83; — Wilson, William Ernest: Quaker and evangelical. In: The Friends' Quarterly, II, 4, 1948, 205-217; — Wilson, William Ernest: Quaker and evangelical. London 1949; — Wood, Herbert George: Origins. In: David, R. (Hrsg.): Woodbrooke 1903-1953. A brief history of a Quaker experiment in religious education. London 1953, 13-18; — Wood, Herbert George: The first director of studies. In: Davis, R. (Hrsg.): Woodbrooke 1903-1953. A brief history of a Quaker experiment in religious education. London 1953, 19-30; — Wood, Herbert George: Wardens and staff. In: David, R. (Hrsg.):

Woodbrooke 1903-1953. A brief history of a Quaker experiment in religious education. London 1953, 31-42; — Harris, Henry Wilson: Life so far. London 1954; — Memories of J. Rendel Harris. Collected by Irene Pickard. Sutton 1978; — Harris, James Rendel. In: Kornrumpf, Hans-Jürgen; Kornrumpf, Jutta: Fremde im osmanischen Reich 1826-1912/13. Biographisches Register. Stutensee 1998, 155; — Falcetta, Alessandro: The theory of James Rendel Harris in the light of subsequent research. Dissertation Birmingham 2000; — Falcetta, Alessandro: The testimony research of James Rendel Harris. In: Novum Testamentum, XLV, 3, 2003, 280-300; — Falcetta, Alessandro: James Rendel Harris. A life on the quest. In: Quaker Studies, VIII, 2, 2004, 208-225; — Riggs, Anna: Alphonse Mingana, James Rendel Harris, and the Mingana Collection. In: The Heslopian, 2, 2004, 33-37; — Killeen, Martin: The library of James Rendel Harris. In: The Heslopian, 2, 2004, 5-7; — Falcetta, Alessandro (Hrsg.): New Testament autographs and other essays. Sheffield 2006 (New Testament Monographs, VII).

Claus Bernet

HEDWIG von Sachsen, Äbtissin von Quedlinburg 1485-1511, * 30.10. 1445 vermutlich in Meißen; † 13.6. 1511 in Quedlinburg; begraben in der Stiftskirche St. Servatius zu Quedlinburg. — H. kam als jüngstes von sieben Kindern des sächsischen Kurfürsten Friedrich II. dem Sanftmütige (1412-1464) und seiner Gemahlin Margarete von Österreich (1416/17-1486), der Schwester Kaiser Friedrichs III. (1415-1493), zur Welt. Ihre Geschwister waren: Amalie (Herzogin von Bayern-Landshut, 1436-1502), Anna (Kurfürstin von Brandenburg, 1437-1512), Friedrich (1439-1451), Ernst (Kurfürst von Sachsen, Begründer der ernestinischen Linie des Hauses Wettin, 1441-1486), Albrecht der Beherzte (Herzog von Sachsen, Begründer der albertinischen Linie des Hauses Wettin, 1443-1500) und Margarethe (Äbtissin von Seußlitz, 1444-1491). — 1457 wurde H. Kanonissin im freiweltlichen Reichsstift Quedlinburg. Nach dem Tod von Äbtissin Anna II. von Plauen am 14.1. 1458 wählte das Stiftskapitel die erst zwölfjährige H. zu deren Nachfolgerin. Papst Calixt III. († 1458) bestätigte die Wahl am 22.4. 1458 mit der Maßgabe, daß sie bis zur Erreichung ihres zwanzigsten Lebensjahres unter der Vormundschaft ihres Vaters und einer Stiftsdame regieren sollte. Die Weihe zur Äbtissin nahm auf Wunsch des Papstes der Bischof von Merseburg vor. Zwar leistete die Stadt Quedlinburg, die spätestens seit ihrem Beitritt in den Hansebund im Jahre 1426 weitgehende Unabhängigkeit erreicht hatte, der jungen Äbtissin

bei ihrer Amtseinführung den Huldigungseid, doch die noch bestehenden Bindungen zum Stift sorgten für immer neue Konflikte. — Das Jahr 1460, H. war gerade zwei Jahre im Amt, markiert den Beginn der Auseinandersetzungen, als Quedlinburger Bürger irrtümlich Holz aus dem Wald des Reichsstifts fällten. Diesen »frevele« gedachte Äbtissin H. nicht mit einer Entschuldigung und einer Entschädigung seitens der Stadt abzutun. Zwar bemühte sich H.s Vormund und Vater Kurfürst Friedrich II. um einen Ausgleich, doch bald kamen noch weitere Streitpunkte wie Mühlen, Münzprägung, der Schutz der Juden und Fischereirechte hinzu. Erst am 9.10. 1465 - H. war mittlerweile am 23.6. 1465 von Kaiser Friedrich III. mit den Regalien belehnt worden und regierte fortan selbständig - kamen Stift und Stadt Quedlinburg unter der Vermittlung des Halberstädter Bürgermeisters zu einer Einigung: Das 1460 gefällte Holz verblieb der Stadt Quedlinburg und H. erhielt als Ausgleich braunes Wolltuch aus Leiden; Grenzsteine sollten den Wald des Reichsstifts kennzeichnen; Äbtissin H. behielt die Rechte an den Juden; die Fischereirechte wurden der allgemeinen Nutzung freigegeben. Der Frieden währte bis zum Frühjahr 1474, dann brach der Konflikt zwischen der Äbtissin und der Stadt aufgrund strittiger Vogteirechte erneut aus. Im Jahre 1320 hatte Äbtissin Jutta († 1347) die Vogtei für das Reichsstift an die askanischen Herzöge von Sachsen-Wittenberg verliehen, die diese wiederum an die Grafen von Regenstein weiterverliehen. Nach seinem Sieg über die Regensteiner gelang es dem Bischof von Halberstadt, die Vogtei über die Stadt Quedlinburg zu erwerben; aus Geldmangel verpfändete er sie allerdings im Jahre 1396 an Quedlinburg. Äbtissin Adelheid IV. († 1435) hatte im Jahre 1432 diese Transaktion bestätigt, obwohl zehn Jahre zuvor die Obervogtei mit dem Aussterben des Hauses Sachsen-Wittenberg vakant geworden war. Äbtissin H. besann sich im Jahre 1474 dieser Tatsache und forderte von Bischof Gebhard/Gerhard von Halberstadt († 1480), auf die (Unter-)Vogtei und darüber hinaus auf die Rechte an Groß-Ditfurth zu verzichten. Da ein Schiedstermin am 19.6. 1474 scheiterte, ersuchte H. mit Unterstützung ihrer beiden Brüder Ernst und Albrecht von Sachsen, die 1464 die Nachfolge für ihren verstorbenen Vater Kurfürst Friedrich II. angetreten hatten, ihren Onkel Kaiser Friedrich III. um einen ihre Rechte und Privilegien garantierenden Schutzbrief, den derselbe im Juli 1475 auch gewährte. Während der Halberstädter Bischof daraufhin beim Papst gegen den kaiserlichen Befehl protestierte, schloß die Stadt Quedlinburg am 26.8. 1475 ein Schutzbündnis mit den Braunschweiger Herzögen. Nachdem am 13.8. 1476 ein Schiedsspruch H.s Ansprüche bestätigt hatte, forderte der Kaiser Bischof Gebhard von Halberstadt am 6.1. 1476 und am 12.4. 1477 nachdrücklich auf, sich dem Urteil zu beugen. Gleichzeitig ermahnte der Kaiser seine Neffen, die sächsische Herzöge, zur Zurückhaltung bis zum Urteil des Hofgerichts auf. Nachdem am 19.6. 1477 in Quedlinburg abermals ein Schiedstermin scheiterte, bereitete sich die Stadt Quedlinburg auf den militärischen Ernstfall vor. Mit Unterstützung des Bischofs von Halberstadt stellten sie 200 Mann unter Führung des Stadthauptmann Asmus von Schwicheldt auf. Am 24.7. 1477 gegen 23 Uhr eroberten die sächsischen Herzöge mit 400 Reitern und 200 Fußknechten ohne nennenswerten Widerstand das Schloß. 40 Tote, darunter der Stadthauptmann, bewogen die Stadt noch in der gleichen Nacht zur Einlenkung und Aufgabe. Am 9.8. 1477 unterwarf sich Quedlinburg der Herrschaft der Äbtissin, verbunden mit einer jährlichen Zahlung von 500 rheinischen Gulden und einer einmaligen Zahlung von 1.000 rheinischen Gulden zur Reparatur des Schlosses. Die Stadt Quedlinburg verlor damit ihre Autonomie; die Rolandsfigur auf dem Markt wurde gestürzt. — Durch Vermittlung von Herzog Wilhelm von Braunschweig schloß auch Bischof Gebhard von Halberstadt am 10.8. 1477 Frieden, indem er auf seine Rechte auf die Vogtei und am Dorf Groß-Ditfurt verzichtete. Darüber hinaus erklärte er sich zur Zahlung einer Entschädigung in Höhe von 15.000 rheinischen Gulden an die Herzöge von Sachsen bereit. — Als Dank für die Hilfe zur Beilegung des Konfliktes zwischen Stift und Stadt Quedlinburg beziehungsweise dem Bischof von Halberstadt verlieh Äbtissin H. am 16.3. 1479 die Vogtei an ihre Brüder Albrecht und Ernst. Bei der wettinischen Landesteilung im Jahre 1485 fiel die Schutzherrschaft (ohne Kenntnis von Äbtissin H.) Herzog Albrecht zu, und nach dessen Tod im September 1500 kam sie an seinen Sohn Georg den

Bärtigen (Herzog von Sachsen, 1471-1539). Derselbe sollte dem Stift und der Stadt Quedlinburg nicht weniger Ärger bereiten, wie einst die Bischöfe von Halberstadt. Auch H.s anderer Neffe, nämlich Erzbischof Ernst von Magdeburg, der zugleich Administrator von Halberstadt war (1464-1513), entpuppte sich als Gegner, indem er versuchte, die schutzherrschaftlichen Ansprüche seiner Vorgänger durchzusetzen. Ihm gelang es sogar, den Papst auf seine Seite zu ziehen, der H. mit dem Bannstrahl drohte. Den Ausgang dieser Auseinandersetzung erlebte die Äbtissin nicht. H. von Sachsen starb am 14.7. 1511 im Alter von 64 Jahren. — Nach dem Verfasser der *Chronicon Quedlinburgense* war Äbtissin H. »den Frommen und Gehorsamen hold und wolthätig, den Bösen und Ungehorsamen aber streng und ernsthaft«. 1488 wurde H. durch ihren Onkel Kaiser Friedrich III. in den aragonesischen Kannen-Orden (Devise »halt Maaß«) aufgenommen.

Chronik: Johannes Winnigstad, Chronicon Quedlinburgense. in: Kaspar Abel (Hrsg.), Sammlung etlicher noch nicht gedruckten alten Chroniken als der niedersächsischen, halberstädtischen, quedlinburgischen, ascherslebischen und ermslebischen, welche nun mit besonderm Fleiß aus dem Manuscript herausgegeben und hin und wieder durch nötige Anmerkungen erläutert, Braunschweig 1732.

Lit.: Karl Janicke, Hedwig. in: Allgemeine Deutsche Biographie (ADB), Bd. 11, Leipzig 1880, 227-229; — Johann Heinrich Fritsch, Geschichte des vormaligen Reichsstifts und der Stadt Quedlinburg. Quedlinburg 1828; — K. Hase, F. v. Quast, Die Gräber der Schloßkirche zu Quedlinburg. Quedlinburg 1877; — Paul Berg, Die Quedlinburger Äbtissinnen. Halle 1913; — Hermann Lorenz, Werdegang von Stift und Stadt Quedlinburg. in: Quedlinburgische Geschichte. Quedlinburg 1922; — Hans-Erich Weihrauch, Die Güterpolitik des Stiftes Quedlinburg im Mittelalter. in: Sachsen-Anhalt 13 (1937) 117-181; — Hans-Peter Hankel, Die reichsunmittelbaren evangelischen Damenstifte im Alten Reich und ihr Ende. Diss. (Hamburg) 1995, zugleich erschienen in der Reihe Europäische Hochschulschriften, Reihe 3, Geschichte und ihre Hilfswissenschaften, Bd. 172. Frankfurt/Main 1996; — Michael Vollmuth-Lindenthal, Äbtissin Hedwig von Quedlinburg. Reichsstift und Stadt Quedlinburg am Ende des 15. Jahrhunderts. in: Werner Freitag, Historische Kommission für Sachsen-Anhalt (Hrsg.), Mitteldeutsche Lebensbilder. Menschen im späten Mittelalter. Köln Weimar Wien 2002.

Regina-Bianca Kubitscheck

HEINRICH I. *von Hohenstädten*; * ?, Abt in Kaisheim 1263-1267, Wahl zum Gründerabt von Stams 1272. — Über die Herkunft des ersten Abtes der Stamser Zisterze, die der Landesfürst Meinhard II. von Görz-Tirol mit seiner Frau Elisabeth, Königin von Bayern, gründete, ist nur bekannt, daß er aus dem schwäbischen Ministerialengeschlecht der Hohenstädten - die Stamser Tradition nennt ihn Hohnstetten - stammt. Er war vier Jahre Abt der Mutterabtei von Stams, Kaisheim bei Donauwörth (und Nachfolger Volcwichs [† 1262], ihm folgte zu Lebzeiten Trutwin 1267 nach [vgl. B. Maier, Kloster Kaisheim. Rechts-, wirtschafts- und Sozialgeschichte der Zisterzienserabtei von der Gründung bis zur Mitte des 14. Jahrhunderts (Veröffentlichungen der Schwäbischen Forschungsgemeinschaft bei der Kommission für Bayerische Landesgeschichte 1. Studien zur Geschichte des bayerischen Schwabens 25). Augsburg 1999, 141 (kritische Äbteliste für Kaisheim der Frühzeit)]). Abt Heinrich wurde im Jahr vor der Übersiedelung ins Tiroler Inntal von seinen 12 Mitbrüdern, die für die Gründung ausgewählt wurden, in kanonischer Wahl zum Abt bestimmt. Der Stamser Catalogus religiosorum berichtet dazu: »Anno Domini 1272 die 29 Januarii e Monasterio Caesarensi tredecim monachi et quinque conversi electi sunt ad novum monasterium Stamsense migratari. Ex illis 13 monachis canonica electione primum Abbas Henricus de Honstetten constitutus est.« (Catalogus religiosorum,, Bd. 1, Ms. Stiftsarchiv Stams) Zum ersten Zisterzienserkonvent, der am 3. März 1273 in einem Behelfskloster das monastische Leben aufnahm (»anno 1273 hebdoma festum S. Gregorii praecedente primus abbas cum 12 monachis et 5 conversis Stamsi advenit« ebd.), der Mönch Heinrich als Prior, die späteren Äbte Rudolf als Subprior (er verfaßte um 1288 den ›Liber miraculorum S. Joannis Bapt.‹, der die Wunder des seligen Mönches Johannes von Kempten [s.d.] verzeichnet) und Friedrich von Tegernsee (er wurde nach seiner Resignation erneut ins Abtamt gewählt), der Zellerar Konrad, sowie die Priestermönche Ulrich, Albert, ein weiterer Konrad, Gerung und Benedikt an. Die fünf Konversen des ersten Konventes sind namentlich nicht genannt. Unter Heinrich begann die Bautätigkeit für das erste ›steinerne‹ Kloster, das hölzerne Behelfskloster in der Nähe der Pfarr- und Wallfahrtskirche in Stams brannte im 16. Jh. ab - wie der Stamser Chronist Wolfgang Lebersorg (s. d.) berichtet.

Heinrich resignierte im Jahre 1299, das Jahr seines Todes aber ist nicht überliefert.

Lit.: Album Stamsensis seu Catalogus religiosorum sacri et exempti Ordinis Cisterciensis archiducalis Monasterii B. V. Mariae et S. Joann. Bapt. in Stams. 1272-1898. Salzburg 1898; — Album Stamsensis seu Catalogus religiosorum sacri et exempti Ordinis Cisterciensis archiducalis Monasterii B. V. Mariae et S. Joann. Bapt. in Stams. 1272-1898. Salzburg 1898; — Catalogus Religiosorum Stamsensium ex antiquioribus Catalogis aliisque tabulis et scriptis coeptus circa 1600; — Birgit Maier, Kloster Kaisheim. Rechts-, wirtschafts- und Sozialgeschichte der Zisterzienserabtei von der Gründung bis zur Mitte des 14. Jahrhunderts (Veröffentlichungen der Schwäbischen Forschungsgemeinschaft bei der Kommission für Bayerische Landesgeschichte 1. Studien zur Geschichte des bayerischen Schwabens 25). Augsburg 1999. 700 Jahre Stift Stams. 1273-1973. Hg. im Selbstverlag vom Zisterzienserstift Stams. Stams 1974; — Hermann Wiesflecker, Meinhard der Zweite. Tirol, Kärnten und ihre Nachbarländer am Ende des 13. Jahrhunderts. 2. Aufl., unveränd. Nachdr. d. Ausg. von 1955 (Schlern-Schriften 124). Innsbruck 1995; — Germana Albertani, Mainardo II e il suo tempo (StoriaE / ed. dalla Intendenza Scolastica Italiana di Bolzano / Strumenti 3). Bozen 2006; — Eines Fürsten Traum. Meinhard II., das Werden Tirols. Tiroler Landesausstellung 1995, Schloß Tirol, Stift Stams. Veranst.: Autonome Provinz Bozen-Südtirol, Land Tirol. Wiss. Gesamtleit. Josef Riedmann. Dorf Tirol - Innsbruck ²1995.

Wolfgang G. Schöpf

HELENA VON EPIRUS, Königin von Sizilien, geb. Prinzessin von Epirus, geb. um 1241/1242, gest. Anfang März 1271.- Helena Dukaina Angelina von Epirus wurde um das Jahr 1242 als älteste Tochter des Despoten Michael II. von Epirus und Ätolien (1205-1266) und dessen Ehefrau Theodora Dukaina Petraliphaina (geb. 1206) aller Voraussicht nach in der antiken Stadt Arta, der Hauptstadt des im Gefolge der Errichtung des »Lateinischen Kaiserreiches« (seit 1204) gebildeten Despotats Epirus, geboren. Während der Geburt von H. beherrschten vor allem zwei politische Problemfelder die Geschehnisse in Griechenland: die politische Agonie des stets erneut als »Mißgeburt« »von Anfang an« (John Julius Norwich, Byzanz, 247) gekennzeichneten Lateinischen Kaiserreiches sowie die von den Palaiologen, vor allem von Michael VIII. Palaiologos 1258 lautstark geforderte Vereinigung von Ost- und Westkirche. Schon damals begannen sich »Verrißstücke« von H.s zukünftigem politischem Schicksal abzuzeichnen. Denn der jetzt auflodernde Kampf zwischen »Lateinern« und dem konfessionell eher »aufgeschlossenen« griechisch-orthodoxen

»Gegenkaiser« Michael VIII. Palaiologos rief gleich 1258 die Staufer auf den Plan. Zu Jahresanfang 1258 landete der zukünftige Gemahl Helenas von Epirus, der Staufer Manfred als ein voll legitimer Sohn Kaiser Friedrichs II., mit einem Geschwader an der Westküste Griechenlands, um in einem Handstreich epirusische Städte und Inseln - Durazzo, Valona, Berat, Kanina und die bis 1207 zu Venedig gehörende Insel Korfu - zu besetzen. Nur beiläufig sei »angemerkt«, daß es Kaiser Heinrich VI. gewesen war, der 1195 als erster Staufer die kaiserliche Herrschaft auch auf andere Mittelmeerreiche ausgedehnt hat, wie uns der byzantinische Theologe und Chronist Niketas Choniates in seinem recht kritischen Werk »Diegesis Chronike« berichtet. In einem gemeinsamen Bündnis gegen Nikäa hatte der Vater Helenas, Michael II. Angelos, dem Staufer Manfred die Hand seiner damals fast siebzehnjährigen Tochter versprochen und dem Eroberer die annektierten Landstriche als eine Art »Mitgift« »verabreicht«. H. von Epirus war somit Erbin von Durazzo, Valona, Berat und Kanina und brachte Korfu mit in die Ehe. Damit beherrschte Manfred die *Straße von Otranto* und den Schlüssel zur Einfahrt ins Adriatische Meer. — Bei der am 2. Juni 1259 im apulischen Trani stattfindenden Hochzeit H.s von Epirus und Manfreds von Hohenstaufen, die in der 1143 eingeweihten Kathedrale zu Trani »San Nicola Pellegrino« mit ihrer sehr großen und reichen Krypta - einem wahrhaften Säulenwald - feierlich zelebriert wurde, lebte nochmals, wohl zum letzten Mal in dem heiß umkämpften »Reichsitalien«, der »eherne« hohenstaufische Glanz auf. In der alten Bischofsstadt Trani sollte auch knapp sieben Jahre später, gegen Februarende 1266, das Schicksal der von Zeitgenossen als »bewundernswert schön« und vollkommen den »Glanz von Hellas« ausstrahlenden H. von Epirus sowie das ihrer ebenfalls gefangen gesetzten Kinder »besiegelt« werden. Den bizarren Lebensweg der H. von Epirus spiegelt mithin den »Schierlingstrank« antiker Tragik wider. — Die jetzt im Sommer 1251 beginnenden Regierungsjahre von H. von Epirus an der Seite ihres Gemahls, des Lieblingssohnes Kaiser Friedrichs II. von Hohenstaufen, sahen nochmals und in Wirklichkeit zuletzt den ganzen Glanz höfischer Stauferkultur, nachdem Manfred an der Seite seiner Gemahlin H. sich am 10.8. 1258 in Palermo selbst zum König von Sizilien hatte krönen lassen. H. von Epirus gestaltete den »Regno di Sicilia« - also Sizilien und die Gebiete auf dem »italienischen Stiefel« - nochmals zu einem einzigen kulturellen *Musenhof* und leitete damit die Renaissance der »Sizilianischen Dichterschule« ein. Von Manfred ist bezeugt, daß er selbst dichtete, was auch für H. von Epirus mehr als wahrscheinlich ist. Ein unbekannter Zeitzeuge triumphierte emphatisch, »das Paradies ist wieder auf die Welt gekommen«. Und wenn am Hofe Friedrichs II. von Hohenstaufen in der »Sizianischen Dichterschule«, der damals Friedrich II. und die Söhne Manfred und Enzio angehörten, die erste Dichtung in italienischer Sprache entstanden war, so »kreuzten« sich am Hofe von H. und von Manfred jetzt noch mehr griechische und römische, arabische, byzantinische und jüdische Elemente: okzidentaler und orientalischer »Kulturfluß«. Die schöne wie junge Königin H. soll dann auch gleichermaßen Sänger, Tänzer und Dichter - wie etwa Giacomo da Lentini, Jacopo Mostacci, Giacomino Pugliese - an ihren Hof in Palermo gerufen haben. -Manfred und H. von Epirus hatten als gemeinsame eheliche Nachkommen Beatrix (geb. 1260), Heinrich (Enrico, geb. um 1262), Friedrich (Federico, geb. um 1263), Enzio (Anzolino, geb. um 1264), Flordelis. — König Manfred von Sizilien stand seit seiner Krönung 1258 an der Spitze der italienischen Ghibellinen. In der Staatsadministration schufen H. von Epirus und Manfred einen mustergültigen Verwaltungsstaat mit Ansätzen und der historischen »Vorwegnahme« einer »modernen Staatlichkeit« (Prof. Walter Koch). Auf staatspolitischem Terrain vermochte der Sieg der italienischen »Ghibellinen« über die Florentiner »Guelfen« in der Schlacht von Montaperti 4.9. 1260, als Manfreds Feldherr Conte Giordana an der Spitze der »Ghibellinen« kämpfte, die politische Initiative von neuem in die Hände H.s und Manfreds zu spielen. Allerdings hatte der Stauferkönig es zu keiner Zeit vermocht, mit dem neuen, aus Frankreich gebürtigen und in Orvieto als auch in Viterbo amtierenden Papst Urban IV. einen politischen »Ausgleich« zu finden. Dessen ebenfalls aus Frankreich stammender Nachfolger Clemens IV. beauftragte den jüngeren Bruder Ludwigs IX. des Heiligen, Karl von Anjou (1226-1285),

1265 mit der Eroberung des Königreichs Sizilien. Vergeblich versuchten in einem handstreichartigen »Gegenzug« Manfred und H. von Epirus, unterstützt durch den Präfekten von Rom, Petrus di Vico, die »Ewige Stadt« mit Hilfe eines *Manifestes* zu gewinnen. Anläßlich der auf päpstlichem Gebiet am 26. Februar 1266, einem Freitag, stattfindenden Schlacht bei Benevent hatte sich der auf die Entscheidungsschlacht drängende Manfred taktische Vorteile verschafft. Antiken Quellen zufolge ist dieser schon im Altertum einen Schlachtort bildende Ortsname »Benevent« nach dem siegreichen Treffen der zahlenstarken Römer gegen König Pyrrhus von Epirus im Jahre 275 v.Chr. von »Malventum« (Schlechter Ausgang) in »Beneventum« (Guter Ausgang) umbenannt worden.- Manfred hatte das Gros seiner Truppen an der strategisch wichtigen Brücke über den »Calore« postiert. Nach Anfangserfolgen der über die Calorebrücke anstürmenden Truppen Manfreds von Hohenstaufen aus fränkischen Rittern und sarazenischen Bogenschützen wie italienischen Kontingenten vermochte Karl von Anjou - ähnlich wie zwei Jahre später in der Schlacht bei Tagliacozzo (1268) - seine im Verborgenen - hinter Hügeln - lauernden »Reserven« nach vorn zu werfen. Manfred fiel in der Schlacht. — Karl von Anjou seinerseits hatte noch im Mai 1265 mit der Annexion des Königreichs Sizilien begonnen. H. von Epirus soll bei der bald in Lucera erhaltenen Todesnachricht ihres gefallenen Ehegatten Manfred in tiefe Ohnmacht gestürzt sein. Als sie erwachte, stand ihr in dem schicksalhaften Trani die Flucht mit ihren Kindern Beatrix, Heinrich, Friedrich und Enzio über das Meer in ihre nicht weite Heimat vor Augen. Allein die in den Hafen von Trani »drückenden« schweren Seewinde und der Verrat des Burgvogts von Trani durchkreuzten die Flucht H.s, die zuvor von spionierenden Bettelmönchen aufgespürt worden war. Am 6. März 1266 ward H. von berittenen Söldnern Karls von Anjou im Kastell zu Trani, wo sieben Jahre zuvor die Hochzeit H.s und Manfreds stattgefunden hatte, in Gewahrsam genommen, um im April 1266, bereits ohne ihre Kinder, die sie nie mehr wieder sehen sollte, nach Lagopesole verbracht zu werden. Nach fast fünfjähriger Gefangenschaft ist H. Anfang März 1271 auf der alten staufischen Burg Nocera gestorben. Offensichtlich hatte sie das Nichtwissen über das Schicksal ihrer Kinder vollends aufgezehrt. H.s vier Kinder haben dann mit Ausnahme von Beatrix, die im Jahre 1284 im Gefangenenaustausch freigekommen ist, das Licht der Freiheit nicht wieder erblickt. Heinrich ist erst 1318, in völliger geistiger »Umnachtung«, gestorben. Offensichtlich wurde von »deutscher« Seite nicht einmal ein Versuch unternommen, die Gefangenen von Castel del Monte, dem alten Jagdschloß Friedrichs II., *loszueisen*.

Lit.: C. Klüver: Epirus hodie Canina cum Maris Ionii Insulis Corcyra seu Corfu Cephalenia seu Cefalogna, Amsterdam 1729; — K. Hampe: Deutsche Kaisergeschichte in der Zeit der Salier und Staufer, Leipzig, 9. Aufl. 1945, 317; — J.J. Norwich: Die Normannen in Sizilien 1130-1194, Wiesbaden 1971; — E. Horst: Friedrich der Staufer. Eine Biographie, Wien² 1976; — J. Mühlberger: Lebensweg und Schicksale der staufischen Frauen, Esslingen am Neckar 1977, 171-181; — A. Meliarakes: Historia tu basileiu tes Nikaias kai tu despotatu tes Epeiru (1204-1261), Athen 1994 [kommentierter Neudruck der Ausgabe von 1898]; — J.J. Norwich: Byzanz. Verfall und Untergang. 1072-1453, Düsseldorf 1996, passim; — N. di Mauro: Die Normannen. Eroberer aus dem Norden, Berlin 2007, 94-121; — H.U. Ullrich: Konradin von Hohenstaufen. Die Tragödie von Neapel, München 2004; — M. Peters: Geschichte Frankens. Vom Ausgang der Antike bis zum Ende des Alten Reiches, Gernsbach 2007, 126; — Helena von Epirus. In: K.-H. Schreiber: Die Genealogie der Franken und Frankreichs: http://www.mittelaltergenealogie.de/ _byzanz/h/helena_angelina_koenigin_von_sizilien_1272/helena_angelina_koenigin_von_sizilien_1272.html; — U.A. Oster: Die Frauen Kaiser Friedrichs II., München 2008.

Michael Peters

HENNIG, Paul Gottfried Johannes (John. Nach seiner Ankunft in Irland änderte er seinen Namen 'Johannes' in 'John' um und behielt diesen bei). Privatgelehrter und Religionswissenschaftler. * 3. März 1911 in Leipzig, † 11. Dezember 1986 in Basel, Vater: Max Hennig, protestantischer Theologe und Lehrer am Leipziger König-Albert-Gymnasium; Mutter: Johanna, geb. Clemen, frühere Diakonissin. Aufgewachsen in einem protestantisch-religiös geprägten Elternhaus. — Bruder Karl Hennig später Pastor in Belgien. H. zeichnete sich früh durch hervorragende Leistungen an der traditionsreichen Thomas-Schule aus und bekannte sich als Jugendlicher zu einem radikalen Pazifismus. Studium der Theologie, Philosophie, Geschichte und moderner Sprachen an den Universitäten Bonn, Berlin und Leipzig; seine akademischen Lehrern waren u.a. E.R. Curtius, E. Rothacker, Th.

Frings, E. Spranger und Th. Litt. H. verfaßte wissenschaftliche Arbeiten und Rezensionen schon während des Studiums. — Anfang 1933 promoviert mit einer Arbeit unter dem Titel *Lebensbegriff und Lebenskategorie. Studien zur Geschichte und Theorie der geistesgeschichtlichen Begriffsbildung* in Leipzig, anfangs betreut von dem Religionssoziologen/philosophen Joachim Wach und später von Theodor Litt. Kurz nach der nationalsozialistischen Machtergreifung wurde die Dissertation zwar noch an-, aber ungünstig aufgenommen; dieser Umstand hemmte sein Fortkommen an der Uni. Eine akademische Laufbahn wurde dann vollends verhindert, als er im selben Jahr Kläre (Claire. Kläre anglisierte ihren Namen ebenfalls) Meyer heiratete, eine Tochter des begüterten jüdischen Unternehmers Felix Meyer aus Aachen; ebenso kam eine Anstellung im Dienste der protestantischen Kirche aufgrund seiner Ehe mit einer Jüdin nicht in Frage. — H. war deshalb genötigt, einen 'Brotberuf' jenseits eines akademischen Berufsweges zu ergreifen. Er fand eine Anstellung im Betrieb seines Schwiegervaters in Aachen. So weit als möglich verfolgte er daneben weiterhin akademische Ziele. 1936 veröffentlichte er z.B. in der evangelischen *Zeitschrift für Theologie und Kirche* eine Erwiderung auf Karl Jaspers *Vernunft und Existenz.* Eine Freundschaft mit Jaspers und seiner Familie entwickelte sich danach. 1936 konvertierte H. zum Katholizismus (wie auch seine Frau 1938, nach der Geburt der zweiten Tochter). Wegen zunehmend unerträglicher antisemitischer Gesetzgebung und drohender Verfolgung durch den nationalsozialistischen Terror dann die Entscheidung 1939 mit Hilfe von jesuitischen Kontakten über Belgien ins irische Exil nach Dublin zu gehen. Dort fand H. eine Anstellung als Lehrer mit Zeitvertrag am traditionsreichen Belvedere College, einem Gymnasium für Jungen. Zusätzliche Lehraufträge am University College in Dublin, dem Priesterseminar in Maynooth; Abendkurse, Privatunterricht und, nach dem Ende des Krieges, Beschäftigungen bei der staatlichen Elektrizitätsgesellschaft ESB und der staatlichen Torfgewinnungsbehörde sorgten für den Lebensunterhalt. Auch in Irland war H. keine permanente Bindung an und Unterstützung durch eine akademische Institution vergönnt. »Mein Leben in der Emigration wäre anders verlaufen, hätte ich mich als Verfasser eines Buches vorstellen können. Diese Chance hatte mir das Schicksal hart verwehrt. Das 1938 bereits druckfertig gemachte Manuskript meines Buches, betitelt *Der Ursprung der Geschichte*, mußte ungedruckt bleiben, weil ich nicht die erforderliche Mitgliedschaft bei der Reichsschrifttumskammer erwerben konnte«, schrieb er später. Dennoch pflegte Hennig während seiner gesamten Zeit in Irland akademisch-wissenschaftliche Kontakte und entwickelte eine enorm produktive publizistische Tätigkeit auf vielen Gebieten. Der exilierte Wissenschaftler John Hennig machte speziell die Berührungspunkte zwischen seinem Geburtsland Deutschland und seiner neuen Heimat Irland zum Hauptthema und Forschungsgebiet seiner irischen Jahre.«Durch das Schicksal nicht nur beruflich, sondern auch geographisch verschlagen, ergriff ich meine Zuflucht in Irland, indem ich mich mit den historischen Beziehungen dieses entlegenen Landes mit meiner Heimat befaßte.« (Aus seiner Autobiographie *Die bleibende Statt*). Das Spektrum umfaßte die vielfachen, teils komplexen deutsch-irischen kulturellen, historischen, literarischen Beziehungen als Kerngebiet. In der Forschung wurde H. dann zu Recht als »Vater der Irlandkunde« bezeichnet. Besonders im Vordergrund standen dabei auch immer inter-religiöse, kirchengeschichtliche Beziehungen und allgemeinere Fragen der Theologie und Philosophie. H. veröffentlichte in zahlreichen wissenschaftlichen Publikationsorganen, schrieb aber ebenfalls für populäre kirchliche Blätter wie *The Irish Rosary, The Standard, The Tablet, The Catholic Herald, The Catholic Times, Blackfriars*, und *Music and Liturgy*. — 1945 erfolgte die Naturalisierung zum irischen Staatsbürger, 1948 wurde H. zum Mitglied der prestigeträchtigen Royal Irish Academy für seine Verdienste ernannt. Zu den Fürsprechern seiner Aufnahme in die Akademie gehörten u.a. Erwin Schrödinger, der Nobelpreisträger für Physik des Jahres 1933. — 1956 erfolgte die Übersiedlung in die Schweiz aus vornehmlich familiären Gründen; H. erwartete auch, vom Kontinent leichter auf Deutsch publizieren zu können. Erneuerung und Intensivierung des Kontaktes mit Karl Jaspers, der 1948 einen Ruf an die Uni Basel angenommen hatte. Geschichtsphilosophische und sprachwissenschaftliche Studien wurden intensiv fortgesetzt. H. verfaßte auch zahlreiche Arbeiten zu Goethe und zur Theologie, speziell zur Liturgie. Enge Verbindung bestand zum Abt-Herwegen-Institut für Liturgische und Monastische Forschung am Kloster Maria Laach, zu dessen außerordentlichem Mitglied er 1967 ernannt wurde. — 1970 Verleihung der Ehrendoktorwürde durch die Philosophische Fakultät der Universität Basel. 1971 erfolgte die Einbürgerung in die Schweiz. Die Bibliographie von H.s Werken, der allen widrigen Umständen zum Trotz ein Wissenschaftler par excellence war, enthält fast eintausend Einträge. Seine quantitativ wie qualitativ herausragende Arbeit wirkt weiterhin befruchtend in verschiedensten Forschungsbereichen, insbesondere der Liturgiewissenschaft und den deutsch-irischen Studien.

Werke: Lebensbegriff und Lebenskategorie. Studien zur Geschichte und Theorie der geisteswissenschaftlichen Begriffsbildung (Diss. Phil. Leipzig) 1932; On Closing My Halldoor and other short articles, privat veröffentlicht, 1988; Literatur und Existenz - Ausgewählte Aufsätze, Heidelberg 1980; Die bleibende Statt, Bremen 1987; Goethes Europakunde. Goethes Kenntnisse des nichtdeutschsprachigen Europas - Ausgewählte Aufsätze, in: Amsterdamer Publikationen zur Sprache und Literatur, Bd. 73, hrsg. v. C. Minis, A. Quak, Amsterdam 1987; Goethe and the English Speaking World, Berne/Frankfurt u. a. 1988; Medieval Ireland, Saints and Martyrologies, hrsg. v. M. Richter, Northampton 1989; Exil in Irland. John Hennigs Schriften zu deutsch-irischen Beziehungen, hrsg. v. G. Holfter, H. Rasche, Trier 2002.

Einzelne Aufsätze: Kalendar und Martyrologium als Literaturformen, Archiv für Literaturwissenschaft, Regensburg 1961, S. 1-44; Die Chöre der Heiligen, Archiv für Literaturwissenschaft, Regensburg, 1964, S. 436-456; Englandkunde im »Wilhelm Meister«, Goethe 26 1964, S. 199-222; Old Ireland and her liturgy, in: R. McNally: Old Ireland, Dublin, 1965, S. 60-89; Beiträge zu: Die Heiligen in ihrer Zeit (Mainz): Kieran; Patrick; Kolumba; Fintan; Kolumban, Gallus; Kilian; Rupert; Korbinian, 1966, S. 341-390; Studies in the Latin Texts of the Martyrology of Tallaght, of Félire Oengusso and of Félire húi Gormáin, Proceedings of the Royal Irish Academy 69C, 1970, S. 45-112; Grundzüge der martyrologischen Tradition Irlands, Archiv für Literaturwissenschaft, Regensburg, 1972, S. 71-98; Zur Stellung der Päpste in der martyrologischen Tradition, Archivum Historiae Pontificiae, 1974/12, S. 7-32; Zu Goethes englischer Belesenheit. I: Naturwissenschaftliches, Deutsche Vierteljahresschrift für Literaturwissenschaft und Geistesgeschichte, Bd. 48, Stuttgart, 1974, S. 546-566; The notes on non-Irish Saints in the manuscripts of Félire Oengusso, Proceedings of the Royal Irish Academy 75C, 1975, S. 119-159; Goethes Begriff »zart«, Archiv für Begriffsgeschichte, 1980/24, S. 77-102; Die Liturgie und das Judentum, Archiv für Literaturwissenschaft, Regensburg, 1968/11, S. 425-446; John Hennig: Die Liturgie und das Judentum, Archiv für Literaturwissenschaft, Regensburg 1978/19, S. 609-636.

Übersetzungen ins Englische: John Hennig: Exile in Ireland, hrsg. v. G. Holfter, H. Rasche, Galway 2004.

Bibliographien: Emanuel v. Severus OSB, Bibliographie Dr. phil. Dr. phil. h.c. John Hennig 1932-1970, Archiv für Liturgiewissenschaft, Bd. 13, 1971, S. 141-171, aktualisiert in Archiv für Liturgiewissenschaft, Bd. 19, 1978, S. 98-105; Ergänzung Angelus A. Häussling OSB zu 1971-1976 und Hennigs Veröffentlichungen von 1977-1986 sowie Register der behandelten Themen, Archiv für Liturgiewissenschaft, Bd. 28, Heft 2, 1986, S. 235-245.

Lit: Angelus A. Häussling OSB: John Hennigs Beitrag Zur Literaturwissenschaft, Archiv für Literaturwissenschaft, Bd. 29, Heft 2, 1987, 213-233; — Daniela Kranemann: Israelitica dignitas? Studien zur Israeltheologie Eucharistischer Hochgebete. Altenberge 2001; — Gisela Holfter, Hermann Rasche, Versuch einer Annäherung, in: Exil in Irland. John Hennigs Schriften zu deutsch-irischen Beziehungen, hrsg. v. G. Holfter, H. Rasche, Trier 2002, 3-38; — Gisela Holfter, Hermann Rasche, ‚Was ausgewandert sein heisst, erfährt man erst nach Jahrzehnten' - John Hennig im (irischen) Exil, in: Fractured Biographies, hrsg. v. Ian Wallace, Amsterdam/New York 2003.

Gisela Holfter / Hermann Rasche

HERMANN I. »von Baden«, Markgraf von Verona, Graf im Breisgau und von Limburg, Stammvater der Markgrafen von Baden, Benediktinermönch in Cluny, Heiliger, geboren um 1040 als Sohn Bertolds I. von Zähringen, des Bärtigen, und der Richwara, gestorben am 25./26.4. 1074 in Cluny. — Über das Leben Hermanns sind nur wenige verläßliche Daten bekannt. Erstmals erwähnt wird er als Zeuge in einer Urkunde über einen Gütertausch im Jahr 1050. Als 1061 sein Vater Bertold das Herzogtum Kärnten verliehen bekommt, erhält Hermann die Würde eines Markgrafen der mit diesem Herzogtum verbundenen Mark Verona, ohne dieses Amt in der Folgezeit auszuüben. In den 60er und 70er Jahren des 11. Jh. wird er mehrfach als Graf im Breisgau erwähnt, u. a. wirkt er mit bei der Gründung des Cluniazenserklosters Rimsingen/Zell im Möhlintal. Auch als Graf von Limburg (bei Weilheim an der Teck) wird er bezeugt. Verheiratet war er mit Judith, die nach der älteren Literatur eine Tochter Adalberts von Calw war, nach der jüngeren Forschung stammte sie von den Hessonen, den Inhabern von Backnang, ab. Mit ihr hatte er einen Sohn, Hermann II. (um 1073-7.10. 1130), der von seinem Vater den Markgrafentitel übernahm, ihn nun aber auf Baden bezog. Judith starb 1091 in Salerno, wo sie sich im Umfeld Papst Urbans II. aufhielt. Die Brüder Hermanns waren Bischof Gebhard III. von Konstanz sowie Herzog Bertold II. von Zähringen. — 1073 trat Hermann, seine Frau und seinen Sohn zurücklassend, ins Kloster Cluny ein, wo er im darauf folgenden Jahr starb. Sein Leben im Kloster wurde später legendenhaft ausgeschmückt. Zwar als Heiliger bezeichnet, genoß er nie eine größere öffentliche Verehrung. Sein Gedenktag ist der 25.4. Seine Bedeutung erlangte er als Stammvater der Markgrafen und späteren Großherzöge von Baden.

Quellen: Ludwig Weiland (Hrsg.): Die Sächsische Weltchronik. MGH, Deutsche Chroniken II, 1877; Eugen Schneider (Hrsg.): Codex Hirsaugiensis. Stuttgart 1887; Franz Ludwig Baumann (Hrsg.): Necrologium Zwifaltense. In: MGH, Necrologia Germaniae. Bd. 1. Berlin 1888, 240-268; Regesten der Markgrafen von Baden und Hachberg 1050-1515. Bd 1. Bearbeitet von Richard Fester. Innsbruck 1892; Ulrich Parlow: Die Zähringer. Kommentierte Quellendokumentation zu einem südwestdeutschen Herzogsgeschlecht des hohen Mittelalters. Stuttgart 1999; Ian S. Robinson (Hrsg.): Die Chroniken Bertholds von Reichenau und Bernolds von Konstanz (1054-1100). Hannover 2003. MGH, Scriptores 6; 14.

Lit.: Johann Evangelist Stadler (Hrsg.): Vollständiges Heiligen-Lexikon. Bd. 2. Augsburg 1861, 671 f.; — Heinrich Maurer: Zur Geschichte der Markgrafen von Baden. In: ZGORh 43 (1889), 478-491; — Eduard Heyck: Geschichte der Herzoge von Zähringen, Freiburg 1891; — Julius Mayer: Markgraf Hermann I., der Stammvater des markgräflichen und großherzoglichen Fürstenhauses von Baden. In: FDA 26 (1898), S. 241-266; — Elisabeth Tritscheller: Die Markgrafen von Baden im 11., 12. und 13. Jahrhundert. Diss. Freiburg 1954; — Berthold Sütterlin: Geschichte Badens. Bd. 1. Karlsruhe ²1968; — Rolf Kuithan/Joachim Wollasch: Der Kalender des Chronisten Bernold. In: DA 40 (1984), 478-531; — Joachim Wollasch: Hermann, Markgraf von Baden. In: Hans Schadek/Karl Schmid (Hrsg.): Die Zähringer. Anstoß und Wirkung. Sigmaringen 1986, 184-187; — Joachim Wollasch: Markgraf Hermann und Bischof Gebhard III. von Konstanz - Die Zähringer und die Reform der Kirche. In: Karl Suso Frank (Hrsg.): Die Zähringer in der Kirche des 11. und 12. Jahrhunderts. München 1987, 27-53; — Gerd Wunder: Die ältesten Markgrafen von Baden. In: ZGORh 135 (1987), 109-118; — Karl Schmid: Vom Werdegang des badischen Markgrafengeschlechtes. In: ZGORh 139 (1991), 45-77; — Thomas Zotz: Besigheim und die Herrschaftsentwicklung der Markgrafen von Baden. In: Hansmartin Schwarzmaier (Hrsg.): Das Land am mittleren Neckar zwischen Baden und Württemberg. Ostfildern 2005, 73-94; — Hansmartin Schwarzmaier: Baden. Dynastie - Land - Staat. Stuttgart 2005.

Lex.: ADB XII, 120; — NDB VIII, 643 f.; — LMA IV, 2160; — LThK ³IV, 1441; — DBE ²IV, 727 f.

Christian Würtz

HERZOGENBERG, Heinrich von, * 10.Juni 1843 in Graz, † 9.Okt.1900 in Wiesbaden. — H. gehört zu den Komponisten im Freundeskreis um Johannes Brahms, die anders als zu ihren Lebzeiten heute kaum bekannt sind, da sie durch die auf Brahms fixierte Musikgeschichtsschreibung ins Hintertreffen geraten sind. Besonderes Interesse verdient H. durch seine wandlungsreiche Lebensgeschichte vom österreichischen Katholiken zum führenden Bach-Interpreten im evangelischen Leipzig, dann zum verbeamteten Professor im protestantischen Preußen, in seiner letzten Lebensphase schließlich mit dem kompositorischen Schwerpunkt evangelische Kirchenmusik. — H. entstammte einer französischen Adelsfamilie mit Namen *Picot de Peccaduc*, die nach der Flucht infolge der Revolution der Habsburger-Monarchie überwiegend in militärischen Ämtern diente und seit 1811 den eingedeutschten Namen *von Herzogenberg* führte. H. durchlief Schulstationen an verschiedenen Orten, u.a. zwei Jahre im Feldkircher Jesuitenkolleg, um sich 1862 der Familientradition gemäß in Wien zum Jurastudium einzuschreiben. Gleichzeitig begann er ein Musikstudium am Konservatorium der *Gesellschaft der Musikfreunde* in der Kompositionsklasse von Felix Otto Dessoff. Nach zwei Semestern brach er das Jura-Studium ab, absolvierte aber das Musikstudium mit Auszeichnung. Von Herbst 1865 bis Sommer 1866 unternahm er eine Studienreise nach Dresden, Leipzig und Berlin mit Kontakten u.a. zu Moritz Hauptmann (Thomaskantor), Friedrich Kiel (Berliner Kompositionsprofessor) und Robert Radecke (Organist und Kirchenmusikdozent). Nach Wien zurückgekehrt, unterzog er sich noch Studien im strengen Satz bei Gustav Nottebohm, ehe er sich in seiner Heimatstadt Graz als freischaffender Komponist niederließ. 1868 heiratete er Elisabeth von Stockhausen, (evangelische) Tochter des hannoverschen Gesandten am Wiener Hof, Bodo von Stockhausen, eine musikalisch hochbegabte Frau, die Klavierschülerin von Julius Epstein und kurzzeitig auch von Johannes Brahms gewesen war. — In Graz brachte sich das Ehepaar der von H. in den örtlichen Musikinstitutionen (Gesangvereine, Konzertveranstalter) ein. Der junge Komponist lieferte darauf bezogene, auch größere Werke, die riesig besetzte dramatische Kantate *Colum-*

bus op.11, das *Deutsche Liederspiel* op. 14 für Sopran-und Tenorsolo, gemischten Chor und Klavier vierhändig, und als Programmmusik durchaus im Gestus der neudeutschen Schule Liszts und Wagners die Sinfonie *Odysseus* op. 16. — Nach vier Jahren erfolgreichen Wirkens in seiner Heimatstadt übersiedelte H. 1872 nach Leipzig, die deutsche Musikmetropole, um sich hier neu zu orientieren. Die enge Verbindung mit dem Dirigenten Alfred Volkland, dem Komponisten Franz von Holstein und dem als Bach-Biograph berühmten Philologen und Musikwissenschaftler Philipp Spitta bestimmte den weiteren Weg und führte bald zu einer künstlerischen »Häutung«, wie er es selbst bezeichnete. Mit den genannten Freunden gründete er 1874 den *Bach-Verein zu Leipzig*, dessen musikalische Leitung er bald selbst übernahm und fast zehn Jahre lang neben seiner umfangreichen Kompositionstätigkeit mit großem Engagement versah. Zweck dieses Chores war, die noch kaum aufgeführten Kantaten J.S. Bachs in der Bach-Stadt Leipzig durch Aufführungen in der Thomaskirche bekannt zu machen. Diese Arbeit vollzog sich in ständigem fachlichen Austausch mit dem bereits 1875 an die Berliner Musikhochschule gewechselten Bach-Experten Philipp Spitta, woraus eine intensive Freundschaft erwuchs. — In Leipzig pflegte das Ehepaar H. rege gesellschaftliche Kontakte, war Sammelpunkt der sich dort bildenden Brahms-Gemeinde und nahm - selber kinderlos - die Engländerin Ethel Smyth als Kompositionsschülerin und gleichsam Haustochter auf. Mit Smyth und seiner Gattin als Privatschülerinnen zwang Herzogenberg sich selbst zu weiteren Kompositionsstudien im strengen, an klassischen Vorbildern orientierten Satz etwa des Choralvorspiels barocker Prägung. — Kompositorische Frucht der Leipziger Jahre sind zahlreiche Kammermusikwerke im Anschluß an die vom Idol J. Brahms gesetzten Leitlinien, mehrere Klavierlied-Sammlungen zu poetisch hochstehenden Klassiker-Texten, überwiegend als Studien gehaltene Klavierstücke und schließlich die Symphonie op. 50 in c-Moll, welche eng an das Vorbild der 1. Brahms-Sinfonie anschließt. Im Bereich der Chormusik publizierte H. zwei Sammlungen von schlicht gestalteten Chorliedern, zunächst *12 Deutsche Geistliche Volkslieder*, dann *Zwölf deutsche Volkslieder aus dem 15., 16. und 17.*

Jahrhundert. Angeregt wurde diese historische Rückwendung hinsichtlich der Sujets durch das Erscheinen von F.M. Böhmes *Altdeutschem Liederschatz* 1877. Die vierstimmige a cappella-Motette *Psalm 116 »Das ist mir lieb«* op. 34, dem Bachverein gewidmet, zeigt als erstes Werk Spuren der intensiven Beschäftigung mit dem Werk J.S. Bachs. — Auf Betreiben des Violinvirtuosen Joseph Joachim, Rektor der Berliner Musikhochschule, und des Freundes Philipp Spitta ging H. 1885 nach Berlin zunächst als Vertreter, dann als Nachfolger Friedrich Kiels. Er war Leiter der Kompositionsabteilung an der Kgl. Hochschule für Musik, außerdem Vorsteher einer Meisterschule für Komposition und Senator in der Akademie der Künste. Ein Arthritisanfall erzwang ab 1887 die Niederlegung der Ämter zugunsten von Heilmaßnahmen (u.a. Resektion einer Kniescheibe) an verschiedenen Orten. Bei seiner Rückkehr im Herbst 1889 konnte H. nur teilweise in seine früheren Stellungen eintreten, wurde aber im Jan. 1890 zum ordentlichen Senatsmitglied der Akademie der Künste gewählt. Eine Verschlimmerung des langjährigen Herzleidens seiner Frau ließ ihn im Herbst 1891 erneut seine Ämter preisgeben. Das Ehepaar nahm Wohnung in San Remo (Italien), wo Elisabeth von H. am 7. Januar 1892 im Alter von 44 Jahren verstarb. Seit Herbst 1892 wieder in Berlin, blieb H. zunächst nur das Senatorenamt. Neben anderen musikwissenschaftlichen Aufgaben übernahm er die Projektleitung der von der Akademie veranlassten *Urtext-Ausgaben classischer Meisterwerke*. Nach dem Tod seines vormaligen Vertreters (und Nachfolgers) Woldemar Bargiel konnte er 1897 alle früheren Aufgaben wieder übernehmen. Im November 1898 setzte ein weiterer Arthritisanfall allen Tätigkeiten ein Ende. H. nahm Bäderkuren u.a. in Wiesbaden, wo er dann auch Wohnung nahm und am 9. Oktober 1900 verstarb. Er ist bestattet auf dem Wiesbadener Nordfriedhof, wo das Grab mit Grabmal Adolf von Hildebrands an einem der Hauptwege erhalten ist. — Trotz des Verlustes weiterer wichtiger Bezugspersonen - Philipp Spitta starb 1894, Clara Schumann 1896, Johannes Brahms 1897 - waren die letzten Lebensjahre reiche Schaffensjahre. Große Bedeutung gewannen die Sommeraufenthalte in dem noch mit der Gattin im Herbst 1891 geplanten, dann im Sommer 1892 fertig gestellten

Haus *Abendroth* in Heiden/Schweiz, wo H. fortan die Sommermonate verbrachte, komponierte und Freunde zum geselligen Austausch einlud. Aus der dort 1893 geknüpften Freundschaft mit dem Straßburger Theologen Friedrich Spitta, jüngerer Bruder des Bach-Biographen, ergab sich das kompositorisch sehr ergiebige Engagement für die evangelische Kirchenmusik. Unterstützung erfuhr H. in diesen Jahren von Helene Hauptmann (Tochter von Moritz Hauptmann), die für den Witwer den Haushalt führte und dann auch den persönlichen Nachlaß übernahm. — Kurz vor seiner ersten Erkrankung im Jahre 1887 hatte H. als op. 60 sein chorsymphonisches Meisterstück vorgelegt, eine groß besetzte Vertonung von Versen des 94. Psalms. *»Herr Gott, des die Rache ist, erscheine«* für vier Soli, zwei Chöre und großes Symphonieorchester zeigt die Einschmelzung von Charakteristika des Bach'schen, Händel'schen und Mendelssohn'schen Chorstils in eine spezifische Tonsprache, die in strenger Bindung an traditionelle kontrapunktische Kompositionstechniken zu einem eigenen, überzeugenden Ausdruck findet. Die Bedenken des Freundes J. Brahms wegen des Sujets »Rachepsalm« sind bei Kenntnis des Werkes haltlos. In im Wortsinn großartigen Klängen und Formen geht es um die Durchsetzung von Gottes Gerechtigkeit und Königsherrschaft in der Welt (Schlußchor »Der Herr ist König« Psalm 93,1). — Nach seiner Rekonvaleszens im Jahre 1889 komponierte H. weiter in den bewährten Gattungen von Klaviermusik, Lied, Kammermusik und Symphonie (2. Symphonie op. 70), widmete auch dem Freund J. Joachim ein Violinkonzert (unveröffentlicht). Die Gelegenheit für eine weitere Vertonung biblischer Worte bot der Auftrag, im Jahre 1891 die Festmusik zur Kaisergeburtstagsfeier (27.1.) der Akademie der Künste zu liefern. H. stellte Texte aus den Jahwe-Königspsalmen zum *Königs-Psalm* op. 71 für Chor und Orchester zusammen, wo der Festkasus des »Jubelns« sinnreich verbunden wird mit dem als Spiegel dem Regenten vorgehaltenen Kriterium der Gerechtigkeit. Die positive Erfahrung in der Arbeit an diesem Werk motivierte H., sogleich ein weiteres geistliches Werk anzuschließen. In kürzester Zeit entstand das chorsymphonische *Requiem* op.72, im Anschluß an das von Luigi Cherubini gesetzte Leitbild ebenfalls in c-Moll

und ohne Solisten in verhaltenem, introvertiertem Tonfall. Dieses Werk wurde im Februar 1891 unter Leitung des Komponisten bei einem Benefizkonzert in der Leipziger Thomaskirche uraufgeführt und war Anlaß für eine literarische Reflexion des Freundes Philipp Spitta über die Requiem-Vertonungen der Zeit (»Musikalische Seelenmessen«). — Den nächsten Markstein bildet das als op. 80 publizierte Werk mit dem Titel *Todtenfeier*. Nach dem Tod seiner Frau konzipierte Herzogenberg über Weihnachten 1892 in sieben Tagen diese »Kantate auf das Todtenfest« für Sopran- und Baritonsolo, Chor und Orchester, um nach weiteren 10 Tagen mit Ausschreiben der Partitur am ersten Todestag das Trauerjahr abzuschließen. Auch inhaltlich spiegelt das nach dem Vorbild der großen zweiteiligen Bach-Kantaten entworfene Werk auf selbst zusammen gestellte Bibelworte und Choralstrophen einen gelingenden Trauerprozeß in der Ausrichtung auf das Christuszeugnis »Ich bin die Auferstehung und das Leben« (Satz 4). Die Uraufführung im März 1893 durch die von Herzogenberg als Chorleiter übernommene *Musikalische Gesellschaft* bewegte die teilnehmenden Freunde zutiefst. — Die nächste Opuszahl 81 mit dem Titel *Liturgische Gesänge* bestätigt die qualitative Wendung, die H.s Schaffen nun genommen hat. Der ihm zuvor nur flüchtig bekannte Friedrich Spitta, in Straßburg als Professor für Neues Testament und Praktische Theologie, aber auch als Leiter des Akademischen Kirchenchores und Prediger bei den von ihm gegründeten Akademischen Gottesdiensten tätig, hatte 1893 ein paar Tage Sommerurlaub bei H. im Heidener Sommerhaus verbracht und ihn dabei gewonnen für seine Idee, Gottesdienste mit Chormotetten aus der Hand eines Komponisten durchzugestalten auf Texte, die im Sinne einer liturgischen Dramaturgie zusammen gestellt wurden. So entstanden umgehend Zyklen mit vier- bis achtstimmigen Motetten zu einem Advents- , einem Epiphanias- und einem Passionsgottesdienst. H. wohnte dem Passionsgottesdienst Ende Februar 1894 in der Straßburger Thomaskirche bei und war begeistert von dieser neuen Dimension »Musik in der Liturgie«. — Beim Heiden-Besuch Fr. Spittas im Sommer 1894 entstand als neue Gattung das Libretto des »Kirchenoratoriums« *Die Geburt Christi* op. 90, ein durch Vertonung zahlreicher

Weihnachtslieder populär gehaltenes Weihnachtsoratorium mit kleiner Orchesterbesetzung (Oboe, Streicher, Harmonium, Orgel) für breite Praktikabilität und mit im Werkablauf integrierten Gemeinde-Chorälen zum Mitsingen. In wenigen Wochen brachte H. die Musik zu Papier und dirigierte am 3. Advent d.J. in Straßburg die Uraufführung mit Fr. Spittas Chor und diesem als Tenor-Evangelist, nach eigenem Bekunden für H. der glücklichste Moment seines Lebens. — Diesem »Glück« als »Unglück« unmittelbar vorausgegangen war im April 1894 der Verlust des Intimus Philipp Spitta durch dessen plötzlichen Herztod, den H. mit einer ebenfalls in kürzester Zeit konzipierten großen *Messe* in e-Moll in symphonischer Besetzung verarbeitete, publiziert als Memorial an den Freund unter op. 87. Hier huldigt H. dem Bach-Biographen durch explizite und implizite Referenzen an Bachs h-Moll-Messe. — Im Sommer 1895 brachte Fr. Spitta nach Heiden das ausgefeilte Textbuch für ein großes, auf Gründonnerstag und Karfreitag zweigeteiltes Passionsoratorium in derselben Konzeption »Kirchenoratorium« mit, dessen Erarbeitung längere Zeit bis Ende Februar 1896 in Beschlag nahm, so daß die Uraufführung des gesamten Werkes op. 93 (durch H. selbst in der Berliner Marienkirche) erst am 3.4. 1897 erfolgen konnte, am Tage, als J. Brahms starb. H. reiste umgehend zur Bestattung des Freundes nach Wien. Im Frühjahr 1896 gründete Spitta zusammen mit seinem Straßburger Freund und Kollegen Julius Smend die *Monatschrift für Gottesdienst und kirchliche Kunst* als Organ der »älteren liturgischen Bewegung«. H. ließ sich als Mitarbeiter gewinnen mit Fachartikeln, Rezensionen und Notenbeigaben (einfachere Chorsätze). — Das bereits im Sommer 1896 von Fr. Spitta vorgelegte Libretto zum dritten »Kirchenoratorium« mit dem Titel *Erntefeier*, das den Erntedank-Aspekt verbindet mit einer Reflexion auf die Problematik der drei Lebensalter Jugend, Erwerbsleben und Alter, nahm beim Komponisten eine längere Reifezeit in Anspruch. Zwischenzeitlich hatte er neben den üblichen »weltlichen« Kompositionsgeschäften selber noch eine Reihe *Liturgischer Gesänge* zum Totensonntag (op. 92, für die Leipziger Lutherkirche) zusammengestellt und eine von Julius Smend gelieferte Textzusammenstellung für einen Erntedank-Gottesdienst vertont (op. 99).

Zum Tersteegen-Jubiläum 1897 (200. Geburtstag) konnte Fr. Spitta eine Choralkantate über »Gott ist gegenwärtig« (publiziert später als op. 106) anregen, die in wenigen Heidener Sommertagen 1897 entstand. Am 2. Juli 1898 wurde in Heiden schließlich die Partitur des zweieinhalbstündigen Opus magnum *Erntefeier* op. 104 vollendet, ein Oratorium diesmal in großer Besetzung mit Symphonieorchester, aber ebenfalls mit Integration von Gemeindegesang (Schluß »Gloria sei dir gesungen«.) Die Uraufführung beim Straßburger Deutschen Kirchengesangvereinstag im Juli des Folgejahres 1899 erlebte H. als bereits von Krankheit gezeichneter Hörer im Rollstuhl. Die Gichterkrankung verhinderte weitere kompositorische Arbeit. — Hat H. durch seine stets betonte Brahms-Genossenschaft selbst mit dazu beigetragen, daß seine Werke in den Gattungen von Lied, Kammermusik und Symphonie nicht aus dem Schatten des großen Meisters hervortraten, obgleich ihnen durchaus ein selbständiges Profil eignet, ist sein kirchenmusikalisches Schaffen durch die kirchlich-liturgischen Umwälzungen nach 1918 und die damit verbundenen ästhetischen Aversionen gegen die »Romantik« aus dem Blickfeld geraten. Die seinerzeit nicht gedruckten Aufführungsmaterialien zu den chorsymphonischen Großwerken galten nach 1945 sogar als verschwunden und sind erst nach der DDR-Wende im Leipziger Stammhaus des Peters-Verlages wieder aufgefunden worden. Zusammen mit den im Stuttgarter Carus-Verlag seit 1987 vorgelegten Reprints und Neuausgaben kam es zu einer Neuentdeckung in der Kirchenmusikpraxis, namentlich mit dem Weihnachtsoratorium *Die Geburt Christi*. Die Kammermusik und die Orchesterwerke werden durch die sukzessive vom Label cpo vorgelegten CD-Einspielungen bekannt gemacht. Mit dem 100. Todestag im Jahr 2000 begann auch in der Wahlheimat H.s Heiden im Appenzeller Land eine H.-Renaissance, die 2004 zur Gründung der Internationalen Herzogenberg-Gesellschaft mit Sitz in Heiden führte. Eine Gesamtausgabe des Werkes ist gleichwohl nicht projektiert. — Die musikologische Fachwissenschaft rezipiert weit stärker als das kompositorische Werk H.s die bereits seit 1907 im ersten Band der Brahms-Briefausgabe greifbaren, reichhaltigen Äußerungen von Heinrich und Elisabeth von H. zum Schaffen von Brahms. Weitere Zeugnisse des inhaltlich wie stilistisch sehr hoch stehenden Briefverkehrs der von H.s sind in einschlägigen Dokumentationen zu den »Größen« des Musiklebens Joseph Joachim, Clara Schumann und Julius Röntgen (Amsterdam) zugänglich. Da der persönliche Nachlaß der kinderlosen von H. als verloren gelten muß, ist eine umfassende Dokumentation des vielfältigen Beziehungsgeflechtes dieses Komponisten, der - anders als sein Freund Brahms - unbefangen Kultur und Kirche zu vereinen wußte, nicht mehr möglich. In den erhaltenen Nachlässen der Freunde (z.B. die Gebrüder Spitta, auch Clara Schumann und Edvard Grieg) ist aber noch viel zu entdecken über einen Menschen, der in der unvoreingenommenen Rezeption von unterschiedlichst geprägten Texten und Musik und im Kontakt mit den verschiedensten Persönlichkeiten ein eigenes künstlerisches und geistig-geistliches Profil entwickelt hat, das sich gegen die gängigen Kategorisierungen sperrt.

Werkausgaben: 109 Opus-Nummern sind seinerzeit im Druck erschienen, ab op. 23 (ebenso wie die Lieder op. 1 und 2) überwiegend bei Rieter-Biedermann in Leipzig. Im Neudruck, bzw. Reprint greifbar sind (Stand 2008): op. 3 8 Variationen für Klavier (VIII Veränderungen für das Pianoforte). Wollenweber, München; op. 14 Deutsches Liederspiel. Peters, Frankfurt; op. 23 Variationen über ein Thema von J. Brahms für Pianoforte zu vier Händen. Wollenweber, München; op. 24 Klaviertrio c-Moll. Carus, Stuttgart; op. 27 Zwei Streichtrios. Wollenweber, München; op. 34 Psalm 116 »Das ist mir lieb« für vierst. gem. Chor a cappella. Carus, Stuttgart; Bärenreiter, Kassel; op. 35 Zwölf deutsche Volkslieder für vierst. gem. Chor. Berliner Chormusik-Verlag; op. 36 2. Klaviertrio d-Moll. Carus, Stuttgart; op. 39 Orgel-Phantasie »Nun komm, der Heiden Heiland«. Doblinger, Wien ; op. 46 Orgel-Phantasie »Nun danket alle Gott«. Doblinger, Wien. Musica rinata, Ditzingen; op. 52 Sonate a-Moll für Violoncello und Klavier. Peters, Frankfurt; op. 57,6 Weihnachtslied für sechsst. Chor a cappella. Carus, Stuttgart; op. 61 Trio für Oboe, Horn und Piano. Musica rara (Breitkopf & Härtel, Wiesbaden); op. 62 Legenden für Viola (Violoncello) und Klavier. Wollenweber, München; op. 67 Sechs Choralvorspiele für Orgel. Doblinger, Wien; op. 72 Requiem. Lenz-Musik Wiesbaden; op. 75 Klavierquartett e-Moll. Wollenweber, München; op. 76 Dainu Balsai. Litauische Volkslieder in Klaviersätzen zu 4 Händen. Möseler, Wolfenbüttel; op. 81 Liturgische Gesänge für Chor a cappella. I. Zur Adventszeit, II. Zur Epiphaniaszeit; III. Zur Passionszeit. Carus, Stuttgart; op. 87 Messe e-Moll. Carus, Stuttgart; op. 89 Geistliche Gesänge für Gesang, Violine und Orgel. Carus, Stuttgart; op. 90 Die Geburt Christi. Carus, Stuttgart; op. 92 Liturgische Gesänge, IV. Zum Totensonntag. Carus, Stuttgart ; op. 93 Die Passion. Carus, Stuttgart; op. 94 Sonate für Violoncello und Klavier. Wollenweber, München; op. 99 Liturgische Gesänge, V. Zum

Erntedank. Carus, Stuttgart; op. 102 Vier Choralmotetten für vierst. Chor a cappella. Carus, Stuttgart; Bärenreiter, Kassel; op. 103,1 Lobe den Herrn, meine Seele für vierst. Chor a cappella. Musica rinata, Ditzingen; op. 103,3 Ist doch der Mensch gar wie Nichts. Dialog zwischen leidenden und verklärten Seelen; für zwei Chöre a cappella. Bärenreiter, Kassel; op. 104 Erntefeier. Carus, Stuttgart; op. 106 Choralkantate »Gott ist gegenwärtig«. Carus, Stuttgart; op. 109,1 Der Seesturm, Biblische Szene für Bariton, Chor, Streicher und Orgel; Musica rinata, Ditzingen.

Literarische Publikationen H.s (u.a.): Bemerkungen zum Streit um das Wesen kirchlicher Musik, in Monatschrift für Gottesdienst und kirchliche Kunst (MGKK) 1, 1896/97, 9-15; Streit über die Bemerkungen zum Wesen kirchlicher Musik, MGKK 1, 1896/97, 171-175; Die Passion, MGKK 1, 1896/97, 270-276 (Selbstanzeige op. 93); Johannes Brahms in seinem Verhältnis zur evangelischen Kirchenmusik, MGKK 2, 1897/98, 68-71.

Briefausgaben: Johannes Brahms im Briefwechsel mit Heinrich und Elisabet von Herzogenberg, hrsg. von Max Kalbeck, 2 Bde., Berlin 1907, Nachdr. Tutzing 1974; Briefe von und an Joseph Joachim, hrsg. von Johannes Joachim und Andreas Moser, Band 3, Berlin 1913; Brieven van Julius Röntgen, verzameld door A. Röntgen, Amsterdam 1934, 117-140.

Lit.: Philipp Spitta, Musikalische Seelenmessen, in ders., Zur Musik. Sechzehn Aufsätze, Berlin 1892, 429-446; — Friedrich Spitta, H.v.H., MGKK 5, 1900, 312-319; — Wilhelm Altmann, H.v.H. Sein Leben und Schaffen, Leipzig 1903; — Friedrich Spitta, Brahms und H. in ihrem Verhältnis zur Kirchenmusik, MGKK 12, 1907, 37-45; — Friedrich Spitta, H.v.H.s Bedeutung für die evangelische Kirchenmusik, Jahrbuch der Musikbibliothek Peters 26 (1919), 1920, 34-55; — Konrad Klek, H.v.H. und Friedrich Spitta. Sieben fruchtbare Jahre für die evangelische Kirchenmusik 1893-1900, MuK (I:) 63, 1993, 312-318, (II) 64, 1994, 95-106; — Ulrike Schilling, Philipp Spitta, Leben und Wirken im Spiegel seiner Briefwechsel, Kassel u.a. 1994; — Bernd Wiechert, H.v.H. Studien zu Leben und Werk, Göttingen 1997 (Werkverzeichnis, Lit.); — Konrad Klek, Nach hundert Jahren im Kommen? Zur Rezeption H.v. H.s, MuK 70, 2000, 309-316; — Charlotte Ebenig, Die Kirchenoratorien H.v.H.s, Mainz 2003; — Konrad Klek, Der Komponist H.v.H. und sein Haus Abendroth in Heiden - mehr als eine Episode, in: M.Weishaupt (Hrsg.), Appenzellische Jahrbücher 131, 2003, 57-71; — ders., H.v.H. als Chorsymphoniker, in: Chor und Konzert 40, 2006 I, 12-17; — ders., H.v.H.s Chorwerke, in: Chor und Konzert 40, 2006 II, 17-21; — ders., Ein Adliger als Kirchenkomponist. H.v.H., in: Musica Sacra 127, 2007, 301-303; — MGG 1. Aufl. Bd. 6, 302-306, 2. Aufl. Personenteil, Bd. 8, 1454-1461; — Lexikon der Orgel (2007), 317. www.herzogenberg.ch.

Konrad Klek

HESPERS, Theodor (Theo) Franz Maria, Redakteur und Widerstandskämpfer, geb. 12.12. 1903 in München-Gladbach als zweites von sechs Kindern der Eheleute Franz Hespers und

Berta, geb. Sporken, hingerichtet 9.9. 1943 in Berlin-Plötzensee. H. wuchs in einer überzeugt katholischen Familie heran. Seine Tagebuchnotizen belegen den Stellenwert, den Erstkommunion und Firmung für ihn hatten. Nach dem Besuch des Stiftischen Humanistischen Gymnasiums seiner Heimatstadt bis zum »Einjährigen« 1920 und einer kaufmännischen Lehre absolvierte H. von 1923 bis 1926 den Werkmeister-Kursus an der Preußischen Höheren Fachschule für Textilindustrie. Seit 1917 war er Mitglied des Quickborn und zeitweise Stadtführer dieses Bundes. Einfachheit, Natürlichkeit, Lebensgestaltung aus dem Glauben, Liturgie und Ökumene, Völkerverständigung, Friedenseinsatz und politisches Engagement wurden ihm hier wichtig. Auch die Fahrten und die Tage auf Burg Rothenfels am Main prägten ihn: »Wir lernen erst so recht die Schönheit und Wahrhaftigkeit unseres Glaubens kennen und lieben und so entspringt hieraus christlich, katholisches Leben und Handeln« (Tagebuch 9.3. 1922). Ohne Berührungsangst suchte H. Gleichgesinnte. Anregungen zu dieser Offenheit erhielt er auch vom Friedensbund Deutscher Katholiken. — Seine Kritik an der bestehenden Sozialordnung führte ihn 1925 zur christlich-sozialen Bewegung (Vitus-Heller-Bewegung), aus der später die nach links tendierende Christlich-Soziale Reichspartei (CSRP) entstand. H. war dort ein wichtiger Sprecher der jungen Generation. Er trat auch der Pfadfinderschaft Westmark bei und setzte sich 1928-1930 in der CSRP ein, so als Kandidat für die Stadtverordnetenversammlung. 1930 heiratete er Katharina Kelz, 1931 wurde ihr Sohn Dietrich Franz (Dieter, Dirk) geboren. — Um ein Gegengewicht gegen die NSDAP zu erreichen, engagierte sich der Linkskatholik H., der nie Kommunist war, bei der Reichstagswahl am 5.3. 1933 als Kandidat auf der »Einheitsliste der Arbeiter und Bauern« und für den Stadtrat als Spitzenkandidat der »Kampffront der Werktätigen«. Bei politischen Veranstaltungen wurde er mehrfach vom braunen Mob zusammengeschlagen. Auf der Grundlage der »Notverordnung zum Schutz von Volk und Staat« nach dem Reichstagsbrand vom 27.2. 1933 sollte H. verhaftet werden. Er floh in die Niederlande; Frau und Sohn kamen nach. Die Familie wohnte dann in Melick bei Roermond. H.s Wohnung wurde zu einer wichtigen Anlaufstelle der Widerstandskämpfer: für die Freunde aus der katholischen Jugend und den bündischen Gemeinschaften, für jüdische Emigranten, für Mitglieder der sozialdemokratischen und der kommunistischen Partei. Diese illegale Arbeit veranlaßte die Hitlerregierung zur Intervention in den Niederlanden. 1934 mußte H. über die Maas nach Helmond fliehen; ab Mai 1936 lebte Familie H. In Eindhoven. — H. stand mit der katholischen Kirche der Niederlande in Verbindung. Seine Mitarbeit galt besonders dem katholischen Komitee in Utrecht und Beiträgen in der von P. Friedrich Muckermann SJ herausgegebenen Zeitung »Der deutsche Weg«. Ab 1930 schon hatte H. Kontakt zum Jungnationalen Bund um Dr. Hans Ebeling aus Krefeld (den er schon aus der Pfadfinderschaft Westmark kannte). H. und Ebeling trafen sich wiederholt in den Niederlanden, arbeiteten ab 1935 zusammen und gründeten den »Arbeitskreis bündischer Jugend«, AKBJ, der wichtige Widerstandzeitschriften herausgab. Ab 1936 knüpfte H. bei Auslandsreisen weitere Kontakte, so bei der internationalen Friedenskonferenz 1937 in Dublin. — Während der Konferenz des AKBJ am 17./18.7. 1937 am Großen Markt in Brüssel hielt H. ein bedeutendes Referat über die Lage der katholischen Jugend. Hauptziele dieser Konferenz waren eine straffer organisierte Exilvertretung der deutschen Jugend »Deutsche Jugendfront« und eine gemeinsame Widerstandszeitschrift der Emigranten aus der Jugendbewegung »Kameradschaft - Schriften junger Deutscher«. Wegen der großen Prozesse in der Stalinzeit ab 19.8. 1937 und des beginnenden roten Terrors wurde jegliche Zusammenarbeit mit den Kommunisten beendet. Die Bedeutung der Gruppe um die Kameradschaft geht auch aus einem Gestapo-Protokoll vom 21.2. 1942 hervor: »Erst die Ermittlungen in der letzten Zeit, die durch die militärische Besetzung westlicher Feindstaaten ermöglicht wurde, haben eine Aufklärung bringen können. Es konnte festgestellt werden, daß es tatsächlich deutschen Emigranten gelungen war, im Ausland eine auf den gewaltsamen Umsturz in Deutschland ausgerichtete Organisation zu gründen, die sich 'Deutsche Jugendfront' nannte und die auch in verschiedenen überseeischen Ländern Stützpunkte besaß.« — In der ersten Ausgabe (11/1937) der »Kameradschaft« (Auflage 600, später 2000 oder mehr) schrieb H.: »Grade die katholische Jugend ist auf die unehrlichen Phrasen des Nazismus vom 'positiven Christentum', von der 'Volksgemeinschaft', von der 'nationalen Idee' nicht hereingefallen, weil sie selbst ihre eigene Idee über all diese Dinge in sich trägt. So ist es denn verständlich, daß das heutige Regime aus Selbsterhaltungstrieb gezwungen ist, den Vernichtungskampf gegen die katholische Jugend mit allen Mitteln zu führen,« Und im April 1938 schreibt er über den Einsatz »für wirkliche soziale Gerechtigkeit und für wirkliche Freiheit des Menschen und des Gewissens«: »Überall, wo wir stehen und schaffen, sollten wir arbeiten an dieser wahrhaft christlichen und deutschen Aufgabe. Bleiben wir ihr, bleiben wir unserer Idee getreu, die Wirklichkeit zu gestalten aus dem Geist eines lebendigen Katholizismus: heute in der Unterdrückung, morgen im Aufbau!«. Die Grundgedanken zu dieser Neugestaltung Deutschlands (»So wollen wir Deutschland«, H. und Peter Lüttges in der Kameradschaft 12/1939) enthalten Ziele, die später weitgehend dem »Ahlener Programm« der CDU entsprechen. Auch nach dem der Verbot der »Kameradschaft« im deutschen Reich (1938) war sie ein Sprachrohr des Widerstandes und konnte in Deutschland und anderen Ländern (teils mehrsprachig) verteilt werden - mit Unterstützung durch das Büro der niederländischen Jüdin Sarah Cato Meijer in Amsterdam. — Bei der Okkupation der Niederlande am 10.5. 1940 floh Familie H. bis Dünkirchen. Der englische Hafenkommandant war bereit, H. nach England zu retten, nicht aber Frau und Sohn. H. blieb daher mit seiner Familie im Untergrund in Belgien; er wurde am 10.2. 1942 in Antwerpen verhaftet. Schon im Schlußbericht der Gestapo Berlin vom 30.7. 1941 hieß es: »Wegen seiner hochverräterischen Beziehungen wurde Hespers die deutsche Reichsangehörigkeit am 1. Februar 1937 aberkannt. Am 31. Mai 1935 war er bereits zur Festnahme ausgeschrieben worden.« Die Gestapo stellt dann die führende Rolle von H. in der »Deutschen Jugendfront« heraus, skizziert seine »Hauptaufgaben« dort (u.a. Verbindungsmann zu katholischen Oppositionsgruppen im Reich) und schreibt weiter: »überhaupt ist seine Aufgabe, samtliche Verbindungen nach dem Reich aufrechtzuerhalten. Über die Art dieser Tätigkeiten

konnten nähere Einzelheiten nicht festgestellt werden.« — Über das Marinegefängnis Wilhelmshaven nach Berlin gebracht wurde der Inhaftierte von September 1942 bis Juli 1943 immer wieder grausam verhört, um Namen seiner Freunde aus dem Widerstand zu erpressen. Von zermürbenden Verhören, Folterhaft und der Sorge um die Seinen gequält, schreibt H. alle 14 Tage an seine Mutter in Jüchen. Aus den (immer zensierten) Briefen scheint seine Geborgenheit im Glauben durch wie seine Einwurzelung in christliche Traditionen. Am 6.8. 1942 schreibt er seiner Mutter: »In Wirklichkeit habe ich Christentum und Kirche immer sehr ernst genommen und mich ernsthaft dafür eingesetzt. Ja, das ist ursprünglich die Triebfeder zu allem gewesen, daß ich die sozialen Forderungen Christi verwirklichen wollte.« — Der auf 45 Kilo abgemagerte, aber innerlich ungebrochene H. sagt seinem Sohn bei dessen Gefängnisbesuch im Sommer 1943: »Wenn die mich umbringen, sorg für Deine Mutter und sag' den Freunden: Ich habe keinen verraten!« Die Protokolle des Ermittlungsverfahrens gegen H. machen deutlich, wie er durch geschickte Formulierungen und Gedächtnislücken die anderen schützte. In der Anklageschrift des Oberreichsanwaltes vom 30.5. 1943 wird ausführlich aus mehreren H.-Beiträgen in der »Kameradschaft« zitiert, so aus Heft 12/1938: »Jeder, der an den Ewigkeitswert des Menschen glaubt und dem das deutsche Volk und seine christliche Kultur lieb sind, fühlt die Verpflichtung, die heute über Deutschland herrschenden Machthaber abzulehnen und sich für deren Überwindung einzusetzen. Als junge katholische Deutsche fühlen wir uns darum auf Grund des durch das Christentum geheiligten Naturrechtes verpflichtet, für den Sturz des Hitlerregimes zu kämpfen.« — Im Prozeß vor dem 5. Senat des Volksgerichtshofes in Berlin wurde H. am 22.7. 1943 wegen Vorbereitung zum Hochverrat und Landesverrat zum Tode verurteilt; ein Gnadengesuch der Familie an den aus Rheydt stammenden Dr. Joseph Goebbels blieb unbeachtet. Am 9.9. 1943 wurde H. mit 250 anderen Opfern in der »Garage« in Berlin-Plötzensee gehängt. Der Gefängnispfarrer übermittelte als seine letzten Worte: »Ich opfere Gott mein Leben für das deutsche Volk!« Die Leiche von H. wurde verbrannt, seine Asche in alle Winde zerstreut, um »keine Märtyrer zu schaffen«, wie ein Gestapo-Beamter einer Schwester von H. gestand. Mit der Aufnahme ins »Deutsche Martyrologium des zwanzigsten Jahrhunderts« 2006 kann er nun doch als Märtyrer gelten, auch dank der Initiative seines Sohnes Dirk und der von ihm 1993 in Mönchengladbach gegründeten Theo-Hespers-Stiftung.

Quellen: Tagebuchnotizen vom 17.2.1921 bis 9.3.1922; — Briefe aus dem Gefängnis vom 7.1.1942 bis 10.6.1943 an seine Mutter (Originale im Privatarchiv Dirk Hespers, Brüggen); — Geheime Staatspolizei, Bericht »Die deutsche Jugendfront«, Verhörprotokolle des RSHH und Anklageschrift des ORA am VGH, Wilhelmshaven, Berlin 1942 - 1943 (im Archiv Theo-Hespers-Stiftung e.V., Mönchengladbach); Widerstandsartikel von Theo Hespers, wiedergegeben in: Hans Ebeling - Dietrich Hespers (Hrsg.): Jugend contra Nationalsozialismus. »Rundbriefe« und »Sonderinformationen deutscher Jugend«, 1968; Kameradschaft - Schriften junger Deutscher (Reprint der von Theo Hespers und Hans Ebeling hrsg. Widerstandszeitschrift) - 1983.

Lit.: Hans Ebeling, Die Fahne zerriß, der Speer zerbrach - Theo Hespers - Kampf einer Jugend gegen Hitler, in: Aachener Nachrichten, 11.1.1949; — Arno Klönne, Gegen den Strom. Bericht über den Jugendwiderstand im Dritten Reich, 1957; — Ders., Zur »bündischen Opposition« im Dritten Reich, in »Jahrbuch des Archivs der deutschen Jugendbewegung 12 (1980); — Ders. Jugendwiderstand - Jugendopposition und Jugendprotest im Dritten Reich, in: Jahrbuch des Archivs der deutschen Jugendbewegung 14 (1983); Karl Josef Hahn, Katholischer Widerstand gegen den Natiopnalsozialismus in den Niederlanden, in: Hochland, 57. Jg, H.3, 1965; — Marianne Xhayet :Ich opfere mein Leben für das deutsche Volk, in: Rheinische Post Mönchengladbach, 13.11.1965; — Richard E. Tristram: Jugend im Kampf gegen Hitler, in: Rheinische Post Mönchengladbach, 19.8.1967; — Hans Ebeling, Dirk Hespers (Hrsg.) s.o.; — Karl-Heinz Jahnke: Entscheidungen - Jugend im Widerstand 1933-1945, 1970; — Klaus Gotto, Konrad Repgen (Hrsg.), Kirche, Katholiken und Nationalsozialismus, 1980; — Johannes Binkowski, Jugend als Wegbereiter - Der Quickborn 1909 - 1945, 1981; — Konrad Breitenborn, Der Friedensbund Deutscher Katholiken, 1981; — Monika Kringels-Kemen, Lutz Lemhöfer, Katholische Kirche und NS-Staat. Aus der Vergangenheit lernen?, 1981; — Lutz Lemhöfer, Lebenszeichen »Mein Vater wird gesucht...« (Ms. der WDR-Rundfunksendung vom 22.11.1981); — Curt Becker: Katholische Jugend leistet Widerstand, in: Als Hitler kam, hg .v. Fides Krause-Brewer, 1982; — Hans Bracher (NeuHrsg.), Das Gewissen steht auf. Lebensbilder aus dem deutschen Widerstand 1933 - 1945, 1984; — Klaus Drobisch, Gerhard Fischer (Hrsg.), Widerstand aus Glauben - Christen in der Auseinandersetzung mit dem Hitlerfaschismus, 1985; — Friedrich Muckermann, Im Kampf zwischen zwei Epochen, 1985/3; — Gedenkstätte deutscher Widerstand (Hrsg.), Jugendwiderstand - Widerstand junger Christen (o.J.); — Matthias von Hellfeld, Bündische Jugend und Hitlerjugend - Zur Geschichte von Anpassung und Widerstand 1930 - 1939, 1987; — Reinhard Rürup (Hrsg.), Topographie des Terrors,1987; — Dirk Hespers (Hrsg.);Dokumente III: Reaktionäre, Rebellen, Revolutionäre, 1988; — Ders.: Rot Mof - Kindheitserinnerungen an den Widerstandskämpfer und Vater Theo Hespers, 2003; — Christel Beilmann, Eine katholische Jugend in Gottes und dem Dritten Reich, 1989; — Klaus Fettweis, Zwischen Herr und Herrlichkeit - Zur Mentalitätsfrage im Dritten Reich an Beispielen aus der Rheinprovinz, 1989; — Wilfried Breyvogel, Piraten, Swings und junge Garde. Jugendwiderstand im Nationalsozialismus, 1991;- Michael Ludloff, Weltanschauungsorganisationen innerhalb der Arbeiterbewegung der Weimarer Republik, 1991; — August Brecher: Politischer Widerstand aus christlicher Überzeugung, in: Kirchenzeitung für das Bistum Aachen, Nr. 36, September 1993; — Jean Dohmen: De Geus van Mönchengladbach, in: Dagblad voor Nord-Limburg Plus, 25.6.1994; — Susanne Rochholz, Hans Ebeling - Die deutsche Jugendbewegung und der Widerstand gegen den Nationalsozialismus (Ms. Der Magisterarbeit), 1994; — Dies.: Laudatio auf Hans Ebeling am 3. September 1997, in: Theo-Hespers-Stiftung (Hrsg.), Zeit-Zeugnisse, Ausgabe 6, Februar 1998; — Wilfried Breyvogel, Susanne Rochholz, Widerstand überwindet Grenzen - Konzept eines Ausstellungs- und Dokumentationszentrums, o.J.; — Georg Pahlke, Trotz Verbot nicht tot - Katholische Jugend in ihrer Zeit, Band III: 1933 - 1945, 1995; — Heribert Schüngclcr, Widerstand und Verfolgung in Mönchengladbach und Rheydt 1933 - 1945, Beiträge zur Geschichte der Stadt Mönchengladbach Nr. 22, 1995/3; Thilo Zimmermann: Die Märtyrer der Kirche dem Vergessen entreißen, in: Neuß-Grevenbroicher Zeitung, 20.7.1996; — Theo-Hespers-Stiftung e.V. (Hrsg.), Niederländisch-deutscher Jugendwiderstand gegen den Nationalsozialismus - Die »Deutsche Jugendfront«, in: ZeitZeugnisse 7, 1/1999; 25 ff.; — Dies.: Widerstand im Westen - Von der Jugendbewegung zur Jugendfront, 2000; — Dies.: Symposion. »Widerstand im Westen - 100 Jahre Theo Hespers« am 13.12.2004, in: ZeitZeugnisse April 2004; — Ferdinand Hoeren, Der Venloer Zwischenfall, Bericht über die Sommerveranstaltung der Theo-Hespers-Stiftung am 30. Juni 2001 in Herongen; Ms. 2001; Hildegard Wester: Selma-Cato Meyer, Ms. eines Vortrages bei der Gesellschaft für christlich-jüdische Zusammenarbeit Mönchengladbach am 25.10.2001; — Jutta Finke-Gödde, Theo Hespers, hrsg. v. Der Gladbacher Bank als Bd. 22 der Buchreihe »Zeugen städtischer Vergangenheit«, 2004; — Dietmar Simon, Das Leben des Werner Kowalski (1901-1943), 2004; — Meinulf Barbers, Theo Hespers, in: Zeugen für Christus - Das deutsche Martyrologium des 20. Jahrhunderts, hrsg. von Helmut Moll im Auftrag der Deutschen Bischofskonferenz, Bd. II, 2006/4; — Fritz Schmidt, Ein anderes Deutschland. Widerstand und Verfolgung durch NS-Organe - Der Kreis um Hans Ebeling und Theo Hespers im Exil. 2005; — Katholisch, bündisch, links, in: Köpfchen. Ausblicke, Einblicke, Rückblicke - Mitteilungsblatt der Arbeitsgemeinschaft Burg Waldeck 4/2007; — Lutz Lemhöfer: Heimholung eines Querdenkers. Ein Links-Alternativer im deutschen Martyrologium, in: imprimatur, Heft 4, 2007, 171 ff.; — J. de Jong: Theodor Hespers, redacteur, in: Getuigen voor Christus - Rooms-Katholieke Bloedgetuigen uit Nederland in de twintigste Eeuw, hg. v.d. Nederlandse Bisschoppenconferentie, Den Bosch, 2008; 51-53

Meinulf Barbers

HESS, Michael, Dr.; deutsch-jüdischer Schulmann und Publizist. Geboren am 9. April 1782, Stadt Lengsfeld; gestorben am 26. Februar 1860, Frankfurt am Main. — Über Heß' Biographie ist bis heute Weniges bekannt und seine Jugend liegt fast völlig im Dunkeln. Geboren in Stadt Lengsfeld bei Weimar, besuchte der strikt im Judentum erzogen Heß, dem Willen seines orthodoxen Vaters Isaac Heß Klugmann folgend, wahrscheinlich seit 1795 die bedeutende und als sehr konservativ geltende Jeschivah in Fürth, wo er zum Rabbiner hätte ausgebildet werden sollen. Ob er die Ausbildung abschloß, wie sein Bruder Mendel, ist nicht gewiß, aber auch wenig wahrscheinlich. Denn bereits 1804 ging er nach Frankfurt am Main und unterrichtete dort als Hauslehrer den jungen Jakob Rothschild, den späteren Baron James von Rothschild (1792-1868). Wie so viele *Maskilim* seiner Generation besaß auch Heß keine universitäre Ausbildung, sondern firmierte allein als Autodidakt. Wie er zu seiner säkularen Bildung kam und wo bzw. wann er gar seinen Doktortitel erwarb, ist ungewiß, obgleich er uns in seiner Schrift Die Bürger- und Realschule aus dem Jahr 1857 einen allgemeinen Lebensweg seiner Generationskohorte schildert: Neben den Schriften Mendelssohns, Wesselys, Lockes, den französischen Enzyklopädisten, Voltaires, Rousseaus und den deutschen Philanthropisten, Pestalozzis oder Froebels dürfte dabei auch seine zweijährige Tätigkeit als Hauslehrer hierzu beigetragen haben. - 1804 gründete der Rothschild'sche Prokurist Sigismund Geisenheimer das Philanthropin als eine jüdische Schule, basierend auf säkularen Lehr- und Lerninhalten. Zu dessen Oberlehrer wurde Heß 1807 mit gerade 24 Jahren und einem Gehalt von 400 Gulden, später 1200 Gulden, ernannt. Als Direktor und pädagogischer *spiritus rector* leitete Heß diese Schule schließlich bis zu seiner Pensionierung im Jahr 1855. In dieser Funktion unterrichtete er mit einem Stundendeputat von 26 bis 34 Wochenstunden fast ausschließlich die höheren Klassen in Mathematik und Philosophie. Mit seinen pädagogischen Schriften, aus denen sein radikaler Bildungseifer und manchmal die Siegesgewißheit eines Reformators deutlich hervortritt, prägte Heß als Mitglied des extremsten Flügels der radikalen Reformbewegung des Judentums unter Führung seines Bruders Mendel Heß entscheidend das Bild dieser Schule und wirkte mit seinen Ideen auch politisch immens in die Frankfurter Gemeinde hinein. Für den Unterricht am Philanthropin applizierte Heß modernste Unterrichtsmethoden für das Philanthropin und machte nicht zuletzt offensiv Werbung für die Schule. Infiziert von den Gedanken der Französischen Revolution und als glühender Anhänger einer radikalen Reform des Judentums polemisierte er gegen die Rabbiner als alte Elite des traditionellen jüdischen Bildungswesens. Von der Wertschätzung des jüdischen Schrifttums ging Heß ebenfalls ab: In einem wahren »Anti-Talmud-Eifer« (Arnsberg, 226) analysierte Heß den Talmud als verantwortlich für die fortbestehende rechtlose Stellung der Juden, da er nicht mit dem Fortschritt der Aufklärung kongruent sei und nur die diskriminierende Sonderstellung der Juden fortschreibe. Menschen mit ausschließlich religiöser Bildung konnten für Heß nicht als nützliche Mitglieder einer bürgerlichen Gesellschaft agieren. Seine aufklärerischen Maximen lebte Heß selbst aus: 1809 trat er der jüdischen Loge *Zur aufgehenden Morgenröth*e bei und führte kurz darauf als deren Sekretär sämtliche Protokollbücher auf Deutsch (womit er sich sicherlich auch ein Zubrot zum kärglichen Lehrgehalt verdiente). 1837 war er kurzfristig als Redakteur der *Jüdischen Abteilung* in der von Julius Vinzenz Hoenighaus herausgegebenen *Unparteiischen Universal-Kirchenzeitung*, die nach nur einem Jahr in Preußen verboten wurde. - In seinen frühsten Schriften, die wohl die wichtigsten für Schule und Reformbewegung waren, bildete er das pädagogische Konzept des Philanthropins aus, das es unter seiner Führung bis in die Mitte des 19. Jahrhunderts behalten sollte. Fundamentale Aufgabe des Philanthropins bestand für Heß in der Konstruktion einer behutsamen Indoktrination eines neuen bürgerlichen Denkens, d.h. im Verbürgerlichungsprozeß, dem alles andere untergeordnet sein mußte: Mittels der schulischen Bildung nach den Grundsätzen der Aufklärung könne nicht nur die neue Generation, sondern auch deren Eltern zur bürgerlichen Kultur hingeführt werden. Heß forderte vehement die Einbindung des säkularen jüdischen Schulwesens in die staatliche Schulaufsicht. In ihr wirkten nach seiner Meinung dann gleichberechtigt jüdische Lehrer im Besitz konzeptionelle Vorrechte in Fragen der jüdischen Erziehung mit. Indessen sollte die Autonomie der Lehrer und der Schulen prinzipiell, also bei Juden und Christen, vor dezidierter staatlicher Bevormundung gewahrt bleiben. Auf diesem Wege wurde das Prinzip der pädagogischen Entscheidungsfreiheit und Unabhängigkeit der Schule und der Lehrer gegenüber Staat und Eltern legitimiert. Diese Erkenntnis war durchaus eigenen Erfahrungen mit dem religiösen jüdischen Erziehungswesen und dem Privatunterricht geschuldet, in dem auf der einen Seite die Rabbiner und Gemeindevorsteher, auf der anderen Seite die Hausväter die finanzielle und persönliche Kontrolle über den in der traditionellen jüdischen Gesellschaft nicht gut angesehenen jüdischen Cheder-Lehrer (*melammed*) sowie über die Privatlehrer innehielten. Beide Gruppen nutzten willkürlich die niedrige soziale Stellung Letzterer aus und diktierten ihnen die Inhalte des Unterrichts. Auf Grund dessen forderte Heß schon in seinen frühen Schriften unermüdlich eine standardisierte Lehrerausbildung und eine Professionalisierung des gesamten Berufstandes und versuchte - allerdings vergeblich - bereits 1815 dem Philanthropin ein Lehrerseminar beizuordnen. Trotz der wichtigen Rolle der Schule im allgemeinen Verbürgerlichungsprozeß der Juden blieb für Heß zudem die elterliche Autorität in der Schulzeit für die Kinder das ausschlaggebende Orientierungskriterium. - Das Elternhaus war in diesem Sinne für Heß die erste Sozialisationsinstanz der Kinder und allein verantwortlich für die religiöse Erziehung im Judentum. Die Schule könne nur die moralischen und sittlichen Grundlagen schaffen. Bürgerliche Werte und Normen mußten zusätzlich im Elternhaus ausgebildet werden. Die Eltern hatten hier freilich als Vorbild zu fungieren, wodurch sie ebenfalls in den Verbürgerlichungsprozeß mit einbezogen werden sollten. Dieses System umfaßte die Ausbildung des bürgerlichen Charakters und dessen Festigung in einem 'dualen' Erziehungsprozeß zwischen Elternhaus und Schule. - Korrelierten seine Ideen bereits an diesem Punkt mit denen des preußischen Bildungsreformers Wilhelm von Humboldts, so übernahm der Direktor des Philanthropins auch dessen Modell der *allgemeinen Menschenbildung*. Die humanistischen Ideale überwogen damit in der pädagogischen Ausrichtung der Schule, die sich allmählich zu einer Ideologie ausweitete. Allerdings bemühte sich Heß, diese mit der Idee einer Standeserziehung im Sinne der Philanthropen in Einklang zu bringen. Die allgemeine Menschenbildung besaß dennoch stets den Vorrang in den Erziehungsstadien; zuerst galt es den Juden als Mensch und dann zum Bürger zu erziehen. Allgemeine Menschenbildung bedeutete die Offenhaltung von Chancen und Aufstiegskanälen durch Bildung. Heß unterstrich, daß derjenige, der eine umfassende, ganzheitliche Bildung erhalten hatte und dessen Fähigkeit zum selbstständigen Denken und Handeln sowohl in der Schule als auch im Elternhaus ausgebildet worden war, sich mit Hilfe dieses Orientierungswissens in jeglichen Lebenslagen zurechtfinden könne. Der Mensch stand, anders als bei seinem Kollege Franz Joseph Molitor, in Heß' Augen über dem Bürger, denn ersterer trug in seinem Inneren alle Fähigkeiten und Voraussetzungen zur Bürgerlichkeit, die durch eine diskursive Kenntniserweiterung zwischen Schule, Eltern und Schülern hervorgebracht werden mußte. Unter Heß überwog unterdessen nicht nur theoretisch, sondern seit 1813 auch institutionell die allgemeine Menschenbildung die individuelle Standeserziehung innerhalb des Philanthropins. In diesem Sinne wies der Lehrplan des Philanthropins, der dezidiert der sozialen Erziehung zum Menschen und Bürger gewidmet war, unter Heß Führung eine erstaunliche Breite mit Konzentration auf die deutsche Sprache als Entreebillett in die bürgerliche Kultur auf. Indessen forderte Heß viel von seinen Schülern, so daß die Knabenschule mit 84 Wochenstunden die städtische Musterschule mit 48 Wochenstunden bei weitem übertraf. Am Ende seiner Direktion konnte das Philantrhopin sogar mit den preußischen Gymnasiallehrplänen mithalten. Heß' wichtigstes Reformziel war jedoch - wie oben bereits angedeutet - die Reform des Religionsunterrichts, die mit der des gesamten Judentums einherging. Auf der Grundlage von Mendelssohns Übersetzung sollten nach Heß Vorstellung moralische und sittliche Beispiele aus der Bibel zur Stärkung des Charakters herangezogen werden, der Talmud indessen gänzlich aus der Erziehung der Kinder und Jugend verschwinden. Ihm schwebte eine neue Art des Religionsunterrichtes vor: er sollte säkularisiert und universell ausgerichtet sein.

Als Vertreter einer Vernunftreligion betonte Heß die Moral gegenüber der positiven Religion. Wie das Judentum, so hatte sich auch das Christentum durch seine starre Dogmatik und die daraus resultierende Intoleranz als normatives Gebäude einer menschlichen und erst recht einer bürgerlichen Gesellschaft seiner Meinung nach diskreditiert. An ihrer beider Stelle müsse die bürgerliche Moral treten, mithin das neue normative Wertesystem einer neuen Bürgerlichkeit. Religion hatte hierbei den Stellenwert einer pädagogischen Methode in der moralischen Kleinkinderziehung und nahm im Lehrplan an sich einen geringen Stellenwert ein, der zudem bis zum Ende seiner Amtszeit schrittweise abgesenkt wurde. Religionsunterricht war demgemäß nur noch Morallehre. Nach seinem Verständnis hatte er Religion als pädagogische Methode säkularisiert, die dem Menschen, dem Bürger sowie der bürgerlichen Gesellschaft zur Erreichung einer besseren und glücklicheren sozialen und ökonomischen Lebenssituation verhelfen sollte. Noch 1842 befürwortete Heß in seinem Aufsatz Ueber Bildung zur Humanität eine 'philosophische Moral' und wollte jegliche positive Religion als eigenständiges Fach aus der Schule verbannen. Für die religiöse Erziehung der Kinder seien vielmehr allein die Eltern verantwortlich. Die religiöse Reform hatte folglich eine antitraditionelle Stoßrichtung, das Philanthropin war in diesem Sinne unter Heß Führung ein antitraditioneller Katalysator. Somit lag die Stoßrichtung auch hier auf der Heranbildung von nützlichen Bürgern. So verband Heß sein Eintreten für eine Erneuerung des Judentums eng mit der Forderung nach rechtlicher und sozialer Gleichstellung in einer neu zu schaffenden, auf universellen Grundsätzen fußenden und nach Toleranz strebenden bürgerlichen Gesellschaft. Heß entpuppte sich auf dem Gebiet der religiösen Reform als einer der progressivsten und radikalsten Denker. - Der Kulturkampf zwischen Reformern und Traditionalisten manifestierte sich so als Modernisierungs- und v.a. Generationenkonflikt, in dem die Frankfurter Freischule unter Heß Leitung eindeutig die Aufgabe der Lösung dieser Probleme im Sinne des liberalen Judentums übernahm. Auch in Rahmen seiner Tätigkeit für die *Universal-Kirchenzeitung* betätigte er sich bspw. im Aufsatz Die zwei theologischen Parteien im Judentum als eifriger Kritiker des Talmuds, der Orthodoxie und der Traditionalisten. Vielmehr sei die Bibel, die Torah, die alleinige Grundlage des Glaubens. In diesem Sinne lehnte er auch die Speisegesetze vollkommen ab. Seine Argumentation gipfelte in diesem Aufsatz im Vergleich der innerjüdischen Spaltung in Reformbewegung und Traditionalisten, oder - wie er sie nannte - in 'Reinbiblische' und 'Talmudische' mit dem Katholizismus und Protestantismus und rief damit offen zu Spaltung und Separation auf. Tatsächlich muß das Philanthropin unter der Leitung von Michael Heß und seinem messianischen, ja sogar bevormundenden Eifer auch als Faktor bewertet werden, der zur Gründung der orthodoxen Reformbewegung in Frankfurt beigetrug, die mit der Gründung der Israelitischen Religionsgemeinschaft auf Initiative des Rabbiners Samson Raphael Hirsch und der Gründung der gleichnamigen Schule 1853 mit ihrer Devise des *tora 'im derech erez* ihren Anfang nahm. Sie scheint eine direkte schulpolitische Reaktion auf die radikalen Konzeptionen der Philanthropiner Lehrer, besonders die von Heß, gewesen zu seien. Heß bemühte sich, die neue Schulgründung zu diskreditieren und trat dabei in eine polemische Kontroverse mit Hirsch, die die gegensätzlichen Standpunkte zwischen Liberalen und Traditionalisten mustergültig widerspiegelt. - Ein wichtiger Aspekt der religiösen Reform des Judentums - und einer der heftigst umstrittenen Punkte zwischen den innerjüdischen Konfliktparteien - war für Heß die Gottesdienstreform im Verbund mit Gesang, Orgelspiel und der Einführung einer Liturgie, die mit den neuen bürgerlichen Sittlichkeitsnormen übereinstimmte. In der von ihm 1811 eingeführten Andachtsstunde, sonntags zur Eröffnung der Schulwoche abgehalten, versuchte Heß, das Vorhaben einer radikalen religiösen Reform des Judentums in die Realität umzusetzen. Vorbild war die Betkammer Johannes Bernhard Basedows, die einen religiös neutralen Charakter aufwies. Im besonderen Maße entpuppten sich die Andachtspredigten als Vehikel, über die die Lehrer den Schülern und Eltern die bürgerlichen Werte und Normen als zu habitualisierend vorstellten. Die Andachtsstunde als Verbürgerlichungsmedium und bürgerlicher Gottesdienst hatte so verstanden die Funktion der Binnenintegration der Reformer in Abgrenzung zum alten Synagogalritus und deren Anhängern. Daneben fungierte die Andachtsstunde als Instrument staatsbürgerlicher und patriotischer Erziehung, in der Heß und seine Mitstreiter einen nationaldemokratischen, gesamtdeutschen Patriotismus kolportierten. Zusätzlich diente sie nach 1813 auch als Abwehrmechanismus gegen die reaktionäre Judenpolitik des Frankfurter Senats. Unter Heß entwickelte sich die Andachtsstunde zum zentralen Treffpunkt des liberalen Judentums in Frankfurt, übte auf die Anhänger der *Haskala* eine enorme Anziehungskraft aus und bot damit die Möglichkeit, den begrenzten Rahmen der Bildungseinrichtung in eine breite Öffentlichkeit hinein zu überschreiten. Ihr Erfolg war derart groß, daß 1828 unter Heß ein neuer Andachtssaal eingerichtet wurde und sich Prediger, Lehrer und auch Rabbiner der Reformbewegung darum bemühten, hier Vorträge in deutscher Sprache halten zu dürfen. Intensiv widmete sich Heß auch der Konzeption einer Mädchenbildung, über die er ein dezidiert bürgerliches Frauenbild zu vermitteln versuchte. Während die traditionelle jüdische Erziehung die Mädchen beinahe vollkommen vernachläßigt hatte, applizierte Heß Konzepte Joachim Heinrich Campes: der »weibliche Beruf« der Frau als Ehe- und Hausfrau sowie Mutter stand im Zentrum seines Mädchenschulplans. Nach Heß hatte der Mann das öffentliche Leben zu dominieren. Die Stellung der Frau in der bürgerlichen Gesellschaft definierte sich über die des bürgerlichen Mannes, der ein genuines Interesse an einer Frau mit einer ‚einfachen bürgerlichen Bildung' hatte, damit sie ihm als Gesellschafterin durch das Leben begleiten konnte. Aufgabe der Frau als Mutter lag ausschließlich in der Erziehung der Kinder und deren Vorbereitung auf die Schule. In dialektischer Manier wurde so das gesellschaftliche Primat des Mannes legitimiert, zugleich aber die Notwendigkeit der weiblichen Erziehung begründet. Dabei galt es nach Heß, die von christlichen Pädagogen des 18. Jahrhunderts ebenfalls stets kritisierte ‚Verbildung' der Frau zu verhindern. Weitreichende aufklärerische Bildungsansprüche wurden auf diese Weise für die Mädchenbildung neutralisiert. In diesem Sinne entwarf Heß auf theoretischer Ebene einen durchaus ambivalenten Schulplan, in dem die Handarbeitsfächer einen zentralen Platz einnah-

men, zusätzlich aber ein anspruchsvoller Sprachunterricht in Deutsch, Französisch und Hebräisch angeboten wurde. Zudem befürwortete Heß das Recht der Frau, im Hinblick auf ein harmonisches und funktionierendes Familien- und Eheleben das männliche Bildungsprivileg anzutasten. Daher fanden sich Mathematik, die über die Grundrechenarten weit hinaus ging, und gesellschaftskundliche Fächer wie Geographie und Geschichte im Lehrplan wieder. Diese Widersprüchlichkeit zwischen Theorie und Praxis wurde ebenso durch die Tatsache verstärkt, daß die handarbeitlichen Fächer von der Stundenzahl unter Heß' Direktion tatsächlich weiter eingeschränkt wurden, bis in den 1820er Jahren eine klare Parallelität zur männlichen Bildung erreicht war. Insgesamt sollten die bürgerlichen Tugenden auch für die jüdischen Mädchen und Frauen gelten und seien ihn daher unbedingt über die Institution Schule zu vermitteln. Die enorme Frequentierung der Schule gab Heß und seinen Ideen im Bereich der Mädchenbildung hinsichtlich der elterlichen Ansprüche an die Schule recht. — Heß führte die Schule auf der Grundlage dieser pädagogischen Konzepte während der kurzen bürgerlichen Gleichstellung 1812/13 im Großherzogtum Frankfurt auf einen ersten Höhepunkt: Das Konzept der allgemeinen Menschenbildung gelangte in diesen wenigen Tagen zur vollen Entfaltung und die Schule hatte stetig steigende Schülerzahlen zu verzeichnen. Nach der Rücknahme der Emanzipation 1813/14 geriet die Schule jedoch in eine schwere, insbesondere finanzielle Krise. Zwar stiegen die Schülerzahlen weiter, jedoch nicht mehr so schnell wie zuvor, und auch die staatlichen Zuwendungen fehlten. Heß verteidigte in dieser Phase die pädagogischen Grundsätze der Schule gegen zwei Gruppen: zum Einen gegen die Zweifel einiger liberaler Eltern, die ihre Kinder von der Schule nahmen, zum Anderen gegen die Angriffe der nach Jahren des politischen Abseits nun im Gemeindevorstand gestärkten Konservativen. Ziel dieser *publicity*-Arbeit war, die Unterstützung der Schule zu sichern und damit ihr finanzielles Überleben zu gewährleisten, aber auch, die eigenen Ideen, Leistungen und Zielprojektionen einer erträumten universellen bürgerlichen Gesellschaft nicht verabschieden zu müssen. Indem Heß zum Teil aggressiv die Mängel der neu eingerichteten

Privatinstitute (wie bspw. die florierende Privatschule von Jakob Weil) und in polemischer und diffamierender Weise die der traditionellen Bildungseinrichtungen aufzeigte und mit den nach 1813 real existierenden elterlichen Sorgen um die Ausbildung ihrer Kinder verband, stellte er in seinen Aufsätzen *Einige Bemerkungen über die gewöhnlichen Ansichten bei der Beurtheilung öffentlicher Schulen, Ueber die Bestimmung der öffentlichen Schule und Einige Worte über Realschulen* das normative Modell der allgemeinen Menschenbildung und das Philanthropin in einem besseren Licht dar, als es den realen, schwierigen Zeitumständen tatsächlich entsprach. Dabei sah sich Heß in dieser Phase selbst schweren Beschuldigungen wie bspw. Unpünktlichkeit, diktatorischem Führungsstil oder zu harte Bestrafung von Schülern ausgesetzt und hegte zuweilen sogar Rücktrittsgedanken. Diese Probleme konnten mit einer neuen Schulordnung 1822 endgültig beseitigt werden. Die Finanzierung der Schule durch die Gemeinde sowie Heß Führungsposition waren seit diesem Zeitpunkt unangefochten und die Schülerzahlen stiegen schnell wieder an, auch wenn im Juli 1831 einige der von Heß arg kritisierten Traditionalisten gegen dessen Reformeifer erneut in einem Sendschreiben Stellung bezogen. — Wie bereits angedeutet, trugen Heß' Veröffentlichungen während seiner gesamten Direktorenzeit dazu bei, eine eigene Öffentlichkeit für die Schule und ihrer Lehrer zuschaffen, die ihm und seinen Kollegen die Möglichkeit gab, weit in die überregionale Öffentlichkeit hineinzuwirken und der Schule auf diese Weise stets mit neuen Spendengeldern die Existenz zu sichern. In diesem Sinne schreckte Heß auch nicht vor verbalen Auseinandersetzungen mit tendenziell judenfeindlichen Schriften und deren Autoren zurück: Als 1816 die Professoren Friedrich Rühs und Johann J. Fries gegen die Emanzipation der Juden polemisierten und den Juden jegliche Fähigkeiten zum Erwerb der Bürgerrechte absprachen, sah Heß darin die Gefahr, daß die latente Judenfeindschaft der breiten Bevölkerung durch die intellektuelle Honoration zusätzlich legitimiert wurde. In seiner *Freimüthigen Prüfung der Schrift des Hrn. Prof. Rührs* betonte er dagegen den Vorrang der Bürger- und Menschenrechte vor dem Glaubensbekenntnis sowie den Nachweis der Vaterlandsliebe der Juden durch ihre Beteiligung an dem Befreiungskrieg. Wie auch in der Auseinandersetzung mit den judenfeindlichen Schriften von H.E.G. Paulus und dessen Anhängern zu Beginn der 1830er Jahren betonte Heß hier erstmals in einer dezidiert für eine christliche Öffentlichkeit bestimmten Schrift, daß die Existenz als Jude nicht eine generelle Unintegrierbarkeit in die Gesellschaft bedeute. Das Judentum als kooperative Größe sollte von den Christen nur als konfessionelle Glaubensgemeinschaft und nicht mehr als Volk oder Nation in den Blick genommen werden. Gemeinsame Grundlage sollte der Glaube an einen Gott sein. Allein auf ihr konnte und sollte für Heß eine Aussöhnung zwischen den Menschen auf Basis der bürgerlichen Moral in einer neuen bürgerlichen Gesellschaft bestehend aus Christen und Juden erreichbar sein. In diesem Sinne vertrat Heß allein eine dezidierte, beinahe kapitalistische Leistungsethik als ausschließliches Kriterium für die Zugehörigkeit zur bürgerlichen Gesellschaft. Der Schritt an die Öffentlichkeit war für Heß entscheidend, glaubte er sich doch im Recht und war sich sicher, daß mit den bestehenden und in Zukunft noch zu verwirklichenden Verbürgerlichungserfolgen die christlichen Ressentiments gegenüber den Juden schwinden würden, da der aktuelle Judenhaß eine vorrübergehende, auf schon überkommenen Vorurteilen gegründete irrationale Verirrung sei. Heß verteidigte so zu allen Zeiten den jüdischen Verbürgerlichungsprozeß und definierte ihn als universelle sozioökonomische Modernisierungsstrategie für alle Menschen, Religionen und Konfessionen. - 1855 trat Heß dann von seinen Ämtern krankheitsbedingt zurück, blieb aber durch weitere Publikationen in der Öffentlichkeit präsent und entwickelte sich beinahe zu einer Art Mythos innerhalb des Philanthropins. Sein Nachfolger auf dem Direktorenposten, Sigismund Stern, schwärmte von Heß als von einem »geehrten Führer« (Gedächtnisrede, 34). In den vielen Gedenkreden anläßlich seines Todes ging die geradezu messianische Verehrung Heß durch seine jüngeren Kollegen so weit, daß die Geschichte des Philanthropins nunmehr mit dem Werdegang und der Bildungs-Biographie dieses einen Maskil in eine dialektische Verbindung gebracht wurde. Als Heß mit 78 Lebensjahren am 26. Februar 1860 in Frankfurt am Main starb, hinterließ er das

Philanthropin in der Tat als den weitreichendsten und größten Prototypen einer jüdischen Reformschule schlechthin, den Kristallisationspunkt des liberalen Judentums und Transmitter eines progressiven und idealtypischen Verbürgerlichungsmodells »europäischen Ausmaßes« (Arnsberg, 216), das bis zu seiner Schließung durch die Nationalsozialisten 1942 seine Wirkung weit über Frankfurts Grenzen hinaus entfaltete.

Quellen: Johann Jakob Fries, [Rezension Rühs,] Ueber die Ansprüche der Juden an das deutsche Bürgerrecht. Zweiter verbesserter und erweiterter Abdruck. Mit einem Anhange über die Geschichte der Juden in Spanien. Von Friedrich Rühs. Berlin, in der Realschulbuchhandlung. 1816. 62 S., in: Heidelbergische Jahrbücher der Litteratur 16, 1816, Seite 241-256 u. 17, 1816, Seite 257-264; Michael Heß, Einige Worte über den Unterricht in der Moral und Religion, besonders in Hinsicht auf das jüdische Philanthropin, in: Sulamith 2, 1809, 2, Seite 88-113 (zuerst erschienen in: Einladungs-Schrift zu der am 28sten und 29sten Dezember 1808 zu haltenden Prüfung der Zöglinge des jüdischen Philanthropins, Frankfurt am Main 1808, Seite 3-28); [Ders.], [Eröffnung der Israelitischen Töchterschule in Frankfurt am Main], in: Sulamith 3, 1810, 1, Seite 60-65; Ders., Darstellung der Töchterschule des jüdischen Philantropins in Frankfurt am Main, in: Sulamith 3, 1811, 2, Seite 177-194; Ders., Einige Bemerkungen über die gewöhnlichen Ansichten bei der Beurtheilung öffentlicher Schulen, in: Sulamith 4, 1812, 1, Seite 47-53; Ders., Einige Bemerkungen über die gewöhnlichen Ansichten bei der Beurtheilung öffentlicher Schulen (Beschluß), in: Sulamith 4, 1812, 1, Seite 73-94; Ders., Über den, im Allgemeinen Anzeiger der Deutschen Nr. 125 befindlichen Aufsatz: Über die Juden in Deutschland, in: Sulamith 4, 1812, 1, Seite 52-64; Ders., Bekanntmachung, die Eröffnung einer Bürger- und Real-Schule für die israelitische Gemeinde betreffend, Frankfurt am Main 1813; Ders., Darstellung der Bürger- und Realschule der israelitischen Gemeinde (Einladungsschriften zu der am Philanthropin statthabenden öffentlichen Prüfung der Bürger- und Realschule der Israelitischen Gemeinde), Frankfurt am Main 1814; Ders., Plan zu einer Bürger- und Realschule für die israelitische Gemeinde Frankfurt a. M., Frankfurt am Main 1813, in: Hermann Baerwald, Zur Geschichte der Schule. Zweiter Theil (1804-1822) (Einladungsschrift zu der am 23., 24. und 25. März 1875 stattfindenden öffentlichen Prüfung der Real- und Volksschule der israelitischen Gemeinde), Frankfurt am Main 1875, Seite 39-46; Ders., Einige Worte über Religion, in: Vier Reden, gehalten in der Andachtsstunde der israelitischen Bürger- und Realschule in Frankfurt am Main, Frankfurt am Main 1816; Ders., Freimuetige Pruefung der Schrift des Herrn Professor Rühs ueber die Ansprueche des Juden an das deutsche Buergerrecht, Frankfurt am Main 1816; Ders., Einige Worte über Realschulen, in: Sulamith 5, 1817, 2, Seite 296-311; Ders., Kurze geschichtliche Darstellung der Real- und Volksschule der Israelitischen Gemeinde zu Frankfurt am Main, in: Sulamith 6, 1820, 1, Seite 148-163; Ders., Kurze geschichtliche Darstellung der Realund Volksschule der Israelitischen Gemeinde zu Frankfurt am Main (Beschluß), in: Sulamith 6, 1820, 2, Seite 232-237; Über den Religionsunterricht in den Schulen der Israelitischen Gemeinde, in: Sulamith 6, 1820, 2, Seite 299-315; Ders., Ueber die Bestimmung der öffentlichen Schule, in: Sulamith 7, 1825, 1, Seite 150-168; Ders., Über den Einfluß der Sprache auf's Denken und die Methode des Unterrichts in der Muttersprache, in: Sulamith 7, 1825, 1, Seite 232-261; Ders., Einige Betrachtungen über Ideenverbindung und Gedächtnissen in Beziehung auf Realunterricht (Programm der Real- und Volksschule der israelitischen Gemeinde), Frankfurt am Main 1830; Ders., Epistel der Hebräer an Dr. Paulus, in: Michael Creiznach, Vorläufige Bemerkungen zu der von H.E.G. Paulus erschienen Schrift unter dem Titel: Die jüdische Nationalbewegung nach Ursprung, Folge und Verbesserungsmitteln, Frankfurt am Main 1831; Ders., Einige Worte über die Wichtigkeit der religiösen Bildung in der Erziehung des weiblichen Geschlechts (Programm der Real- und Volksschule der israelitischen Gemeinde), Frankfurt am Main 1832; Ders., Über die Wichtigkeit der sittlichen Erziehung im frühsten Alter und die Gewöhnung zur Wahrhaftigkeit (Programm der Real- und Volksschule der israelitischen Gemeinde), Frankfurt am Main 1834; Ders., Einige Betrachtung über Bildung des Vermögens der Aufmerksamkeit im frühen Alter (Programm der Realund Volksschule der israelitischen Gemeinde), Frankfurt am Main 1836; Ders., Die zwey theologischen Parteyen im Judenthum, in: Universalkirchen-Zeitung 1, 1837, Spalte 93f.; Ders., Die Bürger- und Realschule der israelitischen Gemeinde. Ihre Entstehung, Fortbildung und gegenwärtige Gestalt (Einladungsschriften zu der am Philanthropin statthabenden öffentlichen Prüfung der Bürger- und Realschule der Israelitischen Gemeinde), Frankfurt am Main 1838; Ders., Ueber die Anwendung des Ehrtriebs in der Erziehung (Programm der Real- und Volksschule der israelitischen Gemeinde), Frankfurt am Main 1839; Ders., Vorrede, in: Loeb Presburger. Talmud qeri'at 'ibri. Hebräische Fibel oder: Erster Unterricht in Hebräischlesen und Übersetzen, Frankfurt am Main 31839; Ders., Einige Worte über die Mangelhaftigkeit der sittlichen Erziehung (Einladung zu der am Philanthropin statthabenden öffentlichen Prüfung der Bürger- und Realschule der Israelitischen Gemeinde), Frankfurt am Main 1840; Ders., Ueber die Bildung zur Humanität. Freundliche Worte an Lehrer in Bürger- und Volksschulen, Frankfurt am Main 1842; Ders., Das Verhalten der Ältern zur Schule. Bemerkungen und Wünsche (Einladungsschriften zu der am Philanthropin statthabenden öffentlichen Prüfung der Bürger- und Realschule der Israelitischen Gemeinde), Frankfurt am Main 1844; Ders., Einige Bemerkungen über die Hindernisse der sittlichen Bildung (Einladungsschriften zu der am Philanthropin statthabenden öffentlichen Prüfung der Bürger- und Realschule der Israelitischen Gemeinde), Frankfurt am Main 1846; Ders., Die Aufsicht und Hilfsleistung der Aeltern bei den häuslichen Schulaufgaben der Kinder (Einladung zu der am Philanthropin statthabenden öffentlichen Prüfung der Bürger- und Realschule der Israelitischen Gemeinde), Frankfurt am Main 1849; Ders., Bemerkungen über die Wirksamkeit der Schule für die sittliche Vervollkommnung (Einladungsschriften zu der am Philanthropin statthabenden öffentlichen Prüfung der Bürger- und Realschule der Israelitischen Gemeinde), Frankfurt am Main 1850; Ders., Ueber die Bildung des Gefühls (Einladungsschriften zu der am Philanthropin statthabenden öffentlichen Prüfung der Bürger- und Realschule der Israelitischen Gemeinde), Frankfurt am Main 1851; Ders., Ueber die Wirkung der Gewohnheit auf die sittliche Bildung (Einladungsschriften zu der am Philanthropin statthabenden öffentlichen Prüfung der Bürger- und Realschule der Israelitischen Gemeinde), Frankfurt am Main 1852; Ders., Ueber den Einfluß der intellektuellen Bildung auf die sittliche Vervollkommnung (Einladungsschriften zu der am Philanthropin statthabenden öffentlichen Prüfung der Bürger- und Realschule der Israelitischen Gemeinde), Frankfurt am Main 1853; [Ders.], Über die Ankündigung der Schule der Religionsgemeinschaft, Frankfurt am Main 1853; Ders., Das pharisäische Judentum und das sociale Leben, in: Intelligenzblatt der Freien Stadt Frankfurt, Nr. 92 (19.04.1853), 4. Beilage, [Seite 1-4]; [Ders.], Die Religion im Bunde mit dem Fortschritte. Von einem Schwarzen, Frankfurt am Main 1854; Ders., Ueber die Wirkung der Gewohnheit auf die Sprache (Einladungsschriften zu der am Philanthropin statthabenden öffentlichen Prüfung der Bürger- und Realschule der Israelitischen Gemeinde), Frankfurt am Main 1854; Ders., Einige Betrachtungen über die weibliche Erziehung (Einladungsschriften zu der am Philanthropin statthabenden öffentlichen Prüfung der Bürger- und Realschule der Israelitischen Gemeinde), Frankfurt am Main 1855; Ders., An Herrn Rabbiner [Leopold] Stein, Frankfurt am Main 1856; Ders., An die verehrlichen Mitglieder der israelitischen Gemeinde, die Confirmation und die Ansprache des Herrn Rabbiners Stein an die Aeltern betreffend, Frankfurt am Main 1856; Ders., Die Bürger- und Realschule der israelitischen Gemeinde von ihrer Entstehung im Jahre 1804 bis zu meinem Abtreten von derselben im Juli 1855, Frankfurt am Main 1857; [Samson Raphael Hirsch], Das rabbinische Judentum und die sociale Bildung. Ein erstes und letztes Wort zur Verständigung, in: Intelligenzblatt der Freien Stadt Frankfurt, Nr. 83 (08.04.1853), 1. und 2. Beilage, wieder abgedruckt in: Jeschurun N.F. 14 (4) 1886, 41/42, Seite 641-645 u. ebenda 42/43, Seite 667-670; Ders., Das rabbinische Judentum und der Herr Doctor Heß, in: Intelligenzblatt der Freien Stadt Frankfurt, Nr. 95 (22.04.1853), 2. Beilage, [Seite 1-3]; [M.J.B.M.S.], Die richtige Mitte. Als Widerlegungsschrift der vorläufigen Bemerkungen der Herrn Doctoren Heß und Creizenach zu der Schrift des Herrn Dr. Paulus, Hamburg 1831; Heinrich Eberhard Gottlob Paulus, Die jüdische Nationalabsonderung nach Ursprung, Folgen und Besserungsmitteln. Oder über Pflichten, Rechte und Verordnungen zur Verbesserung der jüdischen Schutzbürgerschaft in Teutschland, Heidelberg 1831 (Sonderabdr. aus: Sophronizon); Friedrich Rühs, Ueber die Ansprüche der Juden an das deutsche Bürgerrecht. Zweiter verbesserter und erweiterter Abdruck. Mit einem Anhange über die Geschichte der Juden in Spanien, Berlin [2]1816; Sendschreiben an Herrn Dr. Michael Heß, Oberlehrer, und Herrn Dr. Michael Creizenach, Religionslehrer, an der israelitischen Buerger- und Realschule, Frankfurt am Main 1831.

Lit.: Paul Arnsberg, Die Geschichte der Frankfurter Juden seit der Französischen Revolution, Frankfurt am Main 1992; Jakob Auerbach, Oberlehrer Dr. Michael Heß, in: Einladungsschrift zu der am 18., 19., 20. und 21. März stattfindenden öffentlichen Prüfung der Bürger- und Realschule der israelitischen Gemeinde, Frankfurt am Main 1861, Seite 5-13; — Ders., Gedächtnißrede, in: Einladungsschrift zu der am 18., 19., 20. und 21. März stattfindenden öffentlichen Prüfung der Bürger- und Realschule der israelitischen Gemeinde, Frankfurt am Main 1861, Seite 22-27; Hermann Baerwald, Zur Geschichte der Schule. Erster Theil: Das Philanthropin 1804-1813 (Einladungsschrift zu der am 15., 16., 17. und 18. März 1869 stattfindenden öffentlichen Prüfung der Real- und Volksschule der israelitischen Gemeinde), Frankfurt am Main 1869; — Ders., Zur Geschichte der Schule. Zweiter Theil (1804-1822) (Einladungsschrift zu der am 23., 24. und 25. März 1875 stattfindenden öffentlichen Prüfung der Real- und Volksschule der israelitischen Gemeinde), Frankfurt am Main 1875; Adolf Brüll, Zur Geschichte der Loge zur aufgehenden Morgenröthe in Frankfurt am Main von ihrer Gründung am 16. August 1807 bis auf die Gegenwart, Frankfurt am Main 1907; Peter Dietrich, Kurzbiographien der Autoren, s.v. Heß, Michael, in: Ingrid Lohmann, Birtta L. Behm, Uta Lohmann (Hrsg.), »Lerne Vernunft!« Jüdische Erziehungsprogramme zwischen Tradition und Modernisierung. Quellentexte aus der Zeit der Haskala, 1760-1811 (Jüdische Bildungsgeschichte in Deutschland 6), Münster, New York, München 2005, Seite 532-542 (URL: <http://www.erzwiss.uni-hamburg.de/personal/Lohmann/JF/Autorenbiographien.pdf>, 16.06.2008); Mordechai Eliav, Jüdische Erziehung in Deutschland im Zeitalter der Aufklärung und der Emanzipation (Jüdische Bildungsgeschichte in Deutschland 2), Münster, New York, München 2001; Arthur Galliner, The Philanthropin in Frankfort. Its educational and cultural significance for German Jewry, in: Yearbook. Leo Baeck Institute of Jews from Germany 3, 1958, Seite 169-186; André Griemert, »Bürgerliche Verbesserung der Juden« durch Schule und Bildung? Das Frankfurter Philanthropin in der Kontroverse um die jüdische Emanzipation bis 1816, ungedr. Examensarbeit Marburg 2005; Sigmund Hirsch, Der Geist des Philanthropins im Lichte der Schriften seiner Lehrer, in: Das Philanthropin in Frankfurt am Main. Dokumente und Erinnerungen, bearb. v. Albert Hirsch, Dietrich Andernacht, Frankfurt am Main 1964, Seite 19-31; Stefi Jersch-Wenzel, Rechtslage und Emanzipation, in: Michael Brenner, Stefi Jersch-Wenzel, Michael A. Meyer (Hrsg.), Deutsch-Jüdische Geschichte in der Neuzeit. Zweiter Band: 1780-1871, München 1996, Seite 15-56; Simone Lässig, Bildung als kulturelles Kapital? Jüdische Schulprojekte in der Frühphase der Emanzipation, in: Andreas Gotzmann (Hrsg.), Juden, Bürger, Deutsche. Zur Geschichte von Vielfalt und Differenz 1800-1933 (Schriftenreihe wissenschaftlicher Abhandlungen des Leo Baeck Instituts 63), Tübingen 2003, Seite 264-298; — Dies., Jüdische Wege ins Bürgertum. Kulturelles Kapital und sozialer Aufstieg im 19. Jahrhundert (Bürgertum, N.F. 1), Göttingen 2004; Tobias Picard, »Bürger-Kapital für Bürger-Erziehung«. Die Frankfurter öffentlichen Schulen 1790-1824, in: Archiv für Frankfurts Geschichte und Kultur 64, 1998, Seite 9-97; Hugo Schaumberger, Arthur Galliner, Aus der Geschichte des Philanthropins, in: Kommission zur Erforschung der Geschichte der Frankfurter Juden (Hrsg.), Das Philanthropin zu Frankfurt am Main, Frankfurt am Main 1964, Seite 11-18; Theodor J. Scherg, Das Schulwesen unter Karl Theodor von Dalberg. Besonders im Fürstentum Aschaffenburg 1803- 1813 und im Großherzogtum Frankfurt 1810-1813, 2 Teile, München-Solln 1939; Inge

Schlotzhauser, Das Philanthropin 1804-1942. Die Schule der Israelitischen Gemeinde in Frankfurt am Main, Frankfurt am Main 1990; — Dies., Erziehung zur Emanzipation - Das Frankfurter Philanthropin in der ersten Hälfte des 19. Jahrhunderts, in: Zeitschrift für Religions- und Geistesgeschichte 43, 1991, Seite 233-247; Gerlinde Schwöbel, Der Mandelzweig soll wieder Blüten tragen. Erinnerungen an das Philanthropin in Frankfurt zum 200jährigen Jubiläum, Frankfurt am Main 2004; Ernst A. Simon, Der pädagogische Philanthropismus und die jüdische Erziehung, in: Britta L. Behm, Uta Lohmann, Ingrid Lohmann (Hrsg.), Jüdische Erziehung und aufklärerische Schulreform. Analysen zum späten 18. und frühen 19. Jahrhundert (Jüdische Bildungsgeschichte in Deutschland 5), Münster, New York, München, Berlin 2002, Seite 13-65; Isidore Singer, S. Mannheimer, Hess, Michael, in: The Jewish Encyclopedia 12 Bde., 1901-1906 (URL: <www.JewishEncyclopedia.com>, 18.06. 2008); David Sorkin, The Transformation of German Jewry, 1780-1840, New York, Oxford 1987; S[igismund] Stern, Am Grabe des Dr. Michael Hess, in: Einladungsschrift zu der am 18., 19., 20. und 21. März stattfindenden öffentlichen Prüfung der Bürger- und Realschule der israelitischen Gemeinde, Frankfurt am Main 1861, Seite 14-21; — Ders., Gedächtnißrede des Oberlehrer Dr. Stern und Entlassung des austretenden Schüler und Schülerinnen, in: Einladungsschrift zu der am 18., 19., 20. und 21. März stattfindenden öffentlichen Prüfung der Bürger- und Realschule der israelitischen Gemeinde, Frankfurt am Main 1861, Seite 28-42; — Ders., Geschichte der israelitischen Realschule zu Frankfurt a. M., in: Volkskalender und Jahrbuch für Israeliten auf das Jahr 5625 (1865), Seite 28-45; — Ders. (Hrsg.), Gedenkblätter für den verstorbenen Dr. Heß (Einladungsschriften zu der am Philanthropin statthabenden öffentlichen Prüfung der Bürger- und Realschule der Israelitischen Gemeinde), Frankfurt am Main 1861; — [Ders.], Dr. Michael Heß. Ein Lebensbild, Frankfurt am Main [1861]; Leo Trepp, Liebe ist die Vollendung des Lebens. Als Jude der eigenen Religion treu zu bleiben und zugleich der christlichen Mehrheitsgesellschaft verbunden: Samson Raphael Hirsch, der berühmte Rabbiner und Begründer der Neuen Orthodoxie, hat gelehrt, wie das geht. Zu seinem 200. Geburtstag eine Hommage, in: Die Zeit (12.06.2008) Nr. 25, Seite 90; Michaela Will, »Die Philosophie im Weiberrocke wird kein Vernünftiger achten...«. Zur Ambivalenz in den Mädchenbildungskonzepten der Zeitschrift Sulamith (1806-1848), in: Britta L. Behm, Uta Lohmann, Ingrid Lohmann (Hrsg.), Jüdische Erziehung und aufklärerische Schulreform. Analysen zum späten 18. und frühen 19. Jahrhundert (Jüdische Bildungsgeschichte in Deutschland 5), Münster, New York, München 2002, Seite 369-391.

André Griemert

HESSE, Hermann, * 2.7. 1877 in Calw (Schwarzwald), † 9.8. 1962 in Montagnola (Tessin). Sohn des baltischen Missionars und späteren Leiters des »Calwer Verlagsvereins« Johannes Hesse (1847-1916) und dessen Frau Marie verw. Isenberg, geb. Gundert (1842-1902), der ältesten Tochter des namhaften Indo-

logen und Missionars Hermann Gundert (1814-1903). — Hesses Kindheit und Jugend ist wesentlich geprägt durch den Konflikt zwischen der von der Familie angestrebten Theologenlaufbahn und seinen schon früh empfundenen literarischen Neigungen sowie der tiefen Kluft zwischen der Glaubenswelt seiner christlich-pietistischen Eltern und Verwandten und seinen unverstandenen Dichterträumen. 1881-1886 wohnt Hesse mit seinen Eltern in Basel, wo der Vater bei der »Basler Mission« unterrichtet. 1886-1889 Rückkehr der Familie nach Calw. 1890/91 besucht Hesse die Lateinschule in Göppingen zur Vorbereitung auf das Württembergische Landexamen (Juli 1891) und tritt ins evangelische Seminar Maulbronn ein zur Vorbereitung auf das Theologiestudium im »Tübinger Stift«. Nach 7 Monaten läuft er am 7. März 1892 aus der Klosterschule davon. 1892 bei Christoph Blumhardt in Bad Boll, Selbstmordversuch, Aufenthalt in der Nervenheilanstalt Stetten, Aufnahme in das Gymnasium von Bad Cannstatt, wo er im Juli 1893 das Einjährig-Freiwilligen-Examen absolviert. Im Oktober Beginn einer Buchhändlerlehre in Esslingen, die er nach drei Tagen abbricht. 1894/95 Praktikant in der Calwer Turmuhrenfabrik Perrot. 1895/98 Buchhändlerlehre bei Heckenhauer in Tübingen. — Literarische Anfänge im Zeichen eines neuromantischen Ästhetizismus des Fin de siècle: 1896 erste Gedichtpublikation, die erste Buchpublikation »Romantische Lieder« erscheint 1898, der Prosaband »Eine Stunde hinter Mitternacht« 1899. Übersiedelung nach Basel, wo Hesse als Sortimentsgehilfe in der Reichschen Buchhandlung beschäftigt ist, ab August 1901 Buchhändler im Basler Antiquariat Wattenwyl. 1904 Durchbruch mit »Peter Camenzind« bei S. Fischer, Berlin, mit dem ihm in Anlehnung an Franz von Assisi, dem er auch eine populäre Biographie widmet, eine großstadt- und zivilisationskritische Wiederbelebung romantischer Natur- und Schöpfungsfrömmigkeit gelingt. Eheschließung mit Maria Bernoulli und Umzug nach Gaienhofen am Bodensee. »Unterm Rad« (1906) spiegelt die Konflikte seiner Schul- und Lehrlingszeit, »Roßhalde« (1914) den Zwiespalt zwischen künstlerischer und bürgerlicher Existenz. Beginn eines intensiven Studiums indischer und chinesischer Religion und Philosophie, angeregt sowohl von seinem der

Indienmission verbundenen Elternhaus als auch von Lebensreformern und Theosophen auf dem Monte Verità b. Ascona. Nach der Geburt des dritten Sohnes 1911 Reise nach Hinterindien mit dem befreundeten Maler Hans Sturzenegger. 1912 übersiedelt Hesse mit seiner Familie nach Bern. Bei Kriegsbeginn 1914 meldet sich Hesse freiwillig, wird aber als dienstuntauglich zurückgestellt und 1915 der Deutschen Gesandtschaft in Bern zugeteilt, wo er im Dienst der »Deutschen Gefangenenfürsorge« bis 1919 Hunderttausende von Kriegsgefangenen und Internierten in Frankreich, England, Rußland und Italien mit Lektüre versorgt, Gefangenenzeitschriften redigiert und einen Verlag der Bücherzentrale für deutsche Kriegsgefangene aufbaut. 1916 Tod des Vaters, beginnende Schizophrenie seiner Frau und Erkrankung des jüngsten Sohnes führen zu einem Nervenzusammenbruch. Psychotherapeutische Behandlung durch den Schüler C.G. Jungs Josef Bernhard Lang (1881-1945). — Der Zusammenfall von persönlich-privater und politisch-kultureller Krise macht Hesse zu einem der zeitsensibelsten Autoren seiner Generation. 1919 Auflösung des Berner Haushalts, Trennung von seiner in einer Heilanstalt internierten Frau, Unterbringung der Kinder bei Freunden. Die Übersiedelung nach Montagnola/Tessin wird zu einem künstlerischen und lebensgeschichtlichen Neubeginn. Die literarhistorisch herausragenden Krisen- und Bekenntnisromane seiner zweiten Schaffensperiode radikalisieren die Problematik der Identitätssuche unter nachhaltigem Einfluß der Jungschen Tiefenpsychologie. Rückhaltlos geben sie den »Blick ins Chaos« menschlicher Wünsche, Ängste und Verstörungen frei und gestalten in mythisch-poetischen Verschlüsselungen »magisch«-entgrenzte Entdeckungsreisen zum eigenen Selbst. »Demian« erscheint 1919 bei S. Fischer, Berlin, unter dem Pseudonym Emil Sinclair, unter dem Hesse zuvor schon zeitkritische Publizistik veröffentlichte, 1920 »Klingsors letzter Sommer«. 1921/22 Krise mit fast anderthalbjähriger Unproduktivität während der Niederschrift seiner »indischen Dichtung« »Siddhartha«, der Geschichte einer Individuation auf der Folie der Biographie des historischen Siddharta Gautama des Buddha, Psychoanalyse bei C. G. Jung in Küsnacht bei Zürich. 1924 Heirat mit Rut Wenger, Scheidung

1927, zum 50. Geburtstag erscheinen »Der Steppenwolf« und die erste Hesse-Biographie von Hugo Ball. 1931 Eheschließung mit Ninon Dolbin, geb. Ausländer. 1932-1943 Entstehung des weitausgreifenden epischen Alterswerks »Das Glasperlenspiel«, das eine Synthese aus östlicher und abendländischer Weisheit entwirft. Als utopisch-zeitkritischer Gegenentwurf zum belanglosen Feuilletonismus und zur Barbarei des Faschismus imaginiert es eine Gegenwelt humanistischer Geistigkeit aus der überirdischen Heiterkeit der Musik und der Meditation. 1946 Nobelpreis für Literatur. — Hesse ist einer der großen Brückenbauer und Vermittler, der wie kaum ein anderer dazu beigetragen hat, im Westen das Interesse für östliche Spiritualität zu wecken. Als der neben Thomas Mann und Stefan Zweig meistgelesene und meistübersetzte deutschsprachige Autor des 20. Jahrhunderts spricht Hesse weltweit immer wieder neue, vor allem junge Leser an; viele Generationen von Hesse-Lesern kamen erstmals durch das Erzählwerk des Calwer Missionarssohns in Berührung mit asiatischer Geistigkeit. Eine neue Verhältnisbestimmung von Religion und seelischer Lebenskunst dürfte die religiös-theologisch herausforderndste Thematik sein, die Leben und Werk Hermann Hesses aufwirft. Zum einen belegt Hesses strengfromme Erziehung einmal mehr die fatale, neurotisierende Wirkungsgeschichte christlicher Sozialisation. Andererseits ist Hesses Bewältigung persönlicher Lebenskrisen ebenso wie sein Prosawerk ohne den Einfluß asiatischer Religionen (Buddhismus, Hinduismus, Taoismus, Konfuzianismus, Zen) nicht zu verstehen. Bei aller nicht zuletzt durch traumatische Christentumserfahrungen bedingten Verzerrung, Selektion und Projektion war Hesse mehr als andere offen für Fremdes und Anderes, ein früher Exponent eines globalen ökumenischen Bewußtseins (H. Küng) - zu einer Zeit, als sich Kirche und Theologie in einer Anti- und Abwehrhaltung nichtchristlichen Religionen gegenüber befanden. Ja, in Sachen Weltreligionen hat Hesse Entscheidendes vorweggenommen - die respektvolle Haltung des Dialogs, ja, der Wertschätzung des spirituellen Reichtums und der vielförmigen Transzendenzerfahrungen anderer Religionen. In radikaler Abkehr vom exklusivistisch-absolutistischen Missionschristentum seines Calwer Elternhauses fand Hesse zu einem religionen- und kulturenübergreifenden Denken in Synthesen und Verflechtungen, das ihn in den vielfältigen Transzendenzerfahrungen der Religionen lediglich verschiedene Ausprägungen derselben existentiellen Grunderfahrungen sehen ließ. Dennoch spielte das Christentum in Hesses einzigartigem ökumenisch-universalem Einheitsdenken eine zentrale Rolle: »mehr ein mystisches Christentum als ein kirchliches ... neben einer mehr indisch-asiatisch gefärbten Gläubigkeit, deren einziges Dogma der Gedanke der Einheit ist« (»Mein Glaube«). Gerade seine neue, asiatische Sicht des Christentums stellt eine bislang nur unzureichend aufgearbeitete Herausforderung für christlich-theologisches Selbstverständnis dar.

Werke: Romane und größere Erzählungen: Eine Stunde hinter Mitternacht, 1899; Hinterlassene Schriften und Gedichte von Hermann Lauscher. Hrsg. v. Hermann Hesse, 1901; Peter Camenzind, 1904; Unterm Rad, 1906; Diesseits. Erzählungen, 1907; Nachbarn. Erzählungen, 1908; Gertrud, 1910; Umwege. Erzählungen, 1912; Aus Indien. Aufzeichnungen von einer indischen Reise, 1913; Roßhalde, 1914; Knulp. Drei Geschichten aus dem Leben Knulps, 1915; Schön ist die Jugend. Zwei Erzählungen, 1916; Zarathustras Wiederkehr. Ein Wort an die deutsche Jugend, 1919; Demian. Die Geschichte von Emil Sinclairs Jugend, 1919; Märchen, 1919; Wanderung. Aufzeichnungen, 1920; Klingsors letzter Sommer. Erzählungen (enth.: Kinderseele - Klein und Wagner - Klingsors letzter Sommer), 1920; Blick ins Chaos. Drei Aufsätze, 1920; Siddhartha. Eine indische Dichtung, 1922; Kurgast. Aufzeichnungen von einer Badener Kur, 1925; Die Nürnberger Reise, 1927; Der Steppenwolf, 1927; Eine Bibliothek der Weltliteratur, 1929; Narziß und Goldmund, 1930; Die Morgenlandfahrt, 1932; Kleine Welt. Erzählungen, 1933; Fabulierbuch. Erzählungen, 1935; Das Glasperlenspiel. Versuch einer Lebensbeschreibung des Magister Ludi Josef Knecht samt Knechts hinterlassenen Schriften, 1943; Traumfährte. Neue Erzählungen und Märchen, 1945; Dank an Goethe, 1946; Krieg und Frieden. Betrachtungen zu Krieg und Politik seit dem Jahr 1914, 1946; Piktors Verwandlungen, 1954; Prosa aus dem Nachlaß, 1965; Politische Betrachtungen, 1970; Mein Glaube, 1971; Eigensinn. Autobiographische Schriften, 1972; Gesammelte Erzählungen, 4 Bde., 1977; Politik des Gewissens. Die politischen Schriften, 2 Bde. 1977; Aus Indien. Aufzeichnungen, Tagebücher, Gedichte, Betrachtungen und Erzählungen, 1980; Franz von Assisi, 1988; Blick nach dem fernen Osten. Erzählungen, Legenden, Gedichte und Betrachtungen, 2002; Gedichte: Romantische Lieder, 1899; Gedichte, 1902; Unterwegs, 1911; Musik des Einsamen. Neue Gedichte, 1915; Gedichte des Malers, 1920; Ausgewählte Gedichte, 1921; Krisis. Ein Stück Tagebuch, 1928; Trost der Nacht. Neue Gedichte, 1929; Vom Baum des Lebens. Ausgewählte Gedichte, 1934; Neue Gedichte, 1937; Die Gedichte, 1942; Stufen. Alte und neue Gedichte in Auswahl, 1961; Die späten Gedichte, 1963; Die Gedichte 1892-1962.

Neu eingerichtet und um Gedichte aus dem Nachlaß erweitert von Volker Michels, 2 Bde., Frankfurt/M. 1977.

Gesamtausgaben: Gesammelte Schriften, Berlin/Frankfurt/Zürich 1957; Gesammelte Werke in zwölf Bänden, Frankfurt/M. 1970; Sämtliche Werke. Hrsg. v. Volker Michels, 20 Bde. + Registerband, Frankfurt/M. 2001-2007 (Bd.1: Jugendschriften, Bd. 2-5: Romane; Bd. 6-8: Die Erzählungen; Bd. 9: Märchen, Legenden, Nachdichtungen, Dramatische Versuche, Idylle, Bd. 10: Die Gedichte; Bd. 11/12: Autobiographische Schriften, Bd. 13/14: Betrachtungen und Berichte; Bd. 15: Die politischen Schriften; Bd. 16-20: Die Welt im Buch. Rezensionen und Aufsätze).

Briefe und Lebenszeugnisse: Ausgewählte Briefe. Erweiterte Ausgabe. Zusammengestellt von Hermann Hesse und Ninon Hesse, Frankfurt/M. 1974; Gesammelte Briefe. 4 Bde. In Zusammenarbeit mit Heiner Hesse hrsg. v. Ursula und Volker Michels, Frankfurt a. M. 1973-1986; Briefwechsel Hermann Hesse - Romain Rolland, 1954; Briefwechsel Hermann Hesse - Peter Suhrkamp, 1969; Briefwechsel Hermann Hesse - Karl Kerényi, 1972; Briefwechsel Hermann Hesse - Thomas Mann, erweiterte Ausgabe Frankfurt/M. 1974; Briefwechsel Hermann Hesse - R. J. Humm, 1977; Briefwechsel Hermann Hesse - Heinrich Wiegand, 1978; Briefwechsel Hermann Hesse - Hans Sturzenegger, 1984; Briefwechsel Hermann Hesse - Emmy Ball-Hennings - Hugo Ball, Frankfurt/M. 2003; Briefwechsel Hermann Hesse - Stefan Zweig, Frankfurt/M. 2006; Briefwechsel Hermann Hesse - Josef Bernhard Lang, Frankfurt/M. 2006; Briefwechsel Hermann Hesse - Alfred Kubin, Frankfurt/M. 2008; Kindheit und Jugend vor Neunzehnhundert. Hermann Hesse in Briefen und Lebenszeugnissen, 2 Bde., hrsg. v. Ninon Hesse u. Gerhard Kirchhoff, Frankfurt/M. 1984-1985.

Bibliographien und erschließende Hilfsmittel: Jürgen Below, Hermann Hesse Bibliographie. Sekundärliteratur 1899-2007, 5 Bde., Berlin 2007; Ursula Apel, Hermann Hesse Personen- und Schlüsselfiguren in seinem Leben, 2 Bde., München 1989; Günther Gottschalk, Hesse-Lyrik-Konkordanz. München 1987.

Lit.: Theodore Ziolkowski, The novels of Hermann Hesse. A Study in Theme and Struktur, Princeton 1965; — Don Francis Talafous, The theological anthropology of Hermann Hesse's Novels. Diss. Mass. Union Theological Seminary New York 1972; — Materialien zu Hermann Hesse »Der Steppenwolf«. Hrsg. v. Volker Michels, Frankfurt/M. 1972; — Materialien zu Hermann Hesses »Das Glasperlenspiel«. Bd. 1 Texte von Hermann Hesse, hrsg. v. Volker Michels, Frankfurt/M. 1973; — Ursula Chi, Die Weisheit Chinas und »Das Glasperlenspiel«. Frankfurt/M. 1976; — Helmut Winter, Zur Indienrezeption bei E. M. Forster und Hermann Hesse. Heidelberg 1976; — Materialien zu Hermann Hesses »Siddhartha«. Bd. 2 Texte über Siddhartha, hrsg. v. Volker Michels, Frankfurt/M. 1976; — Über Hermann Hesse. 2 Bde., hrsg. v. Volker Michels, Frankfurt/M. 1977/1979; — Theodore Ziolkowski, Der Schriftsteller Hermann Hesse. Wertung und Neubewertung, Frankfurt/M. 1979; — Alice Miller, Das »Verdorbene« in der Kindheit Hermann Hesses. In: dies., Das Drama des begabten Kindes und die Suche nach dem wahren Selbst, Frankfurt/M. 1979, 148-159; — Hermann Hesse heute. Hrsg. v. Adrian Hsia, Bonn 1980; —

Vridhagiri Ganeshan, Das Indienerlebnis Hermann Hesses. Bonn ²1980; — Jörg Röttger, Die Gestalt des Weisen bei Hermann Hesse. Bonn 1980; — Materialien zu Hermann Hesses »Das Glasperlenspiel«. Bd. 2 Texte über das Glasperlenspiel, hrsg. v. Volker Michels, Frankfurt/M. 1981; — Ralph Freedman, Hermann Hesse. Autor der Krisis. Eine Biographie. Frankfurt/M. 1982; — Johannes Cremerius, Schuld und Sühne ohne Ende. Hermann Hesses psychotherapeutische Erfahrungen, in: Literaturpsychologische Studien und Analysen, hrsg. v. Walter Schönau, Amsterdam 1983, 169-204; — Helmut Hark, Religion und Neurose Hermann Hesses. In: ders., Religiöse Neurosen. Ursachen und Heilung, Stuttgart 1984, 209-235; — Siegfried Unseld, Hermann Hesse Werk- und Wirkungsgeschichte, Frankfurt/M. ²1985; — Hermann Hesse. Politische und wirkungsgeschichtliche Aspekte, hrsg. v. Sigrid Bauschinger u. Albert Reh, Bern 1986; — Materialien zu Hermann Hesses »Siddhartha«. Bd. 1 Texte von Hermann Hesse, hrsg. v. Volker Michels, erweiterte Ausgabe Frankfurt/M. 1986; — Joseph Mileck, Hermann Hesse. Dichter, Sucher, Bekenner. Frankfurt/M. 1987; — David G. Richards, The Hero's Quest for the Self. An Archetypal Approach to Hesse's »Demian« an Other Novels, Boston 1987; — Gerhart Mayer, Der Heilspfad der Seele - Christentum und asiatische Mystik im Werk Hermann Hesses. In: Zu dir hin. Über mystische Lebenserfahrung. Von Meister Eckhart bis Paul Celan, hrsg. v. Wolfgang Böhme, Frankfurt/M. 1987, 250-269; — Eugene L. Stelzig, Hermann Hesse's Fictions of the Self. Autobiography and the Confessional Imagination, Princeton 1988; — Christiane C. Günther, Aufbruch nach Asien. Kulturelle Fremde in der deutschen Literatur um 1900, München 1988; — Hans Küng, Nahezu ein Christ? Hermann Hesse und die Herausforderung der Weltreligionen. In: Walter Jens/Hans Küng, Anwälte der Humanität: Thomas Mann, Hermann Hesse, Heinrich Böll. München 1989, 159-240; — Günter Baumann, »Wege zum Selbst«. Hermann Hesses Erzählungen im Lichte der Psychologie C. G. Jungs, Freiburg 1989; — Hermann Hesse und die Religion. Die Einheit hinter den Gegensätzen. 6. Internationales Hermann-Hesse-Kolloquium 1990, hrsg. v. Friedrich Bran u. Martin Pfeifer, Bad Liebenzell/Calw 1990; — Horst Georg Pöhlmann, Gott der Bürger und der Gott der Welt. Hermann Hesses Kirchenkritik und Glaubensmystik, in: Lutherische Monatshefte 29 (1990) 468-472; — Fritz Böttger, Hermann Hesse. Leben, Werk, Zeit. Berlin ⁷1990; — Martin Pfeifer, Hesse-Kommentar zu sämtlichen Werken. Frankfurt/M. ²1990; — Peter Spycher, Eine Wanderung durch Hermann Hesses Lyrik. Dokumentation und Interpretation, Bern u.a. 1990; — Christian Immo Schneider, Hermann Hesse. München 1991; — Karl-Josef Kuschel, Hermann Hesse und die Abgründigkeit der Seele. In: ders., »Vielleicht hält Gott sich einige Dichter ...« Literarisch-theologische Porträts, Mainz 1991, 203-240; — Weijian Liu, Die daoistische Philosophie im Werk von Hesse, Döblin und Brecht. Bochum 1991; — Kyung Yang Cheong, Mystische Elemente aus West und Ost im Werk Hermann Hesses. Frankfurt u.a. 1991; — Hermann Hesse und die Politik. In Beziehung zur Zukunft bleiben. 7. Internationales Hermann-Hesse-Kolloquium 1992, hrsg. v. Martin Pfeifer, Bad Liebenzell/Calw 1992; — Reso Karalaschwili, Hermann Hesse. Charakter und Weltbild, Frankfurt/M. 1993; — Materialien zu Hermann Hesse »Demian«.

Entstehungsgeschichte in Selbstzeugnissen, hrsg. v. Volker Michels, Frankfurt/M. 1993; — Friedrich Huber, Zur Verarbeitung indischer Traditionen in Hermann Hesses »Siddhartha«. In: Zeitschrift für Religions- und Geistesgeschichte 45 (1993) 136-151; — Interpretationen Hermann Hesse Romane. Stuttgart 1994; — Eugen Drewermann, Das Individuelle verteidigen. Zwei Aufsätze zu Hermann Hesse, Frankfurt/M. 1995; — Max Deeg, Zur Stoff- und Motivgeschichte von Hermann Hesses »Siddhartha«. Teil 1, in: Nagoya Daigaku Gengobunkabu-Ronshu XVI.2 (1995) 83-98; — Teil 2, in: Nagoya Daigaku Gengobunkabu-Ronshu XVII.1 (1995) 145-159; — Christoph Gellner, Weisheit, Kunst und Lebenskunst. Fernöstliche Religion und Philosophie bei Hermann Hesse und Bertolt Brecht, Mainz 1997; — Hermann Hesse und die Psychoanalyse. »Kunst als Therapie«. 9. Internationales Hermann-Hesse-Kolloquium 1997, hrsg. v. Michael Limberg, Bad Liebenzell/Calw 1997; — Zhuang Ying Chen, Asiatisches Gedankengut im Werke Hermann Hesses, Bern u.a. 1997; — Materialien zu Hermann Hesse »Demian«. Bd.2 Wirkungsgeschichte, hrsg. v. Volker Michels, Frankfurt/M. 1997; — Christoph Gellner, Ost-westliche Spiegelungen. Hesse, Brecht, Grass und Muschg, in: Stimmen der Zeit 217 (1999) 843-854; — Alois Prinz, »Und jedem Anfang wohnt ein Zauber inne«. Die Lebensgeschichte des Hermann Hesse, Weinheim/Basel 2000; — Volker Zotz, Auf den glückseligen Inseln. Buddhismus in der deutschen Kultur, Berlin 2000; — Hermann Hesses »Siddhartha«. 11. Internationales Hermann-Hesse-Kolloquium 2002, hrsg. v. Michael Limberg, Stuttgart 2002 (darin: Christoph Gellner, Was Indern, Chinesen und Christen gemeinsam ist. Hermann Hesse und die Spiritualität der Weltreligionen, 179-192); — Adrian Hsia, Hermann Hesse und China. Darstellung, Materialien und Interpretationen. Erweiterte Neuausgabe Frankfurt/M. 2002; — »Der Dichter sucht Verständnis und Erkanntwerden«. Neue Arbeiten zu Hermann Hesse und seinem Roman »Das Glasperlenspiel«, hrsg. v. Eva Zimmermann, Bern u.a. 2002; — »Höllenreise durch mich selbst«. Hermann Hesse - Siddhartha, Steppenwolf, hrsg. v. Regina Bucher u. a., Zürich 2002; — Birgit Lahmann, Hermann Hesse. Dichter für die Jugend der Welt, Frankfurt/M. 2002; — Hans-Jürgen Schmelzer, Auf der Fährte des Steppenwolfs. Hermann Hesses Herkunft, Leben und Werk, Stuttgart 2002; — Joseph Mileck, Hermann Hesse. Between the Perils of Politics and the Allure of the Orient, New York 2003; — Hermann Hesse 1877-1962-2002. Hrsg. v. Cornelia Blasberg, Tübingen 2003; — Hermann Hesse. Dichter der Suchenden, hrsg. v. Jan Badewien u. Hansgeorg Schmidt-Bergmann, Karlsruhe 2003 (darin: Christoph Gellner, Ehrfurcht und Revolte. Hermann Hesse und die Doppelgesichtigkeit aller Religion, 74-88); — Hermann Hesse und die literarische Moderne. Kulturwissenschaftliche Facetten einer literarischen Konstante im 20. Jahrhundert, hrsg. v. Andreas Solbach, Frankfurt/M. 2004; — Von »Siddhartha« zum »Steppenwolf«. Fremdheitserfahrung und Weltethos bei Hermann Hesse, hrsg. v . Rüdiger Sareika, Iserlohn 2004; — Dirk Jürgen, Die Krise der bürgerlichen Subjektivität im Roman der dreissiger und vierziger Jahre. Dargestellt am Beispiel von Hermann Hesses Glasperlenspiel, Frankfurt/M. 2004; — Christoph Gellner, Hermann Hesse und die Spiritualität des Ostens, Düsseldorf 2005; — Matthias Hilbert, Hermann Hesse und sein Elternhaus: zwischen Rebellion und Liebe. Eine biographische Spurensuche, Stuttgart 2005; — Marco Schickling, Hermann Hesse als Literaturkritiker, Heidelberg 2005; — Bernhard Zeller, Hermann Hesse in Selbstzeugnissen und Bilddokumenten. Neuausgabe Reinbek 2005; — Michael Limberg, Hermann Hesse. Frankfurt/M. 2005; — Hermann Hesse today. Ed. by Ingo Cornils, Amsterdam 2005; — »Dem Chaos die Stirn bieten«. Hermann Hesses »Der Steppenwolf«. 12. Internationales Hermann-Hesse-Kolloquium 2004, hrsg. v. Michael Limberg, Stuttgart 2005; — Sikander Singh, Hermann Hesse. Stuttgart 2006; — Dorothée Gommen, Polaritätsstrukturen im Werk Hermann Hesses: Lyrik, Epik, Drama, München 2006; — Hugo Ball, Hermann Hesse. Sein Leben und sein Werk. Neuausgabe Göttingen 2006; — Klaus Walther, Hermann Hesse. München 2006; — Jian Ma, Stufen des Ich-Seins. Untersuchungen zur »Ich«-Problematik bei Hermann Hesse im europäisch-ostasiatischen Kontext, Berlin 2007; — Julia Moritz, Die musikalische Dimension der Sprachkunst. Hermann Hesse, neu gelesen, Würzburg 2007; — Christoph Gellner, Wie der Buddha in den Westen kam. Hermann Hesse, Luise Rinser und Adolf Muschg, in: Hermann-Hesse-Jahrbuch Band 3 (2006), Tübingen 2007, 47-69; — Anke Miksch, Hermann Hesses »Kurgast« als Spiegelbild seiner Krise, Essen 2007; — Laszlo V. Szabo, Der Einfluss Friedrich Nietzsches auf Hermann Hesse. Formen des Nihilismus und seiner Überwindung bei Nietzsche und Hesse, Veszprem 2007; — »Die gefährliche Lust, unerschrocken zu denken«. Das Menschenbild bei Hermann Hesse. 13. Internationales Hermann-Hesse-Kolloquium 2008, hrsg. v. Michael Limberg, Stuttgart 2008 (darin: Christoph Gellner, Humanität aus Religion. Hesses west-östliches Weisheitsdenken, 209-231); — Hermann Hesse »Unterm Rad«. Entstehungsgeschichte in Selbstzeugnissen des Autors, hrsg. v. Volker Michels, Frankfurt/M. 2008.

Christoph Gellner

HEYER, Karl Johannes (* 5.12. 1904 Troisdorf, † 27.3. 1995 Köln), Gründungspfarrer der Pax-Christi Kirche, Essen. Seine uneheliche Geburt als Sohn des jüdischen Kölner Kaufmanns Josef Cahn († 15.4. 1940) und dessen katholischer Hausangestellte Regine Schneider (1882-1972) war ein prägendes Element für seinen Lebensweg. Nach der christlichen Taufe kam er zunächst bei der Witwe Maria Schmidding geb. Nussbaum († 1933) in Pflege, dann heiratete seine Mutter am 14.5. 1909 den Postassistenten und Witwer Johann Heyer, der ihn am 19. Juni 1917 in diese Familie mit fünf weiteren Geschwistern mit dem Familiennamen Heyer adoptierte. An den Besuch der Volksschule und seiner »Sozialisation im katholischen Milieu« schloß sich die Gymnasialzeit (1919-1926) in Bonn und Siegburg an, in der er auch von der Jugendbewegung und dem »Bund Neudeutschland« geprägt wurde. — So begann er am 26.4. 1926 in Bonn sein Studium der katholischen Theologie als Priesteramtskandidat schon mit dem kunstgeschichtlichen Schwerpunkt und wechselt in den sog. Freisemestern an die Universität Breslau, wo er im Sommersemester 1928 von Prof. Dr. A. Giesebach († 1950) sein Dissertationsthema über »das barocke Chorgestühl in Schlesien« bekam. Im Anschluß an die mündlichen Prüfungen (1929) und die Ablieferung des Pflicht- bzw. Teildruck-Exemplars (1930, vollständiger Kunstdruck erst 1977) schloß Dr. Heyer sein Theologiestudium in Bonn ab und trat ins Bensberger Priesterseminar ein. Nach frühen Gedichten und ersten literarischen Entwürfen in der Studienzeit hatte ihn vor allem die Seminarzeit neben regen Korrespondenzen auch schon zu literarischen Versuchen über menschlich-kirchliche Themen veranlaßt, wie die Zölibatsverpflichtung und die Leiblichkeit, die für ihn bis in hohe Alter hin Themen des schriftstellerischen Ringens und der Diskussion werden sollten. — Nachdem er von Papst Pius XI. eine Dispens wegen seiner »irregulären Geburt« erhalten hatte, konnte am 4./5.2. 1931 zunächst die niederen Weihen und dann die weiteren bis zum Diakonat (4.2. 1932) erhalten. Am 29. Juli 1932 wurde er von Erzbischof Karl Joseph Kardinal Schulte (1920-1941) im Kölner Dom zum Priester geweiht. Nach einer ersten seelsorgerischen Aushilfe in Köln-Sülz (St. Karl Borromäus) trat er am 20.10. 1932 seine erste Kaplanstelle in (Essen-)Kettwig an der Ruhr in der Diasporagemeinde St. Peter an. Hier begann er mit kirchlicher Jugendarbeit und ersten ökumenischen Kontakten, mußte aber schon 1933 versetzt werden, weil er für die Fortsetzung seiner Religionslehrertätigkeit am Aufbaugymnasium in Kettwig nicht den geforderten Ariernachweis erbringen konnte. — Seine zweite Kaplanstelle in Essen-Holsterhausen, St. Mariä Geburt, war geprägt von breiter, intensiver und innovativer Seelsorge- und Jugendarbeit (1933-1941). Vor dem Hintergrund des im katholischen Milieu ausgeprägten Vereinswesens von rund 20 gemeindlichen Vereinigungen arbeitete er pionierhaft mit Pfarrbriefen, Glaubensschulungen und gruppenspezifischen »Opfermahlfeiern« an Wochentagen. Diese Intensivierung des liturgischen Gemeindelebens gipfelte in Gemeindegottesdiensten mit Sendungsfeiern für einen »Diakonat der Jungmänner«. Mit Kriegsbeginn kam es zu Freund-schafts-Verpflichtungen unter den vor der Ein-berufung stehenden jungen Männern der Ge-meinde, die Heyer dann nach dem Krieg in der Pax-Christi-Gedenk-Kirche fortführte. Mit sei-nen künstlerischen Ambitionen gründete er zunächst mit Lene Mandel am 2.6. 1940 einen »Schriftkreis für Künstler« in Essen. Diese Ar-beit konnte er auch nach dem Krieg fortsetzen und sie gipfelte in seiner Ernennung zum »Künstlerseelsorger« noch im Erzbistum Köln (8.2. 1857). — Diese Jugendarbeit führte ab dem 13.10. 1934 zu sieben Verhören und Ver-fahren durch die Gestapo mit Geldstrafen und Gerichtsverfahren, u. a. »wegen Versand reli-giöser Schriften an Wehrmachtsangehörige«. Nachdem wegen der sich verschärfenden Situa-tion eine Versetzung nach Köln nicht realisiert werden konnte, wurde Heyer am 4.12. 1940 zum »Sanitätsdienst in der Wehrmacht eingezo-gen'«. Als Schreibhilfe bei der Besatzungstrup-pe in Frankreich konnte er sowohl priesterliche Aufgaben ohne nennenswerte Beeinträchtigung ausüben als auch Kontakte zur »Jungen Ge-meinde St. Mariä Geburt« halten. Wegen seiner »50% nicht-arischen Abstammung« wurde er als »nicht verwendungsfähig« am 3.5. 1941 aus der Wehrmacht wieder entlassen und schon am 9.5. 1941 aus St. Mariä Geburt nach Köln-Nip-pes (St. Joseph) versetzt. Unter dem neuen Köl-ner Erzbischof Joseph Kardinal Frings (1942-1969, † 1978) und mit der intendierten Absicht, ihm »im KZ Litzmannstadt die Seelsorge an den katholischen Juden zu übertragen«, wurde er als Kaplan ins Bistum Berlin (18.1. 1943: Lichter-felde / St. Dreifaltigkeit, 1.2. 1943 Nieder-schönhausen / St. Maria Magdalena, 1.8. 1944 Potsdam Babelsberg / St. Antonius) versetzt, wo er »als Judenbengel von Kaplan« tituliert auch nicht richtig Fuß fassen konnte und in der zwei-ten Jahreshälfte 1944 noch zwei weitere Vorla-dungen und Verhöre wegen seiner Abstammung bei der Gestapo hatte. — Da er nicht wie erhofft im Bistum Berlin bleiben konnte, mußte Heyer nach dem Zusammenbruch der nationalsozia-listischen Herrschaft seinen priesterlichen Dienst im Erzbistum Köln zunächst mit Aushilfen (u. a. Ratingen / St. Peter und Paul) überbrücken, bis er am 5.10. 1945 zum Kaplan in Essen-Rütten-scheid / St. Ludgerus ernannt wurde. Nach dem schon 1942 abgelegten Pfarrer-Examen und 15

Jahren als Kaplan wollte er dringend eine selbständige Pfarrstelle anstreben, was ihm zum 2.7. 1949 gelang als »vicarius expositus« für das »Projekt Siepen-Billebrinkhöhe« in der be-nachbarten alten Mutterpfarrei Essen-Relling-hausen / St. Lambertus. — Wenn Dr. Heyer als »Gründungspfarrer der Pax-Christi-Kirche« an-zusehen ist und dort über 25 Jahre (bis zum 31.5. 1975) wirkte, ist neben der äußeren Ent-wicklung der Rektoratspfarrei (ab 15.2. 1957) ihre besondere Bedeutung als Gedenkstätte zu beachten, die auch nach der aktuellen Neuord-nung, Auflösung (1.4. 2008) und Zuordnung (27.4. 2008) zur neuen Großpfarrei Essen-Stee-le St. Laurentius andauert. Die von den Archi-tekten Klaus Göbel und Fritz Klapthor in den Jahren 1950-1958 mit den Gemeinde-Gebäuden gebaute grundrißgleiche Doppelkirche wurde nach der Gründung des Bistums Essen (1.1. 1958) von dessen ersten Bischof Dr. Franz Hengsbach († 1991) am 27.2. 1959 als St. Al-bertus-Magnus-Kirche konsekriert. Seit dem 20.7. 1967 trägt sie den Namen Pax-Christi und mit römischer Genehmigung vom 4.5. 1968 auch den offiziellen Titel »Jesus Christus Prin-ceps pacis«. — Von Dr. Heyer in den Pfarrbrie-fen und anderen Veröffentlichungen immer wie-der behandelt, sollte die Erfahrung von Diktatur und Krieg nicht in Vergessenheit geraten und deshalb wurde und werden bis heute die Namen von durch Gewalt zu Tode gekommenen Men-schen, Soldaten und Bombenopfern, Zwangsar-beitern und Widerstandskämpfern auf Tontafeln geschrieben und diese werden in den Boden um den Altar der Unterkirche eingefügt. Namen von Orten stehen für eine namenlose Zahl von Menschen, die an solchen Schreckensorten ihr Leben verloren haben. Dabei werden Opfer aus allen Völkern, Nationen und Glaubensgemein-schaften berücksichtigt, wodurch eine »Kirche der Namen« entstanden ist, die deshalb zunächst nicht ganz unumstritten war. Zugleich ließ Dr. Heyer die Kirche von modernen Künst-lern (u. a. Toni Zenz: Der Hörende) ausgestalten und 1963 wurde mit der »Pax-Christi-Gemein-schaft« eine für alle Christen offene Bruder-schaft gegründet. Auch hat er die Liturgiereform des II. Vatikanischen Konzils (1962-1965) aktiv in das Gemeindeleben übersetzt. — Neben sei-nen Pfarreraufgaben bemühte sich Heyer um ökumenische Begegnungen, um die frühe deutsch-französische Versöhnungsarbeit sowie um Menschen in besonderen Grenz- und Konflikt-Situationen (z. B. Jürgen Bartsch) und nahm damit eine gewisse Sonderrolle im Essener Klerus ein. — Nachdem er die Pax-Christi-Gemeinde an die »engagierten Kirchenleute« Franz-Josef Steprath und Anne Trappe übergeben hatte, übersiedelte er mit seinen umfangreichen Korrespondenzen und Manuskripten 1975 als Subsidiar nach Köln-Rodenkirchen (St. Maternus). Hier setzte er für rund 14 Jahre seine seelsorgerischen Korrespondenzen, seine literarischen Arbeiten (großes Autobiographie-Typoskript: Schatten und Wahrheit) und seine Meditationen zu alter und neuer Kunst vornehmlich in Kölner Kirchen sowie über Menschen des öffentlichen Lebens und in Grenzsituationen fort. Weitere Schwerpunkte seiner Sammlungen und Entwürfe waren seine Herkunft und Familie sowie das Gedächtnis des gesellschaftlich anonym gewordenen menschlichen Todes. Da er sich selbst als »Theologe, Kunstwissenschaftler und Literat« verstand, galt mit zunehmendem Alter seine Sorge seinem Nachlaß, den er dem Historisches Archiv des Erzbistums Köln übergeben hat. Auch in seiner letzten Station im Kölner Altenheim St. Vinzenz-Stift, wo er seine Beisetzung (31.3. 1995) im Familiengrab in Wehr vorbereiten konnte, arbeitete er noch daran. Sein für das 20. Jahrhundert eher außergewöhnliches Priesterleben stand im Zeichen des christlichen Glaubens, der NS-Ideologie und der Versöhnungsarbeit.

Werke (Auswahl): Ehe unter dem Kreuz. Ökumenisches Wort für konfessionsverschiedene Braut- und Ehepaare von Karl Johannes Heyer und Gerd Henseleit. Hrsg. vom Ökumenischen Institut der Abtei Niederaltaich, mit einem Geleitwort von Ansgar Albrecht, Regensburg 1967; Briefe an eine Gemeinde, Frankfurt 1968; Die Pax-Christi-Kirche in Essen-Billebrinkhöhe. Eine Gedächtnis- und Friedens-Kirche. Eine Kirche der Bild-Verkündigung, Essen 1968; Der Passionsweg des Lammes. Meditation zu dem zeichenhaften Kreuzweg an der Pax-Christi-Opferstätte in Essen-Billebrinkhöhe, München 1974; Das barocke Chorgestühl in Schlesien. Eine Darstellung der Chorgestühle und ein Beitrag zur Geschichte von Kunst und Kunsthandwerk im Barock (Diss. phil. Friedrich-Wilhelms-Universität zu Breslau 1929) mit einem musikgeschichtlichen Beitrag von Johannes Aengenvoort (= Bau- und Kunstdenkmäler des Deutschen Ostens, hrsg. im Auftrag des Johann-Gottfried-Herder-Forschungsrates Marburg, Reihe C, Schlesien Bd. 6), Frankfurt/Main 1977; Meditationen, Strandgut. Zu Werken Wilhelm Pfeils nach einer Ausstellung 1978, Korschenbroich 1978; Ikone Heiliges Land. Skizzen in Israel. In Gemeinschaft mit dem Notre-Dame-de-Jerusalem Center, Graz/Wien/Köln 1980; Rodenkirchener Impressionen, Köln 1987; Ruf der Tür von St. Maria im Kapitol zu Köln um 1065. Versuch der Erfassung von Form und Spiritualität, Köln 1987/2000.

Lit.: Johannes Wielgoß, Der Essener Priester und »Halbjude« Dr. Karl Johannes Heyer im Dritten Reich, in: Annäherungen - Christen jüdischer Herkunft unter dem Nationalsozialismus. Dokumentation zweier historischer Fachtagungen 1995 und 1996 (Berichte und Beträge, Nr. 27, hrsg. vom Bistum Essen, Dezernat für gesellschaftliche und weltkirchliche Aufgaben, Baldur Hermans), Essen 1996, 111-124; — Das Historische Archiv des Erzbistums Köln. Übersicht über seine Geschichte, Aufgaben und Bestände. Erstellt von den Mitarbeiterinnen und Mitarbeitern des Historischen Archivs des Erzbistums Köln, Redaktion Toni Diederich und Ulrich Helbach (Studien zur Kölner Kirchengeschichte, hrsg. vom Historischen Archiv des Erzbistums Köln, Bd. 31), Siegburg 1998, 358; — Ulrich von Hehl - Christoph Kösters, Priester unter Hitlers Terror. Eine biographische und statistische Erhebung (Veröffentlichungen der Kommission für Zeitgeschichte, A: Quellen, Bd. 37), 2 Bde. 4. Aufl., Paderborn 1998, Bd. 1, 733; — Reimund Haas, Karl Johannes Heyer (1904-1995). Zu seinem Nachlaß und seinem ersten Wirken in Essen 1933-1941. Ein Priesterschicksal des 20. Jahrhunderts zwischen Aufbruch und Bedrohung, Verfolgung und Sühne, in: Christen an der Ruhr Bd. 2, hrsg. von Reimund Haas und Alfred Pothmann, Essen 2002, 159-186.

Reimund Haas

HEYN, Johann Andreas, Pfarrer in Sachsen-Gotha und Württemberg, Großvater Friedrich Hölderlins in der weiblichen Linie, * 24. September 1712 in Friemar bei Gotha † 25. September 1772 in Cleebronn. – Heyn war ein württembergischer Pfarrer, der nicht im Tübinger Stift und seinen Zubringerschulen ausgebildet worden war, sondern aus dem »Außland« kam. Das war sehr selten. In seinem Fall ist es die Folge einer Auseinandersetzung zwischen dem spätorthodox lutherisch geprägten gothaischen Konsistorium und den zunächst noch überwiegend so genannten Mährischen Brüdern, den Herrnhutern, in seinem ersten Dienstort (Neu-) Dietendorf bei Erfurt gewesen. – H., geboren als Sohn des wohlhabenden Bauern Jeremias Heyn (* 14. April 1684, † 26. August 1750) und seiner Ehefrau Susanna, geborene Meister (* 19. August 1686, † 22. Juli 1748), hat das Gymnasium Ernestinum in Gotha besucht, von 1730 bis 1736 in Jena als seiner Landesuniversität Theologie studiert und dies Studium mit einem Konsistorialexamen abgeschlossen. Seine akademischen Lehrer waren in allen Semestern die Inhaber der beiden theologischen Lehrstühle, die Professoren Jesaias Friedrich Weissenborn (1673-1750) und Johann Georg Walch (1693-1775). Dieser war der Nachfolger des hoch angesehenen Theologen Johann Franz Budde (Buddeus; 1667-1729), seines Schwiegervaters. Die theologischen Bereiche Dogmatik, Polemik, Kirchengeschichte, Ethik und Praktische Theologie wurden unterrichtet, z. T. auch in Vorlesungen innerhalb der Phil. Fakultät. Außerdem hörte Heyn sicherlich in einem noch sehr verschulten Studium ab 1733/34 Johann Reinhard Rus (1779-1738), ab 1734/35 Johann Jacob Syrbius (1674-1738) und im Sommersemester 1736 noch Johann Friedrich Wucherer (1682-1737), lernte darüber hinaus die alten Sprachen und mglw. Geschichte an der Philosophischen Fakultät. Welche Vorlesungen im einzelnen er besuchte, ist nicht überliefert, auch nichts Privates aus der Studienzeit, also auch keine Freundschaften. Die theologische Grundhaltung in Jena war lutherisch-orthodox mit nur geringen pietistischen Neigungen. Die (lateinischen) Vorlesungsverzeichnisse sind für alle vier Fakultäten (Theologie, Jura, Medizin, Philosophie - in der Reihenfolge ihres Ansehens) für Heyns Studienzeit überwiegend erhalten. - Nach dem Examen überbrückte er die Zeit bis zu einer ersten Pfarrstelle mit einer Hofmeistertätigkeit, wie es üblich war. Er war angestellt bei zwei gothaischen Superintendenten entweder nacheinander, oder er hat deren Kinder zusammen unterrichtet. Das könnte in Holzhausen bei Arnstadt gewesen sein. - Seine erste Anstellung als Pfarrer erhielt er als 29-Jähriger in dem so genannten Alten Hof bei Dietendorf südlich Erfurt, den 1734 ein ursprünglich aus bürgerlicher, aber dem gothaischen Hof bereits nahe verbundener Familie stammender Graf Gustav Adolph von Gotter (1692-1762) gekauft hatte. Seine Absicht dabei war es im Sinne des Merkantilismus, dort geschickte Handwerker und Manufakturarbeiter für Wollwaren anzusiedeln, für die er kleine Häuser errichten ließ. Mit dem Erlös ihrer Arbeiten gedachte der barocke Lebemann sein üppiges Dasein auf Schloß Molsdorf zu finanzieren (auch bei Erfurt gelegen), das er im selben Jahr gekauft hatte. - Mit dem Rittergut Altenhof hatte Gotter auch das Patronatsrecht dort gekauft und hatte für seine lutherischen Arbeiter seit 1738 nacheinander vor Heyn zwei Pfarrer mit auffällig kurzen Dienstzeiten (ein bzw. drei

Jahre) angestellt. Die Pfarrer wie dann auch Johann Andreas Heyn müssen das jeweils vorher gewußt, aber die der Anstellung vorangehende Ordination für wichtiger gehalten haben als eine absehbar sichere Versorgung an diesem Ort. Unsicher waren die Anstellungen, weil es bereits seit den 1730er Jahren Konventikel der Herrnhuter in Sachsen-Gotha gab und seit 1727 deren Haupt, der Graf Nikolaus Ludwig von Zinzendorf (1700-1760), Ansiedlungsmöglichkeiten dort hatte erkunden lassen. Es war vor allem der spätorthodoxe, sehr streitbare Vizepräsident des Konsistoriums, Ernst Salomon Cyprian (1673-1745), der sich allen solchen Bestrebungen widersetzte. Er argumentierte, wie üblich, mit einer Gefahr für den Staat, wenn eine andere Lebensform geduldet würde. (Ein anderes Bekenntnis hatten die Herrnhuter nicht.) Der Herzog und die Herzogin waren unentschlossen. Gotter suchte zwar freundschaftliche Verbindung zu Cyprian, die konfessionellen Streitigkeiten waren ihm aber wohl gleichgültig. In der noch unentschiedenen Situation der Jahre um 1740 wollte er als Patronatsherr keine allzu bindenden Zusagen geben und vergewisserte sich deshalb bei Heyn vor dessen Anstellung, daß er notfalls einige Zeit sich von Eigenem ernähren könne. Dieser, der Sohn aus wohlhabender Bauernfamilie, war *nicht* existentiell getroffen, als er im Jahr der entscheidenden Auseinandersetzung vmtl. einige Monate lang kein Gehalt erhielt, wiewohl er das in offiziellen Schreiben so darstellte. Mehrfach betonte er aber, daß er seine Heimat nicht verlassen wolle. - Daß er es doch tat, darin folgte er den Verbindungen des Grafen Gotter zum preußischen Hof Friedrichs II. (1712-1786, König 1740), wo der württembergische Thronfolger Carl Eugen (1728-1793; 1744 für mündig erklärt) den letzten herzoglichen Schliff erhielt und der württembergische Resident das Anliegen des Grafen dem Konsistorium in Stuttgart als Befehl vorlegte. Der gesamte, durch amtliche Schreiben gut dokumentierte Vorgang fällt in das Jahr 1743. Im Herbst des Jahres hat Heyn die pflichtgemäße Prüfung vor dem württembergischen Konsistorium abgelegt und wurde in die vakant gewordene Pfarrstelle des kleinen Ortes Frauenzimmern im Zabergäu eingeführt (254 Einwohner), die sicherlich eine karg besoldete Anfängerstelle war. - Im Frühjahr des folgenden Jahres (am 28.

April) heiratete er bereits, und zwar die auf diese Weise versorgte 19-jährige älteste Tochter des Specialsuperintendenten Johann Wolfgang Sutor (* 4. Januar 1690, † 5. März 1763), Johanna Rosina (30. Dezember 1725, † 14. Februar 1802), zu dessen Dekanat Güglingen der kleine Ort gehörte. – Von 1753 bis zu seinem Tod 1772 versah Heyn die Pfarrstelle in Cleebronn, einer kleinen Stadt gleichfalls im Zabergäu (Dekanat Brackenheim). Da es dort mit dem Kloster Michaelsberg und seinen Besitzungen in der Nähe die einzige katholische Enklave in Altwürttemberg gab, zur Diözese Mainz gehörend, waren die politischen Ämter doppelt besetzt. Das verlangte sicherlich dem protestantischen Pfarrer mehr als üblich Fähigkeiten der Vermittlung ab. Eine Karriere in der Kirchenhierarchie wie sein Schwiegervater hat Heyn anscheinend nicht angestrebt. Das hätte wohl nicht seinem Temperament entsprochen, und vermutlich wußte er, daß schon der Versuch dazu ihm als »Außländer« widerraten würde, damit nicht Neid unter den Amtsbrüdern aufkäme. - Die Kinder seiner Ehe waren der als Stiftler früh verstorbene Sohn Wolfgang Friedrich Heyn (* 23. März 1745, † 22. Mai 1766) und die Töchter Johanna Christiana (* 8. Juli 1748, † 17. Februar 1828) und Maria Friederica (1752-1816). Diese jüngere Tochter heiratete erst 1775 (11. Juli) den wohl eben vorher in Löchgau vom Diakon zum Pfarrer aufgestiegenen Johann Friedrich Ludwig Majer (1742-1817), war also erst zu diesem Zeitpunkt 'versorgt'. Die ältere Tochter heiratete wenige Wochen nach dem Tod ihres Bruders, am 17. Juni 1766, den Klosterhofmeister Heinrich Friedrich Hölderlin (* 25. Januar 1736, † 5. Juli 1772) aus Lauffen und wurde von ihren Eltern mit einem reichen Heiratsgut ausgestattet. Ihr erstgeborenes Kind war Johann Christian Friedrich Hölderlin (* 20. März 1770, † 7. Juni 1843). - Die Ehemänner der (von ihm aus gesehen:) Großmutter Johanna Rosina Heyn und der Mutter Johanna Christiana starben im selben Jahr 1772, am 5. Juli (Heinrich Friedrich Hölderlin) bzw. am 25. September (Johann Andreas Heyn). Dessen Witwe blieb wahrscheinlich mindestens bis 1778 noch in Cleebronn wohnen, wie Patenschaftseinträge auch für die Kinder ihrer älteren Tochter aus zweiter Ehe mit Johann Christoph Gok (* 30. Oktober 1748, † 13. März 1779) an-

geben. Sie war vermögend und nicht unbedingt auf die Familiensolidarität angesichts der bescheidenen württembergischen Pfarrwitwenversorgung (»Gnadenquartal«) angewiesen. Später, möglicherweise seit dem frühen Tod von deren zweitem Ehemann, lebte sie überwiegend im Haushalt der älteren Tochter. Ihr ältester Enkel Friedrich Hölderlin nennt beide zusammen mehrfach seine »Mütter«. - Heyn kam 1743 aus dem lutherisch-orthodox geprägten Territorium Sachsen-Gotha in das ebenfalls noch lutherisch-orthodoxe Altwürttemberg (W. in den Grenzen vor 1803, ohne die damals hinzugewonnenen katholischen Gebiete Oberschwabens). Diese protestantische Lehre muß seine eigene Überzeugung gewesen sein. Andernfalls hätte er sich in Neudietendorf den Herrnhutern anschließen und in der Heimat bleiben können. - 1743 war auch das Jahr, in dem in Altwürttemberg zwischen lutherisch-orthodoxer Staatskirche und mächtig aufgekommenem Pietismus durch das so genannte Pietistenreskript ein Kompromiß gefunden wurde, der eine Abspaltung der Pietisten von der Landeskirche vermied. Bei den jährlichen Visitationen der Ortspfarrer durch ihre unmittelbaren Vorgesetzten, die 'Speciale', aus deren nach festem Schema zu erstattenden Berichten sich die Kirchenleitung ihr Bild vom Zustand des effizient und theokratisch verwalteten Landes machte (in vier Abteilungen: Zustand der Kirchengemeinde, Zustand des Pfarramts und der damit verbundenen Aufgaben, Zustand von Kirche und Schule als Institutionen, Zustand der politischen Gemeinde und der Wohltätigkeit) wird auch nach Sektierern am Ort, Separatisten irgendwelcher Überzeugung und nach Privatversammlungen gefragt. Das wären pietistische gewesen, die nicht verboten waren, aber genauen Vorschriften unterlagen. - Johann Andreas Heyn hatte das Problem, wie mit Pietisten umzugehen sei, in der eigenen Familie. Der Sohn Wolfgang Friedrich Heyn gehörte schon in der weiterführenden Klosterschule Bebenhausen einem pietistischen Zirkel am Tübinger Stift an, den er von dort aus erreichen konnte. Zu seinen Glaubensbrüdern gehörte Nathanaël Köstlin (1744-1826), der später in Nürtingen Friedrich Hölderlin nicht nur privaten Unterricht gab, sondern den dieser selbst auch zu seinem geistlichen Vater erwählt hatte, solange er noch Pietist war wie seine Mutter, die

Schwester des als Pietist verstorbenen Stiftlers. Der einzige erhaltene Brief Johann Andreas Heyns, in dem er einem Pietistenbruder seines Sohnes dessen Tod mitteilt, ist zwar ein Sterbestundenbericht (Thanatographie), wie er besonders unter Pietisten zu Trost und Erbauung üblich war, läßt sich aber so deuten, daß er, der Vater, selbst nicht Pietist geworden war, was auch Probleme in der Amtsführung ergeben hätte. Über das Glaubensleben seiner Ehefrau, Hölderlins geliebter Großmutter Heyn, ist, wie überhaupt, nichts Aussagekräftiges überliefert. Die beiden Gedichte des Enkels, die sie (mit) betreffen, das Fürbittengedicht *Die Meinige[n]* des 16-jährigen, noch vom Pietismus erfüllten Jugendlichen, und *Meiner Verehrungswürdigen Grosmutter zu Ihrem 72sten [recte: 73.] Geburtstag* (30. Dezember 1798) sagen mehr über ihn als persönlich über sie aus. Allerdings spricht Einiges dafür, daß die drei Witwen, die seit 1800 in Nürtingen zusammen lebten, Großmutter, Mutter und Schwester Hölderlins, da sie keine Amtsrücksichten mehr nehmen mußten, in ihrem gemeinsamen Leid Trost in pietistisch geprägtem Glauben suchten. Kontakte der Mutter Hölderlins zur evangelikalen Deutschen Christentumsgesellschaft sind wahrscheinlich gemacht worden. Die Briefe Hölderlins aus dem zweiten Halbjahr 1800 an die drei Frauen seiner Familie sind nochmals durchtränkt von pietistisch zu verstehender Familienliebe, die allerdings wieder vergeht. - Johann Andreas Heyn, der nach dem Zeugnis seiner Visitatoren ein vorbildliches, zurückgezogenes Leben führte, hat über amtliche Schriftstücke hinaus kaum Spuren hinterlassen. Die sechs Alexandriner, die er beim Tod seines jungen Sohnes ins Kirchenbuch eintrug, erlauben nicht, Hölderlins dichterisches Genie auf diesen Großvater zurückzuführen. Eher mag man daran denken, die bemerkenswerte Standhaftigkeit, die jener er in den kirchenpolitischen Auseinandersetzungen in Sachsen-Gotha 1743 zeigte, die ihn gegen seinen ursprünglichen Willen zum Verlassen der Heimat nötigten, bei seinem Enkel wiederzufinden, der sich beharrlich weigerte, den Beruf auszuüben, für den er bestimmt und ausgebildet war. - Heyns Kinder kannten den thüringischen Familienzweig nicht. Nur sein Enkel Friedrich Hölderlin ist in Friemar gewesen. Von diesem fremden Herkunftsort, von

also auch seinen thüringischen Wurzeln, muß vor allem die Großmutter erzählt haben. Es ist anzunehmen, daß Hölderlin mit den damals in Friemar lebenden Verwandten zusammengekommen ist und daß er der Familie davon berichtet hat. Einzelheiten sind aber nicht überliefert. - Aus der Generation der Großeltern hat Hölderlin nur die ältere seiner beiden »Mütter« gekannt, eben Johanna Rosina Heyn. Als ihr Mann starb, war der Enkel zweieinhalb Jahre alt. Aber (auch) von Mutter und Großmutter muß er gewußt haben, was das Leben eines württembergischen Pfarrers war. Vielleicht hat die Großmutter sogar Konzepte der Visitationsberichte aus Cleebronn bewahrt und ihm zugänglich gemacht, die Johann Andreas Heyn nach dem vorgegebenen Schema mit eigener Hand geschrieben hat. Jedenfalls muß der Enkel gewußt haben, warum *er* nicht Pfarrer werden wollte - nicht nur, weil er die eigene Berufung als eine andere erkannt hatte.

Nachlaß: nicht erhalten oder bisher nicht gefunden

Quellen: Thüringer Universitäts- und Landesbibliothek Jena (die gedruckten Vorlesungsankündigungen, der Matrikeleintrag); Thüringisches Staatsarchiv Gotha (Oberkonsistorium Gerichte Neudietendorf Nr. 6, Geheimes Archiv XXIII; Nr. 75, Schriftstücke zur geplanten Ansiedlung der Herrnhuter und zur Auseinandersetzung um eine Pfarrstelle für J. A. Heyn); Landeskirchliches Archiv Stuttgart (Bestände A 29, 1292 und A 13 Bd. 2: Testimonienbuch, die Württemberg betreffenden Akten zur dortigen Pfarrstelle für J. A. Heyn); Hauptstaatsarchiv Stuttgart Bestand A 281 Bü 477, 478 (erhaltene Visitationsakten Frauenzimmern) und 252 (erhaltene Visitationsakten Cleebronn); — Stadtarchiv Lauffen, 'Heiraths-Gut u. Aussteuer' für Johanna Christiana Heyn, Inventuren und Theilungen de 1766': Verzeichniß / Dessen, was Johann Andreas Heyn, Pfarrer zu Cleebronn. Brackenheimer Oberamts cum uxore Johanna Rosina, geb. Sutorin ihrer Tochter Johanna Christiana an S. T. Herrn Heinrich Friderich Hölderlin Closterhofmeistern zu Lauffen verheirathet, zum Heiraths-Gut u. Aussteuer gegeben, auch: http://www.hoelderlin.de/register/fh-heiratsgut.html; — Otfried Kies, Hölderlin und seine Familie in Lauffen am Neckar, Hölderlin-Gesellschaft und Stadt Lauffen a. N. 2001, darin die Familie betreffende Kirchenregistereinträge

Gesamtausgabe: nicht vorhanden

Werkausgabe: nicht vorhanden

Lit.: Johann Georg Walch, »Gedancken Vom Glauben der Kinder im Mutter Leibe Und dem Grunde der Seeligkeit der verstorbenen ungetaufften Christen=Kinder [...], ²1733; — Johann Philip Fresenius, Bewährte Nachrichten von Herrnhutischen Sachen, Band 3, Frankfurt/Main 1748, darin: Des berühmten Herrn Doctoris Ernst Salomon Cyprians, Gewesenen Vice-Präsidenten zu Sachsen-Gotha, Letztes Votum, Die Herrnhutische Secte betreffend, 1-24; — Zedler online, http://www.zedler-lexikon.de/, digitalisiert durch die Bayerische Staatsbibliothek; Artikel: Weissenborn, Jesaias Friedrich, Bd. 54, Sp. 0654-0658: Johann Heinrich Zedlers Großes vollständiges Universal-Lexicon Aller Wissenschafften und Künste, 68 Bände, Halle und Leipzig 1732-1754; — Johann Georg Brückner, Sammlung verschiedener Nachrichten zu einer Beschreibung des Kirchen= und Schulenstaats im Hertzogthum Gotha, III. Theil, Eilftes Stück, darin: IV: Von der Kirche und Schule zu Neudietendorf, Gotha 1762; — Philipp Friedrich Hillers (1699-1769) Geistl. Liederkästlein z. Lobe Gottes, bestehend aus 366 kleinen Oden über so viele bibl. Sprüche, Kindern Gottes z. Dienst aufgesetzet, Stuttgart 1762; — Johann Heinrich Gelbke, Kirchen- und Schulen=Verfassung des Herzogthums Gotha, Zweyter Theil. Zweyter Band, Gotha 1799; — August Beck, Graf Gustav Adolf von Gotter. Ein Lebensbild aus der Zeit Friedrich's des Großen und Maria Theresia's, Gotha 1867; — August Beck, Geschichte des gothaischen Landes, Bd. III, Theil II, Gotha 1876; — Fritz Geller, Gründung Neudietendorfs. Zur Erinnerung an die vor 150 Jahren der Brüdergemeine Neudietendorf durch fürstliche Gnade verliehene Konzession, Neudietendorf 1914; Exzerpt dazu: http://www.heydecke.de/susanne/pdf/Neudietendorf.pdf; — Herman Anders Krüger, Neudietendorf und seine merkwürdige Geschichte, Berlin 1934; diese Darstellung auch: http://www.ndfnet.de/Neudietendorf-und-seine-merk-wu.93.0.html; — Karl Heussi, Geschichte der Theologischen Fakultät zu Jena, Weimar 1954 (=Darstellungen zur Geschichte der Universität Jena. Herausgegeben im Auftrag der Kommission für die Geschichte der Universität Jena von Friedrich Schäfer, Band 1); — Martin Hasselhorn, Der altwürttembergische Pfarrstand im 18. Jahrhundert (=Veröffentlichungen der Kommission für geschichtliche Landeskunde in Baden-Württemberg, Reihe B Forschungen, 6. Band), Stuttgart 1958; — Ernst Marquardt, Geschichte Württembergs, Stuttgart 1961; — Gerhard Schäfer, Kleine württembergische Kirchengeschichte, Stuttgart 1964; — Martin Brecht, Kirchenordnung und Kirchenzucht in Württemberg vom 16. bis zum 18. Jahrhundert (=Quellen und Forschungen zur württembergischen Kirchengeschichte. Herausgegeben von Martin Brecht und Gerhard Schäfer, Bd. 1), Stuttgart 1967; — Adolf Beck und Paul Raabe, Hrsg., Hölderlin. Eine Chronik in Text und Bild (=Schriften der Hölderlin-Gesellschaft Band 7/8), Frankfurt a. M. 1970; — Walter Jens, Eine deutsche Universität. 500 Jahre Tübinger Gelehrtenrepublik, München 1978; — Herbert Oppel, D. Ernst Salomon Cyprian, in: Jahrbuch der Coburger Landesstiftung 23, 1978, 35-82; — Günter Steiger, »Ich würde doch nach Jena gehn«. Geschichte und Geschichten, Bilder, Denkmale und Dokumente aus vier Jahrhunderten Universität Jena, Weimar 1980; — Peter Lahnstein, Schwäbisches Leben in alter Zeit. Ein Kapitel deutscher Kulturgeschichte, München 1983; — Barbara Oehme, Jenaer Professoren im Bildnis. Gemälde aus 425 Jahren Universitätsgeschichte (1548/58-1983), Friedrich-Schiller-Universität Jena [1983]; — Laetitia Boehm/Rainer A. Müller, Universitäten und Hochschulen in Deutschland, Österreich und der Schweiz. Eine Universitätsgeschichte in Einzeldarstellungen, Düsseldorf und Wien 1983; — Alma mater Jenensis. Geschichte der Universität Jena. Herausgegeben von Siegfried Schmidt in Verbindung mit Ludwig Elm und Günter Steiger, Weimar

1983; — Gerhard Schäfer, Zu erbauen und zu erhalten das rechte Heil der Kirche. Eine Geschichte der Evangelischen Landeskirche in Württemberg, Stuttgart 1984; — Reinhard Breymayer: Hölderlin - Majer - Spittler - Bahnmaier. [...] Mit einem unbekannten Gedicht (Hölderlins?) [...], in: Blätter für württembergische Kirchengeschichte 82 (1982). Stuttgart [1983], 254-328; — Christel Köhle-Hezinger, Pfarrvolk und Pfarrersleut, in: Martin Greiffenhagen, Hrsg., Das evangelische Pfarrhaus. Eine Kultur- und Sozialgeschichte, Stuttgart 1984, 247-276; — Reinhard Breymayer, Vom schöngeistigen Klosterschüler zum pietistischen Stiftler: Unbekannte Briefe von Hölderlins Onkel Wolfgang Friedrich Heyn (1745-1766), in: In Wahrheit und Freiheit. 450 Jahre Evangelisches Stift in Tübingen. Herausgegeben von Friedrich Hertel (=Quellen und Forschungen zur württembergischen Kirchengeschichte. Herausgegeben von Martin Brecht und Gerhard Schäfer, Band 8), Stuttgart 1986, 128-176; — Hanns Wolfgang Rath, Else Rath-Höring, Ahnengeschichte Hölderlins. Aus dem Nachlaß übertragen und mit neueren Forschungen ergänzt von Hans-Wolfgang Kress, Forschungen zur deutschen Ahnenkultur II, 1990, Limburg an der Lahn 1990; — Franco Cardini, M. T. Fumagalli Beonio-Brocchieri, Universitäten im Mittelalter. Die europäischen Stätten des Wissens, München 1991; — Kurt Krüger, Gustav Adolph von Gotter. Leben in galanter Zeit, herausgegeben vom Förderverein Schloss Molsdorf, Erfurt 1993; — Anja Benscheid, Nürtinger Lebenswelten. Alltagskultur in einer württembergischen Kleinstadt zur Zeit Hölderlins; in: Hölderlin und Nürtingen, Sammelband. Herausgegeben von Peter Härtling und Gerhard Kurz, Stuttgart und Weimar 1994, 31-47 (der Aufsatz) und 212-272 (das Verzeichnis des Nachlasses von Johanna Christiana Heyn - Hölderlin - Gok im Faksimile mit Transkription und Sachkommentar); — Thüringer Pfarrerbuch Bd. 1, Herzogtum Gotha (=Schriftenreihe der Stiftung Stoye, Bd. 26), Neustadt/Aisch 1995; — Ernst Salomon Cyprian (1673-1745) zwischen Orthodoxie, Pietismus und Frühaufklärung. Vorträge des Internationalen Kolloquiums vom 14. bis 16. September 1995 in der Forschungs- und Landesbibliothek Gotha Schloß Friedenstein. Hrsg. von Ernst Koch und Johannes Wallmann, Gotha, Forschungs- und Landesbibliothek 1996; darin: Dietrich Meyer, Cyprians Abwehr einer Herrnhuter Siedlung im Fürstentum Gotha, 136-166; — Gregor Wittkop, Hölderlins Nürtingen, Lebenswelt und literarischer Entwurf, Tübingen 1999; — Hermann Ehmer, Heinrich Frommer, Rainer Jooß, Jörg Thierfelder: Gott und Welt in Württemberg. Eine Kirchengeschichte, Stuttgart 2000; — Petra Schad, Buchbesitz im Herzogtum Württemberg im 18. Jahrhundert [...], Historisches Institut der Universität Stuttgart 2002, pdf-Datei; — Claudia Hilpert, Mainzer Hebammen in früheren Jahrhunderten, Stadt Mainz, Frauenbüro, 2002, pdf-Datei; — (Video-) Vorlesung Dr. Ulrich Rasche am 12.05.2003: »Vom Magister Artium zum Doktor der Philosophie. Jenaer Promotionswesen vom 16. bis zum 19. Jahrhundert«, rtsp://mmz-srv4.rz.uni-jena.de:554/mmz/Montagsvorlesung/hs24_12_05_03.rm innerhalb der Ringvorlesung an der Friedrich-Schiller-Universität Jena 2003: »Die Universität in ihrer Stadt. Stationen einer dauerhaften Beziehung vom 16. bis zum 20. Jahrhundert«; — Glaube und Macht, Sachsen im Europa der Reformationszeit, Katalog zur 2. Sächsischen Landesausstellung,

Torgau 2004; — Michael Franz (Hrsg.), »...im Reiche des Wissens cavalieremente«? Hölderlins, Hegels und Schellings Philosophiestudium an der Universität Tübingen (=Schriften der Hölderlin-Gesellschaft Band 23/2, Materialien zu bildungsgeschichtlichen Hintergrund von Hölderlin, Hegel und Schelling Band 2, Tübingen und Eggingen 2005; darin: Ders. und Riccardo Pozzo Erläuterungen zu Ploucquets Inauguralthesen zur Metaphysik (1790), 39-64; — Peter Thaddäus Lang, Visitationsakten, in: Serielle Quellen in südwestdeutschen Archiven. Eine Handreichung für die Benutzerinnen und Benutzer südwestdeutscher Archive, hrsg. von Christian Keitel und Regina Keyler, http://www.uni-tuebingen.de/IfGL/veroeff/digital/serquell/seriellequellen.htm, Stand: März 2005; — Bertram Fink, Kirchenkonventsprotokolle, in: Serielle Quellen in südwestdeutschen Archiven. Eine Handreichung für die Benutzerinnen und Benutzer südwestdeutscher Archive, hrsg. von Christian Keitel und Regina Keyler, http://www.uni-tuebingen.de/IfGL/veroeff/digital/serquell/seriellequellen.htm, Stand: März 2005; — Priscilla A. Hayden-Roy, »Der Mensch prüfe sich selbst«. Eine Predigt Nathanael Köstlins als Kontext für Hölderlins ersten erhaltenen Brief, in: HJb 34, 2004/05, 302-329; — Priscilla A. Hayden-Roy, Zwischen Himmel und Erde: der junge Friedrich Hölderlin und der württembergische Pietismus, in: HJb 35, 2006-2007, 30-66; — Ernst-Peter Wieckenberg, Johan Melchior Goeze (=Hamburger Köpfe), Hamburg 2007.

Ursula Brauer

HIELSCHER, Friedrich, Publizist, Privatgelehrter, Religionsphilosoph, * 31.5. 1902 in Plauen, † 6.3. 1990 in Furtwangen / Schwarzwald, Grab in Schönwald / Schwarzwald. — H. besuchte bis zum Notabitur 1919 das Gymnasium in Guben und schloß sich danach für einige Monate einem Freikorps an. Anschließend studierte er Jura in Berlin und promovierte 1926 bei Otto Koellreuther in Jena zum Dr. jur. utr. Nach seiner Referendarzeit schied er Ende 1927 aus dem Staatsdienst aus und lebte fortan als freier Schriftsteller. Schon im Rahmen seiner Dissertation setzte er sich intensiv mit dem Werk von Oswald Spengler und Friedrich Nietzsche auseinander und entwickelte dabei erste eigene Positionen zu staats-, rechts- und religionsphilosophischen Fragen. Von 1926 bis Anfang 1933 arbeitete er in Berlin an verschiedenen Zeitschriften aus dem Spektrum der »Konservativen Revolution« (u.a. »Arminius«, »Vormarsch«, »Das Reich«) mit, dabei in engem Kontakt zu Ernst Jünger, Friedrich Georg Jünger und weiteren Protagonisten dieser Geistesströmung stehend. Bereits in diese Zeit fiel die intensive Beschäftigung von H. mit religiösen Fragen, die er - inzwischen aus der evangelischen Kirche ausgetreten - in Gesprächen mit Vertretern verschiedener Weltreligionen vertiefte. 1931 erschien sein Werk »Das Reich«, mit dem er der konservativ-revolutionären Strömung eine geschichtsphilosophische und religiöse Fundierung zu geben versuchte. Nach der Machtübernahme der Nationalsozialisten mußte er seine öffentlichen publizistischen Aktivitäten weitgehend einstellen. Er formierte nun einen konspirativ wirkenden Kreis, der sich in starkem Maße aus Angehörigen der Jugendbewegung rekrutierte. Dieser Kreis wirkte während der NS-Zeit als Widerstandsgruppe (u.a. durch Hilfe für politisch und rassisch Verfolgte und zeitweilig in Verbindung mit den Widerständlern des 20. Juli 1944). Der Kern der Gruppe bildete im August 1933 eine religiöse Gemeinschaft, die »Unabhängige Freikirche (UFK)«. Theologische Grundlage der UFK, die erst 1984 zerfiel, war ein von H. entwickeltes System, in dem sich panentheistische Vorstellungen (»Gott der Alleinwirkliche« als »unser Grund und Vater« mit der polytheistischen Lehre von 12 »himmlischen Boten« (den »Göttern«) und Überlieferungen des traditionellen Volksglaubens verbanden. In den fünfziger Jahren erreichte die UFK mit ca. 50-60 Mitgliedern (darunter vielen Akademikern) ihre größte Anhängerzahl. H.'s theologisches System, das er über fünf Jahrzehnte hinweg in Hunderten von nur innerhalb der UFK verbreiteten Typoskripten immer weiter entwickelte, zielte auf die Überwindung dualistischer Trennungen ab: Gott und Welt, Monotheismus und Polytheismus sowie Staat und Kirche waren für ihn keine Antagonismen, sondern sollten im Rahmen eines neuen, »heidnisch« verstandenen Glaubens überwölbt werden. Zugleich setzte sich H. allerdings massiv von neuheidnischen Tendenzen des NS und der völkischen Strömung ab, denen er Materialismus und »Gottesferne« vorwarf. Den Hauptwiderspruch sah er zwischen »den Gläubigen aller Religionen« einerseits und materialistisch-technokratischen Tendenzen andererseits, weshalb er für ein Zusammenwirken aller gläubigen Menschen und die Herausarbeitung einer allen Religionen inhärenten Theologia Naturalis eintrat. Seine an Eriugena, Goethe und dem späten Nietzsche orientierten religionsphilosophischen Vorstellungen flossen teilweise in seine Vortrags- und Publikationstätigkeit im Bereich des Kösener Senioren-Konvents-Verbandes ein, für den er vor allem in den fünfziger und sechziger Jahren Funktionen übernommen hatte. Daneben stand er um diese Zeit mit Persönlichkeiten wie Karl Rahner, Ernst Jünger, Karl-August Wittfogel, Alfred Kantorowicz und seinem früheren Berliner Hochschullehrer Theodor Heuß in z.T. intensiver Korrespondenz zu theologischen, philosophischen und zeitgeschichtlichen Fragen. H.'s Gesamtwerk ist, da von ihm weitgehend auf die Verbreitung innerhalb seiner UFK beschränkt, überwiegend unveröffentlicht, der umfangreiche Nachlaß befindet sich als Depositum im Kreisarchiv des Schwarzwald-Baar-Kreises in Villingen-Schwenningen.

Aufsätze (Auswahl): Bürgerlichkeit und Deutschtum. In: Neue Standarte. Arminius, Kampfschrift für deutsche Nationalisten Nr. 33 (1926) v. 5.9.1926, S. 5; Innerlichkeit und Staatskunst. In: Neue Standarte. Arminius, Kampfschrift für deutsche Nationalisten v. 26.12.1926, S. 6-8; Die Faustische Seele. In: Die Neue Standarte. Arminius v. 3.2.1927, S. 4 f. ; Die Alten Götter. In: Die Neue Standarte. Arminius v. 27.2.1927, S. 7 f. ; Die große Verwandlung. In Ernst Jünger (Hrsg.): Krieg und Krieger. Berlin 1930, S. 127-134; Der Geist der Wirtschaft. In: Das Reich, 1. Jg. (1930 / 31), Heft 8 (Mai 1931), S. 150-156; Die Heraufkunft der Kräfte. In Hans Tröbst (Hrsg.): Stecowa. Phantastisches und Übersinnliches aus dem Weltkrieg. Berlin 1932, S. 195-205; Die Freiheit als Sinn und Ziel unserer Bünde. In: Festschrift zum Kösener Congreß vom 31. Mai bis 3. Juni in Würzburg. O.O. 1954, S. 31 f. ; Duell und Mensur. In: Festschrift zum Kösener Congreß vom 1. bis zum 4. Juni in Würzburg. O.O. 1960, S. 37-59; Die geistesgeschichtlichen Grundlagen der Kösener Corps. In: Festschrift zum Kösener Congresse vom 6. bis zum 9. Juni 1962 in Würzburg. O.O. 1962 (Neunte Festschrift des HKSCV), S. 7-33; Das kanonische Urteil der katholischen Kirche über die Mensur im 19. Jahrhundert. In: Einst und Jetzt. Jahrbuch des Vereins für corpsstudentische Geschichtsforschung. 7. Band (1962), S. 91-117; Corps und Propaganda. In: Die Kösener Freiheit. Festschrift zum Kösener Congresse vom 29. Mai bis zum 1. Juni 1963 in Würzburg. O.O.1963 (Zehnte Festschrift des HKSCV), S. 36-60; Toleranz und Wahrheit. In: Humanitas honos noster. Festschrift zum Kösener Congresse vom 2. bis zum 5. Juni 1965 in Würzburg. O.O. 1965 (Zwölfte Festschrift des HKSCV), S. 19-48; Zweikampf und Mensur. In: Einst und Jetzt. Jahrbuch des Vereins für corpsstudentische Geschichtsforschung. 11. Band (1966), S. 171-199; Schillers klassischer Ort in der Geschichte. In: Die Stifter und Friedrich Schiller. Festschrift zum Kösener Congresse vom 25. bis zum 28. Mai 1966 in Würzburg. O.O.1966 (Dreizehnte Festschrift des HKSCV), S. 51-61; Herkunft und Wesen der Mensur. In: Die Mensur. Herkunft, Recht und Wesen. Dokumentation des Kösener SC-Verbandes, überreicht durch den Kösener Senioren-Convents-Verband und den Verband Alter Corpsstudenten. O.O. 1968 (Vierte Denkschrift des HKSCV. Herausgegeben zum Kösener Congresse 1968), S. 9-32; Noblesse oder Elite (1. Teil). In: Einst und Jetzt. Jahrbuch des Vereins für corpsstudentische Geschichtsfor-

schung. 14. Band (1969), S. 89-97; Noblesse oder Elite (2. Teil). In: Einst und Jetzt. Jahrbuch des Vereins für corpsstudentische Geschichtsforschung. 15. Band (1970), S. 130-138; Noblesse oder Elite (3. Teil und Schluß). In: Einst und Jetzt. Jahrbuch des Vereins für corpsstudentische Geschichtsforschung. 17. Band (1972), S. 38-52.

Werke: Die Selbstherrlichkeit: Versuch einer Darstellung des deutschen Rechtsgrundbegriffs, Berlin 1928 (Diss.); Das Reich, Leipzig 1931; Fünfzig Jahre unter Deutschen, Hamburg 1954; Zuflucht der Sünder, Berlin 1959; Ernst Jünger / F:H., Briefwechsel, Stuttgart 2005.

Lit.: Klaus Schiller, Politische Religiosität, in Walter Künneth / Helmuth Schreiner (Hrsg.): Die Nation vor Gott. Zur Botschaft der Kirche im Dritten Reich. Berlin 1933, 422-440; — Rolf Kluth, Die Widerstandsgruppe Hielscher, in: Puls. Dokumentationsschrift der Jugendbewegung. Nr. 7 (Dezember 1980), 22-27; — Werner Barthold, Die geistige Leistung F.H.'s für das Kösener Corpsstudententum, in: Einst und Jetzt. Jahrbuch des Vereins für corpsstudentische Geschichtsforschung. 36. Band (1991), 279-282; — Karlheinz Weißmann, F.H.. Eine Art Nachruf, in: Criticón, 123, Januar / Februar 1991, 25-28; — Marcus Beckmann, Die Wiederkunft der Götter. F.H. als politischer Publizist 1926-1933, in: Jahrbuch zur Konservativen Revolution 1994. Köln 1994, 265-272; — Peter Bahn, Die Hielscher-Legende. Eine panentheistische »Kirchen«-Gründung des 20.Jahrhunderts und ihre Fehldeutungen, in: Gnostika, Heft 19 (2001), 63-76; — Ders., Ernst Jünger und F.H.: eine Freundschaft auf Distanz, in: Les Carnets Ernst Jünger, Nr. 6 (2001), 127-145; — Kurt Lehner, Antiwestliches Denken: Zum Beispiel F.H., in: ''Criticón'' 174, Sommer 2002, 36-40; — Stefan Breuer / Ina Schmidt, Der Literat und der Theokrat. Ernst Jünger und F.H., in: Günter Figal / Georg Knapp (Hrsg.): Verwandtschaften. Jünger-Studien. Band 2, Tübingen 2003, 92-115; — Peter Bahn, F.H. 1902-1990. Einführung in Leben und Werk, Schnellbach 2004; — Ders., »Doch blieb er im Kern Theologe«. Begegnungen Friedrich Georg Jüngers mit F.H, in Tobias Wimbauer (Hrsg.): Anarch im Widerspruch. Neue Beiträge zu Werk und Leben der Gebrüder Jünger. Schnellroda 2004 (Das Luminar. Schriften zu Ernst und Friedrich Georg Jünger. Band 3); — Ina Schmidt, Der Herr des Feuers. F.H. und sein Kreis zwischen Heidentum, neuem Nationalismus und Widerstand gegen den Nationalsozialismus. Köln 2004; — Baal Müller, Grausam und gemütlich-Ernst Jüngers Freundschaft mit Friedrich Hielscher, in: Sezession, Heft 22 (Februar 2008), 42 f.

Peter Bahn

HOBBS, Barnabas Coffin, * 4.10. 1815 nahe Salem, Indiana, USA, † 22.6. 1892 in Bloomingdale, Indiana, USA. Lehrer, Quäker. — Barnabas Coffin Hobbs wurde 1815 nahe Salem in Indiana geboren. Die Eltern waren William Hobbs (1780-1854) und Priscilla Coffin (1774-1836). Seine Ausbildung erhielt Barnabas Coffin Hobbs, das dritte und letzte Kind der Familie, im Cincinnati College, wo er auch Latein und Griechisch lernte. Ab 1833 gab er dort selbst Unterricht, ab 1839 an der Friends Boarding School in Mount Pleasant, Ohio. 1843 heiratete er Rebecca Tatum (1819-1902). 1844 gründete er an seinem neuen Wohnort Richmond (Indiana) eine Schule, die er vier Jahre erfolgreich führte, bis er an einer Quäkerschule angestellt wurde. Seine berufliche Karriere ging steil nach oben, 1851 wurde er Prinzipal der Friends Academie in Bloomingdale (Indiana), 1866 Präsident der Friends School (später Earlham College in Richmond, Indiana), und 1868 bis 1871 schließlich in Indianapolis erster Inspektor aller öffentlichen Schulen im Staate Indiana. Seit 1879 trat Barnabas Coffin Hobbs als »Minister« (Prediger) innerhalb der Religiösen Gesellschaft der Freunde (Quäker) hervor, seine Ansprachen waren vor allem nüchtern und logisch aufgebaut. 1877 war er »Schreiber« (Vorsitzender) des Western Yearly Meeting und versuchte vergeblich, die Abspaltung konservativer Quäker von der zunehmenden Evangelikalisierung der Jahresversammlung zu verhindern. Unter seinen Zeitgenossen galt er in den ganzen USA als bester Kenner der unterschiedlichen Quäkerlehren. Als Beauftragter pazifistischer Anliegen bereiste er Europa, u.a. Rußland und Deutschland; so besuchte er beispielsweise 1878 die deutschen Quäker in Minden, von wo aus er 1879 den Zar in Rußland aufsuchte, um sich für die verfolgten Mennoniten einzusetzen. Anschließend erhielt er beim Kaiser von Deutschland und dem Kronprinz in Berlin Audienzen. Diesen präsentierte er seine Idee eines internationalen Schiedsgerichts zur Verhinderung von Kriegen. In die USA zurückgekehrt widmete er sich in Tennessee und in North Carolina den Ureinwohnern seines Landes, wo er insbesondere auf die Reservatsfrage Einfluß nahm. Hobbs hatte 1858 vom Wabash College den Titel M.A. und 1870 von der Indiana University den Titel LL.D. verliehen bekommen. 1892 verstarb er im 77. Lebensjahr in Bloomingdale (Indiana).

Werke: Hobbs' fourth reader. (Annapolis) 1854; School friend, second book. Reading for young learners. Annapolis 1854; School friend, third book. Reading lessons for the middle classes in school. Philadelphia 1854; School laws of Indiana, as amended in 1865, 1867, and 1869, with no opinions, instructions and judicial decisions relating to common schools and to the officers thereof. Indianapolis 1869; Indiana State of Geological Survey (Hrsg.): Third and Fourth Annual Reports of the Geological Survey of Indiana, made during the years 1871 and 1872, by E. T. Cox (...) assisted by Prof. John Collett, Prof. B. C. Hobbs, Prof. R. B. Warder, and Dr. G. M. Levette. Indianapolis 1872; Map of Parke County, Indiana. Drawn by B. C. Hobbs for the 3d and 4th annual reports of Prof. E. T. Cox, State Geologist, 1872. Indianapolis 1872; Baptism. What was it in the Old Testament? What is it in the New Testament? Glasgow 1879; The paschal supper. What was it in the Old Testament? What is it in the New Testament? Columbus 1880; Earlham lectures. 1. A compend of Christian doctrine. 2. The ritualistic law and its antitype in Christ. 3. History of Christianity to Constantine. Richmond 1885; The Indian friends and the Indian territory. In: The Friend. A religious and literary journal, LXI, 20, 1887, 158; Autobiography of William Hobbs. With a memorial. Hrsg. von Barnabas Hobbs. Edited by his son, Prof. B. C. Hobbs. Reprinted by Indiana Quaker records, 4020 East 34th St., Indianapolis 18, Indiana. ND Indianapolis 1962.

Lit. (Auswahl): Smart, James H.: The Indiana schools and the men who have worked in them. Cincinnati (1876); — Jacob, Joshua: Truth defended and error unmasked. Being an examination into the new doctrines of many professing Friends of the present day. London (1878); — Barnabas C. Hobbs. In: The Friends' Review, XLV, 50, 1892, 789; — Barnabas C. Hobbs as a citizen. In: The Friend. A religious, literary, and miscellaneous journal, XXXIII, 14, 1893, 217; — Cammack, Mary E.: The influence of Barnabas C. Hobbs on education in Indiana. A thesis submitted in partial fulfillment of the requirement for the degree of a Master of arts, department of history, Butler University. Indianapolis 1934; — Boruff, Oscar: The life and contribution of Barnabas C. Hobbs to Indiana education. Thesis (M.A.) Indiana State Teachers College, 1936; Boruff, Oscar: The life and contribution of Barnabas C. Hobbs to Indiana education. In: Contemporary Education, VII, 1936, 121-122; — Emerson, Elizabeth H.: Barnabas C. Hobbs. Midwestern Quaker minister and educator. In: The Bulletin of Friends Historical Association, XLIX, 1, 1960, 21-35.

Claus Bernet

HOLTZKLAU, Thomas, katholischer Theologe, geb. 18.12. 1716 in Hadamar, gest. 4.6. 1783 in Würzburg. — Er trat 1736 in die Gesellschaft Jesu ein, lehrte zunächst in Würzburg und Mainz, ab 1760 dozierte er als Theologieprofessor wieder in Würzburg, bis 1771 Dogmatik und danach Exegese. Er behielt seinen Lehrstuhl auch nach der Aufhebung des Jesuitenordens; nach 1773 wurde er sogar zweimal Dekan der Fakultät. In der »Theologia Wirceburgensis«, einem Lehrbuch systematischer Theologie für den Gebrauch bei Vorlesungen, sind neben den Traktaten der Würzburger Jesuiten Heinrich Kilber, Ignaz Neubauer und Ulrich Munier auch seine schon zuvor veröffentlichten Traktate »De verbo incarnato«; »De iure et iustitia« und die zur allgemeinen und speziellen Sakamentenlehre (außer poenitentia und extrema unctio) aufgenommen. Seine Christologie zeichnet sich durch Beachtung der Dogmengeschichte und literarkritischer Fragen aus. Er kennt die aktuellen historischen Forschungen. Das spekulative Moment ist sehr schwach entwickelt. Aktuelle Auseinandersetzungen werden auf der Folie älterer Diskussionen angedeutet. Hinter die Fragen nach der gott-menschlichen Konstitution Christi treten die Probleme des Werks der Erlösung zurück. Erlösung wird gegenüber der sozinianischen Auffassung nur als Satisfaktion verstanden. Der Traktat über Recht und Gerechtigkeit ist strikt vermögensrechtlich orientiert; immerhin mag er nach dem Verständnis der Wirceburgenses als rationale Zugabe zu ihrer Theologie angesehen (vgl. H. Kilber, Principia theologica, 1852², 462) werden. Die Sakramentenlehre ist sehr rechtlich orientiert, ein personales Denken fehlt weitgehend.

Werke: R. R. Patrum Societatis Jesu Theologia dogmatica, polemica, scholastica et moralis praelectionibus publicis in alma Universitate Wirceburgensi accommodata, 14 Bde., 1766-71, neu aufgelegt unter dem Titel: Theologia Wirceburgensis, 10 Bde., 1852-54², 1880³; Diatribe scripturistica chronologiam libri, et historiam Judith sistens, 1772; Dissertatio Scripturistica de Assuero Estheris, 1772; Institutiones Scripturisticae, 1775; Harmonia Evangelistarum in enarranda Christi anastasis historia, ad illustrandum dogma de resurrectione Christi succinta diatriba aevi nostri incredulis opposita. Defendit Joannes Adamus Brönner, 1780.

Lit.: Anton Ruland, Series et vitae professorum SS. Theologiae, qui ... Wirceburgensi docuerunt, 1835, 147-150; — Manfred Brandl, Die deutschen katholischen Theologen der Neuzeit, Bd. 2, 1978, 111 (Lit.); — Karl Josef Lesch, Neuorientierung der Theologie im 18. Jahrhundert in Würzburg und Bamberg, 1978; — ADB XIII, 12; — Sommervogel IV, 437-441; — Hurter² III, 227f.; — Kosch, KD 1715; — Koch, JL 826; — DThC VII, 33; XV, 3556-61; — LThK³ V, 241.

Erich Naab

HONNECOURT, Villard de, wirkte um 1235 (geb. sehr wahrscheinlich vor 1200). — V. war ein Baumeister der Gotik aus Honnecourt (sur Escaut) in der Pikardie (Frankreich), der uns einzig durch die Überlieferung seines später so genannten »Skizzen-« oder »Bauhüttenbuches«, bekannt ist, das heute in 33 Blättern vorliegt (das ist etwa die Hälfte des ursprünglichen Umfangs). V.s Biographie läßt sich, will man nicht in Phantasien abgleiten, aus den historischen Quellen nur äußerst behutsam rekonstruieren. Über die familiäre Herkunft und Kindheit des Pikarden wissen wir nichts. Seine baumeisterli-

che Schulung erhielt er wohl - da im Umfeld seines Geburtsorts im 13. Jahrhundert keine größere Bautätigkeit überliefert ist - in der einige Kilometer nördlich von Honnecourt gelegenen Zisterzienserabteiabtei Vaucelles. Hier begann man 1190 mit dem Bau einer großen Abteikirche, die 1235 geweiht wurde. Daß er (wie Camille Enlart meinte) hier noch bis zum genannten Weihejahr gelernt hatte, ist kaum denkbar, da er sich in dieser Zeit schon als fertiger Meister mit entsprechend vielfältiger Erfahrung und Schülerkreis ausweist, aber dennoch darf man annehmen, daß er in Vaucelles irgendwann nach Vollendung des Chors im Jahr 1216 seine Grundausbildung erhalten hatte. Dafür sprechen neben der ausdrücklichen Bezugnahme auf die Abteikirche in einer der Zeichnungen, die pikardische Umgangssprache V.s und seine hohe Wertschätzung der zisterziensischen Baukunst (vgl. dazu auch Hans R. Hahnloser, a.a.O., S. 230). V.s Buch enthält Aufzeichnungen zu den Kathedralen und Abteikirchen von Reims, Chartres, Cambrai, Laon, Lausanne, Meaux und St. Quentin. Daraus darf nicht geschlossen werden, daß er am Bau all dieser Sakralbauten beteiligt war. Die Studien dienten ihm als »eine Art »Merk- und Arbeitsbuch« (Lucie Hagendorf), als er im Jahr 1235 in irgendeinem Auftrag (kam er aus dem Zisterzienserorden oder stand er im Kontext der Heiligsprechung der ungarischen Königstochter Elisabeth von Thüringen? - Wir wissen es nicht!) nach Ungarn reiste. Nach den von V. selbst in dessen Aufzeichnungen gegebenen Hinweisen, verlieren sich seine Spuren sogleich wieder im Sand der Geschichte. Er notiert lediglich, daß er in Ungarn »lange Zeit verweilte«, was nahe legt, daß er dort in der Tat einen heute nicht mehr erhaltenen Bau geschaffen hatte. Ob ihm die Reimser Skizzen noch für einen Auftrag um 1240 in Cambrai dienten, können wir dagegen nicht mit letzter Sicherheit sagen. Das gelegentlich zu lesende Datum, wonach er bis ca. 1260 gelebt habe, beruht lediglich auf der Annahme einer damals für seinen gesellschaftlichen Stand nicht unwahrscheinlichen Lebenszeit und hat keinen historischen Anhaltspunkt. Die sich hier abzeichnende sehr unsichere biographische Quellenlage hat die Forscher in den letzten Jahren dazu bewogen, die Annahmen der älteren Forschung noch mehr in Zweifel zu ziehen, als es hier geschehen ist, wofür als Beispiel die kritischen Revisionen von Carl F. Barnes dienen können. Davon unangetastet bleibt indessen die kunsthistorisch einmalige Stellung V.s. Aufgrund seines Skizzen- oder »Bauhüttenbuchs wurde er als »mittelalterlicher Leonardo« bezeichnet (zuletzt von Roland Bechmann). Tatsächlich gehört das Buch neben den Reimser Palimpsesten und einigen erhaltenen Planrissen gotischer Bauhütten zu den wichtigsten Quellen früher gotischer Architektur und liefert überdies eine Zusammenschau des baumeisterlich-künstlerischen Wissens dieser Zeit. Die Zeichnungen enthalten auffällig heterogenes Material, welches aber in einer derartigen Zusammenstellung für die damaligen bei den Baumeistern gebräuchlichen Musterbücher durchaus nicht untypisch ist: Neben den Bauzeichnungen, finden sich nicht nur Skulpturentwürfe, sondern auch Naturbeobachtungen, die zum Teil offenbar harmonikale Gesetzmäßigkeiten wiedergeben sowie Blätter, die auf theologische Inhalte reflektieren. Zusammen mit den Beschriftungen (die allerdings, nachträglich hinzugefügt, offensichtlich nicht nur von V. stammen, sondern von mindestens von zwei weiteren Autoren) sind die Zeichnungen des Skizzen- oder Bauhüttenbuchs V.s de Honnecourt, das in seiner geistigen Originalität alles in seiner Epoche Vergleichbare übertrifft, eines der letzten großen Zeugnisse der mittelalterlichen Synthese von Kunst, Wissenschaft und Theologie.

Werk: Paris, Bibl. Nat. ms.fr.19093, ed. in: Album de Villard de Honnecourt, Architect du XIIIe siècle. Offizielle Ausgabe der Bibliothèche Nationale, Hrsg. von H. Omont, 4 S. und 68 Tafeln., 1906ff. o.J.; — Villard des Honnecourt. Kritische Gesamtausgabe des Bauhüttenbuches ms.fr 19093 der Pariser Nationalbibliothek. Hrsg. von H. R. Hahnloser, Graz: Akademische Druck- u. Verlaganstalt 1972, 2. rev. u. erw. Aufl. (1. Aufl. 1935).

Lit.: C. Enlart, Villard de Honnecourt et les Cisterciens. In: Bibliothèche de L'Ecole des Chartres 56 (1885), 1-20; — F. E. Schneegans, Über die Sprache des Skizzenbuches von Villard de Honnecort. In: Zeitschrift für romanische Philologie 25 (1901), 45-70; — J. v. Schlosser, Zur Kenntnis der künstlerischen Überlieferung im Spätmittelalter. In: Jahrbuch der kunsthistorischen Sammlung des österreichisch-ungarischen Kaiserhauses XXIII (1903), 279-338; — E. Panofsky, Die Entwicklung der Proportionslehre als Abbild der Stilentwicklung. In: Monatshefte für Kunstwissenschaft (1921), 188-219; später auch in: Ders., Deutschsprachige Aufsätze, II Bde, Hrsg. von K. Michels / M. Warnke, Akademie-Verlag: Berlin 1998, Bd. I, 31-72, bes. 55-58; — H. Kaiser, Ein harmonikaler Teilungskanon. Analyse einer geo-

metrischen Figur im Bauhüttenbuch Villard de Honnecourt. Zürich: Occident 1946; — H. R. Hahnloser, »Kritische Gesamtausgabe des Bauhüttenbuches«, a.a.O., 1-344 (mit einem ausführlichen Verzeichnis der Lit. vor 1972); — L. Hagendorf, Bauhüttenbuch des Villard de Honnecourt. In: G. Binding / N. Nussbaum (Hrsg.), Der mittelalterliche Baubetrieb nördlich der Alpen in zeitgenössischen Darstellungen. Wiss. Buchgesellschaft: Darmstadt 1978, 1-21; — C. F. Barnes, Villard de Honnecourt, The artist and his drawings. A critical bibliography. Boston: Hall 1982; — Roland Bechmann, Villard de Honnecourt. A medieval Leonardo. In: Apollo 129 (1999), 231-241; — Wilhelm Schlink, War Villard de Honnecourt Analphabet? In: F. Joubert (Hrsg.), Pierre, lumière, couleur : études d'histoire de l'art du moyen âge en l'honneur d'Anne Prache. Paris: Presses de l'Université de Paris-Sorbonne 1999 (Cultures et civilisations médiévales 20), 213-221; — W. Schenkluhn, Die Grundrissfiguren im Bauhüttenbuch des Villard de Honnecourt. In: L. Helten (Hrsg.), »Dispositio«. Der Grundriss als Medium in der Architektur des Mittelalters. Halle: Univ. Halle-Wittenberg 2005 (Hallesche Beiträge zur Kunstgeschichte 7), 103-120; — N. Gramaccini Was bedeutet das Schwein neben dem Löwen in Villard de Honnecourts Zeichnung? In: B. Hüttel (Hrsg.), Re-Visionen. Zur Aktualität von Kunstgeschichte. Berlin: Akademie-Verlag, 2001, 33-48.

Marco A. Sorace

HOOVER, Herbert, * 10.8. 1874 at West Branch (Iowa), † 20.10. 1964 in New York City. US-Präsident, Ingenieur, Schriftsteller, Quäker. — Herbert Hoover war der erste amerikanische Präsident, der einer Quäkergemeinde angehörte. In Deutschland wurde er vor allem als Initiator der Quäkerspeisung bekannt. Geboren wurde Herbert Hoover 1874 in West Branch (Iowa) als Sohn des Quäkerpaars Jesse (gest. 1880) und Huldah (geb. Minthorn, gest. 1884) Hoover. Nach dem frühen Tod seiner Eltern wuchs er in Kingsley (Iowa) und in Newberg (Oregon) bei seinem Onkel John Minthorn auf. Er besuchte die Friends Pacific Academy und erlernte Buchhalterei, Schreibmaschinenschreiben und Rechnungswesen. Von 1891 bis 1895 besuchte er die Stanford University in Paolo Alto in Kalifornien, betreute Sportteams und graduierte als Ingenieur für das Berg- und Hüttenwesen. Er selbst arbeitete tageweise in der Mayflower Mine, um sich diese Ausbildung zu finanzieren. Die Investition hatte sich gelohnt, Hoover wurde zu einem gefragten Experten, der für die Firma Bewick, Moreing and Company 1897 in Australien und 1899 in China arbeitete. Nachdem die Existenz gesichert war, heiratete er am 10. Februar 1899 in Monterey (Kalifornien) seine Jugendliebe Lou Henry (1875-1944), mit welcher er zwei Söhne hatte, Herbert Clark Hoover (1903-1969) und Alan Henry Hoover (geb. 1907). 1908 wurde er selbstständiger Minenberater und erhielt weltweit Aufträge, außerdem lehrte er an der Stanford University und an der Columbia University. 1914 half er bei der Integration von 150.000 US-Bürgern, die nach Ausbruch des Ersten Weltkriegs Europa fluchtartig verließen. Auch organisierte er als Leiter des Committee for Relief in Belgien den Transport von Nahrungsmitteln für siebeneinhalb Millionen Belgier und 250.000 Franzosen. Während des Krieges war Hoover hauptsächlich mit der Verteilung von Nahrungsgütern für die USA beschäftigt. Nach dem Kriegseintritt der USA 1917 wurde er zum Leiter der American Food Administration ernannt, die von Washington aus die Versorgung an der europäischen Front organisierte. Von 1919 bis 1921 war er der Verwalter der amerikanischen Hilfsdienste in Deutschland, die Hoover, trotz Kritik, auf Rußland ausdehnte. Dafür sammelte er Spendengelder in Wert von 325 Millionen US-Dollar, die 15 Millionen hungernden Kindern zugute kamen. Er selbst, mehrfacher Millionär, gab alle seine Einnahmen aus Regierungspositionen und die Tantiemen seiner Werke an karitative Organisationen. 1921 wurde er Minister für Handelsfragen unter dem republikanischen Präsidenten Warren G. Harding (1865-1923), einen Posten, den er auch unter der Präsidentschaft von Calvin Coolidge (1872-1933) behielt. Über die Jahre gelang es ihm, die Kompetenzen seines Ressorts kontinuierlich auszubauen. Zum Retter der USA wurde er stilisiert, als er 1927 die Flutkatastrophe des Mississippi vorbildlich bewältigte und Wiederaufbaumaßnahmen anleitete. Hoover gelang es, die Industrie seines Landes voranzubringen und neue Techniken einzuführen. Er förderte das Telekommunikationswesen, das Radio, später das Fernsehen und den Flugzeugbau. Der Ausbau Hollywoods zum Zentrum der Filmindustrie war ein weiterer Schwerpunkt. Die Industrieproduktion versuchte er vor allem dadurch zu modernisieren, indem er Standardisierung und Normierung in allen Bereichen forderte, von der Schraube bis zum Wohnungsbau. Er war jedoch kein naiver Technikgläubiger, sondern arbeitete Sicherheitsregularien aus für Autobahnen, den Straßenverkehr und für die Baubranche. Hier vertrat er die Einzelfamilien-

hausideologie: jeder Amerikaner sollte, wenn möglich, Familie und Haus haben. — 1928 gewann er mit Senator Charles Curits (1860-1936) erst die Vorwahlen der Republikaner und dann mit 58 Prozent die Präsidentschaftswahlen. Von 1929 bis 1933 war er der 31. Präsident der USA. Durch die Not der Zeit war es ihm nicht vergönnt, als wirklich großer Präsident in die Geschichte einzugehen, immer wieder machte er Kompromisse auf dem Gebiet der Rassentrennung, der Alkoholfrage und dem des Militärwesens. Hoover war eher ein Bürokrat mit einem Faible für Verwaltungsdetails denn ein Visionär mit Vorstellungen einer besseren Gesellschaft und der Befähigung, konkrete Schritte in diese Richtung zu unternehmen. In vielen Angelegenheiten unternahm er als Anhänger des laizzesfaire gar nichts oder zu wenig, vielmehr setzte er auf Voluntarismus und Privatisierung, was die Große Depression nur noch beschleunigte. Eine Ausnahme war das Hoover-Moratorium, bei dem die Schuldenzahlungen Deutschlands, die das internationale Währungsgefüge durcheinanderbrachten, ab Juni 1931 für ein Jahr ausgesetzt wurden. Hoovers Amtsdauer war umso mehr eine Enttäuschung, da die Bevölkerung der USA nach den Erfolgen in der Ernährungsfrage Europas eine Beseitigung oder zumindest Linderung der sozialen Mißstände im eigenen Lande erwartete. Hinzu kamen fehlendes Charisma und mangelnde soziale Kompetenz, mit seinen Parteikollegen umzugehen. Erfolgreich war er in Gebieten, in denen er bislang wenig politische Erfahrung aufwies, in der Verbesserung der Rechte von Kindern und denen der Eingebornen Nordamerikas. Ein Interessensschwerpunkt seiner Regierungszeit war Lateinamerika, wo es ihm gelang, US-Truppen aus Nicaragua und Haiti abzuziehen. Mit der Wahl des Demokraten Franklin D. Roosevelt (1882-1945) brach dann mit dem »New Deal« 1932 eine neue Ära an. — Nach seiner Präsidentschaft betrieb Hoover vermehrt seine zweite Karriere, die weitaus weniger bekannt ist. Zurückgezogen an seinem Wohnsitz Palo Alto (Kalifornien) betätigte er sich als Schriftsteller. Unter anderem veröffentlichte er »The Challenge to Liberty« (1934), »America's First Crusade« (1941) und »The Problems of a Lasting Peace« (1943). Von 1951 bis 1952 gab er in drei Bänden seine Memoiren heraus. Mit »The Ordeal of Woodrow Wilson« (1958) gelang ihm ein Bestseller, der noch heute aufgelegt wird. — Ebenfalls so gut wie unbekannt sind seine Beziehungen zu führenden Nationalsozialisten, die von der herrschenden US-Geschichtsschreibung völlig ausgeblendet werden. Im März 1938 kam Hoover nach Berlin und weilte im Hotel Esplanade am Potsdamer Patz. Neben Treffen mit Lobbyisten aus der Wirtschaft erhielt er auch Audienzen bei Hjalmar Schacht (1877-1970), Hermann Göring (1893-1946) und Hitler. Hoover dürfte der einzige Quäker gewesen sein, mit dem Hitler eine längere Unterredung führte. Anstatt auf die Gefahr eines kommenden Krieges und auf die Situation in den Konzentrationslagern hinzuweisen, lobte Hoover die Leistungen und die ökonomische Leistungskraft des Deutschen Reiches, das er als potentiellen Bündnispartner der USA gegen die kommunistische Gefahr des Ostens betrachtete. Hoover reiste nach Warschau weiter in dem Glauben, Hitler sei ein Garant des Friedens, wofür er später auch in den USA warb. Nach den Siegen der Wehrmacht 1939/40 sprach er sich gegen einen Kriegseintritt der USA aus. Er wollte das Land zur »Fortress America« ausbauen und das Land durch eine schlagkräftige Marine schützen. Nach dem Kriegseintritt der USA gab Hoover seine Neutralität wie seinen Pazifismus auf und sprach sich entschieden für das militärische Vorgehen aus, an dem er persönlich mitwirken wollte, woran Roosevelt jedoch keinerlei Interesse hatte. — 1946/47 hielt er sich letztmalig in Deutschland auf, um Zustandsberichte für die amerikanische Regierung zu verfassen. Erneut wurde er in der Hungerbekämpfung tätig und startete im April 1947 ein Kinderernährungsprogramm in der amerikanischen und britischen Besatzungszone. Schätzungsweise 3,6 Millionen Kinder wurden vor dem sicheren Hungertod gerettet. Diesmal bezog er jedoch nicht erneut die Quäker mit ein, da seiner Meinung nach das American Friends Service Committee dem Sozialismus bzw. Kommunismus gegenüber zu freundlich eingestellt sei. Unter Präsident Truman leitete Hoover eine Kommission zur Effektivitätssteigerung staatlichen Handelns, eine Art früher Versuch des »schlanken Staates« (The Hoover Commission). Hoover stand dieser Kommission bis 1958 vor. 1964 verstarb er im Alter von 90 Jahren an einem Blutsturz in New York City. Begraben wurde er bei der Herbert Hover Presidential Library in West Branch, Iowa. — Das Schrifttum von und zu Hoover ist umfangreich. Dankenswerter Weise stehen dem Interessierten gleich drei verschieden gewichtete Bibliographien zur Verfügung, so daß hier lediglich die neue Forschungsliteratur ab 1993, dem Jahr des Erscheinens der letzten Bibliographie zu Hoover, verzeichnet ist. Die erste brauchbare Bibliographie zu Hoover wurde von der »Hoover Institution of War, Revolution and Peace« 1977 an der Stanford University herausgegeben. Darin sind allein 1.245 von Hoover verfaßte Dokumente verzeichnet, vor allem auch Grußadressen, Ansprachen und andere kleinere Arbeiten. 2.643 Texte über Hoover sind dann in O'Briens »Herbert Hoover - A Bibliography« zu finden. Nützlich für das weitere Umfeld und Wirken Hoovers ist des weiteren »Herbert Hoover. A Bibliography of His Times and Presidency«, die zu thematisch geordneten Feldern vorbildliche Annotationen für 2.452 Schriftstücke enthält.

Bibliographien: Tracey, Kathleen: Herbert Hoover - A bibliography. His writings and addresses. Stanford 1977 (Hoover Bibliographical Series, LVIII); — Burns, Richard D.: Herbert Hoover. A bibliography of his times and presidency. Wilmington 1991 (Twentieth-century presidential bibliography series); — O'Brien, Patrick G.: Herbert Hoover. A bibliography. Westport 1993 (Bibliographies of the President of the United States, XXX).

Neue Literatur von und zu Herbert Hoover ab 1993 (Auswahl): Algasser, Franz: American individualism abroad. Herbert Hoover, die American Relief Administration und Österreich 1919-1923. Wien 1993 (Dissertationen der Universität Salzburg, XLI); — Calder, James D.: The origins and development of federal crime control policy. Herbert Hoover's initiatives. Westport 1993; — Lukacs, John: Herbert Hoover meets Adolf Hitler. In: The American Scholar, LXII, 1993, 235-238; — Wilson, John R.: Herbert Hoover and the armed forces. A study of presidential attitudes and policy. New York 1993 (Modern American History); — Khenkin, Yevel: The 'joint' and the anti-fame campaign in Soviet Russia, 1921-1923. In: East European Jewish Affairs, XXIII, 2, 1993, 61-71; — Schäfer, Peter: Die Präsidenten der USA in Lebensbildern. Von George Washington bis Bill Clinton. Graz 1993; — Wueschner, Silviano Alfons: Herbert Hoover, Benjamin Strong, and American monetary policy, 1917-1928. Dissertation University of Iowa 1993; — Walter, Heinz Erich: Die Kraichgauer Vorfahren des US-Präsidenten Herbert Hoover. In: Kraichgau, XIII, 1993, 279-308; — Thiemann, William G.: President Hoover's efforts on behalf of FDR's 1932 nomination. In: Presidential Studies Quarterly, XXIV, 1, 1994, 87-91; — Liebovich, Louis: Bylines in despair. Herbert Hoover, the Great Depression, and the US news media. Westport 1994; — Parks, Douglas R.:

Expert inquiry and health care reform in New Era America: Herbert Hoover, Ray Lyman Wilbur, and the travails of the disinterested experts. Dissertation University of Iowa 1994; — Smith, Richard Norton: On the outside looking in: Herbert Hoover and World War II. In: Prologue, XXVI, 3, 1994, 141-152; — Nikovich, Frank A.: Modernity and power. A history of the domino theory in the twentieth century. Chicago 1994; — Wert, Hal Elliott: U.S. aid to Poles under Nazi domination, 1939-1940. In: Historian, LVII, 3, 1995, 511-524; — Houck, Davis William: Rhetoric as currency: Hoover, Roosevelt, and the Great Depression. Dissertation Pennsylvania State University 1995. College Station 2001; — Fors, Brian Deland: Affairs are quite electric: The Hoover administration's response to revolution in Central America and the Caribbean, 1930-1932. Dissertation University of Iowa 1995; — Kennedy, Greg: Depression and security. Aspects influencing the US navy during the Hoover administration. In: Diplomacy and Statecraft, VI, 2, 1995, 342-372; — Cutter, Charles R.: A 'dead dog' in the new west, or the limits of Hoover's American system. In: Journal of the West, XXXIV, 2, 1995, 36-42; — Castle, Alfred L.: Undersecretary of state W. R. Castle Jr. and the Manchurian incident. A case study in diplomatic realism. In: Mid-America, LXXVIII, 1, 1996, 75-104; — Darling, Jay N.: As Ding saw Herbert Hoover. Ames 1996 (Iowa Heritage Collection); — Hatfield, Mark O.: Herbert Hoover as an enduring model for American leaders. In: Anderson, Paul; Macey, Howard (Hrsg.): Truth's bright embrace. Essays and poems in honor of Arthur O. Roberts. Newberg 1996, 313-321; — Day, Harry G.: The fruitful role of E. V. McCollum in Herbert Hoover's U.S. food administration during World War I. In: Perspectives in biology and medicine, XL, 1, 1996, 7-17; — Una página del pasado - uma página do passado: vol. 14 (1931): 213-15. Pan American Day: Address of the President of the United States, Hon. Herbert Hoover. In: Hispania, LXXIX, 1, 1996, 157-158; — Nash, George H.: The life of Herbert Hoover. Master of emergencies, 1917-1918. New York 1996; — Sinner, Samuel: Famine in the Volga basin, 1920-1924 and the American Volga relief society records. In: Nebraska History, LXXVIII, 3, 1997, 134-138; — Wueschner, Silvano A.: Jay N. Darling, as »Ding« saw Herbert Hoover. In: Annals of Iowa, LVI, 1-2, 1997, 186; — Engerman, David C.: Economic reconstruction in soviet Russia. The courting of Herbert Hoover in 1922. In: The International History Review, XIX, 4, 1997, 836-847; — van der Linden, Frank Robert: Progressives and the post office. Air mail and the creation of United States air transportation, 1926-1934. Dissertation George Washington University 1997; — Hutchison, Janet: Building for Babbitt: the state and the suburban home ideal. In: Journal of Policy History, IX, 2, 1997, 184-210; — Sarquís, David J.: Herbert Hoover y el sueño estadunidense en la década de los veinte: fundamentos teóricos de una visión internacional fincada en un modelo de economía liberal. In: Relaciones Internationales, LXXVIII, 1998, 11-29; — Hawley, Ellis W.: Herbert Hoover, associationalism, and the Great Depression relief crisis of 1930-1933. In: Critchlow, Donald T.; Parker, Charles H. (Hrsg.): With us always. A history of private charity and public welfare. Lanham 1998, 161-190; — Hoover, Herbert: Address at Madison Courthouse. In: Branch, Michael P.; Philippon, Daniel J. (Hrsg.): The height of our mountains.

Nature writing from Virginia's Blue Ridge Mountains and Shenandoah Valley. Baltimore 1998, 227-228; — Walch, Timothy: Herbert Hoover and Franklin D. Roosevelt. A documentary history. Westport 1998 (Contributions in American History, CLXXXII); — Rand, Lawrence A.: The McNary-Watres Air Mail Act of 1930. Herbert Hoover and his impact upon the commercial airline industry of the United States. Dissertation New York University 1998; — Carcasson, Martin: Herbert Hoover and the presidential campaign of 1932. The failure of apologia. In: Presidential Studies Quarterly, XXVIII, 2, 1998, 349-366; — Hart, David M.: Herbert Hoover's last laugh: the enduring significance of the 'associative state' in the United States. In: Journal of Policy History, X, 4, 1998, 419-444; — Coquillette, Calvin W.: A failure or 'a very great public service'? Herbert Hoover, Iowa, Iowa banks, and the national credit corporation. In: The Annals of Iowa. A Quarterly Journal of History, LVIII, 4, 1999, 388-413; — Wueschner, Silvano A.: Charting twentieth-century monetary policy. Herbert Hoover and Benjamin Strong, 1917-1927. Westport 1999 (Contributions in Economics and Economic History, CCX); — Ponder, Stephen: Managing the press. Origins of the media presidency, 1897-1933. New York 1999; — Britten, Thomas A.: 'Hoover and the Indians: the case for continuity in federal Indian policy, 1900-1933. In: Historian, LXI, 3, 1999, 518-538; — Eisinger, Robert M.: Gauging public opinion in the Hoover White House: Understanding the roots of presidential polling. In: Presidential Studies Quarterly, XXX, 4, 2000, 643-662; — Samuelson, Robert J.: Nationale affairs - 'Judgment calls': Bush, Gore, and Herbert Hoover. In: Newsweek, CXXXVI, 18, 2000, 45; — Wentling, Sonja P.: The engineer and the shtadlanim: Herbert Hoover and American Jewish non-Zionists, 1917-28. In: American Jewish History, LXXXVIII, 3, 2000, 377-406; — Wueschner, Silvano A.: Hubert Hoover, Great Britain, and the rubber crisis, 1923-1926. In: Essays in Economic and Business History, XVIII, 2000, 211-221; — Houck, Davis W.: Rhetoric as currency: Herbert Hoover and the 1929 stock market crash. In: Rhetoric and Public Affairs, III, 2, 2000, 155-181; — Garthoff, Raymond L.: Intelligence aspects of cold war scientific exchanges. US-USSR atomic energy exchange visits in 1959. In: Intelligence and National Security, XV, 1, 2000, 1-13; — Longley, Kyle: Adventures in Naboth's vineyard. In: Diplomatic History, XXIV, 3, 2000, 537-541; — Clements, Kendrick: Hoover, conservation, and consumerism. Engineering the good life. Lawrence 2000; — Watts, J. F.; Israel, Fred L.: Presidential documents. The speeches, proclamations, and policies that have shaped the nation from Washington to Clinton. New York 2000; — Allen, Anne Beiser: An independent woman: the life of Lou Henry Hoover. Westport 2000; — Sockton, Sharon: Engineering power. Hoover, Rand, Pound, and the heroic architect. In: American Literature. A Journal of Literary History, Criticism, and Bibliography, LXXII, 4, 2000, 813-841; — Goodman, Mark; Gring, Mark: The ideological fight over creation of the federal radio commission in 1927. In: Journalism History, XXVI, 3, 2000, 117-124; — Johnson, Randall D.: Hebert Hoover and the aeronautical telecommunications systems. His influence on its development and deployment, as Secretary of Commerce, 1921-1927. Dissertation Ohio University 2000; — Hoover, Herbert: The America System of Self-

Government. In: Ravitch, Diane (Hrsg.): The American reader. Words that moved a nation. New York 2000², 451-458; — Wentling, Sonja: Hoover, Palestine, and the American Jewish community. In: The American Jewish Archives Journal. A Journal Devoted to the Preservation and Study of the American Jewish Experience, LIII, 1/2, 2001, 45-64; — Arbuckle, Mark Roger: Herbert Hoover's national radio conferences and the origin of public interest content regulation of United States broadcasting: 1922-1925. Dissertation Southern Illinois University at Carbondale 2001; — Gaddis, Vincent Ray: Herbert Hoover, unemployment, and the public sphere. A conceptual history, 1919-1933. Dissertation Northern Illinois University 2001; — Farrow, Lee: From Jackson Square to Red Square: Donald Renshaw and famine relief in Russia, 1920-1923. In: Louisiana History, XLIII, 3, 2002, 261-279; — Kentleton, John: President and nation. The making of modern America. New York 2002; — Siracusa, Joseph M.; Coleman, David G.: Depression to Cold War. A history of America from Herbert Hoover to Ronald Reagan. Westport 2002 (Perspectives on the Twentieth Century); — Giant, Tibor: Herbert Hoover and Hungary, 1918-1923. In: Hungarian Journal of English and American Studies, VIII, 2, 2002, 95-110; — Cahill, James Quinten: Herbert Hoover's early schooling in Iowa and its place in presidential politics, community memory, and personal identity. In: The Annals of Iowa. A Quarterly Journal of History, LXI, 2, 2002, 151-192; — Petenaude, Bertrand M.: The big show in Bololand. The American relief expeditions to Soviet Russia in the famine of 1921. Stanford 2002; — Polsky, Andrew J.; Tkacheva, Olesya: Legacies versus politics. Herbert Hoover, partisan conflict, and the symbolic appeal of associationalism in the 1920s. In: International Journal of Politics, Culture and Society, XVI, 2, 2002, 207-236; — Bruce-Novoa, Juan: Offshoring the American dream. In: Cr. The New Centennial Review, III. 1, 2003, 109-147; — Goldberg, Ronald Allen: America in the twenties. With a foreword by John Robert Greene. Syracuse 2003; — Walch, Timothy: Uncommon Americans. The lives and legacies of Herbert and Lou Henry Hoover. Westport 2003 (Contributions in American History, CC); — Rottinghaus, Brandon: Limited to follow. The early public opinion apparatus of the Herbert Hoover White House. In: American Politics Research, XXXI, 5, 2003, 540-557; — Schaefer, Matthew: Four Iowans who fed the world. In: Iowa Heritage Illustrated, LXXXIV, 2, 2003, 50-52; — Nash, George H.: Herbert Hoover: Humanitarian in Europe. In: Iowa Heritage Illustrated, LXXXIV, 2, 2003, 58-68; — Saying ‚thank you'. The story of the flours sacks. In: Iowa Heritage Illustrated, LXXXIV, 2, 2003, 68-70; — Hyde, John: Intersections. In: Iowa Heritage Illustrated, LXXXIV, 2, 2003, 77-78; — Abbott, Margery Post: Hoover, Herbert Clark (1874-1964). In: Historical dictionary of the Friends (Quakers). Hrsg. von Abbott, Margery Post; Chijioke, Mary Ellen; Dandelion, Pink; Oliver, John William, Lanham 2003, 138-139 (Religions, Philosophies, and Movements Series, XLVI); — Hoover, Herbert: Against the proposed New Deal. In: Canon, David T.; Coleman, John J.; Mayer, Kenneth R. (Hrsg.): The enduring debate. Classic and contemporary readings in American politics. New York 2003³, 491-495; — Todd, Jeff: Teaching the history of technical communication. A lesson with Franklin and Hoover. In: Journal of Technical Writing and Communication, XXXIII, 1, 2003, 65-81; — Smith, Richard Norton; Walch, Timothy: The ordeal of Herbert Hoover. Richard Norton Smith and Timothy Walch reveal Hoover's private frustrations during the depression. In: Prologue, XXXVI, 2, 2004, 30-39; — Stoff, Michael B.: Herbert Hoover: 1929-1933. In: The American presidency: The authoritative reference. New York 2004, 332-343; — Turner, Paul Venable: Mrs. Hoover's pueblo walls. The primitive and the modern in the Lou Henry Hoover House. Standford 2004; — Amerykanska przyjazn. Herbert Hoover a Polska, wystawa w Zamku Królewskim w Warszawie, 12 listopada 2004-16 stycznia 2005. American friendship. Herbert Hoover and Poland. Exhibition in the Royal Castle in Warsaw, November 12, 2004-January 16, 2005. Bearb. von Daniela Galas. Warszawa 2004; — Ferrell, Robert H.: Herbert Clark Hoover (1929-1933). In: Taranto, James; Leo, Leonard (Hrsg.): Presidential leadership. Rating the best and the worst in the White House. New York 2005, 151-154; — Vought, Hans P.: The bully pulpit and the melting pot. American presidents and the immigrant, 1897-1933. Macon 2004; — Taylor, Joseph E.: Master of the seas? Herbert Hoover and the western fisheries. In: Oregon Historical Quarterly, CV, 1, 2004, 40-61; — McFadden, David W.: Constructive spirit. Quakers in revolutionary Russia. With an overview by Sergei Nikitin. Pasadena 2004; — Wert, Hal Elliott: Hoover, the fishing president. Portrait of the private man and his life outdoors. Mechanicsburg 2005; — Walker, William O.: Crucible for peace: Herbert Hoover, modernization, and economic growth in Latin America. In: Diplomatic History, XXX, 1, 2006, 83-117; — Clermont-Legros, Jean-Francis: The quest for a social ethics. An intellectual history of United States social science: The case of Herbert Hoover, Wesley C. Mitchell, Charles E. Merriam and Mary van Kleeck. Dissertation McGill University 2006; — The two faces of liberalism. How the Hoover-Roosevelt debate shapes the 21st century. Original Material selected and edited by Gordon Lloyd. Salem 2006 (Conflicts and Trends in Business Ethics); — Slopnick, Thomas M.: In the shadow of Herbert Hoover: The Republican Party and the politics of defeat, 1932-1936. Dissertation University of Connecticut 2006; — Rulli, Daniel F.: Campaigning in 1928. Chickens in pots and cars in backyards. In: Teaching History, XXXI, 1, 2006, 42-47; — Press statement, 1932 President Herbert Hoover. In: Haynes, Charles C.: First freedoms. A documentary history of First Amendment Rights in America. Oxford 2006, 146-151; — Nemacheck, Christiane L.: Strategic selection. Presidential nomination of Supreme Court Justices from Herbert Hoover through George W. Bush. Charlottesville 2007; — Whisenhunt, Donald W.: President Herbert Hoover. New York 2007 (First Men, America's President Series); — Kalb, Deborah; Peters, Gerhard; Woolley, John T. (Hrsg.): State of the union. Presidential rhetoric from Woodrow Wilson to George W. Bush. Washington 2007; — Ritchie, Donald A.: Electing FDR. The New Deal campaign of 1932. Lawrence 2007; — Eldredge, Charles C.: John Steuart Curry's Hoover and the flood. Painting modern history. Chapel Hill 2007, - Iguchi, Harugo: The first revisionists. Bonner Fellers, Herbert Hoover, and Japan's decision to surrender. In: Gallicchio, Marc (Hrsg.): The unpredictability of the past. Memories of the Asia-Pacific war in U.S./East Asian relations. Durham 2007, 51-84.

Claus Bernet

HORNEFFER, August, Philologe, Kulturphilosoph, freireligiöser Dozent, Freimaurer, * 5.7. 1875 im pommerischen Treptow an der Rega, † 8.10. 1955 in Berlin. H. war der zweite Sohn von fünf Sprößlingen einer Beamtenfamilie, sein Vater August senior arbeitete als Königlicher Landschaftsrendant, seine Mutter Emilie, geborene Jahnke, entstammte einer einfachen Handwerkerfamilie. Nach seiner Schulzeit am humanistischen Bugenhagen-Gymnasium zu Treptow an der Rega und noch vor Vollendung seines 18. Lebensjahres schrieb sich H. 1893 an der Friedrich-Wilhelms-Universität von Berlin in Philologie, Philosophie und Musikwissenschaft ein. Zudem hörte er Geschichte bei Heinrich von Treitschke, Volkswirtschaftslehre bei Adolph Wagner, Kunstgeschichte bei Hermann Grimm und Jura bei Rudolf von Gneist. In seiner Dissertation, die er am 4. Mai 1898 einreichte, widmete er sich dem deutschen Komponisten Johann Rosenmüller. H. lernte über seine Mitgliedschaft im »Akademischen dramatischen Verein« populäre Dichter wie Max Halbe, Otto Erich Hartleben, Stefan George, Richard Dehmel sowie Karl und Gerhart Hauptmann kennen. Er geriet auch früh schon unter starken Einfluß von Paul de Lagarde, Arthur Schopenhauer und Friedrich Nietzsche und folgte seinem älteren Bruder Ernst im November 1899 an das Weimarer Nietzsche-Archiv. Anders als Ernst, der seinen Dienst nach rund zwei Jahren wegen Auseinandersetzungen mit der Archivleiterin Elisabeth Förster-Nietzsche quittierte, blieb August bis 1903 als Mitherausgeber der nachgelassenen Werke des Philosophen im Zentrum des Nietzsche-Kultes. Seine dort gewonnenen Erfahrungen mit den literarischen Hinterlassenschaften des Philosophen brachte er 1906 in *Nietzsche als Moralist und Schriftsteller* zu Papier. Vor allem die lebensphilosophischen Forderungen des Philosophen nach einer unumschränkten Entfaltung der Persönlichkeit und seine Konzeption des Übermenschen, der an die Stelle des »toten Gottes« treten sollte, stießen bei H. auf Begeisterung. Mehr und mehr machte er sich jedoch auch die Gedankenwelt Johann Wolfgang von Goethes zu eigen. Während sei-

ner Tätigkeit als Betreuer eines lungenkranken jungen Barons in der Schweiz nahe des Rhone-Tales fand H. Zeit zum Studium der griechischen und römischen Klassiker. So übersetzte er Platons *Staat*, die *Germania* und die *Annalen* des Tacitus sowie die olympischen Reden des Demosthenes ins Deutsche. H. reiste in Italien umher, bevor cr nach Hellerau bei Dresden ging, wo der Musikpädagoge und Schöpfer der rhythmischen Gymnastik Emile Jaques Dalcroze die »Bildungsanstalt für Musik und Rhythmus« geschaffen hatte. Hier lernte H. den Tanz als eine »Verkörperung des Frohsinns, als Kur für Leib und Seele« kennen. In den ersten Jahren des neuen Jahrhunderts entwickelte H. Ideen zur religiös-kulturellen Erneuerung aus dem Geist der griechischen Antike, die er im gemeinsam mit seinem Bruder Ernst im Jahre 1906 herausgegebenen Werk *Das klassische Ideal* veröffentlichte. In enger Anlehnung an Nietzsche formulierte H. ein radikal diesseitiges Neuheidentum, das das traditionelle christliche Bekenntnis ersetzen sollte und auf die Ausbildung einer freien persönlichen Religion zielte. Den von Nietzsche übernommenen Individualismus suchte er allerdings mit einer angemessenen religiösen Vergemeinschaftungsform zu verbinden. Bereits in seiner frühen Reformschrift *Der Verfall der Hochschule* von 1907 beklagte er den unterentwickelten Hang seiner Generation zur Gemeinschaft und führte diesen auf die mangelnde Erziehung in den höheren Schulen zurück. H. verlegte seinen Wohnsitz 1909 nach München und im selben Jahr rief er im Verein mit seinem Bruder Ernst die Zeitschrift *Die Tat* ins Leben, in der religiös-kulturelle Reformansätze diskutiert und »Wege zu freiem Menschentum« gefunden werden sollten. Als resonanzstarke publizistische Plattform diente sie in erster Linie dem Entwurf von Sinnstiftungskonzeptionen jenseits konfessioneller Bindungen. Ende 1912 wurde das Blatt dann von dem Verleger Eugen Diederichs übernommen. H. näherte sich schließlich der Freimaurerei an, nachdem er im Jahre 1910 einen Artikel in der *Tat* gelesen, kritisch kommentiert und sich daraufhin mit den Schriften Gottfried Josef Gabriel Findels und Hermann Settegasts beschäftigt hatte. Er folgte seinem Bruder Ernst am 19. März 1911 in die Loge »Zum aufgehenden Licht an der Isar«, die zur Großloge des eklektischen

Freimaurerbundes in Frankfurt am Main gehörte. Zunächst spielte bei H. rein wissenschaftliches Interesse an den symbolischen Formen der Freimauerer eine Rolle, da er hoffte, von ihnen einmal Gebrauch für die eigenen religiösen Reformvorhaben machen zu können. Doch bald glaubte er in den Logen auch die adäquate Form religiöser Vergemeinschaftung gefunden zu haben, in der der religiöse Individualismus der einzelnen Brüder in eine übergeordnete Organisation integriert werden konnte. In den Logen war es aus seiner Perspektive möglich, einen rein diesseitig ausgerichteten »Lebensglauben« zu praktizieren. Seine Ansichten über die wissenschaftlichen Kontroversen innerhalb der Freimaurerei über ihre Herkunft und Bedeutung machte H. 1913 in einem Vortragszyklus in München und in seiner Schrift *Der Bund der Freimaurer* öffentlich, mit der er sich bei Teilen der Freimaurerei allerdings den Vorwurf einhandelte, er habe die Schweigepflicht verletzt. Überhaupt sah er sich aufgrund seines religiösen Radikalismus, der für Kritiker etwa in seinem 1912 erschienenen zweibändigen Werk *Der Priester, seine Vergangenheit und seine Zukunft* sichtbar geworden war, immer wieder Widerständen innerhalb der Logen ausgesetzt. Dessenungeachtet wurde er nun bald auch damit beauftragt, regelmäßig in den Bruderkreisen Vorträge zu halten. 1915 wurde H. zum Heeresdienst eingezogen, allerdings nur kurz, so daß er sich alsbald wieder seinen freimaurerischen Studien zuwenden konnte. In seiner Schrift *Symbolik der Mysterienbünde*, die großes Aufsehen erregte, dokumentierte H. 1916, daß er durch den Kult der Freimaurer ein tieferes Verständnis für das religiöse Ritualwesen gewonnen hatte. Diedrich Bischoff, seit 1907 Vorsitzender des »Vereins deutscher Freimaurer«, berief ihn in den Vorstand und entsandte ihn auf umfangreiche Vortragsreisen in zahlreiche große deutsche Städte. Zusammen mit seinem Bruder Ernst oblag ihm nun die freimaurerische Öffentlichkeitsarbeit. Ihr Vorhaben, öffentliche rituelle Kultfeiern in den Logen zu organisieren, stieß allerdings nur auf ein geringes Echo. Stattdessen arrangierten sie öffentliche Vorträge und gaben ab 1916 die Freimauerzeitschrift *Der unsichtbare Tempel* heraus. Die »Monatsschrift zur Sammlung der Geister« war nicht nur für den internen Gebrauch der Freimaurer, sondern

für eine breite Öffentlichkeit bestimmt und damit ein absolutes Novum. Auch wirkten populäre Nichtmaurer wie die Philosophen Rudolf Eucken oder Hans Vaihinger an der überparteilichen publizistischen Unternehmung mit, über die die Brüder H. versuchten, alle Kulturbereiche unter dem Gesichtspunkt des »freimaurerischen Humanitätsgedankens« zu betrachten. Nach wenigen Jahren allerdings mußte das Zeitschriftprojekt angesichts mangelnder Nachfrage eingestellt werden. Von 1921 bis 1923 lief das Blatt zunächst noch als *Deutscher Pfeiler* weiter, bis das Vorhaben schließlich ganz aufgegeben wurde. Nach dem Ersten Weltkrieg hielt H. erneut in fast allen Teilen Deutschlands in den Logen Vorträge. Im Auftrag des »Vereins deutscher Freimaurer« gab er 1919 das *Freimaurerische Lesebuch* heraus, in dem er Passagen aus den besten Logen-Reden versammelt hatte. Nachdem H. im Sommer 1923 von München nach Berlin übergesiedelt war, stellte er sich als Großschriftführer und Großarchivar in den Dienst der »Großen Loge von Preußen, genannt Zur Freundschaft«. Sein Auftrag lautete, die Reorganisation der Loge in die Hand zu nehmen sowie deren Zeitschrift *Am rauhen Stein* zu redigieren. Obwohl H. mit seinem antichristlichen Neuheidentum auch völkische und nationale Kreise ansprach, wurde er nach der nationalsozialistischen Machtübernahme als Verfasser freimaurerischer Werke aus der »Reichsschrifttumskammer« entlassen. Das Ende des Zweiten Weltkrieges erlebte H. in Berlin, wo er sich nach 1945 federführend am Wiederaufbau der nun in »Große Loge Royal York zur Freundschaft« umgetauften maurerischen Gemeinschaft beteiligte und zu ihrem Großmeister avancierte. Mit der Loge »Zu den Alten Pflichten« schloß diese sich auch auf sein Betreiben 1946 zur »Vereinigten Großloge in Berlin« zusammen, deren Hammerführung H. ab Januar 1950 innehatte. In seiner Schrift *Die Macht des Symbols* versuchte er 1950 Licht in die religiösen Kultgeheimnisse zu werfen. Im Februar 1952 erteilte H. den Auftrag, die »Vereinigte Großloge in Berlin« an die »Vereinigte Großloge von Deutschland« anzuschließen, mit dem Ziel einer Einigung aller deutschen Freimaurer, einem Vorhaben, das 1954 gelang. Ein Jahr später, am 8. Oktober 1955, verstarb H. in Berlin. H. verkörpert in besonderer Weise den religiösen Aufbruch bildungsbürgerlicher Kreise an der Wende vom 19. zum 20. Jahrhundert. Angesichts der Erosionserscheinungen innerhalb des Christentums ging es den entkirchlichten religiösen Reformern nicht nur um die Modernisierung religiöser Inhalte im Sinne eines freien persönlichen Bekenntnisses, sondern fernerhin um eine Veränderung religiöser Praktiken und um die Frage nach zukünftigen Formen religiöser Vergemeinschaftung. Seine religiöse Heimat fand H. schließlich in der Freimaurerei, der er verstärkte öffentliche Aufmerksamkeit zu verschaffen suchte und deren Einigungsversuche er in Deutschland maßgeblich unterstützte.

Werke: Ursprung der Musik, in: Neue Musikzeitung, 17. Jg., 1896, 219 und 231; Johann Rosenmüller, Diss. Berlin 1898; Nietzsche als Moralist und Schriftsteller, Jena 1906; (mit Ernst Horneffer), Das klassische Ideal. Reden und Aufsätze, Leipzig 1906; Offener Brief an Maximilian Harden, in: Die Zukunft, 19. Oktober 1907, 115f.; Nietzsches Nachlaß, in: Süddeutsche Monatshefte, 4.Jg., 2. Bd., November 1907, 647-650; Der Verfall der Hochschule, Leipzig 1907; Erziehung der modernen Seele, Leipzig 1908; Was ist uns Nietzsche?, in: Jahrbuch moderner Menschen, 1908, 149-157; Künstlerische Erziehung, Leipzig 1909; Die Rückkehr zur Natur, in: Die Tat, Heft 1, April 1909, 21-33; C. A. Bernoulli: Franz Overbeck und Friedrich Nietzsche. 2 Bde. 1908, in: Die Tat, Heft 1, April 1909, 42-43; A. Vierkandt: Die Stetigkeit im Kulturwandel. 1908, in: Die Tat, Heft 1, April 1909, 43; Die Wickersdorfer Schulgemeinde, in: Die Tat, Heft 2, Mai 1909, 100-105; Die Würde der Kunst, in: Die Tat, Heft 3 und 4, Juni und Juli 1909, 163-172 und 214-233; Die Gartenstadt, in: Die Tat, Heft 3, Juni 1909, 173; Händel, in: Die Tat, Heft 3, Juni 1909, 173-174; Monumentale Bildnerei, in: Die Tat, Heft 3, Juni 1909, 174-175; Friedrich Naumann: Form und Farbe, in: Die Tat, Heft 4, Juli 1909, 235ff.; Friedrich Paulsen: Aus meinem Leben, in: Die Tat, Heft 4, Juli 1909, 236ff.; Biographie und Kunst, in: Die Tat, Heft 5, August 1909, 296; P. Natorp: Pestalozzi, in: Die Tat, Heft 6, September 1909, 354ff.; Moderne Musik, in: Die Tat, Heft 7, Oktober 1909, 380-395; Die Flötenspielerin, in: Die Tat, Heft 7, Oktober 1909, 422-423; Geschlechtstrieb, Heroismus und Christentum, in: Die Tat, Heft 8, November 1909, 427-438; Westermarck, Sexualfragen, in: Die Tat, Heft 8, November 1909, 483-484; Julian Marcuse, Die sexuelle Frage und das Christentum, in: Die Tat, Heft 8, November 1909, 484-485; Orthodoxie, von G. K. C., in: Die Tat, Heft 8, November 1909, 485; Schiller und Nietzsche. Rede, bei Gelegenheit der 150. Wiederkehr von Schillers Geburtstag gehalten in München, in: Die Tat, Heft 9, Dezember 1909, 527-535; Rhythmische Gymnastik. Methode Jaques-Dalcroze, in: Die Tat, Heft 9, Dezember 1909, 536-537; Mensch und Form. 6 gemeinverständliche Vorträge über Zweck und Aufgabe der Kunst, Leipzig 1909; Erbauung und Predigt, in: Die Tat, Heft 10, Januar 1910, 541-552; Protestantismus und Gegenwartsreligion, in: Die Tat, Heft 10, Januar 1910, 553-569; Gerhart Hauptmann: Griechischer Frühling, in: Die Tat, Heft 10, Januar 1910, 606-607; Fortbildung der höheren Schulen, in: Die Tat, Heft 10, Januar 1910, 608-609; Feste und Jubiläen, in: Die Tat, Heft 11, Februar 1910, 667ff.; Th. Zielinski: Die Antike und wir, in: Die Tat, Heft 11, Februar 1910, 674ff.; Ludwig Kemmer: Grundschäden des Gymnasiums, in: Die Tat, Heft 11, Februar 1910, 733ff.; Die Wissenschaft des nicht Wissenswerten, in: Die Tat, Heft 12, März 1910, 667ff.; Das Schicksal der deutschen Dichtkunst, in: Die Tat, 1910/11, 40; Ziel und Lehrfächer der höheren Schulen, in: Die Tat, 1910/11, 46-58; Krypta des Domes in Lund, in: Die Tat, 1910/11, 59-60; Wilhelm Wundt: Mythus und Religion, in: Die Tat, 1910/11, 60-61; Falsche Berichterstattung, in: Die Tat, 1910/11, 61-62; Was ist Heroismus? Eine Auseinandersetzung mit Johannes Müller, in: Die Tat, 1910/11, 108-121; Max Maurenbrecher: Von Nazareth nach Golgatha, in: Die Tat, Heft 2, Mai 1910, 123; Julius Burggraf: Carolathpredigten, in: Die Tat, Heft 2, Mai 1910, 123-125; Herr Dr. O., in: Die Tat, Heft 2, Mai 1910, 125-126; Kämpfe im Protestantismus, in: Die Tat, 1910/11, 179; Händels Instrumentalmusik, in: Die Tat, 1910/11, 185-186; Ludwig Gurlitt: Erziehungslehre, in: Die Tat 1910/11, 186-187; Nietzsches Werke, in: Die Tat, 1910/11, 187-188; Karl Scheffler: Idealisten, in: Die Tat, 1910/11, 244-245; Paulses Gedenktafel, in: Die Tat, 1910/11, 245-246; Musik und Mimus, in: Die Tat, 1910/11, 356-361; Erwiderung [auf Johannes Müller], in: Die Tat, 1910/11, 289; Ewald Geißler. Rhetorik, in: Die Tat, 1910/11, 301-302; Nietzsches Todestag, in: Die Tat, 1910/11, 356-361; Kirche und Religionsunterricht, in: Die Tat, 1910/11, 361-362; Die Geschichte Gottes, in: Die Tat, 1910/11, 394-407; Das Gelübde der liberalen Geistlichen, in: Die Tat, 1910/11, 422-425; Der heilige Stuhl Petri, in: Die Tat, 1910/11, 429-430 und 490-491; Arthur Kutscher, Die Ausdruckskunst der Bühne, in: Die Tat, 1910/11, 489-490; 14 Jahre Jesuit, in: Die Tat, 1910/11, 500ff.; Der Stifter des Christentums, in: Die Tat, 1910/11, 522-534; Rudolf Pannwitz, Die Erziehung, in: Die Tat, 1910/11, 534ff.; Antike Lyrik in deutscher Sprache, in: Die Tat, 1910/11, 536-537; Lublinski †, in: Die Tat, 1910/11, 606-608; Georg Kerschensteiner, in: Die Tat, 1910/11, 638-646; Der Modernismus, in: Die Tat, 1910/11, 660; Die deutsche Eiche, in: Die Tat, 1910/11, 678-693; Victor Hueber, Organisierung der Intelligenz, in: Die Tat, 1910/11, 726-728; Der Prophet und das Volk, in: Die Tat, 1911/12, Oktober-März, 305-315; J. Marcinowski, Nervosität und Weltanschauung. 2. Aufl., in: Die Tat, 1911/12, Oktober-März, 549ff.; Arthur Bonus. Die Kirche, in: Die Tat, 1911/12, Oktober-März, 404-406; Förster, Schuld und Sühne, in: Die Tat, 1911/12, Oktober-März, 457-459; Das heilige Haus, in: Die Tat, 1911/12, Oktober-März, 542-559; Simons, Die Konfirmation, in: Die Tat, 1911/12, Oktober-März, 561ff.; Jatho in München, in: Die Tat, 1911/12, Oktober-März, 585-592; Staatsbürgerliche Flugschriften, in: Die Tat, 1911/12, Oktober-März, 612ff.; Der heidnische Lebensweg, in: Die Tat, 1911/12, April-September, 18-32; F. Müller-Lyer. Der Sinn des Lebens und die Wissenschaft, in: Die Tat, 1911/12, April-September, 99ff.; Hans Dankberg, Vom Wesen der Moral, in: Die Tat, 1911/12, April-September, 151-152; Emil Gött, in: Die Tat, 1911/12, April-September, 165-172; E. D. Starbuck, Religionspsychologie, in: Die Tat, 1911/12, April-September, 202-204; Die Kunst des Schmückens, in: Die Tat, 1911/12, April-September, 238-248; Emil Felden, Alles oder Nichts, in: Die Tat, 1911/12, April-September, 253-254; Der Priester, seine Vergangenheit und seine Zukunft, Bd. I: Der priesterliche Charakter / Bd. II: Der Priester als Arzt, Jena 1912; Politische und geistige Befreiung, in: Die Tat, 1912/13, April-September, 33-39; Hermann Weimer, Haus und Leben als Erziehungsmächte, in: Die Tat, 1912/13, April-September, 43ff.; Die geistigen Grundlagen der Freimaurerei, in: Die Tat, Heft 2, Mai 1912, 96-98; J. M. Verweyen, Philosophie und Theologie im Mittelalter, in: Die Tat, Heft 2, Mai 1912, 101ff.; Jaques-Dalcroze in Hellerau, in: Die Tat, Heft 3, Juni 1912, 126-135; Lessings Religion, in: Die Tat, Heft 3, Juni 1912, 148ff.; Vom Werte der Religion, in: Die Tat, Heft 4, Juli 1912, 153-169; Arthur Bonus: Zur religiösen Krisis, in: Die Tat, Heft 5, August 1912, 249-250; Geistesbünde, in: Die Tat, Heft 6, September 1912, 272-280; Imago, in: Die Tat, Heft 6, September 1912, 294ff.; Wie Priester rezensieren, in: Die Tat, Heft 7, Oktober 1912, 381-382; Augenblick der Schönheit, in: Die Tat, 1912/13, 169-176; Katholisches Studentenwesen, in: Die Tat, 1912/13, 422; Gottvertrauen, in: Die Tat, 1912/13, 433-443; Alfred Weber: Religion und Kultur, in: Die Tat, 1912/13, 446ff.; Die Welt der Träume, in: Die Tat, 1912/13, 516ff.; Wilhelm Börner, Weltliche Seelsorge, in: Die Tat, 1912/13, 517ff.; Antifreimaurerei, in: Die Tat, 1912/13, 642-643; Der Bund der Freimaurer, Jena 1913; In eigener Sache!, in: Zwanglose Mitteilungen aus dem Verein deutscher Freimaurer, 2, 1913, 193; Der Gemeinschaftsgenius, in: Der freimaurerische Gedanke, Heft 2, 1913, 3-17; Sittlichkeit und Schönheit, in: Monatshefte der Comenius-Gesellschaft für Volkserziehung, 1914, 11-18; Katholisches Studentenwesen, Jena 1914; Militärisches in der Freimaurerei, in: Zwanglose Mitteilungen aus dem Verein deutscher Freimaurer 2 (1915), 310-311; Deutsche und ausländische Freimaurerei, München 1915; Über deutsche und ausländische Freimaurerei, in: Argentinisches Wochenblatt, 2. Dezember 1915; Probleme der Mystik und ihrer Symbole, in: Monatshefte der Comenius-Gesellschaft für Volkserziehung, 1915, 21-27; Probleme der Mysterienbünde, in: Monatshefte der Comenius-Gesellschaft für Volkserziehung, 1915, 77-86; Vom sichtbaren und unsichtbaren Tempel, in: Der unsichtbare Tempel, 1. Jg., 1916, 1-5; Segen des Leids, in: Der unsichtbare Tempel, 1. Jg., 1916, 49-56; Die Stufen der Freiheit, in: Der unsichtbare Tempel, 1. Jg., 1916, 200-207; Was ist Kunst?, in: Der unsichtbare Tempel, 1. Jg., 1916, 241-249; Das Wort, in: Der unsichtbare Tempel, 1. Jg., 1916, 390-397; Warum wir Freimaurer sind, in: Der unsichtbare Tempel, 1. Jg., 1916, 500-505; Nachwort, in: Wilhelm Ohr, Aus einem Jahr Feldlogendienst, München 1916; Die Sorge. Logenrede, in: Der unsichtbare Tempel, 1. Jg., 1916, 529-537; Der symbolische Geist der Gegenwart, in: Nachrichten für alle Mitglieder des Vereins deutscher Freimaurer, Nr. 9, 1916, 118-121; Symbolik der Mysterienbünde, München 1916; Ein Grundriß der freimaurerischen Symbolik, Leipzig 1916; Die Wirkung unserer freimaurerischen Gedanken in der Öffentlichkeit, in: Zwanglose Mitteilungen aus dem Verein deutscher Freimaurer 2 (1917), 477-479; Freimaurerisches Lesebuch. Eine Einführung in das freimaurerische Schrifttum. Im Auftrage des Vereins deutscher Freimaurer. 2 Bde., Berlin 1917; Arzt und Seelsorger, in: Der unsichtbare Tempel, 2. Jg., 1917, 76-85; Wanderung und Wandlung, in: Der unsichtbare Tempel, 2. Jg., 1917, 97-105; Ernst und Falk, in: Der un-

sichtbare Tempel, 2. Jg., 1917, 170-177; Vom Ursprung der Freimaurerei, in: Der unsichtbare Tempel, 2. Jg., 1917, 249-257; Äußere und innere Pflicht. Ein Briefwechsel, in: Der unsichtbare Tempel, 2. Jg., 1917, 270-283; Bundessehnsucht, in: Der unsichtbare Tempel, 2. Jg., 1917, 291-297; Maurertum und Rittertum, in: Der unsichtbare Tempel, 2. Jg., 1917, 352-354; Gott und Seele als freimaurerisches Erlebnis, in: Der unsichtbare Tempel, 2. Jg., 1917, 521-523; Sollen die Freimaurer vermitteln?, in: Der unsichtbare Tempel, 2. Jg., 1917, 530-532; Die Feldloge, in: Der unsichtbare Tempel, 2. Jg., 1917, 532-534; Die Sammlung, in: Der unsichtbare Tempel, 2. Jg., 1917, 574-578; Unsere Klassiker und die Königliche Kunst, in: Lese, Nr. 25, 1917; [Besprechung], in: Sokrates. Zeitschrift für Gymnasialwesen, 72.Jg., Nr.7/8 vom Juli/August 1918, 263f.; Der Zug der Zeit zur Freimaurerei, Leipzig 1918; Das Wesen der Loge, in: Mitteilungen aus dem Verein deutscher Freimaurer, 55 (1918), 78-88; Volkshäuser, in: Der unsichtbare Tempel, 3. Jg., 1918, 33-37; Fichte als Freimaurer, in: Der unsichtbare Tempel, 3. Jg., 1918, 81-86; Das Werden des Gottesglaubens, in: Der unsichtbare Tempel, 3. Jg., 1918, 117-123; Das schwebende Bürgertum, in: Der unsichtbare Tempel, 3. Jg., 1918, 137-145; Die Rosenkreuzer, in: Der unsichtbare Tempel, 3. Jg., 1918, 147-154; Das Für und Wider der Außenarbeit, Leipzig 1918; Die Himmelsleiter. Logenrede, in: Der unsichtbare Tempel, 3. Jg., 1918, 161-163; Der gotische Mensch, in: Der unsichtbare Tempel, 3. Jg., 1918, 216-222; Jugendideale, in: Der unsichtbare Tempel, 3. Jg., 1918, 224-231; Zur Erklärung des Expressionismus, in: Der unsichtbare Tempel, 3. Jg., 1918, 253; Weibliche Arbeit und weibliche Persönlichkeit, in: Der unsichtbare Tempel, 3. Jg., 1918, 264-269; Eine Kundgebung der Großlogen des Vierbunds, in: Der unsichtbare Tempel, 3. Jg., 1918, 280-282; Gebet und heilige Handlung, in: Der unsichtbare Tempel, 3. Jg., 1918, 289-294; Kriegswende, in: Der unsichtbare Tempel, 3. Jg., 1918, 321; Entsagungsgelübde, in: Der unsichtbare Tempel, 3. Jg., 1918, 351-352; Wer ist Schuld?, in: Der unsichtbare Tempel, 3. Jg., 1918, 353-357; Der Freimaurerbund und die soziale Reformarbeit, in: Der unsichtbare Tempel, 3. Jg., 1918, 373-379; Der Zug der Zeit zur Freimaurerei, Leipzig 1918; An die Heimkehrenden!, in: Der unsichtbare Tempel, 4. Jg. 1919, 1-2; Die große Müdigkeit, in: Der unsichtbare Tempel, 4. Jg. 1919, 33-38; Christliche und heidnische Politik, in: Der unsichtbare Tempel, 4. Jg. 1919, 48-55; Ein ruhiger Freund, in: Der unsichtbare Tempel, 4. Jg. 1919, 65-68; Schlaraffia, in: Der unsichtbare Tempel, 4. Jg. 1919, 76-81; Mehr Kunst in Haus und Schule, in: Der unsichtbare Tempel, 4. Jg. 1919, 97-103; Der geistige Sozialist und der Bourgeois, in: Der unsichtbare Tempel, 4. Jg. 1919, 143-148; Dem Ende entgegen?, in: Der unsichtbare Tempel, 4. Jg. 1919, 161-168; [Rezension zu Diedrich Bischoff: Die Sozialisierung des Geistes], in: Der unsichtbare Tempel, 4. Jg., 1919, 191-192; Ein freimaurerischer Reformplan aus dem Jahre 1805, Leipzig 1919; Friedrich Nietzsche (Zum Gedächtnis seines 75. Geburtstages), in: Weimarer Blätter, 1. Jg., 1919, Heft 19/20, 593-601; [Rezension zu Karl Heise: Entente-Freimaurerei und der Weltkrieg], in: Der unsichtbare Tempel, 4. Jg. 1919, 218-220; Rede am Johannisfest, in: Der unsichtbare Tempel, 4. Jg. 1919, 249-252; Herder, in: Der unsichtbare Tempel, 4. Jg. 1919, 283-285; Die Dinge dieser Welt, in: Der unsichtbare Tempel

Tempel, 4. Jg. 1919, 289-301; Friedrich Naumann, in: Der unsichtbare Tempel, 4. Jg. 1919, 318; Das Kulturideal des Sozialismus, in: Der unsichtbare Tempel, 4. Jg. 1919, 361-366; (Hrsg.), Freimaurerisches Lesebuch. Eine Einführung in das freimaurerische Schrifttum. Im Auftrage des Vereins deutscher Freimaurer, Berlin 1919; Heilige Arbeit, München 1919; Freimaurerische Volkserziehung. Bericht über die neue Gutachtensammlung des Vereins deutscher Freimaurer, Leipzig 1919; Gedenkblatt für Friedrich Nietzsche. (Zur 75jährigen Wiederkehr seines Geburtstages), in: Der unsichtbare Tempel, 4. Jg., Heft 12, Dezember 1919, 372-378; Religiöse Volksbildung, Tübingen 1920; Jahresanfang, in: Der unsichtbare Tempel, 5. Jg., Januar 1920, 28-32; Die Bedeutung deutscher Auslandslogen, in: Latomia, 1920, Nr. 1-2; Die Keyserling-Stiftung für freie Philosophie in Darmstadt, in: Der unsichtbare Tempel, 5. Jg., Februar 1920, 37-43; Überkonfessionelle Frömmigkeit, in: Der unsichtbare Tempel, 5. Jg. 1920, 60-61; Die Saat geht auf!, in: Der unsichtbare Tempel, 5. Jg., März 1920, 67ff; Religionsersatz, in: Der unsichtbare Tempel, 5. Jg., März 1920, 81-87; Märzsonne, in: Der unsichtbare Tempel, 5. Jg., April 1920, 97-98; Der Weg zur neuen Religion, in: Der unsichtbare Tempel, 5. Jg. 1920, 124-128; Das schwelende Feuer, in: Der unsichtbare Tempel, 5. Jg., März 1920, 137-145; Die Bedeutung deutscher Auslandslogen, Leipzig 1920; Zionismus und Freimaurerei, in: Der unsichtbare Tempel, 5. Jg. 1920, 184-185; Die deutsche Volksfeier! Ein Vorschlag an die deutschen Kulturvereine, in: Der unsichtbare Tempel, 5. Jg., Juli, August, September 1920, 193-200; [Rezension zu Diedrich Bischoff: Arbeit, Freiheit, Brüderlichkeit!], in: Der unsichtbare Tempel, 5. Jg. 1920, 287; Vier Jahre des »Unsichtbaren Tempels, in: Zwanglose Mitteilungen aus dem Verein deutscher Freimaurer 3, 1920, 191-194; Freimaurerei, in: Leipziger Illustrierte Zeitung, Nr. 3993, 1920, 42; Die Welt besteht aus englischen Freimaurer-Kolonien, in: Zwanglose Mitteilungen aus dem Verein deutscher Freimaurer 4, 1920, 18-21; Arbeitsgemeinschaft München, in: Zwanglose Mitteilungen aus dem Verein deutscher Freimaurer 4, 1920, 73-75; [Rezension zu Paul Wagler: Freimaurerei als Entwicklung der Persönlichkeit], in: Bayrisches Bundesblatt 21 (1921), 64; Gesellige und geistige Bildung im Freimaurerbunde, in: Zwanglose Mitteilungen aus dem Verein deutscher Freimaurer 4, 1921, 132-134; Eucken-Bund und Freimaurerei, in: Zwanglose Mitteilungen aus dem Verein deutscher Freimaurer 4, 1921, 261-266; Freimaurerei und Kulturvereine, Leipzig [um 1921]; Die Freimaurerei, Leipzig 1921; (Hrsg.), Philosophie-Büchlein. Ein Taschenbuch für Freunde der Philosophie, Stuttgart 1922; Einführung, in: Ludwig Keller, Die geistigen Grundlagen der Freimaurerei und das öffentliche Leben, 2. Aufl., Berlin 1922; Die Freimaurerei. 2. erw. Aufl., Leipzig [1922]; Zum Thema: Freimaurer, in: Die Hilfe (1922), 264-266; Der Verein deutscher Freimaurer und die Einigung von Nord und Süd, in: Herold 33 (1922), 531-534; Mystik und Freimaurerei, in: Herold 33 (1922), 561-564; [Rezension zu Josef Hoser: Freimaurerei, Neuheidentum und Umsturz, im Hinblick auf Ursprung und Ziel der Freimaurerei dargestellt an Swinburnes Neuklassizismus], in: Herold 33 (1922), 575-576; Ludwig Kellers Kulturphilosophie, in: Geisteskultur und Volksbildung, 31. Jg. 1922, 63-71; Zur Frage: Jugendbewegung und Freimaurerei, in: Zwanglose Mitteilun-

gen aus dem Verein deutscher Freimaurer 4, 1922, 437-439; [Rezension zu Heinrich Rogge: Symbol und Schicksal], in: Deutscher Pfeiler 2. Jg. 1922/23, 269-270; Grundlagen und Ziele der Großen Loge von Preußen, gen. Zur Freundschaft, in Berlin, Berlin 1924; Die Lehrart der Großen Loge von Preußen, gen. Zur Freundschaft in Berlin, Berlin [1924]; (Hrsg.), Der Meister-Katechismus. Im Auftrage der Literarischen Kommission der Loge Archimedes zum ewigen Bunde, Gera, in neuer Gestalt, 33. Aufl., Leipzig 1924; Platon, in: Deutscher Pfeiler, 3. Jg. 1924/25, 19-29; Deutsche Gemeinschaft, in: Deutscher Pfeiler, 3. Jg. 1924/25, 52-61; Gott loben wollen wir vereint, in: Deutscher Pfeiler, 3. Jg. 1924/25, 169-176; (Hrsg.), Der Gesellen-Katechismus. Im Auftrage der Literarischen Kommission der Loge Archimedes zum ewigen Bunde, Gera, in neuer Gestalt, 40. Aufl., Leipzig 1925; Giorgiones Geheimnis, in: Mitteilungen aus dem Verein deutscher Freimaurer, 4, 1925/26, 270-274; Das Fundament des Völkerbundes, in: Am rauhen Stein 23 (1926), 202-207; (Hrsg.), Der Lehrlings-Katechismus. Im Auftrage der Literarischen Kommission der Loge Archimedes zum ewigen Bunde, Gera, in neuer Gestalt, 54. Aufl., Leipzig 1926; Giorgiones Geheimnis, in: Wiener Freimaurer-Zeitung, 8 (1926), 20-21; [Rezension zu Theodor Hamacher, Von den Mysterien], in: Mitteilungen aus dem Verein deutscher Freimaurer, 5, 1926/27, 43-44; Symbole der Allegorien, in: Mitteilungen aus dem Verein deutscher Freimaurer, 5, 1926/27, 90-94, 134-137; Symbolik der Mysterienbünde, Das Gebrauchtum des Lehrlingsgrades, Berlin 1927; (Hrsg.), Erläuterung der Katechismen der Johannis-Freimaurerei. Im Auftrag der Literarischen Kommission der Loge Archimedes zum ewigen Bunde, Gera, in neuer Gestalt, Leipzig 1931; 150 Jahre Royal York, Berlin 1948; Warum Humanitas?, Bielefeld 1948; Die Freimaurerei. Neue bearb. Ausg., Stuttgart 1948; Goethe der Meister, Bielefeld 1949; Das Freimaurertum und die Religion der Arbeit, Düsseldorf-Lohausen 1949; Die Macht des Symbols. Eine Deutung, Hamburg 1950; Ist Freimaurerei heute noch nötig?, Hamburg [1953]; Ernst Horneffer. Seine freimaurerischen Ideen und Anregungen; Zugleich ein Stück FRM. Geschichte, in: Freimaurerbriefe. Beilage zur Monatsschrift »Die vereinigte Großloge«, Dezember 1954, 9-11 und 22-23; Das Brauchtum der Freimaurer. Sinn und Wert unserer Symbole, Hamburg 1954; Das Brauchtum der Freimaurer. Die Loge und ihr symbolischer Hausrat. Loge, Bauhütte, Tempel. Die Gestalt der Loge. Der Stein als Sinnbild. Drei große Lichter. Drei Säulen um den Teppich, Hamburg 1954; Das Brauchtum der Freimaurer. Die Aufnahmehandlung. Vor der Schwelle - Die Wanderung - Verpflichtung und Lichtgebung - Die Erkennungszeichen - Der Teppich, Hamburg 1955; Aus meinem Freimaurerleben. Erfahrungen und Winke, Hamburg 1957.

Lit.: Anonym, Horneffer, August, in: Internationales Freimaurerlexikon, Wien 1932, 714; — Thiel, Georg, August Horneffer. Zum 75.Geburtstage unseres Großmeisters, in Die Kette. Mitteilungsblatt der Vereinigten Großloge in Berlin. 1. Jg., Nr. 1, Juli 1950, 2-17; — Vogel, Theodor, Altgroßmeister August Horneffer: *5.7.1875 † 8.10.1955, Frankfurt/Main 1955; — Vogel, Theodor, Der Großmeister und seine Werkleute. Von der Frankfurter Paulskirche zum Berliner Konvent. 2. Aufl., Bad Kissingen o. J., [1959]; — Thiel, Georg, August Horneffer zum 75. Geburtstag, in:

Horneffer, August, Aus meinem Freimaurerleben. Erfahrungen und Winke, Hamburg 1957, 215-230; — Vogel, Theodor, Begegnungen und Weggefährten. Hamburg 1976.

Thomas Mittmann

HOUGHTON, John, Kartäuser, wurde 1486 oder 1487 in der Grafschaft Essex in England geboren. Seine Familie gehörte zum niederen Adel, aber kann leider nicht näher identifiziert werden. Nach der Aussage von Maurice Chauncy, seinem Mitbruder in der Londoner Kartause, studierte er an der Universität Cambridge, wo er den Bakkalaureus der Geisteswissenschaften, des Rechtes und der Theologie erwarb. Sein Name kann jedoch in den vorhandenen Universitätsregistern nicht mit Sicherheit festgestellt werden. Chauncy schrieb ein Jahzehnt nach den Ereignissen in der Londoner Kartause, wovon er ein Augenzeuge war, aber man muß Fakten außerhalb seines unmittelbaren Gesichtskreises mit Vorsicht akzeptieren. Anscheinend wünschte seine Familie, daß er heiratete, aber Houghton nahm Zuflucht bei einem Weltpriester, bis er selber, wahrscheinlich 1511, zum Priester geweiht wurde. Leider kann man seinen Namen in keinem vorhandenen bischöflichen Weiheregister finden. Er trat etwas später in die Londoner Kartause ein, wo er 1515 die Profeß ablegte. 1523 bekleidete er das Amt des Sakristans, 1525 das des Prokurators. 1531 wurde er Prior der Kartause Beauvale in der Grafschaft Nottingham, bevor er im November 1531 einstimmig zum Prior der Londoner Kartause gewählt wurde. 1532 wurde er zusätzlich Visitator der englischen Provinz vom Ordenskapitel in der Großen Kartause ernannt. — Die Ruhe der Kommunität wurde im Mai 1534 grob zerschlagen, als Kommissare von König Heinrich VIII. vorstellig wurden, um den eben promulgierten Thronfolgeeid von den religiösen Kommunitäten zu verlangen, wobei die Töchter Maria von Katherina von Aragon zu Gunsten der Töcher Elisabeth von Anne Boleyn weichen mußte. Die Ehe von Heinrich VIII. mit Katherina von Aragon wurde dabei de facto annulliert und die mit Anne Boleyn als gültig betrachtet. Sicherlich hatte Katherina von Aragon die Sympathien der meisten Kommunitäten. Prior Houghton plädierte, daß man den Eid von seiner Kommunität nicht verlangen sollte, da die Mönche ihr Leben zu Gott geweiht hätten und deshalb nicht mit weltlichen Angelegenheiten belastet werden

sollten. Die Kommissare verhafteten sofort Houghton und seinen Prokurator Humphrey Middlemore, die im Turm von London bis Ende des Monats eingekerkert wurden. John Stokesley, Bischof von London, und weitere Kleriker überzeugten sie, daß der Eid im Einklang mit dem katholischen Glauben sei und so schwören die beiden Kartäuser zögernd den Eid. Sie konnten in die Londoner Kartause zurückkehren, aber die Kommissare kamen in Begleitung von Soldaten nochmals zur Kartause, um den Eid von der Kommunität zu verlangen. Die Mönche waren widerstrebend bereit als es klar wurde, daß ihre Verhaftung folgen würde. — Der Aufschub war kurzfristig. Im Frühjahr 1535 war es klar, daß von der Kommunität nach dem parlamentarischen Beschluß von 1534 auch der Eid unter Strafe des Hochverrats verlangt würde, wobei König Heinrich VIII. als Oberhoheit der Kirche von England anerkannt werden mußte. Die Kommunität bereitete sich mit Sondermessen und -beichten vor. Dann versuchten Prior Houghton mit Prior Augustine Webster von der Kartause Axholme in der Grafschaft Lincoln und Prior Robert Lawrence von der Kartause Beauvale in der Grafschaft Nottingham eine Audienz bei Thomas Cromwell und die königlichen Beratern zu bekommen. Alle drei aber wurden sofort im Turm von London eingekerkert, wo kurz danach auch der Birgittinermönch Richard Reynolds aus der Syon Abtei ihre Gefangenschaft teilte. Am 26. April wurden die drei Kartäuser von Thomas Cromwell und dem königlichen Rat befragt. Houghton machte Notizen, die er an John Fisher, Bischof von Rochester, und die Kommunität der Londoner Kartause übermittelte. Am 28.-29. April wurden sie vor einem Sondergerichtshof angeklagt und zum Tode verurteilt, nachdem die Geschworenen eingeschuchtert worden waren. Am 4. Mai 1535 waren die drei Kartauser zusammen mit Richard Reynolds, alle in ihren Mönchkutten, und der Weltpriester, John Hale, Pfarrer von Isleworth, durch die Straßen von Pferden nach Tyburn geschleppt, wo sie vor einer großen Ansammlung von Zuschauern aufgehängt und ihr Inneres ausgerissen. Ihre Körper wurden in Viertel gehackt. Auf dem Schafott waren sie mutig und ruhig. Houghton, der achtundvierzig war, sprach vor den Menge, daß die Heilige Kirche anders als König und Parlament verfügt hätte. Deshalb müsse er nach seinem Gewissen dem Tod gefaßt annehmen. Einer seiner Arme wurde auf dem Eingang der Londoner Kartause zur Schau fixiert, aber fünfzehn seiner Mitbrüder blieben standhaft gegen jede Drohung und Schmeichelei. Fünf starben gleichfalls auf dem Schafott, während die weiteren zehn im Gefängnis von Newgate unter erschreckenden Zuständen den Hungertod fanden. Als Prior war er ein wahrer Leiter seiner Kommunität in schwierigen Zeiten. — Houghton wurde am 29. Dezember 1886 vom Papst Leo XIII selig und am 25. Oktober 1970 unter den vierzig Märtyrern von England und Wales heilig gesprochen. — Zahlreiche Maler haben Houghton gemalt. Zwei Gemälde von Vicente Carducho für die Kartause El Paular in Spanien und von Francisco de Zurbaran für die Kartause Jerez de la Frontera, heute im Museum von Cadiz, sind am eindrucksvollsten.

Werke: Seine Predigten sind heute nicht auffindbar. Nur ein Brief an Theodor Loer, Vikar der Kölner Kartause, wegen der Ausgabe der Werke von Denis dem Kartäuser mit 23. Juli 1532 datiert und ein anderer an Prior John von der Kartause Beauvale, am 22. Juli ohne Jahr, sind vorhanden.

Lit.: Pseudo-Erasmus, Expositio fidelis de morte Th. Mori et quorundam aliorum insigniorum virorum in Anglia, Basel 1535; — Maurice Chauncy, Historia aliquot Martyrum Anglorum maxime octodecim Cartusianorum sub rege Henrico Octavo ob Fidei Confessionem et Summi Pontificis Jura Vindicanda interemptorum, Mainz 1550, Nachdrucke München 1573, Burgos 1583 [?], Mailand 1606; — T. Petreius, Biblioteca Cartusiana, siue, Illustrium sacri Cartusiensis ordinis scriptorum catalogus, Köln 1609, 194-195; — J. Pits, Relationum historicarum de rebus Anglicis, hrsg. von W. Bishop, Paris 1619, 724; — Pierquin de Gembloux, Londres et Grenoble: Henry VIII et les chartreux. Mignard et les supplices, Grenoble 1838; — C.H. Cooper, Alumni Cantabrigiensis, Cambridge 1858, Bd. 1, 52; — J.A. Froude, History of England, 12 vols., 1870-1875, Vol. 2, 363-382; — N. Sander, Rise and Growth of the Anglican Schism, London 1877, 117; — J.S. Brewer, J. Gairdner und R.H. Brodie (Hrsg.), Letters and Papers, Foreign and Domestic, Henry VIII, London 1864-1932, Bd. 7, nos. 728, 1046; — Vol. 8, nos. 566, 609, 661, 675, 726, 898, 901, 904, 932; — Ricardo Challoner, Della vita e della gloriosa morte di molti sacerdoti e laici occisi in odio della fide Cattolica nell'Inghilterra, Prato 1883; — J. Gillow, A literary and biographical history, or biographical dictionary of the English Catholics from 1534, London 1885-1892, Vol. 3, 416; — Maurice Chauncy, »Opusculum R.P. Mauritii Chauncy de beatis martyribus Anglicis ordinis Carthusiensis, Joanne Houghton et sociis eius«, Analecta Bollandiana 6 (1887), 35-51; — John Morris, The pictures of the English College at Rome, which have conferred the title of blessed on fifty-four of the English Martyrs, Stonyhurst College 1887; — Analecta Juris Pontificii 27 (1888), 64 (Dekret der Seligsprechung 1886); — Maurice Chauncy, Historia aliquot Martyrum Anglorum maxime octodecim Cartusianorum sub rege Henrico Octavo ob Fidei Confessionem et Summi Pontificis Jura Vindicanda interemptorum, Montreuil-sur-Mer 1888; — Lawrence Hendriks, The London Charterhouse: its monks and its martyrs, London 1889; — Anon., The English Martyrs under Henry VIII and Elizabeth 1535-1583, London, SS, 28-37; — M. Chauncy, History of the sufferings of eighteen Carthusians in England, who refusing to take part in schism and to separate themselves from the unity of the Catholic Church were cruelly martyred, translated from the Latin of Maurice Chauncy, London 1890; — Victor-Marie Doreau, Origines du schisme d'Angleterre: Henri VIII et les martyrs de la Chartreuse de Londres, 1890; — Bede Camm, The Martyrs of the London Charterhouse, Montreuil-sur-Mer 1893; — B. van Ortroy (Hrsg.), »De BB. martyribus Carthusiensibus in Anglia«, in Analecta Bollandiana 14 (1895), 268-283; — B. van Ortroy (Hrsg.), »M. Chauncy: martyrum monachorum Carthusianorum in Anglia passio minor«, in Analecta Bollandiana 22 (1903), 51-78; — Bede Camm (Hrsg.), Lives of the English Martyrs declared blessed by Pope Leo XIII in 1886 and 1895, Bd. 1: Martyrs under Henry VIII, London 1904; — J. Gairdner, Lollardy and the Reformation in England, Vol. 1, 1908, 420-505; — J. und J.A. Venn, Alumni Cantabrigienses, Bd. 1, Teil 2, Cambridge 1922, 413; — E.M. Thompson, The Carthusian Order in England, London 1930, 371-410; — Donald Christie, While the World Revolves: being the Life and Martyrdom of Blessed John Houghton Carthusian Monk and Martyr, London 1932; — David Mathew and Gervase Mathew OP., The Reformation and the Contemplative Life: A Study of the Conflict between the Carthusians and the State, London 1934; — G.W.S. Curtis (Hrsg.), Maurice Chauncy: The Passion and Martyrdom of the Holy English Carthusian Fathers, London 1935; — P. de Toth, La Certosa di Londra e i suoi martiri nella persecuzione di Enrico VIII, Acquapendente 1936; — David Knowles, The Religious Orders in England, Bd. 3: The Tudor Age, Cambridge 1959, 222-232; — David Knowles, Saints and Scholars, London 1962, Kapitel 21; — Biblioteca Sanctorum, Rom 1961-69, Bd. 3, 1140-1142; — L. Whatmore, Blessed Carthusian Martyrs, London 1962; — Anon., New Catholic Encyclopedia, Bd. 7, New York 1967, 174-175; — Fr. Melchior de Pobladura, Cause of the Canonization of Blessed Martyrs John Houghton, Robert Lawrence, Augustine Webster, Richard Reynolds, John Stone, Cuthbert Maine, John Paine, Edmund Campion, Alexander Briant, Ralph Scherwin and Luke Kirby put to death in England in Defence of the Catholic Faith (1535-1582), Rom 1968; — »Decretum de martyrio Joannis Houghton et sociorum qui ob professionem fidei Catholicae saec. XVI-XVII sanguinem fuderunt«, in Acta Apostolicae Sedis 62 (1970), 555-560, 745-753; — Anon., Solenne canonizzazione dei Beati quaranta martiri dell'Inghilterra e del Galles: compiuta dal Santo Padre Paolo VI nella Basilica di San Pietro il 25 ottobre 1970, Città del Vaticano 1970; — Anon., Solemn canonisation of the forty blessed martyrs of England and Wales in the basilica of Saint Peter, Rome, 25 October 1970, in Holland von der Druckerei Trio 1970 gedruckt; — Astorre Baglioni, »Memorie Toscane dei Martiri Inglesi«, Revista Diocesana ufficiale di Grosseto, Abbazia delle Tre Fontane in Toscana, e diocesi di Sovana Pitigliani,

(Mai 1971), 416-420; — James Hogg, Michael Sargent, John Clark, Jan de Grauwe und al., The Chartae of the Carthusian General Chapter, Analecta Cartusiana 100 (1982ff.); — L.E. Whatmore, The Carthusians under Henry VIII, Analecta Cartusiana 109 (1983); — P. Nissen, »Een schilderij van de marteldood der Londonse Kartuizers in 1535 in het Gemeentelijk Museumvan Roermond«, in De Maasgouw 103 (1984), 49-59; — E. Dubois, »La résistance spirituelle des martyrs anglais des XVIe et XVIIe siècles devant les exigences de l'autorité royale«, in Les résistances spirituelles: actes de la Xe rencontre religieuse tenue à Fontevraud, 2-4 octobre 1986 (1987), 63-76; — Stanislas Autore, »B. Joannes Houghton«, Scriptores Sacri Ordinis Cartusiensis, Analecta Cartusiana 120, Bd. 5 (1993), 113; — Werner Beutler, Vicente Carducho en El Paular, Analecta Cartusiana 130/12 (1997), 238-239, 248; — J. Hogg, »The Pre-Reformation Priors of the Provincia Angliae«, Analecta Car-

tusiana N.S. 1 (1989), 25-59; — J.C.H. Aveling, »John Houghton«, in Dictionnaire d'histoire et géographie ecclésiastiques, Bd. 24 (1992), 1271-1272; — Anne Dillon, The Construction of Martyrdom in the English Catholic Community, 1535-1603, Aldershot 2002, 50-62, 215-222; — James Hogg, »John Houghton«, Oxford Dictionary of National Biography, Bd. 28, pp. 278-279; — John Clark (Hrsg.) mit einer Einleitung von Peter Cunich, The Various Versions of the Historia aliquot Martyrum Anglorum maxime octodecim Cartusianorum sub rege Henrico Octavo ob Fidei Confessionem et Summi Pontificis Jura Vindicanda interemptorum by Dom Maurice Chauncy, Analecta Cartusiana 86, 3 vols. (2006-2007); — Augustin Devaux und Gabriel van Dijck, »Jean Houghton«, Nouvelle Bibliographie cartusienne, CD-Rom, Grande Chartreuse 2007.

James Hogg

J

JACOBI, Johann Christian (* 1670-14. Dez. 1750). — Die ersten 38 Jahre seines Lebens liegen im Dunkeln. Spekulationen lassen ihn an der Universität Halle studieren, wo er eng mit August Hermann Francke (s.d.) assoziiert gewesen sein soll. Für die möglicherweise korrekte Behauptung, er habe dort die Bekanntschaft englischer Studenten gemacht [»friend of Mackbeth and the English lads there«, Brunner, 134], liegen bisher keine Primärquellen vor. Zur Zeit ist Jacobi vor 1708 weder in Halle noch sonstwo dokumentarisch eindeutig nachgewiesen. — Als Nachfolger eines »door-keepers« Johnson dient er seit 1708 als Küster an der königlichen luth. Kapelle im St. James Palast, London, eine Stellung, die er bis zu seinem Tod 1750 innehält. Das Gehalt der zwei deutschen Geistlichen am Hof, »Her Royal Highness's Servants«, Johann Tribbechow (John Tribbeko) und Anton Wilhelm Böhme (Anthony William Boehm), beträgt laut John Chamberlaynes

buchhalterischen Magnae Britannicae Notitia je 200 Pfund, das des Küsters (Chappel-Keeper) Jacobi, 30 Pfund. Auch ist J. am 14. Juni 1708 dokumentiert als Übersetzer für den nach Amerika auswandernden Pastor Josua Harrsch (s.d.). Im November berichtet er Francke in Halle vom Tod des lutherischen Prinzgemahls Georg von Dänemark. — 1710 legt er als John Christian Jacobi den Eid zur Naturalisierung ab. Vermutlich ist die am 24. Juli 1710 im Kirchenbuch genannte »Mrs.. Jacobi« (Patin eines Kindes des Vorlesers an der königlichen deutschen Hofkapelle in St. James Palast, Joh. Christoph Martini) seine Frau, oder eine Schwester. — Nach Eröffnung eines deutschen Buchladens im Strand, von der er Heinrich Julius Elers (1667-1728) in Halle berichtet, vertreibt J. ab 1710 - im Sinn des Wortes - internationale Literatur. Angeboten werden Böhmes wichtige Übersetzungen von Bartholomäus Ziegenbalgs und Heinrich Plütschaus Missions-Berichten aus Indien. Zur Literatur, die Kriegsflüchtlingen aus Südwestdeutschland (»Palatines«) dienen soll, gehört die Übersetzung von Johann Tribbechows Der christliche Wandersmann (The Christian Traveller sold by Joseph Downing; and by the German bookseller, near Somerset-House). Als Informationshilfe für die Flüchtlinge kann auch der französische Stadtführer für London gelten, François Colsonis Le Guide de Londres (Londres: imprimé pour le German Booksellershop. Troisiéme edition, 1710). Eher charakteristisch ist der Vertrieb pietistischer Literatur für und von Böhme, z.B. The First Principles of Practical Christianity (1710), oder Doctrine of Original Sin (1711). Andere Veröffentlichungen dienen der Diskussion um die Annäherung der reformierten Kirche Preussens (Jablonski) und der calvinistisch schweizerischen (Turretini, Osterwald) an die anglikanische Kirche: anonyme »Reflexions on the present state of the church universal« (1710); Johann Leonhards An Account Of The Grisons (1711). Den eklektischen Charakter von Jacobis Veröffentlichungen zeigen die gleichzeitig gedruckten und vertriebenen Titel des gelehrten Hallensers Christoph Cellarius (1638-1707: Antiquitates Roman ex veterum monumentis ac legibus Romanis digestae) und der wundersamen schwedischen Magd Estrid (Estrid: an Account of a Swedish Maid, who hath Lived Six Years without Food and hath had, of God during that time, strange and secret communications). — Graham Jefcoate zufolge war der Estrid-Legende eine Bücherliste von sieben lateinischen und fünfzehn englischen Titeln angehängt (»Books to be sold at the German bookseller's shop«), die alle von Anton Wilhelm Böhme stammen und von oder in Zusammenarbeit mit Joseph Downing gedruckt wurden. Jacobis Geschäft könne am besten als eine spezialisierte Niederlassung verstanden werden, die dem wachsenden Markt an deutschsprachiger Literatur in der Nähe der St. Marien-Kapelle im Savoy Palast dienen sollte, wo sowohl der luth. Pastor Georg Andreas Ruperti (s.d.) als auch der reformierte preussische Pastor Johann Jacob Caesar (um 1670-1719) predigen. Downing und Jacobi vertreiben auch Schriften der Society for the Propagation of Christian Knowledge (SPCK) und importieren vom pietistischen Buchladen Elers in Halle. Die kaum lukrative geschäftliche Zusammenarbeit

endet aber bald. — Währenddessen verzeichnet der Calendar of Treasury Books J.s fortgesetzte Anstellung in der königlichen Kapelle, deren deutsche Mitglieder sich 1714 mit Erfolg (s. Calendar v. 4. August 1715) an den luth. King George (von Hannover) wenden: Die Petition »To the King's Most Excellent Majesty« ist unterzeichnet von »Geo: Andrew Ruperti, Anth.. Will. Boehm, Chaplains; Jn. Christoff Martini, Reader; J Jacobi, Chappel Keeper; G. Steidel Dore-keeper; Maria Barrow, Chappel kleener«. Jacobis bahnbrechende Übersetzung deutscher Kirchenlieder, A Collection of Divine Hymns, translated from the High Dutch von 1720, erscheint erweitert als die ungeheuer einflußreiche Psalmodia Germanica 1722 (1725, 1732, 1756, 1765, 1767, Supplement 1745, 1767). Als Mitarbeiter wird Isaac Watts (1674-1748) genannt; die Ausgabe von 1732 soll J. Sebastian Bach als Vorlage gedient haben. — Wiederholt korrespondiert J. mit Halle und Halle-Missionaren in Indien: Benjamin Schultze (1689-1760) schreibt ihm 1727 »Betrachtungen zur Übersetzung geistlicher Lieder«; er selbst berichtet 1729 an Christian Friedrich Pressier (1697-1738), Christoph Theodosius Walther (1699-1741) und Martin Bosse (1695-1756) seine »Freude über Fortgang des Missionswerks«. Beeindruckt ist J. von den Herrnhutern, die seit 1734 in London Fuß fassen. Spangenberg (s.d.) soll in seinem Haus logiert haben. (Diarium vom 28. Dez. 1734.) - Der Nachfolger Böhmes als pietistischer Hofprediger am St. James Palast, Friedrich Michael Ziegenhagen (s.d.), ist allerdings wegen der Begeisterung J.s besorgt und vermittelt am 10. Februar 1735 seine Bedenken an Stolberg. Beeindruckt von dem, was David Nitschmann ihm von Herrnhut erzählt, reist J. trotz des Mißfallens Ziegenhagens Anfang Juni mit zwei Töchtern über Hamburg nach Sachsen, um Herrnhut zu besuchen. Die in Halle und Herrnhut erhaltenen Briefe von und über J. warten noch darauf, ausgewertet zu werden. Zu den von Johann Jacob Rambach (s.d.) herausgegebenen Werken Böhmes trägt er nicht nur Informationen und persönliche Briefe bei, er übersetzt sie auch z. T. sofort ins Englische. Zurück in London stellt J. den besuchenden Nicolaus Graf Zinzendorf (s.d.) seinem Freund Isaac Watts vor. — Zum Ende des Jahrzehnts arbeitet »the German old saint« als Herausgeber mit dem Dichter John Byrom (1692-1763) zusammen. Byrom's Tagebuch und Korrespondenz belegen die Übersetzung von Teilen seiner »Good Armelle«. Am 27. Juli 1739 besucht ihn Verleger J. mit »two copies of Armelle's sheet with her picture in the middle, and 500 I think had been printed«. 1740 ist das Interesse an Armelle Nicolas (1606-1671) wieder eingeschlafen. Eine letzte Übersetzung aus dem Französischen ist A short Account of the Life and Sufferings of Elias Neau. Sie erscheint 1748 als Anhang zu The New Book of Martyrs. Neau (1662-1722) war der erste Geistliche der SPCK, der zwischen 1705 und 1722 speziell für amerikanische Sklaven eingesetzt wurde. — »1750 den 14ten Dec: Morgens Zwischen 6 und 7 Uhr, starb Johann Christian Jacobi, seines alters 80 Jahr der selbe war 42 Jahr an dieser Hoff Capell Küster od[er] Chapple Keeper und liegt begraben in St. Pauls Covent Garden« (Kirchenbuch der Königlichen deutschen Hofcapelle in St. James Bd. 1, von 1712 bis ult. 1759; Film der Church of Latter-day Saints, LDS 20057, S. 53). Bedacht werden mehrere Verwandte und Freunde, zu denen Samuel Theodor Albinus, der neue Leser an der königl. Kapelle, gehört. Testamentvollstrecker sind der Chirurg William Kingelman und der Lehrer Nicholas Daniel Kannmaker, der 1750 auch an der Palast-Kapelle angestellt wird. Die Öffnung des Testaments erfolgt am 15. Januar 1751.

Übersetzungs-Werke: A Collection of Divine Hymns, translated from the High Dutch. Together with their proper tunes and thorough bass. London: printed, and sold by J. Young; W. Smith; and M. Nutt, 1720; Psalmodia Germanica; or, A Specimen of Divine Hymns, Translated from the High Dutch. Together with Their Proper Tunes and Thorough Bass. London: Printed, and Sold by J. Young in St. Paul's Church-Yard, M. Smith at Bishop Beveridge's Head in Paternoster Row, W. Smith at the Orange-Tree near St. Clement's Church in 1722 (ND oder Neuausgabe v. J. Downing 1725, G. Smith 1732, London/New York: H. Gaine, 1756, J. Haberkorn 1765); Memoirs of the Life and Death of the late Reverend Mr. Anthony William Boehm: Formerly Chaplain to his Royal Highness Prince George of Denmark and Minister of the German Chapel at St. James's in London: Together with a particular Account of his Exemplary Character and of his Writings by the Reverend John Jacob Rambach, Professor of Divinity at Halle in Saxony. Now made English, By John Christian Jacobi. London: Printed for Richard Ford, at the Angel in the Poultry, over against the Compter, M.DCC.XXXV [1735]; A Supplement to German psalmody: done into English together with their proper tunes, and thorough bass, for promoting sacred harmony in private families by John Christian Jacobi. [Musik-Noten.] London: Printed by J. Oliver, 1745; A Short Account of the Life and Sufferings of Elias Neau Upon the Gallies, and in the Dungeons of Marseilles; for the constant Profession of the Protestant religion. Newly translated from the French, by John Christian Jacobi, Gent. This Treatise was printed at the End of The New book of Martyrs, lately published by the Recommendation of the Rev. Mr. Bateman [...] by J. Morin. London: Printed and Sold by John Lewis, Printer and Publisher in Pater-Noster-Row, near Cheapside. MDCCXLIX [1749]; Supplement to German psalmody: done into English. Together with their proper tunes and thorough bass, for promoting sacred harmony in private families. London: printed and sold by J. Haberkorn, 1765, in Grafton Street, Soho, MDCCLXV [1765]; Psalmodia Germanica or, the German psalmody. Translated from the High German. Together with their proper tunes, and thorough bass. London: printed and sold by J. Haberkorn, 1765; Psalmody, Translated from the High German: To which is added, A supplement, With their proper Tunes, and thorough Bass. The third Edition. London: »Sold by Mrs. Linde, Stationer, in Bridges-Street, near Covent-Garden, MDCCLXVII [1767]; Mengel, Dana, Paul Gerhardt, Johann Christian Jacobi: Holy Ghost, dispel our sadness: SATB, keyboard. [Musik-Noten.] St. Louis, MO: Logia: Concordia Pub. House, 1997.

Manuskripte: Mehrere Briefe v. und über J. im Archiv der Franckeschen Stiftungen, Halle/Saale, Signatur: AFSt/M 1 E 2: 119; Harrington's warrant for John Christian Jacobi and his daughters and their effects Date: 1735. The Catalogue of The National Archives Online Document PROB 11/1603. Drei Briefe im Unitätsarchiv der Evangelischen Brüder-Unität: Jacobi an Nitschmann, 20. Aug. 1735: R14. A2.59; Jacobi an Zinzendorf, 17. Jan 1736/7: R13. A3.2; Isaac Watts an Jacobi, 4. 11. Feb. 1736/7: R13. A18.14,15; Testament im Archdeaconry Court of Middlesex will register (DL/AM/PBR/008).

Lit.: Chamberlayne, John: Magnae Britanniae Notitia: or The Present State of Great-Britain, with divers Remarks upon The Antient State thereof. The Two and Twentieth Edition of the South Part call'd England, and First of the North part call'd Scotland; with improvements, and more exact and larger Additions in the List of the officers, &c. Than in any former Impression. In Two Parts. With Her Majesty's Royal Privilege. London: Printed for Timothy Goodwin, Matthew Wotton, Benjamin Tooke, Daniel Midwinter, and George Wells, 1708: 635-636; 1710: 567; 1716: 554; 1718: 108; 1736: 208; — [Jacobi, Rambach, Watts], Vorrede zu Anton Wilhelm Böhmens [...] Sämtliche Erbauliche Schriften, hgg. v. Johann Jacob Rambach. Altona: Jonas Korte, Buchhändler, 1731; — Memoirs of the Life and Death of the late Reverend Mr. Anthony William Boehm: formerly chaplain to his Royal Highness Prince George of Denmark and minister of the German Chapel at St. James's in London: together with a particular account of his exemplary character and of his writings, hgg. v. John Jacob Rambach. London: Printed for Richard Ford, 1735; — Anonym. The three favourite hymns of Anthony William Boehm, referr'd to in the Memoirs of his life [Paul Gerhardt, J. J. Rambach, J. Chr. Jacobi]. London: R. Ford, 1735; — The Private Journal and Literary Remains of John Byrom. Hgg. v. Richard Parkinson [Manchester]: für die Chetham Society, 1856 [=Remains Historical & Literary connected with the Palatine Counties of Lancaster and Chester, Vol. 40], 247, 254, 258, 266, 281-2, 297-301; — Reynolds, William M.: »English Lutheran Hymn Books«, Evangelical Quarterly Review 11

(1859-60): 175-194; — Koch, Eduard Emil: Geschichte des Kirchenlieds und Kirchengesangs der christlichen, insbesondere der deutschen evangelischen Kirche. Bd. 4. C. Belser, 3. Aufl.. 1868; — Duffield, Samuel Willoughby: English Hymns: Their Authors and History. New York, NY: Funk & Wagnalls, 3. Aufl. 1888 [ND 2003], 195-196; — Jackson, Samuel Macauley u. A. Hgg. Concise Dictionary of Religious Knowledge and Gazetteer. 2.Aufl. New York, NY: The Christian Literature Company, 1891, 392; — Sheppard, Edgar: Memorials of St. James's Palace in Two Volumes. London und New York: Longmans, Green, and Co., 1894, 245; — Ward, Adolphus William, Hg.: The Poems of John Lord Byrom. Bd. 2: Sacred Poems. Manchester: The Chetham Society, 1895 [=Remains, historical and literary, connected with the Palatine counties of Lancaster and Chester. Volume 34, New Series], 87, 99-100; — Nutter, Charles S.: Hymn Studies: An Illustrated and Annotated Edition of the Hymnal of the Methodist Episcopal Church. New York, NY: Eaton & Meirs, 3. 1897, 50, 108; — Lorenz, Edmund S., Hg.: The Otterbein Hymnal, for use in public and social worship: Musical Score, Printed music, Hymns. Dayton, OH: United Brethren Pub. House, 1900 [(c)1890]; — Hymnal of the Evangelical Lutheran Church. Evangelical Synod of North America, Evangelical Synod of North America. St. Louis, MO: Eden Pub. House, 1899, 161, 459;- Julian, John: A Dictionary of Hymnology. [1892, 1907] 2. Ausgabe London: John Murray, 1908, [etwa 100 Erwähnungen im Index S. 1512]; — Nutter, Charles S.: Print Basis: Hymns and Hymn Writers of the Church, Nashville: Smith & Lamar, 1915, 192; — Cyclopedia of Music and Musicians. John Denison Champlin, Jr. and William Foster Apthorp, editors. Volume 2. New York: Charles Schribner's Sons, 1919. 496;- Shaw, William A.: »Naturalization«. The Publications of The Huguenot Society of London, Bd. 27. Manchester: Sherratt and Hughes, 1923, 102; — Dahle, John: Library of Christians Hymns, übers. v. M. Carper Johnshoy. Minneapolis, MN: Augsburg Publishing House, 1924, 23, 186; — Journal of the Commissioners for Trade and Plantations from February 1708-09 to March 1714-5. London: His Majesty's Stationery office, 1925, 505; — Hostetler, Lester, Hg.: Handbook to The Mennonite Hymnary. Newton, KS: General Conference of the Mennonite Church of North America, 1949, 371-372;- Byrom, John: Selections from the Journals & Papers of John Byrom, poet, diarist, shorthand writer, 1691-1763, hgg. v. Henri Antoine Talon. London: Rockliff, 1950; — Deutsch, Otto Erich: Handel: A Documentary Biography. New York, NY: W. W. Norton & Company, Inc., 1955, 161; — Shaw, William A., Hg.: Calendar of Treasury Books, 1954, 207-257; — Shaw, William A., Hg.: Calendar of Treasury Books, January-December 1713, Bd. 27, Teil 1. London: Her Majesty's Stationery Office, 1955, ccxxix; — Shaw, William A., Hg.: Calendar of Treasury Books, August 1714-December 1715, Bd.. 29. London: Her Majesty's Stationery Office, 1957, 663-664; — Service Book and Hymnal. Philadelphia: Lutheran Church in America, 1958, 205, - Reed, Luther: Worship: A Study of Corporate Devotion. Philadelphia: Fortress Press, 1959, 149; — Wolf, Edward Christopher: Lutheran Church Music in America during the eighteenth and early nineteenth centuries. Thesis/dissertation/manuscript: Microform Archival Material, 1960, 54-55; — Davis, Garold N.: German Thought and Culture in England, 1700-1770: A Preliminary Survey including a Chronological Biography of German Literature in English Translation. Chapel Hill, NC: U of North Carolina Press, 1969, 19-26, 28, 48, 119-120, 131; — Wolf, Edward Christopher: »America's first Lutheran chorale book«, Concordia Historical Institute Quarterly 46,1 (Spring 1973): 5-17; — Lutheran Cyclopedia. St Louis, MO, 1975; — Hewitt, Theodore Brown: Paul Gerhardt as a Hymn Writer and his Influence on English Hymnody. Electronic edition. ND Concordia Publishing House, 1976 [New Haven, CT: Yale UP, 1917/18]; — Jauernig, Reinhold: Die Matrikel der Universität Jena, Band I, 1652-1723, Weitergeführt von Marga Steiger. Weimar: Hermann Böhlau, 1977, 436; Nuttall, Geoffrey F.: »Continental Pietism and the evangelical Movement in Britain«, in Pietismus und Reveil, hgg. von J. Van den Berg und J. P. Van Dooren. Leiden: E. J. Brill, 1978, 221-222, 224; — Christ-Janer, Albert, Charles William Hughes, Carleton Sprague Smith, Hg.: American Hymns Old and New: Notes on the Hymns and Biographies of the Authors and Composers. New York, NY: Columbia University Press, 1980; — Stulken, Marilyn K.: Hymnal Companion to the Lutheran Book of Worship. Minneapolis, MN: Fortress Press, 1981, 91; — Marshall, Madeleine Forell und Janet M. Todd: English Congregational Hymns in the Eighteenth Century. Lexington, KY: University Press of Kentucky 1982; — The Correspondence of Heinrich Melchior Mühlenberg, vol. 1 1740-1747. Hgg.u. übersetzt v. John W. Kleiner und Helmut T. Lehmann. Camden, ME: Picton Press,1986, 123, 128; — Benson, Louis F.: The English Hymn: its development and use in worship. Richmond, VA: John Knox Press [1987 ((c)1915)], 410-411, 413; — Bradley, I. Hg.: The Book of Hymns. Woodstock, NY: Overlook Press, 1989; — Sames, Arno: Anton Wilhelm Böhme (1673-1720), Studien zum ökumenischen Denken und Handeln eines Halleschen Pietisten. Göttingen: Vandenhoeck & Ruprecht, 1989, 37-38; — Baldwin, David: The Chapel Royal, ancient and modern. London: Duckworth, 1990, 403-404; — Brunner, Daniel: Halle Pietists in England: Anthony William Boehm and the Society for Promoting Christian Knowledge. Göttingen: Vandenhoeck & Ruprecht, 1993, 134, 136, 190-1, 196; — Heintze, James R.: American Musical Life in Context and Practice to 1865. New York, NY: Garland, 1994; — Schalk, Carl F.: God's Song in a New Land: Lutheran Hymnals in America. St Louis, MO: Concordia Publishing House, 1995, 52-56, 194-195; — Jefcoate, Graham: »Joseph Downing and the publication of Pietist literature in England, 1705-1734«, in: The German Book, 1450-1750: Studies presented to David L. Paisey, ed. John L. Flood and William A. Kelly. London: The British Library, 1995, 319-31; — Huelin, Gordon: »The Relationship of Samuel Urlsperger to the 'Society for Promoting Christian Knowledge'«, in Colloquia Augustana Samuel Urlsperger (1685-1772) Augsburger Pietismus zwischen Außenwirkungen und Binnenwelt. Hgg. v. Reinhard Schwarz und Sabine Ullmann. Berlin: Akademie Verlag, 1996, 156, 158; — Roberts, John: »German Chorales in Handel's English Works«, Händel-Jahrbuch 42, 43 (1996/1997): 83-84; — Jefcoate, Graham: »Libraries in the British Isles and their German Holdings«. In Handbuch deutscher historischer Buchbestände in Europa: Eine Übersicht über Sammlungen in ausgewählten Bibliotheken, hgg. v. Bernhard Fabian. Hildesheim: Georg Olms Verlag, 1997. 28; — Podmore, Colin: The Moravian Church in England, 1728-60, Oxford: Clarendon Press; Oxford/New York: Oxford University Press, 1998, 23, 26; — Ashbee, Andrew und John Hatley: The Cheque Books of the Chapel Royal, Bd.1. Aldershot 2000, 207-210; — Vigne, Randolph und Charles

Littleton: From Strangers to Citizens: The Integration of Immigrant Communities in Britain, Ireland, and Colonial America, 1550-1750. London: Huguenot Society of Great Britain and Ireland; Portland, OR: Sussex Academic Press, 2001, 504; — Classe, O.: Encyclopedia of Literary Translation into English. London, Chicago: Fitzroy Dearborn Publishers, 2000; — Jefcoate, Graham: »German Printing and Bookselling in Eighteenth-Century London: evidence and interpretation.« In: Taylor, Barry, Hg.: Foreign-Language Printing in London 1500-1900. Boston Spa & London: The British Library, 2002, 1-36; — Knabe, Peter-Eckhard, Roland Mortier und François Moureau, Hgg.: L'Aube de la Modernité 1680-1760 (ebrary, Inc.; eBook) Amsterdam, Philadelphia: J. Benjamins, 2002; — Duffield, Samuel Willoughby: English Hymns: Their Authors and History. New York, NY: Funk & Wagnalls, 1886; ND 2003, 195-196; — Jefcoate, Graham: »German printing and bookselling in eighteenth-century London: evidence and interpretation«, Archiv für Geschichte des Buchwesens, 57 (2003): 147-248; — Huber, Werner und Rainer Schöwerling: The Corvey Library and Anglo-German Cultural Exchanges, 1770-1837: Essays to honour Rainer Schöwerling. München: Wilhelm Fink, 2004, 40; — Jefcoate, Graham: »Jacobi 1670?-1750«, Oxford Dictionary of National Biography. Oxford: Oxford UP, 2005; — Burrows, Donald und Milton Keynes (GB): »German Chorales and English Hymns: The work of three Germans in London (Jacobi, Lampe und Handel)«, Händel-Jahrbuch 51 (2005): 235-251; — Burrows, Donald: »Handel and the English Chapel Royal«, Royal College of Organists Yearbook 2004-5 (2005): 54-58; — Burrows, Donald: Handel and the English Chapel Royal. Oxford: Oxford University Press, 2005, 371-72; — Bunners, Christian: Paul Gerhardt: Weg, Werk, Wirkung. Göttingen: Vandenhoeck & Ruprecht, 2006, 219; — Dixon, Tom: »Love and Music in Augustan London; or, the 'Enthusiasms' of Richard Roach«, Eighteenth Century Music 4 (2007): 198; — Mielke, Andreas: »Who was Kocherthal and What Happened to his Party of 1708?« Pennsylvania Mennonite Heritage 31,4 (October 2008) [=Kocherthal: A Tricentennial Commemoration of the Palatine Migration of 1708/1709]: 8-31.

Andreas Mielke und Sandra Yelton

JÄSCHKE, Gotthard, Orientalist und Turkologe * 8. April 1894 in Oberpeilau im Kreis Reichenberg/Schlesien, † 29. Dezember 1983 in Essen-Kettwig. — J. stammte aus einer Familie mährischer Exulanten, die sich der Brüdergemeine angeschlossen hatten. Seine Mutter war eine geb. Wollenhaupt und sein Vater Max J. war Professor. J. besuchte nach der Volksschule in Niesky (1900-1904) das Gymnasium. Zuerst von 1904-1910 in Potsdam und dann im damals noch selbstständigen Groß-Lichterfelde bei Berlin, wo er das Abitur ablegte. Danach studierte er an den Universitäten Berlin und Freiburg von 1912-1916 Jura. Als zweites Fach studierte er Orientalistik, letzteres mit dem Studienschwerpunkt Türkisch. Die »Türkische Diplomprüfung« am »Seminar für Orientalische Sprachen zu Berlin« Ende Juli 1914 absolvierte er mit »Gut«. Nach dem Examen folgte der Einsatz im Weltkrieg. Im Kriegsdienst (5. August 1914 bis 11. November 1914, 1. Mai 1915 bis 20. August 1916 und 7. September 1917 bis 2. April 1918) erlitt er am 6. Oktober 1915 eine schwere Verwundung bei Somme-Py in der Champagne, infolge derer er zeitweilig als bis zu 25% kriegsbeschädigt eingestuft wurde, und die ihn noch im Winter 1938/39 zu einem mehrmonatigen Aussetzen seiner Lehrtätigkeit zwang. Am 11. Oktober 1916 erhielt er das E. K. II wegen Bergung von Verwundeten im Trommelfeuer. J. bekam die Auszeichnung am selben Tag verliehen, an dem er am Kammergericht in Berlin die juristische Referendarprüfung ablegte. 1917 promovierte er an der Universität Greifswald »cum laude« zum Doktor der Rechte und 1918 schloß J. die Ausbildung ab und trat in den diplomatischen Dienst ein. Vom 13. April bzw. 7. Mai 1918 bis Januar 1919 amtierte er als »Dragomanatsaspirant« im General-Konsulat Konstantinopel und legte dann am 5. Mai 1920 die Prüfung für die Diplomatisch-Konsularische Laufbahn ab. J. war Mitglied der »Deutschen Gesellschaft für Islamkunde« und gehörte 1917 als Schriftführer dem Vorstand an. Seine zweite Dienststelle war das Auswärtige Amt in Berlin. Hier wirkte er bis Juni 1924. Danach war er Vizekonsul bei den General-Konsulaten in Smyrna und Tiflis und von 1927 bis 1931 Legationsrat in Konstantinopel und Ankara. 1931 schied er aus dem Diplomatischen Dienst aus und wurde vom preußischen Kultusminister Grimme als Dozent für Türkisch an das Seminar für Orientalische Sprachen der Berliner Universität berufen. Grimme war Mitglied des »Bundes der religiösen Sozialisten Deutschlands (BRSD)« und kannte J. aus dessen Strukturen. J. war in den ersten Jahren der Weimarer Republik einer der wichtigsten deutschen religiösen Sozialisten. Er stieß bereits 1919 zu der Gründungsgruppe der Berliner religiösen Sozialisten um Günter Dehn. J. hatte die religiösen Sozialisten bei Friedenskundgebungen kennen gelernt und war zu dieser Zeit Mitglied in der pazifistischen Organisation »Friedensbund der Kriegsteilnehmer« und Leiter der Lichterfelder Ortsgruppe. Günter Dehn erinnerte sich: »Dankbar war ich für die Mitarbeit von Ernst v. Harnack, damals Referent im Kultusministerium, und Dr. Jäschke, dem jetzigen Professor für orientalische Sprachen in Münster/Westf., durch die der Bund ein höheres geistiges Niveau erhielt.« (Dehn, S.214). J. avancierte im BRSD schnell. Er wurde 1920 BRSD-Vorstandsmitglied in Berlin und war an der Gründung einer BRSD-Ortsgruppe in Berlin-Lichterfelde, wo er wohnte, maßgeblich beteiligt. Auf dem 1. Kongreß des norddeutschen BRSD wurde er in den Vorstand gewählt und bei der Konstituierung des Vorstandes zum 1. Vorsitzenden bestimmt. Den BRSD vertrat er auch bei Großveranstaltungen. Am 20.10. 1921 führten der BRSD, die Quäker und die »Deutsche Friedensgesellschaft« eine Massenveranstaltung u.a. mit J. und Mrs. Fletcher von der englischen Quäkergruppe in Neukölln durch, die sich nach Presseberichten »zu einer imposanten pazifistischen Kundgebung gestaltete.« In seiner Vorsitzenden- Funktion hat J. eine herausragende Rolle bei der Organisationsentwicklung des deutschen religiösen Sozialismus gespielt. J. war u.a. für die Außenkontakte des norddeutschen BRSD verantwortlich. Ein Höhepunkt des Jahres 1922 war der Besuch des schweizerischen religiösen Sozialisten Leonhard Ragaz in Berlin. Ragaz weilte im Dezember mehrere Tage bei Günter Dehn und hatte auch mehrere Besprechungen mit Dehn, J., Carl Mennicke und weiteren Berliner religiösen Sozialisten. 1922 übernahm J. die Schriftleitung der neugegründeten Zeitschrift des BRSD »Der religiöse Sozialist«, die er bis zur Einstellung der Zeitschrift 1923 innehatte. Als Vertreter Berlins wurde er danach Mitglied des »Freundeskreises des Christlichen Volksblattes (Sonntagsblatt des arbeitenden Volkes)« und Mitherausgeber dieser Zeitschrift, die ab 1924 das gemeinsame Organ der deutschen religiösen Sozialisten war. Als BRSD-Vertreter nahm er 1922/23 an den Sitzungen des »Deutschen Friedenskartells« teil. In dieser Funktion beantragte er 1923 beim Oberkirchenrat in Berlin erfolglos die Einführung eines kirchlichen Weltfriedenssonntages. J. hatte maßgeblichen Anteil an dem Zusammenschluß der verschiedenen religiössozialistischen Gruppen zum reichsweiten BRSD. Kurz vor dem 1. Kongreß in Meersburg 1924, auf dem die Arbeitsgemeinschaft der religiösen Sozialisten Deutschlands gebildet wurde, mußte er aus beruflichen Gründen aus der BRSD-Arbeit ausscheiden. Ansonsten wäre sei-

ne Wahl in den neuen Vorstand sicher gewesen. Die Rolle des Berufs-Diplomaten J. für die Binnenstabilität des BRSD war beachtlich, wie einer Laudatio des führenden religiösen Sozialisten Bernhard Göring aus dem Jahr 1924 zu entnehmen ist: »Sein besonnener Rat hat immer wieder die gemeinsame Arbeit in die rechten Bahnen gelenkt. Er verstand es, die Wogen, die in den Debatten oft hoch schlugen, zu besänftigen. Von jedem einzelnen forderte er Duldsamkeit. In den Monaten der Inflation war er es, der die Entmutigten wieder hoch riß. ... gerade jetzt, wo es wieder gilt aufzubauen, hätten wir ihn so nötig gebraucht.« (Göring, Abschiedsworte). — J. war auch in anderen Organisationen engagiert. So in der ebenfalls religiös-sozialistisch orientierten »Vereinigung der Freunde von Religion und Völkerfrieden«. J. war ein fleißiger Autor und unternahm vielfältige publizistische Aktivitäten, um den BRSD bekannt zu machen und wirksam zu vertreten. Auch nachdem er als Vize-Konsul in Smyrna und anderen Orten der Türkei wirkte, hielt er weiterhin den Kontakt zum BRSD und schrieb in seiner Zeitschrift. So wurde auf dem Reichskongreß des BRSD 1930 mitgeteilt: »Freund Dr. Jäschke, der zurzeit in Konstantinopel auf der deutschen Botschaft tätig ist, schickt dem Kongreß ein Telegramm und wünscht uns einen guten Verlauf«. (in: SDAV, Nr. 32 v. 10.8. 1930). Ob und inwieweit sich J. nach seiner Rückkehr nach Berlin im Jahr 1931 an der Arbeit des BRSD beteiligt hat, war nicht zu ermitteln. Da nicht davon auszugehen ist, daß J.'s mögliche BRSD-Aktivität ab 1931 unbemerkt geblieben wäre, liegt der Schluß nahe, daß er sich in dieser Hinsicht nicht mehr engagiert hat. Zu vermuten ist, daß er beruflich und familiär sehr stark beansprucht war. Am 7. April 1931 heiratete J. eine junge Frau, die er als deutsche Krankenschwester in Konstantinopel kennen gelernt hatte. Am 11. August 1931 wurde er mit Wirkung zum 1. Oktober zum Professor ernannt und trat sein Lehramt für Türkisch am »Seminar für Orientalische Sprachen« in Berlin an. In den Jahren 1932 bis 1935 war er Mitherausgeber und von 1936 bis 1944 alleiniger Herausgeber der Zeitschrift »Die Welt des Islams.« Seit dem 17. April 1936 wirkte J. als außerordentlicher Professor an der »Auslandshochschule« der Universität Berlin und vom 14. August 1940 bis zur Auflösung des Seminars durch die russische Besatzungsmacht 1945 an der »Auslandswissenschaftlichen Fakultät«. J. war seit 1940 Mitglied der NSDAP gewesen und wurde bei seiner Entnazifizierung in die Kategorie »Mitläufer« eingestuft. J. hatte sich publizistisch an sensiblen Stellen der NS-Ideologie angeschlossen. So stellte J. das Judentum eng in Zusammenhang mit dem »Bolschewismus«, was dem herrschenden Diskurs der Nazis vom »jüdischen Bolschewismus« entsprach. Nach der Befreiung Berlins verlor J. seinen Lehrstuhl an der Berliner Universität und schlug sich zeitweise als Religionslehrer in Potsdam durch. J. versuchte über persönliche Kontakte an der Universität Münster ein Ordinariat zu erhalten. Dies scheiterte. Selbst die Genehmigung, Diplom-Prüfungen für Türkisch abzuhalten, wurde ihm vom NRW- Kultusministerium nicht erteilt. Von 1947 bis 1959 wirkte J. an der Universität Münster als Gastdozent für »Kultur, Geschichte und Landeskunde der Türkei einschießlich der türkischen Sprache und Literatur«. In dieser Funktion wurde er 1959 emeritiert. J. lehrte in Münster noch bis 1983 weiter. J.'s Forschungsschwerpunkt war die Turkologie, besonders in ihren religiösen Aspekten. Er beschäftigte sich intensiv mit der christlichen Mission in der Türkei und der kleinen Gruppe christlicher Türken. Seine Publikationsliste ist beeindruckend. Zwischen 1917 und 1983 hat J. nahezu 400 Bücher und Artikel mit einem Umfang von mindestens 4000 Druckseiten publiziert, die mit nur wenigen Ausnahmen die türkische Zeitgeschichte behandeln. Einen hohen Rang nahmen und nehmen J.'s Arbeiten insbesondere in der Türkei ein, wo sie z. B. als Grundlage für die »Revolutionsgeschichte« - eine besonders wichtige Sparte des historischen Curriculums in der Türkei - dienen. So wurden J. von dem Autoren Fethi Tevetoglu die sparsam vergebenen Attribute »großer Verehrer Atatürks und wahrer Freund der türkischen Nation« (türk. Atatürk'ün büyük bir hayrani ve Türk milletinin gerçek bir dostu) verliehen. J. starb am 29. Dezember 1984 im Hause einer seiner Töchter in Essen-Kettwig, wo er seit dem Tod seiner Frau gelebt hatte. Seine sterblichen Überreste wurden am 20. April 1984 auf dem Waldfriedhof Lauheide bei Münster beigesetzt.

Werke: Die Entwicklung des osmanischen Verfassungsstaates von den Anfängen bis zur Gegenwart, (zugl. Jur. Diss.

Greifswald 1917), in: Die Welt des Islams, Band 5, Heft 1-2 vom 1. August, Berlin 1917; Fröhlicher Unglaube, in »Das Neue Werk«, Nr. 44 v. 1. Februar, Schlüchtern/Hessen 1920; Was wünschen wir der kommenden Kirche?, in: Nachrichtenblatt des Bundes religiöser Sozialisten Nr. 5 v. 15.7., Berlin 1921; Der Bund religiöser Sozialisten, in: »Das Neue Werk«, 2. Jg. Nr. 12 v. 12.9., Schlüchtern/Hessen 1920; Zum Geleit, in: Der Religiöse Sozialist (DRS)«, Jg. 1, Nr. 1 v. 15.1., Berlin 1922; Unser Werden, in: DRS, Jg.1, Nr.2. vom 15.2., Berlin 1922; Ist die Kirche politisch neutral?, in: DRS, Jg. 2, Nr.4. vom 15.3., Berlin 1923; Vom Bunde religiöser Sozialisten, in : Die Eiche, Heft II, Berlin 1921; Erster Kongreß der religiösen Sozialisten, in: Die Eiche, Heft I, Berlin 1922; Zur Berliner Tagung religiöser Sozialisten, in: Die Eiche, Heft II, Berlin 1922; Zum neuen Jahre, in: DRS, . Jg. 2, Nr.1. vom 15.1., Berlin 1923; Zur Ruhr- und Rheinfrage, in: DRS, Jg. 2, Nr.3. vom 15.3., Berlin 1923; Evangelium und soziale Frage 1890 und 1924, in: Christliches Volksblatt/Sonntagsblatt des arbeitenden Volkes (SDAV), 6.Jg., Nr.8 v. 24.2., Karlsruhe 1924; »Zinzendorf und die Jugend«, in: Christliches Volksblatt (SDAV), 6.Jg.,Nr. 23 v. 8.6., Karlsruhe 1924; Ein Abschiedsgruß, in: Christliches Volksblatt (SDAV), Nr. 25 v. 22. Juni, Karlsruhe 1924; Mohammedanische Sprüche, in: Christliches Volksblatt (SDAV), 6.Jg., Nr. 40 v. 12.10., Karlsruhe 1924; Seid getreu!, in: Sonntagsblatt des arbeitenden Volkes (SDAV), Nr. 2 v. 11.1., Karlsruhe1925; Gott wird es schon machen!«. In: SDAV, Nr. 9 v. 1.3., Karlsruhe 1925; Almosen zählen nicht, in: SDAV, Nr.11 v. 14.3., Karlsruhe 1926; Ich und wir, in: SDAV Nr.51, Karlsruhe 1925; Zus. mit Erich Pritsch, Die Türkei seit dem Weltkriege - Geschichtskalender 1918-1928, in: Die Welt des Islams, 10 Jg. , Berlin 1927-1929; Die Türkei seit dem Weltkriege II - Türkischer Geschichtskalender für 1929 mit neuem Nachtrag zu 1918-1928, in: Die Welt des Islams, 12, (1-2), Berlin 1930; Die Türkei seit dem Weltkriege III - Türkischer Geschichtskalender für 1930, in: Die Welt des Islams, 12, (4), Berlin 1931; Der Freiheitskampf des türkischen Volkes, in: Die Welt d. Islams. Bd. 14, Berlin 1932; Die Türkei seit dem Weltkriege IV - Türkischer Geschichtskalender für 1931-1932, in: Die Welt des Islams, 15, (1-2), Berlin 1932; Die Staatsverträge der Türkei seit Beginn des Weltkrieges, in: Mitteilungen des Seminars für Orientalische Sprachen zu Berlin, . Berlin 1934; Die Türkei in den Jahren 1933 u. 1934 - Geschichtskalender, in: Mitteilungen des Seminars für Orientalische Sprachen zu Berlin, 38, Berlin 1935; Die größeren Verwaltungsbezirke der Türkei seit 1918, in: Mitteilungen des Seminars für Orientalische Sprachen zu Berlin, Berlin 1936; Die Hedschasbahn, in: Der Orient, 18.Jg., Berlin 1936; Eine Reise nach Ani und Etschmiadsin, in: Der Orient, 18.Jg., Berlin 1936; Der Islam in der modernen Türkei, in: Der Orient, 18.Jg., Berlin 1936; Das britisch-französische Abkommen über Syrien und Kilikien vom 15. September 1919, in: Mitteilungen der Auslands-Hochschule an der Universität Berlin, 39. Jg., Berlin 1936; Ankara, die Hauptstadt der türkischen Republik, in: Europäische Revue, 12. Jg., Berlin 1936; Besteht in der Türkei ein Missionsverbot?, in: Der Orient, 19.Jg., Berlin 1937; Führerwille und Volkswille in der neuen Türkei, Orient-Nachrichten, Berlin o.J. , (Türk. Übers. in: Cumhuriyet, 27. Feb. 1938); Kommunismus und Islam im türkischen Befreiungskriege, in: Die Welt des Islams, 20, Berlin 1938; Zus. mit Erich Pritsch und bearb. v. Siegfried Rzeppa: Die Türkei seit dem Weltkrieg. Personen- u. Sachreg. zu d. Geschichtskalendern 1918-1934, Mitteilungen der Ausland-Hochschule an der Universität Berlin: Abteilung 2, Westasiatische Studien, Berlin 1939; Die Form der Eheschließung nach türkischem Recht - Ein Beitrag zum Internationalen Privatrecht, in: Die Welt des Islams, 22, Berlin 1940; Türkei. Kleine Auslandskunde, Bd. 8. Berlin 1941; Festschrift, Friedrich Giese aus Anlaß des siebenzigsten Geburtstags überreicht v. Freunden und Schülern«, hrsg. v. Gotthard Jäschke, Die Welt des Islams Sonderband. Berlin, 1941; Verzeichnis der Schriften von Friedrich Giese, in: Die Welt des Islams, Sonderbd., Berlin 1941; Die Republik Aserbeidschan - Geschichtskalender, in: Die Welt d. Islams. 23. Jg., Berlin 1941; Der Turanismus der Jungtürken - Zur osmanischen Außenpolitik im Weltkriege, in: Die Welt des Islams, 23, (1-2), Berlin 1941; Turecko. (Prel. Ignat Fern). Schriftenreihe Na Okraj nové doby ; 42, Praha/Prag 1942; Von Istanbul nach Ankara, in: Volk und Reich. Politische Monatshefte 18. Jahrgang 1942, Heft 7/8 - 12; Der Turanismus und die kemalistische Türkei, in : Der Orient in deutscher Forschung, in: Beiträge zur Arabistik, Semitistik u. Islamwissenschaft, Leipzig 1944; Vorderasien. Studien zur Auslandskunde, Bd. 1, Lfg 1und Lfg 2., Berlin 1944; Zus. mit Franz Taeschner: Aus der Geschichte des islamischen Orients, Tübingen 1949; Der Islam in der neuen Türkei, Leiden 1951; Türk hukukunda evlenme aktinin s.ekli, (Die Form der Eheschließung nach türkischem Recht), Istanbul 1953; Zur Form der Eheschließung in der Türkei - Eine Rechtsvergleichende Untersuchung, in: Die Welt des Islams, N. S., 2, (3), Leiden/Köln 1953; Zur Ziya Gökalp-Bibliographie, in: Festschrift Zeki Velidi Togan, Istanbul 1950-1955; General Milne zur Entsendung Mustafa Kemals nach Anatolien, in: Die Welt des Islams, N. S., 2, (4), Leiden/Köln 1953; Türkisch. Von Jan Rypka. Unter Mitarb. von Gotthard Jäschke. Mit Ang. d. Aussprache nach der Methode Toussaint-Langenscheidt. Neubearb. 1954. (3. Aufl.). Metoula Sprachführer. Berlin-Schöneberg 1955; Die Türkei in den Jahren 1942-1951 - Geschichtskalender, Wiesbaden 1955; Die ‚Imam-Ehe' in der Türkei, in: Die Welt des Islams, Neue Serie., 4, (2-3), Leiden/Köln 1955; Die Türkei: Vergangenheit u. Gegenwart, von Morgan Philips Price. Übers. aus d. Engl.: Lola Noeggerath. Überarb. d. dt. Ausg. von Gotthard Jäschke, Nürnberg 1958; Die Frauenfrage in der Türkei, Saeculum, 10, 1959; Zum Problem der Marne-Schlacht von 1914, Historische Zeitschrift 190, 1960; Die Heutige Lage des Islams in der Türkei, in: Die Welt des Islams, N. S., 6, (3-4), Leiden/Köln; Le rôle du communisme dans les relations russo-turques de 1919 à 1922, in: Orient, N°26, 7e année. 2e trimestre, Paris 1963; Die Türkei in den Jahren 1952-1961 - Geschichtskalender, Wiesbaden 1965; Der Weg nach Mudros im Lichte der englischen Dokumente, Türk tarih Kurumu, Ankara 1967; Schlieffenplan und Marneschlacht. Ein Rundbrief an Freunde und Bekannte, Als Ms. gedr. im Selbstverl., Münster/Westf. 1969; Die Türkisch-Orthodoxe Kirche, in: Der Islam, 39, 1964; Wissenschaftliche Koranübersetzungen in die europäischen Hauptsprachen, Türk tarih kurumu Basimevi, Ankara 1969; Türk Kurtulus Savas Kronolojisi II: Mondros'tan Mudanya'ya kadar, Türk Tarih Kurumu, Ankara 1970; Chronologie türkischer Befreiungskrieg II: vom

Waffenstillstand in Mudanya bis Dezember 1923, Türkische Geschichtsakademie, Ankara 1973; Kurtulus Savasi ile Ilgili Ingiliz Belgeleri« (dt.: Der türk. Befreiungskampf im Lichte der britischen Dokumente), Türk Tarih Kurumu, 16. Reihe, 11, Ankara 1971; Die Ernennung des jüngeren Moltke zum Generalstabschef. Ein Rundbrief an Freunde und Bekannte, Als Ms. Gedr. im Selbstverl., Münster 1971; Der Islam in der neuen Türkei - Eine Rechtsgeschichtliche Untersuchung, Die Welt des Islams, N. S., 1, (1-2), Leiden/Köln; Fassung in türk. Sprache: Özel Dizi, 10, Bilgi Yayinlari, Ankara 1972; Türk Kurtulus Savasi Kronolojisi II: Mudanya Mütarekesinden 1923, Ankara 1973; Mustafa Kemal und England in Neuer Sicht, in: Die Welt des Islams, N. S., 16, (1-4), Leiden/Köln.

Lit.: Bernhard Göring: Abschiedsworte, in: Christliches Volksblatt (SDAV), Nr. 31 v. 3. August 1924; — Anonym: Abschiedsgruß an Dr. Jaeschke, in: Mitteilungsblatt der Vereinigung der Freunde von Religion und Völkerfrieden, Nr.7 (Juli), Berlin 1924; — Günther Dehn: Die alte Zeit - Die vorigen Jahre, München 1964; — Otto Spies (Hg.): Festschrift Gotthard Jäschke: aus Anlaß seines 80. Geburtstages, Leiden 1974; — Bertold Spuler: Zum Geleit, in: Die Welt des Islams, N. S., 15, (1-4), 1974; — Fethi Tevetoglu, in: Türk Ansiklopedisi, 21, Ankara 1974; — Reinhold Lütgemeier-Davin: Pazifismus zwischen Kooperation und Konfrontation. Das Deutsche Friedenskartell in der Weimarer Republik, Köln 1982; — Anonymus: in: Materialia Turcica, 9, 1983; — Bertold Spuler: Gotthard Jäschke (1894-1983). Zum Gedenken, in: Die Welt des Islams, N. S., 23, (1/4), 1984; — Bertold Spuler/ Mihin Lugal: Gotthard Jäschke'nin vefati Üzerine, Belleten (türkische Fassung des Nachrufes), Türk Tarih Kurumu, 48, (194), 1984; — Ludwig Budde: Zum Gedenken an Professor Dr. Gotthard Jäschke, Mitteilungen der Deutsch-türkischen Gesellschaft, 10, 1984; — Johannes Benzing: Gotthard Jäschke (1894-1983), Der Islam, 62, 1985; — Ulrich Peter: Entstehung und Geschichte des Bundes der religiösen Sozialisten in Berlin 1919-1933, Frankfurt 1995; — Türkiye Kronolojisi 1938-1945, (Übers.: Gülayse Koçak), Türk Tarih Kurumu, Ankara 1990; — Klaus Kreiser: Gotthard Jäschke, 1894-1983. Zur Entstehung der türkischen Zeitgeschichtsforschung, in: Nurettin Demir & Erika Taube (Hrsg.), Turkologie heute - Tradition und Perspektive. Materialien der dritten Deutschen Turkologen-Konferenz. Leipzig, 4.-7. Oktober 1994, Wiesbaden 1998; — Klaus Kreiser: Gotthard Jäschke (1894-1983). Von der Islamkunde zur Auslandswissenschaft, Die Welt des Islams, N. S., 38, Issue 3, 1998.

Ulrich Peter

JANSEN, Walter, * 15. Juni 1923 in Neuß, † am 29. Januar 2004 in Köln. — Walter Jansen, wurde am 15. Juni 1923 in Neuß am Rhein als dritter Sohn der Eheleute Jansen geboren. Er stammte aus einer armen jedoch frommen Familie. Von den beiden älteren Brüdern trat Heinz dem Trapistenorden bei und wurde Abt von Stift Engelszell (Oberösterreich). Er nahm den Ordensnamen Klaus Maria an. — Nachdem

Walter Jansen die Volksschule und das Gymnasium absolviert hatte, machte er 1942 das Abitur und wurde bald danach zur Wehrmacht eingezogen. Schon bald geriet er in russische Kriegsgefangenschaft, aus der zwei Fluchtversuche unternahm konnte. Glücklicherweise wurde über ihn nicht die sonst übliche Todesstrafe verhängt. In seine Heimat kehrte er 1945 zurück und begann in Bonn das Theologiestudium. Am 15. Juli 1951 wurde er zum Priester geweiht. Von 1951 bis 1953 war Walter Jansen Kaplan an der Pfarrkirche St. Bartholomäus in Porz-Urbach. Bereits 1953 ernannte ihn Erzbischof Joseph Kardinal Frings zum Pfarrer im Flüchtlingslager Ülzen. 1960 wurde er Stadtjugendseelsorger und Kaplan an der Bonner Münsterkirche ernannt. Noch im selben Jahr wurde Kaplan Jansen zum Pfarrer an der Pfarrkirche St. Bonaventura in Remscheid-Lennep ernannt, wo er 1970 zudem Dechant wurde. 1975 wurde erneut an das Bonner Münster versetzt, diesmal als Pfarrer. Wenig später erfolgte der Ernennung zum Stadtdechanten von Bonn. Beide Ämter hatte er bis 1983 inne. 1976 wurde Pfarrer Walter Jansen zum »Kaplan seiner Heiligkeit« ernannt, weshalb er fortan den Titel Monsignore führen durfte. 1978 wurde päpstlicher Ehrenprälat und 1983 Ehrendomherr in Köln. — Es zeichnete sich schon bald ab, daß er die Leiter der kirchlichen Hierarchie noch weiter hinaufsteigen würde. So wurde er am 19. Mai 1983 von Papst Johannes Paul II zum Bischof des Titularbistums Barica und zum Weihbischof in Köln ernannt. Die Bischofsweihe empfing er am 18. Juni 1983 aus den Händen des Kölner Erzbischofs Joseph Kardinal Höffner. Als Kokonsekratoren fungierten bei dieser Weihe Augustinus Frotz, Weihbischof in Köln und Heinrich Maria Janssen, Bischof von Hildesheim. Weihbischof Jansen fungierte selbst als Kokonsekrator bei Weihe von Friedhelm Hofmann, der ebenfalls Weihbischof in Köln war und jetzt Bischof von Würzburg ist. — Noch im selben Jahr seiner Bischofsweihe wurde Walter Jansen Domkapitular an der Hohen Domkirche zu Köln. Als Bischofvikar war Weihbischof für die Orden zuständig. Nach 11 Jahren weihbischöflicher Tätigkeit wurde Walter Jansen am 15. Juni 1994 emeritiert. — Noch einige Jahre widmet sich Weihbischof em. Walter Jansen der Seelsorge an alten Priestern. Ein großes Jubiläum konnte Weihbischof Jansen im Jahre 2001 feiern, sein goldenes Priesterjubiläum, das er in seiner Heimatpfarre St. Marien in Neuß festlich und unter großer Teilnahme von Priestern und Gläubigen feiern konnte. — Weihbischof Walter Jansen starb am 29. Januar 2004 im Alter von achtzig Jahren. Am 6. Februar 2004 wurde er im Kreuzgang des Bonner Münsters unter großer Anteilnahme des Klerus und der Gläubigen beigesetzt.

Werke: Über eigene Literatur oder wissenschaftliche Arbeiten ist nichts bekannt.

Lit.: Joseph Lange:100 Jahre katholische Pfarrgemeinde St. Marien zu Neuß, Neuß 1996. Darin wird seine Ernennung und Weihe zum Bischof erwähnt, sowie seine Heimatprimiz als Bischof; — Johannes Kreuzenbeck: die Apostolische Succession der Bischöfe im Deutschen Sprachraum, Bd.1 Erzbistum Köln, Ahlen 1991, 2. Auflage; — Neuß-Grevenbroicher Lokalzeitung vom 4.Juni 1883: Heimkehr eines lieben Sohnes, Bericht über die Bischofsprimiz von Weihbischof Walter Jansen in der Pfarrkirihe St. Marien zu Neuß, ebd. vom 10.12.2001: Weihbischof Walter Jansen feierte sein goldenes Priesterjubiläum.

Johannes Kreuzenbeck

JAUNSUDRABIŅŠ, Jānis, * 25.8. 1877 in Nereta (Lettland), † 28.8. 1962 in Soest. — Einer Landarbeiterfamilie entstammend wuchs Jānis Jaunsudrabiņš seit dem dritten Lebensjahr ohne Vater auf und mußte schon früh auf dem Gut seiner Großeltern, »Riekstiņi«, sowie auf weiteren Gütern in Nereta als Hütejunge arbeiten. Mit 16 Jahren erhielt er die Möglichkeit, Russisch und Deutsch zu lernen, und erreichte so einen sozialen Aufstieg im von Deutschbalten dominierten Teil des Zarenreichs. Auf der Grundlage seiner Sprachstudien besuchte er von 1895-1897 eine Landwirtschaftsschule und arbeitete für zwei Jahre als Verwalter auf deutschbaltischen Gütern. Nebenbei begann er zu schreiben und zu malen. Nach diesen autodidaktischen Versuchen studierte er von 1899 bis 1903 an einer privaten Kunstschule (Blumsche Zeichenschule in Riga). 1901 heiratete er Lise Sproge. Ein Jahr später wurde die Tochter Lilija geboren. — Von dem Geld, das er als Schriftsteller, Redakteur, Maler und Zeichenlehrer verdiente, und gefördert durch einen Mäzen machte Jaunsudrabiņš mehrere Studienreisen, 1905 nach München und 1908 nach Berlin. Dort studierte er zwei Semester lang bei Lovis Corinth. Ein Jahr zuvor war in Lettland sein erster Roman »Blüten des Windes« erschienen, orientiert an den Vorbildern Knut Hamsun und Gerhard

Hauptmann. — 1913 zog er mit der Familie in ein eigenes Haus mit Atelier in Pļaviņas (Stockmannshof). Im ersten Weltkrieg mußte die Familie vor den Russen fliehen und lebte von 1915 bis 1918 in Baku im Kaukasus, wo viele Werke und Gemälde entstanden, die Jaunsudrabiņš in den 1920er Jahren zum meistgelesensten Schriftsteller in Lettland machten. 1921 starb seine Frau Lise. Ein Jahr später heiratete er Elza Ziverte. Die Ehe dauerte bis 1935. In dieser Zeit, zwischen 1924 und 1927 unternahm er mit der Familie Reisen nach Belgien, Deutschland, in die Schweiz, nach Monte Carlo und Italien. Dort, auf Capri, lernte die Tochter Lilija einen Bielefelder Studenten kennen und heiratete ihn 1926. — Nach der Scheidung von Elza heiratete Janis Jaunsudrabiņš 1938 Frida Balode und zog mit ihr nach Ropazi, wo sie ein Jahr später starb. 1941 heiratete er Natalija (Nate) Valdmane, die Flucht und Exil mit ihm teilte und ihn um fast 14 Jahre überlebte. — Zu Beginn ihrer Beziehung war Jaunsudrabiņš nach der Okkupation des Baltikums durch die Sowjetunion Mitglied im sowjetlettischen Schriftstellerverband. Durch die sowjetische Gleichschaltungspolitik und die damit verbundenen Deportationen und Liquidationen wandte er sich dann jedoch der Opposition zu. — Die eigene Deportation verhinderte der Einmarsch deutscher Truppen 1941. Als die Rote Armee Lettland zurückeroberte, flüchtete die Familie Jaunsudrabiņš am 3.10. 1944 über Riga nach Danzig und von dort nach Bielefeld. Über mehrere Zwischenstationen gelangten sie am 29.9. 1945 ins DP-Lager in Greven, wo Jaunsudrabiņš bis zum April 1948 blieb und als Zeichenlehrer in der Lagerschule arbeitete. Zu diesem Zweck verfaßte er eine eigene »Kleine Kunstgeschichte«. Außerdem war er für den Literaturteil der Lagerzeitung (Grevener lettisches Wochenblatt) zuständig und veröffentlichte zahlreiche Werke in lettischen Exilverlagen. Durch Vermittlung seines Schwiegersohns gelang es ihm, ein kleines Haus (»Mondscheinhaus«) am Südufer des Möhnesees zu erwerben, in dem er bis zu seinem Tod lebte, mit zahlreichen Briefpartnern korrespondierte, angelte und persönliche Kontakte zu Schrifstellerkollegen pflegte. Außerdem veröffentlichte er Gedichte und Prosa in verschiedenen westfälischen Zeitungen und Zeitschriften. — Für sein Lebenswerk wurde der Autor 1952 in Stockholm vom Internationalen PEN-Club geehrt. 1955 und 1956 nahm er an den »Westfälischen Dichtertagen« in Marl und Schmallenberg teil. In diesem Jahr (1956), als er sich im »Schmallenberger Dichterstreit« um den Heimatbegriff engagierte, wurde in Sowjetlettland das Publikationsverbot für seine Werke aufgehoben. Dennoch lehnte er die Rückkehr ab und blieb am Möhnesee. Dort, in Körbecke, wurde er nach seinem Tod 1962 begraben, ebenso wie später seine Tochter (1967) und seine Frau (1976), in einem gemeinsamen Grab. Nach der Unabhängigkeit Lettlands wurden die Toten gemäß ihrem eigenen Wunsch nach Lettland überführt und nach einem Totenamt, das der lutherische Erzbischof im Dom zu Riga am 13. September 1997 in Anwesenheit des lettischen Staatspräsidenten zelebrierte, in heimischer Erde beigesetzt. Sowohl in »Riekstini« in Lettland als auch im Lettischen Centrum Münster erinnert jeweils ein Museum an den Künstler und Schriftsteller, der bis zu seinem Tode am geliebten Möhnesee aktiv geblieben war.

Werke: Aija. Riga 1911 (Übersetzt aus dem Lettischen von O. Grosberg. Riga 1922); Athalss [Echo], Riga 1920; Ziema [Winter], Riga 1925; Balta gramata [Das weiße Buch], Bd. 1. Riga 1914; Bd. 2, ebd. 1921; Naves Deja [Totentanz] 1922; Raksti, 8 Bde, Riga 1926-1931; Jaunsaimnieks un Velns [Der Bauer und der Teufel], Riga 1933; Nauda [Geld], Riga 1939 (Münster 1949); Eine Kleine Kunstgeschichte, Halle/Westf. 1947; Zala gramata [Das Grünbuch], Brüssel 1950; Balta gramata [Das Weißbuch], Riga 1957; Kraniche über dem Möhnesee und Erzählungen aus Lettland. Mit Zeichnungen des Dichters, Münster 1972 (posthum); Kopoti raksti, 15 Bde. Riga 1981-1985; Trimdas raksti, Riga 2000; Ich erzähle meiner Frau von der Flucht aus Lettland und dem Exil in Westfalen (übers. von Ojars J. Rozitis), Münster 2006

Lit.: Soester Anzeiger 1953-1963 [Beitr.]; — E. Sylvanus, Das »Mondscheinhaus« am Möhnesee [über Jaunsudrabiņš], in: Westfalenspiegel, Dortmund, 1955, H. 1, 9; — F.W. Hymmen [über Jaunsudrabiņš], in: Jahrbuch der Kriegsblinden 1956; — C. Herbermann, Der Weise vom Möhnesee, in: Westfalenspiegel 16, Dortmund 1962, H. 9, 22; — A. Dalhoff, Jaunsudrabiņš war Lettland. Ein Denkmal zu seinem 90. Geburtstag in Westfalen, in: Westfalenspiegel 16, Dortmund 1967; — A. Rudzitis, Ein lettischer Dichter als Flüchtling in Westfalen, in: Westf. Heimatkalender 26, Münster 1972, 91-93; — Jaunsudrabiņš in Westfalen, Münster 1982 [zweisprachig]; — A. Rudzitis, Jaunsudrabiņš no riekstiniem lidz menesnicaj. Münster 1988; — Dies., Janis Jaunsudrabiņš im Mondscheinhaus [Jānis Jaunsudrabiņš Menesnica], Körbecke 1988; — W. Raub, Janis Jaunsudrabiņš 1877-1962. Lettischer Dichter und Maler im westfälischen Exil. Eine Ausstellung der Universitäts- und

Landesbibliothek Münster in Zusammenarbeit mit dem Jaunsudrabiņš-Archiv Münster, 25.Oktober-23.November 2002, Münster 2002; — Westfälisches Autorenlexikon 1750-1950 (hrsg. von Walter Gödden und Iris Nölle-Hornkamp unter Mitarbeit von Annette Gebhardt), Band 3, Paderborn 1997.

Geert Franzenburg

JOHANNES *von Kempten* OCist, Mönch von Stams; * ?. Kempten ?; Eintritt ca. 1330, † 1348/1359, Stams: im Rufe der Heiligkeit. Aus seinem Leben ist außer dem Mirakeln (vgl. Liber miraculorum S. Joannis Bapt., Stiftsarchiv Stams) nur sehr wenig biografisches Material greifbar. Der Legende nach, die das Album Stamsensis bringt, sei er als Kind in Kempten vom Pfarrkirchenturm gefallen, habe aber überlebt und später sein Leben Gott geweiht: »Honestior civis in civitate campidunensi habebat filium sclaren Joannem nomine nuncupatum. Qui in dicta civitate cum puerilor esset, ascendit Angulare sive turrim, quae mirae altitudinis demonstratur sicque a fastigio usque ad ima corruit extinguendus deploriaturque in civitatem ac pene tota die pro mortuo pertractatur. Igitur parentes ipsius in tali necessitati articulo devoverunt maximo Praecursori ut, si revivisceret, ipsum suae Domui praesentarent.« (Album Stamsensis seu Catalogus religiosorum sacri et exempti Ordinis Cisterciensis archiducalis Monasterii B. V. Mariae et S. Joann. Bapt. in Stams. 1272-1898. Salzburg 1898, Nr. 99). Den weiteren Nachrichten zufolge war er ab 1341 Zellerar in der Abtei gehörigen Pfarre Mais (bei Meran) und lebte ab 1342 (November?) wieder im Kloster in Stams. Sechs Jahre später wird er wiederum als in der Stiftspfarre Mais lebend erwähnt, wo er vermutlich starb. Selbst das Todesjahr - einmal 1348, einmal 1359 - kann nicht mehr genau eruiert werden. Jedenfalls sei er im Erwachsenenalter Priester im allgäuschen Nesselwang gewesen und erst später Stamser Konventuale geworden: »Qui postmodum in adulta aetate factus sacerdos Ecclesiam Nesselwang regebat et ultimo factus est monachus hujus Domus. Qui mihi Fratri Marco [Markus aus Lindau (Album Stamsense Nr.121)] ipsum super hoc interroganti retuli de verbo ad verbum cuncta praelibata audientibus universis in colloqui generali« (Album Stamsense Nr. 99). Als Eintrittsjahr verzeichnet die Tradition von Stams das Jahr 1330 (Album Stamsense ebd.). Auch habe

er in einer Vision das Schicksal des als Ketzerkönigs verunglimpften Ludwig des Bayern erfahren (»Anno 1347 12. Octobris contingit P. Joanni infra Missam visio de statu animae Imperatoris Ludovici Bavarici, [...].« Album Stamsense ebd.). Immer begleiteten ihn Gesichte und Visionen, auch die Bevölkerung erachtete ihn als Heiligen. Nach seinem Tod setzt bald die Verehrung ein, die - im ausgehenden Mittelalter - zu einer großen Wallfahrt zum Hl. Johannes von Kempten in Stams führte (wohl auch in Verbindung mit der schon vor dem Kloster bestehenden Wallfahrt zu Johannes den Täufer in der Stamser Pfarrkirche). Die klösterliche Tradition rühmt ihn als wahren Mönch und Priester: »P. Joannes obisse in fama sanctitatis probant quae leguntur in membranula Capiti ipsius praefixa (saec. XV.): dicitur eum devotissimus, mirae contemplationis vir, eximae sanctitatis, in exstasin ad minus quinqies in die raptus est, spirito prophetico insignis.« (Album Stamsense ebd.)

Lit.: Album Stamsensis seu Catalogus religiosorum sacri et exempti Ordinis Cisterciensis archiducalis Monasterii B. V. Mariae et S. Joann. Bapt. in Stams. 1272-1898. Salzburg 1898; — Album Stamsensis seu Catalogus religiosorum sacri et exempti Ordinis Cisterciensis archiducalis Monasterii B. V. Mariae et S. Joann. Bapt. in Stams. 1272-1898. Salzburg 1898; — Catalogus Religiosorum Stamsensium ex antiquioribus Catalogis aliisque tabulis et scriptis coeptus circa 1600; — Birgit Maier, Kloster Kaisheim. Rechts-, wirtschafts- und Sozialgeschichte der Zisterzienserabtei von der Gründung bis zur Mitte des 14. Jahrhunderts (Veröffentlichungen der Schwäbischen Forschungsgemeinschaft bei der Kommission für Bayerische Landesgeschichte 1. Studien zur Geschichte des bayerischen Schwabens 25). Augsburg 1999; — R. H. Gruber, Pfarrkirche Stams, Tirol zum hl. Johannes d. Täufer. Hrsg. vom Römisch katholischen Stiftspfarramt zu, hl. Johannes den Täufer, Stams. Stams 1995; — Stift Stams. 700 Jahre Stift Stams. 1273–1973. Hrsg. im Selbstverlag vom Zisterzienserstift Stams. Stams 1974; — Red.: G. Ammann. – Stift Stams. Text: G. Ammann. Fotos: G. Peda (Große Kunstführer 111). München [u. a.] ²1990.

Wolfgang G. Schöpf

JONES, Eli, * 12.3. 1807 in China (Maine), † 1. oder 2. oder 4.2. 1890 in South China (Maine). Prediger, Quäker. — Eli Jones wurde 1807 als Sohn von Abel und Susannah (Jepson) Jones geboren. Schon im Alter von vierzehn Jahren begann er, bei Andachten der Quäker zu predigen und war bereits als Kind als »Minister« (Prediger) anerkannt. Schon früh begann er zu lesen und war sein Leben lang ein großer Bücherfreund. In Providence (Rhode Island) besuchte er die Quäkerschule. Er lebte von seinem Groß-grundbesiz und war Anteilseigner mehrerer Mühlen. 1833 heiratete er Sybil Jones (1808-1873) aus Brunswick (Maine). Mit ihr hatte er die Kinder Sybil Narcissa (1839-1903), Richard Mott (1843-1917), Susan Tabor (1847-1913) und Eli Grellet (1850-1933). — 1840 besuchte er gemeinsam mit seiner Frau Nova Scotia und New Brunswick sowie 1845/46 alle Jahresver-sammlungen der Quäker in den USA. 1850/51 unternahm er eine Reise nach Liberia (Afrika) und war Gast des Staatspräsidenten. 1852 bis 1854 reiste er nach Europa und besuchte Nor-wegen, Dänemark, die Schweiz, Frankreich und Deutschland. 1853 haben sich Eli und Sybil Jones in Pyrmont bei den deutschen Quäkern aufgehalten. Als Eli Jones 1854 in Maine zum Gerichtsschöffen gewählt wurde, legte er an Statt eines Eides eine Erklärung ab, was heute selbstverständlich ist, damals jedoch für Dis-kussion sorgte. Seine fingierte Wahl zum Gene-ralmajor der Armee im gleichen Jahr erregte nicht weniger Aufsehen: Aus Jux ließ sich Jones in diesen Rang einweisen, erklärte aber dann in einer Rede, er werde das Waffentragen verbie-ten und die Soldaten nach Hause schicken. Die eigenartige Geschichte kursierte 1854/55 so-wohl in der amerikanischen wie englischen Presse und brachte Jones viel Zustimmung zu seinem pazifistischen Standpunkt ein. Während des Amerikanischen Bürgerkriegs verteilte er Lebensmittel und Kleidung an Soldaten der Union. 1867 befand er sich erneut in Europa und dem Nahen Osten, wo er Großbritannien, Frankreich, Griechenland, Syrien und Palästina besuchte und mit seiner Ehefrau half, eine Mis-sion in Mount Lebanon und eine Mädchenschu-le in Ramallah zu gründen. 1876 und 1882 be-suchte er erneut Palästina, um sich um dieses Projekt zu kümmern. Zu Hause in den USA för-derte er die Wiedereröffnung des Oak Grove Se-minary, dessen Präsident er in den ersten Jahren nach Gründung war. Als Mitglied des China Monthly Meetings der Quäker war er auch in-nerhalb des New England Yearly Meeting aktiv und setzte er sich für die Abstinenzbewegung ein, für Friedensangelegenheiten und Erzie-hungsfragen. Im 83. Lebensjahr verstarb Eli Jo-nes 1890 in South China (Maine) an einer Lun-genentzündung.

Werke: Curiosa. (Cornwall), um 1852.

Lit. (Auswahl): Miller, Ellen Clare: Eastern sketches. Notes of scenery, schools, and tent life in Syria and Palestine. Edinburgh 1871; — P., E. C.: The late Eli Jones. Born third month 12th, 1807. Died second month, 1890. In: The Fri-end. A religious, literary, and miscellaneous journal, XXX, 354, 1890, 97-98; — Death of Eli Jones. In: Christian Wor-ker, XX, 7, 1890, 106; — Eli and Sybil Jones. In: Robinson, William (Hrsg.): Friends of a half century. Fifty memorials with portraits of members of the Society of Friends. 1840-90. London 1891, 226-234; — Jones, Eli. In: The national cyclopaedia of American biography. Being the history of the United States, as illustrated, in the lives of the founders, builders and defenders of the republic, and of the men and women who are doing the work and moulding the thought of the present time, II. New York 1898, 480; — Jones, Mary Hoxie: Eli and Sybil Jones. In: Philadelphia Yearly Meeting of Friends (orthodox). Book Committee (Hrsg.): Quaker Biographies. Series II. Brief biographical sketches concer-ning certain members of the Religious Society of Friends, III. Philadelphia (1926), 27-59; — Kellett, John F.: Whittier and Eli and Sybil Jones. O.O., um 1960; — Long, Hayley: The world of Eli Jones. London, um 2001.

Claus Bernet

JONES, Sybil, * 28.2. 1808 in Brunswick (Maine), † 4.12. 1873 in China (Maine). Predi-gerin, Quäkerin. — Sybil Jones wurde 1808 in Brunswick (Maine) geboren. Sie war die Toch-ter von Ephraim und Susanne (geb. Dudley) Jo-nes. Bald nach ihrer Geburt zog die Familie nach Augusta (Maine). Von 1824 bis 1825 be-suchte sie die Friends School in Providence (Rhode Islands), und schon ab 1825 unterrichte-te sie selbst bis zum Jahre 1833, in dem sie Eli Jones (1807-1890) heiratete. Mit ihm hatte sie die Kinder Sybil Narcissa (1839-1903), Richard Mott (1843-1917), Susan Tabor (1847-1913) und Eli Grellet (1850-1933). — Unter den Quäkern wurde Sybil Jones zu einer angesehe-nen und einflußreichen Predigerin (Minister). In ihrer Jugend allerdings lehnte sie das modisch wenig attraktive Quäkergewand ab und hielt auch von der Einfachheit des Quäkerlebens recht wenig. Das zeigte sich auch in ihrem spä-teren Leben, wo, statt Einfachheit und Beschei-denheit vorzuleben, teuere Weltreisen unter dem Vorwand des Predigtdienstes unternommen wurden. 1840 besuchte sie gemeinsam mit ihrem Mann Nova Scotia und New Brunswick sowie 1845/46 alle Jahresversammlungen der Quäker in den USA. 1850/51 unternahm sie eine Reise nach Liberia (Afrika) und war Gast des Staatspräsidenten. 1852 reiste sie nach Europa, erkrankte in Irland schwer und konnte ihre Besuche in Norwegen, Dänemark, Deutschland, der Schweiz und Frankreich erst nach neun Monaten beginnen. 1853 haben sich Sybil und Eli Jones in Pyrmont bei den deutschen Quäkern aufgehalten. 1860 war die Predigerin in Indiana, wo sich gerade eine Erweckungsbewegung auf dem Höhepunkt befand. Während des Amerikanischen Bürgerkriegs predigte sie vor nahezu 30.000 Soldaten in Washington und Philadelphia, vor allem zu Verwundeten in den Krankenhäusern. Ihr Einfluß reichte inzwischen bis zum amerikanischen Präsidenten, sie war mit der Familie Lincoln und Johnson befreundet. 1867 befand sie sich erneut in Europa und dem Nahen Osten, wo sie Großbritannien, Frankreich, Griechenland, Syrien und Palästina besuchte und mit ihrem Ehemann half, eine Mission in Mount Lebanon und eine Mädchenschule in Ramallah zu gründen. Sybil Jones gelang es auch, sich Zutritt zum Harem zu verschaffen, wo sie mehrmals vor Frauen predigte, die zuvor noch nie eine Christin, geschweige denn eine Quäkerin, gesehen hatten. — In ihrer Heimat war Sybil Jones Mitglied des China Monthly Meeting. Viele Jahre war sie formal Treuhänderin des Oak Grove Seminary (später Bailey Institute), nahm an den Sitzungen jedoch selten teil. Nach vierzig Jahren des predigenden Umherreisens verstarb Sybil Jones in ihrem 65. Lebensjahr 1873 in China (Maine).

Lit. (Auswahl): Miller, Ellen Clare: Eastern sketches. Notes of scenery, schools, and tent life in Syria and Palestine. Edinburgh 1871; — Sibyl Jones. In: Friends' Review. A religious, literary and miscellaneous journal, XXVII, 18, 1873, 279-280; — Sibyl Jones. In: Friends' Review. A religious, literary and miscellaneous journal, XXVII, 22, 1874, 348-349; — Sketch of the life of Sybil Jones. In: Christian Worker (Chicago), IV, 4, 1874, 10, 49-52; — Sybil Jones. Born 1808. Died 1873. Aged sixty-five years. In: Beck, W.; Wells, W. F.; Chalkley, H. G.: Biographical Catalogue. Being an account of the lives of Friends and others whose portraits are in the London Friends' institute. Also descriptive notices of Friends' schools and institutions of which the gallery contains illustrations. London 1888, 389-393; — Jones, Rufus: Eli and Sybil Jones. Their life and work. Philadelphia (1889); — Eli and Sybil Jones. In: Robinson, William (Hrsg.): Friends of a half century. Fifty memorials with portraits of members of the Society of Friends. 1840-90. London 1891, 226-234; — Kingsbury, Henry D.; Jones, Rufus M.: The Society of Friends in Kennebec County, Maine. New York 1892; Jones, Sybil. In: The national cyclopaedia of American biography. Being the history of the United Sta-

tes, as illustrated, in the lives of the founders, builders and defenders of the republic, and of the men and women who are doing the work and moulding the thought of the present time, II. New York 1892, 480-481; — Beedy, Helen Coffin: Mothers of Maine. Portland 1895; — Budge, Frances Anne: Sketches of the lives of Sybil Jones and Rebecca Collins. London 1900; — Whittier, John Greenleaf: To Eli and Sybil Jones. A poem. (Geneva) (1914); — Jones, Mary Hoxie: Eli and Sybil Jones. In: Philadelphia Yearly Meeting of Friends (orthodox). Book Committee (Hrsg.): Quaker Biographies. Series II. Brief biographical sketches concerning certain members of the Religious Society of Friends, III. Philadelphia (1926), 27-59; — Kellett, John F.: Whittier and Eli and Sybil Jones. O.O., um 1960; — Frost, William J.: Jones, Sybil (28 Feb. 1804-4 Dec. 1873). In: American National Biography, XII, 1999, 248-249.

Claus Bernet

JÜCHEN, Aurel von, evangelischer Theologe und Schriftsteller, * 20. Mai 1902 in Gelsenkirchen, † 11. Januar 1991 in Berlin. — J.'s Eltern waren politisch liberal ausgerichtet, religiös eher desinteressiert, dafür aber stark im Kulturbereich engagiert. Sein Vater Aurel sen. war Besitzer einer privaten Handelsschule und Hobby-Schriftsteller. Er publizierte mehrere Bücher und Broschüren und wird deswegen in manchen Darstellungen mit seinem Sohn verwechselt. J.'s Mutter Auguste führte eine Kette von Schokoladengeschäften. Sie starb früh, als Aurel gerade neun Jahre alt war. Das Kinderfräulein wurde seine Ersatzmutter. J.'s jüngerer Bruder Karl Heinz kam 1919 15-jährig als unbeteiligter Passant bei einem Schußwechsel zwischen Spartakisten und der Polizei ums Leben. Die wohlhabende Familie büßte durch Weltkrieg und Inflation fast ihr gesamtes Vermögen ein. J. ging in Gelsenkirchen zum Gymnasium und absolvierte 1922 das Abitur, im selben Jahr begann er in Münster mit dem Studium der Germanistik und der evangelischen Theologie, um sich dann nach dem 2. Semester endgültig für die Theologie zu entscheiden. Das Studium setzte er anschließend in Tübingen und Jena fort. Er mußte es mehrfach unterbrechen, denn die Inflation 1923 hatte das zum Studium bestimmte Geld entwertet und der väterliche Wechsel blieb aus. So mußte J. sein Studium als Werkstudent selbst finanzieren. Er arbeitete ca. ein Jahr bei einer Baufirma als Hilfsarbeiter, im Bergwerk und in einer Gelsenkirchener Gießerei. Diese Zeit wurde für ihn entscheidend, da er in den Betrieben geschulte und klassenbewußte Arbeiter kennen lernte, die mit dem Theologiestudenten auch politisch diskutierten. Diese Debatten waren für J. der erste Anlaß, zu marxistischen Schriften zu greifen, um den Kollegen in der Arbeitspause besser Paroli bieten zu können. Stattdessen faszinierte ihn das marxistische Denken und er entwickelte sich immer stärker in diese Richtung. An der Universität schloß er sich später der sozialistischen Studentengruppe an. Am 16.2. 1924 heiratete er in Münster die Säuglingsschwester Irmgard Thomälen, Tochter des Oberingenieurs Heinrich Th. und seiner Frau Marie-Luise und im selben Jahr wurde die Tochter Edith geboren. Zu dieser Zeit waren Studentenehen ausgesprochen selten und bei den Theologen fast singulär. Erst ein Stipendium der thüringischen Landeskirche beendete die materiellen Sorgen und schuf die Perspektive, in dieser Landeskirche mit einer Pfarrstelle rechnen zu können. 1926 absolvierte J. in Jena das 1. theologische Examen und ging danach als Lehrvikar nach Meuselwitz. Zum Vikariat gehörte auch der Besuch des Predigerseminars in Eisenach. Hier begegnete er Karl Kleinschmidt, mit dem er die nächsten Jahrzehnte eng befreundet blieb. Beide wurden im Predigerseminar unter dem Einfluß des Eisenacher Pfarrers Emil Fuchs Mitglied des Bundes der religiösen Sozialisten Deutschlands (BRSD). Nach dem 2. theologischen Examen, das er im Dezember 1929 absolvierte, wurde J. Pfarrer der kleinen Gemeinde Möhrenbach bei Arnstadt. Diese Gemeinde war eine Hochburg der religiösen Sozialisten, sie besaßen in der Kirchengemeindevertretung eine Mehrheit und der Vorgänger J.'s Arthur Rackwitz, hatte sich großes Ansehen erworben. J. hatte sich 1928 auch der SPD angeschlossen und da er ein guter Redner war, sprach er für SPD und BRSD in vielen öffentlichen Veranstaltungen. J. hat in den Jahren von 1930 bis 1933 Hunderte derartiger Veranstaltungen durchgeführt, in Thüringen und in Oberfranken wie auch im gesamten Reich. Dieser Einsatz in den Bundes-Veranstaltungen brachte J. in kurzer Zeit in den thüringischen BRSD-Landesvorstand und damit auch in die Arbeit der Reichsorganisation. Hier wurde er zum Senkrechtstarter des Jahres 1930. Der BRSD führte in unregelmäßigen Abständen (ca. alle 2-4 Jahre) Reichskonferenzen durch, auf denen sich Delegierte aus allen Landesverbänden trafen und auf denen die Gremien neu ge-

wählt wurden und die jeweilige politische und kirchenpolitische Positionierung erfolgte. Beim 5. Reichskongreß im August 1930 waren der aufkommende Nationalsozialismus und die Lehren aus dem Sieg des italienischen Faschismus Hauptthema. Hierzu sollte vor allem Emil Fuchs referieren, der zu Kongreßbeginn erkrankte. An seiner Stelle hielt J. das Hauptreferat »Der Faschismus - eine Gefahr für das Christentum«. Diese Analyse wurde zur Grundlage der anti-faschistischen Arbeit des BRSD und die Rede wurde in hoher Auflage als Flugschrift verbreitet. In der kirchlichen Öffentlichkeit wurde der Name J. erstmalig außerhalb Thüringens bekannt, da das Presseecho ungewöhnlich gut war. Im selben Jahr 1930 entwickelte sich in Thüringen ein massiver Konflikt zwischen der Landeskirche und dem BRSD. Anlaß war das Engagement einiger BRSD-Pfarrer im Wahlkampf auf Seiten der Sozialdemokratie. Während die massenhafte Aktivität vieler ihrer Pfarrer für rechtsgerichtete und faschistische Gruppen und Parteien die Landeskirche nicht zum Handeln motiviert hatte, war dies bei einem Engagement für die SPD anders. Hier wurde »Neutralität« gefordert. Am 20. August 1930 untersagte die Thüringer ev. Kirche ihren Pfarrern durch einen Erlaß »Parteitätigkeit« in der Öffentlichkeit. Die religiös-sozialistischen Pfarrer Fuchs, Kleinschmidt, Kohlstock und J. kündigten daraufhin an, daß sie weiterhin öffentlich in Veranstaltungen der SPD und der Gewerkschaften auftreten würden. Gegen alle vier wurde danach das förmliche Disziplinarverfahren eingeleitet. Sie wurden vom SPD-«Kronjuristen« Gustav Radbruch vertreten und parallel gab es einen reichsweiten Proteststurm. Im Ergebnis wurde J. nur gerügt. Es folgten bis 1933 noch drei weitere Disziplinarverfahren, wobei das Disziplinarverfahren über die sog. Frickschen Schulgebete reichsweit bekannt wurde. Der NSDAP-Innenminister Frick veröffentlichte eine Sammlung von Gebeten, die in den Schulen verwandt werden sollten und die sich aus der heutigen Perspektive in ihrem Antisemitismus und Nationalismus wie die Vorboten der späteren thüringischen Deutschen Christen nationalkirchlicher Provenienz lesen. In ihnen wurde massiv zum Rassenhaß und zum Militarismus aufgefordert. Dies rief den BRSD auf den Plan und J. kritisierte in der sozialdemokratischen Presse die Gebete sowie das Schweigen und die Untätigkeit der Landeskirche. Während dieses Verfahren ohne Auswirkungen für ihn blieb, kulminierte im Herbst die Situation. Am 6. Oktober 1932 bestrafte ihn das Dienstgericht der thüringischen Kirche nach einem weiteren Disziplinarverfahren mit Amtsenthebung. Rechtskräftig wurde es einige Monate später. In dieser gesamten Zeit blieb J. ohne kirchlichen Arbeitsauftrag und engagierte sich mit voller Kraft für SPD und BRSD. Er wurde 1932 Mitglied des 7-köpfigen Reichsvorstandes des BRSD und war engagiert beim Aufbau der Organisation im Ruhrgebiet und in der Arbeit unter den Arbeitslosen in Thüringen. Als Referent, vor allem in antifaschistischen Veranstaltungen, war er ständig unterwegs. Bei den Wahlen zum letzen frei gewählten Thüringer Landeskirchentag wurde er als BRSD-Vertreter gewählt und nahm am 16. und 17.2. 1933 an dessen Tagung teil. Freunde aus dem BRSD und dem liberalen Protestantismus hatten ihm die Rückkehr in den Thüringer Kirchendienst praktisch schon geebnet, als die Machtübernahme der NSDAP im Reich und die der DC in der Landeskirche dies praktisch unmöglich machte. J. befand sich dadurch mit einer kleinen Pension und mittlerweile zwei Kindern in großen finanziellen Schwierigkeiten. Er bewarb sich auf Dutzende freier Pfarrstellen im In- und Ausland. Bereits beabsichtigte Einstellungen scheiterten spätestens an der »nationalen Unzuverlässigkeit.« 1935 half ihm der Freund und ehemalige BRSD-Vorsitzende von Thüringen, Karl Kleinschmidt, aus der verfahrenen Situation heraus. Kleinschmidt hatte es mittlerweile zum Mecklenburgischen Pfarrer und Intimus des DC-Landesbischofs Walter Schulz gebracht. Dieser ebnete J., der seine Vergangenheit nicht verleugnete, den Weg ins mecklenburgische Pfarramt. Aber das hatte seinen Preis. Wir finden ab 1935 »Pastor v. Jüchen, Gehren« aufgeführt in den jeweiligen Verzeichnissen der »Mitglieder des Bundes der national-sozialistischen Pastoren Mecklenburgs«, in dem sich die Parteigänger des Landesbischofs zusammengeschlossen haben. Dieser Bund der NS-Pastoren war praktisch die kirchliche Hilfstruppe des »braunen« Bischofs. In den Reihen des Bischofs und seines NS-Pastorenbundes blieb J. bis zum Winter 1937/38. Dann hatte sich die kirchenpolitische Lage in

Mecklenburg derart zugespitzt, daß er in einer definitiven Entscheidungssituation war. Er konnte dem Bischof nicht weiterhin folgen und weigerte sich, den Übergang auf die »harte Linie« der Thüringischen DC mitzuvollziehen. Er trennte sich von Bischof und NS-Pastoren und fand Anschluß an die Bekennende Kirche (BK). Hier exponierte sich J. zusammen mit seinem Weggefährten Karl Kleinschmidt. Der Mecklenburger Landesbischof hielt in einer nicht öffentlichen DC-Versammlung am 28.5.1938 im Berliner Sportpalast eine Rede, die diametral dem christlichen Bekenntnis entgegengesetzt war. Karl Kleinschmidt hatte sich Einlaß verschafft und die Rede mitstenographiert. J. und Kleinschmidt publizierten diese Rede als Privatdruck, verbreiteten sie durch die BK an alle Mecklenburger Pfarrer und auch darüber hinaus und forderten den Rücktritt des Bischofs. Hierzu erhielten beide viele positive Rückmeldungen. Ebenfalls im Jahr 1938 spielte sich ein weiterer Konflikt ab. Mittlerweile war J. Pfarrer in Rossow bei Netzeband (heute Ev. Kirche Berlin-Brandenburg-schlesische Oberlausitz), einem kleinen Bauerndorf, in dem allerdings ein Berliner jüdischer Kaufmann ein Wochenendhaus besaß. Im Kontext der Reichspogromnacht vom 9./10. November 1938 zündete die SA in Rossow dieses Haus an. Daraufhin ließ J. die Feuerglocke läuten, alarmierte die Feuerwehr, die nicht kam, und begann selbst mit den Löscharbeiten. Die mobilisierte evangelische Frauenhilfe schützte ihn vor der SA. Dies brachte ihm ein weiteres Disziplinarverfahren und staatliche Verfolgung ein. Die Mehrheit der Einwohner unterstützte ihn in diesen Verfahren, so daß er im Ergebnis glimpflich davon kam. Wie stark gerade die Solidarität mit »rassisch Ausgegrenzten« die Wut der Machthaber bestimmt, macht der folgende Auszug aus der Begründung des kirchlichen Disziplinarverfahrens deutlich: »Nicht unerwähnt kann ferner bleiben, daß Sie zu der Behandlung der Judenfrage im Rahmen der kirchlichen Verwaltung eine Haltung einnehmen, die eines deutschen Geistlichen unwürdig ist. ... Auf Grund der § 2, 16,18 des vorgenannten Kirchengesetzes wird hiermit das Disziplinarverfahren ... gegen Sie angeordnet.« (Brief Oberkirchenrat Schwerin an J. v. 24.3. 1939). Im Februar 1939 veröffentlichte das »Kirchliche Amtsblatt für Mecklenburg« in der

Nr. 1/1939 v. 21.2. 1939 die neue Rechtslage für Juden in der Ev. Kirche, in dem es u.a. .hieß: §1 Juden können nicht Angehörige der ev.-luth. Kirche Mecklenburgs werden. §2 Zu Amtshandlungen für Juden, die vor dem Inkrafttreten dieses Kirchengesetzes Angehörige der ev.-luth. Kirche Mecklenburgs geworden sind, ist kein Geistlicher der ev.-luth. Kirche Mecklenburgs verpflichtet. Kirchliche Räume und Einrichtungen dürfen zu Amtshandlungen für solche Juden nicht benutzt werden. Amtshandlungen für sonstige Juden sind unzulässig.« Das war klare Häresie und ein Bruch mit dem Auftrag der christlichen Gemeinde. J. und Kleinschmidt starteten eine Initiative mit dem Ziel, den Bischof als Irrlehrer des Amtes zu entsetzen. Der Beginn des 2. Weltkrieges am 1.9. 1939 verhinderte die endgültige Austragung dieses Konfliktes, da sich in der Kirche die Reihen schlossen. J. geriet in das Fadenkreuz der Gestapo und in akute Gefahr verhaftet zu werden. Als 1940 seine Lage unhaltbar geworden war, rettete ihn der befreundete Landrat des Kreises vor der drohenden Verhaftung, indem er ihn zur Wehrmacht einberufen ließ. J. diente als Flaksoldat der Luftwaffe und war bis kurz vor Kriegsende Soldat im Westen. Sein höchster Dienstgrad war Gefreiter, alle Versuche ihn zu Offizierslehrgängen zu schicken, lehnte er ab. Als im April 1945 seine Einheit bei Magdeburg lag, desertierte er von der Truppe, schlug sich in seine Gemeinde Rossow durch und tauchte bis zum Einmarsch der Roten Armee unter. Kurz nach dem Ende der Nazi-Diktatur gründete er in Rossow die SPD und beteiligte sich an der Reorganisation des öffentlichen Lebens und der kirchlichen Strukturen. J. engagierte sich bei der Bodenreform in der SBZ und initiierte einen Aufruf »Pfarrer für die Bodenreform.« Gleichzeitig wandte er sich gegen russische Übergriffe. Anfang 1946 wurde er wegen Protestes gegen gesetzwidrige Enteignungen kurzfristig durch die russische Kommandantur inhaftiert. 1946 berief ihn der neue mecklenburgische Bischof Beste als Prediger an die Schweriner Schelf-Kirche St. Nicolai. J. wurde 1946 durch die Vereinigung von SPD und KPD Mitglied der SED, in der er sich anfangs stark engagierte. Seine Hauptarbeit leistete er aber in der FDJ und im Kulturbund, in deren Gremien in Schwerin und Mecklenburg er von 1946 bis 1949 vielfältig aktiv und exponiert

war. In Mecklenburg organisierte er außerdem die religiös-sozialistisch ausgerichtete »Arbeitsgemeinschaft sozialistischer Theologen«, deren erstes Rundschreiben er im April 1946 verschickte und deren SBZ-weiten Ausbau er vorantrieb. Vom 9.-11. November 1946 tagte in Berlin unter seiner Leitung ein »Generalkonvent sozialistischer Theologen der Ostzone.« In Schwerin wurde er Vorsitzender der einige tausend Mitglieder umfassenden Wirkungsgruppe des Kulturbundes. In Schwerin organisierte er mit großem Erfolg Jugendforen und wurde Mitglied des Mecklenburger Landesvorstandes. Er publizierte im »Aufbau« und wurde Mitherausgeber dieser Zeitschrift des Kulturbundes. Außerdem war er kirchlicher Vertreter in der »Verbindungsstelle Kirche-FDJ.« So war er in Personalunion Funktionsträger von Evangelischer Kirche und FDJ und Mitglied ihrer jeweiligen Landes- und Schweriner Stadtgremien. Die Jugendarbeit des Schweriner Kulturbundes (KB), das »Jugendforum«, machte bald Furore und wurde im KB richtungsweisend für viele örtliche Nachahmer. In der Zeitspanne 1946 bis 1948 trat J. auf hunderten von Veranstaltungen von SED, FDJ und Kulturbund auf. Aber diese Phase sollte 1948/49 schnell und vollständig enden, da sich der 1945 angekündigte »eigenständige deutsche Weg zum Sozialismus« als Einbahnstraße erwies, die direkt in die Sackgasse der »Partei neuen Typs« führte und sich endgültig als alter Typ stalinistischer Despotie entpuppte. In der ersten Runde verlor J. 1949 alle Funktionen im Kulturbund. Die in der FDJ hatte er schon seit 1948 nicht mehr. Im Dezember 1949 erfolgte sein Ausschluß aus der SED, »weil er die Bildung einer besonderen kirchlichen Jugendorganisation förderte, gegen die Einheit der Jugendbewegung arbeitete und durch sein Auftreten die Nationale Front des demokratischen Deutschlands schwächte« (Entschließung der SED-Landesdelegiertenkonferenz v. 9.-11.12. 1949, in: Landeszeitung, Schwerin, v. 13.12. 1949). Nach seinem Ausschluß versuchte ihn der sowjetische Geheimdienst als Agenten zu werben, mit dem Auftrag, die Landeskirche zu bespitzeln. Als er sich weigerte, wurde er am 23.3. 1950 er in Schwerin von sowjetischen Organen des NKWD verhaftet und als Untersuchungshäftling in dem Gefängnis des sowjetischen Geheimdienstes am

Schweriner Demmlerplatz inhaftiert. Das Sowjetische Militärtribunal (SMT) warf ihm Spionage und Bildung oppositioneller Gruppen vor. Auch seine Frau wurde verhaftet und einige Monate inhaftiert. Sie wurde krank und traumatisiert entlassen. Von den Haftfolgen erholte sie sich nicht mehr. J. wurde von der berüchtigten NKWD-Troika per Fernurteil zu 15 Jahren Arbeitslager verurteilt und nach Workuta verschleppt. Dort arbeitete J. im Straßen- und Eisenbahnbau und im Bergbau. J. erkrankte im Lager schwer und erlitt an den Stimmbändern irreparable Schäden. Im Oktober 1955 wurde er mit einem der ersten Transporte nach Deutschland rückgeführt. Nach kurzem Aufenthalt im Lager Friedland reiste er weiter zu Freunden in West-Berlin. In Berlin angekommen, stellte sich für J. die Frage nach der Zukunft. Als Prediger einer Ortsgemeinde war er wegen seiner leisen Stimme nicht mehr zu verwenden. Der Berliner Bischof Otto Dibelius übernahm ihn aus dem mecklenburgischen in der Berliner Pfarrdienst und berief ihn als Strafanstaltspfarrer nach Berlin-Plötzensee und an das Berliner Frauengefängnis. Hier wirkte er bis 1972 und betreute u.a. die dort einsitzende erste Generation der »Rote-Armee-Fraktion«, die er durch den Rekurs auf die marxistische Anarchismuskritik von ihrem »Irrweg des individuellen Terrors« abbringen wollte. Nicht mehr sprachgewaltig, wurde er ein Gewaltiger der Feder und knüpfte an seine frühere schriftstellerische Arbeit an. Er schrieb christliche Puppenspiele, für die er 1963 den »Gebrüder-Grimm-Preis« erhielt und verfaßte praktisch jedes Jahr ein neues theologisches Buch. Seine Bibliographie weist über 60 selbständige Publikationen auf, vom Gedichtband für Kinder bis zur wissenschaftlichen Bibel-Exegese. Vor allem seine Weihnachtbücher, besonders die für Kinder, erreichten sehr hohe Auflagen und wurden in mehrere Sprachen übersetzt. In Berlin war J. in Kreisen kritischer Christen aktiv, u.a. zusammen mit Helmut Gollwitzer und Kurt Scharf. 1977 traf er beim Berliner Kirchentag auf den Stand des wiederbelebten BRSD und trat ihm bei. In der Berliner Regionalgruppe des BRSD nahm er von 1985 bis 1990 eine führende Rolle ein. Seine 1. Frau Irmgard, die 1955 von Schwerin nach West-Berlin

übergesiedelt war, starb 1968. J. heiratete 1969 zum zweiten Mal. Gerda v. J. starb 2001.

Nachlaß: Es gibt drei Teilnachlässe, die in der Summe weitgehend komplett sind. Der größte Bestand befindet sich im Evangelischen Zentralarchiv Berlin mit der Signatur: Bestand 743 Nachlaß Aurel von Jüchen. Er umfaßt ca. 240 Mappen und einige Kartons. Er ist 2001 ausgewertet worden von Ulrich Peter, Berlin (vgl. Ulrich Peter: Aurel von Jüchen 1902-1991. Ein Pfarrerleben im Jahrhundert der Diktaturen, Schwerin 2006). Dieser Teilnachlaß umfaßt eine Vielzahl von Materialien, Korrespondenzen und Schriften vor allem aus der Zeit nach 1956 und einen kleinen Teil Familienunterlagen seit dem 17. Jahrhundert. Ein zweiter Teilnachlaß befindet sich im Landeskirchenarchiv Schwerin. Er ist dort verzeichnet als Bestand: Nachlaß Aurel von Jüchen, (Hinterlassenschaft des Pfarrers Aurel von Jüchen, abgeliefert an das Archiv am 7. 7. 1959 vom Gemeindepfarrer der Schelfkirche). Dieser Bestand ist unmittelbar nach Jüchens Verhaftung 1950 von einem Pfarrkollegen aus Jüchens Wohnung gerettet, versteckt und 1959, als es nicht möglich schien, Jüchens Unterlagen wieder an den Besitzer zurückzugeben, an das Schweriner Kirchenarchiv übergeben worden. Der Bestand ergänzt den Berliner Bestand. Er umfaßt ausschließlich Dokumente und Korrespondenzen aus dem Zeitraum 1926 bis 1945 und den Landeskirchen Thüringen und Mecklenburg, darunter wichtiges Material auch zum Kirchenkampf. Er ist 1999 ausgewertet worden von Ulrich Peter, Berlin (vgl. Ulrich Peter: Aurel von Jüchen 1902-1991, in: Herbergen der Christenheit. Jahrbuch für deutsche Kirchengeschichte, Band 26, Leipzig 2003). Der dritte Teilnachlaß befindet sich noch in Privatbesitz, wird aber wahrscheinlich in absehbarer Zeit vom Landeskirchlichen Archiv in Berlin übernommen. Er umfaßt autobiographische Schriften, unveröffentlichte Texte und Buchmanuskripte sowie Tonbandinterviews. Außerdem viele Primär- und Sekundärmaterialien zu J. s Biographie, Korrespondenzen, Fotos und eine weitgehend komplette Sammlung seiner Publikationen. Zu nennen sind auch seine Personalakten. Ein Teil befindet sich im Landeskirchliches Archiv Berlin-Brandenburg in Berlin mit den Signaturen Personalakten Aurel von Jüchen, 15/3254; 15/3255; hierzu: 1 Beiheft; 15/3257; 15/3258; 15/3259; 15/3260; 15/Akte o. Sign. Jüchen Diszip.-Verf. Adh. Bd. III und 15/3261. Der größte Teil der Personakten für J.'s Thüringer Periode befindet sich im Landeskirchlichen Archiv Eisenach mit den Signaturen Personalakten Aurel von Jüchen: Bd. I und Bd. II, Nr. G 494 und Beiakten zu Nr. G 494.

Werke: Kirche als Friedensmacht?, in: Das Volk (Jena) v. 9.7.1929; Vom Handeln der Kirche. Auseinandersetzung eines religiösen Sozialisten mit Gogartens Schrift: ‚Von der Schuld der Kirche gegen die Welt', in: ChW, Nr.10/1929; Abwehr. Zu Georg Sinns ‚Wort an die Religiösen Sozialisten', in: ChW, Nr.21/1929; Der Faschismus, eine Gefahr für das Christentum. In: Zeitschrift für Religion und Sozialismus (ZRS). Jg. 1930; Faschismus und Christentum, in: Sonntagsblatt des arbeitenden Volkes, (SDAV) Nr.49/1930; Politisierung des Gottesbegriffes oder Wo bleibt die Thüringer Evangelische Kirche?; in: SDAV Jg. 1930, Nr. 26 v. 29.6.1930; Die Thüringer Kirche läßt sich kompromittieren, in: Das Volk (Jena) Jg. 1930, Nr.133; Die Thüringer Kirche läßt sich kompromittieren, in: SDAV , Nr. 34 v. 24.8. 1930; »Aufruf des Thüringischen Landesverbandes«, in: SDAV, Nr. 49 v. 7. 12.1930; Faschismus und Christentum!; , in: SDAV, Nr. 49 v. 7. 12.1930; Grundsätzliche Fragen an die Kirche, in: Das Volk (Jena), Nr.167 v. 21.Juli 1930; Autorität und Freiheit. Zu Gogartens: ‚Wider die Ächtung der Autorität'; in: ZRS Heft 1/1931; Die Gefangenschaft der Kirche. Ein Wort zum Disziplinarverfahren des Thüringer Landeskirchenrates, in: ZRS, Heft 1/1931; Kirche und Sozialismus; in: ZRS Heft 2/1931; Demokratie und Diktatur als deutsche Gegenwartsfrage, in: ZRS Heft 5/1931; Der Faschismus nackt, in: ZRS, Heft 5/1931; Der Mörder Faschismus, in: SDAV, Nr. 15 v. 12. 4.1931; Mörder Faschismus, in: SDAV, Nr. 23 v. 7. 6.1931; Wenn Luther die materialistische Geschichtsauffassung gekannt hätte, in: SDAV, Nr. 46 v. 15. 11.1931; Selig sind, die da hungert und dürstet nach der Gerechtigkeit, in: SDAV, Nr.46 v. 15.11.1931; Ihr seid das Salz der Erde - Ihr seid das Licht der Welt! Predigt des Genossen Pfarrer A. v. Jüchen in Eisenach bei der Kundgebung der Religiösen Sozialisten, in: SDAV, Nr. 17 v. 26. 4.1931; Kapitalismus und Recht, in: SDAV, Nr.34 v. 23. 8. 1931; Unser Kampf in Thüringen. Unser Kampf ist unser Sieg; in: SDAV Nr. 38 v. 18.9.1932; Ohne Gott - Das ist kein Leben, Evangelischer Preßverband für Deutschland, (Heft 1 der Schriftenreihe Über den Zaun), Berlin-Steglitz 1937; Vor der Tür des Paradieses. Ein Adventsspiel von Aurel von Jüchen, München 1938; Der undankbare Bauer : ein Erntedankfestspiel, München 1939; Des Sonntags zwischen Neun und Zehn«, Evangelischer Preßverband für Deutschland, (Heft 2 der Schriftenreihe Über den Zaun), Berlin-Steglitz 1939; Was uns am Christentum ärgert, Evangelischer Preßverband für Deutschland, (Heft 3 der Schriftenreihe Über den Zaun), Berlin-Steglitz 1939; Von der Erkenntnis Gottes, Evangelischer Preßverband für Deutschland, (Heft 4 der Schriftenreihe Über den Zaun), Berlin-Steglitz 1939; Wozu noch Kirche?, Evangelischer Preßverband für Deutschland, (Heft 5 der Schriftenreihe Über den Zaun), Berlin-Steglitz 1939; Und das Alte Testament ...?; Evangelischer Preßverband für Deutschland, (Heft 6 der Schriftenreihe Über den Zaun), Berlin-Steglitz 1939; Wir lassen taufen, Evangelischer Preßverband für Deutschland, (Heft 7 der Schriftenreihe Über den Zaun), Berlin-Steglitz 1939; Gott befohlen, Evangelischer Preßverband für Deutschland, (Heft 8 der Schriftenreihe Über den Zaun). Berlin-Steglitz 1939; Letzte Reise, Evangelischer Preßverband für Deutschland, (Heft 9 der Schriftenreihe Über den Zaun), Berlin-Steglitz 1940; Das Wort vom Anfang, Verlag Berlin-Spandau 1940; Ratgeber für das christliche Gemeindespiel, Verlag München 1940; Die frohe Botschaft. Ein Krippenspiel von Aurel von Jüchen, (Christliche Gemeindespiele Nr.71), München 1940; Erschienen ist der herrlich Tag. Ein Osterspiel von Aurel von Jüchen, (Christliche Gemeindespiele Nr.74), München 1940; Als der Tag der Pfingsten erfüllet war. Ein Pfingstspiel von Aurel von Jüchen um die Gestalt des Nikodemus, (Christliche Gemeindespiele Nr.75), München 1940; Heute ward ich ein Christ. Weihnachtliche Geschichten, Berlin 1940; Jesus und Pilatus. Eine Untersuchung über das Verhältnis von Gottesreich und Weltreich im Anschluß an Johannes 18, V. 28-29, (Reihe Theologische Existenz heute, Heft 76), München 1941; Pfarrer begrüßen die Bodenreform, in: KPD (Hrsg.): Bo-

denreform. Junkerland in Bauernhand, Berlin 1945; Die frohe Botschaft. Ein Krippenspiel von Aurel von Jüchen, (Neuauflage der 1939/40 im Chr. Kaiser-Verlag München erschienenen Ausgabe v. Christliche Gemeindespiele Nr.71).Altenhundem/Westfalen 1945; Der Christ und die Gemeindewahlen, in: Demokratische Erneuerung. Mitteilungsblatt für die Mitglieder und Freunde des Kulturbundes, Mecklenburg-Vorpommern, Schwerin, Jg. 1, Nr. 6/1946; »Das heimliche Gespräch«, in: Mecklenburgische Kirchenzeitung (MKZ) Nr. 19/20 (Fortsetzungen in Nr. 21/22, und Nr. 25/26), Schwerin 1946; Das Pfingstlied, in: MKZ Nr. 8-1946; Die Sorge. Ein Gespräch über den Zaun, in: MKZ, Nr.5/6-1946; Über die Menschlichkeit, in: MKZ, Nr. 5/6-1946; Warum man seine Kirche lieben muß, in: MKZ, Nr. 8 v. 9. 6. 1946; Wir spielen zum Erntedankfest, in: MKZ, Nr. 17/18-1946; Zeichen und Stätten der Verkündigung: Der Hahn auf dem Turm, in: MKZ, Nr. 11/12-1946; Zeichen und Stätten der Verkündigung: Die Kirche, in: MKZ, Nr. 8-1946; Jugend diskutiert ‚die Illegalen', in: Demokratische Erneuerung, Heft 5, Schwerin 1946; Protestantismus und Selbstverantwortlichkeit, in: Aufbau. Kulturpolitische Monatsschrift, Heft 10, Berlin 1946; Lob des Vaterunsers, Gütersloh 1947; Vom rechten Bekennen. Gespräche übern Zaun neue Folge, Berlin 1947; Mut zum Leben. Gespräche übern Zaun Neue Folge, Berlin 1947; Kulissenbegriffe der Politik« (Kleine Schriftenreihe des Kulturbundes Mecklenburg-Vorpommern Heft 3), Schwerin 1947; Volk in der Kelter. Gedichte, Berlin 1947; Warum Christentum und Sozialismus einander begegnen müssen, in: Die Zeichen der Zeit. Evangelische Monatsschrift für Mitarbeiter der Kirche, Jg. 1, Nr. 6, Berlin 1947; Situation der Jugend, in: Demokratische Erneuerung, Heft 2, Schwerin 1947; Mitglieder haben das Wort, in: Demokratische Erneuerung, Nr. 3, Schwein 1947; Um die Einheit der deutschen Jugend, in: Zentralrat der Freien Deutschen Jugend (Hrsg.): II. Parlament der Freien Deutschen Jugend Meissen 23. -26. Mai 1947. Junge Abgeordnete sagen ihre Meinung, Bd. II, Berlin 1947; Rede zur Einheit der Jugend, in: Zentralrat der Freien Deutschen Jugend (Hrsg.): II. Parlament der Freien Deutschen Jugend Meissen 23. — 26. Mai 1947. Protokoll, Berlin 1947; Rede zur Jugendarbeit, in: Der erste Bundeskongreß. Protokoll der ersten Bundeskonferenz des Kulturbundes zur demokratischen Erneuerung Deutschlands am 20. und 21. Mai 1947 in Berlin, Berlin 1947; Welche Laienspiele können wir einüben?, in: MKZ, Nr. 17/18-1947; Passions- und Osterspiele, in: MKZ, Nr. 43/44- v. 25. 3. 1947; Jesus und die Kinder. Ein Bilderbuch von Ruthild Busch-Schumann mit Versen von Aurel von Jüchen, Berlin 1948; Mut zum Leben. Gespräche übern Zaun Neue Folge, Berlin 1948; Vom rechten Bekennen. Gespräche übern Zaun Neue Folge, Berlin 1948; Warum Christentum und Sozialismus einander begegnen müssen, in: Aufbau, 4. Jg., Berlin 1948; Der Zorn Gottes. Ein Beitrag zur kirchlichen Verkündigung heute, Berlin 1948; Diskussionsbeitrag zur religiösen Frage, in: Protokoll der Verhandlungen des Ersten Kulturtages der Sozialistischen Einheitspartei Deutschlands 5.-7. Mai 1948 in der Deutschen Staatsoper zu Berlin, Berlin 1948; Herrschaft der Wenigen, Schwerin 1949; Die Kinderhand, in: »und bringen ihre Gaben aus russischer Kriegsgefangenschaft«, hg. v. Helmut Gollwitzer, Josef Krahe und Karl Rauch, Stuttgart 1956; Interview mit einem Tagpfauenauge, in: Der Sonntag,

13. Jg., Nr. 41, 1957; Weihnachten; in: Kirchenbote, Berlin 1957; Was die Hunde heulen. Die sowjetische Wirklichkeit von unten betrachtet, Stuttgart 1958; Was die Hunde heulen (gekürzte Fassung), in: Aus Politik und Zeitgeschichte. Beilage zur Wochenzeitung »Das Parlament.« Nr. B XXXVI, XXXVII, XXXVIII vom 17. 9. und 1. 10. 1958; Sehet, welch ein Mensch. Ein Passional, Berlin-Dahlem 1958; Seltsame Reportagen, Witten/Ruhr 1959; Die Christenheit zwischen den Übeln, Stuttgart 1959; Gespräche über den Zaun (Neufassung), Witten 1960; Gespräche über den Zaun (Buchclubausgabe), Ev. Buchgemeinde Stuttgart 1960; Was die Hunde heulen. Die sowjetische Wirklichkeit von unten betrachtet (Buchclubausgabe), Ev. Buchgemeinde Stuttgart 1960; Die Christussäule des Bischofs Bernward von Hildesheim, Teil 1-6 (Dias mit Begleitheften), Gelnhausen/Hessen 1960; Der Beginn des Heils (Zu Evangelien-Texten der Epiphanias-Zeit), Dia-Serie für den Religionsunterricht mit Begleitheft, Gelnhausen/Hessen 1960; Der Vorläufer (zu Johannes dem Täufer), Dia-Serie für den Religionsunterricht mit Begleitheft, Gelnhausen/Hessen 1960; Die Boten (zu den Jüngern), Dia-Serie für den Religionsunterricht mit Begleitheft, Gelnhausen/Hessen 1960; Christus und die Frauen, Dia-Serie für den Religionsunterricht mit Begleitheft, Gelnhausen/Hessen 1960; Christus. Sieger über Siechtum und Tod, Dia-Serie für den Religionsunterricht mit Begleitheft, Gelnhausen/Hessen 1960; Kampf und Verklärung, Dia-Serie für den Religionsunterricht mit Begleitheft, Gelnhausen/Hessen 1960; De Werkelijkheid in Sowjet-Rusland« (niederländische Übersetzung von »Was die Hunde heulen«, Utrecht/Antwerpen 1960; Martin Schongauer: Die Anbetung der Hirten. Gemäldegalerie Berlin-Dahlem, Dias mit Begleitheft, Gelnhausen/Hessen 1961; Die Anbetung der Hirten. Der Portinari-Altar des Hugo van der Goes , Dias mit Begleitheft, Gelnhausen/Hessen 1961; Bilder zur Passionsgeschichte: 17 Bilder aus dem Codex Purpureus Rossanensis , Dias mit Begleitheft, Gelnhausen/Hessen 1961; Das Abendmahl: 7 Bilder aus dem Codex Purpureus Rossanensis , Dias mit Begleitheft, Gelnhausen/Hessen 1961; Zeichen: Die Heilung des Blindgeborenen nach Joh. IX, V. 1-7; die Auferweckung des Lazarus nach Joh. XI, V. 1-45, 6 Bilder aus dem Codex Purpureus Rossanensis, Dias mit Begleitheft, Gelnhausen/Hessen 1961; Was die Hunde heulen, Ausgabe Deutscher Bücherbund Hamburg/Stuttgart 1961; Gespräch mit Atheisten, Gütersloh 1962; Mit dem Kommunismus leben?, Witten 1963; Man sollte ruhig darüber sprechen!, in: Fritz. J. Raddatz (Hrsg.): Summa iniuria oder Durfte der Papst schweigen? Hochhuths »Stellvertreter« in der öffentlichen Kritik, Reinbek 1963; Moderne Naturwissenschaft und Atheismus, Information Nr.17 der Ev. Zentralstelle für Weltanschauungsfragen, Stuttgart 1965; Die Reise nach Bethlehem. Ein Adventskalender, Grafik von Eva-Maria Rubin, Lahr im Schwarzwald 1966; Atheismus in West und Ost, Berlin 1968; The holy night. Illustrated by Celestino Piatti. Text by Aurel von Jüchen. Translated from the German by Cornelia Schaeffer, 1st U.S.A. ed. New York,1968; Die heilige Nacht. Die Weihnachtsgeschichte erzählt von Aurel von Jüchen mit Bildern von Celestino Piatti, Zürich 1968; Besinnung hinter Gittern, Berlin 1969; Krankheit, Anfechtung und Sinn, Berlin 1969; Konfirmation und was nun? Eine Anrede an Konfirmanden und solche, die es einmal waren, Berlin 1969; Last und Segen des Al-

ters, Berlin 1969; Den heliga natten: Julevangeliet / Berättat av Aurel von Jüchen. Med bilder av Celestino Piatti. Övers.: Britt G. Hallqvist (Schwedische Übersetzung von »Die heilige Nacht«.), Stockholm 1969; Politische Diakonie. Luthers Denkansatz und Folgerungen für unsere Zeit, Stuttgart 1970; Militanter Atheismus I, in: Materialsammlung für die Männerarbeit der EKD, Beilage zu Botschaft und Dienst, II. Quartal, Gütersloh 1974; Wer mit dem Teufel frühstücken will: Nachdenkliches zu vergessenen Sprichwörtern, Neukirchen-Vluyn 1974; Last und Segen des Alters (Volksmissionarische Schriftenreihe des Schriftenmissions-Verlages Gladbeck, H. 134), Gladbeck 1974 (Neuauflage 1977); Bileams Stern: Der Stern der Weisen, Konstanz 1974; Kirchenaustritt ist keine Lösung. Anrede an alle, die mit dem Gedanken des Kirchenaustritts umgehen, Gladbeck 1974; »Kain und Abel: der heimgekehrte und der zuhause gebliebene Sohn«, mit Ill. von Horst Mielitz, Christliche Verlags-Anstalt Konstanz 1975; Brüder, Konstanz 1975; Warum Christentum und Sozialismus einander begegnen müssen, in: Walter Dirks/Klaus Schmidt/Martin Stankowski (Hrsg.): Christen für den Sozialismus, Bd. II: Dokumente, Stuttgart 1975; Gelebte Wahrheit. Stationen im Christusjahr, zus. mit Claus Heitmann, . Neukirchen1976; Militanter Atheismus II, in: Materialsammlung für die Männerarbeit der EKD, Beilage zu Botschaft und Dienst, I. Quartal, Gütersloh, 1977; Brief an Günter Ewald und die Bochumer Gruppe, in: Christ und Sozialist (CuS), Nr. 2, Bielefeld 1977; Kirche in der Verantwortung, Arbeitsgemeinschaft Berliner Christen, in: CuS, Nr. 3, Bielefeld 1977; Militanter Atheismus III, in: Materialsammlung für die Männerarbeit der EKD, Beilage zu »Botschaft und Dienst«, I. Quartal, Bielefeld 1978; Militanter Atheismus IV, in: Materialsammlung für die Männerarbeit der EKD, Beilage zu »Botschaft und Dienst«, Heft Mai/August, Bielefeld, 1979; Militanter Atheismus V, in: Materialsammlung für die Männerarbeit der EKD, Beilage zu »Botschaft und Dienst«, Heft September/Dezember, Bielefeld 1979; In welchem Sinne kann ein Christ ein Marxist sein?, in: CuS, Nr. 2, Bielefeld 1979; Erwartungen eines Pfarrers an eine materialistische Bibelauslegung, in: Willy Schottroff/Wolfgang Stegemann: Der Gott der kleinen Leute. Sozialgeschichtliche Auslegungen. Altes Testament, Gelnhausen 1979; Jesus und Pilatus. Eine Untersuchung über das Verhältnis von Gottesreich und Weltreich im Anschluß an Johannes 18, V. 28-29, (Reihe Theol. Existenz heute, Nr. 76, Reprint der Ausgabe von 1941), München 1980; Militanter Atheismus VI, in: Materialsammlung für die Männerarbeit der EKD, Beilage zu »Botschaft und Dienst«, Heft September/Dezember, Bielefeld, 1980; Arthur Rackwitz - Ein Nachbild, in: CuS, Nr. 4, Bielefeld 1980; Brauch oder Mißbrauch des großen C, in: Ingeborg Drewitz (Hrsg.): Strauß ohne Kreide , Reinbek 1980; Gott begegnet dir alle Tage, wenn du ihn nur grüßen möchtest: Christl. Sprichwörter, Hamburg 1980; Militanter Atheismus VII, in: »Materialsammlung für die Männerarbeit der EKD, Beilage zu »Botschaft und Dienst«, Heft Januar/April, Bielefeld 1981; Militanter Atheismus VIII, in: Materialsammlung für die Männerarbeit der EKD, Beilage zu »Botschaft und Dienst«, Heft Mai/August, Bielefeld 1981; Militanter Atheismus IX, in: Materialsammlung für die Männerarbeit der EKD, Beilage zu »Botschaft und Dienst«, Heft Sept./Dez., Bielefeld 1981; Jesus und der Einbruch des Mammon, in:

CuS, Nr. 3, Bielefeld 1981; Meditation zum politischen Engagement der Kirche, in: Freundeskreis der Evangelischen Akademie Berlin-West (Hrsg.) ‚Kommunität', Berlin 1981; Die Kampfgleichnisse Jesu, München 1981; Jesus Christus und die Tabus der Zeit, Stuttgart 1981; Über Leben und Sterben. Ein Gespräch mit Aurel von Jüchen, in: CuS, Nr. 2, Bielefeld 1982; Militanter Atheismus X, in: Materialsammlung für die Männerarbeit der EKD, Beilage zu »Botschaft und Dienst«, Heft Mai/Juni, Bielefeld 1983; Militanter Atheismus XI, in: Materialsammlung für die Männerarbeit der EKD, Beilage zu »Botschaft und Dienst«, Heft Nov./Dez., Bielefeld 1983; Das Tabu des Todes und der Sinn des Sterbens, Stuttgart 1984; Christentum und Faschismus, in: CuS, Nr. 1, Bielefeld 1985; Jesus zwischen reich und arm. Mammonworte und Mammongeschichten im Neuen Testament, Stuttgart 1985; Der Bund religiöser Sozialisten in Deutschland. Ihr sozialgeschichtlicher Hintergrund, in: Dietrich Schirmer (Hrsg.): Kirchenkritische Bewegungen, Bd. II: Neuzeit, Stuttgart 1985; Zur Geschichte des religiösen Sozialismus. Das Beispiel Aurel von Jüchen, in: CuS, Nr. 3, Bielefeld 1986; Ideologie und Glaube am Beispiel von Bischof Otto Dibelius, in: ASTA der Kirchlichen Hochschule Berlin (Hrsg.): Deutschnationales Christentum am Beispiel Otto Dibelius, Berlin 1989; Wie politisch war Jesus Christus?, Hildesheim 1990; Gespräch mit Aurel von Jüchen, in: Heinrich W. Grosse (Hrsg.): Bewährung und Versagen. Die Bekennende Kirche im Kirchenkampf, Berlin 1991; Brief aus Berlin. Meine Gedanken zum 3. 10. 1990, in: CuS, Nr. 2, Bielefeld 1991; Der Kaiser geht - die Kirche bleibt. Gedanken zum Erbe bürgerlichen Kirchenverständnisses in der Berliner Kirche. Ein Gespräch mit Aurel von Jüchen, in: Thomas D. Lehmann (Hrsg.): Kirche die aus der Reihe tanzt, Berlin 1992; Die Reise nach Bethlehem. Ein Adventskalender, Grafik von Eva-Maria Rubin, Lahr im Schwarzwald 1995[12]; Meditation zum politischen Engagement der Kirche, in: CuS, Nr. 4, Bielefeld 1996.

Lit.: Kulturbund zur demokratischen Erneuerung Deutschlands (Hrsg.): Zwei Jahre Kulturbund, Ein Tätigkeitsbericht von Heinz Willmann, Berlin 1947; 1991; — Ulrich Peter: Zum Gedenken an Pfarrer i.R. Aurel von Jüchen, in: Kirche aktuell, Heft 2, Berlin 1991; — Michael Rudloff: Zum Tod von Aurel von Jüchen, in: Internationale Wissenschaftliche Korrespondenz zur Geschichte der Deutschen Arbeiterbewegung.(IWK) Heft 2, Berlin/1991; — Ulrich Peter: Aurel von Jüchen 1902-1991. Ein Nachbild, in: Initiative Christliche Linke (Hrsg.): Dritter Weg, Journal für eine solidarische Welt, Nr. 4, Berlin 1991; — Ulrich Peter: Entstehung und Geschichte des Bundes der religiösen Sozialisten in Berlin 1919-1933, Bern-Frankfurt 1995; — Ulrich Peter: Reinhard Strecker (1876-1954). Ein religiöser Sozialist im gottlosen Leipzig, in: Rudloff, Michael/Schmeitzner, Mike (Hrsg.): Solche Schädlinge gibt es auch in Leipzig. Sozialdemokraten und die SED, Bern -Frankfurt 1997; — Klaus Bajohr-Mau: Jüchen, Aurel von, in: Manfred Asendorf/ Rolf von Boeckel (Hrsg.) Demokratische Wege. Deutsche Lebensläufe aus fünf Jahrhunderten. Ein Lexikon.« Stuttgart/Weimar 1997; — Michael Bunners: Pastor Aurel von Jüchen löscht in Rossow/Kreis Waren ein jüdisches Gartenhaus während der Novemberpogrome 1938, in: Mecklenburgia Sacra: Jahrbuch für Mecklenburgische Kirchengeschichte, Bd.1, Schwerin 1998; — Marco Michels/Peter von Jüchen:

»Schicksal im Kampf um Demokratie Aurel von Jüchen 1902-1991.« (Heimathefte für Mecklenburg und Vorpommern, Bd.8, Schwerin 1998; — Marko Michels: Einheitszwang oder Einheitsdrang? Der Vereinigungsprozeß von KPD und SPD zwischen 1945 und 1950 in Mecklenburg-Vorpommern, Schwerin 1999; — SPD-Parteivorstand (Hrsg.): Der Freiheit verpflichtet. Gedenkbuch der deutschen Sozialdemokratie im 20. Jahrhundert, Marburg 2000; — Klaus Schwabe: Aurel von Jüchen, in Friedrich-Ebert-Stiftung Mecklenburg-Vorpommern (Hrsg.) Wurzeln, Traditionen und Identität der Sozialdemokratie in Mecklenburg und Pommern, Schwerin 2000; — Ulrich Peter: Christuskreuz und Rote Fahne: Die religiösen Sozialisten in Westfalen 1919-1933, Bielefeld 2002; — Ulrich Peter: Aurel von Jüchen 1902-1991, in: Herbergen der Christenheit. Jahrbuch für deutsche Kirchengeschichte, Band 26, Leipzig 2003; — Ulrich Peter: Aurel von Jüchen 1902-1991. Ein Pfarrerleben im Jahrhundert der Diktaturen, Schwerin 2006; — Bertold Schirge: Aurel von Jüchen. Pfarrer in schwierigen Zeiten, in: Kreisverwaltung Ostprignitz-Ruppin ˙(Hrsg.) Ostprignitz-Ruppin Jahrbuch 2008, Neuruppin 2008.

Ulrich Peter

JUNIA, frühchristliche Missionarin und Apostelin, Gefährtin (Ehefrau?) eines gewissen Andronikus, 1. Jh. n. Chr. — In der Grußliste am Ende des Römerbriefs (Röm 16,1-16) erwähnt Paulus V. 7 das Paar Andronikus und Junia und fügt hinzu, sie seien »angesehen unter den Aposteln«. Da er sie als »Stammesgenossen« (oder »Landsleute«?) bezeichnet, dürfte es sich bei ihnen um Judenchristen (aus dem Stamm Benjamin? [vgl. Röm 9,3]) handeln. Sie waren offensichtlich schon vor Paulus zum Christentum bekehrt worden (»sie sind bereits *vor mir* in Christus gewesen«), eine bisweilen angenommene Herkunft aus Jerusalem läßt sich aber nicht nachweisen. Der Ausdruck »Mitgefangene« (*Synaichmalôtoi*) legt eine gemeinsame Haft mit Paulus (in Ephesus?) nahe (sofern der Ausdruck nicht metaphorisch zu deuten ist), doch über ein Martyrium ist nichts bekannt (Andronikus und Junia werden im *Martyrologium Romanum* nicht erwähnt). Junia war vermutlich eine freigelassene jüdische Sklavin, da sie dem Namen nach ein Mitglied der *Gens Iunia*, einer angesehenen römischen Familie war (zu der u.a. Marcus Iunius Brutus gehörte). Der Name Junia war in der Antike weit verbreitet; in der Antike bestand kein Zweifel daran, daß Junia eine Frau war, die Paulus als Apostelin bezeichnet, wie das Zeugnis einiger Kirchenväter (Johannes Chrysostomus, Theodoret von Kyros, Johannes von Damaskus) belegt (Epiphanius v. Salamis hielt als einziger Kirchenvater Junia für einen Mann, allerdings auch Prisca [Röm 16,3], was den Wert dieser Ansicht deutlich mindert). — Berühmt wurde die erste namentlich bekannte Apostelin vor allem dadurch, daß eine Reihe lat. Bibelübersetzungen und Kommentare seit dem frühen Mittelalter statt ihrer den männl. Namen »Junias« las; Aegidius von Rom (13.Jh.) gilt als der erste Zeuge. Das dem zugrundeliegende grammatische Problem besteht darin, daß der griech. Wortlaut von Röm 16,7 den Namen lediglich im Akkusativ (»Junian«) erwähnt und somit die Lesart Junias oder Junia eine Frage der Akzentuierung darstellt (setzt man einen Zirkumflex über dem Alpha, liest man den männlichen, setzt man einen Akut auf das Jota, den weiblichen Vornamen); im Lateinischen ist eine Unterscheidung unmöglich, da hier der Akkusativ männlich und weiblich jeweils »Iunian« lautet. — Als Wiederentdeckerin der Junia als Apostelin im 20.Jh. gilt die feministische Theologin B. Brooten, die mit ihrem 1977 erschienenen Beitrag auf das Problem aufmerksam machte. Die Geschichte dieser »Geschlechtsumwandlung« liest sich wie ein forschungsgeschichtlicher Krimi, den Epp (2005) und Belleville (2005) jüngst akribisch aufgearbeitet haben. Bereits die erste kritische Ausgabe des Erasmus von Rotterdam 1516 und mit nur einer Ausnahme (Alford, 1852) *sämtliche* Ausgaben des griechischen NT bis zur 12. Aufl. des »Nestle« (1923) akzentuierten »Junian« als Frauennamen; erst ab der 13. Aufl. des »Nestle« (1927) und der ersten Aufl. der engl. Standardausgabe UBS (1966) verschwand plötzlich die weibliche Form und wurde durch »Junias« ersetzt. Obwohl nämlich keine antiken Belege für den Namen »Junias« bekannt sind, dominierte in der deutschsprachigen Exegese an der Wende zum 20. Jh. die Annahme, daß es sich hierbei um eine Kurzform des männlichen Namens *Junianus* handeln müsse (so u.a. H. Lietzmann und W. Bauer; A.v. Harnack hingegen äußerte schon i.J. 1904 Zweifel an dieser Sicht). Ein nicht unwesentlicher Einfluß kam dabei wohl auch den Bibelübersetzungen Martin Luthers 1522/1534 zu, durch welche der männliche Name Junias in den Kirchen der Reformation weite Verbreitung fand. Die Neuakzentuierung im »Nestle« hatte enorme Auswirkungen auf nahezu sämtliche Bibelübersetzungen des 20.Jh. und zugleich großen Einfluß auf die wiss. Kommentare zum

Römerbrief, die nun - oft unreflektiert - die männliche Form Junias bevorzugten. Erst Ende des 20.Jh. konnte sich die Erkenntnis, daß in Röm 16,7 von einer Frau die Rede ist, in der ntl. Wissenschaft (wieder) durchsetzen. Noch bis 1998 lasen allerdings die 27. Auflage des »Nestle-Aland« (*Novum Testamentum Graece*) sowie das Greek New Testament (4. Aufl.) den männlichen Namen; erst seit dem 5. (bzw. 3.) korr. Druck ist nun auch textkritisch der Name Junia (wieder) anerkannt. — Kaum war der Zweifel daran, daß es sich um einen Frauennamen handelte, ausgeräumt, entzündete sich Anfang des 21.Jh. eine Debatte um die Deutung der Aussage, sie seien »*episêmoi en tois apostolois*« (»angesehen unter den Aposteln«). Burer/Wallace (2001) übersetzen »exklusiv« (»well known *to* the apostles«, d.h. »den Aposteln sehr gut bekannt« oder »bei den Aposteln in hohem Ansehen stehend«) - demnach wäre Junia zwar eine Frau, aber keine »Apostelin« gewesen. Gielen (2002) und Belleville (2005) sowie Epp (2005) verweisen aber einmütig auf das Zeugnis der Kirchenväter, die durchweg ein inklusives Verständnis dieses Verses bezeugen (vgl. v.a. Johannes Chryostomus, hom. 31.2 in Rom [MPG 60,669f]; Ambrosius vermutet, diese Frau sei eine der 70 bzw. 72 »Apostel« aus Lk 10,1.17 gewesen [weitere Belege bei Belleville (2005), S. 232 Anm. 1]). Antike Paralleltexte zum inklusiven Verständnis der griech. Wendung untermauern dies, sodaß Epp sein jüngstes Werk (2005) zu Recht betitelt: »Junia, the First Woman Apostle«. — Die griech.-orthodoxe Kirche verehrt Junia als Gefährtin des Andronikus; beide werden zu den »70 Aposteln« (Lk 10, 1-17) gezählt. Der Legende nach wurden ihre Reliquien zusammen mit denen anderer Märtyrer im Eugenios-Viertel von Konstantinopel entdeckt (unter Kaiser Arkadius [396-408] oder Patriarch Thomas [607-610]); der byzantinische Kaiser Andronikos I. (1183-1185) soll später an dieser Stelle eine Kirche errichtet haben. — Einige orthodoxe Kirchen gedenken ihrer am 17.5., in der Ikonographie wird sie dabei z.T. zusammen mit »Andronikus« und dem Wundertäter »Athanasius d. Jüngeren« (gest. 17.5. 1735 in Christianopolis) abgebildet. Hinter dieser Darstellung sind gleich mehrere Traditionsverschmelzungen zu entdecken: Durch die Namensgleichheit des potentiellen Ehemanns der Junia mit dem ägyptischen Mönch Andronikus, der mit der Nonne und Pilgerin Athanasia (bisweilen auch als Mönch Athanasius wiedergegeben) zusammen als Märtyrer seit Ende 4.Jh. verehrt wird (vgl. BS 1, 1961, 1178f), ist möglicherweise diese Kombination entstanden.

Lit.: [genannt ist ausschließlich Spezialliteratur zu Junia(s) bzw. Röm 16,7; darüber hinaus ist v.a. auf die wiss. Kommentare zum Römerbrief zu verweisen].

Quellen: Röm 16,7.

Monographie: Epp, E.J., Junia. The First Woman Apostle, Minneapolis, Minn. 2005 [Lit.!].

Aufsätze: Brooten, B., Junia ... Outstanding among the Apostles (Romans 16:7), in: Swindler, L./A. (Hg.), Women Priests: A Catholic Commentary on the Vatican Declaration, New York 1977, 141-144 (= deutsch: »Junia ... hervorragend unter den Aposteln« (Röm 16,7), in: Moltmann-Wendel, E. [Hg.], Frauenbefreiung. Biblische und theologische Argumente, München, 4. Aufl. 1986, 148-151); — Lohfink, G., Weibliche Diakone im Neuen Testament, in: Dautzenberg, G. / Merklein, H. / Müller, K. (Hg.), Die Frau im Urchristentum, QD 95, Freiburg/Basel/Wien 1983, 320-338, 327-332; — Fàbrega, V.: War Junia(s), der hervorragende Apostel (Rom. 16,7), eine Frau?, JAC 27./28. 1984 / 1985, 47-64; — Lampe, P., Iunia/Iunias: Sklavenherkunft im Kreise der vorpaulinischen Apostel (Römer 16,7), ZNW 76. 1985, 132-134; — Schulz, R.R., Romans 16:7: Junia or Junias?, ExpT 98, 1987, 108-110; — Arzt, P., Junia oder Junias? Zum textkritischen Hintergrund von Rö 16,7, in: Reitener F.V. / Eder, P. (Hg.): Liebe zum Wort. Beiträge zur klassischen und biblischen Philologie (FS L. Bernhard), Salzburg/Wien 1993, 83-102; — Cervin, R.S., A Note Regarding the Name 'Junia(s)' in Romans 16,7, NTS 40, 1994, 464-470; — Plisch, U.-K., Die Apostolin Junia. Das exegetische Problem in Röm 16.7 im Licht von Nestle-Aland[27] und der sahidischen Überlieferung, NTS 42, 1996, 477-478; — Thorley, J., Junia, A Woman Apostle, NovTest 38, 1996, 18-29; — Burer, M.H. / Wallace, D.B., Was Junia Really an Apostle? A Reexamination of Rom 16.7, NTS 47, 2001, 76-91; — Epp, E.J., Text-critical, Exegetical, and Socio-cultural Factors Affecting the Junia/Junias Variation in Romans 16,7, in: Denaux, A. (Hg.): New Testament Textual Criticism and Exegesis (FS J. Delobel), BEThL 161, Leuven [u.a.] 2002, 227-291; — Gielen, M., Frauen in den Gemeinden des Paulus. Von den Anfängen bis zum Ende des 1. Jahrhunderts, Salzburger Theologische Zeitschrift 6, 2002, 182-191, 183-186; — Belleville, L.L., 'Iunian ... episemoi en tois apostolois'. A Re-examination of Romans 16.7 in Light of Primary Source Materials, NTS 51, 2005, 231-249.

Lexikonartikel: Garcia de Obiso, T., Art. Andronico e Giunia, BS 1, 1961, Sp. 1179f; — Lampe, P.: Art. Junia/s, Anchor Bible Dictionary 3, New York 1992, 1127; — Art. Andronicus and Junia, in: The Book of saints. A dictionary of servants of God canonized by the Catholic Church, comp. by the Benedictine monks of St. Augustine's Abbey, 6. Aufl., London 1989.

David C. Bienert

K

KANTOROWICZ, Ernst Hartwig, Historiker jüdischen Glaubens, * 3.5. 1895 in Poznan (Posen), gest. 9.9. 1963 in Princeton, New Jersey. — K. war das vierte Kind einer wohlhabenden Industriellenfamilie, die 1834 die preußische Staatsbürgerschaft erhalten hatte. Sein Vater Joseph Kantorowicz (14.12. 1848-10.2. 1919) betrieb eine Spirituosendestillerie, K.´ Mutter Clara geb. Hepner (* 1862), die Joseph Kantorowicz Ende 1883 geheiratet hatte, wurde 1942 bei dem Fluchtversuch an der Schweizer Grenze verhaftet und in das KZ Theresienstadt doportiert, wo sie 1943 oder 1944 umkam. Der äl-tere Bruder Otto Hartwig starb noch als Kleinkind (2. 9. 1884-11.4. 1886). K.´ älteste Schwester Sophie (22.1. 1887-15.8. 1960) heiratete den Wirtschaftswissenschaftler Arthur Salz (31.12. 1881-10.8. 1963); von der zweiten Schwester Margarete (* 1888) verliert sich 1937 die Spur. K.´ Cousine war die Kunsthistorikerin, Lyrikerin und Übersetzerin Gertrud Kantorowicz (1876-1945), Lebensgefährtin von Georg Simmel (s.d.). — Nach dem Abitur an dem Posener Königlichen Auguste-Viktoria Gymnasium, das K. seit 1904 besucht hatte, absolvierte K. eine kaufmännische Lehre im Hamburg, um später den väterlichen Betrieb übernehmen zu können, als der Erste Weltkrieg ausbrach und K. sich als Freiwilliger zum Militärdienst im 1. Posenschen Feldartillerie-Regiment Nr. 20 meldete. Im Mai 1918 immatrikulierte sich an der Berliner Universität zum Studium der Philosophie, wechselte aber im darauffolgenden Jahr nach einem semester in München als Student der Nationalökonomie nach Heidelberg. Im Winter 1918/19 schloß sich K. im heimatlichen Posen dem Freikorps an. Im Sommersemester 1919 war K. Hörer von Max Weber (s.d.), zum damaligen Zeitpunkt Heidelberger Gastdozent. 1921 wurde K. mit einer Abhandlung über »Das Wesen der muslimischen Handwerkerverbände« promoviert; wichtige Anregungen hatte K. vom Orientalisten Carl Heinrich Becker (s.d.) erhalten, der . — K.´ Denkweg ist von Friedrich Nietzsche (s.d.) geprägt und gegen den von (s.d.) Hermann Cohen und Ernst Cassirer vertretenen Neukantianismus gewandt. Den stärksten Einfluß übte allerdings Stefan George auf K. aus, dem er sich über die Vermittlung von Friedrich Gundolf (s.d.) und Uxkull anschloß. 1933 hielt K. an der Seite von u.a. Claus Schenk Graf von Stauffenberg (15.11. 1905-20.7. 1944) G. die Totenwache. Vom Denken und Sprachpathos Georges ist K.´ 1927 erschienene Monographie über Friedrich II. von Hohenstaufen geprägt, die nicht nur wegen ihrer z.T. manirierten Sprache auf teilweise negative Resonanz stieß; den u.a. von Friedrich Baethgen (1890-1972) und vor allem durch Albert Brackmann (21.6. 1871-17.3. 1952) erhobenen Vorwurf wissenschaftlich nicht fundierter Glorifizierung des Stauferkaisers konnte K. nach der Kontroverse in der »Historische[n] Zeitschrift« 1931 mit der Vorlage eines Kommentarbandes widerlegen und so seinen Ruf als vielversprechender Nachwuchshistoriker untermauern, ohne sich habilitiert zu haben. Gleichwohl verspottete K. den Kommentarband als »Bastard«, unwürdig der Aufnahme in seine Personalbibliographie. 1930 wurde K. zum Honorarprofessor an der Universität Frankfurt a.M. ernannt; 1932 erfolgte die Beförderung in das Ordinariat. Ob K. auch am von Franz Rosenzweig (s.d.) geleiteten »Freien Jüdischen Lehrhaus«. Am 20.4. (!) 1933 ersuchte K. aus Protest gegen die antisemitische NS-Politik um seine Beurlaubung zum Sommersemester, obwohl er sich als hochdekorierter Front- und Nachkriegskämpfer noch nicht existentiell bedroht sah; 1934 verzichtete K. auf seinen Lehrstuhl und ließ sich zum 1. 9. emeritieren um sich fortan, lediglich durch Auslandreisen unterbrochen, in die Arbeit im Berliner Institut Monumenta Germaniae Historica zurückzuziehen. Bis zu Emigration (s.u.) konnte K. nur noch drei Arbeiten publizieren (Petrus de Vinea in England, 1937; Die Wiederkehr gelehrter Anachorese im Mittelalter, 1937); »Deutsches Papsttum« ist ein unter dem Pseudonym Gerd Hermann am 22.2. 1935 in der von Wolfgang Frommel (8.7. 1902-13.12. 1986) beim Südwestdeutschen Rundfunk geleiteten Reihe »Vom Schicksal des deutschen Geistes« gehaltener mitternächlicher Radiovortrag. Am hielt K. in seiner Wohnung den Vortrag . In deutlicher Abgrenzung zum NS-Staat sah K. das »geheime Deutschland« auf der Dreieinheit Schönheit, Adel und Größe begründet. — 1938 emigrierte K., unterstützt durch u.a. Sir Cecil Maurice Bowra (8.4 1898-4.7. 1971), mit Unbehagen in die USA; seit den 20er Jahren hatte K. die amerikanische Kultur kritisiert und befürchtete die umgreifende Amerikanisierung des gesellschaftlichen Lebens in Deutschland. — In der die University of California spaltenden Treueeid-Kontroverse (1949-1951), die 36 Dozenten den Lehrstuhl kosten sollte, verweigerte sich K. dem »Committee on Un-American Activities« des manisch antikommunistischen Senators Joseph Raymond McCarthy (14.11. 1908-2.5. 1957), verzichtete lieber auf sein Lehramt, wurde seiner Mitgliederschaft in der OAH (Organization of American Historians) enthoben und wechselte an das Institute of Advanced Study in Princeton, New Jersey, . Sein Lehrstuhlnachfolger wurde Kenneth Meyer Setton (17.6. 1914-18.2. 1995). — Neben einer Reihe Essays publizierte K. lediglich zwei Monographien. Von politischer Theologie, einem von Carl Schmitt (s.d.) geprägten Schlagwort, und ihrer monarchischen Repräsentation handelt »The King´s Two Bodies« (1957), das von »Gottesgnadentum und Widerstandsrecht im früheren Mittelalter« (1914, s.u.), einer Schlüsselmonographie des Historikers Fritz Kern (s.d.), und der Monographie »Les rois thaumaturges« (1924, s.u.) von Marc Bloch (s.d.) inspiriert ist. Auf die Rückfrage nach den mystischen Hintergründen der englischen Vorstellung von der zwiefachen persona des Königs ist K. in Auseinandersetzung mit den Essays »The Corporation Sole« und »The Crown as Corporation« (1900 bzw. 1901, s.u.) von Frederic William Maitland (s.d.) über die Rechtsfiktion des 16. Jahrhunderts, daß der König einen natürlichen und einen politischen Körper in einer Person habe, gestoßen; sie konnte sich entwickeln, weil sich das christomimetische früh- und hochmittelalterliche Herrscherbild zu einem an dem Recht (vgl. z.B. Henry III, *1207, reg. 1227-1272) und an der Person des Regenten orientierten hin verschoben hatte. Nur während dessen Regentschaft sind beide Körper vereint, der Herrscher ver-körpert Staat und Volk. Die Besonderheit an der englischen Fortentwicklung dieses Gedankens, dem die christologische Vorstellung des duplex corpus Christi zugrundeliegt, verdankt sich den Umständen, daß auf der Insel seit dem 14. Jahrhundert dem Parlament (House of Commons) eine eigene Rolle zukam und 1642 als weitere Kraft das Oberhaus (House of Lords) hinzutrat; der Legitimationstransfer gipfelt in der Hinrichtung Karls I. (s.d.) am 30.1. 1649. K.´ Zentralthese in seinem späten Meisterwerk, daß der leibliche Körper des Königs justiziabel, leidensfähig und sterblich, der mystische dagegen unsterblich ist, war Ausgangspunkt für zahlreiche Untersuchungen zur Frage nach höfischen Trauer- und anderen Zeremonien, politischer Kontinuität nach dem Tod des Königs, Inthronisation des Nachfolgers sowie Machtübergang vom König zur Königin und teils anerkennend rezipiert und weiterentwickelt worden (vgl. z.B. Axton, 1977), teils kritisiert und verworfen worden (Zanger, 1997). K.´ Schüler Ralph Edwin Giesey hat in seinen Studien K.´ Theorie auch am französischen Hoftrauerzermoniell bestätigen können, und »The King´s Two Bodies« bietet der Shakespeare-Kritik (wenngleich mit Einschränkungen, vgl. Norbrook, 1996) ein hilfreiches Interpretament zum Figurenverständnis gerade in den Lancaster- und York-Tetralogien, hatte sich doch K. im zweiten Kapitel seiner Monographie mit dem Drama Richard II. auseinandergesetzt und das Rechtsverständnis des historischen Richard II. (6.1.[?] 1367-14.2. 1400, reg. 1377-1399) rekonstruiert, der mit dem Anspruch, in direkter Linie von William (Wilhelm I. dem Eroberer, s.d.) abzustammen, seine umstrittene ir-

dische und sakrale Autorität legimierte; im Konflikt mit dem Gnadenlosen Parlament (1388) und nach dem usurpatorischen Regierungsantritt von Richards Gegenspieler Henry Bolingbroke (* 3.4. 1367) als Henry IV (1399-20.3. 1413) spitzte sich die Frage nach der Herrschaftslegitimation zu. K.´s Unterscheidung ist ebenso hilfreich für die europäischen Monarchieforschung sowie Ausgangspunkt zur Rekonstruktion von »body politic«. Michel Foucault (s.d.) griff in »Surveiller et punir. Naissance de la prison« (1975) K.´ Zwei-Körper-Metapher auf und dürfte damit maßgeblichen Einfluß auf die französische K.-Rezeption gehabt haben. — Die liturgiegeschichtliche und ikonographische Entwicklung der Fußwaschung (pedilavium) zeichnete K. in »The Baptism of the Apostles« (1956) nach. In »Pro Patria Mori« vertrat K. die These, daß selbstaufopferndes Sterben für das Vaterland und Martyrium für den Kirchenglauben als sakralisiertes Opfer; schon vor der Normanneninvasion hat die Antiketradition eines (s.d.) Ælfrik von Eynsham (Aelfrik Grammaticus) oder Wulfstan von York den Gedanken tagespolitisch interpretiert und damit in den Dienst aufkommenden Nationalbewußtseins gestellt, bevor im 12. und 13. Jahrhundert dieser Gedanke fortentwickelt wurde. Bei Philipp IV. dem Schönen (s.d.) wird in der Ära der Flandernkriege der seit der Karolingerzeit präsente Gedanke, daß der Herrscherleib sakral als corpus mysticum zu verstehen sei, dadurch säkularisiert und wieder in das antike Verständnis eingeholt, daß der Monarch die Staatspflicht habe, sich notfalls aufzuopfern. — Die Kaiser und Papst als gleichrangige Herrscher symbolisierenden zwei Sonnen in Purg. XVI,106-108 als Gegenentwurf zu der Sonne-Mond-Hierarchie führte K. auf byzantinische Vorstellungen zurück (Dante´s »Two Suns«, 1951). In die Zeit Dantes hinab reicht die Vorstellung des Künstlers als Souverän, die ihre juridische Entsprechung im Begriff der »aequiparatio« findet (The Sovereignty of the Artist, 1961). Der Phoenix symbolisiert immerwährende Herrschaft (Mysteries of State, 1955). K.´ Antrittsrede vor der American Philosophical Society zeichnet nach, wie die ursprüngliche imitatio deorum der römischen Caesaren als Adaptation ursprünglich vorderorientalischer Motive allmählich in eine imitatio imperatorum umschlug; als solches Resultat ikonographischen Wandels interpretierte K. den aus dem 6. Jh. stammenden löwenniederringenden Christus im Mosaik der Capella arcivescovile zu Ravenna (Gods in Uniform, 1961). — In einer seiner letzten Veröffentlichungen, einer Studie zur Ikonologie der Sonne, zeichnete K. nach, daß das am Hofe des Sonnenkönigs Ludwigs XIV. von Frankreich (s.d.) praktizierte Zeremoniell um das morgendliche Aufstehen des absolutistischen Monarchen herrschaftslegitimierende Funktion hatte, motivgeschichtlich in der Zuordnung von Sonne und Herrscher bis in die Zeit des römischen Kaisers Hadrian (s.d.) zuruckzuführen ist und immer schon eine zentrale Rolle in der Kaiserapotheose spielte (Oriens Augusti - Lever du Roi, 1963). — Neben (s.d.) Fritz Saxl und Meyer Schapiro gehört K. zu den Pionieren der Ikonographie der anglonormannischen Kunst. (The Quinity of Winchester; The Archer on the Ruthwell Cross). — K.´ letzter Wille verfügte die Vernichtung aller seiner Papiere und stellt nicht nur die Biographieforschung vor viele Fragen, sondern stellt die editorische Handhabung der erhaltenen Typoskripte (u.a. Charles the Bald and the »Natales Caesarum«; Epiphany and Byzantine Coronation; Roma and the Coal; Roman Coins and Christian Rites; Συνθρονος: On Throne-Sharing of Gods and Men; vgl. Ševcenko 1997, 278 Anm. 15 und S. 286-287 [Appendix]) vor ein moralisches Dilemma. — 1960 wurde K. in die American Philosophical Society aufgenommen. K. war Visiting Professor an der Harvard University (Dumbarton Oaks); an den Dumbarton Oaks-Symposien nahm K. in den 50er Jahren regelmäig teil. Sein einziger mediävistischer Schüler in den USA war Robert Louis Benson (1925-1996).

Werke: Kaiser Friedrich der Zweite (Werke aus dem Kr. der Bll. f. die Kunst. Geschichtliche R.), Berlin 1927, 2., unveränd. Aufl. 1928. Kaiser Friedrich der Zweite. Erg.Bd., Quellennachweise u. Exkurse, Berlin 1931. Kaiser Friedrich der Zweite (Werke der Wiss.), Berlin 1931³. Kaiser Friedrich der Zweite. 2 Bde., Düsseldorf 1963. Kaiser Friedrich der Zweite. 2 Bde. 2., unveränd. Aufl., Stuttgart 1980; engl.: Frederick the Second, 1194-1250. Authorized English version by E[mily] O[verend] Lorimer, with seven maps (Makers of the Middle Ages), London 1931, 1957, New York 1931, 1957; it.: Federico Secondo di Svevia. Traduzione dall´edizione originale tedesca [a cura] di Maria [Elisa] Offergeld Merlo, Milano 1939. Federico II, imperatore. Traduzione dal tedesco di Gianni Pilone Colombo (Collana storica), Milano 1976, 1981, 1988, 1994², 2000³; frz.: L´Empereur Frédéric II. Traduit de l´allemand par Albert Kohn (Biblio-

thèqe des histoires, 67), Paris 1987; — »Mythenschau«. Eine Erwiderung, in: HZ 141 (1930), 457-471, erneut in: Selected studies, 1965; Stupor Mundi, 1966, 23-40; — Über Grenzen, Möglichkeiten u. Aufgaben der Darst. ma. Gesch. Historiker-Tagung, Halle, am 24. April 1930, in: E. H. K. Geschichtsschreiber (Tumult. Schrr. z. Verkehrswiss., 16), Wien o.J. [1992], 5-10. Grenzen, Möglichkeiten u. Aufgaben der Darst. ma. Gesch., in: DA 50 (1994), 104-125; — Prof. Dr. E. K. an den Min. f. Wiss., Kunst u. Volksbildung, 20. 4. 1933, in: E. H. K. Geschichtsschreiber (Tumult. Schrr. z. Verkehrswiss., 16), Wien o.J. [1992], 11-12; Dt. Papsttum, in: Vom Schicksal des dt. Geistes. Erste F.: Die Begegnung mit der Antike. Reden um Mitternacht hrsg. v. Wolfgang Frommel, Berlin 1934, 42-57, erneut in: Castrum peregrini. Zschr. f. Lit., Kunst- u. Geistesgesch. hrsg. v. der Stichting Castrum Peregrini [Amsterdam] 12 (1953), 7-24; E. H. K. Geschichtsschreiber (Tumult. Schrr. z. Verkehrswiss., 16), Wien o.J. [1992], 13-26; — Die Wiederkehr gelehrter Anachorese im MA, in: Corolla. Ludwig Curtius z. 60. Geb. dargebracht, Stuttgart 1937, erneut in: Selected studies, 1965, 339-351; — Petrus de Vinea in Engl., in: MIÖG 51 (1937), 43-88; The Este Portrait by Roger van der Weyden, in: The Journal of the Warburg and Courtauld Institutes 3 (1939/1940), 165-180, erneut in: Selected studies, 1965, 366-380; — An »Autobiography« of Guido Faba, in: Mediaeval and Renaissance Studies. The Warburg Institute, University of London 1 (1941), 253-280, erneut in: Selected studies, 1965, 194-212; — A Norman Finale of the Exultet and the Rite of Sarum, in: HThR 34 (1941), 129-143; Ivories and Litanies, in: The Journal of the Warburg and Courtauld Institutes 5 (1942), 56-81, it.: Avori e canti liturgici, in: La sovranità dell´artista, 1995; — Plato in the Middle Ages, in: The Philosophical Rv. A quarterly journal ed. by the Faculty of the Sage School of Philosophy, Cornell University 51 (1942), 312-323; Anonymi »Aurea gemma«, in: Medievalia et humanistica. Studies in medieval and Renaissance culture 1 (1943), 41-57, erneut in: Selected studies, 1965, 247-263; — The »King´s Advent« and the Enigmatic Panels in the Doors of Santa Sabina, in: The Art Bull. An illustrated quarterly publ. by the College Art Association of America [New York] 26 (1944), no. 4, p. 207-231, erneut in: Selected studies, 37-75; — The Problem of Medieval World Unity, in: Annual Report of the American Historical Association, 1944, no. III, p. 31-37, erneut in: Selected studies, 1965, 76-81; dt.: Das Problem ma. Welteinheit, in: Götter in Uniform, 1998, 175-181; Castrum peregrini. Zschr. f. Lit., Kunst- u. Geistesgesch. hrsg. v. der Stichting Castrum Peregrini [Amsterdam] 48 (1999), H. 239/240, S. 104-114; — Laudes regiae: a study in liturgical acclamations and mediaeval ruler worship by E. H. K., with a study of the music of the laudes and musical transcriptions by Manfred F. Bukofzer (University of California publications in hist., 33), Berkeley, CA/Los Angeles 1946 (= 2nd print. 1958); frz.: Laudes Regiae. Une étude des acclamations liturgiques et du culte du souverain au Moyen Âge, comprenant une étude de la musique des laudes avec des transcriptions musicales par Manfred F. Bukofzer. Traduit de l´anglais par Alain Wijffels. Note marginale par Pierre Legendre (Les Quarante piliers. Sér. Matériaux), Paris 2004; — The Quinity of Winchester, in: The Art Bull. An illustrated quarterly publ. by the College Art Association of America [New York] 29 (1947), no.

2, p. 73-85; The fundamental issue: documents and marginal notes on the University of California loyalty oath, Berkeley, CA 1950; dt.: Die grundlegende Entscheidung, in: E. H. K. Geschichtsschreiber (Tumult. Schrr. z. Verkehrswiss., 16), Wien o.J. [1992], 34-75; — Dante's »Two Suns«, in: Semitic and Oriental studies: a vol. presented to William Popper, prof. of Semitic languages, emeritus on the occasion of his seventy-fifth birthday, October 29, 1949, ed. by Walter Joseph Fischel (University of California publications in semitic philology, 11), Berkeley, CA/Los Angeles 1951, 217-231, erneut in: Selected studies, 1965, 326-338; — »Pro Patria Mori« in Medieval Political Thought, in: AHR 56 (1951), 472-492, erneut in: Selected studies, 1965, 308-325; frz.: Mourir pour la patrie (Pro Patria Mori) dans la pensée politique médiévale, in: Mourir pour la patrie et autres textes, 1984, 105-141; it. in: Misteri di Stato. Presentazione di Giuseppe Cascione, postfazione di Donato Mansueto (Centopassi, 1: Filosofia e politica, 4), Lecce 2004; »Deus per naturam, Deus per gratiam«: A Note on Mediaeval Political Theology, in: HThR 45 (1952), 253-277, erneut in: Selected studies, 1965, 121-137; — Kaiser Friedrich II. u. das Königsbild des Hellenismus, in: Varia variorum. Festg. f. Karl Reinhardt dargebracht v. Freunden u. Schülern z. 14. Februar 1951, Münster/Köln 1952, 169-193; ΣΥΝΘΡΟΝΟΣ ΔΑΙΚΗΙ, in: AJA 57 (1953), 65-70, erneut in: Selected studies, 1965, 1-6; E. H. K. Geschichtsschreiber (Tumult. Schrr. z. Verkehrswiss., 16), Wien o.J. [1992], 13-26; — Inalienability: A Note on Canonical Practice and the English Coronation Oath in the Thirteenth Century, in: Speculum 29 (1954), 488-502, erneut in: Selected studies, 1965, 138 150; — The Carolingian king in the Bible of San Paolo fuori le mura, in: Late classical and mediaeval studies in honor of Albert Mathias Friend, Jr. Ed. by Kurt Weitzmann with the assistance of Sirarpie Der Nersessian, George H. Forsyth, Jr., E. H. K., Theodor E. Mommsen, Princeton, NJ 1955 [= reprint. Ann Arbor, MI 1978], 287-300, erneut in: Selected studies, 1965, 81-94; — Invocatio nominis imperatoris, in: Bollettino [del] centro di studi filologici e linguistici siciliani [Palermo] 3 (1955), 35-50; Mysteries of State: An Absolutist Concept and Its Late Mediaeval Origins, in: HThR 48 (1955), 65-91, erneut in: Selected studies, 1965, 381-398; frz.: Mystères de l'Etat. Un concept absolutiste et ses origines médiévales (bas Moyen Âge), in: Mourir pour la patrie et autres textes, 1984, 75-103; it.: Misteri di Stato. Presentazione di Giuseppe Cascione. Postfazione di Donato Mansueto (Centopassi, 1: Filosofia e politica, 4), Lecce 2004; — The Baptism of the Apostles, in: Dumbarton Oaks Papers. Dumbarton Oaks Center for Byzantine Studies [Washington, DC] 9 (1956), 203-252; Feudalism in the Byzantine Empire, in: Feudalism in hist., ed. by Rushton Coulborn, with contributions by Joseph R[eese] Strayer, William F. Edgerton and others. Foreword by A[lfred] L[ouis] Kroeber, Princeton, NJ 1956 [= Unaltered and unabridged ed., Hamden, CT 1965], 151-166; The king's two bodies: a study in mediaeval political theology, Princeton, NJ 1957. 2nd print., 1966. 3rd print., 1970. The king's two bodies: a study in mediaeval political theology. 6th print. (Princeton paperbacks), Princeton, NJ 1981. The king's two bodies: a study in mediaeval political theology. 7th paperback printing with a new preface by William Chester Jordan (Princeton paperbacks), Princeton, NJ/Chichester 1997; span.: Los dos cuerpos del rey. Un estudio de teología política medieval. Versión española de Susana Aikin Araluce y Rafael Blázquez Godoy, Madrid 1985; frz.: Les deux corps du roi. Essai sur la théologie politique au Moyen Âge. Traduit de l'anglais par Jean-Philippe Genet et Nicole Genet (Bibliothèque des histoires, 75), Paris 1989; it.: I due corpi del Re. L'idea di regalità nella teologia politica medievale. Introduzione di Alain Boureau, traduzione di Giovanni Rizzoni (Biblioteca di cultura storica, 180), Torino 1989; dt.: Die zwei Körper des Kg. Eine Stud. z. politischen Theol. des MA. Übers. nach der 2. korr. Aufl. v. Walter Theimer. Dt. Erstausg. (dtv, 4465: dtv. Wiss.), München 1990, 1994². Die zwei Körper des Kg. Eine Stud. z. politischen Theol. des MA. Aus dem Amerikanischen übers. v. Walter Theimer, Stuttgart 1992; port.: Os dois corpos do rei. Um estudo de teologia política medieval, São Paulo 1998; — On Transformations of Apolline Ethics, in: Charites. Stud. z. Altertumswiss. [Festschr. f. Ernst Langlotz]. Hrsg. v. Konrad Schauenburg, Bonn 1957, 265-274; The Prologue to »Fleta« and the School of Petrus De Vinea, in: Speculum 32 (1957), 231-249; Zu den Rechtsgrundlagen der Kaisersage, in: DA 13 (1957), 115-150, erneut in: Selected studies, 1965, 284-307; — The Archer on the Ruthwell Cross, in: The Art Bull. An illustrated quarterly publ. by the College Art Association of America [New York] 42 (1960), 57-59, erneut in: Selected studies, 1965, 95-99; — On the Golden Marriage Belt and the Marriage Rings of the Dumbarton Oaks Coll., in: Dumbarton Oaks Papers. Dumbarton Oaks Center for Byzantine Studies [Washington, DC] 14 (1960), 1-16; Kingship Under the Impact of Scientific Jurisprudence, in: Twelfth-century Europe and the foundations of modern soc.: proceedings of a symposium sponsored by the Division of Humanities of the University of Wisconsin and the Wisconsin Institute for Medieval and Renaissance Studies, November 12-14, 1957, ed. by Marshall Clagett, Gaines Post and Robert Reynolds, Madison, WI 1961, 89-111, erneut in: Selected studies, 1965, 151-166; — Gods in Uniform, in: Proceedings of the American Philolosophical Soc. held at Philadelphia for promoting useful knowledge 105 (1961), no. 4, p. 368-393, erneut in: Selected studies, 1965, 7-24; — The sovereignty of the artist: a note on legal maxims and Renaissance theory of art, in: Essays in honor of Erwin Panofsky ed. by Millard Meiss. Vol. 1 (De artibus opuscula, 40), New York 1961, 267-279, erneut in: Selected studies, 1965, 352-365; frz.: La souverainité de l'artiste. Note sur les maximes juridiques et les théories esthétiques de la Renaissance. Traduit de l'anglais par Jean-François Courtine, in: Po&sie 18 (1981), 3-5; La souveraineté de l'artiste. Note sur quelques maximes juridiques et les théories de l'art à la Renaissance, in: Mourir pour la patrie et autres textes, 1984, 31-57; dt.: Die Souveränität des Künstlers, in: Götter in Uniform, 1998, 329-348; — »Puer exoriens«: On the Hypapante in the Mosaics of S. Maria Maggiore, in: Abt-Herwegen-Inst. f. liturgische u. monastische Forsch. Maria Laach, Perennitas. Btrr. z. christlichen Archäologie u. Kunst, z. Gesch. der Lit., der Liturgie u. des Mönchtums sowie z. Philos. des Rechts u. z. politischen Philos. P. Thomas Michels OSB z. 70. Geb., hrsg. v. Hugo Rahner u. Emmanuel v. Severus (BGAMB. Suppl., 2), Münster 1963, 118-135, erneut in: Selected studies, 1965, 24-36; — Oriens Augusti - Lever du Roi, in: Dumbarton Oaks Papers. Dumbarton Oaks Center for Byzantine Studies

[Washington, DC] 17 (1963), 117-177; frz.: Le lever du roi. Traduit de l'anglais par Franz Regnot (Théologie & politique), Paris 2004; — Constantinus strator. Marginalien z. Constitutum Constantini, in: Mullus. Festschr. Theodor Klauser. [Hrsg. v. Alfred Stuiber u. Alfred Hermann] (JAC.E, 1), Münster 1964, 181-189; Wie die dt. Universitäten in der Zeit vor Hitler verwaltet wurden. [Dt. v. Helmut Kohlenberger], in: E. H. K. Geschichtsschreiber (Tumult. Schrr. z. Verkehrswiss., 16), Wien o.J. [1992], 27-33; Das Geheime Dtld. Vorlesung, gehalten bei Wiederaufnahme der Lehrtätigkeit am 14. November 1933. Ed. v. Eckhart Grünewald, in: Robert Louis Benson u. Johannes Fried (Hrsg.), E. K. Erträge der Doppeltagung Institute for Advanced Study, Princeton, Johann Wolfgang Goethe-Univ., Frankfurt (Frankfurter hist. Abhh., 39), Stuttgart 1997, 77-93.

Gemeinschaftswerke: George Lee Haskins and E. H. R., A Diplomatic Mission of Francis Accursius and his Oration before Pope Nicholas III, in: EHR 58 (1943), 424-447.

Teilausgg.: Selected studies. [Ed. by Michael Cherniavsky and Ralph E. Giesey], Locust Valley, NY 1965; dt.: Götter in Uniform. Stud. z. Entwicklung des abendländischen Kgt. hrsg. v. Eckhart Grünewald u. Ulrich Raulff. Mit einer Einl. v. Johannes Fried u. einem Nachwort v. Eckhart Grünewald. Aus dem Engl. übers. v. Walter Brumm, Stuttgart 1998; — Mourir pour la patrie et autres textes. Traduit de l'américain par Laurent Mayali et de l'allemand par Anton Schütz. Présentation par Pierre Legendre (Pratiques théoriques, 6), Paris 1984. Mourir pour la patrie et autres textes. Traduit de l'anglais et de l'allemand par Laurent Mayali et Anton Schütz. Préface à la deuxième éd. et présentation par Pierre Legendre (Les quarante piliers. Sér. Matériaux), 2004; — La sovranità dell'artista. Mito e immagine tra Medioevo e Rinascimento a cura di Maurizio Ghelardi. Presentazione di Ralph E. Giesey. Traduzione dall'inglese di Michele Bacci (Saggi Marsilio: Storia dell'arte), Venezia 1995; — Œuvres. L'empereur Frédéric II. Les deux corps du roi. Postface: »Histoires d'un historien, K.« par Alain Boureau (Coll. Quarto), Paris 2000; — misteri dello stato. A cura di Gianluca Solla (Kairos), Genova 2005.

Hrsg.: Late classical and mediaeval studies in honor of Albert Mathias Friend ed. by Kurt Weitzmann with the assistance of Sirarpie Der Nersessian, George H. Forsyth, Jr., E. H. K., Theodor E. Mommsen, Princeton, NJ 1955 (= reprint. Ann Arbor, MI 1978).

Vorworte: Luis Weckmann, Las Bulas alejandrinas de 1493 y la teoría política del papado medieval. Estudio de la supremacia papal sobre islas 1091-1493. Introducción por E. H. K. (Publicaciones del Instituto de historia, 11), México D.F. 1949.

Bibliogr.: E. H. K.: bibliography of writings, in: Selected studies, 1965, xi-xiv; — Hans Martin Schaller, Verz. der Schrr. v. E. H. K., in: DA 21 (1965), 14-17; — Bibliogr. der Schrr. v. E. H. K. in: E. H. K. Geschichtsschreiber (Tumult. Schrr. z. Verkehrswiss., 16), Wien o.J. [1992], 76-78; — Œuvres, 2000, 1313-1332.

Lit.: Sammelwerke (im Folgenden abgek.): Stupor Mundi. Zur Gesch. Friedrichs II. v. Hohenstaufen. Hrsg. v. Gunther Wolf (Wege der Forsch., 101), Darmstadt 1966; — E. H. K.

Geschichtsschreiber (Tumult. Schrr. z. Verkehrswiss., 16), Wien o.J. [1992]; — E. K. 1895-1963. Soz. Milieu u. wiss. Relevanz. Vortrr. eines Symposiums am Inst. f. Gesch. der Adam-Mickiewicz-Univ. Poznan, 23.-24. November 1995 hrsg. v. Jerzy Strzelczyk (Publikacje Instytutu Historii UAM [Uniwersytet im. Adama Mickiewicza], 7), Poznan 1996. E. K. (1895-1963). Soz. Milieu u. wiss. Relevanz. Vortrr. eines Symposiums am Inst. f. Gesch. der Adam-Mickiewicz-Univ. Poznan, 23.-24. November 1995 hrsg. v. Jerzy Strzelczyk (Publikacje Instytutu Historii UAM [Uniwersytet im. Adama Mickiewicza], 31). 2., durchgesehene Aufl., Poznan 2000; — Robert Louis Benson † u. Johannes Fried (Hrsg.), E. K. Erträge der Doppeltagung, Institute for Advanced Study, Princeton, Johann Wolfgang Goethe-Univ., Frankfurt (Frankfurter hist. Abhh., 39), Stuttgart 1997; — Geschichtskörper. Zur Aktualität v. E. H. K. Hrsg. v. Wolfgang Ernst u. Cornelia Vismann, München 1998; — Geschichtsbilder im George-Kr. Wege z. Wiss. Hrsg. v. Barbara Schlieben, Olaf Schneider u. Kerstin Schulmeyer, Göttingen 2004.

Einzeltitel: Frederic William Maitland, The Corporation Sole, in: The Law Quarterly Rv. 16 (1900), 335-354, erneut in: Idem, State, Trust and Corporation. Ed. by David Runciman and Magnus Ryan (Cambridge texts in the hist. of political thought), Cambridge/New York 2003, 9-31; — Ders., The Crown as Corporation, in: The Law Quarterly Rv. 17 (1901), 131-146, erneut in: Idem, State, Trust and Corporation. Ed. by David Runciman and Magnus Ryan (Cambridge texts in the history of political thought), Cambridge/New York 2003, 32-51; — Fritz Kern, Gottesgnadentum u. Widerstandsrecht im früheren MA. Zur Entwicklungsgesch. der Monarchie (Ma. Stud., I.2), Leipzig 1914. Gottesgnadentum u. Widerstandsrecht im früheren MA. Zur Entwicklungsgesch. der Monarchie. Hrsg. v. Rudolf Buchner. 7. Aufl., unveränd. Nachdr. der 2. Aufl. v. 1954, Darmstadt 1980; engl.: Kingship and Law in the Middle Ages. I. The divine right of kings and the right of resistance in the early middle ages. II. Law and constitution in the middle ages. Translated with an introd. by S[tanley] B[ertram] Chrimes (Studies in Mediaeval Hist., 4), Oxford 1939; — Marc Bloch, Les rois thaumaturges. Étude sur le caractère surnaturel attribué à la puissance royale particulièrement en France et en Angleterre (Publications de la Faculté des lettres de l'université de Strasbourg, 19), Paris/Strasbourg/London/New York 1924 u.ö.; dt.: Die wundertätigen Kgg. Mit einem Vorwort v. Jacques Le Goff. Aus dem Frz. übers. v. Claudia Märtl (C. H. Beck Kulturwiss.), München 1998; — Albert Brackmann, Kaiser Friedrich II. in »mythischer Schau«, in: HZ 140 (1929), 534-549, erneut in: Ders., Gesammelte Aufss. Zu seinem 70. Geb. am 24. Juni 1941 v. Freunden, Fachgenossen u. Schülern als Festg. dargebracht, Weimar 1941, 367-380; Stupor Mundi, 1966, 5-48; — Ders., Nachwort. Anm. z. K.' Erwiderung, in: HZ 141 (1930), 472-478, erneut in: Stupor Mundi, 1966, 41-48; — Friedrich Baethgen, [Rez.] E. K., Kaiser Friedrich der Zweite, in: DLZ 51 (1930), 75-85; Wiederveröff. u.d.T.: Besprechung v. E. K.' »Kaiser Friedrich der Zweite«, in: Ders., Mediaevalia. Aufss., Nachrufe, Besprechungen. Hrsg. z. seinem 70. Geb. mit einer Einl. v. Herbert Grundmann (Schrr. der Monumenta Germaniae historica, 17/1), Stuttgart 1960, 542-548; Stupor Mundi, 1966, 49-61; — Ders., [Rez.] E. H. K., Laudes regiae, in: Ders., Mediaevalia. Aufss., Nachrufe, Besprechungen. Hrsg. z. seinem 70. Geb. mit einer Einl. v. Herbert Grundmann (Schrr. der Monumenta Germaniae historica, 17/1), Stuttgart 1960, 557-561; — Ders., E. K. 3. 5. 1895-9. 9. 1963, in: DA 21 (1965), 1-17; — Karl Hampe, Das neueste Lb. Kaiser Friedrichs II., in: HZ 146 (1932), 441-475, erneut in: Stupor Mundi, 1966, 62-102; — Herbert Grundmann, Kaiser Friedrich der Zweite, in: Literaturbl. der Frankfurter Ztg., 66. Jg., 30. 4. 1933, erneut in: Stupor Mundi, 1966, 103-108; — Gerhart Burian Ladner, Aspects of Mediaeval Thought on Church and State, in: The Rv. of Politics [Notre Dame, IN] 9 (1947), 403-422; — Ders., The Concept of the Image in the Greek Fathers and the Byzantine Iconoclastic Controversy, in: Dumbarton Oaks Papers. Dumbarton Oaks Center for Byzantine Studies [Washington, DC] 7 (1953), 1-34; — Ders., Homo Viator: Mediaeval Ideas on Alienation and Order, in: Speculum 42 (1967), 233-259; — Ders., Erinnerungen. Hrsg. v. Herwig Wolfram u. Walter Pohl (SÖAW.PH, 617), Wien 1994; — Richard Delbrueck, The Acclamation Scene on the Doors of Santa Sabina, in: The Art Bull. An illustrated quarterly publ. by the College Art Association of America [New York] 31 (1949), 215-217; — Henry Gerald Richardson, The English Coronation Oath, in: Speculum 24 (1949), 44-75; — Edward Elias Lowinsky, A Newly Discovered Sixteenth-Century Motet Manuscript at the Biblioteca Vallicelliana in Rome, in: Journal of the American Musicological Soc. 3 (1950), 173-232; — James Henry Oliver, The Ruling Power. A Study of the Roman Empire in the Second Century after Christ through the Roman Oration of Aelius Aristides, in: Transactions of the American Philosophical Soc. held at Philadelphia for promoting useful knowledge N.S. 43 (1953), no. 4, p. 871-1003; — Erwin Panofsky, The Hist. of Art, in: The Cultural migration: the European scholar in America. By Franz L[eopold] Neumann, Henri Peyre, E. P., Wolfgang Köhler, and Paul Tillich, [ed., with] introd. by W[illiam] Rex Crawford (The Benjamin Franklin lectures of the University of Pennsylvania, 5th ser., 51), Philadelphia, PA 1953, 82-111, Wiederveröff. u.d.T.: Three Decades of art Hist. in the United States: Impressions of a Transplanted European, in: College Art Journal 14 (1954), 7-27, erneut in: Meaning in the visual arts (Doubleday Anchor books, A59), Garden City, NY, 1955, 321-346; dt.: Epilog. Drei Jahrzehnte Kunstgesch. in den Vereinigten Staaten. Eindrücke eines versprengen Europäers, in: Sinn u. Deutung in der bildenden Kunst (Meaning in the visual arts). Aus dem Engl. v. Wilhelm Höck (DuMont Kunst-Taschenbücher, 33), Köln 1975, 378-406; — Gaines Post, Two Notes on Nationalism in the Middle Ages, in: Traditio 9 (1953), 281-296, erneut in: Idem, Studies in medieval legal thought. Public law and the State, 1100-1322, Princeton, NJ 1964 [= Reprint. Clark, NJ 2006], 435-453; — Ders., E. H. K., in: Speculum 39 (1964), 486-497; — Richard Rudolf Walzer, A Diatribe of Galen, in: HThR 47 (1954), 243-254; — Alastair Guinan, The Christian Concept of Kingship as Manifested in the Liturgy of the Western Church. A Frgm. in Suggestion, in: HThR 49 (1956), 219-269; — Robert Stuart Hoyt, The Coronation Oath of 1308, in: EHR 71 (1956), 353-383; — José Antonio Maravall Casesnoves, La idea del cuerpo místico en España antes de Erasmo, in: Boletín Informativo del Seminario de Derecho Político de la Universidad de Salaman-

ca (1956), 29-44, erneut in: Idem, Estudios de historia del pensamiento español. Ser. primera. Edad media Segunda edición ampliada, Madrid 1973, 191-213; Idem, Estudios de historia del pensamiento español. Ser. primera. Edad media 3ª edición ampliada, Madrid 1983, 179-199; — Nicolai Rubinstein, Political Ideas in Sienese Art: The Frescoes by Ambrogio Lorenzetti and Taddeo di Bartolo in the Palazzo Pubblico, in: The Journal of the Warburg and Courtauld Institutes 21 (1958), 179-207; — Friedrich Kempf, Unterss. über das Einwirken der Theol. auf die Staatslehre des MA (Ber. über ein neues Buch), in: RQ 54 (1959), 203-233; — Ralph Edwin Giesey, The Royal funeral ceremony in Renaissance France (Travaux d´humanisme et Renaissance, 37), Genève 1960; frz.: Le Roi ne meurt jamais. Les obsèques royales dans la France de la Renaissance. Traduit de l´anglais par Dominique Ebnöther. Préface de François Furet (Nouvelle bibliothèque scientifique, 137), Paris 1987; — Ders., The Juristic Basis of Dynastic Right to the French Throne, in: Transactions of the American Philosophical Soc. held at Philadelphia for promoting useful knowledge N.S. 51 (1961), no. 5, p. 3-47; — Ders., The Presidents of Parlement at the Royal Funeral, in: The Sixteenth Century Journal. A journal for Renaissance and Ref. students and scholars 7 (1976), 25-34; — Ders., E. H. K.: scholarly triumphs and academic travails in Weimar Germany and the United States, in: Yearbook. Leo Baeck Institute of Jews from Germany 30 (1985), 191-202; — Ders., Cérémonial et puissance souveraine: France, XVe-XVIIe siècles. Traduit par Jeannie Carlier (Cahiers des Annales, 41), Paris 1987, 9-19 u.ö.; — Ders., Was f. zwei Körper?, in: E. H. K.: Ge schichtsschreiber, 1992, 79-93; — Ders., The Two Bodies of the French King, in: E. K. Erträge der Doppeltagung, 1997, 224-239; — Ders., Rulership in France, 15th-17th centuries (Variorum collected studies ser., 794), Aldershot 2004; — Irving Louis Horowitz, Averroism and the Politics of Philosophy, in: The Journal of Politics (JOP). Southern Political Science Association 22 (1960), 698-727; — Michael Landmann, Gertrud Kantorowicz, in: Gertrud Kantorowicz, Vom Wesen der griech. Kunst. Hrsg. u. mit einem Nachwort versehen v. Michael Landmann (Veröff. der Dt. Akademie f. Sprache u. Dichtung, Darmstadt, 24), Heidelberg/Darmstadt 1961, 93-106; — Jennifer Montagu, The »Institution of the Eucharist« by Charles Le Brun, in: The Journal of the Warburg and Courtauld Institutes 24 (1961), 309-312; — John Gordon Rowe, The Tragedy of Aeneas Sylvius Piccolomini (Pope Pius II): An Interpretation, in: ChH 30 (1961), 288-313; — Bernhard Walter Scholz, The Canonization of Edward the Confessor, in: Speculum 36 (1961), 38-60; — Beryl Smalley, The King´s Two Bodies, in: Past & Present. A journal of historical studies publ. for the Past and Present Soc., 1961, no. 20, p. 30-35; — Bruno Stäblein, Zur Frühgesch. der Sequenz, in: AfMw 18 (1961), 1-33; — Richard H. Randall, Jr., An Eleventh-Century Ivory Pectoral Cross, in: The Journal of the Warburg and Courtauld Institutes 25 (1962), 159-171; — Don Denny, The Trinity in Enguerrand Quarton´s »Coronation of the Virgin«, in: The Art Bull. An illustrated quarterly publ. by the College Art Association of America [New York] 45 (1963), 48-52; — Ewart [Kellogg] Lewis, The »Positivism« of Marsiglio of Padua, in: Speculum 38 (1963), 541-582; — Ders., King above Law? »Quod Principi Placuit« in Bracton, in: Speculum 39 (1964), 240-

269; — Stoddard Malarkey, The »Corones Tweyne«: An Interpretation, in: Speculum 38 (1963), 473-478; — Martin Persson Nilsson, The High God and the Mediator. To Erland Ehnmark, in: HThR 56 (1963), 101-120; — Charles J. Speel, II, Theological Concepts of Magistracy: A Study of Constantinus, Henry VIII, and John F. Kennedy, in: ChH 32 (1963), 130-149; — Brian Tierney, Bracton on Government, in: Speculum 38 (1963), 295-317; — Ders., »Natura id est Deus«: A Case of Juristic Pantheism?, in: Journal of the Hist. of Ideas. A quarterly devoted to cultural and intellectual hist. 24 (1963), 307-322; — Ders., »The Prince is Not Bound by the Laws.«. Accursius and the Origins of the Modern State, in: Comparative Studies in Soc. and Hist. An internat. quarterly 5 (1963), 378-400; — Sidney Warhaft, The Mystery of Hamlet, in: ELH. A journal of English literary hist. [The Tudor and Stuart Club of John Hopkins University Baltimore, MD] 30 (1963), 193-208; — Josef Fleckenstein, E. K. z. Gedächtnis (Frankfurter Universitätsreden. N.F., 34), Frankfurt a.M. 1964; — Hans Liebeschütz, E. K. and the George Circle, in: Yearbook. Leo Baeck Institute of Jews from Germany 9 (1964), 345-347; — Lester K. Little, Saint Louis' Involvement with the Friars, in: ChH 33 (1964), 125-148; — Yakov Malkiel, E. H. K., in: Romance Philology. Research Center for Romance Studies, Berkeley 18 (1964), 1-15; — Ders., E. H. K., in: On four modern humanists: Hofmannsthal, Gundolf, Curtius, K. Ed. by Arthur R[obert] Evans, Jr. (Princeton essays in European and comparative literature, 2), Princeton, NJ 1970, 146-219; — Edgar Salin, E. H. K. 1895-1963, in: HZ 199 (1964), 551-557; — Carolyn Andervont Edie, Succession and Monarchy: The Controversy of 1679-1681, in: AHR 70 (1965), 350-376; — William Albert Chaney, The Economics of Ruler-Cult in Anglo-Saxon Law, in: Journal of British Studies 4 (1965), 1-17; — Francis Oakley, Gerson and d'Ailly: An Admonition, in: Speculum 40 (1965), 74-83; — Ders., Jacobean Political Theology: The Absolute and Ordinary Powers of the King, in: Journal of the Hist. of Ideas. A quarterly devoted to cultural and intellectual hist. 29 (1968), 323-346; — Howard Laurence Adelson, The Holy Lance and the Hereditary German Monarchy, in: The Art Bull. An illustrated quarterly publ. by the College Art Association of America [New York] 48 (1966), 177-192; — Joachim E. Gaehde, The Bible of San Paolo fuori le mura in Rome: Its Date and Its Relation to Charles the Bald, in: Gesta. Internat. Center of Medieval Art [New York] 5 (1966), 9-21; — Adelheid Heimann, Three Illustrations from the Bury St. Edmunds Psalter and Their Prototypes. Notes on the Iconography of Some Anglo-Saxon Drawings, in: The Journal of the Warburg and Courtauld Institutes 29 (1966), 39-59; — Dies., The Capital Frieze and Pilasters of the Portail Royal, Chartres. In memoriam Erwin Panofsky, in: The Journal of the Warburg and Courtauld Institutes 31 (1968), 73-102; — Jerrold Edward Seigel, »Civic Humanism« or Ciceronian Rhetoric? The Culture of Petrarch and Bruni, in: Past & Present. A journal of historical studies publ. for the Past and Present Soc., 1966, no. 34, p. 3-48; — David Pierpoint Gardner, The California oath controversy, Berkeley, CA 1967; — Ders., By Oath and Association: The California Folly, in: The Journal of Higher Education [Columbus, OH] 40 (1969), 122-134; — Carl Goldstein, Louis XIV and Jason, in: The Art Bull. An illustrated quarterly publ. by the College Art Associati-

on of America [New York] 49 (1967), 327-329; — František Graus, Social Utopias in the Middle Ages, in: Past & Present. A journal of historical studies publ. for the Past and Present Soc., 1967, no. 38, p. 3-19; — Jerah Johnson, The Concept of the »King's Two Bodies« in »Hamlet«, in: Shakespeare Quarterly, publ. by the Folger Shakespeare Library [Washington, DC] 18 (1967), 430-434; — Hans Eberhard Mayer, Das Pontifikale v. Tyrus u. die Krönung der lat. Kgg. v. Jerusalem. Zugleich ein Btr. z. Forsch. über Herrschaftszeichen u. Staatssymbolik, in: Dumbarton Oaks Papers. Dumbarton Oaks Center for Byzantine Studies [Washington, DC] 21 (1967), 141-232; — Ders., Kenneth Meyer Setton (17 June 1914-18 February 1995), in: Proceedings of the American Philosophical Soc. held at Philadelphia for promoting useful knowledge 141 (1997), no. 2, p. 240-249; — Norman Frank Cantor, Medieval Historiography as Modern Political and Social Thought, in: Journal of Contemporary Hist. 3 (1968), no. 2: Reappraisals, p. 55-73; — Ders., The Nazi Twins: Percy Ernst Schramm and E. H. K., in: Idem, Inventing the Middle Ages. The lives, works, and ideas of the great medievalists of the twentieth century, New York 1991, 97-117; — Peter [Jack] Gay, Weimar culture. The outsider as insider, New York 1968 [u.ö.]; dt.: Die Republik der Außenseiter. Geist u. Kultur in der Weimarer Zeit, 1918-1933. Mit einer Einl. v. Karl Dietrich Bracher. Aus dem Amerikanischen übers. v. Helmut Lindemann, Frankfurt a.M. 1970 [u.ö.]; it.: La cultura di Weimar. The outsider as insider. Introduzione di Cesare Cases (La scienza nuova, 61), Bari 1978; frz.: Le suicide d'une république. Weimar, 1918-1933. Traduit de l'américain par Jean-François Sené (Essai hist.), Paris 1993; — Jerome J. Hanus, Certiorari and Policy-Making in English Hist., in: The American Journal of Legal Hist. Official publication of the American Soc. for Legal Hist. 12 (1968), 63-94; — Walther Lammers, Bild u. Urteil in der Geschichtsschreibung. Beobachtungen an Darst. Friedrichs II. v. Hohenstaufen, in: Schleswig-Holstein u. der Norden. Festschr. z. 65. Geb. v. Olaf Klose. Hrsg. v. Alfred Kamphausen im Namen der Ges. f. Schleswig-Holsteinische Gesch., Neumünster 1968, 33-49, erneut in: Walther Lammers, Vestigia mediaevalia. Ausgewählte Aufss. z. ma. Historiographie, Landes- u. KG (Frankfurter hist. Abhh., 19), Wiesbaden 1979, 109-123; — George Richard Levine, Dryden's »Inarticulate Poesy«. Music and the Davidic King in »Absalom and Achitophel«, in: Eighteenth-Century Studies. A journal of literature and the arts 1 (1968), 291-312; — Hessel Miedema, The Term »Emblema« in Alciati, in: The Journal of the Warburg and Courtauld Institutes 31 (1968), 234-250; — Carl Nordenfalk, An Illustrated Diatessaron, in: The Art Bull. An illustrated quarterly publ. by the College Art Association of America [New York] 50 (1968), 119-140; — Colin Eisler, Kunstgesch. American style: a study in migration, in: The intellectual migration. Europe and America, 1930-1960. Ed. by Donald Fleming and Bernard Bailyn, Cambridge, MA 1969, 544-629; — Michel Huglo, Le théoricien bolognais Guido Fabe, in: Rv. de musicologie publ. par la Soc. Française de Musicologie 55 (1969), 78-82; — Richard A. Jackson, The »Traité du Sacre« of Jean Golein, in: Transactions of the American Philosophical Soc. held at Philadelphia for promoting useful knowledge 113 (1969), no. 4, p. 305-324; — Ders., Elective Kingship and »Consensus Populi« in Sixteenth-Century France, in: The Journal of Modern Hist. Publ. in co-operation with the Modern European Hist. Section of the American Historical Association [Chicago, IL] 44 (1972), 155-171; — Ders., A Little-Known Description of Charles IX's Coronation, in: Renaissance Quarterly publ. by the Renaissance Soc. of America [New York] 25 (1972), 289-296; — Ders., Vivat rex! Hist. des sacres et couronnements en France, 1364-1825. Traduit par Monique Arav, Strasbourg/Paris 1984; engl.: Vive le roi! A hist. of the French coronation from Charles V to Charles X, Chapel Hill, NC/London 1984; — James Lowe Peacock, Mystics and Merchants in Fourteenth Century Germany: A Speculative Reconstruction of Their Psychological Bond and Its Implications for Social Change, in: Journal for the Scientific Study of Rel. Official journal of the Soc. for the Scientific Study of Rel. 8 (1969), 47-59; — Joseph Smits van Waesberghe, Einl. z. einer Kausalitätserkl. der Evolution der Kirchenmusik im MA (v. etwa 800 bis 1400), in: AfMw 26 (1969), 249-275; — Katherine R. Brown, Documents in Gold, in: The Metropolitan Museum of Art Bull. N.S. 28 (1970), 232-239; — Yakov Malkiel, E. H. K., in: On four modern humanists: Hofmannsthal, Gundolf, Curtius, K., ed. by Arthur R[obert] Evans, Jr. (Princeton essays in European and comparative literature, 2), Princeton, NJ 1970; — Manfred Schuler, Die Musik an den Höfen der Karolinger, in: AfMw 27 (1970), 23-40; — Henri Seyrig, Les dieux armés et les Arabes en Syrie, in: Syria 47 (1970), 77-112; — Ders., Les dieux syriens en habit militaire, in: al-Hawliyyat al-atariyya as-suriyya = Les annales archéologiques de Syrie. Rv. d'archéologie et d'hist. syriennes [Dimašq] 21 (1971), 67-70; — Jörg Traeger, Der Bamberger Reiter in neuer Sicht, in: Zschr. f. Kunstgesch. 33 (1970), 1-20; — Ders., Der »Heuwagen« des Hieronymus Bosch u. der eschatologische Adventus des Papstes, in: Zschr. f. Kunstgesch. 33 (1970), 298-331; — Robert Deshman, Otto III and the Warmund Sacramentary: A Study in Political Theology, in: Zschr. f. Kunstgesch. 34 (1971), 1-20; — David George Hale, The body politic: a political metaphor in Renaissance English literature (De proprietatibus litterarum edenda curavi C[ornelis] H[endrik] van Schooneveld: Series maior, 9), The Hague/Paris 1971; — Ursula Mielke, Zum Programm der Paradiesestür, in: Zschr. f. Kunstgesch. 34 (1971), 115-134; — Thomas Owen Beidelman, Neglected Master: A. M. Hocart, in: The Journal of Interdisciplinary Hist. Massachusetts Institute of Technology, School of Humanities and Social Sciences 2 (1972), 311-316; — Marianne Jenkins, The Iconography of the Hall of the Consistory in the Palazzo Pubblico, Siena, in: The Art Bull. An illustrated quarterly publ. by the College Art Association of America [New York] 54 (1972), 430-451; — Donald Reed Kelley, Martyrs, Myths, and the Massacre: The Background of St. Bartholomew, in: AHR 77 (1972), 1323-1342; — Lucy Freeman Sandler, Christian Hebraism and the Ramsey Abbey Psalter, in: The Journal of the Warburg and Courtauld Institutes 35 (1972), 123-134; — Thomas Curtis Van Cleve, The Emperor Frederick II of Hohenstaufen. Immutator mundi, Oxford 1972; — Liselotte Wehrhahn-Stauch, Christliche Fischsymbolik v. den Anfängen bis z. hohen MA, in: Zschr. f. Kunstgesch. 35 (1972), 1-68; — Anne McGee Morganstern, The La Grange Tomb and Choir: A Monument of the Great Schism of the West, in: Speculum 48 (1973), 52-69; — Georg G[erson] Ig-

gers, Die dt. Historiker in der Emigration, in: Geschichtswiss. in Dtld. Traditionelle Positionen u. gegenwärtige Aufgaben. Hrsg. v. Bernd Faulenbach (Beck'sche schwarze R., 111), München 1974, 97-111; — Brian Stock, The Middle Ages as Subject and Object: Romantic Attitudes and Academic Medievalism, in: New Literary Hist. A Journal of Theory & Interpretation 5 (1974), no. 3: Hist. and Criticism I, p. 527-547; — Edward Frederick John Tucker, Legal Fiction and Human Reality: Hal's Role in »Henry V«, in: Educational Theatre Journal 26 (1974), 308-314; — Suzanne Fonay Wemple, Claudius of Turin's Organic Metaphor or the Carolingian Doctrine of Corporations, in: Speculum 49 (1974), 222-237; — Peter Schumann, Die dt. Historikertage v. 1893 bis 1937. Die Gesch. einer fachhist. Institution im Spiegel der Presse, Göttingen [Selbstverl.] 1975, 370-394 u.ö.; — Shigebumi Tsuji, The Headpiece Miniatures and Genealogy Pictures in Paris. Gr. 74, in: Dumbarton Oaks Papers. Dumbarton Oaks Center for Byzantine Studies [Washington, DC] 29 (1975), 165-203; — Robert Eccleshall, Richard Hooker's Synthesis and the Problem of Allegiance, in: Journal of the Hist. of Ideas. A quarterly devoted to cultural and intellectual hist. 37 (1976), 111-124; — Charles Warren Hollister, Normandy, France and the Anglo-Norman Regnum, in: Speculum 51 (1976), 202-242; — Sarah Hanley Madden, The »Lit de Justice« and the Fundamental Law, in: The Sixteenth Century Journal. A journal for Renaissance and Ref. students and scholars 7 (1976), 3-14; — Sarah Hanley, The »Lit de justice« of the kings of France. Constitutional ideology in legend, ritual, and discourse (Studies presented to the Internat. Commission for the Hist. of Representative and Parliamentary Institutions = Études présentées à la Commission Internationale pour l'Hist. des Assemblées d'États, 65), Princeton, NJ 1983; frz.: Le »Lit de justice« des rois de France. L'idéologie constitutionnelle dans la légende, le rituel et le discours. Traduit de l'americain par André Charpentier (Coll. historique), Paris 1991; — Edward Owen Smith , Jr., Crown and Commonwealth. A Study in the Official Elizabethan Doctrine of the Prince, in: Transactions of the American Philosophical Soc. held at Philadelphia for promoting useful knowledge N.S. 66 (1976), no. 8, p. 1-51; — Patricia Springborg, »Leviathan«, The Christian Commonwealth Incorporated, in: Political Studies. The journal of the Political Studies Association of the United Kingdom [Oxford] 24 (1976), 171-183; — Dies., Hobbes's Biblical Beasts: »Leviathan« and »Behemoth«, in: Political Theory. An internat. journal of political philosophy 23 (1995), 353-375; — Philippe Verdier, Suger a-t-il été en France le créateur du thème iconographique du couronnement de la Vierge?, in: Gesta. Internat. Center of Medieval Art [New York] 15 (1976), no. 1-2: Essays in Honor of Sumner McKnight Crosby, p. 227-236; — David Samuel Harvard Abulafia, K. and Frederick II, in: History. The journal of the Historical Association 62 (1977), 193-210, erneut in: Idem, Italy, Sicily and the Mediterranean, 1100-1400 (Collected studies ser., CS250), London 1987; — Ders., Frederick II. A medieval emperor, London 1988; it.: Federico II. Un imperatore medievale. Traduzione di Gianluigi Mainardi (Biblioteca di cultura storica, 180), Torino 1990; dt.: Herrscher zw. den Kulturen. Friedrich II. v. Hohenstaufen. Aus dem Engl. v. Karl Heinz Siber, Berlin 1991; — Ders., K., Frederick II and Engl., in: E. K. Erträge der Doppeltagung, 1997, 124-143; — Marie Axton, The queen's two bodies: drama and the Elizabethan succession (Royal Historical Soc. studies in hist.), London 1977; — Reinhard Elze, »Sic transit gloria mundi«. La morte del papa nel medioevo, in: Annali dell'Istituto storico italo-germanico in Trento / Jb. des It.-Dt. Hist. Inst. in Trient 3 (1977), 23-41; dt.: »Sic transit gloria mundi«. Zum Tode des Papstes im MA, in: DA 34 (1978), 1-18; — Christel Meier, Gemma spiritalis. Methode u. Gebrauch der Edelsteinallegorese v. frühen Christentum bis ins 18. Jh. Teil 1 (Münstersche MA-Schrr., 34/1), München 1977; — N. Patrick Peritore, The Political Thought of Gemistos Plethon: A Renaissance Byzantine Reformer, in: Polity. The journal of the Northeastern Political Science Associations [Amherst, MA] 10 (1977), 168-191; — Claire Richter Sherman, The Queen in Charles' V »Coronation Book«: Jeanne de Bourbon and the »Ordo ad Reginam Benedicendam«, in: Viator. Medieval and Renaissance Studies, publ. under the auspices of the Center for Medieval and Renaissance Studies, University of California, Los Angeles 8 (1977), 255-297; — Ray Allen Billington, From Association to Organization: The OAH in the Bad Old Days, in: Journal of American Hist. 65 (1978), 75-84; — Marjorie O'Rourke Boyle, Erasmus' Prescription for Henry VIII: Logotherapy, in: Renaissance Quarterly publ. by the Renaissance Soc. of America [New York] 31 (1978), 161-172; — Robert T[homas] Farrell, The archer and associated figures on the Ruthwell cross, in: Bede and Anglo-Saxon Engl.: papers in honour of the 1300th anniversary of the birth of Bede, given at Cornell University in 1973 and 1974, ed. by Robert T[homas] Farrell (British Archaeological Reports, 46), Oxford 1978, 96-117; — William H. Forsyth, A Gothic Doorway from Moutiers-Saint-Jean, in: Metropolitan Museum Journal 13 (1978), 33-74; — Robert E. Goodin, Rites of rulers, in: The British Journal of Sociology, publ. for the London School of Economics 29 (1978), 281-299; — Andrew Wells Lewis, Anticipatory Association of the Heir in Early Capetian France, in: AHR 83 (1978), 906-927; — Loren W. Partridge, Divinity and Dynasty at Caprarola: Perfect Hist. in the Room of Farnese Deeds, in: The Art Bull. An illustrated quarterly publ. by the College Art Association of America [New York] 60 (1978), 494-530; — David Arthur Wells, Imperial Sanctity and Political Reality: Bible, Liturgy, and the Ambivalence of Symbol in Walther von der Vogelweide's Songs under Otto IV, in: Speculum 53 (1978), 479-510; — Homer Obed Brown, Tom Jones: The »Bastard« of Hist., in: boundary 2. An Internat. Journal of Literature and Culture [Durham, NC] 7 (1979), no. 2: Revisions of the Anglo-American Tradition. Part 1. Ed. by Paul A. Bové, p. 201-234; — Madeline Harrison Caviness, Conflicts between »Regnum« and »Sacerdotium« as Reflected in a Canterbury Psalter of ca. 1215, in: The Art Bull. An illustrated quarterly publ. by the College Art Association of America [New York] 61 (1979), 38-58; — James Daly, Cosmic Harmony and Political Thinking in Early Stuart Engl., in: Transactions of the American Philosophical Soc. held at Philadelphia for promoting useful knowledge N.S. 69 (1979), no. 7, p. 1-41; — Edward Muir, Images of Power: Art and Pageantry in Renaissance Venice, in: AHR 84 (1979), 16-52; — Ian Stuart Robinson, Pope Gregory VII, the Princes and the Pactum 1077-1080, in: EHR 94 (1979), no. 373, p. 721-756; — Herold Weiss, Foot Washing in the Johannine Community, in: NovTest 21 (1979), 298-325; — Samuel Y. Edgerton, Jr., Icons of Justice, in: Past & Present. A journal of historical studies publ. for the Past and Present Soc., 1980, no. 89, p. 23-38; — Volker Herzner, Die »Judith« der Medici, in: Zschr. f. Kunstgesch. 43 (1980), 139-180; — Ernst Kitzinger, A Virgin's Face: Antiquarianism in Twelfth-Century Art, in: The Art Bull. An illustrated quarterly publ. by the College Art Association of America [New York] 62 (1980), 6-19; — Brownell Salomon, Thematic Contraries and the Dramaturgy of »Henry V«, in: Shakespeare Quarterly, publ. by the Folger Shakespeare Library [Washington, DC] 31 (1980), 343-356; — Walter Cahn, Notes on a Mosan Enamel in Moulins, in: Gesta. Internat. Center of Medieval Art [New York] 20 (1981), no. 1-2: Essays in Honor of Harry Bober on the occasion of the 25th anniversary of the founding of the Internat. Center of Medieval Art. Guest ed.: Elizabeth C. Parker, p. 155-159; — Nathalie Zemon Davis, The Sacred and the Body Social in Sixteenth-Century Lyon, in: Past & Present. A journal of historical studies publ. for the Past and Present Soc., 1981, no. 90, p. 40-70; — Dies., Hist.'s Two Bodies, in: AHR 93 (1988), 1-30; — Marcel Gauchet, Des deux corps du roi pouvoir sans corps. Christianisme et politique, in: Le débat. Hist., politique, soc. Rv. mensuelle 2 (1981), n° 14, p. 133-157; n° 15, p. 147-168; — Rolf Hasler, Zu zwei Darst. aus der ältesten Kopie des Utrecht-Psalters. British Library, Cod. Harleianus 603, in: Zschr. f. Kunstgesch. 44 (1981), 317-339; — Susan Reynolds, Law and Communities in Western Christendom, c. 900-1140, in: The American Journal of Legal Hist. Official publication of the American Soc. for Legal Hist. 25 (1981), 205-224; — Corinne Comstock Weston and Janelle Renfrow Greenberg, Subjects and Sovereigns. The grand controversy over legal sovereignty in Stuart Engl., Cambridge/New York/Melbourne 1981; — William E. Wiethoff, A Machiavellian Paradigm for Diplomatic Communication, in: The Journal of Politics (JOP). Southern Political Science Association 43 (1981), 1090-1114; — Judith A. Kidd, The Quinity of Winchester Reconsidered, in: Studies in Iconography 7/8 (1981/1982), 21-33; — Werner Busch, Lucas van Leydens »Große Hagar« u. die augustinische Typologieauffassung der Vorref., in: Zschr. f. Kunstgesch. 45 (1982), 97-129; — Dian Fox, »El Medico de su Honra«: Political Considerations, in: Hispania. Revista española de historia 65 (1982), 28-38; — Eckhart Grünewald, E. K. u. Stefan George. Btrr. z. Biogr. des Historikers bis z. J. 1938 u. z. seinem Jugendwerk »Kaiser Friedrich der Zweite« (Frankfurter hist. Abhh., 25), Wiesbaden 1982; — Ders., E. K. (1895-1963). Dt. Jude aus Posen, Freikorpskämpfer, Stefan-George-Jünger, Historiker, Emigrant, europäischer Weltbürger in Amerika, in: Börsenbl. f. den Dt. Buchhandel 159 (1992), 84-86. 88-90; — Ders., Sanctus amor patriae dat animum - ein Wahlspruch des George-Kr.? E. K. auf dem Historikertag z. Halle a. d. Saale im J. 1930, in: DA 50 (1994), 89-125; — Ders., »Übt an uns mord u. reicher blüht was blüht!« E. K. spricht am 14. November 1933 über das »Geheime Dtld.«, in: E. K. Erträge der Doppeltagung, 1997, 57-76, erneut in: George-Jb. Im Auftrag der Stefan-George-Ges. hrsg. [Tübingen] 3 (2000/2001), 131-156; it.: La »Germania Segreta« e il Terzo Reich, in: Arte e politica. A cura di Stefano Zecchi (Filosofia dell'arte, 2), Milano 2002, 156-173; — Ders., »Not Only in Learned Circles«: The Reception of »Frederick the Second« in Germany before the Second World War, in: E. K. Erträge der Doppeltagung, 1997, 162-179; — Michael Paul Rogin, The King's Two Bodies: Lincoln, Wilson, Nixon, and the Presidential Self-sacrifice, in: Public values & private power in American politics. Ed. by J. David Greenstone, Chicago, IL/London 1982, 71-108, erneut in: Michael Paul Rogin, Ronald Reagan, the movie, and other episodes in political demonology, Berkeley, CA/Los Angeles/London 1987, 71-108; frz.: Les démons de l'Amérique. Essais d'hist. politique des Etats-Unis. Trad. de Cyril Veken (Des travaux), Paris 1998; — Ekbert Faas, Young Robert Duncan. Portrait of the poet as homosexual in soc., Santa Barbara, CA 1983; — Donna B. Hamilton, The State of Law in »Richard II«, in: Shakespeare Quarterly, publ. by the Folger Shakespeare Library [Washington, DC] 34 (1983), 5-17; — James Holstun, Tragic Superfluity in Coriolanus, in: ELH. A journal of English literary hist. [The Tudor and Stuart Club of John Hopkins University Baltimore, MD] 50 (1983), 485-507; — Heinrich Franz Plett and Peter Heath, Aesthetic Constituents in the Courtly Culture of Renaissance Engl., in: New Literary Hist. A Journal of Theory & Interpretation 14 (1983), no. 3: Renaissance Literature and Contemporary Theory, p. 597-621; — Andrew L. Yarrow, Humanism and Deutschtum: The origin, development, and consequences of the politics o poetry in the George-Kr., in: The Germanic Rv.: Literature, Culture, Theory [Washington, DC] 58 (1983), 1-11; — Martin Camargo, The »Libellus de arte dictandi rhetorice« Attributed to Peter of Blois, in: Speculum 59 (1984), 16-41; — Dallas L. Clouatre, The Concept of Class in French Culture Prior to the Rev., in: Journal of the Hist. of Ideas. A quarterly devoted to cultural and intellectual hist. 45 (1984), 219-244; — Lewis A[lfred] Coser, Refugee scholars in America: their impact and their experiences, New Haven, CT/London 1984; — Louise Olga Fradenburg, Spectacular Fictions: The Body Politic in Chaucer and Dunbar, in: Poetics Today. Internat. journal for theory and analysis of literature and communication. The Porter Institute for Poetics and Semiotics, Tel Aviv University [Durham, NC] 5 (1984), no. 3: Medieval and Renaissance Representation: New Reflections, p. 493-517; — Dies., The Manciple's Servant Tongue: Politics and Poetry in the Canterbury Tales, in: ELH. A journal of English literary hist. [The Tudor and Stuart Club of John Hopkins University Baltimore, MD] 52 (1985), 85-118; — Pierre Legendre, Présentation, in: E. H. K., Mourir pour la patrie et autres textes. Traduit de l'américain par Laurent Mayali et de l'allemand par Anton Schütz. Présentation par Pierre Legendre (Pratiques théoriques, 6), Paris 1984, 9-21; — Ders., Der Tod, die Macht, das Wort. K.' Arbeit am Fiktiven u. am Politischen. [Dt. v. Walter Seitter], in: E. H. K.: Geschichtsschreiber, 1992, 109-115; — M. J. Silverman, Ælfric's Designation of the King as »Cristes Sylfes Speligend«, in: The Rv. of English Studies. The leading journal of English literature and the English language, N.S. 35 (1984), no. 139, p. 332-334; — Gerda Stuchlik, Goethe im Braunhemd. Univ. Frankfurt 1933-1945, Frankfurt a.M. 1984; — Peter Thomas Walther, Emigrierte dt. Historiker in den USA, in: Berr. z. Wissenschaftsgesch. Organ der Ges. f. Wissenschaftsgesch. e.V. [Wiesbaden] 7 (1984), 41-52; — Lanny Bell, Luxor Temple and the Cult of the Royal »Ka«, in: JNES 44 (1985), 251-294; — Angus MacKay, Ritual and Propaganda in Fifteenth-Century Castile, in: Past & Present. A journal of historical studies publ. for the Past and Present Soc., 1985, no. 107, p. 3-43; — Arnaldo Dante Momigliano, Sull'inesistenza di un filone romantico nella filologia classica italiana del sec. XIX, in: Idem, Tra storia e storicismo (Biblioteca di scienze dell'uomo, 1), Pisa 1985, 235-251, erneut in: Idem, Nono contributo alla storia degli studi classici e del mondo antico edito a cura di Riccardo Di Donato (Storia e letteratura. Raccolta di studi e testi, 180), Roma 1992, 643-656; dt.: Warum es im 19. Jh. in der Klass. Philologie in Italien keine romantische Schule gab, in: Ders., Ausgew. Schrr. z. Gesch. u. Geschichtsschreibung. Hrsg. v. Glenn W. Most unter Mitwirkung v. Wilfried Nippel u. Anthony Grafton. Bd. 3: Die moderne Geschichtsschreibung der Alten Welt. Hrsg. v. Glenn W. Most. Übers. v. Kai Brodersen u. Andreas Wittenburg, Stuttgart/Weimar 2000, 25-40. 397-398; — Lawrence McBride Bryant, The king and the city in the Parisian royal entry ceremony. Politics, ritual, and art in the Renaissance (Travaux d'humanisme et Renaissance, 216), Genève 1986; — Pierre Contamione, Mourir pour la patrie: Xème - XXème siècle, in: Les lieux de mémoire sous la direction de Pierre Nora. II: La nation. Vol. 3: La gloire, les mots. Avec la collaboration de Jean-Pierre Babelon [et al.] (Bibliothèque illustrée des histoires), Paris 1986, 11-43; — Ralph Edwin Giesey, Lanny Haldy and James Millhorn, Cardin Le Bret and Lese Majesty, in: Law and Hist. Rv. Semi-annual publ. of Cornell Law School and the American Soc. for Legal Hist. 4 (1986), 23-54; — Henry E. Jacobs, Prophecy and Ideology in Shakespeare's »Richard II«, in: South Atlantic Rv. 51 (1986), 3-17; — Stephen G. Nichols, Fission and Fusion: Mediations of Power in Medieval Hist. and Literature, in: Images of power. Medieval hist./discourse/literature. Ed. by Kevin Brownlee and Stephen G. Nichols (Yale French studies, 70), New Haven, CT/London 1986, 21-41; — Judith Richards, »His Nowe Majestie« and the English Monarchy: The Kingship of Charles I before 1640, in: Past & Present. A journal of historical studies publ. for the Past and Present Soc., 1986, no. 113, p. 70-96; — Wolfgang Christian Schneider, Imago Christi - Mirabilia Mundi. Kaiser Otto III. im Aachener Evangeliar. E. H. K. 3. 5. 1895 - 9. 9. 1963 z. Gedächtnis, in: Castrum Peregrini. Zschr. f. Lit., Kunst- u. Geistesgesch. hrsg. v. der Stichting Castrum Peregrini [Amsterdam] 36 (1986), H. 173/174, S. 98-153; — Victor Ieronim Stoichita, Imago Regis. Kunsttheorie u. kgl. Porträt in den Meninas v. Velázquez, in: Zschr. f. Kunstgesch. 49 (1986), 165-189; — E. Gordon Whatley, Heathens and Saints: »St. Erkenwald« in Its Legendary Context, in: Speculum 61 (1986), 330-363; — Kristin Eldyss Sorensen Zapalac, Ritual and Propaganda in Fifteenth-Century Castile, in: Past & Present. A journal of historical studies publ. for the Past and Present Soc., 1986, no. 113, p. 185-196; — A. London Fell, Origins of legislative sovereignty and the legislative state. Vol. 3: Bodin's humanistic legal system and rejection of »medieval political theology«, Boston, MA 1987; — Bernard Charles Flynn, Foucault and the Body Politic, in: Man and World. An internat. philosophical rv. 20 (1987), 65-84; — Ders., The philosophy of Claude Lefort. Interpreting the political (Northwestern University studies in phenomenology and existential philosophy), Evanston, IL 2005; — Marchita Bradford Mauck, The Mosaic of the Triumphal Arch of S. Prassede: A Liturgical Interpretation, in: Speculum 62 (1987), 813-828; — Helmut Nickel, A Heraldic Note about the Portrait of Ladislaus, Count of Haag, by Hans Mielich, in: Metropolitan Museum Journal 22 (1987), 141-147; — Laurie Nussdorfer, The Vacant See: Ritual and Protest in Early Modern Rome, in: The Sixteenth Century Journal. A journal for Renaissance and Ref. students and scholars 18 (1987), 173-189; — John Michael Stroup, Political Theology and Secularization Theory in Germany, 1918-1939: Emanuel Hirsch as a Phenomenon of His Time, in: HThR 80 (1987), 321-368; — Annabel Jane Wharton, Ritual and Reconstructed Meaning: The Neonian Baptistery in Ravenna, in: The Art Bull. An illustrated quarterly publ. by the College Art Association of America [New York] 69 (1987), 358-375; — Paul Freedman, Cowardice, Heroism and the Legendary Origins of Catalonia, in: Past & Present. A journal of historical studies publ. for the Past and Present Soc., 1988, no. 121, p. 3-28; — Ralph Edwin Giesey et Marina Valensise, Deux modèles du pouvoir selon E. K., in: Préfaces. Les idées et les sciences dans la bibliographie de la France [1] (1988), n° 10, p. 113-121; — Ulrich Langer, Merit in Courtly Literature: Castiglione, Rabelais, Marguerite de Navarre, and Le Caron, in: Renaissance Quarterly publ. by the Renaissance Soc. of America [New York] 41 (1988), 218-241; — Edmund Sears Morgan, Inventing the people. The rise of popular sovereignty in Engl. and America, New York/London 1988; — Janet C. Stavropoulos, »A masque Is treason´s license«: The Design of »Woodstock«, in: South Central Rv. [College Station, TX] 5 (1988), no. 2, p. 1-14; — Marina Valensise, E. K., historien du XXe siècle. Essai de biographie intellectuelle, in: Préfaces. Les idées et les sciences dans la bibliographie de la France [1] (1988), n° 10, p. 106-121; it.: E. K., in: Rivista Storica Italiana 101 (1989), n. 1, p. 192-221; — Dies., The French Constitution in Prerevolutionary Debate, in: The Journal of Modern Hist. Publ. in cooperation with the Modern European Hist. Section of the American Historical Association [Chicago, IL] 60 (1988), Suppl.: Rethinking French Politics in 1788, p. S22-S57; — Sandra L. Fischer, »He means to pay«: Value and Metaphor in the Lancastrian Tetralogy, in: Shakespeare Quarterly, publ. by the Folger Shakespeare Library [Washington, DC] 40 (1989), 149-164; — János Mihály Bak, Introd.: Coronation Studies - Past, Present, and Future, in: Coronations: medieval and early modern monarchic ritual. Conference on medieval coronations and related rituals. Selected papers ed. by János M[ihály] Bak, Berkeley, CA/Oxford 1990, 1-10; — Sergio Bertelli, Il Corpo del re. Sacralità del potere nell´Europa medievale e moderna (Saggi. Storia), Firenze 1990. Seconda edizione, 1995; engl.: The king´s body. Sacred rituals of power in medieval and early modern Europe. Translated by R. Burr Litchfield. New revised and enlarged ed., University Park, PA 2001; — Alain Boureau, Histoires d´un historien. K. (L´un et l´autre), Paris 1990; dt.: K. Geschichten eines Historikers. Aus dem Frz. übers. v. Annette Holoch. Mit einem Nachwort v. Roberto delle Donne, Stuttgart 1992; engl.: K.: stories of a historian. Transl. by Stephen G. Nichols and Gabrielle M. Spiegel, foreword by Martin Jay (Parallax: Re-visions of Culture & Soc. Ser.), Baltimore, MD 2001); — Ders., L´image comme piège à énoncés. La leçon de K., in: Texte-image. Bild-Text. [Colloquium Berlin 2.-4.XII.88] hrsg. v. Sybil Dümchen u. Michael Nerlich.

Technische Univ. Berlin, Inst. f. Roman. Literaturwiss., Berlin 1990, 107-114; — Ders., K. et Christus-Fiscus: la métaphore comme sujet de l´hist., in: Alter hist. Essais d´hist. expérimentale. [Sous la direction de] Daniel Shabetaï Milo et Alain Boureau avec Hervé Le Bras [et al.] (Coll. Hist., 11), Paris 1991, 127-138; — Ders., K., or the middle ages as refuge, in: Medievalism and the modernist temper ed. by R[alph] Howard Bloch and Stephen G. Nichols (Parallax: Re-visions of Culture & Soc. Ser. / A Johns Hopkins paperback. Literature), Baltimore, MD/London 1996, 355-367; — Magdalena Elizabeth Carrasco, Spirituality in Context: The Romanesque Illustrated Life of St. Radegund of Poitiers (Poitiers, Bibl. Mun., MS 250), in: The Art Bull. An illustrated quarterly publ. by the College Art Association of America [New York] 72 (1990), 414-435; — Jerzy Miziolek, »Transfiguratio Domini« in the Apse at Mount Sinai and the Symbolism of Light, in: The Journal of the Warburg and Courtauld Institutes 53 (1990), 42-60; — Ders., Sol verus. Studia nad ikonografia Chrystusa w sztuce pierwszego tysiaclecia (Studia z historii sztuki, 46), Wroclaw 1991; — Karl Ludwig Pfeiffer, Zum systematischen Stand der Fiktionstheorie, in: Journal for General Philosophy of Science / Zschr. f. allgemeine Wissenschaftstheorie 21 (1990), 135-156; — Yvonne L. Sandstroem, Marvell´s »Nymph Complaining« as Historical Allegory, in: Studies in English Literature, 1500-1900. Publ. for the Rice University [Baltimore, MD] 30 (1990), no. 1: The English Renaissance, p. 93-114; — Kay E. Schiller, Dante and K.: Medieval Hist. as Art and Autobiography, in: Annali d´Italianistica: AdI. The University of North Carolina at Chapel Hill [Chapel Hill, NC] 8 (1990), 396-411; — Ders., Gelehrte Gegenwelten. Über humanistische Leitbilder im 20. Jh. Original-Ausg. (Fischer Taschenbücher. 14261: Forum Wiss., Figuren des Wissens), Franfkurt a.M. 2000, - John Meier Theilmann, Political Canonization and Political Symbolism in Medieval Engl., in: Journal of British Studies 29 (1990), 241-266; — Ders., Caught between Political Theory and Political Practice: »The Record and Process of the Deposition of Richard II«, in: Hist. of Political Thought 25 (2004), 599-619; — Gary Vikan, Art and Marriage in Early Byzantium, in: Dumbarton Oaks Papers. Dumbarton Oaks Center for Byzantine Studies [Washington, DC] 44 (1990), 145-163; — Martin Werner, The Cross-Carpet Page in the Book of Durrow: The Cult of the True Cross, Adomnan, and Iona, in: The Art Bull.. An illustrated quarterly publ. by the College Art Association of America [New York] 72 (1990), 174-223; — Joel Barrett Altman, »Vile Participation«: The Amplification of Violence in the Theater of »Henry V«, in: Shakespeare Quarterly, publ. by the Folger Shakespeare Library [Washington, DC] 42 (1991), 1-32; — David Moore Bergeron, »Richard II« and Carnival Politics, in: Shakespeare Quarterly, publ. by the Folger Shakespeare Library [Washington, DC] 42 (1991), 33-43; — Norman F[rank] Cantor, Inventing the Middle Ages: the lives, works, and ideas of the great medievalists of the twentieth century, New York 1991 (auch Cambridge 1991); — Ders., Inventing Norman Cantor: confessions of a medievalist (Occasional publications: Arizona Center for Medieval and Renaissance Studies, 1), Tempe, AZ 2002; — Horst Fuhrmann, Die Heimholung des E. K. »The king´s two bodies«, 1957 in den USA erschienen, endlich auf dt., in: DIE ZEIT, Nr. 13, 22. 3. 1991, S. 49-50; — Ders.,

E. H. K.: der gedeutete Geschichtsdeuter, in: Ders., Überall ist MA. Von der Ggw. einer vergangenen Zeit, München 1996, 252-270; — Ders., Ein Amerikaner in München: Robert L. Benson, in: Ders., Menschen u. Meriten. Eine persönliche Portraitgalerie. Zusammengest. u. eingerichtet unter Mithilfe v. Markus Wesche, München 2001, 319-326; — Marianne Constable, Foucault & Walzer: Sovereignty, Strategy & the State, in: Polity. The journal of the Northeastern Political Science Associations [Amherst, MA] 24 (1991), 269-293; — Lynn Avery Hunt, The Many Bodies of Marie Antoinette: Political Pornography and the Problem of the Feminine in the French Rev., in: Eroticism and the body politic. Ed. by Lynn [Avery] Hunt (Parallax: Re-visions of Culture & Soc.), Baltimore, MD/London 1991, 108-130; — Ralph E[arl] Lerner, E. K. and Theodor E. Mommsen, in: An interrupted past: German-speaking refugee historians in the United States after 1933 ed. by Hartmut Lehmann and James J[ohn] Sheehan (Publications of the German Historical Institute, Washington, D.C.), Washington, DC/Cambridge 1991, 188-205; — Ders., E. H. K. (1895-1963), in: Medieval scholarship: biographical studies on the formation of a discipline ed. by Helen Damico, Joseph B. Zavadil. Vol. 1: Hist. (Garland reference library of the humanities, 1350), New York/London 1995, 263-276; — Ders., »Meritorious Academic Service«. K. and Frankfurt, in: E. K. Erträge der Doppeltagung, 1997, 14-32; — Ders., K. and Continuity, in: E. K. Erträge der Doppeltagung, 1997, 104-123; — Sarah C. Maza, The Diamond Necklace Affair Revisited (1785-1786): The Case of the Missing Queen, in: Eroticism and the body politic. Ed. by Lynn [Avery] Hunt (Parallax: Re-visions of Culture & Soc.), Baltimore, MD/London 1991, 63-89, erneut in: Marie Antoinette. Writings on the body of a queen. Ed. by Dena Goodman, New York/London 2003, 73-98; — Burkhard Schnepel, Continuity despite and through Death: Regicide and Royal Shrines among the Shilluk of Southern Sudan, in: Africa. Journal of the Internat. African Institute 61 (1991), 40-70; — Ders., Twinned beings. Kings and effigies in southern Sudan, East India and Renaissance France, Stockholm 1995; — David Avrom Bell, The »Public Sphere,« the State, and the World of Law in Eighteenth-Century France, in: French Historical Studies [Durham, NC] 17 (1992), 912-934; — Julie Emelyn Cumming, Music for the Doge in Early Renaissance Venice, in: Speculum 67 (1992), 324-364; — Roberto Delle Donne, Nachwort, in: Alain Boureau, K. Geschichten eines Historikers. Aus dem Frz. übers. v. Annette Holoch. Mit einem Nachwort v. Roberto delle Donne, Stuttgart 1992, 151-173; — Ders., K. e la sua opera su Federico II nella ricerca moderna, in: Friedrich II. Tagung des Dt. Hist. Inst. in Rom im Gedenkj. 1994. Hrsg. v. Arnold Esch u. Norbert Kamp (Bibl. des Dt. Hist. Inst. in Rom, 85), Tübingen 1996, 67-86; — Ders., »Hist. Bild« e signoria del presente. Il »Federico II imperatore« di E. K., in: Le storie e la memoria. In onore di Arnold Esch a cura di Roberto Delle Donne, Andrea Zorzi (Reti medievali. E-book, Reading, 1), Firenze 2002, 295-352; — Jerome Friedman, The Battle of the Frogs and Fairford's Flies: Miracles and Popular Journalism during the English Rev., in: The Sixteenth Century Journal. A journal for Renaissance and Ref. students and scholars 23 (1992), 419-442; — Nancy K. Innis, Lessons from the Controversy over the Loyalty Oath at the University of California, in: Miner-

va. A rv. of science, learning and policy 30 (1992), 337-365; — Hermann Jakobs, Die Mediävistik bis z. Ende der Weimarer Republik, in: Gesch. in Heidelberg. 100 J. Hist. Sem., 50 J. Inst. f. Fränkisch-Pfälzische Gesch. u. Landeskunde. Im Auftrag der Direktoren des Hist. Sem. hrsg. v. Jürgen Miethke, Berlin/Heidelberg/New York/London/Paris/Tokyo/Hong Kong/Barcelona/Budapest 1992, 39-66; — K., der Künstler. Eine Pariser Diskussion. [Übers. u. Anm. v. Walter Seitter], in: E. H. K.: Geschichtsschreiber, 1992, 94-108; — Peter Shervey Lewis, The Chancellor's Two Bodies: Note on a Miniature in BNP lat. 4915, in: The Journal of the Warburg and Courtauld Institutes 55 (1992), 263-265; — Bea Lundt, Kaiser Karls dritter Körper, in: Von Aufbruch u. Utopie. Perspektiven einer neuen Gesellschaftsgesch. des MA. f. u. mit Ferdinand Seibt aus Anlaß seines 65. Geb. hrsg. v. Bea Lundt u. Helma Reimöller, Köln/Weimar/Wien 1992, 131-154; — Dies., Die narrative Konstruktion v. Macht u. Männlichkeit am Beispiel v. Karl dem Großen (im Zürcher Buch v. Hl. Karl, Ende des 15. Jh.). Vortr. Stuttgart AIM Gender 24.-26. Juni 2004. Online: www.ruendal.de/aim/tagung04/pdfs/bea_lundt.pdf; — Otto Gerhard Oexle, Einmal Göttingen - Bielefeld einfach: auch eine Gesch. der dt. Geschichtswissenschaft, in: Rechtshist. Journal 11 (1992), 54-66; — Ders., Das MA als Waffe. E. H. K.´ »Kaiser Friedrich der Zweite« in den politischen Kontroversen der Weimarer Republik, in: Ders., Geschichtswiss. im Zeichen des Historismus. Stud. z. Problemgeschichten der Moderne (Krit. Stud. z. Geschichtswiss., 116), Göttingen 1996, 163-215; — Ders., German Malaise of Modernity: E. H. K. and his »Kaiser Friedrich der Zweite«, in: E. K. Erträge der Doppeltagung, 1997, 33-56; — The Ruthwell Cross. Papers from the colloquium sponsored by the Index of Christian Art, Princeton University, 8 December 1989. Ed. by Brendan Cassidy (Occasional papers. Index of Christian Art, Dept. of Art and Archaeology, Princeton University, 1), Princeton, NJ 1992; — Walter Seitter, Die Hartnäckigkeit des Politischen. Glossen z. K., in: E. H. K.: Geschichtsschreiber, 1992, 116-125; — Ders., Kristall, Labyrinth: Die zwei Seiten des Schlosses. Ein Btr. z. Physik des Kaisers, in: Geschichtskörper. Zur Aktualität v. E. H. K., 1998, 47-58; — Catherine Epstein, A past renewed. A catalog of German-speaking refugee historians in the United States after 1933 (Publications of the German Historical Institute, Washington, DC), Washington, DC-Cambridge 1993, 145-147; — Karlhans Kluncker, Zur politischen Theol. des MA: »Die zwei Körper«. Blick auf E. K., in: Orientierung. Kath. Bll. f. weltanschauliche Information [Zürich] 56 (1992), H. 3, S. 29-33; — Ulrich Köpf, Politische Theol. im MA (E. H. K., Die zwei Körper des Kg.), in: ThR 58 (1993), 437-444; — David Nicholls, Addressing God as Ruler: Prayer and Petition, in: The British Journal of Sociology, publ. for the London School of Economics 44 (1993), 125-141; — Tracy Burr Strong, How to Write Scripture: Words, Authority, and Politics in Thomas Hobbes, in: Critical Inquiry. A voice for reasoned inquiry into significant creations of the human spirit [Chicago, IL] 20 (1993), 128-159; — Armand Arriaza, Adam's Noble Children: An Early Modern Theorist's Concept of Human Nobility, in: Journal of the Hist. of Ideas. A quarterly devoted to cultural and intellectual hist. 55 (1994), 385-404; — Margaret Aston, Corpus Christi and Corpus Regni: Heresy and the

Peasant's Revolt, in: Past & Present. A journal of historical studies publ. for the Past and Present Soc., 1994, no. 143, p. 3-47; — Harold Joseph Berman, The Origins of Historical Jurisprudence: Coke, Selden, Hale, in: The Yale Law Journal 103 (1994), 1651-1738; — Mark Franko, Double Bodies. Androgyny and Power in the Performances of Louis XIV, in: The Drama Rv. (TDR). The journal of performance studies. New York University, Tisch School of Arts 38 (1994), no. 4, p. 71-82; — Ders., The King Cross-Dressed: Power and Force in Royal Ballets, in: From the Royal to Republican Body. Incorporating the Political in Seventeenth and Eighteenth-Century France. Ed. by Sara E. Melzer and Kathryn Norberg, Berkeley, CA/Los Angeles/London 1998, 64-84; — Thomas McLernon Greene, The King's One Body in the »Balet Comique de la Royne«, in: Corps mystique, corps sacré. Textual transfigurations of the body from the Middle Ages to the seventeenth century. Françoise Jaouën and Benjamin Semple, special eds. for this issue (Yale French studies, 86), New Haven, CT/London 1994, 75-93; — Carl Landauer, E. K. and the Sacralization of the Past, in: Central European Hist., sponsored by the Conference Group for Central European Hist. of the American Historical Association 27 (1994), 1-25; — Ders., »The King's Two Bodies« and K.'s Constitutional Narrative, in: E. K. Erträge der Doppeltagung, 1997, 211-223; — Agostino Paravicini Bagliani, Il corpo del Papa (Biblioteca di cultura storica, 204), Torino 1994; dt.: Der Leib des Papstes. Eine Theol. der Hinfälligkeit. Aus dem It. übers. v. Ansgar Wildermann (C.H. Beck Kulturwiss.), München 1997; frz.: Le corps du pape. Traduit de l'italien par Catherine Dalarun Mitrovitsa, Paris 1997; The Pope's body. Translated by David S. Peterson, Chicago/London 2000; — Pierre Saint-Amand, Terrorizing Marie Antoinette. Translated by Jennifer Curtiss Gage, in: Critical Inquiry. A voice for reasoned inquiry into significant creations of the human spirit [Chicago, IL] 20 (1994), 379-400; — Carl August Lückerath, 1995. K., E. H., in: Ostdt. Gedenktage. Persönlichkeiten u. hist. Ereignisse. [Red.: Peter Mast u. Silke Spieler]., Bonn 1994, 123-124; — Jill Mann, Allegorical Buildings in Mediaeval Literature, in: Medium Ævum. Publ. for the Soc. for the Study of Mediæval Languages and Literature 63 (1994), 191-210; — Claire McEachern, »Henry V« and the Paradox of the Body Politic, in: Shakespeare Quarterly, publ. by the Folger Shakespeare Library [Washington, DC] 45 (1994), 33-56; — Barbara Paul, Gertrud Kantorowicz (1876-1945). Kunstgesch. als Lebensentwurf, in: Frauen in den Kulturwissenschaften. Von Lou Andreas-Salomé bis Hannah Arendt. Hrsg. v. Barbara Hahn (Beck'sche R., 1043), München 1994, 96-109; — Clemens Pornschlegel, Der literarische Souverän. Zur politischen Funktion der dt. Dichtung bei Goethe, Heidegger, Kafka u. im George-Kr. (Rombach Wiss.: R. Litterae, 24), Freiburg i.Br. 1994; — Gustav Seibt, Röm. Dtld. Ein politisches Motiv bei Robert Borchardt u. E. K., in: Sinn u. Form. Btrr. z. Lit. Hrsg. v. der Dt. Akademie der Künste 46 (1994), 61-71, erneut in: Castrum Peregrini. Zschr. f. Lit., Kunst- u. Geistesgesch. hrsg. v. der Stichting Castrum Peregrini [Amsterdam], 1994, H. 217/218, S. 150; Ders., Canaletto im Bahnhofsviertel. Kulturkritik u. Gegenwartsbewußtsein, Springe 2005, 82-96; — Abby E. Zanger, Making Sweat: Sex and the Gender of Nat. Reproduction in the Marriage of Louis XIII, in: Corps mystique, corps sacré. Textual transfigurati-

ons of the body from the Middle Ages to the seventeenth century. Françoise Jaouën and Benjamin Semple, special eds. for this issue (Yale French studies, 86), New Haven, CT/London 1994, 187-205; — Dies., Scenes from the marriage of Louis XIV: nuptial fictions and the making of absolutist power, Stanford, CA 1997; — Dies., Lim(b)inal Images: »Betwixt and Between« Louis XIV's Martial and Marital Bodies, in: From the Royal to Republican Body. Incorporating the Political in Seventeenth and Eighteenth-Century France. Ed. by Sara E. Melzer and Kathryn Norberg, Berkeley, CA/Los Angeles/London 1998, 32-63; — Walter Wiora, Der musikalische Ausdruck v. Ständen u. Klassen in eigenen Stilen, in: Internat. Rv. of the Aesthetics and Sociology of Music [Zagreb] 25 (1994), 93-113; — Jana Bürgers u. Wolfgang Ernst, Die zwei Körper der Gesch. Zur Aktualität v. E. H. K., in: Referatedienst z. Literaturwiss. 27 (1995), 337-340; — Elizabeth Fowler, Civil Death and the Maiden: Agency and the Conditions of Contract in »Piers Plowman«, in: Speculum 70 (1995), 760-792; — Dietrich Kuhlglatz, Verehrung u. Isolation. Zur Rezeptionsgesch. der Biogr. Friedrichs II. v. E. K., in: Zschr. f. Geschichtswiss. [Berlin] 43 (1995), 736-746; — Michael Petrow, Der Dichter als Führer? Zur Wirkung Stefan Georges im »Dritten Reich«, Marburg 1995, 123-127 u.ö.; — Michael Philipp, »Vom Schicksal des dt. Geistes«. Wolfgang Frommels Rundfunkarbeit an den Sendern Frankfurt u. Berlin 1933-1935 u. ihre oppositionelle Tendenz (Potsdamer Stud. Schriftenr. der gemeinnützigen Ges. f. Fortbildung, Forschung u. Dokumentation [gGFFDmbH], Potsdam, 1), Potsdam 1995; — Ders., »Im Politischen gingen halt die Dinge anders«. Die Thematisierung des »Jüdischen« im George-Kr. vor u. nach 1933, in: »Verkannte brüder«? Stefan George u. das dt.-jüd. Bürgertum zw. Jahrhundertwende u. Emigration. Hrsg. v. Gert Mattenklott, Michael Philipp u. Julius H. Schoeps (Haskala. Wiss. Abhh. hrsg. v. Moses Mendelssohn-Zentrum f. Europäisch-Jüd. Stud., 22), Hildesheim/Zürich/New York 2001, 31-54; — Jonathan Sawday, The body emblazoned: dissection and the human body in Renaissance culture, London/New York 1995; — Wolfgang Ernst, Archäologie Weimar. Bausteine K., in: Wolfgang Bialas u. Georg G[erson] Iggers (Hrsg.), Intellektuelle in der Weimarer Republik (Schriftenr. z. politischen Kultur der Weimarer Republik, 1), Frankfurt a.M./Berlin/Bern/New York/Paris/Wien 1996, 371-389; — Ders., Das »Geheime Dtld.« als Dementi des »Dritten Reichs«: E. K. 1933, in: E. K. 1895-1963. Soz. Milieu u. wiss. Relevanz, 1996, 155-164, erneut in: E. K. (1895-1963). Soz. Milieu u. wiss. Relevanz, 2000, 157-166; — Ders., Texten ein Gesicht geben: Die Prosopopöie des Arch. im Namen E. K.', in: Ästhetik & Kommunikation [Berlin] 25 (1996), H. 94/95: Medium Gesicht. Die faciale Ges., S. 175-182; — Ders., K.: »New historicism avant la lettre«?, in: Geschichtskörper. Zur Aktualität v. E. H. K., 1998, 187-205; — Hubertus Fischer, E. K. u. die dt. Mediävistik, in: E. K. 1895-1963. Soz. Milieu u. wiss. Relevanz, 1996, 103-118, erneut in: E. K. (1895-1963). Soz. Milieu u. wiss. Relevanz, 2000, 105-120; — Andrea Galatello-Adamo, Di cosa parla »The king's two bodies«? Una dislettura, Torino 1996; — Piyel Haldar, On the Question of Dissemblance in Medieval Political Theology, in: Law and Critique 7 (1996), 85-87; — Ders., Königs-Christologie u. »Synthronos Dike«: Inkorporation, Assoziation, Unähnlichkeit, in: Geschichtskörper. Zur Aktualität v. E. H. K., 1998, 145-159; — Jerzy Hauzinski, Fryderyk II Hohenstauf, »cesarz wypelnienia«, w wizji historiograficznej Ernsta Kantorowicza, in: E. K. 1895-1963. Soz. Milieu u. wiss. Relevanz, 1996, 129-142; dt.: Friedrich II. v. Hohenstaufen, der »Endkaiser«, in der historiographischen Vision v. E. K. [Übers.: Sven Sellmer], in: E. K. (1895-1963). Soz. Milieu u. wiss. Relevanz, 2000, 131-144; — Peter Linehan, The Court Historiographer of Francoism?: »la leyenda oscura« of Ramón Menéndez Pidal, in: Bull. of Hispanic Studies. A record and rv. of their progress 73 (1996), 437-450; — Witold Molik, E. K.'s Schulj. in Posen, in: E. K. 1895-1963. Soz. Milieu u. wiss. Relevanz, 1996, 65-73, vgl.: E. K.' Schulj. in Posen, in: E. K. (1895-1963). Soz. Milieu u. wiss. Relevanz, 2000, 69-76; — Stanislaw Nawrocki, Die Gesch. der Fam. Kantorowicz u. deren Firma, in: E. K. 1895-1963. Soz. Milieu u. wiss. Relevanz, 1996, 75-90, vgl.: Die Gesch. der Fam. Kantorowicz u. ihrer Firma, in: E. K. (1895-1963). Soz. Milieu u. wiss. Relevanz, 2000, 77-91; — David Norbrook, The Emperor's New Body?: Richard II, E. K., and the Politics of Shakespeare Criticism, in: Textual Practice 10 (1996), no. 2, p. 329-357; — Jan Skuratowicz, Im Kreis der Kantorowicz's, Jaretzkis u. Samters. Die Residenzen des jüd. Bürgertums in Posen vor 1918, in: E. K. 1895-1963. Soz. Milieu u. wiss. Relevanz, 1996, 91-102, vgl.: Im Kr. der Kantorowicz, Jaretzki u. Samter. Die Residenzen des jüd. Bürgertums in Posen vor 1918, in: E. K. (1895-1963). Soz. Milieu u. wiss. Relevanz, 2000, 93-104; — Janet Maleson Spencer, Princes, Pirates, and Pigs: Criminalizing Wars of Conquest in »Henry V«, in: Shakespeare Quarterly, publ. by the Folger Shakespeare Library [Washington, DC] 47 (1996), 160-177; — Paul Strohm, The Trouble with Richard: The Reburial of Richard II and Lancastrian Symbolic Strategy, in: Speculum 71 (1996), 87-111; — Jerzy Strzelczyk, E. K.'s »Heimholung« zweiter Akt, in: E. K. 1895-1963. Soz. Milieu u. wiss. Relevanz, 1996, 7-23, vgl.: Die Heimholung des E. K. Zweiter Akt, in: E. K. (1895-1963). Soz. Milieu u. wiss. Relevanz, 2000, 7-24 + 24 [Nachtr. z. 2. Aufl. 1999]; — Jerzy Topolski, Metodologiczne novum Ernsta Kantorowicza, in: E. K. 1895-1963, 119-127; dt.: Das methodologisch Neue bei E. K. [Übers.: Sven Sellmer], in: E. K. (1895-1963). Soz. Milieu u. wiss. Relevanz, 2000, 121-130; — Joseph Vogl, Die zwei Körper des Staates, in: »Aufführung« u. »Schr.« in MA u. Früher Neuzeit. DFG-Symposion 1994, hrsg. v. Jan-Dirk Müller (Germanistische Symposien - Berichtsbde. Im Auftrag der Germanistischen Kommission der Dt. Forschungsgemeinschaft u. in Verbindung mit der »Dt. Vjschr. f. Literaturwiss. u. Geistesgesch.« hrsg, 11), Stuttgart/Weimar 1996, 562-574; — Jens Bartelson, Making Exceptions: Some Remarks on the Concept of Coup d'état and Its Hist., in: Political Theory. An internat. journal of political philosophy 25 (1997), 323-346; — Hans Belting, Images in Hist. and Images of Hist., in: E. K. Erträge der Doppeltagung, 1997, 94-103; — Robert Louis Benson, K. on Continuity and Change in the Hist. of Medieval Rulership, in: E. K. Erträge der Doppeltagung, 1997, 202-210; — Charles Till Davis, K. and Dante, in: E. K. Erträge der Doppeltagung, 1997, 240-264; — Marion Gfn. Dönhoff, E. K., in: E. K. Erträge der Doppeltagung, 1997, 11-13; — Johannes Fried, E. H. K. and postwar historiography. German and European perspectives,

in: E. K. Erträge der Doppeltagung, 1997, 181-201; — Jean-Philippe Genet, K. and the King's »Two Bodies«: A non Contextual Hist., in: E. K. Erträge der Doppeltagung, 1997, 265-273; — Jane Hawkes, Symbols of the Passion or Power? The Iconography of the Ruthwell Cross-head, in: The insular tradition. Ed. by Catherine E. Karkov, Michael Ryan, Robert T. Farrell (SUNY [State University of New York] ser. in medieval studies), Albany, NY 1997, 27-44; — Joseph Mali, E. H. K.: Hist. as Mythenschau, in: Hist. of Political Thought 18 (1997), 579-603; — Ders., »Mythenschau«: Die Geschichtsphilos. v. E. H. K., in: Geschichtskörper. Zur Aktualität v. E. H. K., 1998, 31-46; — Ders., Mythistory: the making of a modern historiography, Chicago, IL/London 2003; — Michael Leonard Monheit, Guillaume Budé, Andrea Alciato, Pierre de l'Estoile: Renaissance Interpreters of Roman Law, in: Journal of the Hist. of Ideas. A quarterly devoted to cultural and intellectual hist. 58 (1997), 21-40; — Hubert Orlowski, Des Kaisers Charisma. E. K. u. seine narrative Strategie, in: E. K. 1895-1963. Soz. Milieu u. wiss. Relevanz, 1996, 143-154, erneut in: E. K. (1895-1963). Soz. Milieu u. wiss. Relevanz, 2000, 145-156; Ders., Lit. u. Herrschaft - Herrschaft u. Lit. Zur östr. u. dt. Lit. des 20. Jh. Hrsg. v. Edward Bialek u. Marek Zybura (Oppelner Btrr. z. Germanistik, 2), Frankfurt a.M./Berlin/Bern/New York/Paris/Wien 2000, 57-69; — Diana Saco, Gendering Sovereignty: Marriage and Internat. Relations in Elizabethan Times, in: European Journal of Internat. Relations 3 (1997), 291-318; — Wolfgang Schöttler, E. K. in Fkr., in: E. K. Erträge der Doppeltagung, 1997, 144-161; — Ihor Ševcenko, E. H. K. (1895-1963) on Late Antiquity and Byzantium, in: E. K. Erträge der Doppeltagung, 1997, 274-287; — Julia Ann Smith, The Earliest Queen-Making Rites, in: ChH 66 (1997), 18-35; — Jeremy Tambling, Dante and the Modern Subject: Overcoming Anger in the »Purgatorio«, in: New Literary Hist. A Journal of Theory & Interpretation 28 (1997), 401-420; — Stuart Airlie, Private Bodies and the Body Politic in the Divorce Case of Lothar II, in: Past & Present. A journal of historical studies publ. for the Past and Present Soc., 1998, no. 161, p. 3-38; — Bethany Leigh Aram, Juana »the Mad's« Signature: The Problem of Invoking Royal Authority, 1505-1507, in: The Sixteenth Century Journal. A journal for Renaissance and Ref. students and scholars 29 (1998), 331-358; — Bruce Oliver Boeckel, Landscaping the Field of Discourse: Political Slant and Poetic Slope in Sir John Denham's »Cooper's Hill«, in: Papers on Language & Literature [Edwardsville, IL] 34 (1998), 57-93; — Horst Bredekamp, Politische Zeit. Die zwei Körper v. Thomas Hobbes' »Leviathan«, in: Geschichtskörper. Zur Aktualität v. E. H. K., 1998, 105-118; — Lucas Burkart, Bildnisproduktion u. Herrschaftswahrnehmung am herzoglichen Hof v. Ferrara, in: Zschr. f. hist. Forsch. Vjschr. z. Erforsch. des SpätMA u. der frühen Neuzeit 25 (1998), 55-84; — Denise Louise Despres, Immaculate Flesh and the Social Body: Mary and the Jews, in: Jewish Hist. 12 (1998), 47-69; — Richard Dutton, Shakespeare and Lancaster, in: Shakespeare Quarterly, publ. by the Folger Shakespeare Library [Washington, DC] 49 (1998), 1-21; — Richard Faber, Walter Benjamins »Ursprung des dt. Trauerspiels« u. E. H. K.' »Die zwei Körper des Kg.«. Ein Vergleich, in: Geschichtskörper. Zur Aktualität v. E. H. K., 1998, 171-186; — Anselm Haverkamp, Stranger than Paradise. Dantes irdisches Paradies als Antidot politischer Theol., in: Geschichtskörper. Zur Aktualität v. E. H. K., 1998, 93-103; — Ders., »Richard II«, Bracton, and the End of Political Theology, in: Law and Literature. A publication of Benjamin N. Cardozo School of Law, Jacob Burns Institute for Advanced Legal Studies [Berkeley, CA] 16 (2004), 313-326; — Colin Heywood, A Subterranean Hist.: Paul Wittek (1894-1978) and the Early Ottoman State, in: Die Welt des Islams. Internat. Zschr. f. die Entwicklungsgesch. des Islams, besonders in der Ggw. / The World of Islam. Internat. rv. for the historical development of contemporary Islam / Le monde de l'Islam. Rv. internat. pour l'évolution historique de l'Islam moderne, N.S. 38 (1998), no. 3: The Early Twentieth Century and Its Impact on Oriental and Turkish Studies, p. 386-405; — Daniel J. Hulsebosch, The Constitution in the Glass Case and Constitutions in Action, in: Law and Hist. Rv. Semi-annual publ. of Cornell Law School and the American Soc. for Legal Hist. 16 (1998), 397-401; — Thomas Kaiser, Louis »le Bien-Aimé« and the Rhetoric of the Royal Body, in: From the Royal to Republican Body. Incorporating the Political in Seventeenth and Eighteenth-Century France. Ed. by Sara E. Melzer and Kathryn Norberg, Berkeley, CA/Los Angeles/London 1998, 131-161; — Heinz-Dieter Kittsteiner, Von der Macht der Bilder. Überlegungen z. E. H. K.' Werk »Kaiser Friedrich der Zweite«, in: Geschichtskörper. Zur Aktualität v. E. H. K., 1998, 13-29; — Sebastian Klotz, Herrscherakklamation u. serielle Musik. Zur Stud. über die laudes regiae v. E. H. K. u. Manfred F. Bukofzer, Berkeley 1946, in: Geschichtskörper. Zur Aktualität v. E. H. K., 1998, 161-170; — Rainer Kolk, Literarische Gruppenbildung. Am Beispiel des George-Kr. 1890-1945 (Communicatio. Stud. z. europäischen Lit.- u. Kulturgesch., 17), Tübingen 1998; — Ders., Von Gundolf z. K. Eine Fallstud. z. disziplinären Umgang mit Innovation, in: Literaturwiss. u. Wissenschaftsforsch. Hrsg. v. Jörg Schönert (Germanistische Symposien - Berichtsbde. Im Auftrag der Germanistischen Kommission der Dt. Forschungsgemeinschaft u. in Verb. mit der »Dt. Vjschr. f. Literaturwiss. u. Geistesgesch.« hrsg., 20), Stuttgart/Weimar 2000, 195-208; — Blandine Kriegel, K. u. die Entstehung des modernen Staates, in: Geschichtskörper. Zur Aktualität v. E. H. K., 1998, 119-127; — Sheryl Tracy Kroen, Revolutionizing Religious Politics during the Restoration, in: French Historical Studies [Durham, NC] 21 (1998), 27-53; — Adam Stanislaw Labuda, Ein Posener Itinerar z. K., in: Geschichtskörper. Zur Aktualität v. E. H. K., 1998, 73-91; — Stephanie Lysyk, Purple Prose: Writing, Rhetoric and Property in the Justinian Corpus, in: Cardozo Studies in Law and Literature. A publication of Benjamin N. Cardozo School of Law, Jacob Burns Institute for Advanced Legal Studies, Yeshiva University [New York] 10 (1998), 33-60; — Jeffrey Merrick, The Body Politics of French Absolutism, in: From the Royal to Republican Body. Incorporating the Political in Seventeenth and Eighteenth-Century France. Ed. by Sara E. Melzer and Kathryn Norberg, Berkeley, CA/Los Angeles/London 1998, 11-31; — Maria Cristina Quintero, English Queens and the Body Politic in Calderon's »La cisma de Inglaterra« and Rivadeneira's »Historia Eclesiastica del Scisma del Reino de Inglaterra«, in: Modern Language Notes 113 (1998), no. 2: Hispanic Issue, p. 259-282; — Olaf B. Rader, Der Bernstein u. das Insekt. Die Aktualität der Arbeiten K.' aus der Perspektive eines Monu-

mentisten, in: Geschichtskörper. Zur Aktualität v. E. H. K., 1998, 59-71; — Ders., Kaiser Friedrich II. u. das Grab des Erlösers, in: Castrum Peregrini. Zschr. f. Lit., Kunst- u. Geistesgesch. hrsg. v. der Stichting Castrum Peregrini [Amsterdam] 49 (2000), H. 244/245, S. 5-27, erneut in: Ders., Grab u. Herrschaft. Politischer Totenkult v. Alexander dem Großen bis Lenin, München 2003; — Ders., »Gemina persona«. Über die politischen, ästhetischen u. rezeptionsgeschichtlichen Körper des E. H. K., in: Geschichtsbilder im George-Kr., 2004, 347-364; — Rolf Reichardt and Deborah Louise Cohen, Light against Darkness: The Visual Representations of a Central Enlightenment Concept, in: Representations [Berkeley, CA], 1998, no. 61: Special Issue: Practices of Enlightenment, p. 95-148; — Robert C. Stacey, From Ritual Crucifixion to Host Desecration: Jews and the Body of Christ, in: Jewish Hist. 12 (1998), 11-28; — Cornelia Vismann, Formeln des Rechts - Befehle des Krieges. Notiz z. K.' Aufs. »Pro patria mori«, in: Geschichtskörper. Zur Aktualität v. E. H. K., 1998, 129-143; — Dies., Jurisprudence: A Transfer Science, in: Law and Critique 10 (1999), 279-286; — Dies., The Love of Ruins, in: Perspectives on Science. Historical, philosophical, social 9 (2001), 196-209; — Peter Thomas Walther u. Wolfgang Ernst, E. H. K. Eine archäo-biograph. Skizze, in: Geschichtskörper. Zur Aktualität v. E. H. K., 1998, 207-231; — Stephen Alford, Politics and Political Hist. in the Tudor Century, in: The Historical Journal 42 (1999), 535-548; — Fritz Breithaupt, »Dies- u. Jenseits des Endes der Gesch., Helena«, in: Modern Language Notes 114 (1999), no. 3: German Issue, p. 528-550; — Barbara Bruderer Eichberg, Die theol.-politische Bedeutung des Allerheiligenbildes im panegyrischen Lobgedicht an Robert v. Neapel. Ein Btr. zur spätma. Herrscherikonographie, in: Concilium medii aevi. Zschr. f. Gesch., Kunst u. Kultur des MA u. der Frühen Neuzeit 2 (1999), 29-57; — Suzanne Frances Cawsey, Royal Eloquence, Royal Propaganda and the Use of the Sermon in the Medieval Crown of Aragon, c. 1200-1410, in: JEH 50 (1999), 442-463; — Dies., Kingship and propaganda: royal eloquence and the crown of Aragon c. 1200-1450 (Oxford historical monographs), Oxford/New York 2002; — Brian Francis Connaughton, Conjuring the Body Politic from the »Corpus Mysticum«: The Post-Independent Pursuit of Public Opinion in Mexico, 1821-1854, in: The Americas. A quarterly rv. of Inter-American cultural hist., publ. by Academy of American Franciscan Hist. [Bethesda, MD] 55 (1999), no. 3, p. 459-479; — Thomas Dittelbach, Der Dom in Monreale als Krönungskirche. Kunst u. Zeremoniell des 12. Jh. in Sizilien, in: Zschr. f. Kunstgesch. 62 (1999), 464-493; — James Whitby Earl, Violence and Non-Violence in Anglo-Saxon Engl.: Ælfric's »Passion of St. Edmund«, in: The Philological Quarterly. A journal devoted to scholarly investigation of the classical and modern languages and literatures 78 (1999), 125-149; — John Beckman Freed, E. K.: An Accounting, in: Central European Hist., sponsored by the Conference Group for Central European Hist. of the American Historical Association 32 (1999), 221-227; — Saul Friedländer, Two Jewish Historians in extremis: E. K. and Marc Bloch in the Face of Nazism and Collaboration, in: Socialisme, cultures, hist.: itinéraires et représentations. Mél. offerts à Miklós Molnár. Textes réunis par Jasna Adler et Lubor Jílek, Bern/Berlin/Bruxelles/Frankfurt a.M./New

York/Wien 1999, 339-353; dt.: Zwei jüd. Historiker in extremis: E. K. u. Marc Bloch angesichts des Nazismus u. der Kollaboration. Aus dem Engl. übers. v. Iris Junker, in: Gertrud Koch (Hrsg.), Bruchlinien. Tendenzen der Holocaustforsch. (Btrr. z. Geschichtskultur, 20), Köln/Weimar/Wien 1999, 107-123; — Graham A. Loud, Il regno normanno-svevo visto dal regno d´Inghilterra, in: Il Mezzogiorno normanno-svevo vista dall´Europa de dal mondo mediterraneo. Atti delle tredicesime giornate normanno-sveve, Bari, 21-24 ottobre 1997, a cura di Giousè Musca (Atti. Centro di studi normanno-svevi, Università degli Studi di Bari, 13), Bari 1999, 175-195; — Ders., The Kingdom of Sicily and the Kingdom of Engl., 1066-1266, in: History. The journal of the Historical Association 88 (2003), 540-567; — Graham McAleer, Giles of Rome on Political Authority, in: Journal of the Hist. of Ideas. A quarterly devoted to cultural and intellectual hist. 60 (1999), 21-36; — Mario Montorzi, Processi di »standardizzazione« testuale: »Margaritae, gemmae, tabulae«. Un primo approccio di studio, in: Studi in onore di Piero Bellini a cura di Mario Tedeschi. T. 2, Soveria Mannelli [Catanzaro] 1999, 501-522; — Edward Peters and Walter P. Simons, The New Huizinga and the Old Middle Ages, in: Speculum 74 (1999), 587-620; — Ulrich Raulff, Inter Lineas oder Geschriebene Leben, in: Ders., Der unsichtbare Augenblick. Zeitkonzepte in der Gesch. (Göttinger Gespräche z. Geschichtswiss. [Hrsg. v.] Max-Planck-Inst. f. Gesch., 9), Göttingen 1999, 118-142, Wiederveröff. u.d.T.: Das Leben - buchstäblich, in: Grundlagen der Biographik. Theorie u. Praxis des biograph. Schreibens. Hrsg. v. Christian Klein, Stuttgart/Weimar 2002, 55-68; — Ders., Der letzte Abend des E. K. Von der Würde, die nicht stirbt: Lebensfragen eines Historikers, in: Rechtshist. Journal 18 (1999), 167-191; — Ders., Apollo unter den Deutschen: E. K. u. das »Geheime Dtld.«, in: Gert Mattenklott, Michael Philipp u. Julius H[ans] Schoeps (Hrsg.), »Verkannte brüder«? Stefan George u. das dt.-jüd. Bürgertum zw. Jahrhundertwende u. Emigration (Haskala. Wiss. Abhh. hrsg. v. Moses Mendelsohn-Zentrum f. Europäisch-Jüd. Stud., 22), Hildesheim/Zürich/New York 2001, 179-197; — Ders., »In unterirdischer Verborgenheit«. Das geheime Dtld. — Mythogenese u. Myzel. Skizzen z. einer Ideen- u. Bildergesch., in: Geschichtsbilder im George-Kr., 2004, 93-115; — Ders., Die amerikanischen Freunde: Erich v. Kahler, E. K. u. Ernst Morwitz, in: Geschichtsbilder im George-Kr., 2004, 365-378; — Ders., E. K. — die zwei Werke des Historikers, in: Nationalsozialismus in den Kulturwissenschaften. Hrsg. v. Hartmut Lehmann u. Otto Gerhard Oexle unter Mitwirkung v. Michael Matthiesen u. Martial Staub. Bd. 2: Leitbegriffe, Deutungsmuster, Paradigmenkämpfe, Erfahrungen u. Transformationen im Exil (Veröff. des Max-Planck-Inst. f. Gesch., 211), Göttingen 2004, 451-469; — Ders., Die Souveränität des Künstlers, in: Bettina Gockel u. Michael Hagner (Hrsg.), Die Wiss. v. Künstler. Körper, Geist u. Lebensgesch. des Künstlers als Objekte der Wissenschaften, 1880-1930 (Preprint. Max-Planck-Inst. für Wissenschaftsgesch., 279), Berlin 2004, 129-138; — Ders., Apollinische Ethik. Der späte K. u. seine Kunst des Schreibens, in: Dissimulazione onesta oder Die ehrliche Verstellung. Essays, Martin Warnke z. ehren. Hrsg. v. Michael Diers, Berlin 2005; — Andrea Sommerlechner, Stupor mundi? Kaiser Friedrich II. u. die ma. Geschichtsschreibung (Publikationen des Hist. Inst. beim Östr. Kulturinst. in Rom. Abt. 1: Abhh., 11), Wien 1999; — Marjorie Susan Venit, The Stagni Painted Tomb: Cultural Interchange and Gender Differentiation in Roman Alexandria, in: AJA 103 (1999), 641-669; — Alexandra K. Wettlaufer, Absent Fathers, Martyred Mothers: Domestic Drama and (Royal) Family Values in A Graphic Hist. of Louis the Sixteenth, in: Eighteenth-Century Life. College of William and Mary, Dept. of English [Baltimore, MD] 23 (1999), 1-37; — Felicia Bonaparte and Jacob Stern, Response to Christopher Wessman, Marlowe´s »Edward II« as »Actaeonesque Hist.«, in: Connotations. A journal for critical debate 9 (1999-2000), no. 3, p. 223-227; — Rick Bowers, »Edward II«, »Actaeonesque Hist.«, Espionage and Performance, in: Connotations. A journal for critical debate 9 (1999-2000), no. 3, p. 241-247; — Anthony DiMatteo, Identifying Marlowe´s Radicalism: A Response to Christopher Wessman, in: Connotations. A journal for critical debate 9 (1999-2000), no. 3, p. 228-240; — Christopher Wessman, Marlowe´s »Edward II« as »Actaeonesque Hist.«, in: Connotations. A journal for critical debate 9 (1999-2000), no. 1, p. 1-33; — Chiara Bentivegna, Il canto XVI del Purgatorio: storia della critica, Ragusa 2000; — Valentijn Byvanck, The Jackson Figurehead, in: Winterthur Portfolio. A journal of American material culture [Chicago, IL] 35 (2000), no. 4, p. 253-267; — James Emmanuel Berg, Gorboduc as a Tragic Discovery of »Feudalism«, in: Studies in English Literature, 1500-1900. Publ. for the Rice University [Baltimore, MD] 40 (2000), 199-226; — Dean T. Ferguson, The Body, the Corporate Idiom, and the Police of the Unincorporated Worker in Early Modern Lyons, in: French Historical Studies [Durham, NC] 23 (2000), 545-575; — Elizabeth Freeman, Wonders, Prodigies and Marvels: Unusual Bodics and the Fear of Heresy in Ralph of Coggeshall´s »Chronicon Anglicanum«, in: Journal of Medieval Hist. 26 (2000), 127-143; — Hugh Grady, Shakespeare´s Links to Machiavelli and Montaigne: Constructing Intellectual Modernity in Early Modern Europe, in: Comparative Literature. The official journal of the American Comparative Literature Association, publ. by the University of Oregon 52 (2000), 119-142; — Stuart Jenks, Das Writ u. die Exceptio de Odio et Atia, in: Tijdschrift voor rechtsgeschiedenis / Rv. d´hist. du droit / The Legal Hist. Rv. 68 (2000), 455-477; — Rosamond McKitterick, The Illusion of Royal Power in the Carolingian Annals, in: EHR 115 (2000), 1-20; — Marie-José Mondzain, Iconic Space and the Rule of Lands, in: Hypatia. A journal of feminist philosophy 15 (2000), no. 4, p. 58-76; — Cary Joseph Nederman, Machiavelli and Moral Character: Principality, Republic and the Psychology of »virtù«, in: Hist. of Political Thought 21 (2000), 349-364; — Daniel Punday, Foucault´s Body Tropes, in: New Literary Hist. A Journal of Theory & Interpretation 31 (2000), 509-528; — Matthias Rißmann, »Imperium transcendat hominem«. E. K., das »Geheime Dtld.« u. der Nationalsozialismus, in: Dt. Autoren des Ostens als Gegner u. Opfer des Nationalsozialismus. Btrr. z. Widerstandsproblematik. Hrsg. v. Frank-Lothar Kroll (Literarische Landschaften, hrsg. im Auftrag der Kulturstiftung der Dt. Vetriebenen, 3), Berlin 2000, 451-475; — Albert Rolls, The theory of the king´s two bodies in the age of Shakespeare (Studies in Renaissance literature, 19), Lewiston, NY/Queenston/Lampeter 2000; — Martin A[lexander] Ruehl, »In This Time Without

Emperors«: The Politics of E. K.´s »Kaiser Friedrich der Zweite« Reconsidered, in: The Journal of the Warburg and Courtauld Institutes 63 (2000), 187-242; — Susanne Scholz, Body narratives: writing the nation and fashioning the subject in early modern Engl., Basingstoke/New York 2000; — Simon Walker, Rumour, Sedition and Popular Protest in the Reign of Henry IV, in: Past & Present. A journal of historical studies publ. for the Past and Present Soc., 2000, no. 166, p. 31-65; — Karlheinz Weißmann, Das »Geheime Dtdl. «: K. u. sein Buch über den Staufer Friedrich II., in: Ders., Alles, was recht(s) ist. Ideen, Köpfe u. Perspektiven der politischen Rechten, Graz/Stuttgart 2000, 73-77; — David H[erndon] Wright, E. K. in America, in: Abstracts of papers: Twenty-fifth annual Byzantine Studies Conference October 26-29, 2000, Harvard University, College Park, MD 2000, 74-75; — Ders., E. K. and the Loyalty Oath, in: Chronicle of the University of California. A journal of university hist. 5: Agaist the grain: Conflict and controversy at the University of California. Ed. by Carroll Brentano (2002), 21-28; — Veronica Biermann, The Virtue of a King and the Desire of a Woman? Mythological representations in the collection of Queen Christina, in: Art Hist. Journal of the Association of Art Historians [Oxford/Henley on Thames] 24 (2001), 213-230; — Philippe Buc, The dangers of ritual. Between early medieval texts and social scientific theory, Princeton, NJ/Oxford 2001; frz.: Dangereux rituel. De l´hist. médiévale aux sciences sociales (Le Noeud gordien), Paris 2003; — Éric Desmons, Mourir pour la patrie? (Coll. Béhémoth), Paris 2001; — Oleg Kharkhordin, What is the State? The Russian Concept of »Gosudarstvo« in the European Context, in: Hist. and Theory. Studies in the philosophy of hist. [Middletown, CT] 40 (2001), 206-240; — Sarah Blake McHam, Donatello´s Bronze »David« and »Judith« as Metaphors of Medici Rule in Florence, in: The Art Bull. An illustrated quarterly publ. by the College Art Association of America [New York] 83 (2001), 32-47; — Marcia Pointon, »Surrounded with Brilliants«: Miniature Portraits in Eighteenth-Century Engl., in: The Art Bull. An illustrated quarterly publ. by the College Art Association of America [New York] 83 (2001), 48-71; — Stephan Schlak, Anm. z. E. K., in: Castrum Peregrini. Zschr. f. Lit., Kunst- u. Geistesgesch. hrsg. v. der Stichting Castrum Peregrini [Amsterdam] 50 (2001), H. 247-249, S. 117-132; — Kathleen M. Ashley, The Cultural Processes of »Appropriation«, in: The Journal of Medieval and Early Modern Studies 32 (2002), 1-15; — Claudia Breger, A Hybrid Emperor: The Poetics of Nat. Performance in K.´s Biography of Frederick II, in: Colloquia Germanica. Internat. Zschr. f. german. Sprach- u. Literaturwiss., publ. for the University of Kentucky [Tübingen/Basel] 35 (2002), 287-310; — Alex Garganigo, Coriolanus, the Union Controversy, and Access to the Royal Person, in: Studies in English Literature, 1500-1900. Publ. for the Rice University [Baltimore, MD] 42 (2002), 335-359; — Dora Kostakopoulou, Floating Sovereignty: A Pathology or a Necessary Means of State Evolution?, in: Oxford Journal of Legal Studies 22 (2002), 135-156; — Mika Luoma-Aho, Body of Europe and Malignant Nationalism: A Pathology of the Balkans in European Security Discourse, in: Geopolitics 7 (2002), no. 3, p. 117-142; — Kent McNeil, Self-Government and the Inalienability of Aboriginal Title, in: McGill Law Journal / Rv. de droit de McGill 47 (2002),

473-510; — Geoffrey Parker, The Place of Tudor Engl. in the Messianic Vision of Philip II of Spain, in: Transactions of the Royal Historical Soc., 6th ser. 12 (2002), 167-221; — Klaus Pietschmann, A Motet by Constanzo Festa for the Coronation of Charles V, in: The Journal of Musicological Research 21 (2002), 319-354; — Thomas Augustine Prendergast, The Invisible Spouse: Henry VI, Arthur, and the Fifteenth-Century Subject, in: The Journal of Medieval and Early Modern Studies 32 (2002), 305-326; — Regina Schulte, Der Körper der Kgn. Konzeptionelle Annäherungen, in: Der Körper der Kgn. Geschlecht u. Herrschaft in der höfischen Welt seit 1500. Unter Mitwirkung v. Pernille Arenfeldt, Martin Kohlrausch u. Xenia v. Tippelskirch hrsg. v. Regina Schulte (Campus Hist. Stud., 31), Frankfurt a.M./New York 2002, 9-26; engl.: Introd.: Conceptual Approaches to the Queen´s Body, in: The Body of the Queen. Gender and rule in the courtly world, 1500-2000. Ed. by Regina Schulte with the assistance of Pernille Arenfeldt, Martin Kohlrausch, and Xenia von Tippelskirch, Oxford/New York 2006, 1-18; — Hans Teitler, Raising on a Shield: Origin and Afterlife of a Coronation Ceremony, in: Internat. Journal of the Classical Tradition. The official journal of the Internat. Soc. for the Classical Tradition [Boston, MA] 8 (2002), no. 4, p. 501-521; — Karl Ubl u. Lars Vinx, Zur Transformation der Monarchie v. Aristoteles z. Ockham, in: Vivarium. An Internat. Journal for the Philosophy and Intellectual Life of the Middle Ages and Renaissance 40 (2002), 41-74; — Nicholas Vincent, The pilgrimages of the Angevin kings of Engl., 1154-1272, in: Pilgrimage. The English Experience from Becket to Bunyan. Ed. by Colin Morris and Peter Roberts, Cambridge/New York 2002, 12-45; — Gadi Algazi, Scholars in Households: Refiguring the Learned Habitus, 1480-1550, in: Science in Context 16 (2003), 9-42; — Friedrich Balke, Der verfemte Teil. E. H. K.´ »Kaiser Friedrich der Zweite«, in: Das Politische. Figurenlehren des soz. Körpers nach der Romantik. Hrsg. v. Uwe Hebekus, Ethel Matala de Mazza u. Albrecht Koschorke, München 2003, 60-85; — Ders., Restating Sovereignty, in: Freund, Feind & Verrat. Das politische Feld der Medien. Hrsg. v. Cornelia Epping-Jäger, Thorsten Hahn u. Erhard Schüttpelz (Mediologie. Eine Schriftenr. des Kulturwiss. Forschungskollegs Medien u. Kulturelle Kommunikation, 12), Köln 2004; — Lior Barshack, Notes on the Clerical Body of the Law, in: Cardozo Law Rv. Benjamin N. Cardozo School of Law, Yeshiva University [New York] 24 (2003), 1151-1181; — Ders., Constituent Power as Body: Outline of a Constitutional Theology, in: The University of Toronto Law Journal 56 (2006), 185-222; — Dan Brayton, Angling in the Lake of Darkness: Possession, Dispossession, and the Politics of Discovery in »King Lear«, in: ELH. A journal of English literary hist. [The Tudor and Stuart Club of John Hopkins University Baltimore, MD] 70 (2003), 399-426; — Maja Brkljacic, Tito´s Bodies in Word and Image, in: Narodna umjetnost. Hrvatski casopis za etnologiju i folkloristiku. Croatian Journal of Ethnology and Folklore Research [Zagreb] 40 (2003), 99-128; — Hans Cymorek, Momentaufnahmen eines Mythos: Heidelberg 1919, Heidelberg 1931. Zwei unveröff. Briefe v. E. K. u. Heinrich Zimmer, in: Mitt. der Ernst-Troeltsch-Ges. 16 (2003), 64-102; — Robert Charles Figueira, Papal Corporality and the Papacy´s Immortality, in: The Catholic Historical Rv. American Catholic Historical Association [Washington, DC] 89 (2003), 732-740; — Elisabeth Ann Fraser, Delacroix's »Sardanapalus«: The Life and Death of the Royal Body, in: French Historical Studies [Durham, NC] 26 (2003), 315-439; — Malick W. Ghachem, The Slave's Two Bodies: The Life of an American Legal Fiction, in: The William and Mary Quarterly. A magazine of early American hist. and culture publ. by the Omohundro Institute of Early American Hist. and Culture, Williamsburg, VA. 3rd Ser. 60 (2003), 809-842; — Andrew Hadfield, The Power and Rights of the Crown in »Hamlet« and »King Lear«: »The King - The King's to Blame«, in: The Rv. of English Studies. The leading journal of English literature and the English language, N.S. 54 (2003), 566-586; — Uwe Hebekus, »Enthusiasmus u. Recht«. Figurationen der Akklamation bei E. H. K., Erik Peterson u. Carl Schmitt, in: Jürgen Brokoff u. Jürgen Fohrmann (Hrsg.), Politische Theol. Formen u. Funktionen im 20. Jhdt. (Stud. z. Judentum u. Christentum), Paderborn/München/Wien/ Zürich 2003, 97-113; — Ders., Der Wille z. Form. Politischer Ästhetizismus bei Georg Simmel, E. H. K. — u. Alfred Rosenberg, in: Uwe Hebekus u. Ingo Stöckmann (Hrsg.), Das Totalitäre der Klass. Moderne. Zur Souveränität der Lit. 1900-1933, Paderborn/München 2007; — Peter J. Leithart, The Gospel, Gregory VII, and Modern Theology, in: Modern Theology 19 (2003), 5-28; — Susan K. Martin, Getting a Head: Dismembering and Remembering in Robert Drewe's »The Savage Crows«, in: Australian Literary Studies, publ. from the English Dept., University of Queensland 21 (2003), 54-66; — Jeanne H. McCarthy, Elizabeth I's »picture in little«: Boy Company Representations of a Queen's Authority, in: Studies in Philology. University of North Carolina [Chapel, NC] 100 (2003), 425-462; — Maura B. Nolan, Metaphoric Hist.: Narrative and New Science in the Work of F. W. Maitland, in: PMLA. Publications of the Modern Language Association of America 118 (2003), 557-572; — Gerrit Jasper Schenk, Zeremoniell u. Politik. Herrschereinzüge im spätma. Reich (Forsch. z. Kaiser- u. Papstgesch. des MA, 21), Köln/Weimar/Wien 2003; — Ders., Enter the Emperor. Charles IV and Siena between politics, diplomacy, and ritual (1355 and 1368), in: Renaissance Studies. Journal of the Soc. for Renaissance Studies 20 (2006), 161-179; — Jaume Aurell, Medievalismo y medievalistas en el siglo XX, in: Anuario de Historia de la Iglesia. Instituto de Historia de la Iglesia, Facultad de Teología, Universidad de Navarra 13 (2004), 383-386; — Colin Fewer, John Lydgate's »Troy Book« and the Ideology of Prudence, in: The Chaucer Rv. A journal of medieval studies and literary criticism 38 (2004), 229-245; — M. Cecilia Gaposchkin, Philip the Fair, the Dominicans, and the liturgical Office for Louis IX: new perspectives on »Ludovicus Decus Regnantium«, in: Plainsong and Medieval Music. Publ. in association with the Plainsong and Mediaeval Music Soc. 13 (2004), 33-61; — Gundula Grebner, »Italisches« bei E. K.: Zur Selbstdeutung einer Generation, in: Geschichtsbilder im George-Kr., 2004, 117-129; — Ulrich Kinzel, Configuration and Government: Stefan George's »The Star of the Covenant«, in: Poetics today. Internat. journal for theory and analysis of literature and communication. The Porter Institute for Poetics and Semiotics, Tel Aviv University [Durham, NC] 25 (2004), 731-752; — Andrea Klier, Fixierte Natur. Naturabguss u. Effigies im 16. Jh., Berlin 2004; —

Martti Koskenniemi, Internat. Law as Political Theology: How to Read »Nomos der Erde«?, in: Constellations. An internat. journal of critical and democratic theory 11 (2004), 492-511; — Giancarlo Lacchin, Jünger, Stauffenberg e la »Germania Segreta«, in: Fenomenologie e arte. Immagni e figure riflesse nella filosofia. A cura di Markus Ophälders (Filosofia dell'arte, 4), Milano 2004, 155-183; — Andreas Musolff, The Heart of the European Body Politic: British and German Perspectives on Europe's Central Organ, in: Journal of Multilingual and Multicultural Development 25 (2004), 437-452; — Oliver Ramonat, Demokratie u. Wiss. bei Friedrich Gundolf u. E. K., in: Geschichtsbilder im George-Kr., 2004, 75-92; — Barbara Schlieben, Olaf Schneider u. Kerstin Schulmeyer, Geschichtsbilder im George-Kr.: Wege z. Wiss., in: Geschichtsbilder im George-Kr., 2004, 7-17; — Robert M. Schuler, Magic Mirrors in »Richard II«, in: Comparative Drama. Dept. of English, Western Michigan University, Kalamazoo, MI 38 (2004); — Gert Sørensen, Den politiske Dante, in: Perspektiv på Dante. II. Rapport från det Nordiska Dantenätverkets Seminarium nr. 2 på Italienska Kulturinstitutet i Stockholm den 5-7 oktober 2001. I redaktion av Anders Cullhed. Nordic Dante Studies, II. Proceedings from the Second Conference of the Nordic Dante Network at the Italian Cultural Institute in Stockholm, October 5-7, 2001 cd. by Anders Cullhed, Stockholm 2004, 9-19; — Joseph R. Stromberg, Sovereignty, Internat. Law, and the Triumph of Anglo-American Cunning, in: The Journal of Libertarian Studies. An interdisciplinary rv. by the Center for Libertarian Studies 18 (2004), no. 4, p. 29-93; — Paul Thomas, The State of the State, in: Theory and Soc. Renewal and critique in social theory 33 (2004), 257-271; — Marina Cattaruzza, Introd. to the special issue of »Totalitarian Movements and Political Religions«: Political Religions as a characteristic of the 20th century, in: Movements & Political Religions 6 (2005), no. 1: Totalitarian Movements and Political Religions, p. 1-18; — Anke Dörner, La vita spezzata. Leonardo Olschki, ein jüd. Romanist zw. Integration u. Emigration (Romanica et comparatistica. Sprach- u. literaturwiss. Stud., 38), Tübingen 2005; — A. G. Harmon, Shakespeare's Carved Saints, in: Studies in English Literature, 1500-1900. Publ. for the Rice University [Baltimore, MD] 45 (2005), 315-332; — Donald J. Kagay, The Theory and Practice of Just War in the Late-Medieval Crown of Aragon, in: The Catholic Historical Rv. American Catholic Historical Association [Washington, DC] 91 (2005), 591-610; — Michael Matheus, E. H. K. (1895-1963) u. das Dt. Hist. Inst. in Rom, in: Campana pulsante convocati. Festschr. anläßlich der Emeritierung v. Prof. Dr. Alfred Haverkamp. Hrsg. v. Frank G. Hirschmann u. Gerd Mentgen, Trier 2005, 291-323; — Paul Monod, Reading the Two Bodies of E. K., in: Yearbook. Leo Baeck Institute of Jews from Germany 50 (2005), 105; — Kim M. Phillips, The Invisible Man: Body and Ritual in a Fifteenth-century Noble Household, in: Journal of Medieval Hist. 31 (2005), 143-162; — Paul Rahe, The Book that Never was: Montesquieu's Considerations on the Romans in Historical Context, in: Hist. of Political Thought 26 (2005), 43-89; — Björn Weiler, William of Malmesbury on Kingship, in: History. The journal of the Historical Association 90 (2005), 3-22; — Werner Bräuninger, Dt.-jüd. Symbiose. Ein Wort z. E. K., in: Ders., »Ich wollte nicht daneben stehen...«. Lebensentwürfe v. Alfred Baeumler bis Ernst Jünger. Essays, Graz 2006, 170-175; — Peter Bratsis, Everyday life and the state (Great Barrington books), Boulder, CO 2006; — Thomas Blom Hansen and Finn Stepputat, Sovereignty Revisited, in: Annual Rv. of Anthropology [Palo Alto, CA] 35 (2006), 295-316; — Philip Manow, Die politische Anatomie demokratischer Repräsentation. Für Wolfgang Streeck, in: Leviathan. Berliner Zschr. f. für Sozialwiss. 34 (2006), 149-181; — Wolfgang Stürner, Kaiser Friedrich II. — Mythos u. Persönlichkeit. Abschiedsvorlesung am 13. Februar 2006, in: Verabschiedung v. Prof. Dr. Wolfgang Stürner am 13. Februar 2006. [Hrsg. v. Ottmar Pertschi] (Reden u. Aufss. Univ. Stuttgart, 73), Stuttgart 2006, 7-37; — Sebastian Ullrich, E. H. K. u. Emil Ludwig: Zwei Kritiker der Weimarer Geschichtswiss. u. die »Krisis des Historismus«, in: Sozial.Geschichte. Zschr. f. hist. Analyse des 20. u. 21. Jh. 21 (2006), H. 2, S. 7-33; — Andrew Fleck, Anatomizing the Body Politic: The Nation and the Renaissance Body in Thomas Nashe's »The Unfortunate Traveller«, in: Modern Philology. A journal devoted to research in medieval and modern literature 104 (2007), 295-328; — Peter Eli Gordon, The Concept of the Apolitical: German Jewish Thought and Weimar Political Theology, in: Social Research. An internat. quarterly of political and economic science. Graduate Faculty of Political and Social Science, New School for Social Research, New York 74 (2007), 855-878; — Penny Roberts, The Kingdom's Two Bodies? Corporeal Rhetoric and Royal Authority during the Religious Wars, in: French Hist. [Oxford] 21 (2007), no. 2: Political Culture in Early Modern France. Guest ed.: Penny Roberts, p. 147-164; — Bertram Schefold, Stefan George als Übersetzer Dantes, in: Castrum Peregrini. Zschr. f. Lit., Kunst- u. Geistesgesch. hrsg. v. der Stichting Castrum Peregrini [Amsterdam] 56 (2007), H. 276/277, S. 77-115; — Graça Capinha, Robert Duncan and the Question of Law: E. K. and the Poet's Two Bodies, in: Poetry and Politics: Black Mountain and Others. A celebration of the poetry of Robert Duncan and Denise Levertov ed. by Albert Joseph Gelpi and Robert J. Bertholf, Stanford, CA [angekündigt]. — NDB 11 (1977), 126-127 [Hans Martin Schaller]; — William Armstrong Percy III, K., E. (1895-1963), in: Encyclopedia of homosexuality. Ed. by Wayne R. Dynes. Associate eds. Warren Johansson, William A. Percy. With the assistance of Stephen Donaldson (Garland reference library of social science, 492). Vol. 1, New York-Chicago, IL 1990, 657-658; — Lexikon des Konservatismus. Hrsg. v. Caspar v. Schrenck-Notzing, Graz/Stuttgart 1996, 291-293.

Klaus-Gunther Wesseling

KÁROLYI, Gáspár, ungarischer Theologe, * um 1530 in Nagykároly (heute Carei, Rumänien), † Ende 1590 in Gönc (Nordostungarn). — Als Mitglied einer adligen Familie konnte er es sich leisten, außerhalb des Heimatlandes zu studieren. Zunächst ging er nach Krakau, später nach Wittenberg, Zürich, Basel und Straßburg. Nach Beendigung seiner Studien wurde er 1562 Pfarrer in Szatmár, ab 1563 in Gönc, 1584/87 in Tállya, dann bis zu seinem Tod in Gönc. Als Se-

nior von Kaschau (Nordostungarn) bekämpfte er die Antitrinitarier und trug so wesentlich zur Befestigung der reformierten Kirche in dieser Region bei. Auch in Siebenbürgen, wo die Antitrinitarier 1567 ihre erste Kirche errichtet hatten, beteiligte er sich (zusammen mit dem ungarischen Reformator Peter Melius) am Kampf gegen sie. In seiner 1563 veröffentlichten Schrift »Két könyv« (»Zwei Bücher«) suchte er die mit dem Fall Ungarns verbundene Türkenfrage im Sinne der apokalyptischen Geschichtsauffassung Melanchthons zu interpretieren. — Im Anschluss an bereits vorhandene Teilübersetzungen der Bibel ins Ungarische begann er 1586 unter Beteiligung einer Gruppe von Mitarbeitern, deren Namen nicht bekannt sind, mit der ersten ungarischen Übersetzung der ganzen Bibel einschließlich der Apokryphen. Dabei machte er sich die Kenntnis anderer biblischer Philologen, z.B. die der Hebraisten Sebastian Münster und Immanuel Tremellius sowie auch die Kommentare Theodor Bezas zunutze. Das 1590 fertiggestellte Werk ließ er noch im selben Jahr mit finanzieller Unterstützung einiger ungarischer Adliger (István Báthori, Szigismund Rákóczi u.a.) auf dem Gut Rákóczi in Vizsoly (nahe Gönc) von Bálint Mantskovit im Folioformat in 800 Exemplaren drucken. Ganz im Geiste der Reformation empfahl er im Vorwort der großformatigen Ausgabe: »Gott will nicht, dass nur die Pfarrer die Heilige Schrift lesen sollen, sondern er will, dass die Bücher des Alten und Neuen Testaments in den Sprachen aller Nationen vorhanden sein sollen, und darin alle lesen sollen, Arme, Reiche, Kleine, Große, Männer und Frauen. Weil Gott alle Menschen aller Stände selig machen will ... Nicht nur hier hört an, was wir reden, sondern auch wenn ihr zu Hause seid, lest die Heilige Schrift.« Offenbar im Sinne dieses Anliegens wurde die von Albert Szenci Molnár revidierte zweite Auflage benutzerfreundlicher im handlicheren Quartformat ediert. Sie erschien 1608 in 1500 Exemplaren. Vergleichbar der Lutherbibel im deutschsprachigen Raum wurde die »Bibel von Vizsoly« zur Bibel des gesamten ungarischen Protestantismus. Mit ihrem Einfluss auf Sprache und Kultur gewann sie eine herausragende Bedeutung für die ungarische Geistesgeschichte.

Werke (in Auswahl): Két könyv. Minden orszagoknak es kiralyoknak jo es gonosz szerencsejeknek okairul ... (Zwei

Bücher von den Ursachen des Glücks und Unglücks aller Länder und Könige ...), Debrecen 1563; Vizsoli Bibliája, II Bände: I. Szent Biblia az az : istennec ô és wy testamentumanac, prophétác es apostoloc által meg iratott szent könyuei. — II. Az Szent Biblianac masodic resze. Mellyben vadnac az prophetac irásimind, az macchabeusoc könyuei, es az mi wrunc Iesvs Christvsnac wytestamentuma, Vizsoly: Bálint Mantskovit 1590 (Faksimile-Ausg., Budapest 1981, ²1990).

Lit.: Eugen Vereß, K., K., in: RGG² III, Sp.637f.; — Barnabas Nagy, K., G., in: RGG³ III, Sp.1158f.; — Bálint Keserü, K. G., in: RGG⁴ IV, Sp.829; — Péter Kapcsulik, Bibellesen, Ein Programm für jedermann im Ungarn des 16. Jh., in: Iter Germanicum: Deutschland und die Reformierte Kirche in Ungarn im 16. — 17. Jahrhundert, hrsg. von András Szabó, Budapest, 1999, 28 (Zitat!).

Michael Welte

KASZAP, Stefan (István) wurde am 25. März 1916 in Stuhlweißenburg (Székesfehévár, Ungarn) geboren und wuchs in einer behüteten und kinderreichen Familie auf. Sein Vater war Postbeamter und seine Mutter (geborene Winkler) kümmerte sich um die insgesamt fünf Kinder. Das Gebet gehörte zur alltäglichen Praxis genauso wie der sonntägliche Kirchgang. Stefan besuchte die Grundschule und später das Gymnasium bei den Zisterziensern in Stuhlweißenburg. Nach den Beschreibungen seiner Familie und Mitschülern war er ein sportbegeisterter und liebenswürdiger Zeitgenosse, der sogar mal im Zirkus arbeiten wollte. — Nach anfänglich normaler schulischer Leistung und Mitgliedschaft in der Pfadfinderschaft steigerte Stefan seine Leistungen auf allen Gebieten. Schon früh soll Stefan ein nachdenklicher Mensch gewesen sein. So wird berichtet, daß er ein Hemd aus seinem Schrank an einen Bettler verschenkt haben soll, als dieser an der Haustür geklingelt. Neben dem Eiskunstlauf beherrschte er das Geräteturnen und wurde sogar Sieger in den Jugendgerätemeisterschaften am 17. März 1934. Im Juni 1934 folgte das glänzend bestandene Abitur. Besonders interessierten ihn Geschichte und Sprachen. Stefan sprach Französisch, Deutsch, Italienisch und Latein. — Am 21. Juni 1934 tritt Stefan in den Jesuitenorden in Budapest ein. Diesem Entschluß war offensichtlich ein langer innerer Prozeß der Reifung vorangegangen. Es wird berichtet, daß Stefan oft sich stundenlang in Kirchen aufgehalten hat, um zu beten. So überlegte er lange, ob er selber Benediktiner oder Zisterzienser werden sollte. Diese Orden

sollen ihn aber nach Berichten von Zeitgenossen abgelehnt haben. Stefan fühlte sich zwar einem religiösen Leben hingezogen, überlegte aber auch, ob er lieber Dorfschullehrer werden sollte. Denn neben seiner Leidenschaft für Sprachen und Geschichte, liebte Stefan das ländliche Leben. Gern zog er sich zurück um am Waldesrand oder einem Kornfeld allein zu sein und den Wolken und der Natur zuzusehen. Dem Eintritt in den Jesuitenorden waren Besinnungstage in seiner Schule durch einen Karmeliter vorangegangen. Nach einer Beichte rannte er begeistert zu seiner Mutter und rief: »Ich werde Jesuit!« Für die Mutter offensichtlich ein Schock, denn sie fragte ihn: »Willst Du denn ein armer Priester werden?« Am 30. Juli 1934 wird Stefan in Budapest in den Orden der Jesuiten aufgenommen. — Es entwickelt sich in dieser Zeit eine starke Verehrung des »Heiligsten Herzen Jesu«. Stefan begreift in diesem Bild sich von der Liebe Gottes getragen. Gott ist für ihn die Liebe. Dieser Liebe möchte er immer verbunden sein. Er betet das Novizengebet der Jesuiten- es wird lebensbestimmend: »Gütiger Jesus, mein Erlöser, erlöse mich. Gütiger Jesus, Licht der Welt, erleuchte mich. Gütiger Jesus, Abgrund der Liebe, ziehe mich an dich!« In der Sprache seiner Zeit drückt er das so aus: Gott zu dienen durch Liebe und Leiden. Er betet für die Anliegen seiner Zeit. Er betet für die »Sinnsuchenden«, für die Kranken und für die Menschen, die den Halt im Leben verloren haben. Leider stellen sich in der Zeit des Noviziats immer wieder schwere Erkrankungen ein. Ein Krankheitsbild multipler bakterieller/ virueller Infektionen greift immer mehr um sich und schwächt den Körper von Stefan zunehmend. Am 17. März 1935 wird Stefan in das Rot- Kreuz Spital eingeliefert und muß sich am 19. März 1935 einer schweren lebensgefährlichen Operation unterziehen. Es werden ihm mehrere Geschwüre entfernt. Leider waren die damaligen medizinischen Möglichkeiten nur begrenzt. Eine Kortisontherapie hätte sicherlich eine Heilung bewirken können. Am 3. November 1935 muß Stefan das Noviziat der Jesuiten verlassen, da dies die Ordensstatuten so vorsehen. Seine Mutter holt ihn aus Budapest ab und er lebt wieder bei seiner Familie. Stefan soll wieder in den Orden eintreten, wenn er gesund ist. Ein entsprechendes Zeugnis wird ihm vom Novizenmeister ausgestellt.

Noch in dieser Zeit beschäftigt sich Stefan mit Alt- Griechisch, um sich für das Studium vorzubereiten und liest intensiv Schriften der hl. Theresia von Avila. Die Krankheit greift weiter um sich. Am 4. Dezember 1935 muß Stefan wieder nach Budapest, da er in Stuhlweißenburg im Krankenhaus nicht richtig versorgt werden kann. Trotz dieses Leidens betet er täglich das TE DEUM und dankt und lobt seinen Schöpfer. Es wird berichtet, daß Stefan sich während seiner Krankenhausaufenthalte immer auch um seine Zimmergenossen gekümmert hat und ihre Sorgen und Nöte anhörte und manchen zum Glauben gebracht hat. Am 17. Dezember 1935 nimmt ihn eine Halsinfektion fast jede Möglichkeit zum Atmen (Tonsillitis). Während seines Todeskampfes (er kann nur noch durch einen Kehlkopfschnitt Luft holen) hält Stefan sein Novizenkreuz in der Hand und in der anderen die Medaille der Mutter Gottes. Ihm ist es nicht mehr möglich zu beichten oder die letzte Ölung zu erhalten, da der Priester zu spät geholt wird, obwohl er mehrfach darum schriftlich bittet. — Nach seiner Beerdigung auf dem Stadtfriedhof in Stuhlweißenburg setzt schnell seine Verehrung als Heiliger ein. Menschen fühlen sich nach dem Besuch an seinem Grab als geheilt. Der Pilgerstrom ist derart stark, daß Stefan umgebettet wird und im Vorhof der Kirche » der Gute Hirt« beerdigt wird. 1942 wird das Seligsprechungsverfahren durch den zuständigen Bischof eingeleitet. Das Verfahren dauert an. Stefan gilt das Beispiel eines Menschen, der sein Leben in die Hände Gottes legt, von Gott geliebt wird und sein Leben versteht als ein »umfassendes Ja« zu Gott. So ist es ihm auch möglich, sein Leben mit allen Höhen und Tiefen- gerade auch in schwieriger Zeit der Kriegsgefahr und des wirtschaftlichen Niedergangs- anzunehmen.

Lit.: Endrody, László: Un jeune héros le souffrance et de l'amour divin. Etienne Kaszap (1916-1935). Budapest, 1941; — ders., Stephen Kaszap. A young Hero of Pain and of Divine Love. Woodstock, 1942; — ders., Stefan Kaszap. (In Russian) Budapest, 1943; — ders., Stefan Kaszap. Ein junges Menschenleben voll heiligen Tugendtreben. Budapest, 1943; — ders., La vida por Christo. Vida de Esteban Kaszap (1916-1935). Barcelona, 1944; — ders., »Con amor y suffrimiento«. La esperitualidad del servo de Dios Esteban Kaszap. Cádiz, 1946; — ders., Quién eres? Recuerdos del servo de Dios Esteban Kaszap. Cádiz, 1946; — Meraud, André: Héros le souffrance et de l'amour. Etienne Kaszap 1916-1935. Toulouse, 1948; — Endrody, László. Esteban Kaszap. Buenos Aires, 1948; — Korda, Mária: Vom Sportler zum Heiligen. Freiburg/Sch., 1950; — Grüninger, Wunibald: Der Junge mit dem Siegerlorbeer. Das tapfere Leben eines ungarischen Jungen. Würzburg, 1958; — Bóday, Eugen: Le jeunesse Etienne Kaszap, serviteur de Dieu. Montreal, 1994; — ders., The young Stephen Kaszap, servant of God. Montreal, 1994.

Markus Späth

KEITH, George, * 1638 in Aberdeenshire, † 1716 in Edburton. Quäker, Anglikaner, Streitgeist. — George Keith stammte aus Aberdeen, Schottland. Dort wurde er auf dem Anwesen Keith Hall in Aberdeenshire 1638 geboren. Er besuchte das Marischal College und studierte dann Philosophie und Theologie, auch in der Mathematik war er bewandert. 1657 erlangte er den MA an der Universität von Aberdeen. Seinen Lebensunterhalt bestritt er zunächst als Informator (Hilfslehrer) in adeligen Haushalten. Dann wurde er als Landvermesser und Mathematiker von der Scottish Kirk eingestellt, in der er bereits erste kontroverse Predigten hielt. 1671 heiratete er Elizabeth (geb. Johnson, auch Johnston). Das Paar hatte drei Töchter. — Um 1662 war Keith mit Quäkern in Kontakt gekommen, seit 1664 bekannte er sich zu deren Grundsätzen. Seit dieser Zeit wurde er bis etwa 1680 als solcher verfolgt und in England zeitweise inhaftiert. Als der Lehrer Christopher Taylor nach Nordamerika emigrierte und dessen Stelle an der Schule von Edmonton (Middlesex) frei wurde, folgte ihm Keith um 1682 auf diesem Posten nach. Hier arbeitete Keith jedoch nur kurze Zeit, denn noch vor seiner eigenen Emigration gründete er in Theobalds (Hertfordshire) eine eigene Schule, wo u.a. auch Robert Barclay d. J. (1672-1747) unterrichtet wurde. In Theobalds wurde Keith verfolgt, weil er offensichtlich keine Lizenz zum Führen der Schule besaß, die keinem Quäker, unabhängig von seiner Qualifikation, ausgestellt wurde. — Für die Geschichte des Pietismus ist die Teilnahme von Keith an einer Deutschlandreise 1677 von Bedeutung. Am 25. Juli 1677 war er und seine Frau Elizabeth (Johns(t)on) mit bedeutenden Quäkern seiner Zeit, wie George Fox (1624-1691), Robert Barclay (1648-1690), William Penn (1644-1718), John Furly (1618-1686) und dessen Bruder Benjamin (1636-1714), William Tallcoat, George Watts und Isabel Yeomans (geb. 1637, eine Tochter von Margaret Fell, 1614-1702), zu einer Europareise aufgebrochen. Das Ehepaar Keith verließ Amsterdam, wo Keith mit dem Radikalpietisten Johann Georg Gichtel (1638-1710) zusammengetroffen war, mit dem Ziel, die Pfalzgräfin Elisabeth (1618-1680) und die Pietisten in Frankfurt am Main aufzusuchen. Am 18. August 1677 trafen Keith und seine Begleiter von Herford, Paderborn, und Kassel kommend in Frankfurt ein. Sie blieben bis zum Nachmittag des 22. August und hielten mit lutherischen wie reformierten Pietisten gemeinsame Andachten. Nach einer letzten öffentlichen Versammlung bei Jacob van de Walle verließen die Quäker am Abend des 29. August Frankfurt und machten sich über Mainz auf die Rückreise. — Keith sah seine weitere Zukunft nicht in England. Er wanderte 1684 von seinem letzten Wohnsitz, Aberdeen, nach New Jersey aus und ließ sich nahe Freehold im Monmouth County nieder. 1685 wurde er zum Surveyor-General der britischen Kolonie ernannt und war für Landvermessungen zuständig. Auf Keith geht die »Province Line« zwischen Ost und West Jersey zurück. 1689 zog er mit seiner Familie nach Philadelphia, wo er, als Schulleiter, Latein an einer Quäkerschule unterrichtete. Er war von Penn hierher gerufen worden, der in ihm einen »out of town expert« zur Lösung verschiedener Probleme sah - doch die unbestreitbare Expertise des Keith führte zu einem ganz anderen Ergebnis, als Penn es erwartet hatte. Es stellte sich heraus, daß sich die Quäker von Philadelphia nicht von einem Ortsfremden belehren lassen wollten, der ihnen von einem Engländer geschickt worden war. Penn hatte über seine eigene Kolonie nie die Autorität, die ihm die späteren Biographen verklärend zuschrieben: Schon nach kurzer Zeit kam es zu Auseinandersetzungen innerhalb und außerhalb von Quäkerversammlungen. Keith prangerte unbeirrt in Traktaten die verlogene und selbstgefällige Lebensweise der Quäkeraristokratie in Philadelphia und deren Sklavenhalterei an. Auch kritisierte er, daß die Quäker sich allzu häufig hinter Verfahrensfragen verstecken würden, um inhaltliche Stellungsnahme zu umgehen. 1690 brach er mit den Quäkern und gründete eine eigene Gemeinde, die von den Gegnern als »Keithians«, »Keithian Quakers«, »Baptist Quakers« oder »Separatisten« (»Separatists«) benannt wurde. Die Abspaltung um Keith nannte sich selbst hingegen »Christian

Quakers«. Dies tat sie nicht, um sich selbst den sonstigen Quäkern gegenüber als »christlich« hervorzuheben, sondern um den Vorwurf, den Boden des Christentums verlassen zu haben, zu entkräften. Während die Quäker in Rhode Island Keith fast geschlossen folgten, opponierte vor allem das mächtige Philadelphia Yearly Meeting unter ihren Wortführern Samuel Jennings (gest. 1708) und Thomas Lloyd (1639/40-1694). Diesen warf Keith vor, zu sehr in die Privatsphäre der Mitglieder sanktionierend einzugreifen, bei Glaubensfragen aber eine laxe Indifferenz walten zu lassen. Ihm hingegen lag daran, daß sich neue Mitglieder zu Christus verpflichten sollten und er war der Überzeugung, alle Quäker würden einer Liste seiner christlichen »Grundwahrheiten« beipflichten. Insbesondere beinhaltete die Verpflichtung zu Christus ein Bekenntnis zu dessen Gottheit, was einige Quäker in Philadelphia nicht länger akzeptierten. Das »Innere Licht« sollte, so Keith, vor allem nicht höher gewertet werden als die biblischen Wahrheiten, denen stets der Vorzug gegeben werden müsse. Das eigentliche Problem war also, daß nicht Keith, wohl aber die Quäker von Philadelphia von den Grundsätzen des frühen Quäkertums abwichen, gleichzeitig aber jeder Diskussion darüber auswichen: Mit einer zu vier Stimmen wurden die Schriften von Keith vom Philadelphia Yearly Meeting der Zensur unterworfen. Auch waren die Quäker, die inzwischen auf beiden Seiten des Atlantiks toleriert wurden, an einer neuerlichen Radikalisierung der Quäkerbewegung wenig interessiert. Wäre Keith 200 Jahre später geboren, hätten seine Ansichten unter den evangelikalen Quäkern Zustimmung statt Ablehnung erzeugt. Keith ist es zu verdanken, daß sich, nachdem die Wogen des Streits sich wieder glätteten, die amerikanischen Quäker, zumindest in Teilen, doch dem Evangelikalismus öffneten, der Triumph der Orthodoxie war nur von kurzer Dauer. — Der Konflikt hätte auch zu einem anderen Ergebnis als der Spaltung geführt, wenn Keith konzilianter und diplomatischer aufgetreten wäre. Keith jedoch war ein Hitzkopf und Streitgeist der besonderen Art. Gegenüber einem Komitee eines Quarterly Meetings, das zu seiner »Ermahnung« einberufen wurde, meinte er, man fände »more damnable heresies and doctrines of devils among the Quakers than among any profession of Protestants«, was den elitären moralischen Führungsanspruch der Quäker, insbesondere in ihrer Hochburg Philadelphia, radikal in Frage stellte. Seine Gegner bezichtigte Keith der Lüge und der Häresie, sowohl in seinen scharfen Predigten als auch in seinen Schriften. Damit erweist sich Keith ganz als Vertreter der ersten Quäkergeneration, die Provokationen regelrecht herbeiführten in der festen Überzeugung, die Wahrheit müsse sich durch vehementes Eintreten für dieselbige durchsetzen. Die Schärfe von Keith führte nun bei den Quäkern Philadelphias zu gleichem Verhalten, die Kontroversen, Diffamierungen und taktischen Winkelzüge auf beiden Seiten schaukelten sich mehr und mehr hoch. Wurden ansonsten Querelen unter Quäkern intern geregelt, scheute man sich in Philadelphia nicht, die öffentlichen Gerichte anzurufen. Keith wurde schließlich von einem Teil der Quäker wegen ,seditious libel«, aufrührerischer Verleumdung, angeklagt. Durch persönliche Beziehungen waren die Gerichte fest in Händen der Quäker. Gerade hier setzte die Kritik von Keith an, da er den Magistratsangehörigen, die häufig auch »Ministers« (Prediger) bei den Quäkern waren, vorwarf, im politischen Bereich Delinquenten mit Gewalt festzusetzen, im religiösen Bereich jedoch das duldsame friedfertige Ertragen des Bösen zu vertreten. Das spektakuläre Gerichtsverfahren Quäker vs. Quäker hatte aber zur unerwarteten Folge, daß der Name Keith bald weit über Philadelphia hinaus bekannt wurde. — Vom Philadelphia Yearly Meeting wurde Keith schließlich, nicht wegen theologischer Irrlehren, sondern wegen unmoralischen Lebenswandels zur persona non grata erklärt und auf der Jahresversammlung zu Burlington 1692 ausgeschlossen. Bis heute ist das Verfahren um den Ausschluß strittig, da Keith zuvor nicht zum »Meeting for Discipline« vorgelassen wurde, seinen Anhängern die Teilnahme an der Jahresversammlung untersagt wurde, Redebeiträge, die sich für Keith aussprachen, spektakulär unterdrückt wurden. Sein Ausschluß war letztlich eine abgemachte Sache weniger, aber einflußreicher Quäker, der Prozeß ohne zugelassene Verteidigung erinnert mehr an ein Inquisitionsverfahren als an ein ernsthaftes Bemühen um Wahrheitsfindung. Eine zwielichte Rolle spielte vor allem eine Deklaration gegen Keith von 28 Mitgliedern des Quarterly Meetings vom 20. Juni 1692. Diese Deklaration - eine Art quäkerische Exkommunikation - wurde von Eiferern in vielen Quäkerversammlungen verlesen, um die gewünschte Stimmung gegen Keith herbeizuführen. Daraufhin unterschrieben siebzig Mitglieder eine Gegendeklaration, die beinhaltete, daß Keith an der Trennung keine Schuld trage und die 28 Mitglieder ihre Vorwürfe zurückziehen sollten. Zuvor war über zwei Jahre intensiv über das verfahrenstechnische Prozedere gestritten worden, wobei die inhaltlichen Fragen mehr und mehr in den Hintergrund gerieten. Somit wurden, wie häufig in Kontroversen jeglicher Art, die eigentlichen und fundamentalen Streitpunkte unbearbeitet gelassen, anstatt sie in einer sachlichen und maßvollen Weise zu lösen. Am 25. Mai 1695 wurde Keith, der 1693 nach England zurückgekehrt war, auch vom London Yearly Meeting ausgeschlossen, nachdem aufgehetzte Quäker aus Amerika in der Londoner Versammlung ihre Vorwürfe vorgetragen hatten und die englischen Quäker aus Lethargie oder personeller Verbindungen wegen es unterlassen hatten, genaue Erkundungen über den Fall einzuholen. Da man sich auch hier nicht zu klaren theologischen Aussagen durchringen konnte, wurde in dem Ausschlußzeugnis ausdrücklich vermerkt, daß Keith nicht wegen seiner Religionsansichten, sondern wegen seines angeblich ungebührlichen Verhaltens und der aggressiven Weise seines Auftretens ausgeschlossen werde. In England gelang es Keith wie zuvor in Nordamerika, Anhänger um sich zu versammeln, wie etwa den Quäkerautor Thomas Crisp. Das »separate Meeting« Londons traf sich in Turners' Hall in der Philpot Lane. Noch 1696 beanspruchte Keith, mit dieser Gruppe das Quäkertum zu vertreten. Kurz darauf muß Keith sich innerlich, dann äußerlich, vom Quäkertum abgewendet haben: Zur Überraschung aller trat Keith, zusammen mit seiner Frau, 1700 wieder in die Church of England ein und wurde sogleich am 12. Mai 1700 vom Bischof von London zum Diakon geweiht. Er war der bislang erste und wohl auch einzige ehemalige Quäker, der diese Würden erlangt hatte. Zwei Jahre darauf zog er erneut nach Nordamerika, diesmal, um für die »Society for the Propagation of the Gospel« zu werben. In Burlington legte er 1703 den Grundstein zum Bau der großzügig ausgestatteten St. Mary's Episcopal Church, was er wenige Jahre vorher noch scharf abgelehnt hätte. Viele Quäker, sowohl seine ehemaligen Anhänger als auch Gegner, schlossen sich gerade in New Jersey dem Episkopalismus an. Keith reiste unermüdlich fast zwei Jahre von New Hampshire bis nach South Carolina und warb in Quäkerversammlungen für seine neue Glaubensgemeinschaft, sehr zum Verdruß der Quäker, die sich bereits an der Wende vom 17. zum 18. Jahrhundert in einer lähmenden Stagnationsphase befanden, die auch als Quietismus bezeichnet wird. — 1704 kehrte Keith nach England zurück und verbrachte den Rest seines Lebens in Edburton (Sussex), wo er als Rektor einer angesehenen Schule vorstand. Er war auch Pastor der örtlichen Gemeinde, in der sein hartes Einfordern des Kirchenzehnten zu gerichtlichen Auseinandersetzungen führte. Weiterhin beschäftigte ihn auch die Auseinandersetzung mit dem Quäkertum, die Vorwürfe und Beschuldigungen von beiden Seiten waren an Heftigkeit kaum zu überbieten. Er schreckte selbst nicht davor zurück, eine seiner eigenen Schriften, nämlich »A discourse on prayer and devotions, publick and private, shewing what we ought to pray for, and what not. With the fundamental truths of Christianity briefly hinted at« (1704) als ein Produkt seines Gegners Barclay auszugeben. — Die letzten drei Lebensjahre waren von Krankheiten überschattet, Keith wurde lahm und bedurfte vielfältiger Hilfen. Das halbe Jahr vor seinem Tode konnte er sein Bett nicht mehr verlassen. Daß er in dieser Lage seine »anti-Quaker principles« widerrufen habe, wurde sowohl behauptet als auch bestritten. — Waren Keith und seine Anhänger um 1700 eine äußerst umstrittene Gruppierung, die wohl die meisten Streitschriften innerhalb des Quäkertums um eine einzelne Person provozierte, so ist die Auseinandersetzung von der heutigen Quäkerforschung bislang so gut wie nicht wahrgenommen worden. Über Keith wurde die damnatio memoriae verhängt. Bis heute fehlt es an wichtigen Detailstudien, allein die Biographie von Ethyn Williams Kirby aus dem Jahre 1942 brachte grundlegende Erkenntnisse. — Keith zählte, bis zu seinem Ausschluß, mit William Penn und Robert Barclay zu den gelehrten Quäkern der zweiten Generation, die die Erfahrungen der ersten Quäker in ein möglichst weites theoretisches Gerüst faßten. In Amerika war er zu seiner Zeit ein intellektuell herausragender Quäker. Wäre er 1690 verstorben, so würde er heute als Quäker-Klassiker einen hohen Rang einnehmen. Zeitlebens änderte Keith immer wieder seine Ansichten, er blieb flexibel und kann keiner bestimmten Richtung zugeordnet werden. Er vertrat - als Lehre der Quäker - frühzeitig nach seinem Zusammentreffen mit Ann Finch Conway (1631-1679) und dem Cambridger Platonisten Henry More (1614-1687) die Lehre von der Seelenwanderung. Zutreffend wurde hierzu bemerkt, daß Keith es damit gelang, die Legitimität des Quäkertums als eine christliche Lehre zu begründen, indem er auf die ursprünglich kabbalistische Doktrin der Seelenwanderung rekurrierte. Hier liegen aber auch Einflüsse vor, die sich nicht ohne Keiths Übersetzung von »Oriental Philosophy« (1674) des arabischen Gelehrten Hai Ebn Yokdan (Hayy ibn Yaqzan, gest. 1185) erklären lassen. Die Seelenwanderung war zuvor bereits von Mercurius van Helmont (1614-1699) in das Quäkertum gebracht worden. Beide kannten sich persönlich, Van Helmont hatte sich bereit erklärt, George Keith 1678 bei der Beantwortung mehrerer niederländischer Streitschriften behilflich zu sein. Auch in Amerika vertrat und verbreitete Keith seine christliche Seelenwanderungslehre. Neu war nun, daß er inzwischen die körperliche Auferstehung erwartete und vom nahen Eintreffen des apokalyptischen Endes überzeugt war. — Die wichtigste Schrift von Keith lautete »Immediate Revelation«. Die erste Auflage erschien 1668 in Aberdeen, eine überarbeitete zweite Auflage 1675 in London. Ähnlich wie More, mit dem Keith lebenslang befreundet war, vertrat er darin eine Christologie um die Lehre von der »immediate objective revelation«, die von Pietisten in Deutschland bereitwillig übernommen wurde. Zentrale Aussage des Buches war die These, daß die Seele von Christus sich buchstäblich durch die gesamte Schöpfung ziehe (siehe auch »The Way Cast Up«, um 1677). Christus, so Keith, sei der Mediator zwischen Gott und der Schöpfung, der Ursprung des erschaffenen Universums (»radix est universae creaturae«) sowie die erste Emanation Gottes (»emanatio prima dei«). Seine Verbindung mit der menschlichen Seele erkläre sich, gemäß der kabbalistischen Lehre, mit der Idee von Arkhim (eine Verknüpfung von Zeir Anpin und Arik Anpin). Würden nun die Juden anerkennen, daß Arik Anpin aus der Kabbala identisch mit dem äußeren Christus sei, dann wäre eine wichtige Voraussetzung ihrer Bekehrung gegeben. Dass nicht bereits solche Gedanken zum Ausschluß von Keith aus der Quäkergemeinschaft führten, sagt etwas aus über die Toleranz des frühen Quäkertums in seiner Findungsphase, sowie über seine außerchristlichen Strömungen um die Jahre 1660 bis etwa 1680.

Werke: Help in time of need from the God of help, to the people of the (so called) Church of Scotland, especially the once more zealous and professing, who have so shamefully degenerated and declined from that which their fathers the primitive Protestants attained unto. Writ by George Keith, prisoner for the truth in Aberdeen in the latter end of the year 1664. (Aberdeen) (1665). Ann Arbor 1981 (Early English Books, 1641-1700, 1151, 10); A salutation of dear and tender love to the seed of God, arising in Aberdeen in two epistles. O.O. 1665; Immediate revelation, (or, Jesus Christ the eternal Son of God revealed in man, revealing the knowledge of God and the things of His kingdom immediately) not ceased but remaining a standing and perpetual ordinance in the church of Christ and being of indispensible necessity as to the whole body in general, so to every member thereof, every true believer in particular asserted and demonstrated and the objections that have any seeming weight against it answered. (Aberdeen) 1668. London 1675[2]. O.O. 1676[2]; Het Decksel gescheurt, ende Een Deure geopent tot de eenvoudige, om daer door te sien, en tot het Wesen te komen, 't Welck met het Decksel bedeckt is geweest onder de Mennonyten. Wecker wegh ende aenbiddinghe hier besproeft wert, en is gevonden niet nae de waerheydt te zijn, maer wort met de waerheyt veroordeelt, aengaende de waerneminge in haeren Godtsdienst, te weten: Doop en Avontmael, haer Gebeden, Singen en Bedieninge: nevens verscheyde andere dingen, die onder haer berispelijck zijn, door de Waerheydt. Waer in oock vele Schriftuer-plaetsen, die sy gebrycken en bybrengen, worden geopent en beantwoort, om der eenboudighe willen, die den Wegh der Waerheyt in eenvoudigheyt soecken. Door een Vreindt tot alle soodanige, onder welcke benaminge sy oock mogen gevonden werden, George Keith. Oock is hier achter iets bygeboegt, 't welck voor eenigen Jaren aen de Doopsgesinde geschreben was: Door een Dienstknecht Godts, welck in dese Landen in het Evangelium Jesu Christi gearbeyt heest, en oock hier overleden is, genaemt, William Caton. Amsterdam 1670; Whitehead, Richard; Keith; George: The light of truth triumphing over darkness and ignorance, error and envy, manifested in Robert Gordoun's late pretended testimony to the true Saviour, wherein every one whose eye is open may see his seat, and who have salt in themselves may favour his words, work and spirit and discern his deceitful dealing by smitting the innocent in secret, yet not with that subtilty which is able to cover in this day wherein light is manifesting the works of darkness, so, the devil was here deficient but envy slays the foolish man, given forth in the 2 moneth 1670. O.O. 1670; The benefit, advantage and glory of silent meetings, both as it was found at the beginning, or first breaking forth of this clear manifestation of truth, and continues so to be found by all the faithful and upright in heart at this day. Writ for the stirring up and encouraging of those more especially who are lately convinced unto the love of them, and diligent improving them unto those ends and uses for which they serve by George Keith. London 1670. London 1687; A general epistle to Friends; by way of caution to take heed to the light, that they may be preserved from that lazy, idle spirit that veils the life. O.O. 1671; An aditional postscript by George Keith to Robert Gordon. In: Whitehead, George: The nature of Christianity in the true light asserted, in opposition to antichristianism, darkness, confusion, and sin-pleasing doctrines, written upon particular occasion herein signified, by a servant of Christ, G. Whitehead. O.O. 1671, 60-69; The universall free grace of the Gospell asserted. Or, the light of the glorious Gospell of Jesus Christ, shining forth universally, and enlightning every man that coms (sic!) into the world, and thereby giving unto every man, a day of visitation, wherin it is possible for him to be saved. Which is glad tydings unto all people. Being witnessed and testifyed unto, by us the people called in derision Quakers. And in opposition to all denyers of it, of one sort and another proved by many infallible arguments, in the evidence and demonstration of the spirit of truth, according to the Scripture testimonies and sound reason. With the objections of any seeming weight against it, answered by George Keith. (London) 1671; George Keith's vindication from the forgeries and abuses of T. Hick and W. Kiffin with the rest of his confederate brethren of the Barbican-Meeting held London the 28th of the 6th month, 1674. O.O. 1674. Ann Arbor 1983 (Early English Books, 1641-1700, 1425, 11); The woman-preacher of Samaria, a better preacher, and more sufficiently qualified to preach than any of the men-preachers of the man-made-ministry in these three nations. (London) 1674. Ann Arbor 1986 (Early English Books, 1641-1700, 1703, 11); A looking-glass for all those called Protestants in these three nations. Wherein they may see, who are true Protestants, and who are degenerated and gone from the testimony and doctrine of the antient Protestants. And hereby it is made to appear, that the people, called in derision Quakers, are true (yea the truest) Protestants, because their testimony agreeth with the testimony of the antient Protestants in the most weighty things wherein the Lord called them forth in that day. Particularly, with the testimony and doctrine of William Tindal, who is called a worthy martyr, and principal teacher of the Church of England, faithfully collected out of his works. London 1674. Ann Arbor 1990 (Early English Books, 1641-1700, 2032, 15); Quakerism no popery, or, a particular answere to that part of Iohn Menzeis, professor of divinity in Aberdeen, (as he is called) his book, intituled Roma mendax. Wherein the people called Quakers are concerned, whom he doth accuse as holding many popish doctrins, and as if Quakerism, (so he nick-names our religion,) were but popery-disguised. In which treatise his alleadged grounds for this his assertion, are impartialy and fairly examined and confuted, and also his accusation of popery against us, justly retorted upon himself, and his bretheren. (London) 1675. Ann Arbor 1987 (Early English Books, 1641-1700, 1795, 39); Keith, George; Barclay, Robert; Skene, Alexander: A true and faithful accompt of the most material passages of a dispute betwixt so-me students of divinity (so called) of the University of Aber-dene, and the people called Quakers, held in Aberdene in Scotland, in Alexander Harper his close (or yard) before so-me hundreds of witnesses, upon the fourteenth day of the se-cond month called April, 1675. There being opponents John Lesly. Alexander Shirreff. Paul Gellie. Mast. of Art. And de-fendants upon the Quakers part. Robert Barclay and George Keith. Praeses for moderating the meeting, chosen by them, Andrew Thomsone advocate, and by the Quakers. Alexan-der Skein, sometime a magistrate of the city. Published for preventing misreports, by Alexander Skein, John Skein, Alexander Harper, Thomas Merser, and John Cowie. To which is added, Robert Barclay's offer to the preachers of Aberdene, renewed and reinforced. London 1675. Ann Ar-bor 1983 (Early English Books, 1641-1700, 1425, 20); Qua-kerism confirmed, or, a vindication of the chief doctrines and principles of the people called Quakers from the argu-ments and objections of the students of divinity (so called) of Aberdeen in their book entituled Quakerism convassed (sic!). O.O. 1676; The way cast up, and the stumbling-blocks removed from before the feet of those who are see-king the way to Zion, with their faces thitherward, contai-ning an answere to a postcript, printed at the end of Sam Rutherford's letters, third edition, by a nameless author, in-deed not without cause, considering the many lyes and fals-hoods therein, against the people, called Quakers, which are here disproved, and refuted, and the truth of what we hold touching those particulars faithfully declared, according to the Scriptures. By George Keith, prisoner in the tolbooth of Aberdeen, with many brethren, (...). Written in the spirit of love and meeknesse, my soule traveling for the everlasting wel-fare of the immortal souls of all men, but especially of them, called Presbyterians, to whom this answere is particu-larly directed. O.O. 1677; The Quakers creed concerning the man Christ Jesus, transcribed verbatim out of a treatise ent-ituled, The way cast up, lately written by George Keith, a Quaker, with animadversions upon it. London (1678); The way to the city of God described, or, a plain declaration how any man may, within the day of visitation given him of God, pass out of the unrighteous into the righteous state, written by George Keith in the year 1669, as also how he may go forward in the way of holiness and righteousness, and so be fitted for the kingdom of God, and the beholding and enjoy-ing thereof. Whereunto is added the way to discern the con-victions, motions, etc. of the spirit of God, and divine prin-ciple in us, from those of a man's own natural reason, etc., written in the time of his confinement in Aberdeen, in the year 1676, with a preface to the whole, written this year. O.O. 1678; The true Christ owned as he is, true God and perfect man, containing an answer to a late pamphlet having this title The Quakers creed concerning the man Christ Je-sus etc. writ by a nameless author, which pamphlet contai-neth many gross lies and wilful perversions beside some other great mistakes occasioned by the author his ignorance and blindness. O.O. 1679. Ann Arbor 1983 (Early English Books, 1641-1700, 362, 1); Antwoord op elf vragen, die do-or zeker persoon aan Benjamin Furly, in de Nederduytse ta-le, zijn toegesonden (...). Daar by gevoegt zijn eenige wede-rvragen tot naarder openinge van die, en diergelijke zaken. Wesende de gezeyde antwoord en wedervragen beyde in de

Engelse tale geschre´ven, door George Keith, en daar uyt overgezet. Rotterdam 1680; The rector corrected. Or, the rector of Arrow, shooting his arrow beside the mark. In an-swer to Thomas Wilson's book, called, The Quakers false interpretations of Holy Scripture. In which answer is mani-fested, that T. W.s. interpretations of the Scripture (...) are false; and that the sense given by us (...) is true. London 1680; Responsio ad postulatum quintum tractatuli, anno su-periore Latinè and Germanicè typis editi, atque dantisci per quendam Jesuitam (ut fertur) evulgati, nullo authoris nomi-ne indicato complectentis in se undecim quaestiones ad om-nes Protestantes, atque à Romana Ecclesia Catholica (sic nuncupata) Dißidentes: Quarum quinta speciatim tangit po-pulum Quakerorum nomini vulgò insignitum. Amstelodami 1681; Eine Antwort Auff das fünffte Begehren in einem Büchlein, Welches vergangenen Jahrs Lateinisch und Teutsch gedruckt, und zu Dantzig, wiewol ohne des Stellers Nahmen, der, wie gesaget wird, etwan ein Jesuit, öfentlich heraus gegeben worden, Und Begreifft eilff (sic!) Fragen an alle die Protestanten, und die da von der Römisch-Catholi-schen so genenten Kirchen abgewichen, in sich, Worunter Die Fünffte sonderlich das Volck, so insgemein mit dem Na-men Quaker spottweise beleget werden, angehet. Amster-dam 1681; Truths defence, or, The pretended examination by John Alexander of Leith, of the principles of those (cal-led Quakers) falsly termed by him Jesuitico-Quakerism, re-examined and confuted, together with some animadversions on the dedication of his book to Sir Robert Clayton, then Major of London. London 1682; Ad Joh. Guilelmi Baieri (...) dissertationem primam contra Quakeros et praecipue contra Rob. Barclaium in thesibus suis theologicis et apolo-gia de principis verae ac salutaris cognitionis divinae (...). Amstelodamum 1683; Divine immediate revelation and in-spiration, continued in the true church, second part. In two treatises, the first being an answer to Jo. W. Bajer Doctor and Professor of Divinity, so called, at Jena in Germany, pu-blished first in Latine, and now in English. The second being an answer to George Hicks, stiled Doctor of Divinity, his sermon preached at Oxford, 1681. and printed with the title of The spirit of enthusiasm exorcised; where this pre-tended exorcist is detected. Together, with some testimonies of truth, collected out of diverse ancient writers and fathers, so called. By G. K. London 1684. London 1685[2]; The fun-damental truths of Christianity, briefly hinted at by way of question and answer, to which is added a treatise of prayer in the same method. London 1688. Philadelphia 1692. New York 1985 (Early American Imprints, Ser.1, 603); The Pres-byterian and Independent visible churches in New-England and elsewhere, brought to the test, and examined according to the doctrine of Holy Scriptures in their doctrine, ministry, worship, constitution, government, sacraments and Sabbath Day. More particularly directed to those in New-England, and more generally to those in old England, Scotland, Ire-land, etc. With a call and warning from the Lord to the peo-ple of Boston and New-England to repent, etc. And two let-ters to the preachers in Boston, and an answer to the gross abuses, lies and slanders of Increase Mather and Nath. Mor-ton, etc. By George Keith. London 1689. Philadelphia 1691. New York 1985 (Early American Imprints, Ser.1, 472); A re-futation of three opposers of truth, by plain evidence of the holy Scripture, viz. I. Of Pardon Tillinghast, who pleadeth for water-baptism, its being a Gospel-precept, and opposeth Christ within, as a false Christ. To which is added, something concerning the Supper, etc. II. Of B. Keech, in his book called, A tutor for children, where he disputeth against the sufficiency of the light within, in order of salvation, and calleth Christ in the heart, a false Christ in the secret chamber. III. Of Cotton Mather, who in his appendix to his book, called, Memorable providences, relating to witchcrafts, etc. doth so weakly defend his father Increase Mather from being justly chargeable with abusing the honest people called Quakers, that he doth the more lay open his fathers nakedness; and beside the abuses and injuries that his father had cast upon that people, C. Mather, the son, addeth new abuses of his own. And a few words of a letter to John Cotton, called a minister, at Plymouth in New England. Philadelphia 1690. New York 1985 (Early American Imprints, Ser.1, 516). Ann Arbor 1990 (Early English Books, 1641-1700, 2032, 16); A plain short catechism for children and youth, that may be serviceable to such others, who need to be constructed in the first principles and grounds of the Christian religion. To which is added, a short paraphrase or opening, by way of meditation on that prayer which our Lord Jesus Christ taught his disciples, commonly call'd, The Lords prayer. By G. K. O.O. 1690. New York 1985 (Early American Imprints, Ser.1, 514); The pretended antidoe (sic!) proved poyson, or, The true principles of the Christian and protestant religion defended, and the four counterfit defenders thereof detected and discovered, the names of which are James Allen, Joshua Moodey, Samuell Willard and Cotton Mather, who call themselves ministers of the Gospel in Boston, in their pretended answer to my book, called, The Presbyterian and Independent visible churches in New-England, and elsewhere, brought to the test, etc. And G. K. cleared not to be guilty of any calumnies against these called teachers of New-England, etc. By George Keith. With an appendix by John Delavall, by way of animadversion on some passages in a discourse of Cotton Mathers before the General Court of Massachusetts, the 28th of the third moneth, 1690. Philadelphia 1690. New York 1985 (Early American Imprints, Ser.1, 515). Ann Arbor 1998 (Early English Books, 1641-1700, 2501, 15); A testimony against that false and absurd opinion which some hold, viz. that all true believers and saints immediately after the bodily death attain to all the resurrection they expect, and enter into the fullest enjoyment of happiness, and also that the wicked immediately after death are raised up to receive all the punishment they are to expect, together with a Scriptural account of the resurrection of the dead, day of judgment, and Christ's last coming and appearance without us, also, where and what those heavens are into which the man Christ is gone and entered into. (Philadelphia) (1692); A serious appeal to all the more sober, impartial and judicious people in New-England to whose hands this may come, whether Cotton Mather in his late address, etc. hath not extreamly failed in proving the people call'd Quakers guilty of manifold heresies, blasphemies and strong delusions, and whether he hath not much rather proved himself extreamly ignorant and greatly possessed with a spirit of perversion, error, prejudice and envious zeal against them in general, and G. K. in particular, in his most uncharitable and rash judgment against him. Philadelphia 1692. New York 1985

(Early American Imprints, Ser.1, 605); A vision concerning the mischievous seperation (sic!) among Friends in Old England. Philadelphia 1692. New York 1985 (Early American Imprints, Ser.1, 610); Some reasons and causes of the late seperation (sic!) that hath come to pass at Philadelphia betwixt us, called by some the seperate meeting and others that meet apart from us, more particularly opened to vindicate and clear us and our testimony in that respect, viz. that the seperation (sic!) lyeth at their door, and they (and not we) are justly chargeable with it. With apology for the present publication of these things. More particularly opened to vindicate and clear us and our testimony in that respect, viz. O.O. (1692). New York 1985 (Early American Imprints, Ser.1, 606); The plea of the innocent against the false judgment of the guilty, being a vindication of George Keith and his friends, who are joyned with him in this present testimony, from the false judgment, calumnies, false informations and defamations of Samuell Jenings, John Simcock, Thomas Lloyd, and others joyned with them, being in number twenty eight. O.O. (1692); An appeal from the twenty eight judges to the spirit of truth and true judgment in all faithful Friends, called Quakers, that meet at this Yearly Meeting at Burlington, the 7 month, 1692. O.O. (1692). New York 1985 (Early American Imprints, Ser.1, 598); A discovery of the mystery of iniquity and hypocrisie acting and ruling in Hugh Derborough. O.O. (1692). New York 1985 (Early American Imprints, Ser.1, 602); An account of the great divisions, amongst the Quakers, in Pensilvania, etc., as appears by their own book, here following, printed 1692, and lately came from thence, intituled, viz. The plea of the innocent, against the false judgment of the guilty. Being a vindication of George Keith, and his friends, who are joined with him in this present testimony, from the false judgment, calumnies, false informations and defamations of Samuel Jenings, John Simcock, Thomas Lloyd, and others, joyned with them, being in number twenty eight, directed, by way of epistle, to faithful friends of truth, in Pensilvania, East and West-Jersey, and else-where, as occasion requireth. London 1692. Ann Arbor 1977 (Early English Books, 1641-1700, 717, 7); False judgments reprehended, and a just reproof to Tho. Everndon, and his associates and fellow-travellers, for the false and rash judgment T. E. gave against G. K. and his faithful friends and brethren, at the publick meeting at Philadelphia, the 27. of 10. mon. 1692. And also for their bringing with them their paquet of letters (Saul-like to Damascus) containing the false judgment of a faction of men, calling themselves the Yearly-Meeting at Tredaven in Maryland the 4 of 8. mon 92. And another false judgment contained in another letter from William Richardson, all which will return upon their own heads. O.O. (1692). New York 1985 (Early American Imprints, Ser.1, 611); Some of the fundamental truths of Christianity. Briefly hinted at, by way of question and answer. With a postscript by the author G. K. O.O. (1692[3]). New York 1985 (Early American Imprints, Ser.1, 604); The Christian faith of the people of God, called in scorn, Quakers in Rhode-Island (who are in unity with all faithfull brethren of the same profession in all parts of the world) vindicated from the calumnies of Christian Lodowick, that formerly was of that profession, but is lately fallen there-from. As also from the base forgeries, and wicked slanders of Cotton Mather, called a minister, at Boston, who hath greatly commended the said Christian Lodowick, and approved his false charges against us, and hath added thereunto many gross, impudent and vile calumnies against us and our brethren, in his late address, so called, to some in New-England, the which in due time may receive a more full answer, to discover his ignorance, prejudice and perversion against our friends in general, and G. K. in particular, whom he hath most unworthily abused. To which is added, some testimonies of our antient Friends to the true Christ of God, collected out of their printed books, for the further convincing of our opposers, that it is (and hath been) our constant and firm belief to expect salvation by the man Christ Jesus that was outwardly crucified without the gates of Jerusalem. O.O. 1692. New York 1985 (Early American Imprints, Ser.1, 600); Articles of George Keith for his proselites to signe before they receive admittance into his church fellowship. Queries by G. K. O.O. (1692); Keith, George; Barclay, Robert: A true and faithful accompt of the most material passages of a dispute betwixt some students of divinity (so called) of the university of Aberdene, and the People called Quakers, held in Aberdene in Scotland, in Alexander Harper his close (or yard) before some hundreds of witnesses, upon the fourteenth day of the second month called April, 1675. There being opponents John Lesly. Alexander Shirreff. Paul Gellie. Mast. of Art. And defendants upon the Quakers part. Robert Barclay and George Keith. Praeses for moderating the meeting, chosen by them, Andrew Thomsone advocate, and by the Quakers. Alexander Skein, sometime a magistrate of the city. London 1691. In: Truth triumphant through the spiritual warfare, Christian labours and writings of that able and faithful servant of Jesus Christ, Robert Barclay. London 1692, 569-595. London 1718. New York 1831; Keith, George; Barclay, Robert: Quakerism confirmed, or a vindication of the chief doctrines and principles of the People called Quakers, from the arguments and objections of the students of divinity (so called) of Aberdeen, in their book, entituled, Quakerism canvased. London 1691. In: Truth triumphant through the spiritual warfare, Christian labours and writings of that able and faithful servant of Jesus Christ, Robert Barclay. London 1692, 596-674. London 1718. New York 1831; Truth and innocency defended against calumny and defamation, in an late report spread abroad concerning the revolution of human souls, with a further clearing of the truth, by a plain explication of my sence, etc. Philadelphia 1692. New York 1985 (Early American Imprints, Ser.1, 609); More divisions amongst the Quakers, as appears by the following books of their own writing, viz. I. The Christian faith of New-England Quakers condemn'd by a meeting of Pensilvanian Quakers. II. The false judgment of a yearly meeting of Quakers in Maryland, condemn'd by George Keith, Thomas Budd, etc. all Quakers. To which is added, a discovery of this mystery of iniquity, by George Keith. London 1693. Ann Arbor 1977 (Early English Books, 1641-1700, 717, 16); New England's spirit of persecution transmitted to Pennsilvania, and the pretended Quaker found persecuting the true Christian-Quaker, in the tryal of Peter Boss, George Keith, Thomas Budd, and William Bradford, at the sessions held at Philadelphia the nineth, tenth and twelfth days of December, 1692, giving an account of the most arbitrary procedure of that court. (New York) 1693. Ann Arbor 1976 (Early

English Books, 1641-1700, 637, 17); The tryals of Peter Boss, George Keith, Thomas Budd, and William Bradford, Quakers, for several great misdemeanors (as was pretended by their adversaries) before a court of Quakers at the sessions held at Philadelphia in Pensylvania, the ninth, tenth, and twelfth days of December, 1692, giving also an account of the most arbitrary procedure of that court. London 1693. Ann Arbor 1982 (Early English Books, 1641-1700, 1318, 17); An exhortation and caution to Friends concerning buying or keeping of Negroes. O.O. (1693). New York 1985 (Early American Imprints, Ser.1, 636); A further discovery of the spirit of falshood and persecution in Sam. Jennings, and his party that joyned with him in Pensilvania, and some abettors that cloak and defend him here in England, in answer to his scandalous book, called, The state of the case. O.O. (1694); The great doctrine of Christ crucified, asserted, in three declarations or sermons, preached by Mr George Keith. Exactly taken in short-hand, as they were lately delivered by him at the meetings of the Christian people, called Quakers, in London. London 1694; Copia Eines Send-Schreibens auß der neuen Welt, betreffend Die Erzehlung einer gefährlichen Schifffarrt, und glücklichen Anländung etlicher Christlichen Reisegefehrten, welche zu dem Ende diese Wallfahrt angetretten, den Glauben an Jesum Christum allda außzubreiten. (Hamburg) 1695; A chronological account of the several ages of the world from Adam to Christ. And from thence continued to the end of the world, showing, by Scripture account I. The time of the churches going into the wilderness. O.O. 1694. New York 1985 (Early American Imprints, Ser.1, 691); A seasonable information and caveat against a scandalous book of Thomas Ellwood, called An epistle to Friends. London 1694; Truth advanced in the correction of many gross and hurtful errors, by George Keith, whereunto is added a chronological treatise of the several ages of the world, showing the intervals, time and effects of the seven churches, seven seals, seven trumpets, and seven vials, called, The seven last plagues, and the various dreadful effects that are like to ensue at the pouring forth of each of them, which is near at hand, together with an account of the time of the churches going into the wilderness, her return, full restoration, and universal spreading of the glorious Gospel into all nations of the earth, as also, the time of the personal anti-Christ his reign and last persecution, with the time of the prophecying, killing and rising again of the two witnesses, and lastly, concerning the thousand years reign of the saints with Christ yet to come, and time of beginning. O.O. 1694. New York 1985 (Early American Imprints, Ser.1, 691); The arraignment of worldly philosophy, or, the false wisdom, its being a great hinderance to the Christian faith, and a great enemy to the true divine wisdom. London 1694; The causeless ground of surmises, jealousies and unjust offences removed, in a full clearing of faithful Friends, and a sober vindication of my innocency, and the Friends concerned with me, in relation to the late religious differences and breaches among some of the people called Quakers in America. O.O. (1694); New Rome arraigned. And out of her own mouth condemned. Containing a farther discovery of the dangerous errors, and pernicious principles of the leaders and teachers of the Foxonian Quakers, which tend to overthrow the Christian faith, to obstruct the Jews conversion, to encourage Mahumetism, and to pervert the right way of the Lord; which whether so or no, deserves the examination and consideration of the Christian ministry of all Protestant Churches, as they tender God's glory, and the good of souls. To which is added, ten articles of the Christian faith, wrote by Geo. Keith, who was persecuted by the Quakers in Pensilvania for his Christian testimony. The second edition, with some alteration and additions, by Francis Bugg. Licensed, June 18th. 1694. London 1694; The true copy of a paper given in to the yearly meeting of the people called Quakers, at their meeting-place in Grace-Church-street, London, 15 day of the 3d. month 1695. By George Keith, which was read by him in the said meeting, by their allowance. With a brief narrative of the most material passages of discourse betwixt George Whitehead, Charles Marshal, and George Keith, the said day, and the day following, betwixt George Whitehead, William Penn, and Francis Canfield on the one side, and George Keith on the other, (...). Together with a short list of some of the vile and gross errors of George Whitehead, John Whitehead, William Penn, their chief ministers, and now having the greatest sway among them (being of the same sort and nature with the gross errors charged on some in Pensilvania) most apparently opposite to the fundamental doctrines of the Christian religion (...). And a proposition to William Penn, to prove his charge, that G. K. is an apostate. London 1695. Ann Arbor 1992 (Early English Books, 1641-1700, 2127, 4); Gross error and hypocrisie detected in George Whitehead and some of his brethern, as doth appear from the disingenuous and hypocritical answer he and some others have given to some queries sent to the last Yearly Meeting of the people call'd Quakers, in the third month, 1695, by comparing the said answer with the printed books of the said George Whitehead, William Penn, and John Whitehead, leading men in the said meeting, wherein the great inconistency and contradiction of their present late answer to the express words and sentiments of their printed books is discovered. London 1695. Ann Arbor 1978 (Early English Books, 1641-1700, 792, 8); The anti-Christs and Sadduces detected among a sort of Quakers, or, Caleb Pusie of Pensilvania and John Pennington, with his brethren of the second days meeting at London called Quakers, proved Antichrists and Sadduces, out of a said book lately published by them called A modest account of the principal differences in point of doctrine betwixt George Keith and those of the people called Quakers in Pensilvania etc. being an answer to the said book (...), with some few remarks on John Pennington's late book entitled the people called Quakers cleared etc. and Geo. Whitehead his postscript (...), and a postscript (...), by George Keith. London (1696). Ann Arbor 1983 (Early English Books, 1641-1700, 1465, 9); A sermon preached at the meeting of protestant dissenters called Quakers, in Turners-Hall, London, on the 16th of the second month, 1696. London 1696; A just vindication of my earnest expostulation, added to my book, called The Antichrists and Sadduces detected, etc, directed to the pious and learned, in the Church of England, and among the dissenters, against the trifling exceptions of Edward Pennington, which he calls Some observations, etc. O.O. (1696); An exact narrative of the proceedings at Turners-Hall, the 11th of the month called June, 1696. Together with the disputes and speeches there, between G. Keith and other Quakers, differing from him in some reli-

gious principles. The whole published and revised by George Keith. With an appendix containing some new passages to prove his opponents guilty of gross errors and self-contradictions. London 1696. Ann Arbor 1977 (Early English Books, 1641-1700, 717, 11); Croese, Gerardus: The general history of the Quakers, containing the lives, tenents, sufferings, tryals, speeches, and letters of all the most eminent Quakers, both men and women, from the first rise of that sect, down to this present time. Collected from manuscripts, etc. A work never attempted before in English. Being written originally in Latin by Gerard Croese. To which is added, a letter writ by George Keith, and sent by him to the author of this book: containing a vindication of himself, and several remarks on this history. London 1696; An advertisement of an intended meeting, to be held by George Keith and his friends, at their usual meeting-place, in Turners-Hall, in Philpot-Lane, the 29th. day of this instant and present month called April, 1697. to begin about the 9th. hour. To which meeting William Penn, Thomas Ellwood, George Whitehead, John Penington, and these of the second days weekly meeting at Lombard-street, are justly desired to be present, to hear themselves recharged and proved guilty of these vile and gross errors and heresies, wherewith they have been formerly charged by George Keith, and proved guilty off, at a meeting held at Turners-Hall, on the 11th, of the month called June, 1696. (London) (1697). Ann Arbor 1989 (Early English Books, 1641-1700, 1912, 3); An essay for the discovery of some new geometrical problems, (judged by some learned men, impracticable) concerning angular sections, beginning with the geometrical trisection of any right lined angle, by plain geometry of right lines and arches of circles, with rule and compass only, with out all conick sections, and cubick aequations. Whether the following praxis, and apparent demonstration thereof doth not only make it practicable, but easie to the understanding of a tiro, who but understands a little in true geometrical learning. Which layeth a foundation of a plain method how to sect any angle into any other number of parts required, even as 4. 6. 8. 10; or uneven, as 5. 7. 9. 11. etc. As also to divide a circle into any number even, or uneven of equal parts. All which have great uses in the improvement of the mathematical sciences, some of which are here specified. Proposed and submitted to the impartial tryal and examination of the right reason of such artises, to whose hands it may come. London 1697. Ann Arbor 1993 (Early English Books, 1641-1700, 2188, 4); George Keith's explications of divers passages contained in his former books, as also his free and open retractation of sundry other passages contained in the same. Which may at present suffice for a reply to the late, as well as former books of Tho. Elwood, and John Pcnington, published against me, in respect to the most material things. London 1697; A supplement to a late treatise, called An essay for the discovery of some new geometrical problems, concerning angular sections, resolving what was there problematically proposed; and with some rectification made in the former essay, showing an easie method truly geometrical, without any conick section, or cubickaequation, to sect any angle or arch of a circle into 3. 5. 7. or any other uneven number of equal parts. By G. K. O.O. (1697). Ann Arbor 1989 (Early English Books, 1641-1700, 1951, 14); A second narrative of the proceedings at Turners-Hall, the 29th of the month called April,

1697, giving an exact account of all the proofs G. K. brought out of the Quakers books, and read in that meeting, to prove them guilty of the four great errors he had charged them with, in his printed advertisements, as also the most material speeches he made on every head, with reference to the authors of those books, and more particularly with reference to G.W. T.E. W.P. J.Penington, and them of the second-days meeting, at London. By George Keith. London 1697; A third narrative of the proceedings at Turner's Hall the twenty first day of April 1698, giving an exact account of the proofs brought by George Keith out of the Quakers printed books (...) opposing four great fundamental doctrines of the Christian faith as they were read by G. Keith out of his manuscript and examined by some ministers of the Church of England there present who compared each quotation with the Quakers printed books laid open before them, with various notes and observations by G. K. (...) and some additions of proofs not then read (...), also W. Penn's letter to George Keith (...) and George Keith's letter in answer to the same (...) likewise a letter of G. K. to George Whitehead in answer to his, by George Keith. London 1698. Ann Arbor 1983 (Early English Books, 1641-1700, 1465, 12); An apology for congregational divines against the charge of Crispianism or Antinomianism (...) also a speech (...) where Mr. Keith, a reformed Quaker (...) required Mr. Penn, Mr. Elwood, etc. to appear to answer his charge against them, by Trepidantium Malleus, by a Presbyterian. London 1698; The arguments of the Quakers, more particularly, of George Whitehead, William Penn, Robert Barclay, John Gratton, George Fox, Humphry Norton, and my own arguments against baptism and the Supper, examined and refuted, also, some clear proofs from Scripture, shewing that they are institutions of Christ under the Gospel. With an appendix, containing some observations upon some passages, in a book of W. Penn, called, A caveat against popery. And on some passages of a book of John Pennington, called, The fig leaf covering discovered. By George Keith. London 1698; A Christian catechisme, for the instruction of youth, and others to whom it may be useful in the grounds of Christian religion, and practice of Christian piety, wherein the twelve articles of the Christian creed, and the godhead and manhood natures of Christ and his prophetical, priestly, and kingly office are briefly explained. And the true Christian doctrin, concerning Christ his being a sufficient saviour, as he is both God and man, and with respect to both the absolute necessity, and excellent consistencie of his outward coming in the flesh, and his inward coming, and spiritual appearance in our hearts, through faith in him, and love and obedience to him, in order to our eternal salvation, declared and demonstrated by testimonies of Holy Scripture, and the divine excellency of the light within, in distinction from humane reason, asserted and vindicated, and the question concerning its sufficiency to salvation, truly stated and resolved, where also many other Gospel doctrins, and practical Christian truths and duties are held forth. London 1698. Ann Arbor 1975 (Early English Books, 1641-1700, 539, 13); A short Christian catechisme for the instruction of children in the grounds and practice of Christian religion, being (for the most part) an abridgment of a larger, formerly printed, where many questions and answers that were in the larger, are omitted, and others shortened, to fit the capacity of children, and some

new questions, with their answers inserted, on several heads, which were not in the larger. London (1698). Ann Arbor 1977 (Early English Books, 1641-1700, 717, 20); Some of the many fallacies of William Penn detected in a paper called Gospel truths, signed by him and three more at Dublin, the 4th of the 3d month, 1698, and in his late book called A defence of Gospel truths, against the exceptions of the B. of Cork's testimony concerning that paper. With some remarks on W. P. his unfair and unjust treatment of him. To which is added, a synopsis, or short view of W. Penn's deism, collected out of his book called, A discourse of the general rule of faith. London 1699; The deism of William Penn and his brethren destructive to the Christian religion, exposed and plainly laid open, in the examination and refutation of his late reprinted book called, A discourse of the general rule of faith and practise and judge of controversie, wherein he contendeth that the Holy Scriptures are not the rule of faith and life, but that the light in the conscience of every man is that rule. London 1699; A true relation of a conference had betwixt G. Keith and T. Upsher, at Colchester the 6th of the fifth month, 1699, the truth of which is attested by three witnesses who took it from their mouths in short-hand and afterwards by joint consent writ it out at length, the question stated at the said conference was whether Thomas Upsher's preaching in the forenoon that faith in Christ, as he was born of the Virgin Mary, and dyed for our sins, etc. was absolutely necessary to salvation, (...), and in the afternoon his preaching that the light within (...) is sufficient to salvation is a contradiction, and a brief account of the uncivil and illegal treatment used by some principal Quakers at Colchester and Bristol toward G. Keith (...), and a postscript, containing some notes and observations on the assertions of T. Upsher and his brethren, detecting their self-contradictions, and a certificate from Parson Shelton of Colchester, to the truth of the case in debate (...) and to the truth of the conference. London 1699; A serious dialogue betwixt a church-man and a Quaker. London 1699; A narrative of the proceedings of George Keith at Coopers-Hall in the city of Bristol, the 14th day of August 1700, in detecting the errors of Benjamin Cool, and his brethren the Quakers at Bristol, which were read before a great auditory of ministers and other citizens and inhabitants, and divers other memorable passages between him and the Quakers at Bristol, particularly a dialogue at Coopers-Hall between a Quaker cobler and G. Keith, and another dialogue between some Quakers and G. Keith at B. Cool's house in Bristol, together with some of the chiefest quotations out of the books of B. Cool and W. Penn, read at the same place, the same day. London 1700. Ann Arbor 1982 (Early English Books, 1641-1700, 1288, 3); Mr. George Keith's farewel sermon preached at Turner Hall, May the 5th. with his two initiating sermons preach'd on May the 12th, 1700 at St. George's Butolph's-Lane by Billings-Gate on Luke the 1st and verse 6th. London 1700; Mr. George Keith's account of a national church, and the clergy, etc. Humbly presented to the Bishop of London. London 1700. New York 1985 (Early American Imprints, Ser.1, 980); A sermon preach'd at Turners-Hall, the 5th of May, 1700, by George Keith; in which he gave an account of his joyning in communion with the Church of England, with some additions and enlargements made by himself. London 1700; A reply to Th. Upsher's pretended answer, to the printed account of an occasional conference, between George Keith, and Thomas Upsher, at Colchester, the first of January. 1700. Wherein the great injustice, gross ignorance, vile errors, and self-contradiction, of the said Th. Upsher, and his inconsistency with other Quaker teachers, of greatest note, are plainly discovered. London (1700); George Keith's fourth narrative of his proceedings at Turners-Hall. Divided into three parts: detecting the Quakers gross errors, vile heresies, and antichristian principles, oppugning the fundamentals of Christianity, by clear and evident proofs (in above two hundred and fifty quotations) faithfully taken out of their books, and read at three several meetings, the 11th, the 18th, and 23d of Jan., 1699 before a great auditory of judicious persons, ministers, and others, more particularly discovering the fallacious and sophistical defences of George Whitehead, Joseph Wyeth, and seven Quakers of Colchester, in their late books on all the several heads contained in the printed advertisement, to which is prefix'd, the attestation of five ministers of the Church of England, to the truth of the said quotations, and a postcript (sic!). London 1700. Ann Arbor 1977 (Early English Books, 1641-1700, 743, 2); Bristol Quakerism exposed, shewing the fallacy, perversion, ignorance, and error of Benjamin Cool, the Quakers chief preacher at Bristol, and of his followers and abettors there, discovered in his and their late book falsely called sophistry detected, or, An answer to George Keith's synopsis, wherein also both his deisme, and inconsistency with himself, and his brethren, with respect to the peculiar principles of Christianity, are plainly demonstrated. By George Keith. London 1700; Two sermons preach'd at the parish-church of St. George Botolph-Lane, London, May the 12th, 1700. By George Keith, being his first preaching after ordination. London 1700. London 1700[2]. Ann Arbor 1986 (Early English Books, 1641-1700, 1691, 5); George Keith's complaint against the Quakers, or, an answer to the Quakers complaint against George Keith, humbly presented to the clergy of the Church of England. London 1700. Ann Arbor 1989 (Early English Books, 1641-1700, 1951, 12); A confirmation of a late epistle to Mr. George Keith, and the Reformed Quakers. Against plunging in baptism, and for effusion, commonly called sprinkling (...). With an Epistle to (...) Mr. Minge, about his deceitful title, and epistle in a book against me. Also a censure of Mr. Judas Tull, his Lampoon. By Trepidantium Malleus. London 1700; A rod for Trepidantium Malleus, or a letter to Sam. Reconcileable. London 1700; Mr. George Keiths reasons for renouncing Quakerism, and entering into communion with the Church of England, with other remarkable occurrences that will be acceptable to all orthodox Christians, of every persuasion. London 1700. Ann Arbor 1980 (Early English Books, 1641-1700, 1036, 22); An account of the Quakers politicks, discovering some material passages as to their government never before published, as also something extracted from several letters of Robert Bridgeman to George Keith, the originals of all which I have by me, by George Keith. London 1700. Ann Arbor 1973 (Early English Books, 1641-1700, 460, 6); A sermon preach'd at the parish-church of St. Helen's, London, May the 19th, 1700. London 1700; Some queries proposed, to the monethly meeting of the Quakers at Aberdeen, the sixth day of June, 1700. By Robert Sandilands. With their answers thereto, together with some re-

marks thereupon. Published by authority. To which is prefixed a letter from George Keith, sent to the Quakers in Aberdeen, containing a very serious and Christian expostulation with his old friends, etc. Aberdeen (1700). Ann Arbor 1992 (Early English Books, 1641-1700, 2133, 8); A serious call to the Quakers, inviting them to return to Christianity. London 1700. London 1702[3]. London 1706. London 1709[3]. Woodbridge 1986 (The Eighteenth Century, reel 2203, 8). Woodbridge 1986 (The Eighteenth Century, reel 3817, 6); The Quakers proved apostats and heathens. And a specimen of the Quakers great malice and ignorance in their late printed epigram they have made or procured to be made against me both in Latin and English, and which their printer Tacy Sowl doth publickly sell, with some observations of mine upon it. By George Keith. O.O. (1700). Ann Arbor 1998 (Early English Books, 1641-1700, 2533, 20); A plain discovery of many gross falshoods, cheats and impostures, contained in three late scandalous pamphlets published by Quakers. The first called, a serious warning, etc. by a nameless author. The second, called, the weakness of George Keiths reasons for denouncing Quakerism, etc. by J. Field. The third, called, Proteus redivivus, etc. by Daniel Philips. Together, with a plain demonstration, that the principles of the Quakers (...) deny and oppugn all the fundamental articles of the Christian faith, (...). London 1701. Woodbridge 1986 (The Eighteenth Century, 5217, 8); Mr. George Keith's account of a national church, and the clergy, etc. Humbly presented to the Bishop of London. Philadelphia 1701. New York 1985 (Early American Imprints, Ser.1, 980); An answer to 17 queries sent to G. Keith by the quarterly meeting of the people called Quakers at Oxford (...). To which is prefixed a letter to the Quakers. Oxford 1701; George Keith's fifth narrative, of his proceedings at Turners-hall, detecting the Quakers errors. The 4th. of June, 1701. And particularly, the falsehood and injustice, and vile errors of John Whiting, and the Quakers of the Second Days meeting at White-hart Court, London, who have approved his scandalous book, called Judas and the chief priests, etc. London 1701; The standard of the Quakers examined or an answer to the apology of Robert Barclay. London 1702. Woodbridge 1988 (The Eighteenth Century, 3042, 3); The doctrine of the holy apostles and prophets the foundation of the Church of Christ, as it was delivered in a sermon at Her Majesties Chapel at Boston in New-England, the 14th. of June 1702. Boston (1702). New York 1985 (Early American Imprints, Ser.1, 1052); The Christianity of the people called Quakers, asserted, by George Keith, in answer to a sheet, called, A serious call to the Quakers, etc. O.O. 1702. New York 1985 (Early American Imprints, Ser.1, 1048); The power of the Gospel in the conversion of sinners, in a sermon preach'd at Annapolis in Maryland. Annapolis 1703. New York 1985 (Early American Imprints, Ser.1, 1108); A reply to Mr. Increase Mather's printed remarks on a sermon preached by G. K. at Her Majesty's Chappel in Boston, the 14th of June 1702, in vindication of the six good rules on divinity there delivered, which he hath attempted (though feebly and unsuccessfully) to refute. New-York 1703. New York 1985 (Early American Imprints, Ser.1, 1109); The spirit of railing Shimei and of Baal's four hundred lying prophets entered into Caleb Pusey and his Quaker-brethren in Pennsilvania, who approve him. Containing an answer to his and their book, falsly called,

Proteus ecclesiasticus, detecting many of their gross fals-hoods, lyes, calumnies, perversions and abuses, as well as his and their gross ignorance and infidelity contained in their said book. O.O. 1703. New York 1985 (Early American Imprints, Ser.1, 1110); Some of the many false, scandalous, blasphemous and self-contradictory assertions of William Davis, faithfully collected out of his book, printed anno 1700. Entituled, Jesus the crucified man, the eternal son of God, etc. in exact quotations word for word, without adding or diminishing. (New York) (1703). New York 1985 (Early American Imprints, Ser.1, 1111); Some brief remarks upon a late book, entituled, George Keith once more brought to the test, etc. Having the name Caleb Pusey at the end of the preface, and C. P. at the end of the book. O.O. (1704). New York 1985 (Early American Imprints, Ser.1, 1163); A discourse on prayer and devotions, publick and private, shewing what we ought to pray for, and what not. With the fundamental truths of Christianity briefly hinted at. Recommended to Christians of all opinions. By Robert Barkley. London 1704; The notes of the true church with the application of them to the Church of England, and the great sin of seperation from her. Delivered in a sermon preached at Trinity Church in New-York, before the administration of the holy sacrament of the Lords Supper. The 7th of November, 1703. O.O. 1704. New York 1985 (Early American Imprints, Ser.1, 1162); An answer to Mr. Samuell Willard (one of the ministers in Boston in New-England) his reply to my printed sheet, called, A dangerous and hurtful opinion maintained by him, viz. that the fall of Adam, and all the sins of men necessarily come to pass by virtue of Gods decree and his determining both the will of Adam and of all other men to sin. (New York) 1704. New York 1985 (Early American Imprints, Ser.1, 1160); The great necessity and use of the Holy Sacraments of baptism and the Lords Supper, delivered in a sermon preached at Trinity-Church in New-York, the 28th of November 1703 (New York) 1704. Woodbridge 1985 (The Eighteenth Century, reel 1619, 9); Two sermons preached on Rom. I. 16. At Allhallows in Lombard-street, the 7th, and 14th of Febr. 1704. At a weekly lecture (...) on Wednesdays after divine service, in the forenoon. London 1705; A journal of travels from New-Hampshire to Caratuck, on the continent of North-America. London 1706. Woodbridge 1983 (The Eighteenth Century, reel 9325, 4). New York 1985 (Early American Imprints, Ser.1, 1161); The magick of Quakerism, or, the chief mysteries of Quakerism laid open. To which are added, a preface and postscript relating to the Camisars, in answer to Mr. Lacy's preface to the Cry from the desart. London 1707. Woodbridge 1983 (The Eighteenth Century, reel 322, 6). Woodbridge 1987 (The Eighteenth Century, reel 2155, 15). Woodbridge 1997 (The Eighteenth Century, reel 9325, 4); The necessity of faith, and of the revealed word of God, to be the foundation of all divine and saving-faith, in a sermon preach'd at the lecture in Lewis in Sussex, the fourth of September, 1707. Against the fundamental error of the Quakers; that the light within them, and within every man is sufficient to their salvation without any thing else. London 1707. Woodbridge 1986 (The Eighteenth Century, reel 8929, 10); Geography and navigation completed, being a new theory and method whereby the true longitude of any place in the world may be found. London 1709. Woodbridge 1986 (The Eighteenth

Century, reel 1619, 9); An easie method not to be found hitherto in any author, or history, whereby the longitude of any places (...) may be found at any distance, (...) by certain fixed stars, (...) both geometrically and experimentally demonstrated. (London) (1713); Galwedigaeth ddifrifol j'r Crynwyr i'w gwahawdd hwy ddychwelyd i Grist'nogaeth. A gyfieuthwyd i'r Gymraeg gan Theophilus Evans. Mwythig (1715); A journal of the travels and ministry of the Rev. George Keith, A.M., and, An account of two missionary voyages, 1745-1756. (London), um 1760; An account of the state of the Church in North America by Mr. George Keith and others. (New Brunswick) (1951).

Bibliographie: Keith, George. In: Watt, Robert: Bibliotheca Britannica. Or, a general index to British and foreign literature, II. Edinburgh 1824, 564h-564i; Keith, George. In: Anderson, William: The Scottish Nation. Or, the surnames, families, literature, honours, and biographical history of the people of Scotland, II. Edinburgh 1863, 589-590; Keith, George. In: Smith, Joseph: A Descriptive Catalogue of Friends' Books. Or books written by members of the Society of Friends, commonly called Quakers, from their first rise to the present time, interspersed with critical remarks, and occasional biographical notices, and including all writings by authors before joining, and those after having left the Society, whether adverse or not, as far as known, II. London 1867, 18-43.

Lit. (Auswahl): Gordon, Robert: Christianity vindicated, or, the fundamental truths of the Gospel concerning the person of Christ and redemption through faith in him maintained, against the cavils and groundless exceptions of Andrew Robeson and George Keith, Gawen Lawrie and George Whitehead, who are called by the name Quakers, being a reply to a book published by these men in opposition unto a book intituled A testimony to the true saviour, by Robert Gordon. London 1671. Ann Arbor 1982 (Early English Books, 1641-1700, 1331, 44); — Penn, William; Mead, William: A brief account of the most material passages between those called Quakers and Baptists, at the Barbican-meeting, London, the 9th of the 8th moneth, 1674, published for information by W. Mead (...) citizens there present, from the best collection they could make by writing and memory, also a copy of the charges against Thomas Hicks, with a letter from a sober Baptist-preacher to Jeremy Ives upon the account of that meeting. O.O. (1674); — Shirreff, Alexander: Quakerism canvassed. Robin Barclay baffled in the defending of his theses against young students at Aberdene, and he, together with Mr. George Keith and the rest of his friends, found guilty of blasphemy, treason, lying, shifting, quibling, tergiversing, etc., or, a most true and faithful accompt of a dispute betwixt some students of divinity at Aberdene, and the Quakers in and about the place, holden in Alexander Harper his closs (or yard) April 14. 1675. years, before some hundreds of witnesses, Andrew Thomson being preses, together with the Quakers pretended true and faithful accompt of the same dispute examined, as also, a further confutation of the Quakers principles, by the former arguments more fully amplified, and diverse other demonstrations, etc., published by Al. Shirreff, John Leslie, Paul Gellie, M.A. (Edinburgh) 1675. Ann Arbor 1996 (Early English Books, 1641-1700, 2368, 4); — Wilson, Thomas: The spirit of delusion reproved, or, the Quakers cause fairly heard and justly condemned. Being an answer to William Penn, George Fox, George Whitehead, George Keith, Edward Burroughs, and several other the most leading men amongst them, wherein their horrid perversion and false and dangerous interpretations of above 50 distinct texts of Holy Scriptures are plainly evinced, by Thomas Wilson, rector of Arrow in Warwick-shire. London 1678. Ann Arbor 1984 (Early English Books, 1641-1700, 1559, 44); — Mather, Cotton: The principles of the Protestant religion maintained, and churches of New-England, in the profession and exercise thereof defended, against all the calumnies of one George Keith, a Quaker, in a book lately published at Pensilvania, to undermine them both. By the ministers of the Gospel in Boston. Boston 1690. Ann Arbor 1984 (Early English Books, 1641-1700, 1539, 4). New York 1985 (Early American Imprints, Ser.1, 502); — Mather, Cotton: Late memorable providences relating to witchcrafts and possessions, clearly manifesting, not only that there are witches, but that good men (as well as others) may possibly have their lives shortned by such evil instruments of Satan. London 1691; — Budd, Thomas: A true copy of three judgments given forth by a party of men, called Quakers at Philadelphia, against George Keith and his friends. With two answers to the said judgments. O.O. (1692). Ann Arbor 1978 (Early English Books, 1641-1700, 885, 17). New York 1985 (Early American Imprints, Ser.1, 608); — Budd, Thomas: An expostulation with Thomas Lloyd, Samuell Jenings, and the rest of the twenty eight unjust judges and signers of the paper of condemnation against George Keith and the rest of his Friends. And complaint for a publick hearing and tryal before all impartial people. O.O. (1692). Ann Arbor 1978 (Early English Books, 1641-1700, 838, 17). New York 1985 (Early American Imprints, Ser.1, 593); — Budd, Thomas: A brief answer to two papers procured from Friends in Maryland, the one concerning Thomas Budds favouring John Lynam etc., the other concerning his owning George Keith's principles. O.O. (1692). New York 1985 (Early American Imprints, Ser.1, 589); — The plea of the innocent against the false judgment of the guilty. Being a vindication of George Keith and his friends, who are joyned with him in this present testimony, from the false judgment, calumnies, false informations and defamations of Samuel Jenings, John Simcock, Thomas Loyd, and others joyned with them, being in number twenty eight. Directed by way of epistle to faithful friends of truth in Pennsilvania, East and West-Jersey, and else-where, as occasion requireth. (Philadelphia) (1692). Ann Arbor 1977 (Early English Books, 1641-1700, 717, 17). New York 1985 (Early American Imprints, Ser.1, 612); — The heresie and hatred which has falsly charged upon the innocent justly returned upon the guilty. Giving some brief and impartial account of the most material passages of a late dispute in writing, that hath passed at Philadelphia betwixt John Delavall and George Keith, with some intermixt remarks and observations on the whole. O.O. 1693. Ann Arbor 1977 (Early English Books, 1641-1700, 717, 14). New York 1985 (Early American Imprints, Ser.1, 641); — A farther account of the great divisions among the Quakers in Pensilvania, etc., as appears by another of their books lately come over from thence, intituled, Some reasons and causes of the late separation, that hath come to pass at Philadelphia,

betwixt us, called by some of the seperate meeting, and others that meet apart from us. London 1693; — The Christian Quaker, or, George Keith's eyes opened. Good news from Pensilvania. Containing a testimony against that false and absurd opinion which some hold, viz. that all true believers and saints, immediately after the bodily death attain to all the resurrection they expect, and enter into the fullest enjoyment of happiness. And also, that the wicked, immediately after death, are raised up to receive all the punishment they are to expect. Together with a scriptural account of the resurrection of the dead, day of judgment, and Christ's last coming and appearance without us. Also, where, and what those heavens are into which the man Christ is gone, and entered into. O.O. 1693. New York 1985 (Early American Imprints, Ser.1, 607). Ann Arbor 1991 (Early English Books, 1641-1700, 2092, 13); — New-England's spirit of persecution transmitted to Pennsilvania, and the pretended Quaker found persecuting the true Christian-Quaker, in the tryal of Peter Boss, George Keith, Thomas Budd, and William Bradford, at the sessions held at Philadelphia the nineth, tenth and twelfth days of December, 1692. Giving an account of the most arbitrary procedure of that court. (New York) 1693. New York 1985 (Early American Imprints, Ser.1, 642); — Jennings, Samuel: The state of the case, briefly but impartially given betwixt the people called Quakers, Pensilvania, etc. in America, who remain in unity, and George Keith, with some few seduced by him into a separation from them, as also a just vindication of my self from the reproaches and abuses of those backsliders. London 1694. Ann Arbor 1977 (Early English Books, 1641-1700, 716, 27); — Ellwood, Thomas: An epistle to Friends, briefly commemorating the gracious dealings of the Lord with them, and warning them to beware of the spirit of contention and division which hath appeared of late in George Keith and some few others that join with him, who have made a breach and separation from Friends in some parts of America. London 1694. Ann Arbor 1981 (Early English Books, 1641-1700, 1205, 16). Ann Arbor 1982 (Early English Books, 1641-1700, 1205, 17); — Budd, Thomas: The judgment given forth by twenty-eight Quakers against George Keith and his Friends, with answers to the said judgment declaring those twenty-eight Quakers to be no Christians, as also an appeal (for which several were imprisoned etc.) by the said George Keith etc. to the early meeting Sept. 1692, with a full account of the said yearly meeting signed by seventy Quakers. London 1694. Ann Arbor 1983 (Early English Books, 1641-1700, 1405, 28); — Ellwood, Thomas: A further discovery of that spirit of contention and division which hath appeared of late in George Keith, etc. Being a reply to two late printed pieces of his, the one entituled A loving epistle, etc. the other, A seasonable information, etc. Wherein his cavils are answered, his falshood is laid open, and the guilt and blame of the breach and separation in America, and the reproach he hath brought upon truth and Friends by his late printed books, are fixed faster on him. London 1694. Ann Arbor 1986 (Early English Books, 1641-1700, 1698, 55); — Makemie, Francis: An answer to George Keith's libel. Against a catechism published, by Francis Makemie. To which is added, by way of postscript. A brief narrative of a late difference among the Quakers, begun at Philadelphia. Boston (1694). London 1999. Ann Arbor 1979

(Early English Books, 1641-1700, 2573, 12); — Leeds, Daniel: The innocent vindicated from the falshoods and slanders of certain certificates sent from America on behalf. New York 1695; — Ellwood, Thomas: Truth defended, and the Friends thereof cleared from the false charges, foul reproaches, and envious cavils, cast upon it and them, by George Keith (an apostate from them), in two books by him lately published, the one being called A true copy of a paper given into yearly meeting of the people called Quakers, etc. the other, The pretended yearly meeting of the Quakers, their nameless bull of excommunication, etc. Both which books are herein answered, and his malice, injustice, and folly exposed. London 1695. Ann Arbor 1979 (Early English Books, 1641-1700, 981, 5); — Penington, John: An apostate exposed, or, George Keith contradicting himself and his brother Bradford, wherein their testimony to the Christian faith of the people called Quakers, is opposed to G. K.'s late pamphlet, stiled, Gross error and hypocrisie detected. London 1695. Ann Arbor 1976 (Early English Books, 1641-1700, 615, 11); — Penington, John: Certain certificates received from America, on behalf of Samuel Jennings, tending to clear him from scandals cast on him by George Keith, and others of his opposers, made publick by John Pennington. London 1695. Ann Arbor 1977 (Early English Books, 1641-1700, 701, 16); — The pretended Yearly Meeting of the Quakers, their nameless bull of excommunication given forth against George Keith, from a party or faction of men that call themselves the Yearly Meeting, which they would have to be received as the general judgment and sentence of the Quakers; with a brief answer to the same, shewing that for his zealous and consciencious opposing their gross errors, and reproving the evil and wicked practices of them in Pennsylvania, whom they own to be their breathern, particularly their persecution of G. Keith, and some of his friends, that party has excommunicated him. O.O. 1695. Ann Arbor 1978 (Early English Books, 1641-1700, 792, 20); — Chawner, William: Trepidantium malleus intrepidanter malleatus, or, the west-country wise-akers crack-brain'd reprimand (to a late book called Mr. Keith no Presbyterian, nor Quaker, but George the apostate), hammered about his own numscul being a jocosatyrical return to a late tale of a tub emitted by a reverend non-con at present residing not far from Bedlam. London 1696. Ann Arbor 1985 (Early English Books, 1641-1700, 1611, 2); — Hill, Oliver: Remarks of Oliver Hill, upon Mr. Keith's farewell, or abjuration sermon at Turner's-Hall. O.O., um 1696; — Pusey, Caleb: A modest account from Pensylvania, of the principal differences in point of doctrine, between George Keith, and those of the people called Quakers, from whom he separated, shewing his great declension, and inconsistency with himself therein. Recommended to the serious consideration of those who are turned aside, aud (sic!) joyned in his schism. London 1696. Ann Arbor 1985 (Early English Books, 1641-1700, 1660, 14); — Penington, John: The people called Quakers cleared by Geo. Keith from the false doctrines charged upon them by G. Keith, and his self-contradictions laid open in the ensuing citations out of his books. London 1696; — Penington, Edward: A modest detection of George Keith's (miscalled) Just vindication of his earnest expostulation, published by him as a pretended answer to a late book of mine, entituled, Some brief observations, etc. By E. P. London 1696; — C., W.: Mr. Keith no Presbyterian nor Quaker but George the apostate, deduced from proofs both clinched and riveted in a second letter to himself, by the author of the former. London 1696. Ann Arbor 1982 (Early English Books, 1641-1700, 1352, 3); — Penn, William: More work for George Keith, being George Keith's vindication of the people called Quakers as well in his part of the dispute held etc. 1674. As in his treatise against Thomas Hicks, and other Baptists (...). London 1696; — Whitehead, George; Penn, William; Ellwood, Thomas: An exact narrative of the proceedings at Turners-Hall, the 11th of the month called June, 1696, together with the disputes and speeches there, between G. Keith and other Quakers, differing from him in some religious principles, the whole published and revised by George Keith, with an appendix containing some new passages to prove his opponents guilty of gross errors and self-contradictions. London 1696; — Penington, John: Keith against Keith, or, Some more of George Keith's contradictions and absurdities, collected out of his own books (not yet retracted) upon a review. Together with a reply to George Keith's late book, entituled, the Antichrists and Sadduces detected among a sort of Quakers, etc. London 1696. Ann Arbor 1977 (Early English Books, 1641-1700, 727, 32); — Ellwood, Thomas: An answer to George Keith's narrative of his proceedings at Turners-Hall, on the 11th of the month called June, 1696. Wherein his charges against divers of the people called Quakers (both in that, and in another book of his, called, Gross error and hypocrisie detected) are fairly considered, examined, and refuted. London 1696. Ann Arbor 1979 (Early English Books, 1641-1700, 981, 4); — Penington, Edward: Reflections upon George Keith's late advertisement of a meeting to be held by him and his friends, at Turner's-Hall on the eleventh of the fourth month, 1696, to which he saith, William Penn, Thomas Ellwood, George Whitehead, John Penington, and the second days weekly meeting at London, called Quakers, are justly desired to be present, to hear themselves charged, etc. O.O. (1696); — Penington, Edward: Some brief observations upon George Keith's earnest expostulation, contained in a postscript to a late book of his, entituled, The Antichrists and Sadducees detected, etc. Offered to the perusal of such as the said expostulation was recommended to. By E. P. London 1696; — Remarks upon an advertisement, of a meeting at Turners-Hall. O.O. (1696); — A letter to George Keith, concerning his late religious differences with William Pen and his party. By a moderate churchman. O.O. (1696). Ann Arbor 1998 (Early English Books, 1641-1700, 2502, 7); — Mr. George Keith, at Turners-Hall in Philpot-Lane, London, in 1696. Contradicting Mr. George Keith, at the Tolbooth of Aberdeen, in 1688. In fundamental points of the Christian faith. Demonstrated by quotations out of the exact narrative of the proceedings at Turners-Hall, etc. on the one hand, and quotations out of immediate revelation not ceased, on the other hand. In a letter to himself. By a moderate church man. London 1696; — Story, Thomas; Bealing, Benjamin: Reasons why those of the people called Quakers, challenged by George Keith, to meet him at Turner's Hall the eleventh of this month called June, 1696. refuse their appearance at his peremptory summons. London 1696. Ann Arbor 1999 (Early English Books, 1641-1700, 2627, 27); — K., W.: A letter on George Keith's advertisement of an intended meeting at Turners-Hall, the 29th of April 1697. London 1697; — (Malleus, Trepidantium): A reprimand for the author of a libel entituled George Keith, an apostate (...) written by a church-man. London 1697. Ann Arbor 1980 (Early English Books, 1641-1700, 1055, 29); — Leslie, Charles: Some seasonable reflections upon the Quakers solemn protestation against George Keith's proceedings at Turner's-Hall, 29. Apr. 1697. Which was by them printed, and sent thither, as the reasons of their not appearing to defend themselves. Herein annex'd verbatim. By an impartial hand. London 1697. London 1700; — Stephens, Edward: The shame and humiliation of the Quakers, in a remarkable judgment of (...)tuation, already begun upon some of (...)stinate ministers of their second days meeting. With a fair warning and kind admonition to the rest, who are sincere, and desire to escape the snare of deceit, to beware of them. 1. A brief account of the beginning and progress of the difference between George Keith and the other Quakers, and of their meeting at Turners-Hall, April 29, 1697. (London) (1697). Ann Arbor 1991 (Early English Books, 1641-1700, 2063, 31); — Elys, Edmund: E. Elys his vindication of himself from the calumnies thrown on him by G. Keith in a pamphlet, entituled, G. Keith's second narrative. London 1697; — A solemn protestation against George Keith's advertisment, arbitrary summons and proceedings against certain persons, and a meeting of the people called Quakers. O.O. (1697); — Elys, Edmund: George Keith his saying, that the light within is not sufficient to salvation without something else, prov'd to be contrary to the foundation of the Christian religion. O.O. (1697). London 1866. Ann Arbor 1998 (Early English Books, 1641-1700, 2532, 4); — The proceedings at Turners-Hall, in relation to the great debate between George Keith and the Quakers, as the same was manag'd in a dispute between two moderate persons of different perswasions. O.O. (1697). Ann Arbor 2000 (Early English Books, 1641-1700, 2646, 1); — Leslie, Charles: Satan dis-rob'd from his disguise of light, or, the Quakers last shift to cover their monstrous heresies, laid fully open, in a reply to Thomas Ellwood's answer (published the end of last month) to George Keith's narrative of the proceedings at Turners-Hall, June 11, 1696, which also may serve for a reply (as to the main points of doctrine) to Geo. Whitehead's answer to The snake in the grass, to be published the end of next month, if this prevent it not. London 1698; — Story, Thomas; Penn, William: A word to the well-inclin'd of all perswasions, together with a coppy of a letter from William Penn to George Keith, upon his arbitrary summons and unjust proceedings, at Turners-Hall, against the people called Quakers. London 1698. Ann Arbor 1979 (Early English Books, 1641-1700, 948, 17); — Malleus, Trepidantium: A friendly epistle to Mr. George Keith and the reformed Quakers at Turners-Hall, with some animadversions on a discourse about a right administration of baptism, etc., and of episcopacy, with a postscript about the education of children, by Calvin Philanax. London 1698. Ann Arbor 1980 (Early English Books, 1641-1700, 1055, 28); — Elys, Edmund: Reflections upon some passages in George Keith's third narrative. London 1698; — Elys, Edmund: A vindication of the doctrine concerning the light within, against the objections of George Keith, in his book, entituled, The deism of W. Penn, and his

brethren expos'd. London 1699. Ann Arbor 1977 (Early English Books, 1641-1700, 689, 6); — A sober dialogue between a country friend, a London friend, and one of G. K.'s friends. London 1699; — An answer to a late pamphlet called a sober dialogue, between a Scotch Presbyterian, a London church-man, and a real Quaker, scandalously reflecting on the church of England, as if her doctrine and common-prayer did justifie the antichristian doctrine, of the real Quaker, viz. That the light within, whether in heathen or Christian, is sufficient to salvation without anything else, wherein the plain deism and anti-christian principles of the real Quakers and his party, and the pretended churchman, are plainly detected. By a friend to the author of the dialogue, called, a sober dialogue, between a country friend, a London friend, and one of G. K.'s friends. London 1699; — Coole, Benjamin: Sophistry detected or an answer to George Keith's synopsis, etc. Reprinted at Bristol this present year 1699. To which is added the Bristol Quakers reasons why they met him not at his peromtory summons to the Baptists meeting-house. Bristol 1699. Ann Arbor 1991 (Early English Books, 1641-1700, 2092, 14); — Wyeth, Joseph: To all who are advertised by G. Keith, of a meeting intended to be held by him, at Turners-Hall, the 11th of the 11th month, call'd January, 1699. London 1699; — H(umfrey), J(ohn): A letter to George Keith concerning the salvability of the heathen, together with a testimony to the same doctrine, as long held and not newly taken up, out of several former books of him that writ it, by his respectful neighbour, J. H. London 1700. Ann Arbor 1982 (Early English Books, 1641-1700, 1287, 10); — J., S.: At a meeting held at Turner's Hall the 18th of 11th Month call'd January, 1699. by George Keith, wherein the said Keith laboured to prove great errors held by the people call'd Quakers (...). All which in the said George Keith is wicked, malicious and false, which may appear by these few lines, that followeth, etc. (London) (1700); — T., O. D. M.: Dulcedo ex acerbis. Sound doctrine from the errors contained in Mr. Keith's sermones and apologies. The 2nd edition. By a member of the Church of England. O.O., um 1700; — Phthonography, or, an accurate description of envy, according to the original Latin (with some alteration and addition) in Ovid's Met. b. 2, wherein, G. Keith may see his own picture drawn (in part) to the life. London 1700; — The Quakers creed, containing twelve articles of their antichristian doctrine, for which many have denyed them. Publish'd by some, who have joyned with Mr. George Keith, in the City of London, and did formerly meet with him at Turners-Hall, and in divers parts of the country, as Huntington, Reading, Bedford, and Colchester. London 1700. Ann Arbor 1993 (Early English Books, 1641-1700, 2176, 16); — J., A.: Animadversions on George Keith's account of a national church, etc. Humbly presented to the bishop of London, and on George Keith's advertisement concerning the sacrament. London 1700; — The Quakers complaint against George Keith, humbly presented to the clergy of the Church of England, who have lately receiv'd him into their communion, and suffer'd him to preach in their pulpits. With some reasons why the people called Quakers have excommunicated George Keith, etc. Clearing them from the aspersions cast upon them by him. London 1700. Ann Arbor 1996 (Early English Books, 1641-1700, 2368, 4); — The portraiture of Mr. George Keith the Quaker, in opposition to Mr. George Keith the parson. Presented to the hearers of his late sermons. By a protestant dissenter. O.O. (1700). Ann Arbor 1999 (Early English Books, 1641-1700, 2575, 20); — Malleus, Trepidantium: A dialogue between George Fox a Quaker, Geo. Keith a Quodlibitarian, Mr. M. an Anabaptist, Mr. L. an Episcopalian. With a friendly address to them all, by Sam. Reconcilable. London 1700. Ann Arbor 1996 (Early English Books, 1641-1700, 2378, 11); — Lindley, Benjamin: A treatise of election and reprobation in vindication of the universal grace and love of God to mankind. London 1700. London 1715; — In Georgium Keithum caledonium apostatum. O.O. 1700; — Field, John: The weakness of George Keith's reasons for renouncing Quakerism and entering into communion with the Church of England etc., manifested and replied to by John Feild (sic!). London 1700; — Phillips, Daniel: Proteus redivivus, or, the turner of Turners-Hall truly represented, and the abuses and falsehoods of George Keith's fourth narrative, so far as they concern the author, examin'd and detected. London 1700; — Malleus, Trepidantium: A vindication of the apostolick and primative manner of baptizing by immersion, in a letter to Mr. George Keith, from one who stiles himself Trepidantium Malleus. London 1700. Ann Arbor 1979 (Early English Books, 1641-1700, 969, 9); — Coole, Benjamin: Honesty the truest policy, shewing the sophistry, envy, and perversion of George Keith in his three books, (viz.) his Bristol Quakerism, Bristol narrative, and his deism. O.O. 1700. Ann Arbor 1972 (Early English Books, 1641-1700, 412, 13); — Malleus, Trepidantium: A second friendly epistle to Mr. George Keith and the reformed Quakers, who are now convinced that water baptism is an ordinance of Christ. (...) but are enquiring about the mode, and form of administration (...). By the reformed Quakers old friend Trepidantium Malleus. London 1700. Ann Arbor 1980 (Early English Books, 1641-1700, 1055, 30); — Malleus, Trepidantium: A snake in the grass, caught and crusht, or, a third and last epistle to a now furious deacon in the Church of England, the Reverend Mr. George Keith, with some remarks on my former epistles to him, especially that against plunging in baptism. London 1700. Ann Arbor 1982 (Early English Books, 1641-1700, 1272, 18); — A letter to Mr. Robert Bridgman, George Keith's trophy, in answer to his reasons for leaving the Quaqers (sic!). O.O. 1700; — A dialogue, between George Keith, and an eminent Quaker, relating to his coming over to the Church of England. With some modest reflections on Mr. Keith's two first sermons, preach'd at St. Georges Buttolphs Church on Sunday May the 12th. 1700. printed in the year, 1700. London 1700. Ann Arbor 1997 (Early English Books, 1641-1700, 1481, 1); — A serious warning and caution unto George Keith and to many others, as also a relation of some expressions from George Keith, concerning his reasons which he then gave, for opposing and exposing the Quakers, when at his place at Turner's-Hall. The intention of the publication of which, and more that is in this paper containe'd, is proposed for a publick and general good of all. London 1700. Ann Arbor 1994 (Early English Books, 1641-1700, 2255, 8); — C., J.: One of George Keith's friends serious enquiry, whether it be better to joyn with the Independents, Presbyterians, or Church of England, in matters of religion, humbly offer'd to the Independents and Presbyterians, and that champion Trepidantium Malleus, desiring there judg-

ment, before they follow Trepidantium Malleus's method. London 1700; — B., W.: Remarks, and animadversions, on Mr. Keith's two sermons, being his first after ordiantion, (sic!) preached at the parish church of St. George's Butolphs-Lane, London, May the 12th. 1700. on St. Luke i. 6. Now impartially compared with his former writings, setting George against Keith, and endeavouring to reconcile them, by shewing what he should have said upon the subject. By W. B. a communicant of the Church of England. London 1700. Ann Arbor 1997 (Early English Books, 1641-1700, 2417, 7); — Upshare, Thomas: An answer to a pamphlet, intituled, An account of an occasional conference between George Keith and T. Upsher (...) 1700/1. With some remarks on a former book of George Keiths, falsly entituled, A true relation of a conference (...) 1699. London 1700; — (Field, John): The Christianity of the people called Quakers asserted by Geore (sic!) Keith, in answer to a shect (sic!) called, A serious call to the Quakers etc. Attested by eight priests of the Church of England, called Dr. Isham, Rector of St. Buttolphs Bishopgate, Dr. Wincop, Rector of St. Mary Abb Church, Dr. Bedford, Rector of St. George Buttlph (sic!) Lane, Mr. Altham, M.A. Rector of St. Andrew Undershaft. Mr. Bradford, M.A. Rector of St Mary Le Bow. M. Whitfield, M.A. Rect. of St. Martin at Ludgate. Mr. Butler, M.A. Rector of St. Mary Aldermanbury. Mr. Adams, M.A. Rector of St John Alban Woodstreet. And affirmed by George Keith, or the new sworn deacon. Philadelphia 1700. New York 1985 (Early American Imprints, Ser.1, 910); — One wonder more, added to the seven wonders of the world. Verified in the person of Mr. George Keith, once a Presbyterian, afterwards about thirty years a Quaker, then a noun substantive at Turner's-Hall, and now an itinerant preacher (upon his good behaviour) in the Church of England, and all without variation (as himself says) in fundamentals. By a protestant dissenter. (London) (1701). Ann Arbor 1986 (Early English Books, 1641-1700, 1731, 14); — Smith, William: Remarks upon Mr. George Keith's three sermons preached in May, 1700. Upon his turning to the Church of England. London 1701; — Whiting, John: The treacherous dealer slighted (...). Or, a return to G. Keith's summons in his advertisement (to be present at Turner's-Hall, the 4th day of June, 1701). London 1701; — Johannis Gvilielmi Bajeri Synopseos et examinis theologiae enthvsiastarvm seu Qvakerorvm, praecipuè Roberti Barclaii Scoto. Britanni, dissertationes quae extant, qvinqve, cum fragmento sextae hactenus inedito et adiectis indicibus locorum scripturae libri explicatorum, nec non rerum potiorum. Jenae 1701, - Claridge, Richard: Lux evangelica attestata, or, a further testimony to the sufficiency of the light within. Being a reply to G. Keith's censure, in his book, intituled, An account of the Quakers politicks, upon certain passages in my book, intituled, Mercy covering the judgment-seat, etc. London 1701; — Claridge, Richard: The divinity, universality, and sufficiency of the light within, to eternal life and salvation, asserted by George Keith, in his book, intituled, A Christian catechism. And now owned by the said G. K. Faithfully collected by a friend to him and all mankind, Richard Claridge. London 1701. Woodbridge 1985 (The Eighteenth Century, 1262, 4); — An account of an occasional conference between George Keith and Thomas Upshare at Colchester, Jan.1. 1700/01. Mr. Kinnier, John Rallet, and John Sewel, being present. Together with some notes and observations on Thomas Upshare's concessions and answers, and a postscript. Some other material passages relating to the Quakers in Colchester (...). And some passages faithfully collected out of a printed epistle of George Fox, call'd, A general epistle, etc. printed in the year 1662. and some observations on the same. London 1701. Woodbridge 1997 (The Eighteenth Century, 9405, 4); — Whiting, John: Judas and the chief priests conspiring to betray Christ and his followers, or, an apostate convicted, and truth defended. In answer to George Keith's fourth (falsepartial) narrative, of his proceedings at Turners-Hall (against the Quakers) in the XIth month 1699. London 1701. Woodbridge 1986 (The Eighteenth Century, 2409, 1); — Claridge, Richard: A letter from a clergy-man in the country, to a clergy-man in the city, containing free thoughts about the controversie, between some ministers of the Church of England, and the Quakers. Dublin 1701³; — Field, John: Light and truth discovering and detecting sophistry and deceit or, a reply to a book, call'd, A plain discovery of many gross falshoods, etc. by George Keith. Together, with animadversions on G. K.'s answer to his own queries, concerning the sacrament of the Lord's supper (so called), by John Feild. London 1701. Woodbridge 1986 (The Eighteenth Century, 3816, 8); — Upsher, Thomas: An answer to a pamphlet, intituled, An account of an occasional conference between George Keith and Thomas Upsher, at Colchester, etc. January 1. London 1701. With some remarks on a former book of George Keith's, falsly entituled, a true relation of a conference had between Geo. Keith, and Tho. Upsher, at Colchester (...). London 1701. Woodbridge 1986 (The Eighteenth Century, 5236, 7); — Mather, Increase: Some remarks on a late sermon, preached at Boston in New England, by George Keith M. A. Shewing that his pretended good rules in divinity, are not built on the foundation of the apostles and prophets. Boston 1702. Woodbridge 1981 (Selected Americana from Sabin's Dictionary of Books Relating to America, A79, 934-935); — Willard, Samuel: A brief reply to Mr. George Kieth (sic!), in answer to a script of his, entituled, A refutation of a dangerous and hurtfull opinion, maintained by Mr. Samuel Willard, an independent minister at Boston, and president at the commencement in Cambridge in New-England, July 1, 1702. Viz. that the fall of Adam, and all the sins of men, necessarily come to pass by virtue of God's decree, and his determination both of the will of Adam, and of all other men, to sin. O.O. (1702). Boston 1703. New York 1985 (Early American Imprints, Ser.1, 1153). Woodbridge 2001 (Selected Americana from Sabins's Dictionary of Books Relating to America, 37, 142); — George Keith once more brought to the test, and proved a prevaricator, containing something of an answer to his book called The spirit of railing Shimei, etc. And shewing, that George Keith in his attempting, to prove the spirit of railing Shimei etc. to be entred into Caleb Pusey; hath there by more manifested, that not only the spirit of railing, and envy, but also of confusion, about doctrin's and principles of religion, is entred in to himself. Philadelphia (1703). New York 1985 (Early American Imprints, Ser.1, 1143); — Pusey, Caleb: Proteus ecclesiasticus or George Keith varied in fundamentalls, acknowledged by himself to be such, and prov'd an apostat, from his own definition, arguments, and reasons. Contrary to his often repeated false pretentions,

whereby he hath laboured to deceive the people, telling them he is not varied from any fundamental principle, nor any principle of the Christian faith ever since he first came among the Quakers. Philadelphia 1703. New York 1985 (Early American Imprints, Ser.1, 1144). Woodbridge 1992 (Selected Americana from Sabin's Dictionary of Books Relating to America, 6, 725-726); — A few of George Keith's testimonies for the people, called Quakers. O.O., um 1705; — A further portraiture of Geo. Keith, as an appendix to the former. By another hand. Occasioned by his late peremptory summons to the Quakers at Lewis, in Sussex, June 6th, 1706. London 1706; — Whiting, John: Truth the strongest of all. Or, an apostate further convicted, and truth defended. In reply to George Keith's fifth narrative: wherein, under a pretence of detecting the Quaker's errors, (...) he hath sufficiently shewn his own, (...). By a friend of truth, and the said people, John Whiting. With a touch at his standard, and an answer to his journal (especially as to what concerns my self) in which are twelve lyes, in less that eleven lines. London (1706). Woodbridge 1985 (The Eighteenth Century, reel 1488, 15); — Whiting, John: George Keith's judgment, concerning tythes and hat honour, etc. Taken out of his observations upon H. M's. remarks, upon his book of immediate revelation. 4th observation. Which is suitable to the foregoing treatise. (London) (1706). Woodbridge 1985 (The Eighteenth Century, reel 1262, 5); — Elys, Edmund: Two letters to Mr. George Keith from Edmund Elys. (London) (1707); — A letter from a citizen of London, to Mr. George Keith, Rector of Edburton. Upon occasion of publishing his news out of Sussex. O.O., um 1707; — Snashall, John: True news out of Sussex, to contradict the false news of George Keith, lately publish'd from thence. (London) 1707. Woodbridge 1985 (The Eighteenth Century, reel 1475, 9); — A serious examination of George Keith's pretended serious call to the Quakers, inviting them to return to Christianity. Proving the same none of Christ's call, but unchristian, invidious, perverse and self-contradictory. By some of his quondam dear friends, called, Quakers. London 1707. Woodbridge 1986 (The Eighteenth Century, reel 2671, 5); — The power of Christ vindicated, against the magick of apostacy, in answer to George Keith's book, abusively stiled, The magick of quakerism. Discovering his great envy and mystery of iniquity against his former esteemed dear friends and brethren, call'd Quakers. With an appendix, evincing George Keith's self-condemnation, by his manifest self-contradiction, out of his own books, writ by him in behalf of the said people, their Christian religion and principles (...). London 1708; — An account how George Keith became a Quaker, and a preacher amongst them. (London), um 1710; — George, Whitehead: Light and truth triumphant, or, George Keith's imagined Magick of Quakerism confirmed, utterly confounded. And confronted by his own, and divers approved authors testimonies, collected in an appendix (...). London 1712. Woodbridge 1986 (The Eighteenth Century, 2652, 11); — Baier, Johann Wilhelm: Joh. Gulielmi Bajeri tractatus de praegustu vitae aeternae, qua vera sententia declaratur, ea vero, quam Georgius Keithus ex Quakeris unus propugnat refutatur. Vitembergae 1714; — Bownas, Samuel: An account of the life, travels, and Christian experiences in the work of the ministry of Samuel Bownas. London 1756. ND Philadelphia 1759. London 1761². London

1795[3]. Stanford 1805; — Keith (George). In: Flloyd, Thomas: Bibliotheca biographica. A synopsis of universal biography, ancient and modern. Containing a circumstantial and curious detail of the lives, actions, opinions, writings, and characters of the most celebrated persons. London 1760, (41); — Keith, George. In: Davenport, Richard Alfred: A Dictionary of Biography. Comprising the most eminent characters of all ages, nations, and professions. London 1831, 366; — Keith, George. In: Allen, William: An American Biographical and Historical Dictionary. Containing an account of the lives, characters, and writings of the most eminent persons in North America from its first settlement, and a summary of the history of the several colonies and of the United States. Boston 1832, 504. Boston 1832[2], 504; — George Keith. In: The Irish Friend, III, 9, 1840, 67; — Bowden, James: The history of the Society of Friends in America. Bde.II. London, 1850-1854; — Hooper, Joseph: George Keith. Missionary of the Society for the Propagation of the Gospel in Foreign Parts. 1702-1704. Connecticut, um 1850. Hartford 1894; — Keith, (George). In: Rose, Hugh James: A new general biographical dictionary, IX. London 1850, 86; — W.: The latter days of George Keith (To the editor of The Friend). In: The Friend. A monthly journal, X, 109, 1852, 2-4; — Keith, George. In: Allibone, Samuel Austin: A critical dictionary of English literature, and British and American authors, living and deceased, from the earliest accounts to the middle of the nineteenth century. Containing thirty thousand biographies and literary notices, with forty indexes of subjects, I. Philadelphia 1858, 1012. ND Detroit 1965, 1012; — Keith, George. In: Anderson, William: The Scottish Nation. Or, the surnames, families, literature, honours, and biographical history of the people of Scotland, II. Edinburgh 1863, 589-590; — Keithian controversy. In: Smith, Joseph: A Descriptive Catalogue of Friends' Books. Or books written by members of the Society of Friends, commonly called Quakers, from their first rise to the present time, interspersed with critical remarks, and occasional biographical notices, and including all writings by authors before joining, and those after having left the Society, whether adverse or not, as far as known, II. London 1867, 43-50; — Keith, George. In: Adams, William Davenport: Dictionary of English Literature. Being a comprehensive guide to English authors and their works. London 1877, 324; — Brinton, Daniel Garrison: George Keith. The first schism in Penn's colony. (Philadelphia) (1880); — Keith, George. In: Irving, Joseph: The book of Scotsmen. Eminent for achievements in arms and arts, church and state, law, legislation, and literature, commerce, science, travel, and philanthropy. Paisely 1881, 249; — Gordon, Alexander: Keith, George (1639?-1716). In: DNB, XXX, 1892; X, 1949/50, 1206-1209; — Society for the Propagation of the Gospel in Foreign Parts (Great Britain) (Hrsg.): Classified digest of the records of the Society for the Propagation of the Gospel in Foreign Parts, 1701-1892. London 1894[4]; — Vaux, George: Testimony of London Yearly Meeting respecting George Keith. In: The Friend. A religious and literary journal, LXXVII, 3, 1903, 18; — Vaux, George: The Keithite Meeting-house. In: The Friend. A religious and literary journal, LXXVII, 22, 1903, 171; — Jenkins, Howard M.: Pennsylvania colonial and federal. A history: 1608-1903, I. Philadelphia (1903); — Gummere, Amelia Mott: Witchcraft and Quakerism. A study in social history. Philadelphia 1908; — Jones, Rufus Matthew; Sharpless, Isaac; Gummere, Amelia: The Quakers in the American Colonies. London 1911. ND London 1923. ND New York 1962. ND New York, um 1966 (The Quaker History Series, IV); — Keith, Charles Penrose: Chronicles of Pennsylvania from the English Revolution to the Peace of Aix-la-Chapelle: 1688-1748. In two volumes. Philadelphia, 1917. — Roberts, Charles: Illustrated catalogue of the private library of the late Charles Roberts of Philadelphia, comprising an extensive collection of noteworthy Quakeriana. To be sold (...) by oder of Lucy B. Roberts (...) April 10th, 1918 (...). The sale to be conducted by Mr. Thomas E. Kirby and his assistants, of the American Art Association, managers, New York City. (New York) (1918); — Lippincott, Horace Mather: The Keithian separation. In: Bulletin of the Friends Historical Society, XVI, 2, 1927, 49-58; — George Keith, the missionary. In: Proceedings of the New Jersey Historical Society, XIII, 1, 1928, 38-44; — George Keith and Hai Ebn Yokhdan. In: The Journal of the Friends' Historical Society, XXVII, 1930, 85; — Nicolson, Marjorie: George Keith and the Cambridge Platonists. In: Philosophical Review, XXXIX, 1930, 36-55; — Kirby, Ethyn Williams: George Keith, b. 1638. In: Notes and Queries. For readers and writers, collectors and librarians, CLX, 15, 1931, 264; — Penney, Norman: George Keith, b. 1638. In: Notes and Queries. For readers and writers, collectors and librarians, CLXI, 17, 1931, 304; — S., H. B.: Memorial to the Rev. George Keith, Rector of Edburton, 1705 to 1716. O.O. 1932; — Pennington, Edgar Legare: Apostle of New Jersey. With a foreword by the historiographer of the diocese of New Jersey. Philadelphia (1938); — Kirby, Ethyn Williams: George Keith, 1638-1716. New York (1942); — Steere, Douglas V.: More attention to George Keith. The Friend. A religious and literary journal, CXVII, 5, 1943/44, 73-74; — Muller, James Arthur: George Keith. In: Historical Magazine of the Protestant Episcopal Church, XIII, 2, 1944, 94-106; — Pennington, Edgar Legare: The journal of the reverend George Keith 1702-1704. In: Historical Magazine of the Protestant Episcopal Church, XX, 4, 1951, 343-479; — Cadbury, Henry J.: George Keith to Henry More. In: The Journal of the Friends' Historical Society, XLII, 2, 1954, 59-63; — Creasey, Maurice A.: Early Quaker Christology. With special reference to the teaching and significance of Isaac Penington. 1616-1679. An essay in interpretation. Dissertation Leeds 1956, - Butler, Jon: 'Gospel Order Improved': The Keithian schism and the exercise of Quaker ministerial authority in Pennsylvania. In: The William and Mary Quarterly, 3rd Ser., XXXI, 3, 1974, 431-452; — Frost, J. William: Unlikely controversialists: Caleb Pusey and George Keith. In: Quaker History, LXIV, 1, 1975, 16-36; — Coudert, Allison P.: A Quaker-Kabbalist controversy. George Fox's reaction to Francis Mercury van Helmont. In: Journal of the Warburg and Courtauld Institutes, XXXIX, 1976, 171-189; — Butler, Jon: Sir Walter Raleigh in defense of Quaker orthodoxy. A Phineas Pemberton letter of 1694. In: Quaker History. The bulletin of the Friends Historical Society, 1977, LXVI, 2, 106-115; — Frost, William: The Keithian controversy in early Pennsylvania. Norwood 1980; — Clark, Richard: ,The gangreen of Quakerism'. An anti-Quaker Angelican offensive in England after the glorious revolution. In: The Journal of Religious History, XI, 3, 1981, 404-429; — Fisher, Elizabeth W.: 'Prophesies and Revelations'. German cabbalists in early Pennsylvania. In: The Pennsylvania Magazine of History and Biography, CIX, 3, 1985, 299-332; — Mack, Rüdiger: Franz Daniel Pastorius - sein Einsatz für die Quäker. Biographische Skizze - Veröffentlichungen und Manuskripte - Bild der Persönlichkeit. In: Pietismus und Neuzeit, XV, 1989, 132-171; — Bailey, Richard George: The making and unmaking of a God: New light on George Fox and early Quakerism. Dissertation University of Waterloo 1991; — Trowell, Stephen: George Keith. Post-restoration Quaker theology and the experience of defeat. In: Bulletin of the John Rylands University Library of Manchester, LXXVI, 1, 1994, 119-137; — Everard, Margaret; Cummings, Rosamund (Hrsg.): Some unpublished Quaker tracts (Margaret Everard, Fl., 1699-1704). In: The Journal of the Friends' Historical Society, LVII, 2, 1995, 132-137; — Gwyn; Douglas: Seekers found. Atonement in early Quaker experience. Wallingford 2000; — Hutton, Sarah: From Christian Kabalism to kabalistic Quakerism. The kabalistic dialogues of Anne Conway, Henry More and George Keith. In: Christliche Kabbala. Ostfildern 2003, 199-209 (Pforzheimer Reuchlinschriften, X); — Martin, Clare J. L.: Tradition versus innovation: The hat, Wilkinson-story and Keithian controversies. In: Quaker Studies, VIII, 1, 2003, 5-22; — Moore, Rosemary Anne: Keith, George (1638-1716). In: Historical Dictionary of the Friends (Quakers). Hrsg. von Abbott, Margery Post; Chijioke, Mary Ellen; Dandelion, Pink; Oliver, John William. Lanham 2003, 147-148 (Religions, Philosophies, and Movements Series, XLVI); — Martin, Clare J. L.: Controversy and division in post-restoration Quakerism. The hat, Wilkinson-story and Keithian controversies and comparisons with the internal divisions of other seventeenth-century nonconformist groups. Dissertation Open University 2004; — Chamberlain, J. S.: Keith, George (1638?-1716). In: ODNB, XXXI, 2004, 63-66; — Byme, David: Anne Conway. An intellectual portrait of a seventeenth century viscountess. Dissertation from the Claremont Graduate University 2005; — Bernet, Claus: ‚Daß Innerste meines Hertzens mittheilen'. Die Korrespondenz Johann Georg Gichtels an die Fürstäbtissin Elisabeth zu Herford, in: Herforder Jahrbuch, 2009, 203-220.

Claus Bernet

KIECKBUSCH, Wilhelm Paul Carl, Lehrer, Pastor, Bischof, * 28. Mai 1891 in Hamburg, verh. seit dem 24.8. 1933 mit Käthe Schlotfeldt (1909-1997), 2 Kinder, † 26. März 1987 in Stockelsdorf bei Lübeck. — Der 1891 im Hamburger Stadtteil Eppendorf geborene K. entstammte einer armen, aber im sozialen Aufstieg begriffenen Familie, in der kleinbürgerliche Werte und Gesellschaftsvorstellungen vorherrschten. Als Aufstiegsschleuse wurde in seinem Elternhaus auf eine gute Ausbildung großen Wert gelegt, so daß der begabte und strebsame K. nach dem Besuch der Volksschule ein Lehrerseminar absolvierte. 1912 trat er in

den Schuldienst und arbeitete als Volksschullehrer in Bergedorf, zugleich engagierte er sich in der kirchlichen Jugendarbeit seiner Heimatgemeinde St. Johannis in Hamburg-Eppendorf. Im März 1916 legte K. am humanistischen Wilhelm-Gymnasium in Hamburg seine Abitursprüfung ab. Bereits Anfang August 1914 war K. zum Militärdienst eingezogen und dem 1. Garde-Regiment zu Fuß in Potsdam zugeteilt worden. Im Juni 1915 wurde er bei Lubaczów (Südostpolen) schwer verwundet. Nach mehrmonatigem Lazarettaufenthalt in Wittenberg kam K. in Frankreich zum Einsatz und geriet, erneut schwer verwundet, Ende August 1916 in französische Kriegsgefangenschaft, aus der er erst im März 1920 zurückkehrte. Die prägenden Kriegserlebnisse und die Erfahrung der Gefangenschaft bestärkten K. in seinem Entschluß, den Pastorenberuf zu ergreifen. Erste Predigten K.s sind ab Oktober 1916 überliefert. — Schon während seines Militärdienstes hatte K. zum SS 1916 an der Berliner Universität ein Theologiestudium aufgenommen, das er 1920 nach seiner Rückkehr aus der Gefangenschaft fortsetzte. Er hörte u. a. bei Friedrich Mahling (Praktische Theologie), Julius Kaftan (Dogmatik), Reinhold Seeberg (Systematische Theologie), Adolf Deißmann (Neues Testament) und Adolf von Harnack (Kirchengeschichte). Ende März 1922 legte er in Hamburg das Erste Theologische Examen ab, anschließend arbeitete er im Ohlsdorfer Friedhofsdienst und predigte in der Markuskirche (Hoheluft) und der Eimsbütteler Christuskirche. Nach dem Zweiten Theologischen Examen wurde er Anfang April 1924 ordiniert, als Pastor an die Hauptkirche St. Michaelis berufen und im Oktober von dem späteren Hamburger Bischof Simon Schöffel (1880-1959) in sein Amt eingeführt. Im Mai 1929 trat K. ein Pfarramt in der ostholsteinischen Landgemeinde Malente-Gremsmühlen an, die zur kleinen »Evangelisch-Lutherischen Landeskirche des Landesteils Lübecks im Freistaat Oldenburg« gehörte. Schon ein Jahr später wurde er nach dem überraschenden Tod des deutschnationalen Landespropsten Paul Rahtgens (1867-1929) mit knapper Mehrheit zu dessen Nachfolger gewählt. Am 28. September 1930 wurde K. in der Eutiner St. Michaeliskirche in sein Amt eingeführt. Als leitender Geistlicher der Landeskirche - seit 1961 mit der Amtsbezeichnung eines Bischofs - blieb K. bis zum Aufgehen der Eutiner Landeskirche in der »Evangelisch-Lutherischen Nordelbische Kirche« im Amt und trat mit dem Inkrafttreten des Fusionsvertrags im Januar 1977 im Alter von 85 Jahren in den Ruhestand. 1987 verstarb er in seinem 96. Lebensjahr in Stockelsdorf bei Lübeck. — Von K. ist folgendes Bonmot überliefert: »Was nützen alle klugen und brillanten Formulierungen und theologischen Gedankengänge in meiner Predigt, wenn Mudder Meier aus der Riemannstraße sie nicht versteht und nichts davon gebrauchen kann.« (Rönnpag 1996, S. 68). Zweifelsohne kennzeichnet dieser Gedankengang in treffender Weise K.s Verständnis von Kirche. Für ihn standen die tägliche Arbeit mit dem Menschen in der Gemeinde, Verkündung, Predigt und Seelsorge im Mittelpunkt seines Handelns. Theologische Überlegungen waren für ihn nur insoweit relevant, als sie sich dem Predigthörer anschaulich und eindringlich vermitteln ließen. Im Urteil von Fritzenkötter war K. mehr eine kirchliche als eine theologische Existenz, dessen Äußerungen mehr einem schwer zu fassenden religiösen Gefühl entsprangen, als daß er es verstand, seine theologischen Vorstellungen in einem einheitlichen Gedankengebäude zusammenzubinden. Anker- und immer wiederkehrende Bezugspunkte seiner plakativen theologischen Vorstellungen waren ein eng an den Gemeinschaftsgedanken gekoppeltes Ordnungsdenken sowie der Glaube an die absolute Majestät Gottes. (Fritzenkötter, Profil, S. 8, 34). Ein wissenschaftliches Werk hat K. nicht hinterlassen, seine Veröffentlichungsliste beschränkt sich auf den Abdruck einiger weniger Predigten. — In seinem über 50jährigen Wirken für die Kirche verkörpert K. zugleich eine Kontinuität, die nicht allein die politischen Zäsuren der Jahre 1933 und 1945, sondern auch den sich seit den 1950er Jahren abzeichnenden gesellschaftlichen Wandel überdauerten. Seinen persönlichen Grundüberzeugungen, die sich unter dem Begriff der nationalprotestantischen Mentalität subsumieren lassen und die politisch mit den Attributen deutschnational, antikommunistisch, autoritär und sozial zu beschreiben sind, blieb K. in ihrem Kern unverändert treu und paßte sie den jeweiligen politischen und gesellschaftlichen Rahmenbedingungen an. — Von der Doppelkatastrophe im November 1918 - der Kriegsniederlage des Ersten Weltkrieges und dem Fall des protestantisch-preußischen Kaiserhauses - und den Bedingungen des Versailler Vertragswerks zutiefst betroffen, konnte K. wie viele evangelische Pfarrer kein positives Verhältnis zum neuen parlamentarisch verfaßten und religionsneutral konzipierten Staat entwickeln. In seiner Hamburger Zeit trat K. wiederholt auf Veranstaltungen der antidemokratischen Rechten auf, was ihm den Ruf des »Stahlhelmpastors« und eines »nationalen Hetzers« einbrachte. 1928 feierte er auf dem in Hamburg stattfindenden Deutschen Stahlhelmtag den zentralen Feldgottesdienst auf der Moorweide. Von der Eutiner Pastorenschaft wurde er ob seines einseitigen politischen Engagements bei der Wahl zum Landespropsten mehrheitlich abgelehnt. In seinem neuen Amt - Eutin war eine frühe Hochburg der Nationalsozialisten, wo die NSDAP bereits bei den Septemberwahlen 1930 fast 40% der Stimmen erzielten - setzte er sich frühzeitig für eine kirchliche Öffnung gegenüber den Nationalsozialisten ein. Diese Parteinahme hielt auch an, als die NSDAP ab Juli 1932 im Freistaat Oldenburg erstmals eine Alleinregierung stellen konnte und auf der »Probebühne des 3. Reiches« (Stokes) offen ihre terroristische Herrschaftspraxis entfaltete. — Wie die meisten evangelischen Kirchenführern begrüßte K. die Bildung der nationalen Koalitionsregierung unter Hitler und verknüpfte diese mit der Hoffnung auf eine »nationale Wiedergeburt«, die er an eine Neubelebung des christlichen Glaubens und eine Rückkehr zur alten protestantischen Vormachtstellung band. Anläßlich des 450. Geburtstages von Martin Luther im November 1933 verherrlichte er Hitler als einen von Gott begnadeten Führer. Der NSDAP trat K. allerdings nicht bei, ebenso wenig den Deutschen Christen (DC). Insgesamt war sein Verhältnis zum Nationalsozialismus dennoch nicht von einer ideologischen Übereinstimmung bestimmt, vielmehr stand er dem totalitären Anspruch der Nationalsozialisten und der herausragenden Bedeutung der »Rassenideologie« ablehnend gegenüber. Im Zuge der immer offener zutage tretenden antichristlichen Bestrebungen innerhalb der NSDAP und dem offensiven Auftreten der Deutschen Glaubensbewegung im Frühjahr 1935 verschärfte sich die Distanz, ohne daß sie K. in ein Oppositionsverhältnis zum NS-Staat führte. — In seiner kirchlichen Stellung blieb trotz der Neuordnung der landeskirchlichen Verhältnisse, der Einführung des Führerprinzips, der Auflösung der Kirchengemeinderäte und der Übertragung von deren Befugnissen und Pflichten auf den Landeskirchenrat unangefochten. 1936 erhobene Verwürfe wegen einer früher begangenen Tätlichkeit, die zu staatsanwaltschaftlichen wie, auf eigenen Antrag, zu disziplinarrechtlichen Ermittlungen und zur vorläufigen Amtsenthebung als Landespropst führten, erwiesen sich als nicht stichhaltig. Im Sommer 1938 wurde das Verfahren eingestellt, so daß K. seine Dienstgeschäfte wieder uneingeschränkt aufnehmen konnte. — Analog zur Entwicklung auf Reichsebene kühlte sich das Verhältnis zwischen Landeskirche und NS-Staat ab 1934 merklich ab. Zu einer schroffen innerkirchlichen Polarisierung durch die Bildung kirchenpolitischer Gruppierungen kam es in der zweitkleinsten deutschen Landeskirche mit ihren 16 Pfarrstellen allerdings nicht, der Einfluß der in Eutin kurzlebigen Organisation der Deutschen Christen blieb marginal. Die Gründe hierfür sind zum einen in der geringen Größe der Landeskirche mit ihren kurzen Wegen und familiären Verhältnissen, aber auch in der patriarchalen, dennoch auf Ausgleich bedachten Persönlichkeit des Landespropsten zu suchen. Seine Bemühungen, die Landeskirche aus den kirchenpolitischen Auseinandersetzungen herauszuhalten, blieben weitgehend erfolgreich. Im überregionalen Kontext spielte die Eutiner Landeskirche keine Rolle. Die anfangs getätigte freudige Mitarbeit wich dennoch einem nüchternen, teils distanzierten Nebeneinander. In der Tendenz kann von einem Rückzug auf die kirchlichen Kernbereiche (Gottesdienste, Amtshandlungen, Seelsorge, Gemeindeleben) gesprochen werden. 1973 bezeichnete K. diesen Vorgang verharmlosend als ein »Durchschliddern«. Entscheidend war jedoch, daß trotz des beschriebenen Spannungsverhältnisses die landeskirchliche Zustimmung zu den Maßnahmen des nationalsozialistischen Staates unangetastet blieb. Insbesondere der Krieg gegen »den Bolschewismus« fand bis zum Kriegsende K.s ungeteilte Unterstützung. — Dieser Befund gilt auch für K.s Stellung zu den Juden: Den rassistischen Antisemitismus der Nationalsozialisten teilte er nicht, war aber gegenüber kirchlichen Antijudaismus und den traditionellen Formen kirchlicher Judenfeindschaft im Sinne Adolf Stoeckers keinesfalls immun. In seinen Predigten finden sich wiederholt antijüdische Passagen. Dennoch setzte K. die Asche einer Ende 1940 verstorbenen Jüdin, der letzten vor Ort lebenden Angehörigen einer der ältesten Judenfamilien Eutins, auf dem Jüdischen Friedhof bei, was zu diesem Zeitpunkt nicht als selbstverständlich anzusehen ist. Eine widerständische Haltung ist aus dieser Handlung allerdings nicht abzuleiten, vielmehr entsprang sie K.s Verständnis von christlicher Nächstenliebe, das sich aber nicht auf eigene antijüdische Ressentiments auswirkten. Die landeskirchliche Übernahme des staatlichen »Arierparagraphen« im September 1933 sowie die kritiklose Zustimmung zur legislativen und gesellschaftlichen Ausgrenzung der deutschen Juden blieben von einem derartigen Verständnis unberührt. — Ob der geringen Ausprägung des Kirchenkampfes und des Desinteresses der britischen Besatzungsmacht an der kleinen Landeskirche blieb der Zusammenbruch des NS-Staates für die personelle Zusammensetzung der landeskirchlichen Leitungsgremien ohne Folgen. Die im Januar 1946 erfolgte Ernennung K.s zum Mitglied des Kreistages entsprach dem allgemeinen Vertrauensvorschuß der Alliierten gegenüber den Kirchen. In der unmittelbaren Nachkriegszeit setzte sich K. vor allem für die Integration der zahllosen Flüchtlinge und die Aufnahme sog. Ostpfarrer in den landeskirchlichen Dienst ein. Allein 1946 konnten unter seiner Regie zwölf neue Pfarrstellen geschaffen werden. — Überregionale Bedeutung erlangte die Eutiner Landeskirche vor allem durch die Aufnahme von Pfarrern, die im NS-Staat in leitenden kirchlichen Stellungen eine hervorgehobene Rolle gespielt hatten. Als prominente Beispiele sind vor allem der Präsident und selbsternannte Bischof der Thüringischen Landeskirche Hugo Rönck (1908-1990), der 1947 eine Pfarrstelle in Eutin erhielt, sowie der erste Reichsleiter der DC und zeitweilige (September-Dezember 1933) Bischof von Berlin-Brandenburg, Joachim Hossenfelder (1899-1976), der seit 1954 in Ratekau amtierte, zu nennen. An diesen Entscheidungen war K. persönlich und entscheidend beteiligt. Zweifelsohne hat der Aspekt der christlichen Nächstenliebe auch in dieser Frage für K. eine wichtige Rolle gespielt, dennoch zeigt sich hier zugleich exemplarisch seine Verweigerung einer ernsthaften Auseinandersetzung mit der kirchlichen (und eigenen) Rolle im NS-Staat und mit den nationalsozialistischen Verbrechen. In diesem Sinne hatte K. bereits im November 1945 gegenüber dem württembergischen Landesbischof und Ratsvorsitzenden der EKD, Theophil Wurm (1868-1953), scharfen Einspruch gegen die sog. Stuttgarter Schulderklärung erhoben. Als politische Grundlinie blieb diese Haltung trotz verschiedener Konflikte innerhalb der Landeskirche für seine gesamte Amtszeit bestimmend. Auch sein gesellschaftspolitisches Engagement setzte er mit durchaus politischen Akzenten fort. Seine Teilnahme an Veranstaltungen von Veteranen- und Vertriebenenverbänden, beispielsweise als Redner auf dem Landesverbandstag des Kyffhäuserverbandes im Frühsommer 1960, wurden gelegentlich als Unterstützung von Revanchismus und Militarismus kritisiert. — K.s gesellschaftliche Anerkennung fand in zahlreichen Ehrungen Ausdruck. Zu seinem 25-jährigen Dienstjubiläum (1955) wurde auf Initiative der Landeskirche die »Wilhelm-Kieckbusch-Stiftung zur Hilfe für Notleidende, Kranke und Hilfsbedürftige« ins Leben gerufen, 1961 verlieh ihm die Stadt Eutin anläßlich seines 70. Geburtstages die Ehrenbürgerwürde, 1965 erhielt er das Große Verdienstkreuz der Bundesrepublik Deutschland. Für sein Engagement bei der Integration der Heimatvertriebenen und Flüchtlinge wurde ihm 1983 die Ernst-Moritz-Arndt-Medaille verliehen. In Eutin tragen heute eine Straße und ein Kindergarten seinen Namen. — Fazit: Wie kaum eine andere deutsche evangelische Landeskirche war die kleine Eutiner Landeskirche von der Person ihres leitenden Geistlichen geprägt. Mit seiner volkstümlichen und den Menschen zugewandten Art beeinflußte der - bis heute - ungemein populäre K. mehrere Generationen evangelischer Kirchenmitglieder und drückte der Landeskirche seinen persönlichen Stempel auf. Gemäß seinem Verständnis von Kirche führte er sein Hirtenamt als alltäglichen kirchlichen Dienst am Menschen, theologische Impulse gingen von ihm nicht aus. Auch mit seinem ungebrochenen Konservativismus nationalprotestantischer Prägung stieß K. in weiten Teilen der Bevölkerung auf Zustimmung. Erst sechzehn

Jahre nach seinem Tod, im Jahr 2003, entzündete sich anläßlich der in Eutin gezeigten Wanderausstellung »Kirche, Christen, Juden in Nordelbien 1933-1945« eine öffentliche Debatte über die Landeskirche in der NS-Zeit, die auch K.s Handeln kritisch thematisierte.

Quellen: Auswahl der Predigten Wilhelm Kieckbuschs (Anlage zu Hanno Fritzenkötter, s. Literatur) Evangelisches Zentralarchiv, Berlin: C2/92 Disziplinarverfahren gegen Landespropst Kieckbusch - Nordelbisches Kirchenarchiv, Kiel: 12.03 Personalakten Pastoren Schleswig-Holstein / Nordelbien, Nr. 2020-2021; 32.03.01 Personalakten Pastoren Hamburg, Nr. 391; 50.01 Landeskirchenrat Eutin, Nr. 357-363 (Korrespondenz Kieckbusch 1951-1976), Nr. 730 (Sammlung Otto Rönnpag); 52.01 Personalakten Pastoren Eutin, Nr. 92-99; 94 Dokumentation, Stichwort: Kieckbusch, Wilhelm.

Nachlaß: Nordelbisches Kirchenarchiv, 98.10 (Predigten, Vorträge).

Veröffentlichungen: Plattdütsche Predigt, in: Jahrbuch für Heimatkunde Eutin (JbE) 1970, S. 9-14; Herr, bliew doch bi uns (Plattdeutsche Predigt), in: JbE 1979, S. 152-154; »Wi sünd nu Gott sien Kinner« - Plattdeutsche Predigt vom 31.12.1980, in: JbE 1981, S. 8-11; Aus meinem Leben, in: JbE 1981, S. 101-102; Weihnachtspredigten von 1945 und 1980, in: JbE 1988, S. 156-161; Erntedankfestpredigt 1958, in: JbE 1989, S. 226-229.

Lit.: Jürgen Bachmann (Hrsg.): Wilhelm Kieckbusch, in: Zum Dienst berufen. Lebensbilder leitender Männer der Evangelischen Kirche in Deutschland, Osnabrück 1963, S. 211f.; — Otto Rönnpag (Hrsg.): Bischof Wilhelm Kieckbusch. Ein Leben für Volk und Kirche (Festschrift zu seinem 75. Geburtstag), Eutin 1966; — Ders.: Wilhelm Kieckbusch. Landespropst und Bischof der Landeskirche Eutin, in: Schriften des Vereines für Schleswig-Holsteinische Kirchengeschichte (II. Reihe, Beiträge und Mitteilungen, Bd. 47), Neumünster 1996, S. 59-76; — Kurt Meier: Der evangelische Kirchenkampf, 3 Bde., Halle/Saale 1976-1984, Bd. 1, S. 257-359; Bd. 2, S. 259-260; Bd. 3, s. Register; — Lawrence D. Stokes: Kleinstadt und Nationalsozialismus. Ausgewählte Dokumente zur Geschichte von Eutin 1918-1945, Neumünster (Quellen und Forschungen zur Geschichte Schleswig-Holsteins, Bd. 82), s. Register; — Ders.: Die Eutiner Landeskirche zwischen Novemberrevolution und Nationalsozialismus, in: Klauspeter Reumann (Hrsg.): Kirche und Nationalsozialismus. Beiträge zur Geschichte des Kirchenkampfes in den evangelischen Landeskirchen Schleswig-Holsteins (Schriften des Vereines für Schleswig-Holsteinische Kirchengeschichte, Reihe 1, Bd. 35), Neumünster 1988, S. 133-151 (um Dokumentenanhang gekürzter Wiederabdruck mit aktualisierter Einleitung in: Ders.: »Meine kleine Stadt steht für tausend andere ...« Studien zur Geschichte von Eutin in Holstein 1918-1945, Eutin 2004, S. 141-154; — Bärbel Sellmer: Wilhelm Kieckbusch. Eutiner Landespropst während des Nationalsozialismus (maschinenschriftliche Hauptseminararbeit, Kiel 1987 (Nordelbisches Kirchenarchiv); — Ernst-Günther Prühs: Geschichte der Stadt Eutin, Eutin 1993, s. Register -Tim Geelhaar: Die

Ev.-Luth. Landeskirche im Nationalsozialismus und in der Nachkriegszeit, in: Eutin 1945. Leben im Umbruch (Katalog der Schülerprojektgruppe des Carl-Maria-von Weber-Gymnasiums), Eutin 1996, S. 149-168; — Hanno Fritzenkötter: Das theologische Profil des Predigers Wilhelm Kieckbusch. Dargestellt an seinen Predigten zu historischen und zeitgeschichtlichen Anlässen, Staatsexamensarbeit Kiel 1997 (Nordelbisches Kirchenarchiv); — Hansjörg Buss: Die »Ära Kieckbusch« (1930-1976). Die Landeskirche Eutin und die Deutschen Christen, in: Informationen zur Schleswig-Holsteinischen Zeitgeschichte, Bd. 44, (2004), S. 4-29; — Ders. u. a. (Hrsg.): »Eine Chronik gemischter Gefühle.« Bilanz der Wanderausstellung »Kirche, Christen, Juden in Nordelbien 1933-1945«, Bremen 2005, siehe Register; — Stephan Linck: Zwei Wege. Aspekte der Entwicklung der Landeskirchen Eutin und Lübeck im Nationalsozialismus und in der Nachkriegszeit, in: Manfred Gailus / Wolfgang Krogel (Hrsg.): Von der babylonischen Gefangenschaft der Kirche im Nationalen. Regionalstudien zu Protestantismus, Nationalsozialismus und Nachkriegsgeschichte 1930 bis 2000, Berlin 2006, S. 61-76, hier S. 71-76; — Göhres, Annette / Stenzel, Ulrich / Unruh, Peter (Hrsg.): Bischöfinnen und Bischöfe in Nordelbien 1924 - 2008, Kiel 2008 i.E; — Hansjörg Buss, Kieckbusch, Wilhelm, in: Biographisches Lexikon für Schleswig-Holstein und Lübeck, Bd. 13., i. E. 2009.

Hansjörg Buss

KING, Rufus P., * 15.4. 1843 nahe Hillsboro bei Chapel Hill, North Carolina, † 24.2. 1923 in High Point, North Carolina. Quäker. — Rufus P. King wurde 1843 auf einer Farm nahe Hillsboro (bei Chapel Hill, North Carolina) in ärmlichsten Verhältnissen geboren. Er besuchte nur wenige Jahre unregelmäßig eine heruntergekommene Landschule, ohne dabei etwas zu lernen. 1862 versuchte er sein Glück, indem er sich der Armee der Konföderierten anschloß. Als sein Captain an Gelbfieber erkrankte, wurde er von King gepflegt und gerettet. Nach einer Zeit des religiösen Suchens schloß sich King den Methodisten an. In Gettysburg war er mit der Pflege von Verwundeten beauftragt, als er gefangen genommen wurde. Ein Jahr wurde er in Point Lookout gefangen gehalten. 1864 schließlich wurde er durch einen anderen Gefangenen ausgetauscht und konnte heimkehren. Er entschloß sich, in den Westen zu ziehen. Auf seiner Reise nahm er in Mill Creek (Indiana) zum ersten Mal an einem Gottesdienst der Quäker teil. Er trat der Religiösen Gesellschaft der Freunde (Quäker) bei und begann bald zu predigen. 1869 wurde er offiziell als Prediger (Minister) anerkannt. Auch entschloß er sich, die Spicelands Akademie zu besuchen und Lesen wie Schrei-

ben zu lernen. Auf der New Garden Boarding School, die er anschließend besuchte, lernte er Alice Carr kennen, die er 1880 heiratete. Aus dieser Verbindung sind drei Kinder hervorgegangen, darunter Edward Scull King (1887-1962). Zwischen 1875 und 1876 unternahm er eine Europareise, auf der er Quäker in England, Irland und Deutschland (Minden 1876) aufsuchte. Nach seiner Rückkehr ließ er sich in North Carolina nieder. Rufus P. King erblindete und verstarb 1923 in High Point in seinem 80. Lebensjahr.

Lit. (Auswahl): Hobbs, Mary M.: Rufus P. King. 1843-1923. In: The Friend. A religious and literary journal, XCVI, 43, 1923, 507-508; — Hobbs, L. L.: Rufus P. King. A brief sketch of his life and remarkable ministry. In: The American Friend, XI, 15, 1923, 284; — King, Emma: Rufus P. King. In: Philadelphia Yearly Meeting of Friends (orthodox). Book Committee (Hrsg.): Quaker Biographies. Series II. Brief biographical sketches concerning certain members of the Religious Society of Friends, II. Philadelphia (1926), 175-199.

Claus Bernet

KIRKBRIDGE, Eliza Paul Gurney, * 6.4. 1801 in Bridesburg bei Philadelphia, † 8.11. 1881 in West Hill. Pädagogin, Quäkerin. — Eliza Paul Kirkbridge wurde in Bridesburg bei Philadelphia 1801 geboren. Sie war die Tochter von Joseph und Mary Paul Kirkbridge, die in Chalkley Hall lebten. Zeitlebens hatte sie ein sehr enges Verhältnis mit ihren beiden Schwestern Mary Ann Williams und Julia K. Clarke. Von 1810 bis 1811 besuchte Eliza Paul Kirkbridge die Quäkerschule in Westtown, und anschließend eine Privatschule von Elizabeth Cox (1796-1859). Von 1832 bis 1835 begleitete sie als Gesellschafterin die englische Predigerin Hannah C. Backhouse (1787-1850) auf mehreren Reisen. 1836 kam sie nach England und Schottland, kehrte aber ein Jahr darauf zusammen mit dem Bankier und zu seiner Zeit einflußreichsten Quäker Joseph John Gurney (1788-1847) nach Nordamerika zurück. Dort angekommen, begann sie in Andachten der orthodoxen Quäkerrichtung zu sprechen und wurde 1838 als Predigerin (Minister) anerkannt. Am 21. Oktober 1841 heiratete sie Joseph John Gurney. Im Jahr seines Todes 1847 gründete sie Earlham College, ein noch heute bedeutendes College in Indiana. 1850 ließ sie sich in West Hill bei Burlington (New Jersey) nieder, wo ihr Haus, in das die beiden oben erwähnten Schwestern nach dem Tode ihrer Männer zogen, zu einem intellektuellen wie seelsorgerlichen Zentrum des Quäkertums wurde. 1854 besuchte sie das Ohio Yearly Meeting der Quäker in Pleasant (Ohio) und schloß sich der Binns-Partei an, einer Splittergruppe, die den Lehren ihres verstorbenen Mannes, Joseph John Gurney, folgte. 1855 erfolgte erneut eine Besuchsreise nach England und auf das europäische Festland, vor allem nach Frankreich und in die Schweiz. Anläßlich dieser Reise besuchte sie, wie später nochmals 1857, die deutschen Quäker in Minden. In den USA erkrankte sie an einer seltenen Allergie und zog sich auf das Sommerhaus »Earlham Lodge« nahe Atlantic City zurück. Von dort aus half sie, die Quäkerversammlung Atlantic City Monthly Meeting mitzubegründen. 1862 traf Eliza P. Gurney als Mitglied einer Quäkerdelegation mit Präsident Abraham Lincoln (1809-1865) zusammen, um über die Sklavenfrage zu sprechen. Sie verstarb, altserblindet, in ihrem 81. Lebensjahr in West Hill und wurde auf dem Quäkerfriedhof von Burlington begraben.

Werke: New year's eve, or, what can I do for the poor? London 1845; Gurney, Joseph John; Gurney, Eliza Paul: Extracts from the letters, journals, etc. of Joseph John Gurney. (London) (1847); Brief memoirs of Anna Backhouse. By one who knew her well, loved her much, and was often instructed by her. O.O. (1849); A brief sketch of the life of Anna Backhouse. By one who knew her well, loved her much, and was often instructed by her. Burlington 1852. O.O., um 1880[2]; The garland. Sections from various authors. Philadelphia 1868. Philadelphia 1879[2]; Heart utterances at various periods of a chequered life. O.O. (1875); Memoirs of Eliza Paul Gurney and others. Taken from the ‚Annual monitor', 1883. Philadelphia 1883; Memoir and correspondence of Eliza P. Gurney. Hrsg. von Richard F. Mott. Philadelphia 1884.

Lit. (Auswahl): Hodgson, William: Section from the letters of Thomas B. Gould. A minister of the Gospel in the Society of Friends. With memoirs of his life. Philadelphia 1860; — Eliza Paul Gurney. In: Robinson, William (Hrsg.): Friends of a half century, fifty memorials with portraits of members of the Society of Friends. 1840-90. London 1891, 166-172; — Gummere, Amelia Mott: The Quaker in the forum. Philadelphia 1910; — Gummere, Amelia Mott: Eliza Paul Gurney. In: Philadelphia Yearly Meeting of Friends (orthodox). Book Committee (Hrsg.): Quaker Biographies. Series II. Brief biographical sketches concerning certain members of the Religious Society of Friends, II. Philadelphia (1926), 99-130; — Johnson, George B.: The Quakerism of Abraham Lincoln. (Philadelphia) 1939; — Bullard, F. L.: Lincoln and the Quaker woman. In: Lincoln Herald, XLVI, 2, 1944, 9-12; — Swift, David E.: Joseph John Gurney, banker, reformer, and Quaker. Middletown 1962; — Hamm, Thomas D.:

Gurney, Eliza Paul Kirkbridge (6 Apr.1801-8 Nov. 1881). In: American National Biography, IX, 1999, 733-734.

Claus Bernet

KNIGHT, Francis Arnold, * 21.1. 1852 in Gloucester, † 14.2. 1915 in Sidcot. Lehrer, Pädagoge, Quäker. — Francis Arnold Knight wurde 1852 als Sohn von Henry und Sarah Mattews, die aus Scholefield stammten, in Gloucester geboren. Seine Kindheit verbrachte er in einer kleinen Ansiedlung in der Nähe von Nailsworth. Obwohl seine Eltern arm waren, konnte er in Sidcot auf die Quäkerschule gehen. Dort wurde er im Alter von dreizehn Jahren »Head Boy« (eine Art Klassensprecher), und mit vierzehn Jahren Hilfslehrer. Nach zwei Jahren Lehrerausbildung am Flounder Institut wurde er in der Schule zu Sidcot als Vollzeitlehrer eingestellt. Er galt bald als talentierter Pädagoge, der Schüler insbesondere für Mathematik, Naturwissenschaften, aber auch für die Literatur zu begeistern wusste. Er hatte ein seltenes Verständnis für Charakterformung und stellte die Erziehung der Persönlichkeit gleichberechtigt neben den reinen Wissenserwerb. In Sidcot wurde er Mitbegründer einer »Lecture Mania Society«, in der regelmäßig Vorträge gehalten wurden. Innerhalb dieser Vereinigung beschäftigte sich Knight intensiv mit der griechischen Antike. Ebenso half er, die »Old Scholars' Association« einzurichten, die erste dieser Art innerhalb von Quäkerschulen. Während die Quäker zunächst der Wissenschaft kritisch gegenüberstanden, setzte sich nun eine naive Begeisterung und unkritische Stilisierung des Gelehrtentums durch. Für ein Jahr ging Knight an die Croydon School (später Saffron Walden), kehrte aber schon 1874 nach Sidcot zurück, wo er nun First Class Teacher war. 1875 heiratete er Jane Redfern und konnte mit ihr ein Haus im Besitz der Schule kostengünstig beziehen. Dort wurde 1879 die Tochter Louisa Mary geboren. Mit seinem Freund Edward Compton unternehm er immer wieder längere Reisen, so nach Norwegen, die Schweiz und nach Bayern. 1876 war er auch unter den deutschen Quäkern in Minden nachgewiesen. 1881 verließ er Sidcot und gründete eine eigene Schule in Brynmelyn in Weston-super-Mare, zunächst mit seinem Kollegen John Lawrence (1851-1916). Nach seiner Pensionierung kehrte er nach Sidcot zurück, wo er in »The Avenue« ein Haus erbaute. Hier widmete er sich in den letzten 18 Jahren mit dem Schreiben wissenschaftlicher Bücher. Über sechzehn Jahre steuerte er dem »Daily News« Kolumnen bei, die später als Monographie gedruckt wurden. Von 1909 bis 1914 gab er den »Annual Monitor« heraus. In seinem 63. Lebensjahr verstarb er 1915.

Werke: By leafy ways. Brief studies from the book of nature. Boston 1889. Boston 1890[2]. London 1899[3]; Idylls of the field. London 1889. Boston 1890[2]. London 1899[3]; Rambles of a dominie. London 1891; By moorland and sea. London 1893. Boston 1894[2]; In the west country. Bristol (1896); The sea-board of Mendip. An account of the history, archaeology, and natural history of the parishes of Weston-super-Mare, Kewstoke, Wick St. Lawrence, Puxton, Worle, Uphill, Brean, Bleadon, Hutton, Locking, Banwell, and of the Steep and Flat Holms. With numerous illustrations. London 1902. ND Bath 1988; A corner of Arcady. London 1904; A history of Sidcot School. A hundred years of west country Quaker education, 1808-1908. London 1908; Knight, Francis Arnold; Dutton, Louie M.: Somerset. With maps, diagrams and illustrations. Cambridge 1909; Knight, Francis Arnold; Dutton, Louie M.: Devonshire. With maps, diagrams and illustrations. Cambridge 1910; The rajpoots's rings. London 1911; The heart of Mendip. An account of the history, archaeology and natural history of the parishes of Winscombe, Shipham, Rowberrow, Churchill, Burrington, Christon, Loxton, Compton Bishop, Axbridge and Cheddar, and of the ancient mining station of Charterhouse-on-Mendip. London 1915.

Bibliographie: Hallam, Olive: Francis Arnold Knight. A biographical sketch. In: Avon Past. The joint journal of Avon Archaeological Council and Avon Local History Association, 10, 1985, 19.

Lit. (Auswahl): Knight, Francis Arnold. In: Men and women of the time. A dictionary of contemporaries. Revised and brought down to the present time by Victor G. Plarr. London 1891[14], 490; — Byrchmore, J.(oseph): Francis Arnold Knight (1852-1915): Obituary. In: Proceedings of the Somerset Archaeological and Natural History Society, LXI, 1915, 213-214; — T., J. W. H.; Tanner, William E.: Francis A. Knight. In: The Friend. A religious, literary, and miscellaneous journal, LV, 11, 1915, 201-202; — Latchmore, Henry G.: Francis Arnold Knight: A memory. In: Friends' Quarterly Examiner, 244, 10, 1927, 331-348; — Hallam, Olive: Francis Arnold Knight. A biographical sketch. In: Avon Past. The joint journal of Avon Archaeological Council and Avon Local History Association, 10, 1985, 5-19.

Claus Bernet

KOCHS, Anton, * 18.8. 1902 in Düsseldorf, † 25.3. 1984 in Bergisch Gladbach. Kath. Priester, Direktor der Kirchlichen Hauptstelle Bild und Film. Nach dem Abitur im April 1921 in Wesel am Niederrhein begann Anton Kochs mit dem Studium der Theologie am Institutum philosophicum in Innsbruck. Hier erwarb er 1923 zunächst mit der Arbeit über »Die Erkenntnistheorie Schopenhauers« das Lizentiat. Sein Introitus-Examen legte er bei Prof. Ettlinger in Münster/Westf. mit einer Schrift über die »Elimination von Qualitäten aus dem Naturbild durch kinetische und Strukturtheorien« ab und trat danach in das dortige Priesterseminar ein. Am 12. März 1927 wurde Anton Kochs durch Bischof Dr. Johannes Poggenburg in der Domkirche in Münster zum Priester geweiht und war danach zunächst als Kaplan in Ahlen-Sendenhorst (Westfalen) tätig. Zwei Jahre später wechselte er in das Bistum Meißen und sammelte hier durch eigene Filmvorführungen und Lichtbildvorträge seine ersten Erfahrungen mit den noch jungen Medien Bild und Film. Bei der Bischöflichen Behörde in Bautzen legte er sein Cura-Examen ab und trat hier in die Priestergemeinschaft des hl. Philippus Neri ein. Monsignore Bernhard Marschall, einer der Pioniere der kirchlichen Medienarbeit, berief Anton Kochs 1934 zu seinem Assistenten bei der Bischöflichen Hauptstelle für die Katholische Aktion in Düsseldorf. Von 1939 bis Kriegsende war er Direktor des Katholischen Vortragswerks (Volkshochschule) und der Diözesanfilmstelle in Berlin, welche als Vorreiter aller deutschen Diözesan-Filmstellen gilt. Zugleich war er von 1941 bis 1946 als Religionslehrer tätig und Kuratus an der Kirche St. Konrad. Nebenbei betreute er die Stadtrandsiedlungen seelsorgerisch. 1946 wurde Anton Kochs zum Direktor der neu gegründeten Hauptstelle für Bild- und Filmarbeit e.V. in Köln bestellt und stand dieser bis zu seiner Emeritierung 1969 vor. Während dieser Zeit war Anton Kochs, der in Köln-Lindenthal wohnte, in mehreren Gremien tätig: Er war kirchlicher Assistent und Vorstandsmitglied der internationalen katholischen Filmorganisation in Brüssel (O.C.I.C.), Mitglied der Filmausschüsse sowohl im Bundesinnenministerium als auch im Bundesfamilienministerium,, Vertreter der katholischen Kirche in der Freiwilligen Selbstkontrolle (FSK), Vorsitzender der Katholischen Filmkommission für Deutschland, Konsultor der Päpstlichen Kommission für die Massenmedien, Herausgeber der Zeitschriften »film-dienst« und der »Katholischen Film-Korrespondenz«. Für seine Verdienste wurde Anton Kochs 1957 zum Päpstlichen Geheimkämmerer und 1967 zum Päpstlichen Ehrenprälaten ernannt. Im selben Jahr erhielt er auch das Bundesverdienstkreuz erster Klasse. 1982 verlieh ihm der Vorsitzende der Deutschen Bischofskonferenz, Kardinal Höffner, die Bonifatiusmedaille. Von 1969 bis zu seinem Tod am 1984 war Anton Kochs als Subsidiar in der Pfarre Bärbroich bei Bergisch Gladbach tätig.

Werke: Notizen am Rande, Ansprache beim Festakt zur Verleihung des dt. Filmpreises 1965, Köln 1965; Massenmedien im Dienste der kirchlichen Verkündigung, Referate der Jahrestagung der katholischen Filmarbeit 25.-28.9.1961 in Bad Niedernau am Neckar, Köln 1962; Koch, Anton (Hrsg.): Das 21. Konzil, Essen 1962; Papstworte über den Film. Briefe und Ansprachen des Papstes zur Filmfrage, Paderborn 1949.

Lit.: Kuchler, Christian, Kirche und Kino. Katholische Filmarbeit in Bayer (1945-1965), Veröffentlichungen der Kommission für Zeitgeschichte, Reihe B: Forschungen, 106, Paderborn 2006.

Stefan Plettendorff

KOLNAI, Aurél Thomas, ung., östr. u. brit. Philosoph, * 1900 in Budapest, † 1973 in London. — Als Aurél Stein in eine jüd.Familie geboren, nahm K. 1918 seinen Namen an, ging gegen Ende der Räterepublik in Budapest 1919 nach Wien, studierte dort Philosophie und promovierte 1926 bei H. Gomperz mit einer Arbeit über *Der ethische Wert und die Wirklichkeit.* Am selben Tag empfing er die Taufe und wurde Katholik, beeinflußt von den Schriften G.K. Chestertons (s.). Nach kurzem Studienaufenthalt bei E. Husserl (s.) in Freiburg arbeitete K. v.a. als Journalist f. Zschrr. wie *Der Österreichische Volkswirt, Schönere Zukunft,* u. später auch f. *Der Österreichische Ständestaat,* die v. D. v. Hildebrand (s.) hrsgg. wurde. Hatte sein Interesse zuerst der Psychoanalyse gegolten, veröff.te K. nach seiner Diss. Arbeiten zur Sexualethik, polit. Philos., u. Phänomenologie d. Gefühle. Wegen der Bedrohung des Landes durch d. Nationalsozialismus verließ er Östr. 1937 u. lebte in Paris, Zürich u. London, wo im März 1938 sein *The War Against the West* erschien, in dem er die geistesgesch. Wurzeln der Nazi-Bewegung untersuchte. 1940 ging K. mit seiner nunmehrigen Frau Elisabeth ins Exil nach New York u. später nach Cambridge bei Boston. Nach dem Zweiten Weltkrieg lehrte Kolnai zunächst Philosophie an der Université de Laval in Québec, die damals zu den führenden Zentren des Neo-Thomismus zählte. 1955 zog K. nach London u. nahm v.a. am Bedford College der University of London Lehraufträge wahr, ohne eine Professur zu erlangen. Ab 1968 hielt er auch an der Marquette University in Milwaukee Vorlesungen. — K. war als Philosoph dem Realismus verpflichtet u. als polit. Denker einem konservativen Weltbild. Seine Schriften stehen in der Tradition der (frühen) Phänomenologie Husserls und Schelers (s.) sowie des Thomismus. In seinem englischen Lebensabschnitt nahm K. auch den Stil der analyt. Philos. sowie d. Argumente d. Common-Sense-Philos. v. G.E. Moore u. anderer britischer Intuitionisten (H.A. Prichard, W.D. Ross) auf. Sein hauptsächliches Anliegen ist die Anerkennung einer gegebenen Wirklichkeit (»Souveränität des Objekts«), die im allgemeinen durch gewöhnliche Erfahrung erschlossen werden kann. In der Ethik schloß sich K. an Schelers materiale Wertethik an u. forderte, Wertanalyse vorzunehmen, bevor Aussagen mit normativen Operatoren (»soll«, »muss«, »darf« etc.) belegt werden. Urteile der Zustimmung oder Ablehnung sind in der Ethik unverzichtbar. Obwohl eine Hierarchie der Werte besteht u. erkennbar ist, betonte K. die Unvollkommenheit menschlichen Wollens. Das chr. Denken dürfe nicht die Moralität zu einem im Alltagsleben unerreichbaren Gut überhöhen - eine Forderung, die etwa zeitgleich auch R. Guardini (s.) u. H.U. v. Balthasar (s.) im Sinne eines Vorrangs des Logos vor d. Ethos erhoben. Die »Vollkommenheitsillusion« führt z. utopischen Denken als der ideologischen Basis des Totalitarismus. K. war ein konservativer Denker, der die Ges. notwendigerweise als hierarchisch geordnet sah u. soz. Privilegien verteidigte. Andererseits befürwortete er natürliche Pluralität u. lehnte daher jedweden Nationalismus ab. Den Universalismus Othmar Spanns (s.) hielt er daher mit dem kath. Denken f. unvereinbar. Aufgrund seiner Vorliebe f. Vielfalt konnte K. sich mit dem utopischen Egalitätsstreben in der amer. Ges., die er als »Reich des Einheitsmenschen« durchaus als totalitären Bruder d. Sowjetunion sah, nicht abfinden. — K. lehnte sowohl die Starrheit der neothomistischen Orthodoxie ab wie die existentialistischen u. relativistischen Gebäude v. M. Heidegger (s.) u. J.P. Sartre. Sein polit. Denken mag am besten als aufgeklärter Konservativismus, sein soz. u. ethisches Denken als Personalismus verstanden werden. Die Stärke seiner Philos. liegt in der phänomenologischen Analyse v. Werten u. Gefühlen, wobei er durchaus in der Tradition F. Brentanos steht. So unterscheidet er z.B. versch. Arten des Hasses, des Ekels, oder des Zufügens v. Schaden nicht nur durch sprachliche Analyse, sondern spricht ihnen auch psychologische u. soz. Wirklichkeit zu.

Werke (Auswahl): Psychoanalyse und Soziologie. Leipzig 1920; Die geistesgeschichtliche Bedeutung der Psychoanalyse, in: Internationale Zeitschrift für Psychoanalyse 9 (1923); Der ethische Wert und die Wirklichkeit, Freiburg/Br. 1927; Sexualethik, Paderborn 1930; Der Inhalt der Politik, in: Zeitschr. f. d. ges. Staatswiss. 94 (1933); Gegenrevolution, in: Kölner Vierteljahrshefte f. Soziologie 10 (1932), 171-199, 295-319; A józan ész mágusai: Kraus és Chesterton, Budapest 1936; The War Against the West, London 1938; The Humanitarian versus the Religious Attitude, in: The Thomist 7 (1944); The Meaning of the 'Common Man', in: The Thomist 12 (1949); Crítica de las utopías políticas, Madrid 1959; Konservatives und revolutionäres Ethos, in: Rekonstruktion des Konservatismus. Hrsg. v. Gerd-Klaus Kaltenbrunner, Freiburg/Br. 1972, 95-136; Ethics, Value, and Reality. Selected Papers, Indianapolis 1978; The Utopian Mind and Other Papers, London 1995; Le dégoût, Paris 1997; Political Memoirs, Lanham 1999; Privilege and Liberty and Other Essays in Political Philosophy, Lanham, MD 1999; Identity and Division as a Fundamental Theme of Politics, in: Structure and Gestalt. Philosophy and Literature in Austria-Hungary and Her Successor States. Ed. by B. Smith, Amsterdam 1981; Early Ethical Writings of Aurel Kolnai, Aldershot 2002; On Disgust, Chicago 2004; Sexual Ethics: The Meaning and Foundations of Sexual Morality, Aldershot 2005; Exploring the World of Human Practice. Ed. by Z. Balázs and F. Dunlop, Budapest 2005; Ekel, Haß, Hochmut. Zur Phänomenologie feindlicher Gefühle, Frankfurt/M. 2007.

Lit. (Auswahl): J.D. Beach, The Ethical Theories of Aurel Kolnai, in: The Thomist 45 (1981), 132-143; — Vilagossag 38 (1997), no. 5-6; — R.T. Allen, Beyond Liberalism, New Brunswick 1998; — L. Congdon, Exile and Social Thought. Hungarian Intellectuals in Germany and Austria 1919-1933, Princeton 1991; — J. Hittinger, Liberty, Wisdom, and Grace: Thomism and Democratic Political Theory, Lanham, MD 2002, Kap. 10; — F. Dunlop, The Life and Thought of Aurel Kolnai, Aldershot 2002; — D.J. Mahoney, Liberty, Equality, Nobility. Kolnai, Tocqueville, and the Moral Foundations of Democracy, in: Democracy and Its Friendly Critics: Tocqueville and Political Life Today. Ed. by P.A. Lawler, Lanham 2004; — Exploring the World of Human Practice. Ed. by Z. Balázs and F. Dunlop, Budapest 2005; — Politikatudományi Szemle 14 (2005), no. 3-4; — Md. Guerra, Christianity and Contemporary Political Life, in: Logos 11 (2008).

Wolfgang Grassl

KOPLINSKI, Anicet, Kapuziner - Priester - Martyrer. — Pater Anicet Adalbert Koplin(ski) ist am 30. Juli 1875 in Preußisch-Friedland in Westpommern geboren, starb wahrscheinlich am 16. Oktober 1941. In seiner Heimat und Familie begegnen sich zwei Kulturen, die deutsche und die slawische, und zwei Konfessionen, die lutheranische und die katholische. Sein Vater war polnischer Abstammung und katholisch, die Mutter war deutschstämmig und Mitglied der lutheranischen Kirche. — Er besuchte die Volks- und Mittelschule seiner Geburtsstadt. Mit 18 Jahren trat er am 23. November 1893 in Sigolsheim (Elsaß) in den Kapuzinerorden ein und erhielt den Ordensnamen Anicet. — Nach Abschluß der philosophisch-theologischen Studien wurde er am 15. August 1900 in Krefeld vom holländischen Missionsbischof Emmanuel van den Bosch zum Priester geweiht. Er wirkte dann in verschiedenen Klöstern der Rheinisch-Westfälischen Provinz. Am Ende des Jahres 1901 kam er nach Dieburg, seine erste Station. Leider fehlen die Chronikunterlagen aus jenen Jahren, so daß wir nicht allzu viel erfahren über seine Tätigkeit innerhalb und außerhalb des Klosters. Im *Catalogus* (Zusammenstellung der Niederlassungen und Mitglieder der Rheinisch-Westfälischen Kapuzinerprovinz) der Jahre 1901 und 1902 erscheint Pater Anicet jeweils als letzter der fünf namentlich angeführten Priester ohne näheren Hinweis auf seine Aufgaben. Insgesamt lebten in jenen Jahren zehn Kapuziner in Dieburg: Fünf Priester und fünf Laienbrüder. Im Jahre 1902 war das Kloster Dieburg in den Rang eines »Konvents« erhoben worden; zuvor wurde es unter den »Hospizen« aufgeführt. — Die Hauptarbeit der Kapuziner in Dieburg bestand damals in der Feier der vielen Messen und Andachten an Sonn- und Feiertagen, sowie an den Werktagen und Festen in der Klosterkirche selbst. Hinzu kam das oft stundenlange Beichthören, vor allem vor den großen Festtagen des Kirchenjahres, vor Weihnachten und Ostern, sowie vor dem Portiunkula-Fest und vor Allerheiligen/Allerseelen. Im Kloster Dieburg herrschte damals eine große Lebensstrenge und Einfachheit. Doch Pater Anicet war das einfache Leben von seiner Heimat her gewohnt. Er hatte vom Schöpfer auch eine robuste Gesundheit mitbekommen. So war es nichts Außergewöhnliches, wenn Pater Anicet auch zu kalter Winterszeit barfuß durch die Straßen Dieburgs ging, über die Schultern den kurzen Kapuzinermantel. Für ihn bedeutete das strenge Klosterleben kein Problem. Das Kloster Dieburg besitzt leider keine Gegenstände und keine Schriftstücke, die an seinen Aufenthalt in Dieburg erinnern. Wir wissen auch nicht, in welchem Zimmer, welcher »Zelle«, er gewohnt hat. Das noch vorhandene Predigtbuch des Klosters gibt uns jedoch etwas nähere Auskunft über seine Predigttätigkeit. Öfters wird er erwähnt als Prediger in der Wallfahrtskirche zu Dieburg. Als jüngster Pater wurde er aber auch gerne in die weiter entfernten Gemeinden geschickt. Bis zum Sommer 1903 ist er vor allen als »Aushilfspater« in den Gemeinden Eppertshausen, Erbach, Groß-Zimmern, Habitzheim, Hering, Klein-Krotzenburg, Klein-Zimmern, Langwerthen, Lampertheim, Lengfeld, Mosbach, Münster, Nieder Roden, Pföltersheim, Urberach, Zellhausen zu finden. Im Predigtbuch des Klosters sind auch die Themen der Predigten, die er in den genannten Orten gehalten hat, angegeben. Pater Anicet predigte gerne und wurde auch gerne gehört. — Sein Aufenthalt in Dieburg war nur von kurzer Dauer. Weitere Stationen seines Wirkens waren die Klöster Werne (1904-1911), Clemenswerth (1911-1912), Oberhausern-Sterkrade (1912-1913) und Krefeld (1913-1918). — Er hatte in seiner preußischen Heimat etwas Polnisch gelernt, das er Laufe der Jahre durch Selbststudium verbesserte. Von den genannten Klöstern aus wirkte er als Seelsorger unter den polnischen Arbeitern des ganzen Ruhrgebietes. Seine Herkunft aus einer Arbeiterfamilie kam ihm dabei zugute. Er verstand die Bergleute und sie verstanden ihn. Die Sorge um die polnischen Arbeiter minderte nicht seine Liebe zum deutschen Vaterland. Er schätzte die deutsche Kultur und verfaßte zu Beginn des Ersten Weltkrieges selbst patriotische Gedichte, die auf uns heute eher peinlich wirken. — Die Sternstunde seines Lebens schlug, als 1918 die Ordensoberen an ihn die Bitte richteten, in Polen mitzuhelfen bei der Reorganisation des kirchlichen Lebens und des Kapuzinerordens in Warschau. Nach über hundert Jahren der Fremdherrschaft unter den Zaren von Rußland sollte Polen als freies, unabhängiges Land neu erstehen. — Die letzten Gründe für den Ortswechsel von Deutschland nach Polen sind jedoch nicht ganz klar. War für ihn die polnische Abstammung ausschlaggebend, oder war er nur nach Warschau gegangen, um die polnische Sprache noch besser zu lernen, um so wirksamer seine Aufgabe unter den polnischen Arbeitern im Ruhrgebiet erfüllen zu können? Das Jahr 1918 wurde auf jeden Fall entscheidend für das weitere Leben und Wirken unseres Pater Anicet. Er blieb von da an für immer in Polen. Mit Eifer ging er an die neue Aufgabe. Die meiste Zeit widmete er den Armen, Arbeitslosen und Notleidenden. Für sie setzte er all seine Kräfte und Fähigkeiten ein. Vor allem im Stadtviertel Annapol, auf dem rechten Ufer der Weichsel gelegen, ist er von nun an täglich zu sehen. Hier hatten die Kapuziner eine Armenküche eingerichtet, die täglich bis zu 8000 Essen austeilen konnte. Pater Anicet sorgte als Almosensammler für die notwendigen Lebensmittel und weitgehend auch für die nötigen Gelder. Er hatte ein spezielles System für das Almosensammeln entwickelt: Es gelang ihm, eine beachtliche Zahl von Wohltätern zu finden, die ihm regelmäßig jede Woche oder jeden Monat eine feste Summe für die Armen gaben. Außer dem Geld sammelte er Lebensmittel, die er in großen Taschen durch die Straßen von Warschau schleppte: Mehl, Grieß, Fett, Zucker, Wurst, Brot ... Er suchte bei seinen Betteltouren die normal begüterten und auch die wohlhabenden Leute der Stadt auf. Er klopfte auch an die Türen der sogenannten »großen Welt«. Vielen Arbeitslosen konnte er Arbeit vermitteln. Wer in Not war, konnte mit seiner Hilfe rechnen. Bisweilen war er die Zielscheibe von Verspottungen und Demütigungen. Doch für seine Armen ertrug er all dies mit großer Ruhe, zum Staunen seiner näheren Umgebung. — Pater Anicet war dichterisch begabt und ein Meister der lateinischen Sprache. Er verfaßte viele Gedichte in Latein, die er zu Ehren hochgestellter Persönlichkeiten vortrug. Er wurde immer populärer in Warschau. Es gab keine Feierlichkeit von größerer Bedeutung, zu der der Kapuziner in der rauen Kutte und mit den Sandalen an den Füßen nicht eingeladen worden wäre. Bei solchen Gelegenheiten trug er die lateinischen Gedichte vor und bat zugleich um eine Gabe für seine Armen. Bisweilen füllte er auch die Taschen seines Ordensgewandes oder Mantels mit den Resten des Festbüfetts und brachte sie den Bedürftigen.

Die Straßenbahnschaffner und Taxifahrer kannten ihn bestens. Nicht selten hielten sie ihre Fahrzeuge an, um den bekannten Bettelbruder einsteigen zu lassen. Von ihm ging ein Geist innerer Freude aus. Die Menschen hatten großes Vertrauen zu ihm, weil sie seine Güte und Solidarität mit den einfachen und armen Menschen spürten. Pater Anicet verleiblichte eine Menschlichkeit, die für Arm und Reich, Hoch und Niedrig anziehend wirkte und die Herzen der Menschen für Gott öffnete. Die Beinamen, die ihm die Bevölkerung gab »Vater der Armen« und der »Bettler von Warschau« lassen die soziale Dimension seines Wirkens erkennen und offenbaren zugleich auch die von der christlichen Nächstenliebe geprägte Persönlichkeit. — War Pater Anicet nicht für die Armen unterwegs, dann saß er im Beichtstuhl in der Kirche der Kapuziner in Warschau. Täglich hörte er mehrere Stunden Beichte. Er tat dies noch weitaus lieber als predigen. Im Beichtstuhl gab er kurze, treffsichere Weisungen; den Priestern in lateinischer Sprache. Vor seinem Beichtstuhl standen der Offizier neben dem Bauern, die elegante Dame neben der ärmlich gekleideten Witwe. Der Kapuziner behandelte sie alle gleich. Zu seinen Beichtkindern zählten auch die Apostolischen Nuntien Achille Ratti (der spätere Papst Pius XI.), Lorenzo Lauri, Francesco Marmaggi und Filippo Cortesi, sowie die Bischöfe von Warschau, unter anderem Kardinal Alexander Kakowski. Als Buße empfahl er meistens ein Almosen für die Armen. So durfte Kardinal Kakowski zur Winterzeit einmal einen Karren Kohlen stiften. Erfuhr Pater Anicet, daß jemand im Sterben lag, so begab er sich zu ihm, um zu trösten und womöglich die Sakramente zu spenden. Er wurde an das Bett vieler Sterbender gerufen, auch zu solchen, die bis zuletzt noch den Empfang der Beichte verweigerten. Es gelang ihm, viele zur Umkehr und zur Versöhnung mit Gott zu führen. — Auch beim Ausbruch des 2. Weltkrieges im September 1939 blieb Pater Anicet in Warschau. Mit Schmerz sah er die zwei ihm zutiefst verbundenen Völker in Krieg verwickelt: Das deutsche Volk, in dessen Geist und Kultur er aufgewachsen war, und das polnische Volk, für das er sich entschieden hatte. Er war Deutscher, er verbarg das nicht; auch dann nicht, als die Politik des Führers Adolf Hitler immer größeres Unheil über die Nachbarvölker

brachte. Er durchschaute den antichristlichen Geist und das Dämonische der nationalsozialistischen Ideen. Da er von Jugend an den Glauben und die Herzlichkeit der Polen erfahren hatte, stellte er sich immer mehr auf ihre Seite. Um das Jahr 1930 legte er die deutsche Staatsbürgerschaft ab, nahm die polnische an und nannte sich nunmehr »Koplinski«. Nach der Kapitulation von Warschau blieb Pater Anicet zunächst im Kloster Warschau. Doch bald sah man ihn in doppeltem Einsatz. Trotz aller äußeren Schwierigkeiten war er rastlos unterwegs, um den Armen und Notleidenden Hilfe zu bringen. Ihre Zahl war ins Unglaubliche gewachsen. Im Frühjahr 1940 berichteten die Zeitungen des Warschauer Widerstandes, daß neunzig Prozent der Bevölkerung ohne Arbeit sei und vor Hunger sterbe. Pater Anicet half, so gut er konnte. Bei den deutschen Behörden forderte er die nötigen Scheine für Lebensmittel, Kleider, Schuhe und Arzneien an. Er kümmerte sich auch um evangelische Christen und um Juden, die am meisten von allen unter der deutschen Besatzung zu leiden hatten. Hierbei war ihm die Kenntnis der deutschen Muttersprache von großem Nutzen. — Der Gestapo waren die Kapuziner, namentlich Pater Anicet schon lange ein Dorn im Auge. Im Juni 1940 wurde er und der Guardian des Klosters, Pater Innozenz Hanski, von der Gestapo vorgeladen und verhört. Es ist denkbar, daß eine Berufung auf seine deutsche Herkunft und eine Rückkehr nach Deutschland Pater Anicet hätte retten können. Doch ein solches Ansinnen widersprach der Geradheit und Grundeinstellung von Pater Anicet. Auf die Frage der Gestapo, ob im Kloster die geheime Presse (Flugblätter) des polnischen Widerstandes gelesen würde, gab er offen die Wahrheit zu: »Ja, von vier Mitbrüdern«. Gleichzeitig aber sagte er den Männern der Gestapo ins Gesicht: »Nach dem was Hitler in Polen begangen hat, schäme ich mich, ein Deutscher zu sein!«. In der Nacht vom 26. auf den 27. Juli 1941 wurde das Kapuzinerkloster von der Gestapo umstellt. Nach einer mehrstündigen Hausdurchsuchung wurden alle 22 Kapuziner verhaftet, unter ihnen auch Pater Anicet. Zunächst wurden sie in das Gefängnis Pawiak eingesperrt. Neue Verhöre und Mißhandlungen folgten. Sie wurden kahlgeschoren und mußten das Ordensgewand ablegen. Die Wachleute verspotteten, schikanierten und quälten sie mit der sogenannten » Gymnastik«. Am 3./4. September 1941 wurde Pater Anicet zusammen mit den anderen in einem Viehwaggon in das KZ Auschwitz abtransportiert. Dort erhielt er die gestreifte Lagerkleidung und die KZ-Nummer 30.376. Er galt nicht mehr als Mensch, sondern war von nun an nur noch eine Nummer unter Tausenden von Mitgefangenen. Als 66-jähriger kam Pater Anicet in den Block der Invaliden, der neben dem Block der Todeskandidaten lag. Was in den nächsten fünf Wochen an Mißhandlungen und Beschimpfungen auf ihn einstürmte, wissen wir nicht genau. Pater Archangelus, Provinzial und Leidensgenosse von Pater Anicet berichtet: »Anicet wurde beim Aussteigen aus dem Zug mißhandelt, beim Marsch zum Lager geschlagen, weil er mit den anderen nicht Schritt halten konnte. Außerdem hatte ihn ein SS-Hund gebissen. Bei der Abzählung wurde Pater Anicet mit anderen Älteren und Arbeitsunfähigen von den übrigen getrennt und neben dem Todesblock untergebracht. Man hat ihn auch gebrannt. Er hat in den letzten Tagen viel geschwiegen und gebetet. Er blieb immer ruhig und still!« Die Unterbringung im Block der Invaliden war gleichbedeutend mit einem Todesurteil. In jenem Block wurde niemand ärztlich behandelt. Im Gegenteil, mit der mörderischen »Gymnastik« wurde der Tod beschleunigt. Unter solchen Umständen starben täglich über hundert Menschen. Pater Anicet starb wahrscheinlich am 16. Oktober 1941. Welches die letzte Todesursache war, ist heute nicht mehr genau feststellbar: War es direkte Ermordung oder haben die unmenschlichen Lebensbedingungen zum Tode geführt, wir wissen es nicht. Eine Quelle spricht vom Tod in der Gaskammer; eine andere Quelle berichtet: die Helfershelfer der SS warfen ihn mit anderen Häftlingen bei lebendigem Leibe einfach in eine Grube und streuten ungelöschten Kalk über sie. Ein qualvolles Sterben, denn der Kalk löst eine starke Ätzwirkung aus, die dem Verbrennen bei lebendigem Leibe gleichkommt. Tatsache ist jedoch: Eineinhalb Monate lebte er im KZ. Er, der arm gelebt und sich für die Armen und Verfolgten aufgerieben hatte, starb hier in äußerster Armut für seine Glaubensüberzeugung und in Solidarität mit seinen polnischen Brüdern. — Über die Abgründe von Haß und Elend hatte seine erfinderische Liebe Brücken von Mensch zu Mensch gebaut. Im Gebet verbunden mit dem leidenden Herrn ging er in das Dunkel des Todes, getragen von der Hoffnung, daß auch sein Sterben mithelfe zur Versöhnung zwischen Deutschen und Polen, Juden und Christen, Katholiken und Protestanten, Armen und Reichen, Häftlingen und Henkern. Am 13. Juni 1999 sprach Papst Johannes Paul II. in Warschau 108 Frauen und Männer selig, die in den Konzentrationslagern des 2. Weltkrieges als Zeugen des christlichen Glaubens gestorben sind. Unter den neuen Seligen sind auch fünf Kapuziner. Einer von ihnen ist der Kapuziner Pater Anicet Koplin(ski). Er wäre wohl unbekannt geblieben, wäre er nicht zur Ehre der Altäre gelangt. Wie bei den Heiligen Maximilian Kolbe und Edith Stein fällt aber gerade vom Ende seines Lebens her ein besonderes Licht in das dunkelste Kapitel deutscher Geschichte. Sein Sterben im Konzentrationslager Auschwitz offenbart, wer er war und wofür er lebte.

Lit.: T. Kaczmarek - F. Peloso, Luci nelle tenebre. I 108 martiri della Chiesa in Polonia: 1939-1945, Varsavia 1999; — L. Lehmann OFMCap, Anicet Koplin, ein bisher unbekannter Kapuziner, ein neuer Seliger. Ein Lebensbild, verfaßt von L. Lehmann, in Mitteilungen der Rheinisch-Westfälischen Kapuzinerprovinz, Sondernummer 1/1999, 9-11; — E. Mossmaier OFMCap, Brückenbauer zwischen Ost und West. Im Geiste von Pater Anicet Koplin. Stein am Rhein 1987; — V. Veith OFMCap, Anicet Koplinski (1875-1941), Kapuziner - Priester - Martyrer, in Mitteilungen der Rheinisch-Westfälischen Kapuzinerprovinz, Sondernummer 1/1999, 1-3; — Ders., Jahrbuch 2006 des Heimatverein Dieburg e.V. Dieburg - Erbe und Gegenwart; — W. J. Wysocki OFMCap, O. Anicet z Frydladu, kapucy, 1875-1941. Studium biograficzne. Niepokalanow 1992.

Viktrizius Veith

KRAUS, Annie, katholische theologische Schriftstellerin und Übersetzerin. * 14.6. 1900 in Hamburg, † 21.3. 1991 in Münster. Annie Kraus stammte aus einer jüdischen Familie. Ihre Eltern waren der Kaufmann Ludwig Kraus und seine Frau Olga geb. Eisler. In Hamburg besuchte sie das Lyzeum von Jakob Löwenberg. Das Abitur legte sie 1920 ab und studierte anschließend Philosophie in Hamburg, Marburg (wo sie u. a. Hannah Arendt kennenlernte) und Freiburg; ein Angebot Edmund Husserls, bei ihm zu promovieren, nahm sie nicht wahr. Studienaufenthalte verbrachte sie in Paris und Oxford. 1928 ging sie nach Berlin, wo sie auf Vermittlung ihres Cousins Georg Eisler, der mit dem Staatsrechtler Carl Schmitt eng befreundet war, für diesen etwa ein Jahr lang als Sekretärin und Hausdame arbeitete. In dieser Zeit knüpfte sie Kontakte zu katholischen Intellektuellen, darunter Romano Guardini und Josef Pieper und Konvertiten wie Waldemar Gurian, Erik Peterson, Gertrud von Lefort und Dietrich von Hildebrand. Danach arbeitete sie als Sprachlehrerin und Übersetzerin. — Nach dem Machtantritt der Nationalsozialisten fielen Arbeitsmöglichkeiten für sie weitgehend fort. In Verlagen mit österreichischen Partnern konnten noch zwei Übersetzungen theologischer Bücher aus dem Französischen erscheinen, auch in dem Wiener Wochenblatt »Der christliche Ständestaat«, das der 1933 nach Wien ausgewichenen von Hildebrand ins Leben gerufen hatte, veröffentlichte sie noch zwei Beiträge; zwei Aufsätze über Kierkegaards Begriff der Wiederholung und Kierkegaards und Nietzsches Auffassung vom Wesen der Musik konnte sie 1940 durch Vermittlung von Helmuth Plessner in niederländischen Fachzeitschriften publizieren. Auch diese Möglichkeiten entfielen mit dem Anschluß Österreichs 1938, und sie lebte fortan von ihren Ersparnissen und heimlichen Zuwendungen von Freunden. — Im Januar 1942 erhielt Annie Kraus die Aufforderung, sich zum Abtransport in den Osten zu melden. Mit Hilfe ihrer damaligen Vermieterin Gertrud Kaulitz fingierte sie einen Selbstmord und tauchte unter. Die Stationen ihrer Odyssee im Untergrund hat Andreas Mix detailliert nachgezeichnet: Zunächst fand sie Unterschlupf bei Hanna Solf. Diese Witwe des Diplomaten Wilhelm Solf war Mittelpunkt eines Kreises von Diplomaten, Ministerialbeamten und Wirtschaftsleuten, die ihre persönlichen Kontakte zur Hilfe für untergetauchte Juden nutzten. Von mehreren weiteren Mitgliedern dieses so genannten »Solf-Kreises« erhielt sie in der Folge Unterstützung und Obdach, darunter Hanna Solfs Tochter Lagi Gräfin Ballestrem, Richard Kuenzer, Friedrich Erxleben, Alexander Graf von Bernstorff und vor allem Max Josef Metzger, der Gründer der »Una-Sancta-Bewegung«. Von Metzger ließ sie sich auch am 20. Juli 1942 in dem von ihm geleiteten Piusstift taufen. Sie beteiligte sich auch selbst aktiv durch Vermittlung von Quartieren und Besorgung falscher Dokumente an den Hilfsmaßnahmen des Kreises. — Um Metzger, bei dessen Haushälterin Anna Winkler sie wohnte und der schon mehrmals von der Gestapo verhaftet worden war, nicht länger zu gefährden, wechselte sie erneut ihren Unterschlupf, zunächst zu Maria George in Berlin-Tiergarten, danach zu Maria Helfferich in Bornim bei Potsdam. Im Mai 1943 schließlich verließ Kraus Berlin und fand durch Vermittlung von Metzger ein Quartier im Pfarrhaus von Anton Fischer in Durach im Allgäu, von wo aus sie Kontakt zu dem von Metzger gegründeten Christkönigsinstitut in Meitingen aufnahm. Nach der erneuten Verhaftung Metzgers am 29. Juni 1943 vermittelte Fischer ihr eine Unterkunft bei Therese Fritz im Gasthof Zur Post in Schattwald in Nordtirol. Von hier aus unternahm sie immer wieder Versuche, andere Unterkünfte zu finden und anderen Verfolgten zu helfen. Bei dem Versuch, zwei russischen Zwangsarbeiterinnen zu helfen, wurde sie in Dornbirn in Vorarlberg verhaftet, da ihre tatsächliche Identität jedoch nicht aufgedeckt wurde aber bald wieder entlassen. — Das Kriegsende erlebte sie verarmt und gesundheitlich bis zur Arbeitsunfähigkeit erschöpft in Schattwald. Obwohl selbst mittellos, unterstützte sie ihre Helfer in Berlin und Meitingen mit Lebensmittelsendungen. Sie nahm ihre publizistischen Aktivitäten wieder auf; ihre 1948 veröffentlichten Betrachtungen zur vierten Bitte des Vaterunsers widmete sie Anton Fischer. 1950-1954 war sie freie Mitarbeiterin des Bayerischen Rundfunks. 1954 zog sie nach Innsbruck, wo sie mit dem Kreis um Karl Rahner in Berührung kam. Sie besuchte Rahners Vorlesungen und Seminare und las für ihn Korrekturen seiner Veröffentlichungen. Als Rahner 1967 an die Universität Münster berufen wurde, folgte sie ihm und blieb auch nach seinem Weggang nach München und später Innsbruck von Münster aus seine Helferin bei der Drucklegung seiner Arbeiten. — Am 15.6. 1968 wurde sie in Innsbruck unter der Leitung von Hans Windischer (1909-1975) aufgrund der Arbeit »Der Begriff der Dummheit bei Thomas von Aquin in Summa theologiae II,II Quaestio XLVI: De stultitia und seine Spiegelung in Sprache und Kultur« zum Dr. phil. promoviert (Korreferent war Emerich Coreth [1919-2006], Prüfer im Ergänzungsfach der Kunsthistoriker Otto Lutterotti [1909-1991]). Von den Strapazen der Verfolgungszeit nie ganz wiederhergestellt erkrankte sie Anfang 1991 und verstarb am 21.3. im Seniorenheim der Dr. Bölling-Stiftung in Münster, am 3.4. wurde sie auf dem dortigen Zentralfriedhof beigesetzt. — Über ihre Erfahrungen mit einer Vielzahl von Helfern aus allen Bevölkerungsschichten berichtete sie im Sommer 1947 brieflich dem 1934 in die Schweiz geflohenen und 1937 in die USA emigrierten Waldemar Gurian (gekürzt abgedruckt im Feuilleton der Frankfurter Allgemeinen Zeitung vom 20. Juli 2007). Diese Erlebnisse ließen sie zur lebhaften Verteidigerin der Mehrheit der Deutschen gegen den Vorwurf der Kollektivschuld werden. Im Januar 1959 setzte Annie Kraus sich beim Berliner Innensenator für eine Ehrung und Unterstützung ihrer Berliner Helfer Anna Winkler, Maria George und Gertrud und Margarete Kaulitz sowie weiterer Helfer auch anderer Personen ein. Als diese Ehrung schließlich 1966 vom Berliner Senat in die Tat umgesetzt wurde, war die Mehrzahl der Genannten bereits verstorben oder lebte in der DDR, allein Margarete Kaulitz und Margarete Kühnel wurden aufgrund von Kraus' Aussagen für ihre Hilfeleistung für verfolgte Juden geehrt.

Werke: Der religiöse Antisemitismus im Lichte des Katholischen Dogmas, in: Der christliche Ständestaat. Österreichische Wochenhefte, 1. Jahrgang Nr. 18 (8. April 1934), 5-6; Protestantismus und Altes Testament, in: Der christliche Ständestaat 1. Jahrgang Nr. 35 (5. August 1934), 12-13; Die vierte Bitte. Versuch einer Auslegung. Frankfurt am Main 1948; Fülle und Verrat der Zeit. Zum Begriff der existentiellen Situation. Graz/Salzburg/Wien 1948; Über die Dummheit. Frankfurt am Main 1948; Über den Glauben und über den Unglauben. Iwan Karamasoff und der zeitgenössische Nihilismus, in: Christliche Besinnung 4,3 (Würzburg 1951), 56-67; Vom Wesen und Ursprung der Dummheit. Köln/Olten 1961; Über den Hochmut. Frankfurt am Main 1966; Tu das, so wirst Du leben. Meitingen/Freising 1969 (Meitinger Kleinschriften); Zeit der Liebe. Eine Betrachtung zur vierten Bitte des Vaterunsers. Meitingen/Freising 1970 (Theologie und Leben 2); Der Begriff der Dumheit bei Thomas von Aquin und seine Spiegelung in Sprache und Kultur. Münster 1971 (Aevum Christianum 9).

Übersetzungen: Raissa Maritain, Der Engel der Schule, Thomas v. Aquin. Der Jugend dargestellt [Aus d. Franz. übers. von Annie Kraus. Buchschmuck von Rose Reinhold]. Salzburg 1935 (L'Ange de l'école); Réginald Garrigou-Lagrange, Der Sinn für das Geheimnis und das Hell-Dunkle des Geistes. Paderborn/Wien/Zürich 1937 (Le sens du mystère); Raoul de Broglie, Von der Seine zu Inn und Etsch. Übersetzt von Annie Kraus. Innsbruck: Selbstverlag 1948; Das Mysterium des Todes [Arbeitsergebnis einer Studientagung des französischen Instituts für Seelsorge und Liturgie (Centre de Pastorale Litugique) in Paris (27.-29.4.1949). Übersetzt aus dem Französischen von Annie Kraus]. Frank-

furt am Main 1955 (Le Mystère de la mort et sa célébration, Auszüge.).

Lit.: Andreas Mix, Hilfe im katholischen Milieu. Das Überleben der Konvertitin Annie Kraus, in: Wolfgang Benz (Hrsg.), Überleben im Dritten Reich. Juden im Untergrund und ihre Helfer. München 2003, 131-142. 322-325; — Für wertvolle Auskünfte danke ich Frau Gertraud Roßmann (Christkönigsinstitut, Meitingen) und Herrn Mag. Peter Goller (Universitätsarchiv, Innsbruck).

Gerhard Rexin

KRON, Heinrich, Theologe, Kirchenpräsident, * 25.5. 1923 in Kaiserslautern, † 11.9. 2007 in Landau/Pfalz. Nach dem Abitur am Humanistischen Gymnasium seiner Vaterstadt leistete K. Kriegsdienst in der Marine, zuletzt als Leutnant. Aus der britischen Kriegsgefangenschaft im Herbst 1945 entlassen, geriet K. erneut in französische Kriegsgefangenschaft (Lager Mainz-Bretzenheim, dann Champagné und Montpellier), konnte aber bald die theologische Hochschule für Kriegsgefangene besuchen; akademische Lehrer waren u.a. Ernst Bizer (1904-1975), nach diesem Friedrich Lang (1913-2004). Nach der Entlassung 1947 setzte K. sein Studium an der theologischen Fakultät der neugegründeten Universität Mainz fort und schloß es 1950 ab. Am 10. Mai 1951 heiratete er, jetzt Stadtvikar von Landau, die Studentin Helgard Klink. Er war am Wiederaufbau und der kirchlichen Erschließung weiter Neubaugebiete beteiligt. Für die Jugendgottesdienste zeichnete er 1953 bei einem großen Gustav-Adolf-Fest verantwortlich, 1952 kam es in Landau zur Begegnung mit Kirchenpräsident Martin Niemöller, Darmstadt. Nach dem II. Theologischen Examen in Speyer 1953 übernahm K. Pfarrstellen in Neuhofen/Pfalz und Kaiserslautern-West. 1961 wurde er Vorsitzender des Pfälzischen Pfarrervereins, 1964 richtete er in dieser Funktion den Deutschen Pfarrertag in Landau/Pfalz aus (»Unterwegs in die Welt von morgen«). 1969 bis 1976 hatte K. den Vorsitz des Verbandes der Evangelischen Pfarrervereine in Deutschland inne. Seit 1964 Dekan in Landau, war K. 1966 Gastgeber des Deutschen Hugenottentages. Über die Landauer Partnerstädte Hagenau und Rappoltsweiler erschloß K. neue Kontakte zur benachbarten Kirche in Elsaß und Lothringen sowie zur ERF (Reformierter Kirchenbund in Frankreich); K. setzte die Arbeit des Deutsch-Französischen Bruderrates auf der Stufe einer partnerschaftlichen Nachbarschaft fort. Wichtig wurden Kontakte zur United Reformed Church in England, hohen Stellenwert erlangten die Verbindung zur Evangelischen Landeskirche in Anhalt in K.'s Zeit als Kirchenpräsident von 1976 bis 1988. 1974 hatte ihn die Pfälzische Landessynode zum Oberkirchenrat in Speyer gewählt. — Als Kirchenpräsident vertrat K. die Theologengeneration, die nach dem Krieg ins Pfarramt gekommen ist. Damit war ein Paradigmenwechsel verbunden: K.'s Amtsführung war weit vom episkopalen Behördenstil entfernt. Im Grunde sei er immer Pfarrer geblieben, bekannte K. am Ende seiner Amtszeit. Die innere Nähe zur Pfarrerschaft stand keineswegs mit dem Anspruch in Widerspruch, auf der Ministerialebene und gegenüber dem katholischen Bischof eine ebenbürtige Rolle einzunehmen. K. galt als Persönlichkeit des Ausgleichs, sowohl in ökumenischer, in politischer und innerkirchlicher Hinsicht. K. war der Mann des Dialogs. In seine Amtszeit fällt der Abschluß einer gründlichen Verfassungsreform (»Pfarrer und Presbyter leiten zusammen die Gemeinde.«); K. selbst übte als erster das Amt auf Zeit in der Kirchenleitung aus. — Den Namenswechsel der seit 1978 umbenannten »Evangelischen Kirche der Pfalz (Protestantische Landeskirche)« hat K. nicht unterstützt. Gleichwohl geriet in Speyer das 450. Jubiläum der Protestation unter K.'s Mitwirkung zur Gegenwartsbestimmung der pfälzischen Unionskirche aufgrund ihrer historischen Prämissen. — K. predigte 1978 als erster Kirchenpräsident im Speyerer Dom; schon 1966 hatte er beim deutschen Pfarrertag einen ökumenischen Akzent als Gastgeber des Speyerer Bischofs Dr. Isidor Markus Emanuel gesetzt. Bischof Dr. Friedel Wetter war bei K.'s Amtseinführung konsequenterweise anwesend. Im Sinne eines herzlichen und selbstverständlichen Einvernehmens verliefen die Kontakte zu den Ministerpräsidenten Dr. Helmut Kohl und Dr. Bernhard Vogel. Gleichwohl galt K. auch der politischen Opposition als »ihr« Mann bei den Kirchen. Die Seelsorge an den Pensionären, Vorstandsmandate in der Evangelischen Diakonissenanstalt in Speyer und bei der »Bruderhilfe«, Kontaktpflege zu den »Rotariern« waren nur einige Punkte, die in der Zeit des Ruhestands nach 1988 aktuell geblieben sind, nicht zuletzt die Verbindung zu den Kommilitonen

von Montpellier. Ein Verkehrsunfall im Februar 2006 hatte einen Krankenhausaufenthalt zur Folge, der bis zu seinem Tode fast ununterbrochen andauerte. Auszeichnungen: Großes Verdienstkreuz mit Stern des Verdienstordens der Bundesrepublik Deutschland; Verdienstorden des Landes Rheinland-Pfalz; Ehrenplakette für besondere Verdienste um die Stadt Landau in der Pfalz; Maria-Magdalena-Orden der Autokephalen Orthodoxen Kirche in Polen.

Akten: Persönliche und amtliche Akten, in: Zentralarchiv Speyer (ZASP), Abt. 150, 103.

Werke: D. Hans Stempel, Pfarrer und Kirchenpräsident, in: Pfälzisches Pfarrerblatt 1964; The Church of the Palatinate past and present, Speyer 1979.- Kirche zwischen Rhein und Saar, Neustadt/W. 1979; Bewahren und Erneuern, Schaller. FS zum 80. Geburtstag von Kirchenpräsident a. D. Professor D. Theodor Schaller, Speyer 1980; Der erste Protestant in München: BPfKG 61 (1994), 193-197; Walter Sauer, Die Pälzer Biwel. Mit einem Nachwort von Heinrich Kron, Landau 1991 = ⁴1995; Die Anfänge, in: Amt und Kirche zwischen Gestern und Morgen. Arbeiten im Weinberg des Herrn. FS zum 100jährigen Jubiläums des Vereins Pfälzischer Pfarrerinnen und Pfarrer, Speyer 1999, 31-37. — Rez. Walter Ohler, »Der Herr hat mich hierhergebracht ...«, in: Ev. Kirchenbote 27/28 (1999), 8.

Lit.: Georg Biundo, Die evangelischen Geistlichen der Pfalz seit der Reformation. Bibliothek familiengeschichtlicher Quellen 20, Neustadt an der Aisch 1968, 2928; — Christophe Baginski, Christine Lauer (Hrsg.): Walter Ohler, »Der Herr hat mich hierher gebracht ...«, Gefangenschaft und Theologiestudium in den französischen Lagern Chartres und Montpellier 1945-1947, Landau 1999; — Friedhelm Borggrefe, Ägypter, Nortonianer, Montpellianer - ein Blick in die Nachkriegsgeschichte der Pfälzischen Pfarrerschaft, Pfälzisches Pfarrerblatt 98 (Mai 2008), 212-216; - Victor Carl, Lexikon pfälzischer Persönlichkeiten, Edenkoben ³2004, 391; — Joachim Kreiter, »Das Leben fest auf das Wort des Herrn Christus gründen«. Vom Neubeginn der evangelischen Jugendarbeit in Kaiserslautern 1945-1950, in: BPfKG 73 (2006), 157-185. — 450 Jahre Protestation im Spiegel der Presse / April September 1979, hrsg. v. Prot. Landeskirchenrat der Pfalz, Speyer. — Udo Sopp, Hierzulande mit meiner Kirche unterwegs - Dokumente und Texte aus der Amtszeit des Kirchenpräsidenten Heinrich Kron, Speyer 1988; - Udo Sopp, Heinrich Kron (1923-2007). Kirchenpräsident 1976-1988, in: Friedhelm Hans u. Gabriele Stüber (Hrsg.), Pfälzische Kirchen- und Synodalpräsidenten seit 1920: Veröffentlichungen des Vereins für Pfälzische Kirchengeschichte (=VVPfKG) 27 (2008), 176-206. Paul Weber, Neues Pfälzer Pfarrerbuch (NPB), VVPfKG 14 (1989), Nr. 396.

Friedhelm Hans

KUBLAI Khan, Herrscher der Mongolen und Chinas (1260-1294). — Kublai Khan war ein Bruder des Khans Möngke (1251-1259), des

Ilkhans Hülägü (1258-1265) und des Prinzen Arik Böge, der nach dem Tod Möngkes Kublai Khan, der sich auf einem Qurultai (Reichstag) zum Großkhan hatte wählen lassen, bis 1264 die Herrschaft streitig zu machen versuchte. Sein Bruder Hülägü unterstützte Kublai, aber da er im Iran residierte, konnte er ihm keine wirksame Hilfe zukommen lassen. Die Khane der »Goldenen Horde« in Rußland und von Tschagatai in Zentralasien waren mehr oder weniger unabhängig und nur lose dem Großkhan unterworfen. Kublai Khan verlegte die Residenz des Reiches von Karakorum in der mongolischen Steppe nach China; hier wurde das ab 1263 neu erbaute Peking (Ta-tu), später nach dem türkischen Namen »Khan-balyq« (»Herrscherstadt«) genannt und die Sommerhauptstadt Shang-tu bei Dolon-Nor zu Zentren der Verwaltung, die fast durchwegs von Nicht-Chinesen geleitet wurde; Kublai Khan hat das Chinesische kaum gesprochen. Er ließ von dem lamaistischen Reichslehrer ,P'ags-pa eine von oben nach unten und von links nach rechts geschriebene Quadratschrift entwerfen, die sich jedoch auf die Dauer nicht gegen das aus dem Uigurischen entwickelte Alphabet durchsetzen konnte. — Als Kublai Khan nach China übersiedelte, war der seit Jahrzehnten andauernde Krieg zwischen den Mongolen und dem Sung-Reich, das seinen Schwerpunkt im Süden Chinas besaß, noch nicht entschieden. Der Kampf dauerte bis 1276; Ch'ang Chou bei Nanking wurde vom Mongolengeneral Bayan erobert. Dabei wurden über eine Million Menschen getötet. Schließlich wurde die Reichshauptstadt der Sung, Hangzhou, erobert; bis 1279 konnten die Mongolen ganz China besetzen. Seither standen einige hunderttausend Mongolen an der Spitze eines Reiches von etwa 60 Millionen Einwohnern. Unter Kublai Khan stand das Reich der Mongolen auf dem Höhepunkt seiner Macht. Ein modernes Post- und Kommunikationssystem ermöglichte Handel und Kontakte. Die Kommunikation zwischen den Welten wurde durch das hervorragende Postsystem erleichtert; wie Marco Polo konnte jeder Kaufmann mit der »Paitza« (Reisepaß) des Großkhans ungehindert in kürzester Zeit von Europa nach Peking reisen. Erstmals seit der Antike wurde der europäische Horizont dadurch in einem bisher unbekannten Maße erweitert. — Kublai Khan be-

trachtete sich auch als chinesischen Herrscher; gemäß der chinesischen Tradition führte er eine Regierungsdevise ein und nannte seine neue Dynastie »Yüan« (nach dem chinesischen Wort für »Uranfang«). Auch in der Außenpolitik knüpfte er an alte imperialistische Traditionen Chinas an und versuchte das Reich zu vergrößern und Nachbarstaaten tributpflichtig zu machen. Letztlich aber scheiterten alle Expansions- und Invasionsversuche: 1274 und 1281 nach Japan, 1278 und 1283 nach Burma, 1281 u. 1292 nach Java; lediglich eine formale Tributpflichtigkeit blieb in Burma und Vietnam bestehen. Trotz der Zerstörung des Reiches von Bagan in Burma (1287) gelang es den Mongolen nicht, eine dauernde Herrschaft in Hinterindien zu begründen. — Der Islam und das ostsyrische (»nestorianische«) Christentum hatten einen gewissen Einfluß; auch jüdische Gemeinden gab es in China. Das mongolische China war ein Hoffnungsgebiet für das Christentum, das hier bereits von Persien aus in der Spätantike eingedrungen war, aber weithin eine Religion der Ausländer blieb. Die christianisierten türkischen Stämme der Keraiten und Ongüten waren Nestorianer. König Görgyz Küregen (Georg † 1299), der Herrscher der Ongüten, der sogar die niederen Weihen empfangen hatte, heiratete zuerst eine Enkelin Kublai Khans und dann eine Tochter seines Enkels Temür. Marco Polo, der 1271 mit Vater und Onkel nach China reiste, identifizierte ihn mit dem sagenumwobenen Priesterkönig Johannes. Aus dem Volk der Ongüten stammte auch der spätere ostsyrische Katholikos Mar Jabalaha III. 1275 wurde in Peking ein ostsyrisches Erzbistum errichtet. Der syrische Arzt und Astronom Isa (Jehoschua, chinesisch Ai-hsieh, 1227-1308) wirkte am Hof Kublai Khans; er wird auch in den »Yüan-Shih« (Reichsannalen) erwähnt. Ab 1262 wird das chinesische Wort »Yelikewen« in der chinesischen Reichskanzlei für die Christen verwendet. Ein christlicher Arzt Mar Sargis aus Samarkand war Arzt am Hof des Khans. Dieser richtete 1289 ein eigenes Ministerium für die Überwachung der Christen ein. Er blieb den Christen gewogen, förderte aber auch andere Religionen wie den Lamaismus. Die Bevölkerung zerfiel in vier Klassen: die erste bildeten die Mongolen, die zweite die Ausländer, die dritte die Chinesen des Nordens und die vierte die Chinesen des alten Sungreiches. — Die Hafenstadt Zaitun (Quanzhou, heute Chüang-chou bzw. Ch'uan-chou) nordöstlich von Nanking in der heutigen Provinz Fujian war bereits seit dem 7. Jahrhundert ein Ziel muslimischer Kaufleute, später auch der Christen. Neben den Nestorianern gab es auch Armenier und Katholiken dort. Marco Polo verglich es mit Alexandria. In Hangzhou, der Hauptstadt des Sung-Reiches, wurde der Grabstein einer 1340 gestorbenen Genuesin entdeckt. — Nachdem Marco Polos Vater und Onkel 1264 von Buchara nach Peking aufgebrochen waren, erhielten sie von Kublai Khan eine Botschaft an den Papst, den sie um die Entsendung von Gelehrten ersuchen sollten. 1271 brachen sie mit Marco Polo auf und erreichten im Mai 1275 Shangtu, wo sie mit Unterbrechungen über 16 Jahre blieben; erst 1295 kehrten sie nach Venedig zurück. Marco Polo trat in den Dienst des Großkhans und bereiste große Teile Chinas, über die er in seinem berühmt gewordenen Reisebericht erzählte, der China in Europa in weiten Kreisen bekannt machte. Marco Polo, der im Sommer 1275 erstmals vom Großkhan in seiner Sommerresidenz Shangtu empfangen wurde, erwähnt um 1281 auch ein von einem aus Samarkand stammenden Mar Sarkis gegründetes Kloster in Yangzhou (Yang-chau-fu) nordöstlich von Nanking am Jangtsekiang und am Kaiserkanal in der Provinz Jiangsu, wo er drei Jahre als Verwalter Kubilais wirkte. Eine chinesische Geschichte dieses Klosters ist erhalten. Mar Sarkis gründete am unteren Jangtsekiang sieben Klöster. Auch hier wurden nestorianische Grabinschriften in alttürkischer Sprache gefunden. Von einem Mitglied der Stifterfamilie wurden eine türkisch-chinesische nestorianische Grabinschrift und weitere Grabsteine gefunden, die mit einem Kreuz oder einer Lotusblüte geschmückt waren und später zum Bau einer Stadtmauer verwendet wurden. Die »Chronik von Cheng-chiang« erwähnt fast 300 Christen namentlich. Die von zwischen 400.000 und 700.000 Einwohnern bewohnte Stadt zählte 2421 Christen. Zu Beginn des 14. Jahrhunderts wurde hier auch ein Franziskanerkloster gegründet; auch die katholische Kirche versuchte, in China Fuß zu fassen. Der Franziskaner Odorico von Pordenone erwähnte hier drei nestorianische Kirchen. Es scheint auch einen nestorianischen Bischof gegeben zu haben. Ostsyrische Grabsteine von 1277-1313 wurden hier gefunden. Marco Polo erwähnt weitere Christen in Kaschgar, Urumtschi, an der Grenze zu Korea und in der Mandschurei. — Auch die ostsyrische Kirche profitierte von den Kontakten zwischen dem Orient und China. Um 1275/76 wanderten der Öngüten-Mönch Markus und der Uigure Rabban bar Sauma von Peking, wo Rabban vom Metropoliten Mar Guiwargius die niederen Weihen erhalten hatten, nach Westen. Über Kaschgar reisten sie über Persien nach Maragha, Bagdad, Arbela und Mossul. Markus wurde nach dem Tod des ostsyrischen Patriarchen zu dessen Nachfolger Jabalaha III. (1281-1317) geweiht, der somit der einzige »chinesische« Katholikos der »Apostolischen Kirche des Ostens« werden sollte. — 1289 kam der Minorit Johannes von Montecorvino im Auftrag des Papstes nach Peking; ihm gelang es, den König Georg (noch einmal) zu taufen; er erhielt dabei den Namen Chugan (Johannes); Montecorvino bezeichnete ihn dabei als »Priester Johannes«. Das Christentum blieb in China jedoch eher eine Minderheit; unter den Chinesen selbst scheint es wenig Anhänger gefunden zu haben. Wie überall in den großen Hafenstädten Asiens ließen sich auch in China Juden, Muslime und Christen nieder, um hier Geschäfte zu machen. In den chinesischen Reichsannalen (Yüan-Shih) von 1282 wird auch erwähnt, daß der christliche Herrscher von Quilon in Kerala/Indien dem Großkhan Tribut bezahlte. Kublai Khan gewährte allen Religionen in seinem Reich die Möglichkeit zur Entfaltung. Gemäß der mongolischen Tradition vermied er jedoch, sich auf eine festzulegen; dabei nahm er auch auf die Traditionen Chinas Rücksicht, das letztlich zur zentralen Basis seines Imperiums geworden war. Über die übrigen mongolischen Reiche der »Goldenen Horde«, in Tschagatei (Zentralasien) und im Iran übte er nur noch eine nominelle Oberhoheit aus. Dennoch war seine Amtszeit der Höhepunkt der mongolischen Weltreichspolitik. — Der Preis der mongolischen Eroberung Chinas war freilich sehr hoch: das Sungreich hatte vor der Eroberung etwa 100 Millionen Einwohner; 1290 waren 58834711 und das nach zwanzigjähriger Friedenszeit; zwanzig Jahre vorher war die Zahl der Einwohner noch wesentlich niedriger. Das auf Terror gegründete Yüan-Reich blieb nur so lange friedlich, wie die

Eroberer selbst Schrecken einflößten. Die brutale Eroberung eines ökonomisch blühenden Reiches durch die Mongolen zerstörte die Grundlagen des Wohlstandes und führte schließlich 1368 zum Zusammenbruch der Yüan-Herrschaft, in der die Ausländer die Führungsschicht bildeten. Das von Marco Polo erwähnte Papiergeld führte immer wieder zu Inflationen. Dennoch war Kublai Khan - nicht zuletzt durch die Schilderungen des ihn bewundernden Marco Polo - der einzige mittelalterliche Herrscher in China, der auch in Europa bekannt war. In Christoph Kolumbus Handexemplar des Buches »Il Milione« findet sich bei der Beschreibung der Juwelen des Khans der handschriftliche Vermerk, diese wolle er der Königin Isabella mitbringen; Kolumbus suchte nicht Amerika, sondern die Reichtümer des Kublai Khan. Mit den Mongolen scheiterte in China auch die Konzeption eines mongolisch-tibetischen Universalreiches, an dessen Spitze der mongolische Großkhan und der mit ihm harmonisch zusammenwirkende höchste tibetische Lama wirken sollten. Dennoch konnte sich unter der »Pax Mongolica« auch der Buddhismus im gesamten Gebiet des Weltreiches - zumindest zeitweise - ausbreiten.

Quellen: The Monks of Kublai Khan emperor of China, ed. by E. A. Wallis Budge, London 1928; Marco Polo: Il Milione. Die Wunder der Welt, hrsg. v. Elise Guignard, 6. Aufl., Zürich 1994; Wilhelm Baum u. Raimund Senoner. Indien und Europa im Mittelalter, Klagenfurt 2000.

Lit.: Herbert Franke: Westöstliche Beziehungen im Zeitalter der Mongolenherrschaft, in: Saeculum 19, 1969, 91-106; — René Grousset: Die Steppenvölker. Attila - Dschingis Khan - Tamerlan, Essen 1975; — C.P. Fitzgerald: China von der Vorgeschichte bis zum 19. Jahrhundert, Essen 1975; — Jean Richard: La Papauté et les Missions d'Orient au Moyen Age, Rom 1977; — Die Mongolen. Beiträge zu ihrer Geschichte und Kultur, hrsg. v. Michael Weiers, Darmstadt 1986; — Morris Rossabi: Khubilai Khan. His Life and Times, Berkeley 1988; — Die Mongolen, hrsg. v. Walther Heissig u. Claudius C. Müller, Innsbruck-Frankfurt 1989; — Alvise Zorzi: Marco Polo. Eine Biographie, Hildesheim 1991; — Felicitas Schmieder: Europa und die Fremden, Sigmaringen 1994; — Geng Shimin, Hans-Joachim Klimkeit u. Jens Peter Laut: Eine nestorianische Grabinschrift aus China, in: Ural-Altaische Jahrbücher NF 14, 1996 164-175; — Samuel Hugh Moffett: A History of Christianity in Asia, vol. 1, New York1998; — Herbert Franke: Zu einigen christlichen Personennamen in Texten der Yüanzeit, in: Zeitschrift der deutschen morgenländischen Gesellschaft 148, 1998, 315-322; — Wilhelm Baum: Die Verwandlungen des Mythos vom Reich des Priesterkönigs Johannes, Klagenfurt 1999; — Ian Gillman a. Hans-Joachim Klimkeit: Christians in Asia before 1500, Ann Arbor 1999; — Wilhelm Baum u. Dietmar W. Winkler: Die Apostolische Kirche des Ostens. Geschichte der sogenannten Nestorianer, Klagenfurt 2000; — Li Tang: A Study of the History of Nestorian Christianity in China and ist Literature in Chinese, Frankfurt-Berlin-Bern 2002; — Dschingis Khan und seine Erben. Das Weltreich der Mongolen, Wien 2006; — Li Tang: Sorkaktani Beki, in: Jingjiao. The Church of the East in China und Central Asia, (= Collectanea Serica), 2006, 349-355.

Wilhelm Baum

KÜLPE, Oswald (1862-1915), Philosoph und Psychologe deutschbaltischer Herkunft. Theodor Oswald Rudolph Külpe wurde am 3.8. 1862 (22.7. alten Stils) in dem kurländischen Flecken Candau (Kandau, Kandava) nahe Tuckum (Tukums) (damals Rußland, heute Lettland) geboren und nach dem Candauschen Kirchenbuch an demselben Tage von Pastor Hans Friedrich Bernewitz ev.-luth. getauft (*Kirchenbuch Candau: Geborene und Getaufte 1855-1867*, Historisches Staatsarchiv Lettlands in Riga, online). Külpes Vater, dessen Vorfahren (nach einer von Dietwald Gruehn in den Kirchenbüchern Kurlands angestellten Erkundung) lettischer Abstammung waren, war der Gemeindegerichtsschreiber und Fleckenvorsteher Johann Oswald Gottfried Külpe (1812-1888); seine Mutter war Friederike Natalie geb. Wittke, mit der der Vater nach dem Tode (1854) seiner ersten Frau Wilhelmine Amalie geb. Hentzelt seit 1857 verheiratet war (Erich Seuberlich: *Stammtafeln*, 1924, Sp. 146-150). Briefe der Mutter an O. Külpe aus den Jahren 1878-1894 befinden sich in der Bayerischen Staatsbibliothek in München. Früh zeigte sich bei Oswald Külpe ein bemerkenswertes Gedächtnis, das schon den Vierjährigen mühelos lesen ließ. Geographie und Geschichte waren die Glanzfächer des Elementarschülers. Auch zeigte sich bereits in der Kindheit eine musikalische Begabung. Die erste musikalische Ausbildung fand Oswald Külpe in dem Pfarrhaus Bernewitz (Adolf Dyroff: *Nachruf* 1916/1946, S.183), dem die elterliche Familie nahestand. Im Klavierspiel brachte es der Junge zur Virtuosität. Noch nicht 17jährig schloß er als Primus seiner Klasse im Juni 1879 das deutsche Gymnasium in Libau (Liepaja) ab. Er war dann zunächst anderthalb Jahre Hauslehrer in der Forstei Kursiten (Kursiši) in Kurland (Kurzeme). Seine baltische Heimat war Teil der sog. Russischen Ostseeprovinzen, in denen in den

80er und 90er Jahren des 19. Jahrhunderts eine verschärfte regierungsamtliche Russifizierung die Deutschen im allgemeinen wie die evangelisch-lutherische Kirche, die Justiz und die Schulen im besonderen empfindlich bedrängte und namentlich die bis dahin deutsch bestimmte Universität Dorpat (russisch: Jurjew) (heute: Tartu in Estland) in eine neue Bahn zwang. — Külpe bezog zu Ostern 1881 als stud. phil. die Universität Leipzig. Dort wirkte seit 1875 der Psychologe und Philosoph Wilhelm Wundt (1832-1920). 1879 hatte er in Leipzig (zunächst als privates Unternehmen) das weltweit erste »Institut für experimentelle Psychologie« begründet (vgl. Külpe: *Die Philosophie der Gegenwart in Deutschland* [zuerst 1902], 1914, S. 104; künftig: *Gegenwart*). Das Institut machte Leipzig zu einer Attraktion »für die am Fach interessierte jüngere Generation« (Wolfram Meischner, Erhard Eschler: *Wilhelm Wundt*, 1979, S. 65). Külpe trat bereits in seiner ersten Studienzeit unter den besonderen Einfluß Wundts, hat sich aber wohl zunächst, auch wenn mit ersten Eindrücken aus der experimentellen Forschung zu rechnen ist, neben geschichtlichen Studien bei Carl von Noorden (1833-1883) auf die philosophische Ethik konzentriert. In ihr fand er die sittliche Grundlegung seiner späteren Forschungsarbeit. »Ich kann mit Stolz auf meine hehre Philosophie blicken, denn sie hat mich in ethischer Hinsicht einen Schritt weiter zur Klarheit und Wahrheit geführt«, schrieb Külpe in einem Brief des Jahres 1883 (Karl Bühler: *Külpe*, 1922, S. 245). Nach zwei Semestern verließ Külpe zunächst noch einmal Leipzig, um für ein Jahr nach Berlin zu wechseln (1882) und bereits 1883 nach Göttingen zu gehen. Die beiden hier verbrachten Jahre wurden für ihn vor allem dadurch bedeutend, daß Georg Elias Müller (1850-1934), einer der Gründungsväter der wissenschaftlichen Psychologie überhaupt, ihn in die psychologische Arbeit einführte. Müller seinerseits war einst entscheidend bestimmt worden von Hermann Lotze (1817-1881). Damit berührte Külpe hier zugleich die Traditionen des Deutschen Idealismus (vgl. Johann Eduard Erdmann: *Grundriß der Geschichte der Philosophie*, II. Band, 3. Aufl. Berlin 1878, S. 840-861; Külpe: *Gegenwart*, S. 87-94), und zwar in der späten Gestalt, in der er sich bei Lotze der Vermittlung von Spekulation und wis-

senschaftlicher Forschung durch Beachtung des Besonderen gegenüber dem Allgemeinen, des Einzelnen gegenüber der Gattung, zugewandt hatte (vgl. Hermann Lotze: *Mikrokosmus. Ideen zur Naturgeschichte und Geschichte der Menschheit. Versuch einer Anthropologie*, Bd. III [zuerst 1864], 5. Aufl. Leipzig 1909, S. 622f). In Göttingen war Külpe einem Kreis baltischer Landsleute verbunden und er stand einigen religionsgeschichtlich orientierten Theologen nahe, die sich um Albert Eichhorn und um William Wrede gesammelt hatten (Werner Klatt: *Hermann Gunkel*, 1969, S. 21). — 1885/1886 war Külpe noch einmal im Baltikum, um in Dorpat - für alle Fälle, wird man sagen dürfen - die Lehramtsprüfung als »Kandidat der Geschichte« abzulegen; ein Exemplar der von ihm 1886 in Dorpat eingereichten Arbeit *Der altdeutsche Adel und Principat in taciteischer Zeit* befindet sich in der Bayerischen Staatsbibliothek in München. Im Oktober 1886 kehrte Külpe nach Leipzig zurück: Zu Wilhelm Wundt, der ihn nun in seine experimentelle Psychologie einführte. Külpe erlebte ihn als Gewährsmann für die Möglichkeit einer durchdachten Beziehung zwischen Philosophie und empirischer Wissenschaft (vgl. schon Wundts Antrittsvorlesung *Über den Einfluß der Philosophie auf die Erfahrungswissenshaften* in Leipzig, Oktober 1875). Rückblickend rühmte Külpe an seinem Lehrer, daß seine Universalität und seine »Gabe systematisch-architektonischer Gliederung« ihn »zu dem erfolgreichsten Vertreter einer Vermittlung zwischen der Philosophie und den Einzelwissenschaften gemacht« hätten (Külpe: *Die Gegenwart*, S. 105). Hier in Leipzig wurde Külpe im Oktober 1887 zum Dr. phil. promoviert (mit der experimentellen Arbeit *Zur Theorie der sinnlichen Gefühle*). Er wurde nun Assistent an W. Wundts Psychologischem Institut und blieb es bis zum Jahre 1894 (W. Meischner, E. Eschler, a.a.O., S. 67). Aus gemeinsamem Erleben in dieser Zeit berichtet Wilhelm Ostwald [1853-1932] in seinen Erinnerungen (*Lebenslinien. Eine Selbstbiographie*, II. Teil, Berlin 1927, S. 193-198); er zeichnet ein sympathisches Bild des jungen Freundes der Familie Ostwald und des Philosophiegeschichte treibenden Wandergefährten. Külpe habilitierte sich 1888 mit der Schrift *Die Lehre vom Willen in der neueren Psychologie*. Am 27. Oktober

1888 hielt er seine Probevorlesung *Ueber das Problem der Willensfreiheit*. Die fachphilosophische Vorlesung wurde bemerkenswerter Weise abgedruckt in den *Mitteilungen und Nachrichten für die evangelische Kirche in Rußland*. Die Herausgeber kommentierten: »Es freut uns, unsern Lesern auch einmal einen Artikel philosophischen Inhalts vorlegen zu können, und zwar um so mehr, als derselbe aus der Feder eines jungen Landsmannes stammt, der in Leipzig eine viel versprechende akademische Wirksamkeit zu entfalten begonnen hat« (*Ueber das Problem der Willensfreiheit*, 1889, S. 246). — Als Leipziger Privatdozent veröffentlichte Külpe einen *Grundriß der Psychologie. Auf experimenteller Grundlage dargestellt* (1893). Im Februar 1894 wurde er auf Vorschlag Wundts in Leipzig zum a. o. Professor ernannt und schon im Oktober 1894 als Nachfolger von Johannes Volkelt (1848-1930) zum ordentlichen Professor der Philosophie und Ästhetik in Würzburg berufen. Im Wintersemester 1894/1895 hat Külpe wohl noch in Leipzig gewirkt; ein Verzeichnis seiner Leipziger Vorlesungen, Seminare und Übungen 1889 bis 1895 ist bei St. Hammer: *Denkpsychologie*, 1994, S. 208-210, abgedruckt. Neben die *Psychologie* stellte Külpe nun eine *Einleitung in die Philosophie* (Leipzig 1895). Es ist ein gut lesbares, klar aufgebautes Lehrbuch, das rasch Verbreitung gefunden und zu Lebzeiten Külpes sieben Auflagen erlebt hat; später hat August Messer noch fünf weitere, überarbeitete Auflagen herausgegeben. — Külpe blieb unverheiratet. Sein Schüler Karl Bühler (1879-1963) schrieb später: Er »war wohl auch für die Ehe nicht geschaffen; denn er lebte selbst äußerst bedürfnislos«; es »ging sein Streben für andere zu sorgen ins Weite und Weiteste« (K. Bühler: *Külpe*, 1922, S. 246). Seine beiden älteren Cousinen Ottilie und Marie (Briefe Külpes an diese Cousinen aus den Jahren 1883-1888 befinden sich im Nachlaß Külpe der Bayerischen Staatsbibliothek in München) hatten ihm in Leipzig einen Hausstand geschaffen und bestellten nun sein Haus auch weiterhin; sie »umsorgten ihn nach ihrer Weise, die eine in literarischer, die andre in kulinarischer Beziehung, aber alle drei [waren] untereinander einig und zufrieden« (Frances Külpe: *Und Töchter werden Mütter*, Erlenbach-Zürich und Leipzig 1931, S. 248. Die Schriftstellerin Frances Kül-

pe, geb. James [1862-1936], war mit Külpes Bruder, dem Pastor Ernst Külpe [1864-1908] verheiratet; ihr Roman hat autobiographischen Charakter; vgl. Steffi Hammer: *Denkpsychologie*, 1994, S. 20). Külpe hat diesen Cousinen als seinen »treuen Lebensgefährtinnen« später (1912) den ersten Band seines letzten großen Werkes, das er selbst nicht hat abschließen können, *Die Realisierung. Ein Beitrag zur Grundlegung der Realwissenschaften*, gewidmet. Diese Zueignung hat August Messer später auch für die von ihm herausgegebenen Bände II (1920) und III (1923) beibehalten. In Würzburg gründete Külpe 1896 zusammen mit Karl Marbe das Psychologische Institut und wurde in der Folge der Vater der sog. Würzburger Schule. Mit der Jahrhundertwende setzen Külpes und seiner Schüler Arbeiten zur Denkpsychologie ein und machten sein Institut zu einer der bedeutenden psychologischen Forschungsstätten im Deutschen Reich. Mehr als einmal ist das gute Arbeitsklima in Külpes Institut gerühmt worden. Es hat junge Forscher angezogen; Külpe eroberte sich »die Herzen der Kollegen und Schüler im Fluge«, schreibt Adolf Dyroff (1866-1943); er war »eine in ungewöhnlichem Maße liebenswürdige Persönlichkeit« (*Nachruf*, 1916/1946, S. 153). »Es war ein Zusammenarbeiten wie einst in Platons Akademie«, berichtete Clemens Baeumker (1853-1924), »eine Organisation geistiger Arbeit, wie [Hermann] Usener deren Bild aus hellenischer Zeit uns gegeben hat«. »Er war der geborene Lehrer«. — Neben Seminare und Vorlesungen trat eine Arbeitsgemeinschaft, in der die neueste wissenschaftliche Literatur kritisch gesichtet wurde (*Nekrolog*, 1916, S. 80.89). Kolloquien und Übungen pflegte Külpe in »gemütlichen Nachsitzungen« ausklingen zu lassen (*Kleine Chronik*, 1998, S. 30). In Würzburg und später in Bonn hat Külpe bedeutende Mitarbeiter und Schüler um sich versammelt, so August Messer (1867-1937), Karl Marbe (1869-1953), Narziß Ach (1871-1941), Johannes Orth (1872-1949), August Mayer (1874-1951), Johannes Lindworsky (1875-1939), Henry J. Watt (1879-1925), Max Wertheimer (1880-1943), Karl Bühler (bei Bühler promovierte später Karl R. Popper [1902-1994] mit einer Arbeit *Zur Methodenfrage der Denkpsychologie*), Charlotte Bühler (1893-1974), Otto Selz (1881-1943), Siegfried Behn (1884-1970) und Kurt Koffka

(1886-1941). Schüler und Mitarbeiter waren mit Külpe in gemeinsamer Forschung so miteinander verbunden, daß manches Ergebnis der Institutsarbeit vor allem durch sie und nicht den spiritus rector selbst formuliert worden ist (vgl. Clemens Baeumker: *Nekrolog*, 1916, S. 83; W. Koepp: *Külpe*, 1929, Sp. 1332. St. Hammer: *Denkpsychologie*, 1994, gibt S. 212f eine Zusammenstellung der Veröffentlichungen der »Würzburger Schule«). Zu Külpes Doktoranden gehörte in Würzburg übrigens auch Ernst Bloch (1885-1977); er promovierte bei ihm in Würzburg 1909 mit der Arbeit *Kritische Erörterungen über Rickert und das Problem der modernen Erkenntnistheorie*. — Külpe hat Wert darauf gelegt, in allgemeinverständlichen Vorträgen und Seminaren auch in eine weitere gebildete Öffentlichkeit hineinzuwirken. Manche seiner Schriften sind aus Vorträgen vor Lehrern und Lehrerinnen hervorgegangen, so die 1902 veröffentlichte Einführung in *Die Philosophie der Gegenwart in Deutschland*, die bis zu seinem Tode insgesamt sechs Auflagen erlebte. Sein 1907 veröffentlichter *Immanuel Kant* galt als »ein Muster popularisierender Einführung« (A. Dyroff: *Nachruf*, 1916/1946, S. 154); das Büchlein erlebte vier weitere Auflagen. — Die Ehrenpromotion Külpes durch die Gießener Medizinische Fakultät (2.8.1907; vgl. Clemens Baeumker: *Nekrolog*, 1916, S. 88) dokumentiert die über die eigene Fakultät hinausreichende Anerkennung, die Külpe genoß. — Am 1. Oktober 1909 wurde Külpe als Ordinarius der Philosophie nach Bonn berufen. Hier gab es bereits seit 1898 ein von Benno Erdmann (1851-1921) eingerichtetes Psychologisches Institut; Külpe hat es wesentlich ausgebaut. Die Entwicklung des psychologischen Experiments war bis hin zur Konstruktion zeitmessender Instrumente sein alltägliches Geschäft. Man hat solche Instrumente in Bonn bis heute bewahrt. In die Bonner Zeit fällt die Veröffentlichung des ersten Bandes des Werkes *Die Realisierung* (Leipzig 1912). Und im Bonner Institut ist das grundlegende Werk *Über die Gesetze des geordneten Denkverlaufs. Eine experimentelle Untersuchung* (Stuttgart 1913) seines hervorragenden Schülers Otto Selz entstanden; das, was die Denkpsychologie bedeutet, kann man hier so deutlich wie sonst selten ausgesprochen finden. An den Experimenten im Bonner Institut im Sommer 1910, aus denen dieses Buch hervorgegangen ist, nahm auch der evangelische Theologe Karl Girgensohn (1875-1925) aus Dorpat teil (s. unten). — Zu Külpes Doktoranden in Bonn gehörte der katholische Philosoph Peter Wust (1884-1940), aber auch Albin Alfred Baeumler (1887-1968), der im sog. Dritten Reich im Stabe des »Chefideologen« Alfred Rosenberg eine prominente Rolle spielen sollte (vgl. Ernst Piper: *Alfred Rosenberg. Hitlers Chefideologe*, München 2005, S. 358-362; St. Hammer: *Denkpsychologie*, 1994, S. 156f.); er hatte bei Külpe und Baeumker 1914 mit der Arbeit *Das Problem der Allgemeingültigkeit in Kants Ästhetik* promoviert. — Otto Selz dagegen ist 1943 seiner jüdischen Herkunft wegen unter dem nationalsozialistischen Unrechtsregime in Auschwitz umgebracht worden. — 1912 wurde Külpe durch die Verleihung des Roten Adlerordens IV. Klasse geehrt. Wichtiger aber war: Es standen Külpe in Bonn nicht die gewünschten finanziellen Mittel zur Verfügung. Auch litt er darunter, daß damals noch Philosophie und Psychologie weder institutionell noch hinsichtlich der Lehrverpflichtungen von einander getrennt waren. Vergeblich trat er für eine Trennung der Lehrgebiete (*Psychologie und Medizin*, 1912, S. 265) und für eine Eingliederung der Psychologie in die Medizinische Fakultät ein. Zum Entsetzen Dyroffs und unter großem Bedauern der ganzen Fakultät, die sich mit den Medizinern und den Evangelischen Theologen zusammen für eine bessere Ausstattung der psychologischen Abteilung eingesetzt hatte, entschloß sich Külpe, Bonn nach wenigen Jahren wieder zu verlassen. Am 4. Januar 1913 erhielt Külpe einen Ruf nach München, er folgte ihm zum 1. Oktober 1913. Für die experimentelle Psychologie stand dort eine bessere Unterstützung in Aussicht. Für Külpe war es eine Rückkehr in seine zweite Heimat Bayern, so schrieb er seinem Lehrer Wundt zu Weihnachten 1913 (St. Hammer: *Denkpsychologie*, 1994, S. 257f). In München wurde Külpe ordentliches Mitglied der Königlichen Bayerischen Akademie der Wissenschaften; auch wurde er mit dem Titel eines Geheimen Hofrats ausgezeichnet. 1914 gab er zusammen mit Karl Bühler die *Münchener Studien zur Psychologie und Philosophie* heraus. Zu seinen Schülern gehörte hier der katholische Theologe Clemens Gottlieb Söhngen (1892-1971). — Wider Erwarten war Külpe in München nur noch ein kurzes Wirken vergönnt. Im Dezember 1915 war er an einer Virusinfektion erkrankt. Er hatte trotzdem noch einmal seine Amtsgeschäfte aufgenommen und, wie berichtet wird, auch »seine aufopfernden Bemühungen um die Kriegsverwundeten, denen er in rührender Menschenliebe vorlesend und ermunternd zahllose Stunden opferte und die er so gern fast über seine Kräfte mit reichen Gaben erfreute« (Clemens Baeumker: *Nekrolog*, 1916, S. 73). Eine Herzmuskelentzündung konnte nicht mehr geheilt werden. Külpe starb in München am 30.12.1915 im Alter von nur 53 Jahren. August Messer gab, wie schon erwähnt, die Bände II und III des Hauptwerks *Die Realisierung* heraus; Karl Bühler edierte die *Vorlesungen über Psychologie*, Siegfried Behn die *Grundlagen der Ästhetik* (Leipzig 1920 bzw. 1921) und Otto Selz die *Vorlesungen über Logik* (Leipzig 1923). — Wer wie Külpe in den 80er Jahren des 19. Jahrhunderts das Fach Philosophie wählte, kam angesichts der allgemein testierten Niederlage der spekulativen Philosophie in eine Umbruchssituation hinein (vgl. Külpe: *Gegenwart*, S. 8). Und wer wie er darüber hinaus die Psychologie wählte, hatte es mit den Methodenfragen einer ganz jungen Disziplin zu tun, die sich eben aus der Philosophie herauslöste, begleitet von der Frage nach beider Verhältnis zu den selbstbewußt blühenden Naturwissenschaften. Die zentrale philosophische Frage, die sich dem der modernen Naturwissenschaft zugewandten Külpe stellte und zu seinem besonderen philosophischen Aufbruch führte, lautete: Wie ist der Brückenschlag möglich zwischen der Erkenntnistheorie Immanuel Kants und dem Wirklichkeitsbezug der modernen Wissenschaft? Seine Gedanken, gewonnen im ersten Jahrzehnt des neuen Jahrhunderts, kommen zu dem Ergebnis, daß die grundsätzlichen erkenntnistheoretischen Vorbehalte Kants relativiert werden können zugunsten eines »kritischen Realismus«. Kants Kritik der alten Metaphysik als »Grenzüberschreitung des Erkenntnisvermögens« ist nicht abgetan, sondern »aufgehoben« in einer Kritik, die in ehrlichem Kampf den Zugang zu den Tatsachen, zu der Realität, aufschließt (vgl. Külpe: *Gegenwart*, S. 24f. 153ff.). Einer Einladung der Deutschen Naturforscher und Ärzte, auf ihrer 82. Versammlung im Jahre 1910 in Königsberg

seine diesbezüglichen Erwägungen vorzutragen, verdanken wir die klassisch knapp formulierte Fassung seiner Grundgedanken zum Verhältnis zwischen Erkenntnistheorie und Naturwissenschaft (Külpe: *Erkenntnistheorie u. Naturwissenschaft. Vortrag, geh. am 19.9.1910*). Das Fach, das er im besonderen vertrete, die moderne Psychologie, so führte er aus, sei eine Tochter der Philosophie und der Naturwissenschaft gleichermaßen. Den Weg zu dem notwendigen »Bündnis« zwischen beiden habe Kant selbst geebnet. Kants Transzendentalphilosophie habe die Voraussetzungen der reinen Mathematik und Naturwissenschaft in einen allgemeinen Zusammenhang aufnehmen wollen und zugleich die selbständige Stellung der einzelwissenschaftlichen Forschung anerkannt. Freilich sei zweierlei zu monieren: Kant habe seine Kategorien als Voraussetzungen der Wissenschaft nicht dieser selbst entnommen, sondern sie vielmehr aus der logischen Einteilung der Urteile herleiten wollen; so habe sein Idealismus eine »allzu aprioristische Färbung erhalten«; dagegen habe die Erkenntnistheorie die Voraussetzungen, die sie erhellen wolle, »aus dem Gewebe, in das sie verschlungen« seien, allererst »herauszuziehen«. Und umgekehrt sei tatsächlich die transzendentale Methode auf die empirisch arbeitende Wissenschaft auszudehnen. Die Erfahrungswissenschaften seien bestrebt, Sachverhalte anzunehmen, die unabhängig bestehend von der Tätigkeit des Forschers gedacht werden. »Die Planeten sind keine Empfindungen«. Dem Naturforscher gehe es um »reale Objekte«. Külpe nennt das die Realwissenschaft charakterisierende Verfahrung des Setzens von Gegenständen »Realisierung« und notiert als Leitfragen: »Ist eine Setzung von Realem zulässig? Wie ist eine Setzung von Realem möglich? Ist eine Bestimmung von Realem zulässig? Wie ist eine Bestimmung von Realem möglich?« (*Erkenntnistheorie*, S. 5-11; vgl. Külpe: *Die Realisierung*, Bd. I, S. VI). Das erkenntnistheoretische Problem der Realität werde, trug Külpe vor, in der Gegenwart vom »Konszientialismus« negativ beschieden. Demnach sei jede Überschreitung der ursprünglichen Erfahrung im Sinne eines Setzens von Realität unberechtigt. Bleibe man im Sinne der transzendentalen Methode bei dieser Skepsis nicht stehen, so stelle sich die Frage, wie überhaupt die

Setzung von Realem möglich sei, und sodann die Frage, ob eine »Bestimmung von Realem« zulässig und schließlich wie diese möglich sei. Erkenntnistheoretisch sei diese Fragestellung nicht hinreichend behandelt worden. Gegenüber Kants »Phänomenalismus« sei die in der Wissenschaft allgemein übliche »Realisierung« zu verteidigen. Da die realen Gegenstände weder gleichzusetzen seien mit den Bewußtseinsinhalten der Wahrnehmung noch mit bloßen Begriffen, empfehle sich Platons Bezeichnung »Gedankendinge«. Das Denken setze Reales, deshalb bedürfe es einer erkenntnistheoretischen Würdigung des Denkens als des Organs, das das Reale erschließe. Zugleich sei die Entwicklung von Kriterien nötig, die ermöglichten, bloß fiktive Gedankendinge von realen zu unterscheiden. Hier, an dieser Nahtstelle zwischen Bewußtsein und äußerer Realität, ist nach Külpe ein Brückenschlag zu etablieren zwischen Philosophie und Naturwissenschaft. Die Setzung und Bestimmung von Realem seien philosophisch möglich; dazu sei es nötig, die in der Erfahrung nach Kant verbundenen Faktoren, das Gegebene und die »Zutaten unser selbst«, von einander zu sondern. Als Kriterium der Realität ergebe sich »die Unabhängigkeit von dem ganzen erfahrenden Subjekt«. Das Material, an dem wir eine von uns unabhängige Gesetzlichkeit erkennten, sei als solches zwar von unserer »Organisation« abhängig. Aber, es verblieben in der Realität Qualitäten, die wir ihnen nicht beilegten. Ihre Bestimmung sei nicht Ergebnis unserer »Einfühlung« in »die leblose Natur«, sondern resultiere aus der Entsprechung zwischen den uns »aufgenötigten« Beziehungen (gleichsam »erzwungenen Bewegungen«) und den Beziehungen innerhalb der »Außenwelt« (*Erkenntnistheorie*, S. 13-17). Die reale Welt des Naturforschers sei ein abstraktes Geschehen, Veränderung ohne Veränderliches, Bewegliches ohne Bewegung, eine Beziehung ohne Beziehungsglieder; unabhängig von den Sinnesqualitäten. Er ziele auf Gesetzmäßigkeiten ohne anschauliche Inhalte, auf Begriffe. »Das bunte Heer unserer Sinneseindrücke« habe es mit Gesetzen zu tun, die sich »ohne unser Wissen zur Geltung bringen«. Die moderne Psychologie habe erkannt, daß die »Gegenstände unseres Denkens keineswegs den Sinneseindrücken entnommen zu sein brauchen«; sie wisse, daß es

»auch unanschauliche Bewußtseinsinhalte gibt«. Als »Realisierung« bezeichnet Külpe die Setzung und Bestimmung von Realem, das von uns unabhängig sei, gleichwohl aber in Erfahren und Denken Realität habe. Der »kritische Realismus« sondere die von uns abhängigen Beziehungen, die den Empfindungen »primär« zugeordnet seien, von jenen Beziehungen, die ihnen von außen aufgenötigt und von uns unabhängig seien. Deren Realität sei nicht zu bezweifeln; sie sei nicht an Personen gebunden; sie bestehe für sich; deshalb nehme der »kritische Realismus« diese Beziehungen, diese »Gedankendinge« als materielle Körper, als die »Außenwelt«. Es gebe also von den »fremdgesetzlichen Beziehungen der Wahrnehmungsinhalte« einen Zugang zur »Naturrealität« (*Erkenntnistheorie*, S. 22-24). Experimentelle Untersuchungen führten nicht auf einfachem Wege zum Nachweis jener aufgezwungenen Beziehungen, es bedürfe vielmehr eines auf Analogie und Empirie gestützten Schließens. Bei diesem Schluß bleibe freilich ein »Spielraum« offen, es gebe »Wahrscheinlichkeitsbetrachtungen« und das Wissen, »daß das Ziel der Realisierung in der Unendlichkeit liegt« (*Erkenntnistheorie*, S. 26-29). Sei eine »treue Abbildung der Realität« auch nicht möglich, so hätten Logik und Mathematik doch längst erwiesen, daß Erkenntnis nicht an die Anschaulichkeit der Gegenstände gebunden sei. Den unanschaulichen gedanklichen Bestimmungen gilt das Interesse Külpes, der Befreiung von einem Sensualismus, »der die Welt unserer Gedanken in bloße Empfindungen und Vorstellungen aufzulösen versuchte und alle unanschaulichen Bewußtseinsinhalte einfach für nicht oder für erfunden« erkläre. In dieser Weise sieht Külpe über die Erkenntnistheorie Kants und auch über die Psychologie seines Lehrers Wundt hinaus die Türen geöffnet für einen wissenschaftlichen Realismus, der auf experimentellem Wege - auch mit Hilfe der von Wundt abgelehnten Selbstbeobachtung - die psychologische Struktur der unanschaulichen Denkvorgänge erforscht. Er glaubt, mit dem »Programm der Realwissenschaften« sogar der Überzeugung Hegels von »der Gleichung zwischen Denken und Sein, Begriff und Wesen, Vernunft und Wirklichkeit« zu entsprechen. So sehr man sich hüten müsse, sagt Külpe, »unsere Gedankendinge« mit den »Naturobjekten selbst« zu verwechseln, so unerquicklich seien die fortgesetzten Beteuerungen mancher Naturforscher, ihre Wahl realistischer Ausdrücke wolle keinesfalls realistische Ansichten suggerieren. Aus »Konszientalismus« und »Phänomenalismus« sei der Forschung »ein lästiger Schlagbaum« erwachsen. Man scheue sich nicht, so plädiert Külpe ihnen gegenüber, die »Naivität des wissenschaftlichen Betriebes« bei der »Hingegebenheit an den Gegenstand« wertzuschätzen (*Erkenntnistheorie*, S. 34-40). Die bereits von Gustav Theodor Fechner entwickelten Gedanken zu einer »induktiven Metaphysik« seien, so notiert Külpe an anderer Stelle, nicht von der kantischen Kritik getroffen, »weil sie unmittelbar an die Einzelwissenschaften anknüpfte und von jener schroffen Scheidung des Immanenten und des Transzendenten, die Kant bei seiner Kritik der Metaphysik voraussetzte, keinen Gebrauch macht« (*Gegenwart*, S. 78; vgl. Külpe: *Kant*, S. 45ff. 79; *Einleitung in die Philosophie*, S. 27ff). Külpe hofft auf eine »Metaphysik als Wissenschaft«, »eine induktive Vollendung realwissenschaftlicher Erkenntnis« (*Gegenwart*, S. 151; vgl. später: August Messer: *Einführung in die Erkenntnistheorie*, 1912). — Schon Wundt fand sich nach Külpes Urteil durch seinen reichen Kontakt mit den Einzelwissenschaften über eine idealistische Verweigerung gegenüber dem Realismus hinausgeführt. Aber aus den experimentellen Untersuchungen hatte Wundts Methodik die »höheren Seelentätigkeiten«, die Külpe zu erforschen suchte, ausgeschlossen (*Gegenwart*, S. 51.105.117ff). Zunächst hatte auch Külpe in Leipzig auf dem Boden der Psychologie seines Lehrers Wundt experimentelle Untersuchungen zur Psychologie des Gefühls und des Willens durchgeführt. Doch ging er bald über die sogenannte Assoziationspsychologie hinaus. Bisher war das Verständnis der psychischen Prozesse an die Erwartung gebunden, daß sie als Verschmelzungen und Verknüpfungen anschaulicher Vorstellungen zu verstehen seien; und das Experiment zielte lediglich auf die Zerlegung dieser elementaren Akte. Jetzt suchte Külpe aber, auch komplexe und unanschauliche Denkprozesse experimentell zu untersuchen. »Es ist dem Denken in der früheren Psychologie meist nicht die genügende Beachtung geschenkt worden. Und die experimentelle Richtung hatte zunächst so viel in dem massiveren Hause der

Empfindungen, Vorstellungen und Gefühle Ordnung zu schaffen, daß sie sich erst spät der luftigen Gedanken annehmen konnte. Die robustesten Sinnesinhalte der Drücke und Stiche, der Geschmäcke und Gerüche, der Töne und Farben fielen zuerst im Bewußtsein auf, ließen sich am leichtesten wahrnehmen, nächst ihnen die Vorstellungen von ihnen und die Freuden und Leiden. Daß es außerdem noch etwas gab, ohne die anschauliche Beschaffenheit dieser Gebilde, entging dem dafür nicht geschulten Auge der Forscher«. So schrieb Külpe später (*Über die moderne Psychologie des Denkens*, 1912, S. 1075; zit. nach St. Hammer: *Denkpsychologie*, S. 57). Als Träger des Denkprozesses benannte Külpe nicht die Vorstellungen, sondern die Verknüpfungen der unanschaulichen Denkgebilde. Zur Erforschung der Denkprozesse diente Külpe im Gegensatz zu Wundt die Selbstbeobachtung: Die Versuchsperson hatte sogleich nach der Vollendung einer gestellten Denkaufgabe protokollarisch festzuhalten, welche psychischen Vorgänge sich während der Erfüllung der Aufgabe vollzogen haben. Störungen durch das Eintreten späterer Gedanken und die Einmischung hinzutretender Gefühle und Interpretationen sollten möglichst durch eine sofortige Protokollierung durch den Versuchsleiter vermieden werden (Külpe: *Grundriß der Psychologie*, 1893, S. 39-43). — Külpes Erforschung der höheren Geistestätigkeiten fand, das ist an dieser Stelle eigens zu berichten, ein besonderes Interesse in der Evangelischen Theologie, und zwar bei solchen Theologen, die sich um eine empirische Grundlegung ihres Faches bemühten. In Nürnberg fand sich der junge evangelische Geistliche Friedrich Rittelmeyer (1872-1938), der 1903 bei Külpe aufgrund seiner Arbeit *Nietzsche und das Erkenntnisproblem* promoviert wurde, durch seinen Lehrer auch zu religionspsychologischen Experimenten inspiriert. Rittelmeyer seinerseits führte den jungen evangelischen Theologen Wilhelm Stählin (1883-1975) an diese Fragestellung heran; 1906 brachte er Wilhelm Stählin mit Külpe in Kontakt. Stählin begann mit eigenen religionspsychologischen Untersuchungen, rief 1911 die »Nürnberger Arbeitsgemeinschaft für Religionspsychologie« ins Leben und promovierte bei Külpes Würzburger Mitarbeiter Karl Marbe mit der Arbeit *Zur Psychologie und Statistik der*

Metaphern. Eine methodologische Untersuchung (Archiv für die gesamte Psychologie 31, 1914, S. 297-425). Külpe selbst unterstützte die Anwendung seiner experimentellen Methode auf das Gebiet der Religiosität auch dadurch, daß er zusammen mit Stählin, Georg Wunderle, Adolf Dyroff, Théodore Flournoy, Karl Girgensohn, Harald Höffding, Ernst Troeltsch und anderen 1914 die »Gesellschaft für Religionspsychologie« und das *Archiv für Religionspsychologie* (Band I: Tübingen 1914) begründete. Karl Girgensohn , seit 1907 a. o. Professor für Systematische Theologie in Dorpat, hatte durch Lehrkräfte des dortigen Lehrerinnenseminars, die zum Teil durch Külpe in Würzburg und auf einem baltischen Kurs geschult waren, von seinem kühnem Versuch erfahren, »die höheren geistigen Vorgänge einer genauen systematischen experimentellen Selbstbeobachtung zu unterziehen« (*K. Girgensohn*, 1926, S. 63f), und daraufhin beschlossen, Külpe selbst im Jahre 1910 aufzusuchen, um sich von ihm in die experimentelle Psychologie einführen zu lassen. Er nahm als Versuchsperson an den Experimenten des Bonner Instituts teil. Die bei Külpe in Bonn erlernte Methodik des religionspsychologischen Experiments faßte Girgensohn so zusammen: »Vorlegung religiöser Texte mit nachfolgender Protokollierung des Erlebten, kleine Denkaufgaben religiöser Begriffe mit nachfolgendem Protokoll, Stiftung von Assoziationen, deren Nachwirkung später durch Lösung zweckmäßig gestellter Aufgaben nachgeprüft wird, - das waren die experimentellen Methoden, die zunächst in Frage kamen und einigen Erfolg verhießen« (*K. Girgensohn*, 1926, S. 70f; vgl. K. Girgensohn: *Der seelische Aufbau*, 1921 bzw. 1930, S. 25). — So ergab sich der Theologie eine Festigung ihrer Position im Miteinander der Wissenschaften; es zeigte sich, »daß die Tatsachen religiöser Wirklichkeit mit exakten Mitteln der Forschung bearbeitet werden können« (Werner Gruehn: *Die Theologie Karl Girgensohns*, 1927, S. 32). Unter den konkreten Ergebnissen fand sich die Beobachtung der »Ichfunktionen des religiösen Erlebens«, d. i. der »Verwandlung des vom Ich losgelösten objektiven oder fremden religiösen Gedankens in einen eigenen« (*Der seelische Aufbau*, S. 457). Sodann zeigte sich, daß erst »nach mühsamem Aufstieg über das Irdische und Konkret-An-

schauliche« »eine geistige Wirklichkeit« gewonnen wird, die »eigentlich nur noch gedacht, aber nicht mehr veranschaulicht werden kann« (*Der seelische Aufbau*, S. 561). Schließlich wurde der »symbolische Charakter der religiösen Erkenntnis« erkennbar: »Die religiösen Vorstellungen können völlig unwirklich und absurd sein und trotzdem einen durchaus diskutablen Sinn haben« (*Der seelische Aufbau*, S. 564f). Aus der Arbeit Girgensohns und seines Schülers Werner Gruehn (1887-1961) ist die Dorpater Religionspsychologische Schule hervorgegangen (vgl. David M. Wulff, 1985 und 1991). Band IV des *Archivs für Religionspsychologie und Seelenführung*, hrsg von W. Gruehn, Leipzig 1929, trug die Widmung »Dem Bahnbrecher wissenschaftlicher Seelenführung Oswald Külpe zum Gedächtnis«. Von religionsphilosophischer Seite hat Rudolf Hermann (1887-1962) den Experimenten Girgensohns gegenüber bemerkt, daß sie bereits einen Religionsbegriff voraussetzten und daß diese Zirkelstruktur die Bedeutung der experimentellen Erkenntnisse relativiere; auch fand er unter Berufung auf Kant in der sich auf Külpe stützenden experimentellen Religionspsychologie Girgensohns die Erkenntnistheorie unstatthaft der Psychologie nachgeordnet (*Zur Frage des religionspsychologischen Experiments. Erörtert aus Anlaß der Religionspsychologie Girgensohns*, 1922). Die deutsche protestantische Theologie der nächsten Jahrzehnte hat sich unter dem Einfluß Karl Barths (1886-1968) weitgehend von der empirischen Erforschung der Religiosität abgewandt. Die religionspsychologische Tradition ist freilich nie ganz abgerissen und wird nun wieder in jüngeren Arbeiten (s. zum Beispiel Christian Henning und Erich Nestler 1998 und 2003) aufgenommen. — Über die Religionspsychologie hinaus hat Külpe in der Geschichte der Psychologie als ganzer als einer der Väter der experimentellen Psychologie, als Pionier der Denkpsychologie und als Wegbereiter verwandter Forschungsrichtungen wie der Gestaltpsychologie (ihr Begründer war der Külpe-Schüler Max Wertheimer, der bei Külpe in Würzburg 1905 promoviert worden war) einen hervorragenden Platz. Seine Methoden gehören der Vergangenheit an, nicht aber die von ihm der Psychologie zugewiesenen Aufgaben. Schließlich findet Külpe auch als Philosoph und als Theoretiker der Ästhetik gegenwärtig wieder verstärkt Beachtung. — 1994 nahm die Universität Würzburg die Berufung Külpes nach Würzburg vor einhundert Jahren zum Anlaß einer seinen Wirkungen geltenden internationalen Konferenz (s. Wilhelm Baumgartner u. a., 1997). In Bonn wurde 1998 zum hundertjährigen Bestehen des Psychologischen Instituts in einer Ausstellung (Ralph Stöwer, Horst Gundlach: »Historische Ausstellung: Biographien, Dokumente, Apparate«) und in einer *Kleinen Chronik* das Wirken Külpes dargestellt (s. Ralph Stöwer u. a., 1998, S. 25-36). Seit 2004 wird in Würzburg ein Oswald-Külpe-Preis verliehen, und seit 2006 ist ein Hörsaal der Universität nach ihm benannt. Als 2004 in Würzburg dem Nobelpreisträger Daniel Kahneman (* 1934) die philosophische Ehrendoktorwürde für seine Beiträge zur experimentellen Erforschung höherer geistiger Prozesse verliehen wurde, geschah dies in der Laudatio von Fritz Strack (* 1950) ausdrücklich unter Bezugnahme auf die Tradition der von Külpe begründeten »Würzburger Schule der Psychologie«, auch wenn sich Külpes Methode der Introspektion zur Erklärung des menschlichen Denkens letztlich als unzulänglich erwiesen habe (Robert Emmerich, Julius-Maximilians-Universität Würzburg: *Pressemitteilung* 20.7.2004, Informationsdienst Wissenschaft [idw], online). Die Universität von Lettland in Riga hat 2006 unter der Leitung von Jurģis Šķilters (* 1976) eine Tagung zum Vermächtnis Külpes veranstaltet, die in dem Tagungsband *The Baltic International Yearbook of Cognition, Logic and Communication* Band II (2007) dokumentiert ist (hrsg. von Jurģis Šķilters).

Veröffentlichungen: Zur Theorie der sinnlichen Gefühle. Inaugural-Dissertation Leipzig, Altenburg 1887; auch in: Vierteljahrsschrift für wissenschaftliche Philosophie XI (1887), S. 424-482; XII (1888), S. 50-81; Die Lehre vom Willen in der neueren Psychologie. Habilitationsschrift, Leipzig 1888; auch in: Philosophische Studien, hrsg. von Wilhelm Wundt, Bd. V, Leipzig 1889, S. 179-244. 381-446 [ND Saarbrücken 2007]; Wilhelm Wundt, in: Vossische Zeitung 1889, Sonntagsbeilage Nr. 46 und 47; Ueber das Problem der Willensfreiheit, in: Mitteilungen und Nachrichten für die evangelische Kirche in Rußland 45 (1889), S. 246-261; Über die Gleichzeitigkeit und Ungleichzeitigkeit von Bewegungen, in: Philosophische Studien VI (1891), S. 514-535; VII (1892), S. 147-168; Das Ich und die Außenwelt, in: Philosophische Studien VII (1892), S. 394-413; VIII (1893), S. 311-341; Grundriß der Psychologie. Auf experimenteller Grundlage dargestellt, Leipzig 1893 [ND Saarbrücken 2006] [englische Übersetzung 1895]; Ein neuer Apparat zur Controle zeitmessender Instrumente. Beschrieben von O. Külpe und August Kirschmann, in: Philosophische Studien VIII (1893), S. 145-172; Anfänge und Aussichten der experimentellen Psychologie, in: Archiv für Geschichte der Philosophie VI (1893), S. 170-189. 449-467; Aussichten der experimentellen Psychologie, in: Philosophische Monatshefte XXX (1894), S. 281-294; Die Aufgabe der Philosophie, in: Vossische Zeitung 1894, Sonntagsbeilage Nr. 27 und 28; Einleitung in die Philosophie, Leipzig 1895 (2. Aufl. 1898; 3. Aufl. 1903; 4. Aufl. 1907; 5. Aufl. 1910; 6. Aufl. 1913 [danach zitiert]; 7. Aufl. 1915; 8., 9., 10., 11., 12. Aufl., hrsg. von August Messer, 1918,1919, 1921, 1923, 1928); Outlines of psychology. Translation from the German [s. 1893] by Edward Bradford Titchener, London 1895 [ND Bristol und Tokio 1998]; Über Richard Wagners Kunsttheorie, in: Beilage zur Allgemeinen Zeitung 1896, Nr. 103 und 104; Introduction to Philosophy. Translated by Walter Bowers Pillsbury and Edward Bradford Titchener, London 1897; Über den Einfluß der Aufmerksamkeit auf die Empfindungsintensität, in: Dritter internationaler Congreß für Psychologie in München 1896, München 1897, S. 180-182; Zur Lehre von der Aufmerksamkeit, nach W. Heinrich und H. E. Kuhn, in: Zeitschrift für Philosophie und philosophische Kritik 110 (1897), S. 7-39; Über die Beziehung zwischen körperlichen und seelischen Vorgängen, in: Zeitschrift für Hypnotismus, Psychotherapie etc. VII (1898), S. 97-120; Über den assoziativen Faktor des ästhetischen Eindrucks, in: Vierteljahrsschrift für wissenschaftliche Philosophie XXIII (1899), S. 145-183; Rezension zu: J. Cl. Kreibig: Die Aufmerksamkeit als Willenserscheinung. Ein monographischer Beitrag zur deskriptiven Psychologie, Wien 1897, in: Zeitschrift für Psychologie und Physiologie der Sinnesorgane 19 (1899), S. 233-234; Rezension zu: Sante de Sanctis: Ricerche psicofisiologiche sull'attenzione dei normali e dei psicopatici. Estratto dal Bulletino della Società Lancisiana degli Ospedali di Roma XVII, 2, 1897, in: Zeitschrift für Psychologie und Physiologie der Sinnesorgane 19 (1899), S. 234-235; Die ästhetische Gerechtigkeit, in: Preußische Jahrbücher 98 (1899), S. 264-293; O zadaniach i kierunkach filozofii, Zwei Bände, Lemberg 1899 (Übersetzung der »Einleitung in die Philosophie« [s. 1893] ins Polnische unter dem Titel »Über die Aufgaben und Richtungen der Philosophie« von Kasimir Twardowski); Úvod do filosofie, Prag 1900 (Übersetzung der »Einleitung in die Philosophie« [s. 1893] ins Tschechische von Fr. Lukavský); Vvedenije v filosofiju, St. Petersburg 1901 (Übersetzung der »Einleitung in die Philosophie« [s. 1893] ins Russische von S. Steinberg und A. M. Voden); Giordano Bruno, in: Deutsche Stimmen 1, Köln 1900, S. 683-687; Über das Verhältnis der ebenmerklichen zu den übermerklichen Unterschieden, in: IVe Congrès International de Psychologie tenu à Paris 1900, Paris 1901, p. 160-168; Zu Gustav Theodor Fechners Gedächtnis, in: Vierteljahrsschrift für wissenschaftliche Philosophie XXV (1901), S. 191-217; Die Philosophie der Gegenwart in Deutschland. Eine Charakteristik ihrer Hauptrichtungen nach Vorträgen gehalten im Ferienkurs für Lehrer 1901 zu Würzburg, Leipzig und Berlin 1902; 2. Aufl. 1904; 3. Aufl. 1905; 4. Aufl.1908; 5. Aufl. 1911 (wohl auch ins Englische und Russische übersetzt); 6. Aufl. 1914 (danach zitiert); postum: 7. Aufl. 1920 (Aus Natur und Geisteswelt. Sammlung wissenschaftlich-gemeinverständlicher Darstellungen, 41. Bändchen); Rezension zu: Karl Groos: Der ästhetische Genuß, Gießen 1902, in: Göttingische gelehrte Anzeigen 164 (1902), S. 896-919; The Conception and the Classification of Art from a Psychological Standpoint, in: University of Toronto Studies. Psychological Series II (1902), S. 1-23; Zur Frage nach der Beziehung der ebenmerklichen zu den übermerklichen Unterschieden, in: Philosophische Studien XVIII (1902) (Festschrift für Wilhelm Wundt), S. 328-346; Über die Objektivierung und Subjektivierung von Sinneseindrücken, in: Philosophische Studien XIX (1903), S. 508-556; Ein Beitrag zur experimentellen Ästhetik, in: The American Journal of Psychology XIV (1903), S. 215-231 (479-495); The Problem of Attention (übersetzt von Edward Bradford Titchener), in: The Monist XIII (1903), S. 38f. -Versuche über Abstraktion, in: Bericht über den 1. Kongreß für experimentelle Psychologie in Gießen 1904, Leipzig 1904, S. 56-68 [ND in: Carl Friedrich Graumann (Hrsg.): Denken, Köln 1971, S. 161-170]; Über Kant. Festrede bei der Kant-Feier der Würzburger Universität am 12. Februar 1904, Würzburg 1904; Rezension zu: Willy Freytag: Der Realismus und das Transcendenzproblem. Versuch einer Grundlegung der Logik, Halle 1902, in: Göttingische gelehrte Anzeigen 166 (1904), S. 89-106; Rezension zu: Arnold Kowalewski: Studien zur Psychologie des Pessimismus, Wiesbaden 1904, in: Rezension zu: Göttingische gelehrte Anzeigen 167 (1905), S. 89-115; Rezension zu: Willy Freytag: Die Erkenntnis der Außenwelt, Halle 1904, in: Göttingische gelehrte Anzeigen 167 (1905), S. 987-995; Bemerkung zu der Abhandlung von Kate Gordon: Über das Gedächtnis für affektiv bestimmte Eindrücke, in: Archiv für die gesamte Psychologie IV (1905), S. 459-464; Anfänge psychologischer Ästhetik bei den Griechen, in. Philosophische Abhandlungen. Festschrift für Max Heinze, Berlin 1906, S. 101-127; Der gegenwärtige Stand der experimentellen Ästhetik, in: Bericht über den II. Kongreß für experimentelle Psychologie in Würzburg 1906, Leipzig 1907, S. 1-57; Immanuel Kant. Darstellung und Würdigung, Leipzig 1907 (2. Aufl. 1908; 3. Aufl. 1912; 4. Aufl. hrsg. von August Messer, 1917) (Aus Natur und Geisteswelt. Sammlung wissenschaftlich-gemeinverständlicher Darstellungen, 146. Bändchen) (ins Spanische übersetzt: Barcelona, 1929; Nachdruck 1951); Kants Anthropologie in pragmatischer Hinsicht. Neu hrsg. für die Kant-Ausgabe der Berliner Akademie, Bd. VII, Berlin 1907; Rezension zu: Narziß Ach: Über die Willenstätigkeit und das Denken, Göttingen 1905, in: Göttingische gelehrte Anzeigen 169 (1907), S. 595-608; Über ästhetische Erziehung, in: Baltische Frauenzeitung 2, Dezemberheft 1907/1908, S. 772-788; Ein Beitrag zur Gefühlslehre, in: Bericht über den 3. Internationalen Kongreß für Philosophie in Heidelberg 1908, Heidelberg 1909, S. 516-555; Zur Psychologie der Gefühle, in: VIième Congrès International de Psychologie tenu à Genève 3.-7.8.1909, Genf 1910; Erkenntnistheorie und Naturwissenschaft. Vortrag, gehalten am 19. September 1910 auf der 82. Versammlung Deutscher Naturforscher und Ärzte in Königsberg, Leipzig 1910; Erkenntnistheorie und Naturwissenschaft, in: Verhandlungen der Gesellschaft Deutscher Naturforscher und Ärzte 1910/I (4 Seiten); Pour la psychologie des sentiments [du sentiment], in: Journal de Psychologie normale et pathologique VII (1910), S. 1-13; Die

Deutsche Philosophie des 19. Jahrhunderts, in : Freie bayerische Schulzeitung XI (1910), Nr. 5, S. 56-57; Wilhelm Wundt. Ein Lebensbild, in: Die Gartenlaube Nr. 38 (1911), S. 799-803; Zur Geschichte des Realitätsbegriffs, in: Atti del IV Congresso Internazionale di Filosofia, Bologna 1911, I, S. 41-47; englisch: Contribution to the History of the Concept of Reality, in: The Philosophical Review XXI (1912), S. 1-10; Psychologie und Medizin, in: Zeitschrift für Psychopathologie 1 (1912), S. 187-267; Über die moderne Psychologie des Denkens [Vortrag am 16.4.1912 auf dem V. Kongreß der Deutschen Gesellschaft für Experimentelle Psychologie in Berlin, in: Internationale Monatsschrift für Wissenschaft, Kultur und Technik VI (1912), S. 1069-1110 [auch in: O. Külpe: Vorlesungen über Psychologie, 2. Aufl. 1922, hrsg. von K. Bühler]; Über die Bedeutung der modernen Denkpsychologie, in: Bericht über den V. Kongreß für experimentelle Psychologie in Berlin 1912, Leipzig 1912, S. 117-118; Psychologie und Medizin, in: Zeitschrift für Pathopsychologie I (1912), S. 187-267. Auch separat: Leipzig 1912; Die experimentelle Ästhetik, in: Die Grenzboten 71 (1912), S. 456-466; Wilhelm Wundt zum 80. Geburtstage, in: Archiv für die gesamte Psychologie XXIV (1912), S. 105-110; Die Realisierung. Ein Beitrag zur Grundlegung der Realwissenschaften, Bd. 1, Leipzig 1912 [Bd. 2 und 3 hrsg. von August Messer, 1920 und 1923]; Artikel »Gefühl«, in: Handwörterbuch der Naturwissenschaften, Bd. IV, Jena 1913, S. 678-685; Artikel »Philosophie«, in: Deutschland unter Kaiser Wilhelm II., Berlin 1914, S. 1147-1164; Über die Methoden der psychologischen Forschung. Vortrag, gehalten im Verein für Naturkunde in München am 2. März 1914, in. Internationale Monatsschrift für Wissenschaft, Kultur und Technik VIII (1914), S. 1053-1070. 1219-1232; Münchener Studien zur Psychologie und Philosophie, hrsg. von Karl Bühler und Oswald Külpe, Stuttgart 1914; Zur Kategorienlehre. Vorgetragen am 6. Februar 1915. Sitzungsberichte der Königl. Bayer. Akademie der Wissenschaften, philos.-philol. und histor. Klasse, Jahrgang 1915, 5. Abhandlung, München 1915; Ernst Meumann und die Ästhetik, in: Zeitschrift für pädagogische Psychologie und experimentelle Pädagogik 16 (1915), S. 232-238. Dazu: Antwort [auf Gustav Störring: Erwiderung auf die kritischen Entwicklungen Prof. Külpes betreffend Prof. Meumann], in: Zeitschrift für pädagogische Psychologie und experimentelle Pädagogik 17 (1916), S. 169-170; und: Zur Richtigstellung, in: Archiv für die gesamte Psychologie XXXV (1916), S. 155; Die Ethik und der Krieg. Nach einem Kriegsvortrag der Universität München, gehalten am 19. Februar 1915. (Zwischen Krieg und Frieden, Heft 20) Leipzig 1915; Nekrolog: Theodor Lipps, in: Jahrbuch der Königl. Bayerischen Akademie der Wissenschaften 1915, München 1915, S. 69-80; Rezension zu: Wilhelm Wien: Die neue Entwicklung unserer Universitäten und ihre Stellung im deutschen Geistesleben, Würzburg 1915, in: Die Naturwissenschaften IV (1916), S. 60.

Postum wurden herausgegeben: Die deutsch-lettischen Beziehungen in den baltischen Provinzen. Ein Wort der Aufklärung von einem Balten. Mit einem Vorwort von Prof. Dr. O. Külpe. (Zwischen Krieg und Frieden, Heft 32) Leipzig 1916; Vorlesungen über Psychologie, hrsg. von Karl Bühler, 1920 (2. Aufl. 1922); Die Realisierung. Ein Beitrag zur Grundlegung der Realwissenschaften. II. und III. Band, aus dem Nachlaß hrsg. von August Messer, Leipzig 1920 und 1923; Grundlagen der Ästhetik. Aus dem Nachlaß hrsg. von Siegfried Behn, Leipzig 1921; Vorlesungen über Logik, hrsg. von Otto Selz, Leipzig 1923. Postum veranstaltete Neuauflagen und neuere Nachdrucke der von Külpe selbst veröffentlichten Werke s. oben.

Manuskripte: Die Bayerische Staatsbibliothek in München besitzt einen umfangreichen Nachlaß Külpes: Neben Gedrucktem finden sich insbesondere Kolleghefte aus Külpes Studienzeit, eigene Vorlesungsmanuskripte, Vortragsentwürfe (u.a.: Religion und Sittlichkeit, Vortrag Göttingen 31.1.1884; Leibniz, Vortrag Göttingen 2.5.1884), Aufsätze, Protokolle, Exzerpte, Notizbücher, Briefe von und an Külpe (besonders innerhalb der Familie; auch der Briefwechsel Külpes mit seinem väterlichen Freund Georg Rosenberger, 1880-1889) und sonstige persönliche Papiere (vgl. Hans-Martin Sass: Inedita Philosophica, 1974, S. 34); Im Archiv der Universiät Leipzig werden im Nachlaß W. Wundt außer Briefen Wundts an Külpe auch acht Briefe Külpes an Wilhelm Wundt bewahrt (Würzburg, 29.9.1905; Würzburg, 12.7.1907; Würzburg, 22.3.1909; Bonn, 24.12.1911; Bonn, 22.12.1912; München, 24.12.1913; Bayrischzell, 26.9.1915; München, 23.12.1915). Diese Briefe sind abgedruckt bei St. Hammer: Denkpsychologie, 1994, S. 227ff; — Im Berliner Max-Planck-Institut für Wissenschaftsgeschichte werden Nachschriften Külpescher Vorlesungen von Edward Bradford Titchener (1867-1927) (Sammlung Rand B. Evans) bewahrt: Psychologie (26.10.1891-8.3.1892); Erkenntnistheoretische Probleme (30.4.1891-30.7.1891); Experimentelle Psychologie. Klangvorst [ellungen] und Assoziationen (7.4.1891-3.8.1891); Im Hauptstaatsarchiv Düsseldorf befindet sich ein Brief Külpes vom 25.6.1912 an den Kurator der Bonner Universität (s. Kleine Chronik, 1998, S. 31f); In der Universitäts- und Landesbibliothek Bonn werden zwei Postkarten Külpes an Adolf Dyroff (Riva am 4.4.1913 und Bonn am 27.8.1913) bewahrt.

Quellen: Personalakten Külpes befinden sich im Archiv der Universität Leipzig, im Archiv der Bayerischen Akademie der Wissenschaften in München (vgl. St. Hammer: Denkpsychologie, 1994, S. 199ff. 227) und im Archiv der Rheinischen Friedrich-Wilhelms-Universität Bonn (vgl. Kleine Chronik, 1998, S. 89f).

Lit.: Ludwig Goldschmidt: Zur Wiedererweckung Kantischer Sätze. Kritische Aufsätze, Gotha 1910; — August Messer: Einführung in die Erkenntnistheorie, Leipzig 1912 (Philosophische Bibliothek, Band 118); 2. Aufl. Leipzig 1921 (Wissen und Forschen, Band 11); — Ernst Cassirer: Erkenntnistheorie nebst den Grenzfragen der Logik, in: Jahrbücher der Philosophie 1 (1913), S. 1-59; — Martin Heidegger: Kategorien- und Bedeutungslehre des Duns Scotus, Tübingen 1916; — Albin Alfred Baeumler, Theodor Ziehen: Zur Erinnerung an Oswald Külpe, in: Zeitschrift für Ästhetik und allgemeine Kunstwissenschaft 11 (1916), S. 193-197; — Wilhelm Ament: Oswald Külpe †, der Begründer der »Würzburger Schule«, in: Zeitschrift für Kinderforschung 21 (1916), S. 148-153; — Clemens Baeumker: Nekrolog Oswald Külpe, in: Jahrbuch der Bayerischen Akademie der Wissenschaften 1916, S. 73-107 (mit Bibliographie); — Paul F. Linke: Oswald Külpe †, in: Kant-Studien 21 (1916), S. 343-345; — Adolf Dyroff: Nachruf auf Os-

wald Külpe (1.1.1916; handschriftlicher Nachlaß), in: Wladimir Szylkarski: Adolf Dyroffs Jugendgeschichte mit einem Ausblick auf die Jahre seiner Reife und Vollendung. Vorstudien zur Biographie des Denkers, Bonn 1946 (Deus et Anima. Archiv für christliche Philosophie und Dichtung, IV. Band), S. 183-185. 2. Aufl. Bonn 1947, S. 153-154; — Robert Jelke: Das Problem der Realität und der christliche Glaube. Eine Untersuchung zur dogmatischen Prinzipienlehre, Leipzig 1916; — Martin Grabmann: Der kritische Realismus Oswald Külpes und der Standpunkt der aristotelisch-scholastischen Philosophie, in: Philosophisches Jahrbuch der Görresgesellschaft 29 (1916), S. 333-369; — Alois Mager: Die Enge des Bewußtseins. Eine experimentell-psychologische Untersuchung (Oswald Külpe zum Gedächtnis), in: Münchener Studien zur Psychologie und Philosophie Band I, Heft 5, Stuttgart 1920, S. 497-657; — Karl Girgensohn: Der seelische Aufbau des religiösen Erlebens. Eine religionspsychologische Untersuchung auf experimenteller Grundlage, Leipzig 1921; — Karl Bühler: Külpe, Oswald, Professor der Philosophie, 1862-1915, in: Lebensläufe aus Franken, hrsg. von Anton Chroust, 2. Bd., Würzburg 1922, S. 244-255; — Rudolf Hermann: Zur Frage des religionspsychologischen Experiments. Erörtert aus Anlaß der Religionspsychologie Girgensohns, Gütersloh 1922 (Beiträge zur Förderung christlicher Theologie, Band 26, Heft 5); — August Messer: Der kritische Realismus, Karlsruhe 1923; — Herta Schräder: Die Theorie des Denkens bei Külpe und Husserl, Dissertation Münster 1925; — Anton Hilckmann: Oswald Külpes kritischer Realismus, in: Philosophisches Jahrbuch der Görres-Gesellschaft, Bd. 39, Heft 3, Fulda 1926; — Karl Girgensohn: Karl Girgensohn, in: Erich Stange (Hrsg.): Die Religionswissenschaft der Gegenwart in Selbstdarstellungen, Band II, Leipzig 1926, S. 41-76; — Werner Gruehn: Die Theologie Karl Girgensohns. Umrisse einer christlichen Weltanschauung, Gütersloh 1927; — August Messer: Die Würzburger Schule, in: Emil Saupe: Einführung in die neuere Psychologie, Osterwieck am Harz 1927; — Erich Seuberlich: Hentzelt (Henzold, Hensolt), in: Stammtafeln deutsch-baltischer Geschlechter, Reihe I, Leipzig 1924, Sp. 141-152; — Paul Bode: Der kritische Realismus Oswald Külpes. Darstellung und Kritik seiner Grundlagen, Dissertation Berlin 1928; — Wilhelm Koepp: Artikel Külpe, Oswald, in: Religion in Geschichte und Gegenwart, 2. Auflage, Band III (1929), Sp. 1332; — Karl Girgensohn: Der seelische Aufbau des religiösen Erlebens. Eine religionspsychologische Untersuchung auf experimenteller Grundlage. Zweite revidierte und durch einen Nachtrag »Forschungsmethoden und Ergebnisse der exakten empirischen Religionspsychologie seit 1921« erweiterte Auflage hrsg. von Werner Gruehn, Gütersloh 1930 (nach dieser Auflage zitiert); — Herbert Scholz: Sachverhalt - Urteil - Beurteilung der Külpeschen Logik. Darstellung und Kritik, Dissertation Leipzig 1932; — Adolf Dyroff: Die Philosophische Fakultät. Das Philosophische Seminar und das Psychologische Institut, in: Friedrich von Bezold (Hrsg.): Geschichte der Rheinischen Friedrich-Wilhelms-Universität zu Bonn am Rhein, Band II (Institute und Seminare 1818-1933), Bonn 1933, S. 141f; — Friedrich Rittelmeyer: Aus meinem Leben, Stuttgart 1937, S. 161-174; — Alexander Willwoll: Seele und Geist. Ein Aufbau der Psychologie, Freiburg 1938; — Werner Gruehn: Adolf Dyroff und die Internationale Gesellschaft für Religionspsychologie, in: Wladimir Szylkarski: Jugendgeschichte Adolf Dyroffs, 2., umgearbeitete Auflage, Bonn 1947 (Deus et Anima. Archiv für christliche Philosophie und Dichtung, IV. Band), S. 159-184; — Werner Ziegenfuß, Gertrud Jung: Philosophen-Lexikon. Handwörterbuch der Philosophie nach Personen, Bd. I, Berlin 1949, S. 695-698; — Robert Morris Ogden: Oswald Külpe and the Würzburg School, in: American Journal of Psychology 64 (1951), S. 4-19; — Wolfgang Trillhaas: Die innere Welt. Religionspsychologie, München 1953; — Edwin G. Boring: A History of Experimental Psychology, New York 1957; — Wolfgang Heise: Die deutsche Philosophie 1895-1917, Berlin 1962; — George Humphrey: Thinking. An Introduction to Its Experimental Psychology, Science Editions, New York 1963; — Alfons Bolley: Religionspsychologie und Theologie. Vom Leben und Schaffen Werner Gruehns, in: Alfons Bolley, Gerhard Clostermann (Hrsg.): Abhandlungen zur Religions- und Arbeitspsychologie. Werner Gruehn zum Gedächtnis, Münster 1963, S. 3-64; — Siegfried Behn: »Gratia praeveniens« - psychologisch erwogen, in: Archiv für Religionspsychologie Band VIII, Göttingen 1964, S. 250-253; — Wilhelm Stählin: Via Vitae. Lebenserinnerungen, Kassel 1968; — Adolf Martin Däumling und Friedrich Schneider: Oswald Külpe (1862-1915), in: Bonner Gelehrte. Beiträge zur Geschichte der Wissenschaften in Bonn. Philosophie und Altertumswissenschaften (150 Jahre Rheinische Friedrich-Wilhelms-Universität zu Bonn 1818-1968), Bonn 1968, S. 69-74; — Otto Wenig (Hrsg): Verzeichnis der Professoren und Dozenten der Rheinischen Friedrich-Wilhelms-Universität zu Bonn 1818-1968 (150 Jahre Rheinische Friedrich-Wilhelms-Universität zu Bonn 1818-1968), Bonn 1968; — Vinzenz Rüfner: Adolf Dyroff. Eine Würdigung zur 100. Wiederkehr seines Geburtstages. Rede, gehalten am 2. Februar 1966 in der Rheinischen Friedrich-Wilhelms-Universität Bonn, Bonn 1968 (Alma Mater. Beiträge zur Geschichte der Universität Bonn, Heft 23); — Wilhelm Josef Revers: Artikel Külpe, Oswald, in: International encyclopedia of the social sciences 8 (1968), S. 467-468; — Werner Klatt: Hermann Gunkel. Zu seiner Theologie der Religionsgeschichte und zur Entstehung der formgeschichtlichen Methode, Göttingen 1969 [FRLANT, Heft 100]; — Wilhelm Lenz (Hrsg.): Deutschbaltisches Biographisches Lexikon 1710-1960, Köln/Wien 1970, S. 429; — Karl-Friedrich Wessels: Kritischer Realismus und dialektischer Materialismus. Zur Kritik einer bürgerlichen Naturphilosophie, Berlin 1971; — Hans-Martin Sass: Inedita Philosophica. Ein Verzeichnis von Nachlässen deutschsprachiger Philosophen des 19. und 20. Jahrhunderts, Düsseldorf 1974; — David Lindenfeld: Oswald Külpe and the Würzburg School, in: Journal of the History of the Behavioral Sciences 14 (1978), S. 132-141; — Wolfram Meischner, Erhard Eschler: Wilhelm Wundt, Leipzig u. a. 1979; — Kurt Danzinger: The positivist repudiation of Wundt, in: Journal of the History of Behavioral Sciences 15 (1979), S. 205-230; — Mitchell G. Ash: Wilhelm Wundt and Oswald Külpe on the institutional status of psychology, in: Wolfgang G. Bringmann, Ryan D. Tweney (Hrsg.): Wundt-Studies: A Centennial Collection, Toronto 1980, S. 396-421; — Margarita Boladeras: Esquemas de conducta, procesos de pensamiento, actos de habla. La Escuela de Würzburg (1), in: Anuario de psicología 23 (1980),

S. 133-147; — Wolfhart Henckmann: Artikel Külpe, Oswald, in: NDB Bd. 13 (1982), S. 209f; — Wolf-Dieter Gudopp: Der junge Heidegger, Realität und Wahrheit in der Vorgeschichte von »Sein und Zeit«, Berlin 1983; — Werner F. Bonin: Die großen Psychologen, Düsseldorf 1983, S. 184f; — Enzyklopädie Philosophie und Wissenschaftstheorie, Bd. II, 1984, S. 507; — Walter Hussy: Denkpsychologie, Band 1 (UTB, Band 363), Stuttgart u. a. 1984; — Rolf Jeschonnek: Die Vorbereitung der Schulen- und Richtungsbildung in der Psychologie im letzten Viertel des 19. Jahrhunderts, Dissertation Jena 1985; — David M. Wulff: Experimental Introspection and Religious Experience: The Dorpat School of Religious Psychology, in: Journal of the History of the Behavioral Sciences 21 (1985), S. 131-150; — Stephan Bitter: Werner Gruehn als Dorpater Theologe, in: Jahrbuch des baltischen Deutschtums XXXIV (1987), S. 141-153; — Michael Thomas: Edmund Husserl: Zur Genesis einer spätbürgerlichen Philosophie, Berlin 1987; — Wolfhart Henckmann: Bewußtsein und Realität bei Külpe und Gomperz: Zwei Alternativen in der philosophischen Grundlegung der Semasiologie, in: Zeitschrift für Semiotik 10 (1988), S. 377-397; — Karl Leidlmair: Die Realisierung. Oswald Külpe, Leipzig 1912, 1920, 1923, in: Lexikon der philosophischen Werke, hrsg. von Franco Volpi und Julian Nida-Rümelin (Kröners Taschenausgabe, Bd. 486), Stuttgart 1988, S. 612-613; — Karl Leidlmair: Induktive Metaphysik: Oswald Külpe (1862-1915), Erich Becher (1882-1929) und Aloys Wenzl (1887-1967), in: Emerich Coreth, Walter Neidl, Georg Pfligersdorffer (Hrsg.): Christliche Philosophie im katholischen Denken des 19. und 20. Jahrhunderts, Band III, Graz 1990, S. 147-158; — Steffi Hammer (Dissertation 1990, siehe 1994); — Steffi Hammer: Zum Seelenproblem in der Psychologie. Die Seele - Hilfsbegriff der Psychologie oder reales Wesen?, in: Wissenschaftliche Zeitschrift der Universität Halle XXXIX (1990), Gesellschaftswissenschaftliche Reihe, Heft 6, S. 57-63; — David M. Wulff: Psychology of Religion. Classic and Contemporary Views, New York u.a. 1991; — Steffi Hammer: Oswald Külpe - Vordenker moderner Kognitionspsychologie und Exponent kritisch-realistischer Methodik, in: Wissenschaftliche Zeitschrift der Universität Halle XXXX (1991), Gesellschaftswissenschaftliche Reihe, Heft 1, S. 63-70; — Helmut E. Lück, Rudolf Miller (Hrsg.): Illustrierte Geschichte der Psychologie (zuerst München 1993; dann Weinheim und Basel 1999), Weinheim und Basel 2005 (Beltz Taschenbuch 138) (darin: Anneros Meischner-Metge: Gustav Theodor Fechner; Wolfram Meischner: Wilhelm Wundt; Wolfgang Mack: Die Würzburger Schule; Steffi Hammer: Oswald Külpe; Alexandre Métraux: Otto Selz); — Eckhard Lessing: Religionsgeschichtliche und modern-positive Theologie, in: Joachim Rogge, Gerhard Ruhbach (Hrsg.): Die Geschichte der Evangelischen Kirche der Union, Band 2, Leipzig 1994, S. 384-401; — Steffi Hammer: Denkpsychologie - Kritischer Realismus. Eine wissenschaftstheoretische Studie zum Werk Oswald Külpes (Dissertation Halle 1990), Frankfurt u. a. 1994 (Literatur); — Horst Gundlach (Hrsg.): Arbeiten zur Psychologiegeschichte, Göttingen 1994; — Hans Albert: Der Mythos des Rahmens und der moderne Antirealismus. Zur Kritik des idealistischen Rückfalls im gegenwärtigen Denken, in: Volker Gadenne, Hans-Jürgen Wendel (Hrsg.): Rationalität und

Kritik, Tübingen 1996, S.9-28; — Frank Wesley: Artikel Külpe, Oswald, in: Noel Sheely, Antony J. Chapman, Wendy A. Conroy (Hrsg.): Biographical Dictionary of Psychology , London und New York 1997, S. 338-339; — Paul Ziche: Selbstbeobachtung, Ästhetik, Wahrnehmung. Zu den experimentell-psychologischen Untersuchungen der 'Würzburger Schule' der Denkpsychologie. In: Olaf Breidbach (Hrsg.): Natur der Ästhetik - Ästhetik der Natur. Wien und New York 1997, S. 117-138; — Wilhelm Baumgartner u.a. (Hrsg.): Zur Entwicklung und Bedeutung der ‚Würzburger Schulen' (Brentano Studien, Band VII), Dettelbach 1997 (darin: Margret Kaiser-El-Safti: Carl Stumpf und Oswald Külpe - ein Vergleich; Wolfhart Henckmann: Külpes Konzept der »Realisierung«; Steffi Hammer: Oswald Külpe und die Phänomenologische Psychologie); — Ralph Stöwer, Christian Rietz, Georg Rudinger: Kleine Chronik des Psychologischen Instituts der Rheinischen Friedrich-Wilhelms-Universität Bonn 1898-1998. Mit einem Geleitwort von Hans Thomae, 2. Aufl. Bonn 1998, S. 25-36.89f.95; — Christian Henning, Erich Nestler (Hrsg.): Religion und Religiosität zwischen Theologie und Psychologie, Frankfurt am Main 1998 (Einblicke. Beiträge zur Religionspsychologie, Band 1); — Günther Winkler: Raum und Recht: Dogmatische und theoretische Perspektiven eines empirisch-rationalen Rechtsdenkens, Wien und New York 1999 (Forschungen aus Staat und Recht, Band 120); — Wilhelm Janke, Wolfgang Schneider (Hrsg.): Hundert Jahre Institut für Psychologie und Würzburger Schule der Denkpsychologie, Göttingen u. a. 1999 (darin: Mitchell G. Ash: Die Würzburger Schule – Kontext, Praxis, Rezeption; Horst Gundlach: Oswald Kulpe und die Würzburger Schule; Theo Herrmann: Otto Selz und die Würzburger Schule); — Martin Kusch: Psychological knowledge: A social history and philosophy, London 1999; — Martin Kusch: Artikel Külpe, Oswald, in: Alan E. Kazdin (Hrsg.): Encyclopedia of Psychology, Band IV, Oxford 2000, S. 463-464; — Gerd Lüer: Georg Elias Müller, in: Göttinger Gelehrte, Band I, Göttingen 2001, S. 330; — Helmut Klemm: Würzburg schrieb sich in den Kopf ein, in: FAZ vom 17.11.2001; — Jeelka Reinhardt: Artikel Külpe, Oswald, in: Lexikon der Psychologie, Band II (2001), S. 404; — Helmut Holzhey, Wolfgang Röd: Die Philosophie des ausgehenden 19. und des 20. Jahrhunderts 2. Neukantianismus, Idealismus, Realismus, Phänomenologie, München 2002, S. 259-265; — Christian Henning, Sebastian Murken, Erich Nestler (Hrsg.): Einführung in die Religionspsychologie, Paderborn u. a. 2003 (UTB, Band 2435); — Jurgis Škilters: Oswald Külpe: Qualitative Conception of Psychology. Humanities and Social Sciences, in: Latvia 48 (2006), S. 28-43; — Paul Ziche: »Ästhetik von unten« von oben. Experimentelle Ästhetik von Gustav Theodor Fechner bis Oswald Külpe. In: Marie Guthmüller, Wolfgang Klein (Hrsg.): Ästhetik von unten. Empirie und ästhetisches Wissen. Tübingen und Basel 2006, S. 325-350; — Jurgis Škilters: Oswald Külpe: Aspekte einer qualitativen Wissenschaft. Bericht zum II. Internationalen Symposium für Kognition, Logik und Kommunikation, in: Gestalt Theory 29 (2007), S. 87-91; — Jurgis Škilters (Hrsg.): Complex Cognition and Qualitative Science: A Legacy of Oswald Külpe. (The Baltic International Yearbook of Cognition, Logic and Communication, Band II), Riga 2007 (darin: Mitchell G. Ash: Oswald Külpe and the Würzburg School: Context,

Practice, Reception; Jürgen Kriz: Oswald Külpe and the Würzburg School from the Perspective of Modern Systems Theory; Raivis Bicevskis: Der junge Martin Heidegger liest Oswald Külpe: Realitätsproblem zwischen Ontologie und Erkenntnistheorie); — Stephan Bitter: Oswald Külpe und die Dorpater religionspsychologische Schule, in: Norbert Angermann, Wilhelm Lenz (Hrsg.): Baltische Biographische Forschungen, Bd. I (erscheint voraussichtlich 2009).

Stephan Bitter

KÜPPERS, Walter, alt-katholischer Theologe, * 1.11. 1905 in Königsberg/Ostpreußen, Sohn des dortigen alt-kath. Pfarrers Dr. Walter Küppers und seiner Frau Olga, geb. Textor, † 22.6. 1980 in Tübingen. — 1924 Beginn des alt-katholischen Theologiestudiums in Bern, Sommersemester 1926 an der Evang.-Theolog. Fakultät Tübingen, Herbst 1927 Studienabschluß in Bern. Januar 1929 Priesterweihe in Bern durch den Bischof der Christkatholischen Kirche der Schweiz, Dr. Adolf Küry, Vikar an der christkatholischen Gemeinde Trimbach, 1930 Pfarrer in Biel. — Er setzte nach den Abschlußexamina sein Theologiestudium fort und erhielt 1929 einen Seminarpreis für seine Arbeit: »Der Einfluß der Aufklärung auf die Theologie J.M. Sailers«, 14.12. 1932 Promotion zum Dr. theol. durch die Christkatholisch-Theologische Fakultät der Universität Bern mit der Arbeit: »Das Messiasbild der spätjüdischen Apokalyptik«, 1.4.1933 Berufung zum Professor an die Chriskatholisch-Theologische Fakultät für den Fachbereich Altes Testament, den Gemeindedienst in Biel behielt er bis 1938 bei. — 23.4.1935 Eheschließung mit Elisabeth Bailly, das Ehepaar hatte vier Töchter: Gisela (*1936), Gudrun (*1938), Brigitte (*1939), Roswitha (*1940). — 1935 Aufnahme in die Auslandsgruppe der NSDAP in Bern, 3.4. 1938 Wahl zum Pfarrer der alt-katholischen Gemeinde Bonn, er bekleidete dieses Amt, unterbrochen durch Kriegsdienst und Gefangenschaft, bis 1960, zusätzlich wirkte er als Seelsorger an der alt-katholischen Gemeinde Koblenz. — 15.7. 1938 Ernennung zum Dozenten für systematischen Theologie am Bischöflichen Seminar in Bonn durch den alt-katholischen Bischof Erwin Kreuzer, 1939 Erteilung des Lehrauftrages an der Universität Bonn, 1940 Ernennung zum außerplanmäßigen Professor. — 1941 zum Wehrdienst eingezogen und Kriegsgefangenschaft, aus der er am 30.6. 1945 entlassen wurde. — Nach Kriegsende auf Anordnung der Militärverwaltung als Mitglied der NSDAP aus dem Kirchen- und Universitätsdienst entlassen, 1947 Entnazifizierungsverfahren, danach Rückkehr an die Universität, 6.9. 1948 erhielt er erneut einen Lehrauftrag, es folgte die Ernennung zum ao Professor und am 21.2. 1949 die Berufung zum Direktor des neu gegründeten, selbständigen, Rektor und Senat unmittelbar unterstehenden Alt-Katholischen Seminar der Universität Bonn, 16.5. 1958 Verleihung einer sog. »Diätenprofessur«, sie ermöglichte Küppers, sich nunmehr ganz auf die wissenschaftliche Tätigkeit zu konzentrieren, bisher mußte er seinen Lebensunterhalt als Pfarrer von Bonn finanzieren, 1964 Ernennung zum Wissenschaftlichen Rat und Professor, 1971 trat er in den Ruhestand. — Neben seinen Aufgaben als alt-katholischer Theologe und Pfarrer der Gemeinden Bonn und Koblenz hat sich Küppers auch als Regens des Priesterseminars, als Rektor der altkatholischen Schwesternschaft und als Vertreter der alt-katholischen Kirche bei vielen ökumenischen Konferenzen große Verdienste erworben. Zweifellos war seine zeitweise Teilnahme als alt-katholischer Beobachter beim II. Vatikanischen Konzil eine der Höhepunkte seines ökumenischen Engagements. Ihm ist es außerdem zu verdanken, daß die alt-katholische Theologie durch die Gründung des Universitätsseminars wieder einen strukturellen Platz an der Universität Bonn bekam.

Werke: Das Messiasbild der spätjüdischen Apokalyptik (Diss), in: IKZ 23 (1933) 193-256; 24 (1934) 47-72; Gottesherrschaft und Königtum in Israel, in: IKZ 25 (1935) 148-160; 25 Jahre christliche Studentenvereinigung Bern, Bern/Biel 1936; Altkatholische Kirche, in: F. Sigmund-Schulte (Hg), Ökumenisches Jahrbuch 1934-1935, Zürich 1936, 103-107; Die Altkatholischen Kirchen der Utrechter Union, in: F. Sigmund-Schultze (Hg), Ökumenisches Jahrbuch 1936-1937, Zürich 1939, 141-146; Aufgaben der inneren Mission mit besonderer Berücksichtigung der Evangelisation an Unkirchlichen, in: IKZ 38 (1948) 277-291; Folgen des römisch-vatikanischen Prinzips, Wilibrord Bote, (Altkatholische Kirchenzeitung = AKK) Frankfurt 3 (1948) 77f.; Die Weltkirchenkonferenz von Amsterdam (22. August-4. September 1948), ebd. 75f., 86-88, 99-101,108f.; Nachruf für Pfarrer Helmut Michelis, Köln (Auszug aus der Trauerrede von Prof. Dr. W. Küppers, Bonn am 7.1.1949 in der Lutherkirche in Köln über den Text Off. 2,20 »Sei getreu bis in den Tod, so will ich dir die Krone des Lebens geben«) Willbrord Bote (AKK) 4 (1949) 13f.; Wie wird »Amsterdam« in Deutschland nachwirken? ebd. 45; Professor Dr. Rudolf Keussen zum Gedächtnis (1877-1944), in Altkatholisches Volksblatt (= AKV) 2 (1950, 14-16; Ein Wort zur Flücht-

lingsfrage, ebd. 17f.; Altkatholische Studienwoche in Amersfoort, ebd. 99f., 112-114; »Zwischenbilanz« des Wiederaufbaus unserer Kirchengebäude, ebd. 115f.; Hohensolms - Bad Boll - Chateau de Bossey, Gedanken zu drei ökumenischen Tagungen der Pfingstzeit dieses Jahres ,ebd. 125-127; Brunner Emil, Das Mißverständnis der Kirche, Stuttgart 1931 (Rez.), in: ÖR 1 (1952) 31f.; Bericht über die 2. Studientagung altkatholischer Theologen, in: IKZ 42 (1952) 34-42; Unsere Schwestern, in: Altkatholisches Jahrbuch und Kalender (= AKJK) 52 (1953), 46f.; Unser Priesterseminar, in: AKV 5 (1953) 6f.; Die altkatholische Kirche in Deutschland. Rückblick auf das Jahr 1952/53, in: AKJK 53 (1954) 10-15; Zum Gedächtnis des 10jährigen Todestages von Dr. phil. Rudolf Keussen (24.8.1977-28.12.1944), ebd. 64-67; Arbeitskreis für Seminar, Priesternachwuchs und Seelsorge (Bericht der 38. Synode), in: AJV 6 (1954) 65; Jesus Christus - Die Hoffnung der Welt (Aus dem Referat: Die Gegenwartsmächtigkeit der christlichen Hoffnung, gehalten auf der Tagung der Arbeitsgemeinschaft Christlicher Kirchen in Deutschland auf dem Thomashof bei Karlsruhe-Durlach, 23.9.1953), ebd. 73-75;Evanston 1954: 2. Vollversammlung des Ökumenischen Rates der Kirche, ebd. 110; Das Alt-Katholische Bistum in Deutschland im Jahre 1953-54, in: AKJK 54 (1955) 10-13; Zum Gedächtnis an Bischof Erwin Kreuzer (24.12.1878-20.8.1953), ebd. 18-20; Alt-katholische Aufbauhilfe, ebd. 53; Evanston 1954, ebd. 7f.; Schwester Maria Müller zum Gedächtnis (1880-1954), in: AKV 7 (1955) 9; Evanston 1954. Die ökumenische Lage und unsere Aufgabe, ebd. 57f.; Unterschiede im Verständnis der ökumenischen Situation und Aufgabe in Evanston, in: ÖR 4 (1955) 81-94; Das Alt-Katholische Bistum in Deutschland im Jahre 1954/55, in: AKJK 55 (1956) 10-14; Ignaz von Döllinger (1799-1890), in: Hermann Heimpel, Theodor Heuß, Benno Reifenberg (Hg), Die großen Deutschen. Deutsche Biographie, Ergänzungsband V (Berlin 1957) 301-308; Das Alt-Katholische Bistum in Deutschland im Jahre 1955/56, in: AKJ 56 (1957) 14; Das Bonner Seminar, ebd. 53-55, Alt-Katholische Schwestern, ebd. 68; Bericht über die 6. Studientagung altkatholischer Theologen vom 24.-30. September in Bonn, in: IKZ 47 (1957) 21-34; Christus und die Kirche in der theologischen Lehre. Referat gehalten am 26. September 1965 auf der Internationalen Altkatholischen Theologenkonferenz in Bonn, ebd. 35-66; Credo Ecclesiam. Von der Kirche heut. Eine Denkschrift hrsg. Von der Ev. Michaelsbruderschaft, Kassel 1955 (Rez.), in: ÖR 6 (1957) 49-51; Altkatholiken, in: RGG 1, 295-299; Bonn, Universität, in: RGG 1, 1357-1360; Codde, Petrus, in: RGG 1, 1843; Czech, Milosch (Amandus, 1855-1922), in: EGG 1, 1896; »Einer ist euer Meister - Christus -, ihr aber seid alle Brüder!« Predigt zur Feier der Konsekration der alt-katholischen Bischofs- und Pfarrkirche St. Cyprian zu Bonn am Sonntag, dem 21. Juli 1957, über den Text Matth. 23,8, in: AKK 1 (1957) 111-113; Das Alt-Katholische Bistum in Deutschland im Jahre 1956/57, in: AKJ 57 (1958) 11-13; Trennendes und Verbindendes zwischen den Orthodoxen, den Altkatholischen und Anglikanischen Kirchen, in: Griechisches Bulletin Ne. 2 (1958) 1f.; Voraussetzungen der Beziehungen zwischen Altkatholiken und Orthodoxen, in: Orthodoxe Skepsis, Athen 1958, 9-11; 136f., 154-156, 172, auch als Sonderdruck; Ignaz von Döllinger als Theologe und Wegbereiter der Ökumenischen Bewegung, ebd. 6-8, 87-89, 118-120, auch als Sonderdruck; Stellungnahme zu: »Wir haben alle nur einen Herrgott«, in. AKK 2 (1958) 99; St. Cyprian, + 14. September 258, in: AKK 2 (1958) 101f.; Predigt zur 1700-Jahr-Feier des Märtyrerbischofs St. Cyprian von Carthago am 14. September 1958 gehalten in der Bonner Bischofskirche , Text Joh 8,31f, ebd. 112f.; Döllinger, Johann Josef Ignaz von, in: RGG 2, 217-219; Das deutsche Bistum Bonn Juli 1957-Juli 1958, in: AKJ 58 (1959) 11-15; Bonn, die alt-katholische Bischofsstadt und ihre Gemeinde 1870-1958, ebd. 44-57; Alt-Katholische Theologie. Blätter zur Berufskunde 3, Bielefeld 1959, 1978[2]; Herzog, Eduard (1841-1924), in: RGG 3, 287-288; Döllinger (2), Johann Josef Ignaz v., Neue Deutsche Biographie, hrsg. von der historischen Kommission bei der bayerischen Akademie der Wissenschaften, Bd. IV, Berlin 1959, 21-25; Eine Alt-katholische Delegation bei der Russisch-Orthodoxen Kirche des Moskauer Patriarchates, Rieseberieht, in: AKK 3 (1959) 101-107, 113-118); Palmsonntag. Betrachtung zum Palmsonntag, in: rheinische Post (Düsseldorf) vom 26.3.1959; Vom Nachhall der Festfeier. Betrachtung für den Sonntag nach Weihnachten, in: rheinische Post vom 27.12.1959;Alt-katholisches Kirchenverständnis vor dem Forum des Neuen Testamentes, in: AKJ 56 (1960) 19-21; J.J. Demmel/W. Küppers/G.Kraeling/K. Pursch, Die Eucharistiefeier der Alt-Katholischen Kirche 1-4, Bonn 1960; Die Voraussetzungen alt-katholisch-orthodoxer Begegnungen. Vortrag gehalten im März 1958 in Athen und Chalki-Istanbul, im Juli 1959 in Sagorsk-Moskau, in: AKK 4 (1960) 28-30; Annäherung an die Ostkirche. Bericht über zwei Besuche beim ökumenischen Patriarchat von Konstantinopel, ebd. 31-36; Pharisäer, Zöllner - und wir. Betrachtung zum Sonntag, in: rheinische Post vom 13.8.1960; Kreuzer Erwin (1863-1934), in: RGG 4, 52; Moog Georg ((1863-1934), in: RGG 4 1125; Altkatholiken, in: Weltkirchenlexikon, Stuttgart 1960, 37-39; Deutschkatholizismus, ebd. 263f.; Döllinger, Ignaz von (1799-1890), ebd. 297; Halifax, Charles Lindley Wood (1839-1934),ebd. 523; Jansenistische Kirche von Utrecht, ebd. 620; Katholisch, Katholizität, ebd. 662; Konziliarismus, ebd. 784f.; Küry, Adolf (1870.1956), ebd. 816f.; Barriers in Unity, hrsg. Von M Bruce, London 1959 (Rez.), in: ÖR 9 (1960) 16f.;Die Einheit, die wir suchen, in: AKJ 60 (1961) 82-87; Vom Sinn eines uralten Festes. Betrachtungen zum Sonntag, in: Rheinische Post vom 8.1.1961; Rogate. Betrachtung zum 7. Mai 1961, in: rheinische Post vom 6.5.1961; Hat das Beten einen Sinn? Betrachtung zum Sonntag, in: rheinische Post vom 6.5.1961; Wer aus der Wahrheit ist. Betrachtung zum Sonntag, in: Rheinische Post vom 20.10.1961; Reusch, Franz-Heinrich, in: RGG 5, 1075f.; Schulte, Johann Friedrich, ebd. 1579; Friedrich, Johann, Neue Deutsche Biographie, Bd. V, Berlin 1961, 601; Unity is a problem for the Church: Unity is to fullfill, is to forgive, in: Cambridge Publications, December 1961, 15; Die Entstehung der ökumenischen Gebetswoche, in: Ökumenische Arbeitshefte, hrsg. Im Auftrag der Arbeitsgemeinschaft Christlicher Kirchen in Deutschland, H. 2..Frankfurt 1961, 5f.; Geschichte und Aufgabe des Döllingerhauses, Ansprache, in: AKK 4 (1961), 63-66; »Die Einheit, die wir suchen«. Um die neue Einheitsformulierung von Faith and Order, in: ÖR 10 (1961) 160-164; Die Panorthodoxe Konferenz in Rhodos. Ein Augenzeugenbericht von Werner Küppers, ebd. 243-246; Konzilsvorbereitung der Ostkirche auf Rhodos, in: Generalanzeiger Bonn vom 11.10.1961, 7; Konzilsvorbereitung auf Rhodos. Ein Augenzeugenbericht, in: AKK 5 (1961) 130f.; Aufbruch zur Erneuerung der Kirche, in: Generalanzeiger Bonn vom 30./31.12.1961, 11; Die Bedeutung der Konzilien in der alten Kirche, in: AKJ 61 (1962) 19-25; Assembly und Konzil. Versuch eines Vergleiches, ebd. 71-74; Aufbruch zur Erneuerung der Kirche. Dritte Vollversammlung des Ökumenischen Rates der Kirche in Neu Delhi, Indien. Vom 9. November bis 3. Dezember 1961. in: AKK 6 (1962) 1f.; Die Panorthodoxe Konferenz in Rhodos 24. September bis 1. Oktober 1961, in: IKZ 52 (1962) 38-47; In welchem Sinn bedeutet die dritte Vollversammlung in Neu-Delhi ein Fortschritt der ökumenischen Bewegung? In: ÖR 11 (1962) 107-112; Anglikanische und Alt-katholische Kirche, Ökumenische Arbeitshefte, hrsg. Im Auftrag der Arbeitsgemeinschaft Christlicher Kirchen in Deutschland, H. 4, (1962) 12-15; Weber, Theodor (1836-1906), in: RGG 5, 1554; Das Tridentinum im Lichte des kommenden Konzils, in: IKZ 52 (1962) 120-132; Die dritte Vollversammlung des Ökumenischen Rates der Kirchen, 19. November bis 5. Dezember 1961 in Neu-Delhi, Indien, in: IKZ 52 (1962) 243-267; 53 (1963) 26-39; Die Liturgie - unser kostbarstes Erbe, in: AKK 7 (1963) 33f.; 1000 Jahre Mönchsland Athos, Reflexionen, ebd. 76; Christus und die Einheit der Kirche. Eindrücke von der IV. Weltkonferenz für Glaube und Verfassung in Montreal/Kanada vom 12. bis 26. Juli 1963, ebd. 107f.; Nochmals ein Wort zur Athosfeier und der Zukunftsaufgabe des orthodoxen Mönchtums, ebd. 128; Zum 50. Todestag von Frau Joesefine vom Rath geb. Bouvier, verstorben in Bonn am 17. Oktober 1913, ebd, 130f; Trinitatis. Ansprache im Südwestfunk am 8.6.1963; Det andra Vatikanconciliet, in: Kyrklig Förnyelse 2 (1963) 49-67; Küng, Hans, Strukturen der Kirche, Freiburg 1962 (Rez.), in: ÖR 12 (1963) 57f.; Stürmer, Karl, Konzilien und ökumenische Kirchenversammlungen. Abriß ihrer Geschichte, Göttingen 1962 (Rez.), ebd. 60f.; IV. Weltkonferenz für Glaube und Kirchenverfassung in Montreal/Kanada, in: IKZ 53 (1963) 226-242; 54 (1964) 28-48; Um die legitime und vollgültige Katholzität, in: Stimmen aus der Ökumene, FS für Willem A. Visser't Hooft, hrsg. V. Christian Berg, Elisabeth Urbig und heinrich Hellstern, Berlin 1963, 144f.; Die alt-katholische Kirche in der Ökumene, in: AKJ 63 (1964) 36-42; Ein Tag im Konzil. Bilder und Gedanken zur 2. Session von Vatikanum II, in: AKK 8 (1964) 7-10; Die Beobachter beim Konzil, in: Generalanzeiger Bonn, 9.1.1964, 11; 4. Bericht des alt-katholischen Beobachters über das II. Vaticanum, in: IKZ 54 (1964) 118-124; Bericht über die Konferenz Europäischer Kirchen (KEK) 1964, ebd. 246-249; Das Schema »De oecumenismo«. In: ÖR 13 (1964) 166-181; Schrift und Tradition. Untersuchung einer theologischen Kommission, hrsg. V. Kristen F. Skydsgaard und Lukas Vischer, Zürich 1963 (Rez.), ebd. 288; Die Ehe. Glaube und Lehre der Alt-katholischen Kirche, in: Man och Kvinna. Predikningar och föredrag hallna vid Kyrklig Förnyeles kyrkodagar kring äktenskapet i Uppsala 1963, hrsg. Von Eric Seelberg, Stockholm 1964, 107-118; Symbolik der alt-katholischen Kirche, in: Symbolik der kleineren Kirchen, Freikirchen und Sekten des Westens in: Symbolik der Religionen, hrsg. von F. Herrmann, Bd. 11, Stuttgart 1964, 1-27; Besprechung in: AKK 8 (1964) 115; Morgenandacht, gehalten im Saarländischen

Rundfunk am 24.5.1964; Dederen, Raoul, Un reformateur catholiaue au XIX siecle - Eugène Michaud (1839-1917). Vieux-catholicisme - Oecumenicisme, Genéve 1963, (Rez.) in: ZKG 75 (1964) 418f.; Vom Sinn der Arbeit und meines Berufes, in: AKJ 64 (1965) 20-24; Blick auf die altkatholische Aufgabe auch nach dem Abschluß von Vatikanum II, in: christkatholischer Hauskalender 61 (1965) 51-54; Gassmann, Günther, Das historische Bischofsamt und die Einheit der Kirche in der neueren anglikanischen Theologie, Göttingen 1964, (Rez.), in: ÖR 14 (1965) 177f.; Vom Wirken des Heiligen Geistes. Das Sagorsker Gespräch über Gottesdienste, Sakramente und Synoden, Witten 1964 (Rez.), in: ÖR 14 (1965) 181f.; Das II. Vatikanische Konzil und die Lehre von der Kirche, in: IKZ 55 (1965) 69-101, 159-196, 56 (1966) 48-58, 65-74; Ignaz von Döllinger - Lord Acton. Briefwechsel 1850-1890, 1. Band 1850-1869, Ignaz von Döllinger, Briefwechsel 1820-1890, hrsg. Von der Kommission der bayerischen Akademie der Wissenschaften, Bd. I, bearbeitet von Victor Conzemius, München 1963 (Rez.), in: ZKG 76 (1965) 205f.; Spiegel, Jakob, Traditionslehre und Traditionsbeweis in der historischen Theologie Ignaz Döllingers (Beiträge zur neueren Geschichte der katholischen Theologie Bd. 5), Essen 1964 (Rez.), in: ZKG 76 (1065) 416f.; Die alt-katholische Kirchengemeinschaft und die Orthodoxie, in: AKJ 65 (1966) 28-35; P.J. Maan, W. Küppers, Bericht der altkatholischen Beobachter über die vierte Session des Vaticanums II, ebd. 110-112; Die apostolische Sukzession in der Lehre und im Recht der römisch-katholischen Kirche, ebd. 166-179; Bea, Kardinal Augustin SJ, Einheit in Freiheit. Betrachtungen über die menschliche Familie, Stuttgart 1965 (Rez.), in: ÖR 15 (1966) 292f.; Thurian, Max, Maria, Mainz-Kastel 1965 (Rez.), in: ÖR 15 (1966) 293-295; Aubert, Roger, Vaticanum I, Mainz 1965 (Rez.), ebd. 298f.; Vatikanum II. Stellungnahme zur Umfrage der Zeitschrift »Una sancta« zum Ergebnis des Konzils, in: US 21 (1966) 250f.; Die Russisch Orthodoxe Kirche und die Kirchen des Westens, in: Die Russisch Orthodoxe Kirche in Lehre und Leben, hrsg. von E. Stupperich, Witten 1966, 234-255; Die Lehre von der Kirche auf dem zweiten Vatikanischen Konzil in alt-katholischer Sicht, in: De Ecclesia, hrsg. von G. Baraúna, Freiberg/Frankfurt 1966, 569-588; Die Altkatholische Kirche, in: Evangelisches Staatslexikon, hrsg. von Hermann Kunst u.a., Stuttgart 1966, 30f.; Leidl, August, Die Einheit der Kirchen auf den spätmittelalterlichen Konzilien. Von Konstanz bis Florenz, Konfessionskundliche und kontroverstheologische Studien Bd. XVII, hrsg. vom J.A. Möhler-Institut, Paderborn 1966 (Rez.), in: ÖR 15 (1966) 380f.; Stakemeier, Eduard, Die Konzilskonstitution »Über die göttliche Offenbarung«, Werden und Bedeutung, Konfessionskundliche und kontroverstheologische Studien Bd. XVII, hrsg. v .J.A. Möhler-Institut, Paderborn 1966 (Rez.), ebd. 378f.; Das Fazit des Konzils in alt-katholischer Sicht, in: AKJ 66 (1967) 62-65; Die Kirche von England und die Anglikanische Kirchengemeinschaft, hrsg. von H.H. Harms (Die Kirchen der Welt Bd. IV), Stuttgart 1966 (Rez.) in: ÖR 16 (1967) 218f.; Küry, Urs, Die Altkatholische Kirche. Ihre Geschichte, ihre Lehre, ihr Anliegen (Die Kirchen der Welt Bd. III), Stuttgart 1967,(Rez.) ebd. 219; Ignaz von Döllinger-Lord Acton. Briefwechsel 1850-1890, Zweiter Band 1869-1870; Ignaz von Döllinger, Briefwechsel 1920-1890 hrsg. von der Kommission für bayerische

Landesgeschichte bei der bayerischen Akademie der Wissenschaften Bd. II, bearbeitet von Victor Conzemius, München 1967 (Rez.), in: ZKG 78 (1967) 423-425; Helbling, Hanno, Das zweite Vatikanische Konzil: Ein, Bericht. Ökumenische Schriftenreihe »Begegnung« Bd. 10, Basel 1966 (Rez.), ebd. 428; Katholischer Ökumenismus in alt-katholischer Sicht, in: AKJ 67 (1968) 13-20; Das Zweite Vatikanische Konzil. Vorträge katholischer und evangelischer Theologen über den »Ökumenismus«. Schriften des Ökumenischen Archivs Bd. IV, hrsg. von F. Siegmund-Schultze, Soest 1968 (Rez.), in: ÖR 17 (1967) 80; Versöhnung. Das deutsch-russische Gespräch über das christliche Verständnis der Versöhnung zwischen Vertretern der Ev. Kirche in Deutschland und der Russisch Orthodoxen Kirche, hrsg. vom Außenamt der EKD (Studienhefte 5), Witten 1967 (Rez.), in: ÖR 17 (1968) 184f.; Thomas Navakatesh J., Die Syrisch-Orthodoxen Thomaschristen. Geschichte - Kirchenverfassung -Lehre (Das Östliche Christentum, hrsg. von H.M. Biedermann, Neue Folge H. 19) Würzburg 1967, (Rez.) ebd. 185-187; Fesquet, Henry, Rom vor einer Wende? Drängende Fragen an di Kirche nach dem Konzil, Freiburg 1968 (Rez.), ebd. 120f.; Die alt-katholische Kirche, in: Symbolik des orthodoxen Christentums und der kleineren Kirchen in Ost und West, Tafelband zu Bd. 10 und 11 (Symbolik der Religionen, hrsg. von F. Hermann Bd. 16), Stuttgart 1968, 93-116; Von Amsterdam nach Uppsala 1948-1968, in: AKJ 68 (1968) 27-32; Dynamische Katholizität in Uppsala, in: ÖR 18 (1969) 22-31; Die vierte Vollversammlung des Ökumenischen Rates der Kirchen 4.-19. Juli 1968 in Uppsala-Schweden, in: IKZ 59 (1969) 24-54, 100-125; Entwicklung und Stand der alt-katholisch römisch-katholischen Kontaktgespräche, in: AKK 13 (1969) 45f.; Herzog, Eduard, in: Neue Deutsche Biographie Bd. VIII, Berlin 1969, 739f.; Kirche in Freiheit und Bindung. Vorschau auf den XX. Internationalen Alt-Katholiken-Kongreß vom 2. bis 6. September 1970 in Bonn, in: AKJ 69 (1970) 17-20; Wer war und was bedeutet uns Ignaz von Döllinger, ebd. 31-36; Ablehnung des Papstes? Die Altkatholiken und das Erste Vatikanum. Zwei Stellungnahmen. Sieben Thesen der alt-katholischen Kirche, in: Publik. Echo der Zeit, Frankfurt 3 (1970) Nr. 4, vom 23.1.1970; Annuarium Historiae Conciliorum - Internationale Zeitschrift für Konzilienforschung. Ein Beitrag zur »Synodologie im Werden?«, in: IKZ 60 (1970) 48-51; Conzemius, Victor, Katholizität ohne Rom. Die altkatholische Kirchengemeinschaft, Zürich 1969 (Rez.), in: ÖR 19 (1970) 220f.; Dialog des Glaubens und der Lehre. Theologisches Gespräch zwischen dem Ökumenischen Patriarchen von Konstantinopel und der EKD, 16.1-9.3.1969 (Beiheft 11 zur ÖR), Stuttgart 1970 (Rez.), in: ÖR 19 (1970) 348f.; Die Altkatholische Postion heute im Rückblick auf das Vatikanum I, in: IKZ 60 (1970) 124-167; Arbeitsbuch für den XX. Internationalen Alt-Katholiken-Kongreß in Bonn, 3. bis 6. September 1970, i.A. des Ortsausschusses hrsg. von W. Küppers, Bonn 1970, mit folgenden eigenen Beiträgen: Alt-Katholiken-Kongresse 1971-1970, ebd. 5-9, Alt-Katholisches Bonn, ebd. 10-14, Die alt-katholische Position auf dem ökumenischen Feld, ebd. 15-20, 33, Gedanken zum Generalthema »Kirche in Freiheit und Bindung, ebd. 34-37, Agape, ebd. 69; Hundert Jahre Alt-Katholizismus, in: AKK 14 (1970) 62; »Das Bild Döllingers im Wandel der Zeit«, Festvortrag auf dem XX. Internationalen

Altkatholikenkongreß in Bonn, in: IKZ 60 (1970) 276-284; XX. Internationaler Altkatholikenkongreß vom 3.-6. September 1970 in Bonn, in: ÖR 20 (1971) 56-58; Scheele, Paul-Werner, Johann Adam Möhler. Finsterhölzl, Johann, Ignaz von Döllinger, Keller, Erwin, Johann Baptist Hirscher (Wegbereiter heutiger Theologie Bde. 1-3), Graz 1969 (Rez.) ebd. 98f.; Duployé, Pie, Die religiöse Botschaft Charles Péguys (Schriften zum Weltgespräch Bd. 4), Freiburg 1970 (Rez.), ebd. 102; Die Würzburger Synode der Römisch-Katholischen Kirche in der Bundesrepublik vom 3.-5. Januar 1970, in: AKK 15 (1971) 14-16; »Das Amt der Einheit«. Theologische Erwägungen zum Bischofsamt, in: IKZ 61 (1971) 243-256; Zwischen Rom und Utrecht. Zur neueren Entwicklung der Beziehungen zwischen alt-katholischer und römisch-katholischer Kirche in: Begegnung. Beiträge zu einer Hermeneutik des theologischen Gesprächs, hrsg. von Max Seckler, O.H. Pesch, Johannes Brosseder, Wolfhart Pannenberg, Graz 1971. 505-523; Kahle, Wilhelm, Westliche Orthodoxie. Leben und Ziele Julian Joseph Overbecks (Ökumenische Studien Bd. IX), Leiden 1968 (Rez.) in: ZKG 82 (1971) 135-138; Stand und Perspektiven des altkatholisch-orthodoxen Dialogs, in: IKZ 62 (1972) 87-114; Einzelne Stellungnahmen zum Entwurf der (Leuenberger) Konkordie III (Alt-katholische Kirche), in: ÖR 21 (1972) 414-418; Jerusalem - Tantur 1972. Ökumenisches Institut für höhere theologische Ausbildung, in: ebd. 573-480; Casper, Bernhard, Friedrich Pilgram, Hartl, Friedrich, Franz von Baader, Wiedmann, Franz, Martin Deutinger (Wegbereiter heutiger Theologie Bde. 4-6), Graz 1970/71 (Rez.), in: ebd. 598f.; In Erinnerung an Friedrich Siegmund-Schultze: Aktiver Firede. Gedenkschrift für Friedrich Siegmund-Schultze (1995-1969), Soest 1972, 201-203; Die Lage der Alt-Katholischen Kirche. Kommissionsbericht, in: AKJ 72 (1^973) 10f.; Konferenz in Penteli, in: AKK 17 (1973) 71f.; Der orthodox-altkatholische Dialog nimmt Gestalt an, in: IKZ 63 (1973) 192-192; Die Anfänge der Arbeitsgemeinschaft christlicher Kirchen in Deutschland, in: ÖR 22 (1973) 270-272; Christus - Das Heil der Welt. Zweites Theologisches Gespräch zwischen dem Patriarchat Konstantinopel und der Evangelischen Kirche in Deutschland vom 4. bis 8. Oktober 1971, hrsg. vom Kirchlichen Außenamt (Beihefte zur ÖR Nr. 22), Stuttgart 1972 (Rez.), in: ebd. 402f.; Das alt-katholische Priesterbild, Voraussetzung - Krise - Perspektiven, in: Der priesterliche Dienst V, Amt und Ordination in ökumenischer Sicht (QD 50, hrsg. von Herbert Vorgrimler), Freiburg 1973, 235-277; Konziliarität und Konzil. Bericht einer Studiengruppe des Deutschen Ökumenischen Studienausschusses 1970-1973; Interkommunion - Konziliarität (Beiheft zur ÖR Nr. 25 hrsg. von Richard Boeckler), Stuttgart 1974, 128-165; Bibliographie zur Studie »Konzil und Konziliarität, zusammengestellt von W. Küpper,s Bonn in Verbindung mit Karl Josef Kuschel, Tübingen, ebd. 166-179; Auf dem Weg zum orthodox-altkatholischen Dialog der Wahrheit, in: AKK 18 (1974) 26; Beginn des orthodox-altkatholischen Dialogs, in: AKK 19 (1975) 82; »Leben in Gemeinschaft«. Vortrag auf dem XXI. Internationalen Altkatholikenkongreß 1974 in Luzern, in: IKZ 65 (1975) 50-59; Altkatholische Kirche, in: Evangelisches Staatslexikon hrsg. von Hermann Kunst, Roman Herzog, Wilhelm Schneemelcher, 2. Aufl., Berlin 1975, 29f.; Darstellung der Entwicklung der alt-katholisch-orthodoxen

Beziehungen in der Zeit von Patriarch Athenagoras I. (1048-1972) in: Athenagoras, ökumeischer Patriarch aus Epirus, Joannina 1975, Deutsche Fassung 439-447; griech. Übersetzung (Th. Nikolau) 448-457); Orthodox-altkatholischer Dialog, in: IKZ 66 (1976) 1-15 (33); Franzen August, Die Katholisch-Theologische Fakultät Bonn im Streit um das Erste Vatikanische Konzil. Zugleich ein Beitrag zur Entstehungsgeschichte des Altkatholizismus am Niederrhein (Bonner Beiträge zur Kirchengeschichte Bd. 6) Köln 1974 (Rez.), in: ebd. 123-125; Finsterhölzl, Johann, Die Kirche in der Theologie Ignaz von Döllingers. Aus dem Nachlaß hrsg. von Joh. Brosseder (Studien zur Theologie und Geistesgeschichte des 19. Jahrhunderts Bd. 6) Göttingen 1975 (Rez.), in: ÖR 25 (1976) 122f.; Kessler, Hans Ewald, Johann Friedrich (1836-1917). Ein Beitrag zur Geschichte des Altkatholizismus, München 1975 (Rez.), in: IKZ 67 (1977) 62-64; Der Zweite Kongreß für Orthodoxe Theologie, in: ÖR 26 (1977) 84-93; Schneider, Hans, Der Konziliarismus als Problem der neueren katholischen Theologie. Die Geschichte der Auslegung der Konstanzer Dekrete von Febronius bis zur Gegenwart (Arbeiten zur Kirchengeschichte Bd. 47), Berlin 1976 (Rez.), in: ebd. 389f.; Alt-katholische Kirchengemeinschaft der Utrechter Union, in Konfessionskunde, hrsg. von Friedrich Heyer, Berlin 1977, 554-574; Orthodox-altkatholischer Dialog, in: IKZ 68 (1978) 29-34 (47); Die Lehre von der Kirche, ihrer Katholizität und Apostolizität. Referat auf der 11. Internationalen altkatholischen Theologentagung vom 9. bis 14. September 1978 in Zürich, in: ebd. 95-96; Bäumer Remigius (Hrsg.),Die Entwicklung des Konziliarismus, Werden und Nachwirken der konziliaren Idee (WdF Bd. 279), Darmstadt 1976 (Rez.), in: ÖR 27 (1978) 133f.; Verbindliches Zeugnis der Kirche als ökumenische Aufgabe. Arbeitsbericht einer Studiengruppe des Deutschen Ökumenischen Studienausschusses, 4.3 Altkatholisches Verständnis: Verbindliches Lehren der Kirche heute (Beiheft zur ÖR 33), Frankfurt 1978, 15-17; Verbindliches Lehren im Lichte des Verständnisses und der Ausübung von Autorität in der alten Kirche, ebd. 79-93; Horst, Ulrich, Papst-Konzil-Unfehlbarkeit. Die Ekklesiologie der Summenkommentare von Cajetan bis Billuari (Walberberger Studien. Theologische Reihe Bd. 10), Mainz 1978 (Rez.), in: ebd. 533f.; Altkatholizismus, in: TRE Bd. 2, Berlin 337-344; Pfarrer Wolfgang Krahl zum Gedächtnis, in: Christkatholisches Kirchenblatt (=CKK) 161 (1978) 256f.; Katholizität und Ökumene. Der altkatholische Weg im Bezugsfeld der Bewegung für Glaube und Kirchenverfassung, in: IKZ 69 (1979) 1-35; Brandl, Manfred, Die deutschen katholischen Theologen der neuzeit. Ein Repertorium, Bd. 2, Aufklärung, Salzburg 1978 (Rez.), in ebd. 121-123; Orthodox-altkatholischer Dialog, ebd. 244-249 (260); Orthodox-altkatholischer Dialog, in: CKK 102 (1979) 277; Aus Tübingen: Vom »Fall« zur »Sache Küng«, in: CKK 103 (1980) 10; Revision des I. Vatikanums - ein verlorener Gedanke? Erwägungen zu zwei Veröffentlichungen von August Bernhard Hasler, in: ebd. 29-32; Die Confessio Augustana aus altkatholischer Sicht, in: Confessio Augustana und Confutatio. Der Augsburger Reichstag 1530 und die Einheit der Kirche (Internationales Symposium Augsburg 1979), Augsburg 1980, Nr. 46, 677-688; Erewägungen zum Begriff des Ökumenischen: Unterwegs zur Einheit, in: FS für Heinrich Stirnimann, hrsg. von Johannes Brantschen und Pietro Selvatico,

Fribourg 1980, 694-712; Anerkennung in Bindung und Freiheit - Altkatholische Erfahrungen und Gedanken: Dialog und Anerkennung (Beiheft 37 zur ÖR, Hanfried Krüger zu Ehren), hrsg. von Peter Manns, Frankfurt 1980, 5-24.

Lit.: Zum Gedenken an Professor Werner Küppers, in: CKB 103 (1980) 212, 207; — Prof. em. Dr. theol. Werner Küppers, Tübingen-Bern (1905-1980), in: Christkatholisches Jahrbuch der Christkatholischen Kirche der Schweiz 1980, 54-55; — Zum Gedenken an Professor Dr. theol. Werner Küppers (1905-1980) sel., Tübingen/Bern, in: IKZ 70 (1980) 137-138; — Matthias Ring, Eine neue Periode. Ein Beitrag zur Geschichte des Alt-Katholischen Seminars der Universität Bonn, Das Seminar unter Professor Werner Küppers (1948-1971) in: Günter Eßer, Matthias Ring (Hrsg.), Zwischen Freiheit und Gebundenheit, FS zum 100jährigen Bestehen des Alt-Katholischen Seminars der Universität Bonn (1902-2002), (Geschichte und Theologie des Alt-Katholizismus, Schriftenreihe des Alt-Katholischen Seminars der Rheinischen Friedrich-Wilhelms-Universität Bonn, hrsg. von Angela Berlis, Günter Eßer und Matthias Ring, Reihe B: Darstellungen und Studien Bd. 1), Bonn 2002, 112-197, hier: 164-172.

Günter Eßer

L

LAUTENBACH, Wilhelm. Wilhelm Lautenbach wurde am 12. Januar 1881 in Oelde (Westfalen) geboren. Er starb am 18. Juli 1957 in Münster. Seine erste künstlerische Ausbildung erhielt er bei dem in Wiedenbrück als Dekorations-, Kirchen-, Landschafts- und Stillebenmaler tätigen Heinrich Repke (geb. 31.3. 1877 in Werne an der Lippe, gest. 25.12. 1962). Wie Repke, arbeitete auch Lautenbach nach seiner Ausbildung zunächst vornehmlich als Kirchenmaler. Seine malerischen Fähigkeiten hatte er zuvor durch Studien in Köln, Berlin, Düsseldorf und München vervollkommnet, wobei er in Köln vor allem die Freskotechnik erlernt hatte. 1906 nach seiner Heirat zog Wilhelm Lautenbach nach Münster, wo er mit Ausnahme einiger Jahre der Evakuierung nach dem 2. Weltkrieg, die er in Ennigerloh und Ostenfelde verbrachte, bis zu seinem Tode lebte und wirkte. 1929 war seine Gattin Maria Lautenbach geb. Stuer gestorben. Im 2. Weltkrieg war sein Haus bombardiert worden, so daß Lautenbach seine ganze Habe verloren hatte. — Seit Beginn des 20. Jahrhunderts entstanden Altargemälde, Kreuzwegstationen und Fresken für Pfarr- und Klosterkirchen sowie für Gebäude von Ordensgemeinschaften, vorwiegend in Westfalen und in Niedersachsen sowie im Sauerland aber auch im Rheinland und in Mitteldeutschland und sogar für Ordensniederlassungen in San Francisco, New York und Neu-Guinea. — Bei einigen der Arbeiten war Lautenbach gemeinsam mit anderen Künstlern, wie dem Dekorationsmaler Josef Biermann, Dellbrück oder dem Osnabrücker Künstler Hustermeyer tätig, wobei Wilhelm Lautenbach die figürlichen Teile, die Dekorationsmaler die ornamentalen Rahmungen ausführten. An verschiedenen Aufträgen war zudem sein Sohn Hans beteiligt, der allerdings schon in jungen Jahren erkrankte und 1944 im Alter von 36 Jahren starb. — Neben Gemälden religiösen Inhalts schuf Lautenbach Porträts. Vor allem in den letzten 30 Lebensjahren war er zunehmend als Bildnismaler tätig. Wilhelm Lautenbach hat ein breit gefächertes Oeuvre hinterlassen. Gemälde Lautenbachs waren unter anderem auch auf Kunstausstellungen vertreten, so 1921 in Gelsenkirchen auf der Ausstellung Westfälischer Künstler, 1922 auf der internationalen Christlichen Kunstausstellung in Stuttgart und

1926 auf einer weiteren Christlichen Kunstausstellung sowie auf Gemäldeausstellungen in Apolda und in Weida. Für seine Werke warb er unter anderem auch verschiedentlich durch Schaufensterausstellungen in Münster. — Der Stil Wilhelm Lautenbachs zeigt einen großen Stilpluralismus vom Historismus bis zum expressiven Realismus. Von Beginn seines Schaffens an war ihm dabei die altmeisterliche Maltechnik von wichtiger Bedeutung. Dabei malte er auf Leinwand, auf Kupfer und wirkte auch als Freskomaler. — Bereits 1912/1913 schuf Lautenbach eindringliche Darstellungen aus Leben und Passion Jesu wie die Beweinung Christi eines Kreuzweges für Dinklage, in der der Leichnam in seinem krassen Realismus den Betrachter unmittelbar berührt. 1919 entstand ein Gemälde der Kreuzigung mit symbolistisch strenger Darstellung des Christus (Recklinghausen). Andere Christusgestalten erscheinen dem Expressionismus nahe stehend. Kreuzwegstationen waren überhaupt im Werk Lautenbachs von wichtiger Bedeutung. In ihrer Formensprache zeigen sie naturalistisch eindringlich oder expressiv abstrahierend den Leidensweg Jesu. So entstanden Kreuzwege unter anderem für Borchen, Bösel, Brakel, Kamp, Münster (Liebfrauen Überwasser), New York, Oestinghausen, Recklinghausen, Rulle, San Francisco, Schmechten und Wassenberg. Große Gemälde oder Fresken- Zyklen schuf Lautenbach für die Kirchen in Apeldorn, Balve, Kamp, Dessum, Halle an der Saale, Kleinenberg, Lohne, Oestinghausen, Riemsloh, Rüthen, Salzberg und Thüle. Beim großen barocken Westchorgemälde im Dom zu Münster vermerkt er gar: »zu zwei Drittel erneuert.« Beim Wettbewerb um den Hochaltar der Benediktinerabtei St. Michael in Siegburg erzielte er 1920 den 1. Preis und schuf eine monumentale fünf Meter hohe Darstellung mit dem Hl. Michael als mittelalterlicher Ritter gekleidet über einer Stadtansicht Siegburgs mit Geistlichen und Laien als Betern im Vordergrund. Das historistische Gemälde zeigt den für einen Teil der Gemälde Lautenbachs typischen Detailnaturalismus mit neobarocken Stiltendenzen. In diese Reihe historisierender Gemälde gehören auch die Darstellung der Hl. Ida aus Gronau, das Gemälde mit Dietrich Kolde und das Wunder des Hl. Tarsisius in Münster sowie der Hl. Paschalis Baylon in Dortmund. — Vor allem sind es auch immer wieder feine, anmutige Madonnendarstellungen, die im Laufe der Zeit in vielfacher Gestalt von Lautenbach geschaffen wurden. Eine Madonna als apokalyptisches Weib auf Goldgrund mit Punzarbeit aus der Zeit von 1920 (erster Entwurf v. 1912) schuf er nach eigenen Angaben 18 mal. Die thronende Madonna unter Baldachin mit musizierenden Engeln, die Lautenbach für Siegburg schuf, zeigt in eindringlicher Form seinen historisch repräsentativen Stil. Der Reigen der Madonnen, die als Andachtsbilder entstanden, geben wie keine andere Bildgattung die stilistische Wandlungsfähigkeit Lautenbachs wieder, vom Historismus bis hin zum Expressionismus und der Neuen Sachlichkeit (Bochum). Darunter sind eine Anzahl von Madonnen, die deutlich byzantinische Ikonen, gotische oder italienische Renaissance-Vorbilder rezipieren oder barocker Formensprache folgen, wie die Madonna von 1913 für Rüthen, die besonders qualitätvoll als repräsentatives barockisierendes Gemälde gestaltet ist. Einige Werke bezeichnete er selbst in seinem Oeuvre-Katalog als Werke im Stil des 15. Jahrhunderts, wie ein Klappaltar für das Klarissenkloster in Münster, in dem er jedoch flandrische Werke des frühen 16. Jahrhunderts kopierte und eigene Seitenflügel dazu malte. Ein weiteres Beispiel ist die 13. Station eines Kreuzweges in Köln, die kölnische spätgotische Vorbilder hat. — Naturalismus zum Teil mit impressionistischer Abstrahierung bestimmen seine Landschaftsgemälde, von denen exemplarisch seine Emslandschaften erwähnt seien, die er unter anderem für Auftraggeber in Ennigerloh schuf. Einige Darstellungen von Industriegebäuden sind dagegen im Stil der Neuen Sachlichkeit geschaffen. — Einen ganz besonderen Platz in Lautenbachs Oeuvre ist seinen Porträts zuzuweisen. Immer wieder gelang es ihm, in feinem Detailnaturalismus mit fotografischer Präzision prägnante Bildnisse von sprechender Ausdruckskraft zu fertigen, vom Brustbildnis bis zum Ganzfigurenporträt in verschiedenen Variationen, vom Profilbildnis über die Dreiviertelansicht bis zum Frontalbildnis. Exemplarisch seien hier seine Porträts für Rheinberg, darunter das Porträt des Prälaten Wittrup und für das Rathaus in Rheinkamp zu nennen, sowie die Porträts des Bildhauers Lovenberg und des Professors Dr. Jostes. Seit 1935 entstanden Gemälde des münsterischen Bischofs Clemens August von Galen. Lautenbach schuf insgesamt neun Porträts vom Kopfbildnis bis zum Ganzfigurenporträt. Das früheste Bildnis von Galens entstand als Profilporträt 1935. Das letzte Porträt schuf Lautenbach 10 Jahre nach dem Tod von Galens 1956, ein Jahr vor seinem eigenen Tod. Die Bildnisse von Galens zeigen deutlich die markanten Züge und die Durchsetzungskraft des Bischofs, der in der Zeit des Nationalsozialismus als wichtige Stütze der Kirche nicht nur in Westfalen, sondern weit darüber hinaus eine bedeutende Rolle gespielt hatte. — Bei seinem Tod 1957 hatte Lautenbach ein umfangreiches Oeuvre hinterlassen; darunter befinden sich viele qualitätvolle religiöse Gemälde und Porträts, die exemplarisch den naturalistischen Stil in der Malerei der 1. Hälfte des 20. Jahrhunderts widerspiegeln.

Kernder Lautenbach

Werkverzeichnis. Vorbemerkung: Da praktisch keine Angaben über Leben und Werk von Wilhelm Lautenbach in der Sekundärliteratur überliefert sind, hat der Verfasser auf die glücklicherweise in der Familie des Künstlers erhaltenen 3 Kompendien mit Fotos, Werkbezeichnungen und Kurzkommentaren Lautenbachs sowie Zeitungsartikeln über ihn zurückgegriffen. Die dort aufgezeichneten Angaben ließen sich nicht weiter präzisieren. Ahlen, Wandgemälde; — Amerika, Porträt: Künstler und Kupferschmied Edmund Dreimann aus Ennigerloh, 1949; — Apeldorn (Kr. Meppen), Wandgemälde; — Apolda, Palette-Ausstellung von Gemälden verschiedener Künstler. Zwei Bauernköpfe; — Balve (Märkischer Kreis), Taufscheine für den Grafen von Landsberg und die Familie Kissing, 1925; — Balve (Märkischer Kreis), Kath. Pfarrkirche Hochaltar, Altargemälde, Gruppenbilder auf Kupferplatten: Geburt Christi, Christus am Ölberg, Auferstehung Christi, Herabkunft des Hl. Geistes, 4 Einzelfiguren: Hl. Agatha, Hl. Blasius, Hl. Antonius und Hl. Aloysius, Kreuzweg, 1927, Auftraggeber: Prof. Buchkremer, Aachen; — Beckum, Besitzer Paul Wick, Altes Kötterhaus in Lohne bei Lingen, 1938; — Bochum, Besitzer Alfred Leggewie, Madonnenbild; — Borchen (Kreis Paderborn), Kreuzweg und Wandgemälde; — Borghorst, Porträt: Frau Schulze Temming, 1950, Porträt: Herr Schulze Temming, 1950, sowie zwei weitere Porträts: Herr und Frau Schulze Temming; — Bösel (Kr. Cloppenburg), Hochaltar, Kreuzigungsgruppe, Kreuzweg, (IV. Originalstation für die Internationale Christliche Kunstausstellung in Stuttgart 1922, Besitzer Pfarrer Sommer); — Brake (Kr. Wesermarsch), Kreuzweg; — Brakel (Kr. Höxter) St. Michaelkirche, Kreuzwegstationen, 1921?; — Dessum, Wand- und Altargemälde; — Dinklage, Besitzer Pfarrer Rentzchen, Beweinung Christi, 1914; — Dortmund, Porträt: Dechant Dr. Köhnemann; — Dortmund, Hl. Antonius von Padua mit Christuskind und Engeln, 1925; — Dortmund, Franziskan-

erkloster, Stigmatisation des Hl. Franziskus, 1925, Hl. Paschalis Baylon; — Dortmund, Hl. Familie (über Christus Gottvater mit der Taube des Heiligen Geistes); — Dortmund, Porträt: Franziskanerbruder Jordan Mai; — Dortmund, St. Johannes Capistran; St. Petrus Alcantra, 1925 ; — Düren, Porträt: Rechtsanwalt Dr. von Laufenberg, 1938; — Emsland, Entwurf zu der Madonnenerscheinung, 1950; — Enniger, Madonna für Fräulein Füchtenhans; — Ennigerloh, Pfarrkirche, Evangelist Markus (als barockisierende Ergänzung zu drei Evangelisten des Hochaltars der Pfarrkirche); — Ennigerloh, Porträt Fräulein Stolze†; — Ennigerloh, Besitzer Dr. Barth, Landschaft von Ennigerloh mit Stadtansicht, 1938; — Ennigerloh, Besitzer Bürgermeister Hischmann, Emslandschaft; Badeanstalt, 1949; — Ennigerloh, Besitzer Möbelfabrikant Hunkenschröder, Emslandschaft; — Ennigerloh, Besitzer Westermann, Alter Schloßgarten in Ostpreußen; — Ennigerloh, Besitzer: Andreas Groyen, Porträt: Heinrich Groyen, 1952; — Ennigerloh, Besitzer Cafe und Konditorei August Groyen, Waldlichtung; — Ennigerloh, Besitzer Heinrich Lohnherr, Lüneburger Heide; — Ennigerloh, Heimatverein, Stadtansicht Ennigerloh mit Kirche; — Ennigerloh, Besitzerin Frau Margret Beumker, Porträt: Frau Mimmi Beumker (verh. Schrimper), Madonna mit Kind, Dante in szenischer Darstellung, Lautenspielerin, Bauer oder Seemann mit Pfeife (1932), Flusslandschaft mit Birken, Segelschiffe, Interieur mit Bürgerehepaar nach Jan Vermeer; — Ennigerloh, Besitzer Direktor Bode, Zementfabrik Germania; — Ennigerloh, Besitzer Direktor Peters, Zementwerk Preußen, Zementwerk in Laer, Zementwerk Anneliese, 1939; — Ennigerloh, Besitzer Fräulein Lehrerin Vogel, Blumenstück; — Freckenhorst, Porträt: Gutsbesitzer Bredeloh; — Gellenbeck (Hagen am Teutoburger Wald), Kreuzweg; — Gelsenkirchen, Entwurf zu einer Madonna (Maria als apokalyptisches Weib mit Zepter über Schlange und Mondsichel) (signiert W. Lautenbach 21); — Grafeld (Kreis Bersenbrück), Zwei große Wandgemälde Tod des Hl. Joseph, Verzicht des Hl. Jünglings Aloysius auf die Güter dieser Welt; — Grafeld, 2 Landschaften; — Gronau, Pfarrkirche Hl. Ida, szenische Darstellung vor Landschaft, 1925?; — Grullad (bei Recklinghausen), Pfarrkirche, Hochaltargemälde: Kreuzigungsgruppe; — Halle a.d. Saale, Kapelle der Elisabethschwestern, Freskomalereien; — Herzfeld, Pfarrkirche Hl. Ida, szenische Darstellung vor Landschaft; — Holzen (bei Fröndenberg), Immerwährende Hilfe, Klappaltärchen mit Inschriften auf den Seitenflügeln; — Kahl am Main, Madonna della Sedia (Kopie Raffael, Dresden); — Kamp am Rhein, Kreuzweg und Kuppelgemälde; — Kassel, Nähe der Stadt, Kirche, Hl. Antonius mit Christuskind und Weltkugel, 1928; — Kirchhof, Darstellung eines Franziskanerpaters; — Kleinbergen, Ausmalung Wallfahrtskirche; — Kleinenberg (Kreis Büren), Pfarrkirche, Kreuzweg auf Kupferplatten, 10 weitere Gemälde: Der zwölfjährige Jesus unter den Schriftgelehrten im Tempel und die Taufe im Jordan, eine Kreuzigungsgruppe (Figuren in Lebensgröße), die Einsetzung des allerh. Altarsakramentes (Figuren in Überlebensgröße), Sturm auf dem Meere, (Christus Herr der Natur), Reicher Fischfang (Chr. Herr der Tiere), Heilung des Gichtbrüchigen (Chr. Herr der Krankheit), Auferweckung der Tochter des Jairus (Herr des Todes), die Pharisäer mit der Ehebrecherin vor Christus (Herr über die Sünde), Himmelfahrt Christi, Kalvarienberg;

Köln, Kreuzwegstation und Gemälde im Charakter des 15. Jahrhunderts; — Lippborg, Porträts: Ehepaar Ruthmann; — Lohne (bei Lingen), Pfarrkirche, Wandmalerei mit der Darstellung des Abendmahls; — Melem, Pfarrkirche, Entwurf zu einem Altargemälde (Kalvarienberg), 1915; — München, Besitzer Erzbischof Dr. Faulhaber, Christi Geburt und Hl. Drei Könige; — Münster, Besitzer Domkapitular Professor Dr. Bierbaum, Krippenhintergrund Bethlehem, 1950; — Münster, Bischöfliche Behörde, Bischof Johannes Poggenburg, stehend, Dreiviertelfigur; — Münster, Mutterhaus Clemensschwestern, Kreidezeichnung: Porträt: Mutter Claudia Backofen von Echt, Porträt: Gemälde Mutter Claudia Backofen von Echt, Darstellung eines Heiligen, Porträt: Würdige Mutter Bona († 1944), Hl. Joseph, Kreuzweg, Stammbaum der Clemensschwestern, Heilige Familie für das Refektorium (Maria am Spinnrad und der Hl. Josef und Jesus bei Holzarbeiten); — Münster, Dom, Westchor-Deckengemälde, Domdeckenbild in Fresko 1914 zum Kaiserbesuch restauriert, nach Lautenbach: »zwei Drittel erneuert im Dom zu Münster i.W.«; — Münster, nach Lautenbach: »Dom, IV. Station, für eine christliche Kunstausstellung, Christus begegnet seiner Mutter, 1926«; — Münster, Domfestwoche, Bilder des Kardinal von Galen, in der Kluxen-Passage ausgestellt; — Münster, Sammlung Diözesanmuseum, XII. Station eines Kreuzwegs, Originalentwurf mit Christus am Kreuz und Maria und Johannes; — Münster, Franziskanerkloster, Entwurf Gemälde Dietrich Kolde, 1926, Gemälde Dietrich Kolde als Pestapostel, 1926, Entwurf und Gemälde, Porträt: Bruder Jordanus Mai OFM, 1927; — Münster, später Kardinal von Galen-Stiftung, Sitzfigurenbildnis des Clemens August von Galen (in der Alltagstracht für offizielle Anlässe), 1952; — Münster, Restaurant Fürstin von Gallitzin, Porträt Franz Kohlmeier†; — Münster, Kloster der Armen Klarissen, Seitenaltar mit musizierenden Engeln, Hausaltärchen im Charakter des 15. Jahrhunderts (Anbetung der Könige) Mittelstück Kopie, Seitenbilder: Entwurf Lautenbach, XII. Station eines Kreuzweges (Originalentwurf) mit Christus am Kreuz und Maria und Johannes; — Münster, Kreuzkirche, Porträt: Pfarrer Holstein; — Münster, Lehrlingsheim, Altargemälde mit der Darstellung des Hl. Tarsisius, 1923, Auftrag Dr. Veen; — Münster, Liebfrauenkirche, Kreuzweg; — Münster, Geschäftslokal der Fa. H. Odendahl, Ludgeristraße, religiöse Ölgemälde, mehrere Einzelbilder und VIII. Station eines Kreuzweges; — Münster, Schaufenster der Fa. Münch-Odendahl, Große Madonna mit Kind, Hl. Nikolaus, Hl. Theresia und XIII. Kreuzwegstation, Jesus heilt Kranke; — Münster, ausgestellt in der Buchhandlung Poertgen, Münster, Porträt: Bischof Dr. Johannes Poggenburg; — Münster, Besitzerin Frau Schulte, Herz Jesu-Darstellung, Madonna Telgte (Foto mit Umrahmung durch Lautenbach); — Münster, Madonna bezeichnet: Original, Madonna: »Geschenk an die Stadt Münster i.W. für Dom, Rathausaufbau«; — Münster, Stadtmuseum, Madonna mit Kind, 1930, Brustbildnis im Profil nach links: Clemens August von Galen, Bischof von Münster, 1935, Porträtskizze: Kardinal Clemens August Graf von Galen, 1951, Sitzfigurenbildnis: Kardinal Clemens August von Galen in Zeremonialtracht, 1956, Versehgang, 1919; — Münster, ohne Standortangabe: Café Sebon; Skizze von der Elisabethkirche (1937 oder 1932); Porträt Detlef Faulendorf; 2 Porträts von Pfarrer Heyne (An-

staltspfarrer Marienthal); 2 Porträts Herr und Frau Hören; Porträt: Gärtnereibesitzer Heinrich Ishorst; Porträt: Frau Fabrikant Willi Jöst, 1955; Baron von Lovenberg, Schloß Lovenberg, 1938; Porträt Baron von Lovenberg; Porträt Sohn Andreas Lovenberg; Porträt Gemahlin des Barons von Lovenberg, 1930; Landschaft bei Lütkenbeck; E. Paul, Studienkopf; Porträt: Frau Leo Pfingsten, 1955; Porträt: Dr. Steinrieder, Porträt: Frau Dr. Steinrieder, 1938; Porträt: Diözesanpräses Dr. Veen, Gesellenpräses†; Porträt: Eisenbahnbote Bernhard Wagner†; Porträts: Die Kinder von Malermeister Wessing;; — Neubeckum, Bauernhof Gerhard Pohlmann, 1950; — Neugrimme, Besitzer Bischof Jos. Lörks, Madonna bezeichnet »Entwurf im bizzan. Stil«; — Neuguinea, Motiv?; — Nienberge, Porträt: Gastwirt Risse†, Porträt: Gastwirt Martin Ketteler; — New York, Kreuzweg; — Oelde, Amt Oelde, Entwürfe für Glasfenster, 1925; — Oelde, Porträt: Hofbesitzerin Clärchen Pohlmann, (»heute Frau Willi Vogt, Oelde«),1951; — Oelde, Besitzer Prokurist Westermann, Partie Lüneburger Heide, Porträt: Margaret Westermann, 1942; — Oldenburg, Hospital, Stifter des Ordens der Barmherzigen Clemensschwestern zu Münster, Porträt Clemens August von Droste zu Vischering (nach Kupferstich); — Olpe, Kriegergedächtnisentwurf für das Lehrerseminar, (Soldaten vor Madonna, Christuskind und Engeln), 1918; — Osnabrück, Hl. Bruder Konrad, 1947 ; — Ostenfelde, Besitzer Bauer Hohlböke, Die Flucht von der Wartburg; — Ostenfelde, Herz-Jesu-Darstellung für eine Stifterin; — Ostenfelde, Besitzer Bauer Heinrich Schmeding, Madonna mit dem schlafenden Jesuknaben, 1946; — Ostenfelde, Familie Lönne, Madonna; — Ostenfelde, Gasthof Lönne, Kartengeber; Porträt Paula Pohlmann†; Porträt: Gutsbesitzer Herrmann Mittrup; Porträt: Franz Middelhofe, 1950; — Osterfeld, Besitz des Pfarrers, St. Cäcilia; — Ostinghausen (Kreis Soest), Pfarrkirche, Kreuzweg, 1915, Wandgemälde; — Paderborn, Madonna, 1913 (eventuell identisch mit Rüthen); — Recklinghausen, Gymnasialkirche, Kreuzweg; — Recklinghausen, Prosperhospital, Altargemälde; — Recklinghausen-Süd, Hochaltargemälde mit Kreuzigungsgruppe, 1919 (evtl. identisch mit Grullad); — Rheinberg, Porträt: Generalkonsul Dr. Carl Underberg, Porträt: Sohn Emil Underberg, Porträt: Kommerzienrat Hubert Underberg; — Rheinberg, Lateinschule, Porträt: Prälat Dr. Wittrup; — Rheinberg, Rathaus, Porträt: Prälat Dr. Wittrup und 3 unbekannte Porträts; — Rheine, Besitzer Sanitätsrat Dr. Niemann, Jesus heilt Kranke, 1913; — Rheinkamp, Rathaussaal, Porträt: Jakob Schroer,1956, Porträt: Bürgermeister Johann Stegmann, 1956; — Riemsloh, Wandgemälde; — Rosenheim, Besitzerin Fräulein Landmann, Porträt: Ferdinand Landmann; — Roxel, Pfarrkirche, Wandgemälde mit Madonna bzw. Christus, 1939; — Roxel, Porträt: Dechant Dr. Könemann; — Rulle (bei Osnabrück), Entwürfe für die Pfarrkirche, Anbetung des Kindes durch Hirten unter Assistenz von Engeln und Grablegung Christi, Kreuzweg; — Rulle, Wallfahrtskirche, 2 Altargemälde, Anbetung der Hirten mit Engeln, Beweinung Christi (abweichend vom Entwurf); — Rüthen, Pfarrkirche, Hl. Joseph mit Christus auf dem Schoß auf Thron, davor spielender Engel, Muttergottes mit Zepter und Christus auf Wolken in Strahlenglorie mit Engeln, 1913; — Salzbergen, Kirche, »über dem Hochaltar: Die Flucht nach Ägypten, zu Anfang des Kreuzweges: Jesus im Garten Gethsemani, zu Ende desselben: Die Auferstehung Christi, über dem Marienaltar: Die Verkündigung der Geburt Jesu, in den Nischen seitlich vom Hochaltar: Opfer des Abraham und Opfer des Melchisedech als Vorbilder vom Kreuzesopfer und vom Hl. Messopfer, vor der Orgelempore: der Psalmensänger im historischen Königsornat und die Patrizierin, die Hl. Cäcilia als geheime Braut Christi«.; — San Francisco, Kreuzweg; — Schmechten (Kr. Höxter), Kreuzweg, 1927; — Schönstatt, Porträt:Prälat Schneider; — Schönstatt, Gnadenbild, Porträt: Josef Enseling, der Gründer der Gnadenkapelle, 1948; — Sendenhorst, Hartsteinwerk von zwei Seiten (Industriegemälde), 1950; — Siegburg, Benediktinerabteikirche St. Michael, Hochaltargemälde Hl. Michael über einer Stadtansicht von Siegburg, 1920, Marienaltar, Kohlezeichnung, (Entwurf),1925, Madonna mit Kind unter Baldachin mit musizierenden Engeln, Porträt: Benediktinerpater Korbinian; — Stadtlohn, Gnadenbild mit Gewand und Votivgaben behängt (Original 1881 verschollen), 1937; — Stuttgart, Kunstausstellung, IV. Station eines Kreuzweges; — Thüle (bei Friesoythe), Ausmalung Pfarrkirche, Gemälde im Mittelschiff: 3 Szenen aus dem Leben des Kirchenpatrons, des Hl. Laurentius; — Übersee, Motiv?; — USA, Klappaltärchen, im Zentrum ikonenhafte Darstellung der Maria mit dem Christuskind, die seitlichen Flügel mit Inschriften; — Varensell, Bauernhof Deiters; — Verden, Besitzerin Jutta Preissner, Hl. Johannes Ev.; — Warendorf, Franziskanerkloster, Brustbildnis des Clemens August von Galen im Profil, 1946; — Wassenberg, Besitzer Baron von Leykum, Kreuzweg; — Weida (Thüringen) Kunstausstellung, »Charakterköpfe«; — Wettrup (Landkreis Emsland) Wandmalerei in der Pfarrkirche für Pfarrer Bernhard Bruhn, im Zentrum Hl. Antonius Eremit, links Antonius vor Kruzifix (S. Antonius wird vom Teufel versucht), rechts: Antonius predigt gegen die Irrlehren. Am Triumphbogen: Christus, Engel und 2 Heilige; — Wiedenbrück, Besitzer Oberwerkmeister Koch, Madonnendarstellung; — Wiedenbrück, Besitzerin Fräulein Helene Stüer, Burg und Schloß Ceillon, Schweiz, 1954; — Wiedenbrück, Besitzer Prokurist Nermann, Ramsau.

Ohne Ortsangabe; Kreuzweg: XII. Station, (Entwurf); Kreuzweg, Brustbildnis, 2 Holztafeln, 5 Zeichnungen (Details), Christus vor Pilatus, Kreuzannagelung, Kreuzabnahme, Beweinung; Christus am Kreuz; Kreuzigung, (Entwurf); Jesus heilt Kranke (ausgestellt bei der Fa. Odendahl, Ludgeristraße, Schaufenster, Münster); Madonna auf Goldgrund mit Punzarbeit, (»18 mal im Auftrag gemalt«), um 1920 (erster Entwurf 1912); Madonna mit Kind, (bezeichnet »Italienische Art«); Madonna für Bauer Pohlmann; Madonna für eine Lehrerin; diverse Madonnen; Madonna (bezeichnet »Italienerkopie«); Ikonenhafte Madonna; Zeitgenössischer Madonnenentwurf (1926); Madonna (Gemälde um 1920, Madonna im Strahlenkranz über Schlange und Mondsichel als apokalyptisches Weib); Illustration aus dem Jordan Mai Buch, wohl Graphik, bezeichnet Buer in Westfalen, 1937; Hausaltärchen für die Fronleichnamsprozession, Original in Charakter des 15. Jh.; Entwurf zu einem Kommunionbild; Entwurf zu einer Darstellung des Hl. Georg; Privatbesitz »Beim Frühstücken überrascht«; Lieblingshund des Herrn Ishorst (wohl Münster); Jungenporträt im kreisförmigen Rahmen; Holzschuhmacher; Porträt: Max Baum †; Porträt: Prälat Dr. Beelert; Porträt Pater Athanasius Bierbaum O.F.M.; Porträt Prof. Dr. Bierbaum; Porträt

Zahnarzt Conrads sen.; Porträt Zahnarzt Conrads jun.; Porträt: Ganzfigurenstudie des Kardinals Clemens August von Galen in Alltagstracht, für festliche Anlässe; Porträt: Ganzfigurenstudie des Kardinals Clemens August von Galen in Zeremonialtracht; Porträt: Brustbildnis des Clemens August von Galen in Dreiviertelprofil, 1950; Porträtbildnis: Kardinal Clemens August von Galen im Profil (in Untersicht); Porträt: Anne Gödde (Ordensschwester); Porträt: Herr Henning; Plakette zum Grabstein und Geburtshaus Professor Dr. Jostes; Porträt: Professor Dr. Jostes im Dreiviertelprofil; Porträt: Professor Dr. Jostes mit Hut im Dreiviertelprofil, 1926; Porträt: Professor Dr. Jostes in offizieller Kleidung; Porträt: Bischof Michael Keller; Porträt: Rechtsanwalt von Laufenberg; Porträt: Tochter Lautenbach; Porträt: Frau Maria Lautenbach geb. Stuer, gestorben 1929, (Frau von Wilhelm Lautenbach); Porträt: Bruder Lautenbachs (»mein siebter jüngster Bruder, sein Pate war Wilhelm II. Kaiser und König von Deutschland, gestorben mit 6 1/2 Jahren«), 1935; Porträt: Robert von Lovenberg, 1937; Porträt: Siebert von Lovenberg als Knabe; Porträt: Urgroßvater von Lovenberg; Porträt: Graf von Merveldt; Porträt: Der selige Pater und Stifter des Palottinerordens Palotti; Porträt: Palottinerpater, rheinisch; Porträt: Papst Pius XI., sitzend, im Profil; Porträt: Bademeister Pelster; Porträt: Bischof Johannes Poggenburg, sitzend; Porträt: Kaufmann Heinrich Rusche, Oelde, (vermutlich Oelde); Porträts: Frau Sunder Plaßmann,1949, Dombaumeister Sunder Plaßmann, Sohn Sunder Plaßmann: Regierungsbaumeister Johann Sunder Plaßmann, Tochter von Sunder Plassmann; Porträt Prälat Dr. Wittrup; Porträt; Professor. Dr. Peter Wust; Porträt: Bischof; Jugendliches Porträt; Kinderbildnis (Kind mit Ball spielend); Porträt: Bauer und Bäuerin; vier charaktervolle Studienköpfe, eine Frau, wohl Bäuerin im Dreiviertelprofil mit Pfeife, ein Bauer, eine Halbfigur im Profil und ein Kopfporträt eines Bärtigen; verschiedene Landschaften; Bauernhöfe; Kapellen, unter anderem: Emslandschaften vor der Regulierung 1937, 28 interessante Kölke rechts und links vom Westbeverner Bahnhof, 13 Emslandschaften nach der Regulierung; Emslandschaft, links von Westbevern im toten Arm; Haus Langen,1937, Ems, links von Westbevern, toter Arm, 1937, Bauernhof Deiters in Varensell; Moorgegend Grafeld; 7 Skizzen aus dem Emsland; Akropolis Athen; Waldlandschaft; Alm, Almspitze, Karfreitag in den Bergen; Heiligenbild mit Großglockner; Wendelstein mit Zugspitze; St. Bartholomä, Königssee; Berchtesgaden; Ramsau; Kreuz in den Bergen.

Nachlaß Lautenbach: Bücher 1-3 mit Fotos von Werken, Werkbezeichnungen sowie Zeitungsartikeln.

Ohne Ortsangabe: St. Josephs Pfarrei, Ausschmückung der Pfarrkirche, 1922.

Lit.: Grote, Udo: Porträts des Kardinals Clemens August von Galen von Wilhelm Lautenbach, in: Grote, Udo / Backs, Silvia: Im Blickpunkt Nr. 2 Porträts des Kardinals Clemens August von Galen von Wilhelm Lautenbach (Stadtmuseum Münster), Münster 1987, 1-3; — Ebert, Helmut: Lexikon der Bildenden und Gestaltenden Künstlerinnen und Künstler in: Westfalen-Lippe, Münster 2001, 368/369.

Udo Grote

LEBERSORG, Wolfgang; *?, Innsbruck; Profeß 23. März 1591, Priester 29. September 1595, Fürstenburg; † als Konventsenior 2. Oktober 1646. — Der bedeutende Chronist und Gelehrte P. Wolfgang Lebersorg OCist entstammt einer ursprünglich oberösterreichischen Familie, die sich in Innsbruck seit 1539 nachweisen läßt (vgl. K. Schadelbauer - M. Fritz, Die Innsbrucker Inwohneraufnahmen von 1508 bis 1567 [Veröffentlichungen aus dem Innsbrucker Stadtarchiv]. Innsbruck 1964, 17). 1555 erwarb der Großvater des künftigen Mönches das Bürgerrecht, und dessen Sohn Bartholomäus, der Vater L.s, wurde schon in Innsbruck geboren. Dieser wiederum ehelichte - vor 1570 - Magdalena Schrader, die ihm neben Wolfgang noch zwei Kinder, die Tochter Anna und den jüngsten Sohn Christoph gebar. Da in Innsbruck noch keine Taufmatriken geführt wurden, ist für alle drei Kinder kein Geburts- oder Taufdatum bezeugt, auch L. selber macht später keine näheren Angaben zu seinem Geburtstag oder -jahr. Der Tradition des Klosters Stams nach verschied der Chronist L. als Senior des Konventes im doch für damalige Verhältnisse sehr hohen Alter von 75 oder 76 Jahren. Von hier aus ist sein Geburtsjahr rekonstruierbar, wenn man dann noch hinzu nimmt, daß es nach kanonischer Vorschrift notwendig war, zur Priesterweihe das 24. Lebensjahr vollendet zu haben, ergäbe das für L. ein Geburtsdatum um die Jahre 1570 oder 1571. — Über die Ausbildung und schulische 'Karriere' der drei Lebersorg-Sprößlinge ist nichts aufgezeichnet, auch sonst fließen Nachrichten recht spärlich. Seine unverheiratet gebliebene Schwester Anna starb 1507 in Prag (vgl. O. Bachmann, P. Wolfgang Lebersorg. Der Chronist von Stams. Ein Gedenkblatt [Sonderabdruck aus der CistC 47 (1935)]. Bregenz 1935, 9); der Bruder Christoph heiratete und ließ sich im elterlichen Haus in Innsbruck nieder (vgl. ebd.). Einer der Söhne des Bruders ist später als Klosterkoch- und metzger zu Stams bezeugt (ebd.). — Das Noviziat in Stams begann für L. am 23. März 1590, nach dem der spätere Chronist wohl die erst kurz zuvor von Ferdinand II. in Innsbruck gestiftete Latein-Schule (vgl. J. Egger, Geschichte Tirols von den ältesten Zeiten bis in die Neuzeit. Innsbruck 1876, 241) besuchte; sichere Nachricht vor der Zeit in Stams haben wir aus L.s Leben aber nicht. Mit der Profeß im Jahr nach dem Noviziatsbeginn folgten auch die niederen Weihen (29. September1591) und genau vier Jahre darauf erteilte Fürstbischof Petrus Raschèr von Chur (1581-1601) dem Mönch in der Kapelle seines Schlosses Fürstenberg (bei Burgeis im Vinschgau) die Priesterweihe. Er hatte ihm schon im Mai 1593 in der Stamser Stiftskirche - anläßlich der Benediktion des neuen Stamser Abtes Nikolaus Bachmann (*?; Profeß vor 1567, Abtwahl 30. August 1590/22. Abt von Stams; † 2. März 1601. Vgl. Album Stamsensis seu Catalogus religiosorum sacri et exempti Ordinis Cisterciensis archiducalis Monasterii B. V. Mariae et S. Joann. Bapt. in Stams. 1272-1898 [ed. K. Lindner]. Salzburg 1898, Nr. 373) und des ebenfalls neu erwählten Wiltener Propstes Johannes Sauerwein - am selben Tag zum Diakon ordinierte. — Unbeantwortet bleiben muß die Frage, welche theologische Ausbildung zwischen Profeß und Weihe für L. möglich war, an den traditionellen Stamser Studienorten (Dillingen, Augsburg, ...) läßt sich L. nicht nachweisen. Es gibt keinerlei gesicherte Nachricht, ob er in der Abtei ausgebildet wurde oder auswärts entsprechenden Studien oblag. Vermutlich war das Hausstudium gewählt worden, weil die einstigen süddeutschen Ausbildungsstätten dem Abt und den Mitbrüdern doch der 'lutherischen Häresie' verfallen zu sein schienen. Er erwarb sich jedoch in diesen Jahren ein umfängliches Wissen, nicht allein historischer Art, so daß seine Oberen ihn für viele verantwortungsvolle Aufgaben heran zogen (vgl. Bachmann, Lebersorg 13). Er war Novizenmeister, nach 1615 Kustos (damit verwaltete er einen Teil der wirtschaftlichen Angelegenheiten des Klosters, war also ein Unterpfisterer [in Stams wurde der Zellerar 'Pfister' oder 'Pfistermeister' genannt]). Ihm wurde die Sorge um die Sakristei, um die Kirche und ihre Angelegenheiten - oft gehörte da auch die Verwaltung des 'armarium' (Bücher- und Urkundensammlung) dazu - anvertraut. Um 1616 ernannte ihn sein Abt, Thomas Lugga, (*?, Innsbruck, Pfarrer in Mais 1590-1615, Abtwahl 29. Juni 1615/24. Abt von Stams; † 16. Mai 1631. Vgl. Album Stamsensis, Nr. 463) zum Subprior, wohl zum selben Zeitpunkt als der nachmalige Abt Paulus Gay (* 27. Juni 1587, Innsbruck; Prior: 11. November 1616?, Abtwahl: 9. Juni 1631/25. Abt von

Stams, † 25. Mai 1638, Stams. Vgl. ebd. Nr. 418) sein Priorat antrat. — In diesen Jahren sollte er auch seine Hauptaufgabe finden, aber wann genau der Mönch mit der Bibliothek und Archivführung betraut wurde, kann nicht gesagt werden - es dürfte aber zwischen 1610 und 1612 geschehen sein. Bis zum 9. März 1644 - an diesem Tag übernimmt sein jüngere Mitbruder P. Martin Stöger (auch: Steger; * 30. September 1592, Innsbruck; † Senior 19. Dezember 1677, Stams. Vgl. ebd. Nr. 430) Bibliothek und Archiv - sollte L. nun unermüdlich tätig sein, um die immer noch spürbaren Schäden nach den Plünderungen von 1525 durch marodierende Bauernhorden und dem brutalen Überfall durch die Schmalkaldischen Truppen des Moritz von Sachsen im Mai 1552 zu beheben. Da auch die Bibliothek und besonders das Archiv in Mitleidenschaft gezogen waren, mußte L. nun damit beginnen, mittels Reorganisation eine neue, dauerhafte Ordnung in beiden Bereichen herzustellen, und bis auf den heutigen Tag »begegnen uns ständig Zeugnisse seines Wirkens. Sein Fleiß und seine Schaffenskraft ließen ihn die Bestände ordnen, signieren und verzeichnen. Er legte Abschriften, Regesten, Aufstellungen, Güterverzeichnisse ect. In großer Zahl an, wobei nicht nur der Umfang seiner Werke, sondern auch deren Übersichtlichkeit beeindruckt« (Pater Wolfgang Lebersorgs Chronik des Klosters Stams. Stiftsarchiv Stams, Codex D 40. Edition und Übersetzung von Ch. Haidacher [Tiroler Geschichtsquellen 42]. Innsbruck 2000, XI). — Als er dann seine Ämter aus den Händen gab, war ihm nur noch eine kurze Zeit beschieden: 1645 feierte er noch den 50. Jahrestag seiner Weihe, über die sein Prior, P. Benedikt Stephani in einem Brief vom 18. Januar 1655 berichtet. Der körperliche Verfall - 'marasmus senilis', Altersschwäche diagnostiziert P. Benedikt in einem Brief dem Innsbrucker Arzt Weilheim - zwingt L. mehr und mehr auf seine geliebte Tätigkeit in Archiv und Bibliothek zu verzichten. Im September 1646 war er nicht mehr imstande, das Bett zu verlassen: er war, so Stephani, »ridiculus phantasiis et deliriis occupatus ac nesciens, qua hora filius hominis sit venturus« (Stephani an Weilheim, Brief 1 September 1664. Zit. nach Baumann, Lebersorg 16). In den Morgenstunden des 2. Oktobers 1664 gab P. Wolfgang seine Seele dem Schöpfer zurück.

Beigesetzt wurde L. nicht wie alle anderen Mönche auf dem um die Apsiden der Kirche gelegenen Friedhof, sondern auf Anordnung des Abtes Bernhard II. Gemelich (Taufn. Tobias; * 11. April 1600, Innsbruck; Abtwahl: 11. August 1638/26. Abt von Stams , Generalvikar der Oberdeutschen Zisterzienser-Kongregation, Hofrat und Vorsitzender der Innsbrucker Kammer, Erbauer des Neuen Konvents; † 10. Juli 1660, Innsbruck. Vgl. Album Stamsensis Nr. 439) vor dem Altar des Evangelisten Johannes in der Stiftskirche. — Die Bedeutung L.s liegt zuerst einmal in seiner langjährigen Arbeit als Archivar und Bibliothekar der Stamser Zisterze. Ohne sein 'Chronicon Stamsense usque ad annum 1601' wäre etwa das mittelalterliche Aussehen des Klosterkomplexes und vor allem die Inneneinrichtung der Stiftskirche nicht mehr bekannt. Er war neben allem schriftstellerischen Können auch als Illustrator begabt genug, so daß seine im ‚Chronicon ‘ überlieferten Zeichnungen ein gutes Bild ergeben, wie die zwischen 1650-1750 barockisierte Klosterkirche in Stams davor aussah. Neben Darstellungen der Altäre, der für das Kloster bedeutsamen Gruft der Landesfürsten Tirols ('Österreichisches Grab') war es dem Chronisten auch wert etwa den Fließenboden zu abzubilden oder das Aussehen der Holzdecke in einem Aquarell zu überliefern. Alle Gebäulichkeiten, die zu seiner Zeit noch das mittelalterliche Gepräge hatten, überlieferte er in seinen Zeichnungen, außerdem Ansichten von Altären und anderen Kunstwerken. Dazu finden sich Nachzeichnungen von Siegeln und Wappenschilden in großer Zahl in seinem 'Chronicon' (vgl. Abbildungen in: Pater Wolfgang Lebersorgs Chronik, Anhang). — Daß er daneben hunderte von Diplomen aus der Geschichte Stams' kopierte und kommentierte, und damit der Nachwelt einen riesigen Fundus an historischen Belegen tradierte, braucht nicht eigens erwähnt zu werden. In seiner Klostergeschichte gibt L. auch Einblick, wie er zu arbeiten gewohnt war, er nennt seine Quellen so genau, daß es leicht nachvollziehbar ist, woher seine Fülle der Information stammt. Neben den im Archiv befindlichen, rein auf die Abtei bezogenen Unterlagen, zieht er auch Druckwerke, so vor allem drei damals beliebte Autoren, heran: Ausführlich nutzt er das sehr geschätzte Annalenwerk des Dominikaners Abraham Bzowski (vgl. Annales ecclesiastici Authore Abrahamo Bozovio. Rom - Köln 1616-1672), sowie die die Annalen des Gerard von Roo (Annales rerum belli domique domus Austriacis Habspurgicae gentis principibus [...] gestarum. Innsbruck 1592). Daneben zog er Werke von Wigileus Hund, (vgl. Metropolis Salisburgensis. Ingolstadt 1582-München 1620) und Andreas Brunner (Annales rerum boiorum. Augsburg 1637) zur Arbeit an der Chronik heran. Bachmann, Lebersorg 46-60, zeigt in einer konkordanten Gegenüberstellung, wie L. vor allem die Annalen des Bzowski nutzte. Immer noch in Frage steht, wo er dieses Werk kennen lernte und exzerpierte, da es im Stamser Bibliothekskatalog für diese Zeit nicht vermerkt ist. Den Hauptteil der Quellen machen naturgemäß die in Stams vorhandenen Handschriften und Urkunden aus, die durch vielerlei einst im Archiv und Bibliothek vorhanden Gewesenes, ihre Ergänzung erfahren. Von daher allein gehört diese Stamser Stiftschronik zu den wertvollsten Quellen derr Tirolischen Landesgeschichte, gerade weil sie vieles, das verloren ist, exakt und verläßlich tradiert. Auch bewahrte er eine kritische Distanz zu den Quellen und Darstellungen, die er benutzte, »deutliche Ansätze gesunder Analyse und Quellenkritik« (Bachmann, Lebersorg 95) zeichnen das umfangreiche Werk ebenso aus, wie der Wille des Autors »nur Wahres zu berichten« (ebd.). — L. war aber, und das darf trotz aller wissenschaftlicher Leistung des frommen Mönches nicht übersehen werden, zuerst und vor allem Zisterzienser: Klösterlicher Wandel und Umkehr zum Herrn sind die Grundlagen seines Lebens, die persönlichen Kraftquellen, die das große Werk erst ermöglichten. Neben seiner wissenschaftlichen Leistung, die für ein Menschenleben erstaunlich ist und von höchstem Fleiß zeugt, galt L. auch als Priester seinen Zeitgenossen als Vorbild: etwa diente er ein ganzes Priesterleben lang als Beichtvater seinen Mitbrüdern. Seine umfangreichen Aufzeichnungen und Sammlungen sind heute in Bibliothek und Archiv des Zisterzienserstiftes in Stams verwahrt, wo sie - mit Ausnahme der 2000 mustergültig edierten Chronik - der Bearbeitung harren.

Werke: Chronicon Stamsense usque ad annum 1601; Extractus oder kurze Verzaichnus der Originalen und Reversen, auch andere brieflicher Gerechtikaiten des Gottshaus Stambs guetter, so in dem Ambt Mays begriffen. Stiftarchiv Stams, Cod. 283. — *Weitere Sammelbände:* Stiftarchiv Stams, Cod. 287. Cod. B (506 folii); Folgt die Verzaichnus des Gottsaus Stambs guetter so vil aus desselben Coppey büechern hat mügen erkhannt werden. Stiftarchiv Stams, Cod. 285.

Lit.: Album Stamsensis seu Catalogus religiosorum sacri et exempti Ordinis Cisterciensis archiducalis Monasterii B. V. Mariae et S. Joann. Bapt. in Stams. 1272-1898 [ed. K. Lindner]. Salzburg 1898; — O. Baumann, P. Wolfgang Lebersorg und seine Chronik von Stams. Diss. masch, innsbruck 1923; — Ders., P. Wolfgang Lebersorg, der Chronist von Stams. Ein Gedenkblatt (Sonderabdruck aus der CistC 47 [1935]). Bregenz 1935; — J. Riedmann, Zur Chronologie der Gründung von Stams. In: Veröffentlichungen des Tiroler Landesmuseum Ferdinandeum 52 (1972) 223-233; — W. Köfler, der Stamser Chronist P. Wolfgang Lebersorg. In: Das Fenster 12 (1973) 1116-1121; — S. Sepp, Neuzeitliche Quellen zur Stamser Bibliotheksgeschichte. In: Innsbrucker historische Studien 6 (1983) 81-127. M. Pizzinini, Stams als Stätte europäischer Diplomatie. In: Tiroler Heimatblätter 72 (1997) 70-77; — Pater Wolfgang Lebersorgs Chronik des Klosters Stams (Stiftsarchiv Stams, Codex D 40). Ed. u. Übers. von Ch. Haidacher (Tiroler Geschichtsquellen 42). Innsbruck 2000; — C. Fischnaler, Innsbrucker Chronik. Mit Bildschmuck nach alten Originalen und Rekonstruktions-Zeichnungen, sowie dem Gesamtregister. 4 Bde., Innsbruck 1929-1930, hier 3. Wirtschafts- und Literatur-Chronik. 20.

Wolfgang G. Schöpf

LEHMANN, Emil, * 26.7. 1823 in Hamburg, als Sohn des Miniatur-Malers und Zeichenlehrers Leo L. (1782-1859) und Mutter Friederike, geborene Dellevie (1792-1884). Gestorben 29.11. 1887. — Als Kind einer Hamburger Künstler- und Gelehrtenfamilie, besucht L. das Johanneum, danach das Akademische Gymnasium. Nach Studium in Kiel und Heidelberg Promotion zum Dr. jur. Rechtsanwalt, Journalist, dann Bibliothekar an der Hamburger Commerzbibliothek. 1859 späte Heirat mit Amalie Léo (1837-1906). Von 1864 an gravierende Sehschwäche. Trotzdem: Ab 1865 umfangreiche Übersetzungen aus dem Englischen und Französischen ins Deutsche. Bruder Frederick L. (1826-91) stellte Kontakte zu den britischen Autoren William »Wilkie« Collins (1824-89), und George Eliot, i.e. Mary Ann Evans (1819-80), her. — L. profiliert sich als autorisierter Übersetzer. Daneben Einträge für das Brockhaus-Lexikon und Feuilletonbeiträge im Hamburgischen Correspondenten, der Rigaschen Zeitung, der Augsburger Allgemeinen und der Weser Zeitung. Ausgedehnte Reisen durch Europa. Seine älteren Brüder, Heinrich L., genannt Henri, (1814-82) und Rudolf L. (1819-1905) arbeiten als bedeutende Portraitmaler in Paris, Rom, München und London. Die Memoiren (»Lebenserinnerungen: Den Seinigen erzählt«,1885-95) bieten einen facettenreichen Einblick in die Lebenswelt und Arbeitsweise des Übersetzers und Schriftstellers L. — Sohn Carl L.-Haupt (1861-1938) war Altorientalist und Althistoriker.

Werke: Die deutsche Auswanderung, Berlin: Reimer, 1861; Georg Gottfried Gervinus. Versuch einer Charakteristik, Hamburg: Otto Meissner Verlag, 1871; Lebenserinnerungen: Den Seinigen erzählt, 8 Tle in 3 Bde, Bad Kissingen; T.A. Schachenmayer, 1885-95.

Übersetzungen: Aus dem Englischen: Felix Holt - der Radikale. Felix Holt the Radical, (1866) Von Eliot, George, 4 Bde, Berlin: Otto Janke Verlag, 1865-67; Der Mondstein, The Moonstone, Von Collins,Wilkie, 3 Bde, 1869; Das Geheimnis des Edwin Drood, The Mystery of Edwin Drood, (1870), Von Boz (i.e. Dickens, Charles), 3 Bde, Leipzig, 1870. Neuauflage: München: Winkler Verlag, Nachwort von Siegfried Schmitz, 1970; Wie der Vater, so der Sohn, Like Father, Like Son, (1871) Von Payn, James, 4 Bde, Leipzig, 1872-73; Mann und Weib, Man and Wife, (1871) Von Collins,Wilkie, 6 Bde, Leipzig, 1871; Fräulein oder Frau? Eine Erzählung. Miss or Mrs? (1871) Von Collins,Wilkie, Leipzig, 1872; Kenelm Chillingly. Von Bulwer-Lytton, Edward, Leipzig: E.J. Günther, 4 Bde, 1873; Middlemarch, Aus dem Leben der Provinz. Middlemarch (1871-72)Von Eliot, George. Mit Bewilligung des Verfassers, 4 Bde, Berlin: Duncker, 1872- 73; Der Kampf um's Dasein. Put yourself in his Place. Von Reade, Charles, 3 Bde, Leipzig: E.J.Günther, 1874; Die Blinde. Poor Miss Finch. (1871) Von Collins, Wilkie, 4 Bde, Leipzig, 1874; Mein Leben und was ich darin gelernt hab. Eine Autobiographie. My life and what I learnt in it. Von Campanella, Giuseppe Maria. Wien: A. Hartleben, 1875; Drei Essays über Religion: Natur, die Nützlickeit(sic!) der Religion, Theismus. Von Stuart Mill, John. Berlin: Duncker, 1875; Der Materialismus in England: Ein Vortrag gehalten in der Versammlung der British Association in Belfast. Von Tyndall, John. Nach der neuesten Auflage und mit Genehmigung des Verfassers. Berlin : Julius Springer Verlag, 1875; Geschichte von Japan von den frühesten Zeiten bis in die Gegenwart. 1 Bd: Bis zum Jahr 1864. Von Adams, Francis Ottiwel, Gotha: Perthes, 1876; Wir und unsere Nachbarn. Chronik einer entlegenen Straße. We and Our Neighbours. (1875) Von Beecher Stowe, Harriet. 2 Bde, Wien: Hartleben, 1876; Eine Prinzessin von Thule. A Princess of Thule (1873) Von Black, William, 4 Bde. Berlin, 1876; Über Schauspieler und die Schauspielkunst. Von Lewes, George Henry, Leipzig: Duncker und Humblot, 1878; Das Leben des Prinzen Albert. Prinz - Gemahl der Königin von England. (Biografie des Louis Philippe Albert d'Orleans). Life of the Prince Consort (1874-80), Von Martin, Theodore. 5 Bde, Gotha: F.A.Perthes. 1876-1881; — Die Juden und ihre Gegner. The modern Hep, hep, hep. Sammlung von Essays mit dem Titel »The Impressions of Theophrastus Such« (1879). Von Eliot, George. Hamburg: Otto Meissner Verlag, 1880; Stein: sein Leben und seine Zeit. Deutschland und Preußen im Zeitalter Napoleons.

Life and Times of Stein. Von Seeley, John Robert, 3 Bde, Gotha: Perthes, 1883-1887.

Aus dem Französischen: Die Gewerkvereine in England. Les Associations ouvrières en Angleterre. Von D'Orléans, Louis Philippe Albert, Berlin: Springer Verlag, 1870.

Lit.: George Eliot and Emil Lehmann - The Translator Translated von Beebe, Randall L. In: Studia Neophilologica 72: 63-74, Illinois, 2000.

Alexander Klinsky

LENDER, Franz Xaver Leopold, * 20.11. 1830 Konstanz, † 29.7. 1913 Sasbach, Priester und Politiker der Katholischen Volkspartei/Zentrumspartei. — Lender, fünftes und jüngstes Kind einer Metzgerfamilie, besuchte in seiner Vaterstadt zunächst die Volks- und dann die Bürgerschule und wurde 1843 in das von seinem Onkel geleitete Konstanzer Lyceum aufgenommen. Den Schulabschluß verhinderte der politische Eifer des 17-Jährigen, der sich im Frühjahr 1848 den südbadischen Revolutionären anschloß. Lender wurde aktenkundig als Gründer eines Arbeitervereins und Beteiligter am Heckerzug im April; die Fahndung nach ihm wegen hochverräterischer Unternehmungen blieb erfolglos, da Lender in die Schweiz floh, wo er sich kurzzeitig an der Universität Zürich immatrikulierte. Noch 1848 kehrte Lender auf deutschen Boden zurück und besuchte theologische und philosophische Vorlesungen in München. Weiteren revolutionären Aktivitäten hielt sich Lender fern, und im Oktober 1849 holte er auf Drängen seines Onkels und Mentors das Abitur in Freiburg nach, wo er seit dem Frühjahr 1850 sein Theologiestudium fortsetzte. Lenders Aktivismus schliff sich in seiner Studienzeit nur allmählich ab: Nachdem er noch in München als Burschenschafter reüssiert hatte, wurde er in Freiburg Mitbegründer eines theologischen Vereins und unterbrach sein Studium durch einen Aufenthalt bei den Jesuiten im oberelsässischen Isenheim, denen er sich dann aber doch nicht dauerhaft anschloß. — Nach der Priesterweihe im August 1853, auf die er sich am Seminar in St. Peter vorbereitet hatte, war Lender als Vikar zunächst in Gengenbach, dann in Offenburg tätig. 1856 übersiedelte er als Pfarrverweser nach Schwarzach, wo er bis 1872 - seit 1862 als Pfarrer und seit 1866 als Dekan des Landkapitels - blieb. Neben seiner seelsorgerischen Tätigkeit zeigte Lender mit der Gründung einer Waisenanstalt (1859) soziales und seit der Zuspitzung des badischen Kulturkampfes in der Mitte der 1860er Jahre auch politisches Engagement: 1865 wurde er in die Kreisversammlung Baden-Baden gewählt; 1869 zählte er zu den Gründern der badischen Katholischen Volkspartei und gewann im gleichen Jahr im Ämterwahlkreis Ettlingen/Rastatt ein Mandat für die Zweite Kammer des Landtags. Dort bildete er zusammen mit Reinhold Baumstark, Ferdinand Bissing und Jakob Lindau das sogenannte »Festungsviereck« - eine kleine Fraktion, die nicht nur in Kulturkampffragen strikte Opposition übte, sondern auch auf anderen Politikfeldern (Demokratisierung des Wahlrechts, Ablehnung eines bedingungslosen Anschlusses Badens an den Norddeutschen Bund) die Regierung und ihre nationalliberale Gefolgschaft im Landtag konsequent attackierte. — In den 1870er Jahren war Lender die Schlüsselfigur der Katholischen Volkspartei und maßgeblich an ihrem landespolitischen Aufstieg beteiligt, der sie zur ernsthaften Gefahr für die nationalliberale Mehrheitsfraktion im Landtag machte. Seit 1872 gehörte Lender auch dem Reichstag an, wo er in der Fraktion der Zentrumspartei allerdings keine herausragende Rolle spielte; den Wahlkreis Achern-Bühl-Baden-Rastatt hielt er bis zum seinem Tod 1913 als eine sichere Bastion des politischen Katholizismus. In der badischen Landespolitik profilierte sich Lender als scharfer Kritiker der Kulturkampfpolitik, die von der Regierung und den Nationalliberalen bis Ende der 1870er Jahre forciert wurde. Als 1880 mit einem Kompromiß zwischen der Regierung und Freiburger Kirchenleitung in der Kulturexamensfrage ein erster Schritt zur Beilegung des Kulturkampfes erfolgte, brachen in den Reihen der Katholischen Volkspartei Streitigkeiten auf, die sich 1885 zu einer ernsten innerparteilichen Krise auswuchsen, die Lender schließlich seine Führungsposition kostete. — Während Lender auf eine Ausgleichspolitik einschwenkte, die politische Agitation dämpfen wollte und auf ein Entgegenkommen der Regierung hoffte, formierte sich in der Partei um den Zähringer Pfarrer Theodor Wacker ein oppositioneller Flügel, der den scharfen Konfliktkurs fortsetzen wollte und sich davon die Erreichung der kirchenpolitischen Maximalziele versprach. Die Streitigkeiten eskalierten in der Landtagssession 1885/86, als ein Teil der bei den letzten Wahlen deutlich verkleinerten Fraktion dem Partei- und Fraktionsvorsitzenden Lender die Gefolgschaft versagte. Obwohl es 1887 es zu der von Lender befürworteten Verständigung zwischen Kirchenleitung und Regierung über die Rücknahme einiger weiterer Kulturkampfmaßnahmen kam, wurde im gleichen Jahr Lenders landespolitische Entmachtung besiegelt: Bei der Landtagsneuwahl unterlag er in seinem Wahlkreis einem parteiinternen Gegenkandidaten. An der 1888 erfolgten organisatorischen und programmatischen Neuformierung der badischen Katholischen Volkspartei als Zentrumspartei hatte er keinen Anteil mehr. — Lenders reichspolitische Karriere wurde durch die Palastrevolte seiner badischen Parteifreunde nicht beendet. Wohl nicht zuletzt aus Scheu vor einem Verlust des Mandats an die Nationalliberalen verzichteten seine innerparteilichen Gegner auf eine Gegenkandidatur und überließen ihm seinen Reichstagswahlkreis. Einen dauerhaften Friedensschluß bedeutete dies indes nicht: Bei den im Zeichen der Rüstungspolitik stehenden Reichstagswahlen von 1893 versagte die badische Parteiorganisation Lender, der sich im Reichstag zunehmend auf dem rechten Flügel der Zentrumsfraktion exponierte, jegliche Unterstützung, ohne jedoch damit seinen erneuten Wahlsieg verhindern zu können. Ohne landespolitische Hausmacht und wegen seiner zunehmend konservativer werdenden Anschauungen in einer Minderheitenposition befindlich, hatte Lender in der Zentrumsfraktion des Reichstags in der Folgezeit nur wenig Einfluß; Verdienste erwarb er sich als besonders fleißiger Teilnehmer der Reichstagssitzungen. — Größere Wirksamkeit als in Berlin entfaltete Lender in seiner engeren Heimat als von 1884 bis zu seinem Tode amtierendes Mitglied des Kreisausschusses Baden-Baden und vor allem als Schulgründer in Sasbach, wo er seit 1872 als Pfarrer tätig war. Die »Lendersche Studienanstalt« war keine gezielte Gründung, sondern entstand ad hoc kurz nach Lenders Übersiedlung nach Sasbach, als er seinen Vikar mit der Erteilung von Lateinunterricht an Bürgersöhne betraute. 1875 professionalisierte Lender das Unternehmen mit der Rekrutierung eines infolge des Kulturkampfs stellungslosen Geistlichen als Lehrer. Zwei Jahre später wurden erstmals auswärtige Schüler aufgenommen, 1882 wurde das bis dahin im Pfarrhaus untergebrachte Internat in ein eigenes Gebäude verlegt. Das rasche Wachstum der Schülerzahlen - Mitte der 1880er Jahre waren es 250 - machte den Bau eines neuen Schulgebäudes erforderlich, in dem die Schüler seit der Jahrhundertwende sowohl in einer Gymnasial- als auch einer Realabteilung unterrichtet wurden. — Lenders vielfältige Verdienste in verschiedenen Bereichen des öffentlichen und kirchlichen Lebens spiegeln sich in den zahlreichen Auszeichnungen wider, die ihm seit den 1880er Jahren verliehen wurden - darunter der Zähringer Löwenorden in mehreren Varianten sowie, obwohl Lender weder wissenschaftlich noch publizistisch hervorgetreten ist, die theologische Ehrendoktorwürde der Universität Freiburg. Seine Meriten hätten Lender durchaus auch für höhere kirchliche Ämter qualifiziert, zu denen ihm der Zugang allerdings wegen seiner Verwicklung in die innerkatholischen politischen Kontroversen der 1880er Jahre verwehrt blieb. So zählte er bei der Freiburger Sedisvakanz im Jahr 1886 zu den Favoriten des Staatsministeriums für die Erzbischofswürde; für das Domkapitel kam er jedoch als Kandidat nicht in Betracht.

Lit.: Festblatt zum fünfzigjährigen Priester-Jubiläum des Hochwürdigsten Herrn Prälaten Dr. F. X. L. am 10. August 1903, hrsg. von der Heimschule Lender, Bühl 1903; — Zur Erinnerung an Prälat Dr. F. X. L., hrsg. von der Heimschule Lender, Bühl 1913; — Franz Duffner, Sasbach und die Lendersche Anstalt. Ein Blatt der Erinnerung an Prälat L., in: Badner Land 26, Freiburg 1914, 67f.; — Julius Mayer, F. X. L. L., in Necrologium Friburgense 1913, FDA 44 (NF 17), 1916, 33f.; — Franz Dor, Prälat Dr. F. X. L. Ein Lebensbild, Bühl 1918; — Prälat Dr. F. X. L. Blätter der Erinnerung, hrsg. zur Feier des 100. Geburtstags von der Heimschule Lender, Karlsruhe 1930; — 75 Jahre Heimschule Lender, hrsg. von der Heimschule Lender, Bühl 1950; — Werner Guldenberg u. a., Das Erbe F. X. Ls. Zur 50. Wiederkehr seines Todestages, in: Konradsblatt 47, 1963, 8f.; — Heinz Bischof, F. X. L. L. Ernste Historie und heitere Histörchen um einen großen Schulmann, in: Der Merkur. Heimatkalender für die Kreise Rastatt und Bühl und für die Kurstadt Baden-Baden, hrsg. von Rolf Gustav Hacblcr, 2, 1964, 67f.; Werner Guldenfels, F. X. L., in: Der Sasbacher, hrsg. von der Heimschule Lender, Bühl 1964, 14f.; — Karlheinz Rebel, Prälat Dr. F. X. L., in: Neue Sammlung, Göttinger Blätter für Kultur und Erziehung, 4, 1964, 83f.; — Emil Baader, Anekdoten um F. X. L., in: Ekkhart 1965, 222f.; — Leopold Rothermel und Emil Zinsmayer, L.-Anekdoten, in: Konradskalender 43, 1967, 74f.; — Manfred Stadelhofer, Der Abbau der Kulturkampfgesetzgebung im Großherzogtum Baden 1878-1918, Mainz 1969; — Josef Becker, Liberaler Staat und Kirche in der Ära von Reichsgründung und Kulturkampf. Geschichte und Strukturen ihres Verhältnisses in Baden 1860-1876, Mainz 1973; — Werner Guldenfels, F. X. L., in: Heimschule Lender 1875-1975, hrsg. von der Heimschule Lender, Bühl 1975; — Helmut Bender, Badisches. Ein landeskundliches Mosaik, Waldkirch 1983, 129ff.; — Hans-Jürgen Kremer (Bearb.), Mit Gott für Wahrheit, Freiheit und Recht. Quellen zur Organisation und Politik der Zentrumspartei und des politischen Katholizismus in Baden 1888-1914, Stuttgart u. a. 1983, passim; — Max Oberhuber, Das Leben des F. X. L. L., Karlsruhe 1984; — Hans Leopold Zollner, Priester, Politiker, Pädagoge. Vor 75 Jahren starb Prälat F. X. L., in: Konradsblatt 72, 1988, 7; — Josef Bayer, F. X. L. Priester Schulmann, Politiker, in: Die Ortenau. Zeitschrift des Historischen Vereins für Mittelbaden 69, 1989, 223-234; — Gerd Sarcher, F. X. L., ein Bild unseres Schulgründers, in: Der Sasbacher, 1990, 55-60; — Wilfried Danner, F. X. L. und andere Konstanzer Schüler als Revolutionäre 1848, in: Hegau. Zeitschrift für Geschichte, Volkskunde und Naturgeschichte des Gebietes zwischen Rhein, Donau und Bodensee 57, 2000, 220-223; — Karl-Heinz Ott, Heimschule Lender Sasbach. F. X. L., in: Forum Schulstiftung. Zeitschrift für die katholischen Freien Schulen der Erzdiözese Freiburg 34, 2001, 30-34; — Biographisches Jahrbuch und deutscher Nekrolog 18, 1913, 40-46; — NDB 14, 1985, 200f.; Badische Biographien NF. 2, 1987, 187-190; — Hans-Peter Becht, Badische Parlamentarier 1867-1874. Historische Photographien und biographisches Handbuch, Düsseldorf 1995, 244f.; — DBE 6, 1997, 319.

Frank Engehausen

LEUBING, Heinrich, gelehrter Rat und Diplomat, Protonotar und Kreuzzugsprediger, † 8.8. 1472 in Meißen. — L. war einer der bedeutendsten Diplomaten des Reiches im 15. Jahrhundert. — Das Familienwappen auf L.s Grabplatte im Meißner Dom deutet auf eine eher wohlhabende bürgerliche Herkunft hin. Dennoch wurde er 1420 als »pauper« an der Universität Leipzig immatrikuliert. Als sein Herkunftsort erscheint in der Leipziger Matrikel 1420 Nordhausen. Als sich L. 1424 ein zweites Mal an der Universität Leipzig einschreiben ließ, wurde er mit der Herkunftsangabe »de Udestedt« registriert. 1434 erwarb L., wohl in Leipzig, das Lizentiat in kanonischem Recht und wurde im Wintersemester 1435 an der Universität Erfurt immatrikuliert. Möglicherweise begab er sich im September des Jahres nach Bascl, um sich dem Konzil inkorporieren zu lassen, doch ist der entsprechende Eintrag in den Konzilsakten (Concilium Basiliense III, 512) nicht zweifelsfrei ihm zuzuordnen. 1436 setzte L. seine Studien in Bologna fort. Am 20. März 1437 bestritt er dort mit herausragendem Ergebnis das mündliche Examen bei Battista di San Pietro (Battista de Sancto Petro) und Niccolò de Ghisilardis (Nicolaus de Ghixilardis) und wurde zum Dr.

legum promoviert. In demselben Jahr war er Mitglied der Deutschen Nation an der Bologneser Universität. Seit 1437 war er ihr Prokurator. — Früh während seines Rechtsstudiums machte L. Karriere in der wettinischen Kanzlei. Schon seit 1423 wird er mehrfach als Kanzler genannt. Am 13. August 1425 wurde ihm von König Sigmund in Ofen das öffentliche Notariat verliehen. 1427 wurde er als Sekretär und Familiar des Markgrafen von Meißen bezeichnet. Die Forschung rekonstruiert L.s Karriere in der sächsischen Kanzlei dergestalt, daß er 1426 Sekretär Herzog Friedrichs I. von Sachsen wurde und 1428 zum obersten Schreiber der Kanzlei avancierte. Seit 1432 fungierte er als Kanzler der Herzöge von Sachsen, ein Jahr später dann als Kanzler Kurfürst Friedrichs II. des Sanftmütigen. Entlohnt wurde L. zunächst mit einem Domkanonikat in Meißen, in dessen Besitz er seit 1428 war. Zudem hatte er seit 1434 mit der Propstei am Naumburger Dom ein traditionell für die sächsischen Kanzler reserviertes Amt mit zugehöriger Pfründe inne. L.s Stellung bei den Wettinern blieb auch nach seinem Weggang aus deren unmittelbarem Einflußbereich derart bedeutend, daß Friedrich der Sanftmütige ihm 1437 nach Bologna schrieb, er wolle ihn dort zur Beratung aufsuchen. — Nach seiner Rückkehr aus Italien trat L. in den Dienst des seit 1434 amtierenden Mainzer Erzbischofs Dietrich von Erbach. Vielleicht wurde der Übertritt durch den Mainzer Kammerschreiber Johannes Kirchhain befördert, mit dem L. in Bologna bekannt wurde. — Von 1438 bis 1447 ist L. als Kanzler Dietrichs von Erbach nachweisbar. Den Schwerpunkt seiner Mainzer Tätigkeit bildeten zunächst die Beziehungen nach Thüringen sowie die Konzilsfrage. In letzterer gehörte L. zu jenen Gesandten, die vor allem die Kontakte zum Königshof pflegten. In demselben Jahr, in dem L. erstmalig als Mainzer Kanzler belegt ist (1438), bezeugte er in Frankfurt die Wahl Albrechts II. zum Römischen König und gehörte der Gesandtschaft an, die das Wahldekret übergab. Im Juli des Jahres 1438 erscheint er auf dem Nürnberger Reichstag als Subskribent des Notariatsinstruments, durch das die kurfürstliche Neutralität im Kirchenkonflikt um vier Monate verlängert wurde. Von Nürnberg aus wurde er zudem für eine Gesandtschaft deputiert, die 1439 in Basel beim Konzil vermittelte. Im April

des Jahres wirkte er als Vertreter Dietrichs von Erbach auf dem Kurfürstentag in Mainz und unterzeichnete in der Kapitelsstube des Domes die Mainzer Akzeptation, durch welche die deutschen Kurfürsten einen Großteil der Basler Konzilsdekrete annahmen. Konrad von Weinsberg, Konzilsprotektor und späterer Rat Dietrichs von Erbach, schrieb von diesem Reichstag aus, er habe zu L. »gar ein gut vertruwen« (RTA 14 Nr. 162, 283). 1440 trat L. in Kontakt mit der Universität Erfurt und forderte im Auftrag des Mainzer Erzbischofs ein Gutachten über die Beibehaltung der Neutralitätspolitik an. — In demselben Jahr war L. in Frankfurt Zeuge der Wahl Herzog Friedrichs V. von Österreich zum Römischen König Friedrich III. Auch diesmal gehörte er zu der Wahlgesandtschaft und hielt am 31. März in Wiener Neustadt, neben dem kurkölnischen Gesandten Tilmann von Linz, eine Ansprache angesichts der Überbringung der offiziellen Wahlmitteilung, in der er Friedrich III. rühmte. In jener Zeit wurde L. auch erstmals für Nürnberg tätig und stand seit 1439 in kontinuierlichem Briefwechsel mit der Reichsstadt. Ferner trat er im August 1440 als Bevollmächtigter des Bischofs Magnus von Hildesheim auf der Aschaffenburger Provinzialsynode auf. Im Dezember verhandelte er in erzbischöflichem Auftrag in der Auseinandersetzung der Domkapitel von Mainz und Würzburg. — Nachdem der Trierer Erzbischof Jakob von Sierck in Übereinkunft mit Dietrich von Erbach das Reichskanzleramt von letzterem übernommen hatte, wechselte im Sommer 1441 auch L. in die römische Kanzlei Friedrichs III. Hier spielte er gemeinsam mit dem Siercker auf einem im Juni des Jahres abgehaltenen Landtag eine große Rolle und hatte als Gesandter Friedrichs III. zum Frankfurter Reichstag von 1441 die Vollmacht, über die Kirchenfrage zu verhandeln und zu beschließen. Das Amt des Vizekanzlers an der Seite des Jakob von Sierck übte L. jedoch de facto erst nach dessen tatsächlicher Übernahme der Reichskanzlei im Mai 1442 aus. In jenem Jahr nahm L. an Friedrichs Krönungszug über Nürnberg und Frankfurt nach Aachen teil. Schon im Juli wurde er aber wieder als Kanzler des Mainzer Erzbischofs bezeichnet. Trotzdem blieben die Kontakte zum Königshof bestehen, und L. übernahm bei zukünftigen Arbeitgebern häufig Missionen an den Kaiserhof.

Ferner war er insbesondere in den 1440er Jahren mehrfach Beisitzer am Reichskammergericht. Der Umstand, daß L. knapp zwei Jahre nach seiner kurzen Tätigkeit in der königlichen Kanzlei Ratskonsulent in Nürnberg wurde und die oftmals durch königlichen Einfluß besetzte, einträgliche Nürnberger Pfarrei St. Sebald übernahm, hing sicherlich mit seiner seit 1442 gewachsenen Königsnähe zusammen. Allerdings handelte es sich nicht um einen abrupten Wechsel des Dienstherren, der für jenen von Sachsen nach Mainz anzunehmen ist. 1445 assistierte L. gemeinsam mit Johannes von Lieser bei der Weihe des neu gewählten Bischofs von Worms, Reinhard von Sickingen. Ein Jahr später gab er in einer Supplik an, in Diensten Dietrichs von Erbach, in dessen Gefolge er die römische Kurie betrat, und in jenen des Römischen Königs zu stehen. 1447 brachte L. u. a. zusammen mit Konrad von Weinsberg als Rat Dietrichs von Erbach im »Anlaß zu Bibelried« eine Vermittlung im Streit zwischen Markgraf Albrecht von Brandenburg und Bischof Gottfried von Würzburg zustande. — Als ebenso bedeutsam wie einträglich sollte sich für L. eine Mission in der Schlußphase des Kirchenstreites erweisen. Nach der Exkommunizierung des Kölner und Trierer Erzbischofs durch Papst Eugen IV. zog er zur Auflösung der Spannungen im Mai 1447 mit zwei weiteren kurfürstlichen Gesandten, Dr. Gregor Heimburg und Dr. Johannes Swofheim aus Lignitz, nach Wien, und sodann im Juni nach Rom. Dort trafen die drei Diplomaten mit denen des Königs, Enea Silvio Piccolomini und Tommaso Parentucelli, zusammen und wurden beim Papst vorstellig. Einträglich war die Mission deshalb, da L. 1448 in ihrer Folge zum päpstlichen Protonotar ernannt wurde. Dieses gewichtige Ehrenamt wurde zu Beginn des Pontifikats Nikolaus' V. vor dem Hintergrund des Wiener Konkordats vielen Mittlern im Kirchenstreit, so etwa auch Johannes von Lieser, verliehen und darf als Entlohnung für L.s Vermittlungsleistungen verstanden werden. — In den Folgejahren wurde L. intensiv in Nürnberger Diensten tätig. Insbesondere für die Jahre von 1449 bis 1451 sowie 1454 bis 1456 dokumentieren die Ratsverlässe und das Briefeingangsregister der Stadt rege Briefkorrespondenz mit ihm. — Inwieweit der viel beschäftigte Diplomat Zeit fand, sich seiner Pfarrei St. Sebald zu widmen, ist schwer abzuschätzen. 1446 etwa vertrat er den Bischof von Bamberg, den Kollator der Sebalduspfarrei, auf dem Frankfurter Tag. Für das Folgejahr ist bezeugt, daß er eine »Predica de missa audienda« »in sua ecclesia« (Wolfenbüttel, Cod. Helmst. 680, fol. 110r-116v, hier: fol. 116r) hielt, doch stand diese Predigt sicher im Zusammenhang mit L.s Auftrag durch den Nürnberger Rat aus jenem Jahr, die Verhältnisse der Nürnberger Ordensgeistlichkeit zu ordnen. An Ereignissen wie der durch den päpstlichen Legaten Nikolaus von Kues angeordneten Öffnung des Opferstockes der Kirche im Jahr 1452 hingegen hat L., der damals Friedrich III. auf seinen Romzug begleitete, jedoch nicht teilgenommen (Nürnberg, StA, Siebenfarbiges Alphabet, Urk. 2232). — Die Schwerpunkte seiner diplomatischen Tätigkeit für Nürnberg lagen auf den Beziehungen mit Kursachsen und der Kurie. Zeitweise rückten zudem Vermittlungen im Krieg der Reichsstadt mit Markgraf Albrecht Achilles von Brandenburg in den Vordergrund. Als die Fürstenpartei versuchte, die Bundesstädte auf Seiten Nürnbergs bannen zu lassen, wurde L. 1449 vom Nürnberger Rat nach Rom abgefertigt, wo er im Folgejahr gemeinsam mit dem Regensburger Kanoniker Dr. Thomas Pirckheimer versuchte, die Kurie für die Reichsstadt zu gewinnen. — Neben den hier aufscheinenden Arbeitsbeziehungen L.s zu Pirckheimer finden sich in seinen Nürnberger Jahren vielfältige Belege für seine Zusammenarbeit und seinen intellektuellen Austausch mit zahlreichen Persönlichkeiten des politischen und intellektuellen Lebens der Reichsstadt. So stand er u. a. in Kontakt mit Gregor Heimburg, Martin Mair, Hermann Schedel, Niclas von Wyle und Heinrich Zollner. Zudem förderte L. den blinden Organisten von St. Sebald, Komponisten und Musiktheoretiker Konrad Paumann. Nach Ausweis Enea Silvios, der spätestens während L.s Zeit in Wiener Neustadt in Kontakt mit ihm kam, widmete sich L. auf Ermunterung Heimburgs hin verstärkt dem Studium der Geschichte und Rhetorik. — Parallel zu seiner Anstellung in Nürnberg erscheint L. seit 1448 in Diensten Herzog Ludwigs des Reichen von Bayern-Landshut (wie in jenen Jahren etwa auch Peter Knorr, Thomas Pirckheimer und Hermann Schedel). Entsprechende Vereinbarungen wurden wahrscheinlich im Zuge der wittelsbachischen Vermittlungsversuche im Markgrafenkrieg in München oder Bamberg getroffen. Im März 1448 und im April des darauf folgenden Jahres vertrat L. gemeinsam mit Thomas Pirckheimer am Königshof in Wien Albrecht von Bayern-München gegen Herzog Heinrich von Landshut im Ingolstädter Erbschaftsprozeß. 1455 wurde er wiederum als besoldeter Rat und Diener Herzog Ludwigs des Reichen von Bayern-Landshut auf zwei Jahre vertraglich verpflichtet und nahm 1459 als dessen Vertreter am Kongreß von Mantua teil. Noch für 1460 ist eine Instruktion Herzog Ludwigs für L. überliefert, aus der hervorgeht, daß er im Vorfeld des Reichskrieges des Kaisers gegen den Wittelsbacher beim Papst für den Herzog werben sollte (Bayerisches HstA, Fürstensachen, nr. 171/4, pag. 5f., Vgl. Isenmann 2008). — Zu Beginn der 1450er Jahre geriet L. in heftige Auseinandersetzungen mit den Nürnberger Mendikanten. Erst nach langem Schriftverkehr zwischen ihm und Nikolaus von Kues konnten die Differenzen auf einer vom päpstlichen Legaten geleiteten Synode geschlichtet werden. Doch sollte der Nürnberger Rat L. noch 1466 über »ungehörige Reden bei den Augustinern« (Rosenthal-Metzger 1931, 81) berichten. Die in jenen Vorgängen erkennbare, wohl im Zuge der Legationsreise des Cusanus (1450-52) intensiver werdenden Kontakte L.s zum deutschen Kardinal nutzte er 1451, um von dem Legaten für die Stadt Nürnberg einen Jubiläumsablaß zu erreichen. Ferner unterstützte Cusanus L. bei der Erlangung der Propstei des Erfurter Marienstifts, indem er seine Provision mit dieser Pfründe resignierte und bat, sie an L. zu übertragen, und indem er sich beim Mitbewerber, dem späteren Mainzer Erzbischof Graf Adolf von Nassau, für L. brieflich einsetzte. Am 18. September 1453 dann schickte der Kusaner in seinen Auseinandersetzungen mit Sigmund von Tirol L. zum Kaiserhof. In einem gleichzeitigen Brief an den Kärntner Ritter und Kammermeister Friedrichs III., Hans Ungnad von Sonnegg, dessen Diener er eine Pfründe am Brixner Dom verschafft hatte, bat er um die Protegierung L.s beim Kaiser. Als besonders geeigneter Unterhändler mußte L. dem Kardinal zu jener Zeit insbesondere durch seine Involvierung in die Heiratsvorbereitungen des Königs erscheinen. — Ausweislich eines Briefes des Nürnberger Rates führte L. wahrscheinlich schon 1450 in Rom Heiratsverhandlungen für Friedrich III. und begab sich vielleicht in diesem Rahmen auch nach Neapel. Ob er im Zuge dieser Gesandtschaft gemäß Auftrag des Nürnberger Rates auch nach Venedig reiste, bleibt im Dunkeln. 1452 dann nahm L. als einer der zahlreichen Nürnberger Konsulenten am Romzug Friedrichs III. zu Kaiserkrönung und Heirat teil. Im Februar hielt er vor den Mauern Sienas an der Porta Camollia für den Habsburger die Begrüßungsrede an die Braut Eleonora von Portugal; ein Ereignis, daß Heinig als »gesellschaftlichen Höhepunkt seiner Herrschernähe« bezeichnet hat (Heinig 1997, I, 672). Auch beim Einzug des Königs in die Ewige Stadt, der im März des Jahres stattfand, war L. sich in seinem Gefolge. Allerdings war L. in Rom auch für Nürnberger Angelegenheiten tätig, und nach seiner Rückkehr in die Reichsstadt befand er sich in der Delegation, die den Bußprediger Capestrano im Juli empfing. — Ende 1454 wurde L. vom Nürnberger Rat Wilhelm III. dem Tapferen, Herzog von Sachsen, auf Anfrage leihweise überstellt. Den Anlaß dafür bildeten die sich zuspitzenden sächsisch-böhmischen Beziehungen, die seit den 1450er Jahren zu einem deutlichen Arbeitsschwerpunkt L.s wurden. Über seine diesbezügliche diplomatische Tätigkeit erstattete L. Nürnberg, wie auch Wilhelms Bruder Kurfürst Friedrich dem Sanftmütigen, seit 1450 kontinuierlich Bericht, so etwa über einen im November 1454 zu Breslau abgehaltenen Tag, den L. als Friedrichs Gesandter besuchte. 1455 informierten L. und der sächsische Rat Georg von Bebenburg ihren sächsischen Kurfürsten brieflich aus Wiener Neustadt über die dortigen Verhandlungen der böhmischen Frage. Für Juni des Jahres nennt der Augsburger Chronist Burkhard Zink L. als sächsischen Rat unter den Urteilsfällern in einer Sitzung des Reichskammergerichts. 1457 reiste L. als Gesandter Herzog Wilhelms nach Böhmen. Einen Monat nach dem Tod des Ladislaus Postumus († 23. 11. 1457) war L. wieder in Wien, um die Stimmung für eine Erhebung von Ansprüchen auf den österreichischen Herzogtitel durch Wilhelm als Gemahl der Schwester des Verstorbenen zu sondieren. Aus Wien berichtete L. Herzog Wilhelm auch über die böhmische Heirat des Matthias Corvinus. In einem von Enea

Silvio diktierten Brief erteilte Papst Calixt III. in jenem Jahr L. den Auftrag, im Sinne der Kurie u. a. auf Friedrich II., Kurfürst und Markgraf von Brandenburg, und den Erzbischof von Magdeburg einzuwirken. Nach dem Zeugnis des Breslauer Chronisten Peter Eschenloer war L. im April 1458 Sprecher einer großen vereinigten kursächsischen Gesandtschaft zu einem Tag in Breslau. In einer langen Rede erklärte er die böhmische Wahl für ungültig nach Reichsrecht und machte im Gegenzug wiederum Kursachsens Ansprüche auf Böhmen geltend. Zur Durchsetzung dieser Ansprüche begab er sich noch Ende Dezember 1470 an den Hof des polnischen Königs Kasimir, um dort nach Werbung durch dessen Gesandten über eine etwaige familiäre Verbindung der sächsischen Herzöge mit dem polnischen Königshaus zu verhandeln. Allerdings kam man nicht über Verhandlungen hinaus. — 1460 war L. Abgesandter des Mainzer Erzbischofs Diether von Isenburg. Im September trat er für ihn, und zugleich in Vertretung des Bamberger Bischofs, auf einem Tag zu Wien den Kreuzzugszehntforderungen des Kardinallegaten Bessarion entgegen, der im Verfolg des Mantuaner Kongresses von Papst Pius II. nach Deutschland geschickt worden war, um für den Kreuzzug zu werben. L. argumentierte hier dilatorisch, ein Türkenzug sei Reichsangelegenheit, und daher könne eine dafür geforderte Besteuerung nicht vom Papst befohlen, sondern müsse gemeinsam von Kaiser und Kurfürsten auf einem weiteren Reichstag beschlossen werden. Dieses Auftreten gegenüber Bessarion nutzte später Papst Pius II. in einer Denkschrift als Argument für die Rechtmäßigkeit des über Diether von Isenburg verhängten Bannes. In dem Jahr seiner Wiener Rede wurde L. zusammen mit dem Mainzer Domscholaster Volprecht von Dersch im Einverständnis mit dem Mainzer Erzbischof von Martin Mair als Rat des böhmischen Königs Georg Podiebrad verpflichtet. Es war dies eine Strategie des Mainzer Erzbischofs, seinen Einfluß am böhmischen Hof zu intensivieren. — Die vermehrte Aktivität für verschiedene Dienstherren kontrastierte mit einer Verschlechterung von L.s Verhältnissen in Nürnberg in den frühen 1460er Jahren. Noch im Juni 1460 hatte L. als Pfarrer von St. Sebald den feierlichen Einzug des Bischofs von Bamberg in Nürnberg mitgestaltet. Doch kam es in demsel-

ben Jahr zu Auseinandersetzungen mit den Geistlichen der Frauenkirche. Ferner betrieb seit 1461 der L. zum Konkurrenten gewordene Dr. Johannes Lochner, wohl unterstützt durch den Rat der Stadt und den Papst, L.s Entfernung aus der hoch dotierten Sebalduspfarrei, auf die schon Dr. Peter Knorr 1451 anläßlich eines irrigen Gerüchtes über L.s Tod ein Auge geworfen hatte. Nachdem L. gegen eine Pension von 140 Florenen 1464 zugunsten Lochners auf die Pfarrei verzichtet hatte, prozessierte er in Rom gegen ihn, da dieser den Betrag nicht zu zahlen bereit gewesen sei. Dies war nicht der erste Pfründenstreit des geschickten Pfründenpolitikers L. (ausführlich zu L.s Pfründen: Gramsch 2004). Doch diesmal entsprach seine Resignation der Sebalduspfarrei dem Ende des Dienstverhältnisses mit Nürnberg, und er orientierte sich nach kurzem Aufenthalt in Regensburg, wo er ein Domkanonikat besaß und an der Bischofswahl teilhatte, wieder zurück nach Sachsen. — Nachdem 1465 Georg Podiebrad mit einer Frist von 180 Tagen nach Rom zitiert worden war, um sich gegen den Vorwurf ketzerischer Umtriebe zu verteidigen, schlug den wettinischen diplomatischen Aktivitäten hinsichtlich Böhmens verstärkter kurialer Widerstand entgegen, und L. wurde von Rom aus ermahnt, seine Herren auf die politische Linie des Heiligen Stuhles zurückzuführen. Hatte L. schon 1458 in Nürnberg von der Kanzel gegen den Hussitismus gepredigt, vertrat er nun die kuriale Linie in Subdelegation des päpstlichen Legaten und Bischofs von Lavant, Rudolf von Rüdesheim, indem er um 1468 in Breslau und Schlesien den Kreuzzug predigte. Im Gegenzug wurde L. 1469 mit einem bepfründeten Kanonikat sowie einem Dekanat in Breslau versorgt. Ein im März des Jahres in Nürnberg ausgestellter und im April in Rom quittierter Wechselbrief für L. (Beinecke Library, Spinelli-Archiv) deutet darauf hin, daß er sich damals selbst an der Kurie aufgehalten hat. Für L.s Gewicht in Rom in jenen Jahren spricht eine Einschätzung des Breslauer Domherrn und Prokurators der Stadt in Rom, Dr. Fabian Hanko, der einem Boten nach Nürnberg 1464 L. als Mittelsmann zum päpstlichen Legaten, dem Erzbischof von Kreta Gironimo Lando, empfahl, da L. mit diesem eng befreundet sei. — Der nicht gelöste Streit mit Dr. Lochner um die Nürnberger Sebalduspfarrei führte 1472 bis zu L.s Exkommunikation durch Papst Sixtus IV. und dem damit verbundenen Verlust all seiner Ämter und Pfründen, die nun dem Konkurrenten zugesprochen wurden. In diesem Konflikt mobilisierte L. noch einmal alle mit den Jahren geknüpften Kontakte. Die Vermittlungen fruchteten, im Juni widerrief der Papst den Bann und im Juli wurde L. in seine Pfründen wiedereingesetzt. Einen Monat später, am 8. August 1472, starb er. — Vor seinem Tod traf L. Regelungen hinsichtlich seines Nachlasses (zu L.s Regelungen bezüglich seines Testaments: London, British Library, Arundel 138, f. 7v). Am Erfurter Marienstift sowie am Meißner Dom, wo L. bestattet liegt, richtete er umfangreiche Stiftungen ein. Einige hinterlassene Handschriften geben Einblick in seine Bildung und sein Schaffen. Schon 1470/71 hatte L. das Zisterzienserstift Altzelle, dessen Abt Antonius er verbunden war, als Erben eingesetzt. Im Bibliothekskatalog des Stifts sind einige »sermones« sowie verschiedene »excerpta...ex multis collecta« (Schmidt 1897, 59) verzeichnet, die L. Altzelle vermachte. In den erhaltenen Sammelhandschriften aus L.s Besitz befinden sich neben Teilen des Speculum iudiciale des Guillaume Durand mit den Zusätzen des Giovanni d'Andrea hauptsächlich italienische Autoritäten des kanonischen Rechts. Ähnliche Verbindungen wie zu Altzelle dürfte L. zur Erfurter Kartause, und insbesondere zu Johannes Hagen, gepflegt haben. Dem Prior der Kartause, Johannes Quirre, hinterließ er einen oberitalienischen Kodex mit Predigten des hl. Bernardino da Siena. — Ein authentisches Abbild L.s ist nicht bekannt. Auf seiner Grabplatte im Meißner Dom ist im Familienwappen, das gekrönt ist von dem zweiquastigen Hut eines apostolischen Protonotars, ein gelockter junger Mann zu sehen. L.s Bildnisse in einem Entwurf Raffaels zum fünften Fresko der Libreria Piccolomini im Dom von Siena (aufbewahrt in der Casa Baldeschi in Perugia) und in demselbigen Fresko in der Libreria, welches die Begegnung Kaiser Friedrichs III. mit Eleonora von Portugal darstellt, sind als Kryptoportraits anzusehen. (Gegen die Zuweisung L.s zu der Figur im Fresko: Esche 1992, 195 Anm. 468). Gleiches gilt für einen anonymen Kupferstich, der sowohl einzeln (Bibliothèque Nationale de France, Departement des Estampes et de la Photographie, N2 Leubing)

als auch in den Portraitsammlungen der Nürnberger Familie Löffelholz (Stadtarchiv Nürnberg, Portraitsammlung Löffelholz, E 17/II Nr. LL 33) und des Nürnberger Buchhändlers und Verlegers Friedrich Roth-Scholtz (1687–1736) (Staatliche Kunstsammlungen Dresden, Kupferstichkabinett, B 1580,2 = Scholtz 1723) überliefert ist. — Nach einem Brief des Würzburger Domherren Balthasar von der Kere an Magister Paulus Fries, der in zwei Handschriften der Schedelschen Bibliothek überliefert ist (StB München, Clm 224, f. 231 und Clm 414, f. 177r-179v), soll L. nach seinem Tod einem Mönch des Klosters Altzelle in einer Vision erschienen sein und ihm erzählt haben, er sei wegen seiner Pfründengier und seiner anderen Schandtaten auf ewig verdammt.

Gedruckte Quellen und Regestenwerke: Acta Cusana Quellen zur Lebensgeschichte des Nikolaus von Kues. Im Auftrag der Heidelberger Akademie der Wissenschaften hrsg. von Erich Meuthen und Hermann Hallauer (=AC) I, 2, Hamburg 1976; AC I,3a, Hamburg 1996; AC I,3b, Hamburg 1996; — Aeneae Sylvii Piccolominei Senensis ... opera quae extant omnia, Basel 1571 (ND Frankfurt a. M. 1967); — Wilhelm Altmann (Bearb.), Die Urkunden Kaiser Sigismunds (1410-37), Innsbruck 1896-1900 (Regesta Imperii, XI) (ND Hildesheim 1968); — Adolf Bachmann, Urkunden und Actenstücke zur österreichischen Geschichte im Zeitalter Kaiser Friedrichs III. und König Georgs von Böhmen (1440-1471), Wien 1879 (Fontes Rerum Austriacarum, 2. Abteilung, Diplomataria et Acta, Bd. 42); — Ders., Briefe und Acten zur österreichisch-deutschen Geschichte (Fontes Rerum Austriacarum, 2. Abteilung, Diplomataria et Acta, Bd. 44), Wien 1885; — Friedrich Battenberg (Bearb.), Solmser Urkunden. Regesten zu den Urkundenbeständen und Kopiaren der Grafen und Fürsten von Solms im Staatsarchiv Darmstadt (Abteilungen B 9 und F 24 B), im gräflichen Archiv zu Laubach und im fürstlichen Archiv zu Lich, Bd. 1: Urkundenregesten Nr. 1-1273 (1131-1450), Darmstadt 1981, (Repertorien des Hessischen Staatsarchivs Darmstadt; 15/1); — Carl August Hugo Burckhard, Urkundenbuch der Stadt Arnstadt, 704-1495, Jena 1883 (Thüringische Geschichtsquellen 4 = NF 1); — Joseph Chmel, Regesta Chronologico-Diplomatica Friderici IV. Romanorum Regis (Imperatoris III.). Auszug aus den im k.k. geheimen Haus- Hof- und Staats-Archive zu Wien sich befindenden Registraturbüchern vom Jahre 1440-1493, Hildesheim 1962 (ND der Ausg. Wien 1838); — Ders.: Fortsetzung des Reiseberichtes des Herrn Regierungsrathes Chmel, in: Sitzungsberichte der philosophisch-historischen Klasse, der kaiserlichen Akademie der Wissenschaften, 5. Bd., Wien 1850, Bd. 2, Heft 4, S. 595-728; — Karl Ernst Demandt (Bearb.), Regg. der Grafen von Katzenelnbogen 1060-1486, Bd. II, Wiesbaden 1954 (Veröffentlichungen der Historischen Kommission für Nassau; XI); — Deutsche Reichstagsakten (ältere Reihe), Bdd. 13-17; — Ernst Devrient (Hrsg.), Urkundenbuch der Stadt Jena und ihrer geistlichen Anstalten, 2. Bd., Jena 1903; — Die Chroniken der deutschen Städte vom 14. bis ins 16. Jahrhundert, hrsg. durch die Historische Kommission bei der bayerischen Akademie der Wissenschaften, 10.-11. Bd.: Die Chroniken der fränkischen Städte, Bd. 4-5: Nürnberg, 2. Aufl., Stuttgart 1961 (ND der Ausg. Leipzig 1874); — Ebd., 5. Bd.: Die Chroniken der schwäbischen Städte: Augsburg, Bd. 2, hrsg. von Karl Hegel, 2. Aufl., Göttingen 1966 (ND der Ausg. Leipzig 1866) (= Burkhard Zink); — Hans Dietrich von Diepenbroick-Grüter (Hrsg.), Allgemeiner Portrait-Katalog, Hildesheim 1967 (ND der Ausg. Hamburg 1931-33); — Georg Erler (Hrsg.), Die Matrikel der Universität Leipzig, Bd. 1, Nendeln/Liechtenstein 1976 (ND der Ausg. Leipzig 1895) (Codex diplomaticus Saxoniae Regiae, 2. T., 18); — Hubert Ermisch u. a. (Hrsgg.), Urkundenbuch der Markgrafen von Meissen und Landgrafen von Thüringen, Abteilung B, 4 Bd., Leipzig 1899/1902/09 und Dresden 1941 (Codex diplomaticus Saxoniae Regiae Ib/4); — Hubert Ermisch (Hrsg.), Urkundenbuch der Stadt Freiberg in Sachsen, Bd. 1, Leipzig 1883 (Codex diplomaticus Saxoniae Regiae, 2. Hauptteil, XII. Bd.); Bd. 2, Leipzig 1886; — Arnold Esch, Überweisungen an die apostolische Kammer aus den Diözesen des Reiches unter Einschaltung italienischer und deutscher Kaufleute und Bankiers. Regg. der vatikanischen Archivalien 1431-1475, in: QFIAB 78 (1998), 262-387; — Peter Eschenloer, Geschichte der Stadt Breslau, hrsg. und eingeleitet von Gunhild Roth, Bd. 1, München, Berlin 2003 (Quellen und Darstellungen zur schlesischen Geschichte; 29 I); — Ernestus Friedländer / Carolus Malagola, Acta nationis Germanicae Bononiae studentis ex Archetypis Tabularii Malvezzani Iussu Instituti Germanici Savignyani, Berlin 1887; — Lorenz Fries, Chronik der Bischöfe von Würzburg, hrsg. von Ulrich Wagner und Walter Ziegler, Bd. 4, bearb. von Ulrike Grosch u.a., Würzburg 2002; — Ernst Gotthelf Gersdorf, (Hrsg.), Urkundenbuch des Hochstifts Meißen, 3. Bd., Leipzig 1864-67 (Codex diplomaticus Saxoniae Regiae; II/3); — Ders., Urkundenbuch der Stadt Meissen und ihrer Klöster (Codex diplomaticus Saxoniae Regiae, Zweiter Hauptteil, IV. Bd.), Leipzig 1873; — Rolf Goldfriedrich, Die Geschäftsbücher der kursächsischen Kanzlei im 15. Jahrhundert, Diss. Leipzig 1930; — Valentin Ferdinand Gudenus, Codex diplomaticvs anecdotorvm, Res Mogvntinas ...Tomvs III, Frankfurt a. M. und Leipzig 1751; Tomvs IV; — Ders, Sylloge I variorum diplomatariorum...res Germanicas imprimis vero Moguntinas illustrantium, Frankfurt a. M. 1728; — Johannes Haller u. a. (Bearb.), Concilium Basiliense. Studien und Quellen zur Geschichte des Concils von Basel, hrsg. von der Akademie der Wissenschaften Wien und der Antiquarischen Gesellschaft Basel, Bd. III, Nendeln/Liechtenstein 1971 (ND der Ausg. Basel 1900); — Gustav Freiherr von Hasselholdt-Stockheim (Bearb.), Urkunden und Beilagen zum Kampfe der wittelsbachischen und brandenburgischen Politik in den Jahren 1459 bis 1465, Bd. 2, Leipzig 1865; — Friedrich Hausmann (Hrsg.), Das Brixner Briefbuch des Kardinals Nikolaus von Kues (Cusanus-Texte IV. Briefwechsel des Nikolaus von Kues; zweite Sammlung), Heidelberg 1952 (SAH, Jahrgang 1952, 2. Abhandlung); — Günther Hödl (Bearb.), Albrecht II. 1438-1439, Wien u. a. 1975 (Regesta Imperii, XII); — Constantin von Höfler (Hrsg.), Das kaiserliche Buch des Markgrafen Albrecht Achilles. Vorkurfürstliche Periode 1440-1470, Bd. 1, Bayreuth 1850; — Johannes Janssen,

Frankfurts Reichscorrespondenz nebst andern verwandten Aktenstücken von 1376-1519, Bd. 1, Freiburg i.Br. 1863; Bd. 2, Freiburg i.Br. 1872; — Paul Oskar Kristeller, Iter Italicum, Bd. IV (Alia Itinera II), Leiden u.a. 1989; — Gustavus Georgius Koenig de Königsthal (Hrsg.), Nachlese in den Reichsgeschichten..., Erste Sammlung. Von 1452 bis 1460, Frankfurt / Leipzig 1759; — Hermann Markgraf (Hrsg.), Politische Correspondenz Breslaus im Zeitalter Georgs von Podiebrad. Zugleich als Urkundliche Belege zu Eschenloers Historia Wratislaviensis, Zweite Abtheilung, Breslau 1874 (Scriptores Rerum Silesiacarum; 9); — Johannes Müllner, Die Annalen der Reichsstadt Nürnberg von 1623., Teil II, hrsg. von Gerhard Hirschmann, Nürnberg 1984; Teil III, unter Mitwirkung von Walter Gebhardt bearb. von Michael Diefenbacher, Nürnberg 2003 (Quellen und Forschungen zur Geschichte und Kultur der Stadt Nürnberg; 32); — Franz Miltenberger, Auszüge aus den päpstlichen Rechnungsbüchern des 15. Jahrhunderts für Nürnberger Geschichte, in: MVGN 11 (1895), 87-96; — Franz Joseph Mone, Speierische Chronik, in: Ders., Qsmlg der Badischen Landesgeschichte, Bd. 1, Karlsruhe 1848, 367-520; — Alfred Overmann (Bearb.), Urkundenbuch der Erfurter Stifter und Klöster, Tl. 3: Die Urkunden des Augustiner-Eremitenklosters (1331-1565), Magdeburg 1934 (Urkundenbuch der Erfurter Stifter und Klöster; 2) (Geschichtsquellen der Provinz Sachsen und des Freistaates Anhalt; 7); — Franz Palacky, Urkundliche Beiträge zur Geschichte Böhmens und seiner Nachbarländer im Zeitalter Georg's von Podiebrad (1450-1471), Wien 1860 (=Fontes Rerum Austriacarum, 2. Abteilung, Diplomataria et Acta, Bd. 20); — Karl Friedrich Freiherr von Posern-Klett (Hrsg.), Urkundenbuch der Stadt Leipzig, Bd. 1, Leipzig 1868 (Codex diplomaticus Saxoniae Regiae, Zweiter Haupttheil, VIII. Bd.); — Georg Wolfgang Franz Panzer, Verzeichnis von nürnbergischen Porträten, Nürnberg 1790; — Felix Priebatsch, Politische Correspondenz des Kurfürsten Albrecht Achilles, Bd. 1, Leipzig 1894; — Regg. Kaiser Friedrichs III. (1440-1493). Nach Archiven und Bibliotheken geordnet, hrsg. von Heinrich Koller, Paul-Joachim Heinig u. a. (Regesta Imperii, XIII); Heft 2-5, 7-17, 19,2, 20, 23; Sonderbd. 2: Das Taxregister der römischen Kanzlei 1471-1475, bearb. von Paul-Joachim Heinig und Ines Grund, Wien u. a. 2001; — Rep-Germ. 4-9, sowie Bd. 10: Sixtus IV. (1471-1484), bearb. von Ulrich Schwarz, Juliane Trede, Stefan Brüdermann, Thomas Bardelle und Kerstin Rahn (bisher: Datenbank beim DHI Rom); — Franz Xaver Remling (Hrsg.), Urkundenbuch zur Geschichte der Bischöfe von Speyer, Bd. 2, Aalen 1970 (ND der Ausg. Mainz 1853); — Adolph Friedrich Riedel (Hrsg.), Codex diplomaticus Brandenburgensis, 2. Haupttl., Bd. 4, Berlin 1847; — Dieter Rübsamen (Hrsg.), Das Briefeingangsregister des Nürnberger Rates für die Jahre 1449-1457, Sigmaringen 1997 (Historische Forschungen; 22); — Friedrich Roth Scholtz, Icones Consiliariorum de illustri Republica Norimbergensi optime meritorum qui ab anno MCCCLXVI. ad hunc usque diem claruerunt. Ex monumentis, numis, plasmatibus, cereis tabulisque ... collectae, Nürnberg / Altdorf 1723; – Hans Wolfgang Singer, Allgemeiner Bildniskatalog, Bd. VII, Nendeln/Liechtenstein 1967 (ND der Ausg. Leipzig 1937); — Albano Sorbelli, Il »Liber Secretus Iuris Caesarei« dell'Università di Bologna, Volume II: 1421-1450, Bologna

1942 (Universitatis Bononiensis Monumenta, Vol. III); — Theodor Josef Scherg, Franconia aus dem Vatikan, in: ArZs, NF, 16 (1909); 1-156; 17 (1910), 231-315; — Irene Stahl, Die Nürnberger Ratsverlässe, Heft 1, Neustadt a. d. Aisch 1983 (Schriften des Zentralinstituts für Fränkische Landeskunde und allgemeine Regionalforschung an der Universität Erlangen-Nürnberg; 23); — Richard Stauber, Die schedelsche Bibliothek: Ein Beitrag zur Geschichte der Ausbreitung der italienischen Renaissance, des deutschen Humanismus und der medizinischen Literatur, nach dem Tode des Verfassers hrsg. von Otto Hartig, Freiburg i. Br. 1908 (Studien und Darstellungen aus dem Gebiete der Geschichte; 6,2-3); — Bruno Stübel (Hrsg.), Urkundenbuch der Universität Leipzig von 1409 bis 1555, Leipzig 1879 (Codex diplomaticus Saxoniae Regiae, Zweiter Haupttheil, 11. Bd.); — Friedrich Töpfer, Urkundenbuch für die Geschichte des graeflichen und freiherrlichen Hauses der Voegte von Hunolstein, Bd. 2, Nürnberg 1867; — Johann Christoph Hermann Weissenborn (Bearb.), Acten der Erfurter Universität, hrsg. von der Historischen Kommission der Provinz Sachsen, Bd. 1, Nendeln/Liechtenstein 1976 (ND der Ausg. Halle 1881) (Geschichtsquellen der Provinz Sachsen und angrenzender Gebiete; Bd. 8,1); — Heinrich Witte (Bearb.) / Fritz Frankhauser (Mitarb.), Regg. der Markgrafen von Baden und Hachberg 1050-1515, hrsg. von der Badischen Historischen Commission, Bd. 3, Innsbruck 1907; — Friedrich Töpfer, Urkundenbuch für die Geschichte des graeflichen und freiherrlichen Hauses der Voegte von Hunolstein, Bd. 2, Nürnberg 1867; —Rudolf Wolkan (Hrsg.), Der Briefwechsel des Enea Silvio Piccolomini, II. Abteilung: Briefe als Priester und als Bischof von Triest (1447-1450), Wien 1912 (Fontes Rerum Austriacarum, Zweite Abteilung, Bd. 67), III. Abteilung, Bd. 1, Wien 1918 (Fontes Rerum Austriacarum, Zweite Abteilung, Bd. 68); — Stephan Alexander Würdtwein, Subsidia diplomatica..., Tomus 9, Frankfurt a. M./Leipzig 1815; — Ders., Thuringia et Eichsfeldia medii aevi ecclesiastica in archidiaconatus distincta, Bd. 1: De archidiaconatu praepositi ecclesiae collegiatae B. Mariae Virginis Erfordiensis..., Mannheim 1790; — Giulio C. Zimolo (Hrsg.): Le vite di Pio II di Giovanni Antonio Campano e Bartolomeo Platina, Bologna 1964 (Rerum italicarum scriptores. 2. III, 2).

Lit.: Hans Ammon, Johannes Schele, Bischof von Lübeck, auf dem Basler Konzil. Ein Beitrag zur Reichs- und Kirchengeschichte des 15. Jahrhunderts, Lübeck 1931 (Veröffentlichungen zur Geschichte der Hansestadt Lübeck; 10); — August Amrhein, Gotfrid IV. Schenk von Limpurg, Bischof von Würzburg und Herzog zu Franken 1442-1455, Diss. Würzburg 1908; — Ders., Gotfrid Schenk von Limburg, Bischof von Würzburg und Herzog zu Franken. 1442-1455, Erster Tl., in: Archiv des Historischen Vereins für Unterfranken und Aschaffenburg 50 (1908), 1-150; Fortsetzung des dritten Tl.s, in: ebd. 53 (1911), 1-154; — Gabriele Annas, Hoftag - Gemeiner Tag - Reichstag. Studien zur strukturellen Entwicklung deutscher Reichsversammlungen des späten Mittelalters (1349-1471), 2 Bd. und CD-Rom, Göttingen 2004 (Schriftenreihe der Historischen Kommission bei der Bayerischen Akademie der Wissenschaften; 68); — Adolf Bachmann, Deutsche Reichsgeschichte im Zeitalter Friedrich III. und Max I., Bd. 1, Hildesheim/New York 1970 (ND der Ausg. Leipzig 1884); — Ders., Die deutschen Könige und die kurfürstliche Neutralität (1438-1447), in: AÖG 75 (1889), 1-236; — Ders., Böhmen und seine Nachbarländer unter Georg von Podiebrad 1458-1461 und des Königs Bewerbung um die deutsche Krone. Ein Beitrag zur Geschichte der Versuche einer Reichsreform im XV. Jahrhunderte, Prag 1878; — Joseph Bader, Erhard Schürstab's Beschreibung des Ersten Markgräflichen Krieges gegen Nürnberg, in: Quellen und Erörterungen zur bayerischen und deutschen Geschichte, Bd. 7, München 1858; — Friedrich Battenberg, Gerichtsschreiberamt und Kanzlei am Reichshofgericht 1235-1451, Köln/Wien 1974; — Wilhelm Baum: Cusanus als Anwalt der Brixner Kirche in Kärnten und Krain (mit einer Edition eines unveröffentlichten Cusanusbriefes) gewidmet meinem Innsbrucker Lehrer Nikolaus Grass, in: Der Schlern 55, Heft 7/8 (1981), 385-399; — Remigius Bäumer, Eugen IV. und der Plan eines »Dritten Konzils« zur Beilegung des Basler Schismas, in: Reformata Reformanda. Festgabe für Hubert Jedin zum 17. Juni 1965, hrsg. von Erwin Iserloh und Konrad Repgen, Tl. 1, Münster 1965, 87-128; — Hans-Jürgen Becker, Die Appellation vom Papst an ein allgemeines Konzil. Historische Entwicklung und kanonistische Diskussion im späten Mittelalter und in der frühen Neuzeit, Köln/Wien 1988; — Gisela Beinhoff, Die Italiener am Hof Kaiser Sigismunds (1410-1437), Frankfurt a. M. u.a. 1995 (Europäische Hochschulschriften; III, 620); — Eduard Beyer, Das Cistercienser-Stift und Kloster Alt-Zelle in dem Bisthum Meihsen, Dresden 1855; — Maximilian Birck, Der Kölner Erzbischof Dietrich Graf von Moers und Papst Eugen IV. Mit Benutzung archivalischer Akten, Bonn 1889 (Aus der Rheinischen Geschichte XII.); — Karlheinz Blaschke, Kanzleiwesen und Territorialstaatsbildung im wettinischen Herrschaftsbereich bis 1485, in: Archiv für Diplomatik 30 (1984), 282-302 (zugleich in: Beiträge zur Verfassungs- und Verwaltungsgeschichte Sachsens. Ausgewählte Aufsätze von Karlheinz Blaschke aus Anlaß seines 75. Geburtstages hrsg. von Uwe Schirmer und André Thieme, Leipzig 2002, 303-22); — Karl Bosl, Bosls Bayerische Biographie. 8000 Persönlichkeiten aus 15 Jahrhunderten, Regensburg 1983; — Clemens Brockhaus, Gregor von Heimburg, Wiesbaden 1969 (ND der Ausgabe Leipzig 1861); — Dieter Brosius, Zum Mainzer Bistumsstreit 1459-1463, in: Archiv für hessische Geschichte, NF, 33 (1975), 111-36; — Thea Buyken, Enea Silvio Piccolomini - Sein Leben und Werden bis zum Episkopat, Bonn/Köln 1931; — Emanuele Casamassima, Note sui manoscritti di Bartolo nelle biblioteche tedesche, in: ZSavRGrom 79 (1962), 169-238; — Matthias Donath (Hrsg.), Die Grabmonumente im Dom zu Meißen, Leipzig 2004 (Quellen und Materialien zur Sächsischen Geschichte und Volkskunde; 1); — Friedrich Ellinger, Die Juristen der Reichsstadt Nürnberg vom 15. bis 17. Jahrhundert, in: Freie Schriftenfolge der Gesellschaft für Familienforschung in Franken 6 (1954), 130-222; 162 (=Diss. Iur. Erlangen 1951); — Adalbert Erler (Bearb.), Mittelalterliche Rechtsgutachten zur Mainzer Stiftsfehde 1459-1463, Wiesbaden 1964 (Schriften der Wissenschaftlichen Gesellschaft an der Johann Wolfgang Goethe-Universität Frankfurt/Main, Geisteswissenschaftliche Reihe; 4); — Hubert Ermisch, Studien zur Geschichte der sächsisch-böhmischen Beziehungen in den Jahren 1464 bis 1468, in: Neues Archiv für Sächsische Geschichte 1 (1880), 209-66; — Ders., Studien zur Geschichte der sächsisch-böhmischen Beziehungen in den Jahren 1468 bis 1471, in: ebd. 2 (1881), 1-49; — Christiane Esche: Die Libreria Piccolomini in Siena. Studien zu Bau und Ausstattung, Frankfurt a. M. u. a. 1992 (Europäische Hochschulschriften, Reihe 28, Bd. 136); — Beatrix Ettelt-Schönewald, Kanzlei, Rat und Regierung Herzog Ludwigs des Reichen von Bayern-Landshut (1450-1479), München 1996 (Schriftenreihe zur bayerischen Landesgeschichte; 97,1), Tl.b. 2; — Franz Falk, Zur Biographie des Johannes von Lysura, in: Der Katholik 76,2 (1896), 437-54; — Heinrich Theodor Flathe: Art.: »Wilhelm III. (Markgraf von Meißen)« in: ADB 43, Leipzig 1898, 124-27; — Theobald Freudenberger, Der Würzburger Domprediger Dr. Johann Reyss. Ein Beitrag zur Geschichte der Seelsorge im Bistum Würzburg am Vorabend der Reformation, Münster 1954 (Katholisches Leben und Kämpfen im Zeitalter der Glaubensspaltung. Vereinsschriften der Gesellschaft zur Herausgabe des Corpus Catholicorum; 11); — Franz Fuchs, Exequien für die Kaiserin Eleonore (†1467) in Augsburg und Nürnberg, in: Kaiser Friedrich III. (1440-1493) in seiner Zeit. Studien anläßlich des 500. Todestages am 19. August 1493/1993, hrsg. von Paul-Joachim Heinig, Köln u. a. 1993, 447-66; — Robert Gramsch, Kommunikation als Lebensform. Kuriale in Thüringen vom 13. bis zum 16. Jahrhundert, in: Kurie und Region. Festschrift für Brigide Schwarz zum 65. Geburtstag, hrsg. von Brigitte Flug, Michael Matheus und Andreas Rehberg, Stuttgart 2005, 417-34; — Ders, Erfurter Juristen im Spätmittelalter: die Karrieremuster und Tätigkeitsfelder einer gelehrten Elite des 14. und 15. Jahrhunderts, Leiden u.a. 2003 (Education and society in the Middle Ages and Renaissance; 17); — Franz Gundlach, Hessen und die Mainzer Stiftsfehde 1461-1463, Diss. Marburg 1898; — Cornelius Gurlitt, Beschreibende Darstellung der älteren Bau- und Kunstdenkmäler des Königreichs Sachsen, 40. Heft: Meißen (Burgberg), Dresden 1919; — Erich Freiherr von Guttenberg (†) / Alfred Wendehorst, Das Bistum Bamberg. Zweiter Tl.: Die Pfarrorganisation, Berlin 1966 (Germania Sacra NF; 2. Abteilung, erster Bd.); — Karl Hagen, Deutschlands literarische und religiöse Verhältnisse im Reformationszeitalter. Mit besonderer Rücksicht auf Wilibald Pirkheimer, Bd. 1, Aalen 1966 (ND der 2. Ausg. Frankfurt a.M. 1868); — Berndt Hamm, Lazarus Spengler (1479-1534). Der Nürnberger Ratsschreiber im Spannungsfeld von Humanismus und Reformation, Politik und Glaube, Tübingen 2004; — Conrad Hanna, Die südwestdeutschen Diözesen und das Baseler Konzil in den Jahren 1431 bis 1441, Diss. (Erlangen), Borna (Leipzig) 1929; — Rainer Hansen, Martin Mair. Ein gelehrter Rat in fürstlichem und städtischem Dienst in der zweiten Hälfte des 15. Jahrhunderts, Diss. Kiel 1992; — Bernhard Hartmann, Konrad Celtis in Nürnberg, in: MVGN 8, 1889, 1-68; — Karl Hausberger, Geschichte des Bistums Regensburg, Bd. 1, Regensburg 1989; — Hefele, Bd. 7, Freiburg i.Br. 1874; — Paul-Joachim Heinig, Kaiser Friedrich III. Hof, Regierung und Politik, 3 Bde., (Beihh. Regesta Imperii; 17), Köln/Weimar/Wien 1997; — Ders., Die Mainzer Kirche im Spätmittelalter (1305-1484), in: Friedhelm Jürgensmeier (Hrsg.), Hdb. der Mainzer Kirchengeschichte, Bd. 1.1-2, Würzburg 2000, 416-549; — Johannes Helmrath, Die Reichstagsreden des Enea Silvio Piccolomini 1454/1455. Studien zu Reichstag und Rhetorik, Habil. Köln 1994; — Max Hermann, Zur

fränkischen Sittengeschichte des fünfzehnten Jahrhunderts, in: Germania. Vierteljahrsschrift für deutsche Alterthumskunde 35 (=NF 23) (1890), 45-54; — Ders., Albrecht von Eyb und die Frühzeit des deutschen Humanismus, Berlin 1893; — Ders., Die Rezeption des Humanismus in Nürnberg, Berlin 1898; — Gerhard Hirschmann, Die Familie Muffel im Mittelalter. Ein Beitrag zur Geschichte des Nürnberger Patriziats, seiner Entstehung und seines Besitzes, in: MVGN 41 (1950), 257-392; — Günther Hödl, Albrecht II. Königtum, Reichsregierung und Reichsreform 1438-1439, Wien u.a. 1978 (Forschungen zur Kaiser- und Papstgeschichte des Mittelalters. Beihh. zu J. F. Böhmer, Regesta Imperii; 3); — Otto Hufnagel, Caspar Schlick als Kanzler Friedrichs III., in: MIÖG, 8. Ergänzungsbd., Innsbruck 1911, 253-460; — Eberhard Isenmann, Kaiserliche Obrigkeit, Reichsgewalt und ständischer Untertantenverband. Untersuchungen zu Reichsdienst und Reichspolitik der Stände und Städte in der zweiten Hälfte des 15. Jahrhunderts, Habil. Tübingen 1983, Köln 2008 (elektronisch); — Ders.: König oder Monarch? Aspekte der Regierung und Verfassung des römisch-deutschen Reichs um die Mitte des 15. Jahrhunderts, in: Rainer Christoph Schwinges, Christian Hesse, Peter Moraw (Hrsgg.), Europa im späten Mittelalter. Politik - Gesellschaft - Kultur, München 2006 (HZ, Beih. 40), 71-98; — Ders., Reichsrecht und Reichsverfassung in Konsilien reichsstädtischer Juristen (15.-17. Jahrhundert), in: Roman Schnur (Hrsg.), Die Rolle der Juristen bei der Entstehung des modernen Staates, Berlin 1986, 545-628; — Ferdinand Janner, Geschichte der Bischöfe von Regensburg, Bd. 3, Regensburg 1886; — Paul Joachimsohn, Gregor Heimburg, Aalen 1983 (ND der Ausg. Bamberg 1891); — Ders., Spottverse vom Basler Concil, in: NA 18 (1892), 693f.; — Ders., Zwei Universitätsgeschichten, ZKG 48 (=NF 11) (1929), 390-415; — Georg Christian Joannis, Volvmen Primvm Rervm Mogvntiacarvm..., Frankfurt a. M. 1722; Volvmen Secvndvm... Frankfurt a. M. 1722; — Ders., Scriptorvm Historiae Mogvntinensi Cvm Maxime Inservientivm Tomvs Novvs. ...Cvm Indicibvs Locvpletissimis, Franfurt a. M. 1727; — Peter Johanek, Art., Heimburg, Gregor, in: VerfLex 3, Berlin/New York 1981, Sp. 630-42; — Eberhard Waldemar Kanter, Markgraf Albrecht Achilles von Brandenburg, Burggraf von Nürnberg. Ein Zeit- und Lebensbild, Bd. I, Berlin 1911 (Quellen und Untersuchungen zur Geschichte des Hauses Hohenzollern; X, Zweite Reihe, Biographien II.); — Paul Kirn, Das Urkundenwesen und die Kanzlei der Mainzer Erzbischöfe im fünfzehnten Jahrhundert, in: Archiv für hessische Geschichte, NF, 15 (1928), 302-47 und 533-573; — Joseph Klapper, Der Erfurter Karthäuser Johannes Hagen. Ein Reformtheologe des 15. Jahrhunderts, 2 Bd. Leipzig 1961 (Erfurter Theologische Studien; 9 und 10); — Erich Kleineidam, Universitas Studii Erffordensis. Überblick über die Geschichte der Universität Erfurt im Mittelalter, 2 Bde., 2. erw. Aufl., Leipzig 1985/92 (Erfurter Theologische Studien; 14 und 22); — August Kluckhohn, Ludwig der Reiche, Herzog von Bayern, Nördlingen 1865; — Johannes Kist, Die Matrikel der Geistlichkeit des Bistums Bamberg 1400-1556, Würzburg 1965 (Veröffentlichungen der Gesellschaft für fränkische Geschichte, IV. Reihe, 7. Bd.); — Gustav C. Knod, Deutsche Studenten in Bologna (1289-1562). Biographischer Index zu den Acta nationis Germanicae universitatis Bononiensis, Berlin 1899;

— Josef Koch, Nicolaus von Cues und seine Umwelt. Untersuchungen zu Cusanus Texte IV. Briefe. 1. Sammlung, vorgelegt am 10. Oktober 1943, Heidelberg 1948 (SAH, Bd. 34, Jahrgang 1944/48, Heidelberg 1949); — Bettina Koch, Räte auf deutschen Reichsversammlungen. Zur Entwicklung der politischen Funktionselite im 15. Jahrhundert, Frankfurt a. M. u. a. 1999 [fehlerhaft!]; — Christophe Guillaume Koch, Sanctio pragmatica Germanorum illustrata, Straßburg 1789; — Josef Kraus, Die Stadt Nürnberg in ihren Beziehungen zur Römischen Kurie während des Mittelalters, in: MVGN 41 (1950), 1-154; — Philipp Krejs, Aeneas Silvius Piccolomini am Hofe Friedrichs III. und die Anfänge des österreichischen Humanismus, Diss., Wien 1937; — Renate Kremer, Die Auseinandersetzungen um das Herzogtum Bayern-Ingolstadt 1438-1450, München 2000 (Schriftenreihe zur bayerischen Landesgeschichte; 113); — Friedrich Albert von Langenn, Albrecht der Beherzte, Stammvater des königlichen Hauses Sachsen, Leipzig 1838; — Johann Lechner, Reichshofgericht und königliches Kammergericht im 15. Jahrhundert, in: MIÖG, Ergänzungsbd. 7, Innsbruck 1907, 44-186; — Michael Lehmann, Die Mitglieder des Basler Konzils von seinem Anfang bis August 1442, Diss. Wien 1945; — Heinz Lieberich, Die gelehrten Räte. Staat und Juristen in Baiern in der Frühzeit der Rezeption, in: Land und Volk. Herrschaft und Staat in der Geschichte und Geschichtsforschung Bayerns. Karl Alexander von Müller zum 80. Geburtstag, München 1964 (ZBLG; Bd. 27), 120-89; — Ders., Klerus und Laienwelt in der Kanzlei der baierischen Herzöge des 15. Jahrhunderts, in: ZBLG 29 (1966), 239-58; — ... Lochner, Alphabetisches Verzeichniss der im ersten Theil von »Frankfurts Reichscorrespondenz« vorkommenden Nürnberger, in: Anzeiger für Kunde der deutschen Vorzeit. Organ des germanischen Museums, NF 10 (1863), 388-92; — Wilhelm Loose, Heinrich Leubing. Eine Studie zur Geschichte des fünfzehnten Jahrhunderts, in: Mitteilungen des Vereins für Geschichte der Stadt Meißen 1, Heft 2, 1883, 34-71; — Johannes Looshorn, Bistum Bamberg, Bd. 4, München 1900; — Gerda Maria Lucha, Kanzleischriftgut, Kanzlei, Rat und Regierungssystem unter Herzog Albrecht III. von Bayern-München: 1438-1460, Frankfurt a. M. u. a. 1993; — Claudia Märtl, Johannes Lochner il doctorissimo. Ein Nürnberger zwischen Süddeutschland und Italien, in: Venezianisch-deutsche Kulturbeziehungen in der Renaissance. Akten des interdisziplinären Symposions vom 8. und 10. November 2001 im Centro Tedesco di Studi Veneziani in Venedig, hrsg. von Klaus Arnold, Franz Fuchs und Stephan Füssel, Wiesbaden 2003 (Pirckheimer Jahrbuch für Renaissance- und Humanismusforschung; 18), 86-140; — Georg May, Die Organisation von Gerichtsbarkeit und Verwaltung in der Erzdiözese Mainz vom hohen Mittelalter bis zum Ende der Reichskirche, Bd. 2, Mainz 2004 (Quellen und Abhandlungen zur Mittelrheinischen Kirchengeschichte; 111); — Josef Mayer, Geschichte von Wiener Neustadt, Bd. I.: Wiener Neustadt im Mittelalter, Tl. 2, Wiener Neustadt 1926; — Karl Menzel, Diether von Isenburg, Erzbischof von Mainz 1459-1463, Erlangen 1868; — Julie Rosenthal-Metzger, Das Augustinerkloster in Nürnberg, in: MVGN 30 (1931), 1-105; — Wilhelm Michel, Das Wiener Konkordat v. J. 1448 und die nachfolgenden Gravamina des Primarklerus der Mainzer Kirchenprovinz. Ein Beitrag zur Geschichte der Kirchenreformbewegung im 15. Jahrhundert, Diss. Heidelberg, Bensheim 1929; — Ignaz Miller, Jakob von Sierck, Mainz 1983 (Quellen und Abhandlungen zur Mittelrheinischen Kirchengeschichte; 45); — Ludwig Mohler, Kardinal Bessarion als Theologe, Humanist und Staatsmann, Bd. 1, Paderborn 1967 (ND der Ausg. Paderborn 1923); — Peter Moraw, Gelehrte Juristen im Dienst der deutschen Könige des späten Mittelalters (1273-1493), in: Schnur, Juristen (s.o.), 77-148; — Johann Joachim Müller, Des Heil. Römischen Reichs, Teutscher Nation, Reichs-Tags Theatrum, Bd. 1, Jena 1713; — Dirk G`erardus Noordijk, Untersuchungen auf dem Gebiete der kaiserlichen Kanzleisprache im XV Jahrhundert, Gouda 1925; — Gottfried Opitz, Urkundenwesen, Rat und Kanzlei Friedrichs IV. (des Streitbaren) Markgrafen von Meißen und Kurfürsten von Sachsen: 1381-1428, Diss. München, Augsburg 1938; — Franz Palacky, Geschichte von Böhmen, Bd. 4, 2. Abt., Prag 1860; — Gioacchino Paparelli, Enea Silvio Piccolomini.L'umanesimo sul soglio di Pietro, Ravenna 1978; — Pietro Parducci, L'incontro di Federigo III Imperatore con Eleonora di Portogallo, Bullettino senese di storia patria 13 (1906), 297-379, 14 (1907), 35-96; — Ludwig v. Pastor, Geschichte der Päpste seit dem Ausgang des Mittelalters, Bd. 2, 8.-9. Aufl., Freiburg i. Br. 1925; — Christoph Petzsch, Zu den Autorennamen im Anhang von Konrad Paumanns Fundamentum organisandi, in: AfMW 21, H. 3./4. (1964), 200-11; — Gerhard Pfeiffer (Hrsg.), Nürnberg - Geschichte einer europäischen Stadt, München 1971; — Josef Pilvousek, Die Prälaten des Kollegiatstiftes St. Marien in Erfurt von 1400-1555, Leipzig 1988 (Erfurter Theologische Studien; 55); — Wilfried Podlech, Tilmann Joel von Linz † 1461 - Kanzler, Rat und Gesandter Rheinischer Kurfürsten, Neustadt a. d. Weinstr. 1988; — Wilhelm Pückert, Die kurfürstliche Neutralität während des Baseler Conzils. Ein Beitrag zur deutschen Geschichte von 1438-1448, Leipzig 1858; — Heinz Quirin, Markgraf Albrecht Achilles von Brandenburg-Ansbach als Politiker, in: JFLF 31 (1971), 261-308; — Emil Reicke, Geschichte der Reichsstadt Nürnberg von dem ersten urkundlichen Nachweis ihres Bestehens bis zu ihrem Uebergang an das Königreich Bayern (1806), Nürnberg 1896; — Arnold Reimann, Die älteren Pirckheimer. Geschichte eines Nürnberger Patriziergeschlechtes im Zeitalter des Frühhumanismus (bis 1501), aus dem Nachlaß hrsg. von Hans Rupprich, mit einer Einführung von Gerhard Ritter, Leipzig 1944; — Christine Reinle, Ulrich Riederer (ca. 1406-1462). Gelehrter Rat im Dienste Kaiser Friedrichs III., Mannheim 1993; — Ingrid Heike Ringel, Studien zum Personal der Kanzlei des Mainzer Erzbischofs Dietrich von Erbach (1434-1459), Mainz 1980 (Quellen und Abhandlungen zur Mittelrheinischen Kirchengeschichte; 34); — Willi Rittenbach / Siegfried Seifert, Geschichte der Bischöfe von Meissen 986-1581, Leipzig 1965; — Heinrich Wilhelm Rothermund, Fortsetzungen und Ergänzungen zu Christian Gottlieb Jochners allgemeinem Gelehrten=Lexiko, Bd. 3, Delmenhorst 1810 (hier: ND Hildesheim 1961) (=Jocher, 3. Ergänzungsbd.); — Ludwig Schmidt, Altzelle, Dresden 1897 (Beiträge zur Geschichte der wissenschaftlichen Studien in sächsischen Klöstern; 1); — August Schmarsow: Raphael und Pinturicchio in Siena. Eine kritische Studie, Stuttgart 1880; — Ders.: Raphael's Skizzenbuch in Venedig, in: Preussische Jahrbücher 28,2 (1881), 122-149; — Georg Schrötter, Dr. Martin Mair. Ein biographischer Beitrag zur Geschichte der politischen und kirchlichen Reformfrage des 15. Jahrhunderts, Diss. München 1896; — Peter-Johannes Schuler, Notare Südwestdeutschlands. Ein prosopographisches Verzeichnis für die Zeit von 1300 bis ca. 1520. Textbd., Stuttgart 1987 (Veröffentlichungen der Kommission für Geschichtliche Landeskunde in Baden-Württemberg, Reihe B: Forschungen, 90. Bd.); — Rolf Schwenk, Vorarbeiten zu einer Biographie des Niklas von Wyle und zu einer kritischen Ausgabe seiner ersten Translatze, Diss. Tübingen 1972, Göppingen 1978 (Göppinger Arbeiten zur Germanistik; 227); — Johann Christian Siebenkees, Materialien zur Nürnbergischen Geschichte, Zweyter Bd., Nürnberg 1792; — Gustav Sommerfeldt, Zur Geschichte der Grafen Heinrich XXIV († 1444) und Heinrich XXVI († 1488) von Schwarzburg-Sondershausen, in: ZVThG 27 (1909), 506-12; — Agostino Sottili, In margine al catalogo dei codici petrarcheschi per la germania occidentale, in: Giuseppe Billanovich, Giuseppe Frasso (Hrsgg.), Il Petrarca ad Arquà. Atti del convegno di studi nel VI centenario (1370-1474) (Arquà Petrarca, 6-8 nov. 1970), Padua 1975, 293-14; — Christoph Friedrich von Stälin, Württembergische Geschichte. In 4 Tl.en, Tl. 3: Schwaben und Südfranken. Schluß des Mittelalters 1269-1496, Aalen 1975 (ND der Ausg. Stuttgart 1856); — Joachim Wolfgang Stieber, Pope Eugenius IV, the council of Basel and the secular and ecclesiastical authorities in the Empire, Leiden 1978, (Studies in the history of christian thought; 13); — Brigitte Streich, Zwischen Reiseherrschaft und Residenzbildung. Der Wettinische Hof im späten Mittelalter, Köln / Wien 1989 (Mitteldeutsche Forschungen; 101); — Andrea Uhlig-Juse, G. Keil, Art.: Zollner, Heinrich, in: VerfLex 10, New York 1999, Sp. 1580-83; — Paul Uiblein, Die Universität Wien im Mittelalter. Beiträge und Forschungen, hrsg. von Kurt Mühlberger und Karl Kadletz, Wien 1999 (Schriftenreihe des Universitätsarchivs Universität Wien; 11.); — Tobias Ulbrich, Päpstliche Provision oder patronatsherrliche Präsentation? Pfründenerwerb Bamberger Weltgeistlicher im 15. Jahrhundert, Husum 1998 (Hstud; 455); — Johann Friedrich Ursinus, Die Geschichte der Domkirche in Meißen aus ihren Grabmälern, Dresden 1782; — Edmond Vansteenberghe, Le cardinal Nicolas de Cues (1401-1464). l'action - la pensee, Frankfurt a. M. 1963 (unveränd. ND. d. Ausg. Paris, 1920) (Bibliothèque du XVe Siècle ; Tome XXIV); — Ludwig Veit, Nürnberg und die Feme. Der Kampf einer Reichsstadt gegen den Jurisdiktionsanspruch der westfälischen Gerichte, Nürnberg 1955 (Nürnberger Forschungen. Einzelarbeiten zur Nürnberger Geschichte; 2); — Georg Voigt, Enea Silvio de Piccolomini als Papst Pius II. und sein Zeitalter, 3 Bde., Berlin 1856-63 (ND: Berlin 1967); — Ders., Die Briefe des Aeneas Sylvius vor seiner Erhebung auf den päpstlichen Stuhl, in: AÖG 16 (1856), 312-424; — Wolfgang Voss, Dietrich von Erbach - Erzbischof von Mainz (1434-1459). Studien zur Reichs-, Kirchen- und Landespolitik sowie zu den erzbischöflichen Räten, Mainz 2004 (Quellen und Abhandlungen zur Mittelrheinischen Kirchengeschichte; 112); — Friedrich Wachter (Bearb.), General=Personal=Schematismus der Erzdiözese Bamberg. 1007-1907. Eine Beigabe zum Jubeljahre der Bistumsgründung, Bd. 1, 1908; — Martin Weigel, Dr. Conrad Konhofer (gest. 1452). Ein Beitrag zur Kirchengeschichte Nürnbergs, in: MVGN 29 (1928), 170-297; —

Heinz Wiessner (Bearb.), Das Bistum Naumburg 1,2, Berlin / New York 1998 (Germania Sacra; NF 35,2); — Dietmar Willoweit, Juristen im mittelalterlichen Franken. Ausbreitung und Profil einer neuen Elite, in: Rainer Christoph Schwinges (Hrsg.), Gelehrte im Reich. Zur Sozial- und Wirkungsgeschichte akademischer Eliten des 14. bis 16. Jahrhunderts, Berlin 1996 (ZHF; Beih. 18), 225-67; — Morimichi Watanabe, Imperial Reform in the mid-fifteenth century: Gregor Heimburg and Martin Mair, in: Journal of Medieval and Renaissance Studies, 9 (1979), 209-35; — Kurt Weissen, Florentiner Bankiers und Deutschland (1275 bis 1475). Kontinuität und Diskontinuität wirtschaftlicher Strukturen, Habil., Basel 2000 (Fassung vom 21. November 2001) (elektronisch); — Georg Andreas Will, Nürnbergisches Gelehrten-Lexikon, Zweyter Theil, Nürnberg/Altdorf 1756; — Waltraut Winkelbauer, Misit ergo Gergium de Plenavilla. Die Heiratsvorbereitungen Friedrichs III. im Spiegel von Reisedokumenten des Georg Volkersdorf, in: Sonja Dünnebeil / Christine Ottner (Hrsgg.): Aussenpolitisches Handeln im ausgehenden Mittelalter. Akteure und Ziele, Wien u.a. 2007, 291-339; — Karl-Heinz Zaunmüller, Nikolaus von Cues und die Juden. Zur Stellung der Juden in der christlichen Gesellschaft um die Mitte des 15. Jahrhunderts in den deutschen Landen, Diss. Trier 2001, für die Internetpublikation überarbeitete Fassung 2005 (elektronisch); — Heinrich von Zeissberg, Der österreichische Erbfolgestreit nach dem Tode des Königs Ladislaus Postumus (1457-1458) im Lichte der habsburgischen Hausverträge, in: AÖG 58 (1879), 1-170; — Eduard Ziehen, Mittelrhein und Reich im Zeitalter der Reichsreform. 1356-1504, Bd. 1, Frankfurt a. M. 1934.

Tobias Daniels

LEVYC'KYJ MYCHAJLO, griechisch-katholischer Bischof von Przemyśl (Peremyšl) und danach Metropolit und Erzbischof von Lwów (Lemberg), * 16.8. 1774 in Lancyn (Łączna) in Pokuttja (Pokucie), † 15.1. 1858 in Uniów (Univ) in Galizien. Er war ein Sohn einer adligen Huzulenfamilie. Sein Vater war griechisch-katholischer Pfarrer in Lancyn im Kreis Stanisławów (Stanislaviv). 1785-1790 besuchte er das Gymnasium in Stanisławów und 1790 begann er das Philosophiestudium am Studium Latinum in Lemberg. Die Theologie studierte L. in Wien am Barbareum. Nach den Studien 1797 bekam er das Amt des Präfekten am Generalseminar von Lemberg und zugleich lehrte er in Vertretung Exegese im Ruthenisch. — Die Priesterweihe empfing L. 1798 und wirkte als Kaplan an der Georgskathedrale in Lemberg. Bald wurde er auch Doktor der Theologie, und im Kurz Professor für Pastoraltheologie, Katechese und Kirchenrecht an der Theologischen Fakultät der Universität Lemberg. Im Jahre 1808 wurde L. zum Pfarrer der Lemberger Georgskathedrale berufen. Im gleichen Jahr wurde er Kanoniker des griechisch-katholischen Metropolitankapitels nominiert, und gleichzeitig zum Prosynodalexaminator und zum Präfekten im griechisch-katholischen Generalseminar in Lemberg ernannt. Am 3.6. 1813 erließ Kaiser Franz II. die Ernennungsurkunde für M. L., in der er ihn zum Bischof des griechisch-katholischen Ritus von Peremyšl bestimmte. Am 20.9. 1813 wurde L. vom Kaiser zum Bischof von Peremyšl ernannt. Die Bischofsweihe hat L. aus der Hand des Metropoliten Anhelovyč empfangen. Die Übernahme der Kathedrale von Peremyšl fand am 26.9. 1813 statt. Dann hielten der Offizial. Vor dem Bischof L. stand die Aufgabe, in der jahrelang verwaisten Diözese die moralische Ordnung wiederherzustellen. Seinen bischöflichen Dienst begann er mit kanonischen Visitationen in den einzelnen Dekanaten und Pfarreien weit ausgedehnten Peremyšlereparchie. In den ersten drei Jahren hat er 23 Visitationen durchgeführt. Seine Beobachtungen und Anregungen brachte er in Anordungen an die Geistlichkeit ein. So rief er Priester auf, die Gläubigen zur Heiligung der Sonntage und Kirchenfeste sowie zur Teilnahme an der hl. Liturgie zu ermahnen. — Dankbar seine Bemühungen anerkannte Kaiser Franz II. am 20.4. 1816 die Statuten des griechisch-katholischen Kapitels von Peremyšl. Bischof L. begann auch eine Diözesansynode vorzubereiten. Er informierte darüber die Geistlichkeit und das Volk im Hirtenbrief vom 21.1. 1816. Diese Diözesansynode war dewm Bischof L. sehr wichtig. Denn die letzte Synode hatte im Jahre 1740 stattgefunden. Die fand am 8.4. 1818 statt unter seiner Leitung, der damals schon Metropolit war. Die Synodalbeschlüsse enthielten 7 Abschnitte, die die einzelnen Fragen des kirchlichen Lebens in der betrafen. Der Abschluß der Synode und die Unterzeichnung der Synodalakten fanden am 11.4. 1818 statt. — Bischof L. hat sich auch auf dem Gebiet der Bildung hervorgetan. In der Diözese Peremyšl wurden zahlreiche Schulen gegründet. Bischof beabsichtigte die Funktionen des kirchlichen Kirchensänger mit denen des Schullehrers zu verbinden und an die Geistlichkeit appellierte er, Gelder für die Gründung eines entsprechenden Instituts zu sammeln. Der Kaiser bestätigte das Institut 1818. Bischof L. setzte sich auch für die ukrainische Sprache ein. In einem Hirtenbrief ermunterte Bischof L, den Katechismus in ukrainischer Sprache zu benützen und in der ganzen Diözese zu verbreiten. Mit Unterstützung des Bischofs L. wurde eine Priestervereinigung gegründet, die sich als Ziel die Herausgabe von Büchern und Zeitschriften zur Popularisierung der Kultur und Hebung der Moral unter dem Volk setzte. — Nach dem Tod des Metropoliten Anhelovyc bekam Bischof L. am 17.8. 1815 die kaiserliche Ernennung auf dem Amt des Lembergermetropolit. Die kaiserliche Ernennung bestätigte der Papst am 8.9. 1816. — Metropolit L. strebte wirksam um die Befreiung vom Militärdienst für Diaks und Schullehrer. Die Genehmigung für die Einführung der ukrainischen Sprache als Lehrfach in den Schulen wurde ihm jedoch zunächst versagt. Erst nach einem Protest beim Kaiser garantierte man dem Metropolit L., daß die Kinder des östlichen Ritus in der ukrainischen Sprache unterrichtet werden durften. L setzte durch, daß an der Lemberger Universität einige Fächer der theologischen Fakultät in Ukrainisch gelehrt wurden. Die Schlüsselposten seiner Metropolie mit eigenen Diözesangeistlichen zu besetzen. Er erwarb für Lemberg das Recht auf einen Hilfsbischof. Die Loyalität des Metropoliten L. gegenüber dem Habsburger Haus wurde 1848 vom Kaiser durch seine Ernennung zum Primas von Galizien belohnt. Zu neuen ukrainischen Bestrebungen verhielt sich Metropolit L. sehr reserviert. Er war ein Gegner von Kontakten mit der russischen Ukraine jenseits des Zbrucz (Zbruč). 1856 ernannte er für ukrainischen Gymnasien griechisch-katholische Katecheten. Auf seine Initiative hin wurde 1850 die Diözese Stanislaviv aus der Lemberger Erzdiözese ausgegliedert. — 16.4. 1856 empfing Metropolit L. von Papst Pius IX den Kardinalshut. Kardinal L.starb in Unioverkloster im Alter von 84 Jahren.

Werke: Androchovyč A., Lvivskie »Studium Ruthenorum«, »Zapyski Naučnoho Towarystwa im. (evčenka« (ZNT(), T. 146; Fedoriv I, Istorija Cerkvy v Ukrajani, Toronto, 1969, 1990²; Franko I., Materijaly do kulturnoji istoriji Hałyckoji Rusy XVIII i XIX viku, Bd 5, Lviv 1902; Kumor B., Lewicki Michał, in: Słownik Polskich Teologów Katolickich, Bd II, Warszawa 1982, S. 520-521; Łakota H., Try synody peremyśki [...] w XVII-XIX stolitii, Peremyśl 1939; Łopuszanski B, Lewicki Michał, in: Polski Słownik Biograficzny, Bd XVII, Spalte 233-234; Nabywaniec S., Antin Anhelovyč und Mychajlo Levyc'kyj, die ersten griechisch-katholischen Metropoliten von Lemberg-Halyč, »Ostkirchliche Studien«, 47(1998), H. 4; Ders., Diecezja przemyska greckokatolicka w latach 1772-1795, »Premislia Christiana«, 5(1992/1993);

Ders., Lewicki Michał, in: Encyklopedia Katolicka, Bd X, Lublin 2004, Spalte. 895-896; Ders., Uniccy biskupi przemyscy w latach 1610-1991, Rzeszów 1995; Unter der österreichischen Krone: Die griechisch-katholische Kirche in Galizien (1772-1848), in: Aus der Geschichte Österreichs in Mitteleuropa, Heft 3 (Kirchengeschichte), Hrg. Z. Kowalska, Medienhaber und Herausgeber Janineum, Wien 2005; Nazarko I., Kijivs;ki i hałic'ki mytropołyty. Biohrafični narysy 1590-1960, Toronto 1962; Pelesz J., Geschichte der Union der ruthenischen Kirche mit Rom von den ältesten Zeiten bis auf Gegenwart, Bd 2, Wien 1881; Stasiv M., Metropolia Haliciensis (Eius historia et iuridica forma), Romae 1960; Studynskyj K., Materijaly do istorii kulturalnoho žytija v Hałyčynji v 1795-1857 rr. Zamitky i teksty, »Ukrajins'ko-rus'kyj Archyv«, 13-14(1920).

Stanisław Nabywaniec

LEYSER (Lyser), Polykarp (IV.), Philologe, Historiker, * 4.9. 1690 Wunstorf b. Hannover als Sohn des Wunstorfer Sup. und Stiftsseniors Polykarp (III.) L. (1656-1725), des späteren Generalsup. in Celle, und seiner Frau Margarethe Magdalene (1666-1699), geb. Barckhaus(en); Urenkel des Leipziger Prof. der Theol. Polykarp (II.) L. (1586-1633); † 7.4. 1728 Helmstedt, (luth.). — Nach dem Besuch der Gymnasien in Ilfeld (Harz), Göttingen und Magdeburg studierte L. Theol. und Philos. in Rinteln (1709-10), Rostock (1710-12), Helmstedt (1712-1713) sowie an der Univ. Wittenberg (1714-19, dort auch jur. und medizinische Studien), an deren philos. Fak. er 1714 den Grad eines Magisters bzw. Doktors erwarb, eine gelehrte Gesellschaft, die »societas colligentium«, gründete und 1716 als Adsessor Ordinis philosophici in den Kreis der Lehrenden aufgenommen wurde. 1718 erhielt er einen Ruf als ao. Prof. der Philos. nach Helmstedt, wo er bereits im Folgejahr zum o. Prof. der Poesie bestellt wurde. 1721 vertrat L. die Helmstedter Academia Julia bei der 100-Jahr-Feier der Univ. Rinteln. Die mehrmonatige Freistellung von Lehrverpflichtungen durch seinen Landesherrn, Hzg. August Wilhelm von Braunschweig-Wolfenbüttel, ermöglichte ihm eine sich hieran anschließende akademische Reise. Diese führte ihn über Kassel, Marburg, Gießen, Frankfurt a.M., Mainz und Heidelberg nach Straßburg, wo er nach jur. und medizinischen Studien 1722 zum Dr. med. (6.8. 1722) und jur. utr. (5.11. 1722) promoviert wurde. Nach Helmstedt zurückgekehrt, widmete sich Leyser mehr und mehr der Gesch. des MA. Zu umfangreichen Quellenstudien unternahm er im Frühjahr 1726 eine zweimonatige Reise nach Dänemark. Seine erfolgreiche Arbeit auf diesem Gebiet führte - nach einer Vertretung des im Sommer 1725 nach Hannover berufenen Helmstedter Historikers Simon Friedrich Hahn - Ende 1726 zu seiner Ernennung zum ordentlichen Prof. der Geschichte. Am 31.10. des gleichen Jahres heiratet er Louise Schmid(t), die Tochter des Helmstedter Prof. der Theol. und KG Johann Andreas S. d. Ä. (1652-1726) und Witwe des Dr. jur. utr. Christan Friedrich Schröter. Aus der Ehe geht eine Tochter, Philippina Sibylla, hervor. — Der früh - im Alter von 37 Jahren - verstorbene L. beeindruckte seine Zeitgenossen durch die thematische Breite und den Umfang seines Werkes, das vor allem Schriften zu Theol. und Kirchenhistorie, Rechtsgeschichte, Gesch. und Literatur umfaßt. Daneben war es das Engagement des akademischen Lehrers, der bereits als Mitzwanziger in seinen Wittenberger Jahren gut besuchte philos. Seminare hielt und sich stets an einem gedanklichen Austausch mit Fachkollegen sowie einer Reform des akademischen Unterrichts (Discursus de reformationis disciplinarum necessitate, Helmstedt 1718, Cogitata de flore academiarum promovendo, Helmstedt 1723) interessiert zeigte. Mit seiner Helmstedter Antrittsvorlesung als Extraordinarius für Philos. (Dissertatio de ficta medii aevi barbarie, Mai 1718, Druck: Helmstedt 1719) wandte sich Leyser zunächst als Philologe, schließlich vor allem als Historiker (Arbeiten zu Gesch. und Genealogie sächsischer Grafengeschlechter [u.a. Historia Comitum Ebersteinensium in Saxonia, Helmstedt 1724, 2.Auflage 1725; Historia Comitum Wunstorpiensium, Helmstedt 1724, 2.Auflage 1726], Sphragistik und Diplomatik) der Erforschung des MA zu. Dabei legte er Wert auf editorische Exaktheit und Überprüfung gängiger Lehrmeinungen anhand urkundlichen Materials. Nicht zuletzt seine Qualitäten als Herausgeber mittellateinischer Texte (Historia poetarum et poematum medii aevi, Halle/Ffm/Leipzig 1721, 2. Auflage Halle 1741), eine bislang als Ganzes nicht übertroffene umfangreiche Anthologie von Dichtungen des 5. bis beginnenden 15.Jh.; Galfridi de Vinosalvo Ars poetica, Helmstedt 1724) sicherten Leyser bis zum Ende des 19. Jahrhunderts die Anerkennung in Fachkreisen, bevor er weitgehend der Vergessenheit anheimfiel. — L.s Werk weist - bei aller Skizzenhaftigkeit einzelner Arbeiten und unausgeführt gebliebener Pläne (De diplomatico historiae Germanicae corpore concinnando consilium et monita, Helmstedt 1727) - in manchem Punkt über den wiss. Horizont seiner Zeit hinaus. Dies gilt nicht nur für seine mediävistischen Arbeiten, die neben den methodischen Vorzügen jegliches konfessionelle Ressentiment vermissen lassen, was zu dem während seiner ersten akademischen Reise aufgekommenen Gerücht über Konversionspläne zum Katholizismus beigetragen haben dürfte. Für die Epoche bemerkenswert ist darüberhinaus etwa seine Würdigung der horazischen Ars poetica (Programma de artis poeticae Horatianae virtutibus et vitiis, Helmstedt 1720), deren strukturelle Probleme er - siebzig Jahre vor Christoph Martin Wieland - auf ihren Briefcharakter zurückführt, oder wenn er den Vorrang der physischen Geographie vor der politischen als Grundlage historischer Erkenntnis (Commentatio de vera geographiae methodo, Helmstedt 1726) postuliert und damit nicht nur dem schwedischen Offizier Philipp Johann von Strahlenberg das theoretische Fundament für den Ansatz des Urals als europäisch-asiatischer Grenze (1730) liefert, sondern zugleich die ca. hundert Jahre später einsetzende Entwicklung zur »reinen Geographie« (Carl Ritter, Alexander von Humboldt) vorbereitet. Eine umfassende Untersuchung über L. und sein Werk steht bislang noch aus.

Werke u.a.: Selecta de vita et scriptis Ioannis Bodini, Wittenberg 1715; Meditationes de genuina historia literaria, Wittenberg 1715; Dissertatio de origine eruditionis non ad Iudaeos, sed ad Indos referenda, Wittenberg 1716; Animadversiones criticae in Ephemeridum litteratarum inprimis hodiernarum methodum, Wittenberg 1716; Apparatus literarius singularia nova anecdota rariora ex omnis generis eruditione depromens studio societatis colligentium, Wittenberg 1717/18; Discursus de reformationis disciplinarum necessitate, Helmstedt 1718; Dissertatio de ficta medii aevi barbarie, Helmstedt 1719; Programma de artis poeticae Horatianae virtutibus et vitiis, Helmstedt 1720; Gualteri Mapes rythmi bini De concordia rationis et fidei ex codice manuscripto Academiae Lipsiensis eruti ..., Helmstedt 1720; Historia poetarum et poematum medii aevi, Halle/Ffm/Leipzig 1721, 2. Aufl. Halle 1741; Cogitata de flore academiarum promovendo, Helmstedt 1723; De noviter adornanda Novi Testamenti Graeci editione dissertatio, Helmstedt 1723; Prodromus novae ad Johannae Papissae vulgo dictae existentiam probandam demonstrationis praelectionibus ad historiam literariam praemissus; Helmstedt 1724; Examen Philosophiae Wolffianae philosophicum, Helmstedt 1724; Galfridi de Vinosalvo Ars poetica, Helmstedt 1724; Genea-

logiae comitum Blanckenburgensium, Reinsteinensium, Ebersteinensium et Hoiensium ..., Helmstedt 1724; Historia comitum Ebersteinensium in Saxonia, Helmstedt 1724, 2. Aufl. 1725; Historia comitum Wunstorpiensium, Helmstedt 1724, 2. Aufl. 1726; Polycarpi Leyser ...Vertheidigung seiner Ebersteinischen Historie gegen des Hrn. D. Conradi Bertholdi Behrens Remonstration, Helmstedt 1725; Commentatio de contrasigillis medii aevi, Helmstedt 1726; Commentatio de vera geographiae methodo, Helmstedt 1726; De diplomatico historiae Germanicae corpore concinnando consilium et monita, Helmstedt 1727; Observata diplomatico-historica de iure Iustinianeo a Lothario Imp. in Germaniam minime introducto, Helmstedt 1727.

Ausgg. und Überss.: Polycarpi Leyseri ... Opuscula, quibus iurisprudentia historia et ars diplomatica illustratur (sic!) primum collecta praemisso elogio auctoris, Nürnberg 1800; Policarpus Leyser, Historia poetarum et poematum medii aevi, ristampa dell'edizione del 1721, Bologna 1969; Polykarp Leyser, Geschichte der Grafen von Wunstorf, übers. und bearb. v. Eberhard Kaus, mit erläuternden Anm. v. Reimer Krause, Bielefeld/Gütersloh 2000.

Bibliographien: Supremum amoris officium ... Polycarpo Leysero ... publico Academiae Iuliae nomine persolutum, Helmstedt 1728 (Werkverzeichnis, 25-27); J.H. Zedler, Grosses vollständiges Universal-Lexikon XVII, Halle/Leipzig 1738 (ND 1961), 734 f.; Jöcher II 2633.

Lit.: Friedrich Koldewey, Geschichte der klassischen Philologie auf der Universität Helmstedt, Braunschweig 1895, 123 f., 129 ff.; — Emil Wisotzki, Zeitströmungen in der Geographie, Leipzig 1897, 196-198; 418-419; — George Kish (Hrsg.), A Source Book in Geography, Cambridge (Mass.)/ London 1978, 388-389 (Nr. 102: Auszug aus »de vera geographiae methodo«); — Harald Zimmermann, »De medii aevi barbarie« - Ein alter Gelehrtenstreit, in: Karl Hauck/Hubert Mordek (Hrsgg.), Geschichtsschreibung und geistiges Leben im Mittelalter, Festschr. für Heinz Löwe zum 65. Geburtstag, Köln/ Wien 1978, 650-669; — Franco Farinelli, I segni del mondo, Immagine cartografica e discorso geografico in età moderna, Florenz 1992, 110 ff., 120 ff., 257-258; — Frank Anthony Carl Mantello/Arthur George Rigg, Medieval Latin - An Introduction and Bibliographical Guide, Washington D.C. 1996, 38; — Eberhard Kaus, Einleitung zu: Polykarp Leyser, Geschichte der Grafen von Wunstorf, übers. und bearb. v. Eberhard Kaus, mit erläuternden Anm. v. Reimer Krause, Bielefeld/Gütersloh 2000, XIII-XVII; — Paul Nelles, Historia litteraria at Helmstedt, in: Helmut Zedelmaier/Martin Mulsow (Hrsg.), Die Praktiken der Gelehrsamkeit in der Frühen Neuzeit, Tübingen 2001, 147-176; — Johann Heinrich Zedler, Großes vollständiges Universal-Lexikon XVII, Halle/Leipzig 1738 (ND 1961), 733-735; — Jöcher II 2632-2633; — ADB XVIII 527-528; — Sabine Ahrens, Die Lehrkräfte der Universität Helmstedt (1576-1810), Helmstedt 2004, 142-143; — Horst-Rüdiger Jarck u. a. (Hrsg.), Braunschweigisches Biographisches Lexikon, Braunschweig 2006, 442-443

Eberhard Kaus

LÕBO DE MESQUITA, José Joaquím Emérico, brasilianischer Komponist, Organist, Diri-

gent und Musikpädagoge, einer der bedeutendsten Vertreter der brasilianischen Kirchenmusik der Barockzeit, * 12. Oktober 1746 in Vila do Príncipe (heute Serro Frio) im Bundesstaat Minas Gerais, Brasilien, † 1. April 1805 in Rio de Janeiro, Brasilien. — De Mesquita wurde in einem geographischen, wirtschaftlichen und kulturellen Umfeld groß, welches die Entwicklung seiner Begabungen zweifelsohne förderte. Um davon einen kleinen Eindruck zu vermitteln sei an dieser Stelle ein Text der brasilianischen Botschaft in Berlin zitiert: »Bereits im 17. und 18.Jh. entwickelte sich in Brasilien ein reiches Musikleben. Einen besonderen Schwerpunkt bildete Minas Gerais, eine Region, in der umfangreiche Goldfunde die kulturelle Entwicklung insgesamt begünstigten. In den dortigen Städten lebten damals mehr als tausend Berufsmusiker, unter ihnen auch eine Reihe bedeutender Komponisten...Obwohl viele musikalische Schöpfungen der damaligen Zeit verloren gegangen sind, besteht gerade in den letzten Jahren ein wachsendes Interesse an der Wiederaufführung vor allem religiöser Werke. Die Musik ist in der Regel schlicht und ursprünglich, gleichzeitig klangschön und ausdrucksstark« (http://brasilianische-botschaft.de/). — De Mesquita war der Sohn des aus Portugal stammenden José Lõbo de Mesquita und dessen schwarzer Sklavin Joaquina Emerenciana. Er zählte deshalb zu der gesellschaftlichen Gruppe der Mulatten und wurde von seinem Vater bei der Taufe in den Stand der »Freien« berufen. José und Joaquina verhalfen ihrem begabten Sohn zu einer frühen musikalischen Ausbildung, die er als Schüler von Pater Manuel da Costa Dantas, dem Kapellmeister der Kirche *Matriz de Nossa Senhora da Conceição*, der Hauptkirche seiner Heimatstadt begann. Nach seiner Ausbildung ging de Mesquita 1776 nach Arraial do Tejuco (das heutige Diamantina). Diese Stadt wurde 1691 als kleines Dorf am Ufer des Tejuco Flusses gegründet. Der Ort blühte jedoch rasch auf, als nämlich das Diamantenfieber die Region erfaßte und war zum Ende des 18. Jahrhunderts, als Lõbo de Mesquita dorthin übersiedelte, eine blühende Kolonialstadt mit zahlreichen Kirchen und einem entsprechend reichen kirchenmusikalischen Leben. Um 1783 wird Lõbo de Mesquita Organist der Kirche São Antonio und wenig später auch Or-

ganist der religiösen Sodalität *Irmandade do Santissimo Sacramento*. 1789 wird er Mitglied der Sodalität *Ordem Terceira de Nossa Senhora do Carmo* und auch Mitglied der Sodalität *Nossa Senhora das Merces dos Homens petros Crioulos*, einer Sodalität von Mulatten (crioulos oder Slavensöhne genannt). Die Sodalität besaß sogar eine eigene Kirche in der Stadt, die *Nossa Senhora das Merces*, die sie zwischen 1772 und 1785 aus eigenen Mitteln erbaut hatte und die noch heute in ihrem Inneren durch Gold verzierte Schnitzereien besticht. Während seiner Zeit in Arraial do Tejuco komponiert Lõbo de Mesquita zahlreiche Werke und begründet eine Musikschule, an der er selbst als *professor da arte da música* unterrichtet. 1798 verläßt er jedoch die Stadt und zieht nach Vila Rica (das heutige Ouro Preto). Vila Rica wurde 1720 zur Hauptstadt der neuen *Capitania* Minas Gerais erhoben, welches sie bis 1897 blieb. Zur der Zeit, da Lõbo de Mesquita nach Vila Rica zog, hatte dieses ca. 100.000 Einwohner und war aufgrund der großen Goldvorkommen die größte und reichste Stadt Amerikas. Von 1700 bis 1820 wurden ca. 1200 Tonnen des Edelmetalls gefördert, das waren 80 % der damaligen Weltproduktion. Kein Wunder, daß diese Stadt auch Künstler und Musiker angezogen hat. Lõbo de Mesquita wurde Organist und Kapellmeister an der Hauptkirche der Stadt, der *Igreja Matriz Nossa Senhora do Pilar* und Organist der Kirche *Nossa Senhora do Carmo*, mit welcher die Sodalität *Ordem Terceira de Nossa Senhora do Carmo* eng verbunden war, deren Mitglied Lõbo de Mesquita ja seit 1789 war. Wie zuvor in Arraial do Tejuco war er auch in Vila Rica Organist der Sodalität. Warum Lõbo de Mesquita im Jahr 1801 Vila Rica verließ und nach Rio de Janeiro ging, wissen wir nicht. Vielleicht führten ihn gesundheitliche Gründe in die Hauptstadt der Kolonie Brasilien oder die musikalische Konkurrenz in Vila Rica war zu groß geworden oder aber Streitigkeiten mit den Stadtoberen veranlaßten ihn zum Gehen. Auch in Rio führte er seine Arbeit als Komponist, Kapellmeister und Organist fort. Vom Dezember 1801 an bis zu seinem Tod 1805 war er Organist der Kirche seiner Sodalität, des *Ordem Terceira de Nossa Senhora do Carmo*. — Lõbo de Mesquita war ein herausragender Vertreter der so genannten *Escola de Compositiroes da Capitania das Minas do Ouro.* Er pflegte einen ganz eigenen homophonen konzertanten Stil, der aber auch Anklänge an die europäische Musik jener Zeit zeigt und zugleich beweist, daß Lõbo de Mesquita als Musiker einer abgelegenen Kolonie doch Zugang hatte zur großen europäischen Musik. Den Musikwissenschaftler De acordo com Francisco Curt Lange, »o estilo de Lobo de Mesquita faz recordar, por vezes, Pergolesi. É sereno e nobre, sendo portador de uma tensão interna ... . Distantes da era polifônica, [suas obras] são filhos do instrumentalismo italiano e da monofonia austríaca e manheimiana.«Francisco Curt Lange, der wie kein anderer das Leben und Werk von Lõbo de Mesquita kennt, erinnert dessen ruhiger und edler Stil an Giovanni Battista Pergolesi (1710-1736). Francisco Curt Lange entdeckt bei Lõbo de Mesquita darüber hinaus auch Verbindungen zu Georg Friedrich Händel (1685-1759), sowie zu den Vertretern der Mannheimer Schule und gar zum frühen Mozart (1756-1791). Die Werke von Lõbo de Mesquita finden sich in allen Musikarchiven von Minas Gerais sowie in anderen regionalen Archiven Brasiliens, was seine Bekanntheit und Bedeutung unterstreicht. Aufgrund dieser Bedeutung für die Musik seiner Heimat wurde Lõbo de Mesquita zum Namensgeber des 4. Lehrstuhls der Brasilianischen Akademie für Musik.

Werke (Auswahl): »Missa para Quarta-Feira de Cinzas« (Messe für Solisten, gemischten Chor, Chello und Orgel, 1778); »Regina caeli laetare« (Antiphon, 1779); »Missa em fá nº 2« (für vier Vokalstimmen und Streicher, 1780); »Missa em mi bemol nº 1« (Messe für Solisten, gemischten Chor und Streicher, 1782); »Dominica in Palmis« (Gesänge zur Palmweihe und Prozession am Palmsonntag und Ordinarium zur Messe am Palmsonntag, 1782); »Ofício e Missa para Domingo de Ramos« (1782); »Difusa est Gratia Tercio« (Graduale für vier Vokalstimmen und Streicher, 1783); »Tractus para o Sábado de Semana Santa« (1783; der Tractus tritt in der Fastenzeit, den Kartagen, an Fast- und Bußtagen und im Requiem an die Stelle des Hallelujarufs und ist ein psalmodischer Sologesang); »Vésperas de Sábado Santo« (Vesper zum Karsamstag, 1783); »Antiphona de Nossa Senhora« (Marienantiphon 1787); »Salve Regina« (Antiphon 1787); »Oratorio para a semana santa« (Oratorium zur Karwoche, 1792);«Ária ao Pregador« (Maria Mater Gratiae) und »Ave Regina Caelorum« (Marienantiphonen, ohne Datum); »Beata Mater« (Marienmotette, ohne Datum); »Domingo da Ressurreição« (Graduale zum Ostertag, ohne Datum); »Ladainha de Nossa Senhora do Carmo« und »Ladainha do Senhor Bom Jesus de Matosinhos« (Marien- und Christuslitanei, ohne Datum); »Lamentações do Ofício de Quinta-Feira Santa« (die Klagelieder des Jeremia für die Trauermetten in der Karwoche, ohne Datum); »Missa con-certada e Credo« (Messe für 4 Vokalstimmen und Streicher); »Missa de Santa Cecília« (Cäcilienmesse, ohne Datum); »Seqüência Stabat Mater Dolorosa« (Sequenz Stabat Mater Dolorosa - »Es stand die Mutter schmerzerfüllt«. Grundlage ist ein Gedicht, das den Schmerz Mariens um ihren gekreuzigten Sohn besingt. Die Sequenz wird zum Fest der Schmerzen Mariens am 15. September sowie am Freitag nach dem ersten Passionssonntag gesungen, ohne Datum)«; »Te Deum« (Te Deum für vier Vokalstimmen und Streicher, ohne Datum).

Lit.: Vicenzo Cernicchiaro, Storia della musica nel Brasile: dai tempi colonialisino ai nostri giorni (1549-1925). Mailand 1926; — Geraldo Dutra de Morais, História de Conceição do Mato-Dentro, Belo Horizonte 1942; — Francisco Curt Lange, A música em Minas Gerais, Rio de Janeiro 1945; — Ders., Os Compositores na capitanía das Minas Gerais, in: Revista Estudos Históricos 3/4 (1965), 33-111; — Ders., La Música en Villa Ricas (Minas Gerais siglo XVIII), in: Revista Musical Chilena Nr.102 (1967), 8-55; Nr.103 (1968), 77-149; Nr.125 (1974), 5-20; — Ders., História da Música nas Irmandades de Vila Rica, Bd.1: Freguesia de Nossa Senhora do Pilar do Ouro Preto, Belo Horizonte 1979; — Ders., História da Música nas Irmandades de Vila Rica, Bd.3: Vila do Príncipe do Serro do Frio e Arraial do Tejuco (Conselho Estadual de Cultura de Minas Gerais), Belo Horizonte 1982; — Ders., Compositores mineiros dos séculos XVIII e XIX, (Acervo de Manuscritos Musicais - Coleção Curt Lange, Bd.1, hrsg. von R. Dupret) Belo Horizonte 1991; — Ders., Compositores não-mineiros do séculos XVI a XIX, (Acervo de Manuscritos Musicais - Coleção Curt Lange Bd.2), Belo Horizonte 1994; — Vasco Mariz, Dicionário biobibliográfico musical Coordenação, Rio de Janeiro 1948; — Ders., História da Música no Brasil, Rio de Janeiro 1980 (das Buch erfuhr seitdem sechs Neuauflagen; die letzte erschein bei Nova Fronteira 2005. In spanischer Übersetzung wurde das Werk unter dem Titel Historia de la música en el Brasil vom Centro de Estudios Brasileiros 1985 in Lima herausgegeben); — Gerard Henri Béhague, Música »barroca« mineira, problemas de fontes e estilística, in: Universitas 2 Salvador/Bahia (1969), 133-158; — Ders., Música mineira à luz de novos manuscritos, in: Revista Barroco Nr.3 (1971), 15-27; — Ders., Music of Latin America: An Introduction, Prentice Hall, Englewood Cliffs, NJ 1979 (spanisch: La Música en America Latina, Carracas 1983); — Bruno Kieffer, História da música brasileira: dos primórdios ao início do século XX, Porto Alegre 1976; — Maria Conceição Rezende, A música na história de Minas Gerais colonial, Belo Horizonte 1989; — José Maria Neves (Hrsg.), Música sacra mineira: catálogo de obras y 12 obras em partituras, Rio de Janeiro 1997 (Werke von José Joaquim Emerico Lobo de Mesquita die Nummern 12-21); — Frederick Moehn, Colonial-Era Brazilian Music: A Review Essay of Recent Recordings, in: Notes Bd.62, Nr. 2 (Dezember 2005), 448-472; — Dizionario Enciclopedio Universale Della Musica E Dei Musicisti, Bd. IV, 471; — ²MGG, Personenteil, Bd.12, 55-56; — The New Grove, XV, 38-39.

Ronny Baier

LOË, Paulus Maria (Taufname: *Ludwig* Dietrich Joseph Maria Hubertus Paschalis) von, Dominikaner, Ordenshistoriker, * 31.3. 1866 Schloß Wissen bei Kevelaer, † 19.6. 1919 Düsseldorf. — Der dritte Sohn des Freiherrn Maximilian August v. L. und der Maria Therese, geb. Gräfin v. Arco-Zinneberg, trat nach dem Besuch der Gymnasien in Feldkirch 1876-82 und Vechta 1882-84 wie des Studiums der Theologie in Eichstätt 1884-86 und Münster 1886/87 in Venlo/Niederlanden in den Dominikanerorden ein (Einkleidung 15.11. 1887). Da die im Entstehen begriffene Provinz Teutonia über kein Studium verfügte, war L. zuerst am Generalstudium der aus Frankreich vertriebenen Dominikaner der Lyoner Provinz in Rykholt, dann in Löwen, wo er am 1.1. 1891 zum Priester geweiht wurde. L. war nach dem Lektoratsexamen am 1.7. 1892 von 1892-1895 Pro-Magister der Fratres im Profeß-Noviziat, ab 1899 Subprior und 1902/03 sowie 1906-09 Prior des Düsseldorfer Konvents. Er wurde 1899 zum Provinzial gewählt, doch vom Ordensmeister Andreas Frühwirt (s.d.) nicht bestätigt. L. war 1903-06 sowie später bis zu seinem Tod Sozius der Provinziale Hansen, Kaufmann, Banten und Wilms sowie zeitweise Syndicus der Provinz. 1907 wurde der vielseitige L. als erster in der Teutonia zum Magister der Theologie promoviert; schon vorher unterrichtete er am Ordens- bzw. dem 1897 errichteten Generalstudium in Düsseldorf abwechselnd fast alle theologischen Fächer, so 1892 praktische Moral und dogmatische Exegese und 1906 Pastoraltheologie und nur 1895-98 und 1902-03 Kirchengeschichte. An der Erarbeitung der Studienordnung (ratio studiorum) des Ordens von 1907 war L. beteiligt. 1912-1919 war er Studienregens der Ordenshochschule und 1914-1917 Lazarettgeistlicher im Reservelazarett-Krankenhaus der Dominikanerinnen Düsseldorf-Heerdt. — Persönlich zerstreut, doch zugleich gütig und ein begnadeter Seelsorger, war L.s eigentliche Berufung die Erforschung der dominikanischen Ordensgeschichte in Deutschland, deren Initiator er auf mehrfache Weise war. Nach dem Verlust der Ordensbibliotheken in der Säkularisation hat L. bleibende Bedeutung durch die Errichtung der Thomas-Bibliothek zur thomistischen Philosophie und Ordensgeschichte (seit 1934 in Walberberg, ab 2007 Bestandteil der Erz-bischöflichen Diözesan- und Dombibliothek Köln), für die er vor der feierlichen Profeß am 16.11. 1891 einen Teil seines väterlichen Erbes bestimmte und die bei seinem Tod ca. 10.000 Bände umfasste. L. sammelte Zeugnisse der früheren Provinz, ihrer Konvente und Fratres und kaufte Handschriften und Frühdrucke. U.a. erwarb er die erhaltenen Bestände der ehemaligen Klosterbibliotheken von Marienheide und Wesel. 1906 gründete L. zusammen mit Benedikt M. Reichert die »Quellen und Forschungen zur Geschichte des Dominikanerordens in Deutschland«, deren erstes, von Loë verfasstes Heft 1907 erschien. Zwei weitere Hefte stammen von ihm, wobei die Hefte 1 und 4 über Statistisches zu den beiden Provinzen Teutonia und Saxonia bis heute grundlegende Studien geblieben sind. Gemeinschaftlich gaben die beiden Herausgeber 11 »Hefte« bis 1916 heraus. L. konnte mehrere Ordensmitglieder für historische Arbeiten interessieren, so Hieronymus Wilms (s.d.), Gabriel M. Löhr (s.d.) und Maternus Heinrichs. Nach dem Tod Reicherts 1917 führte L. die Reihe zusammen mit Hieronymus Wilms weiter. Bis 1952 wurden 40 Hefte publiziert; ab 1993 erscheint die Neue Folge der Reihe, die im Jahre 2008 zwölf Bände zählt. Außerdem hat L. Verdienste um die Erforschung des Albertus Magnus. Neben der 1900-1902 in den Analecta Bollandiana erschienenen grundlegenden Quellenübersicht und einem weiteren Beitrag in den Annalen des Historischen Vereins des Niederrheins edierte L. 1913 den als echt angesehenen Kommentar Alberts zu Boethius De divisione und 1916 die später als unecht erwiesene Homilie »Betrachtet die Lilien« (Lk 11,27). In einer Rezension im Philosophischen Jahrbuch der Görres-Gesellschaft von 1914 kritisierte Leopold Gaul L.s Edition von Alberts Boethius-Kommentar, schränkte aber die Kritik nach einer Replik des Verf. stark ein. Für Wetzer und Welte's Kirchenlexikon verfasste L. insgesamt 19 Beiträge. Außerdem stand L. dem Unternehmen des Corpus catholicorum nahe und wollte Johannes Dietenbergers Schrift »Ob die Christen mögen durch ihre guten Werke das Himmelreich verdienen« herausgeben, was L.s Tod verhinderte. Weitgehend unausgewertet sind L.s »Notizen« wie auch das Ms. »Sequentiae et officia« in der Studienbibliothek St. Albert.

Werke: Monogr.: Die Dominikaner z. Wesel. Nach den hs. u. gedr. Qu. geschildert (Bausteine z. Gesch. des Predigerordens in Dtld. 1), 1896; (Hg.), Das Sterbebüchlein des Jacobus Sprenger, 1898; Verz. der alten Hss. u. Drucke im Dominikanerkloster z. Düsseldorf, 1904; Statistisches über die Dominikanerprov. Teutonia (Qu. u. Forsch. z. Gesch. des Dominikanerordens in Dtld. [= QF] 1), 1907; Statistisches über die Dominikanerprov. Saxonia (QF 4), 1910; Alberti Magni O. Pr. Commentarii in librum Boethii De Divisione, 1913; Alberts des Großen Homilie z. Luc. 11,27, 1916; Johannes Meyer Ord. Praed. Liber de Viris Illustribus Ordinis Praedicatorum (QF 12), 1918.

Art.: Ref.-Verss. im Dominicaner-Kloster z. Wesel in den Jahren 1460-1471, in: Btrr. z. Gesch. des Niederrheins 11, 1897, 82-130 [auch als selbständige Schrift publiziert]; Die Besitzungen des Dominikanerklosters z. Wesel, in: Btrr. z. Gesch. des Niederrheins 13, 1898, 274-280; Das Kalendarium der Univ. z. Köln, in: AHVNrh 67, 1899, 109-129 [auch als selbständige Schrift publiziert]; De vita et scriptis B. Alberti Magni, in: AnBoll 19, 1900, 257-284; 20, 1901, 273-316; 21, 1902, 361-371; Krit. Streifzüge auf dem Gebiete der Albertus-Magnus-Forsch., in: AHVNrh 75, 1902, 115-126; Das Necrologium des Aachener Dominikanerklosters, in: Aus Aachener Vorzeit 1, 1904, 1-26.

Lexikonart.: Roselli, Nikolaus, in: Wetzer-Welte 10, 1897, 1274; Roselli, Salvator Maria, in: ebd. 1274 f.; Rosenkranz, in: ebd. 1275-1280; Rosenkranzbruderschaft, in: ebd. 1280, 1283; Rossi, Bernardus, in: ebd. 1298-1299; Serry, Hyacinth, in: ebd. 11, 1899, 195-197; Soto, Dominicus de, in: ebd. 530-531; Sylvestris, Franz a, in: ebd. 1041f.; Sylvius, Franz, in: ebd. 1042f.; Tapia, Petrus de, in: ebd. 1214; Tauler, Johannes, in: ebd. 1276-1280; Trivetus, Nicolaus, in: ebd. 12, 1901, 98; Turre (Turrianus), Joachim de, in: ebd. 151; Ulrich v. Straßburg, in: ebd. 219-220; Valsecchi, Antonius, in: ebd. 576; Vicomerati, Stephanardus, in: ebd. 902; Viguerius (Viguier), Johannes, in: ebd. 966; Ximenes, Didacus, in: ebd. 1830f. Ein 20. Art. Tauron ist ebd. 12, 2077, angezeigt, aber nicht nachweisbar.

Bibliogr.: Verz. der v. der Teutonia hrsg. Bücher u. Zss. (1857-1957), o.J., 25f.

Diverses: Albert der Große auf dem Konzil v. Lyon (1274), in: Literar. Beilage der Kölnischen Volkszeitung 55. Jg., Nr. 29 v. 16.7.1914, 225f.

Mss.: Die Walberberger Bibliothek bewahrt handschriftliche »Bibliotheksnotizen« L.s zu veröffentlichten wie unveröffentlichen Vorhaben auf, ebenso die Mss. »Sequentiae et officia« sowie das »Verzeichnis der alten Handschriften und Drucke in der Bibliothek des Dominikanerklosters zu Düsseldorf.« Köln 1904.

Lit.: AOP 14, 1919, 206-207 [Nachruf]; — Leopold Gaul, (Rez.) Alberti Magni ... commentarii in librum Boethii ..., in: PhJ 27, 1914, 222-223; — Ders., Duplik, in: ebd., 439-440; P.v.L., Entgegnung, in: ebd., 437-439; Hieronymus Wilms, P. P. v. L. O.P. u. seine Verdienste um die Gesch. des Dominikanerordens (QF 18), 1923; — Angelus Walz, Compendium historiae ordinis praedicatorum, ²1948, 603, 613, 627; — Meinolf Lohrum, Die Wiederanfänge des Dominikanerordens in Dtld. nach der Säkularisation (Walberberger Stud., Theol. R. 8), 1971, 210; — Hugo Stehkämper, Albertus Magnus: Ausstellung z. 700. Todestag. Hist. Archiv der Stadt Köln, Severinstraße 222-228, 15. Nov. 1980 - 22. Febr. 1981, 1980, 35; — Wilhelm Fauser, Die Werke des Albertus Magnus in ihrer hss. Überl. Tl. 1: Die echten Werke (Alberti Magni Opera Omnia, Ed. Colon., Tomus Subsidiarius 1,1), 1982, 11f.; — Willehad Paul Eckert, Das Dominikanerkloster St. Joseph in der Herzogstraße v. den Anfängen bis 1933, in: Annette Baumeister u.a. (Hrsg.), Caritas & scientia. Dominikanerinnen u. Dominikaner in Düsseldorf. Begleitbuch z. Ausstellung, 1996, 83-97, hier 91 mit Anm. 39 (auf S. 96), 92; — Rainer M. Groothuis, Im Dienste einer überstaatl. Macht. Die dt. Dominikaner unter der NS-Diktatur, 2002, 154; — M.-Dominique Chenu, Le Saulchoir. Eine Schule der Theol. Aus dem Frz. v. Michael Lauble (Collection Chenu 2), 2003, 65; — Klaus-Bernward Springer, Das hist. Inst. der Dominikaner-Prov. Teutonia: Eine Spurensuche, in: ZKG 117 (2006) 231-265, hier 236-238, 244, 249, 252, 257 Anm. 123, 264; — NDB XV, 16f. (Ambrosius Esser); — DBE VI, 1997, 436f.; — Hans Jürgen Brandt / Peter Häger (Hrsg.), Biographisches Lexikon der Kath. Militärseelsorge Dtl.s 1848 bis 1955, 2002, 488.

Michael Dillmann / Klaus-Bernward Springer

LÖHR, Gabriel Maria (Taufname Heinrich), Dominikaner, Ordenshistoriker, * 26.2. 1877 Eitorf/Sieg, † 11.2. 1961 Köln-Braunsfeld. — Nach dem Besuch des Albertinums in Venlo und des Gymnasiums in Warburg/Westf., die beide von Dominikanern geleitet wurden, legte L. am 20.4.1895 in Venlo seine erste Profeß ab und wurde Mitglied des Dominikanerordens. Er studierte Philosophie und Theologie am Generalstudium der Provinz Teutonia in Düsseldorf und wurde am 23.3. 1901 zum Priester geweiht. 1902-1926 wirkte L. mit Unterbrechungen als Lektor für Kirchen- und Ordensgeschichte in Venlo und Düsseldorf. Das Provinzkapitel von Venlo 1911 bestimmte den Lektor Hieronymus Wilms (s.d.) als Diffinitor für das nächsten Generalkapitel des Ordens und L. zu seinem Socius. 1911-1914 wirkte L. in Düsseldorf und 1918-1921 in Venlo als Prior sowie 1917-1918 als Provinzprokurator. L. studierte ab 1906 mehrere Semester Geschichte bei Adolf von Harnack (s.d.) und Dietrich Schäfer in Berlin, wo er auch seine Kenntnisse in historischen Hilfswissenschaften und Germanistik vertiefte, sowie 1908 bei Pierre Mandonnet OP und Johannes Peter Kirsch (s.d.) in Fribourg in der Schweiz. Ab 1922 wirkte L. als Lektor für Kirchen- und Dogmengeschichte (später für Ordensgeschichte) am Düsseldorfer Generalstudium. 1925 wurde L. zum »Magister in sacra theologia« promoviert. Als 1926 die drei unteren Jahrgänge des dominikanischen Studiums der Teutonia an das neu gegründete Studienhaus in Walberberg bei Bonn verlegt wurden, wurde L. Studienleiter. Ab 1928 gehörte L. zu den »Patres Provinciae« und seit dem 17.11. 1929 war er auch stellvertretender Leiter (Subprior) des Walberberger Konvents sowie Bibliothekar und Chronicarius. 1934 wurde L. als Nachfolger seines Ordensmitbruders Maurus Knar an die Univ. Fribourg/Schweiz berufen, wo er 17 Jahre lang bis 1951 Kirchengeschichte lehrte, bis 1950 als Ordinarius, dann als Honorarprofessor. L. hatte zahlreiche Doktoranden, die er »une méthode d'une grande rigeur« (Marie-Humbert Vicaire, in: Ruffieux 536) lehrte. 1936-1937 amtierte L. als Dekan der theol. Fakultät. 1951 kehrte L. nach Dtld. zurück und verbrachte die letzten Lebensjahre in Walberberg. 1954 nahm er am Provinzkapitel der Teutonia in Düsseldorf teil. — Das lange Forscherleben L.s liegt »in der in exakter Kleinarbeit durchgeführten Tatsachenforschung« (Gieraths 156) und ist durch unermüdliche Editions- und Publikationstätigkeit ausgezeichnet. Ziel war nicht die Herausstellung historischer Zusammenhänge, sondern die Vermehrung des Tatsachenbestandes durch Einzeluntersuchungen und die Bereitstellung von Daten und Informationen zu seinem Forschungsschwerpunkt, der Geschichte der Dominikaner des deutschen Sprachraums. Dafür forschte L. mit Akribie nach Details besonders zur Personen- und Kloster- sowie zur Universitäts- und Provinzgeschichte; seine qualitätvollen Editionen und zahlreichen Artikel vornehmlich zur Epoche des Spätmittelalters sind bis heute Standard- und Referenzwerke für die Beschäftigung mit der Geschichte der deutschen Dominikaner in den Provinzen Teutonia und Saxonia. In der von Paulus von Loč (s.d.) begründeten und von Hieronymus Wilms fortgeführten Reihe »Quellen und Forschungen zur Geschichte des Dominikanerordens in Deutschland« veröffentlichte L. acht seiner zehn Monographien, darunter fünf Editionen; er war der wichtigste Autor der ordenseigenen historischen Reihe. Hinzu kamen 35 Einzelstudien und zahlreiche Lexikonartikel und Rezensionen (35 in DTh ab 1935 laut dem Register zu den Bänden 1-31). L.

war Loë durch gleichgerichtete Interessen verbunden gewesen. Mit dem Ende von L.s Engagement 1952/53 erfuhr die dominikanische Ordensgeschichte in Deutschland einen Unterbruch: die »Quellen und Forschungen zur Geschichte des Dominikanerordens in Deutschland« wurden nicht mehr fortgeführt; erst 1993 konnte die Neue Folge der Reihe, deren Fortführung L. sehr am Herzen lag, durch Isnard W. Frank begründet werden. — Zusätzlich zu seiner Forschertätigkeit war L. Mitglied zahlreicher historischer Gesellschaften und Vereine, so der Gesellschaft für mittelrheinische Kirchengeschichte.

Werke: Btrr. z. Gesch. des Kölner Dominikanerklosters im MA. Tl. 1: Darst.; Tl. 2: Qu. (Qu. u. Forsch. z. Gesch. des Dominikanerordens in Dtld. [= QF] 15-16/17), 1920-1922; Die Teutonia im 15. Jh. Stud. u. Texte vornehmlich z. Gesch. ihrer Reform (QF 19), 1924; Die theol. Disputationen u. Promotionen an der Univ. Köln im ausgehenden 15. Jh. Nach den Ang. des P. Servatius Fanckel OP (QF 21), 1926; Die Dominikaner im dt. Sprachgebiet (Rel. Qu.schrr. 43), 1927; Die Kapitel der Prov. Saxonia im Zeitalter der Glaubensspaltung 1513-1540 (QF 26), 1930; Die Dominikaner an der Leipziger Univ. (QF 30), 1934; Registrum litterarum pro provincia Saxoniae Leonardi de Mansuetis 1474-1480, Salvi Cassettae 1481-1483, Barnabae Saxoni 1486 (QF 37), 1939; Die Kölner Dominikanerschule v. 14. bis z. 16. Jh. Mit einer Übersicht über die Gesamtentwicklung, 1946 (Neudr. 1948); Registrum litterarum pro provincia Saxoniae Joachimi Turriani 1487-1500, Vincentii Bandelli 1501-1506, Thomae de Vio Caietani 1507-1513. Nebst Fortss. aus den J. 1524-1551 (QF 40), 1952.

Art.: Die Dominikaner in Köln, in: Kölner Pastoralblatt 8/9, 1916, 234-238; Drei Briefe Hermanns v. Minden O.P. über die Seelsorge u. die Leitung der dt. Dominikanerklöster, in: RQ 33, 1925, 159-167; Das Necrologium des Dominikanerinnenklosters St. Gertrud in Köln, in: AHVNrh 110, 1927, 60-179; Rede bei einer depositio beanismi (Fuchsentaufe) v. 1465 im Kölner Dominikanerkloster, in: AHVNrh 111, 1927, 186-191; Supplementum ad Acta Capitulorum Generalium O.P. editionis Reichertanae, in: AOP 18, 1927/28, 494-505; Documenta ad Historiam Ordinis saeculi XV. spectantia, in: AOP 19, 1929/30, 39-46, 86-97; Die Dominikaner an der dt. Univ. am Ende des MA, in: Mél. Mandonnet II, 1930, 403-435; Die Gewohnheiten eines mitteldt. Dominikanerklosters aus der ersten Hälfte des 14. Jh., in: AFP 1, 1931, 87-105; — De Caietano Reformatore Ordinis Praedicatorum, in: Angelicum 11, 1934, 593-602; Die zweite Reform des Magdeburger Dominikanerklosters. Ein Btr. z. Gesch. der Congr. Hollandiae, in: AFP 8, 1938, 215-230; — Die Mendikanten in den Kölner Schreinsbüchern, in: AHVNrh 134, 1939, 1-33; Die älteste theol. Promotionsordnung der Kölner Univ., in: AFP 9, 1939, 214-222; Das Testament des Halberstädter u. Magdeburger Weihbisch. Johann Mensing O.P., in: AFP 9, 1939, 223-229; Die Mendikantenarmut im Dominikanerorden im 14. Jh. Nach den Schrr. v. Johannes v. Dambach O.P. u. Johannes Dominici

O.P., in: DTh 18, 1940, 385-427; Zu einer neuen Ref.gesch. Dtld.s [Joseph Lortz, Die Ref. in Dtld. I-II, 1939-1940], in: ZSKG 34, 1940, 143-151; Breslauer Dominikaner des 15. Jh. auf auswärtigen Hochschulen, in: AFP 13, 1943, 162-178; Gerhardus de Buren OP, in: AFP 13, 1943, 179-180; Aus spätma. Klosterpredigten, in: ZSKG 38, 1944, 33-46, 108-120, 199-208; Z. Gesch. der Kölner Dominikanerschule im 14. Jh., in: DTh 23, 1945, 57-84; Z. Gesch. der Kölner Dominikanerschule im 15. Jh., in: DTh 23, 1945, 287-300, 427-445; Die Akten der Provinzialkapitel der Teutonia v. 1503 u. 1520, in: AFP 17, 1947, 250-284; Das Nürnberger Predigerkloster im 15. Jh., in: Zs. des Ver. f. Gesch. der Stadt Nürnberg, 1947, 223-232; Das Kölner Dominikanerkloster im 13. Jh., in: Ausstellung zum Gedenken an die Errichtung des »Studium Generale« der Dominikaner im Jahre 1248, (Köln) 1948, 3-12; Über die Heimat einiger dt. Prediger aus dem Dominikanerorden, in: ZDADL 82, 1947/1950, 173-178; Der Kölner Dominikanerhumanist Jacobus Magdalius Gaudanus u. seine Naumachia ecclesiastica, in: AFP 18, 1948, 281-302; Die Dominikaner an der Univ. Trier, in: Studia mediaevalia in honorem R. J. Martin OP, 1948, 499-521; V. gegenwärtigen Stand der kath. KGforsch., in: NOrd 2, 1948, 173-178; Die zweite Blütezeit des Kölner Dominikanerklosters (1464-1525), in: AFP 19, 1949, 208-254; Kleine Btrr. z. Gesch. des ehemaligen Dominikanerklosters in Warburg, in: Arch. der dt. Dominikaner 4, 1951, 199-208; Die Dominikaner an der Univ. Heidelberg, in: AFP 21, 1951, 272-293; Die Dominikaner an den ostdt. Univ. Wittenberg, Frankfurt/Oder, Rostock u. Greifswald, in: AFP 22, 1952, 294-316; Der Dominikanerorden u. seine Wirksamkeit im mittelrhein. Raum, in: AmrhKG 4, 1952, 120-156; Das geistliche Leben nach der Lehre des hl. Thomas, in: Anima 7, 1952, 175-181; Die Dominikaner an den Univ. Erfurt u. Mainz, in: AFP 23, 1953, 237-274; Das Kölner Dominikanerkloster im 17. Jh., in: Jb. des Kölnischen Gesch.ver. 28, 1953, 95-168. — Der bei Gieraths (s.u.) angezeigte Beitrag L.s Das Kölner Dominikanerkloster im 18. Jh., in: Jb. des Kölnischen Gesch.ver., 1961, ist leider nicht erschienen.

Lexikonart.: LThK¹: ca. 20 Btrr. (Mitt. aus der dt. Dominikanerordensprov. Köln 1.6.1933, o. J., 29), z.B. Villana de Boti, in: X, 1938, 626; — LThK²: Johannes von Bromyard, in: V, 1960, 1012; Mannes, Guzman, in: VI, 1961, 1363; — NDB: Adam (von Gladbach) v. Köln, in: I, 1953, 51; Alexander v. Köln, in: I, 194; Bartholomäus v. Bolsenheim; in: I, 610.

Lit.: AOP 10, 1911, 317; 11, 1913/14, 94, 95, 307; 15, 1921/22, 135; 17, 1925/26, 804; — Catalogus Provinciae Teutoniae ... 1922, 7; 1928, 4; — Acta capituli provincialis provinciae Teutoniae O.P. in conventu S. Joseph Duesseldorpii a die 10. ad diem 14. Maii 1954 celebrati. O. O. u. o. J., 2; — Gundolf Gieraths, Prof. P. G. L. (1877-1961), in: FZPhTh 8, 1961, 156-160; — Oskar Vasella, † Prof. Dr. G. L. OP (1877-1961), in: ZSKG 55, 1961, 255-256; — Roland Ruffieux (Ed.), Hist. de l'Université de Fribourg Suisse 1889-1989 - Gesch. der Univ. Freiburg, 1991, II, 536 (Marie-Humbert Vicaire: L'activité savante, 530-536), III, 967, 1015, 1018f., 1122; — Willehad Paul Eckert, Das Dominikanerkloster St. Joseph in der Herzogstraße v. den Anfängen bis 1933, in: Annette Baumeister u.a. (Hrsg.), Caritas &

scientia. Dominikanerinnen u. Dominikaner in Düsseldorf. Begleitbuch z. Ausstellung, 1996, 83-97, hier Anm. 38 (auf S. 96); — Martina Knichel, Die Ges. f. Mittelrhein. KG. Gesch. ihres 50jährigen Bestehens (Qu. u. Abhh. z. mittelrhein. KG 85), 1998, 115 mit Anm. 303, 140, 171; — Rainer M. Groothuis, Im Dienste einer überstaatl. Macht. Die dt. Dominikaner unter der NS-Diktatur, 2002, 395, 610 f., 617; — Klaus-Bernward Springer, Das hist. Inst. der Dominikaner-Prov. Teutonia: eine Spurensuche, in: ZKG 117 (2006) 231-265, hier 238, 241, 247, 252, 256 f., 260, 262-264.

Klaus-Bernward Springer

LÓPEZ DE GÓMARA, Francisco, span. Chronist, * 1511 in Gómara bei Soria; † um 1566 in Gómara bei Soria [?]. — L. d. G. studierte in Alcalá und wurde dort zum Priester geweiht. Nach einem Aufenthalt in Rom trat er 1540 als Sekretär und Hauskaplan in die Dienste des Conquistadors Hernán Cortés', den L. d. G. auf dem erfolglosen Algerien-Feldzug begleitete. Nach dem Tode Cortés' (1547) ist wenig über das Leben L. d. G.s bekannt, bis auf die Tatsache, daß er in Spanien blieb und Mitte der 1550er Jahre in Valladolid lebte. Wahrscheinlich starb er um 1566 in seiner Heimat Gómara; andere Quellen nennen Sevilla als letzten Aufenthaltsort. — Obwohl L. d. G. nie in Amerika war, machte er sich als Chronist der Eroberung der Neuen Welt einen Namen. In seiner zweiteiligen *Historia general de las Indias* (1552) beschreibt L. d. G. die Eroberung der Antillen, des Inka- und Mayareiches, die Reise des Magellan und die Entdeckung der Molukken (erster Teil) sowie die Eroberung des Aztekenreichs durch Cortés (zweiter Teil). Wegen der historisch fehlerhaften Darstellung der Expeditionen in Mexiko, in denen er das Wirken seines Dienstherrn, der zugleich seine Hauptquelle war, einseitig schönte, wurde L. d. G.s Werk 1553 vom Kronprinzen Philipp II. (ab 1556 König von Spanien) verboten und der Druck desselben unter Strafe gestellt; erst 1727 wurde der Erlaß aufgehoben und L. d. G. durch die Aufnahme seiner Chronik in Andreas Gonzalez Martials' *Coleccion de historiadores primitivos de las Indias Occidentales* rehabilitiert. L. d. G. positive Darstellung der Taten Cortés' veranlaßte Bernal Díaz del Castillo, einen an der Eroberung Mexikos beteiligten Soldaten, eine eigene Schilderung der Ereignisse vorzunehmen, die 1632 unter dem Titel *Ver-*

dadera historia de la conquista de Nueva España veröffentlicht wurde.

Werke: Historia general de las Indias (Saragossa 1552; ital.: Venedig 1560; franz.: Paris 1578; Neudruck: Caracas 1978, Barcelona 2006; als Faksimile teilw. im Internet verfügbar unter http://www.cervantesvirtual.com/FichaObra.html? Ref=8563, hg. v. der Biblioteca Virtual Miguel de Cervantes, Alicante 2002); Historia de la conquista de México (Saragossa 1552; Neudruck: Mexiko-Stadt 2003, Barcelona 2008; als digitalisierte Fassg. teilw. im Internet verfügbar unter http://www.cervantesvirtual.com/FichaObra.html? Ref=6923, hg. v. der Biblioteca Virtual Miguel de Cervantes, Alicante 2001); Crónica de los corsarios Barbarroja (Madrid 1989); Vida de Hernán Cortés (Berkeley 1964, unter dem Titel: Cortes. The Life of the Conqueror of Mexico by His Secretary).

Lit.: H. Raup Wagner, F. L. d. G. and His Works. Worcester 1949; — C. A. Roa de la Carrera, Histories of Infamy: F. L. d. G. and the Ethics of Spanish Imperialism. Boulder 2005.

Josef Bordat

LÜTHI, Walter, reformierter Pfarrer, * 5.1. 1901 in Günsberg, Kt. Solothurn (Schweiz), † 3.9. 1982 in Adelboden, Kt. Bern. Sohn des Jakob Lüthi († 1905) von Beruf Käser und der Lina (geb. Liechti). L. wächst mit 4 älteren Geschwistern und einem jüngeren Bruder nach 1905 als Halbwaise in sehr bescheidenen Verhältnissen vor allem in Bettlach, Kt. Solothurn auf. Seine Mutter und Geschwister arbeiten zeitweise für die Uhrmacherindustrie in der Region. L. erlebt die sozialen Konflikte rund um den ersten Weltkrieg als prägend, z.B. 1918 (Landesstreik) mit 3 Toten im Nachbarort Grenchen. Arbeitslosigkeit wird von ihm zeitlebens als schwieriges Schicksal empfunden. Vier seiner Geschwister emigrieren nach 1920 in die USA. Rund 10 % der Dorfbevölkerung Bettlachs wandert damals wegen Arbeitslosigkeit aus. Ab 1931 in Basel, erwähnt Lüthi 6.000 Arbeitslose - (stat. Zahlen 1930, Kt. BS: Gesamtbevölkerung: 155.000 in 43.000 Haushalten, davon 27.000 bis 14 Jahre alt). Heirat 1928 mit Jolande Brünnich (Lehrerin). 6 Söhne und 1 Tochter werden ihnen geboren. — L. studiert 1921-25 evangelische Theologie in Bern mit Studiensemestern in Tübingen, Zürich und Rom. In Gymnasium und Theologiestudium erlebt er eine längere Glaubenskrise. Er ist fasziniert von deutschen Dichtern u. Philosophen und überlegt sich den Wechsel der Studienrichtung (Germanistik) mit dem Berufsziel Deutschlehrer oder Journalist. In den Jahren 1923-24 veröffentlicht L. Zeitungsartikel über

seine Erlebnisse in Deutschland. Seine theol. liberale Ausbildung beeindruckt ihn kaum, die Lektüre von Barths Römerbrief im Jahr 1924 bewirkt theol. Neuausrichtung. Ab diesem Zeitpunkt beginnt er »Theologie zu studieren«. Beeinflußt wird L. durch Leonhard Ragaz, Hermann Kutter, beide Blumhardt und Karl Barth. Pfarrämter in Vinelz (Bielersee) 1925-31, Basel (Oekolampad) 1931-46, Bern (Münster) 1946-68. — L. sucht nach eigenen Aussagen in den Jahren vor und während des 2. Weltkriegs »in unvorstellbarer Bedrängnis« Antwort in der Bibel und erlebt diese als hochaktuell. Er predigt aus dieser Betroffenheit heraus. Auch seine Kritiker anerkennen Lüthi als »hervorragenden Prediger«. Die Reaktionen auf seine Predigten sind nicht nur positiv sondern teilweise auch sehr kritisch. L. beschreibt dies in einem Lebensrückblick als Bestätigung dafür, daß Gottes Wort bis zuletzt bei ihm geblieben sei und er der Versuchung zu nur schönen und harmonischen Predigten widerstehen konnte. — L. publiziert 1932 den ersten Predigtband ‚Werktagspredigten'. Er wird v.a. in Basel und Bern berühmt durch Predigten (oft Serienpredigten ganzer biblischer Bücher). Nach der Lektüre von Hitlers ‚Mein Kampf' predigt er über den Propheten Daniel. Dieser Predigtband wird nach Erscheinen in Deutschland auf den Index der verbotenen Literatur gesetzt. L. äußert sich 1942 in einer Großveranstaltung und in Anwesenheit eines Regierungsmitglieds kritisch zum Verhalten der Schweiz in der Flüchtlingsfrage. Er wendet sich gegen die Verbindung von Thron und Altar im sog. Berner Kirchenkampf (1946-56). Als Redner wird L. nach dem 2. Weltkrieg an verschiedene Evang. Kirchentage in Deutschland eingeladen. Ehrendoktorate 1946 (Universität Basel), 1960 (Universität Edinburgh). — Zusammen mit Pfr. Eduard Thurneysen publiziert L. seine Predigten (Basler Predigten). Diese erscheinen dann auch in verschiedenen Büchern in div. europäischen Sprachen (aber auch japanisch). Die Predigtbände erleben teilweise innert weniger Jahre über 10 Auflagen. Prägende Themen seiner Predigten sind Gottes Gericht und noch wichtiger die Gnade in der Person von Christus. Hauptanliegen ist ihm, daß Gott wieder Gott wird in jedem Bereich des Alltags. L. predigt lebensnah und herausfordernd. — L. erreicht eine große Zahl von Predigthörern und viele Leser mit seinen Predigtbänden. Hörer und Leser stammen aus allen Volksschichten. Auffällig sind seine genaue Beobachtung und Beschreibung von Alltagsbegebenheiten und auch eine prophetische Begabung. L. kritiert z.B. bereits im Jahr 1945 die mangelnde Selbstkritik der Schweizer über ihr Verhalten während dem Zweiten Weltkrieg (Predigten über Nehemia) und befürchtet negative Konsequenzen (diese traten spätestens ein in den 1990er Jahren: vgl. pol. Krise 1996ff mit Schlußbericht der Bergierkommission 2002:«Die Schweiz, der Nationalismus und der Zweite Weltkrieg»). Die Atmosphäre von Lüthis Predigten wird als die gespannte Erwartung des Hörens auf Gott erlebt. L. zeigt lebenslang große Achtung vor dem Wort der Bibel, ohne moralistisch und gesetzlich zu werden. Vertrauen in Gott verbindet sich bei ihm weder in Theologie noch seinem Alltag mit fatalistischer Haltung. Predigtbände in Deutsch sind nur noch antiquarisch zu erhalten, trotz Neuauflage einiger Bände im Jahr 2001 (z.B. Römerbrief). Teilweise Digitalisierung im Internet: http://kaeser.with.sim.org/luethi/index.htm.

Schriftlicher Nachlaß: Predigtforschungsstelle Heidelberg: http://www.theologie.uni-heidelberg.de/index.php?option=com_content&task=view&id=207&Itemid=180&limit=1&limitstart=5.

Werkausgaben (es ist jeweils nur die erste Auflage genannt, ausser bei einer Neubearbeitung) (Zahlen in eckigen Klammern bedeutet Annahme des Jahres des Drucks, oft wird dieses nicht genannt(: Ein fahrender Schüler, in Sonntagsblatt der Solothurner Zeitung Nr. 35/2.9.1923 bis 11/16.3.1924; Das ewige Jahr: Werktagspredigten, Bern, 1932; Hat die Kindertaufe Sinn? In: Flugschriften der Schriftenstelle der evang.-reformierten Kirche in Basel Nr. 10, Basel (1932); Zur Erinnerung an Fräulein Emma Kellerhals: Geb. am 30. Nov. 1882 - gest. am 30. Jan 1933, Basel 1933; Dem Andenken von Frau Martha Luginbühl-Bärlocher: Geb. 27. März 1868, gest. 19. Dez. 1933, Basel 1933; Dein Sonntag, Berlin 1934, Neuauflage, umgearb. und erw., Basel 1949; Schicksal oder Gott? Ein Vortrag, in Berner Münstervorträge Nr. 14, Bern 1934; Menschen oder Bestien? Eine Antwort der Kirche (Predigt), Bern 1934; Die Not der Kirche: Reformations-Predigt über Psalm 12, Basel 1934; Lege deine Hand nicht an den Knaben! Predigt über Isaaks Opferung, Basel 1935; Schweigt die Kirche? Eine unpolitische Antwort auf weltpolitische Fragen (mit Robert Brunner), Bern 1936; Der Heiland: Ein Gang durch die Bergpredigt, Basel (1936); Die kommende Kirche: Die Botschaft des Propheten Daniel, Basel 1937; Zu einem Zeugnis über alle Völker: Zwei Missionspredigten, in Das Evangelium vom Reich. Missionspredigten von Schweizer Pfarrern Nr. 1 (mit Emil Brunner), Stuttgart 1937; Predigt über Luk. 8,4-15: geh. am Missionsfest 1937 im Münster zu Basel, in

Basler Predigten 1/3, Basel 1937; Die Freiheit der Christen (Matth. 11,27), in Der unüberwindliche Herr, Stuttgart 1937, S. 14-20; Predigt über Luk. 2,34.35, in Basler Predigten 1/9, Basel 1938; Predigt und Ansprache über Joh. 3,1-9 und Matth. 25,31-46, geh. zu Oekolampad am Sonntag nach Pfingsten anlässlich des Einsatzes einer Gemeinde-Diakonisse (mit Robert Brunner), in Basler Predigten 2/3, Basel 1938; Bettagspredigt 1938: Ein Wort aus der Kirche an Volk und Behörden, Basel 1938; Atempause: Predigt vom 2. Okt. 1938, geh. zu Oekolampad, Basel 1938; Dies ist's, was der Prophet Amos gesehen hat, Basel (1938); Die Ehe, Stuttgart 1939; Kirken som kommer: Profeten Daniels Budskap (dänisch), Kopenhagen 1938; The church to come, London 1939; Predigt über Luk. 13,1-5, in Basler Predigten 3/1, Basel 1939; Predigt über 1. Mose 11, 1-9 geh. zu Oekolampad in Basel am 9. Juli 1939, in Basler Predigten 3/4, Basel 1939; Predigt über Mark. 13,30-37 geh. am 22. Okt. 1939 zu Oekolampad, in Basler Predigten 3/7, Basel 1939; Seid aber Täter des Wortes und nicht Hörer allein, wodurch ihr euch selbst betrüget: Zum Bettag, St. Gallen (1939); Predigt über Joh. 10,1-11, in Kriegszeit und Gotteswort Nr. 4, Basel 1940; Das sagt Gott über den Krieg: Mark. 13,1-13 geh. am 3. Sept. 1939 zu Oekolampad, Basel 1939, auch in Kriegszeit und Gotteswort Nr. 9, Basel (1940); Gerichtszeit - Geburtszeit: Joh. 3, 1-16. Predigt, in Kriegszeit und Gotteswort Nr. 10, Basel (1940); Az eljövendo egyház: (Dániel próféta igehírdetése) (ungarisch), Kolozsvár 1940; Predigt über Joh. 15,19-30 geh. am 31. März 1940 im Oekolampad zu Basel, in Basler Predigten 3/12, Basel 1940; Predigt über Joh. 10,22-42 geh. am 14. April 1940 im Oekolampad zu Basel, in Basler Predigten 4/1, Basel 1940; Predigt über Habakuk 1 geh. am 16. Juni 1940 im Oekolampad zu Basel, in Basler Predigten 4/3, Basel 1940; Habakuk rechtet mit Gott, Basel (1940); Predigt über Joh. 17,1-15 geh. am 29. Sept. 1940 am Landessender Beromünster, in Basler Predigten 4/6, Basel 1940; In the time of earthquake: an exposition of the Book of the Prophet Amos in relation to our own times, London 1940; Het »Onze-Vader« (niederländisch), Franeker 1940; Messages de l'année : Das ewige Jahr. Prédications pour la semaine (französisch), Lausanne (1941); Predigt über Philipper 4,4-7 geh. am 22. Dez. 1940 zu Oekolampad, in Basler Predigten 4/9, Basel 1941; De boodschap van den profeet Amos (niederländisch), Utrecht 1941; Andachten für alle Tage des Jahres, Basel (1941); Predigt über Joh. 11: geh. am 2. Februar 1941 im Oekolampad zu Basel, in Basler Predigten 4/11, Basel 1941; Predigt über Joh. 21,1-14, in Basler Predigten 5/1, Basel 1941; Predigt über Luk. 18,9-14, in Basler Predigten 5/5, Basel 1941; Predigt über Matth. 22,15-22, in Basler Predigten 5/8, Basel 1941; Predigt über 2. Kor. 12, 1-10, in Basler Predigten 5/11, Basel 1942; Synodalpredigt über Joh. 21,15-25, in Basler Predigten 6/3, Basel 1942; Predigt über Matth. 9,35-38, in Basler Predigten 6/4, Basel 1942; Predigt über Luk. 23,33-49, geh. am 8. Nov. 1942 zu Oekolampad in Basel, in Basler Predigten 6/8, Basel 1942; Joh.: Das vierte Evangelium, ausgelegt für die Gemeinde von Walter Lüthi, Basel 1942; Widerstehet: Röm. 8,31-39. Predigt, in Kriegszeit und Gotteswort Nr. 26, Basel 1942; La prophétie de Daniel et notre temps (französisch), Neuchâtel 1943; Predigt über Luk. 9, 18-27, in Basler Predigten 6/12, Basel 1943; Predigt über Luk. 18, 1-8, geh. am 5. Sept. 1943 zu Oekolampad in

Basel, in Basler Predigten 7/6, Basel 1943; Predigt über Luk. 9, 18-27, geh. am 14. März 1943 zu Oekolampad in Basel, in Basler Predigten 6/12, Basel 1943; Der Judenkönig: Joh. 19,19-22; Predigt, geh. am 4. April in d. St. Leonhardskirche in Basel, anlässl. e. Bitt- u. Opfer-Gottesdienstes d. Schweizer Judenmission in Palästina, in Basler Predigten 7/1, Basel 1943; Predigt über Jes. 2,1-4, geh. am 27. Juni 1943 zu Oekolampad in Basel, in Basler Predigten 7/4, Basel 1943 Predigt über Luk. 18,1-8, in Basler Predigten 7/6, Basel 1943; Predigt über Psalm 136, geh. am Jahresfest d. Basler Stadtmission, in Basler Predigten 7/11, Basel 1944; Jesus und unsere Besessenheit: Luk. 8,26-39, in Basler Predigten 7/12, Basel 1944; Predigt zum St.-Jakobs-Gedenktag, geh. am 27. Aug. 1944 zu Oekolampad, in Basler Predigten 8/5, Basel 1944; Predigt über Mark. 10,17-31, geh. am 8. Okt. 1944 zu Oekolampad, in Basler Predigten 8/7, Basel 1944; Das dreifache Pfingstwunder: Predigt über Apg. 2, geh. an Pfingsten 1944, in Basler Predigten 8/2, Basel 1944; Abendmahl und Beichte: Ein Wort an unsere Gemeinden, Zollikon-Zürich 1944; Die Kirche im Wiederaufbau Europas: Silvesterpredigt über Neh., Kap. 1, Basel 1945; Die Vollendung des Mauerbaues: Predigt über Neh. 6, in Basler Predigten 9/1, Basel 1945; Die Bauleute Gottes: Neh., der Prophet im Kampf um den Aufbau der zerstörten Stadt, Basel (1945(und 4. neubearb. Aufl., Basel (1960); Das Gleichnis vom reichen Kornbauer: Predigt über Luk. 12,13-21 in Basler Predigten 9/4, Basel 1945; Unser Vater: Predigt über Luk. 11,2, in Basler Predigten 9/5, Basel 1945; Gottes Heilswille: Predigt über Luk. 11,2, in Basler Predigten 9/7, Basel 1945; Das Himmelreich ist nahe: Predigt über Matth. 3,2, in Basler Predigten 8/11, Basel 1945; Das Unservater: Eine Auslegung, Basel (1946); Antrittspredigt, in Predigten aus bernischen Kirchen 5/6-7, Bern 1946; Der Weg war schmal: Neujahrs-Predigt über Matth. 7,13,14, in Basler Predigten 9/9, Basel 1946; Das Gleichnis von der grossen Vergebung, in Predigten aus bernischen Kirchen 5/12, Bern 1946; Amen: Predigt vom 17. März 1946 geh. zu Oekolampad Basel, in Basler Predigten 9/12, Basel 1946; An die lebendig Begrabenen: Predigt über Luk. 23,50-56 geh. am Karfreitag 1946, in Basler Predigten 10/1, Basel 1946; Wider den Jätgeist: Predigt über Matth. 13,24-30,36-43, in Basler Predigten 10/3, Basel 1946; »Die gute Erde«: Predigt über Matth. 13,1-23, in Basler Predigten 10/4, Basel 1946; Die köstliche Perle: Predigt über Matth. 13, 45.46, in Basler Predigten 10/6, Basel 1946; Das Gleichnis vom neuen Wein: Predigt über Luk. 5,27-39, in Basler Predigten 10/9, Basel 1947; La parole faite chair : Méditations sur l'évangile de Jean (französisch), Neuchâtel 1947; Synagoge und Kirche: Predigt über Matth. 21,33-46, in Basler Predigten 10/12, Basel 1947; Die soziale Frage im Lichte der Bibel: Vortrag, Zollikon-Zürich 1947; Daniel speaks to the Church, Minneapolis 1947; Habakuk twist met God (niederländisch), Franeker (1947); Deutschland zwischen gestern und morgen: Ein Reisebericht, Basel 1947; De Heiland : En Zijn prediking in de Bergrede (niederländisch), Utrecht 1947; Het Evangelie van Johannes in de wereld van heden (niederländisch), Franeker (1947); Das Friedensangebot: Predigt über Joh. 20,19-29, in Basler Predigten 11/2, Basel 1947; Vom bittenden Freund um Mitternacht: Predigt über Luk. 11,5-13, in Basler Predigten 11/4, Basel 1947; Vom reichen und vom armen Mann: Predigt über Luk. 16, 19-31,

in Basler Predigten 11/5, Basel 1947; Von den zehn Jungfrauen: Predigt über Matth. 25, 1-13, in Basler Predigten 11/8, Basel 1947; Vom barmherzigen Samariter, in Predigten aus bernischen Kirchen 6/6, Bern 1947; Mal. antwortet den Verzagten, Basel (1948); Vom Menschen, der zwei Söhne hatte: Predigt über Luk. 15,11-32 geh. im Berner Münster, in Basler Predigten 11/11, Basel 1948; Die drei Leidensverkündigungen: Predigt über Matth. 16,21-23; 20,17-19: geh. am Karfreitag im Berner Münster, in Basler Predigten 11/12, Basel 1948; Worin sollen wir uns bekehren? in Predigten aus bernischen Kirchen 7/6, Bern 1948; Na boží stavbe : Nehemiáš a jeho úsilí o obnovení zniceného mesta (tschechisch), Prag 1948; De bouwlieden Gods: De boodschap van Nehemia (niederländisch), Franeker (1948); Das Gleichnis vom Schriftengelehrten: Predigt über Matth. 13,51-52, in Basler Predigten 12/2, Basel 1948; Das grosse »Hephatha«: Predigt über Mark. 7, 31-37, geh. im Berner Münster am 15. Aug. 1948, in Basler Predigten 12/5, Basel 1948; »So stehet nun!« Predigt über Eph. 6,10-20 geh. am 17. Okt. 1948 im Berner Münster, in Basler Predigten 12/7, Basel 1948; Zwei Predigten geh. in Ungarn (mit Eduard Thurneysen), in Basler Predigten 13/3, Basel 1949; Jesu Antwort auf die Täuferfrage: Predigt über Matth. 11,2-10 geh. am 12. Dez. 1948 im Berner Münster, in Basler Predigten 12/9, Basel 1949; Kirche und Staat: Predigt, in Predigten aus bernischen Kirchen 8/1, Bern 1949; Die Heiland: Boodskappe oor die bergrede (afrikaans), Kaapstad 1949; »Chnächtemärit«: Predigt, in Predigten aus bernischen Kirchen 8/11, Bern 1949; Het feest gaat door: Twee gelijkenissen. Lazarus en de rijke man. De tien maagden (niederländisch), Den Haag (1949); De zeven gesprekken van Maleachi (niederländisch), Franeker (1949); Friede? Predigt über Lukas 12,49-53 geh. am 20. Feb. 1949 in Berner Münster, in Basler Predigten 12/11, Basel 1949; Die triumphierende Kirche: Predigt über 1. Kor. 15,57, in Basler Predigten 13/1, Basel 1949; Das dritte Gebot: Predigt über 2. Mose 20,7, in Basler Predigten 13/6, Basel 1949; Das getroste Seufzen: Predigt über Röm. 8,16-26, in Basler Predigten 13/8, Basel 1949; Du sollst deinen Vater und deine Mutter ehren, in Predigten aus bernischen Kirchen 9/8, Bern 1950; Mann und Frau: Predigt über 2. Mose 20,14, in Basler Predigten 13/10, Basel 1950; Hier ist nicht Mann noch Weib: Predigt über 2. Mose 20,14, in Basler Predigten 13/12, Basel 1950; Unterwegs zum Abendmahl: Predigt über Luk. 22,7-23, in Basler Predigten 14/1, Basel 1950; Die 10 Gebote Gottes: Ausgelegt für die Gemeinde, Basel 1950; Wer glaubt denn an den Frieden? Predigt über Joh. 14,27, in Basler Predigten 14/3, Basel 1950; Lasst euch retten: Predigt über Apg. 2,40, in Basler Predigten 14/6, Basel 1950; Das Wunder in der Tiefe: Predigt über Psalm 130, in Basler Predigten 14/8, Basel 1950; Die Flucht zu Gott, in Predigten aus bernischen Kirchen 10/2, Bern 1951; Friede im Gericht: Predigt über Jes. 48,22, in Basler Predigten 14/9, Basel 1951; Liebeszeichen: Predigt über Luk. 13, 1-5, in Basler Predigten 14/11, Basel 1951; Ich sah an alles Unrecht, in Predigten aus bernischen Kirchen 10/12, Bern 1951; Predigt über Psalm 38 geh. am 2. Juni 1951 im Berner Münster, in Basler Predigten 15/3, Basel 1951; Du sollst mich preisen: 30 Predigten, Basel (1951); Die Communion: Predigt über Apg. 2,42-47, in Basler Predigten 15/2, Basel 1951; Brechen und bauen hat seine Zeit: Predigt über Prediger Salomo Kap. 3, in Basler Predigten 15/6, Basel 1951; Wenn du zum Hause Gottes gehst, in Basler Predigten 15/7, Basel 1951; Ein Fest in der Wüste: Predigt geh. am 20. Jan. 1952 im Basler Münster zur Eröffnung der Evang. Woche, in Basler Predigten 15/10, Basel 1952; Der ich dich aus dem Sklavenhause geführt habe. Bibelarbeit und Predigt, geh. am Deutschen Evang. Kirchentag 1952 in Stuttgart, Zollikon-Zürich 1952; Die grosse Barmherzigkeit: Predigt, in Basler Predigten 16/1, Basel 1952; Het gesloten huwalijk (Übertr. des Kapitels : Der Ledigenstand, aus dem Werk: Die zehn Gebote) (niederländisch), Den Haag (1952); Der Prediger Salomo lebt das Leben : Eine Auslegung für die Gemeinde, Basel (1952); Der Gottesstreiter: Predigt über 2. Mose 17,8-16, in Basler Predigten 16/6, Basel 1952; Der Anfang der Wehen: Predigt über Matth. 24,1-8, in Basler Predigten 16/8, Basel 1952; Gottesfurcht: Bettags-Frühpredigt, in Predigten aus bernischen Kirchen 11/11, Bern 1952; Gottes Erdboden: Predigt über Psalm 24, in Basler Predigten 15/9, Basel 1952; Lass dein Brot über das Wasser fahren, in Basler Predigten 16/3, Basel 1952; Exaudi! Predigt über Psalm 27, in Basler Predigten 17/2, Basel 1953; Tröstet, tröstet mein Volk: Bibelarbeit und Predigt geh. am Deutschen Evang. Kirchentag 1953 in Hamburg, Zollikon-Zürich 1953; Die Hand am Pflug: Predigt über Luk. 9,62, in Basler Predigten 16/10, Basel 1953; Glauben und Leben: Konfirmationspredigt über Matth. 6,33 in Basler Predigten 16/12, Basel 1953; Welt ging verloren: Bettagspredigt, in Predigten aus bernischen Kirchen 12/10, Bern 1953; Predigt über Eph. 2,19-22 geh. am 16. Aug. 1953 am Evang. Kirchentag in Hamburg, in Basler Predigten 17/5, Basel 1953; Der Einbruch: eine Weihnachtspredigt über Luk. 2,8-14, in Basler Predigten 17/8, Basel 1953; Der Staat im Lichte des Jüngsten Tages, in Predigten aus bernischen Kirchen 13/12, Bern 1954; Christus Pantokrator: Bibelarbeit und Predigt geh. am Deutschen Evang. Kirchentag 1954 in Leipzig, Zollikon-Zürich 1954; Hans: Das Vermächtnis eines Vaganten, Bern 1954; Herrlichkeit: Predigt geh. im Berner Münster über Röm. 8,18-30, in Basler Predigten 17/12, Basel 1954; Liebe genug: Predigt über Röm. 5,5 geh. im Berner Münster an Pfingsten 1954, in Basler Predigten 18/2, Basel 1954; Darum werden wir nicht müde: Predigt über 2. Kor. 4,13-18 geh. am Leipziger-Kirchentag am 11. Juli 1954, in Basler Predigten 18/5, Basel 1954; Die politische Mitverantwortung des Christen, in Martin Niemöller u.a.: Frieden: Der Christ im Kampf gegen die Angst und den Gewaltgeist der Zeit, Zollikon-Zürich 1954; Die Macht der Liebe: Predigt über Röm. 12, 9-21, in Basler Predigten 18/8, Basel 1954; Kyrie eleison: Predigt über Matth. 15, 21-28, in Basler Predigten 18/11, Basel 1955; Gotteskinder: Predigt, geh. im Berner Münster am 23. Jan. 1955, in Berner Predigten 1/2, Hilterfingen 1955; Das grosse Erdbeben: Predigt, in Basler Predigten 19/1, Basel 1955; Die Zeit der Erquickung: Predigt über Apg. 3 geh. am 3. Juli 1955 im Berner Münster, in Basler Predigten 19/3, Basel 1955; Der Römerbrief, ausgelegt für die Gemeinde, Basel (1955); Regensommer-Predigt, geh. am Bettag 1955, in Berner Predigten 1/10, Hilterfingen 1955; Um Christi willen vor Gericht: Predigt über Apg. 4,1-22 geh. im Berner Münster am 17. Juli 1955, in Basler Predigten 19/5, Basel 1955; »Als der Jünger viele wurden«: Predigt über Apg. 6 geh. im Berner Münster am 1. Advent 1955, in Basler Predigten 19/8, Basel 1955; Apostel

und Zauberer: Predigt über Apg. 8,1-25 geh. im Berner Münster, in Basler Predigten 19/10, Basel 1956; Kornelius und sein Haus: Predigt über Apg. 10: geh. im Berner Münster zu Pfingsten 1956, in Basler Predigten 20/2, Basel 1956; Die Reichen und die Armen (Luk. 16,19-31), in Gerechtigkeit! Ein Weckruf an die Gemeinde (mit Eduard Thurneysen), Basel 1956, S. 29-50; Die Heimkehr zum Fest : Bibelarb., geh. am Deutschen Evang. Kirchentag 1956 in Frankfurt, Basel 1956; Sendung: Predigt über Apg. 13,1-5, geh. im Berner Münster am 19. Aug. 1956, in Basler Predigten 20/5, Basel 1956; Zwei Reden geh. am 18. Okt. 1956 im Münster zu Basel an der Feier z. Gedenken an das Basler Erdbeben von 1356, und am 6. Nov. 1956 im Münster zu Bern beim Fürbittegottesdienst für Ungarn (mit Eduard Thurneysen), in Basler Predigten 20/7, Basel 1956; Das Joch auf dem Nacken der Jünger: Predigt über Apg. 15,1-35 geh. im Berner Münster am 11. Nov. 1956, in Basler Predigten 20/8, Basel 1956; Als Barnabas nach Antiochien kam, in Berner Predigten 2/9, Hilterfingen 1956; Predigt, Beichte, Abendmahl : Ein Wort an unsere Gemeinden, Zollikon 1957; Licht um Judas Ischariot: Predigt über Apg. 1, 15-26 geh. im Berner Münster am 5. Mai 1957, in Basler Predigten 21/2, Basel 1957; Angeklagt wegen der Hoffnung: Reformationspredigt über Apg. 25,13 bis 26,32 geh. im Berner Münster am 3. November 1957, in Basler Predigten 21/7, Basel 1957; Was die Welt zusammenhält: Zeitbilder und Ausblicke, Basel (1957); Die drei Götter des Abendlandes: Apg. 16, 16-40, in Berner Predigten 3/5, Hilterfingen 1957; Ihr Männer von Athen! Predigt über Apg. 17,16-34, geh. im Berner Münster am 17. Februar 1957, in Basler Predigten 20/11, Basel 1957; Also mächtig wurde das Wort des Herrn und nahm überhand: Predigt über Apg. 19,1-22 geh. im Berner Münster an Pfingsten 1957, in Basler Predigten 21/4, Basel 1957; So wir im Licht wandeln: Predigt über 1. Joh. 1,5-10, geh. im Berner Münster am 19. Jan. 1958, in Basler Predigten 21/10, Basel 1958; Der Kelch: Predigt über Matth. 26, 36-46 geh. am 2. März 1958, in Basler Predigten 21/11, Basel 1958; Christi Sieg über den Teufel, in Der Christ im planetarischen Zeitalter, Mannheim 1958; Wer ist Jesus Christus? In Der Christ im planetarischen Zeitalter, Mannheim 1958; Der liebe Gott: Predigt über 1. Joh. 4, 16b-21, in Berner Predigten 4/8, Hilterfingen 1958; Der gute Hirte: Predigt über Joh. 10,12-16, geh. am 20. April 1958 im Berner Münster, in Basler Predigten 22/1, Basel 1958; Christliches Bekenntnis, in Alfred Ernst, Schweizerische Atombewaffnung?, Zollikon 1958; Die Apg. Ausgelegt für die Gemeinde, Basel 1958; Blinde Blindenführer: Predigt über Luk. 6,39 geh. am 29. Juni 1958 im Berner Münster, in Basler Predigten 22/3, Basel 1958; Stille: Predigt über Psalm 62, geh. am 13. Juli 1958 im Berner Münster, in Basler Predigten 22/6, Basel 1958; Dass uns heute der Heiland geboren ist: Predigt über Luk. 2,11 geh. im Berner Münster, in Basler Predigten 22/8, Basel 1958; Gottes Völklein: Bibelarbeit, geh. am Deutschen Evang. Kirchentag 1959 in München, Basel 1959; Christen und die skeptische Generation (Jes. 40,30-31), in Christus heute, Mannheim 1959, S. 3-7; Das Alter als Lebensproblem und Verheissung, in Christus heute, Mannheim 1959, S. 7-14; Les actes des apôtres (französisch), Genf 1959; Der Geruch: Predigt über 2. Kor. 2,12-17, geh. im Berner Münster am 22. Feb., in Basler Predigten 22/11, Basel 1959; Strafe unter Brüdern: Predigt über 2. Kor. 2,1-2, geh. im Berner Münster, in Basler Predigten 23/1, Basel 1959; Wo ist Freiheit? Predigt über 2. Kor. 3,7-4,6, geh. im Berner Münster, in Basler Predigten 23/4, Basel 1959; Für alle Menschen, für die Könige... Predigt über 1. Tim. 2,1-7 geh. am Bettag 1959 im Berner Münster, in Basler Predigten 23/7,Basel 1959; Menschwerdung: Eine Studie über den achten Psalm zum siebzigsten Geburtstag von Fritz Wartenweiler, in Gespräch und Begegnung, Zürich 1959; L'ecclésiaste a vécu la vie: Un commentaire pour la communauté chrétienne (französisch), Genf (1960); Die neue Kreatur: Predigt über 2. Kor. 5, 11-21 geh. im Berner Münster, in Basler Predigten 23/9, Basel 1960; Die Begnadeten: Predigt über 2. Kor. 6,1-10 geh. im Berner Münster, in Basler Predigten 23/11, Basel 1960; Die unaussprechliche Gabe: Predigt über 2. Kor. 9, 1-15, in Berner Predigten 6/5, Zürich 1960; Die Gewalt der Sanftmut: Predigt über 2. Kor. 10,1-6, geh. im Berner Münster am 24. April 1960, in Basler Predigten 24/1, Basel 1960; St. John's gospel: An exposition, Edinburgh 1960; Gegenwind: Predigt über Mark. 6,45-52 geh. im Berner Münster am 28. Aug. 1960, in Basler Predigten 24/5, Basel 1960; Als der Herr unwillig wurde: Predigt über Mark. 10,13-16 geh. im Berner Münster am 25. Sept. 1960, in Basler Predigten 24/7, Basel 1960; Der Bruder: Predigt über Joh. 19,30 geh. am 12. Juni 1960 in Tramelan, anlässlich des jurassischen Protestantentages, in Berner Predigten 6/6, Zürich 1960; Der Apostel: Der zweite Korintherbrief, ausgelegt für die Gemeinde, Basel (1960); Preaching, Confession, the Lord's Supper (englisch), Richmond Virginia 1960; Sekkyô, kokkai, seisan (Predigt, Beichte, Abendmahl) (japanisch), Tokyo 1960; Die Kirche in der Welt, Basel 1960; Die Kirche der Unbekannten: Predigt über Matth. 2,II: geh. an Weihnachten 1960 im Berner Münster, in Basler Predigten 24/9, Basel 1961; The letter to the Romans : An exposition (englisch), Edinburgh 1961; Die Seligpreisungen: Ausgelegt für die Gemeinde, Basel (1961); »Die Kriegsknechte aber ... »: Predigt über Mark. 15,15-20 geh. am 12. März 1961 in Berner Münster, in Basler Predigten 24/12, Basel 1961; Das letzte Ufer: Predigt über Joh. 21,1-14, geh. im Berner Münster am 16. April 1961, in Basler Predigten, Basel 1963; Schlüsselübergabe: Predigt, in Berner Predigten 7/11, Zürich , 1961 Der Erlöser: 30 Predigten, Basel (1961); Pro: Predigt über Röm. 8,31-34, geh. im Berner Münster am 11. Nov. 1960, in Basler Predigten 25/4, Basel 1961; Das Versprechen: Predigt über Luk. 8,4-15, geh. am 20. Aug. 1961 im Münster zu Bern, in Basler Predigten 25/6, Basel 1961; Der Gottesrevolutionär: Predigt über 1.Sam. 2,1-10 geh. im Berner Münster am 1. Okt. 1961, in Basler Predigten 25/8, Basel 1961; The Lord's prayer : An exposition (englisch), London 1961; The letter to the Romans : an exposition (englisch), Edinburgh 1961; Kuolemmeko kiireeseen? (finnisch: Dein Sonntag), Helsinki 1962; Zaubersprüche und Beschwörungsformeln: Predigt über 1. Samuel Kap. 4 geh. im Berner Münster am 21. Januar 1962 anlässlich eines ökumenischen Gottesdienstes, in Basler Predigten 25/10, Basel 1962; Die Gewalt des Besiegten: Predigt über 1. Sam. Kap. 5-7, 2 geh. im Berner Münster am 25. Feb. 1962, in Basler Predigten 25/12, Basel 1962; Israel will Nation sein: Predigt üb. 1. Sam. 8, geh. im Berner Münster am 1. Juli 1962, in Basler Predigten 26/3, Basel 1962; Als Gott sein Schweigen brach: Predigt über 1. Sam.

3 geh. im Berner Münster, in Basler Predigten 26/5, Basel 1962; »Zu Bethlehem in Davids Stadt: Predigt über 1.Sam. 16 geh. Sonntag den 11. Nov. 1962 im Berner Münster, in Basler Predigten 26/8, Basel 1962; Der liebe Jüngste Tag, Stuttgart-Sillenbuch (1962); Das Lukasevangelium ausgelegt für die Gemeinde (Kap. 1-10), Basel 1962; Andachten für alle Tage des Jahres / Ausgewählt und übers. ins Japan. von Yoshio Inoue, Tokyo 1963; Les béatitudes (französisch); Neuchâtel 1963; Nach der Katastrophe: Predigt über Klagelieder 1, 20, geh. im Berner Münster am 8. Sept. 1963, in Berner Predigten 9/10, Zürich 1963; Dazwischen: Predigt über 1. Sam. 20 geh. am 13. Januar 1963, in Basler Predigten 26/10, Basel 1963; Wenn doch auch du erkenntest - ! Predigt über 1. Sam. 25, geh. im Berner Münster am 24. März 1963, in Basler Predigten 26/12, Basel 1963; König Sauls letzte Gelegenheit: Predigt über 1. Sam. 26, geh. im Berner Münster am 19. Mai 1963, in Basler Predigten 27/2, Basel 1963; König Saul bei der Spiritistin: Predigt über 1. Sam. 28, geh. im Berner Münster am 9. Juni 1963, in Basler Predigten 27/4, Basel 1963; Überwindung der Resignation: Predigt über Jer. 31,17, geh. zur Eröffnung des Kirchentages in Basel, in Basler Predigten 27/6,Basel 1963; De zaligsprekingen / Voor de gemeente verklaard (niederländisch), Franeker (1963); The sermon on the mount (englisch), Edinburgh 1963; Der Versuchte: Wohltäter? Kirchenfürst? Religionsstifter? Bibelarbeit und Predigt geh. am Deutschen Evangelischen Kirchentag 1963 in Dortmund, Basel 1963; Anfang gut - alles gut: Predigt über 1. Mose 1,1.2 geh. im Berner Münster am 5. Jan. 1964, in Basler Predigten 27/9, Basel 1964; Gottes gute Erde: Predigt 1. Moses 1,9-13, in Basler Predigten 28/1, Basel 1964; Und nun der Mensch: Predigt über 1. Mose 1,24-31, in Basler Predigten 28/3, Basel 1964; Das Paradies auf Erden: Predigt über 1. Mose 2,4-25, in Basler Predigten 28/5, Basel 1964; Kain und Abel 1964: Predigt über 1. Mose 4, in Basler Predigten 28/7, Basel 1964; Das erste Buch Samuel, ausgelegt für die Gemeinde von Walter Lüthi, Basel (1964); Vom ersten bis zum letzten Tag: Predigt über 1. Mose 1,3-5, in Basler Predigten 28/9, Basel 1965; Als der Herr herniederfuhr: Predigt über 1. Mose 11,1-9, in Basler Predigten 28/11, Basel 1965; Die Himmel: Predigt über 1. Mose 1,6-8 geh. im Berner Münster, in Basler Predigten 29/1, Basel 1965; Abraham und das Kriegshandwerk: Predigt über 1. Mose 14,1-24 geh. im Berner Münster am 20. Juni 1965, in Basler Predigten 29/3, Basel 1965; Warum lacht Sara? Predigt über 1. Mose 18,1-15, geh. im Berner Münster am 29. August 1965, in Basler Predigten 29/5, Basel 1965; Vor der Katastrophe: Predigt über 1. Mose 18,17-33 geh. im Berner Münster am Bettag 1965, in Basler Predigten 29/7, Basel 1965; Adam: Die Schöpfungsgeschichte. Ausgelegt für die Gemeinde von Walter Lüthi, Basel 1966; Die Fusswaschung: Predigt über Joh. 13,1-20 geh. im Berner Münster am 20. März 1966, in Basler Predigten 29/2, Basel 1966; Prädestination: was soll man davon halten? Predigt über 1. Mose 25,19-34 geh. im Berner Münster am 19. Juni 1966, in Basler Predigten 30/3, Basel 1966; Isaaks Opferung: Predigt über 1. Mose 22, 1-19 geh. im Berner Münster am 5. Dezember 1966, in Basler Predigten 29/10, Basel 1966; Frau Saras Familienplanung: Predigt über 1. Mose Kap. 16 geh. im Berner Münster, in Basler Predigten 30/1, Basel 1966; Jakobs Traum: Predigt über 1. Mose 28 geh. im Berner Münster am 24. Juli 1966,

wiederholt am Internationalen Kongress des Christlichen Friedensdienstes in Gwatt am 31. Juli 1966, in Basler Predigten 30/4, Basel 1966; Gottesstreiter: Predigt über 1. Mose 32,22-33, geh. im Berner Münster am 16. Okt. 1966, Basler Predigten 30/7, Basel 1966; Er kam: Predigt über Joh. 1,11 geh. im Berner Münster an Weihnachten 1966, in Basler Predigten 30/9, Basel 1967; Das grosse Friedensangebot: Predigt über Psalm 119,165, geh. am ökumenischen Gottesdienst im Berner Münster, am 12. Juni 1967, in Berner Predigten 13/7, Zürich 1967; Zum Leben begnadigt: Predigt über Joh. 14,19 geh. im Berner Münster an Ostern 1967, Basler Predigten 30/12, Basel 1967; Celui qui fut tenté : Philanthrope? Chef d'Eglise? Fondateur de religion? (Etudes bibliques et prédication données lors de la Rencontre de l'Eglise évangélique allemande, à Dortmund, en 1963) (französisch), Genf 1967; Abraham: 1. Mose, Kapitel 12 bis 24. Ausgelegt für die Gemeinde, Basel 1967; Jakob: 1. Mose, Kapitel 25 bis 50. Ausgelegt für die Gemeinde von Walter Lüthi, Basel 1968; Vier Bibelarbeiten zum Thema Christus und der kranke Bruder, Bethel bei Bielefeld 1968; Merci: Abschiedspredigt über Luk. 17,11-19 geh. im Berner Münster am Eidg. Dank-, Buss- und Bettag, in Berner Predigten 14/10, Zürich 1968; Wort zum Werktag : Radiobetrachtungen, Basel 1970; Der Mann, der nicht nur Wasser in Wein verwandelt! Predigt von Walter Lüthi in der Stuttgarter Stiftskirche, Stuttgart 1971; Wenn wir ein Kind zur Taufe tragen: Fragen und Antworten zur Erwachsenen- und Kindertaufe, Basel 1972; Einer aus dem Volk: Predigt über Luk. 12,13-21, geh. im Berner Münster, in Basler Predigten 40/5, Basel 1976; Die drei Kreuze : Predigt über Luk. 23,39-43, geh. im Berner Münster, in Basler Predigten 41/3, Basel 1977; Das Gleichnis vom reichen Kornbauer: Luk. 12,13-21, in Basler Predigten 42/6, Basel 1978; Bild einer guten Alters-Zukunft: Psalm 71, in Saemann 4/78, Bern 1978; Gratuliere zur Weihnacht: vier Weihnachtsgeschichten, Basel 1979 (Walter Lüthi u.a.); Das Gleichnis vom Senfkorn: Frohbotschaft u. Ärgernis; Predigt, geh. in d. evang. Kirche in Mailand, Basel 1979; Der Tisch: Predigt, geh. im Diakonissenhaus Siloah in Gümlingen, in Basler Predigten 44/7, Basel 1980; Lebendige Steine? Predigt über 1. Petrus 2,4-10, geh. in d. Heiliggeistkirche Bern am 11. Januar 1981, in Basler Predigten 45/5 Anmerkungen: Fälschl. als Jg. 44 d. Schriftenreihe bezeichnet, Basel 1981; Friede - ein anständiges Wort? (Lk 2, 14), in ThBeitr 12/6, 249-253, Wuppertal 1981; Das Wichtigste in meinem Leben? In H. Schaffner (Hrsg.) Das Wichtigste in meinem Leben, Bekannte Frauen und Männer erzählen, Bern 1983, S. 168-173; Adam : patnáct kázání o historii stvoření se vstupními a záverecnými modlitbami (tschechisch), Prag 1987; Abraham : výklad 1. knihy Mojžíšovy, kapitola 12 až 24: čtrnáct kázání s úvodními a závěrečnými modlitbami (tschechisch), Prag 1990; Jákob: výklad 1. knihy mojzísovy, kapitola 25 az 50 sestnáct kázání s úvodními a záverecnými modlitbami (tschechisch), Prag 1992; Walter Lüthi lelkipásztor prédikációja 1956. november 6-án a berni székesegyházban a magyarországi forradalom emlékére tartott istentiszteleten = Predigt von Pfarrer Walter Lüthi am 6. November 1956 im Münster zu Bern beim Fürbittengottesdienst für Ungarn, Debrecen 2006.

Lit.: David H.C. Read, Holy Materialism: An Examination of Lüthi's Die Soziale Frage im Lichte der Bibel, in Scottish Journal of Theology, Vol. I, 1948, 272-281; — Peter Vogelsanger, Die Stimme eines Predigers, in Reformatio 11/1962, 642-645; — Theo Brüggemann, Christus ist mein Leben und Sterben ist mein Gewinn: Abschiedswort zum Hinschied von Pfarrer Walter Lüthi, gesprochen im Berner Münster am 8. September 1982, in Basler Predigten 46/10, Basel 1982; — Gerhard Tiel, Der rettende Glaube: e. theol. u. sozialpsycholog. Unters. anhand d. Abschiedspredigt u. zweier weiterer Predigten Walter Lüthis, Diss. (Heidelberg 1984), Rainer Oechslen, Resonanz: Walter Lüthi als Vorbild der Predigtkunst, Zürich 1997; — Ders., Synagoge und Kirche. Eine Predigt von Walter Lüthi, in Kirche und Volk Gottes, Neukirchen-Vlyn 2000, 295-305; — Ders., Walter Lüthi: Der Prediger mit dem roten Barett, in Pastoraltheologie 92. Jg. 2003/2, 154-161; — Horst Schaffenberger, Walter Lüthi - Charisma Verkündigung, in European Journal of Theology Vol. XI:2 2002, 119-125; — Hermann Kocher, Walter Lüthi, in Historisches Lexikon der Schweiz Bd. VIII, Basel 2009.

Martin Brütsch

LUSTIGER, Jean-Marie, eigtl. Aron Lustiger, frz. röm.-kath. Priester, * 17.9. 1926 in Paris, als Sohn polnisch-jüdischer Emigranten (seine Mutter wurde 1942 in Auschwitz ermordet), † 5.8. 2007 in Paris. Im Alter von 14 Jahren konvertierte L. zum Katholizismus und ließ sich am 25.8. 1940 in Orléans auf den Namen Jean-Marie taufen. Seine Schulbildung erwarb L. an den Lyzeen Montagne in Paris und Pothier in Orléans und immatrikulierte sich danach an der Sorbonne für ein geisteswissenschaftliches Studium, bevor er 1946 in Paris ins Priesterseminar (Séminaire des Carmes de l'Institut catholique) eintrat. Seinen Militärdienst absolvierte L. in Deutschland, wo er in Berlin stationiert war. Nach seiner Priesterweihe am 17.4. 1954 war er als Seelsorger mehrerer Pariser Studentengemeinden tätig sowie ab 1959 als Direktor des Centre Richelieu (kath. Studentenseelsorgezentrum), bis er 1969 die Pfarrei Sainte-Jeanne-de-Chantal übernahm. 1979 erhielt er die Bischofsweihe und wurde am 08.12. in das Amt des Bischofs von Orléans eingeführt. Am 27.2. 1981 folgte er Kardinal François Marty als 139. Metropolitan-Erzbischof von Paris nach - mit gleichzeitiger Zuständigkeit für die Katholiken des orientalischen Ritus in Frankreich. Papst Johannes Paul II. kreierte L. am 02.02.1983 zum Kardinal und wies ihm die Titelkirche Santi Marcellino e Pietro und ab 1995 die frz. Nationalkirche in Rom San Luigi dei Francesi zu. Er wurde am 15.6. 1995 als Nachfolger von Kardinal Albert Decourtray zum Mitglied der Académie française gewählt. Nach Erreichen der Altersgrenze wurde L. im Februar 2005 auf eigenen Wunsch als Erzbischof von Paris emeritiert. Zwei Jahre später verstarb er in einem Pariser Hospiz nach schwerer Krankheit. Unter großer Anteilnahme der Bevölkerung wurde L. am 10.8. 2007 in der Krypta der Basilika Notre-Dame beigesetzt. Der als Jude Geborene und als Kardinal Gestorbene setzte sich Zeit seines priesterlichen Wirkens für den jüdisch-christlichen Dialog ein. L. galt als stetiger Streiter für soziale Gerechtigkeit ebenso wie als treuer Verfechter der Lehre seiner Kirche.

Werke: Sermons d'un curé de Paris, Paris 1978, dt.: Der Erzbischof von Paris. Habt Vertrauen. Impulse zur Nachfolge, Übertr. u. Vorw. von Hans Urs von Balthasar, Freiburg ²1983; Pain de vie et peuple de Dieu, Paris 1981, dt.: Brot des Lebens für die Menschen. Gedanken zur Eucharistie, übers. aus dem Französischen von Gertrud Zellekens, Paderborn 1982; Der Priester und der Anruf der Räte, nach Ms. d. Autors u. mit dessen Billigung übers. von Hans Urs von Balthasar, Einsiedeln 1982; Schuld und Vergebung. Überlegungen zum Leitwort des 87. Deutschen Katholikentages, zus. mit Jòzef Glemp, Joseph Höffner u. Hubert Luthe, Köln 1982; Freude der Weihnacht, übers. aus dem Französischen von Hans Urs von Balthasar u. August Berz, Freiburg 1985; Osez croire, Paris 1985, dt.: Wagt den Glauben, Artikel, Vorträge, Predigten, Interviews 1981-1984, Einsiedeln 1986, engl.: Dare to believe. addresses, sermons and interviews 1981-1984, New York 1986; Osez vivre, Paris 1985, engl.: Dare to live, New York 1988; Premiers pas dans la prière, Paris 1986, dt.: Über das Beten. Erste Schritte zum Gespräch mit Gott, München 1987, engl.: First Steps in prayer, translated by Rebecca Howell Balinski, New York 1987; La dimension spirituelle de l'Europe, Fribourg 1987; Le choix de Dieu. Entretiens avec Jean-Louis Missika et Dominique Wolton, Paris 1987, dt.: Gotteswahl. Jüdische Herkunft, Übertritt zum Katholizismus, Zukunft von Kirche und Gesellschaft. Gespräche mit Jean-Louis Missika und Dominique Wolton, übers. aus dem Französischen von Thorsten Schmidt, München ²1992, engl.: Choosing God, Chosen by God. Conversations with Jean-Marie Lustiger, translated by Rebecca Howell Balinski, Ft. Collins 1991; The Lord's Prayer, translated by Rebecca Howell Balinski, Huntington 1988; Auschwitz-Birkenau. »Eine Erinnerung die brennt, aber sich niemals verzehrt«, zus. mit Adam Bujak u. Wladyslaw Bartoszewski, Freiburg 1989; La messe, Paris 1989, dt.: Die heilige Messe, übers. aus dem Französischen von Cornelia Capol, Einsiedeln 1989; Die Neuheit Christi und die Postmoderne. Vortrag anlässlich der Verleihung der Ehrendoktorwürde durch die Katholisch-Theologische Fakultät der Universität Augsburg am 17. November 1989, Augsburg 1990; Dieu merci, les droits de l'homme. articles, conférences, homélies, interviews 1984-1989, Paris 1990; Bilan. les 10 ans du cardinal Lustiger à Paris, Villeurbanne 1991; Beitr. in: Kleindienst, Eugen/Schmuttermayr, Georg (Hrsg.): Kirche im Kommen. Festschrift für Bischof Josef Stimpfle, Frankfurt/M. 1991; Le sacrement de l'onction des malades, Paris 1990, dt.: Stärkung fürs Leben. Über das Kranksein und das Sakrament der Krankensalbung, übers.

aus dem Französischen von Stefan Liesenfeld, München 1991; Nous avons rendez-vous avec l'Europe, Paris 1991; Christliches Europa - was bedeutet das?, in: Günther Gillessen, Friedrich Wilhelm Graf, Johannes Hanselmann u. Jean-Marie Lustiger: Europa fordert die Christen. Zur Problematik von Nation und Konfession, Regensburg 1993; Droit, liberté et foi. actes du cycle de conférences, Paris 1993; Beitr. in: Denkanstöße '94. Ein Lesebuch aus Philosophie, Natur- und Humanwissenschaften, München 1995; Devenez dignes de la condition humaine, Paris 1995; La formation spirituelle des prêtres, Paris 1995; Discours de réception du Cardinal Jean-Marie Lustiger à l'Académie Française et réponse de Mme. Hélène Carrère d'Encausse, Paris 1996; Laudatio auf Wladyslaw Bartoszewski, in: Heine-Jahrbuch Bd. 36, Stuttgart 1997; Le baptême de votre enfant, Paris 1997; A message in a bottle, Paris 1999; Ermutigung zum Glücklichsein. Die Lebenskunst der Bergpredigt, übers. aus dem Französischen von Gerhard Adler, Zürich 1999; Henri de Lubac et le mystère de l'Église, Paris 1999; Beitr. in: Johannes Paul II. Zeuge des Evangeliums. Perspektiven des Papstes an der Schwelle des dritten Jahrtausends, hrsg. von Stephan Otto u. Alexander Riebel, Würzburg 1999; Pour l'Europe. un nouvel art de vivre, Paris 1999; Souvenir et présence du Cardinal Henri de Lubac, Paris 1999; Les prêtres que Dieu donne, Paris 2000; Comme Dieu vous aime: en pélerinage vers Rome, Jérusalem, Lourdes, Saint-Maur 2001; La promesse. »Mes yeux ont devancé la fin de la nuit pour méditer sur ta promesse« (Psaume 119, 148), Langres 2002, dt.: Die Verheißung. Vom Alten zum Neuen Bund, übers. aus dem Französischen von Dominic Schubert unter Mitw. von Peter Paul Bornhausen, Augsburg 2003, engl.: The Promise, Grand Rapids 2007; Beitr. in: Hommage à Léopold Sédar Senghor, Textes réunis par Max Yves Brandily, Paris 2003; Beitr. in: Offredo, Jean (Hrsg.): Stefan Wyszynski. Le cardinal de fer, Paris 2003; Comment Dieu ouvre la porte de la foi, Paris 2004; Contempler l'Apocalypse, zus. mit Christine Pellistrandi u. Henry de Villefranche, Saint-Maur 2005; Dem Fremden begegnen als Herausforderung des 21. Jahrhunderts, in: Sinn und Form 57, Nr. 6, Berlin 2005; Dialogue entre la foi chrétienne et la pensée contemporaine, zus. mit Jean-Louis Chrétien, Paris 2005; Vous serez me témoins. Congrès International pour la Nouvelle Évangélisation, Paris 2005; Intelligence universitaire et sainteté, Paris 2006; Beitr. in: Pigozzi, Caroline (Hrsg.): Ambassadeurs de dieu, Paris 2007; Soyez heureux, Paris 2007; Une pensée par jour, Paris 2007.

Lit.: Vinocur, John: A most special cardinal, New York 1983; — Dare to rejoice. a celebration of Christian life, compiled and introduced by Edward Wakin, Huntington 1990; — Hanratty, Gerald : Light from Paris. Cardinal Lustiger on faith and contemporary culture, Dublin 1995; — Serrou, Robert avec la collaboration d'Olivier Neri et Bruno Serrou: Lustiger. cardinal, juif et fils d'immigré, Paris 1996; — Balthasar, Hans Urs/Boulnois, Olivier (Hrsg.): Je crois en un seul Dieu, Paris 2005; — Druon, Maurice/Rinaldi, Angelo: Hommages à M. Le Cardinal Lustiger, décédé le 5 Août 2007 et à M. Pierre Messmer, décédé le 29 Août 2007, Paris 2007.

Thomas Stahl

LUTHER, Ralf Johannes Ferdinand, Pastor und theologischer Schriftsteller in Dorpat (Tartu), * 23.6. 1887 in Reval (Estland), † 3.6. 1931 in Dorpat. — L. war Sohn des Oberpastors Ferdinand Luther und seiner Frau Marie, geb. Steding. In Reval besuchte er 1896-1899 die Jucumsche Schule und 1899-1904 das Nicolai-Gymnasium. Zwischen 1905 und 1910 studierte er in Dorpat Theologie, bevor er sich nach einer Zeit als Hauslehrer noch einmal zum Studium nach Leipzig wandte (1912). Nach bestandenem Konsistorialexamen und einem halbjährigen Vikariat wurde L. 1913 zum Pastor Adjunkt in Pönal bestellt; von 1914 an diente er als Pastor in Kusal (Estland), bevor er 1922 als Nachfolger Traugott Hahns (s.d.) auf die Stelle des deutschen Universitätspastors in Dorpat wechselte, die er bis zu seinem frühen Tode innehatte. In das Jahr 1922 fiel auch seine Eheschließung mit Gabriele Hoffmann (vier Kinder). Wegen seiner Kritik an der Verstaatlichung des Domes wurde er 1927 kurze Zeit bis zu seiner Entschuldigung seines Amtes durch das Konsistorium enthoben. L.s Predigtbegabung belegen einige frühe Veröffentlichungen. Er vertrat eine pietistische, von Blumhardt beeinflußte Frömmigkeit; seine Theologie war auf Wort, Gebet und Hoffnung eingestellt. Aus Bibelstunden zu wichtigen Ausdrücken des NT entstand in Dorpat- an gebildete Laien gerichtet - ein »Neutestamentliches Wörterbuch«, welches zwar erst postum veröffentlicht (hrsg. von Otto Schmitz), aber doch vielfach aufgelegt und übersetzt wurde und großen Einfluß errang (allein zwölf Auflagen zwischen 1931 und 1941!).

Werke: Die letzten Dinge. Vier Predigten, gehalten an d. letzten Sonntagen d. Kirchenjahres 1923, Dorpat 1924; Tod und Vollendung. Predigten, gehalten an d. beiden letzten Sonntagen d. Kirchenjahres 1925 in d. Universitätskirche zu Dorpat, Dorpat 1925; Adventsgruß 1928. Predigt, gehalten am 2. Dez. in d. Universitätskirche zu Dorpat, Dorpat 1928; Spannungen und Lösungen im Evangelium. Zehn Predigten, gehalten in d. Universitätskirche zu Dorpat, Dorpat 1928; Das Reich Gottes. Eine neutestamentl. Studie. Vortrag, gehalten auf d. deutschen Propstsynode am 16. April 1929 in Reval, Dorpat 1929; Herr, mache dein Werk lebendig. Zwölf Predigten, gehalten in d. Universitätskirche zu Dorpat, Dorpat 1931; Neutestamentliches Wörterbuch. Eine Einführung in Sprache und Sinn des urchristlichen Schrifttums, Berlin 1932, [5]1933, [7]1934, [8]1935, [11]1937, [12]1941, Hamburg [13]1951, [14]1958, Hamburg und Stuttgart [15]1962, [16]1963, [17]1966, [18]1976 als Taschenbuch Gütersloh [4]1980 - [6]1989, zuletzt: Metzingen 1998 (u.a. Ungarisch 1989; Estnisch, Tallin 1992; Finnisch, Helsinki 1993); Herr, ich warte auf dein Heil. Neun Predigten, Dorpat 1934; Was versteht das Neue Testament unter Hoffnung? Marburg [2]1959; Begriffserklärungen zum Neuen Testament, Metzingen 1986, [2]1990.

Lit.: Wilhelm Neander, Lexikon deutschbaltischer Theologen seit 1920, Hannover 1967, 91; — Amburger, Erik: Die Pastoren des Konsistorialbezirks Estland 1885-1919, Quellen und Studien zur baltischen Geschichte Bd. 11, Köln / Wien 1988, 67; — Heinrich Wittram, Kirche, Staat und Minderheiten in Estland und Lettland 1920-1940 und ihre Bedeutung für die Gegenwart, in: Gert v.Pistohlkors, Mathias Weber (Hrsg.), Staatliche Einheit und nationale Vielfalt im Baltikum, Oldenburg 2005, 90.

Gregor Heidbrink

M

MAAS-EWERD, Theodor, katholischer Liturgiewissenschaftler, geb. am 6.2. 1935 in Senden/Westfalen, Sohn des Ehepaares Theodor Maasewerd (1905-1991) und Maria Maasewerd geb. Thorwesten (1905-1989), gest. am 20.9. 2002 (in der Nacht vom 19. auf den 20.) in Klosterneuburg bei Wien (nachdem er in den Tagen zuvor noch bei einer Zusammenkunft österreichischer Augustiner-Chorherren in Mariazell drei - posthum veröffentlichte - Vorträge über den theologischen Gehalt der Eucharistischen Hochgebete gehalten hatte), dort auch bestattet (8.10. 2002). Ab 1941 besuchte er die Volksschule und anschließend die Mittelschule seines

Heimatortes, 1950-1955 das Gymnasium Canisianum in Lüdinghausen. Nach dem Abitur trat er in Münster in das Bischöfliche Collegium Borromäum ein und begann sein Theologiestudium an der Westfälischen Wilhelms-Universität. Sein externes Studienjahr verbrachte er in Bayern, an der Phil.-Theol. Hochschule in Passau (Sommersemester 1957 und Wintersemester 1957/58). Nach dem Empfang der Tonsur und der »Niederen Weihen« (Nov. 1958) und dem »Examen pro introitu« (März 1959) wechselte er im Mai 1959 ins Bischöfliche Priesterseminar. Im Juli legte er bei Prof. Dr. Joseph Höffner (1906-1987, 1962-1969 Bischof von Münster und danach Erzbischof von Köln und Kardinal) am »Institut für Christliche Sozialwissenschaften« das Diplom-Examen ab. Im Dez. 1959 wurde er im Dom zu Münster durch Bischof Dr. Michael Keller (1896-1961) zum Subdiakon, im Feb. 1960 zum Diakon (als solcher wirkte er in Oer-Erkenschwick) und am 2.2. 1961 zum Priester geweiht (sein Primizprediger drei Tage später in Senden war Prof. Höffner). Seelsorgliche und wissenschaftliche Tätigkeit gingen bald Hand in Hand. Bis Ende April 1964 wirkte er in Rheine als Kaplan (St. Marien) und Religionslehrer (Realschule). 1964 kehrte er nach Münster zurück, war bis Ende 1966 dort Subsidiar (St. Pius X.) und anschließend Rektor der Sendener Klosterkirche der Klarissen-Kapuzinerinnen. Parallel zu beiden Funktionen arbeitete er bis Ende April 1968 - dank einer Freistellung durch Bischof Höffner - universitär als Wissenschaftlicher Assistent am Seminar für Liturgiewissenschaft (Kath.-Theol. Fakultät) bei Prof. Dr. Emil Joseph Lengeling (1916-1986), der durch zahlreiche Beiträge (seit 1959) des jungen Klerikers in der Klosterneuburger Zeitschrift »Bibel und Liturgie« auf diesen aufmerksam geworden war (bereits 1958 hatte Th. M-E. einen Beitrag mit dem Titel »Praktisches zum Opfergang der Gläubigen« im Liturgischen Jahrbuch veröffentlicht). Das mit der Assistentenstelle einhergehende Promotionsstudium schloß Th. M-E. am 19.12. 1967 erfolgreich ab (Promotion zum Dr. theol. in Münster) - bereits am 7.11. 1967 hatte er für seine Dissertation »Liturgie und Pfarrei. Einfluß der Liturgischen Erneuerung auf Leben und Verständnis der Pfarrei im deutschen Sprachgebiet« den Preis des Rektors und des Senats der Westfälischen Wil-

helms-Universität Münster erhalten. Im Mai 1968 wurde er Pfarrer in Bösensell bei Senden, im darauffolgenden Monat außerdem Dozent für Liturgik (Liturgiewissenschaft) am Priesterseminar Münster. Von Okt. 1973 bis Ende Sep. 1975 lebte und arbeitete er in Wuppertal, als Wissenschaftlicher Assistent an der dortigen »Bergischen Universität - Gesamthochschule« (Abteilung Katholische Theologie) und als Subsidiar im Stadtteil Cronenberg (St. Ewald). 1975 wurde er Pfarrer in Everswinkel-Alverskirchen (nahe Münster), wo er fünf Jahre lang blieb. In diese Zeit fällt seine Habilitation für Liturgiewissenschaft an der Kath.-Theol. Fakultät in Münster (23.01.1976), der eine Ernennung zum Privatdozenten folgte (seine Habil.-Schrift behandelte »Die Krise der Liturgischen Bewegung in Deutschland und Österreich« und trug den Untertitel »Zu den Auseinandersetzungen um die ‚liturgische Frage' in den Jahren 1939 bis 1944«). Im Wintersemester 1977/78 nahm er in Münster eine Lehrstuhlvertretung wahr, im Sommersemester 1978 einen Lehrauftrag an der Ruhr-Universität Bochum. — Zum 1.10. 1980 wurde er Ordinarius für Liturgiewissenschaft an der Kath.-Theol. Fakultät der Katholischen Universität Eichstätt (seit 21.9. 2001 Katholische Universität Eichstätt-Ingolstadt), wo er 20 Jahre lang - bis zu seiner Emeritierung Ende März 2000 und sogar darüber hinaus - in Forschung und Lehre tätig war (außerdem als Prodekan der Fakultät 1983/84, Dekan vom 07.05.1984 bis 30.09.1985), dabei aber auch die praktische Seelsorge nicht vernachlässigte - vom 01.10.1982 bis 31.10. 1996 wirkte er als Rektor der Filial- und Wallfahrtskirche St. Marien in Eichstätt-Buchenhüll. Im bayerischen Altmühltal fand er eine neue Heimat, weitere akademische Rufe lehnte er ab (1985 nach Paderborn, 1989 nach Fulda). — Verschiedene Fachgremien und periodische Publikationen konnten ihn schon früh als Mitarbeiter gewinnen: 1964-1970 war er Sekretär der Liturgiekommission seines Heimatbistums, 1969-1971 Mitglied der Arbeitsgruppe »Calendarium Germaniae« der Liturgischen Kommission der Deutschen Bischofskonferenz, 1972-1986 Redaktionsmitglied von »Bibel und Liturgie« (ab 1997 korrespondierendes Mitglied), 1974-1977 Mitglied der Arbeitsgruppe »Benedictionale« der Liturgischen Kommission im deutschen Sprachgebiet, seit 1976 Mitglied des Deutschen Liturgischen Instituts e. V. (Trier), seit 1981 Mitglied des Beirats der Zeitschrift »Praedica Verbum« (Donauwörth), 1981-1999 Vertreter der Praktischen Theologie im Herausgeberausschuß der »Eichstätter Studien«, ab Mitte März 1984 - bis zu seinem Tod - Schriftleiter der monatlich erscheinenden Zeitschrift »Klerusblatt« (»Zeitschrift der katholischen Geistlichen in Bayern und der Pfalz«), seit 1985 Mitglied im Herausgeberausschuß der Quartalsschrift »Forum Katholische Theologie«, ebenfalls seit 1985 - zusammen mit dem Eichstätter Dogmatik-Professor Michael Seybold (1933-2005) - Herausgeber der Reihe »Extemporalia. Fragen der Theologie und Seelsorge«, 1989-1999 Mitglied der Liturgischen Kommission des Bistums Eichstätt, seit 1996 Consultor der Liturgiekommission der Deutschen Bischofskonferenz (2001 erneut für fünf Jahre berufen). — Vielfältige Ehrungen wurden Th. M-E. zuteil: Am 3.12. 1986 ernannte ihn Papst Johannes Paul II. (1978-2005) zum Päpstlichen Ehrenprälaten, im Jahr der Emeritierung verlieh ihm Bundespräsident Johannes Rau auf Vorschlag des bayerischen Ministerpräsidenten Edmund Stoiber das »Verdienstkreuz am Bande des Verdienstordens der Bundesrepublik Deutschland« (Bundesverdienstkreuz, überreicht durch die bayerische Kultusministerin Monika Hohlmeier am 31.10. 2000 in München), Mitte Mai 2001 (im Jahr seines 40. Priesterjubiläums) wählte ihn das Kapitel der Kanoniker des Augustiner-Chorherren-Stiftes Klosterneuburg zum »Canonicus honorarius« (die Investitur fand am 28.8. 2001 statt) - in Anerkennung seiner langjährigen Verbundenheit mit diesem Stift und dessen pastoralliturgischen »Pius-Parsch-Institut«. Der Schwerpunkt der zahlreichen (weit über 800) und thematisch breit gespannten Veröffentlichungen Th. M-E.s (u. a. Zeitschriften-Beiträge, lexikalische Artikel - v. a. im Marienlexikon und im LThK, Rezensionen und Aufsätze in Sammelwerken), die in der zu seinem 65. Geburtstag erschienenen Festschrift »Schon leuchtet deine Krippe auf« (mit gesammelten Beiträgen des Jubilars zum Weihnachtsfestkreis) weitestgehend aufgeführt und durch ein Stichwortregister erschlossen sind, liegt bei den Themen »Liturgische Bewegung« (Habil.-Schrift), Liturgiereform, Meßfeier und »Liturgisches Jahr« sowie bei pastoralliturgischen Fragen. Die Publikationen, die sich zu einem großen Teil an einen breiteren Leserkreis (von Seelsorgern) wenden, lassen nicht nur Schaffenskraft, stringentes Denken und klare Ausdrucksweise erkennen, sondern auch - was ebenso für sein Wirken als akademischer Lehrer gilt, der in Vorlesungen und Seminaren insbesondere vielen Priesteramtskandidaten wertvolles Wissen und tiefergehende Einsichten auf dem Gebiet der Liturgie als »Gottesdienst der Kirche« vermittelt hat - ein »sentire cum Ecclesia«.

Werke: Liturgie und Pfarrei. Einfluß der Liturgischen Erneuerung auf Leben und Verständnis der Pfarrei im deutschen Sprachgebiet. Paderborn 1969 (Diss. Münster); Meßfeier der Gemeinde. Was ist neu in der Meßordnung? Essen 1970 (zusammen mit Basilius Senger OSB); Neue Fürbitten. Modelle für die Sonn- und Feiertage des liturgischen Jahres. Regensburg 1971, 2. Aufl. 1973 (zusammen mit Gerd J. Maurer und Hermann Reifenberg); Neue Totenliturgie. Eucharistiefeiern - Wortgottesdienste - Begräbnisriten. Übertragungen und Vorschläge. Essen 1971, 4. Aufl. 1972 (zusammen mit Heinrich Plock, Manfred Probst und Klemens Richter); Fürbitten beim Gedächtnis der Heiligen (2 Bände). Regensburg 1975 (Herausgeber); Gemeinde im Herrenmahl. Zur Praxis der Meßfeier (FS Emil Joseph Lengeling). Einsiedeln - Zürich - Wien 1976 (Herausgeber zusammen mit Klemens Richter); Mit sanfter Zähigkeit. Pius Parsch und die biblisch-liturgische Erneuerung. Klosterneuburg 1979 (Herausgeber zusammen mit Norbert Höslinger); Fürbitten an den Festen und Gedenktagen der Heiligen. Regensburg 2. Aufl. 1981 (Herausgeber); Die Krise der Liturgischen Bewegung in Deutschland und Österreich. Zu den Auseinandersetzungen um die »liturgische Frage« in den Jahren 1939 bis 1944 (Studien zur Pastoralliturgie 3). Regensburg 1981 (Habil.-Schrift Münster); Liturgische Einheit in Vielfalt. Die Einheit des Gottesdienstes der Kirche und der ausgeträumte Traum von einer »Welt-Einheitsliturgie« (Eichstätter Hochschulreden 30). München 1981 (Eichstätter Antrittsvorlesung); Auf dem Weg durch die Zeit. Predigten und Besinnungen zum Kirchenjahr. Regensburg 1982 (Herausgeber); Besondere Tage im Jahr. Liturgische Betrachtungen. München 1985; Vom Sinn des Sonntags. Orientierungshilfen. Sechs Fastenpredigten aus dem Dom zu Eichstätt. Eichstätt - Wien 1985 (Herausgeber); Lebt unser Gottesdienst? Die bleibende Aufgabe der Liturgiereform (FS Bruno Kleinheyer). Freiburg - Basel - Wien 1988 (Herausgeber); Vom Pronaus zur Homilie. Ein Stück »Liturgie« in jüngster Geschichte und pastoraler Gegenwart (Extemporalia 8). Eichstätt - Wien 1990; Neubearbeitung von: Johannes H. Emminghaus: Die Messe. Wesen, Gestalt, Vollzug. Durchgesehen und überarbeitet von Th. M-E. Klosterneuburg 5. Aufl. 1992 (auch ins Engl. übersetzt: The Eucharist. Essence, form, celebration. Translated by Linda M. Maloney. Collegeville/Minnesota 1997), 6. Aufl. 1997; Kleriker. Im Dienste Gottes für die Menschen (FS 75 Jahre Klerusverband und Klerusblatt in Bayern und der Pfalz). München 1995 (Herausgeber); »Schon leuchtet deine Krippe auf«. Die Feier der Geburt Jesu Christi und der weihnachtliche Festkreis in Liturgie und Brauchtum. Festgabe zum 6. Februar 2000 mit Bibliographie, herausgegeben von Florian Trenner und Bert Wendel. St. Ottilien 2000.

Ergänzende Bibliographie ab 2000 mit Nachträgen für 1999: Zum Abschied von Johannes Wagner (1908-1999). Ein Lebensweg - »hineinverwoben« in die Geschichte der Liturgie des 20. Jahrhunderts. In: Klerusblatt (KlBl) 79 (12/1999) 284-287; Rez. zu: Georg Schwaiger: Papsttum und Päpste im 20. Jahrhundert. Von Leo XIII. zu Johannes Paul II. München 1999. In: KlBl 79 (12/1999) 289; Rez. zu: Albino Luciani: Heilige Zeiten. Meditationen zum Kirchenjahr. Graz - Wien - Köln 1999. In: KlBl 79 (12/1999) 289; Rez. zu: Karl Schlemmer (Hrsg.): Auf der Suche nach dem Menschen von heute. Vorüberlegungen für alternative Seelsorge und Feierformen. St. Ottilien 1999. In: KlBl 79 (12/1999) 289; Gott, der Vater, als Ursprung und Ziel gläubigen Lebens in der Liturgie der Kirche, in: Anton Ziegenaus (Hrsg.): Mein Vater - euer Vater. Theologische Sommerakademie Dießen 1999. Buttenwiesen 2000, 79-100; Schmerzen Marias. I. Frömmigkeitsgeschichtlich. II. Liturgisch. In: LThK^3 9 (2000) Sp. 175f.; Stephan, Stanislaus. In: LThK^3 9 (2000) Sp. 974; Tabernakel. In: LThK^3 9 (2000) Sp. 1223; Taufbrunnen, Taufbecken, Taufstein. II. Liturgisch. In: LThK^3 9 (2000) Sp. 1280f.; Thalhofer, Valentin. In: LThK^3 9 (2000) Sp. 1379f.; Gründonnerstag. In: RGG^4 3 (2000) Sp. 1307; In memoriam Johannes Wagner († 25.11.1999). In: Bibel und Liturgie 73 (1/2000) 73f.; In tempore opportuno. Johannes Wagner (1908-1999) zum Gedächtnis. In: Erbe und Auftrag (Benediktinische Monatsschrift) 76 (2/2000) 148f.; »Durch seine Wunden sind wir geheilt.« Das Canticum 1 Petr 2,21-24 in der Zweiten Vesper der Quadragesima und in der Ersten Vesper des »Commune für Märtyrer«. In: KlBl 80 (4/2000) 81-83; Kreuzwegtafeln - »so etwas ist Lebensarbeit«. Zu einem jetzt veröffentlichten Kreuzweg von Berta / Sr. M. Innocentia Hummel OSF (1909-1946) aus dem Franziskanerinnen-Kloster in Siessen / Bad Saulgau. In: KlBl 80 (4/2000) 85-87; »Glaube und Gemeinschaft«. Die Festschrift für Prof. Dr. Paul-Werner Scheele, den 87. Bischof von Würzburg, dargeboten zum 25. Jahrestag seiner Bischofsweihe. In: KlBl 80 (5/2000) 105-108; »Das Begräbnis eines Priesters oder eines Diakons«. Zu einer pastoral-liturgischen Handreichung aus München. In: KlBl 80 (6/2000) 135-137; Liturgie als Dialog zwischen Gott und Mensch. Reflexionen zum Gottesdienst der Kirche. In: KlBl 80 (9/2000) 197-202; »Wohin du mich sendest«. Die Festgabe für Prälat Dr. Willibald Leierseder zur Vollendung des 70. Lebensjahres. In: KlBl 80 (9/2000) 211f.; Beschützer oder Patron der Heranwachsenden. Über Nikolaus von Myra, die Legende von den drei Scholaren im Pökelfass und die Perikope Mt 25,14-23. In: KlBl 80 (11/2000) 257-261; Hochzeitsgäste fasten nicht. Zum Evangelium vom 8. Sonntag im Jahreskreis (B): Mk 2,18-22. In: Praedica Verbum 105 (2000) 95f.; Der Glaube schenkt uns das Fest und gibt uns Zukunft. Zum Evangelium am Hochfest der Geburt des Herrn: In der Heiligen Nacht: Lk 2,1-14. In: Praedica Verbum 105 (6/2000) 685-689; Rez. zu: Rupert Berger: Neues Pastoralliturgisches Handlexikon. Freiburg - Basel - Wien 1999. In: KlBl 80

(1/2000) 17; Rez. zu: Heute Gott feiern. Liturgiefähigkeit des Menschen und Menschenfähigkeit der Liturgie. Herausgegeben von Benedikt Kranemann, Eduard Nagel und Elmar Nübold. Freiburg - Basel - Wien 1999. In: KlBl 80 (1/2000) 18; Rez. zu: Peter Christoph Düren: Der Ablass in Lehre und Praxis. Die vollkommenen Ablässe der Katholischen Kirche. Buttenwiesen 2000. In: KlBl 80 (3/2000) 68; Rez. zu: Manuale Trevirense. Heilige Woche - Karwoche und Ostern. Eigenfeiern des Bistums Trier. Studienausgabe. Herausgegeben vom Bischöflichen Generalvikariat Trier, Hauptabteilung Pastorale Dienste. Trier 1999. In: Liturgisches Jahrbuch 50 (2000) 70f.; Rez. zu: Christiane Bundschuh-Schramm (Hrsg.): Ich will mit dir sein und dich segnen. Segensfeiern und Segensgesten. Ostfildern 1999. In: KlBl 80 (7/2000) 163; Rez. zu: Jürgen Kleindienst (Hrsg.): Und weiter geht es doch. Deutschland 1945-1950. 45 Geschichten und Berichte von Zeitzeugen. Berlin 1999. In: KlBl 80 (7/2000) 164; Rez. zu: Rudolf Pacik: »Last des Tages« oder »geistliche Nahrung«? Das Stundengebet im Werk Josef Andreas Jungmanns und in den offiziellen Reformen von Pius XII. bis zum II. Vaticanum. Regensburg 1997 (Studien zur Pastoralliturgie 12). In: Theologische Revue 96 (4/2000) 323f.; Rez. zu: Geist in Stein. Lebensbilder einer Kathedrale. Der Regensburger Dom. Fotografiert von Touhami Ennadre. Mit Texten von Bertram Stubenrauch und Eva Karcher. Regensburg 2000. In: KlBl 80 (8/2000) 187f.; Rez. zu: Loci ubi Deus quaeritur. Benediktiner in aller Welt. Herausgegeben von Benedikt Kominiak OSB (†), P. Jacques Côté OSB und Br. Cyrill Schäfer OSB. St. Ottilien 2000. In: KlBl 80 (8/2000) 188; Rez. zu: Die Begleitung Schwerstkranker und Sterbender. Eine Handreichung für Angehörige und gläubige Laien. Herausgegeben vom Bischöflichen Ordinariat Augsburg, Referat Glaubenslehre und Gottesdienst. Augsburg ^{4}2000. In: KlBl 80 (8/2000) 188f.; Rez. zu: Alfred Läpple: Mit den Heiligen durch das Jahr. München 2000. In: KlBl 80 (10/2000) 227; Rez. zu: Giuseppe Alberigo: Johannes XXIII. Leben und Wirken des Konzilspapstes. Mainz 2000. In: KlBl 80 (10/2000) 227f.; Rez. zu: Provokation Seelsorge. Wegmarkierungen heutiger Pastoraltheologie. Festschrift für Konrad Baumgartner. Herausgegeben von Erich Garhammer, Peter Scheuchenpflug und Hubert Windisch. Freiburg - Basel - Wien 2000. In: KlBl 80 (10/2000) 228f.; Rez. zu: Manfred Becker-Huberti: Lexikon der Bräuche und Feste. 3000 Stichwörter mit Infos, Tipps und Hintergründen. Freiburg - Basel - Wien 2000. In: KlBl 80 (10/2000) 229; Rez. zu: Balthasar Fischer: Frömmigkeit der Kirche. Gesammelte Studien zur christlichen Spiritualität. Herausgegeben von Albert Gerhards und Andreas Heinz. Bonn 2000. In: KlBl 80 (11/2000) 270; Rez. zu: Triumphus Divi Michaelis Archangeli Bavarici. Triumph des Heiligen Michael, Patron Bayerns (München 1597). Einleitung - Text und Übersetzung - Kommentar. Herausgegeben von Barbara Bauer und Jürgen Leonhardt. Regensburg 2000 (Band 2 der Reihe: Jesuitica - Quellen und Studien zur Geschichte, Kunst und Literatur der Gesellschaft Jesu im deutschsprachigen Raum). In: KlBl 80 (12/2000) 292f.; Rez. zu: Die St. Hedwigs-Kathedrale zu Berlin. Herausgegeben vom Metropolitankapitel bei St. Hedwig. Regensburg 2000. In: KlBl 80 (12/2000) 294; Die Verehrung der Heiligen im liturgischen Jahr. In: Florian Trenner (Hrsg.): Unter bayerischem Himmel im Jahreslauf. Zur Verehrung der Heiligen. München und Donauwörth o. J. [2001], 146-173; 60 Jahre Liturgische Kommission der Bischofskonferenz in Deutschland. Zu ihrer Entstehung, ihrer nachkonziliaren Struktur und ihrer Opportunität am Ende des 20. Jahrhunderts. In: Liturgisches Jahrbuch 51 (2001) 234-252; Das marianische Hochfest vom 15. August und das Zeugnis seiner Liturgie für den Glauben der Kirche. In: KlBl 81 (7/2001) 158-160; Balthasar Fischer †. In: KlBl 81 (7/2001) 166; Dokumente zur Erneuerung der Liturgie. DEL-Band 3 macht eine Sammlung liturgischer Quellen-Texte vollständiger. In: KlBl 81 (8/2001) 185f.; Marianische Namenstage »abgeleiteter Art« im Jahreslauf. In: KlBl 81 (8/2001) 190; Ein Beruf besonderer Art. Vom Amt und Dienst des Priesters. In: KlBl 81 (9/2001) 209f.; Martyrologium Romanum 2001. Das neue Verzeichnis aller Heiligen. In: KlBl 81 (10/2001) 217f.; Nikolaus von Myra und die drei goldenen Kugeln. Zu einem Tafelbild im Heiligkreuz-Münster zu Rottweil am Neckar. In: KlBl 81 (11/2001) 249f.; »Stille Nacht« - warum fasziniert gerade dieses Weihnachtslied so viele Menschen in aller Welt? In: KlBl 81 (2001) Nr. 12, S. 274-279; Verklärung Jesu. III. Liturgisch. In: LThK³ 10 (2001) Sp. 679; Verkündigung des Herrn. IV. Liturgisch. In: LThK³ 10 (2001) Sp. 687f.; Vorfastenzeit (Septuagesimalzeit). In: LThK³ 10 (2001) Sp. 890f.; Kerzenweihe. In: RGG⁴ 4 (2001) Sp. 939; »Tut dies zu meinem Gedächtnis.« Zur 2. Lesung am Gründonnerstag: 1 Kor 11,23-26. In: Praedica Verbum 106 (2/2001) 168-170; »Sie werden niemals zugrunde gehen.« Zum Evangelium vom 4. Sonntag der Osterzeit (C): Joh 10,27-30. In: Praedica Verbum 106 (3/2001) 268-270; »Uns wurde das Wort dieses Heils gesandt.« Zur 2. Lesung am Hochfest der Geburt des hl. Johannes des Täufers (24. Juni): Apg 13,16.22-26. In: Praedica Verbum 106 (3/2001) 372-374; »Du strahlst im Glanz der Sonne, Maria, hell und rein.« Zur 1. Lesung am Hochfest »Mariä Aufnahme in den Himmel«: Offb 11,19a; 12,1-6a.10ab. In: Praedica Verbum 106 (4/2001) 485-488; Mit Christus sterben und leben. Zur 2. Lesung am 28. Sonntag im Jahreskreis (C). In: Praedica Verbum 106 (5/2001) 624f.; Vom Amt und Dienst des Priesters. Homilie zu einer Primiz. In: Praedica Verbum 106 (5/2001) 659-664; Mensch geworden für uns Menschen. Thematische Predigt zum Hochfest der Geburt des Herrn. In: Praedica Verbum 106 (6/2001) 818-820; Rez. zu: Josef Schreiner: Glaube ohne Mißtrauen. Meditationen zur Fastenzeit. Würzburg 2000. In: KlBl 81 (2/2001) 42; Rez. zu: Friedrich Kardinal Wetter: Geheimnis unserer Hoffnung. Meditative Texte und Bilder zum Kirchenjahr. Herausgegeben von Fritz Weidmann. München 2000. In: KlBl 81 (2/2001) 42f.; Rez. zu: Romano Guardini: Wurzeln eines großen Lebenswerks. Aufsätze und kleine Schriften. Band I. Herausgegeben von Franz Henrich. Mainz und Paderborn 2000. In: KlBl 81 (3/2001) 65; Rez. zu: Erzbischof Karl Braun: Mein Weg. [Zusammengestellt von Marion Krüger-Hundrup und Ewald Hundrup.] Bamberg 2000. In: KlBl 81 (3/2001) 66; Rez. zu: Johann Michael Sailer: Der christliche Monat. Betrachtungen und Gebete für jeden Tag des Monats. Herausgegeben von Peter Scheuchenpflug. Regensburg 2001. In: KlBl 81 (4/2001) 92; Rez. zu: Werner Schrüfer: Das Evangelium der Kathedrale. Zur religiösen Botschaft des Domes St. Peter zu Regensburg. Mit einem Geleitwort von Bischof Manfred Müller und Fotos von Arnim Boeckmann. Regensburg 2001. In:

KlBl 81 (4/2001) 92; Rez. zu: Gisbert Greshake: Priester sein in dieser Zeit. Theologie - Pastorale Praxis - Spiritualität. Freiburg - Basel - Wien 2000. In: KlBl 81 (5/2001) 141; Rez. zu: Johanna Schmid: Papst Pius XII. begegnen (Reihe: Zeugen des Glaubens). Augsburg 2001. In: KlBl 81 (6/2001) 141; Rez. zu: Johannes XXIII: Bilder eines Lebens. Herausgegeben von Elio Guerriero. München - Zürich - Wien 2001. In: KlBl 81 (6/2001) 141f.; Rez. zu: Hans Bernhard Meyer: Zur Theologie und Spiritualität des christlichen Gottesdienstes. Ausgewählte Aufsätze. Herausgegeben von Reinhard Meßner und Wolfgang G. Schöpf. Liturgica Oenipontana 1. Münster - Hamburg - London 2000. In: KlBl 81 (7/2001) 167; Rez. zu: Karl Braun: Im Dienst der Einheit. Bamberg 2000. In: KlBl 81 (10/2001) 239; Rez. zu: Gerhard Ludwig Müller (Hrsg.): Der Empfänger des Weihesakraments. Quellen zur Lehre und Praxis der Kirche, nur Männern das Weihesakrament zu spenden. Würzburg 1999. In: KlBl 81 (10/2001) 240f.; Rez. zu: Karen Stolleis: Meßgewänder aus deutschen Kirchenschätzen vom Mittelalter bis zur Gegenwart. Geschichte, Form und Material. Regensburg 2001. In: KlBl 81 (11/2001) S. 266f.; Rez. zu: Hans Förster: Die Feier der Geburt Christi in der Alten Kirche. Beiträge zur Erforschung der Anfänge des Epiphanie- und des Weihnachtsfestes (Studien u. Texte zu Antike und Christentum 4). Tübingen 2000. In: Bibel und Liturgie 74 (2001) 284f.; Rez. zu: Benedikt Kranemann: Sakramentliche Liturgie im Bistum Münster. Eine Untersuchung handschriftlicher und gedruckter Ritualien und der liturgischen Formulare vom 16. bis zum 20. Jahrhundert (LQF 83). Münster 1998. In: Bibel und Liturgie 74 (2001) 285f.; Rez. zu: Zeitgeschichte in Lebensbildern. Aus dem deutschen Katholizismus des 19. und 20. Jahrhunderts. Band 10. Herausgegeben von Jürgen Aretz, Rudolf Morsey und Anton Rauscher. Münster/Westfalen 2001. In: KlBl 81 (12/2001) 290; Rez. zu: Henk van Os: Der Weg zum Himmel. Mit Beiträgen von Karel R. van Kooij und Casper Staal. Regensburg 2001. In: KlBl 81 (12/2001) 290f.; Papst Pius XII. und die Reform der Liturgie im 20. Jahrhundert. In: Martin Klöckener / Benedikt Kranemann (Hrsg.): Liturgiereformen. Historische Studien zu einem bleibenden Grundzug des christlichen Gottesdienstes. Teil II: Liturgiereformen seit der Mitte des 19. Jahrhunderts bis zur Gegenwart. Münster 2002 (LQF 88), S. 606-628; Die Liturgische Bewegung in Deutschland (zus. mit Klemens Richter). In: Martin Klöckener / Benedikt Kranemann (Hrsg.): Liturgiereformen. Historische Studien zu einem bleibenden Grundzug des christlichen Gottesdienstes. Teil II: Liturgiereformen seit der Mitte des 19. Jahrhunderts bis zur Gegenwart. Münster 2002 (LQF 88), S. 629-648; »Was Gott verbunden hat ...« Homilie anlässlich einer Trauung. In: Praedica Verbum 107 (1/2002) 111-114; Vom österlichen Rettungsgriff der Erlösung. In: KlBl 82 (3/2002) 49f.; Über das Buch »Getauft - und dann?« Herausgegeben von den Liturgischen Instituten des deutschen Sprachgebiets für besondere Gottesdienste mit Kindern und Jugendlichen in den Pfarrgemeinden. In: KlBl 82 (3/2002) 51-53; Der »Schott« für die Sonn- und Feiertage. Neuausgabe 2002 in größerem Format und größerer Schrift: Je ein Band für jedes Lesejahr. In: KlBl 82 (3/2002) 65f.; Die Feier der heiligen Eucharistie im Leben des Priesters. In: Erbe und Auftrag 78 (2/2002) 104-121; Nur eine belanglose Frage der Terminologie? Wenn die mangelhafte Rede vom

»Trauergottesdienst« sich breit macht ... In: KlBl 82 (4/2002) 79f.; Bewahren und Erneuern. Zum Heimgang des Innsbrucker Liturgiewissenschaftlers Univ.-Prof. Dr. Hans Bernhard Meyer SJ (1924-2002). In: KlBl 82 (4/2002) 85f.; »Herr, auf dich vertraue ich, in deine Hände lege ich mein Leben.« Pastoralliturgische Erwägungen zur Komplet und zur Commendatio als deren »Schlüsselwort«. In: Bibel und Liturgie 75 (2/2002) 126-133; Zehn eucharistische Hochgebete in der Editio 2002 des Missale Romanum. In: KlBl 82 (5/2002) 99-101; »Alle Menschen, groß und klein, sollen dir befohlen sein.« Luise Hensels (1798-1876) »Nachtgebet« aus dem Jahr 1816. In: KlBl 82 (8/2002) 173-176; Geboren ist uns der Herr. Zur 1. Lesung: Jes 9,1-6 (Weihnachten / In der Nacht). In: Praedica Verbum 107 (2002) Nr. 6; Wann stehen, wann sitzen, wann knien in der Feier der heiligen Messe? In: KlBl 82 (9/2002) 205f.; Mit Sicherheit kein »bischöflicher Fehlschluss«! In: KlBl 82 (9/2002) 209f.; Was ist neu in der neuen Ausgabe des Missale Romanum von 2002? In: Bibel und Liturgie 75 (4/2002) 295-301 (posthume Veröffentlichung); Die Verba Domini als Teil einer Ganzheit, die wir »Eucharistisches Hochgebet« nennen. In: KlBl 82 (10/2002) 222-226 (posthume Veröffentlichung); Memores offerimus - das Schlüsselwort zum Verständnis des Hochgebets und der liturgia eucharistica. In: KlBl 82 (11/2002) 252-256 (posthume Veröffentlichung); Im Lobpreis der Machterweise Gottes und in der Darbringung des Opfers mit Christus vereint. Von den Elementen des Eucharistischen Hochgebets und deren Bedeutung. In: KlBl 82 (12/2002) 281-285 (posthume Veröffentlichung); Rez. zu: Lexikon der Päpste und des Papsttums (LThK kompakt). Freiburg - Basel - Wien 2001. In: KlBl 82 (2/2002) 41; Rez. zu: Romano Guardini: Wurzeln eines großen Lebenswerkes. Aufsätze und kleine Schriften. Bd. II. Mainz und Paderborn 2001. In: KlBl 82 (2/2002) 41; Rez. zu: Jakob Torsy / Hans Joachim Kracht: Der große Namenstagskalender. 3850 Namen und 1680 Lebensbeschreibungen der Namenspatrone. Neu bearbeitet, ergänzt und herausgegeben von Hans-Joachim Kracht. Freiburg - Basel - Wien 2002. In: KlBl 82 (2/2002) 42; Rez. zu: Günter Lange: Bilder zum Glauben. Christliche Kunst sehen und verstehen. München 2002. In: KlBl 82 (3/2002) 69; Rez. zu: Joseph Kardinal Ratzinger: Gott ist uns nah. Eucharistie: Mitte des Lebens. Herausgegeben von Stephan Otto Horn und Vinzenz Pfnür. Augsburg 2001. In: KlBl 82 (4/2002) 89; Rez. zu: Romano Guardini: Wurzeln eines großen Lebenswerkes. Aufsätze und kleine Schriften. Bd. III. Mainz und Paderborn 2002. In: KlBl 82 (4/2002) 89; Rez. zu: Christian Hartl: Wir aber predigen Christus, den Gekreuzigten. Spuren der Kreuzesspiritualität Julius Kardinal Döpfners in seinem Leben und in seiner Verkündigung. Würzburg 2001 (Studien zur Theologie und Praxis der Seelsorge, Bd. 46). In: KlBl 82 (4/2002) 89; Rez. zu: The Glenstal Book of Prayer. Irische Gebete aus der Benediktinerabtei Glenstal. Graz - Wien - Köln 2002. In: KlBl 82 (5/2002) 111; Rez. zu: Egon Kapellari: Menschenzeit in Gotteszeit. Wege durch das Kirchenjahr. Graz - Wien - Köln 2002. In: KlBl 82 (5/2002) 112; Rez. zu: Jürgen Lenssen: Bewahren und Erneuern. Das Bestreben um Zeitgenossenschaft in sakralen Räumen des Bistums Würzburg. Mit einem Beitrag von Ulrich Kahle. Regensburg 2001. In: KlBl 82 (5/2002) 112f.; Rez. zu: Christoph Schmider: Die Freiburger Bischöfe. 175 Jahre Erzbistum

Freiburg. Eine Geschichte in Lebensbildern. Freiburg - Basel - Wien 2002. In: KlBl 82 (5/2002) 113; Rez. zu: Birgit Jeggle-Merz: Erneuerung der Kirche aus dem Geist der Liturgie. Der Pastoralliturgiker Athanasius Wintersig / Ludwig A. Winterswyl. Münster 1998 (LQF 84). In: Theologische Revue 98 (3/2002) 242-248; Rez. zu: Henry Branthomme / Jean Chélini: Auf den Wegen Gottes. Die Geschichte der christlichen Pilgerfahrten. Paderborn 2002. In: KlBl 82 (8/2002) 185; Rez. zu: Hans Bauernfeind / Richard Geier (Hrsg.): Leben braucht Segen. Segensfeiern. Für alle, die segnen und gesegnet werden wollen. Freiburg - Basel - Wien 2002. In: KlBl 82 (8/2002) 186; Rez. zu: Karl Rahner / Herbert Vorgrimler: Kleines Konzilskompendium. Sämtliche Texte des Zweiten Vatikanums. Allgemeine Einleitung, 16 spezielle Einführungen, ausführliches Sachregister. Freiburg - Basel - Wien 2002 (29. Auflage / Neuausgabe). In: KlBl 82 (8/2002) 186; Rez. zu: Erzbischof Karl Braun: Wahrheit in Liebe. Reden und Ansprachen 1973-2000. Eine Auswahl. Zwei Bände. St. Ottilien 2001. In: KlBl 82 (8/2002) 186.

Lit.: Michael Seybold: Sacrae Liturgiae fideique cultor. Zum 65. Geburtstag von Theodor Maas-Ewerd. In: Klerusblatt 80 (2000) 11f.; — Herbert Jung: Prof. Dr. Theodor Maas-Ewerd †. In: Klerusblatt 82 (2002) 221; — Michael Seybold: In dankbarem Gedenken. Ebd. 222; — Norbert Höslinger: Liturgiewissenschaftler Theodor Maas-Ewerd plötzlich gestorben. In: Bibel und Liturgie 75 (2002) 307; — Andreas Redtenbacher: In memoriam Theodor Maas-Ewerd († 19.9.2002). In: Heiliger Dienst 56 (4/2002) 230; — Bert Wendel: Theodor Maas-Ewerd †. In: Gottesdienst 36 (23/2002) 182; — Ders.: Theodor Maas-Ewerd (1935-2002). Liturgiewissenschaftler und Seelsorger in einer Zeit des Umbruchs. In: Benedikt Kranemann / Klaus Raschzok (Hrsg.): Gottesdienst als Feld theologischer Wissenschaft im 20. Jahrhundert. Evangelische und katholische Liturgiewissenschaft in Einzelporträts (erscheint demnächst im Aschendorff-Verlag Münster).

Bert Wendel

MAIER (Majer), Friedrich, Historiker und Religionswissenschaftler, geb. am 28.4. 1772 in Koskau in der Grafschaft Reuß (Voigtlande), gest. 15.5. 1818 in Gera. — Friedrich Maier wurde als Sohn eines Predigers (der Vater war später Oberpfarrer in Tanna) geboren. Ab 1791 studierte er in Jena. Nach dem Studium hielt er sich bald in Weimar, bald in Jena auf, wo er eine Zeitlang Privatdozent war. Seit 1804 war er gräflicher Rath und Hofmeister des Erbprinzen Reuß zu Schleiz. 1806 begleitete er diesen an die Universitäten Erlangen, Würzburg und Bamberg. Seit 1816 lebte er als Privatgelehrter in Gera, wo er auch verstarb. — Als Schriftsteller ist er vor allem durch seine Arbeiten zur Religions- und Mythologie-Geschichte bekannt geworden. Theologisch stand Majer dem Rationalismus nahe. Er vertrat den Gedanken einer

Trennung von Staat und Kirche. In einem zukünftigen »*Zeitalter der vernünftigen Kultur*« soll die Kirche gänzlich aufgehoben werden, und die Religion sich zur Privatreligion weiter entwickeln, denn ihrem Wesen nach ist sie »Eigenthum der Einzelnen« [Briefe über das Ideal der Geschichte, S.196] Auch die Schulaufsicht muß sich dann verändern: »Durch die Trennung der Kirche vom Staat und die gänzliche Aufhebung derselben, nicht aber der Religion, wird *die Erziehung* aus den Händen der Kirche in die Hand des Staats gegeben, und dadurch einer der grössten Vortheile für die vernünftige Kultur gewonnen, da vorher die Menschen unter Aufsicht der Priester mehr für die Kirche als für den Staat erzogen wurden.« (Ebd., S.197). — Mit seinen Arbeiten zur Mythologie, besonders zur indischen Mythologie, hat Majer sowohl Johann Gottfried Herder (den er sehr verehrte) als auch Arthur Schopenhauer beeinflußt. Er ist zweifelsohne ein Gelehrter gewesen, dessen Erkenntnisleistungen im Bereich der Mythologie auf die Entwicklung der Romantik eingewirkt haben. — Majers Schrift *Briefe über das Ideal der Geschichte* von 1796 gehört sicherlich zu den interessantesten geschichtstheoretischen Studien des 18. Jahrhunderts. Sie enthält zum einen erkenntnistheoretisch fundierte Reflexionen zur Geschichte als Wissenschaft und zum anderen geschichtsphilosophische Erwägungen zum möglichen Verlauf der Menschheitsgeschichte. Fest überzeugt davon, dass historische Erkenntnisarbeit die Voraussetzung menschlicher Entscheidungen ist, dienen seine kulturgeschichtlichen Arbeiten somit der gesellschaftlich-kulturellen Orientierung.

Schriften: Geschichte der Ordalien, insbesondere der gerichtlichen Zweikämpfe in Deutschland: ein Bruchstück aus der Geschichte und den Alterthümern der deutschen Geschichtsverfassung, Jena 1795 [ND: Leipzig 1970]; Briefe über das Ideal der Geschichte, Lübeck 1796, ²1813; Zur Culturgeschichte der Völker. Historische Untersuchungen, Leipzig 1798; Allgemeine Geschichte des Faustrechts in Deutschland, 2 Teilbände, Berlin 1799; Bertrand Du-Guesclin. Romantische Biographie, 2 Bde., Bremen 1801/02; Jajadeva's Gita-Govinda, ein indisches Singspiel von Jajadeva, aus der Ursprache ins Englische von W. Jones und aus diesem ins Teutsche übersetzt und mit einigen Erläuterungen begleitet von Fr. Majer, Weimar 1802; Allgemeines mythologisches Lexikon, 1.Abt., 2 Bde., 2.Abt. 3 Bde., Weimar 1803-14; Mythologisches Taschenbuch: oder Darstellung und Schilderung der Mythen, religiösen Ideen und Gebräuche aller Völker, 2 Bde. (4 Teilbände), Weimar 1810/12; Chronik der Fürstlichen Hauses der Reussen von Plauen,

Weimar/ Leipzig 1811; Vorschläge zur Güte bei der Wiederherstellung Deutschlands, [erm. Verf.: Friedrich Majer], Germanien [i.e. Weimar] 1814; Mythologische Dichtungen und Lieder der Skandinavier, aus dem Isländischen der jüngern und ältern Edda übersetzt und mit einigen Anmerkungen begleitet von Friedrich Majer, Leipzig 1818; Brahma: oder die Religion der Indier als Brahmaismus, Leipzig, 1818; Über die mythologischen Dichtungen der Inder, in: Poetisches Journal 1 (1800), 165-216 und Rezensionen in der Hallischen Allgemeinen Literatur-Zeitung.

Ein Nachlaß ist nicht nachgewiesen.

Lit.: Das gelehrte Teutschland oder Lexikon der jetzt lebenden teutschen Schriftsteller, angefangen v. Georg Christoph Hamberger, fortgeführt von Johann Georg Meusel, 5. Aufl., 23 Bände, Lemgo 1796-1834 [ND: Hildesheim 1965/66], hier Bd. X, 1803, 239; XIV, 1810, 479; XVIII, 1821, 607; — Deutsches Biographisches Archiv, Nr. 835, 402-8; — Horst Walter Blanke/ Dirk Fleischer: Theoretiker der deutschen Aufklärungshistorie, Bd.2; Stuttgart-Bad Canstatt 1990, 792/3 und Dirk Fleischer: Geschichtswissenschaft und Sinnstiftung. Über die religiöse Funktion des historischen Denkens in der deutschen Spätaufklärung, in: H.W. Blanke/ D. Fleischer: Aufklärung und Historik. Aufsätze zur Entwicklung der Geschichtswissenschaft, Kirchengeschichte und Geschichtstheorie in der deutschen Aufklärung, Waltrop 1991, 180-3.

Dirk Fleischer

MAKARIOS, ab 1938 trägt er den Namen Makarios, Muskos, Michail Christodulos, ab 1950 schließlich Makarios III., Erzbischof der orthodoxen Kirche Zyperns (1950-1977) und erster Präsident der Republik Zypern (1959-1977), geboren am 13. August 1913 im Dorf Panagia im Westen Zyperns, verstorben am 3. August 1977 in Nikosia, seine Grabstätte befindet sich in der Nähe des Kykko-Klosters, im Dorf Tochni. Sein Vater war Schafhirte, seine Mutter verstarb früh. — 1926 wird M. im Alter von 13 Jahren ins Kykko-Kloster - das größte und bekannteste Zyperns - als Novize aufgenommen. Von 1933-1936 ist er Stipendiat des Panzyprischen Gymnasiums in Nikosia. Nach Beendigung der Schullaufbahn arbeitet er als Lehrer im Kykko-Kloster. 1937 wird er Sekretär des Klosterrats in Nikosia und beginnt ein Jahr später das Theologiestudium in Athen. Im gleichen Jahr wird er zum Diakon geweiht; er legt seinen bisherigen Namen ab und trägt fortan den Namen Makarios (der Selige, der Gepriesene). Der Eintritt Griechenlands in den Zweiten Weltkrieg im Oktober 1940 unterbricht zunächst seine Studien. M. erlebte unmittelbar die deutsche Besetzung Athens im Jahr 1941, war aber nicht an Widerstandsgruppen gegen die Besatzer beteiligt. Im

Sommer 1942 schließt er sein Theologiestudium ab. Er arbeitet als Priester in einer Gemeinde in der Hafenstadt Piräus. 1944 beginnt er ein Jurastudium. Ein Stipendium des Weltkirchenrats ermöglicht ein Studium in Boston/USA mit dem Schwerpunkt Religionssoziologie (1946-1948). In Folge der Neubesetzung und des Neuaufbaus der zypriotischen Kirche wird M. im April 1948 in seiner Abwesenheit zum Bischof von Kition gewählt. M. zögert die Wahl anzunehmen, sucht den Rat des Erzbischofs von Nord- und Südamerika, Athenagoras, dem späteren ökumenischen Patriarchen von Konstantinopel, der ihn überzeugt, die Wahl anzunehmen und nach Zypern zurückzukehren. Zum ersten Mal in ihrer Geschichte wählt die Kirche Zyperns einen Studenten zum Bischof. Bis zu diesem Zeitpunkt hatte alles auf eine universitäre Karriere hingedeutet. — Die Weihe zum Bischof von Kition findet am 13. Juni 1948 statt. M. beginnt eine umfassende Modernisierung der Administration seines 17 Jahre vakant gebliebenen Bistums und wirkt am Wiederaufbau der Kirchenverwaltung mit. Mit der Einrichtung des Ethnarchie-Rats - dem politischen Exekutivorgan der Kirche - im Juli 1948 erhält M. ein Betätigungsfeld, in dem er seine taktischen und politischen Konzepte schulen und artikulieren kann. Aus dem Rat wurde ein vier Mitglieder umfassendes Exekutivbüro gewählt, dessen Vorsitz M. übernahm. Die Aufgabe des Büros bestand in der Koordination und Organisation der politischen Aktivitäten unter der Leitlinie »Enosis und nur Enosis« (Enosis= politischer Anschluß an Griechenland). Zu diesem Zweck wurde u. a. eine Zeitschrift mit dem Namen »Griechisches Zypern« herausgegeben. — Als Vorsitzender des Exekutivbüros hat M. maßgeblichen Anteil an der Durchführung eines Referendums vom 15.-22. Januar 1950, was den Willen der Bevölkerung zur Enosis zum Ausdruck brachte. Am 20. Oktober 1950 wird er im Alter von 37 Jahren zum Erzbischof gewählt und ist damit der jüngste Erzbischof in der Geschichte der orthodoxen Kirche Zyperns. — In der Doppelrolle Erzbischof und Ethnarch (politischer Repräsentant der griechischen Zyprioten) beginnt M. auf drei Ebenen politisch zu handeln: auf Zypern selbst, in Griechenland und auf internationaler Ebene. Dort ist er insbesondere an der UNO und ab 1955 durch die Teilnahme an der Bandung-Konferenz auch innerhalb der Bewegung der Blockfreien Staaten aktiv. Der Beginn des bewaffneten EOKA-Kampfes (EOKA = Nationale Organisation zypriotischer Kämpfer) unter Georgios Grivas wird von M. toleriert. Nach erfolglosen Verhandlungen zwischen Gouverneur Harding und M. auf Zypern (Oktober 1955 - Februar 1956) wird M. für etwas über ein Jahr auf die Seychellen verbannt (März 1956 - April 1957). — Zum Ende des Jahres 1958 deutet M. eine Abkehr von der radikalen Enosis-Politik an und strebt nun nach der völligen Unabhängigkeit Zyperns. Auf der Londoner Zypernkonferenz im Februar 1959 unterschreibt Makarios schließlich als Vertreter der griechischen Volksgruppe das Zypernabkommen, das die britische Herrschaft beendet. Im Dezember 1959 wird er mit großer Mehrheit (66,85 %) zum 1. Präsidenten Zyperns gewählt. — Sein Versuch, die Verfassung im November 1963 in 13 Punkten zu revidieren, spaltet die beiden Volksgruppen. Es kommt schließlich auch zu bürgerkriegsähnlichen Auseinandersetzungen, in deren Folge sich die räumliche Separation der türkischen Zyprioten im Norden der Insel anbahnt. — Durch die Beteiligung an der Bewegung der Blockfreien Staaten und seine wiederholten Forderungen nach dem Selbstbestimmungsrecht der Völker genießt M. hohes internationales Ansehen, wovon er gleichzeitig innenpolitisch profitieren kann. — Weitere militärische Auseinandersetzungen in den Jahren 1964-1967 verhärten die Fronten. Direkte Verhandlungen der beiden NATO-Mitglieder Griechenland und Türkei, verbunden mit internationalem Druck, zwingen M. zum Umdenken: er verficht eine pragmatischere politische Linie, die ihm schließlich 1968 auch die Wiederwahl zum Präsidenten Zyperns mit 95,7% der griechischen Stimmen sichert. — In der Folge kommt er zu einer Entfremdung mit der Athener Militärjunta. Der innenpolitische Druck wächst und kulminiert 1970 in Attentatsversuchen durch die EOKA B (Nachfolgeorganisation der EOKA). In einer innerkirchlichen Auseinandersetzung fordern drei Bischöfe seine Absetzung. M. ruft daraufhin 1973 eine »größere Synode« ein und läßt die drei abtrünnigen Bischöfe absetzen (Bischof von Kyrenia Kyprianos, Bischof von Kition Anthimos und Bischof von Paphos Genadios). Am 15. Juli 1974 putscht die

Athener Junta gegen ihn, sein Tod wird bereits über das Radio verkündet, doch M. kann ins Ausland fliehen. Die türkische Armee beginnt ihre Invasion am 20. Juli 1974, die zur faktischen Teilung der Insel führt. In den Jahren 1974-1977 wirbt M. im Ausland für Unterstützung in der Zypernfrage und verhandelt in Wien mit dem Führer der türkischen Zyprioten Rauf Denktasch. Er erleidet erste kleinere Herzattacken zu Beginn des Jahres 1977 und verstirbt schließlich am 3. August 1977 an den Folgen eines Herzinfarkts. — Erzbischof Makarios' politisches Wirken stand in einem fortwährenden Spannungsverhältnis zwischen den verschiedenen Herrschaftsformen, die er als Ethnarch, Erzbischof und Präsident der Republik Zyperns verkörperte. Auf Zypern belebte und erweiterte er durch seinen Einsatz und sein Charisma die historisch gewachsene Rolle des Erzbischofs als Ethnarch. In seiner Funktion als Erzbischof verkörperte Makarios die geistliche Verbindung zum griechisch-orthodoxen Kulturkreis. Dies demonstrierte er auch nach außen, indem er die Symbole seiner geistlichen Herkunft wie die Kamilavka und das Enkolpion jederzeit offen zeigte. Die radikale »Enosis und nur Enosis«-Politik drückte die konsequente Umsetzung dieser Verbundenheit in einem schlagkräftigen politischen Slogan aus. Als politischer Führer der griechischen Zyprioten konnte und wollte er den militärischen Aspekt des Freiheitskampfes gegen die Briten und für den Anschluß an Griechenland nicht vernachlässigen. Gleichzeitig zwangen ihn machtpolitische Erwägungen dazu, um Grivas als vermeintlichen Konkurrenten um die politische Führerschaft kontrollieren zu können. In der politischen Auseinandersetzung mit den Briten wurde der Erzbischof zunächst skeptisch beurteilt, etablierte sich dann aber als Repräsentant der griechischen Zyprioten. Seine anschließende Verbannung war gleichzeitig auch die Anerkennung seiner politischen Macht. — Makarios löst sich nach seiner Verbannung zum ersten Mal von der kompromißlosen Enosis-Politik und entwickelte ein Konzept, das auf einer »Politik des Möglichen« basierte. Dieser Schritt erscheint bemerkenswert, auch wenn er primär auf Druck außenpolitischer Entwicklungen und Entscheidungen erfolgt sein dürfte. — Sein Zögern während der Konferenz in London 1959,

die Zypernverträge zu unterzeichnen, verdeutlicht das machtpolitische und taktische Kalkül seiner Handlungen und zeigt, daß er nicht bereit war, seine Rolle als Ethnarch aufzugeben. Makarios war sich der Verantwortung als designierter Präsident einer Republik mit zwei Volksgruppen nur bedingt bewußt. Sein außenpolitischer Kurs folgte den Notwendigkeiten, die die innenpolitischen Verhältnisse auf Zypern vorgaben. In den Jahren 1960 bis 1963 formulierte er eine moderate blockfreie Außenpolitik mit starker Westorientierung. Nach der Staatskrise des Jahres 1963, die Makarios selbst durch seine Änderungsvorschläge in Bezug auf die Verfassung mit ausgelöst hatte, schlug er einen deutlicheren blockfreien Kurs ein und isolierte sich zunehmend vom Westen. Ideologisch blieb er jedoch stets dem Westen verbunden. Nach 1963 versuchte Makarios die vollkommene Unabhängigkeit Zyperns mit Hilfe der Stimmen der Blockfreien in der UNO zu erreichen. — Bei einer Beurteilung von Makarios ist seine politische Eitelkeit nicht zu unterschätzen. Aus einfachen Verhältnissen stammend war er durch seinen Fleiß und seine außerordentliche Begabung bis an die Spitze eines Staates gelangt, der unter seiner Führung erst entstand und zeitweise eine weltpolitisch bedeutende Rolle spielte. Seine Stellung entsprach mehr der eines Monarchen als der eines Präsidenten eines modernen Staates. Schon die Tatsache, daß ihn alle orthodoxen Gläubigen mit einem Handkuß begrüßten, bewirkte eine demütige Haltung, die es erschwerte ihm gegenüber eine kritische Stellung einzunehmen. Als oberster Vertreter der Kirche erschien ein Handeln aus selbstsüchtigen Motiven bei ihm aber ausgeschlossen, und er genoß schon deshalb das Vertrauen der überwiegenden Anzahl der griechischen Zyprioten. — Durch sein Wirken hat Makarios der kleinen Insel Zypern ein »Gesicht« in der Weltöffentlichkeit verliehen hat. Dabei wandelte sich Makarios' »Gesicht« vom revolutionären Führer der Anfangsjahre hin zu dem eines Staatsmannes, der allerdings immer seiner Rolle als Volksführer verhaftet blieb.

Werke: Der Erzbischöfliche Palast in Nikosia hat sich seit 1991 zur Aufgabe gesetzt, eine Makarios-Werkausgabe herauszugeben, die aber noch nicht abgeschlossen ist. Der zuletzt herausgegebene Band reicht bis zum Februar 1973. In den mittlerweile 13 Bänden finden sich Briefe, Reden, Interviews und Erklärungen von Makarios; daneben ein umfangreicher Bildteil. Die Bände sind in griechischer Sprache verfaßt. — Stiftung Erzbischof Makarios III. (Hg.), Apanta des Erzbischofs von Zypern Makarios III., Nikosia 1991.

Lit.: Doros Alastos, Cyprus Guerrilla, Grivas, Makarios and the British, London 1960; — Stanley Mayes, Cyprus and Makarios, London 1960; — Captain P. S. Le Geyt, Makarios in Exile, Nicosia 1961; — Karl Kerber, Makarios. Kirchenfürst oder ?????? [sic!], Diessen/Ammersee 1964; — Prokopios N. Vanezis, Makarios: Faith and Power, London 1971; — Ders., Makarios: Pragmatism versus Idealism, London 1974; Barnabas D. Tsortsatos, The fundamental administrative institutions of the autocephalus Church of Cyprus with a historical review, Athens 1974 (griech.); — Prokopios N. Vanezis, Makarios: Life and Leadership, London 1979; — Stanley Mayes, Makarios. A Biography, London 1981; — Paul Sant Cassia, The Archbishop in the beleaguered city: an analysis of the conflicting roles and political oratory of Makarios, in: Byzantine and Modern Greek Studies 8 (1982/1983), 191-212; — Georgios Panagopoulos, Zur Entstehung der Autokephalie der Kirche Zyperns, in: Orthodoxes Forum 11 (1997), 11-19.

Alexander Roggenkamp

MARMION, Columba (Taufnamen: Joseph Aloysius): Benediktiner, 3. Abt von Maredsous, geistlicher Schriftsteller * 1. April 1858 in Dublin (Irland), † 30. Januar 1923 in Maredsous (Belgien). — M. war das siebte von neun Kindern des Kaufmanns William Marmion und seiner französischen Ehefrau Herminie Cordier und wurde am 6. April 1858 in der Kirche St. Paul am Arran Quay in Dublin getauft. Die erste schulische Ausbildung erhielt er in der Grundschule St. Laurence O'Toole, die von Augustinern geleitet wurde. Am 11. Januar 1869 begann er seine Gymnasialzeit in dem von Jesuiten geführten Belvedere College. Durch die erfolgreich bestandene Stipendiatsprüfung im Jahr 1873 erwarb er sich das Anrecht auf einen Studienplatz am Holy Cross College in Clonliffe, das 1859 von Erzbischof Paul Cullen als Priesterseminar der Diözese Dublin gegründet worden war und in welches M. am 11. Januar 1874 eintrat. Dort erhielt er seine grundlegende geistliche Prägung durch den Lazaristenpater John Gowan. M.s Erfolge im Studium (1877 erlangte er den Grad eines »Bachelor of Arts« an der Universität Dublin) führten dazu, daß seine Vorgesetzten beschlossen, ihn zur Fortsetzung und Beendigung der Ausbildung nach Rom zu senden. Am 24. Dezember 1879 erreichte M. die Ewige Stadt, nahm Wohnung im Irischen Kolleg und wurde zum Sekretär des dortigen Rektors, Mgr. Tobias Kirby, bestimmt. Seinen Studien oblag er im Kolleg der Propaganda Fide. Besonderen Einfluß übten in dieser Zeit der Thomist und spätere Kardinal Francesco Satolli und der Exeget Ubaldo Ubaldi auf ihn aus, die sein Interesse an der Lehre des Aquinaten und an der Heiligen Schrift, insbesondere den Briefen des hl. Paulus weckten. 1881 wurde M. nach den Sommerprüfungen als Jahresbestem die Goldmedaille und der Titel »Student des Jahres« am Propaganda-Kolleg verliehen. Nach dem Empfang der Niederen Weihen am 27. Februar 1881 spendete Bischof Julius Lenti M. in der Lateranbasilika am 12. März 1881 die Subdiakonatsweihe und wenige Wochen später (16. April) die Weihe zum Diakon. Am 16. Juni 1881 empfing er in der römischen Kirche der hl. Agatha aus den Händen von Msgr. Tobias Kirby, dem Rektor des Irischen Kollegs und Titularbischof von Litensis, die Priesterweihe. Die Leitung des Kollegs der Propaganda Fide hatte M. nahe gelegt, sich für das Doktorat anzumelden, doch entschloß er sich wegen gesundheitlicher Probleme zur Rückkehr nach Irland. Auf der Heimreise besuchte er am 24. Juli 1881 erstmals die zur deutschen Benediktinerkongregation von Beuron gehörende Abtei St. Benedikt in Maredsous in der Diözese Namur, in die sein Freund Joseph Moreau eingetreten war. Schon während seines römischen Aufenthaltes zeigte M. Interesse am Ordensleben monastischer Prägung, besuchte Monte Cassino (1880) und wandte sich - zusammen mit J. Moreau - in einem Schreiben an den Abt Rudesind Salvado, Bischof von New Norcia, um dessen Meinung zu einem Eintritt in ein Benediktinerkloster in Australien zu erbitten. Während seines Aufenthaltes in Maredsous führte M. ein ausführliches Gespräch mit Abt Placidus Wolter über einen möglichen Ordenseintritt mit positivem Ausgang. — Zunächst reiste M. nach Dublin, und trat nach einem kurzen Krankenhausaufenthalt am 14. September 1881 eine Stelle als Kaplan in der Pfarrei Dundrum, Co Dublin, an. Hier entfaltete er eine Seelsorgstätigkeit, die lange in Erinnerung bleiben sollte. 1969 wurde dort von Stephen Greene die »Dom Marmion Society« gegründet, die nicht nur dem Andenken an den ehemaligen Kaplan gilt, sondern auch - ganz im Sinne M.s zum Ziel hat, »die Not der Einsamen, der Betagten, der Kranken und Behinderten des Stadtteils Dundrum zu lindern«. Heute trägt das

Gemeindezentrum den Namen »Dom Marmion House«. — Mitte September 1882 verzichtete M. auf seine Kaplanstelle und nahm den ihm von seinem Erzbischof angebotenen Posten eines Professors am Clonliffe-College an, um dort Metaphysik, Griechisch und Französisch zu unterrichten. Hinzu kam das Amt eines Spirituals bei den Redemptoristinnen in Drumcondra, das er später mit dem eines Seelsorgers am Mountjoy Frauengefängnis vertauschte. Nach einem zweiten Besuch in Maredsous im August 1885 und seinem Eintrittsentschluß gab der neue Erzbischof William Walsh seine Zustimmung unter der Bedingung, daß M. noch ein weiteres Jahr seinen Verpflichtungen als Professor nachkäme. Am 25. Oktober 1886 erhielt er das notwendige Entlaßschreiben und die Erlaubnis, in den Benediktinerorden einzutreten. Seine Einkleidung als Postulant fand am 24. November 1886 in Maredsous statt; am 10. Februar 1887 begann er sein Noviziat und erhielt den Ordensnamen Columba. Die Noviziatszeit, unter Anleitung des überstrengen, jansenistisch geprägten Novizenmeisters Dom Benoît D'Hondt, endete mit der einstimmigen Zulassung durch das Konventskapitel und der Ablegung der Profeß am 10. Februar 1888 in der Abteikirche von Maredsous. Danach erhielt M. einen Lehrauftrag für Englisch an der klostereigenen Schule und wurde zum Präfekten für die unteren Klassen bestimmt. Wegen mangelnder französischer Sprachkenntnisse wurde er von diesen Aufgaben wieder entpflichtet und 1890 mit dem Unterricht in Philosophie für die jungen Mönche beauftragt. Gleichzeitig war er Zelator der Novizen. Am 10. Februar 1891 legte er die ewige Profeß ab. Er blieb Assistent des Novizenmeisters, zweiter Zeremoniar und Lehrer für Philosophie; darüber hinaus begann er mit der Durchführung von Konferenzen, Einkehrtagen und Exerzitien für verschiedene Gruppen innerhalb und außerhalb der Abtei und wirkte als Seelsorger bei einer Unzahl von Einzelpersonen, u.a. durch ein umfangreiches Briefapostolat (es sind ca. 1800 Briefe erhalten, 300 davon in englischer Sprache). — Nach der Fertigstellung des Klosters Mont-César (Kaiserberg) in Löwen übersiedelten am 13. April 1899 Gründermönche von Maredsous dorthin. M. war zu deren Subprior und Präfekt der Kleriker bestellt worden und versah dazu noch das Amt eines Spiri-

tuals der Karmelitinnen in Löwen. Nachdem im Juli 1899 Dom Robert de Kerchove zum ersten Abt von Mont César ernannt worden war, erwählte dieser M. zu seinem Klaustralprior. M. trug die Verantwortung für das Studium und die monastische Ausbildung der jungen Mönche. Hinzu kam das Amt eines außerordentlichen Beichtvaters bei den Benediktinerinnen der Abtei St. Scholastika in Maredret und eine ausgedehnte Exerzitientätigkeit, die ihn durch Belgien, Frankreich, England und Irland führte. Unter seinen »geistlichen Kindern« befand sich auch D. Mercier, der Präsident des Institut Supérieur de Philosophie in Löwen und nachmalige Kardinal-Erzbischof von Mecheln, den M. bereits im Juli 1896 bei der Hundertjahrfeier im Seminar von Maynooth/Irland kennen gelernt hatte. M. hielt für Mercier die privaten Exerzitien in Vorbereitung auf dessen Bischofsweihe 1906. Die Freundschaft zwischen beiden dauerte lebenslang. Unzählige Konvertiten konnte M. in seiner Löwener Zeit begleiten und in die katholische Kirche aufnehmen. Seit 1899 war er auch als externer Prüfer für Theologie an der Katholischen Universität tätig und in diesem Zusammenhang wurde er im Mai 1905 mit einem Gutachten über die in der Zeit der Modernismuskrise in Verdacht geratenen Lehrmeinungen des dort lehrenden Dogmatikers Léon Becker beauftragt. — Im September 1909 resignierte auf päpstliches Drängen hin Dom Hildebrand de Hemptinne als Abt von Maredsous, um sich ganz seinen anderen Aufgaben als Abtprimas und als Abt von Sant' Anselmo in Rom zu widmen. Die Neuwahl fand am 28. September 1909 unter Vorsitz des Erzabtes von Beuron, Ildefons Schober, statt und fiel im zweiten Wahlgang auf M.. Am 3. Oktober, dem Rosenkranzfest, erteilte Abtprimas de Hemptinne mit päpstlicher Erlaubnis seinem Nachfolger die Abtsweihe. Zu seinem Wahlspruch erwählte sich M. einen Satz aus der Benediktsregel: magis prodesse quam praeesse (RB 64,8). Damit war er verantwortlich für eine Kommunität von über 100 Mönchen, ein klostereigenes Kolleg, eine Kunstschule, einen Gutshof und die Frauenabtei St. Scholastika in Maredret. Auch wurden von der Abtei die (bedeutenden) Zeitschriften »Revue Bénédictine«, »Revue Liturgique et Monastique«, »Le Messager des Oblats« und die erfolgreiche Schriftenreihe »Pax« herausge-

geben. In seine ersten Jahre als Abt fielen folgende zwei wichtige Ereignisse: 1. Die gescheiterte Kongo-Mission: Im Dezember 1909 erhielt
die Abtei Maredsous die offizielle Aufforderung
des belgischen Parlaments, in Katanga (Bel-
gisch-Kongo) eine Niederlassung zu gründen.
Nach anfänglicher, von Patriotismus getragener
Begeisterung für dieses Projekt, entschied sich
das Konventskapitel der Abtei am 11. Februar
1910 wegen kongregationsinterner Widerstände
(insbesondere durch Erzabt Schober) und mangelnder Unterstützung durch den Abtprimas zur
Ablehnung. M. bewies in diesem Zusammenhang mit Blick auf die involvierten Regierungs-
stellen großes diplomatisches Fingerspitzenge-
fühl und Geschick. 2. Die Konversion der anglikanischen Mönche von Caldey (Oblate Brothers of the Holy Order of St. Benedict): Diese
hatten sich am 21. Februar 1913 unter der Leitung ihres Abtes Aelred Carlyle entschlossen, in
die katholische Kirche überzutreten und baten
durch Vermittlung von Dom Bede Camm, einem englischen Mönch von Maredsous, um die
Hilfe von Abt M.. Dieser verschaffte der Kommunität eine Existenzberechtigung als monastische Gemeinschaft im Rahmen des kanonischen
Rechtes, indem er sie für den Anfang als Welt-
oblaten von Maredsous annahm und Mönche
seiner Abtei nach Caldey entsandte, die bei der
Einführung ins klösterliche Leben Hilfestellung
geben sollten. Abt Aelred, den M. in einer Audienz am 16. Mai 1913 Papst Pius X. vorstellte,
absolvierte sein Noviziat in Maredsous, legte im
Juni 1914 dort seine Profeß ab und wurde einen
Monat später zum Priester geweiht, um dann als
Abt nach Caldey zurückzukehren. Ebenfalls trat
durch M.s Vermittlung das anglikanische Benediktinerinnenkloster St. Bride in Milford Haven
zur katholischen Kirche über. — Im Jahr 1912
führte M. in Maredsous einen Liturgischen
Kongreß durch, was sein Interesse am Fortgang
der sog. »Liturgischen Bewegung« manifestiert.
Dom Lambert Beauduin von der Abtei Mont-
César, einer der Hauptakteure, nannte M. den
»Theologen der liturgischen Bewegung«. —
Durch den Ausbruch des 1. Weltkriegs sah sich
M. gezwungen, nach einem Exil für seine jüngeren Mönche zu suchen. Er reiste am 14. September 1914 von Maredsous über Holland nach
England ab und es gelang ihm, die Oberen von
vier Abteien zur vorläufigen Aufnahme seiner

Mönche zu bewegen. Durch die Vermittlung
von Dom Francis Sweetman von Downside und
mit der finanziellen Untersützung durch Mutter
Marie-Joseph, Marquise de Bizien du Lézard,
einer Benediktinerin des Klosters in der Rue
Monsieur in Paris, kaufte er die Villa Edermine
bei Enniscorthy, Co Wexford, Irland, die als
Ausbildungskloster bis zum Kriegsende diente
und 1920 aufgehoben wurde. Wegen der
Kriegswirrnisse und eigener gesundheitlicher
Schwierigkeiten war es M. erst am 19. Mai
1916 wieder möglich, von Irland nach Maredsous zurück zu kehren. — Nach dem Ende des
Weltkrieges entsandte M. auf Bitten der britischen Behörden vier Mönche von Maredsous in
die zur Beuroner Kongregation gehörenden
Dormition Abbey nach Jerusalem, die nach der
Ausweisung der deutschen Mönche verwaist
war. In der Folge kam es zu einem intensiven diplomatischen Tauziehen zwischen ihm, dem
Abtprimas Fidelis von Stotzingen, dem Abtprä-
ses der Beuroner Kongregation Raphael Molitor, der römischen Religiosenkongregation, dem
Kardinalstaatssekretär Pietro Gasparri und den
Regierungen von Belgien und Großbritannien
über das Bleiberecht der belgischen Benediktiner. Nach dem Abschluß der Pariser Friedenskonferenz und dem Friedensschluß mit der
deutschen Regierung im August 1920 wurde es
deutschen Staatsangehörigen wieder erlaubt,
nach Palästina zurück zu kehren; dies führte zur
erneuten Entsendung Beuroner Mönche in die
Dormition Abbey und zur Rückkehr der vier
Mönche nach Maredsous. — Schon während
des 1. Weltkrieges bemühte sich M. in Zusammenarbeit mit Abt Robert de Kerchove um die
Errichtung einer eigenen Belgischen Benediktinerkongregation (und damit um eine Abtren-
nung der Abteien Maredsous und Mont-César
von der deutschen Beuroner Kongregation).
Nach der Zustimmung durch den Abtprimas, einer Audienz bei Papst Benedikt XV. am 26. Januar 1919, in der M. dem Papst seine Absicht
unterbreitete und dessen Unterstützung erfuhr,
und nachdem die Abtei St. André in Brügge die
Erlaubnis erhalten hatte, sich von der Brasilianischen Kongregation zu trennen, um sich der belgischen anzuschließen, erließ Benedikt XV. am
20. Februar 1920 das Apostolische Breve »Ordo
a divo Benedicto« und errichtete damit die Belgische Kongregation (mit den Abteien Mared-

sous, Mont-César und St. André) unter dem Namen »Congregatio Annunciationis Beatae Mariae Virginis« (Kongregation von der Verkündigung der seligen Jungfrau Maria).- Innerhalb der Abtei Maredsous kam es in den Jahren 1920/1921 zu einer Krise, die durch ein Schreiben von acht aus Endermine zurückgekehrten Mönchen unter der Führung von Bonaventura Sodar an Präfekten der Religiosenkongregation ausgelöst wurde. Darin wurde der Vorwurf erhoben, in Maredsous beobachtete man nicht den Geist der Konstitutionen, da die Mönche zu vielen Außentätigkeiten nachgingen. Es erfolgte die Bitte, ein Kloster unter der Jurisdiktion des Abtes von Solesmes errichten zu dürfen. M. begegnete dieser Krise mit großem Entgegenkommen und Wohlwollen den Antragsstellern gegenüber; die Verhandlungen über eine solche Neugründung in der Schweiz sollten erst durch seinen Nachfolger abgeschlossen werden. — Während all der Jahre seines Abatiates entfaltete M. eine bedeutsame Seelsorgstätigkeit: Durchführung von Exerzitien (vornehmlich für Ordensleute) quer durch Europa, Einkehrtage insbesondere für Priester, geistlicher Begleiter von Einzelpersonen (Maredsous wurde zum »Sprechzimmer Belgiens«). Am 15. Oktober 1922 konnte M., der im Monat zuvor eine Pilgerfahrt der Diözese Namur nach Lourdes geleitet hatte, das 50jährige Jubiläum von Maredsous begehen. Dieses Jubiläum war der letzte öffentliche Auftritt M.s. Von der Grippeepidemie, die in Belgien im Winter 1922/1923 herrschte, ergriffen, verstarb er am Dienstag, dem 30. Januar 1923, um 22 Uhr inmitten seiner Mönche. Am 3. Februar zelebrierte der Bischof von Namur das Pontifikalrequiem und M.s sterbliche Überreste wurden auf dem Abteifriedhof zur letzten Ruhe gebettet. — M. selbst plante keine Veröffentlichungen seiner Konferenzen und Predigten. Dom Raymond Thibaut, dem Herausgeber der »Revue Bénédictine« und Spezialisten für benediktinische Mystik, erhielt während des Weltkrieges durch seinen Prior den Auftrag, Mitschriften von M.s Vorträgen zu sammeln und für eine Edition vorzubereiten. Die Ergebnisse wurden von M. geprüft und z.T. verbessert. Daraus entstand die Trilogie »Le Christ vie de l´âme« (1917, vordatiert auf 1914 um die deutsche Zensur zu umgehen), »Le Christ dans ses mystères (1919, liturgische Vorträge) und »Le Christ idéal du moine« (1922, über das benediktinische Leben). Nach M.s Tod fand Thibaut im schriftlichen Nachlaß des Abtes ausreichend Material zum Thema »Priestertum«, welches er in seinem Werk »Le Christ idéal du prêtre« (1953) publizierte, ebenso Auszüge aus seinem umfangreichen Briefcorpus (»L´Unio à Dieu d´après les lettres de direction de dom Marmion«, 1934). Die Werke M.s wurden in zahlreiche Sprachen übersetzt und fanden in der Folge große Verbreitung. In Deutschland machte sich M. Benedicta von Spiegel, Äbtissin der Abtei St. Walburg in Eichstätt darum verdient. M.s Werke wurden schnell zu Klassikern im geistlichen Schrifttum. Zu den Quellen seiner Spiritualität zählen neben der Heiligen Schrift (hier besonders die Briefe des Apostels Paulus und der Evangelist Johannes) natürlich die Regel des hl. Benedikt und die Liturgie, aber auch die Theologen Thomas von Aquin und Charles Louis Gay sowie die geistlichen Schriftsteller Franz von Sales, Louis de Blois und Gertrud d. Gr.. Der grundlegende Zug seiner Spiritualität war christozentrisch, wie er es in einem Schreiben an Dom Thibaut zum Ausdruck brachte: »Ich habe zeigen wollen, daß die christliche Vollkommenheit in nichts anderem besteht als in dem Ergriffenwerden unseres Lebens durch Christus« (vgl. M.-M. Philipon: Die geistliche Lehre Dom Marmions, Freiburg 1955, 10). Als Synthese der geistlichen Lehre dieses »docteur de l´adoption divine« (Lehrers der Gotteskindschaft) kann der Satz gelten, der sich in einem Vortrag M.s findet, den dieser 1906 in Brügge gehalten hat: »All sanctity consists in being by grace what Jesus is by nature: a child of God« (»Die ganze Heiligkeit besteht darin, das aus Gnade zu sein, was Jesus von Natur her ist, nämlich Kind Gottes«). — Seine eigenen Bücher wie auch die 1928 erstmals veröffentlichte Biographie von Raymond Thibaut weckten weltweit großes Interesse am Werk und der Gestalt M.s. Bereits 10 Jahre nach seinem Tod wurde 1933 in Aurora, Illinois, USA, ein Kloster im Andenken an ihn unter dem Namen »Marmion Abbey« gegründet. Ein Brief des Belvedere College in Dublin vom 14. Oktober 1937, unterzeichnet vom Leiter und allen Schülern der Einrichtung, mit der Bitte um die Aufnahme des Seligsprechungsprozesses, ist der erste einer langen Reihe solcher Schreiben, die Ende der dreißiger Jahre nach Rom gesandt wurden. Nach dem 2. Weltkrieg ermunterte kein geringerer als Giovanni Battista Montini den damaligen Generalprokurator der belgischen Benediktinerkongregation, Dom Benoît Becker, den Antrag für die Aufnahme des Seligsprechungsprozesses zu stellen. 1955 ernannte Abt Godefroid Dayez Dom Becker zum Postulator; als Vizepostulatoren wurden bestellt: Dom Gilbert Ghysens (Maredsous), Dom Bernard O'Rea (Glenstal Abbey, Irland) und Dom Alain Deck (Marmion Abbey, USA). Im Oktober 1957 eröffnete der Bischof von Namur den Diözesanprozeß, der im Dezember 1961 abgeschlossen werden konnte. Die Prüfung der Untersuchungsergebnisse durch den juristischen Sachverständigen, Carl Snider, dauerte bis zum Oktober 1981. Am 27. März 1962 wurde der römische Prozeß eröffnet. Durch ein römisches Reskript wurde die Überführung der sterblichen Überreste M.s am 6. April 1963 in die Abteikirche von Madredsous erlaubt; sie wurden in der Kapelle Gregor des Großen beigesetzt, wo sie bis heute ruhen. 1973 erfolgte in Rom die Veröffentlichung der Positio super scriptis. Am 9. April 1984 wurde nach der Reform der Kongregation für die Selig- und Heiligsprechungen durch Papst Johannes Paul II. der kanadische Oblatenpater Yvon Beaudoin zum Relator in der »Causa M.« ernannt. Zwei Jahre später trat als neuer Postulator in der Nachfolge von Dom Becker der Rektor des Griechischen Kollegs in Rom und Mönch von St. André, Zevenkerken, Dom Olivier Raquez sein Amt an. Von ihm erhielt Dom Mark Tierney, Mönch der Abtei Glenstal, den Auftrag zur Abfassung einer kritischen Biographie, die 1993 in Zusammenarbeit mit dem »Centre Informatique et Bible« in Madresous publiziert werden konnte. Dom Tierney wurde 1987 zum Vizepostulator anstelle von Dom O'Dea berufen. Nach dem Tod von Dom Ghysens 1993 trat an seine Stelle Dom R. Ferdinand Poswick, der damit auch für das von Ghysens eingerichtete Marmion-Archiv in Maredsous verantwortlich wurde. Die Kongregation für die Selig- und Heiligsprechungen veröffentlichte am 22. Juni 1998 das Dekret über den heroischen Tugendgrad M.s. Am 25. Januar 2000 wurde die Positio super miraculo publiziert, in der die am 8. August 1966 am Grab M.s erfolgte Heilung der Amerikanerin Patricia Bitzan von einem Krebsleiden als Wunder anerkannt wurde. Die Seligsprechung vollzog Papst Johannes Paul II. am 3. September 2000. Der liturgische Gedenktag des seligen Dom M. wird am 3. Oktober begangen.

Bibliographie Veröffentlichungen von Columba Marmion, in: Mark Tierney: Columba Marmion. Eine Biographie. Aus dem Englischen von M. Mechthildis Denz, Wiesbaden 2002, 343-347; — Réginald-Ferdinand Poswick (Hg.): Bienheureux Columba Marmion: Bibliographie 1909-2003, Maredsous 2003.

Werke: Le Christ, vie de l'âme. Conférences spirituelles, Maredsous 1917 (dt.: - Christus, das Leben der Seele. Übertragen von M. Benedicta von Spiegel, Paderborn 1928; übersetzt in 13 Sprachen); — Le Christ dans ses mystères. Conférences spirituelles, Maredsous 1919 (dt.: - Christus in seinen Geheimnissen. Übertragen von M. Benedicta von Spiegel, Paderborn 1931; übersetzt in 10 Sprachen); — Le Christ, idéal du moine. Conférences spirituelles sur la vie monastique et religieuse, Maredsous 1922 (dt.: - Christus unser Ideal. Übertragen von M. Benedicta von Spiegel, Paderborn 1929; übersetzt in 10 Sprachen); — Sponsa Verbi. La Vierge consacrée au Christ. Conférences spirituelles (Collection »Pax« Vol. XIII); Lille-Paris-Maredsous 1924 (dt.: - Sponsa Verbi. Die Seele als Braut Christi. Übertragen von M. Benedicta v. Spiegel, Paderborn 1931; übersetzt in 11 Sprachen); — Le chemin de la croix. Doctrine et practique, Maredsous 1923 (übersetzt in 3 Sprachen); — Paroles de vie en marge du missel, Maredsous 1937 (dt.: - Worte des Lebens. Tagesgedanken nach dem Missale, Paderborn 1938; übersetzt in 7 Sprachen); — Mother Mary St. Thomas (Hg.): Sayings of Dom Marmion. Extracts from his letters and personal notes, London 1937; — Raymond Thibaut (Hg.): Mélanges Marmion, Maredsous-Paris 1938; — Vie de Jésus (Directives 28), Paris 1939; — Face à la souffrance. Venez au Christ vous tous qui peinez..., Maredsous 1946 (übersetzt in 6 Sprachen); — Les mystères du rosaire, Maredsous 1942; — Consécration à la Sainte Trinité. Texte et commentaire, Maredsous 1946 (übersetzt in 4 Sprachen); — Chanoine Cardolle (Hg.): Aux Jeunes: Et toi, connais-tu le Christ vie de ton âme? D'après l'oeuvre de Dom Marmion, Paris 1949; — Le Christ, l'idéal du prêtre, Maredsous 1951 (dt.: - Christus, das Ideal des Priesters, Freiburg/Schweiz 1954; übersetzt in 6 weitere Sprachen); — Léon Thevenin (Hg.): Abrégé du »Christ, vie de l'âme« de Dom Columba Marmion, Paris 1961; — Marmion meditorials. Thoughts from Abbot Marmion for each day of the ecclesistical year, based on the Sunday Mass texts as found in books by Abbot Marmion. Edited by a monk of Marmion Abbey, Aurora, Illinois, for the purpose of furthering the cause of beatification of the servant of God, Dom Columba Marmion, Aurora 1962; — Charles Dollen (Hg.): Fire of love. An anthology of Abbot Marmion's published writings on the Holy Spirit, London 1964; — Qeuvres spirituelles, Paris-Maredsous 1998; — Spiritual writings, Paris-Maredsous 1998.

Artikel/Briefe- Philosophie et science, in: Revue bénédictine 11 (1894) 403-414; — Impressions of Belgium, in: The Belvederian 1 (1908) 13-16; — Extraits de deux lettres adressés de Caldey, in: Bède Camm: Les conversions de Caldey,

Maredsous 1912/1913, 278-280; — Le symbolisme dans les deux testaments, in: Semaine Liturgique »1912 Maredsous«. Cours et conférences de la Semaine Liturgique de Maredsous, Maredsous 1913, 2-18 (Wiederabdruck in: - (Raymond Thibaut (Hg.)): Présence de Dom Marmion. Mémorial publié à l'occasion du XXVe anniversaire de sa mort (30 janvier 1923), Paris 1948, 134-147); — A Benedictine monastery in war time, in: The Belvederian 4 (1915) 15-19; — (Vorwort in) Armand Thiéry: La méditation liturgique de l'évangile intégral des dimanches et des fêtes, Louvain 1917); — L'humilité, in: La vie spirituelle 33 (1922) 177-203 und 34 (1922) 257-291; — Raymond Thibaut (Hg.): L'union à Dieu d'après les lettres de direction de Dom Marmion. Lettre-préface de S. E. Mgr. Goodier, S.J., archevêque de Hiérapolis, Maredsous-Paris 1934 (dt.: - Die Gottverbundenheit nach Dom Columa Marmion O.S.B.. Aus seinen Briefen ausgewählt von Dom Raimund Thibaut O.S.B., Paderborn 1935; übersetzt in 7 Sprachen); — La sacerdoce du Christ, in: La vie spirituelle 325 (1948) 49-61; — De la prière privée, in: Messager des Oblats de la Congrégation Bénédictine Belge 114 (1949) 1-6 und 115 (1949) 35-42; — Thomas Delforge (Hg.): 1) Frère et soeur, 2) En marge d'une amitié, 3) Missions et obéissance, in: Revue monastique 151 (1958) 89-106; — Idesbald Ryelandt (Hg.): En parcourant quelques lettres, in: Revue monastique 151 (1958) 107-110; — Suppliques au Saint-Siège, in: Revue monastique 151 (1958) 111- 114; — Le Cardinal Mercier et dom Marmion, in: Revue monastique 151 (1958) 115-117; — Lettres spirituelles inédités, in: Revue monastique 151 (1958) 118-122; — Une lettre inédite, in: Lumière du Christ 163 (1960) 91-92; — Gisbert Ghysens/Thomas Delforge (Hg.). The English Letters of Abbot Marmion 1858-1923. With a foreword by Amleto G. Cardinal Cicognani (Benedictine studies 4), Dublin 1962; — Correspondance 1881-1923, Paris 2008.

Lit. (Ausw.): Maur Coornaert: Aux Maredsous, in: Messager de Saint Benoît 11 (1909) 173-176; — Epistola Sanctitatis Suae Benedicti PP. XV, data ad Rmum D. Columbam Marmion, Abbatem Maretiolensem, qua laudatur de libris nuper editis (10. Oktober 1919), in: Annales Ordinis S. Benedicti ab anno 1914 ad annum 1919, Sublaci 1933, 21; — Epistola ad Rmum D. Columbam Marmion O.S.B., Abbatem S Benedicti de Maredsous, recurrente anniversario quinquagesimo a Monasterii Maretiolensis fundatione, in: Annales Ordinis S. Benedicti ab nno 1920 ad annum 1926, Sublaci 1934, 72-73; — Raymond Thibaut: D. Columba Marmion, in: Revue liturgique et monastique 8 (1922/23) 201-212, 266-270, 319-326; — Eucher Foccroule: Les derniers jours de notre père, in: Messager des Oblats de la Congrégation Bénédictine Belge 21 (1923) 5-11; — Raymond Thibaut: Un maître de la vie spirituelle. Dom Columba Marmion, Abbé de Maredsous (1858-1923), Paris 1928 (dt.:- Columba Marmion. Ein Meister des Lebens in Christo, Ettal 1954); — Idesbald Ryelandt: Un maître de la vie spirituelle: Dom Columba Marmion (1858-1923), in: Revue liturgique et monastique 15 (1929/1930) 44-46; — Ders.: Les sources de la doctrine spirituelle de Dom Marmion, in: Revue liturgique et monastique 15 (1929/1930) 145-156, 219-219 (Wiederabdruck in: (Raymond Thibaut (Hg.)): Présence de Dom Marmion. Mémorial publié à l'occasion du XXVe anniversaire de sa mort (30 janvier 1923), Paris 1948, 109-133; —

engl.: The sources of Dom Columba Marmion's spiritual doctrine, in: American Benedictine Review 2 (1951) 13-37); — Bernard Capelle: La vie liturgique de Dom Columba Marmion, in: Questions liturgiques et paroissiales 15 (1930) 22-28; — Gaspard Lefebvre: Un maître de la vie spirituelle: Dom Columba Marmion OSB, in: La vie bénédictine 40 (1930) 353-360; — Idesbald Ryelandt: Les lettres des direction de D. Columba Marmion, in: Revue liturgique et monastique 19 (1933/34) 14-22; — (Raymond Thibaut (Hg.)): Dom Marmion. Sa vie - sa doctrine - son rayonnement spirituel, Maredsous-Paris 1937; — Waclaw Eborowicz: D. Kolumban Marmion, Lwow 1937; — Aubert Merten: Dom Columba Marmion O.S.B., in: Bonaventura. A quarterly review 1 (1937) 20-40; — Francis Hermans: Image de Dom Marmion, in: Revue générale 142 (1939) 29-50; — Philomène Nyssens-Braun: Dom Marmion et ses Amis, in: La vie spirituelle 232 (1939) 57-68; — Dies.: Dom Columba Marmion intime d'après des traditions et des documents inédits, Thuillies 1939; — Idesbald Van Houtryve: L'esprit de Dom Marmion, Louvain 1939; — Raymond Thibaut: Le rayonnement spirituel de Dom Marmion. Faits et témoignages, in: Revue liturgique et monastique 25 (1939/1940) 109-130, 157-176, 218-229; — Jules Chambelland: Saint François de Sales et Dom Columba Marmion. Leur parenté spirituelle, Thonon 1940; — Bica Rosselli DelTurco Crespi: Un amico del cardinale Mercier: Dom Columba Marmion, abbate di Maredsous, 1858-1923, Firenze 1940; — Denys Gorce: A l'école de Dom Columba Marmion, Paris 1942 (ital: - Alla scuola di Don Columba Marmion, Cremona 1950); — Benjamin M. Morineau: Dom Marmion. Maître de sagesse, Paris 1944; — Romanus Rios: Abbot Columba Marmion 1858-1923, in: Ders. (Hg.): Benedictines of today, Worcester 1946, 324-349 (dt.: Abt Columba Marmion, in: Romanus Rios (Hg.): Menschen, die Gott gefunden, Salzburg 1948, 197-214); — François Veuillot: La Doctrine et la Mission de Dom Columba Marmion, Issy-les-Moulineaux 1946; — Raymond Thibaut: L'idée maîtresse de la doctrine de Dom Marmion, Maredsous 1947; — Abbot Marmion. An Irish Tribute. Edited by the monks of Glenstal, Cork 1948; — (Raymond Thibaut (Hg.)): Présence de Dom Marmion. Mémorial publié à l'occasion du XXVe anniversaire de sa mort (30 janvier 1923), Paris 1948; — Norbert Nieuwland (Hg.): In piam memoriam. XXVe anniversaire de la mort de Dom Columba Marmion 30 janvier 1923-1948. Témoignages, in: Messager des Oblats de la Congrégation Bénédictine Belge 110 (1948) 1-46; — Lambert Beauduin: Dom Marmion et la liturgie, in: La vie spirituelle 325 (1948) 33-45; — Ephrem Boularand: Le christocentrisme de Dom Columba Marmion, in: La vie spirituelle 325 (1948) 62-82; — Denis Buzy: Saint Paul et Dom Marmion, in: La vie spirituelle 325 (1948) 21-32; — Eugene Boylan: Benedictine influence in the doctrine of abbot Marmion, in: Abbot Marmion. An Irish Tribute. Edited by the monks of Glenstal, Cork 1948, 45-57; — Stephen Brown: Abbot Marmion and Archbishop Goodier, in: Abbot Marmion. An Irish Tribute. Edited by the monks of Glenstal, Cork 1948, 89-93; — Bernard Capelle: La place de l'oeuvre de Dom Marmion dans l'histoire de la spiritualité, in: La vie spirituelle 325 (1948) 114-128 (engl.: - Marmion's place in the history of spirituality, in: Abbot Marmion. An Irish Tribute. Edited by the monks of Glenstal, Cork 1948, 10-20); — Aegidius Doolan: Dom

Marmion and the holy name, in: Abbot Marmion. An Irish Tribute. Edited by the monks of Glenstal, Cork 1948, 36-44; — James Duff: Abbot Marmion as spiritual guide fort he secular priest, in: Abbot Marmion. An Irish Tribute. Edited by the monks of Glenstal, Cork 1948, 115-128; — Thomas A. Hand: Abbot Marmion and St. Augustine. Two branches of the vine, in: Abbot Marmion. An Irish Tribute. Edited by the monks of Glenstal, Cork 1948, 58-80; — Father James: The Secret of Progress according to Marmion, in: Abbot Marmion. An Irish Tribute. Edited by the monks of Glenstal, Cork 1948, 21-28; — Bède Lebbe: Reminiscenses of abbot Marmion, in: Abbot Marmion. An Irish Tribute. Edited by the monks of Glenstal, Cork 1948, 1-9; — Thomas MacDonagh: Abbot Marmion and Glenstal, in: Abbot Marmion. An Irish Tribute. Edited by the monks of Glenstal, Cork 1948, 129-134; — Father Norbert: Abbot Marmion and Saint Teresa, in: Abbot Marmion. An Irish Tribute. Edited by the monks of Glenstal, Cork 1948, 81-88; — Sylvester O'Brien: Wisdom in the Writings of Abbot Marmion, O.S.B., in: Abbot Marmion. An Irish Tribute. Edited by the monks of Glenstal, Cork 1948, 29-35; — Michael O'Carroll: Abbot Marmion and Father Leen. A study in vocation, in: Abbot Marmion. An Irish Tribute. Edited by the monks of Glenstal, Cork 1948, 94-105; — T. O'Herlihy: Abbot Marmion as Spiritual Director, in: Abbot Marmion. An Irish Tribute. Edited by the monks of Glenstal, Cork 1948, 106-114; — Pierre Jounel: Dom Marmion formateur de prêtres, in: Présence de Dom Marmion. Mémorial publié à l'occasion du XXVe anniversaire de sa mort (30 janvier 1923), Paris 1948, 178-185; — Marie-Michel Philipon: Le docteur de l'adoption divine, in: La vie spirituelle 325 (1948) 83-99; — Olivier Rousseau: Dom Marmion et la bible, in: La vie spirituelle 325 (1948) 6-20; — Idesbald Ryelandt: L'enseignement de Dom Marmion sur la mystique, in: La vie spirituelle 325 (1948) 100-113; — Raymond Thibaut: La vocation missionaire de Dom Marmion d'après des documents inédits, in: Ders. (Hg.): Présence de Dom Marmion. Mémorial publié à l'occasion du XXVe anniversaire de sa mort (30 janvier 1923), Paris 1948, 51-58; — Ders.: La vie d'obéissance de Dom Marmion à Louvain (1899-1909), in Ders. (Hg.): Présence de Dom Marmion. Mémorial publié à l'occasion du XXVe anniversaire de sa mort (30 janvier 1923), Paris 1948, 59-69; — Doctrine Mariale de Dom Marmion, in: Revue du Rosaire 28 (1948); 226-255; — Francis Hermans: Dom Marmion et sa spiritualité humaniste chrétienne, in: La nouvelle revue théologique 71 (1949) 504-518; — William C. Wicklow (Hg.): More about Dom Marmion. A study of his writings together with a chapter from an unpublished work and a biographical sketch, Dublin 1949 (hierbei handelt es sich um eine englische Übersetzung aller Artikel, die in La vie spirituelle 325 (1948) veröffentlicht wurden); — A. Draper: The understanding of the Christian life in the works of Abbot Columba Marmion, Maynooth 1953; — Marie-Michel Philipon: La doctrine spirituelle de Dom Marmion, Paris 1954 (- dt.: Die geistliche Lehre Dom Marmions, Freiburg i. Br. 1955; — engl.: The Spiritual Doctrine of Dom Marmion. Translated by Matthew Dillon O.S.B., Westminster, Maryland 1956); — Benoît Becker (Hg.): Articles pour le procès ordinaire informatif sur le réputation de sainteté, les vertus, et les miracles du serviteur de Dieu Dom Columba Marmio, troisième abbé de Maredsous, Maredsous 1956; — Gisbert Ghysens: Procès de béatification et de canonisation du serviteur de Dieu Dom Columba Marmion, in: Revue diocésaine de Namur 11 (1957) 157-159; — Ders.: Le serviteur de Dieu Dom Columba-Joseph Marmion (1858-1923), in: Revue monastique 146 (1957) 1-3; — Revue monastique. Numéro spécial consacré au Centenaire de la naissance de Dom Marmion 151 (1958) (als Sonderdruck erschienen unter dem Titel: Dom Marmion. Notes et documents inédits sur sa vie et sa doctrine. Publiés à l'occasion du centenaire de sa naissance 1858-1958, Maredsous 1958); — Eve de Bonneville: Prêcher le Christ aux jeunes filles, in: Revue monastique 151 (1958) 145-159; — W. Grossow: Actualité de Dom Marmion, in: Revue monastique 151 (1958) 167-168; — Bernard O'Dea: Le centenaire de la naissance de D. Marmion, in: Revue monastique 151 (1958) 85-88; — Raymond Thibaut: Dom Marmion prédicateur de retraites. Enquêtes et témoignages, in: Revue monastique 151 (1958) 123-144; — Mary Purcell: Dom Columba Marmion and Belvedere, in: The Belvederian 18 (1958) 96-103 (Nachdruck in: Benedictine review 19 (1964) 17-27); — Dies.: The impact of Abbot Marmion. Centenary tributes, in: Doctrine & Life 8 (1958) 78-84; — Actes du procès en vue de la béatification de Dom Columba Marmion à Namur 1959 - 1961 (Manuskript im Archiv Marmion der Abtei Maredsous); — Thomas Delforge: L'influence de Dom Marmion, in: Lumière du Christ 159 (1960) 66-67; — Ders.: Survie de Dom Marmion, in: Lumière du Christ 161 (1960) 138-144, 169 (1962) 123-126, 171 (1963) 59-61, 181 (1965) 109-112; — Idesbald Ryelandt: La vocation de Dom Marmion, in: Lumière du Christ 159 (1960) 51-57; — Thomas Delforge: Survie de Dom Marmion chez les protestants, in: Lumière du Christ 166 (1962) 22-24; — Gisbert Ghysens: Vers la béatification de Dom Columba Marmion, in: Lumière du Christ 166 (1962) 25-29; — Idesbald Ryelandt: Structure fondamentale de la vie monastique d'après Dom Marmion, in: Lumière du Christ 166 (1962) 8-11 und 167 (1962) 39-47; — Thomas Delforge: Columba Marmion. Serviteur de Dieu, Maredsous 1963 (engl.: - Columba Marmion. Servant of God, St. Louis 1965); — Ders.: Deux lettres de Dom Marmion, in: Lumière du Christ 180 (1965) 76-79; — Gisbert Ghysens: Survie de Dom Marmion. Y a-t-il du nouveau?, in: Lumière du Christ 195 (1969) 43-45; — M. H. Campbell: In sinu patris. D. Columba Marmion's theology on prayer, Washington 1970; — Thomas Delforge: Namur et Marmion, in: Le guetteur wallon 49 (1973) 90-94; — D. Massimo: La liturgia nell'opere di D. Columba Marmin, Milano 1984; — Mark Tierney: Dom Columba Marmion. The Irish connection, in: Intercom 24 (1994) 11-14; — Ders.: Les étapes de la cause de canonisation de Dom Marmion, in: Lettre de Maredsous 23 (1994) 9-18; — Ders.: Critical biography of Dom Columba Marmion, in: Positio super Virtutibus et Fama Sanctitatis, Vol 1, Roma 1994, 1-512; — Congregatio de Causis Sanctorum Prot. n° 948. Namurcen.: Canonizationis Servi Dei Josephi Columbae Marmion, Sac. Prof. O.S.B. (1858 - 1923): Positio Super Virtutibus et Fama Sanctitatis. Vol 1: Vita Critice Elaborata; Vol. 2: Informatio, Summarium, Positio Super Scriptis, Romae 1994; — Mark Tierney: Dom Columba Marmion. A Biography, Blackrock, Co. Dublin 1995 (niederl.: - Columba Marmion. Een biografie (Gosvrienden 5) Bonheiden 1999; — Columba Marmion. Une Biographie, Paris 2000; dt.: - Columba Marmion. Eine Biographie. Aus dem Englischen vom M. Mechthildis Denz (Schriften der Universitätsbibliothek Eichstätt 51, Wiesbaden 2002); — Paul Lavallée: Dom Columba Marmion dans l'intimité de ses lettres (Chercher Dieu. Cahiers de spiritualité monastique. Publications des moines de Saint-Benoît-du-Lac), Saint-Benoît-du-Lac 1995 (auch: Paul Lavallée: Le bienheureux Columba Marmion dans l'intimité de ses lettres, Le Barroux 2006); — Réginald-Ferdinand Poswick/Paul Keyen: Dom Columba Marmion. Icône et iconographie, in: Lettre de Maredsous 25 (1996) 76-80; — Soeur Martine: Dom Marmion, in: Agnès Schoch (Hg.): A l'image de saint Benoît, Paris 1997, 105-120; — Aidan Nichols: In the catholic tradition: Dom Columba Marmion (1858-1923), in: Priest & People 11 (1997) 283-288; — Marcel Albert: Abt in Krieg und Frieden. Die Briefe Abt Columba Marmions im Gerlever Abteiarchiv, in: Erbe und Auftrag 74 (1998) 28-39; — Nicolas Dayez: Dom Marmion et la sainteté. Quelques réflexions à l'occasion d'un anniversaire, in: Lettre de Maredsous 27 (1998) 3-7; — Ildefons Fux: Dom Columba Marmion. Ein Meister geistlichen Lebens, in: Gottgeweiht. Zeitschrift zur Vertiefung geistlichen Lebens 11 (1998) 1-8; — Paolo M. Gionta: Le virtù teologali nel pensiero di Dom Columba Marmion, Roma 1999; — Nicolas Dayez: Le vénérable Dom Columba Marmion. En lisant les lettres anglaises, in: Lettre de Maredsous 28 (1999) 162-170; — François-Luc Moës (Hg.): Prier avec Columba Marmion, Strasbourg 1999 (übersetzt in 4 Sprachen); — Pierre-Maurice Bogaert: La béatification de Dom Columba Marmion. Chronique d'un pélérin, in: Lettre de Maredsous 29 (2000) 186-195; Ders.: Dom Marmion et saint Paul. Une conférence inaugurale, in: Lettre de Maredsous 29 (2000) 133-147; — Collège Saint-Benoît: Dom Marmion à l'école abbatiale, in: Lettre de Maredsous 29 (2000) 199-203; — Nicolas Dayez: Les livres de Dom Marmion. Difficiles à lire aujourd'hui?, in: Lettre de Maredsous 29 (2000) 122-132; — Ders.: »Soyez saints, car je suis Saint«, in: Lettre de Maredsous 29 (2000) 115-117; — Raymond Loonbeek/Jacques Mortiau: Dom Lambert Beauduin et Dom Columba Marmion. Convergences ct différences, in: Lettre de Maredsous 29 (2000) 148-156; — Decretum super miraculo. Beatificationis et canonizationis Ven. Servi Dei Iosephi Columbae Marmion sacerdotis professi Ordinis Sancti Benedicti (1858-1923), in: Acta Apostolicae Sedis 92 (2000) 531-532; — Decretum super virtutibus. Beatificationis et canonizationis Ven. Servi Dei Iosephi Columbae Marmion sacerdotis professi Ordinis Sancti Benedicti (1858-1923), in: Acta Apostolicae Sedis 92 (2000) 79-83; — Benoît Despas/Paule Fostroy/Erwin Dreze (Hg.): Miracle à Maredsous, Durbuy 2000; — Juan J. Flores Arcas: Dom Columba Marmion, abad y maestro, in: Phase 40 (2000) 557-564; — Joannes Paulus Papa II: Homelia in beatificatione Pii PP. IX, Joannis PP. XXIII, Thomae Reggio, Villelmi Chaminade et Columbae Marmion die 3 Septembris 2000, in: Acta Apostolicae Sedis 92 (2000) 779-782; — Jean-Rudolphe Kars: Olivier Messiaen et Dom Columba Marmion, in: Lettre de Maredsous 29 (2000) 157-162; — Liturgia Eucharistica in Honorem Beati Columbae Marmion. Praesidens: R. D. Marcel Rooney, Abbas Prim. Conf. Ben. in Basilica S. Pauli Extra Moenia, 5. IX. 2000; — Placid Murray: Columba Marmion. A blessed Dubliner, in: Studies/Irish Jesuits 356 (2000) 380-388; — Réginald-Ferdinand Pos-

wick/Christiane Soliamont: Dom Columba Marmion, un guidc spirituel pour notre temps. Troisième Abbé de Maredsous (Sur la route des saints 19), Namur 2000 (ital: - Dom Columba Marmion, una guida spirituale per il nostro tempo (Orizzonti Monastici 28), Seregno 2001); — Mark Tierney: Blessed Columba Marmion. A Short Biography, Blackrock, Co. Dublin 2000; — Ders.: Dom Columba Marmion. Repères biographiques, in: Lettre de Maredsous 29 (2000) 118-121; — Ann Ball: Servant of God Dom Columba Marmion, in: Ann Ball (Hg.): Faces of holiness. Bd. 2, Huntigtion 2001, 325-342; — Máire Hickey: Die Spiritualität des Columba Marmion, in: Mark Tierney: Columba Marmion. Eine Biographie. Aus dem Englischen vom M. Mechthildis Denz (Schriften der Universitätsbibliothek Eichstätt 51), Wiesbaden 2002, XIX-XXXIV; — Raymond Thibaut: Dom Columba Marmion. Translated by Isabel Garahan, Aurora, Illinois 2002; — Réginald-Ferdinand Poswick: Prier 15 jours avec Columba Marmion Abbé de Maredsous, Montrouge 2004; — David L. Toups: The Sacerdotal Character as the Foundation of the Priestly Life, including the Contribution of Blessed Columba Marmion. Dissertatio ad Lauream in Facultate S. Theologiae apud Pontificiam Universitatem S. Thomae in Urbe, Roma 2004; — BNBelg 35, 570-577 (Gisbert Ghysens); — Cath VIII, 697-698 (Henri Tribout de Morembert); — DSp X, 627-630 (Thomas Delforge); — DIP V, 1004-1006 (A. Des Mazis); — EC VIII, 169 (Silvano Pidoux de la Maduère); — NCE 9, 243-244 (James C. Willke); — NCE[2] 9, 191-192 (James C. Willke); LThK[2] 7, 99 (Gisbert Ghysens); — LThk[3] 6, 1408 (Michael Rosenberger)

(Vom 14.-16. September 2005 fand im Conception Seminary College (Conception, Missouri) ein »Marmion Colloquium« zum Thema »The Relevance of the Spirituality of Blessed Columba Marmion for the Life of the Diocesan Priest« statt. Dabei wurden folgende ungedruckte Vorträge gehalten: David L. Toups (The Sacerdotal Character as the Foundation of the Priestly Life: The Contribution of Blessed Columba Marmion), Mark Tierney (The Life and Times of blessed Columba Marmion - the Pastoral Dimension), David L. Ricken (Configuration to Christ and the Priesthood in Pastores dabo Vobis and Dom Columba Marmion O.S.B.) und Joseph Henchey (A Reflection on the Hope of Dom Columba Marmion. From the Trinity - through Fraternity - towards Eternity).

Weiterhin erschienen in den Jahren 2000 bis 2002 zahlreiche Artikel in folgenden Zeitungen: Vie Consacrée, Vers l'Avenir, Le Soir, La Meuse, Revue Sanctifier, La Nouvelle Gazette, Communications, Bonnes Nouvelles, Église de Liège, France Catholique, Dimanche, La Libre Belgique, Het Volk, Het Laatste Nieuws, Het Belang van Limburg, Grenzecho, The Irish Catholic, The Irish Times, The Bulletin, The Irish Independant, Ireland on Sunday, L'Osservatore Romano etc.).

Michael Dillmann

MARQUARD von Randeck, Bischof von Augsburg, Patriarch von Aquileia, * um 1300; † 3. Januar 1381 in Soffumbergo/Friaul. — Als Sohn von Heinrich von Randeck und dessen

Frau Spet von Tumnau war M. verwandt mit den Neidlingern, die edelfreier Herkunft waren, und in einem ministerialen Dienstverhältnis zu den Herzögen von Teck standen. Anfänglich an der Domschule Augsburg erzogen, begann M. 1317 an der Universität Bologna kanonisches Recht zu studieren. Er wurde 1322 zum Prokurator der deutschen Nation (*natio germanica*) an der Universität gewählt, um in der Universitätsleitung die Belange der deutschen Studenten zu vertreten. Er schloß sein Studium mit dem Lizensiat möglicherweise auch mit dem Doktorat in Kirchenrecht ab und kehrte 1324 nach Augsburg zurück. Als Kanoniker des dortigen Hochstifts war er zunächst an der Domschule tätig. Seine politisch-kirchliche Karriere nahm ihren Anfang, als er im Jahre 1335 als Mitglied einer Delegation im Auftrag des Kaisers Ludwig IV., dem Bayern, nach Avignon gesandt wurde. Die Verhandlungen an der Kurie sollten dazu führen, den Kaiser vom Kirchenbann zu lösen und das Papsttum und das Kaisertum wieder zu versöhnen. Insgesamt wurde M. sieben Mal auf Missionsreise geschickt, um einen Ausweg aus der verfahrenen Situation zwischen Kaiser und Papst zu finden. Aus dieser Zeit sind drei Reden Ms. erhalten, die durch ihre geschickte theologische und juristische Argumentation sowie ihre sprachliche Gewandtheit einen herausragenden Platz unter den bedeutenden kanonistischen Texten des 14. Jahrhunderts haben. 1344 trat M. zum letzten mal als Prokurator für den Kaiser auf. Meinungsverschiedenheiten könnten der Grund für den Rückzug aus dem kaiserlichen Dienst gewesen sein. Dies ist um so wahrscheinlicher, als M. wenige Wochen nach dem Tode Ludwigs eine Missionsreise für den neuen römischen König, Karl IV. an die Kurie unternahm, um die Bedingungen für die Absolution gebannter Personen und Institutionen auszuhandeln. Mittlerweile vom Papst zum Dompropst von Bamberg befördert, vom Kapitel zum Bischof gewählt aber vom Papst zugunsten Friedrichs von Hohenlohe zurückgestellt, wurde er am 30.5. 1348 zum Bischof von Augsburg ernannt. Er begleitete 1354 Karl IV. auf seinem Zug durch Italien, blieb als Generalkapitän für Tuscien in Pisa während Karl in Rom zum Kaiser gekrönt wurde. Er schlug einen antikaiserlichen Aufstand nieder und blieb als Generalvikar für ganz Italien (*per totam Ytaliam*) ein Jahr lang in Pisa bzw. Lucca. Dieses Amt brachte die Aufgabe der Vollstreckung der Reichsacht gegen die Brüder Bernabò und Galeazzo Visconti in Mailand mit sich. Im Vorfeld der diplomatischen Auseinandersetzung kam es zu einem Austausch von Invektiven mit dem anonym schreibenden Francesco Petrarca, der gegen die Position Ms. und des Reiches argumentierte. Bei einem Gefecht 1356 bei Casorate/Varese wurde M. mit 600 Reitern gefangen genommen. Nach einem halben Jahr Gefangenschaft stand er wieder für kaiserliche Dienste sowie seine Diözese zur Verfügung. Im Jahre 1365 sollte er auf Wunsch Karls IV. zum Erzbischof von Salzburg erhoben werden, doch entschied sich Urban V. für den habsburger Kandidaten Pilgrim von Pucheim. Dafür erhob der Papst M. am 23.8.1365 zum Patriarchen von Aquileia. Am Weihnachtsabend 1365 gelangte er in Udine, dem Verwaltungssitz des geistlichen Territoriums an, womit seine Landesherrschaft im Friaul begann. Energisch setzte sich M. für die Rückführung der an Habsburg verlorengegangenen Gebiete ein. Nur mit Unterstützung des friulanischen Parlaments sowie mit kaiserlicher und päpstlicher Rückendeckung konnte M. auch zu den Habsburgern übergelaufene Adelige (Strassoldo, Spilimbergo, Duino...) zurückgewinnen. Hervorzuheben sind auch seine Bemühungen um den Wiederaufbau des durch Erdbeben zerstörten Doms in Aquileia. Im Chioggiakrieg zwischen den Parteien um Venedig und Genua suchte M., die Verluste für das Patriarchat durch Eintritt auf Seiten Genuas gering zu halten. Damit war er der letzte Patriarch, der sich erfolgreich gegen die venezianische Festlandsexpansion zur Wehr setzen konnte. — Im Bereich der Rechtspflege wird Ms. Name oft mit dem *Constitutiones Patriae Foroiulii* in Verbindung gebracht, die auch *Constitutiones Marquardi* genannt werden. Bestrebungen zur Rechtskodifikation gab es im Friaul seit Nicolò di Lussemburgo, doch erst unter M. konnten diese auch zuende geführt werden. Am 8. November 1366 wurde der Hauptteil in Sacile dem *Parlamentum Foroiulii*, der Stände und Städtevertretung, vorgelegt und vom Patriarchen veröffentlicht werden. Teilweise distanzierte sich M. auch von einigen Regelungen wie zum Beispiel der noch longobardisch anmutenden Behandlung der weiblichen Erbfolge: Im Falle eines Todes ohne

Testament waren Frauen und Töchter vom Erbe ausgeschlossen. Als Marquard zum Metropoliten aufgestiegen war, gab es auch Überlegungen von Seiten der Kurie, ihn zum Kardinal zu befördern. 1377 schreibt Gregor XI. an Karl V. von Frankreich, daß er vorhabe, M. zum Kardinal zu befördern, allerdings keine neuen Kardinäle geschaffen werden könnten. M. starb am 3.1. 1381 in Soffumbergo und wurde als letzter Patriarch im Dom von Aquileia beerdigt.

Quellen: Constitutioni de la patria de Friuoli. Udine 1484; Constitutiones Patrie Foriiulij cum additionibus noviter impresse. Venetiis 1524; Candido, Giovanni. Commentarii di Giovanni Candido givreconsulto de i fatti d'Aquileia. Venetia 1544 (ND Pradamo 1926); Bellonio, Antonio. Vitae Patriarcharum Aquilejensium. Hg. von L. A. Muratori. in: Rerum Italicarum Scriptores 16. Milano 1728. Sp. 24-185; Aylini, Joannis de Maniaco. Historia Belli Forojuliensis ab anno 1366 usque ad 1388. Hg. von L.A. Muratori. in: Antiquitates Italicae medii Aevi. Mediolani 1740. Bd., 3. S. 1189-1242; De Rubeis, Bernhardo Maria. Monumenta ecclesiae aquilejensis, commentario historico-chronologico-critico ilustrata, cum appendice in qua vetusta aquilejensium patriarcharum rerumque foroiuliensium chronica emendatiora quaedam alia nunc primum in lucem proderunt. Argentinae (Venetiis) 1740; Bianchi, Giuseppe (Hg.). Thesaurus Ecclesiae Aquilejensis - opus saeculi XIV quod ad archiepiscopalem sedem nuper restitutam Zacharias Pritico primum accederet. Utini 1847; Valvassone, Jacopo de. Sucessi della patria del Friuli sotto i patriarchi d'Aquileia dal 1332 al 1402. Milano 1857; Joppi, Vincenzio. Documenti Goriziani del secolo XII e XIII. Archeografo Triestino N.S. 11 (1885), S. 376-405; 12 (1886) S. 1-90; Joppi, Vincenzio. Inventario del tesoro della Chiesa patriarcale d'Aquileia fatto tra il 1358-1378. Archivio storico per Trieste, l'Istria e il Trentino 3 (1884-1886), S. 57-71; Glasschröder, Franz Xaver. Urkunden zur Geschichte des Augsburger Bischofs Markwart I. von Randeck. Zeitschrift des Historischen Vereins für Schwaben und Neuburg 20 (1893), S. 1-24; Acta Salzburgo-Aquilejensia. Quellen der ehemaligen Kirchenprovinzen Salzburg und Aquileia. Hg. von Alois Lang. Bd. 1. Die Urkunden über die Beziehung der päpstlichen Kurie zur Provinz und Diözese Salzburg in der avignonesischen Zeit: 1316 - 1378. Graz 1903-1906 (Bd. 2 ist nicht erschienen); Atti della cancelleria dei patriarchi di Aquileia (1265-1420). Hg. von Ivonne Zenarola Pastore. Udine 1983 (= Deputazione di storia Patria del Friuli 12); Ficker, Urkunden zur Geschichte des Römerzugs Ludwigs des Bayern und der italienischen Verhältnisse seiner Zeit. Innsbruck 1865. (ND Aalen 1966); Austro-friulana. Sammlung von Aktenstücken zur Geschichte des Conflictes Herzog Rudolfs IV. von Österreich mit dem Patriarchat von Aquileia. 1250-1365. Hg. von J. von Zahn. Wien 1877 (= Fontes Rerum Austriacarum Bd. 40); Friedländer, Ernestus und Carolus Malagola. Acta nationis Germanicae universitatis Bononiensis. Berolini 1887; Constitutiones Patriae Foriiulii deliberate a generali parlamento : edite et promulgate a rev. d.d. Marquardo patriarcha Aquilegensi annis MCCCLXVI-MCCCLXVIII. Hg. von Vincenzo Joppi. Udine 1900; Io-

hannes Porta de Annoniaco. Liber de coronatione Karoli IV imperatoris. Hg. von R. Salomon. Hannover/Leipzig 1913 (=MGH SS in us. schol. 35); Velluti, Donato. La cronica domestica scritta fra il 1367 e il 1370 con le addizioni de Paolo Velluti, scritte fra il 1555 e il 1560. Hg. I. del Lungo/G. Volpi, Firenze 1914; Gnirs, Anton (Hg.). Das Görzer Statutenbuch. Wien 1916; Leicht, Pier Silvio. Il parlamento friulano. 3 Bde. Bologna 1917-1955; Nicoletti, Marcantonio. Leggi e costumi furlani sotto dicotto patriarchi di Aquileia. Hg. von Pietro Zampani. Pradamo 1927; Pelster, Franz. Die zweite Rede Marquarts von Randeck für die Aussöhnung des Papstes mit Ludwig dem Bayern. Hist. Jahrbuch 60 (1940), S. 88-114; Urkunden des Hochstifts Augsburg 769-1420. Hg. von W. E. Vock. 1959; Necrologium Aquileiense. Hg. von Cesare Scalon. Udine 1982; Villani, Giovanni. Nuova Cronica. 3 Bde. Hg. von G. Porta. Roma 1990-1991; Scalon, Cesare (Hg.). L'Evangeliario di San Marco. Udine 1999.

Lit.: Glasschröder, Franz Xaver. Markwart von Randeck - Bischof von Augsburg und Patriarch von Aquileia. in: Zeitschrift des Historischen Vereins für Schwaben und Neuburg. Teil I: 15 (1888), 1-88; — Teil II: 22 (1895), 97-160; — Vale, Giuseppe. La ceremonia della spada ad Aquileia e a Cividale. Estratto dalla Rassegna Gregoriana per gli studi liturgici e pel canto sacro 1-2 (genn. Febr. 1908) Roma 1908, 128-137 (auch in: Memorie Storiche Forogiuliesi 4 (1908), 2-10. ND Udine 1968, jedoch ohne die Notation des Evangeliums); — Lanckoronski, Karl von. Die Schwertmesse. In: ders. Der Dom Aquileias. Wien 1906, 129-135; — Lazzarini, Vittorio. La Guerra di Chioggia. Nuovo Archivio Veneto. V. Seria. Nr. 11 (1896) 395-401; — Nr. 12 (1896) 137-147; — Nr. 13 (1913) 177-198; — Nr. 67 (1937) 124-132; — Nr. 74 (1945) 11-17; — Nr. 75 (1947), 195-207; — Nr. 81 (1952) 53-74; — Traversa, Eduard. Das Friaulanische Parlament bis zur Unterdrückung des Patriarchates von Aquileia durch Venedig (1420). Wien-Leipzig 1911; — Leicht, Pier Silvio. Aquileia e Trieste alla pace di Torino. Memorie Storiche Forogiuliense 12-14 (1918), 82-98; — Bock, Friedrich. Die Prokuratorien Kaiser Ludwigs IV. an Papst Benedikt XII. in: Quellen und Forschungen aus italienischen Archiven und Bibliotheken 25 (1933/34), 251-291; — Leicht, Pier Silvio. Il parlamento friulano nel primo secolo della dominazione veniziana. in: Rivista della storia del dir. di Italia. 21 (1948); — Leicht, Pier Silvio. La versione tedesca delle »Constitutiones Patrii Forojulii«. in: ders. Studi di Storia Friulana. Udine 1955, 261-273; — Piur, Paul und Konrad Burdach. Petrarcas Briefwechsel mit deutschen Zeitgenossen. in: Vom Mittelalter zur Reformation Bd. 7. (1933); — Wunder, Gerd. Die Verwandtschaft des Patriarchen Marquard von Aquileia, in: Zs. für Württ. Landesgeschichte 20 (1961), 185-190; — Strnad, Alfred A. Kaiser Karl IV. und das Erzstift Salzburg. Zur Besetzung des erzbischöflichen Stuhles im Jahre 1365. in: RQ 60 (1965), 208-244; — Schwöbel, Hermann Otto. Der diplomatische Kampf zwischen Ludwig dem Bayern und der römischen Kurie im Rahmen des kanonischen Absolutionsprozesses 1330 - 1346. München 1973; — Brozzi, Mario. La Messa dello spadone e il giorno dell'Epifania a Cividale. Cividale 1978; — Dopsch, Heinz und Hans Spatzenegger (Hg.) Geschichte Salzburgs-Stadt und Land. Teil I. 3 Bde. Salzburg 1981-1984; — Tagliaferro, Ameilo. Cividale del Friuli - Introduzione e guida all'arte ed ai monumenti della città ducale. Bologna 1983; — Della Rovere, Teresa. La messa dello Spadone e la rievocazione storica in Costume a Cividale del Friuli. Bologna 1988; — Wunder, Gerd. Marquard von Randeck. in: Lebensbilder aus Schwaben und Franken VII (1960), 1-17. (ebenso in: Lebensläufe: Bauer Bürger Edelmann. Festschrift für Gerd Wunder. Bd. 2 Hg. von der Stadt Schwäbisch Hall. Sigmaringen 1988, 175-191); — Bressan, Fabio und Paolo Pinti. La spada del Patriarca Marquardo a Cividale del Friuli. in: Memorie Storiche Forogiuliesi 168 (1988), 148-154; — Wakounig, Marija. Dalmatien und Friaul - Die Auseinandersetzung von Sigismund von Luxenburg und der Republik Venedig um die Vorherrschaft im adriatischen Raum. Wien 1990; — Paschini, Pio. Storia del Friuli. Udine ⁴1990; — Menis, Gian Carlo. Storia del Friuli - Dalle origini alla caduta dello stato patriarcale 1420. Udine ⁷1989/90; — Marinigh, Luigi. Breve storia dei Patriarchi e dello Spadone di Marquardo. Udine 1991; — Bouillon, Regina. Die Beziehungen zwischen Aquileia und Karl IV. während der Amtszeit der Patriarchen Nicolaus von Luxemburg und Ludovico della Torre (1350-1365). Phil Diss. Münster 1991; — Cusciuto, Giuseppe. Le epigrafi dei Patriarchi. in: Storia e Arte del Patriarcato di Aquileia. Udine 1992, 155-175; — Marini, Graziano. La Basilica Patriarchale di Aquileia. Aquileia 1994; — Pauler, Roland. Das Wirken der Augsburger Bischöfe Marquard von Randeck und Walter von Hochschlitz in Pisa. ZBLG 58 (1995), 867-899; — Feo, Michele. Francesco Petrarca e la contesa epistolare tra Markwart e i Visconti. in: Filologia Umanistica per Gianvito Resta, Bd. 1. Padova 1997. (= Medioevo e Umanesimo 94), 621-692; — DeVitt, Flavia. I Poteri temporali dei Patriarchi d'Aquileia nel Medioevo. Che Fastu? 56 (2000), 77-96.

Lexika: Krones, F.R. Art. Marquart (!) von Randeck, in: ADB 29, 611-613. Leipzig 1884 (ND Berlin 1970); — Huber, Alfons, Art. Randeck, Marquard von, Bischof von Augsburg (1348-1365) / In:ADB 27 1888 227-228; — Kreuzer, Georg. Art. Marquard von Randeck, in: LexMA VI. Sp. 321f.; — Kreuzer, Georg. Art. Marquard von Randeck, in: NDB 16. Sp 236f.; — Weitlauff, Manfred u. Helmut Flachenecker, Art. Marquard von Randeck, in: Gatz, Bischöfe 1198-1448, 20-22; — Schwedler, Gerald, Art. Randeck (di), Marquardo. Il nuovo Liruti. Dizionario Biografico dei Friulani. Udine, Forum, 2006. Bd. 2, 718-725.

Gerald Schwedler

MARSH, John Finch, * 4.3. 1789 in Chatham, † 7.10. 1873 in Croydon. Quäker. — John Finch Marsh wurde 1789, dem Jahr der französischen Revolution, in Chatham geboren. Er war der Sohn von Thomas Marsh (1748-1820) und Chaterine Marsh Finch (gest. 1829) aus Stepney. Er wuchs mit neun Geschwistern auf. 1804 ging er bei seinem Cousin Samuel Weetch, einem Leinenweber in Ratcliff, in die Lehre. Nach seiner Ausbildung lebte und arbeitete er in Ipswich, Deptford, Colchester und Whitechapel. Am 13. April 1819 heiratete er im Londoner Devonshire House Hannah Lucas (1790-1877), die Tochter von Samuel (1749-1808) und Ann Lucas aus Westminster. Aus der Ehe gingen vier Kinder hervor: Rachel (1820-1822), Hannah (geb. 1822), Lucy (1824-1824) und Priscilla (geb. 1828). Seine Liebe zu Kindern, nicht nur zu den eigenen, war allgemein bekannt. 1829 zog er mit seiner Familie nach Croydon, wo er bis zu seinem Tod im Jahre 1873 lebte. — Der gebürtige Anglikaner Marsh trat um 1810 zum Quäkertum über und begann 1811 in Quäkerandachten zu predigen. 1818 wurde er vom Devonshire House Monthly Meeting zum »Minister«, eine Art Ältester im Predigtdienst, ernannt. 1822 wurde er beauftragt, Quäkerfamilien in Radcliff zu besuchen und zu beaufsichtigen. 1828 beendigte er seine Berufstätigkeit, um sich ganz dem Quäkertum zu widmen. Er reiste im Auftrage der Quäker nach England, Schottland, Irland (1837, 1856 und 1865), Wales, Holland und Deutschland. 1844 besuchte er die deutsche Quäkergemeinde in Pyrmont. Im 85. Lebensalter verstarb er 1873 in Croydon.

Lit. (Auswahl): Pitt, Priscilla (Hrsg.): A memoir of John Finch Marsh, of Croydon, who died in the autumn of 1873. By his daughter. Croydon (1874); — Marsh, Priscilla: John Finch Marsh. In: Piety promoted in a collection of dying sayings of many of the people called Quakers, V. Philadelphia 1890, 420-422.

Claus Bernet

MARSH, Thomas William, * 9. 1833 in Dorking (Surrey), † 21.1. 1902 in Chelsea (London). Quäker. — Thomas William Marsh wurde 1833 im englischen Dorking (Surrey) geboren. Er wurde innerhalb seiner Quäkerandacht Ältester und Overseer. In hohem Alter heiratete er 1882 Anne Warner (1847-1936) aus Philadelphia. 1887 besuchte das Paar einige europäische Hauptstädte, um bei den Regenten für den Frieden zu werben. Auch bereisten sie die USA und Palästina. 1887 und 1895 besuchte Thomas William Marsh die deutschen Quäker in Minden. Um etwa 1891 nahmen die Marshs in Chelsea (London) ihren Altersruhesitz. 1895 reiste Thomas William Marsh gemeinsam mit dem Quäker Edmund Wright Brooks (1834-1926) nach St. Petersburg. Marsh verstarb 1902 nach einem Herzinfarkt in Chelsea.

Werke: Some records of the early Friends in Surrey and Sussex, from the original minute-books and other sources.

Compiled and edited by Thos. W. Marsh, concluding chapter by Anne W. Marsh. With nine plates. London 1886.

Lit. (Auswahl): Thomas William Marsh. In: The Friend. A religious, literary, and miscellaneous journal, XLII, 8, 1902, 124.

Claus Bernet

MARTIN, Josiah, * 11.6. 1685, † 18.2. 1748 in London. Quäker. — Josiah Martin wurde 1685 als Sohn von John Martin (gest. 1695) und dessen Frau Mary Martin (um 1660-1691, geb. Rickman) geboren. Da er Latein und Griechisch beherrschte, wird von einer höheren Schulbildung Martins auszugehen sein. Seine gutbestückte Bibliothek bestand aus 4.000 Bänden. Auch ein akzeptables Französisch hatte er sich angeeignet. — Zeitlebens war Martin Mitglied des Londoner Peel-Meetings der Quäker. 1714 wurde er von dort delegiert, dem London Yearly Meeting, der Hauptversammlung der englischen Quäker, beizuwohnen. In seiner zweiten Lebenshälfte widmete sich der unverheiratete Martin vermehrt religiösen Fragen. 1737 trat Graf Ludwig Nikolaus Zinzendorf (1700-1760) in England in näheren Kontakt zu Martin und versuchte, ihn zur Brüdergemeine hinüberzuziehen. Als er damit keinen Erfolg hatte, zeigte er an Martin kaum weiteres Interesse als für praktische Fragen während seiner Reisen. Hier diente Martin vor allem als Dolmetscher und übersetzte Zinzendorfs französische Ansprachen ins Englische. Martin erstellte später einen differenzierten Bericht über seine Zusammenkunft mit Zinzendorf, der bis heute ungedruckt ist. — Josiah Martin machte am 26. Januar 1747 sein Testament und verstarb ein Jahr darauf in seinem 64. Lebensjahr an einem Gallenstein in Holborn (London).

Werke: Remarks on a poem, intituled, The fair Quakers. In a conference between Hilary and Theophilus. London 1714; A letter to the author of some brief observations on the paraphrase and notes of the judicious John Locke, relating to the womens exercising their spiritual gifts in the church. London 1716. Woodbridge 1986 (The Eighteenth Century, reel 2786, no. 6); A vindication of women's preaching, as well from Holy Scripture and antient writings, as from the paraphrase and notes of the judicious John Locke, on I Cor. xi. Wherein the brief observations of B. C. on the said paraphrases and notes, and the arguments in his book, intitled, Reflections, etc. are fully consider'd. London 1717; A letter to the author of some brief observations (...). In: Coole, Benjamin: Reflections on a letter to the author of some brief observations on the paraphrase and notes of the judicious John Lock, etc. London 1717; A letter to J. O. O.O. (1727).

Woodbridge 1986 (The Eighteenth Century, reel 1324, no. 2); Of women's preaching. In: Pearson, Anthony: The great case of tithes truly stated, clearly open'd, and fully resolv'd. With an appendix thereto. To which is added, a defence of some other principles held by the people called Quakers, in which they differ from other religious denominations. The arguments for these are supported by Scripture, and the concurring sentiments of ancient and modern authors. London 1730, 223-291. London 1754; The appendix. An account of tithes in general. In: Pearson, Anthony: The great case of tithes truly stated, clearly open'd, and fully resolv'd. With an appendix thereto. To which is added, a defence of some other principles held by the people called Quakers, in which they differ from other religious denominations. The arguments for these are supported by Scripture, and the concurring sentiments of ancient and modern authors. London 1730. London 1754, 67-128. Dublin 1756, 69-130. London 1657. London 1762[7]. New Haven 1981 (Goldsmith's-Kress Library Economic Literature, reel 155, no. 6798.7-1 supplement). Woodbridge 1986 (The Eighteenth Century, reel 5573, no. 5); A letter concerning the origin, reason and foundation of the law for tithes in England. (London) (1732); Remarks on a letter to the men's-meeting of the people called Quakers in Bristol, relating to plainness of speech. Bristol (1733); An apologetic preface. In: François de Salignac de La Mothe-Fénelon: The Archbishop of Cambray's dissertation on pure love, with an account of the life and writings of the lady, for whose sake the Archbishop was banish'd from court. And the grievous persecutions she suffer'd in France for her religion, also two letters written by one of the lady's maids, during her confinement in the castle of Vicennes, where she was a prisoner eight years, one of the letters was writ with a bit of stick instead of a pen, and soot instead of ink, to her brother; the other to a clergyman. Together with an apologetic preface. Containing divers letters of the Archbishop of Cambray, to the Duke of Burgundy, the present French King's father, and other persons of distinction, also divers letters of the lady to persons of quality, relating to her religious principles. London 1735, i-cxxviii. Dublin 1739. Dublin 1749. Germantown 1750. London 1769[4]. Woodbridge 1986 (The Eighteenth Century, reel 2731, no. 5). Woodbridge 1986 (The Eighteenth Century, reel 2403, no. 3). Woodbridge 1997 (The Eighteenth Century, reel 9493, no. 7); A letter from one of the people called Quakers to François de Voltaire, occasioned by his remarks on that people, in his letters concerning the English nation. London 1741. London 1742[2]. Dublin 1749. Woodbridge 1986 (The Eighteenth Century, reel 4341, no. 18). Woodbridge 1986 (The Eighteenth Century, reel 5227, no. 6); Lettre d'un Quaker à François de Voltaire, écrite à l'occasion de ses remarques sur les Anglois; et particulièrement sur les Quakers. Traduite de l'anglois. Londres 1745. Londres 1790. Woodbridge 1985 (The Eighteenth Century, reel 992, no. 20); Ein Brief von einem aus dem Volck Quäcker, das ist Zitterer genannt. An Franciscum de Voltaire, auf Veranlassung seiner Anmerckungen über solches Volck, in seinen Briefen von der Englischen Nation. Verschiedener ungemein-merckwürdiger, wichtiger und auserlesener Stellen wegen, aus dem Englischen ins Teutsche übersetzt, und allen Wahrheitsliebenden, hohen und niedrigen, geistlichen und weltlichen Standes, durchzulesen, und nach der gesunden Vernunft und Heil. Schrift genau zu prüfen (1. Thess. V.v.21.) und zu behertzigen, angepriesen von einem, so der Evangelischen Wahrheit von Hertzen zugethan ist. Franckfurt 1746; The Gospel ministry of women, under the Christian dispensation, defended from Scripture, and from the writings of John Locke, Josiah Martin, etc. Dublin 1838 (Dublin Tract Association, LXXVIII); A defence of some principles held by the peoples called Quakers. In: The unlawfulness of war to the disciples of Christ, in several extracts from authors of the Society of Friends, commonly called Quakers. London 1843, 15.

Lit. (Auswahl): Rawes, William: The Gospel ministry of women, under the Christian dispensation defended from scripture, and from the writings of John Locke, Josiah Martin, etc. London 1801; — Goodwin, Gordon: Martin, Josiah (1683-1747). In: DNB, XXIX, 1891; XII, 1949/50, 1173; — Fell-Smith, Charlotte; Hall, David J.: Martin, Josiah (1685-1748). In: ODNB, XXXVI, 2004, 955-956.

Claus Bernet

MATEWOS, auch genannt »Awsteli«, war ein kirchlicher Gelehrter (zunächst Debtera, später Merigeta) der äthiopischen orthodoxen Kirche und erster bekannter Tigrinnya-Bibelübersetzer, * ca. 1800 in Adwa, Tigray, † nach 1840. — M. wurde in Adwa, der weltlichen Hauptstadt des damals unabhängigen äthiopischen Fürstentums Tigray geboren. Sein Vater war ein eingewanderter Grieche namens Apostoli (Namensvariante: »Avustalla« nach einer tigrinnischen Namensform), der sich als Händler sowie Silber- und Kupferschmied in Adwa niedergelassen und eine Äthiopierin geheiratet hatte. Er war nach dem Bericht des englischen Einwanderers Nathaniel Pearce (1831) zeitweise in die Dienste des tigrayischen Fürsten Guzmati (= Dejjazmach) Welde-Gebri'el getreten und stellte Kronen, Kreuze und Kirchenglocken her. — M., der offenbar eine traditionelle kirchliche Ausbildung in Adwa genossen hatte, war von Anfang an mit der europäischen Mission verbunden. Zuerst wurde er 1835 als »Debtera« (kirchlicher Gelehrter, ohne Priesterweihe) genannt, als er im Dezember von den neu in Tigray eingetroffenen protestantischen Missionaren Carl Wilhelm Isenberg und Samuel Gobat von der Church Missionary Society eingestellt wurde, um das Neue Testament in die tigrinnische Sprache (damals mit dem amharischen Begriff Tigre bezeichnet) zu übersetzen. Die Zusammenarbeit verlief überaus fruchtbar, trotz des wie es scheint eher dogmatischen Charakters Isenbergs. M. übersetzte bis 1837 alle vier Evangelien nach einer europäischsprachigen Vorlage.

Das Manuskript wurde nach Europa gesandt, wo es nach mehreren Durchsichten durch Isenberg und Johann Ludwig Krapf allerdings erst dreißig Jahre später zur Unterstützung der damals in tigrinnischen Gebieten wiederauflebenden protestantischen Mission veröffentlicht wurde. Eine zweite Fassung desselben Manuskripts liegt in London bei der BFBS und enthält auch noch die übrigen Texte des Neuen Testaments, die Psalmen und die Genesis. Die Sprache seiner Übersetzung ist geprägt durch den Dialekt von Adwa, der heute als tigrinnische Hochsprache gilt. Die Bedeutung der Übersetzung liegt darin, daß mit ihr ein Bruch mit der bisherigen Kirchentradition vollzogen wurde, nach der die heiligen Schriften ausschließlich in der ausgestorbenen Kirchensprache Gi'iz gelesen werden durften. M.'s Übersetzung steht damit auch am Anfang der Verschriftlichung des Tigrinnya und am Anfang der im 20. Jahrhundert aufblühenden Tigrinnya-Literatur. Aufgrund der Verbreitung seiner Übersetzung in Eritrea (Hamasen) und Tigray (Adwa) im späten 19. Jahrhundert hat seine Sprache die spätere Entwicklung des Tigrinnya vermutlich mitbeeinflußt. Außer dieser Übersetzung existiert noch eine zweite Fassung einer Tigrinnya-Übersetzung der vier Evangelien, die ihm ebenfalls zugeschrieben wird, aber unabhängig von der oben genannten ist und nicht veröffentlicht wurde (außer einem Ausschnitt aus dem Johannes-Evangelium in Praetorius' Pionierwerk zum Tigrinnya, Beilage S. 1-5). Diese Fassung wurde nach einer äthiopischen Gi'iz-Vorlage angefertigt. Eine Schwierigkeit der Verschriftlichung zeigt sich darin, daß diese (vermutlich ältere) Fassung noch massiv von Gi'iz beeinflußt ist, aus welcher Sprache er Vokabeln und ganze Sätze übernahm. — Isenberg verließ 1838 das Land und wurde später nach Wiedereinreise des Landes verwiesen, womit seine Zusammenarbeit mit M. abbrach. M. trat noch im selben Jahr 1838 als Sprecher und Schreiber der Priester der Gebri'el-Kirche seiner Heimatstadt Adwa auf, die nach den unangenehmen Erfahrungen mit Isenberg in einem von M. verfaßten Schreiben an den Papst erklären, der katholischen Kirche verbunden zu sein. In diesem Schreiben wurde er bereits Merigeta genannt, eine hohe Stufe des nichtgeweihten Kirchengelehrten, wozu die Leitung der Kirchengesänge gehört. M. wandte sich dann dem 1839 neu ins Land gekommenen katholischen Lazaristen-Missionar Giustino de Jacobis (später heiliggesprochen als »Apostel der Abessinier«) zu und wurde dessen erster Lehrer des Amharischen, der Sprache der Fürsten und der Zentralprovinz Äthiopiens. Es ist nicht bekannt, ob M. auch formell zum Katholizismus konvertierte. Dafür spricht allerdings, daß die mündliche Überlieferung ihn als »Sohn von Rom« bezeichnet. Er war in den frühen 1840er Jahren ein wichtiger Informant für den Reisenden Lefebvre; das »geographische Lexikon« in dessen Werk (Bd. III, S. 101ff.) stammt von ihm. Es kann auch vermutet werden, daß Lefebvres Tigrinnya-Texte auf die Zusammenarbeit mit M. zurückgehen, da sie dem Dialekt von Adwa entsprechen (so Praetorius, op. cit., S. 13). Nach diesem Zeitpunkt verschwindet er aus den bisher bekannten Dokumenten. — Die griechische Namensform des Merigeta M. war sicherlich Mathaios Apostoli[s], jedoch ist diese dokumentarisch nicht bezeugt; in äthiopischen Dokumenten wird er ausschließlich M. und in englischen Matteos (Matheos) genannt; die tigrayische mündliche Überlieferung kennt ihn allerdings auch als Awsteli »abi« ('der ältere Apostoli'), offenbar zur Unterscheidung von seinem vermutlich jüngeren Bruder Ingida, der auch als Awsteli »ni'ishto« ('der jüngere Apostoli'), bzw. Abusteli Ingida, bekannt war. — Wenn die Überlieferung in einer Linie der tigrayischen Kaiserfamilie korrekt ist, so hatte Awsteli »abi« nur eine einzige Tochter (vermutlich, da er früh starb). Diese hieß Banchibula Awsteli und verheiratete sich mit Bascha John, bekannter Gefolgsmann der tigrayischen Fürsten in Adwa, äthiopischer Sohn des englischen Reisenden Mansfield Parkyns und Vorfahr einer Familie äthiopischer Politiker. Parkyns war ein Bekannter ihres Onkels Ingida Apostoli, wie aus seinem Reisebericht (1853) hervorgeht. Ingida diente in den 1840er Jahren als Kontakt- und Vertrauensmann europäischer Reisender in Tigray. Seine Enkelin Tafesech Nashit Awsteli heiratete den Erbprinzen und Fürsten von Tigray, Ras Mengesha Yohannis.

Werke: Evangelia Sacra Jesu Christi sub auspiciis Caroli Guilielmi Isenberg ecclesiæ anglicanæ Presbyteri, apud Habessinos quondam per sexennium degentis et anno 1864 vita defuncti, in linguam Tigricam vertit Debtera Matheos Habessinus Adoæ, Tigriæ oppido, natus, nunc primum in lucem edita per Johannem Ludovicum Krapf [...] qui et ipse duo deviginti annos apud Habessinos aliasque Africæ Orientalis gentes doctrinæ christianæ propagandæ gratia commoratus est, qui etiam, ut primum per viduam Isenbergi Beati in libri manuscripti possessionem venit, eum re-censuit preloque subjiciendum commendavit - The Four Gospels, translated into the Tigre Language by the Abyssinian Debtera Matteos, and revised by the deceased Rev. Mr. Isenberg, St. Chrischona 1866; — Manuskript dieser Bibelübersetzung in der Staatsbibliothek zu Berlin, Ms. or. fol. 445 (Geschenk von Carl Wilhelm Isenberg, wahrscheinlich dessen Abschrift; eine andere, um mehrere Texte erweiterte Fassung dieses Manuskriptes in der BFBS); — eine andere Übersetzung der vier Evangelien in Tigrinnya, früher im Besitz des Orientalisten Emil Rödiger (1. Kapitel des Johannes-Evangelium abgedruckt bei Praetorius, op. cit.).

Lit.: Gustav Arén, Evangelical Pioneers in Ethiopia: Origins of the Evangelical Church Mekane Yesus, Stockholm 1978; — Donald Crummey, Priests and Politicians: Protestant and Catholic Missions in Orthodox Ethiopia, 1830-1868, Oxford 1973; — Thomas H. Darlow and Horace F. Moule, eds., Historical Catalogue of the printed editions of Holy Scripture in the library of the British and Foreign Bible Society, compiled by T. H. Darlow and H. F. Moule, vol. 2: Polyglots and languages other than English, London 1911; — Giuseppe Fumagalli, Bibliografica Etiopica, Catalogo, Milano 1893; — Théophile Lefebvre, Voyage en Abyssinie, III, Paris 1845-49, 101ff., 411ff.; — Ghirmai Negash, A History of Tigrinya Literature in Eritrea, The oral and the written 1890-1991, Leiden 1999, 68-69; — Richard Pankhurst, A Social History of Ethiopia, Addis Ababa - Huntington 1992, 235; — Mansfield Parkyns, Life in Abyssinia; during a three years Residence and Travels in that Country, London 1853, vol. II, 45; — Nathaniel Pearce, The Life and Travels of Nathaniel Pearce, London 1831, 257-58; — Franz Praetorius, Grammatik der Tigriñasprache in Abessinien hauptsächlich in der Gegend von Aksum und Adoa, Halle 1871, 10-11, 13, Beilage 1-6; — Sven Rubenson, Acta Aethiopica, vol. I: Correspondence and Treaties 1800-1854, Evanston 1987, 39; — Samuel Gobat, Journal of Three Years' Residence in Abyssinia, New York 1851, 384; — Wolbert Smidt - Donald Crummey, »Isenberg, Carl Wilhelm«, in: Siegbert Uhlig (ed.): Encyclopaedia Aethiopica, vol. 3, Wiesbaden 2007, 197-98; — T. Schölly, Samuel Gobat, Basel 1900; — Edward Ullendorff, Ethiopia and the Bible, 68-70, Oxford 1968; — Rainer Voigt, »Bible translation into Tegreñña«, in: Siegbert Uhlig (ed.): Encyclopaedia Aethiopica, vol. 1, Wiesbaden 2003, 577-78; — Interview mit Tsehaynesh Girmay Mengesha, Meqele, 2005.

Wolbert Smidt

MAURICE, Walter, * 15.6. 1838 in Manchester, † 11.7. 1908 in Aamot (Norwegen); Philanthrop, Quäker. — Walter Maurice war der Sohn des Textilwarenhändlers Alexander und Hannah Morris. Er wurde 1838 in Manchester geboren. Unter Förderung von Charles Cumber verschaffte er sich einen Zugang zu Literatur und den Naturwissenschaften, später besuchte er ein Jahr die Ackworth Schule und unter Isaac

Brown (1803-1895) sieben Jahre das Flounders Institute. Im Alter von etwa 18 Jahren geriet er in eine ernsthafte Lebenskrise, er konnte jedoch seinen Glauben bewahren. Er heiratete am 15. August 1863 Louisa Winifred, die Tochter von Winifred Whitehead aus Tottenham. 1868 predigte er erstmals in einer Quäkerversammlung, indem er den Vers 4.24 des Johannesevangeliums zitierte. Aus gesundheitlichen Gründen reiste er 1873 zusammen mit seiner Frau für ein Jahr nach Kanada. Nach dieser Reise ließ er sich als »Minister« (Prediger) von seiner lokalen Quäkerversammlung anerkennen und ließ sich zu einer weiteren Reise nach Kanada deputieren, diesmal im Auftrage der Quäker, um die dortigen Quäkergemeinden zu besuchen. Zusammen mit Stanley Pumphrey (1837-1881) gründete er erfolgreich eine Quäkerversammlung in Toronto. 1881 wurde Maurice vom London Yearly Meeting delegiert, missionarische Arbeiten in Dänemark und Norwegen durchzuführen, wozu er auch Quäker- und Friedenstraktate ins Dänische und Norwegische übersetzte. 1882 und 1886 besuchte er die deutschen Quäker in Minden. Im Zuge dieser Tätigkeiten wurde Maurice Mitglied des Continental Committee des Meeting for Sufferings, für das er eine ausgiebige Korrespondenz mit religiösen Personen in Syrien, Istanbul sowie Tasmanien pflegte. — Um 1895 änderte er seinen Namen von Morris (auch Morice) zu Maurice. Möglicherweise stand diese Änderung im Zusammenhang mit einer tieferen Sinnkrise: 1895 erkrankte er in Hammerfest und mußte in das dortige Hospital, wo er Freundschaft mit der Familie des Oberarztes schloß. Wider Erwarten gesundete er und konnte nach England zurückkehren. Bei einem zweiten Besuch bei dieser Familie in Aamot verstarb Maurice/Morris am 11. Juli 1908.

Lit. (Auswahl): Walter Morice. In: The Friend. A religious, literary, and miscellaneous journal, XLVIII, 29, 1908, 476; — Walter Morice. In: The Friend. A religious, literary, and miscellaneous journal, XLVIII, 31, 1908, 514; — Walter Morice. In: The Annual Monitor for 1909, being an obituary of members of the Society of Friends in Great Britain and Ireland, from October 1, 1907, to September, 30, 1908. London 1909, 90-93.

Claus Bernet

MAURITZ, Oscar, evangelischer Theologe, * 24.7. 1867 in Duisburg, † 6.2. 1958, Bremen.

— Oscar Mauritz entstammt dem weitverbreiteten niederrheinischen Geschlecht Mauritz. Sein Vater war Kaufmann, seine Mutter gehörte der Bremer Kaufmanns- und Seefahrerfamilie Jansen an. Oscar wächst mit seinen sechs jüngeren Geschwistern in einem kirchlich-konservativen Elternhaus auf. Nach dem Abitur am Gymnasium in Duisburg studiert er von 1886 bis 1889 Theologie in Bonn, Tübingen und Berlin. Unter seinen Lehrern Karl Budde (s.d.), Emil Kautzsch (s.d.), August Dillmann (s.d.), Bernhard Weiß (s.d.) und Julius Kaftan (s.d.) kommt M. zur liberalen Theologie, wird in die Methoden und Ergebnisse historisch-kritischer Exegese eingeführt und löst sich aus seiner konservativ-religiösen Familientradition. Nach dem ersten theologischen Examen 1889 in Koblenz ist er bis 1892 Hilfsprediger am Bremer Dom und legt auch das zweite theologische Examen in Koblenz ab. 1892 heiratet er die Bremer Kaufmannstochter Anna Schröder (1872-1947). Aus der Ehe stammen zwei Kinder. 1892 geht M. an die deutsche Gemeinde in Manchester, wo unter den damals etwa 500000 Einwohnern 4-5000 Deutsche leben und ihre eigene evangelische Kirche haben. Ab 1897 arbeitet er als einer von vier Predigern am Bremer Dom, von 1915 bis zu seiner Emeretierung 1946 als Pastor primarius. Durch seine lebhaften, frei gehaltenen Predigten begeistert er viele Gemeindemitglieder, andere schreckt er ab. M. verkörpert zusammen mit A. Kalthoff (s.d.) und F. Steudel (s.d.) den Bremer Radikalismus. Er stellt die philosophischen und literarischen Werke der Weltliteratur gleichwertig neben die Bibel, seinen Schreibtisch ziert eine Goethe-Büste. Im Mai 1900 beginnt M.s erster Kirchenkonflikt. Er gibt die trinitarische Taufformel aus Gewissensbedenken auf und benutzt die Formel: »ich taufe dich im Aufblick zu Gott dem All-Einen, in dem wir leben, weben und sind, welchen die christliche Kirche als Vater, Sohn und heil. Geist bekennt«. Der dadurch verursachte Bremer Taufstreit erregt Gemüter in ganz Deutschland. Das preußische Konsistorium interveniert beim Bremer Senat, droht sogar mit Handelsschwierigkeiten. Im Februar 1905 erklärt die Senatskommission für kirchliche Angelegenheiten, daß nur Taufen nach der trinitarischen Formel gültig seien, und löst damit die Diskussion darüber aus, ob man eine Taufe als ungültig erklären könne. Etwa die

Hälfte der 650 für ungültig erklärten Taufen wird wiederholt. 1906 kommt es zum zweiten Konflikt, als M., Kalthoff und Steudel dem im Januar vom Zoologen und Naturphilosophen E. Haeckel (s.d.) gegründeten Deutschen Monistenbund beitreten. Kalthoff übernimmt den Vorsitz und stirbt wenig später. M. und Steudel verlassen 1907 den Monistenbund auf Druck der Senatskommission für kirchliche Angelegenheiten »unter Wahrung ihres monistischen Standpunktes«. Während seiner weiteren Dienstzeit entwickelt M. eine weihevolle Religionsauffassung: »Religion ist Seelenfeier«. Besonders seinen Konfirmanden bleibt er in guter Erinnerung, sie bekommen bei den feierlichen Konfirmationsfeiern allgemeine Lebensregeln an Stelle von Bibelsprüchen. Seine Stellung zum Nationalsozialismus ist bisher nicht vollständig aufgearbeitet. M. wird nicht NSDAP-Mitglied. Im Juni 1938 legt er den für Geistliche und Kirchenbeamte der Bremischen Evangelischen Kirche seit dem 20.4. 1938, dem Geburtstag Adolf Hitlers, zu leistenden Treueeid ab. Unklar ist sein persönliches Verhältnis zum Domprediger Landesbischof Heinz Weidemann (1895-1976), der zunächst den Deutschen Christen nahesteht, die das Christentum mit der NS-Ideologie in Einklang bringen wollen. 1943 wird er in einer Ehescheidungssache wegen Anstiftung zum Meineid und anderer Vergehen zu 2 1/2 Jahren Zuchthaus verurteilt. M. empfängt Weidemann 1946 aus dem Gefängnis heraus bei sich zu Hause. Als man ihm deshalb Vorwürfe macht, erklärt er, er fühle sich verpflichtet, seinem früheren Kollegen seelisch beizustehen. Während des Krieges erscheinen M.s Predigten unpolitisch, sie betonen jedoch die Achtung vor dem Leben. Später spricht er sich mehrfach scharf gegen den Nationalsozialismus aus. Ende September 1946 wird er emeritiert. M. stirbt am 4.12. 1959 in Bremen. — M., von lebendiger Religiosität erfüllt, lehnt bibeltreues Christentum an. Er ist ein Verfechter der Geistesfreiheit im Sinne des klassischen Idealismus und der Welt Goethes.

Werke: Konfirmationsfeier im Dom am 17. März 1910. Bremen 1910; Konfirmationsfeier im Dom, Mittwoch, d. 25. März 1914. Bremen 1914; Konfirmation, d. 30. März 1917 im Dom. Bremen 1917; Konfirmationsrede gehalten am 17. März 1918 im Dom. Bremen 1918; Konfirmationsfeier im Dom am Sonntag, den 14. März 1926. Bremen 1926; Feier des 50jährigen Bestehens des »Roten Kreuzes« in Bremen am 10. Oktober 1926 im Dom zu Bremen. Bremen 1926; Konfirmations-Feier am 11. März 1935 im Dom zu Bremen. Bremen 1935; Konfirmations-Feier am 21. März 1938 im Dom zu Bremen. Bremen 1938; Konfirmations-Feier am 20. März 1939 im Dom zu Bremen. Bremen 1939.

Lit.: Dommer, Auguste: Predigten und Reden von Oscar Mauritz, nachgeschrieben. Handschrift. Bremen 1908/1909; — Pfalzgraf, E.: Einführungsrede des Pastor Oscar Mauritz und Antrittspredigt des Pastor Erich Pfalzgraf. Geh. im St. Petri Dom zu Bremen am 21. Febr. 1915. Bremen 1915; — Schwarzwälder, H.: Heinz Weidemann: Irrungen und Wirrungen eines »braunen Landesbischofs«. In: Berühmte Bremer, Bremen 1972, 245-294; — Dietsch, W.: Der Dom St. Petri zu Bremen, Geschichte und Kunst. Bremen 1978; — Schwebel, K. H.: Die Bremische Evangelische Kirche 1800-1918. In: Röpcke, A. (Hrsg.): Bremische Kirchengeschichte im 19. und 20. Jahrhundert. Bremen 1994, 75-176; — Bremische Biographie 1912-1916. Bremen 1996, 331-333 (M. Gerner-Beuerle); — Kalthoff, H.: Eine Jugend in Bremen und Hamburg 1926-1956. Bremen 2001, 15, 75; — Ulrich, P.: »Dominus providebit« - »Der Herr wird Vorsorge tragen« Die Predigerhäuser auf der Dominsel erzählen Bremer (Kirchen-)Geschichte. In: Gross, D. G. u. Ulrich P. (Hrsg.): Bremer Häuser erzählen Geschichte. 2. Bd. 2. Aufl. Bremen 2001, 31-42; — Schwarzwälder, H.: Das Große Bremen-Lexikon, Band 2. 2. Aufl. 2003, 575 f., 960; — Ulrich, P.: Der Domprediger Oscar Mauritz (1867-1958) - »Religion ist Seelenfeier«. In: Gross D. G. (Hrsg.): Pastoren in Bremen. Lebensbilder aus dem 19. und 20. Jahrhundert. [Bd. 2, Schriftenreihe der Stiftung Bremer Dom e.V.] Bremen 2007, 93-109.

Horst Kalthoff

MAY, Caroline, * 1.3. 1796 in Camberwell, † 22.5. 1885 in London. Quäkerin. — Caroline Hooper war die Tochter von Benjamin und Ann Hooper aus Camberwell und wurde dort 1796 als jüngstes von sieben Kindern geboren. Zwar besuchte sie von Kindheit an die Quäkerversammlung in der Gracechurch, doch es dauerte viele Jahre, bis sie auch innerlich vom Quäkertum überzeugt war und es nicht allein als eine Familientradition betrachtete. In Tottenham (London), wo sie später wohnte, wurde sie von der dortigen Quäkerversammlung als »Minister« (Predigerin) geführt. 1861 besuchte sie, gemeinsam mit ihrem Mann Edward May, die deutsche Quäkergemeinde in Minden. — Schon 1822 hatte sie Edward Curtis May (1796-1877), einen Chirurgen aus Tottenham, London geheiratet. Aus dieser Verbindung gingen sieben Kinder hervor: Lucy Ann (geb. 1825), Eliza (geb. 1826), Caroline (1828-1899), Sophia (1830-1897), Edward (geb. 1831), Anna Maria (geb. 1833) und Isabella (1835-1836). Als nach 55 Ehejahren ihr Mann verstarb, wurde sie von ihrer Tochter versorgt. Nach langer Krankheit verstarb sie 1885 in ihrem 89. Lebensjahr in London.

Lit. (Auswahl): Caroline May. In: The Annual Monitor for 1887. Or obituary of the members of the Society of Friends in Great Britain and Ireland, for the year 1886. London 1886, 140-148; — Gregg, Steven Eugene: Making American books. Competing poetics in national poetry anthologies, 1793-1848. Dissertation Washington 1997.

Claus Bernet

MAY, Edward Curtis, * 16.11. 1796 in Alton, Hampshire, † 7.2. 1877 in Tottenham (London). Arzt, Philanthrop, Quäker. — Edward C. May war der älteste Sohn von Samuel May (1772-1851) und von Ann (geb. Curtis, 1775-1847) aus Alton, Hampshire. Dort wurde er 1796 geboren. Um 1805 zogen er, seine Schwester Priscilla und die Eltern nach Ampthill (Bedshire). Er gab seinen langgehegten Wunsch eines Medizinstudiums auf und folgte den Weisungen seiner Eltern, eine Lehre in einem Textilgeschäft in Leighton Buzzard zu machen. Darüber wurde er schwer krank und konnte diese Art der Beschäftigung bald nicht mehr ausüben. Mit Zustimmung seiner Eltern wurde er im Alter von 18 Jahren Lehrjunge bei dem Chirurgen Robert Huntley in Faringdon. Bald wurde er zum Fellow des Royal College of Surgeons ernannt. Als religiöser Arzt begleitete er viele Patienten im Leid und im Sterben und war für seine verständnisvolle Art im Umgang mit Schwerkranken bekannt und beliebt. 1822 ließ er sich als Arzt in Tottenham (London) nieder und heiratete im gleichen Jahr am 7. August Caroline Hooper (1796-1885) aus Croydon, die Tochter von Benjamin und Ann Hooper. Sieben Kinder gingen aus dieser Verbindung hervor: Lucy Ann (geb. 1825), Eliza (geb. 1826), Caroline (geb. 1828), Sophia (1830-1897), Edward (geb. 1831), Anna Maria (geb. 1833) und Isabella (1835-1836). — Als Quäker gehörte Edward C. May dem kleinen Farington Meeting an, wo er oft der einzige anwesende männliche Besucher gewesen war. Zeitweise wollte er zu den Unitariern konvertieren, wurde jedoch durch die Quäkerin Elizabeth Dudley (1779-1849) in seinem Quäkertum bestärkt. Von Natur aus war Edward May Choleriker, der aber stets seine Umwelt zu begeistern wußte. Um 1835 begann er, in Quäkerversammlungen zu sprechen, wurde aber erst 1853 als »Minister« (Pre-

diger) anerkannt. Häufig sprach er in einfachen Worten von der Notwendigkeit, sein Herz zu ändern und sich unter die Leitung des Heiligen Geistes zu befehlen. 1861 besuchte er die deutschen Quäker in Minden. 1863 und 1864 hielt er gemeinsam mit William R. Dell (1804-1874) religiöse Versammlungen in Theatern und Schulen in London und Middlesex. Gleichzeitig nahm er an Andachtsversammlungen für Schichtarbeiter teil, die um Mitternacht gehalten wurden. Insbesondere in Tottenham hielt er Versammlungen, die in erster Linie für die Arbeiterklasse gedacht waren. Bekannt war er in der Öffentlichkeit auch als Gegner des Alkohols und der Vivisektion, was ihn besonders als Mediziner beschäftigte. — Edward C. May verstarb im 80. Lebensjahr Anfang Februar 1877, nachdem er zuvor mit seiner Frau seine Tochter und seinen Schwiegersohn Eliza Sims in Ipswich besucht hatte und dabei für Monate schwer erkrankte.

Werke: May, Edward Curtis: A brief account of William Bush, late carpenter on board the »Henry Freeling«, including his correspondence with Daniel Wheeler. London 1844. Dublin 1851[2].

Lit. (Auswahl): Edward C. May. In: The Annual Monitor for 1878. Or obituary of the members of the Society of Friends in Great Britain and Ireland, for the year 1877. London 1877, 96-104.

Claus Bernet

MEINARDUS, Otto Friedrich August, * 29.9. 1925 Hamburg, † 18.9. 2005 Ellerau. — Koptologe und Ostkirchenkundler. — Der am 29.9. 1925 als Sohn der Kaufleute Adolf und Bertha in Hamburg geborene M. stammte aus einer alten im nordoldenburgischen Butjagerland verwurzelten weitverzweigten lutherischen Familie (ursprünglich Meinhard oder Menardsen), die zahlreiche Gelehrte hervorgebracht hat. Zu ihr zählen unter anderen der Musikwissenschaftler Ludwig Meinardus (1827-1896), der Archivar Otto Meinardus (1854-1918), der nach Wisconsin ausgewanderte Musiker Emil Meinardus (1859-1942), der Geologe Wilhelm Siegfried Meinardus (1867-1952) und die Koblenzer Buchhändler. Nach dem Kriegsdienst beendete er 1945 an der altehrwürdigen Hamburger Gelehrtenschule, dem Johanneum, die Schulzeit mit dem Abitur und begann in Hamburg das Studium der Philosophie. Anschließend studierte er 1947-1949 am Richmond College in Surrey bei London, schließlich in St. Louis/Missouri am Concordia Seminary der Lutherischen Missouri-Synode Theologie. 1950 begann er nach seiner Ordination als Hilfprediger bei der New England Confession der Methodist Church in Neuseeland und als Vikar in Australien sein seelsorgerliches Wirken. 1952-1956 war er Pastor der Second Congregational Church im amerikanischen Peabody/Mass. und wechselte währenddessen 1954 zur lutherischen Kirche. In Boston wurde M. 1955 am King's College unter der Anleitung von Prof. Walter E. Mudder mit einer sozialethischen Dissertation über die Haltungen der Kirche zum Staat während des Kirchenkampfs in Deutschland (1933-1945) promoviert (vgl. Dissertation Abstracts 15/1955, 1454). Ein einjähriger Studienaufenthalt an der Harvard University in Cambridge/Mass. zum weiteren Studium schloß sich an. 1956 wechselte M., seit dem Herbst 1951 mit Elschen Doescher verheiratet und inzwischen Vater einer Tochter und eines Sohnes, nach Ägypten, wo der Nestor der Polarforschung Wilhelm M. bereits in den 30er Jahren Klimaforschungen unternommen hatte. Von 1956 bis 1968 lehrte er nun, ab 1958 als Assistant Professor, Theologie und Philosophie an der American University of Cairo (AUC), und diente gleichzeitig als Pfarrer der Maadi Community Church, einer evangelischen internationalen ökumenischen Gemeinde in Kairo. Weitere Forschungs- und Lehrtätigkeiten ergaben sich durch die Mitgliedschaft bei der der Société d'Archéologie Copte (1957), als Fellow am Institute of Coptic Studies (Mai 1959) und als Mitglied des Deutschen Archäologischen Instituts in Kairo (1964). Hierdurch erwarb sich M. in Ägypten exzellente Ortskenntnisse. Nach dem Scheitern der panarabischen Politik Gamal Abdel Nassers, die 1967 im 6-Tage-Krieg ihr Ende fand, wechselte M. nach Athen. Von 1968 bis 1975, also in der Zeit der von 1967-1974 währenden Militärregierung von Georgios Papadopoulos, unterrichtete M., nun zum Professor ernannt, hier an der American School of Classical Studies, blieb aber weiterhin auch der AUC in Kairo lehrend verbunden. Außerdem wirkte er nun in Athen als Pastor an der St. Andrews American Church. 1975 kehrte er nach Deutschland zurück, um nun als Pfarrer der Evangelischen Kirche im Rheinland zunächst in Koblenz-Karthause, dann ab 1981

in Stolberg bei Aachen zu dienen. Nach dem Tod seiner Frau 1984 zog M. nach Ellerau bei Hamburg. Von hier aus begann er als Reiseleiter vor allem der Biblischen Reisen seine umfangreichen Kenntnisse weiterzugeben. Außerdem wirkte er als Mitarbeiter der Nordelbischen Bibelgesellschaft. 1996 heiratete M. Eva Zimmermann und begann gleichzeitig 1996-2004 als Honorarprofessor in Hamburg am Institut für Missions-, Ökumene- und Religionswissenschaften des Fachbereichs Evangelische Theologie zu lehren. Nebenher beriet er den seit 1997 erscheinenden Religious News Service from the Arab World, seit 2003 Arab West Report. — Frucht seines bewegten Lebens und intensiven Reisens in den Ländern biblischer und frühchristlicher Geschichte sind zunächst die englisch verfaßten umfangreichen Werke über die Kopten in Jerusalem (1960), über Mönche und Klöster in den Wüsten Ägyptens (1961) und die beiden Bücher über das Christliche Ägypten (1964 bzw. 1970). In diesen Feldforschungen und Bibliotheksrecherchen folgte M. als Schüler den Spuren des zur griechisch-orthodoxen Kirche gewechselten Briten Prof. Oswald H. E. KHS Burmester (1897-1977). Mit großem Verständnis, viel Liebe und viel Respekt leistete M. mit seinen Veröffentlichungen einen wichtigen Beitrag dazu, die Kirche der Kopten weiter bekannt zu machen. Freunde gewann er unter den ägyptischen Mönche des Wadi Natroun, darunter den späteren Papst Schenouda (* 1923). Wie beispielsweise Friedrich Heyer (1908-2005) für die äthiopische oder Helga Anschütz (1928-2006) für die syrische oder Fairy von Lilienfeld (* 1917) für die russische Kirche gehörte der vielseitig interessierte M. zu den kommunikativen und abenteuerlustigen Pionieren unter den Konfessionskundlern. Außer der Koptischen Orthodoxen Kirche würdigte er auch weitere Altorientalischen Kirchen mit je einem guten Dutzend Aufsätzen: Die Äthiopier und die Armenier. Ab 1968 trat mit seinem Wechsel nach Griechenland der Raum des Wirkens von Paulus und Johannes in das Zentrum des Interesses. In der Folge verschob sich seine Publikationstätigkeit stärker hin zur Gattung moderner konfessionskundlicher Pilger- oder Reiseberichte, die für einen weiteren Leserkreis bestimmt waren. Fünf Bücher erschienen, Paulus in Griechenland (1972), Paulus in Ephesus und den Städten Galatiens und auf Zypern (1973), Johannes von Patmos und die Sieben Kirchen der Apokalypse (1974), Die letzte Reise des Paulus (1979), außerdem eine Darstellung über die Heiligen Griechenlands (1970). Ab 1975 erschienen, nun von Deutschland aus betrieben, Neuauflagen der Bücher über die Kopten, die Darstellung über die Wüstenväter des 20. Jahrhunderts (1983) und Reiseberichte in deutscher Sprache: »Die Reisen des Apostels Paulus nachvollzogen im 20. Jahrhundert.« (1981), »Die Heilige Woche in Jerusalem« (1988), »Auf Jesu Wegen im Heiligen Land« (1990). Sie sind Frucht und Vorwerk seiner engagierten Reiseführungen an den biblischen Stätten. Zahlreiche späte kleine Aufsätze für die Zeitschrift »Kemet« kreisten um Aspekte der gegenwärtigen koptischen Volksfrömmigkeit: Einerseits thematisieren sie christliche Kunst und Archäologie, andererseits mystische Phänomene. In einem dritten Durchgang widmete sich M. anläßlich des Millenniums des Christentums schließlich noch einmal seinem Lebensthema, den Kopten, und veröffentlichte aktualisierte Überarbeitungen seiner früheren Darstellungen. Als Trilogie erschien: »Two Thousand Years of Coptic Christianity«, »Coptic Saints and Pilgrimages« und sein opus postumum »Christians in Egypt«.

Bibliographie: Christian Weise, Bibliographie Otto Meinardus. Kemet Sonderheft. Berlin 1995.

Selbständige Veröffentlichungen: A typology of church attitudes towards the State with special reference to the German church controversy, 1933-1945. Boston Diss. PhD 1955; The Copts in Jerusalem. Cairo 1960; Monks and Monasteries of the Egyptian Desert. Cairo 1961; ²1989; Holy Land Pilgrimage. Cairo 1962; The Significance of Sinai. Beirut 1963; In the Steps of the Holy Family from Bethlehem to Upper Egypt. Cairo 1963; ᴺ1986 = The Holy Family in Egypt. Cairo 1986 = Auf den Spuren der Heiligen Familie von Bethlehem nach Oberägypten. Erzählungen und Erlebnisse aus dem Morgenland. Koblenz 1978; Christian Egypt - Ancient and Modern. Cairo 1964; ᴺ1977; Cradles of Faith. Jerusalem, Sinai. Cairo 1966; Factors in Religious Dialogue in the Middle East. Istanbul 1968; Christian Egypt - Faith and Life. Cairo 1970; The Saints of Greece. Athen 1970; St. Paul in Greece. Athen 1972; ²1974; ³1977; ⁴1984. ᴺNew Rochelle 1979 = Paulus in Griechenland. Athen 1978 = Saint Paul en Grèce. Athen 1989; St. Paul in Ephesus and the cities of Galicia and Cyprus. Athen 1973; ᴺ1979; The Greeks of Thyatira. Athen 1974; St. John of Patmos and the Seven Churches of the Apocalypse. Athen 1974; ᴺNew Rochelle 1979 = Johannes von Patmos und die Sieben Gemeinden der Offenbarung. Würzburg 1993; Paulus in Griechenland. Athen 1978; Auf den Spuren der Heiligen Familie

von Bethlehem nach Oberägypten. Erzählungen und Erlebnisse aus dem Morgenland. Koblenz 1978; St. Paul's last Journey. New Rochelle 1979; Die Reisen des Apostels Paulus nachvollzogen im 20. Jahrhundert. Regensburg 1981; Die Wüstenväter des 20. Jahrhunderts. Würzburg 1983; Die Heilige Woche in Jerusalem - Tagebuch eines Reiseleiters. Würzburg 1988; Die heilige Familie in Ägypten. Kairo 1988 [vgl. 1963 u.1978]; Auf Jesu Wegen im Heiligen Land - Galiläisches Tagebuch. Würzburg 1990; Johannes von Patmos und die Sieben Gemeinden der Offenbarung. Würzburg 1993; Laßt uns geh'n nach Bethlehem. Notizen eines Reiseleiters. Würzburg 1995; The Historic Coptic Churches of Cairo. Cairo 1994; Das heilige Land. Auf den Spuren Marias von Nazareth. Frankfurt/M. 1998; Patriarchen unter Nasser und Sadat. Hamburg 1998 (Mitteilungen des Deutschen Orient-Instituts 55); Two Thousand Years of Coptic Christianity. Cairo 1999; 2002; Coptic Saints and Pilgrimages. Cairo 2002; ²2003; Christians in Egypt. Orthodox, Catholic and Protestant Confessions in past and present. Cairo 2006.

Aufsätze: »Drawn to a desert«, in: News Bulletin of the Near Eastern Christian Council 1/1959, 2-6; The Monastery of St. Paul in the Eastern Desert, in: Bulletin de la Société de Geographie d'Égypte 34 (1961) 81-109. Abb.; Successor of St.Mark, in: Near East Christian Council News 79,4 (1961) 3-8; The Shrine of Sitt Dimiâna, in: Nour al-Hayat 8,1-3 (1961) 19-23; Atlas of Christian Sites in Egypt. Kairo 1962; The Coptic Monuments in the Nile Valley between Sôhâg and Aswân, in: Bulletin de la Société de Geographie d'Égypte 35 (1962) 177-215. 1 K., 4 Abb.; The Itinerary of the Holy Family in Egypt, in: Studia Orientalia Christiana Aegyptiaca Collectanea 7 (1962) 5-44; A study on the Canon Law of the Coptic Church, in: Bulletin de la Société d'Archéologie Copte 16 (1961/62) 231-242. Abb.; Protestants: Tourists or Pilgrims?, in: Near East Christian Council News 80,4 (April 1962) 3-6; The Ceremony on the Holy Fire in the Middle Ages and to-day, in: Bulletin de la Société d'Archéologie Copte 16 (1961/62) 243-252; A Brief History of the Abbunate of Ethiopia, in: Wiener Zeitschrift für die Kunde des Morgenlandes 58 (1962) 39-65; A Brief Introduction to the History and Theology of the Coptic Church, in: St.Vladimirs Theological Quarterly 6 (1962) 139-155; Ethiopian Monks in Egypt: Publications de l'Institut d'Études Orientales de la Bibliothèque Patriarchale d'Alexandrie 11 (1962) 61-70; In Christ East and West Shall Meet, in: The Witness, Episcopal Weekley 40,39 (1962); The Emergence of the Layman's Movement in the Coptic Church: The Maglis al-Melli, in: Publications de l'Institut d'Études Orientales de la Bibliothèque Patriarchale d'Alexandrie 12 (1963) 75-82; Noch immer ist die Koptische Kunst lebendig, in: Die Welt 2.8.1963; The Holy Sepulcre - Views Through the Ages, in: The Arab World 9 (1963) 8-10; The Syrian Jakobites in the Holy City, in: Orientalia Suecana 12 (1963) 60-82; The Attitudes of the Orthodox Copts towards the Islamic State from the 7th to the 12th Century, in: Ostkirchliche Studien 13 (1964) 153-170; The Museum of the Dair As-Suriân also known as the Monastery of the Holy Virgin and St. John Kame, in: Bulletin de la Société d'Archéologie Copte 17 (1964) 225-234. Abb.; Das Brot bei den Kopten, in: Brot und Gebäck 18,10 (1964) 210-211; Out of Egypt Have I Called My Son, in: Near East Christian Council News 80,12

(1964) 21-24; Desert Fathers of the Twentieth Century, in: Cowley Quarterly 35,2 (1964) 36-40; Ancient and Modern Churches of Alexandria, in: Oriens Christianus 48 (1964) 163-179; A Comparative Study on the Sources of the Synaxarium of the Coptic Church, in: Bulletin de la Société d'-Archéologie Copte 17 (1964) 111-156; Le Symposium de l'Art Copte à Essen, in: Bulletin de la Société d'Archéologie Copte 17 (12963/64) 180-181; The Zequala, the Holy Mountain of Ethiopia, in: Orientalia Suecana 13 (1964) 34-47; Some observations of Ethiopian Rituals by Medieval Pilgrims, in: Publications de l'Institut d'Études Orientales de la Bibliothèque Patriarchale d'Alexandrie 13 (1964) 129-136; Christmas Eve in Jerusalem, in: Near East Christian Council News 80,12 (1964) 3-6; Recent Developments in Egyptian Monasticism (1960-1964), in: Oriens Christianus 49 (1965) 79-89; Damrûâ (Gharbiyah). Past and Present, in: Bulletin de la Société de Geographie d'Égypte 38 (1965) 195-199, 1 Abb.; Notes on the Laurae and Monasteries of the Wilderness of Judaea, in: Liber Annuus 15 (1964/65) 220-250. 14 Abb.; Illuminata of XIIIth and XIVth Century Coptic Manuscripts of the Monastery of St.Macarius in Scetis, in: Studia Orientalia Christiana Aegyptiaca Collectanea 10 (1965) 495-508; Ägypten und die Kopten, in: Afrika Heute 1/1965, 3-5; The Ethiopians in Jerusalem, in: Zeitschrift für Kirchengeschichte 76 (1965) 112-147; 217-232; Ecclesiastica Aethiopica in Aegypto, in: Journal of Ethiopian Studies 3,1 (1965) 23-35; Ein portugiesischer Altar in Bahar Dar Georgis, in: Annales d'Éthiopie 6 (1965) 281-284; Notizen über das eustathische Kloster Debra Bizen, in: Annales d'Éthiopie 6 (1965) 285-291; Peter Heyling: History and Legend, in: Ostkirchliche Studien 14 (1965) 303-326; Mystical Phenomens among the Copts, in: Ostkirchliche Studien 15 (1966) 143-153; 189-207; The Hermits of Wâdî Rayân, in: Studia Orientalia Christiana Aegyptiaca Collectanea 11 (1966) 293-317. 8 Abb. 1 K.; Singar, an Historical and Geographical Study, in: Bulletin de la Société d'Archéologie Copte 18 (1966) 175-179; The Medieval Graffiti in the Monasteries of SS. Antony and Paul, in: Studia Orientalia Christiana Aegyptiaca Collectanea 11 (1966) 513-528; Some Notes Concerning the 20th Century Monastic Aggiornamento, in: Visioni Attuali. Montserrat 1966, 207-210; Notes on Teremuthis - Tarrâna, in: Bulletin de la Société de Geographie d'Égypte 39 (1966) 161-176, 4 Taf.; Patriarchal Cells in the Nile Delta, in: Orientalia Suecana 14-15 (1965/66) 51-61, 3 Abb.; A Commentary on the XIV Vision of Daniel - According to the Coptic Version, in: Orientalia Christiana Periodica 32 (1966) 394-449; A Synopsis of the Symposium of Coptic Art at the Villa Hügel, Essen, in 1963, in: Bulletin de la Société d'Archéologie Copte 18 (1965/66) 227-250; Dair Abû Antûnîûs, in: Bulletin de la Société d'Archéologie Copte 18 (1965/66) 252-263; Dair Abû Hinnîs, in: Bulletin de la Société d'Archéologie Copte 18 (1965/66) 264-266; The Benaki Museum, Athens, in: Bulletin de la Société d'Archéologie Copte 18 (1965/66) 266-273; The Byzantine Museum, Athens, in: Bulletin de la Société d'Archéologie Copte 18 (1965/66) 273-276; The Museo Etiopico in Frascati, in: Bulletin de la Société d'Archéologie Copte 18 (1965/66) 276-278; The Istituto Italiano per l'Africa, Museo Africano, in: Bulletin de la Société d'Archéologie Copte 18 (1965/66) 278-282; The Ethnological Museum, Hamburg, in: Bulletin de la Société d'Archéo-

logie Copte 18 (1965/66) 282-286; The Church of Ethiopia in the Light of Philatelec Motives, in: Bulletin de la Société d'Archéologie Copte 18 (1965/66) 147-174; Fruchtbarkeitsidole der abessinischen Juden, in: Zeitschrift für Ethnologie 91 (1966) 127-130; The Byzantine Church of St.Andrew in Jericho, in: Bulletin de la Société d'Archéologie Copte 18 (1965/66) 181-196; Anachorètes modernes en Palestine, in: Revue Biblique 73 (1966) 119-127; Notes on the Laurae and Monasteries of the Wilderness of Judaea, in: Liber Annuus 16 (1965/66) 328-356. 6 Abb.; Wall Paintings in the Monastic Churches of Judea, in: Oriens Christianus 50 (1966) 46-55; In Christ the Twain Shall Meet, in: Rockefeller Chapel Services (Hrsg. Snucker). Chicago 1966, 222-226; The Theological Issues of Contraception in the Coptic Church, in: Orientalia Suecana 16 (1967) 57-84; The Coptic Church and Africans Missions, in: Oriens Christianus 51 (1967) 97-100; The Nestorians in Egypt. A Note on the Nestorians in Jerusalem, in: Oriens Christianus 51 (1967) 112-122; 123-129; Election Procedures for the Patriarch Throne of Alexandria, in: Ostkirchliche Studien 16 (1967) 132-149; 304-324; Mythological, Historical and Sociological Aspects of the Practice of Female Circumcision among the Egyptians, in: Annales d'Éthiopie 16 (1967) 387-397; The Laura of Naqlûn, in: Bulletin de la Société de Geographie d'Égypte 40 (1967) 173-185, 4 Taf.; Auch Strabo hörte Menons Klage, in: Merian-Hefte (Dezember 1967) 90-94; Greek Proskynetaries of Jerusalem in Coptic Churches in Egypt, in: Studia Orientalia Christiana Aegyptiaca Collectanea 12 (1967) 310-333. Taf. ; Christian Kingdoms of Nubia, in: Nubie par divers archéologues et historiens. Kairo 1967 (Cahiers d'histoire égyptienne 10) 133-164; Der Heilige Krieg der Kopten, in: Sonntagsblatt 20,33 (13.8.1967) 5; Nassers ergebene Christen: Christ und Welt 20,30 (28.7.1967) 10; Der Papst von Afrika, in: Digest des Ostens 10 (1967) 33-38; Die Eremiten im Wâdî Rayân, in: Christ und Welt 20,40 (6.10.1967) 15; Ein Tag am Grabe unseres Herrn zu Jerusalem, in: Der Christliche Osten 22 (1967) 132-141; 144-145; Ein Tag am Heiligen Grab, in: Im Lande der Bibel 13,1 (1967) 2-5; Kommentar zu Jerusalem, in: Lutherische Monatshefte 6 (1967) 313; Internationalisierung Jerusalems, in: epd 19 (1967) III; Wo Moses die Gesetzestafeln empfing, in: epd 31 (1967); Pèlerinage au Mont Sinai, in: La Terre Sainte 11/1967 244-250; Les Protestants sont-ils Pèlerins?, in: La Terre Sainte 3/1967 59-61 (vgl. 1962); Daîr Abû Lîfâ revisited, in: Bulletin de la Société d'Archéologie Copte 19 (1967/68) 177-180; Bedouin Ausâum in the Form of the Crux Ansata, in: Orientalia Suecana 17 (1968) 103-106; An Inventory of Relics of Saints in the Coptic Churches of Egypt, in: Ostkirchliche Studien 17 (1968) 134-173; The Collection of Coptica in the Monastery of Saint Macarius, in: Bulletin de la Société d'Archéologie Copte 19 (1967/68) 235-248; Les saintes Écritures dans l'Église Copte, in: Bible et Vie Chrétienne 82 (1968) 74-86; The XVIIIth Century Wall Painting in the Church of St.Paul the Theban, Dair Anbâ Bûlâ, in: Bulletin de la Société d'Archéologie Copte 19 /1967/68) 181-197. 13 Taf.; New Evidence on the XIVth Vision of Daniel from the History of the Patriarchs of the Egyptian Church, in: Orientalia Christiana Periodica 34 (1968) 281-309; The Ethical Issue of the Hymenorophy, in: Annales d'Éthiopie 17 (1968) 369-373; The Twenty-four Elders of the Apocalypse in the Iconography of the Coptic

Church, in: Studia Orientalia Christiana Aegyptiaca Collectanea 13 (1968/69) 141-158; The Upper Egyptian Practice of the Making of Eunuchs in the XVIIIth and XIXth Century, in: Zeitschrift für Ethnologie 94 (1969) 47-58; The Coptic Church in Egypt, in: Arthur J.Arberry (Hrsg.), Religion in the Middle East. Bd. 1. Cambridge 1969 = 1976 = 1984, 423-453; The XVIth Century Fresco of the ΔΕΥ–ΤΕΡΑ ΠΑΡΟΥΣΕΙΑ at Sinai, in: Oriens Christianus 53 (1969) 212-220; Historical Notes on the Laura of Mar Saba, in: Eastern Churches Review 2 (1968/69) 392-401. Abb.; Notes on the Laurae and Monasteries of the Wilderness of Judaea, in: Liber Annuus 19 (1969) 205-327. 8 Abb.; Mediaeval Graffito in the Church of St.Salomonis in Paphos Cyprus, in: Deltion tēs christianikēs archaiologikes hetairias 5 (1969) 105-110; Peter Heyling in the Light of Catholic Historiography, in: Ostkirchliche Studien 18 (1969) 16-22; Critical Study on the Cult of Sitt Dimiana and her Forty Virgins, in: Orientalia Suecana 18 (1969/70) 45-68. Abb.; Relics in the Churches and Monasteries of Cyprus, in: Ostkirchliche Studien 19 (1970) 19-43; Some lesser Known Wall-Paintings in the Red Monastery at Sohâg, in: Bulletin de la Société d'Archéologie Copte 20 (1969/70) 111-118; The Mediaeval Wall-Paintings in the Coptic Churches of Old-Cairo, in: Bulletin de la Société d'Archéologie Copte 20 (1969/70) 119-142; The Coptica at the Monastery of the Holy Virgin (Dair al-Muharraq), in: Bulletin de la Société d'Archéologie Copte 20 (1969/70) 239-245; An Examination of the Traditions pertaining to the Relics of St.Mark, in: Orientalia Christiana Periodica 36 (1970) 348-376; A Study of the Relics of Saints of the Greek Orthodox Church, in: Oriens Christianus 54 (1970) 130-278; Notes on Some Non-Byzantine Monasteries and Christians in the East, in: Eastern Churches Review 3 (1970) 50-58; 163-170; The Panagia of Soumela: Tradition and History, in: Orientalia Suecana 19/20 (1970/71) 63-80; The Place of the Anapeson of Soumela in Byzantine Art, in: Oriens Christianus 55 (1971) 195-203; A Coptic anargyros, in: St.Colluthus: Studia Orientalia Christiana Aegyptiaca Collectanea 14 (1970/71) 365-375; The Iconography of Astasi al-Rumi, in: Studia Orientalia Christiana Aegyptiaca Collectanea 14 (1970/71) 377-397; Some Theological and Sociological Aspects of the Coptic Mulid, in: Bulletin de l'Institut Égyptien/d'Égypte 44 (1971) 7-25; Iconographical Variations of the Ρόδον τό ἀμάραντον, in: Studia Orientalia Christiana Aegyptiaca Collectanea 14 (1970/71) 399-412; A Typological Analysis of Traditions pertaining to miraculous Icons, in: Ernst Chr.Suttner/Coelestin Patock (Hrsgg.), Wegzeichen. FS H.M.Biedermann. Würzburg 1971 (ÖC 25) 201-232; The Last Judgement in the Armenian Churches of New Julfa, in: Oriens Christianus 55 (1971) 182-194; A Critical Examination of Collective Halluzinations after the Six Day's War, in: Ethnomedicine 1 (1971) 191-208; Medieval Navigation According to Akidographemata in Byzantine Churches and Monasteries, in: Deltion tēs christianikēs archaiologikēs hetairias 6 (1970/71) 29-52. Taf 15-18; Ein Schiff-Graffito im Kölner Dom, in: Kölner Dom-Blatt 33/34 (1971) 239-242; Tatoo and Name. A Study on the Marks of Identification of the Egyptian Christians, in: Wiener Zeitschrift für die Kunde des Morgenlandes 63 (1972) 27-39; A Note on some Maronite Monasteries in the Wâdî Qadisha, in: Orientalia Suecana 21 (1972) 9-25; The Martyria of Saints. The Wall-Pain-

ting of the Church of St. Antonius in the Eastern Desert, in: S.A.Hanna (Hrsg.), Medieval and Middle East Studies in honour of S.A.Atiya. Leiden 1972, 311-343; An Athenian Tradition: St. Paul's Refuge in the Wild, in: Ostkirchliche Studien 21 (1972) 181-186; Interpretation of the Wall-Paintings of the Siege of Constantinople in the Bucovina, in: Oriens Christianus 56 (1972) 169-183; Popen und Politik zur Situation der orthodoxen Ostkirchen nach dem Tode des Patriarchen Athenagoras, in: Die Welt 26,159 (12.7.1972) 21; The Episkepsis of Dair al-Abiad, in: Studia Orientalia Christiana Aegyptiaca Collectanea 15 (1972/73) 99-106; St. Merkurius Abu's-saifain, in: Studia Orientalia Christiana Aegyptiaca Collectanea 15 (1972/73) 107-120; St. Barbara in the Coptic Cult, in: Studia Orientalia Christiana Aegyptiaca Collectanea 15 (1972/73) 121-132; The Equestrian Deliverer in Eastern Iconography, in: Oriens Christianus 57 (1973) 142-155; The Wall Paintings in the Crypt of St. Mark in Cairo, in: Eastern Churches Review 5 (1973) 57-60; A Note on the Armenians on the Island of Chios, in: Handes Amsoreaj 87 (1973) 477-480; The Panagia of Orchomenos: A Votive Icon of the Second World War, in: Oriens Christianus 57 (1973) 156-161; Testimonies to the Economic Vitality of Balat, the Medieval Miletus, in: Belleten 37 (1973) 289-304; The Beardless Patriarch: St. Germanos, in: Makedonika 13 (1973) 178-186; The Alleged Advertisment for the Ephesian Lupanar, in: Wiener Studien 86 (1973) 244-248. 4 Abb.; Cretan Traditions about St. Pauls Mission to the Island, in: Ostkirchliche Studien 22 (1973) 172-183; Colossus, Colossae, Colossi: Confusio Colossaea, in: Biblical Archeologist 36 (1973) 33-36; A Russian Iconographical Kalendar at Sinai, in: Liber Annuus 23 (1973) 242-260; Melitta Illyrica of Africa. An Examination of the Site of St.Pauls Shipwreck, in: Ostkirchliche Studien 23 (1974) 21-36; The Iconography of the Eucharistic Christ in the Armenian Churches of New Julfa, in: Oriens Christianus 58 (1974) 132-137. 5 Abb.; Fertility and Healing Survivals in Athen: Haghia Marina, in: Zeitschrift für Ethnologie 99 (1974) 270-276; The Christian Remains of the Seven Churches of the Apocalypse, in: Biblical Archeologist 37,3 (1974) 69-82; The Semi-Domes of the Red Monastery at Sohâg, in: Bulletin de la Société d'Archéologie Copte 22 (1974/75) 79-86; The Byzantinica of Scetis, in: Bulletin de la Société d'Archéologie Copte 22 (1974/75) 177-184; Coptic Pilgrimage Testimonies, in: Orientalia Suecana 23/24 (1974/75) 3-6; An Athenian Tale, in: The Athenian (April 1975) 36-37; The Hill of the Nymphs, in: The Athenian (Juli 1975) 22-23; A nautical Graffito outside the Chapel of the Franks, in: Liber Annuus 25 (1975) 85-89; Notes on the Working Churches of Moskow, in: Oriens Christianus 59 (1975) 147-158. Abb.; Sendbote nach Äthiopien: Peter Heyling, in: Bis zu des Erdballs letztem Inselriff. Darmstadt 1975, in: Ostkirchliche Studien 24 (1975) 47-60; Zur Mumifizierung von Fliederbartwelsen, in: Armant 14 (1976) 3-10; Zwei Moskauer Wandmalereien: Die Belagerung von Konstantinopel, in: Oriens Christianus 60 (1976) 113-121; Zwei Gottesmutter-Kalender-Ikonen der Staroobrjadtsy, in: Oriens Christianus 60 (1976) 122-130. 2 Taf. = Mariadevotieplaatjes bij de russische Oudgelovigen, in: Pokrof 23,6 (1976) 113-121; A Vladimirskaja with Ge'ez Text, in: Annales d'Éthiopie 10 (1976) 211-214; Das Sudarium Jesu Christi in der Ikonographie der armenischen Kirchen von Neu Julfa bei Isfahan, in: Revue d'études arméniennes 11 (1975/76) 423-428; Some Ethiopian Traditions of St. Luke as Painter, in: Abba Salama 7 (1976) 243-252; Aethiopica im Pauluskloster?, in: Armant 14 (1976) 49-52; St. Pauls Shipwrecked in Dalmatia, in: Biblical Archeologist 39 (1976) 145-147; The Hexagram or the Magen David in Byzantine Art, in: Deltion tes christianikes archaiologikes hetairias 8 (1975/76) 97-100. 2 Tafeln; The Macedonian »Anapeson« as Model for the Flemish »Nascendo Morimur«, in: Makedonika 16 (1976) 205-214; Zur monastischen Erneuerung in der koptischen Kirche, in: Oriens Christianus 61 (1977) 59-70; The Χειροτονία among the Copts - A Necessary Evil?, in: Ekklesiastikos Pharos 59 (1977) 437-449; Zur Identifizierung Ägyptischer Vogelmumien, in: Armant 15 (1977) 3-17; The Use of the Tonsura and Razura by the Armenian Clergy during the Safawid Dynasty, in: Revue d'études arméniennes 12 (1977) 365-370; Nilometer Readings According to a 13th Century Coptic Source, in: Oriens Christianus 62 (1978) 169-195; An Examination of the Traditions of the Theban Legion, in: Bulletin de la Société d'Archéologie Copte 23 (1976/78) 5-32; O. H. E. KHS Burmester, 1897-1977, in: Bulletin de la Société d'Archéologie Copte 23 (1976/78) 309-310; Der Segensgestus Christi im koptischen Altarziborium, in: Archiv für Liturgiewissenschaft 19 (1978) 106-113; About St. Michael's Discos: Προσφορα or Μηλι Σφαιφα, in: Abba Salama 9 (1978) 100-103; Puns as explanations for Therapeutical Functions of Greek Saints, in: Ekklesiastikos Pharos 60 (1978) 89-97; A Judeo-Byzantine 14th Vision of Daniel in the light of a coptic Apocalypse, in: Ekklesiastikos Pharos 60 (1978) 645-661; Der Erzengel Michael als Psychopompos, in: Oriens Christianus 62 (1978) 166-168; Pauls missionary journey to spain. tradition and folklore, in: Biblical Archeologist 41 (1978) 61-63; The Christmas of 1673 (Antiparos), in: The Athenian (Dezember 1978) 20-22; The Last Days of a Pillar Cult, in: The Athenian (April 1978) 28-30; Der Kelter-Christus zu St.Goar, in: Monatshefte für evangelische Kirchengeschichte des Rheinlandes 27 (1978) 159-164; The Relics of St.John the Baptist and the Prophet Elisha. An Examination of the Claims of the Recent Invention in Egypt, in: L.Mac Coul (Hrsg.), Coptic Studies presented to M.B.Ghali. Kairo 1979, 26-63 = Ostkirchliche Studien 29 (1980) 118-142; The Jews in »The History of the Egyptian Patriarchs«, in: Abba Salama 10 (1979) 212-226; Zur Ikonographie des Jüngsten Gerichts in der armenischen Kathedrale des Heiligen Jakobus in Jerusalem, in: Revue d'études arméniennes 13 (1978/79) 235-241; Die flämischen Vorlagen des armenischen Kelter-Christus, in: Revue d'études arméniennes 13 (1978/79) 243-249; Eine neuzeitliche Kultübertragung im Mittelrheingebiet. Aus Armeniern wurden Thebäer, in: Monatshefte für evangelische Kirchengeschichte des Rheinlandes 228 (1979) 183-199; Der 25. Jahrestag der Auffindung des Gottesmutter-Gürtels in Homs, Syrien, in: Oriens Christianus 63 (1979) 61-74; Dalmatian and Catalonian Traditions about St.Pauls Journeys, in: Ekklesiastikos Pharos 61 (1979) 221-230; Ein Tag am Heiligen Grab, in: Rhein-Zeitung 34,83 (7.4.1979); Über Knochen und Reliquien. Der Heilige Beatus, in: Rhein-Zeitung 34,283 (6.12.1979); Eine koptische Darstellung des Sündenfalls, in: Orientalia Suecana 29 (1980) 27-31; St. Michaels Miracle of Khonae and its Geographical Setting, in: Ekklesia kai Theologia. Church and

Theology 1 (1980) 459-469; Koptische Darstellungen des Grabtuches Christi in Sohâq/Akhmîm, in: Die Kopten 1. Hamburg 1980, 62-76; Eine koptische Katabasis-Ikone, in: Die Kopten I. Hamburg 1980, 77-89; A Stone-Cult in the Armenian Quarter in Jerusalem, in: Revue d'études arméniennes 14 (1980) 367-375; Wortspiele als Entstehungsfaktor der therapeutischen Funktionen einiger griechischer Heiligen, in: Oriens Christianus 64 (1980) 216-222; Die Höhle von Antiparos aus der Sicht der Reisenden des 17.-1. Jahrhunderts, in: Die Höhle. Zeitschrift für Karst- und Höhlenkunde 31,1 (1980) 1-11; Via Dolorosa: Die Eckensteher Straße, in: Rhein-Zeitung 35,50 (28.2.1980) = Stolberger Nachrichten 82 (8.4.1982); St. Beatus. Alte Überlieferung neu bestätigt, in: Paulinus 106,30 (27.7.1980) 17; Illuminierte Initiale in der koptischen Buchmalerei des 20. Jahrhunderts, in: Studia Orientalia Christiana Aegyptiaca Collectanea 16 (1981) 181-190; The Four Evangelists in the 18th century popular Coptic Art, in: Studia Orientalia Christiana Aegyptiaca Collectanea 16 (1981) 191-197; Die Nischen-Fresken im Roten Kloster bei Sohâg, in: Oriens Christianus 65 (1981) 148-162; The Site of the Apostle Paul's Conversion at Kaukab, in: Biblical Archeologist 44,1 (1981) 57-59. 3 Abb.; In Memoriam einer therapeutischen Kionolatrie in Athen, in: Zeitschrift für Ethnologie 106 (1981) 261-268; Stille Zeugen. In Beirut erzählen Plakate die Geschichte der Stadt, in: Deutsches Allgemeines Sonntagsblatt 35,42 (17.10.1982) 7; Das Österliche Jerusalem, in: Berliner Sonntagsblatt 13 (4.4.1982) = Stolberger Nachrichten 82 (10.4.1982); Die Krise der koptischen Kirche: Eine Herde ohne Hirten, in: Ostkirchliche Studien 32 (1983) 326-332; St. Mark the Evangelist - Apostle of Egypt, in: Ekklesia kai Theologia. Church and Theology 4 (1983) 73-115; Eine volkstümliche Yunus Emre Kultstätte, in: Orientalia Suecana 31/32 (1982/83) 117-122; The Armenian Jerusalem Proskynitarion at St. James in Jerusalem, in: Revue d'études arméniennes 17 (1983) 457-462; Die kreuzförmige Taufpiscine der Hekatontapyliane auf Paros, in: Ostkirchliche Studien 32 (1983) 36-44; Ein oberägyptisches Altarziborium, in: Dieter Ahrens (Hrsg.), Θίασος τῶν Μουσῶν. Studien zu Antike und Christentum. FS Josef Fink. Köln 1984 (Beiheft Archiv für Kulturgeschichte 20) 159-164; Ein Unterägyptisches Patrozinium am Mittelrhein: St. Menas, in: Dieter Ahrens (Hrsg.), Θίασος τῶν Μουσῶν. Studien zu Antike und Christentum. FS Josef Fink. Köln 1984 (Beiheft Archiv für Kulturgeschichte 20) 165-173; Das »Pilatus-Urteil« von Nor Julfa, in: Revue d'études arméniennes 18 (1984) 551-557; Sitt Rifqah and Five Children, in: George Dion. Dragas (Hrsg.), Aksum - Thyateira. FS Erzbischof Methodios (Phougas). London 1985, 475-477. Abb.; The Apocalyptic Elders in the Holy Sepulcre, in: Studia Orientalia Christiana Aegyptiaca Collectanea 18 (1985) 175-181, 4 Abb.; Bir al-'Ain. Eine volkstümliche Kultstätte bei Akhmîm, in: Ostkirchliche Studien 34 (1985) 183-186, Abb.; Der Papst am Nil, in: Weltmission 65,6 (1985) 18-20; Kyrillus IV als Christus-Modell, in: Göttinger Miszellen 84 (1985) 41-50; An inquiry: The coptic iconography of hell, in: Ekklesia kai Theologia. Church and Theology 6 (1985) 713-721; Das armenische Schmerzenskind, in: Revue d'études arméniennes 19 (1985) 325-331; Der »gebärende Adam« oder die »Erschaffung Evas« in der Bibelillustration, in: Auskunft. Mitteilungsblatt Hamburger Bibliotheken 4 (1985) 296-312;

Ein Graffito in Kerak: Wasm oder Karacke?, in: Liber Annuus 35 (1985) 435-439; Eine nestorianische Klosteranlage auf der Insel Kharg, in: Ostkirchliche Studien 35 (1986) 37-40; Das christliche Zeugnis in Qimn al-'Arûs, in: Ostkirchliche Studien 35 (1986) 180-182 = The Christian Remains of Qimn al-'Arûs, in: Coptologia 7 (1986) 99-102; Zur monastischen Erneuerung in der koptischen Kirche. 1985, in: Der Christliche Osten 41 (1986) 210-217 = De monastieke renaissance in de koptische kerk, in: Het Christelijk Oosten 37 (1985) 149-160 = Bemerkungen zur monastischen Renaissance in der koptischen Kirche, in: Cistercienser-Chronik 94 (1987) 24-32 = Notes on the Revival of the Upper Egyptian Monasteries, in: Coptologia 8 (1987) 67-76 = The Renaissance of Coptic Monasteries, in: Ekklesia kai Theologia. Church and Theology 7 (1987) 717-721 = The Renaissance of Coptic Monasteries in Modern Egypt, in: Albrecht Wezler/Ernst Hammerschmidt (Hrsgg.), Proceedings of the XXXII International congress for Asian and North African Studies. Zeitschrift der Deutschen Morgenländischen Gesellschaft.S 9. Stuttgart 1992, 467-470 [gekürzt]; A Note on the Apparation of the Holy Virgin in the Spring of 1986 in Cairo, in: Ostkirchliche Studien 35 (1986) 337-339; A Note on Apa Klôgof al-Fant, in: Coptologia 7 (1986) 38-43; The Coptic Orthodox Hierarchy in 1986, in: Internationale Kirchliche Zeitschrift 76 (1986) 249-256 = Coptologia 7 (1986) 113-122; Die Kaisersöhne der sketischen Wüste, in: Oriens Christianus 70 (1986) 181-187; Spanish Parallels to an Armenian Eucharistic Theme: Christ in the Vine, in: Dickran Kouymijan (Hrsg.), Armenian Studies in Memory of Haig Berberian. Lissabon 1986, 547-555; Eine volkstümliche Darstellung einer mittelalterlichen Verheerung in der Hagia Sophia zu Iznik, in: Erdem. Atatürk Kültür Merkezi 5 (1986) 599-614; Ikonographische Reformbewegungen: Die Altarschranken im Dair Anbâ Bishôi, in: Ostkirchliche Studien 36 (1987) 178-185; The Capuchin Missionary Efforts in the Coptic Monasteries, in: Studia Orientalia Christiana Aegyptiaca Collectanea 20 (1987) 187-202; Zur Rückkehr einer Thebäerin nach Ägypten, in: Internationale Kirchliche Zeitschrift 77 (1987) 163-171; Zeitgenössische Gottesnarren in der Wüste Ägyptens, in: Ostkirchliche Studien 36 (1987) 301-310; Pharaonismen in der Neo-Koptischen Kunst, in: Göttinger Miszellen 98 (1987) 61-66 = Hermeneia 6,3 (1990) 148-150 = Pharaonism in Neo-Coptic Iconography, in: Coptologia 9 (1988) 111-117; The Eucharist in the historical Experience of the Copts, in: Texts and Studies 5-6 (1986/87) 155-170 = Coptologia 9 (1988) 53-74; Die Neuen »Alten« Klöster Oberägyptens, in: Der Christliche Osten 42 (1987) 98-103. 7 Abb.; Zur Geschichte der Renaissance in der koptischen Ikonographie, in: Hermeneia 3 (1987) 21-27. Abb.; A Note on the Conception per oculum in Coptic Art, in: Discussions in Egyptology 9 (1987) 37-43. 1 Abb. = Coptologia 8 (1987) 77-82; Der Kynokephalos in der armenischen Pfingst-Ikonographie. Zur historischen Herkunft des Kynokephalos, in: Revue d'études arméniennes 20 (1986/87) 427-439; Zum Wunder des hl. Michael zu Chonai/Kolossai, in: Hermeneia 3 (1987) 221-226 (vgl. 1980); Die Bordesholmer Reliquien. Ein Beitrag zum Verständnis mittelalterlicher Frömmigkeit, in: Jahrbuch für Volkskunde 11 (1987) 229; Der Narr im St.Petri-Dom zu Schleswig, in: Beiträge zur Schleswiger Stadtgeschichte 32 (1987) 55-65; Zur ersten Lutherischen Ikonographie in St.Johannes, Eppendorf, in: Schriften des Vereins für Schleswig-Holsteinische Kirchengeschichte. II. Beiträge und Mitteilungen 43 (1987) 163-166; Die »Erschaffung Evas« in der Ikonographie Schleswig-Holsteins, in: Schriften des Vereins für Schleswig-Holsteinische Kirchengeschichte. II. Beiträge und Mitteilungen 43 (1987) 167-174; Die koptische Kunst im Wandel der letzten drei Jahrhunderte, in: Orientalia Suecana 36-37 (1987-88) 12-27 = L'art Copte au cours de trois derniers siècles, in: Le Monde Copte 18 (1990) 89-99; Zur Renaissance der koptischen Nonnen-Klöster, in: Ostkirchliche Studien 37 (1988) 23-30; Devotional-Gottesmutter-Holzschnitte der russischen Altgläubigen, in: Hermeneia 4 (1988) 210-216; De Petro Heylingo Germano Lubecens, in: Zeitschrift des Vereins für Lübeckische Geschichte und Altertumskunde 68 (1988) 139-157; Zur »Strickenden Madonna« oder »Die Darbringung der Leidenswerkzeuge«, in: Idea. Jahrbuch der Hamburger Kunsthalle 7 (1988) 15-22; Zum Ohrenschmalz der Jungfrau Maria zu Bordesholm, in: HNO-Informationen 2 (1988) 11-14; Die sich an Gottes Wort klammern, in: Bibelreport 21,1 (1988) 4-5; Zur Translation der St. Mauritius-Reliquien von Tholey nach Kairo, in: Der Christliche Osten 44 (1989) 198-205 = Internationale Kirchliche Zeitschrift 81 (1991) 59-67 = The Translation of the Relics of St. Maurice from Tholey to Cairo, in: Coptologia 11 (1990) 44-55; Eine Schleswiger Pilgerfahrt zum Heiligen Land, zum Sinai nach Ägypten im Jahre 1436, in: Studia Orientalia Christiana Aegyptiaca Collectanea 22 (1989) 153-174; Über Mohren und Mohrentaufen im norddeutschen Raum, in: Familienkundliches Jahrbuch Schleswig Holstein 28 (1989) 29-44; Zu den Inkunabeln der Möllner St.-Nikolai-Kirche, in: Zeitschrift des Vereins für Lübeckische Geschichte und Altertumskunde 69 (1989) 315-324; Die Schleswiger Drôlerien - Widerhall mittelalterlicher Stundenbücher, in: Schriften des Vereins für Schleswig-Holsteinische Kirchengeschichte. II. Beiträge und Mitteilungen 44 (1989) 13-24; Von der Mariophanie zum Gnadenbild. Zur ikonographischen Entwicklung der Gnadenbilder von Zeitûn und Ard Babadeblu, in: Ostkirchliche Studien 39 (1990) 289-299; Aspects of the Popular in the Light of the present Coptic Renaissance, in: Studia Orientalia Christiana Aegyptiaca Collectanea 23 (1990) 251-277 = Texts and Studies 8-10 (1989-1991) 410-435; Damietta and the Martyrdom of Anbâ Sidhom Bishai, in: Coptologia 11 (1990) 65-71 = Damietta und der Heilige Sidhom Bishai, in: Der Christliche Osten 46 (1991) 333-335; The Translation of the Relics of St. Maurice from Tholey to Cairo, in: Coptologia 11 (1990) 45-56; Die Pilgerfahrt schleswiger Ritter zum Heiligen Land, zum Sinai und nach Ägypten im Jahre 1436, in: Familienkundliches Jahrbuch Schleswig Holstein 29 (1990) 8-22; Schleswig-Holsteinische Bibelgesellschaft in Geschichte und Gegenwart, in: Die Bibel in unserem Land. Schleswig 1990, 9-33; Law and Gospel in Iconography, in: Lutheran Quarterly 4 (1990) 143-159; The Historic Coptic Churches of Cairo, in: Coptologia 12 (1991) 97-106; 13 (1993) 119-132; 14 (1994) 111-128; The Visit of H.H. Pope Shenûdah III in Germany, in: Coptologia 12 (1991) 14-17; Zeitgenössische Begebenheiten in der Volksfrömmigkeit der Kopten, in: Orientalia Suecana 40 (1991) 164-186; Die koptische Wallfahrt zum Heiligen Barsûm dem Nackten, in: Der Christliche Osten 46 (1991) 336-339; Neue Entwicklungen in der koptischen

Marienfrömmigkeit, in: Studia Orientalia Christiana Aegyptiaca Collectanea 24 (1991) 373-380; Gedanken zu einem Grabeskirchen-Graffito im Wâdî Haggag, Sinai, in: Studia Orientalia Christiana Aegyptiaca Collectanea 24 (1991) 207-213; About the Coacton and Consecration of the Holy Myron in the Coptic Church, in: Coptic Church Review 12,3 (1991) 78-86 = Texts and Studies 8-10 (1989-1991) 436-445; Zur Maronitischen Minderheit in Nord-Zypern, in: Der Christliche Osten 46 (1991) 331-332; Die Franziskaner in Bethlehem: Bruder Battista aus Lübeck, in: Zeitschrift des Vereins für Lübeckische Geschichte und Altertumskunde 71 (1991) 349-351; Mittelalterliche Heilig-Land-Pilger aus dem norddeutschen Raum, in: Familienkundliches Jahrbuch Schleswig Holstein 30 (1991) 15-23; Jerusalemer Pilgerstätten auf Hamburger Armen. Zur Tätowierung eines Hamburger Jerusalem-Pilgers 1669, in: Beiträge zur deutschen Volks- und Altertumskunde 26 (1988-1991) 117-122; Der Homunculus in der Verkündigungsikonographie der Luther-Bibel, in: Wolfenbütteler Notizen zur Buchgeschichte 16,1 (1991) 29-40; 175 Jahre Lauenburg-Ratzeburgische Bibelgesellschaft, in: Lauenburg Land, achte des Herren Wort. Ratzeburg 1991, 17-40; Zur Ratzeburger Bibel von 1702, in: Lauenburg Land, achte des Herrn Wort. Ratzeburg 1991, 41-44; 175 Jahre Eutiner Bibelgesellschaft 1816-1991, in: Jubiläumsschrift der Eutiner Bibelgesellschaft. Eutin 1991, 5-14 = Jahrbuch für Heimatkunde (Eutin) 1991, 194-202; Gedanken zum Seedorfer Ungetüm: Teufel, Narr oder Papstesel?, in: Lauenburgische Heimat 129 (Juni 1991) 66-72; Zur Überführung der Reliquien der Bonner Stadtpatrone Cassius und Florentius nach Kairo, in: Der Christliche Osten 47 (1992) 186-190 = St. Markus Zeitschrift des Koptisch-Orthodoxen Zentrums 17,1 (1992) 18-21; Drei Aspekte der Erneuerung in der koptischen Kirche, in: Oriens Christianus 76 (1992) 101-122; Neue Entdeckungen in der koptischen Hagiologie, in: Ostkirchliche Studien 41 (1992) 322-332; About the Translation of the Relics of the Theban Martyrs Sts Cassius and Florentius from Bonn to Cairo, in: Coptic Church Review 13,2 (1992) 49-53; Recent Developments in Coptic Mariological Piety, in: Coptic Church Review 13,3 (1992) 82-90; Die mittelalterliche Umwelt des Lübecker Schmerzensweges, in: Zeitschrift des Vereins für Lübeckische Geschichte und Altertumskunde 72 (1992) 265-276; Über den armenischen Ursprung der Kynokephalos-Ikone im Koptischen Museum zu Alt-Kairo, in: Journal of Coptic Studies 2 (1992) 9-18; A Menorah-Graffito in Shahba, Jebel el-Hawran, in: Israel Exploration Journal 42 (1992) 250-251; 1492-1992. Gedanken zur Ausweisung der Juden aus Spanien, in: Friede über Israel 74,1 (1992) 18-20; Nach 500 Jahren: Gedanken zum Spanischen Judentum, in: Friede über Israel 74,4 (1992) 156-162; Zur Schleswiger »Maria Elisabeth« Bibel von 1664, in: Beiträge zur Schleswiger Stadtgeschichte 37 (1992) 97-103; Der entschwindende Christus in der Dorfkirche zu Sorquitten, in: Das Ostpreußenblatt 26 (27.6.1992) 11 = Sensburger Heimatbrief 37 (1992) 53-55; Carlo Dolcis »Mater Dolorosa« in der koptischen Marienfrömmigkeit, in: Orientalia Suecana 41/42 (1992/93) 155-164; Recent Developments in Coptic Hagiology, in: Coptologia 13 (1993) 101-118; Dair as-Surian - Gestalten, die die Klostergeschichte prägten, in: Kemet 2,1 (1993) 19-21; Die Kopten in Jerusalem, in: Kemet 2,2 (1993) 18-19; Deir al-Barâmûs - Lebensquelle für Heilige

und Theologen, in: Kemet 2,3 (1993) 22-24; Deir al-Muharraq - Asyl der Heiligen Familie und das Jerusalem der Kopten, in: Kemet 2,4 (1993) 21-23; Earthquakes in the History of the Patriarchs, in: Coptic Church Review 14,1 (1993) 18-21; Eine katholische Altardecke im Bischöflichen Armenischen Museum zu Neu-Julfa, in: Revue d'études arméniennes 24 (1993) 293-298; Das Hostienwunder zu Rimini in der Milchgrotte zu Bethlehem, in: Antonius 98 (1993) 88-91; St. Antonius vor Ezzelino II da Romano (Bethlehem), in: Antonius 98 (1993) 182-184; Die »jüdischsten« aller Juden. Alltag und religiöses Leben der im Nordjemen verbliebenen Juden, in: Tribüne. Zeitschrift zum Verständnis des Judentums 32,126 (1993) 169-178; Die Vestigia Christi in Nordelbischen Kirchenräumen, in: Schriften des Vereins für Schleswig-Holsteinische Kirchengeschichte. II. Beiträge und Mitteilungen 46 (1993) 83-89; Heyling, Peter, in: Alken Bruns (Hrsg.), Lübecker Lebensläufe aus neuen Jahrhunderten. Neumünster 1993, 183-185; Ein Wüsten-Wallfahrtort - Deir Abu Mînâ - Einst und Heute, in: Kemet 3,1 (1994) 23-25; Zur Renaissance der koptischen Nonnenklöster, in: Kemet 3,2 (1994) 27-29; Deir Anbâ Samwil. Ein Wiedererwachen in der al-Qalamûn-Wüste, in: Kemet 3,3 (1994) 32-33; The Coptic Church towards the End of the 20th Century: From a National to an International Christian Community, in: Ekklesia kai Theologia. Church and Theology 12 (1993/94) 431-472; Die »Hundsköpfe« im Koptischen Museum in Alt-Kairo, in: Kemet 3,3 (1994) 27-28; Eine ikonographische Sensation: Die älteste koptische Verkündigung, in: Kemet 3,4 (1994) 22-23; Ein koptischer Kulttransfer. Von der »Immaculata« zur »Mater Dolorosa«, in: Kemet 3,2 (1994) 25-27; Zum Ursprung des koptischen Schlangenstabs, in: Kemet 3,4 (1994) 24; The Enigma about the Coptic Mumies of Naqlûn, in: Coptic Church Review 15,3 (1994) 73-80; A Patriarch as an Iconographical Model, in: Coptologia 14 (1994) 29-38; The Holy Myron in 1993, in: Coptologia 14 (1994) 65-72; Neue Entwicklungen in der Marienfrömmigkeit, in: Marianum 56 (1994) 283-289; Der Wilsickower Marien-Altar mit der Einhornjagd, in: Mitteilungen des Uckermärkischen Geschichtsvereins 3 (1994) 14-20; Sendbote nach Aethiopien. Peter Heyling, in: Kurt Schleucher (Hrsg.), Bis zu des Erdballs letztem Inselriff (Deutsche unter anderen Völkern 6). Darmstadt 1975, 47-60; The Copts in Jerusalem and the Question of the Holy Places, in: Anthony O'Mahony u.a., The Christian Heritage in the Holy Land. London 1995, 112-128; The Copts: Towards an International Christian Community, in: Coptologia 15 (1995), 27-48; Über die Zubereitung und Weihe des heiligen Myron, in: Kemet 4,1 (1995) 26-27; Zur Wiederbelebung der oberägyptischen Klöster, in: Kemet 4,1 (1995) 29-31; Der erste Kairoer Papst-Thron. Die Marienkirche al-Mu'allaqah, in: Kemet 4,2 (1995) 38-39; Die Wiege des Mönchsvaters Antonius. Qimn al 'Arus, in: Kemet 4,2 (1995) 41-42; Guido Renis »Ecce Homo« in der koptischen Frömmigkeit, in: Kemet 4,2 (1995) 43-44; The Copts in Jerusalem and the Question of the Holy Places, in: Coptic Church Review 16,1 (1995) 9-25; The Coptic Patriarchs in the 'Rîf', in: Coptic Church Review 16,3 (1995) 74-78; Byzantine Treasures in Coptic Churches, in: Coptic Church Review 16,4 (1995) 108-117; Dair Abû-'Saifain: Ein Kleinod koptischer Ikonographie, in: Kemet 4,3 (1995) 40-41; Der Erhalt der koptischen Identität zur Jahrtausendwende, in: Kemet 4,3 (1995) 42; Das unterirdische Patriarchat im Hârat Zuwailah, in: Kemet 4,4 (1995) 35-36; Hierarchen auf Wanderschaft: Die koptischen Päpste im Rîf, in: Kemet 4,4 (1995) 36-37; Zeitgenössische Begebenheiten in der orientalischen Ikonographie, in: Der Christliche Osten 50 (1995) 351-354; Zur armenisch-galizischen Kelch-Widmung zu Ruppin/Rügen, in: Archiv für Liturgiewissenschaft 37 (1995) 364-366; The Damascus Unicorn Bowl, in: Orientalia 64 (1995) 223-224. Abb. III; Die Emporenträger-Mohren zu Putzar, in: Heimatkalender Anklam und Umgebung 5=67 (1995) 72-77; Die Bibel des Benediktiners Leander van Eß in Schleswig-Holstein, in: Beiträge und Mitteilungen des Vereins für Katholische Kirchengeschichte in Hamburg und Schleswig-Holstein 5 (1995) 261-274; 1000 Jahre koptischer Reliquienkult, in: Der Christliche Osten 51 (1996) 113-122; Die koptische Renaissance und ihre Wunder, in: Der Christliche Osten 51 (1996) 261-265; Vorläufiger Bericht über die Bestimmung und Datierung der koptischen Mumien von Naqlûn, in: Oriens Christianus 80 (1996) 98-107; Zur Pontifikalen Nachfolge: Weißer Rauch oder Altar-los?, in: Kemet 5,3 (1996) 40-41 = The Pontifical Succession by White Smoke or Alotar-Lot?, in: Coptic Church Review 17 (1996) 67-70; Thebäer Überlieferungen und die Kopten, in: Kemet 5,1 (1996) 38-40; Das koptische Patriarchat im Griechen-Viertel: Kemet 5,1 (1996) 40-41; Zur »Schwimmenden Bibel« in Ma'adi, in: Kemet 5,2 (1996) 40-41; Das Ezbekiah-Patriarchat, in: Sprung in die Neuzeit: Kemet 5,2 (1996) 41-42; Touristenziel in Alt-Kairo: Sts. Sergius- und Bacchus-Kirche, in: Kemet 5,3 (1996) 39-40; Die christlichen Königreiche Nubien, in: Kemet 5,4 (1996) 42-44; Die Ägyptische Barbara in Alt-Kairo, in: Kemet 5,4 (1996) 44-45; 250 Jahre Biblia Deutsch in Nordelbien. Ein Bibelinventar von 1522-1772, in: Beiträge und Mitteilungen des Vereins für Schleswig-Holsteinische Kirchengeschichte 47 (1996) 98-133; Marriage and Sexuality St. Athanasius vs. Manichaeism, in: Coptologia 17 (1997) 81-106; Theological Issues of the Coptic Orthodox Inculturaton in the Western Society, in: Coptic Church Review 18 (1997) 67-77; Les débuts du christianisme alexandrin et les églises d'Alexandrie, in: Le Monde Copte 27/28 (1997) 99-104; Über den koptischen Mûlid, in: Kemet 6,1 (1997) 47-48; Der Zabbelin-Heilige vom Muqattam: St. Simeon der Gerber, in: Kemet 6,1 (1997) 48-49; Zur koptischen Avantgarde: Das Wiedererwachen des Anubis, in: Kemet 6,2 (1997) 37-39; Der Zeigefinger-Segen der Kopten, in: Kemet 6,2 (1997) 39-40; Das verschollene St. Johannes Colobuskloster, in: Kemet 6,3 (1997) 43-45; Byzantinische Schätze in koptischen Klöstern, in: Kemet 6,3 (1997) 46-48; Die hl. Familie in Ägypten, in: Kemet 6,4 (1997) 31-43; Die vier Kirchen südlich von Qasr asch-Schamc, in: Kemet 6,4 (1997) 43-45; Heroic Sainthood: Saint Regula, in: Coptologia 18 (1998) 71-80; Zu Ehren der koptischen Altäre erhoben: Märtyrer und Thaumaturgen, in: Der Christliche Osten 53 (1998) 109-118; St. Cyril's »Mia Physis« and the Popular piety of the Copts, in: Coptic Church Review 19 (1998) 52-56; The Rediscovery of Four Coptic Saints: Sts. Bane, Sama'an, Bashnûna and Julius, in: Coptic Church Review 19 (1998) 83-90; Die koptischen Fajum-Klöster - einst und jetzt, in: Kemet 7,1 (1998) 46-50; Über die Himmlischen Heerscharen bei den Kopten, in: Kemet 7,2 (1998) 42-44; Vom Fûm al-Khalîd zum Mittelrhein: der hl. Menas, in: Kemet 7,2 (1998) 44-46; Das »Jüngste Gericht« in der koptischen Frömmigkeit, in: Kemet 7,3 (1998) 48-50; Zur Anerkennung des 15. koptischen Klosters: Schenute und das Weiße Kloster, in: Kemet 7,3 (1998) 50-52; Zur multikulturellen Wüsten-Ökumene, in: Kemet 7,4 (1998) 40-44; Versteckt hinter Mauern: Die St. Schenute- und St. Marienkirche in Alt-Kairo, in: Kemet 7,4 (1998) 48-51; The Spirituality of the Coptic Orthodox Church, in: Coptologia 19 (1999) 63-72; Maria im christlichen und islamischen Volksglauben, in: Zeitschrift für Mission 25 (1999) 39-48; Passato e presente del cristianesimo copto, in: Massimo Capuani, Egitto copto. Milano 1999, 7-19 = Passé et présence du christianisme copte, in: Massimo Capuani, L'Égypte Copte. Paris 1999, 7-19 = Past and Presence of the coptic Christianity, in: Massimo Capuani, Christian Egypt. Coptic art and monuments through two millennies. Collegville 2002, 7-19; Pope Shenouda III and the Renaissance Art of the Cinque Cento, in: Coptic Church Review 20 (1999) 56-58; About the Multicultural, Ecumenical Desert Monachism, in: Coptic Church Review 20 (1999) 128-134; St. Bishoi: A Coptic Christophorus, in: Orientalia Suecana 48 (1999) 67-73 = Ein koptischer Christopherus: Der heilige Bishoi, in: Hermeneia 15,1 (1999) 12-15; Papst Schenute und die Kunst der Hochrenaissance, in: Hermeneia 15,3 (1999) 39-41; Zur koptischen Schrift und Kalligraphie, in: Kemet 8,1 (1999) 37-40; Zur Ohrenempfängnis Mariens bei den Kopten, in: Kemet 8,1 (1999) 40-41; Das ägyptische jungfräuliche Dreigestirn: Damian, Katharina, Hypatia, in: Kemet 8,2 (1999) 42-4; Die »silberlosen« Ärzte der Kopten, in: Kemet 8,2 (1999) 48-50; Markus - Apostel Ägyptens, in: Kemet 8,2 (1999) 40-42; Zur Chronik der St. Markus-Reliquien, in: Kemet 8,2 (1999) 42-45; Koptische Frauen. Für die Ewigkeit geweiht, in: Kemet 8,4 (1999) 34-38; Die Marienerscheinungen in Ägypten einst und jetzt, in: Kemet 8,4 (1999) 39-43; Die lutherischen Geistlichen und die Schleswig-Holsteinischen Enthaltsamkeitsbewegungen von 1838-1848, in: Schriften des Vereins für Schleswig-Holsteinische Kirchengeschichte. II. Beiträge und Mitteilungen 49 (1999) 52-61; Zur koptischen Chronologie und Ikonographie Mariens, in: Der Christliche Osten 55 (2000) 225-233; Die wiederentdeckten Heiligen der Mameluckenzeit, in: Kemet 9,1 (2000) 43-47; Die Einsiedler Ägyptens einst und jetzt, in: Kemet 9,1 (2000) 47-51; Die Kopten als Träger des altägyptischen Erbes, in: Kemet 9,2 (2000) 44-50; Über die gläsernen Kelche der Kopten, in: Kemet 9,2 (2000) 51-53; Im Schatten des heiligen Antonius: das St. Paulus-Kloster, in: Kemet 9,3 (2000) 43-45; Pilger, Missionare, Hierarchen im St. Antonius-Kloster, in: Kemet 9,3 (2000) 46-51; Tollwut und der heilige Abu Tarabu, in: Kemet 9,4 (2000) 44-46; Ein koptischer Kulttransfer: Das Wasser und der koptische Heilige Abu Tarabu, in: Kemet 9,4 (2000) 46-47; Die Kettenheilungen des hl. Georg, in: Kemet 9,4 (2000) 47-49; The Heavenly Host in Coptic Traditions, in: Coptic Church Review 21 (2000) 137-140; The Mystery of the Akhmim-martyrs, in: Coptic Church Review 21 (2000) 132-136; Die Kopten: Miaphysiten statt Monophysiten, in: Zeitschrift für Mission 27 (2001) 65-72 = Der Christliche Osten 56 (2001) 112-118 = Kemet 10,3 (2001) 53-56; Die Ghalis: Koptische Minister, Politiker und ihre Kirche »Budrussiyah«, in: Zeitschrift für Mission 27 (2001) 299-306; Zur koptischen Chronologie und Ikonographie des hl. Joseph, in: Hermeneia 17,1

(2001) 7-19; About Pope Shenouda's Catalogue of Heresies, in: Coptic Church Review 22 (2001) 98-105; Über zeitgenössische koptische Glaubenszeugnisse, in: Kemet 10,1 (2001) 53-55; Neue Gesichter am koptischen Himmelszelt (Teil 1), in: Kemet 10,1 (2001) 56-59; Mütterliche Archetypen. Nut und Maria Platytera, in: Kemet 10,2 (2001) 51-53; Modelle von koptischen Christusbildern, in: Kemet 10,2 (2001) 54-59; Eine koptische Chronologie und Ikonographie Marias, in: Kemet 10,3 (2001) 48-52; Die koptischen Drachentöter als Lebensretter, in: Kemet 10,4 (2001) 41-46; Die koptischen Kirchen der St. Georgs-Gasse im Qasr asch-Scham', Alt-Kairo, in: Kemet 10,4 (2001) 46-49; Die Ghalis: koptische Minister und Politiker und ihre Kirche »Butrusia«, in: Kemet 11,1 (2002) 47-50; Zur koptischen Chronologie und Ikonographie des hl. Joseph, in: Kemet 11,1 (2002) 51-56; Zum Geheimnis der Märtyrer von Achmim, in: Kemet 11,2 (2002) 47-50; Koptische Altarplatten, Grabstelen und Klostertische, in: Kemet 11,2 (2002) 51-55; Missionare, Bibliophile und Forscher in den koptischen Klöstern des Wadi'n-Natroun, in: Kemet 11,3 (2002) 38-45; Das Eucharistische Brot bei den Kopten, in: Kemet 11,4 (2002) 36-39; Eine koptische Variante zum Sündenfall-Motiv, in: Kemet 11,4 (2002) 39-42; Zum 100. Geburtstag von Papst Kyrillos VI, in: Zeitschrift für Mission 28 (2002) 142-155 = Der Christliche Osten 57 (2002) 41-52; Die Apostel in der Frömmigkeit der Kopten, in: Der Christliche Osten 57 (2002) 117-128; Patriarchen und Propheten in der koptischen Frömmigkeit, in: Der Christliche Osten 57 (2002) 251-259 = Kemet 15,3 (2006) 42-46 = Patriarchs and Prophets in the Theology and Piety of the Copts, in: Coptic Church Review 24 (2002) 118-126; Zu den »übernatürlichen« Begleiterscheinungen der zeitgenössischen koptischen Erneuerung, in: Martin Tamcke (Hrsg.), Koexistenz und Konfrontation. Beiträge zur jüngeren Geschichte und Gegenwartslage der orthodoxen Christen. Münster 2003, 97-107 (Studien zur orientalischen Kirchengeschichte 28) = Der Christliche Osten 58 (2003) 26-32; Sieben ungewöhnliche Römerinnen der Spätantike in Ägypten, in: Der Christliche Osten 58 (2003) 271-282; Hermopolis magna - Zentrum des frühen Christentums, in: Kemet 12,1 (2003) 42-46; Die Festung Babylon und das Koptische Museum von Alt-Kairo, in: Kemet 12,1 (2003) 47-50; Über Schlüssel und Riegel bei den Kopten, in: Kemet 12,2 (2003) 37-39; Die Wiege der modernen Ägyptologie: Das Institut d'Égypte, in: Kemet 12,2 (2003) 59-66; Über Feste und Fasten bei den Kopten, in: Kemet 12,3 (2003) 44-48; Das Kreuz bei den Kopten, in: Kemet 12,3 (2003) 49-53; Drei koptische Suffragetten, in: Kemet 12,4 (2003) 44-46 = Drei koptische Frauenrechtlerinnen, in: Zeitschrift für Mission 29 (2003) 231-236; Koptische Wasserriten, in: Kemet 12,4 (2003) 47-52; The Sacred-Linen Cloths of Christ's Passion in Egypt, in: Coptic Church Review 24 (2002) 108-117; Koptische Frömmigkeit heute, in: Wolfgang Boochs, Geschichte und Geist der koptischen Kirche. Langwaden 2004, 9-28; Zeitgenössische koptische Volksfrömmigkeit nach einer hagiologischen Collage, in: Der Christliche Osten 59 (2004) 185-191; Mosul und seine alten Kirchen, in: Der Christliche Osten 59 (2004) 344-352; About the new Saints in the Coptic Church, in: Oriens Christianus 88 (2004) 173-201; Beispiele koptischer Volksfrömmigkeit im 18. Jahrhundert, in: Kemet 13,1 (2004) 44-47; Neue Gesichter am koptischen

Himmelzelt (II), in: Kemet 13,1 (2004) 48-52; Die Passions-Tücher Christi in Ägypten, in: Kemet 13,2 (2004) 40-43; Sieben ungewöhnliche Römerinnen der Spätantike in Ägypten, in: Kemet 13,2 (2004) 44-48; Der Völker-Apostel Paulus in der Frömmigkeit der Kopten, in: Kemet 13,3 (2004) 38-42; Über Körperspuren Jesu in Ägypten, in: Kemet 13,3 (2004) 42-46; Stätten der Gotteserfahrung in koptischen Traditionen. Bäume, Höhlen und Quellen, in: Kemet 13,4 (2004) 51-56; Die Eremiten des Wadi al-Rayan 2004, in: Kemet 13,4 (2004) 57-59; Notes on the New Saints in the Coptic Church, in: Coptic Church Review 25 (2004) 2-26; Notizen zu den Klöstern im Nordirak, in: Der Christliche Osten 60 (2005) 53-59; Assyrer und Armenier im Iran, in: Der Christliche Osten 60 (2005) 215-224; Über Häresien und den Syllabus errorum von Papst Shenuda III, in: Martin Tamcke (Hrsg.), Daheim und in der Fremde. Beiträge zur jüngeren Geschichte und Gegenwartslage der orientalischen Christen. Hamburg 2002 (Beiträge zur orientalischen Kirchengeschichte 21), 277-286 = in: Kemet 14,1 (2005) 43-46; Die koptische Krankheit und der »Fluch der Pharaonen«, in: Kemet 14,1 (2005) 47-48; Die Kopten und das Heilige Feuer, in: Kemet 14,2 (2005) 48-50; Jerusalem Proskynetarien in koptischen Kirchen, in: Kemet 14,2 (2005) 51-53; Pharaonisches Weiterleben in zeitgenössischen koptischen Begräbnissitten, in: Kemet 14,3 (2005) 42-44; Über Sinai-Pilger und Dantes Purgatorio, in: Kemet 14,3 (2005) 47-51; Der Sinai einst und heute, in: Kemet 14,4 (2005) 37-42; Von Sammlungen und Röhrenreliquiaren, in: Kemet 14,4 (2005) 43-45; Die Tierwelt der koptischen Kalligraphen, in: Kemet 15,1 (2006) 55-60; Die Jona-Parabel in der Frömmigkeit der Kopten, in: Kemet 15,2 (2006) 57-59.

Lexikonartikel: St. Za-Mika'el Aragawi, in: Dictionary of Ethiopian Biography I (1975) 209 f.; Khafd, in: The Encyclopedia of Islam (F) 4 (1978) 914; Ägypten. Frömmigkeitsgeschichtlich, in: Lexikon der Marienkunde 1 (1988) 43-45; Astasi al-Rumi, in: The Coptic Encyclopedia 11 (1991) 293-294; Blessing, in: The Coptic Encyclopedia 2 (1991) 403-404; Cheirotonia, in: The Coptic Encyclopedia 2 (1991) 517; Christian Subjects in Coptic Art: Twenty-four Elders, in: The Coptic Encyclopedia 2 (1991) 541-542; Damru, in: The Coptic Encyclopedia 3 (1991) 689-690; Dayr Abû Lifah, in: The Coptic Encyclopedia 3 (1991) 704; Dayr Anba Antuniyus. History, in: The Coptic Encyclopedia 3 (1991) 719-721; Dayr Anba Bula. Chronology, in: The Coptic Encyclopedia 3 (1991) 741-742; Dayr al-Naqlun. History, in: The Coptic Encyclopedia 3 (1991) 845; Sinjar, in: The Coptic Encyclopedia 7 (1991) 2140; Heyling, Peter, in: Biographisches Lexikon Schleswig-Holstein 9 (1991) 144-145; Christodulos, in: LThK[3] 2 (1994) 1163-1164; Heiliges Grab I. In Jerusalem. 3. Präsenz der Kirchen b) Orientalische Kirchen, in: LThK[3] 4 (1995) 1321-1322; O.M./Steven Kaplan, Anthony, Saint, in: Encyclopedia Aethiopica 1 (2003) 282-283; Ethiopian monks in Egypt, in: a.a.O. 2 (2005) 243-245; Heyling, Peter, in: a.a.O. 3 (2007) 27-28.

Rezensionen: Maria Cramer, Das Altägyptische Lebenszeichen im Christlichen Ägypten, in: Bulletin de la Société d'Archéologie Copte 15 (1958/59) 188-189; R. M. Grant, Gnosticism and Early Christianity. New York 1959, in: Bulletin de la Société d'Archéologie Copte 16 (1961/62) 320-

322; Jean Doresse, The Secret Book of the Egyptian Gnostics. London 1960, in: Bulletin de la Société d'Archéologie Copte 16 (1961/62) 322-326; P. L. Shinnie/H. N. Chittick, Ghazali - A Monastery in the Northern Sudan, in: Bulletin de la Société d'Archéologie Copte 16 (1961/62) 326-328; F. M. Rogers, The Quest for Eastern Christianity. Travels and Rumor in the Age of Discovery. Minneapolis 1962, in: Journal of Religion 43 (1963) 166-167; C. D. G. Müller, Die Engellehre der koptischen Kirche. Wiesbaden 1959, in: Bulletin de la Société d'Archéologie Copte 17 (1963/64) 243-247; Bertold Spuler, Die Morgenländischen Kirchen. Leiden/Köln 1961, in: Bulletin de la Société d'Archéologie Copte 17 (1963/64) 247-252; Francis M. Rogers, The Quest for Eastern Christians. Travels and Rumor in the Age of Discovery. Minneapolis 1962, in: Bulletin de la Société d'Archéologie Copte 17 (1963/64) 252-253; Shenouda Hanna, Who are the Copts? Kairo [3]1963, in: Bulletin de la Société d'Archéologie Copte 17 (1963/64) 253-256; Dorothea Russel, Medieval Cairo and the Monasteries of the Wâdî 'n-Natrûn. A historical guide. London 1962, in: Bulletin de la Société d'Archéologie Copte 17 (1963/64) 256-261; Demosthenes Savramis, Zur Soziologie des Byzantinischen Mönchtums. Leiden/Köln 1962, in: Bulletin de la Société d'Archéologie Copte 17 (1963/64) 262-265; Klaus Wessel, Koptische Kunst - Die Spätantike in Ägypten. Recklinghausen 1963, in: Bulletin de la Société d'Archéologie Copte 17 (1963/64) 265-273; P.-E. Gemayel, Avant-Messe Maronite. Rom 1965, in: Ostkirchliche Studien 15 (1966) 245; Hugo Rahner, Greek Myths and Christian Mysticism. London 1963, in: Bulletin de la Société d'Archéologie Copte 18 (1965/66) 294-300; E. S. Drower, Water into Wine. A Study of Ritual Idiom in the Middle East. London 1956, in: Bulletin de la Société d'Archéologie Copte 18 (1965/66) 300-304; Reinhard Slenczka, Ostkirche und Ökumene. Die Einheit der Kirche als dogmatisches Problem in der neueren ostkirchlichen Theologie. Göttingen 1962, in: Bulletin de la Société d'Archéologie Copte 18 (1965/66) 305-308; Elinor A. Moore, The Ancient Churches of Old Jerusalem. The Evidence of the Pilgrims. Beirut 1961, in: Bulletin de la Société d'Archéologie Copte 18 (1965/66) 308-313; Farag Rofail Farag, Sociological and Moral Studies in the Field of Coptic Monasticism. Leiden 1964, in: Bulletin de la Société d'Archéologie Copte 18 (1965/66) 313-317; Maria Cramer, Koptische Buchmalerei. Illuminationen in Manuskripten des christlich-koptischen Ägypten vom 4. bis 19. Jahrhundert. Recklinghausen 1964, in: Bulletin de la Société d'Archéologie Copte 18 (1965/66) 317-319; Günter Ristow, Die Geburt Christi in der frühchristlichen und byzantinisch-ostkirchlichen Kunst. Recklinghausen 1963, in: Bulletin de la Société d'Archéologie Copte 18 (1965/66) 320-321; Mirjana Tatic-Djuric, Das Bild der Engel. Recklinghausen 1962, in: Bulletin de la Société d'Archéologie Copte 18 (1965/66) 321-323; Klaus Wessel, Abendmahl und Apostelkommunion. Recklinghausen 1964, in: Bulletin de la Société d'Archéologie Copte 18 (1965/66) 323-327; P. du Bourguet, Die Kopten. Baden-Baden 1967, in: Bibliotheca orientalis 24 (1967) 57-58 = Bulletin de la Société d'Archéologie Copte 19 (1967/68) 304-308; P. du Bouguet, L'Art Copte. Paris 1964, in: Bibliotheca orientalis 24 (1967) 56-57 = Bulletin de la Société d'Archéologie Copte 19 (1967/68) 294-297; Arnold Hottinger, Fellachen und Funktionäre, in: Christ und Welt 20,39 (29.9.1967) 30; Vivi Täckholm, Faraos Barn, Kopterna i Egypten. Stockholm 1965, in: Bulletin de la Société d'Archéologie Copte 19 (1967/68) 297-299; Martiniano Roncaglia, Histoire de l'Eglise Copte. Vol 1. Beirut 1966, in: Bulletin de la Société d'Archéologie Copte 19 (1967/68) 299-310 = Bibliotheca orientalis 25 (1968) 338-339; Ernst Hammerschmidt, Symbolik des Orientalischen Christentums. Tafelband. Stuttgart 1966, in: Bulletin de la Société d'Archéologie Copte 19 (1967/68) 301-302; Desanka Milosevic, Das Jüngste Gericht. Recklinghausen 1963, in: Bulletin de la Société d'Archéologie Copte 19 (1967/68) 302-304; Ernst Hammerschmidt, Äthiopien. Christliches Reich zwischen Gestern und Morgen. Wiesbaden 1967, in: Bulletin de la Société d'Archéologie Copte 19 (1967/68) 308-313; C. Detlev G. Müller, Grundzüge des Christlich-Islamischen Ägypten von der Ptolemäerzeit bis zur Gegenwart. Darmstadt 1969, in: Bulletin de la Société d'Archéologie Copte 21 (1971-73) 198-201 = Bibliotheca orientalis 26 (1969) 348-350; Georges-Joseph Mahfoud, L'Organisation Monastique dans l'Église Maronite. Beirut 1967, in: Bulletin de la Société d'Archéologie Copte (1969/70) 272-277 = Bibliotheca orientalis 27 (1970) 99-101; Donald M. Nicol, Meteora. The Rock Monasteries of Thessaly. London 1963, in: Bulletin de la Société d'Archéologie Copte 20 (1969/70) 264-268; Maire u. Liam de Paor, Early Christian Ireland. London 1964, in: Bulletin de la Société d'Archéologie Copte 20 (1969/70) 268-272; Murad Kamil, Coptic Egypt. Kairo 1968, in: Bulletin de la Société d'Archéologie Copte 20 (1969/70) 277-279; Jaques E. Menard, L'Évangile selon Philippe. Louvain 1967, in: Bulletin de la Société d'Archéologie Copte 20 (1969/70) 279-281 = Bibliotheca orientalis 27 (1970) 98; Azîz S. 'Atiyâ, A History of Eastern Christianity. London 1968, in: Bulletin de la Société d'Archéologie Copte 20 (1969/70) 281-287; Martiniano Roncaglia, Histoire de l'Église Copte, Vol. 2. Beirut 1969, in: Bulletin de la Société d'Archéologie Copte 20 (1969/70) 287-291 = Bibliotheca orientalis 27 (1970) 96-98; Martiniano Roncaglia, Histoire de l'Église Copte, Vol. 3. Beirut 1969, in: Bulletin de la Société d'Archéologie Copte 20 (1969/70) 291-293 = Bibliotheca orientalis 28 (1971) 61-62; Alfred J. Butler, The Ancient Coptic Churches of Egypt. Oxford 1884. 2 Bde. [N]1970, in: Bulletin de la Société d'Archéologie Copte 20 (1969/70) 297-298 = Bibliotheca orientalis 27 (1970) 360-361; J. M. Fiey, Assyrie Chrétienne, Vol. 1-3. Beirut 1965-68, in: Bibliotheca orientalis 28 (1971) 262-266 = Bulletin de la Société d'Archéologie Copte 22 (1974/75) 185-192; P. Naaman, Theodoret de Cyr et le monachisme de Saint Maron. Les Origines des maronites. Sin el-Fil 1971, in: Bibliotheca orientalis 29 (1972) 87-88 = Bulletin de la Société d'Archéologie Copte 22 (1974/75) 192-194; C. Detlev G.Müller, Die Homilie über die Hochzeit zu Kana und weitere Schriften des Patriarchen Benjamin I. von Alexandrien. Heidelberg 1968, in: Bulletin de la Société d'Archéologie Copte 21 (1971-73) 196-198; Doris Behrens-Abouseif, Die Kopten in der ägyptischen Gesellschaft von der Mitte des 19. Jahrhunderts bis 1923. Freiburg/Br. 1972, in: Bulletin de la Société d'Archéologie Copte 22 (1974/75) 197-201 = Bibliotheca orientalis 31 (1974) 269-271; Violet MacDermot, The Cult of the Seer in the Ancient Middle East. A Contribution to Current Research on Hallucinations drawn from Coptic and other Texts. London

1971, in: Bulletin de la Société d'Archéologie Copte 22 (1974/75) 195-197; James Wellard, Desert Pilgrimage. A journey into Christian Egypt. London 1970, in: Bibliotheca orientalis 32 (1975) 378-379 = Bulletin de la Société d'Archéologie Copte 23 (1976/78) 247-250; Jaroslav Pelikan, The Spirit of Eastern Christendom (600-1700). Chicago/London 1974, in: Bibliotheca orientalis 33 (1976) 410-412 = Bulletin de la Société d'Archéologie Copte 23 (1976/78) 250-255; Robert Brenton Betts, Christians in the Arab East. A Political Study. Athen 1975, in: Bibliotheca orientalis 33 (1976) 80-81 = Bulletin de la Société d'Archéologie Copte 23 (1976/78) 260-262; Robert Murray, Symbols of Church and Kingdom. A Study in Early Syriac Tradition. London 1975, in: Bibliotheca orientalis 33 (1976) 112-114 = Bulletin de la Société d'Archéologie Copte 23 (1976/78) 262-266; Kevork Hintlian, History of the Armenians in the Holy Land. Jerusalem 1976, in: Revue d'études arméniennes 12 (1977) 292-297 = Bulletin de la Société d'Archéologie Copte 23 (1976/78) 266-271 = Bibliotheca orientalis 36 (1979) 114-116; C. C. Walters, Monastic Archeology in Egypt. Warminster 1974, in: Bibliotheca orientalis 34 (1977) 328-329 = Bulletin de la Société d'Archéologie Copte 23 (1976/78) 255-257; Adel Y. Sidarus, Ibn ar-Rahib's Leben und Werk. Ein koptisch-arabischer Enzklopädist des 7./13. Jahrhunderts. Freiburg 1975, in: Bulletin de la Société d'Archéologie Copte 23 (1976/78) 257-260; Y. Koriah, The Syrian Orthodox Church in the Holy Land. Jerusalem 1976, in: Bulletin de la Société d'Archéologie Copte 24 (1979-82) 143-147 = Bibliotheca orientalis 36 (1979) 117-118; Andreas Tietze, Mustafa Ali's Description of Cairo of 1599. Wien 1975, in: Armant 17 (1979); Stefan Timm, Christliche Stätten in Ägypten. Wiesbaden 1979, in: Ostkirchliche Studien 29 (1980) 191-192; G. Viaud, La Liturgie des Coptes d'Egypte. Kairo 1978, in: Bibliotheca orientalis 38 (1981) 74-75 = Bulletin de la Société d'Archéologie Copte 24 (1979-82) 147-151; Methodius Phougas, Ὁ Χριστιανισμός καὶ ὁ Ιουδααισμός ἐν Αιθιοπία, Νουβια και Μεροέ. Athen 1979, in: Ostkirchliche Studien 31 (1982) 198-200; Bairu Tafla, Ethiopia and Germany. Cultural, Political and Economic Relations 1871-1936. Wien 1981, in: Ostkirchliche Studien 31 (1982) 200-202; Emma Brunner-Traut, Die Kopten. Köln 1982, in: Ostkirchliche Studien 33 (1984) 67-68; K. S. Kolta, Das Christentum am Nil und die heutige koptische Kirche. München 1982, in: Ostkirchliche Studien 33 (1984) 208-209; Lebenshilfe aus der Wüste. Die alten Mönchväter als Therapeuten. Hrsg. v. Gertrude und Thomas Sartory. Freiburg/Br. 1983, in: Ostkirchliche Studien 33 (1984) 209-210; Maria Cramer, Koptische Hymnologie in deutscher Übersetzung. Wiesbaden 1969, in: Ekklesia kai Theologia. Church and Theology 4 (1983) 926; Ernst Alt, Ägyptische Kopten. Eine einsame Minderheit. Saarbrücken 1980, in: Ostkirchliche Studien 34 (1985) 62-63; Matthew the Poor, The Communion of Love. Crestwood 1984, in: Ostkirchliche Studien 34 (1985) 201-203; Raouf Habib, Master pieces of the Coptic Art. Kairo, in: Ostkirchliche Studien 34 (1985) 341-343; Nina Gockerell/Werner Neumeister, Ostern in Jerusalem. München/Regensburg 1987, in: Ostkirchliche Studien 36 (1987) 332-333; Jerome Palmer OSB, Zeitoun. Die Frau kehrt nach Ägypten zurück. Veitshöchheim 1970, in: Ostkirchliche Studien 36 (1987) 333-334; Nabil Selim Atalla, Coptic Egypt -

L'Égypte Copte - Koptisches Ägypten. Kairo 1984, in: Ostkirchliche Studien 36 (1987) 334-335; Heinz Warnecke, Die tatsächliche Romfahrt des Apostels Paulus. Stuttgart 1987, in: Ostkirchliche Studien 36 (1987) 335-336; Nabil Selim Atalla, Coptic Icons - Les Icônes Coptes - Koptische Ikonen. Kairo 1986, in: Ostkirchliche Studien 37 (1988) 203; B. L. Carter, The Copts in Egyptian Politics. 1918-1952. Kairo 1988, in: Ostkirchliche Studien 37 (1988) 203-204; Gerhard Konzelmann, Der unheilige Krieg. Hamburg 1986, in: Ostkirchliche Studien 37 (1988) 346; Birger A. Pearson/James E. Goehring (Hrsgg.), The Roots of Egyptian Christianity. Philadelphia 1986, in: Ostkirchliche Studien 37 (1988) 347-348; Arnold Hottinger, Siebenmal Naher Osten. München 1988, in: Ostkirchliche Studien 38 (1989) 202; Rolf Italiaander (Hrsg.), Die Herausforderung des Islam: Göttingen 1965 = 1987, in: Ostkirchliche Studien 38 (1989) 331-332; Karam Kella, Die Koptische Liturgie. Hamburg 1989, in: Ostkirchliche Studien 39 (1990) 70; Samuel al-Syriany/Badii Habib, Guide to the Ancient Coptic Churches and Monasteries in Upper Egpt. Kairo 1990, in: Ostkirchliche Studien 39 (1990) 224-225; Wolfgang E. Pax, Das Milieu des Kreuzweges in Jerusalem. Dortmund 1992, in: Der Christliche Osten 47 (1992) 255; Siegbert Uhlig/Bairu Tafla, Äthiopistische Forschungen. Stuttgart 1985, in: Bulletin de la Société d'Archéologie Copte 31 (1992) 143-145; Alain u. Evelyn Chevellat, Moines du Désert d'Égypte. Lyon 1990, in: Ostkirchliche Studien 43 (1994) 215-216; Isaac Fanous, Drei »Ikonen-Büchlein«. Kairo, in: Kemet 4,1 (1995) 34-35; Robert u. Lilly Suter, Das Synaxarium. Das koptische Heiligenbuch. Waldsolms-Kröffelbach 1994, in: Kemet 4,2 (1995) 55 = Ostkirchliche Studien 44 (1995) 65-66; Albert Gerhards/Heinzgerd Brakmann (Hrsgg.), Die koptische Kirche. Einführung in das ägyptische Christentum. Stuttgart 1994, in: Ostkirchliche Studien 44 (1995) 212-214; Von Echnaton zu Jesus. Auf den Spuren des Christentum im Alten Ägypten. München 1993, in: Coptic Church Review 17 (1996) 76-78; Theodore Hall Partrick, Traditional Egyptian Christianity. A History of the Coptic Orthodox Church. Greesboro 1996, in: Der Christliche Osten 53 (1998) 62-63 = Oriens Christianus 83 (1999) 267-268; Wolfram Reiss, Erneuerung in der Koptisch-orthodoxen Kirche. Die Geschichte der Koptisch-orthodoxen Sonntagsschulbewegung. Hamburg 1998, in: Der Christliche Osten 53 (1998) 61-62 = Kemet 7,3 (1998) 73 = Oriens Christianus 83 (1999) 268-269 = Bulletin de la Société d'archéologie Copte 40 (2001) 139-140 (engl.); Pieternella Doorn-Harder/Kari Vogt (eds), Between desert and City. The Coptic Orthodox church Today. Oslo 1997, in: Kemet 7,4 (1998) 69; The Altar in the Midst of Egypt. Rez. Angelos Anbâ-Bisoî, The Altar in the Midst of Egypt, Stevenage, Coptic Orthodox Publishers Ass. 1997, in: Kemet 8,1 (1999) 62; Attaulah Siddiqui, Christian-Muslim Dialogue in the Twentieth Century. Houndmills 1997, in: Orient 39 (1998) 520-522 = Zeitschrift für Mission 25 (1999) 80-82; What Coptic Orthodox Christians believe. Rez. Markos R. Hanna, What Coptic Orthodox Christian believe. Los Angeles 1996, in: Kemet 9,2 (2000) 80-81; Dietmar W. Winkler, Koptische Kirche und Reichskirche. Altes Schisma und neuer Dialog. Innsbruck-Wien 1997, in: Bulletin de la Société d'archéologie Copte 40 (2001) 137-139; Khaled al-Massalmeh, Nationalismus im arabischen Raum. Hamburg 1999, in: Orient 41

(2000) 635-636 = Zeitschrift für Mission 27 (2001) 315-316; Ataullah Siddiqui, Ismail Raji al-Faruqi. Islam and other Faiths. Leicester 1998, in: Orient 41 (2000) 473-474 = Zeitschrift für Mission 27 (2001) 316-317; John H. Watson, Among the Copts. Brighton Portland 2000, in: Kemet 10,1 (2001) 82-83 = Zeitschrift für Mission 2 (2002) 186-187; Nabil S. Attalla, Coptic Icons I., II., III. Kairo 1998-2000, in: Kemet 10,4 (2001) 79-80; A. Nothnagle/H.J. Abromeit/F. Förster (Hrsg.), Seht, wir gehen hinaus nach Jerusalem. Festschrift zum 150jährigen Jubiläum von Talitha Kumi und des Jerusalemvereins. Leipzig 2001, in: Zeitschrift für Mission 28 (2002) 92-93; Mahmoud Zibawi, Koptische Kunst. Das christliche Ägypten von der Spätantike bis zur Gegenwart. Regensburg 2004, in: Kemet 14,1 (2005) 84; Elisabet Enß, Holzschnitzereien der spätantiken bis frühislamischen Zeit aus Ägypten. Wiesbaden 2005, in: Kemet 14,4 (2005) 79-80.

Mithrsg.: Coptica 2,2002-4,2005.

Lit.: Kürschners Deutscher Gelehrten-Kalender 1992, 2362; — John H. Watson, The Rev. Professor Otto Meinardus, in: The Independant 2.11.2005; — Gabriele Höber-Kamel, Otto F.A. Meinardus zum Gedenken, in: Kemet 15,1 (2006) 61.

Christian Weise

MEISSNER (auch Meißner), Otto Carl, dt. Verleger, * 28.7. 1819 in Quedlinburg, † 4.6. 1902 in Hamburg. — M. wurde als Sohn des preußischen Postmeisters von Quedlinburg, Johann Friedrich M. und seiner Ehefrau Maria Sophia, geb. Weiser, geboren. Er hatte eine Zwillingsschwester Otilia Carolina, mit der er am 31.7. 1819 durch Pastor Jena in der St. Servatius-Kirche Quedlinburg getauft wurde. Die Familie verzog 1820 in die Magdeburger Gegend, da der Vater sich dort ein besseres Fortkommen für seine zehnköpfige Familie erhoffte. M. erlernte in Magdeburg den Beruf des Buchhändlers und gründete im Revolutionsjahr 1848 in der Freien und Hansestadt Hamburg einen eigenen Verlag, der heute noch besteht. Karl Marx (s. d.) und Friedrich Engels (s. d.) suchten, um für ihre Schriften, besonders für Marx' Hauptwerk »Das Kapital. Kritik der politischen Ökonomie«, Zugang auf dem dt. Buchmarkt zu haben und die preußische Zensur zu umgehen, einen Verleger außerhalb Preußens. Dabei war zunächst an den Leipziger Verleger Otto Wigand gedacht worden, bei dem bereits Engels' Schrift »Die Lage der arbeitenden Klasse in England« 1845 erschienen war. Es erhielt aber M., der 1865 Engels' Schrift »Die deutsche Militärfrage und die deutsche Arbeiterpartei« verlegt hatte und der bereits 1860 in die nähere Auswahl genommen

worden war, den Zuschlag. Am 13.4. 1867 traf Marx M. in Hamburg u. übergab ihm das Manuskript des 1. Bds. des »Kapitals«. Allerdings wurde das Werk in Leipzig bei Wigands Sohn Hugo gedruckt, da bei M. »weder die Zahl der Drucker noch die Gelehrsamkeit der Korrektoren hinreichend war.« Jedoch war Marx mit der Geschwindigkeit des Bogendruckes in Leipzig unzufrieden u. forderte von M., »daß die ‚Leipziger' Methode nicht so fortgehen kann.« Auch die Idee der Dreiteilung des Werkes, dessen 2. bzw. 3. Bd. später von Engels herausgegeben wurden, stammte von M. Der Verlag des Hauptwerkes von Marx wurde E. d. 19. Jh. ein großer geschäftlicher Erfolg Meißners, folgten doch zu Lebzeiten Engels' noch zahlreiche Auflagen des Werkes: Bd. 1 (1867, 1872, 1883, 1890), Bd. 2 (1885, 1893), Bd. 3 (in 2 Büchern 1894). Er wurde aber nie der dt. Verleger der kommunistischen Weltbewegung, was auch von Marx u. Engels nicht vorgesehen war. So schrieb Engels am 5.10. 1860 an Marx: »..., ein deutscher Verleger, z. B. Meißner (der lange nicht der Biedermann ist, als den Du ihn Dir vorstellst, sieh nur seine Verlagskataloge an), hat ganz andere Macht, die conspiration du silence zu brechen.« Bei M. erschienen deshalb neben dem Kapital nur noch die 2. (1869) u. 3. (1885) Aufl. »Der Achtzehnte Brumaire des Louis Bonaparte« u. Engels' Streitschrift »In Sachen Brentano contra Marx« (1891).

Lit.: Taufreg. d. ev. Kirchengemeinde St. Servatii Quedlinburg, Jg. 1819, 57, Nr. 61, 62; — Einige Briefe zwischen Marx u. Engels aus den Jahren 1860-67, die Otto Meißner betreffen, in: Marx-Engels-Werke, Bd. 30, Berlin 1964 u. Bd. 31, Berlin 1974; — Otto Meißner u.»Das Kapital«, in: Börsenblatt für den dt. Buchhandel. Leipzig, 142. 1975, 84-87; — Lothar Berthold, Wie »Das Kapital« bei Otto Meißner erschien, in: URANIA 59 (1983) 11, 28-33; — Bernd Feicke, Otto Meißner, der Verleger des »Kapital« - ein bedeutender Sohn Quedlinburgs, in: Nordharzer Jb., Bd. XV, Halberstadt 1990, 39-47, Taf. 9-10; — Bernd Feicke, Ludwig Richter und der Harz, in: Quedlinburger Annalen, Jg. 8 (2005), 77 85, bes. 78, Taf. 25.

Bernd Feicke

MERLO, Teresa, die spätere Ordensschwester Tecla, gilt als Mitgründerin der Kongregation der Paulus-Schwestern. — Teresa Merlo wurde am 20. Februar 1894 als zweites Kind der Eheleute Ettore Merlo und Vincenza, geb. Rolanda, in Castagnito / Piemont, Italien geboren. Die Eltern besaßen einen eigenen Bauernhof, kleine

Ländereien und eine Imkerei. Neben einer religiösen Erziehung ermöglichten sie ihrer Tochter zunächst den Besuch der Grundschule. Teresa erhielt sehr gute Noten, jedoch verhinderte ihre schwache Gesundheit den Besuch der weiterführenden Schule in Guarene. Sie wurde deshalb privat unterrichtet. Teresa besuchte täglich die heilige Messe und arbeitete schon als junges Mädchen als Katechetin. Ihre Bewerbung bei den Schwestern von Cottolengo, die den Kindergarten betreuten, wurde aus gesundheitlichen Gründen abgelehnt. Teresa entschloß sich, Näherin und Stickerin zu werden und besuchte ab 1908 die Nähschule der Annaschwestern in Alba. Anschließend absolvierte sie Kurse zur Stickereimeisterin in Turin. 1911 eröffnete sie eine Näh- und Stickwerkstatt in ihrem Geburtsort und erteilte dort Nähunterricht und Religionsunterricht. Auf Bitten des Priesters Giacomo Alberione (1884-1971), des Gründers des Ordensverbandes der Paulus-Familie, wechselte Teresa im Sommer 1915 ihren Arbeitsort und arbeitete als Näherin und Lehrerin in der ebenfalls von Alberione neu eröffneten »Werkstatt für Frauen«. Alberione plante allerdings nicht den Ausbau der Nähschule, sondern die Gründung einer Kongregation mit männlichen und weiblichen Mitgliedern, die das Wort Gottes und die Lehre der katholischen Kirche mit Hilfe der Massenmedien verbreiten sollten. Schon im August 1914 hatte er eine kleine Druckerei - die »Schuldruckerei kleiner Arbeiter« - für Männer eröffnet, aus der später die Sankt Paulus-Gesellschaft entstehen sollte. — Teresa Merlo und weitere junge Frauen ließen sich von den Ideen Alberiones begeistern und gewannen neue weibliche Mitglieder dazu. Die Frauen erhielten geistlichen Unterricht und wurden gleichzeitig auf die Arbeit in der Druckerei vorbereitet. In der Näherei konnten neben Kleidung die ersten religiösen Bücher verkauft werden. Allmählich entwickelte sich aus der Werkstatt eine religiöse Gemeinschaft, deren Mitglieder private Gelübde ablegten. Teresa vertiefte ihre Arbeit in der Katechese und besuchte Kurse für Katechetinnen. Trotz Anfeindungen aus weltlichen und kirchlichen Kreisen wuchs die kleine Gemeinschaft weiter. Am 29. Juni 1918 erneuerten Teresa Merlo und zwei weitere Frauen vor Pater Alberione die Gelübde. Im Dezember 1918 entsandte er Teresa und andere Mitglieder der Paulus-Familie nach Susa. Auf Wunsch des Bischofs Guiseppe Castelli sollte das eingestellte Bistumsblatt »Valusa« wieder neu aufgelegt werden. Obwohl die berufliche Erfahrung fehlte, bewältigten sie die neuen Aufgaben und erreichten eine hohe wöchentliche Auflage des Bistumsblattes. Zusätzlich eröffneten sie einen Buchladen. Da im Buchladen ein großes Bild des Apostels Paulus hing, wurden die Frauen von den Kunden und Gemeindemitgliedern »Figlie di San Paolo« genannt. Die Figlie (,Schwestern') erhielten genügend Aufträge und erfuhren tatkräftige Unterstützung aus der Bevölkerung. Nach Exerzitien in Alba legten am 22. Juli 1922 neun Schwestern, darunter auch Teresa Merlo, die ewigen (privaten) Gelübde ab. Das Gelübde lautete: »Beim Abschluß unserer Exerzitien, vereint durch das Band der Liebe, legen wir die Gelübde der Keuschheit, des Gehorsams und der Armut ab und weihen uns für unser ganzes Leben dem Apostolat der guten Presse, um das Ideal des göttlichen Meisters zu leben; dabei schauen wir auf Maria, die Königin der Apostel, unter der Führung des heiligen Apostel Paulus.« (Agasso, 1993) Teresa Merlo nahm den Ordensnamen Tecla an. Mit diesem Zeremoniell konstituierte sich die Kongregation der Paulus-Schwestern. Die Frauen sollten sich nicht Schwestern oder Mutter nennen, sondern zur Ehre des göttlichen Meisters Maestre (Lehrmeisterinnen). Pater Alberione ernannte Maestra Tecla zur Generaloberin der neuen Gemeinschaft. Er blieb jedoch als »Primo Maestro« der Generaloberin weisungsbefugt. — Am 23. März 1923 verließ Maestra Tecla mit den anderen Schwestern Susa und kehrte nach Alba zurück. Gemeinsam mit den Paulus-Patres druckten und verbreiteten die Schwestern das Evangelium und andere religiösen Schriften. Maestra Tecla arbeitete wie alle anderen im Druck und Vertrieb und war zusätzlich für den Aufbau und Leitung der jungen Kommunität verantwortlich. Wenig später benötigte Alberione ihre Unterstützung bei der Gründung eines weiteren Zweiges seiner »Paulus-Familie«: Am 10. Februar 1924 gründete er die »Kongregation der Schwestern vom göttlichen Meister«. Ihr Apostolat besteht in der Pflege der immerwährenden eucharistischen Anbetung, der Arbeit im Dienst der Liturgie und der Unterstützung der Priester. Trotz der harten Arbeitsbedingungen, der intensiven und langen Gebetszeiten wuchsen die Gründungen Alberiones. Die Gemeinschaft der Paulus-Schwestern umfaßte im Jahr 1926 bereits 142 Frauen. Die kirchliche Anerkennung der Kongregation lehnte Papst Pius XI. zunächst ab. Die bischöfliche Anerkennung der Paulus-Schwestern erfolgte am 15. März 1929, die päpstliche erst am 15. März 1953. — Ab 1926 verließen männliche und weibliche Mitglieder die Gründungsstätte in Alba und begannen mit ihrer Arbeit in Rom. Danach sandte Alberione Paulus-Schwestern in viele Regionen Italiens, um Bücherläden zu eröffnen und das Wort Gottes zu verbreiten. Maestra Tecla begleitete die Schwestern zunächst persönlich und half bei der Gründung der Niederlassungen. Den Erfolg der Paulusschwestern zeigt eine Bilanz aus dem Jahr 1931: Die Schwestern hatten 246 italienische Diözesen besucht, 3000 Pfarrbibliotheken gegründet und 1.300.000 Abonnenten für die theologischen Zeitschriften der Paulus-Gesellschaft gewonnen. Im selben Jahr begannen Paulus-Schwestern und Patres ihren Dienst in Argentinien, Brasilien und in den Vereinigten Staaten. 1936 reiste Maestra Tecla zu ersten Visitationen ins Ausland und besuchte die neuen Niederlassungen in Nord- und Südamerika. Bis zu ihrem Lebensende sollte sie noch zahlreiche strapaziöse Auslandsreisen durchführen. Im Herbst desselben Jahres folgte sie Pater Alberione nach Rom und richtete dort das Generalat ein, dem ein Haus für das Noviziat und ein Studienhaus für Kurse in Theologie und Philosophie folgten. Alberione wünschte, daß die Schwestern neben der Arbeit in Druckerei und Vertrieb auch redaktionelle Tätigkeiten übernehmen sollten. Maestra Tecla förderte die unterschiedlichen Fähigkeiten der Schwestern. Nach den entsprechenden Ausbildungen arbeiteten sie als Autorinnen, Schriftleiterinnen und Herausgeberinnen. Sie entwickelten sich als Spezialistinnen für Presse, Verlagswesen, Radio und Film. — Alberione gründete 1938 seine vierte Kongregation: »Die Schwestern Jesu, des Guten Hirten«, die sich vor allem der sozialen und pastoralen Aufgaben in den Pfarrgemeinden widmen. Maestra Tecla half auch bei dieser Gründung mit und stand in der Anfangsphase den Schwestern der neuen Gemeinschaft als Beraterin zur Verfügung. In den Wirren der folgenden Kriegs-

jahre half sie vielen Notleidenden und gewährte flüchtenden Benediktinerinnen Unterkunft und Verpflegung. Nach Kriegsende führte Maestra Tecla viele Auslandsreisen durch. Sie besuchte weltweit die Niederlassungen der Kongregation. Auch nach ihrer Erkrankung an Brustkrebs (1957) setzte die Generaloberin ihre Besuche fort und unterstützte die Schwestern. Im Juni 1963 erlitt sie einen Schlaganfall, dem weitere folgten. Am 5. Februar 1964 starb sie unter dem geistlichen Beistand Alberiones in der Klinik ,Regina Apostolorum' in Albano. Ihre Beisetzung erfolgte zunächst auf dem römischen Friedhof Verano, drei Jahre später fand die Überführung der sterblichen Überreste in die Krypta der Kirche Regina Apostolorum statt. Am 22. Januar 1991 erließ Papst Johannes Paul II. ein Dekret, das die »heroische Tugend« Tecla Merlos bestätigt und ihr »Verehrungswürdigkeit« zuspricht. Aus der kleinen Gründung in Alba entwickelte sich ein Weltunternehmen. Mittlerweile sind etwa 2500 Paulus-Schwestern in 50 Ländern in 260 Niederlassungen tätig und verkünden den Glauben mit allen modernen Kommunikationsmitteln. Sie arbeiten in Verlagshäusern, Buchhandlungen und Medienzentren, produzieren Radio- und Filmsendungen, Videofilme, Musik und CD-Roms und bilden Medienpersonal aus.

Quellen und Lit.: Agasso, Domenico: Tecla Merlo, Eine Frau auf Sendung, München, Zürich, Wien 1993; — Nies, Hildegard: Giacomo Alberione, Der unermüdliche Medienapostel, Straßburg 1999; — Stamm, Heinz-Meinolf: Alberione Giacomo, in: Lexikon für Theologie und Kirche, Freiburg im Breisgau, Basel, Rom 1993; — Faltblatt der Paulus-Schwestern: Seliger Don Giacomo Alberione, Gründer der Paulusfamilie, Apostel der Kommunikation, Nürnberg 2003.

Webseiten: www.paulus-schwestern.de (07.06.2008), www.pddm.org (08.06.2008)

Ulrich Füsser

MÖNGKE, Großkhan der Mongolen (1250-1259), Möngke war der am 10.1. 1209 geborene ältere Bruder des Großkhans Kubilai (1260-1294) und des Ilkhans (Herrschers im Orient) Hülägü (1250-1265); sein Vater war Tolui († 1232), der jüngste Sohn Dschingis Khans und seine Mutter die Christin Sorqaqtani Beki († 1252), die Nichte des christlichen Mongolenfürsten Togoril († 1203), der ein Urbild des Mythos vom christlichen Priesterkönig Johannes war.

Die Könige der Keraiten waren ostsyrische (»nestorianische«) Christen. Nach der Unterwerfung der Keraiten durch Dschingis Khan heirateten seine Nachkommen über Generationen hinweg christliche Keraiten-Prinzessinnen. Die genealogischen Zusammenhänge sind durch die 1252/60 in der Reichshauptstadt Karakorum verfaßte »Geheime Geschichte der Mongolen«, die »Geschichte des Welteroberers« (Târikh-e Jahân Goshây) des Persers Juvaini - den Möngke 1259 zum Gouverneur von Bagdad ernannte - und die bis 1304 reichende »Weltgeschichte« des persischen Geschichtsschreibers Rashid ad-Din belegt. Der syrische Geschichtsschreiber Grigorius Barhebraeus behauptete, daß auch Güyük, der Sohn und erste Nachfolger von Dschingis Khan, Christ gewesen sei. Der Ilkhan Hülägü heiratete die Christin Doquz Khatun, die vorher eine Frau seines Vaters Tolui gewesen war. — Möngke nahm als junger Mann an den Feldzügen der Mongolen in Europa und in den Kaukasus (1236-1241) teil; am 6.12. 1240 nahm er Kiew, die »Mutter der russischen Städte«, ein. Er wurde von seiner Mutter und seinem Vetter auf dem Qurultai (Reichstag) von 1248 als Nachfolger des Großkhans Güyük vorgeschlagen. Er ließ mehrere Thronanwärter des Hauses Ögödei entmachten, verbannen und hinrichten, wie z. B. 1251 den General Eldschigidei, der 1247 zur Unterwerfung des Westens ausgeschickt worden war. Fortan herrschte er über das gesamte mongolische Reich als Großkhan; in Rußland aber regierte ab 1237 Batu († 1255), ein Vetter Möngkes, als Khan des Reichs der »Goldenen Horde«, der Möngke 1250 auf einer Vorversammlung des Reiches als Großkhan vorschlug; damit war die Ögödei-Linie von der Nachfolge ausgeschlossen. — Auf einem Qurultai des Jahres darauf wurde der neue Großkhan am 1.7. 1251 bestätigt, der auch Münzen schlagen ließ; sein Name wurde als einziger Khan auf allen Reichsmünzen genannt. 1251/53 traf Juvaini als Begleiter des Statthalters von Chorassan im Iran Möngke an seinem Hof. Möngke unternahm 1253, 1254, 1255 und 1258 Feldzüge nach Korea und installierte 1253 auf einem Qurultai seinen Bruder Hülägü als Herrscher im Orient, der hier eine weitere Nebenlinie der Khanfamilie begründete. Er war ein strenger aber gerechter Herrscher, der die Traditionen der Mongolen respektierte und den Herrschafts- und Verwaltungsapparat des Reiches modernisierte. Nach dem Tod Batus (1255) wurde er Alleinherrscher bei den Mongolen. Er begünstigte die »Apostolische Kirche des Ostens« (Nestorianer), aber auch den Buddhismus und Taoismus. 1256 wurde am Hof des Khans ein buddhistisches Konzil abgehalten, auf dem die Taoisten überführt wurden, die buddhistischen Quellen zu verfälschen. Den Bonzen K'ai Yüan machte er zum Führer der Buddhisten seines Reiches. — Papst Innozenz IV. (1243-1254) suchte die Mongolen als Bündnispartner gegen den Islam zu gewinnen und schickte im März 1245 den Franziskaner Johannes von Piano Carpine zum Großkhan Güyük, der mit einem Brief des Khans an den Papst zurückkehrte, in dem er die Unterwerfung als Vorbedingung für ein Bündnis forderte. Der zweite Gesandte zum Großkhan war Andreas von Longjumeau, der 1249 den Khan aufsuchte; vermutlich traf er bereits mit Möngke zusammen, da Güyük 1248 gestorben war. Der dritte Gesandte Simon von St. Quentin erreichte in Armenien 1247 den Mongolen-General Baidschu. Der Franziskaner Wilhelm von Rubruk erhielt 1253 von König Ludwig IX. von Frankreich den Auftrag, an den Hof Möngkes zu reisen, um mit dem Khan Kontakt aufzunehmen. Er berichtete, daß Möngkes Kanzler Bolgai ein ostsyrischer Christ gewesen sei; der Oberpriester Jonas sei mit einer Union mit Rom einverstanden gewesen. Der armenische Mönch Sergius diente ihm als Dolmetscher; dieser versuchte sich auch erfolglos als Leibarzt bei Möngkes Gemahlin Coca. Möngke war nicht bereit, Rubruk eine dauernde Aufenthalts- und Missionierungs-Genehmigung zu geben. — Am 26.12. 1253 traf Rubruk im etwa zehn Tagereisen von der Hauptstadt Karakorum entfernten Winterlager Möngkes ein, am 5.4. 1254 kam er in Karakorum an, wo er am Osterfest in einer ostsyrischen Kirche zelebrieren konnte. Am 4.1. 1254 erhielt er eine Audienz bei Möngke, bei der ein »Nestorianer« dolmetschte und bei der er den Brief Ludwigs IX. vorlegte, der beim Großkhan auf wenig Verständnis stieß. Zu Wilhelms Entsetzen hielt man das Empfehlungsschreiben Ludwigs IX. für ein Bündnisangebot. Eine Allianz wollte Möngke mit dem König jedoch nur schließen, wenn dieser sein Vasall werde. »Euch hat Gott die Heilige Schrift gegeben, aber ihr

Christen haltet sie nicht«, sagte Möngke zu Rubruk. Im Verlauf seines Aufenthaltes bei Möngke erwarb er mit Hilfe einer der Gemahlinnen des Großkhans einige Grundkenntnisse im Mongolischen. Die ostsyrischen Christen ließen die Interkommunion mit den Lateinern zu. Möngkes Gemahlin Kutuktai war eine nestorianische Christin. Vor Möngke kam es am 30.5. 1254 auch zu einem Religionsgespräch, bei dem lateinische und ostsyrische Christen zusammenarbeiteten und mit Taoisten und dem buddhistischen Mönch Na-mo diskutierten. Möngke schrieb König Ludwig IX. einen Brief, in dem er ihm zur Unterwerfung aufforderte. Er stellte ihn vor die Entscheidung, durch bedingungslose Unterwerfung den Frieden zu wahren oder sich den Zorn Gottes zuzuziehen. Rubruk sammelte in Karakorum auch Material über den mythischen Priesterkönig Johannes und trat am 10.7. 1254 die Heimreise an, ohne mit seiner Mission Erfolg gehabt zu haben. Auf dem Rückweg begegnete Rubruk dem armenischen König Hethum I. von Kilikien, der bereits 1247 den General Sempad zum Großkhan Güyük geschickt hatte, um sich mit den Mongolen zu arrangieren und jetzt selbst dem Großkhan Möngke am 13.9. 1254 in einer Audienz die Unterwerfung anbot. Nach dem Bericht des armenischen Geschichtsschreibers Kirakos von Gantzag erhielt Hethum ein »Yarligh« genanntes Diplom, in dem Hethum unter seinen Schutz gestellt wurde, ebenso aber auch die Kirchen von der Steuer befreite. Möngke machte ihm Zugeständnisse für die armenische Kirche; Hethum erhielt die Rolle eines Beraters für christliche Angelegenheiten und versprach, sich am Feldzug gegen den Islam zu beteiligen. Der armenische Geschichtsschreiber Hethum von Korykos berichtet in seinem Werk »Flor des estoires d' Orient«, daß Möngke ihm die Versicherung gab, sein Bruder Hülägü werde Bagdad angreifen und das Kalifat des »Todfeindes« zerstören. Unglaubwürdig ist jedoch sein Bericht von der Taufe des Khans. Im Juli 1255 kehrte Hethum nach Kilikien zurück. Ludwig IX. und Hethum wollten nicht begreifen, daß die Mongolen nur an Vasallen interessiert waren und im Orient keine eigenständige Macht neben der ihrigen duldeten. Ein eigenständiger christlicher Staat war für sie ebenso inakzeptabel wie ein eigenständiges muslimisches Kalifat. — Möngke gab der seit Großkhan Ögödei stagnierenden Expansion des Mongolenreiches neue Impulse. Seinem Bruder Kubilai übertrug er den Feldzug gegen das chinesische Sung-Reich, dessen bereits eroberte Gebiete er ihm 1251 unterstellt hatte; er überließ ihm dabei als Erbteil die Provinz Honan und ganz China zwischen dem Jangtsekiang und dem Gelben Fluß. Das gesamte Gebiet von Yünnan kam unter die Kontrolle der Mongolen, die sich in China fest etablierten; auch die Tibeter erkannten die mongolische Lehnsherrschaft an. 1257 erfolgte der Angriff auf das Königreich Annam mit Hanoi in Vietnam. 1258 entschloß Möngke sich auf einem Qurultai in der Mongolei, selbst die Führung des Krieges gegen China zu übernehmen. Im Oktober 1258 drang er in Szetschuan ein, eroberte das Tai-Reich von Nanchao und starb am 11.8. 1259 in der Nähe der heutigen Stadt Hoch'üan (Ssuch'uan) an der Ruhr, nachdem er bis zum Tod am schamanistischen Glauben seiner Ahnen festgehalten hatte. Gleichzeitig hatte Kubilai das Sung-Reich vom Süden her angegriffen. Da Kubilai die Nachfolge bei den Mongolen regeln wollte, schloß er einen Friedensvertrag, in dem der Yangtse als Grenze zwischen dem Sung-Reich und den Mongolen fixiert wurde. — Hülägü († 1265) traf auf dem Weg in den Iran erst 1255 in Samarkand ein. Es kam zu Auseinandersetzungen mit dem Khanat der »Goldenen Horde«, vor allem mit Batus Bruder Berke, der 1257 das Khanat übernahm und zum Islam übertrat. Möngke unterstellte das Gebiet des Kaukasus seinem Bruder Hülägü, der Alamut, die Hauptfestung der Assassinen, bezwang und 1257 bis Täbris vordrang. Beim Vormarsch der Mongolen auf Bagdad traten viele Christen auf die Seite der Mongolen, zumal Hülägüs Gemahlin Doquz Khatun Christin war; der neue Ilkhan wurde sogar als »neuer Konstantin« gefeiert; der westsyrische Geschichtsschreiber Gregorius Abufaradj »Barhebraeus« läßt mit Hülägü die 11. Dynastie der Weltherrscher in seiner Chronik beginnen. 1258 wurde Bagdad, das Zentrum des Islam, erobert und dem Erdboden gleich gemacht. Die Hoffnung der Christen, mit Hilfe der Mongolen die vom Islam eroberten einst christlichen Gebiete wieder zurück zu gewinnen, erfüllten sich jedoch nicht. Immerhin ließ Hülägü in Tiflis - also in christlichen Gebieten - Münzen mit der Umschrift »Im Namen des Vaters, und des Sohnes, und des Heiligen Geistes, des einen Gottes«, prägen. Es folgte 1259/60 die Eroberung von Aleppo und Damaskus; 1260 wurde der Vormarsch der Mongolen jedoch vom Mamelukengeneral Baibars beendet; die Nachricht vom Tod Möngkes mahnte die Mongolen zur Vorsicht. Hülägü begnügte sich fortan mit dem Ilkhanat über den Iran. Die mongolischen Teilreiche konnten sich zum Teil noch Jahrhunderte in Zentralasien behaupten.

Quellen: Wilhelm von Rubruk: Reise zu den Mongolen 1253-1255, übers. u. erl. v. Friedrich Risch, Leipzig 1934; Juvaini Ala-ad-Din Ata-Malik: The History of the World-Conqueror, 2 Bde, hrsg. v. John Andrew Boyle, Manchester 1958; Rashid al-Din: The Successors of Gengis Khan, ed. by John Andrew Boyle, New York-London 1971; Abramowski W.: Die chinesischen Annalen des Möngke, in: Zentralasiatische Studien 13, 1979, 7-71; Hethum von Korykos: Geschichte der Mongolen, hrsg. v. Wilhelm Baum, Klagenfurt 2006.

Lit.: Steven Runciman: A History of the Crusaders, vol. III: The Kingdom of Acre and the later Crusades (1951), Cambridge 1996; — Bertold Spuler: die Goldene Horde. Die Mongolen in Rußland 1223-1502, 2.Aufl. Wiesbaden 1965; — Anna Dorothee von den Brincken: Eine christliche Weltchronik von Qara Qorum, in: Archiv für Kulturgeschichte 51, 1969, 1-19; — René Grousset: Die Steppenvölker. Attila - Dschingis Khan - Tamerlan, Essen 1975; — Gian Andri Bezzola: Die Mongolen in abendländischer Sicht (1220-1270), Bern-München 1975; — Jean Richard: La Papauté et les Missions d' Orient au Moyen Age, Rom 1977; — Wilhelm von Rubruk: Reisen zum Großkhan der Mongolen. Von Konstantinopel nach Karakorum 1253-1255, hrsg. v. Hans Leicht, Stuttgart 1984; — Die Mongolen. Beiträge zu ihrer Geschichte und Kultur, hrsg. v. Michael Weiers, Darmstadt 1986; — Die Mongolen, hrsg. v. Walther Heissig u. Claudius C. Müller, Innsbruck-Frankfurt 1989; — Geheime Geschichte der Mongolen. Herkunft, Leben und Aufstieg Cinngis Quans, hrsg. v. Manfred Taube, München 1989; — Felicitas Schmieder: Europa und die Fremden, Sigmaringen 1994; — Johannes Gießauf: Die Mongolengeschichte des Johannes von Piano Carpine, Graz 1995; — Hans Eberhard Mayer: Geschichte der Kreuzzüge, 8. Aufl., Stuttgart 1995; — Wilhelm Baum: Die Verwandlungen des Mythos vom Reich des Priesterkönigs Johannes, Klagenfurt 1999; — Dschingis Khan und seine Erben. Das Weltreich der Mongolen, Wien 2006.

Wilhelm Baum

MÖRCHEN, Hermann, deutscher Philosoph, Religions- und Literaturwissenschaftler, evangelischen Bekenntnisses, geboren 27.4. 1906 in Köselitz bei Coswig (Anhalt), gestorben 6.5. 1990 in Frankfurt-Niederrad. — H.M. entstammte väterlicherseits einer Pastorenfamilie, Mutter Hildegard Hachtmann war eine Enkelin des Bisch. v. Holstein, Wilhelm Koopmann; der Vater war P. in Köselitz. H.M. wuchs mit zwei Brüdern auf und bestand 1924 sein Abitur in Köthen (Anhalt). Im selben Jahr begann er ein Studium der Philosophie, Germanistik und Anglistik in Halle (im zweiten Semester stand dann das Studium der Theologie bei Hermann Gunkel im Vordergrund), das ihn 1925 nach Marburg führte (trotz enger finanzieller Verhältnisse, da seine Brüder gleichzeitig studierten), wo er Theologie bei Rudolf Bultmann und Rudolf Otto, Philosophie bei Martin Heidegger studierte. Im Sommersemester 1927 nahm er an einem von Bultmann und Heidegger gemeinsam veranstalteten Seminar zu »Luthers Kommentar zum Galaterbrief« teil. Im Folgejahr promovierte sich H.M.; Thema der Dissertation »Die Einbildungskraft bei Kant« (Doktorvater Martin Heidegger, mit dem er bis zu Heideggers Tod 1976 in Kontakt stand; ebenso aktive Beteiligung in der Martin-Heidegger-Gesellschaft). 1929 nahm er an den Davoser Hochschulkursen teil, wo auch die berühmte Disputation zwischen Heidegger und dem Neukantianer Ernst Cassirer stattfand. Im selben Jahr legte er sein 1. Staatsexamen in den Fächern Theologie, Germanistik, Anglistik und Philosophie, zwei Jahre später sein 2. Staatsexamen in Kassel ab. 1931 heiratete M. Gertrud Wilhelmy, mit der er 4 Kinder hat. In der Folge arbeitete er als Religionslehrer an einer Privatschule in Salem, danach in Bad Ems (als Studienassessor), Montabaur und Frankenberg/Eder. Ende 1940 erhielt er einen Einberufungsbefehl und wurde als Funker in Ostpreußen, der Ukraine, Finnland und Schlesien eingesetzt (M. war Mitgl. der SA); während dieser Zeit intensive und vielfältige Befassung mit Philosophie (1942 »Philosophische Kriegsbriefe«). 1945 geriet H.M. in russische Kriegsgefangenschaft (bis 1949), wo er verschiedene Tätigkeiten (Erdarbeiter, Handlanger, Schreiber) ausübte und versuchte, ein »geistiges Leben« aufzubauen durch Lesungen aus dem Markusevangelium, Vorträge über Goethe und eine religionsgeschichtliche Vortragsreihe über die »Entstehung der Bibel«, die verboten wurde; mehrfache Erkrankungen in dieser Zeit. 1949 wurde er als Lehrer in Frankfurt a.M. eingestellt, ein Jahr später als Studienrat (1971 als Studiendirektor pensioniert). M. war von 1954-1978 freier Mitarbeiter am Feuilleton der Frankfurter Allgemeinen Zeitung. — In Anlehnung an

Hans Jonas' »Prinzip Verantwortung« kann bei H.M. von einem »Prinzip Kommunikation« (Willfred Hartig) gesprochen werden. Dieses exemplifizierte er in ausgereifter Form in seinem Spätwerk über Heideggers und Adornos »Diskussionsverweigerung« (1980 »Macht und Herrschaft im Denken von Heidegger und Adorno«, 1981 »Adorno und Heidegger. Untersuchung einer philosophischen Kommunikationsverweigerung«). M. bahnte einen »posthumen Dialog« zwischen beiden Denkern systematisch an, ausgerichtet auf den Abbau von Vorurteilen; dies war gleichsam sein Motiv. Auf diese Art und Weise befaßte sich H.M. mit theologischen und philosophischen Fragestellungen und literarischen Werken (etwa Interpretationen biblischer Texte, wo christliche Wahrheit in Dialog mit dem Denken Heideggers stand oder der Dichtung Rilkes). Diese Inter-kommunikation zwischen verschiedenen Bereichen (Denken, Glauben, Dichten) extendierte er auch auf den »Streit der Fakultäten« (1984 »Zur Offenhaltung der Kommunikation zwischen der Theologie Rudolf Bultmanns und dem Denken Martin Heideggers«), der seit Descartes nicht mehr wirklich existiert, und auf die Interpretationsmöglichkeiten hinsichtlich verschiedener Autoren (1970 »Die Einbildungskraft bei Kant«, 2. Aufl., Vorwort). H.M. machte sich auf Vorurteilssuche und versuchte dann, die Vorurteile als unhaltbar aufzulösen; Ausgangspunkt war Heideggers Existenzdenken (»Martin Heideggers Ratschlag: ‚Lernen Sie un-ent-wegt, jedoch beirrt, das Handwerk des Denkens!'«). Erste Zeichen für sein Ansinnen in diese Richtung war im Entschluß H.M.s 1926 ersichtlich, nicht der »Akademischen Vereinigung« beizutreten, in der sich die meisten der entschiedenen Bultmann- und Heidegger-Gefolgsleute zusammengefunden hatten, nachdem sich M. zuvor intensiv mit verschiedenen Richtungen der evangelischen Theologie befaßte. H.M. war der Auffassung, daß je konkreter die Menschen, auch am Beispiel Martin Heideggers, die Zugehörigkeit der Irre zu *aller* Wahrheit erfahren, um so wacher wird ihr *Fragen* und um so weniger *begnügen* sie sich bei dem, was sie schon begriffen zu haben wähnen. H.M. hat zahlreiche kleinere Arbeiten, Aufsätze, Buchbesprechungen und Korrespondenzvorträge verfaßt. Die Aufsätze und Vorträge aus den Jahren 1953-1990 wurden anläslich seines 100. Geburtstages 2006 veröffentlicht; ein umfangreicherer Band ist geplant.

Werke (in Auswahl): Die Einbildungskraft bei Kant, 1930 (2. Aufl. 1970); Philosophische Kriegsbriefe, in: Blätter für Deutsche Philosophie 15/1942, 444-455 (zus. m. O.F. Bollnow); Rilkes Grabspruch, in: ZphF 1953, 80-88; Historie und Legende, in: Schriftenreihe der Evangelischen Akademien 4/1956, 20-36; Bibel-Interpretationen, in: Evangelischer Kirchenbote 1956-1965; Heidegger in der Schule, in: Pädagogische Provinz 12/1958/9, 452-463 (Neufassung 1989 in: ders., Denken-Glauben-Dichten-Deuten. Aufsätze und Vorträge aus den Jahren 1953 bis 1990, hrsg. v. Ulrich Mörchen und Willfred Hartig, 2006, 84-97); Rilkes Sonette an Orpheus, 1958; Die Geschichtlichkeit des Legendarischen, in: Pädagogische Provinz 13/1959/78, 356-368; »Die Weltlichkeit der Welt«. Ein Kapitel aus »Sein und Zeit«, 1959 (2. Aufl., 1964); Soll Rosenberg wirklich das letzte Wort behalten? Eine Frage an Jürgen Habermas, in: Frankfurter Hefte 14/1959/7, 535-537; Eine Möglichkeit, mit Heidegger anzufangen, in: Pädagogische Provinz 14/1960/2, 109-112; Die Wahrheitsfrage des Kindes, in: Pädagogische Provinz 15/1961/5, 241-251; H.M. (Hrsg.), Dieter Bassermann, Der andere Rilke. Gesammelte Schriften aus dem Nachlaß, 1961; »Es spricht«. Sprachphilosophische Elemente im Bildungsvorgang, in: Pädagogische Provinz 16/1962/9, 419-431; Rilkes Gedicht »Auferweckung des Lazarus«, in: Pädagogische Provinz 18/1964/11, 645-659; Muttersprache ohne Vaterland. Zur Revision des nationalistischen Selbstverständnisses der Germanistik und des Deutschunterrichts, in: Pädagogische Provinz 22/1968/3, 202-212; Sein als Ereignis, zu zwei Gedichten Rilkes an Madeleine Broglie, in: Alles Lebendige meinet den Menschen. Gedenkbuch für Max Niehans, 1972, 141-150; Macht und Herrschaft im Denken von Heidegger und Adorno, 1980; Adorno und Heidegger. Untersuchung einer philosophischen Kommunikationsverweigerung, 1981; Zur Offenhaltung der Kommunikation zwischen der Theologie Rudolf Bultmanns und dem Denken Martin Heideggers, in: Bernd Jaspert (Hrsg.), Rudolf Bultmanns Werk und Wirkung, 1984, 234-252; H.M. (Hrsg.), Martin Heidegger, Vom Wesen der Wahrheit. Zu Platons Höhlengleichnis und Theätet, GA, Bd. 34, 1988 (2. Aufl. 1997); Heideggers Satz: »'Sein' heißt ‚An-wesen'«, in: Martin Heidegger: Innen- und Außenansichten, hrsg. v. Forum für Philosophie Bad Homburg, 1989, 176-200; Heidegger und die Marburger Theologie, in: Peter Kemper (Hrsg.), Martin Heidegger. Faszination und Erschrecken. Die politische Dimension seiner Philosophie, 1990, 72-85; Denken-Glauben-Dichten-Deuten. Aufsätze und Vorträge aus den Jahren 1953 bis 1990, hrsg. v. Ulrich Mörchen und Willfred Hartig, 2006; Zwölf Thesen zu Heideggers Satz: »'Sein' heißt ‚Anwesen'«, in: ders., ebd., 68f.; Martin Heideggers Ratschlag: »Lernen Sie un-ent-wegt, jedoch beirrt, das Handwerk des Denkens!«, in: ders., ebd., 70-83; Zur Frage der Beichte in der evangelischen Kirche, in: ders., ebd., 131-138; In deiner Kreuzesnot. Der Karfreitag in deutschen Gedichten, in: ders., ebd., 234-252; Seinsdenken und Herrschaftskritik, in: ders., ebd., 284-298.

Lit.: Jürgen Habermas, Antwort auf H.M., in: Frankfurter Hefte 14/1959/7, 537; — Hans-Peter Hempel, Heideggers

Weg aus der Gefahr, Meßkirch 1993; — Ulrich Mörchen/Willfred Hartig, Einleitung, in: H.M., Denken-Glauben-Dichten-Deuten. Aufsätze und Vorträge aus den Jahren 1953 bis 1990, hrsg. v. Ulrich Mörchen und Willfred Hartig, 2006, 12-17.

Markus Porsche-Ludwig

MORÉLY, Jean, französischer Gelehrter, * 1524 in Paris, † 1594 vermutlich in London. — Jean Morély ist durch verschiedene Kontroversen innerhalb des reformierten Protestantismus bekannt geworden. Detaillierte Informationen zu seiner Biographie sind nur im Kontext dieser Auseinandersetzungen erhalten, über seine frühen und späten Jahre existieren nur spärliche Mitteilungen. Klar ist, daß Morély einer einflußreichen adligen Pariser Familie entstammte. Sein Vater, Arzt am Hof Franz I., beabsichtigte für den Sohn eine breite humanistische Ausbildung. Morély begann sein Studium in Bordeaux, siedelte jedoch bald, vermutlich aus religiösen Gründen, in die Schweiz über. Spätestens 1547 trat er als zum Protestantismus konvertierter humanistischer Gelehrter in Erscheinung. Zunächst hielt sich Morély in Zürich auf, bcvor er nach mehreren Reisen (u.a. nach Wittenberg und London) in den 1550er Jahren in Genf als Geschäftsmann sesshaft wurde. — Im Zusammenhang mit der Verschwörung von Amboise im Jahr 1560 geriet Morély zum ersten Mal in Konflikt mit der Genfer Pastorenschaft. Aus vermeintlich zuverlässigen Quellen hatte er gehört, die auf Entführung des französischen Königs zielende Aktion militanter Protestanten habe von Genf aus Unterstützung erhalten, insbesondere auch von Calvin und Beza. Da diese Unterstellung von diplomatischer Brisanz war, kam es zum Prozeß, in dessen Verlauf auch Antoine de la Roche Chandieu, einer der führenden Pastoren in Paris, der Teilnahme an der Verschwörung beschuldigt wurde. Morély verlor die gerichtliche Auseinandersetzung, erhielt jedoch nur eine vergleichsweise geringe Strafe. Schwerer wog das zerbrochene Vertrauensverhältnis zu Calvin, Beza und Chandieu. Daß dies eine schwere Hypothek darstellte, zeigte sich zwei Jahre später, als Morély seinen »Traicté de la discipline et police chrestienne« publizierte (Lyon 1562), in dem ein stärkeres Mitbestimmungsrecht der Gesamtgemeinde gefordert wurde. Die in Genf institutionalisierte Konzentration von Kompetenzen bei der Pastorenschaft und der gleichzeitige Ausschluß des einfachen Gemeindegliedes in disziplinarischen Angelegenheiten werden von Morély als schriftwidrig verurteilt. — Das Buch war nicht in polemischer Absicht geschrieben worden, sondern als Diskussionsbeitrag für die kurze Zeit später stattfindende französische Nationalsynode in Orleans gedacht, weil sich der französische Protestantismus in seinen Strukturen eng an die Genfer Kirchenordnung angelehnt hatte. Da Antoine de la Roche Chandieu den Vorsitz auf der Nationalsynode innehatte und die Diskussionen dort entscheidend beeinflussen konnte, wurden Morélys Vorschläge schroff zurückgewiesen. Nach Genf zurückgekehrt wurde der Autor vor das Konsistorium gerufen. Morely bat das Gremium ohne Erfolg, seinen Standpunkt schriftlich verteidigen zu dürfen. Als er auf dem Recht, eine inhaltliche Verteidigung verfassen zu dürfen, insistierte, wurde er exkommuniziert. Um einer sicher erscheinenden Verurteilung durch die weltliche Obrigkeit zu entgehen, entschied sich Morély zur Flucht. Nach Frankreich zurückgekehrt bemühte sich Morély in den folgenden Jahren um einen Ausgleich mit den Verantwortlichen der französischen reformierten Kirche. Dieser scheiterte und führte zu einer ausführlichen Widerlegung von Morélys Thesen durch Antoine de la Roche Chandieu mit der Schrift »La confirmation de la discipline ecclesiastique observee es eglises reformees du royaume de France...« (1566). Trotz des ungelösten Konfliktes gelang es Morély, eine Anstellung als Prinzenerzieher am Königshof von Navarra zu bekommen. Dort erarbeitete er sich rasch einen guten Ruf als Lehrer des späteren Königs Heinrich IV., wurde jedoch auf Druck der orthodoxen Pastoren bereits nach wenigen Monaten entlassen. — Trotz der klaren Stellungnahme der Genfer Kirche, der eindeutigen Verurteilung durch die Nationalsynode in Orleans und der andauernden Opposition durch die führenden reformierten Pastoren Frankreichs bildete sich eine Fraktion um Morély herum, der sich prominente Persönlichkeiten wie Petrus Ramus anschlossen. Aus diesem Grund mußten sich noch weitere französische Nationalsynoden mit Morélys Thesen zur Kirchenverfassung auseinandersetzen. Erst das Massaker der Bartholomäusnacht beendete 1572 den innerprotestantischen Streit, weil führende Unterstützer Morélys entweder ihr Leben verloren oder ihrem Glauben abschworen. Morély selbst floh nach England. Über seine Tätigkeit dort, die Rückkehr nach Paris 1578 bis in die 1580er Jahre, ist nicht viel bekannt. 1589 veröffentlichte er in London die beiden Schriften »De ecclesia ab antichristo ... liberanda« (das Buch wurde bereits wenige Jahre später ins Deutsche übersetzt) und »La vray Agnus Dei«. — Die Bedeutung Morélys liegt in seinem vom Genfer Modell abweichenden Kirchenverständnis. Trotz mehrfacher klarer Verurteilung konnte der französische Gelehrte in Frankreich weiter Einfluß ausüben, so daß davon auszugehen ist, daß die enge Anlehnung des französischen Protestantismus an das Genfer Modell stärkeren Widerspruch provoziert hat, als gemeinhin in der Forschung angenommen.

Werke: Traicté de la discipline et police chrestienne, Lyon 1562 (Reprint: Genf 1968); De Ecclesia ab Antichristo per eius excidium liberanda, eaque ex Dei promissis beatissime reparanda Tractatus, London 1589; dt. Übersetzung: Außrottung deß Antichrists: das ist: Außlegung der Offenbarung S. Johannis: Wie vermittelst Außrottung deß Antichrists, die Christenliche Kirchen von jm erlediget ... werden mögen. Deme angehenckt eine ... gewisse Maß den Streit auffzuheben von dem ... Abendtmal deß Herrn / Ioannes Morelius. Durch Fridericum Kranmeyr ... jn ... teutsche Sprach vertiert, Hanau 1594; Le vray agnus dei pour descharmer le peuple francois..., London 1589.

Lit.: Auguste Huc-Mazelet, Jean Morély et son Traicté de la discipline et police chrestienne, Lausanne 1866; — Jürgen Moltmann, Zur Bedeutung des Petrus Ramus für Philosophie und Theologie im Calvinismus, in: Zeitschrift für Kirchengeschichte, 68 (1957), 295-318; — Eugénie Droz, Autour de l'affaire Morély: La Roche Chandieu et Barth. Berton, in: Bibliothèque d'Humanisme et Renaissance 22 (1960), 570-577; — Robert M. Kingdon: Calvinism and Democracy: Some Political Implications of Debates on French Reformed Church Government, 1562-1572, in: The American Historical Review 69 (1964), 393-401; — Ders., Geneva and the Consolidation of the French Protestant Movement 1564-1572. A Contribution to the History of Congregationalism, Presbyterianism, and Calvinist Resistance Theory, Genf 1967; — Jean Rott, Jean Morély, disciple dissident de Calvin et précepteur malchanceux d'Henri de Navarre, in: Bulletin philologique et historique (jusqu'à 1610) du Comité des travaux historiques, Paris 1972, 647-665; — Robert M. Kingdon, Calvinism and Democracy, in: Heritage on John Calvin, hrsg. von John H. Bratt, Grand Rapids 1973, 177-192; — Janine Garrisson-Estebe, La dissidence de Jean Morelli, in: La controverse interne au protestantisme (XIVe-XXe siècles). Actes du 2e Colloque Jean Boisset, 22-25 Septembre 1981, hrsg. von M. Peronnet, Montpellier, s.d., 167-175; — Jean Rott, Un réfugié français en Suisse romande en 1550: deux lettres inédites de Jean Morély à Guillaume Farel, in: Musée Neuchâtel 1982, 215-221; —

Robert M. Kingdon, Disciplines réformées au XVIe siècle français: une découverte faite aux Etats-Unis, in: Bulletin de la Société de l'histoire du protestantisme français 130 (1984), 69-86; — Philippe Denis, Penser la démocratie au XVIe siècle: Morély, Aristote et la réforme de la Réforme, in: Bulletin de la Société de l'histoire du protestantisme français 137 (1991), 369-386; — Ders., Viret et Morély: les raisons d'un silence, in: Bibliothèque d'Humanisme et Renaissance 54 (1992), 395-409; — Philippe Denis/Jean Rott, Jean Morély (ca 1524- ca 1594) et l'utopie d'une démocratie dans l'église, Geneva 1993; — Philippe Denis, A Democratic Agenda: Jean Morely (c 1524-1594) on Church Discipline, in: Studia historiae ecclesiasticae 20 (1994), 97-105; — Yang-en Cheng, The Jean Morely Incident - A Debate on Church Polity During the Formative Period of the French Reformed Church, in: Taiwan Journal of Theology 19 (1997), 91-120.

Tobias Sarx

MORLAND, Alfred, * 4.10. 1872 in Croydon, † 3.9. 1957 in Eastbourne. Philanthrop, Quäker. — Alfred Morland war der Sohn des Regenschirmproduzenten Charles Coleby Morland (1839-1908) und seiner Ehefrau Jane (geb. Freyer, 1843-1923). In Croydon (Surrey) wurde er 1872 geboren. Er besuchte von 1886 bis 1889 die Bootham School in York und ließ sich anschließend zum Buchhalter ausbilden. Er arbeitete und lebte dann im alten Schulhaus von Blatchington bei Seaford in Sussex. Wie auch andere Mitglieder seiner Familie war er für seine Merkwürdigkeiten und sein eigenartiges Aussehen und Auftreten bekannt. Nach vielen Jahren des überzeugten Junggesellendaseins heiratete er am 11. September 1926 in Jordan die Quäkerin Miriam Ethel Crawshaw (1875-1960). Sie war die Tochter von Philip Crawshaw und arbeitete später als Bibliothekarin im Friends House London. Zwar blieb die Ehe kinderlos, doch ihr Zuhause in Seaford stand Gästen und Kindern stets offen. Das Ehepaar unterstützte sehr das Lewes Meeting der Quäker. Zeitweise war Alfred Morland auch Treuhänder des Bedford Institute, einer pädagogischen Einrichtung der Quäker. 1894 besuchte er, gemeinsam mit seinem Bruder Egbert Morland (1874-1955), die deutschen Quäker in Minden. Mit 84 Jahren verstarb Alfred Morland 1957 in Eastbourne.

Lit. (Auswahl): Alfred Morland. In: The Friend. The Quaker weekly journal, CXV, 1957, 844.

Claus Bernet

MORLAND, Egbert Coleby, * 3.9. 1874 in Croydon, Surrey, † 26.4. 1955 in Little Mead,

Tadcaster, Yorkshire. Mediziner, Philanthrop, Quäker. — Egbert Coleby Morland war der Sohn des Regenschirmproduzenten Charles Coleby Morland (1839-1908) und seiner Ehefrau Jane (geb. Freyer, 1843-1923). In Croydon (Surrey) wurde er 1874 geboren. Von 1889 bis 1891 ging er auf die Bootham Schule in York. 1894 besuchte er, gemeinsam mit seinem Bruder Alfred Morland (1872-1957), die deutschen Quäker in Minden. Am 21. Oktober 1903 heiratete er in London die Quäkerin Mary Windsor Latchmore (1873-1948) aus Cartmel, mit der er drei Kinder adoptierte und aufzog: Michael Felix (1912), Felicity Mary (1915) und Anthony John Windsor (geb.1916). Ungewöhnlich für seine Zeit, begann er nach seiner Hochzeit zu studieren. Von 1891 bis 1893 hörte er in Dalton Hall Medizin und schloß mit dem Bachelor of Science ab. Am St. Bartholomew's Krankenhaus in London machte er das Physikum und schloß seine Ausbildung ab. Für seinen M.B. erhielt er eine Goldmedaille als Auszeichnung. Sein Spezialgebiet wurde die Tuberkulosebekämpfung, zu deren Erforschung er nach Bern reiste, wo er über zehn Jahre blieb. Da seine Ausbildung in der Schweiz nicht als gleichwertig anerkannt wurde, musste er erneut studieren und erwarb 1907 den M.D. Als Arzt ließ er sich in Arosa nieder, wo er als Spezialist für Tuberkulose von 1907 bis 1915 praktizierte. Der Erste Weltkrieg unterbrach seine Tätigkeit, und Egbert Coleby Morland meldete sich freiwillig zum Hilfsdienst im Département Marne. Anschließend zog er nach England zurück, wo man ihm einen Posten als Mitherausgeber der Zeitschrift »The Lancet« angeboten hatte. Diese Arbeit entsprach seiner Neigung und wurde ein großer Erfolg. 1937 wurde er Chefeditor. Ebenso gab er von 1917 bis 1934 die Zeitschrift »Maternity and Child« heraus. Gleichfalls war er Treuhänder der medizinischen Abteilung von Friends Service Council. — Das Ehepaar lebte in London und gehörte dem Friends House Meeting der Quäker an. Dort kam es wegen seines Charakters nicht selten zu Schwierigkeiten, denn Egbert Coleby Morland liebte es, sich in Rätseln auszudrücken. Niemals wußte man, ob seine Aussagen ernst gemeint waren. Auch hatte er die Angewohnheit, seine Ratschläge kurz und bündig auf Postkarten an Freunde zu versenden. Wohl fühlte er sich nur im Kreise von solchen Medizinern und Medizinstudenten, die ihn wie einen Vater verehrten. Vornehmlich engagierte er sich im Sibford School Committee. Die Schule wurde von ihm leidenschaftlich unterstützt und gefördert, vor allem in den 1920er Jahren, als bauliche Erweiterungen anstanden. Er produzierte 1928 »Sibford«, den ersten Film über das Schulleben. Ein anderes seiner Betätigungsfelder war das »Jordans Bulletin«, eine seelsorgerliche Zeitschrift, die 1926 gegründet wurde. 1944 zog er sich auf seinen Ruhesitz in Wooldale (Yorkshire) zurück. Nach langer Krankheit verstarb er mit achtzig Jahren 1955 in Tadcaster (Little Mead, Yorkshire).

Werke: Essay and plans for the erection of a sanatorium for tuberculosis. By Egbert Coleby Morland, in association with Geoffrey Morland, M.B., B.Sc. Lond., late assistant medical officer, Alderney Manor Sanatorium, and house physician, St. Bartholomew's hospital. In association with Geoffrey Morland, architect. In: The Lancet. A journal of British and foreign medicine, surgery, obstetrics, physiology, chemistry, pharmacology, public health, and news, LXXXI, 1, January 3, 1903, 59-68; — Turban, K.: The diagnosis of tuberculosis of the lung, with special reference to the early stages. With an introduction by Sir Dyce Duckworth. Translated by Egbert C. Morland. London 1905; — Über die klinische Bedeutung der Opsonine. Samaden 1908; — Bandelier, Bruno Ernst Gottlieb; Roepke, Otto: Tuberculin in diagnosis and treatment. A text book of the specific diagnosis and therapy of tuberculosis. For practitioners and students. Translated from the second German edition by E. C. Morland. London 1909; — Sahli, Hermann: Sahli's tuberculin treatment, including a discussion of the nature and action of tuberculin and of immunity to tuberculosis. Translated from the third German edition by W. B. Christopherson, with an introductory note by Egbert Morland. London 1912; — Morland, Egbert; Riviere, Clive: Tuberculin treatment. London 1912. London 1913[2]; — Morland, Egbert; Cruickshank, Robert: Control of the common fevers. By twenty-one contributors. Arranged with the help of Dr. Robert Cruickshank by the editor of 'The Lancet'. London 1942; — Alice and the stork. Or, the rise in the status of the midwife as exemplified in the life of Alice Gregory, 1867-1944. London 1951.

Lit. (Auswahl): Braithwaite, Alfred W.: Egbert C. Morland. In: The Friend. A Quaker weekly journal, CXIII, 1955, 475-476.

Claus Bernet

MORRIS, Samuel, * 7.10. 1827 in Philadelphia, † 17.10. 1905 in Olney, Pennsylvanien. Quäker. — Samuel Morris wurde 1827 in Philadelphia geboren. Er ist der Sohn von Samuel Buckley (1791-1859) und Hannah Morris (geb. Perot, gest. 1831). Samuel Morris besuchte zunächst die örtliche Schule in Haverford und das College. Nachdem das Haverford College zwischenzeitlich geschlossen wurde, zog er nach Glen Mills (Pennsylvanien), um bei John Benington auf einer Farm zu arbeiten. 1850 erwarb er ein großes Areal in Olney (Pennsylvanien) und errichtete ein Farmhaus. Er heiratete am 17. Februar 1853 Lydia Spencer (gest. 1903), die der Quäkerversammlung von Gwynedd angehörte. Sie hatten drei Kinder, darunter Hannah Perot Morris (1854-1931) und George Spencer Morris (1867-1922). 1864 wurde Samuel Morris als Prediger (Minister) anerkannt. Er wurde Direktor und von 1888 bis 1902 Vorsitzender der Verwaltung von Friends Asylum, der ältesten Anstalt Amerikas für geistig Behinderte. 1876 besuchte er Nordamerikas Ureinwohner, um sie zum Quäkertum zu bekehren. 1888/89 begleitete er Thomas P. Cope (1823-1900) auf einer ähnlichen Missionsreise nach Europa, wobei er den Winter bei den Quäkern in Minden verbrachte, und 1893 reiste er mit Jonathan E. Rhoads nach Australien. Samuel Morris verstarb mit 78 Jahren 1905 in Olney.

Werke: A word to honest seekers. Philadelphia 1891. Philadelphia 1908[2] (Tract Association of Friends, CLXXXII).

Lit. (Auswahl): Frankford Monthly Meeting of Friends (Hrsg.): Memorial of Samuel Morris. Philadelphia 1906; — Morris, Hannah Perot: Glimpses of the life of Samuel Morris. By his daughter. Philadelphia 1907; — Morris, Hannah Perot: Samuel Morris (1827-1905). In: Philadelphia Yearly Meeting of Friends (orthodox). Book Committee (Hrsg.): Quaker Biographies. Series II. Brief biographical sketches concerning certain members of the Religious Society of Friends, VI. Philadelphia (1926), 41-66.

Claus Bernet

MORRISON, Norman R. * 29.12. 1933 in Erie, † 2.11. 1965 in Washington. Friedensaktivist, Quäker. — Norman R. Morris wurde 1933 in Erie, Pennsylvanien, geboren. Verheiratet war er mit Anne Morrison, mit der er die drei Kinder Ben, Christina und Emily hatte. 1957 bis 1958 studierte er Theologie am New College in Edinburgh, Schottland. Nach seiner Rückkehr in die USA wurde er 1959 Mitglied der Quäker-Monatsversammlung in Pittsburgh. 1960 bis 1962 arbeitete er als Direktor des Quäkerzentrums in Charlotte, North Carolina, und wurde 1962 Exekutivsekretär der Monatsversammlung Stony Run in Baltimore. — 1962 und 1963 fiel Morrison erstmals einer größeren Öffentlichkeit auf, als er Steuern für Militärausgaben verweigerte

und die betreffende Summe an das Flüchtlingshilfswerk der UNO überwies. Nach einem Pressebericht eines katholischen Priesters über die Bombardierung eines Dorfes in Nordvietnam entschloß sich Morrison zur Selbstverbrennung aus Protest gegen den Vietnamkrieg. Ohne Wissen seiner Frau erschien er am 2. November 1965 mit seiner einjährigen Tochter und einem Kanister Kerosin vor dem Pentagon in Washington und zündete sich auf den davor liegenden Treppen an, ein verzweifelter Versuch, sich mit seinem Anliegen Gehör zu verschaffen. Noch am gleichen Tag verstarb Morrison mit 31 Jahren. In der US-Presse wurde seine Selbstverbrennung überwiegend abgelehnt, in Nordvietnam wurde er zum Nationalhelden erklärt. Morris war der erste Quäker in der Geschichte, der den Suizid als Protestform wählte. Über die Frage der Legitimität des Suizids setzte im Weltquäkertum eine kontroverse Debatte an, die in Deutschland durch das autoritäre Auftreten führender Quäker innerhalb der Deutschen Jahresversammlung unterbunden wurde.

Werke: Two drops of water. In: Friends Journal, XI, 23, 1965, 582.

Lit. (Auswahl): Der Tod des amerikanischen Freundes. In: Der Quäker. Monatsschrift der Deutschen Freunde, XXXIX, 12, 1965, 299-300; — American Friend's death. In: The Friend. A Quaker weekly journal, CXXIII, 46, 1965, 1356; — Norman Morrison. In: Friends Journal, XI, 23, 1965, 580; — Bagwell, William: What kind of man? In: Friends Journal, XI, 23, 1965, 580-581; — Scott, Lawrence: 'Nothing matters, everything matters'. In: Friends Journal, XI, 23, 1965, 581; — Schabacker, Ann: Ten questions. In: Friends Journal, XI, 23, 1965, 581; — Michener, Jeanette S.: In memoriam, Norman R. Morrison. In: Friends Journal, XI, 23, 1965, 581; — Ferguson, David: Norman Morrison. O.O., 1972; — Mitchell, Adrian: Adrian Mitchell's greatest hits. Newcastle upon Tyne 1991; — Hendrickson, Paul: Living and the dead: Robert McNamara and five lives of a lost war. New York 1996; — Morrison Welsh, Anne: The sacrifice of Norman Morrison. In: Fager, Chuck (Hrsg.): Friends and the Vietnam war. Papers presentations from a Pendle Hill conference, Bryn Mawr College, Pennsylvania, July 16-20, 1998. Wallingford 1998, 126-148; — Morrison Welsh, Anne: ,Norman Morrison, deed of life, deed of death' and ,a healing journey'. In: Winds of Peace, 2, 2000, 4-7; — Morrison Welsh, Anne: Fire of the heart. Norman Morrison's legacy in Viet Nam and at home. Wallingford 2005 (Pendle Hill Pamphlets, CCCLXXXI).

Claus Bernet

MOSHAM, Ruprecht von (1493-1543), Dr. theol., Mitglied des Passauer Domkapitels und zuletzt Dekan, war anfänglich wegen seiner diplomatischen Erfolge geschätzt und zum königlichen Rat unter Ferdinand ernannt. In den 30er Jahren entwickelte er sich zu einem Psychopathen und Weltverbesserer, der eine kirchliche Einheit zwischen dem Papsttum, den Lutheranern, Zwinglianern und Wiedertäufern als politische Konsequenz im Kampf der Christenheit gegen die Türken anstrebte. Dazu suchte er das Gespräch unter anderem mit den Erzbischöfen von Mainz und Trier sowie mit dem Bischof von Regensburg. Im Domkapitel galt er als Wiedertäufer, was seiner Einstellung aber nicht gerecht wurde. Seine Entlassung erfolgte im Jahre 1541. Seine Schriften finanzierte M. selbst und verteilte sie großzügig bei allen möglichen Gelegenheiten, so auf dem von Speyer nach Hagenau verlegten Reichstag von 1542.

Werke: Růprechten vonn Moßham D. Thumbtechants zu Passaw ...anbringen vnnd erbieten, dardurch ein rechter, bestenndiger goettlich fride in der Religion vnnd glaubens sachen fürderlich gemacht werden mage auff dem Christlichen gesprach zu Wormbs fürgebracht am 7 Januarij 1541. Köln 1542 (auch mit leicht variierender Titelei Köln 1541 und 1541 ohne Ort) - HIERVSALEM NOVA. ... Köln o. J. - An den allerdurchleuchtigisten ...Fürsten ... Ferdinand Roemischen zů Hungern .... ein christliche ermanung ... der Religion vnd des worts gottes sachen halben... Köln 1542 - MICROSYNODVS NORINBERGEN. ROMANA NON GERMANICA ....Köln 1541 (Antwort auf einen Brief von Ossiander aus dem Jahre 1538) - KYNOSOPHION AC OPVSCVLVM PHEMONIS.... Wien 1535 (Übersetzung des Demetrius Pepagomenus vom Griechisch ins Latein) - Als Herausgeber: IOHAN. PHILONI DVGONIS Libri Christianarum institutiomun quatuor... Augsburg 1538 - MEMORIALE MICROSYNODI Norinbergen. ..... Köln 1539 - MICROSYNODVS TREVERINA. Das klein particular Trierisch Concili so mit .... Johan Ertzbischoue zu Trier... celebriert vn gehaltē wordē ... 1540 o.O. - MICROSYNODVS MOGVNTINA....celebriert worden .... Anno M.D.XXXIX. Köln 1540 - MICROSYNODVS RATISBONEN. ... Köln 1542.

Lit.: Max Heuwieser: Ruprecht von Mosham, Domdekan von Passau. Ritzler-Festschrift. Beiträge zur Bayerischen Geschichte. Gotha 1913, 115-192; — Brigitte Kaff: Volksreligion und Landeskirche. Die evangelische Bewegung im bayerischen Teil der Diözese Passau. München 1977.

Heinz-Peter Mielke

MOUNSEY, Caroline, * 18.9. 1828 in Tottenham (London), † 30.1. 1899. Quäkerin. — Caroline May war die dritte Tochter des Chirurgen Edward Curtis (1796-1877) und Caroline (geb. Hooper, 1796-1885) aus Tottenham (London), wo sie 1828 geboren wurde. In ihrer Jugend genoß sie eine weit überdurchschnittliche Ausbildung. Schon mit vierzehn Jahren hatte sie ein Bekehrungserlebnis und war fortan ein nützliches Mitglied in der Religiösen Gesellschaft der Freunde (Quäker). Dort war sie viele Jahre tätig als Overseer und gegen Lebensende auch als Älteste. — Am 26. März 1857 heiratete sie in Tottenham den Geschäftsmann John Mounsey (1823-1896) aus Sunderland, mit dem sie die Töchter Gertrude Sophia (geb. 1858) und Rosamond (geb. 1859) hatte. Bis 1891 lebte die Familie in Sunderland und zog dann nach Bournemouth, wo sich der Gesundheitszustand von John Mounsey bessern sollte. Nach dessen Tod 1896 verstärkte Caroline Mounsey ihre karitativen Tätigkeiten; sie wurde in der British Women's Temperance Association und in der Heilsarmee tätig. 1899 verstarb sie in ihrem 70. Lebensjahr.

Lit. (Auswahl): Caroline Mounsey. In: The Annual Monitor for 1900. Or obituary of the members of the Society of Friends in Great Britain and Ireland, for the year 1899. London 1899, 114-120.

Claus Bernet

MÜLLER, Hermann Friedrich, evangelischer Plotin-Forscher, Schöpfer der ersten vollständigen deutschen Enneaden-Übersetzung, * 10.4. 1843 in Lindenberg, † 6.4. 1919 in Blankenburg. H. F. Müller wurde am 10. April 1843 in Lindenberg in der Priegnitz als Sohn des Landwirts Johannes Joachim Müller und seiner Frau Dorothea Elisabeth geboren. Ab dem 15. Lebensjahr, also seit 1858 besuchte er das Gymnasium in Salzwedel, das damals von dem Shakespeare-Forscher Karl Konrad Hense (1813-1888) geleitet wurde und auf dem er 1864 das Abitur machte. Anschließend studierte Müller in Berlin und ein Semester in Bonn. Zunächst studierte er nur evangelische Theologie, nahm dann aber Philologie und Philosophie hinzu. In Bonn hörte er die Theologen Johann Peter Lange (1802-1884) und Konstantin Schlottmann (1819-1887, s. Bd. XXVIII), den Latinisten Friedrich Wilhelm Ritschl (1806-1876), den Germanisten Karl Simrock (1802-1876) und den Historiker Heinrich von Sybel (1817-1895, s. Bd. XX). In Berlin hörte er u.a. die Theologen Isaak August Dorner (1809-1884, s. Bd. I), Ernst Wilhelm Hengstenberg (1802-1869, s. Bd. II) und Karl Semisch (1810-1888), den Latinisten Moriz Haupt (1808-1874), den Gräzisten Adolf Kirchhoff (1826-1908) sowie den Philosophen Friedrich Adolf Trendelenburg (1802-1872, s. Bd. XII). 1867 promovierte Müller in Berlin mit einer Arbeit über die Ethik Plotins. In der dritten These seiner Doktorarbeit behauptete er, daß Plotin sowohl dem Pantheismus als auch dem Emanatismus fernstand. Die achte und letzte These lautete unter Berufung auf Plotin: »Nihil nisi bonum nec velle nec posse, id est libertas.« Nach seiner Promotion legte Müller beide theologischen Prüfungen und das Examen pro facultate docendi ab. Nachdem er an mehreren Schulen als Hilfslehrer gearbeitet hatte, war er zehn Jahre lang Lehrer an der Klosterschule in Ilfeld. 1883 wurde er von Schulrat Alfred Eberhard (1841-1914) an das Gymnasium in Braunschweig geholt. Hier erhielt Müller den Titel Professor und wurde Mitglied der Prüfungskommission für die Kandidaten des höheren Schulamtes. Am 14. Oktober 1885 wurde er Direktor des Gymnasiums in Blankenburg am Harz. Dieses Amt hatte er bis zu seiner Verabschiedung am 26. September 1914 inne. Zu seinem Nachfolger wurde Ernst Bergmann (1863-1940) vom Wilhelm-Gymnasium in Braunschweig ernannt. 1898 wurde ihm das Rektorat in Schulpforta angeboten, doch Müller lehnte ab. 1908 erhielt er den Titel Schulrat. Mitglied der Prüfungskommission in Braunschweig blieb Müller bis zu ihrer Aufhebung 1915. Im Ersten Weltkrieg fielen zwei seiner drei Söhne, den dritten sah er aus der Gefangenschaft nicht mehr heimkommen. Hermann Friedrich Müller starb nach kurzer Krankheit am 6. April 1919 in Blankenburg. — Hermann Friedrich Müller hat sich vor allem als Herausgeber, Übersetzer und Exeget des Plotin einen Namen gemacht. 1878/80 veröffentlichte er in zwei Bänden eine neue Ausgabe der »Enneaden«. Der katholische Priester Clemens Baeumker (1853-1924, s. Bd. I), Lehrer am Gymnasium Paulinum in Münster, schrieb nach dem Erscheinen des zweiten Bandes: »Schon früh hatten Philosophen und Theologen, Philologen und Historiker ihr Interesse dem Plotin zugewandt. Und das mit Recht. Denn ist der geistvolle und eigenartige Denker auch ohne eigentlich schöpferische Gedanken, so hat er doch all die Ideen, welche das hellenistische Altertum auf den mannigfachen Pfaden philosophischer Forschung gefunden, vor dem Abschluß desselben noch einmal in neuer Perspektive und origineller Durchbildung zu einem

in sich abgeschlossenen Ganzen verwebt, das auch für die Entwicklung der christlichen Philosophie ... von hoher Bedeutung gewesen ist. Aber es hat doch sehr lange gedauert, bis ein richtiges Urteil über den Philosophen sich Bahn brach. ... Der Grund dieser Erscheinung haben wir in dem überaus traurigen Zustande zu suchen, in welchem der schon an sich schwer verständliche Text der Enneaden sich befand. Vor dem Jahre 1580 war nur die lateinische Übersetzung des Marsilius Ficinus [1433-1499, s. Bd. XIV] gedruckt, in ihrer Art zwar nicht ohne Vorzüge, aber mehr Paraphrase als Übersetzung und daher kein objektives Bild des griechischen Textes. Die Editio princeps des Originals (Basel 1580), welche fast 3 Jahrhunderte lang aushelfen mußte, wimmelt von Fehlern aller Art. Die Ausgabe von Friedr. Creuzer [1771-1858, Prof. in Heidelberg] (Oxford 1835) brachte nebst einem weitschweifigen exegetischen Kommentar zwar Varianten von 20 Handschriften; der kritische Apparat stellte sich aber bald als unzuverlässig heraus und für die über die recensio hinaus liegende emendatio war so gut wie nichts geschehen. ... Das doppelte Verdienst, zuerst eine Klassifizierung der Handschriften, soweit es auf Grund des Creuzerschen Materials möglich war, versucht und zuerst energisch die emendatio in Angriff genommen zu haben, gebührt A. Kirchhoff [1826-1908, Prof. in Berlin, s.o.], der ... eine Gesamtausgabe für die Teubnersche Bibliotheca veranstaltete (Leipzig 1856). ... Nichts desto weniger war für Plotin noch sehr viel zu tun. ... Mit Freude haben wir daher das Erscheinen einer neuen Ausgabe ... von Herm. Friedr. Müller begrüßt ... Mit der Auswahl, welche Müller aus den Emendationen früherer Herausgeber getroffen, muß Ref. sich fast in allen Fällen einverstanden erklären.« — Ebenfalls 1878/80 legte Müller in zwei Bänden die erste vollständige deutsche Übersetzung der »Enneaden« vor (Der ev. Theologe Veit Engelhardt hatte 1820 lediglich die erste Enneade übersetzt). Für seine Übersetzung konnte Müller eine von Richard Volkmann (1832-1892, Gymnasialdirektor in Jauer) vor Jahren angefertigte Übersetzung der drei ersten Enneaden benutzen. Müllers »Enneaden«-Übersetzung wurde u.a. von Hugo Ball (1886-1927), Ernst Cassirer (1874-1945), Ludwig Klages (1872-1956, s. Bd. III), Georg Lukács (1885-1971), Robert Musil

(1880-1942) und Max Wundt (1879-1963) benutzt. Den »Enneaden«-Übersetzungen des Gymnasiallehrers Otto Kiefer (*1876) und des Münchner Universitätsprofessors Richard Harder (1896-1957) aus der ersten Hälfte des 20. Jahrhunderts war allerdings größerer Erfolg beschieden als der Übersetzung Müllers. Der Kölner Gymnasiallehrer Gerhard Nebel (1903-1974, s. Bd. XXII) urteilte: »Nicht nur in sachlicher Beziehung, als Kommentar, ist die neue Übersetzung [Harders], wie jeder Vergleich irgendeines Kapitels zeigt, der alten von Müller weit überlegen, sondern auch in der sprachlichen Form. Während die alte Übersetzung ohne den griechischen Text meist unverständlich ist, kann jetzt Plotin zum ersten Male mit Genuß in deutscher Sprache gelesen werden.« Der Philosoph Paul Oskar Kristeller (1905-1999, später Prof. in New York) rühmte an Harders Übersetzung »die hohe Kunst ihrer Sprache, die den Forderungen des deutschen Prosastils wie der Eigenart plotinischer Ausdrucksweise gleichermaßen gerecht wird. ... Hiermit ist der Stil der beiden älteren Übersetzungen nicht entfernt zu vergleichen, von denen die H. F. Müllers (Berlin, 1878/80) einen recht schwerfälligen, die O. Kiefers (Jena-Leipzig, 1905) aber einen glatten und rhetorischen Eindruck macht. Der besonnene und abgewogene Charakter der Übersetzung Harders kommt auch dem Grundton der plotinischen Schriften am nächsten.« Müller, »der um Plotin hochverdiente Gelehrte«, habe für die Übersetzung Harders eine »wichtige Vorarbeit geleistet, während die Übersetzung von Kiefer keinen eigenen wissenschaftlichen Wert besitzt.« An zahlreichen Stellen der Übersetzung Harders sei »der Fortschritt gegenüber der Müllerschen Wiedergabe deutlich zu bemerken, indem der Sinn schärfer erfaßt oder gar erstmalig begriffen wird.« — Einer der meistzitierten Aufsätze Müllers ist sein Beitrag »Ist die Metaphysik des Plotinos ein Emanationssystem?« (1913). Der Philosoph Werner Beierwaltes (*1931) betonte 1967, die Behauptung Müllers, daß die Metaphysik des Plotin kein Emanationssystem darstellt, »sollte für die Plotinauffassung bestimmend bleiben«. Der Philosoph Jens Halfwassen (*1958) konstatierte knapp dreißig Jahre später: »Daß bei Plotin trotz der bei ihm begegnenden Metaphorik des Aus- und Überfließens der Sache nach keine Emanation im

Sinne eines aus sich selbst herausgehenden Ursprungs vorliegt, zeigte bereits H. F. Müller ... Müllers grundsätzliche Erörterung des Problems blieb für die Plotinauffassung seither bestimmend.« 1908 insistierte Müller darauf, daß man das Denken des Plotin nicht gewaltsam in ein System pressen dürfe: »Je reicher ein Geist, desto größer die Gegensätze, ja Widersprüche. Plotin ist von der Nichtigkeit und Hinfälligkeit alles Irdischen tief durchdrungen und preist doch die Schönheit und Harmonie des Kosmos in begeisterten Worten. Er kennt das Elend der Welt und schreibt doch eine vortreffliche Theodizee. Er hat eine Neigung zur Askese und tadelt doch die feige Flucht ... Trotz aller Beschaulichkeit kein Quietismus! Hier Weltverneinung, dort Weltbejahung. ... Plotin ist ein scharfer Logiker und Dialektiker, zugleich aber ein tiefsinniger Mystiker. ... Wer ist der Gott Plotins? Anders bestimmt ihn das Denken, anders das religiöse Gefühl. Was der Kopf verneint, bejaht das Herz. Diese und andere Gegensätze dürfen dem System zuliebe nicht abgeschwächt oder ignoriert werden. Fruchtbarer als das System sind die oft überraschenden Intuitionen Plotins. Auch dieses Denkers Welt reicht weiter als das Netz seiner Begriffe.« Die »Grundrichtung« des Wesens von Plotin sei aber »eine ethische«. Desweiteren sei Plotin scharf von seinen Schülern, namentlich Porphyrius (3. Jh., s. Bd. VII), zu unterscheiden: »Hinter Plotin ist ein dicker Strich zu machen, was hinter demselben liegt ist nicht mehr Philosophie.« — Als Pädagoge trat Müller dafür ein, daß das Gymnasium mit Latein als erster Fremdsprache und nicht mit Französisch oder Englisch beginnt. Außerdem meinte er: »Das Gymnasium, das den jugendlichen Geist stählen und durch Wissenschaft zur Wissenschaft erziehen will, kann auf die schwere Kunst des Übersetzens aus dem Deutschen in das Lateinische nicht verzichten.« Müller war nicht nur theologisch und politisch (ein Gegner des Parlamentarismus), sondern auch pädagogisch konservativ. Er widersprach einer Nationalisierung der Bildung zulasten des humanistischen Gymnasiums: »Das Gerede von der deutschen Schule gehört zu den kräftigen Irrtümern, die Gott auch den Geheimräten zuweilen sendet, damit die Geister sich scheiden.« — Neben den »Enneaden« des Plotin wurde Müller noch durch eine zweite Übersetzung bekannt: 1911 veröffentlichte er nach den Ausgaben von Karl Heinrich v. Heinecken (1706-1791; 1737), Johann Georg Schlosser (1739-1799; 1781), Georg Meinel (1895) und Friedrich Hashagen (1841-1925; 1903) die fünfte deutsche Übersetzung der »Schrift über das Erhabene« von Pseudo-Longinos. Weitere Übersetzer dieser Schrift im 20. Jahrhundert waren die Berliner Altphilologin Renata v. Scheliha (1901-1967; 1938), der Marburger Philosophieprofessor Reinhard Brandt (*1937; 1966) und der Würzburger Gymnasiallehrer Otto Schönberger (*1926; 1988). — Ein weiteres Forschungsfeld Müllers war die griechische Tragödie, insbesondere der Begriff des Tragischen sowie die Tragödien des Sophokles. In seinem Buch »Beiträge zum Verständnis der tragischen Kunst« (1893) stellte Müller vergleichende Betrachtungen über die »Orestie« des Aischylos (458 v. Chr.) und Goethes »Iphigenie auf Tauris« (1786), Sophokles' »König Ödipus« und Schillers »Die Braut von Messina« (1803), Euripides' »Hippolytos« (428 v. Chr.) und Jean Racines »Phädra« (1677) sowie Euripides' »Medea« (431 v. Chr.) und Franz Grillparzers »Das goldene Vließ« (1819) an. Müller war ein scharfer Kritiker der Auffassung des Tragischen von Georg Günther (1845-1923; »Grundzüge der tragischen Kunst«) und Christian Muff (1841-1911, Rektor von Schulpforta). Wichtig für das »Verständnis der Sophokleischen Tragödie, des Ödipus vornehmlich« sei die Berücksichtigung der »Religiosität des frommen Dichters«, mahnte Müller 1904: »Gibt es doch trotz Hiob und Jesaias, Paulus und Augustinus immer noch Ausleger, die sich nicht darein finden können, daß der staubgewordene Mensch absolut ohnmächtig ist gegenüber dem Willen des allmächtigen Gottes. Wer wollte mit dem rechten?« — Auch Müllers letztes Buch »Dionysios, Proklos, Plotinos« (1918) fand ein positives Echo. Der Stuttgarter Altphilologe Wilhelm Nestle (1865-1959, später Prof. in Tübingen) schrieb in seiner Rezension: »Die Abhandlung untersucht das Abhängigkeitsverhältnis der drei im Titel genannten Männer und kommt zu dem Ergebnis, daß sowohl Proklos als Dionysios, der sog. ‚Areopagite' in allem wesentlichem mit Plotinischem Gedankengut schalten. ‚Neu ist lediglich der Wortschwall des einen und die Scholastik des anderen' (S. 68). ... Dionysios hat, wie im zweiten Kapitel gezeigt

wird, keineswegs nur den Proklos ausgeschrieben, sondern auch unmittelbar aus Plotinos geschöpft, dem er seine Lichtmetaphysik, seine Erkenntnistheorie, seine Lehre vom Eros, vom Bösen, von Verantwortung und Freiheit entlehnt hat. Dagegen ist sein angeblicher Lehrer Hierotheos eine Erdichtung. Das dritte Kapitel erbringt den Beweis, daß auch die Theologie des Dionysios, seine Lehre von Gott, Gotteserkenntnis und mystischer Vereinigung der Seele mit Gott durchaus auf Plotinos beruht. Die von dem Verf. in großer Zahl nebeneinandergestellten Stellen des Dionysios und Plotinos lassen in den meisten Fällen einen Zweifel daran, daß dieser von Dionysios auch unmittelbar benutzt wurde, kaum aufkommen, was einen wesentlichen Fortschritt über die Untersuchungen von Stiglmayr [1851-1934, s. Bd. XVI] und Koch [1869-1940, s. Bd. IV] hinaus bedeutet, die ihn nur von Proklos abhängen ließen. Es ist interessant zu sehen, wie die dualistische Auffassung der Welt und des Menschen mit der aus ihr sich ergebenden Konsequenz der Abkehr von der Körperlichkeit sich von Platon über Plotin bis zu Dionysios fortspinnt, bei dem sich zum ersten Male die später oft angewandte scholastische Formel der Gotteserkenntnis, die via negationis, eminentiae, causalitatis, findet, zu der ebenfalls Plotinos den Grund gelegt hat. Daß bei der scharfen Betonung der Transzendenz Gottes durch Plotinos in dessen Metaphysik von einem Pantheismus keine Rede sein kann, zeigt der Verf. S. 63 unwiderleglich. Anfechtbarer erscheint seine Darstellung der ‚Ekstase' im Sinn Plotins: es soll dies ‚kein Heraustreten des Nus aus sich' sein. Es wird aber doch zugegeben, daß die Seele ‚alles fahren läßt', wenn sie sich ‚in den Nus versetzt', um die intelligible Welt zu schauen. Das Wesentliche ist eben doch, daß die höchste Form des Erkennens nicht das Denken, sondern die mystische Vereinigung mit der Gottheit ist. Mit Recht verweist der Verf. zu dem viermaligen Erlebnis der Ekstase durch Plotin auf Paulus (2 Kor 12,1-4) und Augustinus (Conf. IX 24f.). Eben darum, weil hier ganz analoge Erscheinungen vorliegen, wird es auch nicht angehen, einen so scharfen Unterschied zwischen griechischer und orientalischer Mystik zu machen, wie der Verf. tut, der Plotinos nur als griechischen Mystiker angesehen wissen will. Auch die Berufung auf Platon, ‚den größten Mystiker unter den Hellenen', dessen ‚Töne bei Plotinos tief und voll widerklingen' (S. 105), verfängt hier nicht. Denn auch die platonische Mystik geht über den Pythagoreismus auf die Orphik zurück, die eben doch wohl orientalischen, jedenfalls außergriechischen Ursprungs ist.« Kritisch äußerte sich der Heidelberger Philosophieprofessor Ernst Hoffmann (1880-1952): »Die bekannte Kontroverse über die erhaltenen Schriften des Areopagiten wird durch diese letzte Arbeit des verstorbenen Plotinforschers keineswegs entschieden. Das allerdings ist wohl richtig, daß die Stärke des Dionysios ‚weder Philosophie noch Theologie, sondern Rhetorik, Mysteriosophie und Mystagogie ist', und wenn der Verf. zu diesem Urteil gelangt, indem er die durchgängige Abhängigkeit des Dionysios von Plotin aufs neue ausführlich behandelt, so liegt hierin ein gewisses Verdienst: es wird deutlich, wie sehr Plotin ‚überall die Grundkreise gezogen hat, die seine Nachfolger nur ausgefüllt und erweitert haben.' Aber der Verf. hat seinen Blick eben ganz auf Plotin eingestellt und nicht auf das, was der Areopagit eigentlich gewollt hat: die Hineinarbeitung der griechisch-kirchlichen Dogmen in die neuplatonische Weltanschauung. Jülicher hat von dieser Kultusmystik gesagt, daß in ihr die religiösen Bedürfnisse der griechischen Kirche ihre tiefste Befriedigung fanden. Von diesen Bedürfnissen, die nur durch eine starke Dosis Neuplatonismus befriedigt werden konnten, muß ausgehen, wer die Motive des Dionysios verstehen will. Daß er persönlich ein ‚Mann von zweifelhaftem Charakter' gewesen ist und ‚Worte gern für Gedanken verkaufen mochte', ist nicht erwiesen.« — Die Plotinforschung sollte den Namen von Hermann Friedrich Müller, des Gymnasialdirektors von Blankenburg, der erstmals die Enneaden vollständig ins Deutsche übertrug, im Andenken behalten.

Übersetzungen: Die Enneaden des Plotin. 2 Bde. Berlin 1878/80; Longinus, Die Schrift über das Erhabene. Dt. mit Einleitung u. Erläuterung. Heidelberg 1911.

Monographien (Auswahl): Ethices Plotinianae lineamenta. Diss. Berlin 1867; Plotins Abhandlung peri theorias (Enn. III, 8. K. XXVII) kritisch untersucht, übers. u. erläutert. Berlin 1875; Über Plotins Schrift peri theorias. Ilfeld 1875; Idealismus u. Christenthum (Zeitfragen des chr. Volkslebens H. 5,8). Heilbronn 1880; Gotthold Ephraim Lessing u. seine Stellung zum Christenthum. Ein Gedenkblatt zu seinem hundertjährigen Todestage (15. Febr. 1881) (Zeitfragen des chr. Volkslebens H. 6,4). Heilbronn 1881; Goethe's Iphige-

nie, ihr Verhältniß zur griechischen Tragödie u. zum Christentum (Zeitfragen des chr. Volkslebens H. 7,6). Heilbronn 1882; Plotins Forschung nach der Materie, in Zusammenhang dargestellt. Nordhausen 1882; Dispositionen zu den drei ersten Enneaden des Plotinos. Bremen 1883; Parzival u. Parsifal. Vortrag, im Evangelischen Verein zu Hannover am 25. Oktober 1882 (Smlg. von Vorträgen für das dt. Volk Bd. 10,9/10). Heidelberg 1883; Was ist tragisch? Ein Wort für den Sophokles (Jber. über das Hzgl. Gymnasium zu Blankenburg am Harz 1886/87). Blankenburg 1887; Btrr. zum Verständnis der tragischen Kunst (Aufss. u. Vortrr. aus verschiedenen Wissensgebieten Bd. 8). Wolfenbüttel 1893, ²1909; Euripides' Medea u. Das goldene Vliess von Grillparzer. 2 Bde. (Jber. über das Hzgl. Gymnasium zu Blankenburg am Harz 1894/95 u. 1895/96). Blankenburg 1895/96; Die Entsühnung des Orestes bei Aeschylus u. bei Goethe (Jber. über das Hzgl. Gymnasium zu Blankenburg am Harz 1906/07). Blankenburg 1907; Platons Phädon als Schullektüre (Jber. über das Hzgl. Gymnasium zu Blankenburg am Harz 1907/08). Blankenburg 1908; Wie dient das Gymnasium dem Leben? (Jber. über das Hzgl. Gymnasium zu Blankenburg am Harz 1908/09). Blankenburg 1909; Die Tragödien des Sophokles. Mit einer Einleitung über das Wesen des Tragischen. Heidelberg 1909; Aphorismen über Religionsunterricht u. Leben (Jber. über das Hzgl. Gymnasium zu Blankenburg am Harz 1909/10). Blankenburg 1910; Analyse der Schrift Peri hypsus. 2 Bde. Blankenburg 1911/12; Dionysios, Proklos, Plotinos. Ein hist. Btr. zur neuplatonischen Philos. (Btrr. zur Gesch. der Philos. des MAs Bd. 20,3/4). Münster 1918, ²1926.

Aufsätze (Auswahl): Für u. über Plotin, in: Verhandlungen der Versammlung Dt. Philologen 28 (1873) 64-82; Ein Wort für den Plotin, in: Philos. Monatshefte 11 (1875) 365-368; Zur Lehre vom Schönen bei Plotin, in: Philos. Monatshefte 12 (1876) 211-217; Plotin u. Schiller über die Schönheit, in: Philos. Monatshefte 12 (1876) 385-393; Plotinos (Jahresbericht), in: Philologus 37 (1878) 545-561; Zur handschriftlichen Überlieferung der Enn. des Plotinos, in: Hermes 14 (1879) 91-118; Plotinos (Jahresbericht), in: Philologus 38 (1879) 322-349; Zur Porphyrios de vita Plotini, in: Philologus 38 (1879) 368f.; Plotinos (Jahresbericht), in: Philologus 39 (1880) 148-160; Zu des Porphyrios vita Plotini, in: Philologus 40 (1881) 161-169; Zu Plotinos, Ennead. V 5,8, in: Philologus 40 (1881) 179; Plotinos (Jahresbericht), in: Philologus 46 (1888) 354-370; Plotinos über die Vorsehung, in: Philologus 72 (1913) 338-357; Plotinische Studien: Ist die Metaphysik des Plotinos ein Emanationssystem? [Widerlegung der These von Max Heinze], in: Hermes 48 (1913) 408-425; Plotinos über Notwendigkeit u. Freiheit, in: Neue Jbb. für das klass. Altertum, Gesch. u. dt. Lit. 33 (1914) 462-488; Plotinos. Ein Charakterbild, in: Sokrates 2 (1914) 94-110; Plotinische Studien: Orientalisches bei Plotinos?, in: Hermes 49 (1914) 70-89; Goethe u. Plotinos, in: Germ.-Roman. Mschr. 7 (1915) 45-60; Zur Gesch. des Begriffs »Schöne Seele«, in: Germ.-Roman. Mschr. 7 (1915) 236-249; Shaftesbury u. Plotinos, in: Germ.-Roman. Mschr. 7 (1915) 503-531; Glosseme u. Dittographien in den Enneaden des Plotinos, in: RheinMus 70 (1915) 42-55; Die Lehre vom Schönen bei Plotin, in: Sokrates 3 (1915) 593-602; Plotin über ästhetische Erziehung, in: Neue Jbb. für das klass. Altertum, Gesch. u. dt. Lit. 53 (1915) 69-79; Zur Ethik des Plotinos, in: Sokrates 4 (1916) 177-187; Physis bei Plotin, in: RheinMus 71 (1916) 232-245; Plotinische Studien, in:

Hermes 51 (1916) 97-119; Zur Metaphysik des Plotinos, in: Hermes 51 (1916) 319f.; Ein Aristotelescitat bei Plotinos, in: Hermes 51 (1916) 320; Ein Distichon Schillers erläutert durch Plotinos, in: Hermes 51 (1916) 629f.; Kritisches u. Exegetisches zu Plotin, in: Berliner Philolog. Wschr. 36 (1916) Sp. 917-919 [Enn. II 1,1; II 1,2; II 1,3; II 1,4], Sp. 1221-1224; Die Lehre vom Logos bei Plotin, in: AGPh 30 (1916/17) 38-65; Plotinische Studien, in: Hermes 52 (1917) 57-76, 77-91; Etymologische Spielereien bei Plotinos, in: Hermes 52 (1917) 151; Wortspiele bei Plotinos (VI 8,15; V 5,1), in: Hermes 52 (1917) 626-628; Kritisches u. Exegetisches zu Plotinos, in: Berliner Philolog. Wschr. 37 (1917) Sp. 126f. [Enn. II 3,11], Sp. 974-976, Sp. 1007f. [Enn. II 6 über den Begriff der Qualität], Sp. 1055f. [Plotin über die Gnostiker], Sp. 1375-1377; Kritisches u. Exegetisches zu Plotinos, in: Berliner Philolog. Wschr. 38 (1918) 21-24, 185f. [Enn. VI 2], 210-212, 500f. [Enn. VI 3], 1028-1031; Shaftesbury u. Plotinos, in: Berliner Philolog. Wschr. 38 (1918) 670f. [Lob des Buches v. Christian Friedrich Weiser: Shaftesbury u. das dt. Geistesleben. Leipzig 1916]; Kritisches u. Exegetisches zu Plotinos, in: Berliner Philolog. Wschr. 39 (1919) 309-312 [Enn. II 9], 450-454 [Enn. II 5]; Plotinos über die Unsterblichkeit, Enn. IV, 7, in: Sokrates 7 (1919) 177-187; Von griech. u. dt. Mystik [Über plotinischen Einfluß auf Meister Eckhart], in: Hermes 54 (1919) 45-56, 108-121, 183-193; Plotinos u. der Apostel Paulus, in: Hermes 54 (1919) 109f.; Das Problem der Theodizee bei Leibniz u. Plotinos, in: Neue Jbb. für das klass. Altertum 43 (1919) 199-230.

Rezensionen (Auswahl): Auguste Matinée, Platon et Plotin. Paris 1879. In: DLZ 2 (1881), Nr. 24, 11.6.1881, Sp. 963f.; Georg Loesche, De Augustino Plotinizante in doctrina de deo disserenda. Jena 1880. In: DLZ 2 (1881), Nr. 30, 23.7.1881, Sp. 1185f.; Hugo v. Kleist, Der Gedankengang in Plotins erster Abh. über die Allgegenwart der intelligibeln in der vernehmbaren Welt. Flensburg 1881. In: DLZ 2 (1881), Nr. 40, 1.10.1881, Sp. 1539 (empfehlend); Adolf Müller, Ästhetischer Kommentar zu den Tragödien des Sophokles. Paderborn 1904. In: Berliner Philolog. Wschr. 24 (1904) Sp. 1281-1286; Plotins Enneaden. In Auswahl übers. u. eingel. v. Otto Kiefer. 2 Bde. Jena 1905. In: Berliner Philolog. Wschr. 26 (1906) Sp. 420-424 (»Wozu eine neue Übersetzung, wenn der Nachfolger es nicht besser macht als der Vorgänger?«); Paul Cauer, Siebzehn Jahre im Kampf um die Schulreform. Gesammelte Aufsätze. Berlin 1906. In: Berliner Philolog. Wschr. 26 (1906) Sp. 1528f. (empfehlend); Gustav Falter, Btrr. zur Gesch. der Idee Bd. I: Philon u. Plotin. Gießen 1906. In: Berliner Philolog. Wschr. 26 (1906) Sp. 1633-1638; Friedrich Knoke, Begriff der Tragödie nach Aristoteles. Berlin 1906. In: Berliner Philolog. Wschr. 27 (1907) Sp. 196; Paul Cauer, Zur freieren Gestaltung des Unterrichts. Bedenken u. Anregungen. Leipzig 1906. In: Berliner Philolog. Wschr. 27 (1907) Sp. 375f. (empfehlend); Carl Horst, Vorstudien zu einer Neuuntersuchung von Plotins Ästhetik. Gotha 1905. In: Berliner Philolog. Wschr. 27 (1907) Sp. 520; Friedrich Aly, Gymnasium militans. Marburg 1907. In: Berliner Philolog. Wschr. 27 (1907) Sp. 857 (empfehlend); Oskar Jäger, Erlebtes u. Erstrebtes. Reden u. Aufsätze. München 1907. In: Berliner Philolog. Wschr. 27 (1907) Sp. 1366-1368; Gerhard Budde, Die Theorie des fremdsprachlichen Unterrichts in der Herbart'schen Schule. Eine historisch-kritische Studie nebst einem Vorschlag zu einer Neugestaltung des gesamten fremdsprachlichen Un-

terrichts nach einem einheitlichen Prinzip. Hannover 1907. In: Berliner Philolog. Wschr. 27 (1907) Sp. 1655f.; Franz Cramer, Die freiere Behandlung des Lehrplanes auf der Oberstufe höherer Lehranstalten. Berlin 1907. In: Berliner Philolog. Wschr. 28 (1908) Sp. 246-249; August Scheindler, Pro Gymnasio. Ein Btr. zur Kenntnis des gegenwärtigen Zustandes des östr. Gymnasiums. Wien/Leipzig 1908. In: Berliner Philolog. Wschr. 28 (1908) Sp. 376f. (empfehlend); Arthur Drews, Plotin u. der Untergang der antiken Weltanschauung. Jena 1907. In: Berliner Philolog. Wschr. 28 (1908) Sp. 899-907; Felix Klein u.a., Universität u. Schule. Vorträge auf der Versammlung dt. Philologen u. Schulmänner 1907 zu Basel. Leipzig/Berlin 1907. In: Berliner Philolog. Wschr. 29 (1909) Sp. 119-121; Theodor Gollwitzer, Btrr. zur Kritik u. Erklärung Plotins. Kaiserslautern 1909. In: Berliner Philolog. Wschr. 30 (1910) Sp. 1182; Hans Cornelius/Ernst Reisinger/Georg Kerschensteiner, Aufgabe u. Gestaltung der höheren Schulen. Drei Vorträge. München 1910. In: Berliner Philolog. Wschr. 31 (1911) Sp. 591-593 (empfehlend); Gottlob F. Lipps, Weltanschauung u. Bildungsideal. Unterss. zur Begründung der Unterrichtslehre. Leipzig u.a. 1911. In: Berliner Philolog. Wschr. 31 (1911) Sp. 1638; Stephan Haupt, Die Lösung der Katharsistheorie des Aristoteles. Znaim 1911. In: Berliner Philolog. Wschr. 32 (1912) Sp. 618f.; John Tresidder Sheppard, Greek tragedy. Cambridge 1911. In: Berliner Philolog. Wschr. 32 (1912) Sp. 1193f.; Heinrich Otte, Kennt Aristoteles die sogenannte tragische Katharsis? Berlin 1912. In: Berliner Philolog. Wschr. 33 (1913) Sp. 193-195 (ablehnend); Sophokles Antigone, übers. v. Ludwig Bellermann. Berlin 1912. In: Berliner Philolog. Wschr. 33 (1913) Sp. 449f. (empfehlend); Adolf Müller, Ästhetischer Kommentar zu den Tragödien des Sophokles. Paderborn [2]1913. In: Berliner Philolog. Wschr. 33 (1913) Sp. 1347-1349 (Der Kommentar wird »einen ehrenvollen Platz in der Sophoklesliteratur behaupten«); Siegfried Sudhaus, König Ödipus' Schuld. Rede beim Antritt des Rektorats der Königlichen Christian-Albrechts-Universität am 5. März 1912. Kiel 1912. In: Berliner Philolog. Wschr. 33 (1913) Sp. 513-521 (ablehnend); Nicolaus Wecklein, Ausführlicher Kommentar zu Sophokles Philoktet. München 1913. In: Berliner Philolog. Wschr. 34 (1914) Sp. 129-133; Kurt Groh, Ist der Versuch der Preußischen Unterrichtsverwaltung, den Frankfurter Lehrplan auf das Gymnasium zu übertragen, geglückt? Ein Wort zur Aufklärung. Gütersloh 1915. In: Berliner Philolog. Wschr. 35 (1915) Sp. 884-889; Theodor Gollwitzer, Plotins Lehre von der Willensfreiheit. Kempten 1900. In: Berliner Philolog. Wschr. 35 (1915) Sp. 966-968; Johannes Vahlen, Btrr. zu Aristoteles' Poetik. Neudr. besorgt v. Hermann Schöne. Leipzig/Berlin 1914. In: Berliner Philolog. Wschr. 35 (1915) Sp. 1052-1054; Stephan Odon Haupt, Wirkt die Tragödie auf das Gemüt oder den Verstand oder die Moralität der Zuschauer? Berlin 1915. In: Berliner Philolog. Wschr. 35 (1915) Sp. 1171 (ablehnend); Casimir Dreas, Die Usia bei Plotin. Jena 1912. In: Berliner Philolog. Wschr. 35 (1915) Sp. 1237f.; Adolf Trendelenburg, Hie Marmor, hie Gips! Aus dem Kampfe ums Gymnasium. Berlin 1916. In: Berliner Philolog. Wschr. 36 (1916) Sp. 501f.; Otto Immisch, Das alte Gymnasium u. die neue Gegenwart. Vortrag geh. in Berlin 1915. Berlin 1916. In: Berliner Philolog. Wschr. 36 (1916) Sp. 501-504 (empfehlend); Albert Rehm, Der Weltkrieg u. das humanistische Gymnasium. Ein Wort zu Abwehr u. Verständigung. München 1916. In: Berliner Philolog. Wschr. 36 (1916) Sp. 844; Karel H. E. de Jong,

Hegel u. Plotin. Eine kritische Studie. Leiden 1916. In: Berliner Philolog. Wschr. 36 (1916) Sp. 1262f.; Ernst Schröder, Plotins Abh. Pothen ta kaka (Enn. I,8). Borna-Leipzig 1916. In: Berliner Philolog. Wschr. 36 (1916) Sp. 1579-1583 (empfehlend); Rudolf Block, Schulfragen der Gegenwart. Einheitsschule u. anderes. Leipzig 1916. In: Berliner Philolog. Wschr. 36 (1916) Sp. 1633f.; Fritz Boesch (Hrsg.), Von Art u. Arbeit des Gymnasiums. Berlin 1916. In: Berliner Philolog. Wschr. 37 (1917) Sp. 247-250; Eduard Tièche, Der Dithyrambos in der Aristotelischen Kunstlehre. Bern 1917. In: Berliner Philolog. Wschr. 37 (1917) Sp. 889; Felix Löwy-Cleve, Die Philos. des Anaxagoras. Versuch einer Rekonstruktion. Wien 1917. In: Berliner Philolog. Wschr. 37 (1917) Sp. 1513-1517; David Einhorn, Xenophanes. Ein Btr. zur Kritik der Grundlagen der bisherigen Philosophiegeschichte. Wien 1917. In: Berliner Philolog. Wschr. 37 (1917) Sp. 1545-1548 (ablehnend); Joseph Geyser, Die Erkenntnistheorie des Aristoteles. Münster 1917. In: Berliner Philolog. Wschr. 39 (1919) Sp. 1182-1185 (»Die Aristoteliker werden das Buch mit Freuden begrüßen«); Bodo v. Borries, Quid veteres philosophi de idolatria sinserint. Göttingen 1918. In: Berliner Philolog. Wschr. 39 (1919) Sp. 130f.

Rezensionen zu Werken von H. F. Müller (Auswahl): Die Enneaden des Plotin. In: Philolog. Anz. 9 (1878) 548-550 (Hugo v. Kleist), Jber. über die Fortschritte der klass. Altertumswissenschaft 8 [Bd. 21] (1880) 46-48 (Max Heinze), Philolog. Rundschau 1 (1881) 117-119 (Hugo v. Kleist), — Plotini enneades, antecedunt Porphyrius, Eunapius, Suidas, Eudocia de vita Plotini. 2 Bde. Berlin 1878/1880. In: Philolog. Anz. 9 (1878) 449-451 (Annes Johan Vitringa), Jber. über die Fortschritte der klass. Altertumswissenschaft 8 [Bd. 21] (1880) 46-48 (Max Heinze), DLZ 2 (1881), Nr. 36, 3.9.1881, Sp. 1407f. (Richard Volkmann), Philolog. Rundschau 1 (1881), Nr. 21, Sp. 657-662 (Klemens Baeumker); — Dispositionen zu den drei ersten Enneaden des Plotinos. Bremen 1883. In: Berliner Philolog. Wschr. 4 (1884) Sp. 105f. (Hugo v. Kleist), Philolog. Rundschau 4 (1884) Sp. 872-874 (Hoffmann), Wschr. für klass. Philologie 2 (1885), Nr. 6, 4.2.1885, Sp. 169-171 (Richard Volkmann); — Was ist tragisch? Ein Wort für den Sophokles. Blankenburg 1887. In: Wschr. für klass. Philologie 7 (1890), Nr. 15, 9.4.1890, Sp. 407 (August Döring); — Btrr. zum Verständnis der tragischen Kunst. Wolfenbüttel 1893. In: Neue Jbb. für Philologie u. Pädagogik 42 (1896) 104f. (Alfred Biese); — Die Tragödien des Sophokles. Heidelberg 1909. In: Berliner Philolog. Wschr. 31 (1911) Sp. 701-704 (Hermann Klammer), Monatschrift für höhere Schulen 10 (1911) 460f. (Heinrich Wolf); — Btrr. zum Verständnis der tragischen Kunst. Wolfenbüttel ²1909. In: Berliner Philolog. Wschr. 31 (1911) Sp. 701-704 (Hermann Klammer); — Die Schrift über das Erhabene. Heidelberg 1911. In: Berliner Philolog. Wschr. 32 (1912) Sp. 362-365 (Georg Ammon); — Analyse der Schrift Peri hypsus. Blankenburg 1911. In: Berliner Philolog. Wschr. 32 (1912) Sp. 365f. (Georg Ammon); — Dionysios, Proklos, Plotinos. Ein hist. Btr. zur neuplatonischen Philos. Münster 1918. In: LZ 71 (1920) 564f. (J. Gotthardt), ThLZ 45 (1920) Sp. 177f. (Hans Windisch), Philolog. Wschr. 41 (1921), Nr. 2, 8.1.1921, Sp. 27f. (Wilhelm Nestle), DLZ 43 (1922), Nr. 27, 8.7.1922, Sp. 585 (Ernst Hoffmann), Revue d'Ascetique et de Mystique 3 (1922) 201-206 (René Arnou), Revue Critique NF 94 (1927) 336f.

(Albert Rivaud), ThRv 18 (1919) Sp. 304-307 (Joseph Stiglmayr).

Lit. (Auswahl): Plotin et Schiller sur le beau, in: Revue philosophique de la France et de l'étranger 3 (1877) 317; — Bibliotheca Philologica Classica 6 (1879). Berlin 1880 (s. Reg.); — Wilhelm Pökel, Philologisches Schriftsteller-Lexikon. Leipzig 1882. 184; — Max Wundt, Plotin. Stud. zur Gesch. des Neuplatonismus. Leipzig 1919. 2 (lobt Müller für seine »außerordentlich fördernden Arbeiten über Plotin«), 3, 9, 72; — Totenliste, in: Sozialistische Monatshefte 26 (1920) 203; — Philologische Wochenschrift 41 (1921) Sp. 20; — Hugo Ball, Byzantinisches Christentum. Drei Heiligenleben. München/Leipzig 1923. 111; — Franz Koch, Goethe u. Plotin. Leipzig 1925 (s. Reg.); — Ernst Witte, Das Gymnasium zu Blankenburg am Harz. Von seinen Anfängen bis zum Ausbruch des Weltkrieges. Blankenburg am Harz 1927. 147-158 (Abb.); — Joachim Ritter, Mundus intelligibilis. Eine Unters. zur Aufnahme u. Umwandlung der neuplatonischen Ontologie bei Augustinus (Philos. Abhh. Bd. 6). Frankfurt a. M. 1937. 66, 155, 158; — Gerhard Nebel, Rez.: Plotins Schriften, übers. v. Richard Harder. In: BdtPh 12 (1938/39) 213f.; — Bert Mariën, Bibliografia critica degli studi plotiniani con rassegna delle loro recensioni. Bari 1949 (s. Reg.); — Josef Pieper, Scholastik. Gestalten u. Probleme der ma. Philosophie. München 1960 (s. Reg.); — Hans Joachim Krämer, Der Ursprung der Geistmetaphysik. Unterss. zur Gesch. des Platonismus zw. Platon u. Plotin. Amsterdam 1964 (s. Reg.); — Heinz Robert Schlette, Das Eine u. das Andere. Stud. zur Problematik des Negativen in der Metaphysik Plotins. München 1966 (s. Reg.); — Plotin, Über Ewigkeit u. Zeit (Enneade III 7). Übers., eingel. u. kommentiert von Werner Beierwaltes (Qu. der Philos. Bd. 3). Frankfurt a. M. 1967. 18, 33; — Venanz Schubert, Pronoia u. Logos. Die Rechtfertigung der Weltordnung bei Plotin (Epimeleia Bd. 11). München/Salzburg 1968 (s. Reg.); — Ders., Plotin. Einführung in sein Philosophieren (Kolleg Philosophie). Freiburg/München 1973 (s. Reg.); — Edgar Früchtel, Weltentwurf u. Logos. Zur Metaphysik Plotins (Philos. Abhh. Bd. 33). Frankfurt a. M. 1970 (s. Reg.); — Christian Parma, Pronoia u. providentia. Der Vorsehungsbegriff Plotins u. Augustins (Stud. zur Problemgesch. der antiken u. ma. Philos. Bd. 6). Leiden 1971 (s. Reg.); — Andreas Graeser, Plotinus and the stoics. A preliminary study (Philosophia antiqua Bd. 22). Leiden 1972. 35, 41, 54; — Georg Lukács, Die transcendentale Dialektik der Schönheitsidee, in: Ders., Heidelberger Ästhetik (1916-1918) (Georg Lukács Werke Bd. 17 / Frühe Schriften zur Ästhetik Bd. 2). Neuwied 1975. 133-224, hier 137-139, 141, 148, 152, 156f. u.a.; — Bernhard Brons, Gott u. die Seienden. Unterss. zum Verhältnis von neuplatonischer Metaphysik u. chr. Tradition bei Dionysius Areopagita (FKDG Bd. 28). Göttingen 1976. 336; — Hubert Benz, »Materie« u. Wahrnehmung in der Philos. Plotins (Epistemata Reihe Philos. Bd. 85). Würzburg 1990 (s. Reg.); — Werner Beierwaltes, Selbsterkenntnis u. Erfahrung der Einheit. Plotins Enneade V 3. Text, Übers., Interpretation, Erläuterungen. Frankfurt a. M. 1991 (s. Reg.); — Evangelia Varessis, Die Andersheit bei Plotin (Btrr. zur Altertumskunde Bd. 78). Stuttgart/Leipzig 1996 (s. Reg.); — Dirk Cürsgen, Die Rationalität des Mythischen. Der philos. Mythos bei Platon u. seine Exegese im Neuplatonismus (Qu. u. Stud. zur Philos. Bd. 55). Berlin u.a. 2002. 308, 327, 418; — Steffen Bruendel, Volksgemeinschaft oder Volksstaat. Die »Ideen von 1914« u. die

Neuordnung Deutschlands im Ersten Weltkrieg. Berlin 2003. 85, 340; — Jens Halfwassen, Der Aufstieg zum Einen. Unterss. zu Platon u. Plotin. München/Leipzig ²2006. 127, 133, 418 (mit falschem Erscheinungsjahr); — BBKL Bd. XXIX (2008) Sp. 958-961 (versehentlich vor Fertigstellung gedruckt u. deshalb fehlerhaft).

Links: http://www.zeno.org/Philosophie/M/Plotin/Enneaden (Letzter Zugriff: 01.12.2008).

Gunnar Anger

N

NEAVE, Joseph James, * 27.5. 1836 in Leiston (Suffolk), † 14.9. 1913 in Chatswood (bei Sydney). Quäker. — Joseph James Neave war der Sohn von Gundry and Susanna Neave, die gemeinsam ein Handelsgeschäft betrieben. Ihr Sohn wurde in Leiston (Suffolk) 1836 geboren und besuchte die Schulen zu Reading und Hartford. 1857 sprach er zum ersten Mal in einer Andachtsversammlung der Quäker, und 1863 wurde er von den Quäkern als Prediger (Minister) anerkannt. Am 20. Juli 1861 heiratete er Eliza Appleton (gest. 1864) aus Winchmore Hill. Seinen Tabakhandel gab Neave 1863 aus Gewissensgründen auf und wurde Textilwarenhändler. Noch unmittelbar vor dem Amerikanischen Bürgerkrieg besuchte Neave 1864/65 Nordamerika. 1867 wurde er von den Quäkern beauftragt, zusammen mit Walter Robson (1842-1929) Australien, Tasmanien und Neuseeland zu besuchen. Mit dieser Region stand er bis zu seinem Lebensende in enger Verbindung. Am 12. September 1872 heiratete er in Saffron Walden Helen Grace Davy (1839-1906) aus Sydney. Aus dieser Verbindung sind die Kinder Helen Susanna (geb. 1873), Norton Joseph (geb. 1878), Bevan Walter (geb. 1880) und Stacey Arthur (geb. 1883) hervorgegangen. Joseph James Neave nahm in Sydney seinen Wohnsitz und half vornehmlich, die Quäkerversammlung dieses noch kleinen Ortes aufzubauen. Um verfolgte Pietisten in Rußland zu besuchen, wurde er vom Londoner Morning Meeting gemeinsam mit John Bellows (1831-1902) beauftragt, im Zarenreich einflußreiche Personen zu besuchen und auf die Verfolgungen hinzuweisen. In Moskau traf er mit Leo Tolstoi (1828-1910) zusammen. Auf der Hin- und Rückreise 1892 bzw. 1893 besuchte er die deutschen Quäker in Minden. 1899 unternahm er eine zweite Reise nach Nordamerika. Gegen Lebensende erblindete er, doch konnte die Sehkraft eines Auge durch eine Operation gerettet werden. In seinem 78. Lebensjahr verstarb Joseph James Neave 1913 in Chatswood in seiner neuen australischen Heimat.

Werke: He reo aroha no Ingarangi ki nga iwi Maori i Nui Tireni. Auckland (1865); A basket of fragments. London 1899; Leaves from the journal of Joseph James Neave. Edited with notes by Joseph J. Green with portraits and other illustrations. London (1911).

Lit. (Auswahl): Bellows, John: Letters and memoir. Edited by his wife. London 1904; — Robson, Walter: Joseph James Neave. In: The Friend. A religious, literary, and miscellaneous journal, LIII, 1913, 623-624; — M., D. E.: The journal of James Neave. In: The Australian Friend. A religious, literary and miscellaneous journal, 20.08.1962, 5-7.

Claus Bernet

NEUMAYR, Franz, Priester, Jesuit, Prediger, Schriftsteller, * 17.1. 1697 in München, † 1.5. 1765 in Augsburg. — Neumayr wurde auf den Namen Franciscus Sebastianus getauft und war der Sohn des Bierbrauers Georg Neumayr und der Maria Ursula Neumayr (geb. Stolz). Aus der Ehe gingen insgesamt elf Kinder hervor, von denen aber bereits sechs im Kindesalter starben. Franz besuchte von 1706 bis 1712 das Jesuitengymnasium in München und später das Augustiner-Chorherrenstift in Polling, da er aufgrund seiner Lebhaftigkeit am Jesuitengymnasium entlassen worden war. Nachdem er in München wieder Aufnahme gefunden hatte, trat Neumayr am 13. Oktober 1712 in das Noviziat des Jesuitenordens in Landsberg ein. Im Anschluß studierte er von 1714 bis 1717 Philosophie am Lyzeum des Salvatorianerkollegs in Augsburg. Am 24. April 1716 empfing er die niederen Weihen. Das Intersiz führte ihn zwischen 1717 und 1722 über Neuburg, Dillingen, München und Burghausen wieder nach Augsburg. Von 1722-26 studierte Neumayr Theologie in Dillingen und Ingolstadt und empfing 1726 die Weihen zum Subdiakon (März), zum Diakon (April) und schließlich zum Priester (15. Juni). Das Tertiat führte ihn 1726/27 nach Altötting. An den Schweizer Gymnasien in Brig und Solothurn lehrte der junge Priester dann von 1727-1729 Rhetorik und wirkte 1729/30 als Volksmissionar am Erzstift Salzburg. Seine letzten Gelübde legte der Ordensmann am 2. Februar 1730 ab. Die folgenden Stationen führten Neumayr als Rhetorikprofessor nach München (1731-1736), als Missionar nach Haidhausen (1736-37), als Hofprediger nach Hall (1737-38) und schließlich wieder nach München, als Präses der Lateinischen Kongregation (1738-1750), sowie als Studienpräfekt (1743 und 1746-47). In diesen bewegten Jahren begann er auch seine schriftstellerische Arbeit, die ihm zu großer Berühmtheit verhalf. Von 1750-52 war Franz Neumayer als Regens des Konviktes in Dillingen und Ingolstadt tätig und wurde schließlich 1752 als Domprediger nach Augsburg berufen. Dieses Amt erfüllte er bis ins Jahre 1763 und zeichnete sich vor allem wegen seiner Kontroverspredigten aus, die er wenigstens viermal im Jahr (jeweils am dritten Weihnachts-, Oster- und Pfingsttag und am 12. August) halten mußte. 1762 wurde noch das Goldene Ordensjubiläum Neumayrs gefeiert, doch es machte sich bereits die Altersschwäche bemerkbar. Nach zweijähriger schwerer Krankheit, die ihm den Gebrauch der Hände und Füße gänzlich raubte, starb Neumayr am 1. Mai 1765 mit 68 Jahren. — Zu den besonderen Charakterzügen Neumayrs wurde seine ungemeine Tätigkeit und Rührigkeit für die Sache Gottes gezählt, die ihn jede Einladung zur Erholung von sich weisen ließ. Als sein Gehvermögen nachließ, ließ er sich zur Kanzel fahren und als die Hände das Schreiben nicht mehr erlaubten, diktierte er seine Gedanken. Seine Schriften fanden auch über Deutschland hinaus Verbreitung und wurden meist in zahlreichen Auflagen nachgedruckt. Dabei verstand sich Neumayr weniger als Schulgelehrter, son-

dern wollte alles, was er als Prediger, Professor, Exerzitienmeister und Katechet ausgearbeitet hatte, für weite Kreise fruchtbar machen. Dabei entstanden etwa polemische Predigten gegen die Protestanten, gegen Freidenker, sonstige Predigten zu diversen Themen, Exerzitien, Gebet- und Unterrichtsbücher, Lehrbücher und Schauspiele. Letztere hatten ihren Ursprung in Neumayrs Zeit im Jesuitenkolleg in München. Alljährlich wurde in der Fastenzeit von den Studenten in Gegenwart des Hofes ein geistliches Schauspiel aufgeführt, in dem eine Glaubenswahrheit dargestellt werden sollte. Die in den Jahren 1739-50 von Neumayr verfaßten Stücke erschienen zunächst einzeln und später gesammelt etwa unter den Titeln »Theatrum asceticum«, »Mundus in maligno positus« oder »Theatrum politicum«. — Eine Predigt Neumayrs geriet auf den Index, da sich Neumayr durch die Schmähungen protestantischer Zeitungsredakteure gegen den Probabilismus verleiten ließ, diese Diskussion am 17. April 1759 auf der Kanzel weiterzuführen. Als die Antiprobabilisten sich gegen Neumayr wehrten, klagte der zuständige Bischof auf Betreiben seines Theologen Eusebius Amort gegen ihn in Rom. Am 29. Mai 1760 wurde die »Frag, ob der Probabilismus oder die gelindere Sitten-Lehr catholischer Schulen abscheulich und zu vermaledeyen seye« durch ein Dekret der Inquisition verurteilt. Es schlossen sich noch weitere Verurteilungen der Predigt Neumayrs durch deutsche Bischöfe an. Er selbst unterschrieb als ein gehorsamer Sohn der Kirche die Verurteilung und schwieg. Damit einher ging das Problem, daß die antijesuitisch eingestellten Kräfte jener Zeit die Verurteilung gegen die Morallehre der Gesellschaft Jesu und gegen diese als Lehrer überhaupt mißbrauchten. Die Jesuiten konnten aber aufzeigen, daß die Verurteilung der Predigt keine grundsätzliche Verurteilung des Probabilismus bedeutete und auch die Substanz der Predigt nicht angriff.

Werke: Perioche. TITUS / IMPERATOR / AC / DELICIAE / GENERIS HUMANI. Das ist: Titus der Kayser / Zubenahmset / Ein Lieb, und Freud / Des / menschlichen Geschlecht. / Vorgestellt / Von dem Churfürstl. Lyceo S. J. in München / den 4. und 6. Herbstmonats / Anno 1731 (abgedr. in: Szarota, Das Jesuitendrama III, 2, S. 875-882; Lat. Text: Theatrum Politicum, S. 8-68); Perioche. SEPULCHRUM / CONCUPISCENTIAE / SIVE / VICTORIA / PER / MORTIS MEMORIAM / Relata de Vitiis, / ET / IN SCENAM DATA / LUDIS SATURNA = / LITIIS / à / Rhetorica Monascenti / Anno 1732 (Lat. Text: Theatrum Politi-cum, S. 352-384); Perioche. EUTROPIUS / INFELIX / PO-LITICUS / TRAGOEDIA. / Daß ist: / Eutropius / Der un-glückseelige / Staatsmann / in / Einem Traur=Spil / Vorge-stellet Von dem Churfürstl. Lyceo Soc. Jesu / in München / den 2. und 4. Herbstmonats / Anno 1732 (abgedr. in: Szaro-ta, Das Jesuitendrama III, 2, S. 931-938; Lat. Text: Thea-trum Politicum, S. 70-120); Perioche. SERVUS / DU-ORUM / DOMINORUM / Ludis Saturnalitijs / In Scenam datus / à / RHETORICA MONACENSI / Anno 1733 (Lat. Text: Theatrum Politicum, S. 386-430); Perioche. PAPINI-ANUS / JURIS-CONSULTUS / TRAGOEDIA. / Das ist: / Papinianus / Der Rechts=Gelehrte / Auf offentlicher / Schau=Bühne / vorgestellet / Von dem Churfürstl. Lyceo Soc. Jesu / in München / Den 2. und 4. Herbstmonats./ An-no 1733 (abgedr. in: Szarota, Das Jesuitendrama, II, 1, S. 375-382; Lat. Text: Theatrum Politicum, S. 121-172; Neue Textedition: Habersetzer, Politische Typologie und dramati-sches Exemplum, Stuttgart 1985, S. 134-164; Perioche. ANASTASIUS / DICORUS / TRAGOEDIA. / Das ist: / Die verstockte / Gleißnerey / von dem Himmel bestraffet / in ei-nem Trauer=Spihl / vorgestellet / Von dem Churfürstl. Ly-ceo Soc. Jesu / in München / den 3. und 6. Herbstmonats/ Anno 1734 (abgedr. in: Szarota, Das Jesuitendrama. II, 2, S. 1629-1648; Lat. Text: Theatrum Politicum, S. 432-468); Pe-rioche. PROCESSUS / JUDICIALIS / Contra / FURES TEMPORIS / Institutus / à / Rhetorica Monascensi / Ludis Saturnalitiis / Anno 1735 (Lat. Text: Theatrum Politicum, S. 432-468); Perioche. JEROBEAM / TRAGOEDIA. / Oder / Die / gottlose Staats=Reglen / übel=gegründete / Glücksee-ligkeit / In einem / Trauer=Spihl / Vorgestellet / Von dem Churfürstl. Lyceo Soc. Jesu / in München / Den 5. und 6. Herbstmonaths / Anno 1735 (Lat. Text: Theatrum Politicum, S. 228-284; Perioche. CONSTANTIA / ORTHODOXA / AB / IMPERATORE / CONSTANTIO / CHLORO / SAPI-ENTER HONORATA. / Das ist: / Die sowohl denen Ver-nunfts= / als Staats=Reglen gemäß / weislich beehrte / Glau-bens=Beständigkeit. Auf / Offentlicher Schau=Bühne / Vor-gestellt / Von dem Churfürstlichen Lyceo Soc. JESU / in München / Den 4. und 6. Herbstmonaths, Anno 1736 (Lat. Text: Theatrum Politicum, S. 286-350); CONVERSIO / S. AUGUSTINI / ARGUMENTUM / QUINQUE MEDITA-TIONUM / Quas / Congregatio Latina Major / MATRIS PROPITIAE / B. V. MARIAE ab Angelo Salutatae tempore / Quadragesimae / INSTITUIT. / MEDITATIO I. / AUGU-STINUS IN AFRICA / SIVE / Conversionis Principium & Occasio. / Anno Domini M.DCC.XXXIX, MONACHII; Idem ... MEDITATIO II. / AUGUSTINUS ROMAE / SIVE / Conversionis obstaculum. / Anno Domini M.DCC.XX-XIX, MONACHII; Idem ... MEDITATIO III. / AUGUSTI-NUS MEDIOLANI / SIVE / EJUS LUCTA / Ante conver-sionem. / Anno Domini M.DCC. XXXIX, MONACHII; Idem ... MEDITATIO V. / AUGUSTINUS DE SE / VICTO-RIA / Anno Somini M.DCC.XXXIX, MONACHII; Idem ... MEDITATIO V. / AUGUSTINUS SANCTUS / SIVE / FRUCTUS VICTORIAE / Per conversionem à se relatae. / Anno Domini M.DCC.XXXIX, MONACHII; Geistliche Schaubühne, Oder: Der Heilige Augustinus in seiner Be-kehrung. Aus dem Lateinischen des Herrn P. Franz Neu-mayr, Priester der Gesellschaft Jesu, und dermaligen hohen Domstifts-predigern zu Augsburg, in deutsche Verse über-

setzt von Johann Andree Schachtner, H. S. H. T. und auf Gutheissen des Herrn Verfassers zum Drucke befördert. Augsburg und Innsbrugg 1785, 2. Aufl. Augsburg 1766; TR-DUUM / SACRUM / NUPER / A CONGREGATIONE / LATINA / MAJORE / MATRIS PROPITIAE / B. V. MA-RIAE ab / Angelo Salutatae / EXERCITIIS / SPIRITUS / IMPENSUM / NUNC / In Spem Fructûs amplioris / TYPIS DATUM / Ab ejusdem Sodalitatis Praeside / Soc. Jesu Sa-cerdote / Monachij Anno Domini MDCCXL; Triduum sacrum exercitiis spiritus impensum a Congregatione Latina Majori Matris Propitiae B. V. Mariae ab Angelo salutatae 4. 5. et 6. Aprilis Anno Domini MDCCXXXX, Monachii; TRIDUUM / SACRUM / ANNO M.D.CC.XL. / A / CON-GREGATIONE / LATINA MAJORE / MATRIS PRO-PITIAE / B. V. MARIAE / Ab Angelo Salutatae / EXERCI-TIIS / SPIRITUS / IMPENSUM / ER / In Spem Fructûs am-plioris / ITERUM TYPIS DATUM / Ab ejusdem Sodalitatis Praeside / Soc. Jesu Sacerdote Monachii. / ANNO Domini M.D.CC.XLIV; TRIDUUM / SACRUM / EXERCITIIS / SPIRITUS / ACCOMODATUM / PRO VIRIS NOBILI-BUS, / ET LITTERATIS, / AUCTORE / P. FRANCISCO / NEUMAYR, S. J. / EDITIO TERTIA Ingolstadij, & Augu-stae Vindel / ANNO M.DCC.XLVIII; Idem ... AUCTORE / P. FRANC. NEUMAYR, / SOCIETATIS JESU. / EDITIO QUARTA, Ingolstadii, & Augustae Vindelicorum 1752; Idem ... EDITIO QUINTA, Monachii, & Ingolstadii 1756; Idem ... EDITIO SEXTA, Augustae, & Ingolstadii 1774; Idem ... EDITIO SEPTIMA, Augustae, & Ingolstadii 1761; Idem ... / AUCTORE P. FRANCISCO / NEUMAYR, / SO-CIETATIS JESU. Almae Congregationi / Majori / Academi-cae / B. MARIAE V. / AB ANGELO SALUTATAE / IN STRENAM OBLATUM / MOLSHEMII A. A. MDCCLX, ARGENTORATI; Geistliche Gemüths=Versammlung auf drey Tag. Ehemalen in lateinischer Sprach gehalten und her-ausgegeben von A. R. P. Francisco Neumayr, S. J. jetzt Pre-digern der hohen Domstifts=Kirchen allhier; Nun ins Deut-sche übersetzt von einem weltlichen Prister, von dem Herrn Verfasser aber aufs neue übersehen und verbessert, augsburg und Innsbrugg 1758; Idem ... (auf drey Tage), Zweyte Auflage, 1764; DEVOTIO / MARIANA / ARGU-MENTUM / TRIUM MEDITATIONUM, / Quas / Congre-gatio Latina Major / MATRIS PROPITIAE / B. V. Mariae Ab Angelo Salutatae / Tempore Quadragesimae instituit, / cum / SERENISSIMUS PRINCEPS / AC / DOMINUS / CLEMENS / CRESCENTIUS / Utr. Bav. & Palat. Dux, Com. Pal. Rheni, / Landgrav. Leuchtenb. &c.&c. / Ejusdem Sodalitatis Praefecturam Clementissime susciperet. / MO-NACHII, Annô Domini M.DCCXL. / MEDITATIO I. / VERAE DEVOTIONIS / INCITAMENTA; DEVOTIO / MARIANA / ARGUMENTUM / TRIUM MEDITATIO-NUM, / Quas / Congregatio Latina Major / MATRIS PRO-PITIAE / B. V. Mariae Ab Angelo Salutatae / Tempore qua-dragesimae / INSTITUI, / MONACHII, Anno M.DCC.XL. / MEDITATIO II. / VERAE DEVOTIONIS SIGNA; Idem ... MEDITATIO III. / VERAE DEVOTIONIS / FRUCTUS; Geistliche Schaubühne, oder die Marianische Andacht, durch drey Betrachtungen vorgestellet. Aus dem Lateini-schen des Herrn P. Franz Neumayer Priestern der Gesell-schaft Jesu, weiland hohen Domstifftspredigern zu Augs-burg, in das Deutsche übersetzt, und auf Gutheißen des Herrn Verfassers zum Drucke befördert. München 1768;

PECCATUM / SUMMUM MALUM / ARGUMENTUM /QUINQUE MEDITATIONUM, / QUAS / CONGREGATIO LATINA MAJOR / MATRIS PROPITIAE / B. V. MARIAE AB ANGELO SALUTATAE / Tempore Quadragesimae / instituit / MONACHII, / Anno Domini M.D.CC.XLI. / MEDITATIO I. / Cum / NOVUS / MAGISTRATUS MARIANUS / PROMULGARETUR, / PECCATUM / MALUM SUMME NOXIUM / SIVE / JEROBEAM; Idem ... INSTITUIT / MONACIIII / Anno Domini M.D.CC.XLI. / MEDITATIO II. / PECCATUM / MALUM SUMME TURPE / SIVE / NABUCHO-DONOSOR; Idem ... MEDITATIO III. / PECCATUM / MALUM SUMME TRISTE / SIVE / SAUL; Idem ... MEDITATIO IV. / PECCATUM / MALUM MAJUS MORTE / SIVE OCHOZIAS; Idem ... MEDITATIO V. / PECATUM / MALUM INFINITUM / SIVE HOMO DEICIDA; Geistliche Schaubühne, Oder: Die Sünde das höchste Uebel in fünf Betrachtungen vorgestellet. Aus dem Lateinischen des Hernn P. Franz Neumayer Priestern der Gesellschaft Jesu, weiland hohen Domstiftspredigern zu Augsburg, in das Deutsche übersetzt, und auf Gutheißen des Herrn Verfassers zum Drucke befördert, München 1768; Die Sünd macht die Völker elend, und unglückselig, Prov. 14 u. 34. Ja, die Sünd ist das allergrößte Uebel auf der Welt. Dieses hat in fünf Betrachtungen gezeiget, und auf der Schaubühne vorgestellet der nunmehr in Gott ruhende geistreiche P. Franciscus Neumayr, der Gesellschaft Jesu Priester. Aus dem Lateinischen hat selbe fünf Betrachtungen in das Deutsche übersetzet Antonius Joannes Nicolaus Rhem, p. t. Pfarrer zu Beubrunn, und Missionarius Catechista. Mergentheim 1779; Perioche. P. D. N. J. C. / PIAE / MEDITATIONI / DD. SODALIUM CON- / GREGATIONIS MAJORIS / BEATISSIMAE VIRGINIS / MARIAE / MATRIS PROPITIAE / AB ANGELO SALUTATAE / PER TEMPUS VERNI JEJUNI / PROPOSITA / Monachii anno MDCC.XLIII. / In illlud Luc. 18. / Ecce ascendimus Hierosolymam, / consummabun- / tur omnia, quae scripta sunt per Prophetas de / Filio hominis: tradetur enim gentibus, & illude- / tur, & flagellabitur, & conspuetur, & postquam / flagellaverint, occident eam, & tertia / die resurget; GRATIA / VOCATIONIS / SACERDOTALIS / EX APOSTOLI CONSILIO / RESUSCITATA / PER / SACRAS COMMENTATIONES / VENERABILI CLERO / ACCOMODATAS / AD / SPIRITUS RENOVATIONEM / Sive in communi Con- / ventu Sive in sodalitario Secessu / INSTITUENDAM / AUCTORE / P. FRANCISCO NEUMAYR / SOC. JESU / Cum Facultate Superiorum & / Privilegio Caesareo / MONACHII. Anno 1745; GRATIA / VOCATIONIS / SACERDOTALIS / EX APOSTOLI CONSILIO / RESUSCITATA / PER SACRAS / COMMENTATIONES / VENERABILI CLERO / ACCOMODATAS / AD / SPIRITUS RENOVATIONEM / SIVE IN COMMUNI CONVENTU SIVE / IN SODALITARIO SECESSU / INSTITUENDAM / AUCTORE / P. FRANCISCO NEUMAYR / SOC. JESU / EDITIO SECUNDA / CUM FACULTATE SUPERIORUM ET / PRIVILEGIO CAESAREO. INGOLSTADII & / AUGUSTAE VINDELICORUM; Idem ... EDITIO TERTIA. / CUM FACULTATE SUPERIORUM, ET / PRIVILEGIO CAESAREO. INGOLSTADII, & / AUGUSTAE VINDELICORUM. Anno M.DCC.LIII; GRATIA / VOCATIONIS SACERDOTALIS, / EX / APOSTOLI CONSILIO RESUSCITATA, / PER / SACRAS COMMENTATIONES / VE-

NERABILI CLERO / ACCOMODATAS, / AD SPIRITUS RENOVATIONEM, SIVE / IN COMMUNI CONVENTU, SIVE / IN SOLITARIO SECESSU / INSTITUENDAM / AUCTORE / P. FRANCISCO NEUMAYR S. J. / EDITIO QUARTA. MONACHII & INGOLSTADII MDCCLV; Idem ... EDITIO SEXTA. MONACHII & INGOLSTADII MDCCLXV; GRATIA / VOCATIONIS / SACERDOTALIS, / EX / APOSTOLI CONSILIO / RESUSCITATA, / PER / SACRAS / COMMENTATIONES / VENERABILI CLERO / ACCOMODATAS, / AD SPIRITUS RENOVATIONEM, / SIVE IN COMMUNI CONVENTU, / SINE IN SOLITARIO SECESSU / INSTITUENDAM, / AUCTORE / P. FRANCISCO NEUMAYR, / Societatis Jesu. ARGENTORATI; Reverendi Patris Francisci Neumayr Soc. Jesu Triduana Exercita, Quae Ad resuscitandam gratiam Sacerdotalem Sive In communi conventu sive in solitario Secessu intitui possunt. Nova editio. Accedit appendix preces in exersitiis necessarias Continens. Monguntiae 1855; Geistes-Uebungen oder dreitägige Einsamkeit (Triduum Sacrum) für die Weltgeistlichen und Seminaristen von O. Franciscus Neumayr, Soc. Jesu- Aus dem Lateinischen von Augustin Heitele, Weltpriester. Mit gädigster Approbation des Hochw. Bischofs von Rottenburg, Ulm 1856; Idem ... Zweite Ausgabe. Mit gnädigster Approbation des Hochw. Bischofs in Rottenburg. Stuttgart 1865; Idem ... Zweite Ausgabe. Mit gnädigster Approbation des Hochw. Bischofs in Rottenburg. Lindau 1869; Idem ... Neue Ausgabe Lindau 1873; Il sacerdote rinnovato nello spirito della sua vocazione del P. Francesco Neumayr D. C. D. G. Prima traduzione italiana del P. Filippo Monaci D. M. C. Roma 1861; THEATRUM / DOLORIS / QUOD / PIIS MANIBUS / AUGUSTISSIMI / IMPERATORIS / CAROLIS VII / LUGEND POSUIT / CONGRAGATIO / LATINA MAJOR / MATRIS PROPITIAE / B. V. MARIAE / ab Angelo Salutatae / CUM / AUGUSTISSIMO / SODALI / OLIM / PRAEFECTO / SEMPER / BENEFACTORI / CLEMENTISSIMO, / MUNIFICENTISSIMO / SOLEMNIBUS / EXEQUIIS / patentaret / MONACHII, / ANNO MCCC.XLV. / Die 26. Aprilis; INITIUM / SAPIENTIAE / TIMOR DOMINI / Psalm. 110. / ARGUMENTUM / QUINQUE MEDITATIONUM / QUAS / Congregatio LAtina Major / MATRIS PROPITIAE / B. V. MARIAE ab Angelo salutatae / instituit / MONACHII ANNO DOMINI M.DCC.XLV. / MEDITATIO I. / CUM NOVUS / MAGISTRATUS MARIANUS / PROMULGARETUR, / Primum Timoris Argumentum / MORS; Idem ... MONACHII, / ANNO DOMINI M.DCC.XLV. / Alterum Timoris Argumentum / JUDICIUM; Idem ... MEDITATIO III. / Tertium Timoris Argumentum / JACTURA COELI; Idem ... MEDITATIO IV. / Quartum Timores Argumentum / INFERNUS; Idem ... MEDITATIO V. / Quintum Timoris Argumentum / AETERNITAS (Lat. Text: Theatrum Asceticum, S. 423-595); MISERERE / Oder / Der fünffzigste / Buß=Psalm / In Lehr=reich=und beweglichen / Geschicht=Predigten / Zum öffteren Gebrauch wahrer Büsser / erkläret, / Und / Als ein nutzliches Hauß-Buch zur / Ermunterung deß Geistes angebotten / Von / P. FRANCISCO NEUMAYR S. J. / Der hohen Dom=Stiffts=Kirchen / zu Augspurg Ordinari Predigeren. CUM PRIVILEGIO CAESAREO. / Allda gedruckt, Anno 1761; Idem ... Zweyte Auflag. Cum Privilegio Caesareo, & Permissu Superiorum. München und Ingolstatt 1761; Idem ... Dritte Auflag. CUM

PRIVILEGIO CAESAREO. Augspurg und Ingolstadt 1762; Idem ... Vierte Auflag ... 1763; Idem ... P. Francisco Neumayr S. J. / Der hohen Dom-Stiffts Kirche zu / Augsburg geweßten Predigern / Fünfte Auflag Augsburg, München und Ingolstadt 1766; MISERERE / Oder / der fünfzigste Buspsalm / in Lehhreich= und beweglichen / Geschichtpredigten / zum öfteren Gebrauche wahrer Büßer / erkläret, und / als ein nutzliches Haußbuch zur / Ermunterung des Geistes / von / P. FRANCISCO NEUMAYR S. J. / Der hohen Domstifftskirchen zu / Augsburg gewesten Predigern. / Sechste Auflag. CUM PRIVILEGIO CAESAREO. Augsburg, und Ingolstadt 1772; Miserere / oder der fünfzigste / Bußpsalm / in lehrreichen und beweglichen / Geschichtspredigten / zum / Gebrauch wahrer Büßer erkläret / und / als ein nützliches Hausbuch zur Ermunterung / des Geistes verfasset / von / Franz Neumayr / der ehemaligen Gesellschaft Jesu Priester, und der hohen / Domstiftskirche zu Augsburg geweßten / Prediger. / Erster Theil. Sechste und verbesserte Auflage. Augsburg 1780; P. Franz Neumayr's, S. J. weil. Dompredigers in Augsburg, Geschichtspredigten über den Bußpsalm Miserere. Neu herausgegeben von M. v. Auer, Priester. Tübingen 1852; Idem, 2. Auflage 1866; MISERICORDIA / DIE / ARGUMENTUM / QUATOR MEDITATIONUM / QUAS / CONGREGATIO LATINA MAJOR / MATRIS PROPITIAE / B. V. MARIA ab Angelo salutatae / Quadragesimae Tempore / INSTITUIT / MONACHII Anno MDCCXLVI. / MEDITATIO I. / CUM / MAGISTRATUS MARIANI / CONFIRMATIO PROMULGARETUR, / MISERICORDIA CONNIVENS / SIVE FILIUS PRODIGUS / in Regione longinqua, o.O., o.J.; Idem ... MEDITATIO II. / MISERICORDIA PUNIENS / SIVE / FILIUS PRODIGUS / in Servitute; Idem ... MEDITATIO III. / MISERICORDIA ANIMANS / SIVE / FILIUS PRODIGUS / in in Reditu; Idem ... MEDITATIO IV. / MISERICORDIA RECIPIENS / SIVE / FILIUS PRODIGUS / in amplexu paterno (Lat. Text: Thetrum Asceticum, S. 569-720); Geistliche Schaubühne, Oder: Die Barmherzigkeit Gottes durch den verlohrnen Sohn in vier Betrachtungen vorgestellet. Aus dem Lateinischen des Herrn P. Franz Neumayr Priester der Gesellschaft Jesu, und geweßten hohen Domstiftspredigern zu augsburg, in deutsche Verse übersetzet, und auf Gutheißen des Herrn Verfassers zum Drucke befördert. Augsburg und Innsburck 1766 (Der »Vorbericht an den Leser« aus der ersten Meditation befindet sich: H. Pörnbacher / B. Hubensteiner (Hrsg.)m Bayerische Bibliothek, Bd. 3, S. 335-337); TOBIAS ET SARA / SIVE / NUPTIAE / ANGELO PARANYMPHO / AUSPICATAE / DRAMA MUSICUM / SERENISSIMIS PRINCIPIBUS / MAXIMILIANO / JOSEPHO, / S. R. I. Electori Archi=Dapifero &c.&c. ET / MARIAE ANNAE, / Regiac Principi Saxonico=Polonicac &c. / Utriusque Bavariae, & Superioris Palatinatûs Ducibus / Comitibus Palatinis Rheni, Landgraviis Leuchtenbergae &c.&c. NEO=SPONSIS / Devotissimè dicatum / à COLLEGIO SOCIETATIS JESU MONACENSI / ANNO MDCC.XLVII. (Lat. Text: Theatrum Politicum, S. 469-494; S. 495-518 die deutsche Überstzung von P. Ignaz Weitenauer); PRAECEPTUM / AMORIS / ARGUMENTUM / QUINQUE MEDITATIONUM / QUAS / CONGREGATIO LATINA MAJOR / MATRIS PROPITIAE / B. V. MARIAE ab Angelo salutatae / Tempore Quadragesimae / INSTITUIT / MONACHII, ANNO DOMINI M.DCC.XLVII. / CUM /

Serenissimus Potentissimus Princeps & Elector / DOMINUS DOMINUS / MAXIMILIANUS JOSEPHUS / Utriusque BAvariae & Superioris Palatinatus Dux, / Comes Palatinus Theni, Landgravius Leuchtenbergae &c. / PRAEFECTURAM MARIANAM / Clementissimè susciperet. / MEDITATIO I. / DILIGES Dominum Deum tuum, Marc. 12. o. O., o. J.; Idem ... ANNO DOMINI M.DCC.XLVII / MEDITATIO II. / DILIGES / EX TOTO CORDE TUO, / Marc. 12.; Idem ... MEDITATIO III. / DILIGES / EX TOTA MENTE TUA, / Marc. 12.; Idem ... MEDITATIO IV. / DILIGES / EX TOTA ANIMA TUA, / Marc. 12.; Idem ... MEDITATIO V. / DILIGES / EX TOTA VIRTUTE TUA, / Marc. 12. (Alle Meditationen: Let. Text: Theatrum Asceticum, S. 721-871); Geistliche Schaubühne Oder: Das Geboth der Liebe Gottes durch fünf Heilige Franciscus in eben so vielen Betrachtungen vorgestellet. Aus dem Lateinischen des Herrn P. Franz Neumayr Priestern der Gesellschaft Jesu, und dermaligen hohen Domstiftspredigern zu Augsburg, in deutsche Verse übersetzet, und auf Gutheißen des Herrn Verfassers zum Drucke befördert. Augsburg und Innsbrugg 1760; Idem ... 2. Auflage 1768; THEATRUM ASCETICUM / SIVE / MEDITATIONES / SACRAE / IN THEATRO / CONGREGATIONIS LATINAE / B. V. MARIAE / AB ANGELO SALUTATAE / EXHIBITAE MONACHII, / VERNI JEJUNII TEMPORE / Ab Anno 1739, usque ad Annum 1747. / ET NUNC / AD COMMODIOREM USUM / SUAE, & ALIENAE PERFECTIONIS STUDIOSORUM / ALTERIS TYPIS EDITAE / AB EJUSDEM SODALITATIS p.t. PRAESIDE / P. FRANCISCO NEUMAYR S. J. / CUM LICENTIA SUPERIORUM, / ET / PRIVILEGIO CAESAREO. INGOLSTADII, & AUGUSTAE VINDEL. / ANNO MDCCXLVII; Idem ... TERTIIS TYPIS EDITAE / AB EJUSDEM SODALITATIS p.t. PRAESIDE / P. FRANCISCO NEUMAYR S. J. / CUM LICENTIA SUPERIORUM, ET PRIVILEGIO CAESAREO. Ingolstadii, & Augustae Vindel. Anno MDCCLII; Idem ... QUARTIS TYPIS EDITAE ..., Ingolstadii, & Augustae Vindel. Anno MDCCLVIII; Thautropfen oder sieben geistliche Schauspiele. Nach dem Lateinischen des hochwürdigen P. Neumayr Soc. Jesu. Bearbeitet und der gesammten katholischen Lesewelt gewidmet von Dom. Mettenleiter Stiftvikar zu U. L. F. an der alten Kapelle, III. Bändchen, Straubing 1854; JDEA / CULTUS MARIANI / SODALITATIBUS / DEIPARAE CONSECRATIS / PROPRII / AD EORUM / QUI ADSCRIPTI SUNT / SOLIDUM SOLATIUM, / ALIORUM VERO / QUI ADSCRIBI COPIUNT, / INTEGRAM ERUDITIONEM / EXPLICATA / A. P. FRANCISCO / NEUMAYR S. J. / CUM ADJUNCTA IN FINE / PRACTICA METHODO / VITAE CHRISTIANO- / MARIANAE. / CUM LICENTIA SUPERIORUM, MONACHII. Anno 1747; IDEA / (idem) ... CUM ADJUNCTA IN FINE PRA. / CTICA METHODO / VITAE CHRISTIANO- / MARIANAE. / CUM LICENTIA SUPERIORUM, EDITIO SECUNDA. Monasterii S. GALLI MDCCLIV; Idem ... EXPLICATA / à / R. P. FRANCISCO / NEUMAYR S. J. / CUM ADJUNCTA IN FINE / PRACTICA METHODO / VITAE CHRISTIANO- / MARIANAE. / EDITIO SECUNDA / CUM LICENTIA SUPERIORUM. Augustae, Monachii, & Ingolstadii 1755; IDEA / CULTUS MARIANI / SODALITATIBUS / DEIPARAE / CONSECRATIS PROPRII, / EXPLICATA / A / R. P. FRANCISCO NEUMAYR /

S. J. DUSSELDORPII; IDEA / ... / A / R. P. FRANCISCO NEUMAYR S. J. / CUM ADJUNCTA IN FINE / PRACTICA MATHODO / VITAE CHRISTIANO- / MARIANAE. / EDITIO TERTIA. / CUM PRIVILEGIO CAESAREO. Augustae, Monachii, & Ingolstadii 1761; IDEA / CULTUS MARIANI / SODALITATIBUS / DEIPARAE CONSECRATIS / PROPRII, / AD EORUM / QUI ADSCRIPTI SUNT, / SOLIDUM SOLATIUM, / ALIORUM VERO, / QUI ADSCRIPTI CUPIUNT, / INTEGRAM ERUDITIONEM / EXPLICATA / A / P. FRANCISCO / NEUMAYR S. J. MAE CONGREGATIONI / MAJORI ACADEMICAE / B. MARIAE V. / AB ANGELO SALUTATAE / IN STRENAM OBLATA / MOLDHEMII A. C. MDCCLXI. ARGENTORATI; IDEA / ... PRACTICA METHODO / CITAE CHRISTIANO MARIANAE. / ET / D. D. SODALIBUS B. V. AB AN- / GELO SALUTATAE IN STRENAM / OBLATA / MDCCLXII; IDEA / CULTUS MARIANI / SODALITATIBUS / DEIPARAE / CONSECRATIS PROPRII / AD EORUM, / QUI ADSCRIBI SUNT, / SOLIDUM SOLATIUM, / ALIORUM VERO, / QUI ADSCRIBI CUPIUNT, / INTEGRAM ERUDITIONEM / EXPLICATA / A / R. P. FRANCISCO / NEUMAYR S. J. / ET / CONGREGATIONI / EUCHARISTICO- / MARIANAE, / QUAE EST ASCHAFFENBURGI, / oblata. / Anno 1763; Entwurff Marianischer Andacht, Wie Sie in den der Himmels=Königin gewidmeten Bruderschafften ausgeübet wird. Jenen, welche eingeschriben seynd Zum Trost: Anderen aber, so ihre Nämen wollen einschreiben lassen, zu einem vollständigen Unterricht, ehemalen in lateinischer Sprach erkläret Von P. Francuisco Neumayr Soc. Jesu. Jetzt teutsch übersetzet Von einem weltlichen Priester, Samt einem Anhang von der Weiß Christlich zu leben und zu sterben. Mit Genehmhaltung der Oberen. Im Sommer 1755. München und Ingolstadt; Wahrer Begriff von der Verehrung Mariä, sammt angehängter Lebensmethode. Den andächtigen Sodalen der lateinischen Congregation in München gewidmet von weiland ihrem würdigen Präses P. Franz Neumayr, in lateinischer Sprache: jetzt vom unwürdigen Uebersetzer B. Euperg, Doktor der Theologie. München 1819; L' Idéal du Culte de Marie dans les Congrégations de la Ste Vierge par le Père Francois Neumayr, S. J., Bruxelles 1908; MUNDUS / IN / MALIGNO / 1. Joan. 5 / ARGUMENTUM / TRIUM MEDITATIONUM / QUAS / CONGREGATIO LATINA MAJOR / MATRIS PROPITIAE / B. V. MARIAE ab Angelo salutatae / Tempore Quadragesimae / Exhibuit / Monachii Anno M.DCC.XLVIII. / MEDITATIO I. / MUNDUS TOTUS IN CONCUPISCENTIA CARNIS / 1 Joan. 2. / SIVE / SERVUS MALUS, Matth. 24, Monachii o. J.; Idem ... MEDITATIO II. / MUNDUS TOTUS / IN CONCUPISCENTIA OCULORUM, / 1. Joan 2. / AIVE / DIVES EVANGELICUS, Luc. 12. Monachii; Idem ... MEDITATIO III. / MUNDUS TOTUS / IN SUPERBIA VITAE / 1 Joan 2. / SIVE PHARISAEUS, Luc. 18. Monachii (Lat. Texte: Mundus in Maligno (Nr. 33), S. 1-103); IDEA / RHETORICAE / SIVE METHODICA / INSTITUTIO / DE / PRAECEPTIS, / PRAXI, ET / USU ARTIS / QUOTIDIANO, CIVILI, / AC ACCLESIASTICO. / AUCTORE / P. FRANCISCO NEUMAYR / Soc. JESU. / Ingolstadii, & Augustae Vindelicorum / ANNO M.DCC.XLVIII; IDEA / RHETORICAE / SIVE / METHODICA / INSTITUTIO / DE / PRAECEPTIS, / PRAXI, / ET USU ARTIS / QUOTIDIANO, CI-

VILI, / AC ECCLESIASTICO, / AUCTORE / P. FRANCISCO NEUMAYR / Soc. J. / EDITIO SECUNDA AUCTIOR, Ingolstadii, & Augustae Vindelicorum. Anno 1753; Idem ... TERTIA EDITIO AUCTIOR. / Monachii & Ingolstadii 1756; Idem ... P. FRANCISCO NEUMAYR, Soc. J. QUARTA EDITIO AUCTIOR. Augustae, & Ingolstadii 1762; Idem ... QUINTA EDITIO AUCTIOR. Augustae, & Ingolstadii Anno 1768; Idem ... SEXTA EDITIO AUCTIOR. Augustae, & Ingolstadii. Anno 1775; METHODUS / VITAE CHRISTIANAE / Usui quotidiano ac- / commodata / Pro / Omni aetate, conditione / & statu / A / P. FRANCISCO NEUMAYR S. J. / Cum facultate Superiorim. Typis Monasterii Tegernseensis; Kurze Weisung das tägliche Leben nach Gottes Wohlgefallen einzurichten. Von J. R. Pr. Mit Bewilligung des Erzbischöflichen General=Vikariats München=Fresing. München 1825; Franzens Neumayr, heilige Lebensordnung, nebst einer Anweisung zur vernünftigen und anständigen Aufführung. Mit Erlaubnis der Oberen. Augsburg 1779; Christlichen Lebensregeln zum täglichen Gebrauch für alle Stände und Alter nach dem Ehrw. Pater Neumayr, S. J. von J. Chr. Joder Generalsekretär am bischöflichen Ordinariat zu Straßburg. Zum Besten der katholischen Mägdeanstalt St.-Arbogast zu Straßburg. Straßburg 1886; Maximes et règles pour la vie chrétienne. Règlement de vie d' après le R. P. Neumayr, S. J. par L' Abbé J.-Chr. Joder Secrétaire générale de l' Évéché de Strasbourg. Se vend au profit de l' Oeuvre de Saint-Arbogast. Strasbourg 1886; Idem ... 2e Édition. Se vend au profit de Saint-Arbogast. Strasbourg 1886; Règlement de vie chrétienne offert aux enfants de Marie ... par le R. P. Fr. Neumayr, ,,, traduit du latin par un Père de la meme compagnie. Paris 1895; Paradoxum Christianum Laedi Neminem Nisi A Seipso Autore P. Bartholomaeo Fisen, E Societate Jcsu Olim In Belgio Editum, Nunc Recusum Cum Licentia Superiorum Monachii Apud Joannem Vötter 1748 (Vorrede durch Neumayr); Weesenheit, / Krafft, und Ubung / Der / Göttlichen Tugenden / Des Glaubens, der Hoffnung / und der Liebe / Zu nutzlichen Gebrauch / Sowohl Geistlich= als auch Weltlicher / Persohnen / Besonders deren / welche jährlich durch eine drey=tägige / Gemüths=Versammlung / Auf Erneuerung ihres Geusts / zu tringen pflegen / Erkläret und beschriben / Von P. FRANCISCO NEUMAYR, / Soc. Jesu Priestern. / Mit Genehmhaltung der Oberen, und / Kayserl. Privilegio. / München im Jahr 1749; Weesenheit, Krafft und Ubung / Der / Göttlichen Tugenden / Des / Glaubens, der Hoffnung, und der Liebe /, / Zu nutlichem Gebrauch / Sowohl Geistlich= als Weltlicher Persohnen / Besonders deren / Welche jährlich durch eine drey=tägige / Gemüths=Versammlung / auf Erneue= / rung ihre Geistes zu tringen pflegen, / Erkläret und beschriben von P. FRANCISCO NEUMAYR, / Soc. Jesu Priestern, Mit Genehmhaltung der Oberen, und Kayserl. / PRIVILEGIO. München und Ingolstadt 1755; Wesenheit, Krafft und Ubung / der / Göttlichen Tugenden / des / Glaubens, der Hoffnung, und der Liebe, / Zu nutzlichem Gebrauch / Sowohl geistlich= als weltlicher Personen, / Besonders deren welche jährlich / durch / eine dreytägige Gemuths=Versammlung / auf Erneuerung ihre Geists / zu dringen pflegen, Erkläret und beschrieben von / P. FRANCISCO NEUMAYR, Soc. Jesu Priestern. / Dritter Druck. Mit Genehmhaltung der Obern, und Kayserl. PRIVILEGIO. München und Ingolstatt 1757; Wesenheit, Krafft, und Unung / Der / Göttlichen Tugenden / Deß / Glaubens, der Hoffnung, und der Liebe, / Zu nutzlichem Gebrauch sowohl / Geistlich= als weltlicher Personen, / Besonders deren / welche jährlich durch eine dreytägige / Gemüths=Versammlung / auf Erneuerung ihre Geistes / zu dringen pflegen, / Erkläret und beschrieben von / P. FRANCISCO NEUMAYR S. J. / Vierte Auflag. CUM PRIVILEGIO CAESAREO. Augspurg und Ingolstadt 1761; Idem ... Fünfte Auflag. Augspurg und Ingolstadt 1765; Idem ... Sechste Auflage. Augspurg und Ingolstadt 1770; Wesenheit, Kraft und Uebung der drei göttlichen Tugenden von P. Franziskus Neumayr, Priester der Gesellschaft Jesu. Bearbeitet von einem Landgeistlichen der Diözese Würzburg. Augsburg 1845; MICAE / EVANGILICAE / SIVE / PUNCTA / MEDITATIONUM / IN / Evangelia de tempore / XENII NOMINE / OBLATA / DD. SODALIBUS / Congregationis Latinae / Majoris / MATRIS PROPITIAE / B. V. MARIAE / Ab Angelo Salutatae. / A / P. FRANCISCO NEUMAYR, / Soc. JESU / MONACHII / ANNO 1749; MICAE / EVANGELICAE / SIVE / PUNCTA / MEDITATIONUM / IN / EVANGELIA / DE / TEMPORE / PROPOSITA / A / P. FRANCISCO NEUMAYR / Soc. JESU. / EDITIO SECUNDA / Anno 1756. AUGUSTAE & INGOLSTADII; Idem ... EDITIO TERTIA / CUM PRIVILEGIO CAESAREO. AUGUSTAE & INGOLSTADII 1762; Idem ... Editio Quarta / 1768; MICAE / EVANGELICAE / SIVE / PUNCTA MEDITATIONUM / IN / Evangelia de tempore / XENII NOMINE OBLATA / D. D. SODALIBUS / Congregationis Latinae Majoris / MATRIS PROPITIAE / B. V. MARIAE / Ab Angelo Salutatae / A / P. FRANCISCO NEUMAYR / Soc. Jesu. / Cum Epistola encyclica. Secundis typis recusa Anno M.D.CC.XC; MUNDUS / IN MALIGNO / 1. Joan. 5. / ARGUMENTUM ITERATUM / QUATOR MEDITATIONUM / QUAS / CONGREGATIO LATINA MAJOR / MATRIS PROPITIAE / B. V. MARIAE ab Angelo salutatae / Tempore Quadragesimae / EXHIBUIT / Monachii Annp M.DCC.XLIX. / MEDITATIO I. / AETAS PUERILIS / IN MALIGNO. Monachii o. J.; Idem ... MEDITATIO II. / AETAS JUVENILIS / IN MALIGNO, Monachii; Idem ... MEDITATIO III. / AETAS VIRILIS / IN MALIGNO. Monachii; Idem ... MEDITATIO IV. / AETAS SENILIS / IN MALIGNO. Monachii (Lat. Text: Mundus in Maligno (Nr. 33), S. 104-252; Geistliche Schaubühne, oder: die Welt im Bösen. 1. Joan. Cap. 5. v. 19. Durch die vier Betrachtungen über die vier Alter des Menschen vorgestellet. Aus dem Lateinischen den Herrn P. Franz Neumayer Priestern der Gesellschaft Jesu, weiland hohen Domstifftspredigern zu Augsburg, in das Deutsche übersetzet, und auf Gutheißen des Herrn Verfassers zum Drucke befördert. München 1768; EPISTOLA / ENCYCLICA / Ad / Marianos DD. Sodales / CONGREGATIONIS / LATINAE MAJORIS / B. V. MARIAE / AB / Angelos Salutatae / MATRIS PROPITIAE. o.O., o.J.; MUNDUS / IN MALIGNO / 1. Joan. 5. / ARGUMENTUM TERTIO REPETITUM / IN / QUATOR MEDITATIONIBUS / QUAS / CONGREGATIO LATINA MAJOR / MATRIS PROPITIAE / B. V. MARIAE ab Angelo salutatae / TEMPORE QUADRAGESIMAE / EXHIBUIT / Monachii, Anno MDCCL. / MEDITATIO I. / ADAM / PROPTER VITAM STATUI ET / OFFICIO MALE CONFORMATAM / MALUS ET MISER. Monachii o. J.; Idem ... MEDITATIO II. / JOAS / PROPTER CONVERSATIONEM / CUM MALIS / MALUS ET MISER. Monachii; Idem ... MEDITATIO III. / SALOMON / PROPTER MALUM USUM / PROSPERITATIS / MALUS ET MISER. Monachii; Idem ... MEDITATIOIV. / SENNACHERIB / PROPTER MALUM USUM / ADVERSITATIS / MALUS ET MISER, Monachii; MUNDUS / IN MALIGNO / POSITUS / ARGUMENTUM / THEATRI ASCETICI / Sive / MEDITATIONUM SACRARUM / IN THEATRO CONGREGATIONIS LATINAE / EXHIBITARUM / Ab Anno 748, usque ad Annum 1750. / ET NUNC / AD USUM COMMODIOREM SUAE, AC ALIENAE / SALUTIS STUDOSORUM / SECUNDIS TYPIS EDITAE / AB EJUSDEM SODALITATIS olim PRAESIDE / P. FRANCISCO NEUMAYR S. J. CUM LICENTIA SUPERIORUM, ET PRIVILEGIO CAESAREO. MONACHII, INGOLSTADII, ET AUGUSTAE. Anno 1754; Idem ... TERTIIS TYPIS EDITAE / P. FRANCISCO NEUMAYR Soc. Jesu. CUM PRIVILEGIO CAESAREO. AUGUSTAE VIND. & INGOLSTADII 1761; R. P. Francisci Neumayr ascesis rhythmica, ad modum exercitiorum spiritualium S. P. N. Ignatii accomodata, et D. D. Sodalibus Congregationis Majoris Latinae Matris Propitiae, B. V. Mariae ab angelo salutatae, pro Xenio oblata, Anno M.D.CC.XCI. Monachii; IDEA / POESEOS, / SIVE / METHODICA / INSTITUTIO / DE / PRAECEPTIS, PRAXI, / ET USU ARTIS / Ad Ingeniorum Culturam, / Animorum Oblectationem, / AC / MORUM DOCTRINAM / accomodata / AUCTORE / P. FRANC. NEUMAYR, / SOCIETATIS JESU. / PERMISSU SUPERIORUM. / INGOLSTADII. ANNO MDCCLI; Idem ... MONACHII & INGOLSTADII MDCCLVI; Idem ... EDITIO TERTIA. AUgustae & INGOLSTADII 1759; Idem ... EDITIO QUARTA. AUGUSTAE & INGOLSTADII 1768; VIR / APOSTOLICUS / SIVE / DOCTRINA / METHODICA / DE / UTILI ET FACILI PRAXI / FUNCTIONUM / SACERDOTALIUM / LIBELLO / DE GRATIA VOCATIONIS / SACERDOTALIS / NUPER EDITO / PER MODUM APPENDICIS / ADJECTA / AB EODEM AUCTORE / P. FRANC. NEUMAYR, / SOCIETATIS JESU. / CUM LICENTIA SUPERIORUM ET / PRIVILEGIO CAESAREO. INGOLSTADII & / AUGUSTAE VINDICORUM ANNO MDCCLII; Idem ... MONACHII & INGOLSTADII MDCCLV; Idem ... Editio Tertia MDCCLVIII; Idem ... Editio Quarta MDCCLXV; Idem ... Editio Quinta MDCCLXXI; Idem ... Editio Sexta. AUGUSTAE VIND. MDCCLXXIX; Vir Apostolicus, sive doctrina methodica de utili et facili praxi functionum sacerdotalium, Auctore Francisco Neumayr, S. J. Editio Nova, cura M. de Auer, sacerdotis. Schaffhusae 1853; Kurzer und praktischer Unterricht die christliche Lehre dem glaubigen Volke mit Nutzen vorzutragen. Aus dem Lateinischen P. Franz Neumayrs, weiland Predigers im hohen Domstifte zu Augsburg in das Deutsche übersetzet: P. Wilhelm Hyacienth Bougeant, d. G. J. vollkommene Erklärung der christlichen Lehre, durch Fragen und Antworten ... Neue Auflage. Augsburg 1780; Nichtswerthe Rechtfertigung / Der / Von (Titel) / Herrn Frantz Rothfischer / Ehemaligen Benedictiner und Professore / der Gottsgelährtheit / In dem Hoch=Fürstl. Reichs=Stüfft S. Emmerami / in Regenspurg. / Nunmehrigen / Offentlichen Lehrer der Welt=Weißheit auf / der Julius-Carls Universität zu Helmstädt / Ohne zureichenden Grund / Zu Leipzig im Jahr 1751. den 21. Nov. abgelegten /

Lutherischen Glaubens=Bekenntnüß / Der unpartheyischen Welt vor Augen gelegt / Von / P. FRANCISCO NEUMAYR Soc. JESU. / Mit Genehmhaltung der Obern. / In Jahr 1752. / Ingolstadt; Idem ... Im Jahr 1752. Zweyte Auflag; Idem ... Bamberg; Idem ... Wien 1752; Idem ... Die dritte Auflag. Ingolstadt und Augspurg 1760; Idem ... Die vierte Auflag. Augsburg und Ingolstadt 1766; Fortsetzung / Der Anmerkungen / P. FRANCISCI NEUMAYR / SOCIETATIS JESU / Uber die / Nichtswerthe Rechtfertigung / Der / Von (Titul) / Herrn Frantz Rothfischer u. / Abgelegten / Lutherischen Glaubensbekenntnüß / Mit Genehmhaltung der Obern. Ingolstadt. Im Jahr 1752; Idem ... Ingolstadt und Augspurg 1760; Idem ... Augsburg und Ingolstadt 1766; P. FRANCISCI NEUMAYR / SOCIETATIS JESU / Anhang / Zu den / Anmerkungen / Uber die / Nichtswerthe Rechtfertigung / Des (Titul) / Herrn Frantz Rothfischer / Lehrers der Weltweißheit / Auf der Julius Carls Universität zu Helmstädt. / Oder / Bescheidene Antwort / Auf die ertz=grobe / Läster=Schrifft / Welche / Der unbesonnene Mann / Uber den / Zustand der Catholischen Schulen / Freventlich ausgestreuet. / Mit Genehmhaltung der Obern. / Ingolstadt 1753; Idem ... Ingolstadt und Augspurg 1760; Frag: / Ob die Lutherische / Lehr=Sätze / Dem / Herrn Christo / Zur Ehre gereichen? / In einer / Streitt=Rede / Seinen Catholischen Zuhöreren zur Warnung / Denen Herren / Protestanten / Zum Bedencken / Vorgestellt / In der hohen Dom=Stiffts Kirchen zu Aug / Spurg am dritten Oster=Feyertag, / Von / P. FRANCISCO NEUMAYR, SOC. JESU / Ordinari-Dom=Predigern allsa / Im Jahr Christi 1753. / Mit Genehmhaltung der Obern,. Ingolstatt und Augspurg o. J.; Idem ... Zweyte Auflag. Augspurg, München und Ingolstatt; Idem ... Vierte Auflag. München und Ingolstatt; Idem ... Fünfte Auflag, Nünchen und Ingolstadt; Erste Frage. Ob die Lutherische Lehr=Sätze dem Herrn Christo zur Ehre gereichen? Wider den Herrn Richter: Heilige Streitt=Reden I, S. 1-31; Heilige Geschillen; of Leerredenen, over gewigtige geloofsvragen. Door P Franciscus Neumyr, Priester der Societeit Jesu, en ordinair Prediker van het Hoog Domstift te Augsburg, Naar den Tweeden Druk, uit het Hoogduits Vertaald, door eenen Roomsch Priester. Eerste Deel, Eerste stuk. Te Antwerpen, Voor de Compagnie, MDCCLXXI. Eerste Vraag: Of de Luthersche Leerstukken aan Christus tot eere strekken?; Frag: / Ob der Geist / Der / Lutherischen Kirch / Ein heiliger Geist seye? / In einer / Streitt=Red / Seinen Catholischen Zuhöreren zur Warnung / Denen Herren / Protestanten / Zur Uberlegung / Vorgestellt / In der hohen Dom=Stiffts=Kirchen zu Aug- / Spurg am dritten Pfingst=Feyertag, / Von / P. FRANCISCO NEUMAYR, SOC. JESU / Ordinar-Dom=Predigern allda / Im Jahr 1753. Mit Genehmhaltung der Obern. Augspurg, München und Ingolstatt; Idem ... Zweyte Auflag; Idem ... Dritte Auflag; Idem ... Vierte Auflag. München und Ingolstatt o.J.; Idem ... Fünfte Auflag; Zweyte Frage. Ob der Geist der Lutherischen Kirche ein heiliger Geist seye? Wider den Herrn Doctor Kießling: Heilige Streitt=Reden I, S. 32-92; Heilige Geschillen ... Tweede Vraag: Of de geest der Luthersche Kerk een Heilige Geest ist? (wie oben); Frag: / Ob in der / Lutherischen Kirch / Eine Hoffnung der / Seeligkeit seye? / Beantwortet / Von / P. FRANCISCO NEUMAYR, SOC. JESU / Der hohen Dom=Stiffts=Kirchen zu Aug- / spurg Ordinari-Predigern / Da / Am 9.ten Sonntag nach Pfingsten / Das

Fest der heiligen / Martyrin Hilariä / begangen, / Und / Die Jährliche Dancksagung wegen der Widerher- / stellung der Hochwürdigen Catholischen Geistlichkeit / dem Allerhöchsten abgestattet wurde / Im Jahr Christi 1753. / Mit Genehmhaltung der Obern. Augspurg, München und Ingolstatt o. J.; Idem ... Zweyte Auflag. München und Ingolstatt. Anno 1754; Idem ... Dritte Auflag. München, und Ingolstatt. Anno 1754; Idem ... Vierte Auflag. München, und Ingolstatt o. J.; Idem Fünffte Auflag; Dritte Frage. Ob in der Lutherischen Kirche eine Hoffnung der Seeligkeit seye: Heilige Streitt=Reden I, S. 92-148; Frag: / Ob heilige / Streitt=Reden / In der / Kirch Gottes / Mit Recht / üblich seyen? / Am Fest / Der Unschuldigen Kindlein / beantwortet / Von / P. FRANCISCO NEUMAYR, SOC. JESU / der hohen Dom=Stiffts=Kirchen zu Augspurg / Ordinari_predigern / Im Jahr 1753. / Mit Genehmhaltung der Obern. München, und Ingolstatt o. J.; Idem ... Zweite Auflag; Idem ... Dritte Auflag; Idem ... Vierte Auflag; Idem ... Fünfte Auflag; Vierte Frage. Ob heilige Streitt=Reden in der Kirche Gottes mit Recht üblich seyen: Heilige Streitt=Reden I, S. 149-181; Frag: / Ob / Die Protestantische Klagen / Wider / Das Pabstthum / Einen Klugen Mann / Von der Römisch=Catholischen Religion / abhalten sollen? / Beantwortet / Von / P. FRANCISCO NEUMAYR, SOC. JESU / der hohen Dom=Stiffts=Kirchen zu Augspurg / Ordinari-Predigern / Am dritten Oster=Feyertag / Im Jahr Christi 1754. / Mit Genehmhaltung der Obern. München und Ingolstatt o. J.; Idem ... Zweyte Auflag; Idem ... Dritte Auflag; Idem ... Vierte Auflag; Fünffte Frage. Ob die Protestantischen Klagen wider das Pabstum einen klugen Mann der Römisch=Catholischen Religion abhalten sollen? Wider den Herrn Preu: Heilige Streitt=Reden I, S. 182-255; Frag: / Ob es / Einem Lutheraner / Zur Schande gereiche, / Wann / Er Catholisch wird? / Beantwortet / von / P. FRANCISCO NEUMAYR SOC. JESU / der hohen Dom=Stiffts=Kirchen zu Augspurg Ordinari-Predigern / Am dritten Pfingst=Feyertag / Im Jahr Christi 1754. / Mit Genehmgaltung der Oberen. München und Ingolstadt o. J.; Idem ... Anderte Auflag; Sechste Frage. Ob es einem Lutheraner zur Schande gereiche, wann er Catholisch wird: Heilige Streitt=Reden I, S. 256-325; Frag: / Ob es gleich viel gelte, / was man für eine Religion / annemme, / Wann sie nur Christlich ist? / Beantwortet / Von / P. FRANCISCO NEUMAYR SOC. JESU / der hohen Dom=Stiffts=Kirchen zu Augspurg / Ordinari-Predigern / Da / Am Fest der Heil. Martyrin Hilariä / Die / Jährliche Dancksagung / Wegen der Widerherstellungd er Hochw. Catholischen / Geistlichkeit dem Allerhöchsten abgestattet wurde / Im Jahr Christi 1754. / Mit Genehmhaltung der Oberen. München und Ingolstadt o. J.; Idem ... Zweyte Auflag; Idem ... Dritte Auflag; Sibente Frage. Ob es gleich vil gelte, was man für eine Religion annehme, wann sie nur Christlich ist? Wider die Frey=Geister: Heilige Streitt= Reden I, S. 326-377; Frag: / Ob es / Ein ergibiges Mittel gebe, / Die / Drey Religionen / Deß / Heil. Römischen Reichs / zu vereinigen? / In fünff Predigen / beantwortet von / P. FRANCISCO NEUMAYR SOC. JESU / der hohen Dom=Stiffts=Kirchen zu Augspurg / Ordinari-Predigern; / In den fünff Weyhnacht=Feyertägen / Deß Jahrs 1754. / Mit Genehmhaltung der Obern. München und Ingolstatt o. J.; Idem ... Zweyte Auflag; Idem ... Dritte Auflag; Achte Frage. Ob es ein ergibiges Mittel gebe, die drey Religionen deß

Heil. Römischen Reichs zu vereinigen? Wider etliche Scartequen: Heilige Streitt=Reden I, S. 378-478; Frag: / Ob / Die Heilige Schrift / Der / Augspurgischen Confeßion / das Wort rede? / Beantwortet / Am dritten Oster=Feyertag / Von / P. FRANCISCO NEUMAYR SOC. JESU, / der hohen Dom=Stiffts=Kirchen zu Augspurg / Ordinari-Predigern, / Im Jahr Christi 1755. / Mit Genehmhaltung der Obern. München, und Ingolstatt o. J.; Idem ... Zweyte Auflag; Idem ... Dritte Auflag; Neunte Frage. Ob die heilige Schrift der Augspurgischen Confeßion das Wort rede? Wider den Herrn Besenbeck: Heilige Streitt=Reden I, S. 479-518; Frag: / Ob / Dem Römischen Bischoff / Die / Dreyfache Cron / Wohl anstehe? / Beantwortet / Am dritten Pfingst=Feyertag / Von / P. FRANCISCO NEUMAYR SOC. JESU, / der hohen Dom=Stiffts=Kirchen zu Augspurg / Ordinari-Predigern, / Im Jahr Christi 1755. / Mit Genehmhaltung der Obern. München, und Ingolstatt o. J.; Idem ... Zweyte Auflag; Idem ... Dritte Auflag; Zehende Frage. Ob dem Römischen Bischoff die dreyfache Cron wohl anstehe?: Heilige Streitt=Reden I, S. 519-555; Frag: / Ob die / Catholische Geistlichkeit / Von / Den Herren Protestanten / Mit Recht verachtet werde? / Beantwortet / Von / P. FRANCISCO NEUMAYR SOC. JESU, / Der hohen Dom=Stiffts=Kirche zu Augspurg / Ordinari-Predigern, / Da am 12. Tag deß August=Monaths, / Am Fest der heiligen Hilarä / Die jährliche Dancksagung / Wegen Widerherstellung der Hochwürdigen Geistlichkeit / dem Allerhöchsten abgestattet wurde / Im Jahr Christi 1755. / Mit Genehmhaltung der Obern. München, und Ingolstatt o. J.; Idem ... Zweyte Auflag; Idem ... Dritte Auflag; Eylffte Frage. Ob die Catholische Geistlichkeit von den Herren Protestanten mit Recht verachtet werde?: Heilige Streitt=Reden I, S. 556-596; Frag / Eines von Adel / An einen / Hessischen Theologen / gestellet: / Ob Catholisch werden / gefährlich seye? / Beantwortet / Von / P. FRANCISCO NEUMAYR SOC. Jesu, / Der hohen Dom=Stiffts=Kirchen zu Augspurg / Ordinari-Predigern, / Am Fest der unschuldigen Kindlein / Im Jahr Christi 1755. / Mit Genehmhaltung der Oberen. München, und Ingolstadt o. J.; Zwölffte Frage: Ob Catholisch werden gefährlich seye? Wider den Herrn Benner einen Hessischen Theologen von Gießen: Heilige Streitt=Reden I, S. 597; Liebs=Gebäu, / Oder / Nachdrückliche Anmahnung / Wegen eines ergibigen Beytrags / Zur Erhaltung / Deß neu=erbauten / Arbeit=und Zucht= Hauses / In Absicht / Auf die Ernährung der wahren Armen / Und / Ausrottung deß heyllosen Bettels / Verfasset / Und / Auf Hohes Verlangen / In Druck gefertiget / Von / P. FRANCISCO NEUMAYR SOC. JESU, / Der hohen Dom=Stiffts=Kirche zu Augspurg / Ordinari-Predigern, / Im Jahr Christi 1755 / Mit Genehmhaltung der Oberen. Augspurg, München, und Ingolstadt; Idem ... Zweyte Auflag (auch: Heilige Streitt=Reden I, Anhang); Neuer Versuch, das schwankend- und allmählich dahinsinkende Armen-Institut wieder zu errichten, und auflebend zu machen, nach dem wohlgelungenen Entwurf Fr. Neumayrs zum Besten der leidenden Menschheit ... gewidmet. 1799; EXTERMINIUM / ACEDIAE / FRUCTUS EXHORTATIONIS / DOMINI NOSTRI / JESU CHRISTI / LUC. XIII. / CONTENDITE INTRARE PER / ANGUSTAM PORTAM! / TRIDUO EXPENSAE / ET / EXPLICATAE / IN ORATORIO MARIANO / CONGREGATIONIS LATINAE / AUGUSTANAE, EIDEMQUE IN XENIUM OBLATAE

/ ET NUNC / AD FREQUENTIOREM USUM / ANIMARUM SUAE SALUTIS STUDIOSARUM / PUBLICE IURIS FACTAE ANNO 1755. / A / P. FRANCISCO NEUMAYR S. J. Cum licentia Superiorum, & Privilegio Caesareo. Augustae, Monachii, & Ingolstadii; Idem ... Editio secunda. Anno MDCCLVIII; Idem ... EDITIO TERTIA. CUM PRIVILEGIO CAESAREO. Augustae, Monachii, & Ingolstadii 1763; EXTERMINIUM / ACEDIAE / FRUCTUS EXHORTATIONIS / DOMINI NOSTRI / JESU CHRISTI / LUC. XIII. / CONTENDITE INTRARE PER / ANGUSTAM PORTAM! / TRIDUO EXPENSAE / ET / EXPLICATAE / A / P. FRANCISCO NEUMAYR S. J. / Olim Praeside Congregationis majoris latinae, / quae est Monachii. Nunc eidem Congregatio- / nis anno MDCCLXXXVIII postliminio / in Xenium oblatae. MONACHII; Tilgung Der Trägheit, Nach der Vorschrifft Unsers Herrn Jesu Christi Luc. 13. Bemühet euch einzugehen durch die Enge Porte! Ehemalen in Lateinischer Sprach herausgegeben Von P. Francisco Neumayr S. J. Jetzt aber Zu allgemeinem Gebrauch ihres Heyls beflissener Seelen in das Teutsche übersetzet von einem weltlichen Priester. Im Jahr 1756. Mit Genehmhaltung der Oberen, Augspurg und Ingolstadt; Idem ... Die zweyte Auflag 1763; Idem ... Die dritte Auflag. Augsburg und Ingolstadt 1766; Frag / P. FRANCISCI NEUMAYR SOC. JESU, / Der hohen Dom=Stiffts=Kirchen zu Augspurg / Ordinari-Predigers: / Ob / Seine bißhero gehaltene heilige / Streitt=Reden / Von Lutherischen / Feder=Fechteren / Gründlichen beantwortet seyen? / Von dem Verfasser selbst untersuchet, / Und / Unpartheyischen Lesern zur reiffen Beurtheilung / vorgelegt / Sonderheitlich gegen die / Theologische Ergötzungen / Deß (Titl.) Herrn Doctors Chladenius von Erlang / Im Jahr Christi 1755. / Mit Genehmhaltung der Oberen. München, und Ingolstadt o. J.; Idem ... Zweyte Auflag: Heilige Streitt=Reden I, Anhang; Idem ... Auflag; Frag: / Ob in den / Theologischen Ergötzungen / Deß (Titl.) / Herrn Doctors Chladenius / von Erlang / Eine zureichende Antwort auf die Frag: / Ob / Der Lutherische Geist / ein Geiliger Geist seye? / gefunden werden? / Beantwortet / Von / P. FRANCISCO NEUMAYR SOC. JESU, / Der hohen Dom=Stifts=Kirchen zu Augspurg / Ordinari-Predigern, / Im Jahr Christi 1756. / Mit Genehmhaltung der Oberen. München, und Ingolstadt; Idem ... Zweyte Auflag: Heilige Streitt=Reden I, Anhang; Frag: / Ob der / Protestantische / Religions=Eyfer / Evangelisch seye? / Beantwortet / Von / P. FRANCISCO NEUMAYR SOC. JESU, / Der hohen Dom=Stifts=Kirchen zu Augspirg / Ordinari-Predigern, / Am dritten Oster=Feyer=Tag / Im Jahr Christi 1756. / Mit Genehmhaltung der Oberen. München, und Ingolstadt o. J.; Idem ... Zweyte Auflag; Dreyzehende Frage. Ob der Protestantische Religions=Eyfer Evangelisch seye?: Heilige Streitt=Reden II, S. 1-38; Frag: / Ob / Die Catholicken / Abgötter / Und / Aberglaubige Leuth / Seyen? / Beantwortet / Von / P. FRANCISCO NEUMAYR SOC. JESU, / Der hohen Dom=Stiffts=Kirchen zu Augspurg / Ordinari-Predigern, / Am dritten Pfingst=Feyer=Tag / Im Jahr Christi 1756. / Mit Genehmhaltung der Oberen. München, und Ingolstadt o.J.; Idem ... Zweyte Auflag; Vierzehende Frage. Ob die Catholicken Abgötter, und aberglaubige Leuth seyen?: Heilige Streitt=Reden II, S. 39-72; Frag: / Ob / Die Lehre / Deß / Tridentinischen Kirchen=Raths / Von dem Allerheiligsten / Sacrament deß Altars / Schrifftmäßig seye? / Beantwortet / Und mit anmüthigen Betrachtungen erläuteret / Von P. FRANCISCO NEUMAYR SOC. JESU / Der Hohen Dom=Stiffts Kirchen zu Augspurg Or= / dinari Predigern / In der Octav SS.mi Corporis Christi / Anno 1754. und 56. / Mit Genehmhaltung der Oberen. München, und Ingolstadt o.J.; Idem ... :Heilige Streitt=Reden II, (Anhang), S. 457-640); Idem ... Augsburg, München, und Ingolstadt 1766: Heilige Streitt=Reden II, 2. Auflage; Glaubens= / Und / Lebens=Lehren / Uber den Artickel / Von dem Heil. / Sacrament deß Altars / Vorgetragen / Von / P. FRANCISCO NEUMAYR S. J. / Der hohen Som=Stiffts Kirche zu Aug= / spurg Ordinari-Predigern / In der Octav SS.mi Corporis Christi / Anno 1754. und 56. / Jetzt aber auf viles Verlangen zum öfteren Gebrauch in / Druck gegeben Anno 1759. Mit Genehmhaltung der Obern. Ingolstadt und München; Idem ... zum öffteren Gebrauch das zwey= / te mahl in Druck gegeben Anno 1764; Die heil. Fronleichnamsoktave oder das allerheiligste Altarsacrament, dargestellt als Sacrament, Opfer und Communion in Lehre, Betrachtung und Gebet. Von Franz Neumayr und Ludwig Bourdaloue, Priestern der Gesellschaft Jesu. Bearbeitet von einem Priester der Diözese Rottenburg. Mit einem Stahlstich. Schaffhausen 1855; Frag: / Ob / Doctor Luther / Das Geistliche Recht / Mit Recht / Verbrennet habe? / Beantwortet / Von / P. FRANCISCO NEUMAYR Soc. Jesu, / Der hohen Dom=Stiffts=Kirche zu Augspurg / Ordinari-Predigern, / Als / Am Fest der Heil. Martyrin Hilariä / Das jährlich gewöhnliche Danck=Opffer / Wegen Zuruckruffung der Catholischen Geistlichkeit / dem Allerhöchsten höchst=feyrlich entrichtet wurde / Im Jahr Christi 1756. / Mit Genehmhaltung der Oberen. München, und Ingolstadt o.J.; Idem ... Zweyte Auflag; Fünffzehende Frage. Ob Doctor Luther das geistliche Recht mit Recht verbrennt habe?: Heilige Streitt=Reden II, S. 73-112; Frag: / Ob / MARIA / Die Mutter Gottes / Etwas / ZU unserem Heyl / Beytragen könne? / Beantwortet / An dem Fest der unschuldigen Kindlein / Im Jahr Christi 1756. / Von / P. FRANCISCO NEUMAYR S. J. / Der hohen Dom=Stiffts Kirchen zu Augsburg / Ordinari=Predigern. / Mit Genehmhaltung der Oberen. München und Ingolstadt o. J.; Idem ... Zweyte Auflag; Sechzehende Frage. Ob die Mutter Gottes etwas zu unserem Heyl beytragen könneß: Heilige Streitt=Reden II, S. 113-148; VIA COMPENDII / AD / PERFECTIONEM / STATUI RELIGIOSO / COMPETENTEM / OCTIDUANO ITINERE / EMETIENDA / DUCE / S. IGNATIO DE LOJOLA / INTERPRETE / P. FRANCISCO NEUMAYR S. J. / PARS PRIMA. / MEDITATIONES. Cum Licentia Superiorum, & Privil. Caesareo. Augustae, Monachii, & Ingolstadii. / ANNO MDCCLVII; VIA / COMPENDII / AD / PERFECTIONEM, / SIVE / EXERCITIORUM PRO RELIGIOSIS / PARS II. / COMPLECTENS / EXAMINA, DISSERTATIONES, / ET / INSTRUCTIONES; VIA COMPENDII / AD / PERFECTIONEM / STATUI RELIGIOSO / COMPETENTEM / OCTIDUANO ITINERE / EMETIENDA / DUCE / S. IGNATIO DE LOJOLA / INTERPRETE / P. FRANCISCO NEUMAYR S. J. / EDITIO SECUNDA / CORRECTIOR. Cum Licentiae Superiorum, & Privil. Caesareo. AUGUSTAE, & INGOLSTADII / ANNO MDCCLXIX; Idem ... EDITIO TERTIA / CORRECTIOR / ANNO MDCCLXIX; Abgekürzter Weg zur Geistlichen Vollkommenheit. Lateinisch verfasset vom Wohlerwürdigen H. P. Franz Neu-

mayr d. G. J. und ehemaligen Dommprediger in Augsburg; teutsch übersetzet von F. Willibald a St. Wunibald Karmeliterordens Priester der oberteutschländichen Provinz. Mit Erlaubnis der Obern. Lidau 1788; CURATIO / MELANCHOLIAE / Oder / Gedult in Trübsalen / Durch anmuthige Corstellung deß heiligsten / Beyspihles / Eines leydenden Gottes, / Erstlich von der Canzel eingeschärpffet: / hernach zum öffteren Gebrauch, / Besonders zur heiligen Fasten=Zeit, / Oder in der Char=Wochen / Mittels öffentlichen Drucks durch kirnige Be- / trachtungen ermunteret / Von / P. FRANCISCO NEUMAYR S. J. / Deß hohen Dom=Stiffts zu Augspurg / p.t. Ordinari=Predigeren. Im Jahr 1757. Cum Licentia Superiorum, & Privil. Caesareo. Augspurg und Ingolstadt; Idem ... Im Jahr 1758. / Zweyte Auflag. Augspurg und Ingolstadt 1758; Idem ... Dritte Auflag. 1761; Idem ... Vierte Auflag. Augspurg und Ingolstadt 1763; CURATIO / MELANCHOLIAE / Oder / Gedult in Trübsalen / Durch anmuthige Vorstellung deß heiligsten / Beyspiels / Eines leidenden GOTTES, / Erstlich von der Canzel eingeschärpfet: / hernach zum öffteren Gebrauch, / Besonders zur heiligen Fasten=Zeit, / Oder in der Char=Wochen / Mittels öffentlichen Drucks durch kirnige Be- / trachtungen ermunteret / Von / P. Francisco Neumayr S. J. / Des hohen Dom=Stiffts zu Augsburg / geweßten Ordinari=Predigeren. / Fünfte Auflag. Com Privilegio Caesareo. Augsburg, München und Ingolstadt 1766; Frag: / Ob / Ein jeder / In jener Religion / sterben därffe, / In der er gebohren ist? / Beantwortet / Von / P. FRANCISCO NEUMAYR S. J. / Der hohen Dom=Stiffts Kirche zu Augspurg / Ordinari=Predigern. / Am dritten Oster=Feyertag. / Im Jahr Christi 1757. / Mit Genehmhaltung der Oberen. München und Ingolstadt o. J.; Idem ... Zweyte Auflag; Sibenzehende Frage. Ob ein jeder in seiner Religion sterben därffe, in der er gebohren ist?: Heilige Streitt=Reden II, S. 149-179; Frag: / Ob Unser werthes Teutschland / Zur Zeit dessen erster Bekehrung / Aus dem Heydenthum / Papistisch, oder Lutherisch / Geworden seye? / Beantwortet / Von / P. FRANCISCO NEUMAYR S. J. / Der hohen Dom=Stiffts Kirche zu Augspurg / Ordinai=Predigern. / Am dritten Pfingst=Feyertage / Im Jahr Christi 1757. / Mit Genehmhaltung der Oberen. München und Ingolstadt o. J.; Idem ... Zweyte Auflag; Ob unser werthes Teutschland zur Zeit dessen Bekehrung aus dem Heydenthum Papistisch, oder Lutherisch geworden seye?: Heilige Streitt=Reden II, Achtzehende Frage. S. 180-206; Frag: / Ob der / Clösterliche Stand / Ein Lob=würdiger Stand seye? / Beantwortet / Von / P. FRANCISCO NEUMAYR S. J. / Der hohen Dom=Stiffts Kirche zu Augspurg / Ordinari=Predigern, / Als / Am Fest der Heil. Martyrin Hilariä / Die jährliche Dancksagung / wegen Zuruckruffung der Catholischen Geistlichkeit / Gott dem Herrn höchst=feyerlich abgestattet wurde / Im Jahr Christi 1757. / Mit Genehmhaltung der Oberen. München und Ingolstadt o.J.; Idem ... Zweyte Auflag; Neunzehende Frage. Ob der Clösterliche Stand ein Lob=würdiger Stand seye?: Heilige Streitt=Reden II, S. 207-245; Frag: / Ob / Doctor Luther / Nicht besser gethan hätte, / Wann er die Fassnacht hätte abgeschafft, / Und nicht die Fasten? / Beantwortet / In drei Predigen / Auf die Weyhnachts=Ferien / Von / P. FRANCISCO NEUMAYR S. J. / In der hohen Dom=Stiffts Kirchen zu Augspurg / Ordinari=Predigern / Im Jahr Christi 1757. / Mit Genehmhaltung der Oberen. München und Ingolstadt o.J.; Idem ... Zweyte

Auflag; Zwantzigste Frage. Ob Doctor Luther nicht besser gethan hätte, wann er die Fassnacht hätte abgeschafft, und nicht die Fasten?: Heilige Streitt=Reden II, S. 246-291; Heilige / Streitt=Reden / über wichtige / Glaubens=Fragen / Gehalten / Und zur Bestärckung der Rechtglaubigen, / Zu Uberführung der Irrenden, / Zu Bekehrung der Zweiffleren, / Herausgegeben / von / P. FRANCISCO NEUMAYR S. J. / Der hohen Dom=Stiffts Kirche zu Augspurg / Ordinari=Predigern , im Jahr 1757. / Erster Band. Mit Genehmhaltung der Oberen. Augspurg und Ingolstadt; Idem ... Ersten Bands zweyte Auflag. Cum Privilegio Caesareo & permissu Superiorum. Augspurg und Ingolstadt 1764; Buß=Predig / Zu Versöhnung / Deß Göttlichen Zorns, / Als / Auf gnädigste Verordnung / Ihro Hochfürstl. Durchläucht / Deß / Gnädigsten Herrn, Herrn / ORDINARII / In der hohen Dom=Stiffts Kirche zu Augspurg / Ein zehen=stündiges Gebett / Wegen der allgemeinen schweren Anligenheiten deß / Heil. Römischen Reichs und der gantzen Christenheit / angestellet wurde, / gehalten von / P. FRANCISCO NEUMAYR S. J. / Ordinari=Predigern allda / Im Jahr Christi 1757. / Am dritten Sonntag nach Pfingsten, / Mit Genehmhaltung der Oberen. Augspurg, München und Ingolstadt o.J.; Idem ... Dritte Auflag; Idem ... Vierte Auflag; Lob=Rede / Dem / Grossen H. Kirchen=Vatter / AUGUSTINO / Zu Ehren / In der hohen Dom-Stiffts Kirchen zu Augsburg / An dessen hohen Fest=Tag / Gehalten von / P. FRANCISCO NEUMAYR SOC. JESU / Ordinari=Predigern allda / Und / In Druck gegeben / Mit Genehmhaltung der Oberen. Im Jahr Christi 1757. München und Ingolstadt; Idem ... Zweyte Auflag: Heilige Streitt=Reden II, Anhang; Lob=Red dem grossen Heil Augustino zu Ehren. Dritte Auflag: Heilige Streitt=Reden II, 2. Auflage, Anhang; Idem ... Vierte Auflag; Frag: / Ob die / Protestantische Lehre / Von / Der Höllenfaht Christi / Vernünftiger seye, / Als / Der Catholicken? / Beantwortet / Am dritten Oster=Feyertag / Von / P. FRANCISCO NEUMAYR S. J. / Deß hohen Dom=Stiffts zu Augspurg Ordinari= / Predigern / Im Jahr Christi 1758. / Mit Genehmhaltung der Oberen. München und Ingolstadt o.J.; Iden ... Zweyte Auflag; Ein und zwantzigste Frage. Ob die Protestantische Lehre von der Höllenfahrt Christi vernünfftiger seye, als der Catholicken?: Heilige Streitt=Reden II, S. 292-233; Frag: / Ob die / Herren Protestanten / Einen Brieff / Für / Den Himmel haben? / Beantwortet / In den Pfingst=Feyertägen / Deß Jahrs 1758. / Von / P. FRANCISCO NEUMAYR S. J. / Deß hohen Dom=Stiffts zu Augspurg Ordinari= / Predigern / Mit Genehmhaltung der Oberen. München und Ingolstadt o.J.; Idem ... Zweyte Auflag; Zwey und zwantzigste Frage. Ob die Herren Protestanten einen Brieff für den Himmel haben?: Heilige Streitt=Reden II, S. 334-366; Frag: / Ob / PETRUS PETRA / Oder / Der Felsen seye, / Auf welchem Christus seine / Kirch gebauet hat? / Beantwortet / An dem hohen Fest der HH. Apostlen Petri, und / Pauli, wie auch der H. Martyrin Hilariä / Von / P. FRANCISCO NEUMAYR SOC. JESU / Der Hohen Dom=Stiffts Kirchen zu Augspurg Or- / dinari Predigern. / Wider eine gifftige Schrifft / Deß (Titl.) Herrn Caspar Jacop Huth / Der H. Schrifft Doctors und Professors zu Erlang / Unter der Aufschrifft: / Petrus non Petra. / Im Jahr Christi 1758. / Mit Genehmhaltung der Oberen. München und Ingolstadt o.J. / Idem ... Zweyte Auflag; Drey und zwantzigste Frage. Ob Petrus Petra, oder der Felse sey, auf welchem Christus seine Kirche gebauet hat?: Heilige Streitt=Reden II, S. 367-427; Frag: / Ob / Protestantische Kinder / Seelig werden können / Beantwortet / An dem Fest der unschuldigen / Kindlein / Im Jahr Christi 1758. / Von / P. FRANCISCO NEUMAYR SOC. JESU / Der Hohen Dom=Stiffts Kirchen zu Augspurg Or- / dinari Predigern, / Mit Genehmhaltung der Oberen. München, und Ingolstadt o.J.; Idem ... Zweyte Auflag; Vier und zwantzigste Frage. Ob Protestantische Kinder seelig werden können?: Heilige Streitt=Reden II, S. 428-456; Frag: / Ob der / PROBABILISMUS / Oder / Die gelindere Sitten=Lehr / Catholischer Schulen / Abscheulich / Und zu vermaledeyen seye? / Beantwortet / Wider die Protestantische Zeitungs=Schreiber / Von / P. FRANCISCO NEUMAYR SOC. JESU / Der Hohen Dom-Stiffts Kirchen zu Augspurg Or- / dinari Predigern / Am Oster=Dienstag / Im Jahr Christi 1759. / Mit Genehmhaltung der Oberen. München, und Ingolstadt o.J.; Idem ... Zweyte Auflag; NOTAE THEOLOGICAE / PRO / TUTELA / PROBABILISMI / Sine sua culpa graviter accusati / IN / ANIMADVERSIONIBUS / THEOLOGICIS / Plur. Rev. P. F. DOMINICI REICHARD Ord. Prae- / dicatorum SS. Theol Praesentati, ac Stud. Gen. / Augustani Baccalaurei &c.&c. / RELIGIOSE AUTEM DEFENSI / A / P. FRANCISCO NEUMAYR SOC. JESU / Cathedralis Ecclesiae Augustanae / Oratore Ordinario / ANNO CHRISTI MDCCLX. / CUM LICENTIA SUPERIORUM. MONACHII & INGOLSTADII (QUAESTIO: / AN / PROBABILISMUS / SIVE / DOCTRINA MORALIS / BENIGNIOR / SCHOLARUM CATHOLICARUM / ABOMINABILIS / ET / EXECRATIONE SIT DIGNA? / DECISA / CONTRA / ACATHOLICOS NOVELLISTAS / A / P. FRANCISCO NEUMAYR SOC. JESU / Cathedralis Ecclesiae Augustanae / Oratore Ordinario / IN / Concione Feriae 3. tiae Paschatis / Anni Praeriti / Nunc / Latine versa ab ipso Auctore, & typis data / Anno MDCCLX. / CUM LICENTIA SUPERIORUM); Frag: / Ob das / Predig=Amt / Ein Merck=Mahl oder / Kenn=Zeichen der wahren / Kirch Christi seye? / Beantwortet / In den drey heiligen Pfingst=Ferien / Von / P. FRANCISCO NEUMAYR SOC. JESU / Deß hohen Dohm=Stiffts der Reichs=Stadt Aug- / spurg Ordinari Predigern / Im Jahr Christi 1759. / Mit Genehmhaltung der Oberen. München, und Ingolstadt o.J.; Idem ... Zweyte Auflag; Sech und zwanzigste Frag: On das Predig=Amt ein Merck=Mahl oder Kenn=Zeichen der wahren Kirch Christi seye?: Heilige Streitt=Reden III, S. 1-44; Frag: / Ob die / Luth. Gewissens=Ruhe / Ein ächtes Kennzeichen / Deß / Seeligmachenden Glaubens seye? / Beantwortet / Von / P. FRANCISCO NEUMAYR SOC. JESU / Deß hohen Dom=Stiffts der Reichs=Stadt Aug- / spurg Ordinari Predigern / Den zehenden Sonntag nach Pfingsten / Als / An dem Fest deß Danckes / Welchen das Catholische Augspurg wegn glücklicher / Zuruckkunfft der Catholischen Geistlichkeit aus dem / zweymahligen Elend jährlich / Gott dem Herrn / An St. Hilarien Tage hochfeyerlich abstattet / Im Jahr 1759. / Mit Genehmhaltung der Oberen. München, und Ingolstadt o.J.; Idem ... Zweyte Auflag; Sieben und zwantzigste Frag: Ob die Lutherische Gewissens=Ruhe ein ächtes Kenn=Zeichen des wahren seeligmachenden Glaubens seye?: Heilige Streitt=Reden III, S. 45-80; Frag: / Ob in / Glaubens=Sachen / Die Freyheit zu dencken / Zu dulten seye? / Beantwortet / Am unschuldigen Kindlein Tage / Im Jahr 1759. / Von / P. FRANCISCO NEUMAYR SOC. JESU

/ Deß hohen Dom=Stiffts der Reichs=Stadt Augspurg / Ordinarii Predigern / Mit Genehmhaltung der Oberen. Mpnchen, und Ingolstadt o.J.; Acht und zwantzigste Frag: Ob in Glaubens=Sache die Freyheit zu dencken zu dulten seye?: Heilige Streitt=Reden III, S. 81-117; Die Christliche Beredsamkeit, nach ihrem innerlichen Wesen, und in der Ausübung vorgestellet durch den Ehrwürdigen Pater Blasius Gisbert, von der Gesellschaft Jesu. Aus dem Französischen übersetzt. Bey dieser Ausgabe mit einer neuen Vorrede versehen von Herrn Pater Franz Neumayr, aus ermeldter Gesellschaft, der hohen Domstiftskirche in Augsburg Predigern. Mit Kayserlichem Privilegio. Augsburg und Innsbrugg 1759; Idem ... 2. Auflage 1768; Frag: / Ob ein / Gott im Himmel / seye? / Wider die Freydencker, / Beantwortet / In den drey Oster=Ferien / Von / P. FRANCISCO NEUMAYR SOC. JESU / Der hohen Dom=Stiffts=Kirche zu Augspurg / Ordinari=Predigern. / Im Jahr Christi 1760 / Mit Genehmhaltung der Oberen. München, und Ingolstadt o.J.; Neun und zwanzigste Frag: Ob ein Gott im Himmel seye? Wider die Freydencker: Heilige Streitt=Reden III, S. 118-151; Frag: / Ob / Mehr Götter seyen / als nur einer? / Wider die Freydencker / Beantwortet von / P. FRANCISCO NEUMAYR SOC. JESU / Der hohen Dom=Stiffts=Kirche zu Augspurg / Ordinari=Predigern / In den heiligen drey Pfingst=Ferien / Deß Jahrs 1760. / Mit Genehmhaltung der Oberen. München, und Ingolstadt o.J.; Dreysigste Frag: Ob mehr Götter seyen, als nur einer? Wider die Freydencker: Heilige Streitt=Reden III, S. 152-190; Frag: / Ob / Gott die Welt regiere? / Wider die Freydencker / Beantwortet / Von / P. FRANCISCO NEUMAYR SOC. JESU / Der hohen Dom=Stiffts–Kirche zu Augspurg / Ordinari=Predigern / Als / Am fest der Heil. Martyrin Hilariä / Wegen Zuruckruffung der Catholischen Geistlichkeit / Dem grossen Gott / Die jährlich gewöhnliche Dancksagung höchst- / feyerlich abgestattet wurde / Im Jahr 1760. / Mit Genehmhaltung der Oberen. München, und Ingolstadt o.J.; Ein und dreyßigste Frag: Ob Gott die Welt regiere? Wider die Freydencker: Heilige Streitt=Reden III, S. 191-236; Frag: / Ob / Gott habe Mensch / werden können, sollen, und wollen? / Wider die Freydencker / Heyden, Ketzer und Juden / Beantwortet / Von / R. P. FRANCISCO NEUMAYR S. J. / Der hohen Dom=Stiffts=Kirche zu Augspurg / Ordinari=Predigern, / In den Weyhnacht=Ferien / deß Jahrs 1760. / Mit Genehmhaltung der Oberen. O.J.; Zwey und dreyßigste Frag: Ob Gott habe Mensch werden können, sollen, und wollen? Wider die Freydencker, Heyden, Ketzer, und Juden: Heilige Streitt=Reden III, S. 237-285; Heilige / Streitt=Reden / uber wichtige / Glaubens=Fragen / Gehalten / Und zur Bestärckung der Rechtglaubigen, / Zu Uberführung der Irrenden, / Zu Bekehrung der Zweiffleren, / Herausgegeben / von / P. FRANCISCO NEUMAYR S. J. / Der hohen Dom=Stiffts Kirche in Augspurg / Ordinari=Predigern im Jahr 1760. / Zweyter Band. Mit Genehmhaltung der Oberen. Augspurg und Ingolstadt; Idem ... Geweßten Dom=Prediger in Augsburg. / Zweyten Bands, zweyte Auflag. Mit Genehmghaltung der Oberen. Augsburg München und Ingolstadt 1766; Catholische / Hand=Buch / Oder / Buchstäbliche Erklärung / Und / Nutzliche Anmerckungen / Uber die / Sonn= und Feyrtäglichen Evangelien / Deß gantzen Jahrs / Zur Lehr der Unwissenden, / Zur Uberzeigung der Irrenden, / Zur Bestraffung der Boßhafften, / Zur Ermunterung der

Trägen. / Ehemalen / Von der Cantzel gesprochen / Jetzt / Um deß allgemeinen Nutzens willen in Druck gegeben / Von / P. FRANCISCO NEUMAYR S. J. CUM PRIVILEGIO CAESAREO. Augspurg und Ingolstadt 1762; Catholische / Kirchen=Jahr / ... / Zweyte Auflag. CUM PERMISSO SUPERIORUM. Augspurg und Ingolstadt 1762; Idem ... Dritte Auflag. 1764; Idem ... Vierte Auflag. Augsburg und Ingolstadt 1768; THEATRUM / POLITICUM / SIVE / TRAGOEDIAE / AD / COMMENDATIONEM VIRTUTIS / ET / VITIORUM DETESTATIONEM / OLIM / LUDIS AUTUMNALIBUS / NUNC TYPO DATAE / A / P. FRANCISCO NEUMAYR SOC. JESU / p.t./ August. Ecclesiae Cathedralis Oratore Ordinario. CUM PRIVILEGIO CAESAREO. AUGUSTAE VIND. & INGOLSTADII 1760; Frag: / Ob / Der Mensch weiter nichts seye / Als / Eine Maschine? / Beantwortet / Wider die Freydencker, / Und / Materialisten / Von / R. P. FRANCISCO NEUMAYR S. J. / Der hohen Dom=Stiffts=Kirche zu Augspurg / Ordinari=Predigern, / Am dritten Oster=Feyrtag / Im Jahr deß Herrn 1761. / Mit Genehmhaltung der Obern. o.O, o.J.; Drey und dreyßigste Frag: Ob der Mensch weiter nichts seye als eine Maschine? Wider die Freydencker und Materialisten: Heilige Streitt=Reden III, S. 286-327; Frag: / Ob / Seelig zu werden / Schon klecke, / Das einer ein ehrlicher Manne seye? / Wider die Frey=Dencker / Beantwortet von / P. FRANCISCO NEUMAYR SOC. JESU / Der hohen Dom=Stiffts=Kirche zu Augspurg / Ordinari=Predigern / Am dritten Pfingst=Feyer Tag / Deß Jahres 1761. / Mit Genehmhaltung der Oberen. Mpnchen, und Ingolstadt o.J.; Vier und dreyßigste Frag: Ob Seelig zu werden schon klecke, daß einer ein ehrlicher Mann seye? Wider die Freydencker: Heilige Streit=Reden III, S. 328-361; Frag: / Ob / Seelig zu werden / Schon klecje, / Das man ein Christ seye? / Wider die Frey=Dencker / Beantwortet von / P. FRANCISCO NEUMAYR SOC. JESU / Der hohen Dom=Stiffts=Kirche zu Sugspurg / Ordinari=Predigern / Am Fest der H. Martyrin Hilariä. / Als / Dem Allerhöchsten / Nach altem Gebrauch / Feyrlicher Danck abgestattet wurde / Für die so nöthig als ersprießliche Zurukführung der Catholi= / schen Geistlichkeit aus dem Elend / Im Jahr des Herrn 1761. / Mit Genehmhaltung der Oberen. München, und Ingolstadt o.J.; Fünff und dreyßigste Frag: Ob Seelig zu werden schon klecke, daß man ein Christ seye? Wider die Freydencker: Heilige Streitt=Reden III, S. 362-395; Frag: / Ob / und / Was die Höll seye? / Im Jahr 1761. / Am Fest der unschuldigen Kindlein / Wider die Frey=Dencker / Beantwortet / Von / P. FRANCISCO NEUMAYR SOC. JESU / Deß hohen Dom=Stiffts der Reichs=Stadt Aug= / spurg Ordinari Predigern / Mit Genehmhaltung der Oberen. München, und Ingolstadt o.J.; Sechs und dreyßigste Frag: Ob, und was die Höll seye?: Heilige Streitt=Reden III, S. 396-437; VITA REFLEXA / SIVE / USUS / EXAMINIS / QUOTIDIANI / PRO FACILIORE PRAXI EXERPTUS / EX / CIA COMPENDII / P. FRANCISCO NEUMAYR SOC. JESU / ET / AD METHODUM / TRIUM MODORUM ORANDI / S. P. IGNATII / ACCOMMODATUS / AB IPSO AUCTORE CIAE / ANNO MDCCLXI; Idem ... EDITIO SECUNDA. 1761; Idem ... EDITIO TERTIA. 1762; Idem ... EDITIO QUARTA 1768; VITA REFLEXA / Oder / Tägliche / Gewissens= / Erforschung / Zu leichteren Gebrauch der Andäch= / tigen, gezogen / Aus dem Buch / VIA COMPENDII

/ genannt / und / Nach der dreyfachen Weiß zu betten / Des / Heil. Vatters IGNATII / eingerichtet / Auch von / P. FRANCISCO NEUMAYR SOC. JESU / Verfasser besagten Buchs selbst in / das Teutsche übersetzt Anno 1761. / Fünffte Auflag. Augspurg und Ingolstadt o.J.; Idem ... in / das Deutsche übersetzt Anno 1768. / Sechste Auflage. Augsburg und Ingolstadt; Idem ... Siebende Auflage. Ingolstadt 1779; Vie Réfléchie ou Pratique de L examen quotidien Extraite Pour plus de commodité De la Via Compendii Du P. F. Neumayr, de la C. de J. Et adaptée par le même auteur Aux trois manières de prier de Saint Ignace (1761). Fribourg 1883; Frag: / Ob / Das Bibel=Lesen / Den Catholischen Layen / Verbotten seye? / Beantwortet / Von P. FRANCISCO NEUMAYR SOC. JESU / Deß hohen Dom=Stiffts der Reichs=Stadt Aug= / spurg Ordinari Predigern / Am dritten Oster=Feyrtag. / Im Jahr 1762. / Mit Genehmhaltung der Obern. München, und Ingolstadt o. J.; Sieben und dreyßigste Frag: Ob das Bibel-Lesen den Catholischen Layen verbotten seye?: Heilige Streitt=Reden III, S. 438-470; Frag: / Ob / Man / Die Gebott GOttes / halten könne? / Am dritten Pfingst=Feyrtag / Des Jahrs 1762. / Beantwortet / Von P. FRANCISCO NEUMAYR SOC.JESU / Deß hohen Dom=Stiffts der Reichs=Stadt Aug= / spurg Ordinari Predigern / Mit Genehmhaltung der Obern. München, und Ingolstadt o. J.; Acht und dreyßigste Frag: Ob man die Gebott GOttes halten könne?: Heilige Stritt=reden III, S. 471-505; Frag: / Ob man Catholisch seyn könne, / Ohne daß man / Römisch=Catholisch / seyn müsse? / Beantwortet / Von P. FRANCISCO NEUMAR SOC.JESU / Der hohen Dom=Stiffts Kirche zu Augspurg / Ordibari Predigern / Als am Fest der H. Martyrin Hilaria / Dem großen Gott / Die jährliche Dancksagung / Wegen dreymahliger Zuruckkunfft der Cathol. Geistlichkeit / Aus dem Elend / Höchst=feyerlich abgestattet wurde / Im Jahr 1762. / Mit Genehmhaltung der Obern. München, und Ingolstadt o. J.; Neun und dreyßigste Frag: Ob man Catholisch seyn könne, ohne daß man Römisch Catholisch seyn müsse?: Heilige Streitt=Reden III, S. 506-542; Frag: / Ob man aus Kindern / ehe / Menschen als Christen / zu machen bemühet seyn solle? / Beantwortet / An dem Fest=Tag der unschuldigen Kindlein / Wider die Freydencker / Von P. FRANCISCO NEUMAYR SOC. JESU / der hohen Dom=Stiffts Kirche zu Augspurg / Ordinari Predigern / Im Jahr 1762. / Mit Genehmhaltung der Obern. München, und Ingolstadt o. J.; Viertzigste Frag: Ob man aus Kindern ehe Menschen als Christen zu machen bemühet seyn solle?: Heilige Streitt= Reden III, S. 543-571; Kern / des Christenthums, / Oder: / Christ=Catholische / Glaubens= und Sitten=Lehre / in immerwährender Uebung gesetzt, / Ehemalen mittels / Catechetischer Unterweisungen / der Jugend zugewendet: / Jetzt aber / durch den Druck allgemein gemacht / von / P. FRANCISCO NEUMAYR S. J. / des hohen Domstifts zu Augsburg p.t. Ordinari=Predigern. / Samt einer / guten Erinnerung an die Convertiten. Mit kaiserlichem Privilegio. Augsburg und Innsbrugg 1762 (mehrere Auflagen und Verleger; auch in Übersetzungen erschienen); Die Freude in Gott. Ein vollständiges Gebet- und Erbauungsbuch für katholische Christen, die nach Tugend und Frömmigkeit streben und ihr Heil in Gott und durch Maria und alle Heiligen suchen. Nebst Kern des Christenthums oder Kurzer Inbegriff der katholischen Glaubens- und Sittenlehre, von P. Franz Neumayr, S. J. ehemaliger Domprediger zu Augs-

burg. Mit Genehmigung der geistlichen Obrigkeit. Siebzehnte Auflage. Dülmen in Westfalen, o. J.; Nucleus Christianisme seu fidei, et morum principia olim tenerae juventuti in catechesi tradita, nunc etiam adultis facta communia a P. Francisco Neumayr, S. J. Cathedralis Ecclesiae Augustae Vindel. per decem continuos annos Concionatore Ordinatore. Addita monito ad Convertendos. Post Octavam Editionem teutonicam in Latinam translata ab alio ejusdem Societatis sacerdote. Permissu superiorum. Augustae Vindel. et Oeniponti MDCCLXVIII; Frag: / Ob die / Ohren=Beicht / ein göttliches Gebott seye? / Beantwortet / An dem dritten Oster=Feyr=Tag / Von / P. FRANCISCO NEUMAYR SOC.JESU / der hohen Dom=Stiffts Kirche zu Augspurg / Ordinari=Predigern / Im Jahr 1763. / Mit Genehmhaltung der Obern. Augspurg und Ingolstadt o. J.; Ein und vierzigste Frag: Ob die Ohren=Beicht ein Göttliche Gebott seye?: Heilige Streitt=Reden III, S. 572-600; Frag: / Ob / die Kosten, / die man / auf den Zierat / des äusserlichen Gottes=Dienst / aufwendet, / Lobwürdig seyen? / Beantwortet / Von P. FRANCISCO NEUMAYR SOC. JESU / der hohen Domstifts=Kirche zu Augspurg / Ordinari=Predigern / An den HH. drey Pfingst=Ferien / des Jahrs 1763. / Mit Genehmhaltung der Obern. Augspurg und Ingolstadt o. J.; Zwey und vierzigste Frag: Ob die Kosten, die man auf den Zierat des äußerlichen Gottes=Dienst aufwendet, lobwürdig seyen?: Heilige Streitt=Reden III, S. 601-628; Frag: / Ob / Die Römisch=Catholische / Geistlichkeit / billich / zu dem Ehelosen Stand / könne angehalten werden? / Beantwortet / Von P. FRANCISCO NEUMAYR SOC. JESU / Der hohen Domstiffts=Kirche zu Augspurg / Ordinari=Predigern / Als am Fest der Heil. Hilaria / die hochfeyrliche gewöhnliche Dancksagung wegen der Zu= / ruckruffung der Catholischen Geistlichkeit Gott dem / Allerhöchsten erstattet worden / im Jahr Christi 1763. / Mit Genehmhaltung der Obern. Augspurg und Ingolstadt o. J.; Drey und viertzigste Frag: Ob die Römisch=Catholische Geistlichkeit billich zu dem ehelosen Stand können angehalten werden?: Heilige Streitt=Reden III, S. 629-652; Bett=Woche/ Oder / Andächtige Betrachtung / über die dieben Bitten / Des heiligen Vatter Unsers / Allen, / Die gern betten, / Besonders / Catholischen Wallfahrteren / Auf den heiligen Berg Andechs in Bayrn / Zu Entzündung der Andacht / In zwölf Anreden / Fürgesprochen / Jetzt / Zu mehreren Eindruck / Und allgemeinen Gebrauch / in den Druck gegeben / Von P. FRANCISCO NEUMAYR Soc. J. / Der hohen Dom=Stiffts Kirche zu Augspurg / Ordinari=Predigern / Im Jahr 1763. Augspurg und Ingolstadt (mit zweiter Auflage); FESTUM LACRYMARUM / Oder / Dreytägiges Zäher=Fest / Bey einer / feyerlichen Erneuerung des Geistes / angestellt und gehalten / von dem / andächtigen Geschlechte zu Augsburg in der / Hochadel. Pfarr= und Stiftskirche zu St. Stephan, im Jahr ein tausen, sieben hunter, neun / und fünfzig. / Jetzt auf hochgnädiges Verlangen gemeldten / Stiftes zum allgemeinen Gebrauch / samt einer / an dem hohen Festtage der H. Magdalena / gehaltenen Lobrede / anstatt einer Vorbereitung in Druck gegeben / von / P. FRANCISCO NEUMAYR S. J. / des hohen Domstifts zu Augsburg p.t. Ordinari=Predigern. Mit Erlaubniß der Obern. Augsburg und Innsbrugg 1764; RELIGIO / PRUDENTUM, / SIVE / SOLA FIDES CATHOLICA / FIDES PRUDENS / OPUSCULUM PARAENETICUM / CUM / RELEXIONIBUS (!) PRACTICIS /

DE VITA EX FIDE. / Justus ex Fide vivit, Gal. 3./ AUC-TORE / P. FRANCISCO NEUMAYR S. J. / Ecclesiae Cathedralis Augustanae nuper / Oratore ordinario. CUM PRIVIL. CAESAREO & PERMISSU SUPERIORUM. AUGUSTAE & INGOLSTADII 1764 (mehrere Auflagen und Verlage); Rosenkrantz= / Predigen / Uner / Die 15. Geheimnussen / Des / Lebens, Leyden, und Ster= / bens Christi unsers Heylands / zu Vermehrung der Andacht / von der Cantzel gesprochen, / Und / In Druck gegeben von / P. FRANCISCO NEUMAYR S. J. / ehmalen gewesten Dom=Predigern, / Im Jahr 1764. CUM PRIVIL. CAES. & PERMISSU SUPERIORUM. Augspurg und Ingolstadt o. J. (mehrere Auflagen); Lehr=reiche / Geschicht=Predigen / Von / Allerhand Begebenheiten zum öffte- / ren Gebrauch andächtiger Christen, als / ein nutzliches Haußbuch zur Ermunterung / des Buß=Geists angebotten / Von P. FRANCISCO NEUMAYR S. J. / gewesten Dom=Prediger in Augspurg. / Der zweyte Band, oder Anhang des / ersten Bands der Geschicht=Predigen über / den Buß=Psalm Miserere. CUM PRIVIL. CAESAREO & PERMISSU SUPERIORUM. Augspurg und Ingolstadt 1766 (mehrere Auflagen); Heilige / Streitt=Reden / uber wichtige / Glaubens=Fragen / Gehalten / Und zu Bestärckung der Rechtglaubigen, / Zu Uberführung der Irrenden, / Zu Bekehrung der Zweiffleren, / Herausgegeben / von / P. FRANCISCO NEUMAYR S. J. / Der hohen Dom=Stiffts Kirche in Augspurg / Ordinari=Predigern im Jahr 1765. / Dritter Band, CUM PRIVILEGIO CAESAREO & PERMISSU SUPERIORUM. AUgspurg und Ingolstadt o. J.; RHETORICA / CATECHETICA / SIVE / METHODUS / PRACTICA / DOCTRINAM CHRISTIANAM / AD CAPTUM / OMNIS AETATIS / INSIGNI CUM ANIMARUM FRUCTU / EXPLANANDI / à P. FRANC. NEUMAYR S. J. / OLIM / DISCIPULIS THETORICAE / PRO PRIVATA ERUDITIONE / AD CALAMUM DATA, / NUNC / AD MAJUS ANIMARUM LUCRUM / PUBLICAE LUCIS FACTA / EORUM CUM PRIMIS IN USUM, QUOS / IPSA OFFICII PASTORALIS CURA / CATECHISTAS VULT ESSE, QUI DELECTENT, / DOCEANT, ET MOVEANT. Augustae Vindel. & Friburgi Brisg. 1766 (zweite Aufl. 1769); VIA SALUTIS, / SIVE / SACRA / EXERCITIA, / JUVENTUTI LITTERARIAE / ACCOMMODATA. / CUI ACCEDIT/ MODUS / DIVINAM VOCATIONEM / AD / CERTUM QUEMDAM STATUM / VITAE / AGNOSCENDI ET EXEQUENDI. / ITEM / METHODUS VITAE CHRISTIANAE. / AUTHORE / R.P. FRANCISCO NEUMAYR / SOCIETATIS JESU. / CUM PERMISSU SUPERIORUM. AUGUSTAE VINDELICORUM, MDCCLXX; IDEA / THEOLOGIAE ASCETICAE / SCIENTIAM / SANCTORUM, / SIVE QUAE SANCTOS FACIT, / CLARA ET SOLIDA METHODO / EXHIBENS / AUCTORE / R. P. FRANCISCO NEUMAYR, / Soc. Jesu, / Cathedralis Ecclesiae Augustanae olim / Concionatore. Estote perfecti, sicut Pater vester caelestis per- / fectus est. Matth. V. PERMISSUM SUPERIORUM. AUGUSTAE 1781 (zahlreiche Ausgaben mit Erweiterungen und Übersetzungen ins Deutsche, Französische und Italienische); dt.: P. Franz Neumayrs, der Gesellschaft Jesu, weiland der hohen Domstiftskirche in Augsburg Ordentlichen Predigers, wahrer Begriff der ascetischen Theologie, welche die Wissenschaft der Heiligen, das ist, die Kunst, heilig zu werden, klar und gründlich vorträgt. Zum allgemeinen Nutzen derer, die sich der christlichen Vollkommenheit befleißen. Mit Erlaubnis der Obern. Augsburg 1781.

Lit. (Auszug): Kneller, Neumayr: WWKL 9, 187-189; — Sommervogel V 1654-1683; — J. B. Mundwiler, Neumayr: LThK1 7, 515; — H. Gumbel, Neumayr: LThK² 7, 914f.; — Petrus Th. van der Veldt SJ, Franz Neumayr SJ (1697-1765). Leben und Werk eines spätbarocken geistlichen Autors. Mit einer vollständigen Bibliographie seiner Schriften, Amsterdam 1992 (= Geistliche Literatur der Barockzeit, Suppl. 2) (Bibliographie: 336-395; Literatur: 397-419).

Peter H. Görg

NEWLIN, Sarah Goddard, † 29.7. 1913. Quäkerin. — Über Sarah Goddard Newlin ist wenig bekannt. Sie war mit John Newlin verheiratete und hatte mehrere Kinder. Über lange Zeit war sie Mitglied der Monatsversammlung in Falmouth (Portland, Maine). Sie war unter den Quäkern »Minister« (Predigerin) und reiste in dieser Funktion durch die USA. Auch in Großbritannien und auf dem europäischen Kontinent reiste sie predigend umher. 1886 besuchte sie mit ihrem Mann die deutschen Quäker in Minden. Bekannt war ihre große Liebe zu Kindern und jungen Menschen. Sarah Goddard Newlin verstarb 1913.

Lit. (Auswahl): Woodman, Charles M.: Sarah Goddard Newlin. In: The American Friend, N.S. I, 37, 1913, 595.

Claus Bernet

NOEL, Conrad le Despenser Roden, anglikanischer Theologe, * 12.7. 1869 in Kew Green/England, † 2. Juli 1942 in Thaxted/England. — N. war der Sohn des Dichters Roden Berkely Wriothesly N., * 27.8. 1834 in London † 26.5. 1894 in Mainz und seiner Gattin, Alice, Tochter des schweizerischen Direktors der Ottomanischen Bank in Beirut, de Broe. Roden N. war vierter Sohn von Charles N., Lord Barham, dem späteren Earl of Gainsborough. Seine Mutter war dessen Ehefrau Frances, geb. Jocelyn, Tochter von Robert Jocelyn, dem 3. Earl von Roden. N.'s. Familie war eine der ältesten Adelsfamilien England und reichte bis auf Wilhelm den Eroberer zurück. Die Familie hatte auch Besitz in Irland in Tollymor Park, Kings County im Norden Irlands. Das Anwesen Kew Green, wo er zur Welt kam, gehörte seiner Tante, Lady Jocelyn, die zum Hofstaat von Queen Victoria gehörte. Conrad N.'s Familie war religiös sehr verschieden. Sein Vater wollte ursprünglich anglikanischer Priester werden und begann 1854 ein Theologiestudium am Trinity

College der Universität Cambridge. Nach dem Master-Abschluß gab er diesen Plan aber aufgrund vieler Zweifel gegenüber der kirchlichen Lehre auf. Nach einer Periode des Atheismus gelangte er wieder zu einem sozial orientierten Glauben, der stark vom Verstand geprägt war. N.' s Mutter dagegen war evangelikal orientiert und versuchte Sohn und Tochter durch einen entsprechend ausgerichteten Pfarrer religiös erziehen zu lassen. N.'s religiöse Sozialisation wurde auch durch seine Großmutter, eine strenge Calvinistin, mitbestimmt, allerdings erreichten beide eher das Gegenteil des Angestrebten. Stattdessen beeindruckte ihn der Glauben seines Vaters. Dieser war stark von F. D. Maurice und F.W. Robertson beeinflußt und von einem progressiven Christentumsverständnis geprägt. Die politischen Einstellungen von Roden N. waren links-liberal bis demokratisch, sozialistischen Ideen war er nicht aufgeschlossen, sein starker Individualismus konnte sich mit dem sozialistischen Gemeinschaftsdenken nicht anfreunden. Durch seinen Vater lernte Conrad N. Gott auch als immanent in der Welt Wirkenden zu denken, einen menschenfreundlichen Gott, dessen unantastbare Realität Gerechtigkeit, Gnade und Wahrheit charakterisierte. Gleichzeitig entwickelte er sich schon als Jugendlicher in Richtung des Katholizismus und der katholischen Messe. Er wurde zum »Liberal-Katholiken«. Conrad N. wurde in einer Zeit außergewöhnlicher Veränderungen erwachsen. Die englische Aufstands- und Widerstandsgeschichte des zurückliegenden Jahrtausendes wurde von der sich neuformierenden Linken wieder aufgenommen und in ihren aktuellen Diskurs integriert. Die Gewerkschaften verbreiteten sich über das ganze Land, die Labour Party entstand, die Suffragetten und die moderne Frauenbewegung traten in Erscheinung wie auch der wieder entstandene irische Nationalismus. Diese Umbrüche bildeten sich auch in den Wissenschaften, den Künsten und den Institutionen ab. Als Kind genoß N. die beste Erziehung. Seine Eltern legten großen Wert auf die Entwicklung seiner Persönlichkeit. Der politisch-theologische Einfluß vor allem des Vaters wirkte sich bei N. bald aus. Als Heranwachsender schrieb er in der Schule einen Essay in dem er das Selbstbestimmungsrecht des irischen Volkes unterstützte und ausführte, daß es für Irland besser

wäre, wenn die Engländer abzögen. Insgesamt war N. ein unglücklicher Schüler und war froh, als Winchester School hinter ihm lag. Er studierte in den frühen 90er Jahren am Corpus Christi College in Cambridge. Dort wurde er wegen Trunkenheit relegiert und studierte dann am Chichester Theological College weiter. Hier bewog er den Prinzipal dazu, Rabbiner, buddhistische Mönche, Jesuiten, Muslime und Nonkonformisten zu Vorträgen vor den Studenten einzuladen, um sie mit anderen Gedankengängen vertraut zu machen und den Blick über die eigene Religion hinaus zu schärfen. 1895 heiratete N. Miriam Greenwood, mit der er eine Tochter, Barbara, hatte. Noel wurde nach längerer Wartezeit endlich 1894 zum Diakon (deacon ist ein Geistlicher mit dem niedrigsten Weihegrad in der Church of England) in der Diözese Chester ordiniert und der Gemeinde in Floweryfield zugewiesen. Hier begann er mit einer Serie von Sonntag-Nachmittags-Veranstaltungen über »Katholischen Sozialismus«, die vor allem Agnostiker, Atheisten und bisher der Kirche fern stehende Personen anzog. Die eigentliche Gemeinde boykottierte die Veranstaltungen und trachtete, auch durch Eingaben beim Bischof, danach, N. möglichst schnell wieder los zu werden. Der Bischof entschloß sich daraufhin kurz vor der anstehenden Ordination, ihn nicht zum Priester zu ordinieren. Er begründete diese Verweigerung mit N.'s angeblichem pantheistischen Glauben und seinen extremen hochkirchlichen Handlungen und zog ihn aus Floweryfield ab. In den folgenden zwei Jahren war er ohne kirchliche Beschäftigung und wurde englandweit als Redner in sozialistischen Versammlungen aktiv, was ihm einen hohen Bekanntheitsgrad eintrug. Durch den Einfluß ihm wohlgesonnener Geistlicher wurde er 1897 als Hilfsgeistlicher an St. Philip, Salford, Manchester berufen und dort auch 1898 zum Geistlichen ordiniert. Er tat Dienst als Unterpfarrer in St. Mary's in Primrose Hill in Nordlondon und dann in St. Philip's in Newcastle-upon-Tyne. Er hatte angesichts seines Rufes keine Aussicht, jemals eine reguläre Pfarrstelle zu erhalten. 1910 amtierte er für einige Zeit sogar im französischen Hafen Boulogne. Er war zu dieser Zeit bereits Mitglied der »Guild of St. Matthew«. Die »Guild«, eine kleine Gruppe von Hochkirchlern, wurde 1877 von Stewart Headlam in London gegründet. Sie begann ihre Aktivität in einer Zeit, als die Kirche und Kirchgänger von der Arbeiterklasse als Feinde und Betrüger angesehen wurden. 1883 erklärte sich die GSM öffentlich als sozialistisch. Sie hatte nie mehr als 200 Mitglieder, davon etwa 70 Geistliche. Aus dieser Organisation heraus bildete sich, auch durch den starken Einfluß und die emsige Arbeit von N. 1906 die »Church Socialist League«, die eine regelmäßig erscheinende Zeitschrift mit dem Namen »Church Socialist« publizierte. Die »CSL« war wesentlich stärker »sozialistisch« profiliert, als die »Guild« und wurde in kurzer Zeit zur größten links-kirchlichen Gruppe Englands, die ein Jahr nach der Gründung bereits 1200 Mitglieder besaß. N. wurde im Herbst 1907 zum Organisationssekretär der »CSL« gewählt und war verantwortlich für die gesamte Organisation. Diese Funktion behielt er bis 1910. Ihrer Leitung wird er bis 1918 angehören. Daneben war er auch in anderen Organisationen aktiv. 1910/11 bildet sich die »British Socialist Party« (BSP), der Noel beitrat. Der Leitung ihres Vorläufers »Provisional Committee for Socialist Unity« gehörte er bereits an. 1912 wurde er auf der BSP-Konferenz in Manchester in das Exekutivkomitee der BSP gewählt. Noel erzählte während dieser Jahre seiner Zuhörerschaft, die aus sozialistischen Arbeitern und Arbeiterinnen bestand, daß die Kirche als das »sozialdemokratische Organ des Königreiches« gegründet worden sei, daß die »Sakramente die sozialen Versprechen des Königreiches« seien, daß »das Glaubensbekenntnis eine sozialdemokratische Bedeutung« habe, daß »die Liturgie in Sozialismus getränkt sei« und daß »die Kirche von England, indem sie sich in der Reformation nicht nur auf die Bibel berief, sondern auf die Bibel, wie sie von den frühen Kirchenlehrern interpretiert wurde, wahrscheinlich kommunistischen Prinzipien verbunden ist, die über unsere bescheidenen sozialistischen Vorschläge noch hinausgehen.« Kirchenbesucher, argumentierte Noel, müßten »mindestens Sozialisten sein und mit anderen Sozialisten, christlichen sowie nicht-christlichen für die Errichtung von Gottes internationaler Republik (Commonwealth) arbeiten.« Im ökonomischen Sozialismus sei »die praktische und wissenschaftliche Form für das Heute zu finden und in einem wichtigen Bereich für die Verwirklichung

genau der Ziele, die das Christentum schon immer bewegte.« Obwohl Noel nicht glaubte, daß der ökonomische Sozialismus allein eine wahre sozialistische Republik schaffen und erhalten könne, teilte er doch mit Sozialisten aller Richtungen die grundsätzlichen Vorschläge und Annahmen. (Reg Groves, The Catholic Crusade, S. 3). Das theologische Denken N.'s erinnert in vielem an die Befreiungstheologie der letzten vierzig Jahre, wobei seine Jesusinterpretation wesentlich radikaler ausfiel als die heutigen. N. verstand Jesus als aktiven jüdischen Revolutionär, eifrig bestrebt, das Königreich Judäa im Sturm von der römischen Besetzung zu befreien und so das Reich Gottes auf Erden zu erkämpfen. Jesus stand so in der Tradition der Makkabäer. N. vertrat in seinen Jesus-Schriften die Auffassung, Jesus habe in Judäa ein Jobel-Jahr (engl. jubilee) ausgerufen, ein sozial-ökonomisch bedeutsames Erlaßjahr. Er war sehr bemüht, die verschütteten Traditionen eines befreienden Christentums wieder zu entdecken. Eine Frucht war sein Buch »Socialism in Church History«, in dem er, ausgehend von den jüdischen Schriften, anschließend die gesamte Kirchengeschichte betrachtete mit dem Schwerpunkt auf englische Traditionen. An diese Traditionen rebellischer Priester, die sich an Aufständen auf Seiten des Volkes beteiligten und an widerständige Kirchenväter wollte er in seiner Verkündigung und in seinem Tun anknüpfen. Christen konnten nur ihrem Glauben entsprechend leben, wenn sie den Kampf des Volkes um Befreiung mitkämpften. Reg Groves berichtet in seinem Buch »Conrad Noel and the Thaxted Movement« von einer Solidaritätsveranstaltung für die streikenden Bergarbeiter in der Londoner Kingsway Hall. »Die Mitglieder des Catholic Crusade in Thaxted, Essex, sind eins mit den Arbeitern in ihrem Kampf für ein Recht auf Leben. Wir stehen grundsätzlich auf der Seite der Bergarbeiter, weil wir sehen, daß in dem seit Zeitaltern geführten Krieg zwischen Arm und Reich Gott immer auf der Seite der unterdrückten Arbeiter gegen ihre Unterdrücker stand. Wir, seine Jünger, müssen dies auch, oder wir verlieren unsere Seelen.« — Ein Kapitel in seinem Buch »Jesus the Heretic« ist überschrieben »Why Catholics should be socialists«, das folgende Kapitel »Why socialists should be catholics«. N.'s Mission hörte bei den Atheisten nicht auf, ihnen wollte er den »guten Gott der Gerechtigkeit« nicht vorenthalten. Man wird N. nur gerecht, wenn man seine tiefe persönliche Religiosität mitreflektiert. Er lebte, was er dachte. 1910 suchte die Gräfin von Warwick einen sozialistischen Pfarrer für die Kirche in Thaxted in Essex, in der Nähe von Cambridge. Lady Warwick, Sproß einer der ältesten aristokratischen Familien Englands, war durch die Attraktivität sozialistischer Ideen und durch die überzeugende Diskussion mit Robert Blatchford, einem führenden Vertreter der »Social Democratic Federation« (SDF) und Redakteur ihrer Zeitung »Clarion«, zu einer glühenden Vertreterin sozialistischer Ziele geworden. Die »SDF« war Großbritanniens erste sozialistische politische Partei, 1881 gebildet und marxistisch ausgerichtet. Zu ihr zählten u.a. William Morris, George Lansbury und Eleanor Marx. Lady Warwick sorgte dafür, daß Thaxted bald landesweit bekannt wurde, als erste sozialistische Ortschaft in Essex. Lady Warwick war auch die Patronin der Kirchengemeinde Thaxted und besaß das Besetzungsrecht für die Pfarrstelle. So kam der landesweit bekannte »red vicar« nach Thaxted, wo er 32 Jahre amtieren sollte. N. gestaltete Thaxted kontinuierlich zu einer anglo-katholischen Gemeinde mit christlich-sozialistischem Profil um. Im Kircheninneren wurden Schreine zum Gedenken an Erzbischof Thomas Becket und den 1381 hingerichteten Anführer der Bauernrevolte, John Ball aufgestellt und der innere Raum mit farbigen Bannern ausgeschmückt. N. war ein begnadeter praktischer Theologe und Liturg, dem der Gottesdienst sehr am Herzen lag. Er führte in Thaxted die würdevollen Zeremonien der anglikanischen Hochkirche ein, sowie eine tägliche Messe und Prozessionen durch den Ort anläßlich der Feste Fronleichnam und des Gedenktages von Thomas Becket. Der in Thaxted lebende Komponist Gustav Holst schuf ein reiches Liedgut für kirchliche Veranstaltungen und ein eigenes Kirchenorchester entstand. Die Prozessionen waren der Höhepunkt des kirchlichen Lebens in Thaxted. Sie wurden intensiv und mit größter Sorgfalt vorbereitet und farbig und kreativ ausgestaltet. Christlicher Glaube sollte alle Sinne ansprechen. N. nannte diese Prozessionen »People's Procession«, denn der gesamte Ort sollte teilnehmen, was weitgehend gelang. Das Ehepaar N. knüpfte darüber hinaus an den Volkstraditionen von Essex an. 1911 entstanden die Morris-Dancers. Volkstanzgruppen übten die fast vergessenen Tänze der Region und lernten die alten Volkslieder neu. Diese Tradition ist bis in die Gegenwart hinein fortgeführt worden. (Siehe http://www.thaxtedmorris.org/). Für N. standen Messe und Sakramente im Zentrum, er kann mit Recht als »sacramental socialist« bezeichnet werden. Für ihn war politische Aktion die Konsequenz aus der Theologie der Sakramente, die Sakramente wiesen auf den Himmel, zu Gott. In der Gemeinde war N. stark verankert. Seine Anhänger gewannen während seiner langen Amtszeit alle Wahlen zu den Kirchenvertretungen. Thaxted war eine »rote Bastion«. Hier fanden auch zahlreiche Tagungen und Veranstaltungen mit landesweiter Ausstrahlung statt. So etwa 1912/13 allein drei christlich-sozialistische Konferenzen, auf denen sich viele CSL-Mitglieder trafen und auf denen »kirchlicher Sozialismus« mit einer spezifischen Ausprägung des Katholizismus debattiert wurde. Zu Beginn des 1. Weltkrieges standen sich in der »CSL« zwei Strömungen gegenüber. Die eine Strömung stellte sich gegen die Kriegsbeteiligung Großbritanniens, die andere unterstützte sie. N. war kein Pazifist, trat für die Kriegsbeteiligung ein und unterstützte öffentlich die alliierte Seite. Dies dokumentierte er auch dadurch, daß er in der Kirche die Nationalfahnen der Alliierten installierte, darunter die englische und die alte irische Fahne. 1916 fügte er die rote Fahne der Arbeiterbewegung hinzu als Symbol des Internationalismus und der sozialen Gerechtigkeit. Einige Zeit nach dem irischen Osteraufstand 1916 ersetzte er die traditionelle irische Fahne durch die Trikolore von Sinn Fein, da es, in N.'s Worten, das irische Volk ebenso getan habe. N. unterstützte die Alliierten nicht aus nationalistischen Beweggründen, sondern aus einer eindeutig antifeudalen Position heraus. Als in Rußland das zaristische Regime gestürzt wurde, organisierte er in London ein Meeting, auf dem er selbst sprach und begrüßte die Revolution und die Überwindung des Zarismus. Am Abend des 10. April 1918 wurde im Pfarrhaus von Thaxted von nicht einmal 12 Personen eine neue Organisation gegründet, der »Catholic Crusade of the Servants of the Precious Blood to transform the Kingdom of this world into the Commonwealth of God« (CC). Seine Gründungsmitglieder kamen aus der Gemeinde Thaxted und waren z.T. Arbeiterinnen und Arbeiter. Bereits am Sonnabendmorgen, dem 13. April fand in der Kapelle von Thaxted die erste Messe des »CC« statt, an der u.a. eine Reihe Arbeiter, die auf dem Weg zur Arbeit waren, teilnahmen. In dieser Messe wurden die Ziele, die Arbeitsmethoden und die Regeln der neuen Organisation vorgestellt. Sie wuchs in der Folgezeit an, erreichte aber nie mehr als 300 Mitglieder. Noch vor der Gründung der KP Großbritanniens im Sommer 1920 führte der »CC« in Essex Hall, Strand, eine Unterstützungsveranstaltung für die russische Revolution durch. Unter anderem redete Madame Litwinow, die Gattin des späteren russischen Außenministers, die in London im Exil lebte. N. unterhielt enge Kontakte auch zu frühen parteikommunistischen Dissidentengruppen. Für Sylvia Pankhursts rätekommunistisch orientierten »Worker's Dreadnought« licfcrtc cr Bciträgc und half bci dcr Redaktionsarbeit. Im November 1919 organisierte der »CC« drei Groß-Veranstaltungen. Die Themen waren 1.: Warum der »Catholic Crusade« die russische Revolution unterstützt«. 2.: Warum der »Catholic Crusade« die Irische Republik begrüßt« und 3.: Warum der »Catholic Crusade« eine Revolution in England fordert.« Der »CC« kooperierte intensiv mit Organisationen der sozialistischen und kommunistischen Arbeiterbewegung. So waren eine Reihe von Mitgliedern des »CC« gleichzeitig Mitglieder in der »British Section of the League against Imperialism«, einer Gründung des deutschen Kommunisten Willy Münzenberg und eine schon damals als kommunistische Frontorganisation eingeschätzte Gruppe. N. war sogar einige Jahre Vorsitzender der englischen »league.« Er war ein engagierter Anti-Imperialist und öffentlicher Unterstützer der irischen und indischen Freiheitsbewegungen, was zu massiven Konflikten mit konservativen Teilen der Kirche führte. Während des großen Streiks der Bergarbeiter 1921 waren N. und der »CC« entschieden auf der Seite der Streikenden. In diesem Kontext fand ein Konflikt statt, den N. später als die »Schlacht der Fahnen« bezeichnete. In der Kirche von Thaxted hing noch immer die rote Fahne, mittlerweile zusammen mit der Fahne von »St. George« und der Trikolore der irischen Befreiungsbewegung Sinn Fein. In der ersten Pha-

se des Konflikts wurde von einem Anonymus die rote Fahne entfernt. N. zog sie wieder auf. Dann kam eine Gruppe von rechtsgerichteten Studenten aus Cambridge und nahm sie wieder ab. N. zog sie erneut auf und hängte sie viel höher auf als vorher. Mitglieder und Freunde des »CC« bewachten sie anschließend erfolgreich Tag und Nacht. Erst als später ein Kirchengericht die Entfernung der Fahne anordnete, gab N. nach. Er tat dies mit den Worten: »Diese Fahne ist weggeschafft, aber die Verkündigung geht weiter.« N. achtete bei aller Bündnispolitik auf die Unabhängigkeit des »CC« und wandte sich entschieden gegen Versuche der Vereinnahmung. Aber der »CC« wurde in die Fraktionskämpfe hineingezogen, der stalinistische Kurs der Spaltung der Arbeiterbewegung machte auch hier keine Ausnahme. Der »CC« spaltete sich an der Frage, wer bei einer Nachwahl zum Parlament in Stepny 1932 zu unterstützen sei: der kommunistische oder der Kandidat der Labour Party. Die Mehrheit der Londoner Gruppe um Pfarrer John Groser von der Christ Church in Stepney votierte für den Labourkandidaten und wurde im März 1932 nach heftigen Auseinandersetzungen ausgeschlossen. N. hatte eine Mittelposition eingenommen, mußte aber angesichts der Fraktionskämpfe erkennen, daß die Zeit des »CC« vorbei war. Der Bestand an Gemeinsamkeiten reichte angesichts der internen Kämpfe in der Arbeiterbewegung nicht mehr aus. N. hatte sich mittlerweile weit von einer Unterstützung der Politik Sowjetrußlands entfernt und trotzkistischen Positionen genähert. Aus dem »CC« ging ein großer Teil der Gruppe hervor, die sich in England erstmalig als »trotzkistisch« verstand, sich entsprechend ausrichtete und als »Balham-Group« in die Annalen der Arbeiterbewegung einging. Zu ihr gehörten mit Reg Groves und Stewart Purkis auch prominente Mitglieder des »CC«. Spöttische Zeitgenossen, wie der Anarchist Albert Meltzer, sprachen deswegen von einem »Anglo-Catholic Trotskyism.« N. nahm während der stalinistischen Trotzkisten-Verfolgung öffentlich Partei für den aus Rußland vertriebenen Revolutionär Trotzki. Am 1. Dezember 1936 veröffentlichte der Manchester Guardian eine Erklärung mit dem Titel » A letter from the Provisional Committee for the Defence of Leon Trotsky.« Unterzeichner waren u.a.

auch Conrad Noel wie auch die langjährigen »CC«-Mitglieder Groves, Wicks and Purkis. Die Erklärung protestierte gegen die gesetzliche Knebelung des im norwegischen Exil lebenden Trotzki und forderte eine internationale Untersuchung des Falles. — 1936 wurde der »CC« auf einer Versammlung in Burslem offiziell beendet. N. gründete zusammen mit einigen Mitstreitern eine neue Organisation, die den Namen »Order of the Church Militant« erhielt. Der »Order« mußte auf N. wegen dessen Erkrankung weitgehend verzichten. N. litt viele Jahre an Diabetes, was ihm viele Beschwerden an den Füßen und an den Augen bereitete. Seit 1935 war er praktisch blind, ging aber seinem Kirchendienst weiter nach. Die Liturgie und die Predigt hielt er frei aus dem Gedächtnis. In seiner letzten Lebenszeit war er auch weitgehend lahm. Freunde aus dem Ort lasen ihm vor, halfen, wo sie konnten und diskutierten mit ihm die aktuellen kirchlichen und politischen Ereignisse. Die Schlußkapitel seines vorletzten Buches »The Life of Jesus« diktierte er Freunden. Es erschien 1937. Seine Autobiographie blieb Fragment und umfaßte nur den Teil, den er noch diktieren konnte. Als zu der Diabetes noch Krebs hinzukam, beschleunigte sich N.'s körperlicher Verfall. Er starb am 22. Juli 1942 und wurde auf dem Friedhof von Thaxted beerdigt. Sein Grab liegt in der Nähe des Hochaltars der Kirche, die er liebte und der er 32 Jahre gedient hatte. Sein Grabstein trägt die Aufschrift: »He loved justice and hated oppression.« Maurice B. Reckit bilanziert in seinem Buch »A century of the social movement in the Church of England« N.'s Lebensleistung »Noel war für zwei ganze Jahrzehnte der wirkliche Führer der politischen und ideologischen Linken in der Kirche von England.« (S. 181). Der »Order of the Church Militant« war über eine Randexistenz nicht hinausgekommen und löste sich 1942 nach N.'s Tod auf. Es bildete sich keine Nachfolgeorganisation und auch die Strukturen in Thaxted lösten sich allmählich auf. Erst durch den Impuls der 68er Bewegung knüpften linke Anglikaner wieder am Erbe N.'s und des CC an. Sie waren durch Schriften des »CC«-Veteranen und langjährigen Trotzkisten Reg Groves auf beide aufmerksam geworden und knüpften Kontakte zu noch lebenden Veteranen des »CC« wie Stewart Purkis und Alan Ecclestone. Im November 1974

gründete Kenneth Leech mit weiten sieben anglikanischen Priestern die Jubilee Group, die sich bewußt in die Tradition N.'s und des militanten Anglo-Katholizismus stellte. Die Jubilee-Group, die bis 2003 bestand, war ein loses Netzwerk von Christinnen und Christen vorwiegend aus der anglo-katholischen Tradition. Sie bildete in den folgenden Jahren eine Reihe von Gruppen in England und den USA und vereinigte in sich Marxisten, Anarchisten und unabhängige Sozialisten aller Schattierungen. Sie war äußerst rege und publizierte in den dreißig Jahren ihrer Existenz eine Vielzahl von Broschüren und anderen Publikationen, u.a. zu Conrad N. Als 2003 Leech aus dem Pfarrdienst ausschied und von London aufs Land verzog, verlor die Jubilee-Group ihren wichtigsten Organisator. Da keine personelle Alternative gefunden werden konnte, beendete sie ihre Existenz. Die Gruppen in den USA bestehen weiter und betreiben eine eigene Website. Auf ihren Einfluß sind auch zwei Reprints von Schriften N.'s zurückzuführen, die 2007 und 2008 in den USA erfolgten. Als Nachfolgeorganisation der englischen Jubilee Group hat sich 2005 die Society of Sacramental Socialists gebildet.

Nachlaß: Der Nachlaß befindet sich im Archiv der Universität Hull. Das Bestandsverzeichnis ist online verfügbar unter: http://www.hull.ac.uk/oldlib/archives/religion/noel.html (28.10.2008).

Werke: The Day of the Sun. A plea for a rational Sunday, London 1901; Christian Socialism, in: Justice, 1. Oktober 1904; The Labour Party: What it is, and what it wants. London 1906 (Reprint 2007); The City of God. Four sermons. In: Hunt (William Henry) of the Church Army. Churchmanship and Labour. Sermons. 1906; Ought Christians to be Socialists? (A verbatim report of a debate between the Rev. Conrad Noel and Frank G. Jannaway, author of »A godless socialism«.), 1909; Socialism and Church Tradition. (Pass On Pamphlets. No. 17) London, o.J. (1909); Why churchmen become socialists, in: The New Age, 7. Januar 1909; Socialism in the church, in: The Clarion 16. 3. 1906; Drawing room bishops: the growing need for an episcopal revolution, in: Sunday Chronicle 21.Juli 1907; Church and socialism, in: The Christian Socialist, Sept-Oct 1909; Socialism in Church History, London, 1910; Socialism and the kingdom of God: (Jewish scriptures & gospels). Church Socialist League, (Halfpenny series ; No. 2) o.O. o.J. (ca. 1910); Byways of Belief, London, 1912 Reprint 2008); Some socialists and their views, in: Church Socialist, 1(February 1912); Socialism and the great state;, in: The Great State. Essays in construction by H. G. Wells et al. Edited by Greville, Frances Evelyn, Countess of Warwick, H. G. Wells and C. R. S. Taylor; London 1912; How to win, London. o.J. (ca. 1913); Uplifting the Son of Man as the God of Justice in Our Midst. Being notes on the spiritual and legal bearings of Processions of the Host. Issued by the Catholic Crusade in view of recent events at Thaxted, Thaxted 1919; Creative democracy, Thaxted 1920; The Battle of the Flags. A study in Christian politics, London, 1922; The sacraments, Catholic Crusade Publications, Burslam, Staffs. O.J. (1923); The meaning of imperialism. (Hg.) League Against Imperialism. (British Section), o.O. o. J. ca. 1927; Some articles of faith, in: The New World, November 1928; The law and the prophets. Catholic Crusade, o.J. (1929) o.O.; The Kernel of Christ's teaching according to Anglican Divines and other authorities. Catholic Crusade Publications, Burslam, Staffordshire 1930; Anglo-Catholicism and the Catholic Crusade, in: Catholic Crusader No. 23 (16.1.1933); Render unto Caesar. Catholic Crusade Publications, Burslam, Staffordshire 1933; Kingdom Come: a catechism of the commonwealth, in: The Challenge 10 (December 1935); The Life of Jesus. London, 1937 und USA-Ausgabe New York 1937; The Life of Jesus. The Religious Book Club, London 1938; Jesus the Heretic. London, 1939; Jesus the Heretic. The Religious Book Club, London1940; An Autobiography / edited, with a forward by Sidney Dark ; with a memoir of his childhood by a cousin ; tributes by Tinsley Martin, Harry Roberts and Richard Church. London, 1945.

Thaxted Publications: (ohne Angabe der Autorenschaft Noels): Church and Chapel, Thaxted 1912; Work and Wealth. Thaxted o.J. (1911 - 1914); The Keys. Thaxted o.J. (1911 - 1914); The Holy Scriptures. Thaxted o.J. (1911 - 1914); Sins and Their Cure, (gekürzte Ausgabe), Thaxted 1916 und 1917.

The Catholic Crusade (ohne Angabe der Autorenschaft): The Catholic Crusade. A manifesto. Elland, Yorkshire 1918; Creative Democracy and Natural Leadership. By a Servant of the Catholic Crusade. Thaxted, 1920; The Catholic Crusade. The Catholic Crusade (On the aims of the movement). London o.J. (1921); The Catholic Crusade. The Christian Religion: Dope or Dynamite? By a Servant of the Catholic Crtusade.(i.e. Robert Woodifield) o.O. o.J. (1921); The Catholic Crusade. Devotions of the Catholic Crusade o.O. o.J. (1922-3); Has the church forgotten? Some events in the life of Jesus the divine outlaw of Gallile. By the servants of the Catholic Crusade. (i.e. by Stewart Purkis) o.O. o.J. (1922-3); The Catholic Crusade. Is Jesus the revolutionary leader? A series of questions based on the bible. By servants of the Catholic Crusade. (i.e. Jack Bucknall and others) o.O. (1922-3, veränderte Ausgabe 1932); The Catholic Crusade. Sins and their cure: a practical guide to confession. By the servants of the Catholic Crusade. Veränderte Ausgabe London 1925 und 1933; The Catholic Crusade. The truth about Jesus. An answer to the Communist attack. By the servants of the Catholic Crusade. Wolstanton. O.J. (1932-3); The Catholic Crusade. The Oxford Movement. By a Servant of the Catholic Crusade.(i.e. Jim Wilson). O.O. 1933; The Catholic Crusade. A brief statement of principles and constitution and rules, 1933. O.O. o. J. ; The Catholic Crusade. The Catholic Crusade. Elland, Yorkshire o.J.; Manchester group of the Catholic Crusade. A guide to church services. By a Servant of the Catholic Crusade. Manchester o.J.

Zeitschriften in denen Noel publizierte: The Optimist. (The Church Socialist Quarterly.) A review dealing with practical theology, literature, and social questions in a Christian spirit. (Editor-Rev. Samuel Proudfoot.) Die Jahrgänge 4 - 6, (Nr. 2, Jan. 1909 -April 1911erschienen unter dem Titel »The Church Socialist Quarterly.« Jahrgang 1,. Jan. 1906 - Jahrgang 11, Feb. 1917. Erscheinungsort London; The New World. 1928 bis 1930; The Catholic crusader: The challenge of Christ to capitalism. Dezember, 1930 bis Dezember, 1934. Erscheinungsort Thaxted; The challenge of Christian communism: the organ of the Catholic Crusade.(Nr. 1/Februar 1935 bis No. 7/September 1935. Mehr nicht nachgewiesen) Erscheinungsort: Stoke-on-Trent; Church Militant. Herausgegeben von: Order of the Church Militant. Jg 1/ November 1936 bis 19. Jg/ August 1954. Erscheinungsort Kendal.

Lit.: »Red and rebel«, in: Time-Magazine (USA), Monday 8.11.1937; — Maurice B. Reckit. Maurice to temple. A century of the Social Movement in the Church of England, London 1946; — John Cyril Putteril. Conrad Noel. Prophet & priest. 1869-1942, Dunmow, 1964; — Robert Shaw, The flag. London 1968 (Penguin-books, originally published Chatto & Windus, 1965.); — Reginald Groves. Conrad Noel and the Thaxted Movement. An adventure in Christian Socialism; London, 1967 und New York 1968; — Reginald Groves. Conrad Noel and the Thaxted movement. London 1967 und New York 1968; — Robert Woodifield. Conrad Noel, 1869-1942, Catholic crusader. In: For Christ and the people. Studies of four socialist priests and prophets of the Church of England between 1870 and 1930. Thomas Hancock by Stephen Yeo; Stewart Headlam by Kenneth Leech; Charles Marson by Maurice B. Reckitt; Conrad Noel by Robert Woodifield. (Edited by Maurice B. Reckitt.). London 1968; — Reginald Groves. The Catholic Crusade, 1918 - 1936. (A reprint of its original manifesto with an introduction and notes by Reg. Groves) London 1970; — Reginald Groves. The Balham Group: How British Trotskyism Began. London 1974; — Adrian Hastings. A history of English Christianity, London 1986; — Jack Putterill. Conrad Noel, prophet & priest, 1869-1942. Broadcast. Reprint Cambridge 1991; — Mark Arman: Conrad, Miriam, Jack & Barbara: for 63 years they influenced Thaxted Church & Thaxted town. Thaxted, 1992; — Kenneth Leech (Ed.) Conrad Noel and the Catholic Crusade. A critical evaluation. London 1993; — Albert Metzler. I Couldn' t paint golden angels. Sixty years of commonplace, life and anarchist agitation. London 1996. (Internetversion unter http://www.spunk.org/library/writers/meltzer/sp001591/angeltoc.html); — Richard Toews. The Jubilee Group in the Church of England: The prophetic voice of a community in ekklesia. Master of arts-Thesis. Department of sociology and anthropology.Waterloo Lutheran University, Ontario/Canada 1997; — Trevor Beeson. Rebels and reformers. Christian renewal in the twentieth century. London 1999; — Mark David Chapman. Liturgy, socialism and life: the legacy of Conrad Noel. London. 2001; — Ted Grant. History of British Trotskyism. London 2002; — John Richard Orens. To Thaxted and Back: The Fate of Sacramental Socialism. In: The Anglican Catholic. The Journal of Affirming Anglican Catholicism in

North America, Volume XVII, Summer 2005. New Haven, USA.

Internet-Quellen: http://www.anglocatholicsocialism.org/index.html (27.10.2008); — http://www.anglocatholicso

cialism.org/noel.html (27.10.2008); — http://www.anglocatholicsocialism.org/jubilee.html (27.10.2008).

Ulrich Peter

O

OTHMAYR (Ot[h]mar[us], Ot[h]maier), Caspar (Gaspar[us]), Komponist, * 12.3. 1515 Amberg, † 4.2. 1553 Nürnberg (begraben in Ansbach, Hl.-Kreuz-Kirche). — Ein Besuch der Lateinschule St. Martin in Amberg ist wahrscheinlich, jedoch nicht belegt. Gefördert von Pfalzgraf (seit 1544 Kurfürst) Friedrich II., fand O. wohl schon vor 1531 in Heidelberg Aufnahme als Sänger in die kurfürstliche Hofkapelle unter Leitung von Lorenz Lemlin. Dort schloß er sich auch dem Kreis der sog. Heidelberger Liedmeister um Jobst vom Brandt, Stephan Zirler und Georg Forster an. 1533 immatrikulierte er sich an der Universität Heidelberg, wo er 1534 zum Bakkalaureus, 1536 zum Lizentiaten und Magister Artium promoviert wurde. Über seine Tätigkeit in den folgenden Jahren fehlen jegliche Nachrichten; immerhin könnte ein 1543 von dem in Regensburg ansässigen Künstler Michael Ostendorfer gefertigter Holzschnitt seines Porträts (Abb. in MGG1) auf einen möglichen Aufenthaltsort weisen. Ganz offensichtlich wandte sich O. in dieser Zeit (unter dem Eindruck des Regensburger Religionsgesprächs von 1541?) dem Protestantismus zu. In den frühen Publikationen brachte er seine Glaubenshaltung deutlich zum Ausdruck: in der Motettensammlung »Epitaphium D. Martini Lutheri« (1546) ebenso wie in den »Symbola« (1547), Vertonungen von Devisen und Motti bekannter Männer, darunter Stücke über Luther, Melanchthon und den Nürnberger Reformator Thomas Venatorius (Nr. 11-13). 1545 kam O. als

Rektor an die Lateinschule des Klosters zu Heilsbronn. Noch im selben Jahr bewarb er sich mit Erfolg um ein Kanonikat an St. Gumprecht in Ansbach, das er allerdings erst 1547 antreten konnte. 1548 bemühte er sich um das Amt des Stiftspropstes von St. Gumprecht. Zwar wurde er von Kurfürst Joachim II. Hercules von Brandenburg und Herzog Moritz von Sachsen als Vorsteher bestätigt, doch entspannen sich mit der Stadt Ansbach langwierige Auseinandersetzungen über die Rechtmäßigkeit seiner Einsetzung. Während des anstrengenden Rechtsstreits verschlechterte sich sein Gesundheitszustand zusehends, weshalb er sich für die medizinische Behandlung nach Nürnberg begab, wo er seine letzten Lebensjahre verbrachte. Zu Ehren des Verstorbenen veröffentlichten Georg Forster und andere Freunde (Johannes Buchner, Conrad Praetorius, Nicolaus Piltz, Andreas Schwartz) unter dem Titel »In epitaphiis Gasparis Othmari« (um 1554) eine Sammlung mit acht Kompositionen (darunter zwei von Othmayr selbst). — O. zählt zu den fruchtbarsten und vielseitigsten deutschen Komponisten seiner Generation, der schon bei seinen Zeitgenossen höchste Anerkennung fand; der Heilsbronner Abt attestierte ihm 1547 bei seinem Abschied aus der Klosterschule: »Er ist von Andern in unserem Lande ein hoch und weit berühmter Musicus«, und auch Georg Forster rühmte ihn in der Widmungsvorrede zum dritten Teil der »Frischen teutschen Liedlein« als »derzeit weit berühmten Componisten« (zit. nach ADB, 536). O.s Schaffen spiegelt den musikalischen Wandel um die Mitte des 16. Jh. Ähneln seine Kompositionen zu dt. Kirchenliedern dem älteren Tenorlied, so zeigen die lat. Motetten einen »moderneren« Stil, der von Ludwig Senfl und Josquin Desprez inspiriert ist (vgl. MGG², 1473). Im Geiste M. Luthers maß er der Musik eine grundlegende Bedeutung für den religiösen Erziehungs- und Bildungsprozeß junger Menschen zu; ausdrücklich auf diese Wechselbeziehung verwies er im Titel der »Tricinia« (1549), die er zum »Nutzen der christlichen Jugend« (»in Christianae iuuentutis utilitatem«) komponiert habe. Als sitten- und charakterbildendes Instrument verstand O. auch seine Vertonungen der Wahlsprüche von geistlichen und weltlichen Persönlichkeiten: Insbesondere in der Verknüpfung dieser Devisen mit biblischen Weisheiten und Sprüchen sollten die »Symbola« (1547) moralische Wertmaßstäbe vermitteln.

Werke, Individualdrucke: Cantilenae aliquot elegantes ac piae, quibus his turbulentis temporibus Ecclesia Christi utitur. Musicis harmonis ornatae, a Gaspare Othmayer, Nürnberg 1546 (11 Sätze); Epitaphium D. Martini Lutheri a Gaspare Otmaier Musicis Elegiis redditum, Nürnberg 1546; Bicinia sacra. Schöne geistliche Lieder unnd Psalmen, mit zwo Stimmen lieblich zu singen, Nürnberg 1547 (44 Sätze), ND u.d.T. Geistliche Zwiegesänge, hrsg. von Walther Lipphardt, Kassel 1950, Faks.-Ausg. Köln 1990; Symbola illustrissimorum principum, nobilium, aliorumque doctrina, ac virtutum ornamentis praestantium virorum. Musicis numeris explicate, per Gasparem Othmayr, Nürnberg 1547 (34 Sätze), Faks.-Ausg. Stuttgart 1996 (Heilbronner Musikschatz 4); Tricinia in pias aliquot, ac maxime salutares ex contionibus Ioannis Damasceni excerptas sententias, pio studio cantata & in Christianae iuventutis utilitatem composite, Nürnberg 1549 (30 Sätze), Faks.-Ausg. Köln 1991; Reutterische und Jegerische Liedlein durch M. Caspar Othmayr mit vier stimmen componirt. Allen so der Edlen Musica verwandt zu freuntlichem gefallen in druck geordnet, Nürnberg 1549 (50 Lieder), NA in den sog. 68 Liedern, Nürnberg 1553(?), ND hrsg. von Fritz Piersig, 2 Bde., Wolfenbüttel 1928/33. — Einzelsätze in Sammeldrucken: Georg Forster, Frische teutsche Liedlein, Tl. 2, Nürnberg 1549; Tl. 3, Nürnberg 1552; Tl. 4, Nürnberg 1556; Tl. 5, Nürnberg 1556; Clemens Stephani, Schöner außerleßner deutscher Psalm, vnd anderer künstlicher Moteten vnd Geistlichen lieder XX, Nürnberg 1568. — hs. Überlieferung: Budapest Szechenyi Nationalbibliothek (Ms. mus. 22); Erlangen UB (Hs. 473.4); Kopenhagen Det Kongelige Bibliotek (Gl. K. 1872); Leipzig UB (Ms. 49/50); Lille Archives départementales du Nord; München BSB (Ms. Mus. 1503b); Regensburg, Proskesche Musikbibliothek (A.R. 940/941, A.R. 197, A.R. 875-877, B 211-215); Zwickau Ratsschulbibliothek (Mus. Ms. 73, Mus. Ms. 86.2). — Ausgaben: Ausgewählte Werke, hrsg. von Hans Albrecht, Tl. 1: Symbola, Leipzig 1941, Frankfurt 1962; Tl. 2: Cantilenae (1546), Epitaphium

D. Martini Lutheri (1546), Bicinia (1547), Tricinia (1549), einzelne Werke aus verstreuten Quellen, Frankfurt 1956, 1964. — Tonträger (Auswahl): Das deutsche Chorlied um 1600, [Freiburg i.Br.]: Christophorus 1982 (Mir ist ein fein's braun's Maidelein); Deutsche Liebeslieder der Renaissance, Hamburg 1984 (Wie schön blüht der Maien); Peter Schreier, Ein neues Lied wir heben an. Lieder der Reformationszeit, Frechen: Capriccio 1986 (Ein feste Burg ist unser Gott); Martin Luther und die Musik, Heidelberg: Christophorus 1992 (D. Martini Lutheri Symbolum, Ein feste Burg ist unser Gott); Ich rühm dich Heidelberg. Musik der Renaissance am kurpfälzischen Hof. Heidelberg: Christophorus [1996] (Ein gutes nerrisch tentzlein); There is no rose. Renaissance music for the Christmas season, London/New York: Virgin Classics 1997; (Nun komm der Heiden Heiland); The triumphs of Maximilian, London: Signum 1998 (Entlaubet ist der Walde); Georg Forster, Teutsche Liedlein. Dritter Teil (1549): Die Heidelberger Liedmeister, Heidelberg: Christophorus 2000 (Ich kam für einer Frau Wirtin Haus, Wohlauf, gut G'sell, von hinnen, Glück mit der Zeit, Mir ist ein fein's braun's Maidelein); Fides et potestas [Glaube und Macht, hrsg. von Harald Marx und Cecilie Hollberg für die Staatlichen Kunstsammlungen Dresden], Dresden 2004 (In silentio et spe); Music of the Reformation. Lieder und Chöre von Luther, Othmayr, Walter, Georgsmarienhütte: cpo 2007 (Ein feste Burg ist unser Gott, Verba Lutheri ultima, Mitten wir im Leben sind, Epitaphium D. Martini Lutheri, Mit Fried und Freud, Verleih uns Frieden); Harpsicord works from the Tabulaturbuch, s.l.: Naxos 2007.

Bibliographien: Eitner 1877; Albrecht 1950.

Lit.: Johannes Garcaeus, Methodus Astrologiae, Basel 1570; — Wolfgang Caspar Printz, Hist. Beschreibung der edelen Sing- und Klingkunst, Dresden 1690; — Robert Eitner, Bibliographie der Musik-Sammelwerke des XVI. und XVII. Jahrhunderts, Berlin 1877; — Helmuth Osthoff, Die Niederländer und das dt. Lied, Berlin 1938; — Friedrich Wilhelm Schwarzbeck, Ansbacher Theatergesch. bis zum Tode des Markgrafen Johann Friedrich (1686), Emsdetten 1939, 35, 50f., - Carl Philipp Reinhardt, Die Heidelberger Liedmeister des 16. Jh., Kassel 1939; — Hans Albrecht, C. O. Leben und Werk, Kassel 1950; — Franz Krautwurst, C. O., in: Die Erlanger Univ. 6 (1953); — Wilfried Brennecke, Die Handschrift A.R. 940/41 der Proske-Bibliothek zu Regensburg, Kassel 1953; — Peter Mohr, Die Handschrift B 211-215 der Proske-Bibliothek zu Regensburg, Kassel 1955; — Hans-Joachim Rothe, Alte dt. Volkslieder und ihre Bearbeitung durch Heinrich Isaak, Ludwig Senfl und C. O., Diss. Leipzig 1957; — Wilfried Brennecke, Zu C. O.s Epitaph, in: Die Musikforschung 14 (1961), 185f.; — Gerhard Wilhelm Pietzsch, Quellen und Forschungen zur Gesch. der Musik am kurpfälz. Hof zu Heidelberg bis 1622, Mainz/Wiesbaden 1963; — Franz Krautwurst, Die Heilsbronner Chorbücher der UB Erlangen (Ms. 473,1-4), in: Jb. für fränk. Landesgesch. 25 (1965), 273-324; 27 (1967), 253-281; — ders., Joachim Haller als Musiker, in: Convivium musicorum. Festschr. Wolfgang Boetticher, hrsg. von Heinrich Hüschen und Dietz-Rüdiger Moser, Berlin 1974, 151-162; — Wolfram Steude, Untersuchungen zur mitteldeutschen Musiküberlieferung und Musikpflege im 16. Jh., Leipzig 1978; — Gerda

Zeh-Leidel, Ein Komponistenleben im 16. Jh., in: Altbayer. Heimatpost 25 (1983), Nr. 5, 4f., 15; — Chormusik und Analyse. Beiträge zur Formanalyse und Interpretation mehrstimmiger Vokalmusik, 2 Bde., hrsg. von Heinrich Poos, Mainz u.a. 1983; — Kurt Gudewill, Drei lat.-dt. Liedbearbeitungen von C. O., in: Festschr. Martin Ruhnke. Zum 65. Geburtstag, Neuhausen/Stuttgart 1986, 126-143; — Jutta Lamprecht, Das »Heidelberger Kapellinventar« von 1544 (Cod. Pal. Germ. 318), Heidelberg 1987; — Eberhard Otto, C. O. Porträt eines oberpfälz. Tonsetzers, in: Oberpfälzer Heimat 34 (1990), 122-126; — Róbert Árpád Murányi, Themat. Verz. der Musik-Smlg. von Bartfeld (Bártfa), Bonn 1991; — Karl Schwämmlein, Martin Luther, die Musik und Amberg, in: Der Eisengau 8 (1997), 86-103; — Jessie Ann

Owens, Composers at Work. The craft of Musical Composition 1450-1600, New York 1997; — Thomas Daniel, Freiheiten der Kadenzgestaltung in O.s Bicinia sacra, in: Kirchenmusik in Gesch. und Gegenwart, hrsg. von Heribert Klein u.a., Köln/Rheinkassel 1998, 125-138; Die Handschrift des Jodocus Schalreuter (Ratsschulbibliothek Zwickau Mus. Ms. 73), Abt. I-VI, hrsg. von Martin Just, Wiesbaden 2004-2006.

Lex.: ADB 24 (1887), 536f.; — MGG1 10 (1962), 468f. [mit Porträt]; — Bosls Bayer. Biogr. (1983), 566; — DBE 7 (1998), 523; — NDB 19 (1999), 644f.; — The New Grove² 18 (2001), 798f.; — MGG² 12 (2004), 1471-1474; — Nürnberger Künstler-Lex. 1 (2007), 1105.

Manfred Knedlik

P

PANZRAM, *Bernhard* Leo Paul, Kirchenrechtslehrer, * 12.1. 1902 in Eberswalde, † 11.2. 1998 in Freiburg im Breisgau, begraben in Riedenburg. — Der aus einer kath. Familie (Vater: Prokurist Leo P.; Mutter: Hedwig P., geb. Bössenroth; Geschwister: Lucia P. und Elisabeth P.) stammende P. besuchte in Eberswalde v. 1908 bis 1911 die kath. Volksschule und v. 1911 bis 1920 das humanistische Wilhelms-Gymnasium, wo er 1920 die Reifeprüfung bestand. Sein im Wintersemester 1920/21 an der Friedrich-Wilhelms-Univ. Berlin begonnenes sechssemestriges Studium der Rechtswissenschaften setzte P. v. Sommersemester 1921 bis Sommersemester 1923 an der Bayer. Julius-Maximilians-Univ. Würzburg fort. In Würzburg wurde er b. der Kath. Dt. Studentenverbindung Markomannia im Cartellverband am 2. Mai 1921 rezipiert und am 31. Januar 1922 geburscht. Die Rechts- und Staatswiss. Fak. der Univ. Würzburg promovierte P. mit der v. Prof. Christian Meurer (1856-1935) betreuten Diss. »Die Streitfragen der Entwaffnung nach Maßgabe des Versailler Friedensvertrages« am 18. Dezember 1923 z. damals jüngsten Doktor *iuris utriusque* Deutschlands. Seit 1922 studierte er zudem

kath. Theol., zuerst in Würzburg, anschließend - v. Wintersemester 1924/25 bis Wintersemester 1928/29 - in Breslau. Nachdem P. in Breslau das Alumnat absolviert und v. Breslauer Fürstbisch. Adolf Kard. Bertram (1859-1945) die Subdiakonats- sowie die Diakonatsweihe empfangen hatte, weihte ihn der Meißener Bisch. Christian Schreiber (1872-1933) als Apost. Administrator v. Berlin am 2. Februar 1930 in der Berliner St. Hedwigskirche z. Priester, wodurch er dem ersten Weihejg. der am 13. August 1930 errichteten Diöz. Berlin angehörte. Seelsorgerlich war P. dann als Kaplan (ab 19. Februar 1930) in Berlin an der St. Hedwigskirche und (ab 24. August 1930) in Arnswalde sowie als Hausgeistl. (ab 1. März 1931) im Fürsorgeheim f. Frauen und Mädchen »Maria Frieden« in Berlin-Niederschönhausen tätig. Bisch. Schreiber beurlaubte ihn v. 1. Mai 1931 an z. Weiterstudium an der Schlesischen Friedrich-Wilhelms-Univ. Breslau, wo er am 21. Juli 1931 v. der Kath.-theol. Fak. mit der Diss. »Die Entführung als Ehehindernis nach kanonischem Recht« z. Lizentiaten der Theol. promoviert wurde, daraufhin drei Semester lang (v. Sommersemester 1932 bis Sommersemester 1933) an der Kath.-theol. Fak. KR sowie kirchliche Rechts- und Verfassungsgesch. und an der Philos. Fak. ma. Gesch. sowie geschichtliche Hilfswissenschaften studierte und ab 1932 als persönlicher Assistent v. Prof. Leo Santifaller (1890-1974) wiss. arbeitete, ehe er zw. dem 16. März 1934 und dem 31. März 1939 die Stelle eines apl. Assistenten am Kath.-theol. Sem. bekleidete. Am 14. Februar 1936 erlangte der Schüler der Professoren Franz Gescher (1884-1945) und Franz Xaver Seppelt (1883-1956) aufgrund der Diss. »Die Anfänge der schlesischen Archidiakonate, ihre Inhaber und ihr Recht bis z. ersten Hälfte des 14. Jh.« an der Kath.-theol. Fak. der Univ. Breslau den Grad eines Doktors der Theol. Seine theol. Habilitation mit der Schr. »Geschichtliche Grundlagen der ältesten schlesischen Pfarrorganisation« wurde am 18. Juli 1938 v. Reichsmin. f. Wiss., Erziehung und Volksbildung, Bernhard Rust (1883-1945), genehmigt und am 29. Juli 1938 v. Dekan der Breslauer Kath.-theol. Fak., Prof. Felix Haase (1882-1965), vollzogen. Nach der Erteilung der Venia Legendi und der Ernennung z. Dozenten f. KG und kirchliche Rechtsgesch. am 4. September 1939 begann P. - inzwischen Mitgl. des Nationalsozialistischen Lehrerbunds, des Nationalsozialistischen Fliegerkorps' und der Nationalsozialistischen Volkswohlfahrt - seine Lehrtätigkeit an der Kath.-theol. Fak. der Univ. Breslau. Mit Auftrag des Reichserziehungsmin. Rust v. 14. Mai 1941 vertrat er v. Sommersemester 1941 an bis z. 5. Mai 1945 den zuvor v. Prof. Eduard Winter (1896-1982) innegehabten Lehrstuhl f. KG an der Theol. Fak. der Dt. Karls-Univ. in Prag; außerdem wurde er noch am 16. Dezember 1944 v. Reichsmin. Rust mit der sofortigen Vertretung des Lehrstuhls f. KR an der Breslauer Kath.-theol. Fak. betraut, weil der Ordinarius, Prof. Gescher, erkrankt war. Daneben wirkte P., v. der Geheimen Staatspolizei überwacht und unter Polizeiaufsicht gestellt (1946 fertigte die Stadt Regensburg ihm einen Ausweis f. polit. Verfolgte aus), seit 1944 als Lazarettpfarrer in den vier Prager Reservelazaretten. Am 5. Mai 1945 hielt er dann bis 12 Uhr mittags »die letzte Vorlesung der Dt. Karls-Univ. Prag vor zwei Studenten aus Kattowitz und drei dt. Studentinnen ..., nachdem etwa drei Stunden vorher bereits die nationaltsch. Rev. ausgebrochen war« (Bernhard Panzram, in: ZSavRGkan 41, 1955, 498). Aus der an-

schließenden Internierung in Prag, in der P. vorübergehend in Lebensgefahr schwebte, wurde er am 29. Dezember 1945 entlassen. P., der v. einer am 14. November 1945 v. Staatsamt f. Volksaufklärung, f. Unterricht und Erziehung und f. Kultusangelegenheiten in Wien erteilten Erlaubnis z. Einreise nach Östr. keinen Gebrauch gemacht hatte, fand Aufnahme in der Diöz. Regensburg. Dort war er ab 27. März 1946 in Hankofen (Pfarrei Reißing) als Benefiziumsprovisor und ab 1. September 1946 in Riedenburg als Provisor des St.-Erasmus-Benefiziums sowie als Hausgeistl. im Klarissenkloster St. Anna und Religionslehrer an dessen Schulinst. tätig; auch sein Vater und seine zwei Schwestern zogen nach Riedenburg. Die Berufung auf die Kirchenrechtsprofessur an der Philos.-Theol. Hochschule Dillingen lehnte P. Ende 1946 ab. Im Wintersemester 1946/47 und im Sommersemester 1947 hielt er an der Philos.-Theol. Hochschule Regensburg im Auftrag der Jur. Fak. der Ludwig-Maximilians-Univ. München überwiegend rechtsgeschichtliche Vorlesungen f. Juristen. Infolge seiner Umhabilitierung wurde P. am 30. Juli 1947 z. PDoz an der Theol. Fak. der Univ. München ernannt; im Wintersemester 1947/48 vertrat er die nach dem Weggang v. Prof. Ernst Rösser (1903-1989) vakante Professur f. KR an der Philos.-Theol. Hochschule Regensburg. P., einer der Gründungsphilister der Regensburger Kath. Dt. Studentenverbindung Rupertia im Cartellverband, wurde dann am 1. Februar 1948 z. ao. und am 1. Februar 1952 z. o. Prof. f. KR an der Philos.-Theol. Hochschule Regensburg bestellt. Den an ihn ergangenen Ruf als Ordinarius und Nachf. v. Prof. Theodor Gottlob (1890-1953) auf den Lehrstuhl f. KR und Kirchliche Rechtsgesch. an der Theol. Fak. der Albert-Ludwigs-Univ. Freiburg im Breisgau nahm er z. 1. September 1954 an. An der Univ. Freiburg amtierte P. im Studienj. 1957/58 als Dekan der Theol. Fak., im Studienj. 1964/65 als Rektor sowie in den Studienj. 1965/66 und 1966/67 als Prorektor. V. seinem hochschulpolit. Geschick zeugen die Gründung des Westdt. Fakultätentages der kath.-theol. Universitätsfakultäten i. J. 1958 bzw. dessen Leitung als Vors. v. 1958 bis 1961, die Neuerrichtung eines Lehrstuhls f. KR, insbes. Kirchliche Rechtsgesch., an der Theol. Fak. Freiburg und Besetzung mit seinem Schüler Ulrich Mosiek (1919-1978) sowie die während seines Rektorats erfolgte Beilegung des sog. Freiburger Farbenstreites (vgl. Entscheidungen des Bundesverwaltungsgerichts, Bd. VII, 1959, 125-140). Papst Paul VI. (1897-1978) würdigte die zahlr. Verdienste v. P. um die Kirche - u. a. auch als Prosynodalexaminator in der Diöz. Regensburg und als Prosynodalrichter in der Erzdiöz. Freiburg - mit der Ernennung z. Päpstlichen Hausprälaten am 27. September 1966. Unter dem Datum des 30. März 1970 wurde P. em. Die Stadt Freiburg im Breisgau ehrte ihn 1972 mit der Verleihung ihrer goldenen Medaille; überdies fand seine Mitwirkung in der Hist. Kommission f. Schlesien und im Archivver. der Markomannia Anerkennung. V. 1981 bis 1998 bewohnte P. - mittlerweile auch Ehrenmitgl. des in Freiburg ansässigen Kath. Studentenver. Brisgovia im Kartellverband und Bandinhaber der Freiburger Kath. Dt. Studentenverbindungen Hercynia, Wildenstein, Falkenstein und Arminia im Cartellverband sowie der Akademischen Verbindung Helvetia Freiburg im Breisgau im Schweizer. Studentenver. - das Altenund Pflegeheim Heiliggeiststift in Freiburg, in dem er sich zw. 1981 und 1989 als Hausgeistl. ehrenamtlich z. Verfügung stellte. P. »war geprägt v. einem leidenschaftlichen Interesse f. die Rechtswissenschaften, insbes. die hist. Kanonistik, und v. einem überzeugenden Engagement f. seine Mitmenschen, nicht zuletzt in der Seelsorge. Stets wies er auf die Dienstfunktion seiner Disziplin f. die Kirche hin« (Hartmut Zapp, in: FreibDiözArch 122, 2002, 187).

Werke (in Ausw.): Die Streitfragen der Entwaffnung nach Maßgabe des Versailler Friedensvertrages, Diss. jur. [maschinenschriftlich] Würzburg, 1923; Die Anfänge der schlesischen Archidiakonate, ihre Inhaber und ihr Recht bis z. ersten Hälfte des 14. Jh. [Teildruck], Diss. theol. Breslau, 1936; Die Archidiakonsurk. v. 30. September 1262, eine Fälschung aus dem Seelsorgsstreit auf der Breslauer Dominsel im Anfang des 14. Jh., in: ASKG 1, 1936, 1-14; Die schlesischen Archidiakonate und Archipresbyterate bis z. Mitte des 14. Jh., 1937; Die Gerichtsbarkeit der schlesischen Archidiakone im MA. Ein Btr. z. Frage der Sendgerichtsbarkeit, in: Zschr. des Ver. f. Gesch. Schlesiens 72, 1938, 161-184; Geschichtliche Grundlagen der ältesten schlesischen Pfarrorganisation, 1940; Ein Btr. z. Gesch. der Breslauer Diözesansynoden, in: ZSavRGkan 30, 1941, 384-397; Noch ein Btr. z. Gesch. der Breslauer Diözesansynoden. (Antwort auf die Entgegnung v. Emil Brzoska), in: ZSavRGkan 33, 1944, 351-363; Kirchliche Rechtsgesch. und wiss. Rechtsvergleichung, in: MIÖG 58, 1950, 185-194; Gebete nach Liedern aus Rabindranath Tagores Gitan-

jali, in: GuL 24, 1951, 311-316; Das Deutschtum in den ma. Klöstern Schlesiens, in: ASKG 10, 1952, 63-83; Stud. z. hist. Theol. Festg. f. Franz Xaver Seppelt, hrsg. v. Walter Dürig, Bernhard P., 1953 [auch in: MThZ 4, 1953, 1-211]; Der Kirchenbegriff des kanonischen Rechts. Vers. einer methodologischen Begründung, in: Stud. z. hist. Theol. Festg. f. Franz Xaver Seppelt, hrsg. v. Walter Dürig, Bernhard P., 1953, 187-211 [auch in: MThZ 4, 1953, 187-211]; Kirchenrechtliche Grundlagen der Sonderseelsorge, in: Im Dienst der Seelsorge. Beil. z. Kirchlichen Amtsbl. des Erzb. Paderborn 10, 1956, 42-45; Art. Breslau I. Bist., in: RGG³ I, 1957, Sp. 1402-1404; Dr. Gottlob Theodor, in: FreibDiözArch 77, 1957, 218-220; Die Spannungsfelder des Laienapostolates im Gesichtswinkel des Kanonisten, in: Oberrhein. Pastoralbl. 58, 1957, 31-38; Die theol. Ehrenpromotionen b. der 500-J.-Feier der Albert-Ludwigs-Univ. Freiburg i. Br., in: Oberrhein. Pastoralbl. 58, 1957, 221-225; Franz Xaver Seppelt †, in: HZ 186, 1958, 484-485; Das Wesen der akademischen Freiheit, in: Academia 51, 1958, 211-217; Art. Ivo, in: RGG³ III, 1959, Sp. 1078; Nikolaus Hilling †, in: ZSavRGkan 47, 1961, 434-436; Die Teilhabe der Laien am Priesteramt, Lehramt und Hirtenamt im Rahmen des geltenden KR, in: Oberrhein. Pastoralbl. 62, 1961, 65-72; Das Leitbild des Christen im technischen Zeitalter. (Vortr. vor kath. Akademikern), in: Oberrhein. Pastoralbl. 63, 1962, 164-177; Die Taufe und die Einheit der Christen, 1964 (Freiburger Universitätsreden NF 37); Über die Bewältigung des Studiums. Rede z. Immatrikulationsfeier am 4. Juni 1964, in: Freiburger Universitätsbll. 3, 1964, II/31-39 [auch in: Dt. Hochschulführer ⁴¹1965/66, 13-20]; Ber. über die Notlage der Univ. aufgezeigt an der Entwicklung der Albert-Ludwigs-Univ. in den J. 1960 bis 1965, 1965 (Ann. der Albert-Ludwigs-Univ. Freiburg im Breisgau 9); »Ordo episcoporum«, in: Oberrhein. Pastoralbl. 67, 1966, 333-336; Franz Xaver Seppelt, Leben und Werk, in: ASKG 25, 1967, 274-297; Hzgn. Hedwig v. Schlesien, die Hl. der Deutschen, Polen und Tschechen, in: WJ 21-23, 1967-1969, 7-16; Franz Xaver Seppelt, in: Schlesier des 15. bis 20. Jh., hrsg. v. Helmut Neubach, Ludwig Petry, 1968 (Schlesische Lb. 5), 215-227; Franz Böckle, Bernhard P., Otto Baumhauer, »Schweizer. Ökumen. Erkl. z. Mischehenproblem«, in: Chr. Ehe. Mischehe - Geburtenregelung, 1968 (Z. Diskussion gestellt 2), 31-43; Der Einfluß der dt. Besiedlung auf die Entwicklung des schlesischen Pfarrsystems, in: Btrr. z. schlesischen KG. Gedenkschr. f. Kurt Engelbert, hrsg. v. Bernhard Stasiewski, 1969 (Forsch. und Qu. z. Kirchen- und Kulturgesch. Ostdeutschlands 6), 1-35; Die kirchenpolit. Spannungen z. Gründungszeit der CV-Verbindung Markomannia und die sich daraus entfaltenden neuen Denkweisen, in: KDStV Markomannia im CV z. Würzburg 1871-1971, hrsg. v. KDStV Markomannia, o. J. [1971], 15-68; Art. Archidiakon, in: LMA I, 1980, Sp. 896-897; Karl IV. und seine Prager Univ., 1982 (Veröff. des Archivver. der Markomannia 21); Sucht, dann werdet ihr finden (Mt 7,7; Lk 11,9). Durch Glaubenspraxis z. Erfahrungstheologie [Untertitel ⁵1997: Wegweiser f. Christusgläubige], 1993, ²1994, ³1995, ⁴1996, ⁵1997. — Zahlr. Rezensionen, u. a. in: DA 4, 1940, 613 f.; HZ 172, 1951, 413 f.; 175, 1953, 640 f. und 641 f.; 178, 1954, 622; 181, 1956, 113-116; 188, 1959, 338-341; 191, 1960, 135-137; 194, 1962, 698-701; Vjschr. f. Sozial- und Wirtschaftsgesch. 47, 1960, 564 f.; ZSavRGkan 29, 1940,

488-490; 30, 1941, 453-457; 31, 1942, 349 f.; 41, 1955, 497-499; Zschr. des Ver. f. Gesch. Schlesiens 71, 1937, 635 f.; 72, 1938, 551 f., 620 f. und 622 f.; 74, 1940, 340-342; 75, 1941, 360.

Lit.: Diözesane Amtsbll. und Schematismen; — Hans Erich Feine, Kanonistische Chron., in: ZSavRGkan 29, 1940, 517-519, 519; — Kürschner, GK [6]1940/41, Bd. II, Sp. 1249 und 1458; — Hans Erich Feine, Kanonistische Chron., in: ZSavRGkan 31, 1942, 372-373, 373; — Emil Brzoska, Nachträge z. Gesch. der Breslauer Diözesansynoden. (Eine Entgegnung), in: ZSavRGkan 33, 1944, 336-350; — Hdb. der dt. Wiss., Bd. I, 1949, 461 und 463; — Hdb. der dt. Wiss., Bd. II, 1949, 1216 und 1476; — Kürschner, GK [7]1950, Sp. 1508 f. und 2512; — Hans Erich Feine, Hochschulnachrr., in: ZSavRGkan 40, 1954, 381; — Kürschner, GK [8]1954, Sp. 1733 und 2850; — Wer ist wer? Das dt. Who's Who. XII. Ausg. v. Degeners Wer ist's?, hrsg. v. Walter Habel, 1955, 883; — Wer ist wer? Das dt. Who's Who. XIII. Ausg. v. Degeners Wer ist's?, hrsg. v. Walter Habel, 1958, 949; — Erich Kleineidam, Die kath.-theol. Fak. der Univ. Breslau 1811-1945, 1961, 117, 120, 164 f. und 200; — Kürschner, GK [9]1961, 1502 und 2533; — Wer ist wer? Das dt. Who's Who. XIV. Ausg. v. Degeners Wer ist's?, Bd. I, hrsg. v. Walter Habel, 1962, 1138; — RGG[3]. Registerbd., 1965, Sp. 183; — Kürschner, GK [10]1966, 1800 und 2990; — AAS 59, 1967, 825; — Wer ist wer? Das dt. Who's Who. XV. Ausg. v. Degeners Wer ist's?, Bd. I, hrsg. v. Walter Habel, 1967, 1444; — Robert Samulski, Theol. Promotionen schlesischer Priester an der Univ. Freiburg im Breisgau, in: Bttr. z. schlesischen KG. Gedenkschr. f. Kurt Engelbert, hrsg. v. Bernhard Stasiewski, 1969 (Forsch. und Qu. z. Kirchen- und Kulturgesch. Ostdeutschlands 6), 416-441, 441; — Kürschner, GK [11]1970, 2202 und 3633; — Wer ist wer? Das dt. Who's Who. XVI. Ausg. v. Degeners Wer ist's?, Bd. I, hrsg. v. Walter Habel, 1970, 953; — KDStV Markomannia im CV z. Würzburg 1871-1971, hrsg. v. KDStV Markomannia, o. J. [1971], 159; — Ius et salus animarum. Festschr. f. Bernhard P., hrsg. v. Ulrich Mosiek, Hartmut Zapp, 1972 (Smlg. Rombach NF 15); — Ulrich Mosiek, Hartmut Zapp, Widmung, in: Ius et salus animarum. Festschr. f. Bernhard P., hrsg. v. Ulrich Mosiek, Hartmut Zapp, 1972 (Smlg. Rombach NF 15), 5-6; — Adolf Kindermann, Das Prager Intermezzo, in: Ius et salus animarum. Festschr. f. Bernhard P., hrsg. v. Ulrich Mosiek, Hartmut Zapp, 1972 (Smlg. Rombach NF 15), 11-24; — Wer ist wer? Das dt. Who's Who. XVII. Ausg. v. Degeners Wer ist's?, hrsg. v. Walter Habel, 1973, 806; — Wer ist wer? Das dt. Who's Who. XVIII. Ausg. v. Degeners Wer ist's?, hrsg. v. Walter Habel, 1975, 779; — Kürschner, GK [12]1976, 2341 und 3956; — Wer ist wer? Das dt. Who's Who. XIX. Ausg. v. Degeners Wer ist's?, hrsg. v. Walter Habel, 1977, 720; — Wer ist wer? Das dt. Who's Who. XX. Ausg. v. Degeners Wer ist's?, hrsg. v. Walter Habel, 1979, 896; — Friedhelm Golücke, Verbindungsliste der KDStV Markomannia Würzburg 1896-1920, 1980 (Veröff. des Archivver. der Markomannia 2/II), 274 f.; — Kürschner, GK [13]1980, 2847 und 4799; — Friedhelm Golücke, Verbindungsliste der KDStV Markomannia Würzburg 1921-1945, 1981 (Veröff. des Archivver. der Markomannia 2/III), 278; — Wer ist wer? Das dt. Who's Who. XXI. Ausg. v. Degeners Wer ist's?, hrsg. v. Walter Habel, 1981, 870; — Kürschner, GK [14]1983, 3078

und 5176; — Kurt A. Huber, Die Prager theol. Fakultäten v. 1883/1891 bis 1945, in: Die Teilung der Prager Univ. 1882 und die intellektuelle Desintegration in den böhmischen Ländern. Vortrr. der Tagung des Collegium Carolinum in Bad Wiessee v. 26. bis 28. November 1982, 1984 (Bad Wiesseer Tagungen des Collegium Carolinum), 37-54; — Bernhard P. 85, in: Studenten-Kurier NF 2, 1987, I/9; — Kürschner, GK [15]1987, 3377 und 5718; — Kürschner, GK [16]1992, 2697 und 4742; — Heribert Schmitz, Kath.-Theol. Fakultätentag. Entstehung, Struktur, Satzung, in: ZSavRGkan 80, 1994, 422-450, 448; — Gelehrtes Regensburg - Stadt der Wiss. Stätten der Forsch. im Wandel der Zeit, hrsg. v. der Univ. Regensburg, 1995, 202; — Michael Höhle, Die Gründung des Bist. Berlin 1930, 1996 (VKZG. R. B: Forsch. 73); — Kürschner, GK [17]1996. Geistes- und Sozialwissenschaften, 1058 und 1845; — Thomas Rudolph, Glückwünsche f. Bernhard P. (Mm) z. 95. Geb., in: Academia 90, 1997, 172-173; — M[ax] H[opfner], Im Dienst f. das Recht und z. Heil der Seelen. Nachruf f. Prälat Prof. Dr. Dr. Bernhard P., in: Regensburger Bistumsbl. 67, 1998, IX/21; — W[aldemar] Röhsler, Z. Gedenken an Bernhard P. (Mm), in: Academia 91, 1998, 389-390; — Hartmut Zapp, Bernhard P. z. Gedenken, in: Freiburger Universitätsbll. 37, 1998, I/158; — Stephan Haering, Die Kanonistik in Dtld. zw. dem I. und dem II. Vatikanischen Konzil. Skizze eines Jh. Wissenschaftsgesch., in: Die kath.-theol. Disziplinen in Dtld. 1870-1962. Ihre Gesch., ihr Zeitbezug, hrsg. v. Hubert Wolf, 1999 (Progr. und Wirkungsgesch. des II. Vatikanums 3), 321-349; — Alexander Hollerbach, Kirchen- und Staats-KR in Freiburg 1945-1967, in: Festschr. f. Martin Heckel z. siebzigsten Geb., hrsg. v. Karl-Hermann Kästner, Knut Wolfgang Nörr, Klaus Schlaich, 1999, 85-101, 99; — Franz Kalde, Art. P., Bernhard, in: LThK[3] XI, 2001, Sp. 209; — Hartmut Zapp, P. Bernhard, Prof. Dr. iur. utr. Dr. theol., in: FreibDiözArch 122, 2002, 186-191; — Franz Kalde, Art. P., Bernhard, in: Lexikon des KR, hrsg. v. Stephan Haering, Heribert Schmitz, 2004 (LThK kompakt), Sp. 1126; — Christopher Benkert, Die Jur. Fak. der Univ. Würzburg 1914 bis 1960. Ausbildung und Wiss. im Zeichen der beiden Weltkriege, 2005 (Würzburger rechtswiss. Schrr. 62); — Dt. Biographische Enz. der Theol. und der Kirchen, hrsg. v. Bernd Moeller, 2005, 1026; — Paul Mai, Bernhard P. (1902-1998), in: Schlesische Kirche in Lb., Bd. VII, hrsg. v. Michael Hirschfeld, Johannes Gröger, Werner Marschall, 2006, 238-243; — Kath. Theol. im Nationalsozialismus, Bd. I/1. Institutionen und Strukturen, hrsg. v. Dominik Burkard, Wolfgang Weiß, 2007; — http://www.visitator-breslau.de/index.php?aktuell=lexikon_p; — http://de.wikipedia.org/wiki/Bernhard_Panzram (08.07.2008).

Peter Stockmann

PATOCK, Coelestin (Heinrich), * 8.1. 1927 in Straßburg (heute Brodnica)/Westpreußen, † 22.2. 2008 in Würzburg . Ostkirchenkundler, Augustinerpater. — Heinrich Patock stammte aus einer kaschubischen Familie. Sein Vater verstarb 1940 zu Beginn des 2. Weltkrieges, er selber mußte Arbeits- und Militärdienst leisten, zog anschließend nach Westdeutschland und erlangte 1949 dank Förderung durch einen Claretinerpater am von den Augustiner-Patres einst begründeten und mit ihnen weiterhin verbundenen Johann-Philipp-von-Schönborn-Gymnasium Münnerstadt das Abitur und trat umgehend in das Noviziat der dortigen deutschen Augustiner ein. Am 17.9. 1950 legte er seine Profeß ab, studierte daraufhin in Würzburg Katholische Theologie und wurde hier am 18.7. 1954 von Bischof Dr. Julius Döpfner zum Priester geweiht. Nun wirkte er zunächst einige Jahre als Lektor im Augustinusverlag in Würzburg, als Präfekt der bis in die 70er Jahre bestehenden Klosterschule in Münnerstadt und sonntags als Kaplan der amerikanischen Garnisonen in Bad Kissingen. In Würzburg war P. dann viele Jahre Prior bzw. Prokurator des Augustiner-Konvents St. Bruno im Steinbachtal (1995 aufgelöst), feierte hier die byzantinische Liturgie und hielt die Beichte. 1960 rief ihn Professor Hermenegild Biedermann OSA (1911-1994) auf Grund seiner slawischen Sprachkenntnisse als Assistenten an das Ostkirchliche Institut in Würzburg, wo er fortan als Mitherausgeber und Autor der »Ostkirchlichen Studien« und als Autor der Reihe »Das östliche Christentum« arbeitete. Neben der Besprechung von Neuerscheinungen, besonders intensiv ab Mitte der 80er Jahre von solchen, die sich der Geschichte der Kirche in Rußland und der Ukraine sowie der katholischorthodoxen Ökumene aus Sicht polnischer Ökumeniker - allen voran Professor Waclaw Hryniewicz (* 1936), mit dem er sich freundschaftlich verbunden wußte - widmeten, galt sein Interesse stets Biographien. So bearbeitete und ergänzte er das in 6 Bänden erschienene bio-bibliographische Lexikon der (903) Hierarchen der Russischen Orthodoxen Kirche von 1893 bis 1965 des Metropoliten Manuil (Lemeševskij, 1884-1968) von Kujbyšev, das wie manches andere Manuskript in den Zeiten des Kalten Krieges seinen Weg durch den sogenannten Eisernen Vorhang nach Deutschland gefunden hatte. Als Ergänzungsband gab er anschließend Metropolit Manuils Lexikon zu den Hierarchen der teils reformerischen, teils politisch von den neuen Machthabern unterwanderten Kirche der Erneuerer (Obnovlency) heraus. In dem von Metropolit Manuil zusammengestellten und von Pater Coelestin ergänzten Lexikon spiegelt sich einerseits die für die Orthodoxie charakteristische Personenverehrung, andererseits deren Kehrseite, das Martyrium in den Zeiten der 70 Jahre während Verfolgung der Kirche, das in besonderer Weise die Kirchenleitung traf. Das mit ungeheurem Fleiß erstellte Lexikon ergänzt die Darstellungen zur Kirchengeschichte Rußlands, der Ukraine, Weißrußlands und Polens, die etwa Archimandrit Chrysostomus Blaschkewitz OSB (1915-1981), Dimitry Pospielovsky (* 1935), Friedrich Heyer (1908-2005), Igor Smolitsch (1891-1970) und einige andere schrieben. Es könnte abgesehen davon, daß es nun Material für manche neue Heilige der Orthodoxie liefert, auch noch einmal als Grundlage zur Analyse des sozialen und theologischen Milieus der theologischen Schulen und der Priesterfamilien dienen. Außerdem stellt es entgegen mancher gegenwärtigen ost- wie westeuropäischer Forschungsfragen legitimatorischer Absicht - Geschichtsschreibung als Legitimationswissenschaft - eine Geschichte des Nonkonformismus dar. Vgl. auch C. Patock, Historischer Wert der Bio-Bibliographie der Russisch-Orthodoxen Bischöfe von Metropolit Manuil Lemeševskij, in: Ostkirchliche Studien 34 (1985), 316-324. Fortgesetzt wird das Lexikon durch die einschlägigen Artikel der seit 2000 erscheinenden gewaltigen »Pravoslavnaja Enciklopedija« und durch Nachschlagewerke zu den Märtyrern der Sowjetzeit insgesamt, von denen hier als repräsentativ das 2bändige biographische Lexikon »Za Christa postradavšie. Moskva 1997-2006« gelten kann. Zehn Jahre später erschien P.s Auswertung des Lexikons nach den Eparchien: Die Eparchien der Russischen Orthodoxen Kirche und die Reihenfolge ihrer Hierarchen in der Zeit von 1885-2005 (Das östliche Christentum. Beiheft 1) Würzburg 2000; ²2007. Geehrt wurde der nicht nur wegen seiner Fachkenntnisse, sondern auch auf Grund seines verschmitzten Humors beliebte Augustinerpater für seine bio-bibliographischen Arbeiten 1985 durch die Ehrenpromotion der Universität Gießen. 2006 erlebte P. noch die 70-Jahr-Feier des Ostkirchlichen Instituts, das mit dem zweiten Generationenwechsel und den angesichts veränderter welt- und forschungspolitischer, kirchlicher und wissenschaftlicher Lage notwendigen Neudefinitionen seiner Aufgabe wie auch die anderen Osteuropa sich widmenden Institute nun ungewissen Zeiten entgegensah.

Werke:: Die Russischen Orthodoxen Bischöfe von 1893 bis 1965. Bio-Bibliographie von Metropolit Manuil (Lemeševskij) bis zur Gegenwart ergänzt von P. Coelestin Patock OSA. Erlangen 1979-1989 (Oikonomia 8, 16, 20, 23, 24, 26); Ostkirchliches Institut der deutschen Augustiner Würzburg. Würzburg 1986; Die Eparchien der Russischen Orthodoxen Kirche und die Reihenfolge ihrer Hierarchen in der Zeit von 1885-2005 (Das östliche Christentum. Beiheft 1) Würzburg 2000; 2007.

Aufsätze: Bischofssynode der Russisch-Orthodoxen Kirche. 18.Juli 1961, in: Ostkirchliche Studien 11 (1962), 27-42; [Dokumentation] Zur Bischofssynode der Russisch-Orthodoxen Auslandskirche in Nordamerika, in: a.a.O., 318-326; [Dokumentation] Beitrag der orthodoxen Delegation der Sektion »Einheit« - Neu Delhi, 5.12.1961, in: Ostkirchliche Studien 12 (1963), 72-75; [Dokumentation] Die Russisch-Orthodoxe Kirche und das 2. Vatikanische Konzil, in: a.a.O., 181-200; [Dokumentation] Die Russische Auslandskirche und das Zweite Vatikanische Konzil, in: Ostkirchliche Studien 13 (1964), 33-50; [Dokumentation-Berichte] Die 3. Session des Vaticanum II in der Sicht des Moskauer Patriarchats, in: Ostkirchliche Studien 14 (1965) 327-339; [Dokumentation] Die Russisch-Orthodoxe Kirche in Westeuropa wird autonom, in: Ostkirchliche Studien 15 (1966), 50-59; [Dokumentation] Zur Aufhebung des Bannes vom Jahre 1054, in: a.a.O., 196-209; [Dokumentation] Die Hierarchie der Russisch-Orthodoxen Kirche, Moskauer Patriarchat, in: Ostkirchliche Studien 16 (1967), 43-70; 220-229; 17 (1968), 48-63; 203-231; [Dokumentation] Sowjetischer Kommentar zur gegenwärtigen Religionspolitik in der UdSSR, in: Ostkirchliche Studien 18 (1969), 43-52; F. Jockwig/C.P., Die Evolution der heutigen russischen Orthodoxie, in: a.a.O., 189-199; 324-338; 19 (1970), 46-62; 213-223; Ostkirchliches Institut der deutschen Augustiner, in: E.C.Suttner/C.P. (Hrsg.), Wegzeichen. FS Hermenegild M. Biedermann. Würzburg 1971 (Das östliche Christentum 25), XXII-XXXIX; [Dokumentation] Sol□enicyn und das Moskauer Patriarchat, in: Ostkirchliche Studien 21 (1972), 198-208; Die Ostkirchen in Australien, in: Ostkirchliche Studien 27 (1978), 174-200; Orthodoxe Kirche in der UdSSR: Bericht des zuständigen Kommissariats an das ZK der KPS, in: Ostkirchliche Studien 29 (1980), 311-333; 30 (1981), 33-50; C.P./E.C.Suttner, Prof. Dr. Hermenegild M. Biedermann OSA 70 Jahre alte, in: Ostkirchliche Studien 30 (1981), 209-212; Die Orthodoxie in Polen, in: Ostkirchliche Studien 34 (1985), 33-54; Historischer Wert der Bio-Bibliographie der russisch-orthodoxen Bischöfe von Metropolit Manuil Lemesevskij, in: a.a.O., 316-324; [Dokumentation] Die Orthodoxie in Polen, in: a.a.O., 33-54; Das Methodius-Jahr 1985. Ein Rückblick, in: Der Christliche Osten 41 (1986), 36-45; H.M.Biedermann/C.P., 50 Jahre Ostkirchliches Institut der Augustiner in Würzburg, in: Hermeneia 3 (1987), 42-44; The Bishops of the Moscow Patriarchate today, in: Religion in Communist Lands 15 (1987), 278-290; Die russischen orthodoxen Bischöfe der letzten 100 Jahre, in: Tausend Jahre Christentum in Rußland. Göttingen 1988, 435-444; Was erwarten russisch-orthodoxe und römisch-katholische Christen voneinander, in: Kirche in Not 36 (1988), 145-156; Augustinus in der sowjetischen Lexikographie, in: Signum Pietatis. Festgabe Cornelius Petrus Mayer. Würzburg 1989 (Cassiacum 40), 645-657; H.Tretter/C.P., Russische Augustinübersetzungen und Literatur russischer Autoren über Augustin, in: a.a.O., 659-663; Der neue Patriarch von Moskau und ganz Russland, in: Ostkirchliche Studien 39 (1990), 206-212; Erzbischof Andrej Fürst (Uchtomskij) - der Staat - die Andreevcy - die Altgläubigen, in: Ostkirchliche Studien 42 (1993), 97-126; Die Eparchien der Russisch-Orthodoxen Kirche und die Reihenfolge ihrer Hierarchen in der Zeit von 1893-1996, in: Ostkirchliche Studien 46 (1997), 25-61; 172-205; 314-328; 47 (1998), 149-193; 329-342; 48 (1999), 82-62; 180-192; Die Erneuererbischöfe der 30er Jahre in der Russischen Orthodoxen Kirche: statistische Skizzen, in: Ostkirchliche Studien 46 (1997), 329-332; Zum Heimgang von Metropolit Nikodim (Necaev), in: Ostkirchliche Studien 53 (2004), 52-59; Erzbischof Varfolomej (Remov) und die Katholische Kirche, in: Ostkirchliche Studien 55 (2006), 84-93; C.P./Hannelore Tretter, Zur Geschichte der »Ostkirchlichen Studien«, in: Ostkirchliche Studien 56 (2007), 4-6.

Lexikon-Artikel: Aleksij Simanskij, in: LThK³ 1 (1993), 356; Balaban, Gedeon, in: a.a.O., 1364; Brjančaninov, Ignatij, in: LThK³ 2 (1994), 698; Nikodim (Rotov), in LThK³ 7 (1998), 844f.; Ruts'kij, Iosif, in: LThK³ 8 (1999) 1394; Würzburg 4. Ostkircheninstitut, in: LThK³ 10 (2001), 1333; Biedermann, Hermenegild, in: LThK³ 11 (2001), 26; Chrapovickij, Antonij, in: a.a.O., 45; Evlogij (Georgievskij), in: RGG⁴ 2 (1999), 1748f.; Sankt Petersburg, I. Stadt und Eparchie, in: RGG⁴ 7 (2004), 831.

Rezensionen: F.Popan/Č.Drašković, Orthodoxie heute in Rumänien und Jugoslawien. Wien, in: Ostkirchliche Studien 10 (1961), 212-214; H.Schaeder, Ostern im KZ, in: a.a.O., 214f.; M.Lacko, SJ, The Forced Liquidation of the Union of Užhorod., in: Ostkirchliche Studien 11 (1962), 211-213; K.Lanckoronska, Sudies on the Roman-Slavonic Rite in Poland (OCA 161). Rom 1961, in: Ostkirchliche Studien 12 (1963), 83; H.H.Kaplan, The First Partition of Poland. New York-London 1962, in: a.a.O., 84f.; R.M.Mainka CMF, Zinovij von Oten'. Ein russischer Polemiker und Theologe der Mitte des 16. Jahrhunderts (OCA 160) Rom 1961, in: a.a.O., 85f.; A.W.Ziegler, Die Religion unter der Herrschaft des Materialismus. München 1956, in: a.a.O., 333f.; M.Lacko, SJ, Saints Cyril and Methodius. Rom 1963, in: Ostkirchliche Studien 13 (1964), 224f.; A.A.Bogolepov, Toward an American Orthodox Church. The Establishment of an Autocephalous Orthodox Church. New York 1963, in: a.a.O., 333-339; R.M.Mainka, A. Rublevs Dreifaltigkeitsikone. Ettal 1964, in: Ostkirchliche Studien 15 (1966), 71-73; N.Struve, Die Christen in der UdSSR. Mainz, in: Ostkirchliche Studien 16 (1967), 75-79; V.Zander, Seraphim von Sarow. Ein Heiliger der orthodoxen Christenheit. Düsseldorf 1965, in: a.a.O., 237f.; M.Hellmann, Grundzüge der Geschichte Litauens und des litauischen Volkes. Darmstadt 1966, in: a.a.O., 339-343; Geschichte der Ost- und Westkirche in ihren wechselseitigen Beziehungen. Wiesbaden 1967, in: a.a.O., 57-59; Cyrillo-Methodianische Fragen, slavische Philologie und Altertumskunde. Wiesbaden 1968, in: Ostkirchliche Studien 19 (1970), 73f.; R.Rössler, Kirche und Revolution in Russland. Wien 1969, in: a.a.O., 348-352;

PATOCK, Coelestin

J.Kraus, Im Auftrag des Papstes in Russland. St. Augustin, in: a.a.O., 353f.; E.Meyer, Grundzüge der Geschichte Polens. Darmstadt 1969, in: a.a.O., 354f.; F.Zagiba (Hrsg.), Annales instituti slavici. Bd. II: Das heidnische und christliche Slaventum. Wiesbaden 1969/70, in: Ostkirchliche Studien 20 (1971), 205-207; N.A.Theodorowitsch, Religion und Atheismus in der UdSSR. München 1970, in: a.a.O., 207-209; C.Gerstenmeier, Die Stimme der Stummen. Stuttgart 1971, in: Ostkirchliche Studien 21 (1972), 60-63; M.Lehmann, Österreich und der christliche Osten. Wien 1969, in: a.a.O., 214-216; P.Hauptmann, Die Katechismen der Russisch-Orthodoxen Kirche. Göttingen 1971, in: a.a.O., 339-341; K.Ch.Felmy, Predigt im orthodoxen Russland. Göttingen 1972, in: Ostkirchliche Studien 22 (1973), 63-65; D.Konstantinov, Die Kirche in der Sowjetunion nach dem Kriege. München-Salzburg 1973, in: Ostkirchliche Studien 23 (1974), 53-55; H.Bandenburg, Christen im Schatten der Macht. Wuppertal 1974, in: Ostkirchliche Studien 24 (1975), 338-340; J.Oswalt, Kirchliche Gemeinde und Bauernbefreiung. Soziales Reformdenken in der orthodoxen Gemeindegeistlichkeit Russlands in der Ära Alexanders II. Göttingen 1975, in: Ostkirchliche Studien 25 (1976), 209f.; [Kurzrezensionen]; A.Proc, Jahrbuch der Orthodoxie. München 1976, in: Ostkirchliche Studien 26 (1977), 60f.; O.Luchterhandt, Der Sowjetstaat und die Russisch-Orthodoxe Kirche. Köln 1976, in: a.a.O., 199f.; Orthodox America 1794-1976. Syosset 1975, in: a.a.O., 201f.; M.Labunka/L.Rudnyzky (Hrsg.), The Ukrainian Catholic Church 1945-1975. A Symposium. Philadelphia 1976, in: a.a.O., 202-204; A.Martin/P.Falke, Freiheit zum Tode. Gott in Russland. Aschaffenburg 1976, in: a.a.O., 204f.; Nikodim, Metr. von Leningrad und Nowgorod, Johannes XXIII. Zürich-Einsiedeln-Köln 1978, in: Ostkirchliche Studien 28 (1979), 207f.; J.Pryszmont, Życie chrześcijańskie jako realizacja zbawienia. Doktryna moralna biskupa Teofana Pustelnika. Warschau 1979, in: a.a.O., 208f.; I.G.Krug, Mysli ob ikone. Paris 1978, in: a.a.O., 214; V.V.Rozanov, Religija I kul'tura. Paris 1979, in: a.a.O., 217; Kirche im Osten 21/22, in: Ostkirchliche Studien 29 (1980), 51-53; Igumen Nikon, Pis'ma duchovnym detjam. Paris 1979, in: a.a.O., 194-196; E.Przekop, Sakramenty święte w prawie katolickich kościołów wschodnich. Lublin 1979, in: a.a.O., 196f.; Archim. V.J.Pospishil, Ex Occidente Lex. Cartaret, N.J. 1979, in: a.a.O., 213; Erzb. Paul, Orthodoxe Kirche Finnlands, Unser Glaube. Köln 1983, in: Ostkirchliche Studien 32 (1983), 212; Istorija rossijskoj ierarchii History of the Russian Hierarchy. Collected by A.A.Ornatskij, reedited by M.Oesterby. Moskau 1822, 1810 Copenhagen N1979, in: a.a.O., 341f.; A.E.Levitin-Krasnov, Die Glut deiner Hände. Luzern-Stuttgart 1980; Ders., Auf der Suche nach der verlorenen Stadt. Luzern-Stuttgart 1983, in: a.a.O., 343-345; Kirche im Osten 26, in: Ostkirchliche Studien 33 (1984), 217f.; P.Roth, Cuius regio - eius informatio. Moskaus Modell für die Weltinformation. Graz-Wien-Köln 1984, in: Ostkirchliche Studien 34 (1985), 70; T.Goritschewa, Von Gott reden ist gefährlich. Freiburg 1984; Dies. (Hrsg.), Beseda. Religioznofilosofskij □urnal. Bd. 1 u. 2. Leningrad-Paris 1983, 1984, in: a.a.O., 203f.; E.Przekop, Wschodnie patriarchaty starozytnie (IV-X w.). Warschau 1984, in: a.a.O., 204f.; W.Kahle (Hrsg.), u.a., Lutherische Kirche im Baltischen Raum. Erlangen 1985, in: Ostkirchliche Studien 35 (1986), 55f.; Kirche im Osten 27,

in: a.a.O., 57f.; W.Hryniewicz/L.Górka (Hrsg.), Recepja - nowe zadanie ekumenizmu. Lublin 1985, in: a.a.O., 200-202; Russkie Pravoslavnye ierarchii. Ispovedniki i mučeniki. Fotoal'bom. Paris 1986, in: Ostkirchliche Studien 36 (1987), 210; W.Kahle, Die Lutherischen Kirchen und Gemeinden in der Sowjetunion - seit 1938/1940. Gütersloh 1985, in: Ostkirchliche Studien 37 (1988), 57-59; T.Goritschewa, Nadjeschda heißt Hoffnung. Russische Glaubenszeugen unseres Jahrhunderts. Freiburg 1987, in: a.a.O., 204f.; L.Górka/ W.Hryniewicz (Hrsg.), Eucharystia i Poslannictwo. Warschau 1987, in: a.a.O., 206f.; J.S.Gajek MIC/W.Hryniewicz OMI (Hrsg.), Chrystus zwyciężył. Wokół Rusi Kijowskiej. Warschau 1989, in: Ostkirchliche Studien 39 (1990), 71; Kirche im Osten 32, in: a.a.O., 342f.; W.Hryniewicz, Bóg naszej nadziei, Szkice teologiczno-ekumeniczne. I. Opole1989, in: Ostkirchliche Studien 40 (1991), 85f.; Otec Aleksej Mečev, Vospominanija, propovedi, pis'ma. Paris 1989, in: a.a.O., 227f.; Kirche im Osten 33, in: a.a.O., 343f.; Żytie episkopa Serafima (Zvezdinskogo). Pis'ma i propovedi. Paris 1991, in: Ostkirchliche Studien 41 (1992), 64f.; Starec Alekij Zosimovoj Pustyni. Paris 1989, in: a.a.O., 66; Kirche im Osten 34, in: a.a.O., 212-214; F.Gansriegler, Jeder war ein Papst. Geheimkirchen in Osteuropa. Salzburg 1991, in: a.a.O., 214f.; F.Tjutschew, Russland und der Westen. Politische Aufsätze. Berlin 1992, in: a.a.O., 337; Kirche im Osten 35, in: Ostkirchliche Studien 42 (1993), 62f.; E.C.Suttner, Die katholische Kirche in der Sowjetunion. Würzburg 1992, in: a.a.O., 63-65; D.Granin, Die verlorene Barmherzigkeit. Freiburg 1993, in: a.a.O., 65f.; W.Hryniewicz, Kosioly siostrane. Dialog katolicko-prawoslawny 1980-1991. Warszawa 1993, in: a.a.O., 206f.; Irenäus Totzke, Dir singen wir. St. Ottilien 1992, in: a.a.O., 208; Pamjati otca Aleksandra El'caninova. Paris ³1991, in: a.a.O., 208f.; V.N.Il'in, Zapečatannyj grob. Paris ²1991, in: a.a.O., 336; Kirche im Osten 36, in: Ostkirchliche Studien 43 (1994), 72f.; H.Schütte, Ökumenischer Katechismus 1. Paderborn ³1993, in: a.a.O., 74; R.Götz/U.Halbach, Politisches Lexikon Russland. München 1994, in: a.a.O., 216f.; C.Kind, Krieg auf dem Balkan. Paderborn 1994, in: a.a.O., 341f.; Archimandrit Spiridon, Verstoßene Seelen. Graz 1994, in: Ostkirchliche Studien 44 (1995), 68f.; G.Stricker, Religion in Russland. Gütersloh 1993, in: a.a.O., 69f.; H.Ullmann, Religiöse Sinnfrage unter dem Roten Stern. Oldenburg 1993, in: a.a.O., 214f.; W.Hryniewicz, Chrystus zmartwychwstal. Warschau 1995, in: a.a.O., 215f.; Alexander Schmemann, Die große Fastenzeit. München 1994, in: a.a.O., 216f.; Kirche im Osten 37, in: a.a.O., 342-344; W.Hryniewicz, Przeszłość zostawić Bogu. Unia i uniatyzm w perspektywie ekumenicznej. Opole 1993, in: Ostkirchliche Studien 45 (1996), 59f.; Die Neuordnung des Verhältnisses von Staat und Kirche in Mittel- und Osteuropa. Münster 1995, in: a.a.O., 60-62; Schaut in den Osten! Hildesheim 1993, in: a.a.O., 165f.; O.Wagner, Ukrainische Evangelische Kirchen des byzantinischen Ritus. Erlangen 1991, in: a.a.O., 166-168; S.Bongenberg, Der Herr hat sein Volk heimgesucht. Coesfeld 1995, in: a.a.O., 168; L.Górka, Dziedzictwo Ojców. Ekumeniczny charakter tradycji welehradzkiej. Warschau 1995, in: a.a.O., 293f; Ökumene wohin? Paderborn 1996, in: a.a.O., 294-297; T.Sabev, The Orthodox Churches in the World Council of Churches. Geneva 1996, in: a.a.O., 297f.; Zanim wróciła Polska. Martyrologium ludności unickej na Podlasiu w latach 1866-1905. Warszawa 1994, in: a.a.O., 298-300; Religion und Gesellschaft im postsowjetischen Raum. Würzburg 1996, in: Ostkirchliche Studien 46 (1997), 75-77; Das Gute behaltet. Kirchen und religiöse Gemeinschaften in der Sowjetunion und ihren Nachfolgestaaten. Erlangen 1996, in: a.a.O., 77f.; J.D.Faris, The Eastern Catholic Churches. New York 1992, in: a.a.O., 220f.; K.Boeckh, Die »Stimme des Konzils«: Die kirchliche Presse in Kroatien und der Jugoslawienkonflikt. München 1995, in: a.a.O., 222; F.Prcela, Di(j)alog. Mainz-Zagreb 1996, in: a.a.O., 339f.; Russian Literary and Ecclesiastical Life in Manchurija and China from 1920 to 1952. The Hague 1996, in: a.a.O., 340f.; Grundfragen der Verständigung zwischen westlichem Protestantismus und östlicher Orthodoxie. Bern 1997, in: a.a.O., 71-73; A.Krawchuk, Christian Social Ethics in Ukraine. The Legacy of Andrei Sheptytsky. Tornonto 1997, in: a.a.O., 222f.; W.Hryniewicz, Hermeneutyka w dialogu. Opole 1998, in: a.a.O., 344f.; C.Marx/ A.Karger, Moskau - Rußlands Haupt und Mitte. Stuttgart-Berlin-Köln 1997, in: a.a.O., 346; K.Fitschen/R.Staats (Hrsg.), Grundbegriffe der christlichen Ästhetik. Wiesbaden 1997, in: a.a.O., 346f.; W.Hryniewcz, Na drodze pojednannia. Warschau 1998, in: Ostkirchliche Studien 48 (1999), 72; E.Amburger, Die Pastoren der evangelischen Kirchen Russlands vom Endc dcs 16. Jahrhunderts bis 1937. Erlangen 1998, in: a.a.O., 198f.; R.Grulich, Konstantinopel. Ulm 1998, in: a.a.O., 199f.; St.Nabywaniec, Unicka archidiecezja Kijowska w okresie rządów arcybiskupa metropolity Felicjana Filipa Wołodkowicza 1762-1778. Rzeszów 1998, in: a.a.O., 200f.; J.Wolczański (Hrsg.), Nieznana korespondencja arcybiskupów Metropolitów Lwowskich Józefa Bilczewskiego z Andrzejem Szeptyckim w czasie wojny Polsko-Ukrainskiej 1918-1919. Lwów-Kraków 1997, in: a.a.O., 330; I.Reißner, Georgien. Würzburg 1998, in: Der Christliche Osten 54 (1999), 84f.; E.C.Suttner, Die Ostkirchen. Würzburg 2000, in: Ostkirchliche Studien 49 (2000), 168f.; M.Labunka, The Legend of the Novgorodian White Cowl. München 1998, in: a.a.O., 169f.; M.Erdmann, Heraldische Funeralpanegyrik des ukrainischen Barock. München 1999, in: a.a.O., 170f.; R.Dzwonkowski, Losy duchowieństwa katolickiego w ZSSR 1917-1939. Lublin 1998, in: Ostkirchliche Studien 50 (2001), 269-271; Kirche im Osten 42/43 (1999/2000), in: Ostkirchliche Studien 51 (2002) 60f.; Materialien zu Pavel Florenskij, hrsg. von M.Hagemeister und T.Metelka. Berlin-Zepernick 1999, in: a.a.O., 61f.; Russicum. Pioneers and Witnesses of the Struggle for Christian Unity in Eastern Europe 1. Three Historical Sketches by C.Simon, S.J.. Rome 2001, in: a.a.O., 168-170; Bd. 2, The First Years 1929-1939. Rome 2002, in: a.a.O., 170-172; Die Grundlagen der Sozialdoktrin der Russisch-Orthodoxen Kirche. St. Augustin 2001, in: a.a.O., 298f.; M.Olszewski, W nurcie zagadnień pastoralnych. Bialystok 2002, in: a.a.O., 300f.; M.Melnik, Spór o zbawienie. Zgadnienia soteriologiczne w świetle prawoslawnych projektów unijnych postałych w Rzeczypospolitej (koniec XVI-polowa XVII wieku. Olsztyn 2001, in: a.a.O., 301-303; Nad przepaściami wiary. Kraków 2001, in: a.a.O., 303; M.I.Tataryn, Augustine and Russian Piety. Lanham-New York 2000, 303f.; Codex Canonum Ecclesiarum Orientalium - Gesetzbuch der Katholischen Ostkirchen. Lateinisch-deutsche Ausgabe. Hrsg. von L.Gerosa und P.Krämer, übersetzt von G.Ludwig

und J.Budin. Paderborn 2000, in: Ostkirchliche Studien 52 (2003) 66; Russische und Ukrainische Geschichte vom 16.-19. Jahrhundert. Hrsg. von R.O.Crummey, H.Sundhaussen, R.Vulpius. Wiesbaden 2001, in: a.a.O., 67-69; W służbe jedności Chrześcijan. Hrsg. von L.Górka SVD u. S.J.Koza. Lublin 2002, in: a.a.O., 69f.; J.Chryssavgis, In the Heart of the Desert. The Spirituality of the Desert Fathers and Mothers. Bloomington 2003, in: a.a.O., 220f.; S.Plokhy/F.E.Sysyn, Religion and Nation in Modern Ukraine. Edmonton-Toronto 2003, in: a.a.O., 63-67; M.Melnyk/W.Pilipowicz, Kazania i komentarze sakramentalno-liturgiczne z Trebnika sw. Piotra Mohyly. Olsztyn 2003, in: a.a.O., 211-213; W.Hryniewicz, Kościól jest jeden. Kraków 2004, in: a.a.O., 213f.; Ekklesiologie und Kirchenverfassung. Die institutionelle Gestalt des episkopalen Dienstes. Hrsg. von G.Wenz, in Zusammenarbeit mit P.Neuner und T.Nikolaou. Münster 2003, in: a.a.O., 214-217; S.L.Firsov, Apostasija. »Ateist Aleksandr Osipov« i epocha Chruščevskich gonenij na Russkuju Pravoslavnuju Cerkov'. St. Peterburg 2004, in: a.a.O., 349f.; M.Shkarovskij, Die Kirchenpolitik des Dritten Reiches gegenüber den orthodoxen Kirchen in Osteuropa (1939-1945). Münster 2004, in: Ostkirchliche Studien 54 (2005), 79-81; G.Schulz, G.A.Schröder, T.C.Richter, Bolschewistische Herrschaft und Orthodoxe Kirche in Russland. Das Landeskonzil 1917/1918. Münster 2005, in: a.a.O., 176-178; H.M.Knechten, Evangelische Spiritualität bei Tichon von Zadonsk. Waltrop 2006, in: Ostkirchliche Studien 55 (2006) 95f.; M.K.Rottenberg FSK, Aby byli jedno. Pasja zycia siostry Joanny Lossow (1908-2005), in: a.a.O., 96f.; D.Frick (Hrsg.), Rus' Restored: Selected Writings of Meletij Smotryc'kyj 1610-1630, in: a.a.O., 98-101; H.-J.Röhrig, Kenosis. Die Versuchungen Jesu Christi im Denken Michail M. Tareev. Leipzig 2000, in: a.a.O., 294f.; I.Isaievych, Voluntary Brotherhood. Confraternities of Laymen in Early Modern Ukraine. Edmonton 2006, in: a.a.O., 295f.; C.v.Werdt, Stadt und Gemeindebildung in Ruthenien. Wiesbaden 2006, in: Ostkirchliche Studien 56 (2007), 364f.

Herausgeber: E.C.Suttner/C.P. (Hrsg.), Wegzeichen. FS Hermenegild M. Biedermann. Würzburg 1971 (Das östliche Christentum 25); Manuil (Lemeševskij), Metropolit, Lexikon russischer Erneuerer-Hierarchen (Das östliche Christentum 49) Würzburg 2000.

Übersetzungen: Thomas J.Podipara, Die Thomaschristen. Würzburg 1966 (Das östliche Christentum 18); Fred Mayer, Die orthodoxe Kirche in Russland. Zürich 1982.

Lit.: Der christliche Osten 40 (1985), 126; — Pater Dr. h.c. Coelestin Patock verstorben, in: Der christliche Osten 63 (2008), 147; — Erich Bryner, In memoriam P.Coelestin Patock, in: G2W 36,7/8 (2008) 10f.

Christian Weise

PEASE, Edward, * 31.5. 1767 in Darlington, † 31.7. 1858 in Northgate bei Darlington. Unternehmer, Eisenbahnpionier, Quäker. — Edward Pease war der Ältester Sohn des Wollmanufakteurs und Wollhändlers Joseph und seiner Ehefrau Mary Pease aus Darlington. Zunächst besuchte er die Tagesschule in Darlington, und dann, im Alter von zwölf Jahren, die Joseph Tatahm's Quäkerschule in Leeds. Dort erlernte er innerhalb von zwei Jahren auch die lateinische und französische Sprache. Ab dem 14. Lebensjahr arbeitete er bei seinem Vater als Wollhändler, was ihn bis 1817 äußerst erfolgreich beschäftigte. Am 3. November 1796 heiratete er Rachel Whitwell aus Kendal (1771-1833) und führte eine glückliche und harmonische Ehe. Mit seiner Frau hatte er acht Kinder: John (1797-1868), Joseph (1799-1872), Edward (1800-1839), Rachel (geb. 1800), Mary (1802-1825), Elizabeth (geb. 1803), Isaac (1805-1825) und Henry (1807-1881). Die meisten der Kinder wurden Politiker, vor allem Sohn Joseph schaffte es, 1832 als erster Quäker in das Unterhaus des Britischen Parlaments gewählt zu werden. Um die Kinder zu versorgen, stieg Edward Pease 1821 in das Eisenbahngeschäft ein. Von 1822 bis 1825 projektierte er die George-Stephenson's Eisenbahn von Darlington nach Stockton, die erste öffentliche Eisenbahn weltweit. Unter dem Einfluß des Unternehmers George Stephenson (1781-1848) gründete er zusammen mit Michael Longdridge in der Forth Street in Newcastle-upon-Tyne 1823 eine Fabrik für Lokomotiven, die ihm ein Vermögen einbrachte. Privat blieb er sparsam, gar geizig. — In seiner Jugend war Edward Pease alles andere als fromm. Er war ein begeisterter Jäger und Fischer, der seine Zeit viel im Freien verbrachte. Gerne las er auch Belletristik, was später zu schweren Gewissensbissen führte. Später besuchte er auch regelmäßig die Andachten der Quäker. Dort war er in frühen Jahren mit seiner Frau Aufseher (overseer), und später Ältester seiner lokalen Quäkergemeinde. Im 63. Lebensjahr zog er sich wegen einer Krankheit von seinen Geschäften zurück. Nach seiner Gesundung widmete er die folgenden zwanzig Jahre seines Lebens hauptsächlich den Quäkern. Er war unter diesen eher ein Helfender als ein Prediger und kümmerte sich um viele Gemeindemitglieder privat. Auch außerhalb seiner Heimat suchte er Quäker auf, so in Schottland, Cumberland, Dorset, Lancashire, Channel Islands und Irland. 1842 besuchte er mit seinem Bruder John die deutschen Quäker in Minden. Zuletzt engagierte er sich an der North of England Agricultural School in Ayton. Edward Pease verstarb 1858 in seinem 91. Lebensjahr auf seinem Landsitz Northgate bei Darlington.

Werke: The diaries of Edward Pease. The father of English railways. Hrsg. von Alfred E. Pease. London 1907; Edward Pease to Sarah Smith, 1827. In: The Journal of the Friends Historical Society, X, 1913, 55-56.

Lit. (Auswahl): Edward Pease. Born 1767, died 1858. Aged ninety-one years. In: Beck, W.; Wells, W. F.; Chalkley, H. G.: Biographical Catalogue. Being an account of the lives of Friends and others whose portraits are in the London Friends' Institute. Also descriptive notices of those of the Friends' schools and institutions of which the gallery contains illustrations. London 1888, 487-495; — Ayton Friends School (Hrsg.): History of Great Ayton. Published for the jubilee committee, June 25th, 1891; — Pease, Edward. In: Boase, Frederic: Modern English Biography. Containing many thousand concise memoirs of persons who have died between the years 1851-1900. With an index of the most interesting matter, II. London 1897. London 1965², 1426; — Pease, Edward (1767-1858). In: The Encyclopaedia Britannica. A dictionary of arts, sciences, literature and general information, XXI, London 191111, 31; Edward Pease. In: The Journal of the Friends Historical Society, XXVI, 1929, 40.

Claus Bernet

PEASE, John, * 30.9. 1797 in Darlington, † 29.7. 1868 in Cleveland Lodge, Great Ayton. Grundstücksmakler, Unternehmer, Quäker. — John Pease war der älteste Sohn von Edward Pease (1767-1858) und seiner Frau Rachel (geb. Whitwell, 1771-1833), seine Geschwister waren Joseph Pease (1799-1872), Isaac Pease (1805-1825) and Henry Pease (1807-1881). Er wurde in Darlington (Durham) 1797 geboren und streng in der Tradition der Quäker erzogen, seine Eltern verstanden sich als Vorbilder für ihre Gemeinde. Zunächst wurde John zu Hause unterrichtet, anschließend in zwei Tagesschulen der Quäker. Der Sohn fühlte sich unter den Quäkern sogleich zu Höherem berufen und erklärte 1819 öffentlich, er sei ab sofort als »Minister« (Prediger) anzusehen. Zu seinem eigenen Erstaunen war er jedoch bis 1822 nicht in der Lage, Predigten zu liefern und wurde erst 1822 auf Druck seiner einflußreichen Familie als Prediger bei den Quäkern eingeschrieben. Dort erwarb er sich den zweifelhaften Ruft als »the silver trumpet of the North«. — In Leeds heiratete er am 26. November 1823 Sophia Jowitt (1801-1870), die Tochter des Wollhändlers Joseph Jowitt und dessen Frau Grace. Die Beziehung war seiner Charakterbildung sehr förderlich. Gemeinsam hatten sie die Kinder Sophia (geb. 1837) und Mary Anna (geb. 1840).

Für seine Familie errichtete er in Darlington das Anwesen »Elm Ridge«, das seiner Geräumigkeit wegen später als Kirche genutzt wurde, und 1832 eine weitere Villa in East Mont mit prächtigen Grünanlagen. John Pease war, wie sein Vater, Landagent und Teilhaber von Fabriken. 1837 zog er sich aus dem aktiven Geschäftsleben zurück, um mehr Zeit für private und religiöse Aufgaben in der Quäkergemeinde zu haben. Unter den Quäkern war er für seine Sittenstrenge gefürchtet und geachtet. Er unternahm zahlreiche Reisen im Auftrage seiner Gemeinde, die erste 1825 zu den Quäkern in Cumberland. 46 Mal wurde er von seiner Gemeinde beauftragt, Besuchsreisen durchzuführen, unter anderem zu den Channel Islands, nach Irland, nach Frankreich und Deutschland. 1842 ist er, gemeinsam mit seinem Vater, unter den deutschen Quäkern in Minden nachgewiesen. 1843 begab er sich nach Kanada und in die USA, und erst 1845 kehrte er in seine Heimat zurück. — John Pease war zeitlebens in philanthropischen Organisationen tätig, wie man es von seiner Religion und seinem Stand her erwartete. Er unterstützte in Darlington die »Christian Workmen's Mutual Improvement Society« und die »North of England School Furnishing Company«. Er saß auch im Vorstand des Gesundheitsausschusses der Stadt Darlington, Gründer einer Schule in Sibford und war Mitbegründer der »North of England Agricultural School« in Great Ayton (York) 1841. Dort hatte er sich eine weitere Villa namens »Cleveland Lodge« gebaut. In dieser verstarb er 1868 nach kurzer Krankheit im 71. Lebensjahr und wurde auf dem Friedhof der Quäker in Darlington begraben.

Werke: Sermon XIII. In: Sermons preached by members of the Society of Friends. London 1832, 95-109; To Friends in Ireland. Dublin 1834; Church rates. O.O. 1839; Address of John Pease to Friends in America. New York 1845; To Friends of the Yearly Meeting of New-York, and in North-America generally. An epistle. (Boston) (1845); Sermon. By John Pease. Yearly Meeting, Fourth Month 24th, 1845, at Twelfth Street, fifth day morning, Philadelphia. (Philadelphia) 1845; Lavinia D. (...) or the pious child. O.O. 1856.

Lit. (Auswahl): The late John Pease. In: The Friend. A religious, literary and miscellaneous journal, VIII, 93, 1868, 227-229; —John Pease. Born 1797, died 1868. Aged seventy-one years. In: Beck, W.; Wells, W. F.; Chalkley, H. G.: Biographical Catalogue. Being an account of the lives of Friends and others whose portraits are in the London Friends' Institute. Also descriptive notices of those of the Friends' schools and institutions of which the gallery contains illustrations. London 1888, 495-500; — Ayton Friends School (Hrsg.): History of Great Ayton. Published for the jubilee committee, June 25th, 1891; — Pease, John. In: Boase, Frederic: Modern English Biography. Containing many thousand concise memoirs of persons who have died between the years 1851-1900. With an index of the most interesting matter, II. London 1897. London 1965[2], 1427; — John Bright and the 'state of the society' in 1851. In: The Journal of the Friends Historical Society, XLIII, 1951, 23-28; — Rainger, Ronald: Philanthropy and science in the 1830's. The British and Foreign Aborigines' Protection Society. In: Man, New Series, XV, 4, 1980, 702-717.

Claus Bernet

PEŁESZ, Julian, griechisch-katholischer Bischof von Stanisławów (Stanislaviv) und danach von Przemyśl (Peremyšl), Historiker der griechisch-katholischen Kirche, * 3.1. 1843 in Smerekowiec, bei Gorlice (Lemken-Land in Galizien), † 22.4. 1896 in Przemyśl. Seine Eltern waren Grzegorz und Joanna, geb. Szczawińska. Der Vater war Diakon an der Kirche in Smerekowiec und Pfarrschulelehrer. Julian besuchte Pfarrschule in Smerekowiec, die Volksschule in der Stadt Jasło und das Gymnasium in Prešov in der Slowakei und in Przemyśl. 1863 ablegte er die Reifeprüfung in Przemyśl. Das Theologiestudium begann er am »Barbareum« in Wien. 1867 kehrte er in Przemyslerdiözese zurück und am 20.10. 1867 wurde er zum Priester geweiht. Nach der Priesterwehie kam er wieder nach Wien, wo war er Studienpräfekt im St. Barbara-Seminar. 1870, promovierte er in Theologie. Jahre 1870-1872, verbrachte er in Lemberg als Religionslehrer an der Schule der armenischen Benediktinerinnen, im Lehrerseminar für Mädchen und als Studienpräfekt an das griechisch-katholische Priesterseminar in Lemberg. An der theologischen Fakultät der Universität Lemberg bekam er die Stelle eines Adjunkten. Er war tätig in der Organisation »Sicz«, in der Gesellschaft »Proświta« und in der Redaktion der Zeitschrift »Ruskij Sijon«. 1872 kam er nach Przemyśl zurück wo arbeitete er als Studienpräfekten, Vertreter des Professors für Pastoraltheologie zugleich war er Referent des griechisch-katholischen Konsistoriums in Przemyśl. 2.12. 1874 wurde P. zum Pfarrer an die Kirche St. Barbara in Wien und zum Rektor des »Barbareums« bestellt. In Wien wurde er auch zum Lehrer des Erzherzogs Rudolf berufen. Als Rektor das »Barbareum« unterband er die unter den Klerikern sich ausbreitende »Russophilie«. Auch hier fand er noch Zeit für soziale und karitative Tätigkeiten. 1882 lehnte er das Bischofsamt in der griechisch-katholischen Diözese Križevci in Kroatien ab. Seit 1881 war er Kanoniker im Kapitel von Przemyśl und 1883 kam er nach Lemberg wieder. In Lemberg bemühtet sich um das Amt des Metropoliten. Stattdessen wurde er der erste Bischof der Diözese Stanisławów. Am 12.1. 1885 erhielt er die Nominierung, am 27.3. 1885 fand die Präkonisation statt. Die Bischofsweihe empfing er 1.11. 1885 in Lemberg. 10.1. 1886 erfolgte die Installierung im Dom zu Stanisławów. Er muste, als erster Bischof dieser Diözese die Organisierung übernehmen. 4.1. 1886 hielt Bischof P. im Landtag eine Rede über das Schulwesen. Er protestierte auch gegen Aktionen wider die Union sowie gegen antiruthenische Haltungen und appellierte an Polen und Ruthenen, Eintracht zu üben und Loyalität zu zeigen gegenüber der österreichischen Regierung. Bischof P. beteiligte sich auch aktiv an der Arbeit der Provinzialsynode 1891 in Lemberg als Kenner des Kirchenrechts. Noch in 1891 wurde Bischof P. nach Przemyśl versetzt. Aus Przemyśl unternahm er zweimal einen *Ad limina-Besuch*; und 1893 bekam er den Titel eines Assistenten des päpstlichen Throns und das Adelsprädikat eines römischen Grafen. In Stanisławów und in Przemyśl gab er einige Hirtenbriefe heraus. Bischof P. erkrankte an einer starken Apathie und Depression. Am 22. April 1896 starb er im Alter von 53 Jahren in Przemyśl und dort wurde er begraben. - Pełesz war auch berühmte Historiker der griechisch-katholischen Kirche. Sein wichtigstes Werk ist die zweibändige Publikation *Geschichte der Union der ruthenischen Kirche mit Rom von den ältesten Zeiten bis auf die Gegenwart* (Wien 1876-1881; Neuauflage London 1968). Die andere seine Werke sind: *Pastyrskoe Bohoslovie* (Wien 1877) (ein Kompendium zur Pastoraltheologie, *Rozprawa o duchownom urjadowom stylu* (Wien 1878), sowie ein, *Uczebnyk katolyckoj religii* (Lwów 1876) (Handbuch für Religion an Mittelschulen. Er hat auch mit J. Hergenröther hat er bei der Redaktion des 2. Bandes des *Kirchenlexikons* zusammengearbeitet.

Lit.: Kumor B., Pełesz Julian, in: Słownik Polskich Teologów Katolickich, Bd 3, Warszawa 1982, 346-347 ; — Lechicki Cz, Pełesz Julian, in: Polski Słownik Biograficzny, Bd 25, 570-571 ; — Matkowski S., Tri synodalni archijereji. Spominy z żyttia i dijalnosti Preosv. J. Kuilovskoho, J. Peleša i S. Sembratovica, Lvov 1932; Nabywaniec S., Uniccy biskupi przemyscy w latach 1610-1991. Szkice biograficzne. Rzeszów 1995, 77-80; — Ders., Bischof Julian Pełesz - ein Historiker der griechisch-katholischen Kirche, »Ostkirchliche Studien, Augustinus-Verlag-Würzburg, Bd 57: 2008, Heft 1, 157-163 ; — Ders., Biskup Julian Pełesz - historyk Kościoła greckokatolickiego, in: Wielokulturowe środowisko historyczne Lwowa w XIX i XX w., Bd. 3, Hrg. J. Maternicki, L. Zaszkilniak, Rzeszów, 2005, 279-284 ; — Saurer E., Die politischen Aspekte der österreichischen Bischofsernennungen 1867-1903, Wien 1967, 177, 250.

Stanisław Nabywaniec

PIM, John, * 16.9. 1835 in Belfast, † 30.5. 1923 in Belfast. Philanthrop, Quäker. — John Pim wurde 1835 in Befast als Sohn von John Pim (1800-1865) und seiner Frau Sarah (geb. Clibborn, 1803-1886) geboren. Die Familie stammte von der alten Barclay-Quäkerfamilie ab. John Pim wurde auf der Belfast Akademie erzogen. Seine umfassende Bildung, auch in Fächern wie Ägyptologie und Astronomie, hat hier ihren Ursprung. Sein lebenslanges Hobby war die Geschichte der Quäker in Ulster, wozu er sich eine vorzügliche Bibliothek aufbaute. Er arbeitete nach Beendigung der Schulausbildung im Berieb seines Vaters als Müller und Getreidehändler. Gleichzeitig war er auch Bevollmächtigter der Friends' Provident Institution und wurde 1880 zum Sekretär der Belfaster Steam Ship Company ernannt. — Am 18. August 1869 heiratete er Alice Bewley (1838-1912) aus Dublin, mit der er fünf Kinder hatte: John Ernest (geb. 1870), Maria Bewley (geb. 1873), Albert Frederick (geb. 1874), Sarah Ethel (geb. 1876) und Francis Herbert (1878-1879). Die Ehe galt als sehr glücklich und harmonisch. Insbesondere John Pims philanthropische Arbeiten wurden von seiner Frau mitgetragen. In einer von ihm mitbegründeten Sonntagsschule engagierte sich Pim zunächst außerordentlich, wie auch in der Abstinenzbewegung und der Friends' Foreign Mission Association. Besonders interessierte er sich für die Quäker in die USA, und eine Besuchsreise dorthin beglich er mit seinen eigenen Mitteln, obwohl ansonsten die Quäkergesellschaft für solche Kosten aufkam. 1894 besuchte er die deutschen Quäker in Minden. Zuhause war er auch Friedensrichter, kam dieser Aufgabe aber so gut wie nicht nach, da er öffentliches Auftreten vermied. — Innerhalb der Quäker war John Pim ein überzeugter Evangelikaler. Die Bibel stand im Zentrum seines Denkens und Handelns, das »Innere Licht« war zweitrangig. Keine Andacht und keine Geschäftsversammlung der Quäker wurde von ihm versäumt. Er war Vorsitzender (clerk) des Lisburn Monthly Meeting, zeitweise auch Ältester und eine Art Sittenwächter (overseer). Als er gegen Lebensende an den Treffen der Ältesten nicht mehr persönlich teilnehmen konnte, schickte er regelmäßig mahnende Briefe. Besonders interessierte er sich für die Belange der nachwachsenden Generation und kannte alle Mitglieder seiner Monatsversammlung persönlich bestens. Noch kurz vor seinem Tode nahm er an der irischen Jahresversammlung in Frederick Street teil, starb dann 1923 in seinem Haus in Belfast.

Werke: Peace and war. A sermon. Dublin 1900.

Lit. (Auswahl): John Pim. In: The Friend. A religious, literary, and miscellaneous journal, LXIII, 27, 1923, 525.

Claus Bernet

PLACET, François, frz. Prämonstratenser und Schriftsteller. * unbek. † unbek. — Wurde 1666 zum Prior der Abtei Bellozanne in Brémontier-Merval (Normandie) bestellt sowie 1672 zum Prior der Abtei Arthous in Hastingues (Landes). — P. verfaßte Werke z. Theologie d. Natur und kritisierte Magie und Aberglauben. Im besonderen wandte er sich aus rel. Gründen gegen den Glauben an Heilpuder, wie sie in alchemistischen und esoterischen Kreisen aufgekommen waren. Als Geograph bemerkte P. die morphologische Komplementarität der Ostküste Südamerikas mit der Westküste Afrikas und vermutete eine Trennung der Kontinente durch die bibl. Sintflut, die er als Folge des Sündenfalls verstand. Die Amerika und Afrika verbindende Landmasse ging unter (»Atlantis«). P. wies auch auf einen möglichen Zshg. zw. Vulkanen und Erdbeben hin. — P. war einer der ersten, der die Ähnlichkeit von Küstenformen beobachtete und ein katastrophenbedingtes Auseinanderbrechen der Kontinente vermutete. Die Hypothese v. der Sintflut als Ursache wurde über zwei Jh. lang vertreten (u.a. v. Alexander v. Humboldt - s.d.), und erst Alfred Wegener entwickelte 1912 die Theorie einer allmählichen Kontinentalverschiebung. Heute gilt diese durch die um 1960 aufgekommene Theorie der Plattentektonik als

erwiesen, die auch einen Zshg. v. Vulkanen und seismischer Aktivität annimmt.

Werke (Auswahl): La corruption du grand et du petit monde. Où est traité des changemens funestes arrivez en tout l'univers et en la nature humaine depuis le péché d'Adam, Rouen 1666; La Superstition du Temps, Reconnuë aux Talismans, figures astrales, & statuës fatales. Contre un livre Anonyme intitulé Les Talismans Justifies. Avec la Poudre de Sympathie soupçonnée de Magie, Paris 1668; La corruption des cieux par le péché, où il est démontré que tous les Cieux, excepté l'Empiré, sont sujets à corruption, que le Soleil est d'une matière élémentaire, que la lumière n'est qu'un accident à sa substance, que la chaleur est corrumpue depuis le péché et qu'en l'état d'innocence elle se répandoit également par toute la terre, que la Lune est un globe composé de terre et d'eau; que le globe que nous habitons est aussi éclatant que la Lune, qu'il est possible de faire les astres artificiels, etc., Lyon 1672.

Lit. (Auswahl): L. Goovaerts, Ecrivains, artistes et savants de l'Ordre de Prémontré, Bd. 2, Brüssel 1902; — A. V. Carozzi, A propos de l'origine de la théorie des derives continentales, in: Comptes Rendus, Societé de Physique et d'Histoire Naturelle de Genève 4 (1969), 171-179; — N.A. Rupke, Continental Drift before 1900, in: Nature 227 (1970), 349-350; A. Debert, De quelques prémontrés 'hommes de science' et précurseurs, in : Actes du 13ème Colloque du Centre d'Études et de Recherches Prémontrées, Amiens 1988, 73-8; — D. Jacobi, A. Bergeron and T. Malvesy, The popularization of plate tectonics: Presenting the concepts of dynamics and time, in: Public Understanding of Science 5 (1996), 75-100; — C. Ziller-Camenietzki, La poudre de madame: La trajectoire de le guérison magnétique des blessures en France, in: XVIIe Siècle n. 211 (2001-02), 285-305; — P. Kearey und F. Vine, Global Tectonics, 2. Aufl., Oxford 1996; — G. Scalera, Geodynamics of the Wadati-Benioff zone earthquakes: The 2004 Sumatra earthquake and other great earthquakes, in: Geofisica Internacional 46 (2007), 19-50.

Wolfgang Grassl

POLIZIANO (eigentlich: Ambrogini), Agnolo (d.h. Angelo), ital. Dichter, Philologe und Humanist, * 14.7. 1454 in Montepulciano (bei Siena), † 29.9. 1494 in Florenz. Der nach dem lateinischen Namen seines Geburtsortes (Castellum Politianum) benannte Poliziano zog mit 14 Jahren nach Florenz, wo er bis 1474 u. a. bei Cristoforo Landino und Marsilio Ficino studierte. Bereits zwei Jahre später hatte das Wunderkind einige Bücher der *Ilias* ins Lateinische übersetzt. 1473 wurde er Hauslehrer bei den Medici und unterrichtete zuerst Lorenzo de' Medicis ältesten Sohn Piero und später auch den zweitgeborenen Giovanni. Gleichzeitig war P. auch als Privatsekretär Lorenzos und seiner Frau Clarice Orsini tätig. Zwischen 1473 und

1478 verfaßte er zahlreiche Epigrammen, Elegien und Oden in griechischer und lateinischer Sprache sowie das Kleinepos *Sylva in scabiem* (1475) und die *Detti piacevoli*. Aus dieser Zeit stammt auch sein unvollendetes Meisterwerk *Stanze cominciate per la giostra de magnifico Giuliano di Piero de' Medici* (kurz: *Stanze per la giostra*, geschrieben 1475-1478; gedr. 1494 - »Der Triumph Cupidos«). Dieses Werk sollte Lorenzo de' Medicis Bruder Giuliano als Sieger in einem Turnier (*giostra*) feiern, brach aber wegen des gewaltsamen Todes des Giuliano, der 1478 der Pazzi-Verschwörung zum Opfer fiel, bei der Oktave 46 des II. Buches ab. P. gab 1479 seine Stelle bei den Medici auf und unternahm eine Studienreise durch Norditalien. 1480 war er Gast des Kard. Francesco Gonzaga in Mantua, wo er für ein Hoffest seines Gastgebers die *Fabula di Orfeo* verfaßte. Im selben Jahr folge P. einem Ruf an das *Studium* (d.h. die Universität) von Florenz und hatte bis zu seinem frühen Tod den Lehrstuhl für griechische und lateinische Eloquenz inne. Zu seinen Hörern zählen der junge Michelangelo Buonarroti sowie Johannes Reuchlin. In seiner letzten Lebensphase galt sein Interesse hauptsächlich der Lehre und der philologischen Forschung. So war er später auch Verfasser einer *Miscellaneorum centuria prima* und einer erst in den 60er Jahren des XX. Jh. entdeckten *Centuria secunda*, in denen er sein umfangreiches philologisches Wissen unter Beweis stellt. Zu erwähnen sind noch die verschiedenen Antrittsvorlesungen, die P. am Anfang eines jeden akademischen Jahres als Einleitung zu seiner jeweiligen Lehrveranstaltung hielt, bes. *Panepistemon* (über die aristotelische Ethik, akad. J. 1490-91) und *Lamia* (über die *Analytika*, akad. J. 1492-93). 1485 wurde P. Kanonikus der Kathedrale zu Florenz. Er starb 1494 mit nur 40 Jahren. Sowohl als Philologe und Humanist als auch als Dichter zeigte P. einen ausgesprochenen Sinn für das Studium und die Pflege der Sprache. Dies verschaffte ihm große Anerkennung als Gelehrter und Philologe. Ihm und Lorenzo Valla ist die Weichenstellung für die philologische Methode als autonome Wissenschaft und eigenes Wissensgebiet zu verdanken. Wie sich später bestätigt hat, war P. in vielen Auslegungen antiker Texte seiner Zeit voraus. Dies und seine hervorragende Dichtung machen aus ihm eine Schlüsselfigur des italienischen Quattrocento und des europäischen Humanismus. — P. ist eine der interessantesten und komplexesten Persönlichkeiten der italienischen Literatur. In ihm vereinen sich zwei kulturelle Traditionen: die griechisch-römische Klassik und die italienische Literatur (insbesondere die Sizilianische Dichterschule unter dem Staufer Friedrich II. Hohenstaufen sowie die Lehre des Francesco Petrarca). Auch die zeitgenössische Kultur des Humanismus und das, was sie am Hof von Lorenzo il Magnifico (»der Prächtige«) zu dieser Zeit hervorbrachte, sollte die Persönlichkeit und das Werk von P. tief beeinflussen. Insbesondere lassen sich in den Werken seiner ersten Florentiner Zeit (bis 1479) bedeutende Spuren jener *philosophica poesis* wiederfinden, die sich in Florenz auf der theoretischen Grundlage der neoplatonischen *poetica philosophia* von Marsilio Ficino in den 70er Jahren des XV. Jh. verbreitet. Durch den Rekurs auf die reiche Bilderwelt und die raffinierte Symbolik des Neuplatonismus wird P.s Werk zur optimalen poetisch-literarischen Verarbeitung der Ficinoschen Weltanschauung. Dies gilt v.a. für die *Stanze della giostra*. Mit diesem Initiations-Epos gelang P. ein originelles Dichtungsmodell, das sich von den festen Gattungsvorschriften der Ritterepik zu lösen wußte, um sich im neoplatonischen Sinne als allegorischer Weg zu Schönheit und Erhabenheit zu präsentieren. Denn anfangs scheint der junge Protagonist Julio (alias Giuliano de' Medici, jüngerer Bruder des Lorenzo) - »nel vago tempo di sua verde etate« (»in der schönen Zeit seines frischen Alters«) - gar nicht an Liebe interessiert, sondern ausschließlich für die Jagd (eine Allegorie des rein materiellen Lebens) zu leben. Die Begegnung mit einer Hirschkuh (Allegorie der sinnlichen Schönheit) soll dies aber ändern, denn das Tier bringt Julio auf eine kleine verzauberte Wiese, wo er auf die Nymphe Simonetta trifft, in die er sich auf den ersten Blick verliebt. Die als Allegorie des zivilen Lebens aufzufassende Simonetta (die übrigens verheiratet ist und somit auf die Ehe als Grundstein der Gesellschaft hinweist) weckt in Julio das Interesse für Höheres und bringt ihn ab von dem bisherigen eingeschränkten, ausschließlich materiell ausgerichteten Leben. Die Begegnung mit ihr wurde von Cupido eingefädelt, der nach erfolgreicher Erfüllung seines

Auftrags ins himmlische Reich der Venus (Anspielung auf den Garten Eden) zurückfliegt. Hier leben ganz im Sinne der platonischen Kosmologie alle Archetypen von Pflanzen und Tieren, wodurch diese Ideenwelt zur Allegorie des höchsten Gutes, d.h. des kontemplativen Lebens, wird. In einem Traum wird Julio von Cupido zur Idee einer *giostra* (Ritterturnier) inspiriert. Diese wird vom Autor als Initiation für den gerade 21-jährigen Giuliano aufgefaßt, für den es an der Zeit war, aus der Adoleszenz in das Erwachsenenalter zu treten und nun auf dem Weg zum Erhabenen aufzusteigen. — Als ebenso neoplatonisch konzipiert sollte sich auch die spätere *Fabula d'Orfeo* (»Die Tragödie des Orpheus«) erweisen, in der P. die Liebe als die einzige Kraft besingt, die das Schicksal besiegen kann. Außerdem behandeln auch seine *Rime*, unter dem Schein der Liebesallegorie, rein philosophische Themen. Durch all diese Werke liefert P. hervorragende Beispiele für jene Dichtung im Dienste der Philosophie, die im Florenz der 70er Jahre des Quattrocento unter dem Einfluß der neoplatonischen Schule von Marsilio Ficino und angeregt von Lorenzo de' Medici persönlich (der ja in diesem Sinne dichtete) praktiziert wurde. Durch diese Art von Dichtung polemisierte man im Kreis der Medici gegen die unter Führung von Giovanni Dominici von vielen vertretene Auffassung, welche Poesie ausschließlich im Zusammenhang mit sakralen Thematiken und auf der Grundlage der Heiligen Schrift konzipierte. Ganz im Zeichen dieser Polemik stehen die ‚weltlichen' Motive und ‚heidnischen' Mythen, die in den Werken P.s einen kunstvollen Ausdruck und eine hervorragende poetische Verarbeitung finden. Diese im Medici-Kreis praktizierte ‚profane' Dichtung ist aber keineswegs als Gegensatz zur religiös inspirierten Poesie zu sehen, sondern vielmehr als Versuch, die Mythologie und die Bilderwelt der Antike auf der Folie der christlichen Dichtung wiederzuentdecken, ja beides in einen einzigen literarisch-philosophischen Diskurs mit einzubeziehen. So ist z.B. P.s *Fabula di Orfeo* (übrigens das erste ‚profane' Stück der italienischen Theatergeschichte) wie eine mittelalterliche *sacra rappresentazione* konzipiert, in der der Protagonist zu einer Art versagender Christus wird, da er es nicht schafft, über seine Liebe zu irdischen Kreaturen und sein Festhalten am Ma-

teriellen hinweg zum höheren und perfekten, einzig wahren, Leben aufzusteigen. Außerdem weist die Figur der Euridike Ähnlichkeiten mit der biblischen Gestalt von Lots Weib auf, wobei die Intertextualität des Werkes sowohl auf die antiken Quellen des Orfeus-Mythos als auch auf die Bibel und die christliche Tradition hinweist. — Unter dem Einfluß des ficinoschen Neuplatonismus konzipiert P. bis zu seinem Aufenthalt in Mantua die Philosophie im Dienste der Poesie, aber auch umgekehrt: Man solle die Philosophen studieren, um die Dichter zu verstehen, da deren Werke voller philosophischer Lehren sind. Dies aber bedeutet, daß ein tiefes Verständnis des poetischen Textes (mit Hilfe eines umfangreichen philologischen Wissens) die Lehre der Philosophen erschließt, - wobei unter ‚Philosophie' der im damaligen Florenz herrschende Neoplatonismus zu verstehen ist. Diese Auffassung sollte sich aber durch P.s Aufenthalt in Mantua entscheidend ändern. Hier freundete sich der Florentiner Humanist mit dem berühmten Gelehrten Giovanni Pico della Mirandola sowie mit Ermolao Barbaro und anderen venezianischen Humanisten an und kam so in Kontakt mit dem von ihnen vertretenen Aristotelismus. P. wandte sich infolgedessen vom ihm nunmehr zu kontemplativ erscheinenden Neuplatonismus ab und betrachtete unter dem Einfluß Picos die *studia humanitatis* als Grundlage der praktischen Ethik und das Wissen als wahre Befreiung für das Individuum und einzige Kraft, die das Zusammenleben der Menschen in Frieden und *concordia* (‚Eintracht') halten könne. In dieser neuen Auffassung erhält die Poesie eine neue Aufgabe, die nicht mehr kontemplativ (d.h. neoplatonisch), sondern ‚zivil' ist und im Dienste des gesellschaftlichen Zusammenlebens steht. Denn auch die Dichtung soll ihren Beitrag zum Aufbau einer ‚menschlicheren', d.h. einer menschengerechten Welt leisten. Im Gegensatz zum früher vertretenen Platonisums erweist sich die neue Haltung P.s als realitäts- und geschichtsverhaftet. Dies sollte wichtige Konsequenzen für seine Poesie- und Philologieauffassung bes. in seiner zweiten Florentiner Zeit (nach seiner Rückkehr aus Mantua) mit sich bringen. — P. bediente sich sowohl für sein poetisches Schaffen als auch in seiner Lehrtätigkeit gleichermaßen der Philologie und der Dichtung. So wußte er in seiner Lehrtätigkeit am Florentiner *Studium* stilistische und philologische Fragestellungen anhand selbstgedichteter Beispielskompositionen zu erörtern und zu präsentieren. Die Vorliebe für die philologische Forschung, die er mit den anderen Humanisten teilte, verstand er als wichtiges Lehrmittel, um zu einem vollständigeren Textverständnis aus historischer und kultureller Sicht zu gelangen, wie seine *Miscellanea* zeigen. — Diese zeitliche und kulturelle Kontextualisierung des philologisch zu erörternden Textes ist es, die die polizianosche Auffassung der philologischen Arbeit bezeichnet und von jener seiner Lehrer sowie anderer Zeitgenossen unterscheidet. P.s Philologiebegriff ist stets dem Text als Produkt des Menschlichen verhaftet und hat kein Interesse daran, seine poetischen Bilder auf einen philosophischen Begriff zurückzuführen, der eine Variante des göttlichen Wortes sein will (s. Pico, Landino und Ficino). Die in der philologischen Analyse P.s praktizierte Berücksichtigung kultureller und historischer Zusammenhänge, denen der Text entstammt, leugnet dessen Absolutheit sowie jedes Autoritätsprinzip und legt den Grundsatz der Relativierung des Textes endgültig fest, so daß sie von der Philologie der darauffolgenden Epochen nicht ignoriert werden kann. Als der größte italienische Philologe der 2. Hälfte des XV. Jh. kann P. in diesem Sinne als Pendant und zeitliche Ergänzung des wichtigsten Philologen der 1. Hälfte des Quattrocento betrachtet werden: Lorenzo Valla (1405-1457), dessen Lehre einen bedeutenden Rezipienten in P. gefunden hat. P. und Valla ergänzen sich einander nicht nur chronologisch. Mit dem Verfasser des *De falso credita et ementita Constantini donatione* (1440) teilt P., neben der strengen philologischen Methode und der Schlüsselrolle der intra- sowie intertextuellen Analyse, auch die kulturelle und geschichtliche Kontextualisierung der Quellen, die Auffassung der Philologie als Weg zur Wahrheit und zur Wiedererlangung der irdischen Dimension durch die Philosophie der Klassiker sowie die Bekämpfung einer jeden *auctoritas* aus der Tradition. Letzteres macht sich bei P. nicht zuletzt in seiner Polemik gegen Paolo Cortese bemerkbar. Dem von Cortese vertretenen, streng ciceronischen *imitatio*-Begriff setzte P. mehr persönliche Freiheit im Umgang mit Quellen und Vorbildern entgegen, deren Autorität er in den Dienst der

Moderne (und nicht umgekehrt) stellte. Diese sehr breit gefaßte *imitatio* als Grundlage einer neuen und originellen Anverwandlung der Tradition lieferte den Hintergrund für P.s Poetik der *varia eruditio* (vielseitigen Gelehrsamkeit), die schließlich starke Spuren in seinen in Griechisch, Lateinisch und in *volgare* (der Florentiner Volkssprache) verfaßten Gedichten hinterlassen sollte. Man vergleiche z.B. die Lehrgedichte der Sammlung *Sylvae*, die P. zur Auslegung klassischer Texte aus der griechischen bzw. lateinischen Literatur in seinen Vorlesungen vortrug: *Manto* (1482), *Rusticus* (1483), *Ambra* (1485) und *Nutricia* (1486). P. war außerdem auch als Übersetzer aus dem Griechischen ins Lateinische tätig. Zu seinen hervorragenden Übersetzungsarbeiten gehören u. a. Platons *Charmides* und *Enchiridion* von Epiktet. Schließlich galt P.s Interesse auch der Stadtchronik bzw. -geschichte. So konnte er mit seinem *Pactianae coniurationis commentarium* (1478) über die Verschwörung der Familie Pazzi gegen die Medici ein hervorragendes Beispiel humanistischer Geschichtsschreibung liefern. Angesichts der Schlüsselrolle der Philologie bei P. und seiner Überzeugung vom historischen Wert der Sprache sowie seiner Verdienste um die Fundierung einer modernen und autonomen philologischen Wissenschaft durch eine streng wissenschaftliche Methode scheint Vittore Brancas Definition des polizianoschen Humanismus als »Umanesimo della parola« (Humanismus des Wortes) äußerst zutreffend.

Werke: Epistole inedite di Angelo Poliziano, hrsg. v. L. D'amore, Napoli 1909; Le Selve e La strega: Prolusioni nello studio fiorentino, hrsg. v. I. del Lungo, Firenze 1925; Le stanze. L'Orfeo. Rime. Versi latini, hrsg. v. A. Donati, Milano 1926²; Le stanze, l'Orfeo e le rime, hrsg. v. G. de Robertis, Firenze 1932; Le Rime, hrsg. v. N. Spegno, Roma 1949; Epigrammi greci, üb. v. A. Ardizzoni, Firenze 1951; Tutte le poesie italiane, hrsg. v. G. R. Ceriello, Milano 1952; Sylvia in Scabiem, hrsg. v. A. Perosa, Roma 1954; Stanze comiciate per la giostra di Giuliano de' Medici. kritische Ausgabe hersg. v. V. Pernicone, Torino 1954; Della congiura dei Pazzi (Coniurationis Commentarium), hrsg. v. A. Perosa, Padova 1958; Festa d'Orfeo, in: Antologia della letteratura italiana, hrsg. v. M. Vitale, Bd. II: Il Quattrocento e il Cinquecento, hrsg. v. V. Perticone, Milano 1966, 777ff.; Sylva in scabiem, Pisa 1967; Rime. hrsg. v. N. Spegno, Roma 1967; Stanze per la giostra. Orfeo. Rime, Novara 1968; Commento inedito all'epistola Ovidiana di Saffo a Faone, hrsg. v. E. Lazzeri, Sansoni 1971; Miscellaneorum centuria prima, hrsg. v. V. Branca und M. Pastore Stocchi, Firenze 1972; Poesie italiane: Angelo Poliziano, hrsg. v. S. Orlando, Milano 1976; Prose volgari inedite e poesie latine e greche edite e inedite, hrsg. v. Del Lungo, New York 1976; Commento inedito alle Selve di Stazio, hrsg. v. L. Cesarini Martinelli, Firenze 1978; Stanze, hrsg. v. M. Martelli, Alpignano 1979; Stanze. Orfeo. Rime, mit dem Aufsaatz »Delle poesie toscane di Messer Angelo Poliziano« von G. Carducci, hrsg. von S. Marconi, Milano, 1981; Miscellaneorum centuria prima, hrsg. v. H. Katayama, Tokyo 1982; Detti piacevoli, hrsg. v. T. Zanato, Roma 1983; Commento inedito alle Satire di Persio, hrsg. v. C. Martinelli, Firenze 1985; A. Tissoni Benvenuti (hrsg.), L'Orfeo del Poliziano con il testo critico dell'originale e delle successive forme teatrali, Padova 1986; Rime, kritische Ausgabe hrsg. v. D. Delcorno Branca, Firenze 1986; Lettera di Agnolo Poliziano a Lorenzo il Magnifico del 1491, Pisa 1994; Stanze, hrsg. v. A. Puccini, Milano 1995; Commento, hrsg. v. F. Bausi, Roma 1997; Silvae, hrsg. v. F. Bausi, Firenze 1997; Poesie volgari, hrsg. v. F. Bausi, Roma 1997; Angeli Politiani Liber epigrammatum Graecorum, Roma 2002; Due poemetti latini, hrsg. v. F. Bausi, Roma 2003; Elegia a Bartolomeo Fonzio, hrsg. v. F. Bausi, Roma 2003; Epicedio di Albiera degli Albizi, hrsg. v. F. Bausi, Roma 2003; F. Bausi (hrsg.), Poesie di Angelo Poliziano, Torino 2006; Angelo Polizianos Tagebuch (1477-1479), hrsg. v. A. Wesselski, Jena 1929; Die Tragödie des Orpheus, übers. v. R. Hagelstange, Wiesbaden 1956; —E. Staiger (Üb.), Angelo Poliziano: Stanze, Zürich & München 1974; Der Triumph Cupidos, übers. v. E. Staiger, Zürich 1974; A. Wesseling (hrsg), Angelo Poliziano: Lamia: praelectio in priora Aristotelis analitica, Leiden 1986; Les silves, trad. par P. Galand, Paris 1987; Rusticus, übers. und hrsg. v. O. Schönberger, Würzburg 1992; Stanzen des Herrn Angelo Poliziano: begonnen für das Turnier des Giuliano de' Medici oder Angelus Politanus in Iulium Medicem / in deutsche Reime übertr. von E. Heintze, Berlin 1996; Silvae, hrsg. v. C. Fantazzi, Cambridge 2004; A. Poliziano, Letters, Ed. and transl. by S. Butler, Cambridge 2006; Opera omnia, hrsg. v. I. Maïer, Torino 1971, 3 Bd.

Lit.: Katalog zur Poliziano-Ausstellung bei der Biblioteca Medicea Laurenziana (Firenze, 23. September - 30. November 1954), hrsg. v. Istituto Nazionale di Studi sul Rinascimento, Firenze 1955; — A. Ferruolo, Botticelli's Mythologies, Ficino's »De Amore«, Poliziano's »Stanze per la Giostra«: Their Circle of Love, in: Art Bulletin, 37, 1955, 17ff.; — G. Ghinassi, Il volgare letterario nel Quattrocento e le »Stanze« del Poliziano, Firenze 1957; — G. C. Oli, Valori figurativi nell'educazione poetica del Poliziano, in: Rinascimento, 10:2, Dez. 1959, 197ff.; — A. Ambrogini Poliziano, in: Dizionario biografico degli italiani, Bd. II, Roma 1960, 691ff.; — E. Bigi, La lirica latina del Poliziano, in: La Rassegna della Letteratura italiana, LX (1960), 265ff.; — E. Garin, L'ambiente del Poliziano, in: La cultura filosofica del rinascimento italiano, Firenze 1961, 335ff. (danach: Poliziano e il suo ambiente, in: Ritratti di Umanisti, Milano 2001, 131-163); — R. Lo Cascio, Sul Poliziano, in: Cultura e scuola, 6 (Dez. 1962 - Febr. 1963), 17ff.; — G. C. Oli, Disegno e composizione nel Poliziano, in: Lettere italiane, XIV (1962), 170ff.; — A. Russi, Poesia e realtà: Poliziano, Foscolo, Manzoni, Emilia, Giudici, Gozzano, Rebora, Firenze 1962; — J. Schondorff, Orpheus und Eurydike: Poliziano, Calderon, Gluck, Offenbach, Kokoschka, Cocteau, Anouilh. München 1963; — E. Donato, Death and History in Poliziano's Stanze, in: MLN, 80, 1, Italian Issue, 1965,

27ff.; — I. Maïer, Les manuscrits d'Ange Politien : catalogue descriptif; avec 19 documents inédits en appendice, Genève 1965; — Ders., Ange Politien: la formation d'un poète humaniste, Genève 1966; — S. Orlando, Ars vertendi: la giovanile versione dell'«Iliade« di A. Poliziano, in: Giornale storico della Letteratura italiana, CXLIII (1966), 1ff.; — Centro di studi umanistici »Angiolo Poliziano«. Fondazione Secchi Tarugi. Tagungsbände IV., V., VI., VII., VIII. Tagungen des Centro di studi umanistici (Montepulciano 1965, 1968, 1969, 1970, 1971), Firenze 1967,1970,1972; — E. Bigi: La cultura del Poliziano e altri studi umanistici, Pisa 1967; — G. Del Guerra, La malattia e la morte di Angelo Poliziano in relazione alla elegia Sylva in »scabiem«, Pisa 1967; — C. Dionisotti, Calderini, Poliziano e altri, in: Italia medioevale e umanistica, XI, 1968, 151-185; — R. Lo Cascio, Poliziano, Palermo 1970; — G. Tarugi, Il pensiero italiano del Rinascimento e il tempo nostro. Atti del V Convegno internazionale del Centro di studi umanistici (Montepulciano, 8-13 agosto 1968), Firenze 1970; — W. Welliver, The Subject and Purpose of Poliziano's »Stanze«, in: Italica, 48:1, 1971, 34ff.; — C. Mutini, Interpretazione del Poliziano, Roma 1972; — G. Tarugi (hrsg.), Civiltà dell'umanesimo, Firenze 1972; — A. Waschbuesch, Polizian. Ein Beitrag zur Philosophie des Humanismus, München 1972; — R. Lattanzi Roselli, Angelo Poliziano. La commedia antica e l'Andria di Terenzio, Firenze 1973; — M. Martelli, La semantica di Poliziano e la 'Centuria secunda' dei 'Miscellanea', in: Rinascimento, 13, 1973, 21ff.; — D. Branca Delcorno, Note sulla tradizione delle »Rime« del Poliziano, in: Rinascimento, 15, 1975, 61ff.; — G. Gardenal, Il Poliziano e Svetonio, Firenze 1975; — N. Pirrotta, Li due Orfei: da Poliziano a Monteverdi, Torino 1975; — L. Cesarini Martinelli, Il Poliziano e Svetonio: osservazioni su un recente contributo alla storia della filologia umanistica, in: Rinascimento, 16, 1976, 111ff.; — D. Delcorno Branca, Sulla tradizione delle rime del Poliziano, Torino 1976 (dann Firenze 1979); — R. Bessi, Per un nuovo commento alle »Stanze« del Poliziano, in: Lettere italiane, 31(1979), 309ff.; — L. Cesarini Martinelli, Sesto Empirico e una dispersa enciclopedia delle arti e delle scienze di Angelo Poliziano, in: Rinascimento, 20, 1980, 327ff.; — A. Perosa, Un codice della Badia Fiesolana con postille del Poliziano, in: Rinascimento, 21, 1981, 29ff.; — A. Verde, Un terzo soggiorno romano del Poliziano, in: Rinascimento, 22, 1982, 257ff.; — E. Bigi, Irregolarità e simmetrie nella poesia del Poliziano, in: Miscellanea di studi in onore di V. Branca, Firenze 1983; — V. Branca, Poliziano e l'umanesimo della parola, Torino 1983; — J. Kraye, Cicero, Stoicism and Textual Criticism: Poliziano on ,katorthoma', in: Rinascimento, 23, 1983, 79ff.; — L. Cesarini Martinelli, Uno sconosciuto incunabolo di Terenzio postillato dal Poliziano, in: Rinascimento, 25, 1985, 239ff.; — N. Borsellino, Orfeo e Pan. Sul simbolismo della pastorale, Parma 1986; — J. Rolshoven (hrsg.), Concordanze delle poesie italiane di Angelo Poliziano, Firenze 1986; — R. Castagnola, Nuovi testimoni dell' »Orfeo« del Poliziano e delle »Stanze« di Lorenzo de' Medici, in: Rinascimento, 27, 1987, 273ff.; — D. Delcorno Branca, Il laboratorio del Poliziano. Per una lettura delle Rime, in: Lettere italiane, 39, 1987, 153ff.; — S. Meltzoff, Botticelli, Signorelli and Savonarola: theologia poetica and painting from Boccaccio to Poliziano, Olschki,

Firenze 1987; — M. Martelli, Il mito di Orfeo nell'età laurenziana, in: Interpres, VIII (1988), 7ff.; — P. Colilli, Poliziano's science of tropes, New York 1989; — F. Lo Monaco, Aspetti e problemi della conservazione dei secondi »Miscellanea« di Angelo Poliziano, in: Rinascimento, 29, 1989, 301ff.; — A. Bettinzoli, A proposito delle Sylvae di Angelo Poliziano: questione di poetica, in: Istituto Veneto di Scienze, Lettere, ed Arti. Memorie, XLIII, 1990, 3-94; — F. Tateo, Lorenzo de' Medici e Angelo Poliziano, Roma/Bari 1990; — A. Wesseling, Poliziano and Ancient Rhetoric: Theory and Practice, in: Rinascimento, 30, 1990, 191ff.; — C. Vecce, Multiplex hic anguis. Gli epigrammi di Sannazaro contro Poliziano, in: Rinascimento, 30, 1990, 235ff.; — O. Schönberger, Rusticus / Angelo Poliziano, Würzburg 1992; — P. Godman, Poliziano's Poetics and Literary History, in: Interpres, XIII, 1993, 110-209; — F. Bausi, Sui Nutricia di Angelo Poliziano. Questioni esegetiche e testuali, in: Interpres, XIV, 1994, 163-197; — A. Perosa, Un commento inedito all' »Ambra« del Poliziano, Roma 1994; — Stanze per un giardino : il paessaggio e il giardino nella cultura umanistica, San Quirico d'Orcia 1994; —P. Viti (hrsg.), Pico, Poliziano e l'Umanesimo di fine Quattrocento, Firenze 1994; — A. Bettinzoli, Daedaleum iter : studi sulla poesia e la poetica di Angelo Poliziano, Firenze 1995; — M. P. Grezzo, La morte nella letteratura italiana: Poliziano, Ariosto, Tasso, Ciro di Pers, Leopardi, Padova 1995; — M. Martelli, Angelo Poliziano: storia e metastoria, Lecce 1995; — Musica umanistica da Poliziano a Rinuccini: (XV - XVII sec.): estetica e prassi esecutiva. Atti del XIX Convegno Internazionale di Musicologia, Sezze Romano 1995; — E. Heintze (Übers. v.), Stanzen des Herrn Angelo Poliziano: begonnen für das Turnier des Giuliano de'Medici oder Angelus Politanus in Iulium Medicem, Berlin 1996; — T. Leuker, Angelo Poliziano: Dichter, Redner, Stratege; eine Analyse der »Fabula di Orpheo« und ausgewählter lateinischer Werke des Florentiner Humanisten, Freiburg (Breisgau) 1996; — L. Rotondi Secchi Tarugi (hrsg.): Poliziano nel suo tempo. Atti del VI convegno internazionale (Chianciano - Montepulciano, 18 - 21 luglio 1994) / Firenze 1996; — P. Viti (hrsg.), Il Poliziano latino. Atti del Seminario di Lecce (28 aprile 1994), Galatina 1996; — V. Fera & M. Martelli (hrsg.), Agnolo Poliziano, poeta, scrittore, filologo. Atti del convegno internazionale di studi (Montepulciano, 3 - 6 novembre 1994), Firenze 1998; — P. Godman, From Poliziano to Machiavelli. Florentine Humanism in the High Renaissance, Princetone 1998; — J.-M. Mandosio (hrsg. v.), La classification des sciences et des arts à la renaissance: Ange Politien »Panepistemon«, Paris 1998; — S. Calabrese, Letteratura verbale: Angelo Poliziano, in: L'idea di Letteratura in Italia, Milano 1999, 36-45; — F. Mariani, Langue et dialectique au XVe siècle en Italie : Laurent Valla et Ange Politien, Paris 1999; — A. Perosa, Angelo Poliziano, Roma 2000; — C. E. Roggia, La materia e il lavoro : studio linguistico sul Poliziano minore, Firenze 2001; — A. Daneloni, Poliziano e il testo dell'Institutio oratoria, Messina 2001; — A. De Pace, La scepsi, il sapere e l'anima : dissonanze nella cerchia laurenziana, Milano 2002; — É. Séris, Les étoiles de Némésis : la rhétorique de la mémoire dans la poésie d'Ange Politien, Genève 2002.

Roberto Ubbidiente

PRECA, Ġorġ, gen. Dun Ġorġ, maltesischer röm.-kath. Priester und Gründer der Gesellschaft der Christlichen Lehre (Societas Doctrinae Christianae [SDC], gen. M.U.S.E.U.M.: Magister Utinam Sequatur Evangelium Universus Mundus! [Göttlicher Meister, möge die ganze Welt nach dem Evangelium leben!]), * 12.2. 1880 in Valletta, als siebtes von neun Kindern des Kaufmanns (später Gesundheitsinspektor) Vincenzo Preca und seiner Frau, der Lehrerin Natalina Ceravolo, † 26.7. 1962 in Santa Venera. — Am 17.2. 1880 wurde P. in der Pfarrkirche Our Lady of Porto Salvo getauft. Im Jahre 1888 zog die Familie von Valletta nach Hamrun, einem nahe gelegenen Ort. In der Kirche St. Cajetan ging P. zur Ersten Hl. Kommunion, empfing das Sakrament der Firmung und war Messdiener. Dort besuchte er auch die örtliche Grundschule und später das Lyceum, welches bis dato als beste staatl. Sekundarschule in Malta galt. Im Alter von siebzehn Jahren prophezeite ihm sein Lehrer Fra Ercole Mompalao: »Georg, wenn du erwachsen bist, werden sich viele Gottesfürchtige dir anschließen. Du wirst für sie und sie werden für dich ein Segen sein.« Nach Beendigung seiner schulischen Laufbahn trat P. ins maltesische Priesterseminar ein, erkrankte jedoch an einem schweren Lungenleiden, so daß die Hoffnung, nach seiner Diakonweihe jemals Priester zu werden, aufgrund der negativen Diagnose der Ärzte aussichtslos erschien. Eine plötzliche, unerklärliche Besserung seines Gesundheitszustandes, die P. selbst auf die Fürsprache des Hl. Josef zurückführte, ermöglichte es ihm, seinen Weg der priesterlichen Berufung fortzusetzen. Am 22.12. 1906 weihte ihn Bischof Pietro Pace zum Priester, so daß er am 25.12. seine Primiz in der Pfarrkirche St. Cajetan in Hamrun feiern konnte. Schon seit längerem hatte P. offenbar eine starke Berufung zur Glaubensverkündigung verspürt, die seinen Angaben zufolge durch eine Weissagung seines am 8.4. 1905 verstorbenen Mentors Fra Aloysius Galea noch forciert wurde, der ihm wenige Tage nach seinem Tod in einer Vision gesagt habe: »Gott hat dich auserwählt, die Menschen zu lehren.« Begeistert von der Vorstellung, die fromme, aber zur damaligen Zeit religiös wenig gebildete maltesische Bevölkerung zu lehren, dachte er zunächst über die Gründung einer Kongregation ständiger

Diakone (je sieben in einer Pfarrei) zur Unterstützung der Bischöfe bei der Glaubensverkündigung nach. Er beabsichtigte sogar eine von ihm verfaßte Regel in lateinischer Sprache Papst Pius X. vorzulegen. Nach seiner Priesterweihe verspürte er den Ruf Gottes »that I should choose some young people and teach them so that they would be able to give religious formation to others«. So begann P. mit der Katechese einer Gruppe von Jugendlichen (unter ihnen auch Eugenio Borg [† 1967 im Ruf der Heiligkeit], der spätere erste Generalsuperior der Gesellschaft), die eine Entwicklung in Gang setzte, welche schließlich am 7.3. 1907 (Anmietung einer Räumlichkeit in der Fra Diegu Street in Hamrun) in der Gründung der Gesellschaft der Christlichen Lehre (Laienapostolat) mündete. Societas Papidum et Papidissarum (Societas of the Sons and Daughters of the Pope) nannte P. seine Kongregation, wobei der Name alsbald durch das Motto der Gesellschaft ersetzt wurde: M.U.S.E.U.M. Um 1910 hatte P. eine außergewöhnliche Jesus-Vison, durch die er sich in seinem Auftrag der Glaubensverkündigung und -unterweisung bestärkt sah, so daß schließlich in allen Pfarreien M.U.S.E.U.M.-Häuser eröffnet wurden. Die Methode des Laienapostolats stieß aber nicht nur auf Zustimmung, zu neu war die Vorstellung, daß junge Laien andere junge Menschen in religiösen Dingen unterrichten. Wohl aufgrund eines Mißverständnisses dieses neuen katechetischen Weges, wurde seitens der kirchlichen Obrigkeit 1909 die Schließung der M.U.S.E.U.M.-Häuser angeordnet, bis schließlich ein Protest des maltesischen Pfarrklerus zur Rücknahme des Verbots durch Generalvikar Salvatore Grech führte. Auch eine Kampagne einiger Tageszeitungen gegen die von P. gegründete Gesellschaft in den Jahren 1914-15 konnte deren Erfolg nicht bremsen. In der Folge bat der Bischof von Malta, Mauro Caruana, 1916 die zuständige päpstliche Behörde um eine Stellungnahme, die grundsätzlich positiv ausfiel, so daß der kanonischen Approbation der Gesellschaft der Christlichen Lehre nichts mehr im Wege stand. Diese erfolgte offiziell aber erst am 12.4. 1932 durch Bischof Caruana. P. war stets um eine profunde religiöse Kinder- und Erwachsenenbildung bemüht, weshalb er vor allem von den Mitgliedern seiner Gesellschaft Ehelosigkeit und den bedingungslosen Einsatz im Dienste der Verkündigung des Evangeliums erwartete. Mit Unterstützung von Giannina Cutajar gründete er 1910 den weiblichen Zweig seiner Gesellschaft (Cutajar wurde später erste Generalsuperiorin des weibl. Zweiges der SDC.). Was er von anderen erwartete, lebte er ihnen vor: Sein Charisma, seine Spiritualität und sein geschätzter Rat als Beichtvater sowie seine unvoreingenommene Zuwendung zu den Menschen beeindruckte die Malteser. Sein Einfluß auf das spirituelle Leben der Bevölkerung war prägend und ist bis heute von Dauer. Schon zu Lebzeiten stand er im Ruf der Heiligkeit, auch Wunder wurden ihm zugeschrieben. Zwischen 140 und 150 Schriften in maltesischer Sprache, darunter zahlreiche Gebete, hat P. insbesondere für die Mitglieder der SDC verfaßt. Papst Pius XII. ernannte ihn am 2.10. 1952 zum geheimen päpstl. Kammerherrn und Monsignore. In demselben Jahr sandte P. sechs SDC-Mitglieder zur Verkündigung des Evangeliums nach Australien. Heute unterhält M.U.S.E.U.M. Häuser und Schulen in Albanien, Großbritannien, Kenia, Peru und im Sudan. Als P. im Alter von 82 Jahren in der Pfarrei Santa Venera verstarb, wurde er unter sehr großer Anteilnahme der maltesischen Bevölkerung in der Krypta der Kirche Our Lady of Miraculous Medal in Blata l-Bajda am Sitz des Mutterhauses der SDC beigesetzt. Knapp 13 Jahre nach seinem Tod eröffnete Erzbischof Michael Gonzi am 24.6. 1975 den Seligsprechungsprozeß für P. auf diözesaner Ebene. Papst Johannes Paul II. sprach Dun Ġorġ während seines Besuchs in Malta am 9.5. 2001 selig. In seiner Predigt sagte der Papst: »Don Georg war ein Pionier im Bereich der Katechese und der Förderung der Rolle von Laiengläubigen im Apostolat, das vom Konzil dann besonders ins Licht gerückt wurde. ... War es nicht die außerordentliche Fähigkeit von Don Georg, die Neuheit der christlichen Botschaft zu vermitteln, die ihn zu einem großen Apostel gemacht hat?« In ganz Malta liegt heute die Sakramentenkatechese in den Händen der Katecheten der von P. gegründeten Gesellschaft. Am 3.6. 2007 proklamierte Papst Benedikt XVI. auf dem Petersplatz in Rom den sel. Dun Ġorġ, den »zweiten Apostel Maltas«, zum Heiligen (liturg.

Gedenktag: 9.5.). Somit ist Dun Ġorġ Preca der erste Heilige des maltesischen Volkes.

Werke: Discipleship, Blata l-Bajda/Malta o.J.; L-Arlogg Museumin (The Watch), Blata l-Bajda o.J.; L-Iskola tal-Manswetudni, o.O., o.J.; The Great Book. Look up to Christ Crucyfied, Blata l-Bajda o.J.; The Mansions and the Praeconia, Blata l-Bajda o.J.; Two Psalms, Blata l-Bajda, o.J.; Issakrarju ta' l-ispiritu ta' Kristu, Blata l-Bajda 1981, engl.: The Sanctuary of Christ's Spirit, Blata l-Bajda o.J.; Ġinnasju spiritwali, Blata l-Bajda 1981, engl.: Gymnasium for the spiritual life, Blata l-Bajda 1996; A spiritual Directory, Blata l-Bajda 1988; A letter on meekness, Blata l-Bajda 1990; Is-Sena tas-Sinjur, Blata l-Bajda, o.J., engl.: The year of the Lord, Blata l-Bajda 1999; The right intension. Seeking God's glory, Blata l-Bajda 2003.

Lit.: Venerable George Preca. His life and his vision for the laity, London 1962; — Dun Gorg Preca (1880-1962). Fundator Societas doctrinae christianae M.U.S.E.U.M., Zabbar/Malta 1965; — Formosa, John: Dun Gorg: V. 14., Gżira/Malta 1978; — Bonniči, Alexander: Dun Ġorġ Preca (1880-1962). Hajja, xiehda, dokumenti, Blata l-Bajda 1980; — B'tifkira ta' egnluq il-mitt sena mit-twelid ta' Dun Ġorġ Preca, o.O. 1980; — Bonnici, Alexander: Dun Gorg Preca (1880-1962). Society of the Christian Doctrine, Rabat/Malta 1985 (Neuausgabe: Blessed George Preca (1880-1962). A portrait of a man of God in Malta, Rabat 2001); — Montonati, Angelo: Coraggio e profezia. Un pioniere del Vaticano II il beato Giorgio Preca (Malta, 1880-1962), Milan o.J.; — Sultana, Ronald G.: Adult education and the Politics of Knowledge. The Relevance of Malta's Dun Gorg Preca, in: International Journal of the Lifelong Education, 15, No. 4, Barcombe/East Sussex 1996, 276-285; — Mortimer, Margaret: Venerable George Preca (1880-1962). His life and his vision for the laity, Zabbar 1999; — Saliba, Guido: Dun Gorg u l'Licio, Ta' Giorni/Malta 2001; — Sammut, Frans: Dun Gorg. Il-Bniedem Tal-Poplu, o.O. 2001; — Saint in making. Dun Gorg Preca's canonisation, Valletta 2007; — Sultana, Carl-Mario: The presence and the use of the Bible in the Ministry and in the Works of Dun Gorg Preca, Diss., Rom 2007; — ders.: Gorg Preca. Apostle of the Word of God and a Precursor of Vatican Council II, in: Melita Theologica, 59, No. 1, 2008, 47-62.

Thomas Stahl

PRIESTMAN, Walter, * 18.11. 1855 in Yorkshire, † 31.3. 1920 in Edgbaston, Birmingham. Quäker. — Walter Priestman wurde als Sohn des Müllers John Priestman (1805-1866) und seiner zweiten Frau Mary (geb. Smith, 1814-1872) 1855 in Yorkshire geboren. Er wurde Kammgarnspinner in Horton in der Grafschaft Lancashire. Am 29. September 1880 heiratete er Maria Priestman (1859-1946) aus Manningham (Yorkshire). Sie hatten nicht weniger als neun Kinder, die alle zwischen 1886 und 1903 auf die Welt kamen: Mary (1886-1953), Dora (geb. 1887), Basil (geb. 1888), Joan (geb. 1890), Lois (1892-1975), Colins (1893-1918), Miles (geb. 1894), Enid (geb. 1899) und Ralph (geb. 1903). Mit dieser auch für seine Zeit ungewöhnlich großen Familie ließ er sich in Birmingham nieder. — Walter Priestman war ein bescheidener und stets freundlicher Mensch, der durch verschiedene Lebensschwierigkeiten mutig geworden war. Besonders nahm er sich der jungen Menschen an und besuchte viele von ihnen in ihren Familien. Sein pädagogisches Engagement zeigte sich auch bei seiner Mithilfe bei der Gründung der Bradford Adult School, mit deren Verwaltung er viele Jahre beschäftigt war. Gerne hielt er sich in der Natur auf und reiste häufig zum Wandern nach Nordwales, wo er Picknicks mit seinen zahlreichen Kindern veranstaltete. — Gelegentlich arbeitete er ehrenamtlich als Friedensrichter, lehnte es aber ab, Fälle von Militärdienstverweigerung zu behandeln, da er sich in dieser Angelegenheit als Quäker befangen sah. Dennoch war er den Kriegsdienstverweigerern eine große Hilfe und besuchte viele von ihnen im Gefängnis. Noch mehr jedoch wurde die Abstinenz- und Mäßigungsbewegung zu seiner eigentlichen Aufgabe, für die er ein Leben lang arbeitete. In den Quäkerandachten sprach er selten, seine seelsorgerliche Arbeit versah er mit Zurückhaltung und Vorsicht. Dennoch waren viele seine Hörer überzeugt, er sei vom Geist Gottes ergriffen gewesen, selbst verändert und in der Lage, andere zu verändern. Während die meisten Quäker seiner Generation viel Zeit auf teure Reisen verschwendeten, ist von Priestman nur ein Aufenthalt in Minden bei den deutschen Quäkern 1874 bekannt. Walter Priestman verstarb in Birmingham 1920 im 64. Lebensjahr. Er hinterließ ein bedeutendes Vermögen, ohne das genau bekannt ist, wie es zu diesem kam.

Lit. (Auswahl): Priestman, Sydney Herbert: The Priestmans of Thornton-Le-Dale and some of their descendants. Their religious labours and creaturely activities intermixed with extracts from the earliest records of the monthly meetings of the people call'd Quakers. Hull 1955. O.O. 1986².

Claus Bernet

PRO-JUÁREZ, Miguel Agustín (Michael Pro), mex. Martyrer, * 13. Januar 1891 in Concepción del Oro (Mexiko); † 23. November 1927 in Mexiko-Stadt. — M. P. stammte aus einer wohlhabenden und kinderreichen katholischen Familie. Seine Kindheit war von schweren Erkrankungen überschattet. Nach seiner Schulzeit nahm M. P. — angeregt durch den Entschluß seiner älteren Schwester Maria Concepción, in ein Kloster einzutreten - Kontakt zur Gesellschaft Jesu auf. M. P. wurde sich allmählich seiner Berufung zum Priesteramt bewußt und trat am 10.8. 1911 ins Noviziat des Jesuitenordens in El Llano bei Zamora cin. Am 15.8. 1913 legte er das Ewige Ordensgelübde ab. Am 21.6. 1915 mußte er aufgrund des zunehmend kirchenfeindlichen Umfelds unter Lebensgefahr mit den anderen Novizen nach Spanien fliehen. In Granada setzte M. P. sein Philosophiestudium fort, das bis 1920 andauerte. Sodann absolvierte er in Nicaragua ein Praktikum als Erzieher (1920-1922), um anschließend in Sarriá bei Barcelona sein Theologiestudium zu beginnen, das er 1926 in Enghien (Belgien) abschloß. Zuvor, am 30.8. 1925 wurde er dort zum Priester geweiht. Im November des gleichen Jahres stellten die Ärzte bei M. P. eine unheilbare Magenerkrankung fest; er wurde dreimal operiert. Am 24.6. 1926 begab er sich auf die Rückreise nach Mexiko. Als Pater M. P. am 6.7. 1926 in Vera Cruz nach elf Jahren wieder den Boden seiner mexikanischen Heimat betritt, tobt dort der Kirchenkampf mit unverminderter Härte. Trotz des Verbots, die Sakramente zu spenden (d. h.: sein Priesteramt auszuüben), nahm M. P. die Arbeit auf und ließ sich auch durch zwei Verhaftungen nicht abschrecken. Am 13.11. 1927 wird auf den Ex-Präsidenten General Obregón ein Attentat verübt, woraufhin die Polizei nicht nur den Täter Luis Segura verhaftet, sondern auch M. P. Obwohl die Beweislage eindeutig gegen seine Beteiligung bzw. Mitwisserschaft sprach, wurde Pater M. P. am 23.11. 1927 hingerichtet. Der 1935 initiierte Beatifikationsprozeß endete am 25.9. 1988 mit der Seligsprechung M. P.s in Rom.

Lit.: F. X. Weiler, P. M. P. SJ und seine Gefährten. Die Märtyrer von Mexiko-Stadt. Wien 1928; — A. Dragon, Pour le christ-roi. Le père P. de la compagnie de Jésus, exécuté au Mexique le 23 novembre. Löwen 1931; — K. Riedel / L. Rohrer, Der Gottesstreiter M. P. Freiburg i. Br. 1938; — J. Cardoso, Los mártires mexicanos. Mexico-Stadt 1959; — F. Royer, Padre P. Mexican Hero. New York 1963; — L. Groppe, P. M. P. SJ. Ein mexikanischer Schlingel wird Priester und Martyrer. München 1988; — G. Norman, The Life and Martyrdom of Father M. P., S.J. Abhedananda 2007.

Josef Bordat

R

RADLEY, Joseph Fuller, * 16.3. 1864 in Croydon, † 6.9. 1935 in Antananarivo, Madagaskar. Quäker. — Joseph Fuller Radley jun. wurde 1864 als Sohn des gleichnamigen Joseph Radley sen. und seiner Frau Phoebe (geb. Bentley) in Croydon geboren. Er besuchte in seiner Heimatstadt die Schule, bevor er auf die Quäkerschule Saffron Walden ging. 1874 zog die Familie nach Lisburne (Irland), wo sein Vater Schulleiter wurde. 1879/8 hielet sich Joseph Radley jun. in Minden auf, vor allem, um die deutsche Sprache zu erlernen. Anschließend ging er mit der »Friends Foreign Mission Association« nach Madagaskar. Später trat er aus der »Religiösen Gesellschaft der Freunde (Quäker)« aus und schloß sich der anglikanischen Kirche an. Dennoch blieb er den Quäkern freundschaftlich verbunden. Verheiratet war er mit Mabel W. (geb. Haughton, gest. 1926) aus Dublin. Joseph Radley jun. verstarb 1935 in Antananarivo (damals Tananarive) auf Madagaskar.

Werke: Madagascar. London (1926); Ny fanarahana ny dian' i Kristy. Nosoratan' i Thomas a Kempis tamin'ny teny Latina, ary nadika avy amin' ny boky soratanany 1441 ho teny Malagasy nataon' i J. F. Radley, misionera, Rabary, mpitandrina, membres de l' Academie Malgache. Antananarivo 1928; Raombana: Manuscrit écrit à Tananarive (1853-1854). Raombana, traduit par J. F. Radley. Tananarive 1931.

Lit. (Auswahl): Joseph Radley. In: The Friend. A religious and literary journal, XCIII, 38, 1935, 848-849; — Griffith, Robert; W., A.: In memoriam Joseph Fuller Radley, 1936. In: Madagascar Mission Magazine, CXXV, 1936.

Claus Bernet

RAHNER, Karl Josef Erich, * 5. März 1904 in Freiburg im Breisgau, † 30. März 1984 in Innsbruck. Jesuit, Theologe, Prof. für Dogmatik. R. war das vierte von sieben Kindern des Gymnasiallehrers Karl Rahner (1868-1934) und seiner Ehefrau Luise geb. Trescher (1875-1976). In seiner Geburtsstadt besuchte er von 1910-1913 die Knabenbürgerschule und dann das Realgymnasium (Kepler-Gymnasium), welches er am 29. März 1922 mit dem Abiturzeugnis verließ. Er kam in Kontakt mit der Jugendbewegung Quickborn. Am 20. April 1922 trat er in das Noviziat der Oberdeutschen Provinz der Gesellschaft Jesu in Tisis (Vorarlberg/Österreich) ein. Mit diesem Schritt folgte er seinem älteren Bruder Hugo (1900-1968). Zwischen 1924-1927 studierte R. Philosophie an den Ordenshochschulen der Jesuiten in Feldkirch (1924/25) und Pullach bei München. Nach den Gewohnheiten des Ordens legte er dazwischen ein praktisches Jahr ein. Von 1927-1929 war er als Latein- und Griechischlehrer in der Stella Matutina in Feldkirch tätig und studierte dann von 1929-1933 Theologie an der Ordenshochschule in Valkenburg/Niederlande. Am 26. Juli 1932 wurde er in der St.-Michaels-Kirche in München durch Kardinal Michael Faulhaber zum Priester geweiht. Gemäß den Konstitutionen des Ordens schloß sich das Tertiat an, welches er von 1933-1934 in St. Andrä im Lavanttal (Kärnten/Österreich) verbrachte. — Von 1934-1936 studierte R. Philosophie in Freiburg i. Br. u. a bei Martin Heidegger. Sein als Dissertation angelegtes Werk »Geist in der Welt« (1934) wurde vom Freiburger Prof. Martin Honecker abgelehnt. R. versuchte darin eine Synthese der Erkenntnistheorie Thomas von Aquins mit den Denkbemühungen der neuzeitlichen, besonders auf Kant zurückgehenden, Transzendentalphilosophie herzustellen. R. kam 1936 nach Innsbruck und wurde am 19. Dez. 1936 von der Theologischen Fakultät mit der Arbeit »Den Ursprung der Kirche aus der Seitenwunde Jesu Christi nach den Aussagen der Kirchenväter« promoviert. Am 1. Juli 1937 wurde er von der Innsbrucker Theologischen Fakultät aufgrund von früher veröffentlichten wissenschaftlichen Untersuchungen habilitiert. Als Privatdozent hielt er Vorlesungen über Dogmatik. Aus seinen Vorträgen bei den Salzburger Hochschulwochen 1937 entstand sein Buch »Hörer des Wortes« (1941). Es bildet die religionsphilosophische Grundlage seines Denkens. In St. Andrä legte R. am 15. Aug. 1939 die letzten Gelübde im Jesuitenorden ab. Im Oktober 1939 hoben die Nationalsozialisten das Innsbrucker Jesuitenkolleg auf. R. wurde mit seinen Mitbrüdern aus Tirol ausgewiesen und sie erhielten »Gauverbot«. Der Wiener Prälat Karl Rudolf (1886-1964) bot Rahner Unterschlupf, der an der geheimen ordensinternen Ausbildung mitwirkte. Als Ordinariatsrat wurde R. Mitarbeiter des Wiener Seelsorgeinstituts. Zwischen 1939 und 1944 unternahm er zahlreiche Vortragsreisen, so nach Leipzig, Dresden, Straßburg und Köln. In dieser Zeit beschäftigte R. sich hauptsächlich mit der Philosophie Heideggers sowie mit Problemen der Laien in der Kirche. Da die russische Front im Sommer 1944 näher rückte, mußte R. Wien im Juni verlassen. Er war bis August 1945 in Mariakirchen (Niederbayern) als Seelsorger tätig. — Nach dem Einmarsch der Amerikaner wurde R. als Dozent für Dogmatik an die Ordenshochschule der Jesuiten nach Pullach berufen. Bis 1948 hielt er daneben auch theologische Kurse im Bildungswerk München. Im August 1948 kam er wieder nach Innsbruck und wurde am 30. Juni 1949 zum ordentlichen Professor für Dogmatik und Dogmengeschichte ernannt. R. hielt zahlreiche Vorträge im In- und Ausland sowie in Rundfunk und Fernsehen. 1954 wurde er Mitglied der Philosophischen Gesellschaft Löwen. — Zwischen 1957 und 1968 gab er - zusammen mit Josef Höfer (Rom) die 2. Auflage des »Lexikons für Theologie und Kirche« heraus. Ab 1958 erscheinen die »Quaestiones disputatae«, eine Reihe theologischer Monographien. Seit 1954 wurden die wichtigsten Aufsätze R., die in vielen Zeitschriften verstreut waren, zusammengefaßt als »Schriften zur Theologie« (16 Bände bis 1984). Wichtig auch die von R. mit herausgegebenen Nachschlagewerke »Handbuch der Pastoraltheologie« (1964-1972) und »Sacramentum Mundi. Theologisches Lexikon für die Praxis« (1968-1969). — Obwohl ihn Mitglieder der Kurie jahrelang scharf angriffen und er zeitweise mit Rede- und Publikationsverbot belegt worden war, wurde er 1960 als Konsultor in die Kommission De sacramentis berufen, die das Zweite Vatikanische Konzil vorbereitete. 1962 begleitete er den Wiener Kardinal Franz König als Fachtheologe (Peritus) nach Rom zum Konzil. R. gab dem Vaticanum ganz entscheidende Impulse. 1964 wurde er als Nachfolger Romano Guardinis auf den Lehrstuhl für Christliche Weltanschauung und Religionsphilosophie an die Universität München berufen. 1967 folgte R. einem Ruf als Ordinarius für Dogmatik und Dogmengeschichte an die Universität Münster in Westfalen. 1969 wurde er Mitglied der Internationalen Theologenkommission in Rom, die er aber bald wieder verließ, da er seine Vorstellungen nicht durchsetzten konnte. Aus gesundheitlichen Gründen ließ er sich am 3. Sept. 1971 emeritieren. Ab Okt. 1971 war er als Honorarprofessor für Grenzfragen von Theologie und Philosophie an der Jesuitenhochschule in München und ab 18. Juni 1972 für Dogmatik und Dogmengeschichte in Innsbruck tätig. — Von 1971-1975 gehörte er der Glaubenskommission der Deutschen Bischofskonferenz und der Synode der Bistümer der BRD an. Daneben war er immer wieder auf Vortragsreisen. Aus dieser thematischen Vielfalt bei Pfarreien, Exerzitien, Predigten, Besinnungstagen, wissenschaftlichen Tagungen und Gutachtertätigkeiten resultieren auch seine umfangreichen Themenstellungen. 1982 zog er um in das Innsbrucker Jesuitenkolleg. R. wurden aus aller Welt zahlreiche Ehrungen zuteil, darunter u. a. 15 Ehrendoktorate. Seit 1964 erschienen zu seinen runden Geburtstagen mehrere Festschriften. — R. starb am 30. März 1984 in Innsbruck an Herzversagen. Seine letzte Ruhestätte fand er in der Gruft der Innsbrucker Jesuitenkirche. Seine Bibliographie umfaßt mehr als 4000 Veröffentlichungen, darunter etwa 30 Bücher, die zumeist in viele Sprachen übersetzt wurden. Seit 1995 erscheinen R. »Sämtliche Werke«. R. gehörte zu den einflußreichsten deutschen Theologen des 20. Jahrhunderts und hatte maßgeblichen Anteil am Aufbruch der katholischen Kirche in das moderne Zeitalter. Seit 2008 wird der Nachlaß R. im Karl-Rahner-Archiv in München verwahrt, welches ein Teil des Archivs der deutschen Provinz der Jesuiten ist.

Bibliographien und Festschriften: Roman Bleistein/ Elmar Klinger, Bibliographie Karl Rahner 1924-1969, Freiburg i. Br. 1969; Roman Bleistein, Bibliographie Karl Rahner 1969-1974, Freiburg i. Br. 1974; Christentum innerhalb und außerhalb der Kirche. Karl Rahner zugeeignet, hrsg. von Elmar Klinger, Freiburg i. Br. (QD 73) 1976, Wagnis Theologie. Erfahrungen mit der Theologie Karl Rahners. Karl

Rahner zum 75. Geburtstag am 5. März 1979, hrsg. von Herbert Vorgrimler, Freiburg i. Br. 1979; Glaube im Prozeß. »Christsein nach dem Zweiten Vatikanum«. Für Karl Rahner, hrsg. von Elmar Klinger u. Klaus Wittstadt, Freiburg i. Br. 1984; Karl Rahner in Erinnerung, hrsg. von Albert Raffelt, Düsseldorf (Freiburger Akademie-Schriften 8) 1994. Eine ausführliche und ständig aktualisierte Bibliographie befindet sich auf dem Server der Universitätsbibliothek Freiburg unter: http://www.ub.uni-freiburg.de/referate/04/rahner/rahnersc.pdf.

Werke (in Auswahl): Geist in Welt. Zur Metaphysik der endlichen Erkenntnis bei Thomas von Aquin, Innsbruck 1939, 2. Aufl. im Auftrag des Verfassers überarbeitet von Johann Baptist Metz, München 1957; Hörer des Wortes. Zur Grundlegung einer Religionsphilosophie, München 1941, neu bearbeitet von Johann Baptist Metz, München 1963 und Freiburg 1971; Worte ins Schweigen, in: gestern - heute - morgen. Ein Lesebuch aus 60 Jahrgängen der Zeitschrift Frau und Mutter, hrsg. von Rosemarie Harbert, M. Dirks und R. Dirx, Düsseldorf 1979; Anselm Trescher [= Karl Rahner], Heilige Stunde und Passionsandacht, Innsbruck 1949; Neuausgabe, Freiburg i. Br. 1955; Von der Not und dem Segen des Gebetes, Innsbruck 1949, Freiburg i. Br. 1958 u. 9. Aufl. 1977 sowie mit einer Einführung von Rudolf Hubert und Roman H. Siebenrock, Freiburg i. Br. 2004; Enchiridion Symbolorum, definitorum et declarationum de rebus fidei et morum, begr. von H. Denzinger, 28. Aufl. bearb. von K. Rahner, Freiburg i. Br. 1952, 29. Aufl. ebd. 1953, 30. Aufl. ebd. 1955; Schriften zur Theologie, 16. Bde., Einsiedeln 1954-1984; Kleines Theologisches Wörterbuch, zus. mit Herbert Vorgrimmler, Freiburg i. Br. 1961 (mehrere Neuauflagen und Übersetzungen); Kleines Konzilskompendium. Alle Konstitutionen, Dekrete und Erklärungen des Zweiten Vaticanums in der bischöflich genehmigten Übersetzung, Freiburg i. Br. 1966; Grundkurs des Glaubens. Einführung in den Begriff des Christentums, Freiburg i. Br. 1976 (mehrere Aufl. und Übersetzungen); Strukturwandel der Kirche als Aufgabe und Chance, Freiburg i. Br. 1972; Einigung der Kirchen - reale Möglichkeit, zus. mit Heinrich Fries, Freiburg i. Br. 1983 (QD 100) 1984; Sämtliche Werke. Hrsg. von der Karl Rahner-Stiftung unter Leitung von Karl Kardinal Lehmann, Johann Baptist Metz, Karl-Heinz Neufeld SJ (bis Bd. 11), Albert Raffelt, Herbert Vorgrimler und Andreas R. Batlogg SJ (ab Bd. 16), Freiburg i. Br. 1995 ff. geplant 32 Bde., bis 2008 23 Bde. erschienen.

Lit. (in Auswahl): Albert Raffelt/Hansjürgen Verweyen, Karl Rahner, München 1997; — Karl Lehmann, Karl Rahner in: LThk Bd. 8, 3. Aufl. 1999, Sp. 805-808; — Günther Wassilowsky, Karl Rahners Beitrag zur Ekklesiologie des II. Vatikanums, Innsbruck, Wien (Innsbrucker Theologische Studien, 59) 2001; — Birgitta Kleinschwärzer-Meister, Gnade im Zeichen. Katholische Perspektiven zur allgemeinen Sakramentenlehre in ökumenischer Verständigung auf der Grundlage der Theologie Karl Rahners, Münster (Studien zur systematischen Theologie und Ethik, 26) 2001; — Michael Kappes (Hrsg.), Theologische Profile im 20. Jahrhundert. Karl Barth, Dietrich Bonhoeffer, Romano Guardini, Karl Rahner, Mainz 2001; — Karl Rahner in der Diskussion. Themen, Referate, Ergebnisse. Erstes und zweites Karl-Rahner-Symposion, hrsg. von Roman A. Siebenrock, Innsbruck-Wien (Innsbrucker Theologische Studien 56) 2001; — Herbert Vorgrimler, Karl Rahner verstehen, Neuausgabe Mainz 2002; — Andreas R. Batlogg u.a., Der Denkweg Karl Rahners. Quellen - Entwicklungen - Perspektiven, Mainz 2003; — David Berger (Hrsg.), Karl Rahner. Kritische Annäherungen (Quaestiones non disputatae 8), Siegburg 2004; — Karl H. Neufeld, Die Brüder Rahner. Eine Biographie, 2. durchges. u. erw. Aufl, Freiburg i. Br. 2004; — Herbert Vorgrimler; Karl Rahner. Gotteserfahrung in Leben und Denken, Darmstadt 2004; — Andreas R. Batlogg, Karl Rahner in Innsbruck. Aus der Wissenschaftsbiographie eines Jesuitengelehrten; zugleich ein Stück Fakultätsgeschichte, in: ZKTh 129 (2007), 397-422; — Hermann Häring, »Löscht den Geist nicht aus« (1 Thess 5,19). Zum Gedenken an Karl Rahner (1904-1984), in: Concilium 40 (2004), 484-494; — Harald Schöndorf (Hrsg.), Die philosophischen Quellen der Theologie Karl Rahners, Freiburg i. Br. 2005 (QD 213); — Andreas R. Batlogg (Hrsg.), Begegnungen mit Karl Rahner. Weggefährten erinnern sich, Freiburg i. Br. 2006; — Renata Zinkevičūtė, Karl Rahners Mystagogiebegriff und seine praktisch-theologische Rezeption, Frankfurt am Main u.a. 2007.

Gisela Fleckenstein

RANSOME, Edwin Rayner, * 28.6. 1823 in Colchester, † 17.5. 1910 in Wandsworth. Quäker. — Edwin Rayner Ransome wurde 1823 in Colchester geboren. Er war der Sohn von Richard und Eliza (geb. Wilder) Ransome. Von 1832 bis 1835 besuchte er in Neuwied die Schule der Herrnhuter. Im Laufe seines Lebens schloß er drei Mal die Ehe: 1853 mit Elizabeth Hunton (gest. 1854), 1859 mit Elizabeth Watlock und 1875 mit Jane Henrietta Dawson (gest. 1890). Aus der ersten Ehe ist ein und aus der zweiten Ehe sind acht Kinder hervorgegangen. Mit seiner letzten Frau besuchte er 1877 die deutschen Quäker in Minden, 1882 und 1894 folgten weitere Besuche alleine. Edwin Rayner Ransome 1910 verstarb in Wandsworth in seinem 86. Lebensjahr.

Werke: Letter of Edwin Rayner Ransome. In: British Friend, XLIV, 1, 1886, 16; The atonement. What early Friends said. What Friends said subsequently, what the scriptures say. London 1896.

Claus Bernet

REIMANN, Ignaz, Kirchenkomponist, * 27. Dezember 1820 Albendorf (poln. Wambierzyce), Schlesien. † 17.6. 1885 in Rengersdorf, Schlesien. Ignaz Reimann stammt aus bescheidenen Verhältnissen; sein Vater war Gastwirt und Musiker im schlesischen Marienwallfahrtsort Albendorf. Von ihm erhielt Ignatz den ersten Musikunterricht. Mit 12 Jahren konnte er für je-

des fehlende Instrument im Kirchenorchester einspringen. Von 1838 bis 1841 war Reimann Zögling des kath. Schullehrerseminars in Breslau. Dort kam er mit der von Josef Ignaz Schnabel gegründeten Breslauer Schule in Berührung. Der Seminar-Musikdirektor und Domkapellmeister Karl Schnabel erkannte Reimanns großes Talent und machte ihn zum Oberregens am Seminar. — Im Jahr 1843 holte ihn der Schulmeister und Kantor Joseph Seidelmann an seine Schule in Rengersdorf in der Grafschaft Glatz. Nach Seidelmanns Tod im Jahr 1852 übernahm Reimann dessen Doppelamt als Schulleiter und Kantor. Für Reimann begann eine überaus fruchtbare musikalische Schaffenszeit. Er schrieb eingängige, volkstümlich-innig geprägte Kompositionen für die im wesentlichen von Laien gepflegte Kirchenmusik in Schlesien und in den benachbarten Ländern. Zu dieser Zeit wurde Rengersdorf zum Schulungsort für angehende Kantoren, Organisten und Pädagogen. — Reimann zählt zu den bedeutendsten Musikern Schlesiens im 19. Jahrhundert. Er hinterließ ein umfangreiches Werk von ca. 800 Kompositionen, u. a. 74 Messen, 6 Choralmessen, 4 Oratorien, 24 Requiem und etwa 200 Kirchenliedern. Große Verbreitung fand seine Pastoralmesse C-dur op. 110, die so genannte »Christkindl-Messe«, im gesamten katholischen deutschsprachigen Raum und inzwischen auch darüber hinaus.

Werksverzeichnis: Das von Richard Scherer-Hall in den Jahren 1992-1994 erstellte »Ignaz Reimann Verzeichnis (IRV), Werke von Ignaz Reimann (1820-1885)«, liegt bislang lediglich als Excel-File vor. Siegmund Pchalek überarbeitete und ergänzte das IRV in seiner Dokumentation: »Ignatz Reimann (1820-1885). Leben und Werk. St. Augustin 2008«. Viele von Reimanns Werken sind zur Zeit unauffindbar; ein erheblicher Teil ging durch Kriegs- und Nachkriegswirkungen vermutlich endgültig verloren. Aus diesem Grund muß auch das überarbeitete Verzeichnis als unvollständig angesehen werden.

Lit.: Georg Ampft: Ignatz Reimann - ein Nachruf. In: Glatzer Heimatblätter 1920, Heft 4; — Josef Hoffmann: Ignatz Reimann und Dorflehrer in Rengersdorf. In: Denkwürdige Personen in der Grafschafter Geschichte, 3. Jg. 1925, S. 47; — Adam Langer: Ignaz Reimann. Ein schlesischer Tondichter. In: Schlesische Biographien. Glatz, Selbstverlag, Arnestus-Druckerei 1902. S.117-131; — Joseph Heimann: Ignatz Reimann der Komponist des Landeskirchenchores. Dieser nichtgedruckte Beitrag wird zitiert in: Paul Preis: Musik- und Theaterleben von Stadt und Kreis Glatz. Lüdenscheidt 1969, S. 77; — Paul Preis: Die Familie Reimann. Ignaz Reimann. In: Musik- und Theaterleben von Stadt und Kreis

Glatz. Band 2. Lüdenscheid 1967; — Paul Preis: Ignaz Reimann, Kirchenkomponist. In: Ostdeutsche Heimat. Jahrbuch der Grafschaft Glatz, 23. Jahrg. (1971). Lüdenscheid 1971. S. 29; — Siegmund Pchalek: Der Komponist Ignatz Reimann. In: Ziemia Klodzka (Glatzer Bergland) Nr. 158-160) 2004, S. 28; — Siegmund Pchalek: Ignatz Reimann (1820-1885). Leben und Werk. St. Augustin 2008; — Lucian Schiwietz: Musik und Musikleben in der Grafschaft Glatz. In: Jahrb. f. Deutsche und Osteurop. Volkskunde, Bd. 37, S. 103-122. Marburg 1994. — Paul Thamm: Die Tonkünstler der Grafschaft Glatz. In: Vierteljahresschrift für Geschichte und Heimatkunde der Grafschaft Glatz. Jahrgänge 1895-1897.

Norbert Bartonitschek

REINHARD, Paula, * 11. März 1850 in Koblenz-Ehrenbreitstein; † 18. Juni 1908 in Koblenz-Pfaffendorf war eine katholische Mäzenatin und Klostergründerin. — Pauline Franziska Elisabeth R., genannt Paula, war die zweite Tochter des aus Werden an der Ruhr (Essen) stammenden Justizrats, Laientheologen und Schriftstellers Franz Reinhard (1814-1893) und seiner Ehefrau Pauline Mittweg (1827-1850). Aufgewachsen in einem katholisch geprägten Elternhaus, erzogen als höhere Tochter, begeisterte sie sich früh für die Ideale des heiligen Franz von Assisi. Besonders geprägt wurde sie durch ihren langjährigen geistlichen Begleiter, den Kapuzinerpater Ignatius van Weldige (1830-1903). Der geplante Eintritt in das 1860 in Mainz gegründete Kloster der Kapuzinerinnen von der Ewigen Anbetung blieb ihr aus gesundheitlichen und familiären Gründen verwehrt. Die Sehnsucht nach einem Klosterleben hielt ein Leben lang und führte bei R., die 1872 als Terziarin in den Dritten Orden des Heiligen Franziskus aufgenommen wurde, zu einem klösterlich ausgerichteten Leben im Alltag. Dazu gehörten das Gebet der Tagzeiten (Breviergebet), regelmäßiger Empfang der Sakramente, Exerzitien sowie Begleitung durch einen geistlichen Seelenführer. Von 1897 bis zu ihrem Tod war der Trierer Bischof Michael Felix Korum ihr geistlicher Begleiter. — 1866 und 1870-1871 leistete sie Hilfe bei der Verwundetenpflege in einem Koblenzer Militärlazarett und wurde am 18.08.1872 mit der Kriegs-Denkmünze in Stahl für Nicht-Combattanten am Bande ausgezeichnet. Danach in der ambulanten Kranken- und Armenpflege und, zusammen mit Maria Le Hanne geb. Reichensperger (1848-1921), im Besuchsdienst für weibliche Strafgefangene in Koblenz und Siegburg tätig. In Ehrenbreitstein wurde sie »Engel des Tales« genannt. Wallfahrten und Reisen nach Belgien, Frankreich, Österreich und Italien - oft zusammen mit ihrer Schwester, der Dichterin Maria R. (1848-1919) - vertieften religiöse Erfahrungen. — Das nicht unbeträchtliche Familienvermögen setzten sie und ihre Schwester schwerpunktmäßig für zwei Klostergründungen ein: 1892 Niederlassung der Pallottiner in Koblenz-Ehrenbreitstein und 1904 Neubau des Klosters Bethlehem der Kapuzinerklarissen von der Ewigen Anbetung in Koblenz-Pfaffendorf; eine Gründung, die von Mainz aus erfolgte. Die Neu- und Umbauten wurden von ihrem Vetter, dem Berliner Regierungsbaumeister August Menken (1858-1903) geplant. Hinzu kamen großzügige finanzielle Unterstützungen an Koblenzer Pfarreien und verschiedene andere Klöster (u.a. kamen die Dienstmägde Christi aus Dernbach nach Pfaffendorf). — Sie starb nach einer Krankheit im Alter von 58 Jahren am 18. Juni 1908 in ihrem Wohnhaus (»Villa Emmaus«) in Koblenz-Pfaffendorf und wurde am 21. Juni 1908 auf dem dortigen Friedhof in der Familiengrabstätte beigesetzt. 1968 Überführung auf den Friedhof von Kloster Bethlehem.

Lit.: Johannes Jörgensen, Die Geschichte eines verborgenen Lebens, Freiburg i. Br. 1911 (und weitere Auflagen); — Johann Jacob Wagner, Coblenz-Ehrenbreitstein. Biographische Nachrichten über einige ältere Coblenzer und Ehrenbreitsteiner Familien, Coblenz 1923; — Maria Franziska von Hertling, Mutter Maria Ignatia von Hertling, Kapuzinerin der Ewigen Anbetung. Gründerin und erste Oberin des Klosters Bethlehem zu Koblenz-Pfaffendorf, Koblenz 1961; — Helene Hofmann, Meine Besuche bei der belgischen Stigmatisierten Rosalie Püt. Tagebuch einer Passion, Stein am Rhein 1990; — 100 Jahre Kloster Bethlehem 1904-2004, Lahnstein 2004; — Antonia Leugers, Eine geistliche Unternehmensgeschichte. Die Limburger Pallottiner-Provinz 1892-1932 (Pallottinische Studien zu Kirche und Welt Bd. 7), St. Ottilien 2004; — Anne Koelblin, August Menken (1858-1903). Späthistorist zwischen Köln, Berlin und Danzig, Petersberg 2004.

Gisela Fleckenstein

RICHARDSON, William Henry, * 30.4. 1829, † 24.6. 1895. Quäker. — Henry William Richardson wurde 1829 als Sohn von William und Eliza Richardson geboren. 1850 besuchte er die deutschen Quäker in Minden. Er arbeitete als Papierhersteller in Chisbury (Surry), lebte später auch in Jarrow-on-Tyne. 1874 veröffentlichte er das umsichtige Werk »Work of the Future for the Society of Friends«. In seinem 66. Lebensjahr verstarb er 1895.

Werke: Report on the manufacture of paper. In: Armstrong, W. G.; Bell, Lowthian; Taylor, John; Richardson, (William Henry) (Hrsg.): The industrial resources of the district of the three northern rivers Tyne, Wear, and Tees, including the reports on the local manufactures, read before the British Association, in 1863. With notes and appendices. Illustrated with maps, plans, and wood engravings. London 1864, 215-223; Work of the future of the Society of Friends. London 1874; Richardson, William; Miles, George T. J.: A history of Withernsea. With notices of other parishes in south Holderness in the East Riding of the country of York. Hill 1911.

Claus Bernet

RIEDLINGER, Helmut, Prälat, Domkapitular (1981-1988) Ehrendomherr (seit 1988), * 17.2. 1923 in Bohlingen (Landkreis Konstanz), † 14.5. 2007 in Freiburg i Br.. Nach dem Abitur in Konstanz (1941) Reichsarbeitsdienst in Polen, anschließend im WS 1941/1942 Beginn des Theologiestudiums in Freiburg. Seit April 1942 Soldat der Wehrmacht, im April 1945 von italienischen Partisanen gefangen genommen; für Riedlinger eine zeitlebens prägende Erfahrung, denn sein spontanen Satz »Tutti siamo figli di mamma« (Wir sind alle Söhne und Töchter einer Mutter) schützt ihn vor der drohenden Exekution durch die Partisanen. Aus der (beinahe) tödlichen Feindschaft des Krieges erwachsen tiefe lebenslange Beziehungen. Nachdem Riedlinger die letzten Kriegsmonate (nun quasi als Deserteur) bei einem italienischen Dorfpfarrer erlebt, schlägt er sich bis Rom durch; dort studiert er - nach kurzem Einsatz als Hilfskoch - an der Gregoriana Philosophie (Lizenziat 1948) und Theologie (Lizenziat 1952). Am 10.10. 1951 Priesterweihe in Rom. Nach einjähriger Tätigkeit als Vikar (in Breisach a. Rh) und anschließender Freistellung 1956 Promotion bei F. Stegmüller: Die Makellosigkeit der Kirche in den Hoheliedkommentaren des Mittelalters (Bibliotheksstudien in Paris, Brüssel, Venedig, Florenz und Rom). 1956-1958 Repetitor (Theologisches Konvikt Freiburg), 1958-1963 wissenschaftlicher Assistent (Dogmatisches Seminar der Universität Freiburg). Beschäftigung mit Ramon Llull (Pariser Schriften), 1963 Habilitation in Dogmatik und Theologiegeschichte (in lateinischer Sprache): »Quomodo artium magistri Parisienses saeculo XIV ineunte erga fidem se habuerint disquisitio (Bibliotheksstudien in Paris, Barcelona, Palma de Mallorca). 1964-

1988 Ordinarius für Dogmatik und Direktor des Raimundus-Lullus-Institutes der Universität Freiburg. 1978-1988 Mitglied im Priesterrat der Erzdiözese Freiburg, 1979 Ernennung zum päpstlichen Ehrenprälaten, 1981-1988 nicht residierender Domkapitular (Freiburg), 1988 Ernennung zum Ehrendomherrn (Freiburg). Langjährige seelsorgerliche Tätigkeit u.a. (mehrere Jahrzehnte) in der italienischen Gemeinde Emmendingen sowie als geistlicher Leiter der Legio Mariens der Erzdiözese Freiburg (1964-2002). — Promotion und Habilitation qualifizieren Riedlinger zeitlebens als profunden Kenner mittelalterlicher Philosophie- und Theologie(geschichte) und leiten ihn zudem zu den weiteren späteren Schwerpunkten seiner Hochschultätigkeit. Als Direktor des Raimundus-Lullus-Institutes der Universität Freiburg begleitet er - auch nach seiner Habilitation - die wissenschaftliche Edition der (lateinischen) Werke Ramon Llulls. Doch geht es Riedlinger nicht nur um Theologiegeschichte und (mittelalterliche) Quellenkunde. Llull wird ihm zum theologischen Modell: Begegnung, Dialog, wo nötig auch der Disput - so wie im 14. Jahrhundert zwischen islamischen und christlichen Denkern - bereichert, ja ermöglicht Theologie. Ab den 80er Jahren nimmt deshalb der Dialog zwischen den Naturwissenschaften und der Theologie einen immer stärkeren Stellenwert im wissenschaftlichen Handeln Riedlingers ein. Neben zahlreichen Dissertationen findet dieser Dialog Niederschlag in interdisziplinären Seminaren und Tagungen. Seine Hochschätzung Teilhard de Chardins ermöglicht Riedlinger den Brückenschlag zur (Evolutions)biologie (bes. C. Bresch), seine philosophiegeschichtliche Kompetenz erleichtert den Dialog mit der Physik (bes. H. Römer). Zeitweilig engagiert sich Riedlinger als wissenschaftlicher Beirat der Gesellschaft der Freunde Teilhard de Chardins und ihrer Zeitschrift »Perspektiven der Zukunft« sowie als Mitherausgeber der interdisziplinären Zeitschrift AGEMUS (1981-1983). Auch Riedlingers letzte Veröffentlichung widmet sich dieser Thematik: Gotteserkenntnis und Naturerkenntnis im Werke Pierre Teilhard de Chardins, in R. Isak, Glaube im Kontext naturwissenschaftlicher Vernunft, Freiburg 1997,152-168. Ein zunehmender Tinnitus hindert Riedlinger danach an weiteren Publikationen. Die Idee einer »Natürlichen Theologie« - auch hier lassen sich Bezüge zu Ramon Llull aufzeigen - und der mit dieser Idee verbundene methodologische Verzicht auf jüdisch-christliche Offenbarung ermöglichen Riedlinger den Dialog auch mit naturalistisch geprägten Denkansätzen (C. Bresch); Riedlingers hohe Wertschätzung der »Natürlichen Theologie« impliziert zugleich eine (bisweilen schmerzliche) Trennungslinie zur evangelischen Tradition. Obwohl sich Riedlinger stets den dogmatischen Denktraditionen verpflichtet fühlt (und er deshalb nicht wenigen als eher konservativer Vertreter seines Faches erscheint), bleibt er zeitlebens ein theologisch Suchender. Der religiöse Agnostizismus des späten Karl Rahner spricht ihn an. Weil Riedlinger die theologische Größe scholastischer Theologie kennt und schätzt, lehnt er deren neuscholastische Engführung entschieden ab. Und gerade weil er durch Promotion und Habilitation in der Geschichte der Theologie fest verwurzelt ist, erkennt er, daß sich Theologie stets neu zeitgemäß inkulturieren muß. Deshalb sucht Riedlinger im Dialog mit den Naturwissenschaften nach neuen tragfähigen theologischen Antworten. Riedlingers bescheidenes Wesen - nicht viele wissen von der musikalischen Begabung Riedlingers - und sein stets hoher Respekt gegenüber anderen Positionen machen ihn zu einem allseits wertgeschätzten Dialogpartner. Seine Bescheidenheit erklärt vermutlich auch, daß die Zahl seiner Monographien eher begrenzt bleibt. Hinzu kommt ein hoher persönlicher Anspruch an gesprochene und geschriebene theologische Sprache. Nicht wenige seiner Hörerinnen und Hörer überfordert Riedlinger, wenn es gilt, die Tiefe seines theologischen Suchens und die sprachliche Perfektion seiner Gedankengänge nachzuvollziehen. — Seine Dissertation über die Hoheliedkommentare des Mittelalters ebnet Riedlinger den Weg zu weiteren Orten seines theologischen Forschens: Seither sucht er nach Möglichkeiten glaubender Aneignung objektivierter religiöser Denktraditionen. Die Beschäftigung mit mittelalterlicher Schriftauslegung sensibilisiert Riedlinger, auch im 20. Jahrhundert theologische Rede glaubend zu verinnerlichen und damit zu verlebendigen. Eine historische, wissenschaftlich-rationale Schriftauslegung (und Dogmatik) verlangt für Riedlinger eine geistliche Aneignung. Riedlinger versucht deshalb den wörtlichen Schriftsinn geistlich weiterzuführen, um ihn so glaubend zu verinnerlichen, wobei seine geistliche Schriftauslegung metaphysisch-spekulatives Denken einbezieht. Riedlinger nähert sich hier einer »anthropologischen Wende« theologischer Rede - übrigens auch in einer ebenso kritischen wie respektvollen Auseinandersetzung mit E. Drewermann, den er sich zeitweise sogar als seinen Nachfolger an der Universität Freiburg vorstellen kann. Weil also theologische Rede für Riedlinger immer Aneignung fordert, wird Hermeneutik zur tragenden Kategorie seines theologischen Schaffens. Ein hermeneutisches Kompendium theologischer Schriftauslegung, für das er viel Vorarbeit leistet, bleibt jedoch unvollendet. Seinem mediävistischen Wissen verdankt Riedlinger eine hohe Wertschätzung gegenüber mystischen Wegen geistlicher Schriftauslegung, was nicht zuletzt in der Begleitung spezifischer Dissertationsprojekte seinen Niederschlag findet. Schließlich öffnen die mittelalterlichen Schriftauslegungen des Hohenliedes Riedlinger den Blick für den theologischen Reichtum mariologischer Traditionen - nicht in kontroverstheologischer Abgrenzung, wie gerade sein Vorwort zur Magnifikat-Auslegung Martin Luthers verdeutlicht -, sondern als katholisch-ekklesiologische Weiterführung geistlich-theologischer Schriftauslegung.

Werke: Die Makellosigkeit der Kirche in den lateinischen Hoheliedkommentaren des Mittelalters, Münster i.W. 1958; Raimundi Lulli Opera latina V: 154-155, Opera Parisiensia anno MCCCIX composita, Palma de Mallorca 1965. — Die ungedruckte Habilitationsschrift, Quomodo artium magistri Parisienses saeculo decimo quarto ineunte erga fidem se habuerint disquisitio, ist im Wesentlichen in der ausführlichen »Introductio generalis« [5-160] eingearbeitet; Geschichtlichkeit und Vollendung des Wissens Christi, Freiburg i.Br. 1966; Bibliographie Friedrich Stegmüller. Zum 70. Geburtstag am 8. Dezember 1972 überreicht von der Theologischen Fakultät der Albert-Ludwigs-Universität Freiburg; Raimundi Lulli opera latina VI: 156-167 Parisiis anno MCCCX composita (CC CM 33), Turnhout 1978; Jesus - Sohn der Jungfrau Maria, Freiburg i. Br. 1981; Einführung in: Das Magnifikat, verdeutscht und ausgelegt durch D. Martin Luther, Freiburg i. Br. 1982, 1-29; Vom Schmerz Gottes, Freiburg i. Br. 1983; Maria - Die Jungfrau, die Magd und die Mutter des Herrn, Freiburg i. Br. 1986.

Mit)herausgeber: Glaube und Demoskopie, Karlsruhe 1971; Die historisch-kritische Methode und die heutige Suche nach einem lebendigen Verständnis der Bibel, München/Zürich 1985; Kann man Gott aus der Natur erkennen? Evolution als Offenbarung, Freiburg i. Br. 1990.

Mitherausgeber wissenschaftlicher Reihen: Raimundi Lulli opera latina cura et studio Instituti Raimundi Lulli Universitatis Friburgensis. Corpus christianorum. Continuatio mediaevalis. Turnholt 1975ff; Freiburger theologische Studien (Bde. 86-155), Freiburg 1968-1993; Mystik in Geschichte und Gegenwart. Texte und Untersuchungen. Abteilung I. Christliche Mystik (Bde. 1-15), Stuttgart-Bad Cannstatt 1985ff.

Lit.: R. Isak, Gespräch zwischen Naturwissenschaften und Theologie, in Freiburger Forum, Juni 1988, 33; — M. Schmidt - F.Dominguez Reboiras, Von der Suche nach Gott. Helmut Riedlinger zum 75. Geburtstag, Stuttgart-Bad Cannstatt, 1998. Dort auch das vollständige Verzeichnis seiner Werke.

Rainer Isak

RIEGG, Ignaz Albert (von), *6. Juli 1767 in Landsberg, † 15. August 1836 in Augsburg, Domkapitular I. Klasse des Erzbistums München-Freising, Bischof von Augsburg (1824-1836), wurde 1824 in den persönlichen Adelstand erhoben. Für seine konziliante Haltung dem bayerischen Königshaus gegenüber ernannte ihn 1825 König Max I. Joseph zum »Reichsrat der I. Kammer der Ständeversammlung«. Und König Ludwig I. verlieh ihm 1830 das »Commandeurkreuz des Civilverdienstordens der Bayerischen Krone«. — Des späteren Bischofs von Augsburg Eltern waren der Weißgerber Ignatz Riegg (der jahrelang das Amt des Bürgermeisters von Landsberg bekleidete und dreimal verheiratet war) und dessen Ehefrau Theresia Schilk. Joseph Ignatz Alexius, so seine Taufnamen, verlor die Mutter bereits ein Jahr nach seiner Geburt. Über den weiteren Lebensweg schrieb sein langjähriger und vertrauter Mitarbeiter im Augsburger Domkapitel, Franz von Paula Baader: - »Er wurde... unter zwanzig Geschwistern sehr gottesfürchtig erzogen... Wegen seiner hervorragenden Geistesgaben, die er schon in der deutschen Schule (=Volksschule; M. B.) blicken ließ, bestimmte der Vater den hoffnungsvollen Knaben... zum Studieren. Den ersten Unterricht im Latein erhielt er in der lateinischen Schule seiner Vaterstadt, kam im Herbste 1781 in die Klosterschule zu Polling (Propstei regulierter Chorherrn nach der Regel des hl. Augustin; M. B.), und von da 1782 in das Seminar für Studirende nach München. Hier nahm sich des talentvollen Knaben und Jünglings liebevoll an - der durch mehrere Druck-

schriften rühmlichst bekannte, ausgezeichnete Professor der griechischen und lateinischen Literatur an der dortigen Lehranstalt und Canonicus regularis von Polling, Herr Franz Xaver Weinzierl... Diesem Manne und dessen väterlicher Leitung verdankt Ignaz Albert vornehmlich seine Bildung für alles Wahre, Schöne und Gute, und demnach im Grunde Das, was in der Folge aus ihm wurde« (Bader 1839, S. 4). — Nach dem frühen Tod des Vaters bat R. im Alter von 18 Jahren um Aufnahme in das Kloster Polling. Bei der Profeß 1788 erhielt er den Ordensnamen Albert, dem er nach Übertritt in den Weltklerus den Namen des Vaters voransetzte. Der damalige Propst Franz Töpsl erkannte die besondere Begabung des jungen Klosterbruders zur Physik, Mathematik und Astronomie und übertrug ihm die Aufsicht über das damals bedeutende »Physicalische Cabinet« sowie über das mit »den vortrefflichsten astronomischen Instrumenten versehene Observatorium« (Bader 1839, S. 6 f). Nachdem R. am 29. September 1790 zum Priester geweiht worden war, wurde ihm die dem Kloster Polling inkorporierte Pfarrei Oderding zur Pastorierung anvertraut. Bereits ein Jahr später unterrichtete der junge Ordensmann Physik und Mathematik am ehemaligen Jesuitengymnasium in München, das die Augustinerchorherren übernommen hatten. Im Jahre 1794 ging er als Professor für Mathematik und Physik an das ebenfalls von seinem Orden betreute ursprüngliche Jesuitengymnasium samt Lyzeum (= eine Art philosophischer Hochschule) in Neuburg a. d. Donau, »wo ihm 1798 das Rectorat der Lehranstalt, und 1799, nach Aufhebung des dortigen Lyceums, anstatt der Professur die Direction über die damals noch gesondert gewesenen Erziehungsinstitute, das adelige Colegium und das Seminar für die armen Studirenden übertragen wurde« (Bader 1839, S. 7). Wegen seinen ausgezeichneten praktischen Kenntnissen in Physik erhielt der junge Professor von der Provinzialregierung den Auftrag, alle staatlichen Gebäude mit Blitzableitern zu versehen, die bereits vorhandenen zu überprüfen und nötigenfalls ausbessern zu lassen. Darüber publizierte R. sogar einen Aufsatz mit dem Titel »Abhandlung über Gewitter und Blitzableiter«, der in den »Oettingischen Wochenblättern« (1801) abgedruckt wurde. — Da nach erfolgter Verweltlichung kirchlicher Güter, der sog. Säkularisation (1802/1803), für R. »nicht nur jener stete Zufluß, den er als Capitular von dem Stifte Polling bezogen, und bei seiner geringen Professorsbesoldung nöthig hatte, sondern mit Aufhebung des Klosters auch jene Versorgung verloren gegangen war, die ihn für den Fall des Alters und der Gebrechlichkeit gegen künftige Nahrungssorgen sicherte, so fanden Sich Seine Churfürstliche Durchlaucht Maximilian Joseph unterm 1. Juli 1803 auf dessen Bitte bewogen, dem wohlverdienten Director des adeligen Seminars und Schulrector Albert Riegg... die Pfarrei Allersberg zu verleihen, jedoch mit dem Auftrage, sie durch einen Vicar versehen zu lassen, und noch ferner an seiner Stelle in Neuburg zu verbleiben, wozu nur der päpstliche Stuhl die erforderliche Dispens, sondern auch das bischöfliche Ordinariat Eichstädt seine Einwilligung ertheilte« (Bader 1839, S. 13). Bereits Ende Oktober 1803 wurde R. unter Beibehaltung der Leitung des Studienseminars zum »Ober-Schul- und Studiencommisär« des Herzogtums Pfalz-Neuburg befördert. Als solcher setzte er sich für die Durchsetzung der allgemeinen Schulpflicht sowie der Errichtung von Feiertagsschulen ein. Außerdem leitete er die »finanzielle Ausstattung der Schulen, die Versorgung mit Büchern und die Hebung der (erbärmlichen) Lehrerbesoldung in die Wege« (Rolle 1986, S. 80). Und noch ein Amt kam hinzu: Am 12. August 1804 wurde ihm die Inspizierung und Oberaufsicht über die neugegründete sog. »Neuburger Provinzialbibliothek« (heute noch ein Juwel der großen Kreisstadt Neuburg a. d. Donau) übertragen, welche die Bestände der durch die Säkularisation aufgehobenen Klosterbibliotheken des ganzen Kreises Schwaben und Neuburg zusammenfaßte. Wenige Monate später, am 6. Dezember 1804, erhielt er die zu seinem Wirkungsort näherliegende Stadtpfarrei Monheim zugewiesen, wieder mit der Auflage, dieselbe unter seiner Oberaufsicht durch einen Vikar pastorieren zu lassen. — Juni 1807 wurden die beiden Schulkommissariate Neuburg und Eichstätt zusammengelegt und dem bisher nur in Eichstätt wirkenden Grafen Staremberg übertragen. R., der von dieser vom König Max I. Joseph getroffenen Entscheidung enttäuscht war, erhielt als Entschädigung den Titel eines »wirklichen königlichen geistlichen Rathes« verliehen. Folgend gab er alle seine Ämter zurück und widmete sich ausschließlich der Pfarrei Monheim, die er bis 1821 betreute: - »Als Seelsorger verband er mit dem ausgezeichnetesten Talente eines Kanzelredners, unverdrossenen Eifer in Erfüllung aller geistlichen Berufspflichten, besonders der Wohlthätigkeit gegen die Armen, deren sehr bedeutende Unterstützung die ganze Stadt dankbar erkannte. Seine Sorgfalt für die Schulanstalten, besonders für die von ihm selbst mit Eifer besorgte Feiertagsschule, für die Verschönerung des Gotteshauses, sein mit großem Kostenaufwande geführter Pfarrhofbau (zu seinem heutigen Aussehen; M. B.) sind Verdienst, welche sein Andenken stets lebhaft in dieser Pfarrgemeinde erhalten werden« (Bader 1839, S. 16 f). — 1809 entsandte ihn der König von Bayern vorübergehend als außerordentlichen Gesandten nach Vorarlberg, das 1805 Österreich neben Tirol als Folge des verlorenen Krieges an Bayern abtreten mußte. Mit großer patriotischer Hingebung unterzog sich R. dieser schwierigen Aufgabe. Seine »spinose Arbeit« (o.V. 1932, S. 53) bestand darin, die unter der überwiegend katholischen Bevölkerung und dem Klerus aufgekommene Unruhe zu untersuchen. Der Geistliche bereiste alle Landgerichte, versammelte die Kleriker um sich, »legte ihnen die Pflichten, welche so kritische Zeiten heischten, ans Herz, verwies sie ans Evangelium, mahnte sie durch Predigten und Privatvorträge das Volk zu belehren, die staatlichen Verhältnisse richtig zu schildern (d. h. dem Worte Gottes dienen, das den Gehorsam gegen die weltliche Obrigkeit befiehlt; M. B.) und ungescheut die Sprache der Vernunft gegenüber den Einflüsterungen politischer Leidenschaften und Verirrungen zu reden. Daneben ging freilich auch der andere Teil seiner Mission, jene Geistliche auszufinden, welche hartnäckig bei ihrer österreichisch vaterländischen Gesinnung blieben, sodaß Dr. Hirn, Verfasser des Buches ‚Vorarlberg Erhebung 1809'... den Ausspruch tat: ‚Pfarrer Riegg, eine traurige Gestalt im Talar, die sich herbeiließ, Spion gegen seine eigenen Standesgenossen zu werden'« (o. V. 1932, S. 53). Sein 20 Bogen umfassender Kommissionsbericht, der leider verschollen ist, im welchen der Verfasser auch mit großem Freimut auf die vielen behördlichen Mißgriffe hinwies, blieb nicht ohne Folge: - »Es war nämlich eine gründliche Säuberung des Klerus von österreichisch gesinnten Elementen erfolgt; am 29. Mai 1810 wurden... 45 Seelsorgsposten neu besetzt und bei dieser Gelegenheit eine nicht unbeträchtliche Anzahl von Ausländern eingeschoben... Auch unter dem Beamtenstand erfolgte damals eine gründliche Säuberung durch Neubesetzungen« (o. V. 1932, S. 54). — März 1821 wurde R. zum Stadtpfarrer der Hauptkirche »Unserer Lieben Frau« nach München berufen. Nach Errichtung des Erzbistums München-Freising ernannte man den Geistlichen zum »Domkapitular I. Klasse«, ferner zum »summus Custos der erzbischöflichen Kathedrale« und der religiös eher indifferente König Max I. Joseph erwählte ihn zu seinem Beichtvater. Als solcher fungierte er auch noch beim ältesten Sohn von König Max I. Joseph, dem nachmaligen König Ludwig I. Am 4. März 1824 ernannte der regierende König Domkapitular R., den der Monarch zu zunächst als Oberhirte von Eichstätt vorgesehen hatte, zum Bischof von Augsburg und »überreichte ihm den 27. Mai (1824; M. B.) hierauf zu Tegernsee Allerhöchsteigenhändig das Ritter-Kreuz des Civilverdienstordens mit den bedeutenden Worten: 'Zur Belohnung Ihrer Verdienste und zur Beschämung Ihrer Feinde« (Bayerisches Hauptstaatsarchiv, Adelsmatrikel Ritter R 13). Mit dieser Ordensverleihung war der persönliche Adel der Ritterklasse verbunden. Papst Leo XII. präkonisiete ihn am 24. Mai 1824 gegen den heftigen Widerstand des Münchener Nuntius Francesco Serra di Cassano, der den königlichen Bischofskandidaten als Aufklärer verdächtigte, des weiteren liberale Gesinnung und unkirchlichen Lebenswandel unterstellte. Am 11. Juni 1824 empfing R. durch Erzbischof Lothar Anselm von Gebsattel in der Münchener Frauenkirche die Bischofsweihe, Mitkonsekratoren waren Johann Michael Sailer und Ignaz Streber. Sieben Tage später wurde er im Hohen Dom von Augsburg inthronisiert. — Gleich zu Beginn seines Episkopates suchte der Neue Oberhirte den Weg zu Volk und Klerus zu finden und richtete sein Augenmerk »in erster Linie auf die Pfarrmatrikel und die Pfarr-Registratur. Ein beachtlicher Teil der Geistlichkeit übte diese amtliche Tätigkeit zur Zufriedenheit des Bischofs aus, doch häufig wurde die vorgeschriebene Form und die erforderliche Vollständigkeit vermißt (Witetschek o. J., S. 125f). Zu dem kämpfte R. um die Wiederherstellung des Benediktinerordens in Bayern. So ist u.a. auf seine Initiative die 1834 von König Ludwig I. genehmigte Eröffnung eines Priorats (heute Abtei) in Ottobeuren zurückzuführen: - »Als seelsorgerischer Hirte einer der größten Diözesen Deutschlands war er aufs eifrigste bemüht die Bildung des Volkes zu heben und zu beleben, und erkannte als das vorzüglichste Mittel hiezu, einen wissenschaftlich und aszetisch und sittenreinen Klerus seiner Diözese zu bilden. Daher schuf er zweckmäßige Einrichtungen für das Klerikalseminar in Dillingen, erwirkte bei König Ludwig I. die Herstellung des Benediktinerstifts St. Stephan in Augsburg 1825; sorgte, daß den Benediktinern St. Stephan das Gymnasium anvertraut wurde, wofür er weite Reisen nach Österreich und Ungarn unternahm, um aus den berühmten dortigen Benediktinerklöstern und Stiften wissenschaftlich taugliche Professoren für dieses Gymnasium zu erlangen und setzte es durch, daß eine Trennung des Gymnasialunterrichtes nach Religionsbekenntnis in Augsburg durchgeführt wurde... Sein Eifer für das Seelenheil der seiner Obsorge anvertrauten Diözesanen veranlaßte ihn, trotz großer Schwierigkeiten innerhalb 2 bis 3 Jahren die ganze Diözese selbsteigen zu visitieren« (o. V. 1932, S. 55 f). Nach Vollendung der Diözesanvisitation erließ R. einen Hirtenbrief mit »väterlichen« Ermahnungen und Belehrungen an alle Gläubigen seines Bistums, an die Kinder, an die bereits erwachsenen Söhne und Töchter, an die Eltern, an die Lehrer und Lehrerinnen, an die Ortsverbände, Gemeindeverwaltungen sowie Magistrate und schließlich an den Klerus. In seinem Hirtenbrief beklagte sich der Bischof über »Spuren des Verderbnisses« und über »manches Unkraut« im »Acker Gottes«: - »Man klagt nicht mit Unrecht - wiewohl manchmal mit Übertreibung - daß gegen die frühere einfache Sitte eine hoffärtige eitle Lebensart überhand nehmen wolle, die sich besonders in üppigem Kleiderputze bey der Jugend des männlichen, und vorzüglich des weiblichen Geschlechtes zeige. — Es offenbare sich - sagt man sehr laut - ein allzufreier, weniger züchtiger und ehrbarer Umgang zwischen den verschiedenen Geschlechtern, der eben in der eitlen Gefallsucht durch bessere Kleidung, als Stand und Vermögen gestatten, und in der Sorglosigkeit und strafbaren Nachsicht der Eltern und Dienstherrschaften seine Nahrung finde. Verschwinden wolle - fährt man fort - die alte Arbeitsliebe und Ämsigkeit, Treue und Redlichkeit im Umgange, in Handel und Wandel, in Erfüllung der Pflichten die Recht und Billigkeit von uns fordern; dagegen triebe man Üppigkeit und Müßigang, Leichtfertigkeit und Wohllust, und erlaube sich allerley List, Betrug und Unredlichkeit, - eine Folge hievon sey Ungehorsam gegen die Eltern, Ungehorsam gegen die bestehenden Verordnungen und Gesetze sowohl des Staates als der Kirche, und somit Nichtachtung der vor Gott gesetzten Obrigkeiten (Riegg 1832, S. 7 f). — Im sog. »Mischehenstreit« hatte sich R., verglichen mit anderen bayerischen Bischöfen (hier allen voran die hohen Würdenträger von den Diözesen München und Freising, Passau sowie Regensburg), sehr zurückgehalten. Streitpunkte waren die sog. »Kautelen«, d. h. die schriftliche oder eidliche Zusage, daß alle aus einer Mischehe stammenden Kinder katholisch erzogen würden. Jedoch die Königl. Regierung untersagte den katholischen Geistlichen die Einholung der »Kautelen«. Diesbezüglich gab die Augsburger Bischof kommentarlos die Anordnungen der Königl. Regierung, die auf dem Kapitel 3 des umstrittenen Religionsedikts von 1818 beruhten, an seine Geistlichen weiter, um etwaige Kollisionen mit Staat und König zu vermeiden: - »Demnach sollten die Pfarrer keine schriftlichen Festlegungen über die künftige katholische Kindererziehung von den Brautleuten verlangen. Waren sie jedoch nicht willens, die Kinder katholisch zu erziehen, so sollte die Trauung dem protestantischen Pfarramt überlassen werden« (Witetschek o. J., S.208). — Schon längere Zeit litt der Oberhirte an schweren Unterleibsschmerzen. Vergebens suchte er Heilung in Bad Gastein. Am Sonntag, den 7. August 1836, verlangte der Todgeweihte nach den Sterbesakramenten; acht Tage später wurde er von seinem Leiden erlöst. Die großartige Leichenfeier, der ein dreitägiges Geläute aller Glocken der Stadt folgte, fand am 19. August 1836 statt. Die protestantische Geistlichkeit brachten R., der sich während seiner Amtszeit um Entspannung zwischen den beiden christlichen Konfessionen bemühte, ihren Respekt und Dank zum Ausdruck, in dem sie der feierlichen Beerdigung in ihrer Amtstracht beiwohnten. Seine letzte Ruhestätte fand der Bischof, seinem Wunsch gemäß außerhalb der Gertrudiskapelle im Hohen Dom von Augsburg: »'Ein gewöhnlicher Pflasterstein mit Inschrift meines Namens bezeichnet den Ort meines Grabes.' Wie vom Bischof letztwillig verfügt, so geschehen. Der Pflasterstein - völlig unbeachtet - ist heute noch im Umgang des Kapellenkranzes zu sehen« (Rolle o. J., S. 109).

Werke (Ausw.): Trauerrede zum Gedächtniß des Durchlauchtigsten Fürsten und Herrn Johann Aloys II. des heil. Röm. Reiches regierenden Fürsten zu Oettingen-Oetingen und Oettingen-Spielberg, gehalten den 10. July 1797, Oettingen 1797; Rede bei der Vermählungsfeier Seiner Durchlaucht des Herrn Fürsten zu Oettingen-Spielberg Johann Alois und Amalie Gräfin zu Wrede, gehalten am 31. August 1813, Oettingen 1813; Der hohe Werth der Kinder. Eine Predigt am Geburtstage des hl. Johannes des Täufers, Oettingen 1817; Predigt am 15then Sonntage nach Pfingsten bey der Publikation der Cirkumscriptions-Bulle der neuen Diözese, gehalten in der Meropolitankirche zu U.L.F, München 1821; Anrede, welche Seine bischöfliche Gnaden der Hochwürdigste Herr Herr Ignaz Albert v. Riegg, Bischof von Augsburg, am 18. July 1824 bey seiner Einführungsfeier in Seine Kathedralkirche daselbst gehalten hat, Augsburg 1824; Hirtenbrief des Bischofs von Augsburg, Ignaz Albert v. Riegg, an alle Gläubigen seines Bisthums nach vollendeter Diözesan-Visitation, Augsburg 1832.

Lit. (Ausw.): Baader, F. v. P.: Erinnerungen an Ignaz Albert von Riegg, Bischof von Augsburg. Eine kurze Geschichte seines Lebens und Wirkens, Augsburg 1839; Gatz, E. (Hrsg.): Die Bischöfe der deutschsprachigen Länder 1785/1803bis 1945, Berlin 1983, S. 620 f; Historische Commission bei der Königl. Akademie der Wissenschaften (Hrsg.): Allgemeine Deutsche Biographie, 28. Bd., Reinbeck-Rodbertus, Leipzig 1889, S. 548 f; Körner, H. M. (Hrsg.): Große Bayerische Enzyklopädie, 2. Bd., München 2005, S. 1609Kosch, W.: Das Katholische Deutschland. Biographisch-Bibliographisches Lexikon Rehland-Schlüter, Augsburg o. J., Sp. 3962; Maier, A.: Bischof Riegg, ein berühmter Landsberger, in: Landsberger Geschichtsblätter, Jhg. 38 (1948), S. 29 ff, Jhg. 39 (1949), S. 52 ff.; Rolle, Th.: Ignaz Albert (von) Riegg (6. Juli 1767-15. August 1836). Eine Bischofsgestalt zwischen Aufklärung und kirchlicher Erneuerung, zum 150. Todestag, in: Jahrbuch des Vereins für Augsburger Bistumsgeschichte e. V., Jhg. 20 (1986), S. 70 ff.; Schabacker, J.: Stadtpfarrer und Renovierer des denkmalgeschützten Pfarrhofes in Monheim sowie Verschönerer der Pfarrkirche St. Walburga. Ignaz Albert von Riegg (1767-1836) erlebte eine wechselvolle Karriere - der Seelsorger und Lehrer steigt bis zum Bischofamt auf, in: Monheimer Stadtzeitung, Jhg. 4 (2007), Nr. 11, S. 13 u. Nr. 12, S. 13Witetschek, H.: Studien zur kirchlichen Erneuerung im Bistum Augsburg in der ersten Hälfte des 19. Jahrhunderts, Augsburg o. J., S. 14 ff.; o. V.: Ignaz Albert von Riegg ehemaliger Bischof von Augsburg 1824-1836, in: Neuburger Kollektaneen-Blatt, Jhg. 1000 (1935), S. 47 ff.

Archive: Archiv des Bistums Augsburg, 86152 Augsburg; Bayerisches Hauptstaatsarchiv, 80539 München; Ida-Seele-Archiv, 89407 Dillingen/Donau.

Webseiten: http://de.wikipedia.org/wiki/Ignaz_Albert_von_Riegg (20.2.2008); — http://de.wikisource.org/wiki/ADB: Riegg%2C_Ignaz_Albert_v. (20.2.2008).

Manfred Berger

RIVIUS, Jo(h)annes: latinisierte Namensform; flämischer Name: Jean van der Rivieren; französische Form: Jean du Rieu. — Niederländischer Augustinereremit (1599-1663). — Johannes R. wurde am 11. Juli 1599 in Löwen geboren. Sein Vater Gérard du Rieu war Buchdrucker in der Universitätsstadt Löwen und sein Mutter Jeanne Boogaerts Tochter eines Buchdruckers aus Löwen. Ab 1612 besuchte Johannes mit seinen Brüdern das neugegründete Gymnasium der Augustiner in Löwen. Dort hatte er Michael Paludanus zum Lehrer, der einige Jahre später im Streit um den Jansenismus eine bedeutende Rolle spielen wird. 1614 trat R. in den Konvent der Augustinereremiten als Novize ein. Nach der Profeß im folgenden Jahr verließ R. zunächst zum Philosophiestudium Löwen, kam aber 1617 zurück, um sein Theologiestudium aufzunehmen, das er zunächst als Baccalaureus abschloß. Nach seiner Priesterweihe 1623 ging R. zunächst nach Brüssel, um am dortigen Augustinerkonvent Philosophie zu lehren. 1627 wurde R. zum Professor für Moraltheologie am Konvent von Maastricht berufen. Sein dortiger Rektor, Ignatius De Rijckere, war R. zunächst freundlich gesonnen, sollte aber später ein Gegner von ihm werden. Seine Mitbrüder schickten R. 1628 als Vertrauensmann zum Provinzialkapitel. In dieser Zeit erschien das erste Buch des R., eine Sammlung von Gelegenheitsgedichten, mit dem Titel »F. Ioannis Rivi augustiniani poemata« (Anvers, Henri Aertssens, 1629), das er seinem Freund Gérard Corselius gewidmet hatte. Nachdem R. in Löwen das Lizentiat in der Theologie erlangt hatte, unterrichtete er 1630 Moraltheologie in Tournai. Wiederum schickten ihn seine Mitbrüder 1631 als Vertrauensmann zum Provinzialkapitel. Der neue Provinzial, Cornelius Curtius, machte R. zu seinem Sekretär und das Kapitel erlaubte ihm, in der Theologie zu promovieren. 1631 gab R. seine lateinische Übersetzung eines von einem seiner

Mitbrüder in französischer Sprache verfaßten geistlichen Traktats zur Erbauung der Mitbrüder in der Ordensprovinz heraus. Der Traktat trägt den Titel »Zodiacus mysticus sive analogia zonae augustinianae et coelestis, quam variis et amoenis sermonibus gallice exaravit R. P. Carolus Moreau, Ord. Eremit. S. Augustini, latine reddidit F. Joannes Rivius, ejusdem Ordinis, in gratiam sodalitatis zonigerae. Accessit panegyrus D. Aur. Augustino dictus, in feriis eiusdem« (Tournai, Adrien Quinqué, 1631). 1632 wurde R. auf einem Zwischenkapitel zum Subprior des Konvents in Löwen gewählt. 1634 nahm er wieder am Provinzialkapitel teil, auf dem sein späterer Gegner Michael Paludanus zum Provinzial gewählt wurde. Als 1635 holländische und französische Truppen in Löwen einfielen, verfaßte R. anonym einen Bericht über diese Ereignisse: »Diarium obsidionis Lovaniensis ab exercitu Gallico et Batavico, auspiciis Frederici Henrici Principis Auriaci. In quo quae in Urbe potissimum & foris etiam gesta, a vigesima die Iunij usque ad quintam Iulii, Anno 1635« (Louvain, Pierre Pangaerts, Erycius Rivius, 1635). 1637 verlor er seinen Freund, den ehemaligen Provinzial Cornelius Curtius, der mit 47 Jahren in Waasmünster starb und in Brüssel beerdigt wurde. Ihm widmete R. ein »Epicedium admodum Reverendi in Christo Patris Cornelii Curtii, Ord. Eremit. S. Augustini S. Th. Licentiati, conventum Ingolstadiensis, Pragensis S. Catherinae, Viennensis, Bruxellensis ex Priore, Provinciae Belgicae ex Magistro Provinciali, Bavaricae ex Visitatore Generali, Sac. Caesar. Maiest. Consiliarii & Historiographi & S. C. Qui obiit VII Id. Octob. 1638, Aet. 47« (Louvain, Juste Coppens). Auf dem Kapitel von 1640 wurde R. zum Prior des Konvents von Liège gewählt, so daß er die ersten Auseinandersetzungen mit dem Jansenismus in Löwen nicht aus nächster Nähe mitbekam. Dort gerieten die beiden Augustinereremiten Michael Paludanus und Christian Lupus mit ihren Thesen, die sie an der Löwener Universität vertraten, in Verdacht, den Jansenismus zu stützen. Von 1643-1646 war R. Provinzial der Augustinereremiten. Während dieser Zeit wurde er denunziert, er habe die anderen Prioren seines Ordens in den Niederlanden zur Unterzeichnung einer Schrift verleitet, die er zur Verteidigung des Augustinus-Kommentars von Cornelius Jansenius veranlaßt habe. Damit geriet er in den Verdacht, sich gegen die Beschlüsse des Heiligen Stuhles zu stellen, da Papst Urban VIII. 1642 in der Bulle »In eminenti« (1643 promulgiert) den Kommentar des Jansenius verboten hatte; schon zuvor hatte es Dekrete »De auxiliis« gegeben, daß keine theologischen Traktate mehr über die Gnadenlehre ohne die Zustimmung des Heiligen Offiziums veröffentlicht werden durften. In der Folgezeit mußte sich R. immer wieder gegen den Verdacht, die Jansenisten zu unterstützen, verteidigen, und zwar gegenüber seinen eigenen Ordensgenerälen und gegenüber der Kölner Nuntiatur. Aus dieser Zeit ist eine große Briefsammlung von R. erhalten. Die Briefe lassen sich nach Adressaten gruppieren: a) Briefe an den Rechtsgelehrten Etienne Weyms (1553-1633), seit 1611 Professor in Löwen, und an dessen Schwager Gérard de Courselle (1568-1636), der sich als Jurist besonders in der Universitätsverwaltung hervortat und mit Jansenius korrespondierte; b) Briefe an Fabio Chigi, den päpstlichen Nuntius von Köln, und an dessen Vorgänger; c) Briefe an die Ordensgeneräle der Augustinereremiten. Nach seinem Provinzialat gab Rivius eine Augustinusvita heraus, möglicherweise um sich den Erzbischof Boonen gewogen zu machen, der es als seine Aufgabe betrachtete, das Glaubensleben seines Klerus zu reformieren. Der Titel lautete: »Vitae D. Aurelii Augustini, Hipponensis episcopi et Ecclesiae Doctoris eximii, ex operibus eius concinnatae, rerumque ab eo gestarum et scriptarum libri quatuor. In quibus Historiae Africanae, Manichaeorum item, Donatistarum, Arianorum, Pelagianorum aliarumque haereseon Synopsis: Omnibus Augustini libros legere et intelligere volentibus necessaria. Studio et industria Reverend. P. Ioannis Rivii, S. Theol. Doctoris et Professoris, Ord. Eremitarum S. Augustini per Germaniam inferiorem prioris provincialis« (Antverpiae, Hieronymus Verdussen, 1646). Von diesem Werk ließ Alexander VII. einen Absatz aus dem 4. Buch auf den Index setzen. Nach weiteren Auseinandersetzungen mit Paludanus, De Dijckere und De Coninck, die besonders darum bemüht waren, den Jansenismusverdacht von sich abzuwälzen und auf andere zu lenken, mußte Rivius Brüssel verlassen. Er verwendete seine Zeit des Rückzugs nach Löwen dazu, eine Geschichte Belgiens zu verfassen, die er Johan-

nes von Österreich widmete: »Rerum Francicarum decades quatuor, in quibus historia gentis ab origine; imperii Belgarum exordium, progressus et bella aliaque memorabilia usque ad annum M. D., auctore I. R., Lovaniense« (Bruxelles, Martin de Bossuyt, 1651). Ferner verfaßte R. eine Chronik des Augustinerordens: »Rerum coenobii Lovaniensis Ordinis Eremitarum S. P. Augustini, aliarumque intercurrentium, aeculum primum, qu´il poussa jusqu´à l´année 1379«. Diese Chronik wurde allerdings nicht veröffentlicht; das Manuskript befindet sich im Augustinerkonvent von Gand. Die führenden Aufständischen hatten jedoch weiterhin Angst vor dem Einfluß R.s. Um ihn auszuschalten, wandten sie sich an den neuen Internuntius Andreas Mangelli, den Nachfolger Bichis. Sie versuchten ihn davon zu überzeugen, R. wolle die Abwesenheit des Ordensgenerals, der sich auf einem Generalkapitel in Rom befand, nutzen, um seine Wahl zum Provinzial auf dem nächsten Provinzkapitel vorzubereiten. Da Mangelli vorhatte, den Jansenismus vor allem in Löwen auszurotten, war auch er daran interessiert, R. und Christian Lupus kaltzustellen. Albizzi wandte sich an den Augustinergeneral Visconti, R. dürfe nicht Provinzial von Brabant oder Flandern werden. Daraufhin wurde R. in Rom vorgeladen, um dem Jansenismus abzuschwören. Da eine längere Krankheit ihn an der Reise hinderte, verteidigte er sich mehrmals schriftlich und *legte* Bekenntnisse für seine Rechtgläubigkeit ab. Ende Januar 1655 verließ er Löwen, um nach Köln ins Exil zu gehen, während Lupus nach Rom ging. In Köln wollte ihn Chigi nicht aus den Augen lassen. R. unternahm einige Anstrengungen, um sich den neuen Papst Alexander VII. gewogen zu machen und wieder nach Liège oder Löwen zurückkehren zu können. September 1655 fand das nächste Provinzialkapitel in Liège statt. Wieder gab es Warnbriefe von R` Gegnern, der Ordensgeneral möge R. als Provinzial verhindern. Gewählt wurde Petrus Damasus De Conick, der früher ebenso wie Rivius und Paludanus Jansenist gewesen war. Christian Lupus gelang es während seines Exils in Rom, daß das Mißtrauen des Heiligen Stuhles gegen die ehemaligen Jansenisten in Belgien geringer wurde. Von seinem Einfluß profitierte auch R. Ihm wurde die Rückkehr genehmigt: Aus Gästelisten wird ersichtlich, daß er in den folgenden Jahren beim Löwener Klerus geladen war. Briefe aus seinen letzten Lebensjahren zeigen, daß R. bis zu seinem Tod sowohl mit Sympathisanten des Jansenismus als auch mit dessen Gegnern Kontakte pflegte. R. starb an Allerheiligen 1663, auf einer Reise kurz nach Ankunft in Regensburg, im Alter von 65 Jahren.

Werke: F. Ioannis Rivi augustiniani poemata, Henri Aertssens, Anvers 1629 (Paris, Bibliothèque nationale 8 - BL - 5956 (1)); Rerum Francicarum decades quatuor, in quibus historia gentis ab origine; imperii Belgarum exordium, progressus et bella aliaque memorabilia usque ad annum M. D., auctore I. R., Lovaniense, Martin de Bossuyt, Bruxelles 1651 (Paris, Bibliothèque nationale 4 - L35 - 108; ebd. 4 - H - 2587); Rerum coenobii Lovaniensis Ordinis Eremitarum S. P. Augustini, aliarumque intercurrentium, aeculum primum, qu´il poussa jusqu´à l´année 1379, Louvain 1651, in: Annales conventus Lovaniensis IV (Appendix), fol. 1-132; D. Thomas a Villanova, cognomento Eleemosynarius, ex ordine Eremitarum D. Augustini, archiepiscopus Valentinus, Sanctorum catalogo adscriptus. A. R. P. Joanne Rivio. Ord. Erem. S. Augustini carmine heroico expressus & S. D. N. Alexandro VII, Pontifici Opt. Max., dicatus, George Lipsius, Louvain 1659 (Paris, Bibliothèque nationale 8 - 00 - 287).

Briefe: Paris, Bibliothèque nationale, ms. at. 8899 (Briefe an Corselius und Weyms); Biblioteca Vaticana, Chigiana lat., B. I. 6 (Briefe an Fabio Chigi); Archivi Vaticani, Archivio della nuntiatura in Colonia, Tomus 1, 181-182 (Briefe an den Vorgänger); Rom, Biblioteca Angelica, 280 (Briefe an Ordensgeneräle); Rom, Santa Monica, Cc 52; Dd 86 (Briefe an Ordensgeneräle).

Lit.: M. Albert, Nuntius Fabio Chigi und die Anfänge des Jansenismus 1639-1651. Ein römischer Diplomat in theologischen Auseinandersetzungen, Rom - Freiburg - Wien 1988; — F. Camerlynckx, L´Université de Louvain depuis le dernier quart du XVIe siècle jusqu´à la »visite« des archiducs Albert et Isabelle (1575-1617), in: L. van der Essen (Hrsg.), Cinquième centenaire de la fondation de l´ancienne Université de Louvain (1426-1926). L´Université de Louvain à travers cinq siècles: études historiques, Brüssel 1927, 31-64; — L. Ceyssens, L´enquête officielle faite en 1644 dans les diocèses des Pays-Bas sur le scandale causé par l´Augustinus de Corneille Jansénius, in: Archivum Franciscanum historicum 43, 1950, 68-160; — Ders., Michel Paludanus. Ses attitudes devant le jansénisme, in: Augustiniana 5 (1955) 125-162; 205-240; 325-361; ebd. 6 (1956) 849-899; — Ders., Les progrès de l´antijansénisme aux Pays-Bas (1647-1656), in: Chroniques de Port-Royal. Bulletin de la Sociéte des Amis de Port-Royal 10, 1959, 22-129; — Ders., La première bulle contre Jansénius, I, Brüssel, 1962; — Ders., L´Augustin Jean Rivius. Ses accointances avec le jansénisme, in: Augustiniana 17 (1967) 209-273.402-442; — L. Cognet, Le jansénisme, Paris 1961 (²1991); — A. Legrand, L. Ceyssens, La correspondance antijanséniste de Fabio Chigi, nonce à Cologne, plus tard pape Alexandre VII, Brüssel - Rom 1957; — Dies., Documents romains concernant certains Augustins belges à l´époque du premier jansénisme, in: Augustiniana 8 (1958) 200-236.328-355; — E. Reusens, Documents relatifs à l´histoire de l´université de Louvain 5, Löwen 1889-1892, 288; — N. Teeuwen, Het College der Augustijnen te Leuven, in: Augustiniana 1, 1951, 48-74; — L. Willaert, Bibliotheca Janseniana Belgica, Répertoire des imprimés concernant les controverses théologiques en relation avec le jansénisme dans les Pays-Bas catholiques et le Pays de Liège aux XVIIe et XVIIIe siècles, Vol. I-III, Namur - Paris 1949-1951 (Bibliographie) ; — J. Wils, Obituaire des augustins de Louvain, in: Analectes pour servir à l´histoire ecclésiastique de Belgique 14, 1903, 423-424.

Tanja Thanner

ROBERT *von Courson* (Robert von Courçon, Curson, Chorcon; Robertus de Corson, de Cursone, de Courzon, de Curzon, de Chorceone, de Corceto, de Curceto, de Cursim, de Cursone; Robertus Cursus, Curtonus), Kardinal, Diplomat, * um 1155, England, † 6.2. 1219, Damiette. — R. stammte aus anglo-normannischer Familie in Notre-Dame-de-Courson (Normandie), die 1086 in Berkshire über Landbesitz verfügte (die Namensform Robertus de Corson ist durch das Kardinalssiegel bezeugt: Douët d'Arcq 1867). Die angebliche Herkunft von der Familie Curzon aus Kedleston oder Croxhall (Derbyshire) ist eine späte Erfindung (Sayers in ODNB, anders Maleczek 1984). Nach Studien in Oxford (?), in Paris bei Petrus Cantor (1190-1195 laut ODNB, falsch LThK 1175-1180) und Rom war R. spätestens seit 1200 Magister theologiae in Paris und lehrte hier bis 1210. Nicht bezeugt, aber vorauszusetzen sind intensive juristische Studien, da ihm als Iudex delegatus vom Papst und hohen Prälaten zahlreiche bedeutende Rechtsgeschäfte und Rechtsgutachten übertragen wurden (Bischofswahlen in Reims, Amiens, Troyes, Thérouanne). 1204-1208 war R. Kanoniker in Noyon, 1209-1211 Kanoniker in Paris. 1211 war R. mit Petrus von Capua und Sicard von Cremona Kandidat für den Patriarchensitz von Konstantinopel, wurde dann aber Kanzler der Universität von Paris; am 15.3. 1212 (falsch 1202 LThK; Maleczek 1984: erste Urkunde 9.6. 1212) ernannte ihn Innozenz III. zum Kardinalpriester der Titelkirche S. Stefano al Monte Celio (S. Stefano Rotondo). Jacques de Vitry schildert R. als glänzenden Prediger. Als Auditor (Untersuchungsrichter) bekämpfte R. die pantheistischen Lehren des (nicht identifizierten) Spaniers Mauricius, von Amalrich von

Bène (Amaury de Bennes), David von Dinant und deren Anhängern, den Amalrikanern, von denen mehreren in Paris und Amiens der Prozeß gemacht wurde, der mit der Verbrennung der kritisierten Schriften, der Degradierung der Angeklagten in den Laienstand und der Verurteilung zum Feuertod endete und sogar die Exhumierung des 1206 verstorbenen Amalrich nach sich zog (November 1210). Auch sonst war R. mehrfach an Prozessen im Ketzerkreuzzug gegen die Albigenser beteiligt (1214 Zerstörung von Morlhon und Hinrichtung der Bewohner durch Simon de Monfort von R. sanktioniert), nahm selbst längere Zeit am Kampfgeschehen teil (Juli 1214 Eroberung von Cassaneuil durch Monfort) und stellte die Urkunde aus, mit der die Ländereien des Grafen von Toulouse provisorisch Montfort übertragen wurden. 1213 wurde R. als Legatus a latere (Kurienkardinal) mit der Kreuzzugspredigt beauftragt, wo er sich durch forsches Vorgehen bei der Rekrutierung von Kreuzrittern und bei der strengen Durchsetzung von Reformen (gegen Simonie und unsittlichen Lebenswandel) so unbeliebt machte, daß sogar der Papst seine Maßnahmen mehrfach rückgängig machte. Gleichzeitig leitete R., neben Guala Bicchieri eine der mächtigsten Gestalten unter Innozenz III., im August 1213 und nochmals im Juni 1214 Friedensverhandlungen zwischen dem französischen König Philipp II. August, Johann Ohneland und dem von diesem nicht anerkannten Erzbischof Stephen Langton, doch stellte sich der Erfolg erst nach der vernichtenden Niederlage der Engländer bei Bouvines (27.7. 1214) mit dem bis 1220 ausgehandelten Waffenstillstand ein (31.8.). Der Vorbereitung eines allgemeinen Konzils dienten die von R. 1213-1215 einberufenen Synoden in Paris (Juni/Juli 1213), Rouen (Februar/März 1214), Bordeaux (25.6. 1214), Clermont (Juli 1214), Montpellier (Januar 1215) und Bourges (Mai 1215). 1215 leitete R. eine Kommission zur Untersuchung theologischer Irrtümer an der Pariser Universität, was zu einem Lehrverbot für die »Metaphysik«, die Schrift »Über die Seele« und die naturphilosophischen Schriften des Aristoteles sowie deren Zusammenfassung (Summa) führte. Hingegen wurde die Lektüre der »Ethik« und der logischen Abhandlungen sowie des 4. Buchs der »Topik« des Boethius ausdrücklich empfohlen, anderseits zur Bekräf-

tigung des Pariser Urteils vor den als häretischen bezeichneten Schriften Amalrichs und seines Kreises eindringlich gewarnt. Die von R. im August 1215 erlassenen Statuten regelten ferner Studiendauer, Prüfungsmodalitäten, Mindestalter der Studenten und Rechtsprechung innerhalb der Universität (Grabher 2005). Auf der Reise nach Rom machte er im September Zwischenhalt in Cîteaux beim Generalkapitel der Zisterzienser. Im November 1215 nahm R. am 4. Laterankonzil teil, das u.a. die Verurteilung der Amalrikaner nochmals bestätigte und zu einem allgemeinen Kreuzzug aufrief. Als päpstlicher Legat begleitete R. 1218 im Auftrag von Honorius III. die Kreuzritter unter Kardinalbischof Pelagius von Albano auf den 5. Kreuzzug, der zuerst nach Ägypten führte. R. erkrankte bei der im April einsetzenden Belagerung von Damiette im Nildelta und starb dort im folgenden Winter noch vor der Eroberung der Stadt. Die Leiche wurde nach Jerusalem überführt und dort beigesetzt. — In der in mehreren Fassungen als Teil der »Summa« (1208-1212) erhaltenen Schrift »De usura« verurteilt R. Kreditwesen und Zinsgeschäfte.

Werke: Sentenzenkommentar (1202-1208): verloren, s. Friedrich Stegmüller, Repertorium commentariorum in sententias Petri Lombardi, Würzburg 1947, Nr. 357; — Summa caelestis philosophiae (Poenitentiale, Summa de moralibus quaestionibus theologicis; »Tota caelestis philosophia«; 3 Fassungen, vgl. Baldwin 2, 1970, 14f, unvollendet, in Hss. auch Petrus Cantor zugeschrieben; 1208-1212): unp., mit Ausnahme der Thesen XI-XII Über den Zins (De usura): Robert de Courçon, Le traité De usura, ed. Georges Lefèvre, Lille 1902 (lat.-frz.); Friedrich Stegmüller, in: Notices et extraits des manuscrits de la Bibliothèque nationale et des autres bibliothèques 31, 1884, 261-274; Prolog: Kennedy 1945, 294; Liste aller Quaestiones: Kennedy 1947; — Statuten der Universität Paris (Decretum universitatis Parisiensis, 1215): Denifle 1889; — Predigten: verloren; — Zugeschrieben: De septem septenis (richtig: Johannes von Salisbury): Migne, PL 199, 945-964; vgl. Richard Sharpe, A handlist of the Latin writers of Great Britain and Ireland before 1540 (Publications of the Journal of Medieval Latin, 1), Turnhout 1997, 534.

Lit.: Christoph U. Hahn, Geschichte der Ketzer im Mittelalter, 3, Geschichte der Pasagier, Joachims von Floris, Amalrichs von Bena und anderer verwandter Sekten, Stuttgart 1850 (Reprint Aalen 1968); — Louis-Claude Douët d'Arcq, Collection de sceaux, 2, Paris 1867 (Repr. München 1980), Nr. 6125; — Heinrich Denifle, Chartularium universitatis Parisiensis, 1: Ab anno 1200 usque ad annum 1286, Paris 1889 (Reprint Bruxelles 1964), 71f. 78-80 Nr. 20; — Giuseppe Salvioli, La dottrina dell'usura secondo i canonisti e i civilisti italiani dei secoli XIII e XIV, in: L. Abello [u.a.] (Hrsg.), Studi giuridici in onore di Carlo Fadda pel XXV anno del suo insegnamento, 2, Napoli 1906, 259-278; — Martin Grabmann, Die Geschichte der scholastischen Methode: nach den gedruckten und ungedruckten Quellen dargestellt, 2: Die scholastische Methode im 12. und beginnenden 13. Jahrhundert, Freiburg i. Br. 1911 (Repr. Graz 1957), 493-497; — Clemens Baeumker, Contra Amaurianos: ein anonymer, wahrscheinlich dem Garnerius von Rochefort zugehöriger Traktat gegen die Amalrikaner aus dem Anfang des 13. Jahrhunderts (Beiträge zur Geschichte der Philosophie des Mittelalters, 24, 5-6), Münster Westf. 1926; — Bernhard Geyer, Friedrich Ueberwegs Grundriss der Geschichte der Philosophie, 2, Die patristische und scholastische Philosophie, Berlin 1928 11 (Reprint 1967), 280f; — Maurice Bouyges, Connaissons-nous le Mauricius hyspanus interdit par Robert de Courçon en 1216?, in: RHE 29, 1933, 637-658; — Christiane und Marcel Dickson, Le cardinal Robert de Courson: sa vie, in: AHDL 9, 1934, 53-142; — Vincent L. Kennedy, Robert de Courçon on penance, in: Mediaeval Studies 7, 1945, 291-366 (336 LThK); — Ders., The contents of Courson's Summa, in: Mediaeval Studies 9, 1947, 81-107; — Mario Dal Pra, Amalrico di Bène (Storia universale della filosofia, 8), Milano 1951; — Ludwig Hödl, Die Geschichte der scholastischen Literatur und der Theologie der Schlüsselgewalt (Beiträge zur Geschichte der Philosophie und Theologie des Mittelalters, 38/4), Münster/ Westf. 1960, 320-327; — John W. Baldwin, Masters, princes and merchants: the social views of Peter the Chanter and his circle, 1, Princeton 1970, 19-25; 2, Princeton 1970, 9-15; — Johannes Baptist Schneyer, Repertorium der lateinischen Sermones des Mittelalters für die Zeit von 1150-1350, 5 (Beiträge zur Geschichte der Philosophie und Theologie des Mittelalters 43/5), Münster Westf. 1974, 171; — Karl Albert, Amalrich von Bene und der mittelalterliche Pantheismus, in: Madrider Mitteilungen 10, 1976, 193-212; — Werner Maleczek, Papst und Kardinalskolleg von 1191 bis 1216: die Kardinäle unter Coelestin III. und Innocenz III. (Publikationen des Historischen Instituts beim Österreichischen Kulturinstitut in Rom. Abteilung 1, Abhandlungen, 6), Wien 1984, 175-179 (wichtige Übersicht); — Paolo Lucentini, L'eresia di Amalrico, in: Werner Beierwaltes (Hrsg.), Eriugena redivivus: zur Wirkungsgeschichte seines Denkens im Mittelalter und im Übergang zur Neuzeit: Vorträge des V. Internationalen Eriugena-Colloquiums, Bad Homburg, 26.-30. August 1985, Heidelberg 1987, 174-191; — Paolo Lucentini, Per una interpretazione di Amalrico di Bene, in: Francesca Rizzo (Hrsg.), Filosofia e storiografia (Studi in onore di Girolamo Cotroneo, 1), Soveria Mannelli 2005, 223-254; — Paolo Lucentini, Dialettica, teologia, eresia: Alano di Lille e Amalrico di Büne, in: Jean-Luc Solère [u.a.] (Hrsg.), Alain de Lille, le docteur universel: philosophie, théologie et littérature au XIIe siècle: Actes du XIe Colloque International de la Société Internationale pour l'Étude de la Philosophie Médiévale, Paris, 23-25 octobre 2003 (Rencontres de philosophie médiévale, 12), Turnhout 2005, 277-288; — Kurt Flasch, Aufklärung im Mittelalter? Die Verurteilung von 1277: das Dokument des Bischofs von Paris [Etienne Tempier] (Excerpta classica 6), Mainz 1989; — Johannes M. M. H. Thijssen, Master Amalric and the Amalricians: inquisitorial procedure and the suppression of heresy at the University of Paris, in: Speculum 71, 1996, 43-65; — Karl Albert, Amalrich von Bena und die philosophische Mystik im 12. Jahrhundert, in: Jean Ferrari (Hrsg.), Spiritualität im Europa des Mittelalters: 900 Jahre Hildegard von Bingen (Philosophie im Kontext, 4), St. Augustin 1998, 157-164; — Jan Ballweg, Konziliare oder päpstliche Ordensreform: Benedikt XII. und die Reformdiskussion im frühen 14. Jahrhundert (Spätmittelalter und Reformation, N.R. 17), Tübingen 2001, 26. 71; — Sten Ebbesen, Echoes of the Posterior Analytics in the twelfth century, in: Matthias Lutz-Bachmann [u.a.], Erkenntnis und Wissenschaft: Probleme der Epistemologie in der Philosophie des Mittelalters (Wissenskultur und gesellschaftlicher Wandel, 10), Berlin 2004 71f; — Jürgen Miethke, Studieren an mittelalterlichen Universitäten: Chancen und Risiken: gesammelte Aufsätze (Education and society in the Middle Ages and Renaissance, 19), Brill 2004, 316-321; — Peter Grabher, Die Pariser Verurteilung von 1277: Kontext und Bedeutung des Konflikts um den radikalen Aristotelismus, Wien 2005, 53f. 73; — Abel Lamauvinière, Les juifs et le traité sur l'usure de Robert de Courçon: prolégomènes autour du prêt numéraire au XIIe siècle en Champagne méridionale, Referat: XIV International Economic History Congress, Helsinki 2006, 4e session: Le crédit au moyen âge, 24 août 2006; — DThC 13 (1937) 2749f (É. Amann, s.v. R. de Courson); — TRE 2 (1978) 349-356 (L. Hödl, s.v. Amalrich von Bena / Amalrikaner); — LMA 7 (1995) 903f (R. Peppermüller, s.v. R. de Courson); LMA 1 (1980) 509 (L. Hödl, s.v. Amalrikaner); — LThK³ 8 (1999) 1218 (M. Rappenecker, s.v. R. v. Curson); LThK³ 1 (1993) 484f (L. Hödl, s.v. Amalrich von Bena); — NewCathEnc 12 (2002) 267 (I. C. Brady, s.v. R. of Courçon); — The Oxford Dictionary of National Biography 13 (2004) 664f (J. E. Sayers, s.v. Courson, R. de; grundlegend); — RGG⁴ 1 (1998) 386 (R. Rieger, s.v. Amalrich von Bena).

Bruno W. Häuptli

ROBSON, Isaac, * 2.10. 1800 in Darlington, † 25.5. 1885 in Dalton bei Almondbury. Philanthrop, Quäker. — Isaac Robson war der zweite Sohn des Unternehmers und Fabrikbesitzers Thomas Robson (1768-1852) und seiner Frau Elizabeth (geb. Stephenson, 1771-1841) aus Darlington. Er wurde im Jahre 1800 in Darlington geboren und besuchte zunächst die dortigen Schulen von Thomas Taylor und Joseph Sams. Anschließend ging er mit seinem Bruder nach Saffron Waldon, um sich dort im Obst- und Gemüsehandel ausbilden zu lassen. Um 1820 ließ er sich als Teehändler in Liverpool nieder. Am 8. Oktober 1830 heiratete er in Hitchin Sarah Wheeler (1799-1885) aus Hitchin in Hertfordshire, die Tochter von Joshua und Elizabeth Wheeler. Die glückliche Verbindung hielt über fünfzig Jahre, drei Kinder sind aus ihr hervorgegangen: Joshua (1831-1917), Mary (geb. 1834) und Thomas (geb. 1836). Um 1838 zog die Familie nach Huddersfield, wo Isaac Robson die spätere Firma »Isaac Robson & Sons« gründete.

Da er meinte, alle gutwilligen Menschen sollten auch politische Aufgaben übernehmen, war er einige Jahre Mitglied des Stadtrats und des »Board of Guardians«. Auch die Abstinenzbewegung sah er als seine Aufgabe, und in der Bibel- und in der Friedensgesellschaft engagierte er sich zeitlebens, ebenso wie im Management von Schulen, bis der Staat diese Aufgabe übernahm. Noch wenig erforscht ist sein Engagement für eine protestantische Religionserziehung in Italien. — Obwohl er zu seiner Zeit in Liverpool stark von seinem Geschäft und seiner Familie beansprucht wurde, schloß er eine Zeit lang seinen Laden auch am Mittwoch während der Andachtszeit der Quäker. 1844 wurde er bei den Quäkern zum Prediger (Minister) ernannt. Für diese besuchte er als Aufseher zahlreiche Versammlungen in Großbritannien und 1847 zusammen mit John Hodgkin (1800-1875) Irland. 1864 reiste er mit Charles Fox (1797-1875) zu den Protestanten Norditaliens, und im gleichen Jahr mit Thomas Harvey (1812-1884) zu den Mennoniten nach Südrußland. 1867 hielt er sich bei den deutschen Quäkern in Pyrmont und Minden auf. Auch die Jahresversammlungen in den USA hatte er gegen Lebensende einmal besucht, wo er für die Ansiedlung von Mennoniten aus Rußland warb. Regelmäßig nahm Isaac Robson am London Yearly Meeting teil, und über viele Jahre war er einer der Abgeordneten für Yorkshire im Londoner Meeting for Sufferings. — Isaac Robson galt als offener und geselliger Charakter, der gerne auch Reisende bei sich aufnahm. In seinem Haus wurden auch Quäkerversammlungen abgehalten, vor allem in seinen letzten Lebensjahren. Im Herbst 1884 litt er unter Herzattacken. Wenige Monate darauf, im Mai 1885, verstarb er in Dalton bei Almondbury im 84. Lebensjahr. Drei Tage später wurde er auf dem Quäkerfriedhof zu Paddock bestattet.

Werke: Music and its influence, or an enquiry into the practice of music, in reference to its effects on the moral and religious conditions of mankind. London 1845. London 1846[2]. Manchester 1860[3]; Thoughts on Christian worship and the usual mode of conducting it, in connexion with its moral and religious influence. Philadelphia 1858. London 1858; Instrumental music in worship. London 1859; The true remedy. In: The Friends' Examiner. A religious, social, and miscellaneous review, I, 1, 1867, 13-32; The true remedy. London 1867; Robson, Isaac; Harvey, Thomas: Narrative of the visit of Isaac Robson and Thomas Harvey to the south of Russia, etc. London (1868); Robson, Isaac; Harvey,

Thomas: The Mennonites of south Russia. Their present situation in reference to their Christian testimony against all war. Birmingham 1872; Robson, Isaac; Harvey, Thomas: Appeal on behalf of the emigrant Mennonites. London 1875; Robson, Isaac; Harvey, Thomas: An die in den Vereinigten Staaten aus Süd-Russland eingewanderten Mennoniten. Leeds 1879.

Lit. (Auswahl): Shillitoe, Thomas: An address to Friends in Great Britain and Ireland. London 1820; — Music defended. Being a reply to a tract entitled »Music and its influence«. London 1846; — Robson, Isaac. In: Hulbert, Charles August: Supplementary annals of the church and parish Almondbury, July, 1882, to June 1885. London 1885, 183-184; — Isaac Robson. In: Robinson, William (Hrsg.): Friends of a half century. Fifty memorials with portraits of members of the Society of Friends. 1840-90. London 1891, 273-276; — Robson, Isaac. In: Boase, Frederic: Modern English Biography. Containing many thousand concise memoirs of persons who have died between the years 1851-1900. With an index of the most interesting matter, III. London 1901. London 1965[2], 236-237.

Claus Bernet

RODHE, Edvard Magnus, * 17.12. 1878 in Lund (Schweden), † 12.4. 1954 in Skara (Schweden), Grabstätte in Lund; schwedischer Liturgiker, Kirchengeschichtler und Bischof. — Nach dem Studium in Lund und 1902-03 in Leipzig, Marburg und Berlin wurde R. Privatdozent für Kirchengeschichte in Lund mit einer Abhandlung über das Denken der Aufklärung geprägten schwedischen Erzbischof J.A. Lindblom (1746-1819) (siehe BBKL XV, Spalte 870-872); einer seiner Mentoren war der Historiker Martin Weibull (1835-1902). R. schrieb eine Übersicht über die Entstehung der schwedischen Bibelgesellschaft (1906-08), welche er in ihren internationalen geschichtlichen Zusammenhang stellte und verdeutlichte, wie diese im Hinblick auf den Individualismus teils durch die Animierung des Einzelnen zum Bibelstudium, teils durch die Betreibung der Bibelgesellschaften durch Laien aufzufassen sei. R. deutete dies als eine kirchliche Antwort auf die Laienbewegung des Seperatismus. — In seinem Buch über Kirche und Schule in Schweden im 19. Jahrhundert (*Kyrka och skola i Sverige under 1800-talet,* 1908) setzte sich R. mit einer Zeit auseinander, in der Kirche und Staat getrennte Wege gingen. Im Sinne Troeltsch´ zeigte er, wie die schwedische Schule zu einer Kampfarena zwischen dem jenseitsorientierten Alt-Luthertum und einem eher immanenten Neuprotestantismus wurde. Die Bruchstelle der schwedischen

Kirchengeschichte sah er nicht in der Reformation, sondern in der Aufklärung. — Nachdem R. sich u.a. mit diesen Spezialisierungen im Alter von nur 30 Jahren vergebens um die Professur in Kirchengeschichte in Lund bemüht hatte, galt sein Interesse nun der Professur der praktischen Theologie in Uppsala und er gab in rascher Folge mehrere Bücher, u.a. über die Geschichte des schwedischen Taufrituals (*Doprirualet i Svenska kyrkan*, 1910), heraus. Dies war ein Bruch mit der zuvor normativen Weise, praktisch-theologische Wissenschaft zu betreiben, da er nicht nur Veränderungen im Ritual feststellte, sondern diese auch theologiegeschichtlich kontextualisierte, um Zusammenhänge erklären zu können. In seinem Buch über die kirchenrechtliche Stellung des schwedischen Gottesdienstrituals (*Kyrkolag och kyrkohandbok*, 1911) hob er die kirchenrechtliche Natur der liturgischen Agende hervor, weil alle kirchlichen Gottesdienste im Einklang mit dem geltenden kirchlichen Bekenntnis ständen. In der kirchenrechtlichen Auseinandersetzung zwischen Rudolph Sohm (1841-1917) (siehe BBKL X, Spalte 743-745) und Adolf von Harnack (1851-1930) (siehe BBKL II, Spalte 554-568) ergriff Harnacks Partei. »Christi Kirche hat nicht einen einzigen Tag ohne irgendeine Gemeinschaftsordnung gelebt.« Den Grund dafür sah er im »Pflichtbewusstsein, dem Bewusstsein der irdischen Aufgabe der Kirche.« Er verdeutlichte damit, wie eng verbunden das Kirchenrecht mit dieser praktischen Theologie zu sehen sei. — Im Jahre 1912 wurde R. zum Professor der praktischen Theologie in Uppsala ernannt. Ferner erhielt er 1919 eine Berufung zur Professor in demselben Fachbereich an der Universität Lund und wurde somit *prebendarius* und Domprobst im Bistum Lund. 1925 wurde er Bischof von Lund und ging 1949 in den Ruhestand. Als Bischof trat E. R. die Nachfolge seines Schwiegervaters, dem äußerst einflußreichen Kirchenführer Gottfrid Billing (1841-1925), an und wurde dadurch zugleich Prokanzler der Universität Lund. R. selbst war nicht nur ein Priester der 5. Generation und Sohn des Bischofs Edvard Herman Rodhe (1845-1932) von Göteborg, sondern auch Schwager Bischof Einar Billings (1871-1939) von Västerås und des weiteren eng mit zahlreichen namhaften Theologieprofessoren und Bischöfen der schwedischen Kirche verwandt. — Das Buch über das Taufritual wurde eine methodische Vorstudie zu seinem grundlegenden und weiterhin verwendeten liturgiegeschichtlichen Referenzwerk *Svenskt gudstjänstliv* (schwedisches Gottesdienstleben, 1923). Er behandelte darin alle schwedischen Agenderituale für Gottesdienste und kirchliche Verrichtungen von der Reformation bis zur Gegenwart. Als praktischer Theologe wurde er in Schweden ein Neuschöpfer, zumal er Liturgie nicht nur als reinen Text studieren wollte, sondern auch als Schilderung eines Geschehens und »des religiösen Lebens überhaupt«. Das kirchliche Gottesdienstleben sei, so R., nicht erfaßbar, wenn man es nicht zugleich als einen Erguß des »inneren Lebens der Kirche« betrachtete. Er wollte mit der Schleiermacherschen Tradition brechen, Religion lediglich als Gefühl des Individuums, sozusagen als ein religionspsychologisches Phänomen zu betrachten; stattdessen wollte er das Augenmerk auf Überbleibsel und Zeugnisquellen vergangener Zeiten und auf deren Bedeutung für die Gegenwart mit Fokus darauf richten, »wie die Kirche ihr inneres Leben auffaßt«. Das Buch diente lange als Lehrbuch für alle schwedischen Priester. — In Uppsala widmete sich R. dem Studium älterer Liturgietraditionen und schrieb u.a. über das reformatorische Zeitengebet, über mittelalterliche liturgische Musikhandschriften, Messenmusik und über mittelalterliche Epistel-*Collecta*. Er wollte damit zeigen, wie die spätmittelalterliche liturgische Tradition bis in die Reformationszeit hinein weiter lebte. Die Aufgabe der praktischen Theologie war, so R., nicht in dem Sinne normativ, daß man aus älteren Texten die »besten« Gottesdienstordnungen als Dienst für die Kirche heraus suchte oder Regelwerke für die priesterliche Praxis handreichte, sondern es bestand darin, mittels einer kritischen Methode das heutige Leben der Kirche zu erklären, das aus der Vergangenheit heraus erwachsen sei. »Praktische Theologie« war demnach kein praktisches Training der Gemeindearbeit, sondern eine theoretisch-akademische Wissenschaft. Die Übung der pastoralen Praxis erfolgte in Schweden an besonderen »praktisch-theologischen Übungsinstituten« bei den beiden Universitäten (die Prediger-seminaren entsprachen). R. wurde auf diesem Gebiet einer der großen Erneuerer der praktisch-theologischen Wissenschaft Schwedens.

— Während seiner Bischofsjahre schrieb R. eine grundlegende, einsichtsvolle und umfassende historische Schilderung der schwedischen Kirche um die Jahrhundertwende (1930); sie ist immer noch ein häufig zitierter Klassiker. Er selbst befand sich in einem Verwandtschaftskreis führender kirchlicher Akteure und war von klein auf der Entwicklung gefolgt. Er wollte mit dem Buch der einseitig negativen Kirchengeschichtsschreibung von Seiten der sich herausbildenden freikirchlichen Bewegung nuancenreich entgegen wirken. Als Bischof schrieb er auch mehrere große ideengeschichtliche Untersuchungen, u.a. über den religiösen Liberalismus in Schweden (1935) und über den schwedischen Idealisten Erik Gustaf Geijer (1942). R. verstand die akademische Disziplin der praktischen Theologie als eine Nachbarwissenschaft der Kirchengeschichte, die mit Hilfe der systematischen Theologie erweitert wurde. Er hielt die historische Forschung für unabdingbar, um das Objekt der Theologie verstehen zu können. R. war eine Zentralgestalt der schwedischen Kirche; er war Mitglied der offiziellen Kommission für ein neues Evangelienbuch (1919-21), des kirchlichen Frauendienstes (1923), des neuen Gottesdienstagendas (1925) und des neuen Kirchengesangbuches (1936-37). Auf dem Kirchensynode (*kyrkomötet*) im Jahre 1929 war er einer der Mitverfasser des sog. Bischofsantrages mit einem für die schwedische Kirche umfassenden Kirchenprogramm, das damals viel Aufmerksamkeit erregte. Er nahm als Sachverständiger an der Kirchensynode 1944 teil, wohl wissend, aber sich nicht vollends bewußt über die Konsequenzen um ein »ernsthaftes Risiko einer Politisierung der Kirchensynode« und plädierte für einen größeren Laieneinfluß der schwedischen Kirchensynode; dieses wurde 1951 bewerkstelligt. — Bereits 1901 war er Sekretär des Treffens der Allgemeinen Evangelisch-Lutherischen Konferenz (AELK) in Lund, als diese zu einem internationalen evangelischen Forum erweitert wurde, und stand Nathan Söderblom (1866-1931) (siehe BBKL X, Spalte 729-741) 1925 bei der Führung des ökumenischen Treffens in Stockholm bei Seite. 1932 wurde er in den Vorstand des Lutherischen Weltkonvents der Lutherakademie in Sondershausen gewählt. Als die Akademie eine nationalsozialistische Führung erhielt, ließ er die schwedischen Kontakte abbrechen. Nach dem Krieg war er 1947 erneut Gastgeber des Konventtreffens in Lund, als dieser zum lutherischen Weltbund umgebildet wurde. Während des Krieges war er 1940 in England, um Schwedens und Finnlands Interessen zu vertreten; dies geschah nicht nur mit dem Erzbischof von Canterbury Cosmo Lang (1864-1945) und anderen englischen Kirchenführern, sondern er informierte unter äußerster Geheimhaltung auch den stellvertretenden britischen Außenminister R. A. Butler (1902-1982) über die skandinavische Position hinsichtlich der politischen Lage. Als Vorsitzender der schwedischen Sektion des lutherischen Weltkonvents engagierte er sich während des Zweiten Weltkrieges für eine völkerverbindende Hilfsarbeit, die vor allem die lutherische Kirche in der polnischen Ukraine unterstützte. — Mitte des 20. Jahrhunderts war R. sowohl als Forscher als auch als Kirchenführer ein einflußreicher schwedischer Theologe und er dürfte neben Söderblom als einer der internationalsten schwedischen Theologen seiner Zeit gelten.

Werke (Auswahl): Jacob Axelsson Lindblom såsom biskop i Linköping, Lund 1905; De svenska bibelsällskapens uppkomst 1-2, in: Kyrkohistorisk Årsskrift 5 und 9, 1906-1908; Kyrka och skola i Sverige under 1800-talet. En kyrkohistorisk studie. (=Lund universitets årsskrift NF 1:3:3.) Lund 1908; Henric Schartau såsom predikant. Lund 1909; Dopritualet i Svenska kyrkan efter reformationstiden. (=Lund universitets årsskrift NF 1:7:1), Lund 1910; Kyrkolag och kyrkohandbok. En kyrkorättslig studie. Lund 1911; Striden om R Sohms Kirchenrecht, in: Bibelforskaren 28, 1911; Ur predikans historia i Sverige. in: Skrifter tillägnade Pehr Gustaf Eklund, Lund 1911, 611-647; Kyrka och stat. Några synpunkter. (=Skrifter till 1800-talets kyrkohistoria 3.) Stockholm 1912; Schwedische Kirchenkunde. (Studien zur Praktische Theologie hrsg v K Eger, 6:2; Kirchenkunde der evangelischen Auslandes 4.) Gießen 1913; Prästideal och prästbildning, in: Bibelforskaren 28, 1914; Predikan och gudstjänstliv, in Vår Lösen 3, 1912; Kyrkan och nykterhetsrörelsen. En historisk studie. Stockholm 1915; Studier i den svenska reformationstidens liturgiska tradition, Uppsala universitets årsskrift 1917, Uppsala 1917; Svenskt gudstjänstliv. Historisk belysning av den svenska kyrkohandboken Stockholm 1923; Herdabrev till prästerskapet i Lunds stift. Lund 1925; En blick på de trenne sista decenniernas svenska teologi, in: Svensk Teologisk Kvartalskrift 3, 1927; Svenska kyrkan omkring sekelskiftet, Stockholm 1930; Den religiösa liberalismen Nils Ignell - Viktor Rydberg - Pontus Wikner. Lund 1935; Restaurationssträvanden och väckelserörelser, in: Svenska folket genom tiderna. Vårt lands kulturhistoria i skildringar och bilder 8, Malmö 1939; Religiösa brytningar och kyrkliga nydaningar, in: Svenska folket genom tiderna. Vårt lands kulturhistoria i skildringar och bilder 9, Malmö 1939; Kyrkans utveckling och de religiösa rörelserna. in: Svenska folket genom tiderna. Vårt lands kulturhistoria i skildringar och bilder 10, Malmö 1939; Geijer och samhället. En studie i svensk tradition. Stockholm 1942; Lunds domkyrkas historia 1894-1945, in: Lunds domkyrkas historia 1145-1945, 2, Lund 1945.

Lit.: Arthur Adell, Biskop Edvard Rohde. in memoriam. in: Svenskt gudstjänstliv, tidskrift 29, 1954; — Gunnar Appelqvist, Luthersk samverkan i nazismens skugga. Sverige och Lutherakademien i Sondershausen 1932-1945 [Zusammenfassung: Lutherische Zusammenwirkung in Schatte des Nazismus. Schweden und die Lutherakademie in Sondershausen 1932-1945.] Uppsala 1993; — Oloph Bexell, Edvard Magnus Rohde, in: Svenskt biografiskt lexikon 30, 1998; — Oloph Bexell, Edvard Rohde och den praktiska teologin [Zusammenfassung: Edvard Rohde and the Subject of Practical Theology], in: Religion och Bibel. Nathan Söderblom-Sällskapets årsbok 62-63 (2003-2004); — Oloph Bexell, Sveriges kyrkohistoria 7. Folkväckelsens och kyrkoförnyelsens tid. Stockholm 2003; — Oloph Bexell, Präster och lekmän i kyrkomötet. Några linjer i allmänna kyrkomötets diskussion om sin egen sammansättning, in: Med engagemang och medansvar. En bok om lekmannaskapet i Svenska kyrkan. Festskrift till Carl Henrik Martling, Stockholm 1990; — Ingmar Brohed, Sveriges kyrkohistoria. 8. Religionsfrihetens och ekumenikens tid, Stockholm 2005: — Hilding Pleijel, Edvard Rohde, in: Kungl. Vitterhets Historie och Antikvitets Akademiens årsbok 1955, Stockholm 1955. — Sven Thidevall, Kampen om folkkyrkan. Ett folkkyrkligt reformprograms öden 1928–1932. [The Theology of the Folk Church. The Struggle over National Identity. The Fate of a Folk Church Reform Programme in Sweden 1928-1932.] Stockholm 2000.

Oloph Bexell

RODT, Carl von (1805-1861), Jurist und Gemeindevorsteher. — Carl von Rodt wurde am 25. Oktober 1805 als ältester Sohn einer Berner Patrizierfamilie geboren und wuchs im bernischen Oberklasse-Milieu auf. Als seine Mutter, eine geborene von Graffenried, 1818 nach der Geburt des fünften Kindes starb, hinterließ dieser schwere Schlag in seinem »Gemüthe eine tiefe Wunde, die nie vernarbte.« Von Rodts Familie war traditionell landeskirchlich eingestellt, »ohne klares Bewußtsein von den Grund- und Lebenswahrheiten des Christenthums«, wie Carl von Rodt es später ausdrückte, aber sie lebte durchaus religiös und mit strenger Moral. An Stelle der Mutter übernahm seine Tante Julie von Graffenried von Burgistein, eine Frau mit lebhafter Intelligenz und lebendigem Glauben, die Erziehung des 13-Jährigen. Durch sie und die Predigten von Pfarrer Ami Bost wurde der junge von Rodt mit der westschweizerischen Erweckungsbewegung (Réveil) bekannt. Durch

Ami Bost, der vier Jahre in Neuwied in einem herrnhutischen Internat zur Schule gegangen war, kam die Familie mit Herrnhutern in Kontakt, die in der Vorgeschichte des Réveil eine wichtige Rolle gespielt hatten. Es entstanden außerdem Verbindungen zum Missionshaus in Basel und zu erweckten Pfarrern aus Genf, die als Gäste im landvogtlichen Elternhaus weilten. Auch wenn Carl von Rodt durch diese Begegnungen »noch nicht zum Durchbruch« kam, so war doch das Gedankengut der Erweckungsbewegung, die sich gegen Rationalismus und tote Orthodoxie in der Kirche wandte, nicht ohne Wirkung auf ihn geblieben. — Im Jahre 1819 bezog er ein Erziehungsinstitut in Gottstadt, in welchem eine weitere Tante, Margarethe von Graffenried, die Stelle einer Hausmutter bekleidete. Durch sie fand er zur entscheidende Wende seines Lebens, zum persönlichen Glauben an Jesus Christus, auch wenn diese Bekehrung zunächst wenig auffallend war. — Nach seiner Konfirmation verließ Carl das Institut in Gottstadt und kam wieder ins elterliche Haus nach Bern, wohin die Familie nach Ende der Amtszeit des Vaters zurückgekehrt war. Der Vater hätte gern gesehen, wenn sein Sohn nach Brasilien zu seinem Onkel Rudolf von Graffenried gegangen wäre, der am Rio Negro eine Kaffeeplantage betrieb. Aber Carl konnte dem Wunsch des Vaters aus Gewissengründen nicht nachkommen, da er sich »nicht dazu entschliessen konnte, selber Sklaven zu halten oder dazu Hand zu bieten.« Er entschied sich standesgemäß für eine juristische Laufbahn, wandte sich dem Kanzleidienst zu und besuchte dazu die nötigen juristischen Vorlesungen. — Der junge Mann, der »mit den weltlichen Lustbarkeiten gebrochen« hatte, traf sich fortan regelmäßig mit erweckten Freunden zum Bibellesen und Beten und besuchte pietistische Erbauungsstunden. Ein Schlüsselerlebnis während seines Militärdienstes in Thun führte ihn zu einer entscheidenden Weichenstellung seines Lebens. Die bevorstehende Teilnahme an einer Abendmahlsfeier, zu der seine Kompanie mehr oder weniger abkommandiert worden war, ging ihm heftig ans Gewissen. Er befürchtete, das Gericht Gottes auf sich zu ziehen, weil er sich mit offensichtlich »größtentheils ungläubigen und lasterhaften Leuten dem Tisch des Herrn nahen sollte.« Trotzdem nahm er teil und litt unsäglich, weil er gegen die Wahrheit sein »Gewissen dem Befehl einer menschlichen Gewalt« unterworfen hatte. Sein Friede war »dadurch gestört« worden, und seitdem nahm er nicht mehr das Abendmahl in der Landeskirche. Ihm seien jetzt »die Augen über die schriftwidrige Verwaltung des Abendmahls in der Staatskirche« geöffnet worden. — Als sich seine Tante Julie von Graffenried 1829 der kleinen unabhängigen Gemeinde in Bern anschloß, der »Eglise de Dieu«, die im Jahr zuvor von zwölf durch den Réveil erweckte Personen gegründet worden war, begann der 24-Jährige »viel über die Kirchenfrage nachzudenken«. Bis dahin hatte er noch »größere Abneigungen gegen die Dissidenz gehabt«, aber nach und nach bewegte ihn immer mehr, daß es in der Staatskirche »an aller und jeder Kirchenzucht gegen offenbar Ungläubige und Lasterhafte« fehlte. Nach vielen Überlegungen und Gesprächen entschied er, sich gegen alle Menschenfurcht »Gottes Gebot zu unterwerfen«, »der strengen Wahrheit unbedingt zu gehorchen« und sich von einer Kirche zu trennen, von der er »überzeugt war, daß sie nicht nach dem Willen Gottes gegründet sei«. — In seiner Schrift »Darstellung der Gründe, die mich bei meiner Trennung von der Landeskirche geleitet haben«, die 1830 zunächst auf Französich in Genf erschien, begründete der 25-Jährige seine Entscheidung mit dem Hinweis, »daß diese Kirche, obwohl sie sich rühmt, auf biblischem Grunde zu ruhen, doch weit entfernt ist, die Kennzeichen einer Kirche Gottes zu besitzen.« Nach der heiligen Schrift bestehe die wahre Kirche Gottes »aus Menschen, die an das Evangelium glauben, durch den Geist Gottes wiedergeboren und in Christo gerechtfertigt und geheiligt sind.« — Seine Aufnahme in die »Eglise de Dieu« am 31. Mai 1829 teilte er schriftlich der Obrigkeit mit und erhielt vierzehn Tage später die Entlassung aus dem Beamtendienst und das Verbot, die Versammlungen der »Eglise de Dieu« weiterhin zu besuchen. Auf seine Weigerung hin wurde er am 20. Juli in Haft genommen. Schließlich verwies ihn die Behörde für unbestimmte Zeit aus dem Kantonsgebiet. Für Carl von Rodt war klar, daß »der Christ aller menschlichen Ordnung untertan sein soll«, aber »dieser Gehorsam hat seine Grenzen«, beides um Gottes und des Gewissens willen. — Von Rodts Verbannung führte ihn zunächst nach

Neuchâtel und in den Kanton Vaud, mit Zielrichtung Genf. In Rolle am Genfer See ergaben sich erste Kontakte zu Auguste Rochat, dem Pastor der dortigen Eglise évangélique libre und bedeutenden Theologen der Dissidentengemeinden. In Genf traf er einige der von ihm geschätzten theologischen und geistlichen Väter des Genfer Réveil wieder. Der halbjährige Aufenthalt in Genf wurde für von Rodt zu einem seiner wichtigsten Lebensabschnitte. Unter dem Einfluß von César Malan reifte sein Entschluß, Theologe zu werden, obwohl er sich zum Lehren als unfähig ansah. Er nahm Unterricht bei dem begabten Evangelisten und Pastor L. Viviens, mit dem er ins französische Montbéliard zog und dort die entscheidenden theologischen Grundlagen für sein freikirchliches Gemeindeverständnis bekam. Im Bewußtsein, daß er seine »besten christlichen Freunde kränkte« und sich »eine neue Schmach vor der Welt auf den Nacken lüde«, ließ er sich von Viviens auf sein Bekenntnis des Glaubens taufen. — In Stadt und Kanton Bern hatte inzwischen durch die Revolution von 1831 ein Machtwechsel stattgefunden. Eine gewählte Regierung mit liberaler Mehrheit trat ihr Amt an. Glaubensfreiheit war nun garantiert, das Verbot der »Eglise de Dieu« und das Verbannungsurteil gegen von Rodt wurde aufgehoben. Er kehrte zunächst noch nicht nach Bern zurück, sondern reiste 1833 nach Abschluß seiner theologischen Studien über Paris nach London, wo er in einer Baptistengemeinde ordiniert wurde. Er ließ sich absichtlich von Pastoren verschiedener Kirchen die Hand auflegen, weil er »tief von der Wahrheit durchdrungen war, daß am Tische des Herrn alle Kinder Gottes ohne Unterschied der Meinung in Nebendingen sich vereinigen sollten«, und er sich wegen dieser Einheit konfessionell nicht einengen lassen wollte. Auf der Rückreise besuchte von Rodt Persönlichkeiten der deutschen Erweckungsbewegung und machte dabei auch Station im Wuppertal, wo ihm die Begegnung mit den Pfarrern Gottfried Daniel und Friedrich Wilhelm Krummacher besonders am Herzen lag. — Mit seiner Rückkehr nach Bern im Mai 1833 kam er der wiederholten Bitte der kleinen »Eglise de Dieu« nach, ihr Vorsteher zu werden. Mit seinen gewonnenen Grundsätzen in der Gemeindefrage, wonach deutlich zwischen »Kindern der Welt« und »Kindern Gottes« zu unterscheiden sei und nach Gottes Willen und Gebot nur solche in die Gemeinde aufgenommen werden sollten, die den Glauben an Christus bekennen und mit ihrem Leben nicht verleugneten, begann von Rodt seine Arbeit in der Gemeinde. — Von seinem zentralen Anliegen bewegt, die Einheit der Kinder Gottes zu suchen und zu fördern, schloß sich Carl von Rodt schon 1834 mit seiner Gemeinde den »verbundenen Gemeinden« an, einem Verband von Dissidentengemeinden aus der Westschweiz, Frankreich und Basel. Seit 1856 bemühte sich von Rodt maßgebend um eine neue Vereinigung staatsunabhängiger Gemeinden, die dann auch im Juni 1860 mit der Gründung eines internationalen Bundes Freier evangelischer Gemeinden gelang. Ihm trat 1864 auch die Freie evangelische Gemeinde Elberfeld-Barmen bei. — Im Jahr 1837 war Carl von Rodt die Ehe mit Sabine Van-der-Mühl aus Lausanne eingegangen. Aus der Verbindung stammten 4 Kinder, wovon die beiden jüngsten Zwillingssöhne bald nach ihrer Geburt starben, nachdem bereits ihre Mutter an Kindbettfieber verstorben war. Zwei Jahre später heiratete von Rodt erneut. Aus dieser Ehe gingen 3 Kinder hervor. — Durch von Rodts persönliche Kontakte, die er zu ungezählten Persönlichkeiten der Erweckungsbewegung pflegte, folgten weitere Gemeindegründungen in verschiedenen Orten der Schweiz. Von Beginn an lastete auf diesen freien Gemeinden die heutzutage unvorstellbare Tatsache, daß mangels eines Zivilstandsgesetzes sowohl Geburten als auch Trauungen nur durch die Staatskirche registriert werden konnten. Damit waren auch die Mitglieder staatsunabhängiger Gemeinden gezwungen, ihre Neugeborenen gegen ihre Gewissensüberzeugung taufen zu lassen, wenn sie ihre Kinder nicht rechtlos und illegal aufwachsen lassen wollten. Nicht selten ordneten Staat und Kirchen auch Zwangstaufen gegen den Willen der Eltern an. Ähnliches galt für Ehen, die ohne eine staatskirchliche Trauung als ungültig und unmoralisch angesehen wurden. Carl von Rodt wandte sich daher seit 1833 in mehreren Bittschriften an den Großen Rat der Republik Bern und erwirkte schließlich mit Hilfe von Freunden Ausnahmegenehmigungen, die aber erst 1874 zu einem landesweiten Bundesgesetz über den Zivilstand führten. Von Rodt hatte bis dahin zumindest erreicht, daß im Kanton Vaud die Zivil-

ehe erlaubt wurde und außerdem keines seiner Kinder getauft werden mußte. — 1834 begann von Rodt zusammen mit seinem Freund Karl Wilhelm Bouterwek (1809-1869) mit der regelmäßigen Herausgabe der Zeitschrift »Der Christ, ein religiöses Volksblatt«, deren Zweck die Verbreitung »der wesentlichen Wahrheiten des Christentums« war, ohne auf kirchliche und politische Fragen einzugehen. Die Zeitschrift fand ziemliche Verbreitung in der Schweiz wie auch im Ausland. 1837 gründete von Rodt eine Evangelistenschule, um »solche Brüder unserer Gemeinden, die Lehrgaben besitzen«, zu Schullehrern, Gemeindevorstehern und »missionierenden Handwerkern« auszubilden. Von Rodt unterrichtete oft selbst. Ganz im Sinne der Erweckungsbewegung, deren besonderes Anliegen die christliche Erziehung war, und angeregt durch Männer wie Wesley, Spittler, Fliedner und Bouterwek, gründete Carl von Rodt 1840 eine Knabenschule und 1855 eine Mädchenschule. Es ging ihm darum, vor allem Kinder »des Handwerkerstandes und der arbeitenden Klasse« unter den Einfluß des Evangeliums zu stellen und sie zu befähigen, selbst »ihr zeitliches Fortkommen« zu sichern. — Die unglaubliche Arbeitsintensität und die Pflege der unzähligen persönlichen Beziehungen blieben nicht ohne Folgen für die Gesundheit von Rodts. Schon 1841 litt er so heftig an Magenkrämpfen, daß er für längere Zeit pausieren mußte. 1850 spitzten sich die Krämpfe sowie ein Kopf- und Nervenleiden dermaßen zu, daß Schlimmes zu befürchten war. Auch aus diesem Grund berief er den Schwiegersohn seines Baseler Freundes Nikolaus Bernoulli, Pfarrer Wilhelm Iselin, zu seinem Mitarbeiter, nachdem dieser wegen seiner ekklesiologischen Überzeugung aus dem Dienst der Staatskirche ausgeschieden war. Iselin entwickelte sich zum theologischen Lehrer der Gemeinde, während von Rodt in Predigt, Seelsorge und Verwaltung eher die praktischtheologischen Seiten des Gemeindelebens betreute. Nachdem er noch wie gewöhnlich Besuche gemacht und abends eine Gemeindeversammlung geleitet hatte, starb er zwei Tage später unerwartet am 26. Mai 1861 im Alter von erst 55 Jahren an den Folgen einer unerkannten Krankheit. — Die Bedeutung Carl von Rodts für die Entstehung und Prägung der Freien evangelischen Gemeinden in der Schweiz, aber auch darüber hinaus in Frankreich, Deutschland und Norwegen ist erheblich. Durch die persönlichen und literarischen Begegnungen mit ihm hat der Gründer der deutschen Freien evangelischen Gemeinden, Hermann Heinrich Grafe, letzte Klarheit über die innere und äußere Gestaltung einer Gemeinde gewonnen. Ein Vergleich der Schriften und Gedankengänge beider zeigt, daß Grafe bis in Formulierungen hinein von Carl von Rodt inspiriert wurde. Das gilt auch für den unstillbaren Wunsch beider nach der Einheit aller Kinder Gottes über alle Konfessionsgrenzen hinweg, die nicht nur unsichtbar und geistig verstanden wurde, sondern auch ganz real und leibhaftig.

Werke: Exposé des motifs qui ont dirigé ma conduite à l'occasion de ma séparation d'une église dominante, Genève 1830; Zuschrift an die Kinder Gottes über das Abendmahl des Herrn, Mümpelgardt 1830; Welches ist der wahre, seligmachende Glaube, Bern 1833; Ehrerbietige Bittschrift an MHGHrn. Landammann und Großen Rath der Republik Bern, Bern 1835; Der Christ, ein religiöses Volksblatt. Her.: K. v. Rodt, Bern 1834ff; Die Separierten oder die Vereinigten, dargestellt von einem ihrer Prediger, Bern 1835; Der sichere Führer in dem Lustgarten der hl. Schrift. Nach Piscator, Bern 1836; Der Neutäufer und sein Freund, Bern 1837; Über die Bittschrift der Dissidenten. Ein Gespräch zwischen zwei Landsleuten, Bern 1837; Darstellung der Gründe, die mich bei meiner Trennung von der Landeskirche geleitet haben, St. Gallen 1838; Missionsblatt der zur Verkündigung des Evangeliums verbundenen Gemeinden, I. Bändchen 1838 u. 1839, Bern 1839; Der göttliche und der ungöttliche Separatismus, St. Gallen 1840; Der Gemeinde Gottes Beruf auf Erden, Bern 1851; Einiges aus den Ansprachen am Himmelfahrtsfest in Zimmerwald, Bern 1851; Einige Ermahnungen und Mittheilungen an die freien evangelischen Gemeinden, nebst ihrer Evangelisations-Rechnung für 1854, Bern 1855.

Lit.: A.Bost, Mémoires pouvant servir à l'histoire du réveil réligieux, Paris 1854; — A. Schaffter, Sur la séparation et le schisme, écrit adressé aux fidèles de l'Eglise de Berne, Bern 1828; — W. Iselin, Einiges aus dem Leben und Wirken des Herrn Carl von Rodt, Bern 1862; — W. Hadorn, Geschichte des Pietismus in den Schweizerischen Reformierten Kirchen, Konstanz/Emmishofen 1901; — E. Gilgen, Die Entstehung der Freien Evangelischen Gemeinden der Schweiz, Basel 1924; — W. Meili, Aus früheren Tagen. Ein Beitrag zur Geschichte der Freien Evangelischen Gemeinden in der Schweiz, Glarus 1925; — W. Hermes, Hermann Heinrich Grafe, Witten 1933; — A. Mauerhofer, Eine Erweckungsbewegung im 19. Jahrhundert. Karl von Rodt und die Entstehung der Freien Evangelischen Gemeinden in der Schweiz, Gießen 1987; — H. Weyel, Im Wesentlichen eins, im Unwesentlichen frei. Carl von Rodt (1805-1861). In: Christsein Heute Nr. 5/2006, S. 46-49.

Hartmut Weyel

ROGERS, Carl R., Carl Ransom Rogers wurde am 8. Januar 1902 als viertes Kind in eine traditionelle, streng protestantische Familie mit zuletzt fünf Geschwistern in Oak Park, einem Vorort von Chicago, geboren. Seine Eltern, Walter Rogers, Akademiker und Ingenieur im Eisenbahnbau, und Julia Cushing, stammten beide aus frühen Einwandererfamilien. Carls Erziehung war nach seinen eigenen Angaben gekennzeichnet durch »enge Familienbindungen und eine strenge und kompromißlose religiöse und ethische Atmosphäre und etwas, das auf eine Verehrung des Wertes der schweren Arbeit hinauslief« (Rogers 1961a, 21). Nach eigenen Angaben hatte Carl kaum anderen sozialen Kontakt als den in seiner Familie. »Wenn ich zurückschaue«, schrieb er später, »wird mir deutlich, daß mein Interesse an Gesprächsführung und Therapie sicher zum Teil aus meiner frühen Einsamkeit erwuchs. Hier war ein gesellschaftlich gebilligter Weg, Menschen wirklich nahezukommen. Er stillte einen Teil des Hungers, den ich zweifellos gefühlt hatte. Auch bot er mir die Möglichkeit, Nähe zu finden, ohne den (für mich) langen und schmerzlichen Prozeß des allmählichen Bekanntwerdens durchmachen zu müssen.« (Rogers 1973b, 14). Viele der Menschen, die Carl Rogers später begegnet sind, haben ihn als einen Menschen beschrieben, der außerordentlich gut zuhören kann. Auch das führte er rückblickend auf ähnliche Motive zurück: Es sei eine »Freude, wenn ich wirklich jemanden hören kann. [...] Ich kann diese Eigenschaft bis in meine erste Grundschulzeit zurückverfolgen. Wenn ein Kind dem Lehrer eine Frage stellte und der Lehrer zwar eine perfekte und gute Antwort gab, die aber zu einer ganz anderen Frage gehörte, bekümmerte und schmerzte mich das jedesmal. [...] Ich glaube, ich weiß, warum [...]. Wenn ich wirklich jemanden hören kann, bringt es mich mit ihm in Kontakt. Es bereichert mein Leben. Dadurch, daß ich Leuten wirklich zuhörte, habe ich all das gelernt, was ich über Menschen, über die Person, über Psychotherapie und zwischenmenschliche Beziehungen weiß.« (Rogers 1969a, 214). Als Carl zwölf war, zog die Familie auf eine Farm des Mittelwestens. In ihm ließ das den Wunsch aufkommen, Agrarwissenschaften zu studieren. Er begann diese Studien 1919 in Madison an der Universität von Wisconsin. - Von einer YMCA-Gruppe spricht er als von den ersten Erfahrungen mit befriedigenden Beziehungen außerhalb seiner Familie. Bald wuchs in ihm der Wunsch heran, sein Leben in den kirchlichen Dienst zu stellen: »Ich bin sicherer als je zuvor, daß ich meine Arbeit in den Dienst des Christentums stellen will, und ich bin ziemlich überzeugt davon, daß es darauf hinausläuft, ein Amtsträger zu werden.« (Burton 1972, 21; Übers. pfs) Er wechselte zu Geschichte als Hauptfach, weil ihm das dafür eine bessere Voraussetzung zu sein schien. In einer Arbeit über Martin Luther schrieb er die Sätze: »Es ist falsch zu töten, sei es durch Haß, sei es durch Angst. Krieg kann nicht mit Liebe in Einklang gebracht werden, dem zentralen Grundsatz der Lehre Jesu. Es ist nicht möglich, daß die Liebe ein Motiv für den Krieg sein kann. Die beste Verteidigung ist nicht ein militärischer Angriff, sondern der Widerstand der Liebe und der Geduld.« (Kirschenbaum 1979, 33). Besonders eine sechsmonatige Reise nach Asien, vor allem zum Christlichen Weltjugendtreffen 1922 in Peking, an der er als amerikanischer Delegierter teilnahm, führten ihn aus der relativen Enge und bedeuteten für ihn eine gewaltige Erweiterung seines Horizonts. Hier erfuhr er wohl auch erstmals die Bedeutung der Möglichkeiten der Arbeit großer Gruppen, von der er in seiner ersten Publikation, einem Artikel über seine Erfahrungen in China, begeistert schrieb (Rogers 1922). Nach den abgebrochenen agrarwissenschaftlichen Studien und seiner Graduierung in historischen Studien 1924 entschloß er sich 1926, Theologie zu studieren. Er trat in das Union Theolocial Seminary in New York ein, das er wählte, weil es ihm liberal und in intellektueller Hinsicht führend zu sein schien. Im Sommer 1925 arbeitete er im Seelsorgedienst in East Dorset, Vermont, als Teil seiner praktischen Ausbildung. Über die Erfahrung dort schrieb er unter anderem, daß es ihm einfach nicht möglich war, länger als zwanzig Minuten zu predigen, was ihn verwirrt habe - wofür ihm seine Gemeinde aber zweifellos dankbar gewesen sei. - Im zweiten Jahr seiner Seminarzeit besuchte er Kurse in Klinischer Psychologie an der Columbia University »auf der gegenüberliegenden Straßenseite« und begann, auch mit Kindern zu arbeiten. Unterstützt von der Seminarleitung veranstaltete er gemeinsam mit Kollegen ein Seminar, in dem es keinen »instructor« geben sollte und für das »der Lehrplan nur durch unsere Fragestellungen zusammengestellt« werden sollte. Er erlebte dieses Seminar als »zutiefst befriedigend und klärend. Es brachte mich ein weites Stück zu meiner eigenen Lebensphilosophie. Die Mehrheit der Gruppenmitglieder kam durch die Auseinandersetzungen mit den Fragestellungen, die sie selbst aufgebracht hatten, dazu, geradewegs aus der religiösen Arbeit wegzugehen. Ich war einer davon.« (Ebd. 51) »Daß die Fragen über den Sinn des Lebens und die Möglichkeit einer konstruktiven Verbesserung des Lebens der einzelnen mich wahrscheinlich immer interessieren würden, kannte ich. Ich konnte jedoch nicht in einem Bereich arbeiten, in dem man immer von mir verlangen würde, an eine bestimmte religiöse Doktrin zu glauben. [...] Deshalb wollte ich einen Arbeitsbereich finden, der mir die Freiheit der Gedanken ließ.« (Rogers 1961a, 24) Später bezeichnete er die protestantische Tradition, in der er aufgewachsen war, mit ihrer Überzeugung von der grundlegenden Verderbtheit der menschlichen Natur als besonders ausschlaggebend für sein Absetzen von diesem Glauben. »Religion, vor allem die protestantische christliche Tradition, hat unsere Kultur mit der Grundansicht durchdrungen, daß der Mensch im Wesen sündhaft ist, und daß sich seine sündhafte Natur nur durch etwas, was einem Wunder nahekommt, negieren läßt.« (Ebd. 100) Seine späteren Ansichten über die grundsätzliche Vertrauenswürdigkeit des menschlichen Organismus verstand er auch als diesem Weltbild geradezu diametral entgegengesetzt. - Konsequenterweise wechselte er 1926 mit 24 Jahren auf das Teachers College der Columbia University, um Klinische und Erziehungspsychologie zu studieren. Dieses Studium war behavioristisch (verhaltenstherapeutisch) orientiert. Schon 1924 hatte er seine Frau Helen Elliott geheiratet, die er schon aus der Kindheit kannte und nun an der Universität wieder traf. Er bekam mit ihr zwei Kinder, David (geboren 1926) und Natalie (geboren 1928). Rogers merkte an, daß sie sich vorgenommen hatten, das [erste] Kind streng nach behavioristischen Kriterien zu erziehen. »Glücklicherweise hatte Helen genug Hausverstand, eine gute Mutter zu sein trotz all dieses zerstörerischen psychologischen 'Wissens'.« (Kirschenbaum 1979, 44) In den Folgejahren verspürte er stark die Diskrepanz zwischen dem vorwiegend statisch und meßtechnisch ausgerichteten Studium und seiner klinischen Praxiserfahrung am Institute for Child Guidance, an dem er arbeitete. Für seine Dissertation entwickelte er einen entwicklungspsychologischen Test, mit dem er schließlich 1931 das Doktorat erwarb. - 1928 zog Rogers mit seiner Familie nach Rochester im Bundesstaat New York, wo im gleichen Jahr seine Tochter, Natalie, geboren wurde und wo er bis 1939 als Psychologe und Erziehungsberater für das Child Study Department of the Rochester Society for the Prevention of Cruelty to Children und später als Direktor des (psychoanalytisch ausgerichteten) Rochester Guidance Center arbeitete. In diesen Jahren experimentierte er mit den verschiedensten psychologischen Methoden, wobei er sich besonders für ihre Effektivität interessierte. Er beschäftigte sich unter anderem mit Otto Rank, einem Psychoanalytiker und Freud-Schüler, der Ich, Willen und Kreativität betonte. Nachdem er ihn zu einem Wochenendseminar eingeladen hatte, begann er vor allem seine Praxis, weniger seine Theorien zu schätzen. Rogers wurde nach eigenen Angaben von Rank und einigen seiner in der Sozialarbeit tätigen Schülern, darunter Jessey Taft, beeinflußt. Außerdem war für Rogers nach eigenen Angaben (1959a, 12; 1980b, 191) unter anderem der amerikanische, positivistische Pragmatiker und Reformpädagoge John Dewey maßgebend (Rogers 1983i, 7; Rogers/Raskin 1989, 161). Neben Gestaltpsychologie, Phänomenologie, Personalismus und Existenzialismus sind in Rogers' Werk auch deutliche Einflüsse des Symbolischen Interaktionismus und der Lebensphilosophie zu finden. Er sah in seinen späteren Jahren auch eine Verwandtschaft zu fernöstlichen Philosophien und zitierte gern Lao-Tse zustimmend. (Vgl. a. Korunka 2001) Viel von seinen Ansichten wird verständlich aus seiner Auseinandersetzung mit der traditionellen Psychiatrie und der Psychoanalyse sowie aus seiner Gegenposition zur damals modernen und allgemein verbreiteten Verhaltenspsychologie, deren mechanistische Auffassungen er mehr und mehr ablehnte. Von der Arbeit in Rochester erzählte Rogers gern ein Schlüsselerlebnis: Mit der intelligenten Mutter eines »schwierigen« Kindes kam er in der Therapie

nicht weiter; er wußte zwar genau, daß das Problem in der frühen Ablehnung des Kindes lag, aber er vermochte ihr das nicht zu vermitteln, wie behutsam und geduldig er dabei auch immer vorging. Da entschloß er sich, die Therapie zu beenden. Sie war einverstanden, fragte aber unter der Tür beim Hinausgehen, ob er eigentlich auch Erwachsene berate. Als er zustimmte, sagte sie: »Also, ich brauche Hilfe« - und sie begann eruptiv über ihre Verzweiflung in ihrer Ehe und ihr Gefühl des Versagens zu reden. Die Therapie »setzte in diesem Moment ein und führte schließlich zum Erfolg«, beschrieb Rogers diese Erfahrung. So entdeckte er, »daß der Klient derjenige ist, der weiß, wo der Schuh drückt, welche Richtungen einzuschlagen und welche Probleme entscheidend, welche Erfahrungen tief begraben« sind (Rogers 1961a, 25f; vgl. 1973b, 191f). Und er fand heraus - so erzählte er -, daß seine Aufrichtigkeit eine entscheidende Rolle gespielt hatte, eine viel entscheidendere als seine Professionalität. In seinem ersten Buch, »The Clinical Treatment of the Problem Child« (1939a), befaßte sich Rogers mit Kindertherapie und publizierte den für seine Dissertation entwickelten, später sehr verbreiteten und ungewöhnlich populären entwicklungspsychologischen Test. In diesem Buch finden sich bereits erste Wurzeln der später ausformulierten Basisbedingungen therapeutisch hilfreichen Verhaltens. - 1940 wurde Rogers zum Professor für Klinische Psychologie an die Ohio State University berufen. Hier veranstaltete er unter anderem das erste je an einer Universität gehaltene Praktikum in supervidierter Therapie. Seine Lehrtätigkeit führte ihn nun mehr und mehr dazu, seine psychologischen Überzeugungen aufgrund seiner Erfahrungen in seinen eigenen Worten zu formulieren. Als »Geburtsdatum« des Personzentrierten Ansatzes in der Psychotherapie gab Rogers später einen Vortrag am 11. Dezember 1940 an der Universität Minnesota (Rogers 1940b) an, nach dem ihm bewußt geworden sei, wie weit er mit seiner Theorie und Praxis schon gegangen war. Seine Hauptthese lautete: In der Psychotherapie solle es nicht um Problemlösung, sondern um persönliche Entwicklung (»growth«) gehen, wobei der Therapeut Begleiter und Förderer dieser Entwicklung statt Experte für psychische Probleme und deren Lösung zu sein habe. In der therapeutischen Beziehung seien die emotionalen Faktoren viel wesentlicher als die intellektuellen, und die Gegenwart sei dabei viel wichtiger als die Vergangenheit. Schließlich lege dieser Ansatz größten Wert auf die therapeutische Beziehung selbst als Erfahrung von Wachstum (»growth experience«). (Kirschenbaum 1979, 113) Überrascht von heftiger Zustimmung und ebensolchem Widerspruch seiner Zuhörerschaft schätzte er dies als Reaktionen auf die Tatsache ein, daß er hier nicht Theorien zusammenfaßte, sondern seiner persönlichen Überzeugung Ausdruck verlieh. Mit diesen Theorien wurde der Grundstein zu einem Paradigmenwechsel gelegt, zu einer radikalen Abkehr von - damals wie heute vorherrschenden - expertenorientierten Ansätzen: vom traditionellen psychiatrisch-medizinischen Erklärungsmodell, vom empirisch nicht überprüfbaren, klassischen psychoanalytischen Deutungsmodell und vom behavioristischen, reduktionistisch-naturwissenschaftlichen Denkmodell, heute auch von vor- oder apersonal ansetzenden, einseitig das System fokussierenden (und die Person weitgehend ignorierenden) systemischen Theorien. Rogers' frühe Jahre fielen in die Roosevelt-Ära des »New Deal« mit ihrem liberalen, positiven und individualistischen Menschenbild; dies war für ihn zweifellos zunächst prägend (Barrett-Lennard 1998, 34-55). In seiner Arbeit gelangte Rogers jedoch mehr und mehr zu der Überzeugung, daß sowohl die behavioristischen wie die psychoanalytischen Theorieansätze, die beiden damals gängigen Paradigmata, seinen klinischen und persönlichen Erfahrungen nicht entsprechen. Dazu kam er, weil er die Erfahrung ernst nahm, daß Experten-Analysen und -Ratschläge von den Hilfesuchenden nicht angenommen werden, wenn diese wie Objekte behandelt werden. Zunehmend schien ihm nur eine prinzipiell phänomenologische Theorie angemessen, die vor allem die Selbstdarstellungen (Symbolisierungen) der Klientinnen und Klienten und die ihnen zu Grunde liegenden Erfahrungen und Erscheinungen (Phänomene) ernst nimmt und sie so zu verstehen sucht, wie die Klientin oder der Klient selbst sie sieht. [Im Folgenden werden der Lesbarkeit halber immer die Gattungsbegriffe verwendet; gemeint sind immer Frauen und Männer.] Dies brachte ihn in beträchtlichen und grundsätzlichen Gegensatz zu den (vor)herrschenden psychiatrischen und psychotherapeutischen Auffassungen, und er begann, zusammen mit seinen Mitarbeitern einen eigenen Ansatz zu entwickeln. Carl Rogers gilt damit als prominentester Vertreter der Humanistischen Psychologie (Völker 1983; Kollbrunner 1995; Quitmann 1996; Hutterer 1998); sein Personzentrierter Ansatz kann als ihre genuinste Ausprägung gelten. 1962 gründete er zusammen mit Kollegen die Association of Humanistic Psychology. Diese wurde von ihren Begründern bewußt so genannt, um das Humane als eigenständiges Material- und Formalprinzip dieser neu zu bestimmenden Human-Wissenschaft zu betonen und sie als »Dritte Kraft« der Psychologie - nach und in Überwindung von Behaviorismus und Tiefenpsychologie - zu etablieren. Die Humanistischen Psychologen gingen davon aus, daß eine dem »Gegenstand« Mensch angemessene Disziplin auch eine eigene Erkenntnistheorie, ein neues Wissenschaftsverständnis, eine spezifische Methodologie und eine andere Weise der Forschung als bisher voraussetzt. Carl Rogers (1964b, 131) meinte von der Humanistischen Psychologie, sie würde »zu theoretischen Formulierungen führen, die für konventionelle Psychologen genauso schockierend sein werden, wie es die Theorien über den nicht-euklidischen Raum für konventionelle Physiker waren«. In ihrer »Magna Charta« (Bugental 1964, 23) betont die Humanistische Psychologie unter anderem, daß der Mensch mehr als die Summe seiner Bestandteile ist - ihm also nur ein ganzheitlicher Ansatz gerecht wird, daß er grundsätzlich in humanen Bezügen steht, bewußt lebt, Wahlfreiheit hat und sein Leben auf Ziele hin ausrichtet. Die Erfahrung gilt als die wesentlichste Erkenntnisquelle; eine phänomenologische Betrachtungsweise steht im Vordergrund. Das Erleben stellt für die Humanistische Psychologie das Zentrum einer Wissenschaft vom Menschen dar, den unter anderen Qualitäten wie Freiheit, Wertsetzung, Kreativität, Verlangen nach Authentizität und die innewohnende Tendenz, sein Potenzial konstruktiv zu aktualisieren, auszeichnen. Das Streben nach konstruktiver Verwirklichung der eigenen Möglichkeiten bzw. Ressourcen (Aktualisierungstendenz) wird als zentral angesehen. Der Fokus ist auf das Gesunde, nicht auf die Pathologie gerichtet. - In Abgrenzung zu den anderen oben genannten Richtungen nannte Rogers seinen Beratungsansatz zunächst »nicht-direktiv«, um ihn von manipulativem oder lenkendem Therapeutenverhalten abzugrenzen. (»Nondirective« heißt »nicht lenkend« und ist nicht mit »nicht direkt« oder »inaktiv« zu verwechseln.) Dabei lag das Interesse noch relativ stark auf der Technik (welche Intervention bringt welche Reaktion bzw. Veränderung?). Sie sollte eine angstfreie Atmosphäre, den Ausdruck (Verbalisierung) von Emotionen und die Einsicht bzw. die Selbsterkundung (Selbstexploration) des Klienten fördern. 1942 kam sein erstes Buch über die »neuere Psychotherapie« heraus (Counseling and Psychotherapy, deutsch: Die nicht-direktive Beratung, 1942a), das auch mit dem Fall Herbert Bryan die erste vollständige Publikation einer Therapie enthält. Das Buch fand in der psychologischen Öffentlichkeit zunächst wenig Resonanz. In den Kriegsjahren 1944 und 1945 arbeitete Rogers in New York City in der Ausbildung für Personen, die in der psychologischen Betreuung heimkehrender Kriegsteilnehmer tätig waren. (Vgl. Rogers 1944a). - Nach einer Gastprofessur an der Universität Chicago wurde Rogers 1945 auf Dauer als Professor für Psychologie dorthin berufen und eingeladen, ein Beratungszentrum zu gründen, das als Chicago Counseling Center bis heute besteht. Hier begann er empirische Psychotherapieforschung in umfassender Weise. Tonbandaufzeichnungen (und später Filme und Videoaufnahmen) offenbarten den Wert der genauen Gesprächsanalyse und wurden für die Ausbildung (und in der Folge für die Forschung) entdeckt. Sie dokumentierten das Geschehen in der geheimnisumwitterten Psychotherapie und entmystifizierten das »Geschehen im Kämmerlein« in zuvor nicht gekannter Weise. Rogers öffnete darüber hinaus das Feld von Beratung und Therapie in den USA für Nichtärzte und Nichtpsychologen. Er engagierte auch in den Auseinandersetzungen, ob Psychologen von der Psychotherapie auszuschließen seien, die in den Dreißiger- und Vierziger-Jahren in den USA geführt wurden. Erstmals nannte er die Beratung Suchenden nicht mehr »Patienten«, sondern »Klienten«, um ihre aktive Auftraggeberrolle (in Anlehnung etwa an Anwaltsklienten) und die Fähigkeit und Notwendigkeit zu eigenen und selbstverantworteten Entscheidungen zu betonen. (Die Bezeichnung

ist mittlerweile so selbstverständlich geworden, daß diese Bedeutung heute nicht mehr mitschwingt. Man kann sie sich in Erinnerung rufen, wenn man statt vom »Klienten« deshalb vom »Kunden« spricht, weil ihn das, etymologisch begründet, als den »Kundigen« ausweist.) Rogers wandte sich mit dieser Einstellung von einem traditionellen medizinischen Modell ab, das unter Therapie die Behandlung von Krankheit versteht, bestenfalls die Betreuung eines Kranken (jedenfalls objektbezogenes Handeln durch den Therapeuten, der, als Subjekt, der Krankheit oder dem Kranken, als Objekt, gegenübersteht). Diese Abkehr vollzog sich zu Gunsten eines Modells, in welchem der Klient das Subjekt bildete, dem der Therapeut als Alter Ego zur Seite stand. Damit war der erste entscheidende Schritt zu einer später personal verstandenen Beziehung von Subjekt zu Subjekt getan, die zuletzt als personale Begegnung von Therapeut und Klient begriffen wurde (siehe unten). Die Zeit in Chicago erschien Rogers als besonders fruchtbar für die Entwicklung seiner Arbeit, seines Denkens und seines Stils der Zusammenarbeit mit Kollegen. 1951 erschien das zweite bedeutenden Buc, »Client-Centered Therapy« (deutsch: »Die klient-bezogene Gesprächstherapie«, 1951a), in dem er, im Gegensatz zum damals üblichen Stil in der dritten Person, so persönlich wie möglich zu schreiben versuchte. Um zu betonen, daß der Fokus der Aufmerksamkeit von Therapeut und Klient auf die innere Erlebenswelt des Klienten gerichtet ist, um dem Mißverständnis, nicht-direktiv bedeute passiv, zu begegnen, und auch um sich von einem zur bloßen Technik verkommenen »Spiegeln« abzugrenzen, prägte Rogers den Begriff »client-centered«, also »den Klienten in den Mittelpunkt stellend«. Eines der bedeutendsten Forschungsresultate war denn auch später, daß die Beurteilung der Beziehung in der Therapie durch den Klienten in viel höherem Maße mit dem Therapieerfolg korrelierte als die Beurteilung dieser Beziehung durch den Therapeuten (Rogers/Gendlin/Kiesler/Truax 1967). Der Prozeßverlauf von Therapien wurde erforscht und die Bedeutung zunehmender Offenheit des Klienten für die eigene aktuelle Erfahrung (experiencing) erkannt. Zu Letzterem trug der in Österreich geborene Rogers-Mitarbeiter Eugene Gendlin (geboren 1926; vgl. Gendlin

1964) entscheidend bei: Psychotherapie wurde nun als Erlebenstherapie verstanden. Die Förderung der Selbstexploration und die Gefühlsverbalisierung standen im Vordergrund. Die damit angestrebte Offenheit für die authentische eigene Erfahrung galt nun das Umfassendere gegenüber der vorher angezielten, eher nur das Kognitive betonenden Einsicht. Zusammen mit Rosalind Dymond publizierte Rogers 1954 Forschungsergebnisse über die Klientenzentrierte Psychotherapie unter dem Titel »Psychotherapy and Personality Change« (Rogers/Dymond 1954), womit er großen Anklang in der wissenschaftlichen Welt fand und 1956 den Distinguished Scientific Contribution Award, einen bedeutenden Preis der American Psychological Association (APA) erhielt. Ihn bezeichnete Rogers selbst als die ihm wichtigste Auszeichnung. Nach der ersten umfassenderen Theoriedarstellung im erwähnten Buch »Client-Centered Therapy« (1951a, 417-458) verfaßte Rogers 1959 eine grundlegende, systematische Konzeption der klientenzentrierten Therapie-, Persönlichkeits- und Beziehungstheorie, wie sie bis zu diesem Zeitpunkt erarbeitet worden war, für ein psychiatrisches Handbuch (Rogers 1959a). Sie mündete in die Erkenntnis, daß mit diesem zunächst therapeutischen Ansatz der Zugang zu einer umfassenden Theorie für die verschiedensten Arten zwischenmenschlicher Beziehungen eröffnet war. In diese Darstellung floß ein, was Rogers schon 1956 als Thesen formuliert und 1957(a) in einem Artikel zusammengefaßt hatte: die - für die Psychotherapie generell, nicht nur für die klientenzentrierte - (sechs) »notwendigen und hinreichenden Bedingungen für Persönlichkeitsentwicklung durch Psychotherapie«. Neben dem Kontakt in der Beziehung zwischen Klient und Therapeut, der Verletzlichkeit bzw. Angst aufseiten des Klienten und dessen Fähigkeit, das Beziehungsangebot des Therapeuten wahrzunehmen, zählt Rogers die bekannt gewordenen Grundhaltungen der nicht an Bedingungen gebundenen Wertschätzung, der Empathie (Einfühlung) und der Authentizität (Echtheit) als notwendig auf und behauptet zugleich, daß diese Bedingungen hinreichend sind. Es bedürfe daher keiner Diagnosen etwa zur Differenzierung verschiedener Störungen. Demnach sind es nicht Methoden, sondern Einstellungen und Haltungen, die in der Therapie wirksam sind. Zunächst belächelt und kaum beachtet, ist dieser Artikel mittlerweile jene Publikation, welche die größte Zahl an empirischen Untersuchungen in der Psychotherapie ausgelöst hat. Die Schrift bildete die Grundlage für eine Unzahl weltweiter Forschungshypothesen und -arbeiten in den folgenden Jahren. Heute werden diese Einstellungen in der gesamten Psychotherapielandschaft weitgehend als notwendige Grundhaltungen angesehen, wenngleich die anderen Psychotherapieschulen sie nur als Voraussetzung für die »eigentliche« psychotherapeutische Arbeit betrachten, die darauf aufzubauen habe. Im Gegensatz dazu geht der Personzentrierte Ansatz davon aus, daß diese Weise der Beziehung die Therapie selbst ist, womit die Beziehung nicht instrumentalisiert wird, nicht als Mittel zum Zweck (»um ... zu«) gebraucht wird, sondern selbst als der heilende Faktor gesehen wird. Dies wurde von Rogers besonders in jener Phase der Entwicklung seiner Therapiepraxis und -theorie ausgearbeitet, die mit dem Begriff der Begegnung (»encounter«) verbunden ist (siehe unten). Rogers sah sich nicht selten mit dem Vorwurf der Naivität konfrontiert, weil er auf die Selbstheilungskräfte der Person baute und auf die Vertrauenswürdigkeit der menschlichen Natur setzte. »Eine Kontroverse entstand daraus, daß ich soviel Vertrauen in das Individuum setzte. Diese Tatsache tangierte das Selbstverständnis vieler Therapeuten und wurde als Bedrohung aufgefaßt. Meine Schriften [...] stürzten viele Psychologen und Psychiater in Verwirrung. Ich behauptete, daß der Mensch selbst seine Fähigkeiten und seine Fehlanpassungen herausfinden könne [... .] Diese Ansicht ist bedrohlich für Leute, die sich für Experten halten. [...] Es gab viele Angriffe gegen mich und auch Witze, in denen behauptet wurde, alles, was ich täte, wäre, mit den Klienten einer Meinung zu sein.« (Rogers 1976b, 27) 1957 wurde Rogers an der Universität Wisconsin in Madison eine Arbeit angeboten, deren Aufgabenstellung er selbst formuliert hatte und die er als eine große Herausforderung und als Möglichkeit sah, Einfluß zu gewinnen. Bei dieser Gelegenheit sollte er Zeit zu Forschung und Zusammenarbeit mit Psychiatern und zur Arbeit auch mit Psychotikern haben. Rogers hatte damit als erster Psychologe den Lehrstuhl für Psychiatrie und Psychologie inne. In seinem Buch

»On Becoming a Person«, deutsch »Entwicklung der Persönlichkeit« (1961a), ging Rogers in einer Reihe seiner wichtigsten Artikel aus den Fünfzigerjahren ausführlich auf den Prozeß der Persönlichkeitsentwicklung und auf Anwendungsgebiete des Personzentrierten Ansatzes ein. Damit wurde er schließlich zuerst in der therapeutischen Fachwelt, später breiten Kreisen, vor allem im Zusammenhang mit dem allgemein gesellschaftlichen Interesse an Selbsterfahrung, populär. Der Film »Journey into Self« (F-1968; siehe unten) brachte ihm sogar einen Oskar. — Eine weitere entscheidende Entwicklung im Verständnis des Ansatzes wurde unter anderem durch zwei Erfahrungen eingeleitet, die beide dazu führten, die Person des Therapeuten und damit die Beziehung in die Praxis und Theorie stärker miteinzubeziehen. Einerseits geschah dies infolge eines groß angelegten und in mehrfacher Hinsicht desillusionierenden Forschungsprojektes mit hospitalisierten Langzeit-Schizophrenen (»The Therapeutic Relationship and its Impact«, publiziert 1967 gemeinsam mit Gendlin, Kiesler und Truax), das Rogers mit seinen Mitarbeitern in Wisconsin startctc und bei dem angesichts schweigender und oft wenig verständlicher Klienten die Therapeuten bald auf sich selbst, auf ihre eigene Person zurückgeworfen wurden und in der Folge ihre eigenen Gefühle viel mehr zur Sprache brachten als dies zuvor geschehen war. »Eins der Dinge, die wir in Wisconsin herausfanden, war: Wenn ich etwas ausdrückte, was ich fühlte, so war es wahrscheinlich, daß die andere Person antwortete. Das war keine Garantie, aber ich erinnere mich, daß ich über Stunden mit einem Mann zusammensaß, der oft einen großen Teil der Stunde still war - und so prüfte ich meine Gefühle. [...] Nun, als ich begann, mehr und mehr von meinen eigenen Gefühlen zum Ausdruck zu bringen, kam es dazu, daß ich manchmal eine Antwort von ihm bekam. Ich habe keine magische Formel dafür, doch ich habe den Eindruck, daß es manchmal hilft, die Gefühle der anderen Person hervorzubringen, wenn man die eigenen Gefühle ausdrückt.« (Rogers V-1981b; Übers. pfs; vgl. Rogers 1983j, 26f) Die Arbeit mit den Psychotikern, mit denen Rogers zuvor kaum gearbeitet hatte, und Schwierigkeiten und Fehler bei der Organisation der Forschergruppe belasteten Rogers stark. Eine Weile ging er selbst in

Therapie. Das Leben in Madison am Monona-See erlebte die Familie dagegen als sehr befriedigend und glücklich. 1963 beendet er seine Arbeit am Psychological Department - er war mit den Verhältnissen zunehmend unzufrieden geworden -, arbeitete aber am Wisconsin Psychiatric Institute weiter. Die andere bedeutsame Tatsache für die weitere Entwicklung des Ansatzes war, daß sich Rogers intensiv der Arbeit mit Encounter-Gruppen (wörtlich »Begegnungsgruppen«) zuwandte, was ihm einerseits enorme Berühmtheit auch über Fachkreise hinaus verschaffte, andererseits ein weiterer wichtiger Beitrag zur Entwicklung des Personzentrierten Ansatzes war: In der Begegnung mit der »Normalpopulation«, die in solche Selbsterfahrungsgruppen kam, entstand sein Konzept von »Leiter«-Verhalten als »facilitator«, als ein Förderer und Begleiter von Entwicklung. Der bereits erwähnte, viel beachtete Film (»Journey into self«, F-1968) wurde gedreht und das Buch über Encounter-Gruppen (1970, »Carl Rogers on Encounter Groups«, deutsch: »Encounter-Gruppen«, 1970a) publiziert. Rogers gilt daher auch als cincr der Pioniere der Selbsterfahrungsgruppen. Die Gruppe bezeichnete er als »die vermutlich potenteste soziale Erfindung des 20. Jahrhunderts« (ebd. 9). Bei seinem Engagement in solchen intensiven Kleingruppen, stellte sich heraus, daß die Gruppenleiter bald genauso persönlich angesprochen und damit als Personen gefordert waren wie andere Teilnehmer. Nicht zuletzt durch diese Gruppenarbeit wurde zunehmend die dialogische Situation von Beratung und Psychotherapie erkannt und neben der Person des Klienten mit seinem Erleben auch jene des Therapeuten und dessen Erleben als für die Therapie bedeutsam begriffen. Auch hier findet sich wieder das Thema der Überwindung von Einsamkeit: »Die einsame Person ist zutiefst davon überzeugt, daß man sie nicht mehr akzeptiert oder liebt, wenn ihr wahres Selbst bekannt wird. Es gehört zu den faszinierendsten Augenblicken im Leben einer Gruppe, wenn man sieht, wie diese Überzeugung langsam schwindet. Die Feststellung, daß eine ganze Gruppe von Leuten es viel einfacher findet, sich um das wahre Selbst statt um die äußere Fassade zu kümmern, ist nicht nur für die betreffende Person, sondern auch für die übrigen Gruppenmitglieder eine bewegende Erfahrung.« (Rogers

1961a, 120) »Die Fähigkeit, ein Risiko einzugehen, gehört zu den Dingen, die ich selbst in Encounter-Gruppen gelernt habe. [...] Und wenn ich nicht versuche, anders zu sein, als ich bin [...], dann komme ich den Leuten viel näher. [...] Ich genieße das Leben deshalb viel mehr, wenn ich nicht defensiv bin.« (Rogers 1961a, 119f) Seine Verwandten und Freunde sprachen von großen Veränderungen durch die Gruppenerfahrungen auch an ihm selbst: »Er zeigte viel mehr von sich selbst, wurde viel offener über sein Bedürfnisse nach Zuneigung und danach, selbst viel herzlicher zu sein.« (Kirschenbaum 1979, 495). Mit den Konsequenzen aus den Gruppenerfahrungen war endgültige Schritt zum Verständnis von Psychotherapie als Begegnung getan, der nicht zuletzt auch durch die Auseinandersetzung mit der Existenzphilosophie (Kierkegaard), der Dialogischen Philosophie (Buber) und, wenngleich von Rogers selbst weitgehend unthematisiert, auf der Basis der jüdisch-christlichen Anthropologie (Tillich) und dem Erbe der klassischen griechischen Philosophie erfolgte. Unter anderem mit Martin Buber (Rogers/Buber 1960) und Paul Tillich (Rogers/Tillich 1966) führte Rogers viel beachtete öffentliche Dialoge. Im Mittelpunkt stand von da an die therapeutische Beziehung »person to person« als solche; Psychotherapie wurde fortan als wechselseitiges Geschehen aufgefaßt. Dementsprechend bekam die Authentizität einen immer größeren Stellenwert unter den Grundhaltungen. Diese Entwicklung wurde von Rogers allerdings nicht mehr so systematisch beschrieben wie die früheren Theorien, weshalb ihre Rezeption zum Teil mit beträchtlicher Verzögerung erfolgte. Das trifft besonders auf Deutschland zu, wo sich zu dieser Zeit ein stark an der empirisch-wissenschaftlichen Operationalisierung orientiertes Verständnis der therapeutischen Grundhaltungen durchzusetzen begann. Der bisweilen heute noch anzutreffende Vorwurf, es handle sich bei Rogers' Ansatz um einen einseitig individualistischen, hat auch in dieser verkürzenden Rezeption seinen Ursprung, ist aber nach dem heutigen State of the Art Personzentrierter Therapie völlig überholt. So kann unter anderem auch gezeigt werden, daß sich Rogers von Anfang an mit Gruppen beschäftigt, dies aber, von bedeutsamen Ausnahmen (z. B. Rogers 1948d) abgesehen, erst viel später schriftlich thematisiert hatte, und daß entgegen dem ersten Anschein der Personzentrierte Ansatz als sozialpsychologischer eigentlich ein Gruppenansatz ist (Schmid 1996, 57-76). Zum einen wegen der Übertragung auf verschiedene Populationen, zum anderen wegen der anthropologischen Bedeutung des Begriffs »Person« (vgl. Schmid 1991; 2007) wurde nun zunehmend der Name »person-centered« (Rogers 1977a) gebräuchlich. Historisch wie inhaltlich ist »person-zentriert« im Gegensatz ebenso zu »verhaltens-orientiert« wie zu »psych-iatrisch« und zu beiden Wortteilen von »psycho-analytisch«, aber auch zu »körper-therapeutisch« und zu späteren Entwicklungen wie transpersonalen und system-orientierten zu verstehen. Was die Bezeichnung betrifft, hat sich neben »personzentriert« auch »klientenzentriert« bis heute erhalten. Die auf den flämischen und deutschsprachigen Raum beschränkte Bezeichnung »Gesprächs(psycho)therapie«, die von Reinhard Tausch (1960) ausging, ist insofern irreführend, als durch sie diese Therapie als bloß verbale Interaktion verstanden wurde. Tausch kommt dabei das unbestreitbare Verdienst zu, Rogers im deutschsprachigen Raum bekannt gemacht zu haben. Die Bezeichnung als »Rogerianische Therapie« lehnte schon Rogers selbst »mit tiefem Widerwillen« als unzutreffend ab, weil er nicht Nachahmer züchten wollte (Thorne 1992, 92; Schmid 1996, 126-129), dennoch wird sie gelegentlich verwendet. - Nach einer langen akademischen Laufbahn zog Rogers 1964 nach La Jolla, einem Vorort von San Diego in Südkalifornien, wo er zunächst im Western Behavioral Science Institute (WBSI) arbeitete. Er empfand die Arbeit dort, frei von den Einschränkungen, die der Universitätsbetrieb mit sich gebrachte hatte, sehr zufriedenstellend und konstruktiv. Nach Entwicklungen an diesem Institut, die den humanistisch orientierten Mitgliedern nicht gefielen, gründeten diese 1968 das »Center for Studies of the Person« (CSP) in La Jolla, dem Carl Rogers als »Resident Fellow« (eine selbstgewählte Bezeichnung) bis zu seinem Tod angehörte. Es war eine Gruppe von anfangs etwa vierzig Personen aus verschiedenen human- und sozialwissenschaftlichen Bereichen, die der herkömmlichen Weise, menschliches Verhalten nach der Art von Objekten zu studieren, den Personzentrierten Ansatz entgegensetzten. Sie trafen einander zu wöchentlichen »staff meetings« und hielten die Organisation auf einem möglichst informellen, dem einzelnen einen maximalen Spielraum ermöglichenden Niveau. Rogers beurteilte das Center selbst als ein höchst ungewöhnliches und aufregendes Experiment. Er war der Überzeugung, daß diese »Nicht-Organisation« ausschließlich auf der Stärke zwischenmenschlicher Teilnahme gründe und nichts anderes zusammenhalte, als das gemeinsame Interesse an der Würde und der Fähigkeit der Personen und die ständige Möglichkeit echter Kommunikation. Als Zusammenfassung seiner bisherigen Ideen und Arbeiten zum Thema Erziehung, die im Lauf der Zeit entstanden waren, und auf Drängen vieler Pädagogen erschien 1969 Rogers' Buch über personzentriertes Lehren und Lernen, über Universitäten und Erwachsenenbildung. (»Freedom to Learn«, deutsch: »Lernen in Freiheit«, 1969a) Eine erweiterte und völlig überarbeitete Version wurde von Rogers 1983(a) publiziert: »Freedom to Learn for the 80's«, deutsch: »Freiheit und Engagement«. 1972 wurde Rogers mit dem Distinguished Professional Contribution Award ausgezeichnet und erhielt somit als bislang einziger beide Auszeichnungen der American Psychological Association. Im selben Jahr brachte er ein Buch über Partnerbeziehungen heraus. (»Becoming Partners: Marriage and its Alternatives«, deutsch: »Partnerschule«, 1972a). Darin schrieb er über seine eigene Ehe: »Helen und ich wundern uns häufig, wie fruchtbar unser Zusammenleben immer noch ist und warum ausgerechnet wir so viel Glück gehabt haben. [...] Jeder von uns hatte sein eigenes Leben und eigene Interessen und das gemeinsame Leben. [...] Wir sind als Einzelpersonen gewachsen und gleichzeitig in diesem Prozeß zusammengewachsen.« (Rogers 1973b, 194f) Als seine Frau später durch eine schwere Krankheit an den Rollstuhl gefesselt wurde, übernahm er den größten Teil der Pflege. Die lange Krankheit belastete ihn sehr. Aus der Hilflosigkeit und Verzweiflung beider erwuchs, als es ihr vorübergehend besser ging, etliches an wechselseitiger Aggression, die er als ein gesundes Zeichen verstand (Rogers 1972a, 26,31,32). Seine Frau starb 1979 nach langen Jahren der Krankheit. »Eines Tages, als sie dem Tod sehr nahe war [...], sprudelte es plötzlich aus mir heraus,

wie sehr ich sie geliebt hätte. [...] Ich sagte ihr, sie solle sich nicht verpflichtet fühlen, weiterzuleben, ihrer Familie gehe es gut und sie könne sich frei fühlen, weiterzuleben oder zu sterben, wie sie es wünsche. Bei Tagesanbruch lag sie im Koma und am folgenden Morgen starb sie sehr friedlich.« (Kirschenbaum 1979, 417) Sein eigenes Älterwerden beschrieb er in einem Aufsatz mit dem bezeichnenden Titel »Growing older - or older and growing« (1980d, deutsch: »Alt werden - oder älter werden und wachsen«). Mehr und mehr wandte er sich außertherapeutischen Gebieten zu, auf die er personzentrierte Prinzipien kreativ übertrug: Neben den Encounter-Gruppen, der Pädagogik und den Formen des Zusammenlebens in der Familie und alternativen Lebensformen, interessierten ihn besonders Großgruppen und interkulturelle Workshops, vor allem solche zur Konfliktlösung und Friedensarbeit, sowie politische Arbeit generell (1977a; 1980a). Mehr und mehr faszinierten Rogers die Möglichkeiten der Selbstbestimmung der Person und die Chancen zur Entwicklung in größeren Gruppen und Gemeinschaften. 1974 begann er, an mehrwöchigen Workshops mit Großgruppen (von 75 bis zu 800 Personen) teilzunehmen, die mit einem Minimum an Strukturen funktionierten. In seinem am meisten politischen Buch »On Personal Power: Inner Strength and Its Revolutionary Impact« (1977a, deutsch: »Die Kraft des Guten«), in dem er seine Überzeugungen leidenschaftlich und sehr global formulierte, brachte er viel von diesem Optimismus zu Papier. Im Bewußtsein, »daß diese Vision manchen hoffnungslos idealistisch, anderen als gefährliche Verhöhnung geheiligter Autoritäten und wieder anderen einfach bizarr erscheinen wird«, schrieb er am Schluß dieses Buches: »Ein neuer Menschentypus mit Wertvorstellungen, die sich scharf von denjenigen unserer heutigen Gesellschaft unterscheiden, tritt in immer größerer Zahl auf den Plan. [...] Auf fast jedem Gebiet ist eine stille Revolution im Gange. Sie verspricht, uns zu einer humaneren, mehr personzentrierten Welt voranzutragen.« (Rogers 1980e, 56f). - 1980 publizierte Rogers »A Way of Being«, eine Zusammenfassung der Ansichten und Entwicklungen aus den Siebzigerjahren (deutsch: »Der neue Mensch«, 1980a). Andere Beiträge sind in der deutschen Übersetzung des Sammelbandes

»A pessoa como centro«, »Die Person als Mittelpunkt der Wirklichkeit«, von Rogers und Rosenberg, 1977, zu finden). In den Jahren 1975 bis 1985 führten Rogers zahlreiche Reisen zu Workshops und Vorträgen in die ganze Welt, darunter Japan, Lateinamerika und Südafrika. Diese Reisen wurden nach dem Tod seiner Frau, 1979, viel leichter möglich; 1981 und 1984 brachten sie ihn auch nach Österreich und 1982 nach Deutschland. In seinen letzten fünfzehn Lebensjahren begann sich Rogers mehr und mehr für soziale Fragen und Friedenspolitik zu interessieren und beschäftigte sich mit den politischen Implikationen des Personzentrierten Ansatzes. Er führte ein Workshop mit irischen Katholiken und Protestanten durch. 1985 entstand das Carl Rogers Peace Project und im Herbst des gleichen Jahres leitete er ein Workshop mit hochrangigen zentralamerikanischen Politikern in Rust im Burgenland in Zusammenarbeit mit der University for Peace in Costa Rica (Rogers 1986d). Bei Workshops in Südafrika 1982 und 1986 (Rogers/Sanford 1983; 1986; Rogers 1986c) engagierte er sich in der Rassenproblematik. Auf verschiedenen Vorträgen setzte er sich mit dem Atomkrieg und dessen Vermeidung auseinander. Im Herbst 1986 war er noch auf seiner letzten Auslandreise in Moskau und Tiflis bei mehreren Veranstaltungen auf Einladung des sowjetischen Erziehungsministeriums (Rogers 1987h). In seinen späteren Lebensjahren beschäftigten Rogers wieder zunehmend spirituelle Fragen; auch begann er sich mehr und mehr für die fernöstlichen Weisheitslehren zu interessieren. Bei einem Vortrag an der Universität Wien 1981 gab er seinen »spirituellen Überzeugungen« anhand von Forschungsergebnissen aus Naturwissenschaften Ausdruck und nannte sie auch »mystische Erfahrungen«, die ihn an die von ihm bislang unterschätzte Dimension »des Transzendenten« stoßen ließen. (Rogers 1977a, 280, 323; Thorne 1998) Auf Einladung des Praktisch-Theologischen Instituts der Universität Wien fand ein gemeinsames Privatissimum der beiden Theologischen Fakultäten im gleichen Jahr statt. Dabei sagte er auf meine Frage, ob er eine Verbindung zwischen dem Evangelium und dem Personzentrierten Ansatz sehe, er habe sein Leben lang vermieden, religiöse Begriffe zu gebrauchen - vermutlich aus zwei Gründen: »Ich glaube [...], ich fühlte mich wirklich etwas von der organisierten Religion beleidigt, und es liegt mir nichts daran, damit in Verbindung gebracht zu werden; außerdem empfand ich, daß viele religiöse Begriffe soviel Bedeutungen hatten, daß ich sie nicht gebrauchen wollte. [...] Andererseits: während ich an der Universität von Chicago war, fand ich einiges, das mich am meisten anregte und einige meiner besten Studenten waren unter den Theologie-Studenten der Universität, darunter die, die mich auch mit Martin Buber und Søren Kierkegaard bekanntmachten, und ich merkte, ich hatte Freunde, von denen ich niemals gewußt hatte. [...] So würde ich sagen, viele meiner Ziele waren vielleicht die Ziele spiritueller Menschen über die Zeiten hinweg. Und irgendwie finde ich mich mehr bereit, den Begriff 'spirituell' als den Begriff 'religiös' zu gebrauchen. [...,] ja, ich glaube, es gab viele, viele Philosophen und spirituelle Führer, und nicht nur christliche Führer, die die Person als sehr wichtig angesehen haben. So will ich bestimmt den Begriff 'personzentriert' nicht als originale Erfindung beanspruchen.« (Rogers 1979a) 1986 wurde die Association for the Development of the Person-Centered Approach gegründet, an derem ersten Treffen in Chicago Rogers noch teilnahm. Anfang 1987 wurde er für den Friedensnobelpreis des gleichen Jahres nominiert. Kurz nach seinem 85. Geburtstag stürzte er und brach sich die Hüfte. Er mußte operiert werden, wovon er sich nicht mehr erholte. Am 4. Februar 1987 starb er in La Jolla. - Schon zur Lebenszeit Rogers' und natürlich seit seinem Tod haben eine Reihe von Weiterentwicklungen personzentrierter Ansätze stattgefunden. Klinisch-prozeßorientierte (Binder/Binder 1991; 1994) und konstruktivistische und kommunikationstheoretische Ansätze (Frenzel 1991; Fehringer 1993; 1994; O'Hara 1998) und vor allem die phänomenologischen, existenziellen und dialogischen Implikationen wurden weiter herausgearbeitet (Schmid 1991; 1994; 1996; 2006; 2007; Cooper, O'Hara, Schmid, Wyatt 2007). Personzentrierte Theoriebildung versteht sich als permanente Theorieentwicklung, als beständig in Veränderung und niemals abgeschlossen. Rogers (1959a, 16) wandte sich energisch gegen »jene geistlosen Menschen, die jede beliebige Theorie sofort zum Dogma erheben«; er wollte vielmehr Theorien »als Anreiz für weiteres kreatives Denken« verstanden wissen. Viele Dimensionen des Paradigmenwechsels durch einen personzentrierten Zugang zum Menschen sind noch nicht einmal ganz ausgelotet; vieles davon ist, vor allem auch in der Praxis, erst noch einzulösen (Schmid 1997). Man darf in vielen Verwässerungs- und Verharmlosungstendenzen auch einen Widerstand gegen diesen radikalen Anspruch sehen, der bedrohlich für etablierte Macht, für Status und Prestige ist (Rogers 1980b, 225): Rogers (z. B. 1977a) selbst sprach öfter von einer »stillen Revolution des Personzentrierten Ansatzes«. Der Personzentrierte Ansatz ist heute das weltweit die am meisten praktizierte psychotherapeutische Verfahren. Über die Therapie hinaus ist der Personzentrierte Ansatz nicht nur eine bewährte Form der Beziehungsgestaltung für menschliches Zusammenleben und -arbeiten in seinen verschiedenartigsten Formen und unter den verschiedensten Umständen geworden, sondern hat sich zu einer Kulturphilosophie entwickelt (Schmid 1992a; 1998b). In vielen psychosozialen, pädagogischen und pastoralen Bereichen löste der Ansatz zahlreiche Veränderungen, ja oftmals einen Paradigmenwechsel im Selbstverständnis aus. So verdankt ihm auch die Praktische Theologie und Seelsorge viele Impulse (Schmid 1989; 1998b; 2004). Auch die Gesundheitsberufe und sogar die Managementtheorien wurden von ihm beeinflußt. (Vgl. Themenheft PERSON, 1999) Der 1997 gegründete Personzentrierte und Experienzielle Weltverband (World Association for Person-Centered and Experiential Psychotherapy, WAPCEPC) und das 1998 ins Leben gerufene Europäische Netzwerk (Network of Person-Centred and Experiential Psychotherapy and Counselling) zählen eine umfassende Arbeit an der Humanisierung aller Lebensbereiche zu ihren Aufgaben. Carl Rogers gehört zweifellos zu den bedeutendsten und einflußreichsten Psychologen und Psychotherapeuten des 20. Jahrhunderts. Durch ihn wurde Psychotherapie für vielen Menschen verständlicher und leichter zugänglich und bekam ein anderes Image, das schließlich dazu führte, Psychotherapie als selbstverständlichen Bestandteil des Sozial- und Gesundheitssystems zu sehen. Die Vorstellung, daß Therapie nicht nur für »Kranke« sei, sondern Hilfe zur Persönlichkeitsentwicklung für alle bedeuten kann, wurde durch ihn populär. Zu

Rogers' bleibenden Verdiensten zählen: die erfahrungsnahe Theoriebildung, die sich jederzeit der kritischen (natürlich auch empirischen) Überprüfung stellen muß; die Betonung einer ganzheitlichen Sicht des Menschen, zu der auch die spirituelle Dimension gehört, und einer »menschlichen Wissenschaft vom Menschen« (Rogers 1985a), also einer humanwissenschaftlichen statt einer ausschließlich naturwissenschaftlichen Perspektive; die Sichtweise, daß Therapie und Beratung nicht einfach Reparatur eines Fehlzustandes, sondern Persönlichkeitsentwicklung in einem umfassenden Sinn bedeuten; die Entmystifizierung von Psychotherapie und die Einführung der Forschung in die Psychotherapie; eine Haltung und Praxis, die fern von jedem Experten- und Machtdünkel den Klienten als den Gestalter seines Lebens und denjenigen anerkennt, der letztlich selbst entscheiden muß, wie er sich, seine Beziehungen und sein Verhalten versteht, und damit eine letztlich dialogische Praxis von Therapie, Beratung und anderen psychosozialen, pädagogischen und pastoralen Tätigkeiten; die Betonung der Gruppe als entscheidendes Feld für die Persönlichkeitsentwicklung und Psychotherapie; die Betonung des Vorrangs von Einstellung und Haltung vor Methode und Technik; die politische Bedeutung psychotherapeutischer und psychosozialer Arbeit. Einer von Rogers' Lieblingssprüchen von Lao-tse lautet: »Ein Führer ist am besten, wenn man kaum weiß, daß es ihn gibt. Nicht so gut, wenn man ihm gehorcht und ihm zujubelt. Am ärgsten, wenn man ihn verachtet. [...] Doch von einem guten Führer, der wenig spricht, wenn sein Werk getan ist, sein Ziel erreicht, werden alle sagen: Wir haben es selbst getan.« (Rogers 1973b, 21)

Zitierte Lit.: Der Personzentrierte Ansatz außerhalb der Psychotherapie, Themenheft PERSON 1, 1998; — Barrett-Lennard, Godfrey T. (1998), Carl Rogers' helping system. Journey and substance, London (Sage) 1998; — Binder, Ute / Binder, Hans-Jörg (1991), Studien zu einer störungsspezifischen klientenzentrierten Psychotherapie. Schizophrene Ordnung - Psychosomatisches Erleben - Depressives Leiden, Eschborn (Klotz); [2]1994; Klientenzentrierte Psychotherapie bei schweren psychischen Störungen. Neue Handlungs- und Therapiekonzepte zur Veränderung, Frankfurt (Fachbuchhandlung für Psychologie); [3]1994; — Bugental, James F. T. (1964), The third force in psychology, in: Journal of Humanistic Psychology 1, 19-26; dt.: Die Dritte Kraft in der Psychologie, in: Sohns, Gerhard, Das amerikanische Programm der Humanistischen Psychologie. Die Reden Severins und Bugentals und ihre Beziehung zur europäischen geisteswissenschaftlichen Tradition, Bielefeld (Pfeffersche Buchhandlung) 1976; — Burton, Arthur (Hrsg.) (1972), Twelve therapists, San Francisco (Jossey-Bass) 1972; — Cooper, Mick / O'Hara, Maureen / Schmid, Peter F. / Wyatt, Gill (Hrsg.), The handbook of person-centred psychotherapy and counselling, Houndsmill, Basingstoke (Palgrave Macmillan) 2007; — Fehringer, Christian (1993), Selbst-Heilung als kontextuelle Selbst-Erweiterung in einer bedeutsamen Beziehung, in: apg-kontakte 2 (1993) 5-11; — Frenzel, Peter (1991) (Hrsg.), Selbsterfahrung als Selbsterfindung. Personzentrierte Psychotherapie nach Carl R. Rogers im Licht von Konstruktivismus und Postmoderne, Regensburg (Roderer) 1991; — Gendlin, Eugene T. (1964), A theory of personality change, in: Worchel, Philip / Byrne, Donn (Hrsg.), Personality change, New York (Wiley), 206-247; dt: Eine Theorie der Persönlichkeitsveränderung, in: Bommert, Hanko / Dahlhoff, Hans-Dieter (Hrsg.), Das Selbsterleben in der Psychotherapie, München (Urban & Schwarzenberg) 1978, 1-62; — Hutterer, Robert (1998), Das Paradigma der Humanistischen Psychologie. Entwicklung, Ideengeschichte und Produktivität, Wien (Springer) 1988; — Kirschenbaum, Howard (1979), On becoming Carl Rogers, New York (Delacorte) 1979; — Kollbrunner, Jürg (1995), Das Buch der humanistischen Psychologie. Eine ausführliche einführende Darstellung und Kritik des Fühlens, Denkens und Handelns in der humanistischen Psychologie, Eschborn (Fachbuchhandlung für Psychologie) 1995; — Korunka, Christian (2001), Die philosophischen Grundlagen und das Menschenbild des Personzentrierten Ansatzes, in: Frenzel, Peter / Keil Wolfgang W. / Schmid, Peter F. / Stölzl, Norbert (Hrsg.), Klienten-/Personzentrierte Psychotherapie. Kontexte, Konzepte, Konkretisierungen, Wien (Facultas) 2001, 33-56; — O'Hara, Maureen (1998), Personzentrierte und experientielle Psychotherapie in einem kulturellen Übergangszeitalter, in: PERSON 1, 5-14; — Quitmann, Helmut (1996), Humanistische Psychologie. Psychologie, Philosophie, Organisationsentwicklung, Göttingen (Hogrefe)

Rogers, Carl R.: Alle hier nicht aufgeführten Titel finden sich unten, in der Zusammenstellung der wichtigen Werke von Rogers. - (1922), An experiment in Christian internationalism, in: The Intercollegian (YMCA), 39,9 (1922) 1f.; (1940b), Old and new viewpoints in counseling and psychotherapy, Kapitel 2 in: Rogers 1942a; dt.: Einige neuere Konzepte der Psychotherapie, in: Stipsits, Reinhold / Hutterer, Robert (Hrsg.), Perspektiven Rogerianischer Psychotherapie, Wien (WUV Universitätsverlag) 1992, 15-38; (1944a), Adjustment after combat, Fort Myers (Army Air Forces Instructors School) 1944; (1948d), Some implications of client-centered counseling for college personnel work, in: Educational and Psychological Measurement 8,3, part 2 (1948) 540-549; (1964b), Toward a modern approach to values. The valuing process in the mature person, in: Journal of Abnormal and Social Psychology 68,2 (1964) 160-167; dt.: Der Prozeß des Wertens beim reifen Menschen, in: Rogers / Stevens 1967, dt. 1984, 37-55; (1966), zus. m. Tillich, Paul, Paul Tillich and Carl Rogers - a dialogue, San Diego (San Diego State College) 1966; dt.: Paul Tillich und Carl Rogers im Gespräch, in: Rogers / Schmid 1991, 257-273; (1973b), My philosophy of interpersonal relationships and how it grew, in: Journal of Humanistic Psy-

chology 13,2 (1973) 3-15; dt.: Meine Philosophie der interpersonalen Beziehungen und ihre Entstehung, in: Rogers / Rosenberg 1977, dt. 1980, 185-198; (1976b), The changing politics of education, The Burton Lecture, Harvard University (Manuskript), 1976; (1980d), The world of tomorrow, and the person of tomorrow, in: Rogers 1980a, 339-356; dt.: Blick in die Zukunft, in: Rogers 1980a, dt. 1981, 173-186; (1980e), Growing old - or older and growing, in: Journal of Humanistic Psychology 20,4 (1980) 5-16; dt.: Alt werden oder: Älter werden und wachsen, in: Rogers 1980a, dt. 1981, 37-64; (1980), zus. mit Buber, Martin, Dialogue between Martin Buber and Carl Rogers, in: Psychologia. An International Journal of Psychology in the Orient (Kyoto University) 3,4 (1960) 208-221; dt.: Carl Rogers im Gespräch mit Martin Buber, in: Arbeitsgemeinschaft Personenzentrierte Gesprächsführung (Hrsg.), Persönlichkeitsentwicklung durch Begegnung. Das personenzentrierte Konzept in Psychotherapie, Erziehung und Wissenschaft, Wien (Deuticke) 1984, 52-72; (1983i), I walk softly through life. Interview with Gerard Haigh, in: Voices: The Art and Science of Psychotherapy 18,4 (1983) 6-14; (1983j), Ein Abend mit Carl Rogers an der evang.-theolog. Fakultät in Wien am 3. April 1981, in: AG der evang. Religionslehrer an AHS in Österreich, Personenzentriertes Arbeiten im Religionsunterricht - Schulfach Religion 1/2, 1983, 23-31; (1983), zus. mit Sanford, Ruth, A journey to the heart of South Africa, (Manuskript) 1983; (1986c), The dilemmas of a South-African white, in: Person-Centered Review 1,1 (1986) 15-35; (1986d), The Rust Workshop: A personal overview, in: Journal of Humanistic Psychology 26,3 (1986) 23-45; (1986), zus. m. & Sanford, Ruth, Reflections on our South African experience (January - February 1986), in: Organization Development Journal 4,4 (1986) 8-10; (1987h), Inside the world of the soviet professional, in: Journal of Humanistic Psychology 27,3 (1987) 277-304; (1989), zus. mit Raskin, Nathaniel, J., Person-centered therapy, in: Corsini, Raymond J. / Wedding, D. (Hrsg.) Current psychotherapies, Itasca, Ill. (Peacock) 41989, 155-194; (V-1981b), Carl Rogers In Österreich 1981. Gespräch mit evangelischen und katholischen Theologen, Video, VHS, Arbeitsgemeinschaft Personenzentrierte Gesprächsführung 1981.

Schmid, Peter F. (1989), Personale Begegnung. Der personzentrierte Ansatz in Psychotherapie, Beratung, Gruppenarbeit und Seelsorge, Würzburg (Echter) 1989; 52007; (1991), Souveränität und Engagement. Zu einem personzentrierten Verständnis von »Person«, in: Rogers/Schmid 1991; 15-164; (1992a), Der Therapeut: Bescheidenheit ist eine Zier, doch weiter... Zum Selbstverständnis des Personzentrierten Psychotherapeuten, in: Frenzel/Schmid/Winkler 1992, 39-69; (1994), Personzentrierte Gruppenpsychotherapie. Ein Handbuch. Bd. I: Solidarität und Autonomie, Köln (Edition Humanistische Psychologie) 1994; (1996), Personzentrierte Gruppenpsychotherapie in der Praxis. Ein Handbuch. Bd. II: Die Kunst der Begegnung, Paderborn (Junfermann) 1996; (1997), »Einem Menschen begegnen heißt, von einem Rätsel wachgehalten werden.« (E. Levinas). Perspektiven zur Weiterentwicklung des Personzentrierten Ansatzes, in: PERSON 1 (1997) 14-24; (1998a), Im Anfang ist Gemeinschaft. Personzentrierte Gruppenarbeit in Seelsorge und Praktischer Theologie. Bd. III: Beitrag zu einer Theologie der Gruppe, Stuttgart (Kohlhammer) 1998; (1998b), State of the Art personzentrierten Handelns als Vermächtnis und Herausforderung, in: PERSON 1 (1998) 15-23; (2004), Beratung als Begegnung von Person zu Person. Theologie und Beratung, in: Nestmann, Frank / Engel, Frank / Sickendiek, Ursel (Hrsg.), Das Handbuch der Beratung, Bd. I: Disziplinen und Zugänge, Tübingen (dgvt) 2004, 155-169; (2006), The Challenge of the Other. Towards dialogical person-centered psychotherapy and counseling, in: Person-Centered and Experiential Psychotherapies 5,4 (2006) 241-254; (2007), Begegnung von Person zu Person. Die anthropologischen Grundlagen personzentrierter Therapie, in: Kriz, Jürgen / Slunecko, Thomas (Hg., Gesprächspsychotherapie. Die therapeutische Vielfalt des personzentrierten Ansatzes, Wien (Facultas/UTB) 2007, 34-49; Schmid, Peter F. / Keil, Wolfgang W. (2001), Zur Geschichte und Entwicklung des Personzentrierten Ansatzes, in: Frenzel, Peter / Keil, Wolfgang W. / Schmid, Peter F. / Stölzl, Norbert (Hrsg.), Klienten-/Personzentrierte Psychotherapie. Kontexte, Konzepte, Konkretisierungen, Wien (Facultas) 2001, 15-32; Tausch, Reinhard (1960), Das psychotherapeutische Gespräch. Erwachsenen-Psychotherapie in nicht-directiver Orientierung, Göttingen (Hogrefe) [1]1960; Thorne, Brian (1992), Carl Rogers, London (Sage); (1998), Person-centred counselling and Christian spirituality. The secular and the holy, London (Whurr) 1998; Völker, Ulrich (1983) (Hrsg.), Humanistische Psychologie. Ansätze einer lebensnahen Wissenschaft, Weinheim (Beltz).

Werke: Gelistet werden nur die Bücher und wichtige darüber hinausgehende Artikel. Die Nummerierung erfolgt nach der Carl Rogers Gesamtbibliografie von Peter F. Schmid. — (1931a), Measuring personality adjustment in children nine to thirteen years of age, (Contributions to education, No 45), New York (Bureau of Publications, Teachers College, Columbia University) 1931; (1939a), The clinical treatment of the problem child, Boston (Houghton Mifflin) 1939; (1942a), Counseling and psychotherapy. Newer concepts in practice, Boston (Houghton Mifflin) 1942: dt.: Die nicht-direktive Beratung. Counseling and Psychotherapy. München (Kindler) 1972; Taschenbuchausgabe Frankfurt/M. (Fischer, Reihe »Geist und Psyche« Nr. 42176) 1985; (1951a), Client-centered therapy. Its current practice, implications, and theory. Boston (Houghton Mifflin) 1951; dt.: Die klient-bezogene Gesprächstherapie. Client-Centered Therapy, München (Kindler) 1973; auch: Die klientenzentrierte Gesprächspsychotherapie. Client-Centered Therapy; Taschenbuchausgabe Frankfurt/M. (Fischer, Reihe »Geist und Psyche« Nr. 42175) 1983; (1954a), zus. mit Dymond, Rosalind F. (Hrsg.), Psychotherapy and personality change. Co-ordinated research studies in the client-centered approach, Chicago (University of Chicago Press) 1954; (1956), zus. mit Skinner, Burrhus F., Some issues concerning the control of human behavior. A symposium, in: Science 124,3231 (1956) 1057-1066; (1957a), The necessary and sufficient conditions of therapeutic personality change, in: Journal of Consulting Psychology 21,2 (1957) 95-103; dt.:Die notwendigen und hinreichenden Bedingungen für Persönlichkeitsentwicklung durch Psychotherapie, in: Rogers / Schmid 1991,165-184; (1959a), A theory of therapy, personality, and interpersonal relationships, as developed in the client-centered framework, in: Koch, Sigmund (Hrsg.), Psychology. A study of a science. Vol. III:

Formulations of the person and the social context, New York (McGraw Hill) 1959, 184-256; dt.: Eine Theorie der Psychotherapie, der Persönlichkeit und der zwischenmenschlichen Beziehungen, entwickelt im Rahmen des klientenzentrierten Ansatzes, Köln (GwG) 1987; (1960), zus. mit Buber, Martin, Martin Buber and Carl Rogers, in: Psychologia. An International Journal of Psychology in the Orient (Kyoto University) 3,4 (1960) 208-221; auch: Anderson, Rob & Cissna, Kenneth N., Carl Rogers in dialogue with Martin Buber. A new analysis, in: Person-Centered Journal 4,2 (1997) 4-13 & 5,1 (1997) 63-65; dt.: Carl Rogers im Gespräch mit Martin Buber, in: Arbeitsgemeinschaft Personenzentrierte Gesprächsführung (Hrsg.), Persönlichkeitsentwicklung durch Begegnung. Das personenzentrierte Konzept in Psychotherapie, Erziehung und Wissenschaft, Wien (Deuticke) 1984, 52-72; (1961a), On becoming a person: A therapist's view of psychotherapy. Boston: Houghton Mifflin, 1961; dt.: Entwicklung der Persönlichkeit: Psychotherapie aus der Sicht eines Therapeuten, Stuttgart: Klett, 1973; (1962a), The interpersonal relationship. The core of guidance, in: Harvard Educational Review 4,32 (1962) 416-429; auch in: Rogers / Stevens 1967, 89-104; dt.: Die zwischenmenschliche Beziehung: Das tragende Element in der Therapie, in: Rogers 1977b, 180-196; (1963d), Toward a science of the person, in: Journal of Humanistic Psychology 3 (1963); dt.: Auf dem Weg zu einer Wissenschaft der Person, in: Kilp, Marianne / Straumann, Ursula (Hrsg.), Reader zu: Kommunikation und Interaktion in der Arbeitswelt, Frankfurt/M. (Fachhochschule) 1998; (1966), zus. mit Polanyi, Michael, Dialogue between Michael Polanyi and Carl Rogers, San Diego (San Diego State College and Western Behavioral Sciences Institute) 1966; auch in: Rogers / Coulson 1968, 193-201; (1966), zus. mit Tillich, Paul, Dialogue between Paul Tillich and Carl Rogers, 2 Teile, San Diego (San Diego State College) 1966; dt.: Paul Tillich und Carl Rogers im Gespräch, in: Rogers / Schmid 1991, 257-273; (1967a), Autobiography, in: Boring, E. G. / Lindzey, G. (Hrsg.), A history of psychology in autobiography, Vol.5, New York (Appleton-Century-Crofts) 1967, 341-384; (1967), hrsg. in Zusammenarbeit mit Gendlin, Eugene T. / Kiesler, Donald J. / Truax, Charles B., The therapeutic relationship and its impact. A study of psychotherapy with schizophrenics. Madison (University of Wisconsin Press) 1967; (1967), zus. mit & Stevens, Barry, Person to person. The problem of being human: A new trend in psychology, Walnut Creek, CA (Real People Press) 1967; dt.: Von Mensch zu Mensch. Möglichkeiten, sich und anderen zu begegnen, Paderborn (Junfermann) 1984; auch: Wuppertal (Peter Homer) 2001; (1968), zus. mit Coulson, William (Hrsg.), Man and the science of man, Columbus, Ohio (Charles E. Merrill) 1968; (1969a), Freedom to learn. A view of what education might become, Columbus, OH (Charles E. Merrill) 1969; dt.: Lernen in Freiheit. Zur Bildungsreform in Schule und Universität, München (Kösel) 1974; Taschenbuchausgabe: Lernen In Freiheit. Zur inneren Reform von Schule und Universität, Frankfurt/M. (Fischer, Reihe »Geist und Psyche« Nr. 42307) 1988; (1970a), On encounter groups, New York (Harper and Row) 1970; dt.: Encounter-Gruppen. Das Erlebnis der menschlichen Begegnung, München (Kindler) 1974; Taschenbuchausgabe Frankfurt/M. (Fischer, Reihe »Geist und Psyche« Nr. 42260) 1984; (1972a), Becoming partners. Marriage and its alternative, New York (Delacorte) 1972; dt.: Partnerschule. Zusammenleben will gelernt sein - Das offene Gespräch mit Paaren und Ehepaaren, München (Kindler) 1975; (1974), zus. mit & Wood, John K., Client-centered theory: Carl Rogers, in: Burton, Arthur (Hrsfg.), Operational theories of personality, New York (Brunner/Mazel) 1974, 211-258; dt.: Klientenzentrierte Theorie, in: Rogers 1977b, 113-141; (1977a), On personal power. Inner strength and its revolutionary impact, New York (Delacorte) 1977; dt.: Die Kraft des Guten. Ein Appell zur Selbstverwirklichung, München (Kindler) 1978; Taschenbuchausgabe Frankfurt/M. (Fischer, Reihe »Geist und Psyche« Nr. 42271) 1985; (1977b), Therapeut und Klient. Grundlagen der Gesprächspsychotherapie, München (Kindler) 1977; Taschenbuchausgabe Frankfurt/M. (Fischer, Reihe »Geist und Psyche« Nr. 42250) 1983; (1977), zus. mit Rosenberg, Rachel L., A pessoa como centro, Sao Paolo (Editoria Pedagogica e Universitaria Ltda.) 1977; dt.: Die Person als Mittelpunkt der Wirklichkeit, Stuttgart (Klett) 1980; (1979a), The foundations of the person-centered approach, in: education 100,2 (1979) 98-107; dt.: Die Grundlagen des personenzentrierten Ansatzes, in: Arbeitsgemeinschaft Personenzentrierte Gesprächsführung (Hrsg.), Persönlichkeitsentwicklung durch Begegnung. Das personenzentrierte Konzept in Psychotherapie, Erziehung und Wissenschaft, Wien (Deuticke) 1984, 10-26; (1980a), A way of being, Boston (Houghton Mifflin) 1980; dt. (teilweise): Der neue Mensch, Stuttgart (Klett) 1981; (1980b), Client-centered psychotherapy, in: Kaplan, Harold I. / Freedman, A. M. / Sadock, Benjamin J. (Hrsg.), Comprehensive textbook of psychiatry, III, Vol. 2, Baltimore, MD (Williams and Wilkins) 1980, 2153-2168; dt.: Klientenzentrierte Psychotherapie, in: Rogers / Schmid 1991, 185-237; (1981), zus. mit Lyon, Harold C., Jr., On becoming a teacher, Columbus (Charles E. Merrill) 1981; (1983a), Freedom to learn for the 80's, Columbus, OH (Charles E. Merrill) 1983; dt.: Freiheit und Engagement. Personenzentriertes Lehren und Lernen, München (Kösel) 1984; Taschenbuchausgabe Frankfurt/M. (Fischer, Reihe »Geist und Psyche« Nr. 42320) 1989; (1985a), Toward a more human science of the person, in: Journal of Humanistic Psychology 25,4 (1985) 7-24, dt. (gekürzt): Zu einer menschlicheren Wissenschaft des Menschen, in: Zeitschrift für Personenzentrierte Psychologie und Psychotherapie 1 (1986) 69-77; (1986a), On the development of the person-centered approach. What is essential ...?, in: Person-Centered Review 1,3 (1986) 257-259; dt.: Was ist das Wesentliche? Über die Entwicklung des personenzentrierten Ansatzes, in: GwG-Zeitschrift 67 (1987) 47-48; (1986d), The Rust Workshop: A personal overview, in: Journal of Humanistic Psychology 26,3 (1986) 23-45; (1986h), A client-centered / person-centered approach to therapy, in: Kutash, Irvin L. / Wolf, Alexander (Hrsg.), Psychotherapist's casebook. Theory and technique in the practice of modern times, San Francisco (Jossey-Bass) 1986, 197-208; dt.: Ein klientenzentrierter bzw. personzentrierter Ansatz in der Psychotherapie, in: Rogers / Schmid 1991, 238-256; (1989a), Kirschenbaum, Howard / Land Henderson, Valerie (Hrsg.), The Carl Rogers Reader, Boston (Houghton Mifflin) 1989; (1989b), Kirschenbaum, Howard / Land Henderson, Valerie (Hrsg.), Carl Rogers: Dialogues, Boston (Houghton Mifflin); (1991), zus. mit Schmid, Peter F., Person-zentriert.

Grundlagen von Theorie und Praxis. Mit einem kommentierten Beratungsgespräch von Carl Rogers, Mainz (Grünewald) 1991; 62007; (1992), The best school of therapy is the one you develop for yourself. Lecture and discussion with psychotherapists in Vienna; dt.: Die beste Therapieschule ist die selbst entwickelte. Wodurch unterscheidet sich die Personzentrierte Psychotherapie von anderen Ansätzen? in: Frenzel, Peter / Schmid, Peter F. / Winkler, Marietta, Handbuch Personzentrierte Psychotherapie, Köln (Edition Humanistische Psychologie) 1992, 21-38; (2000), zus. mit Raskin, Nathaniel, J., Person-centered therapy, in: Corsini, Raymond J. / Wedding, D. (Hrsg.) Current psychotherapies, Itasca, Ill. (Peacock) 2000; (2002), zus. mit Russell, David E., Carl Rogers, the quiet revolutionary. An oral history, Roseville, CA (Penmarin Books) 2002; (F-1968) mit McGaw, William H., Jr., Journey into self, Film, UCLA Extension Media Center, University of California - Santa Barbara Davidson Library, Department of Special Collections.

Bibliographien: Schmid, Peter F. (1989), Vollständige chronologische Bibliografie, in: Schmid, Peter F., Personale Begegnung. Der personzentrierte Ansatz in Psychotherapie, Beratung, Gruppenarbeit und Seelsorge, Würzburg (Echter) 1989, 286-314; — Schmid, Peter F. (2005), Carl Rogers Bibliography English and German, Special Double Issue, Person-Centered and Experiential Psychotherapies 4,3&4 (2005) 153-266, Ross-on-Wye (PCCS Books) 2005 (enthält auch Videos, Filme, CDs und DVDs); — Schmid, Peter F. (2008), The Carl Rogers Bibliography Online - englisch und deutsch, http://www.pfs-online.at/rogers.htm (enthält auch Videos, Filme, CDs und DVDs).

Literatur zu Leben und Werk Rogers, Carl R. (1967a), Autobiography, in: Boring, E. G. / Lindzey, G. (Hrsg.), A history of psychology in autobiography, Vol.5, New York (Appleton-Century-Crofts) 1967, 341-384; — Kirschenbaum, Howard (1979), On becoming Carl Rogers, New York (Delacorte) 1979; — Kirschenbaum, Howard (1995), Carl Rogers, in: Suhd, Melvin M. (Hrsg.), Carl Rogers and other notables he influenced, Palo Alto (Science and Behavior Books) 1995, 1-102; — Schmid, Peter F. (1989), Personale Begegnung. Der personzentrierte Ansatz in Psychotherapie, Beratung, Gruppenarbeit und Seelsorge, Würzburg (Echter) 1989; 52007; — Cohen, David (1997), Carl Rogers. A critical biography, London (Constable) 1997; — Groddeck, Norbert (2001), Carl Rogers. Wegbereiter der modernen Psychotherapie, Darmstadt (Primus) 2001; — Schmid, Peter F. / Keil, Wolfgang W. (2001), Zur Geschichte und Entwicklung des Personzentrierten Ansatzes, in: Frenzel, Peter / Keil, Wolfgang W. / Schmid, Peter F. / Stölzl, Norbert (Hrsg.), Klienten-/Personzentrierte Psychotherapie. Kontexte, Konzepte, Konkretisierungen (Bibliothek Psychotherapie, Bd. 8), Wien (Facultas) 2001, 15-32; — Rogers, Carl R. / Russell, David E. (2002), Carl Rogers, the quiet revolutionary. An oral history, Roseville, CA (Penmarin Books) 2002; — Rogers, Natalie (2002), Carl Rogers. A daughter's tribute, CD-ROM, (Mindgarden Media) 2002 (erhältlich über http://www.nrogers.com); — Thorne, Brian (2003), Carl Rogers (Key Figures in Counselling and Psychotherapy series), London (Sage) 22003; — Kirschenbaum, Howard (2007), The Life and Work of Carl Rogers, Ross-on-Wye, UK (PCCS Books) 2007; — Kirschenbaum, Howard

(2007), Carl Rogers and the Person-Centered Approach, Ross-on-Wye, DVD (PCCS Books) 2007.

Literaturliste englischer und deutscher Werke: Eine weitgehend vollständige Literaturliste englischer und deutscher Werke zu Carl Rogers und dem Personzentrierten Ansatz findet sich im Internet: Schmid, Peter F. (2008), The Person-Centered and Experiential Bibliography Online, http://www.pfs-online.at/rogers.htm.

Websites über Carl Rogers http://www.pfs-online.at/carlrogers.htm; — http:// www.pca-online.net/carlrogers.htm; — http:// www.nrogers.com; — http://www.carlrogers.info.

Aktuelle Standardliteratur zum Personzentrierten Ansatz: Frenzel, Peter / Schmid, Peter / Winkler, Marietta (1992) (Hrsg.), Handbuch der Personzentrierten Psychotherapie, Köln (Edition Humanistische Psychologie) 1992; ²1996; — Schmid, Peter F. (1994), Personzentrierte Gruppenpsychotherapie, Bd. 1: Solidarität und Autonomie, Köln (Edition Humanistische Psychologie) 1994; — Barrett-Lennard, Godfrey (1998), Carl Rogers' helping system. Journey and substance, London (Sage) 1998; — Thorne, Brian / Lambers, Elke (1998) (Hrsg.), Person-centred therapy. A European perspective, London (Sage) 1998; — Schmid, Peter F. (1999), Personzentrierte Psychotherapie, in: Sonneck, Gernot / Slunecko, Thomas (Hrsg.), Einführung in die Psychotherapie, Stuttgart (UTB für Wissenschaft - Facultas) 1999, 168-211; — Frenzel, Peter / Keil, Wolfgang W. / Schmid, Peter F. / Stölzl, Norbert (Hrsg.), Klienten-/Personzentrierte Psychotherapie. Kontexte, Konzepte, Konkretisierungen (Bibliothek Psychotherapie, Bd. 8), Wien (Facultas) 2001; — Tudor, Keith / Merry, Tony (Hrsg.), Dictionary of person-centred psychology, London (Whurr) 2001; — Stumm, Gerhard / Wiltschko, Johannes / Keil, Wolfgang W. (2003) (Hrsg.), Grundbegriffe der Personzentrierten und Focusing-orientierten Psychotherapie und Beratung, Stuttgart (Pfeiffer) 2003; — Eckert, Jochen / Biermann-Ratjen, Eva-Maria / Höger, Diether (2006) (Hrsg.), gesprächspsychotherapie. Lehrbuch für die Praxis, Heidelberg (Springer) 2006; — Mearns, Dave / Thorne, Brian (2007), Person-centred counseling in action, 3rd edition, London (Sage) 2007; — Cooper, Mick / O'Hara, Maureen / Schmid, Peter F. / Wyatt, Gill (Hrsg.), The handbook of person-centred psychotherapy and counselling, Houndsmill, Basingstoke (Palgrave Macmillan) 2007.

Zum gesamten Artikel vgl. Schmid 1989 und Schmid/Keil 2001.

Peter F. Schmid

RUPERTI, Georg Andreas 14. März 1670 † 4. August 1731, Sohn von Andreas R., Pastor im niedersächsischen Bartolfelde, bei Osterhagen am Harz. Immatrikuliert am 10.6. 1693 an der Universität Jena. Seit Januar 1706 ist R. Nachfolger von Irenaeus Crusius; pietistischer Pastor an der luth. St. Marien-Kirche im (verfallenden) Savoy Palast, London. 1707 gründet er eine Schule für arme deutsche Kinder. Mit John Tribbeko (Johann Tribbechow, s.d.) wird er im Sommer 1709 Verfasser der historisch bedeutsamen Listen mit unzähligen Namen von Flüchtlingen aus der Pfalz und den von Franzosen besetzten oder bedrohten benachbarten Gebieten; R. wird laut den offiziellen *Warrant Books* mit der Auszahlung der königlichen Unterstützung und anderer Almosen betraut. Wie viele der Auswanderer wird er 1710 naturalisiert. Am 25.4. 1710 schreibt Samuel Urlsperger (s..d.) an August Hermann Francke (s.d.), er wolle den Wunsch R.s erfüllen, als dessen Stellvertreter für die Marien-Kapelle zu dienen. Der Lehrer Johann Christoph Martini berichtet Francke 1711 über die deutsche Schule, an der er tätig ist. Diese werde maßgeblich durch R. unterhalten. Nach dem Abschied des problematischen Johann Tribbechow wirkt R. ab 1712 neben Anton Wilhelm Böhme auch an der dt. Hofkapelle. Er ist der Testamentsvollstrecker Böhmes. Ab 1715 dient ihm Johann Friedrich Strauss als Assistent in der Marien-Kirche, mit dem er anfänglich das Gehalt teilen muß. Am 27.11. 1723 informiert Böhmes Nachfolger als Hofprediger, Fr. Michael Ziegenhagen (s.d.), die Pietisten in Halle, er wolle am 10. Dezember nach London reisen, da R. erkrankt sei und nicht predigen könne. Christian Paul Reuter hilft von 1726 bis zu seinem Tod 1729 als zweiter Hilfsprediger. — Steinmetz charakterisiert R.s Amtsführung als »umsichtig« und »ambitioniert«. Asthma-Angriff und Lektüre Speners mahnen ihn an den Tod. Am 4.. August 1731 stirbt er auf seinem Landhaus in Chiswick. Laut Testament hinterläßt R. zwei Töchter aus erster Ehe und wenigstens zwei Söhne von Anne Elisabethe, der armen Witwe. Besonders Sohn Georg wird dem Geheimrat am Court at St. James's, Johann Philipp Freiherr von Hattorf (c. 1675-1737), ans Herz gelegt. Zeugen der Testamentseröffnung sind Ziegenhagen und Martini. Die meisten Bücher werden dem Nachfolger Heinrich Werner Palm (1706-1778) zum Verkauf anvertraut. R.s Ziegelsteinhaus mit Garten, R.s »Prebend manor« von 1728, werden 1749 von Sohn Georg an den berühmten Künstler William Hogarth (1697-1764) überschrieben.

Briefe: Das Hauptarchiv der Franckeschen Stiftung in Halle/Saale enthält 2 Schriftstücke von R.

Der Francke-Nachlaß der Staatsbibliothek zu Berlin - Preußischer Kulturbesitz enthält 5 Briefe. R. an John Chamberlayne, SPG Letter Books Series A, vol. 8, p. 11, no. 12, schließt R.s Planzeichnung der Räume und Kapellen des Savoy Palastes v. 30. April 1713 ein.

Ruperti an James Petiver, 16 Juni, 1713, British Library BL 4065 f 109.

Werke: Die Bitte Salomonis um Befoderung des Reichs Messiä/ Als Der Allerdurchlauchtigste, Großmachtigste König und Herr, Georgius, König von Groß=Britannien, Franckreich und Irland, Beschützer des Glaubens, etc. Seinen solennen Einzug in London hielte, Am XVIII Sontag nach Trinitatis 1714. In der [...] Schloß-Capelle, Aus Ps. LXXII. I, 2 vorgetragen von Georg Andrea Ruperti, Hoffpredigern an benandter Capelle, und Pastore an der Evangelischen Kirchen in der Savoy. London: Downing, 1714. — [Ruperti, Georg Andreas und Johannes Tribbechow:] »Lists of Germans from the Palatinate Who Came to England in 1709«. In: New York Genealogical & Biographical Record 40 (1909): 49-54, 93-100, 160-167, 241-248; 41 (1910): 10-19. [= New York, NY: New York Genealogical & Biographical Society; ND Baltimore, MD: Genealogical Pub. Co., 1965 und öfter].

Lit.: The Piety and Bounty of the Queen of Great Britain: with the Charitable Benevolence of Her Loving Subjects, Toward the Support and Settlement of the Distressed Protestant Palatines. London: Printed by Charles Bill, and the Executrix of Thomas Newcomb, deceas'd; Printers to the Queens most Excellent Majesty. MDCCIX, 8; — A View of the Queen and Kingdom's Enemies, In the Case of the Poor Palatines: To which is Added a List of the Persons Appointed commissioners and Trustees of that Charity By Her Majesty's Letters Patents: As also Of those Members of the Late Parliament That Voted for the Naturalization-Bill. In a Letter from a Gentleman in London to his Freind in the Country. Sold by the Booksellers [1711?]; — Wilcox, John: A Catalogue of the valuable Library of the Reverend George Andrew Ruperti, [...]: to be sold by auction, [...] on Monday the 20th of March, 1732 [London, 1732]; — Anton Wilhelm Böhmens weiland Sr. Königl. Hoheit, Prinz Georgens von Dännemark, Hof=Prediger zu London Erbauliche Briefe [= Schriften Bd. 4, Brief Nr. 64]. Altona und Flensburg: Gebrüder Korte, 1737, 207-208; — Burckhardt, Johann Gottlieb: Kirchen=Geschichte der Deutschen Gemeinden in London nebst historischen Beylagen und Predigten. Tübingen: Ludwig Friedrich Fues, 1798, 78; 98; — Burn, John Southerden: The History of the French, Walloon, Dutch, and other Foreign Protestant Refugees Settled in England, From the Reign of Henry VIII, to the Revocation of the Edict of Nantes: [...] London: Longman, Brown, Green, and Longmans, MDCCCXLVI, 236; — Lappenberg, Johann Martin: Urkundliche Geschichte des Hansischen Stahlhofes zu London in zwei Abtheilungen mit 4 Tafeln in Steindr. Hamburg: Langhoff, 1851 [Google Books], 132; — Homes, Henry A.: The Palatine Emigration to England, in 1709, Albany: Joel Munsell, 1871, 16; — Diffenderffer, Frank Reid: »The German Exodus to England in 1709«. Pennsylvania German Society Proceedings and Addresses 7 (1897). ND in: German Immigration to America: The First Wave, hgg. v. Don Heinrich Tolzmann. Bowie, MD: Heritage Books, 1993, 257-413; 299, 325, 361-3, 374, 401; — Sachse, Julius Friedrich: »The Lutheran Clergy of London, and How they aided German Emigration during the XVIII Century«, The Lutheran Church Review 22 (1903): 17, 21, 22, 24, 313, 314; — Wardenberg, Karl: Geschichte der deutschen evangeli-

schen St. Marien-Schule <gegr. 1708 im Savoy-Palast> Cleveland Street Fitzroy Square, London, W. London: H. Detloff, 1908; — Shaw, William A. Letters of Denization and Acts of Naturalization for Aliens in England and Ireland. The Publications of The Huguenot Society of London, vol. 27. Manchester: Sherratt and Hughes, 1923, 97; — Knittle, Walter Allen: Early Eighteenth Century Palatine Emigration: A British Government Redemptioner Project to Manufacture Naval Stores. Philadelphia, PA: Dorrance & Co., 1937 [ND Baltimore, MD: Genealogical Publ. Co., 1985], 14-19, 28, 32-46, Appendix 1; — »Warrant Books: June 1709, 11-20«, Calendar of Treasury Books: 1709, Bd. 23 (1949): 206-213; — Calendar of Treasury Books 1709, Bd. 23, Teil 2: Treasury Minutes, Warrants, Etc., with Index hrsgg. v. William A. Shaw. London: His Majesty'Stationery Office, 1949, 172, 202, 206; — - »Warrant Books: March 1714, 22-31«, Calendar of Treasury Books: 1714, Bd. 28 (1955): 181-198; — Protocol of the Lutheran Church in New York City, 1702-1750. Übers.v. Simon Hart und Harry J. Kreider. New York, NY: United Lutheran Synod of New York and New England, 1958, 181; — Roth, Fritz: Restlose Auswertungen von Leichenpredigten und Personalschriften [...]. Boppard/Rhein: Selbstverlag, 1959, 466; — Calendar of Treasury Books, January-December 1711, Bd. 25,2 hgg. v. William A. Shaw, London: Her Majesty's Stationery Office, 1961, 142; — Lutheran Church in New York and New Jersey 1722-1760, Lutheran Records in the Ministerial Archives of the Staatsarchiv, Hamburg, Germany. Übers.v. Simon Hart und Harry J. Kreider, New York, NY: United Lutheran Synod of New York and New England, 1962, 218; — Luttrell, Narcissus: A Brief Historical Relation of State Affairs from September 1678 to April 1714 in Six volumes, Bd. 6. Oxford: University Press, 1967, 463; — Dern, John P..: London Churchbooks and the German Emigration of 1709. Die Deutsche Auswanderung von 1709 in den Londoner Kirchenbüchern. Redwood City, CA: Dern, 1968 [Schriften Zur Wanderungsgeschichte der Pfälzer26]. Kaiserslautern: Heimatstelle Pfalz, 1968; 6-7, 28-29, 39, 40, 47, 49; — Dickinson, H. T.: »The Poor Palatines and the Parties«, English Historical Review [Oxford UP] 83 (1967): 464-485; — Luttrell, Narcissus: A Brief Historical Relation of State Affairs from September 1678 to April 1714 in Six volumes, Bd. 6. Oxford: University Press, 1967, 468; — Schicketanz, Peter, Hg.: Der Briefwechsel Carl Hildebrand von Cansteins mit August Hermann Francke. Berlin, New York: de Gruyter, 1972 [Texte zur Geschichte des Pietismus. Abt 3: August Hermann Francke, handschriftlicher Nachlaß, Bd. 1], 544, 547, 553, 768; — Die Matrikel der Universität Jena, Bd.2 1652-1723, bearbeitet von Reinhold Jauernig, weitergeführt von Marga Steiger. Weimar: Hermann Böhlaus Nachfolger, 1977, 670; — »Chiswick: Growth«: A History of the County of Middlesex: Bd. 7: Acton, Chiswick, Ealing and Brentford, West Twyford, Willesden (1982), 54-68; — Roseveare, Henry: The Financial Revolution 1660-1760. London, New York: Longman, 1991; — Brunner, Daniel L.: Halle Pietists in England: Anthony William Boehm and the Society for Promoting Christian Knowledge. Göttingen: Vandenhoeck & Reprecht, 1993, 53-54, 59-64, 91; — Steinmetz, Susanne: »300 Jahre deutsche evangelisch-Lutherische St. Marienkirche in London: 1694-1994« in: Deutsche Evangelisch-Lutherische St. Marien-Kirche London 1694-1994 / St. Mary's German Lutheran Church London, London 1994, 13-81, 84, Ruperti Portrait 93; englische Version 111-175; — Schwarz, Reinhard und

Sabine Ullmann, Hg.: Samuel Urlsperger (1685-1772): Augsburger Pictismus, Berlin: Akademie Verlag, 1996, 22, 152, 156; — Jones, Henry Z, Jr.: The Palatine Families of New York: A Study of the German Immigrants Who Arrived in Colonial New York in 1710. 2 Bde. Rockport, ME: Picton Press, [1985 ND 1990, 1995,] 2001. Bd.1: xi; Bd. 2: 812; — Jones, Henry Z, Jr. und Lewis Bunker Rohrbach: Even More Palatine Families: 18th Century Immigrants to the American Colonies and their German, Swiss and Austrian Origins. Rockport, ME: Picton Press, 2002 [= Bd. 3]; 1562, 1631, 1633; — Mielke, Andreas: »Lutheran London Churches and Their Relevance for Germanna History«, Beyond Germanna 15,6 (2003): 910-911; — Otterness, Philip: Becoming German: The 1709 Palatine Migration to New York. Ithaca and London: Cornell University Press, 2004, 40, 45-47, 51, 67, 167; — Blankenbaker, John: »Short Notes on Germanna History« ([online] 2005): 77, 83; — Mielke, Andreas: »Who was Kocherthal and What Happened to his Party of 1708?« Pennsylvania Mennonite Heritage 31,4 (2008) [=Kocherthal: A Tricentennial Commemoration of the Palatine Migration of 1708/1709]: 8-31.

Andreas Mielke und Sandra Yelton

S

ŠACHOVSKOJ, Dmitrij Alekseevič (geistlicher Name Ioann, auch John Shakhovskoy), Erzbischof von San Francisco und Westamerika, * 23. August 1902 (julianischer Kalender/5. September gregorianischer Kalender) in Moskau, † 30. Mai 1989 in Santa Barbara, Ca./USA. Die Familie Šachovskoj gehörte zu den einflußreichsten Fürstenhäusern im russischen Kaiserreich, deren Mitglieder seit Jahrhunderten höchste Staatsämter bekleidet hatten. 1912 wurde Š. in Carskoe Selo in die Schule von Elena Livickaja eingeschult, die einzige höhere Schule in Rußland, an der Koedukation praktiziert wurde. 1915 wechselte er auf das kaiserliche Aleksandrov Lyzeum in Petrograd (St. Petersburg). Wegen der Revolutionswirren mußte er die Schule 1917 ohne Abschluß verlassen. Im Bürgerkrieg kämpfte Š. 1918-1919 im südlichen Rußland auf der Seite der »Weißen« und verließ das Land 1920 über Sevastopol' nach Varna. Weitere Stationen waren Konstantinopel und Genua, bis er in Paris anlangte. Dort besuchte er ab 1921 die École Libre des Sciences Politiques. 1922 nahm er ein Wirtschaftsstudium an der Universität Löwen (Louvain/Leuven) auf. In diesem Jahr wurden auch erstmals Gedichte von ihm veröffentlicht, 1923 erschien sein erster Lyrikband. Ab 1925 gab er in Brüssel die Literaturzeitschrift »Blagonamerennyj« (Der Wohlmeinende) heraus, in der u.a. auch Aleksej Remizov, Ivan Bunin und Marija Cvetaeva publizierten. 1924 wurde Š. in den Belgischen PEN-Club aufgenommen. Trotz seiner beachtlichen literarischen Erfolge verfestigte sich in ihm auch unter dem Einfluß seines geistlichen Vaters, des früheren Bischofs von Sevastopol' Venjamin (Fedčenko), der Wunsch, in den geistlichen Stand einzutreten. 1926 reiste er auf den Athos und wurde an seinem Geburtstag im russischen Panteleimon Kloster zum Mönch geweiht. Zu Ehren des Apostels Johannes nahm er den Namen Ioann an. Nach Paris zurückgekehrt studierte er wenige Monate am Institut Saint Serge, der wohl wichtigsten Lehranstalt der russisch-orthodoxen Emigration in den 1920er Jahren. Dort weihte ihn Metropolit Evlogij (Vasilij Semenovič Georgievskij), zu dieser Zeit Oberhaupt der westeuropäischen Diözese des Moskauer Patriarchats, am 2. Dezember 1926 zum Mönchsdiakon (Hierodiakon). Am 21. Februar (6. März) 1927 erhielt er durch Bischof Venjamin (Fedčenko) in Belaja Cerkov' (serbo-kroatisch: Bela Crkva, deutsch: Weißkirchen) in der Vojvodina die Weihe zum Mönchspriester (Hieromonach). In Belaja Cerkov' betreute er von 1927 bis 1931 die dortige Emigrantengemeinde und gründete den Verlag »Bor'ba za Cerkov'« (Kampf für die Kirche), in dem er auch eine Reihe eigener geistlicher Schriften publizierte. Zudem schrieb er regelmäßig für die in Belgrad erscheinende Zeitung »Cerkov' i Mir« (Kirche und Welt). — Mitte 1931 kehrte er nach Paris zurück. Anfang 1932 übertrug ihm Metropolit Evlogij die Pfarrstelle der St. Vladimir-Kirche in Berlin. 1935 erhielt er den Rang eines Igumen und wurde Probst (Blagočinnyj) der Gemeinden des westeuropäischen Exarchats in Deutschland, 1937 wurde er zum Archimandriten ernannt. Die russisch-orthodoxe Kirche außerhalb der Sowjetunion war zu dieser Zeit in zwei Lager gespalten. Zum einen bestand die »Russisch-Orthodoxe Kirche im Ausland« (»Karlowitzer Synode«), zum anderen die westeuropäische Diözese unter dem Metropoliten Evlogij in Paris. Evlogij begab sich 1931 unter die Jurisdiktion des Patriarchen von Konstantinopel, und seine Diözese wurde nun zum westeuropäischen Exarchat. Zu diesem Exarchat bekannten sich Š. und die Berliner St. Vladimir-Gemeinde. Als im März 1936 das Preußische Staatsministerium die deutsche Diözese der Auslandskirche als eine Körperschaft des öffentlichen Rechts anerkannte, gerieten die Gemeinden des Exarchats verstärkt unter den Druck, sich der Auslandskirche anzuschließen. Gegen diese Bestrebungen war Š. einer der wichtigsten Wortführer. Unter anderem wegen dieser Haltung betrieb die Gestapo 1938/1939 seine Ausweisung aus Deutschland. Im November 1939 kam schließlich die Einigung zustande, die Gemeinden des Exarchats der Verwaltung der Diözese der Auslandskirche zu unterstellen, formal aber unter der Jurisdiktion von Evlogij zu belassen. — In Berlin führte Š. seine publizistische Tätigkeit fort und gründete den Verlag »Za Cerkov'« (Für die Kirche), gab eine gleichnamige Zeitschrift heraus, die 1941 verboten wurde, und veröffentlichte dort mehrere Schriften. 1937 bis 1941 redigierte er die orthodoxe Kulturzeitschrift »Letopis'« (Chronik), von der allerdings nur zwei Ausgaben erschienen. — Später sehr umstritten war ein Artikel, den Š. am 29. Juni 1941, wenige Tage nach dem deutschen Überfall auf die Sowjetunion, für die dem NS-Regime nahestehende Emigrantenzeitung »Novoe Slovo« (Das neue Wort) schrieb. Unter der Überschrift »Die Stunde ist nahe« deutete er darin den deutschen Angriff als eine Vorsehung Gottes: »Die blutige Operation der Beseitigung der dritten Internationale wird dem geschickten, in seiner Wissenschaft erfahrenen deutschen Chirurgen anvertraut. Sich unter dieses chirurgische Messer zu legen, ist für den, der krank ist, nicht schändlich. ... Die ihrer Stärke beraubten, in Lagern, Fabriken und Kolchosen versklavten russischen Menschen waren zu kraftlos, um sich gegen die internationale atheistische Macht zu erheben, die sich im Kreml festgesetzt hat. Die eisern-präzise Hand der deutschen Armee war erforderlich. Ihr ist es nun anvertraut, die roten Sterne vom russischen Kreml herunterzuschlagen. ... Und über allem Menschlichen wirkt das Schwert des Herrn.« — Nach dem Krieg erläuterte Š., daß seine Äußerungen nicht als eine Parteinahme für die Deutschen und schon gar nicht für das NS-Regime zu verstehen seien, zumal er die deutschen Kriegsziele - nach seiner Auffassung die Ausrottung des Christentums - für utopisch gehalten habe; vielmehr habe er den Deutschen in Bezug auf Rußland einen ähnlichen göttlichen Auftrag unterstellt wie das Alte Testament Nebukadnezar gegenüber dem Volk Israel. Auch wenn Š. Deutschland im Kampf gegen den Kommunismus in Rußland als einen Bündnispartner angesehen hat, stand er insgesamt der NS-Ideologie fern. Bereits 1934 bekannte er sich in seiner Schrift »Iudejstvo i Cerkov'« (Das Judentum und die Kirche) deutlich gegen einen rassistisch motivierten Antisemitismus. Im Januar 1942 kritisierte er in einem Vortrag auf einer Diözesanversammlung indirekt das NS-Regime und forderte eine Distanz zur Politik. Wichtigste Aufgabe sei es, die orthodoxe Kirche vor antichristlichen Lehren und Theorien zu schützen. Die Priester sollten gegen eine Einflußnahme der Politik auf die Kirche kämpfen und nicht zulassen, daß die Kirche zu einer Waffe für weltliche Ziele werde. — Auf der gleichen Tagung beklagte er auch, daß deutsche Stellen die Versuche behinderten, die sowjetischen Kriegsgefangenen seelsorgerisch zu betreuen. Zudem schlug er vor, ein Missionskomitee zu gründen, das unter anderem die Gemeinden in den besetzten Gebieten mit Material versorgen sollte. Wegen der schlechten Behandlung der sowjetischen Kriegsgefangenen hat sich Š. nach eigenen Angaben auch an den evangelischen Bischof Theodor Heckel gewandt. Er selbst durfte nur ein einziges Mal ein Kriegsgefangenenlager in Bad Kissingen besuchen. Ein weiterer Schwerpunkt seiner Arbeit war die pastorale und seelsorgerische Betreuung von Zwangsarbeitern aus Rußland und der Ukraine. Er verweigerte sich der Forderung der Gestapo, Zwangsarbeiter vom Besuch der Gottesdienste auszuschließen und thematisierte in einer Predigt am 24. März 1943 die Vorschrift, die sowjetischen Zwangsarbeiter mit dem Aufnäher »Ost« zu kennzeichnen. Als ihm die Verfolgung serbischer und russischer Orthodoxer in Kroatien, das mit Deutschland verbündet war, bekannt wurde, wandte er sich an Kardinal Michael von Faulhaber mit der Bitte, den Vatikan zu einer Intervention im mehrheitlich katholischen Kroatien zu bewegen. Š. stand zudem der »Una Sancta«-Bewegung nahe und war in Berlin in Kontakt mit dem 1944 hingerichteten katholischen Priester Max Josef Metzger. — Wegen seiner kritischen Haltung zur russischen Auslandskirche und seiner Distanz zur NS-Ideologie befand sich Š. auch im Visier der Gestapo. Deren Versuch, ihn 1938 auszuweisen, wurde unter anderem auch mit Š.s »freundlichem Verhalten und seinen Äußerungen zu Juden« begründet. Wiederholt wurde er verhört, seine Wohnung durchsucht und Schriften beschlagnahmt. — Kurz vor Kriegsende wurde Š. aus Berlin evakuiert und gelangte wieder nach Paris. Auf Einladung des Flugzeugkonstrukteurs Igor Sikorskij kam er 1946 in die USA. Dort übernahm er zunächst eine Pfarrstelle in Los Angeles. Zu dieser Zeit kam es erneut zu heftigen Auseinandersetzungen über die Organisation der russischen Orthodoxie außerhalb Rußlands. Die amerikanische Metropolie hatte nach der Oktoberrevolution den Weg hin zu einer autonomen Kirche eingeschlagen, aber 1943 die Wahl des Metropoliten Sergej (Stragorodskij) zum Moskauer Patriarchen anerkannt, dessen Name nun vor dem des Metropoliten Anastasij (Gribanovskij), dem Oberhaupt der Auslandskirche (»Karlowitzer Synod«), kommemoriert wurde. Als sich das Zentrum der russischen Emigration und der Auslandskirche nach 1945 von Europa in die USA verlagerte, führten die Konflikte zu einer erneuten Spaltung. Während die Auslandskirche die Moskauer Patriarchen als unkanonisch ansah, bemühte sich die amerikanische Metropolie unter Feofil (Paškovskij) vergeblich darum, in Gesprächen mit Moskau einen offiziellen Autonomiestatus zu erlangen. Wie schon in seiner Berliner Zeit blieb Š. der Auslandskirche gegenüber kritisch eingestellt und folgte der Linie Feofils. Im Januar 1946 verließen jedoch zwei Bischöfe, Makarij (Il'inskij) von Brooklyn und Aleksij (Panteleev), die Metropolitenkirche und unterstellten sich direkt dem Moskauer Patriarchen. Die amerikanische Metropolie belegte daraufhin beide Bischöfe mit dem Anathema. Zu Makarijs Nachfolger als Bischof von Brooklyn wurde am 11. Mai 1947 Š. geweiht, der zugleich auch die Leitung des St. Vladimir-Semi-

nars in New York übernahm. Als Reaktion darauf exkommunizierte eine Moskauer Synode am 12. Dezember 1947 die Bischöfe der amerikanischen Metropolie, darunter namentlich auch Š. — Bereits 1950 wurde Š. die Diözese von San Francisco und Westamerika übertragen. 1961 wurde er zum Erzbischof erhoben. Von 1954 bis 1968 vertrat er die amerikanische Metropolie im Zentralkomitee des Weltkirchenrates. Als 1961 auch das Moskauer Patriarchat dem Weltkirchenrat beitrat, knüpfte Š. mit dessen Vertretern erste Kontakte, die zur Wiederaufnahme der kanonischen Beziehungen und zur Gewährung der Autokephalie für die amerikanische Metropolie durch das Patriarchat am 10. April 1970 führten. Im gleichen Jahr erhielt Š. als besondere Auszeichnung das Recht, ein Kreuz auf dem Klobuk (nichtliturgische Kopfbedeckung) zu tragen. 1974 trat er in den Ruhestand, wurde jedoch 1975 wieder zurückgerufen, da sein Nachfolger, Vladimir (Nagoskij), aus Gesundheitsgründen sein Amt aufgeben mußte. 1979 zog er sich endgültig aus seinem Amt zurück. — Einen hohen Bekanntheitsgrad vor allem auch in der Sowjetunion erreichte Š. ab 1948 mit seinen regelmäßigen Ansprachen »Gespräche über den Glauben« im Rundfunksender »Voice of America«, die ab 1953 sogar wöchentlich ausgestrahlt wurden. Über die Vielzahl von geistlichen und missionarischen Texten hinaus hat Š. auch ein umfangreiches literarisches Werk hinterlassen. Dazu gehört eine Vielzahl von Gedichten, die er Zeit seines Lebens auch unter dem Pseudonym Strannik (»Pilger«) veröffentlicht hat, sowie eine Reihe von Schriften zum Denken und Schaffen von Fedor Dostojewski, Leo Tolstoi, Aleksej Tolstoi, Michail Bulgakov u.a. Trotz einer tiefen Verwurzelung im Glauben und in der russischen Frömmigkeit zeichnen sich Š.s Arbeiten durch eine beachtliche intellektuelle Weite und durch Weltläufigkeit aus. So entwickelte er aus orthodoxer Sicht erstmals ein differenziertes Bild von den religiösen Ideen Leo Tolstois, deretwegen dieser 1901 von der Kirche exkommuniziert und zur Zielscheibe der orthodoxen Polemik geworden war. — Š.s Nachlaß wird im Amherst Center for Russian Culture in Amherst, Massachusetts aufbewahrt.

Werke: Stichi [Gedichte]. Pariž [Paris] 1923; Pesni bez slov [Lieder ohne Worte]. Brjussel' [Brüssel] 1924; Predmety

[Fächer, Gegenstände] 1924-1926. Brjussel' [Brüssel] 1926; Cerkov' i mir. Očerki [Kirche und Welt. Skizzen]. Belaja Cerkov' 1929; Slava voskreseniju [Lob der Auferstehung]. Belaja Cerkov' 1930, Neuausgaben: Mjunchen' [München] o.J. [ca. 1946], N'ju-Jork [New York] 1949, dt.: Berlin 1940; Počemu ja ušel iz jurisdikcii mitropolita Antonija [Warum ich die Jurisdiktion von Metropolit Antonij verlassen habe]. Pariž [Paris] 1931; Beloe inočestvo [Weißes Mönchtum]. Berlin 1932; Pravilo ducha [Das Prinzip des Geistes]. Berlin 1932, Neuausgabe: Pariž [Paris] 1938; O perevoploščenii: Dialog [Über die Fleischwerdung: Dialog]. Brjussel' [Brüssel] 1932, Neuausgabe: Pariž [Paris] 1938; Pritča o nepravednom bogatstve. Stenografičeskij zapis s lekcii [Das Gleichnis vom ungerechten Reichtum. Stenographische Mitschrift eines Vortrags]. Berlin 1932, Neuausgabe: San-Francisko [San Francisco] 1958; Legenda o velikom inkvizitore. Opyt religioznago kommentarija [Die Legende vom Großinquisitor. Versuch eines religiösen Kommentars]. Varšava [Warschau] 1933; Blagoslavljaj Boga za vse [Danke Gott für Alles]. Berlin 1933, Neuausgabe: Kalistoga [Calistoga, Ca.] 1971; Tajna Iova. O stradanii [Hiobs Geheimnis. Über das Leiden]. Berlin 1933; Presvjataja [Die Allerheiligste]. Berlin 1933; Vozmožno li bratstvo religij? Otvet teosofičeskomu obščestvu [Ist eine Bruderschaft der Religionen möglich? Antwort an eine theosophische Gesellschaft]. Pariž [Paris] 1934; Iudejstvo i cerkov' po učeniju evangelija [Judentum und Kirche nach der Lehre des Evangeliums]. Berlin 1934; Žizn'. Sozercanie [Das Leben. Eine Betrachtung]. Pariž [Paris] 1935, Neuausgaben: Mjunchen' [München] o.J., Los Angeles 1946; Filosofija pravoslavnago pastyrstva [Philosophie des orthodoxen Priesteramts]. Berlin 1935, Neuausgabe: Sankt-Peterburg 1996, dt.: Das einige Hirtenamt. Werningerode 1937 (= Das Evangelium im Osten; 3); Razgovor semi pravoslavnych o Sofii [Gespräch von sieben Rechtgläubigen über die göttliche Weisheit]. Berlin 1936; Volja Božija i volja čelovečeskaja [Gottes Wille und der menschliche Wille]. Berlin 1937; O proslavlenii otca Ioanna Kronštadskogo [Über die Preisung von Vater Ioann von Kronstadt]. Berlin 1938; Put' na sever [Der Weg nach Norden]. Berlin 1938; Razmyšlenija o religioznosti Puškina [Betrachtungen über die Religiosität Puschkins]. Berlin 1938, dt.: Berlin 1941; Proročeskij duch v russkoj poèzii. Lirika Alekseja Tolstogo [Der prophetische Geist in der russischen Poesie. Die Lyrik von Aleksej Tolstoj]. Berlin 1938; Sem' slov o strane Gadarinskoj [Sieben Predigten über den besessenen Gadarener]. Berlin 1939; Ispanskie pis'ma [Spanische Briefe]. Berlin 1939; Tolstoj i cerkov' [Tolstoj und die Kirche]. Berlin 1939; »Sireny« (Pervye slova o vojne) [»Sirenen«. Die ersten Predigten über den Krieg]. Berlin 1940; Palatka [Das Zelt]. Los-Anželos [Los Angeles, Ca.] 1942; Slova [Predigten]. Berlin o.J.; Slovo o malom dobrodelanii [Predigt über eine kleine Wohltat]. Pariž [Paris] 1946; O semi gorjačnostjach ducha [Die sieben Feuer des Geistes]. München o.J. [1946], Neuausgabe: N'ju-Jork [New York] 1947; Pis'mo christianinu ob odnoj rimskoj pogovorke [Brief an einen Christen über eine römische Redensart]. Los Angeles 1946; Slovo pri narečenii vo episkopa Bruklinskogo [Predigt bei der Ernennung zum Bischof von Brooklyn]. N'ju-Jork [New York] 1947; Tajna Cerkvi [Das Sakrament der Kirche]. N'ju-Jork [New York] o.J. [ca. 1947]; Episkopy, svjaščenniki, mirjane [Bischöfe,

Priester, Laien]. N'ju-Jork [New York] 1948; Čelovek i strach. Opyt pnevmatologičeskoj ètiki [Der Mensch und die Angst. Versuch einer pneumatologischen Ethik]. N'ju-Jork [New York] 1948; O sovesti [Über das Gewissen]. Mjunchen' [München] 1948; Otkrovennye rasskazy strannika duchovnomu svoemu otcu [Aufrichtige Erzählungen eines Pilgers für seinen geistlichen Vater]. Pariž [Paris] 1948; Puti Amerikanskoj mitropolii. K trechletiju 7-go sobora: Itogi, vyvody, perspektivy [Der Weg der amerikanischen Metropolie. Zum dritten Jahrestag der siebten Synode: Ergebnisse, Schlußfolgerungen, Perspektiven]. N'ju-Jork [New York] 1949; Dva poslanija k russkomu narodu [Zwei Briefe an das russische Volk]. N'ju-Jork [New York] o.J. [ca. 1949]; Desjat' slov o vere [Zehn Predigten über den Glauben]. Buėnos-Ajres [Buenos Aires] 1950; Vremja very [Die Zeit des Glaubens]. N'ju-Jork [New York] 1954; Vera i otvetstvennost' [Glaube und Verantwortung]. N'ju-Jork [New York] 1954; Russkaja cerkov' v SSSR [Die russische Kirche in der UdSSR]. N'ju-Jork [New York] 1956; Ešče nekotoroe prikosnovenie k ranam [Noch eine Berührung der Wunden]. N'ju-Jork [New York] 1956; Set'. Slova pervych let pastyrstva [Das Netz. Predigten aus den ersten Jahren des Hirtenamtes]. Berklej [Berkeley, Ca.] 1957; Apokalipsis melkogo grecha [Apokalypse der kleinen Sünde]. Berklej [Berkeley, Ca.] 1957, Neuausgaben: Sankt-Peterburg 1997, Moskva 2002, Moskau 2003, Moskva 2007; Put' i dejstvie. Iz filosofija pastyrstva [Weg und Handlung. Aus der Philosophie des Priesteramtes]. San-Francisko [San Francisco] 1958; Zapisi o ljubvi k Bogu i čeloveku [Notizen über die Liebe zu Gott und den Menschen]. N'ju-Jork [New York] 1959; Pis'ma o večnom i vremennom [Briefe über das Ewige und das Zeitliche]. N'ju-Jork [New York] 1960; L'Affaire Ossipov. In: Le Messager Orthodoxe 10 (1960), S. 14-18; The Orthodox Pastor. A Guide to Pastoral Theology. Crestwood, NY, 1961, 2Crestwood, NY 2008; Pnevmatologija edinstva [Pneumatologie der Einheit]. In: Vestnik russkogo christianskogo dviženija 62/63 (1961), S. 39-50; Pis'ma k verujuščim [Briefe an die Gläubigen]. San-Francisko [San Francisco] 1963; Pravoslavie v Amerike. Ėkkleziologičeskij očerk [Orthodoxie in Amerika. Ekklesiologischer Abriß]. New York 1963. Neuabdruck in: Cerkovno-istoričeskij vestnik 1999: 4-5, S. 140-151; Simvoly Christianstva [Die Glaubensbekenntnisse des Christentums]. San-Francisko [San Francisco] 1963; List'ja dreva [Das Laub des Lebensbaums]. N'ju-Jork [New York] 1964; Religija v Amerike [Religion in Amerika]. San-Francisko [San Francisco] 1964; Kniga svidetel'stv [Buch der Zeugnisse]. N'ju-Jork [New York] 1965; Kniga liriki [Lyrikbuch]. Pariž [Paris] 1966; Predislovie [Vorwort]. In: Dialog s cerkovnoj Rossiej [Dialog mit dem kirchlichen Rußland]. Pariž [Paris] 1967; Uprazdnenie mesjaca. Liričeskaja poèma [Die Abschaffung des Mondes. Ein lyrisches Poem]. N'ju-Jork [New York] 1968; Neskučnyj sad. Četvertaja kniga liriki [Der Lustgarten. Vierter Gedichtband]. San-Francisko [San Francisco] 1970; Sozercanija. Liričeskie zapisi [Betrachtungen. Lyrische Notizen]. San Francisko [San Francisco] 1971; Utverždenie pomestnoj cerkvi [Bestätigung der Ortskirche]. N'ju-Jork [New York] 1971; Moskovskij razgovor o bessmertii [Moskauer Gespräch über die Unsterblichkeit]. N'ju-Jork [New York] 1972; Teorija dvupravoručnosti svjatogo Kassiana [Die Theorie der doppelten Rechtshändigkeit des Heiligen Cassianus]. In: Vestnik russkogo christianskogo dviženija 111 (1974), S. 8-16; Izbrannaja lirika. [Ausgewählte Lyrik]. Stokgol'm [Stockholm] 1974; K istorii russkoj intelligencii. Revoljucija Tolstogo [Zur Geschichte der russischen Intelligenz. Tolstojs Revolution]. N'ju-Jork [New York] 1975, Neuausgabe: Moskva 2003; Ironičeskie pis'ma [Ironische Briefe]. Pariž [Paris] 1975; Poèma o russkoj ljubvi [Poem über die russische Liebe]. Pariž [Paris] 1977; Biografija junosti: Ustanovlenie edinstva [Biographie der Jugend. Verwirklichung der Einheit]. Pariž [Paris 1977], Neuausgabe: Moskva 2006; Perepiska s Klenovskim [Briefwechsel mit Klenovskij]. Pariž [Paris] 1981; Botschaft der Auferstehung. St. Otilien 1982; Vera i dostovernost'. Pervoe služenie [Glaube und Würde. Der erste Dienst]. Pariž [Paris] 1982; Udivitel'naja zemlja [Wunderbare Erde]. N'ju-Jork [New York] 1983; Sputniki damasskoj dorogi [Gefährten des Damaskusweges]. In: Žurnal Moskovskoj Patriarchii 1989: 10, S. 38-39, 12, S. 35-36, 1990: 1, S. 50-51, 3, S. 51, 4, S. 46-47, 5, S. 42-43, 8, S. 52-54, 9, S. 59-60, 11, S. 50-51, 12, S. 50-51, 1991: 3, S. 49-51, 4, S. 44-45, 5, S. 49-50; Predislovie [Vorwort]. In: Aleksandr Men: Pravoslavnoe bogosluženie. Tajnstvo, slovo i obraz. Moskva 1991; Izbrannoe [Ausgewählte Werke]. Hrg. v. Ju. Linnik. Petrozavodsk 1992; Besedy s russkim narodom (Po materialam knigi »Vremja very«) [Gespräche mit dem russischen Volk (Nach dem Material des Buches »Glaubenszeit«). Moskva 1998; O tajne čelovečeskoj žizni [Das Geheimnis des menschlichen Lebens]. Moskva 1999; Izbrannoe v 2 tomach [Ausgewählte Werke in zwei Bänden]. Nižnij Novgorod 1999; Velikaja pustynja odinočestva [Die große Wüste der Einsamkeit]. Moskva 2001; Sibir'. Spasi Bog Rossiju [Sibirien. Gott erlöse Russland]. Moskva 2002; Zapisi golosa čistogo: Kak □it' po Evangeliju [Notizen der reinen Stimme. Wie man nach dem Evangelium lebt] Sankt-Peterburg 2002.

Lit.: Werner Haugg: Die orthodoxe Kirche des Ostens in Deutschland. Grundzüge ihres Rechts- und Glaubenslebens. In: Kyrios 4 (1939/40), 57-67; — Werner Haugg: Materialien zur Geschichte der Oestlich-Orthodoxen Kirche in Deutschland. In: Kyrios 1940/41: 3/4, 298-334, 1942/43: 1/2, 103-139; — Evlogij (Georgievskij): Put' moej žizni. Vospominanija mitropolita Evlogija (Georgievskogo), izložennye po ego rasskazam T. Manuchinoj. Pariž [Paris] 1947, Neuausgabe: Moskva 1994; — Poslanie patriarcha moskovskogo i vseja Rusi Aleksija i svjaščennogo pri nem sinoda k archipastyrjam, pastyrjam i pastve pravoslavnoj russkoj cerkvi v Amerike. In: Žurnal Moskovskoj Patriarchii 1948: 1, 9-12; — Georgij P. Grabbe: Pravda o Russkoj Cerkvi na rodine i za rubežom. Džordanvill' [Jordanville, NY] 1961; — Georgij Grabbe: Otricanie vmesto utverždenija. Po povodu brošjuru Archiepiskopa Ioanna Šachovskogo. Jordanville, NY 1971; — Werner Günther: Die Russisch-Orthodoxe Kirche in der Bundesrepublik Deutschland. Memorandum. Sigmaringen 1980; — Ol'ga Skopicenko: Pamjatka. Stichi i proza posvjaščennye svjatitelju našemu Vladyke Ioannu. San-Francisko [San Francisco] 1982; — K 80-letiju archiepiskopa Ioanna Šachovskogo. Interv'ju Vestniku RCHD. In: Vestnik russkogo christianskogo dviženija 137 (1982), 273-280; — Werner Günther: Zur Geschichte der Russisch-orthodoxen Kirche in Deutschland in den Jahren 1920-1950. Sigmaringen 1982; — Georg Seide: Geschichte der Russischen Orthodoxen Kirche im Ausland

von der Gründung bis in die Gegenwart (1919-1980). Wiesbaden 1983 (= Veröffentlichungen des Osteuropa-Instituts München; Reihe Geschichte; 51); Manuil (Lemeševskij): Die russischen orthodoxen Bischöfe von 1893 bis 1965. Bis zur Gegenwart ergänzt von Coelestin Patock. Bd. 3. Erlangen 1984, 339-340 (= Oikonomia; 20); — Käte Gaede: Russische Orthodoxe Kirche in Deutschland in der ersten Hälfte des 20. Jahrhunderts. Köln 1985; — Igor' Činnov: Pamjati archipastyrja i poèta. In: Novyj Žurnal (The New Review) 1989: Nr. 176, 286-293; — Georg Seide: Verantwortung in der Diaspora. Die Russische Orthodoxe Kirche im Ausland. München 1989; — Archiepiskop Ioann (Šachovskoj). In: Žurnal Moskovskoj Patriarchii 1991: 3, 49; — D. V. Pospelovskij: Russkaja pravoslavnaja cerkov' v XX veke. Moskva 1995; — V. V. Sapov: Šachovskoj Dmitrij Alekseevič. In: Literaturnaja Ènciklopedija Russkogo Zarubež'ja 1918-1940. Pisateli Russkogo Zarubež'ja. Moskva 1997, 447-449; — A. K. Nikitin: Nacistskij režim i russkaja pravoslavnaja obščina v Germanii (1933-1945). Moskva 1998; — Archiepiskop Ioann (Šachovskoj) i ego korrespondenty. Materialy k biografii archiepiskopa Ioanna. In: Cerkovnoistoričeskij vestnik. Moskva 1998: 1, 64-92; — V. I. Kosik: Russkaja cerkov' v Jugoslavii (20-40-gg. XX veka). Moskva 2000; — E. A. Aleksandrov: Ioann (Šachovskoj), Archiepiskop. In: Russkij amerikanec. Obzornyj vypusk 2000: 22, 77-78; — N. P. Charičenko: Archiepiskop Ioann San-Francijskij (Šachovskoj) o večnych duchovnych cennostjach i anticennostjach, otražennych v ponjatijach, obrazach i definicijach. In: Rossijskie sootečestvenniki v Aziatsko-Tichookeanskom regione. Perspektivy sotrudničestva: materialy tret'ej meždunarodnoj naučno-praktičeskij konferencii. Vladivostok 2003, 267-274; — Z. A. Šachovskaja: Takov moj vek. Moskva 2006; — Pål Kolstø: The Demonized Double: The Image of Lev Tolstoi in Russian Orthodox Polemics. In: Slavic Review 65 (2006): 2, 304-324; — M. V. Škarovskij: Krest i svastika. Nacistskaja Germanija i Pravoslavnaja Cerkov'. Moskva 2007.

Wolfram von Scheliha

SACK, Friedrich Ferdinand Adolph, * 16.7. 1788 in Berlin, † 16.10. 1842 in Bonn; Sohn des Hof- u. Dompredigers u. Bischofs Friedrich Samuel Gottfried Sack (1738-1817) und Johanna Wilhelmine geb. Spalding (1753-1832), Tochter des Berliner Propstes Johann Joachim Spalding (1714-1804); Schüler am Joachimsthalschen Gymnasium; Studienförderung durch die von S.s Urgroßcousin Simon Heinrich Sack (1723-1791) ins Leben gerufene Sack'sche Familienstiftung; Theologiestudium in Göttingen 1807, Freundschaft mit Friedrich Wilhelm v. Thiersch u. dem Schriftsteller Ernst K.F. Schulze; seit 1810 in Berlin, wo er ein Schüler Schleiermachers wurde. S. hatte Kontakt zu Georg Ludwig Spalding, Georg Reimer und Ernst Moritz Arndt. Er veröffentlichte 1814 patriotische Gedichte und begleitete die Armee in den Befreiungskriegen 1815 als Feldprediger. S. wurde gemeinsam mit seinem jüngeren Bruder Karl Heinrich Sack (1790-1875) vom Vater am 18.5. 1815 in Berlin ordiniert. 1816 machten beide eine durch das Domkandidatenstift geförderte Studienreise u.a. in die Schweiz, nach Holland und England, auf der sie mit zahlreichen Gelehrten zusammentrafen. 1817 wurde S. von seinem Vater als Hof- und Domprediger in Berlin eingeführt. Das Amt bekleidete er bis zu seinem Tod 1842 (zunächst auf der fünften, 1819-1822 auf der vierten, 1822-1842 auf der dritten Pfarrstelle). S. war Mitglied in der Direktion der Erwerbsschulen, der preuß. Hauptbibelgesellschaft und im Kgl. Ober-Zensur-Kollegium. Der König verlieh ihm 1824 den roten Adlerorden dritter Klasse. Am 18.12. 1821 heiratete er Emilie von Oppen (*... in Fredersdorf/Sachsen, † 1878). Aus der Ehe gingen vier Söhne hervor. S. brachte einige Predigten heraus und verfaßte Gedichte. Darunter befinden sich einige Gedanken »Zum Andenken der Prinzessin Elisa Radziwill« (1803-1834), der Jugendliebe des Kaisers Wilhelm I. Sie wurde am 28.03.1820 von S. konfirmiert. — S. führte das Erbe der theologischen Aufklärung seines Vaters und seiner beiden Großväter Spalding und August Friedrich Wilhelm Sack (1703-1786) weiter und verknüpfte es mit der Theologie Schleiermachers. Gemeinsam mit seinem Bruder setzte er sich im irenischen Geist für die Union von lutherischer und reformierter Konfession ein. Seine Gedanken von der Wiedergeburt in Gott wirkten auf Heldring und Wichern. Sein Abendmahlslied »Du ladest, Herr, zu deinem Tische« befindet sich in zahlreichen Gesangbüchern.

Archive: GStA (Berlin); Archiv der Sack'schen Familienstiftung (Wesel), enth. Anlage 1 zu Karton 108/109, Nr. 41, 41a: Briefe der Prinzessin Elisa Radziwill an S. sowie ein an ihn gerichteter Brief des Prinzen Wilhelm von Preußen, des späteren Kaisers Wilhelm I.

Werke: An meine Mitbürger, e. Gedicht, Berlin 1814 (= Hinterlassene Gedichte u. Reden, 1843, Nr. 13, 33-47); Neun Gedichte in Bezug auf die großen Ereignisse der letzten Jahre, zum Besten der Lazarethe, Berlin 1814; Das Jahr des Friedens, e. Gedicht, d. Ober-Pfarr- und Dom-Gemeine beim Antritt d. Jahres 1815 übergeben von Christian Friedrich Baldemann, Küster am Dom, Berlin 1815 (= Hinterlassene Gedichte u. Reden, 1843, Nr. 14, 48-62); Predigt am Erntedankfest den 4. Oktober 1818, Berlin 1819; Vier Reden und Zwei Predigten bei Confirmationen in fürstlichen Häusern und der ersten Abendmahlsfeier der jungen Christen, Berlin 1820; Auserlesene Stellen über die heilige

Schrift aus Calvin's Werken, Einladung an sämmtliche Mitglieder der Haupt-Bibelgesellschaft zu Berlin zur Feier des am 10. Oktober d. J. in der Dreifaltigkeitskirche zu begehenden Stiftungsfestes der Gesellschaft, Berlin 1821; Rede bei der Confirmation Ihrer Durchlaucht der Prinzessin Auguste zu Solms-Braunfels, Berlin 1824; Rede und Predigt bei der Confirmation und ersten Abendmahlsfeier Ihrer Königl. Hoheit der Prinzessin Luise von Preussen, Berlin 1824; Predigt zur Gedächtnissfeier der Verstorbenen d. 21. Nov. 1824 in der Domkirche gehalten, Berlin 1824; Feier der Confirmation Seiner Kgl. Hoheit des Prinzen Heinrich Wilhelm Adalbert v. Preußen nebst der bei der ersten Abendmahlsfeier des Prinzen gehaltenen Predigt, Berlin 1829; Predigten, in: Achtzehn Predigten während der Zeit der Cholera in den Kirchen Berlins gehalten von Bachmann, Bräunig, Couard, Deibel, Ehrenberg, Fournier, Hetzel, Hoßbach, Ideler, Kuntze, Lisco, Marheineke, Pischon, Sack, Schultze, Schweder, gesammelt und herausgegeben zum Besten derjenigen armen Kinder, welche durch die Cholera verwaist, in dem großen Friedrichs-Waisenhause zu Berlin erzogen werden, Berlin 1832 [darin Predigten von S. über Ps 39,5-8 (169-183); Jer 29,11-14 (257-271)]; Predigten von S. und von Karl Heinrich Sack, Bonn 1835; Daß wir Gottes Tempel sein sollen, Predigt über 1. Korinther III, 16-17, gehalten am Trinitatis-Sonntag, d. 14. Jun. 1835, in: Predigten von Berliner Kanzel-Rednern, nebst einem Anhange, enthaltend Predigten von Potsdamer Predigern, in Original-Manuscripten gesammelt, hg. v. E.S. Pomer, Bd. 3, Berlin 1836, 129-144; Auswahl aus [Johann Christoph] Wilhelm Neuendorff's hinterlassenen Gedichten, nebst e. Lebensskizze u. Charakteristik d. Dichters, hg. v. S. u. Carl Bauer, Brandenburg 1839; Predigt am 23. Sonntage nach Trinitatis, den 3. Nov. 1839 zur Nachfeier des Reformations-Jubelfestes in der Domkirche gehalten, Berlin 1840; Hinterlassene Gedichte u. Reden nebst einigen Skizzen, mit einem Lebensabrisse u. einem Anhange [hg. v. Karl Heinrich Sack], Bonn 1843 (Abendmahlslied Nr. 23 auch abgedruckt in: Albert Knapp [Hg.], Christoterpe, e. Jahrbuch für d. dt. Haus, Halle/S. 1834; vgl. ders., Liederschatz, 1850).

Lit.: Friedrich Ehrenberg, Predigt zum Gedaechtnisse des Hofpredigers u. Ober-Consistorial Rathes, Herrn Friedr. Ferdin. Adolph Sack, Berlin 1843; — Karl Heinrich Sack, Vorwort, in: S., Hinterlassene Gedichte u. Reden, Bonn 1843, III-XVI; — Eduard Emil Koch/Adolf Wilhelm Koch/Richard Lauxmann, Geschichte des Kirchenlieds und Kirchengesangs der christlichen, insbesondere der Dt. ev. Kirche, 3.Aufl. Stuttgart 1866-77 (ND Hildesheim 1973); — Annelies Roseeu, Zur Theol. u. Kirchenpolitik am Preuß. Hof 1786-1850, dargestellt an den Hofpredigern Sack, Eylert u. Strauß (Diss. Göttingen), 1956; — Rudolf v. Thadden, Die Brandenburgisch-preuß. Hofprediger im 17. u. 18. Jh. (AKG 32), Berlin 1959; — P.L. Schram: Wichern u. Heldring in Beziehung zum Pietismus, in: Johannes van den Berg, J. P. van Dooren, Pietismus u. Reveil, Leiden 1978, 343-351; — Christoph Prignitz, Vaterlandsliebe u. Freiheit, Deutscher Patriotismus von 1750-1850, Wiesbaden 1981; — Katharina-Elisabeth Dang, Sozialer Kampf u. Predigt insbesondere im Spiegel der Evangelischen Kirchenzeitung (1827-1848/49) u. von Predigten der Berliner Hofprediger (Diss. Berlin), 1990; — Martin H. Jung, Der Protestantismus in Deutschland von 1815 bis 1870 (KGE III/3), Berlin

2000; — Mark Pockrandt, Biblische Aufklärung, Biographie u. Theol. der Berliner Hofprediger August Friedrich Wilhelm Sack (1703-1786) u. Friedrich Samuel Gottfried Sack (1738-1817) (AKG 86), Berlin/New York 2003 [vgl. www.pockrandt.de/akg86]; — RGG2 V (1931), 26; — NDB XXII (2005), 339-341.

Mark Pockrandt

SAUBERT, Johannes (d.J.), Theologe und Orientalist, Professor in Helmstedt und Altdorf, * 1.2. 1638 in Nürnberg, † 29.4. 1688 in Altdorf. — Sein gleichnamiger Vater war lutherischer Theologe und Pastor zu St. Sebaldi in Nürnberg; seine Mutter Ursula, geborene Heinrich, stammte aus Neumarkt in der Oberpfalz, war die zweite Frau Sauberts und in erster Ehe bereits mit dem Nürnberger Buchhändler Johann Wagenmann verheiratet gewesen. — Nach anfänglichem Privatunterricht und dem Besuch der Stadtschule absolvierte S. gemeinsam mit seinem Bruder Adolph das Nürnberger Gymnasium Aegidianum. Der Direktor des Gymnasiums, Johann Michael Dilherr, wurde ihm nach dem frühen Tod des Vaters zum väterlichen Freund und nahm den ersten entscheidenden Einfluss auf seine akademische Laufbahn. Bereits 1653 begann er mit der Arbeit an dem 1659 in Jena veröffentlichten Buch »De sacrificiis veterum«. Schwerpunkt seines 1656 an der Universität Altdorf aufgenommenen Theologiestudiums waren die alten Sprachen und Philosophie. Nach einer Reise durch Bayern mit Johann Paul Felwinger, einem seiner Lehrer, bei dem er auch wohnte, setzte er 1657 sein Studium an der Universität Jena fort, um dort Johannes Musäus, Christian Chemnitz und Johann Gerhard sowie Johann Frischmuth und Johann Andreas Bose zu hören. Im Anschluss an einen kurzen Aufenthalt in Leipzig, wo er den Kontakt zu Johannes Hülsemann, Martin Geier und Johann Adam Scherzer suchte, ging er 1659 nach Helmstedt. Hier wohnte er bei Balthasar Cellarius, der ihn zusammen mit Gerhard Titze, Friedrich Ulrich Calixt (Sohn von Georg C.) und Joachim Hildebrand unterrichtete. Ende 1660 wurde S., noch nicht 23 Jahre alt, an der Universität Helmstedt zum ordentlichen Professor der hebräischen Sprache ernannt. Seine Antrittsrede erschien 1662 unter dem Titel »De studii ebraicae linguae multiplici, praesertim in Theologia utilitate et necessitate«. Mit der Promotion zum Magister im Mai 1661 wurde er auch Mitglied der philo-

sophischen Fakultät. 1665 erhielt er zusätzlich die seit dem Tod Georg Calixts († 19.03.1656) verwaiste theologische Professur (insbesondere für Altes Testament). Ende 1672 disputierte S. zur Erlangung des Doktors der Theologie in Rinteln über »Locorum quorundam Scripturae Sacrae pro purgatorio et satisfactione a Pontificiis passim citatorum discussionem« und wurde im Januar 1673 in Helmstedt von Gerhard Titze mit Erlaubnis der Rintelnschen Akademie zum Doktor der Theologie promoviert. Im Mai 1673 folgte er dem Ruf seiner Vaterstadt Nürnberg, als erster Professor der Theologie und Superintendent nach Altdorf zu kommen, wo er sich endgültig niederließ. Er wäre wohl bereit gewesen, in Helmstedt zu bleiben, unter der Voraussetzung dass man ihm die Beibehaltung seiner beiden Professuren auf Lebenszeit zugesagt hätte. — Seit 1663 stand S. in regem Briefwechsel mit Herzog August von Braunschweig-Wolfenbüttel, zu dem schon sein Vater eine gute Verbindung hatte. Der Herzog regte ihn zunächst zu einer lateinischen Übersetzung der hebräischen Schrift »Jacobi Jehudae Leonis de templo Hierosolymitano« an. Sie wurde 1665 in Helmstedt auf Kosten des Herzogs gedruckt. Am wichtigsten war dem Herzog jedoch die Verwirklichung eines Vorhabens, das er schon 1638 in einem Schreiben an S.' Vater geäußert hatte, nämlich die Anfertigung einer neuen Übersetzung der Bibel aus den Grundsprachen ins Deutsche, die »non mutata vel innovata Lutheri, sed plane nova« sein sollte. Nur mit Widerstreben übernahm S. die ihm 1664 übertragene Arbeit, die der Herzog fortlaufend überwachte, indem er sich die einzelnen druckfertig abgeschriebenen Bogen aus Helmstedt kommen ließ, um sie alsbald zum Druck in die Wolfenbütteler Filiale des Verlags der Sterne zu geben. Der negativen Aufnahme der Übersetzung in der Öffentlichkeit suchte Hermann Conring, Verteidiger der Helmstedtischen Theologie und S.' Schwiegervater, in einer 1666 zum 88. Geburtstag des Herzogs herausgegebenen Schrift (»Epistula gratulatoria«) zu begegnen. Nach dem Tod des Herzogs (17.9.1666) erreichte S. von dem nachfolgenden Herzog Rudolf August, dass ihm die Weiterführung des inzwischen bis zum Ende von 1. Samuel 17 gedruckten Werkes erlassen wurde. Die Herzog-August-Bibliothek in Wolfenbüttel verfügt über einige wenige der erst nach dem Tod des Herzogs veröffentlichten, jedoch nie ausgelieferten Exemplare. — Aus der 1664 mit Anna Maria Conring geschlossenen Ehe ging eine Tochter (Anna Ursula) hervor. Ein Sohn war schon bei der Geburt (1665) gestorben. Von S. wird berichtet, dass er gerne Tabak rauchte, dazu aber eigens Kleidung und eine besondere Kammer hatte, damit niemand durch den Geruch belästigt werden sollte. Seine letzten Jahre in Altdorf waren von Krankheit überschattet. Das Pastorat versah er fleißig bis ans Ende. Zum Lesen, Disputieren und Schreiben fehlte es ihm zum Schluss an Kraft. — S.' zahlreiche theologische Schriften spiegeln seine sprachlichen wie exegetischen Fähigkeiten. Seine 1672 veröffentlichten »Variae Lectiones Textus Graeci Evangelii S. Matthaei« bedeuten einen nicht zu unterschätzenden Fortschritt für die deutsche Textkritik. Einer ausführlichen Einführung in die Überlieferung des griechischen Neuen Testaments folgen im Hauptteil der Ausgabe Varianten zum griechischen Text des Matthäusevangelium, zusammengetragen aus Handschriften und Drucken sowie auch aus arabischen, äthiopischen, englischen, gotischen, hebräischen, koptischen, lateinischen, persischen, russischen und syrischen Übersetzungen und aus Kirchenväterzitaten.

Werke: De sacrificiis veterum: conlectanea historico-philologica et miscella critica: quibus accedit ejusdem De sacerdotibus et sacris Hebraeorum personis commentarius singularis, Jena 1659; Codicis ... thorah in quo Paraphrases, commentaria et receptissimae apud Judaeos explicationes ex Gemata ac Rabbinorum celeberrimorum in Pentateuchum comprehenduntur. Selectionem prima in latina lingua, Helmstedt 1660; Symboli fidei judaicae articulus XI, agens De beatitudine ac damnatione aeterna: ex Mischnajoth et commentariis Rabbinorum consideratus, et Disputationis vicem sub praesidio...Gerhardi Titii, publice propositus a Johanne Sauberto auctore..., Helmstedt 1660; An angeli sint adorandi, ex Judaeorum mente: Disputatio I. Johannes Saubertus, Helmstedt 1661; An Angeli sint adorandi, ex Judaeorum mente: Disp. II. Johann Saubert, Helmstedt 1661; Festum paschatis a Christo Salvatore ante passionem celebratum, et juxta Evangelistarum ductum consideratum, praeside Johanne Sauberto ... publicae disquisitioni exponit Theodorus Schreke Rossing - Calenbergensis. In juleo magno ad d. April., Helmstedt 1662; Johannis Sauberti, In Acad. Julia Linguæ S. Professoris Ordin. Dissertatio De Studii Linguæ Ebrææ In Theologia Utilitate Ac Necessitate: Habita In Panegyri Inaugurali ; Adiecta Est Synagogarum Judaicarum Brevis Historia, Helmstedt 1662; Historia Johannis VIII. P. R. Virum primum simulantis, postea sexum suum, partu in via publica edita, prodentis, a Jesuitarum in primis technis vindicate, Helmstedt 1662; De ritu precandi veterum Ebraeorum dissertatio quam sub praesidio Johannis Sauberti

...p[ublice] p[roponit] Dethlevus Alardus ... in Iuleo Magno ad d. Mart., Helmstedt [1663]; Michaelis Piccarti, Franci Professoris Periculorum Criticorum Liber Singularis: Diu desideratus: Multorum rogatu altera jam vice editus Cura Johannis Sauberti, Helmstedt 1663; P. Prodromus philologiae sacrae, editionem alteram accuravit Johannes Saubertus, f. Adjecit insuper a fine notas, necnon in censorem quendam animadversiones, denique indices... [In Prodromum philologiae sacrae J. Sauberti a... filio collega suo illustratum ac defensum, (carmina, auctore V. H. Voglero)], Helmstedt 1663; De Haalma, Matre Immanuelis, ad insignem prophetiam Jesaiæ VII, 14, 15, 16, disputatio quam praeside Johanne Sauberto, ... p. p. Caspar Hefenhusen, Helmstedt [1664]; Augusto, Principi Semper Augusto, Serenissimo Brunsvicensium Ac Lienæburgensium Duci, ... Anagrammate, Ejusque Gemino Interprete, Carmine Ebraico, Et Scazonte Latino, Felix Novi Huius Anni M.D.C.LXIV. Auspicium ... Precatur Johannes Saubertus. In Academia Julia Professor, Helmstedt 1664; Ritus Veterum Romanorum Nuptiales ... Ioannis Sauberti ... Et ... Virginis Annae Mariae Magni Hermanni Conringii Filiae Nuptiis XIV. Kalend. Mart. Anni MLXIV. celebrandis ...Dedicat Caspar Sagittarius, Helmstedt [1664]; Ad vaticinium Jes. IX, 6, 7, Quod agit De Messia, Ejusque Insignibus Qualitatibus Et Attributis, Disputatio: Quam Sub Præsidio Johannis Sauberti, Prof. Publ. Et Ordinarii, P.P. Johannes Schroderus Lunæburgensis. In Juleo magno ad diem [...] Oct. M.D.C.LXIV, Helmstedt [1664]; Chorban Bes Hammikdasch: De Devastatione Hierosolymæ Et Templi Sanctissimi Historia, a Judæis ipsis concinnata, una cum historia devastationis urbis Betar et Tur Malca ; Nunc primum Latine recensita [a Joh. Sauberto Juniore], Helmstedt 1664; De sacerdotibus et sacris Hebraeorum personis commentarius singularis, Altdorf 1664; Jacobi Jehudæ Leonis De Templo Hierosolymitano, Tam priori, quod ædificavit Salomo rex, quam posteriori, quod devastavit Vespasianus, Libri 4: Jussu & auspiciis ... ex Ebræo Latine recensiti a Johanne Sauberto, Helmstedt 1665; Philologematum sacrorum trigam, praeside Iohanne Sauberto ... publice discutiendam ... proponet auctor Johannes Fabricius, Helmstedt 1665; Gründlicher Bericht Uber die Neulichst zu Hannover außgegangene Deutsche Dolmetschung Deß Tractats Jacobi Jehudæ Leonis Von dem Tempel Salomonis. Wie auch Wieder die in ermeldter Translation begangene Unwarheiten, Helmstedt 1665; Der Heiligen Schrifft Alten Testaments ... Theil: Auff Verordnung Augusti, Herzogs zu Braunschweig und Lüneburg, aus der Ebraischen Grundsprache verteutschet [durch Joh. Saubertum], Helmstedt 1666; Disp. philol. theol. in quaedam controversa S. Scripturae loca sub praesidio Dn. Johannis Sauberti ... publicae symphilotheologunton exetasei proponet ... Paulus Prieffer ... auctor, Helmstedt 1667; Ad Serenissimorvm Ducum Brunsvicensium Et Luneburgensium Legatos Academiæ Juliæ Visitatione Strenue Et Feliciter Perfunctos Oratio Christophori Schraderi, Præpositi Bergensis & Eloquentiæ Professoris: Habita In Magno Iuleo XXIIX Novembr. CIC IC C LXIIX. Christophorus Schraderus, Helmstedt, 1668; Saturnus falciger, quem inter planetas fatalem, & omni fato maiorem dicunt: hunc in funere ... Dn. Enochi Glaeseri ... sistere voluerunt ... Dn. Johannis Sauberti ... commensales, Johann Saubert, Helmstedt [1668]; Programma festo paschatis P. P. in academia Iulia: [Insunt

1211   1212

aliqua de die, quo apud veteres Christianos paschatos festum celebratum fuit], Helmstedt 1668; Ad Genes. cap. XIX. de statua salis et Lothi ex Sodoma egressu dissertatio, Helmstedt 1668; Sacrorum Observatorum Trigam Præside Dn. Johanne Savberto, Theol. Et L. S. Profess. Ordinar. Dn. Præceptore, Hospite, ac Patrono suo, debito honoris et observantiæ cultu ætatem venerando Pridie Calend. Sextil. In Magno Jvleo P. P. Johannes Jacobvs Froerenteich, Norinbergensis Resp. & Auctor: Johannes Saubertus, Helmstedt [1669]; Ad Duo Novi Testamenti Loca Matth. XXVI, 5 et Lucae XVI, 22, 23. Exercitatio Præside Johanne Sauberto, S. Theol. Et Ebr. Ling. Professore ordinario In Juleo Magno d. Martii CIƆ ICC LXX. Proponetur Publice A Johanne Schultz/ Furstenwald. Marchico, Helmstedt [1670]; Difficiliorum S. Scripturæ Locorum Trigam Sub Præsidio Viri plurimum Reverendi atq[ue] Amplißimi Dn. Johannis Sauberti S. Theol. Et Ebr. Ling. Prof. Publ. Celeberr. Theologicæ Facultatis p. t. Decani Præceptoris, Patroni ac Hospitis sui ætatem devenerandi In magno Juleo ad. d. Decembr. CIƆ ICC LXXI. publicæ disquisitioni subjiciet Joachimus Giese Huso-Slesw. Autor & Respondens: Johannes Saubertus, Helmstedt [1671]; De Serpente aeneo, ad Numer. XXI, 6. seqq. dissertatio, quam, praeside Johanne Sauberto,... proponet publice Johannes Schultz, Furstenwald. Marchicus In Maiori Juleo Ad D. Novembris CIƆ ICC LXXI. ... , Helmstedt [1671]; Variæ Lectiones Textus Græci Evangelii S. Matthæi, Ex plurimis impressis ac manuscriptis Codicibus collectæ; Et cum versionibus Partim antiquissimis, partim præstantissimis, nec non Patrum veteris Ecclesiæ Græcorum Latinorumque commentariis collatæ. Præmissa Epicrisi De Origine, Avctoritate Et Usu Variarum Novi Testamenti Lectionum Græcarum In Genere, Helmstedt 1672; Exercitatio Academica De Vulneribus Christi, Cuius Theses Sub Præsidio Viri Pl. Reverendi ... Dn. Johannis Sauberti, SS. Theologiæ D. Eiusdemqve Et Linguarum Oriental. hactenus in hac illustri ad Elmum Jvlia Profess. Publ. & Ord. Nunc vero in Academia Altdorfiana SS. Theol. Profess. Primarii, & Ecclesiæ ibid. Præsulis designati, Dn. Sui Praeceptoris, Patroni Et Promotoris Omni Studio Colendi Mense Aprili defendet Johannes Faes Luneb., Helmstedt 1673; Verneuete Kirchenandacht: In Fünf Betrachtungen verfaßet, und der Gemeine zu Altdorf öffentlich vorgestellet, Nürnberg 1674; Hiobs Erlöser Und tröstliche Zuversicht auff denselbigen, Auß seinem XIX. Cap. vers. 25. Bei Ansehlicher Leichbestattung Der ... Frauen Clara Helena, Deß ... Herrn Johann Friederichs Papii ... Ehelichen Hausfrauen, Welche den 3. Decembris 1674. ... verschieden ... Auff hiesigem Gottesacker in einer gewöhnlichkurtzen Rede vorgestellet Durch Johann Saubert, Altdorf 1674; Deß H. Apostels Pauli güldene Betkunst, Altdorf 1674; De templo hierosolymitano,tam priori...quam posteriori ... libri IV ex Ebraeo Latine recensiti a Johanne Savberto. ...Editio altera accuratior iam prodiit, Altdorf 1674; Ad Loca Quaedam Prioris Epistolae S. Pavli Ad Thimotheum Observata Quae Sub Praesidio ... Johannis Sauberti ... Publicae Eruditorum disquisitioni submittit Ad d. Sextilis. Christophorvs Theophilvs Sauer, Noriberg. A. & R., Altdorf 1675; Nürnbergisches Gesang-Buch, darinnen 1160 außerlesene, so wol alt als neue, geist-, lehr- u. trostreiche Lieder, auf allerley Zeit-, Freud- u. Leid-Fälle der gantzen Christenheit gerichtet, ... Deme beygefüget e. christliches Gebet-Büchlein ... Mit e. Vorr. Johann Sauberts,

Nürnberg 1677; Der Glaubigen waare SeelenRuhe in Noht und Tod: auß deß CXVI. Psalms 7/8/ und 9. vers. Bei ... Leichbestattung deß ... Joh. Conrad Dürrens/ bei hiesiger löbl. Altdorfischen Universität Sacros. Theologiae und Philosophiae Moralis treufleißigen/ hochverdienten und weitberühmten Professoris Publici &c. Dessen am 4. Iulii dieses verwichenen 1677. Jahrs ... verblichener Leichnam am 8. desselben Monahts darauff ... in sein Ruhekämmerlein beigesetzet worden einer offentlichen Gemeine in hiesige Pfarrkirche zu S. Laurentzen zu betrachten fürgestellet durch Johann Saubert der Heil. Schrifft Doctor. Primar. Prof. und Predigern daselbst, [Altdorf] 1677; Davids deß Königs 1. Stets schauendes Aug, ... 2. bestrcketer Fuß, ... Bei ansehlicher ... Leichbestatung der ... Frauen Annen Marien Ludwellin, gebohrner Sitzingerin, ... als dieselbe ... 15. Novemb. ... einschlaffen, ... vorgestellet: [Leichenpredigt auf Anna Maria Ludwell geb. Sitzinger, †15. Nov. 1678], Altdorf 1678; Palaestra theologico-philologica, Sive disquisitionum academicarum tomus singularis, Altdorf 1678; Locorum quorundam S. Scripturae pro purgatorio et satisfactione pro peccatis mortuorum, a pontificiis passim citatorum discussio: proposita publice disputatione inaugurali in academia Hasso-Schaumburgica ad diem XXIII. Decembris MDCLXXII; Altdorf 1678; Disp. de beatitudine et damnatione aeterna, ad articulum XI. Symboli fidei Iudaeorum: proposita publice mense Octobri MDCLX, Altdorf 1678; Ad initium evangelii Johannis a Macedonianis corruptum, contra Pontificios dissertatio / [Praes.:] Johann Saubert. [Resp.:] Johann H. Kazauer, Altdorf 1679; Grosser Unterschied der Beschaffenheit der Leiber der Frommen und Glaubigen hier in dieser Zeit und dort in Ewigkeit: ad I Cor. XV, 42-44 in fun. Joh. Matth. Hopffners, J. U. Cand., Altdorf 1679; Ein schönes Triumph-Liedlein Davids, so zu finden Ps. 116, 1-9 in fun. Annae Rosinae, D. Jac. Pancr. Bruonis Ux., Altdorf 1680; Süsse Trost-Quellen: glaubiger Kinder Gottes, daraus sie in Seelen- Leibes- und Todtes-Nöthen ... Herrn Philipp Christoph Herwarths ... welcher den 16. Junij dises lauffenden 1682. Jahrs ... gezeiget und gewisen ... durch M. Johannem Becken, Augsburg [1682]; Des Heil Apostels Pauli geistl. Waage, in welcher er der Kinder Gottes u. Mit-Erben Christi zeitl. Leid u. ewige Herrlichkeit abgewogen & c. ex Ep. ad Rom. VIII, 18 in fun. Barb. Cath. D. Henr. Linkii Ux., Altdorf 1684; Opera Posthuma: videlicet I. Selectiorum Scripturæ S. dictorum solida & accurata Explicatio II. De Sacerdotibus & sacris Ebræorum personis Commentarius singularis, Altdorf, 1694.

Lit.: Gustav Georg Zeltner, Vitae theologorum Altorphinorum a condita academia omnium una cum scriptorum recensu plenius et accuratius ad historiae ecclesiasticae et literariae usum, Nürnberg u. Altdorf 1722, 393-409 (403-409: Werkverz. mit 43 Titeln); — AGL IV, Sp. 164f.; — GVUL XXXIV, Sp. 293f.; — ADB XXX, 415f.; — Elke Niewöhner, in: Braunschweigisches Biographisches Lexikon, 8.-18. Jh., Braunschweig 2006, 610f.; — Hermann Kunst, Der deutsche Beitrag zur Arbeit am Text des Neuen Testaments, in: Ludwig Erhard: Beitr. zu seiner polit. Biographie. Festschrift z. 75. Geburtstag, hrsg. von Gerhard Schröder [u. a.], Berlin 1972, 444-446.

Michael Welte

SCHEFFCZYK, Leo, katholischer Dogmatiker, Kardinal, * 21.2. 1920 in Beuthen (Oberschlesien), † 8.12. 2005 in München. — Leo Scheffczyk wurde als Sohn eines einfachen Postbeamten und dessen Frau in der oberschlesischen Industriestadt Beuthen geboren, während heftige Auseinandersetzungen zwischen Deutschland und Polen um die staatliche Zugehörigkeit dieses Gebietes tobten. Bereits der Name des späteren Theologen und Kardinals (auf deutsch: Schumacher) zeugt von der typischen Mischung von slawischer und deutscher Bevölkerung. In der Beuthener Kirche St. Hyazinth empfing er das Sakrament der Taufe. Die kleinbürgerliche, recht arme Familie war tief im katholischen Glauben verwurzelt und das Leben geprägt durch christliche Hausfrömmigkeit, Wallfahrten und Volksmissionen. Beide Eltern zeichneten sich zudem durch kirchliches Engagement aus: die Mutter war vor allem im karitativen Bereich tätig, während der Vater sich aktiv in der Männerkongregation, einer Initiative des Laienapostolates, einsetzte. Vor Beginn der Grundschulzeit zog die Familie in den mehrheitlich protestantischen Ort Pitschen im Norden Oberschlesiens. Gerade hier kam Scheffzcyk ein erster, noch unbestimmter, Eindruck von der Eigenheit des Katholischen, was kein Hindernis zum ungetrübten lebensmäßigen Zusammensein mit seinen evangelischen Kameraden darstellte. Doch zugleich verspürte er das Nicht-sein-Sollende und Störende von zwei verschiedenen christlichen Konfesssionen. In Pitschen besuchte Scheffczyk von 1926 bis 1930 die Grundschule, wo ihn bereits besonders der Religionsunterricht ansprach, in dem noch Katechismus- und Bibelunterricht getrennt voneinander unterrichtet wurden. Danach zog die Familie wieder zurück in ihre Heimatstadt Beuthen und der junge Schüler besuchte von 1930 bis 1938 das katholische humanistische Hindenburg-Gymnasium, das seinen für eine katholische Schule ungewöhnlichen Namen der Tatsache verdankte, daß im Ersten Weltkrieg der damalige General Hindenburg als Oberbefehlshaber der Ostfront dort sein Hauptquartier aufgeschlagen hatte. Auch an dieser Schule erhielt Scheffczyk einen vorbildlichen und soliden Religionsunterricht, welcher neben der gläubigen Familie und der langjährigen Ausübung des Ministrantendienstes in der Pfarrei St. Barbara in Scheffczyk die Berufung zum Priestertum wachsen ließ. Hinzu kam die Tatsache, daß er als elfjähriger dem katholischen Schülerbund »Neudeutschland« beitrat, der von Jesuiten geleitet wurde und die charakterliche Bildung im katholischen Geiste förderte. In diesem Bund erhielt der junge Scheffczyk auch die nötige Kritikfähigkeit und den Mut zum Widerstand gegenüber dem aufkommenden Nationalsozialismus. Als er schließlich selbst Leiter des gesamten »Oberschlesiengaues« wurde, lernte er gegen den Strom des Zeitgeistes zu schwimmen und sich auch um den Preis persönlicher Nachteile an der Wahrheit auszurichten. Er erlebte bei den ihm anvertrauten Jugendlichen einen begeisterten Heroismus, aber auch schmähliches Versagen angesichts des Karrieredenkens und erduldete selbst mehrstündige Verhöre durch die Gestapo. Dennoch konnte er im Frühjahr 1938 sein Abitur ablegen, dem sich die Ableistung eines halbjährigen Reichsarbeitsdienstes anschloß. — Nach dieser Zeit trat Leo Scheffczyk als Priesteramtskandidat in das Theologenkonvikt von Breslau ein und begann seine Studien an der katholisch-theologischen Fakultät in Breslau. Mit Ausnahme eines Professoren, der eine Neigung zum Nationalsozialismus zeigte, erlebte er sowohl im Konvikt als auch an der Theologischen Fakultät vorbildliche Priester, die Gebet und Studium ebenso verbanden wie wissenschaftlichen Eifer und gläubige Kirchlichkeit. In komplementärer Weise wurde der junge Student geprägt durch die augustinisch-franziskanische Erfahrungstheologie, die B. Rosenmüller vertrat, und durch die an Thomas von Aquin ausgerichtete Rationalität eines J. Kochs. Im Kriegsjahr 1941 mußte Scheffczyk seine Studien unterbrechen, da er zum Wehrdienst eingezogen wurde. Einem Ausbildungsjahr in Hagenau im Elsaß folgte der Artilleriedienst in Norwegen, wo er von 1942 an »überwintert« hat. Bei Kriegsende geriet der junge Soldat in englische Gefangenschaft, wurde aber in Bremen den Amerikanern übergeben und am 1. November 1945 entlassen. Da die Rückkehr in die durch die Sowjets besetzte Heimat nicht möglich war, gelangte Scheffczyk durch die Vermittlung eines Kriegskameraden als Heimatvertriebener an das Priesterseminar in Freising. Hier setzte er an der Philosophisch-Theologischen Hochschule seine Studien fort und lernte als Kommilitonen

u. a. Joseph Ratzinger, den nunmehrigen Papst Benedikt XVI., kennen, der zwei Jahre (1945-47) im Freisinger Seminar verbrachte. Nach Abschluß des Studiums empfing Scheffczyk am 29. Juni 1947 vom Münchner Erzbischof Michael Kardinal von Faulhaber im Freisinger Dom die Priesterweihe, wobei er bis kurz vor seiner Kardinalsernennung in sein Heimatbistum Breslau inkardiniert war. Erste seelsorgliche Erfahrung sammelte der Priester als Kaplan in Grafing bei München (1947-48) und als Pfarrvikar in Traunwalchen (1948). Der priesterliche Alltag war durch die tägliche heilige Messe und das Gebet geordnet. Der Religionsunterricht des Kaplans war geprägt durch die heilsgeschichtlich ausgerichtete »Münchner Katholische Methode«, die beim biblischen Zeugnis ansetzte und auf die geistig-seelische Verfassung verstärkt einging. Diese heilsgeschichtlich und anthropologisch orientierte Verkündigung wurde auch für die spätere theologische Arbeit Scheffczyks bedeutsam. Die Seelsorge in der Nachkriegszeit war mit Hausbesuchen und Volksmissionen stark persönlich ausgerichtet und neben den allgemeinen seelsorglichen Diensten leitete Scheffczyk in dieser Zeit auch zwei Jugendgruppen. — Da Kardinal von Faulhaber bald auf den spirituell und theologisch hochgebildeten jungen Priester aufmerksam wurde, erhielt Scheffczyk die Möglichkeit, im November 1948 als Subregens in das Priesterseminar der Ostvertriebenen (Albertus-Magnus-Kolleg) nach Königstein im Taunus zu wechseln. Die Tätigkeit als Subregens übte er bis 1951 aus und schloß 1950 seine Promotion ab, die von Franz Xaver Seppelt betreut wurde, der selbst als Professor für Kirchengeschichte von Breslau nach München gewechselt hatte. Der Titel der Promotion lautete »Friedrich Leopold zu Stolbergs ‚Geschichte der Religion Jesu Christi'. Die Abwendung der katholischen Kirchengeschichtsschreibung von der Aufklärung und ihre Neuorientierung im Zeitalter der Romantik«. In dieser Doktorarbeit untersucht Scheffczyk das monumentale Werk des Konvertiten Stolberg, der sich von der Aufklärung abwendete und beeinflußt durch die Romantik und den Münsteraner Kreis um die Fürstin von Gallitzin die Kirche in ihrer übernatürlichen Wirklichkeit, die sich in der Geschichte konkretisiert, sehen lernte. Die intensive Beschäftigung mit

Aufklärung und Romantik gab Scheffczyk das nötige Rüstzeug die verspätete Neuauflage der Aufklärung in der Nachkonzilszeit zu überwinden. Nach seiner Promotion in Kirchengeschichte wendete er sich der systematischen Theologie, näherhin der Dogmatik, zu, die er in den Jahren 1952-1959 auch in Königstein dozierte. Unter der Leitung des Münchner Dogmatikers Michael Schmaus (1897-1993) habilitierte sich Scheffczyk 1957 in München mit einer frömmigkeits- und dogmengeschichtlichen Arbeit über »Das Mariengeheimnis in Frömmigkeit und Lehre der Karolingerzeit«. Er untersuchte die Mariengestalt einer ganzen Geschichtsepoche, die zudem am Schnittpunkt zwischen Antike und Mittelalter, zwischen Patristik und Scholastik stand. Dabei wurde der Theologe auch geleitet von John Henry Newmans Gedanken der Dogmenentwicklung, der zugleich mit der Theologie seines Lehrers Schmaus korrelierte. Mit dieser Arbeit war der Grundstein für Scheffczyks Ruf als bedeutender Mariologe gelegt, der sich auch in seiner Zugehörigkeit zur »Deutschen Arbeitsgemeinschaft für Mariologie« zeigte, der er seit deren Gründung im Jahre 1951 angehörte und deren Tagungen er ebenso durch Beiträge bereicherte wie die Internationalen Kongresse der »Pontificia Academia Mariana Internationalis«, zu deren Mitglied er selbst 1973 berufen wurde. Sein mariologisches Schaffen, das sich in über 200 Artikeln und Veröffentlichungen zeigte, wurde gekrönt durch das sechsbändige »Marienlexikon«, das Scheffczyk gemeinsam mit dem Kirchenhistoriker Remigius Bäumer in den Jahren 1988-1994 herausgab und das als umfangreichstes Werk dieser Art im 20. Jahrhundert gilt. Scheffczyk wurde durch Schmaus stark geprägt, der den existentiellen Gesichtspunkt der Dogmatik und die Begegnung mit den Fragen der Gegenwart betonte, ohne die Bedeutung der Neuscholastik zu negieren oder das Glaubensgut anzutasten. Neben dem Dialog mit der protestantischen Theologie ist der personalistische Ansatz in der systematischen Darstellung bedeutsam, der sich auch bei Scheffczyk wiederfindet. Nachdem Scheffczyk zwei Jahre als Privatdozent in München tätig war, wurde er 1959 als Nachfolger des Möhler-Forschers Josef Rupert Geiselmann auf den Dogmatik-Lehrstuhl der Katholisch-Theologischen Fakultät der Universität Tübingen berufen. In den folgenden Jahren (1959-1965) hatte er dort etwa Hans Küng, Alfons Auer und Herbert Haag als Kollegen. Von 1962-1964 war der Dogmatiker Mitherausgeber der »Tübinger Theologischen Quartalschrift«. Sein besonderes Interesse in diesen Tübinger Jahren galt jener Tübinger Schule des 19. Jahrhunderts aus der vor allem Johann Adam Möhler hervorragte. Dessen zentrales Werk der »Symbolik« (1832), in der Möhler die katholischen und protestantischen Lehrauffassungen gegenüberstellt und eine Betrachtung des Wesens der Kirche bietet, hatte für Scheffczyk in seiner Klarheit und Reife bleibende Bedeutung für die Theologie. — Auf Betreiben seines Lehrers Michael Schmaus ereilte Leo Scheffczyk 1965 der Ruf an die Universität in München. Als Nachfolger auf dem Lehrstuhl von Schmaus wirkte er zwanzig Jahre als Professor für Dogmatik und Dogmengeschichte (1965-1985). Den zweiten dogmatischen Lehrstuhl hatte fast zeitgleich (1968-1986) der bayerische Theologe Josef Finkenzeller inne. Ebenfalls in der Nachfolge von Schmaus wurde Scheffczyk Mitherausgeber der »Münchener Theologischen Zeitschrift« (1966-1984). Als der Name dieser Zeitschrift nach einem Gerichtsprozeß von der Theologischen Fakultät übernommen wurde, setzten die Herausgeber (neben Scheffczyk dessen Schüler Anton Ziegenaus und der spätere Bischof Kurt Krenn) das Projekt unter dem Titel »Forum Katholische Theologie« 1985 fort. Scheffczyk vereinte in seiner Lehrtätigkeit eine gründliche Kenntnis der Überlieferung und eine kritische Offenheit für alle neuen Entwicklungen. Er verstand es, die Analyse geschichtlicher Sachverhalte mit der synthetischen Zusammenschau der Glaubenslehre zu verbinden. Sein reiches Schaffen ist nicht zuletzt an seinem Schülerkreis und der großen Anzahl an Publikationen zu den unterschiedlichsten theologischen Probelmfeldern ablesbar. Aus der Feder Scheffczyks stammen etwa 1500 Veröffentlichungen, darunter etwa 60 Monographien, 1000 Zeitschriften- und Lexikaartikel und über 400 Rezensionen. Er wirkte an der zweiten und der dritten Auflage des »Lexikons für Theologie und Kirche« ebenso mit wie am Lexikon »Sacramentum Mundi«, der »Theologischen Realenzyklopädie« und am »Lexikon des Mittelalters«. Viele seiner Werke

wurden zudem in fremde Sprachen übersetzt. Eine Frucht dieses Schaffens stellte auch die Mitherausgabe des »Handbuches der Dogmengeschichte« dar (seit 1968), zu welchem der Theologe selbst zwei Werke zu »Schöpfung und Vorsehung« sowie zu »Urstand, Fall und Erbsünde« beisteuerte. Hinzu kamen mannigfaltige Aufgaben, die über das universitäre Geschehen hinausgingen. So war Scheffczyk von 1970-1985 beratender Theologe der Glaubenskommission der Deutschen Bischofskonferenz und wurde auch Mitglied in der Kommission zur Erstellung des Katholischen Erwachsenenkatechismus. Von 1972 an war er Mitglied der Görresgesellschaft für Interdisziplinäre Forschung, in der er bis kurz vor seinem Tod als Vorsitzender die Kommission für die Herausgabe ungedruckter Texte aus der mittelalterlichen Geisteswelt leitete. Im Jahre 1976 wurde er zum Päpstlichen Ehrenprälaten ernannt und als Ordentliches Mitglied in die »Pontificia Academia Theologica Internationalis« aufgenommen. 1980 wurde der Gelehrte Ordentliches Mitglied der Bayerischen Akademie der Wissenschaften, und von 1983 bis 2001 wirkte er als Berater beim Päpstlichen Rat für die Familie mit. 1994 verlieh ihm die Opus-Dei-Universität in Pamplona die Ehrendoktorwürde. — Zu Leo Scheffczyks Arbeitsschwerpunkten zählte neben der bereits genannten Mariologie die theologische Schöpfungslehre, die er besonders durch den interdisziplinären Dialog mit den Naturwissenschaften bereicherte. Die Schöpfungstheologie vereint sich bei ihm mit der Heilsgeschichte, die in Christus ihren Grund und ihr Ziel haben. Auch auf die zahlreichen Krisenerscheinungen, die die Kirche und die Theologie nach dem Zweiten Vatikanischen Konzil heimsuchten, ging der Theologe ausführlich ein, wenn er sich etwa immer wieder für die authentische Auslegung der Konzilsdokumente einsetzte und deren Kontinuität mit der vorausgehenden kirchlichen Lehre aufzeigte. Er bemühte sich, das Bleibende im Wandel der Zeit und die unverrückbaren Wesensmerkmale der katholischen Lehre zu demonstrieren. Dies geschieht vor allem in seinem Werk »Katholische Glaubenswelt«, in dem Scheffczyk die typischen Kennzeichen des katholischen Glaubens analysiert. In dieses Feld gehören seine wissenschaftlichen Auseinandersetzungen mit Hans Küng ebenso wie sein kritisches Eingehen auf die Befreiungstheologie, die Transzendentaltheologie oder andere Modetheologien des 20. Jahrhunderts und seine jahrzehntelange Mitarbeit an der Gustav-Siewerth-Akademie im Schwarzwald. Als notwendiges Korrektiv können auch Scheffczyks Stellungnahmen zum Ökumenismus verstanden werden. So betonte Scheffczyk das »Wesen des Katholischen« und forderte zunächst eine »Identitätsbestimmung des eigenen Seins«. Dies durchkreuzt nicht das ökumenische Anliegen, sondern fördert es. Die Förderung der Einheit muß bereits in Bezug auf die eigene Konfession beginnen, weshalb nach Scheffczyk dem »Ökumenismus nach außen« der »Ökumenismus nach innen« vorausgehen muß, zumal ein Katholizismus, der nicht mehr weiß, was er ist, auch die ersehnte Einheit nicht bereichern kann. Mit seiner Betonung des bleibend Katholischen will Scheffczyk somit allen auflösenden Tendenzen entgegenwirken, die letztlich auch den Dialog zwischen den Konfessionen mißraten lassen. Die Betonung der jeweiligen Identität wird erst konkret, wenn sie auch die Andersheit des Gesprächspartners und seiner Positionen beachtet und die Differenzen zwischen den Konfessionen bedenkt. Scheffczyk wandte sich damit auch offen gegen »Scheinlösungen«, die die bleibenden Unterschiede übergingen. Er kritisierte die etablierte Sprechweise im ökumenischen Gespräch (etwa die Schlagworte »differenzierter Konsens« oder »Einheit in der Vielheit«), da sie häufig dem Anspruch der Wahrheit nicht gerecht würden und bleibende Unterschiede zu übermalen versuchten. Besonders die Auseinandersetzung mit der protestantischen Theologie war ein Anliegen des Theologen, der bis zu seinem Lebensende in über 70 Publikationen immer wieder zu ökumenischen Fragen Stellung nahm. Auch bei der Bewertung der im Jahre 1999 unterschriebenen »Rechtfertigungserklärung« von Augsburg hebt er sich deutlich ab vom Großteil seiner Fachkollegen, da er hier einen Scheinkonsens sieht, der mehr »worthafte« als »seinshafte« Übereinstimmungen vorweist. — Die Krönung seines theologischen Schaffens stellt sicher die achtbändige »Katholische Dogmatik« dar, die Scheffczyk in den Jahren 1996-2003 zusammen mit seinem ehemaligen Schüler und langjährigem Ordinarius für Dogmatik in Augsburg, Anton Ziegenaus, herausgab. Unser

Theologe erstellte selbst die Bände I (Einleitung), II (Gotteslehre), III (Schöpfungslehre) und VI (Gnadenlehre). Das gesamte Werk zeichnet sich neben seinem Umfang durch einen durchziehenden heilsgeschichtlichen Ansatz, theologische Klarheit und verbindliche Treue zum kirchlichen Lehramt aus. — Das gesamte Lebenswerk des oberschlesischen Theologen fand seine bedeutendste Auszeichnung durch seine Erhebung zum Kardinal am 21. Februar 2001 durch Papst Johannes Paul II. Diese Auszeichnung, die durch den damaligen Kardinal Ratzinger gefördert wurde, sollte das theologische Werk Scheffczyks würdigen und seine Bedeutung für die gesamte Kirche hervorheben. Als Wahlspruch wählte sich der neue Kardinal die Stelle aus dem Epheserbrief »Evangelizare investigabiles divitias Christi« (»den unergründlichen Reichtum Christi verkünden«, Eph 3,8). Seine Titelkirche wurde »San Francesco Saverio alla Garbatella«, unweit von St. Paul vor den Mauern. Damit sollte der letzte Lebensabschnitt des nun 81jährigen Theologen (die Kardinalserhebung fiel mit seinem Geburtstag zusammen) zahlreiche neue Aufgaben bringen. Scheffczyk mußte in München eine neue Wohnung beziehen und Mitglieder der Geistlichen Familie »Das Werk« nahmen sich des Haushalts, des Sekretariats und der Begleitung des Kardinals an. Die langjährige Haushälterin Kathi Kügel konnte in den verdienten Ruhestand gehen. »Das Werk« war bereits seit Ende der 1970er Jahre eine geistliche Heimat Scheffczyks und er begleitete und förderte auch dessen kirchliche Approbation, die im Jahre 2001 erfolgte (Familia Spiritualis, Opus = FSO). Neben Scheffczyk betrachtet »Das Werk« John Henry Newman als theologischen Mentor, dem sich unser Theologe ebenfalls zeitlebens verbunden fühlte. Der Kardinal war nun ein gefragter Ratgeber und Referent. Die wichtigsten Vorträge hielt er auf dem Kongreß »Freude am Glauben« (in Fulda, bzw. Regensburg), sowie auf den Sommerakademien in Diessen am Ammersee und in Aigen (Oberösterreich). Eine Stellungnahme zu zahlreichen theologischen und pastoralen Fragen erschien 2003 in Form eines Interviews mit Peter Christoph Düren (»Entschiedener Glaube - befreiende Wahrheit«). Obgleich er aufgrund seines Alters nicht an der Papstwahl im April 2005 teilnehmen durfte, brachte Scheffczyk sein umfangreiches Wissen und seine Erfahrungen bei den Kardinalsversammlungen im Vatikan ein. Ab Sommer 2005 mußte der Priester, Theologe und Kardinal aufgrund eines schweren Krebsleidens auf weitere öffentliche Auftritte verzichten, arbeitete aber bis wenige Wochen vor seinem Tod an schriftlichen Beiträgen. Seine starken Schmerzen trug er mit großer Vorbildhaftigkeit und bereitete sich bewußt auf das nahende Ende vor. Am Nachmittag des 8. Dezembers 2005 verstarb Leo Kardinal Scheffczyk in seinem 86. Lebensjahr. Sein Todestag fiel damit auf das »Hochfest der Unbefleckten Empfängnis Mariens«. Auch sein Lehrer Michael Schmaus verstarb an diesem Marienfest und Scheffczyk schrieb über seinen Mentor, was ebenso auf seine Person zutraf: »Als providentielle Fügung darf sein Hinscheiden am Hochfest der Immaculata erscheinen, deren Geheimnis er entschieden vor Mißverständnissen geschützt hat. Der Theologe war selbst ein Marienverehrer, den das schlichte Rosenkranzgebet in den Beschwerden seines hohen Alters und in sein Sterben begleitet hat.« (Marienlexikon 6, 23).

Bibliographie: Der Theologe und das Kriegserleben: Kleineidam, E. / Kuss, O. / Puzik, E. (Hrsg.), Amt und Sendung. Beiträge zu seelsorglichen und religiösen Fragen, Freiburg i. Br. 1950, 344-377; Friedrich Leopold zu Stolbergs »Geschichte der Religion Jesu Christi«. Die Abwendung der katholischen Kirchengeschichtsschreibung von der Aufklärung und ihre Neuorientierung im Zeitalter der Romantik (Münchener Theologische Studien / Historische Abteilung 3), München 1952; Mariens Stellung im Heilswerk nach Zeugnissen der Karolingerzeit: Feckes, C. (Hrsg.), Die heilsgeschichtliche Stellvertretung der Menschheit durch Maria. Ehrengabe an die Unbefleckt Empfangene von der Mariologischen Arbeitsgemeinschaft Deutscher Theologen, Paderborn 1954, 144-162; Adamnanus v. Jona, hl.: LThK² 1 (1957) 134-135; Agobard v. Lyon: LThK² 1 (1957) 204; Aufklärung. III. Die Theologie im Zeitalter der Aufklärung: LThK² 1 (1957) 1063-1066; Das besondere Gericht im Lichte der gegenwärtigen Diskussion: Scholastik 32 (1957) 526-541; Der Beitrag der fränkischen Theologie zur Entwicklung der Lehre von der assumptio corporalis Mariens: Königsteiner Blätter 3 (1957) 49-61; Der Wandel in der Auffassung vom menschlichen Wissen Christi bei Thomas v. Aquin und seine bleibende Bedeutung für die Frage nach den Prinzipien der Problemlösung: MThZ 8 (1957) 278-288; Die Grundzüge der Trinitätslehre des Johannes Scotus Eriugena (Untersuchungen ihrer traditionellen Elemente und ihrer spekulativen Besonderheit: Auer, J./Volk, H. (Hgg.), Theologie in Geschichte und Gegenwart. Festschrift Michael Schmaus, München 1957, 497-518; Biblische und dogmatische Theologie: Theologische Zeitschrift 67 (1958) 193-209; Castro, José de San Pedro de Alcántara OFM: LThK² 2 (1958) 975; Christus als Mitte der Mariengeheimnisse: Königsteiner Blätter 4 (1958) 39-51; Dannenmayer, Matthias: LThK² 3 (1959) 159; Das Mariengeheimnis in Frömmigkeit und Lehre der Karolingerzeit (Erfurter Theologische Studien 5), Leipzig 1959; Die Eucharistie als Erhellung des christlichen Lebens: GuL 33 (1960) 175-184; Die heilsökonomische Trinitätslehre des Rupert von Deutz und ihre dogmatische Bedeutung: Betz, Johannes / Fries, Heinrich (Hgg.), Kirche und Überlieferung. Festschrift für Joseph Rupert Geiselmann zum 70. Geburtstag am 27. Februar 1960, Freiburg 1960, 90-118; Die Idee der Einheit von Schöpfung und Erlösung in ihrer theologischen Bedeutung: ThQ 140 (1960) 19-37; Die materielle Welt im Lichte der Eucharistie: Schmaus, Michael (Hrsg.), Aktuelle Fragen zur Eucharistie. München 1960, 156-179; Die Zuordnung von Sakrament und Opfer in der Eucharistie: Pro mundi vita. Festschrift zum Eucharistischen Weltkongreß 1960. Hrsg. von der Theologischen Fakultät der Ludwig-Maximilians-Universität München, München 1960, 203-222; Heiligkeit Gottes. II. Dogmatisch: LThK² 5 (1960) 134-135; Ideen, göttliche I.: LThK² 5 (1960) 603-604; Johannes Skotus Eriugena: LThK² 5 (1960) 1082-1083; Die Lehranschauungen Matthias Josef Scheebens über das ökumenische Konzil: ThQ 141 (1961) 129-173; Natürliches Gotterkennen: Weg oder Irrweg des Geistes? Zur Gegenwartsbedeutung der Frage nach der natürlichen Gotteserkenntnis: Königsteiner Blätter 7 (1961) 1-15; Der endzeitliche Charakter der Eucharistiefeier und seine biblische Begründung: Königsteiner Blätter 8 (1962) 65-76; Die Frage nach den Trägern der Unfehlbarkeit in ekklesiologischer Sicht: ThQ 142 (1962) 310-339; Erbschuld: Handbuch theologischer Grundbegriffe 1 (1962) 293-303; Migetius: LThK² 7 (1962) 410; Otfried v. Weißenburg, OSB: LThK² 7 (1962) 1298; La Unidad entre Creación y Redención. (Presentamos, apenas condensada, la segunda parte del original, limitándonos a enumerar las otras dos partes.): Selecciones de teología 2 (1963) 131-132; Pichler, Aloys: LThK² 8 (1963) 493; Ratio: LThK² 8 (1963) 1003-1004; Remigius v. Auxerre, OSB: LThK² 8 (1963) 1223-1225; Schöpfung und Vorsehung (Handbuch der Dogmengeschichte 2/2a), Freiburg 1963; Schöpfung. II. Dogmengeschichtlich: Handbuch theologischer Grundbegriffe 2 (1963) 500-508; Sünde: Handbuch theologischer Grundbegriffe 2 (1963) 597-606; Ausblicke und Folgerungen einer Geschichte des Schöpfungsdogmas: ThQ 144 (1964) 69-89; Christliche Weltfrömmigkeit? (Wolfsburgreihe 9), Essen 1964; Der moderne Mensch vor dem biblischen Menschenbild (Aktuelle Schriften zur Religionspädagogik 4), Freiburg 1964; Die Auslegung der Hl. Schrift als dogmatische Aufgabe: MThZ 15 (1964) 190-204; Die Entwicklung des Mariendogmas im Urteil protestantischer Dogmengeschichtsschreibung: MThZ 15 (1964) 313-317; Die Erbschuld zwischen Naturalismus und Existentialismus (Zur Frage der Anpassung des Erbsündendogmas an das moderne Denken): MThZ 15 (1964) 17-57; Die heilshafte Stellvertretung als missionarischer Impuls: GuL 37 (1964) 109-125; Die Stellung Marias in der Theologie der Karolingerzeit: ders., Die Mariengestalt im Gefüge der Theologie. Mariologische Beiträge (Mariologische Studien 3), Essen 1964, 67-85; Kein Christentum ohne Dogma: Schmaus, Michael (Hrsg.), Wahrheit und Zeugnis. Aktuelle Themen der Gegenwart in theologischer Sicht, Düsseldorf 1964, 189-198; Stellvertretung. I. Dogmatisch: LThK² 9 (1964) 1036; Stolberg, Friedrich Leopold: LThK² 9 (1964) 1091; Sündenfreiheit: LThK² 9 (1964) 1183-1184; Was ist ein Konzil?: Schmaus, Michael (Hrsg.), Wahrheit und Zeugnis. Aktuelle Themen der Gegenwart in theologischer Sicht, Düsseldorf 1964, 488-497; Adams Sündenfall. Die Erbschuld als Problem gläubigen Denkens heute: Wort und Wahrheit 20 (1965) 761-776; Der Weg der deutschen katholischen Theologie im 19. Jahrhundert: ThQ 145 (1965) 273-306; Die Frage nach den Trägern der Unfehlbarkeit in ekklesiologischer Sicht: Theologisches Jahrbuch (Leipzig 1965) 62-82; Die Wiederkunft Christi in ihrer Heilsbedeutung für die Menschheit und den Kosmos: Metz, Johann Baptist (Hrsg.), Weltverständnis im Glauben, Mainz 1965, 161-183; Theologen: LThK² 10 (1965) 58-59; (Hrsg.), Theologie in Aufbruch und Widerstreit. Die deutsche katholische Theologie im 19. Jahrhundert, Bremen 1965; Unsündlichkeit: LThK² 10 (1965) 528-529; Verstocktheit. II. Unter dogmatischem Aspekt: LThK² 10 (1965) 741-743; Wigboldus: LThK² 10 (1965) 1120; Dogmatik: Neuhäusler, Engelbert, Was ist Theologie? München 1966, 190-213; Kirche im Wandel. Ihr Selbstverständnis im nachkonziliaren Zeitalter: Wort und Wahrheit 21 (1966) 742-754; Leo Lehramtliche Formulierung und Dogmengeschichte der Trinität: Mysterium Salutis 2 (1966) 146-217; Ohnmacht und Rettung des Wortes: Geist und Leben 39 (1966) 406-424; Versuche zur Neuaussprache der Erbschuld-Wahrheit: MThZ 17 (1966) 253-260; Von der Heilsmacht des Wortes. Grundzüge einer Theologie des Wortes, München 1966; Schwerpunkte des christlichen Weltverständnisses des Vaticanum II.: Botschaft und Lehre: Katechese nach dem Konzil, Uni Graz (1966) 11-47; Analogia fidei: SM 1 (1967) 133-138; Bedeutung und Problematik einer heilsgeschichtlichen Dogmatik: MThZ 18 (1967) 49-56; Création et providence (Histoire de Dogme 2/2a). Paris 1967; Das Kerygma in der Sprache der Antike und das Problem seiner zeitgemäßen Aussprache heute: Sint, Josef, Bibel und zeitgemäßer Glaube 2, Neues Testament, Klosterneuburg 1967, 175-198; Die Grenzen wissenschaftlicher Theologie: Leo Scheffczyk [u.a.] (Hgg.), Wahrheit und Verkündigung. Festschrift für Michael Schmaus zum 70. Geburtstag. Band 2, Paderborn 1967, 1287-1313; Hoffnungen und Probleme des geschichtlichen Wandels in der Kirche: Königsteiner Studien 13 (1967) 1-11; Kirche und Theologie unter dem Gesetz der Geschichte?: AA.VV. Alte Fragen - Neue Antworten? Neue Fragen - Alte Antworten? Probleme der Theologie in Kirche und Seelsorge heute, Würzburg 1967, 37-62; Schöpfungswahrheit und Evolutionslehre: Theologie im Wandel. Festschrift zum 150jährigen Bestehen der katholisch-theologischen Fakultät an der Universität Tübingen 1817-1967, München 1967, 307-330; Der eine und dreifaltige Gott (Unser Glaube 3). Mainz 1968; Die Welt als Schöpfung Gottes (Der Christ in der Welt Reihe 5 Band 3a/b), Aschaffenburg 1968; Gott: SM 2 (1968) 491-510; Gottes fortdauernde Schöpfung: Lebendiges Zeugnis 23 (1/1968) 46-71; Systematisches zu einer exegetischen Kontroverse: MThZ 19 (1968) 311-315; Are Church and Theology Subject to Historical Laws?: AA.VV., The Crisis of Change. Are Church and Theology Subject to Historical Laws? Chicago 1969, 31-51; Der gegenwärtige Wandel in der Kirche als Problem der Geschichtlichkeit: Klerusblatt 49 (1969) 164-169; Rez. zu: (Schmaus Michael) Der Glaube der Kirche. Handbuch katholischer Dogmatik. München

1969. Band 1. (Titel der Rezension: Dogmatik in christologischer Zentrierung): MThZ 20 (1969) 330-334; (Hrsg.), Der Mensch als Bild Gottes (Wege der Forschung 124), Darmstadt 1969; Die Frage nach der Gottebenbildlichkeit in der modernen Theologie. Eine Einführung: Ders. (Hrsg.), Der Mensch als Bild Gottes (Wege der Forschung 124), Darmstadt 1969, IX-LIV; Die Heilsbedeutung des Wortes in der Kirche: Scheuermann, Audomar / May Georg (Hgg.), Ius Sacrum. Festschrift für Klaus Mörsdorf. München 1969, 327-347; Die kirchliche Lehre von der Erbsünde und die theologische Diskussion der Gegenwart: Hörgl, Charlotte [u.a.] (Hgg.), Wesen und Weisen der Religion. Festschrift für Wilhelm Keilbach, München 1969, 212-236; Die ontologischen und dogmatischen Vorgegebenheiten der existentialen Schriftinterpretation: Hoffmann, Fritz / Scheffczyk, Leo / Feiereis, Konrad (Hgg.), Sapienter ordinare. Festgabe für Erich Kleinadam (Erfurter Theologische Studien 24), Leipzig 1969, 124-144; Dogmatik in christologischer Zentrierung. [Zu: (Schmaus Michael) Der Glaube der Kirche. Handbuch katholischer Dogmatik. München 1969. Band 1.]: MThZ 20 (1969) 330-334; Eucharistie unter neueren Aspekten: ChrGeg 22 (1969) 189-190; Konkupiszenz: SM 3 (1969) 14-18; Literaturverzeichnis: Ders. (Hrsg.), Der Mensch als Bild Gottes (Wege der Forschung 124), Darmstadt 1969, 526-538; Meßopfertheorien: SM 3 (1969) 444-450; Stellvertretung: SM 4 (1969) 730-733; Überlieferung und Verkündigung: MThZ 20 (1969) 221-229; Weltevolution und Sündenfall: AA.VV. Diakonia pisteos (Biblioteca Teológica Granadina 13). [Festschrift für J. A. de Aldama.], Granada 1969, 163-180; Wort, Wort Gottes: SM 4 (1969) 1402-1413; Creation and Providence, New York 1970; Das allgemeine und das besondere Priestertum: Klerusblatt 50 (1970) 331-334; Rez zu: Schmaus Michael, Der Glaube der Kirche 2, München 1970. (Titel der Rezension: Die Kirche auf dem Weg in die Vollendung): MThZ 21 (1970) 356-359; Josef Rupert Geiselmann - Weg und Werk. [Nachruf]: ThQ 150 (1970) 385-395; L'uomo moderno di fronte alla concezione antropologica della Bibbia (Orrizonti biblici 8), Torino 1970; Die Kirche auf dem Weg in die Vollendung. [Zu: Schmaus, Michael: Der Glaube der Kirche 2. München 1970.]: Münchener Theologische Zeitschrift 21 (1970) 356-359; Wirklichkeit und Geheimnis der Sünde. Sünde - Erbsünde (Christliches Leben heute 10/11), Augsburg 1970; Das Unwandelbare im Petrusamt, Berlin 1971; Der Mensch als Berufener und Antwortender: Teichtweier, Georg / Dreier, Wilhelm (Hgg.), Herausforderung und Kritik der Moraltheologie, Würzburg 1971, 1-23; Die dogmatische Konstitution »Über den katholischen Glauben« des Vatikanum I und ihre Bedeutung für die Entwicklung der Theologie: MThZ 22 (1971) 76-94; Die Sakramentalität der Priesterweihe: Die Sendung des Priesters - seine existenzielle Bedrohung - seine Chance in der Gegenwartskirche. Eine Studientagung des Klerusverbandes in Bayern, München 1971, 65-80; Die theologische Diskussion um das Unfehlbarkeitsdogma. [Zu: Rahner, Karl (Hrsg.), Zum Problem der Unfehlbarkeit. Antworten auf die Anfrage von Hans Küng (Quaestiones Disputatae 54).]: MThZ 22 (1971) 282-295; Grundströmungen heutiger Theologie: Königsteiner Studien 17 (1971) 1-17; Sakramentstheologisches zum Problem der Bußfeier: Klerusblatt 51 (1971) 341-344; Satz-Wahrheit und »Bleiben in der Wahrheit«: Rahner, Karl (Hrsg.), Zum Problem der Unfehlbarkeit. Antworten auf die Anfrage von Hans Küng (Quaestiones Disputatae 54). Freiburg 1971, 148-173; Rez zu: Rahner, Karl (Hrsg.), Zum Problem der Unfehlbarkeit. Antworten auf die Anfrage von H. Küng (Quaestiones Disputatae 54) (Titel der Rezension: Die theologische Diskussion um das Unfehlbarkeitsdogma.): MThZ 22 (1971) 282-295; A fé no deus uno y trino (Nossa f, 3), Sao Paulo 1972; Das Glaubensverständnis des Pastoralkonzils: Schmaus Michael / Giers Joachim / Scheffczyk, Leo (Hgg.), Exempel Holland. Theologische Analyse des niederländischen Pastoralkonzils, Berlin 1972, 43-73; Das Holländische Pastoralkonzil und die Erneuerung der Kirche: Schmaus Michael / Giers Joachim / Scheffczyk, Leo (Hgg.) Exempel Holland. Theologische Analyse des niederländischen Pastoralkonzils, Berlin 1972, 263-287; Das Marienbild in den lateinischen Hymnen des frühen Mittelalters, besonders bei Notker Balbulus von St. Gallen († 912): De cultu Mariano saeculis VI-XI. Acta congressus Mariologici-Mariani Internationalis in Croatia anno 1971 celebrati. Vol. 3, Romae 1972, 479-497; Das Sakrament der Buße und die Bedeutung der Bußandachten: AA.VV., Buße und Bußsakrament. Studientagung des Klerusverbandes in St. Ottilien vom 17. bis 19. April 1972, St. Ottilien 1972, 39-53; Die Wirklichkeit Gottes und die menschlichen Vorstellungen von Gott: Tenzler, Johannes (Hrsg.), Urbild und Abglanz. Beiträge zu einer Synopse von Weltgestalt und Glaubenswirklichkeit. Festgabe für Herbert Doms zum 80. Geburtstag, Regensburg 1972, 327-343; Dogmatische Erwägungen zur Frage der Grenzen der »Offenen Kommunion«: Catholica 26 (1972) 126-145; Einheit ohne Wahrheit? Theologisches zur Synodenvorlage über »Pastorale Zusammenarbeit der Kirchen«: Rheinischer Merkur Nr. 52 vom 29. Dezember 1972, 21; Glaube als Lebensinspiration. Der Versuch des Niederländischen Pastoralkonzils zu einer Neubestimmung des Glaubens: MThZ 23 (1972) 131-150; Gott: Herders Theologisches Taschenlexikon 3 (1972) 152-167; Maria im Geheimnis menschlicher Existenz: Klerusblatt 52 (1972) 112-114; Priester oder Gemeindeleiter? Überlegungen zu Hans Küng, Wozu Priester? Eine Hilfe, Zürich 1971: Klerusblatt 52 (1972) 88-90; Reactions to Küng's »Infallibility?« [Zu K. Rahner (Hrsg.), Zum Problem der Unfehlbarkeit. Antworten auf die Anfrage von Hans Küng (Quaestiones Disputatae 54). Gekürzte Übersetzung von: Die Theologische Diskussion um das Unfehlbarkeitsdogma. In: MThZ 22 (1971) 282-295.] In: Theology Digest 20 (1972) 158-161; Unfehlbarkeit. Menschliche Anmaßung oder gottgeschenktes Charisma? Berlin 1972; Vom Wesen der Eucharistie: Auftrag Heft 55 (1972) 9-24; Das »Katholische« in der Kirchenauffassung Dietrich Bonhoeffers: Fleckenstein, Heinz [u.a.] (Hgg.), Ortskirche - Weltkirche. Festgabe für Julius Kardinal Döpfner, Würzburg 1973, 230-250; Die Aufgabe der Theologie angesichts der heutigen Erlösungsproblematik: Ders. (Hrsg.), Erlösung und Emanzipation (Quaestiones Disputatae 61), Freiburg 1973, 5-12; Die Christusrepräsentation als Wesensmoment des Priesteramtes: Catholica 27 (1973) 293-311; Die »Gott-ist-tot«-Theologie: Fries, Heinrich (Hrsg.), Gott - die Frage unserer Zeit (Theologisches Kontaktstudium 1), München 1973, 120-131; Die Heilszeichen von Brot und Wein. Eucharistie als Mitte christlichen Lebens, München 1973; Die Predigt des Laien und die Verkündigung des Priesters: Klerusblatt 53 (1973) 5-7; Die Vollmacht des Amtsträgers in

dogmatischer Sicht: Klerusblatt 53 (1973) 121-127; Leo Di-os uno y trino, Madrid 1973; Dogma der Kirche - heute noch verstehbar? Grundzüge einer dogmatischen Hermeneutik, Berlin 1973; Dogmatische Grundlagen des Ökumenismus: Klerusblatt 53 (1973) 204-210; (Hrsg.), Erlösung und Emanzipation (Quaestiones Disputatae 61), Freiburg 1973; Gott und das Leid: Fries, Heinrich (Hrsg.), Gott - die Frage unserer Zeit (Theologisches Kontaktstudium 1), München 1973, 146-159; Stellvertretung: Herders Theologisches Taschenlexikon 7 (1973) 148-150; Wort, Wort Gottes: Herders Theologisches Taschenlexikon 8 (1973) 202-210; Aktuelle Aspekte des ökumenischen Dialogs über die Kirche: MThZ 25 (1974) 260-270; Creación y Providencia (Historia de los Dogmas 2/2a), Madrid 1974; Der theologische Sinn von Fronleichnam: Klerusblatt 54 (1974) 117-119; Gibt es bleibende Wahrheiten? Die Geschichtlichkeit des Glaubens: Hüttenbügel, Johannes, Gott - Mensch - Universum. Der Christ vor den Fragen der Zeit, Graz 1974, 475-496; Gott-loser Gottesglaube? Die Grenzen des Nichttheismus und ihre Überwindung, Regensburg 1974; Ist das Unfehlbarkeitsdogma widerlegt? Erwägungen zu Hans Küng (Hrsg.), Fehlbar? Eine Bilanz, Zürich 1973: MThZ 25 (1974) 51-63; Neue Impulse zur Marienverehrung. [Kommentar zum Apostolischen Schreiben Papst Paul VI. »Marialis Cultus« und Text des Schreibens.], St. Ottilien 1974; Zur Geschichte der Marienlehre und der Marienverehrung: Küppers, Leonhard (Hrsg.), Die Gottesmutter. Marienbild in Rheinland und Westfalen. Band 1, Recklinghausen 1974, 13-41; »Christlicher Glaube und Dämonenlehre«. Zur Bedeutung des Dokumentes der »Kongregation für die Glaubenslehre« vom Juni 1975: MThZ 26 (1975) 387-396; Das Lehramt und die Stellung der Theologie: Klerusblatt 55 (1975) 171-173; Der christliche Vorsehungsglaube und die Selbstgesetzlichkeit der Welt (Determinismus - Zufall; Schicksal - Freiheit). [Vortrag und Diskussion.]: Luyten, Norbert A. (Hrsg.), Zufall, Freiheit, Vorsehung (Grenzfragen 5), Freiburg 1975, 331-389; Der trinitarische Bezug des Mariengeheimnisses: Catholica 29 (1975) 120-131; Die Erfahrbarkeit der göttlichen Gnade: Roßmann, Heribert / Ratzinger, Joseph (Hgg.), Mysterium der Gnade. Festschrift für Johann Auer, Regensburg 1975, 146-159; Einführung: Der dogmatische Weg zum Christusgeheimnis: Ders. (Hrsg.), Grundfragen der Christologie heute (Quaestiones Disputatae 72). 1. Aufl., Freiburg 1975, 7-14; »Grundfragen der Christologie heute.« Ein Tagungsbericht: MThZ 26 (1975) 69-74; Il compito della teologia di fronte all'odierna problematica della redenzione: Scheffczyk, Leo (Hrsg.), Redenzione ed emancipazione (Giornale di teologia 88), Brescia 1975, 9-18; Il Dio che verrà, Torino 1975; Il ministero die Pietro. Problema, charisma, servizio (Collana di Teologia pratica 3), Torino 1975; Johann Baptist Franzelin (1816-1886): Fries, Heinrich / Schwaiger, Georg (Hgg.), Katholische Theologen Deutschlands im 19. Jahrhundert. Band 2. München 1975, 345-367; Offene Fragen im heutigen ökumenischen Lehrgespräch: Una Sancta 30 (1975) 197-203; (Hrsg.), Redenzione ed emancipazione (Giornale di teoligia 88), Brescia 1975; Aufbruch oder Abbruch des Glaubens. Zum Buch Hans Küngs »Christ sein«, Stein am Rhein 1976; Auferstehung Jesu Christi. I. Die umstrittene Wahrheit: Erbe und Auftrag 52 (1976) 19-35; Auferstehung. Prinzip des christlichen Glaubens, Einsiedeln 1976; Christentum an der

Schwelle der Selbstauflösung? Zu Hans Küngs Buch »Christ sein«, München 1974: Theologisches 6 (1976) 1815-1832; Das »Amt der Einheit«: Symbol oder Wirkmacht der Einheit?: Catholica 30 (1976) 227-245; Das Programm der radikalen christlichen Humanismus. Eine Nachlese zu Hans Küngs »Christ sein« auf dem Hintergrund der heutigen Glaubenssituation: Klerusblatt 56 (1976) 19-23; Das Wandelbare und das Bleibende im Petrusamt: Pfeil, Hans (Hrsg.) Unwandelbares im Wandel der Zeit. Band 1, Aschaffenburg 1976, 225-245; Eine Weiterführung katholischer Lutherforschung: MThZ 27 (1976) 277-287; Eucharistie und Ehesakrament. Dogmatische Überlegungen in der Frage nach der Zulassung geschiedener Wiederverheirateter zur Eucharistie: MThZ 27 (1976) 351-375; Gebet: Das Leben des Glaubens: Lebendiges Zeugnis 31 (1976) 60-69; Ökumene - Bestandsaufnahme. Annäherungen und Grenzen im ökumenischen Gespräch der Gegenwart: Unitas 8/9 (1976) 55-64; Sprachprobleme der Theologie und der kirchlichen Verkündigung: Petri, Heinrich, Sinnverständnis und Glaube in der Industriegesellschaft (Paderborner Hochschulschriften. Sektion: Studium generale, Band 2), Paderborn 1976, 65-80; »Synopse« der gegenwärtigen kirchlichen Sexuallehre: Klerusblatt 56 (1976) 229-235; 275; »Absolutheit des Christentums«. Zur Tagung der »Arbeitsgemeinschaft Katholischer Dogmatiker und Fundamentaltheologen«: MThZ 28 (1977) 64-68; Auferstehung als Grund des Glaubens: Ders., Schwerpunkte des Glaubens (Gesammelte Schriften zur Theologie 1), Einsiedeln 1977, 280-305; Christentum als Unmittelbarkeit zu Gott. Erwägungen zu Karl Rahners »Grundkurs des Glaubens« [Zu: Rahner, Karl Grundkurs des Glaubens. Wien 1976.]: Internationale Katholische Zeitschrift »Communio« 6 (1977) 442-450; Christentum an der Schwelle der Selbstauflösung. [Zu: Hans Küng, Christ Sein .]: Ders., Schwerpunkte des Glaubens (Gesammelte Schriften zur Theologie 1), Einsiedeln 1977, 485-511; Contents and Demands of the Mystery of the Liturgy: Overath, Johannes (Hrsg.), Confitemini Domino. Internationales Komponisten-Symposion Bozen vom 13.-17. April 1977, Roma 1977, 88-99; Das Alte Testament als Quelle christlichen Glaubens: Ders., Schwerpunkte des Glaubens (Gesammelte Schriften zur Theologie 1), Einsiedeln 1977, 79-94; Das »Amt der Einheit«: Symbol oder Wirkmacht der Einheit?: Brandenburg, Albert / Urban, Hans Jörg (Hgg.), Petrus und Papst. Evangelium - Einheit der Kirche - Papstdienst. Beiträge und Notizen, Münster 1977, 117-135; Das »immerwährende Gespräch« - heute unterbrochen? Vom Sinn des Gebetes und seiner Gefährdung: Pfeil, Hans (Hrsg.), Unwandelbares im Wandel der Zeit. Band 2, Aschaffenburg 1977, 137-160; Das sakramentale Wesen der Bußversöhnung: Die Feier der Buße nach dem neuen Rituale Romanum - Ordo poenitentiae (Kölner Beiträge 25). Hrsg. vom Presseamt des Erzbistums Köln, Köln 1977, 93-101; Das Wandelbare und das Bleibende in der Eucharistie: Sauer, Joseph (Hrsg.), Religiöse Themen der Gegenwart, Karlsruhe 1977, 45-62; Der christliche Vorsehungsglaube und die Selbstgesetzlichkeit der Welt (Determinismus - Zufall; Schicksal - Freiheit): Ders., Schwerpunkte des Glaubens (Gesammelte Schriften zur Theologie 1), Einsiedeln 1977, 206-223; Der Gottmensch: Zeichen des Heils im Widerspruch: Ders., Schwerpunkte des Glaubens (Gesammelte Schriften zur Theologie 1), Einsiedeln 1977, 227-248; Der Irrweg der Gott-ist-tot-Theologie: Ders., Schwerpunkte des Glaubens (Gesammelte Schriften zur Theologie 1), Einsiedeln 1977, 140-155; Der neutestamentliche Grund von Buße und Bußsakrament: Die Feier der Buße nach dem neuen Rituale Romanum - Ordo poenitentiae (Kölner Beiträge 25). Hrsg. vom Presseamt des Erzbistums Köln. Köln 1977, 81-92; Der »Sonnengesang« des hl. Franziskus von Assisi und die »Hymne an die Materie« Teilhards de Chardin. Ein Vergleich zur Deutung der Struktur christlicher Schöpfungsfrömmigkeit: Ders., Schwerpunkte des Glaubens (Gesammelte Schriften zur Theologie 1), Einsiedeln 1977, 389-408; Die Bedeutung des Reformgedankens des Zweiten Vatikanums für das katholisch-reformatorische Gespräch: Ders., Schwerpunkte des Glaubens (Gesammelte Schriften zur Theologie 1), Einsiedeln 1977, 467-484; Die »Christogenese« Teilhards de Chardin und der kosmische Christus bei Paulus: Ders., Schwerpunkte des Glaubens (Gesammelte Schriften zur Theologie 1), Einsiedeln 1977, 249-279; Die Christusrepräsentation als Wesensmoment des Priesteramtes: Ders., Schwerpunkte des Glaubens (Gesammelte Schriften zur Theologie 1), Einsiedeln 1977, 367-386; Die Einheit des Dogmas und die Vielheit der Denkformen: Ders., Schwerpunkte des Glaubens (Gesammelte Schriften zur Theologie 1), Einsiedeln 1977, 95-116; Die Erfahrbarkeit der göttlichen Gnade: Ders., Schwerpunkte des Glaubens (Gesammelte Schriften zur Theologie 1), Einsiedeln 1977, 409-428; Die Eucharistie als Mysterium: Programm des I. Quartals 1977 der Akademie der Diözese Rottenburg, 11-19, 27-32; Die Frage nach der »Erfahrung« als theologischem Verifikationsprinzip: Ernst, Wilhelm [u.a.] (Hgg.), Dienst und Vermittlung. Festschrift zum 25-jährigen Bestehen des philosophisch-theologischen Studiums im Priesterseminar Erfurt (Erfurter Theologische Studien 37), Leipzig 1977, 353-373; Die Heilsbedeutung des Wortes in der Kirche: Ders., Schwerpunkte des Glaubens (Gesammelte Schriften zur Theologie 1), Einsiedeln 1977, 327-348; Die nachkonziliare Kritik an den Krisenerscheinungen der Kirche - ein Grund zur Spaltung?: Stockmeier, Peter (Hrsg.), Konflikt in der Kirche. Droht eine Kirchenspaltung? (Schriften der Katholischen Akademie in Bayern 78), Düsseldorf 1977, 105-126; Die nachkonziliare Kritik an den Krisenerscheinungen der Kirche - ein Grund zur Spaltung? Referat beim Forum »Droht eine Kirchenspaltung?« der Katholischen Akademie in Bayern am 24.10.1996 in München. [Broschüre]. München 1977; Die theologische Erneuerung [des Offenbarungsverständnisses] im 19. Jahrhundert: Waldenfels, Hans, Die Offenbarung. Von der Reformation bis zur Gegenwart (Handbuch der Dogmengeschichte 1/1b), Freiburg 1977, 79-99; Die theologischen Grundlagen des Ökumenismus: Ders., Schwerpunkte des Glaubens (Gesammelte Schriften zur Theologie 1). Einsiedeln 1977, 443-466; Die Wirklichkeit Gottes und die menschlichen Vorstellungen von Gott: Ders., Schwerpunkte des Glaubens (Gesammelte Schriften zur Theologie 1), Einsiedeln 1977, 119-139; Dogmatik als Dienst an der Verkündigung: Ders., Schwerpunkte des Glaubens (Gesammelte Schriften zur Theologie 1), Einsiedeln 1977, 53-78; Eucharistie - Mysterium des Lebens: Ders., Schwerpunkte des Glaubens (Gesammelte Schriften zur Theologie 1), Einsiedeln 1977, 349-366; Exegese und Dogmatik zur virginitas post partum: MThZ 28 (1977) 291-301; Freiheit und Bindung der Theologie als

Glaubenswissenschaft. [Vortrag und Zusammenfassung der Diskussion]: Luyten, Norbert, A. (Hrsg.), Wissenschaft und gesellschaftliche Verantwortung (Grenzfragen 6), Freiburg 1977, 219-247; Gebet: Das Leben des Glaubens: Ders., Schwerpunkte des Glaubens (Gesammelte Schriften zur Theologie 1), Einsiedeln 1977, 429-439; Gedächtnis der Schmerzen Mariens (15. September). B. Dogmatische Grundlagen: Beinert, Wolfgang (Hrsg.), Maria heute ehren. Eine theologisch-pastorale Handreichung. 2. Auflage, Freiburg 1977, 201-205; Gedenktag Unserer Lieben Frau auf dem Berge Karmel (16. Juli). B. Dogmatische Grundlagen: Beinert, Wolfgang (Hrsg.), Maria heute ehren, 178-180; Gedenktag Unserer Lieben Frau in Jerusalem (21. November). B. Dogmatische Grundlagen: Beinert, Wolfgang (Hrsg.), Maria heute ehren, 213-215; Gedenktag Unserer Lieben Frau in Lourdes (11. Februar). B. Dogmatische Grundlagen: Beinert, Wolfgang (Hrsg.), Maria heute ehren, 170-172; Gibt es bleibende Wahrheiten? Die Geschichtlichkeit des Glaubens: Ders. (Hrsg.), Schwerpunkte des Glaubens (Gesammelte Schriften zur Theologie 1), Einsiedeln 1977, 31-49; Gottes fortdauernde Schöpfung: Ders., Schwerpunkte des Glaubens (Gesammelte Schriften zur Theologie 1), Einsiedeln 1977, 177-205; Rez. zu: Rahner K., Grundkurs des Glaubens. Wien 1976. (Titel der Rezension: Christentum als Unmittelbarkeit zu Gott. Erwägungen zu K. Rahners »Grundkurs des Glaubens«): Internationale Katholische Zeitschrift »Communio« 6 (1977) 442-450; Hochfest der ohne Erbsünde empfangenen Jungfrau und Gottesmutter Maria (8. Dezember). B. Dogmatische Grundlagen: Beinert, Wolfgang (Hrsg.), Maria heute ehren, 103-107; Il mistero della sacra liturgia: contenuto ed esigenze: Overath, Johannes (Hrsg.), Confitemini Domino. Internationales Komponisten-Symposion Bozen vom 13.-17. April 1977, Roma 1977, 76-87; Inhalt und Anspruch des Mysteriums in der Liturgie: Overath, Johannes (Hrsg.), Confitemini Domino. Internationales Komponisten-Symposion Bozen vom 13.-17. April 1977, Roma 1977, 63-75; Katholische Glaubenswelt. Wahrheit und Gestalt. Aschaffenburg 1977; Kirche und Theologie unter dem Gesetz der Geschichte?: Ders. (Hrsg.), Schwerpunkte des Glaubens (Gesammelte Schriften zur Theologie 1), Einsiedeln 1977, 13-30; Maria - Exponent des katholischen Glaubens: Ders., Schwerpunkte des Glaubens (Gesammelte Schriften zur Theologie 1), Einsiedeln 1977, 306-323; Maria - Leitbild des Christen. Predigten beim marianischen Triduum vom 1.-3. Mai 1977 im Liebfrauendom zu München, St. Ottilien 1977; Mariä Aufnahme in den Himmel (15. August). B. Dogmatische Grundlagen: Beinert, Wolfgang (Hrsg.), Maria heute ehren, 138-142; Mariä Geburt (8. September). B. Dogmatische Grundlagen: Beinert, Wolfgang (Hrsg.), Maria heute ehren, 160-162; Mariä Heimsuchung (2. Juli). B. Dogmatische Grundlagen: Beinert, Wolfgang (Hrsg.), Maria heute ehren, 154-156; Mariä Königin (22. August). B. Dogmatische Grundlagen: Beinert, Wolfgang (Hrsg.), Maria heute ehren, 190-193; Mariä Namen (12. September). B. Dogmatische Grundlagen: Beinert, Wolfgang (Hrsg.), Maria heute ehren, 194-197; Oktavtag von Weihnachten - Hochfest der Gottesmutter Maria (1. Januar). B. Dogmatische Grundlagen: Beinert, Wolfgang (Hrsg.), Maria heute ehren, 117-121; Probleme heutiger Bußpraxis in dogmatischer Sicht: Die Feier der Buße nach dem neuen Rituale Romanum - Ordo poenitentiae (Kölner

Beiträge 25). Hrsg. vom Presseamt des Erzbistums Köln, Köln 1977, 103-112; Schwerpunkte des Glaubens (Gesammelte Schriften zur Theologie 1), Einsiedeln 1977; Trinität: Das Specificum Christianum: Ders., Schwerpunkte des Glaubens (Gesammelte Schriften zur Theologie 1), Einsiedeln 1977, 156-173; Unbeflecktes Herz Mariä (Samstag nach dem zweiten Sonntag nach Pfingsten). B. Dogmatische Grundlagen: Beinert, Wolfgang (Hrsg.), Maria heute ehren, 218-220; Unsere Liebe Frau vom Rosenkranz (7. Oktober). B. Dogmatische Grundlagen.: Beinert, Wolfgang (Hrsg.), Maria heute ehren, 209-211; Verkündigung des Herrn (25. März). B. Dogmatische Grundlagen: Beinert, Wolfgang (Hrsg.), Maria heute ehren, 129-131; Weihe der Basilika Santa Maria Maggiore (5. August). B. Dogmatische Grundlagen: Beinert, Wolfgang (Hrsg.), Maria heute ehren, 183-187; Aussichten des Katholizismus. [1. und 3. Teil einer Wiedergabe des Epilogs von »Katholische Glaubenswelt«: Theologisches Nr. 93 (1978) 2585-2588; Nr. 96 (1978) 2711-2714; Autonome Moral? [2. Teil einer Wiedergabe des Epilogs von »Katholische Glaubenswelt«; 1. und 3. Teil jeweils unter dem Titel »Aussichten des Katholizismus«!]: Theologisches Nr. 95 (1978) 2617-2620; Das Petrusamt in der Kirche: übergeordnet - eingefügt: Catholica 32 (1978) 24-40; Das Wesen des Priestertums - auf dem Hintergrund der Nichtordination der Frau: Klerusblatt 58 (1978) 37-40; 52-54; Der Sinn des Exorzismus: Klerusblatt 58 (1978) 105-109; Der »soziale« Jesus: Caritas '78. Jahrbuch des Deutschen Caritasverbandes, Freiburg 1978, 24-32; Der systematische Ort der Mariologie heute: Theologie und Glaube 68 (1978) 408-425; »Die Mariologie im Gesamtgefüge der katholischen Theologie: Ihre geschichtliche Entwicklung und ihr idealer systematischer Ort heute.« Ein Tagungsbericht: MThZ 29 (1978) 71-76; Die spezifische Heilswirkung des Bußsakramentes: Die Anregung 30 (1978) 531-540, 587-591; Einführung: Der dogmatische Weg zum Christusgeheimnis: Ders. (Hrsg.), Grundfragen der Christologie heute (Quaestiones Disputatae 72). 2. Aufl., Freiburg 1978, 7-14; Glauben die Christen alle an denselben Gott? [Zu: Küng, Hans, Existiert Gott?]: Deutsche Tagespost Nr. 148 vom 12. Dezember 1978, 6-7; (Hrsg.), Grundfragen der Christologie heute (Quaestiones Disputatae 72). 2. Aufl, Freiburg 1978; »Jungfrauengeburt«: Biblischer Grund und bleibender Sinn: Internationale Katholische Zeitschrift »Communio« 7 (1978) 13-25; Kinder Gottes oder »Kinder des Alls«? Der Schwund des Schöpfungsglaubens: Theologisches 100 (1978) 2834-2842; La específica eficacia santificadora del sacramento de la penitencia: Scripta Theologica 10 (2/1978) 5-23; L'efficacia specifica del sacramento della penitenza per la salvezza (CRIS Documenti 39), Roma 1978; Politische Implikationen in der Christologie?: Jahrbuch für christliche Sozialwissenschaften 19 (1978) 83-99; Politische Implikationen in der Christologie?: Weber, Wilhelm (Hrsg.), Politische Denaturierung von Theologie und Kult (Veröffentlichungen des Studienkreises Kirche und Befreiung 6), Aschaffenburg 1978, 44-62; Theologie und moderne Wissenschaftstheorie: MThZ 29 (1978) 160-188; Verschiedene Ämter - ein Gottesvolk: Sandfuchs, Wilhelm (Hrsg.), Die Kirche, Würzburg 1978, 57-68; Welche Glaubensthemen sind unabdingbar in der religiösen Unterweisung der Kirche?: Klerusblatt 58 (1978) 77-81; Chalcedon heute: Internationale Katholische Zeitschrift »Communio«

8 (1979) 10-22; Christwerden als Vollendung der Menschwerdung? [Vortrag und Zusammenfassung der Diskussion.]: Luyten, Norbcrt, A. (Hrsg.), Aspekte der Personalisation. Auf dem Wege zum Personsein (Grenzfragen 8), Freiburg 1979, 218-249; Das biblische Zeugnis von Maria (Maria in der Heilsgeschichte 1), Wien 1979; Das Dogma von der Erbsünde. Biblische Grundlagen - Geschichtliche Entwicklung - Bedeutung für die Gegenwart: Schnackenburg, Rudolf (Hrsg.), Die Macht des Bösen und der Glaube der Kirche, Düsseldorf 1979, 107-119; Der Wissenschaftscharakter der Theologie im innerkirchlichen Disput. (Auszug aus dem Buch: Die Theologie und die Wissenschaften.): Theologisches Nr. 115 (1979) 3405-3414; Die Auferstehung Christi: Universales Zeichen der Hoffnung: Ziegenaus, Anton (Hrsg.) Zukunft der Menschen: was dürfen wir hoffen? (Theologie interdisziplinär 4), Donauwörth 1979, 93-112; Die »Botschaft des Glaubens. Ein katholischer Katechismus« unter theologischem Aspekt: MThZ 30 (1979) 37-48; Die Heiligkeit Gottes: Ziel und Form des Christenlebens: Scheffczyk, Leo / Schlier, Heinrich / Schnitzler, Theodor (Hgg.) Gott der Heilige und das Heil (Sinn und Sendung 6), St. Augustin 1979, 15-46; Die Theologie und die Wissenschaften, Aschaffenburg 1979; Ergebnisse und Ausblicke der neueren Diskussion um die eucharistische Wandlung: MThZ 30 (1979) 192-207; Gegenwart des Geistes, Aspekte der Pneumatologie. Ein Tagungsbericht: MThZ 30 (1979) 59-63; Gott »braucht« den Menschen. Gespräch mit Professor Leo Scheffczyk, München: Stellvertretung ist Mit-Sein und Da-Sein für den anderen: Informationen Freiburg 1/2 (1979) 12-13; Gottes Liebe oder Gottes Gerechtigkeit? Von einer falschen Alternative im Gottesverständnis: Katholische Bildung 80 (1979) 513-519; Grundzüge der Entwicklung der Theologie zwischen dem Ersten Weltkrieg und dem Zweiten Vatikanischen Konzil: Jedin, Hubert (Hrsg.), Handbuch der Kirchengeschichte. Band 7. Die Weltkirche im 20. Jahrhundert, Freiburg 1979, 263-301; Jesus Christus Gottessohn - Glaubenswahrheit oder Mythos? (Antwort des Glaubens 10), Freiburg 1979; La Santidad de Dios: fin y forma de la vida cristiana: Scripta Theologica 11 (1979) 1021-1035; Leben - Tod - Vollendung: Lehmann, Karl / Scheffczyk, Leo [u.a.] (Hgg.), Vollendung des Lebens - Hoffnung auf Herrlichkeit, Mainz 1979, 59-81; Lokalisierbarkeit des Bösen? Zur Frage nach Gegenwart und Wirkweise von bösen Geistwesen in der Welt: Internationale Katholische Zeitschrift »Communio« 8 (1979) 214-225; Marias Aufnahme in den Himmel. Glaubenswahrheit und Lebenswert. (Theologischer Beitrag.): PrV 84 (1979) 305-312; Papsttum: Christliches ABC heute und morgen. Handbuch für Lebensfragen und kirchliche Erwachsenenbildung, Bad Homburg 1978ff., Ergänzungslieferung Nr. 5/1979, Gruppe 4, 1-8; Reflexión teológica sobre la inhabitatión de la Trinidad en el hombre: Estudios Trinitarios 13 (1979) 293-303; Trinidad: Lo específico cristiano: Estudios Trinitarios 13 (1979) 3-17; Was dürfen wir hoffen?: Caritas '79. Jahrbuch des Deutschen Caritasverbandes, Freiburg 1979, 60-66; Zur theologischen Beurteilung des neuen Katechismus »Botschaft des Glaubens«: Klerusblatt 59 (1979) 154-149; Begierdetaufe: LMA 1 (1980) 1803; Beschneidung. II. Christliche Theologie: LMA 1 (1980) 2058-2059; Chalcedon heute: Ders., Glaube als Lebensinspiration (Gesammelte Schriften zur Theologie 2), Einsiedeln 1980, 209-223; Christwerden als Vollendung der Menschwerdung?: Ders., Glaube als Lebensinspiration (Gesammelte Schriften zur Theologie 2), Einsiedeln 1980, 311-328; Das biblisch-christliche Verständnis des Zusammenhangs von Sünde und Tod. [Vortrag und Zusammenfassung der Diskussion.]: Luyten, Norbert A. (Hrsg.), Tod - Preis des Lebens? (Grenzfragen 9), Freiburg 1980, 147-178; Das Böse in der Welt und der Böse - Abschied vom Teufel?: Bistum Essen (Hrsg.), Exorzismus heute? Der Arzt und das abgründig Böse. Referate des 13. Ärztetages im Bistum Essen (Schriften des Ärzterates im Bistum Essen 3), St. Augustin 1980, 33-63; Das Ende der Inspiration?: Ders., Glaube als Lebensinspiration (Gesammelte Schriften zur Theologie 2), Einsiedeln 1980, 91-109; Das Gebet: Das Leben des Glaubens: Aufderbeck, Hugo, Sperare. Pastorale Aufsätze. Band 7, Leipzig 1980, 132-140; Das Petrusamt in der Communio: Klerusblatt 60 (1980) 243-246; Das Petrusamt in der Kirche: übergeordnet - eingefügt: Ders., Glaube als Lebensinspiration (Gesammelte Schriften zur Theologie 2), Einsiedeln 1980, 394-412; Das Sakrament der Weihe im Glauben der Kirche (pwb-Sonderdrucke 12), Freiburg 1980; Das Sakrament der Weihe im Glauben der Kirche: Zur Pastoral der geistlichen Berufe Heft 18 (1980) 13-19; Das Verhältnis von apostolischem Lehramt und wissenschaftlicher Theologie: Internationale Katholische Zeitschrift »Communio« 9 (1980) 412-424; Rez. zu: Schmaus, Michael, Der Glaube der Kirche. Teilbände 1-4, St. Ottilien 1979 (Titel der Rezension: »Der Glaube der Kirche. Zur Neuauflage des »Handbuchs der katholischen Dogmatik« von Michael Schmaus.): MThZ 31 (1980) 62-70; Der Mensch als Berufener und Antwortender: Ders., Glaube als Lebensinspiration (Gesammelte Schriften zur Theologie 2), Einsiedeln 1980, 113-136; Der Sinn des Marienglaubens. Als Referat gehalten am »Tag Mariens« in Salzburg am 20. Juni 1980, Wien 1980; Der »soziale« Jesus: Ders., Glaube als Lebensinspiration (Gesammelte Schriften zur Theologie 2), Einsiedeln 1980, 258-268; Die Auferstehung Christi: Universales Zeichen der Hoffnung: Ders., Glaube als Lebensinspiration (Gesammelte Schriften zur Theologie 2), Einsiedeln 1980, 269-286; Die Auslegung der Hl. Schrift als dogmatische Aufgabe: Ders., Glaube als Lebensinspiration (Gesammelte Schriften zur Theologie 2), Einsiedeln 1980, 69-90; Die Frage nach der eucharistischen Wandlung: Ders., Glaube als Lebensinspiration (Gesammelte Schriften zur Theologie 2), Einsiedeln 1980, 347-370; Die Heiligkeit Gottes: Ziel und Form christlichen Seins: Ders., Glaube als Lebensinspiration (Gesammelte Schriften zur Theologie 2), Einsiedeln 1980, 153-168; Die Heilswirkung der Buße: Ders., Glaube als Lebensinspiration (Gesammelte Schriften zur Theologie 2), Einsiedeln 1980, 331-346; Die Macht der Gnade und das Tun des Menschen: Ders., Glaube als Lebensinspiration (Gesammelte Schriften zur Theologie 2), Einsiedeln 1980, 178-189; Die Reinkarnationslehre und die Geschichtlichkeit des Heils: MThZ 31 (1980) 122-129; Die Überwindung von Sünde und Tod in der Auferstehung Jesu Christi. [Vortrag und Zusammenfassung der Diskussion.]: Luyten, Norbert A. (Hrsg.), Tod - Ende oder Vollendung? (Grenzfragen 10), Freiburg 1980, 227-260; Die »Unbefleckte Empfängnis« im umgreifenden Zusammenhang des Glaubens: Rovira, German (Hrsg.), Im Gewande des Heils. Die Unbefleckte Empfängnis als Urbild der menschlichen Heiligkeit, Essen 1980, 25-43; Die Wiederkunft Christi in ihrer

kosmischen Bedeutung: Ders., Glaube als Lebensinspiration (Gesammelte Schriften zur Theologie 2), Einsiedeln 1980, 287-310; Dreifaltigkeit im inwendigen Leben: Ders., Glaube als Lebensinspiration (Gesammelte Schriften zur Theologie 2), Einsiedeln 1980, 137-152; Eucharistie und Ehesakrament: Ders., Glaube als Lebensinspiration (Gesammelte Schriften zur Theologie 2), Einsiedeln 1980, 372-393; Glaube als Lebensinspiration (Gesammelte Schriften zur Theologie 2), Einsiedeln 1980; Glaubensgeheimnis und Lebensbezug: Ders., Glaube als Lebensinspiration (Gesammelte Schriften zur Theologie 2), Einsiedeln 1980, 11-33; Glaubensverständnis heute: Ders., Glaube als Lebensinspiration (Gesammelte Schriften zur Theologie 2), Einsiedeln 1980, 51-68; Gott und das Leid: Ders., Glaube als Lebensinspiration (Gesammelte Schriften zur Theologie 2), Einsiedeln 1980, 190-206; Gottes Liebe oder Gottes Gerechtigkeit? Von einer falschen Alternative im Gottesverständnis: Ders., Glaube als Lebensinspiration (Gesammelte Schriften zur Theologie 2), Einsiedeln 1980, 169-177; Grundfragen der Eschatologie im Lichte der Lehre der Kirche (Im Dienst der Einheit 3), Leutesdorf 1980; »Jungfrauengeburt« - biblischer Grund und bleibender Sinn: Ders., Glaube als Lebensinspiration (Gesammelte Schriften zur Theologie 2), Einsiedeln 1980, 224-238; Kreuz und Auferstehung: Der eine Heilsprozeß: Ders., Glaube als Lebensinspiration (Gesammelte Schriften zur Theologie 2), Einsiedeln 1980, 239-257; Kursänderung des Glaubens? Theologische Gründe zur Entscheidung im Fall Küng. (Im Anhang: Die amtlichen Stellungnahmen der Kongregation für die Glaubenslehre und der Deutschen Bischofskonferenz.), Aschaffenburg 1980; Lineamenti fondamentali dello sviluppo della teologia tra prima guerra mondiale e il concilio Vaticano II.: Jedin, Hubert (Hrsg.) La Chiesa nel ventesimo secolo (1914-1975)(Storia della Chiesa, 10/1), Milano 1980, 198-235; Los dogmas de la Iglesia, ¨ son también hoy comprensibles? Fundamentos para una hermenéutica del dogma, Madrid 1980; Maria im Glauben der Kirche (Maria in der Heilsgeschichte 2), Wien 1980; Petrus und Maria: Hindernisse oder Helfer auf dem Weg zur Einheit?: Catholica 34 (1980) 62-75; »Stellvertretung« und Sendung des Priesters: Ders., Glaube als Lebensinspiration (Gesammelte Schriften zur Theologie 2), Einsiedeln 1980, 413-425; Vernunft und Glaube im Gegenwartsaspekt: Ders., Glaube als Lebensinspiration (Gesammelte Schriften zur Theologie 2), Einsiedeln 1980, 34-50; Vom Wesen des Katholischen: Ders., Glaube als Lebensinspiration (Gesammelte Schriften zur Theologie 2), Einsiedeln 1980, 426-437; Vom Wesen des Katholischen: Klerusblatt 60 (1980) 75-79; Von der sakramentalmystischen Schau der Kirche zum rational-theologischen Wesensverständnis. (Der Weg der abendländischen Ekklesiologie von Augustinus bis zur Hochscholastik.) [Vortrag samt Diskussion.]: Michels, Thomas (Hrsg.), »Reich Gottes, Kirche, civitas Dei« (Forschungsgespräche des internationalen Forschungszentrums Salzburg 16), Salzburg 1980, 129-158; A manera de introducción: Tierra Nueva Nr. 37, Jg. 10 (1981) 96-100; Das »Ave-Maria« des Abtes Blanquerna bei Raimundus Lullus als Beispiel einer apostolischen Marienverehrung: De cultu Mariano saeculis XII-XV. Acta congressus Mariologici-Mariani Internationalis Romae anno 1975 celebrati. Vol. 5. Romae 1981, 105-126; Das Opfer aller. Das allgemeine und das besondere Priestertum:

PrV 86 (1981) 305-311; Die Eucharistie: Hoffnung auf die neue Welt. Gedanken zum Fronleichnamsfest im Anschluß an das Thema des Eucharistischen Weltkongresses: Klerusblatt 61 (1981) 119-121; 'Evolution' als moderner Schöpfungsmythos. Zu Hoimar von Dirfurths evolutiver Weltschau: Theologisches Nr. 140 (1981), Sonderbeilage 8-13; Geleitwort: Dietrich von Hildebrand, Reinheit und Jungfräulichkeit. 4. Auflage, St. Ottilien 1981, 5-6; Rez. zu Wenisch, Bernhard, Geschichten oder Geschichte? Theologie des Wunders, Salzburg 1981: MThZ 33 (1982) 71-72; Gott und Mensch im Werk Dostojewskijs: Theologisches Nr. 135 (1981) 4155-4165; »Haurietis aquas« - ein verhallender Ruf? Zur Herz-Jesu-Enzyklika Pius' XII.: Theologisches Nr. 140 (1981) 4367-4372; Katharina von Siena: Heiligkeit als Sorgen und Leiden mit der Kirche: PrV 86 (1981) 108-114; La devoción a Cristo como medio de la experiencia de Cristo: Tierra Nueva Nr. 37, Jg. 10 (1981) 72-77; La helenización del cristianismo: reflexiones de actualidad: Revista española de teologia 41 (1981) 469-481; Lebensgestaltung und Eucharistieglauben: Die Annahme von Kreuz und Auferstehung. [Vortrag auf dem Eucharistischen Weltkongreß in Lourdes am 18. Juli 1981.]: Klerusblatt 61 (1981) 221-224; Maria in der Verehrung der Kirche (Maria in der Heilsgeschichte 3), Wien 1981; Mariengeheimnis und Marienfrömmigkeit: Informationsdienst zu Ehren der Unbefleckten Gottesmutter Maria 6 (1981) 6-8; Perspektiven und Brennpunkte der eucharistischen Lehrentwicklung: AA.VV., Was hindert uns? Das gemeinsame Herrenmahl der Christen, Regensburg 1981, 57-78; Tendenzen und Entwicklungslinien der Marienlehre im Mittelalter: Rovira, German (Hrsg.), Das Zeichen des Allmächtigen. Die jungfräuliche Gottesmutterschaft Mariens in ihrer Verbindlichkeit für das christliche Leben, Würzburg 1981, 118-138; Trinidad y misión en la teología católica: Estudios Trinitarios 15 (1981) 379-390; Un diálogo judío-cristiano sobre la Trinidad: Estudios Trinitarios 15 (1981) 307-315; Ursprung und Sinn der Welt (Antwort des Glaubens 22), Freiburg 1981; Urstand, Fall und Erbsünde. Von der Schrift bis Augustinus. (Handbuch der Dogmengeschichte 2/3a), Freiburg 1981; Wunder und Heiligsprechung: Münchener Theologische Zeitschrift 32 (1981) 292-303; A manera de introducción: Ders. (Hrsg.), Cristología y devoción a Cristo, Navarra 1982, 7-12; Rez. zu: Bökmann, Johannes (Hrsg.), Befreiung vom objektiv Guten? Vom verleugneten Desaster der Antikonzeption zum befreienden Ethos. (Titel der Rezension: Von der permissiven Moral zum befreienden Ethos.): Theologisches Nr. 146 (Juni 1982) 4647-4652; »Christsein und marianische Spiritualität«. Ein Tagungsbericht: MThZ 33 (1982) 129-132; (Hrsg.), Christusglaube und Christusverehrung. Neue Zugänge zur Christusfrömmigkeit, Aschaffenburg 1982; Christusverehrung als Medium der Christuserfahrung: Ders. (Hrsg.), Christusglaube und Christuserfahrung. Neue Zugänge zur Christusfrömmigkeit, Aschaffenburg 1982, 260-268; (Hrsg.), Cristología y devoción a Cristo, Navarra 1982; Rez- zu: Ratzinger, Joseph, Das Fest des Glaubens. Versuche zur Theologie des Gottesdienstes, Einsiedeln 1981: MThZ 33 (1982) 316-317; Das geistliche Amt in einer neueren Phase des ökumenischen Dialogs: Klerusblatt 62 (1982) 199-202; Rez. zu: Newman, John Henry, Das Mysterium der Kirche. Hrsg. v. Strolz, Maria Katharina und den Mitarbeitern des »Centre of Newman Friends«, Rom 1981: MThZ 33 (1982) 72-73; Der Heilige Geist in der abendländischen Tradition: Credo in Spiritum Sanctum. Atti del Congresso Teologico Internazionale di Pneumatologia in occasione del 1600. anniversario del I Cocilio di Costantinopoli e del 1550. anniversario del Concilio di Efeso (Roma, 22-26 marzo 1982), Roma 1982, 445-460; Der »soziale« Jesus. Kostprobe aus dem gleichnamigen Beitrag: Glaube als Lebensinspiration, Einsiedeln 1980: Zur Pastoral der geistlichen Berufe. Heft 20 (1982) 30; Die Auferstehung Jesu: der Lebensgrund des Glaubens: Internationale Katholische Zeitschrift »Communio« 11 (1982) 32-41; Die Frage nach der Hellenisierung des Christentums unter modernem Problemaspekt: MThZ 33 (1982) 195-205; Die Glaubensnot und ihre Wende: Deutsche Tagespost Nr. 105 vom 3. / 4. Sept. 1982, 15; Die Kirche - das Ganzsakrament Jesu Christi: Luthe, Hubert (Hrsg.), Christusbegegnung in den Sakramenten. 2. Aufl., Kevelaer 1982, 63-120; Die Kollegialität der Bischöfe unter theologischem und pastoral-praktischem Aspekt. [Samt französischem Résumé.]: Delhaye, Philippe / Elders, Léon (Hgg.), Episcopale munus. Recueil d'études sur le ministère épiscopal offertes en hommage à Son Excellence Mgr. J. Gijsen, Assen 1982, 83-99; Die theologischen Grundlagen von Erscheinungen und Prophezeiungen, Leutesdorf 1982; Einführung in die Schöpfungslehre. 2., unveränderte Auflage, Darmstadt 1982; Friedrich Stegmüller (8.12.1902 - 4.8.1981). [Nachruf.]: Jahrbuch der Bayerischen Akademie der Wissenschaften (1982) 204-207; Jesus Christus - Ursakrament der Erlösung: Luthe, Hubert (Hrsg.), Christusbegegnung in den Sakramenten. 2. Aufl., Kevelaer 1982, 9-61; Lebensgestaltung aus dem Eucharistieglauben: die Annahme von Kreuz und Auferstehung: Lebendiges Zeugnis 37 (3/1982) 39-49: Marienlehre und Marienfrömmigkeit bei Petrus Canisius als Beispiel nachreformatorischer Marienverehrung in Deutschland: Rovira, German (Hrsg.), Die Mutter der schönen Liebe. Die Marienverehrung im Leben der Kirche und der Christen, Würzburg 1982, 95-109; On Being a Christian. The Hans Küng Debate, Dublin 1982; Religion und Offenbarung. Die Neuheit des Christlichen in der Welt des Religiösen: Waldenfels, Hans (Hrsg.), Theologie - Grund und Grenzen. Festgabe für Heimo Dolch zur Vollendung des 70. Lebensjahres, Paderborn 1982, 177-189; Schöpfung und Fall. Zur gegenwärtigen Theologie der Erbschuld: Ut omnes unum 45 (1982) 4-9; Statt eines Vorworts: Zur Einführung in das Symposion vom 8.-11. April 1980: Ders. (Hrsg.), Christusglaube und Christusverehrung. Neue Zugänge zur Christusfrömmigkeit, Aschaffenburg 1982, 7-13; Struktur und Ereignis als theologische Kategorien. [Referat und Zusammenfassung der Diskussion.]: Luyten, Norbert A. (Hrsg.), Wege zum Wirklichkeitsverständnis (Grenzfragen 11), Freiburg 1982, 187-220; Tendenzen und Brennpunkte der neueren Problematik um die Hellenisierung des Christentums. Vorgetragen am 3. Juli 1981: Bayerische Akademie der Wissenschaften. Philosophisch-Historische Klasse. Sitzungsberichte Jahrgang 1982, Heft 3, München 1982; Brautsymbolik. I. Christliche Theologie: LMA 2 (1983) 589-591; Christologie. B. Lateinischer Westen. I. Christologie nach Chalzedon. II. Früh- und Hochscholastik: LMA 2 (1983) 1923-1928; Christus und die Kirche: Ut omnes unum 46 (1983) 67-73; Der Wandel im Kirchenbewußtsein: Ut omnes unum 46 (1983) 3-7; Diagnose neuzeitlicher Theologie. Zu Kardinal Siris 'Gethsemani':

Theologisches 157 (1983) 5190-5196; Die Kirche als Sakrament: Ut omnes unum 46 (1983) 35-40; Die Kirche und Maria. Die marianische Prägung der Kirche: Ut omnes unum 46 (1983) 162-168; Die Kirche. Priesterliches Amt und priesterliches Volk: Ut omnes unum 46 (1983) 136-142; Die stellvertretende Sühne Christi. Die Botschaft von Fatima (3): Betendes Gottesvolk Nr. 135 (3/1983) 2-3; Die Sühneforderung Gottes. Die Botschaft von Fatima (2): Betendes Gottesvolk Nr. 134 (2/1983) 2-3; Dienst an der Erlösung. Zur Theologie des Ablasses. Klerusblatt 63 (1983) 117-124; Eine »Kurzformel« des Glaubens. Die Botschaft von Fatima (1): Betendes Gottesvolk Nr. 133 (1/1983) 6-7; Glaube und Glaubenserfahrung. Zur kategorialen Unterscheidung: MThZ 34 (1983) 129-145; Hiob im Feuerofen der Prüfung: Hasenberg, Peter Joseph (Hrsg.), Dem guten und schönen Buch verpflichtet. Festgabe für Adam Wienand zum 80. Geburtstag am 23. März 1983, Köln 1983, 149-152; Maria, die neue Frau und vollkommene Christin: Christliche Innerlichkeit 18 (1983) 213-225; Mitwirken am Heil der Welt. Die Botschaft von Fatima (4): Betendes Gottesvolk Nr. 136 (4/1983) 6-7; Scheidung oder Rettung aller? Die Lehre vom Endschicksal des Menschen: Die Neue Ordnung 47 (1983) 414-423; Von der Not und der Seligkeit des Glaubens: PrV 88 (1983) 13-18; Christlicher Glaube und Befreiung. Zur Instruktion über einige Aspekte der »Theologie der Befreiung«: Kongregation für die Glaubenslehre, Instruktion über einige Aspekte der »Theologie der Befreiung«. Mit einem Kommentar von Prof. Dr. Leo Scheffczyk und einer Erklärung von Kardinal Joseph Höffner, Stein am Rhein 1984, 30-42; Christology in the Context of Experience. On the Interpretation of Christ by E. Schillebeeckx: The Thomist 48 (1984) 383-408; Christusvereinigung als Grundwirklichkeit nach Franz von Assisi [Zu: Mederlet Eugen Die Hochzeit des Lammes. Franziskus und die bräutliche Kirche.]: Theologisches Nr. 172 (1984) 5924-5930; Das Prophetische an den Marienerscheinungen. Die Botschaft von Fatima (7): Betendes Gottesvolk Nr. 139 (3/1984) 6-7, 10; Das Weltverhältnis des Menschen nach dem christlichen Schöpfungsglauben: Theologisches Nr. 167 (1984) 5684-5691; Der ungehörte Ruf zur Buße. Der Buß- und Sühnegedanke in den Marienerscheinungen: PrV 89 (1984) 97-105; Der Wessobrunner Benediktiner Simpert Schwarzhueber als Anwalt der Heiligenverehrung in der deutschen Aufklärung: Kraus, Andreas (Hrsg.), Land und Reich. Stamm und Nation. Probleme und Perspektiven bayerischer Geschichte. Festgabe für Max Spindler zum 90. Geburtstag. Band 2. Frühe Neuzeit, München 1984, 273-289; Determinismus, Vorsehung, Schöpfung: Schamoni, Wilhelm (Hrsg.), Kosmos, Erde, Mensch und Gott (Respondeo 3), Abensberg 1983, 57-52; Die Anthropogenese in theologischer Sicht: Klinger, Elmar / Wittstadt, Klaus, Glaube im Prozeß. Christsein nach dem II. Vatikanum. Festschrift für Karl Rahner, Freiburg 1984, 580-596; Die Bedeutung der Mysterien des Lebens Jesu für Glauben und Leben des Christen: Ders. (Hrsg.), Die Mysterien des Lebens Jesu und die christliche Existenz, Aschaffenburg 1984, 17-34; Die dogmatischen Grundlagen der Katechese über das Trinitätsgeheimnis: Theologisches Nr. 173f. (1984) 5963-5968; 6034-6038; Die Kirche und die Religionen. »Außerhalb der Kirche kein Heil?«: Ut omnes unum 47 (1984) 131-142; (Hrsg.), Die Mysterien des Lebens Jesu und die christliche Existenz,

Aschaffenburg 1984; Die Stellung des Thomas von Aquin in der Entwicklung der Lehre von den mysteria vitae Christi: Gerwing, Manfred / Ruppert, Godehard (Hgg.), Renovatio et reformatio. Wider das Bild vom »finsteren« Mittelalter, Münster 1984, 44-70; Die Verheißung des Herzens. Marienverehrung nach der Botschaft von Fatima: Geradewegs zum Zentrum hin: Mariologisches. Sonderbeilage zu Theologisches 173 (1984) 5979-5982; Die Verheißung des Herzens. Die Botschaft von Fatima (6): Betendes Gottesvolk Nr. 138 (2/1984) 6-7; »Elterngespräche zu Eucharistie und Buße. Bausteine und Materialien. Zusammengestellt und erarbeitet von Leopold Haerst und Ernst Werner. München 1984.« (Titel der Rezension: Wandlungen im Eucharistie- und Bußverständnis.): Theologisches Nr. 180/1985, 6336-6346; Entwicklungslinien nachreformatorischer Mariologie unter Berücksichtigung antireformatorischer Tendenzen (Petrus Canisius, Suarez, Cornelius a Lapide): De cultu Mariano saeculo XVI. Acta congressus Mariologici-Mariani Internationalis Caesaraugustae anno 1979 celebrati. Vol. 5/2, Romae 1984, 437-455; Eucharistie - nutzbringende Aktion oder zweckfreie Feier?: Lies, Lothar, Praesentia Christi. Festschrift Johannes Betz zum 70. Geburtstag dargebracht von Kollegen, Freunden, Schülern, Düsseldorf 1984, 180-196; »Fatima« und das Geheimnis der Verwerfung. Die Botschaft von Fatima (5): Betendes Gottesvolk Nr. 137 (1/1984) 6-7, 13; »Geboren aus Maria der Jungfrau«. Die jungfräuliche Mutterschaft im Weihnachtsgeheimnis: Ut omnes unum sint 44 (1981) 163-168; Kinder Gottes oder »Kinder des Alls«? Der Schwund des Schöpfungsglaubens. [Mit Nachbemerkung von Schamoni.]: Schamoni, Wilhelm (Hrsg.), Kosmos, Erde, Mensch und Gott (Respondeo 3), Abensberg 1984, 34-46; Kirche und »Befreiung«. Politischer Auftrag der Kirche?: Ut omnes unum 47 (1984) 53-63; Kommentar. Instruktion über einige Aspekte der »Theologie der Befreiung«: Christiana, Stein am Rhein 1984, 30-42; Maria - Mittlerin des Heils. Die Botschaft von Fatima (8): Betendes Gottesvolk Nr. 140 (4/1984) 10-11, 19; »Persönlicher Personalismus«? Zur Kritik päpstlicher Lehraussagen: MThZ 35 (1984) 60-68; Prozeßtheismus und christlicher Gottesglaube: MThZ 35 (1984) 81-104; Theologie und Metaphysik. Gedanken zu einem aktuellen Problem: ibw-Journal (Informationsdienst des deutschen Instituts für Bildung und Wissen) 22 (1984) 106-110; Uneingelöste Traditionen der Trinitätslehre: Breuning, Wilhelm (Hrsg.), Trinität. Aktuelle Perspektiven der Theologie (Quaestiones Disputatae 101), Freiburg 1984, 47-72; Wandlung des christlichen Bewußtseins? [Zu Knut Walf (Hrsg.), Stille Fluchten. Zur Veränderung des religiösen Bewußtseins.]: Deutsche Tagespost Nr. 131 vom 9. Oktober 1984, 5; Zmartwychwstanie, [Übersetzung von: Auferstehung.] Warszawa 1984; Zum theologischen Thema der Mysterien des Lebens Jesu. (Einführung): Ders. (Hrsg.), Die Mysterien des Lebens Jesu und die christliche Existenz, Aschaffenburg 1984, 7-16; Apocatastasis: fascinacion y aporia.: Communio. Revista Catolica Internacional 7 (1985) 85-95; Apocatastasis: Fascination and paradox.: Communio. International Catholic Review 12 (1985) 385-397; Apokatastasis: Faszination und Aporie: Internationale Katholische Zeitschrift »Communio« 14 (1985) 35-46; Rez. zu: Blasig, Winfried, Christ im Jahr 2000, München 1984: FKTh 1 (1985) 234-235; Das Christusgeheimnis in der Schau Romano Guardinis: »Christliche Weltanschau-

ung«. Wiederbegegnung mit Romano Guardini, Würzburg 1985, 110-140; Das Mariengeheimnis in der katholischen Kirche: Seybold, Michael (Hrsg.), Maria im Glauben der Kirche (Extemporalia 3), Eichstätt 1985, 11-26; Das Wort und die Sakramente in der Kirche. Mit Bezug auf die Feier des Sonntags (Arbeitshilfen 37). Hrsg. v. Sekretariat der Deutschen Bischofskonferenz, Bonn 1985; Der moderne Mensch und die christliche Heilsbotschaft: FKTh 1 (1985) 81-93; Der Reinkarnationsgedanke in der altchristlichen Literatur. Vorgetragen am 1. Februar 1985: Bayerische Akademie der Wissenschaften. Philosophisch-Historische Klasse. Sitzungsberichte Jg. 1985, Heft 4, München 1985; Der Sinn des Todesleidens Christi: Christliches ABC heute und morgen. Handbuch für Lebensfragen und kirchliche Erwachsenbildung, Bad Homburg 1978ff., Ergänzungslieferung Nr. 1/1985, Gruppe 4, 17-26; Die geschlechtliche Bipolarität im Lichte theologischer Anthropologie. [Vortrag und Zusammenfassung der Diskussion.]: Luyten, Norbert A. / Scheffczyk, Leo (Hgg.), Wesen und Sinn der Geschlechtlichkeit (Grenzfragen 13), Freiburg 1985, 373-406; Die Mittlerschaft Marias: Scripta de Maria 8 (1985) 503-523; Grundzüge der Entwicklung der Theologie zwischen dem Ersten Weltkrieg und dem Zweiten Vatikanischen Konzil: Jedin, Hubert / Repgen, Konrad (Hgg.) Handbuch der Kirchengeschichte VII, Sonderausgabe, Freiburg 1985, 263-301; Himmel und Hölle: Wandel und Kontinuität in der Lehre: Zur Debatte 15 (1985) Nr. 4, 3-4; Katholische Dogmengeschichtsforschung: Tendenzen - Versuche - Resultate: Löser, Werner / Lehmann, Karl / Lutz-Bachmann, Matthias (Hgg.), Dogmengeschichte und katholische Theologie, Würzburg 1985, 119-147; Katholischer Erwachsenenkatechismus. Das Glaubensbekenntnis der Kirche. Hrsg. von der Deutschen Bischofskonferenz. Kevelaer 1985. (Titel der Rezension: Wahrheit und Aktualität des Glaubens. Zum neuen Erwachsenenkatechismus.): Deutsche Tagespost Nr. 24, 19. Juni 1985, 4-5; Kirche des Glaubens oder Kirche in der Krise? Glaubenskrisen können nur durch eine Vertiefung des Glaubens gemeistert werden: Academia 78 (1985) 95-99; La creación como revelación del amor de Dios: Dios y el hombre. 6. Simposio Internacional de Teología, Pamplona, 25-27 de abril de 1984, Navarra 1985, 353-365; La teoria di Newman sullo sviluppo dei dogmi alla luce della critica moderna: Unterwegs zum Licht. Leben, Entwicklung, Gebet. Drei Essays über John Henry Newman, Internationales Zentrum der Newman-Freunde, Rom 1985, 35-56; La teoria di Newman sullo sviluppo dei dogmi alla luce della critica recente: Strolz, Maria Katharina (Hrsg.), Alla ricerca della luce. Vita - Sviluppo - Preghiera. Tre saggi su John Henry Newman, Roma 1985, 35-56; La théorie de Newman sur le développement du dogmas à la lumière de la critique récente: A la recherche de la Lumière. Vie - Développement - Prière. Trois Essais sur John Henry Newman, Rome 1985, 37-59; La theorie de Newman sur le developpement des dogmes à la lumise de la critique moderne: Unterwegs zum Licht. Leben, Entwicklung, Gebet. Drei Essays über John Henry Newman, Internationales Zentrum der Newman-Freunde, Rom 1985, 37-59; Les effets spécifiques du sacrement de pénitence: Carmel 39 (1985) 193-206; L'uomo moderno di fronte alla salvezza cristiana: Salvezza Cristiana e Culture Odierne. Atti del II Congresso Internazionale »La Sapienza della Croce oggi«. Vol. 1, Torino 1985, 1-13; Memorie Mariane: Il Culto di Maria oggi (hrsg. von Beinert, Wolfgang), Roma 2. Aufl. 1985, 225ff.; Nachkonziliare Irritationen und die Irritierten: Eberts, Gerhard (Hrsg.) Das Zweite Vatikanische Konzil und was daraus wurde, Aschaffenburg 1985, 118-121; Newman's Theory of the Development of Dogma in the Light of Recent Criticism: Unterwegs zum Licht. Leben, Entwicklung, Gebet. Drei Essays über John Henry Newman, Internationales Zentrum der Newman-Freunde, Rom 1985, 37-59; Newmans Theorie der Dogmenentwicklung im Lichte der neueren Kritik: Strolz, Maria Katharina (Hrsg.), Unterwegs zum Licht. Leben - Entwicklung - Gebet. Drei Essays über John Henry Newman, Rom 1985, 39-61; Newman's Theory of Development of Dogma in the Light of Recent Criticism: Strolz, Maria Katharina (Hrsg.), In Search of Light. Life - Development - Prayer. Three Essays on John Henry Newman, Rome 1985, 37-59; »Selig die reinen Herzens sind; denn sie werden Gott schauen« - Vom Geist der Bergpredigt. [Spiritueller Beitrag.]: PrV 90 (1985) 2-6; Solemnità Mariane: Il Culto di Maria oggi (hrsg. von Beinert, Wolfgang), Roma 2. Aufl. 1985, 141ff.; Theologie und Metaphysik: Petzold, Martin Die Zukunft der Metaphysik, Paderborn 1985, 49-64; Verheißung des Friedens. Theologische Betrachtungen zur Botschaft von Fatima, Wien 1985; Wahrheit und Aktualität des Glaubens. Zum neuen Erwachsenenkatechismus. [Zu: Katholischer Erwachsenenkatechismus. Das Glaubensbekenntnis der Kirche. Hrsg. von der Deutschen Bischofskonferenz. Kevelaer 1985.]: Deutsche Tagespost Nr. 24, 19. Juni 1985, 4-5; Wahrheit und Wirklichkeit des Glaubens bei John Henry Newman. Ein Newman-Symposion in Rom (zusammen mit Lutgart Govaert). FKTh 1 (1985) 222-226; Wandlungen im Eucharistie- und Bußverständnis: Theologisches 180 (1985) 6336-6346; Bilanz des Konzils: Zur Bischofs-Sondersynode: FKTh 2 (1986) 134-144; Das Amt in der Kirche. Friedliche Erwägungen zu einem umstrittenen Thema (Antwort des Glaubens 43), Freiburg 1986; Das Zeichen der sicheren Hoffnung: Der Fels 17 (1986) 196; De betekenis van het »Filioque«: Communio - Internationaal Katholiek Tijdschrift 11 (1986) 19-33; Der Personalismus in der Ehelehre Johannes' Pauls II.: Zur Theologie der Ehe (Respondeo 6), Abensberg 1986; Der Sinn des Filioque: Internationale Katholische Zeitschrift »Communio« 15 (1986) 23-34; Die christliche Antwort auf die Fragen nach Freiheit und Befreiung: Kongregation für die Glaubenslehre, Instruktion über die christliche Freiheit und die Befreiung. Mit einem Kommentar von Prof. Dr. Leo Scheffczyk, Stein am Rhein 1986, 60-63; Die christliche Antwort auf die Fragen nach Freiheit und Befreiung: Theologisches Nr. 194 (1986) 7112-7116; Die christliche Wahrheit von der Ehe in ihr Gegenteil verkehrt. Ein nicht mehr christlicher Widerspruch zur kirchlichen Lehre. Aus Respondeo Nr.6 Zur Theologie der Ehe, S. 64-67: Theologisches Nr. 197 (1986) 7285-7287; Die Ehelehre der Kirche in der Diskussion. Der gewaltige Unterschied zur flachen Position der Kontestatoren. [Aus: Zur Theologie der Ehe (Respondeo 6) 62-64.]: Theologisches Nr. 194 (1986) 7125-7127; Die Einheit der Kirche und die uneinige Christenheit in der »Ökumenischen Dogmatik« von Edmund Schlink: FKTh 2 (1986) 231-240; El sentido del Filioque: Communio. Revista Catolica Internacional 8 (1986) 56-69; Rez. zu: Wenisch, Ernst (Hrsg.), Elternschaft und Menschenwürde. Zur Problematik der Empfängnisregelung, Val-

lendar-Schönstatt 1984: FKTh 2 (1986) 311-312; Erbsünde. Mittelalterliche Erbsündenlehre: LMA 3 (1986) 2118-2120; Erwählung: LMA 3 (1986) 2190-2191; Está por aplicár el Vaticano II: Palabra 252, VII (1986) 369, 36-38; Evolution und Schöpfung: Spaemann, Robert [u.a.] (Hgg.), Evolutionismus und Christentum (Civitas-Resultate 9), Weinheim 1986, 57-73; Grundlegung der katholischen Moral in der Situation der Krise. Zu Gustav Ermecke, Sein und Leben in Christus. Über die Seinsgrundlagen der katholischen Moraltheologie: Theologisches Nr. 199 (1986) 7346-7354; Rez. zu: Urban, Hans Jörg / Wagner, Harald (Hgg.), Handbuch der Ökumenik, Band 1. Paderborn 1985: Forum Katholische Theologie 2 (1986) 241-242; Hermann Schell (1850-1906): Wendehorst, Alfred / Pfeiffer, Gerhard (Hgg.), Fränkische Lebensbilder. Band 12, Neustadt / Aisch 1986, 234-250; Himmel und Hölle: Kontinuität und Wandel in der Lehrentwicklung: Greshake, Gisbert (Hrsg.), Ungewisses Jenseits? Himmel - Hölle - Fegefeuer, Düsseldorf 1986, 32-54; Rez. zu: Braun, Karl, In Wahrheit und Liebe den Weg zur Einheit gehen. Hirtenwort zur österlichen Bußzeit 1986 von Bischof Karl Braun, Eichstätt 1986: FKTh 2 (1986) 250; Nach der Bischofssynode: Kritik und Ausblick: Der Fels 17 (1986) 233; Ökumene der Weltreligionen? Zu Veröffentlichungen von Hans Küng: Theologisches Nr. 197 (1986) 7236-7247; Zur Problematik der Integration von Humanwissenschaften und Theologie: Boll, Günther M. / Penners, Lothar (Hgg.), Integration. Herausforderung an eine Kultur des dritten Jahrtausends. Interdisziplinäres Symposion aus Anlaß des 100. Geburtstages Pater Joseph Kentenichs. 25.-29.9.1985 (Schönstatt-Studien 6), Vallendar-Schönstatt 1986, 168-176; Zur Theologie der Ehe (Respondeo 6), Abensberg 1986; Abendmahl: Müller, Karl / Sundermeier, Theo (Hrsg.) Lexikon missionstheologischer Grundbegriffe, Berlin 1987, 1-4; Das Verhältnis von Marienlehre und Marienfrömmigkeit an Beispielen der deutschen Aufklärungstheologie: De cultu Mariano saeculis XVII-XVIII. Acta congressus Mariologici-Mariani Internationalis in Republica Melitensi anno 1983 celebrati. Vol 2, Romae 1987, 277-303; Der Laie in der Kirche - nach der Bischofssynode 1987: FKTh 3 (1987) 50-61; Der Zeitbezug von »Kevelaer«. Mariologische Weltkongresse: Geschichte und Gegenwartsbedeutung: Kirche und Leben (Bistumszeitung der Diözese Münster) vom 6. September 1987, 3; Diagnosi della Teologia dogmatica dei nuovi tempi: Testimonianze su Getsemani del Cardinale Giuseppe Siri, Rom 1987, 111-117; Endzeitliches inmitten der Zeit. Das eschatologische Moment am Phänomen »Fatima«: Theologisches 17 (6/1987) 11-20; Eriugena: Weger, Karl-Heinz (Hrsg.) Argumente für Gott. Gott-Denker von der Antike bis zur Gegenwart, Freiburg 1987, 121-123; Gemeinschaft der Heiligen - durch Wort und Sakrament: Regensburger RU Notizen 3 / 1987, 5-9; Gnadenerfahrung bei Teresa von Avila: Schmidt, Margot (Hrsg.), Grundfragen christlicher Mystik. Wissenschaftliche Studientagung Theologica mystica in Weingarten vom 7.-10. November 1985, Stuttgart 1987, 235-248; Gott, der Eine und Dreieine. Überlegungen zur Gotteslehre des Erwachsenen-Katechismus: Regensburger RU Notizen 1/1987, 3-18; Rez. zu: Sullivan, Francis A., Magisterium. Teaching Authority in the Catholic Church, New York/Ramsey s.d.: FKTh 3 (1987) 155-156; Maria - Mutter der Glaubenden, Leutesdorf 1987; Maria als Mittlerin des Glaubens. [Aus: Maria - Mutter der Glaubenden. Leutesdorf 1987, 29-39.]: Der Rufer 56 (1987) 97-101; Maria auf dem Pilgerweg des Gottesvolkes. Kommentar zur Enzyklika »Redemptoris Mater«, Bregenz 1987. Sonderdruck von: Johannes Paul II., Die Mutter des Erlösers. Die selige Jungfrau Maria im Leben der Kirche, Stein am Rhein 1987, 68-79; Maria auf dem Pilgerweg des Gottesvolkes. Kommentar zur Enzyklika »Redemptoris Mater«: Johannes Paul II., Die Mutter des Erlösers. Die selige Jungfrau Maria im Leben der Kirche, Stein am Rhein 1987, 68-79; Philosophie im Denken der Tübinger Schule: Christliche Philosophie im katholischen Denken des 19. und 20. Jahrhunderts Band 1, Graz 1987, 86-108; »Satisfactio non efficax nisi ex caritate«. Zur Frage nach dem Grund der Erlösung in Tod und Auferstehung Christi: Annales theologici 1 (1987) 73-94; Leo Sensus fidelium, getuigenis krachtens de gemeinschap: Communio 12 (1987) 355-367; Sensus fidelium: Swiadectwo mocy wspolnoty: Communio 7, 6/1987, 47-61; Sensus fidelium: testimonio sustentando por la comunion: Revista Catolica Internacional Communio 9, 5/1987, 459-472; Theologische Anthropologie im Spannungsfeld zwischen Humanwissenschaften und Philosophie. [Vortrag und Zusammenfassung der Diskussion.]: Luyten, Norber A. / Scheffczyk, Leo (Hgg.), Veränderungen im Menschenbild. Divergenzen der modernen Anthropologie (Grenzfragen 15), Freiburg 1987, 13-49; Theologische Stimmen zur »Jungfrauengeburt«: Ruhrwort Dokumentation (25.7.1987) 1-4; Von Gottes Vorsehung und menschlichem Mittun: PrV, Sonderheft (1987) 28-33; Vorwort: Fatima. Bischof Graber deutet die Botschaft. Hrsg. vom Institutum Marianum Regensburg, Würzburg 1987, 8-11; Zeugnis, Dialog, Weltverantwortung: theologische Aspekte des Papstbesuches in Deutschland: FKTh 3 (1987) 217-225; Bäumer Remigius / Scheffczyk, Leo (Hgg.) Marienlexikon. Erster Band: AA - Chagall. St. Ottilien 1988; Abaelard, Peter: ML 1 (1988) 10; Abbo: ML 1 (1988) 11-12; Abelly: ML 1, 1988, 13; Adamnanus v. Hy: ML 1 (1988) 29; Ado v. Vienne: ML 1 (1988) 33-34; Adoptianismus: ML 1 (1988) 39-40; Affinität Marias: ML 1 (1988) 53; Agobard v. Lyon: ML 1 (1988) 61; Ali smo sploh potrebni odrešenja.[Sind wir überhaupt erlösungsbedürftig?]: Kristjanova obzorja 3 (1988) 7-12; Altaner, Berthold: ML 1 (1988) 106-107; Ambrosius Autpertus: ML 1 (1988) 124-125; Atto v. Vercelli: ML 1 (1988) 266; Bartmann, Bernhard: ML 1 (1988) 383f.; Basel, Ökumenisches Konzil: ML 1 (1988) 386f.; Biel, Gabriel: ML 1 (1988) 478; Bis zur Apsis kroch das Unkraut. Auf dem schwankenden Boden einer Zeit des Umbruchs war Augustinus Zeuge der Wahrheit: Deutsche Tagespost Nr. 102 vom 27.8.1988, 15-16; Blutsverwandtschaft Marias mit Christus: ML 1 (1988) 514; Johannes: Marienlexikon 1 (1988) 589-590; Bromyard: ML 1 (1988) 590f.; Brunner, Emil: ML 1 (1988) 602-603; Canisius, Petrus: ML 1 (1988) 647-648; Cano, Melchior: ML 1 (1988) 649; Colpa e riconciliazione nell'orizonte umano e cristiano: Annales theologici 2 (1988) 343-356; Communio Hierarchica. Die Kirche als Gemeinschaft und Institution: Brandmüller, Walter u. a. (Hgg.), Ecclesia militans. Studien zur Konzilien- und Reformationsgeschichte. Band 1, Paderborn 1988, 553-569; zus. mit Mockenhaupt, Hubert, Der Heilige Geist in Kirche und Welt, Leutesdorf 1988; Der Heilige Geist in der Kirche - Amt und Charisma: Mockenhaupt, Hubert / Scheffczyk, Leo, Der Heilige Geist in Kirche und Welt, Leutesdorf 1988,

21-43; Der Laie in der Kirche - nach der Bischofssynode 1987: FKTh 4 (1988) 50-61; Die biblisch-christliche Anthropologie in Bezug zum medizinischen Ethos. [Vortrag vor dem Oberösterreich. Medizinerforum in Linz am 26.6.1987.]: Theologisches 18 (1988) 9-20; Rez. zu: Baier, Walter, Die Kirche als Fortsetzung des Wirkens Christi. Untersuchungen zu Leben und Werk und zur Ekklesiologie des Münsteraner Dogmatikers Anton Berlage (1805-1881) (Münchener Theol. Stud. II. System. Abtlg., 45), St. Ottilien 1984: FKTh 4 (1988) 74-76; Die Heilig-Geist-Enzyklika. Realistische Bilanz und Botschaft der Hoffnung zur Jahrtausendwende. Ms. 17 S.: Scripta Theologica 1988, Pamplona, 569-586; Die »organische« und die »transzendentale« Verbindung zwischen Natur und Gnade. (Ein Vergleich zwischen Matthias Joseph Scheeben und Karl Rahner aus Anlaß des Scheeben-Gedenkens): FKTh 4 (1988) 161-179; Die sakramentale Ehe als Abbild der Christus-Kirche-Verbindung: Stöhr, Johannes (Hrsg.), Die Familie: ein Herzensanliegen. Zur neueren Theologie der christlichen Ehe. Internationales theologisches Symposion: Universität Bamberg, 6.-8.11.1987, St. Ottilien 1988, 127-140; Einführung in die Schöpfungslehre. 3., verbesserte und erweiterte Auflage, Darmstadt 1987; Erlöstes Menschsein: Ali smo sploh potrebni odresenja: Kristjanova abzorja 11 (1988) 7-12; Hermeneutik als dogmatisches Problem: Uni-Press, Augsburg, 2/1988, 47; Hoffnung kraft der Verheißung. Zu Jer 29,11-14: Anregungen zur Predigt am Volkstrauertag 1988. Hrsg. vom Volksbund Deutsche Kriegsgräberfürsorge e. V. Kassel 1988, 5-8; Rez. zu: Boll, Günther M. / Penners, Lothar (Hgg.), Integration. Herausforderung an eine Kultur des dritten Jahrtausends. Interdisziplinäres Symposion aus Anlaß des 100. Geburtstages Pater Joseph Kentenichs. 25.-29.9.1985 (Schönstatt-Studien Band 6), Vallendar-Schönstatt 1986: FKTh 4 (1988) 236-237; Joseph Ziegler (15.3.1902 - 1.10.1988). [Nachruf.]: Jahrbuch der Bayerischen Akademie der Wissenschaften (1988) 1-3; Katholische Dogmengeschichtsforschung: Tendenzen - Versuche - Resultate: Löser, Werner / Lehmann, Karl / Lutz-Bachmann, Matthias Dogmengeschichte und kath. Theologie, Würzburg 2. Aufl. 1988, 119-147; La encíclica sobre el Espíritu Santo. Balance realistica y mensaje de esperanza para al siglo que comienza: Scripta Theologica 20 (2-3/1988) 569-586; Rez. zu: Johannes Paul II., Maria - Gottes Ja zum Menschen. Enzyklika »Mutter des Erlösers«. Hinführung von Joseph Kardinal Ratzinger. Kommentar von Hans-Urs von Balthasar. Freiburg 1987: FKTh 4 (1988) 317-318; Maria - Weg zur Vollendung des Glaubens. Zur Enzyklika »Redemptoris Mater«: PrV, Sonderheft (1988) 5-13; Marianischer Neubeginn? Marianisches Jahr - Marienenzyklika - Marienweihe - Ökumene: Klerusblatt 68 (1988) 212-214; Mary as a Model of Catholic Faith: Moll, Helmut (Hrsg.), The Church and women. A Compendium, San Francisco 1988, 81-102; »Natur und Gnade« nach Matthias Joseph Scheeben und Karl Rahner. Zum Scheeben-Jubiläum: FKTh 3 (1988) 161-179; Rez. zu: Kuhn, Helmut, Romano Guardini - Philosoph der Sorge, St. Ottilien 1987: FKTh 4 (1988) 233-234; Schöpfung als Vor-ordnung der Gnade. Zur Schöpfungslehre Matthias Joseph Scheebens: Studi Tomistici: Matthias Joseph Scheeben. teologo catholico ispiratione tomista, Roma 1988, 205-225; Sensus fidelium - Witness on the part of the community: Communio 15 [International Catholic Review] (1988) 182-198; Sensus fidelium: testimonianza de la comunità: Strumento internazionale per un lavoro teologico Communio 2 (1988) 110-125; Sensus fidelium: testimonio sustentado per la comunion: Ecclesia. Revista de Cultura Catolica II/4 (1988) 363-378; Bäumer Remigius / Scheffczyk, Leo (Hgg.) Marienlexikon. Zweiter Band: Chaldäer - Greban. St. Ottilien 1989; A bünbánat szentségének sajátos üdvözítő hatása. [Übersetzung von: Die spezifische Heilswirkung des Bußsakramentes.] Hrsg. von »Das Werk«, Bregenz 1989; Rez. zu: Schmuttermayr, Georg (Hrsg.), Bischof Josef Stimpfle: Im Dienst am Evangelium. 25 Jahre bischöfliche Verkündigung und Weisung. Ein Querschnitt, Donauwörth 1988. (Titel der Rezension: Wahrheitszeugnis und Hirtensorge): Kirchenzeitung für die Diözese Augsburg vom 7. Mai 1989, 12; Das biologische und das heilsgeschichtliche Menschenbild aus der Sicht des Theologen: Bistum Essen (Hrsg.), Das biologische und das heilsgeschichtliche Menschenbild. Referate des 22. Ärztetages im Bistum Essen (Schriften des Ärzterates im Bistum Essen 12), Nettetal 1989, 46-69; Das Fatimagebet und die Heilssorge des Menschen, Leutesdorf 1989; Der Zeitbezug von Kevelaer: Rovira, German Maria, Mutter der Glaubenden Essen 1989, 31; Die Ehe als Sakrament und als Aufgabe. [Vortrag beim Kongreß des Opus Dei im Burgenland im Frühjahr 1989.] Ms.; Die Grundlagen der Reevangelisierung im II. Vatikanum. Vortrag bei der Internationalen theologischen Sommerakademie 1989 in Aigen/M. [Cassette]; Die ökumenische Problematik bezüglich des Assumpta-Dogmas: Petri, Heinrich (Hrsg.), Divergenzen in der Mariologie. Zur ökumenischen Diskussion um die Mutter Jesu (Mariologische Studien 7), Regensburg 1989, 57-80; Die sakramentale Grundidee des Priestertums: Unio apostolica 30 (4/1989) 2-13; Doketismus: ML 2 (1989) 204-205; Ebenbild Gottes. II. Dogmatik: ML 2 (1989) 270-271; Ebioniten: ML 2 (1989) 272; Erbtochter. II. Theologiegeschichte: ML 2 (1989) 378; Erlöste Trauer. »Was haben wir davon, wenn wir ... vor dem Herrn der Heere in Trauergewändern umhergehen?« (Mal 3,14): Volkstrauertag 1989. Anregungen zur Predigt. Hrsg. v. Volksbund Deutsche Kriegsgräberfürsorge e. V., Kassel 1989, 10-13; Erlösung und Maria: ML 2 (1989) 384-388; Feckes Carl: ML 2 (1989) 453-454; Fegfeuer. I. Biblisch-theologisch: LMA 4 (1989) 328-330; Felix v. Urgel: ML 2 (1989) 459; Fulbert v. Chartres: ML 2 (1989) 561; Fundamentalprinzip, mariol.: ML 2 (1989) 565-567; Gericht, Jüngstes: LMA 4 (1989) 1327f.; Gnade, Gnadenlehre: LMA 4 (1989) 1519-1521; Gnostizismus: ML 2 (1989) 666-667; Gott: LMA 4 (1989) 1581-1583; Hermeneutik als Problem der Theologie: Hofmann, Rupert [u.a.] (Hgg.), Anodos. Festschrift für Helmut Kuhn, Weinheim 1989, 209-224; L'itinerario dogmatico verso il mistero di Cristo: Problemi fondamentali della Cristologia oggi (a cura di Leo Scheffczyk), Brescia 1983/(89), 7-16; Le Fondement biblique de la doctrine chrétienne de la Création: Foi et Sciences n° 3 - 1989, 43-59; Maria - Leitbild der Hoffnung in der (Marien-) Lehre Gabriel Biels: Coreth, Anna / Fux, Ildefons (Hgg.), Servitium Pietatis. Festschrift für Hans Hermann Kardinal Groër zum 70. Geburtstag, Maria Roggendorf - Salterrae - Wien 1989, 3-25; Maria und die Kirche in der Enzyklika »Redemptoris Mater«: Marianum 51 (1989) 85-109; Rez. zu: Stirnimann, Heinrich, Marjam. Marienrede an einer Wende, Freiburg/Schweiz 1989: FKTh 7 (1989) 236-

237; Mit Maria zum wahren Leben. [Predigt am 9. Sept. 1989 bei der Maria-Namen-Feier in der Wiener Stadthalle.]: Der Fels 20 (1989) 274-275; Nach dem »Kölner Ereignis« 1989: FKTh 5 (1989) 128-136; »Neuevangelisierung« - Utopie oder Chance? [Vortrag im Kölner Priesterkreis am 5. Juni 1989.]: Theologisches 19 (1989) 347-358; (Hrsg.), Rationalität. Ihre Entwicklung und ihre Grenzen (Grenzfragen 16), Freiburg 1989; Responsibilità e autorità del teologo nel campo della teologia morale: Il dissenso sull'Enciclica »Humanae Vitae«: A. Ansaldo (Hrsg.), »Humanae Vitae«: 20 Anni dopo. Atti del II Congresso Internazionale di Teologia Morale (Roma, 9-12 novembre 1988), Milano 1989, 273-286; Schuld und Versöhnung im Horizont des Menschlichen und Christlichen: Wissenschaft und Glaube 2 (1989) 31-41; Sensus fidelium - Zeugnis in Kraft der Gemeinschaft: Theologisches Jahrbuch 1989, Leipzig 1989. 202-214; Sinn und Inhalt des Auftrages zur Reevangelisierung. Vortrag bei der Internationalen theologischen Sommerakademie 1989 in Aigen/M. [Cassette]; »Unsterblichkeit« bei Thomas von Aquin auf dem Hintergrund der neueren Diskussion. Vorgetragen am 9. Dezember 1988. Bayerische Akademie der Wissenschaften. Philosophisch-historische Klasse. Sitzungsberichte. Jg. 1989, Heft 4, München 1989; Wahrheitszeugnis und Hirtensorge.[Zu: Schmuttermayr Georg (Hrsg.) Bischof Josef Stimpfle: Im Dienst an Evangelium. 25 Jahre bischöfliche Verkündigung und Weisung. Ein Querschnitt, Donauwörth 1988: Kirchenzeitung für die Diözese Augsburg vom 7. Mai 1989, 12; Zum Geleit: Friedrich-Wilhelm Schilling von Canstatt, Ökumene katholischer Vorleistungen. Mit einem Vorwort von Prof. Dr. Leo Scheffczyk, St. Ottilien 1989, 5-6; Az ember üdvösségének gondja a Fatimai imában. [Übersetzung von: Das Fatimagebet und die Heilsorge des Menschen.]: Szolgálat 22 (1990) 75-81; Das Fatima-Gebet »O mein Jesus ...« und die Heilsorge des Menschen: Bote von Fatima 48 Nr.1 (1990) 4-7; Das uneingelöste Problem der Einheit zwischen Welt- und Heilsgeschichte in der Befreiungstheologie: Bäumer, Remigius / Stockhausen, Alma von (Hgg.), Verabschiedung oder naturphilosophische Weiterführung der Metaphysik? Frankfurt/M. 1990, 349-369; Das Zeitalter Bernhards von Clairvaux und der Aufbruch des marianischen Gedankens im Abendland. [Vortrag am 5. Mai 1990 in Neustift / Brixen bei der Marientagung (1).]: Lieb-Frauen-Bote 40 (3-4/1990) 13-15; Das Zeitalter Bernhards von Clairvaux und der Aufbruch des marianischen Gedankens im Abendland. [Vortrag am 5. Mai 1990 in Neustift / Brixen bei der Marientagung (2).]: Lieb-Frauen-Bote 40 (5/1990) 22-24; Der neuscholastische Traktat »De revelatione divina«, die dogmatische Konstitution »Dei Verbum« und die Lehre des hl. Thomas: Elders, Léon (Hrsg.), La doctrine de la révélation divine de saint Thomas d'Aquin (Studii Tomistici 37), Città del Vaticano 1990, 12-26; Der Priester ist für Messe unentbehrlich. [Auszug aus einem Gutachten zu einem Artikel von Prof. F. Nikolasch in »Kirche intern«.]: Salzburger Nachrichten (November 1990); Die Bedeutung der Kirchenväter für die Theologie Newmans (15.11.1990); Die Erbsündenlehre des Tridentinums im Gegenwartsaspekt: FKTh 6 (1990) 1-21; Die Grundlagen der Reevangelisierung im Vatikanum II. und in der päpstlichen Lehrverkündigung: Breid, Franz (Hrsg.), Neue Wege zur Wiedergewinnung lebendigen Christentums. Neuevangelisierung. Referate der Theologischen

Sommerakademie 1989 des Linzer Priesterkreises, St. Ottilien 1990, 41-68; Die Marienverehrung des hl. Bernhard von Clairvaux. Aus einem Vortrag von Prof. Dr. Leo Scheffczyk: Bote von Fatima 48 (1990) 120-121; 131-132; (Hrsg.), Dualismus versus Dualität. Aspekte neuzeitlicher Weltbetrachtung (Grenzfragen 17), Freiburg 1990 (Mit Vorwort von Leo Scheffczyk);. Rez. zu: Lehmann, Karl / Pannenberg, Wolfhart (Hgg.), Lehrverurteilungen - kirchentrennend? 3 Bände. Freiburg 1985-1990. (Titel der Rezension: Ein gewagter Vorstoß in ökumenisches Neuland): Deutsche Tagespost Nr. 114 vom 22. September 1990. 12-13; Eingehen in den Strom der Liebe Gottes. Das Fatimagebet und die Heilssorge des Menschen: Großer Ruf 4 (1990) 68-69; El problema no-resuelto de la unidad entre historia mundana e historia de la salvación en la teología de la liberación: Tierra Nueva Nr. 74, Jg. 19 (1990) 29-46; Endgültigkeit gegen Wiederholung. Zur christlichen Antwort auf die Reinkarnationslehre: Theologisches 20 (1990) 539-548; Rez. zu: Schäfer, Philipp (Hrsg.), Freiheit in Gemeinschaft und Fortschritt. Festschrift für Prof. Dr. Josef Rief zum 65. Geburtstag, Passau 1989: FKTh 6 (1990) 319-320; Irdische Zukunftserwartung und göttliche Verheißung. Zur Identifizierung der christlichen Hoffnung: Müller, Gotthold (Hrsg.), Struktur und Freiheit. Festschrift für Hans-Eduard Hengstenberg zum 85. Geburtstag, Würzburg 1990, 143-166; Irritationen im Eucharistieverständnis: Rupertusblatt, Salzburg (23.12.1990); Rez. zu: Kolping, Adolf, Kirche - die komplexe Wirklichkeit. Eine Auswahl von Aufsätzen (1928/29 bis 1978), Münster 1989: FKTh 6 (1990) 322-323; La »musique sacrée« dans le souffle de l'Esprit: Musicae Sacrae Ministerium 26-2 (hrsg. SIMS) (1989/1990) 21-24; La enciclica sobre el Espiritu Santo. Balance realista y mensaje de esperanza para el siglo que canienza: Trinidad y Salvacion. Estudios sobre la trilogia trinitaria de Juan Pablo II. (Hrsg. A. Aranda), Pamplona 1990, 177-194; La théorie de Newman sur le développement des dogmas à la lumière de la critique récente: Anthropotes 6 (1990) 173-186; Maria am Ursprung des Heils: PrV, Sonderheft (1990) 77-81; Maria im Glauben der Gegenwart: PrV, Sonderheft (1990) 81-85; Maria und die Zukunft von Welt und Kirche: PrV, Sonderheft (1990) 85-88; Maria, der vollendete Mensch. Predigt am 5. Mai 1990 in Neustift / Brixen bei der Marientagung: Lieb-Frauen-Bote 40 (6/1990) 29-31; Marienkunde unter ganzheitlichem Aspekt. [Vortrag zur Einführung des Marienlexikons gehalten am 8.12.1989 in München.]: FKTh 6 (1990) 140-142; »Musica sacra« unter dem Anhauch des Geistes. Musicae sacrae Ministerium (hrsg. von der Consociatio Internationalis Musicae Sacrae), Rom 1990, 17-20; Neuevangelisierung - Perspektiven wahrer Reform: Becker, Klaus M. / Eberle, Jürgen (Hgg.), Seelsorge am Anfang? Perspektiven der Neuevangelisierung (Sinn und Sendung 4), St. Ottilien 1990, 33-58; O definitivo contra a reppetição. Uma resposta cristã à doutrina da reencarnação: RIC-Com 7 (1990) 145-158. in: Communio. Revista Internacional Catolica 7; Rez. zu: Schäfer, Philipp, Freiheit in Gemeinschaft, Festschrift für Josef Rief zum 65. Geburtstag: FKTh 6 (1990); Primizpredigt anläßlich der Primiz von Kaplan Gerhard Huber am Pfingstsonntag, 3.6.1990 in der Pfarrkirche von Tisis, Bregenz 1990; Sinn und Bedeutung des Auftrags zur Reevangelisierung: Breid, Franz (Hrsg.), Neue Wege zur Wiedergewinnung lebendigen Christentums. Neuevangeli-

sierung. Referate der Theologischen Sommerakademie 1989 des Linzer Priesterkreises. St. Ottilien 1990, 13-40; Rez. zu: Clodovis, Boff, Theologie und Praxis. Die erkenntnistheoretischen Grundlagen der Theologie der Befreiung, München 2. Aufl. 1983. (Titel der Rezension: Zur biblischen Hermeneutik der »Theologie des Politischen« nach Clodovis Boff.): Theologisches 20 (1990) 420-428; Verantwortung und Autorität des Theologen und der Dissens zu Humanae Vitae. Vortrag auf dem Moraltheologenkongreß in Rom: Theologisches 20 (1990) 239-251; »Voor altijd« tegenover »steeds opnieuw«. Een christelijk antwoord op de reïncarnatieleer: Communio. International Katholiek Tijdschrift 15 (1990) 41-56; Zur Rezeption des Zweiten Vatikanums. [Vortrag gehalten in München am 20.6.1990.] Ms. 17 S.; Bäumer Remigius / Scheffczyk, Leo (Hgg.) Marienlexikon. Dritter Band: Greco - Laib. St. Ottilien 1991; Apokatastasis: Faszinalen und Aporie: Ders., Glaube in der Bewährung. (Gesammelte Schriften zur Theologie 3), St. Ottilien 1991, 545-558; Rez. zu: Braun, Karl, Aus Liebe zur Kirche. Predigten und Ansprachen. Eine Auswahl. Festgabe für Diözesanbischof Dr. iur. can. Karl Braun aus Anlaß des 60. Geburtstages, hrsg. vom bischöflichen Ordinariat der Diözese Eichstätt, 1990. (Titel der Rezension: Die Kirche als eine Synthese von Liebe und Wahrheit): Deutsche Tagespost vom 14. März 1991; Az Egyház mint Jézus Kristust jelképező teljes szentség. [Übersetzung von: Die Kirche - das Ganzsakrament Jesu Christi.] Hrsg. v. »Werk Christi und Mariä«, Budapest 1991; Christus: Stern und Weg priesterlichen Seins. [Epiphaniepredigt anläßlich eines Silbernen Priesterjubiläums in St. Augustin.]: Verbum (SVD) 32 (1991) 199-202; Communio hierarchica. Die Kirche als Gemeinschaft und Institution: Ders., Glaube in der Bewährung. (Gesammelte Schriften zur Theologie 3), St. Ottilien 1991, 323-339; Das »Marianische« als Gestaltprinzip christlichen Glaubens in der Neuzeit nach Romano Guardini (1885-1968): De cultu Mariano saeculis XIX-XX. Acta congressus Mariologici-Mariani Internationalis in sanctuario Mariano Kevelaer (Germania) anno 1987 celebrati. Vol. 1, Romae 1991, 149-167; Das biblische Zeugnis von den Engeln: Die Anregung 43 (1991) 431-434; Das Christusgeheimnis in der Schau Romano Guardinis: Ders., Glaube in der Bewährung. (Gesammelte Schriften zur Theologie 3), St. Ottilien 1991, 241-264; Rez. zu: Hünermann, Peter, Das Lehramt und die endliche Gestalt der Glaubenswahrheit: Herder - Korrespondenz 8 (1980) 373-377. (Titel der Rezension: Die Freiheit des Glaubens bindet katholisches Forschen und Lehren. Zu einer Kritik an der römischen Instruktion über die kirchliche Berufung des Theologen): Deutsche Tagespost Nr. 9 vom 19. Januar 1991, 5-6; Das Petrusamt: Dienst an der Einheit in der Wahrheit: Folia Theologica 2 (1991) 5-15; Das Wesen der sakramentalen Ehe im Schnittpunkt von Dogma, kanonischem Recht und Pastoral: Hammans, Herbert [u.a.] (Hgg.), Geist und Kirche. Studien zur Theologie im Umfeld der beiden Vatikanischen Konzilien. Gedenkschrift für Heribert Schauf, Paderborn 1991, 99-113; Das Wort und die Sakramente in der Kirche. Mit Bezug auf die Feier des Sonntags: Ders., Glaube in der Bewährung (Gesammelte Schriften zur Theologie 3), St. Ottilien 1991, 376-409; Das Zeitalter Bernhards von Clairvaux und der Aufbruch des marianischen Gedankens im Abendland. [Vortrag am 5. Mai 1990 in Neustift/Brixen bei der Marientagung

(3).]: Lieb-Frauen-Bote 41 (1/1991) 13-18; Der Gnadencharakter der Schöpfung: Ders., Glaube in der Bewährung (Gesammelte Schriften zur Theologie 3), St. Ottilien 1991, 157-171; Der große Ruf. Primizpredigt: »Das Werk« (Hrsg.), Feierliche Heimatprimiz von Kaplan Hermann Geissler am 7. Juli 1991, Bregenz 1991, 14-22; Der Heilige Geist in der Kirche - Amt und Charisma: Ders., Glaube in der Bewährung (Gesammelte Schriften zur Theologie 3), St. Ottilien 1991, 142-154; Der Heilige Geist in der Kirche - Amt und Charisma: Mockenhaupt, Hubert / Scheffczyk, Leo Der Heilige Geist in Kirche und Welt, Leutesdorf 2. Aufl. 1991, 21-43; Der Mensch als Person und Gottebenbild: Ders., Glaube in der Bewährung (Gesammelte Schriften zur Theologie 3), St. Ottilien 1991, 190-202; Der moderne Mensch und die christliche Heilsbotschaft: Ders., Glaube in der Bewährung (Gesammelte Schriften zur Theologie 3), St. Ottilien 1991, 283-299; Der Sinn des Filioque: Ders., Glaube in der Bewährung (Gesammelte Schriften zur Theologie 3), St. Ottilien 1991, 128-141; Der Zukunftsanspruch des evolutiven Denkens und die christliche Hoffnung. [Vortrag und Zusammenfassung der Diskussion.]: Scheffczyk, Leo (Hrsg.), Evolution. Probleme und neue Aspekte ihrer Theorie (Grenzfragen 18), Freiburg 1991, 175-208; Die Bedeutung der Kirchenväter für die Theologie Newmans: Gläßer, Alfred (Hrsg.), John Henry Newman. Vortragsreihe der Katholischen Universität Eichstätt (Extemporalia 10), Eichstätt 1991, 17-31; Die Bedeutung der Mysterien des Lebens Jesu für Glauben und Leben der Christen: Ders., Glaube in der Bewährung (Gesammelte Schriften zur Theologie 3), St. Ottilien 1991, 265-282; Die Ehe. das Sakrament des Bundes: Luthe, Hubert (Hrsg.) Christusbegegnung in den Sakramenten, (Kevelaer 1991), 555-630; Die Ehelehre Karl Barths unter ökumenischem Aspekt: Aymans, Winfried / Egler, Anna / Listl, Joseph (Hgg.), Fides et Ius. Festschrift für Georg May zum 65. Geburtstag, Regensburg 1991, 389-406; Die geschlechtliche Bipolarität im Lichte theologischer Anthropologie: Ders., Glaube in der Bewährung (Gesammelte Schriften zur Theologie 3), St. Ottilien 1991, 203-223; Die Heiligung der Welt - die Aufgabe des Christen: Ders., Glaube in der Bewährung (Gesammelte Schriften zur Theologie 3), St. Ottilien 1991, 475-497; Die kirchliche Ehemoral in den Fängen des theologischen Journalismus: Theologisches 21 (1991) 233-241; Die Kollegialität der Bischöfe unter theologischem und pastoral-praktischem Aspekt: Ders., Glaube in der Bewährung (Gesammelte Schriften zur Theologie 3), St. Ottilien 1991, 357-375; Die Mittlerschaft Marias: Ders., Glaube in der Bewährung (Gesammelte Schriften zur Theologie 3), St. Ottilien 1991, 300-320; Die Mystik der Anna Katharina Emmerick: Engling, Clemens / Festring, Hubert / Flothkötter, Hermann (Hgg.), Anna Katharina Emmerick. Die Mystikerin des Münsterlandes. Symposion 1990 der Bischöflichen Kommission »Anna Katharina Emmerick«, Dülmen 1991, 39-61; Die Mystik der Anna Katharina Emmerick: Ders., Glaube in der Bewährung (Gesammelte Schriften zur Theologie 3), St. Ottilien 1991, 454-474; Ein Heilmittel gegen die neue Gnosis: 30 Tage vom Mai 1991, 54; Endgültigkeit gegen Wiederholung. Zur christlichen Antwort auf die Reinkarnationslehre: Ders., Glaube in der Bewährung (Gesammelte Schriften zur Theologie 3), St. Ottilien 1991, 559-574; Europa, finde deine Seele wieder! Radio Neues Europa. 24.11.1991 Vortrag [Cassette];

(Hrsg.), Evolution. Probleme und neue Aspekte ihrer Theorie (Grenzfragen 18), Freiburg 1991; Evolution und Schöpfung: Ders., Glaube in der Bewährung (Gesammelte Schriften zur Theologie 3), St. Ottilien 1991, 172-189; Glaube in der Bewährung (Gesammelte Schriften zur Theologie 3), St. Ottilien 1991; Glaube und Glaubenserfahrung. Zur theologischen Unterscheidung: Ders., Glaube in der Bewährung (Gesammelte Schriften zur Theologie 3), St. Ottilien 1991, 413-435; Gnadenerfahrung bei Teresa von Avila: Ders., Glaube in der Bewährung (Gesammelte Schriften zur Theologie 3), St. Ottilien 1991, 436-453; Gott, der Eine und Dreieine. Überlegungen zur Gotteslehre des Erwachsenen-Katechismus: Ders., Glaube in der Bewährung (Gesammelte Schriften zur Theologie 3), St. Ottilien 1991, 113-127; Guibert v. Nogent: ML 3 (1991) 58-59; Rez. zu: Stirnimann, Heinrich, Marjam. Marienrede an einer Wende, Freiburg/Schweiz 1989: FKTh 3 (1991) 236f.; Herabkunft des Geistes: Erfüllung und Neubeginn: Deutsche Tagespost 44 (1991) Nr. 60, 1; Hergenröther Josef, Kardinal: ML 3 (1991) 145; Hettinger, Franz Seraph.: ML 3 (1991) 180; Himmel und Hölle: Kontinuität und Wandel in der Lehrentwicklung: Ders., Glaube in der Bewährung (Gesammelte Schriften zur Theologie 3), St. Ottilien 1991, 525-544; Hinkmar v. Reims: ML 3 (1991) 210-211; Hölle. I. Biblisch-theologisch: LMA 5 (1991) 95-96; Ildefons v. Toledo, II. Dogmengeschichte: ML 3 (1991) 294-295; In persona Christi. Zur Theologie und Spiritualität des Priestertums: Kleindienst, Eugen / Schmuttermayr, Georg (Hgg.), Kirche im Kommen. Festschrift für Bischof Josef Stimpfle, Frankfurt / Main 1991, 497-516; Irdische Zukunftserwartung und göttliche Verheißung. Zur Identifizierung der christlichen Hoffnung: Ders., Glaube in der Bewährung (Gesammelte Schriften zur Theologie 3), St. Ottilien 1991, 501-524; Itinerarium Willibaldi: ML 3 (1991) 337; Leo Jesus Christus Gottessohn - Glaubenswahrheit oder Mythos?: Ders., Glaube in der Bewährung (Gesammelte Schriften zur Theologie 3), St. Ottilien 1991, 227-240; Joschafat, Tal Joschafat. II. Dogmengeschichte: ML 3 (1991) 435-436; Jovinian: Marienlexikon 3 (1991) 445; Jungfräuliche Mütterlichkeit. Radio Neues Europa. 08.12.1991 Vortrag [Cassette] gelesen von Weihbischof Dr. Vinzenz Guggenmoser; Karolingerzeit. II. Mariologie: ML 3 (1991) 512-513; Katholische Theologie im Bayern des 19. Jh.s: Brandmüller, Walter (Hrsg.), Handbuch der bayerischen Kirchengeschichte Bd 3, 1991, 479-537; Kirche. II. Theologie: LMA 5 (1991) 1166-1167; Rez. zu: Muschalek, G., Kirche - noch heilsnotwendig? über das Gewissen, die Empörung und das Verlangen. 3. Auflage, St. Johann bei Tübingen 1989: FKTh 7 (1991) 319; Konvenienzgründe (Kongruenzgründe): ML 3 (1991) 637-639; Rez. zu: Lehmann, Karl / Pannenberg, Wolfhart (Hgg.), Lehrverurteilungen - kirchentrennend? 3 Bände, Freiburg 1985-1990. (Titel der Rezension: Das Problem der Aufhebung der Lehrverurteilungen): FKTh 7 (1991) 38-60; Maria im Aspekt einer »Ökumenischen Dogmatik«. [Zu: Edmund Schlink, Ökumenische Dogmatik. Grundzüge, Göttingen 1983.]: Mater fidei et fidelium. Collected Essays to Honor Thédore Koehler on His 80th Birthday. Marian Library Studies. Vol. 17-23, Dayton / Ohio 1991, 592-607; Maria: Mutter der Glaubenden heute: Lieb-Frauen-Bote, Bozen 41 (1991) Nr. 1, 13-18; Nauka Ko?ciola o moralno?ci malzenskiej jako lup dziennikarstwa teologicznego: Ethos Nr. 15/16 (1991)

207-218; »Neuevangelisierung« - Utopie oder Chance?: Ders., Glaube in der Bewährung (Gesammelte Schriften zur Theologie 3), St. Ottilien 1991, 51-70; Neuscholastik: Evangelisches Kirchenlexikon 3 (1992) 686-688; Personalität und Gottebenbildlichkeit: Ders., Glaube in der Bewährung (Gesammelte Schriften zur Theologie 3), St. Ottilien 1991, 190-202; Rez. zu: Baumann, Richard, Was Christus Petrus verheißt, eine Entdeckung im Urtext von Matthäus: FKTh 2 (1991) 151-152; Schöpfungsgeheimnis und Naturgläubigkeit. Die christliche Schöpfungswahrheit angesichts des religiösen Naturalismus: Regensburger RU Notizen 10 (2/1991) 3-19; Sensus fidelium - Zeugnis in Kraft der Gemeinschaft: Ders., Glaube in der Bewährung (Gesammelte Schriften zur Theologie 3), St. Ottilien 1991, 340-356; Theologie des Bußsakramentes.(»Buße - Umkehr - Formen der Vergebung« Vortrag bei der Internationalen theologischen Sommerakademie 1991 in Aigen / M. [Cassette]; Theologie im Aufbruch: das 19. Jahrhundert: Brandmüller Walter (Hrsg.), Handbuch der bayerischen Kirchengeschichte. Band 3. Von der Säkularisation bis zur Gegenwart, St. Ottilien 1991, 477-537; Theologische und ekklesiologische Grundfragen der Öffnung zur Welt seit dem Zweiten Vatikanischen Konzil: Ders., Glaube in der Bewährung (Gesammelte Schriften zur Theologie 3), St. Ottilien 1991, 11-31; Zu D. Lange (Hrsg.), Überholte Verurteilungen? Göttingen 1991: Deutsche Tagespost (1991) Nr. 140, 6; Un antidolo contro il Pelagianesimo: Trenta Giorni (1991) Nr. 5, 54; Uneingelöste Traditionen der Trinitätslehre: Ders., Glaube in der Bewährung (Gesammelte Schriften zur Theologie 3), St. Ottilien 1991, 87-112; Vollendung und Neubeginn. Der Heilige Geist führt das geschichtliche Werk Christi in unsere Gegenwart: Deutsche Tagespost Nr. 60 vom 18. Mai 1991, 1; »Weltöffnung« oder »Verweltlichung«? Zur Frage der Weitergabe des Glaubens: Haaf, Ulrich (Hrsg.), Das Religionsbuch. Zugänge zum Glauben. Andreas Baur zum 70. Geburtstag gewidmet, Donauwörth 1991, 9-21; Wer ist Christus? Jesus Christus - der Grund des Glaubens: Müller, Michael (Hrsg.), Plädoyer für die Kirche. Urteile über Vorurteile. Aachen 1991, 49-63; Wirkungen des Modernismus auf Theologie und Kirche: Ders., Glaube in der Bewährung (Gesammelte Schriften zur Theologie 3), St. Ottilien 1991, 32-50; Zur Rezeption des Zweiten Vatikanums: Ders., Glaube in der Bewährung (Gesammelte Schriften zur Theologie III), St. Ottilien 1991, 71-84; Zusammenfassung der Generaldiskussion: Ders. (Hrsg.), Evolution, Probleme und neue Aspekte ihrer Theorie (Grenzfragen 18), Freiburg 1991, 209-240; Bäumer Remigius, Scheffczyk, Leo (Hgg.) Marienlexikon. Vierter Band: Lajtha - Orangenbaum, St. Ottilien 1992; Allversöhnung oder endgültige Scheidung? Vortrag bei der Internationalen theologischen Sommerakademie 1992 in Aigen / M. [Cassette]; Allversöhnung oder endgültige Scheidung? Zum Glauben an den doppelten Ausgang der Menschheitsgeschichte: Breid, Franz (Hrsg.), Die Letzten Dinge. Referate der »Internationalen theologischen Sommerakademie 1992« des Linzer Priesterkreises in Aigen / M. Steyr 1992, 95-138; Beharrung und Fortschritt. Theologische Biographie im Horizont kirchlicher Zeitgeschichte. Zum goldenen Priesterjubiläum von Prälat Dr. Martin Gritz: Brandt, Hans Jürgen (Hrsg.), ... und auch Soldaten fragten. Zu Aufgabe und Problematik der Militärseelsorge in drei Generationen (Quellen und Studien zur Geschichte der Mi-

litärseelsorge 9), Paderborn 1992, 87-94; Das Christentum und Europa. Zum Schlußdokument der Europa-Synode: FKTh 8 (1992) 134-144; Das Geheimnis Gottes und der Glaubensgehorsam. [Vortrag gehalten in der internationalen Gemeinschaft »Das Werk« in Bregenz-Thalbach am 17. Juli 1992.] Ms. 12 S.; Das Konzil von Trient und die Reformation: zum Versuch eines Brückenschlags. [vorgetragen am 5. Juli 1991], München 1992; de Regnon, Th.: Diccionario »El Dios christiano«, Salamanca 1992, 1207-1211; Die »Kirche der Zukunft« und die »Kirche der Vollendung«: Theologisches (Sonderdruck vom 1.11.1992) 3-18; Die Auferstehung Jesu: der Lebensgrund des Glaubens: Ratzinger, Joseph / Henrici, Peter (Hgg.), Credo. Ein theologisches Lesebuch, Köln 1992, 155-166; Die Christenheit und Europa. Zum Schlußdokument der Europa-Synode: FKTh 8 (1992) 134-144; Die heile Schöpfung und das Seufzen der Kreatur (Schriftenreihe der Gustav-Siewerth-Akademie 6), Weilheim-Bierbronnen 1992; Die Heilsbedeutung des Wortes im gegenwärtigen ökumenischen Dialog: FKTh 8 (1992) 241-260; Die Kirche als Communio. Bedeutung und Mißdeutung eines theologischen Begriffs: Theologisches 22 (1992) 2-11; Die Kirche als Hort des Religiösen: Becker, Klaus M. / Eberle, Jürgen (Hgg.), Religion - mit oder ohne Kirche? (Sinn und Sendung 5), St. Ottilien 1992, 79-101; Die Phänomenologie des Todes bei Dietrich von Hildebrand und die neuere Eschatologie: Aletheia. An International Yearbook of Philosophy. Volume 5. Truth and Value. The Philosophy of Dietrich von Hildebrand, Bern 1992, 265-278; Einigendes und Trennendes in der Ökumene: Betendes Gottesvolk Nr. 171 (3/1992) 10-11; Rez. zu: Pottmeyer, Hermann J. (Hrsg.), Fragen an Eugen Drewermann. mit Beiträgen von Anton A. Bucher u.a., Düsseldorf 1992: Deutsche Tagespost (vom 3.12.1992); Rez. zu: Denzler, Georg - Grasmück, Ernst Ludwig (Hrsg.), Geschichtlichkeit und Glaube. Gedenkschrift zum 100. Todestag Johann Joseph Ignaz Döllingers, München 1990: Zeitschrift für Bayerische Landesgeschichte (1992) 1-3; Rez. zu: Koch, Kurt, Gelähmte Ökumene. Was jetzt noch zu tun ist, Freiburg 1991. (Titel der Rezension: In der Ökumene ein Schritt ins Abseits. Professor Leo Scheffczyk zu einem Buch, das sich in Harmonismus und Kirchenkritik verliert): Deutsche Tagespost 45 Nr. 63. vom 23. Mai 1992, 4; Glaubenswahrheit und Glaubensleben. [Vortrag gehalten in der internationalen Gemeinschaft »Das Werk« in Bregenz-Thalbach am 29. Juli 1992.] Ms. 9 S.; Il Rinnovamento teologico del XIX secolo: AA.VV., La Rivelazione. Storia delle Dottrine Cristiane (StDC 1), Palermo 1992, 364-392; »Jungfräuliches Muttersein« - ein Wesensmerkmal marianischer Spiritualität: Bote von Fatima 50 (1992) 7-11; Kirche und »Befreiung«. Politischer Auftrag der Kirche: Theologisches (Sonderdruck vom 1.11.1992) 19-28; Las misiones Trinitarias como fuentes de la vida Cristiana: Scripta Theologica 24 vol. XXII, Fasc. 3 (1992) 923-940; Maria als »Sitz der Weisheit« im Glauben und Leben des Christen. Vortrag gehalten in der internationalen Gemeinschaft »Das Werk« im Kloster Thalbach in Bregenz am 9. August 1991. Bregenz 1992. Ms. 30 S.; Maria und die opfernde Kirche. [Predigt am 22.8.1992 beim Frauendreißiger in Maria Ramersdorf - München.] Ms. 8 S.; Mariologie des MA: LMA 6 (1992) 245-249; Rez. zu: Mariologie, bearbeitet von Franz Courth (Texte zur Theologie, Dogmatik), Graz 1991: Deutsche Tagespost 45 (1992) Nr.

91, 4; Mensch - natürlicher; vollendeter: LMA 6 (1992) 524-525; Milo v. St. Amand: ML 4 (1992) 454f.; Mutterrechte Mariens: ML 4 (1992) 559-560; Namenserklärungen Mariens: ML 4 (1992) 468-469; Nestorius: ML 4 (1992) 598-599; Offenbarung (apokalypsis, revelatio): ML 4 (1992) 675-679; Rez. zu: Brandmüller, Walter, Papst und Konzil im Großen Schisma (1378-1431). Studien und Quellen. Paderborn 1990. (Titel der Rezension: Vom tragischen Zerwürfnis der drei Päpste. Ein Geschichtswerk prüft die Ursachen des Großen Schismas von 1378): Deutsche Tagespost Nr. 5 vom 9. Januar 1992, 6; Sacramentum resurgentium. Zur Theologie des Bußsakramentes: Breid, Franz (Hrsg.), Buße - Umkehr - Formen der Vergebung. Referate der »Internationalen Theologischen Sommerakademie 1991« des Linzer Priesterkreises in Aigen / M. Steyr 1992, 91-110; Vorwort: FKTh 8 (1992) Nr. 3; Wahrer und falscher Ökumenismus. Zur Initiative »Kirchliche Doppelmitgliedschaft«: Betendes Gottesvolk Nr. 170 (2/1992) 16-17; Zur christozentrischen (christocephalen) Interpretation der Erbsünde: Ernst, Wilhelm / Feiereis, Konrad (Hrsg.) Denkender Glaube in Geschichte und Gegenwart. Festschrift 1992 (Erfurter Theologische Studien 63), Leipzig 1992, 343-356; Zur Neuevangelisierung Europas: Der Fels 23 (1992) 265-266 (Nachdruck); Zur Unsterblichkeitsproblematik bei Thomas von Aquin: Folia Theologica 3 (1992) 55-73; Bäumer Remigius, Scheffczyk, Leo (Hgg.) Marienlexikon. Fünfter Band: Orante - Scherer. St. Ottilien 1993; Abstammung des Menschen. II. Systematisch-theologisch: LThK^3 1 (1993) 91-92; Anakephalaiosis: LThK^3 1 (1993) 572-573; Angelologie: LThK^3 1 (1993) 649-651; Rez. zu: Messner, Johannes, Auf der Suche nach dem wahren Glück. Trier 1993. (Titel der Rezension: Um das wahre Glück): Theologisches 23 (1993) 387; Aspekte der Kirche in der Krise. Um die Entscheidung für das authentische Konzil (Quaestiones non disputatae 1), Siegburg 1993; Christus, der Sinnträger der Geschichte. Zur 2. Lesung: Röm 5,12-15. [Predigt zum 12. Sonntag im Jahreskreis - Lesejahr C.] 25.1.1993: PrV 98 (1993) 277-280; Rez. zu: Küng, H., Credo. Das Apostolische Glaubensbekenntnis - Zeitgenossen erklärt, München 1993. (Titel der Rezension: Das Kreuz zum »klaren Fiasko« erklärt. Privates Credo Hans Küngs als Ersatz für den Glauben der Kirche?): Deutsche Tagespost vom 20. März 1993; Der »Katechismus der katholischen Kirche« unter theologisch-zeitgeschichtlichem Aspekt: FKTh 9 (1993) 81-96; »Der Glanz der Wahrheit« Ein Kurzkommentar: Johannes Paul II., Enzyklika »Veritatis splendor«. Glanz der Wahrheit, Stein am Rhein 1993, 123-128; Der Glaube in der Anfechtung unserer Zeit. Zur Überwindung der gegenwärtigen Krise des Christlichen: Großer Ruf 43 (1/1993) 8-9; Der Zölibat: Formkraft priesterlicher Existenz und priesterlichen Dienstes: Seminarium 33 (1993) 48-59; Die Bedeutung des »Katechismus der Katholischen Kirche« für das Wesensverständnis christlichen Glaubens: Becker, Klaus M / Eberle, Jürgen (Hgg.), Der neue Katechismus der Katholischen Kirche: Zugänge (Sinn und Sendung 8), St. Ottilien 1993, 98 - 118; Die Bedeutung des »Katechismus der Katholischen Kirche« für das Wesensverständnis christlichen Glaubens. [Vortrag am 1. September 1993 vor dem »Internationalen Priesterkreis« im St.-Ulrichs-Haus in Augsburg.]: Klerusblatt 73 (1993) 231-235; Die Kirche: Auferbaut auf dem Fundament der Apostel: PrV 98 (1993) 289-292; Die kirch-

liche Ehemoral in den Fängen des theologischen Journalismus: Ethos Sonderausgabe Nr. 1 (1993) 205-217; Die männliche Bindung des Weiheamtes. Frauenordination - wider Schrift und Tradition - führt zur Spaltung: Theologisches 23 (1993) 3-6; Die Mariologie als Aufgabe und Impuls der Ökumene. Ziegenaus Anton (Hrsg.), Maria in der Evangelisierung. Beiträge zur mariologischen Prägung der Verkündigung (Mariologische Studien 9), Regensburg 1993, 151-168; Die Theologie von Michael Schmaus - aus der Mitte des Christusmysteriums. Zum Gedenken an den Dogmatiker und Verfasser grundlegender Werke über die Lehre der Kirche, der am Mittwoch verstarb. Deutsche Tagespost Nr. 148 vom 11. Dezember 1993, 4; Die trinitarischen Sendungen als Quellgrund des christlichen Lebens: Schwaiger, Georg (Hrsg.), Der dreifaltige Gott und das Leben des Christen. Internationales theologisches Symposion zur Trinitätslehre in Bamberg am 28./29.11.1991 (Studien zur Theologie und Geschichte 11), St. Ottilien 1993, 151-168; Rez. zu: Sudbrack, Josef, Eugen Drewermann ... um die Menschlichkeit des Christentums, Würzburg 1992. (Titel der Rezension: Beschreibt die Erbsünde nur Menschenangst? Anmerkungen zu dem Versuch, die Lehren Drewermanns als Erneuerung der Theologie zu deuten): Deutsche Tagespost 46 (29.7.1993) Nr. 90, 6; Rez. zu: Pavesi, Ermanno, Eugen Drewermanns »Klerikcr. Psychogramm eines Ideals« und die tiefenpsychologische Religionskritik (Schriftenreihe der Gustav-Siewerth-Akademie 8), Weilheim 1992: FKTh 9 (1993) 141-142; Gedenken an P. Dr. Franz Josef Müller SJ vom 16. November 1990: Newmanhaus München 1993. Jubiläum 1951-1991. Hrsg. v. Newman-Verein München, München 1993, 30-32; Gemeinschaft in Christus. Zur 2. Lesung: Kol 3,12-21. [Predigt zum Fest der Heiligen Familie.]: PrV 98 (1993) 577-580; Glauben und Danken. Zur 2. Lesung: 1 Thess 1,1-5b. [Predigt zum 29. Sonntag im Jahreskreis - Lesejahr A.]: PrV 98 (1993) 441-444; Rez. zu: Kocher, Richard, Herausgeforderter Vorsehungsglaube. Die Lehre von der Vorsehung im Horizont der gegenwärtigen Theologie, St. Ottilien 1993. (Titel der Rezension: »Vorsehung« als Schlüssel zum Geheimnis von Gottes Welthandeln): FKTh 9 (1993) 299-305; Hermann Schell: ML 5, 1993, 702-703; Iglesia y »Liberación« - ¨Cometido político de la Iglesia?: Tierra Nueva Nr. 87, Jg. 22 (1993) 15-25; Iglesia y mundo. El compromiso temporal de la Iglesia: Tierra nueva (Santiago de Chile 87 (1993) 5-14; Innerbiologische Kritik am Evolutionsmodell: Ethik u. Sozialwissenschaften 4. Nr. 1, (1993) 64-66; Jezis Kristus pravy Buh a pravý clovek: Krestanská víra ve svetle soucasné teologie, Prag 1993, 27-36; Privates Credo als Ersatz des Glaubens der Kirche?: Deutsche Tagespost (20.3.1993) Nr. 34, 5; Privatoffenbarungen: ML 5 (1993) 318-320; Prophetin (prophetissa): ML 5 (1993) 324-325; Protoevangelium. II. Dogmengeschichte: ML 5 (1993) 343-344; Pseudo-Augustinus, Sermo 208 und De Assumptione BMV: ML 5 (1993) 366-368; Pseudo-Epiphanius: ML 5 (1993) 370; Pseudo-Hieronymus: ML 5 (1993) 371; Pseudo-Ildefons: ML 5 (1993) 371-372; Pseudo-Melito II. Dogmengeschichte: ML 5 (1993) 373-374; Ratramnus: ML 5 (1993) 412-413; Religion und Ethos. Systematisches zum Verhältnis von Religions- und Ethikunterricht: Huber, Herbert (Hrsg.), Sittliche Bildung. Ethik in Erziehung und Unterricht, Asendorf 1993, 417-439; Rhabanus Maurus: ML 5 (1993) 471-473; Scheeben, Matthias Joseph: ML 5 (1993) 700-701; Schell, Hermann: ML 5 (1993) 702-703; St. Leonhard: Gestaltung der Welt in der Kraft des Glaubens: PrV 98 (1993) Nr. 6, 580-586; Rez. zu: Kraus, G. (Hrsg.), Texte zur Theologie. Dogmatik. Schöpfungslehre 1 + 2. Graz 1992. (Titel der Rezension: Texte zu Schöpfung und Evolution aus katholischer Sicht. Ein Band aus dem Styria-Verlag informiert umfassend, weist aber auch Lücken auf.): Deutsche Tagespost Nr. 48 vom 22. April 1993, 6; Theologie aus der Mitte des Christusmysteriums. Zum Gedenken an Michael Schmaus: Deutsche Tagespost (11.12.1993) Nr. 148, 4; Theologie in ekklesialer Dimension. Zum 60. Geburtstag von Michael Seybold: Klerusblatt 73 (1993) 209; Um das wahre Glück. [Zu: Johannes Messner Auf der Suche nach dem wahren Glück. Trier 1993.]: Theologisches 23 (1993) 387; Rez. zu: Schönberger, Rolf, Was ist Scholastik?: FKTh 9 (1993) 221; Rez. zu: Ratzinger, Joseph, Zur Gemeinschaft gerufen. Kirche heute verstehen, Freiburg 1991: Großer Ruf Nr. 7 (470) November 1993, 138; Zur Unsterblichkeitsproblematik bei Thomas v. Aquin: Folia Theologica. Academia Theologica Romano Catholica a Petro Pázmány, vol. 3, Budapest 1993, 55-73; Bäumer Remigius, Scheffczyk, Leo (Hgg.) Marienlexikon. Sechster Band: Scherer - Zypresse und Nachträge. St. Ottilien 1994; Rez. zu: Günthör, Anselm, Anruf und Antwort I u. II; Handbuch der katholischen Moraltheologie (Titel der Rezension: Christliches Ethos als Responsorialität zu Gott): FKTh 10 (1994) 75-79; Auferstehung - Prinzip christlichen Glaubens. Teil I: Der biblische Grund der Auferstehung im Lichte des Glaubens: Kirche heute Nr. 4 vom April 1994, 24-26; Auferstehung - Prinzip christlichen Glaubens. Teil II: Die Auferstehung Jesu Christi: Strahlungszentrum christlicher Wahrheit: Kirche heute Nr. 5 vom Mai 1994, 11-13.; Auferstehung - Prinzip christlichen Glaubens. Teil III: Auferstehung Christi - Hoffnung auf Vollendung: Kirche heute Nr. 6 vom Juni 1994, 23-25; Castro, José de San Pedro de Alcantara: LThK³ 2 (1994) 74; Concursus divinus: LThK³ 2 (1994) 1291; Dank im Geiste Marias: Bote von Fatima 52 (1994) Nr. 1, 7f.; Dankansprache bei der Jahresversammlung des »Institutum Marianum Regensburg« e. V. am 27. November 1993: Bote von Fatima 52 (1994) 7-8; Das Drama der Erlösung: Jesus Christus, »hinabgestiegen in das Reich des Todes, am dritten Tage auferstanden von den Toten«. [Thematische Predigt für die Osterzeit]: PrV 99 (1994) 184-188; Das Erscheinen der Gnade Gottes. Zur 2. Lesung: Tit 2,11-14. [Predigt in der Heiligen Nacht.]: PrV 99 (1994) 593-596; Das Gottesgeheimnis der Liebe. Zur 2. Lesung: 1 Joh 4,11-16. [Predigt zum 7. Sonntag der Osterzeit - Lesejahr B.]: PrV 99 (1994) 244-247; Der biblische Grund der Auferstehung im Lichte des Glaubens: Kirche heute (4. April 1994) 24-26; Der dogmatische Aspekt. [Grundsätze des Schreibens der Kongregation für die Glaubenslehre über den Kommunionempfang von wiederverheirateten geschiedenen Gläubigen vom 19. Oktober 1994. Vortrag vor der österreichischen Bischofskonferenz am 12. Dezember 1994 in Wien.] Ms. 5 S.; Der einzigartige Bund. Zur 2. Lesung: Hebr 7,23-28. [Predigt zum 31. Sonntag im Jahreskreis - Lesejahr B.]: PrV 99 (1994) 475-478; Der Irrweg der Allversöhnungslehre: Stöhr, Johannes (Hrsg.), Die Letzten Dinge im Leben des Menschen. Theologische Überlegungen zur Eschatologie. Internationales Symposion an der Universität Bamberg 12./13.1.1992, St. Ottilien 1994, 96-106; Die Be-

deutung des »Katechismus der Katholischen Kirche« für das Wesensverständnis christlichen Glaubens: Renovatio 50 (1994) 94-106; Die Ehe - das Sakrament des Bundes: Luthe, Hubert (Hrsg.), Christusbegegnung in den Sakramenten. 3. überarb. Aufl., Kevelaer 1994, 555-630; Die Ehe - das Sakrament des Bundes. Sonderdruck aus: Luthe, Hubert (Hrsg.), Christusbegegnung in den Sakramenten. 3. überarb. Aufl., Kevelaer 1994, 555-630; Die Kirche - das Ganzsakrament Jesu Christi: Luthe, Hubert (Hrsg.), Christusbegegnung in den Sakramenten. 3. überarb. Aufl., Kevelaer 1994, 67-124; Ein wissenschaftliches Lebenswerk im Dienste des Christusglaubens. Zur Kardinalsernennung von Alois Grillmeier: Klerusblatt 74 (1994) Nr. 11, 249-250; Entmythologisierung und Glaubenswahrheit in mythenloser Zeit: Umkehr Nr. 3 vom Juli 1994, 1-3; Ergriffensein vom Evangelium: Der Geist des Apostolats. Zur 2. Lesung: 1 Kor 9,16-19.22-23. [Predigt zum 5. Sonntag im Jahreskreis - Lesejahr B.]: PrV 99 (1994) 52-55; Gott der Schöpfer. Vortrag bei der Internationalen theologischen Sommerakademie 1994 in Aigen / M. [Cassette]; Gott, der Schöpfer. Das Gottesbild der Schöpfung. [Gekürzte Wiedergabe des Vortrags bei der »Internationalen Theologischen Sommerakademie 1994« des Linzer Priesterkreises in Aigen/M. in drei Teilen.]: Schweizerisches Katholisches Sonntagsblatt Nr. 48 vom 4.12.1994, 10; Nr. 49 vom 11.12.1994, 8-9; Nr. 50 vom 18.12.1994, 10; Gott, der Schöpfer. Das Gottesbild der Schöpfung: Breid, Franz (Hrsg.), Gottes Schöpfung. Referate der »Internationalen Theologischen Sommerakademie 1994« des Linzer Priesterkreises in Aigen/M. Steyr 1994, 13-38; Jansenismus: ML 6 (1994) 847-848 (Nachtrag); Jesus Christus - Ursakrament der Erlösung: Luthe, Hubert (Hrsg.), Christusbegegnung in den Sakramenten. 3. überarb. Aufl., Kevelaer 1994, 13-65; La Iglesia y »las iglesias«: Tierra Nueva Nr. 88, Jg. 23 (1994) 5-14; La Iglesia y las religiones - »Extra Ecclesiam Nulla Salus«: Tierra nueva 22 (1994) Nr. 88, 15-27; Maria ve svetle Viry: Svetlo. Tydenik matice cyrilometodýske 4 (1994); Mitwirken am Heil der anderen. [Predigt bei der Dankwallfahrt nach Fatima zum Abschluß der Arbeiten am Marienlexikon]: Bote von Fatima 52 (1994) 140-142; Nachruf auf Michael Schmaus: Jahrbuch der Bayerischen Akademie der Wissenschaften 1993, München 1994, 275-278; Präexistenz und Gottheit Jesu. Vortrag bei der Theologischen Sommerakademie 1994 in Dießen. [Cassette]; Scholastik: ML 6 (1994) 57-59; Sensus fidelium: Marienlexikon 6 (1994) 132-133; Stabat Mater. 4. Theologische Entfaltung: ML 6 (1994) 265-266; zus. mit Stegmüller, O., Widenfeld, Adam v.: ML 6 (1994) 728-729; Tanner, Adam: ML 6 (1994) 356; Theotokos: ML 6 (1994) 390-391; Thomassin(us) d'Egnac, Louis de: ML 6 (1994) 415-416; Usuard: ML 6 (1994) 552; Vaticanum II: ML 6 (1994) 567-571; Venantius Fortunatus: ML 6 (1994) 580-581; Verschlungen ist der Tod vom Sieg. Zur 2. Lesung: 1 Kor 14,54-57. [Predigt am Vorabend des Hochfestes der Aufnahme Marias in den Himmel.]: PrV 99 (1994) 374-376; Vorwort: FKTh 1 (1994) 10, 1-2; Walahfrid Strabo: ML 6 (1994) 682; Weihe: ML 6 (1994) 696-698; Widenfeld: ML 6 (1994) Zur Anthropologie des »Katechismus der katholischen Kirche«: Theologisches 24 (1994) 63-72; Zur Kardinalsernennung von Alois Grillmeier S.J. Ein wissenschaftliches Lebenswerk im Dienst des Christusglaubens: Klerusblatt 47 (1994) 249-250; Dämon, histor.-theol.: LThK³

(1995) 3f.; Dämonologie: LThK³ (1995) 6f.; Danken und teilen. Die Eucharistie als Feier und Sendung. Theologisch-spiritueller Artikel: PrV 100 (1995) 440-447; Das Allumfassende Gebet. Kurzpredigt am Karfreitag: PrV 100 (1995) 174-179; »Das Blut Christi, das ewige Erlösung wirkt« (Hebr 9,12). Das Geheimnis des Erlösungsglaubens: A. Strukelj (Hrsg.), Bo□jo voljo spolnjevati. Jubelejni zbornik ob 75-letnici Alojzija Suštarja Ljuljanskega Nadškofa in Metropolita, Ljubljana 1995, 585-600; »Das Blut, das ewige Erlösung wirkt« (Hebr 9,12). Von einer Zentralwahrheit des Glaubens. [Teil 1]: Leben in Fülle 50 (1995) 7-11. (Teil 2: 1996); Das Blut, das ewige Erlösung wirkt. Vortrag bei der 4. Herz-Jesu-Studientagung am 19.1.1995 im Wiener Priesterseminar. [Cassette]; Das Geheimnis Gottes - Mitte und Ziel des Glaubens. Skrivnost Boga-svedina in ciljvere: Communio. Kristjanova Obzorja 41 (1995) 205-229; Das Mißverständnis der Kirche. Geschwisterlichkeit - Demokratisierung - Säkularismus: Plettenberg, Gabriele (Hrsg.) Die Saat geht auf. Ist die Kirche mit ihrer Moral am Ende? Aachen 1995, 213-225; Das Problem der wiederverheirateten Geschiedenen unter gesamttheologischem Aspekt: Theologisches 25 (1995) 59-71; Das weiterströmende Blut. [Schlußteil des Vortrags bei der Herz-Jesu-Studientagung am 19.1.1995 im Wiener Priesterseminar.]: Gottgeweiht 8 (1995) 27-29; Den Reichtum des Konzils in seiner Tiefe ausschöpfen: Wiener Kirchenzeitung (Januar 1995); »Der Erstgeborene der ganzen Schöpfung«. Zur 2. Lesung: Kol 1,12-20. [Predigt zum Christkönigssonntag - Lesejahr C.]: PrV 100 (1995) 589-593; Der Gottesknecht: Bote der Weisheit des Kreuzes. Zur 1. Lesung: Jes 52,13-53,12. [Predigt zum Karfreitag.]: PrV 100 (1995) 170-174; Leo Der Zölibat als Formkraft priesterlicher Existenz: Maas-Ewerd, Theodor (Hrsg.), Kleriker. Im Dienste Gottes für die Menschen. Festschrift zum 75jährigen Bestehen des Klerusverbandes und des Klerusblattes in Bayern und in der Pfalz 1920-1995. Sonderausgabe zu Klerusblatt 75 (1995), München 1995, 61-72; Der Zölibat als integraler Bestandteil der christusförmigen Existenz des Priesters: Becker, Klaus M. / Eberle, Jürgen (Hgg.), Der Zölibat des Priesters (Sinn und Sendung 9), St. Ottilien 1995, 19-43; Die apokalyptische Frau - die Heilsgestalt über der Welt. Zur 1. Lesung: Offb 11,19a; 12,1-6a.10ab. [Predigt zum Hochfest der Aufnahme Marias in den Himmel.]: PrV 100 (1995) 393-397; Die Erlösung im blutigen Kreuzestod Jesu Christi. [Abschnitt eines Vortrages im Rahmen eines Besinnungstages. Eingeleitet durch eine Kurzrezension von E. H. Ritter.]: Bote von Fatima 53 (1995) 45-48; Die Trinitätslehre des hl. Thomas im Spiegel gegenwärtiger Kritik: Studi Tomistici 59: S. Tommaso Teologo. Ricerche in occasione dei due centenari accademici (a cura di A. Piolanti), Roma 1995, 163-190; Disposition, theol.: LThK³ 3 (1995) 267f.; Dreifaltigkeit: Gott über uns und in uns (Röm 5,1-5): PrV 100 (1995) Nr. 3, 281-284; Ehe und Eucharistie. Grundsätze des Schreibens der Kongregation für die Glaubenslehre über den Kommuniomempfang von wiederverheirateten geschiedenen Gläubigen vom 19. Oktober 1994: Klerusblatt 75 (1995) 131-132; Ehe und Eucharistie. Grundsätze des Schreibens der Kongregation für die Glaubenslehre über den Kommunionempfang von wiederverheirateten geschiedenen Gläubigen: FKTh 11 (1995) 133-136; Ehe-Sakrament: Kommt es zum »pastoralen Erdbeben«? [Interview von S. Kronthaler mit Prof. Scheff-

czyk.]: Wiener Kirchenzeitung vom 12.2.1995, 22; Ein ökumenischer Brückenschlag zur »griechischen« Erbsündenlehre. [Zu: (Hauke Manfred) Heilsverlust in Adam. Stationen griechischer Erbsündenlehre: Irenäus - Origines - Kappadozier. Paderborn 1993.]: FKTh 11 (1995) 203-207; Einen Kompromiß zwischen Glauben und Irrglauben kann es nicht geben. Geschwisterlichkeit - Demokratisierung - Säkularismus: Plettenberg, Gabriele (Hrsg.), Die Saat geht auf. Ist die Kirche mit ihrer Moral am Ende? Aachen 1995, 213-225; Engel, histor.-theol.: LThK³ 3 (1995) 648f.; Engel. VI. Systematisch-theologisch: LThK³ 3 (1995) 649-650; Erhaltung der Welt: LThK³ 3 (1995) 762-763; Erlöst durch Christi Blut: Kleine Monatszeitschrift kath. Glaubens 25 (1995) Nr. 3, 1-2; Erlöst durch Christi Blut: Das Neue Groschenblatt 25 (3/1995) 1-2; Erlöst durch Christi Blut: Schweizerische Katholische Wochenzeitung Nr. 15 vom 14. April 1995, 2; Exorzismus, system.-theol.: LThK³ 3 (1995) 1127; Faith and witness: Confessio and martyrium: Communio 22 (1995) 406-417; Fe como confesión: confessio« y »martyrium«: Communio 17 (1995) 450-459; »Geboren aus Maria der Jungfrau«. Die Jungfräulichkeit Mariens im Geheimnis Christi und der Kirche: Breid, Franz (Hrsg.), Maria in Lehre und Leben der Kirche. Referate der »Internationalen Theologischen Sommerakademie 1995« des Linzer Priesterkreises in Aigen / M. Steyr 1995, 60-80; Geboren aus Maria, der Jungfrau. Vortrag bei der Internationalen theologischen Sommerakademie 1995 in Aigen / M. [Cassette]; Geister: LThK³ 4 (1995) 380; Glaube und Bekenntnis. Confessio und Martyrium: Internationale Katholische Zeitschrift » Communio« 24 (1995) 422-432; Gnadenstreit: LThK 4 (1995) 797-798; Gnadensysteme: LThK³ 4 (1995) 798-799; Gott über uns und in uns. Zur 2. Lesung: Röm 1,1-5. [Predigt zum Dreifaltigkeitssonntag - Lesejahr C.]: PrV 100 (1995) 281-284; Gottebenbildlichkeit, dogmatisch: LThK³ 4 (1995) 874-875; Gottebenbildlichkeit, systematisch: LThK³ 4 (1995) 875-876; Herz Jesu, Inbegriff der Religion. Predigt am 23.6.1995 in der internationalen Gemeinschaft 'Das Werk'. 4 S.; Kirche als Weinstock und Leib Christi. Vortrag bei der Theologischen Sommerakademie 1995 in Dießen. [Cassette]; La professione di fede: confessio e martyrium: La fede: Communio 143 (1995) 24-34; Präexistenz und Gottheit Jesu Christi: Brandmüller, Walter (Hrsg.), Wer ist Jesus Christus? Mythen, Glaube und Geschichte, Aachen 1995, 215-236; Rückbesinnung auf die Sakramentalität der Ehe als Weg aus der Krise: Anthropotes 11 (1995) 19-33; Schöpfung: LMA 7 (1995) 1540-1542; »Servus omnium - der Diener aller«. Zum Tod von Weihbischof Matthias Defregger: Deutsche Tagespost 48 (27. Juli 1995) Nr. 89, 5; Skrivnost Boga - sredina in cilj vere. [Übersetzung von: Das Geheimnis Gottes - Mitte und Ziel des Glaubens.]: Communio - Kristjanova obzorja 10 (1995) 219-229; Rez. zu: Schmidt, Margot (Hrsg.), Tiefe des Gotteswissens - Schönheit der Sprachgestalt bei Hildegard von Bingen. Internationales Symposium in der Katholischen Akademie Rabanus Maurus , Wiesbaden Naurod, vom 9.-12.9.1994. (Mystik in Geschichte und Gegenwart. Abt 1, Christliche Mystik; Bd. 10.) Stuttgart 1995: FKTh 13 (1997) 77-79; Zum Problem der Sprache in der Theologie: Fila B. / Erdö P. (Hgg.), Teológus az Egyházban. Emlékkönyv Gál Ferenc 80. születésnapja alkalmából (Studia Theologica Budapestinensia 12), Budapest 1995, 129-151; Zwischen Glauben und Irrglauben gibt es keinen Kompromiß: Deutsche Tagespost 48 (25. Nov. 1995) Nr. 141, 14; A bünbánat szentségének sajátos üdvöz´ctö hatása. Nemzetközi Katolicus Folyóirat.[Übersetzung von: Die spezifische Heilswirkung des Bußsakramentes.] Budapest. Communio 4 (3/1996) 61-75; Absolutez del cristianismo: Communio. Revista Católica Internacional 18 (1996) 108-120; Az Egyház mint Jézus Kristust jelképezö teljes szentség. [Übersetzung von: Die Kirche - das Ganzsakrament Jesu Christi.]: Communio - nemzetközi katolikus folyóirat 4 (2/1996) 42-73; Botschaft vom wahren Glauben: PrV 101 (1996) Nr. 2, 184-188; Buße als Wandlung des Lebens. Zur 1. Lesung: Joel 2, 12-18. [Predigt zum Aschermittwoch]: PrV 101 (1996) 66-70; Das »Kreuz« als Anfrage an die Kirche. La Croce di Cristo interroga la Chiesa: La Croce di Cristo unica speranza. Atti del III Congresso internazionale »La sapienza della croce oggi«, Roma 1996, 73-84; Das bleibend Katholische. Vortrag bei der Internationalen theologischen Sommerakademie 1996 in Aigen / M. [Cassette]; Leo Das Bleibende in der Kirche. Vortrag vor dem Newman-Werk in München am 28.1.1996. Hrsg. v. Institutum Marianum Regensburg e. V., Regensburg 1996; »Das Blut, das ewige Erlösung wirkt« (Hebr 9,12). Fortsetzung. [Teil 2]: Leben in Fülle 51 (1996) 5-10; Das responsum der Glaubenskongregation zur Ordinationsfrage und eine theologische Replik: FKTh 12 (1996) 127-133; Das vorbehaltlose »Ja, Vater«. Zum Evangelium: Mt 21,18-32. [Predigt zum 26. Sonntag im Jahreskreis - Lesejahr A.]: PrV 101 (1996) 484-487; Das Wandelbare und das Unwandelbare in der Kirche: Klerusblatt 76 (1996) 283-286; Das Wandelbare und das Unwandelbare in der Kirche: Theologisches (1996) 284-292; Das wesentlich und bleibend Katholische: Breid, Franz (Hrsg.) Die Kirchenkrise: Referate der »Internationalen Theologischen Sommerakademie 1996« des Linzer Priesterkreises in Aigen / M., Steyr 1996, 68-91; Der einzige Lehrer. Zum Evangelium: Mt 23,1-12. [Predigt zum 31. Sonntag im Jahreskreis - Lesejahr A.]: PrV 101 (1996) 570-573; Der Gott der Offenbarung. Gotteslehre (Katholische Dogmatik 2). Aachen 1996; Die Autorität Christi in der Welt repräsentieren: Kirche heute Nr. 5/1996, 8-9; Die Botschaft vom wahren Glauben. Zum Evangelium: Joh 20,19-31. [Predigt zum 2. Sonntag der Osterzeit]: PrV 101 (1996) 185-188; Die Verschiedenheit der Dienste: Laien - Diakone - Priester: Internationale Katholische Zeitschrift »Communio« 25 (1996) 499-513; Die wahre Kirche. Zur Motivation der Konversion John Henry Newmans. [Vortrag am 1.11.1995 beim Newman-Symposion in Jerusalem (1.-3.11.)]: FKTh 12 (1996) 163-172; Die Weisheit Gottes als Licht auf dem Wege. Zur 1. Lesung: Weish 12,13.16-19. [Predigt zum 16. Sonntag im Jahreskreis - Lesejahr A.]: PrV 101 (1996) 394-397; Ekklesiologie und Kirchengeschichte (unter systematischem Aspekt): Scripta Teologica (1996) 25-41; Familie und Gesellschaft, theologische Aspekte: Anthropotes 12 (1996) 51-66; Furchtloses Bekennen. Zum Evangelium: Mt 10,26-33. [Predigt zum 12. Sonntag im Jahreskreis - Lesejahr A.]: PrV 101 (1996) 308-311; Heiligkeit und Anbetung. Radio Horeb. Reihe »Standpunkt«. 20.10.1996. Vortrag und Beantwortung von Fragen. 2 Teile [Cassette]; Herz-Jesu-Verehrung, spirituell: LThK^3 5 (1996) 54; Herz-Jesu-Verehrung, systematisch-theologisch: LThK^3 5 (1996) 53f.; Hylemorphismus. II. Systematisch-theologisch: LThK^3 5 (1996) 353-

354; Scheffczyk, Leo / Ziegenaus, Anton (Hgg.), Katholische Dogmatik. In acht Bänden, Aachen 1996-2001. [Scheffczyk ist der Autor der Bände I-III und VI, Ziegenaus jener der übrigen.]; Kirche als Weinstock und Leib Christi. Die Wurzel des Mysteriums: Brandmüller, Walter (Hrsg.) Mysterium Kirche. Sozialkonzern oder Stiftung Christi? Aachen 1996, 85-106; La Croce di Cristo interroga la Chiesa: T. P. Zecca (Hrsg.), La Croce di Cristo unica speranza. Atti del III. Congresso internazionale »La sapienza della croce oggi« (Roma, 9-13 gennaio 1995), Roma 1996, 73-84; La Ecclesiología y la Historia del la Iglesia, consideradas desde el punto de vista sistemático: Anuario de Historia de la Iglesia Vol. V. Instituto de Historia de la Iglesia. Facoltad de Teoligía. Universidad de Navarra 1996, 25-42; Laypersons, deacons, and priests: A difference of ministries: Communio 23 (1996) 639-655; Lex credendi - Lex orandi: La liturgia, norma di fede. (Die Liturgie als Norm des Glaubens) Monte Cassino Assemblea Generale 2-5 Novembre 1995 (Hrsg. R. Schumacher) Musicae Sacrae Ministerium 33. Rom (1996) 14-23; Kirchlicher Glaube: LThK^3 6 (1996) 101; Limbus: LThK^3 6 (1996) 936-937; Maria - Vorbild der Frau und Urbild der Kirche: Kirche heute Nr. 9 (1996) 17-19; Petrusamt - Repräsentanz der Sendung Christi. Zum Papstbesuch: Kirche heute 5 (1996) 8f.; Ruf zur Einheit im Geiste. Zur 2. Lesung: Eph 4,1b-6. [Predigt zum Pfingstmontag - Lesejahr A.]: PrV 101 (1996) 280-283; Sünde, »Ursünde«: LMA 8 (1996) 315-319; Taufe. I. Christliche und heterodoxe Lehre: LMA 8 (1996) 495-498; The Specific Saving Effect proper to the Sacrament of Penance. Published by The international Community »The Work«, Rome 1996; Tod. Sterben: LMA 8 (1996) 823-824; Transitus - Mariae - Berichte: LMA 8 (1996) 994; Vertrauens und Wahrheitsglaube. Radio Horeb. Reihe »Standpunkt«. 22.9.1996. Vortrag und Beantwortung von Fragen. 2 Teile [Cassette]; Zur Absolutheit des Christentums: Internationale Katholische Zeitschrift »Communio« 25 (1996) 329-341; Zwischen Glauben und Irrglauben gibt es keinen Kompromiß. Wie man »Geschwisterlichkeit« in der Kirche gründlich mißverstehen kann. [Gekürzte Wiedergabe des Beitrags »Einen Kompromiß zwischen Glauben und Irrglauben kann es nicht geben« aus dem Buch »Die Saat geht auf« (1995).]: Schweizerische Katholische Wochenzeitung Nr. 6 vom 12.2.1996, 1-2; Berufung als Ruf aus der Zeit: Müller Michael (Hrsg.), Wen(n) Gott ruft 23 Berufungsgeschichten, Aachen 1997, 98-118; Bonifatius Fischer OSB (20.8.1915-19.4.1997). [Nachruf]: Jahrbuch der Bayerischen Akademie der Wissenschaften (1997) 278-281; Rez. zu: Bürkle, H., Der Mensch auf der Suche nach Gott - die Frage der Religionen (AMATECA, Lehrbücher zur katholischen Theologie 3), Paderborn 1996: FKTh 13 (1997) 310-311; Christus - Kirche - Sakramente: Die Vergegenwärtigung des Heils in der Welt. Vortrag bei der Theologischen Sommerakademie 1997 in Dießen. [Cassette]; Das Geheimnis der Gnade - Größe und Reichtum. Vortrag am 25.2.1997 in Collegium Paulinum / Rom [Cassette]; Das Mariengeheimnis zwischen Apologie und Doxologie. Zum Mariale des Petrus Canisius: FKTh 13 (1997) 241-256; Das Mariengeheimnis zwischen Apologie und Doxologie. Zum Mariale des Petrus Canisius: Sedes Sapientiae. Mariologisches Jahrbuch 1 (2/1997) 47-73; Das menschliche Mitwirken im Sakramentsgeschehen. Vortrag bei der Theologischen Sommerakademie 1997 in Dießen.

[Cassette]; Die Frage nach Jesus Christus. Zum Evangelium: Joh 6,1-15. [Predigt zum 17. Sonntag im Jahreskreis - Lesejahr B.]: PrV 102 (1997) 375-379; Die Lebenskraft der Auferstehungsbotschaft. Zur 1. Lesung: Apg 3,9-19. [Predigt zum 3. Sonntag der Osterzeit - Lesejahr B.]: PrV 102 (1997) 170-173; Die Lebenskraft des verherrlichten Jesus: PrV 102 (1997) 70-73; Theologische Grundlagen der Liturgie: Breid, Franz (Hrsg.), Referate der »Internationalen Theologischen Sommerakademie 1997« des Linzer Priesterkreises in Aigen / M.: Die heilige Liturgie, Steyr 1997, 16-35; Rez .zu: Ruster, Thomas, Die verlorene Nützlichkeit der Religion. Katholizismus und Moderne in der Weimarer Republik. 2. Auflage, Paderborn 1997. (Titel der Rezension: Theologie und Moderne): FKTh 13 (1997) 282-290; Die Zuwahl des Matthias - ein Lehrstück über die Kirche. Zur 1. Lesung: Apg 1,15-17.20-29. [Predigt zum 7. Sonntag der Osterzeit - Lesejahr B.]: PrV 102 (1997) 236-240; Gegenwart und Vergegenwärtigung in der Eucharistie. (1) Die wirkliche Gegenwart Christi: Betendes Gottesvolk Nr. 190 (2/1997) 6-7; Gegenwart und Vergegenwärtigung in der Eucharistie. (2) Vergegenwärtigung durch Wesensverwandlung: Betendes Gottesvolk Nr. 191 (3/1997) 6-7; Gott und das Leid. Radio Horeb. Reihe »Standpunkt«. 23.3.1997. Vortrag und Beantwortung von Fragen. 2 Teile [Cassette]; Grundlagen des Dogmas. Einleitung in die Dogmatik (Katholische Dogmatik 1), Aachen 1997; Gründung im Apostelamt: Klerusblatt 77 (1997) 121-122; Die Zuwahl des Matthias - ein Lehrstück über die Kirche: PrV 102 (1997) 236-240; L'assolutezza del cristianesimo: Communio. Revista Internazionale di Teologia e Cultura. Numero 152, marzo-aprile 1997, 16-28; Marianisches Erbe - geehrt und vermehrt. Einführung: Graber Rudolf / Ziegenaus, Anton (Hgg.), Die marianischen Weltrundschreiben der Päpste von Pius IX. bis Johannes Paul II. (1849-1988). Dritte, erweiterte und überarbeitete Auflage mit einer Einführung von Prof. Dr. Leo Scheffczyk, Regensburg 1997, 9-12; Natursakramente: LThK³ 7 (1997) 696-697; Ökumene unter dogmatischem Aspekt: Bäumer, Remigius, Im Ringen um die Wahrheit, Weilheim-Bierbronnen 1997, 841-852; Schöpfung als Heilseröffnung. Schöpfungslehre (Katholische Dogmatik 3), Aachen 1997; Strukturen katholischen Glaubensdenkens: Brandmüller, Walter (Hrsg.), Das eigentlich Katholische. Profil und Identität. Grenzen des Pluralismus, Aachen 1997, 9-34; Verdammung: LMA 8 (1997) 1497-1499; Verklärung Christi - Verwandlung des Lebens. Zum Evangelium: Mk 9,2-10. [Predigt zum 2. Fastensonntag - Lesejahr B.]: PrV 102 (1997) 73-78; Leo Aspekte einer Theologie der Familie: Bäumer, Remigius / Stockhausen, Alma von (Hgg.), Die Familie im Spannungsfeld zu den evangelischen Räten, Weilheim-Bierbronnen 1998, 19-35; Rez. zu: Ernst, Siegfried, Auf dem Weg zur Weltkirche. Gründe für meinen Übertritt zur katholischen Kirche, Stein am Rhein 1998: FKTh 15 (1999) 155-156; Christsein in verweltlichter Welt. Zur 2. Lesung: 2 Thess 2,16-3,5. [Predigt zum 32. Sonntag im Jahreskreis - Lesejahr C.]: PrV 103 (1998) 683-686; Christus - Kirche - Sakramente: Die Vergegenwärtigung des Heils in der Welt: Brandmüller, Walter (Hrsg.), Christus in den Sakramenten der Kirche, Aachen 1998, 9-29; Das Amt und die Charismen. Vortrag bei der Theologischen Sommerakademie 1998 in Dießen. [Cassette]; Das menschliche Mitwirken im Sakramentsgeschehen: Brandmüller, Walter

(Hrsg.), Christus in den Sakramenten der Kirche, Aachen 1998, 31-48; Der Heilige Geist in der Kirche - Amt und Charisma: Unio Apostolica 39 (1/1998) 4-14; Der Mensch und die sakramentalen Symbole: Schmidt, Margot (Hrsg.), Von der Suche nach Gott. Helmut Riedlinger zum 75. Geburtstag (Mystik in Geschichte und Gegenwart I / 15), Stuttgart 1998, 547-558; Der rettende Sieg. Zur 1. Lesung: Offb 11,19a; 12,1-6a.10ab. [Predigt zu Mariä Aufnahme in den Himmel.]: PrV 103 (1998) 429-432; »Die Gemeinsame Erklärung zur Rechtfertigungslehre« und die Norm des Glaubens: Theologisches 28 (1998) 61-68; 125-132; Die Heilsverwirklichung in der Gnade. Gnadenlehre (Katholische Dogmatik 6), Aachen 1998; Erneuerung im Glauben. Zur 2. Lesung: Röm 10,8-13. [Predigt zum 1. Fastensonntag - Lesejahr C.]: PrV 103 (1998) 135-138; »Gratia externa« und »gratia interna«. Zur Integrierung des Gnadenverständnisses: Weitlauff, Manfred / Neuner, Peter (Hgg.), Für euch Bischof - mit euch Christ. Festschrift für Friedrich Kardinal Wetter zum 70. Geburtstag. St. Ottilien 1998, 511-527; Immutabilità e libertà in Dio. Approchio teologico sistematico: Eternità e libertà (a cura di M. Hauke), Milano 1998, 57-66; La Chiesa. Aspetti della crisi postconciliare e corretta interpretazione del Concilio Vaticano II (Già e non ancora 327). Presentazione dell'edizione italiana di Joseph Ratzinger, Milano 1998; Maria - Mittlerin durch ihr Leben. [Predigt am 10. Sept. 1989 bei der Maria-Namen-Feier in der Wiener Stadthalle.]: Altöttinger Liebfrauenbote Nr. 37 vom 13. September 1998, 4; Nr. 38 vom 20. September 1998, 4; Nr. 39 vom 27. September 1998, 4; Natursakramente: LThK³ 7 (1998) 696f.; Necessitas medii - necessitas praecepti: LThK³ 7 (1998) 720; Ökumene auf dem Weg: Gemeinsamkeit bei verbleibenden Verschiedenheiten in der Rechtfertigungslehre. Die »Gemeinsame Erklärung« und die vatikanische »Präzisierung«: FKTh 14 (1998) 213-220; Paradies. III. Systematisch-theologisch: LThK³ 7 (1998) 1362; Rechts- oder Liebeskirche? Eine eingängige Alternative in kritischer Gegenwartsbeleuchtung: Breid, Franz (Hrsg.) Kirche und Recht. Referate der »Internationalen Theologischen Sommerakademie 1998« des Linzer Priesterkreises in Aigen/M., Steyr 1998, 45-65; Rechtskirche oder Liebeskirche? Vortrag bei der Internationalen theologischen Sommerakademie 1998 in Aigen / M. [Cassette]; »Sitz der Weisheit«. Maria - Bild vollendeten Menschseins: Sedes Sapientiae. Mariologisches Jahrbuch 2 (1/1998) 48-69; Vergegenwärtigung des Herrn: Klerusblatt 78 (1998) Nr. 4, 121-122; Verkündigung: das aufgehende Licht. Zur 1. Lesung: Apg 13,14.43b-52. [Predigt zum 4. Sonntag der Osterzeit - Lesejahr C.]: PrV 103 (1998) 254-257; Vertiefung im Glauben: PrV 103 (1998) Nr. 2, 135-138; Wandel im Licht des Heiligen Geistes. Zur 1. Lesung: Eph 1,3-6.15-18. [Predigt zum 2. Sonntag nach Weihnachten.]: PrV 103 (1998) 34-36; Der eine Heilsweg und die vielen Religionen. Vortrag bei der Internationalen theologischen Sommerakademie 1999 in Aigen / M. [Cassette]; »Bedeutsame Unterschiede wurden gefällig harmonisiert« (Interview mit Leo Scheffczyk) [Ursprünglich: Deutsche Tagespost vom 10. Juli 1999, 5. Die Fragen stellte Michael Karger.]: Reckinger, Francois / Scheffczyk, Leo, Teilkonsens mit vielen Fragezeichen. Zur Gemeinsamen Erklärung über die Rechtfertigungslehre und ihrem Nachtrag. St. Ottilien 1999, 11-24; Chrze scija nstwo nie moze by c anonimowe (Christsein ohne Anonymität):

Fronda 17 / 18 (1999) 148-161; Das Dogma im Leben des Glaubens: Theologisches 29 (1999) 133-142; Das Gebet: Hingabe an Gott und Erfüllung durch Gott: Betendes Gottesvolk Nr. 199 (3/1999) 8-9; Das immerwährende Zeugnis. Zum Evangelium: Joh 15,26-16,3. [Predigt zum Pfingstmontag - Lesejahr A.]: PrV 104 (1999) 309-313; Das Tauf- und das Weihepriestertum: Einheit in Unterschiedenheit: Dienst am Glauben 1 (1999) 23-27; Daß alle eins seien (Joh 17,21). Zur Weltgebetsoktav. [Thematische Predigt.]: PrV 104 (1999) 104-108; Der eine Heilsweg und die vielen Religionen: Breid, Franz (Hrsg.), Beten alle zum selben Gott? Referate der »Internationalen Theologischen Sommerakademie 1999« des Linzer Priesterkreises in Aigen / M., Steyr 1999, 50-78; Die Aufnahme Marias: Aufblick zur Vollendung. Zur 2. Lesung: 1 Kor 15,20-27a. [Predigt zu Mariä Aufnahme in den Himmel.]: PrV 104 (1999) 442-446; Die Charismen und die institutionelle Kirche: Stumpf, Gerhard (Hrsg.), Der Heilige Geist am Werk - in Kirche und Welt, Landsberg 1999, 157-174; Die Einheit von ungeschaffener und geschaffener Gnade. Zur Vertiefung des Gnadenverständnisses: FKTh 15 (1999) 81-97; Die Frage nach der Heilsbedeutung der Religionen. 2. Teil Radio Horeb. Reihe »Credo«. 29.11.1999 Vortrag und Beantwortung von Fragen. [Cassette]; Die Gewißheit des Auferstehungsglaubens. Zur 2. Lesung: Apg 2,14.22-32. [Predigt zum Ostermontag - Lesejahr A.]: PrV 104 (1999) 207-210; Die Lichtseite des Todes. Zum Gedenken an Pronotar Prof. Dr. Remigius Bäumer. [Predigt.]: Josefsstudien (Beilage der Deutschen Tagespost) Nr. 1 vom 18. März 1999, 8; Einig im Uneins-Sein. Zu den Konsensdokumenten in der Rechtfertigungslehre: Theologisches 29 (1999) 453-468; Gaudium et Spes. Die Kirche in der Welt von heute: Rehder, Stefan / Wolff, Matthias (Hgg.), Abschied vom Himmel. Im Spannungsfeld von Kirche und Welt, Aachen 1999, 15-35; Gebet: Selbstberuhigung oder Gottesanrufung: Betendes Gottesvolk 198 (1999/3); Grundzüge der Entwicklung der Theologie zwischen dem Ersten Weltkrieg und dem Zweiten Vatikanischen Konzil: Jedin, Hubert / Repgen, Konrad (Hgg.) Handbuch der Kirchengeschichte, Sonderausgabe 7, Freiburg 1999, 263-301; In memoriam Alois Kardinal Grillmeier: Jahrbuch der Bayerischen Akademie der Wissenschaften 1998, München 1999, 248-252; Rez. zu: Außersdorfer, F., Jesus Christus im wunderbaren Sakrament. Lichtglanz und Wohlduft der Wesensverwandlung und der Realpräsenz. Aus biblischen, patristischen und liturgischen Quellen, Innsbruck 1998: FKTh 15 (1999) 152-153; (Karger, M.) »Interview: Wesentliche Unterschiede gefällig harmonisiert« Ein Gespräch mit dem Dogmatiker Leo Scheffczyk über die jüngsten Konsensdokumente Roms und der Lutheraner zur Rechtfertigungslehre: Die Tagespost Nr. 82 vom 10. Juli 1999, 5; Kirche auf dem Weg in die Sezession: Theologisches 29 (1999) 581-593; Maria: »Überwinderin aller Häresien«: Betendes Gottesvolk Nr. 198 (2/1999) 8-9; Rez. zu: Wetter, Friedrich, Mit euch auf dem Weg. Anstöße für ein lebendiges Christsein. [Predigten Kardinal Wetters.], München 1998: FKTh 15 (1999) 147-148; Possibilien. Possibilia: LThK³ 8 (1999) 452-453; Prädefinition: LThK³ 8 (1999) 465; Prädetermination: LThK³ 8 (1999) 475-476; Praemotio physica: LThK³ 8 (1999) 484-485; Qualifikationen: LThK³ 8 (1999) 755-757; Rechtfertigung und Eucharistie (Heftreihe der Gustav-Siewerth-Akademie 5), Weil-

heim-Bierbronnen 1999; Scheffczyk kritisiert Ökumenepapier. Rechtfertigungserklärung sucht »praktische Einheit« auf Kosten der Wahrheit. [Stephan Baier gibt Äußerungen von Professor Scheffczyk bei einem Gespräch im Rahmen der Theologischen Sommerakademie 1999 in Aigen wieder.]: Die Tagespost vom 2. September 1999; Schöpfer / Schöpfung. VI. Mittelalter: TRE 30 (1999) 299-305; Sinn und Bedeutung des Dogmas: R. Dörner (Hrsg.), »Deine Sprache verrät dich ja« (Mt 26,73). Theologie gegen das Lehramt. [Vorträge der Osterakademie Kevelaer 1997 des Initiativkreises Münster.], Gescher 1999, 121-133; Theologisches Plädoyer für die rechte Vernunft. Zur Enzyklika Fides et Ratio Johannes Pauls II.: FKTh 15 (1999) 48-59; »Ungeschaffene« und »geschaffene« Gnade. Zur Vertiefung des Gnadenverständnisses: FKTh 15 (1999) 81-97; Verheißung und Erfüllung. Zur 1. Lesung: Jes 52,7-10. [Predigt zum Weihnachtsnachttag.]: PrV 104 (1999) 725-729; Rez. zu: Ziegenaus, Anton (Hrsg.), Volksfrömmigkeit und Theologie. Die eine Mariengestalt und die vielen Quellen (Mariologische Studien 12), Regensburg 1998: FKTh 15 (1999) 150-152; 50 Jahre »Humani Generis« von Papst Pius XII. Vortrag am 20.8.2000 im Kloster Thalbach/Bregenz [Cassette]; Ablass-Zuwendung an einen Verstorbenen. [Antwort auf eine Leser-Anfrage.]: Kirche heute 5 (2000) 9; Apostolisches Leiden in dieser Zeit. Zur Lesung 2 Kor 4,6-15 am Gedenktag der Hl. Ursula und Gefährtinnen (21.10.2000). Ansprache zu Beginn der Jahrestagung der »Fördergemeinschaft Theologisches«: Theologisches 30 (2000) 435-437; Christus als Mitte der Mariengeheimnisse: Ders., Die Mariengestalt im Gefüge der Theologie. Mariologische Beiträge (Mariologische Studien 13). Regensburg 2000, 209-225; Das »Ave-Maria« des Abtes Blanquerna bei Raimundus Lullus als Beispiel einer apostolischen Marienverehrung: Ders., Die Mariengestalt im Gefüge der Theologie. Mariologische Beiträge (Mariologische Studien 13), Regensburg 2000, 77-98; Das »Marianische« als Gestaltprinzip christlichen Glaubens in der Neuzeit nach Romano Guardini (1885-1968): Ders., Die Mariengestalt im Gefüge der Theologie. Mariologische Beiträge (Mariologische Studien 13), Regensburg 2000, 121-139; Das Allgemeine Priestertum als theologischer Ort der Laien in der Kirche: Studia missionalia 49 (2000) 55-82; Das Bischofsamt im Mysterium der Kirche. Zu den Papstansprachen an die Deutschen Bischöfe: Theologisches 30 (2000) 2-11; Das Christusamt des Priesters: Betendes Gottesvolk Nr. 203 (2/2000) 6-7; Das Dogma von der leiblichen Aufnahme Marias im Ganzen des Glaubens: Ders., Die Mariengestalt im Gefüge der Theologie. Mariologische Beiträge (Mariologische Studien 13). Regensburg 2000, 187-205; Das Hohepriestertum Christi - sein Fortgang in der Kirche (Hebr 5,6): PrV 105 (2000) H. 5, 469-472; Das Marienbild in den lateinischen Hymnen des frühen Mittelalters, besonders bei Notker Balbulus von St. Gallen (†912): Ders., Die Mariengestalt im Gefüge der Theologie. Mariologische Beiträge (Mariologische Studien 13), Regensburg 2000, 57-74; Das Mariengeheimnis zwischen Apologie und Doxologie. Zum »Mariale« des Petrus Canisius: Ders., Die Mariengestalt im Gefüge der Theologie. Mariologische Beiträge (Mariologische Studien 13), Regensburg 2000, 99-119; Das Priestertum als Dienst am Gottesvolk: Betendes Gottesvolk Nr. 203 (3/2000) 6-7; Das Priestertum Jesu Christi - sein Fortgang in der Kirche. Zur

2. Lesung: Hebr 5,1-6. [Predigt zum 30.Sonntag im Jahreskreis - Lesejahr B.]: PrV 105 (2000) 569-572; Das Wesen des katholisch / protestantischen Gegensatzes und der Versuch seiner Überwindung in der Theologie Paul Tillichs: FKTh 16 (2000) 241-259; Der Beitrag der Fränkischen Theologie zur Entwicklung der Lehre von der Assumptio Corporalis Mariens: Ders., Die Mariengestalt im Gefüge der Theologie. Mariologische Beiträge (Mariologische Studien 13), Regensburg 2000, 39-55; Der dreifaltige Gott als Glaubensgeheimnis. (Gott. Der Eine und Dreifaltige Gott als Hoffnung des Menschen zur Jahrtausendwende.) Vortrag bei der Internationalen theologischen Sommerakademie 2000 in Aigen / M. [Cassette]; Der ökumenische Dialog und das bleibend Katholische: Theologisches 30 (2000) 218-230; Der Priesterdienst am Gottesvolk: Betendes Gottesvolk 203 (2000 / 3) 6-7; Der systematische Ort der Mariologie heute: Ders., Die Mariengestalt im Gefüge der Theologie. Mariologische Beiträge (Mariologische Studien 13), Regensburg 2000, 241-261; Der trinitarische Bezug des Mariengeheimnisses: Ders., Die Mariengestalt im Gefüge der Theologie. Mariologische Beiträge (Mariologische Studien 13), Regensburg 2000, 227-240; Die »Gemeinsame Erklärung zur Rechtfertigungslehre« - Ruf nach weiterer Klärung: Vobiscum 2 (2002) 16-27; Die »Unbefleckte Empfängnis« im umgreifenden Zusammenhang des Glaubens: Ders., Die Mariengestalt im Gefüge der Theologie. Mariologische Beiträge (Mariologische Studien 13), Regensburg 2000, 159-185; Die Ehe - Abbild des Bundes Christi mit der Kirche. Zur 2. Lesung: Eph 5,21-32. [Predigt zum 21. Sonntag im Jahreskreis - Lesejahr B.]: PrV 105 (2000) 449-452; Die kirchliche Erbsündenlehre. Radio Horeb. Reihe »Credo«. 3 Teile 1. Teil: Inhalt und Eigenart der biblischen Urgeschichte (Gen 1-3) 26.6.2000 Vortrag und Beantwortung von Fragen. [Cassette]; Die kirchliche Erbsündenlehre. Radio Horeb. Reihe »Credo«. 3 Teile 2. Teil: Der heile Anfang des Menschengeschlechtes und der Ursprung der Sünde. 28.8.2000 Vortrag und Beantwortung von Fragen. [Cassette]; Die kirchliche Erbsündenlehre. Radio Horeb. Reihe »Credo«. 3 Teile 3. Teil: Die Erbsünde. 25. 9.2000 Vortrag und Beantwortung von Fragen. [Cassette]; Der Priesterdienst am Gottesvolk: Betendes Gottesvolk Nr. 203 (3/2000) 6-7; Vorwort zu Bernhard Poschmann, Die Lehre von der Kirche: geschichtlich beleuchtet und dogmatisch dargelegt. G. Fittkau (Hrsg.), Siegburg 2000, 5-7; Die Mariengestalt im Gefüge der Theologie. Mariologische Beiträge (Mariologische Studien 13). [Mit einem Vorwort des Herausgebers Anton Ziegenaus sowie einer Bibliografie Leo Scheffczyk - Mariologie.], Regensburg 2000; Die Stellung Marias in der Theologie der Karolingerzeit: Ders., Die Mariengestalt im Gefüge der Theologie. Mariologische Beiträge (Mariologische Studien 13), Regensburg 2000, 13-37; Die Trinität - das christliche Tremendum und Fascinosum Gottes: Die Normativität des Wirklichen. Festschrift für Robert Spaemann zum 75. Geburtstag. Hgg. Th. Buchheim, R.Schönberger u. W. Schweidler, Stuttgart 2002, 179-200; »Differenzierter Konsens« und »Einheit in der Wahrheit«. Zum Ersten Jahrestag der Unterzeichnung der Gemeinsamen Offiziellen Feststellung zur Rechtfertigungslehre: Theologisches 30 (2000) 437-446; Erwählt sein in Christus. Zur 2. Lesung: Eph 1,3-6.15-18. [Predigt zum 2. Sonntag nach Weihnachten.]: PrV 105 (2000) 32-36; Georg Wilhelm

Friedrich Hegels Konzeption der »Absolutheit des Christentums« unter gegenwärtigem Problemaspekt. Vorgetragen in der Sitzung vom 5. Mai 2000.: Bayerische Akademie der Wissenschaften. Philosophisch-Historische Klasse. Sitzungsberichte. Jg. 2000, Heft 5. München (2000) 42; »Geboren aus Maria der Jungfrau«. Die Jungfräulichkeit Mariens im Geheimnis Christi und der Kirche: Ders., Die Mariengestalt im Gefüge der Theologie. Mariologische Beiträge (Mariologische Studien 13), Regensburg 2000, 143-157; Rez. zu: Muschalek, Georg, Glaubensgewißheit in Freiheit. Ob die modernen Ideale von Wissen und Freiheit den Glauben nun endgültig verdrängen. 2. Aufl., Eitensheim 1999: FKTh 16 (2000) 157-158; Gott - gleicherweise Vater und Mutter?: Ziegenaus, Anton (Hrsg.), Mein Vater - euer Vater. Theologische Sommerakademie Dießen 1999, Buttenwiesen 2000, 59-77; Im Licht des Kommens Christi. Zum Evangelium: Mk 13,24-32. [Predigt zum 33. Sonntag im Jahreskreis - Lesejahr B.]: PrV 105 (2000) 649-652; Interview [zur Situation der Universitätstheologie in Deutschland.]: Komma (1 / 2000) 47; Liebe als Wesenszug des Christseins. Zur 2. Lesung: 1 Joh 4,11-16. [Predigt zum 7. Sonntag der Osterzeit - Lesejahr B.]: PrV 105 (2000) 301-303; Maria Assumpta - im Licht des Erlösungsgeheimnisses: Sedes Sapientiae. Mariologisches Jahrbuch 4 (1/2000) 45-70; Mit Christus auf dem Weg des Heils. (Mk 5,21-24.35-43) Homilie anlässlich einer Primiz: Klerusblatt 80 (2000) 281-282; Petrus und Maria: Hindernisse oder Helfer auf dem Wege zur Einheit?: Ders., Die Mariengestalt im Gefüge der Theologie. Mariologische Beiträge (Mariologische Studien 13), Regensburg 2000, 263-277; Rez. zu: Gläßer, Alfred, Religionskritik, Glaubensbegründung und interreligiöser Dialog. Vom deutschen Idealismus zu Nietzsche und zur Postmoderne. Regensburg 2000. (Titel der Rezension: Zu einem Neuentwurf zeitnaher Apologetik): FKTh 16 (2000) 220-226; Religionskritik als Horrorszenarium. Was eine Abrechnung mit den angeblichen sieben Geburtsfehlern des Christentums über deren Autor und die Kirche verrät: Die Tagespost Nr. 71 (15.06. 2000) 5-6; Rettung aus dem Tod (Ex 14,15-15,1). Kurze Einführung. [Zur Lesung der Osternacht.]: PrV 105 (2000) 196-198; Schutzengel. III. Systematisch-theologisch: LThK[3] 9 (2000) 309-310; Seligkeit des Menschen. III. biblisch-theologisch: LThK[3] 9 (2000) 437-438; Seligkeit des Menschen, IV. systematisch-theologisch: LThK[3] 9 (2000) 440-441; Seligkeit des Menschen, V. theologie- u. dogmengeschichtlich: LThK[3] 9 (2000) 438-440; Symbol und Sakrament in der Theologie Paul Tillichs: Kl. Krämer und A. Paus (Hgg.): Die Weite des Mysteriums: Christliche Identität im Dialog. Für Horst Bürkle, Freiburg 2000, 118-142; Theologische Einführung zu den eucharistischen Gedanken der seligen Anna Schäffer: Schwager, Georg Franz X. (Hrsg.), An sonnigen Gnadenquellen. Eucharistische Gedanken, Betrachtungen und Gedichte der seligen Anna Schäffer, Regensburg 2000, 22-27; »Ursache unserer Freude« - Maria und die Freude im Christenleben. [In Auszügen aus: Maria in der Verehrung der Kirche. Wien 1981, 59-63.]: Bote von Fatima 58 (2000) 49-51; Vielgestaltigkeit und Reichtum der göttlichen Gnade: A.Ziegenaus (Hrsg.), Der Mensch zwischen Sünde und Gnade. Theologische Sommerakademie Dießen 2000, Buttenwiesen 2000, 11-30; Was ist an der Kirche unveränderlich und was kann man verändern? Vortrag von Leo Scheffczyk vor der Pro Ecclesia in Luzern: Schweizerische Katholische Wochenzeitung Nr. 47 (24. 11.2000) 1-2; Wenn soziale Ideologie die Tradition und Offenbarung ersetzt. Die Ämter der Kirche als Spiegelbild der Dreifaltigkeit? - Zu einem Wort von Bischof Kothgasser zur Weihe von Diakoninnen: Die Tagespost Nr. 115 (26.11.2000) 5-6; »Zur Einführung«: Dominus Iesus: über die Einzigkeit und Heilsuniversalität Jesu Christi und der Kirche / Kongregation für die Glaubenslehre. Einführung: Leo Scheffczyk. Kommentar: Joseph Ratzinger, Stein a. Rh. 2000, 6-10; Zum Geleit: Berger, David (Hrsg.), Die Enzyklika »Humani Generis«, Papst Pius' XII. 1950-2000. Geschichte, Doktrin und Aktualität eines prophetischen Lehrschreibens, Sankt Augustin 2000, 7-11; Auf den Spuren des Apostels (Kol 1,24-28): PrV 106 (2001/4) 448-452; Aus der Geschichte lernen (1Kor 10,1-6.10-12): PrV 106 (2001/2) 141-145; Das allumfassende Gebet (Lk 18,1-8): PrV 106 (2001/5) 626-629; Das Fatimagebet: Bote von Fatima 59 (2001) Nr. 7, 98-99; Das Geheimnis der Kirche nach 'Dominus Jesus: Theologisches 31 (2001) Nr. 4, 138-146; Das unaufgebbare Priestersein: Komma 6 (2001) 62-63; Das Zeugnis der Hirten (Lk 2,15-20): PrV 106 (2001/6) 808-811; Der dreifaltige Gott als Lebens- und Weltgeheimnis: Breid, Franz (Hrsg.) Der eine und Dreifaltige Gott als Hoffnung des Menschen zur Jahrtausendwende: Referate der »Internationalen Sommerakademie 2000« des Linzer Priesterkreises in Aigen / M., Steyr 2001, 1-22; Der Glaube - ein Quell der Freude. [Predigt beim Schlußgottesdienst des Kongresses »Freude am Glauben« am 9.6.2001 im Hohen Dom zu Fulda.]: Der Fels 32 (2001) 227-228; Der Glaube verwandelt die Welt. [Predigt gehalten auf der theologischen Sommerakademie in Diessen 2001]: Der Fels 32 (2001) 275-277; Der Grund, den wir niemals verlassen dürfen: Die Tagespost vom (30.1.2001) Nr. 13, S. 6; Die Aktualität paulinischer Theologie: Die Tagespost vom 1.3.2001, Nr. 26 (2001) S. 6; Die außergewöhnliche Verehrung einer schlichten Frau, katholisches und evangelisches Marienlob. Das Wort am Samstag: Die Welt (5.12.2001); Die dogmatischen Grundlagen der Marienverehrung: Bote von Fatima 59 / Nr. 4 (2001) 50-54; Die frommen Männer will ich preisen (Sir 44,1). Verpflichtung auf die Tradition: Theologisches 31 (2001) 367-372; Die Heilige Schrift - Wort Gottes und der Kirche: Communio 30 (2001) 44-57; Die Merkmale der wahren Kirche. Vortrag am 26.3.2001 im Kloster Thalbach/Bregenz [Cassette]; Die verwandelnde Kraft des Glaubens: Stumpf, Gerhard (Hrsg.) Berufung zur Liebe: Ehe - Familie - Ehelosigkeit [9. Theologische Sommerakademie in Dießen 2001], Andechs 2001, 263-268; »Erkaufet die Zeit.« (Eph 5,15-20). Predigt zum 90. Geburtstag von Augustinus Kardinal Mayer OSB beim Dankgottesdienst in Metten am 16. Juni 2001: Alt und Jung Metten 67 (2001) 149-152; Erprobung des Christseins (zu Lk 4,1-13): Klerusblatt 81 (2001) 85-86; Freude am Glauben: Der Fels 32 (2001) Nr. 8/9, 227-228; Gott - gleicherweise Vater und Mutter? Die Unersetzlichkeit des Vaternamens und die weiblichen Gottesbezeichnungen. [Auszug (= Abschnitt 3) aus einem gleichnamigen Vortrag des Kardinals & Korrektur eines schwerwiegenden Druckfehlers in der folgenden Nummer.]: Klerusblatt 81 (2001) 135; 168; Gottesmutter - Helferin der Menschen. Münchener Kirchenzeitung vom 13. Mai 94 (2001) Nr. 19, S. 14-15; Grundfragen christlicher Anthropologie: Breid, Franz (Hrsg.) Der

Mensch als Gottes Ebenbild: Christliche Anthropologie; Referate der »Internationalen Theologischen Sommerakademie 2001« des Linzer Priesterkreises in Aigen / M., Steyr 2001, 9-28; Heiligenverehrung: Weg und Ziel: Trenner, Florian (Hrsg.) Unter bayerischem Himmel im Jahreslauf. Zur Verehrung der Heiligen, München-Donauwörth 2001, 11-27; Heilsglaube und Naturwissen. Predigt zum Semestereröffnungsgottesdienst: Theologisches 31 (2001) 211-214; In Sorge um die Kirche: Rheinischer Merkur Nr. 20 (2001) 28; In Sorge um die Kirche: Theologisches 31 (2001) 282-288; Maria in der Bibel. [Entnommen aus: »Das biblische Zeugnis von Maria, 34.36-37.]: Betendes Gottesvolk Nr. 206 (2/2001) 11; Mensch geworden: Nitsche, Hans / Nabbefeld, Jürgen (Hgg.), Friede auf Erden den Menschen seiner Gnade. Weihnachtliche Meditationen, Gebete und Texte zu Bildern von Beate Heinen. Mit Beiträgen von Papst Johannes Paul II., den neun deutschen Kardinälen u.v.a., Bad Honnef 2001, 60-61; Modlitwafatimska, a troska cztowieka o zbawienic (1): Nasze Stowo 12 m. 23 (2001) 2; 18; (Karger Michael) Nicht die Zeit fürchten, sondern die eigene Schwäche. Ein Gespräch mit Kardinal Leo Scheffczyk über das Konsistorium im Mai und das Schreiben des Papstes an die deutschen Kardinäle: Die Tagespost (28.6. 2001) 5-6; Rechtfertigung und Eucharistie: Brandenstein-Zeppelin, Albrecht Graf von / Stockhausen, Alma von (Hrsg.), Die Rechtfertigungs- und Sakramentenlehre in katholischer und evangelischer Sicht, Weilheim-Bierbronnen 2001, 41-60; Sveto pismo - beseda Boga in Cerkve (Die Hl. Schrift - Wort Gottes in der Kirche): Communio 11 (2001) H. 2, 149-163, Ljubljana; Urstand, Urstandsgnade (systematisch-theologisch u. Theologie- u. Dogmengeschichtlich): LThK³ 10 (2001) 486-488; Zeuge für Christus in der Kraft des Geistes: PrV 106 (2001/3) 309-312; Zum Knecht Gottes berufen (Jes 42,2-8): PrV 106 (2001) 28-32; Zur Einführung: Johannes Paul II., Apostolisches Schreiben Novo millennio ineunte. Aufbruch ins neue Jahrtausend, Stein am Rhein 2001, 5-7; Kirche auf dem Weg in die Sezession: Medizin und Ideologie 23 (2001) 25-32; Damit die Wahrheit Christi wirksam wird: Vision 2000 (5/2001); Musica sacra sotto il soffio dello Spirito: G. M. Steinschulte (Hrsg.), Musica Spiritus Sancti Numine Sacra, Città del Vaticano 2001, 15-21; Il Mistero della sacra liturgia: contenuto ed esigenze: G. M. Steinschulte (Hrsg.), Musica Spiritus Sancti Numine Sacra, Città del Vaticano 2001, 22-36; Lex Orandi - Lex Credendi. La liturgia, norma di fede: G. M. Steinschulte (Hrsg.), Musica Spiritus Sancti Numine Sacra, Città del Vaticano 2001, 37-51; Inhalt und Anspruch des Mysteriums der Liturgie: G. M. Steinschulte (Hrsg.), Musica Spiritus Sancti Numine Sacra, Città del Vaticano 2001, 59-74; Die Herabkunft Gottes und der Aufstieg des Menschen: Klerusblatt 82 (2002) 275-277; Maria, Crocevia della Fede Cattolica. [Traduzione dal Tedesco Manfred Hauke] (Collana di Mariologia 1.), Pregassona Lugano 2002; Schöpfung im Widerschein des Ewigen. Texte zum gleichnamigen Bilderzyklus von Hortense von Gelmini. Bayreuth (2002) 3-8; Der marianische Bezug des Priesterseins: Klerusblatt 82 (2002) 4-7; Die Gnade in der Spiritualität von Josemaría Escrivá de Balaguer: César Ortiz (Hrsg.), Josemaría Escrivá. Profile einer Gründergestalt, Köln 2002, 57-80; Geheimnis und Wirklichkeit der göttlichen Gnade: Theologisches 32 (2002) 69-78; Johannes Overath- Leben im Dienst des Geheimnisses: Theologisches

32 (2002) 194-198; Die Kirche am Beginn des dritten Jahrtausends: Theologisches 32 (2002) 197-208; Heiligung der Arbeit. Zum 100. Geburtstag von Escrivá de Balaguer: Rheinischer Merkur 1 (2002) 25; La mia esperienza di teologo cattolico. Uno sguardo d'insieme: Pontificia Academia Theologica (PATH) 1 (2002) 59-78; Kennzeichen und Gestaltkräfte des Marianischen Zeitalters: Ziegenaus, Anton (Hrsg.), Das marianische Zeitalter (Mariologische Studien XIV), Regensburg 2002, 179-200; Ökumenische Korrekturen: Vobiscum (FL) (Nr. 1 / 2002) 30-37; »Unversöhnte Verschiedenheit«. Zum Votum der Evangelischen Kirche in Deutschland (EKD) »zum geordneten Miteinander bekenntnisverschiedener Kirchen«: FKTh 18 (2002) 47-55; Vom Geheimnis der Berufung der Völker: PrV 107 (2002/1) 25-29; Wahrzeichen der Kirche Christi: Das Apostolische an der Kirche: PrV 107 (2002); Wahrzeichen der Kirche Christi: Die eine Kirche: Praedica Verbum 107 (2002); Wahrzeichen der Kirche Christi: Die heilige Kirche: Praedica Verbum 107 (2002); Wahrzeichen der Kirche Christi: Die Katholizität der Kirche: Praedica Verbum 107 (2002); Weihnacht und Heimat: Oberschlesier in München 1 (2002) 5-6; Die Trinität - das christliche Tremendum et Fascinosum Gottes: Buchheim, Thomas (Hrsg.), Die Normativität des Wirklichen: Über die Grenze zwischen Sein und Sollen. Robert Spaemann zum 75. Geburtstag, Stuttgart 2002, 362-380; Marias Aufnahme in den Himmel: RGG (4/ 2002); Der Auftrag zur Neuevangelisierung im Blick auf das dritte Jahrtausend: T. Guz (Hrsg.), Intellectum quaerens fidem, Weilheim-Bierbronnen 2002, 213-229; Ein neuer Zugang zum Werk des Thomas v. Aquin. Zur Gründung des thomistischen Jahrbuchs »Doctor angelicus«: Doctor Angelicus II (Köln (2002) 9-14; Tradition und Weihevorbehalt. Zur Bedeutung der Überlieferung in der Auseinandersetzung um das Weiheamt der Frau: Leo Card. Scheffczyk (Hrsg.), Diakonat und Diakonissen, St. Ottilien 2002, 107-147; Die Kirche als Geheimnis Christi: Albrecht Graf von Brandenstein-Zeppelin u. A. von Stockhausen(Hgg.), Die Kirche als Corpus Christi mysticus, Weilheim-Bierbronnen 2002, 9-19; Heiligenverehrung und Marienverehrung: Sedes Sapientiae. Mariolog. Jahrbuch 6 (2002) 3-22; Verwirklichung des Königtums Christi im Reiche Christi. Die Mission der Kirche: studia missionalia 51 (2002) 85-105; Zur Frage des Heils der ungetauft verstorbenen Kinder: Fr. Breid (Hrsg.), Leben angesichts des Todes, Buttenwiesen 2002, 61-81; Die Gnade des Glaubens in der Bewährung: 2 Thess 1,1-5.11-12: Fr. Breid (Hrsg.), Leben angesichts des Todes, Buttenwiesen 2002, 259-265; Die Auferstehung Jesu Christi: Universales Zeichen der Hoffnung: G. Stumpf (Hrsg.), In der Erwartung des ewigen Lebens. [10. Theologische Sommerakademie in Dießen 2002], Augsburg 2002, 45-60; La croce nella Trinita: La Sapienza della Croce. Rivista di Cultura e Spiritualita della Passione. 17 (Roma 2002) 45-50; Der Trost Christi und die Tröstung Marias: Mariologisches. Beilage in Die Tagespost (1.7.2002) 2-3; Zur theologischen Frage nach Erschaffung der Geistseele: Brandenstein-Zeppelin, Albrecht Graf von / Stockhausen, Alma von (Hrsg.), Herkunft und Zukunft des Menschen. Ursprung des Lebens und Evolution, Weilheim-Bierbronnen 2002, 133-143; Interview. Anläßlich eines Besuches der oberschlesische Heimat. Schlesien in Kirche und Welt (2/2002) 28; Maria-die neue Eva: Bote von Fatima 60 (2002) 162-164; Zeichen der Einheit:

Rheinischer Merkur 18 (02.05.2002) 25; Das Fühlen mit der kirche ist noch nicht ausgetorben. Ein Gespräch mit Leo Kardinal Scheffczyk. Die Tagespost Nr.49 (23.04.2002) 5; Die Konsenserklärung zur Rechtfertigung und das Ringen um Bewahrung der Tradition: R. Dörner (Hrsg.), »Ut omnes unum sint«. Vorträge der Osterakademie in Kevelaer 2000. Höllrich 2003, 145-156; Geschichte der Religion Jesu Christi, F.L. zu Stolberg-Stolberg: M. Eckert / E. Herms / B.J. Hilberath / E. Jüngel (Hgg.): Lexikon der theologischen Werke, Stuttgart 2003, 336-337; Leben der Kirche aus der Eucharistie. Klärende Worte zu einem zentralen Geheimnis des Glaubens: Die neue Enzyklika von Papst Johannes Paul II.: Die Tagespost. Nr.46 (19.04.2003) 3; Jesus der Christus, J.R. Geiselmann: M. Eckert / E. Herms / B.J. Hilberath /. E. Jüngel (Hgg.), Lexikon der theologischen Werke, Stuttgart 2003, 416-417; Katholische Dogmatik in sechs Büchern, M. Schmaus: M. Eckert / E. Herms / B.J. Hilberath / E. Jüngel (Hgg.), Lexikon der theologischen Werke. Stuttgart 2003, 431; Theses de Ecclesia Christi, J.B. Franzelin: M. Eckert / E. Herms / B.J. Hilberath / E. Jüngel, Lexikon der theologischen Werke, Stuttgart 2003, 741-742; Tractatus de Verbo Incarnato, J.B. Franzelin: M. Eckert / E. Herms / B.J. Hilberath / E. Jüngel, Lexikon der theologischen Werke, Stuttgart 2003, 749-750; Rez. zu: G. Amorth, Exorzisten und Psychiater, Stein am Rhein 2002: FKTh 19 (2003) 159-160; Das Kreuz in der Dreifaltigkeit. (Bildbetrachtung, Passionistenkirche Miesberg): Kirche heute (6/2003) 8-10; Islamischer Monotheismus und christliche Trinität. Brandenstein-Zeppelin, Albrecht Graf von / Stockhausen, Alma von (Hrsg.), Die Kirche und der Islam, Weilheim-Bierbronnen 2003, 7-20; Keine Einheit um den Preis der Wahrheit. Auf dem Weg zum Ökumenischen Kirchentag in Berlin: Kardinal Leo Scheffczyk über die Ökumene und interreligiöse Treffen: Die Tagespost Nr 52 (3. 5. 2003) 6; Duc in altum - Die Kirche vor dem dritten Jahrtausend: L'Osservatore Romano, Wochenausgabe in deutscher Sprache 33 (23. Mai 2003) Nr. 21, 11-12; Duc in altum - Die Kirche vor dem dritten Jahrtausend. Beim Symposium an der Päpstlichen Lateranuniversität zum 25. Pontifikatsjubiläum von Papst Johannes Paul II.: Klerusblatt 83 (2003) Nr.7, 160-162; Universales Zeichen der Hoffnung. Die Auferstehung Jesu Christi und die Vollendung der ganzen Welt: KNA - ÖKI 15/16 (15.4 2003) (Beilage); Vorwort zur 11. Auflage: Adoremus. Anbetung - Lobpreis - Dank, hrsg. von der Aktion Adoremus, Krefeld 2003, 5-6; Vom »Enthusiasmus« hin zum »Realismus«. Die Ökumene braucht dringend eine Wende: Zur Debatte um Eucharistie und Abendmahl vor dem Hintergrund des zurückliegenden Kirchentags in Berlin: Die Tagespost Nr. 76 (28. 6. 2003) 12; Entschiedener Glaube-befreiende Wahrheit. Ein Gespräch über das Katholische und die Kirche mit Peter Christoph Düren, Buttenwiesen 2003; Maria - Mutter und Gefährtin Christi, Augsburg 2003; Kirche und Ökumene. Eine Momentaufnahme in kritischem Licht: Theologisches 33 (2003) 74-86; Kirche und Ökumene. Eine Momentaufnahme in kritischem Licht: Christophorus 48 (4/2003) 117-125; Vorwort. Johannes Paul II, Enzyklika. Die Kirche lebt von der Eucharistie (Ecclesia de Eucharistia), Stein am Rhein 2003, 5-9; Die vielen Ämter und das eine Amt. Zur Stellung des Weiheamtes in der Kirche: J. R. Villar (Hrsg.), Communio et Sacramentum. En el 70 cumpleaños del Prof. Dr. Pedro Rodriguez, Pamplona

2003, 553-567; Ökumenismus und Konversionen. Die Bedeutung der Konversionen für die Ökumene: FKTh 19 (2003) 81-96; Ordnung und Leben, Amt und Geist. Das petrinische und das marianische Prinzip in der Kirche: Der Fels 34 Nr. 1 (2003) 3-6; Ordnung und Leben, Amt und Geist. Das petrinische und das marianische Prinzip in der Kirche (Schluß): Der Fels 34 Nr. 2 (2003) 38-40; Mi experiencia de teólogo católico (it. La mia esperienza di teologo cattolico - uno sguardo d'insieme. Universidad de Navarra, Pamplona 2003, 141-158; Glaube als Pilgerweg. Predigt zur Ruller Wallfahrt 2003: Heimat und Glaube 55/7+8 (2003)1-3; Interview mit Leo Kardinal Scheffczyk: Heimat und Glaube 55/7+8 (2003) 3; Eucharistie und Bußsakrament. Gedanken zur Enzyklika von Papst Johannes Paul II. »Ecclesia de Eucharistia«: L' Osservatore Romano, Wochenausgabe in deutscher Sprache 33 (11.7. 2003) Nr. 28, 6; Die Verklärung Marias, der Kirche und des Menschen. Zum Fest der Aufnahme Mariens in den Himmel: Heinrichsblatt, Kirchenzeitung für das Erzbistum Bamberg 110 (10.8.2003) Nr. 32/33, 14-15; Eucharistie und priesterliche Identität im Lichte von »Ecclesia de Eucharistia«: Theologisches 33 (2003) 347-254; La Eucaristía y el sacramento de la Penitencia: L'Osservatore Romano, Edición semenal en lengua espanola 35 (29.8.2003) 5; Um die Einheit der Kirche. Ein Gespräch mit dem Münchner Kardinal Leo Scheffczyk: Die Tagespost Nr. 108 (11.09.2003) 6; Helferin der Menschen in Gott wird uns überraschen: Andreas Schaller (Hrsg.), Theologie im Gespräch, München 2003, 77-83; Scheffczyk, Leo / Ziegenaus, Anton (Hgg.) Katholische Dogmatik. Band VII. (Die Heilsgegenwart in der Kirche. Sakramentenlehre. Aachen 2003. [Scheffczyk ist der Autor der Bände I-III und VI. Ziegenaus jener der übrigen.]; Liebe zur Kirche und recht verstandene Kirchenkritik (Zur Aufhebung einer fortschreitenden Entzweiung) Teil 1.: Bote von Fatima 61 Nr.11 (2003) 156; Liebe zur Kirche und recht verstandene Kirchenkritik (Zur Aufhebung einer fortschreitenden Entzweiung) Teil 2.: Bote von Fatima 61 Nr. 12 (2003) 171; Eucharistie - gestaltende Kraft des Ehebundes: Der Fels 34 Nr. 10 (2003) 275-277; Eucharistie - gestaltende Kraft des Ehebundes (Schluß): Der Fels 34 Nr. 11 (2003) 311-314; Das ins Herz geschriebene Gesetz (Röm 2,12-16): G. Stumpf (Hrsg.), Gewissen, Wahrheit, Menschenwürde [11. Theologische Sommerakademie, Dießen 2003], Landsberg 2003, 209-215; Das Problem der »eucharistischen Ekklesiologie« im Lichte der Kirchen- und Eucharistielehre des heiligen Thomas von Aquin. Indubitanter ad veritatem. Festschrift für Leo Elders SVD zum goldenen Priesterjubiläum. J. Vijgen (Hrsg.) Damon, Budel 2003, 388-405; Weder abstrakt noch theoretisch, sondern ein geschichtliches Ereignis. In der Menschwerdung des Sohnes ist etwas gewaltiges geschehen - Zum Kernpunkt der christlichen Offenbarung: Die Tagespost Nr. 155/156 (30.12.2003) 20; I cristiana e le provocazioni delle Nuovo forme di religiosità. Intervista al teologo tedesco Cardinale Leo Scheffczyk: Giornale del Popolo. Nr. 271 Lugano (25.11.2003) 15; Ansteckender Glaube (hl. Monika 27.08.): Franz Breid (Hrsg.), Die Pforte der Hölle werden sie nicht überwaltigen. Buttenwiesen 2003, 273-278; Das Wesen des Priestertums. Das Weiheamt und der Dienst des Priesters: Franz Breid (Hrsg.), Die Pforte der Hölle werden sie nicht überwaltigen, Buttenwiesen 2003, 297-118; In unerschütterlicher Hoffnung. Zum 70. Geburts-

tag von Joachim Kardinal Meisner: Kölner Kirchenzeitung 153/154c (19.12.2003) 9; In unerschütterlicher Hoffnung. Zum 70. Geburtstag von Joachim Kardinal Meisner: Die Tagespost Nr. 155/156 (30.12.2003) 20; Jesus, der dich, o Jungfrau, in den Himmel aufgenommen hat: Was er euch sagt, das tut. Ein Gebetbuch zum Rosenkranz zur vollendung des 70. Lebensjahres von Joachim Kardinal Meisner, Köln 2003, 59; »Duc in Altum« La Chiesa davanti al terzo millennio. Giovanni Paolo II- 25 anni di pontificato: Communio 190-191 (2003) 159-165; Dignità del bambino: Lexicon. Termini ambiguie discussi su famiglia, vita e questioni etiche, a cura del Pontificio consiglio per la famiglia, Bologna 2003, 177-184; Johannes Overath - Leben im Dienst des Geheimnisses * Una vita al servizio del Mistero (Ev. Joh. 12, 23-28): Musicae Sacrae Ministerium (CIMS) Rom (2002-2003) 18-25; In unerschütterlicher Hoffnung. Kardinal Joachim Meisner zum 70. Geburtstag: (Schweizerische) Katholische Wochenzeitung (3/2004) 3; Erfahrung der Theologie in der Zeit: Theologisches Nr.1/34 (2004) 2-16; Emotionen, Gags und fromme Affekte. Kardinal Scheffczyk über die »offene Kommunion«: Die Tagespost Nr 15 (5.2.2004) 9; Hoffnung auf Vollendung: Brücke der Hoffnung. Provinzialat der ADJC, Dernbach. Nr. 46 (2004) 4-5; Interkommunion ist kein Gag: Timor Domini. 33 Nr.1 (2004) 6; Liebe zur Kirche und recht verstandene Kirchenkritik. Zur Aufhebung einer fortschreitenden Entzweiung: Bote von Fatima. 62 Nr.3 / 3. Teil (2004) 22; Liebe zur Kirche und recht verstandene Kirchenkritik. Zur Aufhebung einer fortschreitenden Entzweiung: Bote von Fatima. 62 Nr.4 / 4. Teil (2004) 60; Liebe zur Kirche und recht verstandene Kirchenkritik. Zur Aufhebung einer fortschreitende Entzweiung. Bote von Fatima. 62 Nr.5 / 5. Teil (2004) 74-75; Liebe zur Kirche und recht verstandene Kirchenkritik. Zur Aufhebung einer fortschreitenden Entzweiung: Bote von Fatima. 62 Nr.6 / 6. Teil (2004) 92; Ökumene - der steile Weg der Wahrheit (Distinguo Band VII), Siegburg 2004; Keine Einigung um den Preis der Wahrheit; Die Tagespost. Nr.38 (30.03.2004) 6; La pluralidad de ministerios y el único ministerio. Sobre la posición del sagrado ministerio en la Iglesia: Iglesia ministerio episcopal y ministerio petrino. José R. Villar (dir.), Madrid 2004, 127-139; Zur Marienlehre Karl Rahners: Theologisches 34 Nr. 4/5 (2004) Sondernummer zum 100. Geburtstag und 20. Todestag Karl Rahners, 191-202; Maryja Matka i Towarzyszka Chrystusa, Kraków 2004; Rez. zu: Berning, Vincent, Martin Honecker (1888-1941). Auf dem Wege von der Logik zur Metaphysik. Die Grundzüge seines kritisch-realistischen Denkens, Bierbronnen 2003: FKTh 20 (2004) 148-149; Formen der Andacht zu Maria: Bote von Fatima 62 Nr.7 (2004) 99; Liebe zur Kirche und recht verstandene Kirchenkritik. Zur Aufhebung einer fortschreitenden Entzweiung: Bote von Fatima. 62 Nr.7 /7. Teil (2004) 107; Liebe zur Kirche und recht verstandene Kirchenkritik. Zur Aufhebung einer fortschreitenden Entzweiung: K. J. Wallner (Hrsg.), Auditorium Spiritus Sancti, Langwaden 2004, 228-240; Maria - Urzelle des Gottesreiches (Lk 17,20-21): PrV 109 (2004) Fasten-Sonderheft, 74-77; Maria - Wegbereiterin der Offenbarung (Joh. 2, 1-12): PrV 109 (2004) Fasten-Sonderheft, 77-81; Jesus in der Verklärung auf dem Berge (Mt. 17, 1-19): PrV 109 (2004) Fasten-Sonderheft, 81-85; Der Wunsch nach »Abendmahlgemeinschaft«: Kirche Heute (2004) Nr. 2, 11-

14; Maria: Lexikon Theologie. Hundert Grundbegriffe. A. Christophersen (Hrsg.), Stuttgart 2004, 200-202; Vielfalt ohne Einheit - Gläubig ist noch nicht katholisch: Zum Höhepunkt des Ulmer Katholikentages: Die Tagespost Nr.82 (10.07.2004) 5-6; Maria, punto focale dei misteri della fede. Rivista teologica di Lugano, Lugano (2004) nr. 2, 283-294; Klares Bekenntnis-Entschiedene Nachfolge. Predigt beim Gedenkgottesdienst für Fritz Michael Gerlich: Der Fels 35 Nr. 8/9 (2004) 235-237; »O salutaris hostia«: Anbetung des Lammes. Meditation zum Geistlichen Liederabend. Dreifaltigkeitskirche München: Diakon Anianus Nr. 37, 8 (2004) 3-6; Der Primat im innerkirchlichen Disput: FKTh 20 (2004) 161-185; Die philosophisch-religiösen Wahrheiten und die in Jesus Christus geoffenbarte Wahrheit. Interdisziplinäres Streitgespräch zur Enzyklika Fides et Ratio: Paul Weingartner (Hrsg.), Veröffentlichungen des Internationalen Forschungszentrums für Grundfragen der Wissenschaften Salzburg (Band 9), Frankfurt a. Main 2004, 195-207. Diskussion: 208-214; Das Kreuz in der Dreifaltigkeit. Bildmeditation. Kunstführer Nr. 1555 (2. Auflage 2004) 21-25; Ökumene- der steile Weg der Wahrheit: Theologisches 34 (2004) 130-134. (Aus dem Vorwort, mit einer Einführung von David Berger); Maria- Brennpunkt der Glaubensgeheimnisse: Theologisches 34 (2004) 573-582; Der hl. Josef - Hüter und Diener des Geheimnisses des Glaubens: G. Stumpf (Hrsg.), Maria - Mutter der Kirche, Landsberg 2004, 287-292; »Ganz schön bist du, Maria«. Zum 150. Jahrestag der Verkündigung des Dogmas von der Unbefleckten Empfängnis: L' Osservatore Romano Wochenausgabe in deutscher Sprache Nr. 49 (03-12-2004) 6; Mutter des Herrn und Mutter der Menschen: Deus lo vult. Ritterorden vom Heiligen Grab zu Jerusalem. Deutsche Statthalterei aktuell (2/ 2004) 8-9; Rez. zu: K. Berger, Ist Gott Person? Gütersloh 2004: Die Tagespost Nr. 117 (30.09.2004) 6 (Titel der Rezension: Christliches Feuer in einer erkalteten Welt); De universele en plaatselijke Kerk in het licht van de gedachten over de Kerk bij Thomas van Aquino: Communio. Internationaal Katholiek Tijdschrift 29 (2004) 135-144; Mariologie und Anthropologie. Zur Marienlehre Karl Rahners: D. Berger (Hrsg.), Karl Rahner. Kritische Annäherungen, Siegburg 2004, 299-313; Die »Marienweihe« in Leben und Lehre Johannes Pauls II.: A. Ziegenaus (Hrsg.), Totus Tuus - Maria in Leben und Lehre Johannes Pauls II. (Mariologische Studien XVIII), Regensburg 2004, 109-124; Lourdes und Fatima. Das Wunder der Heilung als Herausforderung und Chance der modernen Welt: Bischöfliches Gurker Ordinariat (Hrsg.), Jahrbuch der Diözese Gurk 2005, Klagenfurt 2004, 50-52; »Gebenedeit unter den Frauen«. Maria als Typus christlicher Berufung: Der Fels 10 (2004) 275-280; Das Vater Unser als Glaubensbekenntnis. Zum lehrhaften Gehalt des Gebetes des Herrn: F. Trenner (Hrsg.), Vater unser im Himmel. Das Gebet des Herrn, München 2004, 25-44; Evangelisierung unter marianischen Vorzeichen: G. Stumpf (Hrsg.), Maria - Mutter der Kirche, Landsberg 2004, 123-140; Der Heilssinn der sakramentalen Ehe: F. Breid (Hrsg.), Ehe und Familie, Augsburg 2004, 28-51; Die »Unbefleckte Empfängnis« im umgreifenden Zusammenhang des Glaubens: G. Rovira (Hrsg.), Immaculata. Gedanken zur Unbefleckten Empfängnis von Joseph Kard. Ratzinger, Joachim Kard. Meisner, Leo Kard. Scheffczyk, Kislegg 2004, 29-79; Der Einziggeborene. Christusbekenntnis und Christusverehrung (Distin-

guo Band IX), Siegburg 2004; Die » jungen Kirchen und die alte Kirche«: Studio missionalia 53 (2004) 11-25; Theologie auf Gegenkurs. Über den männlichen Weihevorbehalt. (zu S. Demel, Frauen und kirchliches Amt, Freiburg 2004): Die Tagespost Nr. 17 / 58 (10.02.2005) 6; Evangelisierung unter marianischen Vorzeichen. Teil I: Der Fels 36/2 (2005) 35-39; Evangelisierung unter marianischen Vorzeichen. Teil II: Der Fels 36/3 (2005) 73-75; Der heilige Josef-Hüter und Diener des Geheimnisses des Glaubens: Der Fels 36/3 (2005) 68-70; Willkürliche Verkürzung des Wortes Gottes. Liturgische Misstände. Interview Kath.net in: Die Tagespost (03.02.2005); Eine kleine Theologie der »Mittlerin aller Gnaden«. Vorwort von Leo Kardinal Scheffczyk: H. Pauels, Mittlerin aller Gnaden. Nach den lehramtlichen Verlautbarungen von Leo XIII, Pius X, Pius XII, Paul VI und Johannes Paul II., Stein am Rhein 2005, 6-9; Mahl und Opfer, Gedächtnis und Realpräsenz: Die Tagespost Nr. 36 (26.03.2005) 27-28; Im redlichen Streit um die Wahrheit. Zu den theologischen Schriften Giovanni B. Sala S.J. (Geleitwort): G.B. Sala. Kontroverse Theologie, U. L. Lehner u. R. K. Tacelli (Hrsg.), Bonn 2005, 5-7; Welche Glaubensthemen sind unabdingbar in der religiösen Unterweisung der Kirche?: R. Dörner (Hrsg.), Der Kampf um den Religionsunterricht, Norderstedt 2005, 131-146; Anmerkungen zum Synodaldekret I: D. Grande / P. P. Straube (Hrsg.), Die Synode des Bistums Meißen 1969-1971. Die Antwort einer Ortskirche auf das Zweite Vatikanische Konzil, Leipzig 2005, 153-163; Die verlorene Heimat: Verlust und Vertrauen: Stiftung KulturWerk Schlesien (Hrsg.), Schlesischer Kulturspiegel, Würzburg 2005, 2/05 21-23; Gedanken zum Tage (25 Dezember 2006): Das Wort für jeden Tag -2006-. Die Lesungen des Tages und Impulse um gelebten Glauben, Leipzig 2005, 184-185; Einführung: Erklärung der Kongregation für die Glaubenslehre: »Dominus Jesus. Über die Einzigkeit und Heilsuniversalität Jesu Christi und der Kirche, Stein am Rhein ²2005, 6-11; Glaube und Irrglaube im Drama der Geschichte: Herausforderung und Erprobung: Der Fels 36/6 (2005) 163-164; 36/7 (2005) 203-207; Die Rückbesinnung auf die eine Kirche Jesu Christi als vernünftige Vermittlung des christlichen Heilsmysteriums: Brandenstein-Zeppelin, Albrecht Graf von / Stockhausen, Alma von (Hrsg.), Vernunft und Glaube. Zur Komplementarität von Wissenschaft und christlichem Glauben. Die Kirche und der Islam, Weilheim-Bierbronnen 2005, 7-19; Die Einzigkeit Jesu Christi. Zum Christuszeugnis von »Dominus Jesus«: Theologisches 35 (2005) 287-300; Der Gott der Schöpfung und die Schöpfung Gottes. Zur Verifizierung des Schöpfungsbegriffs: Theologisches 35 (2005) 354-368; Offenheit und Begrenzung. Zum Disput über den Eucharistieempfang von Frère Roger Schutz während des Requiems für Papst Johannes Paul II: Die Tagespost Nr. 27 (09.07.2005) 5; Die Eucharistie -das innerste Geheimnis der Kirche: Der Fels 36/8-9 (2005) 227-229; Die verlorene Heimat: Verlust und Vertrauen: Klerusblatt 85 (2005) Nr.7. 171-172; Die katholische Kirche in Vergangenheit und Zukunft: Hans-Günther Kaufmann (Hrsg.), 24 Stunden im Leben der katholischen Kirche (Bildband), München 2005, 298-315; Die Hirtenerzählung bei Lukas. (Lk.2, 20): Vom Advent zum Advent, liturgische Wochenkalender für das Kirchenjahr 2005/2006, Leipzig 2005; Selig ist die, die geglaubt hat ...(Lk. 1,45): Maria, Mutter Gottes, Ikonenkalender 2006, Leipzig 2005; Gedanken zum Sonntagsevangelium.Mk. 1,22 - Lk1,46: Mit der Bibel Leben 2006, Leipzig 2005; Christlicher Glaube versus starren Monotheismus: G. Stumpf (Hrsg.), Jesus Christus und die Religionen der Erde [13. Theologische Sommerakademie, Dießen 2005], Landsberg 2005, 127-144; Zur christozentrischen Anthropologie der Enzyklika »Fides et Ratio«: Hauke, Manfred / Stickelbroeck, Michael (Hrsg.), Donum Veritatis - Theologie im Dienst an der Kirche. Festschrift zum 70. Geburtstag von Anton Ziegenaus, Regensburg 2006, 17-28; »Die Eucharistie - das innerste Geheimnis der Kirche«. Predigt am 11. Juni 2005 im Dom zu Regensburg während des Kongresses »Freude am Glauben« vorgetragen von Anton Ziegenaus: Stumpf, Gerhard (Hrsg.), Eucharistie - Quelle und Höhepunkt des ganzen christlichen Lebens. 14. Theologische Sommerakademie in Dießen 2006, Landsberg 2006, 149-154.

Fremdsprachliche Artikel: La Unidad entre Creación y Redención. (Presentamos, apenas condensada, la segunda parte del original, limit ndonos a enumerar las otras dos partes.): Selecciones de teología 2 (1963) 131-132; Création et providence (Histoire de Dogme 2/2a). Paris 1967; Are Church and Theology Subject to Historical Laws?: AA.VV., The Crisis of Change. Are Church and Theology Subject to Historical Laws? Chicago 1969, 31-51; Weltevolution und Sündenfall: AA.VV. Diakonia pisteos (Biblioteca Teológica Granadina 13). [Festschrift für J. A. de Aldama.], Granada 1969, 163-180; Creation and Providence, New York 1970; L'uomo moderno di fronte alla concezione antropologica della Bibbia (Orrizonti biblici 8), Torino 1970, A fé no deus uno y trino (Nossa f 3), Sao Paulo 1972; Reactions to Küng's »Infallibility?« [Zu K. Rahner (Hrsg.), Zum Problem der Unfehlbarkeit. Antworten auf die Anfrage von Hans Küng (Quaestiones Disputatae 54). Gekürzte Übersetzung von: Die Theologische Diskussion um das Unfehlbarkeitsdogma: MThZ 22 (1971) 282-295.]: Theology Digest 20 (1972) 158-161; Rez. zu: Rahner, Karl (Hrsg.), Zum Problem der Unfehlbarkeit. Antworten auf die Anfrage von Hans Küng (Quaestiones Disputatae 54). Gekürzte Übersetzung von: Die Theologische Diskussion um das Unfehlbarkeitsdogma: MThZ 22 (1971) 282-295. (Titel der Rezension: Reactions to Küng's »Infallibility?«): Theology Digest 20 (1972) 158-161; Dios uno y trino, Madrid 1973; Creación y Providencia (Historia de los Dogmas 2/2a), Madrid 1974; Il compito della teologia di fronte all'odierna problematica della redenzione: Scheffczyk, Leo (Hrsg.), Redenzione ed emancipazione (Giornale di teologia 88), Brescia 1975, 9-18; Il Dio che verrà, Torino 1975; Il ministero die Pietro. Problema, charisma, servizio (Collana di Teologia pratica 3), Torino 1975; (Hrsg.), Redenzione ed emancipazione (Giornale di teologia 88), Brescia 1975; Contents and Demands of the Mystery of the Liturgy: Overath, Johannes (Hrsg.), Confitemini Domino. Internationales Komponisten-Symposion Bozen vom 13.-17. April 1977, Roma 1977, 88-99; Il mistero della sacra liturgia: contenuto ed esigenze: Overath, Johannes (Hrsg.), Confitemini Domino. Internationales Komponisten-Symposion Bozen vom 13.-17. April 1977, Roma 1977, 76-87; La específica eficacia santificadora del sacramento de la penitencia: Scripta Theologica 10 (2/1978) 5-23; L'efficacia specifica del sacramento della penitenza per la salvezza (CRIS Documenti 39), Roma 1978; La Santidad de Dios: fin y forma de la vida cristiana:

Scripta Theologica 11 (1979) 1021-1035; Reflexión teológica sobre la inhabitatión de la Trinidad en el hombre: Estudios Trinitarios 13 (1979) 293-303; Trinidad: Lo específico cristiano: Estudios Trinitarios 13 (1979) 3-17; Leo Los dogmas de la Iglesia, ¨ son también hoy comprensibles? Fundamentos para una hermenéutica del dogma, Madrid 1980; A manera de introducción: Tierra Nueva Nr. 37, Jg. 10 (1981) 96-100; La devoción a Cristo como medio de la experiencia de Cristo: Tierra Nueva Nr. 37, Jg. 10 (1981) 72-77; La helenización del cristianismo: reflexiones de actualidad: Revista española de teologia 41 (1981) 469-481; Trinidad y misión en la teología católica: Estudios Trinitarios 15 (1981) 379-390; Un diálogo judío-cristiano sobre la Trinidad: Estudios Trinitarios 15 (1981) 307-315; A manera de introducción: Ders. (Hrsg.), Cristología y devoción a Cristo, Navarra 1982, 7-12; (Hrsg.) Cristología y devoción a Cristo. Navarra 1982; Der Heilige Geist in der abendländischen Tradition: Credo in Spiritum Sanctum. Atti del Congresso Teologico Internazionale di Pneumatologia in occasione del 1600. anniversario del I Cocilio di Costantinopoli e del 1550. anniversario del Concilio di Efeso (Roma, 22-26 marzo 1982), Roma 1982, 445-460; La devoción a Cristo como medio de la experiencia de Cristo: Ders. (Hrsg.), Cristología y devoción a Cristo, Bogota 1982, 224-231; La transcendencia de Dios como presupuesto de la Cristología: Cristo, Hijo de Dios y Redentor del hombre. III Simposio Internacional de Teología de la Universidad de Navarra. Ed. Universidad de Navarra, Pamplona 1982, 129-142; On Being a Christian. The Hans Küng Debate, Dublin 1982; De eigenheid van de heilbrengende werkdadigkeit van het sacrament van de biecht. Hrsg. vom Centre of Newman Friends, Rome 1983; Il sacramento della confessione: Supplemento a »L'Osservatore Romano« N. 161, 15.7.1983, III-V; Introduzione: L'itinerario dogmatico verso il mistero di Cristo: Ders. (Hrsg.), Problemi fondamentali della cristologia oggi (Quaestiones disputatae), Brescia 1983, 7-15; La Iglesia y los sacramentos en la Sagrada Escritura: P. Rodríguez (Hrsg.), Sacramentalidad de la Iglesia y sacramentos. IV Simposio Internacional de Teología de la Universidad de Navarra, Pamplona 1983, 77-87; La specifica efficacia di salvezza del sacramento della penitenza. Ed. Centro degli amici di Newman, Rom 1983; Les effets spécifiques du sacrement de pénitence. Hrsg. vom Centre des amis de Newman, Rom 1983; (Hrsg.), Problemi fondamentali della cristologia oggi (Quaestiones disputatae), Brescia 1983; The Specific Saving Effect proper to the Sacrament of Penance. Ed. Centre od Newman Friends, Rom 1983; Christology in the Context of Experience: On the Interpretation of Christ by E. Schillebeeckx: The Thomist 48 (1984) 383-408; Entwicklungslinien nachreformatorischer Mariologie unter Berücksichtigung antireformatorischer Tendenzen (Petrus Canisius, Suarez, Cornelius a Lapide): De cultu Mariano saeculo XVI. Acta congressus Mariologici-Mariani Internationalis Caesaraugustae anno 1979 celebrati. Vol. 5/2, Romae 1984, 437-455; Evolucion de la teologia entre la primera guerra mundial y el concilio Vaticano II: Manual de Historia de la Iglesia IX (publicado bajo la dirección de Hubert Jedin y Repgen, Konrad), Barcelona 1984, 389-439; Het huwelijk. Een bezinning op de kerkelijke leer en een schets van de hedendaagse problematiek: Scheffczyk, Leo / H. van der Meer / P. en M.-J. Vercruysse, »In goede en kwade dagen«. Christelijke visie op huwelijk en gezin (Theologie en Spiritualiteit 5), Brugge 1984, 13-76; Scheffczyk, Leo / Van der Meer H. / Vercruysse P. & M. J. »In goede en kwade dagen«. Christelijke visie op huwelijk en gezin (Theologie en Spiritualiteit 5), Brugge 1984; Zmartwychwstanie. [Übersetzung von: Auferstehung.], Warszawa 1984; Apocatastasis: fascinacion y aporia: Communio. Revista Catolica Internacional 7 (1985) 85-95; Apocatastasis: Fascination and paradox: Communio. International Catholic Review 12 (1985) 385-397; Die Mittlerschaft Marias: Scripta de Maria 8 (1985) 503-523; Fe cristiana y liberación. La instrucción »sobre algunos aspectos de la teología de la liberación«: Scripta Theologica 17 (1985) 645-655; Feste Mariane: Il Culto di Maria oggi (hrsg. von Beinert, Wolfgang), Roma 2. Aufl. 1985, 204ff.; La creación como revelación del amor de Dios: Dios y el hombre. 6. Simposio Internacional de Teología, Pamplona, 25-27 de abril de 1984, Navarra 1985, 353-365; La teoria di Newman sullo sviluppo dei dogmi alla luce della critica recente: M. K. Strolz (Hrsg.), Alla ricerca della luce. Vita - Sviluppo - Preghiera. Tre saggi su John Henry Newman, Roma 1985, 35-56; La théorie de Newman sur le développement des dogmas à la lumière de la critique récente: A la recherche de la Lumière. Vie - Développement - Prière. Trois Essais sur John Henry Newman, Rome 1985, 37-59; La theorie de Newman sur le developpement des dogmes à la lumise de la critique moderne: Unterwegs zum Licht. Leben, Entwicklung, Gebet. Drei Essays über John Henry Newman, Internationales Zentrum der Newman-Freunde, Rom 1985, 37-59; Les effets spécifiques du sacrement de pénitence: Carmel 39 (1985) 193-206; L'uomo moderno di fronte alla salvezza cristiana: Salvezza Cristiana e Culture Odierne. Atti del II Congresso Internazionale »La Sapienza della Croce oggi«. Vol. 1, Torino 1985, 1-13; Memorie Mariane: Il Culto di Maria oggi (hrsg. von Beinert, Wolfgang), Roma 2. Aufl. 1985, 225ff.; Newman's Theory of Development of Dogma in the Light of Recent Criticism: Strolz, Maria Katharina (Hrsg.), In Search of Light. Life - Development - Prayer. Three Essays on John Henry Newman, Rome 1985, 37-59; Solemnità Mariane: Il Culto di Maria oggi (hrsg. von Beinert, Wolfgang), Roma 2. Aufl. 1985, 141ff.; De betekenis van het »Filioque«: Communio - Internationaal Katholiek Tijdschrift 11 (1986) 19-33; El sentido del Filioque: Communio. Revista Catolica Internacional 8 (1986) 56-69; Está por aplicár el Vaticano II: Palabra 252, VII (1986) 369, 36-38; Diagnosi della Teologia dogmatica dei nuovi tempi: Testimonianze su Getsemani del Cardinale Giuseppe Siri, Rom 1987, 111-117; Rez. zu: Sullivan Francis A., Magisterium. Teaching Authority in the Catholic Church. New York/Ramsey s.d.: FKTh 3 (1987) 155-156; Sensus fidelium, getuigenis krachtens de gemeinschap: Communio 12 (1987) 355-367; Sensus fidelium: Swiadectwo mocy wspolnoty: Communio 7, 6/1987, 47-61; Sensus fidelium: testimonio sustentendo por la comunion: Revista Catolica Internacional Communio 9, 5/1987, 459-472; Leo Acerca de la hermenéutica bíblica de la »Teología de lo Político« segun Clodovis Boff. [Zu: C. Boff, Theologie und Praxis. Die erkenntnistheoretischen Grundlagen der Theologie der Befreiung. München 2. Aufl. 1984.]: Tierra Nueva Nr. 67, Jg. 17 (1988) 37-45; Ali smo sploh potrebni odrešenja. [Sind wir überhaupt erlösungsbedürftig?]: Kristjanova obzorja 3 (1988) 7-12; Colpa e riconciliazione

nell'orizonte umano e cristiano: Annales theologici 2 (1988) 343-356; Gesù Cristo - Sacramento originario della redenzione: Luthe, Hubert (Hrsg.), Incontrare Cristo nei sacramenti. Sussidio teologico per una pastorale sacramentaria, Milano 1988, 13-47; La chiesa, sacramento universale di Gesù Cristo: Luthe, Hubert (Hrsg.), Incontrare Cristo nei sacramenti. Sussidio teologico per una pastorale sacramentaria, Milano 1988, 49-85; La encíclica sobre el Espíritu Santo. Balance realista y mensaje de esperanza para el siglo que comienza: Scripta Theologica 20 (2-3/1988) 569-586; La respuesta christiana a las preguntas sobre Libertad y Liberacion: Teologia de la Liberacion (Dossier alrededor de la Libertatis Conscientia) (hrsg. von R. Vekemans, J. Cordero), Bogota 1988, 511-516; Mary as a Model of Catholic Faith: Moll, Helmut (Hrsg.), The Church and women. A Compendium. San Francisco 1988, 81-102; Sensus fidelium - La force de la communaut: Communio 3 (1988) 84-100; Sensus fidelium - Witness on the part of the community: Communio 15 [International Catholic Review] (1988) 182-198; Sensus fidelium: testimonianza de la comunità: Strumento internazionale per un lavoro teologico Communio 2 (1988) 110-125; Sensus fidelium: testimonio sustentado per la comunion: Ecclesia. Revista de Cultura Catolica II/4 (1988) 363-378; A bünbánat szentségének sajátos üdvözítő hatása. [Übersetzung von: Die spezifische Heilswirkung des Bußsakramentes.] Hrsg. von »Das Werk«, Bregenz 1989; L'itinerario dogmatico verso il mistero di Cristo: Problemi fondamentali della Cristologia oggi (a cura di Leo Scheffczyk), Brescia 1983/(89), 7-16; Le Fondement biblique de la doctrine chrétienne de la Création: Foi et Sciences n° 3 - 1989, 43-58; Responsibilità e autorità del teologo nel campo della teologia morale: Il dissenso sull'Enciclica »Humanae Vitae«: A. Ansaldo (Hrsg.), »Humanae Vitae«: 20 Anni dopo. Atti del II Congresso Internazionale di Teologia Morale (Roma, 9-12 novembre 1988), Milano 1989, 273-286; Az ember üdvösségének gondja a Fatimai imában. [Übersetzung von: Das Fatimagebet und die Heilssorge des Menschen.]: Szolgálat 22 (1990) 75-81; El problema no-resuelto de la unidad entre historia mundana e historia de la salvación en la teología de la liberación: Tierra Nueva Nr. 74, Jg. 19 (1990) 29-46; La »musique sacrée« dans le souffle de l'Esprit: Musicae Sacrae Ministerium Nr.1&2 (hrsg. von der SIMS) (1989/1990) 21-24; La enciclica sobre el Espiritu Santo. Balance realista y mensaje de esperanza para el siglo que canienza: Trinidad y Salvacion. Estudios sobre la trilogia trinitaria de Juan Pablo II. (hrsg. von A. Aranda), Pamplona 1990, 177-194; La théorie de Newman sur le développement des dogmas à la lumière de la critique récente: Anthropotes 6 (1990) 173-186; Leo Az Egyház mint Jézus Kristust jelképező teljes szentség. [Übersetzung von: Die Kirche - das Ganzsakrament Jesu Christi.] Hrsg. v. »Werk Christi und Mariä«, Budapest 1991; Un antidoto contro il Pelagianesimo: Trenta Giorni nella Chiesa e nel mondo(1991) Nr. 5, 54; de Regnon, Th.: Diccionario El Dios christiano, Salamanca 1992, 1207-1211; Die Phänomenologie des Todes bei Dietrich von Hildebrand und die neuere Eschatologie: Aletheia. An International Yearbook of Philosophy. Volume 5. Truth and Value. The Philosophy of Dietrich von Hildebrand, Bern 1992, 265-278; Il Rinnovamento teologico del XIX secolo: AA.VV., La Rivelazione. Storia delle Dottrine Cristiane. Teologie e Dogmi nella Tradizione della Chiesa (StDC 1), Palermo 1992, 364-392; Las misiones Trinitarias como fuentes de la vida Cristiana: Scripta Theologica 24 (1992) 923-940: Scripta Teologica, vol. XXII, Fasc. 3; Iglesia y »Liberación« - ¨Cometido político de la Iglesia?: Tierra Nueva Nr. 87, Jg. 22 (1993) 15-25; Iglesia y mundo. El compromiso temporal de la Iglesia: Tierra nueva (Santiago de Chile) 87 (1993) 5-14; Jezus Kristus pravý Buh a pravý clovek: Krestanská víra ve svetle soucasné teologie, Prag 1993, 27-36; La Iglesia y »las iglesias«: Tierra Nueva Nr. 88, Jg. 23 (1994) 5-14; La Iglesia y las religiones - »Extra Ecclesiam Nulla Salus«: Tierra nueva 22 (1994) nr. 88, 15-27; Maria ve svetle Viry: Svetlo. Tydenik matice cyrilometodýske 4 (1994); »Das Blut Christi, das ewige Erlösung wirkt« (Hebr 9,12). Das Geheimnis des Erlösungsglaubens: A. Strukelj (Hrsg.), Bo☐jo voljo spolnjevati. Jubelejni zbornik ob 75-letnici Alojzija Suštarja Ljuljanskega Nadškofa in Metropolita, Ljubljana 1995, 585-600; Das Geheimnis Gottes - Mitte und Ziel des Glaubens. Skrivnost Boga-svedina in ciljvere: Communio. Kristjanova Obzorja 41 (1995) 205-229; Faith and witness: Confessio and martyrium: Communio 22 (1995) 406-417; Fe como confesión: confessio« y »martyrium«: Communio 17 (1995) 450-459; La professione di fede: confessio e martyrium: La fede: Communio 143 (1995) 24-34; Skrivnost Boga - sredina in cilj vere. [Übersetzung von: Das Geheimnis Gottes - Mitte und Ziel des Glaubens.]: Communio - Kristjanova obzorja 10 (1995) 219-229; Zum Problem der Sprache in der Theologie: Fila B. / Erdö P. (Hgg.), Teológus az Egyházban. Emlékkönyv Gál Ferenc 80. születésnapja alkalmából (Studia Theologica Budapestinensia 12), Budapest 1995, 129-151; A bünbánat szentségének sajátos üdvözítő hatása. [Übersetzung von: Die spezifische Heilswirkung des Bußsakramentes.]: Communio 4 [Untertitel: Nemezetközi katolikus folyórat.] (3/1996) 61-75; Absolutez del cristianismo: Communio. Revista Católica Internacional 18 (1996) 108-120; Az Egyház mint Jézus Kristust jelképező teljes szentség. [Übersetzung von: Die Kirche - das Ganzsakrament Jesu Christi.]: Communio - nemzetközi katolikus folyóirat 4 (2/1996) 42-73; Das Kreuz als Anfrage an die Kirche. La Croce di Cristo interroga la Chiesa: La Croce di Cristo unica speranza. Atti del III Congresso internazionale. La sapienza della croce oggi, Roma 1996, 73-84; La Croce di Cristo interroga la Chiesa: T. P. Zecca (Hrsg.), La Croce di Cristo unica speranza. Atti del III. Congresso internazionale »La sapienza della croce oggi« (Roma, 9-13 gennaio 1995), Roma 1996, 73-84; La Ecclesiología y la Historia del la Iglesia, consideradas desde el punto de vista sistemático: Anuario de Historia de la Iglesia Vol. V. Instituto de Historia de la Iglesia. Facultad de Teología. Universidad de Navarra 1996, 25-42; Laypersons, deacons, and priests: A difference of ministries: Communio 23 (1996) 639-655; Lex orandi - lex credendi: La liturgia, norma di fede: Musicae Sacrae Ministerium 33 (1-2/1996) 14-23. (hrsg. von Rüdiger Schumacher), Rom 1996; The Specific Saving Effect proper to the Sacrament of Penance. Published by The international Community »The Work of Christ«, Rome 1996; L'assolutezza del cristianesimo: Communio. Rivista Internazionale di Teologia e Cultura. Numero 152, marzo-aprile 1997, 16-28; Immutabilità e libertà in Dio. Approchio teologico sistematico: Eternità e libertà (a cura di M. Hauke), Milano 1998, 57-66; La Chiesa. Aspetti della crisi postcon-

ciliare e corretta interpretazione del Concilio Vaticano II (Già e non ancora 327). Presentazione dell'edizione italiana di Joseph Ratzinger, Milano 1998; Chrze scija nstwo nie moze by c anonymowe (Christsein ohne Anonymität): Fronda 17/18 (1999) 148-161; Modlitwafatimska, a troska cztowieka o zbawienic (1): Nasze Stowo 12 m. 23 (2001) 2; 18; Sveto pismo - beseda Boga in Cerkve (Die Hl. Schrift - Wort Gottes in der Kirche): Communio 11 (2001) H. 2, 149-163, Ljubljana; Musica sacra sotto il soffio dello Spirito: G. M. Steinschulte (Hrsg.) Musica Spiritus Sancti Numine Sacra, Città del Vaticano 2001, 15-21; Il Mistero della sacra liturgia: contenuto ed esigenze: G. M. Steinschulte (Hrsg.), Musica Spiritus Sancti Numine Sacra, Città del Vaticano 2001, 22-36; Lex Orandi - Lex Credendi. La liturgia, norma di fede: G. M. Steinschulte (Hrsg.), Musica Spiritus Sancti Numine Sacra, Città delVaticano 2001, 37-51; Maria, Crocevia della Fede Cattolica. [Traduzione dal Tedesco Manfred Hauke] (Collana di Mariologia 1.), Pregassona Lugano 2002; La mia esperienza di teologo cattolico. Uno sguardo d'insieme: Pontificia Academia Theologica (PATH) 1 (2002) 59-78; La croce nella Trinita: La Sapienza della Croce. Rivista di Cultura e Spiritualita della Passione. 17, Roma 2002, 45-50; La Eucaristía y el sacramento de la Penitencia: L'Osservatore Romano, Edición semenal en lengua espanola 35 (29.8.2003) 5; Mi experiencia de teólogo católico (it. La mia esperienza di teologo cattolico - uno sguardo d'insieme. Universidad de Navarra, Pamplona 2003, 141-158; Nuovo forme di religiosità. Intervista al teologo tedesco Cardinale Leo Scheffczyk. Giornale del Popolo. Nr. 271 Lugano (25.11.2003) 15; » Duc in Altum« La Chiesa davanti al terzo millennio. Giovanni Paolo II- 25 anni di pontificato: Communio 190-191 (2003) 159-165; Johannes Overath - * Una vita al servizio del Mistero (Ev. Joh. 12, 23-28): Musicae Sacrae Ministerium (CIMS) Rom (2002-2003) 22-25; Dignità del bambino: Lexicon. Termini ambigui e discussi su famiglia, vita e questioni etiche (a cura del Pontificio consiglio per la Famiglia) Bologna 2003,177-184; La pluralidad de ministerios y el único ministerio. Sobre la posición del sagrado ministerio en la Iglesia: José Ramón Villar (Hrsg.), Iglesia ministerio episcopal y ministerio petrino, Madrid 2004, 127-139; L'enfant, sa dignité. Lexique des termes ambiqus et controversés sur la famille, la vie et les questions éthiques. (Conseil Pontifical pour la Famille), Paris 2005, 349-357.

Lit.: Schamoni, Wilhelm, (Rez.) Christentum als Unmittelbarkeit zu Gott. Erwägungen zu K. Rahners »Grundkurs des Glaubens«: IKZ-Com 6 (1977) 442-450. (Titel der Rezension: Scheffczyk contra Rahner): Theologisches Nr. 91 vom Nov. 1977, 2549-2551; — Keilbach, Wilhelm, Scheffczyk, L., Symposion »Glaube und Wissenschaft«: MThZ 29 (1978) 284-295; Anonymus, Verteidiger des Glaubens. Prälat Prof. Dr. Leo Scheffczyk 65 Jahre alt: Timor Domini 14 (3/1985); Böhm, Irmingard, Bibliographie Leo Scheffczyk. Sonderdruck von: Ziegenaus, Anton / Courth, Franz / Schäfer, Philipp (Hgg.), Veritati Catolicae. Festschrift für Leo Scheffczyk zum 65. Geburtstag, Aschaffenburg 1985, 711-762; — Chang Hsüeh-chu, Maria, Die Frage nach Gott und dem Leiden in der Theologie von Leo Scheffczyk. Dissertation, Innsbruck 1985. Ms. 288 S.; — HWR, (Rez.) Die Bedeutung der Mysterien des Lebens Jesu und die christliche Existenz, Aschaffenburg 1984. (Titel der Rezension:

Christus): Deutsche Tagespost vom 5./6. Juli 1985; — Kothgasser, Alois M., (Ziegenaus Anton u.a. (Hgg.)), Veritati Catholicae. Festschrift für Leo Scheffczyk zum 65. Geburtstag, Aschaffenburg 1985: FKTh 1 (1985) 318-327; — Krenn, Kurt, Er verteidigt das Proprium der Theologie. Professor Dr. Leo Scheffczyk vollendet am Donnerstag sein 65. Lebensjahr: Deutsche Tagespost Nr. 22 vom 19. Februar 1985; — Paul Pattloch Verlag, (Scheffczyk L. u. a. (Hgg.)), Forum Katholische Theologie. Beilageblatt zum Werbeexemplar des ersten Heftes, Aschaffenburg 1985; — Ziegenaus, Anton / Courth, Franz / Schäfer, Philipp (Hgg.), Veritati Catholicae. Festschrift für Leo Scheffczyk zum 65. Geburtstag, Aschaffenburg 1985; — Schenk, Richard, (Scheffczyk Leo) Das Amt in der Kirche. Friedliche Erwägungen zu einem umstrittenen Thema (Antwort des Glaubens 43), Freiburg 1986: FKTh 3 (1987) 158-159; — Szász Ivan Egy dogmatikai Hermeneutik Alapvonásai Leo Scheffczyk nyomán. [Die Grundlinien einer dogmatischen Hermeneutik gemäß Leo Scheffczyk.], Budapest 1987. Ms. 153 S.; — Hauke, Manfred, (Rez.) Schöpfung: Geheimnis in den Geheimnissen. Theologischer Durchblick: AA.VV., Schöpfung. Hrsg. v. Informationszentrum Berufe der Kirche, Freiburg 1988, 83-98: FKTh 4 (1988) 314; — Ziegenaus, Anton, (Rez.) Einführung in die Schöpfungslehre. 3. Auflage, Darmstadt 1987: FKTh 4 (1988) 160; — Burggraf, Jutta / Pfeifer, Marlene, (Rez.) Marienlexikon. Band 1. St. Ottilien 1988. (Titel der Rezension: Die Kunde Mariens von A bis Chagall. Ein Lexikon zählt auf, was die Kirche über die Gottesmutter sagt und wie sie verehrt wird.): Deutsche Tagespost Nr. 38 vom 30. März 1989, 5; — Klein, Hans-Adolf, (Rez.) Marienlexikon. Band 1. AA - Chagall. St. Ottilien 1988: FKTh 5 (1989) Mariologie 149-151; — KNA, (Rez.), Das Seufzen der Kreatur. [Vortrag bei den Salzburger Hochschulwochen 1989 (31.7.-3.8.) am 31.7.] (Titel der Rezension: Scheffczyk warnt davor, Tiere zu vermenschlichen.): Deutsche Tagespost vom 3. August 1989, 4; — Luyten, Norbert A., (Rez.) Veränderungen im Menschenbild. Divergenzen der modernen Anthropologie (Grenzfragen 15), Freiburg 1987: FKTh 5 (1989) Dogmatik 319-320; — Forster, Karl, (Rez.), Katholische Glaubenswelt. Wahrheit und Gestalt, Aschaffenburg 1997. 2. Aufl. 1978: Klerusblatt 59 (1979) 21-22; — Anonymus, 70. Geburtstag. Münchener Katholische Kirchenzeitung vom (4.3.1990); — Burggraf, Jutta, (Rez) Marienlexikon. Band 2. (Chaldäer bis Greban.) St. Ottilien 1989. (Titel der Rezension: Maria): Deutsche Tagespost vom 28. April 1990; — Elders, Leo J., (Rez.) »Unsterblichkeit« bei Thomas von Aquin auf dem Hintergrund der neueren Diskussion. Bayerische Akademie der Wissenschaften. Philosophischhistorische Klasse. Sitzungsberichte. Jg. 1989, Heft 4, München 1989: FKTh 6 (1990) 309-310; — Ortmanns, Norbert, (Rez.) Die Mystik der Anna Katharina Emmerick. In: Anna Katharina Emmerick. Die Mystikerin des Münsterlandes. Hrsg. v. C. Engling, H. Festring und H. Flothkötter, Dülmen 1991, 39-61. (Titel der Rezension: Am Ende bleibt nur noch der Glaube. Ein Symposion über die Mystik der Anna Katharina Emmerick): Deutsche Tagespost vom 21. April 1990; Schenk, Richard, (Rez.), Rationalität. Ihre Entwicklung und ihre Grenzen (Grenzfragen 16). Freiburg 1989: FKTh 6 (1990) Philosophie 161-163; — Ziegenaus, Anton, Der Tradition verleiht Leo Scheffczyk Leben. Der Dogmatiker fei

ert am Mittwoch siebzigsten Geburtstag. Eine Analyse seiner Theologie von Professor Anton Ziegenaus: Deutsche Tagespost Nr. 22 vom 20. Februar 1990, 4; — Anonymus, (Rez.) Die Bedeutung der Kirchenväter für die Theologie Newmans. In: Gläßer, Alfred (Hrsg.), John Henry Newman, Eichstätt 1991. (Titel der Rezension: John Henry Newman - ein Kirchenvater der Neuzeit«. Band 10 der Reihe Extemporalia erschienen): Pressedienst der Diözese Eichstätt Nr. 199 vom 11.11.1991, 2-3; — Auda, Joseph, (Rez.) Das Problem der Aufhebung der Lehrverurteilungen: FKTh 7 (1991) 38-60. (Titel der Rezension: Forum Katholische Theologie): Deutsche Tagespost Nr. 61 vom 22. Mai 1991, 10; — Burggraf, Jutta, (Rez.) Marienlexikon. Band 3. (Greco - Laib), St. Ottilien 1991. (Titel der Rezension: Mariologisches: knapp und informativ): Deutsche Tagespost Nr. 116 vom 26. September 1991, 6; — Klein, Hans-Adolf, (Rez.) Marienlexikon. Band 2. Chaldäer - Greban. St. Ottilien 1991: FKTh 7 (1991) 76-77; — Rychlik, Mariola, Das Wort Gottes und die Kirche bei Leo Scheffczyk, Olsztyn 1991. 71 S. (Magisterarbeit); Anwander, Elmar, (Rez.) Allversöhnung oder endgültige Scheidung. [Vortrag bei der »Internationalen Theologischen Sommerakademie 1992« des Linzer Priesterkreises in Aigen/M.] (Titel der Rezension: Die Sommerakademie des Linzer Priesterkreises.): Apostolisches 1 (11/1992) 4-6; — Bökmann, Johannes, (Rez.) Aspekte der Kirche in der Krise. Um die Entscheidung für das authentische Konzil, Siegburg 1992. (Titel der Rezension: Kampf um die Catholica): Theologisches 22 (1992) 481-482; — Höller, Christian, (Rez.) Allversöhnung oder endgültige Scheidung. [Vortrag bei der »Internationalen Theologischen Sommerakademie 1992« des Linzer Priesterkreises in Aigen/M.] (Titel der Rezension: Christus hat dem Teufel Grenzen gesetzt. Im Rahmen der Sommerakademie des Linzer Priesterkreises Gespräche zu Fragen der Eschatologie.): Deutsche Tagespost vom 8. September 1992; — Schenk, Richard, (Rez.) Glaube in der Bewährung (Gesammelte Schriften zur Theologie 3), St. Ottilien 1991. (Titel der Rezension: In der Überlieferung bewährt sich der Glaube): Deutsche Tagespost Nr. 66 vom 30. Mai 1992; Stöhr, Johannes, (Rez.) Glaube in der Bewährung (Gesammelte Schriften zur Theologie 3), St. Ottilien 1991. (Titel der Rezension: Gründung und Befestigung im Glauben. Zu einem neuen Buch von Prof. Scheffczyk): Theologisches (1992?) 296-298; — Anonymus, (Rez.) Die Bedeutung des »Katechismus der Katholischen Kirche« für das Wesensverständnis christlichen Glaubens. [Vortrag am 1. September 1993 vor dem »Internationalen Priesterkreis« im St.-Ulrichs-Haus in Augsburg.] (Titel der Rezension: Glaubenswahrheit statt Gefühl. Scheffczyk verteidigt den Katechismus gegen Theologen-Kritik.): Deutsche Tagespost vom 11. November 1993, 4; —Anonymus, (Rez.) Die Bedeutung des »Katechismus der Katholischen Kirche« für das Wesensverständnis christlichen Glaubens. [Vortrag am 1. September 1993 vor dem »Internationalen Priesterkreis« im St.-Ulrichs-Haus in Augsburg.] (Titel der Rezension: Glaubenswahrheit statt Gefühl.): »Der 13.« vom 13. Oktober 1993, 12; — Bechina, Friedrich, Die Geschichtlichkeit der Ursünde im Denken des Münchner Dogmatikers Leo Scheffczyk. Dissertatione di Licenza, Roma 1993, 88 S.; — Bökmann, Johannnes, (Rez.) Aspekte der Kirche in der Krise. Um die Entscheidung für das authentische Konzil. Siegburg 1993: Theologisches (Sonderausgabe Nr. 3 zum Aschermittwoch 1993) 42; — Felder, Alois, Wort - Strukturprinzip der Theologie. Zur »Theologie des Wortes« bei Leo Scheffczyk (Dissertationen / Theologische Reihe 66), St. Ottilien 1993, 487 S.; — Göbbeler, H.-P., (Rez.) Aspekte der Kirche in der Krise. Um die Entscheidung für das authentische Konzil. Siegburg 1993: Der Fels 24 (4/1993) 125-126; — Hauke, Manfred, (Rez.) Marienlexikon. Bände 1-6. St. Ottilien 1988-1994. (Titel der Rezension: Das neue Marienlexikon - ein Jahrhundertwerk für Theologie und Frömmigkeit): Offertenzeitung Nr. 7/8 1993, 50-51; — Listl, Joseph, (Rez.) Aspekte der Kirche in der Krise. Um die Entscheidung für das authentische Konzil, Siegburg 1993: FKTh 9 (1993) 306; — Listl, Joseph, (Rez.) Die heile Schöpfung und das Seufzen der Kreatur (Schriftenreihe der Gustav-Siewerth-Akademie 6), Weilheim-Bierbronnen 1992: FKTh 9 (1993) 141; Moll, Helmut, (Rez.) Glaube in der Bewährung (Gesammelte Schriften zur Theologie 3), St. Ottilien 1991. (Titel der Rezension: »Weil der Glaube als Wahrheit schon Leben ist«. Zum dritten Band der gesammelten Schriften von Leo Scheffczyk): KNA - OKI 1/2 vom 6. Januar 1993, 15-17; — Rehder, Stefan, (Rez.) Die heile Schöpfung und das Seufzen der Kreatur, Weilheim-Bierbronnen 1992. (Titel der Rezension: Und doch: der Mensch steht an erster Stelle der Ordnung Gottes für die Welt. Zu einem lesenswerten Beitrag des Münchner Dogmatikers Leo Scheffczyk zur häufig mißverstandenen Schöpfungstheologie): Deutsche Tagespost vom 18. November 1993; — Treiber, Adolfine, (Rez.) Marienlexikon. Bände 1-6. St. Ottilien 1988-1994. (Titel der Rezension: Das Marienlexikon ist abgeschlossen.): Bote von Fatima 52 (1994) 142-143; — Anonymus, Ehrendoktorwürde für Prälat Prof. Dr. Scheffczyk: Bote von Fatima 52 (1994); — EOS-Verlag (Bäumer Remigius /Scheffczyk Leo (Hgg.)) Marienlexikon. Bände 1-6. St. Ottilien 1988-1994. (Werbebroschüre für das Marienlexikon mit Pressestimmen und Kurzrezensionen), St. Ottilien 1994. 10 S.; — Härdelin, Alf, (Rez.) Felder, Alois, Wort - Strukturprinzip der Theologie. Zur »Theologie des Wortes« bei Leo Scheffczyk (Dissertationen / Theologische Reihe 66), St. Ottilien 1993: Svensk Pastoraltidskrift Nr. 44, 36 (1994) 755-756; — KAP, Opus-Dei-Universität ehrt Scheffczyk und Spaemann: Kathpress Nr. 021 vom 28.01.1994, 7; — Naab, Erich, (Rez.) Aspekte der Kirche in der Krise. Um die Entscheidung für das authentische Konzil, Siegburg 1993. (Titel der Rezension: Herausforderungen des Kirchenverständnisses. Zu einem neuen Buch von Leo Scheffczyk): Klerusblatt 74 (1994) 257-276; — Rodríguez, Pedro, Palabras pronunciadas por el Padrino, Dr. Pedro Rodriguez, Decano de la Facultad de Teología, en elogio del Prof. Leo Scheffczyk: Discursos pronunciados en la investidura del grado del doctor »honoris causa«. Universidad de Navarra, Pamplona, 29 de enero de 1994, Pamplona 1994, 37-38; — Scheffczyk, Leo, Colación del grado de Doctor en Teología al Professor Leo Scheffczyk. In: Ceremonial para la investidura del grado de Doctor »honoris causa«. Universidad de Navarra, Pamplona, 29 de enero de 1994, Pamplona 1994, 20-22; Scheffczyk, Leo, Discurso del Dr. Leo Scheffczyk: Discursos pronunciados en la investidura del grado del doctor »honoris causa«. Universidad de Navarra, Pamplona, 29 de enero de 1994, Pamplona 1994, 39-40; — Schönberger, A., (Rez.) Gott, der Schöpfer. Das Gottesbild der Schöpfung. [Vortrag bei der »Internationalen

Theologischen Sommerakademie 1994« des Linzer Priesterkreises in Aigen/M.] (Titel der Rezension: »Gottes Schöpfung«. Die Internat. Theologische Sommerakademie 1994 in Aigen): Der Fels 25 (1994) 317; — Stöhr, Johannes, (Rez.) Aspekte der Kirche in der Krise. Um die Entscheidung für das authentische Konzil. Siegburg 1993. (Titel der Rezension: Keine Kirchen-Träume): Theologisches 24 (1994) 145-146; — Universidad de Navarra (Hrsg.), Ceremonial para la investidura del grado de Doctor »honoris causa«. Universidad de Navarra, Pamplona, 29 de enero de 1994; — Universidad de Navarra (Hrsg.), Discursos pronunciados en la investidura del grado del doctor »honoris causa«. Universidad de Navarra, Pamplona, 29 de enero de 1994, Pamplona 1994; — AA.VV., Die Gustav-Siewerth-Akademie. PUR-Magazin spezial. Ein Sonderheft über die staatlich anerkannte Hochschule in Bierbronnen. [Auf den Seiten 7, 13 und 15 wird Prof. Scheffczyk erwähnt, auf Seite 13 mit Foto.] Kislegg, Mai 1995.; — Anonymus, (Rez.) »Das Blut Christi, das ewige Erlösung wirkt« (Hebr 9,12). [Vortrag bei der Herz-Jesu-Studientagung am 19.1.1995 im Wiener Priesterseminar.] (Titel der Rezension: Die Wahrheit von der Erlösung): »Der 13.« vom 13. Februar 1995, 12; — Bäumer, Remigius, (Rez.) Marienlexikon. Bände 1-6. St. Ottilien 1988-1994. (Titel der Rezension: Das Marienlexikon und seine Rezeption): Theologisches 24/25 (1994/95) Nr. 12/1, 20-25; — Courth, Franz, Leo Scheffczyk zum 75. Geburtstag: Klerusblatt 75 (1995) 40; — KAP, (Rez.), Marienlexikon. Bände 1-6, St. Ottilien 1988-1994. (Titel der Rezension: Erstes deutschsprachiges »Marienlexikon« vollständig. Sechs Bände geben Auskunft über Mariologie und Marienverehrung): Kathpress Nr. 004 vom 5.1.1995, 10; — KAP, Dogmatiker Scheffczyk 75: Kathpress-Tagesdienst Nr. 43 vom 21.2.1995, 11-12; — KNA, Dogmatiker Leo Scheffczyk wird 75: KNA Aktueller Dienst Inland Nr. 36 vom 21.2.1995, 1; — Bauer, Josef, (Rez.) Das wesentlich und bleibend Katholische. [Vortrag bei der Internationalen »Theologischen Sommerakademie 1996« des Linzer Priesterkreises in Aigen/M.] (Titel der Rezension: Sommerakademie: Das bleibend Katholische): Wiener Kirchenzeitung Nr. 36 vom 8. September 1996, 21; — Bornhausen, Peter Paul, (Rez.) Strukturen katholischen Glaubensdenkens. [Vortrag bei der Theologischen Sommerakademie 1996 in Dießen.] (Titel der Rezension: Die Schönheit des kirchlichen Glaubens. Auf der Theologischen Sommerakademie Dießen kam das »Eigentlich-Katholische« zur Sprache.): Deutsche Tagespost Nr. 113 vom 19. September 1996, 5; — Härdelin, Alf, (Rez.) Marienlexikon. Bände 1-6, St. Ottilien 1988-1994. (Titel der Rezension: Die Jungfrau und Gottesmutter Maria in der Welt von heute): Klerusblatt 76 (1996) 287-288; — MM-Verlag, (Scheffczyk Leo / Ziegenaus Anton (Hgg.)), Katholische Dogmatik. In acht Bänden, Aachen 1996: Werbeblatt und Bestellkarte des Verlags, Aachen 1996; — Ziegenaus, Anton, (Rez.) Felder, Alois, Wort - Strukturprinzip der Theologie. Zur »Theologie des Wortes« bei Leo Scheffczyk (Dissertationen / Theologische Reihe 66), St. Ottilien 1993: FKTh 12 (1996) 157-158; — Bentz, Felix, (Rez.) 1. Das menschliche Mitwirken im Sakramentsgeschehen. 2. Christus - Kirche - Sakrament: Die Vergegenwärtigung des Heils in der Welt. Vorträge bei der fünften Theologischen Sommerakademie 1997 in Dießen. (Titel der Rezension: Die Sakramente der Kirche - Die Vergegenwärtigung des Heils in der Welt.): Der Fels 28 (1997) 331-332; — Froitzheim, Heinz, (Rez.) Theologische Grundlagen der Liturgie. [Vortrag bei der »Internationalen Theologischen Sommerakademie 1995« des Linzer Priesterkreises in Aigen/M.] (Titel der Rezension: Um die »Reform der Reform«. Die Internationale Theologische Sommerakademie 1997 in Aigen über »Die heilige Liturgie«.): Der Fels 28 (1997) 295-299; — Hoeres, Walter, (Rez.) Der Gott der Offenbarung. Gotteslehre (Katholische Dogmatik 2), Aachen 1996-: Theologisches 26/27 (1996/97) 537-538; — Lochbrunner, Manfred, (Rez.) Katholische Dogmatik. In acht Bänden. Aachen 1996- (Titel der Rezension: Die Glaubenswahrheit wird auf dem Boden der Heilsgeschichte reflektiert. Anmerkungen zu den ersten beiden Bänden der »Katholischen Dogmatik« von Leo Scheffczyk und Anton Ziegenaus.): Deutsche Tagespost Nr. 6 (11. 1. 1997) 4; — Merz, Thomas, (Rez.) Katholische Dogmatik. In acht Bänden, Aachen 1996- (Titel der Rezension: »Undogmatische Dogmatik«): Academia 48 (2/1997) 42; — Anonymus, (Rez.) »Die Gemeinsame Erklärung zur Rechtfertigungslehre« und die Norm des Glaubens: Theologisches 28 (1998) 61-68; 125-132. (Titel der Rezension: Harter Brocken »Rechtfertigung«. Die »Gemeinsame Erklärung« läßt viele Fragen offen.): Das Neue Groschenblatt 28 (7/1998) 1-2; — Berger, David, (Rez.) Die Heilsverwirklichung in der Gnade. Gnadenlehre (Katholische Dogmatik 6), Aachen 1998: Theologisches 28 (1998) 491-494; — Bürkle, Horst, (Rez.) Grundlagen des Dogmas. Einleitung in die Dogmatik (Katholische Dogmatik 1), Aachen 1997: FKTh 14 (1998) 73-74; — Karger, Michael, (Rez.) »Die Gemeinsame Erklärung zur Rechtfertigungslehre« und die Norm des Glaubens: Theologisches 28 (1998) 61-68; 125-132: Deutsche Tagespost Nr. 35 vom 19.3.1998, 6; Nr. 50 vom 23.4.1998, 6; — Karger, Michael, (Rez.) Ökumene auf dem Weg: Gemeinsamkeit bei verbleibenden Verschiedenheiten in der Rechtfertigungslehre. Die »Gemeinsame Erklärung« und die vatikanische »Präzisierung«: FKTh 14 (1998) 213-220: Deutsche Tagespost Nr. 6 vom 10. Januar 1998, 4; — Lies, Lothar, (Rez.) Katholische Dogmatik. In acht Bänden. Aachen 1996ff. [Behandelt wird Band 1: Grundlagen des Dogmas. Einleitung in die Dogmatik.]: Zeitschrift für Katholische Theologie 120 (1998); — Baier, Stephan, (Rez.) Der eine Heilsweg und die vielen Religionen. [Vortrag bei der »Internationalen Theologischen Sommerakademie 1999 in Aigen.] (Titel der Rezension: Immer eine Provokation und für den Zeitgeist unverdaulich. Beten alle Monotheisten zu demselben Gott? - Bericht über die Akademie des Linzer Priesterkreises in Aigen.): Deutsche Tagespost Nr. 106 vom 4. September 1999, 5; — Karger, Michael, (Rez.) Katholische Dogmatik. Bände 2, 5, 6 und 8, Aachen 1996-1998. (Titel der Rezension: Der Glaube ist der Maßstab der Beurteilung subjektiver Erfahrung. Hervorragende Darstellung der katholischen Dogmatik unter Berücksichtigung ökumenischer Fragen von Leo Scheffczyk und Anton Ziegenaus.): Deutsche Tagespost Nr. 73 vom 19. Juni 1999, S. 15; — Lochbrunner, Manfred, (Rez.) Die Heilsverwirklichung in der Gnade. Gnadenlehre (Katholische Dogmatik 6), Aachen 1998: FKTh 15 (1999) 307-308; — Marchetto, Agostino, (Rez.) La Chiesa. Aspetti della crisi postconciliare e corretta interpretazione del Concilio Vaticano II (Già e non ancora 327), Milano 1998. (Titel der Rezension: Per una

corretta interpretazione del Concilio Vaticano II.): L'Osservatore Romano vom 22.1.1999, 6; — Von Sury, Hans-V., (Rez.) Scheffczyk, Leo / Karger, Michael, »Bedeutsame Unterschiede wurden gefällig harmonisiert« Ein Gespräch mit dem Dogmatiker Leo Scheffczyk über die jüngsten Konsensdokumente Roms und der Lutheraner zur Rechtfertigungslehre: Deutsche Tagespost vom 10. Juli 1999, 5. (Titel der Rezension: Wo ein Gesprächspartner kapituliert, gibt es keinen echten Dialog.): Deutsche Tagespost vom 22. Juli 1999; — Abmeier, Hans-Ludwig, Katholischer Theologe aus Beuthen/Oberschlesien. Prof. Dr. Leo Scheffczyk zum 80. Geburtstag: Kulturpolitische Korrespondenz 1102 vom 15. Februar 2000, 8-9; — Anonymus, Personalien. Leo Scheffczyk ... [Kurzmeldung zum 80. Geburtstag.]: Pur-Magazin Nr.3/2000, 11; — Anonymus, Prälat Prof. Dr. Leo Scheffczyk vollendet sein 80. Lebensjahr: Klerusblatt 80 (2000) 55; — Anonymus, Professor Leo Scheffczyk 80 Jahre: Der Fels 31 (2000) 121; — Gogelli, M. Luise, Ein Glaubenslehrer ohne Abstriche. Der Dogmatiker Leo Scheffczyk ist achtzig Jahre alt: Schweizerische Katholische Wochenzeitung vom 18.2.2000, 5; — Hagen, Christoph Matthias, Geschichte in einem umfassenden Sinn. Zum achtzigsten Geburtstag des Dogmatikers Leo Scheffczyk. [Leserbrief]: Deutsche Tagespost Nr. 24 vom 26. Februar 2000, 16; — Hauke, Manfred, (Rez.) Die Mariengestalt im Gefüge der Theologie. Mariologische Beiträge (Mariologische Studien 13), Regensburg 2000: FKTh 16 (2000) 312-314; — Horst, Guido, (Rez.) Gaudium et Spes. Die Kirche in der Welt von heute: Rehder, Stefan / Wolff, Markus (Hgg.), Abschied vom Himmel. Im Spannungsfeld von Kirche und Welt, Aachen 1999, 15-35. (Titel der Rezension: Über all den Dialog die Botschaft des Glaubens nicht vergessen. »Abschied vom Himmel«: Vierzehn Autoren beschreiben das schwierige Verhältnis der Kirche zur Welt von heute.): Deutsche Tagespost Nr. 24 vom 26. Februar 2000, 4; — Karger, Michael, Ein Deuter der Taten Gottes inmitten der geschichtlichen Welt. Theologe und Denker des Katholischen: Am kommenden Montag wird Leo Scheffczyk achtzig Jahre alt: Deutsche Tagespost Nr. 21 vom 19. Februar 2000, 6; — KAP, Kirche feiert große deutsche Theologen. Moraltheologe Alfons Auer wurde 85, Dogmatiker Leo Scheffczyk 80: Kathpress-Tagesdienst Nr. 44 vom 23.2.2000, 12-13; — Studer, Willi, Wissenschaft und Frömmigkeit. Besuch eines großen Wissenschaftlers und eines frommen Gelehrten in Luzern: Prof. Dr. Leo Scheffczyk am Sonntag, den 12. November 2000. [Bei der Ankündigung eines Vortrags bezeugt der Autor die geistige Größe von Prof. Scheffczyk.]: Schweizer Katholisches Sonntagsblatt Nr. 43/2000, 5; — Stumpf, Gerhard, (Rez.) Zum Geleit: D. Berger (Hrsg.), Die Enzyklika »Humani Generis« Papst Pius' XII. 1950-2000. Geschichte, Doktrin und Aktualität eines prophetischen Lehrschreibens, St. Augustin 2000, 7-11. (Titel der Rezension: Neuer Sammelband über die Enzyklika »Humani Generis« Pius' XII.): Der Fels 31 (2000) 268; — Treiber, Adolfine, (Rez.) Die Mariengestalt im Gefüge der Theologie. Mariologische Beiträge (Mariologische Studien 13), Regensburg 2000: Bote von Fatima 58 (2000) 75; — Stumpf, Gerhard, (Rez.) Der Glaube - ein Quell der Freude. [Predigt beim Schlußgottesdienst des Kongresses »Freude am Glauben« am 9.6.2001 im Hohen Dom zu Fulda.] (Titel der Rezension: Der Kongress in Fulda »Freude am Glauben« eindeutig katholisch. Ein klares Bekenntnis im Dialog mit der Welt.): Der Fels 32 (2001) 198-199; — Facius, Gernot, Purpur-Signale aus Rom: Die Welt (22. Januar 2001); — dpa/AP, Johannes Paul II. bestimmt zwei Deutsche zu Kardinälen: Die Welt (22. Januar 2001); — Facius, Gernot, Päpstliche Paketlösung: Die Welt (29. Januar 2001); — Facius, Gernot, Kardinalsbirett zum Geburtstag. Leo Scheffczyk wird morgen Münchens zweiter Kardinal - Der Papst holt ihn in den Kirchen-«Senat»: Die Welt (20. Februar 2001); — Facius, Gernot, Vier deutsche Bischofe rücken in den Kardinalsrang auf: Die Welt (21. Februar 2001); — 44 neue Kardinäle - Vier deutsche Geistliche werden Purpurträger: Die Welt (21. Februar 2001); — Borngäßer, Rosemarie, Das Haus ist bestellt: Die Welt (22. Februar 2001); — Papst wünscht deutscher Kirche »geistliche Früchte«: Die Welt (24. Februar 2001); — Andreas Englisch, Andreas / Höher, Sabine, Die Papst-Macher: Die Welt (11. März 2001); — Facius, Gernot, Hilfe für den Papst bei der »Neu-Evangelisierung Europas«: Die Welt (11. Juni 2001); — Apostolischer Visitator für Priester und Gläubige aus dem Erzbistum Breslau (Hrsg.): Schlesien in Kirche und Welt/ Heimatbrief der Katholiken aus dem Erzbistum Breslau, Nr. 1/ Februar 2001, 18-19; — Hauke, Manfred, Leo Kardinal Scheffczyk ein Meister gegenwärtiger Theologie. Radio Horeb. Reihe »Credo«. 14.01.2002 Vortrag [Cassette]; — Hauke, Manfred, Christus Ja, Kirche Nein. Die Liebe zur Kirche nach Leo Kardinal Scheffczyk. Radio Horeb. Reihe »Credo«. 08.04.2002 Vortrag [Cassette]; — Hauke, Manfred, Marienfrömmigkeit nach Leo Kardinal Scheffczyk. Radio Horeb. Reihe »Credo«. 13.05.2002 Vortrag [Cassette]; — Baier, Stephan, »Wie der Baum fällt, so bleibt er liegen«. Die Internationale Theologische Sommerakademie des Linzer Priesterkreises in Aigen rückt Tod und Sterben in die Sinnmitte christlichen Lebens. Die Tagespost vom 31. August 2002. 6; — Hauke, Manfred, »Introduzione all'opera teologica e alla mariologia del cardinale Leo Scheffczyk«: Leo Scheffczyk, Maria, crocevia della fede cattolica (Collana di Mariologia, 1), Pregassona 2002, 11-39; — Mateo-Seco, L. F., (Rez.) Maria, crocevia della fede cattolica. Pregassona-Lugano 2001: Scripta Theologica 34 (2002/3) [span.]; — Hauke, Manfred, Ganz und gar katholisch. Ein erster Einblick in das theologische Werk von Leo Cardinal Scheffczyk, Buttenwiesen 2003; — Anonymus, Geistlicher Ökumenismus. Vortrag von Kardinal Prof. Dr. Leo Scheffczyk auf der Liebfrauenhöhe. Internetnachricht von der Schönstatt-bewegung in Deutschland. PressOffice Schönstatt vom (14. 3. 2003); — Gherardini, B., (Rez.) Maria, crocevia della fede cattolica, Pregassona-Lugano 2001: Divinitas 46 (2003) 106 [ital.]; — Berger, David, (Rez.) Leo Kardinal Scheffczyk, Entschiedener Glaube - befreiende Wahrheit. Ein Gespräch über das Katholische und die Kirche mit Peter Christoph Düren, Buttenwiesen 2003: Die Tagespost Nr. 61 (24.5. 2003) 25; — Berger, David, (Rez.), M. Hauke, Ganz und gar katholisch. Ein erster Einblick in das theologische Werk von Leo Cardinal Scheffczyk, Buttenwiesen 2003. (Titel der Rezension: Appetitanreger für Bücherfans): Die Tagespost Nr. 82 (12. 7. 2003) 6; — Karger, Michael, (Rez.) Diakonat und Diakonissen, St. Ottilien 2002. (Titel der Rezension: Im Einklang mit der gesamten Lehrtradition der Kirche. Fünf Autoren gehen der Frage nach, warum die Diakonenweihe dem Mann vorbehalten

ist): Die Tagespost Nr.88 (26. 7. 2003) 6; — Karger, Michael, (Rez.) Ökumenismus und Konversionen: FKTh (2/2003) unter: Aus den Zeitschriften: Die Tagespost Nr.89 (29.7.2003) 5; — Bauer, Josef, Maria - Vollendung des Alten und Beginn des Neuen Bundes (Zusammenfassung des Kapitels »Der Anfang des Neuen Bundes«): Maria, Mutter und Gefährtin Christi, Augsburg 2003; — Berger, David, (Rez.) M. Hauke, Ganz und gar katholisch: Erste Einblicke in das Werk Cardinal Scheffczyks, Buttenwiesen 2003: Theologisches 33 (2003) 325-330; — R. Prantner, (Rez.) Entschiedener Glaube - befreiende Wahrheit. Ein Gespräch über das Katholische und die Kirche mit Peter Christoph Düren, Buttenwiesen 2003. (Titel der Rezension: Einer gegen den Strom. Die Krise der Kirche bedarf der schonungslos wahrhaften Diagnose): Zur Zeit. Wochenzeitung für Österreich Nr.35 (29.08.2003) 14; — Anton Ziegenaus, (Rez.) Leo Cardinal Scheffczyk (Hrsg.), Diakonat und Diakonissen, St. Ottilien 2002: FKTh 19 (2003) 231-232; — Paul Talker, (Rez.) Maria, Mutter und Gefährtin Christi, Augsburg 2003. (Titel der Rezension: Marienkunde im besten Sinne. Kardinal Scheffczyk schreibt über die Gottesmutter. Verlässliche Informationen und präzise Argumente); — Berger, David, (Rez.) M. Hauke, Ganz und gar katholisch. Ein erster Einblick in das theologische Werk von Leo Cardinal Scheffczyk, Buttenwiesen 2003 (Titel der Rezension: Appetitanreger für Bücherfans): Die Tagespost 61 (24.05.2003) 6; — Berger, David, (Rez.) Entschiedener Glaube - befreiende Wahrheit. Ein Gespräch über das Katholische und die Kirche mit Peter Christoph Düren, Buttenwiesen 2003: AlphaOmega, VI, n.2 (2003) 301-305; — David Berger, (Rez.) Entschiedener Glaube - befreiende Wahrheit. Ein Gespräch über das Katholische und die Kirche mit Peter Christoph Düren, Buttenwiesen 2003. (Titel der Rezension: Für die Wahrheit des Glaubens): Die Tagespost Nr.61 (24.05.2003) 25; — Facius, Gernot, »Christen im Kriegszustand«: Die Welt (24. Juni 2003); — Facius, Gernot, Es kann doch nicht jeder glauben, was er will: Die Welt (14. Juli 2003); — Facius, Gernot, Kardinaler Krach: Die Welt (4. August 2003); — Facius, Gernot, Sie zanken wie die Protestanten: Die Welt (23. September 2003); — Hauke, Manfred, (Rez.) Leo Scheffczyk-Anton Ziegenaus, Katholische Dogmatik, 8 Bde., Aachen 1996-2003. (Titel der Rezension: Die »katholische Dogmatik« von Scheffczyk und Ziegenaus. Ein Meilenstein für Theologie und Seelsorge): Klerusblatt 84 (2004) Nr. 3/66-67; — Fischer, Josefine, (Rez.) Ökumene. Der steile Weg der Wahrheit, Siegburg 2004. (Titel der Rezension: Keine Einigung um den Preis der Wahrheit): Die Tagespost Nr. 38 (30.03.2004) 6; — Ziegenaus, Anton, (Rez.) Maria, Mutter und Gefährtin Christi, Augsburg 2003: FKTh 20 (2004) 73-74; — Ziegenaus, Anton, (Rez.) Entschiedener Glaube - befreiende Wahrheit, Augsburg 2003: FKTh 20 (2004) 157; — Kowol, Hubert, Leo Kardynal Scheffczyk Katolicki Teolog przelomu wieków, Opulu 2004; — Karger, Michael, (Rez.) Zur Marienlehre Karl Rahners: Theologisches 34 Nr. 4/5 (2004) Sondernummer zum 100. Geburtstag und 20. Todestag Karl Rahners, 191-202: Die Tagespost Nr.63 (27.05.2004) 6; — Hauke, Manfred, (Rez.) Ökumene. Der steile Weg der Wahrheit: Klerusblatt 84 (2004) 68; — Hauke, Manfred, L' opera teologica del Card. Leo Scheffczyk: Studi cattolici. Nr.519 Milano (Maggio 2004) 398-399; —

Lauter, Hermann-Josef, (Rez.) Maria, Mutter und Gefährtin Christi, Augsburg 2003: Pastoralblatt Köln (7/2004) 223; — Läufer, Erich, Zu einem Zeitungsbeitrag von Leo Kardinal Scheffczyk über den Ulmer Katholikentag. Sektorenkirche ohne Einheit: Kölner Kirchenzeitung (30-31/2004) 6; — Hauke, Manfred, (Rez.) Maria - Mutter und Gefährtin Christi, Augsburg 2003: Rivista teologica di Lugano. Lugano (2004) nr. 2, 493-495; — Riestra, J. A., (Rez.) Escritos Recientes de Mariología: Scripta de Maria, Serie II, Nr. 1, 2004, 411-427, bs. 421-423. (Revista del Instituto Mariológico de Torreciudad); — Facius, Gernot, Leitartikel: Alternde Priesterkirche: Die Welt (17. Juni 2004); — Facius, Gernot, Kirche redet mit Rebell Küng: Versöhnliches beim Katholikentag: Die Welt (21. Juni 2004); — Facius, Gernot, Kardinäle im Clinch: Die Welt (2. Juli 2004); — Facius, Gernot, Kirchentag: Die Welt (24. November 2004); — Facius, Gernot, Die Stunde der Kardinäle: Die Welt (4. April 2005); — Hauke, Manfred, A fi catolic. O prima privire asupra operei teologice a Cardinalului Leo Scheffczyk (Intellectus Fidei 19), Targu Lapus 2005 (Rumänische Übersetzung von: Ganz und gar katholisch); — Einig, Regina, Im Blickpunkt (Zum Tod Leo Scheffczyks): Die Tagespost (10.12.2005); — Kardinal Leo Scheffczyk gestorben. Der Münchner Professor ist am Donnerstag einer Krankheit erlegen - Benedikt XVI. würdigt seine »Glaubenstreue«: Die Tagespost (10.12.2005); — Karger, Michael, Ein Mann der Kirche von seltenem Format. Die Biografie des herausragenden Mariologen Leo Kardinal Scheffczyk weist Ähnlichkeiten mit der von Kardinal Newman auf: Die Tagespost (13.12.2005); »Ein großer Theologe«. Vertreter aus Kirche und Politik würdigen den verstorbenen Kardinal Leo Scheffczyk: Die Tagespost (13.12.2005); — »Wir glauben und hoffen, dass er nun das schaut, besitzt und genießen darf, was er in der Schule Mariens erhofft, geglaubt und ersehnt hat«. Predigt Joachim Kardinal Meisners beim Pontifikalrequiem für Leo Kardinal Scheffczyk: Zenit (15.12.2005) (auch abgedruckt: Theologisches 36 (2006) 3-6 und Kirche heute 13 (1/2006) 8 f.); — Süssmuth, Roland, Zum Tod Kardinal Scheffczyks (Leserbrief): Die Tagespost (17.12.2005); — Facius, Gernot, Münchner Kardinal Leo Scheffczyk gestorben: Die Welt (10. Dezember 2005); Glaubenstreue und menschliche Güte: Rheinischer Merkur (15.12.2005); — Weitlauff, Manfred, Leo Kardinal Scheffczyk (21.2.1920 - 8.12.2005). Nachruf: Jahrbuch der Bayerischen Akademie der Wissenschaften, München 2005, 359-364; — Hauke, Manfred, Nachruf auf Leo Kardinal Scheffczyk: Theologisches 36 (2006) 5-28; — Hupka, Herbert, Der Kardinal aus Oberschlesien. Zum Tode von Leo Kardinal Scheffczyk: Schlesische Nachrichten (2/2006) 5f.; — Ziegenaus, Anton, »Den unergründlichen Reichtum Christi verkündigen« (Eph 3,8). Würdigung der Person und des Werkes Leo Kardinal Scheffzcyks: FKTh 22 (2006) 1-11; — Nebel, Johannes, Bibliographie der Veröffentlichungen von 1986-2005 von Leo Kardinal Scheffczyk: FKTh 22 (2006) 37-80; — Baier, Stephan, Leo-Scheffczyk-Zentrum in Bregenz. »Das Werk« will Leben und Werk des Theologen der Nachwelt zugänglich machen: Die Tagespost (07.09.2006); — Hauke, Manfred, »Die 'Gemeinsame Erklärung' zur Rechtfertigung und die Norm des Glaubens. Eine amerikanische Studie auf den Spuren von Leo Scheffczyk«: FKTh 22 (2006) 127-134; — Hirschfeld, Michael /

Gröger, Johannes / Marschall, Werner: Schlesische Kirche in Lebensbildern, Band 7, Münster 2006; Von Schlesien reich beschenkt. Neuer Band schlesischer Lebensbilder: Die Tagespost vom 04.11.2006; — Nebel, Johannes, Die katholische Wahrheit - gefestigt im Denken und bezeugt im Leben. Nachruf auf Leo Kardinal Scheffzcyk, (Privatdruck) Bregenz 2006 (Kurzfassung: L'Osservatore Romano, Wochenausgabe in deutscher Sprache vom 27.1.2006, 10f.); Ein Freund (Benedikt XVI. gibt selten Interviews. Über Leo Scheffczyk wollte er sprechen. Der deutsche Kardinal starb im Jahr 2005. Der Papst erinnert an einen stillen und ernsten Menschen, der den Mut hatte, Position zu beziehen. Das Gespräch führte Johannes Nebel): Die Welt (20. Oktober 2007); — Hauke, Manfred, »Karl Rahner nella critica di Leo Scheffczyk«: Fides Catholica. Rivista di apologetica teologica 2 (2/2007) 361-388; — Hauke, Manfred, Essere cattolico? Un primo sguardo all'opera teologica del Cardinale Leo Scheffczyk (Mane nobiscum 10), Lateran University Press: Città del Vaticano 2007 (aktualisierte italienische Übersetzung von: Ganz und gar katholisch); — Linner, Martin, Die Kirche als Sakrament - Die Ekklesiologie von Leo Kardinal Scheffczyk: Theologisches 38 (2008) 161-180; — Homepage: www.leo-cardinal-scheffczyk.org (25.08.2008).

Peter H. Görg

SCHMITZ S. J., Hermann, Entomologe, * 1878 in Elberfeld, † 1960 in Bad Godesberg. H. S. war der Sohn des Lehrers August Schmitz und seiner Frau Gertrud. 1894 wurde er Novize im Jesuitenkolleg Afferden (Niederlande). Er studierte in mehreren Kollegs in den Niederlanden und traf dort mit dem Ameisenspezialisten E. Wasmann S. J. und dem Zweiflüglerexperten J. Thalhammer S. J. zusammen, die seine Begeisterung für die Entomologie weckten. Sein besonders Interesse galt den Buckelfliegen (Phoridae), die er mit seiner Doktorarbeit revidierte. H. S. wurde Professor im Ignatiuskolleg in Valkenburg und lehrte dort bis 1942, bis das Kolleg von der Gestapo geschlossen und alle Bewohner verhaftet wurden. Seine umfangreiche Sammlung von Insekten wurde beschlagnahmt und als Geschenk für Heinrich Himmler nach Berlin gebracht. H. S. wurde 1942 wieder freigelassen und ging ins Exil nach Österreich. Nach dem Krieg lebte er im Aloisiuskolleg in Bad Godesberg und beschäftigte sich weiter mit Buckelfliegen; auch seine Sammlung wurde ihm zurückgegeben. 1958 starb er nach einem Herzinfarkt. — H. S. sammelte unermüdlich Phoridae und verfaßte mehr als 250 Veröffentlichungen. Er beschrieb 80 Gattungen und 650 Arten als neu für die Wissenschaft. Seine Hauptarbeit war der Teil »Phoridae« in »Die Fliegen der paläarktischen Region« (Herausgeber Dr. E. Lindner). Das Werk ist grundlegend für jeden, der sich mit Buckelfliegen beschäftigt. Seine Sammlung von ca. 40000 Phoridae befindet sich heute im »Zoologischen Forschungsinstitut und Museum Alexander König« in Bonn.

Wichtigste Werke (Gesamtverz. in Prescher & Weber 2000): Die Phoriden von Holländisch-Limburg, mit Bestimmungstabellen aller bisher kenntlich beschriebenen europ. Phoriden, 1+2 Teil, Jaarb. Nat., 1917, 79-150; Zur Literatur und Forschungsgeschichte der Phoriden, Nat. Maandb. 15, 1926, 6-12, 17-19; Die Verwandtschaft und Abstammung der Phoriden, Nat. Maandb. 15, 1926, 69-76, 82-84; Zur Anatomie der Phoriden, Nat. Maandb. 15, 1926, 92-104; Klassifikation der Phoriden und Gattungsschlüssel, Nat. Maandb. 15, 1926, 115-116, 128, 140, 151-152; Klassifikation der Phoriden und Gattungsschlüssel., Nat. Maandb. 16, 1927, 9-12, 19-28; Hundert für die Schweizerische Dipterenfauna neue Phoriden, grösstenteils in Freiburgs Umgebung gesammelt, Mém. de la Soc. Fribourg. à ses hôtes 107, 1926, 89-109; Revision der Phoridengattungen, mit Beschreibung neuer Gattungen und Arten, Nat. Maandb. 17, 1928, 12, 20-22, 38-41, 49-54, 66-70, 87-92, 101-105; Revision der Phoriden, nach forschungsgeschicht. u. und nomenklat., system. u. anatom., biol. und faun. Gesichtspunkten, 1929, Verlag Ferd. Dümmler, Berlin und Bonn, 212 S; Die Phoriden, ihre natürliche Verwandtschaft, ihr System und eine Verbreitungstabelle ihrer europ. Arten, Inauguraldiss. der Uni. Freiburg, 1929, 197 S.; Phoridae (der Kanarischen Inseln), in: Frey, R.: Die Dipterenfauna der Kanar. Inseln und ihre Probleme, Soc. Scient. Fennica. Comm. Biol. 6, 1936, 70-82; Phoridae, in: Lindner, E. (ed.): Die Fliegen der paläar. Reg. 4(7), 1936-1958, 1-512, Schweizerbart, Stuttgart.

Lit.: Borgmeier, T., Die Rettung der Sammlungen Wasmann´s und Schmitz´, Revista de Ent. 48, 1919, 366-367; — Borgmeier, T., H. S. S. J., Revista de Ent. 19, 1948, 587-588; — N. N., Ein stiller Forscher im Aloisiuskolleg, Jahresber. a. d. Aloisiuskolleg 1956/1957, 48-51; — N. N., Dr. H. S. 80 jaar, Nat. Maandb. 47, 1958, 77-78; — Boven, J. K. A. van, In memoriam Pater H. S. S. J. 1878-1960, Nat. Maandb. 50, 1961, 112-117; — Colyer, C. N., Pater H. S. S. J. 1878-1960, Studia ent. 4, 1961, 545-547; — Prescher, S. & Weber, G., In Memoriam Father H. S. S. J., Studia Dipt. 8, 2000, 277-288.

Sabine Prescher

SCHMITZ, Richard (1858-1945), Stadtmissionar, Fabrikdirektor und Autor. — Richard Schmitz wurde am 9. Mai 1858 als Sohn der Eheleute Johann Wilhelm und Rosina Schmitz, geb. Rautenbach geboren. Sein Vater ging im heutigen Wermelskirchener Ortsteil Obereipringhausen dem Beruf des Webers nach, wie er im Bergischen weit verbreitet war. Richard sollte auf Grund seiner Begabung Lehrer werden, aber vermutlich wegen fehlender finanzieller Mittel zerschlug sich dieser Plan. Stattdessen

begann er seine Ausbildung im Büro eines Rechtsanwalts und Notars und brachte es nach wenigen Jahren zum Bürovorsteher. — Nachdem er zum Glauben an Christus gefunden hatte, reifte in ihm immer stärker der Wunsch, sich ganz in den Dienst für Jesus zu stellen. Er kam in Kontakt mit dem Evangelischen Brüderverein im Wuppertal, der 1850 von engagierten Christen (darunter Hermann Heinrich Grafe) mit dem Ziel gegründet worden war, die trotz ihrer Kirchenzugehörigkeit zunehmend unbekehrten und glaubenslosen Mitmenschen zu evangelisieren und so wie ein Sauerteig in Kirche und Gesellschaft zu wirken. Schmitz wurde dem Stadtmissionar *Friedrich Grenner* (1833-1896), der seit 1863 in Essen als Bote des Brüdervereins arbeitete, zugeteilt, damit er in Bibelarbeit, missionarische Verkündigung und Predigt hineinwachsen sollte. Er widmete sich besonders der Jugendarbeit und dem Chorgesang und leitete bald mehrere Chöre. — In dieser Zeit ereigneten sich in Essen immer neue erweckliche Aufbrüche, die neben der Entstehung von freien Gemeinden auch zur Bildung von Jugend- und Gesangvereinen führten. Durch den methodistischen Wanderprediger und Liederdichter *Ernst Gebhardt* (1832-1899), der mehrmals nach Essen kam, wurde das englisch-amerikanische Evangeliums- und Heilslied, insbesondere der Stil des White Gospel, im deutschen Sprachraum heimisch. Gebhardt gilt als *der Sänger* der deutschsprachigen Heiligungsbewegung, die seit 1875 durch den Amerikaner *Robert Pearsall Smith* (1827-1898) in Deutschland hohe Wellen schlug (»Triumphreise«). Durch ihn etablierte sich das so genannte »Erweckungslied« in Gemeinden und Kirchen und gab dem christlichen Chor- und Gemeindegesang starke Impulse. In der Folge kam es 1879 zur Gründung des »Christlichen Sängerbundes« in Elberfeld. An dieser Gründung auf dem Boden der Evangelischen Allianz war Schmitz beteiligt. Er wurde zum Sekretär und Bundesschriftführer im Vorstand berufen. Nach 1892 übernahm er die Schriftleitung des »Sängergruß«. Er verstand die Monatsschrift als »Allianzblatt auf dem Gebiet des christlichen Gesanges«, das die Gemeinschaft der Chöre und Vereine beleben und befestigen sollte. Schmitz blieb zeitlebens der Chorarbeit eng verbunden und förderte, wo immer er konnte, das Singen in

Gemeinden und Vereinen. — 1890 nahm Schmitz von Essen Abschied und arbeitete als Stadtmissionar in Krefeld. Schon zwei Jahre später wurde er aus Krefeld abberufen, um als Sekretär und Geschäftsführer des Brüdervereins in Elberfeld tätig zu sein. Möglicherweise konnte er aber nicht die neutrale - um nicht zu sagen indifferente - Haltung des Brüdervereins in der Gemeinde- und Kirchenfrage vertreten, denn schon 1896 ließ er sich von dem Wittener Buchhändler und Verleger Friedrich Fries (1856-1926) zu einer neuen Aufgabe nach Witten rufen, vielleicht auch abwerben. Als Fries neben evangelistischen Blättern auch die Herausgabe einer Gemeindezeitschrift plante, beriet er sich mit Schmitz über Art und Name des Blattes. Heraus kam die erste Ausgabe im Jahr 1893 mit dem eigentümlichen symbolischen Titel »Der Gärtner« als »Blatt für freie evangelische Gemeinden und Gemeinschaften« (heute: »Christsein Heute«). Schmitz wurde 1896 zum vollzeitlichen Schriftleiter des »Gärtner« berufen. Er ließ gleich zu Beginn seiner Tätigkeit programmatisch wissen, wie er seine Aufgabe verstehe: »In allen religiösen und kirchlichen Fragen erkennt der ‚Gärtner’ einzig und allein die Autorität des Wortes Gottes als bindend an, und zwar so, wie wir es im Schriftganzen vor uns haben.« — Gerade dieser letzte Satzteil macht deutlich, das man sich nicht zu einem flächenhaften, undifferenzierten und ungeschichtlichen Bibelverständnis verstand, sondern zu einem, das den Kontext, die Höhen und Tiefen sowie die Mitte und die Ränder beachtet. Schmitz fuhr entsprechend fort: »Frei von sektiererischer Einseitigkeit und Ausschließlichkeit hält unser Blatt fest an der von Gott geschaffenen Einheit des Leibes Christi, der Gemeinde Gottes«, wobei zu betonen sei, daß man sich aber bezüglich der Strukturen und Einrichtungen der Gemeinde »an die im Worte Gottes niedergelegten Anweisungen ihres himmlischen Hauptes« gebunden sehe. In deutlicher Abgrenzung zum Brüderverein, der als *Verein* evangelistisch arbeitete, hielt Schmitz fest, daß die *Gemeinde* der »neutestamentliche Herd evangelistischer Arbeit« sei. — Auch wenn Schmitz mit der Aufgabe der Schriftleitung sicher nicht überfordert war, so waren es doch die finanziellen Möglichkeiten des Verlags. Schmitz, der inzwischen geheiratet und Familie hatte, mußte sich wohl oder übel ei-

ne andere Stelle besorgen. Er fand sie durch Vermittlung seines Freundes Albert Eckenberg (1857-1916), der 1898 in Essen-Kray die Westdeutschen Eisenwerke AG gegründet hatte. Schnell stieg Schmitz zum Prokuristen und dann zum kaufmännischen Direktor auf und arbeitete zwanzig Jahre im Dienst der Firma bis er 1918 in den Ruhestand trat. — Hatte Schmitz sich noch im Jahr 1898 äußerst produktiv in der Erarbeitung und Veröffentlichung von Bibelarbeiten, Aufsätzen und Berichten gezeigt, an denen seine ausgesprochene Begabung zum Schreiben erkennbar geworden war, so brachen sie danach abrupt ab. Eine Bibliografie seiner zahlreichen Veröffentlichungen zeigt, daß er erst nach 1918 wieder literarisch tätig wurde, wobei die erste Veröffentlichung den bezeichnenden Titel trug: »Wieviel Uhr ist es?« Darin beschäftigte er sich nach dem enttäuschenden Ende des ersten Weltkriegs mit den Fragen von Weltgeschichte und Heilsgeschichte und suchte das »prophetische Wort« zur Deutung der Zeichen der Zeit zu finden. Dieses Thema ließ ihn offenbar zeitlebens nicht los, denn posthum konnte noch eine umfangreichere Arbeit über die Offenbarung des Johannes erscheinen. Schmitz, dem man ein erstaunliches biblisch-theologisches Wissen bescheinigen muß, das sich auch auf die Grundsprachen Hebräisch und Griechisch erstreckte, sowie ausgezeichnete historische Kenntnisse, entwickelte in seinem Ruhestand eine ausgedehnte Arbeit an der Schreibmaschine. Aus seiner Feder stammt eine Vielzahl von Schriften zu grundlegenden biblischen und theologischen Fragen, die Christen bis heute umtreiben. Daneben veröffentlichte er Aufsätze zu Personen und Bewegungen der Kirchengeschichte, wie über *Otto Stockmayer* (1838-1917) und die Heiligungsbewegung. Eines seiner bedeutendsten Werke brachte er 1927 heraus, sein Lebensbild über den ersten Pastor und Theologen der deutschen Freien evangelischen Gemeinden, den Wuppertaler *Heinrich Neviandt* (1827-1901). 1933 veröffentlichte er ein kenntnisreiches Lebensbild über seinen geistlichen Mentor, den Erweckungsprediger und Gemeindegründer Friedrich Grenner. — In einer seiner Schriften stellte Schmitz schon damals fest, daß leider »auch der Magen vieler - auch selbst bei Gotteskindern - verdorben ist, um gesunde, feste Speisen vertragen zu können, und sie lieber bei der Säuglingsflasche bleiben, als selbsttätig unmittelbar an die Schrift heranzugehen.« Dagegen müsse in den urchristlichen Gemeinden »eine urwüchsige selbstständige Denkkraft« vorhanden gewesen sein, »wenn man ihnen eine Erbauungsliteratur vom Kaliber des Römerbriefes und des Hebräerbriefes zumuten konnte.« Geradezu ermahnend für Leute in Kirchen und Gemeinden, die gern auf Zahlen verweisen, klingt sein Hinweis, daß die Bedeutung einer Gemeinde nicht in ihrem »zahlenmäßigen Bestand« liegt, sondern darin, »was ihr an auferbauenden Kräften innewohnt.« — Nach seiner Pensionierung 1918 widmete sich Schmitz nicht nur tagtäglich seiner literarischen Arbeit, sondern wurde auch als nebenberuflicher Lehrer an die damals so genannte Predigerschule in (Wuppertal-)Vohwinkel berufen. Schmitz unterrichtete die zukünftigen Pastoren neben Psychologie, Logik und sogar Physiologie (!) in neutestamentlicher Exegese, wobei die Auslegung des Epheserbriefs die tiefsten Spuren hinterließ. Das Forschen und Schreiben hat den Autor so lange umgetrieben, bis ein Augenleiden seinem unermüdlichen Schaffen ein Ende setzte. Nach kurzer Krankheit verstarb er am 25. September 1945 und wurde in seiner Heimatstadt Essen begraben. Obwohl er weder Theologie noch Germanistik studiert hatte, gehörte er, der von Kennern als ausgezeichneter »Schriftgelehrter« bezeichnet wurde, zu den begabtesten und produktivsten Autoren im Bund Freier evangelischer Gemeinden.

Werke: Das prophetische Zeugnis - die Leuchte für unsere Zeitgeschichte. In: Der Gärtner, Jahrgang 5 (1897), S.41ff, Witten 1897; Bundeskonferenz. In: Der Gärtner Jahrgang 5 (1897), S. 108-109; Segen der Gemeinschaft. In: Der Gärtner, Jahrgang 5 (1897), S. 169-170; G. Tersteegen und die Sakramente. In: Der Gärtner 5 (1897), S. 185-186; Zum neuen Jahr: Ps 37,7. In: Der Gärtner, Jahrgang 6 (1898) , S. 2-3; Kaufet die Zeit aus: Eph 5,16. Kol 4,5. In: Der Gärtner 6 (1898), S. 9-11; Evangelisation und Staatskirche. In: Der Gärtner 6 (1898), S. 69ff; Der Erstgeborene aus den Toten: Kol. 1,18. In: Der Gärtner 6 (1898), S. 113-114; Bruchstücke aus der Besprechung von Matthäi 25,31-46 an der letzten Brüderkonferenz in Winterthur. In: Der Gärtner 6 (1898), S. 116-117; August Hermann Francke: zur 280jährigen Gedächtnisfeier der Francke'schen Stiftungen. In: Der Gärtner 6 (1898), S. 234ff; Die Einheit des Geistes: Eph. 4,3. In: Der Gärtner 6 (1898), S. 281-282; Der Wandel im Geist: Gal. 5,16. In: Der Gärtner 6 (1898), S. 289-290; Die Missionsaufgabe der Gemeinde. In: Der Gärtner 6 (1898), S. 297-298; Der ewige Friede. In: Der Gärtner 6 (1898), S. 300-302; Das Unkraut unter dem Weizen: Matth. 13,24 bis 30. In: Der Gärtner 6 (1898), S. 337-339; Das Gebet des Glaubens: Jak. 1,6. In: Der Gärtner 6 (1898), S. 361-362; Unsere Rede: Kol. 4,6. In: Der Gärtner 6 (1898), S. 377-378; Jesu Armut - unser Reichtum: 2. Kor. 8,9 ; eine Weihnachtsbetrachtung. In: Der Gärtner 6 (1898), S.409-410; Wieviel Uhr ist es? In: Justus, F.: Zur Sektenfrage, 46 S. (1918); Heinrich Neviandt. Ein Lebensbild. Witten o.J. (1927); Was ist Erbauung? (Kelle und Schwert, Heft 39), Witten 1928; Fleisch und Geist: unter besonderer Berücksichtigung von Römer 7 und 8 (Kelle und Schwert Heft 42/43), Witten 1930; Friedrich Grenner: ein Nachfolger und Knecht Jesu Christi. In: Der Gärtner Nr. 36ff (1932), S. 567ff; Die Person und die Wirksamkeit des Heiligen Geistes: Eine biblische Untersuchung; Erstes Heft (Kelle und Schwert, Heft 56), Witten 1932; Das Gewissen: Eine biblische Untersuchung. (Kelle und Schwert, Heft 59), Witten 1932; 2.Aufl. 1950; Der Richterstuhl Christi: Eine Verständigung zur Lehre von den letzten Dingen (Kelle und Schwert, Heft 50), Witten 1932; 2.Auflage 1950; Friedrich Grenner: ein Nachfolger und Knecht Jesu Christi. Witten 1933; Ausblicke in die Letztzeit: Bemerkungen zum Sendschreiben an Philadelphia (Offenb. 3,7-12). (Kelle und Schwert, Heft 61/62), Witten 1935; Die Person und die Wirksamkeit des Heiligen Geistes. Eine biblische Untersuchung; Zweites Heft (Kelle und Schwert Heft 57), Witten 1936; Die Sünde wider den Heiligen Geist (Kelle und Schwert, Heft 66/67), Witten 1936; Das Lebensende des Franz Spiera. Mit einem Anhang: Judas Ischarioth (Kelle und Schwert, Heft 68/69) Witten 1936; Sünde und Gnade nach dem Römerbrief. Erstes Heft: Die Rechtfertigung durch den Glauben (Kelle und Schwert, Heft 71), Witten 1938; Sünde und Gnade nach dem Römerbrief. Zweites Heft: Die Heiligung durch den Glauben (Kelle und Schwert, Heft 72/73) Witten 1939; Christus und die Gemeinde. Handreichung zum Verständnis des Epheserbriefes. Witten 1940; Das Geheimnis des Leidens. (Kelle und Schwert, Heft 74), Witten 1940; 2.Auflage 1947; Wiederbringung und Allversöhnung in biblischer Beleuchtung (Schriftzeugnisse Heft 3), 1947; Maranatha: »Der Herr kommt!« Die Entrückung der Gemeinde Jesu Christi im Zusammenhang des prophetischen Wortes biblisch beleuchtet... (Schriftzeugnisse Heft 1), 1947; Gebetsleben (Kelle und Schwert, Heft 85) - Witten 1950; Otto Stockmayer. Wahrheit und Irrtum in seinem Leben und Wirken. Ein Beitrag zur Geschichte der Heiligungsbewegung (Kelle und Schwert, Heft 20), Witten o.J; Die Offenbarung Johannes. Fingerzeige zu ihrem Verständnis (Kelle und Schwert, Heft 23/24), Witten o.J.; Die Offenbarung des Johannes: Ein Durchblick durch das letzte Buch der Bibel, Witten 1952; Die Sünde wider den Heiligen Geist. Das Lebensende von Franz Spiera. Mit einem Anhang: Judas Ischarioth - 2. Aufl. (Kelle und Schwert, Heft 66-69), Witten 1957; Zur Lehre von der Willensfreiheit des Menschen (Kelle und Schwert, Heft 102), Witten 1957; Rechtfertigung und Heiligung durch den Glauben: Sünde und Gnade nach dem Römerbrief (Kelle und Schwert, Heft 71-73), Witten 1960; Engeldienste. Witten 1960; 2. Auflage 1961; Neuauflage 1979; Fleisch und Geist: unter besonderer Berücksichtigung von Römer 7 und 8 (Kelle und Schwert, Heft 42/43/43a), Witten 1962; Die Taufe: biblisch beleuchtet. Bearb. von Wilhelm Wöhrle (Kelle und Schwert, Heft 119-123), Witten 1962; Das Herrnmahl. Bearb. von Wilhelm Wöhrle (Kelle und Schwert, Heft 123-126), Witten 1962.

Lit.: Anonymus (W.Wöhrle), Richard Schmitz, in: Der Gärtner Nr. 1-2/1947, 7; — Wilhelm Wöhrle, Richard Schmitz. Zum hundertsten Geburtstag eines geschätzten Mitarbeiters des »Gärtners«, in: Der Gärtner Nr. 65/1958, 348-350; — Johannes Giffey, Fünfzig Jahre Christlicher Sängerbund 1879-1929, Elberfeld 1929; — Hartmut Weyel, Richard Schmitz (1858-1945), in: Christsein Heute Nr. 11/2008, 58-61.

Hartmut Weyel

SCHOONENBERG, Piet (Petrus Johannes Albertus Maria): Jesuit, Prof., * 1.10. 1911 in Amsterdam, † 21.9 1999 in Nimwegen. — Nach dem Gymnasium am Amsterdammer Jesuitenkolleg (1924-1930) trat S. am 7. September 1930 in den Jesuitenorden ein. Nach zwei Noviziatsjahren, einem Jahr Juniorat in Maastricht und einer dreijährige philosophischen Bildung in Nimwegen, rundete er in Maastricht das Theologiestudium ab mit einer Diplomarbeit über *Wijsbegeerte en theologie als zijns-wetenschappen* (»Philosophie und Theologie als Seins-wissenschaften«). Mittlerweile wurde S. am 15. August 1939 zum Priester geweiht. Nach seiner theologischen Bildung verhinderte ihn der Krieg weiter zu studieren in Rom. Während des Krieges unterrichtete er an der theologischen Fakultät in Maastricht. 1946-47 spezialisierte S. sich am Biblicum. Am 20. April 1948 promovierte er zum Doktor mit einer Arbeit über das Wesen und die Methode der katholischen Theologie: *Theologie als geloofsvertolking - Een kritische samenvatting van de leerstellige inhoud van de hedendaagse katholieke Franse literatuur over de verhouding van de speculatieve theologie tot het geloof* (»Theologie als Glaubensdarstellung - Eine kritische Zusammenfassung des dogmatischen Inhalts der gegenwärtigen Französischen katholischen Literatur über das Verhältnis der spekulativen Theologie zum Glauben«). Jedoch, hinsichtlich der Reaktion auf die *Nouvelle Théologie* (cf. z.B. *Humani generis*) verwehrten S.'s Superioren 1951 die geplante Publikation dieser Arbeit. In den fünfziger Jahren war S. aktiv am Hoger Katechetisch Institut in Nimwegen, u.a. als Mitverfasser des *Neuen Katechismus*, der Holländischen Katechismus von 1966 die - gewiss in der Römischen Kurie - viel Staub aufwirbelte. Vorher schon hatte sich S. von seiner pastoralen

Seite gezeigt mit seiner unvollendeten Bücherreihe »Het geloof van ons doopsel«, worin er das Kredo besprach (vier Teile sind publiziert worden: 1955-1962). Während Vatikanum II, worauf er nicht anwesend war, wurde S. zum Dogmatikprofessor an der Katholischen Universität in Nimwegen (heute Radboud Univ.) beruft. Vor allem hatte er während seiner Karriere als Professor (1964-1976) innovative Beiträge im Bereich der Sünde und der Christologie publiziert. Unter Einfluss der *Nouvelle Théologie* und Bonhoeffers (von J.A.T. Robinson) vertretete S. ein 'Denken von unten': vom Mensch, von der Welt und von der Geschichte denken zum Gott. Trotzdem implizierte der Höhepunkt seiner christologischen Reflexion auch eine wichtige Perspektive 'von oben', nämlich die Geist-Christologie, die die Logos-Christologie ergänzt. Die Betrachtungsweise S.'s war Zielscheibe der Kritik, was sich aus dem Publikationsverbot von der eigenen Jesuitenbehörde des 1984 veröffentlichten Buches *De Geest, het Woord en de Zoon* (»Der Geist, das Wort und der Sohn«) herausstellte. Auf Veranlassung der Löwener theologischen Fakultät wurde dieses Buch nachträglich im Jahre 1991 herausgegeben. Trotz der Kritik suchte S. keine Polemik: er war ein liebenswürdiger Theolog, der besonders im Ausland aus dem Schatten von E. Schillebeeckx, seinem Kollegen in Nimwegen, trat.

Werke: Het geloof van ons doopsel, 4 vol., 1955-1962; Gods wordende wereld, 1962; Der Mensch in der Sünde (Mysterium Salutis, 2), 1967, 845-941; Die Antwort der Theologen. Rahner, Metz, Schoonenberg, Congar, Daniélou, Schillebeeckx zu Hauptproblemen der gegenwärtigen Kirche, 1968, 28-61; Geschichtlichkeit und Interpretation des Dogmas, in Die Interpretation des Dogmas (ed. S.), 1969, 58-110; Die Eskalation in Katechismus-Konflikt, in Dokumentation des Holländischen Katechismus, 1969, 85-103; Hij is een God van mensen, 1969; Gods Geest en zijn werking, 1977; Toekomst voor een Geest-christologie?, in Meedenken met Edward Schillebeeckx (ed. Häring, Schoof & Willems), 1983, 146-157; Zur Trinitätslehre Karl Rahners, in Glaube im Prozess (ed. Klinger & Wittstadt), 1984, 471-491; Charismata, in Toekomst voor de kerk? (ed. Van der Ven), 1985; Rückkehr zur Vergangenheit: Weg in die Zukunft? Prolegomena zu einem Entwurf der Theologie, in Entwürfe der Theologie (ed. Bauer), 1985, 291-307; Auf Gott hin denken. Deutschsprachige Schriften zur Theologie, 1986; De Geest, het Woord en de Zoon. Theologische overdenkingen over Geest-christologie, Logos-christologie en drieëenheidsleer, 1991; De doop met de Heilige Geest, in 'Och, ware het gehele volk profeten' (ed. Suurmond), 1992, 137-155; Ons denken naar God, Gods komen tot ons, in

Denken naar God toe (ed. Vosman), 1992, 145-155; Theologie als geloofsvertolking (ed. Mettepenningen & Kenis), Leuven, 2008, in der Presse.

Lit: M. Seybold, Erbsünde und Sünde der Welt. Überlegungen zu einem Buch von Piet Schoonenberg, in Münchener theologische Zeitschrift 18 (1967) 56-60; — C.C. Betty, Piet Schoonenberg's Theory of Original Sin, in Thought 45 (1970) 83-101; — L. Bakker, Schoonenberg's theologie: spiegel van onze eigen ontwikkeling?, in Tijdschrift voor Theologie 11 (1971) 353-382; — God absorbeert niet. De christologie van Schoonenberg, in Tijdschrift voor Theologie 11 (1971) 383-411; — H. Berkhof, Schoonenberg en Pannenberg: de tweesprong van de huidige christologie, in Tijdschrift voor Theologie 11 (1971) 413-422; — K. Reinhardt, Die menschliche Transzendenz Jesu Christi. Zu Schoonenbergs Versuch einer nicht-chalkedonischen Christologie, in Trierer theologische Zeitschrift 80 (1971) 273-289; — A.A. Ortega, La llamada 'Christologia nueva' del P. P. Schoonenberg, in Estudios Trinitarios 6 (1972) 485-534; — R. Weier, Erbsünde und Sünde der Welt. Probleme der Erbsündenlehre Piet Schoonenbergs und Teilhards de Chardin, in Trierer theologische Zeitschrift 82 (1973) 154-171; — S. Pujdak, Schoonenberg's Christology in Context, in Louvain Studies 6 (1977) 338-353; — L. Bakker, Piet Schoonenberg, in Lessico dei teologi del secolo XX (ed. Vanzan & Schultz), 1978, 645-654; — H. Rikhof, »Auf Gott hin denken«. Piet Schoonenberg SJ 75 Jahre Alt, in Orientierung 50 (1986) 217-220; — A. Kaiser, Möglichkeiten und Grenzen einer Christologie 'von unten'. Der christologische Neuansatz 'von unten' bei Piet Schoonenberg und dessen Weiterführung mit Blick auf Nikolaus von Kues, Münster, 1992; — H. Rikhof, God's Changeability and Unchangeability. The Vision of Piet Schoonenberg, in Louvain Studies 18 (1993) 21-37; — H. Rikhof, Uit oud en nieuw de schatten. P. Schoonenberg, in Zo de ouden zongen... Leraar en leerling zijn in de theologie-beoefening (tussen 1945 en 2000) (ed. Beumer), Baarn, 1996, 199-220; — P. Selvadagi, Schoonenberg Piet, in Lexicon. Dizionario dei Teologi (ed. Pacomio & Occhipinti), Casale Monferrato, 1998, 1130; — D. Cerbelaud, Schoonenberg, Piet (1911-), in Dictionnaire des théologiens de la théologie chrétienne (ed. Reynal), 1998, 409-410; — H. Häring & T. Schoof, In memoriam Piet Schoonenberg, in Tijdschrift voor Theologie 39 (1999) 408-409; — P. van Breemen, In memoriam Piet Schoonenberg, in SJ 30 (1999) 191-195; — B. Blankenberg, Gottes Geist in der Theologie Piet Schoonenbergs, Mainz, 2000; — W. Zauner, Schoonenberg, Piet, in Lexikon für Theologie und Kirche 9 (2000, 2006) 214; — A. Houtepen, Theologen op zoek naar God, Zoetermeer, 2001, 74-82; — Verleden openen naar heden en tockomst. Meedenken met de christologie van Piet Schoonenberg. Hommage (ed. Merrigan & Struys), Averbode, 2001; — P. Begheyn, Gids voor de geschiedenis van de jezuïeten in Nederland 1850-2000. A Guide to the History of the Jesuits in the Netherlands 1850-2000, Amsterdam, 2002, 98-101; — J.P. Galvin, Schoonenberg, Piet, in New Catholic Encyclopedia 12 (2003) 782-783; — P. Begheyn, Schoonenberg, Piet, in Numaga. Jaarboek, Nijmegen, 2004, 111-112; — P. Begheyn, Uit de correspondentie met Piet Schoonenberg, in SJ, 2004, nr. 3 (10 maart 2004), 14-16; — H.W.M. Rikhof, Schoonenberg, Piet, in Christelijke Encyclopedie (ed. Harinck u.a.), 2005, 1612-1613; — A.

van de Beek, Van Kant tot Kuitert, Kampen, 2006, 210-216; — J. Mettepenningen, Christus denken de naar de mensen toe: De 'nouvelle théologie' christologisch doorgedacht door Piet Schoonenberg, in Tijdschrift voor Theologie 46 (2006) 143-160; — E. Meijering, Het Nederlands christendom in de twintigste eeuw, Amsterdam, 2007, 437-439; — J. Mettepenningen, 'Thinking Towards God' by 'Thinking Towards Man'. Piet Schoonenberg's Christological Thought in the Line of the 'Nouvelle Théologie', in Godhead in Hiding. Incarnation and the History of Human Suffering (ed. Merrigan & Glorieux), 2007, in der Presse.

Jürgen Mettepenningen

SCHROEDER, Hermann, * 26. März 1904 Bernkastel-Kues/Mosel, † 7. Oktober 1984 Bad Orb, Komponist, Dirigent und Musiktheoretiker. Schroeder zählt zu den wichtigen deutschen katholischen Kirchenkomponisten des 20. Jahrhunderts. Er wuchs auf in einem katholischen, der Musik sehr aufgeschlossenen Elternhaus und erhielt mit 6 Jahren Klavier-, mit 11 Jahren Orgelunterricht. 1919-1923 besuchte er in Trier das humanistische Friedrich-Wilhelm-Gymnasium und war Mitglied des Trierer Domchores. Nach dem Abitur studierte er 1923-1926 zunächst Theologie am Priesterseminar der Jesuiten (Canisianum) in Innsbruck und belegte nebenher Vorlesungen in Philosophie und Musikwissenschaft. 1926-1930 studierte er an der Kölner Musikhochschule Kirchen- und Schulmusik. Seine Lehrer waren Heinrich Lemacher und Walter Braunfels (Komposition), Hermann Abendroth (Dirigieren), Julia Menz (Klavier und Cembalo), Domorganist Hans Bachem (Orgel), Dominicus Johner (Gregorianischer Choral) und Edmund Joseph Müller (Musikpädagogik). — 1930 bestand Schroeder das Staatsexamen für das künstlerische Lehramt (in den Fächern Komposition und Orgel mit Auszeichnung) und absolvierte seine Referendar- und Assessorenzeit am Kölner »Königin-Luise-Gymnasium« (1930-1938). Gleichzeitig wirkte er als Dozent an der »Rheinischen Musikschule« und an der Musikhochschule in Köln, gründete ein eigenes Kammerorchester und leitete den Kirchenchor St. Joseph in Duisburg (1932-1936), mit dem er die ersten Chorkompositionen in der Praxis ausprobieren konnte (*Te Deum* op. 16 für gemischten Chor und Bläser, 1932). Schon bald nach dem Studium machte sich Schroeder einen Namen als Komponist, Organist und als Verfasser grundlegender Artikel zur Reform der Kirchenmusik. 1930 wurde in

Frankfurt die »Internationale Gesellschaft für Erneuerung der katholischen Kirchenmusik« (IGK) gegründet und erstmals erregten hier Werke Schroeders die Aufmerksamkeit einer breiteren Öffentlichkeit, neben Werken damals noch unbekannter Komponisten wie Joseph Ahrens, Johann Nepomuk David, Flor Peeters oder Ernst Peppings. Zusammen mit Heinrich Lemacher reiste Schroeder zu Beginn der 30er Jahre durch das Rheinland und sprach auf Veranstaltungen des »Allgemeinen Cäcilien-Verbandes« (ACV) zu Fragen einer neuen, zeitgemäßen Kirchenmusik. 1938/39 war er Domorganist in Trier, 1939 bis zur Einberufung zum Kriegsdienst im Juli 1941 Studienrat am »Augusta-Viktoria-Gymnasium« und Direktor der Trierer Städtischen Musikschule. — Nach dem Kriege wirkte Schroeder zunächst als Organist und Chorleiter an St. Paulin in Trier (*Pauliner Orgelmesse*, 1946). 1946 wurde er Lehrer (1948 Professor) an der Musikhochschule in Köln und unterrichtete dort Tonsatz, Dirigieren, Formenlehre und Musikgeschichte. Auch der Komponist Karlheinz Stockhausen, der laut Schroeder »ein glänzendes Examen« machte und von ihm zum Kompositionsstudium ermuntert wurde, hatte in Köln während seines Schulmusikstudiums 1951/52 bei ihm Tonsatzunterricht. Schroeder lehrte gleichzeitig auch als Lektor am Musikwissenschaftlichen Institut der Universität Bonn (1946-1972) und war Dirigent des Kölner Bach-Vereins (1946-1961), des Madrigalchores der Staatlichen Hochschule für Musik Köln (1946-1974) und des Rheinischen Kammerchores (1962-1968). 1958-1961 war er Stellvertretender Direktor der Kölner Musikhochschule. In Köln, wo er bis 1981 rund 50 Jahre lang an der Musikhochschule lehrte, lebte er bis zu seinem Tode. 1981-1983 hatte er einen Lehrauftrag für Musiktheorie an der Kirchenmusikschule in Regensburg inne. — Für sein umfangreiches kompositorisches Schaffen, das neben der Orgelmusik (über 100 Werke) auch Chor-, Klavier-, Kammer- und Orchestermusik enthält, erhielt Schroeder zahlreiche Auszeichnungen: 1941 den Kunstpreis des Dresdener Tonkünstler-Verbandes (für das 1. Streichquartett), 1952 den Robert-Schumann-Preis der Stadt Düsseldorf (für das 2. Streichquartett), 1955 den 1. Preis des Orgelwettbewerbs in Haarlem/Holland (für die Orgelfantasie *O heiligste Dreifaltigkeit*),

1956 den Kunstpreis des Landes Rheinland-Pfalz, 1974 die Ehrendoktorwürde der Universität Bonn, 1982 die Auszeichnung »Mérite européen« durch den Europatag in Luxemburg. Für seine Verdienste um die katholische Kirchenmusik wurde Schroeder 1961 von Papst Johannes XXIII. mit dem Gregorius-Orden ausgezeichnet. - Schroeders Kompositionsstil weist Parallelen zu Zeitgenossen wie Hindemith, Genzmer, Hessenberg oder Pepping auf und ist geprägt vom Prinzip der sog. freien oder erweiterten Tonalität, von kontrapunktischer Grundhaltung, motorisch bewegter Rhythmik und neoklassizistischer Formgebung. Seine kirchenmusikalischen Kompositionen, die nach eigener Auffassung eine dienende liturgische Funktion im Gottesdienst erfüllen sollen, sind im Ausdruck herb und emotional zurückhaltend, im Schwierigkeitsgrad zum Teil bewußt einfach gehalten und auf die Bedürfnisse der kirchenmusikalischen Praxis zugeschnitten. „Ausgangsort für die Kirchenmusik ist die Liturgie", daher fordert er vom Kirchenkomponisten eine »Ein- und Unterordnung in den liturgischen Dienst. Für den schöpferischen Künstler bedeutet das weder Fessel noch Einengung, sondern Entfaltung seiner Persönlichkeit im höchsten Dienst« (Schroeder, 1958). Neben 40 Messen schrieb er zahlreiche Motetten und Choralbearbeitungen, ein *Magnificat* op. 31 für gemischten Chor und Bläser (1951) sowie nach dem 2. Vatikanischen Konzil vier deutschsprachige Passionen (1963-71), bewußt einfach gehaltene und für den Einsatz in der Liturgie bestimmte Vertonungen der Leidensgeschichte Jesu für Solosänger und Chor a capella. Nachkonziliar geprägt sind außerdem Schroeders deutsche Messen *cum populo activo*, in denen neben dem Chor auch die Gemeinde einbezogen wird (*Deutsches Ordinarium*, 1965, *Lied-Messe*, 1969). - Sein 100 Kompositionen umfassendes Orgelwerk umfaßt vier Bereiche: zahlreiche kleine Orgelstücke (*Kleine Präludien und Intermezzi*, 1931; *Pezzi piccoli*, 1959) und Choralbearbeitungen für den Gottesdienst, außerdem große konzertante Werke (*Toccata* op. 5a, *Concerto da chiesa*, 1984) sowie Kompositionen über gregorianische Themen (*Die Marianischen Antiphone*, Partita *Veni creator spiritus*). Das praktische Orgelspiel spielte vor allem während des Studiums und in den 30er Jahren eine wichtige Rolle und trat in der mittleren Schaffensphase (1946-1970) etwas zurück, aber noch immer probierte er neue Kompositionen selbst an der Orgel aus und spielte 1953 im Freiburger Münster die Uraufführung der *Marianischen Antiphone*. Dieses wohl bekannteste Orgelwerk Schroeders markiert den reifen Kompositionsstil: erweiterte Tonalität unter Wahrung tonaler Zentren (im Sinne Hindemiths), freitonale, mit Sekund-, Quart-, Quint- und Septimklängen gewürzte Harmonik, motorisch bewegte, vom starren Taktschema emanzipierte Rhythmik, Ostinatobildung, kontrapunktische Satztechnik und neoklassizistische Formgebung. Besondere Bedeutung maß Schroeder der Gregorianik zu, die er als eine ideale Form der liturgische Musik sah und deren melodischer Reichtum seinen Bestrebungen zur Erneuerung der Tonalität entgegenkam, da sie das »Ausschalten unserer dur-moll-tonalen Funktionsverbindungen« erfordert (Schroeder, Die Begleitung des gregorianischen Chorals, 1968, S. 75). Die Verwendung alter Formen wie Präludium und Fuge, Choralvorspiel und -fantasie, Toccata, Kanon, Chaconne, Invention usw. macht deutlich, daß es dem Komponisten um eine Verbindung von »Tradition und Fortschritt« (Schroeder, 1973) ging. Eine besondere Bedeutung spielte die Auseinandersetzung mit der klassischen Sonatenform (3 Orgelsonaten). — In der Spätzeit (ab etwa 1970) traten neben traditionelle Formen vermehrt freie Stücke (*Motiv-Varianten*, 1972; *Fünf Skizzen*, 1978). Der Abstraktionsgrad der Tonalität nimmt zu, freie motivische Arbeit löst die Arbeit mit festen Themen ab. Verständlichkeit, orgelgerechter Satz und klare Orientierung an der Funktion der Musik (in Liturgie oder Konzert) blieben aber weiterhin charakteristisch. Wie Hindemith sah Schroeder den Begriff der »Gebrauchsmusik« positiv und schrieb bewußt für bestimmte Anlässe oder Interpreten (u. a. für die Organisten Hans Bachem, Clemens Ganz, Flor Peeters, Michael Schneider und Josef Zimmermann). — Einen besonderen Schwerpunkt bildet mit 16 Werken die Besetzung »Orgel plus Instrument«, die er als Möglichkeit sah, das Orgelkonzert aufzulockern: »Für Nichtfachleute wirkt der Orgelton sehr leicht ermüdend. Deshalb sollte ein Orgelwerk nicht allzu lange dauern. Das Konzert selbst sollte eine Vielzahl von Stilrichtungen enthalten, und wenn möglich sollte das Klangspektrum durch die Teilnahme eines weiteren Solisten (Sänger oder Instrumentalist) erweitert werden. Aus diesem Grunde habe ich in den letzten Jahren eine Reihe von Werken für Orgel mit anderen Instrumenten geschrieben.« (Schroeder 1975, vgl. Mohrs, 1987, S. 313). Die frühesten Beiträge zu dieser Besetzung sind *Präludium, Kanzone und Rondo* für Violine und Orgel (1938) sowie das *Konzert für Orgel und Orchester* op. 25 (1939). — Neben kirchenmusikalischen Werken schrieb Schroeder auch interessante weltliche Chormusik (*Sechs Mörike-Chöre, 1962*, Rilke-Zyklus, 1969) und Volksliedbearbeitungen. Sein umfangreiches kammermusikalisches Oeuvre enthält vor allem klassische Gattungen wie Klavier- und Streichtrio, Streichquartett, Bläserquintett und einen Solosonaten-Zyklus für alle wichtigen Streich- und Blasinstrumente. Außerdem schrieb er Orchesterwerke, Solokonzerte und eine Oper *Hero und Leander (1950)*.

Werke (Auswahl): Schroeders Werke sind vollständig verzeichnet bei Keusen (1974, 1981, 1984) und Mohrs (1987), vgl. Literaturverzeichnis. Für die Verlage wurden folgende Abkürzungen verwendet: B = Breitkopf & Härtel, Wiesbaden; Ca = Carus-Verlag, Stuttgart; Co = Musikverlag Alfred Coppenrath, Altötting; Do = Verlag Christoph Dohr, Köln; G = Musikverlag Hans Gerig, Köln; N = Verlag Noetzel, Wilhelmshaven; P = Peters, Frankfurt; S = Schott Musik International, Mainz; Schw = Musikverlag Schwann, Frankfurt (Auslieferung: Peters); Si = Simrock, Hamburg; SM = Süddeutscher Musikverlag Willy Muller, Heidelberg (Auslieferung: Bärenreiter); T = Musikverlag Tonger, Rodenkirchen.

I. Orchesterwerke: Konzert für Streichorchester op. 25 (1936/37, S); Sinfonie d-Moll op. 27 (1940/41, S); Symphonische Hymnen op. 29 (1942/43, S); Festliche Musik für Streichorchester und Klavier (1955, G); Cellokonzert op. 24 (1937, S): Orgelkonzert op. 25 (1938. S): Oboenkonzert op. 34 (1955, SM); Klavierkonzert op. 35 (1955/56, B): Violinkonzert (1956, G); Flötenkonzert op. 37 (1958, B); Veni creator Spiritus, Hymnus für großes Orchester op. 39 (1961/62, B); Konzert für 2 Violinen und Orchester op. 41 (1965, B); Concertino für Klavier und Bläser op. 42 (1966, B); Violakonzert op. 45 (1970, B); Capriccio a due tempi für Orchester op. 46 (1972, Ms); Klarinettenkonzert op. 47 (1973, B); Konzert für Violine und Orchester op. 51 (1975, Ms); Trompetenkonzert op. 53 (1973, SM): Concertino für Klarinette und Streichorchester op. 54 (1978, SM); Concertino für Orgel und Streichorchester op. 56 (1981, SM).

II. Kammermusik: 11 Solosonaten (alle bei B) für Violine (1960), Querflöte (1971), Oboe (1970), Klarinette (1970), Fagott (1570), Trompete (1970), Horn (1971), Posaune (1972), Violoncello (1974), Viola (1974) und Kontrabaß (1975); Duo für Violine und Klavier (1942, S); Sonate für Oboe und Klavier (1962, B); Sonate für Violine und Klavier

(1971, B); Sonate für Violoncello und Klavier (1974, B); Sonate für Klarinette und Klavier (1979, S); Duo für Violine und Viola (1979, Ms); Streichtrio e-Moll für Vl., Va., Vc. op. 14/1 (1933, S); Streichtrio op. 14/2 für 2 Vl. und Va. (1942, S); 3. Streichtrio op. 52 (1976, B); Klaviertrio op. 33 für Vl., Vc. und Klav. (1954, S); 2. Klaviertrio op. 40 für Vl., Horn und Klav. (1964, S); 3. Klaviertrio op. 43 für Klar., Vc. und Klav. (1967, S); Streichquartett c-Moll op. 26 (1939, S); 2. Streichquartett op. 32 (1952, S); 3. Quartett op. 38 für Oboe, Vl., Va. und Vc. (1959, S); 4. Streichquartett op. 44 (1968, Do); Quartett-Sonate für 4 Hörner (1971, S); 5. Streichquartett op. 55 (1978, Do); Klarinetten-Quintett op. 48 (1974, Ms); Bläserquintett op. 50 (1974, S); Sextett für Klavier und Bläser op. 36 (1957, S); Sextett für 2 Klarinetten, 2 Hörner und 2 Fagotte op. 49 (1973, B).

III. Klavierwerke: Minnelieder, Variationen über altdeutsche Liebeslieder (1938, S); Fünf deutsche Weihnachtslieder für Klavier zu vier Händen op. 18 (1936, S); Sonate a-Moll (1946, S); Susani, Alte Weihnachtslieder für Klavier (1948, S); 2 Sonatinen in e-Moll und h-Moll (1947/48, Si); Es steht ein Lind, 50 deutsche Volkslieder in Sätzen fürs Klavier (1952, T); Zweite Klaviersonate (1953, S); Sechs Weihnachtslieder für Klavier vierhändig (1954, N); 3. Sonatine (1960, Si); Sonata piccola (1971, B); Dialog, in: Neue deutsche Klaviermusik (BRD), hrsg. v. Rudolf Lück, Heft 1 (1971, G); Sechs Aphorismen (1973, Ms); Fünf Charaktere (1974, Ms); Sonatina da camera für Cembalo (1977, Ms).

IV. Orgelmusik: 1. Freie Kompositionen: Toccata op. 5a (1930, Schw); Fantasie op. 5b (1930, S); Kleine Präludien und Intermezzi op. 9 (1931, S); Präambeln und Interludien (1953, S); 1. Sonate (1956, S); Kleine Intraden (1959, S); Pezzi piccoli (1959, Ca), 2. Sonate (1963/64, S); 3. Sonate (1967, S); Orgel-Mosaiken (1969, Schw); Trikolon (1970, B); Quadrinom (1971, B); Motiv-Varianten (1972, SM); Septenarium (1973, Co); Proprium pro organo (1974, Schw); Concerto piccolo per organo solo (1977, S); Zyklus aus Inventionen (1978, SM); Fünf Skizzen (1978, S); Sonatine (1979, SM); Variationen zu einem eigenen Psalmton (1980, SM): Beethoven-Variationen, Meditationen Variationen zu einem eigenen zum Dankgesang in der lydischen Tonart aus L. van Beethovens Streichquartett op. 132 (1980/81, Schw); Klein-Exerzitien, (1982, SM); Mixtura à cinque (1983, C); Suite concertante (1983, Schw); Musik für Orgel (1983, S), Pezzi speciali (1984, S); Concerto da chiesa (1984, S).

2. Choral-Bearbeitungen: Präludium und Fuge über »Christ lag in Todesbanden« (1930, S); Sechs Orgelchoräle über altdeutsche geistliche Volkslieder op. 11 (1933, S); Die Marianischen Antiphone (1953, S); Choralfantasie »O heiligste Dreifaltigkeit« (1955, Schw); Partita »Veni creator Spiritus« (1958, S); Orgel-Ordinarium »Cunctipotens genitor Deus« (1962, s); Orgel-Choräle im Kirchenjahr (1963, S); Gregorianische Miniaturen (1965, Co); Zwölf Orgelchoräle für die Weihnachtszeit (1970, Schw); Te Deum Trevirense (1973, B); Proprium pro organo (1974, Schw);Trilogien zu Chorälen (1977, Schw); Meditationen zur Communio (1978, C); Ordinarium pro organo (1976, P); Hymni ad Communionem (1979, Co); Choraltoccata »Omnium sanctorum« 1980, P); Variationen über »Stille Nacht, heilige

Nacht« (1982, Co); 10 Introduktionen zu Festtags-Introiten (1983, Co).

3. Orgel mit Instrumenten: Präludium, Kanzone und Rondo für Violine und Orgel (1938, S); Fünf Stücke für Violine und Orgel (1953, S); Concertino für Violine, Oboe und Orgel (1966, S); Sonate für Violoncello und Orgel (1966, S); Duplum für Cembalo und Orgel (oder 2 Positive) 1967, S); Duo da chiesa für Violine und Orgel (1970, Ca); Drei Dialoge für Oboe und Orgel, (1972, S); Sonate für Trompete und Orgel (1974, B); Sonate für Oboe und Orgel (1977, B); Sonate für Querflöte und Orgel (1977, S); Cum organo et tubis, Concertino für Orgel, zwei Trompeten und drei Posaunen (1975, SM); Wachet auf, ruft uns die Stimme, Versetten für Trompete und Orgel (1980, Musikverlag Wolfgang Haas, Köln); Impromptu für Trompete und Orgel (1982, ebenda); Intrada a due für 2 Trompeten und Orgel (1982, ebenda); Salve regina, Cantilena choralis für Cello und Orgel (1982, S).

V. Vokalwerke: 1. Messen a capella: Missa in H op. 6 (1930, Schw); Missa dorica op. 15 (1932, S); Missa brevis op. 17 (1935, Schw); Requiem (1946, Schw); Missa psalmodica (1953, Schw); Missa Ambrosiana (1957, Schw); Missa syllabica (1962/84, Co); Lied-Messe für gem. Chor und Gemeinde (1969, Schw); Deutsches Chorordinarium (1970, Schw); Deutsches Chorordinarium II (1974, Schw); 2. Liedmesse (1974, Schw).

2. Messen mit Instrumenten: Pauliner Orgelmesse für gem. Chor und Orgel oder Bläser (1945, Schw); Missa Regina coeli für gem. Chor und Orgel (1950, Schw); Missa Coloniensis für gem. Chor und Orgel (1954, Schw); Missa Gregoriana für gem. Chor, Schola, Gemeinde und Orgel (1957, Co); Missa figuralis für gem. Chor, Streicher und Orgel, Bläser ad lib. (1960, Schw); Missa Eucharistica für 3stg. gem. Chor, Schola, Gemeinde und Orgel (1961, Co); Mass to honor Saint Cecilia für gem. Chor, Schola und Orgel (1966, Mc Laughlin & Reilly, Boston/USA, deutsch als Cäcilien-Messe, 1969, Ca); Missa cum tubis für gem. Chor, 3 Trp. und 3 Pos. (1972, Schw); Trierer Dom-Messe für gem. Chor, Kantor oder Schola, Gemeinde, Orgel, 3 Trp., 3 Pos. und Tuba (1973, Christophorus-Verlag, Freiburg).

3. Motetten und geistliche Chorwerke: Vier deutsche Marienmotetten op. 3 (1928, Schw); In stiller Nacht op. 7a (1930, Schw); Te Deum op. 16 für gem. Chor und Bläser oder Orgel (1932, S); Beim letzten Abendmahle für gem. Chor (1933, Schw); Hymni ad processionem in Festo Corporis Christi für gem. Chor und Bläser (1934, S); Magnificat op. 31 für gem. Chor und Bläser oder Orgel (1951, Schw); Singen wir mit Fröhlichkeit, 10 weihnachtliche Chorsätze für gem. Chor, 2 Fl., 2 Vl. und Vc (1947-52, Schw); Die Responsorien der Karwoche (1954, SM); Ave Maria (1961, Schw); Nun bitten wir den heiligen Geist für gem. Chor (1963, S); Laudate pueri dominum (Psalm 112), Motette für Doppelchor (1969, Ca); Johannes-Passion für gem. Chor und Solosänger (1963, Schw); Matthäus-Passion für dass. (1964, Schw); Lukas-Passion für dass. (1970, Schw); 2 Hohelied-Motetten (1969, SM); Markus-Passion für gem. Chor und Solosänger (1971, Schw); Herr, der Frieden gibt (1973, Schw); Gib Frieden, o Herr (1974, Schw); Jauchzet dem Herrn alle Welt (Psalm 100) für 6st. gem.

Chor (1976, Schw); De profundis (Psalm 129) für 4st. gem. Chor (1983, Schw).

4. Weltliche Chöre und Kantaten: Carmen mysticum op. 30, Kantate nach Goethes »Faust« für gem. Chor, Sopran, Bariton, Sprecher und Orchester oder Klavier (1949, S); Leben und Bestehen, Kantate nach Texten von Eichendorff und Claudius für gem. Chor und Orchester (1961, S); Römische Brunnen, Zyklus für gem. Chor a capella (1950, S); Sechs Mörike-Chöre (1962, S); 12 deutsche Volkslieder für gem. Chor (1954-58, T); Rilke-Zyklus (1969, SM); Mörike-Trivium für 3st. Frauenchor (1983, SM); Tierisches zum Tage, Kantate für Jugendchor nach Texten von Eduard Mörike und Wilhelm Busch (1983, T); 4 Minnelieder für Kinder- oder Jugendchor (1983 SM). 4 Frühlingslieder für 3st. Kinder- oder Jugendchor (1983, SM).

5. Männerchor: Motette Ihr Felsen hart und Marmorstein op. 13 (1931, Schw); Sankt Paulus war ein Medikus (1953, T); Zukunft (Text: M. L. Kaschnitz, 1953, T); Fünf Weihnachtslieder (1968, S); 11 Volksliedsätze (1973, T); Kleines Trinkgelage für Männerchor und Klavier (1972, T); Drei Balladen (1977, SM); 3 Chöre nach W. Busch (1979, SM); 2 Eichendorff-Balladen (1981, SM).

6. Sologesang: 6 Weihnachtslieder für 2 Singstimmen und Klavier oder Orgel (1945, S); 3 Weihnachtslieder nach Texten von Gisela Faßbinder für Singstimme und Klavier (1948, S).

7. Oper: Hero und Leander, Oper in sechs Bildern nach »Des Meeres und der Liebe Wellen« von Franz Grillparzer (1944-50, SM).

Schriften (Auswahl) 1. Bücher: Lehrbuch des Kontrapunktes (zusammen mit Heinrich Lemacher), Mainz 1950, 1977[7]; — Generalbaßübungen (zus. mit H. Lemacher), Düsseldorf 1954, 1965[2]; — Harmonielehre (zus. mit H. Lemacher), Köln 1958, 1983[10]; — Formenlehre der Musik (zus. mit H. Lemacher), Köln 1972, 1979[7]; englisch als Musical Form, Köln 1967; — Josef Schildknecht, Orgelschule, 22. Auflage neu bearbeitet von H. Schroeder, Altötting 1968; — Musikgeschichte im Überblick, Heidelberg 1988 (Süddeutscher Musikverlag).

2. Aufsätze: Die Funktion der Orgel bei der Begleitung des deutschen Kirchengesanges, in: Musica sacra 62, 1932, 71-75; — Kirchenmusik in Deutschland, in: Musica sacra 64, 1934, 113-116; — Vom Geist der neuen Kirchenmusik, in: Kölnische Volkszeitung vom 7.1.1934; — Die Improvisation des Organisten, in: Musica sacra 65, 1935, 124-127; — Grundsätzliche Bemerkungen zur Orgelbegleitung des gregorianischen Chorals, in: Musica sacra 67, 1937, 86-88, 141-143 und 195-96; — Katholische Kirchenmusik von heute, in: Melos 15, 1948, 100-102; — Der kirchenmusikalische Satz, in: Handbuch der katholischen Kirchenmusik, hrsg. von Karl Gustav Fellerer und Heinrich Lemacher, Essen 1949, 209-215; — Tradition und Fortschritt in der katholischen Kirchenmusik, in: Musik und Altar 6, 1953, 127-128; — Das vokale Prinzip in der Musikerziehung, in: Musica sacra 75, 42-49; — Grundlagen der Harmonisation, in: Johner/Pfaff, Große Choralschule, 8. Auflage Regensburg 1956, 264-287; — »Cum populo activo«, Gedanken zur Missa gregoriana, in: Musica sacra 77, 1957, 176-177; —

Zur katholischen Kirchenmusik der Gegenwart, in: Kontrapunkte, Schriften zur deutschen Musik der Gegenwart, hrsg. von Heinrich Lindlar, Band 2: Die Stimme der Komponisten, Aufsätze, Reden, Briefe 1907-1958, Rodenkirchen 1958, 104-109; — Der heutige Komponist und die Laienchöre, in: Schwäbische Sängerzeitung 20, 1971, 111-112; — Komponist und neue Liturgie, in: Musicae sacrae ministerium VIII/3, 1971, 22-23; — Tradition und Fortschritt in der Kirchenmusik, Überlegungen zur nachkonziliaren Situation, in: Schwarz auf Weiß, Informationen und Berichte der Künstler-Union Köln, Heft V/l vom 15.2.1973, 2-4; — Adaptierung zeitgenössischer Formen und Techniken in der Kirchenmusik, in: In caritate et veritate, Festschrift für Johannes Overath, hrsg. von Hans Lonnendonker (= Schriftenreihe des ACV, Band 8), Saarbrücken 1973, 25-28; — Die Orgelkompositionen von Johannes Brahms, in: Musica sacra 103, 1983, 196-201; — Altklassische Vokalpolyphonie, in: Musica sacra 104, 1984, 358-359.

Lit.: Hans Elmar Bach, Hermann Schroeders Orgelordinarium im Lichte einer alten Tradition, in: Musica sacra 85, 1965, 18-22; — Ders., Ein deutsches Ordinarium von Hermann Schroeder, in: Musica sacra 86, 1966, 22-24; — Ders, Hero und Leander. Erinnerung an eine vergessene Oper von Hermann Schroeder, in: Musik - Kultur - Gesellschaft, hrsg. von N. Jers, Kassel 1996 (= Beiträge zur rheinischen Musikgeschichte 156), 132-156; — Peter Becker/Wilhelm Schepping (Hg), Hermann Schroeder. Komponist - Lehrer - Interpret. Bericht über die Tagung der Arbeitsgemeinschaft für rheinische Musikgeschichte und der Hermann-Schroeder-Gesellschaft in Köln am 19. Juni 2004 (= Beiträge zur rheinischen Musikgeschichte, Band 170), Kassel 2008; — Rudolf Brauckmann, Streng - vielseitig - hilfsbereit. Gespräch über Hermann Schroeder mit Stefan Klöckner, in: Musica sacra 124, 2004, 29-30; — Klaus-Martin Bresgott, Annäherung und Distanz. Zum Wort-Ton-Verhältnis in Hermann Schroeders Chorwerken »Eichendorff-Balladen«, »Carmina Burana«, »Hohelied-Motetten« und »Rilke-Zyklus«, in: Mitteilungen der Hermann-Schroeder-Gesellschaft, Heft 4, 2005, 25-46; — John Coleman Campbell, Musical Style in the Three Organ Sonatas of Hermann Schroeder, Diss. University of Rochester 1975 (maschinenschriftlich); — Karl Gustav Fellerer, Das kirchenmusikalische Schaffen Hermann Schroeders, in: Musik und Altar 6, 1953/54, 60-62; — Klaus Fischbach, Hermann Schroeder. Persönliche Erinnerungen und Erfahrungen, in: Mitteilungen der Hermann-Schroeder-Gesellschaft, Heft 1, 1998, 14-18; — Thomas A. Friedrich, Mehr als Quartparallelen. Zum 100. Geburtstag von Hermann Schroeder, in: Musik und Liturgie, Schweizerischer katholischer Kirchenmusikverband, 129. Jg., 2004, 16-24; — Robert Göstl, Einfach aussagekräftig. Hermann Schroeders »Johannes-Passion in deutscher Sprache«, in: Musica sacra 124, 2004, 29-30; — Peter Henn, Hermann Schroeder als Chordirigent, in: Mitteilungen der Hermann-Schroeder-Gesellschaft 2, 2000, 32-45; — Johann Bptist Hilber, Hermann Schroeder zum 60. Geburtstag, in: Katholische Kirchenmusik 89, 1964, 146-149; — B. Kahmann, Responsoria voor de Goede Week van Hermann Schroeder, in: Gregoriusblad 83, Utrecht 1962, 73-75; — Raimund Keusen, Die Orgel- und Vokalwerke von Hermann Schroeder, Diss. Bonn 1974 (= Beiträge zur rheinischen Musikgeschichte 102), Köln 1974 (mit Verzeichnis aller

Kompositionen bis 1. September 1973); — Ders., Hermann Schroeder, in: Rheinische Musiker, 9. Folge, hrsg. von Dietrich Kämper (= Beiträge zur rheinischen Musikgeschichte 129), Köln 1981, 99-100 (verzeichnet alle Kompositionen vom 1. September 1973 bis 1979); — Ders., Kirchenmusik = geistlich = liturgisch, H. S. 80 Jahre, in: Musica sacra 104, 1984, 3-13 (mit Verzeichnis der geistlichen Werke vom 1. September 1973 bis November 1983); — Ders., Meine Erinnerungen an Hermann Schroeder, in: Mitteilungen der Hermann-Schroeder-Gesellschaft 2, 2000, 25-29; — Ders., Zum Orgelwerk Hermann Schroeders, in: Ars organi 52, 2004, 95-97; — Karl Kremer, Die Vertonung des »ordinarium missae« von Hermann Schroeder, in: Musica sacra 84, 1964, 68-73; — Heinrich Lemacher, Hermann Schroeder 50 Jahre, in: Musica sacra 74, 1954, 110-116; — Günter Massenkeil, Laudatio anläßlich der Verleihung der Ehrendoktorwürde an Hermann Schroeder durch die Universität Bonn am 31. Mai 1974, in: Mitteilungen der Hermann-Schroeder-Gesellschaft, Heft 2, 2000, 25-29; — Rainer Mohrs, Hermann Schroeder (1904-1984). Leben und Werk unter besonderer Berücksichtigung seiner Klavier- und Kammermusik, Diss. Köln 1986, (= Beiträge zur rheinischen Musikgeschichte 138), Kassel 1987 (verzeichnet die Werke ab November 1983 sowie alle Klavier- und Kammermusikwerke); — Ders., Hermann Schroeder als Komponist für Orgel. Zur Philosophie und Ästhetik der katholischen Orgelmusik des 20. Jahrhunderts, in: Musica sacra 109, 1989, 275-292; — Ders., Die Messen Hermann Schroeders. Ein Beitrag zur Situierung der katholischen Messkomposition im 20. Jahrhundert, in: Kirchenmusik in Geschichte und Gegenwart, Festschrift Hans Schmidt, hrsg. von H. Klein und K. W. Niemöller, Köln 1998, 303-329 (mit Verzeichnis der Messen); — Ders., Altes und Neues im Blick. Hermann Schroeders kirchenmusikalische Kompositionen nach dem II. Vatikanischen Konzil, in: Kirchenmusikalisches Jahrbuch 86, 2002, 29-58; — Ders., Eine belgisch-deutsche Freundschaft. Flor Peeters und Hermann Schroeder, in: Musica sacra 123, 2003, 15-19; — Ders., Anwalt einer evolutionären Moderne. Zum 100. Geburtstag des Komponisten und Organisten Hermann Schroeder, in: Organ, Journal für die Orgel 7, 2004, 34-45; — Ders., Nicht nur Kirchenmusiker. Der Komponist, Dirigent und Musikpädagoge Hermann Schroeder, in: Musik als Kunst, Wissenschaft, Lehre. Festschrift für W. Schepping hrsg. von Günter Noll, Gisela Probst-Effah und Reinhard Schneider, Münster 2006, 311-347; — Anett Reischert-Bruckmann, »Wenn Sie nach Fugen suchen, halten Sie sich gefälligst an Bach!« Gespräch mit Hans Elmar Bach anläßlich des 100. Geburtstags von Hermann Schroeder, in: Mitteilungen der Hermann-Schroeder-Gesellschaft, Heft 4, 2005, 47-55; — Reiner Schuhenn, »Singen wir mit Fröhlichkeit«. Eine Sammlung weihnachtlicher Chorsätze von Hermann Schroeder, in: Musica sacra 124, 2004, 17-18; — Frederick Bennett Shulze, The Organ Works of Hermann Schroeder, Diss. University of Washington (USA) 1971 (maschinenschriftlich); — Franz Willms, Hermann Schroeders Symphonie, in: Neues Musikblatt 21, 1942, Nr. 82, 5-7; — Tiny Wirtz, Meine Erinnerungen an Hermann Schroeder, in: Mitteilungen der Hermann-Schroeder-Gesellschaft 4, 2005, 4-19.

Rainer Mohrs

SCHÜLLER SJ; Bruno, Jesuit und Moraltheologe, * 9. Nov. 1924 in Rhens, † 30. Okt. 2007 in Münster in Westfalen. B.S. wird in Rhens am Rhein - heute im Landkreis Mayen-Koblenz gelegen - geboren. Nach seinem Schulbesuch, dem Kriegsdienst bei der Marine und der Gefangenschaft besteht er 1946 das Abitur in Koblenz. Am 3. Sept. 1946 tritt er in die Niederdeutsche Provinz der Gesellschaft Jesu ein. Die Jesuitenausbildung - mit dem Noviziat, dem Philosophiestudium an der ordenseigenen Hochschule für Philosophie München in Pullach, dem pädagogische Praktikum am Kolleg in Büren, dem Theologiestudium an der ordenseigenen PTH St. Georgen in Frankfurt am Main, dem Tertiat, einem Seelsorgspraktikum in Stockholm und einem Spezialstudium der evangelischen Theologie in Münster in Westfalen - beendet er 1963 mit einer Promotion in Moraltheologie an der Päpstlichen Universität Gregoriana in Rom bei J. Fuchs SJ (1912-2005) mit einer Arbeit über »die theologische Rechtsbegründung in der neueren protestantischen Theologie«. Am 30. Juli 1956 empfängt er im Frankfurter Dom die Priesterweihe. An der PTH St. Georgen in Frankfurt am Main beginnt er 1961 seine Lehrtätigkeit im Fach Moraltheologie und wird nach seiner Habilitation 1965 zum Professor ernannt. B.S. greift mit seinen frühen Beiträgen in die Debatte um die so genannte optio fundamentalis ein. Er widerspricht der Endentscheidungshypothese des Religionsphilosophen L. Boros (1927-1981), daß der Mensch während seines Lebens keine grundsätzlichen Entscheidungen fällen kann und erst im Moment des Todes zu einem vollpersonalen Akt fähig ist. 1968 erfolgt die Berufung zum Professor für Moraltheologie an der Ruhr-Universität Bochum, wobei er seine Lehrtätigkeit in Frankfurt fortsetzt. Er wirkt 1973 auch als Gastprofessor an der Päpstlichen Universität Gregoriana in Rom sowie zuvor 1971 an der Universität in Regensburg, deren Ruf auf einen Lehrstuhl er allerdings ablehnt. 1974 erhält er einen Ruf an die WWU Münster in Westfalen, an der er bis zu seiner Emeritierung 1991 bleibt. Die 1. Auflage seines Lehrbuchs zur Moraltheologie, Die Begründung sittlicher Urteile, erscheint 1973. Er führt in diesem Lehrbuch mit dem Wortpaar 'teleologisch'-'deontologisch' eine neue Terminologie in die deutschsprachige Literatur zur normativen Ethik ein, die zwar vielfach aufgegriffen aber zugleich von wissenschaftlichen Kollegen oft mißverstanden wird. Nach B.S. entspricht das Wortpaar 'teleologisch'-'deontologisch' der klassischen Gegenüberstellung von 'Verantwortungsethik' und 'Gesinnungsethik' bei M. Weber (1864-1920). Im deutschsprachigen Raum wird daher die alternative Bezeichnung 'Verantwortungsethik' zu einem Ehrennamen für die teleologische Ethik, für die B.S. mit seinem Lehrbuch eintritt, während die ältere Bezeichnung 'Utilitarismus' bevorzugt von Gegnern der teleologischen Ethik - z.B. von R. Spaemann - verwendet wird. Ab der 2. Auflage interpretiert B.S. in seinem Lehrbuch das Doppelgebot der Liebe und die Goldene Regel als sprachliche Formulierungen des moralischen Beurteilungsstandpunktes und grenzt die Paränese von Fragen der normativen Ethik und Fragen der Metaethik ab. Er hebt unter anderem die Bedeutung folgender Unterscheidung für die normative Ethik hervor: Liebe als Gesinnung und Liebe als Tat, sittlicher Wert und nicht-sittlicher Wert, sittlich guter oder schlechter Wille und sittlich richtige oder falsche Handlung. Er legt die grundlegenden Wertvorzugsregeln dar und analysiert die streng deontologische Normierung, die in der Tradition der katholischen Moraltheologie in einzelnen Fällen angewandt und zum Teil restriktiv ausgelegt wird. Die 'Tradition' denkt und urteilt nach B.S. jedoch grundsätzlich teleologisch. In seinem Lehrbuch findet sich auch ein Abschnitt zum Umgang mit dem Wort 'Gewissen'. Er erläutert die verschiedenen Bedeutungen des Wortes 'Gewissen' in der deutschen Sprache: (1) 'Gewissen' im Sinn von 'moralisch' oder 'sittlich'; (2) 'Gewissen' im Sinn von 'sittlichem Erkenntnisvermögen'; (3) 'Gewissen' im Sinn von 'innerem Gebieter und Richter'; und (4) 'Gewissen' im Sinn von 'Herz' als sittlichem Subjekt. Die wichtigsten Artikel von B.S. zur Metaethik und zur Sprache der Moral finden sich in dem Sammelband, Der menschliche Mensch, der 1982 erscheint. Für die traditionelle metaethische Theorie des 'Naturrechts' als 'Vernunftrecht', die B.S. bereits in den frühen Schriften vor Mißverständnissen in Schutz nimmt, bevorzugt er in diesem Sammelband die Bezeichnung 'Kognitivismus', der in der philosophischen Ethik auch 'Intuitionismus' genannt wird. Als Kognitivist grenzt er die ko-

gnitivistische Position einerseits von der metaethischen Theorie des 'Naturalismus' und andererseits von den beiden non-kognitivistischen Theorien des 'Dezisionismus' und des 'Emotivismus' ab. B.S. betont aus seiner kognitivistischen und christlichen Sicht, daß jeder gläubige Christ weiß, daß er sich als Geschöpf ganz und gar Gott als seinem Schöpfer verdankt und von Gott auch ein sittliches Erkenntnisvermögen erhalten hat, das man gemeinhin 'Gewissen' nennt. Durch dieses Geschenk ist die Erkenntnis von Wertsachverhalten logisch vorgängig zur Gotteserkenntnis möglich. Der 'Glaube an einen Gott' im Sinne einer Gotteserkenntnis durch die Schöpfungs- oder Wortoffenbarung ist keine notwendige Voraussetzung, um zu einer Werterkenntnis zu gelangen. 'Glauben' und 'Glaubensentscheid' lassen sich nach B.S. aber nicht nur kognitiv verstehen, sondern auch in einem volitiven Sinn, wie er sich bei Paulus findet: Glaube als Gehorsam und nicht als Erkenntnisweise. 'Glaube' in dieser Bedeutung schließt die Entscheidung (= optio fundamentalis) zum moralischen Beurteilungsstandpunkt (= moral point of view) mit ein. Für den Christen ist die optio fundamentalis - der Entschluß, ein Leben gemäß dem Evangelium und der sittlichen Grundeinsicht zu führen - lediglich die Entscheidung, das zu tun, wozu er sich durch das natürliche Sittengesetz bereits sittlich verpflichtet weiß. Werturteile selbst sind Sache der Erkenntnis und nicht des Glaubensgehorsams. Die Paränese als sittliche Mahnrede will den Menschen ermuntern, an der sittlich guten Lebensführung festzuhalten oder zu ihr zurückzukehren. Für B.S. muß eine christliche Moraltheologie die Wahrheit des Kognitivismus unterstellen. Der Theist, der die Existenz Gottes bejaht, muß - wenn er den Fehler eines theonomen Moralpositivismus vermeiden möchte - sich die metaethische Theorie des Kognitivismus zu eigen machen. Diese Annahme erscheint plausibel, denn für den Theisten ist der Mensch nicht das erste sinnstiftende Wesen, vielmehr ist ihm sein Sinn auf Erden schon von Gott her aufgegeben. Nur wenn eine vorgängige Pflicht des Menschen zu einem Leben gemäß der sittlichen Grundeinsicht zweifelsfrei feststeht, ist die theologische Rede vom Sünder, welcher der Rechtfertigung und Erlösung bedarf, weil er seiner sittlichen Verpflichtung nicht nachkommt, sinnvoll. Für den Dezisionisten gibt es dagegen lediglich ein dem moralischen Verhalten entgegengesetztes nicht-moralisches Verhalten der Parteilichkeit und des Egoismus, das aber nicht als un-moralisches Verhalten sittlich qualifiziert werden kann. Der Mensch entscheidet frei zwischen den beiden konträren Lebensweisen und kann nicht zum Sünder werden, der einer Rechtfertigung bedarf. Theismus und Dezisionismus scheinen für B.S. unvereinbar zu sein. Anders sieht es nach B.S. aus, falls man den Standpunkt des Atheismus oder des Agnostizismus einnimmt. Für den Atheisten, der die Existenz Gottes verneint, ist der Mensch das erste sinnstiftende Wesen auf Erden. Von daher scheint es einsichtig, daß dem Menschen auch keine objektiven Wertsachverhalte vorgegeben sind, sondern er gleichsam schöpferisch die Werte einführt, wenn er sich den moralischen Beurteilungsstandpunkt zu eigen macht. Die Plausibilität des Dezisionismus wird unter der Akzeptanz des Atheismus wesentlich erhöht. In der Debatte um das Proprium einer christlichen Ethik zeigt B.S. daher gemäß der naturrechtlichen Tradition der katholischen Moraltheologie auf, daß dieses Proprium nicht in der normativen Ethik - in genuin christlichen Normen, in genuin christlichen Begründungen oder in genuin christlichen Geltungsansprüchen - zu finden ist, sondern seinen Platz in der metaethischen Auseinandersetzung mit den non-kognitivistischen Theorien, in der Paränese und in der Frage der Genese von sittlichen Einsichten hat. Von 1973 bis 1987 betreut B.S. als Herausgeber die ersten dreizehn Bände der Moraltheologischen Studien - Systematische Abteilung. Zusammen mit B. Kötting gibt er die Reihe Münsterische Beiträge zur Theologie heraus. Er ist Mitglied der internationalen Societas Ethica und der Ethikkommission der Universität Münster. Nach reiflicher Überlegung lehnt er eine Berufung an das Kennedy-Institut der Georgetown University in Washington 1976 ab. Die Universität Lund in Schweden ehrt ihn 1984 mit der Ehrendoktorwürde. 1986 wird er Mitglied der Rheinisch-Westfälischen Akademie der Wissenschaften. Als Doktorvater betreut er unter anderen die Dissertationen von R. Ginters, H.-J. Wilting, D. Witschen, C. Wiemeyer-Faulde; Th. Hoppe, M. Lehmann und W. Wolbert, der zugleich im Sommersemester 1985 in Münster ha-

bilitiert wird. Nach seiner Emeritierung bleibt B.S. in Münster wohnen. 1995 wird er von schwerer Krankheit heimgesucht und er muß die letzten zwei Lebensjahre in einem Pflegeheim in Münster verbringen. Das Requiem für B.S. wird am 7. Nov. 2007 in der Universitätskirche zu Münster gefeiert, und er wird am 8. Nov. 2007 auf der Jesuitengrabstätte des Friedhofs Köln-Melaten beigesetzt. B.S., »der in den siebziger Jahren des vorigen Jahrhunderts vielleicht am meisten Meinung bildend unter deutschen Moraltheologen gewirkt hat« - so rückblickend B. Fraling im Jahr 2007 - verhält sich Zeit seines Lebens seinen Hörern an der Universität gegenüber als ein fairer Wissenschaftler, der das eigenständige kritische Denken seiner Schüler fördern will. Prophetische Philosophie und eine Moraltheologie, die sich als Seelsorge mit den Mitteln des Elenchos und des Protreptikos versteht, steht er distanziert gegenüber. Mit seinen wissenschaftlichen Gegnern setzt sich B.S. stets fair auseinander - gemäß seinem Grundsatz, den er in seinen Vorlesungen den Studenten einschärft: »Kritisieren Sie immer nur Kritiker!«

Werke: Die Herrschaft Christi und das weltliche Recht. Die christologische Rechtsbegründung in der neueren protestantischen Theologie, Rom 1963; Gesetz und Freiheit, Düsseldorf 1966; Wieweit kann die Moraltheologie das Naturrecht entbehren? in: Lebendiges Zeugnis (1965) 41-65 (englisch: Can Moral Theology Ignore Natural Law?, in Theology Digest 15 (1967) 94-99); Religionsfreiheit und Toleranz, in: Karl Rahner/Otto Semmelroth (Hg.): Theologische Akademie 1, Frankfurt 1965, 99-116; Das irrige Gewissen, in: Karl Rahner/Otto Semmelroth (Hg.): Theologische Akademie 2, Frankfurt 1965, 7-28; Zur Analogie sittlicher Grundbegriffe, in: Theologie und Philosophie 41 (1966) 3-19; Zur theologischen Diskussion über die lex naturalis, in: Theologie und Philosophie 41 (1966) 481-503 (englisch übersetzt von William Loewe: A Contribution to the Theological Discussion of Natural Law, in: Charles E. Curran/Richard A. McCormick (Hg.): Natural Law amd Theology (Reading in Moral Theology 7), New York u.a. 1991, 72-98); Todsünde - Sünde zum Tod? Bedenken zur Theorie der Endentscheidung, in: Theologie und Philosophie 42 (1967) 321-340 (englisch: Mortal Sin - Sin unto Death?, in: Theology Digest 16 (1968) 232-235); Todsünde - läßliche Sünde, in: Ludwig Bertsch (Hg.): Buße und Beichte, Frankfurt 1967, 9-67; Bemerkungen zur authentischen Verkündigung des kirchlichen Lehramtes, in: Theologie und Philosophie 42 (1967) 534-551 (englisch: Remarks on the Authentic Teaching of the Magisterium of the Church, in: Charles E. Curran/Richard A. McCormick (Hg.): The Magisterium and Morality (Reading in Moral Theology 3), New York u.a. 1982, 14-33); Ist das Ideal des mündigen Christen eine Utopie? in: Der Männerseelsorger 18 (1968) 193-199; Naturrecht und Offenbarung, in: Deutsches Institut für Bildung und Wissen (Hg.): Naturrecht, Menschenrechte, Offenbarung: Referate der Tagung vom 15.-20 Mai 1967 in Arnsberg (Sonderdruck aus »Die Pädagogische Provinz« H 1-2/1968), Frankfurt a.M 1968, 103-113; Lehramt der Kirche und Gewissensfreiheit der Gläubigen. Veröffentlichung von Helmut Stich für dieses Heft überarb. und v. Verf. durchges., Kevelaer 1969; Beansprucht die Botschaft Christi eine Zuständigkeit in Fragen des gesellschaftlichen Lebens und seiner Entwicklung?, in: Kath. Sozialakademie Österreichs (Hg.): Möglichkeiten und Grenzen einer katholischen Soziallehre: Bericht über das Symposion der Kath. Sozialakademie Österreichs v. 8.-10.11.1968, redigiert von Heide Hillbrand (Fragen des sozialen Lebens 6), Wien 1969, 16-39; Zur Problematik allgemein verbindlicher ethischer Grundsätze, in: Theologie und Philosophie 45 (1970) 1-23 (englisch: What Ethical Principles are Universally Valid, in: Theology Digest 19 (1971) 23-28); Das Handeln in der Welt unter dem eschatologischen Vorbehalt, in: Paul-Werner Scheele/Gerhard Schneider (Hg.): Christuszeugnis der Kirche. FS Bischof Franz Hengsbach, Essen 1970, 231-246; Typen ethischer Argumentation in der katholischen Moraltheologie, in: Theologie und Philosophie 45 (1970) 526-550; Zur Rede von der radikalen sittlichen Forderung, in: Theologie und Philosophie 46 (1971) 321-341; Zu den ethischen Kategorien des Rates und des überschüssigen guten Werkes, in: Hans Wolter (Hg.): Testimonium Veritati. Philosophische und theologische Studien zu kirchlichen Fragen der Gegenwart. FS Bischof Wilhelm Kempf (Frankfurter Theologische Studien 7), Frankfurt 1971, 197-209; Die Bedeutung des natürlichen Sittengesetzes für den Christen, in: Georg Teichtweier/Wilhelm Dreier (Hg.): Herausforderung und Kritik der Moraltheologie, Würzburg 1971, 105-130; Direkte Tötung - indirekte Tötung, in: Theologie und Philosophie 47 (1972) 341-357 (englisch: Direct Killing / Indirect Killing, in: Charles E. Curran/Richard A. McCormick (Hg.): Moral Norms and Catholic Tradition (Reading in Moral Theology 1), New York u.a. 1979, 138-157); Zum Problem ethischer Normierung, in: Orientierung 36 (1972) 81-84; Die Begründung sittlicher Urteile. Typen ethischer Argumentation in der Moraltheologie, Münster 1973; Neuere Beiträge zum Thema »Begründung sittlicher Normen«, in: Franz Furger u.a., Fragen christlicher Ethik (Theologische Berichte 4), Zürich/Einsiedeln/Köln 1974, 109-182; Typen der Begründung sittlicher Normen, in: Concilium (D) 12 (1976) 648-654 (englisch: Various Types of Grouding for Ethical Norms, in: Charles E. Curran/Richard A. McCormick (Hg.): Moral Norms and Catholic Tradition (Reading in Moral Theology 1), New York u.a. 1979, 184-198); Anmerkungen zu dem Begriffspaar »teleologisch-deontologisch«, in: Gregorianum 57 (1976) 741-756; Zur Diskussion über das Proprium einer christlichen Ethik, in: Theologie und Philosophie 51 (1976), 321-343 [englisch: The Debate on the Specific Character of Christian Ethics: Some Remarks, in Charles E. Curran/Richard A. McCormick (IIg.): The Distinctiveness of Christian Ethics (Reading in Moral Theology 2), New York u.a. 1980, 207-233. Erweitert und versehen mit einigen zusätzlichen Fußnoten wieder abgedruckt in: Der menschliche Mensch. Aufsätze zur Metaethik und zur Sprache der Moral, Düsseldorf 1982,3-27: Das Proprium einer christlichen Ethik in der Diskussion]; Empfängnisverhütung

im Lichte einer ethischen Theorie teleologischen Typs, in: Religion Wissenschaft Kultur 25 (1976/77) 57-63; Die Bedeutung der Erfahrung für die Rechtfertigung sittlicher Verhaltensregeln, in: Bruno Schüller/Klaus Demmer (Hg.): Christlich glauben und handeln, Fragen einer fundamentalen Moraltheologie in der Diskussion. FS Josef Fuchs, Düsseldorf, 261-286 (italienisch: Klaus Demmer/Bruno Schüller/Giuliano Riva (Hg.): Fede Cristiana e Agire Morale, Assisi 1980: L'importanza dell'esperienza per la giustificazione delle norme di comportamento morale); The Double Effect in Catholic Thought. A Reevaluation, in: Richard A. McCormick/Paul Ramsey (Hg.): Doing Evil to Achieve Good, Chicago 1978, 165-192; Dezisionismus, Moralität, Glaube an Gott, in: Gregorianum 59 (1978) 465-510 [wieder abgedruckt in: Der menschliche Mensch. Aufsätze zur Metaethik und zur Sprache der Moral, Düsseldorf 1982, 54-88]; Sittliche Forderung und Erkenntnis Gottes. Überlegungen zu einer alten Kontroverse, in: Gregorianum 59 (1978) 5-37 [wieder abgedruckt in: Der menschliche Mensch. Aufsätze zur Metaethik und zur Sprache der Moral, Düsseldorf 1982, 28-53]; Die Personwürde des Menschen als Beweisgrund in der normativen Ethik, in: Theologie und Philosophie 53 (1978) 538-555; Philosophische Ethik und Christlicher Glaube, in: Norbert Huppertz (Hg.): Die Wertkrise des Menschen. FS Hans Reiner, Meisenheim am Glan 1979, 147-158; Gewissen und Schuld, in: Josef Fuchs (Hg.): Das Gewissen. Vorgegebene Norm verantwortlichen Handelns oder Produkt gesellschaftlicher Zwänge? (Schriften der Kath. Akademie Bayern 88), Düsseldorf 1979, 34-55; La Moralité des Moyens, in: Recherches des Sciences Religieuses 68 (1980) 205-224 [deutsch erschienen in: Der menschliche Mensch. Aufsätze zur Metaethik und zur Sprache der Moral, Düsseldorf 1982, 148-155: Der gute Zweck und die schlechten Mittel]; Die Begründung sittlicher Urteile. Typen ethischer Argumentation in der Moraltheologie, Münster 1980² 1987³; Artikel Pflicht, in: Alfred Klose/Wolfgang Mantl/Valentin Zsifkovits (Hg.): Katholisches Soziallexikon, 2. Aufl., Innsbruck u.a. 1980, 2107-2110; Artikel Utilitarismus, in: Alfred Klose/Wolfgang Mantl/Valentin Zsifkovits (Hg.): Katholisches Soziallexikon, 2. Aufl. Innsbruck u.a. 1980, 3120-3122; Eine autonome Moral, was ist das? in: Theologische Revue 78 (1982) 103-106; Der menschliche Mensch. Aufsätze zur Metaethik und zur Sprache der Moral (Moraltheologische Studien - Systematische Abteilung 12), Düsseldorf 1982 [Mit den Aufsätzen: I. Zur Metaethik: 3-27: Das Proprium einer christlichen Ethik in der Diskussion; 28-53: Sittliche Forderung und Erkenntnis Gottes. Überlegungen zu einer alten Kontroverse; 54-88: Dezisionismus, Moralität, Glaube an Gott; II. Zur Sprache der Moral: 91-99: Vokabeln, Wörter und Begriffe; 100-119: Der menschliche Mensch; 120-138: Der Nächste des Nächsten; 139-147: Der chirurgische Eingriff als »erlaubte Körperverletzung«; 148-55: Der gute Zweck und die schlechten Mittel; 156-183: Das Geschick eines Wortpaares]; Zur Begründung sittlicher Normen, in: Heinz Althaus (Hg.): Der Mensch und sein sittlicher Auftrag, Freiburg Basel Wien 1983, 73-96; Zu den Schwierigkeiten, die Tugend zu rehabilitieren, in: Theologie und Philosophie 58 (1983) 535-555 [wieder abgedruckt in: Pluralismus in der Ethik. Zum Stil wissenschaftlicher Kontroversen Münster 1988. 83-104]; Die Reductio ad Adsurdum in philosophischer und theologischer Ethik, in: Bernhard Fraling/Rudolf Hasenstab (Hg.): Die Wahrheit tun. Zur Umsetzung ethischer Einsicht. FS Georg Teichtweier, Würzburg 1983, 217-240 [wieder abgedruckt in: Pluralismus in der Ethik. Zum Stil wissenschaftlicher Kontroversen 1988, 1-25]; Artikel Naturrecht, in: Hanfried Krüger/Werner Löser/Walter Müller-Römheld (Hg.): Ökumene-Lexikon. Kirche - Religion - Bewegungen, Frankfurt 1983, 847-852; Die Quellen der Moralität, in: Theologie und Philosophie 59 (1984) 535-559; The Double Effect in Catholic Thought. A Reevaluation, in: Richard A. Mc Cormick/Paul Ramsey (Hg.): Doing Evil to Achieve Good. Moral Choice in Conflict Situations, Lanham/NewYork/London 1985 [= Chicago 1978], 165-192; Wholly Human. Essays on the Theory and Language of Morality (= Übersetzung von: Der menschliche Mensch), übers. v. Peter Heinegg, Dublin/Washington 1986; Autonomous Ethics Revisited, in: Joseph A. Selling (Hg.): Personalist Morals. Essays in Honor of Professor Louis Janssens, Löwen 1988, 61-70; Pluralismus in der Ethik. Zum Stil wissenschaftlicher Kontroversen (Münsterische Beiträge zur Theologie 55), Münster 1988 [Mit den Aufsätzen: 1-25: Die Reductio ad Adsurdum in philosophischer und theologischer Ethik; 27-44: Zum Pluralismus in der Ethik; 45-82: Das Muster einer schlagenden Widerlegung des Utilitarismus; 83-104: Zu den Schwierigkeiten, die Tugend zu rehabilitieren; 105-144: Das sog. Ideal christlicher Bürgerlichkeit in den Pastoralbriefen]; Naturrecht und Naturgesetz, in: Wilhelm Ernst (Hg.): Grundlagen und Probleme der heutigen Moraltheologie, Leipzig 1989 (= Würzburg 1989), 61-74; Zur Interpretation der Antithesen der Bergpredigt, in: Willi Marxsen u.a. (Hg.): Jesu Rede von Gott und ihre Nachfolge im frühen Christentum: Beiträge zur Verkündigung Jesu und zum Kerygma der Kirche. FS Willi Marxsen, Gütersloh 1989, 101-115; Philosophical Foundations of Catholic Medical Morals, in: Edmund D. Pellegrino u.a. (Hg.): Catholic Perspectives on Medical Morals: Foundational Issues, Dordrecht 1989, 61-78; »Zur Wiedergewinnung eines rechten Tugendbegriffs«, in: Ludwig Hagemann/Ernst Pulsfort (Hg.): Ihr alle aber seid Brüder, FS Adel Théodore Khoury (WFMR.R 14), Würzburg/Altenberge 1989 (1990²), 438-455; Paraenesis and Moral Argument in Donum Vitae, in: Edmund D. Pellegrino/John Collins Harvey/John Langan (Hg.): Gift of Life. Catholic Scholars Respond to the Vatican Instruction, Washington 1990, 82-98; Überlegungen zum 'Gewissen' (Rheinisch-Westfälische Akademie der Wissenschaften. Vorträge G 311), Opladen 1991.

Lit.: Charlie D. Broad, Five Types of Ethical Theory, London Henley 1930[1] 1979[11]; — Max Weber, Politik als Beruf, in: ders., Gesammelte Politische Schriften, Tübingen 1958², 493-548; — Ladislaus Boros, Mysterium mortis. Der Mensch in der letzten Entscheidung, Olten 1973[11]; — ders., Tod als letzte Entscheidung, in: Studia Philosophia 22 (1973) 45-55; — Rudolf Ginters, Versprechen und Geloben. Begründungsweisen ihrer sittlichen Verbindlichkeit (Moraltheologische Studien - Systematische Abteilung 1), Düsseldorf 1973; — ders., Die Ausdruckshandlung. Eine Untersuchung ihrer sittlichen Bedeutsamkeit (Moraltheologische Studien - Systematische Abteilung 4) Düsseldorf 1976; — ders., Freiheit und Verantwortlichkeit (Texte zur Religionswissenschaft und Theologie. Ethische Sektion IV 2) Düssel-

dorf 1977; — ders., Werte und Normen. Einführung in die philosophische und theologische Ethik, Göttingen Düsseldorf 1982; — Hans-Josef Wilting, Der Kompromiß als theologisches und ethisches Problem (Moraltheologische Studien - Systematische Abteilung 3), Düsseldorf 1975; — Wilhelm Korff, Kernenergie und Moraltheologie. Der Beitrag der theologischen Ethik zur Frage allgemeiner Kriterien ethischer Entscheidungsprozesse, Frankfurt a.M. 1979; — Robert Spaemann, Über die Unmöglichkeit einer universalteleologischen Ethik, in: Philosophisches Jahrbuch 88 (1981) 70-89 [wieder abgedruckt in: ders., Grenzen: zur ethischen Dimension des Handelns, Stuttgart 2001, 193-212]; — ders., Grenzen der Verantwortung, in: Ludger Heidbrink/Alfred Hirsch (Hg.): Staat ohne Verantwortung? Zum Wandel der Aufgaben von Staat und Politik, Frankfurt/New York 2007, 37-53; — Werner Wolbert, Ethische Argumentation und Paränese in 1 Kor 7 (Moraltheologische Studien - Systematische Abteilung 8), Düsseldorf 1981; — ders., Der Mensch als Mittel und Zweck. Die Idee der Menschenwürde in normativer Ethik und Metaethik (Münsterische Beiträge zur Theologie 53), Münster 1987; — ders., Vom Nutzen der Gerechtigkeit. Zur Diskussion um Utilitarismus und teleologische Ethik (Studien zur theologischen Ethik 44), Freiburg i.Ue./Freiburg i.Br. 1992; — ders., Was sollen wir tun? Biblische Weisungen und ethische Reflexion (Studien zur theologischen Ethik 112) Freiburg i.Ue./Freiburg i.Br./Wien 2005; — ders., Gewissen und Verantwortung. Gesammelte Studien (Studien zur theologischen Ethik 118) Freiburg i.Ue./Freiburg i.Br./Wien 2008; — Dieter Witschen, Kant und die Idee einer christlichen Ethik. Ein Beitrag zur Diskussion über das Proprium einer christlichen Moral, Düsseldorf 1984; — ders., Gerechtigkeit und teleologische Ethik (Studien zur theologischen Ethik 39), Freiburg i.Ue./Freiburg i.Br./Wien 1992; — Thomas Hoppe, Friedenspolitik mit militärischen Mittel: eine ethische Analyse strategischer Ansätze, Stuttgart u.a., 1986; — Cornelia Wiemeyer-Faulde, Ethik und christlicher Glaube. Beiträge zur Diskussion um das Proprium einer christlichen Ethik von Basil Mitchell, Keith Ward und John Macquarrie (Münsteraner Theologische Abhandlungen 11), Altenberge 1990; — Michael Lehmann, Gesinnung und Erfolg: zur normativethischen Diskussion in der deutschsprachigen Ethik um die Wende zum 20. Jahrhundert, Diss. Münster 1991; — James F. Keenan, Goodness and Rightness in Thomas Aquina's Summa Theologiae, Washington, bes. 3-20 [Abschnitt: The Distinction Between Goodness and Rightness]; — Wolfgang Mommsen, Christliche Ethik und Teleologie. Eine Untersuchung der ethischen Normierungstheorien von Germain Grisez, John Finnis und Alan Donagan (Münsteraner Theologische Abhandlungen 25), Altenberge 1993; — Todd A. Salzman, Deontology and teleology: an investigation of the normative debate in Roman Catholic moral theology, Leuven 1995, bes. 135-183 [Abschnitt: B. Schüller: Deontology and Teleology]; — ders. (Hg.): Method and catholic moral theology: the ongoing reconstruction, Omaha Neb. 1999; — Albert Käuflein, Deontologische oder teleologische Begründung sittlicher Normen? Ein Grundlagenstreit in der gegenwärtigen katholischen Moraltheologie, St. Ottilien 1995, bes 42-109 [Abschnitt: Bruno Schüller: Werden deontologische Normen zu Recht behauptet?]; — Andreas M. Weiß, Sittlicher Wert und nichtsittliche Werte. Zur Relevanz der Unterscheidung in der moraltheologischen Diskussion um deontologische Normen (Studien zur theologischen Ethik 73); — Freiburg i.Ue./Freiburg i.Br. 1996; — Helmut Vordermayer, Die Lehre vom Purgatorium und die Vollendung des Menschen. Eine moraltheologischer Beitrag zu einem Lehrstück aus der Eschatologie (Salzburger Theologische Studien 27), Innsbruck 2006, bes. 70-93; — Carl-Henric Grenholm, Christian Ethics Beyond Humanism, in: Salzburger Theologische Zeitschrift 10 (2006) 191-207, bes. 192-195 [Abschnitt: Natural Law in Christian Ethics]; — Bernhard Fraling, Vom Kinderglauben zur Theologie, in: Konrad Hilpert (Hg.): Theologische Ethik - autobiographisch, Paderborn u.a. 2007, 99-118, hier 114; — Joachim Hagel, Prof. P. Dr. Dr.h.c. Bruno Schüller SJ * 9. November 1924 † 30. Oktober 2007 in memoriam, in: Salzburger Theologische Zeitschrift 12 (2008) 150-165.

Joachim Hagel

SCHULZ, Georg, * 13.2. 1889 in Nauen (Osthavelland), gest. 5.11. 1954 in Hilchenbach. — Schulz wuchs als Einzelkind in einem Elternhaus auf, das in besonderer Weise seine Fähigkeiten begünstigte und seinen Lebensweg prägte. Sein Vater, Direktor des Lyzeums in Spandau, förderte die geisteswissenschaftlichen Interessen des Sohnes und legte damit den Grundstein für eine umfassende klassische und philosophische Bildung, die in Schulz' späteren Vorträgen, Predigten und Veröffentlichungen nachvollziehbar ist. Seine Mutter - pietistisch geprägt - war verantwortlich für seine Berufswahl, die für ihn zu einer Berufung wurde. — Nach dem Abitur 1908 studierte er Theologie in Tübingen, Halle, Kiel und Berlin. Zu seinen Lehrern zählte Martin Kähler und Adolf von Harnack. Die erste theologische Prüfung bestand er 1913 und 1914 in Berlin mit der Note »Bestanden« und absolvierte anschließend sein Vikariat in Strehlen. Nach der zweiten theologischen Prüfung 1917 (»im ganzen gut«) war er bis zu seiner Ordination am 18.3. 1917 Hilfsprediger in der Friedensgemeinde in Potsdam. Seine erste Pfarrstelle trat er in Sydow (Kreis Jerichow) an. Am 28.6. 1917 heiratete er Gertrud Ehlert und 1919 wurde der Sohn Hellmuth geboren. — In den ersten Tagen des August 1922 lud Sch. seine Pfarrkollegen zu einer »brüderlichen Aussprache über die religiös-kirchlichen Grundprobleme der Gegenwart« nach Sydow ein. Auslöser für ein derartiges Zusammentreffen war die geistige Krise in den 1920er Jahren, in die auch die evangelische Kirche durch das Ende des Krieges, den Untergang der Monarchie und der Errichtung der ungeliebten Weima-

rer Republik geraten war. Diese erste Freizeit mündete in die Gründung der Sydower Bruderschaft, wobei Sch. Amtssitz als Namensgeber fungierte. Voraussetzungen für eine Mitgliedschaft in der Bruderschaft waren das Bemühen um ein redliches Glaubenszeugnis in der Gegenwart, gründliches Studium in den Fragen der Bibel und vor allem neben dem täglichen Losungsgebet auch das beharrliche Lesen in den Schriften Luthers. Denn »Luther hat uns die Brille aufgesetzt, daß die Krümel der Buchstaben der Heiligen Schrift wieder zu Bergen werden, von denen uns Hülfe kommt« wie Sch. es formulierte. Die Prägung der Bruderschaft durch Sch. wurde im Laufe der Zeit unübersehbar, so daß er später mit dem Etikett der »Meister der Sydower Bruderschaft« versehen wurde und Karl Barth ihn als einen »mystisch aussehenden ,Meister'« bezeichnete. — Von 1924 bis 1930 war er Pfarrer in Drackenstedt (Bezirk Magdeburg). Hier wie in Sydow ist er als herausragender Prediger und außergewöhnlicher Pfarrer in Erinnerung geblieben. Am 27. Juli 1930 hielt Sch. seine Einführungspredigt in seiner neuen Pfarrstelle, in Wuppertal-Unterbarmen über die Textstelle 1. Kor. 4, 20: »Das Reich Gottes stehet nicht in Worten, sondern in Kraft.«. Grundtenor war - wie bei der Sydower Bruderschaft - die existentielle Krise und eine allgemeine Modernismuskritik. Die Probleme der modernen Welt seien nur erklärbar durch den Abfall des Menschen von Gott. »Am Christ soll offenbar werden, daß es keine Übergänge zwischen dem Dienst Gottes und dem Dienst des Satans, daß es keine neutrale Zone gibt.« Mit Beginn der Auseinandersetzungen um die Neuordnung der Kirche 1933 gehörte er - als Einzelperson und im Namen der Sydower Bruderschaft - zu den Unterzeichnern zum »Aufruf zur Sammlung«, der im Mai 1933 von Hanns Lilje und Walter Künneth gegründeten jungreformatorischen Bewegung. Im Mai 1933 wurden die Mitglieder der Sydower Bruderschaft aufgefordert, ihre Mitgliedschaft bei den DC niederzulegen, im Dezember 1933 prangerte er die »DC-Verführer« an, die »den Christennamen durch Gewalttat und Lüge öffentlich geschändet« hätten. — Am 7. Juni 1933, bei der Tagung der Sydower Bruderschaft predigte er im überfüllten Berliner Dom über Lukas 12, 49. Vier Wochen nach der Bücherverbrennung appellierte er für Völkerverständigung und Toleranz, denn die Flamme der Hingabe an das Vaterland brenne nicht nur in der deutschen Brust, sondern in allen Völkern, Nationen und Rassen. Auch die Kirche müsse mit elementarer Flamme sprechen, mit feurigen Zungen Gott bezeugen. Er warnte vor der aktuellen Situation, in der die Gefahr bestehe, daß der autoritäre Staat zu einem totalen Staat »entgleist«. Schulz sah in der aktuellen Kirchenpolitik das grundsätzliche theologische Primat verletzt. Wie sein Lehrer Adolf von Harnack vertrat auch er die These, daß das zerbrochene Gottesverhältnis nicht in der ratio liege, sondern darin, daß der Mensch Gottes Wille nicht erkenne und Gottes Willen nicht folgen will. — Bei den Bestrebungen, den DC einen ‚bekenntnistreuen' Pfarrerbund entgegen zu setzen, beeinflußte Schulz die Verhandlungen in Berlin, was letztendlich zur Gründung des Pfarrernotbundes führte. Zu dem Zeitpunkt wurde er von Birger Forell neben Bodelschwingh als einer der Initiatoren angesehen. Die Rheinische Pfarrbruderschaft wählte am 9.10. 1933 den Gemarker Pfarrer Paul Humburg zu ihrem Präses, der gemeinsam mit Joachim Beckmann und Heinrich Held die Leitung wahrnahm. Als Beiräte in besonderen Fällen fungierten die Pfarrer Friedrich Wilhelm Graeber aus Essen, die Wuppertaler Sch. und Karl Immer sowie Hans Encke aus Köln, außerdem wurde das Amt der Pfarrbruderschaft gemeinsam von Beckmann, dem Gemarker Pfarrer Harmannus Obendiek und Sch. verwaltet. 1934 meldete sich Sch. weiter mit vielbeachteten Aktionen zu Wort. — Nach dem Empfang bei Hitler am 25.1. 1934, bei dem die Bekenntnisfront die Absetzung des deutschchristlichen Reichsbischofs, Ludwig Müller, erreichen wollte, aber stattdessen eine »Unterwerfungserklärung« für diesen Reichsbischof unterzeichneten, bestürmte Sch. den bayerischen Landesbischof Hans Meiser, ein Schuldbekenntnis abzulegen, um die »dämonische Katastrophe« abzuwenden. Denn es sei »unausdenkbar, daß es lutherische Bischöfe waren, die die Brutustat an der Kirche Luthers vollführten«. »Der einzige Weg sei der des Gehorsams im Glauben.«[9] Bei den Rheinisch-westfälischen Gemeindetagen »Unter dem Wort« stand Schulz neben Paul Humburg und Friedrich v. Bodelschwingh auf dem Programm. Mit einem viel beachteten Brief an den Reichsbischof Müller, benannte er das Grundargument der Bekennenden Kirche: »Nach evangelisch-reformatorischer Erkenntnis ist die Ordnung der Kirche nicht vom Wesen der Kirche zu trennen. Hierin sind Lutheraner und Reformierte einig. Wer Geist und Gestalt der Kirche unter Berufung auf Martin Luther auseinanderreißt, hat Martin Luther nicht verstanden. Wir lehnen jede äußere Ordnung der Kirche ab, die sich nicht bestimmen läßt von der spendenden Mitte der Kirche: Jesus Christus, dem lebendigen HErrn, und seinem Wort.« An den Vorbereitungen für die Barmer Synode im Mai 1933 wirkte Schulz im lutherischen Redaktionsausschuß mit, der den »Leipziger Entwurf« formulierte. — Die noch vorhandenen Probleme sollten auf einem letzten Treffen der lutherischen Theologen in einem klärenden Gespräch am Vorabend der Synode am 29. Mai 1934 im Schulzschen Pfarrhaus in Wuppertal mit Fortsetzung am Nachmittag im Evangelischen Vereinshaus geklärt werden. In den Diskussionen ging es um die Frage, inwieweit das von Karl Barth vorbereitete Papier für Lutheraner akzeptabel oder ob stattdessen eine eigene lutherische Erklärung nötig sei. Trotz deutlicher Proteste einiger Theologen erbrachte die Besprechung den notwendigen Konsens, so daß auf der Synode die Theologische Erklärung verabschiedet werden konnte, die zu der entscheidenden Gründungsurkunde der Bekennenden Kirche wurde. Sch. hielt auf der Synode das theologische Referat über die »praktischen Aufgaben der Bekenntnisgemeinschaft«. Wie schon häufig von ihm dokumentiert, lag auch hier sein Schwerpunkt auf der Erneuerung des Pfarrerstandes und der Bildung der Gemeinden. Die Thesen fanden nur einen geringen Widerhall; die Diskussion wurde beherrscht von der Verabschiedung der Barmer Theologischen Erklärung. — So agierte Sch. bis zum Dezember 1934 unangefochten an exponierter Stelle in den unterschiedlichen Gremien der Bekennenden Kirche sowie gleichzeitig als Leiter der Sydower Bruderschaft. Doch mit der Nachricht vom 23.12. 1934, in der er Trennung und Scheidung von seiner Frau mitteilte, zerbrach nicht nur sein Privatleben, sondern auch seine berufliche Existenz als Pfarrer. Sein Ansehen als Leiter der Sydower Bruderschaft wurde beschädigt und sein weiteres Leben mit dieser persönlichen Krise belastet. Er tauchte in keinem Gremium der Bekennenden Kirche mehr auf, wurde nicht mehr zu Vorträgen geladen und als Ratgeber war er ab sofort entbehrlich. — Der folgende intensive Informationsaustausch in der Sydower Bruderschaft führte zu einer Spaltung der Bruderschaft. Die verbliebenen Brüder formulierten eine Vertrauensbekundung, mit der der Konvent am 25.4. 1935 Sch. »einmütig sein Vertrauen ausgesprochen und seine Führerschaft bestätigt hatte«. Trotz dieser Entschließung, die auch das Presbyterium in Wuppertal-Unterbarmen erhielt, war seine Position in der Unterbarmer Gemeinde unhaltbar geworden. Sch. durfte nicht mehr amtieren, legte zum 31.3. 1936 sein Amt nieder und zog mit seiner zweiten Frau und der im Februar 1936 geborenen Tochter nach Falkenhagen. Bis zum Kriegsende konnte er dort seinen Beruf ausüben, erreichte jedoch außerhalb der Sydower Bruderschaft nicht mehr seinen früheren Einfluß. Die erneute Scheidung 1937 von seiner psychisch erkrankten zweiten Frau wurde nicht mehr diskutiert. — Nach der Flucht aus Pommern Ende Januar 1945 lebte Schulz in einer behelfsmäßigen Unterkunft in Holstein, später unter ärmlichen Umständen in Hilchenbach /Krs Siegen. Durch das Honorar seiner Bücher und seiner Vorträge besserte er die von der westfälischen Landeskirche gewährte »Nothilfe« etwas auf, erteilte an einem Gymnasium Religionsunterricht und erhielt finanzielle Zuwendungen der Bruderschaft. Die Anstrengungen seiner Freunde, ihm ein Amt oder wenigstens ein existenzsicherndes Einkommen zu verschaffen, scheiterten immer wieder. Karl Lücking, um Unterstützung gebeten, betonte, daß ein zweimal geschiedener Pfarrer einer Gemeinde nicht zumutbar sei. 1952 wurde ihm der Status eines pensionierten und vertriebenen Pfarrers mit verbesserten Bezügen zugestanden. Am 15.11. 1954 sollte er eine neue Wohnung in Hamm beziehen, doch kurz zuvor verstarb er an einem Hirnschlag.

Schriften und Predigten: Vom Evangelischen Pfarrer. Eine kurze Erwägung von Georg Schulz. Hefte der Sydower Bruderschaft, hrsg.v. Georg Schulz Heft 1, Gütersloh 1925; Vom Sinn der Kirche. Gütersloh 1926; Christenkraft. Predigt von Pfarrer Georg Schulz. Wuppertal-Barmen, o.J. [1930]; Zeugnis-Gottesdienst der Sydower Bruderschaft im Berliner Dom am 7. Juni 1933. Predigt von Georg Schulz. Barmen 1933; Die Stunde der Versuchung. Vortrag von Pfarrer Georg Schulz Barmen gehalten am 18.Februar 1934 auf dem Rheinisch-Westfälischen Gemeindetag »Unter dem Wort«. Essen 1934; Die praktischen Aufgaben der Bekenntnisgemeinschaft. In: Karl Immer (Hrsg.): Bekenntnissynode der deutschen Evangelischen Kirche. Barmen 1934. Vorträge und Entschliessungen, hrsg. i. Auftrage des Bruderrates der Bekenntnissynode. Wuppertal 1934; Der Augenblick ist Ewigkeit. Gedichte und Aphorismen. Hamburg 1941; Vom tragischen Leben. Hamburg o.J.; In der Zange des Schicksals. Ein Beitrag zur Klärung der deutschen Lage. Hamburg 1946; Mensch unter Gott. Christliche Reden. Hamburg 1946; Der ernstgenommene Mensch. Ein Brevier aus den Schriften des Pfarrers Georg Schulz. Hrsg. v. d. Sydower Bruderschaft. Hamburg [o.J.] (nach 1954)K; Georg Schulz, Von der Geschichte der Sydower Bruderschaft (1925). In: Reinhard Herdieckerhoff (Hrsg.), Festschrift »50 Jahre Sydower Bruderschaft.«. o.O. 1972 (Hk) 1-4.

Lit.: Joseph Gauger (Hrsg.), Chronik der Kirchenwirren. (=Gotthard-Briefe 138-145) Erster Teil: Vom Aufkommen der »Deutschen Christen« 1932 bis zur Bekenntnis-Reichssynode im Mai 1934. Elberfeld 1934, 103, 138, 187; — Junge Kirche 1934; — Georg Schulz zum Gedächtnis. o.O., o.J. [1954]; — Peter Herkenrath, 140 Jahre Geschichte der Vereinigt-evangelischen Gemeinde Unterbarmen 1822-1962. hrsg.i.A. des Presbyteriums, o.O. 1963, 152-156; — Ulrich Herzberg, Die Sydower Bruderschaft. in: Lydia Präger (Hrsg.), Frei für Gott und die Menschen. Evangelische Bruder- und Schwesternschaften der Gegenwart in Selbstdarstellungen. Stuttgart 1964; — Peter Neumann, Die Jungreformatorische Bewegung. (AGK 25) Göttingen 1971, 22, 92; — Joachim Beckmann (Hrsg.), Rheinische Bekenntnissynoden im Kirchenkampf. Eine Dokumentation aus den Jahren 1933 - 1945. Neukirchen 1975, 129, 147; — Günther van Norden, Der Kirchenkampf im Rheinland 1933 bis 1934. In: Ders. (Hrsg.), Kirchenkampf im Rheinland. Die Entstehung der Bekennenden Kirche und die Theologische Erklärung von Barmen 1934. SVRKG 76, Köln 1984, 69-74; — Günther van Norden, Unterbarmen im Kirchenkampf. In: ders. (Hrsg.), Zwischen Bekenntnis und Anpassung. Aufsätze zum Kirchenkampf in rheinischen Gemeinden, in Kirche und Gesellschaft. SVRK 84. Köln 1985, 298-314; — Hans Helmich, Die Gemeinden Barmens im Kirchenkampf 1933-1945. In: Günther van Norden, Zwischen Bekenntnis und Anpassung. Aufsätze zum Kirchenkampf in rheinischen Gemeinden, in Kirche und Gesellschaft. SVRK 84. Köln 1985, 234-297; — Verantwortung für die Kirche. Stenographische Aufzeichnungen und Mitschriften von Landesbischof Hans Meiser 1933-1955. Band 1: Sommer 1933 bis Sommer 1935, bearb. v. Hannelore Braun und Carsten Nicolaisen (AKIZ A1), Göttingen 1985, 240-249; — Carsten Nicolaisen, Der Weg nach Barmen. Die Entstehungsgeschichte der Theologischen Erklärung von 1934. Neukirchen 1985, 154-157, 160-192; — Rolf Gerlach: Mieze predige Du! Lebensweg des brandenburgischen Pfarrers Ulrich Herzberg (1887-1962). Berlin 1997; — Brigitte Birschel, 80 Jahre Sydower Bruderschaft. In: Sydower Bruderschaft- Grüne Mappe 107, o.O., o.J. [2002]; — Eberhard Busch (Hrsg.), Karl Barth. Briefe des Jahres 1933. Zürich 2004, 525, 545; — Sigrid Lekebusch: »Wenn ich auf Luther und sein Handeln sehe ...« Georg Schulz - ein außergewöhnlicher Theologe an der Lichtenplatzer Kapelle in Wuppertal. Hrsg. Evangelische Gemeinde Unterbarmen Süd, Wuppertal 2006.

Sigrid Lekebusch

SCHUTZ, Roger (eigentl. Roger Louis Schutz-Marsauche; monastischer Name: Frère Roger, Taizé), ref. Theologe, Ökumeniker, Gründer und Prior der internationalen ökumenischen Kommunität (»Brüdergemeinschaft«) von Taizé (Communauté de Taizé), * 12.5. 1915 in Provence bei Yverdon-les-Bains (Distrikt Jura-Nord vaudois des Kantons Waadt), † 16.8. 2005 in Taizé (10 km nördlich von Cluny) im südlichen Burgund (Depart. Saône-et-Loire). — Eltern: Karl Ulrich Schutz († 1946), der aus dem Zürcher Unterland (Bachs) stammt und als ref. Pfarrer in dem kleinen Dorf Provence amtierte; Amélie Henriette Schutz-Marsauche aus Burgund, Nichte der Pianistin Caroline Delachaux; unter ihren Vorfahren finden sich zahlreiche Pfarrer; — R. Sch. war das jüngste von neun Geschwistern (7 Schwestern, 2 Brüder).

(1: Die frühen Jahre) Von der gütigen wie feinsinnigen Mutter, einer angehenden Sängerin, liebevoll erzogen, erlebte der aufgeweckte Junge im Kreis seiner Geschwister eine weitgehend glückliche Kindheit und Jugendzeit, die ihn nachhaltig prägten. Eingebettet war er in einem von großer Lebendigkeit und Vertrauen getragenen Familienleben, das sich durch großzügige Gastfreundschaft und vielfältiges Musizieren auszeichnete. So zeigte sich der gefühlvolle wie phantasiereiche junge Schutz schon bald zur Musik hingezogen, besonders zu Tschaikowski, daneben auch zu Bach (s.d.) und Chopin, wobei er zuweilen beim Hören der Schallplatten weinte. Beeindruckt zeigte er sich auch von der Lektüre, die im Familienkreis vorgelesen wurde, besonders von der Lebensgeschichte Angélique Arnaulds (s.d.), die nach tiefen inneren Auseinandersetzungen sich für ein monastisches Leben entschieden hatte und, unfreiwillig zum Amt der Äbtissin bestimmt, in ihrer Gemeinschaft eine Reform durchführte. — Neben der Mutter wirkte die von den Wirren des 1. Weltkriegs geprägte Großmutter mütterlicherseits nachhaltig auf ihn ein. Sie hatte in jenen Jahren Flüchtlinge in ihrem Haus beherbergt und war zu einer »Zeugin der Versöhnung« geworden, weil es ihr durch den Besuch katholischer Gottesdienste gelang, »in sich selbst die Glaubensströmung ihres evangelischen Ursprungs mit dem katholischen Glauben zu versöhnen« (so Schutz im Lebensrückblick). In einem solchen Bestreben sollte auch er, wie er selbst bemerkte, einen »gangbaren Weg« und seine »Identität als Christ« finden. Bestärkt wurde er darin durch seine Bekanntschaft mit einer aufgeschlossenen katholischen Familie, die ihn während einiger Jahre seiner Schulzeit als Kostgänger aufnahm. In dieser Zeit erkrankte er lebensgefährlich an einer langwierigen Lungentuberkulose, die er neben zeitweilig auftretenden Glaubenszweifeln als »Ruf Gottes« ansah. — Nach dem Abschluß des Gymnasiums ergriff Schutz auf Wunsch des Vaters, sich die Philosophie und Schriftstellerei versagend, das Studium der Evangelischen Theologie, das ihn nach Lausanne und Straßburg führte (1936-40). Dabei zeigte er eine besondere Neigung zur Mystik wie auch Interesse am Mönchtum und dessen Einflüsse auf die Erneuerung der Kirche. Und so befaßte er sich in seiner Diplomarbeit mit dem monastischen Leben: *Das Mönchideal bis Benedikt und seine Übereinstimmung mit dem Evangelium* (vollendet 1943/44). 1939 war ihm der Vorsitz der Evangelischen Studentenvereinigung in Lausanne übertragen worden. Dabei schlossen sich unter seiner Leitung mehrere Studenten zur sog. »Grande Communauté« zusammen, einer Verbindung von wissenschaftlicher und spiritueller Gemeinschaft, die regelmäßig zu Retraiten zusammenkam.

(2: Anfänge von Taizé) Je länger, je mehr verspürte Schutz, der 1940 sein Studium unterbrach, seine Berufung: in einem Haus der Gastfreundschaft und des Gebets ein »gemeinsames Leben aufzubauen, in dem die Versöhnung gemäß dem Evangelium Tag für Tag handgreiflich gelebte Wirklichkeit« werden sollte. Es drängte ihn, dies in Frankreich zu realisieren, wo er sich auch für die unter den Folgen des Krieges leidenden Flüchtlinge einsetzen wollte. So suchte er, im Sommer 1940 mit dem Fahrrad im Burgund unterwegs, eine geeignete Stätte. Diese fand er in der Gegend von Cluny (wo die 910 gegründete Benediktinerabtei im Hochmittelalter Zentrum einer der bedeutendsten Reformbewegungen [»cluniazensische Reform«] des abendländischen Mönchtums wurde), die ihm durch die mütterliche Familiengeschichte bekannt war: im fast menschenleeren, auf einem

Hügel gelegenen Bauerndorf Taizé, wo er am 20. August anlangte. — In der Bitte einer älteren Frau (»Bleiben Sie hier, wir sind so allein«) gleichsam die Stimme Christi erkennend, erwarb er dort ein leerstehendes Herrenhaus samt Gutsbesitz, wo er sich niederließ. Nahe der Demarkationslinie zwischen dem besetzten nördlichen und dem zunächst noch unbesetzten südlichen Teil von Frankreich gelegen, entwickelte sich sein Haus zu einem »Durchgangsort« für Verfolgte, darunter auch Juden und Oppositionelle. Sein von Schlichtheit gestaltetes Leben war bestimmt von landwirtschaftlicher Arbeit und Gästebetreuung; drei Mal täglich hielt er Gebetszeiten ab. — Als im November 1942 die deutschen und italienischen Truppen auch das Vichy-Frankreich besetzten (»Operation Anton«), durchsuchte die Gestapo sein Anwesen und verschleppte die Bewohner. Schutz, der gerade einen Flüchtling in die neutrale Schweiz gebracht hatte, fand in Genf, wo nunmehr auch seine Eltern wohnten, eine neue Bleibe. Dort schlossen sich ihm drei Gefährten an: zunächst Pierre Souvairan (1921-1998), der Agrarwissenschaft studierte, wie auch die beiden reformierten Theologiestudenten Max Thurian (s.d.) und Daniel de Montmollin (*1921). Mit ihnen verpflichtete er sich zu gemeinsamer Arbeit und gemeinsamem Gebet wie zu vorläufiger Ehelosigkeit und Gütergemeinschaft. Dieser Zusammenschluß bildete die Keimzelle der späteren Kommunität von Taizé, für die er auch eine Ordnung entwarf (*Introduction à la vie communautaire*, 1944). Darin klingt bereits das große Thema seines Lebens an, die Versöhnung unter den Christen: »Unsere Gemeinschaft hat Heimstatt der Ökumene zu sein«. Diese verkörperte der durch und durch mystisch gesinnte Schutz auch gleichsam in seinem von Sanftmut und Intuition geprägten Wesen, das in späteren Jahren fast schon von einer gütig-väterlichen Aura umgeben schien. — Noch vor Kriegsende, im Herbst 1944, kehrte er mit seinen drei Gefährten nach Taizé zurück, wo sie zunächst unter schwierigen materiellen Gegebenheiten bescheiden lebten. Rührig kümmerten sie sich auch um deutsche Kriegsgefangene in zwei Lagern der Umgebung, womit sie den Groll etlicher Einheimischer auf sich zogen. Ebenso organisierten sie in einem alten Haus des Dorfes ein kleines Heim für verwaiste und entwurzelte

Kinder, das Schutz' jüngste Schwester Geneviève (1912-2007) mit zwanzig Jungen bezog. Eine talentierte Pianistin, verzichtete sie auf eine aussichtsreiche Karriere und unterstützte vor allem in den Gründungsjahren das aufblühende Werk ihres Bruders nachhaltig. — Schon bald zog das gemeinsame Leben der kleinen Kommunität und besonders deren Gottesdienste, die von mystisch-meditativem Psalmgesang und Eucharistiefeier geprägt waren, Besucher aus dem weiteren Umkreis an. Von diesen entschieden sich schließlich drei junge Franzosen zum Bleiben: neben Axel Lochen und Albert Lacour der Lyoner Medizinstudent Robert Giscard (1923-1993). Dieser ordinierte später in Taizé als Arzt, ehe er sich der Kirchenmusik zuwandte. Ab Pfingsten 1948 durften die protestantischen Brüder die kleine römisch-katholische Kirche des Orts benutzen, die seit der Französischen Revolution fast völlig verwaist war. Die Erlaubnis dazu hatte der ihnen wohlwollend gesinnte Apostolische Nuntius in Paris, Angelo Guiseppe Roncalli, der spätere Papst Johannes XXIII. (s.d.), erteilt. Sympathie gewannen sie auch beim Lyoner Erzbischof, Pierre-Marie Kardinal Gerlier (1880-1965).

(3: Der »kleine Frühling« in Taizé) Am Ostersonntag, dem 17. April 1949, legten die nunmehr sieben Brüder in der romanischen Dorfkirche von Taizé die Profeß ab. Die antimonastische Prämisse der reformatorischen Theologie hintanstellend, verpflichteten sie sich dem traditionellen Mönchsgelübde entsprechend zum gemeinsamen Leben in Ehelosigkeit, Gütergemeinschaft und Gehorsam gegenüber dem Prior. Dieses Ereignis markiert die eigentliche »Geburtsstunde« der Communauté de Taizé, die schon bald zum bedeutendsten protestantischen Orden avancierte. Schutz wurde ihr Prior, der sich fortan Frére Roger nannte. Von Anfang an einer betonten Zuwendung zur Welt verpflichtet, wurde die Aussöhnung zwischen den Konfessionen und die Einheit der einen Kirche Jesu Christi ihr großes Anliegen, womit die Versöhnung zwischen allen Nationen und Menschen einhergeht. Diese Ziele wollen heute in Taizé als »Gleichnis der wahrhaften Gemeinschaft« gelebt werden, um einen »Widerschein der ungeteilten Kirche« zu entzünden, die »sich ständig darum bemüht, sich zu versöhnen«. Mit diesem Bestreben wußte sich Schutz durch und

durch urchristlichen Idealen verpflichtet: »Wir berufen uns [...] auf die Prinzipien der ersten Gemeinschaft in Jerusalem. Wir wollten, daß man von uns sagt: ‚Seht, wie sie sich lieben, sie sind ein Herz und eine Seele. Sie haben alles gemeinsam.'« — Zur Ausgestaltung des Gemeinschaftslebens nach innen und außen entwarf der Prior im Winter 1952/53 die erste Fassung der mehrfach überarbeiteten *Regel von Taizé* (veröffentlicht 1954 u.ö.; seit 1980 u.d.T.: *Die Quellen von Taizé*). Diese wolle, so Schutz in der Präambel, »von unnützen Fesseln freimachen«, damit der Bruder »die Verantwortung, die der Dienst mit sich bringt, besser tragen, und der Kühnheit, die in ihm liegt, besser gerecht werden« könne. Dieser bestehe hauptsächlich darin, »unter den Menschen ein Zeichen der brüderlichen Liebe und Freude« zu sein, den »Nächsten zu lieben, wo auch sein religiöser oder ideologischer Standort sein mag«, und sich »niemals mit dem Skandal der Spaltung unter den Christen, die alle so leicht die Nächstenliebe bekennen und doch getrennt bleiben«, abzufinden. So gelte es vor allem, »die Leidenschaft für die Einheit des Leibes Christi« zu haben.   Die von Schlichtheit und materieller Anspruchslosigkeit geprägte Communauté lebt bis heute vom Ertrag ihrer eigenen Arbeit; sie bildet keine Rücklagen und nimmt auch keine Spenden an, Erbschaften werden für karitative Zwecke verwendet. Bedeutung erlangte neben der Druckerei besonders das Töpferhandwerk, wobei sich Daniel de Montmollin hervortat, dessen Arbeit überhaupt die Keramik des 20. Jahrhunderts im französischsprachigen Raum mitprägte. Daneben betrieb die Communauté Landwirtschaft. 1954 gründete sie, nachdem die lokale Molkerei einen Preisdruck auf die Bauern ausgeübt hatte, eine eigene Molkereigenossenschaft, der sich nach wenigen Jahren bereits über 1.200 Bauernhöfe anschlossen. 1964 brachte sie schließlich ihren gesamten Besitz in eine gemeinsam mit fünf Bauernfamilien gegründete landwirtschaftliche Produktionsgenossenschaft (Copex) ein, die heute selbstständig, ohne die Brüder weiter arbeitet. — Seine alltägliche Mitte findet das kommunitäre Leben bis heute im dreimaligen Stundengebet (liturgia horarum), das von unterschiedlichen konfessionellen Elementen bereichert wird. Eine Besonderheit stellt das »Freitagabend-Gebet« dar, wobei - orthodoxe Einflüsse sichtbar werdend - in der Mitte der Kirche eine Kreuzikone liegt, die jeder Besucher mit der Stirn berühren kann, um so sinnbildlich seine Lasten und die der anderen dem gekreuzigten Christus zu übergeben. Am Samstagabend indes wird im »Lichterfest« (Entzündung und Weitergabe eines Kerzenlichts) die Auferstehung Christi gefeiert.

(4: Gesänge) In besonderer Weise sind diese Gottesdienste von mehrsprachigen Gesängen geprägt, die der Communauté bis heute als Ausdruck des gemeinschaftlichen Lebens ihr charakteristisches Gepräge verleihen. Nach dem Gottesdienst sollen sie sich, gegebenenfalls im Unterbewußtsein, »in der Stille des Herzens« fortsetzen und so »Gebet und Alltag verbinden« (so die Communauté auf ihrer Website, w.u., Lit., 4.). Die kleinschrittigen, zumeist ruhigen Gesänge warten mit überschaubarem Tonumfang, Rhythmusschlichtheit wie mit gängigen Harmonien auf, die zwischen Dur und Moll wechseln. Überdies lassen sie dadurch eine große Freiheit in der Ausgestaltung mit Instrumental- und Solo-Stimmen zu. Die Texte stammen aus der Bibel oder aus verschiedenen traditionellen Liturgien der christlichen Kirchen. — Ihre Entstehung verdankt sich nicht zuletzt zwei Psalmodiensammlungen (*Vingt-quatre psaumes et un cantique*, 1954; *Cinquante-trois psaumes et quatre cantiques*, 1955) des Jesuitenpaters Joseph Gelineau (1920-2008), eines bedeutenden Komponisten des französischen Kirchenlieds, woraus die Taizé-Brüder Gesänge in ihre Liturgie einbauten. Beim zweiten Band hatte auch der Pariser Organist und Komponist Jacques Berthier (1923-1994) mitgewirkt, der in der Folgezeit mit der Communauté, besonders mit Robert Giscard, in fruchtbarer Weise zusammenarbeitete und die meisten der Gesänge komponierte. Ab Mitte der 70er Jahre entwickelte sich aus dieser Zusammenarbeit das Genre der »Gesänge aus Taizé«. Neben Stücken dieser Komponisten und orthodoxen Hymnen finden sich im *Taizé-Liederbuch* unter anderem Lieder und Sätze von Michael Prätorius (s.d.), Johann Sebastian Bach (s.d.) und Sr. Suzanne Toolan RSM (* 1927). Heute werden die Gesänge ausschließlich von den Brüdern komponiert. — Bekannt geworden waren die Gesänge bereits 1955 (und nochmals 1958), als die Communauté für eine Schallplattenaufnahme den »Grand

Prix de L'Academie Charles Cros« erhielten. In ihrer Laudatio betonte die Jury die »unnachahmbare, mitreißende Kraft der Gemeinschaft«, die sich in den Gesängen ausdrückte, in denen es »keine Trennung mehr zwischen den Brüdern und den Besuchern ihrer Gottesdienste« gebe. Schon bald erlangten sie weite Verbreitung. Bis heute erlebten sie an die 90 Ausgaben und werden weltweit in 50 Sprachen gesungen, womit sie wohl als die am weitesten verbreitete christliche Musik anzusehen sind. Einige Lieder fanden auch Aufnahme in verschiedensten Kirchengesangbüchern. — Schutz wußte sie euphorisch als himmlische Freude zu umschreiben: »Nichts führt in innigere Gemeinschaft mit dem lebendigen Gott als ein ruhiges gemeinsames Gebet, das seine höchste Entfaltung in lang anhaltenden Gesängen findet, die danach, wenn man wieder alleine ist, in der Stille des Herzens weiterklingen. Wenn das Geheimnis Gottes in Symbolen von schlichter Schönheit greifbar wird, wenn es nicht unter einer Überlast an Worten erstickt, verbreitet ein gemeinsames Gebet nicht Eintönigkeit und Langeweile, sondern erschließt die Freude des Himmels auf der Erde.«

(5: Versöhnungskirche) Um den stetig anwachsenden Besucherstrom auffangen zu können, entstand 1962 unter Mithilfe von freiwilligen Helfern des »Internationalen Bauordens« (IBO) und der »Aktion Sühnezeichen« die moderne »Kirche der Versöhnung« (»Église de la Réconciliation«). Gestaltet wurde sie vom Architekten und Mitglied der Communauté, Denis Aubert. Bekannt wurde vor allem der achtteilige Fensterzyklus auf der Südseite, der die christlichen Feste symbolisiert. Er stammt vom schweizerischen Künstler und Communauté-Mitglied Éric de Saussure (1925-2007), dessen Gemälde (bes. Kreuz- und Marienikonen), Radierungen und Glasarbeiten vor allem in den ersten Jahrzehnten die Ästhetik von Taizé prägten. Die unter Anwesenheit mehrerer Vertreter der lutherischen, reformierten, katholischen, anglikanischen wie orthodoxen Kirchen begangene Einweihung fand am 6. August 1962 (Fest der »Verklärung des Herrn« und 17. Jahrestag des Atombombenabwurfs auf Hiroshima) statt und wurde ein bis dahin kaum gekanntes ökumenisches Ereignis. — Seit 1971 ständig durch Zelte und Vorbauten erweitert, bietet sie Platz für 5.000 Gläubige und wurde im Frühjahr 2008 komplett restauriert. Als hell erleuchtete Bühne gestaltet, ist der Chor mit herabfallenden orangefarbenen Tüchern wie auch mit Kaminsteinen und zahlreichen Lämpchen und Kerzen dekoriert, die zusammen mit dem zarten Gesang eine mystische Stimmung verbreiten. Sie sind heute das Erkennungszeichen von Taizé. Verstärkt wird diese Stimmung auch durch orthodoxe Kreuze und Ikonen sowie durch Zwiebeltürme auf den Vorbauten, wodurch sich osteuropäischer Einfluß mehr und mehr bemerkbar macht. Für westliche Besucher fremdartig anmutend, trügen die Kultbilder dazu bei, daß »im Gebet die Schönheit einen Platz« habe. Sie glichen »Fenster, die auf die Wirklichkeit des Reiches Gottes hin geöffnet« seien (so die Sichtweise der Communauté auf ihrer Website, w.u., Lit., 4.). — Neben weiteren Gebäuden, besonders Gästehäusern, und Anlagen (bes. dem Landschaftspark »Source St. Étienne«) entstand eine mit Ikonen ausgestattete orthodoxe Kapelle (1965). In diesem Jahr wurde auch das Gästehaus mit Krankenstation »El Abiodh« errichtet (benannt nach der südalgerischen Wüstenstadt, wo Charles de Foucauld [1858-1916] zeitweilig lebte); ihre zwei angebauten Flügel werden »Konstantinopel« und (nach dem von Albert Schweitzer [s.d.] begründeten Urwaldspital) »Lambaréné« genannt. Das Gästehaus bewirtschaften einige Schwestern des belgischen Frauenorden der »Sœurs de St. André«, die seit 1966 im Nachbardorf Ameugny leben und die Brüder unterstützen.

(6: Ökumenische Beziehungen) Nachdem sich seit 1969 auch katholische Brüder der Communauté anschlossen - zunächst ein junger belgischer Arzt, später auch der erste Priester -, wandelte sich die evangelische Bruderschaft zur ersten ökumenischen Ordensgemeinschaft der Kirchengeschichte. Diese wußte der Prior auch geschickt zu leiten, der sich als ökumenischer Stratege erwies und mit zahlreichen Kirchenführern in Verbindung stand. So unterhielt Taizé, vermittelt durch Pierre-Marie Gerlier, seit 1949 regen Kontakt zum Vatikan, wo der reformierte Schutz öfter mit Papst Pius XII. (s.d.) sowie mit Paul VI. (s.d.) und mit dessen Vorgänger, Johannes XXIII. (s.d.), zusammentraf. Auf dessen Einladung hin nahm Schutz zusammen mit Max Thurian, dem bedeutendsten Theolo-

gen in den ersten Jahrzehnten der Communauté, der später zum Katholizismus konvertierte, als »offizieller Beobachter« am Zweiten Vatikanischen Konzil (1962-65) teil. — Ebenso pflegte er in späteren Jahren mit Papst Johannes Paul II. (1920-2005), mit dem er besonders die Marienverehrung teilte, ständigen freundschaftlichen Kontakt. Dieser besuchte zweimal Taizé, wobei er das burgundische Dorf mit den Worten Johannes XXIII. erneut als einen »kleinen Frühling« lobte (1986). Bei Johannes Pauls Beisetzungsfeier am 8. April 2005 erhielt Schutz aus der Hand des Kardinals Joseph Ratzinger (* 1927), des späteren Papsts Benedikt XVI. (seit 2005), öffentlich die Kommunion, was weithin für Aufsehen sorgte, obwohl er bereits seit Jahrzehnten die katholische Kommunion empfing. — Seit 1962 bereisten Schutz und seine Mitbrüder sehr häufig Länder des kommunistischen Mittel- und Osteuropas. In diesem Jahr besuchte er auch anläßlich der Tausendjahrfeier des Berges Athos den Ökumenischen Patriarchen von Konstantinopel, Athenagoras (1886-1972). Daneben korrespondierte er mit Alexius I. (1877-1970), dem 13. Patriarchen von Moskau und ganz Rußland, und nahm dort 1988 an der Tausendjahrfeier der Russisch-Orthodoxen Kirche teil. Zu diesem Anlaß ließ Schutz auch eine Million Ausgaben des Neuen Testaments in russischer Sprache drucken und verteilen. Ebenso stand er mit evangelischen Kirchenführern vieler Länder sowie Vertretern des Ökumenischen Rats der Kirchen in Genf in freundschaftlichem Austausch, besonders mit dem Generalsekretär Eugene Carson Blake (1906-1985). Lange Jahre arbeitete Max Thurian auch in der Kommission »Glaube und Kirchenverfassung« des ÖRK mit. Über Europa hinaus reichten Schutz' Beziehungen unter anderem zu südamerikanischen Bischöfen, wie etwa zum Befreiungstheologen Dom Hélder Pessoa Câmara (s.d.).

(7: »Weltweit Frieden stiften«) Um Zeichen zu setzen, daß die Kirche in der Nachfolge Christi aufgerufen sei, die Leiden der Menschen gleichsam auf sich zu nehmen und »weltweit Frieden zu stiften«, leben einige der Taizé-Brüder seit 1951 an Brennpunkten sozialer Not. Zunächst waren zwei Brüder als Arbeiter in der vierzig Kilometer von Taizé entfernten Bergbauregion von Montceau-les-Mines tätig, wo sie die Le-

bensumstände der Arbeiter teilten und sich, auch gewerkschaftlich orientiert, für die Verbesserung der Arbeitsumstände engagierten. — In den Folgejahren entstanden kleine Fraternitäten, unter anderem in Süditalien, Algerien, im Senegal, in südafrikanischen Townships (u.a. Soweto), in Hell's Kitchen in New York, in Brasilien, Haiti, Hongkong, Südkorea, Indien und Bangladesh. Überdies engagierte sich die Communauté für den von wachsender Armut bedrohten südamerikanischen Erdteil (unter anderem durch die »Operation Hoffnung«, eine für landwirtschaftliche Mittel wie auch für den Druck von Bibeln verwendete ökumenische Kollekte) und startete Hilfsmaßnahmen unter anderem für Opfer von Überschwemmungen in Bangladesh und der Dürre in der afrikanischen Sahelzone. Schließlich nahm sie in Taizé Menschen in Not auf (u.a. vietnamesische Flüchtlinge und Vertriebene des Bosnienkrieges, 1992-1995). — Bekannt wurde vor allem die Zusammenarbeit mit Mutter Teresa (s.d.) und deren Leprastation wie »Sterbehaus« in Kalkutta. Dort weilte auch Schutz (1976), der oft zusammen mit interkontinentalen Gruppen Jugendlicher, verschiedene Länder bereiste (u.a. 1975 und 1979 Chile, das von 1973 bis 1990 unter dem Pinochet-Regime stand). Dabei verfaßte er jeweils einen weitverbreiteten Rundbrief (u.a. *Brief von den Quellen. Aus dem Innern leben*, 1987. — In Begleitung von Kindern verschiedener Kontinente - worauf der Prior stets großen Wert legte - überbrachte er auch 1985 in Genf dem UNO-Generalsekretär Javier Pérez de Cuéllar (* 1920) Vorschläge Jugendlicher, um mehr Vertrauen zwischen den Nationen zu schaffen. Ebenso richtete er in den Jahren der Abrüstungsgespräche zwischen den USA und der Sowjetunion einen Aufruf an die beiden Staatschefs der Großmächte, um »der Kinder auf der ganzen Erde willen, [...] nichts unversucht zu lassen, damit nie mehr auch nur ein Mensch auf der Erde von der unerhörten Gewalt zerstörerischer Waffen getroffen« werde. Es gelte, Frieden zu stiften, der »aus dem Vertrauen unter allen Völkern der Erde erwächst und auch von einer gerechten Verteilung der materiellen Güter zwischen den armen und den reichen Gebieten« abhänge (so Schutz während eines Jugendtreffen in Madrid, wobei er zusammen mit Kindern die beiden Botschafter in Spanien aufsuchte).

(8: »Konzil der Jugend«) In den ersten zwei Jahrzehnten lebte die Communauté weitgehend zurückgezogen. Dies änderte sich ab etwa 1957/1958 mit dem vermehrten Zustrom Jugendlicher nach Taizé, die, in Baracken oder Zelten untergebracht und der Konsummentalität entsagend, in Gebet, Stille und Meditation wie in Austausch über Bibeltexte in multinationalen Gruppen und in der Arbeit das Leben der Brüder teil(t)en. Der Aufenthalt dauert in der Regel eine Woche; eine besondere Form stellt der einjährige oder zweijährige Aufenthalt in der Gemeinschaft dar. Nach mehreren größeren Jugendtreffen (ab 1966 mit 1400 Teilnehmern aus etwa 30 Ländern) kündigte Schutz an Ostern 1970 das erste ökumenische »Konzil der Jugend« an, wobei er einen durch Christus bereiteten »Frühling der Kirche« erwartete. — Am 30. August 1974 (Hauptversammlung bis 1.9. mit 40.000 Jugendlichen) wurde das Konzil eröffnet; ab 1978/79 ging es dann in den ökumenischen »Pilgerweg des Vertrauens auf Erden« über, der nach außen in Erscheinung trat. Als Etappe auf diesem Weg dienen Europäische Jugendtreffen, die in Kooperation mit den Kirchengemeinden vor Ort jeweils um den Jahreswechsel in europäischen Großstädten stattfinden (u.a. 1978/79 in Paris mit ca. 15.000 Teilnehmern; 1992/93 Wien, 105.000; 1996/97 Stuttgart, 70.000; 1999/2000 Warschau, 70.000; 2006/07 Zagreb, 40.000). Zu den Treffen verfaßte Schutz jeweils einen bis in fünfzig Sprachen übersetzten Brief an die Jugendlichen. Über Europa hinaus kommt es auch zu interkonfessionellen Veranstaltungen (u.a. in Madras, 1985; Manila, 1991; Kalkutta, 2006). — Darüber hinaus treffen sich in Taizé wöchentlich bis zu tausend jugendliche Besucher, in den Sommermonaten und an Ostern gar bis zu 6.000 aus bis zu hundert Nationen. Seit der »Wende« 1989/1990 kommen die Teilnehmer vermehrt auch aus Osteuropa. Zudem bieten die Brüder am Rande der Jugendtreffen auch Erwachsenen- und Familienfreizeiten an. Die Begegnungen wollen nicht zuletzt anhand der Bergpredigt (Mt. 5-7) vor allem Impulse für das Leben in der heimischen (Kirchen-) Gemeinde verleihen. Dort sollen die jugendlichen »Pilger« als »Menschen des Friedens« Schritte der Versöh-nung und des Aufbruchs tun und sich am »Aufbau einer [neuen] menschlichen Gesellschaft« beteiligen.

(9: Lebensende) Vier Tage vor dem 65jährigen Jubiläum seiner Ankunft in Taizé fand Schutz am 16. August 2005 während des Abendgottesdienstes auf tragische Weise den Tod, als eine geistig verwirrte 36jährige rumänische Frau (Luminita Ruxandra Solcan) mit einem Messer auf ihn einstach. Eine Woche später, am 23. August, wurde der Brückenbauer zwischen den Konfessionen und Menschen in einer vom Kurienkardinal Walter Kasper (* 1933) zelebrierten katholischen Meßfeier in Taizé beigesetzt, wobei auch rumänisch-orthodoxe Priester sangen. An ihr nahmen über 12.000 Menschen aus aller Welt teil, darunter Kirchenführer verschiedener Konfessionen wie auch zahlreiche Staatsmänner (u.a. als ranghöchster dt. Politiker Bundespräsident Horst Köhler [* 1943]).

(10: Theologie) Schutz' Denkweg ist neben den familiären Prägungen der Jugendzeit in frühen Jahren auch von Vorbildern seiner reformierten Waadtländer Kirche beeinflußt: von der ökumenisch-evangelischen Schwesterngemeinschaft Communauté de Grandchamp bei Neuchâtel (Anfänge 1931, erste Profeß und Übernahme der Taizé-Regel 1952) wie auch von der in den 30er Jahren besonders von Richard Paquier (1905-1985) ausgehenden liturgischen Erneuerungsbewegung »Église et Liturgie«. Im Hintergrund steht zudem die um Ökumenizität ringende erste Weltkonferenz über »Glauben und Kirchenverfassung« in Lausanne 1927. — Im universalen Horizont des Evangeliums angelegt, umkreist dieser Weg, den Schutz in gemütvollen Schriften - schlichten Reflexionen, ermutigenden Aufrufen oder Tagebucheinträgen - beschreibt, sein lebenslanges Leitthema von Versöhnung und Einheit der Christen und aller Menschen. Da man, so der Prior, den biblischen Glauben in seiner Gesamtheit nie verstehen könne, sei es wesentlich, die Umrisse seines Mysteriums zu erahnen zu suchen und es zu leben. So gelte es, sich nicht mehr in provinzieller Weise damit abzufinden, daß die Glaubenden ihre »besten Kräfte daran verschwenden, sich gegenseitig zu beweisen, wie wohlbegründet ihre [...] [konfessionellen] Positionen« seien, sondern endlich, um der Glaubwürdigkeit willen, die Begrenztheit des Erkennens einzuge-

stehen und »die Einheit des Leibes Christi« zu leben. Diese berge »eine explosive Kraft« und führe zum Bewußtsein, ganz und gar »zur Gemeinschaft der Menschheit« zu gehören und berufen zu sein, als »Sauerteig [...] in einer säkularisierten Welt« zu wirken und so »auf unersetzbare Weise die Gegenwart Christi zu vermitteln«. — Dieser Maxime verpflichtet, verstehen sich der intuitive Schutz und die Taizé-Brüder als »Zeichen für die Kirche« und wollen in der »Frische eines brüderlichen Lebens« das erwartete Reich Gottes »ankündigen«: die friedvolle Gemeinschaft der Menschheitsfamilie mit Gott. Insofern suchen sie, in der *Dynamik des Vorläufigen* resp. im *Heute Gottes* stehend (so die markanten Buchtitel von 1965 und 1959), die zwischen dem Alten Bund und jenem Reich »unterwegsseiende Kirche« zu verwirklichen und das »Mysterium der Kirche« zu leben. — Die Quelle dafür sieht Schutz in der mystischen Erfahrung des Glaubens: in der Christusmystik (»innere Christusbegegnung«), die er als sich hingebende Kontemplation in der »endlosen Barmherzigkeit« Christi oder als Kommen des auferstandenen Christus umschreibt, um »im Innersten des Menschen ein Fest lebendig werden zu lassen« (vgl. *Ein Fest ohne Ende*, 1971). Dabei bete jener auch in uns, wodurch die »eigenen Abgründe bewohnbar« würden. So führe die Christusbegegnung zum Durchbruch des »Ungeahnten«, zum »Widerschein Christi in uns«. Sie gestalte sich schließlich in einem erfüllten Leben: in »weiten Freiheitsräumen«, in denen sich ein »tief innerliches Staunen« erschließe und - welch »Überraschung« - »ein ganzes Universum quälerischer Sorgen« auflöse. — Daraus erwüchsen auch Vertrauen und Kräfte, um der großen Menschenfamilie eine neue Weltgestaltung zu verleihen, in welcher, so Schutz, die Kirche »über keine Machtmittel mehr« verfüge und aus »ganzer Seele zu lieben und zu verzeihen« suche und damit auch bereit sei »mit allen zu teilen«. Erst dann sei die Kirche als eucharistische Existenz ihrer Berufung gemäß gleichsam ein »Geschehen«, in dem »das Evangelium in seiner Radikalität gelebt« werde, wobei »der Geist der Seligsprechungen wirksam« sei. Dergestalt würde »Gott auch in den Gesichtern der andern Menschen« gesehen und dem »entstellten Menschen sein menschliches Gesicht« wiedergegeben werden. Damit

könnte endlich das Reich Gottes anbrechen; es entstünde »ein Ort der [sichtbaren] Gemeinschaft und Freundschaft für die gesamte Menschheit«, in welcher der »Mensch nicht mehr Opfer des Menschen« sei. Dieser »Zukunft der Menschheit« gelte es hoffnungsfroh entgegen[zu]eilen«. Schutz kann sie auch als »Geburt einer neuen Menschheit« und als »Zivilisation der Technik« ansehen, die »voller« Aufstiegsmöglichkeiten »für die Ärmsten« sei. — In diesem weltverändernden Geschehen sei die Eucharistie als »treibende Kraft der werdenden Einheit« zu verstehen. Ebenso sei darin die Existenz des Christen, so der Prior in nachhaltiger Weise, von der eng korrelierenden Polarität von *Kampf* [um die Liebe und für die Menschen] *und Kontemplation* (so ein bezeichnender Buchtitel von 1973) geprägt: »Wenn er [sc. der Christ] sich auf ein inneres Abenteuer mit dem Auferstandenen einläßt, Schritt für Schritt, in einem brennenden Kampf für [Frieden und] Gerechtigkeit, dann nimmt er teil am Marsch des Menschen und der Menschheit, die als Ziel die Befreiung von der Unterdrückung« habe. Als Mittel zu Errcichung dieses Ziels kann er sogar die »friedliche Gewalt« ansehen (vgl. seine Schrift *Gewalt der Friedfertigen*, 1968). — Begleitet wurde diese Hoffnung vom Wissen um den tiefen Graben zwischen der Armut der südlichen und dem Reichtum der nördlichen Hemisphäre, den Schutz zu kritisieren weiß: »Die zunehmende materielle Sicherheit beschleunigt [...] [die] Selbstapkapselung der Konsumgesellschaft auf der nördlichen Halbkugel, die Tag um Tag reicher« werde. Diese sei von »materiellem Reichtum überschwemmt« und brächte ein »wirtschaftliches und kulturelles System hervor, das die südlichen Kontinente in einem Zustand der Abhängigkeit« halte. Die Antwort des Christentums auf die »ungeheure« Frage der gerechten Güterverteilung könnte »sehr wohl entscheidend« sein für seine Zukunft; ebenso stehe und falle auch mit der »gegenseitigen Ergänzung der Kulturen« überhaupt die Zukunft der Menschheit«. — Die sich angesichts dieses ungleichen Zustands aufdrängende Frage der Theodizee wußte Schutz nur auf sonderbare Weise zu beantworten: »Man muß eine Antwort im Leben suchen. Dabei trifft man auf das Motiv: Gott ist ein Mensch, der weint.« Wie nahezu alle Theologen, gleichsam Rosinen aus der Bibel herauspickend, kennt auch er jenen nur als den zartfühlenden Vater und als einen Gott der Liebe: »Eines fasziniert an Gott«, der einzig durch Christus zu »entdecken« sei: »die Demut seiner Gegenwart. Niemals bestraft er, nie verletzt er die Menschenwürde. [...] Die Vorstellung, daß Gott kommt und bestraft, ist eines der größten Glaubenshindernisse.« Verwandt ist dieses Bild freilich mit seinem sanftmütigen Naturell; ebenso findet es seinen Niederschlag in dem in den Gottesdiensten gleichsam gefeierten zarten Geheimnis der göttlichen Gegenwart. Damit teilte auch Schutz als feinsinniger Mensch des 20. Jahrhunderts die Gottesvorstellung des modernen Menschen, der freilich mit dem inhumanen, zürnenden biblischen Gott nichts mehr anzufangen vermag, der etwa den Genozid befiehlt (vgl. AT) oder Menschen in die ewige Verdammnis schickt (NT). — In den christlichen Traditionen das Verbindende suchend, nahm Schutz (und mit ihm auch die Communauté) je länger, je mehr orthodoxe und vor allem katholische Elemente in seine mystische Frömmigkeit auf. Deutlich wurde dies nicht zuletzt im Gebet vor Ikonen wie auch in seiner Anerkennung des Papstamts als universelles Hirtenamt. Hinzu trat eine tiefe Marienverehrung, die der mönchischen Frömmigkeit von Taizé bis heute innewohnt. Die »Jungfrau Maria« betrachtete der enthusiastische Schutz als Leitbild der Versöhnung, in dem »Mütterlichkeit und Katholizität in eins« fielen; sie »erleuchtet [...] unsere Wege« und wage es auch, »für alle zu hoffen«. Ohne die Nüchternheit des Protestantismus aufzugeben, jedoch dessen Herabsetzung des Sakramentalen infrage stellend, betonte der Prior überdies nachhaltig die Bedeutung der Sakramente, welche die freie, objektive Gnade Gottes sichtbar machten. So konnte er, ohne mit seiner Herkunft zu brechen, durchaus das katholische Verständnis von Eucharistie teilen. Da die Communauté keine eigene Kirchenordnung begründen (und auch keine eigene Bewegung ins Leben zu rufen) will, wird diese bei aller Betonung der nötigen Einheit unter den Christen in Taizé nicht als Interkommunion gefeiert. — Obwohl Schutz dank dieser Rezeption sich gleichsam als katholischer Christ auswies, kam es zu keiner förmlichen Konversion zur römisch-katholischen Kirche, worüber bereits 1972 nachhaltige Gerüchte kur-

sierten. Stattdessen suchte er in seiner durch und durch vom Verstehen motivierten ökumenischen Übernahme verschiedener konfessioneller Elemente seine »Identität als Christ« zu finden und so Versöhnung zu ermöglichen (vgl. 1.). Dessen ungeachtet wurde er seitens protestantischer Kreise kritisiert. Besonders verketzerte ihn die auf einem engen Biblizismus fußende evangelikale Richtung, die, um Konkurrenz fürchtend, ihn und seine Gefolgschaft mitunter einer »antichristlichen«, »esoterischen« oder »diabolischen« Verstrickung bezichtigte.

(11: Bedeutung) Mit seinem ökumenisch gelebten zeichenhaften wie zukunftsweisenden Modell von Taizé hat der charismatische Schutz das Gespräch zwischen den uneinigen Kirchen spürbar beeinflußt, die noch immer, fern von Toleranz, in indolenter Weise auf ihr jeweiliges Wahrheitsmonopol pochen. Ebenso hat er mit seinem Aufruf zur kirchlichen Einheit und weltverändernden Versöhnung, mit dem ein von Konsum befreiter alternativer Lebensstil und Kritik am inhumanen Kapitalismus einherging, durchaus den Nerv der aufbrechenden Jugend der 60er bis 80er Jahre (bes. seit 1968) des 20. Jahrhunderts getroffen, die von Sehnsucht nach einer gerechten Welt bestimmt war. Seine praktische Ergänzung fand der Weckruf in der zeichenhaften sozialen Tat. — In ihrer Botschaft hatten Schutz und seine Weggefährten auf eine christliche Sozialethik wie auf konkrete gesellschaftliche Veränderungsvorschläge verzichtet; statt dessen hatten sie einzig auf die verändernde Kraft der mystisch-kontemplativen Christusbegegnung vertraut. Weitgehend unbeantwortet blieb auch die Frage nach der spirituellen Verbundenheit und dem Miteinander mit Menschen anderer Religionsgemeinschaften und Weltanschauungen. Kritiklos verhielt sich der Prior schließlich gegenüber der römisch-katholischen Kirche (deren historische Blutspur er ebenso wenig anprangerte wie deren Reichtümer und Diskriminierung der Frauen, besonders bei der Vorenthaltung des Priestertums). — Schutz, der wie kaum ein anderer Ökumene lebte, zählt zu den großen Gestalten der Kirchengeschichte in der zweiten Hälfte des 20. Jhds. Bereits 1973 hatte ihn der Theologe und Bischof Andreas Stökl (1939-2006) in seiner grundlegenden Studie über Taizé sogar in die Reihe mit Benedikt

von Nursia (s.d.), Franziskus von Assisi (s.d.), Ignatius von Loyola (s.d.) und Charles de Foucauld gestellt. Über die Kirche hinaus fand er auch in Politik und Gesellschaft weithin Anerkennung und gilt besonders für die jüngere Generation, ähnlich wie Albert Schweitzer oder auch Mutter Teresa, als Symbolgestalt der Versöhnung. So würdigte ihn etwa der UNO-Generalsekretär Kofi Atta Annan (* 1938) in seinem Kondolenzschreiben als »unermüdlichen Anwalt von Werten wie Respekt, Toleranz und Solidarität«, dessen Botschaft der Hoffnung und des Vertrauens »für alle eine Quelle der Inspiration« bleibe. Resonanz hatte er in früheren Jahren auch bei deutschen Staatsoberhäuptern gefunden, etwa bei Willy Brandt (1913-1992) und Helmut Kohl (* 1930), der ihn als einen »bedeutenden Anreger und Weggefährten des europäischen Einigungswerks« bezeichnete. — Für sein Lebenswerk waren ihm und der Communauté zahlreiche Ehrungen zuteil geworden: Templeton-Preis (1974), Friedenspreis des Deutschen Buchhandels (1974), Ehrendoktorwürde der Universitäten Warschau und Löwen (1986), UNESCO-Preis für Friedenserziehung (1988), Karlspeis der Stadt Aachen (1989), Robert-Schuman-Preis (1992), Notre Dame Award, Indiana (1997), Dignitas Humana Award (2003) und Four Freedoms Award (2006). Eine besondere Ehrung erlangte die Communauté schließlich 1991 mit der Namensgebung eines vom deutschen Astronomen Freimut Börngen (* 1930) ein Jahr zuvor entdeckten Asteroiden: »100033 Taizé«. Eine von der französischen Regierung angetragene Aufnahme in die »Ehrenlegion« (Légion d'honneur) hatte der Prior abgelehnt. — Auch wenn Schutz' von einem nimmermüden Glaubens-Idealismus getragene große Hoffnungen auf den Anbruch eines »Frühlings der Kirche« und des illusorischen Reiches Gottes sich nicht erfüllten - was ihm in seinen letzten Lebensjahren auch bewußt wurde -, ist seine Botschaft von Versöhnung und Einheit auch heute noch nicht verhallt. Noch immer jährlich von nahezu 200.000 Menschen aufgesucht, hat die zönobitische Gemeinschaft von Taizé bis heute, auch ohne eine feste Bewegung aufzubauen, ihre immense Ausstrahlung kaum eingebüßt, nicht zuletzt wegen ihrer liturgischen Formen und Gesänge. Gegenwärtig verbindet sie an die hundert Brüder aus über 25 Nationen und verschiedenen Kirchen; etwa ein Drittel von ihnen lebt weltweit verstreut in Armenvierteln. Von Schutz bereits 1997 als sein Nachfolger bestimmt, steht seit Sommer 2005 Frère Alois (Alois Löser, * 1954), ein aus Stuttgart stammender Katholik, an ihrer Spitze.

Werke (Die nachfolgende Bibliographie stellt eine Auswahl dar, die insgesamt den Zeitraum von 1944 bis 2006 umfaßt; Rubrik 4. enthält auch einen Nachtrag zu 2007. Sie will ein Baustein zu der noch zu erstellenden »Bibliographia Schutziana« sein. Zu den Neuerscheinungen mit regelmäßiger Aktualisierung vgl. bes. die Homepage der Communauté de Taizé [w.u., Lit., 4.]).

1. Nachlaß: Archiv der Communauté de Taizé (Taizé bei Cluny).

2. Hauptwerke: Introduction à la vie communautaire, Genf: Labor et Fides u. Paris: Ed. 'je sers' 1944, 112 pp.; — Vivre l'aujourd'hui de Dieu, Taizé: Les Presses de Taizé 1958 [1959] (dass. auch als 5. Aufl. nachweisbar), 156 pp., 1960 (dass. auch als 8. Aufl. nachweisbar), 1961 (24e mille, dass. auch mit 195 pp. nachweisbar), 1962 (25e mille) [zus. mit L'unité, espérance de vie, w.o.], 1963, 1964 (dass. auch mit 118 pp. nachweisbar), 1967, 118 pp.; - dass. in neuer Ausg.: Paris: [Editions du Seuil], 1967, 121 pp., 1968, 1975 (100e mille), 157 pp., 1981; - dass. in dt. Übers.: Das Heute Gottes. [Dt. Übers. Von Richard Bochinger], Gütersloh: Verlagshaus Gerd Mohn 1961, 131 pp., 1961², 1963³; - dass. in neuer Ausg. [Dt. Übers. von Richard Bochinger]: Freiburg i.Br./Basel/Wien: Verlag Herder 1963, 127 pp., 1964², 1965³; - dass. in neuer Ausg. u.d.T.: Im Heute Gottes leben. [Dt. Übers. von Theresia Renata, OCD], Taizé: Les Presses de Taizé 1976, 171 pp.; - dass. in neuer Ausg. [Dt. Übers. von Theresia Renata, OCD]: Freiburg i.Br./Basel/Wien 1976, 127 pp., 1976² [1978?], 1980³; - dass. in engl. Übers.: This day belongs to God. [Translated by J. C. Dickinson], London: Faith Press; Baltimore (Md.) [1961], 67 pp., London: Faith Press 1972²; - dass. in neuer Ausg. [Translated by Stephen McNierney and Louis Evrard], Baltimore: Helicon Press [1962], 128 pp.; - dass. in neuer Ausg. u.d.T.: Living today for God. [New translation by Emily Chisholm and the Taizé Community], London: Mowbray 1980, 80 pp.; - dass. in ital. Übers.: L'oggi di Dio. [Trad. di Emilio Marini], Brescia: Morcelliana 1962, 119 pp., 1964², 127 pp., 1967³, 1976⁴; - dass. in holländ. Übers.: Deze dag is van God. [Vert. door: Communauté de Taizé], Baarn: W. ten Have 1963, 116 pp.; - dass. auch u.d.T.: Vandag van God, Baarn: Ten Have [1981], 103 pp.; - dass. in span. Übers.: Vivir el hoy de Dios. [Versión castellana de Juan Estruch], Barcelona: Estela [Abadía de Montserrat] 1964, 128 pp.; [Montserrat]: Estela 1965², 122 pp., Barcelona: Estela [1969³], 122 pp., Barcelona: Verlag Herder 1977⁴, 127 pp., 1981⁵; - dass. in schwed. Übers.: Leva Guds idag, Stockholm: Svenska kyrkans diakonistyrelses bokförlag, 1965, 127 pp.; - dass. in dän. Übers.: Lev dagen i dag med Gud. [Oversat af Kirsten Poder Hansen, Noter af P. Gregoire], Kopenhagen: Pauluskredsen og Arne Frost-Hansen 1966, 97 pp.; — L'unité, espérance de vie, Taizé: Les Presses de Taizé 1962 (12e mille), 173 pp. [zus. mit Vivre l'aujourd'hui de Dieu, w.u.], 1964²; - dass. in dt. Übers.: Einheit und Zukunft. Die Chri-

stenheit im technischen Zeitalter [Übers. von Michel Bergmann u. Christophe von Wachter], Gütersloh: Verlagshaus
Gerd Mohn 1962, 111 pp.; - dass. in neuer Ausg.: Freiburg
i.Br./Basel/Wien: Verlag Herder 1965, 124 pp.; - dass. in
engl. Übers.: Unity, man's tomorrow, London: Faith Press
1962, 94 pp.; - dass. in neuer Ausg.: [New York]: Herder
and Herder [1963], 94 pp.; - dass. in ital. Übers.: L'unità,
speranza di vita, Taizé: Les Presses de Taizé [1962], 173 pp.,
[1964²]; - dass. in neuer Ausg. [Trad. di Emilio Marini]:
Brescia: Morcelliana 1962, 114 pp., 1966²; — Dynamique
du provisoire, Taizé: Les Presses de Taizé 1965, 183 pp.,
1966 (25e mille), 1974 (37e mille), 157 pp.; - dass. in neuer
Ausg.: Taizé u. Paris: Les Presses de Taizé 1977, 122 pp.; -
dass. in ital. Übers.: Dinamica del provvisorio. [Trad. delle
Benedettine di San Magno], Brescia: Morcelliana 1965, 117
pp.; - dass. in dt. Übers.: Dynamik des Vorläufigen, Gütersloh: Verlagshaus Gerd Mohn 1967, 128 pp.; - dass. in neuer
Ausg. u.d.T.: Die Dynamik des Vorläufigen, Freiburg
i.Br./Basel/Wien: Verlag Herder 1967, 125 pp.; - dass. in
neuer Ausg. u.d.T.: Die Dynamik des Vorläufigen, Gütersloh: Verlagshaus Gerd Mohn 1978, 111 pp. u. Freiburg
i.Br./Basel/Wien: Verlag Herder 1978, 111 pp., 1981²; -
dass. in schwed. Übers.: Uppbrott. Mot en ny ekumenik.
[Översättning: Anne Marie Edéus], Stockholm: Svenska kyrkans diakonistyrelses bokförlag 1967, 114 [116] pp.; - dass.
in ungar. Übers.: Az egység sodrában, München: Hueber
1967, 63 pp.; - dass. in serbo-kroat. Übers.: Dinamika provizornoga. [Preveli Vladimir Sironic i Ljiljana Matkovic],
Zagreb: Tiskara Epoha 1968, 88 pp.; - dass. in engl. Übers.:
The power of the provisional. Translated by Philip Parsons
and Timothy Wilson, London: Hodder & Stoughton u. Philadelphia (Pa.): Pilgrim Press 1969, 80 pp.; - dass. in neuer
Ausg. u.d.T.: The Dynamic of the provisional. [New Translation by Emily Chisholm and the Taizé Community], London/Oxford: Mowbray 1981, 80 pp.; - dass. auch in: Afire
with love. Meditations on peace and unity. [Translated by
Emily Chisholm and the Taizé community], New York:
Crossroad 1982 (zus. mit Violent for peace u. The wonder of
a love); - dass. in spanischer Übers.: Dinámica de lo provisional. [Versión castellana de Andrés Solé Soley], Barcelona: Herder 1977³, 114 pp.; — Violence des pacifiques, Taizé: Les Presses de Taizé 1968, 238 pp., 1972[²], 168 pp.,
1974[³], 163 pp.; - dass. in ital. Übers.: Violenza dei pacifici. [Trad. di Franco Azzimonti], Brescia: Morcelliana 1969,
167 pp., 1973²; - dass. in dt. Übers.: Die Gewalt der Friedfertigen. [Dt. Übers. von Karlhermann Bergner], Gütersloh:
Verlagshaus Gerd Mohn 1970 [1968?], 147 pp.; - dass. in
neuer Ausg. u.d.T.: Die Gewalt der Friedfertigen. Auf der
Suche nach dem dritten Weg [Dt. Übers.: Karlhermann
Bergner]: Freiburg i.Br./Basel/Wien: Verlag Herder, 1972,
126 pp., 1972², 1973³, 1974⁴, 1975⁵, 1977⁶, 1979⁷, 1982⁸; -
dass. in engl. Übers.: Violent for peace. [Translated by C. J.
Moore], London: Darton, Longman & Todd u. Philadelphia
(Pa.): Westminster Press 1970 [1971], 144 pp.; - dass. in
neuer Ausg. [transl. by Emily Chisholm and the Taizé Community]: London: Mowbray 1981, 91 pp.; - dass. auch in:
Afire with love. Meditations on peace and unity. [Translated
by Emily Chisholm and the Taizé community], New York:
Crossroad 1982 (zus. mit The power of the provisional u.
The wonder of a love); - dass. in portug. Übers.: Violência
dos pacíficos. [Übers.: M. Da Costa Pinto], Porto: Perpétuo

Socorro 1972, 146 pp.; - dass. in span. Übers.: La violencia
de los pacificos. [Versión castellana de Luisa Medrano],
Barcelona: Herder 1978³, 178 pp.; - dass. in poln. Übers.:
Walka ludzi pokoju. [Poln. Übers.: Wladyslaw Pelc], Paris:
Editions du Dialogue 1974, 125 pp.; — Ta fête soit sans fin,
[1.] Journal 1969-1970, Taizé: Les Presses de Taizé 1971,
176 pp. (22e mille), 1972[²], 1975[³] (40e mille), 1980[⁴]; -
dass. in ital. Übers.: La tua festa non abbia fine. [Trad. di
Franco Azzimonti], Brescia: Morcelliana 1971, 135 pp.,
1972², 1974³, 1977⁴; - dass. in dt. Übers.: Ein Fest ohne Ende. Auf dem Weg zum Konzil der Jugend [Tagebuchaufzeichnungen 1969-1970] [Dt. Übers. von Karlhermann
Bergner], Gütersloh: Verlagshaus Gerd Mohn 1972, 105 pp.,
1973², 1973³, 1974⁴, 123 pp.; - dass. in neuer Ausg.: Gütersloh: Bertelsmann u. Stuttgart: Europäische Bildungsgemeinschaft u. Wien: Buchgemeinschaft Donauland u. Berlin
Darmstadt u. Wien: Dt. Buch-Gemeinschaft 1974, 123 pp.;
- dass. in neuer Ausg.: Freiburg i.Br./Basel/Wien [Dt. Übers.
von Karlhermann Bergner]: Verlag Herder, 1973, 126 pp.,
1974², 1974³, 1975⁴, 1977⁵, 1979⁶, 1981⁷, 1985⁸; - dass. in
span. Übers.: Que tu fiesta no tenga fin. Diálogos y páginas
de diario. [Versión castellana de Josep Pombo], Barcelona:
Herder 1973, 128 pp.; - dass. in holländ. Übers.: Feest zonder einde. Dagboek 1969-1970 [Vert. door Geertrui van
Ginneken], Baarn: Ten Have 1977, 160 pp.; - dass. in engl.
Übers.: Festival, London: S.P.C.K. 1974; - dass. in neuer
Ausg.: Festival without end. Journal 1969-1970 [transl. by
the Taizé Community], London: Mowbray 1983, 95 pp.; —
Lutte et contemplation, [2.] Journal 1970-1972, Taizé: Les
Presses de Taizé 1973, 176 pp.; - dass. in dt. Übers.: Kampf
und Kontemplation. [Dt. Übers.: Communauté de Taizé],
Taizé: Les Presses de Taizé. 1973, 203 pp.; - dass. in neuer
Ausg. u.d.T.: Kampf und Kontemplation. Auf der Suche
nach Gemeinschaft mit allen, Freiburg i.Br./Basel/Wien:
Verlag Herder 1974, 126 pp., 1974², 1975³, 1978⁴, 1981⁵,
1983⁶; - dass. in ital. Übers.: Lotta e contemplazione. Diario
1970-1972 [Trad. dei fratelli italiani della Comunità di Taizé], Brescia: Morcelliana [1973], 127 pp., 1974²; - dass. in
engl. Übers.: Struggle and contemplation. Journal 1970-
1972, London: S.P.C.K. u. New York: Seabury Press 1974,
99 pp.; - dass. in neuer Ausg.: London: Mowbray 1983, 115
pp.; - dass. in span. Übers.: Lucha y contemplación, Barcelona: Herder 1975, 119 pp., 1976[²], 1980³; — Vivre l'inespéré, [3.] Journal 1972-1974, Taizé: Les Presses de Taizé
1976, 156 pp., 1978; - dass. in dt. Übers.: Aufbruch ins Ungeahnte. [Tagebuchaufzeichnungen 1972-1974] [Dt. Übers.
von Theresia Renata, OCD], Freiburg i.Br./Basel/Wien: Verlag Herder 1977, 126 pp., 1977², 1978³, 1979⁴, 1982⁵; -
dass. in neuer Ausg. u.d.T.: Aufbruch ins Ungeahnte. Tagebuchaufzeichnungen 1972-1974 [Übers. von ders.], Taizé:
Les Presses de Taizé 1984, 139 pp., 1987[²]; - dass. in ital.
Übers.: Vivere l'insperato. Diario 1972-1974, Brescia: Morcelliana 1977, 117 pp.; - dass. in engl. Übers.: A life we never dared hope for. Journal 1972-1974 [Translated by Emily Chisholm and the Taizé Community], London: Mowbray
u. New York: Seabury Press 1980, 78 pp.; - dass. in neuer
Ausg.: Nashville (Tenn.): The Upper Room 1981, 78 pp.; -
dass. auch in: Parable of community. Basic texts of Taizé.
[Translated by Emily Chisholm and the Taizé Community],
London: Mowbray 1980, 96 pp. (zus. mit The rule of Taizé,
The wonder of a love u. Itinerary for a pilgrim); — Etonne-

ment d'un amour, [4.] Journal 1974-1976, Taizé: Les Presses de Taizé 1979, 166 pp., 1980; - dass. in dt. Übers.: Einer Liebe Staunen. [Tagebuchaufzeichnungen 1974-1976] [Übers. von Theresia Renate, OCD], Taizé: Les Presses de Taizé 1980; - dass. in neuer Ausg. [Übers. von ders.]: Freiburg i.Br./Basel/Wien: Verlag Herder 1980, 128 pp., 1981[2], 1985[3]; - dass. in ital. Übers.: Stupore di un amore. [Diario 1974-1976]. [Trad. di Paolo Bagattini], Brescia 1980, 147 pp., 1980[2]; - dass. in span. Übers.: Asombro dc un amor. Primera parte. Diario 1974-1976, Barcelona: 1980[3], 155 pp.; - dass. in engl. Übers.: The wonder of a love. Journal 1974-1976. [Translated by Emily Chisholm and the Taizé Community], London: Mowbray 1981, 108 pp.; - dass. in neuer Ausg. u.d.T.: The wonder of a love. A letter, London: Mowbray u. Atlanta (Ga.): John Knox Press 1995, 24pp., 1996[2]; - dass. auch in: Parable of community. Basic texts of Taizé. [Translated by Emily Chisholm and the Taizé Community], London: Mowbray 1980, 96 pp. (zus. mit The rule of Taizé, A life we never dared hope for u. Itinerary for a pilgrim); - dass. auch in: Afire with love. Meditations on peace and unity. [Translated by Emily Chisholm and the Taizé community], New York: Crossroad 1982 (zus. mit The power of the provisional u. Violent for peace); — Fleurissent les déserts du cœur, [5.] Journal 1977-1979, Taizé: Les Presses de Taizé 1982, 187 pp.; - dass. in dt. Übers.: Blühen wird deine Wüste. [Tagebuchaufzeichnungen 1977-1979] [Dt. Übers.: Communauté de Taizé], Taizé: Les Presses de Taizé 1983, 203 pp.); - dass. in neuer Ausg.: Freiburg i.Br./Basel/Wien: Verlag Herder 1984, 141 pp.; - dass. in engl. Übers.: And your deserts shall flower. Journal 1977-1979 [Translated by Emily Chisholm and the Taizé Community], London: Mowbray 1984, 134 pp.; — Passion d'une attente, [6.] Journal 1979-1981, Taizé: Les Presses de Taizé u. Paris: Editions du Seuil 1985, 186 pp.; - dass. in dt. Übers.: Vertrauen wie Feuer. Tagebuchaufzeichnungen 1979-1981. [Dt. Übers.: Communauté de Taizé], Taizé: Les Presses de Taizé 1984, 189 pp.; - dass. in neuer Ausg.: Freiburg i.Br./Basel/Wien 1985, 125 pp.; - dass. in engl. Übers.: A heart that trusts. Journal 1979-1981. [Translated by Emily Chisholm], London/Oxford: Mowbray 1986, 127 pp.; - dass. in ital. Übers.: Passione di un'attesa. Diario 1979-1981. [Trad. di Paolo Bagattini], Brescia: Morcelliana 1986, 206 pp.; - dass. in ungar. Übers.: Szenvedélyes várakozással Frère Roger, Taizé. [Ford. Vasváry Krisztina], Wien: OMC 1986, 153 pp.; — Son amour est un feu avec des pages de journal [1979-1981], Taizé: Les Presses de Taizé 1988 (auch nachweisbar: 1988[2]), 153 pp.; - dass. in engl. Übers.: His love is a fire. Central writings with extracts from journals, Homebush (Australien, N.S.W.): St. Paul Publications 1990, 128 pp.; - dass. in schwed. Übers.: Hans kärlek är en eld. Meditationer och dagboksanteckningar [Översättning: Bengt-Thure Molander], Stockholm: Verbum 1990, 137 pp.; - dass. in holländ. Übers.: Zijn liefde is een vuur. Met dakboekfragmenten [Vert. door Communiteit van Taizé], Averbode: Altiora u. Kampen: Kok 1993, 143 pp.; — Ce feu ne s'éteint jamais. Prières de frère Roger de Taizé avec des icônes de l'Eglise de la Réconciliation à Taizé, Taizé: Les Presses de Taizé 1990, 30 pp.; — En tout la paix du cœur, Paris: Plon u. Paris: le Grand livre du mois 1995 (1996[2]), 178 pp., 2002[3], 201 pp. (Taizé: Les Presses de Taizé); - dass. in poln. Übers.: Zachowac we wszystkim pokój serca

[Übers.: Maria Prussak], Warschau: Verbinum. Wydawnictwo Ksiezy Werbistów 1995, 165 pp.; - dass. in dt. Übers.: In allem ein innerer Friede. Ein Jahresbegleitbuch [Dt. Übers.: Communauté de Taizé], Freiburg i.Br./Basel/Wien 1996: Verlag Herder, 223 pp., 1997[2], 1998[3]; - dass. in neuer Ausg.: [Dt. Übers.: Communauté de Taizé] Verlag Herder 2000, p. 190 pp., 2003 [2006[2]], 186 pp.; - dass. in span. Übers.: En ti la paz. Meditaciones para cada día del año, Madrid [1996], 159 pp., 1998[2], 2006[3], 143 pp. (= 1. ed. en la colección Horizontes); - dass. in ital. Übers.: In te la pace del cuore. [Meditazioni per ogni giorno dell'anno]. [Trad. di Franco Semin; a cura del Centro catechistico salesiano], Turin: Elledici 1997, 1999[2], 151 pp.; - dass. in holländ. Übers.: Vrede in je hart. Teksten voor elke dag, Averbode: Uitgeverij Altiora u. Baarn: Uitgeverij Gooi en Sticht 1997, 135 pp.; - dass. in finnischer Übers.: Ilo, rauha, luottamus. Mietteitä vuoden jokaiselle päivälle [suomentanut Anna-Maija Raittila], Helsinki 1997, 224 pp.; - dass. in ungar. Übers.: Benned a szív békessége gondolatok az év minden napjára Rogertestvér, Szeged: Agapé 1997, 143 pp.; - dass. in schwed. Übers.: I allt frid i hjärtat. Meditationer för varje dag under året. [Översättning: Elisabeth Laveborn], Stockholm: Verbum Forläg 1999 [2000], 190 pp.; - dass. in norweg. Übers.: I alle ting en stille glede. Meditasjoner for hver dag i året [illustrasjoner: Maria Mannberg; oversettelsen er utarbeidet av Lise Vislie og Jan Bjarne Sødal], [Oslo]: Verbum 2002, 208 pp.; - dass. in katalan. Übers.: En tot, la pau del cor. [Traducció catalana de Josep Morros], Barcelona: Claret [2003], 141 pp., 2004[2]; — Dieu ne peut qu'aimer, Taizé: Les Presses de Taizé 2001, 134 pp. (auch nachweisbar: 2002 u. 2003); - dass. in dt. Übers.: Gott kann nur lieben. [Übers.: Communauté de Taizé], Freiburg i.Br./Basel/Wien: Verlag Herder 2002, 94 pp.; 2004[2], 2005[3], 2006[4]; - dass. in span. Übers.: Dios sólo puede amar [Traducción: Hermandos de Taizé], Madrid: PPC 2002, 122 pp., 2003[2]; - dass. in ital. Übers.: Dio non può che amare, Turin: Elledici 2003 [2004], 116 pp.; - dass. in russ. Übers.: Bog možet tol'ko lûbit' [Übers.: Communauté de Taizé], Taizé: Les Presses de Taizé 2005, 135 pp.; - dass. in schwed. Übers.: Gud kan bara älska. [Översättning: Broder Johannes av Taizé], Örebro: Bokförlaget Libris 2005, 125 pp., 2006[2]; — Prier dans le silence du cœur, Taizé: Les Presses de Taizé (Distribution: Paris: Editions du Seuil) 2005, 124 pp.; - dass. in dt. Übers.: Aus der Stille des Herzens. Gebete. [Übers.: Communauté de Taizé], Freiburg i.Br./Basel/Wien: Verlag Herder 2006, 125 pp.; — Pressens-tu un bonheur?, Taizé: Les Presses de Taizé (Distribution: Paris: Editions du Seuil) 2005, 157 pp.; - dass. in ital. Übers.: Avverti una felicita?, Turin: Elledici 2005, 136 pp.; - dass. in dt. Übers.: Eine Ahnung von Glück. Erfahrungen und Begegnungen. [Übers.: Communauté de Taizé], Freiburg i.Br./Basel/Wien: Verlag Herder 2006, 112 pp.

3. Monographien in Koproduktion: [zus. mit Max Thurian], La parole vivante au concile [sc. 2. Vatikan. Konzil, 1962-1965]. Texte et commentaire de la constitution [Dei Verbum] sur la révélation, Taizé: Les Presses de Taizé 1966, 189 pp. (auch nachgewiesen 1966[2]); - dass. in dt. Übers.: Das Wort Gottes auf dem Konzil. Die dogmatische Konstitution über die göttliche Offenbarung. Wortlaut und Kommentar. Mit einem Vorwort von Henri de Lubac. [Übers. von Maria Natalia Holm], Freiburg i.Br./Basel/Wien: Verlag

Herder 1967, 143 pp.; - dass. in engl. Übers.: Revelation. A protestant view. The Dogmatic Constitution on divine Revelation. A commentary. [Translated by Kathryn Sullivan, R.S.C.J.], Westminster (Md.): Newman Press, 1968, 104 pp.); — [zus. mit der Communauté de Taizé (Hrsg.)], Eucharistie à Taizé, Taizé: Les Presses de Taizé 1971, 327 pp.; — [zus. mit Mutter Teresa (= Agnes Gonxha Bojaxhiu)], Le chemin de croix, Paris: Le Centurion 1986, 61 pp.; - dass. in dt. Übers.: Kreuzweg [Meditationen und Gebete]. [Ausgewählt und hrsg. von der Communauté de Taizé], Freiburg i.Br./Basel/Wien: Verlag Herder 1985, 64 pp., 1985[2], 1987[3], 1989[4], 1991[5], 1996[6]; - dass. in engl. Übers.: Meditations on the way of the Cross, London: Mowbray 1986, 64 pp.; - dass. in neuer Ausg.: New York: Pilgrim Press 1987, 60 pp.; - dass. in holländ. Übers.: De kruisweg [Vert. door Th. C. Madder], Averbode/Apeldoorn: Altiora 1989, 64 pp.; - dass. in norweg. Übers.: Meditasjoner over korsveien, [Oslo]: St. Olav forlag 1989, 71 pp.; — [zus. mit Mutter Teresa (= Agnes Gonxha Bojaxhiu)], Marie, Mère de réconciliations, Paris: Le Centurion 1987, 53 pp.; - dass. in engl. Übers.: Mary. Mother of reconciliations, London/Oxford: Mowbray 1987, 72 pp., - dass. in neuer Ausg.: New York: Paulist Press 1989, 72 pp.; - dass. in dt. Übers.: Maria, Mutter der Versöhnung. [Hrsg. von der Communauté des Taizé], Freiburg i.Br./Basel/Wien: Verlag Herder 1988, 70 pp., 1992[2]; - dass., in holländ. Übers.: Maria Moeder van verzoening. [Vert. door Th. C. Madder], Averbode/Apeldoorn: Altoria 1988, 63 pp.; - dass. in poln. Übers.: Maryja, Matka pojednania. [Übers: Marian Adamczyk], Kattowitz: Ksiegarnia Sw[ietego] Jacka 1988, 62 pp., 1990[3]; - dass. in schwed. Übers.: Maria - försoningens moder. [Översättning: Philippa Wiking], Vejbystrand: Fredestad 1988, 53 pp.; - dass. in finn. Übers.: Maria, sovituksen äiti Kalkutan äiti Teresan ja Taizén veli Rogerin ajatuksia, Porvoo: WSOY 1988; - dass. in ungar. Übers.: Mária, a kiengesztelodés anyja Roger testvér, Teréz anya. [Ford. Vasváry Krisztina], Bécs: OMC 1988; — [zus. mit Mutter Teresa (= Agnes Gonxha Bojaxhiu)], La prière. Fraîcheur d'une source, Paris: Le Centurion 1992 (1993), 125 pp., 1994[2]; - dass. in neuer Ausg.: [Paris]: Bayard éditions/Centurion 1998, 141 pp., 2003, 2004; - dass. in dt. Übers.: Gebet. Quelle der Liebe [Hrsg. von der Communauté de Taizé], Freiburg i.Br./Basel/Wien: Verlag Herder 1991, 95 pp., 1993[2], 1994[3], 1996[4], 1997[5], 1998[6], - dass. in neuer (erweit.) Ausg.: Freiburg i.Br./Basel/Wien: Verlag Herder 1999, 128 pp., 2001[2], 2003[3], 2005[4], 2006[5]; - dass. in ital. Übers.: La preghiera. Freschezza di una sorgente, Padua: Messaggero 1993, 94 pp.; - dass. in holländ. Übers.: Bidden met Moeder Teresa. [Vert. uit het Engels naar de oorspr. Franse uitg. door Lutgart Debroey], Averbode: Altiora u. Baarn: Gooi en Sticht, 121 pp.

4. Diverse dt. Textausgaben und Bildbände (einschl. Nachtrag 2007): Franz Baumann [Texte] u. Fernand Rausser [Photos], Taizé, Basel: Basileia Verlag 1968, 22 pp.; — Worte der Versöhnung. [Ausgew. u. zus.gestellt von der Communauté de Taizé], Freiburg i.Br./Basel/Wien 1976, 125 pp., 1977[2], 1979[3], 1980[4]; — Taizé. Vertrauen, verzeihen, versöhnen. Aus Schriften von Frère Roger. [Bilder u. Textauswahl: Communauté de Taizé], Freiburg: i.Br.: Christophorus Verlag 1983, 31 pp. [mit Illustr., Begleith., Tonkassette u. 36 Dias], 1986[2]; — Der Weg der Versöhnung. Texte zur Orientierung. Mit einer Einführung hrsg. von Peter Helbich, Gü-

tersloh: Verlagshaus Gerd Mohn 1985, 62 pp., 1991[2] (auch nachweisbar: 1993[2]); — Frère Roger in seinem Tagebuch. [Auswahl u. Übers.: Communauté de Taizé (Auszüge aus dem Journal 1969 - 1981, w.o., 2, 1971ff.)] [Bd. 1]: Alles vom andern verstehen, Taizé: Les Presses de Taizé 1986, 159 pp.; - dass. in neuer Ausg.: [Bd. 1]: Alles vom andern verstehen, Freiburg i.Br./Basel/Wien 1986, 126 pp.; - dass. [Bd. 2.]: Jeden Augenblick neu, Freiburg i.Br./Basel/Wien 1987, 124 pp., 1992[2], 1995[3]; — Taizé. Ein Pilgerweg des Vertrauens auf der Erde. [Hrsg. von der Communauté de Taizé], Taizé: Les Presses de Taizé 1986, 48 pp. (enthält Auswahl von Roger Schutz); - dass. in neuer Ausg.: Freiburg i.Br.: Christophorus Verlag 1987[2], 45 pp., 1988[3]; — Aus dem Innern leben. Gebete aus Taizé. Mit Ikonen aus der Versöhnungskirche in Taizé, Freiburg i.Br.: Christophorus Verlag 1987, 31 pp., 1988[2], 1988[3], 1990[4]; — Gib, was Gott Dir gibt, Freiburg i.Br.: Christophorus Verlag 1987, 63 pp.; — Taizé - ein gemeinsames Leben. Frère Roger in Briefen und Tagebüchern. Hrsg. von Jörg Hildebrandt u. Christine Müller, Berlin: Evang. Verlagsanstalt 1987, 149 pp. (Ausg. für die DDR); — Erlebnis Taizé, Freiburg i.Br./Basel/Wien u. Freiburg i.Br.: Christophorus Verlag 1989, 87 pp.; — Jeder Tag ein Heute Gottes. Ein Jahresbegleitbuch, Freiburg i.Br./Basel/Wien: Verlag Herder 1992, 213 pp., 1993[2] (Auswahl aus Briefen, Büchern u. unveröffentlichten Blättern); — Wenn das Vertrauen aller Dinge Anfang wär, Freiburg i.Br./Basel/Wien: Verlag Herder 1993, 32 pp. (Interview mit Frère Roger); — Bruno Stephan Scherer, Im Sand Dein Licht, Dein Wort. Texte zu Worten des Frère Roger von Taizé, Freiburg (Schweiz): Paulusverlag 1993, 102 pp.; — Gemeinsame Gebete für das ganze Jahr. [Hrsg. von der Communauté de Taizé], Freiburg i.Br./Basel/Wien: Verlag Herder 1997, 156 pp., 1998[2], 1999[3], 2000[4], 2001[5], 2004[6], 2005[7], 2007 (Neuausg.), 189 pp.; — Wege des Vertrauens. Bilder mit Gedanken, Freiburg i.Br./Basel/Wien: Verlag Herder 2003, 23 pp.; — Einfach vertrauen. Gedanken und Begegnungen. [Bearb. von Marcello Ficanzio], Freiburg i.Br./Basel/Wien: Verlag Herder 2004, 159 pp., 2006[2]; — Vertrauen schafft Versöhnung, München: Pattloch 2005. Hrsg. von Fabian Lehmann, 48 pp.; — Taizé. Ein Bildband. [Hrsg. von der Communauté de Taizé], Freiburg i.Br./Basel/Wien 2006, 92 pp.; — Jakob Paula, Gedanken zu Frère Roger, München/Zürich/Wien: Neue Stadt 2006, 22 pp.; — Leben voll Vertrauen. [Fotos von Sabine Leutenegger], Freiburg i.Br./Basel/Wien 2006, 43 pp. — Nachtrag: Auf deine Liebe vertraue ich. Bibeleinführungen, Freiburg i.Br./Basel/Wien: Verlag Herder 2007, 144 pp. [60 Meditationen]; — Aus dem Frieden des Herzens. Ausgew. von Anna-Lena Schlüter, Kevelaer: Butzon & Bercker 2007, 63 pp.; — Glaubensfragen. [Hrsg. von der Communauté de Taizé], Freiburg i.Br./Basel/Wien 2007, 119 pp.

5. Beiträge (Ansprachen, Vorworte, Mitarbeit, Artikel in Erstaufl.; die in den Periodika von Taizé [w.u.,9] veröffentlichten Beiträge fanden keine Berücksichtigung): Einleitung, in: Max Thurian, Mariage et célibat. [Dons et appels de Dieu], Neuchâtel/Paris: Delachaux & Niestlé 1955 u.ö. (dt. 1956); — Nachwort, in: Paul-Werner Scheele, Vater, die Stunde ist da. Gebete der Ökumene. [Hrsg. vom Johann-Adam-Möhler-Institut, Paderborn], Freiburg i.Br./Basel/Wien: Verlag Herder 1964, [o.p.].; — Médiocrité ou sainteté, in: Centre Catholique des Intellectuels Français

(Hrsg.), [Mitwirkung von Jean-François Six, Henri de Lubac u.a.]: Saints d'hier et sainteté d'aujourd'hui, Paris: Desclée de Brouwer 1966, p. 131-133 (dt. 1970); — Einleitung, in: Max Thurian, Le pain unique. Simple réflexion sur l'Eucharistie et le ministère, Taizé: Les de Taizé 1967 (dt. 1976); — Vorwort, zus. mit Cardinal Martin, in: Martin Luther, le magnificat (commentaire). Hrsg. von Henri Lapouge, Mulhouse: Salvator u. Paris: Casterman 1967; — [Beitrag], in: Dom Hélder Câmara, Une journée avec Dom Hélder Câmara, Paris: Desclée de Brouwer 1970, (o.p.); — Vorwort, in: Nôvo Testamento [Translated by members of the Liga de Estudos Bíblicos, sponsored by the Taizé Community], São Paulo: Editôra Herder 1970; — Frère Roger. Ansprachen anlässlich der Verleihung des Friedenspreises [1974]. Frère Roger im Gespräch mit Jugendlichen. Hrsg. vom Börsenverein des Deutschen Buchhandels e.V., Frankfurt a.M.: Verlag der Buchhändler-Vereinigung 1974; — Ansprache beim Mitternachts-Gebet, in: Richard Kolb (Hrsg.), Confessio Augustana, den Glauben bekennen, Gütersloh: Verlagshaus Gerd Mohn 1980, p. 141-144; — Peter Helbich (Hrsg.), Schenk mir das Wort. Gedanken von A. Augustinus, D. Bonhoeffer, E. Cardenal, A. de Saint-Exupéry, F. von Assisi, M. Luther, B. Pascal, Frère Roger, A. Schweitzer, Mutter Teresa. Mit Fotographien von Hans Jürgen Rau, Hamburg: Agentur des Rauhen Hauses 1987; — Vorwort, in: Olivier Clément, Taizé. Un sens à la vie, Paris: Bayard éd.-Centurion 1997; (dt. 1999); — Vorwort, in: Christian Feldman, Die Liebe bleibt. Das Leben der Mutter Teresa, Freiburg i.Br/Basel/Wien: Herder-Verl. 1997, p. 3 (franz. 2000); — Geleitwort, in: Weisheit eines weiten Herzens. Zur Seligsprechung des Papstes [Johannes XXIII.] am 3. September 2000. Hrsg. von Maria Otto u. Franz Johna, Freiburg i.Br./Basel/Wien: Verlag Herder 2000.

6. Internationale Rundbriefe: Ausgaben in ca. 50 Sprachen, u.a. (einschl. dt. Übers.): Lettre des sources pour une vie intérieure, Taizé: Les Presses de Taizé 1987, 29 pp.; - dass. in dt. Übers.: Brief von den Quellen. Aus dem Innern leben, Taizé: Les Presses de Taizé 1987, 29 pp.; — Lettre de Madras, Taizé: Les Presses de Taizé 1987, 32 pp., - dass. in dt. Übers.: Brief aus Madras, Taizé: Les Presses de Taizé 1987, 32 pp.; — Lettre du désert, Taizé: Les Presses de Taizé 1987, 29 pp.; - dass. in dt. Übers.: Brief aus der Wüste, 29 pp.; — Lettre de l'Èthiopie, 1988, 31 pp.; - dass. in dt. Übers.: Brief aus Äthiopien. Nahe ist das Vertrauen, Taizé: Les Presses de Taizé 1988, 31 pp.; — Lettre de Russie, 1989, 29 pp; - dass. in dt. Übers.: Brief aus Russland. Friede des Herzens. Unverhoffte Freude, Taizé: Les Presses de Taizé 1989, 29 pp.; — Weitere Briefe: Letter from the Prior of Taizé, in: Study Encounter. Division of Studies WCC 5(1969), p. 128 - 130; — Briefe an das Volk Gottes, [Steinfeld]: 1977, 16 pp., 1978[2]; — Zweiter Brief an das Volk Gottes. Geschrieben von einer Gruppe des Konzils der Jugend zusammen mit Frère Roger Schutz, in: Entwurf. Religionspädagogische Mitteilungen 1977, H. 4, p. 65 - 66; — Brief aus Taizé, 1970ff. (w.u., 9).

7. Regel von Taizé: Ausgaben unter variierenden Titeln weltweit in ca. 70 Sprachen, u.a.: I. La Règle de Taizé, Taizé: Les Presses de Taizé 1954, 75 pp. (= Originalausg.); - dass. in engl. Übers.: The rule of Taizé in French and in English, Taizé: Les Presses de Taizé 1961, 78 pp. u.ö.; - dass. in dt.

Übers.: Die Regel von Taizé. Gütersloh: Mohn 1963, 107 pp. u.ö. (spätere Ausgaben enthalten den Brief: »Das Unverhoffte gestalten«); - dass. in ital. Übers.: La regola di Taize, Brescia: Morcelliana 1967, 92 pp. u.ö.; - dass. in holl. Übers.: De regel van Taizé, [franz. u. holl. Text) Taizé: Les Presses de Taizé u. Amsterdam: Ten Have 1967, 158 pp. u.ö; - dass. in span. Übers.: La regla de Taizé. En francés y castellano y Unanimidad en el pluralismo (Versión de Carlos. Castro Cubells), Barcelona: Herder 1968, 155 pp. u.ö.; — II. Aktualisierungen/ Neufassungen (frz. Erstaufl.): La Règle de Taizé avec directives spirituelles, Taizé: Les Presses de Taizé 1962, 144 pp., u.ö.; — Unanimité dans le pluralisme, Taize: Les Presses de Taize 1966, 116 pp., u.ö.; — Les sources de Taizé. Regle de Taizé, Taizé: Les Presses de Taizé 1980. 124 pp., u. ö.; — Amour de tout amour. Les sources de Taizé, Taizé: Les Presses de Taizé 1990, [1991], 123 pp. u.ö.; — Les sources de Taizé. Dieu nous veut heureux, Taizé: Les Presses de Taizé 2001, 122 pp. u.ö.

8. Gesänge aus Taizé: Text- und Notenausgaben in weltweit ca. 50 Sprachen, u.a. (neuere Ausgg.): [Frère Robert, Jacques Berthier, Frère Alois u.a.]: jährlich neu zusammengestelltes Heft mit den aktuellen Gesängen: Taizé: Les Presses de Taizé 1976, [o.p.] ff. (vgl. Taizé: Ateliers et Presses de Taizé 2006 [56 Bl.]); — [Jacques Berthier u. Communauté de Taizé], 1. Canons. Litanies et répons de Taizé. Jubilate Deo: Acclamez Dieu: Rejoice in God. Juble in Gott; - 2. Canons. Litanies et répons de Taizé. Chanter le Christ; - 3. Canons. Litanies et répons de Taizé. Chanter l'Esprit. Singing the Christ. Den Geist besingen; - 4. Canons. Litanies et répons de Taizé. Laudate Dominum: Louez le Seigneur! Praise the Lord! Lobe den Herrn!; - 5. Canons. Litanies et répons de Taizé. Chants nouveaux, Taizé: Les Presses de Taizé 1978 - 1982, [o.p.]; — engl. Ausgg., u.a.: [Jacques Berthier, Frère Alois, Frère Robert], Music from Taizé, Instrumental Ed. [Volumes one and two combined], London: Harper Collins 1996, 219 pp.; — dt. Ausgg., u.a.: 40 Gesänge aus Taizé [I. Singstimmen, II. Instrumentalstimmen], Freiburg i. Br.: Christophorus Verlag 1983, [o.p.]; — ital. Ausgg., u.a.: Jacques Berthier u. Brother Robert, Canti di Taizé, Leumann: Rivoli, [o. J.], 104 pp; — schwed. Ausgg., u.a.: [Lars Åberg u.a.], Jubilate, Sånger från Taizé, Slite: Wessman 2005, [o.p.]; — norweg. Ausgg., u.a.: Odd Erik Stendahl, Taizé-fellesskap og musikk: kjennetegn ved »Musikk fra Taizé«, dens bruk og muligheter, Trondheim: O.E. Stendahl 1996, 114 pp.; — dän. Ausgg., u.a.: Henrik E. Frederiksen [u.a], Sange og bønner fra Taizé, Kopenhagen: Kirkefondet 1998, 56 pp.; — mehrsprach. Ausgg., u.a.: Jacques Berthier, Chants de Taizé, Taizé: Les Presses de Taizé 1986, [o.p] [u.ö.]; - dass.: Freiburg i. Br./Basel/Wien: Herder Verlag 1993, 64 pp.; — Jacques Berthier, Joseph Gelineau u. Annamária Kertész, Songs from Taizé. Instrumental parts/Chants de Taizé, parties instrumentales/Gesänge aus Taizé, Instrumentalstimmen/Canti di Taizé. Parti strumentali/Taizéi énekek. Hangszeres kiséretek/Liederen uit Taizé. Instrumentale begeleidingen, instrumental partses instrumentales/Gesänge aus Taizé: Instrumentalstimmen, Taizé: Presses de Taizé u. Freiburg/Basel/Wien: Verl. Herder 2001, 207 pp.; — Taizé

(Musique imprimée 2002 - 2003), Taizé: Presses de Taizé 2002, [o.p.].

9. *Periodika:* Verbum Caro. Revue théologique et ecclésiastique trimestrielle (1.1947-23.1969); — Fortsetzung: Communion (franz. Ausg., 24.1970 - 26.1972 (= Nr. 93 - 104), 1.1973ff.; — dt. Ausg., Nr. 1.1973 - 24.1981); — Brief aus Taizé, 1970ff. (seit 2008 vierteljährlich in 13 Sprachen, auch in dt.).

Literatur über Roger Schutz und Taizé (Auswahl):

1. Allgemeine Lit. (Die nachfolgende, besonders die deutsche Literatur berücksichtigende Bibliographie bietet Monographien, Aufsätze, Artikel über Schutz und die Communauté de Taizé; Beiträge in deren Periodika [w.o., WW, 9] sowie Nekrologe [vgl. w.u., 4.] fanden keine Berücksichtigung; mehrere Veröffentlichungen eines Autors folgen unmittelbar der Erstveröffentlichung; zu den Neuerscheinungen vgl. bes. die Homepage der Communauté de Taizé [w.u., 4.]).

a) 1954 -1969: Walter Tappolet, Von Cluny nach Taizé, in: Quatember. Vierteljahreshefte für Erneuerung und Einheit der Kirche 18 (1953/1954), p. 235 - 239; — Lydia Präger (Hrsg.), Frei für Gott und die Menschen. Evangelische Bruder- und Schwesternschaften der Gegenwart in Selbstdarstellungen, Stuttgart: Quell-Verlag 1959, p. 127 - 139 (1964²); — Hans-Eckehard Bahr, Bruderschaft in Taizé, in: Hans Jürgen Schultz (Hrsg.), Frömmigkeit in einer weltlichen Welt, Stuttgart: Kreuz Verlag 1959, p. 220 - 223; — Malcolm Boyd, The Taizé Community, in: Theology Today. The life of man in the light of God 15 (1959), p. 488 - 506; — Jean Paul Buys, Holiness in action, in: Frontier. Publ. on behalf of World Dominion Press and Christian Frontier Council, 3 (1960), p. 175 - 177; — François Biot, Communautés protestantes. La renaissance de la vie régulière dans le protestantisme continental, Paris: Éditions Fleurus, 1961, p. 133 - 149 (dt. 1962); — [Hilaire] Marot, Le nouvel Office de Taizé, in: Irénikon. Revue trimestrielle. Monastère Bénédictin 35 (1962), p. 120 - 124; — ders., L'église de la conciliation à Taizé, in: Irenikon. Revue trimestrielle. Monastère Bénédictin 35 (1962), p. 421 - 424; — Siegfried von Kortzfleisch, Mitten im Herzen der Massen. Evangelische Orden und Klienten der Kirche, Stuttgart: Kreuz Verlag 1963, p. 129 - 159; — Taizé. Zeichen der Hoffnung, Freiburg i.Br.: Lambertus Verlag 1964, 12 Bl. (= Lebendige Kirche 1964, H. 3); — Robert Giscard, Les conditions du dialogue œcuménique, in: Etudes théologiques et religieuses. Faculté de théologie protestante 39 (1964) H. 1/2, p. 81 - 86; — Sister Marie, Die Communauté de Taizé, in: Reformatio. Zeitschrift für Kultur, Politik, Kirche 13 (1964), p. 334 - 344; — Wilhelm Schleiter, Evangelisches Mönchtum? Entwicklung und Aufgabe der Bruder- und Schwesternschaften in der Kirche, Stuttgart: Quell-Verlag 1965, p. 62 - 68; — Max Thurian, Ventures in Liturgy. The Eucharistic Liturgy of Taizé, in: Expository Times 76 (1965), p. 181 - 187; — Jean-Marie Paupert, Taizé et l'Eglise de demain. [Nachwort von Paul Ricoeur], Paris: A. Fayard 1967, 268 pp.; - dass. in ital. Übers.: Taizé e la Chiesa di domani. [Trad. di Anna Maria Rebaudengo de Marchi], Turin: Borla 1968, 278 pp.; - dass. in dt. Übers.: Taizé und die Kirche von morgen. [Übers. von Hildebrand Pfiffner], Luzern/München: Rex

Verlag 1969, 302 pp.; — Pieter Adriaan Elderenbosch, Taizé, Nijkerk: Callenbach 1967, 128 pp.; - dass. in neuer Ausg. u.d.T.: De rivier die in Taizé ontspringt. Wegwijzer naar de communiteit, Nijkerk: Callenbach 1975, 83 pp.; — Johannes Gerhartz, Wirklich arm sein. Die Armut in der Communauté de Taizé, in: Heinrich Schlier (Hrsg.), Strukturen christlicher Existenz. Beiträge zur Erneuerung des geistlichen Lebens (Festgabe für Friedrich Wulf zum 60 Geburtstag), Würzburg: Echter Verlag 1968, p. 317 - 331; — Brother Thomas, Taizé and the household of unity, in: Reformed and Presbyterian world 30 (1969), p. 266 - 272; — John Heijke, An ecumenical light on the renewal of religious community life. Taizé, Pittsburgh (Pa.): Duquesne Univ. Press u. Löwen: Nauwelaerts 1967, 203 pp.; — Günter Krüger, Lebensformen christlicher Gemeinschaften. Eine pädagogische Analyse, Heidelberg: Quelle & Meyer 1969, p. 134 - 148.

b) 1970 — 1979: George H. Shriver, Taizé. Theological practicum in the provisional, in: Theological Encounter. Creative theological scholarship 31 (1970) H. 8, p. 338 - 347; — David L. Edwards, Signs of radicalism in the ecumenical movement, in: Ruth Rouse (Hrsg.), A History of the ecumenical movement, Bd. 2, Philadelphia: Westminster Pr. 1970, p. 373 - 409; — Andreas Lindt, Das »Jugendkonzil« von Taizé, in: Reformatio. Zeitschrift für Kultur, Politik, Kirche 20 (1971), p. 574 - 575; — Denis Aubert, De l'église à tout faire à la maison d'église. Expérience à Taizé, in: Jacques Lercaro u.a. (Hrsg.), Espace sacré et Architecture moderne, Paris: Les Editions du Cerf 1971, p 105 -113; — Knud Nørholm, Taizé, Kopenhagen 1972, 18 pp.; — Andreas Stökl, Jugendretraite in Taizé, in: Johann F. Moes u.a., Einkehr in die Stille, Kassel: Stauda Verl. 1972, p. 71 - 91; — ders., Taizé. Geschichte und Leben der Brüder von Taizé, Hamburg 1975, 242 pp. (zugl. Diss. Erlangen-Nürnberg 1973 u.d.T.: Die Communauté de Taizé), Gütersloh: Verlagshaus Gerd Mohn 1978³, 230 pp., 1985⁴, 1989⁵; — Audacieuse aventure. Préparer le concile des jeunes. [Equipe intercontinentale de jeunes] (Hrsg. von der Communauté de Taizé, redigiert von Maria-Luisa Algini, Mitarbeit von Klaus Beuerle u.a.), Taizé: Les Presses de Taizé (Distribution: Paris: Editions du Seuil) 1973, 187 pp.; - dass. in dt. Übers.: Suchen, warten, wagen. Auf dem Weg zum Konzil der Jugend, Taizé. [Übers.: Communauté de Taizé], Graz/Wien/Köln: Verlag Styria 1973, 175 pp., 1974² u.d.T.: Leben wagen. Über den Weg zum Konzil der Jugend, Taizé, 208 pp.; - dass. in ital. Übers.: Un audace avventura, Turin: Società editrice internazionale 1973, 162 pp.; - dass. in span. Übers.: Una Audaz aventura. Hacia el concilio de los jovenes, Taizé, Barcelona: Herder 1973, 207 pp., 1974²; - dass. in engl. Übers.: Dare to live. Taizé 1974. Preparing for the world-wide Council of Youth, London: S.P.C.K. u. New York: Seabury Press 1974, 161 pp.; - dass. in holländ. Übers.: Durven leven. Onderweg naar het jongeren concilie. [Vert. Door Andries van Ginneken], Bilthoven: Ambo 1974, 134 pp.; — Sabine Laplane, Council of Youth, in: International Review of Mission 62 (1973), p. 90 - 91; — Frère Roger. Ansprachen anlässlich der Verleihung des Friedenspreises [1974]. Frère Roger im Gespräch mit Jugendlichen. Hrsg. vom Börsenverein des Deutschen Buchhandels e.V., Frankfurt a.M.: Verlag der Buchhändler-Vereinigung 1974, 60 pp.; — Mark Gibbard, Twentieth-century men of prayer [sc. Anthony Bloom, Dietrich Bonhoeffer, Madeleine Delbrel, Charles de Foucauld, Dag Hammarskjöld, Friedrich von Hügel, Thomas Merton, Alan Paton, Michel Quoist, Frère Roger von Taizé, Teilhard de Chardin, Simone Weil], London: S.C.M. Press 1974 [1975], 120 pp. (franz. Übers., 1976, amerik. Übers., 1977, holländ. Übers., 1980); — Marco Guido, L'eucaristia di Taizé. Tappa concreta nel dialogo ecumenico [Vorwort von Max Thurian], Bari: Ecumenica editrice [1974], 167 pp.; — Mediatrix Altefrohne, Zeichen evangelischer Armut heute. Taizé und die Erneuerung der biblischen Armut im Ordenswesen, Köln: Wienand 1974, 77 pp. (teilw. zugl. Diss Münster 1971 u.d.T.: Die Verwirklichung der biblischen Armut nach der Regel von Taizé und ihre Bedeutung für katholische Reformbestrebungen); — Bernhard Gervink, Taizé - Ökumenische Gemeinschaft. Ein Bericht, in: Sein und Sendung. Zweimonatsschrift für Priester und Laien 6 (1974), p. 175 - 181; — Iván Restrepo, Taizé. Una búsqueda de comunión con Dios y con los hombres, Salamanca: Sigueme 1975, 478 pp.; — Jean-Claude Grenier, Taizé. Une aventure ambiguë, Paris: Les Editions du Cerf 1975, 194 pp.; — Philippe Boitel, Lieux d'Eglise: L'Arbresle, Les Fontaines, Boquen, La Sainte-Baume, Lourdes, Saint-Michel-de-Cuxa, Taizé, Paris: Editions du Seuil 1975, 183 pp.; — Le Concile des jeunes, pourqoui? [Mitarbeit: Hubert Beuve-Méry, Claude Maréchal, Jean-Claude Petit, Moïz Rasiwala u.a.]. [Konferenzband vom Konzil der Jugend in Taizé vom 30.8. - 1.9. 1974], Taizé: Les Presses de Taizé u. Paris: Diffusion le Seuil 1975, 155 pp.; - dass. in dt. Übers.: Taizé und das Konzil der Jugend. Ereignis und Erwartung. Dokumente - Reportagen - Dialoge, Freiburg i.Br./Basel/Wien: Verlag Herder 1975, 125 pp., 1978³, 1979⁴; - dass. in ital. Übers.: Taizé. Il concilio dei giovani, perchi? Giornalisti e giovani rispondo, Brescia: Morcelliana 1975, 173 pp.; — Mireille Herlin, Taizé - le concile des jeunes. Du désir de l'autre, au désir de l'autre, Lizentiatsarbeit Löwen 1975, 225 pp.; — Horton Davies, Worship at Taizé. A Protestant monastic servant community, in: Worship. A review concerned with the problems of liturgical renewal 49 (1975), p. 22 - 34; — Manfred Plate, Taizé - Symbol der Versöhnung, in: Heinrich Fries, (Hrsg.), Versöhnung: Gestalten - Zeiten - Modelle, Frankfurt am Main: Verl. Knecht 1975, 211-219; — Ernst Klett, Statt einer Laudatio [für Frère Roger], in: Börsenverein des Deutschen Buchhandels, Frankfurt a.M. (Hrsg.), Friedenspreis des deutschen Buchhandels. Reden und Würdigungen 1966 - 1975, 1977, p. 347 - 350 (p. 345, Porträt von Schutz); — Ingrid Reimer, Zeichen des Miteinanderteilens, in: DtPfrBl 78 (1978), p. 5 - 8; — M. J. Joseph, Spirituality for combat, in: Religion and Society Journal 25 (1978) H. 3, p. 55 - 69; — Rex Brico, Taizé. Brother Roger and his community, London: Collins 1978, 220 pp.; - dass. in holländ. Übers.: Taizé. Een lente inde kerk, Baarn: Ambo 1978, 200 pp., 1981², 222 pp.; - dass. in dt. Übers.: Frère Roger und die Gemeinschaft [Übers. von Hans Schmidthüs], Freiburg i.Br./Basel/Wien: Verlag Herder 1979, 240 pp., 1982²; - dass. in franz. Übers.: Frère Roger et Taizé. Un printemps dans l'Eglise, Paris: Cerf 1982, 144 pp.; - dass. in ital. Übers.: Frere Roger e Taize. Una primavera nella Chiesa [Trad. di Velleda Menghetti Minelli e dei fratelli della Comunità di Taizé], Brescia: Morcelliana, 1982, 166 pp.; - dass. in span. Übers.: El hermano Roger y Taizé. Una pri-

mavera en la iglesia, Barcelona: Herder 1985, 158 pp.; — José Luis González-Balado, El desafio de Taizé, Barcelona/Madrid: Edic. Paulinas 1976, 255 pp., 1978², 207 pp., 1981³; - dass. in ital. Übers.: La Sfida di Taizé. Frère Roger 1976, Bari: Edizioni Paoline 1976, 166 pp.; - dass. in franz. Übers.: Le défi de Taizé. Frère Roger, Paris: Editions du Seuil 1976, 159 pp.; - dass. in dt. Übers.: Taizé - Frère Roger. Suche nach Gemeinschaft [Übers. von Wolfgang Hering], Freiburg 1978, 143 pp., 1980², 1983³; - dass. in engl. Übers.: The story of Taizé, London: Mowbray 1980, 127 pp.; - dass. in neuer Ausg.: London: Mowbray 1981, 141 pp., 1985², 1988³ [1990], 123 pp.; - dass. in neuer Ausg.: New York: Seabury Press 1981, 128 pp., - dass. in neuer Ausg.: Collegeville (Minn.): Liturgical Press 1990³, 123 pp.; - dass. in neuer Ausg.: London: Continuum 2003³, 121 pp.; - dass. in ungar. Übers.: Taizé, Roger testvér. A közösség keresése. [Übers. von Zsigmond Gyula], Budapest: Ecclesia 1987 [1988], 146 pp.; — Hans Albert Pflästerer, Die Communauté de Taizé und das Konzil der Jugend, in: Ingrid Reimer (Hrsg.), Alternativ leben in verbindlicher Gemeinschaft. Evangelische Kommunitäten, Lebensgemeinschaften, Junge Bewegungen, Stuttgart: Quell-Verlag 1979 (1983², 1986³), p. 71 - 80; — dieselbe, Taizé und das »Konzil der Jugend«, in: Materialdienst der Evangelischen Zentralstelle für Weltanschauungsfragen 44 (1981), H.2, p. 36 - 55, u. 44 - 53; — Michael Mildenberger, Die religiöse Revolte. Jugend zwischen Flucht und Aufbruch, Frankfurt a.M.: Fischer Taschenbuch Verlag 1979, p. 46 - 54, 1979 (16. - 22. Ts.), 1981 (23. - 27. Ts.); — Winfried Pilz, Dialog mit Frère Roger in Taizé, in: Katechetische Blätter. Zeitschrift für Religionsunterricht, Gemeindekatechese, kirchliche Jugendarbeit, 105 (1979) H. 6, p. 442 - 443; — Frère Wolfgang, Die Ökumenische Communauté von Taizé, in: Lebendige Seelsorge 30 (1979), H. 6, p. 366 - 367; — Taizé, Council of youth. Message from Mathare Valley, Nairobi 1979, African ecclesial review 21 (1979), p. 135 - 142.

c) 1980 -1989: Klemens Schaupp, Was sie in Taizé suchen, in: Entschluß. Zeitschrift für Praxis u. Theologie 35 (1980), H.3, p. 38 - 39; — [o.Verf.], Die Ökumenische Communauté von Taize, in: Katechetische Blätter. Zeitschrift für Religionsunterricht, Gemeindekatechese, kirchliche Jugendarbeit, 105 (1980) p. 677 - 678; — Friedrich Heer, Roger Schutz. Der Gründer von Taizé, in: Bruno Moser (Hrsg.), Große Gestalten des Glaubens, München: Südwest Verlag 1982, p. 181-189; — Christian Feldmann, Träume beginnen zu leben. Große Christen unseres Jahrhunderts, Freiburg i.Br./Basel/Wien: Verlag Herder 1983, 1991⁷, p. 70 - 95 (span. Übers., 1985; franz. Übers., 1987); — ders., Frère Roger, Taizé - gelebtes Vertrauen, Freiburg i. Br./Basel/Wien: Herder-Verl. 2005, 96 pp., 2006², 93 pp.; — H. Wayne Pipkin, The Taizé Community. A modern parable of Christian unity, in: Mid-Stream. An ecumenical journal 22 (1983), p. 53 - 64; — [o. Verf.], Ein Bruder aus Taizé, Ohne Aufschub »als Versöhnte« leben. Zur derzeitigen ökumenischen Suche in Taizé, in: Lebendige Seelsorge. Zeitschrift für praktisch-theologisches Handeln 34 (1983), H. 4, p. 194 - 197; — Roman Bleistein, Taizé. Modelle eines ökumenischen Weges?, in: Katechetische Blätter. Zeitschrift für Religionsunterricht, Gemeindekatechese, kirchliche Jugendarbeit, 108 (1983), H.1, p. 4 - 7; — Brief aus den Katakomben. Taizé und die Reform der Kirche, in: Christ in der Gegenwart 35 (1983),

H.8, p. 59 - 60; — Robert J. Batastini, Taizé: the community and its music, in: Journal of Church Music 26 (1984) H. 4, p. 18 - 21; — Charles L. Rice, Liturgical springtime, in: Drew Gateway. A journal of comment and criticism 55 (1984), H. 1, p. 42 - 48; — Jörg Hildebrandt u. Christine Müller in Zusammenarbeit mit der Communauté de Taizé (Hrsg.), Taizé. Wege der Versöhnung. Gegenwart einer Gemeinschaft, Berlin: Evangelische Verlagsanstalt 1984, 173 pp., 1986[2], 1988[3]; — Anneliese Gleditsch, Leben in christlicher Gemeinschaft heute. Taizé als Beispiel. [Vortrag am 29.9.1984 auf der Via-Mundi-Tagung 1984: »Erfahrungen und Leben aus dem Geiste« in Freising], Ottobrunn: Emde 1985, 24 pp.; — Albert Pichler, Jugendtourismus und Frömmigkeit, in: Diakonia. Internationale Zeitschrift für die Praxis der Kirche 16 (1985), H.2, p. 129 - 130; — [o. Verf.], Das Risiko des Pilgerseins. Gespräche in Taizé, in: Lebendige Seelsorge 36 (1985), H. 4, p. 241 - 246; — [Max Thurian], BEM and spirituality. A conversation with Brother Max Thurian, in: The Ecumenical Review. WWC Genf 38 (1986), p. 29 - 34; — Geoffrey Wainwright, Ecumenical spirituality, in: Cheslyn Jones [u.a.] (Hrsg.), The Study of spirituality. London: SPCK u. New York: Oxford University Press 1986, p. 540 - 548; — Anthony Priddis, Communities old and new, in: ebenda, p. 573 - 575; — Kathryn Spink, A universal heart. The Life and Vision of Brother Roger of Taizé, London: S.P.C.K u. San Franciso: Harper & Row 1986, 196 pp.; - dass. in neuer Ausg.: London: S.P.C.K. 2005, 204 pp.; - dass. in franz. Übers.: Frère Roger de Taizé [Trad. de Elizabeth Marchant], Paris: Editions du Seuil 1986, 186 pp.; - dass. in neuer Ausg. u.d.T.: La vie de Frère Roger, fondateur de Taizé, Paris: Editions du Seuil 1998, 141 pp., 2003[2], 2005[3]; - dass. in dt. Übers.: Frère Roger. Gründer von Taizé. Leben für die Versöhnung [Übers. u. Bearb. von Max Söller, Photos von Sabine Leutenegger], Freiburg i. Br./Basel/Wien: Verlag Herder 1987, 222 pp., 1990[2]; - dass. in neuer Ausg.: 1994, 198 pp., 1995[2], 1996[3]; - dass. in neuer Ausg. (völlig überarb. u. aktual. Neuausg.): 1999, 184 pp., 2000[2], 2003[4]; - dass. in neuer Ausg. (aktual. Neuausg.) 2005, 186 pp. u. 2007, 202 pp.; - dass. in neuer Ausg. (für Deutschland-Ost u. Osteuropa) u.d.T.: Taizé. Aufbruch Frère Rogers zur Quelle. Das Lebenswagnis eines Bruders. [Übers. u. Bearb. von Max Söller; hrsg. von Jörg Hildebrandt u. Christine Müller in Zusammenarbeit mit der Communauté de Taizé], Berlin: Evang. Verlagsanstalt 1990, 165 pp.; - dass. in neuer Ausg. (Blindendruck): Frère Roger. Gründer von Taizé. Leben für die Versöhnung, Paderborn: Blindenschrift Verlag P.v.M [o.J.,o.P.]; - dass. in ital. Übers.: Frère Roger fondatore di Taizé. [Trad. di Paolo Bagattini], Bologna: EDB [1987], 153 pp.; - dass. in neuer Ausg.: 1998, 103 pp.; - dass. in span. Übers.: El hermano Roger, fundador de Taizé. [Versión castellana de Luisa Medrano], Barcelona: Herder 1987, 185 pp.; - dass. in neuer Ausg.: La vida del Hermano Roger [Übers.: Eva Martín-Mora], Barcelona: Herder [2000], 134 pp.; - dass. in holländ. Übers.: Broeder Roger van Taizé. [Vert. door Th. C. Madder], Averbode: Altiora u. Helmond: Helmond 1989, 168 pp., Taizé: Ateliers et Presses de Taizé 1998[2]; - dass. in neuer Ausg. u.d.T.: Het leven van broeder, de stichter van Taizé. [Vert. door Goedron Derave-Debroey], Averbode: Altiora u. Baarn: Gooi en Sticht 1999, 130 pp.; - dass. in schwed. Übers.: Broder Roger i Taizé. [Übers. aus der franz. Neuausg. 1998 [w.o.]:

Gunhild Winqvist Hollmann], Slite: Wessmann 1999, 129 pp.; - dass. in ungar. Übers.: Roger testvér, Taizé alapítója. [Übers.: Lukács Lászlo], Budapest: Szt. István Társ 1989, 228 pp.; — Jean Paul II en France. Lyon, Taizé, Paray-le-Monial, Ars, Annecy. 3. voyage pastoral, 4-7 oct. 1986, Paris: Téqui 1986, 239 pp.; - dass. u.d.T.: Voyage apostolique à Lyon. Taizé, Paray-le-Monial, Ars et Annecy, 4-7 octobre 1986, [Paris]: Editions du Cerf 1986, 303 pp.; — [Communauté de Taizé], Taizé et les jeunes. Que se lève une confiance sur la terre, Paris: Le Centurion 1987, 147 pp.; - dass. in dt. Übers.: Vertrauen soll wachsen auf der Erde. Taizé und die Jugend, Graz/Wien/Köln: Verlag Styria 1988, 166 pp.; - dass. in ital. Übers.: Taizé e i giovani. Nasca la fiducia sulla terra, Turin: Rivoli, [o.J.], 166 pp.; — Klaus Meyer zu Uptrup, Taizé und die Jugend der Kirche. Berichte aus Taizé, in: Entwurf. Religionspädagogische Mitteilungen (1987), H. 3, p. 66 - 67; — Robert Schmekal, Impressionen aus Taizé, in: ebenda, p. 70 - 71; — Brother John, Brother Jean Marie, The Christian ethic as a reconciliation ethic, in: Robert J. Kennedy (Hrsg.) Reconciliation. The continuing agenda, Collegeville, (Minn.): Liturg. Press, 1987, p. 53-62 (Kongreßberichte); — John of Taizé, Reconciled in prayer, in: Ecumenical Trends. A monthly magazine of ecumenical news and documentation 17 (1988), H. 1, p. 12 - 14; — Bärbel Fleer, Taizé. Eine Herausforderung. Der Anspruch christlicher Orden in Theorie und Praxis, Essen: Blaue Eule 1988, 187 pp.; — [Communauté de Taizé (Hrsg.)], »Man kommt nach Taizé wie an den Rand einer Quelle«. Papst Johannes Paul II. in Taizé. [Die Botschaft des Papstes an die Communauté], Taizé: Les Presses de Taizé 1988, 31 pp.; — David C. Partington, Music from Taizé, in: Reformed Liturgy & Music 22 (1988), 113; — Donald H. Postema, A visit to Taizé, in: Reformed Worship 8 (1988) H. 2, p. 26 - 31; — Arlo D. Duba, Keeping vigil, in: Reformed Worship 8 (1988) H. 4, p. 10 - 14; — Scott Kellar, Taizé. A parable of Community, in: Touchstone. A journal of mere christianity 3 (1989) H. 4, p. 4 - 7; — M. Como, Listening to the silence through Zen and Taize, in: Tosh Arai u. Wesley Ariarajah (Hrsg.), Spirituality in interfaith dialogue, Genf: World Council of Churches [WCC] 1989, [o.p.]; — Gaston Westphal, Liturgie, conversion, et vie monastique à Taizé, in: Achille M. Triacca u. Constantin Andronikof (Hrsg.), Liturgie conversion et vie monastique, Rom: Ed. Liturgiche 1989, p. 365 - 375; — Theresa Scherf, Monasticism as church. The Taizé rule in the light of the western monastic tradition, Ann Arbor (Mi.): University Microfilms International 1989, 474 pp. (Diss. Marquette University, Milwaukee 1987).

d) 1990 - 1999: Thomas Ryan, New signs of the times; Ecumenical communities, in: Ecumenical Trends. A monthly magazine of ecumenical news and documentation 19 (1990), H. 1 , p. 5 - 7; — Jürgen Jeziorowski, Ein Hauch von Taizé unter Zirkussternen. Die nicht nur geglückte LWB-Vollversammlung in Curitiba, in: Lutherische Monatshefte. Kirchliches Zeitgeschchen, theologische Information, ökumenische Korrespondenz, Kirche im Dialog mit Kultur, Wissenschaft und Politik 29 (1990), p. 100 - 113; — ders.: Ein Gleichnis neuer Einheit. Frère Roger Schutz in Taizé wird 75, in: ebenda 29 (1990), p. 213 - 215; — Max Schoch, Roger Schutz (* 1915) und die Bruderschaft von Taizé, in: ders. und Stephan Leimgruber (Hrsg.), Gegen die Gottvergessenheit. Schweizer Theologen im 19. und 20. Jahrhundert, Freiburg i.Br./Basel/Wien 1990, p. 640 - 651; — Cecil M. Jividen, Taizé and Iona worship, with a global perspective, in: Reformed Liturgy & Music 25 (1991), p. 171 - 173; — Verleihung des Straßburger Robert-Schuman-Preises an Frère Roger de Taizé [...] am 20. November 1992 im Palais Rohan zu Straßburg, Hamburg: Stiftung FVS 1992, 35 pp. — Douglas A. Hicks, The Taizé community. Fifty years of prayers and action, in: Journal of Ecumenical studies 29 (1992), p. 202 - 214; — Marie Noelle Smeraldy, A week of silence, in: Areopagus. A Living Encounter with today´s religous world 5 (1992), H. 2, p. 50 - 52; — C. Lynn Bailey, The Taizé Alternative, in: Lutheran Forum. Independent monthly 27 (1993), p. 46 - 47; — Jean Wierckmeister, Taizé, in: Gilbert Vincent u.a. (Hrsg), Religions et transformation de L´Europe, Straßburg: Presses Universitaires de Strasbourg 1993, p. 251-259; — George Carey, Spiritual journey. The Archbishop of Canterbury's pilgrimage to Taizé with young people, London: Mowbray 1994, 148 pp.; — Nelson Gonzalez, A Pilgrimage of Trust with Taizé, in: Regeneration Quarterly. A forum for orthodox engagement 1 (1995), H. 2, p. 30 - 31; — M.-P. Faure, Jacques Berthier, a friend of God, in: Liturgy/Cistercians of the Strict Observance 29 (1995), p. 93 - 96; — Sophie Gilliat, Brother Roger of Taizé. A Contemporary Christian Mystik, in: Theology a monthly journal of historic Christianity 98 (1995), p. 289 - 296; — Ecumenism. Published by the Canadian Centre for Ecumenism 31 (1996) H. 124 (mehrere Beiträge zu Taizé); — Olivier Clément, Taizé. Un sens à la vie, Paris: Bayard éd./Centurion 1997, 110 pp.; - dass. in engl. Übers.: Taizé. A meaning to life, Chicago: GIA Publications 1997, 83 pp.; - dass. in ital. Übers.: Taizé. Un senso alla vita, Mailand: Paoline 1998, 84 pp.; - dass. in schwed. Übers.: Taizé. Att ge livet en mening. [Översättning: Mats Tängermark], Örebro: Libris 1998, 127 pp.; - dass. in dt. Übers.: Taizé. Einen Sinn fürs Leben finden, Freiburg i.Br./Basel/Wien 1999, 94 pp., 2000[2], 2002[3], 2004[4]; aktual. Neuausg., 2006, 111 pp; — Jacob A. van Belzen, Spiritualität verstehen. Bericht einer Pilotuntersuchung in Taizé, in: Archiv für Religionspsychologie 22 (1997), p. 182 - 199; — Sylvia Mallinkrodt-Neidhardt, Gottes letzte Abenteurer. Anders leben in christlichen Gemeinschaften und Kommunitäten, Gütersloh: Verlagshaus Gerd Mohn 1998, 159 pp.; — Bernd Vogel, Die Erfahrung von Taizé und die Theologie aus der Gemeinde, Hann. Münden: Selbstverlag 1998, 131 pp. (Fotos von Klaus Henn); — Thomas Neenan u. D. Miller, Taizé and centering and innovative collaboration, in: Gustave Reininger (Hrsg.), Centering prayer in daily life and ministry, New York: Continuum 1998, p. 58 - 68; — Judith Marie Kubicki, Liturgical Music as Ritual Symbol. A Case Study of Jacques Berthier's Taizé Music, Leuven: Peeters 1999, 207 pp. (mit Notenbeisp.); — Herbert Erchinger, Psalmen im Taizé-Gesang, in: RU. Ökumenische Zeitschrift für Religionsunterricht 29 (1999), H. 4., p. 140 - 141.

e) 2000 - 2006: Georg Schmid, Sehnsucht nach Spiritualität. Neue religiöse Zentren der Gegenwart. Mit Reportagen über Pondicherry, Canigou, Dozwil, Puttaparthi, Anaheim, Pensacola, Sedona, Plum, Village, Karmapa, Pune, Ganeshpuri, Amritapuri, Taizé und Porträts von Sri Aurobindo, Bruder Ephraim, Sai Baba, Thich Nhat Hanh, Lama Ole Nydahl, Gurumayi, Amma, Frère Roger, Stuttgart: Kreuz Verlag 2000, 239 pp.; — Sebastian Engelbrecht, Auf dem Hügel der Verklärung, in: Chrismon plus. Das evangelische Magazin (2000), H. 5, p. 42 - 47; — C. Lane Belden, The whole word singing. A journey to Jona and Taizé, in: Christian Century. A Journal of Religion 117 (2000), p. 336 - 339; — Heike Köhler, Zur Bedeutung von Taizé und der Arche für öffentliche Schulen. Eine Analyse christlicher Gemeinschaften bezüglich ihrer auf Schule und Religionsunterricht übertragbaren pädagogischen und religionspädagogischen Grundsätze, Frankfurt a. M/Bern/Brüssel/New York/Oxford/Wien: Peter Lang 2001, 236 pp. (zugl. Diss. Kiel 2000 u.d.T.: Zur pädagogischen Bedeutung christlicher Gemeinschaften für die öffentliche Schule); — Brother Jean-Marie, Prayer at Taizé. Singing and silence, in: Christian Century. A Journal of Religion 118 (2001), p. 16 - 17; — Arthur P. Boers, Learning the ancient rhythms of prayer, in: Christianity Today. A fortnightly magazine of evangelical conviction 45 (2001), H. 1, p. 38 - 45; — Wunibald Müller, Dein Lied erklingt in mir. Der göttliche Funke von Taizé, Würzburg: Echter Verlag 2003, 86 pp.; — Johannes Günter Gerhartz, »Selig, die arm sind vor Gott« (Mt 5,3). Die Armut in der Spiritualität der Gemeinschaft von Taizé, in: Geist und Leben. Zeitschrift für christliche Spiritualität 76 (2003), p. 302 - 305; — Marc Dannlowski, Taizé - Pilgerweg zur Ökumene, Lage: Logos Verlag 2004, 37 pp.; — Thomas Seiterich-Kreuzkamp, [Themenheft:] Taizé. Den Geist Gottes atmen und leben, Oberursel (Taunus): Publik Forum Verlags-Gesellschaft (2004) H. 3, 36 pp.; — Hans-Christian Knuth, Wider den Zeitgeist. 60 000 Jugendliche beim Taizétreffen in Hamburg, in: Zeitzeichen. Evangelische Kommentare zu Religion und Gesellschaft 5 (2004), H. 2, p. 19; — Jorge Revez, A comunidade de Taizé e o concílio de jovens (1970-79), in: Lusitania sacra. Revista do Centro de Estudos de Historia Eclesiastica 16 (2004), p. 247-272; — Regine Kuntz-Veit (Hrsg.), Frère Roger - Die Güte des Herzens. Begegnungen der Versöhnung durch die Gemeinschaft von Taizé, Stuttgart: Kreuz Verlag 2005, 207 pp.; — Remco Babijn, Gebed en ontmoeting in de stijl van Taizé, in: Praktische Theologie interdisziplinär 3 (2006), p. 354-361; — Marcello Fidanzio, Ricordo di frère Roger, fondatore della comunità di Taizé in: Ambrosius. Studi di stora liturgia ambrosiana 81 (2005), p. 751-760; — Claudemiro G. do Nascimento, A experiência macro-oikoumene em tempos incertos, in: Revista ecclesiástica brasileira 65 (2005), p. 315-334; — Placido Sgroi, Chiese in camino verso l'unità, in: Studi-ecumenici. Istituto di Studi Ecumenici San Bernardino/Verona 23 (2005), p. 633-657; — Klaus Nientiedt, Spiegel globalen Christseins. Die Brüdergemeinschaft von Taizé nach Frère Roger, in: Herder-Korrespondenz 59 (2005), p. 620-624; — ders., (Hrsg.), Taizé - Weltdorf für innere Abenteuer, Freiburg i.Br./Basel/Wien 2006, 174 pp.; — Michael Albus, Taizé. Die Einfachheit des Herzens. Das Vermächtnis von Frère Roger, Gütersloh: Verlagshaus Gerd Mohn 2006, 2006[2], 157 pp.; — Werner Milstein, Frère Roger. Taizé - für Frieden und Gerechtigkeit. Ein Portrait, Neukirchen-Vluyn: Neukirchener Verlagshaus 2006, 102 pp.; — Choisir d'aimer. Frère Roger de Taizé. [Hrsg. von der Communauté de Taizé], Taizé: Ateliers et Presses de Taizé 2006, 141 pp. (Bebilderter

»Erinnerungsband« mit Texten von Schutz; pp. 140-141 Auswahlbibliogr.; engl. 2007, span. 2007).

2. Lexikonartikel: Dictionary of the Ecumenical Movement, Grand Rapids 1991, p. 969; — ELThG, Bd. 3, 1994, p. 1954 - 1955; — Der Glaube der Christen. Ein ökumenisches Wörterbuch, Bd. 2, München: Pattloch u. Stuttgart: Calwer Verlag 1999, p. 465; — LThK³, Bd. 9, Sp. 308 u. 1244; — TRE, Bd., 32, p. 625 - 626; — NewCathEnc², Bd. 13, 2003, p. 735 - 736; — RGG⁴, Bd.8, 2005, p.14-15.

3. Audiovisuelle Medien: G. Pera, Taizé - Kampf und Kontemplation, München: Don-Bosco-Verlag 1978 (Diaserie, 60 Dias); — Klaus Meyer zu Uptrup, Taizé erlebt. Eine Woche im Konzil der Jugend, Stuttgart: Calwer Verlag 1980 (Tonbildschau, 60 Dias); — [o. Verf.], Taizé, Freiburg: Christophorus-Verlag 1983 (Tonbildschau, 36 Dias); — [o. Verf.], Taize, Oxford: Mowbray 1984 (36 Dias, Tonkassette u. Broschüre); — Gerhard Müller, Von nun an bist du nicht mehr allein. Über das Geheimnis von Taizé, TV-Aufzeichnung ZDF 1985 (Videokassette, 45 Min.); — [o. Verf.], Das Abenteuer Gemeinschaft. Frère Roger und die Brüder von Taizé, TV-Aufzeichnung, 1989 (Videokassette 30 Min.); — Jean Pierre Guiho, Taizé - Nahe ist das Vertrauen, Freiburg: Christophorus-Verlag 1990 (Videokassette, 28 Min.); — Johannes Neuhauser, Vertrauen wie Feuer. Dokumentation über die Brüdergemeinschaft von Taizé, Frankfurt a. M.: Katholisches Filmwerk 1991 (Videokassette, 45 Min.) (dass. auch Wien: ORF 1991); — [Henri Erimel], Besuch bei Frère Roger, Taizé: 1. Ursprünge einer Berufung, Taizé: Communauté de Taizé [1993? u.ö., mehrsprachig] (Videokassette, 52 Min.); — ders., Besuch bei Frère Roger, Taizé: 2. Diener des Vertrauens, 1994 u.ö., mehrsprachig (Videokassette, 52 Min.); — [o. Verf.], Die Communauté von Taize, Taizé: Ateliers et Presses de Taizé 1996 (Videokassette, 19 Min.); - dass.: 2000 (Videokassette, 36 Min.); — Communauté de Taizé, A week at Taizé: Taizé, Ateliers et Presses de Taizé u. Chicago (Illinois): G.I.A 2000 (Videokassette, 16 Min.); — Communauté de Taizé, Lumen Christi. The risen Christ, Taizé: Ateliers et Presses de Taizé u. Chicago (Illinois): G.I.A 2001 (Videokassette, 45 Min.); — Gino Cadeggianini, Frère Roger - Gründer der Gemeinschaft von Taizé, Eigenverlag: 2002 (Videokassette, 30 Min.); — Jobst Thomas, Jugendliche im Geiste von Taizé, Fernsehmitschnitt, 2004 (Videokassette, 30 Min.) (dt.-franz.); — Michael Albus u. Wolfgang Homering, Taizé. Mystischer Ort des Christentums: Hommage an Frère Roger, Frankfurt a. M.: Katholisches Filmwerk 2005 (DVD-Videokassette, 45 Min); — Rencontre avec/Meeting/Besuch bei Frère Roger, Taizé: Communauté de Taizé 2005 (DVD). — Ohne Jahresangabe: Vincent Böckstiegel, Die Brüder von Taizé. Communauté de Taizé, Witten: Evangelische Zentralbildkammer (Diaserie, 32 Dias); — Johannes Rzitka u. Doris Motekat, Taizé, Kampf und Kontemplation, München: Steyl Film und Ton (Tonbildschau, 24 Min.); — [o. Verf.], Taizé. Vertrauen - Verzeihen - Versöhnen, Freiburg: Christophorus-Verlag (Tonbildschau, 37 Min.).

4. Webseiten: Siehe bes: www.taize.fr (Homepage der Communauté de Taizé in über 30 Sprachen (mit den jeweiligen Neuerscheinungen); http://de.wikipedia.org/wiki/Roger_Schutz (dt. Ausg. mit weiteren Weblinks); —

http://www.kath.de/frereroger/ (Meldungen und Berichte zum Tod von Roger Schutz).

Beate Kolb Werner Raupp

SCHWAN, Alexander, Politikwissenschaftler, Sozialdemokrat (seit 1967; ab 1978 Christdemokrat) und Katholik, * 17.2. 1931 in Berlin, gest. 30.11. 1989 ebd. — Sein Vater war Verlagsbuchhändler in Düsseldorf. 1941-1950 besuchte A.S. das humanistische Gymnasium, während der Kriegszeit an verschiedenen Orten, seit 1945 in Düsseldorf, wo er 1951 sein Abitur am Staatlichen Görres-Gymnasium bestand. 1950-1954 übte er eine buchhändlerische Tätigkeit aus (mit Lehre und Gehilfenprüfung an der Deutschen Buchhändlerschule). A.S. hat 1951-1959 Philosophie und Geschichte, während der ersten vier Semester auch Kunstgeschichte, dann statt dessen Politische Wissenschaft und einige theologische Fächer an den Univ. Köln, Bonn, Fribourg (Schweiz), Basel und Freiburg/Br. studiert und sich anschließend bei Arnold Bergstraesser in Freiburg zum Dr. phil. in den Fächern Philosophie, Politische Wissenschaft und Neutestamentliche Theologie mit der Arbeit »Der Ort der Gegenwart in der Eschatologie des Seins. Eine Studie zur Ortsbestimmung der Gegenwart im ,neuen Denken' Heideggers« promoviert (1959). Zwischen 1959 und 1965 arbeitete A.S. als Assistent und Lehrbeauftragter am Seminar für wissenschaftliche Politik der Univ. Freiburg. 1965 erfolgte die Habilitation für das Fach Politische Wissenschaft in Freiburg (Habilitationsschrift: »Geschichtlichkeit und Politik. Zur Grundlegung politischer Ethik in der Geschichtstheologie Friedrich Gogartens und Rudolf Bultmanns«). Das frühe Interesse der Dissertation und Habilitationsschrift wurde auf einschlägigen Symposien und durch Einzelbeiträge - freilich eher nebenher - bis zum Lebensende weiterverfolgt. A.S. hat frühzeitig die These vom engen Wechselverhältnis eines sehr stark geschichtsontologischen, sozusagen schicksalsgläubigen Denkens mit den nationalsozialistischen Verstrickungen bei Heidegger mutatis mutandis auch bei Gogarten vertreten. Dies führte ihn politikphilosophisch zur personalistischen Sozialanthropologie (u.a. starker Einfluß Max Müllers und Karl Barths). 1965-1966 übernahm A.S. eine Lehrstuhlvertretung an der Freien Univ. Berlin. Von 1966 bis zu seinem Tod war er o. Prof. f. Politische Wissenschaften unter besonderer Berücksichtigung der Geschichte der politischen Theorien an der Freien Univ. Berlin. Hier konzentrierte sich A.S. in Seminaren und Forschungsarbeiten auf die Antike (Platon und insbes. Aristoteles), die frühe Neuzeit (Machiavelli, Thomas Morus, Hobbes), die Aufklärungsphilosophie (von Locke bis Kant), den Deutschen Idealismus, den Marxismus und Kommunismus in seinen verschiedenen Spielarten, Theoretiker des Liberalismus (Constant, Tocqueville, J.St. Mill) und philosophische sowie wissenschaftstheoretische Richtungen im 20. Jahrhundert (Existenzphilosophie, Kritische Theorie, moderne Kommunikationstheorie, Systemtheorie, Kritischer Rationalismus usw.). Das besondere Interesse galt dabei der aristotelischen und aufklärungstheoretischen Grundlegung eines freiheitlichen Politikverständnisses. 1967/68 war er Geschäftsführender Direktor (in der Stellung eines Dekans) des interfakultären Otto-Suhr-Instituts an der Freien Univ. und seit 1969 (dem Jahr seiner Eheschließung mit Gesine Schneider (2 Kinder); seine erste Ehe wurde zuvor geschieden) über zehn Jahre Mitgl. des Akademischen Senats, zeitweise auch des Kuratoriums der FU Berlin. In diese Zeit fiel auch S.s starke Beschäftigung mit Hochschul- und Bildungspolitik. Mit ihr beschäftigte er sich in Berlin und darüberhinaus durch Reformbemühungen und eine zunehmend für ihn wichtiger werdende Reformkritik aktiv (Buchpublikation 1969 »Reform als Alternative«). Er hat an der Vorbereitung aller Berliner Hochschulgesetze seit 1969 und des Hochschulrahmengesetzes und dessen Novellierung mitgewirkt. Die bildungspolitischen Interessen zeigten sich auch in starker Beteiligung an Tagungen der Bundes- und Landeszentralen bzw. Akademien für politische Bildung, der kirchlichen und parteipolitischen Akademien oder des Kölner Ostkollegs. A.S. bereitete den Bonner Kongreß »Mut zur Erziehung« (1969) vor und trug ihn maßgeblich mit. Er war Mitgl. des Bundes Freiheit der Wissenschaft, der 1970 gegründet wurde und von Hochschullehrern getragen wurde, die sich für die Freiheit von Forschung und Lehre einsetzen wollten, die sie durch die im Zuge der Studentenbewegung entstandene Politisierung der Univ. bedroht sahen. A.S. war Mitbegründer der Liberalen Aktion (1971), einer hochschulpolitischen Gruppe an der FU Berlin und Mitbegründer der Berliner »Wählerinitiative Bildung und Wissenschaft für Richard von Weizsäcker« (1978) für die Wahl v. Weizsäckers zum Regierenden Bürgermeister Berlins. Insbesondere aufgrund der Auseinandersetzung um das Berliner Hochschulgesetz (Kontroverse mit Wissenschaftsminister Peter Glotz) trat Schwan 1978 von der SPD zur CDU über. A.S. hat sich seit Ende der 1960er Jahre sehr intensiv an der Auseinandersetzung mit den damals neu aufkommenden marxistischen Strömungen beteiligt und diese u.a. in mehreren größeren Abhandlungen und Buchpublikationen (z.B. 1974 »Sozialdemokratie und Marxismus«) kritisch auf ihre Pluralismus- und Demokratiefähigkeit hin geprüft. Diese Untersuchungen implizieren auch den gesamten Weltkommunismus und insbesondere die revisionistisch-reformkommunistischen Bestrebungen in Osteuropa. Seit 1969 war er Stellvertretender Vors. des Arnold-Bergstraesser-Instituts für kulturwissenschaftliche Forschung in Freiburg, das sich mit Problemen der Dritten Welt befaßt. Einen Ruf auf einen Lehrstuhl für Philosophie an der Univ. zu Köln im Jahre 1972 hat A.S. abgelehnt. Von 1975-1981 war S. als Vertreter der Politischen Wissenschaft Mitgl. des Senats der Deutschen Forschungsgemeinschaft (1977-1980 auch Mitgl. des Hauptausschusses). Er hat in dieser Zeit insbesondere das Schwerpunktprogramm Internationale Politik mitinitiiert und betreut. Ein Jahr (1980/81) war A.S. Research Fellow am Woodrow Wilson International Center for Scholars in Washington D.C., wo er sich insbesondere mit vergleichenden Studien zur amerikanischen und deutschen Gesellschaft und Demokratie befaßte. 1984 war er ein halbes Jahr Visiting Fellow am Robinson College in Cambridge (England); dort standen Forschungsarbeiten und Lectures zur Pluralismustheorie im Mittelpunkt. — Die Demokratie- und Pluralismustheorie, Grundlagen- und Strukturprobleme der politischen Kultur des Westens waren die Bereiche, die das Zentrum seines Forschungsinteresses und zu erheblichen Teilen auch seiner Lehrtätigkeit darstellten. A.S. war einer der Repräsentanten der hauptsächlich von Ernst Fraenkel in Deutschland begründeten Pluralismustheorie im Sinne einer pluralistischen Theorie. S. ging es dabei vor allem um die Bestimmung der materialen ethischen Gehalte und verfassungspolitischen Strukturmerkmale der pluralistischen Demokratie und um die Klärung ihrer philosophischen Voraussetzungen - in komparatistischer Abgrenzung zu autoritär-totalitären politischen Systemen, zur radikalen Demokratie und zu anarchistischen Richtungen. In diesem Zusammenhang hat sich Schwan maßgeblich an der Grundwerte-Diskussion (zeitweise auch in der Grundwerte-Kommission der SPD) beteiligt, die bis heute relevant ist. Da A.S. die Auffassung vertrat, daß eine personalistische Begründung der pluralistischen Demokratie nicht nur einer philosophischen, sondern letztlich auch einer theologischen Fundierung bedarf, hat er sich auch sehr stark befaßt mit dem (zeit)geschichtlichen und aktuellen Verhältnis von Kirche(n) und Politik. Ein Kernanliegen und eine wesentliche Leistung von A.S. bestand darin, aus dem II. Vatikanischen Konzil und der Öffnung zur Ökumene angemessene demokratierelevante Folgerungen zu ziehen (so schon in seiner Freiburger Antrittsvorlesung 1966 »Katholische Kirche und pluralistische Politik«; auch sein starkes kirchliches Engagement seit dieser Zeit, insbesondere im linkskatholischen Bensberger Kreis und in der Paulus-Gesellschaft, später auch im Zentralkomitee der Deutschen Katholiken, rührte insbesondere hierher). Wichtige Aufsätze A.S.s sind gesammelt in dem von ihm vorbereiteten und von Gesine Schwan edierten Bd. »Ethos der Demokratie. Normative Grundlagen des freiheitlichen Pluralismus«. S. hat auch zahlreiche Zeitungsartikel zu hochschul-, bildungs- und kulturpolitischen Problemen, zu berlin-, deutschland- und außenpolitischen Fragen, zur Demokratietheorie und zur Politischen Philosophie (Thomas Morus, Wilhelm von Humboldt, Hegel, Marx, Marxismus, Jaspers, Heidegger, Hannah Arendt) in der »Frankfurter Allgemeinen Zeitung«, in der »Welt«, in der »Zeit« und im Berliner »Tagesspiegel« veröffentlicht, desgleichen zahlreiche Buchrezensionen.

Werke: Monographien: Politische Philosophie im Denken Heideggers, 1965 (2., um einen Nachtrag 1988 erw. Aufl. 1989); Katholische Kirche und pluralistische Politik. Politische Implikationen des II. Vatikanischen Konzils, 1966; Sozialdemokratie und Marxismus. Zum Spannungsverhältnis von Godesberger Programm und marxistischer Theorie, 1974 (zus. m. Gesine Schwan); Wahrheit - Pluralität - Frei-

heit. Studien zur philosophischen und theologischen Grundlegung freiheitlicher Politik, 1976; Geschichtstheologische Konstitution und Destruktion der Politik. Friedrich Gogarten und Rudolf Bultmann, 1976; Grundwerte der Demokratie. Orientierungsversuche im Pluralismus, 1978; Theorie als Dienstmagd der Praxis. Systemwille und Parteilichkeit - Von Marx zu Lenin, 1983; Der normative Horizont moderner Politik. Funkkolleg Politik, Studienbegleitbrief 2, 1985 (zus. m. Gesine Schwan); Ethos der Demokratie. Normative Grundlagen des freiheitlichen Pluralismus, hrsg. v. Gesine Schwan, 1992.

Herausgeberschaften: Reform als Alternative. Hochschullehrer antworten auf die Herausforderung der Studenten, 1969 (zus. m. Kurt Sontheimer); Denken im Schatten des Nihilismus. Festschr. für Wilhelm Weischedel zum 70. Geburtstag, 1975; Sozialismus in Theorie und Praxis. Festschr. für Richard Löwenthal zum 70. Geburtstag, 1978 (zus. m. Hannelore Horn und Thomas Weingartner); Grundlagen der politischen Kultur des Westens, 1986 (zus. m. Klaus W. Hempfer).

Aufsätze: Die Staatsphilosophie im Verhältnis zur Politik als Wissenschaft, in: Dieter Oberndörfer (Hrsg.), Wissenschaftliche Politik. Eine Einführung in Grundfragen ihrer Tradition und Theorie, 1962, 153-195; Politik als »Werk der Wahrheit«. Einheit und Differenz von Ethik und Politik bei Aristoteles, in: Paulus Engelhardt (Hrsg.), Sein und Ethos. Untersuchungen zur Grundlegung der Ethik, 1963, 69-110; Karl Barths dialektische Grundlegung der Politik, in: Civitas, 2/1963, 31-71; Personalität und Politik. Mensch, Mitmenschlichkeit und politisches Amt im Verständnis des Christen, in: Festschr. für Anton Betz, 1963, 209-243; Die dialektische Grundlegung von Stellung und Aufgabe der kommunistischen Partei durch Lenin, in: Der Politologe 7/1966/19, 29-36; Leszek Kolakowskis Philosophie des permanenten Revisionismus, in: PhJ 75/1967, 107-126; Was kann die plurale Gesellschaft von der Kirche fordern?, in: Frankfurter Hefte 23/1968, 479-488; Die Hochschule als Spannungsfeld von Wissenschaft und Freiheit, in: A.S., Kurt Sontheimer (Hrsg.), Reform als Alternative. Hochschullehrer antworten auf die Herausforderung der Studenten, 1969, 47-62; Art. Dezisionismus, in: Staatslexikon. Recht-Wirtschaft-Gesellschaft, hrsg. v. der Görres-Gesellschaft, 1969, Erg. Bd. I zur 6. Aufl., 582-591 (zus. m. Gerhard Göhler).

1970-1979: Friede durch Entwicklung. Eine neue Sicht des Friedens im gegenwärtigen Katholizismus, in: Oskar Schatz (Hrsg.), Der Friede im nuklearen Zeitalter. Eine Kontroverse zwischen Realisten und Utopisten, 1970, 116-127; Macht Demokratisierung die Univ. unregierbar?, in: Frankfurter Hefte 25/1970, 259-267; Art. Totalitarismus, in: Hans-Jürgen Schulz (Hrsg.), Politik für Nichtpolitiker, 2. Bd., 1970, 217-227; Art. Marxismus, in: Staatslexikon. Recht-Wirtschaft-Gesellschaft, hrsg. v. der Görres-Gesellschaft, 1970, Erg. Bd. II zur 6. Aufl., 637-648; Freiheit, Gerechtigkeit und Solidarität. Über die geistigen Grundlagen des Godesberger Programms, in: Sozialdemokratisches Forum 1/1971 (Beilage zur Berliner Stimme v. 30.10.1971); Die Hochschulreform in der Krise, in: Neue Rundschau 82/1971/4, 693-710; Die Reform der Reform. Memorandum zur Frage einer Novellierung des Berliner Univ.gesetzes, in: Deutsche Univ.zeitung - Hochschuldienst 1972, 148-151; Berlinpolitik zwischen Skepsis und Hoffnung, in: Informationsdienst des Katholischen Arbeitskreises für zeitgeschichtliche Fragen 61/1973, 7-13; Demokratischer Sozialismus in der Zerreißprobe. Zum Streit um das politische Programm der SPD, 1973; Die Herausforderung des Pluralismus durch den Marxismus. Aktuelle und grundsätzliche Aspekte, in: Günther Doeker, Winfried Steffani (Hrsg.), Klassenjustiz und Pluralismus. Festschr. für Ernst Fraenkel zum 75. Geburtstag am 26.12.1973, 1973, 444-481.

1974/1978: Martin Heidegger, Politik und Praktische Philosophe. Zur Problematik neuerer Heidegger-Literatur, in: PhJ 81/1974, 148-172; Zum Verhältnis von Theorie und Praxis im Marxismus-Leninismus am Beispiel der Parteilehre Lenins, in: Dieter Oberndörfer, Wolfgang Jäger, Marx-Lenin-Mao. Revolution und neue Gesellschaft, 1974, 90-101; Der Dialog ist tot. Die dreifache Herausforderung des Pluralismus durch den Marxismus, in: Uwe Schultz (Hrsg.), Toleranz. Die Krise der demokratischen Tugend und sechzehn Vorschläge zu ihrer Überwindung, 1974, 66-78; Nihilismus-Dogmatismus-Pluralismus. Zur Konstitutionsproblematik der Praktischen und Politischen Philosophie in der Gegenwart, in: A.S. (Hrsg.), Denken im Schatten des Nihilismus. Festschr. für Wilhelm Weischedel zum 70. Geburtstag am 11.4.1975, 1975, 247-292; Katholische Kirche und deutsche Sozialdemokratie, in: Günter Gorschenek (Hrsg.), Die Katholiken und ihre Kirche in der Bundesrepublik Deutschland, 1976, 205-217; Die Krise der pluralistischen Demokratie ist ihre Chance, in: Gerd-Klaus Kaltenbrunner (Hrsg.), Rückblick auf die Demokratie. Gibt es Alternativen?, 1977, 36-53; Philosophie der Gegenwart vor dem Problem des Pluralismus, in: Josef Simon (Hrsg.), Freiheit. Theoretische und praktische Aspekte des Problems, 1977, 171-203; Die geistesgeschichtliche Herkunft der Grundwerte, in: Otto Kimminich (Hrsg.), Was sind Grundwerte? Zum Problem ihrer Inhalte und ihrer Begründung, 1977, 23-44; Grundwerte, Grundrechte, Grundkonsens. Die fundamentale Bedeutung der aktuellen Grundwerte-Diskussion, in: Hannelore Horn, A.S., Thomas Weingartner (Hrsg.), Sozialismus in Theorie und Praxis. Festschr. für Richard Löwenthal zum 70. Geburtstag am 15.4.1978, 1978, 640-666; Die rel. Wurzeln des demokratischen Ethos, in: Shemaryahn Talmon, Gregor Siefer (Hrsg.), Religion und Politik in der Gesellschaft des 20. Jahrhunderts, 1978, 62-71; Wende in der Bildungspolitik, in: Mut zur Erziehung 1978, 121-140; Hochschulreform und gegenwärtige Univ.situation, in: Fragen der Freiheit 136/1979, 26-42; Die dreifache Herausforderung des Pluralismus durch den Marxismus, in: Heinrich Oberreuter (Hrsg.), Pluralismus. Grundlegung und Diskussion, 1979, 83-94; Liebe - Grundwert der Politik?, in: Klaus Hemmerle (Hrsg.), Liebe verwandelt die Welt. Anstöße zum Berliner Katholikentag 1980, 1979, 83-120; Pluralismus und Grundwerte unter Berücksichtigung der Stellung der Kirchen, in: Selbstverwirklichung und Verantwortung in einer demokratischen Gesellschaft, Bd. II: Wertwandel-Wertverlust-Werterziehung, 1979, 7-25; Das defensive und das offensive Wahlprogramm. Ein Vergleich der Plattform von CDU/CSU und SPD, in: Die politische Meinung 25/1980/191, 5-15; The State of Research in Berlin. Part I: Research in Universities, in: Martin J. Hillenbrand (ed.), The Future of Berlin, 1980, 229-246; Zeitgenössische Philosophie und Theologie in ihrem Verhältnis zur Weimarer

Republik, in: Karl Dietrich Erdmann, Hagen Schulze (Hrsg.), Weimar - Selbstpreisgabe einer Demokratie. Eine Bilanz heute, 1980, 259-285; Wissenschaft als Herausforderung. Neue Thesen zur Zukunft des Hochschulwesens, in: Mitteilungen des Hochschulverbandes 28/1980/5, 255-258; Humanismus und Christentum, in: Christlicher Glaube in moderner Gesellschaft, Teilbd. 19, 1981, 5-63; Pluralismus und Wahrheit, in: ebd., 143-211; Fundamental Values of Western Democracies, in: Günter Dlugos, Klaus Weiermair (ed.), Management Under Differing Value Systems. Political, Social and Economical Perspectives in a Changing World, 1981, 3-12; Das Ethos des politischen Handelns, in: Hans Poser (Hrsg.), Philosophische Probleme der Handlungstheorie, 1982, 327-348; Legitimation, in: Christlicher Glaube in moderner Gesellschaft, Teilbd. 27, 1982, 103-136; Ist »pluralistische Gesellschaft« ein Konzept für die Zukunft?, in: Ziele für die Zukunft - Entscheidungen für Morgen, 1982, 117-135; Dolf Sternbergers Philosophie freiheitlicher Politik, in: Geschichte in Wissenschaft und Unterricht 33/1982/8, 472-486; Die Verantwortung der Christen in der Demokratie, in: Hans F. Zacher (Hrsg.), Kirche und Politik. Ein notwendiges Spannungsfeld in unserer Demokratie, 1982, 79-102; Genügt Gerechtigkeit? Gerechtigkeit und Liebe im Licht der Enzykliken Johannes Pauls II., in: Stimmen der Zeit 107/1982/2, 75-88; Georg Wilhelm Friedrich Hegel, in: Paderborner Studien 1,2/1982, 63-67; Pluralismus und Grundwerte, in: Peter Steinbach, Geschichte der Bundesrepublik Deutschland. Geschichte und Aspekte der Verfassungsordnung, 1982, 166-175; Kühler Friede - der Freiheit wegen, in: Der Monat 283/1982, 34-40, Acht Thesen zur Friedensdiskussion, in: Paderborner Studien 3,4/1982, 86-90; Philosophie des Pluralismus. Zum 100. Geburtstag von Karl Jaspers, in: Jahrbuch der Berliner Wissenschaftlichen Gesellschaft 1983, 72-82.

1984/1992: Nationale Identität in Deutschland und Europa. Zum nationalen Selbstverständnis des deutschen Volkes und seiner Nachbarn, in: Klaus Weigelt (Hrsg.), Heimat und Nation. Zur Geschichte und Identität der Deutschen, 1984, 189-205; Freiheit in der Sicht der politischen Philosophie, in: TRE, Bd. XI, 1984, 533-549; Die Bundesrepublik nach der Entscheidung, in: Schweizer Monatshefte für Politik, Wirtschaft, Kultur 4/1984, 301-315; Denken und praktische Philosophie, in: Werner Filmer, Heribert Schwan (Hrsg.), Richard von Weizsäcker. Profile eines Mannes, 1984, 257-271; Existentielle und politische Freiheit. Die Existenzphilosophie von Karl Jaspers als geistige Grundlegung der pluralistischen Demokratie, in: Geschichte in Wissenschaft und Unterricht 35/1984/9, 569-585; Die Marxsche Theorie als Instrument der Praxis, in: Venanz Schubert (Hrsg.), Karl Marx (1818-1883), 1984, 151-175; Christliche Hoffnung versus politische Utopie in der Angstgesellschaft. Rel. Reflexionen zum Erfordernis einer »Wiederkehr der Religion«, in: Willi Oelmüller (Hrsg.), Wiederkehr von Religion? Perspektiven, Argumente, Fragen, 1984, 112-123, 253-256; Der normative Horizont moderner Politik I und II, in: Funkkolleg Politik, Studienbegleitbrief 2, 1985 (zus. m. Gesine Schwan); Brauchen wir eine neue Identität? Deutsche Nation, bundesrepublikanische Staatsräson, europäische Perspektive - 12 Thesen, in: Albrecht Randelzhofer und Werner Süß (Hrsg.), Konsens und Konflikt. 35 Jahre Grundgesetz, 1985, 509-518; Der Anspruch auf »realen Humanismus«

und seine Preisgabe bei Karl Marx, in: Studienzentrum Weikersheim (Hrsg.), Marxismus - die gescheiterte Philosophie unserer Epoche?, 1985, 13-25; Prinzipien und Tugenden politischen Handelns und Vertrauen in die politischen Kultur, in: Klaus Weigelt (Hrsg.), Werte-Leitbilder-Tugenden. Zur Erneuerung politischer Kultur, 1985, 267-282; Vom Geist und Ungeist der politischen Utopie, in: Hermann Boventer (Hrsg.), Jb. der Thomas-Morus-Gesellschaft 1985, 9-13; Pluralistische Demokratien und Marxismus, in: Der Monat 296/1985, 220-224; Unsere Demokratie auf schwieriger Gratwanderung, in: Conturen 7/1985/18 A, 5-31 (zus. m. Gesine Schwan); Religionsfreiheit, in: Ulrich Ruh, David Seeber, Rudolf Walter (Hrsg.), Hdwb. rel. Gegenwartsfragen, 1986, 391-396; Art. Gemeinwohl aus politischer Sicht, in: Staatslexikon. Recht-Wirtschaft-Gesellschaft, hrsg. v. der Görres-Gesellschaft, 1986, 7. Aufl., Bd. II, 859-861; Art. Heidegger, ebd., 1225-1229; Von der Pluralismusdiskussion zur Debatte über die Grundwerte. Kirchliche Stellungsnahmen zu gesellschaftlichen Problemen und Entwicklungen in der Bundesrepublik Deutschland, in: Stimmen der Zeit 3/1986/8, 559-567; Pluralismus und Personalismus. Die Bedeutung Max Müllers für die gegenwärtige Politische Philosophie, in: PhJ 93/1986, 318-325; Leiden an und in der Politik, in: Willi Oelmüller (Hrsg.), Leiden, 1986, 92-96, 269-272; Über den Versuchscharakter von Revolutionen und Reformen, in: Hanfried Helmchen, Rolf Winau (Hrsg.), Versuche mit Menschen in Medizin, Humanwissenschaft und Politik, 1986, 292-314; Art. Thomas Hobbes, in: TRE, Bd. XV, 1986, 404-412; Christliche Wertorientierung und pluralistische Gesellschaft, 1986; Zusammenbruch und Neubeginn, Die Bedeutung des 8. Mai 1945, in: Dokumentationsreihe der FU Berlin 14/1986; Deutscher Liberalismus und nationale Frage im 19. Jahrhundert, in: Manfred Funke, Hans-Adolf Jacobsen, Hans-Helmuth Knütter, Hans-Peter Schwarz (Hrsg.), Demokratie und Diktatur. Geist und Gestalt politischer Herrschaft in Deutschland und Europa. Festschr. für Karl Dietrich Bracher, 1987, 46-59; Der normative Horizont moderner Politik I und II, in: Klaus von Beyme, Ernst-Otto Czempiel, Peter Graf Kielmannsegg (Hrsg.), Funk-Kolleg Politik, Bd. 1, 1987, 102-140 (zus. m. Gesine Schwan); Verfassungspatriotismus und nationale Frage. Einige Überlegungen zum Verhältnis von deutschem Staats- und Nationalbewußtsein, in: Manfred Hättich (Hrsg.), Zum Staatsverständnis der Gegenwart, 1987, 85-100; Der Christ und die freiheitliche Gesellschaft, in: Ludger Honnefelder, Matthias Lutz-Bachmann (Hrsg.), Auslegungen des Glaubens. Zur Hermeneutik christlicher Existenz, 1987, 227-244; L´église catholique. Choix politiques et enracinement transcendental en République fédérale, in: Bernard Brigouleix, Joseph Rovan (Hrsg.), Quc dcvient L'Allemagne?, 1987, 183-198; Für den Frieden arbeiten - ethische Verantwortung und politisches Handeln, in: Jörg Calließ, Reinhold E. Lob (Hrsg.), Hdb. der Umwelt- und Friedenserziehung, Bd. 1: Grundlagen, 1987, 469-477; Politische Heilslehren. Totalitäre Systeme und Widerstand, in: Max Müller (Hrsg.), Senfkorn. Hdb. für den Katholischen Religionsunterricht, Bd. III/1, 1987, 373-390; Deutschland und der Westen - eine wieder aktuelle Diskussion, in: Klaus W. Hempfer, A. S. (Hrsg.), Grundlagen der politischen Kultur des Westens, 1987, 3-26; Die bindende Kraft der Grundwerte, ebda., 333-343; Grundwerte der Demokratie, in: Marian Heitger, Ines M. Breinbauer (Hrsg.), Erziehung zur Demokratie. Gewissenserziehung, 1987, 43-55; Das Problem des Naturrechts in der pluralistischen Demokratie, in: PhJ 94/1987, 297-315; Nationalbewußtsein und Staatsräson. Ein deutsches Spannungsverhältnis, in: Materialien zur politischen Bildung 4/1987, 10-13; Berlin und die deutsche Identität, in: Schweizer Monatshefte 67/1987/10, 787-794; German Liberalism and the National Question in the Nineteenth Century, in: Hagen Schulze (Hrsg.), Nation-Building in Central Europe, 1987, 65-80; Zeitkritik und Politik in Heideggers Spätphilosophie, in: A. Gethmann-Siefert, Otto Pöggeler (Hrsg.), Heidegger und die praktische Philosophie, 1988, 93-107; Heidegger über das »Wesen der Freiheit«, in: A. Gethmann-Siefert (Hrsg.), Philosophie und Poesie. Otto Pöggeler zum 60. Geburtstag, Bd. 2, 1988, 9-36; Existentielle und politische Freiheit. Zur politischen Philosophie von Karl Jaspers, in: Jb. der österreichischen Karl-Jaspers-Gesellschaft 1/1988, 68-88; Christliche Wertorientierung und pluralistische Gesellschaft, in: G. Baadte, A. Rauscher (Hrsg.), Glaube und Weltverantwortung, 1988, 85-106; Christliche Wertorientierung in der freiheitlichen Gesellschaft, in: Studienzentrum Weikersheim e.V. (Hrsg.), Die Freiheit, die sie meinen ... 200 Jahre Französische Revolution oder das Befreiende des Christseins, 1988, 105-116; Vom totalitären Geist der Utopie, in: Hans Maier, Ulrich Matz, Kurt Sontheimer, Paul-Ludwig Fastnacht (Hrsg.), Politik, Philosophie, Praxis. Festschr. für Wilhelm Hennis zum 65. Geburtstag, 1988, 303-313; Berlin und das Problem der deutschen Identität, in: Hannelore Horn (Hrsg.), Berlin als Faktor nationaler und internationaler Politik, 1988, 143-159; Berlin und die deutsche Frage, in: Ein Buch der Freunde. Shepard Stone zum Achtzigsten, 1988, 278-285; Die philosophische Begründbarkeit freiheitlicher Politik, in: Günter Abel und Jörg Salaguerda (Hrsg.), Krisis der Metaphysik, 1989, 448-468; Heideggers »Beiträge zur Philosophie« und die Politik, in: Otfried Höffe (Hrsg.), ZphF 43/1989/4, 593-617; Der Fall Martin Heidegger. Vom »Historikerstreit« zum »Philosophiestreit«, in: Politische Studien 5,6/1989, 295-316; Freiheit und Frieden als Grundwerte des politischen Handelns, in: Herbert Stachowiak (Hrsg.), Pragmatik. Hdb. pragmatischen Denkens, Bd. III: Allgemeine philosophische Pragmatik, 1989, 266-288; Die Gefährdung der pluralistischen Demokratie durch den Fundamentalismus, in: Anton Rauscher (Hrsg.), Christ und Politik, 1989, 100-117; Grundwerte westlicher Kultur. Fundamentale humane Entwicklung und Erziehung, in: Engagement 1/1989, 49-59; Pluralismus und Wahrheit. Zur legitimatorischen und kritischen Funktion der Politischen Philosophie in der pluralistischen Demokratie, in: Peter Haungs (Hrsg.), Wissenschaft, Theorie und Philosophie der Politik, 1990, 157-199; Die philosophische Begründbarkeit freiheitlicher Politik, in: Volker Gerhardt (Hrsg.), Der Begriff der Politik. Bedingungen und Gründe politischen Handelns, 1990, 20-41; Der 18. Brumaire des Karl Marx, in: Winfried Engler (Hrsg.), Die Französische Revolution, 1992, 175-184.

Bibliographie: Markus Porsche-Ludwig, Fundamente normativer Politikwissenschaft. Werkbiographie über A.S. (in Vorbereitung).

Lit.: Francois Bondy, Ein Theoretiker des Pluralismus, in: Merkur 31/1977, 593-596; — Peter Koslowski, Rezension von Schwan: Wahrheit, in: ZphF 31/1977, 458-460; — Bodo von Greiff, Pluralismustheorie und Status quo. Kritik an A.S., in: Merkur 33/1979, 1063-1077; — Joachim Detjen, Neopluralismus und Naturrecht. Zur politischen Philosophie der Pluralismustheorie, 1988; — Gerhard Göhler, Nachruf auf A.S., in: Politische Vierteljahresschrift 30/1990, 97-100; — Horst Schmitt, Die Freiburger Schule 1954-1970. Politikwissenschaft in »Sorge um den neuen deutschen Staat«, in: Wilhelm Bleek, Hans J. Lietzmann (Hrsg.), Schulen in der deutschen Politikwissenschaft, 1999, S. 213-243; — Markus Porsche-Ludwig, Zur Abgrenzung der sozialen Normen von den Rechtsnormen und ihre Relevanz für das Verhältnis von Recht(swissenschaft) und Politik(wissenschaft), 2007; — Ders., Fundamente normativer Politikwissenschaft. Werkbiographie über A.S. (in Vorbereitung).

Markus Porsche-Ludwig

SCHWERDT, Johann Georg *Heinrich* Christian, Pfarrer, Pädagoge, Schriftsteller und Politiker, * 7.1. 1810 in Neukirchen bei Eisenach/Thüringen, † 2.9. 1888 in Waltershausen, verheiratet I am 20.10. 1833 in Neukirchen, Marie Henriette Mende, * 1809 in Gotha, † 1.6. 1835 in Neukirchen; älteste Tochter des Gothaer Hofmusikus Gottlieb Mende, verheiratet II am 26.9. 1837 in Farnroda, Marie Caroline Christiane Jentsch, * 23.12. 1822 in Eisenach/Thüringen, † 2.9. 1901 in Waltershausen; Tochter des Kaufmanns Andreas Jentsch. J. G. Heinrich Chr. Schwerdt bekam mit seiner Frau in zweiter Ehe sieben Töchter, die in Neukirchen zwischen 1839 und 1855 geboren wurden. — Er war der jüngste und später einzige Sohn des Neukirchener Pfarrers Georg Heinrich Schwerdt, * 22.5. 1760 in Mechterstädt, † 7.3. 1842 in Neukirchen und seiner gleichfalls aus Neukirchen stammenden Frau, der Pfarrerstochter Eleonore Ernestine Caroline Elisabethe Friederike, geb. Cossius (1770-1851). — Er besuchte zunächst die Volksschule seines Heimatortes und erhielt zusätzlich von Privatlehrern in Eisenach zweimal wöchentlich Lateinunterricht. Die Wegstrecke von Neukirchen nach Eisenach (ca. 7 km) und zurück mußte er zu Fuß zurücklegen. 1821 bis 1826 absolvierte er das Gymnasium in Eisenach und von 1826 bis 1828 das Gymnasium in Gotha. Sein Abiturientenexamen legte er schließlich in Eisenach ab. S. schreibt während seiner Gymnasialzeit erste Gedichte für den Hausgebrauch. Michaelis 1828 nahm er an der Universität Jena ein Theologiestudium auf, das er 1830 bis 1831 in Leipzig fortsetzte. Erstmals werden Schwerdt'sche Gedichte 1830 im Cahl-

aischen Nachrichtsblatt veröffentlicht. Michaelis 1831 kehrte er ins elterliche Haus nach Neukirchen zurück und erteilte zunächst einigen Jungen Privatunterricht und bereitete sich auf die ausstehenden Prüfungen vor. Im Oktober 1832 bestand er das Candidatenexamen in Gotha und 1833 die Examina pro ministerio in Gotha als auch Eisenach. Auf Wunsch seines fast 73jährigen Vaters wurde J. G. Heinrich Chr. Schwerdt durch die Kirchenpatrone Wenige und Sahlbach in Gotha als Pfarrsubstitut (mit halber Besoldung) nach Neukirchen berufen, am Johannisfest 1833 vom Superintendenten Schönau zu Großenbehringen der Gemeinde vorgestellt und am 7.7. 1833 in der Gothaer Margarethenkirche durch Generalsuperintendent Bretschneider zum Pfarrer ordiniert. Die förmliche Einführung in den Pfarrdienst erfolgte durch Oberkonsistorialrath Kühn aus Eisenach im November 1834 in den Filialkirchen Stregda und Hötzelsroda. Schwerdt junior trat nach dem Tode des Vaters und vorübergehender Erledigung der Vacanzgeschäfte des Pfarramtes Neukirchen am 3.10. 1842 die Amtsnachfolge seines Vaters an. Bereits als Pfarrsubstitut und später als Pfarrer der Gemeinde Neukirchen entwickelte Schwerdt vielfältige kulturelle, pädagogische und soziale Initiativen zur Hebung des Bildungsstandes seiner Neukirchener Gemeindeglieder: 1835-Gründung eines Lesevereines für Ältere, 14.2. 1838-Gründung einer (ersten) Volksbibliothek (in Thüringen), 1839-Gründung einer Sonntagsschule für junge Burschen, weiterhin, Gründung einer Übungsschule für Mädchen in weiblichen Arbeiten unter Leitung seiner Ehefrau, Gründung einer Baumschule zur Unterrichtung der Schulknaben in Obstbaumzucht, Gründung eines Landwirtschaftsvereines, Gründung eines Gesangvereines, Gründung eines wissenschaftlichen Lesezirkels für Pfarrer und Lehrer des Nazzaer Bezirkes, 1.10. 1841-Erweiterung und Umwandlung der örtlichen Bibliothek in e. Wanderbibliothek zwischen 12 (später 16) umliegenden Dörfern, 1842-Gründung e. Unterhaltungsgesellschaft »Zur Lokomotive«. Die geplante Gründung einer Kleinkinderbewahranstalt in Neukirchen scheiterte jedoch am Widerstand der Gemeinde. Er organisierte vom 21.-22.6. 1840 eine örtliche Gutenberg-Feier, verbunden mit einem Volksfest. 1847 leitete er das Thüringer Sängerfest im

Eisenacher Mariental und auf der Wartburg, an dem berühmte Musiker seiner Zeit, u. a. Johann Ludwig Böhner, Friedrich Kühmstedt, Felix Mendelssohn-Bartholdy, Albert Methfessel, Carl Gottlieb Reißiger, Carl Martin Reinthaler und Philipp Heinrich Welcker teilnahmen. In den Programmablauf des Sängerfestes wurden Vertonungen Schwerdt'scher Gedichte durch F. Mendelssohn-Bartholdy (Morgengruß) und F. Kühmstedt (Gebet sowie Die Frauen sollen leben) einbezogen. Die geographische Bezeichnung »Sängerweg« in Eisenach erinnert noch heute an dieses Ereignis. Pfarrer Schwerdt predigte in der Neukirchener Kirche Sankt Ulrich als auch seinen Filialkirchen Hötzelsroda und Stregda in Festzeiten 12 bis 16x/Woche und versah gewissenhaft alle seelsorgerlichen Pflichten zur Zufriedenheit der Gemeinde und amtskirchlichen Vorgesetzten. Er führte die Kirchenbücher, schrieb eine ausführliche Orts- und Gemeindechronik für Neukirchen und betrieb Wetterbeobachtungen. Schwerdt war Deputierter des Amtsbezirkes Nazza im Gustav-Adolf-Verein. 1848/1849 und nochmals 1865-1869 wurde er im Kreis Nazza-Volkenroda zum Abgeordneten des Gothaischen (Revolutions-) Landtages gewählt. Einem Wahlvorschlag für das Erfurter Parlament folgte er nicht. Schwerdt wurde der Führer einer Bürgerwehr 1848/1849 in Neukirchen und wurde in der Gothaer Zeitung spöttisch »Generalissimus von Neukirchen« genannt. Im Gothaer Landtag stellte er Anträge zur Einführung einer Kirchenverfassung, Beschleunigung des Eisenbahnbaus Eisenach-Gerstungen, zur Bereitstellung von Geldern zur Arbeitsbeschaffung für erwerbslose Arbeiter, Steuererleichterungen, Einschränkung des herzoglichen Besitzes und das Einrichten von Fortbildungseinrichtungen sowie Volksbüchereien. Seine Erfahrungen in Bildungsangelegenheiten nutzten die Länder Elsaß, Preußen, Sachsen-Weimar-Eisenach, Württemberg und die Schweiz, indem sie ihn zum Gutachter bestellten. Im Zusammenhang seines Wegganges von Neukirchen erarbeitete Schwerdt ein »Abschiedswort an m(s)eine lieben Beichtkinder zu Neukirchen, Berteroda, Stregda und Hötzelsroda«, das er drucken und an alle Familien verteilen ließ. Am 26.5. 1861 verließ Pfarrer Schwerdt mit seiner Familie Neukirchen und wurde am 29.5. 1861 in Tonna unter Glockengeläut durch die Bevöl-

kerung und Honoratioren des Ortes empfangen. Am 2.6. 1861 hielt er im gefüllten Gotteshaus von Tonna seine Antrittspredigt über Hebräer 13.8: »Jesus Christus gestern und heute und derselbe auch in Ewigkeit« und wurde durch den Superintendenten Müller in sein neues Amt als Oberpfarrer eingeführt. Schwerdt wurde vier Wochen später zur geistlichen Oberaufsicht über das Tonnaer Zuchthaus verpflichtet, konnte jedoch die direkte Aufgabe der Gefangenenseelsorge seinem Diakon Kärst übertragen. Noch einmal wechselte Pfarrer Schwerdt den Dienstort nach Waltershausen in die Position des Superintendenten der Ephorie Tenneberg (13 Kirchgemeinden) ab 8.8. 1872. Hier führte er seine noch in Tonna mit Unterstützung seiner Töchter Laura und Ida gegründete Bildungs- und Erziehungsanstalt für junge Mädchen fort. S. unterrichtete selbst Religion, Deutsch und bedarfsweise auch andere Fächer. Sein Institut genoß einen sehr guten Ruf und bildete Zöglinge selbst aus dem Ausland wie England, Oesterreich, Schweiz und Übersee (Brasilien und Nordamerika) aus. Erneut gründete Schwerdt 1873 in Waltershausen einen Gartenbauverein, der sich für Landschaftspflege und Naturschutz engagierte und übernahm den Vorsitz des 1880 gegründeten Gewerbevereins. Am 24.4. 1880 gründete er in Gotha den Thüringerwald-Club, aus dem durch Vereinigung mit dem Eisenacher Thüringerwald-Club am 29.8. 1880 unter seiner Leitung in Ilmenau der Thüringerwald-Verein hervorging. In den Jahren 1883 und 1912 fanden in Waltershausen Hauptversammlungen des Thüringerwald-Vereins statt. Durch Verhandlungen mit der herzoglichen Regierung erreichte S., daß Teile des Inselberggebietes für den Fremdenverkehr erschlossen werden durften. Gleichfalls 1880 erstellte Superintendent Schwerdt einen Bericht an die Staatsregierung zum Bestand des Waltershäuser Pfarrarchives, aus dem am 17.6. 1881 wesentliche Teile nach Gotha, Schloß Friedenstein, verlagert wurden. — In den vielen Jahren seiner beanspruchenden Tätigkeiten folgte J. G. H. Ch. Schwerdt stets seinen literarischen und wissenschaftlichen Neigungen. Bereits mit 15 Jahren begann er an einem Trauerspiel zu arbeiten, daß jedoch nie vollendet wurde. Die Dresdner Abendzeitung unter Theodor Hell war die erste Zeitung, die Schwerdt als Mitarbeiter führte. Er schrieb im

Laufe seines Lebens für ca. 80 wissenschaftliche, belletristische, gemeinnützige und politische Zeitungen und Zeitschriften; für sein publizistisches Werk gibt es bislang keine Gesamtübersicht! Auch wirkte Schwerdt als Herausgeber einiger Zeitschriften: 1844 bis 1847-Allgemeines Volksblatt der Deutschen, eine belehrend unterhaltende Zeitschrift für den Bürger und Landmann, gemeinsam mit Karl von Pfaffenrath, 1857-Der Feierabend: Illustriertes Volks- und Familienblatt, von dessen Redaktion er wegen Unstimmigkeiten mit dem Verleger zurücktrat, 1857 bis 1859-Centralblatt für deutsche Volks- und Jugendliteratur, welches durch wirtschaftlichen Bankrott des Verlages eingestellt werden mußte. Pfarrer Schwerdt ließ einige seiner Predigten zu besonderen Anlässen drucken. Er schrieb ein Oratorium »Die heilige Nacht«, welches von Friedrich Nohr in Meiningen und Julius Schneider in Berlin componiert und wiederholt aufgeführt wurde. Schwerdt's deklamatorische musikalische Abendunterhaltung unter dem Titel »Der Gesang« ward von Nohr musikalisch gestaltet und 1859 in Meiningen uraufgeführt. Unter dem Autorennamen Heinrich Schwerdt erschienen eine Vielzahl historischer, volkskundlicher und geographischer Monographien, Reiseliteratur, eine biographische Erzählung, Titel zur Gesundheitserziehung sowie philosophische und andere Schriften. Seine Thüringer Heimat und ihre Geschichte boten ihm genügend Stoff zur Erzählung und Empfehlung. Volksbildung und Volkswohlfahrt waren stets Antriebsfedern seines unermütlichen schriftstellerischen, sozialen, politischen und theologischen Wirkens. Aber Schwerdt las und schrieb nicht nur, sondern stand gleichermaßen in intensivem Schriftwechsel mit bekannten Autoren und Verlegern seiner Zeit wie Hermann Alexander Berlepsch, Adolf Bube, Gustav Freytag, Wilhelm Hamm, Johann Baptist Heindl, Hermann Hesse, Friedrich von Hofmann, Friedrich August Körner und Joseph Kürschner. Es ist nur ein Bruchteil seiner Korrespondenz überliefert und in Bibliotheken einsehbar! Die Vielfalt der pfarrdienstlichen Aufgaben und multiple gesundheitliche Probleme beeinflußten in den letzten Jahren sein schriftstellerisches Schaffen deutlich. Er konzentrierte sich zunehmend auf seine beruflichen, unternehmerischen und privaten Verpflichtungen. Johann Georg Heinrich

Christian Schwerdt erhielt bereits zu Lebzeiten vielfältige Würdigungen und Ehren für sein schriftstellerisches, pädagogisches, politisches, soziales und wissenschaftliches Wirken. Der Gothaer Geograph A. Petermann benannte im Jahre 1871 einen Gletscher auf der östlich von Spitzbergen liegenden Edge-Insel als Schwerdt-Gletscher (21° Ost-Greenwich/ 77° 40' Nord). J. G. Heinrich Chr. Schwerdt wurde aus Anlaß seines 50jährigen Amtsjubiläums vom Herzog Ernst II. von Sachsen-Coburg-Gotha zum Kirchenrat ernannt und durch die Theologische Fakultät der Universität Jena die Ehrendoktorwürde (D. theol. honoris causa) verliehen. Das Freie Deutsche Hochstift Frankfurt/Main, der Deutsche Schriftstellerverband, die Gesellschaft zur Verbreitung der Volksbildung in Berlin, der Gewerbeverein Waltershausen sowie der Thüringerwald-Verein ernannten Schwerdt zum Ehrenmitglied ihrer Gesellschaften. Im Februar 1991 wurde am Ort seiner letzten Wirkungsstätte auf Beschluß der Stadtverordnetenversammlung Waltershausen eine Straße im Stadtzentrum zu Ehren seines verdienstvollen Bürgers Heinrich-Schwerdt-Straße benannt. Schwerdt starb am 2.9.1888 im Alter von 78 Jahren in Waltershausen und fand auf dem Friedhof am Waltershäuser Töpfersberg seine letzte Ruhe.

Gedichte: Schwerdt, Heinrich: Gedichte. — In: Cahlaisches Nachrichtsblatt von 1830; Schwerdt, Heinrich: Heimatland. — In: Heimatblätter für den Kreis Eisenach. — Eisenach: Landkreis (Herausgeber) 1936 (4), S. 75.

Korrespondenz (nachweisbare): Briefe (Heinrich Schwerdt an Adolf Bube) von 1840-1865 (Standort: Goethe- und Schiller-Archiv Weimar, Sign.: GSA 8/II, 2, 10; 19 Blatt, dabei 1 Druckschrift, 8 Bl.). — Briefe (Adolf Bube an Heinrich Schwerdt) von 1842 (Standort: Goethe- und Schiller-Archiv Weimar, Sign.: GSA 8/II, 3, 8). — Brief (Hermann Hesse an Heinrich Schwerdt) vom Juli 1847, ohne Ortsangabe (Standort: Deutsches Literaturarchiv Marbach/Neckar, Handschriftenabteilung, Sign.: HS00730751X; 1 Bl.). — Brief (Heinrich Schwerdt an Wilhelm Hamm) vom 18.01.1852 aus Neukirchen (Standort: Universitäts- und Landesbibliothek Darmstadt, Sign.: Nachlaß Künzel Br./4/I/74; 1 Br., 1 Dpl.bl., 2 S.). — Brief (Friedrich August Körner an Heinrich Schwerdt) vom 02.10.1856, ohne Ortsangabe (Standort: Bibliothek für Bildungsgeschichtliche Forschung Berlin, Sign.: HS 207). — Brief (Heinrich Schwerdt an Johann Baptist Heindl) vom 06.01.1858 aus Neukirchen (Standort: Bayerische Staatsbibliothek München, Sign.: Autogr. Schwerdt, Georg Heinrich; 1 Br., 2 S., 8«). — Brief (Heinrich Schwerdt an Johann Baptist Heindl) vom 01.04.1859 aus Neukirchen (Standort: Bayerische Staatsbibliothek München, Sign.: Autogr. Schwerdt, Georg Heinrich; 1 Br., 3 S., 8«). — Brief (Heinrich Schwerdt an

Forschungs- und Landesbibliothek Gotha) vom 23.06.1865 aus Tonna (Standort: Universitäts- und Forschungsbibliothek Erfurt/Gotha, Sign. Chart. B 1918 III, Schwerdt, H., Bl. 01-02). — Brief (Heinrich Schwerdt an Friedrich von Hofmann) vom 09.07.1869, ohne Ortsangabe (Standort: Landesbibliothek Coburg, Sign. Nachlaß Friedrich Hofmann; 1 Br.). — Brief (Hermann Alexander Berlepsch an Heinrich Schwerdt) von 1871 (Standort: Goethe- und Schiller-Archiv Weimar, Sign.: GSA 96/4971). — Brief (Heinrich Schwerdt an Unbekannt) von 1876, ohne Ortsangabe (Standort: Freies Deutsches Hochstift Frankfurt/Main; Sign. Unbekannt; 1 Br.). — Brief (Heinrich Schwerdt an Unbekannt) von 1879, ohne Ortsangabe (Standort: Freies Deutsches Hochstift Frankfurt/Main; Sign. Unbekannt; Beilage: 1 Billet). — Brief (Heinrich Schwerdt an Unbekannt) von 1881, ohne Ortsangabe (Standort: Freies Deutsches Hochstift Frankfurt/Main; Sign. Unbekannt; 1 Postkarte). — Briefe (Heinrich Schwerdt an Joseph Kürschner) von 1883-1885 (Standort: Goethe- und Schiller-Archiv Weimar, Sign.: GSA 55/8143; 2 Stück, 2 Blatt). — Brief (Heinrich Schwerdt an Joseph Kürschner) von 1885 (Standort: Goethe- und Schiller-Archiv Weimar, Sign.: GSA 55/8226; 1 Stck., 1 Blatt). — Brief (Heinrich Schwerdt an Gustav Freytag) von 1893 (Standort: Goethe- und Schiller-Archiv Weimar, Sign.: GSA 19/282; 1 Stck., 1 Blatt).

Lieder/Musikstücke: Schwerdt, Heinrich(Text); Nohr, Friedrich (Komposition, Uraufführung Meiningen) und Schneider, Julius (Komposition, Uraufführung Berlin): Die Heilige Nacht: Oratorium; Schwerdt, Heinrich: Festordnung und Festlieder der am 21. und 22. Junius 1840 in Neukirchen zu begehenden vierhundertjährigen Gedächtnisfeier der Erfindung der Buchdruckerkunst. - Eisenach, 1840; Schwerdt, Heinrich (Text); Mendelssohn-Bartholdy, Felix (Komposition): Morgengruß des Thüringischen Sängerbundes, ca. 1847. (Quelle: www.thueringer-komponisten.de); Schwerdt, Heinrich (Text); Nohr, Friedrich (Komposition): Der Gesang, deklamatorische Abendunterhaltung (Uraufführung Meiningen), 1859.

Monographien: Schwerdt, Heinrich (Bearbeiter); Döbel, Ernst, Christoph (Autor): Des Wagnergesellen E. Ch. Döbel Wanderungen durch einen Theil von Europa, Asien und Afrika in den Jahren 1830-1836; mit lithographischen Ansichten, Ct. - Eisenach; Gotha: Müller 1837, Band 1; 1838, Band 2; Schwerdt, Heinrich: Die Stadt Treffurt und die Ruinen des Nordmannstein (mit Abb.). - In: Thüringen und der Harz mit ihren Merkwürdigkeiten, Volkssagen und Legenden. - Sondershausen: Friedrich August Eupel, 1841, 4. Band, S. 31-48; Schwerdt, Heinrich; Rümpler, -: Mühlhausen. - In: Thüringen und der Harz mit ihren Merkwürdigkeiten, Volkssagen und Legenden. - Sondershausen: Friedrich August Eupel, 1842, 6. Band, S. 5-35; Schwerdt, Heinrich: Haynecke bei Natza. - In: Thüringen und der Harz mit ihren Merkwürdigkeiten, Volkssagen und Legenden. - Sondershausen: Friedrich August Eupel, 1842, 7. Band, S. 87-96; Schwerdt, Heinrich: Ruine Brandenburg. - In: Thüringen und der Harz mit ihren Merkwürdigkeiten, Volkssagen und Legenden. - Sondershausen: Friedrich August Eupel, 1842, 7. Band, S. 97-106; Schwerdt, Heinrich: Die jetzigen Bauernunruhen oder Luthers Stimme in den Wirren unserer Zeit. - Grimma: Verlagscomptoir, 1848; Ohne Autorenangabe (Schwerdt, Heinrich): Eisenach und die Wartburg mit ihren Merkwürdigkeiten und Umgebungen. - Eisenach: Bärecke, 1849, 1. Auflage; Schwerdt, Heinrich: Thüringens Bäder nach ihrer Lage, ihren Heilkräften, ihren Einrichtungen und ihren Umgebungen: Wegweiser und Gedenkbuch für Einheimische und Fremde. Heft 1 - Liebenstein: Mineralbad, Molkenkur- und Kaltwasserheilanstalt im Herzogthum Meiningen. - Gotha: Johann Georg Müller, 1854; Schwerdt, Heinrich: Thüringens Bäder ... , Heft 3 - Salzungen: Soolbad im Herzogthum Sachsen-Meiningen. - Gotha: Johann Georg Müller, 1855; Schwerdt, Heinrich: Thüringens Bäder ... , Heft 4 - Elgersburg: Kaltwasser-Heilanstalt im Herzogthum Sachsen-Gotha. - Gotha: Johann Georg Müller, 1855; Schwerdt, Heinrich: Thüringens Bäder ... , Heft 6 - Arnstadt: Sool- und Flußbad im Fürstenthum Schwarzburg-Sondershausen. - Gotha: Johann Georg Müller, 1856; Schwerdt, Heinrich: Beiträge zur Volkswohlfahrt in belehrenden Erzählungen, Band 1: Schöndorf, oder: Wie sich der Landmann das Leben angenehm macht: Eine Erzählung für's Volk, als Beitrag zur Landesverschönerung. - Gotha: Hugo Scheube, 1856; Schwerdt, Heinrich: Beiträge zur Volkswohlfahrt in belehrenden Erzählungen, Band 2: Jakob Biedermann, oder hilf dir selber, so wird Gott dir helfen: eine Erzählung für's Volk als Beitrag zur christlichen Armenpflege in Stadt und Dorf. - Gotha: Hugo Scheube, 1856; Schwerdt, Heinrich: Beiträge zur Volkswohlfahrt in belehrenden Erzählungen, Band 3: Das dritte Gebot, oder: An Gottes Segen ist Alles gelegen: eine Erzählung für's Volk, als Beitrag zu einer würdigen Sonn- und Festtagsfeier. - Gotha: Hugo Scheube, 1857; Schwerdt, Heinrich: Beiträge zur Volkswohlfahrt in belehrenden Erzählungen, Band 4: Die Goldquelle oder der Landwirth auf dem Wege des Fortschritts. eine Erzählung für's Volk, als Beitrag zur zeitgemäßen Hebung der Landwirthschaft.. - Hamm: Grothe'sche Buchhandlung, 1859, 2. unveränderte Auflage; Schwerdt, Heinrich: Aus alter Zeit. Zwei Wartburggeschichten: 1. Die Heilige Elisabeth und 2. Martin Luther. - Leipzig: Schlicke, 1858; Schwerdt, Heinrich: Aus neuer Zeit. Zwei Handwerker-Geschichten: 1. Die Wanderschaft im Morgenland. 2. Handwerk hat güldenen Boden. - Leipzig: Schlicke, 1858; Schwerdt, Heinrich: Daheim ist doch daheim: Nordamerikanische Bilder aus dem Munde deutscher Auswanderer: Ein Volksbuch. - Leipzig: Verlag von Bernhard Schlicke, 1858; Schwerdt, Heinrich: Album des Thüringer Waldes: Zum Geleit und zur Erinnerung. - Leipzig: Wigand, 1858; Schwerdt, Heinrich: Schiller's Geburtstag, oder »Ich habe gelebt und geliebet«: biographische Erzählung. - Leipzig: Mendelssohn, 1859; Schwerdt, Heinrich: Beiträge zur Volkswohlfahrt in belehrenden Erzählungen, Band 4: Die Goldquelle, oder: Der Landwirth auf dem Wege des Fortschritts; eine Erzählung für's Volk; als Beitrag zur zeitgemäßen Hebung der Landwirtschafth. - Leipzig: Neumeister, 1859; Schwerdt, Heinrich: Thüringer Dorfgeschichten. - Leipzig: Schlicke, 1859; Schwerdt, Heinrich: Thüringens Bäder ... . Heft 1: Liebenstein: Mineralbad, Molkenkur- und Kaltwasserheilanstalt im Herzogthum Meiningen. - Gotha: Johann Georg Müller, 1859, 2. umgearbeitete Auflage; Schwerdt, Heinrich: Schatzkästlein für Land- und Hauswirtschafth, ein Kalender. - Darmstadt: Jacoby, 1860; Schwerdt, Heinrich: Thüringens Bäder ... . Heft 2: Friedrichroda: Berg- und Badestadt im Herzogthum Gotha.

- Gotha: Johann Georg Müller, 1860, 2. Auflage; Schwerdt, Heinrich: Der Wunderdoctor Johannes Dicel in Seebach: ein erbauliches Lebensbild. - Leipzig: Schlicke, 1860; Schwerdt, Heinrich: Der homöopathische Doctor oder prüfe, was deinem Leben gesund ist: ein Volksbuch, als Beitrag zur naturgemäßen Lebensordnung und zur heilsamen Krankenpflege. - Sondershausen: Eupel, 1861; Schwerdt, Heinrich: Abschiedswort an meine lieben Beichtkinder zu Neukirchen, Berteroda, Stregda und Hötzelsroda. - Neukirchen, 1861; Schwerdt, Heinrich: Trennung und Wiedersehen, oder Der Glaube an ein ewiges Leben. Zum Trost, zur Belehrung und zur Erbauung für Trauernde und Zweifelnde. - Leipzig: Schlicke, 1861; Schwerdt, Heinrich: Wo durch empfiehlt sich die Einführung der Presbyterial- und der Synodal-Verfassung?: eine Denkschrift für Alle, denen eine lebensvolle Gestaltung des evangelischen Kirchenwesens am Herzen liegt; (auf Grund der Beratungen, welche die Geistlichen des Herzogthums Gotha über die Frage gehalten). - Sondershausen: Eupel, 1861; Schwerdt, Georg Heinrich: Wie zu Neukirchen bei Eisenach um 1850 eine große Bauernhochzeit gefeiert wurde. - In: Schmidt, Franz: Sitten und Gebräuche bei Hochzeiten, Taufen und Begräbnissen in Thüringen. - Weimar, 1863; Schwerdt, Heinrich: Thüringens Bäder ... , Heft 4 - Elgersburg: Kaltwasser-Heilanstalt im Herzogthum Sachsen-Gotha. - Gotha: Johann Georg Müller, 1863, 2. Auflage; Schwerdt, Heinrich: Die Goldquelle, oder: Der Landwirth auf dem Wege des Fortschritts; eine Erzählung für's Volk; als Beitrag zur zeitgemäßen Hebung der Landwirtschafth. - Hamm: Grothe'sche Buchhandlung, 1863, 2. unveränderte Auflage; Schwerdt, Heinrich; Ziegler, Alexander: Neuestes Reisehandbuch für Thüringen. - Hildburghausen: Bibliographisches Institut, 1864; Schwerdt, Heinrich: Geschichtsbilder aus dem deutschen Vaterlande: Die Rädelsführer. - Berlin: Max Boettcher, 1864; Schwerdt, Heinrich: Die Hannoveraner in Thüringen und die Schlacht bei Langensalza: eine Episode aus der neuesten Kriegsgeschichte/von einem unparteiischen Augenzeugen mit Benutzung der zuverlässigsten Nachrichten. - Langensalza: Klinghammer, 1866, 2. berichtigte und vervollständigte Auflage; Schwerdt, Heinrich: Das industrielle und kommerzielle Thüringen: das Großherzogthum Weimar, die Herzogthümer Meiningen, Altenburg, Koburg-Gotha, die Fürstenthümer Reuß und Schwarzburg, so wie die preußisch-thüringischen Landestheile nach ihrer Produktion, Fabrikation und merkantilen Bedeutung mit Angabe der bedeutendsten thüringischen Fabrik- und Handelsfirmen; nebst einem Anhang, enthaltend: Produkten- und Fabrikaten-Bezugsregister für Thüringen. - Gera: Amthor, 1867; Schwerdt, Heinrich: Thekla von Gumpert: ein biographisch-kritisches Denkmal zur fünfundzwanzigjährigen Jubelfeier ihrer schriftstellerischen Tätigkeit. - Glogau: Carl Flemming, 1868; Schwerdt, Heinrich: Jahrbuch der neuesten und interessantesten Reisen: für die Jugend bearbeitet, Band 1, 1. Abtheilung: Eine Ferienreise im Thüringerwalde. - Langensalza: Greßler, 1868; Schwerdt, Heinrich: Jahrbuch der neuesten und interessantesten Reisen: für die Jugend bearbeitet, Band 1, 2. Abtheilung: Reise nach Abessinien - Langensalza: Greßler, 1868; Schwerdt, Heinrich: Jahrbuch der neuesten und interessantesten Reisen: für die Jugend bearbeitet, Band 2, 1. Hälfte: Deutsche Nordfahrt. - Langensalza: Greßler, 1869; Schwerdt, Heinrich: Jahrbuch der neu-

esten und interessantesten Reisen: für Jung und Alt, Band 2, 2. Hälfte: Die Länder der Bibel, wie sie waren und wie sie sind: Pilgerfahrten auf den Sinai und nach Jerusalem. - Langensalza: Greßler, 1870; Schwerdt, Heinrich: Jahrbuch der neuesten und interessantesten Reisen: für die Jugend bearbeitet, Band 3, 1. Hälfte: Die Pacific-Eisenbahn und die Indianer in Nordamerika. - Langensalza: Greßler, 1870; Schwerdt, Heinrich: Jahrbuch der neuesten und interessantesten Reisen: für die Jugend bearbeitet, Band 3, 2. Hälfte und Band 4: Von Berlin nach Paris. Kriegs- und Siegesfahrten 1870-1871. Deutschlands Triumph im Kampf gegen Frankreich 1870-1871. - Langensalza: Greßler, 1871; Schwerdt, Heinrich; Weitemeier, Adolph; Lauckhard, Karl Friedrich: Für Geist und Herz: Zur häuslichen Erbauung vom Pfarrer Weitemeier. Leibespflege in gesunden und kranken Tagen von H. Schwerdt. Erziehungsregeln von Carl Friedrich Lauckhard. (Schriftenreihe: Breithaupts Vermächtnis; 3). - Langensalza: Greßler, 1870; Schwerdt, Heinrich; Jäger, H.: Eisenach und die Wartburg mit ihren Merkwürdigkeiten und Umgebungen. - Eisenach: Bachmeister, 1871, 2. verbesserte Auflage; Schwerdt, Heinrich; Ziegler, Alexander: Neuestes Reisehandbuch für Thüringen. - Hildburghausen: Bibliographisches Institut, 1871, 2. Auflage; Schwerdt, Heinrich: Selbstbiographie des Oberpfarrers Schwerdt. - In: Kirchenchronik Gräfentonna, undatiert (ca. 1872); Schwerdt, Heinrich; Ziegler, Alexander: Thüringen. - Leipzig: Bibliographisches Institut, 1876, 2. Auflage, revidierte Ausgabe (Schriftenreihe: Meyers Reisehandbücher; 1. Auflage unter dem Titel: Reisehandbuch für Thüringen); Schwerdt, Heinrich; Ziegler, Alexander: Thüringen. - Leipzig: Bibliographisches Institut, 1880, 3. umgearbeitete Auflage (Schriftenreihe: Meyers Reisehandbücher); Schwerdt, Heinrich (Text); C. P. C. Koehler (Aquarell): Der Thüringer Wald: dargestellt in seinen malerischen Landschaftspunkten nach Aquarellen. - Darmstadt: Koehler, 1880; Überschär, Max (Bearbeiter u. Herausgeber); Schwerdt, Heinrich (Vorwort): Ehre sei Gott in der Höhe: Kirchen- und Schulfeste. Teil I: Die Christnacht in Deutschlands evangelischen Kirchen und Schulen, auch zu Gebrauch für Kirchliche Gesangvereine. Teil II: Liturgisch-dramatische Weihnachtsfeier in Deutschlands Schulen. - Wittenberg: P. Wunschmann, 1883; Mayne-Reid, Thomas (Autor); Schwerdt, Heinrich (Bearbeiter): Im Afrikanischen Busch. Jagden und Abenteuer. - Stuttgart: Bardtenschlager, ohne Jahresangabe (ca. 1898); Schwerdt, Heinrich: Martin Luther in Eisenach: Erzählungen aus der Reformationszeit. - Eisenach: Eifert & Scheibe, 1911; Doebel, Ernst Christoph (Autor); Wöhrle, Oskar (nacherzählt von); Schwerdt, Heinrich (bearbeitet von): Ein deutscher Handwerksbursch der Biedermeierzeit; auf der Walze durch den Balkan und den Orient. Einheitssachtitel: Des Wagnergesellen Ernst Christoph Döbel Wanderungen durch einen Theil von Europa, Asien und Afrika in den Jahren 1830-1836. - Stuttgart: Die Lese, 1916; Schwerdt, Heinrich: Martin Luther in Eisenach: Erzählungen aus der Reformationszeit. - Eisenach: Eifert & Scheibe, ca. 1920, 2. Auflage; Schwerdt, Heinrich: Der Wunderdoctor Johannes Dicel in Seebach: ein erbauliches Lebensbild. - Kaltennordheim/Rhön: Kessler, 1936, 2. Auflage; Schwerdt, Heinrich: Daheim ist doch daheim: Nordamerikanische Bilder aus dem Munde deutscher Auswanderer: Ein Volksbuch. - Leipzig: Verlag von Bernhard Schlicke,

1858 (Microfich-Ausgabe: Wildberg: Belser Wissenschaftlicher Dienst, 1989-1990); Schwerdt, Heinrich: Der Thüringer Wald. - Jena: Wartburg-Verlag, 1990, 1. Auflage (Reprint der 1880 erschienenen Ausgabe); Schwerdt, Heinrich: Album des Thüringer Waldes: Zum Geleit und zur Erinnerung. - Leipzig: Wigand, 1858. (Reprint der Originalausgabe: Halle: Fliegenkopf Verlag, 1991; Braunschweig: Verlag Michael Kuhle, 1991); Schwerdt, Heinrich: Album des Thüringer Waldes: Zum Geleit und zur Erinnerung. - Leipzig: Wigand, 1858. (Microfiche der Originalausgabe). - Hildesheim: Georg Olms Verlag, 1994-1998; Schwerdt, Heinrich: Die Hannoveraner in Thüringen und die Schlacht bei Langensalza: eine Episode aus der neuesten Kriegsgeschichte/von einem unparteiischen Augenzeugen mit Benutzung der zuverlässigsten Nachrichten. - Langensalza: Klinghammer, 1866, 2. berichtigte und vervollständigte Auflage. (Reprint; Bad Langensalza, 2001).

Predigten (gedruckte): Schwerdt, Heinrich: Festpredigt zur vierhundertjährigen Feier der Buchdruckerkunst am Johannistage 1840 über Lucas 1,57-80, gehalten in Neukirchen bei Eisenach (Sonntagsfeier 1840, N. 37). - Darmstadt: Leske, 1840; Schwerdt, Heinrich: Gastpredigt am 19. September 1841 zu Bad Liebenstein gehalten und Sr. Durchlaucht dem regierenden Herzoge zu Sachsen-Meiningen Bernhard Erich Freund zum Andenken. 15 S.; Schwerdt, Heinrich: Gastpredigt vor den Landtags-Abgeordneten des Herzogthumes Gotha am 15 October 1848 in der Kirche des Schlosses Friedenstein. - Gotha: Engelhard-Reyher, 1848; Schwerdt, Heinrich: Antrittspredigt über Hebräer 13.8: »Jesus Christus gestern und heute und derselbe auch in Ewigkeit«, gehalten zu Gräfentonna am 2. Juni 1861. - Sondershausen: Eupel, 1861; Schwerdt, Heinrich: Der Zeitgeist vor dem Richterstuhle des Christenthums. Predigt ... über Lucas XII, 54-56. - Taufrede im Hause eines Arztes. - In: Billig, - Steinacker,- und Wendel,- (Herausgeber): Predigten und Amtsreden namhafter Kanzelredner der Gegenwart. Für die evangelischen Geistlichen und Gemeinden herausgegeben. – Leipzig: Wigand, 1865, Bd. 2; Schwerdt, Heinrich: Jubel-Kirchweihpredigt (enthält außerdem Brand-Predigt von Otto Steiner). - Waltershausen: Eglingsche Buchdruckerei, 1873.

Sonstiges: Schwerdt, Heinrich: Bücher-Verzeichniß der Volksbibliothek im Amtsbezirk Nazza (Katalog in Bandform, enthält Umlauf- und Ausleihdaten, angelegt von H. Schwerdt). - Neukirchen: Bibliothek im Pfarrhaus, ab 1853; Schwerdt, Heinrich: Ortschronik von Neukirchen (Berichtszeit 1853-1860). - Neukirchen (Standort: Eisenach: Landeskirchenarchiv der Evgl.-Luther. Kirche, Aktenbestand Jauernig, Bd. 1, Blatt 135-137).

Zeitschriftenaufsätze (soweit ermittelt): Schwerdt, Heinrich: Pädagogische Miscellen. - In: Allgemeine Schulzeitung: ein Archiv für die neueste Geschichte des gesammten Schul-, Erziehungs- und Unterrichtswesens der Universitäten, Gymnasien, Volksschulen und aller höheren und niederen Lehranstalten 14 (1837) 152, S. 1230-1232, 14 (1837) 153, S. 1239-1249, 15 (1838) 100, S. 823-824, 15 (1838) 195, S. 1591-1592; Schwerdt, Heinrich: Geschichte einer Gemeindebibliothek. - In: Allgemeiner Anzeiger und Nationalzeitung der Deutschen (1841) Nr. 314 vom 17.11., Sp. 4081-4087; Schwerdt, Heinrich: Volksliteratur. - In: Allgemeiner

Anzeiger und Nationalzeitung der Deutschen (1841) Nr. 327 vom 30.11., Sp. 4257-4267; (1842) Nr. 26 vom 27.01., Sp. 342-344; (1843) Nr. 270 vom 04.10., Sp. 3476-3485; Schwerdt, Heinrich: Das Schullehrerseminar zu Eisenach. - In: Allgemeine Schulzeitung ... 19 (1842) 40, S. 321-325; Schwerdt, Heinrich: Das Schulwesen in Eisenach. - In: Allgemeine Schulzeitung ... 21 (1844) 16, S. 133-136; Schwerdt, Heinrich: Die Gutenbergs-Bibliothek zu Neukirchen. - In: Allgemeines Volksblatt der Deutschen 2 (1845) Nr. 16, S. 125-217; 2 (1845) Nr. 17, S. 134-135; 2(1845)Nr. 18, S. 139-143; Schwerdt, Heinrich: Erste Versammlung Thüringischer Volksfreunde. - In: Allgemeines Volksblatt der Deutschen 2 (1845) Nr. 44, S. 346-348; Schwerdt, Heinrich: Lehrbücher der christlichen Religion. - In: Allgemeine Schulzeitung ... 23 (1846) 122, S. 988-992; Schwerdt, Heinrich: Feierabendstunden. - Saalfeld, 1847; Schwerdt, Heinrich: Politische Volksbildung (Teil I). - In: Beiblatt zur Gothaischen politischen Zeitung Nr. 49 vom 02.09.1848, S. 2-3; Schwerdt, Heinrich: Ein unbefangenes freies Wort aus der Mitte der Abgeordneten-Versammlung zu Gotha. - In: Privilegirte Gothaische Zeitung Nr. 132 vom 20.11.1848, S. 4; Schwerdt, Heinrich: Religionsunterricht. - In: Allgemeine Schulzeitung ... 26 (1849), S. 155-160; Schwerdt, Heinrich (Herausgeber): Centralblatt für deutsche Volks- und Jugendliteratur: ein kritischer Wegweiser. - Gotha: Scheibe, 1857; Schwerdt, Heinrich: Jugendschriften. - In: Allgemeine Schulzeitung ... 36 (1859) 30, S. 472-478; Schwerdt, Heinrich: Drei Tage aus dem Leben eines Dichters: Zu Schillers hundertjährigem Geburtstage. - In: Westermanns illustrierte deutsche Monatshefte: ein Familienbuch für das gesamte geistige Leben der Gegenwart 7 (1859), S. 121-136; Schwerdt, Heinrich: Der Reichthum unserer Jugend- und Volksliteratur. - In: Allgemeine Schulzeitung ... 36(1859)32, S. 500-503; 36 (1859) 33, S. 516-519; Schwerdt, Heinrich: Eine Ferienreise (Coburg und Umgebung). - In: Nach der Schule: Illustrierte Zeitschrift zur Unterhaltung und belehrenden Beschäftigung der Jugend. - Leipzig: Ferdinand Hirt und Sohn, 1876/1877, 1. Band, Heft 1, S. 22-27; Schwerdt, Heinrich: Martin Luther in Eisenach: Erzählung aus der Reformationszeit. - Eisenach: Eifert & Scheibe, 1911; Schwerdt, Georg Heinrich: Wie zu Neukirchen bei Eisenach um 1850 eine große Bauernhochzeit gefeiert wurde. - In: Das Thüringer Fähnlein 4 (1935) S. 551-555; Schwerdt, Georg Heinrich: Wie zu Neukirchen bei Eisenach um 1850 eine große Bauernhochzeit gefeiert wurde. - In: Heimatblätter für den Kreis Eisenach. - Eisenach: Landkreis (Herausgeber) 1936 (4), S. 70-75; Schwerdt, Heinrich: Der Wunderdoctor Johannes Dicel in Seebach: ein erbauliches Lebensbild. - Kaltennordheim: Westthüringer Heimatverlag Carl Kessler, 1937.

Zeitschriftenmitarbeit (soweit ermittelt): Abendzeitung (Dresden); Allgemeine Auswanderungs-Zeitung (Rudolstadt); Allgemeine Kirchenzeitung (Darmstadt); Allgemeine Schulzeitung: ein Archiv für die neueste Geschichte des gesammten Schul-, Erziehungs- und Unterrichtswesens der Universitäten, Gymnasien, Volksschulen und aller höheren und niederen Lehranstalten (Darmstadt); Allgemeiner Anzeiger und Nationalzeitung der Deutschen (Gotha: Beckersche Verlagsbuchhandlung); Allgemeiner Anzeiger der Deutschen Illustrierten Zeitung (Leipzig); Allgemeines Volksblatt der Deutschen (Arnstadt, später Saalfeld) Jg. 1

(1844)-3(1846) (Herausgabe mit C. von Pfaffenrath); Ameise (Grimma); Cahlaisches Nachrichtsblatt (Kahla); Camburger Wochenblatt (Camburg); Centralblatt für deutsche Volks- und Jugendliteratur: ein kritischer Wegweiser. - Gotha: Scheibe, Jg. 1(1857) - 2(1858); Der Jugend Lust und Lehre von Masius (Glogau: Flemming); Deutscher Verkehr (Frankfurt/Main); Dorfzeitung (Hildburghausen); Der Feierabend: Illustrirtes Volks- und Familienblatt (Gotha) (Jg. 1(1857) wegen Diskrepanzen mit dem Verleger frühzeitiger Rücktritt von der Redaktion); Frankfurter Journal (Frankfurt/Main); Deutsche Allgemeine Zeitung (Leipzig); Gartenlaube (Leipzig); Gothaische Zeitung (Gotha/Thr.); Gothaische politische Zeitung (Gotha/Thr.); Homöopathische Volksblätter (Sondershausen); Homöopathische Zeitung (Paderborn); Horn's Maja (Wiesbaden); lustrierte Monatshefte (Braunschweig); Illustriertes Panorama (Berlin); Des Knaben Lust und Lehre: Blätter zur Unterhaltung und Belehrung für Knaben im Alter von 10 bis 16. - Glogau: Flemming, 1857-1858; Komet (Leipzig); Landwirtschaftliche Dorfzeitung; Morgenblatt (Stuttgart); Nach der Schule: Illustrierte Zeitschrift zur Unterhaltung und belehrenden Beschäftigung der Jugend (Leipzig: Ferdinand Hirt und Sohn, 1876 bis 1877); Naumburger Kreisblatt (Naumburg/Saale); Pomologische Monatsschrift; Praktisches Wochenblatt für Norddeutschland; Privilegirte Gothaische Zeitung (Gotha/Thr.); Röhrs Magazin für Prediger; Sächsische Schulzeitung (Dresden u. Leipzig); Schenkels kirchliche Zeitschrift; Sonntagsblätter (Weimar); Thea von Gumperts' Töchteralbum (Glogau: Flemming); Theologisches Literaturblatt (Darmstadt); Will); Thüringer Bote (Gotha/Thr.); Thüringer Stadt- und Landbote (Saalfeld); Thüringer Zeitung (Weimar); Thüringia (Arnstadt); Westermann's illustrirte deutsche Monatshefte (Braunschweig); Zimmermanns Sonntagsfeier.

Lit.: Akten der Kircheninspektion Waltershausen 149, 284 sowie Neukirchen 41 bis 44. (Standort: Landeskirchenarchiv Eisenach); — [Acta über die Gutenbergsbibliothek zu Neukirchen, 1838-1840]. (Standort: Pfarrarchiv Neukirchen); — [Volksbibliotheken betreffend]. - In: Neustädter Kreisbote (1843) Nr. 87 vom 01.11., S. 347-348; — Mitteilung [über die Gutenbergsbibliothek]. - In: Sächsische Vaterlands-Blätter 4(1844) Nr. 45 vom 19.03., S. 182; — Gothaische Landtags-Verhandlungen 1848/49; — Bartels, Adolf: Geschichte der thüringischen Literatur. - Jena: Frommann, 1938-1942, Bd. 2, S. 82; — Petzholdt, Julius: Handbuch Deutscher Bibliotheken. - Halle/Saale: Druck und Verlag von H. W. Schmidt, 1853, S. 276; — [Eine Schwerdt-Biographie]. - In: Der Volksschulfreund: eine Zeitschrift für die Volksschullehrer zunächst der Provinz Preußen. - Königsberg: Bon, 1857 (3); — Gothaische Zeitung Nr. 154 vom 05.07.1858, S. 3ab; — Heindl, Johann Baptiste: Galerie berühmter Pädagogen, verdienter Schulmänner, Jugend- und Volksschriftsteller und Componisten: aus der Gegenwart in Biographien und biographischen Skizzen. - München: Finsterlein, 1859, 2. Band, S. 459-462; — Schumann, A.: Schwerdt. - In: Allgemeine Deutsche Biographie. - 33(1891) S. 417-420; — Brümmer, Franz: Deutsches Dichterlexikon: biographische und bibliographische Mittheilungen über deutsche Dichter aller Zeiten. - Eichstätt et. al.: Krüll, 1876-1877, 2. Band, S. 345a; — Eisenacher Tagespost Nr. 39 vom 16.02.1883, Feuilleton, S. 1ad; —

Thüringer Post (Erfurter Tageblatt) Nr. 163 vom 17.07.1883, S. 2c; — Mießler, Adolf (Herausgeber): Deutscher Geographen-Almanach. - Hagen/Westfalen, 1884, 1. Jahrgang, S. 424; — Thüringer Verkehrs-Zeitung III. Jahrgang, Nr. 3 (31.01. - 13.02.1886), S. 1ab. - Gotha; — Waltershäuser Kreisblatt Nr. 78 vom 28.09.1887, S. 2ab; — Waltershäuser Kreisblatt Nr. 71 vom 05.09.1888, S. 1a, 1c-2a; — Brümmer, Franz: Lexikon der deutschen Dichter und Prosaisten des 19. Jahrhunderts. - Leipzig, 1888, 3. Ausgabe, 2. Band, S. 311a; — Gothaisches Tageblatt Nr. 209 vom 05.09.1888, S. 3ab; — Waltershäuser Kreisblatt Nr. 72 vom 08.09.1888, S. 2c-3a; - Nr. 5 vom 16.01.1889, S. 1c-2a; — Hinrichsen, Adolf: Das literarische Deutschland. - Berlin et. al.: Verlag des »Literarischen Deutschlands«, 1891, 2. Auflage; — Köllein, H.: Ein bekannter Führer, biographische Skizze. - Ohrdruf, 1893; — Weidner, Friedrich: Gotha in der Bewegung von 1848. - Gotha: F. A. Perthes, 1908; — Nippold, Erich: Die Bezirksbüchereien im ehemaligen Herzogtum Gotha. - In: Thüringer Monatshefte »Pflüger« 7(1930); — Unbekannt: Der Gothaer freiwillige Wehrmännerverein unter dem Befehl Ernst II. - In: Rund um den Friedenstein: Blätter für Thüringische Geschichte und Heimatgeschehen / herausgegeben vom Gothaischen Tagesblatt 8(1931)Heft 7; — Rollberg, Fritz: G. H. Schwerdt. - In: Wartburgland, Beilage der Eisenacher Tagespost vom 25.06.1932; — Rollberg, Fritz: Ein Schriftsteller des Wartburglandes (Teil 1). - In: Wartburgland, Beilage der Eisenacher Tagespost vom 13.08.1932; — Rollberg, F.: Schwerdts letzte Lebensjahre (Teil 2). - In: Wartburgland, Beilage der Eisenacher Tagespost vom 08.10.1932; — Helmbold, Hermann: Geschichte der Stadt Eisenach. - Eisenach: Buch- und Kunstdruckerei Philipp Kühner, 1936, S. 107, 112; — Kestner, Bruno: Bei Spitzbergen ist sein Name verewigt: Ein echter Sohn seiner thüringischen Heimat. Zum 50. Todestage Heinrich Schwerdts. - In: Waltershäuser Tageblatt vom 03.09.1938; — Langlotz, Kurt: Hötzelsrode: Ein Thüringer Dorfbuch. - Eisenach: Philipp Kühner, 1940, S. 80; — Herrmann, Rudolf: Thüringische Kirchengeschichte. - Jena: Verlag Frommann, 1941; — Quandt, Willy: Kirchenrath D. theol. h. c. Heinrich Schwerdt. Schriftsteller, Pädagoge, Politiker. - In: Bedeutende Männer aus Thüringer Pfarrhäusern. - Berlin: Evangelische Verlagsanstalt, 1957, S. 43-49; — Löffler, Siegmar: Geschichte der Stadt Waltershausen. 1959, Band 1; — Schadeberg, Ludwig: Der »Generalissimus« von Neukirchen: Historische Persönlichkeiten - heute: Heinrich Schwerdt. - In: Thüringische Landeszeitung vom 24.07.1981; — Schmuck, Hilmar; - Gorzny, Willi u. a.: Gesamtverzeichnis des deutschsprachigen Schrifttums (GV) 1700-1910. - München, New York, London, Paris: K. G. Saur, 1985, Band 132 (Schw-Sed), S. 277-278; — Marwinski, Felicitas: Ein »systematischer Menschenfreund« - Briefe an Karl Benjamin Preusker. - In: Karl Benjamin Preusker (1786-1871), ein Heimatforscher und Volksbildungsfreund [S. 86-88 zur Gründung der Gutenbergs-Bibliothek]. - Großenhain: 1986, S. 71-103; — Knoche, Michael; — Pütz, Andreas: Die deutsche Bibliotheksbewegung der vierziger Jahre des 19. Jahrhunderts: Eine annotierte Quellenbibliographie. - In: Bibliothek Forschung und Praxis 11(1987) S. 187-194; — Fauer, Reinhard: Heinrich Schwerdt: Pfarrer, Volksfürsorger und Gründer des Thüringerwald-Vereins. - In: Hörselberg-Bote: Amts- und Nachrichtenblatt der Hörselberg-Gemeinde (Schönau) 1992, Heft 8, S. 19-20; — Möller, Bernhard u. a.: Thüringer Pfarrerbuch, Band III: Herzogtum Sachsen-Weimar-Eisenach). - Neustadt a. d. Aisch: Verlag Degener & Co., 1995, S. 80, 614-615; — Roob, Helmut: Er förderte den Tourismus in Thüringen: Vor 110 Jahren starb der Waltershäuser Superintendent und Oberpfarrer Heinrich Schwerdt. - In: Glaube und Heimat vom 06.09.1998; — Fabian, Bernhard (Hrsg.) u. a.: Handbuch der historischen Buchbestände in Deutschland, Österreich und Europa. - Hildesheim, Zürich, New York: Olms-Weidmann, 1998; — Vogt, Antje: Historisches Bibliotheks- und Archivgut in der Kirchgemeinde Neukirchen bei Eisenach: Projektarbeit. - Leipzig: HTWK, 1999; — Vogt, Antje: Die Burgruine Haineck bei Nazza: Grundlagen für eine museale Nutzung. - Leipzig: Hochschule für Technik, Wirtschaft und Kultur (FH), Fachbereich Buch und Museum, 06/1999. (Standort: HTWK Leipzig, Fachbereich Buch und Museum, Diplomarbeit 1999/570); — Killy, Walter; - Vierhaus, Rudolf (beide Herausgeber): Deutsche Biographische Enzyklopädie. - München: K. G. Saur, 2000, Bd. 11/2, S. 1146; — Fabian, Bernhard (Hrsg.); — Kükenshöner, Günter; — Marwinski, Felicitas (Bearbeiter); — Vogt, Antje (Bearbeiter): Handbuch der historischen Buchbestände in Deutschland, Österreich und Europa. — Hildesheim: Olms Neue Medien, 2003; — Fischer, Bettina: Bewegte Geschichte: Stadtarchiv Waltershausen. — In: Archive in Thüringen 1/2004, S. 28-29; — Mediavilla, Victor Herrero: Deutscher Biographischer Index. — München: K. G. Saur, 2004, Bd. 7, S. 5396, Sp. 3.

Hartmut Felsberg

SCULL, Edward Lawrence, * 7.3. 1846 in Philadelphia, † 14.6. 1884 in Outlands Park, Surrey, England. Quäker. — Edward Lawrence Scull wurde 1846 in Philadelphia geboren. Er ist der Sohn von David und Lydia (geb. Lippincott) Scull. Seine Ausbildung erhielt Scull an der Friends Select School und am Haverford College, wo er 1864 den Bachelor of Science erlangte. Er war auch künstlerisch talentiert und Dank seiner Körpergröße ein fähiger Kricketspieler. Er stieg bei seinem Vater in den Wollhandel ein, als Partner seines Bruders David. Beanspruchend muß diese Arbeit nicht gewesen sein, denn es blieb Zeit für ausgedehnte Reisen nach Catskills und Adirondacks (New York State), England, Frankreich, Spanien und Irland. 1871 unternahm er mit Rufus P. King (1843-1923) eine Missionsreise nach North Carolina und nach England. Gemeinsam mit J. Bevan Braithwaite (1818-1905) reiste er anschließend durch die gesamte USA. 1876 hielt er sich bei den deutschen Quäkern in Minden auf. Im Jahre 1879 heiratete er Sarah E. Marshall aus Philadelphia, obwohl er zu diesem Zeitpunkt bereits sehr krank war. Nach längerem Leiden starb er 1884 in Outlands Park (Surrey, England).

Werke: Memoir of Edward L. Scull. (Philadelphia, um 1890).

Lit. (Auswahl): Edward Lawrence Scull. A brief memoir. With extracts from his letters and journals. Hrsg. von Allen C. Thomas. Cambridge 1891.

Claus Bernet

SEIDEL, Johann Esaias (1821:) von Rosenthal, Drucker, Verleger und Buchhändler, * 28.4. 1758 in Ortenburg bei Vilshofen in Niederbayern als viertes von acht Kindern des protestantischen Pfarrers Georg Stephan Alexander Seidel und seiner Gattin Anna Margarete, geborene Faust, † 20.11. 1827 zu Sulzbach in der Oberpfalz. — S. stammte aus einer gebildeten lutherischen Theologenfamilie; Großvater Andreas S. (1672-1741) hinterließ als Pfarrer von Illschwang (Fürstentum Sulzbach; heute Landkreis Amberg-Sulzbach) eine ansehnliche Privatbibliothek. Von Ortenburg zog S. bereits 1765/66 nach Sulzbach zu seinem Onkel Georg Abraham Lorenz Lichtenthaler (1711-1780). Dieser betrieb dort in vierter Generation die älteste von vier Verlagsdruckereien (gegr. 1664). S. genoß Unterricht bei Privatlehrern in Sulzbach sowie an der dortigen Lateinschule und am Regensburger Gymnasium. Bei Lichtenthaler erlernte er das Druckerhandwerk und begab sich anschließend (1777) auf Wanderschaft, die ihn u. a. zu Johann Baptist Rotermundt nach Regensburg führte. Als ihm dort 1780 die Faktorenstelle angeboten wurde, starb Lichtenthaler. Dessen Witwe rief S. sogleich nach Sulzbach zurück, um die evang.-reform. Traditionsfirma weiterzuführen. 1785 kaufte S. diese von seiner Tante und übernahm 1790/97 auch noch die lutherische und die katholische Druckerei samt deren Privilegien. So entstand ein interkonfessioneller Monopolbetrieb in der Region. Binnen weniger Jahre gelang es dem geschickten Geschäftsmann (seit 1790 »Königl.-Baier. Kommerzienrath«), das seinerzeit danieder liegende christliche Druckereiwesen der einstigen Residenzstadt zu reaktivieren (parallel existierte 1684-1851 eine hebräische Offizin von überregionalem Rang). Im Zuge dessen baute S. enge Kontakte zum modernen norddeutschen Buchwesen auf und schuf ein weitgespanntes Beziehungsnetz in Kunst und Kultur, Kirche und Politik, Staatsverwaltung, Schulwesen und Wissenschaft hinein. Nachhaltige Förderung erfuhr S. durch die mit Pfalz-Sulzbach genealogisch verbundenen bayerischen Kurfürsten und Könige sowie die Münchener Regierung (v. a. Max IV./I. Joseph, Ludwig I. und Max Joseph Frhr. von Montgelas, dessen Reformen S. unterstützte). Energisch setzte er sich für eine Erneuerung des bayerischen Buchwesens ein und formulierte hierzu Konzepte. Dennoch zerplatzte S.s Wunschtraum, in München eine zentrale Druck- und Verlagsanstalt zu etablieren. Auch eine für Nürnberg vorgesehene Buchmesse kam nicht zustande. Immerhin eröffnete S. 1800 in Amberg die erste Kunst- und Buchhandlung der Oberpfalz, die er mit einer seit 1794 dort bestehenden Leih- und Lesebibliothek verband. 1801 übernahm er ein weiteres »Etablissement« dieser Art in München, das er schon 1803 wieder aufgab - zugunsten einer Niederlassung in Nürnberg. 1807 schließlich erwarb S. das seit 1794 leerstehende Sulzbacher Schloß und führte dort all seine Betriebsstätten zu einer integrierten Großanstalt des Bücherwesens zusammen. Auf dem Schloßberg ließ er aufwändige Terrassengärten anlegen und ein »Pantheon« mit 18 Porträtbüsten bedeutender Gelehrter, Kirchen- und Staatsmänner errichten - gleichsam ein verkleinerter Vorgänger der »Walhalla« bei Regensburg. An beiden Projekten war Bildhauer Joseph Kirchmayer (1772-1845) beteiligt, der für Sulzbach u. a. eine lebensgroße Minerva-Statue aus Blei schuf, die als Inkunabel des neueren bayerischen Metallgusses gilt. Mit 19 Pressen und rund 40 Mitarbeitern hatte S.s Unternehmen in den 1820er Jahren seinen Zenit erreicht, bevor sein Gründer 1827 starb - aufgezehrt von unzähligen Rückschlägen und den Unbilden einer langen Krisenzeit. S.s Söhne traten die Nachfolge an, verkauften aber 1854 an Friedrich Pustet (Regensburg), der das Schloß 1862 wiederum aufgab und kleinere Räume am Marktplatz bezog, ehe dieser 1877 an den 1828 der Firma beigetretenen Dietrich Wotschack übergab. Dessen Urenkel Ingo Wotschack führte (nach Einstellung des Druckereibetriebs 1976) noch bis zu seinem Tod 2006 die »J. E. v. Seidel'sche Buchhandlung« in Sulzbach-Rosenberg. Im Zuge ihrer Wiederbelebung begann noch 2006 eine intensive wissenschaftliche Bestandsaufnahme und Untersuchung des umfang-reichen, überregional bedeutenden Nachlasses (incl. Verlagsarchiv und -bibliothek 17./18.-20. Jh.), deren erste Ergebnisse 2008 publiziert wurden. — Bereits Zeitgenossen (so 1823 der norddeutsche Verleger Friedrich Christoph Perthes) rühmten S.s außergewöhnliche Geschäftstüchtigkeit, welche stets mit einem umfassenden sozialen Verantwortungsbewußtsein gepaart war. So nahm S. 1822 nach einem Stadtbrand die betroffene hebräische Druckerei bei sich auf, obwohl ihm dadurch selbst Kapazitätsengpässe entstanden, die eine Annahme des Druckauftrags für Johann Andreas Schmellers »Bayerisches Wörterbuch« unmöglich machten. S.s besondere Bedeutung für die süddeutsche Geisteskultur der Wendezeit um 1800 liegt in seiner konsequent irenischen Haltung, die ihn zum Brückenbauer zwischen Protestantismus und Katholizismus, Aufklärung und Romantik, Nord- und Süddeutschland machte. Sein von visionärer Energie getriebener Enthusiasmus stieß bisweilen an die Grenzen der harten Realität jener Zeit. Als Pionier der Ökumene baute er mit großem Einsatz eine interkonfessionelle Bibelanstalt auf. Hier erschien ab 1810 mit königl.-bayer. Privileg erstmals eine gemeinsame Bibeledition für Katholiken, Lutheraner und Reformierte (in der Übersetzung von Carl und Leander van Eß), die jedoch 1821 von Rom indiziert wurde. Im schwierigen Gründungsprozeß des »Bayerischen Central-Bibel-Vereins« (Nürnberg) spielte S. die Rolle eines entscheidenden Motors. 1811 erhielt er den Druckauftrag für das erste Einheitsgesangbuch der evang. Kirche Bayerns, das noch unter seinen Söhnen bis 1854 in Sulzbach hergestellt wurde. Die seit 1803 bei S. verlegten »Morgen- und Abendopfer« Johann Heinrich Wilhelm Witschels (1769-1847) galten bis ca. 1925 als das meistgelesene Andachtsbuch deutscher Protestanten. S.s umfangreichstes Werk war die Predigtedition des evang. Theologen Franz Volkmar Reinhard (1753-1812; 39 Bde. 1796-1813). Den Schwerpunkt des an sich vielseitigen Verlagsprogramms bildete jedoch kath. Theologie und Volksfrömmigkeit. Eine groß angelegte Gebetbücherserie mit Barocktexten Martin von Cochems, schon vor S.s Zeit in Sulzbach für den Nürnberger Verlag Wolff gedruckt, ließ S. durch den Amberger Lycealprofessor P. Romanus Baumgärtner textlich grundlegend modernisieren. Erst nach S.s Tod erschien in Sulzbach die Gesamtausgabe der Werke des mit ihm befreundeten kath. Reformtheologen Johann Michael Sailer (1751-1832; 41 Bde. 1830-1841). Auch Bernhard Bolzano, Christian Philipp Heinrich Brandt, Clemens Brentano, Melchior Diepenbrock, Marianus Dobmayer, Maurus Hagel, Franz Seraph Häglsperger, Johann Michael Hauber, Johann Baptist Hergenröther, Magnus Jocham, Johann Baptist Kastner, Franz Oberthür, Adam Joseph Onymus, Maximilian Prechtl, Thaddäus Anselm Rixner, Jakob Salat, Maximilian Friedrich Scheibler, Ludwig Friedrich von Schmidt, Benjamin Schmolck, Gallus Schwab, Michael Sintzel, Johann Baptist Weigl, Franz Joseph Weinzierl, Georg Michael Wittmann und Cassiodor Franz Joseph Zenger zählten zu den Autoren des Verlags Seidel, dazu von nicht-theologischer Seite etwa Johann Christoph und Johann Georg von Aretin, Franz und Klemens Alois von Baader, Rudolf Zacharias Becker, Johann Gottlieb und Immanuel Hermann Fichte, Johann Nepomuk Hortig (= Johannes Nariscus), Franz Reisinger. — S. selbst ist als Autor gedruckter Werke nur selten hervorgetreten. Jedoch hat er eine umfangreiche Korrespondenz und einige wichtige handschriftliche Aufzeichnungen hinterlassen. S.s publizistische Projekte erschienen meist nur wenige Jahre (z.B. Weltchronik 1801-1802, Der Genius von Bayern unter Maximilian IV. 1801-1804, Allemannia 1815-1816 / Neue Allemannia 1816). Sein (Neues) Kritisches Journal der neuesten theologischen Literatur existierte immerhin 1813-1823 bzw. 1824-1829; von der Zeitschrift für wissenschaftliche Theologie erschienen im Verlag S. 1827/32 allerdings nur zwei Bände. Für die Bayer. Akademie der Wissenschaften und die Münchener Hof- & Staatsbibliothek druckte S. diverse Schriften und Kataloge. Hatten bereits S. und seine Vorgänger (seit 1668) mehrfach Kalender in ihrem Programm, so wurden erst durch Sohn Adolph von S. die zwei Dutzend Arten der weit verbreiteten »Sulzbacher Kalender« zu einem neuen Standardprodukt des Verlags, darunter besonderes der »Gemeinnützige Hauskalender« (1838-1932; Auflage bis 60.000 Expl.), der »Kalender für katholische Christen« (1841-1917; bis 14.000) und der »Geschäftskalender« (1842-1926; bis 40.500). — Obwohl S. selbst protestantisch war, wurde sein Unternehmen zu

einem der wichtigsten Verlage für den (süd-)deutschen Katholizismus im 19. Jahrhundert. Kath. Theologen jedweder Couleur fanden hier ebenso eine offene Tür wie ihre evang. Kollegen.

Werke: Frohe Gefühle bey der höchst beglückten Rückkehr Maximilian Josephs [...], 1801; Rechnung über die für Sulzbachs Abgebrannte [...] eingesammelten milden Beiträge, 1825. Zahlreiche handschriftliche Briefkopien (1813-1827) und weitere Texte (u. a. Entwürfe zur Neuorganisation des bayerischen Buchwesens) im Verlagsarchiv Seidel, Sulzbach-Rosenberg.

Lit.: Neuer Nekrolog der Deutschen 5 (1829), 985-988 (abgedruckt auch in: Sulzbacher Heimatblätter 3 [1927] Reihe II Nr. 6, 43-46; ergänzt 42 mit »Stammbaum der Seidel von Rosenthal« u. 47 »Inschriften des Grabdenkmals Joh. Esaias v. Seidel's im Friedhof zu Sulzbach Obpf.«); Carl Christoph Adolph von Seidel, Historische Denkwürdigkeiten des ehemaligen Herzogthums Sulzbach zusammengestellt [...] 1844. Ein Beitrag zur Kunde der Ortsgeschichte der Stadt Sulzbach, in: Sulzbacher Heimatblätter. Beilage zur Sulzbacher Zeitung 2 (1926) Reihe I Nr. 1 (Ausgabe mit Sonderumfang), 103f.; 107f.; Georg Christoph Gack, Geschichte des Herzogthums Sulzbach nach seinen Staats- und Religions-Verhältnissen, als wesentlicher Beitrag zur bayerischen Geschichte, Leipzig 1847, 401; 405; Magnus Weinberg, Die hebräischen Druckereien in Sulzbach (1669-1851). Ihre Geschichte, ihre Drucke, ihr Personal, in: Jahrbuch der jüdisch-literarischen Gesellschaft Deutschlands 1 (1903), 19-202, hier: Separatdruck: Frankfurt a.M. 1904, 9 Anm.; Georg Hager u. Georg Lill (Bearb.), Die Kunstdenkmäler von Oberpfalz und Regensburg. Bezirksamt Sulzbach (= Die Kunstdenkmäler des Königreichs Bayern. Regierungsbezirk Oberpfalz und Regensburg XIX), München 1910 (Nachdruck: München - Wien 1982), 105; 107-111; 115; Johann Georg Hierl, Der Sulzbacher historische Kalender, in: Augsburger Postzeitung Nr. 98, 1913 (abgedruckt auch in: Bayerische Staatszeitung Nr. 103); Wilhelm Wühr, Aufklärung und Romantik im Spiegel eines bayerischen Verlags, Sulzbach 1927; Ders., Oberpfälzer Geistesleben vor hundert Jahren, in: Die Oberpfalz 21 (1927), 223-227; Ders., Der deutsche Buchhandel während der Befreiungskriege 1813-1815. Ein Beitrag aus den Briefen des Sulzbacher Verlegers Joh. Es. V. Seidel, in: Die Oberpfalz 22 (1928), 140-148; Ders., Die interkonfessionelle Bibelanstalt in Sulzbach [...], in: Verhandlungen des Historischen Vereins für Oberpfalz und Regensburg 79 (1929), 115-147; Artur Kreiner, Sulzbach als weltberühmter Druckort im 17., 18. und 19. Jahrhundert, in: Sulzbacher Heimatblätter 1934, Reihe II, Nr. 1, 1-8; Karl Winkler, Der Anteil der Oberpfalz an der Aufklärung und der bayerischen Romantik, in: Ders., Literaturgeschichte des oberpfälzisch-egerländischen Stammes, 2 Bde., Kallmünz [1940], hier: Bd. 1 (Literaturgeschichte) 284-294, hier: 284-289; s.a. Bd. 2 (Nordgaulesebuch), 107; [Andreas Wotschack], J. E. v. Seidel. Buchhandlung - Verlag - Buchdruckerei. Eine kurze Geschichte der Firma, in: J. E. v. Seidel-Bote, Nr. 1/1950, 3-7; Mathias Simon, Die Entstehung des Zentralbibelvereins in Bayern, in: Festgabe Herrn Landesbischof D. H. Meiser zum 70. Geburtstag dargebracht (= Veröffentlichungen aus dem Landeskirchlichen Archiv zu Nürnberg), Nürnberg 1951, 45-133; Artur Kreiner, Sulzbach: weltberühmter Druckort, in: Oberpfälzer Jura. Heimat-Beilage des Amberger Volksblattes 3 (1952) Nr. 23, 3; Nr. 24, 3; Nr. 25, 1f.; 4 (1953) Nr. 2, 3; Nr. 3, 2f.; Peter Hamann, Geistliches Biedermeier im altbayerischen Raum, Regensburg 1954, 154f.; Artur Kreiner, Sulzbachs geistige Blüte und Frucht, in: Die Oberpfalz 43 (1954), 33-36; Artur Kreiner, Johann Esaias von Seidel. Ein Verleger von Bedeutung, in: Ders.: Bayern - Von der Vielfalt des unbekannten Bayern zwischen Donau und Main, Nürnberg 1956, S. 172-177; Wilhelm Theodor Auer, Katholische Bibelkunde, Stuttgart 1956, 121-126.; Hanns Bauer, Die bayerischen Ahnen des Johann Esajas von Seidel, in: Blätter für Fränkische Familienkunde 7 (1957), 79-83; Paul Heinz Vogel, Die deutschen Bibeldrucke, in: Johannes Schildenberger u.a. (Hrsg.), Die Bibel in Deutschland. Das Wort Gottes und seine Überlieferung im deutschen Sprachraum, Stuttgart 1965, 251-309, hier: 278; Helmut Haffner (Hrsg.: Rudolf Heinl), Das »Oberpfälzische Wochenblatt« und die Presseanfänge der mittleren Oberpfalz (Amberg und Sulzbach) bis zum Beginn der Tageszeitung, 2 Teile, Sulzbach-Rosenberg 1968, passim; Ernst R. Hauschka, Leben und Werk des Sulzbacher Verlegers Johann Esaias von Seidel, in: Der Zwiebelturm 1968, 141-148; Dieter Wölfel, Das Ende der vorbayerischen Gesangbücher und das erste bayerische Gesangbuch von 1814, in: Zeitschrift für Bayerische Kirchengeschichte 39 (1970), 259-268; Hans Pörnbacher, Literatur im 19. Jahrhundert, in: Bayern. Kunst und Kultur. Ausstellungskatalog, München 1972, 255f.; Walter Flemmer, Verlage in Bayern. Geschichte und Geschichten. Mit einem einführenden Kapitel über die Frühgeschichte des bayerischen Verlagswesens von Fritz Schmitt-Carl, Pullach 1974, 56f.; 78f.; Hans Pörnbacher - Karl Pörnbacher, Die Literatur in Bayern, in: Max Spindler (Hrsg.), Handbuch der bayerischen Geschichte, Bd. IV.2, München 1975, 1089-1115, hier: 1100f.; Karl Gerhard Steck, Aus den Geschäftsbriefen des J. E. von Seidel, in: Sulzbach-Rosenberger Zeitung 08.10.1975; 11.10.1975; 21.10.1975; 28.10.1975; Sepp Lösch, Die Persönlichkeit J. E. v. Seidels. Ein Sulzbacher Verleger, in: Festschrift zur 950 Jahrfeier der Stadt Sulzbach-Rosenberg, Sulzbach-Rosenberg 1976, 43-46; Literaturarchiv Sulzbach-Rosenberg. Zur Eröffnung. Johann Easias von Seidel zum Gedächtnis, Sulzbach-Rosenberg 1977, passim; Karl Gerhard Steck, Kommerz und Konfession. Zum Programm des Sulzbacher Verlegers Johann Esaias von Seidel 1758-1827, in: Georg Schwaiger (Hrsg.), Zwischen Polemik und Irenik. Untersuchungen zum Verhältnis der Konfessionen um späten 18. und frühen 19. Jahrhundert (= Studien zur Theologie und Geistesgeschichte des 19. Jahrhunderts 31), Göttingen 1977, 124-147 (abgedruckt auch in: Literaturarchiv 1977/s.o., 23-47); Hans Dünninger, Der Sulzbacher Kalender für katholische Christen (1841-1915). Verlag - Programm - geistiger Hintergrund, in: Jahrbuch für Volkskunde NF 1 (1978), 131-154; Volker Wappmann, Franz Volkmar Reinhard. Zur Persönlichkeitsentwicklung eines Theologen der Aufklärung, in: Oberpfälzer Heimat 27 (1983), 73-82; Reiner Braun, Der Sulzbacher Kalender (1841-1915), in: Beiträge zur Geschichte des Bistums Regensburg 21 (1987), 391-468; Karl Hausberger - Benno Hubensteiner, Bayerische Kirchengeschichte, München ²1987, 321; Reiner Braun, Maximilian Prechtl (1757-

1832), in: Beiträge zur Geschichte des Bistums Regensburg 23/24 II (1989), 534-548, hier: 539-545; 547; Karl Hausberger, Geschichte des Bistums Regensburg, Bd. 2: Vom Barock bis zur Gegenwart, Regensburg 1989, 164f.; Max Lachner, Aufklärung in Sulzbach, in: Die Oberpfalz 79 (1991), 299f.; Hans Pörnbacher, Katholische Literatur, in: Walter Brandmüller (Hrsg.), Handbuch der Bayerischen Kirchengeschichte, Bd. 3 (1802-1965), St. Ottilien 1991, 845-862, hier: 852; Alois Schmid, Geistiges Leben. Wissenschaft, in: Andreas Kraus (Hrsg.), Handbuch der Bayerischen Geschichte, Bd. III.3: Geschichte der Oberpfalz und des bayerischen Reichskreises bis zum Ausgang des 18. Jahrhunderts, München ³1995, 184-192, hier: 191; Reiner Braun, Der Sulzbacher Kalender, in: Volkskalender im 19. und 20. Jahrhundert. Zeitweiser, Lesestoff und Notizheft. Begleitband zur Ausstellung im Kreismuseum Walderbach vom 22. Juli bis 31. Oktober 1992 (= Schriftenreihe des Kreismuseums Walderbach Landkreis Cham 7), Cham 1992, 47-59; Joseph Franz von Allioli. 1793-1873. Leben und Werk (= Schriftenreihe des Stadtmuseums und Stadtarchivs Sulzbach-Rosenberg 2), Sulzbach-Rosenberg 1993, 99-101; 108; 110; 183f.; Festschrift 30. Bayerischer Nordgautag Sulzbach-Rosenberg. Die Oberpfalz und ihre Nachbarn aus dem ehemaligen Nordgau, Regensburg 1994, 80-89 (Elisabeth Vogl; Volker Wappmann); Hermann Semmelroch, Pfarrer und Exulanten in der Aszendenz der Geschwister Semmelroch, Neustadt a.d.Aisch 1996, 46; 74f.; 81-92; 99f.; Peter Scheuchenpflug, Die katholische Bibelbewegung im frühen 19. Jahrhundert (= Studien zur Theologie und Praxis der Seelsorge 27), Würzburg 1997, 447 (Reg.); Ein Haus mit Geschichte. Zur abgeschlossenen Sanierung des Evangelisch-Lutherischen Dekanatsgebäudes in Sulzbach-Rosenberg (= Schriftenreihe des Stadtmuseums und Stadtarchivs Sulzbach-Rosenberg 10), Sulzbach-Rosenberg 1998, 299 (Reg.); Das Buch der Bücher. 1000 Bibeln aus 2200 Jahren (= Schriftenreihe des Stadtmuseums und Stadtarchivs Sulzbach-Rosenberg 13), Sulzbach-Rosenberg 1999, 122; 151-162; Eisenerz und Morgenglanz. Geschichte der Stadt Sulzbach-Rosenberg (= Schriftenreihe des Stadtmuseums und Stadtarchivs Sulzbach-Rosenberg 12), Amberg - Sulzbach-Rosenberg 1999, 832 (Reg.); Ulrich Dittmann, Fürsorgliche Zensur. Bibliographische Ergänzungen und rezeptionsgeschichtliche Anmerkungen zu Stifter-Texten, in: Walter Hettche u.a. (Hrsg.), Stifter-Studien. Ein Festgeschenk für Wolfgang Frühwald zum 65. Geburtstag, Tübingen 2000, 202-216; Walter Fuchs, Johann Esaias von Seidel, geboren in Ortenburg, in: Donau-Bote 24.10.2000, 38; Johannes Altenberend, Leander van Eß (1772-1847). Bibelübersetzer und Bibelverbreiter zwischen katholischer Aufklärung und evangelikaler Erweckungsbewegung (= Studien und Quellen zur Westfälischen Geschichte 41), Paderborn 2001, 446 (Reg.).; Peter Scheuchenpflug, Johann Michael Sailers Beitrag zur Übersetzung und Verbreitung der Heiligen Schrift, in: Konrad Baumgartner - Peter Scheuchenpflug (Hrsg.), Von Aresing bis Regensburg. Festschrift zum 250. Geburtstag von Johann Michael Sailer am 17. November 2001 (= Beiträge zur Geschichte des Bistums Regensburg 35), Regensburg 2001, 190-206, hier: 195; 203f.; Gerhard Müller u.a. (Hrsg.), Handbuch der Geschichte der evangelischen Kirche in Bayern, 2 Bde., St. Ottilien 2000/2002, Bd. 1, 566-569; Bd. 2, 186; Georg Bauerschmitt, Die Pfarrei im 19. und 20. Jahrhundert, in: 750 Jahre Pfarrgemeinde St. Marien Sulzbach-Rosenberg (= Schriftenreihe des Stadtmuseums und Stadtarchivs Sulzbach-Rosenberg 16), Sulzbach-Rosenberg 2002, 57-73, hier: 58f.; Markus Lommer, »Lichtfigur« und konfessioneller Brückenbauer. Der Sulzbacher Verleger Johann Esaias von Seidel - Geprägt von Weltoffenheit und Toleranz, in: Sulzbach-Rosenberger Zeitung 18.11.2002; Peter Scheuchenpflug, Sulzbach und die Bibelbewegung im frühen 19. Jahrhundert, in: Der Eisengau 19 (2002), 8-50; Willi Stengl, Pfarrer Johann Georg Hierl von Jahrsdorf (1873-1922). Ein unermüdlicher Wanderer zwischen Seelsorge und Schriftstellerei, in: Die Oberpfalz 90 (2002), 78-91, hier: 86; 89f. (Hierls bei Seidel erschienene Schriften); Michael Diefenbacher - Witrud Fischer-Pache (Hrsg.; bearb. v. Manfred H. Grieb), Das Nürnberger Buchgewerbe. Buch- und Zeitungsdrucker, Verleger und Druckhändler vom 16. bis zum 18. Jahrhundert (= Quellen und Forschungen zur Geschichte und Kultur der Stadt Nürnberg 31), Nürnberg 2003, 707; 723; 735; Ursula Matthäus-Eisenbraun, Ernst Enke. Ein Erlanger Buchhändler und Verleger im Vormärz (= Erlanger Studien 129), Erlangen - Jena 2004, 102; 147; Markus Lommer, Bibelschätze aus fünf Jahrhunderten in der Amberger Provinzialbibliothek, in: Sitz der Weisheit. 200 Jahre Provinzialbibliothek Amberg, Kallmünz 2005, 146-200, hier: 167; 182-184; 190; 194; 199 (s.a. ebd., 208 [Reg.]); Markus Lommer (unter Mitarbeit von Adolf Rank und Benedicta Feraudi), Sulzbach und die »Schwarze Kunst«: das Druckereiwesen in der Residenzstadt, in: »Die Mitten im Winter grünende Pfaltz«. 350 Jahre Wittelsbacher Fürstentum Pfalz-Sulzbach (= Schriftenreihe des Stadtmuseums und Stadtarchivs Sulzbach-Rosenberg 22), Sulzbach-Rosenberg 2006, 427-436; Peter Scheuchenpflug (Hrsg.), Die Privatbibliothek Johann Michael Sailers. Nachdruck des Verzeichnisses von Büchern aus Sailers Nachlass (Sulzbach/Oberpfalz 1833). Mit einem Vorwort von Bernhard Gajek (= Regensburger Beiträge zur deutschen Sprach- und Literaturwissenschaft A14), Frankfurt a.M. u.a. 2006; Reinhard Schwirzer, »Morgen- und Abendopfer nebst andern Gesängen...« Johann Heinrich Wilhelm Witschel (1769-1847): fränkischer Theologe, Schriftsteller und Pädagoge - Pfarrer in Kattenhochstatt von 1819 bis 1847, in: Villa Nostra. Weißenburger Blätter 2 (2006), 5-31; Elisabeth Vogl, Sulzbach-Rosenberg. Stadtgeschichte und Sehenswürdigkeiten (= Große Kunstführer 52), Regensburg 4. Aufl. 2006, 7f.; 15; 38f.; 57; 63; Philipp Gahn, Johann Michael Sailers Gebetbücher. Eine Studie über den lebenslangen Versuch, ein Dolmetsch des betenden Herzens zu sein (= Pietas Liturgica 16), Tübingen - Basel 2007, passim; Elisabeth Vogl, Das Pantheon des Johann Esaias von Seidel - eine Sulzbacher Walhalla, in: Arx. Burgen und Schlösser in Bayern, Österreich und Südtirol 29 (2007) H. 1, 22-28, hier: 27f.; Harald Mohr, Seidel-Druckerei war Keimzelle der Presse. Schon 1771 »Sultzbachisches Intelligenzblatt«, in: Oberpfälzer Wochenblatt 29 (2007) Nr. 31 (01./02.08.2007), 1f.; Markus Lommer (Hrsg.), Johann Esaias von Seidel (1758-1827). Zum 250. Geburtstag eines bayerischen Verlegers, 2008 (235-271 Verlagsbibliographie; 272-274 Sekundärliteratur).

Bilder: Eine Porträtbüste S.s (wohl vor 1827; Joseph Kirchmayer?) und drei gedruckte Porträtstiche von 1826/27

([A.?] Spieß; Carl Mayer; Johann Michael Schramm) befinden sich im Verlagsarchiv Seidel, Sulzbach-Rosenberg (s. Lommer (s.o./2008), Titels., 6, 8, 64; 68).

Lex.: Ina-Ulrike Paul, Art. Johann Esaias von Seidel, in: Karl Bosl (Hrsg.), Bosls Bayerische Biographie. 8000 Persönlichkeiten aus 15 Jahrhunderten, Regensburg 1983, 717; — [N. N.]: Art. Johann Esaias von Seidel, in: Deutsche Biographische Enzyklopädie, Bd. 9, München - Leipzig 1998, 266; — A[dri] K. Offenberg, Art. Sulzbach an der Murr [richtig: Sulzbach i.d.Opf.], in: Lexikon des gesamten Buchwesens (2. Aufl.), Bd. 7, Stuttgart 2007, 309f.; — K[arl] Gutzmer, Art. Seidel, Johann Esaias von, in: Lexikon des gesamten Buchwesens (2. Aufl.), Bd. 7, Stuttgart 2007, 46; — Markus Lommer, Art. Johann Esaias Seidel v. Rosenthal, in: Neue Deutsche Biographie, Bd. 24, München 2009, in Vorbereitung.

Markus Lommer

SERAPION der Mercedarier (Serapio Scotus, Serapion Scott), Ritter, Mönch, Märtyrer, Fest: 14.11., * 1175/1179, London, † 14.11. (?) 1240, Algier. — S. war der Sohn des am Hof Heinrichs II. in London tätigen schottischen Ritters Rotland (Rotlandus Scotus). Als Jüngling zog S. 1190 mit seinem Vater unter Richard Löwenherz in den 3. Kreuzzug und war dabei bei der Eroberung von Tolemais (San Giovanni d'Acri) und bei der Belagerung von Askalon. Auf der Rückkehr (9.10. 1192) erlitten Vater und Sohn an der venezianischen Küste Schiffbruch, wurden gerettet, gerieten aber auf dem Landweg zusammen mit Richard Löwenherz in Gefangenschaft bei Herzog Leopold VI. von Österreich. Nach der Freilassung Richards und des Vaters blieb S. als Geisel bei Leopold. Nach dem Tod der Eltern blieb er am österreichischen Hof und widmete sich karitativen Aufgaben. Als Alfons VIII. von Kastilien 1212 Verstärkung gegen die Mauren anforderte, zog S. im Heer Leopolds nach Spanien, wobei er unterwegs am Krieg gegen die Albigenser teilnahm, doch hatten inzwischen die maurischen Almohaden unter Kalif Muhammad al-Nasir am 16. (BiblSS falsch »19.«) Juli bei Las Navas de Tolosa (Prov. Jaén) eine entscheidende Niederlage durch die Allianz von Kastiliern, Navarresen, Katalanen und Aragonesen erlitten. S. trat vorübergehend in die Dienste des kastilischen Königs und beteiligte sich an den folgenden Schlachten gegen die Mauren. Nach dem Tod des Königs (16.10. 1214) kehrte er zu Leopold nach Österreich zurück und beteiligte sich 1217 an dem auf dem Vierten Laterankonzil (1215) beschlossenen 5.

Kreuzzug (Kreuzzug von Damiette 1217-1221), der nach Palästina (erfolglose Belagerung von Akkon) und Ägypten führte, wo man Damiette belagerte (vgl. Franz von Assisi und Robert von Courson). Als sich die Führung zerstritt, verließ Leopold VI. am 5. Mai 1219 den Kreuzzug noch vor der Eroberung der Stadt (November 1219) und kehrte nach Europa zurück. Nach der Heimkehr geleitete S. Beatrix (eigentlich Elisabeth oder Isabella) von Schwaben zur Hochzeit (30.11. 1219; BiblSS falsch »1221«) mit Ferdinand III. von Kastilien. In Daroca (Prov. Zaragoza) lernte er Petrus Nolascus, der am 10. August 1218 (die verbreitete Jahreszahl ist fiktiv: die Gründung der Kongregation erfolgte frühestens 1229, die Organisation als Ritterorden nicht vor 1234, wie Brodman 1977 nachwies) unter der Schirmherrschaft von König Jakob I. (Jaume I.) von Aragón und Bischof Berenguer de Palau in der Kathedrale S. Eulalia in Barcelona den »himmlischen, königlichen und militärischen« Ritterorden der Mercedarier (Ordo Beatae Mariae de Mercede redemptionis captivorum, Orden der Allerseligsten Jungfrau Maria von der Barmherzigkeit zum Loskauf christlicher Gefangenen, Cavalieri della Mercede, Nolasker-Orden) gegründet hatte, der durch ein viertes Ordensgelübde außer der Missionierung unter Moslems und der Befreiung von Christen aus muslimischer Gefangenschaft oder Sklaverei auch Geiselhaft der Ritter vorsah (von Gregor IX. am 17.1. 1235 approbiert). 1222 (fiktiv) trat S. diesem Orden bei, wirkte in dem von den Mauren besetzten Südspanien und in Nordafrika beim Freikauf von Gefangenen und Sklaven mit, widmete sich der religiösen Unterweisung der befreiten Sklaven und sammelte Almosen in Spanien und Frankreich, beteiligte sich aber weiterhin an militärischen Unternehmungen. Anfangs 1229 reiste S. mit Raimundus Nonnatus zu seiner ersten Befreiungskampagne nach Algier, wo sie 150 Sklaven loskauften. Im gleichen Jahr schloß er sich dem katalanischen Feldzug unter Jakob I. von Aragón an, der zur Eroberung von Mallorca und Ibiza führte, und gründete auf den Balearen die ersten Klöster des Ordens. 1232 suchte er mit Nonnatus nochmals Algier auf (Befreiung von 228 Sklaven, die allerdings unterwegs meuterten). Im Auftrag von Nolascus reiste S. 1239 zwecks Verbreitung des Ordens nach England, doch wurde sein Schiff von Seeräubern gekapert, er selber schwer mißhandelt und seine vermeintliche Leiche nackt an den Strand geworfen, doch er überlebte, kam zu Verwandten nach London, machte sich aber durch seine Predigten unbeliebt und reiste weiter nach Schottland und Irland. Im März 1240 gelang ihm in Murcia der Freikauf von 98 Sklaven. Im gleichen Jahr versuchte er wieder in Algier mit seinem Mitbruder Berenguer de Bañeres (Nonnatus war am 31.8. 1240 gestorben) eine Gruppe von 87 Gefangenen freizukaufen, die zum Islam überzutreten drohten. S. blieb in Algier als Geisel zurück, während Berenguer nach Barcelona ins Stammkloster S. Eulalia zurückkehrte, um das Lösegeld zu beschaffen. Die Aktion verzögerte sich, da der Generalmagister des Ordens, Petrus Nolascus, zu dieser Zeit in Montpellier war; dieser beauftragte seinen Stellvertreter Guillermo de Bas, in den Klöstern Almosen zu sammeln. Als das Lösegeld nicht zur vereinbarten Zeit in Algier eintraf, ließ der Sultan, Selín Benimarin, S. an ein Andreaskreuz nageln, die Gelenke brechen, die Gedärme herausreißen und schließlich enthaupten. Damit wurde S. zum ersten Märtyrer seines Ordens (zur Folterung des Raimundus Nonnatus, s. dort). Der Kult wurde von Urban VIII. am 23.3. 1625 bestätigt, das Fest auf den 14. November gelegt (da gleichentags bereits das Fest des Märtyrers Serapion von Alexandria bestand, ist das überlieferte Todesdatum ungewiß). S. wird angerufen gegen Rheuma und Gicht.

Quellen: Taylor 2000, 451-453.

Zeitschriften: Boletín de la Orden de Nuestra Señora de la Merced, Roma 1912ff; — Estudios: revista trimestral publicada por los Frailes de la Orden de la Merced, Madrid 1945ff; — Bibliographien: Gumersindo Placer López, Bibliografía. Mercedaria: año 750 de la Fundación de la Orden de la Merced 1218-1968, Madrid 1968; — Taylor 2000, 451-480.

Lit.: Alonso Remon, Historia General de la Orden de Nuestra Señora de la Merced Redencion de cautivos, 1, Madrid 1618; — Tirso de Molina (Pseud. für Gabriel Téllez, 1579?-1648), Historia general de la Orden de Nuestra Señora de las Mercedes, 1: 1218-1667, ed. crit. Manuel Penedo Rey, Madrid 1973; — Anselmo Dempere, Vida de San Serapio mártire, El Puig 1780; — Benedikt XIV., De servorum Dei beatificatione et sanctificatione, 2, Prato 1840, 167-169; — Max Heimbucher, Die Orden und Kongregationen der katholischen Kirche, 1, Paderborn 1933[3], 571-576; — Charles C. Cunningham, Saint Serapion by Francisco de Zurbarán, in: The Art Quarterly 14, 1951, 354-357; — Faustino D. Gazulla, La Orden de Nuestra Señora de la Merced, estudios histórico-críticos, 1218-1317, 1, Barcelona 1934; — Guillermo Vázquez Nuñez, Manual de historia de la Orden de Nuestra Señora de la Merced,1, Toledo 1931, 1-35; — P. Donnelly Carey, La Orden de Nuestra Señora de la Merced, Roma 1974; — Antonio Rubino, Lineamenti di spiritualità mercedaria, Roma 1975; — James W. Brodman, The Origins of the Mercedarian order: a reassessment, in: Studia Monastica 19, 1977, 353-360 (krit. Quellenstudie); — Pio Pablo Donnelly, Cristianos cautivos para la Orden de la Merced, Roma 1978; — Instituto historico de la Orden de la Merced, La Orden de la Merced: espíritu y vida: (Biblioteca mercedaria, 1), Roma 1986; — James W. Brodman, Ransoming captives in crusader Spain: the order of merced on the Christian-Islamic frontier, Philadelphia 1986 (grundlegend; Bibl. 181-188); katal.: L' Orde de la Mercè: el rescat de captius a l'Espanya de les croades, Barcelona 1990; — James W. Brodman, The Origins of Hospitallerism in Medieval Catalonia, in: Iberia and the Mediterranean world of the Middle Ages: studies in honor of Robert I. Burns S. J., 1: Proceedings from Kalamazoo, ed. Larry J. Simon (The Medieval Mediterranean, 4), Leiden 1995, 290-302; — Instituto historico de la Orden de la Merced, La Orden de Santa Maria de la Merced: 1218-1992, síntesis histórica (Biblioteca mercedaria, 6), Roma 1997; — Bruce Taylor, Structures of reform: the Mercedarian Order in the Spanish Golden Age (Cultures, beliefs and traditions, 12), Leiden 2000, bes. 401-410 (grundlegend; Bibl. 451-480); — VSB 11, 445f; — Réau III/3, 1201; — DThC 13/2 (1936) 2005-2007 (E. Silva, s.v. Rédemption des captives, Ordre de); — BiblSS 11 (1968) 853-855 (V. Ignalzi, s.v. Serapio); — LCI 8 (1976) 327 (C. Squarr); — DIP 5 (1978) 1219-1228 (A. Rubino, s.v. Mercedari); — Cath 8 (1979) 1207 (G.-H. Baudry, s.v. Mercédaires); — DSp 10 (1980) 1030-1038 (E. Gómez Domínguez, R. Santós Martínez, s.v. Mercédaires); — LMA 6 (1993) 553f (J. W. Brodman, s.v. Mercedarier, Orden der); — LThK³ 7 (1998) 140-142 (K. S. Frank, s.v. Mercedarier); — NewCathEnc 9 (2003) 501f (A. Morales, s.v. Mercedarians).

Bruno W. Häuptli

SIMS, William Dillwyn, * 7.7. 1825 in London, † 7.3. 1895. Unternehmer, Philanthrop, Quäker. — William Dillwyn Sims wurde 1825 in London geboren. Er war der Sohn des Arztes John Sims (1792-1838) und seiner Frau Lydia (geb. Dillwyn, 1785-1830). Er besuchte zunächst die Boys' Preparatory School in Tottenham und ab 1835 für sieben Jahre eine Schule in Grove House unter dem Direktor Thomas Binns (1798-1872). Da er mit dreizehn Jahren Waisenkind wurde, wuchs er bei seinem Onkel Richard Dykes Alexander (1783-1868) und seiner Tante Ann Alexander (geb. Dillwyn, 1783-1868) in Ipswich (Suffolk) auf. Nach der Schulausbildung half er kurzzeitig einem Quäker in Chelmsford in einer Mühle und gewann erste Handelserfahrung. Er kehrte dann nach Ipswich

zurück und beteiligte sich bei »Ransome & May«, einer Fabrik für Landwirtschafsmaschinen und Stahlwaren. Als Charles May (1801-1860) aus der Firma ausstieg wurde er 1851 Partner dieser Firma, die nun »Ransome & Sims« hieß. Bis zu seinem Tode engagierte er sich in dieser Firma, wenngleich er sich auch frühzeitig als Teilhaber zurückzog. — Am 13. September 1855 heiratete er in Tottenham Eliza May (1826-1915), die Tochter des Chirurgen Edward Curtis May (1796-1877). Aus der Verbindung gingen vier Kinder hervor: Lydia (geb. 1858), Anna Olivia (1860-1947), John Dillwyn (1862-1905) und Caroline May (geb. 1863). Um 1870 zog sich Sims aus den aktiven Geschäften seiner Firma zurück, um sich den Rest seines Lebens ganz der Wohltätigkeit zu widmen. Er verstarb, fast siebzigjährig, 1895, und wurde in Ipswich begraben. — Bei den Quäkern war William Dillwyn Sims für das London Yearly Meeting von 1872 bis 1875 »Assistant Clerk« für »Ministry and Oversight«, und Schreiber (Vorsitzender) von 1876 bis 1883. In diesem letztgenannten Jahr wurde er im Woodbridge Monthly Meeting zum Minister (Prediger) ernannt. Dort arbeitete er auch in dem Ausschuß, der mit der Überarbeitung des »Book of Discipline« beauftragt war. Von 1871 bis 1881 war er Schreiber des Suffolk Quarterly Meeting und von 1890 bis 1894 Präsident der Leighton Park School in Reading. Eingesetzt hat er sich auch innerhalb der Mäßigkeitsbewegung und gegen die Vivisektion. Auch war er Vorsitzender der Ipswich Young Men's Christian Association von seiner Gründung 1873 an, wo er sich insbesondere für die Sonntagsschule und soziale Belange einsetzte. Des weiteren unterstützte er das Ipswich and East Suffolk Hospital, die örtlichen Sparkassen und die British and Foreign Bible Society. Für über 25 Jahre saß er im Aufsichtsgremium dieser Organisation.

Werke: Narrative of the fifth and sixth weeks of William Forster's visit to some of the distressed districts of Ireland. London 1847; Report of the Conference on the state of the society. Held in London. In: The Friend. A religious, literary, and miscellaneous journal, XIII, 156, 1873, 289-320.

Lit. (Auswahl): William D. Sims. In: The Annual Monitor for 1896. Or obituary of the members of the Society of Friends in Great Britain and Ireland, for the year 1895. London 1895, 152-156; — William Dillwyn Sims. In: The British Friend, IV, 4, 1895, 87; — The late William Dillwyn Sims. In: The Friend. A religious, literary, and miscellaneous journal, XXXV, 12, 1895, 182; — Bronner, Edwin B.: Moderates in London Yearly Meeting, 1857-1873. Precursors of Quaker liberals. In: Church History, XIL, 3, 1990, 356-371; —Hooper, Glenn: Travel writing and Ireland 1760-1860. Culture, history, politics. Basingstoke 2005.

Claus Bernet

SIN, Jaime Lachica: Erzbischof von Manila/ Philippinen, Kardinal, * 31.8. 1928 in New Washington, Aklan, Philippinen, † 21.6. 2005 in Manila. — Der aus einer kinderreichen Familie stammende Sin - Vater chinesischer Herkunft, Mutter Filipina - studierte Philosophie und katholische Theologie in Jaro. Am 3. April 1954 wurde er dort zum Priester geweiht. Zunächst wirkte er zwei Jahre lang als diözesaner Missionar in den Bergdörfern des Bistums Capiz. Danach berief ihn Bischof Frondosa zum ersten Rektor des neuen Priesterseminars St. Pius X. in Roxas City, das er von 1957-1967 leitete. Papst Paul VI. ernannte ihn am 10. Februar 1967 zum Titularbischof von Obba und zum Weihbischof von Jaro. Von Bischof Antonio Frondosa, dem Bischof von Capiz, erhielt er am 18. März desselben Jahres die Bischofsweihe. Fünf Jahre später, am 15. Januar 1972, folgte die Ernennung zum Titularerzbischof von Massa Lubrense und zum Koadjutor von Jaro mit dem Recht der Nachfolge. Aufgrund des schnellen Todes von Erzbischof José Maria Cuenco übernahm er bereits am 8. Oktober 1972 - erst 44 Jahre alt - als neuer Erzbischof die Leitung des Erzbistums Jaro. Am 21. Januar 1974 wurde Sin zum neuen Erzbischof von Manila, der Hauptstadt der Philippinen, ernannt und am 19. März 1974 in der dortigen Kathedrale in sein Amt eingeführt. Papst Paul VI. berief Sin am 24. Mai 1976 als Kardinalspriester mit der Titelkirche Santa Maria ai Monti in das Kardinalskollegium. Bis 1983 war er dessen jüngstes Mitglied. In den Jahren 1977-1981 leitete Sin als Vorsitzender die Philippinische Bischofskonferenz. Sein offener Blick für die Nöte der Menschen, sein leidenschaftlicher Einsatz für die Armen, Kranken und Schwachen - verbunden mit einem tiefsinnigen Humor - bewirkten, daß Sin zum populärsten katholischen Kirchenführer in Asien wurde. Besonders engagierte sich Sin auch für die Ökumene und initiierte als erster philippinischer Erzbischof Gespräche mit Muslimen und Vertretern anderer nichtchristlicher Religionen. Über Jahre hinweg galt er als die Stimme des moralischen Gewissens der Philippinen. Immer wieder setzte er sich ein für Menschenrechte, soziale Gerechtigkeit und Demokratie. International bekannt wurde Sin besonders im Zusammenhang mit der Vertreibung des ehemaligen Präsidenten der Philippinen, Ferdinand Marcos. Unter seinem maßgeblichen Einfluß konnte 1986 die mehr als zwanzigjährige Herrschaft von Marcos, die von vielfältigen Ungerechtigkeiten, von Korruption und Mißachtung der Menschenrechte gekennzeichnet war, beendet werden. Unvergessen bleibt sein über den kircheneigenen Sender »Radio Veritas« verbreiteter Aufruf an die Bevölkerung, zum Schutz der den Aufstand gegen Marcos führenden Kräfte - an ihrer Spitze General Ramos und Verteidigungsminister Enrile - auf die Straße zu kommen und durch ihre Anwesenheit die Eingeschlossenen vor heranrückenden Marcos-Truppen abzuschirmen. Mit dieser Aktion trug Sin entscheidend dazu bei, daß die vor allem von der »People Power«-Bewegung« getragene Revolution gegen Marcos friedlich verlief und die Demokratie auf den Philippinen wiederhergestellt werden konnte. Wegen ihrer Gewaltlosigkeit ging diese Revolution später als »Peaceful Revolution« (EDSA I) in die Geschichte der Philippinen ein und wurde sogar zum Modellfall für die Beseitigung von autoritären Systemen angesehen. Auch nach der Vertreibung von Marcos sah sich Sin mit Blick auf die Prinzipien der katholischen Soziallehre und zum Schutz der wiedergewonnenen Demokratie mehrfach veranlaßt, massiv in die philippinische Politik einzugreifen. So opponierte er in den Jahren 1997-1998 vehement gegen den Versuch von Präsident Fidel Ramos, durch Verfassungsänderungen eine Verlängerung seiner Amtszeit zu erreichen. Im Jahr 1999 befürwortete er zunächst das »Impeachment-Verfahren« gegen Präsident Joseph Estrada wegen Bestechlichkeit und weit verbreiteter Korruption im Land, im Jahr 2001 unterstützte er massive Protestmärsche gegen Estrada (EDSA II). In deren Folge gelang es zum zweiten Mal auf den Philippinen, ein korruptes System von der politischen Macht zu vertreiben. Sin war Mitglied zahlreicher römischer Kongregationen und Kommissionen. Für seine außerordentlichen Verdienste erhielt er vielfältige in- und ausländische Ehrungen, u.a. die Ehrendoktorwürde der berühmten Georgetown-

University in den USA. Am 15. September 2003 trat Sin als Erzbischof von Manila im Alter von 75 Jahren in den Ruhestand. Aus gesundheitlichen Gründen konnte er am Konklave in Rom im Jahr 2005 nicht mehr teilnehmen. Nach schwerer Erkrankung verstarb er am 21. Juni 2005 im Cardinal Rufino Santos Medical Center in San Juan, Metro Manila. Seine letzte Ruhestätte fand Kardinal Sin am 28. Juni 2005 in der Krypta der Kathedrale von Manila neben seinen Vorgängern Erzbischof Gabriel B. Reyes und Kardinal Rufino J. Santos.

Werke: A song of salvation, Manila 1974; Unity in diversity, Manila 1974; The Christian basis of human rights, Manila 1978; The city on the hill: on the church in the Philippines and its role in Asia today, Vienna 1981; Selected writings on church-state relations and human development, Manila 1984; Human rights and poverty, Tokyo 1986; A catechism on the involvement of priests in political activity, Manila 1987; Land reform, a chance to break cycle of poverty, Manila 1988; I will serve: reflections and inspirations, Pasig City 1999.

Lit.: Felix B. Bautista: Cardinal Sin and the miracle of Asia, Manila 1987; — Felipe Suerte (ed.): Cardinal Sin and the February Revolution, Manila 1987; — Nick Joaquin: The book of Sin, Manila 1992; — Nestor C. Cerbo: Along the right path, Manila 1999.

Alexander Keller

SINNHUBER, Edmund, Abt des Stifts St. Peter in Salzburg (1673-1702), * 13.4. 1631 in Riedenburg bei Mülln/Salzburg, † 21.5. 1702 in Salzburg, begr. in der Stiftskirche St. Peter. — Der spätere Abt von St. Peter wurde als Sohn des Drahtziehermeisters Wolfgang Sinnhuber († 1668) und dessen erster Ehefrau Rosina Forsthuber, einer Bauerntochter von Heuberg bei Salzburg, im heutigen Salzburger Stadtteil Riedenburg geboren. Aus der in der Augustinerklosterkirche zu Mülln vorgenommenen Taufe hob ihn der hochfürstliche Bauschreiber Adam Lospichler († 1652); dieser begründete gemeinsam mit seiner zweiten Frau Anna Maria Solari († 1667), der Tochter des Salzburger Dombaumeisters Santino Solari († 1646), die bedeutende, 1728 in den Adelsstand erhobene Ärztefamilie »von Lospichl«. Von seinem Taufpaten erhielt S. den Vornamen Adam. — Nach dem Besuch der »Deutschen Schule«, in der S. Rechnen und Schreiben gelernt hatte, wurde er vom Chiemseer Fürstbisch. gefirmt; dann begann die Lehrzeit in der Werkstätte seines Vaters, wo er zunächst einen Gesellen vertrat. Die Aussicht,

seinem Vater im Handwerk nachzufolgen, machte dem jungen S. wenig Freude, da er zu diesem Zeitpunkt bereits eine besondere »inclination zum Closterlöben« verspürte: An Sonn- und Feiertagen ministrierte er in der Klosterkirche Mülln; auch baute er in seiner Freizeit kleine Altäre und Krippen. Der aufmerksame Müllner Augustinerpater Evangelista erlangte davon Kenntnis und fragte den jungen S., ob er »nit lust zum studiren« habe. Als dieser seine Frage bejahte, erteilte ihm zunächst selber Privatunterricht, wobei er vor allem das lateinische Deklinieren und Konjugieren mit ihm übte. S. lernte, was ihm der Pater aufgeschrieben hatte, heimlich »bey: und neben der arbeith«, um sich dann an den Sonn- und Feiertagen von P. Evangelista prüfen zu lassen. Sein Lehrer war mit ihm sehr zufrieden, gab ihm aber schließlich den Rat, sich vom »Deutschen Schulmeister« Caspar Spizhofer für das Akademische Gymnasium vorbereiten zu lassen. Doch wollte S.s Vater zunächst nicht erlauben, daß sein ältester Sohn »die arbeith verlassen, und daß Studiren anfangen« dürfe. S. drohte seinem Vater daraufhin schriftlich mit dem Jüngsten Gericht, worauf er anstatt der »vorigen Resistenz ein Assistenz und alle vätterliche Hilfe erhalten« hat. Mit seiner Familie blieb S. lebenslang freundschaftlich verbunden. Nicht ohne Rührung vermerkte er später als Abt, von seinem Bruder Hans Sinnhuber (1634-1684) »einen silber ganz vergoldeten Pöcher mit den Buchstaben W. S.« bekommen zu haben, den ihr Vater Wolfgang Sinnhuber um das Jahr 1640 »auf der Schießstath in den sogenanten Duldschiessen« gewonnen hatte. — Am 26.10. 1647 inskribierte sich S. am Akademischen Gymnasium der Salzburger Benediktineruniversität als Rudimentist. Zu seinen Mitschülern zählte Rupert Kimpfler (1638-1708), der spätere Abt von Gleink. Nach eigenem Urteil hatte ihn Schulmeister Spizhofer sehr gut vorbereitet: S. erwies sich als guter Schüler und gewann mehrere Schreibwettbewerbe. In den Ferien unternahm er eine Wallfahrt auf den Dürrnberg bei Hallein, wo er die Muttergottes um Unterstützung in seinem Streben nach Aufnahme in ein Ordenskloster bat. Nach dem erfolgreichen Abschluß der Rhetorikklasse, der fünften und letzten Schulstufe des Akademischen Gymnasiums, reiste S. nach Göttweig und ersuchte um Aufnahme in das Noviziat des dortigen Benediktinerklosters. Abt Gregor Heller (1603-1669, r. 1648) stand seinem Ansuchen positiv gegenüber, gab aber zu Bedenken, S. könne sich auch Hoffnung auf einen Eintritt in das Salzburger Kloster St. Peter machen. Als ihm auch sein ehemaliger Lehrer in der Poesie- und Rhetorikklasse, P. Petrus Hacker OSB (1621-1686) aus Kremsmünster, zum Eintritt in das Benediktinerkloster St. Peter riet, wandte sich S. an seinen Lehrer in den ersten drei Klassen des Akademischen Gymnasiums, P. Placidus Scheibl OSB (1621-1683), der aus dem Kloster St. Peter stammte und ihm Zutritt bei Abt Albert Keuslin (1591-1657, r. 1626) ermöglichte. — Mit der Zustimmung des Abts trat S. am 22.11. 1652 in das Noviziat zu St. Peter ein. Das Amt des Novizenmeisters bekleidete damals der als Musiker hochgeschätzte P. Bernard Molitor (1625-1666). S.s Mitnovizen waren die späteren Patres Paul Mezger (1637-1702) und Bonifaz Danner (1632-1676) sowie ein gewisser Thomas Glener, der jedoch bald darauf das Noviziat infolge »steter Unpäßlichkeit« verließ und weltlicher Priester wurde. Ein Jahr später legte S. am 23.11. 1653 die ewige Profeß in die Hände von Abt Albert Keuslin ab. S. führte den Ordensnamen Edmund. — Der junge Frater studierte an der Salzburger Benediktineruniversität Philosophie bei P. Anselm Schlager († 1678) aus dem Kloster Andechs, wurde am 7.7. 1654 Baccalaureus und am 11.10. 1655 Magister der Philosophie. Zu seinen Studienkollegen zählten der bereits erwähnte Paul Mezger OSB, Erenbert Schrevogl OSB (1634-1703), der spätere Abt von Kremsmünster, und der bedeutende Dichter und Dramatiker Simon Rettenpacher OSB (1634-1706). S.s akademische Abschlußarbeit trägt den Titel »Casus conscientiae«; die Thesen aus dieser Schrift verteidigte er unter dem Vorsitz von P. Ulrich Freyberger (1617-1681), dem damaligen Prior von St. Peter, der »vom Closter auß« dozierte. Am 23.5. 1655 hielt S. seine Primiz, anschließend sollte er gegen seinen Willen Theologie und kanonisches Recht studieren. Er besuchte die Vorlesungen der Benediktinerpatres Augustin Reding († 1692), des späteren Abts von Einsiedeln, Christoph Raßler († 1675), des späteren Abts von Zwiefalten, und Gregor Kimpfler (1625-1693, r. 1658), des späteren Abts von Scheyern. Nach einem Jahr durfte er das ungeliebte Studi-

um abbrechen; er wurde nach Wieting als Gehilfe des erkrankten Propstes P. German Wormbser (1615-1656) entsandt, der jedoch kurz vor S.s Ankunft starb. S. übernahm deshalb bei seiner Ankunft am 1.11.1656 die Propstei Wieting selbst und stand ihr bis zum Tod des Abts Albert Keuslin am 3.1.1657 mit großem wirtschaftlichem Erfolg vor. — Der neuerwählte Abt des Klosters St. Peter, Amand Pachler (1624-1673, r. 1657), erkannte S.s wirtschaftliches Talent und berief ihn zurück nach Salzburg, wo er den neuen Konventbau überwachen und als »Schaffer« die Rechnungsbücher führen sollte. Am 17.11.1666 zum Prior aufgestiegen mußte S. viele Verpflichtungen für den schwer erkrankten Abt übernehmen. Auch hatte er die klosterinternen Auseinandersetzungen mit P. Ildephons Lochner (1633-1679) zu führen, den man in die Klöster St. Paul und Arnoldstein sowie schließlich mit einem »viaticum« (Reisegeld) von 60 fl. nach Rom verbannte. — Nach längerem Leiden starb der erst 48jährige Abt Amand Pachler am 9.9. 1673. Als Prior verständigte S. gemeinsam mit dem Subprior P. Joachim Stegbuecher (1635-1706) den Salzburger Fürsterzbisch. Maximilian Gandolph Graf v. Kuenburg (1622-1687, r. 1668), die konföderierten Benediktinerklöster, die Universitätsprofessoren und die Salzburger Ordensklöster der Augustiner, Franziskaner und Kapuziner; gleichzeitig wurden 200 Messen für das Seelenheil des verstorbenen Abts im Wert von 100 fl. gestiftet. Drei Stunden nach dem Ableben des Abts wurde die Obduktion seines Leichnams vorgenommen. Nach S.s ausführlicher Schilderung in seinem Tagebuch waren Milz, Herz und Nieren des Verstorbenen für gesund befunden worden, die Leber jedoch war nach Meinung der Ärzte »zu blaich« und die Lungen besonders angegriffen gewesen; im Magen hatte man nichts als Schleim und Galle gefunden. Am Nachmittag desselben Tages erschienen Direktor und Kanzler des Salzburger Konsistoriums im Kloster St. Peter, um die amtsübliche Obsignation, die Versiegelung der Hinterlassenschaft des Verstorbenen, vorzunehmen. Anschließend wurde S. gemeinsam mit dem Subprior und Ökonom die Administration des Klosters anvertraut. — Zwei Tage nach dem feierlichen Begräbnis Amand Pachlers begaben sich S. und Subprior Stegbuecher am 16.9. erneut zum Fürsterzbisch., um den Wahltag für einen neuen Abt auf den 3.10. festzusetzen. Als Wahlkommissare entsandte der Fürsterzbisch. am 3.10. 1673 den Präsident des Konsistoriums, Wolfgang Friedrich Freiherr von Lammingen († 1675), und den Kanzler des Konsistoriums, Dr. Heinrich Pascha. Den Wahlgang überwachten als »Scrutatores« die Äbte Adalbert Gruber († 1694) von Seeon und Michael Trometer († 1676) von Michaelbeuern sowie P. Ludwig Engl OSB († 1674) aus Melk, Professor für kanonisches Recht. Als Zeugen der Wahl wurden zwei Benediktinerpatres aus Seeon, Desiderius Schapperger († 1698), Professor für Theologie, und Otto Guzinger († 1679), Professor für Ethik, bestimmt. Gleich im ersten Wahlgang entfielen von 28 Stimmen 26 auf S., der somit zum 72. Abt von St. Peter erwählt war. Das »Te Deum« wurde in der Stiftskirche angestimmt, S. durfte sich beim Fürsterzbisch. in Sonderaudienz als neuer Abt vorstellen, anschließend wurden die Wahlkommissare zur musikalisch umrahmten Festtafel gebeten. — S.s Konfirmation erfolgte am 14.10. im Haus des bereits erwähnten Freiherrn von Lammingen; präsentiert wurde der neue Abt von Christoph Bluemlacher (1624-1674), der als Salzburger Universitätsprofessor für bürgerliches Recht einen bedeutenden Carolina-Komentar verfaßte. Am folgenden Tag erteilte ihm der Fürsterzbisch. die Benediktion in der Stiftskirche St. Peter unter Assistenz der Äbte Alphons Stadlmayr († 1683) aus Weingarten und Placidus Hieber von Greifenfels (1615-1678) aus Lambach. Die Universität gratulierte S. mit einem schwungvollen lateinischen Hexametergedicht, das der Universitätsbuchdrucker Johann Baptist Mayr (1634-1703) zusammen mit panegyrischen Sinnbildern druckte. Am 16.10. nahm S. an der Wahl zum neuen Rektor der Universität teil, bei der man sich auf P. Benedikt Pettschacher († 1701) aus St. Lambrecht einigte. Zwei Tage später bedankte sich S. beim Fürsterzbisch. für die persönlich erteilte Benediktion; am 20.10. sang er sein erstes Offizium als Abt. Am nächsten Tag hob S. einen Sohn des Salzburger Hofrats Dr. Sebastian Zillner (1640-1712), der in den Zauberer-Jackl-Prozessen als Inquisitor eine bedeutende Rolle spielte, mit dem Namen Vital Edmund (1673-1688) aus der Taufe. Der Täufling erhielt einen sechsfachen Dukaten, der taufende

Stadtkaplan eine Genueser Krone, Hebamme und Dommesner je einen Reichstaler. Am 23.10. 1673 bekam S. vom Fürsterzbisch. den Ratstitel verliehen und Anfang November wurde er in den kleineren Landschaftsausschuß und zum Generalsteuereinnehmer gewählt. — Als Abt führte S. einen Strauß im Wappen, der ein Hufeisen im Schnabel hält, wohl bezugnehmend auf eine alte Legende, die sich im »Physiologus« (2. Jh. n. Chr.) findet, wonach es dem Strauß möglich sei, Eisen zu verdauen. — Am 20.4. 1671 hatte der Salzburger Fürsterzbisch. Maximilian Gandolph den Grundstein zur Wallfahrtskirche Maria Plain gelegt, am 12.8. 1674 konnte er die Weihe der von Giovanni Antonio Dario († 1702) erbauten Kirche vornehmen, die der Salzburger Benediktineruniversität übertragen wurde. Für den Fall, daß die Universität je zu existieren aufhöre, sollten Vermögen und Verpflichtungen auf das Stift St. Peter übergehen. S. ließ in dieser Kirche den St.-Josephs-Altar errichten. — S.s abteiliche Regierung begann unter schwierigen wirtschaftlichen Verhältnissen. Der verdienstvolle Hofrichter von St. Peter, Franz Thomas Kleinmayr († 1675), war aufgrund seines hohen Alters den neuen Herausforderungen kaum mehr gewachsen; deshalb stellte ihm der Abt den Juristen Georg Christoph Langer († 1700) als »Consulten« und Richard Laz als Urbaramtsverwalter zur Seite. 1676 kam es zu einer großen Teuerung im Erzbistum, worauf der Registrator des Konsistoriums sämtliche Getreidekästen des Landes kontrollierte. 1678 befürchtete man das Übergreifen der Pest aus Österreich; deshalb wurde am 16.8., dem Festtag des Pestheiligen Rochus, eine Bittprozession unter der Leitung des Fürsterzbisch.s und der Domherrn zum Stadtlazarett abgehalten. Infolge der zweiten Türkenbelagerung von Wien (1683) hatte das Kloster St. Peter hohe Türkensteuern zu bezahlen: an das Wiener Landhaus 289 fl., an das Bistum Passau 217 fl., an das oberösterr. Landhaus 102 fl. 30 kr., an das Grazer Landhaus 164 fl. 3 kr. und an Bayern 150 fl. Nach der zweiten Türkenbelagerung von Wien bemühte er sich mit Erfolg, die »von den Hufen der Pferde und Kameele« verwüsteten Felder und Weingüter der zu St. Peter gehörenden Pfarre Dornbach bei Wien wieder zu bewirtschaften. — Die Finanzen des Klosters hatten sich erst neun Jahre nach seiner Wahl soweit erholt, daß S. ausgedehnte Bauvorhaben in Angriff nehmen konnte. Er begann zunächst mit der Regulierung des äußeren Stiftshofes: Hier wurden mehrere im Klostervorhof liegende Gebäude unterschiedlicher Höhe und Ordnung wegen Baufälligkeit abgerissen. Die »stiftsplatzseitige Ecke des bisherigen Nord- bzw. Gästetraktes« wurde abgetragen, während dem »West- bzw. Abteitrakt eine Achse« vorgelegt wurde. Man verbreitete die Räumlichkeiten von Unterer und Oberer Abtei in westlicher Richtung und konnte so die Entstehung einer fast regelmäßigen 14achsigen Fensterfront von der Wolfgangikapelle bis zur Nordost-Ecke erreichen. Auf die Heilig-Geist-Kapelle ließ S. das Chorregentenstöckl setzen und den Anschluß »zum neu errichteten 17achsigen Peterskeller« führen. Als Steinbruch verwendete man für diese Arbeiten den Mönchsberg im Bereich des heutigen Kollegs St. Benedikt. S. befahl, im Kloster die hölzernen Stiegen durch steinerne zu ersetzen, der ehemalige Abteisaal wurde mit neuen Kaminen ausgestattet und die Vor- und Kammerdienerzimmer stuckiert. Bei Michael Pogner in Kufstein wurden die Kachelöfen für die Gästezimmer bestellt, während man die Tafelstube mit einem Gemälde des Hofmalers Stephan Kessler (1622-1700) aus Brixen schmückte. Maurermeister Lorenz Stumpfegger († 1709) errichtete im heutigen Kolleghof ein Meierhaus und einen Stall, stuckierte das Krankenzimmer samt Kapelle im Unteren Dormitorium und schloß die rege Bautätigkeit S.s mit der Errichtung der nach ihm benannten Edmundsburg ab. Dabei war es zu einer Auseinandersetzung mit Fürsterzbisch. Johann Ernst Graf v. Thun (1643-1709, r. 1687) gekommen, der durch die Baumaßnahmen des Abts die Stadtbefestigungsanlagen beeinträchtigt glaubte. Ein Gutachten des Stadtobristen Hilfgott Graf v. Kuefstein († 1713) und der Bauverwalter Rieger und Sembler überzeugte jedoch vom Gegenteil; deshalb konnte schon wenige Tage später weitergebaut werden. — Auch die Vermehrung des Kirchenschatzes ließ sich S. ein Anliegen sein. Für »einige 1000 Gulden« kaufte er sechs große Leuchter, gleichviele »Buschkrüge«, ein Kruzifixbild und eine »Lampe von Silber«. Von großem Wert war auch die 1674 gekaufte »an Silber 18 Pfund schwere Monstranz«, die das letzte Abendmahl zeigt. Unter Abt S. wurden

mehrere Altäre mit kostbaren Baldachinen geschmückt und für die Priester wertvolle Meßkleider aus Gold- und Silberstoff hergestellt. — 1674 kam es auf Wunsch Fürsterzbisch.s Maximilian Gandolph zu einem Tauschhandel: S. überließ den Landständen die »ganze hohe Riettenburg, samt dem Holzschlage, Steinbruche und allen Zugehörungen« gegen mehrere Güter gleichen Werts. Im selben Jahr erwarb S. den »Millbacher Hof«, der im Nonntal bei Salzburg nicht weit vom Sommersitz der Äbte von St. Peter »Petersbrunn« liegt. — Am Abend des 15.10. 1680 ertrank nach S.s Aufzeichnungen P. Maurus Högler (1634-1680) im durch den Klostergarten fließenden Almkanal. Högler wurde zuletzt von einem der Mitbrüder gesehen, als er sich vor der Complet dort wusch; seinen Leichnam zog man am nächsten Tag aus dem Wasserrechen des Franziskanerklosters, in dem er sich verfangen hatte. Da man im Klostergarten Blutstropfen vorfand, von denen man annahm, daß sie aus der Nase des Verunglückten stammten, vermutete man einen Schlaganfall oder einen Sturz infolge von Unvorsichtigkeit im Dunkeln als Unglücksursache. — 1690 wurde am 2.4. die Taufe und Firmung eines Juden durch den Fürstbisch. von Chiemsee, Siegmund Ignaz Graf von Wolkenstein, vorgenommen. Taufpate war ein junger Graf von Thun, die Firmpatenschaft übernahm S., der sich durch seinen Prior vertreten ließ. Der Jude war zuvor in der christlichen Glaubenslehre durch P. Franz Mezger aus St. Peter unterwiesen worden. Als Firmgeschenk spendete S. drei Reichstaler. — Ende Jänner 1696 hatte ein Gärtner des Grafen von Königsegg unweit der Stadttrinkstube einen Badergesellen erstochen und gegen Morgen Schutz im Salzburger Franziskanerkloster gesucht. Der P. Guardian zeigte ihm am nächsten Tag zu nächtlicher Stunde eine versteckte Gartentür zum Kloster St. Peter, wohin sich der Gärtner flüchtete und in der »gesindstuben« nächtigte. Am Tag darauf zog die Stadtmiliz vor dem Klostertor auf und forderte die Auslieferung des Mörders. S. ließ sich in seiner Kutsche, die beim Verlassen des Klosterbereichs sorgfältig durchsucht wurde, zum Fürsterzbisch. fahren, um zu berichten, wie der Gärtner in sein Kloster gelangt war. Um sechs Uhr abends stellte der Fürsterzbisch. dem Gärtner die Option, entweder noch länger »in dem iezigen orth der khürchen sicherheit zu verbleiben« oder aber freiwillig herauszukommen und sich ihm auszuliefern; in letzterem Fall sollte ihm »an dem löben« nichts geschehen. Sonst aber, da er ohnehin mit der Zeit das Kloster verlassen müßte und dann ohne Zweifel aufgegriffen werde, könne keine Barmherzigkeit mehr gewährt werden. Eine Stunde später ließ sich der Gärtner verhaften und wurde zum Rathaus gebracht. — Im selben Jahr nahm das Kloster St. Peter den Weltpriester Thomas Mayliser, den S. als frommen und beispielhaften Priester, eifrigen Seelsorger und großzügigen Almosengeber beschreibt, als Gast auf. Mayliser war Doktor der Theologie und zunächst Stadtkaplan in Salzburg gewesen, war jedoch auf Befehl des Konsistoriums zum Dechant in Werfen ernannt worden. Dort verfiel er alsbald in Melancholie und weigerte sich fortan, die Messe zu lesen oder zu beten, weshalb er von seinem Posten abberufen wurde. Er ersuchte im Kloster St. Peter um gastliche Aufnahme, weil hier sein Bruder, P. Anselm Mayliser (1644-1712), Konventspater war, der jedoch damals als Pfarrvikar in Abtenau wirkte. S. gewährte ihm Gastfreundschaft, doch »unangesehen man all erdenkhliche mitl gebrauchte« fand Thomas Mayliser keine Heilung mehr, vermeinte stets »nit recht gedaufft, nit recht ordiniert« und der größte Sünder zu sein; von Tag zu Tag geriet er in tiefere Depressionen. Während am 7.5. 1696 sein Krankenpfleger die Messe besuchte, erhängte er sich in der Kammer »ob dem Fischbehalter« an seinem Hosenträger. Dem Selbstmörder wurde aufgrund Unzurechnungsfähigkeit im Wahnzustand ein christliches Begräbnis in der Alumnengruft zu St. Sebastian gewährt; sein überaus reiches Erbe fiel mangels Verwandtschaft an das Kloster St. Peter. — Während seiner abteilichen Regierung wurde S. mit zahlreichen Klostervisitationen betraut, die er u.a. in Ossiach (1689), Michaelbeuern (1692), St. Veit (1692) und Frauenchiemsee (1693) vornahm. 1698 mußte S. gemeinsam mit Konsistorialrat Dr. Wolfgang Kerschbaumer eine »Inquisition und Visitation« im Kloster St. Georgen am Längsee vornehmen, da eine Laienschwester schwanger geworden war, jedoch berechtigte Zweifel bestanden, daß sie den »rechten Vatter« ihres Kindes angegeben hatte. Man fand schließlich heraus, daß »der Pfarrherr desselben orthes« der Kindesvater sei. Er wurde

zu zehn Jahren, die Laienschwester zu sieben Jahren Kerkerhaft verurteilt. — Abgesehen von den Visitationen in anderen Klöstern und der erbetenen Anwesenheit bei verschiedenen Abtswahlen unternahm S. mehrere Reisen. 1674 besuchte er den oberösterr. Wallfahrtsort St. Wolfgang, 1680 fuhr er erstmals zur Kur nach Gastein, 1683 wurde sein geplanter Kuraufenthalt beim »Saurn Prun zu Eger« durch die zweite Türkenbelagerung von Wien verhindert. — S. weihte etliche Glocken. 1674 geriet er wegen einer in Frankenmarkt vorgenommenen Weihe mit dem Passauer Konsistorium in Konflikt, weil der Ort außerhalb der Salzburger Diözese lag. Auch las er am 15.5.1678 in der vom Salzburger Bürgermeister Abraham Zillner († 1702) errichteten Kapelle zu Hernau und am 21.7. 1686 in der Kapelle von Söllheim die erste Messe. — Mit der Salzburg Universität blieb S. als »Assistens perpetuus« eng verbunden. Mehrere Konventsbrüder von St. Peter wirkten während seiner Amtszeit als Universitätsprofessoren, allen voran die drei Brüder Mezger P. Franz (1632-1701), P. Joseph (1635-1683) und P. Paul (1637-1702), die durch ihre theologischen, philosophischen und historischen Werke großes Ansehen in der damaligen Gelehrtenwelt genossen. Ihnen war der Besuch (1683) des berühmten Benediktinergelehrten Jean Mabillon (1632-1707) im Kloster St. Peter zu danken, von dem sich Zeugnisse erhalten haben. S. nahm regen Anteil an den akademischen Übungen seiner jungen Mönche und ermöglichte mehreren Studenten den kostspieligen Druck ihrer Thesen. Mehrfach wurden ihm solche Prüfungsarbeiten auch gewidmet. — Im Vergleich mit seinem Vorgänger Amand Pachler war S. nicht in so großem Umfang als Schriftsteller tätig. Im Druck erschienen von ihm lediglich ausgewählte Sentenzen aus der Heiligen Schrift zum Meditieren und Beten. Von seinen wertvollen Manuskripten verdient die Landtafel des Erzstiftes Salzburg Beachtung, die S. mit zahlreichen illuminierten Wappen versehen 1688 dem Fürsterzbisch. Johann Ernst Graf v. Thun gewidmet hat. Auch verfaßte S. historische Anmerkungen zu den Salzburger Bischöfen, Erzbischöfen und Äbten von St. Peter, eine Chronik von Wieting und eine Geschichte von Maria Plain. Besondere Erwähnung verdient die detailreiche lateinische Biographie, die S. über Abt Amand Pachler verfaßt hat; sie ist in einer kunstvollen Handschrift mit eigenhändiger Unterschrift S.s am Ende des Werkes erhalten. Schließlich sei noch die Kurzvita über Abt Albert Keuslin aus seiner Feder erwähnt, ebenso sein geistliches Testament, das verschiedene »Tugendübungen« zum Inhalt hat. — Von herausragender Bedeutung für die Salzburger Stadt- und Landesgeschichte ist S.s in zwei Bänden erhaltenes Tagebuch, das er in Gegensatz zu seinem Vorgänger größtenteils in deutscher und nicht in lateinischer Sprache führte. Darin notierte S. mit größter Sorgfalt, wann er im Dom Ämter und Messen las, eine Aufgabe die ihn mit Ehrfurcht und Stolz erfüllte. Die Aufnahme von Novizen findet Erwähnung, gegebenenfalls auch ihr Ausscheiden, zumeist infolge körperlicher Gebrechen, ebenso feierliche Professen und Priesterweihen, das Wirken der Patres in den Außenpfarren und das Ableben der Konventsbrüder. Verschiedene Feste werden erwähnt, z. B. die erste Feier des St.-Sebastians-Festes in Salzburg im Jahre 1680, aber auch Naturkatastrophen, Ernteausfälle, die Qualität des Weines und der Wert des Geldes: So wurde 1693 beispielsweise öffentlich ausgerufen, daß der Dukaten für 4 fl. und der Reichstaler für 2 fl. gelten solle. Man erfährt von den Besuchen der Fürsterzbisch.e im Kloster und ihren Einladungen zur Hoftafel. S. erwähnt zudem Geburten, Hochzeiten und Todesfälle der benachbarten Fürstenhäuser. — Für das Jahr 1678 notiert S. die Hinrichtung des P. Ernest Fischer OSB auf der Festung Oberhaus bei Passau: Küchenmeister Fischer hatte den Abt des Klosters Lambach, Placidus Hieber von Greifenfels, wohl aufgrund einer Rüge ermordet, indem er unter den Zucker, mit dem sich der Abt sein geliebtes »Apfelküchel« zu versüßen pflegte, Gift mischte. — Breiteren Raum nimmt das von S. mit Bedauern empfundene Ableben (1687) Fürsterzbisch. Maximilian Gandolphs ein, dessen Exequien er ebenso genau beschreibt wie den glanzvollen Einzug des neuerwählten Nachfolgers Johann Ernst Graf von Thun. Der neue Fürsterzbisch. von Salzburg soll weniger freigebig in Bezug auf das dem Kloster St. Peter geschenkte Wildbrät gewesen sein als der Vorgänger. Immerhin wurde S. wiederholt zu Preisschießen nach Hellbrunn oder auf die »ordinari schießstath« eingeladen. Einmal erhielt er für den »bösten Cranz« einen vierfachen

Dukaten; ein anderes Mal bekam er den von ihm anläßlich einer Hofjagd in Glanegg erlegten Hirsch für das Kloster geschenkt. — Im Jahre 1688 mußte S. den Prälaten auf Wunsch des Fürsterzbisch.s »andeuten«, daß sie bei der Hoftafel künftig keine »Ohrn: oder Mönchskhappen, sondern khlaine Khäpl«, wie die Domherrn, zu tragen hätten. Ende desselben Jahres wurden aus einem »wandtkhästl« des Klosters 300 fl. gestohlen; da zu diesem Zeitpunkt besonders viel Geld dort lagerte, vermutete S. einen mit dem Kloster St. Peter vertrauten Dieb. — Der 1689 zum Domprobst gewählte Maximilian Graf von Scherffenberg soll aus Standesdünkel nie bei der Hoftafel erschienen sein, um nicht den rangniedrigeren Platz gegenüber dem Abt von St. Peter, einem Handwerkersohn, einnehmen zu müssen. — Am 9.10. 1691 starb der Salzburger Domherr Ferdinand Leopold Benno Graf von Martinitz, dem S. als besonderen Förderer seines Ordens die Beisetzung im Benediktinerhabit vor dem St. Josephs-Altar in der Stiftkirche St. Peter gewährte. — Für das Jahr 1695 meldet S., daß ungefähr seit dieser Zeit niemand aus dem Ordensstand mehr zur Hoftafel eingeladen wurde, »so offt Frauenzimmer« daran teilnahmen. — Am 17.1. 1696 wurden die Pferde infolge der abgeschlossenen Bautätigkeiten erstmals über den Domplatz, durch die Dombögen und beim Franziskanerkloster vorbei zum Hofmarstall geritten und nicht mehr über den Kapitelplatz; durch den Petersfriedhof und den Klosterhof von St. Peter. — Am 19.3. 1700 verwendete man während des Hochamtes erstmals den sogenannten »Mezgerkelch«, einen goldenen Kelch, den man aus dem Erlös des Nachlasses von Dr. Johann Christoph Mezger (1594-1658), dem Vater der drei Brüder Mezger, hatte fertigen lassen. Ende April wurde das marmorsteinerne Portal der Katharinenkapelle um 142 fl. aufgesetzt und Anfang Mai fiel S. aus der Erbschaft des Wilhelm Freiherrn von Fürstenberg (1623-1699), seines »alten sonders gueten« Freundes, ein Bild »von dem sterbenden heilligen Joseph« zu. Im selben Monat wurden die sterblichen Überreste mehrerer Fürsterzbischöfe, die nach dem Brand des Salzburger Domes exhumiert, nach St. Peter gebracht und dort in einem Gewölbe »neben dem alten Capitl« beigesetzt worden waren, in den Salzburger Dom übergeführt. Nach S.s Zeugnis handelte es sich um neun hölzerne Särge und einen Kupfersarg, in dem Georg v. Kuenburg ruhte. In vier Holzsärgen hatte man »ganze Körper« vorgefunden, in den fünf restlichen nur Gebeine und Kleiderreste. — Für den 1.6. 1700 vermerkte S. mit Bedauern die Übersiedlung der hochfürstl. Alumnen von der Universität, wo »sie etliche iahr in der khost und direction« gewesen waren, ins neue »Priesterhauß bey Mirabell« und daß sie somit, von den obligatorischen Vorlesungen an der Universität abgesehen, völlig aus dem Einflußbereich der Benediktiner kamen. — Während seiner fast dreißigjährigen abteilichen Regierung nahm S. 19 Mönche ins Kloster St. Peter auf, darunter seine drei Nachfolger, die Äbte Carl Freiherr Schrenck von Nozing (1659-1704, r. 1702), Placidus Mayrhauser (1671-1741, r. 1704) und Gottfried Kroell (1682-1753, r. 1741). Zu weiteren Professen zählen S.s Neffe P. Maximus Scherzhauser (1654-1705), der als erster Regularpfarrer des Stifts St. Peter die Pfarre Dornbach übernahm, und P. Roman de Champs (1670-1750), der als Sohn eines französischen Seidenstickers am kurfürstlichen Hof in München ausgezeichnet französisch und auch italienisch sprach. P. Roman war ein gefragter Übersetzer und hervorragender Kanzelredner, auch erweiterte er den Kirchenschatz um kostbare eigenhändige Stickereien. Schließlich soll von S.s Professen der Gymnasial-, Philosophie- und Theologieprofessor P. Virgil Leuthner (1678-1748) nicht unerwähnt bleiben. — Nicht viel läßt sich zur Pflege der Musik in St. Peter unter Abt S. finden. P. Otto Dallinger (1663-1717) erhielt Unterricht auf der Theorbe vom hochfürstl. Kammerdiener und Hofmusiker Johann Nikolaus Burkhart († 1692), der nachweislich auch den späteren Salzburger Hofkapellmeister Matthias Sigismund Biechteler von Greiffenthal (um 1668-1743) auf diesem Instrument unterwiesen hat. P. Otto wurde auch vom Salzburger Hofkapellmeister Heinrich Ignaz Franz Biber von Bibern (1644-1704) unterrichtet, der 1695 der Stiftskirche St. Peter Kompositionen verehrte und dafür einen Speziesdukaten geschenkt bekam. Mit Johann Baptist Maringgele ist der Kantor immerhin namentlich nachweisbar, der unter S. im Kloster St. Peter wirkte. — S. war gegen Ende seines Lebens an der Wassersucht erkrankt und ließ sich am 10.5. 1702 »die heili-

ge Wegzehrung und die letzte Oelung« reichen. Anschließend wünschte er, daß man sein bereits erwähntes geistliches Testament laut vorlese, wobei die anwesenden Konventbrüder »in Thränen zerflossen«. Der Klosterhistoriograph von St. Peter, P. Bernard Viechter (1698-1753), erzählt in seinem »Viridarium« von einer ihm mehrfach verbürgten Prophezeiung des sterbenden Abts, wonach S. seine Nachfolger und ihre Regierungsdauer vorhergesehen haben soll. S. starb in der Nacht vom 21. zum 22. Mai im 72. Lebensjahr; seine Totenrotel mit dem Titel »Vivis & Defunctis propitium Patrem Coelestem« datiert vom 22.5. und wurde vom damaligen Prior P. Paris Freiherr von Lerchenfeld (1649-1715) im Namen des Konvents unterzeichnet. S.s Beisetzung erfolgte am 27.5. in Anwesenheit des Salzburger Fürsterzbisch.s vor dem »Scapulieraltare« in der Stiftskirche St. Peter. Die Leichenpredigt, die gedruckt unter dem Titel »Ornamentum vitæ oder Schöne Lebens= Zierde« erschien, hielt P. Vital Wallich OSB aus Admont, der einst auf S.s Fürsprache hin Beichtvater auf dem Salzburger Nonnberg geworden war. — Man errichtete dem verstorbenen Abt ein heute noch in der Stiftskirche St. Peter erhaltenes Grabdenkmal im Wert von 190 fl., auf dem ein toter Strauß mit gebrochenem Hufeisen in Anlehnung an das Abtswappen zu sehen ist. Eine pompöse lateinische Grabinschrift lobt S. überschwänglich »als Solon unter Weisen, als Numa unter Vorhersehenden, als Cato unter Hochherzigen, als Lykurg unter Gerechten, als Regulus unter Standhaften und als Euergetes unter Wohltätern« und preist ihn schließlich aufgrund seiner regen Bautätigkeit als »infulatus Vitruvius«. — Mag der barocke Überschwang der Inschrift vielleicht befremden, so steht doch unbestritten fest, daß S. in der langen Reihe der Äbte von St. Peter einen hervorragenden Platz einnimmt. Er setzte das Werk Amand Pachlers mit großem wirtschaftlichen Erfolg fort und die Gestalt, die er seinem Kloster gegeben hatte, blieb bis zur Abtswahl Beda Seeauers (1753), fast genau ein halbes Jahrhundert nach seinem Tod, im Wesentlichen bestehen. Der Abt ist als geschickter Ökonom und bedeutender Bauherr zu würdigen, der sich in seinem Tagebuch als sachlich nüchterner Chronist bedeutsamer Ereignisse seiner Zeit erweist.

Gedrucktes Werk (nach P. Lindner): Sententiae selectiores ex S. Scriptura ad meditandum et orandum perutiles, 1692.

Manuskripte (nach P. Lindner): Landtafel des Erzstiftes Salzburg oder Abhandlung über die alte Salzburgische Landschaft, dann vom Landschaftswesen und den Landtagen Salzburgs seit der Wiederaufrichtung der Landschaft im Jahre 1620 bis 1687, 1688; Annotationes super episcopos, Archiepiscopos et Abbates S. Petri et Ecclesias Salisburgenses, 1673; Vita Amandi Pachler abbatis S. Petri; —Chronik von Wieting vom Jahre 1593 bis 1657; Historia Plainensis ecclesiae cum omnibus circumstantiis; Autobiographia; Diarium abbatiale Edmundi abbatis; Sermones capitulares; Compendium vitae abbatis Alberti Keuslin; Liber fundationum, 1677; Ratiocinae exactissimae sui regiminis; Fructus sacrarum meditationum et lectionum spiritualium; Testamentum spirituale.

Quellen: Archiv der Erzabtei St. Peter: Diarium Edmundi abb. autographum (Hs. A 56: 1673-1686; Hs. A 57: 1673-1699); Funeralis, electio et benedictio abbatum 1673-1741 (Hs. A. 62); Wahl des Abtes Edmund Sinnhuber (Akt 7); Regierung und Tod des Abtes Edmund Sinnhuber (Akt 8).

Bibliothek der Erzabtei St. Peter: Bernard Viechter, Viridarii nostri Sanct-Petrensis continentis varia virtutum exempla recentiora pars secunda ad imitandum proposita, 1752, 193-216 (b.V.30).

Salzburger Universitätsarchiv: Album Studiosorum 1639-1704 (bA 1); Calendarium academicum seu feriae et festa in Universitate Salisburgensi singulis annis celebrari solita, item observationes omnium solemnitatum et rituum in gradibus, thesibus, aliisque actibus Academicis occurentium, unacum appendice rerum pro debita notitia maxime servientium, 1710 (bA 122); Catalogus DD. Candidatorum, Physicorum (Studiosorum in Universitate Salisburgensi) religione, moribus et doctrina ornatissimorum, qui prima aut suprema liberalium artium et philosophiae laurea etc. condecorati et ad gradum magisterii promoti sunt (bA 150-152); Frequentia graduum Academicorum (bA 153).

Lit.: Series ac successio Salisburgensium abbatum S. Petri, ord. D. Benedicti, a primo fundati anno post virgineum partum D.LXXXII. coenobij antistite D. Ruperto Bojorum Apostolo usque ad reverendissimum ac amplissimum Dominum, Dominum Edmundum felicissimè nunc monasterio praesidentem, versibus ac gentilitijs insignibus adornata, 1687; — Vital Wallich, Ornamentum vitae oder Schöne Lebens=Zierde weiland dem hochwürdigen in Gott Herrn Herrn, Edmundi in dem ur=alten und hohlöbl. Stift und Closter S. Peter allhier zu Saltzburg Abbten, hochfürstlichen geheimen Rath, einer hochlöbl. Landschafft Mit=Verordneten, und einer löblichen Universitet Assistentis perpetui &c. [...] bey sehr volckreicher hochansehnlicher Leich=Begängnuß, auch gnädigster hochfürstl. ertzbischöfflicher Gegenwart den 27. May, Anno 1702. in treuverfasster Leich= und Lob=Predig vorgestellet, und auff Begehren in Druck gesetzet, 1702; — Historia almae et archi-episcopalis Universitatis Salisburgensis sub cura Benedictinorum, 1728; — Beda Seeauer, Novissimum Chronicon antiqui monasterii ad Sanctum Petrum Salisburgi Ordinis Sancti Benedicti. Exhibens ordinem chronologicum Episcoporum, Archiepiscoporum & Abbatum, qui per XII. saecula ab anno 583. Usque ad annum respective 1772, 1772, 582-610; — ders., Saecularis memoria defunctorum sive compendium vitae et mortis religiosorum, qui in monasterio ad S. Petrum Salisburgi ord. S. Benedicti ab anno 1682. usque ad annum 1782. in Domino obierunt sub quinque Abbatibus: Edmundo, Carolo, Placido, Godefrido et Beda, 1782, 38-52; — Placidus Berhandsky, Auszug der Neuesten Chronick des alten Benediktiner Klosters zu St. Peter in Salzburg, 1782, Bd. 2, 175-200; — Loranz Hübner, Beschreibung der hochfürstlich-erzbischöflichen Haupt- und Residenzstadt Salzburg und ihrer Gegenden verbunden mit ihrer ältesten Geschichte, 1792; — Franz Valentin Zillner, Geschichte der Stadt Salzburg, I. Buch: Geschichtliche Stadtbeschreibung, 1885; — Magnus Sattler, Collectaneen-Blätter zur Geschichte der ehemaligen Benedictiner-Universität Salzburg, 1890; — Pirmin Lindner, Professbuch der Benediktiner-Abtei St. Peter in Salzburg (1419-1856), in: MGSL 46 (1906); — Hans Tietze (Beàrb.), Die Denkmale des Benediktinerstiftes St. Peter in Salzburg (= Österreichische Kunsttopographie Bd. 12), 1913; — Virgil Redlich, Die Matrikel der Universität Salzburg 1639-1810, 1933; — Arno Eilenstein, Die Benediktinerabtei Lambach in Österreich ob der Enns und ihre Mönche, 1936; — Franz Martin, Hundert Salzburger Familien, 1946; — ders., Salzburgs Fürsten in der Barockzeit, 1982[4]; — Ägidius Kolb, Präsidium und Professorenkollegium der Benediktiner-Universität Salzburg 1617-1743, in: MGSL 102 (1962), 117-166; — ders., Erzabtei St. Peter: Festschrift St. Peter 582-1982, 1982; — Altman Kellner, Profeßbuch des Stiftes Kremsmünster, 1968; — Clemens Anton Lashofer, Professbuch des Benediktinerstiftes Göttweig, 1983 (= Studien und Mitteilungen zur Geschichte des Benediktiner-Ordens und seiner Zweige, 26. Ergänzungsband); — Adolf Hahnl, Robert Hoffmann u. Guido Müller, Der Salzburger Stadtteil Riedenburg. Bau- und Entwicklungsgeschichte bis 1945, in: MGSL 126 (1986), 569-584; — ders., Der hochbarocke Neubau des Klosters St. Peter unter den Äbten Amand Pachler und Edmund Sinnhuber, in: Heinrich Franz Biber 1644-1704. Musik und Kultur im hochbarocken Salzburg. Studien und Quellen, 1994, 95-110; — Ingeborg Wallentin, Der Salzburger Hofbaumeister Santino Solari (1576-1646). Leben und Werk aufgrund historischer Quellen, in: MGSL 134 (1994), 191-310; — Petrus Eder, »Deo pLaCet MVsiCa« - Die Musik in den Klöstern Salzburgs nach 1600, in: Salzburger Musikgeschichte, hrsg. v. Jürg Stenzl, Ernst Hintermeier u. Gerhard Walterskirchen, 2005; — Salzburger Mozart-Lexikon, hrsg. v. Land Salzburg u. Internationale Salzburg Association, 2005; — Franz Ortner, Salzburgs Bischöfe in der Geschichte des Landes (696-2005), 2005.

Christoph Brandhuber

SPANGENBERG, Cyriakus, Mag., ev.-luth. Theologe, Schriftsteller u. Historiker,* 7.6. 1528 in Nordhausen, † 10.2. 1604 in Straßburg. — C. S. wurde als Sohn des Geistlichen Johann Spangenberg (s. d.), der 1524-1546 in der Freien Reichsstadt Nordhausen als Prediger wirkte, u. dessen Ehefrau Katharina, geb. Grau († 13.4.

1576 in Eisleben), geboren. Nach dem Besuch der von seinem Vater 1524 gegründeten und von Basilius Faber geleiteten Lateinschule in Nordhausen studierte er seit 1542 an der Universität Wittenberg Theologie, wo er durch seinen Vater Luther (s. d.) und Melanchthon (s. d.) persönlich vorgestellt wurde und deren Interesse ihn durch seine Studienzeit begleitete. Melanchthon richtete sein Interesse auch auf philosophische und historische Studien. Den »Ehespiegel« von 1561 decidiert er dem Rat von Nordhausen als Dank für die Studienunterstützung. Nach dem Mag.-Abschluß wurde er 1547 Septimus am neu gegründeten Eisleber Gymnasium. Hier war sein Verwandter Johannes Letzner (1531-1613, s. d.), der später Theologe u. Autor der »Braunschweig-Lüneburgischen Chronik« wurde, sein Schüler. Am damaligen Schulgebäude Andreaskirchplatz 11 befindet sich zu seinem Wirken eine Gedenktafel. Eisleben mußte nach einem großen Stadtbrand 1498 in den ersten Jahrzehnten des 16. Jh. unter maßgeblichen Einfluß von Berndinus Blanckenberg (s. d.) neu aufgebaut werden. Hier war seit Ostern 1546 (bis zu seinem Tode am 13.6. 1550) sein Vater J. S. Generalsup. der Gfsch. Mansfeld. Anfang 1550 bis zum 13.12. 1551 übernahm C. S. vertretungsweise die drei Sonntagspredigten in der St. Andreaskirche u. wurde 1552 Prediger in der Eisleber Schloßkapelle St. Georg. 1553 erhielt C. S. von den Mansfelder Grafen einstimmig das Amt des Stadt- u. Schloßpredigers in Mansfeld, wohin er am 1.9. 1553 übersiedelte. An seinem Wohnhaus, dem »Dekanat« (Junghuhnstr. 5), befindet sich eine Gedenktafel. Das Amt übte er bis 1574 aus; als ihn 1559 nach dem Tod von Michael Coelius das Amt des Generalsup. angeboten wurde, lehnte er ab u. empfahl den Rektor des Eisleber Gymnasiums Mag. Hieronymus Menzel (1517-1590) für das Amt, der später im »Erbsündestreit« (s. u.) einer seiner heftigsten Gegner werden sollte. — C. S. schloß am 9.5. 1552 in Eisleben mit Eva († 1553), Tochter des Ratsherren Urban Moshauer, eine erste Ehe, aus der eine Tochter hervorging. Vor dem 6.3. 1557 schloß er eine zweite Ehe in Eisleben mit Barbara Taurer († 1582), aus der 10 Kinder, von denen 3 Töchter u. 6 Söhne am Leben blieben, hervorgingen. Im Straßburger Exil heiratet er wahrscheinlich ein drittes Mal. — C. S. war in die religiösen Fehden seiner Zeit involviert. So war er 1552 in den Streit mit dem neuen Mansfelder Generalsup. Georg Maior (s. d.) eingebunden, was zu dessen Entfernung führte. 1554 nahm er an den Synoden von Eisleben u. 1556 von Eisenach teil, die die Einigkeit besonders der Mansfelder Geistlichkeit beförderten. Vom November 1566 bis Januar 1567 weilte er mit anderen Mansfelder Geistlichen im Auftrag der Mansfelder Grafen in Antwerpen, um die lutherische gegen die kalvinistische Partei zu unterstützen. Hier lernte er auch Matthias Flacius (s. d.) kennen, dessen Lehre, daß die Erbsünde das Wesen des Menschen selbst sei (substantia), von C. S. vertreten wurde u. der dem entsprechend die Gegenthese, daß sie erst ein durch den Sündenfall hinzugetretenes Verderbnis wäre (accidens in substantia) heftig bekämpfte. Bereits nach dem Weimarer Kolloquium im August 1560 zur Synergismus-Lehre Melanchthons, die Strigel (s. d.) vertrat, u. Flacius bekämpfte, hatte C. S. als theoretischer Kopf der Mansfelder Theologen dessen Auffassung vertreten. Nachdem eine Versöhnung der Parteien fehlschlug, erhielten die Professoren Flacius u. Johann Wigand (s. d.) am 10.12. 1561 an der Univ. Jena Lehrverbot. Der religiöse Streit in der protestantischen Partei wurde mit großer Heftigkeit u. Polemik in zahlreichen Streitschriften fortgeführt. Nach dem Tod des Flacius' (11.3. 1575) wurde C. S. der führende Kopf der Substantianer-Partei. Auch innerhalb der Mansfelder Theologen kam es zur Spaltung, als 1571 Generalsup. Menzel ein Buch Wigands ablehnte, C. S. es aber begrüßte, wobei die Geistlichkeit um Eisleben zu Menzel u. die um Mansfeld zu C. S. stand. In den Streit wurden neben den jeweiligen Gläubigen auch die Drucker einbezogen. Während der Eisleber Drucker Urban Gaubisch (1533-1593) für die dem Konsistorium zuzuordnende Geistlichkeit arbeitete, verlegte sein Kollege Andreas Petri (1533-1612) 1573-1578, dem Todesjahr von C. S.s großem Gönner Gf. Volrad v. Mansfeld-Hinterort, seine Druckerei auf Schloß Mansfeld. Um den Theologenstreit in der Gfsch. Mansfeld zu beenden, griff der Magdeburger Administrator Joachim Friedrich v. Hohenzollern im Einverständnis mit Kf. August v. Sachsen (beide waren seit 1570 Sequestratoren der Gfsch. Mansfeld) am 31.12. 1574 mit 500 Landsknechten von Halle aus ein u. nahm 16 Ratsherren u. 18 Bürger aus Mansfeld als Anhänger des Flacius' fest, die allerdings am 27.1. 1575 wieder frei kamen. C. S. gelang die Flucht ins nahe Piskaborn. 1576-1580 gewährten ihm u. anderen Anhängern der Hinterort Asyl auf seinen Besitzungen in Leutenberg bei Saalfeld u. zahlte ihm ab 1578 bis an sein Lebensende 208 Taler Pension. 1577 scheiterten in Sangerhausen die Religionsgespräche mit dem Württemberger Theologen Dr. Jacob Andreae (s. d.), der keine Einigung in den Streitfragen erzielen konnte. Nach der Verabschiedung des Mansfelder Konkordienwerkes 1577, dem C. S. nicht zustimmen konnte, war ihm die Forts. seiner Pfarrtätigkeit in Mansfeld verwehrt, u. er mußte sich wie Flacius zeitweise mit dem Vorwurf der »manichäischen Ketzerei« auseinandersetzen. 1577 ging er kurzzeitig nach Straßburg. Aus seinen zahlreichen Schriften - Rembe (1887) weist 212 Werke nach - sind neben Kirchenliedern, den »Cithara Lutheri« und seinem Beitrag zur »Teufelslit.« - einer Folgeerscheinung des Lutherischen Teufelsglaubens, die in moralisierender Sicht alle möglichen Laster als »Ausgeburten des Teufels« darstellte - besonders seine zahlreichen Predigten hervorzuheben. 1581 wurde er Pfarrer im hessischen Schlitz, konnte sich hier aber auch nicht wegen der Erbsündelehre halten. 1591 lebt er »in exilio« in Vacha an der Werra unter dem Schutz Lgf. Wilhelm IV. v. Hessen-Kassel, Schwager von Lgfn. Maria, der Schwester des Gf. Ernst v. Mansfeld. 1595 geht C. S. endgültig nach Straßburg, wo sein neuer Gönner, der Neffe Volrads, Gf. Ernst v. Mansfeld-Hinterort (1561-1609), eine Domherrenstelle hat, und wo C. S. 1604 verstirbt. — Besondere Bedeutung hat C. S. als Historiker u. Chronist. Nach frühen Arbeiten (Pest, Welfesholz, Sangerhausen, Kloster Mansfeld, Manichäer) widmet er sich seinen vier großen Chroniken zu Mansfeld (1. Teil), Querfurt, Henneberg u. Schaumburg-Holstein. Dabei gilt es festzuhalten, daß die regierenden Grafen v. Mansfeld aus dem Hause Querfurt stammen u. die Frauen der reg. Grafen Margarete v. Mansfeld-Hinterort, Elisabeth-Ursula v. Schaumburg u. Sophie v. Henneberg als Töchter des Braunschweiger Herzogs Ernst d. Bekenners (s. d.) Schwestern sind und Einfluß auf die Wahl des Chronisten ihrer Dynastien gehabt haben dürften. Johannes Letzner (s. d.) unterstützte C. S. bei seiner Schaumburger Chronik, während C. S. Letzner bei dessen Braunschweig-Lüneburger Chronik beriet. Die Mansfelder Chronik war in 7 Teilen geplant. Zu Lebzeiten C. S.s erschien nur 1572 der erste Teil bei Andreas Petri in Eisleben, dem die Karte der Gfsch. Mansfeld von Tilemann Stella (s. d.) beigelegt war. Dieser erste Teil erscheint 1585 in leicht überarbeiteter Form erneut als »Sächsische Chronik«. 1906 findet Mück im Hofarchiv Wien Manuskripte des 3. und 4. Teiles der Mansfelder Chronik, die der Mansfelder Altertumsverein 1912-1933 herausgibt. Dabei fällt besonders im geographischen vierten Teil auf, daß C. S. zahlreiche geologische, botanische u. meteorologische Informationen verarbeitet u. er bei aller bemühter Sachlichkeit (Bezug auf seine Urkundenstudien) gelegentliche Polemik, wie bei Wolfgang Büttner (s. d.) nicht vermeidet. Die 1602 fertig gestellte Schaumburger Chronik erscheint aus finanziellen Gründen erst 1614 nach nachdrücklicher Forderung seiner Söhne und unter Verweis auf die Förderung Ernst v. Mansfelds. Zahlreiche Schriften C. S.s erscheinen erneut im 17./18. Jh. Bemerkenswert ist sein überkommcncr Briefwechsel. Seine Vorhaben, auch Chroniken für das Haus Schwarzburg u. das Stift Gernrode zu schreiben, konnte er nicht verwirklichen, da ihm der Zugang zu den Archiven verweigert wurde. Die »Chronik aller Bischöfe zu Verden« (1720) stammt nicht aus seiner Feder; sie wurde aus verkaufstaktischen Gründen mit seinem noch immer werbewirksamen Namen versehen. 1712 veröffentlichte Johann Georg Leuckfeld (s. d.) eine noch heute genutzte Biographie C. S.s mit zahlreichen Anlagen. C. S.s Sohn Wolfhart (1567-1636) folgte am deutlichsten der Tradition des Großvaters u. Vaters: Nach dem Magisterexamen 1591 in Tübingen arbeitete er in verschiedenen Straßburger Druckereien, trat 1601 der Meistersinger-Gesellschaft bei, in deren Vorstand er 1604-1611 saß u. verfaßte den »Ganskönig«, eine Tiersatire in bester Straßburger Humanistentradition.

Werke: Theologische Schriften: XV Leichpredigten, Wittenberg 1554; XXXIV Leichpredigten aus dem Evangelisten Luca, Wittenberg 1554; XX Leichpredigten aus dem Evangelisten Matth., Wittenberg 1555; VIII Leichpredigten aus dem Evangelisten Marco, Wittenberg 1555; Fünf Predigten über den Anfang des Evangel. S. Johannis, Eisleben 1559; Drey tröstliche Pfingspredigten, Eisleben 1560; XI Predigten über das 53. Cap. Jesaia / der weise u. getreue Knecht

Gottes, Straßburg 1560; Der Jage=Teuffel, Eisleben 1560; Buch wider die böse Sieben des Mamelucken Staphyli, 1562; Auslegung der ersten Epistel an die Corithier in LIX Predigten, Eisleben 1591 u. Straßburg 1569; Die andere Epistel an die Corinther Auslegung, Eisleben 1564; Ehespiegel in LXX Braut=Predigten, Eisleben 1561, 1562, 1589, Straßburg 1597, 1670; Wider die böse Sieben ins Teufels Karnöffelspiel, Eisleben 1562; Wider die Unchristliche Ermahnung, so Julius Pflug ... hat ausgehen lassen, Eisleben 1562; Formular=Büchlein der alten Adams=Sprache der itzigen Welt sehr bräuchlich / zusammen bracht, Eisleben 1563; Predigt von tauben und stummen Menschen wider Strigelium, 1563; In omnes sacros Biblicos Libros historicos Veteris Testamenti usque ad Jobum, Basel 1563, 1576; Abmahlung des gantzen Antichristlichen Reichs des Papsttumes, Eisleben 1564; Auslegung 2 ad. Corinth. Ep., Eisleben 1564; Auslegung der ersten Epistel an die Thessalonier in XI Predigten, Straßburg 1564; Auslegung der andern Epistel an die Thessalonier in VII Predigten, Straßburg 1564; Auslegung der ersten Epistel an den Timotheum in XXXIV Predigten, Straßburg 1564; Auslegung der episteln an den Titum in XXI Predigten, Straßburg 1564; Wahre und gewisse Contrafey und Abmahlung des gantzen Pabstums, 1564; Geistliche Wirthschafft oder Christliches Wohlleben, Erfurt 1565; Wider das Buch / welches ... von der Communioon u. rechter Nießung des Leibes u. Blutes Christi im Abendmahl in Druck ausgangen, Eisleben 1565; Vorrede über scheitlichs Warnung vor der Strafe Gottes, Eisleben 1565; Vorrede zum »Huren=Teufel« von Andreas Hoppenrod, 1565; Von Fraw=Hoffart / und iren Töchtern, in: Joachim Westphal »Hoffartsteufel«; Verlegung das vnchristlichen gottlosen Lesterbuches von 1564 ..., Eisleben 1565; Amarum dulce, 1565; Zwo Predigten ... auf ... Magdalenen v. Mansfeld, Eisleben 1565; Auslegung der Epistel an die Römer in 134 Predigten in zwey Theilen, Straßburg 1566, 1569; Jucundum Suave, Eisleben 1567; Bekendtnis derer Kirchen binnen Antorff, so der waren Augsburgischen Confession zugethan, Schmalkalden 1567; Apologia ... Der Sieben Predigten halben / von der / PRAEDESTINATION, Eisleben 1568; Treuherzige Warnung für das Lästerbüchlein ..., Eisleben 1568; Christliches Gesangbüchlein, Eisleben 1568; Schöner geistlicher Lieder sieben, Erfurt 1569; Nothwendige Warnung wider des Königs in Frankreich ausgegangenes Edict sampt Betrachtung der Prophecey Daniels, Eisleben 1568, 1569; Erste u. höchstnöthige Buß Predigt / das gantze Teutschland betreffend, Eisleben 1569; Notwendige Warnunge, an alle Ehrliebende / Deutsche Kriegsleute, Eisleben 1568, 1569; Fünff Hauptstücke der Christlichen Lehre, Magdeburg 1570; Unterricht / wie man die Kinder zu GOtt tragen / u. nach ihrem Exempel vor GOtt wandeln solle, 1570; Etliche Passionspredigten, Eisleben 1570; Vier Predigten von den Leyden Christi, Eisleben 1570; Kurtze Antwort u. Gegenbericht, der Prediger in der Graffschaft Mansfeldt / Vff / der Herrn Theologen, beider Vniuersiteten, Leipzig, u. Wittenberg, u. / Churfürstlichen Sechsischen Superin=tendenten ..., Eisleben 1570; Sonderliche Antwort auf der Leipziger u. Wittenberger Theologen über ihn gestelltes EndUrtheil ..., Eisleben 1570; Die XVI. Predigt von dem trewen diener Gottes Dr. Martino Luthero, Eisleben 1571; Deutliche u. nützliche erklerung der Lere vun der Erbsünde, Jena 1571; Gegenbericht auf seine Schmähkarten ..., Eisle-

ben 1571; C. S.s Erklärung von der Erbsünde für die Einfältigen gestellet / auf vieler Christen Anhalten, Eisleben 1572; Erklerung / Von der Erbsünde, Für die Einfeltigen gestellet, auff vieler frommer Christen be=ger vnd anhalten, Eisleben 1572; APOLOGJA / Von der Erbsünde, Eisleben 1572; Warhafftige, gewisse, bestendige der heiligen Schrifft gemese, u. in Gottes Wort gegründete Lere, von der Erbsünde, / D. Martin Luthers, daraus klaar zu sehen, das dieselbige nicht sey ein Accidens, Eisleben 1572; Kurtzer Bericht für die einfältigen, von dem jetzigen streit vber die Lere von der Erbsünde, Eisleben 1572; Apologia von der Erbsünde u. gründl. Beweiß daß die Erbsünde nicht ein Accidens, sondern unsere verderbte Natur u. Wesen sey, Eisleben 1573; Antwort auf die Land=Lügen / damit er u. andere beschweret worden / als solten sie lehren / der Teufel sei ein Schöpffer / schwangere Frauen tragen leibhafftige Teufel, Eisleben 1573; Predigt von der Sünde u. Vergebung der Sünde über das Ev. am 3. Sonntage nach Trinit. in der Peters=Kirchen zu Eisleben auf Gräfl. Befehl gehalten, 1573; Gebet des kleinen wohlgeplagten Häufleins, Eisleben 1573; Acta des auf dem Manßfeldischen Schloße zwischen Flacio, Irenaeo Reineccero u. Mencelio, Rhodio, Fabricio 1572 gehaltenen Colloquio zu Manßfeld 1573; Narration vom Langenbergischen Kirchen=Handel 1574; Censur u. Urtheil der heyligen Propheten Christi u. Apostel mit Erklärung Lutheri vom Streit über die Lehre der Erbsündr, ..., Mansfeld 1574; Leichpredigt ... Johann Winck ..., Mansfeld 1574; Widerlegung des unbegründeten Beweises der Eißlebischen Praedicanten / darin sie die Manßfeldischen den Manichäern vergleichen, 1574; Erbieten / beneben kurtzer Wiederholung seiner vorigen Christl. Bekenntniß von der Erbsünde, Mansfeld 1575; C. S.s Erbieten, beneben kurtze Wiederholung seiner ... Bekenntnuß von der Erbsünde, Mansfeld 1575; Der 88. Psalm / so zum Trost Fr. Magdalenen / Matthiae Flacii sel. Frau Wittwen geschrieben, 1575; Gegen=Bericht auf D. Jac. Andreae Bericht von der Erbsünde / an den Rat u. Gemeine zu Regensburg, 1576; Poenitentia Davidis, Eisleben 1576; Große Antwort u. richtiger Bescheid auf der Eißlebischen Theologen unzeitige Abfertigung / daraus alle Ursachen u. Gründe / auch vielfältig verlauffene Händel des itzigen Streits von der Erbsünde zu vernehmen, 1577; Bericht von dem Lindauischen Colloquio zwischen D. Jacob Andreae und Tobia Ruppio 1575, 1577; ANATHEMA./ Vom Fluch Gottes./ Wider die Sophisti=sche Lere, ist ein Accidens, oder unterschieden böse ding, in oder an der verderbten / Natur des Menschen ..., Mansfeld 1578; Colloquium, so den 9. Septembr. des 1577. Jahres zu Sangerhauscn zwischen D. Jacob Andree u, M. Cyriako Spangenbergen gehalten worden, 1578; — Bericht von der Weimarischen Predigt / so daselbst D. Jacob Andreae am 25. Trinit. 1577 gethan, 1578; Cithara Lutheri, 1569/70, Mühlhausen 1572, Erfurt 1581; Büchlein wider die Neugeflissenen u. Verkehrer der Wort Christi / das ist mein Leib, Ursel 1583; Zwey Predigten von den Leiden Christi, 1585; LV Leichpredigten aus dem Evangelisten Johanne, Ursel 1586; Niederlage der falschgenannten Ablehnung Camerarii, Ursel 1587; Anti-Gallus Rettung wahrer reiner Lutherischer Lehre von der Erbsünde, 1589; Vom Brauch u. Missbrauch der Münzen,

1592; Catechismus Erklärung, Wittenberg 1602; EKG 100, 469.

Historische Schriften: Historia von der flechtenden Kranckheit der Pestilenz, Magdeburg 1552; Kurze Verzeichnus, Chronigk der Stadt Sangerhausen, 1555; Ursach u. Handlung des sächsischen Krieges bei dem Welphesholz, Wittenberg 1555, - Mansfeldische Chronica. Der Erste Teil, Eisleben 1572 (mit Stella-Karte der Gfsch. Mansfeld); Mansfeldische Chronica. Der Dritte Teil. Drittes Buch (Hrsg.: R. Leers), Beil. Mansfelder Bll. 26, Eisleben 1912; Mansfeldische Chronica. Der Vierte Teil. Drittes Buch (Hrsg.: C. Rühlemann), Mansfelder Bll. 27, 28, Eisleben 1913, 1914; Mansfeldische Chronica. Der Vierte Teil. Erstes Buch (Hrsg.: R. Leers, M. Könnecke, C. Rühlemann), Mansfelder Bll. 30, 31/32, Erg.- u. Schlussheft, Eisleben 1916, 1918, 1924; C. Rühlemann (Hrsg.), Fragmente verschiedener Bücher d. dritten Dritten Teiles der Mansfeldischen Chronica, in: Mansfelder Bll. 38, Eisleben 1933, 6-102 [Fragmente d. 2. u. 4.-6. Buches d. Dritten Teiles]; Historia von Ankunfft / Stiftung u. anderen Sachen des Closters Manßfeld, Eisleben 1574; Historia Manicheorum, Ursel 1578; Sächsische Chronica, Frankfurt / M. 1585, Verzeichnis / Wie offt wann u. wor/umb die Stadt Rom von den / Deutschen gewonnen, Eisleben 1590; Historia des alten edlen Geschlechtes derer von Molßdorff, Erfurt 1590; Querfurtische Chronica, Erfurt 1590; Adels=Spiegel, Erster Theil, Schmalkalden 1591, Anderer Theil, ebd. 1594; Hennebergische Chronica, Straßburg 1599; Kirchen=Historie oder wahrhaftiger Bericht / wie es um die Reliquien in Thüringen / Hessen / Francken u. Beyern vom 714. Jahre bis aufs 755. gestanden / darinnen das Leben Bonifacii begriffen ist, Schmalkalden 1603; Chronicon der Grafen zu Holstein Schaumburg / Sternberg u. Gehmen, Stadthagen 1614.

Briefe: Heinrich Rembe, Der Briefwechsel des M. Cyriakus Spangenberg, in: Mansfelder Bll. 1, Eisleben 1887, 57-130 und ebd. 2, 1888, 1-67; — H. Heineck, H. Größler, Drei Briefe des M. Cyriakus Spangenberg an M. Andreas Fabricius, Pastor an St. Nicolai in Eisleben, Mansfelder Bll. 7, Eisleben 1893, 150-155; — B. Claußen, Cyriakus Spangenbergs Briefe an Johann v. Hildesheim, in: Mansfelder Bll. 22, Eisleben 1908, 155ff.

Lit.: Johann Mellinger, Karte der Gfsch. Mansfeld, 1571 (nach der Karte des Tilemann Stella, Beilage zu Spangenbergs Mansfeldischer Chronica, 1. Teil, 1572), Nachdruck Mansfeld-Museum Hettstedt 1996; — Johann Georg Leuckfeld, HISTORIA SPANGENBERGENSIS, oder Historische Nachricht von dem Leben/ Lehre und Schifften Cyriaci Spangenbergs - Gewesenen Manßfeldischen DECANI. Auch Berühmten THEOLOGI und HISTORICI, mit unterschiedenen bisher verborgen gelegenen Brie=fen vornehmer Männer und berühmter Theolog bewähret/ Und zur Erläuterung der damaligen Kirchen=Geschichte/ besondersdes Flacianischen Streits Von der Erb=Sünde mitgetheilet, Quedlinburg u. Aschersleben 1712, mit Bildnis, Reprint Auleben 2003; — Friedrich Ellendt, Geschichte des Königl. Gymnasiums zu Eisleben, Eisleben 1846, bes. 1-11; — Heinrich Rembe, Geschichte der Buchdruckerkunst in der Stadt Eisleben, in: Zs. d. Harzvereins 18, Wernigerode 1885, 421-454; — Heinrich Rembe, M. Cyriakus Spangenbergs Formularbüchlein der alten Adamssprache mit einer Le-

bensbeschreibung Spangenbergs u. einem Verzeichnis seiner Werke, Dresden 1887; — Max Könnecke, Die evangelischen Kirchenvisitationen des 16. Jh. in der Gfsch. Mansfeld, T. IV, in: Mansfelder Bll. 14, Eisleben 1900, 36-109, T. VI, in: ebd. 19, 1905, 1-36; — Hermann Größler, Die bis jetzt bekannt gewordene älteste Karte der Gfsch. Mansfeld, in: Mansfelder Bll. 16, Eisleben 1902, 138-144; — Wilhelm Hotz, Cyriakus Spangenbergs Leben und Schicksale als Pfarrer in Schlitz von 1580-1590, in: Beitrr. z. hessischen Kirchengeschichte, Erg.-Bd. III, Darmstadt 1907/08, 207-234, 267-296; — Walter Mück, Der Mansfelder Kupferschieferbergbau in seiner rechtsgeschichtlichen Entwicklung, Bd. 2, Eisleben 1910, VII-VIII, Anm. 2; — Carl Rühlemann, Die Schneidersche Buchdruckerei zu Eisleben, in: Mansfelder Bll. 33, Eisleben 1921, 52-80, bes. 55-61; — Carl Rühlemann, Cyriakus Spangenberg, der Mansfelder Theologe und Geschichtsschreiber, in: Mansfelder Heimatkal., Jg. 4, Eisleben 1925, 52-55; — Hans Hof: Zwei Eintragungen aus dem Tagebuch des Cyriakus Spangenberg, in: Mansfelder Heimatkal., Jg. 9, Eisleben 1930, 27-30; — Hermann Etzrodt, Die Familie des C. S., Halle 1933; Hermann Etzrodt, Johannes Spangenberg, in: Mansfelder Heimatkal., Jg. 13, Eisleben 1934, 39-44, Abb. — Johannes Gutbier, Ein bisher unbekanntes Bild des Generalsuperintendenten M. Hieronymus Mencel, in: Mansfelder Heimatkal., Jg. 18, Eisleben 1939, 70-71, Abb. — Helge bei der Wieden, Fürst Ernst, Graf von Holstein-Schaumburg u. seine Wirtschaftspolitik, in: Schaumburg-Lippische Mitt., H. 15, Bückeburg 1961; — H. Arnhold, Die Karte »Mansfeldiae Comitatus« von Stella-Hogenberg, in: Historische Beiträge zur Kyffhäuserlandschaft, H. 5, Bad Frankenhausen 1975, 54-59, Beil.; — Walter Blank, Straßburger Meistergesang u. C. Spangenbergs Traktat »Von der Musica und den Meistersängern«, in: Alemanisches Jb 1973/75, Bühl/Baden 1976, 355-372; — Johann Gottfried Herder: Volkslieder. Zweiter Teil [Vorrede] 1779, in: Herders Werke in fünf Bänden, Berlin u. Weimar 1978, Bd. 2, 293-311, bes. 299; — E. Henning, Die gefürstete Gfsch. Henneberg-Schleusingen im Zeitalter der Reformation, Mitteldt. Forschungen, Bd. 88, Köln, Wien 1981; — Miriam Usher Chrisman, Lay Culture, Learned Culture, Books and Social Change in Strasbourg, 1480-1599, New Haven 1982; — Helmut Lohmeier, Cyriakus Spangenberg, der Chronist des Mansfelder Landes, in: Mansfelder Heimatbll. 7, Eisleben 1988, 19-21; — Bernd Feicke, Territorialgeschichtliche Entwicklung des Mansfelder Landes, T. 1, in: Mansfelder Heimatbll. 7, Eisleben 1988, 21-27, T. 2, in: ebd. 8, 1989, 33-39; — Elisabeth Schwarze-Neuß, Cyriakus Spangenberg bleibt unvergessen, in: Mansfelder Heimatbll. 8, Eisleben 1989, 39-43; — Bernd Feicke, Tilemann Stella und die älteste Karte des Mansfelder Landes, in: Mansfelder Heimatbll. 9, 1990, 70-72; André Gursky, Johannes Wigand und das »wahre Luthertum«, in: Zs. f. Heimatforschung, H. 1, Halle 1992, 23-57, 2 Beil.; — K. D. Sturm, Cyriakus Spangenbergs »Querfurtische Chronica« von 1590, in: Querfurter Heimatbll. 3, 1993, 20-23; — Gunter Müller, Wolfhart Spangenberg - Theologe u. Poet dazu, in: Zs. f. Heimatforschung, H. 2, Halle 1993, 67-76; — Bernd Feicke, Cyriakus Spangenberg - Der Autor des »Chronikon der Grafen zu Holstein-Schaumburg«, in: Schaumburg-Lippische Mitt., H. 31, Bückeburg 1995, 21-40; — Helmut Neumaier, Jacob Andreae im Streit mit Cyriakus Spangenberg. Quellen zur Disputation von Sangerhausen 1577, in: Bll. f. württembergische Kirchengeschichte, 95. Jg., Stuttgart 1995, 49-88; — Elisabeth Schwarze-Neuß, C. S. u. der Streit um die Erbsünde in der Gfsch. Mansfeld, in: Veröff. d. Lutherstätten Eisleben, Bd. 1, Halle 1995, 207-214; — Vera Lüpkes u. a., Kat. Adel im Weserraum um 1600 (= Schrr. d. Weserrenaissance-Mus. Schloß Brake, Bd. 9), München, Berlin 1996; — Robert Kolb, Luther's Heirs Define His Legacy. Studies on Lutheran Confessionalization, Brookfield/Vermont 1996; — G. Müller, Otto v. Bismarck u. C. S., in: Zs. f. Heimatforschung, H. 5, Halle 1996, 46-48; — Ernst Böhme, Kaiser, Konfession und Schmalkaldischer Krieg. Die Gfsch. Schaumburg am Vorabend der Reformation (1530-1559), in: Schaumburg-Lippische Mitt., H. 32, Bückeburg 1996, 5-28; — Bernd Feicke, Die »Mansfeldische Chronik« des Cyriakus Spangenberg, ein Hauptwerk protestantischer Regionalgeschichtsschreibung, in: Betrr. z. Regional- u. Landeskultur Sachsen-Anhalts, H. 6, Halle 1997, 103-118; — Gerlinde Schlenker, Lehrer, Rektoren u. Sup. der fürnehmen Lateinschule in Eisleben, in: Veröff. d. Lutherstätten Eisleben, Bd. 2, Halle 1997, 109-144, bes. 132-140; — Georg Dehio, Hb. d. dt. Kunstdenkmäler, Sachsen-Anhalt II, München, Berlin 1999, Art. 444-521, 800-808; — Susan R. Boettcher, Martin Luthers Leben in Predigten: Cyriakus Spangenberg u. Johannes Mathesius, in: Rosemarie Knape (Hrsg.), Martin Luther u. der Bergbau, Stiftung Luthergedenkstätten in Sachsen-Anhalt, Kat. 7, Eisleben 2000, 163-188; — Lothar Berndorff, »Und da habe ich müssen nach ihrer sprach reden«. Einsichten in die lutherischen Bergmannspredigten des C. S., in: ebd., 189-204; — Günther Wartenberg, Das evangelische Kirchenregiment der Grafen von Mansfeld, in: Harz-Forschungen, Bd. XV, Berlin 2003, 25-38; — Arno Wand, Reichsstift u. Reichsstadt Nordhausen im konfessionellen Zeitalter, in: ebd., 107-129, bes. 112-118; — Johannes Letzner, Die Walkenrieder Chronik, hrsg. v. Fritz Reinboth, in: Harz-Forschungen, Bd. 16, Berlin 2002, bes. 9-12, 201-203; — Bernd Feicke, Chroniken des protestantischen Hochadels aus dem 16. Jahrhundert und ihr Autor Cyriakus Spangenberg, in: Beitrr. z. Geschichte aus Stadt u. Kreis Nordhausen, Bd. 28, Nordhausen 2003, 16-26, Taf.; — Manfred Lemmer, Cyriakus Spangenberg u. die Teufelliteratur, in ebd., 77-88; — Irene Roch-Lemmer, Die »Mansfeldische Chronica« des Cyriakus Spangenberg als baugeschichtliche Quelle für Burgen und Schlösser des Mansfelder Landes, in: Burgen u. Schlösser in Sachsen-Anhalt, H. 13, Halle 2004, 133-150; — Günter Jankowski, Mansfeld. Gebiet - Geschlecht - Geschichte, Jahrbuch 2004-2005 der Association Luxembourgoise de Généalogie et d'Héraldique, a.s.b.l., Luxemburg 2005; — Horst Karl, »Wider die Verächter und Lästerer dieses Ehrenstandes« - C. S. als Verteidiger und Kritiker des Adels, in: Reformatoren im Mansfelder Land. Erasmus Sarcerius und Cyriakus Spangenberg (= Schrr. d. Stiftung Luthergedenkstätten in Sachsen-Anhalt, Bd. 4), hrsg. von Stefan Rhein u. Günther Wartenberg, Leipzig 2006, 135-154; — Susan R. Boettcher, Cyriakus Spangenberg als Geschichtsschreiber, in: ebd., 155-170; — Siegfried Bräuer, Cyriakus Spangenberg als mansfeldisch-sächsischer Reformationshistoriker, in: ebd., 171-189; — Andreas Stahl, C. S. als Chronist. Zur Authentizität des Sterbehauses von Martin Luther, in: ebd., 191-

216; — Cornelia Niekus Moore, Die Leichenpredigten des C. S. in der Leichenpredigttradition seines Umfeldes, in: ebd., 217-227; — Hartmut Kühne, Der Prediger als Augur - Prodigien bei C. S., in: ebd., 229-244; — Lothar Berndorff, »Der Einfeltige Lehrer«. C. S. als Prediger der Mansfelder Gemeinde, in: ebd., 245-257; — Rudolf Leeb, Der Einfluß von C. S. auf die habsburgischen Erblande u. das Erzstift Salzburg, in: ebd., 259-277; — Irene Roch-Lemmer, Burgen u. Schlösser in der »Mansfeldischen Chronica« des C. S., in: ebd., 279-296; — Robert J. Christman, »Do haben sie auch jedes Mal [...] Antwort gegeben, was gutt gewesen, gelobt, und was Bose gewesen, widerlegt und vorworffen«. Das Ende der Einigkeit innerhalb der Gnesiolutheraner in der Gfsch. Mansfeld (1572), in: ebd., 297-307; — Volkmar Weber, Zur Familie des C. S., in: ebd., 309-315; — Bernd Feicke, Das Mansfelder Land in der Arbeit des Harzvereins, in: Harz-Zs 59 (2007), 27-40; — Bernd Feicke, Die Permutationsrezesse Ende des 16. Jh. in der Gfsch. Mansfeld, in: Zs. f. Heimatforschung, H. 17, Halle 2008, 19-24; — ADB, Bd. 35 (1893), 37-41, Art. Cyriakus Spangenberg (Edward Schröder); — Lex. d. Renaissance, Leipzig 1989, 671, Art. Spangenberg (Werner Fläschendräger) u. 705f, Art. Teufelsliteratur.

Bernd Feicke

STEIN, Albert, Oberkirchenrat, * 13. Januar 1925 in Kleve, † 25. März 1999 in Brühl. — Der Lebensweg von Albert Stein begann im niederrheinischen Kleve. Er wurde am 13. Januar 1925 als Sohn des Studienrates Dr. Josef Stein und seiner Ehefrau Else geboren. Seine Eltern gehörten der römisch-katholischen Kirche an, nahmen aber nicht aktiv am kirchlichen Leben teil und waren ihrer inneren Grundhaltung nach eher liberal und agnostisch. Der junge Albert wurde aber in der katholischen Kirche getauft und nahm bis etwa zu seinem 15. Lebensjahr an den Lebensformen katholischer Frömmigkeit wie der Sonntagsmesse, regelmäßiger Beichte und Kommunion teil. Sein Abitur legte er im Februar 1943 in Duisburg ab. In den Monaten März bis Juni 1943 leiste er seine Dienstpflicht im Reichsarbeitsdienst ab und lies sich dann ab August 1943 aufgrund freiwilliger Meldung für das fliegende Personal der Luftwaffe als Bordfunker ausbilden. Seine Zeit als Rekrut verbrachte er vor allem in Frankreich. Sein »unpolitisches Berufsziel« war damals Meteorologe, nachdem ihm klar geworden war, daß er unter den Vorgaben des nationalsozialistischen Staates nicht gut beraten wäre, den Berufswunsch seiner Gymnasiastenzeit, einmal Jurist zu werden, weiter zu verfolgen. Nach Wehrdienst und Kriegsgefangenschaft studiert er dann aber doch Jura. Nach der Mindeststudienzeit von 6 Semestern legte er im Sommer 1949 in Freiburg i.Br. die erste juristische Staatsprüfung ab. 1950 wurde er in Freiburg mit einer von Karl Siegfried Bader betreuten Arbeit über die »Austragsgerichsbarkeit« des Deutschen Bundes zum Dr. jur. promoviert. Mit dieser ungedruckt gebliebenen Arbeit, hatte er eine gute Ausgangsbasis für sein weiteres juristisches Berufsleben gelegt. — Die Freiburger Jahre waren vor allem für die weitere persönliche Entwicklung von Albert Stein von entscheidender Bedeutung. Nachdem er nach eigenem Zeugnis jahrelang von christlichen Grundsätzen und Lebensformen abständig gelebt hatte, fand er hier unter dem Einfluß einer damaligen Freundin den Weg in das evangelische Gemeindeleben, der schließlich im Juni 1949 in dem förmlichen Übertritt in die evangelische Kirche mündete. Wichtig für seine späteren kirchenrechtlichen Auffassungen war die Begegnung mit dem Freiburger Rechtsphilosophen und Kirchenrechtler Erik Wolf, dessen kirchenrechtliche Vorlesung er im Sommersemester 1949 besuchte und als dessen Schüler er sich seit dem verstanden hat. Der Einfluß des kirchenrechtlichen Denkens von Erik Wolf zeigt sich besonders in der Konzeption der »biblischen Weisungen«, wie sie Stein im Anschluß an ihn vertreten hat. — Sein beruflicher Weg führte ihn nach den Freiburger Studienjahren zunächst in den Justizdienst des Landes Nordrhein-Westfalen. Im Juni 1952 legt er in Düsseldorf die zweite juristische Staatsprüfung ab. Seine erste gesicherte Anstellung erhielt er 1953 als Gerichtsassessor am Landgericht in Bonn, der eine zeitweilige Abordnung als Hilfsreferent beim Bundesministerium für Wohnungsbau folgt. Als weitere berufliche Station vermerkt sein Personalbogen die Ernennung zum Landgerichtsrat in Bonn am 1. Oktober 1955. Im gleichen Jahr heiratet er seine Frau Ilse. Seine richterliche Tätigkeit verrichtet er in verschiedenen Zivil- und Strafkammern. Am 1. Oktober 1965 rückt er auf zum Oberlandesgerichtsrat in Köln. Vom Präsidenten des Oberlandesgerichts wurden ihm 1976 in einem Dienstzeugnis überdurchschnittliche juristische Fähigkeiten und ein »hohes Berufsethos« bescheinigt. Nach diesem Zeugnis hätte Stein sicher die Position eines Vorsitzenden Richters am Oberlandesgericht erreichen könne, für die er dem Präsidenten »besonders geeignet« erschien. Seine eigenen Interessen hatten sich aber mehr der theologischen Wissenschaft zugewandt. Neben seinem Beruf als Richter hatte Stein bereits ein theologisches Zweitstudium an der evangelisch-theologischen Fakultät der Universität Bonn begonnen. Sein kirchlicher Einsatz als Presbyter, als Mitglied von Kreissynoden und im Kirchenordnungsausschuß der evangelischen Kirche im Rheinland hatten ihn zur Aufnahme des Theologiestudiums veranlaßt. Die rheinische Kirche hat ihn am Sonntag Trinitatis 1963 nach einem Kolloquium in das Predigtamt ordiniert. Der regelmäßige Predigtdienst gehörte seitdem zu den gern übernommenen Aufgaben. Sein Theologiestudium schloß er im Wintersemester 1964/65 mit einer Dissertation über Probleme evangelischer Lehrbeanstandung ab, die von dem reformierten Systematiker Walter Kreck angeregt und betreut wurde. Beraten insbesondere von dem lutherischen Professor für praktische Theologie Gerhard Krause, führten seine weiteren wissenschaftlichen Bemühungen 1971 ebenfalls in Bonn zum erfolgreichen Abschluß seiner Habilitation mit einer Arbeit, in der die Geschichte, ihre Ordnung im Kirchenkampf und die gegenwärtige Bedeutung evangelischer Laienpredigt dargestellt werden. Der Kirchenkampf in der Zeit des Nationalsozialismus - insbesondere die Barmer Theologische Erklärung von 1934 - war ein Thema, das ihn seither nicht mehr losließ. Mit seiner Habilitation war die Grundlage für seine zukünftige akademische Tätigkeit als theologischer Lehrer gelegt, die er bereits zuvor durch einen zeitweiligen Lehrauftrag an der evangelisch-theologischen Fakultät der neu gegründeten Ruhr-Universität in Bochum begonnen hatte, und die er erst viele Jahre später - wiederum dort - mit Lehraufträgen im Ruhestand beenden sollte. In Bonn hielt er zunächst als Privatdozent Seminare ab, bevor er 1976 zum außerplanmäßigen Professor berufen wurde. — Auf diesem Hintergrund wird der im November 1977 vollzogene Wechsel aus dem Justizdienst in die Position eines ordentlichen Universitätsprofessors für praktische Theologie und Vorstandes des Instituts für Kirchenrecht verständlich, auf die er von der evangelisch-theologischen Fakultät der Universität Wien als Nachfolger des nach Salzburg berufenen Christoph Link berufen worden ist. Hier nahm er in Vorlesungen und Seminaren die ganze Breite der Lehrveranstaltungen im Kirchenrecht, Staatskirchenrecht und der kirchlichen Rechtsgeschichte war. Im Prüfungswesen kamen ihm die Erfahrungen zugute, die er bereits durch seine Tätigkeit beim juristischen Prüfungsamt in Köln hatte sammeln können. Die theologische Fakultät wählte ihn 1980 zu ihrem Dekan und bestätigte ihn nach einjähriger Amtszeit für eine weitere Amtszeit. — Wie sehr Stein bereit war, sich ganz auf die kirchlichen Verhältnisse in Österreich einzulassen, zeigt vor allem seine aktive Mitarbeit in der evangelischen Kirche Helvetischen Bekenntnisses, der er sich in der Erinnerung an den reformierten Bekenntnisstand seines Bonner Doktorvaters und wohl auch aufgrund seiner inneren Verbindung mit seinem Freiburger Lehrer Erik Wolf anschloß. Diese entsandte ihn bald in die Generalsynode Augsburgischen und Helvetischen Bekenntnisses. Hier leiste er bei der Frühjahrstagung 1979 einen entscheiden Beitrag zur rechtlichen Gleichstellung ordinierter Theologinnen, in dem er auf der Grundlage eines Beschlusses der Synode Helvetischen Bekenntnisses dafür eintrat, aus der Ordnung des geistlichen Amtes eine Bestimmung ersatzlos zu streichen, nach der ordinierte Theologinnen nach ihrer Eheschließung grundsätzlich aus dem kirchlichen Dienst ausscheiden mußten. — Obwohl Albert Stein damals bereits in höherem Lebensalter stand, entschloß er sich im Jahre 1984, seine Stellung als ordentlicher Professor in Wien aufzugeben und der Bitte von Landesbischof Prof. Dr. Klaus Engelhardt Folge zu leisteten, sich für die Nachfolge des langjährigen geschäftsleitenden Oberkirchenrates im Evangelischen Oberkirchenrat in Karlsruhe, Prof. Dr. Günther Wendt zur Verfügung zu stellen. Durch seine Tätigkeit in verschiedenen kirchlichen Leitungsgremien im Rheinland und in Österreich und seine wissenschaftliche Tätigkeit brachte er dazu besten Voraussetzungen mit. Für ihn war die Übernahme des neuen Amtes nach einer Lebensphase, die der praktisch-theologischen Wissenschaft gewidmet war, ein Schritt zurück in die juristische Praxis, mit der er seinen Berufsweg ursprünglich begonnen hatte. Der Entschluß, dieses Amt anzunehmen, hat seinen Grund - neben familiären Erwägungen - vor allem darin, daß er darin die späte Chance sah, die Stimmigkeit und Tragfähigkeit seiner wissenschaftlichen Thesen durch die Berührung mit der kirchenleitenden Praxis zu testen. — Auch während seiner Zeit als Oberkirchenrat in Karlsruhe ist Albert Stein weiterhin in der Lehre als Honorarprofessor der Theologischen Fakultät der Universität Heidelberg und als Dozent am »Peterstift«, dem Predigerseminar der Evangelischen Landeskirche in Baden tätig gewesen. Es ist kein Zufall, daß sein »Evangelisches Kirchenrecht«, das 1980 aus der Unterrichtserfahrung seiner ersten Wiener Jahre hervorgegangen und 1992 zuletzt in dritter Auflage erschienen ist, den programmatischen Untertitel »Ein Lernbuch« trägt. Es ist speziell für die Verwendung in der Theologenausbildung gedacht und für Ausbildungszecke eine besonders geeignete Darstellung evangelischen Kirchenrechts. Sein Ansatz, Kirchenrecht als eine Teildisziplin praktischer Theologie zu betreiben, und ihm im Lehrbetrieb der Universität einen gleichberechtigten Platz neben den übrigen theologischen Hauptfächern einzuräumen, wird in diesem »Lernbuch« besonders herausgearbeitet. Die ausgesprochene Sympathie Steins für den Codex Juris Canonici der römisch-katholischen Kirche hatte ihren Grund sicher nicht nur darin, daß er dieser Kirche ursprünglich selbst entstammte, sondern dürfte vor allem auch aus der Tatsache zu erklären sein, daß ihm die Kanonistik als eine im römisch-katholischen Bereich hoch geachtete eigene Teildisziplin der Theologie in seinem eigenen Verständnis evangelischen Kirchenrechts sehr nahe kam. — Das wissenschaftliche Schrifttum Albert Steins umfaßt neben der »Gebrauchsliteratur« für Zwecke der theologischen Ausbildung und der pfarramtlichen Praxis zahlreiche Beiträge für Zeitschriften, Festschriften, Lexika und andere Publikationen in Deutschland und Österreich. In dem weit gespannten Feld kirchenrechtlicher Themen, die er wissenschaftlich behandelt hat, finden sich vor allem Äußerungen zu grundsätzlichen Fragen der Rechtstheologie, der kirchlichen Rechtsgeschichte, zu Problemen in der Ausgestaltung des geistlichen Amtes, der seelsorgerlichen Schweigepflicht, des Lehr- und Disziplinarrechtes. Sein besonderes Interesse galt darüber hinaus der Entwicklung eines ökumenischen Kirchenrechts und dem Dialog mit der römisch-katholischen Kirche. Vor allem die Auseinandersetzung mit dem Disziplinarrecht war für Stein mehr als ein theoretisch wissenschaftliches Problem, sondern berührte zutiefst sein Selbstverständnis als Richter und Oberkirchenrat. Untragbar in der christlichen Kirche war für ihn eine Disziplinargerichtsbarkeit, die bei dem Gedanken der Vergeltung strafwürdigen Unrechts verharrt und der Abschreckung möglicher Ordnungsverletzer ein ungebührliches Übergewicht gibt. Sein Bemühen, disziplinarrechtliche Konfliktfälle aus einer menschlich einfühlsamen und seelsorgerlichen Haltung heraus zu betreiben, die ihm schon in seiner Zeit als Strafrichter wichtig war, ließen ihn für ein Spruchverfahren plädieren, das im Sinne eines Schlichtungsdienstes auf eine einverständliche und zukunftsorientierte Konfliktlösung ausgerichtet ist. Der völlige Abbruch einer unzumutbaren Zusammenarbeit ohne Einverständnis der Betroffenen kam für ihn nur im äußersten Notfall im Betracht. — Auf gleicher Linie liegt es, daß sich Albert Stein ein evangelisches Lehrbeanstandungsverfahren nur in Form eines mit dem Betroffenen persönlich Auge in Auge zu führendes Gespräch vorstellen konnte. Mit diesem Konzept einer stark dialogisch angelegten Struktur evangelischer Lehrbeanstandung, wie er es in seiner theologischen Dissertation entwickelt hat, hat er maßgeblichen Einfluß auf den Musterentwurf der Arnoldshainer Konferenz einer »Ordnung für Lehrverfahren« genommen, die ihrerseits Grundlage für das entsprechende kirchliche Gesetz in Baden vom 19. Oktober 1976 gewesen ist. Die gute Erinnerung an die Mitwirkung Steins an diesem Gesetz gehört sicher mit zum Hintergrund seiner späteren Berufung zum Oberkirchenrat in Karlsruhe. — In dem Bemühen, Rechtsetzung und Rechtsanwendung in der Kirche nicht als ein Gedankengebäude anzusehen, das sich nur der abstrakten Begrifflichkeit juristischer Logik verpflichtet weiß, sondern die rechtliche und geistliche Dimension der Kirche als Einheit zu denken, hat Albert Stein in seinen Lehrauffassungen und in seiner persönlichen Haltung in besonderer Weise dem Grundverständnis heutiger Kirchenleitung entsprochen, wie es in der Grundordnung der Evangelischen Landeskirche in Baden auf die viel gerühmte Formel gebracht worden ist: »Die Leitung der Landeskirche geschieht geistlich und rechtlich in unaufgebarer Einheit.« Dieser Formel ist der Vorwurf nicht erspart geblieben, sie verwische die Grenzen zwischen Seelsorge und Disziplinargewalt. In seiner Auslegung spricht Stein davon, die Formel bedeute vor allem den Auftrag und die Aufgabe des Zusammenwirkens von Theologen und Juristen in der Unterschiedlichkeit der Herkunft, der Ausbildung, der gelernten Arbeitsweise und der traditionellen Kontexte, denn Kirchenleitung ist für ihn ein Dienst, den weder die geistliche noch die weltliche Seite für sich monopolisieren darf. Die Persönlichkeit von Albert Stein war nicht zuletzt durch die schwierige Aufgabe geprägt, den darin liegenden Konfliktstoff als Jurist im kirchenleitenden Amt und ordinierter Theologe in der eigenen Person verarbeiten und zum Ausgleich bringen zu müssen. Das hat ihn vor allem im Zusammenhang mit der Bearbeitung schwieriger Personalfälle stark belastet und innere Konflikte sind ihm nicht erspart geblieben. Albert Stein selbst hat die Gefahr einer unzulässigen Vermischung geistlicher und rechtlicher Vorgänge gesehen. Für ihn war selbstverständlich, daß der Seelsorger sein aus einem Beicht- oder Seelsorgegespräch erlangtes Wissen nicht zu dienstlichen Berichten oder Maßnahmen benutzen darf. Gleichwohl hat er sich mit der schwierigen Frage, ob und unter welchen Voraussetzungen die seelsorgerliche Schweigepflicht auch Grenzen haben kann, intensiv beschäftigt. Steins Überlegungen dazu haben mit dazu beigetragen, daß heute im evangelischen Kirchenrecht für extreme Ausnahmefälle - z. B. zum Zwecke der Verhinderung von Kapitalverbrechen - die Offenbarung von Beichtwissen als erlaubt angesehen wird, wobei die Identität des Beichtenden soweit wie möglich geschützt werden muß. — Albert Stein ist nach seinem Eintritt in den Ruhestand 1990 mit seiner Frau in seine rheinische Heimat zurückgekehrt. Am 25 März 1999 ist er in Brühl bei Bonn nach langer schwerer Krankheit verstorben. Er war ein Mann, der immer wieder Grenzen überschritten hat. Er konvertierte vom Katholizismus zur evangelischen Kirche, er studierte Jura und gab eine Karriere im Richteramt zugunsten der Theologie auf. Er verließ Deutschland, um als Professor in Österreich die praktische Theologie im akademischen Lehramt zu vertreten, und er kehrte schließlich in die juristische Praxis als Oberkirchenrat in Baden zurück. Obwohl er diese Tätigkeit nur wenige Jahre ausgeübt hat, war er der Evangelischen Landeskirche in Baden in vielfältiger Weise verbunden. In seinen Freiburger Studienjahren ist er konvertiert und hat durch seine damaligen Lehrer Anstöße erhalten, die ihn sein Leben lang begleitet und geprägt haben. Insofern steht über seinem beruflichen Lebensweg ein badischer Bogen, der in Freiburg seinen Anfang nahm und sich am Ende in Karlsruhe wieder schließt.

Werke: Probleme evangelischer Lehrbeanstandung, Bonn 1967; Laienordinationen im Kirchenkampf, ZevKR 15 (1970), S. 390-400; Die Denkschrift des altpreußischen Bruderrates »Von rechter Kirchenordnung«, in: H. Brunotte (Hrsg.), Zur Geschichte des Kirchenkampfes, AGK 26, Göttingen 1971, S. 164-196; Evangelische Laienpredigt. Ihre Geschichte, ihre Ordnung im Kirchenkampf und ihre gegenwärtige Bedeutung, AGK Bd. 27, Göttingen 1972; Hat die Schweigepflicht des Seelsorgers Grenzen? WUPKG 1972, S. 375-388 u. Forts. S. 454-463; Wo liegen die Grenzen des seelsorgerlichen Aussageverweigerungsrechts?, ZevKR 19 (1974), S. 138-144; Evangelische Lehrordnung als Frage kirchenrechtlicher Verfahrensgestaltung, ZevKR 19 (1974), S. 253-275; Ernst Christian Achelis, ein Kirchenrechtstheologe und Kirchenpolitiker der Jahrhundertwende, ZevKR 20 (1975), S. 308-315; Schuld und Vergebung im kirchlichen Amtsrecht, EvTh 1976, S. 85-94; Zur Sache Predigt - über das Gespräch zwischen Predigern und Predigthörern, HM 1976/77, S. 251-253; Bemerkungen zur Methodik des Predigtnachgesprächs, in: H. Schröer, (Hrsg.) Ex akoes, Gerhard Krause zum 65. Geburtstag, Bonn 1977, S. 3-20; Predigtnachgespräch praktisch, DtPfrBl 1977, S. 540-544; Das »Kirchbüchlein« der Bekennenden Kirche Altpreußens, eine evangelische Lebensordnung der Kirchenkampfzeit, ZRG, Kan. Abt. 1977, S. 300-317; Pfarrer X und die Gesetze, Rechtskonflikte im Alltag eines Pfarrers, Neukirchen-Vluyn 1977; Pfarrer X und die Kirchenordnung, Neukirchen-Vluyn 1979; Über die Bedeutung der Kirchenrechtswissenschaft für das Studium der evangelischen Theologie unter besonderer Berücksichtigung der österreichischen Verhältnisse, in: C. Schmidt-Lauber (Hrsg.), Theologia scientia eminens practica, Festschrift für Fritz Zerbst zum 70. Geburtstag, Wien, Freiburg, Basel 1979, S. 211-227; Hochschuldidaktische Überlegungen zur Gestaltung kirchenrechtlichen Unterrichts für evangelische Theologen, ÖAKR 1979, S. 504-508; Kirchenrecht und Kirchenordnung, Deutsches Pfarrerblatt, 1980, S. 292-295; Schuld - Vergebung - Beichte, in: P.J. Bloth, (Hrsg.), Handbuch der Praktischen Theologie II, Gütersloh 1981, S. 310-314; Freiheit und Bindung im evangelischen Agendenrecht der »Gottesdienste neuer Gestalt«, ZevKR 26 (1981), S. 279-294; Zum Stand der Grundlagendiskussion im deutschen evangelischen Kirchenrecht, NJW 1983, S. 2527-2531; Predigtnachgespräche, in: U. Wickel (Hrsg.), Fernkurs für Laienprediger, Studienbrief 3, Hannover 1983, S. 15-18; Die Weisung Gottes und die Weisungen unter Christen, in: S. Heine, E. Heintel (Hrsg.), Gott ohne Eigenschaften? Gottfried Fitzer zum 80. Geburtstag, Wien 1983, S. 183-201; Ehe und Familie - Konsens in der Kirche? In: H.C. Knuth (Hrsg.),Theologie und Kirche in Gesellschaft und Politik, 1983, S. 107-110; Der Stellenwert von »Barmen« und »Dahlem« für die Entwicklung von Theorie und Praxis der evangelischen Kirchenverfassung, in: Wolf-Dieter Hauschild, Georg Kretschmar, Carsten Nicolaisen (Hrsg.), Die lutherischen Kirchen und die Bekenntnissynode von Barmen, Göttingen 1984, S. 186-205; Martin Luthers Bedeutung für die Anfänge des evangelischen Eherechts, ÖAKR 1984, S. 29-46; Der neue Codex des kanonischen Rechts Papst Johannes Paul II. und das einführende römisch-katholische Schrifttum, ThLZ 1984, Sp. 787-769; Kirchenmitgliedschaft als rechtstheologisches Problem, ZevKR 29 (1984), S. 47-67; Beichtgeheimnis, EKL. 3. Aufl., Göttingen 1986, Sp. 402-404; Seelsorgerliche Schweigepflicht und kirchenamtliche Dienstpflicht, Pastoraltheologie 1986, S. 84-95; Dispens und Lizenz im neuen »Mischehenrecht«, in: A. Gabriels u.a. (Hrsg.), Ministerium iustitiae, Festschrift für Heribert Heinemann, Essen 1986, S. 325-329; Kirchenrechtliche und geistliche Fragen an die evangelisch-theologischen Mischehen heute, in: W. Olschbaur, K, Schwarz, Evangelisch in Vorarlberg, Bregenz 1987, S. 151-155; Hans Dombois´ Anfragen an das gegenwärtige evangelische Bischofsamt im Vergleich mit der Grundordnung der Ev. Landeskirche in Baden, ZevKR 41 (1987, S. 546-555; Das theologische Problem der kirchlichen Verwaltung in Karl Barths »kirchlicher Dogmatik«, in: R. Scholz (Hrsg.), Verwaltete Kirche - Lebendige Kirche, Thema für Walter Hammer, Bielefeld 1989, S. 182-189; Theologische Grundfragen der kirchlichen Gerichtsbarkeit, in: G. Besier u.a. (Hrsg.), Glaube - Bekenntnis - Kirchenrecht, Festschrift für Vizepräsident Hans-Philipp Meyer, Hannover 1989, S. 24-31; Überlegungen für einen besseren Umgang mit Ehescheidungen im Pfarrhaus, in: M. Josuttis, D. Stollberg (Hrsg.), Ehe-Bruch im Pfarrhaus, München 1990, S. 239-241; Kirchenrecht in theologischer Verantwortung: ausgewählte Beiträge zu Rechtstheologie, Kirchenrecht und Staatskirchenrecht, hrsg. von Karl Schwarz, Wien 1990; Verrechtlichung der Kirche?, ThPr 1992, S. 87-95; Evangelisches Kirchenrecht, Ein Lernbuch, 3. durchgesehene und ergänzte Aufl., Neuwied, Krifftel, Berlin 1992; 40 Jahre Rheinische Kirchenordnung, ZevKR 38 (1993), S. 283-300; Kirchenunionen als Kirchenrechtsproblem, Amt und Gemeinde 1993, S. 98-107; Schritte in Richtung auf ein ökumenisches Kirchenrecht, in: A. Haarbeck, A. Stein (Hrsg.), Festschrift für Herbert Ehnes zum 60. Geburtstag, Detmold 1994, S. 1-11; Ordination, in: G. Rau, H.-R. Reuter K. Schlaich (Hrsg.), Das Recht der Kirche, III, Zur Praxis des Kirchenrechts, Forschungen und Berichte der Evangelischen Studiengemeinschaft Bd. 51, Gütersloh 1994, S. 73-117; Herrschaft Christi und geschwisterliche Gemeinde, in: G. Rau, H.-R. Reuter K. Schlaich (Hrsg.), Das Recht der Kirche, II, Zur Geschichte des Kirchenrechts, Forschungen und Berichte der evangelischen Studiengemeinschaft Bd. 50, Gütersloh 1995, S. 272-317; Über biblische Weisungen im evangelischen Kirchenrecht, in: H.J.F. Reinhardt (Hrsg.), Theologia et jus canonicum, Festgabe für Heribert Heinemann zum 70. Geburtstag, Essen 1995, S. 39-50; Rechtsfragen der Regelung zum Religionsunterricht in der Bundesrepublik Deutschland und ihre Auslegbarkeit, in: J. Ohlemacher (Hrsg.), Religionsunterricht, Auftrag und Funktion, Loccum 1995, S. 224-240; Neue Aspekte im Pfarrerdienstrecht - Soll der Pfarrer kündbar werden?, KuR 1995, S. 27-

32 (=310, S. 1-6); Rechtstheologische Erwägungen zur Grundlegung eigenständigen kirchlichen Datenschutzes, ZevKR 41 (1996), S. 19-39; Neue Entwicklungen im Recht evangelischer Lebensordnungen, in: N. Becker, D. Dehnen (Hrsg.), Dienen-Ordnen-Planen, Festschrift für Erhard Krause, Neukirchen-Vluyn 1996, S. 13-27; Zum Begriff der Häresie im Recht der Evangelischen Kirche im Rheinland, in: A. Lexutt, V. v. Bülow (Hrsg.), Kaum zu glauben. Von der Häresie und dem Umgang mit ihr. Festschrift für Heiner Faulenbach zum 60. Geburtstag, Rheinbach 1998, S. 269-279; Schweigepflicht und Rederecht in der Seelsorge, ZevKR 43 (1998), S. 387- 400; Aktuelle Fragen des Kirchenrechts im ökumenischen Bezug, in: P. Boekholt, I. Riedel-Spanngenberger (Hrsg.), Iustitia et Modestia, Festschrift für Hubert Socha zum 65. Geburtstag, München 1998, S. 193-205; Bemerkungen zum Recht und zur praktischen Bedeutung des Predigthelferamtes in der Evangelischen Kirche im Rheinland, in: K.-H. Kästner, K.W. Nörr, K. Schlaich (Hrsg.), Festschrift für Martin Heckel zum 70. Geburtstag, Tübingen 1999, S. 85-101.

Lit.:: E. Dörenbecher, Kirchenrecht in theologischer Verantwortung oder Weil »alles in Liebe geschehen« soll - zum 70. Geburtstag von Prof. Dr. Dr. Albert Stein, KuR 1995, 49-52 (=980, 1-4); — K. Schwarz, Albert Stein zum 70. Geburtstag, ÖAKR 44 (1995-97), 477; — Andrea Boluminski, (Hrsg.), Kirche, Recht und Wissenschaft, Festschrift für Albert Stein zum 70. Geburtstag, Neuwied, Kriftel, Berlin 1994; — Karl Schwarz, »Lass´ nicht die Ordnung über dem Glauben sein ...!« In memoriam Albert Stein (1925-1999), Wiener Jahrbuch für Theologie 3 (2000), 1-18; — Jörg Winter, Albert Stein. Kirchenrechtslehrer und Kirchenjurist - zum Gedenken, Wiener Jahrbuch für Theologie 4 (2002), 353-372; — Ders., Albert Stein (Nachruf), ZevKR 44 (1999), 145-146.

Jörg Winter

STELLA (Stoltz), Tilemann, Mag., dt. Mathematiker, Geometer, Kartograph u. Ingenieur, * 1525 in Siegen, † 15. od. 18.2. 1589 in Wittenberg od. Wittenburg. — St. wurde als Sohn des Hariß (Hanno) Stoltz geboren u. besuchte die Lateinschule seiner Vaterstadt, wo u. a. Mag. Erasmus Sarcerius (s. d., 1536-1538 Rektor in Siegen u. bis 1548 Oberaufseher der 5 Lateinschulen der Gfsch. Nassau-Dillenburg, 1553-1559 Sup. der Gfsch. Mansfeld), Justus v. Hammer (1500-1551) sowie Mag. Georg Aemylius (s. d., ab 1553 Sup. der Gfsch. Stolberg) seine Lehrer waren. Der gräfl. Sekretär Mag. Wilhelm Knüttel († 1566) empfahl den begabten Schüler seinem Landesherren, Graf Wilhelm von Nassau, der Stella förderte. Ab August 1542 studierte er wohl auf Empfehlung von Sarcerius (s. d.) u. Aemylius (s. d.) an der Univ. Wittenberg, wo neben der blühenden Theologie der Reformatoren Luther (s. d.), Melanchthon (s. d.)

u. Bugenhagen (s. d.) auch Mathematik, Astronomie u. Geographie eine besondere Pflege erfuhren. In Erasmus Reinhold (1511-1563), der seine Schüler von der ptolemäischen Lehre zum kopernikanischen System führte, u. Joachim Rethicus (1514-1574) fand St. bedeutende Lehrer. 1544 studierte er an der Univ. Marburg (Stipendium des Gf. Wilhelm v. Nassau) wohl bei dem Mathematiker Johannes Dryander (um 1500-1560), der für Sebastian Münster (s. d.) eine Hessenkarte entworfen hatte. Im Winter 1544 kehrte er nach Wittenberg zurück u. trat wieder in Kontakt in den Freundeskreis um Melanchthon mit Peucer (s. d.) u. Camerarius (s. d.). 1546 verließ er Wittenberg, erwarb wohl dort noch den Mag.-Abschluß (Nachweis auf der Mellinger-Karte 1571) u. ging an die Univ. Köln, um bei Johann Caesarius seine Studien zu vertiefen. Auf Rat Melanchthons latinisierte er seinen Namen u. nannte sich fortan *Tilemann Stella Sigensis*. St. plante 1552 mit Unterstützung Melanchthons eine Serie von 5 Karten (3 Kt. zur Erläuterung der Hl. Schrift, Europa mit den Grenzen d. Röm. Reiches, Deutschland). Um den Vertrieb (zunächst der Palästinakarte) zu fördern, verschaffte ihm Melanchthon 1552 Besuchstermine in Joachimsthal, dem böhmischen Zentrum d. Luthertums, beim Kf. v. Sachsen u. in Kopenhagen beim dän. Kg. Christian III., der aber ergebnislos verlief. Enge Kontakte hatte St. zur Univ. Rostock, wo sein Studienfreund David Chytraeus (s. d.) als Prof. für Geschichte wirkte u. der den Kontakt zum jungen, seit 1552 reg. Hzg. Johann Albrecht v. Mecklenburg herstellte. Von diesem hatte er erste Aufträge erhalten. 1554 heiratete St. die Tochter Helena (1534-1.11. 1561) des hzgl. Rentmeisters u. Bgm. von Rostock Balthasar Rothermund, arbeitete jedoch zunächst weiter in Wittenberg. Durch die Ehe von Rothermunds anderer Tochter Margarete mit dem hzgl. Bibliothekar u. Rat Andreas Mylius (1551) war dieser sein Schwager. Wiederholte Briefe Melanchthons verschafften St. 1660 die Stellung als »Mathematicus« am Schweriner Hof. 1560 begleitete er den Hzg. nach Wien u. Ungarn bis an die damalige türkische Grenze u. fertigte das Reisetagebuch an. 1561 wurde er hzgl. Bibliothekar u. erhielt den Auftrag für die Planung eines Elbe-Ostsee-Kanals. 1561 reiste St. in den Harz, beendete seine Vermessungen u. Kartierungen der Gfsch. Mansfeld, die die Grundlage für die Mansfeld-Kt. Mellingers von 1571 war. Diese war als Beil. für den 1. Teil der »Mansfeldischen Chronik« von Cyriakus Spangenberg (s. d.) vorgesehen. Die Gf. v. Hohenstein, Stolberg u. Regenstein wurden besucht, der Brocken bestiegen u. mit Gf. Peter Ernst v. Mansfeld reiste er weiter über Thüringen, das Rheinland, Friesland nach den Niederlanden (1562), Nordfrankreich u. Luxemburg und führte 1563/64 im Auftrag des Hzg. Wolfgang v. Pfalz-Zweibrücken die Vermessung der Ämter Zweibrücken u. Kirkel durch. 1564 war St. nach Schwerin zurückgekehrt, wo er Anna Hofmann, Tochter des Schweriner Hofpredigers heiratet. Die folgenden 18 Jahre widmete er sich dem Kanalbauprojekt (Elbe bei Dömitz - Elde - Schweriner See - Wismar), das aber nach dem Tod des Hzg. 1576 wegen der Verschuldung des Hzm. u. der Hansestadt Wismar nicht fortgesetzt wurde. An dem Deutschlandkartenwerk hatte er in dieser Zeit nicht weiter gearbeitet. 1581 erarbeitete er (in Ansbach?) für den Mgf. Georg Friedrich v. Brandenburg-Ansbach (reg. 1556-1603) eine »Vaterlandsgeschichte«. 1582 verließ er enttäuscht Schwerin u. trat in den Dienst des Zweibrücker Hofes. 1583 holte er seine Familie nach. St. wurde mit der Verwaltung der Bibliothek sowie wasserbaulichen Gutachten (1582 Saar-Rhein-Kanal, 1584 Überschwemmungsgefahr Saarbrücker Talkessel) betraut. Wegen seines Deutschland-Kartenwerkes war er weiterhin viel auf Reisen, so 1582 auf dem Reichstag in Regensburg u. 1587 in Süddeutschland. Auf einer Reise nach Mecklenburg, vermutlich in Familienangelegenheiten, verstarb er am 15. oder 18.2. 1589 in Wittenberg oder Wittenburg bei Schwerin. Seine Frau Anna († nach 1632) heiratete 1594 in 2. Ehe den Zweibrücker Sup. Pantaleon Candidus (1540-1608, s. d.), einen Schüler Melanchthons. Aus der ersten Ehe hatte St. drei Söhne, von denen einer (Christoph) in Jena studierte u. der am 14.3. 1589 als sein Nachfolger als »Mathematicus u. Geometer« in Zweibrücken eingesetzt wurde. Mit Anna hatte St. zwei Söhne. 1591 wurde St. hs. Nachlaß an die hzgl. Bibliothek verkauft u. leider 1676 beim Brand des Schlosses vernichtet.

Werke: Palästinakarte (kommentiert von Melanchthon) 1552; Karte Mecklenburgs 1552 (Druck G. E. Piloot 1623);

Himmelsglobus 1553 [für Johann Albrecht],1555 [gewidmet Kf. August v. Sachsen]; Kt. d. Auszug der Kinder Israels 1557; Kurtzer vnd klarer Bericht vom Gebrauch vnd Nutz der newen Landtaffeln sampt jren zugeordneten Schreiben oder Circkeln in etliche Capitel verfasset dem günstigen Leser zu gut, Wittemberg 1560, 1563; Reisetagebuch Wien - Ungarn (mit Kt.) 1560; Bearbeitung 1560 (Wittenberg) der Deutschlandkarte von Sebastian Münster; Mecklenburgische Landesgrenze gegen Pommern mit Fischland, um 1570 (von P. Boeckel 1578 in Ölmalerei); (1561-1582 Erarbeitung zahlreicher Detailkarten zu einem Elbe-Ostseekanal [Gesamtkarte 1576, Ichnographia der Kanalstrecke 1581] (Staatsarchiv Schwerin); Methodus quae in Chorographica et Historica totius Germaniae descriptione observatibur, Rostock 1566; Gründliche und wahrhaftige beschreibung der baider ambter Zweibrücken und Kirckel, wie dieselbigen gelegen 1564 [Bearb. Eginhard Scharf, Hist. Verein, Zweibrücken 1993]; Mansfeldici comitatus, Halle 1571 von Mellinger auf der Grundlage von Vermessungen Stellas 1550/55-1560 [zahlr. Bearb. d. 16.-18. Jh., s. Lit . Arnhold 1975, Anm. 9, zuletzt Mansfeld-Mus. Hettstedt 1996]; Designation , und nothwendiger Bericht von der Landesgrentzen, zwischen der Mark u. Mecklenburg von dem Blankenburgischen Gut Wulfshagen u. der Arnim zu Boitzenburg Gütern bis Krueselin u. den Ämtern Stargard, Feldberg u. Fürstenberg, besonders aus von dem gemachten Graben zur Ableitung des Wassers aus dem Ampt Feldberg, nebst einem Abriß, um 1575 [s. Lit. Richter 1982]; Origo nostrum patrum, Hs. 1581.

Lit.: Nathan Chytraeus, Poematum Nathanis Chytraci praeter sacra omnium libri septemdecim, Rostock 1579, fol. 90-95; — Hermann Größler, Die bis jetzt bekannt gewordene älteste Karte der Grafschaft Mansfeld, in: Mansfelder Bll. 16, Eisleben 1902, 138-144; — Gustav Ernst, Tilemann Stella Sigensis, der erste Brockenbesteiger 1561, in: Zschr. d. Harzvereins 59 (1926), 79-84; — Helmut Arnhold, Die Karte »Mansfeldiae Comitatus« von Stella-Hogenberg, in: Veröff. d. Kreisheimatmus. Bad Frankenhausen, H. 5, 1975, 54-59, Beil.; — W. M. Richter, U. Voigtländer, Luzin-Report 3 - eine Monographie der Feldberg-Carwitzer Seenplatte in der DDR, Bez. Neubrandenburg, Krs. Neustrelitz, Lfg. 6-12, Osterburg 1982; — Gyula Pápay, Ein berühmter Kartograph d. 16. Jh. in Mecklenburg: Leben u. Werk Tilemann Stellas (1525-1589), in: Beitrr. z. Kulturgeschichte Mecklenburgs aus Wissenschaft u. Technik, 1985, 17-24; — Christa Cordshagen, Neue Erkenntnisse zum Wirken Tilemann Stellas als Kartograph in Mecklenburg, in: Archivmitt. Zschr. f. Theorie u. Praxis d. Archivwesens, Bd. 36 (1986) 5, 158-161; — Gyula Pápay, Aufnahmemethodik u. Kartierungsgenauigkeit der ersten Karte Mecklenburgs von Tilemann Stella (1525-1589) aus dem Jahre 1552 u. sein Plan zur Kartierung der dt. Länder, in: Petermanns geographische Mitt., Bd. 132, Gotha 1988, 3, 209-216; — Christa Cordshagen, Tilemann Stella (1525-1589) - Mecklenburgische Karten d. 16.-18. Jh. aus dem Staatsarchiv Schwerin, Ausstellungsinformation Staatl. Mus. Schwerin, Schwerin 1989; — Michael Eckard, Kartograph, Wasserbauingenieur, Landmesser u. Hofbibliothekar, in: Siegerland, Bd. 66 (1989), 1-2, 14-23; — Christa Cordshagen, Tilemann Stellas Wirken in Mecklenburg: Theoretische Schriften u. deren Umsetzung in seinen Karten, in: Siegerland, Bd. 66 (1989) 3-4, 83-

87; — Ruthardt Oehme, Lothar Zögner, Tilemann Stella (1525-1589), der Kartograph der Ämter Zweibrücken u. Kirkel d. Hzgt. Pfalz-Zweibrücken, in: Qu. z. Dt. Kartographie (Landesvermessungsamt Rheinland-Pfalz), Bd. IV, Koblenz 1989 [dgl. als Qu. z. Gesch. d. dt. Kartographie 6, Lüneburg 1989]; — Bernd Feicke, Tilemann Stella und die älteste Karte des Mansfelder Landes, in: Mansfelder Heimatbll. 9, Eisleben 1990, 70-72, Abb.; — Gyula Pápay (Hrsg.), Tilemann Stella u. die erste wissenschaftliche Erforschung Mecklenburgs in der Geschichte [VII. Wissenschaftshistorisches Symposium der Univ. Rostock 21.-22. 2. 1989 in Schwerin], Rostock 1990; — Hans Brichzin, Der Kartograph Tilemann Stella (1525-1589), seine Beziehungen zu Sachsen u. zu Kf. August anhand neuer Quellenfunde, in: Archivmitt., Bd. 42 (1993), 6, 211-228; — Ferdinand Opll, »Iter Viennese cristo auspice et duce«. - Wien im Reisetagebuch des Tilemann Stella von 1560, in: Studien zur Wiener Geschichte. Jb d. Vereines für Geschichte der Stadt Wien, Bd. 52/53 (1996/97); — Peter H. Meurer, Zwei Briefe Tilemann Stellas von 1558 an Hartmann Beyer. Die frühesten bekannten Belege zu den Arbeiten am ersten systematischen Deutschland-Kartenwerk, in: Hessisches Jb. f. Landesgesch. 47 (1997), 85-104; — Karl-Heinz Steinbruch, Streit auf dem Schweriner »Schelf-Felde«, in: Mecklenburg-Mgz. 10 (1998), 21; — Thomas Rudert, Wirtschafts-, siedlungs- u. grenzgeschichtliche Aspekte einer bekannten Karte: Tilemann Stella/ Peter van Boeckel u. die Darstellung der mecklenburgisch-pommerschen Grenze (Fischland-Karte 1578), in: FS Gerhard Heitz, Rostock 2000, 371-421; Bernd Feicke, Chroniken des protestantische Hochadels aus dem 16. Jh. u. ihr Autor Cyriakus Spangenberg, in: Beitrr. z. Geschichte aus Stadt u. Kreis Nordhausen, Bd. 28, 2003, 16-26, Abb., bes. 17f.; — Christian Peters, Erasmus Sarcerius u. die Reformation in Nassau-Dillenburg, in: Schrr. d. Stiftung Luthergedenkstätten in Sachsen-Anhalt, Bd. 4, Leipzig 2006, 19-47; — Bernd Feicke, Die Permutationsrezesse Ende des 16. Jh. in der Gfsch. Mansfeld, in: Zs. f. Heimatforschung, H. 17, Halle 2008, 19-24; — ADB, Bd. 36 (1893), 32-33 (Ad. Hofmeister); — ADB, Bd. 23 (1886), 133-134, Art. Mylius, Andreas (K. E. H. Krause); — NDB, Bd. 3 (1957), 121-122, Art. Candidus, Pantaleon (Georg Biundo).

Bernd Feicke

STEPLING, Josephus, Jesuit, Mathematiker, Physiker und Astronom, Professor an der philosophischen Fakultät der Prager Universität, eine der bedeutsamsten Persönlichkeiten der böhmischen Aufklärung, * 29. Juni 1716 in Regensburg, † 17. Juli 1778 in Prag. — Joseph Franz Stepling wurde als zweites Kind in einer böhmisch-deutschen Familie geboren: seine Mutter Blandina stammte aus Böhmen, sein Vater Heinrich Wilhelm war ein Westfale, der in Regensburg bei der kaiserlichen Gesandtschaft als Sekretär arbeitete. Er ist leider bald verstorben und so kam der kleine Joseph - mit noch nicht zwei Jahren - nach Prag, wohin sich seine Mutter zurückzog. Hier verbrachte er mit Ausnahme einiger Jahre sein ganzes Leben. In Prag erhielt der frühreife und allseitig begabte Knabe eine gute und gründliche Erziehung. Er besuchte eine jesuitische Schule, außerdem hielt ihm aber seine Mutter noch einen Präzeptor, der den ungewöhnlichen Scharfsinn seines Pfleglings besonders auf Mathematik und darin auf Euklids Grundlagen der Geometrie lenkte. Der wünschte in die Gesellschaft der Jesuiten aufgenommen und nach China zur Mission geschickt zu werden. — Am 5. Mai 1733 fand eine Mondfinsternis statt, die auch in Böhmen beobachtet werden konnte. Bei dieser Gelegenheit erstaunte der 17jährige Junge seine Lehrer dadurch, daß er nach den de la Hireschen Tafeln die notwendige Berechnung und auch selbstständige Beobachtungen machte. Diese Tat bewog wahrscheinlich den jesuitischen Provinzial, Steplings Aufnahmeansuchen - gestellt schon im Jahre 1732, wegen seiner Jugend und Schwäche aber verweigert - zuzustimmen. Am 9. Oktober 1733 trat er in die Gesellschaft Jesu ein. Noch zuvor schenkte ihm seine Mutter einiges Geld, um sich damit ein wenig zu ergötzen, er verwendete es jedoch für die Anschaffung verschiedener wissenschaftlicher Geräte. Die Jahre 1734-1735 verbrachte er als Novize im Brünner Kollegium, in den Jahren 1736-1739 studierte er Philosophie in Olmütz. Ein Jahr später kam er nach Glatz (Schlesien), wo er am hiesigen Gymnasium zuerst als »repetitor humaniorum« und später als »professor rudimentorum« tätig war. Im Jahre 1741 lehrte er als Grammatikprofessor in Schweidnitz. Im nächsten Jahre kehrte er endlich nach Prag zurück und trat beim Professor Ignaz Mühlwenzel wieder als Repetitor ein: diesmal wiederholte er aber nicht mehr die humanistischen Gegenstände, sondern seine geliebte Mathematik und Experimentalphysik. Im Jahre 1743 fing er an in Prag Theologie zu studieren. — Schon in Brünn und Olmütz geriet der junge Stepling in schwere Glaubenszweifel: der rein aristotelisch-scholastische Lehrbetrieb stand zu den neueren naturwissenschaftlichen Erkenntnissen, mit denen er sich so eifrig beschäftigte, im schroffen Gegensatz. Den Ausgang suchte er in der philosophischen Lektüre. Zu seinem beliebten Autor wurde besonders Leibniz mit seiner prästabilierten Harmonie, aber auch Christian Wolff. Es scheint, daß zu dieser Zeit Stepling in seiner Umgebung keinen Partner fand, mit dem er über die Fragen, die ihn erregten, diskutieren konnte. Und so wandte sich der noch völlig unbekannte Jesuit im Jahre 1743 brieflich nach Halle, an den weit älteren, berühmten protestantischen Professor Wolff, der die Philosophie Leibnizens systematisch zusammengefaßt und im Geiste der Aufklärung weitergeführt hatte. In seiner Fassung gab es Thesen, die den orthodoxen protestantischen Theologen als gefährlich erschienen. So ist Wolff bis zu einem gewissen Grad ein Schicksalsgenosse Steplings, der wiederum wegen seiner Zuneigung zu Wolff verdächtigt wurde. In ihrem Briefwechsel besprachen die beiden nicht nur die Leibnizsche Philosophie, sonder auch Bayle, Bossuet, Du Hamel und die wichtigsten Scheidungspunkte, die zwischen der damaligen katholischen und der evangelischen Kirche lagen. — Es war übrigens gerade diese Vorliebe zur Leibnizschen Philosophie, die Stepling später hinderte, das naturphilosophische System Boscovichs anzunehmen, ein System, das nach dem Jahre 1759, als in Wien seine »Theoria philosophiae naturalis« erschien, bei den übrigen Prager jesuitischen Naturwissenschaftlern sehr populär geworden ist. Neben den philosophischen Problemen wird in dieser Korrespondenz auch mehreres von der Astronomie und Physik behandelt (Wolff berichtet z.B. von den neuen elektrischen Versuchen, die Stepling später öffentlich im Klementinischen Kollegium wiedergab). Leider bricht dieser Briefwechsel im Sommer 1745 ab. Erschienen die folgenden Briefe für die Veröffentlichung nicht geeignet oder wurde es Stepling verboten diesen Briefwechsel weiterzuführen? Im Jahre 1745 wird Stepling zum Priester geweiht, im Jahre 1747 geht er nach Gitschin (tschechisch Jičín, in Nordostböhmen) in die dritte Probation; das vierte Gelübde - professus quatuor vota - legt er am 2. Februar 1751 ab. »Inzwischen wurde ihm im Jahre 1748 aufgetragen - schildert sein Biograph des 18. Jahrhunderts - die aristotelische Lehre öffentlich zu lehren. Allein er lehnte diesen Lehrauftrag ab, mit dem Begründung, daß er, als ehrlicher Mann, eine Wissenschaft, die er selbst verabscheute, anderen nicht aufdringen wolle; er bat dagegen um die Erlaubnis, seine Mitbrüder in der Mathematik und Experimental Physik zu unterrichten«. So eine prinzipielle

Stellungnahme war etwas, womit sich Stepling in die böhmische Geschichte eingeschrieben hat, einige Jahre vorher wäre so etwas völlig undenkbar gewesen. — Seine feste antiaristotelische Überzeugung brachte ihm im Jahre 1752 die Berufung auf die von der Kaiserin Maria Theresia im Rahmen einer Universitätsreform neulich eingeführte Funktion eines s.g. königlichen Studiendirektors der Prager philosophischen Fakultät. Seine Kompetenzen in dieser Funktion standen über denen eines Dekans. Diese Berufung eines Jesuiten war einigermaßen erstaunlich: der Hauptsinn der kaiserlichen Schulreformen der Hälfte des 18.Jahrhunderts bestand u.a. darin, die ideologische Macht des Ordens an den Universitäten zu brechen. Stepling hatte zu dem neuen Amt keine Lust, er war sich vom Anfang an darüber klar, daß er durch diese führende Stellung mit der Leitung seines Ordens in Schwierigkeiten kommen werde. Er bat deswegen gleich, als er von Wien die Ernennung zum Studiendirektor erhielt, seinen Provinzial, ihm nicht zu erlauben, diese Stellung einzunehmen. Doch scheint man in Wien unter allen Umständen auf seiner Ernennung bestanden zu haben, und dem Orden war es schließlich doch lieber, einen Ordensbruder als Studiendirektor zu haben, der weiterhin unter ihrem Einfluß stand, als einen feindlich gesinnten Weltpriester oder sogar einen weltlichen Staatsbeamten. — Stepling fiel also die schwierige Aufgabe zu, als Jesuit der jesuitischfeindlichen Unterrichtsverwaltung in führender Weise zu dienen. Man kann sagen, daß er in diesem Sinne erfolgreich gewesen ist: einerseits wurden in den Lehrplänen alle peripatetischen Traditionen beseitigt, andererseits fingen stufenweise neue Lehrbücher an zu entstehen, die eine weit gesundere Weltanschauung und Kenntnisse der moderneren Wissenschaften anbieten konnten. Unter Stepling entstand bald auch eine ganz neue Institution, die s.g. consessus philosophici, gelehrte Sitzungen der Lehrer der Fakultät, wo neue naturwissenschaftliche Entdeckungen vorgetragen und diskutiert sein sollten. Die erste fand gleich im Jahre 1753 statt, wo Stepling über seine neu eingeführten meteorologischen Beobachtungen referierte. — Die ältere Literatur glaubte, in diesen Sitzungen ein Vorbild der in Prag wenig später entstandenen gelehrten Gesellschaft zu sehen. Die modernere Forschung zeigte jedoch, daß dies kaum der Fall gewesen sein konnte. Einerseits scheint es, daß die Teilnahme an diesen Sitzungen nur sehr schwach gewesen war, andererseits wissen wir nur von einem Gelehrten (C. Sagner), der neben Stepling an diesen Diskussionen etwas vorgetragen hätte. Deswegen ist es kein Wunder, daß im Jahre 1760 diese Sitzungen von Wien aufgehoben wurden. Drei Jahre später wurde Stepling bei der neuerlichen Reform des Hochschulwesens wohl seines Amtes als Direktor der Fakultät enthoben, aber er wurde zum Studiendirektor der naturwissenschaftlich-mathematischen Abteilung der Fakultät ernannt, die damals von der philosophischen Fakultät abgetrennt wurde. Auf diesem Posten wurde Stepling auch nach Aufhebung des Ordens im Jahre 1773 bestätigt, obwohl alle Exjesuiten aus den wichtigeren Stellen entfernt wurden. Er bekleidete dieses Amt bis zu seinem Tode im Jahre 1778. Damals zeigte sich noch einmal die Bedeutung dieses Mannes, denn die gesamte wissenschaftliche Welt Prags nahm an seiner Beisetzung teil. Die Kaiserin ließ dem Verstorbenen einen Gedenkstein setzen (im klassizistischen Stil entworfen von dem Maler Johann Jakob Jahn und ausgeführt von den Bildhauern Ignaz Platzer und Fritz Eigner), der noch heute im Altstädter Klementinum am Eingang zum astronomischen Turm besteht. — Die Hauptverdienste Steplings liegen jedoch nicht in seiner amtlichen Tätigkeit, sondern darin, daß er im Einklang mit der in Böhmen ankommenden Aufklärung dort die Naturwissenschaften belebte und viele der modernen Entdeckungen bekannt gemacht und eingeführt hat. Seine Interessen waren dabei außerordentlich vielseitig und betrafen fast alle Fächer der damaligen exakten Wissenschaften. Zu seinen beliebtesten Disziplinen gehörte an erster Stelle die Astronomie im weitesten Sinne. Die Astronomie es war auch, die Stepling den ersten - und gleich sogar internationalen - Erfolg brachte. Im Jahre 1748 wurde die Prager Universität von der Berliner Akademie der Wissenschaften ersucht, die Sonnen- und Mondfinsternissen des laufenden Jahres zu beobachten: sie hatte die Absicht, die veraltete und ungenaue Karte Müllers vom Jahre 1720 durch eine neue und verbesserte zu ersetzen. Dazu brauchte sie u.a. auch die genaue geographische Lage der Stadt Prag. Stepling wurde also beauftragt - eine andere geeignete

Person gab es in Prag übrigens gar nicht - die erwähnten Beobachtungen zu machen. Ungeachtet dessen, daß er nicht mit allen dazu erforderlichen Geräten versehen war, hat er diese Aufgabe bewältigt. Das brachte ihm nicht nur einen sehr lobenden Brief der Berliner Akademie ein, sondern in den Leipziger »Nova acta eruditorum« auch seine erste, wenn auch nur eine anonyme Publikation. Bei dieser Gelegenheit fand Stepling, wie notwendig es sei, über eine ordentliche Sternwarte verfügen zu können und sie mit geeigneten astronomischen Werkzeugen auszustatten. Seit dem Jahre 1722 gab es im jesuitischen Klementinum zwar einen schönen Turm (der noch heute besteht), in dem sich ein s.g. mathematisches Museum befand, dieser war aber eher ein Aussichtsturm als eine eingerichtete Sternwarte. So wandte sich Stepling an seine Oberen mit einem Gesuch, in dem er seine dringendsten Vorstellungen darlegte. Diesem Gesuch wurde glücklicherweise Gehör gegeben, so daß die Sternwarte im Jahre 1751 ihre Arbeit aufnehmen konnte. Für ihre instrumentelle Ausstattung mußte Stepling allerdings den größten Teil seiner mütterlichen Erbschaft verwenden, und manche Geräte hat er selbst konstruiert. Als »praefectus speculae astronomicae« bekam er die Aufsicht über das Observatorium und behielt sie fast bis zu seinem Ableben. Die ganze Zeit kümmerte sich Stepling um seine ständige Verbesserung, baute und kaufte neue Instrumente, und vergrößerte auch die Bibliothek. Das alles können wir in seiner Korrespondenz schön verfolgen: es waren besonders sein Wiener Ordensbruder Maximilian Hell und sein guter Freund Franz Huberti (1715-1789) in Würzburg, die ihm dabei behilflich waren. Die ausgedehnten, wenn auch nur brieflichen Kontakten mit ausländischen Gelehrten (er reiste wahrscheinlich nie) - waren für Stepling ein unverzichtbares Mittel, die neuesten Entwicklungen in seinen Wissenschaften zu verfolgen, und die besten Gelehrten jener Zeit gehörten zu seinen Korrespondenzpartnern: Euler, de la Caille, Lagrange, Nollet, Leisganig, Wendlingen. Im Jahre 1752 begann Stepling mit den ersten systematischen meteorologischen Beobachtungen in Böhmen. Er ließ sich dabei von einem Jesuiten des 17. Jahrhunderts, Nicolo Cabeo, inspirieren, von dem er in der Geschichte der Pariser Wissenschaftsakademie Fontenells gelesen hat, und der angeblich der erste war, der die Regenniederschläge gemessen hatte. Stepling verfolgte dabei drei meteorologische Grunddaten: den Luftdruck, die Temperatur und die Menge der Wasserniederschläge. Seine Resultate hat er gleich veröffentlicht. Leider sind seine wertvollen Beobachtungstagebücher verloren gegangen, aber es ist sicher, daß er die Tradition dieser Beobachtungen begründet hat. Die Klementinische meteorologische Station führt sie bis heute weiter und ist stolz auf eine ununterbrochene Reihe der dreimal täglich gemessenen Angaben, die bis zum Jahre 1775 zurückreicht. Im Jahre 1761 bereitete sich Stepling zur Beobachtung des Venusdurchganges durch die Sonnenscheibe vor. Das war für die ganze europäische astronomische Gemeinde eine historisch beachtenswerte Erscheinung, Boscovich fuhr deswegen z.B. nach Konstantinopel, M. Hell von Wien sogar bis nach Lappland. Im Vorfeld des Ereignisses korrespondierte Stepling darüber mit mehreren ausländischen Gelehrten, hatte aber - wie viele seiner Kollegen - am 6. Juni, dem Tage des Durchganges kein Glück, denn der Himmel über Prag war mit dichten Wolken bedeckt. — Außer Astronomie und Meteorologie befaßte sich Stepling zu dieser Zeit auch mit mehreren Fragen, die wir heute als geophysikalisch bezeichnen würden: Erdmagnetismus, Erdbeben, Ozeanographie. Große Aufmerksamkeit widmete er auch den während seines Lebens durchlaufenden Erdmessungen. In einer übertriebener Weise, in manchem aber doch wahr, bewertete seine Bedeutung in der Astronomie einer von seinen Schülern:«Tycho sua vastissima coeli notitia fecit, ut esset apud nos primus, tu fecisti, ne esset solus», Brahe war bei uns der erste, du hast gemacht, damit er nicht der einzige sei. Das war mehr als vor zwei Jahrhunderten, aber auch in unserer Zeit haben ihn die Astronomen nicht vergessen: zu seiner Ehre benannte die IAU (Internationale Astronomische Union) mit seinem Namen den Asteroid Nr. 6540 (entdeckt am 16. September 1982, Sternwarte Klet, A. Mrkos). — Nicht weniger intensiv befaßte sich Stepling auch mit Fragen der Mathematik. Er hielt sie in größter Ehre: sie sei die einzige, welche die Philosophie retten könne. Sein Hauptverdienst besteht darin, daß er die Infinitesimalrechnung in Böhmen einführt hat, vor ihm war sie hier überhaupt nicht

anzutreffen (hierzu erwähnen wir z.B., daß die Mathematik in den zweijährigen s.g. philosophischen Kurs an der Prager philosophischen Fakultät erst im Jahre 1747 eingeführt wurde). Es zeigt sich, daß sich Stepling dabei besonders durch L. Euler inspirieren ließ. Seine erste veröffentlichte mathematische Arbeit aus dem Jahre 1751 knüpft aber an den in St. Petersburg tätigen deutschen Mathematiker G. W. Krafft: Stepling berechnet Inhalte und Flächen von Zylinderteilen, geschnitten durch verschiedene Kegelschnittlinien, in einer weit allgemeineren Form als Krafft (1738). In den Grundlagen seiner Differentialrechnung wird geschätzt, daß er bei der Begründung einer unendlich kleinen Größe den geometrischen Weg verläßt und versucht, die neue Analyse algebraisch aufzubauen. Seine Bücher, besonders jene über die Differentialrechnung (1765) sind zum Vorbild der Lehrbücher geworden, die in Prag bis zum Anfang des folgenden Jahrhunderts erschienen sind. Außerdem widmete sich Stepling auch der Geometrie und ein wenig auch der Zahlentheorie, er interessierte sich besonders für die Eigenschaften des Neuners. — Sehr umfangreich sind die Arbeiten Steplings auf dem Gebiet der Physik. Hier kann man zweierlei Richtungen als seine Hauptverdienste ansehen. Der erste besteht in seinem konsequenten Bestreben zur Durchsetzung der experimentellen Methoden, was natürlich mit seiner antiaristotelischen Stellung zusammenhängt. Im Jahre 1752 modernisierte er radikal die veraltete, eher kuriose als nützliche Sammlung, die unter dem Namen »Museum mathematicum« in Klementinischen Kollegium bestand, gründete ein modernes physikalisches Kabinett, und erwirkte dafür bei der Kaiserin eine jährliche Dotation. Mit den neuen Instrumenten - Thermometern, Barometern, Spiegeln, Linsen, Elektrisiermaschinen und Leydener Flaschen - unternahm er zahlreiche Versuche. Er kam dabei zu keinen großartigen neuen Ergebnissen, sondern wiederholte eher die bekannten Experimente und erhärtete die Gültigkeit der schon bekannten physikalischen Gesetze. Er dachte ständig auch an die Verbreitung der wissenschaftlichen Erkenntnissen: im Klementinum hat er öffentlich z.B. die Weiterleitung der Elektrizität über eine große Entfernung, angeblich von etwa 800 Metern, vorgeführt. Man kann voraussetzen, daß ihn zu dieser experimentellen Fassung der Physik besonders Professor J.A.Scrinci inspirierte, der bereits im Jahre 1745 an der Prager medizinischen Fakultät mit öffentlichen Vorträgen über Physik und Chemie begonnen hatte. Unter »einer unglaublichen Anzahl von Zuhörern aus allen Ständen«, von denen die damaligen Zeugen erzählten, müßte auch Stepling gewesen sein. — Sein zweiter Verdienst liegt in der Bekanntmachung der neuesten physikalischen Ergebnisse. Bald nach seiner Ankunft in Prag setzte er sich entschieden für das heliozentrische System ein: Im Jahre 1751 stellte er in der großen Aula des Carolinums im historischen Universitätshauptgebäude ein automatisches Planetenmodell aus, natürlich mit der Sonne in der Mitte des Weltalls, damit es jedermann anschaulich sehe. Er strebte aber weiter. Als ein überzeugter Anhänger von Newton hat er dessen Lehre nach Böhmen eingeführt. Man tradiert z.B., wie er einen seiner Schüler, den Peripatetiker Joannes Tessanek, zu einer »Konversion« zu Newton überzeugte. Und es lohnte sich: Nach einigen Jahren veröffentlichte dieser Autor einige Artikel zur newtonschen Problematik und in den Jahren 1780 und 1785 gab er mit seinen ausgedehnten Kommentaren die ersten beiden Bücher von Newtons »Philosophiae naturalis principia mathematica« heraus. Deswegen wurde er als »ähnlich seinem Meister« bezeichnet. — In diesem Zusammenhang muß noch etwas erwähnt werden, was zu dieser Zeit in den böhmischen Ländern völlig neu war: Das konsequente Bestreben Steplings um die augenblickliche Veröffentlichung seiner Ergebnisse im Druck. Es waren überwiegend kleinere Beiträge, seine Bibliographie ist deswegen so unglaublich reich. Er publizierte selbstständige Bände oder öfters Bändchen sowie verschiedene Mitteilungen in den nicht zu zahlreichen Zeitschriften. Zu seinen beliebten gehörten vor allem die Leipziger »Nova acta eruditorum«, wohin er mehrmals seine Beiträge angeboten hat und wo sie gerne angenommen wurden. Diese Zeitschrift war zwar, wie wir es heute bezeichnen würden, im Prinzip ein Referenzjournal, neben den Rezensionen der Neuerscheinungen wurden ausnahmsweise aber auch originale Texte gedruckt. Zu diesen Ausnahmen gehörten auch drei Artikel von Stepling. Vor seinem Artikel in den »Acta« von 1761 schreibt man in einer Redaktionsnotiz:

»Rogamus autem virum clarissimum ut pergat de his Actis nostris, deque bonis litteris in universum, praeclare, ut adhuc solitus est, atque egregie mereri«. Dies ist eine schöne Wertschätzung und gleichzeitig auch eine Einladung zur weiteren Mitarbeit. Bis jetzt behandelten wir nur seine Tätigkeit an der Universität. Im späteren Alter engagierte sich Stepling auch als ein Organisator des allgemeinen wissenschaftlichen Lebens. Im Jahre 1769 entstand in Prag - durch die Wiener Regierung errichtet - eine »Wirtschaftliche patriotisch-böhmische Gesellschaft«, derer Aufgabe die Beförderung der Landwirtschaft und des Handwerks mittels der wissenschaftlichen Methoden sein sollte. Stepling zählte mit dem Titel »Rat« zu ihren ersten elf Mitgliedern. Seine Mitgliedschaft war nicht formell, er zeigte dabei jedoch erstaunlicherweise und überzeugend, daß er als Akademiker von den praktischen Bedürfnissen des wirtschaftlichen Lebens keineswegs abgekoppelt war. Davon zeugt übrigens auch seine Schrift vom Jahre 1764, die der Umrechnung der verschiedener in Böhmen und Österreich benützten Maße und Gewichte gewidmet war. Er hat für diese Gesellschaft z.B. eine Hebelvorrichtung zur Baumstumpfgewinnung konstruiert und eine verbesserte Methode der Bearbeitung der Wolle vorgeschlagen. Er beurteilte auch verschiedene Vorschläge, die der Gesellschaft vorgelegt wurden, so z.B. einen Vorschlag über neue Grundsätze des Ackerns. Stepling befaßte sich damit so gründlich (im positiven Sinne), daß er schließlich die Errichtung eines neuen Lehrstuhls für Landwirtschaft an der Prager philosophischen Fakultät vorschlug. Dieser Vorschlag wurde zwar angenommen, es steht aber nicht fest, ob er auch realisiert wurde. Dagegen ist sicher, daß an dieser Fakultät - und Stepling war auch hier beteiligt - ein Lehrstuhl für das Bergwesen eingerichtet wurde. Stepling beurteilte auch die Möglichkeit der Errichtung der Blitzableiter. Am Anfang war er skeptisch, er glaubte nicht, daß sie sich als effektiv genug zeigen könnten. Später änderte er seine Meinung und hat sich für diesen »letzten Schrei« des wissenschaftlich-technischen Fortschritts positiv ausgesprochen. Stepling gehörte noch einer anderen Gesellschaft an. In der ersten Hälfte der siebziger Jahren begann sich - möglicherweise im französischen Stil - im Salon der adeligen Familie Nostiz in Prag eine Handvoll von Gelehrten zu treffen und wissenschaftliche Gespräche zu führen. An der Spitze stand Ignaz von Born. Etwa in der ersten Hälfte des 1774 Jahres entschieden sich diese Aufklärer, unter ihnen auch Stepling, eine »Privatgesellschaft in Böhmen zur Aufnahme der Mathematik, der vaterländischen Geschichte, und der Naturgeschichte« zu errichten. Schon vorher hatte es nicht an Versuchen gefehlt, solch eine wissenschaftliche Institution zu gründen. Im Jahre 1746 entstand in Olmütz eine »Societas incognitorum«, existierte aber nur wenige Jahre. Im Jahre 1753 machte Scrinci den Versuch nach Pariser Vorbild eine wissenschaftliche Akademie in Prag zu errichten, die Staatsbehörden haben ihn aber abgelehnt. Dasselbe Schicksal erfuhr eine jesuitische internationale wissenschaftliche Akademie, die Stepling und Huberti dem jesuitischen Ordensgeneral in Rom vorgeschlagen haben. Und so ist erst die Private Gesellschaft zur ersten Plattform dieser Art geworden, die in der böhmischen Geschichte eine wichtigere Rolle gespielt hat. Ihre Bedeutung wird durch eine Reihe von Abhandlungen unterstrichen, sechs Bände erschienen in den Jahren 1775-1784. — Den häufigsten Namen, den man in diesen Abhandlungen trifft, lautet Stepling. Mehrere kleinere Studien, die er vorher lateinisch veröffentlicht hatte, wurden hier ins Deutsche übersetzt und gedruckt, zwei oder drei in fast jedem Bande, aber vergeblich (mit Ausnahme seiner Anmerkungen zum Kästner, herausgegeben aus seinem Nachlaß) wird man nach etwas Neuem, Originalem suchen. Solche Artikel wurden in den Abhandlungen auch nach seinem Ableben weiter gedruckt. Es war eine eigenartige Form der Hochachtung für den alternden und danach auch für den verstorbenen Gelehrten. Es tut uns leid, zum Schluß konstatieren zu müssen, daß viele Generationen der nachfolgenden Historiker dem allseitig verdienten Jesuiten so eine Hochachtung nicht bezeigt haben - bis heute wartet man vergeblich auf eine selbstständige Monographie oder auf eine kritische Bibliographie zu Stepling. Wenigstens letztere wollen wir hier dem gütigen Leser im Folgenden vorlegen.

Werke: Observatio eclipsis lunae, octava Augusti die A. 1748, Pragae, in collegio Societatis Jesu ad S. Clementem habita. In: Nova Acta Eruditorum (weiter nur NAE) anno 1748 publicata, Lipsiae 1748, 518 (veröffentlicht anonym; Vydra gibt auch eine spätere selbstständige Ausgabe »Pragae 1750« an, was ein wenig fraglich ist: bis heute hat sie niemand entdeckt). — De actione solis in diversis latitudinibus observatio. In: NAE 1750, 609-612; Exercitationes geometrico-analyticae de angulis, aliisque frustis cylindrorum, quorum bases sunt sectiones conicae infinitorum generum. Adjungitur descriptio automati planetarii, Pragae, s.a. [1751] (weitere Ausgabe des mathematischen Teiles der Schrift, nur unwesentlich verändert, erschien unter dem Titel: Soliditas et area superficierum frustorum ungularium resectorum a cylindris rectis, quorum bases sectiones conicae etiam altiorum generum, ope calculi integralis investigatae, Dresdae et Lipsiae 1760. Ein Referat über diese Ausgabe in: NAE 1761, 534-535); Observationes baro-scopicae, thermo-scopicae, hyeto-scopicae ad annum 1752 factae et lectae in consessu philosophico X. Caledarum Junii anno 1753 celebrato, s.l., s.a.[Pragae 1753]; De pluvia lapidea anni MDCCLIII ad Strkov pagum uno milliari Taborio Bohemiae urbe dissitum, et ejus causis meditatio, Pragae 1754; Brevicula descriptio speculae astronomicae Pragae instructae, Wittembergae 1755 (zitert z.B. bei Sommervogel, VII.Bd., 1565, heute nicht mehr vorhanden); Discursus de terrae motus causa occasione motuum similium anni superioris, et labentis 1756, 30. Martii, Pragae 1756 (von Pelzel falsch als eine Steplings Schrift angegeben. Der richtige Autor ist aber ein anderer Prager jesuitische Gelehrte, Carl Sagner, 1720-1781); Liber secundus Euclidis algebraice demonstratus, in usum matheseos tyronum, Pragae 1756 (zitiert in den Quellen des 18. Jahrhunderts, heute nicht mehr vorhanden); Contra insignem superficiei oceani, et marium cum eo communicantium, inaequalitatem a clarissimo Henrico Kühnio, P.P.Mathem.Gedan. assertum dissertatio, Pragae 1759 (unter demselben Titel - nur »observationes« statt »dissertatio« - gekürzt abgedruckt in: NAE 1760, 152-173); Solutio directa problematis de inveniendo centro oscillationis. In: NAE 1759, 14-15; Miscellanea philosophica, Pragae 1759 (oft, aber unrichtig zitiert als »Miscellanea philosophica, tam mathematica, quam physica«,weiter nur MISC), mit den Aufsätzen: De quibusdam novenarii proprietatibus (später auch auf Deutsch, in: Abhandlungen einer Privatgesellschaft in Böhmen, zur Aufnahme der Mathematik, der vaterländischen Geschichte, und der Naturgeschichte (weiter nur APG), I. Bd., Prag 1775, 141-144); Formulae, quarum ope inveniri potest, an et quot sextae, et septimae; sextae, et grossi; et grossi summam datam constituerant?; Principia generalia inveniendi arithmeticas quasvis ad normam nostrae vulgaris; Experimenta, quibus mercurium tubo Torricelliano conclusum in vacuo ab aere, etiam infra libellam descendere compertum est; Calor Moldavae thermometro exploratus, et mirus mercurii in thermometro descensus; De reflexione caloris absque luce experimentum Experimenta circa aquam, et spiritum vini ebullientes; Barometri altitudo, et gradus aquae ebullientis in monte Geltz observatus; Experimentum, quo confirmatur, electricitatem artificialem aliam fieri per excessum, alim per defectum; Inclinatio acus magneticae Pragae observata in Februario an. 1755 (später auf Deutsch, in: APG, I. Bd., Prag 1775, 387-388); Notatiuncula cosmologica de elementis materiae (später überdruckt auch in: J. Stepling, Litterarum commercium eruditi cum primis argumenti, Vratislaviae 1782, 523-527); Adnotationes in celebrem transitum Veneris per discum Solis anno labente 6. Junii futurum, Pragae 1761 (zitiert in den

Quellen des 18. Jahrhunderts, heute nicht mehr vorhanden); Beantwortung verschiedener Fragen über die Beschaffenheit der Licht-Erscheinungen nachts am 28. Hornungs-Tage und über die Nord-Lichter, Prag 1761; De aberratione astrorum et luminis, item de mutatione axis terrestae historica relatio, Pragae 1761 (zitiert z.B. bei Poggendorff und Wurzbach, heute nicht mehr vorhanden); Miscellaneorum philosophicorum continuatio, Pragae 1763 (weiter nur MISC cont.) mit den Aufsätzen: Data longitudine et latitudine ovalis vulgaris eam descrivere; Theorema arithmeticum: si ex quolibet quotcunque figurarum numero tollatur numerus ille, quem efficiunt figurae eaedem consideratae ut simplicae unitates sibi additae, residuum semper erit novenarius, vel ejusdem multiplum; De satelite Veneris recens viso historia; De longitudine geographica Pragae Bohemiae metropolis (später auch auf Deutsch in: APG, II. Bd., Prag 1776, 44-57); Observationes meteorologicae a die 15. Februarii anni 1756; Vergleichung der alt-böhmischen Maassen, und deren Preis, mit den neu-österreichischen, und deren Preis, auf hohe Verordnung berechnet, Prag 1764; Differentiarum minimarum quantitatum variantium calculus directus, vulgo differentialis, Pragae 1765; Tentamen ex praelectionibus mathematicis, Pragae 1774; Tentanem ex praelectionibus matheseos purae, Pragae 1775; Auszug aus dem Werke Josephs Stepling, worin der Inhalt, und die Fläche einiger von Cylindern, auch höhere Grade abgehauenen keil- und klauförmigen Stücke abgehandelt werden. In: Abhandlungen einer Privatgesellschaft in Böhmen, zur Aufnahme der Mathematik, der vaterländischen Geschichte, und der Naturgeschichte (weiter nur APG), I. Bd., Prag 1775, 65-108; Beweise einiger Eigenschaften des Neuners. In: APG, I. Bd., Prag 1775, 141-144 (bevor auf Latein, in: MISC 1759); Neigung der Magnetnadel in Prag beobachtet im Februarius 1755. In: APG, I. Bd., Prag 1775, 387-388 (bevor auf Latein, in: MISC 1759); Bestimmung der geographischen Länge der Stadt Prag in Böhmen. In: APG, II. Bd., Prag 1776, 44-57 (bevor auf Latein, in: MISC cont 1763); Betrachtung über die Wirkung der Sonne in verschiedenen Breiten. In: APG, II. Bd., Prag 1776, 128-133 (bevor auf Latein, in: NAE 1750); Beobachtung vom Gefrieren des Wassers. In: APG, II. Bd., Prag 1776, 134-135; Die Art, die Grösse und Lage der Bahn eines geworfenen schweren Punkt zu bestimmen... In: APG, III. Bd., Prag 1777, 50-54; Abhandlung wider die ansehliche Ungleichheit der Oberfläche des Ozeans. In: APG, III. Bd., Prag 1777, 253-283 (bevor auf Latein selbstständig, Pragae 1759, und auch in NAE 1760); Anmerkung über den elektrischen Ableiter . In: APG, III. Bd. Prag 1777, 284-285; Beschreibung einer besonderen Saugmaschine. In: APG, III. Bd., Prag 1777, 286; Physikalische Abhandlung von der Abirrung der Gestirne oder des Lichtes. In: APG, IV. Bd., Prag 1779, 1-8, aus dem Lateinischen übersetzt, im Original heute nicht mehr vorhanden; Physikalische Abhandlung von der Schwankung der Erdaxe. In: APG, IV. Bd., Prag 1779, 9-17; Litterarum commercium eruditi cum primis argumenti, Vratislaviae 1782; Fragen über das Erdbeben. In: APG, VI. Bd., Prag 1784, 218-240 (vorher selbstständig auf Latein, Pragae 1756 ??); Anmerkungen, so zur Erläuterung einiger Sätze dienen, so in den Anfangsgründen der höheren Mechanik des Hrn. Kästner vorkommen. In: APG, VI. Bd., Prag 1784, 240-259 (wahrscheinlich herausgegeben aus einer Hand-

schrift aus dem Steplingschen Nachlaß); Von der Entzündung des Heues. In: Physikalischer Witterungskalender von A. Strnadt, Prag 1788 (einer Handschrift aus dem Steplingschen Nachlass entnommen und von Strnadt bearbeitet); Über die Veredlung der Wolle. In: Chronologisches Verzeichniss der Naturbegebenheiten in Königreiche Böhmen, vom Jahre Christi 633 bis 1700, nebst einigen interessanten Abhandlungen von Stepling und anderen Ungenannten, Prag 1790.

Lit. (Auswahl) Stanislaus Vydra: Laudatio funebris Josephi Stepling coram senatum populoque academico in basilica S. Salvatoris ... dicta, Pragae 1778; — Stanislaus Vydra: Vita admodum reverendi ac magnifici viri Josephi Stepling ..., Pragae 1779; — Franz Martin Pelzel: Abbildungen böhmischer und mährischer Gelehrten und Künstler, nebst kurzen Nachrichten von ihren Leben und Werken, IV. Bd., Prag 1782; — Franz Martin Pelzel: Böhmische, mährische und schlesische Gelehrten und Schriftsteller aus dem Orden der Jesuiten, Prag 1786; — J. C. Poggendorff: Biographisch-literarisches Handwörterbuch zur Geschichte der exakten Wissenschaften, II. Bd., Leipzig 1863, St. 1994; — Carl Kreil: Klimatologie von Böhmen, Wien 1865, mit einer gesamten Veröffentlichung der Resultate der Beobachtungen des Luftdrucks, der Lufttemperatur und der Regensniederschläge von Stepling; — Constant v. Wurzbach: Biographisches Lexikon des Kaiserthums Oesterreich..., 38. Theil, Wien 1879, 227-231; — Carlos Sommervogel: Bibliothèque de la Compagnie de Jésus, VII. Bd., Bruxelles-Paris 1896, St. 1564-1568; — Jaroslav Prokeš: Počátky České společnosti nauk do konce XVIII. století. Die Anfänge der Böhmischen Gesellschaft der Wissenschaften bis zum Ende des 18. Jahrhunderts, I. Teil 1774-1789, Praha 1938; — Otto Seydl: Z nejstarších dějin pražské hvězdárny. Aus der ältesten Geschichte der Prager Sternwarte. In: Český časopis historický XLIV (1938), 486-502; — Eduard Winter: Der Josefinismus und seine Geschichte. Beiträge zur Geistesgeschichte Österreichs 1740-1848, Brünn-München-Wien 1943; — Josef Racck: Josephus Stepling, vědec, filosof a člověk 1716-1778. J. S., Gelehrte, Philosoph und Mensch. Dissertation, Karlsuniversität Prag, 1946; — Mikuláš Teich: Královská česká společnost nauk a počátky vědeckého průzkumu přírody Čech. Die Königliche böhmische Gesellschaft der Wissenschaften und die Anfänge der wissenschaftlichen Erkundung der Natur in Böhmen, Praha 1959; — Luboš Nový: Matematika v Čechách v 2. polovině 18. století. Mathematik in Böhmen in der zweiten Hälfte des 18. Jahrhunderts. In: Sborník pro dějiny přírodních věd a techniky, sv. V, Praha 1960, 9-113; — Luboš Nový und Koll.: Dějiny exaktních věd v českých zemich do konce 19. století. Geschichte der exakten Wissenschaften in den böhmischen Ländern bis zum Ende des 19. Jahrhunderts, Praha 1961; — Josef Smolka: R.J. Boscovich und die Entwicklung der Physik in den böhmischen Ländern um die Mitte des 18. Jahrhunderts, in: Schriftenreihe für die Geschichte der Naturwissenschaften, Technik und Medizin, Bd. V. (1965), 24 ff.; — Josef Smolka: Neznámý Steplingův dopis Boškovičovi. Ein unbekannter Brief von Stepling an Boscovich. In: Dějiny věd a techniky (1970), 239-246; — Anton Pinsker: Joseph Stepling, in: Dictionary of Scientific Biography (Ch. C. Gillispie ed.), Vol. XIII, New York 1976, 39 ff.; — Josef Haubelt: Stepling o bleskovodu. Stepling über den Blitzableiter. In: Dejiny ved a techniky 10 (1977), 76-86; — Josef Haubelt: Návrh na založení akademie ved v Praze z roku 1753. Ein Entwurf der Gründung der Wissenschaftsakademie in Prag vom Jahre 1753. In: Dějiny věd a techniky 11 (1978), 201-207; — Josef Haubelt: Filosofické konsesy Josefa Steplinga. Philosophische Sitzungen von J. S. In: Dějiny věd a techniky 15 (1982), 207-221; — Josef Haubelt: České osvícenství. Böhmische Aufklärung, Praha 1986 und 2004; — Ivana Čornejová - Anna Fechtnerová: Životopisný slovník pražské univerzity. Filozofická a teologická fakulta 1654-1773. Biographisches Lexikon der Prager Universität. Philosophische und theologische Fakultät, Praha 1986; — Rudolf Kolomý: Josef Stepling a bleskosvod v městě Poličce. J.S. und ein Blitzableiter in der Stadt Politschka. In: Dějiny věd a techniky 13 (1980), 65-76; — Michal Svatoš Hrsg.: Dějiny Univerzity Karlovy 1622-1802. Geschichte der Karlsuniversität 1622-1802, II. Teil, Praha 1996; — Karel Krška - Ferdinand Šamaj: Dějiny meteorologie v českých zemích a na Slovensku. Geschichte der Meteorologie in den böhmischen Ländern und in der Slowakei, Praha 2001; — Jaroslava Kašparová - Karel Mačák: Utilitas matheseos. Jesuit Mathematics in the Clementinum (1602-1773), Prag 2002; — Karel Mačák - Georg Schuppener: Prager Jesuiten-Mathematik von 1600 bis 1740, Leipzig 2002; — Ivo Kraus: Josef Stepling a jeho klementinští kolegové. J. S. und seine Klementiner Kollegen. In: Československý časopis fyzikální 53 (2003), 437 ff.; — Jan Munzar: Joseph Stepling and Windstorms in Europe from 17-19 February 1756. In: Algorismus, Studien zur Geschichte der Mathematik und der Naturwissenschaften, 52. Bd., Augsburg 2005, 35-44 (eine tschechische, gekürzte Version in: Meteorologické zprávy 59 (2006), 86-90); — Hans Ullmaier - Josef Smolka: Boscovichs Naturphilosophie und ihre Rezeption in den böhmischen Ländern. In: Bohemia Jesuitica 1556-2006 (Festschrift zum 450. Jahrestag des Ordens in Böhmen, im Druck).

Josef Smolka

STOCK, Franz, Katholischer Priester und Bekenner (auch „Abbé Stock" genannt), * 21.9. 1904 in Neheim, † 24.2. 1948 in Paris. — Als Franz als erstes von neun Kindern der Eheleute Johannes Stock und seiner Frau Franziska geb. Schramm in Neheim im nördlichen Sauerland geboren wurde, war noch nicht zu erahnen, daß er zu einem der ganz bedeutenden Wegbereiter der deutsch-französischen Aussöhnung werden sollte. Die Eltern waren in die 20.000-Einwohner-Stadt wegen der seinerzeit guten Verdienstmöglichkeiten gezogen. Pläne des Vaters Johannes Stock, sich einmal selbständig zu machen, zerschlug der Erste Weltkrieg; also verdingte er sich in einer Fabrik für Kleineisenteile. Die Familie blieb bescheiden. Franz ging als durchschnittlich begabter Schüler auf die Volksschule. Mit 13 Jahren als Schüler der 7. Klasse äußerte er erstmals den Wunsch, Priester zu werden. Die Mutter war nicht begeistert, mußte sie doch in den Kriegsjahren alleine für den Unterhalt der Familie sorgen. Der Älteste war dazu bestimmt, ihr dabei nach Kräften zu helfen. Auch war nicht absehbar, wer zudem noch das Studium hätte finanzieren können. Franz »drohte« damit, andernfalls zu den Franziskanern zu gehen, die in Werl das bekannte Marienheiligtum betreuen. Mit Zustimmung des Dechanten Müting von Neheim, der Einwilligung des Vaters, die von der Front aus bald eintraf, und mit dem Entgegenkommen des Arbeitsgebers von Vater und Mutter, der einen Kredit gewährte, konnte der Junge Ostern 1917 auf das Neheimer Realgymnasium, das heute seinen Namen trägt, wechseln. In Zeichnen und Malen war Franz gut, aber in Deutsch und Französisch tat er sich schwer. Gleichwohl zeigte er starken Durchhaltewillen und schaffte das erste Jahr trotz starken Rheumas, das ihn zwang, viel zuhause nachzuarbeiten. — In seiner Gymnasialzeit schloss sich Franz Stock zuerst dem Bund »Neudeutschland« an und wechselte später zum »Quickborn«, der mit der sogenannten Wandervogelbewegung um 1900 entstanden war. Der Quickborn ist besonders auf der Burg Rothenfels am Main in Erscheinung getreten, die er um 1919 erwarb. Die Treffen dieser Gemeinschaft begannen bewußt mit Gebet und Gottesdienst. Romano Guardini, der charismatische Spiritus Rector des Quickborn, übte auch auf Franz Stock entscheidenden Einfluß aus. Naturliebe, Gruppenleben und die Begegnung mit anderen Jugendlichen im Geiste bewußt gelebten christlichen Glaubens begeisterten den jungen Sauerländer. — Nach dem Abitur begann Stock mit 56 weiteren Priesteramtskandidaten sein Theologiestudium in Paderborn und begegnete hier den von Franz Hitze, August Pieper und Carl Sonnenschein thematisierten modernen Fragestellungen der Christlichen Soziallehre. Franz Stock übersetzte das Buch von Pierre Lhande »Le Christ dans le banlieu« (»Christus in der Bannmeile von Paris«), zu dessen deutscher Ausgabe er auch das Vorwort verfaßte. Als Student in Paris - er wechselte Ostern 1928 zu den sogenannten Freisemestern ans Institut Catholique - war Franz Stock selbst in den Pariser Stadtrandgebieten anzutreffen. Schon zuvor hatte er sich einer Friedensbewegung verschrieben, die den Haß zwischen Frankreich und Deutschland überwinden wollte. Stock setzte sich damit schon dem Verdacht aus, ein »Linkschrist« bzw. ein »Roter« zu sein. 1926 waren 10.000 Jugendliche auf dem Landsitz des ehemaligen französischen Frontoffiziers Marc Sangnier in Bierville bei Paris versammelt. »Friede durch die Jugend« hieß das Thema, und Franz Stock war mit seinen Quickbornern dabei. Hier traf er auch mit den Gründern der »Compagnons de Saint François« (Gefährten des hl. Franziskus) zusammen und wurde erstes deutsches Mitglied dieser neuen geistlichen Gemeinschaft, die sich den Idealen des Heiligen aus Assisi, Liebe zur Armut, zur Einfachheit, zur Demut und zum Frieden, verschrieben hatte. Als deutscher Theologiestudent, der - freiwillig - nach Frankreich ging, war er eine »Ausnahmeerscheinung«. 1931, Stock war bereits zum Diakon geweiht, organisierte er die Hauptwallfahrt der »Gefährten« von Luxemburg nach Deutschland unter dem Motto »Pour la paix entre les patries« (Für Frieden zwischen den Ländern). Auf dieser Pilgerfahrt wurde er in aller Form in die Gemeinschaft der »Gefährten« aufgenommen. Damit war sein weiterer Lebensweg vorgezeichnet. Nachdem er am 12. März 1932 in Paderborn zum Priester geweiht worden war, dauerte es nur gut zwei Jahre, bis Franz Stock sich dienstlich in Paris wiederfand. — Nach ersten Seelsorgjahren in Dortmund fragte der Kölner Kardinal Schulte Franz Stock, ob er nicht Rektor der Katholischen Gemeinde Deutscher Sprache in Paris werden könnte. 1934 war dies bereits keine leichte Mission. Dieser Priester mußte die französische Sprache beherrschen, die Mentalität der Menschen kennen und zugleich das Vertrauen des Pariser Erzbischofs gewinnen können. Vor dem I. Weltkrieg waren 20.000 Deutsche in Paris zu betreuen, aber der Krieg zerschlug das blühende Gemeindeleben und die angegliederte Caritasarbeit. 500 Seelen gehörten bei Stocks Amtsantritt noch zur deutschen Albertus-Magnus-Gemeinde in der Rue Lhomond 21/23 im Quartier Latin, unweit des Pantheon, unter ihnen Hausangestellte, Kindergärtnerinnen, Säuglingsschwestern und etliche Familien. Ca. 400 Personen wurden von der Gemeindekasse unterstützt, in der Regel deutsche Mädchen auf Stellensuche in Haushalten. Auch die Pflege des Deutschtums gehörte zum Programm der deutschen Gemeinde, und Stock schrieb als Pfarrer nebenbei für Zeitungen sowie seine beiden Bücher über die ersten deutschen Buchdrucker in Paris und »Die Bretagne - ein Erlebnis«. Außerdem veröffentlichte er 1937 die Schrift »100 Jahre deutsche Seelsorge in Paris« und fand noch Zeit für sein Hobby des Malens und Zeichnens. — Mit der Einführung der allgemeinen Wehrpflicht in Deutschland im März 1934, der Saarabstimmung im Januar 1935 und der Rheinlandbesetzung im März 1936 bahnte sich erneut die Verschlechterung des deutsch-französischen Verhältnisses an. Stock sollte seine deutsche nationale Gesinnung beweisen und zugleich in Frankreichs Hauptstadt wirken, die mit der Weltausstellung 1937 noch einmal einen großen Aufschwung erlebte und Hoffnung auf Verständigung weckte. Aber im August 1939 mussten er, seine Schwester Franziska und seine Sekretärin Paris verlassen. In Dortmund als Pfarrer dachte Stock nach Ausbruch des II. Weltkriegs daran, demnächst französische Kriegsgefangene zu betreuen. Als er 1940 die Deutschenseelsorge in Amsterdam übernehmen sollte, vereitelte der Angriff der Deutschen auf Holland und Belgien diesen Plan. Nach dem nur sechswöchigen Frankreichfeldzug und der Besetzung Frankreichs sah er sich bereits im Sommer 1940 wieder in Paris und im März 1941 in seinem alten Dienstsitz. Recht bald war er in seiner schwarzen Soutane der einzige deutsche Zivilist unter lauter Uniformierten in Paris. Und schon bald nach de Gaulles Aufruf zum Widerstand gegen die Vichy-Regierung im Juni 1940 sah sich Franz Stock in der Verpflichtung, französische Häftlinge in den Gefängnissen zu besuchen und seelsorglich zu betreuen. Die Anfänge dieses Priesterdienstes sind nicht genau geklärt. Stock war zuerst Seelsorger und lebte sein Priestersein konsequent. Zeitgleich wurde er zum deutschen Standortpfarrer im Nebenamt in Paris ernannt, mit Wehrmachtsgottesdiensten und Lazarettseelsorge. Während der Besatzungszeit sollen ca. 11.000 Franzosen in Paris inhaftiert gewesen sein. Das größte Gefängnis Fresnes besaß 1500 Zellen, die mit fünf bis sechs Menschen belegt waren, ein Ort unsäglichen Grauens, auch »Vorzimmer des Todes« und »Filiale der Hölle« genannt. In seiner vorbehaltlosen Zuwendung zu den Inhaftierten, ungeachtet ihrer politischen oder religiösen Überzeugung, hat Franz Stock

hier viel von der grenzenlosen Liebe Gottes offenbart und als Deutscher mitten im Krieg Versöhnung gestiftet. Auch als zunehmend Widerstandskämpfer und Geiseln auf dem Mont
Valérien hingerichtet wurden, ging er mit ihnen.
Es wurden für ihn »vier Jahre Golgotha«. Über
gut zweieinhalb Jahre seiner besonderen Seels-
orgsarbeit gibt ein 82seitiges Tagebuch Auskunft, das heute im Erzbischöflichen Archiv in
Paderborn aufbewahrt wird. In diesem hatte
Stock, um dessen eigene Gesundheit es nicht
gut bestellt war, letzte Verfügungen der ungezählten Todeskandidaten vermerkt und das eigentlich Unaussprechliche nüchtern notiert. Als
er nach dem Einmarsch der Amerikaner selbst
Kriegsgefangener war, erinnerte er sich: »Ich
bin der einzige Priester in Europa, der so viele
Hinrichtungen hat miterleben müssen.« Ungebrochen schien seine Verbundenheit mit Frankreich, und so erreichte ihn schon bald der außergewöhnliche Auftrag, Rektor eines Priesterseminars zu werden, das kriegsgefangenen deutschen Theologiestudenten »hinter Stacheldraht«
die Fortsetzung ihres Studiums ermöglichen
sollte. Niemand schien für diese heikle Aufgabe
geeigneter zu sein als Franz Stock. — Als die
ersten Überlegungen der Siegermächte, speziell
in Frankreich, nach dem II. Weltkrieg entwickelt wurden, den kriegsgefangenen Theologiestudenten und Ordensaspiranten eine Möglichkeit der Weiterführung ihres Studiums innerhalb eines Gefangenenlagers einzurichten,
da schien der unscheinbare Franz Stock, obwohl
von angeschlagener Gesundheit, prädestiniert,
das von den französischen Behörden initiierte
Seminar zu leiten. »Abbé Stock« nannte man
ihn schon bald, und wenn er auch den wohlklingenden Titel »Aumônier commandant« erhielt,
mußte er in die Tatsache einwilligen, seinen
Dienst lediglich als französischer Kriegsgefangener versehen zu können. Das erste Seminar
wurde im Depôt 51 des Lagers Orléans eingerichtet. Als der neue Rektor dort eintraf, fand er
bereits 28 »Studenten« vor. Von Anfang an war
einerseits die ausreichende Versorgung der Seminaristen ein Problem, anderseits mußte die
Einrichtung mit ständigen Anfeindungen, Schi-
kanen und Störversuchen von außen leben, denn
das Verständnis für jede Sonderbehandlung dieser »Schmarotzer« schwand in dem Maße, in
dem gerade die Grausamkeiten der Deutschen

(z. B. Konzentrationslager) ruchbar wurden.
Mitte Mai, einen Monat nach Eröffnung des Seminars, waren 40 Seminaristen beisammen,
aber man rechnete nach Abschluß der Samme-
laktion mit über 300. Vorbeugend wurden mit
dem Segen der kirchlichen Autoritäten Klöster
und Seminarien in Frankreich um Unterstützung
in Form von Care-Paketen gebeten. Die Zahl
der Lagerinsassen betrug im August 1945 bereits 119. — Am 17. August 1945 mußte nicht
zuletzt aus Platzgründen die gesamte Einrichtung nach Chartres ins dortige Depôt 501 verlegt werden: 106 Seminaristen, sechs Priester
und sieben Ordensbrüder. Mit dem Segen des
Chartrenser Ortsbischofs ging man ans Werk.
Eine große Doppelhalle wurde unterteilt, deren
eine Hälfte als Schlafsaal mit mehrstöckigen
Betten eingerichtet wurde. Die andere Hälfte
diente, wiederum je zur Hälfte, als Speisesaal,
der auch als Hör- und Studiersaal genutzt werden musste, und als Kapelle, die der künstlerisch nicht unbegabte Franz Stock höchstselbst
an der Stirnseite ausmalte. Der Nuntius in
Frankreich, Angelo Roncalli, der spätere Papst
Johannes XXIII., besuchte das »Stacheldrahtseminar« mehrfach und unterstützte das Vorhaben
deutlich mehr, als es - pflichtschuldigst - von
ihm erwartet werden konnte. Nach Schließung
des Seminars am 5. Juni 1947 hatten 949 Dozenten, Priester, Ordensbrüder und Seminaristen diese außergewöhnliche Hochschule in den
gut zwei Jahren ihres Bestehens in Orléans und
Chartres insgesamt durchlaufen. Beim Abtransport waren es noch 369. — Abbé Franz Stock,
der noch im Dezember 1947 den theologischen
Ehrendoktor der Katholischen Fakultät der Universität Freiburg verliehen bekommen hatte,
starb am 24. Februar 1948 einsam und als
Kriegsgefangener in Paris. Erst in den darauffolgenden Jahren konnte sein Leichnam eine
würdige Ruhestätte in der neuen Kirche Saint
Jean-Baptist im Stadtteil Rechèvres von Chartres ganz in der Nähe »seines« Seminars finden,
und immer deutlicher ging die von ihm ausge-
streute Saat der deutsch-französischen Freundschaft auf. Nuntius Roncalli hatte bei der Beerdigung am 28. Februar 1948, die nicht öffentlich bekannt gegeben werden durfte, da es sich
um einen verstorbenen Kriegsgefangenen gehandelt hatte, den prophetischen Ausspruch getan: »Abbé Franz Stock: das ist kein Name, das

ist ein Programm.« — Ein einzigartiges Projekt planen die Franz-Stock-Vereinigungen in Deutschland und Frankreich im französischen Le Coudray bei Chartres: Im ehemaligen »Stacheldrahtseminar« soll eine Gedenkstätte der deutsch-französischen Aussöhnung im 70 x 20m großen denkmalgeschützten Gebäude entstehen. Das »Europäische Begegnungszentrum Franz Stock« soll nicht nur Geschichte erlebbar machen, sondern den interkulturellen Austausch fördern und die Annäherung von Menschen unterschiedlicher Kulturen ermöglichen, wie es Franz Stock vorgelebt hat. Mit der Begegnungsstätte im ehemaligen Lager bei Chartres wird ein Ort der Erinnerung sowie der Hoffnung in Europa geschaffen. Außerdem ist eine Wanderausstellung über das Franz-Stock-Komitee für Deutschland in Arnsberg abrufbar, die das Andenken an Franz Stock, sein Leben und Wirken wachhalten soll. Ein Duplikat der Wanderausstellung zirkuliert in Frankreich.

Werke: Die Bretagne. Ein Erlebnis. Colmar 1943; Die ersten deutschen Buchdrucker in Paris um 1500. Freiburg 1940, Nachdruck 1992; Hundert Jahre deutsche Seelsorge in Paris 1837- 1937; Manuel du Soldat Chretien. Argumente et revu par m. Franz Stock. Paris 1937/Freiburg 1941; Les plus belles pages de Francis Jammes. Mit einer Einleitung von Franz Stock. Paderborn, o. J.; Pierre Lhande: Gott in der Wüste. Übersetzt von Franz Stock. Paderborn 1931.

Lit.: Anton Albert: Das war Abbé Stock. Ein Leben zwischen Fronten. Freiburg 1959; — Erich Kock: Franz Stock. Priester zwischen den Fronten. Kleine westfälische Reihe - Münster 1962; — Erich Kock: Zwischen den Fronten. Der Priester Franz Stock. Mainz 1966; — Erich Kock: l'Abbé Franz Stock. (französische Übersetzung) Tournay 1966; — Hanns Bücker: Abbé Stock. Ein Wegbereiter der Versöhnung zwischen Deutschland und Frankreich. Freiburg 1964; — René Closset: L'Aumônier de l'enfer. Er ging durch die Hölle. Franz Stock. (deutsche Übersetzung) Leipzig 1979; — René Closset: Er ging durch die Hölle. Franz Stock. (deutsche Übersetzung) Paderborn 1967; — Karl-Heinz Kloidt: Chartres 1945. Seminar hinter Stacheldraht. Paderborn 1979; — Raymond Loonbeek: Franz Stock. La fraternité universelle. Paris 1962; — Erich Kock: Abbé Franz Stock. Priester zwischen den Fronten. Mainz 1996; — Dieter Lanz: Abbé Franz Stock. Kein Name - ein Programm. Paderborn 1997; — Jacques Perrier: L'Abbé Stock. 1904-1948. Heureux des doux. Paris 1998; — Charles Klein: Et moi je vous dis: »Aimez vos ennemis«. Paris 1989; — Boniface Hanley OFM: An angel in the night. A love story. (Manuskript) New York 1999; — Hanns Cornelissen: Abbé Franz Stock - Dreiklang einer Freundschaft. Deutscher Spurbuchverlag Baunach 2001. — (www.franz-stock.eu)

Robert Jauch

STÖCKL / Stoeckl, Sebastian OCist; * 16. August 1752, Pettneu a. Arlberg; Profeß: 22. September 1771, Priester: 17. September 1775; Abtwahl: 20. September 1790 / 35. Abt des Zisterzienserstiftes Stams; † 10. November 1819, Stams. — Der auf den Namen Franz Rochus getaufte Wirtssohn wird im Pettneu a. Arlberg am 16. August 1752 in eine alte Tiroler Familie hineingeboren, die schon seit Jahrhunderten zur Stamser Zisterze Beziehungen hat. Unter den Zeugen, in der Gründungsurkunde des Stiftes, die 1275 von Meinhard II. von Görz-Tirol gesiegelt wird, findet sich ein Stöckl (»Hainricus stockhel«). In den folgenden Jahrhunderten sollten immer wieder Stöckel oder Stöcklin in Beziehung zum Stift treten, unter anderem auch in der Eigenschaft als Pfleger und Richter des benachbarten Gerichts Petersberg / Silz. Sein Elternhaus war ein stattliches Gasthaus (heute ›Schwarzer Adler‹). Nach einer ersten Schulzeit im Heimatdorf kam der vielversprechende Knabe als Gymnasiast zum den Jesuiten nach Hall i. Tirol. Hier erhielt der spätere Theologieprofessor - er dozierte über fundamentaltheologische Probleme und auch zu kirchengeschichtlichen Themen - die Grundlagen für sein späteres Leben. Als St. am 22. September 1779 in Stams eingekleidet wurde, stand unter dem bedeutenden Abt Vigilius Granicher von Granichsfeld, einem Adeligen aus Innsbruck (* 7. Februar 1722, Innsbruck; Profeß: 13. August 1741, Prior 1754-1764; Abtwahl 26. Mai 1766/34. Abt von Stams, † 7. Mai 1786. Vgl. Album Stamsensis seu Catalogus religiosorum sacri et exempti Ordinis Cisterciensis archiducalis Monasterii B. V. Mariae et S. Joann. Bapt. in Stams. 1272-1898 [ed. K. Lindner]. Salzburg 1898,. Nr. 583), das Kloster in Stams ein letztes Mal vor der Aufhebung 1807 durch die Bayern in Hochblüte. Denn gegen Ende des Abatiates des Vigilius spürte man schon deutlich die Eingriffe des Staates in innerkirchliche Angelegenheiten, der Josephinismus war auch für Stams schon früh zum Problem geworden. Im Haus herrschte Disziplin und Gelehrsamkeit, der junge St. kam in ein Kloster, wo die Haustraditionen mit den Neuerungen harmonisch abgestimmt wurden. Die staatlichen Vorschriften waren aber oft hinderlich, so etwa jene, daß ein bestimmtes Propfeßalter vorgeschrieben war. Für St. und seine Konnovizen wurde das durch Dispens umgangen und so konnten die neuen Mönche der Benediktsregel gemäß ein Jahr nach dem Eintritt - vorgeschrieben worden war eine Zeitspanne von vier Jahren - die Gelübde auf das Haus und den Stamser Konvent ablegen. Auch zum theologischen Studium mußten Stamser Konventualen nicht notwendigerweise das Haus verlassen, standen doch in den eigenen Reihen gut gebildete und erfahrene Lehrer zur Verfügung. So dozierten an der hauseigenen Lehranstalt etwa Abt Vigil selber, der nachmalige Pfarrer in Seefeld P. Martin Moser (* 7. Januar 1726, Burgeis; † Jubilar 25. November 1808. Vgl. ebd. Nr. 592),, der Prior P. Alois Specker (* 9. März 737, Schwaz; † 1804 März 11. Vgl. ebd. Nr. 596), ein guter Kanonist, und der junge, aber schon als Historiker bekannte gewordene P. Kassian Primisser (* 14. April 1735 April, Agums; † 19. Dezember 1771. Vgl. ebd. Nr. 601), sowie der Dogmatiker Zacharias Vischer (* 1. November 1716, Mals; † 8. Mai 1780. Vgl. ebd Nr. 575). Nach Abschluß der Studien wurde St. und zwei seiner Konovizen vom Trienter Fürstbischof Johann Michael von Spaur (1696-1725) in der Kapelle des bischöflichen Schloßes Buon Consiglio in Trient zum Priester geweiht. — ST. beginnt bald darauf mit der Lehrtätigkeit in Stams, und drei Jahre nach seiner Weihe (21. / 22. September 1778) erwarb St. die (staatliche) vorgeschriebene licentia docendi - mit ausgezeichnetem Erfolg- und stand von da an, den Mitbrüdern als Theologieprofessor zur Verfügung. Es schien aber, daß der Konvent zum langsamen Aussterben verurteilt werden sollte, Kaiser Joseph II. ließ ein Aufnahmeverbot (vorerst für 10 Jahre) für neue Mitglieder verfügen. Zudem wurden bald darauf die privaten Hausstudien der Klöster abgeschafft, die angehenden Priester und Mönche sollten in den josephinischen Generalseminarien und an staatlich beaufsichtigten Universitäten studieren. Als St. das Lehren unmöglich wurde, übernahm er eine Reihe von wichtigen Aufgaben im Konvent und außerhalb. Er wurde Seelsorger in Seefeld und zugleich Administrator des schon aufgehobenen Augustinereremiten-Klosters, dessen Immobilien dem Stamser Kloster zugesprochen wurden. Sein damals begonnenes Tagebuch (vgl. S. Stöckl. Pfistertagebuch. Stiftsarchiv Stams, Wirtschaftsarchiv 29) für seine Zeit als ›Pfisterer‹ (Zelle rar, Verwalter) zeigt einen durchaus

praktisch veranlagten Priester, der mit Land und Leuten gut umgehen konnte. H. Kastner beschreibt St. in seiner Dissertation als »aufgeschlossen für alles Gute, teilte er selbst seine Freude mit anderen. Dies zeigt sich besonders im Umgang mit den Mitbrüdern und allen, die mit ihm zu tun hatten« (H. Kastner, Sebastian Stoeckl. Abt des Cistercienserstiftes Stams 1780-119. Diss. masch, Innsbruck 1981, 44). — Es ist eigentlich nicht besonders verwunderlich, daß nach einer längeren abtlosen Zeit - Vigilius Granicher war im Mai 1786 verstorben und der Konvent erhielt keine Genehmigung einen neuen Abt zu wählen - am 20. September 1790 der Stamser Konvent sich für die Wahl des erfolgreichen Pfarrers und Verwalters, der zwischenzeitlich als Administrator auch das Stift führte, zum Abt entschied. Der neue Hausherr verstand es nun nicht nur, das Kloster unter guter Disziplin zu halten, sonder unter ihn blühte der Geist Granichers weiter. Kunst und Kultur waren hochgeschätzt, Studium und geistige Tätigkeiten soweit wie möglich erwünscht. Unter Abt Vigil wie unter Abt Sebastian gab es im Stamser Konvent bedeutende Musiker, etwa der bis heute bekannte P. Stephan Paluselli (* 9. Januar 1748, Kurtatsch; Musiklehrer, Organist, Chellist, Komponist; † 27. Februar 1805. Vgl. Album Stamsensis Nr. 627). — Dem ersten Jahrzehnt des Abbatiates von St. war ein gewisse Ruhe und Kontinuität beschieden, was der kommenden schweren Zeit nicht ahnen ließ. Es mußte wohl um die Existenz des Klosters gebangt werden, aber eine direkte Auslöschung wie den Augustinern in Seefeld geschehen war, stand vorerst einmal nicht zu befürchten. Die Abgaben an den Staat, die er gerade von den in seiner Sicht reichen Prälaturen Tirols verlangt, drücken und hindern die wirtschaftliche Prosperität einigermaßen, St. kann aber durch Petitionen an den Kaiser direkt eine gewisse Entlastung erreichen. Schlimmer traf die klösterliche Wirtschaft schon, das die ›Gotsgewalten‹ - Muren, Hochwasser, schlechte Ernteerträge, nicht zu hindern waren - worüber in dieser Zeit alle Tirolischen Stifte klagen. Am offenen Landtag 1791, gelegentlich der Erbhuldigung der Tiroler Landstände, unterbreitete St. im Namen der drei großen Tiroler Abteien (Wilten, Fiecht, Stams) dem anwesenden Kaiser - Leopold II. war seinen Bruder Joseph II. 1790 nachgefolgt - eine schriftliche Auflistung der Klagen die immerhin 17 Kapitel umfaßt. Aber, alles steuerte wieder einmal auf eine kriegerische Zeit hin, und den Klagen der drei Prälaten und ihrer Konvente wurde nur mäßig Gehör gewährt. Der Kaiser und seine Armee brauchten Geld, und St. macht de bitter Bemerkung, ob er endlich gar Mitra und Stab abliefern solle oder ob ihm diese Zeichen der Würde noch erhalten blieben (vgl. K. Primisser, Additiones ad Annales Stamsenses, Allg. Akten zum 4. März 1791). Die kirchlichen Finanzen waren im ganzen Land von den Begehrlichkeiten des bürokratischer gewordenen Staates nicht sicher. — Größere Problem finden sich auch im Stift selber, besonders der Personalmangel wurde deutlich spürbar. Das Verbot neue Novizen einzukleiden - schon unter unter Abt Vigil erfloßen - bestand immer noch und der Konvent mit 48 Mitbrüdern, von denen ja nicht mehr alle voll eisatzfähig waren, konnte die vielen verschiedenen Dienste im und außer dem Kloster kaum bewältigen. Darum erbat St. immer wieder die Aufhebung des ›impliziten Todesurteils für die Abtei‹ und die Wiederzulassung - vorhandener - Kandidaten zum Ordensberuf. Das Innsbrucker Gubernium, ganz josephinistisch geprägt, aber besteht auf der einmal geschaffenen Rechtslage. — Hart wird auch das Kriegsjahr 1786, im Stift werden Soldaten einquartiert, die es auch zu verköstigen hatte. Nach dem für die österreichische Seite unglücklichen Ausgang der Kriegshandlungen in Italien werden auch noch Invalide von den Kämpfen in Italien bis nach Stams gebracht. Einer der wenigen Lichtblicke dieses Jahres war die feierliche Zustimmung der Tirolischen Landschaft zum Vorschlag des Abtes, einen ewigen Treuebund mit dem Herzen Jesu abschließen und damit Jesus als ›göttlichen Bundesherrn‹ des Landes zu gewinnen. Die ursprüngliche Idee dazu stammte vom Kuraten aus Wildermieming, Johann A. Paufler (* 1740 in Innsbruck; † 1798 in Wildermieming), den Abt Sebastian außerordentlich schätzte (vgl. J. Gelmi, Geschichte der Kirche in Tirol. Nord-, Ost- und Südtirol. Innsbruck [u. a.] 2001, 141-145). — Trotz bestem Willens dem Staat dienen zu wollen und dennoch dem Kloster seine Eigenständigkeit zu wahren und auch wirtschaftlich nicht Schiffbruch zu erleiden, war St. meistens in einer mißlichen Lage. An allen Ecken und Enden fehlte das benötigte Personal und bis 1803 war der Konvent auf 31 Mitglieder geschrumpft - in den 30 Jahren, in denen St. amtete, mußte er beinahe 40 Mitbrüder zu Grabe geleiten! Etwas mehr als ein, zwei Jahrzehnte vorher konnte nicht nur die Seelsorge im vollen Umfang ausgeübt werden, es blieb auch noch genug an Mönchen im Kloster, um dort nicht allein das Gotteslob zu verrichten, sondern eine aktive Rolle im Leben des Landes Tirol zu spielen. Jetzt, nach der Jahrhundertwende, bat St. wiederum, daß die zuständigen Stellen in Innsbruck das Aufnahmeverbot sistieren sollte. Dazu bleiben als wirtschaftliche Last die Einquartierungen von Truppen, auch von Vertreibung betroffene Religiosen verschiedenster Orden kommen nach Stams und nehmen kürzer oder länger Aufenthalt; alles das mußte der Abt auch finanzieren und mit dem Wohl des inzwischen auf 31 Männer geschmolzenen Konventes zusammenbringen (vgl. Kastner, Abt Sebastian Stoeckel 62-87). Um notwendigste Sanierungen an den Baulichkeiten zu zahlen, werden Güter veräußert, größere (Brand des Hofgerichtsgebäudes 1802) und kleinere Katastrophen machten es St. nicht leicht, ein guter Verwalter und Abt zu sein. — Die Bedrängnisse für Abt und Mitbrüder steigen noch, nachdem die Bayern Tirol übernehmen und mit französischer Hilfe auch überall Truppen stationieren. Schreckensberichte über Grausamkeiten und eine wilde Soldateska kursieren unter der Landbevölkerung, 1805 erreicht die Unruhe in Tirol einen ersten Höhepunkt. Zudem ist auch die Weiterexistenz der alten Abtei noch unsicherer geworden, als es unter Joseph II. war. — Als 1806 Tirol formell an Bayern übergeht, beschließen die Landstände direkt zu verhandeln und eine Delegation, der auch der Stamser Abt angehört (Liste der Mitglieder bei Kastner, Abt Sebastian Stoeckl 96f), zum bayrischen Hof nach München schicken. Die Gespräche und vor allem die Audienz beim nunmehrigen bayrischen König am Vormittag des 4. Februar 1806 schienen gut zu verlaufen: Der König bestätigte ausdrücklich die alten Tiroler Rechte und Freiheiten und sicherte zu, keine davon stören oder mißachten zu wollen. Auch vom kommenden Klostersturm war keine Rede, vielmehr wollte König und Kabinett dazu sehen, daß die Tiroler in gleicher Treue den Wittelsbachern verbunden werden, als sie es den Habsburgern waren und doch noch sind. Zufrieden zog die Delegation Tiroler heimwärts ... — Der Beschluß die Tirolischen Klöster zu säkularisieren war aber bereits gefaßt und so kam das verhängnisvolle Jahr 1807 heran, das bereits die über ein halbes Jahrtausend bestehende Abtei auslöschen sollte. Mit dem 16. September 1807 wurden alle sechs Tiroler Abteien unter die kommissarische Verwaltung eines Administrators gestellt, alles unter angabe fadschenscheiniger Gründe, Mißwirtschaft war der beliebteste davon. Mit Oktober des Jahres wurden dem Abt eine Pension von 800 fl, jedem Konventualen 300 fl Abfindung gewährt, sie konnten auch - vorläufig - im Kloster wohnen. Wer dienstfähig war, hatte sich um eine ihm angemessene Stelle zu bemühen. Hab und Gut des Klosters wird eingezogen, die Bibliothek verkauft und die Archivalien nach München verbracht. Die Geschichte der einzigen Tiroler Zisterze schien damit an ihr Ende gekommen zu sein. Dieser letzte schlag machte st. schwer zu schaffen, so daß seine Gesundheit erheblich litt. — Das bayrische Interregunum dauert aber nicht lange genug, um die Aufhebung als nicht revidierbares Faktum zu verankern. Nach dem Ende der bayrischen Zeit, im Juni 1814 bemühten sich alle diese Konvente wieder um die Zulassung. Den Klöstern, die in Tirol wiedererstanden, wurde aber auferlegt, in den Religionsfond einzuzahlen, damit die gemachten Zusagen an Seelsorgen und soziale Einrichtungen von dort mitfinanziert werden konnten. Darüber hinaus wurde Stams verpflichtet, Lehrpersonen für das Innsbrucker Gymnasium und - wenn qualifizierte Mönche da sind - auch für die Hohe Schule zu stellen. Das alles brachte personelle wie wirtschaftliche Belastungen, die nicht einfach zu tragen waren Abt Sebastian kränkelte indes immer mehr, er litt an Asthma und spürte selber, daß seine Kräfte durch fast dreißig Jahre des äbtlichen Dienste verbraucht waren. Schon 1818 sah er seinen Tod kommen, er notierte: »Je länger ich lebe, umso näher kommt die Zeit meines Hinscheidens. Es geschehe der Wille Gottes« (S. Stöckel, Tagebücher und Briefe. 8. September, 27. September 1818). Ein Jahr darauf machte er noch eine Erholungsreise, wie P. Kasimir Schnitzer - sein späterer Biograph berichtet (vgl. C. Schnitzer, Blicke in die Geschichte des Cistercienserklosters Stams. 1820, 552. StA F 12 -, und im Oktober kleidet er noch

ein letztes Mal fünf junge Männer ein (damit hatte er, trotz erschwerter Bedingungen, insgesamt 31 neue Mönche in den Konvent aufgenommen). — Im November 1819 aber ging es mit seiner Gesundheit rasch abwärts, nach Allerheiligen war er sich wohl selber klar, daß es mit seinem irdischen Sein zu Ende geht. Abt Sebastian, der ›pastor bonus‹ in harter und unruhiger Zeit, starb gegen 1 Uhr früh am 10. November und wurde drei Tage später an der Seite seines Vorgängers Vigilius am Konventfriedhof beigesetzt. Er starb nach 50 Mönchsjahren, davon war er 45 Jahre Priester und trug die Last des Klostervorstehers 30 meist mühselige Jahre lang. Durch den Tod St.s verlor der Stamser Konvent einen durchaus standesbewußten Prälaten, der aber dem Beispiel des Samariters der Bibel folgte und gütig und mildtätig für alle, die der Hilfe bedurften, sorgen ließ (Beispiele dafür bei Kastner, Abt Sebastian Stoeckl 154-161. Das Album Stamsensis rühmt ihn als frommen und guten Hausvater, der seien Teil der alltäglichen Beschwernisse klaglos trug, der als bleibendes Gedächtnis den Tiroleren die Verehrung des Herzen Jesu hinterließ: »Abbas Sebastianus optime propagatione Cultus SS. Cordis Jesu per Provinciam Tyrolensem meruit, quod eo auctore temporibus illis afflictis (1796) Comita Tyrilensia (tunc Bulsani congregata) se omnium consensu in omnen aetatem ss. Cordis Jesu devoverunt.« Aber auch die schweren Zeiten werden mit seiner *memoria* verbunden bleiben: »Acerbissimam supressionem sui monasterii (1807) expertus, bonorum spoliationem et s. suppelectilis pretiotissimi subhastationem suis oculis vidit. Est bonus Pastor gregem suum, licet ad paucos religiosos redactum non reliquit pestitique in hoc sacro loco professionis suae psalmodiam numquam interrumpens usque ad felicem Restaurationem concessam a clementiss. Imperatore Francisco II. 1816, qui triennio supervixit. Hoc brevi temporis spatio 10 religiosos s. professione resuscitate plantationi aggregavit, inter quos erant 5 sacerdotes saeculares« (Album Stamsensis 69).

Quellen [ungedruckt, Auswahl]: K. Primisser, Annales Stamsesnses. Ders., Additiones ad Annales Stamsenses. Allgemeine Akten 1790-1819. StA Stams; Rechnungslegung der Einnahmen und Ausgaben 1785-1819, Abt Sebastian. Wirtschaftsarchiv 29. StA Stams; P. Casimir Schnitzer, Abt sebastian Stöckl. StA/E 26. Diarium und Briefe des Abtes sebastian Stöckl. Diarien 1 / 2. StA A 22, 1/2; Sebastian Stockl, Pfistertagebuch.StA Wirtschaftsarchiv 29;

Lit.: Alois Röggl, Trauerrede auf Abt Sebastian Stöckl. Innsbruck 1820: Album Stamsensis seu Catalogus religiosorum sacri et exempti Ordinis Cisterciensis archiducalis Monasterii B. V. Mariae et S. Joann. Bapt. in Stams. 1272-1898 [ed. K. Lindner]. Salzburg 1898; — M. Kiem, Augustin Nagele. Letzter Prälat des Augustiner Chorherrnstiftes zu Gries und seine Zeit. Innsbruck 1899; — H. Kramer, Inventar des archives des Stiftes Stams. Masch., Innsbruck 1939; Über geistliche Emigranten in Stams. In: Senbote des heiligsten Herzen Jesu 32 (1890) 43; — A. Gerards, Das Zisterzienserstift Stams. Stams 1951; — Tirol von A-Z. Hg. von E. Widmoser. Innsbruck 1970; — G. Ammann, Barock in Stams. In: 700 Jahre Stift Stams 1273-1973. Hrsg. und verl. vom Stift Stams. Stams [1974]; — M. Bitschnau, Romantik in Stams. In: Ebd.; H. Kastner, Sebastian Stöcoeckl. Abt des Cistercienserstiftes Stams 1780-119. Diss. masch., Innsbruck 1981.

Wolfgang G. Schöpf

STOLZ, Fritz, Religionswissenschaftler, * 16.7. 1942 in Männedorf / CH, † 10.12. 2001 in derselben Gemeinde. — F. Stolz studierte Theologie und Orientalistik an den Universitäten Zürich und Heidelberg. Von 1969-1980 lebte er in Bethel-Bielefeld, wo er Fachvertreter für Hebräisch und Altes Testament an der Kirchlichen Hochschule war. 1980 wurde er als Ordinarius für allgemeine Religionsgeschichte und Religionswissenschaft an die Theologische Fakultät der Universität Zürich berufen. — Aus seiner wissenschaftlichen Tätigkeit gingen starke und innovative Impulse zur Erforschung religiöser Symbolsysteme in geschichtlicher und gegenwartsbezogener Perspektive hervor. Sein Ansatz prägte stark die Religionswissenschaft in der Schweiz, wurde aber auch im Ausland und jenseits der Sprachgrenzen rezipiert. Sein inhaltliches Engagement für die Religionswissenschaft verband er mit weiteren Aufgaben im Dienste der Wissenschaft, beispielsweise als Mitglied des Forschungsrates des Schweizerischen Nationalfonds, als Präsident der Schweizerischen Gesellschaft für Religionswissenschaft und als Fachberater für die Enzyklopädie »Religion in Geschichte und Gegenwart«. — Als wichtige Züge von Stolz' Zugang zur Religionswissenschaft können die enge Verkettung methodischer, religionsgeschichtlicher und religionssoziologischer Fragestellungen und der vergleichende Ansatz hervorgehoben werden. Die Verbindung zwischen religionsgeschichtlichen Studien und systematischen Überlegungen prägt sein gesamtes Werk. Auch das Verhältnis zwischen Religionswissenschaft und Theologie wurde vermehrt, ohne die Unabhängigkeit beider wissenschaftlichen Zugangsweisen zu religiösen Traditionen in Frage zu stellen, differenziert unter die Lupe genommen.

Werke (in Auswahl): »Jahwes Unvergleichlichkeit und Unergründlichkeit, Aspekte der Entwicklung zum alttestamentlichen Monotheismus«, Wort und Dienst 14, 1977, 9-24; »Monotheismus in Israel«, in Othmar Keel (Hrsg.), Monotheismus im Alten Israel und seiner Umwelt, Freiburg i.Üe.: Verlag Schweizerisches Katholisches Bibelwerk, 1980, 143-189 (Biblische Beiträge 14); mit Jan Assman / Walter Burkert (Hrsg.) Funktionen und Leistungen des Mythos, Drei altorientalische Beispiele, Freiburg i.Üe. - Göttingen 1982: Universitätsverlag - Vandenhoeck & Ruprecht (Ordo Biblicus et Orientalis 48); »Der mythische Umgang mit der Rationalität und der rationale Umgang mit dem Mythos«, in Hans Heinrich Schmid (Hrsg.), Mythos und Rationalität, Gütersloh 1988: Gütersloher Verlagshaus, 81-106; Grundzüge der Religionswissenschaft, Göttingen: Vandenhoeck & Ruprecht (32001, 1988); »Hierarchien der Darstellungsebenen religiöser Botschaft«, in Hartmut Zinser (Hrsg.), Religionswissenschaft: Eine Einführung, Berlin 1988: Reimer, 55-72; »Von der Weisheit zur Spekulation«, in Hans-Joachim Klimkeit (Hrsg.), Biblische und ausserbiblische Spruchweisheit, Wiesbaden 1991: Harrassowitz, 47-66; mit Victor Merten (Hrsg.), Zukunftsperspektiven des Fundamentalismus, Freiburg 1991: Universitätsverlag; »Paradiese und Gegenwelten«, Zeitschrift für Religionswissenschaft 1, 1993, 5-24; »Verstehens- und Wirkungsverweigerung als Merkmal religiöser Texte«, in Hans Friedrich Geisser / Hans Jürgen Luibl / Walter Mostert / Hans Weder (Hrsg.), Wahrheit der Schrift - Wahrheit der Auslegung, Eine Zürcher Vorlesungsreihe zu Gerhard Ebelings 80. Geburtstag am 6. Juli 1992, Zürich: Theologischer Verlag Zürich 1993, 101-124; »Der Monotheismus Israels im Kontext der altorientalischen Religionsgeschichte - Tendenzen neuerer Forschung«, in Martin A. Klopfenstein / Walter Dietrich (Hrsg.), Ein Gott allein? Jhwh-Verehrung und biblischer Monotheismus im Kontext der israelitischen und altorientalischen Religionsgeschichte, Freiburg i.Üe. - Göttingen 1994: Universitätsverlag - Vandenhoeck & Ruprecht, 33-50 (Ordo Biblicus et Orientalis 139); »Religiöse Symbole in religionswissenschaftlicher Rekonstruktion«, in Paul Michel (Hrsg.), Die biologischen und kulturellen Wurzeln des Symbolgebrauchs beim Menschen, Bern: Lang, 1-26 (Schriften zur Symbolforschung 9); »Austauschprozesse zwischen religiösen Gemeinschaften und Symbolsystemen«, in Volker Drehsen / Walter Sparn (Hrsg.), Im Schmelztiegel der Religionen. Konturen des modernen Synkretismus, Gütersloh 1994: Kaiser - Gütersloher Verlagshaus, 15-36; Einführung in den biblischen Monotheismus, Darmstadt 1996: Wissenschaftliche Buchgesellschaft; mit Michael Krüggeler (Hrsg.), Ein jedes Herz in seiner Sprache, Religiöse Individualisierung als Herausforderung für die Kirchen, Zürich - Basel 1996: NZN Buchverlag; (Hrsg.), Homo naturaliter religiosus: Gehört Religion notwendig zum Mensch-Sein?, Bern: Lang (Studia Religiosa Helvetica, Jahrbuch 1997); »Vergleich von Produkten und Produktionsregeln religiöser

Kommunikation«, in Hans-Joachim Klimkeit (Hrsg.), Vergleichen und Verstehen in der Religionswissenschaft, Wiesbaden 1997: Harrassowitz, 37-51; »Effekt und Kommunikation, Handlung im Verhältnis zu anderen Kodierungsformen von Religion«, in Hartmann Tyrell / Volkhard Krech / Hubert Knoblauch (Hrsg.), Religion als Kommunikation, Würzburg 1998: Ergon, 301-322; mit Daria Pezzoli-Olgiati (Hrsg.), Cartografia religiosa - Religiöse Kartographie - Cartographie religieuse, Bern 2001: Lang (Studia Religiosa Helvetica Series altera 4); mit Axel Michaels / Daria Pezzoli-Olgiati (Hrsg.), Noch eine Chance für die Religionsphä-

nomenologie?, Bern: Lang (Studia Religiosa Helvetica Jahrbuch 2000/2001); Weltbilder der Religionen, Kultur und Natur, Diesseits und Jenseits, Kontrollierbares und Unkontrollierbares, Zürich 2001: Pano (Theophil 4); »Wesen und Funktion von Monotheismus«, Evangelische Theologie 61, 2001, 172-189; Stolz, Fritz, Religion und Rekonstruktion, Ausgewählte Aufsätze, Göttingen: Vandenhoeck & Ruprecht 2004 (postum erschienen, enthält eine vollständige Literaturliste).

Daria Pezzoli-Olgiat

T

TÄTTENBACH-REINSTEIN, Johann [Han-(n)s] Erasmus, Gf. v., dt.-österr. Reichsgf., Teilnehmer an der ung. Magnatenverschwörung gegen Ks. Leopold I., * 3.2. 1631, † (hingerichtet) 1.12. 1671 in Graz. — Das Stammschloß der Familie stand im bayerischen Landgericht Landshut. 1623 erhob Ks. Ferdinand II. die Familie in den Reichsfrei- u. Panierherrenstand, wobei der innerösterr. Zweig den Zusatz v. Wollimel [Ulimil] und Ganowiz [Gonowitz] führte. 1637 erfolgte die Erhebung in den Grafenstand. H. E. war der Sohn des Gottfried Wilhelm v. T. (1607-1640) u. der Susanne, geb. Freiin v. Triebeneck. H. E. war in erster Ehe mit Gfn. Justina Forgács († 1662) u. in 2. Ehe (1.3. 1667 auf Kranichsfeld) mit Anna Therese v. Schönau, Tochter eines Hofkammerrates, verheiratet. H. E. ererbte die steiermärkischen Güter Ganobitz, Stettenberg, Windisch-Landberg, Triebeneck, Galhofen, Hebenstreit u. Nieder-Pamstorf, den Lidlhof in Graz, 2 Häuser in Marburg, Güter in Schlesien u. nicht zuletzt erwarb er aus der Mitgift seiner Braut 1669 die gesamte Herrschaft Kranichsfeld von Otto v. Teuffenbach, wodurch er zum größten Grundbesitzer der Untersteiermark (heute Teil Sloweniens) wurde. Als Statthaltereirat in Graz bekleidete ein Landeshofamt ersten Ranges. Außerdem war er Inhaber der Reichsgfsch. Reinstein am Harz. — Diese hatte sein Onkel Leopold Wilhelm v. T. (1609-1661, 1628 in Padua als Jurastudent immatrikuliert) 1643 vom letzten Halberstädter Bf. Erzhzg. Leopold Wilhelm v. Österreich, dessen Berater er war, zum Lehen bekommen. 1644 erhielt er

die Würde eines Reichsgf. v. Tättenbach u. Reinstein mit Sitz auf der Grafenbank des Reichstages u. im Niedersächsischen Kreistag, letzterer wurde aber von den Welfen blockiert. Nach dem Westfälischen Frieden, in dem Kurbrandenburg unter Beachtung der Tättenbacher Rechte das ehemalige Bist. Halberstadt als Ftm. zugesprochen bekommen hatte, nahm Leopold Wilhelm v. T. angesichts der Konkurrenzsituation zwischen beiden Staaten die Gfsch von Braunschweig (1644, 1651) u. Brandenburg (1659) zum Lehen. Der neue kath. Landesherr mußte aber ausdrücklich den ev.-luth. Glauben der Bewohner der Gfsch. anerkennen. Nach dem Tod Leopold Wilhelms 1661 kam es zwischen beiden Konkurrenten zum »Schlüssel- und Klöppelkrieg« in Neinstedt durch Einmarsch der Braunschweiger unter Führung des Blankenburger Kanzleidir. Simon Fincke. Am Ende blieb aber der Status quo erhalten, und Hans Erasmus, der schon 1659 für seinen Onkel den Lehnseid in Halberstadt abgelegt hatte, wurde neuer Landesherr der Gfsch. Diese bestand aus dem Amt Westerhausen mit Warnstedt, Weddersleben, Thale und Neinstedt, dem Amt Westerburg mit Rohrsheim, Dingelstedt, Dedeleben, Deersheim, dem Forst Regenstein, großen Harzer Forsten um Thale, Braunlage u. Elbigerode, Rechten an den verpfändeten Derenburg (v. Veltheim) u. Schloß Westerburg (v. Steinberg). Auf Stecklenberg (v. Hoym), in Thale (v. Steuben, v. Knigge), Deersheim (v. Steinacker) u. Dedeleben (v. Hünecke) saßen Vasallen der T.; der freie adelige Hof Westerhausen der v. Morgenstern unterstand direkt der Halberstädter Regierung. T., der bei Zeitgenossen einen schlechten Leumund hatte u. als charakterschwach, genußsüchtig, eitel, bequem aber auch krankhaft ehrgeizig geschildert wird, hatte offenbar bei der Bewirtschaftung des direkt verwalteten Amtes Westerhausen keine glückliche Hand. Schon 1650 hatte sein Onkel versucht die Gfsch. (mit deutlichem Hinweis auf die Reichsstandschaft) für 230.000 fl an den Fürsten Octavio Piccolomini, später an den Herzog v. Kurland zu verkaufen, was jedoch nicht gelang. Hans Erasmus sah sich 1664 mit einem Beschwerdekatalog von 46 Punkten von allen Dörfern der Gfsch. konfrontiert, die die Absetzung des Amtspächters Hauptmann Stiefel u. die ausdrückliche Benennung des Kf. v. Brandenburg als höhere Beschwerdeinstanz zur Folge hatte. 1663 gab er Taler, Halb- u. Doppeltaler mit seinem Wappen u. Brustbild heraus. — Spätestens seit 1665 war Hans Erasmus v. T. in die ung. Magnatenverschwörung verwickelt, die letztlich zum Ziel hatte, mit Unterstützung Frankreichs u. Venedigs die Türken aus Ungarn zu vertreiben, ein von Habsburg unabhängiges Kgr. Ungarn auszurufen, den ung. Protestantismus, der seit dem Ende des 16. Jh. in Ungarn verbreitet war, zu festigen und nicht zuletzt die Macht der ungarischen Magnaten auszubauen, die durch die Habsburger zunehmend eingeschränkt wurde. Die Verschwörer rechneten Ks. Leopold I. negativ den Frieden von Eisenburg 1664 an, der trotz eines militärischen Sieges bei Mogersdorf gegen die Osmanen diesen weite Teile Ungarns überlies. An dieser Verschwörung waren der Palatin des Kgr. Ungarn Franz Wesselényi († 1667), Fürst Ferenc I. Rákóczi, der Banus von Kroatien (Bestandteil des Kgr. Ungarn) Gf. Péter Zrínyi, die Grafen Frangepán, Nádasdy, Báthory, Thököly u. Tättenbach beteiligt. T. war durch seine erste Ehe mit ungarischen Magnaten verwandt; auch sein Onkel Wilhelm Leopold hatte 1647 das ung. Heimatrecht erworben. Nach einer ersten Verständigung Zrinyis mit T. im Spätherbst 1665 in Luptschina trat er am 9.9. 1667 schriftlich dem Bündnis bei u. zog auch am 18.7. 1668 den Görzer Landeshauptmann Karl Gf. v. Thurn in das Eidbündnis ein. Weihnachten 1669 war Zrinyi Gast T.s in Kranichfeld. Am 6.3. 1670 besprach ein Unterhändler Zrinyis, der den schwachen Charakter T.s durchaus durchschaut hatte u. ihn für seine Zwecke nutzen wollte, die Taktik des Aufstandes. T. wollte mit den Bauern seiner Güter Graz u. Pettau durch Überfall einnehmen. Bereits seit November 1669 hatte der Kammerdiener T.s Balthasar Riebel den ks. Behörden Dokumente der Verschwörung übergeben u. wirkte im Januar 1670 als ks. Spion. Als T. die Gefahr erahnte, kamen Loyalitätsbezeugungen zu spät. Zwar gelang es im Juni Rákóczi (nicht zuletzt wegen seiner Machtstellung in der Slowakei) u. der einflußreichen Zsófia Báthory für ihren Sohn eine ks. Begnadigung zu erreichen, aber T., der sich selbst nach Graz begeben hatte, um sich rein zu waschen, wurde gefangen gesetzt u. drei Verhören unterzogen. Am 18.4. 1670 fand auch die Gefangensetzung Zrinyis u. Frangepáns statt. Nach den Prozessen wurden beide am 30.4. 1671 in Wiener Neustadt u. Nádasdy im alten Wiener Rathaus hingerichtet. Thököly war am 23.11. 1670 bei der Verteidigung seiner Burg Arwa gefallen. Für T. fällte das Grazer Gericht erster Instanz am 9.10. 1670 ein Urteil zur nicht vollständigen Schuld des Hochverrats, wogegen die zweite Instanz, der geheime Rat von Innerösterreich am 1.4. 1671 den Landes- und Hochverrat als erwiesen ansah u. die Todesstrafe aussprach. Ein besonderer Gerichtshof in Wien entschied sich für das zweite Urteil, das am 28.11. 1671 T. in Graz mitgeteilt wurde. Ein Gnadengesuch wurde abgelehnt. Am 1.12. 1671 wurde das Urteil auf dem Grazer Rathaus vollstreckt. Sein Name wurde aus den Steiermärkischen Adelsmatrikel gestrichen; seine steierischen u. schlesischen Güter fielen dem österreichischen Fiskus anheim. Kurbrandenburg besetzte bereits am 8.4. 1670 die Gfsch. Reinstein als anheim gefallenes Lehen. T.s Witwe erhielt nach einer Klage gegen den Fiskus wegen der Beschlagnahme ihres Heiratsgutes 2000 fl. Jahrespension. Sein Sohn Anton aus erster Ehe starb 1718 als Propst v. Straßengel; zwei Töchter unverheiratet in Graz. — Die »Magnatenverschwörung« war ein Ereignis von europäischem Interesse und fand in der frz. u. holl. Presse große Aufmerksamkeit u. letztlich in den Koruzenaufständen 1671-1711 ihre Fortsetzung. — Die Auseinandersetzungen zwischen Braunschweig u. Kurbrandenburg wurden vor dem Reichskammergericht fortgesetzt. Dabei bot die Quedlinburger Pröpstin Maria Aurora v. Königsmarck (s. d.) nach 1704 dem preußischen König Friedrich I. an, als Gegenleistung für ihre Wahl zur Äbtissin des Reichsstiftes Reinsteiner Dokumente aus dem Stiftsarchiv zur Verfügung zu stellen. Noch 1803 war Braunschweig im Zuge des Reichsdeputationshauptschlusses bereit, mit Preußen die Braunschweiger Rechte am Rammelsberg (Preußen hatte die Reichsstadt Goslar erhalten) gegen den strittigen Teils der Gfsch. Regenstein zu tauschen. Bereits aus den im Turmknopf der 1695-1702 bis auf den roman. Turmstumpf neu errichteten u. von Valentin Kühne (s. d.) barock ausgestatteten St. Stephani-Kirche Westerhausen aufgefundenen Urkunden wird deutlich, daß das »Tättenbacher Interregnum« im Hauptort der Gfsch. Reinstein im Bewußtsein der Bevölkerung keine Rolle mehr spielte. An der 1708 datierten Amtspriecke befinden sich (vom Vorgängerbau?) die Wappen des preußischen Königs Friedrich I. u. seines Sohnes Friedrich Wilhelm I. (s. d.) sowie der Herren v. Morgenstern, die im 17. Jh. Besitzer des Adeligen (Halberstädter) Freihofes (= Wasserburg, Junkernhof) waren, der 1718 zum königlichen Amt geschlagen wurde. Tättenbacher Insignien fehlen.

Lit.: Christoph Schröder, Chorographia Reinsteinensis, Forstbericht 1644 für die Gf. Tättenbach, LHA Sachsen-Anhalt, unveröff.; — Siegmund Gabriel Hipschmann [Ill.], Eigentliche Conterfaktur und Bildniß deß Rebell~ee Hannß Erasmi gewesenen Grafen von Tättenbach ... 1671, nach http://edocs.ub.uni-frankfurt.de/volltexte/2007/7545/; — Appel's Repertorium zur Münzkunde des Mittelalters u. der neueren Zeit, Bd. 3, Wien 1824, bes. 752; — I. A. Fessler, Die Geschichte der Ungern u. ihrer Landsassen. 9. Teil, Leipzig 1825, bes. 177-201; — Ernst Heinrich Kneschke, Neues allg. Deutsches Adelslexikon, IX, (Leipzig 1870) Nachdr. Hildesheim, Zürich, New York 1996, 137ff.; — A. v. Weyhe-Eimke, Die Gfsch. Regenstein u. der Fürst Piccolomini, in: Zs. d. Harzvereins 27 (1894), 325ff.; — A. Köcher, Der preußisch-welfische Hoheitsstreit um die Harzgrafschaft Regenstein, in: Zs. d. Harzvereins 28 (1895), 542ff.; — Otto Hahne, Eine Beschreibung des Ftm. Blankenburg u. der Gfsch. Regenstein aus dem Jahre 1717, in: Zs. d. Harzvereins 42 (1909), 169-190, bes. 188-190; — O. Schönermark, Schreiben des Gf. Erasmus zu Reinstein u. Tättenbach an die Gemeinden der Gfsch. Reinstein im Jahre 1664, in: Zs. d. Harzvereins 45 (1912), 239f.; — Walter Möllenberg, Die Gfsch. Regenstein zum Ausgang des dreißigjährigen Krieges, in: Zs. d. Harzvereins 54 (1921), 51ff.; — Heinrich Lindau, Ein Bericht über die alte Gfsch. Regenstein aus dem Jahre 1644, in: Am Heimatborn, Beil. zum Quedlinburger Kreisblatt, Nr. 259/1930, 1049f.; — Ders., Zwei Tättenbach-Reinsteinische »Dienstordnungen« aus dem Jahr 1644, in: ebd., Nr. 264/1930, 1069f.; — Ders., Der letzte Graf von Regenstein 1671 auf dem Schafott, in: ebd.,

Nr. 281/1930, 1137f.; — Ders., Abschätzung der Gfsch. Regenstein 1663, in: ebd., Nr. 299/1931, 1212; — Béla Köpeczi, Staatsräson u. christliche Solidarität. Die ung. Aufstände u. Europa in der zweiten Hälfte des 17. Jh., Wien, Köln, Graz 1983; — Lutz Fenske, Ulrich Schwarz, Das Lehnsverzeichnis Graf Heinrich I. v. Regenstein 1212/1227 (= Veröff. d. Max-Planck-Inst. f. Geschichte, 94), Göttingen 1990, bes. 494f.; — Heinz A. Behrens, Jörg Reimann, Der Regenstein II. Baugeschichte u. Festungszeit, Blankenburg 1992, 29 ff.; — Bernd Feicke, Westerhausen im 18. Jh., in: Nordharzer Jb. XVIII/XIX, Halberstadt 1995, 123-132, Kt.; Arno Buschmann, Kaiser und Reich. Klassische Texte zur Verfassungsgeschichte des Heiligen Römischen reiches Deutscher Nation vom Beginn des 12. Jh. bis zum Jahre 1806, T. II, Baden-Baden 1995², 74ff, Art. XI; — Bernd Feicke, Besonderheiten des 18. Jh. in der territorialen Entwicklung des Unterharzes, in: Zs. f. Heimatforschung, H. 5, Halle 1996, 14-22; — Bernd Feicke, Glockengeläut für Prinz Eugen im Reichsstift Quedlinburg 1704 - Zur Diplomatie der Aurora von Königsmarck, in: HarzZs. 48/49 (1996/97), Braunschweig 1998, 211-217; — Heinz A. Behrens, U. E. G. Schrock, Jürgen Denicke, Die Münzen der Gfsch. Blankenburg-Regenstein, Jena, Quedlinburg 1999, bes. 98-101; — Ingrid Matschinegg, Österreicher als Universitätsbesucher in Italien (1500-1630). Regionale u. soziale Herkunft, Diss. Graz 1999, 273; — Christof Römer, Das Zeitalter des Hochabsolutismus (1635-1735), in: Horst-Rüdiger Jarck, Gerhard Schildt (Hrsg.), Braunschweigische Landesgeschichte, Braunschweig 2000, 535-574, bes. 547, Kt. 588f.; — Christof Römer, Die Grafen v. Regenstein-Blankenburg als Stand des Reiches u. des Niedersächsischen Reichskreises, in: Heinz A. Behrens, Zwischen Herrschaftsanspruch u. Schuldendienst - Beiträge zur Geschichte der Gfsch. Regenstein, Jena, Quedlinburg 2004, 73-90; — Bernd Feicke, Die Auswirkungen des Reichsdeputationshauptschlusses im Westharz, in: Beitr. z. Regional- u. Landeskultur Sachsen-Anhalts, H. 29, Halle 2004, 41-45; — Bernd Feicke, Stifts- u. Klosterbesitz im Halberstädter Archidiakonatssitz Westerhausen am Harz, in: Harz-Forschungen, Bd. XXII, Berlin, Wernigerode, 2006, 240-258; — Rudolf Leeb, Der Einfluß von Cyriakus Spangenberg auf die habsburgischen Erblande u. das Erzstift Salzburg, in: Stefan Rhein u. Günther Wartenberg (Hrsg.), Reformatoren im Mansfelder Land. Erasmus Sarcerius u. Cyriakus Spangenberg (= Schrr. d. Stiftung Luthergedenkstätten in Sachsen-Anhalt, Bd. 4), Leipzig 2006, 259-277; — Bernd Feicke, Otto Klinder, Der Inhalt des Turmknopfes der St. Stephan-Kirche Westerhausen, in: Westerhäuser Heimatbll. 10 (2006); — ADB, Bd. 37, Leipzig 1894, Art. Tattenbach (Krones) 415-418.

Bernd Feicke

TALLIS, Thomas; englischer Kirchenmusiker, Organist und Komponist der Renaissance Zeit, Musikverleger; * ca. 1505/1510 in Kent oder Leicestershire, England; † 23. November 1585 in Greenwich (London). — Das Leben von Thomas Tallis umfaßt die Regentschaft von nicht weniger als vier Monarchen und eine Zeit großer religiöser Umbrüche in England. Über Tallis frühe Lebensjahre wissen wir fast gar nichts. Das erste Mal, daß wir von ihm hören ist das Jahr 1532. Damals war er Organist des kleinen Benediktinerpriorats von Dover, welches eine Zelle des Kathedralklosters von Canterbury war. Da das Priorat zu den kleinen Klöstern gehörte und sich keinen großen professionellen Laienchor leisten konnte, kam für Tallis eine Arbeit mit nicht monastischen Sängern nur in kleinem Umfang in Frage. Daß er in Dover aber nicht nur Organist war, dafür spricht die große Musiktradition Canterburys, zu dem Dover ja gehörte. So mag Tallis bereits in Dover seine ersten Erfahrungen mit der chorischen Musik gemacht haben. Im Herbst 1535 wurde das Priorat Dover als eines er ersten im Land aufgelöst und Tallis mußte sich nach einer neuen Stelle umsehen. Für 1537/38 ist ein Wirken von Tallis in London nachzuweisen, wo er an der Kirche Saint Mary-at-Hill im westlich des Towers gelegenen Billingsgate angestellt war. Diese Kirche förderte die Kirchenmusik und hatte 1517/18 eine neue Orgel erworben und bis Mitte der 30er Jahre des 16. Jahrhunderts einen beachtlichen Chor aufgebaut, für den auch fünfstimmige Werke kein Problem darstellten. Die Nähe von St. Mary's zur königlichen Residenz in Greenwich haben Tallis sicherlich Kontakte zu Sängern der Chapel Royal und zu Musikern des Königs ermöglicht, zumal eine Reihe von Sängern der Chapel Royal zu hohen Festtagen auch in St. Mary-at-Hill gesungen haben. Trotz der Attraktivität Londons als Hauptstadt und musikalisches wie gesellschaftliches Zentrum des Landes führte Tallis sein Weg von dort weg. Ab dem Herbst 1538 ist sein Wirken im Augustinerkloster zum Heiligen Kreuz in Waltham in der Grafschaft Essex nachgewiesen. Vielleicht hatte Tallis Kontakt zum Abt des Klosters gefunden, dessen Londoner Stadthaus ganz in der Nähe von St. Mary-at-Hill lag. Mag sein, daß der Abt Tallis eingeladen hat, mit nach Waltham zu kommen. Als deutlich reichere Abtei konnte sich Waltham im Gegensatz zu Dover einen außerordentlich guten und großen Laienchor leisten. Für diesen Chor mag Tallis wohl seine frühen lateinischen Motetten »Ave Dei Patris«, »Gaude gloriosa« und die Messe »Salve intemerata« geschrieben haben, deren Entstehung Musikwissenschaftler in die späten 30er Jahre

des 16. Jahrhunderts datieren. Wenn sich Tallis von seiner neuen Stelle großes versprochen hat, wurde er doch schon 1540 schwer enttäuscht. Am 23. März 1540 wurde im Zuge der Klosteraufhebungen durch König Heinrich VIII. auch das Kloster Waltham geschlossen und Tallis war erneut ohne Arbeitsstelle. Die Klosteraufhebungen 1535/36 und 1539/40 zeigten, wie unberechenbar die Religionspolitik damals war und wie wechselvoll sie sich am Beispiel von Thomas Tallis auch auf die Kirchenmusik auswirkte. Paradoxerweise schuf jedoch die Auflösung der Klöster selbst einige attraktive Möglichkeiten. Ungefähr die Hälfte der mittelalterlichen Kathedralen Englands - Bath, Canterbury, Coventry, Durham, Ely, Norwich, Rochester, Winchester und Worcester - waren benediktinische Klöster gewesen. Nach ihrer Auflösung wurden die meisten von ihnen sofort als säkulare Kathedralen neu gegründet, und in dieser neuen Form mit größeren professionellen Chören ausgerüstet, als dies während ihrer klösterlichen Existenz möglich gewesen wäre. Einige Abteikirchen wurden in den Rang einer Kathedrale erhoben, so St. Albans, Westminster, Peterborough, Bury St. Edmunds. Als Einheimischer der Grafschaft Kent und ehemaliger Organist des Priorats von Dover war Tallis möglicherweise in der Lage, in Canterbury, dessen Kathedralkloster sich am 4. April der Krone ergeben hatte, einige Beziehungen spielen zu lassen. Auf jeden Fall steht sein Name an oberster Stelle unter den angestellten Laien auf einer undatierten Liste der neuen Mitglieder des Chores, die offenbar im Sommer 1540 aufgestellt wurde. Der aus zehn Knaben und zwölf Männern bestehende Chor war mit Sicherheit darauf ausgerichtet, Englands Mutterkirche alle Ehre zu bereiten. Hier war Tallis ein führendes Mitglied in einem Ensemble von wahrscheinlich doppelter Größe wie alle anderen, zu denen er bisher gehört hatte. Er war Mitglied dieses Chores in einer Phase, in der dieser äußerst beschäftigt gewesen sein muß und ein ebenso eindrucksvolles wie auch eindeutig konservatives Repertoire aufbaute. Interessanterweise war Canterbury in den frühen 40er Jahren des 16. Jahrhunderts Zentrum einer bitteren religiösen Kontroverse: Während der Erzbischof Thomas Cranmer zu den führenden Vertretern der religiösen Reform gehörte, waren eine Reihe einflußreicher Mitglieder des Domkapitels strenge Traditionalisten (die bald ihren Erzbischof wegen Ketzerei verfolgen sollten). Trotz dieser aufregenden Zeit - oder vielleicht gerade deshalb - blieb Tallis nur zwei Jahre lang in Canterbury. 1542 wurde er zum Gentleman (d.h. zum Sänger) der Chapel Royal erhoben. Er hatte dieses Glück möglicherweise Erzbischof Cranmer zu verdanken, der einer der engsten Berater des Königs geworden war. Tallis war nun in seinem Beruf an der für ihn höchstmöglichen Stelle angelangt, und es ist nicht überraschend, daß er für den Rest seines Lebens Mitglied der Chapel Royal blieb. Selbst wenn er einen weiteren Karriereschritt angestrebt hätte, wären die Gelegenheiten dafür in Kürze aufgrund der allgemeinen Auflösung von Kirchenchören unter der Regierung von Edward VI (1547-53) extrem begrenzt geworden. Tallis mag während seiner Mitgliedschaft des Chores durchaus auch Organist für die Kapelle gewesen sein, obwohl er diesen Titel nicht vor den 70er Jahren erhielt. Ungefähr 1552 heiratete er seine Frau Joan, mit der er, wie es scheint, keine Kinder hatte. Nach dem Tod von König Edward VI. arbeitete Tallis als Mitglied der Chapel Royal für dessen Schwester und Nachfolgerin Maria I. Sie erneuerte die alte Liturgie und bot Tallis die Möglichkeit, dafür zu komponieren und an alte glanzvolle Zeiten anzuknüpfen. Aus der Regierungszeit Marias stammt die gewaltige Votivantiphon *»Gaude gloriosa Dei Mater Virgo Maria vere honorificandi«* - nach Nick Sandon ein neunfacher Anruf der Jungfrau, der sowohl als Anbetung der Himmelskönigin als auch eine Huldigung der Königin Englands gedient haben muß. Zum Weihnachtsfest 1554 entstand die großartige siebenteilige Messe *»Puer natus est nobis«*. Ins gleiche Jahr wird auch die Motette *»Suscipe quaeso Domine, vocem confitenti«* datiert, deren Bußcharakter darauf schließen läßt, daß sie eventuell für jene Zeremonie geschrieben wurde, in der Kardinal Reginald Pole (1500-1558), England vom Kirchenbann freisprach und dessen Rückkehr in den Schoß der römischen Kirche verkündete. Aus der Regierungszeit Marias stammen auch die drei Psalmvertonungen *»Beati immaculati«* (Psalm 118), *»Domine quis habitat«* (Psalm 15) sowie *»Laudate Dominum, omnes gentes«* (Psalm 150) Von Königin Maria erhielt Tallis 1557 für die Dauer von 21 Jahren die Einkünfte des Gutes Minister, auf der Isle of Thanet im Osten Kents (bei Margate und Ramsgate gelegen) zugesprochen. Nach dem Tod Marias folgte deren Schwester Elisabeth I. auf den Thron nach. Sie ließ Tallis bereits im ersten Jahr ihrer Regentschaft ein Jahrseinkommen von 40 Pfund zukommen. Dies zeigt, wie sehr die neue Königin der klangvollen Musik von Tallis zuneigte. Elisabeth liebte sehr zum Ärger reformatorischer Eiferer eine reiche Liturgie und gottesdienstliche Zeremonien. Dazu paßte Tallis Musik ausgezeichnet. In den 50er Jahren des 16. Jahrhunderts wurde Tallis Mentor und väterlicher Freund des jungen Komponisten William Byrd (1534/43-1623) sowie später dessen Geschäftspartner. Tallis und Byrd erwirkten am 22. Januar 1575 von Königin Elisabeth I. ein Monopol zum Verkauf und Druck musikalischer Noten für ganz England. Erste große Frucht der musikalischen Zusammenarbeit von Lehrer und Schüler war die Veröffentlichung einer Sammlung ihrer Motetten unter dem Titel *»Cantiones quae ab argumento sacrae vocantur, quinque et sex partium autoribus Thoma Tallisio & Guilielmo Birdo Anglisi Serenissimae Regineae Majestati a priuato Sacello generosis & Organistis«.* Dieses Werk widmeten sie der Königin. Da es in deren 17. Regierungsjahr erschien, enthielt die Sammlung jeweils siebzehn Motetten beider Komponisten. Ergänzt wurden diese durch lateinische Gedichte von Richard Mulcaster (1531-1611) und Ferdinando Richardson Heybourne (1558-1618), wie Byrd ein Schüler von Tallis. Die Verbindung von Tallis und Byrd war eng und emotional. Tallis wurde 1576 Pate von Byrds Sohn Thomas, der ebenfalls Musiker wurde und sich später im Englischen Kolleg von Valladolid (Spanien) vor allem der lateinischen Kirchenmusik widmete. Obgleich Byrd der größere Komponist war, trug deren gemeinsames Unternehmen doch stets Tallis Namen, vielleicht aus Ehrfurcht vor dem älteren Tallis aber sicher auch aufgrund dessen landesweiten Bekanntheit in der anglikanischen Liturgie. Denn Tallis Antiphonen, Responsorien, Psalmen, Hymnen, Choräle und Litaneien wurden in hunderten Kirchen zum Morgen- und Abendlob sowie in den sonntäglichen Messen gesungen. Byrd und Tallis waren zutiefst inspiriert vom alten lateinischen Ritus und komponierten neben ihrer Arbeit für die protestantische Liturgie weiterhin dafür. Tallis schrieb mindestens drei große lateinische Messen. Obgleich Tallis Schwerpunkt die Vokalmusik war, so war er doch ein all-round Komponist. Leider sind nur wenige weltliche Lieder sowie Stücke für Tasteninstrumente und andere Instrumente von ihm erhalten geblieben. — Auch wenn Tallis Sympathie stets der katholischen Tradition gegolten hat, war er doch pragmatisch genug, die Herausforderung einer neuen, protestantischen Liturgie anzunehmen und mit Leben zu füllen. Dies tat er aber nicht ohne Wehmut, hatte er doch in seinem Leben die nahezu völlige Auflösung der alten Kirchenmusiktradition erleben müssen. Dutzende von Chören an monastischen Häusern und in Kollegiatkirchen, welche die Polyphonie pflegten, waren verstummt und ihre Chorbücher zerstört. Tallis erlernte seinen Beruf als Kirchenmusiker auf der Grundlage der Liturgie von Sarum und bildete seine Fertigkeiten in der Komposition von festlichen Messen und Votiv-Antiphonen heran - Dinge, die nicht länger gewünscht wurden. All dem trauerte Tallis bis zu seinem Tod nach. Doch wie gesagt, sein Pragmatismus und Überlebenswille ließen ihn als Anhänger des »Old Faith« zum Hauptkomponisten der neuen Kirche von England werden, der aber weiterhin lateinische Stücke für die katholische Liturgie schrieb. Diese wurden - wie auch die Werke von William Byrd - von Englands Katholiken in ihren privaten Gottesdiensten verwendet. In einigen seiner Stücke bringt Tallis seine Trauer über die schlechte Situation der Katholiken im neuen protestantischen England zum Ausdruck. So etwa in der Vertonung der »Lamentationes«, den Klageliedern des Jeremia. Nach dem Musikwissenschaftler Paul Maurice Doe, der sich intensiv mit Tallis beschäftigt hat, hatten die Worte »Jerusalem, Jerusalem, convertere ad Dominum Deum tuum« - »Jerusalem, Jerusalem, bekehre dich zum Herrn, deinem Gott« für Tallis als Katholik in einem protestantischen Land eine ganz eigene Bedeutung. Auch eine andere bekannte Komposition von Tallis zeigt dessen innere Nähe zum Katholizismus, nämlich die polyphone vierzigstimmige Motette »Spem in alium«, für welche ihn sein Gönner und Auftraggeber Thomas Howard, der 4. Herzog von Norfolk (1535-1572), Katholik und Führer der religiös konservativen Kreise in England, bei der Uraufführung mit ei-

ner prachtvollen goldenen Kette geehrt hat. Das »Spem in Alium« von Tallis war eine großartige musikalische Antwort auf die ebenfalls vierzigstimmige Motette »Ecce beatum lucem« von Alessandro Striggio (1536-1592), der dieses Werk wohl 1567 bei seiner diplomatischen Reise nach London bei sich hatte und das Tallis sofort begeisterte. Tallis Werk liegt eine Schriftstelle aus dem Buch Judith zugrunde, das von der protestantischen Kirche aus dem alttestamentlichen Kanon ausgegliedert wurde. Der Text lautet: »In niemanden sonst setze ich meine Hoffnung außer in Dich, Gott Israel, der Du zürnen und dennoch gnädig sein wirst und alle Sünden des Menschen in Not vergeben wirst. Herr Gott, Schöpfer des Himmels und der Erde, blicke auf unsere Ohnmacht.« Sowohl Striggios Werk als auch Tallis Antwort darauf gelten bis heute als außerordentliche Beispiele der polyphonen Renaissancemusik. Man kann also zusammenfassend sagen, daß Tallis zwar beruflich und nach außen hin der anglikanischen Konfession folgte, persönlich jedoch der katholischen Konfession angehörte. Es war die ihn prägende Konfession während seiner Kindheit und Jugend, deren reiche polyphone Musiktradition ihm trotz der Freude an kreativer Neuentwicklung unter veränderten politischen und religiösen Verhältnissen lieb und teuer geblieben war. Tallis ist eine Verbindungsgestalt zu der vorreformatorischen englischen Musiktradition, die zum Ende der elisabethanischen Zeit zusehends in Vergessenheit geriet. Tallis legte auch die Fundamente zu einer eigenen anglikanischen Kirchenmusik, wofür die anglikanische Kirche ihn bis heute ehrt. — Seine letzten Lebensjahre scheint Tallis in Greenwich gelebt zu haben, wo er eigenes Haus besaß. Dort starb er am 23. November 1585 und wurde in der Pfarrkirche St. Alphege beigesetzt. Seine Frau Joan überlebte Thomas Tallis um vier Jahre. 1589 wurde sie an seiner Seite beigesetzt. 1710 stürzte die Kirche während eines heftigen Sturmes ein und mußte neu errichtet werden. Damals ging neben vielen anderen auch Thomas Tallis Grabmal verloren. Es wurde 1935 zum 350. Todestag des Komponisten durch eine Gedenktafel ersetzt.

Werke: »Ave Dei patris filia nobilissima« (Marienantiphon: Sei gegrüßt, du vornehmste Tochter Gottes); »Ave rosa sine spinis« (Marienantiphon: Sei gegrüßt, du Rose ohne Dornen); »Alleluia, Ora pro nobis pia virgo Maria« (Responsorium: Alleluja. Bitte für uns, Jungfrau Maria); »Euge caeli porta / Ave preclara maris Stella« (Marienantiphon: Sei gegrüßt, du Himmelspforte. Sei gegrüßt du leuchtender Stern des Meeres); »Deus creator omnium« (Kyrielitanei Gott, Schöpfer aller Dinge); »Missa Salve intemerata« (Gloria - Credo - Sanctus/Benedictus - Agnus Dei - Votivantiphon: Salve intemerata virgo Maria filii Dei genitrix, prae ceteris electa virginibus / Sei gegrüßt, reine Jungfrau Maria, Gebärerin des Sohnes Gottes, auserwählt aus allen Jungfrauen); »Magnificat«; »Nunc Dimittis« (die beiden neutestamentlichen Gesänge, welche in der Vesper bzw. Komplet der Stundenliturgie gesungen wurden. Der Lobgesang Mariens Lk 1, 46-55 sowie der Lobgesang des greisen Simeon Lk 2, 29-32. Im anglikanischen Gottesdienst werden beide im so genannten Evensong - Abendlob gesungen); »Sancte Deus, sancte fortis« (die Jesus-Antiphon: Heiliger, starker Gott ist eine Textverschmelzung von einem Vers aus den Improprien des Karfreitags und einem Responsorium aus der Matutin für Verstorbene); »Conditor Kyrie omnium hymas creaturarum eleyson« (Kyrielitanei für Festtage: O Herr, Schöpfer aller Dinge, hab Erbarmen); »Messe für 4 Stimmen« (Gloria - Credo - Sanctus/Benedictus - Agnus Dei); »Te Deum for Meanes« (das Te Deum ist ein altkirchlicher Lobgesang, der auf Ambrosius von Mailand zurückgeht); »Blessed be the Lord God of Israel (Benedictus)« (neutestamentlicher Lobgesang des Zacharias bei Lk 1, 68-79, der in der katholischen Stundenliturgie in der Laudes gesungen wird, in der anglikanischen Liturgie in der Matins, dem Morgenlob); »Remember not, o Lord God« (die Antiphon: Gedenke, Herr, nicht meiner vergangenen Sünden vertont Verse aus Psalm 79); »Hear the Voice and Prayer« (das Anthem Höre die Stimme und das Gebet greift Verse aus dem Tempelweihgebet König Salomos auf: 1 Könige 8, 28-30); »If ye love me« (das Anthem Wenn ihr mich liebt verarbeitet Worte aus Johannes 15 in der Übersetzung der Great Bible von Miles Coverdale 1539); »A new commandment give I unto you« (das vierstimmige Anthem Ein neues Gebot gebe ich euch vertont Verse aus dem Johannesevangelium: Joh 13, 34-35); »Beati immaculati in via qui ambulant in lege Domini« (Psalmmotette zu den ersten 6 Versen aus Psalm 118 Wohl denen, deren Weg ohne Tadel ist, die leben nach der Weisung des Herrn); »Puer natus est nobis« (Introitus: Ein Kind ist uns geboren zum Weihnachtsfest); »Deus creator omnium tu theos ymon nostri pie eleyson« (Kyrielitanei: Gott Schöpfer aller Dinge, du unser treuer Gott, erbarme dich unser); »Missa: Puer Natus est nobis« (die siebenstimmige Weihnachtsmesse Ein Kind ist uns geboren entstand für das Weihnachtsfest 1554: Gloria - Graduale - Alleluja - Sequenz - Sanctus/Benedictus - Agnus Dei - Kommuniongesang); »Suscipe Quaeso Domine« (siebenstimmigc Motcttc Erhöre, O IIerr, die Stimme des Beichtenden beinhaltet Worte des Kirchenvaters Isidor von Sevilla und zeigt die Liebe von Tallis zu patristischen Texten); »Gaude gloriosa dei mater virgo Maria vere honorificanda« (Votivantiphon zu Ehren Marias: Freue dich, herrliche Mutter Gottes, wahrlich verehrte Jungfrau Maria); »Iste confessor« (Hymnus für Bekennerfeste); »Ecce tempus idoneum« (Hymnus Seht, die passende Zeit, für die 1. Sonntagsvesper der Fastenzeit); »Iam lucis orto sidere« (Hymnus zur Prim in der Oktav des Erscheinungsfestes); »Ex more docti mistico« (Hymnus für die 2. Sonntagsvesper der Fastenzeit); »Veni redemptor gentium« (Hymnus zur Vesper an Heili-

gabend und während der Weihnachtszeit); »Gloria tibi trinitas« (Psalmantiphon zur 1. Vesper des Dreifaltigkeitsfestes); »Natus est nobis« (Antiphon für die vier Psalmen der Komplet in der Weihnachtswoche); »Clarifica me Pater« (von Tallis dreimal vertont. Antiphon zum Magnifikat in der 1. Vesper des Palmsonntags); »Alleluia: Per te Dei genitrix« Responsorium für Messen zu Ehren der Gottesmutter Maria); »Te lucis ante terminum« (Hymnus, von Tallis fünfstimmig vertont für einfache Sonntage und Feste an Werktagen); »Audivi vocem de Caelo« (Solo-Responsorium für die Matutin an Allerheiligen und Festen von heiligen Jungfrauen); »Candidi facti sunt« (vierstimmiges Responsorium zur 1. Vesper an Apostelfesten in der Osterzeit); »Honor virtus et potestas« (Responsorium für die Matutin am Dreifaltigkeitsfest); »Homo Quidam Fecit Coenam« (Responsorium zur 1. Vesper an Fronleichnam); »Magnifikat« (vierstimmige Vertonung des Lobgesangs der Maria); »Hodie Nobis Caelorum« (Responsorium zur Matutin des Weihnachtstages); »Salvator Mundi« (Hymnus zur Komplet); Quod Chorus Vatum« (Hymnus zum Fest der Darstellung des Herrn); »Videte Miraculum« (Responsorium zur 1. Vesper am Fest der Darstellung des Herrn); »In Pace in idipsum« (Responsorium zu Komplet); »Dum transisset Sabbatum« (Responsorium zur Matutin am Ostertag); »Jesu Salvator Saeculi« (Hymnus zur Komplet); »Sermone blando Angelus« (Hymnus zur Laudes vom 2. Ostersonntag bis Christi Himmelfahrt); »Iam Christus Astra ascenderat« (Hymnus zur 1. Vesper am Pfingstfest); »Loquebantur variis Linguis« (Responsorium zur 1. Vesper am Pfingstfest); »Christ Rising again from the dead« (Osterhymnus für die Morgenandacht »Matins« am Ostertag); »Preces - O Lord, open thou my lips« (Eröffnungsverse des Morgenlobs: Herr, öffne meine Lippen); »Venite - O come let us sing unto the Lord« (Aufruf zum Gotteslob - Invitatorium. Es wird vor der ersten Hore des Tages gesungen und besteht neben dem Kehrvers des entsprechenden Tages oder Festes aus Versen aus Psalm 95. Die anglikanische Kirche hat das Invitatorium in die Morgenandacht aufgenommen); »Te Deum - We praise thee, O God« (das Te Deum ist ein altkirchlicher Lobgesang, der auf Ambrosius von Mailand zurückgeht. Es ist einer der üblichen Lobgesänge in der anglikanischen Morgenandacht. Tallis hat ihn dafür vertont. Tallis Vertonungen zur Morgenandacht und zum Abendlob sind auch als »Short Service« oder »Dorian Service« bekannt); »Benedictus« (neutestamentlicher Lobgesang des Zacharias bei Lk 1, 68-79, der in der anglikanischen Liturgie in der Matins, dem Morgenlob gesungen wird.); »Responses and Collects for Easter Matins« (Wechselgebet / Kollektengebete für die Morgenandacht am Ostertag. Die Kollektengebete folgen einer festen Ordnung. Zuerst wird das für den jeweiligen Tag vorgesehene Tagesgebet gesprochen. Dann folgt ein Gebet mit der Bitte um Frieden und zuletzt ein Gebet mit der Bitte um Wohlergehen »Grace«); »Commandments« (Die 10 Gebote. Sie sind Teil der liturgischen Ordnung des Abendmahlsgottesdienstes und werden von Bitten der Gemeinde unterbrochen); »Offertory Sentence« (ein Bibelwort, das vor dem Einsammeln der Gaben für die Armen und dem Bereiten der Abendmahlsgaben gesprochen wird); »Gloria«; »Credo«; »Sanctus«(wie schon in der alten Kirche drei feste Bestandteile des Abendmahlsgottesdienstes in der anglikanischen Kirche. Bereits Anfang 1548 waren englische Übersetzungen von Teilen aus der Meßordnung in Gebrauch); »Wherewithal shall a young man«; »O do well unto thy servant«; »My soul cleaveth to the dust« (Psalm 119, 9-16 / Psalm 119, 17-24 / Psalm 119, 25-32. Diese drei Abschnitte aus Psalm 119 werden am 24. Tag eines jeden Monats als Tagespsalmen im Abendgebet der anglikanischen Kirche gebetet oder gesungen); »Magnifikat«; »Nunc dimittis« (die beiden neutestamentlichen Gesänge, welche in der Vesper bzw. Komplet der Stundenliturgie gesungen wurden. Der Lobgesang Mariens Lk 1, 46-55 sowie der Lobgesang des greisen Simeon Lk 2, 29-32. Im anglikanischen Gottesdienst werden beide im so genannten Evensong - Abendlob gesungen); »Responses and collects for Christmas Eve evensong« (Wechselgebet / Kollektengebete für die Abendandacht am Heiligabend. Die Kollektengebete folgen einer festen Ordnung. Zuerst wird das für den jeweiligen Tag vorgesehene Tagesgebet gesprochen. Dann folgt ein Gebet mit der Bitte um Frieden und zuletzt ein Gebet mit der Bitte um Wohlergehen »Grace«); »O Lord, give thy Holy Spirit« (Hymnus: Vertonung eines Texts aus Lidley´s »Prayers« aus dem Jahr 1566); »Purge me, o Lord« (Vertonung eines nicht identifizierbaren Bußtextes); »Verily, Verily I say unto you« (ein Kommuniongesang mit eucharistischem Charakter); »Remember not, o Lord God« (basiert auf Versen aus Psalm 79; nach einem Text aus dem King Henry´s Primer von 1545); »O Lord in thee is all my trust« (Hymnus für das Abendgebet; zuerst in John Day´s »Certaine notes set forthe in foure and three partes« 1560 oder 1565 erschienen. Diese stellt die einzige Sammlung englischer Kirchenmusik dar, die noch zu Tallis' Lebzeiten veröffentlich wurde); »Out from the deep« (Anthem, das auf einer unbekannten metrischen Version von Psalm 130 beruht) - Um das Jahr 1567 veröffentlichte der Musikverleger John Day das Werk The whole psalter translated into English metre. Dabei handelt es sich um metrische Übersetzungen aller Psalmen, die von Matthew Parker, dem ersten anglikanischen Erzbischof von Canterbury (1559-75) stammen. Thomas Tallis trug dazu neun Psalmvertonungen bei: »Man blest no doubt« (Wohl dem Mann, Psalm 1); »Let God arise in majesty« (Gott steht auf, seine Feinde zerstieben, Psalm 68); »Why fum´th in fight« (Warum toben die Völker, Psalm 2); »O come in one to praise the Lord« (Kommt, laßt uns jubeln vor dem Herr, Psalm 95); »E'en like the hunted hind« (Wie der Hirsch lechzt nach frischem Wasser, Psalm 42); »Expend, o Lord, my plaint« (Höre meine Worte, Herr, Psalm 5); »Why brag'st in malice high« (Was rühmst du dich deiner Bosheit, Psalm 52); »God grant with Grace« (Gott sei uns gnädig und segne uns, Psalm 67); den Psalmen beigefügt war auch die Vertonung »Come, Holy Ghost« auch Tallis Ordinale genannt. Diese Motette wurde wohl bei Ordinationsgottesdiensten gesungen. — »Absterge Domine« (ein so genanntes »Andachtwerk«, das nicht liturgische Gebetstexte verarbeitet); »Miserere Nostri« (ebenfalls ein Andachtswerk); »Mihi autem nimis honorati sunt amici tui, Deus« (Motette, die auf einem gregorianischen Introitus zur Messe an Apostelfesten basiert); »Salvator mundi« (2 Versionen. Antiphon zur Mette am Fest der Kreuzerhöhung am 14. September); »O Sacrum convivium« (der Text ist eine Antiphon zur 2. Vesper des Fronleichnamstages); »In manus tuas« (Motette. Vertonung eines Responsoriums zur Komplet); »O nata lux de lumine« (Vertonung eines Hymnus zur

Laudes am Fest der Verklärung Christi); »Discomfort them, o Lord« (Verwirf sie, o Herr! - Englische Version der Motette »Absterge Domine«); »Domine quis habitabit« (Motette zu Psalm 15); »Laudate Dominum« (Motette zu zwei Versen aus Psalm 117); »O salutaris hostia quae coeli pandis ostium« (der Text umfaßt die beiden letzten Verse eines Hymnus zum Fronleichnamsfest von Thomas von Aquin. Sie leiten häufig den eucharistischen Segen ein); »In ieiunio et fletu« (2 Versionen. Vertonung eines Bußtextes zur Fastenzeit); »Derelinquat Impius« (ebenfalls Vertonung eines Bußtextes) - Die vierzigstimmige Motette: »Spem in alium« ist Tallis größtes Werk und auch sein größter musikalischer Erfolg. Die Motette entstand im Auftrag von Thomas Howard, 4. Herzog von Norfolk als Antwort auf die ebenfalls vierzigstimmige Motette »Ecce beatum lucem« von Alessandro Striggio (1536-1592). Tallis´ Werk liegt eine Schriftstelle aus dem Buch Judith zugrunde. — Zwei weitere Werke haben Tallis über England und seine Zeit hinaus bekannt gemacht, nämlich die Vertonung der Klagelieder des Jeremia, die in den Trauermetten der Karwoche ihren festen Ort und für Tallis als Katholik in einem neuen protestantischen Staat eine ganz eigene Bedeutung hatten. Tallis drückt darin auch seine Trauer über all das aus, was er in der Kirchenmusik und Liturgie so liebte und das nun vergangen und abgeschafft worden war: »Lamentations of Jeremiah I« (Vertonung der ersten beiden Verse der Klagelieder); »Lamentations of Jeremiah II« (Vertonung der Verse 3-5 der Klagelieder); — Mit der Einführung des Book of Common Prayer zum Pfingstfest 1549 wurde die Volkssprache in der Liturgie zur Pflicht gemacht und damit die Nachfrage nach englischer Kirchenmusik zusätzlich gefördert. Eine einfache Lösung dem Wunsch nachzukommen, waren so genannte »Contrafacta«, englische Adaptionen von bereits vorhandenen lateinischen Motetten und Hymnen. Die Contrafacta wurden zur Zeit Elisabeths I. und ihres Nachfolgers Jakobs I. aber nicht nur in der offiziellen Liturgie verwendet, sondern auch in privaten Andachten oder als Hausmusik aufgeführt. Tallis hat sich ebenfalls der Contrafacta angenommen und einige seiner lateinischen Motetten ins Englische übertragen. Allein die von Tallis und Byrd herausgegebene Motettensammlung »Cantiones Sacrae« (1575) bot Anlaß, zu zehn von den darin enthaltenen siebzehn Motetten Tallis´ Contrafacta zu schreiben: »Wipe away my Sins« (Adaption der Motette »Absterge Domine«); »Forgive me Lord, my Sin« (ebenfalls eine Adaption von »Absterge Domine«); »Blessed are those that be undefiled« (Adaption zu »Beati immaculati in via qui ambulant in lege Domini«. Psalmmotette zu den ersten 6 Versen aus Psalm 118); »With all our hearts and mouths« und »Arise, O Lord, and hear my voice« (Adaptionen der 1. Version der Motette »Salvator Mundi«); »I call and cry to thee« und »O sacred and holy banquet« (2 Adaptionen der Motette »O sacrum convivium«); »When Jesus went into Simon the Pharisee's house« (Adaption der 2. Version der Motette »Salvator Mundi«. Textgrundlage ist Lk 7, 36-38 und erzählt von der Begegnung Jesu mit der Sünderin); »Blessed be thy name« (Adaption der Motette »Mihi autem nimis honorati sunt amici tui, Deus«); »O praise the Lord« (Adaption von »O salutaris hostia«); »Sing and glorify heaven's high majesty« (Adaption der berühmten vierzigstimmigen Motette »Spem in alium« für acht Chöre); »Litany« (Die »Litanei« wurde von Thomas Cranmer, dem

Erzbischof von Canterbury (1532-1553) verfaßt und war für Prozessionen bei Kirchenfesten vorgesehen. Sie wurde noch während der Regierungszeit von Heinrich VIII. im Jahr 1544 für den Gottesdienstgebrauch autorisiert und ist somit einer der ältesten Teile der anglikanischen Liturgie). Zu den wenigen von Tallis überlieferten Stücken für Tasteninstrumenten gehören »Felix namque I« und »Felix namque II« (auch in Bearbeitungen für Laute vorliegend), die ganz kurzen Stücke »Verset I« und »Verset II« sowie die »Lesson of Mr. Tallis: two partes in one« (Kanonstudie und zugleich Fingerübung für beide Hände). Schließlich sind von Tallis auch noch einige Lieder für den weltlichen Gebrauch überliefert, die zum Teil als Übungsstücke für die Chorknaben der Chapel Royal oder für Theaterstücke der Schüler entstanden sind, dazu gehören die Lieder »Like as the doleful dove«, »O ye tender babes« und »When shall my sorrowful sighing slack«.

Lit.: Willibald Nagel, Geschichte der Musik in England, 2 Bde., Straßburg 1894/97; — Frederic James Crowest, The Dictionary of British Musicians, London 1895; — Henry Davey, History of English Music, London 1895, 126-148; — Theron Brown u. Hezekiah Butterworth. The Story of the Hymns and Tunes. New York 1906; — John S. Bumpus, History of English Cathedral Music 1549-1889, 2 Bde., London 1906; — Richard Runciman Terry, Catholic Church Music, London 1907; — Ernest Walker, A History of Music in England, Oxford 1907; ²1924; (dritte erweiterte Auflage, hrsg. von J. A. Westrup, Oxford 1952); — William M. Sinclair, The Chapels Royal, London 1912; — Edmund Horace Fellowes (Hrsg.), The English Madrigal School, 36 Bde., London 1913-1924; — Ders., English Madrigal Composers, Oxford 1921; ²1948; Neuauflage 1975; — William Henry Grattan Flood, New Light on Late Tudor Composers: IX. Thomas Tallis, in: The Musical Times, Bd. 66, Nr. 991 (September 1925), 800-801; — Ders., Early Tudor Composers, Oxford 1925; — H.B. Collins, Thomas Tallis, in: Music and Letters, Bd. 10, Nr. 2 (April 1929), 152-166; — Bertram Schofield, The Manuscripts of Tallis's Forty-Part Motet, in: The Musical Quarterly, Bd. 37, Nr. 2 (April 1951), 176-183; — Denis Stevens, The Keyboard music of Thomas Tallis, in: Musical Times Bd. 93, Nr.1313 (Juli 1952), 303-307; — Ders., The Complete Keyboard Works of Thomas Tallis, London 1953; — Ernest Walker, A History of Music in England, Oxford 1952; — Glenn E. Watkins, Three Books of Polyphonic Lamentations of Jeremiah, 1549-1564, Dissertation, University of Rochester, 1953; — Frank L. Harrison, Music in Medieval Britain, London und New York 1958; ²1963; — Carl A. Parrish, A Treasury of Early Music: An Anthology of Masterworks of the Middle Ages, the Renaissance, and the Baroque Era, New York 1958; — J. Pilgrim, Tallis' Lamentations and the English Cadence, in: Music Review 20 (1959), 1-6; — Gustave Reese, Music in the Renaissance, London / New York 1959 (zu Thomas Tallis vor allem die Seiten 784-787, 799f., 856ff.); — Arthur Jacobs (Hrsg.), Choral Music - A Symposium, Baltimore 1963; — Denis William Stevens, Tudor Church Music, New York 1955; ²1961; ³1966; — Paul Maurice Doe, Tallis, London u. New York 1968; ²1976; — Ders., Tallis's Spem in alium and the Elizabethan Respond-Motet, in: Music and Letters, Bd. 51, Nr. 1 (Januar 1970), 1-14; — Sister Benedict Joseph Donahue, O.S.B, From Latin to English: Plainsong in Tudor England, Dissertation, Catholic University of America (Washington D.C.) 1967; — Anthony Langford, Music for the English Prayer Book from Tallis to Tomkins, Dissertation, University of Reading, 1969; — Mary Hansard, The Vocal Polyphonic Style of the Latin Church Music of Thomas Tallis (ca. 1505-1585), Dissertation Magister Artium, University of Kentucky, Lexington 1971; — Hugh Benham, Latin Church Music under Edward VI, in: Musical Times, Bd. 116, Nr.1587 (Mai 1975), 477-80; — Ders., Latin Church Music in England, c. 1460-1575, London 1977; — Donald William Krummel, English Music Printing 1553-1700, London 1975; — May Hofman, The Survival of Latin Sacred Music by English Composers, 1485-1610, Doktorarbeit, Oxford University 1977; — David Michael Lowry, Early English Organ Music: Some Contributions from the Mulliner Book of W. Blitheman, T. Tallis and J. Taverner. Dissertation Magister Artium, North Texas State University 1977; — Michael Davitt Moroney, Under Fower Sovereynes: Thomas Tallis and the Transformation of English Polyphony, Dissertation,University of California (Berkeley) 1980; — Karl Eby Moyer, The Anthems of Thomas Tallis, Dissertation Magister Artium, University of Rochester, 1980; — John Ross Milsom, English Polyphonic Style in Transition: A Study of the Sacred Music of Thomas Tallis, Doktorarbeit, Oxford University 1983; — Ders. (Hrsg.), A Tallis Anthology. 17 Anthems and Motets, Oxford 1992; — Ders., Thomas Tallis, in: BBC Music Magazine, Bd. 10, Nr. 6 (1998), 38; — Robert Illing, Tallis's psalm tunes, Adelaide 1968; — David Baldwin, Chapel Royal, Ancient and Modern, London 1990; — David Timothy Flanagan, Polyphonic Settings of the Lamentations of Jeremiah by Sixteenth-Century English Composers, Dissertation, Cornell University (Ithaka, NY) 1990; — Penelope Rapson, A Technique for Identifying Textual Errors and Its Application to the Sources of Music by Thomas Tallis (Outstanding Dissertations in Music from Birt), New York 1990; — C.R.N. Routh (revised by Peter Holmes), Who's Who in Tudor England, London 1990, 349f.; — Peter Phillips, English sacred music, 1549-1649, Oxford 1991; — Ders., Treble or soprano? Performing Tallis, in: Early Music Bd. 33 (August 2005), 495-502; — Owen L. Rees, Motets in England, c. 1540-1580, Dissertation, Cambridge University 1991; — John Caldwell, The Oxford History of English Music, Bd. 1: From the Beginnings to c. 1715, Oxford 1992; — Willem Elders, Symbolic Scores: Studies in the Music of the Renaissance, Leiden / New York / Köln 1994; — Daniel B. Page, Uniform and Catholic: Church music in the reign of Mary Tudor (1553-1558), Doktorarbeit, Brandeis University (Waltham, MA) 1996; — Josephine Barton, Settings of the Lamentations of Jeremiah by English Composers, 1460-1620, Doktorarbeit, University of London 1997; — Michael Kennedy, The Oxford Dictionary of Music, Oxford ²1997; — Allan W. Atlas, Renaissance Music: Music in Western Europe, 1400-1600, New York 1998; — Timothy A. Day, Tallis in performance, in: Early Music, Bd. 33, Nr. 4 (November 2005), 683-692; — Suzanne Cole, Thomas Tallis and his Music in Victorian England, The University of Rochester Press (Rochester, NY) 2008; — DNB XIX, 348-351; —The New Grove Dictionary of Music and Musicians, Bd.18, London 1980, 541-548; — ³LThK 9, 1246; — MGG XIII,

68ff.; — NCE 13, 922; — The New Oxford History of Music III, 458-464.

Ronny Baier

THIMUS, Albert Freiherr von, * 23.5. 1806 in Aachen, † 6.11. 1878 in Köln. — T. trat nach Abschluß seiner juristischen Studien an den Universitäten Bonn und Heidelberg in den preußischen Justizdienst ein. Nach seiner Anstellung als Auscultator am Landgericht Koblenz 1831 wurde er 1841 zum Landgerichtsassessor und 1849 zum Landgerichtsrat befördert. Von 1862 wirkte er bis zu seiner Pensionierung 1874 als Appellationsgerichtsrat in Köln. 1852 war er Mitbegründer der katholischen Fraktion des preußischen Abgeordnetenhauses, der er bis 1861 angehörte. 1871 kehrte er in die Politik zurück, als er erfolgreich gegen einen konservativen Reichtagskandidaten antrat, der sich nicht verpflichten wollte, einer katholischen Parlamentsfraktion beizutreten. So gehörte T. zu den Mitbegründern der Zentrumsfraktion. Er hielt als Parlamentarier nie eine Plenarrede, wirkte aber wohl maßgeblich an schriftlichen Anträgen seiner Fraktionen mit. — Gemeinsam mit den Brüdern August und Peter Reichensperger sammelte T. Materialien zu einer Darstellung der politischen und kirchlichen Situation der Katholiken im Rheinland und Westfalen, die der Vicomte Gustave de Failly bearbeitete und 1842 unter dem Titel *De la Prusse et de sa domination sous les rapports politique et religieux spécialement dans les nouvelles provinces, par un inconnu* herausgab. 1843 entwickelte T. gemeinsam mit August Reichensperger die Idee für den 1845 gegründeten Borromäusverein, welcher als Volksbildungsorganisation mit seinen Vereinsbibliotheken ein Netz katholischer öffentlicher Büchereien aufbaute, um den Einfluß der Leihbibliotheken zurückzudrängen. Als Antwort auf die soziale Frage des 19. Jahrhunderts unterstützte T. die Verbreitung der Vinzenzkonferenzen, die sozialistischen Reformplänen eine kirchliche Sozialarbeit entgegenstellten. Zu diesem Zweck von ihm verfaßte Zeitungsaufsätze wurden in der Broschüre *Die Leiden des Pauperismus* (1848) nachgedruckt. 1849 übernahm er im neugegründeten Ortsverein in Koblenz die Funktion des Schriftführers. Ebenso unterstützte er 1851 die Gründung eines Gesellenvereins der Kolping-Bewegung in Ko-

blenz. — Seine konfessionelle Position zeigt sich auch in seinem Hauptwerk *Die harmonikale Symbolik des Altertums*. Im ersten Band versuchte er die verlorengegangene Zahlenlehre des Pythagoras, die alle Erscheinungen der Welt auf musikalische Proportionen zurückführt, zu rekonstruieren. Dazu verglich er diese esoterische Zahlenlehre mit anderen antiken europäischen und asiatischen Quellen, die allesamt von alttestamentlichen Weisheitslehren abhängig seien. Im zweiten Band steht die kabbalistische Schrift *Sefer Jezirah* im Mittelpunkt, die er aus nachchristlicher Zeit in die Epoche des babylonischen Exils der Juden vordatierte. Entwürfe zu einem dritten Band, in denen er die angebliche Entartung der ursprünglichen Lehren in der Gnosis, dem Talmud und alchimistischen Schriften nachweisen wollte, sind verschollen. Vor allem mit dem ersten Band regte er die Harmonikale Forschung Hans Kaysers an, die als Disziplin zwischen Wissenschaft und Esoterik vereinzelt Einzug in die Lehrangebote deutschsprachiger Universitäten und Musikhochschulen fand.

Werke: (anon.) Die Leiden des Pauperismus und der christliche Wohltätigkeitsverein vom h. Vinzenz von Paul, Coblenz 1848 (Erstdruck in: Rhein- und Moselzeitung Nr. 35-39, 11.-16. Februar 1848); — Die harmonikale Symbolik des Altertums. Bd. 1 Die esoterische Zahlenlehre und Harmonik der Pythagoreer in ihren Beziehungen zu älteren griechischen und morgenländischen Quellen insbesondere zur altsemitisch-hebräischen Ueberlieferung, Köln 1868. Bd. 2 Der technisch-harmonikale und theosophisch-kosmographische Inhalt der kabbalistischen Buchstaben-Symbole des althebräischen Büchleins Jezirah. Die pythagorisch-platonische Lehre vom Werden des All's und von der Bildung der Weltseele in ihren Beziehungen zur semitisch-hebräischen wie chamitisch-altägyptischen Weisheitslehre und zur heiligen Ueberlieferung der Urzeit, Köln 1876; — (anon.) Stimmen aus den Kirchenvätern zu kirchlichen Zeitfragen. Zusammengestellt von einem Laien, Köln 1870.

Lit.: Adolf Thürlings, Die beiden Tongeschlechter und die neuere musikalische Theorie, Berlin 1877, 39-47; — Peter Joseph Felten, Die Gründung und Thätigkeit des Vereins vom heil. Karl Borromäus. Festschrift zum fünfzigjährigen Jubelfeste des Vereins am 30. Mai 1895, Köln 1895, 5-11; — Ludwig Pastor, August Reichensperger 1808-1895. Sein Leben und sein Wirken auf dem Gebiet der Politik, der Kunst und der Wissenschaft, Freiburg i. Br. 1899, 2 Bde.; — Hortense Martin, Soziale Anschauungen und Bemühungen der Gebrüder Reichensperger und des Freiherrn von Thimus um die Mitte des 19. Jahrhunderts, in: Archiv für mittelrheinische Kirchengeschichte 7 (1955), 219-234; — Alfons Ott, Thimus, Albert von, in: Musik in Geschichte und Gegenwart Bd. 13, Sp. 346f. (1966); — Alfons Köster, Die Unmittelbaren Auswirkungen der »Harmonikalen Symbolik«

des Freiherrn Albert von Thimus, in: Antaios 8 (1967), 450-457; — Rüdiger Wagner, Albert von Thimus: Die harmonikale Symbolik des Altertums. Ein seit 100 Jahren vergessenes Werk, in: Zeitschrift für Ethnologie 96 (1971), 90-97; Leopold Spitzer, Die harmonikale Symbolik des A. Frh. von Thimus. Ein Beitrag zur Geschichte der Harmonik (= Beiträge zur harmonikalen Grundlagenforschung Bd. 8), Wien 1978; — Christoph Weber, »Eine starke, enggeschlossene Phalanx«. Der politische Katholizismus und die erste deutsche Reichstagswahl 1871 (= Düsseldorfer Schriften zur Neueren Landesgeschichte und zur Geschichte Nordrhein-Westfalens Bd. 35), Essen 1992, 94-98 und 142f.; — Bernd Haunfelder, Biographisches Handbuch für das preussische Abgeordnetenhaus 1849-1867 (= Handbücher zur Geschichte des Parlamentarismus und der politischen Parteien Bd. 5), Düsseldorf 1994, 253; — Ders., Reichstagsabgeordnete der Deutschen Zentrumspartei 1871-1933. Biographisches Handbuch und historische Photographien (= Photodokumente zur Geschichte des Parlamentarismus und der politischen Parteien Bd. 4), Düsseldorf 1999, 272, Foto 108.

Karl Traugott Goldbach

THOMAS, Anna Lloyd Braithwaite, * 6.8. 1854 in Banbury (England), † 10.2. 1947 in Baltimore (Maryland). Schriftstellerin, Quäkerin. — Anna Lloyd Braithwaite wurde 1854 in Banbury geboren. Sie war die Tochter von J. Bevan (1818-1905) und Margaret (geb. Gillett) Braithwaite. Sie wurde im Bedford College zur Gouvernante und Lehrerin ausgebildet. Drei Jahre lang unterrichtete sie an der Quäkerschule zu Kendal, anschließend auch am Bedford College, einer Institution der Londoner Universität. 1878 heiratete sie den Amerikaner Richard Henry Thomas sen. (1854-1904) aus Baltimore in Maryland, wohin sie mit ihm zog. Sie hatten eine Tochter namens Henrietta Martha (1879-1919). Mit ihrer Familie begab sie sich häufig nach England: 57 Mal überquerte sie während ihres Lebens den Atlantik. 1894 besuchte sie, gemeinsam mit ihrem Mann, bei einer solchen Reise auch die deutsche Quäkergemeinde in Minden. Als sie zu Beginn des Ersten Weltkriegs in England festsaß, engagierte sie sich in der Betreuung der Kriegsgefangenen aller Nationen und Rassen. 1920 wurde sie vom Baltimore Yearly Meeting, von welchem sie als Minister (Predigerin) anerkannt wurde, zur All-Friends Conference nach London delegiert. Von dort aus begab sie sich für die »Friends Mission« nach Wien, um bei der Kinderspeisung zu helfen. 1947 verstarb sie in Baltimore, in ihrem 93. Lebensjahr. — Anna Lloyd Braithwaite trat vor allem als Quäkerautorin hervor. So edierte sie die Lebenserinnerungen ihres Mannes, verfaßte eine Biographie über ihren Vater und eine über die Missionsarbeit der amerikanischen Quäker. Fast alle ihre Arbeiten haben mit ihrer eigenen Familie oder mit ihrer Arbeit zu tun. Des weiteren war sie eine talentierte Organisatorin, die mit Überblick und Strenge die Wohlfahrtstätigkeit betrieb. Die Trennlinie zwischen ihrer eigenen großbürgerlichen Herkunft und ihrer Klientel aus der Arbeiterschicht war ihr stets bewußt und wurde von ihr nicht überschritten.

Werke: Thoughts. Memorial of Mary Whitall Thomas, born 1836, died l888. Arranged by E.T.G. and A.B.T. and published by direction of Woman's Christian Temperance Union of Maryland. Baltimore 1888; Richard H. Thomas, M.D. Life and letters. By his wife. With a preface by J. Rendel Harris. Philadelphia 1905. London 1905; Thomas, Richard Henry: Echoes and pictures from the life of Christ, complete series and later poems. Hrsg. von Anna Lloyd Thomas. London 1905; J. Bevan Braithwaite: A Friend of the nineteenth century. By his children. London 1909; Foreign mission work of American Friends. A brief history of their work from the beginning to the year nineteen hundred and twelve. O.O. 1912; St. Stephen's House. Friends' emergency work in England 1914 to 1920. Compiled by Anna Braithwaite Thomas and others. London (1921); The Quaker seekers of Wales. A story of the Lloyds of Dolobran. London 1924; J. Bevan Braithwaite (1818-1905). In: Philadelphia Yearly Meeting of Friends (orthodox). Book Committee (Hrsg.): Quaker Biographies. Series II. Brief biographical sketches concerning certain members of the Religious Society of Friends, IV. Philadelphia (1926), 221-274; Nancy Lloyd, the journal of a Quaker pioneer. New York 1927; Thomas, Anna B.; Emmot, Elizabeth B.: William Charles Braithwaite. A Quaker historian. London 1929 (Little Biographies, IV); Thomas, Anna B.; Emmot, Elizabeth B.: William Charles Braithwaite, B.A., LL.B., D.TH. Memoirs and papers. London 1931; The story of Baltimore Yearly Meeting from 1672 to 1938. Compiled by Anna Braithwaite Thomas. Baltimore (1938).

Lit. (Auswahl): Anna B. Thomas. In: The Friend. The Quaker weekly journal, CV, 1947, 192-193; — T., D. E.: Anna B. Thomas. In: The Friend. A religious and literary journal, CXX, 19, 1947, 290; — Whitney, Janet: Anna Braithwaite Thomas. 1854-1947. In: The Friend. A religious and literary journal, CXX, 19, 1947, 291-294.

Claus Bernet

THOMAS, Richard Henry, * 26.1. 1854 in Baltimore, † 3.10. 1904 in Baltimore. Quäker, Schriftsteller. — Richard Henry Thomas jun. wurde 1854 in Baltimore (Maryland) geboren. Seine Eltern waren Richard Henry Thomas sen. (1805-1869) und Phebe (geb. Clapp) Thomas. Der Sohn besuchte die örtlichen Schulen und erwarb an der Universität in Baltimore 1875 den

Titel des M.D. Er begab sich nach England mit dem Ziel, Medizin zu studieren. Dort lernte er die verzweigte Quäkerfamilie Braithwaite kennen und besuchte mit dieser Norwegen, wo er sich bemühte, die Landessprache zu erlernen. Er kehrte in die USA zurück, heiratete aber schon 1878 im Londoner Westminster Meeting Anna Lloyd Braithwaite, mit der er nach Baltimore zog. Sie hatten eine Tochter namens Henrietta Martha (1879-1919). Mit seiner Familie begab er sich häufig nach England. 1894 besuchte er, gemeinsam mit seiner Frau, bei einer solchen Reise auch die deutsche Quäkergemeinde in Minden. — 1883 wurde Richard Henry Thomas zum Prediger (Minister) ernannt. 1890 schrieb er in der Zeitschrift »Christian Worker« einen Artikel gegen die Stellung des bezahlten Gemeindepastors, welcher später in Buchform unter dem Titel »The Pastoral Movement among Friends« gedruckt wurde. Auch half er seinem Bruder Allen C. Thomas (1846-1920), Fakten für das Buch »History of Friends in America« zusammenzutragen. Auch wenn Richard Henry Thomas nicht angeführt ist, so wird er doch als Zweitautor dieses erfolgreichen Werkes angesehen. Auch lyrische Werke hat er hin und wieder verfaßt. Lebenslang litt er unter seinem schwachen Gesundheitszustand und 1904 verstarb er mit fünfzig Jahren in Baltimore.

Werke: Are they ordinances? Some thoughts on Baptism and the Supper. In relations to the Society of Friends. Baltimore 1885; Worship. Baltimore 1889. London 1900[4] (Tract Association of the Society of Friends, XXII); Worship. In: The Friends Review, XLII, 30, 1889, 467; XLII, 31, 1889, 483-484; The pastoral movement in the Society of Friends. What it means. (Baltimore) 1890; Preparation for the ministry. Philadelphia 1892; The past and present of the Society of Friends. Baltimore 1893; Thomas, Allen C.; Thomas, Richard Henry: A history of the Friends in America. London 1893 (American Church History Series, XII). Philadelphia 1895[2] (American Church History Series, XII). London 1895[2] (American Church History Series, XII). Philadelphia 1905[4] (Pennsbury Series of Modern Quaker Books). Philadelphia 1919[5] (Pennsbury Series of Modern Quaker books). Philadelphia 1930[6] (Pennsbury Series of Modern Quaker Books); Tyler, Benjamin Bushrod; Tomas, Allen C.; Thomas, Richard Henry; Berger, Daniel; Spreng, Samuel Peter: A history of the disciples of Christ, the Society of Friends, the United Brethren in Christ and the Evangelical Association. New York 1894; Echoes and pictures. London 1895; The Quaker position on the sacraments and worship. Birmingham 1897. Birmingham 1901[2]; Penelve. Or, among the Quakers. An American story. Original illustrations by Osman Thomas. London 1898. ND Whitefish 2007; Militarism, or, military fever. Its causes, dangers, and cure. Phila-

delphia 1899; Baptism. Plymouth, um 1900. London 1911[2] (Friends Tract Association, Envelope Series, LXIV); Thomas, Richard H.; Jones, Rufus: The objects of public worship. Malton 1905 (1905 Committee of Yorkshire Quarterly Meeting of the Society of Friends, C6); Echoes and pictures from the life of Christ, complete series and later poems. Hrsg. von Anna Lloyd Thomas. London 1905; Geistige Anbetung und äußere Zeremonie. In: Deutsche Jahresversammlung der Quäker (Hrsg.): Christliches Leben, Glauben und Denken in der Gesellschaft der Freunde. Erster Teil der Christlichen Unterweisung der religiösen Gesellschaft der Freunde in Großbritannien. Berlin 1921. Bad Pyrmont 1951[2], 125.

Lit. (Auswahl): Baltimore Monthly Meeting of Friends (Hrsg.): Richard Henry Thomas: Memorial of Baltimore Monthly Meeting of Friends. O.O., um 1904; — Richard Henry Thomas, M.D. In: The Friend. A religious, literary, and miscellaneous journal, XLIV, 44, 1904, 719-720; — M., O.: Life of Dr. Richard H. Thomas. In: The Friend. A religious, literary, and miscellaneous journal, XLV, 25, 1904, 403-404; — Thomas, Anna Lloyd: Richard H. Thomas, M.D. Life and letters. By his wife. With a preface by J. Rendel Harris. Philadelphia 1905. London 1905; — Thomas, Richard Henry. In: Knight, Lucian Lamar (Hrsg.): Biographical Dictionary of Authors. New Orleans (1910), 432 (Library of Southern Literature, Compiled Under the Direct Supervision of Southern Men of Letters, XV); — Thomas, Richard Henry. In: Herringshaw's National Library of American Biography. Contains thirty-five thousand biographies of the acknowledged leaders of life and thought of the United States. Illustrated with three thousand vignette portraits. Complete in five volumes, including every name of eminence produced by this great republic since its formation to the present time, V. Chicago 1914, 442.

Claus Bernet

THOMPSON, Sarah, * 12.2. 1819 in Brighton, † 29.10. 1869 in Kendal. Philanthropin, Quäkerin. — Die spätere Sarah Thompson wurde als Sarah Bass, Tochter von Isaac (1782-1855) und Sarah Bass (1780-1852) aus Brighton dort am 12. Februar 1819 geboren. In Brighton lebte sie bis zu ihrer Hochzeit mit dem Handelskaufmann James Thompson am 10. Juni 1858. Das Ehepaar zog dann nach Kendal. 1869 verstarb sie bereits in ihrem 51. Lebensjahr. — Sarah Thomson war von Kindheit an tief religiös und wuchs in einer Quäkerfamilie auf. Ihr fester Glaube an die Realpräsenz Gottes im Alltag war sprichwörtlich. Geschätzt war sie auch wegen ihrer Hilfsbereitschaft und Armenfürsorge. Seit 1855 predigte sie in Quäkerversammlungen und wurde 1862 als »Minister« (Predigerin) anerkannt. 1865 besuchte sie mit Rebecca Collins (1805-1892) Norddeutschland (Pyrmont) und Südfrankreich. Im folgenden Jahr besuchte sie die Quäkerversammlungen in Sussex, Surrey und Hants. 1869 verstarb sie an ihrem Wohnsitz in Kendal.

Lit. (Auswahl): Sarah Thompson. In: The Annual Monitor for 1871. Or obituary of the members of the Society of Friends in Great Britain and Ireland, for the year 1870. London 1870, 131-142.

Claus Bernet

THOMPSON, William, * 10.11. 1837 in Street, Somerset, † 21.12. 1927 in Bridgwater. Philanthrop, Quäker. — William Thompson war der älteste Sohn von Francis James (1813-1896) und Rebecca Thompson aus Street (Somerset). Dort wurde er 1837 geboren. Er besuchte die Bootham School in York und stieg anschließend in das Eisenwarengeschäft der Thompson Brothers ein. Wahrscheinlich wurde er Alleineigentümer der florierenden Firma. 1866 reiste er in die Schweiz, wo er Agnes M. Fitzroy Stuart kennen lernte und heiratete. Vier Kinder sind aus dieser Verbindung hervorgegangen: Valerie, Harold Stuart (geb. 1870), Amy Beatrice (geb. 1871) und Agnes Isabel. Thompsons Frau verstarb 1900, und zwei Jahre darauf heiratete er in Bridgwater Lilian Sully. Aus dieser Verbindung stammten zwei Söhne, William Owen (geb. 1903) und Francis James (geb. 1911). In seinem Privatleben war William Thompson ein gern gesehener Kumpan, der stets die positiven Seiten einer Angelegenheit zu betonen wußte. Gerne hielt er sich in den Wäldern seiner Umgebung oder in seinem Garten in Hargrove Cottage, Bridgwater, und beschäftigte sich daneben auch mit Gärtnerei. Wie bei fast allen englischen Quäkern seiner Epoche war das Reisen eine seiner Hauptbeschäftigungen und brachten ihn, aus Familiengründen, oft zurück in die Schweiz. Italien bereiste er, als sich an der Riviera 1886 ein verheerendes Erdbeben ereignete. Den Winter 1888/89 verbrachte er bei den deutschen Quäkern in Minden, und 1900 unternahm er eine Griechenlandrundreise. — Als geborener Quäker war er zeitlebens Mitglied in dieser Religionsgemeinschaft. Für das Somerset Monthly Meeting und das Bridgwater Preparative Meeting war er Vorsitzender (Clerk). Sein Leben lang interessierte sich William Thompson für Erziehungsfragen. Ab 1882 diente er seiner ehemaligen Schule in der Verwaltung, später saß er auch im Sidcot School Committee. Auch war er Vorsitzender des Bridgwater Borough Educa-tion Committee und machte bald konkrete Politik: Er war ein gewähltes Mitglied des Borough Council, Ratsmitglied und schließlich 1901 und erneut 1912 Bürgermeister der Stadt Bridgwater. Wie viele Philanthropen seiner Zeit engagierte er sich in der Abstinenz- und Mäßigkeitsbewegung, indem er Präsident der Western Temperance League wurde. Für die Rechabite Friendly Society, eine etwas idealistische Vereinigung von Teefanatikern, war er Treuhänder. Als einer der ganz wenigen Quäker kümmerte er sich um eine Verbesserung des lokalen Krankenhauswesens, das schon damals in England selbst zum Pflegefall geworden war. Ihm selbst blieb es erspart, diese Einrichtung von innen kennen zu lernen, er verstarb 1927 90jährig in seinem Haus in Bridgwater.

Lit. (Auswahl): William Thompson, of Bridgwater. In: The Friend. A religious and literary journal, LXVIII, 1, 1928, 13.

Claus Bernet

THORP, Fielden, * 10.11. 1832 in Yorkshire, † 22.2. 1921 in York. Altphilologe, Moralist, Quäker. — Fielden Thorp war der Sohn von Joseph Thorp (1803-1873), einem Wollarbeiter, und seiner ersten Frau Hannah (geb. Fielden, 1808-1834). 1832 wurde er im englischen Yorkshire geboren. Da seine Mutter früh verstarb, wuchs der Sohn bei seiner Stiefmutter Hannah (geb. Cockin, 1800-1879) auf, die sich zu sehr um ihn kümmerte und ihn vor allen Gefahren des Lebens bewahren wollte. Somit wurden seine sozialen Fähigkeiten kaum ausgebildete, er blieb ein verwöhntes Musterkind, das die meiste Zeit zu Hause verbrachte. Lernen war zeitlebens seine Leidenschaft, hier konnte er Erfolge vorweisen. Mit zwölf Jahren besuchte er von 1844 bis 1847 die Bootham School in York und die Tottenham School. An der Londoner Universität studierte er klassische Philologie und gewann auf anhieb das »First Andrew Scholarship«. Als B.A. und »Senior Master« kehrte er 1856 nach Bootham zurück, um dort zu unterrichten. Als Direktor dieser Schule hatte er später entscheidenden Einfluß auf die Karriere vieler Schüler; eine hohe Verantwortung, die eigentlich auch damals Lebenserfahrung zur Voraussetzung hätte haben sollen. Wegen Thorps distanzierten Höflichkeit, die selbst die ansonsten wenig progressiven Quäker als eigenartig überholt ansahen und auch wegen seiner nach außen gekehrten Gelehrsamkeit wurde Thorp mehr und mehr zum Sonderling. — 1855 sprach Fielden Thorp erstmals in Croydon während einer Andachtsversammlung der Quäker, und wurde dann 1861 als »Minister« (Prediger) zugelassen. Bald war er für seine langen und langatmigen Predigten, begünstigt durch sein Sprachtalent, bekannt und gefürchtet. Regelmäßig trat er in der Quäkerversammlung zu York auf, doch predigte er auch auf Reisen, wie beispielsweise nach Irland. Regelmäßig fuhr er während der Sommermonate auf den Kontinent, in der Hauptsache, um in Frankreich, Italien, Deutschland und in der Schweiz gegen die Alkoholgefahr und die Prostitution zu predigen. 1876, 1881/82 und 1887 trat er auch bei den deutschen Quäkern in Minden auf. — In seiner Heimat York besuchte er über viele Jahre regelmäßig die Kranken und Alten der Gemeinde. In seiner Religionsauffassung richtete er sich vor allem gegen moderne Strömungen, auch bei den Quäkern. Seine Kernaufgabe fand Thorp in der scharfen Agitation gegen den Alkohol, der für alle möglichen gesellschaftlichen Mißstände ursächlich gemacht wurde und von dessen Verbot man sich wahre Wunder erhoffte. Eifrig besuchte Thorp Schulen und Internate, um die Jugend vor der Alkoholgefahr zu warnen. Über zwanzig Jahre diente er der »York Friends' Temperance Association« als Sekretär und Agitator, er war Präsident und zugleich Schatzmeister der »British Temperance League«. Thorp gründete 1874 in York das »Amethyst Band of Hope«, dessen Präsident er war. In dieser typisch viktorianischen Honoratiorenassoziation wurden vornehmlich Kinder dazu genötigt, einen Schwur auf die Abstinenz zu leisten. Offensichtlich hatte Thorp hier als Quäker kein Problem, andere Personen zur Eidesleistung zu veranlassen. — Erst 1860 entschloß er sich zur Heirat. Die Auserwählte war Amy Jane Clark (1837-1911), eine Tochter des Schuhmachers James Clark (1811-1906) aus Street in Somerset. Kinder gingen aus der Verbindung nicht hervor. Obwohl Fielden Thorp zeitlebens chronisch krank war und an Asthma und Allergien litt, erreichte er das 88. Lebensjahr. 1921 verstarb er in seiner langjährigen Heimatstadt York.

Werke: A review of a work entitled 'Apostolic temperance, a reply to J. Cumming in confutation of his arguments for moderate drinking of intoxicating liquors, etc. By H. Gale'. By a teatotaler. London 1857; A letter to a Friend. Being an examination of a pamphlet entitled 'The principle of ancient Quakerism considered with reference to the supposed decadence of the Society of Friends'. London 1858; A few considerations on the non-necessety of water baptism. Being (with a little alteration) a lecture. (Bristol) (1865); To the members and attenders of York Meeting. York 1866; Thorp, Fielden; Fryer, John Firth: The York reader. A collection of oratorical, political, and miscellaneous passages, designed for the use of senior classes, and forming a supplement to the 'Ackworth reading book'. Compiled by Fielden Thorp and John Firth Fryer. London 1866; A review for a lecture on 'liberty'. Read at the Manchester Friends' Institute, and since printed and published. London 1867; Germany. Extracts from a letter received from Fielden Thorp. In: The Friend. A religious, literary and miscellaneous journal, XXII, 258, 1882, 83-84; Fielden, Thorp; Larsen, Otto Michael; Trier, Herman Martin: Alcohol and its effects. Published with the aid of a government grant for the use of Danish school teachers by the Temperance Association. London 1895; En kort redogörelse öfver nykterhetsarbetets uppkomst och utveckling i Storbritannien och Irland. Helsingfors 1902; A brief sketch of the history of the early Friends. York 1908.

Lit. (Auswahl): N., T.: Fielden Thorp. In: The Friend. A religious, literary, and miscellaneous journal, LXI, 13, 1921, 191-194.

Claus Bernet

TINCTORIS, Johannes, bedeutender Musiktheoretiker und Komponist, * etwa zwischen 1430 und 1440 in Braine-l'Alleud bei Nivelles (Belgien), † vermutlich 9. 2. 1511. Vor bzw. neben Gaffurius und Glarean der bedeutendste Musiktheoretiker der Renaissance und Verfasser des ersten Musiklexikons. Gelegentlich wird er vermutlich volkstümlich Jean le Taintenier genannt, was als ein Hinweis auf seinen möglichen Vater Martin le Taintenier, den Bürgermeister von Braine-l'Alleud, geben könnte. Über die ersten fünfundzwanzig Jahre seines Lebens wissen wir kaum etwas. Sein frühester musikalischer Unterricht fand wohl zwischen 1440 und 1450 statt, vermutlich in einem Kloster in der Nähe seiner Geburtsstadt. 1460 erhielt er eine Zahlung für eine Beschäftigung an der Kathedrale von Cambrai, über die aber auch nichts Näheres bekannt ist. Sicherlich aber wird er dort den bedeutendsten Komponisten seiner Zeit Guillaume Dufay getroffen haben, dessen Kompositionsweise die Musiktheorie des Tinctoris bestimmte. Um 1460/62 wirkte er an der Kathedrale von Orléans. Im September 1462 immatrikulierte er sich als deutscher Student an der

Universität von Orléans, weswegen man ihn oft als Magister bezeichnet, obwohl auch darüber nichts bekannt ist. Möglicherweise hat er in seiner frühen Zeit in Louvain (Cambrai?, Orléans?) studiert. 1463 wird er Generalbevollmächtiger für deutsche Angelegenheiten in Orléans. Mitte der 1460er Jahre muß es eine Auseinandersetzung mit den Sängern der Kathedrale von Chartres gegeben haben, aber seit dem zweiten Weltkrieg sind die betreffenden Dokumente vernichtet. Anfang der 1470er Jahre reiste Tinctoris nach Neapel, vielleicht angezogen von der angesehenen dortigen juristischen Fakultät, um als Musiker und Jurist unter Ferdinand I. tätig zu sein. Hier verfaßte er in den folgenden zwanzig Jahren seine Schriften. 1487 wurde er ins heutige Belgien (Brügge?, Lüttich?) geschickt, um neue Sänger anzuwerben. Später erwarb er noch den juristischen Doktor. Wohl in den frühen 1490er Jahren hat er Neapel verlassen, um in Rom für Alexander VI. eine Motette zu schreiben. Danach findet man ihn z. B. noch am ungarischen Hof zu Besuch, aber für die restlichen Lebensjahre liegen wieder nur wenige Belege vor. Erhalten sind zwölf lateinisch geschriebene teilweise später umgeschriebene Traktate sowie ein Brief von 1495. Weitere möglicherweise geschriebenen Briefe sind verloren. Der Speculum musices ist verloren, sein Material ist aber wohl weitgehend in die späteren Schriften übernommen worden. Expositio manus erläutert die Guidonische Hand und die damit verbundenen Zusammenhänge wie etwa die Solmisation. Complexus effectuum musices erläutert die Bedeutungen der Musik für den Menschen. Terminorum musice diffinitorium ist das erste Musiklexikon der Musikgeschichte. Proportionale musices, Liber imperfectionum, Tractatus de regulari valore notarum, Tractatus de notis et pausis, Tractatus alterationum, Scriptum ... super punctis musicalibus, Liber de natura et proprietate tonorum und Liber de arte contrapuncti behandeln einzelne internmusikalische Aspekte, von denen die letztere Schrift die bedeutendste ist. De inventione et usu musice beschreibt vor allem außermusikalische Aspekte. Articuli et ordinatione dell'ordine del Toson d'oro ist eine Übersetzung von Schriften des Ordens vom Goldenen Vlies.

Theoretische Werke: Speculum musices (Orléons?, Chartres ?, 1472?, verloren). — Expositio manus (Neapel 1473?). —

Articuli et ordinatione dell'ordine del Toson d'oro (Übersetzung Neapel ca. 1474/77). — Complexus effectuum musices (Neapel, vor 1475, revidiert 1481/83). — Terminorum music diffinitorium (Neapel 1475, revidiert 1495?). — Proportionale musices (Neapel 1475?). — Liber imperfectionum (Neapel 1475 ?). — Tractatus de regulari ualore notarum (Neapel 1475?). — Tractatus de notis et pausis (Neapel 1475/80 ?). — Tractatus alterationum (Neapel 1475/80 ?). — Scriptum ... super punctis musicalibus (Neapel 1475/80 ?). — Liber de natura et proprietate tonorum (Neapel 1476). — Liber de arte contrapuncti (Neapel 1477). — De inuentione et usu musice (Neapel 1481/83, Fragment). Kompositionen (in Klammern die Aufbewahrungsorte der Manuskripte): Sechs Messen (davon vier überliefert): Missa L'homme armé (4st., Vatikan, ca. 1480/85), Missa sine nomine Nr. 1 (3st., Verona/Perugia, zwischen 1470 und 1490), Missa sine nomine Nr. 2 (3st., Verona, zwischen 1470 und 1490), Missa sine nomine Nr. 3 (4st., Mailänder Dom, vor 1480), Missa Hélas (Titel fraglich, verloren, zitiert von Gaffurius), Missa Nos amis (Titel fraglich, zitiert vom Komponisten selbst, wahrscheinlich verloren). — zahlreiche Motetten und Lehrstücke im Liber de arte contrapuncti, komplette Liste bei Woodley (1982) bzw. regelmäßig aktualisiert online: http://www.stoa.org/tinctoris/tinctoris.html . Lit.: Editionen (teilweise kommentiert): Coussemaker, Charles Edmond Henri de (Hg.), Joannis Tinctoris tractatus de musica juxta Bruxellensem codicem, necnon Bononiensem ac Gandavensem, Lille 1875; — Tinctoris, Johannes, The Art of Counterpoint [= Liber de arte contrapuncti], übers. v. Albert Seay, Rom 1961; — Weinmann, Karl (und Wilhelm Fischer), Johannes Tinctoris (1445-1511) und sein unbekannter Traktat 'De inventione et usu musicae', Tutzing ²1961; — Tinctoris, Johannes, Opera theoretica, hg. v. Albert Seay, 2 Bde. und 1 Zusatzband, o. O., 1975 (CSM 22) und Neuhausen-Stuttgart 1978 (Zusatzband); — Melin, William (ed.), Johanni Tinctoris opera omnia, o. O. 1976 (CMM 18); — Tinctoris, Johannes, Concerning the Nature and Propriety of Tones [= Liber de natura et proprietate tonorum], übers. v. Albert Seay, Colorado Springs 1976; — Parrish, C. (ed.), A Dictionary of Musical Terms by Johannes Tinctoris, New York 1978; — Tinctoris, Johannes, Proportions in Music [= Proportionale musices], übers. v. Albert Seay, Colorado Springs 1979; — Zanoncelli, Luisa, Sulla estetica di Johannes Tinctoris, con edizione critica, traduzione e commentario del Complexus effectuum musices, Bologna 1979; — Woodley, Ronald, The Proportionale musices of Iohannes Tinctoris: A Critical Edition, Translation and Study, Diss. Univ. of Oxford 1982; — Gülke, Peter (Hg.), Johannes Tinctoris: Terminorum musicae diffinitorium, Faksimile der Inkunabel Treviso 1495. Mit der Übersetzung von Heinrich Bellermann und einem Nachwort von Peter Gülke, Kassel 1983; — Blackburn, Bonnie J., Lowinsky, Edward E., Miller, Clement A. (Hgg.), A Correspondence of Renaissance Musicians, Oxford 1991; — Strohm Reinhard and Cullington, Donald (eds.), On the Dignity & the Effects of Music: Egidius Carlerius; Johannes Tinctoris, London 1996; — Tinctoris, Johannes, Diffinitorium musice: Un dizionario di musica per Beatrice d'Aragona, hg. v. Cecilia Panti, Florenz 2004.

Lit.: Bellermann, Heinrich, Die Mensuralnotation und Taktzeichen des 15. und 16. Jahrhunderts, Berlin 1858, erw. 4.

Aufl. 1963; — Riemann, Hugo, Die Entwicklung unserer Notenschrift, Leipzig 1881; — ders., Kompendium der Notenschriftkunde: Kirchenmusik IV-V, hg. v. Karl Weinmann, Regensburg 1910; — ders., Studien zur Geschichte der Notenschrift, Leipzig 1878; — Wolf, Johannes, Geschichte der Mensural-Notation von 1250-1460, 3 Bde. Leipzig 1904 (ND in 1 Bd., Hildesheim 1965) ; — ders., Handbuch der Notationskunde, 2 Bde. Leipzig 1913-19 (ND Hildesheim 1963) ; — ders., Musikalische Schrifttafeln für den Unterricht in der Notationskunde, Leipzig 1922-23, 2. Aufl. 1927; — Praetorius, Ernst, Die Mensuraltheorie des Franchinus Gafurius und der folgenden Zeit bis zur Mitte des 16. Jahrhunderts, Leipzig 1905 (ND 1970) ; — Anglès, Higini (Hg.), La música en la corte de los reyes católicos, 4 Bde., Madrid 1941-1965; — Detilleux, G., Jean Tinctoris, savant et artiste musicien (1435-1511): Ses origines, sa vie et ses écrits, in: Annales de la Société d'Archéologie, d'Histoire et de Folklore de Nivelles et du Brabant wallon 13 (1942), 73-102; — Apel, Willi, The Notation of Polyphonic Music 900-1600, 5. Aufl. Cambridge, Mass., 1953; — Baines, Anthony, Fifteenth-Century Instruments in Johannes Tinctoris's De inventione et usu musicae, in: Galpin Society Journal 3 (1950), 19-26; — Seay, Albert, The Expositio manus of Johannes Tinctoris, in: Journal of Music Theory 9 (1965), 194-232; — Gerritzen, Günther, Untersuchungen zur Kontrapunktlehre des Johannes Tinctoris, Köln 1974; — Strohm, Reinhard, Die Missa super »Nos amis« von Johannes Tinctoris, in: Die Musikforschung 39 (1979), 34-51; — ders., The Rise of European Music 1380-1500, Cambridge 1993; — ders., Music, Humanism, and the Idea of a »Rebirth« of the Arts, in: Music as Concept and Practice in the Late Middle Ages, ed. Reinhard Strohm and Bonnie J. Blackburn (Oxford 2001), 346-405; — Blackburn, Bonnie J., A Lost Guide to Tinctoris's Teachings Recovered, in: Early Music History, 1 (1981), 29-116; — Staehelin, Martin, Euphonia bei Tinctoris, in: Report of the Twelfth Congress [of the International Musicological Society]: Berkeley 1977, ed. Daniel Heartz and Bonnie Wade (Kassel 1981), 621-625; — Woodley, Ronald, Iohannes Tinctoris: A Review of the Documentary Biographical Evidence, in: Journal of the American Musicological Society 34 (1981), 217-248; — ders., The Printing and Scope of Tinctoris's Fragmentary Treatise De inventione et usu musice, in: Early Music History 5 (1985), 239-268; — ders., Renaissance Music Theory as Literature: On Reading the Proportionale Musices of Iohannes Tinctoris, in: Renaissance Studies 1 (1987), 209-220; — ders., Tinctoris's Italian Translation of the Golden Fleece Statutes: A Text and a (possible) Context, in: Early Music History 8 (1988), 173-205; — ders., Rez. von: Johannes Tinctoris, Diffinitorium musice: Un dizionario di musica per Beatrice d'Aragona, hg. v. Cecilia Panti (Florenz 2004), in: Early Music 34 (2006), 479-481 Benthem, Jaap van, Concerning Johannes Tinctoris and the Preparation of the Princess's Chansonnier, in: Tijdschrift van de Vereniging voor Nederlandse Muziekgeschiedenis, 332 (1982), 24-29; — Rastall, Richard, The Notation of Western Music: An Introduction, London et al. 1983; — Atlas, Allan W., Music at the Aragonese Court of Naples, Cambridge 1985; — Schmid, Thomas A., Der Complexus effectuum musices des Johannes Tinctoris, in: Basler Jahrbuch für historische Musikpraxis 10 (1986), 121-160; — Blackburn, Bonnie J., On Com-positional Process in the Fifteenth Century, in: Journal of the American Musicological Society 40 (1987), 210-284; — ders., 'Did Ockeghem listen to Tinctoris?', in: Vendrix, Philippe (Hg.), Johannes Ockeghem: Actes du XLe Colloque international d'études humanistes. Tours, 3-8 février 1997, Paris 1998, 597-640; — Holford-Strevens, Leofranc, Tinctoris on the Great Composers, in: Plainsong and Medieval Music 5 (1996), 193-199; — Page, Christopher, Reading and Reminiscence: Tinctoris on the Beauty of Music, in: Journal of the American Musicological Society 49 (1996), 1-31; — D'Agostino, Gianluca, Note sulla carriera napoletana di Johannes Tinctoris, in: Studi Musicali 28 (1999), 327-362; — Wegman, Rob C., Johannes Tinctoris and the »New Art«, in: Music & Letters 84 (2003), 171-188; — ders., Sense and Sensibility in Late-Medieval Music: Thoughts on Aesthetics and »Authenticity«, in: Early Music 23 (1995), 298-312; — D'Agostino, Gianluca, Reading Theorists for Recovering 'Ghost' Repertories: Tinctoris, Gaffurio and the Neapolitan Context, in: Studi Musicali 34 (2005), 25-50.

Thomas Miller

TOMÁS, Juan de Santo (Juan Poinsot), port. Philosoph und Theologe, * 11. Juli 1589 in Lissabon; † 17. Juni 1644 in Fraga (bei Barcelona). — T., Sohn des Österreichers Peter Poinsot, Sekretär des Erzherzogs Albrecht VII., und der Portugiesin María Garcez, studierte zunächst in Coimbra (1605), dann im flämischen Löwen (1606-1609). 1612 trat er in den Dominikanerorden ein und verbrachte sein Noviziat im Konvent Atocha (Madrid). Unmittelbar danach begann T. seine Lehrtätigkeit in Philosophie und Theologie, die ihn u. a. an das Colegio Complutense (1625-1630) und an die Universität Alcalá (1630-1643) führte. Nach seiner akademischen Laufbahn war er Beichtvater Philipps IV. Am 17. Juni 1644 starb T. auf einer Expedition nach Katalonien. — Seine umfangreichen Kommentarwerke zu Thomas von Aquin machen T. zu einem der bedeutendsten Vertreter des nachreformatorischen Thomismus; seine Schriften zur Philosophie (*Cursus philosophicus*) und Theologie (*Cursus theologicus*) bieten eine Zusammenfassung der Lehre des Aquinaten. T. entwickelte in seinen philosophischen Schriften das Konzept einer Logik, bei der die inhärenten Propositionen um Modalbegriffe (»möglich«, »notwendig«, »hinreichend« etc.) ergänzt werden, um Behauptungen modifizieren zu können. Er wird damit zum Wegbereiter der Modallogik. Bedeutung hat T. auch für aktuelle Fragen der Formalen Logik und der Linguistik. In seinen theologischen Schriften stellt T. insbesondere die Bedeutung der göttlichen Gnadenwirkung durch die Gaben des Hl. Geistes heraus. Den Effekt der Gnade erkennt er in der Sensibilität des Menschen für die Gegenwart Gottes in der Seele. Zum Verhältnis von Gnade und Natur markiert er mit T. v. Aquin die Differenz von übernatürlich und widernatürlich: Die Erfahrung der gnadenhaften Teilhabe des Menschen an der absoluten Vernunft Gottes geht über die Gewißheit von Erkenntnissen, die der menschlichen Vernunft qua natura möglich sind, weit hinaus, widerspricht ihr aber nicht. Mit seiner Theologie beeinflußte T. die von Leo XIII. eingeleitete neuscholastische Restauration und wirkte u. a. auf A. Gardeil, R. Garrigou-Lagrange und J. Maritain.

Werke: Erstausgaben: 1. Philosophische Schriften: Artis logicae prima pars (Alcalá 1631), Artis logicae secunda pars (Alcalá 1632), Naturalis philosophia (4 Bde.: Bd. 1 Madrid 1633, Bd. 2 verschollen, Bd. 3 Alcalá 1634, Bd. 4 Alcalá 1635); 2. Theologische Schriften: a) Thomaskommentar (8 Bde.: Bd. 1 Alcalá 1637, Bd. 2 Lyon 1643, Bd. 3 Lyon 1643, Bd. 4 Madrid 1645, Bd. 5 Madrid 1645, Bd. 6 Madrid 1649, Bd. 7 Madrid 1656, Bd. 8 Paris 1667); b) pastoraltheologische Schriften (3 Werke): Explicación de la doctrina cristiana y la obligación de los fieles en creer y obrar (Madrid 1640), Práctica y consideración para bien morir (Madrid 1640), Breve tratado y muy importante para saber hacer una confesión general (Madrid 1644). — Moderne Einzelausgaben: Ars Logicae (Roma 1948), The material Logic: Basic treatises (Chicago 1955), Outlines of Formal Logic (Milwaukee 1963), El signo. Cuestiones I/5, XXI, XXII y XXIII del Ars Logica (Pamplona 2000), Verdad trascendental y verdad formal (Pamplona, 2001). — Gesamtausgaben: Cursus philosophicus (Turin 1930 ff.), Cursus theologicus (Paris 1883 ff.).

Lit.: V. Beltrán de Heredia, Dictámenes y escritos inéditos del Maestro J. d. S. T., in: La Ciencia Tomista (1945), 288-341; — M. Cuervo, La inhabitación de la Trinidad en toda alma en gracia según J. d. S. T. Salamanca 1946; — O. Filippini, La coscienza del re. J. d. S. T., confessore di Filippo IV di Spagna (1643-1644). Florenz 2006; — M. García, La gracia como participación de la naturaleza divina según J. d. S. T., in: La Ciencia Tomista (1946), 209-250; — I. Menéndez-Reigada, Los dones del Espíritu Santo y la perfección cristiana según el Maestro J. d. S. T. Madrid 1948; — A. Moren, Lógica posicional en J. d. S. T., in: Sapientia (1963), 86-107; — A. Murvoz Alonso, Giovanni di S. T., in: Enc. Fil. 3, 206-207; — S. Ramírez, J. d. S. T., in: Dict. de Théol. Cath. 8, 803-808; — T. Trapiello, J. d. S. T. y sus obras. Oviedo 1889.

Josef Bordat

TRIBBECHOW, Johannes [Tribbechovius, Tribbeko, Tribbecho, Tribbechov, Tribecko] * 4.10. 1677 Gotha † 31.3. 1712 Tennstedt. — Äl-

tester Sohn von Generalsuperintendent Adam T. (s.d.) und Sophie Elisabeth, geb. Gießbach, Bruder von Friedrich T. Am Gymnasium in Gotha genießt T. Unterricht vorzüglicher Lehrer. Frühreif immatrikuliert er sich am 19.10. 1694 an der neuen Universität Halle; 1698 philologische Dissertation De emphasibus Scripturae unter dem Vorsitz August Hermann Franckes (s.d.). Magister der Philosophie und Adjunkt der theologischen Fakultät in Halle. Am 19.7. 1698 ist er an der Universität Jena immatrikuliert und 1699 Adjunkt der philos. Fakultät. Seine im Archiv der Franckeschen Stiftungen erhaltene Korrespondenz enthält etwa zwei Dutzend Briefe an A. H. Francke von 1698 bis 1710. Erhalten sind auch Briefe von Joachim Justus Breithaupt (1658-1732). — 1700 zeichnet er als Herausgeber des Geschichtswerks von seinem Vater, Tribbechovii [...] Historia natvralismi. 1702 ist er Mitglied des Collegium orientale; am 18.1. 1703 unterbreitet er Vorschläge zu dessen Tätigkeitsschwerpunkten. 1705 wird T. ao. Prof. philos. und Adjunkt der theol. Fakultät in Halle. — Nach Abschluß der Arbeit an der Disputation De Rechabites sanctitate will T. Vorlesungen über die Bibel halten; geht aber 1707 als Prediger des luth. Prinzen Georg von Dänemark (Gemahl der Königin Anne) nach London, um den beliebten aber nicht-ordinierten Pietisten Anton Wilhelm Böhme (Anthony William Boehm, 1673-1722) am Hof zu St. James bei offiziellen Funktionen zu ergänzen. Am 12.10. 1707 schreibt T. an Francke über seine Ankunft in England und seinen Aufenthalt in Windsor und London, wo er Gespräche mit lutherischen Geistlichen führte. Nach dem Tod des Prinzen 1708, dessen Leichenpredigt T. 1710 drucken läßt, arbeitet der königliche Prediger mit Georg Andreas Ruperti zusammen, dem Pfarrer der luth. Marienkirche im Savoy Palast. 1709 gilt es, Tausenden von Pfälzer Flüchtlingen und Emigranten nach Amerika zu helfen, und T. wird von Königin Anne »employed in clothing the naked, relieving the sick and needy, and in printing little books for their use.« Die von »Tribbeko« - wie der Name in London erscheint - und Ruperti erstellten »Palatine Lists« sind die wichtigsten (oft gedruckten und zitierten) Bestandaufnahmen deutscher Auswanderer des Jahres 1709. — Nach Erhalt des Rufes zum Propst des Klosters Unser Lieben Frauen in

Magdeburg 1710 hält sich T. gemütserkrankt in Halle auf und dichtet geistliche Lieder. Die für die letzten Jahre verbundenen Gerüchte sind anscheinend nicht gut dokumentiert: Die Korrespondenz mit Halle endet 1710 mit bedenklichen Briefen Gottfried Vockerodts (1665-1727) und des Bruders Friedrich T. Vockerodt schreibt über einen Studenten, der vor einer Verführung zu retten sei und erwähnt, daß T. als Beispiel für das schlechte Verhalten hallenser Studenten im Ausland angeführt werde. Johann T. soll nach schwerer psychischer Erkrankung zwei Jahre in Halle im Delirium gelebt haben; die letzten problematischen Monate verbringt er bei seiner Mutter in Tennstedt, wo er am 31. März 1712 stirbt. Das kurz darauf publizierte »Christ=schuldiges Liebes=und Ehrengedächtniß, Dem weyland Herrn Johann Tribbechoven Nach desselben zu Tännsted in Thüringen am 31. Martii 1712. erfolgtem Seligen Absterben Mitleidend aufgerichtet Von Innen genannten Gönnern und Freunden«, nennt J. J. Breithaupt, Paul Anton, Joh. Hieron. Wiegleb, A. H. Francke, J. Heinr. Michaelis, J. A.. Freylighausen, Chr. Benedict Michaelis, Hieron. Freyer, Simon Heinr. Kleimann und Joh. Andreas Wiegleb. Das Ehrengedächtnis enthält außerdem »Meditationen« und fünf Lieder des Verstorbenen.

Werke: Q.D.B.V. De Rechabitis sanctitate pariter ac doctrina conspicuis occasione Capitis XXXV. Ierem. [...] Praeses M. Ioannes Tribbechov & respondens Ioannes Nicolavs Döring Gothani [...] Ienae: Literis Müllerianis, 1698; De Emphasibus Scripturae Dissertatio Posterior, qua Positiones in priori traditae applicantur ex Esaiae cap. I, 1-6 [...] (Johann August Schönau). Halle: Zeitleri, 1698; De Lectione Fontium ut vulgo appellatur, Cursoria benevolo superiorum consensu Praeses M. Joh. Tribbechov, Et Respondens Fridericus Henr. Jacobs, Gothani, publice disputabunt d. III. Iun. MDCXCIX. Ienae: Typis Mullerianis, 1699; I. N. J. Summa Naturalismi Ex Msc. B. Parentis Propediem Edendi. Quam Ex Decreto Amplissimae Facultatis Philosophiae Pro Loco In Eadem Majorvm More Obtinendo In Celeberrima Academia Jenensi Pvblico Ervditorvm Examini Svbmittit d. 30. Sept. M DC XCIX. Praeses M. Joh.. Tribbechov, Respondente Joh. Friederico Dieterico, Kaltnorth. Isenacens. Jena: Literis Krebsianis, 1699; Adami Tribbechovii [...] Historia Natvralismi A Prima Sva Origine Ad Nostra Vsqve Tempora Per Svas Classes Dedvcta Et Ex Msc. Nvnc Primvm Edita M. Joannis Tribbechovii, Filii, [...] Sumptibus Johannis Bielckii, Bibliop, Jenae, Typis Christophori Krebsii. MDCC; De ortu mali, huiusque profundissimis in homine recessibus aphorismi theologici, ex S. Macario Aegyptio illustrati, et ad controversias insigniores accomodati v. Paul Anton. Halle: Henckel, 1701; Io. Tribbechovi [...] Brevia linguae RômaikLs, sive,Graecae vulgaris elementa, quibus differentia antiquum inter et recentiorem Graecismum praecipue ostenditur. Praemissa est dissertatio de ortu et natura huius linguae. Accessit Concio Christi montana [...] Epistola Cl. Anastasii Graeci, & Syllabus vocum vsitatiorum. Ienae: Impensis I. Bielkii, exud. H. Beyervs, 1705; Dissertatio historica de vita et scriptis Clementis Alexandrini. Johannes Tribbechov, praeses; Friedrich Tribbechov [Respondent]. Halae Magd.: 1706; De Ortv Mali, Hvivsqve Profvndissimis In Homine Recessibvs Aphorismi Theologici, Ex S. Macario Egyptio illustrati, Et Ad Controversias Insigniores Accommodati [....] submisit [...] Io.Tribbechovivs [....] Editio altera. Halae Magdebvrgicae: Litteris Christiani Henckelii [1707]; A Funeral Sermon on the Death of His Royal Highness Prince George of Denmark, who departed this Life at Kensington, October the 28th, 1708. Preached in his Royal Highness's Chappel at St. James's, on the 21st of November following. By John Tribbeko, Chaplain to His Late Royal Highness. Now translated into English, and address'd to Her Majesty London: Joseph Downing, 1709; Der Kirchen-Catechismus welchem einige der auserlesensten Sprüche der Heiligen. Schrifft hinzugesetzet worden [....] = The church catechism: to which are subjoin'd, some of the most apposite texts of scripture. London: Gedruckt zu London bey Joseph Downing, 1709. [Electronic resource: Gale 2003]; Der Christliche Wandersman: In Einer Abschieds-Predigt An die Pfältzer/ so aus Engelland gehen/ gehalten in St: Catharinen Kirch bey der Tower d. 20. Januar. 1710. London: German Bookseller, 1710; The Christian Traveller: a farewcl-scrmon preach'd in the Church of St. Catharine near the Tower, on the 20th of January, 1710. to the Palatines, before their going out of England. By John Tribbeko, [...] Translated into English. London: printed; and are to be sold by Joseph Downing; and by the German bookseller, near Somerset-House in the Strand, 1710; »Stück der Warnungs=Predigt von Hn. Johann Tribecko, etc. den Zurückreisenden in London gehalten: [In Das verlangte, nicht erlangte Canaan bey den Lust=Gräbern Franckfurt/Leipzig, 1711 [s.u.].

Lit.: The Post Boy (4.-7. Mai; 11.-14. Mai; 14.-16. Juni; 23.-25. Juni; 2.-5. Juli, 1709); — The Post=Man; and The Historical Account, &c. (4.-7. Juni, 1709);- »The Persons appointed Commissioners and Trustees«, London Gazette (5.-7. Juli, 1709); — The Piety and Bounty of the Queen of Great Britain: with the Charitable Benevolence of Her Loving Subjects, Toward the Support and Settlement of the Distressed Protestant Palatines. London: Printed by Charles Bill, and the Executrix of Thomas Newcomb, deceas'd; Printers to the Queens most Excellent Majesty, MDCCIX, 8, 61-65; — Höen, Wilhelm Moritz, Hrsg.: Das verlangte, nicht erlangte Canaan bey den Lust=Gräbern; Oder Ausführliche Beschreibung Von der unglücklichen Reise derer jüngsthin aus Teutschland nach dem Engelländischen in America gelegenen Carolina und Pensylvanien wallenden Pilgrim, absonderlich dem einseitigen übelgegründeten Kochenthalerischen Bericht wolbedächtig jntgegen gesetzt [...]. Franckfurt und Leipzig, 1711, 118; — Christ=schuldiges Liebes=und Ehrengedächtniss, Dem weyland Herrn Johann Tribbechoven Nach desselben zu Tännsted in Thüringen am 31. Martii 1712. erfolgtem Seligen Absterben Mitleidend aufgerichtet Von Innen genannten Gönnern und Freunden, Halle: Henkel [1712]; — Freylinghausen, Johann Anastasius: Neues Geist-reiches Gesang-Buch: auserlesene, so Alte als Neue, geistliche und liebliche Lieder, nebst den Noten der unbekannten Melodey in sich haltend. Halle: Waysenhaus, 1714; — Wetzel, Johann Caspar: Hymnopoeographia, oder Historische Lebens-Beschreibung der berühmtesten Lieder-Dichter. Herrnstadt: Roth-Scholtz. Bd. 3: 1724, 316; — [Zinzendorf, Vorrede in Christliches Gesang-Buch der Evangelischen Brüder-Gemeinen von 1735, 3. Aufl. Cf. Hildesheim, New York: G. Olms, 1981]; — Großes vollständiges Universal=Lexicon, hrsgg. von Johann Heinrich Zedler, Bd. 45, Halle u.a. 1732-1752, 581 [www.zedler-lexikon.de]; — Jöcher, Christian Gottlieb: Allgemeines Gelehrten-Lexicon. Bd. 4, Leipzig 1751 [ND Hildesheim: Olms, 1960-1961], Sp. 1312; — Dreyhaupt, Johann Christoph von: Pagus Neletici et Nudzici, oder, Ausführliche diplomatisch-historische Beschreibung des [...] Saal-Creyses [...], Bd. 2, Halle: In Verlegung des Waysenhauses, 1755, 27, 148; — Christophori Saxi Onomasticon literarium, sive Nomenclator historico-criticus praestantissimorum omnis aetatis, populi, artiumq. formulae scriptorum. Item monumentorum maxime illustrium, ab orbe condito usque ad saeculi, quod vivimus tempora digestus [...]. Traiecti ad Rhenum [Utrecht]: Gisbert T. van Paddenburg, 1775-1803; Teil 6: 1788; — Franckens Stiftungen: Eine Zeitschrift zum Besten vaterloser Kinder, hrsgg. von Johann Ludwig Schultze, Georg Christian Knapp und August Hermann Niemeyer, Bd.. 1 [Halle 1792-1796], 226; — Richter, Gottfried Lebrecht: Allgemeines biographisches Lexikon alter und neuer geistlicher Liederdichter. Leipzig: Martini, 1804; — Pierer's Universal-Lexicon der Vergangenheit und Gegenwart oder Neuestes encyclopädisches Wörterbuch der Wissenschaften, Künste und Gewerbe, Bd. 17. Altenburg: H.. A. Pierer, 1863, 800; — Koch, Eduard Emil: Geschichte des Kirchenlieds und Kirchengesangs der christlichen, insbesondere der Deutschen evangelischen Kirche. Bd. 4. C. Belser, 3. Aufl. 1868, 377-380; — Fischer, Albert F. Wilhelm: Kirchenlieder-Lexikon: Hymnologisch-literarische Nachweisungen über ca. 4500 der wichtigsten und verbreitetsten Kirchenlieder aller Zeiten in alphabetischer Folge nebst einer Übersicht der Liederdichter. Gotha: F. A. Perthes, 1878-1879; — Kramer, Gustav: August Hermann Francke, Ein Lebensbild, Erster Theil. Halle: Verlag der Buchhandlung des Waisenhauses, 1880, 279; — Schrader, Wilhelm: Geschichte der Friedrichs-Universität zu Halle. Berlin: F. Dümmler, 1894, Bd.1: 142; Bd. 2: 561; — Schumann, A:. »Tribbechow: Johannes T.« Allgemeine deutsche Biographie Bd. 38, Leipzig 1894, 598-601; — Jacobs, Henry Eyster: The German Emigration to America 1709-1740. Pennsylvania German Society Proceedings and Addresses 8. Lancaster, PA: The Pennsylvania=German Society, 1898. 75-79 [ND in Tolzmann 1993]; — Sachse, Julius Friedrich: »The Lutheran Clergy of London and how they Aided German Church Emigration in the XVIII. Century«, The Lutheran Church Review 22 (1903): 14-28; — »Lists of Germans from the Palatinate Who Came to England in 1709«, The New York Genealogical and Biographical Record 40 (1909): 49-54, 93-100, 160-167, 241-248; 41 (1910): 10-19 [ND John Tribbeko und George Andreas Ruperti: List of Germans from the Palatinate (...). Baltimore, MD: Genealogical Pub. Co., 1965, 1966; Baltimore, MD: Clearfield Company Reprints, 1998]; — Calendar of State Papers, Colonial Series, America and West Indies, June, 1708-1709. Hrsgg. v. Cecil Headlam. London: His Majesty's Stationery Office, 1922. 322, 370; — Journal of the Commissioners for Trade and Plantations from February 1708-9 to March 1714-5. London: His Majesty's Stationery Office, 1925. 32-36, 38, 40, 42, 47, 60; — »Tribbechow, Johann« in: Die Religion in Geschichte und Gegenwart; Handwörterbuch für Theologie und Religionswissenschaft. Hrsgg. v. Hermann Gunkel u. A. Tübingen: Mohr, 1927-31. Bd. 5 (1931): 1270; — Knittle, Walter Allen: Early Eighteenth Century Palatine Emigration: A British Government Redemptioner Project to Manufacture Naval Stores. Philadelphia, PA: Dorrance & Co. 1937, ND Baltimore, MD: Genealogical Publishing, 1965, 1982, 1985, 52, 73-4; — Calendar of Treasury Books 1709, Bd. 23, Teil 2: Treasury Minutes, Warrants, Etc., with Index hrsgg. v. William A. Shaw. London: His Majesty' Stationery Office, 1949. 172, 202, 206, 208-9, 216, 226, 272; — Calendar of Treasury Books, Jan.-Dec. 1710, Bd. 24, Teil 2: Treasury Minutes, Warrants, Etc., with Index hrsgg. v. William A. Shaw. London: His Majesty's Stationery Office, 1950. 116; — »Warrant Book: January 1711, 11-20«, Calendar of Treasury Books: 1711, Bd. 25 (1952): 130-147; — Matrikel der Martin-Luther-Universität Halle-Wittenberg 1690-1730; Teil 1 hrsgg. v. Fritz Juntke, Halle: 1960, 455; — Calendar of Treasury Books, January-December 1711, Bd. 25, Teil 2. Hrsgg. v. William A. Shaw. London: Her Majesty's Stationery Office, 1961. 142; — Lutheran Church in New York and New Jersey 1722-1760, Lutheran Records in the Ministerial Archives of the Staatsarchiv, Hamburg, Germany. Übers. v. Simon Hart und Harry J. Kreider, New York: United Lutheran Synod of New York and New England, 1962; 218; — Dickinson, H. T. »The Poor Palatines and the Parties«. The English Historical Review 82 (1967): 464-485; — Dern, John P. London Churchbooks and the German Emigration of 1709. Die Deutsche Auswanderung von 1709 in den Londoner Kirchenbüchern. Redwood City, CA: John P. Dern, 1968 [=Schriften zur Wanderungsgeschichte der Pfälzer 26. Kaiserslautern: Heimatstelle Pfalz, 1968], 6-8, 11, 29, 39, 47-48;- Der Briefwechsel Carl Hildebrand von Cansteins mit August Hermann Francke. Hrsgg. v. Peter Schicketanz. Walter de Gruyter, 1972. 147, 299, 336-337; — Die Matrikel der Universität Jena, Bd. 2: 1652-1723. Bearbeitet von Reinhold Jauernig, Weitergeführt von Marga Steiger. Weimar: Hermann Böhlaus Nachfolger, 1977, Teil 2, 826; — Müller, Joseph Theodor: Hymnologisches Handbuch zum Gesangbuch der Brüdergemeine. [Herrnhut: Verein f. Brüdergeschichte; Gnadau: Unitätsbuchh. in Komm., 1916.] Hildesheim: Olms, 1977. 191, 253; — Supellex epistolica Uffenbachii et Wolfiorum = Katalog der Uffenbach-Wolfschen Briefsammlung. Hrsgg.. v. Nilüfer Krüger. Hamburg: Hauswedell, 1978. 2 Bde; — [Zinzendorf,Nicolaus Graf von:] Herrnhuter Gesangbuch: Christliches Gesang-Buch der Evangelischen Brüder-Gemeinen von 1735, zum drittenmal aufgelegt und durchaus revidirt. Hgg. v. Erich Beyreuther; Gerhard Meyer; Gudrun Meyer-Hickel; Hildesheim, New York: G. Olms, 1981. — Brunner, Daniel L.: Halle Pietists in England: Anthony William Boehm and the Society for Promoting Christian Knowledge. Göttingen: Vandenhoeck & Ruprecht, 1993, 53-54, 59-60, 63-64, 137; — Tolzmann, Don Heinrich, Hrsg.: German Immigration to America: The First Wave. Bowie, MD: Heritage Books, Inc. 1993; — Möller, Bernhard: Thüringer Pfarrerbuch. Bd. 1, Herzogtum Gotha. Neustadt an der Aisch: Degener, 1995, 673f. [nicht gesehen]; Lists of Germans from the Palatinate who came to England in 1709 compiled by John Tribbeko and George Ruperti. ND, 1996; — Jones, Hank Z: The Palatine Families of New York, Bd 1. Rockport, ME: Picton Press, 2001, xi; — Mielke, Andreas: »Johann Friedrich Häger«, Beyond Germanna, 14,2 (2002): 798, 800; — Jones, Hank Z und Lewis Bunker Rohrbach: Even More Palatines, Bd. 2. Rockport, ME: Picton Press, 2002. 812; — Jones, Hank Z und Lewis Bunker

Rohrbach: Even More Palatine Families: 18th Century Immigrants to the American Colonies and their German, Swiss and Austrian Origins, Bd. 3. Rockport, ME: Picton Press, 2002. 1562, 1631, 1633; — Otterness, Philip: Becoming German: The 1709 Palatine Migration to New York. Ithaca, NY: Cornell University Press, 2004; 40-1, 45-7, 51, 67, 76-7, 167; — Nishikawa, Sugiko: »The SPCK in Defence of Protestant Minorities in Early Eighteenth-Century Europe«. The Journal of Ecclesiastical History 56 (2005): 730-748, 742; — Philipp Jakob Spener Briefwechsel mit August Hermann Francke 1689-1704. Hrsgg. v. Johannes Wallmann und Udo Sträter in Zusammenarbeit mit Veronika Albrecht-Birkner. Tübingen: Mohr Siebeck, 2006, 808-809; — Mielke, Andreas: »Who was Kocherthal and What Happened to his Party of 1708?« Pennsylvania Mennonite Heritage 31,4 (2008) [=Kocherthal: A Tricentennial Commemoration of the Palatine Migration of 1708/1709]: 8-31.

Andreas Mielke und Sandra Yelton

TROTT zu SOLZ, Adam von, Jurist, Deutscher Diplomat, früh für den politischen Widerstand im Ausland aktiv, Legationsrat im Auswärtigen Amt, außenpolitischer Beauftragter der Kreisaucr Widerstandsgruppe und außenpolitischer Berater des Widerstands, * 9.8. 1909 als Sohn des preußischen Kultusministers August von Trott zu Solz und Enkel des Botschafters General Hans Lothar von Schweinitz, † (durch den Strang) 26.8. 1944 in Berlin-Plötzensee. — Adam von Trott zu Solz kam als fünftes Kind von August von Trott zu Solz und Emilie Eleonore geb. von Schweinitz am 9. August 1909 zur Welt. Die Trotts waren eine alte hessische Adelsfamilie und die Schweinitz waren angesehene preußische Junker aus Schlesien. Der Stammbaum der frühen Trotts führt bis ins Jahre 1253 zurück. Es wird der Ritter Hermann Trotto, Burgmann im kaiserlichen Schloß von Boineburg genannt. Anfang des 16. Jahrhunderts war ein Friedrich von Trott »Hofmarschall in Kassel und Rat Philipps des Großmütigen«, »Fürstlich Hennebergscher Amtmann zu Schmalkalden und hessischer Hauptmann zu Sontra und zu Wildeck«. Einer der drei Söhne von Friedrich von Trott, Adam von Trott der Ältere, 1504 geboren, stellte sich in den Dienst des Hauses Brandenburg. Kurfürst Joachim I. ernannte ihn 1530 zum brandenburgischen Hofmarschall. Unter Joachim II. diente er weiter dem Haus Brandenburg. Er nahm an den Verhandlungen des Passauer Vertrages vom 2. August 1552 als kurfürstlicher Gesandter teil und erlebte die Reformation als wichtiger politischer Akteur mit. 1557 ernannte ihn Joachim II. zum kaiserlichen Feldmarschall. Der Vater von August von Trott zu Solz und Großvater von Adam von Trott zu Solz, Werner von Trott zu Solz, war kurfürstlich hessischer Legationsrat in Württemberg gewesen. Der Vater, August von Trott zu Solz, diente seinem Herrn, Kaiser Wilhelm II., als loyaler aufgeklärter Diener. Der Urgroßvater der Mutter von Adam von Trott zu Solz war John Jay, erster Chief Justice des Supreme Court der Vereinigten Staaten und Freund des amerikanischen Präsidenten und »Verfassungsvaters« George Washington. Die Jays waren ursprünglich Hugenotten gewesen, die nach dem Widerruf des Ediktes von Nantes 1683 Frankreich verlassen hatten. 1911 gründete August von Trott zusammen mit Adolf von Harnack die »Kaiser-Wilhelm-Gesellschaft zur Förderung der Wissenschaften«. 1917 legte er sein Amt als Kultusminister zurück. Adam von Trott zu Solz wuchs somit in einem Haus auf, indem sowohl die traditionellen Werte des Dienstes am Staat als auch »das Ethos der Gerechtigkeit und der Menschenrechte« (Klemens von Klemperer) vertreten und bestimmend waren. 1921 besuchte der Elfjährige Adam das Gymnasium in Kassel. Untergebracht wurde er von seinen Eltern bei einem Pfarrer. 1922 trat Adam von Trott dem Nibelungenbund bei. Er lernte den Führer des Nibelungenbundes kennen, den Sinologen und Sohn eines Theologieprofessors aus Bonn Gustav Ecke. 1923 verließ Ecke Deutschland und verreiste nach China. Im Frühjahr 1922 meldeten die Eltern von Adam ihn in dem Alumnat des Klosters Loccum in Hannoversch-Münden an. Emilie Eleonore von Trott zu Solz pflegte gute Beziehungen zu den Verantwortlichen der ökonomischen Bewegung in Genf. Am 14. März 1927 machte Adam von Trott zu Solz sein Abitur. Im Spätsommer 1928 ließ Emilie Eleonore Adam nach Genf einladen. Drei Wochen lang war er Gast des amerikanischen Reverends Tracy Strong, der Exekutivsekretär der Weltallianz der Christlichen Vereine Junger Männer war. Im Rahmen dessen lernte Adam v. Trott zu Solz mehrere führende Persönlichkeiten der ökumenischen Bewegung kennen, insbesondere Willem A. Visser't Hooft, mit dem er eine Freundschaft schloß, die ihren Höhepunkt in den Jahren des Widerstandes gegen die nationalsozialistische Diktatur fand. 1927-1930 studierte von Trott zu Solz die

Rechtswissenschaften in München, Göttingen, Liverpool, Oxford und Berlin. 1930 machte er sein Referendarexamen. 1931 schloß v. Trott zu Solz sein Jurastudium mit der Promotion zum Dr. iur. in Göttingen ab. Seine Dissertation schrieb er über Hegels Staatsphilosophie und das Internationale Recht. Von August 1931 bis August 1933 hielt sich von Trott zu Solz in Oxford auf. Dort setzte er sein Studium als Rhodes-Scholar unter Beurlaubung vom Justizvorbereitungsdienst fort, bis daß er den akademischen Grad Bachelor of Arts für den Studiengang »Philosophy, Politics, Economics« erwarb. Im Dezember 1936 machte er sein Assessorexamen. Von März 1937 bis Januar 1939 folgte eine Weltreise und Studienaufenthalte in dem Fernen Osten (China, Mandschurei, Japan), in England, Frankreich und in Nordamerika (Kanada, USA) mit Bewilligung der Rhodes-Stiftung und Unterstützung des Auswärtigen Amtes. Im Frühjahr 1940 entschloß sich Adam v. Trott z. Solz für die Laufbahn im Auswärtigen Amt. Am 8. Juni 1940 heiratete er Clarita Tiefenbacher. Die Hochzeit wurde bei den Großeltern gefeiert. Vom 18. November - 2. Dezember 1940 nahm Adam von Trott zu Solz an einer Kriegsreise nach Amerika teil. Nach seiner Rückkehr in Deutschland 1940 nahm er die Aufgaben wahr, die sich aus seiner Stelle als wissenschaftlicher Hilfsarbeiter in der Informationsabteilung des Auswärtigen Amtes ergaben. Er war zuständig für die Verwaltung des Referats Vereinigte Staaten von Amerika und Ferner Osten und später auch Leiter des Sonderreferats Indien. Am 1.7. 1941 wurde von Trott zu Solz in das Angestelltenverhältnis als Wissenschaftlicher Hilfsarbeiter (WHA) beim Auswärtigen Amt übernommen und er wurde mit dem Aufbau einer »Indienzentrale« beauftragt. Am 28.4. 1943 wurde er zum Legationssekretär unter Berufung in das Beamtenverhältnis ernannt. Am 17.11. 1943 folgte die Einweisung in eine Planstelle als Legationsrat (unter Beilegung der Amtsbezeichnung als Legationsrat). Am 25. Juli 1944 wurde Adam von Trott zu Solz verhaftet. Für die Angehörigen wurde Sippenhaft angeordnet. Am 14.8. 1944 wurde Adam von Trott zu Solz von den Nationalsozialisten aus dem Beamtenverhältnis ausgestoßen. Der Volksgerichtshof verurteilte Adam von Trott zu Solz am 15.8. 1944 zum Tode. Adam von Trott zu Solz wurde am 26.8. 1944 in Plötzensee durch Hinrichtung ermordet. Clarita von Trott zu Solz überlebte den Krieg und die Sippenhaft mit ihren beiden Töchtern Verena und Clarita. — Adam von Trott zu Solz gehört zu den Persönlichkeiten des deutschen Widerstandes, die sich unermüdlich im Ausland einsetzten, um die Westmächte darauf aufmerksam zu machen, daß es ein »Anderes Deutschland« gab, das Hilfe und Unterstützung benötigte. Als Stimme des Anderen Deutschlands versuchte von Trott zu Solz, mit den Westalliierten über einen Frieden zu verhandeln und dem Staatsstreich eine außenpolitische Basis zu schaffen. Seine Stimme wurde von den Westalliierten leider kaum wahrgenommen. Unermüdlich versuchte er von 1933 bis 1944 Brücken zwischen dem deutschen Widerstand und den Westmächten zu schlagen. Als Präsident Roosevelt und der britische Premierminister Churchill auf der Konferenz von Casablanca vom 14. bis zum 26. Januar 1943 sich für die bedingungslose Kapitulation (unconditional surrender) entschlossen, sah Adam von Trott zu Solz seine Aufgaben als außenpolitischer Beauftragter des »Anderen Deutschlands« bedeutend erschwert. Dank seiner Mutter hatte er schon sehr früh Kontakte zur angelsächsischen Welt und zur Ökumene aufgenommen und gepflegt. Diese Verbindungen gewannen immer mehr an Bedeutung, als es darum ging, die Westmächte über die NS-Diktatur zu informieren und über die Existenz eines anderen Deutschlands zu berichten. Von Trott zu Solz, der Patriot und Europäer zugleich war, schrieb an seinen Vater am 13. Februar 1933: »(...) So sehr ich mit Dir in fast allen Fragen verantwortlicher Staatsführung übereinzustimmen glaube - so sehr sind wir, glaube ich, in Bezug auf die positiven Rechte des Einzelnen und der Massen verschiedener Auffassung. Und jene wird eigentlich nur dann diskutabel, wenn diese letzteren heilig gehalten werden - dafür aber besteht weder bei Hitler noch bei Papen die geringste Garantie. Ihre Vernachlässigung aber wird eine schlimme Reaktion her.aufführen, und es wird dann schöpferischer Kräfte bedürfen, die den berechtigten Impuls in dauerhafte Ordnungen leiten. Darauf werde ich mich vorbereiten und einstweilen mit dem autoritären Nationalsozialismus keinerlei Bündnisse eingehen. (...) Der Dienst an den Rechten des Einzelnen -

des 'Menschen', wie die Naturrechtler sagen - im Zusammenhang und im Konflikt mit all den äußerlichen Ordnungen und Hindernissen - ist mir ungleich wichtiger als der Dienst am 'Staat' (der zur Willkür geworden ist) ...« Im Februar 1937 begegnete Adam von Trott zu Solz im All Souls College in Oxford zum ersten Mal Helmuth James Graf von Moltke. Im Rahmen seiner Weltreise 1937-1938 hielt sich von Trott zu Solz in China auf. Dort konnte er sich dem Druck der nationalsozialistischen Diktatur kurz entziehen, um Pläne über »den Friede Europas und der Welt«, über »ein neues gemeinsames Europa«, und über »eine große europäische Allianz« auszuarbeiten. Über seine Pläne berichtete er seinem Vater und zwei Freundinnen aus Oxford, Shiela Grant Duff und Diana Hubback. Am 28. Oktober 1938 erreichte ihn in Hongkong die Nachricht vom Tode seines Vaters und die Bitte seiner Mutter, ihr beizustehen. Am 29. Oktober verließ er China. Noch vor der Abreise schrieb er Diana Hubback: »(...) ich glaube, daß das Heil grundsätzlich in dem Gehorsam gegenüber einer höheren Ordnung liegt, die sich uns in unseren besten Augenblicken durch unser Bewußtsein, durch Liebe und Ehrgeiz erschließt. Ich meine, daß der christliche Gedanke, daß hinter einer solchen Offenbarung ein persönlicher Gott sei, immer einen Einfluß auf meine Denkprozesse ausübte, obwohl ich mich nicht darauf berufen kann, ein Gläubiger im alten christlichen Sinn zu sein. Vor allem durch den Kontakt mit dem Osten und den tieferen psychischen Kräften, aus denen er lebt, bin ich mir des Wesens einer solchen Integration von unserem Leben und unserem Willen tiefer bewußt geworden. Ich bin überzeugt, daß ich es noch klarer sehen werde, wenn ich nach Europa zurückkomme. Dies wird der wesentlichste Gewinn meiner Reise gewesen sein, obwohl Du, die mich wohl besser kennt als jeder andere, an den ich mich erinnere, mich am wenigsten verändert finden wirst. Kennst Du das schöne mittelalterliche Gebetbuch und die Meditationen von Thomas A. Kempis? 'Imitatio Christi' - und hast Du die Prosagedichte von Changtse gelesen, die ich Dir empfohlen habe? Ich glaube, sie kommen sich sehr nahe, sowie auch der grundlegenden Position, die es uns ermöglichen wird, über unsere enttäuschenden Ansätze hinauszuwachsen...« Als er zurück in Deutschland war, wurde

er darin eingeweiht, daß der Chef des Generalstabes, General Franz Halder mit dem neu ernannten Staatssekretär im Auswärtigen Amt, Ernst Freiherr von Weizsäcker, dem Befehlshaber des Berliner Wehrkreises, General Erwin von Witzleben, dem Oberquartiermeister I im Generalstab, General Carl-Heinrich von Stülpnagel, sowie mit Admiral Canaris und Oberstleutnant Oster einen Staatsstreich in Form eines konkreten Umsturzes genau geplant hatten, um den Krieg zu verhindern. Er erfuhr, daß der Umsturz leider unterbleiben mußte, nachdem Hitler am 29.-30. September 1938 mit den Regierungen Englands und Frankreichs das Münchener Abkommen geschlossen hatte. Über den ausgebliebenen Staatsstreich berichtete von Trott zu Solz seiner Freundin Shiela Grant Duff am 30. Dezember 1938: »(...) Der Versuch, das Wagnis mit einer Generalüberholung des Inneren der Maschine zu verbinden, wurde von Eurem schlauen Neville vereitelt, und die einzige Alternative besteht in einem weiteren 'Wagnis' oder einer gründlichen Überprüfung der Werkstatt, in der viele Burschen, die sich bloß als Mechaniker ausgehen, vor die Tür gesetzt gehören... Gegenwärtig ist die Tür geschlossen, der Motor stinkt und gibt die übelsten giftigen Gase ab, wer empfindliche Lungen hat, erstickt, und alle werden ständig ängstlicher. Obwohl einige immer noch nicht glauben, daß das Gas giftig ist, scheinen doch alle der Ansicht zu sein, daß bald etwas geschehen muß...« Im Juni 1939 konnte von Trott zu Solz auf Anregung des Vortragenden Legationsrats Walther Hewel - der sich gegen eine deutsch-britische Konfrontation einsetzte - wiederholt nach England reisen. David Astor, ein Freund von Adam von Trott zu Solz aus der Zeit des Balliol College, veranlaßte, daß seine Eltern, Lord und Lady Astor, am Wochenende des 3./4. Juni 1939 eine Party auf ihrem Grundstück Cliveden organisierten und daß sie unter anderen Persönlichkeiten den Außenminister Lord Halifax, den gerade zum Botschafter in den USA ernannten Lord Lothian und den Staatssekretär für die Dominions Sir Thomas Inskip einluden. Nach dem Dinner bekam von Trott zu Solz Gelegenheit, sich bei den britischen Staatsmännern als leidenschaftlicher Gegner der Nationalsozialisten bekannt zu machen. Lord Astor war von v. Trott zu Solz so beeindruckt, daß er ihm ein Treffen mit dem Premierminister Neville Chamberlain verschaffte. Am 7. Juni sprach von Trott zu Solz eine halbe Stunde mit dem Premierminister Chamberlain. Nach David Astors Erinnerung ergab sich aus diesem Gespäch nicht all das, was sich von Trott zu Solz erhofft hatte: »Trotts Besuch bei Neville Chamberlain hatte dasselbe Ziel wie sein Gespräch mit Lord Halifax. Er kehrte entmutigt zurück und sagte, daß Herr Chamberlain sehr nett, aber schon 'wie ein halbtoter Mann' sei. Ihm zufolge fiel es Herrn Chamberlain schwer, seine unorthodoxen Hinweise zu begreifen, nämlich daß er, der britische Premierminister, versuchen sollte, potentiell kritische Deutsche zum Widerstand gegen ihr Regime zu ermutigen«. Im August 1939 erhielt von Trott zu Solz die Genehmigung für einen zweiten Aufenthalt in Amerika, um an der Konferenz des »Institute of Pacific relations« vom 18. November bis zum 2. Dezember teilzunehmen. Im Oktober 1939 nahm A. von Trott zu Solz Kontakt zu dem früheren Reichskanzler Heinrich Brüning auf, den er in Cambridge (Massachussetts) besuchte und er gab ihm Informationen über die Existenz und über die Pläne eines »Anderen Deutschlands«. Noch im November 1939 traf sich Brüning mit Präsident Roosevelt. Er leitete ihm die Informationen weiter, allerdings »ohne greifbaren Erfolg« (v. Klemperer). Von Trott zu Solz, der mit offizieller Rückendeckung durch das Auswärtige Amt sich in den Vereinigten Staaten - insbesondere in New York, Washington und Virginia Beach - aufenthielt, nahm sich als Aufgabe vor, mit dem State Department über Fragen eines zukünftigen Europas und über die Möglichkeiten einer Beendigung des Krieges zu verhandeln, welche nach Ansicht Ernst von Weizsäckers die Voraussetzung für einen Staatsstreich darstellte. In diesem Sinne sprach er mit prominenten Persönlichkeiten. Felix Morley, der Herausgeber der 'Washington Post' versuchte, von Trott zu Solz indirekt eine Privatbesprechung mit Präsident Roosevelt zu verschaffen. Dies gelang ihm nicht, weil manche Kreise und insbesondere Felix Frankfurter, der ein enger Freund Roosevelts war, über die Haltung und über die Ziele Trotts sehr schlecht informiert und vorgefaßter Meinung waren. Im Auswärtigen Amt lernte Adam v. Trott z. Solz Gleichgesinnte kennen, insbesondere Hans-Bernd von Haeften (18.12. 1905-15.8. 1944),

Albrecht von Kessel (6.11. 1902-15.4. 1976), Gottfried von Nostitz und Eduard Brücklmeier (8.6. 1903-20.10. 1944): miteinander verbunden waren diese Männer aus Adel und Großbürgertum in der tiefen Abscheu vor all dem, wofür das Dritte Reich stand. Durch seine Stelle im Auswärtigen Amt konnte A. v. Trott z. Solz ins Ausland reisen und gleichzeitig für den Widerstand arbeiten, indem er versuchte, zunächst Kontakte für der Widerstand zu knüpfen, um den Ausland darüber zu informieren, daß es ein »Anderes Deutschland« gab, das dringend Hilfe benötigte und zum zweiten indem er über Friedensbedingungen und über eine zukünftige rechtsstaatliche und christliche Friedensordnung in Europa nach einem erfolgten Staatsstreich verhandelte. Seine offiziellen Aufgaben dienten ihm also als »Tarnkappe«, als »Alibis« (v. Klemperer) für seine Auslandsmissionen als Botschafter des deutschen Widerstands, insbesondere des Kreisauer Kreises. Zusammenfassend mit den Worten von Wolfgang Matthias Schwiedrzik: »Das Hauptfeld von Adams Tätigkeit im Widerstand war die Außenpolitik. Von den ersten Gesprächen in Cliveden im Juni 1939 bis zur letzten Reise nach Stockholm im Juni 1944 gibt es eine ununterbrochene Kette von Versuchen Adam von Trotts, Möglichkeiten eines Friedensschlusses bzw. Stillhaltens der Alliierten im Falle eines Umsturzes zu erkunden. Diese Sondierungen beinhalteten - obwohl getarnt - ein hohes Risiko. 'Mit jeder Reise lege ich meinen Kopf in die Schlinge', sagte er zu seiner Frau, als die ihn bat, sich etwas vorzusehen. Adam von Trotts Sondierungen waren genauso vergeblich wie diejenigen Carl Goedelers und anderer Emissäre. Zwar gab es sowohl in England als auch in den USA, der Schweiz und Skandinavien Menschen, die sich zu engagierten Anwälten seiner Botschaften machten: von David Astor in London über Willem A. Visser't Hooft in Genf bis zu schwedischen und englischen Bischöfen und anglo-amerikanischen Geheimdienstagenten. Aber keiner dieser Versuche drang durch. (...) Der entscheidende Grund dafür war, daß Roosevelt und Churchill sich auf die Linie der 'bedingungslosen Kapitulation' Deutschlands festgelegt hatten und damit das Ziel verfolgten, nicht nur das NS-Regime zu beseitigen, sondern Deutschland samt seiner politischen Klasse gründlich zu zerschlagen. (...)

Adams Warnung, die Linie der 'bedingungslosen Kapitulation' spiele Goebbels direkt in die Arme, lasse dem deutschen Volk keinen anderen Ausweg, als sich hinter Hitler zu stellen, und erschwere den Anti-Hitler-Widerstand, verhallte ungehört. Ungehört blieb auch seine Warnung, ein Zusammenbrechen der deutschen Front im Osten werde die Sowjetunion bis nach Mitteleuropa vordringen lassen. Churchill und Roosevelt wollten zwischen NS-Regime und deutschem Volk nicht unterscheiden. (...)«. Folgende Reisen nahm von Trott zu Solz als außenpolitischer Beauftragter des Kreisauer Kreises, des Widerstandes und als außenpolitischer Berater von Claus Schenk Graf von Stauffenberg - mit dem er allerdings erst 1943 zusammenkam - wahr: 1941: 2 Aufenthalte in Rom; August 1941: Aufenthalt in Wien; Spätsommer 1941: Aufenthalt in Belgien; 13.-18. Februar 1942: Aufenthalt in Belgien; 13.3. 1942-2.4. 1942, 20.6.-29.6. 1942: Aufenthalte in der Schweiz; September 1942: Aufenthalt in Wien; 19. — 28.9. 1942: Aufenthalt in Schweden; 5.-9. Dezember 1942: Aufenthalt in Holland; 23.10.-1.11. 1942: Aufenthalt in der Schweiz; Juni 1943: Aufenthalt in Wien; 12.-14. Juni 1943: Dritte Tagung des Kreisauer Kreises in Kreisau. Adam von Von Trott zu Solz referierte über außenpolitische Fragen und über Schwierigkeiten bei seinen Versuchen, mit den Westmächten ins Gespräch zu kommen; 17. Juni bis 3. Juli 1943: Aufenthalt in der Türkei; 18.-23. August 1943: Aufenthalte in Holland und in Belgien; 8.9.-16.9. 1943: Aufenthalte in der Schweiz; 27.10. bis 3.11. 1943: Aufenthalt in Schweden; 10.-17. Dezember 1943: Aufenthalte in Hilversum, Brüssel und Paris; Mitte März 1944: Aufenthalt in Schweden; nach Ostern 1944: Aufenthalt in der Schweiz; 23.6. bis 3.7. 1944: Aufenthalt in Schweden (Stockholm). In einer seiner letzten, zusammen mit Franz Josef Furtwängler im Frühjahr 1944 verfaßten und leider verlorengegangenen Denkschrift, »Deutschland zwischen Ost und West«, unterstrich von Trott zu Solz »die Rolle Deutschlands als Vermittler zwischen der Welt des Westens und der des Ostens, (...) den besonderen Platz Deutschlands zwischen dem 'Realprinzip' des Ostens und dem 'Personalprinzips« des Westens« (von Klemperer), die »'Unentbehrlichkeit des deutschen Elements in jeder zukünftigen, insbeson-

dere europäischen Friedensordnung'« (Schwiedrzik). — Der niederländische Theologe und Ökumeniker Willem A. Visser' t Hooft, 1938 Generalsekretär des im Aufbau begriffenen Ökumenischen Rates der Kirchen (ÖRK) und 1948-1966 Generalsekretär des ÖRK, erinnerte sich in seiner 1972 veröffentlichten Autobiographie, Die Welt war meine Gemeinde, an seinen Freund und Gleichgesinnten Adam von Trott zu Solz: »(...) Wirklich überzeugt von dem Bestehen eines ernst zu nehmenden Widerstands haben mich zwei Männer, die selber sehr stark engagiert waren: Dietrich Bonhoeffer und Adam von Trott zu Solz. [...] Unterdessen stand ich in enger Verbindung mit einem anderen sehr aktiven Mitglied der deutschen Opposition: Adam von Trott zu Solz. 1928, als er neunzehn war, hatte Adam in Genf Ferien gemacht und war öfter bei uns gewesen. Ich fühlte mich stark zu diesem hochbegabten Studenten hingezogen, der die Tragik und die Gefährdung der jungen Menschen in Deutschland in der geistigen Verwirrung nach dem Ersten Weltkrieg so klar erkannte. Äußerlich war er der vollkommene Aristokrat, gut aussehend, hoch gewachsen, mit hoher Stirn. Aber im Gespräch mit ihm spürte man die Demut eines jungen Mannes auf der verzweifelten Suche nach einer festen Grundlage für sein Leben. Damals hatte er mir erzählt, er sei in seiner Familie mit Religion derart überfüttert worden, daß er es nicht mehr fertigbringe, die Bibel zu lesen, sondern sich stattdessen von Dostojewski inspirieren lasse. Wenig später hatte er an einer Tagung der Christlichen Studentenvereinigung Großbritanniens teilgenommen und war von der schlichten und zupackenden Christlichkeit der britischen Studenten tief beeindruckt gewesen. Er hatte bei ihnen etwas gefunden, das es in seinem offenen Land offenbar nicht gab. »Die deutschen Studenten«, schrieb er, »wandern durch ein von trüben Nebelschwaden durchzogenes Tal - die englischen stehen auf einer Landzunge (The World' s Youth, Nov. 1929).« [...] Deshalb hatte er sofort zugegriffen, als sich ihm die Chance bot, mit einem Rhodes-Stipendium zwei Jahre nach Oxford zu gehen. In dieser Zeit hatte er enge Freundschaft mit Männern geschlossen, die im britischen öffentlichen Leben damals oder später eine große Rolle spielten: mit Sir Stafford Cripps, A. D. Lindsay, David Astor, R. H. S.

Crossman und anderen, und er glaubte, daß es seine Spezialaufgabe sei, den Briten Deutschland und den Deutschen Großbritannien verständlich zu machen. Unmittelbar vor Ausbruch des Zweiten Weltkriegs hatte er verzweifelte Anstrengungen unternommen, um mit Hilfe seiner Verbindungen den Krieg zu verhindern, aber seine Bemühungen bei Lord Halifax und anderen britischen Staatsmännern waren erfolglos geblieben. Nach Kriegsausbruch war er in die Vereinigten Staaten gereist und dort ebenfalls mit führenden Politikern zusammengetroffen. In der gespannten Atmosphäre jener Jahre mußte die internationale Geschäftigkeit dieses von niemand eingeführten jungen Mannes Aufsehen erregen. In wessen Namen trat er auf? Was bezweckte er? Manche hielten ihn für einen Geheimagenten des Hitlerregimes, und da Adam seine Auslandstätigkeit überhaupt nur fortsetzen konnte, solange die deutschen Behörden glaubten, daß er in ihrem Interesse arbeite, fanden sie auch genügend »Beweise« für ihren Verdacht. Aber wer ihn kannte, der wußte, daß er ein leidenschaftlicher Nazi-Gegner war; daß er sein Vaterland zwar sicherlich liebte, daß es ihm aber in erster Linie um die Rettung der gemeinsamen europäischen Kultur zu tun war. 1940 war er in das Berliner Auswärtige Amt eingetreten und durfte deshalb in neutrale Länder reisen. Im September 1940, während der Luftschlacht um England, besuchte er mich in Genf. Er gab mir eine Analyse der Lage in Deutschland und bat mich, eine Zusammenfassung an David Astor und andere englische Freunde weiterzuleiten. Er zeichnete ein melancholisches Bild. Die Nazis hätten offenkundige Erfolge zu verzeichnen, und nichts habe mehr Erfolg als der Erfolg. Die verschiedenen Gruppen der Opposition seiend entsprechend geschwächt. Unter den Umständen sei es absolut notwendig, Hitler Gewalt entgegenzusetzen. Das sei die einzige Möglichkeit, das gegenwärtige Regime loszuwerden. Demnach glaubte Adam damals offenbar nicht an die Möglichkeit einer Revolte der deutschen Armee oder wenigstens eines Teils der Armee. Aber er fügte hinzu, alle Beteiligten sollten anfangen, über den Frieden nachzudenken. Dieser Frieden solle Deutschland nach Möglichkeit seine ethnographischen Grenzen erhalten, denn wenn die Friedensvorstellungen auf dem Versuch der Vernichtung Deutschlands basierten, würde die ge-

samte Nation sich um Hitler scharen. Zum Schluß legte Adam mir seine innersten Überzeugungen dar: was sich abspiele, sei letztlich ein geistiges Ringen. Allen Christen aber seien gewisse geistige Ideale gemeinsam; sie glaubten an eine Mission des europäischen Geistes, und nach dem Kriege würden sie die Bindeglieder zwischen den Nationen sein. Nach Adams Meinung kämpften all jene, die dieselben christlichen Grundauffassungen von gesellschaftlicher und internationaler Ordnung hatten, in diesem Krieg auf derselben Seite, auch wenn ihre Regierungen Gegner waren. Ich teilte diese Meinung, und das gab unserer Freundschaft eine feste Grundlage. 1941 und 1942 kam er wiederholt nach Genf. Besonders wichtig war sein Besuch vom April 1942. Er hatte gehört, daß ich nach England reisen würde, und das schien ihm eine ausgezeichnete Gelegenheit, mit seinen dortigen Freunden in Verbindung zu treten. Sir Stafford Cripps war inzwischen ein einflußreiches Mitglied der britischen Regierung, und Adam gab mir ein für ihn bestimmtes Memorandum mit. Das Memorandum (veröff. in Vierteljahreshefte für Zeitgeschichte, 1967) war natürlich unsigniert, aber sein Inhalt zeigt deutlich, daß es mehr war als eine persönliche Aufzeichnung. Ob die Formulierung nun Adam allein überlassen oder von ihm noch seinen Freunden vorgelegt worden war - die Gedankengänge waren jedenfalls die eines großen Teils der deutschen Opposition. Adam hatte inzwischen Verbindung zu einer größeren Zahl von Männern, die sich auf die Organisation einer Widerstandsbewegung und die Vorbereitung von Hitlers Sturz konzentrierten. Die Erfolgschancen eines Staatsstreichs beurteilte er jetzt viel optimistischer als 1940. Allerdings würden sie stark von der Haltung der alliierten Regierungen abhängen. Das Memorandum appellierte deshalb an das Solidaritätsbewußtsein und die Fairneß der britischen Führung. Es ersuchte sie dringend, den Teil der deutschen Bevölkerung als Gesprächspartner ernst zu nehmen, der den Nihilismus und seine nationalsozialistische Ausprägung unablässig bekämpft habe. Es erklärte den Sturz des Hitlerregimes zur ersten und dringendsten Aufgabe. Die Opposition stütze sich auf große Teile der Arbeiterschaft, auf einflußreiche Kreise in Wehrmacht und Beamtenschaft und auf die militanten Flügel der Kirchen. Ihr gemeinsames Ziel sei die Rettung der vom Nazismus und von der Anarchie des Bolschewismus gleich stark bedrohten Menschenwürde. Die Opposition trete für eine föderalistische Struktur in Deutschland und in Europa ein. Innerhalb des föderativen Rahmens müßten alle Nationen das Recht auf Selbstbestimmung haben. Das Memorandum nannte verschiedene Schwierigkeiten, die die Opposition in Deutschland zu überwinden habe. Eine sei die Notwendigkeit, die Nation gegen die Sowjetunion zu verteidigen. Eine weitere sei die völlige Ungewißheit über die Reaktion der Briten und Amerikaner auf einen Regimewechsel in Deutschland. Bald nach der Ankunft in London im Mai 1942 übergab ich das Dokument Sir Stafford Cripps. Als er hörte, daß es von Adam von Trott kam, wurde er sehr aufmerksam und versprach, es dem Premierminister zu zeigen. Wir vereinbarten, daß ich nach einer Woche wieder zu ihm gehen und die Antwort abholen würde. Beim zweiten Besuch berichtete er, Mr. Churchill habe die Aufzeichnung sorgfältig studiert und darunter vermerkt: »Sehr ermutigend.« Die britische Regierung beharre jedoch auf dem Standpunkt, daß Deutschland besiegt werden müsse. Ich fragte, ob das alles sei, was ich mit zurücknehmen könne. Sir Stafford bestätigte es. Es sei notwendig, der Welt zu demonstrieren, daß Taten wie die des Naziregimes nicht geduldet werden könnten. Deswegen sei eine unmißverständliche Kapitulation erforderlich. Allerdings werde der Frieden kein Rachefrieden sein. Die Alliierten würden eine positive Politik verfolgen und sich bemühen, in Deutschland eine neue Ordnung zu errichten. Inzwischen sollten die Deutschen sich von ihrem derzeitigen Regime distanzieren. Er glaube übrigens nicht, daß die Russen beabsichtigten, Deutschland auszulöschen. Ich war natürlich mit dieser Antwort, die keine war, sehr wenig zufrieden. Einige Wochen später erzählte Sir Stafford Bischof Bell, daß er mir gesagt habe, ich »könne Trott Mut machen, aber unter der Voraussetzung einer deutschen Niederlage«. Es war in der Tat eine Kurzformel dessen, was er gesagt hatte, und es zeigte sehr deutlich, daß die britische Regierung mit der einen Hand nahm, was sie mit der anderen gab. Denn die Weigerung, irgendeine andere Möglichkeit als die totale militärische Niederlage in Erwägung zu ziehen, war tatsächlich

eine höchst entmutigende Antwort. Offenbar hatte die britische Regierung ein Kriegskonzept entwickelt, in dem für Verhandlungen mit einer deutschen Widerstandsbewegung kein Raum war. Das bestätigte sich in vielen Unterhaltungen, bei denen ich in mehr allgemeinen Ausdrücken die deutsche Opposition erwähnte. In Oxford erklärten die Männer der »Gruppe für Friedensziele« - A. D. Lindsay, Arnold Toynbee, Sir Alfred Zimmern -, es sei »unnütz« und »unanständig«, auf ein Bündnis mit irgendeiner deutschen Regierung zum Zwecke der Verteidigung des Westens gegen Rußland anzuspielen; die britische Öffentlichkeit würde eine antirussische Politik nicht hinnehmen. Der deutsche Militarismus müsse ein für allemal beseitigt werden. Da man aber ein großes Volk nicht niederhalten könne, müßten die Deutschen auf anderen Gebieten nach angemessenen Wirkungsmöglichkeiten suchen, zum Beispiel auf dem der Wirtschaft. A. D. Lindsay meinte allerdings, ein Regimewechsel in Deutschland würde ein wahres Wunder sein und möglicherweise eine völlig veränderte psychologische Situation schaffen. William Temple und R. H. S. Crossman vertraten bei späteren Gelegenheiten dieselbe Ansicht. Der Bischof von Chichester war einer der wenigen, die auf die Botschaft des deutschen Widerstandes positiver reagierten. Ich traf ihn unmittelbar vor seiner Abreise nach Stockholm. Er wußte noch nicht, daß er dort Bonhoeffer und Schönfeld treffen und von ihnen denselben SOS-Ruf hören würde wie ich von Trott. Adam besuchte mich bald nach meiner Rückkehr in Genf. Die britische Reaktion auf sein Memorandum enttäuschte ihn so sehr, daß er der Verzweiflung nahe war. Was ich ihm über die guten Absichten der Briten erzählen konnte, war kein Trost. Er fühlte sich im Stich gelassen von Männern, die er im Kampf gegen Hitler als Waffenbrüder betrachtet hatte. Er hatte fest auf eine übernationale Solidarität bei der Verteidigung gemeinsamer Grundwerte gebaut, und sie war ihm verweigert worden. Es war unerhört schwer für ihn, sich damit abzufinden. Auch die Chance, in Deutschland eine wirklich schlagkräftige Opposition zu schaffen, war jetzt sehr viel geringer. Adam hatte ganz offensichtlich das Gefühl, in der ihm anvertrauten Mission versagt zu haben. Kein Wunder, daß er bitter war. In jener warmen Sommernacht saßen wir lange in meinem Garten. Ich suchte nach Worten, um ihn aufzumuntern, aber ich konnte nichts anderes tun als ihm zeigen, daß ich begriff, wie ihm zumute war. Wenig später mußte ich noch einmal eine solche Botschaft weitergeben. In den letzten Maitagen war Bischof Bell in Schweden mit Dietrich Bonhoeffer und Hans Schönfeld zusammengetroffen. Die beiden Deutschen hatten ihm über die Pläne und Wünsche der deutschen Opposition dasselbe gesagt, was auch in Adams Memorandum stand, und ihm darüber hinaus die Namen der führenden Mitglieder der Opposition genannt. Es wurde vereinbart, daß Bell die britische Regierung über die Gespräche informieren und in einem an mich gerichteten Telegramm nach Genf die Reaktion andeuten würde. Im Juli erhielt ich folgendes Telegramm: »Interesse unbestreitbar aber bedaure zutiefst keine Antwort möglich.« Bells Bedauern war zweifellos echt. Er war - und blieb auch weiterhin - der unermüdliche Befürworter einer Politik der »Diskriminierung«, das heißt einer Politik, die zwischen dem Hitlerregime und denjenigen Deutschen unterschied, die seine Opfer oder seine Gegner waren. Als Adam mich im Januar 1943 erneut aufsuchte, bemerkte ich, daß die Enttäuschung seiner Hoffnungen auf Verständigung mit den Alliierten seine Betrachtungsweise sehr verändert hatte. In seiner Lagebeurteilung zeigte sich diesmal ein stark emotionales Element. Er meinte, es habe keinen Sinn, das Gespräch mit den Westmächten fortzusetzen. Die britische und amerikanische Propaganda äußere sich höchst anmaßend über die deutsche Opposition. Man scheine nicht zu begreifen, daß die Deutschen, genau wie die Franzosen und Holländer, in einem besetzten Lande lebten und daß die deutsche Opposition mit der Fortsetzung ihrer Tätigkeit ein gewaltiges Risiko eingehe. Dies Pharisäertum und die fehlende Bereitschaft, sich auf die eigenen Grundsätze zu besinnen und danach zu handeln, gebe vielen Deutschen Anlaß, sich zu fragen, ob es nicht besser sei, sich dem Osten zuzuwenden. Das russische und das deutsche Volk hätten beide viel gelitten und seien beide im Begriff, zu den geistigen Grundlagen ihrer Überlieferung zurückzukehren. Die eigentlichen Probleme seien nicht militärischer, sondern gesellschaftlicher Natur. Die neue Erfahrung der Brüderlichkeit unter den Erniedrig-

ten und Beleidigten werde zum Fundament eines völlig neuen Europas werden. Ich kannte Adams starkes soziales Verantwortungsgefühl von früher. Aber ich kannte ihn auch als einen Menschen, der um die bleibenden Werte der westlichen demokratischen Tradition wußte und sie in Ehren hielt. Sein Interesse am Osten beunruhigte mich weniger als seine Verbitterung gegen den Westen. Es gab damals auch andere Anzeichen für eine zunehmend anti-westliche Stimmung in den Reihen der deutschen Opposition. Ich berichtete Mr. Allan Dulles ausführlich über das Gespräch in der Hoffnung, damit amerikanische Persönlichkeiten in maßgeblicher Stellung zu erreichen. In meinem Begleitschreiben vom 11. Januar 1943 kommentierte ich: »Es steht zu befürchten, daß die angelsächsische Propaganda für diese Gruppen wirklich zu 'anmaßend' ist und sie nicht ermutigt hat. In einer Hinsicht hat sie sie sogar entschieden entmutigt, indem sie nämlich erklärt, daß Deutschland in jedem Fall und ohne Rücksicht auf die Bildung einer neuen Regierung auf dem Schlachtfeld besiegt werden müsse. Zwar sollte die Dynamik der deutschen Opposition nicht von Versprechen des Auslandes abhängen, doch ist es klar, daß die Stärke des Echos, das sie im Lande selbst findet, von dem Maß an Ermutigung mitbestimmt wird, das sie von außen erhält. Für die politische Kriegführung würde sich damit die Frage stellen, ob die Alliierten bereit sind, der deutschen Opposition zu erklären: 'Wenn Ihr Hitler stürzt und durch Taten beweist - durch Bestrafung von Naziführern und Naziverbrechern, durch Freigabe der besetzten Gebiete, Rückerstattung geraubter Güter, Bildung einer Regierung, die die Menschenrechte achtet, Beteiligung am wirtschaftlichen und sozialen Wiederaufbau -, daß ihr mit Nationalsozialismus und Militarismus endgültig gebrochen habt, dann werden wir Friedensbedingungen mit Euch erörtern.' Solange man das nicht klar und entschieden ausspricht, wird die antiwestliche und antiliberale Entwicklung vermutlich weitergehen. Wenn man das nicht sagt, werden auch große Teile der deutschen Bevölkerung, die halb bereit sind, sich der Opposition anschließen, weiter zögern und sich fragen, ob nicht Hitler alles in allem ein geringeres Übel ist als die totale militärische Niederlage.« Zwei Wochen nach Absendung dieses Briefes erhielten wir die denkbar klarste negative Antwort. Auf der Konferenz von Casablanca beschlossen Präsident Roosevelt und Premierminister Churchill ziemlich plötzlich, »das Ziel dieses Krieges [als] die bedingungslose Kapitulation Deutschlands, Italiens und Japans« zu definieren. Zwar fügte Präsident Roosevelt auf seiner Pressekonferenz hinzu, daß damit nicht die Vernichtung der betreffenden Völker gemeint sei, aber der Begriff »Bedingungslose Kapitulation« wurde bekannter als die Erläuterung, und er schien zu besagen, daß eine Niederlage für die Achsenmächte praktisch das Ende ihrer nationalen Existenz sein würde. Damit sah die Opposition ihre Aufgabe abermals bedeutend erschwert. Die alliierten Nationen hatten allen Verhandlungsmöglichkeiten öffentlich die Tür verschlossen«. (Willem A. Visser 't Hooft, Die Welt war meine Gemeinde. Autobiographie, München 1972, 183f. u. 188-195). — Die Frage nach der Bedeutung der ökumenischen Verbindung zu dem deutschen Widerstand, insbesondere zu Dietrich Bonhoeffer und Adam von Trott zu Solz beantwortet der Historiker Rolf-Ulrich Kunze mit den Worten von Willem A. Visser 't Hooft: »'Die ökumenische Aktion bestand darin, die Verbindung zwischen den Christen verschiedener Länder aufrechtzuerhalten, den Christen Deutschlands zur Seite zu stehen, weil sie auf einer wirklich ökumenischen Basis ihre Existenz aufs Spiel setzten, und weil sie an die Solidarität ihrer Brüder in anderen Ländern glaubten. Und gleichzeitig mußten sie den Alliierten erklären, worin dieser deutsche Widerstand eigentlich bestand.' In dieser Perspektive, deren Tragik Klemens von Klemperer in seinem Titel 'Die verlassenen Verschwörer' zum Ausdruck gebracht hat, war der Kontakt zum deutschen Widerstand die Grundlage der ökumenischen Aufbauarbeit nach Hitlers Herrschaft und Hitlers Krieg. (...) Im Verständnis Visser 't Hoofts standen Dietrich Bonhoeffer und Adam von Trott zu Solz nicht nur für das 'Andere Deutschland', sondern vor allem für die 'Andere Kirche' - 'Die ganze Kirche für die ganze Welt'.« (Willem A. Visser 't Hooft; zitiert nach Rolf-Ulrich Kunze, Die ganze Kirche für die ganze Welt: Willem Adolf Visser 't Hooft und der Widerstand gegen den Nationalsozialismus, in: Die Ökumene und der Widerstand gegen Diktaturen. Nationalsozialismus und Kommunismus als Herausforderung an die Kirchen, hg. von Joachim Garstecki, Stuttgart 2007, 45f.

Schriften, Denkschriften, Memorandii: Adam von Trott zu Solz, Impressions of a German Student in England, in: The World's Youth. A Magazin for Leaders of Youth, Nr. 5, No. 1929, S. 135-138; Hegels Staatsphilosophie und das Internationale Recht, Dissertation, Göttingen 1932. Neudruck: Göttingen 1967; Junger Sozialismus in England, in: Neue Blätter für den Sozialismus, 1933, 4, S. 106ff.; Moeller van der Bruck, in: Frankfurter Zeitung vom 15. Juli 1934; Heinrich von Kleist. Politische und journalistische Schriften. Ausgewählt und eingeleitet von Adam von Trott, Potsdam 1935. Neuauflage: Berlin 1995; B. Bosanquet und der Einfluß Hegels auf die englische Staatsphilosophie, in: Zeitschrift für deutsche Kulturphilosophie, Neue Reihe, Heft 2/1938/ 4, S. 193-199; Der Kampf um die Herrschaftsgestaltung im Fernen Osten, in: Zeitschrift für Ausländisches Öffentliches Recht und Völkerrecht, 1939/9, Nr. 2, S. 264-283; Memorandum für das State Department, Ende Dezember 1939. Abgedruckt in: Vierteljahrshefte für Zeitgeschichte, 7/1959, S. 322-329; Memorandum für Lord Halifax, Ende 1939. Abgedruckt in: Vierteljahrshefte für Zeitgeschichte, 12/1964, S. 313-315; Memorandum für David Astor, 28. Dec. 1939, USA. Abgedruckt in: Vierteljahrshefte für Zeitgeschichte, 12/1964, S. 316-318; Notes an Undersecretary of State G. S. Messersmith. Abgedruckt in: Vierteljahrshefte für Zeitgeschichte, 7/1959, S. 331 f.; Die Fernostpolitik der Vereinigten Staaten von Amerika. In: Monatshefte für auswärtige Politik, Berlin, Bd. 7. 1940, S. 827-836, Der Ferne Osten, 1940, Jahrbuch für Auswärtige Politik, 7. Jg. 1941, S. 110-125; Memorandum, Ende April 1942. Abgedruckt in: Vierteljahrshefte für Zeitgeschichte, 5/1957, S. 392-395; Bemerkungen zum Friedensprogramm der amerikanischen Kirchen, November 1943. Abgedruckt in: Hans Rothfels, Adam von Trott zu Solz und die Außenpolitik des Widerstandes, Vierteljahrshefte für Zeitgeschichte, 12/1964, S. 318-322; Memorandum (Für England und die USA), Juni 1944. Abgedruckt in: Vierteljahrshefte für Zeitgeschichte, 18/1970, S. 289-291.

Lit.: Ernst von Weizsäcker, Erinnerungen, hg. von Richard von Weizsäcker, München 1950; — Hans Rothfels, Die deutsche Opposition gegen Hitler. Eine Würdigung, Krefeld 1951 (2. Aufl.); — William Douglas Home, Halfterm report: an autobiography, London, New York 1954; — Annedore Leber, Das Gewissen steht auf. 64 Lebensbilder aus dem deutschen Widerstand 1933-1945, Berlin/Frankfurt a.M. 1954, S. 183-185; — Akten zur Deutschen Auswärtigen Politik 1918-1945, Serie D, Band 4,5,6, 1956; — David Astor, »Von Trott's Mission: The Story of an Anti-Nazi«, Manchester Guardian, 4. Juni 1956; — Bischof George K. A. Bell von Chichester, The Church and the Resistance Movement, Vortrag, 15. Mai 1957, abgedruckt in: Dietrich Bonhoeffer, Gesammelte Schriften, Band 1, hrsg. von Eberhard Bethge, München (3. Aufl.) 1978, 399-413; — Hans Rothfels, Zwei außenpolitische Memoranden der deutschen Opposition, in: Vierteljahrshefte für Zeitgeschichte (VfZ) 5/ 1957, S. 388-397; — Klemens von Klemperer, Konservative Bewegungen zwischen Kaiserreich und Nationalsozialismus, München Wien 1958 (engl.: Germany's New Conservatism. Its History and Dilemma in The Twentieth Century, Princeton

1957); — Werner von Trott zu Solz, Widerstand heute; oder: Das Abenteuer der Freiheit, Düsseldorf 1958; — Hans Rothfels, Adam von Trott zu Solz und das State Department, in: VfZ 7/1959, S. 318-322; — August Franke, Ein Leben für die Freiheit: eine Besinnung auf die Männer des 20. Juli 1944 anläßlich der Einweihung der Vertriebensiedlung Adam von Trott zu Solz in Kassel, Kassel 1960; — Alfred Leslie Rowse, All Souls and Appeasement: A Contribution to Contemporary History, London 1961; — Eberhard Bethge, Adam von Trott und der deutsche Widerstand, in: VfZ 11/1963, S. 213-223; — Edwin H. Robertson, Christen gegen Hitler, Gütersloh 1964; — Hans Rothfels, Trott und die Außenpolitik des Widerstandes, in: VfZ 12/ 1964, S. 300-323; — Heinz Ludwig Arnold, Wandlung und Wiederkehr; Festschrift zum 70. Geburtstag Ernst Jüngers, Aachen 1965; — Martin von Katte, Adam von Trott zu Solz, aus seinen Briefen an Anne von Katte, in: Wandlung und Wiederkehr. Festschrift für Ernst Jünger zum 70. Geburtstag, hrsg. von H. L. Arnold, Aachen 1965, 79-83; — Hermann Graml, Die außenpolitischen Vorstellungen des deutschen Widerstandes, in: Walter Schmitthenner / Hans Buchheim (hrsg.), Der deutsche Widerstand gegen Hitler. Vier historisch-kritische Studien, Köln 1966, S. 15-72; — Hans Mommsen, Gesellschaftsbild und Verfassungspläne des deutschen Widerstandes, in: W. Schmitthenner / H. Buchheim (hrsg.), Der deutsche Widerstand gegen Hitler. Vier historische Studien, Köln 1966; — Ger van Roon, Neuordnung im Widerstand. Der Kreisauer Kreis innerhalb der deutschen Widerstandsbewegung, München 1967; — Walter Lipgens, Europa-Föderationspläne der Widerstandsbewegungen 1940-1945, München 1968; — Ivar Andersson, Från det nära förflutna. Människor och händelser 1940-1945, Stockholm 1969; — Eberhard Bethge, Adam von Trott und der deutsche Widerstand: Vortrag zur Eröffnung des Adam von Trott-Hauses in Berlin-Wannsee, gehalten am 2. Dez. 1962, München 1969; — Christabel Bielenberg, Als ich Deutsche war. 1934-1945: eine Engländerin erzählt, München 1969; — Margret Boveri, Variationen über die Treue. 2. Adam von Trott als Objekt angloamerikanischer Verdächte, Stuttgart 23(1969), S. 761-775; — Christopher Sykes, Troubled Loyalty. A Biography of Adam von Trott zu Solz, London 1968 (Köln 1969); — Ders., Tormented loyalty; the story of a German aristocrat who defied Hitler. New York 1969; — Henrik Lindgren, Adam von Trotts Reisen nach Schweden 1942-1944. Ein Beitrag zur Frage der Auslandsverbindungen des deutschen Widerstandes, in: VfZ 18/1970, S. 274-291; — Willem A. Visser't Hooft, Die Welt war meine Gemeinde. Autobiographie, München 1972; — Ders., Memoirs, London 1973; — Shiela Grant Duff, Fünf Jahre im Krieg: 1934-1939. Eine Engländerin im Widerstand gegen Hitler, München 1978; — Eugen Gerstenmaier, Streit und Friede hat seine Zeit. Ein Lebensbericht, Frankfurt am Main / Mainz / Berlin / Wien, 1981; — Klemens von Klemperer, Adam von Trott zu Solz and Resistance Foreign Policy, in: Central European History 14 (1981), S. 351-361; — David Astor, »The Man who plotted against Hitler«, in: New York Review, 18. April 1983, S. 19; — Rainer A. Blasius, Adam von Trott zu Solz. In: 20. Juli: Portraits des Widerstands, hrsg. von Rudolf Lill, Heinrich Oberreuter, Düsseldorf 1984; — Hans Kühner-Wolfskehl, Adam von Trott zu Solz. In: Widerstand im Dritten Reich, hrsg. von Hermann Graml, Frankfurt am Main 1984, S. 194-199; — Marion Thielenhaus, Zwischen Anpassung und Widerstand: Deutsche Diplomaten 1938-1941. Die politischen Aktivitäten der Beamtengruppe um Ernst von Weizsäcker im Auswärtigen Amt, Paderborn 1984; — Documents on the History of European Integration. Volume 1. Continental Plans for European Union 1939-1945, edited by Walter Lipgens, New York 1985; — Peter Hoffmann, Widerstand, Staatsstreich, Attentat. Der Kampf der Opposition gegen Hitler, München, Zürich 1985 (4. Aufl.); —Wilhelm Ernst Winterhager, Der Kreisauer Kreis. Porträt einer Widerstandsgruppe. Begleitband zu einer Ausstellung der Stiftung Preußischer Kulturbesitz, Berlin 1985; — The Challenge of the Third Reich: the Adam von Trott memorial lectures, hg. von Hedley Bull, Oxford 1986; — Ingeborg Fleischhauer, Die Chance des Sonderfriedens: deutsch-sowjetische Geheimgespräche 1941-1945, Berlin 1986; — Peter Hoffmann, Peace Through Coup d'Etat. The Foreign Contacts of the German Resistance 1933-1944, in: Central European History 19 (1986), S. 3-44; — Henry O. Malone, Adam von Trott zu Solz. Werdegang eines Verschwörers, 1909-1938, Berlin 1986; — Klemens von Klemperer, Der deutsche Widerstand gegen den Nationalsozialismus im Lichte der konservativen Tradition, in: Funke, Manfred/Jacobsen, Hans-Adolf/Knütter, Hans-Helmuth/ Schwarz, Hans-Peter (hrsg.), Demokratie und Diktatur. Geist und Gestaltung politischer Herrschaft in Deutschland und Europa, Bonn 1987, S. 266ff.; — Briefe an Freya. Helmuth James Graf von Moltke, hrsg. von Beate Ruhm von Oppen, München 1988; — Klemens von Klemperer, A Noble Combat. The Letters of Shiela Grant Duff and Adam von Trott zu Solz 1932-1939, Oxford - New York 1988; — Giles MacDonogh, A Good German. Adam von Trott zu Solz, London - New York 1989; — Klemens von Klemperer, Die Verbindung zu der großen Welt. Außenbeziehungen des deutschen Widerstandes 1938-1945, Beiträge zum Widerstand 1933-1945, Heft 38, Gedenkstätte Deutscher Widerstand, Berlin 1990; — Henry O. Malone, Between England and Germany: Adam von Trott's contacts with the British. In: Germans against Nazism, ed. by Francis R. Nicosia..., New York u.a. 1990, S. 253-278; — Katharine Sams, Adam von Trott zu Solz' early life and political initiatives in the summer of 1939, Thesis (M.A.), McGill University 1990; — Peter Hoffmann, Claus Schenk Graf von Stauffenberg und seine Brüder, Stuttgart 1992, S. 73, 122, 136, 149, 155, 263, 306, 317, 323, 352, 354-357, 363-367, 369-371, 400, 420-422, 452, 473, 533, 572, 576-578, 593; — Dorothee von Meding, Mit dem Mut des Herzens. Die Frauen des 20. Juli, Berlin 1992; — Nicolai Hammersen, Politisches Denken im deutschen Widerstand; ein Beitrag zur Wirkungsgeschichte neokonservativer Ideologien 1914-1944, München 1993 (Beiträge zur Politischen Wissenschaft; Bd. 67); — Widerstand der jungen Generation im NS-Staat: Dokumentation einer Tagung vom 17.-19. Juli 1992 im Adam-von-Trott Haus, Evangelisches Bildungswerk, Haus der Kirche, Berlin 1993; — Deutsche Brüder: zwölf Doppelporträts, hrsg. von Thomas Karlauf, Berlin 1994; — Hermann Graml (hrsg.), Widerstand im Dritten Reich. Probleme, Ereignisse, Gestalten, Frankfurt am Main, Mai 1994; — Klemens von Klemperer, Die verlassenen Verschwörer. Der deutsche Widerstand auf der Suche nach Verbündeten 1938-1945, Berlin 1994; — Ders., Adam von Trott zu Solz - Patriot und Weltbürger, in: »Für Deutschland. Die Männer des 20. Juli«, hrsg. von Klemens von Klemperer, Enrico Syring, Rainer Zitelmann, Frankfurt am Main 1994, S. 311-327; — Ders., Nationale oder internationale Außenpolitik des Widerstands, in: Der Widerstand gegen den Nationalsozialismus. Die deutsche Gesellschaft und der Widerstand gegen Hitler, hg. von Jürgen Schmädeke und Peter Steinbach, München Zürich 1994, S. 639-651; — Ders., Naturrecht und der deutsche Widerstand gegen den Nationalsozialismus, in: Widerstand gegen den Nationalsozialismus, hg. von Peter Steinbach und Johannes Tuchel, Bundeszentrale für politische Bildung, Band 323, Bonn 1994, S. 43-53; — Ders., Die »Außenpolitik« des deutschen Widerstandes, in: Großbritannien und der deutsche Widerstand 1933-1944, hg. von Klaus-Jürgen Müller und David N. Dilks, Paderborn u.a. 1994, S. 83ff; — Lexikon des Widerstandes, hg. von Peter Steinbach und Johannes Tuchel, München 1994; — Rudolf Lill / Heinrich Oberreuter (Hrsg.): 20. Juli. Porträts des Widerstands, Düsseldorf, Wien 1994; — Jens Peter Meincke, Adam von Trott zu Solz vor dem Volksgerichtshof. In: Neue juristische Wochenschrift, München, Bd. 47. 1994, S. 1838-1843; — Hans Mommsen, Die künftige Neuordnung Deutschlands und Europas aus der Sicht des Kreisauer Kreises. In: Widerstand gegen den Nationalsozialismus, hrsg. von Peter Steinbach und Johannes Tuchel, bpb Bd. 323, Bonn 1994, S. 246-261; — Detlef Graf von Schwerin, »Dann sind's die besten Köpfe, die man henkt« Die junge Generation im deutschen Widerstand, München Zürich 1994 (1. Aufl. 1991); — Wolfgang Schwiedrzik, Auftrag und Verrat: die Brüder Werner und Adam von Trott zu Solz, Neckargemünd 24.5.1994 (Bundesarchiv Berlin. Bibliothek); — Clarita von Trott zu Solz, Adam von Trott zu Solz. Eine Lebensbeschreibung, Schriften der Gedenkstätte Deutscher Widerstand, Reihe B: Quellen und Berichte, hg. von Peter Steinbach und Johannes Tuchel, Band 2, Berlin 1994; — Der Widerstand gegen den Nationalsozialismus. Die deutsche Gesellschaft und der Widerstand gegen Hitler, hrsg. von Jürgen Schmädeke und Peter Steinbach, München Zürich 1994 (1. Aufl. 1985); — Dietfrid Krause-Vilmar, Vom Widerstehen und Standhalten des Adam von Trott zu Solz. In: Denkanstöße zum 20. Jahrhundert, Festschrift für Bernd Jaspert zum 50. Geburtstag, hrsg. von Helmut Gehrke, Paderborn 1995, S. 157-170; — Jurjen Albert Zeilstra, European Unity in Ecumenical Thinking 1937-1948, Zoetermeer 1995; — Dietrich Bonhoeffer. Konspiration und Haft 1940-1945, hrsg. von Jørgen Glenthøj, Ulrich Kabitz und Wolf Krötke, Dietrich Bonhoeffer Werke, sechzehnter Band, Gütersloh 1996, S. 281f., 284, 288, 290, 292, 298f., 301-303, 313f., 320, 322, 328, 329f., 536, 692; — Der Kreisauer Kreis: zu den verfassungspolitischen Vorstellungen von Männern des Widerstandes um Helmuth James Graf von Moltke, hrsg. von Ulrich Karpen und Andreas Schott, Heidelberg 1996 (Motive - Texte - Materialien: Bd.: 71); — Ulrich Karpen, Europas Zukunft. Widerstand und Verteidigung des Rechts, Bonn-Berlin 1997; — Joachim Fest, Spiel mit hohem Einsatz. Über Adam von Trott, in: VfZ 46/1998, S. 1-18; — Tobias Hoh, Die aussenpolitischen Initiativen des Adam von Trott für die deutsche Opposition von 1937 bis 1944. Ein nichtstaatlicher Akteur der internationalen Beziehungen zwischen den westalliierten Kriegsstrategien, Diss., Freie Universität Berlin, 1998; — Eber-

hard Bethge, Dietrich Bonhoeffer. Eine Biographie, Siebte, aktualisierte Auflage (1. Aufl. 1967) Gütersloh 2001, S. 753, 833, 841f., 848f., 851, 855, 859, 890, 892, 985f.; — Andreas Schott, Adam von Trott zu Solz. Jurist im Widerstand: verfassungsrechtliche und staatspolitische Auffassungen im Kreisauer Kreis, (Rechts- und Staatswissenschaftliche Veröffentlichungen der Görres-Gesellschaft, N.F. 96), Paderborn 2001 (zugl.: Hamburg, Univ. Diss., 2000); — Andrea Mason, Opponents of Hitler in search of foreign support: the foreign contacts of Carl Goerdeler, Ludwig Beck, Ernst von Weizsäcker and Adam von Trott zu Solz, 1937-1940, Thesis (M.A.), McGill University 2002; — Marion Dönhoff, »Um der Ehre willen«: Erinnerungen an die Freunde vom 20. Juli, Berlin 2003 (3. Aufl.); — Tobias Hoh, Widerstand und internationale Beziehungen: die außenpolitischen Initiativen von Adam von Trott für die deutsche Opposition, 1937-1944, Marburg 2003; — Adam von Trott Memorial Lecture: »Are There Moral Foundations Of European Power?« delivered by Professor Timothy Garton Ash, Chaired by Professor Sir Adam Roberts, Tuesday 30 November 2004, Mansfield College, Oxford: http://www.mansfield.ox.ac.uk/about/news/news.aspx (15.12.2007); — Aus Politik und Zeitgeschichte (B 27/2004), 60 Jahre 20. Juli 1944, Beilage zur Wochenzeitung / Das Parlament, 28. Juni 2004 http:www.2bpb.de/files/MQCWO0.pdf); — Rainer A. Blasius, Außenpolitischer Berater des Widerstands: dem Andenken an Adam von Trott zu Solz hat seine Witwe Clarita ihr Leben gewidmet. In: Frankfurter Allgemeine Zeitung, 166 vom 20.7.2004, S. 9; — Günter Brakelmann, Der Kreisauer Kreis, in: Peter Steinbach/Johannes Tuchel (Hrsg.): Widerstand gegen die nationalsozialistische Diktatur 1933-1945, Bonn 2004, S. 358-374; — Silvia Daniel, »Troubled Loyalty«? Britisch-deutsche Debatten um Adam von Trott zu Solz 1933-1969. In: VfZ 52/2004, S. 409-440; — Silvia Daniel, Adam von Trott zu Solz im britischen Urteil, Bonn, Univ. Magisterarbeit, 2004; — Gedenken an Adam von Trott zu Solz und den 20. Juli 1944: zwanzig Jahre Reden am Kreuz in Imshausen (1984-2003). / Unterkreis Rotenburg der SPD, Stiftung Adam von Trott, Imshausen (Hrsg.), zsgst. und dok. von Wilfried Pfister und Holger R. Stunz, Marburg 2004; — Heinrich Oberreuter, Der Widerstand gegen die NS-Diktatur, in: Freiheit und Recht. Vierteljahresschrift für streitbare Demokratie und Widerstand gegen Diktatur, Juni 2004/2, S. 4-7; — Peter Steinbach, »Die Welt mit den Augen des anderen sehen!« Adam von Trott zu Solz, in: Ders., Der 20. Juli 1944. Gesichter des Widerstands, München 2004, S. 187-212; — Henric L. Wuermeling, »Doppelspiel«: Adam von Trott zu Solz im Widerstand gegen Hitler, München 2004; — Widerstand gegen die nationalsozialistische Diktatur 1933-1945, hrsg. von Peter Steinbach / Johannes Tuchel, bpb, Bonn Berlin 2004; — Eberhard Zeller, Geist der Freiheit. Der 20. Juli, Berlin 2004 (6. Aufl.; 1. Aufl. 1952); — Ulrich Karpen (hrsg.). Europas Zukunft: Vorstellungen des Kreisauer Kreises um Helmuth James Graf von Moltke, Heidelberg 2005; — »Ihr Ende schaut an...« Evangelische Märtyrer des 20. Jahrhunderts, hrsg. von Harald Schultze und Andreas Kurschat unter Mitarbeit von Claudia Bendick (mit einem Geleitwort von Wolfgang Huber), Leipzig 2006; — Ulrich Kühne / Ulrich Wickert, Mutige Menschen: Frauen und Männer mit Zivilcourage, München 2006 (2. Aufl.); — Die Ökumene und der

Widerstand gegen Diktaturen. Nationalsozialismus und Kommunismus als Herausforderung an die Kirchen. Im Auftrag der Stiftung Adam von Trott, Imshausen e. V., hrsg. von Joachim Garstecki, [Konfession und Gesellschaft, Band 39], Stuttgart 2007; — Michaela Seul, Ein aufrechtes Leben: Heinrich von Trott zu Solz, München 2007.

Frédérique Dantonel

TUKE, William, * 24.3. 1732 in York, † 6.12. 1822 in Castlegat, York. Philanthrop, Quäker. — William Tuke wurde 1732 in einer angesehenen Quäkerfamilie geboren und hatte zwei Geschwister. Der Vater war Samuel Tuke (1703-1748), ein Leinenweber, die Mutter Ann Tuke (geb. Ward, 1701-1755). Der Familientradition entsprechend, arbeitete die Familie im Tee- und Kaffeehandel. Zunächst machte William Tuke eine Lehre im Lebensmittelgeschäft seiner Tante Mary Frankland (geb. Tuke, 1695-1752). Deren Geschäft erbte William Tuke im Alter von zwanzig Jahren, was ihm das Bürgerrecht in seiner Heimatstadt einbrachte. 1754 heiratete er Elizabeth Hoyland (um 1729-1760), die Tochter von John Hoyland aus Handsworth Woodhouse in Sheffield. Ihre Kinder waren Sarah (geb. 1756), Elizabeth (geb. 1760), Henry (1755-1814) und Daniel. 1765 heiratete er Esther Maud (um 1727-1794), die Tochter von Timothy Maud (1703-1752) aus Bingley und Ann Maud (1700-1788). Aus dieser Ehe sind ein Sohn und die zwei Töchter Ann (geb. 1767) und Mabel (geb. 1779) hervorgegangen. — Um 1760 interessierte sich Tuke vermehrt für den Zustand der Quäkersozietät und entwickelte Reformvorstellungen, die die Opposition der Ältesten hervorriefen. Er begann, regelmäßig für ein halbes Jahrhundert, als Einzelbesucher der Englischen Jahresversammlung beizuwohnen, womit er über Quäkerangelegenheiten bestens informiert war. 1779 war er an der Gründung der Ackworth School beteiligt, für die er verschiedene administrative Ämter inne hatte. Noch 1818 engagierte er sich auf dem Yorkshire Quarterly Meeting für die Gründung der Lawrence Street School (später Bootham School). — Als ein Quäker in seiner Umgebung aufgrund der unmenschlichen Bedingungen im »York Asylum« verstarb, war Tuke Mitglied in der Untersuchungskommission zu diesem Fall. Die Verbesserung der Zustände in den englischen Aufbewahrungsanstalten wurde von da an zu Tukes Hauptanliegen. Um 1794 gründete er mit Hilfe weiterer Quäker und deren Spendengeldern in York eine private Anstalt für Geisteskranke, die den Namen »Retreat« oder »Friends Institute for the Mentally Afflicted« bekam. Eröffnet wurde die Einrichtung 1796. In dieser wurde unter größtmöglichem Verzicht auf Gewalt gegenüber den Insassen gearbeitet. So wurden beispielsweise Insassen nicht länger in Ketten gehalten. Eine tägliche Visite durch Mediziner wurde eingeführt. Auch mit beschäftigungstherapeutischen Maßnahmen in Landwirtschaft und Handwerkshöfen wurde experimentiert. Ein enger Mitarbeiter war Timothy Maud, Tukes Schwiegervater. William Tuke verstarb 1822 in seinem Haus in Castlegat, York.

Werke: Letter from William Tuke, on the death of John Woolman. In: Friends Miscellany. Being a collection of essays and fragments, biographical religious epistolary, narrative and historical. Designed for the promotion of piety and virtue to preserve in remembrance the characters and views of exemplary individuals, and to rescue from oblivion those manuscripts, left by them which may be useful to survivors, VIII, 1836, 229-239.

Bibliographie: Tuke, William. In: Smith, Joseph: A Descriptive Catalogue of Friends' Books. Or books written by members of the Society of Friends, commonly called Quakers, from their first rise to the present time, interspersed with critical remarks, and occasional biographical notices, and including all writings by authors before joining, and those after having left the Society, whether adverse or not, as far as known, II. London 1867, 823-824.

Lit. (Auswahl): Tuke, Samuel: Description of the Retreat, an Institution near York for insane persons of the Society of Friends containing an account of its origin and progress, the modes of treatment, and a statement of cases. York 1813. ND London 1964; — A complete collection of the papers respecting the York Lunatic Asylum, published originally in the York newspapers during the years 1813, 1814 and 1815. York 1816; — Society of Friends, York Monthly Meeting (Hrsg.): A memorial of York Monthly Meeting, held the 14th of 5th month, 1823, concerning William Tuke (an Elder). York 1823; — William Tuke, founder of the York Retreat. York 1855; — Tuke, William. In: Allibone, Samuel Austin: A critical dictionary of English literature, and British and American authors, living and deceased, from the earliest accounts to the middle of the nineteenth century. Containing thirty thousand biographies and literary notices, with forty indexes of subjects, III. Philadelphia 1871, 2471. ND Detroit 1965; — Tuke, Daniel Hack: Chapters in the history of the insane in the British Isles. London 1882; — William Tuke. Born 1732, died 1822. Aged ninety years. In: Beck, W.; Wells, W. F.; Chalkley, H. G.: Biographical Catalogue. Being an account of the lives of Friends and others whose portraits are in the London Friends' Institute. Also descriptive notices of Friends' schools and institutions of which the gallery contains illustrations. London 1888, 668-673; — Jorns, Auguste: Studien über die Sozialpolitik der Quäker.

Karlsruhe 1912 (Volkswirtschaftliche Abhandlungen der badischen Hochschulen, N. F., X); — Langfitt, Mazie S.: William Tuke's contribution to the humane treatment of the insane, etc. Dissertation Pittsburgh 1937; — Hunt, Harold C.: The life of William Tuke (1733-1822). In: Journal of the Friend's Historical Society, XXXIV, 1937, 2-18; — Neuburger, Max: British and German psychiatry in the second half of the eighteenth and the early nineteenth century. In: Bulletin of the History of Medicine. Organ of the American Association of the History of Medicine and the Johns Hopkins Institute of the History of Medicine, XVIII, 2, 1945, 121-145; — Sieveking, Evakatrin: Die Quäker und ihre sozialpolitische Wirksamkeit. Bad Pyrmont 1948; — Held, Paul: Quäker im Dienst am Nächsten. Die Bedeutung des Quäkertums für die englische Sozialgeschichte im 18. und 19. Jahrhundert. Basel 1957; — Miller, Dorothy; Blanc, Esther: Concepts of »moral treatment« for the mentally ill. Implications for social work with posthospital mental patients. In: Social Service Review. A quarterly devoted to the scientific and professional interests of social work, LXI, 1, 1967, 66-74; — Sessions, William K.; Sessions, Ethelwyn M.: The Tukes of York in the seventeenth, eighteenth and nineteenth centuries. London 1971. York 1987; — Bynum, William F.: Rationales for therapy in British psychiatry: 1780-1835. In: Medical History. A quarterly journal devoted to the history of medicine and related sciences, XVIII, 4, 1974, 317-334; — Cherry, Charles L.: The Southern Retreat, Thomas Hodgkin, and Achille-Louis Fouville. In: Medical History. A quarterly journal devoted to the history of medicine and related sciences, XXIII, 3, 1979, 314-324; Porter, Roy: Was there a moral therapy in eighteenth century psychiatry? In: Lychnos, 1981/82, 12-26; — Ackerknecht, Erwin H.: Private institutions in the genesis of psychiatry. In: Bulletin of the History of Medicine. The American Association for the History of Medicine, LX, 3, 1986, 387-395; — Digby, Anne: From York Lunatic Asylum to Bootham Park Hospital. York 1986 (Borthwick Papers, LXIX); — Webb-Mitchell, Brett: A place for persons with disabilities of mind and body. In: Religious Education, LXXXI, 4, 1986, 522-543; — Wright, Sheila: Friends in York. The dynamics of Quaker revival, 1780-1860. Keele 1995; — Shotwell, William Kendall: The medical origins of the English novel: Hysteria and the Richardsonian project. Dissertation of the Brown University 1998; — Edginton, Barry: The design of moral architecture at the York Retreat. In: Journal of Design History, XVI, 2, 2003, 103-117; — Tuke, William (1732-1822). In: Abbott, Margery Post; Chijioke, Mary Ellen; Dandelion, Pink; Oliver, John W. (Hrsg.): Historical dictionary of the Friends (Quakers). Lanham 2003, 287 (Religions, Philosophies, and Movements Series, XLIV); — Digby, Anne: Tuke, William. In: Oxford Dictionary of National Biography, LV, 2004, 535-537; — Tuke, William (1732/3-1822). In: Milligan, Edward H.: Biographical dictionary of British Quakers in commerce and industry 1775-1920. York 2006, 446.

Claus Berneti

U

ULRICI, Hermann, * 23.3. 1806 in Pförten, † 11.1. 1884 in Halle, Deutscher Jurist, Philosoph, Literaturhistoriker und Literat. Da sein Vater im preußischen Postdienst in Berlin tätig war, machte er 1824 dort sein Abitur, studierte anschließend auf väterlichen Wunsch hin Rechtswissenschaften und war nach dem ersten Staatsexamen 1827 als Auskultator tätig. Bereits 1828 veröffentlichte er erste literarische Arbeiten, allerdings unter dem Pseudonym »Ulrich Reimann« unter Vertauschung und leichter Veränderung seiner beiden Namensteile. Das zweite juristische Staatsexamen 1829 führte ihn als Referendar an das OLG Frankfurt/Oder. Als ein Jahr später sein Vater starb, verließ er auf eigenen Wunsch den ungeliebten Justizdienst und studierte in Berlin Philosophie und Geschichte, insbesondere bei Hegel. In dessen Todesjahr 1831 wurde er in Halle promoviert und 1832 habilitierte er sich dort. Erste geschichts- und literaturwissenschaftliche Veröffentlichungen folgten ab 1833. In der Folgezeit hatte er allerdings als Lehrender wenig Erfolg, was zu generellen, aber universitätsinternen Zweifeln an seiner Befähigung führte, so daß die Berufung zum o. Prof. letztlich erst 1861 erfolgte. Ausdrücklich seit 1841 wendete er sich von Hegel ab und entwickelte eine eigenständige pantheistisch geprägte Philosophie, die sich insbesondere der Verbindung von Naturwissenschaft und Religion widmete. Seit 1847 gab er zusammen mit I. H. Fichte die »Zeitschrift für Philosophie und philosophische Kritik« [ZsPhphKr] heraus (die Fichte vorher allein unter dem Titel »Zeitschrift für Philosophie und speculative Theologie« [ZsPhspTh] geführt hatte) und die über U.'s Tod hinaus bis 1918 insbesondere auch ein bedeutendes Rezensionsblatt für Philosophie war (die ersten fünfzig Bände dieser Zs. wurden im 20. Jahrhundert nachgedruckt und auch ein Register erschien). In diesem Zusammenhang sind U.'s zahlreichen fachlich breit gestreuten Rezensionen interessant, die besonders auch die englischsprachige Philosophie ausführlich berücksichtigten. Ein besonderes Merkmal war hier auch U.'s Hinwendung zur Logik, deren Bedeutung er zusätzlich mit populären Büchern zu unterstützen suchte. Insbesondere ist in diesem Zusammenhang seine Darstellung und Auseinandersetzung mit Boole zu nennen, den er erstmals so ausführlich behandelt hat. Darüber hinaus hat er viele zeitgenössische philosophische Werke seiner naturwissenschaftlichen (Bunsen, Helmholtz, Liebig) und philosophische Kollegen (Brentano, du Bois-Reymond, Erdmann, Kuno Fischer, Fechner, E. v. Hartmann, Lotze, Reichlin-Meldegg, Rosenkranz, Schuppe, Sigwart, D. F. Strauss, Stumpf, Trendelenburg, Ueberweg, Windelband, Wundt, Zeller etc.) sowie Übersetzungen klassischer Werke (Cicero, Rousseau, Hume, Kant, Fichte) rezensiert und literarische Werke (Shakespeare) herausgegeben, erläutert und wissenschaftlich untersucht.

Werke: De indole et ingenio veteris Historiae, Diss. Halle 1831; Charakteristik der antiken Historiographie, Berlin 1833; Geschichte der Hellenischen Dichtkunst, 2 Tle., Berlin 1835; Ueber Shakespeare's dramatische Kunst und sein Verhältniß zu Calderon und Göthe, Halle 1839, Leipzig ²1847, ³1869 (ND 1874, engl. London 1846, ²1876, ND 1890/91, 1896); Ueber Princip und Methode der hegelschen Philosophie. Ein Beitrag zur Kritik derselben, Halle 1841; Der spekulative Begriff der politischen Freiheit. Eine rechtsphilosophische Skizze, in: ZsPhspTh 10 (1843), 1-39 und 189-225; Die philosophische Literatur der Gegenwart. Achter Artikel. Die neuesten Werke zur Geschichte der Philosophie von Brandis, Hillebrand, Braniß, Biedermann, Michelet und Chalybäus, ZsPhspTh 11 (1843), 293-311 und 12 (1844), 132-165; Das Grundprincip der Philosophie kritisch und speculativ entwickelt, Tl. 1: Geschichte und Kritik der Principien der neueren Philosophie, Leipzig 1845, Tl. 2: Speculative Grundlegung des Systems der Philosophie oder die Lehre vom Wissen, Leipzig 1846; (zus. m. Immanuel Hermann Fichte), Ankündigung der vom Jahre 1847 an erscheinenden Zeitschrift für Philosophie und philosophische Kritik, als Fortsetzung der Fichteschen Zeitschrift für Philosophie und speculative Theologie, in: ZsPhphKr N. F. 17 (1847), 1-6; Aphorismen zur philosophischen Verständigung über die Tendenzen unserer Zeit, I. Die wissenschaftlichen Tendenzen im Verhältniß zu den praktischen Interessen, in: ZsPhphKr 17 (1847), 25-37; Zur philosophischen Verständigung über die Tendenzen unserer Zeit [II. Die kirchlich-religiösen Fragen. A. Die Freiheit der Religion und die Religion der Freiheit], in: ZsPhphKr 17 (1847), 208-226; Zur philosophischen Verständigung über die Tenden-

zen unserer Zeit [II. Die kirchlich-religiösen Fragen. B. Die Verfassungs- und die Symbolfrage], in: ZsPhphKr 18 (1847), 82-115; Das Wesen der logischen Kategorieen, in: ZsPhphKr 19 (1848), 91-134; Die falsche und die wahre Dialektik, mit besonderer Beziehung auf die Hegelsche Methode, in: ZsPhphKr 19 (1848), 238-274; System der Logik, Leipzig 1852; Der Begriff des Unendlichen und sein Verhältniß zum Theismus und Pantheismus. Entgegnung auf die vorstehende Abhandlung, in: ZsPhphKr 22 (1853), 82-115; Zur Religionsphilosophie (I.). Stellung der Aufgabe und Auffassung des Verhältnisses von Religion und Philosophie in den älteren Systemen von Wolff bis Hegel, in: ZsPhphKr 23 (1853), 102-133; Zur Religionsphilosophie II. Auffassung des Verhältnisses von Religion und Philosophie bei Hegel, Schleiermacher, Herbart und ihren Nachfolgern, in: ZsPhphKr 23 (1853), 240-286 ; Zur Religionsphilosophie (III.). Schließt die Philosophie den Glauben aus oder ein?, in: ZsPhphKr 24 (1854), 104-143; Ueber den Begriff des Urtheils überhaupt«, in: ZsPhphKr 24 (1854), 255-281; Einige Bemerkungen über den Gegensatz von Idealismus und Realismus und Schopenhauer's Auffassung desselben. Zur Entgegnung auf die vorstehende Abhandlung, in: ZsPhphKr 25 (1854), 94-114; Zur Religionsphilosophie (IV.). Der Begriff des Wissens, in: ZsPhphKr 25 (1854), 257-296; Zur Religionsphilosophie (V.). Die verschiedenen Arten des Wissens und Glaubens in besonderer Beziehung auf die s. g. exakten Wissenschaften, in: ZsPhphKr 26 (1855), 51-91; Zur Religionsphilosophie (VI.). Das philosophische Wissen und der religiöse Glaube, in: ZsPhphKr 26 (1855), 258-295; Die Beweise für das Daseyn Gottes, in: ZsPhphKr 28 (1856), 91-132; Glauben und Wissen, Speculation und exacte Wissenschaft. Zur Versöhnung des Zwiespalts zwischen Religion, Philosophie und naturwissenschaftlicher Empirie, Leipzig 1858; Die Lebenskraft und der Begriff des Organismus nach naturwissenschaftlicher Ansicht, in: ZsPhphKr 34 (1859), 214-258 und 35 (1859), 40-80; Compendium der Logik. Zum Selbstunterricht und zur Benutzung für Vorträge auf Universitäten und Gymnasien, Leipzig 1860; Das Wesen der Seele nach naturwissenschaftlicher Ansicht, in: ZsPhphKr 38 (1861), 21-50 und 221-242; Gott und die Natur, Leipzig 1862, ²1866, ³1875; Ist der Pantheismus mit den Resultaten der neueren Naturwissenschaft verträglich? Mit Beziehung auf die Recension meiner Schrift: Gott und die Natur, in der Allgemeinen Zeitung, 1862, Beilage zu No. 190f., in: ZsPhphKr 41 (1862), 296-308; Physiologische Erklärung und psychologische Bedeutung der Gehörsempfindungen. Mit Beziehung auf H. Helmholtz: Die Lehre von den Tonempfindungen etc. Braunschweig, 1863, in: ZsPhphKr 43 (1863), 78-102; Noch ein Wort über die Bedeutung der tragischen Katharsis bei Aristoteles, in: ZsPhphKr 43 (1863), 181 -184; Vertheidigung meiner Ansicht vom Ursprung der Begriffe und dem Wesen der Kategorieen, in: ZsPhphKr 44 (1964), 74-102; Christopher Marlowe und Shakespeare's Verhältniß zu ihm, in: Jahrbuch der Deutschen Shakespeare-Gesellschaft [JSG] 1 (1865), 57-85; Gott und der Mensch, Tl. 1: Leib und Seele. Grundzüge einer Physiologie des Menschen, Leipzig 1866, ²1874 (2 Bde.), Tl. 2: Grundzüge der praktischen Philosophie, Naturrecht, Ethik und Aesthetik, 1. Bd.: Allgemeine grundlegende Einleitung. Das Naturrecht, 1873; Ueber die ethischen Motive und Zielpunkte der Wissenschaft (Rektoratsrede), in: ZsPhphKr 51 (1867), 204-218; Academiae Fridericianae Halensis cum Vitebergensi consociatac rector Hermannus Ulrici cum senatu nomina civium suorum qui in certamine literario in diem XXII. Martis a MDCCCLXVIII ... praemia reportaverunt renunciat novasque simul quaestiones in annum sequentem propositas promulgat Praemissa est Alfredi Guilelmi Volkmanni Commentatio anatomiae studium cum falsa humanitatis notione tum legum ambigue constitutarum culpa impediri, Halle 1868; Ueber Shakespeare's Fehler und Mängel. Einleitender Vortrag zum Jahresbericht der Deutschen Shakespeare-Gesellschaft für 1865-1866, in: JSG 3 (1868), 1-19; Zur logischen Frage. (Mit Beziehung auf die Schriften von A. Trendelenburg, L. George, Kuno Fischer und F. Ueberweg.) I. Formale oder materiale Logik? Verhältniß der Logik zur Metaphysik, in: ZsPhphKr 55 (1869), 1-63; Zur logischen Frage. (Mit Beziehung auf die Schriften von A. Trendelenburg, L. George, Kuno Fischer und F. Ueberweg.) II. Die logischen Gesetze, in: ZsPhphKr 55 (1869), 184-237; Zur logischen Frage. (Mit Beziehung auf die Schriften von A. Trendelenburg, L. George, Kuno Fischer und F. Ueberweg.) III. Die Kategorieen, in: ZsPhphKr 56 (1870), 1-46; Zur logischen Frage. (Mit Beziehung auf die Schriften von A. Trendelenburg, L. George, Kuno Fischer und F. Ueberweg.) IV. Begriff, Urtheil, Schluß, in: ZsPhphKr 56 (1870), 193-250; Die Quelle des Rechts und des Rechtsbegriffs, in: ZsPhphKr 59 (1871), 163-192; Compendium der Logik. Zum Selbstunterricht und zur Benutzung für Vorträge auf Universitäten und Gymnasien, Leipzig ²1872; Dynamismus und Atomismus, in: ZsPhphKr 60 (1872), 70-105; Der Philosoph Strauß. Kritik seiner Schrift: »Der alte und der neue Glaube« und Widerlegung seiner materialistischen Weltanschauung, Halle 1873, engl. Philadelphia 1874; Zur Streitfrage des Darwinismus. Mit Beziehung auf G. Th. Fechner's Schrift: Einige Ideen zur Schöpfungs- und Entwicklungsgeschichte der Organismen, Leipzig 1873, in: ZsPhphKr 65 (1874), 1-12; Die Aufgabe der Logik. Mit Beziehung auf C. Siegwart (sic!): Logik. Erster Band. Die Lehre vom Urtheil, vom Begriff und vom Schluß. Tübingen, Laupp, 1874, in: ZsPhphKr 66 (1875), 118-157; Abhandlungen zur Kunstgeschichte als angewandter Aesthetik, Leipzig 1876; Die Begründung der logischen Formen und Gesetze. Mit Beziehung auf das Werk von H. Lotze: Logik. Drei Bücher vom Denken, vom Untersuchen und vom Erkennen. Leipzig, 1874, in: ZsPhphKr 69 (1876), 135-171; Ein Protest gegen die Behandlung der Philosophie der Gegenwart seitens der Geschichtsschreiber der Philosophie. Mit Beziehung auf die Schrift von I. H. Fichte: Fragen und Bedenken über die nächste Fortbildung deutscher Speculation. Sendschreiben an Herrn Professor Dr. E. Zeller mit Bezug auf dessen Geschichte der deutschen Philosophie seit Leibniz, in: ZsPhphKr 69 (1876), 306-314; Ueber eine neue Species von Philosophie, in: ZsPhphKr 70 (1877), 224-237; Wie kommen wir zur Vorstellung von der Verschiedenheit der Dinge? (Mit Beziehung auf die Schrift von G. H. Schneider: Die Unterscheidung. Analyse, Entstehung und Entwickelung derselben bei den Thieren und beim Menschen. Zürich. 1877), in: ZsPhphKr 71 (1877), 1-13; Der Begriff der Entwickelung als philosophisches Princip. Mit Beziehung auf die Schriften von H. Spencer: Grundlagen der Philosophie, und: Die Principien der Biologie. E. L. Fischer: Ueber das Gesetz der Entwickelung auf physisch-ethischem

Gebiete. L. Jacoby: Die Idee der Entwickelung, eine social-philosophische Darstellung. — Dr. W. L: Die confessionslose Religion, in: ZsPhphKr 71 (1877), 180-219; In Sachen der wissenschaftlichen Philosophie. Eine Replik, in: ZsPhphKr 72 (1878), 103-110; Psychophysische Fragen und Bedenken. (Mit Beziehung auf die Schrift: In Sachen der Psychophysik. Von Gustav Theodor Fechner), in: ZsPhphKr 72 (1878), 281-310; Ueber den Spiritismus als wissenschaftliche Frage. Antwortschreiben auf den offenen Brief des Herrn Prof. Dr. W. Wundt, Halle 1879; Der sogenannte Spiritismus eine wissenschaftliche Frage, Halle 1879; Zur logischen Frage. Mit Beziehung auf die Schriften von 1) C. Sigwart: Logik. Zweiter Band: Die Methodenlehre. Tübingen. Laupp, 1878. 2) W. Schuppe: Erkenntnißtheoretische Logik. Bonn, Weber, 1878. 3) J. Bergmann, Allgemeine Logik. Erster Theil: Reine Logik. Berlin, Mittler, 1879, in: ZsPhphKr 76 (1880), 281-309; Erläuternde und berichtigende Bemerkungen zu dem vorstehenden Aufsatz, in: ZsPhphKr 80 (1882), 118-128; Der Begriff des Rechts. Mit Beziehung auf die Schrift: Rechtsphilosophische Studien von Felix Dahn. Berlin, O. Janke, 1883, in: ZsPhphKr 83 (1883), 245-254; Der Begriff der Notwendigkeit. Mit Beziehung auf die Schrift von Otto Liebmann: Gedanken und Thatsachen. Philosophische Abhandlungen, Aphorismen und Studien. Erstes Heft. Die Arten der Notwendigkeit. Die mechanische Naturerklärung. Idee und Entelechie. Straßburg, K. J. Trübner, 1882, in: ZsPhphKr 83 (1883), 254-263.

Rezensionen zu (Auswahl, rezensierte Titel gekürzt): J. E. Erdmann, »Vermischte Aufsätze«, in: ZsPhphKr 17 (1847), 257-269; »Lust. Theod. Fechner: Ueber das höchste Gut«, in: ZsPhphKr 17 (1847), 269-276; R. Haym, »Die Autorität, welche fällt und die, welche bleibt« und »Feuerbach und die Philosophie«, in: ZsPhphKr 17 (1847), 276-289; K. Ph. Fischer, »Speculative Charakteristik und Kritik des Hegel'schen Systems und Begründung der Umgestaltung der Philosophie zur objektiven Vernunftwissenschaft, mit besonderer Rücksicht auf die Geschichte der Philosophie«, in: ZsPhphKr 17 (1847), 289-300; Ferdinand Röse, »Die Ideen von den göttlichen Dingen und unsere Zeit. Ankündigungsschrift des Systems der Individualitäts-Philosophie«, in: ZsPhphKr 17 (1847), 301-305; Treplin, »Gedanken über die Bestimmung des Menschen«, in: ZsPhphKr 17 (1847), 306; G. F. Rettig, »Ueber Platons Phädon«, in: ZsPhphKr 17 (1847), 306-308; Fr. Groos, »Der zwiefache, der äußere und der innere Mensch. Als zweiter Theil der Schrift: ,Meine Lehre von der persönlichen Fortdauer des menschlichen Geistes nach dem Tode.'«, in: ZsPhphKr 17 (1847), 308-309; Ad. Helfferich, »Spinoza und Leibnitz, oder das Wesen des Idealismus und des Realismus«, in: ZsPhphKr 17 (1847), 309-315; F. Lott, »Zur Logik« und Dr. Strümpell, »Entwurf der Logik. Ein Leitfaden für Vorlesungen«, in: ZsPhphKr 18 (1847), 289-305; »Anmerkungen zu einem Artikel im dritten Hefte der Noack'schen Jahrbücher für speculative Philosophie«, in: ZsPhphKr 18 (1847), 305-308; E. König, »Die Wahrheits-Wissenschaft« (3. Aufl.), in: ZsPhphKr 18 (1847), 138-149; Hermann Lotze, »Ueber den Begriff der Schönheit«, in: ZsPhphKr 18 (1847), 149-158; Karl Weinholtz, »Die Begründung des Rechts und die Aufhebung der Sittenlehre durch die Rechtslehre als nothwendiges Erforderniß«, in: ZsPhphKr 18 (1847), 158-161; »Grundzüge des Naturrechts oder der Rechtsfilosophie (sic!)«, in: ZsPhphKr 18 (1847), 274-289; »Nachschrift (zu: G. Th. Fechner, ‚Ueber das Lustprincip des Handelns')«, in: ZsPhphKr 19 (1848), 31-39; »1. Adolf Trendelenburg, »Historische Beiträge zur Philosophie. Erster Band: Geschichte der Kategorieenlehre«, 2. Karl Rosenkranz: Studien. Dritter Theil: Die Modificationen der Logik abgeleitet aus dem Begriff des Denkens«, 3. A. L. Kym: Bewegung, Zweck und die Erkennbarkeit des Absoluten«, in: ZsPhphKr 19 (1848), 135-152; Georg Weißenborn, »Vorlesungen über Schleiermachers Dialektik und Dogmatik. Erster Theil: Darstellung und Kritik der Schleiermacherschen Dialektik«, in: ZsPhphKr 19 (1848), 152-158; C. G. Weitbrecht, Die Gliederung oder Logik der Geschichte. Eine pragmatische Uebersicht«, in: ZsPhphKr 20 (1848), 141-142; Trendelenburg, »Ist Leibnitz in seiner Entwickelung einmal Spinozist oder Cartesianer gewesen? und was beweist dafür seine Schrift de vita beata?«, in: ZsPhphKr 20 (1848), 143-144; J. Christoph Schmidt, »Authentischer Bericht über die Vorgänge bei der Philosophen-Versammlung zu Gotha«, in: ZsPhphKr 20 (1848), 144-145; »Zur Logik. 1) Franz Hoffmann (Hg.), »Franz von Baader's Sämmtliche Werke. Erste Hauptabtheilung. Erster Band: Gesammelte Schriften zur philosophischen Erkenntnißwissenschaft als speculative Logik«, 2) M. W. Drobisch, »Neue Darstellung der Logik nach ihren einfachsten Verhältnissen, mit Rücksicht auf Mathematik und Naturwissenschaft. 2. Aufl.«, in: ZsPhphKr 21 (1852), 259-293; »Benedicti de Spinoza tractatus de Deo et homine ejusque felicitate lineamenta atque adnotationes ad tractatum theologico-politicum edidit et illustravit«, in: ZsPhphKr 23 (1853), 169-172; Adolf Trendelenburg, »Ueber Herbart's Metaphysik und eine neue Auffassung derselben«, in: ZsPhphKr 24 (1854), 149-157; Ernst Reinhold, »System der Metaphysik«, 3. Aufl., in: ZsPhphKr 25 (1854), 141-151; »Max Furtmair, »Philosophisches Real-Lexikon. In 4 Bänden. Erster Band: A-E«, in: ZsPhphKr 25 (1854), 156-158; A. L. Kym: »Die Weltanschauungen und deren Consequenzen«, in: ZsPhphKr 26 (1855), 147-154; »Le Stresiane. Dialoghi di Ruggiero Bonghi. Dialogo IV: Sulla natura dell'atto creativo«, in: ZsPhphKr 26 (1855), 155-160; Karl Rosenkranz, »Aus einem Tagebuche. Königsberg Herbst 1833 bis Frühjahr 1846«, in: ZsPhphKr 26 (1855), 314-317; H. Sax, »De pantheismi nominis origine et usu et notione exponit Eduardus Boehmer«, in: ZsPhphKr 27 (1855), 156-160; George Boole, »An Investigation of the Laws of Thought, on which are founded the Mathematical Theories of Logic and Probabilities«, in: ZsPhphKr 27 (1855), 273-291; James Smith, »The Divine Drama of History and Civilisation«, in: ZsPhphKr 27 (1855), 291-317; J. D. Morell, »The Philosophical Tendencies of the Age«, in: ZsPhphKr 28 (1856), 314-318; Hermann Hettncr, »Literaturgeschichte des achtzehnten Jahrhunderts. Erster Theil: Geschichte der Englischen Literatur von der Wiederherstellung des Königthums bis in die zweite Hälfte des 18. Jahrhunderts«, in: ZsPhphKr 29 (1856), 177-179; H. Calderwood, »The Philosophy of the Infinite; with special Reference to the Theories of Sir William Hamilton and M. Cousin«, in: ZsPhphKr 29 (1856), 321-324; — A. Carlblom, »Das Gefühl in seiner Bedeutung für den Glauben, im Gegensatz zu dem Intellectualismus innerhalb der kirchlichen Theologie unserer Zeit«, in: ZsPhphKr 32 (1858), 95-105; — Christian Carl Josias Bunsen, »Gott in der Geschichte oder der Fortschritt des Glaubens an

eine sittliche Weltregierung«, in: ZsPhphKr 32 (1858), 255-276; — Robert Schellwien, »Kritik des Materialismus«, in: ZsPhphKr 32 (1858), 290-303; — F. H. Germar, »Die alte Streitfrage: Glauben oder Wissen? Beantwortet aus dem bisher verkannten Verhältnisse von Tact und Prüfung, Glauben und Wissen zu einander und zu den Wissenschaften, besonders zur Philosophie«, in: ZsPhphKr 32 (1858), 303-311; — Martin Katzenberger, »Wissenschaft vom Logischen Denken. Erster Theil: Die Grundfragen der Logik«, in: ZsPhphKr 33 (1858), 118-142; — Christian Carl Josias Bunsen, »Vollständiges Bibelwerk für die Gemeinde. Erste Abtheilung: Die Bibel, Uebersetzung und Erklärung. Erster Theil: Das Gesetz. Erster Halbband«, in: ZsPhphKr 33 (1858), 142-144; — James M'Cosh, The Method of the Divine Government, Physical and Moral«, 5. Ed., in: ZsPhphKr 33 (1858), 274-301; — »Eine kurze Berichtigung (von: Ueberweg, ‚Ueber Idealismus, Realismus und Idealrealismus`, 63-80)«, in: ZsPhphKr 34 (1859), 80-84; — »Jens Baggesen's Philosophischer Nachlaß«, in: ZsPhphKr 34 (1859), 132-156; — »Nachschrift (zu: Schildener, ‚Zur Erkenntnißlehre', 201-210)«, in: ZsPhphKr 34 (1859), 210-214; — »Anmerkung (zu: Adolf Zeising, ‚Die Grundformen des Denkens in ihrem Verhältniß zu den Urformen des Seyns')«, in: ZsPhphKr 35 (1859), 201-202; — Friedrich Ueberweg, »System der Logik und Geschichte der logischen Lehren«, Karl Rosenkranz, »Wissenschaft der logischen Idee«, in 2 Bden., 1. T. Metaphysik«, in: ZsPhphKr 35 (1859), 236-268; — J. Frohschammer, »Einleitung in die Philosophie und Grundriß der Metaphysik. Zur Reform der Philosophie«, in: ZsPhphKr 35 (1859), 268-286; — W. Hamilton, »Lectures on Metaphysics and Logic«, in 4 Vols., Vol. I und II: »Lectures on Metaphysics«, in: ZsPhphKr 36 (1860), 247-252; — »Critique of Pure Reason. Translated from the German of Immanuel Kant by J. M. D. Meiklejohn«, in: ZsPhphKr 36 (1860), 308-311; — »Antwort (auf: J. Frohschammer, 'Ueber die Fundamentalphilosophie. Sendschreiben an Prof. Dr. H. Ulrici')«, in: ZsPhphKr 37 (1860), 98-109; — Herbert Spencer, »The Principles of Psychology« und ders., »Essays, Scientific, Political and Speculative«, in: ZsPhphKr 37 (1860), 129-148; — Langenbeck, »Ueber Atom und Monade«, in: ZsPhphKr 38 (1861), 154-155; — »Anmerkung (zu: Adolf Zeising, ‚Die Grundformen des Denkens in ihrem Verhältniß zu den Urformen des Seyns. Fünfter Artikel: Die unbeschränkte Quantität als Raum')«, in: ZsPhphKr 38 (1861), 218-221; — Alexander Bain, »Die physiologische Psychologie in England. The Senses and the Intellect« und ders., »The Emotions and the Will«, in: ZsPhphKr 38 (1861), 272-315; — »Antwort (auf: K. Fortlage, »Vertheidigung der Thesis: »daß der sittliche Mensch nicht minder, als der religiöse, schlechthin unabhängig sey von dem Urtheile der Menschen und der öffentlichen Meinung. Gegen Hrn. Prof. Ulrici (mit Beziehung auf dessen Buch: Glauben und Wissen, Speculation und exacte Wissenschaft. Zur Versöhnung des Zwiespalts zwischen Religion, Philosophie und naturwissenschaftlicher Empirie«, in: ZsPhphKr 39 (1861), 115-129; — Melchior Meyr, »Gott und sein Reich. Philosophische Darlegung der freien göttlichen Selbstentwicklung zum allumfassenden Organismus«, in: ZsPhphKr 39 (1861), 155-171; — George Jamieson, »The Essentials of Philosophy, wherein its Constituent Principles are traced throughout the various Departments of

Science: with Analytical Strictures on the Views of some of our Leading Philosophers«, in: ZsPhphKr 39 (1861), 171-176; — Adolf Trendelenburg, »Naturrecht. auf dem Grunde der Ethik«, in: ZsPhphKr 39 (1861), 252-284; — H. M. Charlybäus, »Historische Entwickelung der Philosophie von Kant bis Hegel.«, 5. Aufl., und ders., »Fundamentalphilosophie. Ein Versuch, das System der Philosophie auf ein Realprincip zu gründen«, in: ZsPhphKr 40 (1862), 143-164, und James M'Cosh, »The Intuitions of the Mind inductively investigated«, in: ZsPhphKr 40 (1862), 164-175; — »Ein Ergebniß aus der Kritik der Kantischen Freiheitslehre. Von dem Verfasser der Schrift: ,Das unbewußte Geistesleben und die Offenbarung'«, in: ZsPhphKr 40 (1862), 258-277; — Adolph Bühler, »Theokrisis. Ideen über Gott und Welt zur Versöhnung des Theismus und Pantheismus«, in: ZPh 40 (1862), 296-305; — Eduard Löwenthal, »System und Geschichte des Naturalismus. I. Abtheilung: System des Naturalismus. 2. Aufl.«, in: ZsPhphKr 40 (18112), 3115-312; — »Antwort (auf: Fr. Hoffmann, ,Sendschreiben an den Herrn Prof. Dr. Ulrici aus Anlaß seiner Schrift: Gott und die Natur')«, in: ZsPhphKr 41 (1862), 140-162; — »Nachschrift (zur ,Antwort')«, in: ZsPhphKr 41 (1862), 162-171; — J. D. Morell, »An Introduction to Mental Philosophy an the inductive Method«, in: ZsPhphKr 41 (1862), 256-294; — Justus von Liebig, »Ueber Francis Bacon von Verulam und die Methode der Naturforschung«, in: ZsPhphKr 43 (1863), 300 305; — »Replik und Duplik zu dem alten Streit. über die Willensfreiheit. Ein ergänzender Anhang zu der Schrift: Ein Ergebniß aus der Kritik der Kantischen Freiheitslehre'«, in: ZsPhphKr 43 (1863), 305-312; — F. X. Schmid, »Entwurf eines Systems der Philosophie auf pneumatologischer Grundlage. Erster Theil: Grundlinien der Erkenntnißlehre«, in: ZsPhphKr 45 (1864), 273-298; — R. Haym, »Arthur Schopenhauer«, in: ZsPhphKr 45 (1864), 298-300; — Herbert Spencer, »First Principles« und ders., »The Classification of the Sciences«, in: ZsPhphKr 48 (1866), 121-151; — M. Carriere, »Die Kunst im Zusammenhang der Culturentwickelung und die Ideale der Menschheit. Zweiter Band: Hellas und Rom in Religion und Weisheit, Dichtung und Kunst. Ein Beitrag zur Geschichte des menschlichen Geistes«, in: ZsPhphKr 49 (1866), 44-66; — Kuno Freiherr von Reichlin-Meldegg, »Der Parallelismus der alten und neuen Philosophie«, in: ZsPhphKr 49 (1866), 66-75; — James M'Cosh, »Der Streit zwischen der Schottischen und Englischen Schule der Philosophie«, in: ZsPhphKr 49 (1866), 291-308; — R. Pearson, »An Analysis of the Human Mind«, in: ZsPhphKr 50 (1867), 116-123; — J. G. Fichte, »The Journal of Speculative Philosophy. Vol. I and II. Translated from the German«, in: ZsPhphKr 53 (1868), 306-309; — Thomas Abbot, »Sight and Touch: an Attempt to disprove the Received (Berkeleian) Theory of Vision«, in: ZsPhphKr 54 (1869), 166-182; — J. Stirling, »The Secret of Hegel«,in: ZsPhphKr 54 (1869), 182-185; — H. Buff, »Kraft. und Stoff vom physikalischen Standpunkte«, in: ZsPhphKr 54 (1869), 188-191; — F. A. v. Hartsen, »Zur Abwehr. Dr. L. Büchner und die ,Zeitschrift für Philosophie und philosophische Kritik'«, in: ZsPhphKr 54 (1869), 196; — »Antwort« (auf L. George, ,Sendschreiben an Herrn Prof. Dr. Ulrici betreffend seine Stellung zur logischen Frage')«, in: ZsPhphKr 57 (1870), 108-120; — »Anmerkung« (zu: Simon, ,Die Lehre Berkeley's. Eine briefliche Discussion«, in: ZsPhphKr 57

(1870), 171-174; — »Anmerkung (zu: F. Weberweg, Rez. v. ,System der Logik nebst Einleitung in die Philosophie' von Karl Alexander Freiherr v. Reichlin-Meldegg)«, in: ZsPhphKr 57 (1870), 181-184; — W. T. Harris, »The Journal of Speculative Philosophy«, Vol. III and IV, in: ZsPhphKr 57 (1871), 185-186; — G. Biedermann, »Zur logischen Frage«, in: ZsPhphKr 57 (1870), 304-319; — »To ti en einai. Die Idee Shakespeare's und deren Verwirklichung. Sonettenerklärung und Analyse des Dramas Hamlet (indirecter Beitrag zur Zeitfrage ,Glauben und Wissen`) von Carl Karpf, Hamburg 1869«, in: JSG 5 (1870), 335-340; — Joh. v. Hoffinger (Hg.), »Licht- und Tonwellen. Ein Buch der Frauen und der Dichter. Aus dem Nachlaß der Josefa von Hoffinger«, und Robert Zimmermann, »Studien und Kritiken zur Philosophie und Aesthetik«, 2. Bd.«, in: JSG 5 (1870), 343-347; — Th. Funck-Brentano, »La pensee exacte en Philosophie«, in: ZsPhphKr 58 (1871), 148-158; — H. Hettner: Literaturgeschichte des achtzehnten Jahrhunderts. Zweiter Theil: Die französische Literatur im achtzehnten Jahrhundert. Dritter Theil in drei Büchern: Die deutsche Literatur im achtzehnten Jahrhundert«, in: ZsPhphKr 58 (1871), 284-290; — R. Haym, »Die romantische Schule. Ein Beitrag zur Geschichte des deutschen Geistes«, in: ZsPhphKr 58 (1871), 290-294; — Joseph W. Nahlowsky, »Allgemeine praktische Philosophie (Ethik) pragmatisch bearbeitet«, in: ZsPhphKr 58 (1871), 294-299; — M. Müller, »Anti Rudolf Gottschall und Julius Frauenstädt. Zur Vertheidigung der persönlich bewußten Fortdauer nach dem Tode«, in: ZsPhphKr 59 (1871), 262-264; — Henry Brown, »The Sonnets of Shakespeare Solved, and the Mystery of his Friendship, Love, and Rivalry Revealed«, in: JSG 6 (1871), 345-347; — M. Carriere, »Die Kunst im Zusammenhang der Culturentwicklung und dic Ideale der Menschheit. Vierter Band: Renaissance und Reformation in Bildung, Kunst und Literatur«, in: JSG 6 (1871), 355; — Carl Stark, »König Lear. Eine psychiatrische Shakespeare-Studie für das gebildete Publikum«, in: JSG 6 (1871), 361; — Giacomo Barzellotti, »La Morale della Filosolia positiva«, in: ZsPhphKr 61 (1872), 310-312; — Carlo Cantoni, »Corso elementare di Filosofia«, in: ZsPhphKr 61 (1872), 312-313; — Werner Luthe, »Beiträge zur Logik. Erster Teil«, in: ZsPhphKr 61 (1872), 282-315; — Louis Ferri, »Essai sur l'histoire de la Philosophie en halle au dix-neuvieme siècle«, in: ZsPhphKr 61 (1872), 307-310; — Zöllner, Ueber die Natur der Kometen. Beiträge zur Geschichte und Theorie der Erkenntniß«, in: ZsPhphKr 62 (1873), 163-198; — Friedrich Ueberweg, »System of Logic and History of Logical Doctrine«, translated from the German, with Notes and Appendices by Th. M. Lindsav«, in: ZsPhphKr 62 (187-3), 198-200; — David Friedrich Strauß, »Der alte und der neue Glaube. Ein Bekenntniß««, in: ZsPhphKr 62 (1873), 286-332; — »Ueber die Gränzen des Naturerkennens. Ein Vortrag in der zweiten öffentlichen Sitzung der 45. Versammlung der Naturforscher und Aerzte gehalten von Emil du Bois-Reymond«, in: ZsPhphKr 63 (1873), 68-79; — Noah Porter, »The Human Intellect: with an Introduction upon Psychology and the Soul«, in: ZsPhphKr 63 (1873), 79-101; — Shadworth H. Hodgson, »Time and Space. A Metaphysical Essay«, in: ZsPhphKr 63 (1873), 101-118; — Shadworth H. Hodgson, »The Theory of Practice. An Ethical Inquiry«, in: ZsPhphKr 63 (1873), 118-119; — J. J. Rousseau, »Der Gesellschaftsvertrag oder Grundsätze des öffentlichen Rechtes. Nach dem französischen Originale von Max Freiherrn von Rast«, in: ZsPhphKr 63 (1873), 140-144; — Carl Stumpf, »Ueber den psychologischen Ursprung der Raumvorstellung«, in: ZsPhphKr 63 (1873), 259-283; — Adolf Horwicz, »Psychologische Analysen auf physiologischer Grundlage. Ein Versuch zur Neubegründung der Seelenlehre«, in: ZsPhphKr 63 (1873), 299-311; — R. Haym, »Die Hartmann'sche Philosophie des Unbewußten«, und G. Knauer, »Das Facit aus E. v. Hartmann's Philosophie des Unbewußten«, und »Das Unbewußte vom Standpunkt der Physiologie und Descendenz-Theorie«, in: ZsPhphKr 64 (1874), 88-128; — Max Schasler, »Hegel, Populäre Gedanken aus seinen Werken. Für die Gebildeten aller Nationen zusammengestellt und mit einer kurzen Lebensbeschreibung versehen«, 2. Aufl., in: ZsPhphKr 64 (1874), 127-128; — »Glaubensbekenntniß eines modernen Naturforschers«, in: ZsPhphKr 64 (1874), 128-130; — »Revue de Theologie et de Philosophie et Compterendu des principales publications scientifiques«, in: ZsPhphKr 64 (1874), 318; — Theodor Vogt, »Franz Karl Lott«, in: ZsPhphKr 65 (1874), 160; — Wilhelm Windelband, »Ueber die Gewißheit der Erkenntniß. Eine psychologisch-erkenntnißtheoretische Studie«, in: ZsPhphKr 65 (1874), 285-308; — B. P. Browne, »The Philosophy of Herbert. Spencer. Being an Examination of the First Principles of his System«, in: ZsPhphKr 66 (1875), 160-164; — Robert Flint, »The Philosophy of History in France and Germany«, in: ZsPhphKr 66 (1875), 164-170; — »Fr. Ueberweg: History of Philosophy. From Thales to the Present Time. Translated from the Fourth German Edition by Geo. S. Morris«, in: ZsPhphKr 66 (1875), 171-172; — Herbert Spencer, »Grundlagen der Philosophie«, in: ZsPhphKr 67 (1875), 156; — J. H. v. Kirchmann, »Philosophische Bibliothek oder Sammlung der Hauptwerke der Philosophie alter und neurer Zeit. Unter Mitwirkung namhafter Gelehrter herausgegeben, beziehungsweise übersetzt, erläutert und mit Lebensbeschreibungen versehen«, und David Hume, »Eine Untersuchung in Betreff des menschlichen Verstandes«, übersetzt vpm J. H. v. Kirchmann. 2. Aufl., und G. W. v. Leibniz, »Neue Abhandlung über den menschlichen Verstand«, übersetzt von C. Schaarschmidt, und. »Des M. T. Cicero Lehre der Akademie«, übersetzt etc. von J. H. v. Kirchmann, und »Erläuterungen zu Kant's kleineren Schriften zur Ethik und Religionsphilosophie«, übersetzt etc. von J. H. v. Kirchmann, und »Erläuterungen zu Kant's Grundlegung zur Metaphysik der Sitten und Kant's Metaphysik der Sitten oder den Anfangsgründen der Rechts- und Tugendlehre«, in: ZsPhphKr 67 (1875), 156-158; — Kuno Fischer, »Francis Bacon und seine Nachfolger. Entwickelungsgeschichte der Erfahrungsphilosophie«. Zweite Auflage«, in: ZsPhphKr 67 (1875), 158-160; — Johannes Huber, »Zur Kritik moderner Schöpfungslehren mit besonderer Rücksicht auf Häckel's ,Natürliche Schöpfungsgeschichte' ders., Die religiöse Frage. Wider Eduard von Hartmann«, in: ZsPhphKr 67 (1875), 160-164; — »Antwort (auf: Fortlage, ,Ueber das Verschmelzen der gleichen und ähnlichen Elemente im Inhalte unserer Vorstellungen, mit Beziehung auf: Leib und Seele. Grundzüge einer Psychologie des Menschen. Von Dr. Hermann Ulrici. Zweite Auflage)«, in: ZsPhphKr 67 (1875), 272-286; — Edmund Pfleiderer, »Der moderne Pessimismus«, in: ZsPhphKr 67 (1875), 286-290; — Franz Brentano, »Psy-

chologie vom empirischen Standpunkte. Erster Band«, in: ZsPhphKr 67 (1875), 290-305; — »Jahresbericht für 1873-74. Vorgetragen in der Jahres-Versammlung zu Weimar am 23. April 1874«, in: JSG 10 (1875), 22-24; — Franz Brentano, »Psychologie vom empirischen Standpunkte. Erster Band«, in: ZsPhphKr 68 (1876), 132-149; — George Henry Lewes, »Geschichte der neuere Philosophie. Die Geschichte der Philosophie von Thales bis Comte. Zweiter Band«, in: ZsPhphKr 68 (1876), 167-171; — »Sebastiano Turbiglio: Benedetto Spinoza e le transformazioni del suo pensiero«, in: ZPR 68 (1876), 191-192; — Alexander Jung, »Panacee und Theodicee«, in: ZsPhphKr 68 (1876), 280-287; — Pasquale d'Ercole, »La pena di morte e la sua abolizioue chiarate teoreticamente e storica mente secondo la filosofia«, in: ZPJ. 68 (1876), 287-289; — James M'Cosh, »The Laws of Discursive Thought: being a Textbook of Formal Logic«, in: ZsPhphKr 68 (1876), 290-298; — Wilhelm Volkmann Ritter von Volkmar, »Lehrbuch der Psychologie vom Standpunkte des Realismus und nach praktischer Methode. Des Grundrisses der Psychologie zweite Auflage«, in: ZsPhphKr 68 (1876), 298-311.

Literarisches unter dem Pseudonym »Ulrich Reimann«: Drei Liebhaber. Altes Thema mit neuen Variationen, in: Berliner Conversations-Blatt für Poesie, Literatur und Kritik 2 (1828), Nr. 127 v. 1.7.1828, 499-500; Nr. 128 v. 3.7.1828, 503-505; Nr. 129 v. 4.7.1828, 507-508; Nr. 131 v. 7.7.1828, 515-516; Nr. 132 v. 8.7.1828, 519-520; Nr. 133 v. 10.7.1828, 523-524; Nr. 134 v. 11.7.1828, 527-528; Nr. 136 v. 14.7.1828, 535-536; Nr. 137 v. 15.7.1828, 539-541; Nr. 138 v. 17.7.1828, 543-544; Nr. 139 v. 18.7.1828, 547-548; Nr. 141 v. 21.7.1828, 555-556; Nr. 142 v. 22.7.1828, 559-561; Nr. 143 v. 24.7.1828, 563-564; Nr. 144 v. 25.7.1828, 567-568; Nr. 146 v. 28.7.1828, 575-576; Nr. 147 v. 29.7.1828, 579-580; Menschlich Thun und Treiben. Volkslied, in: Berliner Conversations-Blatt 2 (1828), Nr. 163 v. 21.8.1828, 643; Gedichte, in: Berliner Conversations-Blatt 2 (1828): So geht's, Nr. 172 v. 2.9.1828, 677; Heimkehr, Nr. 174 v. 5.9.1828, 687; Was sie suchen, Nr. 187 v. 23.9.1828, 738-739; Der Autor und Accise-Einnehmer Gottlob Links. Eine Probe aus einem größern, noch ungedruckten Werke zur Kunde unserer Schreib- und Druckseligkeit mitgetheilt. (Zur Preisbewerbung für Nr. III.), in: Der Gesellschafter oder Blätter für Geist und Herz (Der Gesellschafter) 13 (1829), Nr. 69 v. 1.5.1829, 353-354; Nr. 70 v. 2.5.1829, 358-359; Nr. 71 v. 4.5.1829, 361-362; Nr. 72 v. 6.5.1829, 365-366; Schön Röschen, in: Der Gesellschafter 13 (1829), Nr. 205 v. 25.12.1829, 1033-1035; Nr. 206 v. 26.12.1829, 1037-1038; Nr. 207 v. 28.12.1829, 1042-1043; Nr. 208 v. 30.12.1829, 1050; Gedichte in Gesellschafter 13 (1829): Bescheidung, Nr. 1 v. 2.1.1829, 3; Der Liebe Sonne, Nr. 13 v. 23.1.1829, 63; Stille Liebe, Nr. 28 v. 18.2.1829, 143; Mein Traum am Bache, Nr. 36 v. 4.3.1829, 185; Freilich, Nr. 41 v. 13.3.1829, 211; Das Dichterlein, Nr. 44 v. 18.3.1829, 227; Die Wanderung, Nr. 56 v. 8.4.1829, 285; Menschenleben, Nr. 80 v. 20.5.1829, 409; Mein Frühling, Nr. 88 v. 3.6.1829, 451; Besserung, Nr. 95 v. 15.6.1829, 483; Künstlersinn. Novelle, in: Der Gesellschafter 14 (1830), Nr. 194 v. 3.12.1830, 973-974; Nr. 195 v. 4.12.1830, 978-979; Nr. 196 v. 6.12.1830, 982-983; Nr. 197 v. 8.12.1830, 985-986; Nr. 198 v. 10.12.1830, 994-995; Nr. 199 v. 11.12.1830, 997-999; Nr. 200 v. 13.12.1830, 1001-1003; Nr. 201 v. 15.12.1830, 1010-

1011; Nr. 202 v. 17.12.1830, 1014-1015; Nr. 203 v. 18.12.1830, 1018-1019, Nr. 204 v. 20.12.1830, 1021-1022; Nr. 205 v. 22.12.1830, 1031; Gedichte in: Der Gesellschafter 14 (1830): Die Elfen-Küche, Nr. 6 v. 9.1.1830, 27; Des Meisters Bild, Nr. 17 v. 29.1.1830, 83; Die Liebes-Nacht, Nr. 28 v. 17.2.1830, 135; Der Bettler, Nr. 34 v. 27.2.1830, 165; Sängers letztes Lied, Nr. 69 v. 28.4.1830, 333; Mein Sylvester-Abend. Eine wahre Begebenheit aus meinem Leben, in: Der Gesellschafter 16 1932, Nr. 172 v. 26.10.1832, 854-855; Nr. 173 v. 27.10.1832, 857-859; Nr. 174 v. 29.10.1832, 862-864; Nr. 175 v. 31.10.1832, 865-866; Einige Bemerkungen über die Malerkunst des neunzehnten Jahrhunderts mit Beziehung auf Berliner Kunstausstellungen, in: Der Gesellschafter 16 (1832), Nr. 187 v. 21.11.1832, Beiblatt »Kunst und Gewerbe«, Nr. 14, 929-930; Nr. 195 v. 5.12.1832, Beiblatt »Kunst und Gewerbe«, Nr. 15, 967-968; Nr. 203 v. 19.12.1832, Beiblatt »Kunst und Gewerbe«, Nr. 16, 1009-1010; Novellen, 2 Bde. (Die Maler, Meine Ferienreise, Berthold's Liebesgeschichte, Die Dichter), Berlin 1833; Ritter Otto von Fieldingen. Historisch-poetische Farbenskizze, Gesellschafter 17 1833, Nrn. 56-63; Wallteufel. Eine Legende, in: Der Gesellschafter 17 (1833), Nr. 199 v. 14.12.1833, 993-994; Die schöne Geschichte vom schönen Stehauf. Erzählung in Knüttelversen, in: Der Gesellschafter 17 (1833), Nr. 200 v. 16.12.1833, 998-999; Ritter Gluck und seine Compositionen, in: Der Gesellschafter 18 (1834), Nr. 26 v. 11.2.1834, 131-132.

Lit.: Wienberg, Ludolf/Carl Gutzkow, Für den Herrn Ulrici, in: Frankfurter Konversationsblatt Nr. 313 v. 12. November 1835, darin Abdruck eines Schreibens von Ulrici an Wienberg und Gutzkow v. 28.9.1835 (ND 1906); — Wienberg, Ludolf/Carl Gutzkow, Für den Herrn Ulrici, Allgemeine Zeitung v. 15.11.1835 (außerordentliche Beilage, Nr. 465), darin Abdruck eines Schreibens von Ulrici an Wienberg und Gutzkow v. 28.9.1835; — Chalybäus, Einwendungen gegen das Programm der Zeitschrift in einem Sendschreiben an die Redaktion, 169-177«, ZsPhphKr 17 (1847); — Anon., Antwort (in Fortsetzung des Schriftenwechsels zwischen H. M. Chalybäus und H. Ulrici über das Princip und die Form der Philosophie), in: ZsPhphKr 18 (1847), 165-201; darin auch: H. M. Chalybäus an H. Ulrici, ebd., 165-181«, in: ZsPhphKr 18 (1847), 182-201; — Anon., Zwei Worte der Erwiderung (auf: Ch. H. Weiße, Ueber die transscendentale Bedeutung der Urtheilsformen und Schlußfiguren. Sendschreiben an Herrn Professor Ulrici, 208-247)«, in: ZsPhphKr 25 (1854), 247-257; — Sillig, P. H., Die Shakespeare-Literatur bis Mitte 1854. Ein bibliographischer Versuch. Mit einer Einführung von H. Ulrici, Leipzig 1854; — Anon., Nach-

schrift (zu: C. A. Werther, Die Kraft als Princip in der Philosophie, 221-247)«, in: ZsPhphKr 28 (1856), 247-251; — Anon., Antwort [auf: J. Frohschammer, ‚Ueber die Fundamentalphilosophie. Sendschreiben an Prof. Dr. H. Ulrici', 72-98], in: ZsPhphKr 37 (1860), 98-109; Antwort (auf: K. Fortlage, Vertheidigung der Thesis: »daß der sittliche Mensch nicht minder, als der religiöse, schlechthin unabhängig sey von dem Urtheile der Menschen und der öffentlichen Meinung« gegen Hrn. Prof. Ulrici (mit Beziehung auf dessen Buch: Glauben und Wissen, Speculation und exacte Wissenschaft. Zur Versöhnung des Zwiespalts zwischen Religion, Philosophie und naturwissenschaftlicher Empirie. Lpz., T.O. Weigel. 1858', 101-115), in: ZsPhphKr 39 (1861), 115-129; Antwort (auf: Fr. Hoffmann, ‚Sendschreiben an den Herrn Prof. Dr. Ulrici aus Anlaß seiner Schrift: Gott und die Natur (Leipzig, Weigel, 1862), 105-140)«, in: ZsPhphKr 41 (1862), 140-162; Vertheidigung meiner Ansicht vom Ursprung der Begriffe und dem Wesen der Kategorieen (gegen: J. Wirth, Über den Realidealismus, in: ZsPhphKr 44 (1861), 74-102; Hartmann, Eduard, Dynamismus und Atomismus (Kant, Ulrici, Fechner), in: Philosophische Monatshefte 6 (1870/71), 187-205; Meine Vertheidigung (auf: R. Hoppe, Was hat Berkeley's Lehre vor der gemeinen Ansicht voraus? Entgegnung auf eine Anmerkung von H. Ulrici, 166-174), in: ZsPhphKr 58 (1871), 174-180; Berichtigung der angeblichen »Berichtigung« (R. Hoppe, Berichtigung einiger Angaben in Ulrici's Vertheidigung, 146-149), in: ZsPhphKr 59 (1871), 149-152; Wundt, Wilhelm, Der Spiritismus. Eine sogenannte wissenschaftliche Frage. Offener Brief an Prof. Dr. Hermann Ulrici in Halle, Leipzig 1879 (mehrfach in diesem Jahr aufgelegt); E. Grüneisen, Zur Erinnerung an Hermann Ulrici, in: ZsPhphKr 103 (1894), 287-291; Schweitzer, Johann E., Hermann Ulrici's Gotteslehre. Ein Beitrag zur Geschichte der Religionsphilosophie, Diss. Würzburg 1905; Bammel, Erich, Hermann Ulricis Anschauung von der Religion und von ihrer Stellung zur Wissenschaft, Birkenfeld (Diss. Bonn) 1927; Stammler, Gerhard, Deutsche Logikarbeit seit Hegels Tod als Kampf von Mensch, Ding und Wahrheit, Bd. 1: Spekulative Logik, Berlin 1936; ders., Hallesche Vertreter der Philosophie seit der Vereinigung mit Wittenberg, in: 250 Jahre Universität Halle. Streifzüge durch ihre Geschichte in Forschung und Lehre, Halle, S. 234-243; Peckhaus, Volker, Hermann Ulrici (1806-1884). Der Hallesche Philosoph und die englische Algebra der Logik. Mit einer Auswahl von Texten Ulricis zur Logik und einer Bibliographie seiner Schriften, Halle 1995.

Thomas Miller

VÁZQUEZ DE MENCHACA, Fernando (Fernandus Vasquius), span. Rechtsgelehrter (Legist), * 1512 in Valladolid; † 1566 in Valladolid [?]. — Nach einer Tätigkeit in der Finanzverwaltung von Valladolid studierte V. d. M. dort

(1538-1540) und an der Universität von Salamanca (1541-1550) Römisches Recht, u. a. bei Francisco de Vitoria. 1551 trat er eine Professur in Salamanca an, wurde jedoch schon im darauffolgenden Jahr zum Richter am obersten Gericht des Königreichs Spanien nach Sevilla berufen. Von dort ging er 1553 zurück nach Valladolid und arbeitete für die oberste Finanzbehörde der Stadt. Als Gesandter Philipps II. nahm er 1561 zusammen mit Diego de Covarrubias y Leyva am Konzil von Trient teil. V. d. M. starb 1566 (ältere Texte nennen 1569 als Todesjahr); vermutlich in Valladolid. — Als Schüler Francisco de Vitorias setzt V. d. M. die Tradition der Schule von Salamanca zu Beginn der zweiten Hälfte des 16. Jh. fort, lehnt sich dabei insbesondere an Vitoria und Domingo de Soto an, weicht jedoch als einer der wenigen weltlichen Vertreter der Schule von Salamanca in einigen Punkten von der Hauptströmung der spanischen Spätscholastik ab. So griff er zur Begründung des Naturrechts nicht auf Thomas von Aquin, sondern auf Wilhelm von Ockham zurück. Für V. d. M. ergibt sich die Freiheit und Gleichheit der Menschen sowie - Suárez vorwegnehmend - die Souveränität der Völker aus dem Naturrecht, mit dem er positiv-rechtliche Figuren wie Vertrag, Herrschaft und Privateigentum kritisierte. Im Privatrecht hat V. d. M.s Konzept des *dominium* die Theorie des subjektiven Rechts vorangetrieben. Als einziger der spanischen Juristen des 16. Jh. erörtert V. d. M. die Frage, ob im *bellum iustum* Unschuldige getötet werden dürfen, ein ethisches Dilemma, das sonst im Zuge der katholischen Morallehre nach Thomas von Aquin den Theologen vorbehalten blieb. Während diese die Streitfrage am naturrechtlich verankerten Tötungsverbot des Dekaloges spiegelten, löst V. d. M. das Problem anhand von Quellen aus dem römischen Recht, der (antiken) Literatur und der Geschichtsschreibung, was sein humanistisches Wissenschaftsverständnis offenbart, mit dem er darauf abzielt, das Naturrecht mit legistisch-säkularer Methodik weitgehend von der kanonistisch-katholischen Deutungstradition zu emanzipieren. V. d. M.s großes Verdienst besteht darin, auf diesem Wege juristische und theologische Begründungssysteme - insbesondere katholischer Provenienz - im Naturrechtsdiskurs vermittelt zu haben. Er wirkte damit weit über Spanien hinaus und beeinflußte auch die protestantische Natur- und Völkerrechtslehre, v. a. Hugo Grotius und Johannes Althusius, aber auch die Politische Philosophie John Lockes und Thomas Hobbes'. — Drei Werke sind von V. d. M. bekannt: eine Monographie über die Sukzession sowie zwei Sammelwerke, die Texte vereinen, in denen er seine humanistische (Natur-)Rechtsposition anhand von Einzelfragen entfaltet.

Werke: De successionum creatione, progressu, effectuque et resolutione (1559), Controversiarum Illustrium aliarumque usu frequentium libri tres (1559), Controversiarum usu frequentium libri tres (1563).

Lit.: C. B. Trelles, F. V. d. M. (1512-1569). L'École espagnole du Droit International du XVIe siècle, in: Recueil des cours 67, Paris 1939, 430-534; — C. B. Trelles, V. d. M. Sus teorías internacionales. Barcelona 1945; — F. Carpintero Benítez, Del Derecho natural medieval al Derecho natural moderno: F. V. d. M. Salamanca 1977; — A. Herrero Rubio, Derecho de Gentes: Introducción histórica. Publicaciones del Seminario de Estudios Internacionales V. d. M. Valladolid 1995; — O. W. Krause, Naturrechtler des sechzehnten Jahrhunderts. Ihre Bedeutung für die Entwicklung eines natürlichen Privatrechts. Frankfurt a. M. 1982; — H. Maihold, Strafe für fremde Schuld? Die Systematisierung des Strafbegriffs in der Spanischen Spätscholastik und Naturrechtslehre. Köln 2005; — P. G. de Medina y Sobrado, Aporte de F. V. d. M. a la Escuela espanola de derecho international. O.O. 1946; — A. Miaja de la Muela, Internacionalistas espanoles del siglo XVI: F. V. d. M. (1512-1569). Valladolid 1932; — E. Reibstein, Die Anfänge des neueren Natur- und Völkerrechts. Studien zu den Controversiae Illustres des F. V. (1559). Bern 1949; — K. Seelmann, Die Lehre des F. V. vom dominium. Köln 1979; — K. Seelmann, V. d. M., in: M. Stolleis (Hg.), Juristen, München 1995, 632-633; — C. v. Stachau, Die Vorläufer des Hugo Grotius auf dem Gebiete des ius gentium sowie der Politik im Reformationszeitalter. Leipzig 1848.

Josef Bordat

VOGLER, Georg, * 1486 oder 1487 in Kulmbach, † 30. April 1550 in Rothenburg ob der Tauber. Sekretär, Kanzler und Rat der Markgrafen von Brandenburg-Ansbach/Kulmbach und Förderer der Reformation in Franken. — V. wurde in Kulmbach geboren, der Residenzstadt des Landesteils »ob dem Gebirg« der fränkischen Zollern, die von ihrer im Landesteil »unter dem Gebirg« liegenden Hauptstadt Ansbach aus regierten. Nach der Erhebung ihres Geschlechts zu Kurfürsten nannte sich der in Franken gebliebene Zweig der Zollern ebenfalls »Markgrafen von Brandenburg«. Um 1503 trat V. in deren Dienst. Seit 1506 war er Privatsekretär des ältesten Fürstensohns Markgraf Kasimirs von Brandenburg-Ansbach (1481-1527). V. war verheiratet mit Maria Cleophe († 1537), einer Tochter des Ansbacher Kanzlers Christoph Claus († 1519 oder 1520) und Schwester des späteren Landschreibers und Obersten Sekretärs

Johann Claus († um 1544). Die Ehe blieb kinderlos. Als 1515 Markgraf Kasimir seinen Vater Friedrich von Brandenburg (1460-1536; regierend 1486-1515) absetzte und in Haft nahm, wurde V. zu einem führenden Beamten der markgräflichen Regierung. — Auf dem Reichstag zu Worms 1521 begegnete V. Martin Luther persönlich. Er war Zeit seines Leben Luthers Anhänger. V. nahm 1522 bis 1524 an den drei Reichstagen zu Nürnberg teil, deren Gravamina gegen die Papstkirche V. maßgeblich mitformulierte. In Würdigung seiner Verdienste wurde V. 1524 der Titel eines »Päpstlichen und kaiserlichen Hofpfalzgrafen« verliehen. Er wurde auch zum Obersten Sekretär in der Ansbacher Regierungkanzlei ernannt. Offenbar aus diesem Anlaß machte V. in Ansbach in evangelischem Sinne Stiftungen und ließ sich von einem Maler der Donau-Schule porträtieren. Das repräsentative Ölgemälde befindet sich heute im fürstlichen Schloßmuseum Hohenlohe-Neuenstein. Nach dem Nürnberger Reichstagsabschied 1524, der ein Nationalkonzil angesetzt hatte, wurde V. zum Protagonisten der reformatorischen Bewegung in den Markgraftümern. Dies brachte V. in Konflikt mit Markgraf Kasimir, der anders als seine evangelisch gesinnten jüngeren Brüder Georg von Brandenburg (1484-1543) und Herzog Albrecht in Preußen (1490-1568) bei Reformen vor allem auf Vorteile für seine Territorialherrschaft bedacht war und mit Rücksicht auf das Kaiserhaus tiefer gehende Kirchenreformen ablehnte. — Bei den Verhandlungen des Fränkischen Reichskreises und der markgräflichen Landstände 1524/25 setzte sich V., auch mit Hilfe der Gruppe der bereits weitgehend von der evangelischen Bewegung erfaßten Städte, für eine Reform des Gottesdienstes und der Kirchengebräuche auf der Grundlage der Heiligen Schrift ein. Dagegen war Markgraf Kasimir lediglich bereit, die Heilige Schrift als alleinige Grundlage der Predigt gelten zu lassen, verbot jedoch im Sinn der kaiserlichen Religionspolitik Schritte, die die Liturgie und Kirchengebräuche reformierten. Die restaurative Haltung Kasimirs von Brandenburg wurde durch den Bauernkrieg, den er mit übergroßer Härte in Franken niederschlagen half, noch verstärkt. V. überarbeitete gegen Jahresende 1525 ein von Johann von Schwarzenberg für den Augsburger Reichstag 1525/26 bestimmtes Rechtsgutachten zur

Einziehung der Kloster- und Kirchengüter durch die Landesherren, in dem das Modell einer völlig neuen, in ihrer Struktur an den Reichskreisen orientierten nur noch rein geistlich wirkenden Nationalkirche entwickelt wurde. Markgraf Kasimir folgte in seiner Kirchenpolitik freilich nicht seinen von Luther beeinflußten Räten V. und Schwarzenberg, sondern trat auf dem Reichstag zu Speyer 1526 selber vermittelnd zwischen den Religionsparteien auf. Im Reichsabschied, der die Haltung zum Wormser Edikt der Gewissensverantwortung der einzelnen Stände überließ, erblickte die evangelische Seite sogleich die Rechtsgrundlage zur Durchführung reformatorischer Maßnahmen in ihren Territorien. V. forderte den Nürnberger Ratsschreiber Lazarus Spengler auf, eine öffentlichkeitswirksame Flugschrift zu verfassen, welche diesem Verständnis des Reichstagsabschieds programmatisch Ausdruck verlieh. — Markgraf Kasimir erließ dagegen am 10. Oktober 1526 eine restaurative Kirchenordnung, welche von V. freilich zuerst im evangelischen Sinne unter Berufung auf den Speyerer Reichstagsabschied entworfen worden war. Zugeständnisse hinsichtlich der evangelischen Wortverkündigung waren hier dem ausdrücklichen Verbot entsprechender Reformen des Gottesdienstes und des kirchlichen Lebens untergeordnet. Dieses mit seinem offiziell mitregierendem lutherischen Bruder Georg nicht abgesprochene Vorgehen Kasimirs führte zum Bruch innerhalb des Markgrafenhauses. Mit Georg von Brandenburg, der über große Ländereien in Schlesien regierte, und Herzog Albrecht in Preußen stand V. in engem Austausch. Da Kasimir sich anschickte, im Militärdienst für die Habsburger sein Fürstentum zu verlassen, ließ er zusammen mit einem weiteren jüngeren Bruder, dem Würzburger Dompropst Friedrich von Brandenburg (1497-1536) die wichtigsten Protagonisten der evangelischen Bewegung, Pfarrer und Beamte seines Regierung, ausschalten oder vertreiben. V. wurde am 16. Oktober 1526 verhaftet, ebenso sein Schwager Johann Claus. — Der Tod Markgraf Kasimirs in Ungarn am 21. September 1527 und die Regierungsübernahme durch den evangelisch gesinnten Georg von Brandenburg im Frühjahr 1528 brachte die Entscheidung für die Reformation in den fränkischen Markgraftümern. Georg ließ V. rehabilitieren und ernannte ihn zu seinem Vizekanzler und im August 1528 zum Kanzler. Sofort nach seiner Freilassung nahm V. mit seinem Nürnberger Amtskollegen Lazarus Spengler (1479-1534) Verbindung auf, um Brandenburg-Ansbach/Kulmbach und Nürnberg auf einem gemeinsamen Reformationskurs zu steuern. Gegen die Bischöfe von Würzburg, Bamberg, Eichstätt und Augsburg, vor dem Schwäbischen Bund und den Habsburgern war die Reformation im Schulterschluß wesentlich besser zu verteidigen. Beide »Kanzler« wurden die Motoren und Koordinatoren der Kirchenvisitation 1528/29 und der Einführung der Brandenburg-Nürnbergischen Kirchenordnung 1533 gegen alle Widerstände innerhalb und außerhalb ihrer Herrschaftsgebiete. V. und Spengler freilich scheiterten, zwischen den machtpolitisch ambitionierten, doch finanzschwachen Markgrafen von Brandenburg-Ansbach/Kulmbach und der wirtschaftsstarken Reichsstadt Nürnberg, die traditionell verfeindet waren, auch territorialrechtlich eine Verständigung zu erreichen. Die Auflösung der Klöster und Stifter sollte nach V.s Überzeugung die materielle Grundlage für ein reformiertes Kirchen- und Schulwesen bieten. V. setzte sich für die Gründung einer Hohen Schule in Ansbach ein. Ihm gelang die Berufung bedeutender Humanisten wie Vincentius Opsopoeus und Bernhard Ziegler. — V. nahm an der Seite Markgraf Georgs am Reichstag zu Speyer 1529 und verfaßte nach der Aufhebung des Reichstagsabschieds von 1526 und der Bestätigung des Wormser Edikts durch die Mehrheit ein Gutachten, das eine wesentliche Grundlage für die erweiterte zweite Protestation der evangelischen Reichsstände bildete. Auf den Tagungen des entstehenden Schmalkaldischen Bundes mußte V. die Ablehnung des Beitritts der Markgraftümer und Nürnbergs vertreten. Dabei beriefen sich Georg von Brandenburg und die Reichsstadt auf das Verbot des Widerstands gegen den Kaiser als Obrigkeit und auf die von Zwingli beeinflußte Sakramentslehre der oberdeutschen Verbündeten, die sie scharf verurteilten. Realpolitisch wollte man sich keinesfalls an einem antihabsburgischen Kurs von Reichsständen beteiligen, zu sehr war man vom Kaiser abhängig. V. lag grundsätzlich am Nachweis der reichsrechtlichen Legitimität der evangelischen Kirchenreformen. Freilich erst im Jahr 1538 veröffentlichte V. seine einzige selbständige Publikation, wohl eine Frucht der Teilnahme an den Reichstagen von 1521 bis 1530, die Auszüge aus den Verhandlungen und Beschlüssen der Reichstage zusammenstellte, die im Sinn der Reformation und ein freies Nationalkonzil zu verwenden waren. Den Nürnberger Ratsschreiber Lazarus Spengler regte V. privat zur Zusammenstellung eines zunächst Markgraf Georg gewidmeten, dann als Flugschrift verbreiteten »Auszugs aus dem päpstlichen Recht«, der nachweisen sollte, daß viele Sätze des Kanonischen Rechts mit biblischen Aussagen übereinstimmen, das von der weltlichen Herrschaft anerkannte Kirchenrecht demnach als Waffe gegen die Reformation untauglich ist. Eine wichtige Rolle spielte V. als Berater Markgraf Georgs in der Vorbereitung und in den Verhandlungen in der ersten Phase des Reichstags zu Augsburg 1530. Zum wichtigsten theologischen Berater für Brandenburg-Ansbach wurde neben dem Nürnberger Osiander der Schwäbisch Haller Reformator Johannes Brenz, zu dem auch V. persönlich Beziehungen hatte. Gleich nach Eröffnung des Reichstags und dem Verbot evangelischer Predigten entwarf V. eine entschiedene Ablehnung dieses kaiserlichen Befehls. Und V.s Landesherr erwarb sich durch sein persönliches Bekenntnis zum Wort Gottes gegenüber dem Kaiser und durch seine Unterschrift unter die Confessio Augustana den Titel Markgraf Georg »der Fromme«. — Weil V. selbst aber durch seinen politischen Einfluß auf den Regenten zu einer Zielscheibe für die papsttreuen Kräfte im Markgrafenhaus und am Kaiserhof geworden, ja von Dompropst Friedrich persönlich bedroht worden war, mußte er noch im Juli 1530 vom Augsburger Reichstag fliehen. Dem Dompropst gelang es, V. für die schwierige politische Situation Markgraf Georgs verantwortlich zu machen. Georg von Brandenburg war angesichts seiner immensen Schuldenlast enttäuscht, daß Nürnberg nicht bereit war, ihn für die Abtretung bestimmter Hoheitsrechte finanziell angemessen abzufinden. Es schien ihm, als habe ihn die Reichsstadt nur dazu benutzt, um die Ungnade der Habsburger wegen der Einführung der Reformation auf ihn abzulenken. Denn bei seinen Bemühungen um die Bestätigung seiner Rechte als schlesischer Landesherr bei Erzherzog Ferdinand als König von Böhmen wurde Georg von Brandenburg in demütigender Weise hingehalten, die Bezahlung ihm zustehender Abfindungen und Pensionen für geleistete Dienste wurde von den Habsburgern schlicht verweigert. Durch die Darstellung Dompropst Friedrichs und anderer Rivalen am Hof Georgs galt Kanzler V., der die bisherige Politik Brandenburg-Ansbachs so dynamisch mitgestaltet hatte, zunehmend als hauptschuldig an den diplomatischen Mißerfolgen und dem Zorn der Habsburger. — Als Markgraf Georg aus Kostengründen zwischenzeitlich seine Hofhaltung ins böhmisch-schlesische Jägerndorf verlegte, erließ er Ordnungen für die Kanzlei und Statthalterei zu Ansbach, die V. spüren ließen, daß er das Vertrauen des Regenten verloren hatte. Die quälenden Auseinandersetzungen, bei denen sich Herzog Albrecht in Preußen für, Dompropst Friedrich von Brandenburg aber aggressiv gegen V. einsetzten, endeten im Januar 1533 mit der Übergabe des Kanzler-Amtes an den Nachfolger Dr. Sebastian Heller. Im Februar schied Vogler auch als Mitstatthalter zu Ansbach aus. V. hatte noch als Kanzler die Inkraftsetzung und Veröffentlichung der Brandenburg-Nürnbergischen Kirchenordnung im Januar 1533 in die Wege geleitet und damit im Amt noch einen wesentlichen Beitrag zur Stabilisierung der Reformation in Franken leisten können. Im Oktober 1533 floh V. aus Ansbach in die nahe Reichsstadt Windsheim. Dompropst Friedrich hatte erneut schwerste Vorwürfe gegen den Altkanzler erhoben. V., der der Herrschaft Brandenburg zu lebenslangem Dienst verpflichtet war, ließ 1534 seine Frau nachziehen und gab sein Ansbacher Haus auf. Der Tod Dompropst Friedrichs von Brandenburg scheint aber nur zwischenzeitlich eine Wiederannäherung Markgraf Georgs und V.s ermöglicht zu haben. Im Herbst 1536 begleitete V. den Fürsten bei seiner Reise in die Mark Brandenburg, auf der auch die Wittenberger Reformatoren besucht wurden. Luther schenkte dem Altkanzler eine Bibelausgabe mit persönlicher Widmung. — Gemeinsam mit dem Windsheimer Pfarrer Peter Büttner verfaßte V. 1537 einen Ratschlag für die Tagung zu Schmalkalden, der eine wichtige Grundlage für die offizielle Einführung der Reformation in der kleinen Reichsstadt bildete. 1538 brachte Brenz V.s bereits oben genannte Sammlung von Reichstagstexten zur Sache der Reformation. Von Windsheim aus begleitete V. die weitere politische und kirchliche Entwicklung in den Markgraftümern. V. sparte nicht mit Kritik an den Ansbacher Predigern, am Fürstenhof und selbst an Markgraf Georg, der mit dem Augsburger Bekenntnis 1530 eine hohe politische und moralische Verpflichtung eingegangen sei. Weil V. Kritik zuweilen ungerecht und verletzend anbrachte, zerbrachen auch die letzten guten Beziehungen nach Ansbach. Nachdem 1539 Markgraf Georg endlich ein Thronfolger geboren worden war und der Sohn seines Bruders Kasimir Albrecht Alcibiades sein Erbe bedroht sah, trat dieser über seinen Vertrauten Wilhelm von Grumbach an V. heran. V. befürwortete nun eine Landesteilung, die 1541 auch tatsächlich vollzogen wurde. Auf Drängen Herzog Albrechts in Preußen wurde der Altkanzler an den Teilungsverhandlungen beteiligt. Im Jahr 1543 heiratete V. Helena, eine Tochter des Windsheimer Patriziers Michael Bernbeck. Das Ehepaar V. zog nach heftigen Auseinandersetzungen mit dem Windsheimer Rat 1545 nach Rothenburg ob der Tauber. Hier engagierte sich V. für die Gewinnung fähiger Prediger. V. starb am 30. April 1550 und wurde in der Rothenburger St. Jakobskirche begraben. Er hinterließ der Reichsstadt neben karitativen Stiftungen vor allem seine große Sammlung reformatorischer Flugschriften. — V. gehörte zu den politischen Akteuren, deren Einsatz es der evangelischen Bewegung ermöglichte, in Franken trotz schwieriger politischer Rahmenbedingungen frühzeitig Fuß zu fassen und sich dort dauerhaft zu halten. Reformationsfeindliche Mächte waren hier stark vertreten: die Bischöfe von Würzburg, Bamberg und Eichstätt, der Schwäbische Bund, das nahe Bayern und nicht zuletzt das Kaiserhaus. So gaben keinesfalls Abwägungen der Opportunität, sondern persönliche Gewissensmotive den Ausschlag bei der Entscheidung des Nürnberger Rates und Markgraf Georgs von Brandenburg-Ansbach für die Reformation. Dies läßt sich auch bei V. erkennen, der schon unter der Herrschaft Kasimirs seine Mitgestaltungsspielräume als leitender Kanzleibeamter für die Sache der Reformation ganz nutzen wollte. Dieses individuelle Engagement, das dem seines Nürnberger Amtskollegen, des reichsstädtischen Ratsschreibers Lazarus Spengler entsprach, machte ihn aber auch angreifbar für seine papsttreuen Widersacher, namentlich den jüngeren Bruder des regierenden Markgrafen Friedrich von Brandenburg, der Dompropst zu Würzburg war. Dieser betrieb bei seinen regierenden Brüdern die Ausschaltung V.s. Mit Erfolg: zweimal fiel V. in Ungnade und gelangte erst wieder zu politischer Wirksamkeit, wenn ein neuer Regent ihn berief. Gleichwohl hat V. an den Weichenstellungen für die lutherische Reformation in Franken trotz schwieriger Rahmenbedingungen entscheidend mitgewirkt.

Werk: Auszüge aus etlichen den jüngsten Reichshandlungen und -abschieden in Sachen, die Religion und ein gemein, frei, christlich Concilion in deutscher Nation zu halten betreffend, durch Herrn Georg Vogler, Druck: Peter Braubach, Schwäbisch Hall 1538 (= VD16, ZV 19191).

Lit.: Karl Schornbaum, Die Stellung des Markgrafen Kasimir von Brandenburg zur reformatorischen Bewegung in den Jahren 1524-1527. Nürnberg 1900; — Ders., Das Testament des Kanzlers G. V., in: BBKG 11 (1905), 268-274; — Ders., Zur Politik des Markgrafen Georg von Brandenburg vom Beginne seiner selbständigen Regierung bis zum Nürnberger Anstand 1528-1532. Nürnberg 1906; — Johann Baptist Götz, Die Glaubensspaltung im Gebiete der Markgrafschaft Ansbach-Kulmbach in den Jahren 1520-1535. Freiburg/Br. 1907 (= Erll. und Ergg. z. Janssens Gesch. des dt. Volkes 5.3-4); — Karl Schornbaum, Aus dem Briefwechsel G. V.s, in: Jber. des Hist.Vereins f. Mittelfranken 58 (1911), 120-130; — Hermann Jordan, Reformation und gelehrte Bildung in der Markgrafschaft Ansbach-Bayreuth. Eine Vorgeschichte der Universität Erlangen, Teil I. Leipzig 1917

(= Qu. und Forsch. z. bayr. KG 1/I); — Johannes Bergdolt, Die freie Reichsstadt Windsheim im Zeitalter der Reformation (1520-1580). Leipzig-Erlangen 1921 (= Qu. und Forsch. z. bayr. KG 5); — Elisabeth Grünenwald (mit einem Beitrag v. Wilhelm Engel), Das Porträt des Kanzlers G. V. († 1550), in: Mainfränkisches Jb. 2 (1950), 130-139; — Sehling 11/I: Bayern/ Franken [bearb. v. Matthias Simon]. Tübingen 1961; — Günter Heischmann, Die Bibliotheken der Freien Reichsstadt Rothenburg ob der Tauber, in: Archiv für Geschichte des Buchwesens 14. Frankfurt 1975, Sp. 1589-1878; — Andreas Osiander d.Ä., Gesamtausgabe, hrsg. v. Gerhard Müller und Gottfried Seebaß, 10 Bände. Gütersloh 1975-1997; — Günther Schuhmann, Die Markgrafen von Brandenburg-Ansbach. Eine Bilddokumentation zur Geschichte der Hohenzollern in Franken. Ansbach 1980 (= Jb. des Hist. Vereins f. Mittelfranken 90); — Franz Machilek, Markgraf Friedrich von Brandenburg-Ansbach, Dompropst zu Würzburg (1497-1536), in: Fränkische Lebensbilder 11 (1984), hrsg. v. Alfred Wendehorst und Gerhard Pfeiffer. Neustadt/Aisch 1984 (= Veröff. der Ges. f. fränkische Gesch. VIIA/ 11), 101-139; — Ludwig Schnurrer, Die letzten Lebensjahre des brandenburgischen Kanzlers G. V. in Windsheim und Rothenburg, in: Festschr. f. Gerhard Pfeiffer. Neustadt/Aisch 1993 (= JFLF 53), 37-54; — Lazarus Spengler, Schriften, hrsg. v. Berndt Hamm, Wolfgang Huber u.a., bisher 2 Bände, Gütersloh 1995 bzw. 1999 (= QFRG 61 bzw. 70); — Martin G. Meier, Systembruch und Neuordnung. Reformation und Konfessionsbildung in den Markgraftümern Brandenburg-Ansbach-Kulmbach 1520-1594. Frankfurt/M. 1999 (= EH XXIII/ 657); — Wolfgang Huber, G. V. (1486/87 - 1550), Kanzler der Markgrafen von Brandenburg-Ansbach und Förderer der Reformation, in: ZBKG 77 (2008).

Wolfgang Huber

WALKER, Thompson, * 28.6. 1822 in Rawden in Guiseley (Yorkshire), † 2.5. 1885 in Birstwith nahe Harrogate (Yorkshire). Quäker. — Thompson Walker wurde als drittes Kind von John Walker, einem Textilkaufmann, und dessen Frau Mary 1822 in Rawden in der Gemeinde von Guiseley geboren. Er besuchte die Ackworth Boarding School von 1833 bis 1837. Anschließend machte er bei Thomas Smith in Thirsk eine Lehre als Lebensmittelhändler und arbeitete schließlich als Handelssekretär. 1844 besuchte er die deutschen Quäker in Pyrmont, wo er als Sekretär in der Friedensthaler Mühle von Jo-

hann Seebohm (1793-1866) arbeitete. Am 16. Oktober 1856 heiratete er in Darley die Quäkerin Rachel Hanna Walker (1835-1900) aus Hartwith (Yorkshire), die Tochter von Thomas Walker (1793-1868) und Rebecca Sharp (1796-1886). Zwischen 1860 und 1870 wurden neun Kinder geboren: Mary (1857-1943), Charles (1860-1939), Frederic Thompson (1861-1905), Lucy (1863-1922), Henry (1864-1950), Anne (1865-1957), Emily (1866-1938), Edith (1870-1900) und Amy Elizabeth (1874-1940). Nach der Hochzeit zog die Familie erst nach Larkfield (Rawden), wo Thompson Walker als Rechnungsführer in der Firma seines Vaters arbeitete, dann, 1858, nach Winsley und schließlich nach Birstwith nahe Harrogate (Yorkshire). Dort starb Thompson Walker 1885 im Alter von 62 Jahren.

Claus Bernet

WATTENWYL, Anna von (* 1841; †1927) war eine Schweizer Heilsarmee-Pionierin. — Sie stammte aus einem wohlhabenden Hause; ihr Vater war der reformierte Pfarrer von Reichenbach im Kandertal, ihre Mutter eine gütige und gottesfürchtige Engländerin, die als Schülerin in Verdon die Erziehung von Johann Heinrich Pestalozzi (1746-1827) genoß. Anna von Wattenwyl erlebte eine sehr behütete Jugend in ihrem frommen Elternhaus. Früh wurde sie von der Frömmigkeit der Eltern und der Wohltätigkeit der Mutter, bzw. auch von deren Bekehrungsgeschichte, geprägt. Mit 12 Jahren zog sich ihr Vater auf das Landgut Schlingenmoos in der Nähe von Gurzelen zurück. Hier erlebte sie die großen Männer der Heiligungsbewegung, die bei ihr zu Hause ein- und ausgingen. Sie wurde als junges Mädchen von einer einfachen Stubenversammlung eines Schneiders sehr angezogen. Mit 18 Jahren kam sie zu Verwandten nach Paris und England. Kurz nach der Heimkehr aus England wurde sie tot krank. Sie beschäftigte sich noch mehr mit der Ewigkeit. In dieser Phase kam der Missionar Samuel Hebich zu ihnen nach Hause, der sich ihrer persönlich annahm; sie wurde dadurch tiefgründig erweckt. In diesem Umfeld erlebte sie aufgrund einer Predigt von Pfarrer Gerber aus Bern eine weitere vertiefte Erweckung, die eine Zeit danach zu ihrer Bekehrung führte. Ihre Freundin war Clara Bovet, die Schwestern des Schweizer Pfarrers Arnold Bovet. Durch sie wurde sie auch mit dem Werk der Dorothea Trudel in Männedorf bekannt, das sie daraufhin jährlich, oft für längere Zeit besuchte. Beeindruckt war sie besonders von der Verkündigung von Samuel Zeller in Männedorf. Sie begann verstärkt evangelistisch zu arbeiten und durfte in kleinerem Rahmen durch ihren Dienst Bekehrungen erleben. Im Krieg 1870/71 begann sie im Lazarett in Heidelberg an Franzosen und Deutschen diakonisch-seelsorgerlich zu arbeiten. 1875 erlebte sie den Aufbruch der Heiligungsbewegung unter Pearsall Smith, Otto Stockmayer und Inspektor Rappard. Bei einer der Erweckungswochen in Bern vollzog sie eine tiefere Hingabe und konnte im Glauben die völlige Erlösung für sich selber fassen. Fasziniert war sie besonders von den damals aufkommenden Sankey-Liedern. Sie lernte auch Andrew Murray und Georg Müller kennen, als diese in der Schweiz waren, später auch General Booth von der Heilsarmee. Ab 1884 half die junge Frau Franz Eugen Schlachter, dem Prediger der Evangelischen Gesellschaft in der Seelsorge mit, als dieser seine Evangeliums-Wochen im Umfeld von Bern abhielt. Es verband sie auch eine Freundschaft mit Elisabeth Baxter aus London, der Frau von Michael Baxter vom Kranken- und Seelsorgeheim Beth-Shan, einem Zentrum der Heiligungsbewegung in England. Als sie Elisabeth Baxter in London besuchte, kam sie in Berührung mit der Heilsarmee. 1883 begann sie in Paris in der Heilsarmee mitzuarbeiten. 1886 trat sie dann offiziell in die Heilsarmee ein. Verfolgungen und Pöbeleien durch die Volksmengen waren jetzt die Begleiterscheinungen bei ihrem evangelistischen Dienst. Die Behörden verweigerten der Heilsarmee damals den Schutz und sie wurde sogar Repressalien ausgesetzt. Ihre Familie und Bekannten - mit Ausnahme der Mutter - verstanden Anna anfangs nicht und glaubten sie auf dem Irrweg. Ab 1892 mußte sie daheim die betagte Mutter pflegen, konnte aber trotzdem nebenbei in der Heilsarmee weiter arbeiten. 1903 ging dann ihre geliebte Mutter heim. Ihre Arbeit führte sie nicht nur nach England und Frankreich, sondern sogar bis nach Algerien. Später übernahm sie eine leitende Funktion in der Schweizer Heilsarmee. — Bezüglich der Uniform der Heilsarmee bemerkte sie einmal, daß sie nie Probleme mit der Mode gehabt hätte, weil sie ja die Uniform getragen hätte. Sie opferte bewußt ihren Wohlstand für die Arbeit im Reich Gottes und lebte von einer kleinen Pension und behielt von ihrem Vermögen nur ihr Elternhaus. Sie war eine gesegnete Arbeiterin in der Gefangenmission an Frauen. Um ihrer Arbeit willen landete sie sogar selber im Gefängnis. — Als der Leiter der Heilsarmee, General William Booth, in der Schweiz weilte, war sie dessen Übersetzerin. Im Januar 1927 ging sie als 86jährige heim zu ihrem Herrn.

Werke: A travers Notre Œuvre Sociale en Suisse, Bern 1904; Sozialwerk der Heilsarmee (Vortrag vor der Gemeinnützigen Gesellschaft Neumünster-Zürich), Bern 1906; Eine Tochter Ismaels: Die Lebensgeschichte von Maggie O'Donoghue. Eine Verworfene und Mörderin, die eine Gottselige und Salutistin wurde, Zürich ca. 1910; Einige Erinnerungen aus meinem Leben, Bern 1914.

Lit.: Sidney Carvosso Gauntlett, Dame in Uniform Minnie Lindsay Carpenter, Women of the flag, London 1945 (Frauen folgen der Fahne, 1. Auflage Bern 1972).

Karl-Hermann Kauffmann

WETHERILL, Samuel, * 12.4. 1736 in Burlington (New Jersey), † 24.9. 1816 in Philadelphia. Freier Quäker. — Samuel Wetherill wurde 1736 in Burlington (New Jersey) geboren und war der Sohn der Quäkerin Mary Wetherill. Er zog nach Philadelphia und machte 1751 bei Mordecai Yarnall (1705-1772) eine Lehre zum Schreiner und heiratet 1762 Sarah Yarnall, die Tochter des Schreinermeisters. Aus der Verbindung sind mehrere Kinder hervorgegangen. 1775 gründete er mit Christopher Marshall in Amerika die erste Fabrik für das Färben und Auskleiden von Haushaltswaren. Seit 1759 war Samuel Wetherill Mitglied des Philadelphia Monthly Meeting. 1779 wurde er aus seiner Quäkerversammlung ausgeschlossen, weil er den Unabhängigkeitskrieg unterstütze. 1778 schwor Wetherill einen Waffeneid und kämpfte für George Washingtons Armee, dessen Winterlager Valley Forge er mit Uniformen aus seiner Fabrik versorgte und damit vor der drohenden Auflösung rettete. Mit anderen kämpfenden Quäkern verteidigte er Philadelphia und schwor einen Eid auf die Vereinigten Staaten. Nach dem Krieg gründete er ein chemisches Labor für Farbstoffe, 1790 begann er mit seinem Sohn Samuel Wetherill jun., »weißes Blei« (Zinn) herzustellen. 1813 erlitt er einen schweren Verlust, da seine Fabrikationsgebäude, vermutlich durch Brandstiftung seiner Konkurrenten, zerstört wurden. — Wie keinesfalls unüblich besuchte Wetherill nach seinem Ausschluß weiterhin die Andachten der Quäker. Im Februar 1781 gründete er die »Religious Society of Friends« von Philadelphia, die von den etablierten älteren Quäkern freilich nicht anerkannt wurde und deren Mitglieder zur Unterscheidung »Free Quakers«, also Freie Quäker, genannt wurden. Sowohl Washington (1732-1799) als auch Benjamin Franklin (1706-1790) förderten 1783 den Bau eines eigenen Versammlungshauses an der 5th und Arch Street in Philadelphia, den Wethe-

rill persönlich entworfen hatte. Wetherill war bis 1810 Schreiber (Vorsitzender) der ca. hundert Free Quakers. Er verstarb mit achtzig Jahren 1816 in Philadelphia. — Die Freien Quäker kannten keine Dogmen, auch nicht das Dogma des Pazifismus. Das Ausmachen von Häresien und abweichenden Meinungen, das bei den Quäkern des Philadelphia Yearly Meeting zur regelrechten Manie ausartete, lehnten sie ab. Kein Mitglied konnte ausgeschlossen werden, weder aus theologischen noch aus moralischen Gründen. Oft liest man irrtümlich, die Freien Quäker sprächen sich für den Kriegdienst aus oder seien Militaristen. Das ist falsch. Vielmehr ließen sie lediglich auch Mitglieder zu, die Kriegsdienst leisteten oder Krieg befürworten. Ebensogut gab es Mitglieder, die dies nicht taten. In manchen Erscheinungsformen erinnerten die Freien Quäker den Ranters aus dem England des 17. Jahrhunderts. Versammlungen der Freien Quäker entstanden auch im Chester County, in New England, in Maryland und in Massachusetts. Insgesamt waren es um die hundert Mitglieder und eine ebenso große Zahl an Interessierten. Als schließlich John Price Wetherill, der Enkel von Samuel Wetherill, einige Jahre praktisch ganz alleine sonntägliche Andachten abhielt, schloß er 1834 für immer das Versammlungshaus in Philadelphia, obwohl noch unregelmäßig Jahresversammlungen der Freien Quäker abgehalten wurden.

Werke: From the monthly meeting of Friends, called by some the Free Quakers, held by adjournment at Philadelphia, on the 9th day of the 7th month, 1781. To those of our brethren who have disowned us. Philadelphia 1781. Philadelphia 1790. New York 1985 (Early American Imprints, 1, 17162); To our friends and brethren in Pennsylvania, New-Jersey, and elsewhere. (Philadelphia 1781); An address to those of the people called Quakers, who have been disowned for matters religious or civil. Philadelphia 1781; A confutation of the doctrines of antinomianism. Delivered in the college-hall, in the city of Philadelphia, on seventh-day evening, June 17, 1790. Together with some observations on the reply made by John Murray, on the second-day evening following. Philadelphia 1790; The grounds and reason of the incarnation and process of Christ explained. In which is shewn, that he did not suffer in the place and stead of sinners, and, consequently, his righteousness is not imputed to men. Being a defence of the doctrines contained in a pamphlet, entitled, 'A confutation of the doctrines of antinomianism, etc.' In reply to several sermons preached by the Rev. Ashbel Green. To which is added, a few observations on the doctrine of universal salvation, as held by the mystics. Together with a short address to the Rev. Joseph Pilmore. Philadelphia 1791; The divinity of Jesus Christ proved, being a reply to Dr. Joseph Priestley's 'Appeal to the serious and candid professors of Christianity'. And to a pamphlet published by Lewis Nichola, entitled 'The divinity of Jesus Christ, considered from Scripture evidence, etc.' With some observations upon arianism. Philadelphia 1792; An apology for the Religious Society, called by some Free Quaker, in the city of Philadelphia, shewing that all churches who excommunicate, act inconsistently with the Gospel of Jesus. Philadelphia (1798). Philadelphia (1800). Woodbridge 2001 (Selected Americana from Sabin's Dictionary of Books Relating to America, 36,747).

Lit. (Auswahl): Simpson, Henry: The lives of eminent Philadelphians, now deceased. Collected from original and authentic sources. Philadelphia 1859; Wetherill, Samuel. In: Drake, Francis Samuel: Dictionary of American Biography. Including men of the time, containing nearly ten thousand notices of persons of both sexes, of native and foreign birth, who have been remarkable, or prominently connected with the arts, sciences, literature, politics, or history of the American continent. Giving also the pronunciation of many of the foreign and peculiar American names, a key to the assumed names of writers, and a supplement. Boston 1872, 971; — Wetherill, Samuel. In: Robson, Charles (Hrsg.): The biographical encyclopaedia of Pennsylvania of the nineteenth century. Philadelphia 1874, 365-366; — Wetherill, Samuel. In: Appletons Cyclopaedia of American Biography. Hrsg. von James Grant Wilson, John Fiske, VI. New York 1889, 444; — Vaux, George: The Free Quakers. In: The Friend. A religious and literary journal, LXVIII, 43, 1895, 340-341; — Jordan, John W.: Colonial families of Philadelphia. Genealogical and personal memoirs. New York 1911, 993. ND Baltimore 1978, 993; — Wetherill, Samuel. In: Herringshaw's national library of American biography. Contains thirty-five thousand biographies of the acknowledged leaders of life and thought of the United States. Illustrated with three thousand vignette portraits: Complete in five volumes, including every name of eminence produced by this great republic since its formation to the present time, V. Chicago 1914, 649; — Wetherill, Samuel P.: Samuel Wetherill and the early paint industry of Philadelphia. Written for the City History Society of Philadelphia and read before the Society, Wednesday, January 15th, 1916. Philadelphia 1916; — Hirst, Margaret: The Quakers in peace and war. An account of their peace principles and practice, London 1923. ND New York 1972; — Jackson, Joseph: Wetherill, Samuel. In: DAB, XX, 1936, 23; — Wetherill, Samuel. In: Webster's Biographical Dictionary. A dictionary of names of noteworthy persons with pronunciations and concise biographies. Springfield 1943. Springfield 1964, 1562, - Hussey, Miriam: From merchants to 'colour men'. Five generations of Samuel Wetherill's white lead business. Philadelphia 1956 (Research Studies, XXXIX); — Yates, W. Rose: Samuel Wetherill, Joseph Wharton, and the founding of the American zinc industry. In: Pennsylvania Magazine of History and Biography, XCVIII, 4, 1974, 469-514.

Claus Bernet

WEZEL, Johann Karl, Johann Karl wurde am 31.10. 1747 in Sondershausen als Sohn des Reisemundkochs des Fürsten Heinrich von Schwarzburg-Sondershausen geboren. Sein Großvater mütterlicherseits war am Hofe tätig - so lernte Wezel als Kind das Hofleben aus nächster Nähe kennen. Seine illegitime Abstammung vom Fürsten Heinrich, die mehrfach vermutet wurde, kann nicht nachgewiesen werden. — Wezel besuchte von 1755 bis 1764 das Lyceum in Sondershausen. Der Schulleiter ist der Dichter Nikolaus Dietrich Giseke, ein Freund Klopstocks und Mitarbeiter bei den *Bremer Beiträgen,* einer wichtigen Literaturzeitschrift im 18. Jahrhundert. Als begabter Schüler erhielt Wezel Sprachunterricht bei dem Conrektor und Schriftsteller Gottfried Konrad Böttger. Gegen Ende seiner Schulzeit begann Wezel, an einer Übersetzung der *Ilias* in deutsche Hexameter zu arbeiten. 1765 begann er mit dem Studium in Leipzig. Zunächst studierte er Theologie, dann Jura, Philosophie, Philologie und die schönen Wissenschaften, besonders die Literatur. Wezel zog in das Haus von Christian Fürchtegott Gellert ein und wohnte dort, bis Gellert 1769 starb. — 1772 verfaßte er das dramatische Gedicht *Filibert und Theodosia,* 1773 erschien der erste Band der *Lebensgeschichte Tobias Knauts, des Weisen, sonst der Stammler genannt.* 1774 bis 1776 folgten die Bände 2 bis 4. Wezels erster Roman läßt sich in die Reihe der Nachahmungen des englischen Autors Laurence Sterne einordnen, der mit den *Leben und Ansichten Tristram Shandys* ein Werk schuf, das aufgrund seiner digressiven Erzähltechnik als Vorbild für viele experimentierfreudige Romanautoren in Deutschland galt. 1776 wurde Wezel nochmals kurze Zeit als Hauslehrer in Berlin tätig, bevor er 1777 endgültig nach Leipzig kam. 1776 verfaßte er einen Roman, mit dem er bei seinen Zeitgenossen großes Aufsehen erregte: *Belphegor oder die wahrscheinlichste Geschichte unter der Sonne.* Dieser Roman gilt als Adaption von Voltaires *Candide oder der Optimismus.* Johann Heinrich Merck, ein als Rezensent angestellter Mitarbeiter beim *Teutschen Merkur,* schrieb im Auftrag Christoph Martin Wielands eine negative Kritik über den *Belphegor,* die Wezel sehr verstimmte. 1777 bis 1779 schrieb er dann mit *Herrmann und Ulrike. Ein komischer Roman* den schon in der Vorrede zum *Belphegor* angekündigten »Gegenentwurf« zur »wahrscheinlichsten Geschichte«: nämlich ein »Gemählde[], das alles, was sich mit Wahrheit

Gutes vom Menschen und der Welt sagen läßt, in sich schließen soll«. Mit der Geschichte Herrmann und Ulrikes, die er zumindest in einem formalen Sinne (mit der Hochzeit der beiden) zu einem guten Ende führt, erfüllt Wezel mit die Maßstäbe, die Friedrich von Blanckenburg 1774 in Anlehnung an Wieland und Fielding dem Romanautor in seinem *Versuch über den Roman* setzt: Wahrscheinlichkeit und Höherentwicklung der Figuren entsprechend ihren Anlagen. Wieland beurteilt dementsprechend *Herrmann und Ulrike* im Gegensatz zum *Belphegor* als den besten deutschen Roman, der ihm je vor Augen gekommen sei. — Im Zeitraum von 1776 bis 1785 entstanden noch weitere kleinere Romane, Erzählungen, Satiren und v.a. theoretische, philosophische und pädagogische Schriften. 1776 veröffentlichte Wieland im *Teutschen Merkur* Wezels *Ehestandsgeschichte des Philipp Peter Marks* in drei Fortsetzungen. 1779 verfaßte Wezel die Ehestandsgeschichte der *Wilden Betty* als Pendant zum *Peter Marks*. Beide Ehestandsgeschichten erscheinen 1779 im Druck mit Illustrationen von Daniel Chodowiecki. — 1777/78 erscheinen zwei Bände der *Satirischen Erzählungen* Wezels. Im Ganzen sind es sechs Erzählungen *(Silvans Bibliothek oder Die Gelehrten Abenteuer; Streit um das Gnaseg Chub; Die unglückliche Schwäche; Eine Geschichte; Einige Gedanken und Grundsätze meines Lehrers, des großen Euphrosinopatorius; Die Erziehung der Moahi; Johannes Düc)*; die umfangreichste ist *Silvans Bibliothek oder Die Gelehrten Abenteuer*. Wezel greift mit dieser Geschichte einen Stoff - den Streit über den Wert antiker und neuzeitlicher Autoren - auf, den schon Jonathan Swift in *Die Schlacht zwischen den alten und modernen Büchern in der Bibliothek zu St. James* behandelte. 1778 begann Wezels Karriere als Lustspielautor. Bis 1787 erscheinen vier Bände Lustspiele (beispielsweise: *Eigensinn und Ehrlichkeit; Rache für Rache; Wildheit und Großmuth; Die komische Familie; Der blinde Lärm oder die zwei Wittwen; Die Komödianten; Kutsch und Pferde; Zelmor und Ermide)*, deren größten Teil der Lustspiele verfaßt Wezel während seines Aufenthalts in Wien von 1782 bis 1784 verfaßte. 1778 schrieb er neben Rezensionen für die Zeitschriften *Das deutsche Museum* und *Neue Bibliothek der schönen Wissenschaften und freyen*

Künste auch *Pädagogische Unterhandlungen* für das Dessauer Philanthropinum. Wezel erhielt ein Angebot für eine Festanstellung, zog es aber vor, als freier Schriftsteller in Leipzig zu bleiben, da er vorerst aufgrund seiner langjährigen Hauslehrertätigkeit kein Interesse daran hatte, praktisch als Erzieher zu arbeiten. Für das Dessauer Philanthropin schreibt er dennoch mehrere pädagogische Unterhandlungen, verfaßte kleinere Dichtungen und bearbeitete Defoes *Robinson Crusoe* für Jugendliche. Im gleichen Jahr tat dies auch Joachim Heinrich Campe. Beide hatten verschiedene Ansichten darüber, wie man für junge Leute schreiben sollte. Wezel richtete sich gegen den moralisierenden Tonfall und die religiösen Passagen, die er besonders an Defoes *Robinson* als langweilig und unangemessen kritisierte. Er plädierte für ein klares Deutsch und einfachen Stil, richtete sich aber gegen die kindliche Sprache, wie sie Campe verwendete. Wezels durch und durch aufklärerische Absicht ist es, Jugendlichen Welt- und Menschenkenntnis zu vermitteln, die ihnen dann helfen könnten, mittels selbstständiger Reflexion zu ihren eigenen Moral im Umgang mit ihrer Umwelt und sich selbst zu finden. Unmittelbare Didaxe lehnte er ab. Campe stritt in zwei Hamburger Zeitungen gegen Wezel. Ihm mißfielen vor allem die langen Reflexionen Robinsons, die Wezel integrierte. Campes Angriffe gegen Wezel waren sicher ein Grund dafür, daß Wezel nach dem dritten Quartal seine Lieferungen für das Dessauer Philanthropinum stoppte und den *Robinson Krusoe. Neu bearbeitet* 1779/80 in zwei Teilen als eigenen Roman veröffentlichte. — Aufgrund des Vorworts zum *Robinson Krusoe* kam es zum Streit mit dem Leipziger Hofrat und Zensor Johann Gottlob Böhme. Dieser bezichtigt Wezel der Blasphemie wegen eines Ausdrucks: Wezel hatte nämlich Jean Jacques Rousseau von einem »Fixstern« auf sie herabschauen lassen. Der Prozeß endete, als Böhme starb. Wezcl hatte vorher Leipzig verlassen, hielt sich 1780 einige Zeit in Gotha auf, kehrte nach Leipzig zurück und plante, dort eine Erziehungsanstalt für Jugendliche von 12 bis 18 Jahren zu gründen. Jcdoch kam es nie zur Umsetzung. 1781 geriet Wezel nämlich schon in den nächste Streit - diesmal von größerer Tragweite -, und zwar mit dem Philosophieprofessor Ernst Platner. Wezel hatte sich in der theoretischen Schrift *Über Sprache, Wissenschaften und Geschmack der Deutschen* kritisch über die *Theodizee* von Leibniz geäußert. Ernst Platner wendete sich daraufhin in einer Vorlesung gegen Wezel und bezweifelt seine schriftstellerischen Fähigkeiten. Wezel wehrte sich gegen diese Kritik: Beide veröffentlichten in den folgenden Monaten mehrere Streitschriften gegeneinander. — Wezel wurde von den Anhängern Platners stark verleumdet; sogar seine Förderer stellten sich dieses Mal hinter den Popularphilosophen und Universitätsprofessor Ernst Platner. 1782 verließ Wezel Leipzig. Er ging nach Wien, wo er bis 1784 hauptsächlich Theaterstücke schrieb. Er verfaßte neben weiteren Lustspielen auch den Brief- und Dialogroman *Wilhelmine Arend oder die Gefahren der Empfindsamkeit*. Hier behandelte er, dieses Mal fast ohne satirischen Spott, die ‚Modekrankheit‘ »Empfindsamkeit«, gegen die sich viele Aufklärer richten. 1784 erschien Wezels letzter - märchenhafter - Roman: *Kakerlak oder Geschichte eines Rosenkreuzers aus dem vorigen Jahrhunderte*, in dem Wezel sowohl den Fauststoff als auch die Feenmotivik gestaltete. 1784 veröffentlichte Wezel den ersten Band seiner Anthropologie *Versuch über die Kenntniß des Menschen*; der zweite Band erschien 1785. Wezel stützte seine Untersuchung konsequent auf Erfahrungen, Wahrnehmungen und Beobachtungen, die er zunächst sammelte, dann systematisierte. Der Plan zu dieser Anthropologie umfaßte 5 Bände, in denen Wezel weiterhin Ideen, Wollen und Tun des Menschen sowie hypothetische Fragen wie den Glauben und die Religion untersuchen wollte. Doch die Zensur verhinderte die Veröffentlichung schon des dritten Bandes. Wezel sah sich seiner Existenzgrundlage beraubt. In Leipzig befand er sich bald in großen Geldnöten, da er seine anthropologischen Studien nicht publizieren durfte. Außerdem war er enttäuscht von der Reaktion bzw. Nicht-Reaktion des Publikums auf seine Werke. — 1785 erschien noch die komische Verserzählung *Prinz Edmund*; 1787 der letzte Band der Lustspiele. Dann hörten, abgesehen von einigen Gedichten, z.B. *Zum Feste des Geistes, Zum Feste des Frühlings*, die Veröffentlichungen auf. 1787 startete Wezel noch einen Versuch, die ihm 1778 angebotene Stelle am Dessauer Philanthropinum zu bekommen, aber auch dieses Unternehmen scheitert. Er

wird abgelehnt; und Friedrich Nicolai in Berlin, Herausgeber der *Allgemeinen deutschen Bibliothek*, antwortete nicht auf Wezels Bitte, den dritten Band der Anthropologie in Berlin zu veröffentlichen. 1793 kehrte Wezel dann endgültig nach Sonderhausen zurück. Fremdzeugnisse berichten von seiner einsetzenden Schwermut und Hypochondrie. Inwiefern Wezel wahnsinnig war und wie dieser Wahnsinn aussah, darüber gibt es nur sehr spärliche Fremdzeugnisse, z.B. diejenigen von August von Blumröder, der am Hofe angestellt und als Wezels sogenannter Mentor eingesetzt war. — Um 1800 brachte man Wezel nach Hamburg zu Dr. Hahnemann, einem homöopathischen Arzt für Irrenheilkunde. Dieser schickte Wezel zwar ungeheilt zurück, jedoch setzte die Bemerkung hinzu, daß der Dichter nicht unheilbar sei. 1804/05 erscheinen die drei Bände *Gott Wezels Zuchtruthe des Menschengeschlechts*. Wezel bestritt die Autorschaft; auch die Zeitgenossen hielten seine Verfasserschaft für unmöglich. Eventuell war ein gewisser Gustav Teubner der Autor, doch ist ungeklärt, ob nicht eventuell einzelne Texte in diesen drei Bänden aus Wezels Feder stammen könnten. Am 28.1. 1819 starb Wezel in SDH als mittlerweile schon fast vergessener Dichter.

Werke: Primärtexte, unabhängige Veröffentlichungen: Lebensgeschichte Tobias Knauts, des Weisen, sonst der Stammler genannt. Band 1 bis 4. Mit einem Nachwort von Victor Lange. Stuttgart 1971. [Zuerst erschienen bei Crusius: Leipzig 1773-1776]; Lebensgeschichte Tobias Knauts, des Weisen, sonst der Stammler genannt. Aus Familiennachrichten gesammlet. Mit einem Nachwort von Anneliese Klingenberg. Berlin 1990; Belphegor oder Die wahrscheinlichste Geschichte unter der Sonne. Hrsg. und mit einem Nachwort von Hubert Gersch. Frankfurt/Main 1984 (1965). [Zuerst erschienen bei Crusius: Leipzig 1776]; Belphegor oder Die wahrscheinlichste Geschichte unter der Sonne. Hrsg. und mit einem Nachwort von Walter Dietze. Berlin 1966; Belphegor oder Die wahrscheinlichste Geschichte unter der Sonne. Mit einem Nachwort von Lenz Prütting. Frankfurt/Main 1982; Belphegor oder Die wahrscheinlichste Geschichte unter der Sonne. Nördlingen 1986; Satirische Erzählungen. Hrsg. und mit einem Nachwort von Anneliese Klingenberg. Berlin 1983; Zwei Satirische Erzählungen. Hrsg. von Karl-Heinz Meyer. Greiz 1982; Satirische Erzählungen. Zwei Bändchen. Leipzig 1777/78. [Erschienen bei Crusius]; Satirische Erzählungen. Bd. 1: Silvans Bibliothek, oder die gelehrten Abenteuer. Der Streit über das Gnasegchub, Eine Geschichte aus einem andern Weltheile. Die Erziehung der Moahi. Leipzig 1777; Satirische Erzählungen. Bd. 2: Die unglückliche Schwäche, Eine Geschichte. Einige Gedanken und Grundsätze meines Lehrers, des großen Euphrosinopatorius. Johannes Düc, der Lustige, oder Geschichte eines Mannes von guter Laune. Leipzig

1778; Satirische Erzählungen. Hrsg. und mit einem Nachwort von Lars-Thade Ulrichs. Göttingen 2004 (Das alte Europa 1); Peter Marks. Die wilde Betty. Reprint der Ausgabe Leipzig: Dyk 1779. Hrsg. und mit einem Nachwort von Hans Henning. Leipzig 1969. [Zuerst erschienen beide Ehestandsgeschichten zusammen bei Dyk: Leipzig 1779; Ehestandsgeschichte des Herrn Philipp Peter Marks, von ihm selbst verfaßt, erschien zuerst im ersten Quartal des Teutschen Merkur (1776), Bd. 1, S. 31-49, Febr., S. 142-167, März, S. 229-256; Sechsfache Ehestands-Geschichte des ehrsamen Herrn Philip Peter Marks (Nachdruck). Hrsg. von Kanzleyrath Wetzel. Hanau, Frankfurt/Main, Leipzig 1778; Robinson Krusoe. 2 Tle. Neu bearbeitet. Leipzig 1780 (Bruchstücke zuvor erschienen in den Pädagogischen Unterhandlungen 1778/79); Robinson Krusoe. Mit einem Nachwort von Rolf Strube. Berlin 1982; Robinson Krusoe. Hrsg. und mit einem Nachwort von Anneliese Klingenberg. Berlin 1990; Herrmann und Ulrike. Ein Roman von Johann Carl Wezel. Hrsg. und eingeleitet von Carl Georg von Maassen. 2 Bde. München 1919; Herrmann und Ulrike. Ein komischer Roman in vier Bänden. Leipzig 1780 [Reprint hg. und mit einem Nachwort von Eva Becker. Stuttgart 1971]; Herrmann und Ulrike. Ein komischer Roman. Hrsg. und mit einem Nachwort von Gerhard Steiner. Leipzig 1980; Gesamtausgabe in acht Bänden. (Jenaer Ausgabe). Bd. 3: Herrmann und Ulrike. Hrsg. von Bernd Auerochs. Heidelberg 1997; Wilhelmine Arend, oder die Gefahren der Empfindsamkeit. 2 Bde. Zu finden in der Buchhandlung der Gelehrten in Dessau und bei Schwickert in Leipzig 1782; Wilhelmine Arend, oder die Gefahren der Empfindsamkeit (Nachdruck). 2 Bde. Schmieder: Carlsruhe 1783; Kakerlak oder Geschichte eines Rosenkreuzers aus dem vorigen Jahrhunderte. Hrsg. von Hans Henning. Berlin 1984. [Zuerst erschienen bei Dyk: Leipzig 1784]; Prinz Edmund: eine komische Erzählung. [Zuerst erschienen bei Dyk: Leipzig 1785]. Mit einem Nachwort hg. von Dieter Pilling. St. Ingbert 1992; Versuch über die Kenntnis des Menschen. 2 Bde. [Zuerst erschienen bei Dyk: Leipzig 1784/1785]. Reprint Frankfurt/Main 1971; Gesamtausgabe in acht Bänden. (Jenaer Ausgabe). Bd. 6: Epistel an die deutschen Dichter. Appellation der Vokalen. Über Sprache, Wissenschaften und Geschmack der Teutschen. Schriften der Platner-Wezel-Kontroverse. Tros rutulsve fuit, nullo discrimine habetur. Hrsg. von Hans-Peter Nowitzki. Heidelberg 2006; Briefwechsel über einige Recensionen der neuesten Wezelischen Schriften. Hrsg. von dem Herausgeber. Leipzig 1779; Epistel an die deutschen Dichter. Sonderdruck nebst zwei anderen Satiren. Leipzig 1775; enthält auch: »Die unvermuthete Nachbarschaft, oder über die rechte Schätzung des Lebens« und »Die wahre Welt, oder der rechte Gesichtspunkt, die Scenen dieser Welt zu beurtheilen.«, S. 605-626 der Ausgabe; Apellation der Vokalen an das Publikum. Geschrieben im Jahre 1776. Frankfurt/M. und Leipzig 1778; Gesamtausgabe in acht Bänden. (Jenaer Ausgabe). Bd. 7: Versuch über die Kenntnis des Menschen. Rezensionen. Schriften zur Pädagogik. Hrsg. von Jutta Heinz und Cathrin Blöss. Heidelberg 2002; Kritische Schriften. Hrsg. und mit einem Nachwort von Albert R. Schmitt. 3 Bde. Reprint Stuttgart 1971-1975; Pädagogische Schriften. Hrsg. von Phillip S. McKnight. Frankfurt/Main 1996; Ankündigung einer Privatanstalt für den Unterricht und die Erziehung junger Leute zwischen dem zwölften und achtzehnten Jahre. Leipzig 1780; Lustspiele. 4 Teile. Leipzig 1778-1787; Lustspiele. Teil 1: Rache für Rache. Ertappt! ertappt! Leipzig 1778. [Zuerst erschienen bei Dyk, Nachdruck von Schmieder: Carlsruhe 1783] (erschien auch in: Deutsche Schaubühne, Bd. 154); Lustspiele. Teil 2: Eigensinn und Ehrlichkeit. Die seltsame Probe. Leipzig 1779. [Zuerst erschienen bei Dyk, Nachdruck von Schmieder: Carlsruhe 1783] (erschien auch in: Deutsche Schaubühne, Bd. 163); Lustspiele. Teil 3: Der blinde Lärm. Die komische Familie. Wildheit und Großmuth. Der erste Dank. Zelmor und Ermide. Die Komödianten, ein theatralisches Sittengemälde. Leipzig 1783. [Zuerst erschienen bei Dyk, Nachdruck von Schmieder: Carlsruhe 1783] (erschien auch in: Deutsche Schaubühne, Bd. 264); Lustspiele. Teil 4: Der kluge Jakob (Eine komische Oper). Kutsch und Pferde. Herr Quodlibet. Leipzig 1787; Filibert und Theodosia. Ein dramatisches Gedicht. Leipzig 1772; Der Graf von Wickham. Ein Trauerspiel in fünf Aufzügen. Leipzig 1774 (erschien auch in: Deutsche Schaubühne, Wien, 1765-1804, Bd. 75).

Primärtexte in Zeitschriften, Sammelbänden, Aufsätzen:
Präliminarien über deutsche Erziehung. In: Pädagogische Unterhandlungen. Philanthropisches Journal für die Erzieher und das Publikum 2 (1778/79) 1, S. 5-20; Über die Erziehungsschriften. In: Pädagogische Unterhandlungen. Philanthropisches Journal für die Erzieher und das Publikum 2 (1778/79) 1, S. 21-43; Welche Seite der Welt soll man jungen Leuten zeigen. In: Pädagogische Unterhandlungen. Philanthropisches Journal für die Erzieher und das Publikum 2 (1778/79) 1, S. 43-67; Noch eine Apologie des Ehrtriebs. In: Pädagogische Unterhandlungen. Philanthropisches Journal für die Erzieher und das Publikum (1778/79) 1, S. 68-101; Anmerkungen zu den philanthropischen Gedanken über den Philanthropinismus. In: Pädagogische Unterhandlungen. Philanthropisches Journal für die Erzieher und das Publikum 2 (1778/79) 2, S. 227-251; Anmerkungen zu den philanthropischen Gedanken über den Philanthropinismus [Fortsetzung]. In: Pädagogische Unterhandlungen. Philanthropisches Journal für die Erzieher und das Publikum 2 (1778/79) 3, S. 435-449; Grundriß der Erziehungswissenschaft, nebst einem Auszuge aus Plutarchs Buche über die Erziehung. In: Pädagogische Unterhandlungen. Philanthropisches Journal für die Erzieher und das Publikum 2 (1778/79) 2, S. 171-199; Über die Geschäfte der Mütter bey der Erziehung. In: Pädagogische Unterhandlungen. Philanthropisches Journal für die Erzieher und das Publikum 2 (1778/79) 2, S. 206-215; Nachschrift zum vorhergehenden Aufsatze. In: Pädagogische Unterhandlungen. Philanthropisches Journal für die Erzieher und das Publikum 2 (1778/79) 2, S. 199-206; Ankündigung einer Privatanstalt für den Unterricht und die Erziehung junger Leute zwischen dem zwölften und achtzehnten Jahre. In: Deutsches Museum 1 (1780) 3, S. 291-296; Der erste Dank, Ein Kinderdrama. In: Pädagogische Unterhandlungen. Philanthropisches Lesebuch für die Jugend 2 (1778/79) 1, S. 6-39; Erzählungen. In: Pädagogische Unterhandlungen. Philanthropisches Lesebuch für die Jugend 2 (1778/79) 2, S. 241-243; Nachrichten ans Publikum II. In: Deutsches Museum 1 (1780) 9, S. 287; Rezension von Hermes, »Sophiens Reise von Memel nach Sachsen«. In: Neue Bibliothek der schönen Wissenschaften und der freyen Künste 19 (1776) 2, S. 269-292; Rezension

des ersten Halbjahresbandes 1776 des Deutschen Museum. In: Neue Bibliothek der schönen Wissenschaften und der freyen Künste 22 (1778) 1, S. 58-91; Rezension des zweiten Halbjahresbandes 1776 des Deutschen Museum. In: Neue Bibliothek der schönen Wissenschaften und der freyen Künste 23 (1779) 1, S. 54-81; Rezension des Januar-Heftes 1777 des Deutschen Museum. In: Neue Bibliothek der schönen Wissenschaften und der freyen Künste 23 (1779) 2, S. 217-250; Rezension der Hefte Februar bis April 1777 des Deutschen Museum. In: Neue Bibliothek der schönen Wissenschaften und der freyen Künste 24 (1780) 1, S. 25-72; Rezension von Wieland, »Oberon«. In: Neue Bibliothek der schönen Wissenschaften und der freyen Künste 25 (1781) 2, S. 230-273; Fragment eines Schauspiels: Der blinde Apollo. Geschrieben für das Jahr 1776. In: Wezel-Jahrbuch. Studien zur europäischen Aufklärung 2 (1999), S. 160-167 [Zuerst erschienen in: Taschenbuch für Dichter und Dichterfreunde XI (1780), S. 65-79]; Hannibal und Joli. Eine tragische Operette. In: Wezel Jahrbuch. Studien zur europäischen Aufklärung 2 (1999), S. 153-159 [Zuerst erschienen in: Taschenbuch für Dichter und Dichterfreunde X (1779), S. 24-31]; Vier Narren auf einem Fleck. Fragment eines Possenspiels. In: Wezel-Jahrbuch. Studien zur europäischen Aufklärung 3 (2000), S. 155-165 [Zuerst erschienen in: Taschenbuch für Dichter und Dichterfreunde XI (1780), S. 129-150]; Eigensinn und Ehrlichkeit. Ein deutsches Lustspiel in fünf Akten. In der Bearbeitung von Peter Siefert und Verena Joos. Hrsg. vom Staatstheater Kassel 1992; Vorrede zu den Lustspielen. In: Staatstheater Kassel: Programmheft zu »Eigensinn und Ehrlichkeit« Spielzeit 1992/93; Vorwort zu: Die wilde Betty. Eine Ehestandsgeschichte. In: Staatstheater Kassel: Programmheft zu »Die wilde Betty« Spielzeit 1992/93; Johannes Düc, der Lustige oder Schicksale eines Mannes von guter Laune. In: Marion Beaujean (Hrsg.): Liebe, Tugend und Verbrechen. Unterhaltungsliteratur des 18. Jahrhunderts. München 1987, S. 207-247; Die Komödianten. Ein theatralisches Sittengemälde. In: Glasmeier, Michael/ Rolf Lobeck (Hrsg.): Johann Carl Wezel. Akten des Symposiums der Gesamthochschule Kassel vom 15. bis 18. Oktober 1992. Kassel 1994/95; Kritische Anmerkungen. Klassiker im Kontainer 1. Ein von fünf Heften. Zürich 1985 (enth.: Aphorismen aus »Belphegor«, »Robinson Krusoe« sowie aus Wezels Rezensionen in der »Neuen Bibliothek«); Über das Vergnügen am Schreckhaften. In: Ephemeriden der Literatur und des Theaters. 5. Bd., 24. Stück (16. Juni 1787), S. 371-378 [Separatdruck aus »Versuch über die Kenntniß des Menschen«, Leipzig], Bd. 2, S. 273-287; Billet an Mamsel**, bey der Abreise von **. In: Taschenbuch für Dichter und Dichterfreunde. Abt. IX (1778), S. 110f; Schwanengesang eines guten Essers. In: Taschenbuch für Dichter und Dichterfreunde. Abt. IX (1778), S. 129-131; Epistel an Madam Z** [Zollikofer] in Leipzig: über das Neujahrsgratulieren. In: Taschenbuch für Dichter und Dichterfreunde. Abt. X (1779), S. 1-23; Auf einen polemischen Prediger: Sinngedicht. In: Taschenbuch für Dichter und Dichterfreunde. Abt. X (1779), S. 23; Hannibal und Joli, eine tragische Operette. In: Taschenbuch für Dichter und Dichterfreunde. Abt. X (1779), S. 24-31; Einfall 1776 Unter drey erbärmliche Gedichte auf Werthern geschrieben. In: Taschenbuch für Dichter und Dichterfreunde. Abt. X (1779), S. 37; Auf einen schreyenden Prediger: Sinngedicht. In:

In: Taschenbuch für Dichter und Dichterfreunde. Abt. X (1779), S. 62; Fragment eines Schauspiels: Der blinde Apollo. Geschichte für das Jahr 1776. In: Taschenbuch für Dichter und Dichterfreunde. Abt. XI (1780), S. 65-79; Prinz Edmund: Erstes Buch einer Erzählung. In: Taschenbuch für Dichter und Dichterfreunde. Abt. X (1780), S. 97-110; Vier Narren auf einem Fleck. Fragment eines Possenspiels. In: Taschenbuch für Dichter und Dichterfreunde. Abt. XI (1780), S. 129-150; Impromptu. In: Taschenbuch für Dichter und Dichterfreunde. Abt. XI (1780), S. 152; Sophron und sein Sohn. Ein Gespräch. In: Taschenbuch für Dichter und Dichterfreunde. Abt. XII (1781), S. 27-36; An S**. In: Almanach der deutschen Musen (1778), S. 230; Zelmors Lied. In: Almanach der deutschen Musen (1778), S. 237-240; An eine Klavierspielerin. In: Almanach der deutschen Musen (1778), S. 242; An zwo Damen. In: Almanach der deutschen Musen (1778), S. 253; Stoßgebet in schlechter Gesellschaft. In: Almanach der deutschen Musen (1778), S.280; Anmerkungen zu der im vorigen Stücke befindlichen Recension, über Sprache, Wissenschaften und Geschmack der Teutschen. In: Neue Bibliothek der schönen Wissenschaften und der freyen Künste 26 (1782) 2, S. 193-211; Vorrede zu »Herrmann und Ulrike«. In: Kimpel, Dieter/Wiedemann, Conrad: Theorie und Technik des Romans im 17. und 18. Jahrhundert. Bd. 1: Barock und Aufklärung. Bd. 2: Spätaufklärung, Klassik und Frühromantik. Tübingen 1970, S. 23-27; Ankündigung Robinsons des Ältern, von Herrn Wezel, in: Deutsches Museum (1779) april, 11, S. 386-389; Ziegeler von, Geheimrat zu Schwarzburg: Nachtrag zu dem Aufsatze über Wezel. In: Zeitung für die elegante Welt, Nr. 55 (17. März 1812), S. 433-435, enthält Gedichte: »Ankündigung des Frühlings«, »Festo Wezelii (3.2.1795, Latein), »Initio Autumni: festum Pomonae (20.9.1797, Latein), »Am Feste der Malerei« (29.10.1797).

Rezensionen (Auswahl)

zu: *Lebensgeschichte Tobias Knauts, des Weisen, sonst der Stammler genannt:* Christoph Martin Wieland: Teutscher Merkur (1774), März, S. 344-345; Christoph Martin Wieland: Teutscher Merkur (1774), September, S. 361-362; Johann Heinrich Merck: Teutscher Merkur (1776), März, S. 272-273; Johann Erich Biester: Allgemeine deutsche Bibliothek XXX (1777) 1, S. 524-525; [o.N.]: Almanach der deutschen Musen (1777), S. 110-111.

zu: *Belphegor, oder Die wahrscheinlichste Geschichte unter der Sonne:* Johann Heinrich Merck: Teutscher Merkur (1776) III, S. 79-81; Johann Karl August Musäus: Allgemeine deutsche Bibliothek XXX (1777), 2, S. 525-528; [o.N.]: Almanach der deutschen Musen (1777), S. 109f.; [o.N.]: Almanach der deutschen Musen (1778), S. 94.

zu: *Ehestandsgeschichten des Philipp Peter Marks und Die wilde Betty:* [o.N.], in: Teutscher Merkur (1780) 2, S. 236f.; Johann Erich Biester, in: Allgemeine deutsche Bibliothek (1782) 2, S. 449-451.

zu: *Satirische Erzählungen:* August G. Meißner, in: Deutsches Museum (1778) 2, S. 554 (Wezels Antwort: Deutsches Museum (1779) 1, S. 87-92.

zu: *Robinson Krusoe* Joachim Heinrich Campe, in: Altonaischer Gelehrter Mercurius (1779), St. 15, S. 119 und St. 33,

S. 261-262; Joachim Heinrich Campe, in: Hamburgische Neue Zeitung, Nr. 120.

zu: Herrmann und Ulrike Johann Karl August Musäus, in: Allgemeine deutsche Bibliothek XLIII (1780) 1, S. 149-152; [o.N.], in: Teutscher Merkur (1780), II, S. 236-240; [o.N.], in: Almanach der deutschen Musen (1781), S. 119f.

zu: Kakerlak oder Geschichte eines Rosenkreuzers aus dem vorigen Jahrhunderte: [o.N.], in: Neue Bibliothek der schönen Wissenschaften und freyen Künste XXXIII (1787) 1, S. 18-37.

zu: Lustspiele: Johann Joachim Eschenburg: Allgemeine deutsche Bibliothek XXXVIII (1779), 1, S. 142f., so auch in: Allgemeine deutsche Bibliothek XL (1780) 2, S. 485f.; Allgemeine deutsche Bibliothek LXIII (1785) 2, S. 411-414; Allgemeine deutsche Bibliothek LXXIV (1787) 2, S. 429f.

Selbstständige Forschungsliteratur (Monographien etc.): Krampe, Siegfried: Johann Karl Wezels Leben und Schriften. Ein Beitrag zur Geschichte des Romans. Berlin 1911; — Kreymborg, Gustav: Johann Karl Wezel. Sein Leben und seine Schriften. Vechta 1913; — Völker, Anna: Empfindsamkeit und Aufklärung in Wezels ,Wilhelmine Arend oder Die Gefahren der Empfindsamkeit'. Bochum-Langendreer 1934; — Promies, Wolfgang: Die Bürger und der Narr oder das Risiko der Phantasie. Sechs Kapitel über das Irrationale in der Literatur des Rationalismus. München 1966; — Adel, Kurt: Johann Karl Wezel. Ein Beitrag zur Geistesgeschichte der Goethezeit. Wien 1968; — Schönert, Jörg: Roman und Satire im 18. Jahrhundert. Ein Beitrag zur Poetik. Stuttgart 1969; — Tronskaja, Maria: Prosasatire der deutschen Aufklärung. Berlin 1969; — Michelsen, Peter: Laurence Sterne und der deutsche Roman des achtzehnten Jahrhunderts. Göttingen ²1972; — Holzhey-Pfenniger, Elisabeth: Der desorientierte Erzähler. Studien zu J. C. Wezels »Lebensgeschichte Tobias Knauts«. Bern 1973; — Thurn, Hans-Peter: Roman der unaufgeklärten Gesellschaft. Untersuchungen zum Prosawerk Johann Karl Wezels. Stuttgart 1973; — Haack, Ekhard: Das Verhältnis von Erzähler und Leser in den Romanen Wezels. Diss. Göttingen 1974; — Ammermann, Monika: Gemeines Leben. Gewandelter Naturbegriff und literarische Spätaufklärung. Lichtenberg, Wezel, Garve. Bonn 1978; — Jansen, Wolfgang: Das Groteske in der deutschen Literatur der Spätaufklärung. Ein Versuch über das Erzählwerk Johann Carl Wezels. Bonn 1980; — Strube, Rolf-Günter: Die Physiognomie der Unvernunft. Studien zur Rolle der Einbildungskraft im erzählerischen Werk Johann Karl Wezels. Heidelberg 1980; — Joerger, Thilo: Roman und Emanzipation. Johann Carl Wezels »bürgerliche Epopee«. Stuttgart 1981; — McKnight, Phillip S.: The Novels of Johann Karl Wezel. Satire, Realism and Social Criticism in Late 18th Century Literature. Bern, Frankfurt/Main, Las Vegas 1981; — Seibert, Regine: Satirische Empirie. Literarische Struktur und geschichtlicher Wandel der Satire in der Spätaufklärung. Würzburg 1981; — Schleef, Einar: Wezel. Schauspiel. Mit einem zeitgenössischen Bericht von Jonas Ludwig Hess. Frankfurt/Main 1983; — Kremer, Detlef: Wezel. Über die Nachtseite der Aufklärung. Skeptische Lebensphilosophie zwischen Spätaufklärung und Frühromantik. München 1985; — Gössl, Sybille: Materialismus und

Nihilismus. Studien zum deutschen Roman der Spätaufklärung. Würzburg 1987; — Vierhaus, Rudolf: Aufklärung als Emanzipationsprozeß. In: Aufklärung 2 (1987), 2, S. 9-18; — Košenina, Alexander: Ernst Platners Anthropologie und Philosophie. Der ‚philosophische Arzt' und seine Wirkung auf Johann Karl Wezel und Jean Paul. Würzburg 1989; — Knautz, Isabel: Epische Schwärmerkuren. Johann Karl Wezels Romane gegen die Melancholie. Würzburg 1990; — Heinz, Jutta: Wissen vom Menschen und Erzählen vom Einzelfall. Untersuchungen zum anthropologischen Roman der Spätaufklärung. Berlin, New York 1996; — Boose, Irene (Hrsg.): Warum Wezel? Zum 250. Geburtstag eines Aufklärers. Heidelberg 1997; — Košenina, Alexander und Weiß, Christoph (Hrsg.): Johann Karl Wezel (1747-1819). St. Ingbert 1997; — Brain, Dennis: Johann Karl Wezel: from religious pessimism to anthropological skepticism. New York, Washington D.C., Boston, Bern, Frankfurt/Main, Berlin u.a. 1999; — Futterknecht, Franz: Infantiles Bewußtsein. Johann Karl Wezels Kritik der Moderne. München 1999; — Kämmerer, Harald: »Nur um Himmels willen keine Satyren...«: deutsche Satire und Satiretheorie des 18. Jahrhunderts im Kontext von Anglophilie, Swift-Rezeption und ästhetischer Theorie. Heidelberg 1999. [zu Belphegor S. 78131]; — Schulz, Martin-Andreas: Johann Karl Wezel. Literarische Öffentlichkeit und Erzählen. Untersuchungen zu seinem literarischen Programm und dessen Umsetzung in seinen Romanen. Hannover 2000; — Grzesiuk, Ewa: Auf der Suche nach dem »moralischen Stein der Weisen«. Die Auseinandersetzung mit der frühaufklärerischen Utopie der Glückseligkeit in den Romanen Johann Karl Wezels. Lublin 2002; — Hammerschmid, Michael: Skeptische Poetik der Aufklärung. Formen des Widerstreits bei Johann Karl Wezel. Würzburg 2002; — Nowitzki, Hans-Peter: Der wohltemperierte Mensch. Aufklärungsanthropologien im Widerstreit. Berlin, New York 2003; — Lach, Roman: Characters in Motion. Einbildungskraft und Identität in der empfindsamen Komödie der Spätaufklärung. Heidelberg 2004; — Ilbrig, Cornelia: Aufklärung im Zeichen eines »glücklichen Skepticismus«. Johann Karl Wezels Werk als Modellfall für literarisierte Skepsis in der späten Aufklärung. Hannover 2007.

Unselbstständige Forschungsliteratur (Aufsätze in Sammelbänden, Zeitschriften etc.): Küttner, Karl August: Charaktere teutscher Dichter und Prosaisten von Karl dem Großen bis aufs Jahr 1780. Berlin 1781, Bd. 2, S. 537-539; — Baur, Samuel: Johann Karl Wetzel. In: S.B.: Charakteristik der Erziehungsschriftsteller Deutschlands. Ein Handbuch für Erzieher. Leipzig 1790, S. 562-565; — Ludloff, Friedrich Carl: Skizzen zu Wezels Leben. Sondershausen 1804; — Blumröder, August von: Johann Karl Wezel, Fragmente über sein Leben und seinen Wahnsinn. In: Zeitgenossen. Ein biographisches Magazin für die Geschichte unserer Zeit. Hrsg. von Christian Friedrich August Hasse. Leipzig 1829-1841, Bd. 4, S. 141-172; — Schletter, Hermann Theodor: Platner und Wezel: Kriegsscenen aus der Leipziger Literaturgeschichte. Leipzig 1846; — Brümmer, Franz: Deutsches Dichter-Lexikon. Biographische und bibliographische Mittheilungen über deutsche Dichter aller Zeiten. Eichstadt/Stuttgart 1876f.; — Schüddekopf, Carl: Klassische Findlinge. Freundesgaben für C.A.H. Burkhard. Weimar 1900, S. 89-119; — Lutze, Günter: Ein vergessener

Dichter. In: Aus Sondershausens Vergangenheit. Ein Beitrag zur Kultur und Sittengeschichte früherer Jahrhunderte. Sondershausen 1909, Bd. 2, 7. Lieferung, S. 189-213; — Schmidt, Arno: Die Schreckensmänner. Karl Philipp Moritz zum 200. Geburtstag. In: Ders.: Dya Na Sore. Gespräche in einer Bibliothek. Karlsruhe 1958, S. 356-390; — Adel, Kurt: Eine vergessene Faustdichtung des 18. Jahrhunderts: Johann Karl Wezels »Kakerlak«. In: Jahrbuch des Wiener Goethe-Vereins 66 (1962), S. 61-74; — Bauer, Ernst: Johann Karl Wezel - sein Leben und sein Meisterwerk. In: Thüringer Heimatkalender 1966. Hrsg. von Julius Kober. Würzburg 1966, S. 96-100; — Schönert, Jörg: Fragen ohne Antwort. Zur Krise der literarischen Aufklärung im Roman des späten 18. Jahrhunderts. Wezels Belphegor, Klingers Faust und die Nachtwachen von Bonaventura. In: Jahrbuch der deutschen Schiller-Gesellschaft. Bd. XIV (1970), S. 183-229; — Kritische Schriften. Hrsg. und mit einem Nachwort versehen von Albert R. Schmitt. 3 Bde. Bd. 2. Stuttgart 1971, S. 814-836; — Drews, Jörg: Herrmann und Ulrike. Ein komischer Roman. In: Kindlers Literatur Lexikon. Bd. 5. Zürich 1974, S. 4394f.; — Drews, Jörg: Belphegor, oder die wahrscheinlichste Geschichte unter der Sonne. In: Kindlers Literatur Lexikon. Ergänzungsband. Zürich 1974, S. 10502-10504; — Chevallier, Pierre: Deux lettres inédites de Johann Karl Wezel. In: Études Germaniques 30/1 (1975), S. 42-48; — McKnight, Phillip S.: Versuch einer Gesamtbibliographie über Johann Carl Wezel. In: Johann Carl Wezel: McKnight, Phillip S.: Bibliographie: Nachträge und Korrekturen. Bd. 3. Stuttgart 1975, S. 523-527; — Müller, Volker Ulrich: Aufklärung als »traurige Wissenschaft«. Johann Karl Wezels »Belphegor, oder die wahrscheinlichste Geschichte unter der Sonne«. In: Hans Joachim Piechotta (Hrsg.): Reise und Utopie. Zur Literatur der Spätaufklärung. Frankfurt/M. 1976, S. 170-221; — Zagari, Luciano: Wezel, Johann Karl (1747-1819). In: Dizionario Critico della Letteratura Tedesca. Vol. 2. Dir. da Sergio Lupi. Torino 1976, S. 1281f.; — Marggraff, Herrmann: J. K. Wezel, der Sonderling von Sondershausen (1837). Neu hg. und mit Marginalien versehen von Bernhard Langer. Fulda 1997 (Mania Mouson 1); — Martini, Fritz: Johann Karl Wezels verspätete Lustspiele. In: Stanley A. Corngold, Michael Curschmann, Theodor J. Ziolkowski (Hrsg.): Aspekte der Goethezeit, Göttingen 1977, S. 38-67; — Naumann, Dietrich: Politik und Moral. Studien zur Utopie der Spätaufklärung. Heidelberg 1977, v.a. S. 247-267; — Voßkamp, Wilhelm: Johann Carl Wezel. In: Benno von Wiese (Hrsg.): Deutsche Dichter des 18. Jahrhunderts. Ihr Leben und Werk. Berlin 1977, S. 577-593; — Bennholdt-Thomsen, Anke/ Alfredo Guzzoni: Der »Asoziale« in der Literatur um 1800. Königstein/Ts. 1979 [zu »Belphegor«: S 61-66 und 107-109]; — Stach, Reinhard: Wezel, Johann Karl. In: Klaus Doderer (Hrsg.): Lexikon der Kinder- und Jugendliteratur. Bd. 3. Weinheim, Basel 1979, S. 795f.; — Steiner, Gerhard: Zerstörung einer Legende oder Das wirkliche Leben des Johann Karl Wezel. In: Sinn und Form 31/3 (1979), S. 699f.; — Ebach, Jürgen: Belphegor oder die Umkehrung der Heilsgeschichte. Eine Notiz zum Namen der Titelfigur in J.K. Wezels »Belphegor, oder die wahrscheinlichste Geschichte unter der Sonne« (1776). IN: DVjs 54/3 (1980), S. 514-516; — Henning, Hans: Johann Karl Wezels »Versuch über die Kenntniß des Menschen« (1784/85). In: Arcadia 15/3 (1980), 258-277; —

Meyer, Karl-Heinz: Die Lüge vom wahnsinnige Wezel. In: Neues aus der Wezelforschung 1 (1980), S. 29-34; — Schmitt, Albert R.: Paralipomena zu Gerhard Steiners Wezel-Aufsatz. In: Sinn und Form 32/2 (1980), S. 492-497; — Steiner, Gerhard: Die ersten poetischen Arbeiten Johann Karl Wezels. In: Neues aus der Wezelforschung 1 (1980), S. 9-18; — Ralle, Bianca: Johann Karl Wezel. In: Jörn Göres (Hrsg.): Deutsche Schriftsteller im Porträt. Bd. 3: Sturm und Drang, Klassik, Romantik. München 1980, S. 274f.; — Bersier, Gabrielle: Wunschbild und Wirklichkeit. Deutsche Utopien im 18. Jahrhundert. Heidelberg 1981 [zu »Belphegor«: S. 268-278]; — Brenner, Peter J.: Name ist Schall und Rauch... Jürgen Ebachs »Belphegor«-Interpretation. In: DVjs 55/1 (1981), S. 161-164; — Gerndt, Siegmar: Idealisierte Natur. Die literarische Kontroverse um den Landschaftsgarten des 18. und frühen 19. Jahrhunderts. Stuttgart 1981 [zu »Herrmann und Ulrike«: S. 92-105]; — Steiner, Gerhard: Johann Karl Wezels Behandlung durch Dr. Samuel Hahnemann. In: Jahrbuch der deutschen Schillergesellschaft 25 (1981), S. 229-237; — Ewers, Hans-Heino: Johann Karl Wezel (1747-1819): Robinson Krusoe. In: Theodor Brüggemann, Hans-Heino Ewers (Hrsg.): Handbuch zur Kinder- und Jugendliteratur von 1750-1800. Stuttgart 1982, Sp. 238-255; — Steiner, Gerhard: Der Stammbaum unserer Geschichte. In: Elizabeth Craven· Anekdote aus der alten Familie. Ein Weihnachtsmärchen. In der Übersetzung von Johann Karl Wezel. Neu Hrsg. von Gerhard Steiner. Berlin 1982, S. 77-95; — Behrend, Hans Jörg: Die Worte führen weiter, als man glaubt: Sondershausen, der Kulturbund und Johann Karl Wezel. In: Sonntag 37/24 (12. Juni 1983), S. 9; — Chevallier, Pierre: Quelques emplois du mot »Revolution« dans l'oeuvre de Johann Karl Wezel. In: Études Germaniques 38/2 (1983), S. 229-233; — Chevallier, Pierre: Voltaire und Wezel. In: Neues aus der Wezelforschung. Hrsg. vom Arbeitskreis Johann Karl Wezel des Kulturbundes der DDR. H. 2. Sondershausen 1984, S. 41-47; — Henning, Hans: Wezels Beitrag zur Aufklärungsphilosophie. Der »Versuch über die Kenntniß des Menschen«. In: Neues aus der Wezel-Forschung 2 (1984), S. 18-30; — Klingenberg, Anneliese: Herder, Wieland oder ein gewisser Wezel? Zu Wezels Roman »Tobias Knaut«. In: Neues aus der Wezelforschung 2 (1984), S. 13-17; — Kunz, Gabriele: Die pädagogischen Anschauungen des Schriftstellers Johann Karl Wezel. In: Paul Mitzenheim (Hrsg.): Studien zum Philanthropismus. Jena 1984, S. 3-29; — Schmitt, Albert R.: Wezel und Wieland. In: Hansjörg Schelle (Hrsg.): Christoph Martin Wieland. Nordamerikanische Forschungsbeiträge anläßlich der 250. Wiederkehr seines Geburtstages 1983. Tübingen 1984, S. 251-275; — Johannsen, Gerhard: Johann Karl Wezel. Versuch einer Beschreibung. Diss. Berlin 1985; — Schmidt, Arno: Belphegor oder Wie ich euch hasse. In: Ders.: Belphegor. Nachrichten von Büchern und Menschen. Frankfurt/Main 1985, S. 6-57; — Clausberg, Karl (Hrsg.): Almanach der Krater-Bibliothek. Erster Band. Nördlingen 1986; — McKnight, Phillip S.: Folgenreiche Weichenstellung: Weimars Nichtrezeption der Dichtungs- und Gesellschaftskritik J.K: Wezels. In: Wolfgang Wittkowski (Hrsg.): Verlorene Klassik? Ein Symposium. Tübingen 1986, S. 167-184; — Meyer, Karl-Heinz: Johann Karl Wezel und die »Nachtwachen von Bonaventura«. Der erste Teil einer Beweisführung. In: Neues aus der Wezelforschung 2 (1986), S.

62-86; — Schmitt, Albert R.: Englische Einflüsse in den Schriften Johann Carl Wezels. In: Neues aus der Wezelforschung 2 (1986), S. 31-40; — Steiner, Gerhard: Johann Karl Wezel und Heinrich Christian Boie. Bisher ungedruckte Briefe mit Erläuterungen. In: Neues aus der Wezelforschung 2 (1986), S. 48-58; — Wild, Reiner: Die aufgeklärte Kinderliteratur in der Literaturgeschichte des 18. Jahrhunderts. Zur Kontroverse um die Robinson-Bearbeitung zwischen Joachim Heinrich Campe und Johann Carl Wezel. In: Dagmar Grenz (Hrsg.): Aufklärung und Kinderbuch. Studien zur Kinder- und Jugendliteratur des 18. Jahrhunderts. Pinneberg 1986, S. 47-78; — Ziegeler, Geheimrat von: Wezel zu Sondershausen (Auszug). In: Clausberg, Karl (Hrsg.): Almanach der Krater-Bibliothek. Erster Band. Nördlingen 1986, S. 237f.; — Henning, Hans: Satire, Aufklärung und Philosophie - Johann Karl Wezel. In: Goethe-Jahrbuch 104 (1987), S. 332-349; — Henning, Hans: »Denn haben meine Schriften wahren Werth...« (Wezel). Zum Stand der Wezel-Forschung. In: Das achtzehnte Jahrhundert 11/2 (1987), S. 79-85; — McKnight, Phillip S.: Wezelforschung in der DDR: Miszellaneen, Material und Mutmaßungen aus Sondershausen und Leipzig. In: Lessing Yearbook 19 (1987), S. 223-266; — Meyer, Karl-Heinz: Wezels Kakerlak - eine vergessene Faustdichtung?: nach dem Manuskript eines Vortrages am 25.3.1986. Hrsg. vom Arbeitskreis Johann Karl Wezel des Kulturbundes der DDR. Sondershausen 1987; — Mielke, Andreas: Wieland contra Swift und Rousseau - und Wezel. In: Colloquia Germanica 20/1 (1987), S. 15-37; — Sauder, Gerhard: Johann Karl Wezel. In: Gunter Grimm, Frank Rainer Max (Hrsg.): Deutsche Dichter. Leben und Werk deutschsprachiger Autoren. Bd. 3: Aufklärung und Empfindsamkeit. Stuttgart 1988, S. 404-412; — Peterson, Brent O.: Wezel and the Genre of »Robinson Crusoe«. In: Lessing Yearbook 20(1988), S. 183-204; — Birgel, Franz: Wieland und Wezel: Idealism, Realism an the Polarities of Satiric Temperaments. Diss. Philadelphia 1989; — Dietzsch, Steffen: Aufklärungsquerelen. Anmerkungen zur Wezel-Platner-Debatte 1781/82: Ein Streit um Leibniz' Theodizee. In: Weimarer Beiträge 35 (1989), S. 861-868; — Henning, Hans: J.K. Wezels »Die Komödianten«, ein theatralisches Sittengemälde vom 1782/83. In: Kulturbund der DDR - Bezirksleitung Erfurt (Hrsg.): Johann Karl Wezel und die Aufklärung. Beiträge der wissenschaftlichen Konferenz in Weimar am 20. September 1988. Weimar 1989, S. 44-56; — Henning, Hans: Johann Karl Wezel and the Enlightenment. In: Studies on Voltaire an the Eighteenth Century 263: Transactions of the Seventh International Congress on the Enlightenment 1 (1989), S. 574-578; — Klingenberg, Anneliese: Johann Karl Wezel - radikaler Aufklärer und Literaturtheoretiker. In: Johann Karl Wezel und die Aufklärung. Beiträge der wissenschaftlichen Konferenz am 20. September 1988 in Weimar. Veranstaltet von der Bezirksleitung Erfurt des Kulturbundes der DDR. Weimar 1989, S. 7-31; — Klingenberg, Anneliese: Wezels »Lebensgeschichte Tobias Knauts des Weisen, sonst der Stammler genannt«. In: Weimarer Beiträge 35 (1989), S. 430-449; — Klingenberg, Anneliese: Johann Karl Wezels Ver-Bildungsroman »Tobias Knaut« und seine gattungsgeschichtlichen Aspekte. In: Klingenberg, Anneliese: Zur Epik und Literaturtheorie der deutschen Kunstperiode. Leipzig 1989, S. 4-46; — Klingenberg, Anneliese: Kunstautomonie, bürgerli-

che Epopöe, Idealismus, Realismus - die literaturtheoretische Leistung Johann Karl Wezels. In: Klingenberg, Anneliese: Zur Epik und Literaturtheorie der deutschen Kunstperiode. Leipzig 1989, S. 47-86; — Lehmann, Christine: Johann Karl Wezel und die Aufklärung. Wissenschaftliche Konferenz am 20. September 1988 in Weimar. In: Zeitschrift für Germanistik 10/4 (1989), S. 484-489; — Lange, Victor: J. C. Wezels »Lebensgeschichte Tobias Knauts«. In: Lange, Victor (Hrsg.): Illyrische Betrachtungen. Hrsg. von Walter Hinck, Volkmar Sander. Bern, Frankfurt/M., Las Vergas 1989, S. 187-213; — Pilling, Dieter: Wezel und Leipzig. Fakten und Mutmaßungen. In: Kulturbund der DDR - Bezirksleitung Erfurt (Hrsg.): Johann Karl Wezel und die Aufklärung. Beiträge der wissenschaftlichen Konferenz in Weimar am 20. September 1988. Weimar 1989, S. 70-89; — Schönert, Jörg: Johann Karl Wezels und Joachim Heinrich Campes Bearbeitungen des Robinson Krusoe: Zur literarischen Auseinandersetzung des bürgerlichen Wertekomplexes ,Arbeit' in der Literatur des späten 18. Jahrhunderts. In: Eda Sagarra (Hrsg.): Deutsche Literatur in sozialgeschichtlicher Perspektive. Ein Dubliner Symposium. Dublin 1989, S. 18-34; — Steiner, Gerhard: Der literarische Diebstahl. Wezel und Blumröder. In: Kulturbund der DDR - Bezirksleitung Erfurt (Hrsg.): Johann Karl Wezel und die Aufklärung. Beiträge der wissenschaftlichen Konferenz in Weimar am 20. September 1988. Weimar 1989, S. 88-95; — Steiner, Gerhard: Johann Karl Wezel und das vorrevolutionäre Frankreich. In: Kulturbund der DDR - Bezirksleitung Erfurt (Hrsg.): Johann Karl Wezel und die Aufklärung. Beiträge der wissenschaftlichen Konferenz in Weimar am 20. September 1988. Weimar 1989, S. 57-69; — Bräuner, Harald: Fakten als Fiktion: Untersuchung zu Nachricht, Lebensgeschichte und Wissenschaftsprosa in Historik und Roman des 16. bis 18. Jahrhunderts. Diss. FU Berlin 1990 [zu »Herrmann und Ulrike«: S. 209-214]; — Ceiss, Carl: WÜSTE MARK. Komödie frei nach dem Roman Belphegor von J.K.Wezel. Unveröffentlichtes Manuskript 1990 [http://www.ceiss.de/B010.htm]; — Klingenberg, Anneliese: Johann Karl Wezel als Theoretiker der Leipziger Aufklärung. In: Weimarer Beiträge 36 (1990), S. 755-776; — Knautz, Isabel: Ein verkannter Aufklärer. In: Literaturwissenschaftliches Jahrbuch 31 (1990), S. 95-131; — Koller, Hans-Christoph: Destruktive Arbeit: Zur Auseinandersetzung mit der philanthropischen Arbeitserziehung in J.K. Wezels »Robinson Krusoe«. In: Lessing Yearbook 22 (1990), S. 169-197; — McKnight, Phillip S.: Johann Karl Wezel. In: German Writers in the Age of Goethe: Sturm und Drang to Classicism. Dictionary of Literary Biography. Vol. 94. Ed. James Hardin, Christoph E. Schweitzer. Detroit. New York, London 1990, S. 311-326; — Adel, Kurt: Johann Karl Wezel und Wien. In: Neues aus der Wezel-Forschung 3 (1991), S. 15-25; — Althaus, Thomas: Wezel, Johann Carl (1747-1819). In: Imma Klemm (Hrsg.): Deutscher Romanführer. Stuttgart 1991, S. 493-495; — Bärnighausen, Hendrik: Schloß Sondershausen in Johann Karl Wezels Roman »Herrmann und Ulrike«. In: Neues aus der Wezel-Forschung 3 (1991), S. 43-68; — Beisteiner, Peter: Johann K. Wezels »Belphegor«. Eine Fallstudie zur politischen Theorie der Popularphilosophie der deutschen Spätaufklärung. Diss. Salzburg 1991; — Chevallier, Pierre: »Herrmann et Ulrique«. Die Übersetzung von Wezels Roman im Jahre

1792 in Paris. In: Neues aus der Wezel-Forschung 3 (1991), S. 28-42; — Hidai, Naomi: Johann Karl Wezel-Studien 1 - Sein Leben und Werk. In: Ibaraki Christian Kyo-Daigaku Kiyou Dai 25go besatsu [Academic Journal of Ibaraki Christian College 25 (1991)], S. 73-83; — Joerger, Thilo: Wezels Lustspiele und das Wiener Theater. In: Neues aus der Wezel-Forschung 3 (1991), S. 5-14; — Meyer, Karl Heinz: Bemerkungen über den reiselustigen Herrn Wezel. In: Sehen und Beschreiben (1991), S. 320-324; — Neumann, Erwin: Lessing, Wezel, Klinger und Goethe. Vom Teufelspakt zum positiven Wettausgang in Fauststoff-Gestaltungen des 18. Jahrhunderts. In: Neues aus der Wezelforschung 3 (1991), S. 82-87; — Pausch, Holger A.: ‚Vergessene' Autoren bei Arno Schmidt. Das Beispiel Johann Carl Wezel. Über den Grad der Wahrheitsfindung. In: Gerhard P. Knapp (Hrsg.): Autoren damals und heute. Literaturgeschichtliche Beispiele veränderter Wirkungshorizonte. Amsterdam, Atlanta 1991, S. 29-57; — Schönert, Jörg/Windszus, Hans-Jürgen: Wezels Wilhelmine Arend oder die Gefahren der Empfindsamkeit. Ein früher deutscher Eheroman im Zeichen von Komik, Satire, Ironie und anthropologischer Analyse. In: Neues aus der Wezel-Forschung 3. (1991), S. 69-81; — Blöss, Cathrin: Brennend scharfen Geistes übervoll... Johann Karl Wezels »Belphegor« - einige Anmerkungen zum Verhältnis von Realität und ihrer Wahrnehmung. In: Euphorion 86/2 (1992), S. 201-208;- Blöss, Cathrin: »Malt Grausamkeiten, Misbräuche, Laster und Verbrechen...«. Über Johann Karl Wezel (1747-1819). In: Die Horen. Zeitschrift für Literatur, Kunst und Kritik 37/3 (1992), S. 25-38; — Busch, Stefan: Experimenteller Pessimismus, programmatische Absage an die Utopie und das Melancholiesyndrom in Johann Karl Wezels »Belphegor«. In: Literatur für Leser 4 (1992), S. 208-224; — Chevallier, Pierre: Mon Maître Euphrosinopatorius, ou Comment rendre meilleur l'homme pris dans les rouages du déterminisme. Sur un dialogue de Johann Karl Wezel. In: Cahiers d'Études Germaniques: Regards sur le XVIIIe siècle allemand 22 (1992), S. 11-24; — Heinze, Hartmut: Goethes letzter Wanderer. Studien zur deutschen Literatur von Gottfried bos Kafka. Berlin 1992; — Manger, Klaus: Wezel, Johann Karl. In: Walter Killy u.a. (Hrsg.): Literaturlexikon: Autoren und Werke deutscher Sprache. Bd. 12. Gütersloh, München 1992, S. 285-287; — Niederhauser, Jürg: »Kleine Pinseldrücke des Gedankens«. (Johann Karl Wezel, 1781). Ein Zeugnis früher Beschäftigung mit Modalpartikeln. In: LiLi. Zeitschrift für Literaturwissenschaft und Linguistik 22/87-88 (1992), S. 249-254; — Schmitt, Albert R.: J.K. Wezel's View of Society in his Novel »Herrmann und Ulrike« and Rousseau's »La Nouvelle Héloise«. In: Man and Nature/L'homme et la nature: Proceedings of the Canadian Society for Eighteenth-Century Studies 11 (1992), S. 139-149; — Joos, Verena: Mephisto und Tausendschön. Wezels Frauengestalten. In: Staatstheater Kassel: Programmheft zu »Die wilde Betty« Spielzeit 1992/93, S. 28-32; — Joos, Verena: Verwischte Spuren. Auf der Suche nach einem verlorengegangenen Autor. In: Staatstheater Kassel: Programmheft zu »Eigensinn und Ehrlichkeit« Spielzeit 1992/93, S. 44-48; — Hölz, Gudrun: Wezel. Sein Leben - seine Biographen. In: Staatstheater Kassel: Programmheft zu »Eigensinn und Ehrlichkeit« Spielzeit 1992/93, S. 30-44; — Bärnighausen, Hendrik: Wezeltage in Kassel und Sondershausen. In: Palmbaum. Literarisches

Journal aus Thüringen 1/1 (1993), S. 83f.; — Bärnighausen, Hendrik: »Einer der vorzüglichsten Schriftsteller Deutschlands«. Zum 75. Todestag von Johann Karl Wezel. In: Palmbaum. Literarisches Journal aus Thüringen 1/4 (1993), S. 111-114; — Futterknecht, Franz: Physiologie und Anthropologie - Johann Carl Wezels Menschenbild im philosophischen Kontext seiner Zeit. In: Literaturgeschichte als Profession. Festschrift für Dietrich Jöns. Hrsg. von Hartmut Laufhütte. Tübingen 1993, S. 145-178; — Gille, Klaus F.: »Märtyrer seines Herzens«. Bemerkungen zur Nicht-Kanonisierung von Johann Carl Wezels »Belphegor«. In: Eugeniusz Klin, Marian Szyrocki (Hrsg.): »... einen Stein für den großen Bau behauen«. Studien zur deutschen Literatur. Wroclaw 1993, S. 81-92; — Gille, Klaus F.: Humanität als Maske. Zur Vernunftkonzeption bei Georg Büchner und Johann Carl Wezel. In: angebote. organ für ästhetik 6 (1993), S. 68-76; — Gille, Klaus F.: »Märtyrer seines guten Herzens«. Bemerkungen zur NichtKanonisierung von Johann Carl Wezels Roman Belphegor. In: Klaus F. Gille: Zwischen Kulturrevolution und Nationalliteratur. Gesammelte Aufsätze zu Goethe und seiner Zeit. Hrsg. von Hannelore Scholz. Berlin 1998 [zuerst 1993], S. 49-67; — Höfer, Gerald: Siebzehnte Nachtwache. In: Peter Arfmann, G.E. König (Hrsg.): Der Morgen nach der Geisterfahrt. Neue Literatur aus Thüringen. Greiz 1993, S. 40-50; — Jeon, Chang-Bae: Gestörte Identitätsbildung. Studien zur Gestaltung des Romanhelden und seiner Biographie in der deutschen Literatur des späteren 18. Jahrhunderts. Berlin 1993, v.a. S. 29-63; — Košenina, Alexander/ Hans Henning: Johann Karl Wezels erhaltene Korrespondenz: Erstveröffentlichungen und Briefverzeichnis. In: Jahrbuch der deutschen Schillergesellschaft 37 (1993), S. 11-27; — Volgina, Elena I.: Vecel' i Gete: antipody ili edinomyslenniki? In: Getevskie ctenija (1993), S. 122-134 [dt.: Wezel und Goethe: Antipoden oder Gesinnungsgenossen?]; — Zelle, Carsten: Wezel und Grosse über Schreckenslust. Bemerkungen gelegentlich eines übersehenen Artikels von Johann Karl Wezel. In: Aufklärung 8/1 (1993), S. 63-67; — Althaus, Thomas: Literarische Aufklärung: Johann Carl Wezels Roman »Belphegor, oder die wahrscheinlichste Geschichte unter der Sonne«. In: Interpretationen zur neueren deutschen Literaturgeschichte / hrsg. von Thomas Althaus u. Stefan Matuschek. — Münster, Hamburg. (Münsteraner Einführungen - Germanistik; 3) 1994, S. 17-42; — Müller, Klaus-Detlef: Der Roman als Gleichnis der Welt. Anmerkungen zu Johann Carl Wezels »Belphegor«. In: Theo Elm, Peter Hasubeck (Hrsg.): Fabel und Parabel. Kulturgeschichtliche Prozesse im 18. Jahrhundert. München 1994, S. 215-222; — Bärnighausen, Hendrik: Wezel-Forschung in Sondershausen 1986-91. In: Glasmeier, Michael/ Rolf Lobeck (Hrsg.): Johann Carl Wezel. Akten des Symposiums der Gesamthochschule Kassel vom 15. bis 18. Oktober 1992. Kassel 1994/95, S. 44-64; — Bexte, Peter: Tumulte. Die Liebe unter den Bedingungen der Post in Wezels Roman » Herrmann und Ulrike«. In: Glasmeier, Michael/ Rolf Lobeck (Hrsg.): Johann Carl Wezel. Akten des Symposiums der Gesamthochschule Kassel vom 15. bis 18. Oktober 1992. Kassel 1994/95, S. 167-180; — Futterknecht, Franz: Johann Carl Wezel's Herrmann und Ulrike (1780) or The Origin of the Good. In: Reading after Foucault. Institutions, Disciplines, and Technologies of the Self in Germany, 1750-1830. Ed. By Robert S. Leventhal.

Detroit 1994, S. 51-63; — Glasmeier, Michael: Künstlertum und Physiognomie. In: Glasmeier, Michael/ Rolf Lobeck (Hrsg.): Johann Carl Wezel. Akten des Symposiums der Gesamthochschule Kassel vom 15. bis 18. Oktober 1992. Kassel 1994/95, S. 97-112; — Glasmeier, Michael/ Rolf Lobeck (Hrsg.): Johann Carl Wezel. Akten des Symposiums der Gesamthochschule Kassel vom 15. bis 18. Oktober 1992. Kassel 1994/95; — Henning, Hans: Wezels dramatisches Werk und die groteske Satire »Die Komödianten«. In: Glasmeier, Michael/ Rolf Lobeck (Hrsg.): Johann Carl Wezel. Akten des Symposiums der Gesamthochschule Kassel vom 15. bis 18. Oktober 1992. Kassel 1994/95, S. 149-166; — Joos, Verena: Der Wezel-Clan oder Die unwahrscheinlichste Geschichte unter der Sonne. In: Glasmeier, Michael/ Rolf Lobeck (Hrsg.): Johann Carl Wezel. Akten des Symposiums der Gesamthochschule Kassel vom 15. bis 18. Oktober 1992. Kassel 1994/95, S. 218-232; — Klingenberg, Anneliese: Johann Karl Wezels Literaturtheorie - Herausforderung für die Literaturwissenschaft. In: Glasmeier, Michael/ Rolf Lobeck (Hrsg.): Johann Carl Wezel. Akten des Symposiums der Gesamthochschule Kassel vom 15. bis 18. Oktober 1992. Kassel 1994/95, S. 18-43; — Schleiermacher, Detten D.: belphegor - der film. In: Glasmeier, Michael/ Rolf Lobeck (Hrsg.): Johann Carl Wezel. Akten des Symposiums der Gesamthochschule Kassel vom 15. bis 18. Oktober 1992. Kassel 1994/95, S. 181-186; — Steiner, Gerhard: Das feudale Umfeld Wezels. In: Glasmeier, Michael/ Rolf Lobeck (Hrsg.): Johann Carl Wezel. Akten des Symposiums der Gesamthochschule Kassel vom 15. bis 18. Oktober 1992. Kassel 1994/95, S. 65-96; — Weiland, Daniela: Wezel als Autor der »Nachtwachen von Bonaventura« - ein Denkspiel. In: Glasmeier, Michael/ Rolf Lobeck (Hrsg.): Johann Carl Wezel. Akten des Symposiums der Gesamthochschule Kassel vom 15. bis 18. Oktober 1992. Kassel 1994/95, S. 187-217; — Bärnighausen, Hendrik: Johann Karl Wezel, Sondershausen und Thüringen. In: Detlef Ignasiak (Hrsg.): Beiträge zur Geschichte der Literatur in Thüringen. Rudolstadt, Jena 1995, S. 155-162; — Manger, Klaus: Johann Karl Wezel. Einzelgänger? Weltverbesserer? Dichterisches Genie? Erste Wezel-Gesamtausgabe in Vorbereitung. In: Forschungsmagazin der Friedrich-Schiller-Universität Jena. Sommersemester 1995, S. 32f.; — Quilitzsch, Frank: Der Dreck ist heilig. Theater Nordhausen/Sondershausen: Wezel von Einar Schleef. In: Theater der Zeit 50 (1995) 6, S. 65-66; — Wolf, Jens: Heimspiel. Der Dramatiker Einar Schleef und die Uraufführung seines Stückes Wezel in Sondershausen. In: Palmbaum. Literarisches Journal aus Thüringen 3 (1995) 4, S. 75-77; — Bärnighausen, Hendrik: Johann Karl Wezel und seine Wohnungen in Sondershausen. In: Detlef Ignasiak (Hrsg.): Dichter-Häuser in Thüringen. Jena 1996, S. 100106; — Bexte, Peter: Tumulte im psychischen Apparat. Wezels genialer Maschinenbau der Seele. In: Werner Künzel, Peter Bexte (Hrsg.): Maschinendenken/Denkmaschinen. An den Schaltstellen zweier Kulturen. Frankfurt/M., Leipzig 1996, S. 17-43; — Fulda, Daniel: Wissenschaft aus Kunst: Die Entstehung der modernen deutschen Geschichtsschreibung 1760-1860. Berlin, New York 1996 (European cultures 7) [darin S. 129144: Extreme des aufklärerischen Erzählens bei Wezel und Moritz und ihre transpragmatistischen Kompensationen]; — Jeon, Chang-Bae: Die Romanästhetik bei J. C. Wezel. In: Goethe-

Yongu. Goethe-Studien 8 (1996), S. 274298; — Sauder, Gerhard: Belphegor oder die wahrscheinlichste Geschichte unter der Sonne. In: Interpretationen. Romane des 17. und 18. Jahrhunderts. Stuttgart 1996, S. 196-239; — Stephan, Erika: Kultur und Barbarei. Über die späte Uraufführung von Einar Schleefs Wezel in Sondershausen. In: Theater heute 37 (1996) 1, S. 33-34; — Adel, Kurt: Johann Karl Wezel - Menschenbild und Menschengestaltung. Bemerkungen zu Wezels Lustspielen. In: Schriften der Johann-Karl-Wezel-Gesellschaft 1 (1997), S. 5985; — Adel, Kurt: Wezel - Wieland - Goethe. In: Schriften der Johann-Karl-Wezel-Gesellschaft 1 (1997), S. 917; — Bärnighausen, Hendrik: »Einer der vorzüglichsten Schriftsteller Deutschlands«. Johann Karl Wezels Jahre in Sondershausen. Rudolstadt, Jena 1997; — Bärnighausen, Hendrik: Zwei unpublizierte Briefe Johann Karl Wezels an Daniel Chodowiecki. In: Palmbaum. Literarisches Journal aus Thüringen 5 (1997) 3, S. 1522; — Bärnighausen, Hendrik: Zur literaturhistorischen Tradition Sondershausens im 18. Jahrhundert. In: Schriften der Johann-Karl-Wezel-Gesellschaft 1 (1997), S. 194215; — Bärnighausen, Hendrik: Eine Erwähnung der Mutter Johann Karl Wezels (1759). In: Schriften der Johann-Karl-Wezel-Gesellschaft 1 (1997), S. 216219; — Bärnighausen, Hendrik: Der Hoffourier Johann Heinrich Schmidt und seine Frau. Daten zu Johann Karl Wezels Sondershäuser Wirtsleuten in den Jahren 181119. In: Schriften der Johann-Karl-Wezel-Gesellschaft 1 (1997), S. 220225; — Bärnighausen, Hendrik: Johann Karl Wezel - ein Sohn des Fürsten Heinrich I. von SchwarzburgSondershausen? In: Schriften der Johann-Karl-Wezel-Gesellschaft 1 (1997), S. 260261; — Bärnighausen, Hendrik: Johann Karl Wezel und Johann Wolfgang von Goethe - gemeinsame Vorfahren. In: Schriften der Johann-Karl-Wezel-Gesellschaft 1 (1997), S. 262; — Bärnighausen, Hendrik/Görl, Ute: Neues zu: Johann Karl Wezel in Kassel/Johann Karl Wezel in Gotha. In: Schriften der Johann-Karl-Wezel-Gesellschaft 1 (1997), S. 263264; — Blöss, Cathrin: Wezel-Bibliographie 1975-1997. In: Alexander Košenina und Christoph Weiß (Hrsg.): Johann Karl Wezel (1747-1819). St. Ingbert 1997, S. 283-296; — Blöss, Cathrin: Bibliographie zu Johann Karl Wezel seit 1975. Fortschreibung eines Versuchs. In: Schriften der Johann-Karl-Wezel-Gesellschaft 1 (1997), S. 238-258; — Blöss, Cathrin: »...in dem großen Maschinenwerke der Welt«. Über die Metamorphosen einer Metapher. In: Alexander Košenina und Christoph Weiß (Hrsg.): Johann Karl Wezel (1747-1819). St. Ingbert 1997, S. 179-195; — Bennholdt-Thomsen, Anke/ Alfredo Guzzoni: Bad - Bildnis - Bordell. Wezels Umgang mit den Liebestopoi in »Tobias Knaut«. In: Košenina, Alexander und Weiß, Christoph (Hrsg.): Johann Karl Wezel (1747-1819). St. Ingbert 1997, S. 29-47; — Bexte, Peter: Unsichtbare Maschinen, Theorie der Nerven in Wezels Versuch über die Kenntnis des Menschen. In: Schriften der Johann-Karl-Wezel-Gesellschaft 1 (1997), S. 98-111; — Boose, Irene: Wezel-Konstruktionen. Ein Nachleben in Sondershausen. In: Irene Boose (Hrsg.): Warum Wezel? Zum 250. Geburtstag eines Aufklärers. Heidelberg 1997, S. 6370; — Brück, Helga: Die Theaterszene Ende des 18. Jahrhunderts in Erfurt und der Sondershäuser Schriftsteller Johann Karl Wezel (17471819). In: Schriften der Johann-Karl-Wezel-Gesellschaft 1 (1997), S. 86-97; — Chevallier, Pierre: Menschen auf fernen Inseln. In: Schriften der Johann-Karl-WezelGesellschaft 1 (1997), S. 36-58; — Chevallier, Pierre: Wezel zwischen Pessimismus und Optimismus. In: Schriften der Johann-Karl-Wezel-Gesellschaft 1 (1997), S. 112-127; — Chevallier, Pierre: Johann Karl Wezel als Hofmeister und das Hofmeisterwesen im 18. Jahrhundert. In: Schriften der Johann-Karl-WezelGesellschaft 1 (1997), S. 174-193; — Dietzsch, Steffen: Wezels Lachen in vormundschaftlicher Zeit. In: Schriften der Johann-Karl-WezelGesellschaft 1 (1997), S. 128140; — Futterknecht, Franz: »Der Leser denkt, was er kann, und niemals, was er soll«. Leserkritik und -typologie im Romanwerk Johann Karl Wezels. In: Hans-Peter Ecker (Hrsg.): Methodisch reflektiertes Interpretieren. Festschrift für Hartmut Laufhütte zum 60. Geburtstag. Passau 1997, S. 253-266; — Futterknecht, Franz: Leser als »prädestinirte Thoren«. Leseridiotismus bei Wezel. In: Alexander Košenina und Christoph Weiß (Hrsg.): Johann Karl Wezel (1747-1819), S. 49-67; — Görl, Ute: Über Johann Karl Wezel und die Wezel-Gesellschaft. Ute Görl im Gespräch mit KarlHeinz Meyer, dem Sondershäuser Wiederentdecker des Schriftstellers. In: Palmbaum. Literarisches Journal aus Thüringen 5 (1997) 3, S. 2325; — Heinz, Jutta: Warum Wezel? In: Irene Boose (Hrsg.): Warum Wezel? Zum 250. Geburtstag eines Aufklärers. Heidelberg 1997, S. 916; — Heinz, Jutta: Erzählen statt Klassifizieren. Wezels Theorie der Empfindungen in seinem »Versuch über die Kenntniß des Menschen« im Kontext zeitgenössischer Affektenlehren. In: Alexander Košenina und Christoph Weiß (Hrsg.): Johann Karl Wezel (1747-1819). St. Ingbert 1997, S. 237-257; — Heinze, Hartmut: Seume in Leipzig (1791) - ein Monolog über Wezel u. a. In: Schriften der Johann-Karl-Wezel-Gesellschaft 1 (1997), S. 234237; — Henning, Hans: Wezel als Kritiker. In: Schriften der Johann-Karl-Wezel-Gesellschaft 1 (1997), S. 141-161; — Hirschler, Christa: Johann Karl Wezel (17471819). In: Thüringer Museumshefte 6 (1997) 2, S. 7172; — Hofmann, Michael: Agathons unglücklicher Bruder, Wielands konsequenter Nachfolger. Radikalisierende Zuspitzung aufklärerischer Literaturkonzepte in Wezels Roman »Belphegor«. In: Alexander Košenina und Christoph Weiß (Hrsg.): Johann Karl Wezel (1747-1819). St. Ingbert 1997, S. 69-92; — Henning, Hans: Johann Karl Wezel und die Aufklärung. In: Palmbaum 5 (1997), H. 3, S. 6-14; — Hörner, Wolfgang: Die Mär vom wilden Schreckensmann. Arno Schmidt und Johann Karl Wezel - ein folgenreiches Mißverständnis. In: Irene Boose (Hrsg.): Warum Wezel? Zum 250. Geburtstag eines Aufklärers. Heidelberg 1997, S. 25-41; — Hörner, Wolfgang: Die Mär vom wilden Schreckensmann. Arno Schmidt und Wezel - ein folgenreiches Mißverständnis. In: Griffel. Magazin für Literatur und Kritik 5 (1997), S. 1931 [Vorabdruck des gleichlautenden Aufsatzes, erschienen in: Irene Boose (Hrsg.): Warum Wezel?]; — Hörner, Wolfgang: Mythos Johann Karl Wezel: Biographische Quellen und Dokumente. In: Irene Boose (Hrsg.): Warum Wezel? Zum 250. Geburtstag eines Aufklärers. Heidelberg 1997, S. 71-88; — Joerger, Thilo: »Agathon, vier Fuß drey Zoll hoch, in der Gestalt eines Pagoden«. In: Schriften der Johann-Karl-Wezel-Gesellschaft 1 (1997), S. 18-35; — Joerger, Thilo: Deutsche Lustspiele? - Wezel lesen! In: Irene Boose (Hrsg.): Warum Wezel? Zum 250. Geburtstag eines Aufklärers. Heidelberg 1997, S. 43-52; — Košenina, Alexander: Bücherschlachten in Wezels Gelehrtensatire »Silvans Bibliothek«. In: Alexander Košenina und Christoph Weiß (Hrsg.): Johann Karl Wezel (1747-1819). St. Ingbert 1997, S. 157-177; — Košenina, Alexander: »zwey Blätter..., die den Teutschen Ehre machen«. Wezel an Daniel Chodowiecki, zwei Beispiele aus der Briefedition. In: Irene Boose (Hrsg.): Warum Wezel? Zum 250. Geburtstag eines Aufklärers. Heidelberg 1997, S. 53-62; — Kremer, Detlef: Spätaufklärung als Groteske. Johann Karl Wezels »Lebensgeschichte Tobias Knauts, des Weisen, sonst der Stammler genannt.« In: Alexander Košenina und Christoph Weiß (Hrsg.): Johann Karl Wezel (1747-1819). St. Ingbert 1997, S. 9-27; — Manger, Klaus: Johann Karl Wezel - biographisch. Dichter und Schriftsteller, Anthropozentriker und Aufklärer. In: Irene Boose (Hrsg.): Warum Wezel? Zum 250. Geburtstag eines Aufklärers. Heidelberg 1997; — Meyer, Karl Heinz: Johann Karl Wezel in Sondershausen, letzte Lebensstation. In: Schriften der Johann-Karl-Wezel-Gesellschaft 1 (1997), S. 226-233; — Paulus, Jörg: Kasuistik der Leidenschaft. Schicksal, Charakter und menschliche Natur in Wezels »Herrmann und Ulrike«. Košenina, Alexander und Weiß, Christoph (Hrsg.): Johann Karl Wezel (1747-1819). St. Ingbert 1997, S. 93-110; — Runge, Anita: Märchenhafte Anthropologie. Johann Karl Wezels »Kakerlak oder Geschichte eines Rosenkreuzers aus dem vorigen Jahrhunderte«. In: Alexander Košenina und Christoph Weiß (Hrsg.): Johann Karl Wezel (1747-1819). St. Ingbert 1997, S. 133-155; — Schmidt, Michael: Die Banalität des Negativen. In: Alexander Košenina und Christoph Weiß (Hrsg.): Johann Karl Wezel (1747-1819). St. Ingbert 1997, S. 197-215; — Sondermann, Ernst: Johann Karl Wezel (1747-1819) und die Universalsprache. In: Schriften der JohannKarl-Wezel-Gesellschaft 1 (1997), S. 162-173; — Weiß, Christoph: Comédie (in)humaine. In: Košenina, Alexander und Weiß, Christoph (Hrsg.): Johann Karl Wezel (1747-1819). St. Ingbert 1997, S. 217-236; — Auerochs, Bernd: Herrmann und Ulrike in neuer Edition. In: Wezel-Jahrbuch. Studien zur europäischen Aufklärung 1 (1998), S. 202-205; — Bärnighausen, Hendrik: Die Berufung Nikolas Dietrich Gisekes nach Sondershausen (1760). In: Wezel Jahrbuch. Studien zur europäischen Aufklärung 1 (1998), S. 139161; — Birgel, Franz A.: Wieland and Wezel: Divergent Trends within the German Enlightenment. In: Studies in EighteenthCentury Culture 26 (1998), S. 139150; — Boose, Irene: Warum Wezel? Ein Lesebuch aus der Werkstatt der Herausgeber. In: Wezel Jahrbuch. Studien zur europäischen Aufklärung 1 (1998), S. 214; — Chevallier, Pierre: Wezel, critique de »l'Empfindsamkeit«. In: Wezel-Jahrbuch. Studien zur europäischen Aufklärung 1 (1998), S. 75-103; — Dietzsch, Steffen: Wezel und die Anthropologie der Kant-Zeit. In: Wezel-Jahrbuch. Studien zur europäischen Aufklärung 1 (1998), S. 49-56; — Görl, Ute: Bericht über das 7. Wezel-Symposium (zum 250. Geburtstag Wezels) der Johann Karl Wezel Gesellschaft. In: Wezel-Jahrbuch. Studien zur europäischen Aufklärung 1 (1998), S. 219220; — Häußler, Anita: Unterwegs mit Wezel: zu fernen Inseln, fremden Ländern und durch die Heimat. Sondershausen 1998; — Heinz, Jutta: Wezels Kritische Schriften, Teil 1. In: Wezel Jahrbuch. Studien zur europäischen Aufklärung 1 (1998), S. 206-208; — Kraul, Margret: Erziehungsgeschichten und Lebensgeschichten in der Pädagogik des ausgehenden 18. Jahrhunderts. In: Jürgen Fohrmann (Hrsg.): Lebensläufe um 1800.

Tübingen 1998, S. 11-28; — Le Moël, Sylvie: »Bellum omnium contra omnes« oder »Harmonie mit dem Weltall«?, Krieg, Zerstörung und (Un)glück in Wezels Belphegor und in Heinses Ardinghello. In: Wezel-Jahrbuch. Studien zur europäischen Aufklärung 1 (1998), S. 11-29; — Le Vot, Valerie: Wezels fiktive Bibliothek: Lektüreszenen, Leserfiguren und Bücher in Lebensgeschichte Tobias Knauts, Herrmann und Ulrike und Wilhelmine Arend. In: Wezel-Jahrbuch. Studien zur europäischen Aufklärung 1 (1998), S. 120-138; — Ludloff, Friedrich Carl: Wezel im Walde. Aus dem Romanfragment Der Frühling im Walde. Hrsg. und kommentiert von Hendrik Bärnighausen und Claudia Taszus. Rudolstadt, Jena 1998; — Hill, David: Zwischen Intertext und Steckenpferd: Überlegungen zum Erkenntnisproblem in Tobias Knaut. In: Wezel-Jahrbuch. Studien zur europäischen Aufklärung 1 (1998), S. 45-60; — Manger, Klaus: Der ganze Wezel. Die Jenaer Wezel-Ausgabe. In: Wezel-Jahrbuch. Studien zur europäischen Aufklärung 1 (1998), S. 199-201; — McKnight, Phillip: Zu Tode quälen um sich zu Tode fressen zu können. Johann Karl Wezel als Stimme des Dissens im 18. Jahrhundert. Festansprache anläßlich des 250. Geburtstages von Johann Karl Wezel. Sondershausen, 31.10.1997. In: Wezel Jahrbuch. Studien zur europäischen Aufklärung 1 (1998), S. 188-198; — McKnight, Phillip: Notizen zum Namen Belphegor: Satirische Methode, Spuren bei Machiavelli, europäische Frauensatire. In: Wezel Jahrbuch. Studien zur europäischen Aufklärung 1 (1998), S. 30-48; — Röben de Alencar Xavier, Wiebke: Gottfried Conrad Böttger (1732-1792): Lehrer Johann Karl Wezels, Hofmeister und Erziehungsschriftsteller im Fürstentum SchwarzburgSondershausen. In: Wezel Jahrbuch. Studien zur europäischen Aufklärung 1 (1998), S. 57-74; — Schiemenz, Günter Paulus: »Der liebe Sonntag kömmt heran mit freundlichem Geläute«. Ein Gedicht, das zum Volkslied wurde, und sein um die Urheberschaft geprellter Sondershausener Verfasser. In: Wezel-Jahrbuch. Studien zur europäischen Aufklärung 1 (1998), S. 162182; — Taszus, Claudia: Erwähnungen Johann Karl Wezels im Briefwechsel von Johann George Scheffner. In: Wezel-Jahrbuch. Studien zur europäischen Aufklärung 1 (1998), S. 183-187; — Wolgina, Jelena: Wezel-Forschung in Rußland - ein Bericht. In: Wezel Jahrbuch. Studien zur europäischen Aufklärung 1 (1998), S. 215-218; — Chevallier, Pierre: Les deux traductions de la comédie de Wezel Wildheit und Großmuth. Contribution à l'étude de la réception de Wezel en France. In: Wezel-Jahrbuch. Studien zur europäischen Aufklärung 2 (1999), S. 63-75; — Henning, Hans: Ein märchenhafter Roman vom Menschen, von Feen und Hexen, oder: Kakerlak, Tausendschön und Schabernack. Poetisches und Philosophisches, Aufklärung und Satire, Natur und Kunst in einer Faust-Dichtung Johann Karl Wezels. In: Günther Mahal (Hrsg.): »...aus allen Zipfeln..«. Faust um 1775. Referate und Zusammenfassungen der Diskussionen des wissenschaftlichen Symposiums am 25./26. September 1999 in Knittlingen. Knittlingen 1999, S. 121-147; — Hill, David: Johann Karl Wezel and the art of illusion. In: Publications of the English Goethe Society 68 (1999), S. 45-60; — Minter, Catherine J.: Vitalism and Holism: Wezel's Versuch über die Kenntnis des Menschen. In: Wezel Jahrbuch. Studien zur europäischen Aufklärung 2 (1999), S. 77-95; — McKnight, Phillip: »Was heißt göthisiren?« Sprache und Gesinnung bei Wezel contra Sturm und Drang. In: Wezel Jahrbuch. Studien zur europäischen Aufklärung 2 (1999), S. 131-152; — Röben de Alencar Xavier, Wiebke: Johann Karl Wezel im »Nouveau Théatre Allemand« - ein Beispiel deutsch-französischen Literatur-Transfers. In: Wezel-Jahrbuch. Studien zur europäischen Aufklärung 2 (1999), S. 37-62; — Röben de Alencar Xavier, Wiebke: Johann Karl Wezel im »Nouveau Théatre Allemand« - ein Beispiel deutschfranzösischen LiteraturTransfers. In: Wezel-Jahrbuch. Studien zur europäischen Aufklärung 2 (1999), S. 3762; — Schulz, Martin Andreas: »...was kan er für die wunderlichen Meinungen seiner Personen?« Wezels Schreibstrategien im Kontext der Spätaufklärung. In: Wezel Jahrbuch. Studien zur europäischen Aufklärung 2 (1999), S. 9-35; — Bärnighausen, Hendrik: Wezel-Gesellschaft Sondershausen e.V. zwischen Kontinuität, Umbruch und Neubeginn. In: Palmbaum. Literarisches Journal aus Thüringen 8 (2000) 3/4, S. 150152; — Brain, Dennis: Johann Karl Wezel - pedagogy, satire, and the world as it is. In: Wezel-Jahrbuch. Studien zur europäischen Aufklärung 3 (2000), S. 104-140; — Dietzsch, Steffen: Noch einmal: Wezel als Sonderling. In: Wezel-Jahrbuch. Studien zur europäischen Aufklärung 3 (2000), S. 94-103; — Hammerschmid, Michael: Belphegor: Ketten, Massen, Fälle, Fallen. Neun Thesen zu Wezels Belphegor. In: Wezel Jahrbuch. Studien zur europäischen Aufklärung 3 (2000), S. 738; — Joerger, Thilo: Tobias Knaut: Ein kleinbürgerlicher Agathon. In: Wezel-Jahrbuch. Studien zur europäischen Aufklärung 3 (2000), S. 39-63; — McKnight, Phillip: Zwei Harlekinaden (Einführung). In: Wezel-Jahrbuch. Studien zur europäischen Aufklärung 3 (2000), S. 141-154; — Röben de Alencar Xavier, Wiebke: Salomon Gessner in deutschfranzösischen Sprachlehrwerken: Lesetext und lesenswerter Dichter. In: Wezel-Jahrbuch. Studien zur europäischen Aufklärung 3 (2000), S. 6493; — Arend, Stefanie: »Der wohlgefestigte Zustand des Fleisches«. Epikureische Leibsicherheit im Spiegel der Kannibalen: Wezels Belphegor und Robinson Krusoe. In: Daniel Fulda/Walter Pape (Hrsg.): Das andere Essen. Kannibalismus als Motiv und Metapher in der Literatur. Freiburg i. Br. 2001, S. 217-240; — Manger, Klaus: Wezels Kenntnis des Menschen. Festansprache anlässlich der Wezeltage Sondershausen im Oktober 2001. In: Wezel-Jahrbuch. Studien zur europäischen Aufklärung 4 (2001), S. 7-29; — Nowitzki, Hans-Peter: »Tros Rutulusve fuit, nullo discrimine habetur«. Wezels Antwort auf die von der Académie Royale des Sciences et Belles-Lettres in Berlin für das Jahr 1784 ausgeschriebene Preisfrage. In: Wezel-Jahrbuch. Studien zur europäischen Aufklärung 4 (2001), S. 30-85; — Dettmar, Ute: Docere - delectare - movere. Zum Stellenwert der Unterhaltung in Poetik und Praxis kinderliterarischer Aufklärung. In: Kinder- und Jugendliteraturforschung 8 (2001/2002), S. 15-33; — Friedrich, Hans-Edwin: Nützliche oder grausame Natur? Naturkonstruktion in der spätaufklärerischen Robinsonade (Campe, Wezel). In: Michael Scheffel (Hrsg.): Erschriebene Natur. Internationale Perspektiven auf Texte des 18. Jahrhunderts. Bern u. a. 2001 (Jahrbuch für internationale Germanistik. Reihe A. Kongreßberichte 66), S. 289-308; — Hammerschmid, Michael: Johann Karl Wezel, Skepsis - Streit - Satire. In: Das achtzehnte Jahrhundert und Österreich. Jahrbuch der Österreichischen Gesellschaft zur Erforschung des Achtzehnten Jahrhunderts 16 (2001), S. 49-52;

— Heinz, Andrea: Wieland als Mentor Wezels. In: Wezel Jahrbuch. Studien zur europäischen Aufklärung 4 (2001), S. 164-185; — Heinz, Jutta: »Wezel und die Frauen. Protofeminismus im späten 18. Jahrhundert«. In: Wezel-Jahrbuch. Studien zur europäischen Aufklärung 4 (2001), S. 120-141; — Jacobs, Jürgen C.: Aporien der Aufklärung. Studien zur Geistes und Literaturgeschichte des 18. Jahrhunderts. Tübingen, Basel 2001 [darin S. 156-166: Die schlechteste aller Welten. Wezels Belphegor]; — Ludscheidt, Michael: Faszination des Abgründigen. Zu Johann Karl Wezels Erzählung Die Unglückliche Schwäche. Eine Geschichte. In: Wezel-Jahrbuch. Studien zur europäischen Aufklärung 4 (2001), S. 142163; — Bärnighausen, Hendrik/Andrä, Steffi: Aus dem Leben der Johann-Karl-Wezel-Gesellschaft. Arbeitsbericht November 2000-November 2003. In: Wezel-Jahrbuch. Studien zur europäischen Aufklärung 5 (2002), S. 169-175; — Blöss, Cathrin: Bibliographie zu Johann Karl Wezel für die Jahre 1997-2003. Fortgesetzte Fortschreibung eines Versuchs. In: Wezel-Jahrbuch. Studien zur europäischen Aufklärung 5 (2002), S. 243-255; — Heinz, Jutta: »Das ganze geheime Triebwerk seiner Kunst« - zur Aktualität Wezels. In: Wezel-Jahrbuch. Studien zur europäischen Aufklärung 5 (2002), S. 9-24; — Heinz, Jutta: Gedanken-Essays - Anthropologische und ästhetische Ansätze zur Bewältigung der Wirklichkeit bei Meier, Krüger und Nicolai. In: Carsten Zelle (Hrsg.): »Vernünftige Ärzte«. Hallesche Psychomediziner und die Anfänge der Anthropologie in der deutschsprachigen Frühaufklärung. Tübingen 2002, S. 141-155; — Ilbrig, Cornelia: Ein neu entdeckter Zeitungsartikel über Johann Karl Wezel aus dem Jahr 1801. In: Wezel-Jahrbuch. Studien zur europäischen Aufklärung 5 (2002), S. 177-183; — Kirschner, Annett: Verspätete Lustspiele oder verunglückte Charakterstücke? Zu Wezels Lustspielen, insbesondere Eigensinn und Ehrlichkeit. In: Wezel-Jahrbuch. Studien zur europäischen Aufklärung 5 (2002), S. 53-80; — Ludscheidt, Michael: Die Lustspiele Johann Karl Wezels im Repertoire der Erfurter Nationalgesellschaft. In: Stadt und Geschichte - Zeitschrift für Erfurt H. 3 (2002), S. 4-5; — Ludscheidt, Michael: Johann Karl Wezels Lustspiele auf dem Erfurter »Gesellschafts-Theater«. In: Wezel-Jahrbuch. Studien zur europäischen Aufklärung 5 (2002), S. 25-52; — Minter, Catherine J.: The mindbody problem in German Literature 1770-1830: Wezel, Moritz, and Jean Paul. Oxford 2002 (Oxford modern languages and literature monographs); — Scharloth, Joachim: Evidenz und Wahrscheinlichkeit: Wahlverwandtschaften zwischen Romanpoetik und Historik in der Spätaufklärung. In: Daniel Fulda/Silvia Serena Tschopp (Hrsg.): Literatur und Geschichte. Ein Kompendium zu ihrem Verhältnis von der Aufklärung bis zur Gegenwart. Berlin u.a. 2002, S. 247-275; — Stempel, Barbara: Die Illustrationen Daniel Nikolaus Chodowieckis im Werk Johann Karl Wezels. In: Wezel-Jahrbuch. Studien zur europäischen Aufklärung 5 (2002), S. 81-114; — Auerochs, Bernd: Die schwachen Adamskinder: voreheliche Sexualität und Gesellschaft in erzählender Literatur des 18. Jahrhunderts (Rousseau, Wieland, Wezel). In: KulturPoetik 3 (2003), 1, S. 1-23; — Hofmann, Michael: Perspektiven der Spätaufklärung. Argumente zur Profilierung eines Epochenbegriffs. In: recherches germaniques 33 (2003); — Karpenstein-Essbach, Christa: Johann Karl Wezel als Treffpunkt aufklärerischer Energien aus der Perspektive des New Historicism. In: Deutsche Vierteljahresschrift (2003), 4, S. 564-590; — Binczek, Natalie: Wezels Belphegor: »Die wahrscheinlichste Geschichte« und der Rekurs auf das Wunderbare. In: Wezel-Jahrbuch. Studien zur europäischen Aufklärung 6/7 (2003/2004), S. 235-260; — Heinz, Jutta: »Das ganze Leben ist ein Spiel« - Der Kakerlak als Antwort auf Belphegor. In: Wezel-Jahrbuch. Studien zur europäischen Aufklärung 6/7 (2003/2004), S. 215-234; — Ilbrig, Cornelia: Der »unvermerkte Unterricht«. Wezels wirkungspoetisches Dichtungskonzept am Beispiel der Literatursatire Silvans Bibliothek oder die gelehrten Abenteuer. In: Wezel-Jahrbuch. Studien zur europäischen Aufklärung 6/7 (2003/04), S. 199-214; — Immer, Nikolas: »... gewiß keine Nachahmung«? Wezels Tobias Knaut und das Paradigma Sterne. In: Wezel-Jahrbuch. Studien zur europäischen Aufklärung 6/7 (2003/2004), S. 151-179; — Kertscher, Hans-Joachim: Ästhetik und Literaturkritik - Wezels Schrift Ueber Sprache, Wissenschaften und Geschmack der Deutschen. In: Wezel-Jahrbuch. Studien zur europäischen Aufklärung 6/7 (2003/2004), S. 41-59; — Kirschner, Annett: Die seltsame Probe. Wezels mißlungenstes Lustspiel? In: Wezel-Jahrbuch. Studien zur europäischen Aufklärung 6/7 (2003/2004), S. 311-328; — Košenina, Alexander: »Wez ist Feuer, El ist Licht«. Einar Schleefs Schauspiel Wezel (1983). In: Wezel-Jahrbuch. Studien zur europäischen Aufklärung 6/7 (2003/2004), S. 329-349; — Kremer, Detlev: Skeptische Kultur. Aspekte des Skeptizismus in der Spätaufklärung. In: Wezel-Jahrbuch. Studien zur europäischen Aufklärung 6/7 (2003/2004), S. 61-79; — Le Vot, Valerie: Frauen?guren in Herrmann und Ulrike. In: Wezel-Jahrbuch. Studien zur europäischen Aufklärung 6/7 (2003/2004), S. 261-279; — Macher, Heinrich: Zur Lessing-Rezeption in Wezels Dramen. In: Wezel-Jahrbuch 6/7 (2003/04), S. 281-310; — Manger, Klaus: Über Wezels (Un-)Anschaulichkeit. In: Wezel-Jahrbuch. Studien zur europäischen Aufklärung 6/7 (2003/2004), S. 131-150; — Minter, Catherine J.: Literary Satire and Linguistic Policing in the Works of Johann Karl Wezel and Jonathan Swift. In: Wezel-Jahrbuch. Studien zur europäischen Aufklärung 6/7 (2003/2004), S. 181-198; — Nowitzki, Hans-Peter: »... der Gelehrte muß den Weltmann aufklären, der Weltmann den Gelehrten polieren«. Zu Wezels Kultur- und Aufklärungskonzeption. In: Wezel-Jahrbuch. Studien zur europäischen Aufklärung 6/7 (2003/2004), S. 11-39; — Pethes, Nicolas: »Beobachtungsgeschichten«. Wezels schwarze Pädagogik zwischen Philanthropismus und Menschenversuch. In: Wezel-Jahrbuch. Studien zur europäischen Aufklärung 6/7 (2003/2004), S. 113-130; — Stiening, Gideon: »Aufseher seiner selbst«. Bewußtsein und Selbstgefühl bei Wezel im Ausgang von John Locke. In: Wezel-Jahrbuch. Studien zur europäischen Aufklärung 6/7 (2003/2004), S. 81-111; — Beetz, Manfred: Aporien der Aufklärung. Wezels Diskussion von Vorurteilen in seiner Anthropologie und in Belphegor. In: Wezel-Jahrbuch. Studien zur europäischen Aufklärung 8 (2005); — Heinz, Jutta: Wezel und Schiller - eine (Nicht?-)Parallelbiographie. Ein Beitrag von vielen Beiträgen zum Schillerjahr. In: Wezel-Jahrbuch. Studien zur europäischen Aufklärung 8 (2005), S. 188-205; — Ilbrig, Cornelia: Die ungesellige Geselligkeit des Menschen. Wezels pädagogische Schriften und sein Roman Belphegor. In: Andrea Heinz, Jutta Heinz, Nikolas Immer (Hrsg.): Ungesellige Gesellikeit. Festschrift für Klaus Manger. Heidelberg 2005, S. 147-156; — Ilbrig, Cornelia: Selbstbeobachtung, Selbstinszenierung, Konstruktion: Das ‚Studium seiner selbst' bei Wezel, Moritz und Sprickmann. In: Wezel-Jahrbuch. Studien zur europäischen Aufklärung 8 (2005), S. 42-76; — Salama, Dalia Aboul Fotouh: Von einem, der auszog, sein Glück zu ?nden. Johann Karl Wezels Roman Kakerlak oder Geschichte eines Rosenkreuzers aus dem vorigen Jahrhunderte. In: Kairoer germanistische Studien. Jahrbuch für Sprach-, Literatur- und Übersetzungswissenschaft 15 (2005), S. 151-191; — Wezel-Jahrbuch. Studien zur europäischen Aufklärung 1-9 (1998-2006); — Blöss, Cathrin: Bibliographie zu Johann Karl Wezel für die Jahre 2002 bis 2006. Neuerliche Fortschreibung eines Versuchs. In: Wezel-Jahrbuch. Studien zur europäischen Aufklärung 9 (2006), S. 201-203; — Blödorn, Andreas: Erzählen als Erziehen. Die Subjektivierung der Utopie und die Selbstreflexion der Aufklärung in den Robinsonaden Defoes, Campes und Wezels. In: Vom Zweck des Systems (2006), S. 27-51; — Grywatsch, Jochen: »Arrigite aures!« Johann Karl Wezel als Rezensent der Beiträge Anton Mathias Sprickmanns im Deutschen Museum Mit einem neuen Rezeptionszeugnis. In: Wezel-Jahrbuch. Studien zur europäischen Aufklärung 9 (2006), S. 69-80; — Gutschmidt, Holger: Anthropologie bei Wilhelm von Humboldt und Johann Karl Wezel. In: Wezel-Jahrbuch. Studien zur europäischen Aufklärung 9 (2006), S.167-188; — Ilbrig, Cornelia: Wezels naturalistisches Menschenbild im Robinson Krusoe. In: Wezel-Jahrbuch. Studien zur europäischen Aufklärung 9 (2006), S. 9-34; — Kürschner, Silke: Wezels Rezensionen des Deutschen Museum als Stellungnahme im literaturtheoretischen Diskurs am Ende des 18. Jahrhunderts. In: Wezel-Jahrbuch. Studien zur europäischen Aufklärung 9 (2006), S. 35-68; — Literatur und Skepsis in der Aufklärung. Hrsg. von Jutta Heinz und Cornelia Ilbrig. Hannover 2008 (= Wezel-Jahrbuch. Studien zur europäischen Aufklärung 10 (2007)); — Brain, Dennis: Cornelia Ilbrig: Aufklärung im Zeichen eines »glücklichen Skepticismus«. Johann Karl Wezels Werk als Modellfall für literarisierte Skepsis in der späten Aufklärung. Hannover 2007. In: Literatur und Skepsis in der Aufklärung. Hrsg. von Jutta Heinz und Cornelia Ilbrig. Hannover 2007 [bisher o. S] (Wezel-Jahrbuch. Studien zur europäischen Aufklärung 10 (2007)); — Ilbrig, Cornelia: »Leben [...] aus Zettelkästen gezogen«. Digressivität und Skepsis von Shaftesbury bis Jean Paul. In: Literatur und Skepsis in der Aufklärung. Hrsg. von Jutta Heinz und Cornelia Ilbrig. Hannover 2007 [bisher o. S] (Wezel-Jahrbuch. Studien zur europäischen Aufklärung 10 (2007)); — Kleihues, Alexandra: Der Dialog als bevorzugte Ausdrucksform skeptischen Denkens. In: Literatur und Skepsis in der Aufklärung. Hrsg. von Jutta Heinz und Cornelia Ilbrig. Hannover 2007 [bisher o. S] (Wezel-Jahrbuch. Studien zur europäischen Aufklärung 10 (2007)); — Löwe, Matthias: Empiristische Skepsis als epochenspezifisches Merkmal spätaufklärerischer Literatur? - Eine Fallstudie zu Wielands Goldnem Spiegel und Wezels Belphegor. In: Literatur und Skepsis in der Aufklärung. Hrsg. von Jutta Heinz und Cornelia Ilbrig. Hannover 2007 [bisher o. S] (Wezel-Jahrbuch. Studien zur europäischen Aufklärung 10 (2007)); — Meyer; Anneke: Skepsis als Weg zum Glück? Eine Untersuchung zum Zusammenhang von Urteilsenthaltung und Seelenruhe in der

Antike und der Aufklärung. In: Literatur und Skepsis in der Aufklärung. Hrsg. von Jutta Heinz und Cornelia Ilbrig. Hannover 2007 [bisher o. S] (Wezel-Jahrbuch. Studien zur europäischen Aufklärung 10 (2007)); — Schmitt-Maaß, Christoph: »Die Miene des Unterrichts vermeiden«? - Wezels skeptische Pädagogik in den Vorworten zum Robinson Krusoe (1778) . In: Literatur und Skepsis in der Aufklärung. Hrsg. von Jutta Heinz und Cornelia Ilbrig. Hannover 2007 [bisher o. S] (Wezel-Jahrbuch. Studien zur europäischen Aufklärung 10 (2007)); — Stiening, Gideon: »Grade der Gewißheit«. Physische Anthropologie als Antiskeptizismus bei Ernst Platner, Johann Nicolaus Tetens und Johann Karl Wezel. In: Literatur und Skepsis in der Aufklärung. Hrsg. von Jutta Heinz und Cornelia Ilbrig. Hannover 2007 [bisher o. S] (Wezel-Jahrbuch. Studien zur europäischen Aufklärung 10 (2007)); — Stiening, Gideon: Ein »Paradies der Phantasten«. Hallenser Neuigkeiten zur Anthropologie der Einsamkeit, des Vorurteils und der Gespenster (Markus Zenker: Therapie im literarischen Text. Johann Georg Zimmermanns Werk Über die Einsamkeit in seiner Zeit. Tübingen 2007 [Hallesche Beiträge zur Europäischen Aufklärung, Bd. 32]; Rainer Godel: Vorurteil - Anthropologie - Literatur. Der Vorurteilsdiskurs als Modus der Selbstaufklärung im 18. Jahrhundert. Tübingen 2007 [Hallesche Beiträge zur Europäischen Aufklärung, Bd. 33]; Yvonne Wübben: Gespenster und Gelehrte. Die ästhetische Lehrprosa G. F. Meiers (1718-1777), Tübingen 2007 [Hallesche Beiträge zur Europäischen Aufklärung, Bd. 34]). In: Literatur und Skepsis in der Aufklärung. Hrsg. von Jutta Heinz und Cornelia Ilbrig. Hannover 2007 [bisher o. S] (Wezel-Jahrbuch. Studien zur europäischen Aufklärung 10 (2007)); — Vesper, Achim: Johann Karl Wezel: Gesamtausgabe in acht Bänden (Jenaer Ausgabe). Bd. 6: Epistel an die deutschen Dichter - Appellation der Vokalen - Über Sprache, Wissenschaften und Geschmack der Deutschen - Schriften der Platner-Wezel-Kontroverse - Tros Rutulusve fuit, nullo discrimine habitur. Hrsg. von Hans-Peter Nowitzki. Heidelberg 2006. In: Literatur und Skepsis in der Aufklärung. Hrsg. von Jutta Heinz und Cornelia Ilbrig. Hannover 2007 [bisher o. S] (Wezel-Jahrbuch. Studien zur europäischen Aufklärung 10 (2007)).

Cornelia Ilbrig

WILBRAND von Käfernburg (auch Wulbrand oder Hildebrand), Erzbischof von Magdeburg 1235-1253, * um 1180; † 13.9. 1253. — W. war ein Sohn von Graf Günther II. von Käfernburg († 1197; Dynastie Schwarzburg) aus dessen zweiter Ehe mit Adelheid von Hallermund (verwitwete Gräfin von Dassel). W. war der Halbbruder von Erzbischof Albrecht II. von Magdeburg (s.d.), der ihn sicherlich zu fördern wußte. 1209 wurde W. Subdiakon, Propst zu Bibra, Domherr zu Magdeburg und 1212 auch Propst zu St. Nicolai in Magdeburg. 1225 wurde er Dompropst von Magdeburg. Nach dem Tod von Erzbischof Burchard I. von Woldenberg am 8.2. 1235 wählte das Magdeburger Domkapitel W. zum neuen Oberhirten. Das Pallium erhielt er von Papst Gregor IX. (1227-1241, s.d.). — W. Regierung war maßgeblich gekennzeichnet durch einen langjährigen Krieg (sog. Teltower und Magdeburger Krieg). Als Markgraf Heinrich der Erlauchte von Meißen (1218-1288) 1239 Anspruch auf die Städte Köpenick und Mittenwalde stellte, bat Markgraf Johann von Brandenburg (aus dem Hause Askanien, † 1266/67) den Magdeburger Erzbischof um Vermittlung. Auf Wunsch des Brandenburgers übernahm W. die Verwaltung besagter Städte bis zu einer gerichtlichen Klärung. W. kam dieser jedoch zuvor, als er die Städte überraschend dem Markgrafen von Meißen übergab. Der Grund: Mit seiner Hilfe hoffte W. einen Weg nach Lebus, auf das das Erzstift Anspruch erhob, durch die von den Askaniern beherrschten Gebiete zu sichern. Im Bunde mit Bischof Ludolf I. von Halberstadt (reg. 1236-41), der seinerseits mit den Askaniern aufgrund von Besitzstreitigkeiten um die Burg Alvensleben in Fehde lag, kämpfte W. zunächst erfolgreich gegen Markgraf Johann. Dabei war es ihnen gelungen, Johanns Bruder Markgraf Otto III. († 1267) gefangenzunehmen, der sich gegen Zahlung von 1.600 Mark Silber und den Verzicht auf Hadmersleben und Alvensleben lösen konnte. Doch bald wendete sich das Blatt. Otto III. ließ die Burg Köpenick schleifen und siegte bei Mittenwalde über Markgraf Heinrich von Meißen, während Johann I. Erzbischof W. und Bischof Ludolf bei ihrem Einfall in die Altmark bei Gladigau an der Biese erfolgreich schlagen konnte. Bischof Ludolf geriet in Gefangenschaft und mußte sich mit der gleichen Summe wie seinerzeit Markgraf Otto III. erlösen; außerdem verlor er Alvensleben. W. wurde schwer verwundet und rettete sich nur mit Mühe in die Burg Calbe und von dort nach Magdeburg. 1244 erneuerte W. mit Hilfe des Markgrafen von Meißen den Krieg. Er setzte Wolmirstedt in Brand, fiel dann in das Havelland ein, mußte aber bei Plauen eine empfindliche Niederlage einstecken. 1245 wurde dann endlich der Frieden wiederhergestellt. — Auch mit den Magdeburger Bürgern stand Erzbischof W. zeitweilig auf schlechtem Fuß. Anlaß der Querelen war die Wahl des Dompropstes. Graf Albert von Gleichen siegte zwar über seinen Kontrahenten Bruno, wurde aber wenig später von dessen Diener ermordet. Daraufhin brach ein Streit zwischen dem Erzbi-schof und der Stadt aus, in dessen Auseinandersetzung die Bürger den erzbischöflichen Besitz in Biederitz anzündeten. Durch die Vermittlung des Halberstädter Bischofs konnte das Zerwürfnis schließlich beigelegt werden. — W. regierte 18 Jahre und starb vermutlich am 13.9. 1253.

Chroniken: Magdeburger Schöppenchronik/Schöffenchronik, bearb. v. Karl Janicke, in: Die Chroniken der niedersächsischen Städte. Leipzig 1869; — Gesta archiepiscoporum Magdeburgensium;, bearb. von Wilhelm Schum, in: Monumenta Germaniae Historica, Scriptores, Bd. 14, Stuttgart 1883, liegt auch in deutscher Übersetzung vor: Eckart W. Peters (Hrsg.), Hermann Michaëlis (Übersetzer), Magdeburger Bischofschronik. Dößl (Saalkreis) 2006.

Lit.: Urkundenbuch des Erzstifts Magdeburg, bearb. v. Friedrich Israel unter Mitw. v. Walter Möllenberg; — Heinrich Rathmann, Geschichte der Stadt Magdeburg von ihrer ersten Entstehung an bis auf gegenwärtige Zeiten. Magdeburg 1806; — George Adalbert von Mülverstedt, Erzbischof Wilbrands Wahl und Weihe i. d. J. 1235. in: Geschichtsblätter für Stadt und Land Magdeburg. Band 06. 1871, 355-359; — Gustav Hertel, Wilbrand. ADB Bd. 42. Leipzig 1875, 792-793; — Johannes Schäfers, Personal- und Amtsdaten der Magdeburger Erzbischöfe, 966-1503 (Diss., Greifswald) 1908; — Friedrich Wilhelm Hoffmann, Geschichte der Stadt Magdeburg, neu bearb. v. Gustav Hertel u. Friedrich Hülße. Magdeburg 1885; — F. A. Wolter, Geschichte der Stadt Magdeburg von ihrem Ursprung bis auf die Gegenwart. Magdeburg 1901, Nachdruck Magdeburg 1996; — Gerlinde Schlenker, Gerd Lehmann, Artur Schellbach Geschichte Sachsen-Anhalts in Daten. München/Berlin 1991. 46-48; — Regina-Bianca Kubitscheck, Wilbrand und der lange Krieg. in: Magdeburger Volksstimme, 18.9.2008.

Regina-Bianca Kubitscheck

WILSON, Henry; * 25.8. 1822 in Oldham (Lancashire), † 7.11. 1907 in Ellerton (Kendal). Pädagoge, Quäker. — Henry Wilson war der Sohn des Textilkaufmanns und späteren Lehrers William Wilson (gest. vor 1843) und seiner Frau Hannah aus Oldham in Lancashire, wo er am 25. August 1822 geboren wurde. Von 1832 bis 1837 besuchte er die Ackworth Schule, wo er seiner Talente wegen dem Schulleiter sieben Jahre als Gehilfe diente. 1843 studierte er für ein Semester an der Universität Bonn Philosophie, wobei er sich intensiv mit der deutschen Geisteswelt beschäftigte. Zu dieser Zeit, 1844, besuchte er auch die deutschen Quäker in Pyrmont. Nach seiner Rückkehr nach England wurde er Hauslehrer für die vier Söhne von Henry Birkbeck, einem Bankier in Norwich. 1848 wurde er als Erzieher nach Ackworth berufen und war für die außerschulischen Aktivitäten der Schüler verantwortlich. Besonders setzte er sich für die Schulbibliothek ein. Am 16. Mai 1849 heiratete er in Rawden Elizabeth Grimshaw, mit der er den Sohn Arthur Henry Wilson (1850-1869) hatte. Nach dem frühen Tod seiner Frau 1851 half seine Schwester Esther E. Wilson seinen Haushalt zu führen. 1855 folgte er Samuel Marshall als Direktor der Stramongate School in Kendal (Westmorland). Ein Jahr nach seiner Ernennung heiratete Henry Wilson erneut, diesmal Ann Thornhill, die jüngste Tochter von Martha Thornhill aus Ackworth. Auf Wunsch seiner Frau gab er den Posten als Schulleiter auf und konzentrierte sich auf den Unterricht der altphilologischen Fächer. Nach dem Tode seines Sohnes 1869 reiste er zunächst nach Italien. Nach seiner Rückkehr wurde er Bürgermeister von Kendal, übersetzte nebenher Dantes »Divina Commedia«, Schriften von Thomas a Kempis (um 1380-1471) und Bücher des Alten Testaments. Zeitlebens besuchte er regelmäßig die Versammlungen der Quäker in Preston Patrick und in Kendal. Dort wurde er ab 1871 als Minister (Prediger) geführt. Im 85. Lebensjahr verstarb Wilson 1907 in Ellerton (Kendal).

Werke: Copy of a rough record of events and incidents connected with repeal of the 'Contagious diseases acts, 1864-6-9' in the United Kingdom, and of the movement against state regulation of vice in India and the colonies, 1858-1906. Sheffield (1907).

Lit. (Auswahl): Henry Wilson. In: Ackworth Old Scholars' Association, Report No.27, Eight Month, 1908. London 1908, 114-116.

Claus Bernet

WILSON, Robert, * 23.3. 1850 in Newcastle-on-Tyne, † 15.2. 1933 in Newcastle-on-Tyne. Philanthrop, Quäker. — Robert Wilson ist der Sohn des Hutmachers William Wilson (1817-1890) und seiner Frau Sarah (geb. Birkett, 1814?-1891) aus Newcastle-on-Tyne. Dort wurde er 1850 geboren. Mit neun Jahren wurde er zur Ausbildung nach Deutschland geschickt. Diese Erfahrung machte ihn zum lebenslangen Freund der Deutschen. 1887 besuchte er ein zweites Mal die deutschen Quäker in Minden. Wie nur wenige Briten vermochte er über die Grenzen des Commonwealth hinaus zu denken. Immer stärker wurde sein Reisedrang, und immer neue Sprachen erlernte er. Besonders zog es ihn nach Norwegen: Er korrespondierte in Norwegisch bis an sein Lebensende. — Von seinem Vater übernahm Robert Wilson 1890 eine Hutmacherwerkstatt. Am 14. November 1883 heiratete er Laura Maria Wallis (geb. 1850) aus Scarborough in Yorkshire. Gemeinsam hatten sie vier Kinder: Winifred Laura (geb. 1885), Amy Muriel (geb. 1886), Francesca Mary (geb. 1888) und William Maurice (geb. 1890). — Über 52 Jahre unterrichtete Robert Wilson eine Männerklasse in einer Erwachsenenschule, mit welcher er in seiner Freizeit viele Unternehmungen durchführte. Auch seelsorgerlich stand er diesen Männern, die es in der Zeit des Manchesterkapitalismus oftmals schwer hatten, bei. Robert Wilson besaß eine seltene Bescheidenheit und ließ stets anderen den Vortritt. Während andere die Armenhilfe predigten, verbrachte er selbst viel Zeit mit den Ausgestoßenen und am Rande der Gesellschaft Lebenden. Zeitlebens gehörte er der Religiösen Gesellschaft der Freunde (Quäker) an, in deren Home Service Committee er sich von 1907 bis 1927 ebenso betätigte wie im Meeting for Sufferings, von 1909 bis 1911, und erneut von 1918 bis 1928. Ungewöhnlich für seine Zeit war es, daß er als Quäker 1883 eine Nicht-Quäkerin geheiratet hatte. Daneben war er Mitglied in zahlreichen weiteren philanthropischen Vereinen seiner Heimat. An erster Stelle jedoch pflegte er internationale Kontakte, mit dem Ziel, etwas für den Frieden unter den Völkern zu tun. Umso schrecklicher für Robert Wilson war der Ausbruch des Ersten Weltkriegs. Sofort nach dessen Ende trat er wieder in engen Kontakt zu seinen deutschen Freunden. In seinem 82. Lebensjahr verstarb er im Februar 1933 in seiner Heimatstadt, ohne die Folgen der Machtergreifung Hitlers miterleben zu müssen.

Lit. (Auswahl): W., F. M.: Robert Wilson. In: The Friend. A religious and literary journal, XCI, 10, 1933, 195.

Claus Bernet

WITTSTADT, Klaus, katholischer Theologe und Kirchenhistoriker, * 17. April 1936 in Fulda, † 2. März 2003 in Münster/Westfalen. — W. studierte Geschichte, Germanistik, Philosophie und Theologie an der Universität Frankfurt; 1962 wurde er hier mit einer Dissertation über den Fuldaer Fürstabt Placidus von Droste (1678-1700) im Fach Neuere Geschichte zum Dr. phil. promoviert. 1963 legte er sein erstes Staatsexamen für das Lehramt am Gymnasium ab. Ab 1. November 1962 war er Wissenschaftlicher Assistent am Historischen Seminar der Universität Frankfurt und ab 1. Oktober 1964 Stipendiat am Römischen Institut der Görresgesellschaft im Editionsvorhaben der Kölner Nuntiaturakten. 1966 setzte er als Studienreferendar seine Ausbildung zum Gymnasiallehrer (1967 zweite Staatsprüfung) fort. Die Verbindung von Theorie und Praxis, von kirchengeschichtlicher Forschung und religionspädagogisch-didaktischer Anwendung gehörte zu seinen zentralen Anliegen. — Ab 1. September 1967 setzte er an der Universität Münster seine wissenschaftliche Laufbahn als Assistent von Erwin Iserloh fort. 1971 (26. Juni) vollendete Klaus Wittstadt sein theologisches Aufbaustudium mit der Promotion zum Dr. theol. mit einer Studie über Nuntius Atilio Amalteo und die Kölner Nuntiatur im frühen 17. Jahrhundert. Zum 1. November 1970 folgte die Ernennung zum Akademischen Rat, zum 15. November 1971 die Beförderung zum Akademischen Oberrat. Am 29. Januar 1972 habilitierte sich W. in Münster mit einer Sammlung von Einzelstudien zum Verhältnis zwischen den Ortskirchen und Rom im Bereich der Kölner Nuntiatur während des Konfessionalisierungsprozesses; er erhielt die venia legendi für »Kirchliche Landesgeschichte und Didaktik der Kirchengeschichte«. Nach der Habilitation wurde er noch im Jahr 1972 zum Professor an der Katholisch-Theologischen Fakultät der Universität Münster ernannt. 1973 erhielt er einen Ruf als Ordinarius für Fränkische Kirchengeschichte an der Universität Würzburg (Ernennung zum 1. Oktober 1973). 1984 wurde die Umschreibung seines Lehrstuhls um das Teilgebiet der Kirchengeschichte der Neuesten Zeit erweitert. Ab 1999 vertrat W. in Würzburg die Mittlere und Neuere Kirchengeschichte. Nachhaltig prägte er die Fakultät in der akademischen Selbstverwaltung und in der Gremienarbeit. Der Katholisch-Theologische Fakultätentag wählte ihn für die Jahre 1975 bis 1978 zu seinem Vorsitzenden. — Besonders engagierte er sich für die Erforschung der Würzburger Diözesangeschichte (1980 Vorsitzender des Würzburger Diözesangeschichtsvereins und Schriftleiter der Würzburger Diözesangeschichtsblätter, 1982 Herausgebers der »Quellen und Forschungen zur Geschichte des Bistums und Hochstifts Würzburg«, zeitweise auch Wissenschaftlicher Leiter des Würzburger Diözesanar-

chivs). 1978 initiierte er die Reihe »Forschungen zur fränkischen Kirchen- und Theologiegeschichte«, 1987 die »Studien zur Kirchengeschichte der neuesten Zeit«. — Ab Mitte der 70er Jahre verschob sich sein Forschungsschwerpunkt von der Frühen Neuzeit zur Zeitgeschichte, wobei er sich besonders mit der Kirche in der NS-Zeit sowie der Geschichte des Zweiten Vatikanischen Konzils und seiner wichtigsten Persönlichkeiten (Papst Johannes XXIII., Kardinal Suenens, Kardinal Döpfner) auseinandersetzte. Ab 1985 kam es zu einer engen Zusammenarbeit mit Giuseppe Alberigo (Istituto per le scienze religiose in Bologna) und der von ihm initiierten internationalen Arbeitsgruppe, die das fünfbändige Standardwerk zur Geschichte des II. Vatikanischen Konzils verfaßte. Für die deutsche Ausgabe übernahm W. die Verantwortung als Herausgeber; drei Bände konnten unter seiner Ägide erscheinen. — W. besaß einen bemerkenswerten Aktionsradius. Bereits ab Sommersemester 1975 nahm er einen Lehrauftrag für Kirchengeschichte an der Abteilung für katholische Theologie der Universität Frankfurt wahr. 1982 wurde er hier zum Honorarprofessor ernannt. Wegen der konsequenten Verbindung von Grundlagenforschung und religionspädagogischer Erschließung wurde er 1993 zum ehrenamtlichen wissenschaftlichen Leiter des Instituts für Lehrerfortbildung in Essen und dann in Mülheim berufen. Beim Aufbau eines theologischen Studiums für katholische Religionslehrer an der Technischen Universität Dresden bot er seine Mitarbeit als Dozent an. 1999 wurde dieser Einsatz mit der Ernennung zum Honorarprofessor gewürdigt. An wichtigen Ehrungen sind zu erwähnen: die Liborius-Wagner-Plakette des Bistums Würzburg 1981, 1987 das Bundesverdienstkreuz am Bande, 1993 das Bundesverdienstkreuz 1. Klasse, 1996 Päpstlicher Gregoriusorden.

Werke (Auswahl): Placidus von Droste - Fürstabt von Fulda (1678-1700). Ein Beitrag zur Geschichte des Hochstifts Fulda, Fulda 1963; Atilio Amalteo - Apostolischer Nuntius in Köln 1606-1610. Ein Beitrag zur Geschichte der katholischen Reform und Gegenreformation, Münster 1971; Nuntiaturberichte aus Deutschland. Nebst ergänzenden Aktenstücken. Die Kölner Nuntiatur, Band IV, 1: Nuntius Atilio Amalteo (1606 Sept.-1607 Okt.). Im Auftrag der Görres-Gesellschaft - Bearb. von Klaus Wittstadt, München-Paderborn-Wien 1975; Würzburger Bischöfe 742-1979, Würzburg 1979; Die kirchliche Lage in Bayern nach den Regierungspräsidentenberichten 1933-1945, VI, Regierungsbezirk Unterfranken (= Veröffentlichungen der Kommission für Zeitgeschichte, Reihe A: Quellen 31), Mainz 1981; Die Katholisch-Theologische Fakultät der Universität Würzburg während der Zeit des Dritten Reiches, in: Festschrift 400-Jahre Universität Würzburg, hrsg. v. P. Baumgart, Neustadt a. Aisch 1982, 399-435; [Hrsg. mit Paul-Werner Scheele], Georg Häfner. Priester und Opfer. Briefe aus der Haft. Gestapodokumente, Würzburg 1983; Sankt Kilian. Leben - Martyrium - Wirkung, Würzburg 1984; Erneuerung der Kirche aus dem Pfingstereignis. Léon Joseph Kardinal Suenens zum 80. Geburtstag, in: Würzburg 1984; Die Juden unter den Würzburger Fürstbischöfen und Bischöfen - Vom Mittelalter bis zur Gegenwart, in: K. Müller - K. Wittstadt (Hrsg.), Geschichte und Kultur des Judentums, Würzburg 1988, 151-173; (Hrsg.), Geschichte des Zweiten Vatikanischen Konzils (1959-1965), Bd. I-III, Mainz-Leuven 1997-2003; Die erste deutsche Bischofskonferenz in Würzburg 1848, in: Würzburger Diözesangeschichtsblätter 60 (1998), 433-460; Julius Döpfner. Sein Weg zu einem Bischof der Weltkirche in Bilddokumenten, Würzburg 2001; Julius Kardinal Döpfner (1913-1976). Anwalt Gottes und der Menschen, München 2001; ausführliche Bibliographie: Klaus Wittstadt, Aus der Dynamik des Geistes. Aspekte der Kirchen und Theologiegeschichte des 20. Jahrhunderts, hrsg. v. Wolfgang Weiß, Würzburg 2004, 24-38.

Lit.: Wolfgang Weiß, Klaus Wittstadt - Wissenschaftlicher Werdegang und theologische Ausrichtung, in: ders. (Hrsg.), Zeugnis und Dialog. Die katholische Kirche in der neuzeitlichen Welt und das II. Vatikanische Konzil. Klaus Wittstadt zum 60. Geburtstag, Würzburg 1996, 579-585; — Paul-Werner Scheele, Vorwort, in: Kirche und Glaube - Politik und Kultur in Franken. Festgabe für Klaus Wittstadt zum 65. Geburtstag, Würzburger Diözesangeschichtsblätter 62/63 (2001), 13f.; — Rudolf Laufen, [Nachruf Klaus Wittstadt], in: Institut für Lehrerfortbildung Mühlheim (Ruhr). Einrichtung der Bistümer in Nordrhein-Westfalen. Veranstaltungen 2003, 2. Halbjahr, 2f. ; — Martin Schwab, Lebendige Kirchengeschichte. Klaus Wittstadt - eine Würdigung, in: Würzburger Katholisches Sonntagsblatt Nr. 11. vom 16. März 2003, 15; — Jürgen Thomassen, [Nachruf Klaus Wittstadt], in: Blickpunkt. Mitteilungen von Theologie im Fernkurs. Katholische Akademie Domschule Würzburg, 25/2003, 4; — Enno Bünz, Klaus Wittstadt (1936-2003), in: Historisches Jahrbuch 123 (2003), 535-538; — Winfried Jestaedt, Klaus Wittstadt * 14.04.1936 † 2.03.2003, in: Fuldaer Geschichtsblätter, Zeitschrift des Fuldaer Geschichtsvereins 79 (2003), 222-225; — Wolfgang Weiß, In memoriam Klaus Wittstadt, in: Klaus Wittstadt, Aus der Dynamik des Geistes. Aspekte der Kirchen- und Theologiegeschichte des 20. Jahrhunderts, hrsg. v. dems., Würzburg 2004, 11-21.

Wolfgang Weiß

WIVALLIUS, Lars, eigentlich: Lars Svensson * 1605 in Vivalla bei Örebro (Schweden), † 6. April 1669 in Stockholm. Dichter, Abenteurer. — W. wuchs mit seinen Eltern, Sven Larsson (Vogt auf Schloß Örebro) und Elisabeth Nilsdotter, sowie sechs Geschwistern in Wivalla auf. Die gute Stellung des Vaters ermöglichte ihm ei-

ne für damalige Verhältnisse gute Schulbildung. Nach seiner Schulzeit besuchte W. für kurze Zeit die Universität von Uppsala. Im April 1624 entstand sein erstes Gedicht, das gedruckt wurde; es handelte sich dabei um einige lateinische Glückwunschverse. 1625 verließ W. Uppsala, um durch Europa zu reisen. Er besuchte dabei Norwegen, Deutschland, Holland, England, Polen, Dänemark, Frankreich, Italien und Österreich. W. begann, sich auf seinen Reisen als der schwedische Adelige Erik Gyllenstierna auszugeben. Im Februar 1627 wurde er in Nürnberg verhaftet, da er verschiedene Personen bestohlen und betrogen hatte. Nach einigen Verhören mußte er schließlich seine wahre Identität preisgeben. W. verfaßte während seiner Gefangenschaft zahlreiche Klagelieder sowie Gedichte, um die Ratsherren gnädig zu stimmen. Im September wurde er schließlich begnadigt und freigelassen. In der Nähe von Bremen gelang es ihm, sich vom dänischen König einen Paß auf den Namen »Erik Gyllenstierna« ausstellen zu lassen. 1629 lernte W. in Dänemark die Adelige Gertrud Grijp kennen und hielt kurze Zeit später um ihre Hand an. Deren Vater, Wulff Grijp, gab seine Zustimmung zu einer Heirat, da er schließlich glaubte, W. sei der Adelige Erik Gyllenstierna. Wulff Grijp verlangte, daß W. seine Verwandtschaft zur Hochzeit einladen sollte, und so war dieser gezwungen, Gertrud heimlich zu ehelichen, damit der Betrug nicht aufgedeckt wurde. Als W. sich im Februar 1630 für einige Zeit in Holland aufhielt, wurde der Schwindel jedoch entdeckt. Wulff Grijp ließ bereits nach ihm suchen und so begab sich der Abenteurer nach Stockholm, wo er Gnade zu finden hoffte. Kurze Zeit später floh er jedoch aus der Hauptstadt; er wollte nach Deutschland reisen und dort seine Dienste als Spion anbieten. Unweit von Wulff Grijps Anwesen wurde er schließlich gefangen genommen. Man brachte W. nach Kristianstad, wo bald darauf ein Gerichtsverfahren gegen ihn eröffnet wurde. Während seiner Gefangenschaft verfaßte der Abenteurer unzählige Bittschriften, u.a. auch an den dänischen König. Er wurde dennoch zum Tode verurteilt. Die Hinrichtung vor Augen verfaßte er eines seiner berühmtesten Gedichte: »Ack ve, ack ve, min jämmer stor«. Mit Hilfe eines Wachsoldaten gelang ihm schließlich aber die Flucht; kurze Zeit später wurde er in Stockholm erneut gefangen genommen. Der Grund für seine Festnahme war aber dieses Mal ein anderer: Man vermutete, daß W. an einer papistischen Verschwörung beteiligt gewesen sei. Bezüglich dieses Anklagepunktes konnte schnell seine Unschuld bewiesen werden, doch bald tauchte Wulff Grijp auf, um den Heiratsschwindel erneut verhandeln zu lassen. — W. hatte seine größten Schaffensperioden stets während seiner Gefängnisaufenthalte und so reichte er auch dieses Mal eine Flut an Bittschriften, Gedichten und Zeichnungen - in der Hoffnung auf Begnadigung - ein. Bekannt sind beispielsweise ein Lied über Davids dritten Psalm sowie das Freiheitsgedicht »Ach libertas, du ädla tingh«. Nach langwierigen Gerichtsverhandlungen wurde im Oktober 1634 schließlich das Urteil verkündet: W. sollte in die finnische Einöde auf die Festung Kajaneborg geschickt und dort mehrere Jahre lang gefangen gehalten werden. Vor seiner Abreise verfaßte er die beiden berühmten Abschiedsweisen »Lärckians sång är icke långh« und »Warer nu glad, mine fiender all«. Auch die Zeit der Gefangenschaft auf der Kajaneborg stellt eine der größten Schaffensperioden des Dichters dar. Die wohl wichtigste dieser Schriften trägt den Namen »Sweriges Rijkes Ringmur«. Anfang 1641 gelang es einem Freund W.s, dessen Freilassung zu erwirken. Kurz nachdem er von seiner Entlassung erfahren hatte, verfaßte W. sein wohl berühmtestes Gedicht »Klage-Wijsa öfwer thenna torra och kalla wååhr«. Es stellt eine Art Gebet dar, daß sich anfangs jedoch nicht an Gott, sondern an die Sonne richtet. Nach seiner Freilassung heiratete W. und bekam um 1645 eine Anstellung im Dienst der Krone, welche er 1651 aufgab. Danach arbeitete er bis zu seinem Tod am 6. April 1669 hauptsächlich als Advokat. W. hinterließ seine Frau sowie vier unmündige Kinder. Er wurde auf dem Friedhof der Katarinakirche auf Södermalm in Stockholm beigesetzt.

Werke: Skoglar Bergström: Wulff Grijp emot Lars Wivallium. In: Historiskt bibliotek, Heft 7. Stockholm 1880; — Sverker Ek: Lars Wivallius visdiktning. Stockholm 1930; — Lotte Kurras: Fünf unbekannte Klagelieder des Lars Wivallius alias Erik Gyllenstierna alias Svantho Stenbock. In: Samlaren. Ny följd, 106. Jahrgang, Uppsala 1985; — Lotte Kurras: Noch einmal: Lars Wivallius alias Erik Gyllenstierna alias Svante Stenbock. In: Festschrift für Vello Helk zum 75. Geburtstag. Tartu 1998; — Erik Noreen: Två dikter av Lars Wivallius. Textkritiska studier. 1. Ach Libertas tu ädla ting. 2. Klage-Wijsa Öfwer Thenna torra och kålla Wååhr.

In: Nysvenska studier. Uppsala 1934; — Henrik Schück: Lars Wivallius. Hans lif och dikter II. Dikter. Uppsala 1895; — Lars Wivallius: Självbiografi. Brev och prosastycken. I urval utgivna med kortfattad biografi av Erik Gamby. Uppsala 1957; — Lars Wivallius: Svenska dikter. Utgivna och med inledning av Erik Gamby. o.O.o.J; — Lars Wivallius: Sweriges Rijkes Ringmur. Utgiven med inledning och förklaringar av Kurt Johannesson. Stockholm 1980.

Lit.: Ulf Bagge: Skalderna i Gamla stan. Stockholm 2001; — Heinz Barüske: Die nordischen Literaturen. Eine Geschichte des skandinavischen Schrifttums von den Runen bis zur Gegenwart. Band 1. Berlin 1974; — Birger Bergh: Lars Wivallius. Skojare och skald. Lund 2005; — Sverker Ek: Studier i Wivalliusvisornas kronologi. Uppsala 1921; — Lars Gustafsson: Lars Wivallius »Klage-Wijsa, Öfwer thenna Torra och kalla Wåhr« och dess dubbla naturscen. In: Det öppna rummet. Festskrift till Merete Mazzarella den 4 februari 2005; — Kurt Johannesson: I polstjärnans tecken. Studier i svensk barock. Stockholm 1968; — Lennart Jörälv: Lärkans sång är icke lång. Om skalden och äventyraren Lars Wivallius. Stockholm 2005; — Karl Larsson: Svensk psalm i gymnasiets litteraturundervisning. In: Årsskrift: Modersmålslärarnas Förening. Lund 1960; — Bernt Olsson: Wivallius, naturen och friheten. In: Samlaren. Ny följd, 109. Jahrgang, Uppsala 1988; — Christine Ringleb: Lars Wivallius und der Dreißigjährige Krieg. Erlangen 2005; — Henrik Schück: Lars Wivallius. Hans lif och dikter I. Biografi. Uppsala 1893; — Henrik Schück: Wivallius i Nürnberg. In: Bibliografiska och litteraturhistoriska anteckningar. Uppsala 1896; — Bertil Sundborg: Lars Wivallius och Gustaf Rosenhane. In: Samlaren. Ny följd, 34. Jahrgang, Uppsala 1953.

Astrid Peters

WORSDELL, Edward, * 21.3. 1852 in Warrington, † 11.3. 1908 in York. Prediger, Quäker. — Edward Worsdell war das älteste Kind und der einzige Sohn des Mechanikers George Worsdell (1921-1912) und seiner Frau Jane (geb. Bolton). Er wurde 1852 im englischen Warrington zur Welt gebracht und besuchte später die Ackworth School. Im Alter von achtzehn Jahren hatte er, nach zehn Jahren des Zweifels, ein Bekehrungserlebnis. Sein Bekenntnis zu Christus als alleinigen Retter legte er später in »The Gospel of Divine Help« (1886) nieder. In London erwarb er das Reifezeugnis und besuchte das Flounders Institute, an dem er auch lehrte. 1872 erwarb er auf der Londoner Universität den B.A., und von 1872 bis 1875 lebte und studierte er in Heidelberg. 1876 besuchte er die deutsche Quäkergemeinde in Minden, und von dort reiste er in den Nahen Osten. Nach seiner Rückkehr nach England unterrichtete er in Stoke Newington und Bootham. Von 1883 bis 1888 war er Hauslehrer der Familie von Alfred

Lloyd Fox (1829-1885). Am 18. April 1889 heiratete er in Falmouth dessen Tochter Rachel Tregelles Fox, mit der er drei Kinder hatte: George Fox (geb. 1894), Thomas Arnold (geb.1896) und Anna Margaret (1898-1974). — Edward Worsdell setzte sich für Benachteiligte und Menschen ohne Bildung ein, und zwar nicht allein in großspurigen Projekten, sondern in konkreten Hilfsleistungen für diese Menschen. Er hatte keine Berührungsängste, sondern verbrachte seine Zeit gerne mit diesen. 1874 half er mit, in Ackworth eine Schule für Erwachsene einzurichten, und von 1897 bis 1901 war er Mitglied des »Summer School Continuation Committee« der englischen Quäker. Obwohl er auch an Missionsfragen interessiert war, blieb die Arbeit in seiner lokalen Quäkerversammlung sein Hauptaufgabenfeld. Das Predigtamt stand im Zentrum seiner Bemühungen. »Mit Gott sprach er wie mit einem Freund« berichteten beeindruckt Hörer seiner Predigten. Gegen Lebensende erblindete er, was seine prophetische Predigkraft noch verstärkte. Vermutlich hatte er sich nach 1876 im Nahen Osten mit einer schweren Krankheit infiziert, die auch schwere Schlaflosigkeit verursachte. 1908 mußte er urplötzlich eine Rede in der Erwachsenenschule zu Darlington abbrechen, da er vermutlich einen Schlaganfall erlitten hatte. Im Alter von nur 55 Jahren verstarb er 1908 in York, wo er und seine Familie seit 1894 lebten.

Werke: The Gospel of divine help. Thoughts on some first principles of Christianity. Addressed chiefly to members of the Society of Friends. London 1886. London 1888[2]. ND O.O. 2007.

Lit. (Auswahl): Worsdell, E. In: Kirk, John Foster: A supplement to Allibone's critical dictionary of English literature and British American authors. Containing over thirty-seven- thousand articles (authors), and enumerating over ninety-three thousand titles, II. Philadelphia 1891, 1550. ND Detroit 1965, 1550; — Loverance, Rowena: Edward Worsdell (1852-1908). In: The Friend's Quarterly Examiner, XXIII, 8, 1984, 382-388; — Edward Worsdell. In: The Annual Monitor for 1909. Being an obituary of member of the Society of Friends in Great Britain and Ireland, from October 1, 1907, to September 30, 1908. London 1908, 186-196; — Cantor, Geoffrey: Quaker responses to Darwin. In: Osiris, 2nd Series, XVI, 2001, 321-342.

Claus Bernet

WORSDELL, Edwin, * 22.8. 1845 in Coppenhall, † 10.11. 1930. Quäker. — Edwin Worsdell war der Sohn des Kutschenbauers Nathaniel (1809-1886) und Mary (geb. Wilson) Worsdell. Er wurde 1845 in Coppenhall geboren und besuchte in Ackworth die Schule. In Liverpool stieg er in ein Unternehmen ein, welches Bau- und Nutzholz importierte. Seine Mitgliedschaft bei den Quäkern ließ er nach seinem Umzug vom Chestire Monthly Meeting zum Hathow West Monthly Meeting übertragen. Dieses schloß ihn 1866 aus. Nach seiner Heirat 1866 emigrierte er nach Iowa und wurde dort einer der ersten Farmer´an der Frontier. — Nach einem schweren Hitzschlag wurde er arbeitsunfähig. Er kehrte nach England zurück und schloß sich der London and North Western Railway Society an. Bei seiner Pensionierung 1910 war er in Garston Manager für neue Streckenabschnitte. Er zog sich nach Kendal zurück, wo er wieder innerhalb der Quäkerversammlung aktiv wurde. 1930 starb er in seinem 85. Lebensjahr.

Claus Bernet

X

XIMENES; Leonardo, S.J., Naturwissenschaftler und Ingenieur, * 27. Dez. 1716 in Trapani (Sizilien) als Sohn spanisch-stämmiger Eltern (Ximenez), † 3. (4.?) Mai 1786 in Florenz. — X. trat 1731 als Novize in den Jesuitenorden ein. Nach seiner Ausbildung lehrte er an Jesuitenkollegien in Sizilien Rhetorik und Philoso-phie sowie dann Literatur in Florenz und Siena, bevor er zum Theologiestudium nach Rom ging. Dort kam er unter den Einfluß des nur fünf Jahre älteren Roger J. Boscovich (Boškovic, 1711-87, s. BBKL Bd. XXVII), der 1740 den Lehrstuhl für Mathematik am Collegium Romanum von seinem Vorgänger Orazio Borgondio

(1675-1741) übernommen hatte. Beide Professoren vertraten und lehrten die Physik Newtons und andere neue naturwissenschaftliche Erkenntnisse. Damit stellten sie sich gegen die offiziellen peripatetisch-scholastischen Lehrinhalte des Kollegiums. Dort galt u.a. immer noch das fast 150 Jahre zuvor vom damaligen Ordensgeneral Claudio Aquaviva (1543-1615, s. BBKL Bd. I) erlassene strikte Verbot, das heliozentrische System zu lehren. Neben Boscovich lernte X. in Rom auch F.A. Zaccaria (1714-95, s. BBKL Bd. XXIX) kennen - zwei Begegnungen, die einen prägenden Einfluß auf sein weiteres Leben haben sollten. Nach dem Abschluß seines Theologiestudiums folgte X. der Einladung des Florentiner Patriziers Marchese Vincenzo Riccardi, in dessen Haus als Lehrer zu wirken. Offenbar ließen ihm die damit verbundenen Pflichten genug freie Zeit, sich intensiv mit Fragen der Astronomie, Geometrie und Hydraulik zu beschäftigen, sodaß er bald Originalarbeiten auf diesen Gebieten veröffentlichen konnte (seine erste Abhandlung erschien 1748). 1755 restaurierte er die große Sonnenuhr an der Kirche Santa Maria del Fiore. In der oft zitierten diesbezüglichen Publikation *Del vecchio e nuovo gnomone fiorentino (1757)* beschrieb er eine Methode, Meridiane zur Aufzeichnung der Sonnenbewegungen zu nutzen. 1756 gründete er eine Sternwarte im Kloster San Giovannino, die er kontinuierlich ausbaute und mit neuen Instrumenten versah. Schon vorher, 1750, wurde X. von F.A. Zaccaria zur Mitarbeit an der ‚Storia Letteraria d'Italia' eingeladen, welche dieser herauszugeben begann, nachdem er als Nachfolger von Lodovico Muratori (1672-1750, s. BBKL Bd. VI) zum Bibliothekar des Herzogs von Este in Modena ernannt worden war. In der ‚Storia' wurden die Neuerscheinungen der italienischen Literatur vorgestellt und kommentiert. X. war für die naturwissenschaftlichen Themen zuständig, die etwa ein Viertel des Journalinhalts einnahmen. Ein Beispiel für die Aktualität der ‚Storia' sind die ausführlichen frühen Besprechungen der Arbeiten Boscovichs zum Aufbau der Materie. Die erste erschien bereits 1750 in Bd. I (p. 128 ff), als die Theoria philosophiae naturalis noch im Entstehen begriffen war (ihre endgültige Form veröffentlichte Boscovich erst 1758). So bedeutsam X'. bisher aufgeführten Aktivitäten zu seiner Zeit auch waren, und ihm

z.B. den Titel eines kaiserl. Geographen (Geografo di S.M.I.) und später eine Professur an der Universität Florenz einbrachten, liegt sein größter Verdienst doch auf dem Gebiet der Wasserbautechnik. Das erste Ereignis, das X. als Hydraulikingenieur auch außerhalb der Toskana bekannt machte, war ein Rechtsstreit zwischen dem Großherzogtum (vertreten durch X.) und der Republik Lucca (die Boscovich als Experten gewonnen hatte) über geeignete Maßnahmen, in ihrem Grenzgebiet die Überschwemmungen des Arno einzudämmen und die Sümpfe nahe dem See Sesto trockenzulegen. Nachdem ein Treffen zwischen X. und Boscovich in Ripafratta im September 1756 keine Einigung gebracht hatte, wurde der Fall ans Reichsgericht überwiesen. Boscovich reiste als Vertreter Luccas nach Wien und gewann den Prozeß, was insofern erstaunlich ist, als der damalige Großherzog der Toskana, Franz I. von Lothringen, nicht nur der Gatte Maria Theresias, sondern immerhin auch deutscher Kaiser (1745-65) war. Es bedurfte wohl nicht nur des diplomatischen Geschicks Boscovichs, sondern auch des Mutes unabhängiger Richter, um diesen Prozeßausgang zu ermöglichen. Diese wissenschaftlich-technische Auseinandersetzung zwischen Boscovich und dem »ingegnere idraulico« des Großherzogs der Toskana sollte nicht die einzige bleiben. 1765 besuchte X. die Pontinischen Sümpfe und kommentierte die Pläne zu deren Trockenlegung, die Boscovich ein Jahr zuvor ausgearbeitet hatte. Umgekehrt bezog Boscovich Stellung zu einem 1778 von X. gemachten Vorschlag (Nuovo Ozzero Projekt), einen Entwässerungskanal vom Lago di Sesto durch das Gebiet von Lucca bis zum Lago di Maciucolli zu bauen. Insgesamt dauerte der Austausch der oft gegensätzlichen Meinungen von 1756 bis 1781, was der Reputation der beiden jedoch eher nützte als schadete, denn er war gekennzeichnet durch wohlfundierte Argumente und gegenseitige Achtung. Dies wird nicht nur durch den erhalten gebliebenen Briefwechsel belegt, sondern auch durch X'. positive und ausführliche Besprechung von Boscovichs Materietheorie in der ‚Storia', sowie durch Boscovichs Ermunterung seines früheren Mitarbeiters Francesco Puccinelli, 1774 X'. Angebot anzunehmen, sein Assistent zu werden. Er riet ihm auch, X'. Anordnungen zu befolgen und dessen großes Wissen zu nutzen, um Erfahrungen in der Wasserbautechnik zu sammeln. An Gelegenheiten mangelte es nicht: Im Auftrag des aufgeklärten und reformfreudigen Großherzogs Leopold (Pietro Leopoldo, *1747 in Wien, †1792 in Wien als deutscher Kaiser, s. BBKL Bd. IV), in dessen Regierungszeit (1765-90) die Toskana eine Blütezeit erlebte, nahm X. mehrere Projekte in Angriff. An das größte - die Trockenlegung der versumpften Niederungen der Maremma - erinnert heute noch das Ximenes-Haus (»Casa Rossa«) in Castiglione. Ferner leitete X. den Bau der »Strada Regia Pistoiese«, entwarf die Brücken über die Wildbäche Lima und Sestaione und begann die Entwässerung der Padule-Sümpfe nahe Bientina. Daneben nahm er Ausgrabungen am Amphitheater in Roselle vor, lehrte an der Universität und beriet als »Wasserbaumeister« den Großherzog. X. gehörte zu jenen Jesuiten, auf deren Leben und Wirken die 1773 erfolgte Auflösung des Ordens durch Papst Klemens XIV. (1705-1774, s. BBKL Bd. I) kaum Auswirkungen zeitigte. Er behielt das Wohlwollen und den Schutz des antikurialistischen Pietro Leopoldo (s. z.B. Kirchenreform von Pistoia). 1782 war X. (wie übrigens auch Boscovich) unter den ersten 40 Mitgliedern, welche in die von Antonio Lorgna in Verona gegründete Akademie »Societá Italiana« berufen wurden. Von wenigen Reisen abgesehen lebte und arbeitete X. fast 40 Jahre, bis zu seinem Tode, in seiner Wahlheimat, die ihm bis heute ein ehrendes Andenken bewahrt. Seine Bücher und Zeichnungen sind in verschiedenen Museen der Toskana zu sehen, und in Florenz trägt die Straße »Via Ximenes Leonardo« seinen Namen.

Werke (Auswahl): Observatio solaris eclipseos, Firenze 1748; Notizia de' tempi, de' principali fenomeni del cielo nuovamente calcolati, Firenze 1751; I sei primi elementi della geometria piana etc., Venezia 1751; Diss. meccanica di due stromenti che possono servire alla giusta stima del viaggio maritime e della velocitá delle acque e de' venti, Firenze 1752; Diss. de maris aestu, ac praesertim de viribus lunae, solisque mare moventibus etc., Firenze 1755; Del Vecchio, Nuovo Gnomone Fiorentino e delle Osservazioni Astronomiche Fisiche ed Archittettoniche fatte nel verificarne la costruzione, libri IV., Firenze 1757; Nuovo metodo per determinare la parallassi lunare per la oss. Degli eclissi, Lucca 1757; Oss. del passaggio di Venere sotto il disco solare etc., Lucca 1761; Mem. I, II, III et IV nella cause dell' acque del Bologna, Faenza et Firenze 1763 et 1764; Della fisica riduzione della Maremma Senese etc., Firenze 1769; Esame dell' esame di un libro sopra la Maremma Senese, Firenze 1775; Nuove sperienze idrauliche fatte ne' fiume per verificare le principali leggi e fenomeni delle acque correnti, Siena 1780; Piano di operazioni idrauliche per ottenere la massima depressione del lago di Sesto, Lucca 1782; Teoria e pratica delle resistenze de' solidi ne' loro attriti, 2 Vol., Pisa et Firenze 1782; Raccolta delle perizie ed opuscoli idraulici del Signor Abate L. X., 2 Vol., Firenze 1785 et 1786; Mem. intorno alla maggiore perfezione dell' argano, Mem. Soc. Ital. I, 1782; Delle osservazioni solstiziali fatte allo gnomone della catedrale fiorentina nell' anno 1782 etc., ibid. II, 1784; Mem. Sulla vera densitá de pianeti etc., ibid. III, 1786. Von den meist kurzen Originalarbeiten, die X. in der ‚Storia letteraria d'Italia' veröffentlichte (der erste Band (I) erschien 1750, der letzte (XIV) 1757), werden die Titel nicht aufgeführt, sondern nur die Band- und Seitenzahlen angegeben: Bd. I, p. 280-286; II, p. 143-148, 507-511, 512-516, 516-523; III, p. 229-233, 654, 655-656, 656-657; VI, p. 99-109; VIII, p. 480-487; XIII, p. 72-75, 105-110. Andere Zeitschriften, in denen mehrere Artikel von X. erschienen (besonders nachdem die ‚Storia' ihr Erscheinen einstellen mußte), waren: Nov. letter. di Firenze; Ann. letter. d'Italia, Atti dell' Acad. di Pisa/di Siena; Journal des Savants.

Lit. (Auswahl): L. Brenna, Elegio del signor abate Leonardo Ximenes, Matematico di S.A.R. il Serenissimo Pietro Leopoldo, Arciduca d'Austria, Granduca di Toscana, Giornale de' letterati, Vol. 64, p. 91-141, Pisa 1768; — L. Palcani, Elogio di Leonardo Ximenes, in: Le prose italiane di Luigi Palcani, Milano 1817; — Sulla vita e sulle opere di Leonardo Ximenes, Discorso di M.M. Adamo, Modica Romano, p. 37, Trapani 1858; — C. Sommervogel, Bibliotheque de la Compagnie de Jesus, Vol. VII, col. 1341-1357 (1898), Bruxelles et Paris 1890-1909; — J.C. Poggendorff, Biographisch - literar. Handwörterbuch zur Geschichte der exacten Wissenschaften, Bd. II, Spalten 1380-1381, Amsterdam 1970; — zum Verhältnis Boscovich - Ximenes s. G. Arrighi, Quarantaquattro lettere inedite di G. De la Lande, Ruggiero Guiseppe Boscovich, e Leonardo Ximenes, La provincia di Lucca, Bd. 5, 1965; — speziell zu ihren Auseinandersetzungen in wassertechnischen Fragen s. I. Martinovic, Ruder Boškovic's Expert Analyses in Hydraulic Engineering, in: Jesuits among the Croats, p. 65-87, Ed. V. Pozaic, Zagreb 2000; — nähere Angaben zum Briefwechsel Boscovich - Ximenes sind zu finden im Nuovo Catalogo della corrispondenza di R.G. Boscovich (a cura di E. Proverbio), Roma 2004.

Hans Ullmaier